# Die Beratung des Bürgerlichen Gesetzbuchs

in systematischer Zusammenstellung der unveröffentlichten Quellen

Herausgegeben von
Horst Heinrich Jakobs und Werner Schubert

Walter de Gruyter · Berlin · New York

# Recht der Schuldverhältnisse II

§§ 433 bis 651

1980

Walter de Gruyter · Berlin · New York

**Es haben bearbeitet:**

| | |
|---|---|
| §§ 433–458 | Schubert |
| §§ 459–515 | Jakobs |
| §§ 516–630 | Schubert |
| §§ 631–651 | Jakobs |

Gedruckt mit Unterstützung der Deutschen Forschungsgemeinschaft

*CIP-Kurztitelaufnahme der Deutschen Bibliothek*

**Die Beratung des Bürgerlichen Gesetzbuchs:** in systemat. Zsstellung d. unveröff. Quellen/ hrsg. von Horst Heinrich Jakobs u. Werner Schubert. – Berlin, New York: de Gruyter.
NE: Jakobs, Horst Heinrich [Hrsg.]
→ Recht der Schuldverhältnisse

**Recht der Schuldverhältnisse.** – Berlin, New York: de Gruyter
2. §§ 433 bis 651 / [es haben bearb.: Schubert . . .]. – 1980.
(Die Beratung des Bürgerlichen Gesetzbuchs)
ISBN 3-11-008032-X
NE: Schubert, Werner [Bearb.]



Printed in Germany

Satz und Druck: Ernst Kieser GmbH · Graphischer Betrieb · 8900 Augsburg
Bindearbeiten: Berliner Buchbinderei Wübben & Co., Berlin 42

# Inhalt

# Abkürzungsverzeichnis

| | |
|---|---|
| ADHGB | Allgemeines Deutsches Handelsgesetzbuch |
| ALR | Allgemeines Landrecht für die Preußischen Staaten von 1794 |
| Art. | Artikel |
| Bayr.HStA | Bayerisches Hauptstaatsarchiv München |
| BGB | Bürgerliches Gesetzbuch in der Fassung vom 18. 8. 1896 (RGBl. 1896, 195) |
| BGBl. | Bundesgesetzblatt (1867–1871; 1949 ff) |
| CPO | Civilprozeßordnung vom 30. 1. 1877 (RGBl. 1877, 83) |
| Dresd.E. | Entwurf eines für die deutschen Bundesstaaten gemeinsamen Gesetzes über Schuldverhältnisse von 1866 (sogn. Dresdener Entwurf) |
| E I | Entwurf eines Bürgerlichen Gesetzbuches für das Deutsche Reich. Erste Lesung. 1888 (1. Entwurf) |
| E I-RJA | BGB-Entwurf in der Paragraphenzählung des E I nach den Beschlüssen der Vorkommission des Reichsjustizamtes (1891–1893) |
| E I-ZustRedKom | BGB-Entwurf in der Paragraphenzählung des E I nach der „Zusammenstellung der Beschlüsse der Redaktions-Kommission" der 2. Kommission (1891–1895) |
| E I-VorlZust | BGB-Entwurf in der Paragraphenzählung des E I nach der „Vorläufigen Zusammenstellung der Beschlüsse der Kommission für die zweite Lesung des Entwurfs eines Bürgerlichen Gesetzbuchs" von *Planck* (1891–1895) |
| E II | Entwurf eines Bürgerlichen Gesetzbuchs für das Deutsche Reich. Nach den Beschlüssen der Redaktionskommission, Zweite Lesung, 1894, 1895; sogn. 2. Entwurf |
| E II rev | Entwurf eines Bürgerlichen Gesetzbuchs für das Deutsche Reich – Zweite Lesung (1895; sogn. Bundesratsvorlage) |
| E III | Entwurf eines Bürgerlichen Gesetzbuchs (1896, Reichstagsvorlage oder 3. Entwurf; Reichstagsdrucksache Nr. 87 der Session 1895/1897) |
| EGBGB (EG-BGB) | Einführungsgesetz zum Bürgerlichen Gesetzbuch vom 18. 8. 1896 (RGBl. 1896, 604) |
| HGB (H.G.B.) | Handelsgesetzbuch |
| KE (K.E.) | Entwurf eines Bürgerlichen Gesetzbuchs in der Fassung der ersten Beratung der 1. Kommission (1884–1887; sogn Kommissionsentwurf) |
| KO (K.O.) | Konkursordnung (vom 10. 2. 1877; RGBl. 1877, 351) |
| Kom. | Kommission |
| Motive | Motive zu dem Entwurfe eines Bürgerlichen Gesetzbuches für das Deutsche Reich (1888). – Sofern die Motive der Redaktoren zu den Teilentwürfen zitiert sind, ist dies besonders vermerkt bzw. ergibt es sich aus dem Zusammenhang. |
| Mugdan | Die gesammten Materialien zum BGB (1899; enthaltend die Motive zum 1. Entwurf und die Protokolle der 2. Kommission). |
| Prot. I | Protokolle der [1.] Kommission zur Ausarbeitung eines bürgerlichen Gesetzbuchs (1881–1889; zitiert nach der metallographierten Abschrift) |

| | |
|---|---|
| Prot. II | Protokolle der [2.] Kommission für die zweite Lesung des Entwurfs eines Bürgerlichen Gesetzbuchs für das Deutsche Reich (1890–1896; abgedruckt in der amtlichen Ausgabe von 1897–1899 und bei *Mugdan*) |
| Prot-RJA | Protokolle der Vorkommission des Reichs-Justizamts (1891–1893) |
| RedKom | Redaktionskommission der 2. Kommission |
| RedVorl | Redaktionsvorlage für den Redaktionsausschuß der 1. Kommission von Pape (1881 ff) |
| RGBl.. | Reichsgesetzblatt |
| RJA | Reichsjustizamt |
| sächs. BGB | Bürgerliches Gesetzbuch für das Königreich Sachsen von 1863 |
| TE-AllgT | Teilentwurf zum Allgemeinen Teil von *Gebhard* (1881) |
| TE-ErbR | Teilentwurf zum Erbrecht von *v. Schmitt* (1879) |
| TE-FamR | Teilentwurf zum Familienrecht von *Planck* (1880) |
| TE-OR | Teilentwurf zum Obligationenrecht von *v. Kübel* (1882) |
| TE-SachR | Teilentwurf zum Sachenrecht von *Johow* (1880) |
| VorlZust | siehe E I-VorlZust |
| WO (W.O.) | Wechsel-Ordnung |
| ZPO | Zivilprozeßordnung in der Fassung vom 20. 5. 1898 (RGBl. 1898, 410) |
| ZustRedKom | siehe E I-ZustRedKom |
| ZustOR | Zusammenstellung der sachlich beschlossenen Bestimmungen des Obligationenrechts nach den Beschlüssen des Redaktionsausschusses der 1. Kommission (1882–1884) |

Die Anträge zum Obligationenrecht bzw. zum Recht der Schuldverhältnisse werden nach ihrer ursprünglichen Numerierung und deren Untergliederung zitiert. Soweit sie sich auf andere Bücher des BGB beziehen, ist dies besonders vermerkt. Die Autorenschaft und die Numerierung der Anträge sind nicht Bestandteil der Kommissionsprotokolle. – Sofern Anträge keine Nummern tragen und die Quelle nicht ausdrücklich genannt wird, stammen sie aus den Randvermerken der Originalprotokolle (ZStA Potsdam).

# Herausgabeschema

## A. 1. Kommission (1881–1889)

I. Protokoll über die Beratungen der Bestimmungen der Teilentwürfe (im Schuldrecht zum Teil des Dresdener Entwurfs). Die Protokolle beginnen grundsätzlich mit der Mitteilung der Bestimmung des TE und der Anträge, deren Autorenschaft, soweit möglich, anhand der separaten Anträge ermittelt wird. Ferner werden mitgeteilt die Protokolle von Beratungen über Grundsatzfragen in den Jahren 1875 bis 1879.

II. 1. Redaktionsvorlage von Pape und des jeweiligen Redaktors, soweit vorhanden.
2. „Vorläufige Zusammenstellung der sachlich beschlossenen Bestimmungen" zu den einzelnen Büchern des Entwurfs.
3. Beratung über Änderungen der „Zusammenstellung".

III. Kommissionsentwurf. 1. und 2. Beratung des Kommissionsentwurfs.

IV. 1. Entwurf (1887).

## B. Vorkommission des Reichsjustizamtes (1891–1893)

(nur für den Allgemeinen Teil, das Schuldrecht und Teile des Sachenrechts)

I. Anträge von Mitgliedern der Vorkommission mit den Namen der Antragsteller. Diese Anträge sind nicht Bestandteil der Protokolle der Vorkommission.

II. Protokoll der Vorkommission.

## C. 2. Kommission (1890–1896)

I. Anträge der Kommissionsmitglieder und der Reichskommissare in der Reihenfolge der amtlichen Protokolle und Mitteilung des Ergebnisses der Beratung.

II. Vorläufige Zusammenstellung der Beschlüsse (Redaktionsvorlage von Planck).

III. Zusammenstellung der Beschlüsse der Redaktionskommission.

IV. E II. Revision des E II: Mitteilung der Anträge von Kommissionsmitgliedern und Kommissaren in der Reihenfolge der amtlichen Protokolle und des Ergebnisses der Beratung.

V. E II rev.

## D. Bundesrat (Justizausschuß) 1895

I. Anträge und Anregungen der Bundesregierungen.

II. Berichte von Ausschußmitgliedern über die Verhandlungen.

III. E III.

**E. Reichstag (1896)**

I. Anträge, die in der XII. Kommission gestellt wurden, unter Mitteilung der Autorenschaft (bislang unbekannt).

II. Bericht von *Heller* über die Ausschußberatung.

III. Anträge zum E III im Plenum des Reichstags (2. und 3. Lesung).

Wegen der Quellen im einzelnen verweisen wir auf das kommentierte Quellenverzeichnis.

Die Rechtschreibung folgt, soweit nichts anderes vermerkt, dem Original.

SIEBENTER ABSCHNITT

## Einzelne Schuldverhältnisse

ERSTER TITEL

## Kauf. Tausch

### I. Allgemeine Vorschriften

§ 433

**Durch den Kaufvertrag wird der Verkäufer einer Sache verpflichtet, dem Käufer die Sache zu übergeben und das Eigenthum an der Sache zu verschaffen. Der Verkäufer eines Rechtes ist verpflichtet, dem Käufer das Recht zu verschaffen und, wenn das Recht zum Besitz einer Sache berechtigt, die Sache zu übergeben.**

**Der Käufer ist verpflichtet, dem Verkäufer den vereinbarten Kaufpreis zu zahlen und die gekaufte Sache abzunehmen.**

### A. 1. Kommission

**I. a)** 82. Sitzung vom 1. 5. 1882, Schriftführer Neubauer

| Zu § 7 des Entwurfes[1]: | Prot I 669 TE-OR (Nr 20) § 7

„Wer durch entgeltlichen Vertrag verpflichtet ist, einem Anderen das Eigenthum oder ein sonstiges Recht an einer Sache zu übertragen oder ein Recht an einer Sache zu bestellen, ist dem Anderen zur Gewährleistung verpflichtet, wenn dieser wegen eines Mangels in dem Rechte des Veräußerers durch die Uebertragung oder Bestellung das vertragsmäßige Recht ganz oder theilweise nicht erworben hat."

lagen die Anträge vor:

1. den Nachsatz so zu fassen: v. Weber (Nr 57, 1)

„wenn diesem von einem Dritten vermöge eines schon zur Zeit der Uebertragung oder Bestellung vorhandenen Rechtsgrundes das vertragsmäßige Recht ganz oder theilweise entzogen (entwehrt) wird."

2. den § zu fassen:

„Ein Veräußerungsvertrag verpflichtet, wenn er entgeltlich ist, den Schuldner dem Gläubiger das Eigenthum der Sache, welche den Gegenstand des Vertrages bildet, und, wenn den Gegenstand des Vertrages ein Recht bildet, dieses Recht zu verschaffen." Windscheid (Nr 56)

| 3. statt der §§ 7 bis 10 zu bestimmen: | Prot I 670

„Wer auf Grund einer durch Vertrag übernommenen Verpflichtung eine Sache oder ein Recht an einer Sache veräußert, muß dem anderen Vertragschließenden dafür einste- Kurlbaum (Nr 54 § a)

[1] der Vorlage Nr. 20 TE-OR (Rechte und Verpflichtungen aus Verträgen; vgl. § 276, 320 ff. BGB).

hen, daß diesem nicht die Sache oder das Recht in Folge eines Mangels in dem Rechte des Veräußerers von einem besser berechtigten Dritten entzogen wird. Für die Freiheit von öffentlichen Abgaben braucht der Veräußerer nur bezüglich der bereits fälligen Beträge einzustehen.

Der Veräußerer ist im Falle der Entziehung zur Gewährleistung verpflichtet."

4. für den Fall der Ablehnung des Antrages zu 2 zu beschließen:

„Wer durch entgeltlichen Vertrag zur Veräußerung einer Sache oder eines Rechts an einen Anderen verpflichtet ist, ist dem Anderen pp. (wie der Entwurf)."

Der § 7 und die dazu gestellten Anträge gaben zu einer umfassenden Debatte über das Wesen der Eviktionsleistung und das in dieser Beziehung für das Gesetzbuch zu wählende System Anlaß.

Die Berathung wurde nicht zum Abschluß gebracht.

b) 83. Sitzung vom 2. 5. 1882, Schriftführer Struckmann

| Prot I 671 | Es wurde die Berathung des § 7 des Theilentwurfs des Obligationenrechts Nr. 20 fortgesetzt.

In Ansehung folgender Punkte war man einverstanden:

1. Nur der auf Sachen und dingliche Rechte sich beziehende obligatorische Veräußerungsvertrag wird vorläufig in Betracht gezogen und demnächst geprüft, ob in diesem Abschnitte oder an anderer Stelle, vielleicht in dem Abschnitte über die Zession (Theilentwurf des Obligationenrechts Nr. 3) eine Vorschrift aufzunehmen sei, welche die Bestimmungen des vorliegenden Abschnitts auf den die übrigen Rechte betreffenden obligatorischen Veräußerungsvertrag für anwendbar erkläre.

2. Der wichtigste obligatorische Veräußerungsvertrag — der Kaufvertrag — soll dem zu beschließenden Prinzipe unterworfen und zwischen ihm und anderen Veräußerungsverträgen (Tausch, datio in solutum u.s.w.) nicht unterschieden werden.

Anlangend das zum Ausgang zu nehmende Hauptprincip, so standen sich zunächst zwei Auffassungen gegenüber.

| Prot I 672 1. Nach der einen Auffassung hat der Veräußerer des | Eigenthums (der Sache) oder des dinglichen Rechts die unmittelbare Pflicht, dem anderen Theile das Eigenthum oder das dingliche Recht zu verschaffen.

2. Nach der anderen Auffassung hat der Veräußerer, sowie nach Röm. Rechte beim Kaufe, nur das habere licere zu prästiren und erst im Falle der Eviktion die s.g. Gewähr zu leisten.

Unter den Vertheidigern des ersten Prinzips traten aber wieder folgende Meinungsverschiedenheiten hervor:

a) Nach der einen, von dem Entwurfe vertretenen Ansicht soll das Prinzip in der Art konsequent durchgeführt werden, daß das Recht des Erwerbers, den Veräußerer wegen Nichtverschaffung des zugesagten Rechts in Anspruch zu nehmen, durch vorgängige Entwehrung nicht bedingt, der Erwerber vielmehr gegen den Veräußerer schon dann auf Erfüllung aus dem Vertrage zu klagen befugt sein (!), falls ein die Verschaffung des Rechts ausschließendes oder beeinträchtigendes Recht Dritter besteht.

b) Von verschiedenen Seiten wurde dagegen beantragt, das unter 1 bezeichnete Prinzip mit der Modifikation anzunehmen, daß nach der formellen Erfüllung oder nach Abschluß des dinglichen Vertrags der Erwerber den Veräußerer *in der Regel* erst dann in Anspruch nehmen könne, wenn wirklich entwehrt worden sei.

c) Von einer dritten Seite wurde eine Modifikation des Prinzips dahin befürwortet, daß der Erwerber erst dann, aber auch immer dann befugt sein solle, den Veräußerer wegen Nichtverschaffung des Rechts in Anspruch zu nehmen, wenn ein praktisches Interesse des Erwerbers an der Verschaffung des Rechts selbst hervortrete, gleichviel ob eine Entwehrung stattgefunden habe oder nicht.

Nach einer eingehenden Debatte wurde zunächst über die unter 1 und 2 bezeichneten Prinzipien, vorbehaltlich etwaiger Modifikationen, abgestimmt. Die Mehrheit | billigte das erste Prinzip, beschloß dann aber weiter, dasselbe durch die Adoption der unter a angegebenen Modifikation abzuschwächen. | Prot I 673

Die Mehrheit wurde bei diesen Beschlüssen von folgenden Erwägungen geleitet:

Nur das erste Prinzip werde der in der Gegenwart vorherrschenden Auffassung über Bedeutung und Wesen des Veräußerungs-, insbesondere des Kaufvertrages und den regelmäßigen Parteiintentionen gerecht; ihm folgten auch die modernen Kodifikationen mit Ausnahme des Sächsischen Gesetzbuchs[2]. Zuzugeben sei, daß das Prinzip durch die beschlossene Modifikation eine Alteration erleide, die positiver Natur und nur zu rechtfertigen sei, wenn zwingende Gründe sie geböten; solche Gründe seien aber auch vorhanden, sie beständen in den Verwickelungen, die bei Ablehnung der Modifikation sich ergäben und daraus entsprängen, daß, so lange der Dritte gegen den Erwerber mit Erfolg seine Rechte nicht geltend gemacht habe, das Rechtsverhältniß zwischen den Parteien auf Grund der Voraussetzung, der Dritte habe das betreffende Recht, in definitiver Weise nur zu oft schwer zu ordnen sei. Daraus erkläre es sich auch zur Genüge, daß die neuen Kodifikationen, mit Ausnahme des Züricher Gesetzbuches und des Dresdner Entwurfs[3], an der Regel festhielten, der Veräußerer habe erst nach der wirklichen Eviktion die Haftpflicht zu erfüllen. Der Einwand, in der Adoption der Modifikation liege eine Verwerfung des ersten Prinzips und die Adoption des zweiten, oben unter Nr. 2 aufgeführten Prinzips, treffe nicht zu; denn trotz der Modifikation behalte das erste Prinzip seinen Werth, der in vielen Fällen sich bedeutsam erweise, in welcher Hinsicht nur auf die Zeit vor der formellen Erfüllung, sowie auf die im § 13 des Entwurfs behandelten Fälle verwiesen zu werden brauche. Mehr Beachtung ver- | diene allerdings der Einwand, daß die als Regel beschlossene Modifikation wieder zu Ausnahmen nöthige, da in einer Reihe von Fällen das Bedürfniß dahin führe, dem Erwerber das Recht zu geben, dem Veräußerer wegen Nichtverschaffung des Rechts auch ohne vorgängige Entwehrung in Anspruch zu nehmen, und daß dadurch das Gesetz einen kasuistischen Charakter bekomme. Indessen sei dieser nicht zu verkennende Uebelstand von geringerem Gewicht, als die mit der Ablehnung der Modifikation verbundenen, oben hervorgehobenen Uebelstände. Wenn ferner von den Vertheidigern des Entwurfs dar- | Prot I 674

---

2 Vgl. § 930 sächs. BGB: „Geht ein Vertrag auf Veräußerung einer Sache gegen eine Gegenleistung und wird die Sache, oder ein Theil derselben, oder ein mit ihr verbundenes Recht, oder die Freiheit der Sache von Rechten Dritter an derselben, dem Erwerber der Sache aus einem vor dem Vertragsabschlusse vorhandenen Grunde von einem Dritten entwehrt, so ist der Veräußerer dem Erwerber dafür zu haften verbunden. Dasselbe gilt, wenn ein Vertrag auf Bestellung eines Rechtes an einer Sache gegen eine Gegenleistung gerichtet ist, und dieses Recht aus einem Grunde der gedachten Art dem Erwerber von einem Dritten ganz oder theilweise entwehrt wird."

3 Vgl. Art. 156 DresdE: „Hat Jemand durch entgeltlichen Vertrag eine Sache oder ein Recht an einer solchen veräußert, oder ein Recht an einer Sache bestellt, so ist er dem Erwerber dafür Gewähr zu leisten verpflichtet, daß die Sache oder das Recht als eigen auf diesen übergeht und daß dieser nicht von einem Dritten vermöge eines schon zur Zeit des Ueberganges vorhandenen Rechtsgrundes in der Inhabung und Benutzung gestört wird . . .".

auf hingewiesen sei, daß die Modifikation für den Immobiliarverkehr nicht passe, so behalte dieselbe doch für den Verkehr mit beweglichen körperlichen Sachen und Aktiven immer noch eine große Bedeutung. Dazu komme, daß bis zur vollständigen Durchführung des Grundbuchsystems nach dem Inkrafttreten des bürgerlichen Gesetzbuchs noch lange Zeit verstreichen werde, die allgemeinen Grundsätze des Gesetzbuchs aber und somit auch die Bestimmungen über die Gewährleistung schon vorher auf den Immobilienverkehr zur Anwendung kommen müßten. Weniger Gewicht werde darauf zu legen sein, daß auch nach der Durchführung des Grundbuchsystems die Modifikation beim Immobiliarverkehr ausnahmsweise, namentlich für solche Fälle in Frage kommen könne, in denen die Auflassung nichtig sei und deshalb der Erwerber trotz seines guten Glaubens nicht Eigenthümer werde. Anlangend endlich das Bedenken, daß dem Bedürfnisse, den Interessen des Erwerbers nicht genügt werde, wenn das Recht desselben, den Veräußerer wegen Nichtverschaffung des Rechts in Anspruch zu nehmen, auf den Fall der Eviktion beschränkt werde, so sei es nicht ausgeschlossen, demnächst zu
| Prot I 675 beschließen, daß ausnahmsweise und in bestimmten Fällen der | Erwerber auch ohne vorgängige wirkliche Entwehrung jenes Recht haben solle, da die fragliche Modifikation nur als Regel beschlossen sei.

Nach Erledigung der gedachten prinzipiellen Fragen wurden zum § 7 noch folgende Beschlüsse gefaßt:

1. Das angenommene Prinzip, daß der Veräußerer verpflichtet ist, dem Erwerber das zugesagte Recht zu verschaffen, soll im Gesetzbuche in Gemäßheit des Antrages unter Nr. 2 schon im § 7 ausgesprochen werden. Die Mehrheit war der Meinung, daß das Gesetz an Klarheit und Verständlichkeit gewinne, wenn das Prinzip direkt zum Ausdruck gelange und im § 7 an die Spitze gestellt werde. Einvernehmen bestand darüber, daß in dem Antrage unter Nr. 2 das Wort: „Veräußerungsvertrag" durch die Worte: „zur Veräußerung verpflichtender Vertrag" oder in ähnlicher auf den obligatorischen Vertrag hindeutender Weise zu ersetzen sei.

2. Dem im § 7 auszusprechenden Prinzipe soll die oben beschlossene Modifikation an geeigneter Stelle angeschlossen und am Schlusse in Klammern das Wort: „Gewährleistungspflicht" hinzugefügt werden.

3. Anlangend die Voraussetzung, unter welcher der Veräußerer für die Rechte Dritter einzustehen hat, so wurde der Fassung des Entwurfs, wonach für diese Rechte nur insofern einzustehen ist, als sie auf einem Mangel in dem Rechte des Veräußerers beruhen, der Vorzug vor der in dem Antrage unter Nr. 1 vorgeschlagenen Fassung gegeben, welche die Haftung davon abhängig macht, daß das Recht des Dritten auf einem schon zur Zeit der Uebertragung oder Bestellung des zugesagten Rechts vorhandenen Rechtsgrunde beruht. Die Mehrheit glaubte, daß diese letztere, den neueren Kodifikationen sich anschließende Fassung weniger scharf sei, als die der neueren Dok-
| Prot I 676 trin entsprechende Fassung des Entwurfs, und | namentlich deshalb Bedenken errege, weil der Ausdruck: „Rechtsgrund" gewöhnlich nur zur Bezeichnung des Titels gebraucht werde. Das gegen die Fassung des Entwurfs erhobene Bedenken, daß dieselbe diejenigen Fälle nicht decke, in denen der Dritte nur ein persönliches, aber gegen jeden Erwerber verfolgbares Recht geltend mache, sei nicht anzuerkennen, und werde zudem durch eine geeignete Fassung des § 9 seine Erledigung finden.

4. Im § 7 soll das Wort: „entgeltlich" vermieden werden. Man erwog, daß dieser Zusatz zu Mißverständnissen führen könne und im Hinblick auf den § 21 des Entwurfs nicht nothwendig sei. Der Zusatz würde zudem inkorrekt sein, wenn für gewisse Fälle auch bei der Schenkung eine Gewährleistungspflicht anerkannt werden sollte.

c) 186. Sitzung vom 12. 3. 1883, Schriftführer Neubauer

| Die Berathung wandte sich zu dem Theilentwurfe des Obligationsrechts (Nr. 32) betreffend den Kauf. | Prot I 1844

Zu § 1 des Entwurfes:

TE-OR (Nr 32) § 1

„Durch den Kaufvertrag wird der Verkäufer verpflichtet, dem Käufer, wenn eine Sache Gegenstand des Kaufs ist, das Eigenthum und den Genuß derselben und, wenn der Kaufgegenstand ein Recht ist, dieses Recht zu verschaffen, wogegen der Käufer verpflichtet ist, dem Verkäufer den vereinbarten Kaufpreis zu bezahlen."

lagen die Anträge vor:

v. Weber (Nr 301)

1. den Nachsatz: „wogegen — zu bezahlen" zu fassen:

„der Käufer aber (wird) verpflichtet, dem Verkäufer den vereinbarten Kaufpreis zu bezahlen und die verkaufte Sache abzunehmen."

(gerichtet gegen die Motive S. 26 ff.[4])

Windscheid (Nr 300, 1)

2. in § 1 zu bestimmen:

„Der Verkäufer ist verpflichtet, dem Käufer die verkaufte Sache zu übergeben und ihm das Eigenthum derselben zu verschaffen, der Käufer ist verpflichtet, dem Verkäufer den ver- | einbarten Kaufpreis zu zahlen. Ist ein Recht verkauft, so ist der Verkäufer verpflichtet, dem Käufer das verkaufte Recht zu verschaffen und wenn das Recht den Besitz der Sache, an welcher es stattfindet, gewährt, die Sache zu übergeben." | Prot I 1845

Planck (Nr 302, 1)

3. den § 1 zu fassen:

„Durch den Kaufvertrag wird der Verkäufer verpflichtet, die Sache oder das Recht, welche den Gegenstand des Kaufvertrags bilden, an den Käufer zu veräußern und ihm den Besitz der Sache und, soweit ein dingliches Recht den Gegenstand des Kaufes bildet, die demselben entsprechende thatsächliche Herrschaft über die Sache zu verschaffen, wogegen der Käufer verpflichtet wird, den vereinbarten Kaufpreis dem Verkäufer zu bezahlen."

vorbehaltlich der entsprechenden Aenderung der Fassung, wenn demnächst ein Besitz an dinglichen Rechten anerkannt werden sollte. Gleichzeitig war *in Betreff der Redaktion* zur Erwägung gestellt, ob es sich nicht empfehle, in dem § 1 wie in den folgenden §§ nur von dem Kaufe einer Sache zu sprechen und dann am Schlusse eine allgemeine Bestimmung des Inhalts aufzunehmen:

„Soweit nicht eine Sache, sondern ein Recht den Gegenstand des Kaufs bildet, finden die in den §§ 1— . . . gegebenen Bestimmungen entsprechende Anwendung."

v. Weber

4. in dem zweiten Absatze des Antrages Nr. 2 statt: „wenn das Recht den Besitz der Sache, an welcher es stattfindet, gewährt" zu setzen:

„wenn die Ausübung des Rechts die Inhabung der Sache, an welcher es stattfindet, erfordert."

Soweit der § 1 über den *Gegenstand* des Kaufes bestimmt, hatte er keine Beanstandungen erfahren. Dagegen waren gegen ihn, soweit er die *Verpflichtungen* der Parteien bestimmt, wie die mitgetheilten Anträge ergeben, verschiedene Erinnerungen erhoben worden. Beschlossen wurde, getrennt zuerst über die Verpflichtungen des Verkäufers, sodann über die des Käufers zu berathen.

---

[4] Die Nichtnormierung der Abnahmepflicht begründet *v. Kübel*, a. a. O., wie folgt: „Es wird . . . in der Praxis auch künftig keinem Zweifel begegnen, daß der Verkäufer im Falle eines entsprechenden besonderen Interesses nicht nur je nach den Umständen auf Abnahme der Waare, sondern auch auf Feststellung der Abnahmepflicht des Käufers (vergl. die Entscheidung des Reichsgerichts, Bd. 5, S. 393 ff., und *Goldschmidt*, Zeitsch. XXIII S. 567—569) zu klagen berechtigt ist." (S. 27).

| Prot I 1846 | I. Die Verpflichtungen des Verkäufers.

Der wesentliche Inhalt des § 1 wurde allseitig gebilligt, insbesondere bestand Einverständniß, daß der Verkäufer das Eigenthum der verkauften Sache bezw. das verkaufte Recht zu verschaffen habe (zu vergl. § 69 der Zusammenstellung der auf das Obligationenrecht sich beziehenden Beschlüsse und Protokolle S. 672 u. ff.). Zu befinden war nur über die aus den obigen Anträgen ersichtlichen Erinnerungen.

1. Nach den Anträgen Nr. 2 und 3 soll der Verkäufer im Falle des Verkaufs einer Sache für verpflichtet erklärt werden, diese dem Käufer zu übergeben (Antrag Nr. 2) oder dem letzteren den Besitz derselben zu verschaffen (Antrag Nr. 3). Der Entwurf übergeht diese Verpflichtung, erklärt aber den Verkäufer für verpflichtet, dem Käufer den Genuß der Sache zu verschaffen, womit insbesondere die Traditionspflicht zu treffen bezweckt ist. Die Mehrheit war indessen der Ansicht, daß die Fassung des Entwurfes zur Erreichung des Zwecks kaum genüge, eine wichtige Verpflichtung des Verkäufers nicht mit zureichender Deutlichkeit ausspreche, in dieser Beziehung von den meisten Kodifikationen ohne einen befriedigenden Grund abweiche und daß daher den erwähnten Anträgen durch Aufnahme der Traditionsverpflichtung zu folgen, die Verpflichtung zur Verschaffung des Genusses dagegen zu übergehen sei. Die Mehrheit entschied ferner, daß nach Maßgabe des Antrags Nr. 2 zu bestimmen sei, der Verkäufer habe die Sache zu übergeben, weil diese Ausdrucksweise bezeichnender sei, als die des Antrags Nr. 3, der Verkäufer habe den Besitz zu verschaffen.

2. Der Antrag Nr. 3 redet von der Verpflichtung des Verkäufers den Kaufgegenstand an den Käufer zu veräußern. Er bezweckt damit die Klarstellung, daß die den Abschluß des dinglichen Vertrages voraussetzenden §§ 70 und ff. der Zusammenstellung der auf das Obligationenrecht sich beziehenden Beschlüsse (Protokolle vom 2. 5. u.s.w. Mai 1882, S. 676ff.) Anwendung finden, sowie die Beseitigung des Mißverständnisses, der Verkäufer sei so zu beurtheilen, als habe er die Verschaffung des Eigenthums bezw. die Verschaffung des Rechts besonders und ausdrücklich versprochen. Ein solches Mißver- | Prot I 1847 | ständniß — so wurde zur Begründung des Antrags geltend gemacht, — liege deshalb nahe, weil nach den Beschlüssen, auf welchen die §§ 69 und ff. der Zusammenstellung der das Obligationenrecht betreffenden Beschlüsse beruhten, im Falle der Zusicherung der Verschaffung des Eigenthums u.s.w. die besonderen die Verschaffungsverpflichtung beschränkenden Vorschriften der §§ 70 und ff. über die Gewährleistungspflicht nicht gälten, obschon deren Geltung gerade für den Fall des Kaufs unerläßlich und bei Berathung derselben als zweifellos vorausgesetzt sei. Die Mehrheit erklärte sich jedoch gegen den Antrag. Sie ging davon aus: Die vorgeschlagene Bestimmung leide an einer gewissen Unverständlichkeit, die zu vermeiden ein dringendes Bedürfniß obwalte und so gerechtfertigt es auch sein würde, dem von dem Antragsteller hervorgehobenen Mißverständnisse, wenn es in der That zu besorgen wäre, vorzubeugen, so könne doch nicht anerkannt werden, daß ein genügender Grund zu einer solchen Besorgniß vorliege. In dem § 69 a. a. O. finde die letztere ohne Zweifel keine ausreichende Stütze, aber ebensowenig in den folgenden Paragraphen, zumal der § 1 des vorliegenden Abschnitts die Deutung nicht zulasse, der Verkäufer habe nicht blos zur Veräußerung sich verpflichtet, sondern nebstdem die Verschaffung des Eigenthums u.s.w. noch besonders zugesichert.

3. Der Antrag Nr. 2 erklärt den Verkäufer eines Rechts, zu dessen Ausübung die Innehabung der Sache erforderlich ist, welche den Gegenstand des Rechts bildet, zur Uebergabe dieser Sache für verpflichtet. Der Vorschlag wurde genehmigt, unter Ablehnung des im Laufe der Debatte gestellten weiter gehenden Antrags, den Verkäufer für verpflichtet zu erklären, die zur Ausübung des Rechts erforderliche Sache zu überge-

ben. Die Mehrheit glaubte, dem Verkäufer könne eine so ungemessene und kaum zu übersehende Verpflichtung, wie der letztere Antrag vorschlage, nicht auferlegt werden, während die aus dem Antrage Nr. 2 sich ergebende beschränktere Verpflichtung völlig unbedenklich erscheine.

4. Der Antrag Nr. 3 erklärt den Verkäufer, der ein dingliches Recht verkauft hat, zu dessen Ausübung zwar nicht die Innehabung | der betreffenden Sache, wohl aber eine gewisse andere Herrschaft über dieselbe erforderlich ist, für verpflichtet, diese Herrschaft zu verschaffen, wobei nach der Begründung des Antrags vorzugsweise an die Prädialservituten gedacht ist. | Prot I 1848

Der Antrag wurde abgelehnt. Die Mehrheit war der Ansicht: Der Beschluß zu Nr. 3 lasse ein Prinzip erkennen, welches den vorliegenden Antrag, soweit er Billigung verdiene, entbehrlich mache; die Annahme desselben könne dazu verleiten, dem Verkäufer Verpflichtungen aufzuerlegen, von welchen nach den Umständen des konkreten Falles sich nicht voraussetzen lasse, daß er sie übernommen habe; es müsse in jedem einzelnen Falle zunächst geprüft werden, wie der Vertrag in der fraglichen Beziehung auszulegen sei.

II. Die Verpflichtung des Käufers

Der Antrag Nr. 1, wonach der Käufer für verpflichtet erklärt werden soll, die Sache abzunehmen, wurde durch Mehrheitsbeschluß gebilligt. In den Motiven sind Seite 26 und 27[5] die für und wider die vorgeschlagene Bestimmung sprechenden Gründe zusammengestellt. Die Mehrheit[6] erachtete die Gründe, welche für die Aufnahme der Vorschrift geltend zu machen sind, für überwiegend. Sie legte insbesondere Gewicht darauf, daß in vielen Fällen, wie die Motive auch anerkennen, die Abnahmepflicht angenommen werden müsse, daß, wenn das Gesetz schweige, die letztere als naturale negotii verneint erscheine und nur in den Fällen anerkannt werden könne, in welchen sie ausdrücklich bedungen sei oder als stillschweigend vereinbart sich betrachten lasse, daß die modernen Kodifikationen sich überwiegend für die Verpflichtung aussprächen, woraus auf ein praktisches Bedürfniß, dieselbe anzuerkennen, sich schließen lasse und daß sie auch im Sachenrechts-Entwurfe (§ 122)[7] vorausgesetzt werde.

Die Fassung des § 1 nach Maßgabe der gefaßten Beschlüsse blieb der Redaktion vorbehalten. Die Mehrheit entschied jedoch, daß das in dem § 1 des Entwurfs sich findende Wort: „wogegen" oder ein ähnliches, den Gegensatz ausdrücklich ausdrükkendes Wort als überflüssig und für das Gesetz wenig passend zu vermeiden sei.

Der § 2 des Entwurfs lautet:

| „Der Kaufpreis muß in Geld festgesetzt sein. Doch können statt des Geldpreises andere Sachen zu einem bestimmten Geldanschlag oder neben dem Geldpreis auch Leistungen anderer Art versprochen werden." | Prot I 1849 TE-OR (Nr 32) § 2

Der § 2 wurde unter Ablehnung des Antrags, ihn als überflüssig zu streichen, gebilligt. Windscheid (Nr 300, 2)

Erwogen war:

Die Bestimmung, der Kaufpreis müsse in Gelde festgesetzt sein, könne insofern überflüssig erscheinen, als, wenn der Erwerber zu einer anderen Leistung sich verpflich-

---

[5] Vgl. Fn. 4.

[6] Im Sinne der Mehrheit stimmte insbesondere *Pape*, dagegen *v. Schmitt* (vgl. dessen Notizen).

[7] § 122 TE-SachR lautet: „Ist der Veräußerer oder der Erwerber rechtskräftig verurtheilt, die seinerseits zur Auflassung erforderliche Erklärung abzugeben, so erfolgt die Eintragung des Erwerbers, wenn der Gegner des Verurtheilten sie auf Grund einer vollstreckbaren Ausfertigung des Urtheils vor dem Grundbuchamte mündlich beantragt."

tet habe, die Anwendbarkeit der Vorschriften über den Kauf nicht ausgeschlossen sei, welche Anwendbarkeit sich einestheils aus dem Willen der Parteien anderentheils daraus ergeben könnte, daß voraussichtlich für den Tauschvertrag die gleichen Rechtsnormen beschlossen werden würden, die für den Kauf gelten.

Allein der Grundsatz: ein Kauf liege nur vor, wenn die Gegenleistung des Erwerbers in der Zahlung einer Geldsumme bestehe, behalte immer noch seine besondere Bedeutung[8]. Eine solche trete namentlich hervor, wenn eine Sache gegen Ausbedingung einer Handlung als Gegenleistung veräußert sei, ferner für die einen Kauf voraussetzende Anwendbarkeit anderer Rechtsnormen (z. B. der über Verkauf und Retrakt) oder besonderer rechtsgeschäftlicher Bestimmungen (z. B. der die Verfügungsgewalt des Fideikommißbesitzers regelnden Anordnungen einer Familienfideikommißstiftung).

Zur Sprache gelangte noch:

1. Habe der Erwerber sich zur Zahlung einer Geldsumme und außerdem noch zu anderen Leistungen verpflichtet, so könne zweifelhaft sein, ob ein Kauf vorliege oder ein anderes Rechtsgeschäft, z. B. Werkverdingung, und worauf bei der Entscheidung das Hauptgewicht zu legen sei, ob insbesondere auf das Verhältniß des Werths der anderen Leistungen zu dem Geldpreise oder auf die Bezeichnung des Geschäfts als eines Kaufs und den daraus herzuleitenden Willen der Parteien, sich den Rechtsnormen über den Kauf zu unterwerfen. Das Gesetz habe hierfür nichts zu bestimmen, die Entscheidung vielmehr der Wissenschaft und Praxis zu überlassen.

| Prot I 1850 | 2. Betreffend die Fälle, in welchen der Kaufpreis nicht genau bestimmt sei, so genügten vollkommen die §§ 38–43 der Zusammenstellung der das Obligationenrecht betreffenden Beschlüsse (Protokolle vom 12. April 1882 ff., S. 576 u. ff.)[9].

3. Die Nichtaufnahme von Bestimmungen über die laesio enormis verdiene aus den Seite 8 der Motive[10] entwickelten Gründen Billigung.

4. Die Ausführung der Motive Seite 6[11] über die Verzinsung, wenn an Stelle des Preises andere Sachen zu einem bestimmten Geldanschlage zu leisten seien, erscheine bedenklich. Die betreffende Frage bedürfe indessen keiner Entscheidung durch das Gesetz.

5. Bei der Redaktion werde zu prüfen sein, ob nicht der erste Satz des § 2 einigermaßen abzuschwächen sei.

---

[8] Dies ist die Argumentation von *Planck*. Mit der Mehrheit stimmten auch *v. Kübel* und *Pape*, die aber darauf hinwiesen, daß letztlich alles eine Frage der Auslegung sei.

[9] Vgl. Materialien zu den §§ 315 ff. BGB.

[10] *v. Kübel* führte auf S. 9 der Motive u. a. aus: „Ein Irrthum über den Werth des Kaufobjektes läßt sich auch heutzutage jedenfalls bei Immobilien leicht vermeiden, wo zur Beurtheilung des im Grundbuch (Güterbuch) und dessen Grundlagen genügende Anhaltspunkte gegeben sind; ein solcher Irrthum wäre also regelmäßig schwer verzeihlich. Sonstige den Preis regulirende außerordentliche Umstände sind aber meist allgemein bekannt und können leicht erfragt werden. Für Mobilien kommt insbesondere in Betracht der Einfluß der Konkurrenz, der Nachfrage auf den Preis und die Möglichkeit, sich solche beliebig allerwärts zu verschaffen. ... Zu allem dem kommt, daß die Zulassung des Rechtsmittels für den Verkehr mit den größten Gefahren verknüpft ist, weil es den leichtsinnigen Abschluß von Kaufverträgen ebenso begünstigt, wie die nachträgliche Anfechtung herausfordert, wenn nach Abschluß des Kaufes die Konjunkturen für den Verkäufer oder Käufer andere geworden sind. ... Aus allen diesen Gründen dürfte es im Interesse der Rechts- und Verkehrssicherheit liegen, wenn das Rechtsmittel wegen der sog. laesio enormis in das Civilgesetzbuch nicht aufgenommen wird."

[11] Nach *v. Kübel* a. a. O., S. 6, sollte die Verzinsung des Kaufpreises (§ 13 TE-OR Nr. 22) auch dann stattfinden „wenn der Kaufpreis nicht oder nicht ganz in Geld, sondern ausschließlich oder daneben in anderen auf den Kaufpreis verrechneten Leistungen festgesetzt wird".

d) 84. Sitzung vom 5. 5. 1882, Schriftführer Neubauer

| Die in der vorigen Sitzung zu den §§ 7 – 12 gefaßten Beschlüsse[12] haben folgenden sachlichen Inhalt: Prot I 685

§ a. Wer sich durch Vertrag zur Veräußerung einer Sache verpflichtet, hat dem anderen Theile das Eigenthum der Sache zu verschaffen.

Bezieht sich die Veräußerung auf ein anderes Recht an der Sache mittels Bestellung oder Uebertragung desselben, so hat der Veräußerer dieses Recht zu verschaffen.

§ b. Der Veräußerer einer Sache haftet dafür, daß an der Sache nicht Rechte der im Sachenrechts-Entwurfe Abschnitt 4 – 7 bezeichneten Art und daß auch nicht sonstige auf die Sache sich beziehende Rechte bestehen, die ein Dritter gegen den Erwerber | geltend machen kann. Diese Bestimmung findet entsprechende Anwendung, wenn der Vertrag auf die Veräußerung des Rechts an einer Sache sich bezieht. | Prot I 686

§ c. Der Veräußerer eines Grundstücks haftet nicht für die Freiheit desselben von öffentlichen Abgaben und von anderen öffentlichen, zur Eintragung im Grundbuche nicht geeigneten Lasten.

§ d. Die in den §§ a und b bestimmte Haftung des Veräußerers tritt nicht ein, wenn der andere Theil bei der Schließung des Vertrages (§ a) das die Verschaffung des Rechts hindernde oder dasselbe beeinträchtigende Recht des Dritten kannte.

Diese Bestimmung findet auf den Fall der Kenntniß von Hypotheken und Pfandrechten keine Anwendung.

§ e. Soweit nicht das Gesetz ein Anderes bestimmt, kann der Veräußerer nach Erfüllung der Erfordernisse, von welchen der Erwerb des dem anderen Theile zu verschaffenden Rechts abhängig ist, wegen der in einem Mangel in seinem Rechte sich gründenden gänzlichen oder theilweisen Nichtverschaffung desselben (§§ a und b) erst dann in Anspruch genommen werden, wenn das der Verschaffung entgegenstehende Recht des Dritten gegen den anderen Theil mit Erfolg geltend gemacht ist (Gewährleistungspflicht).

(NB: Zu vergleichen § 114 Zust.Allg.Th.)

II. 1. In der *RedVorl* lauten die beschlossenen Bestimmungen:

§ 1 (1) § 318. Durch den Kaufvertrag wird der Verkäufer verpflichtet, dem Käufer, wenn eine Sache Gegenstand des Kaufes ist, die verkaufte Sache zu übergeben und deren Eigenthum zu verschaffen, wenn ein Recht Gegenstand des Kaufs ist, dieses Recht zu verschaffen und bei dem Verkaufe eines auf eine Sache sich beziehenden Rechts, zu dessen Ausübung die Innehabung der Sache erforderlich ist, die letztere zu übergeben. RedVorl § 318

Der Käufer wird durch den Kaufvertrag verpflichtet, dem Verkäufer den vereinbarten Kaufpreis zu zahlen und die verkaufte Sache (den verkauften Gegenstand) abzunehmen.

(NB: 1. Für die Fassung ist zu bemerken:

a) betreffend den Sachverkauf, so ist die Pflicht zur Uebergabe der Pflicht zur Eigenthumsverschaffung vorauszuschicken;

[12] Diese Beschlüsse beruhen auf den Beratungen der §§ 7 – 12 TE-OR Nr. 20 (vgl. die Materialien zu den §§ 433, 434, 436, 439 BGB).

b) betreffend den Rechtsverkauf, so muß mit größter Deutlichkeit erhellen, daß jedes Recht Gegenstand des Kaufs sein kann, und nicht bloß das Recht, zu dessen Ausübung die Innehabung einer Sache nöthig ist.

2. Abs. 2. Beschlossen ist: „Sache"; die Ausdehnung auf „Gegenstand" bedenklich; zu vergl. schweizer Obl.Rt.Art. 260.)

RedVorl § 319 § 2 (2) 319. Neben dem in Gelde festgesetzten Kaufpreise können Leistungen anderer Art bedungen, auch kann vereinbart werden, daß solche Leistungen zu einem bestimmten Geldanschlage an Stelle des Geldpreises treten sollen.

(NB: Es ist die Abschwächung des ersten Satzes des Entwurfs gewünscht. Auch in der vorliegenden Fassung dürfte der § 2 in Verbindung mit § 1 zur Genüge ergeben, daß die Bestimmung eines Geldpreises zum Wesen des Kaufs gehört. Die Frage, ob, wenn *neben* dem Geldpreise andere Leistungen bedungen sind, ein Kauf anzunehmen sei, ist nicht entschieden und soll, wie beschlossen, unentschieden bleiben.)

2. Die beschlossenen Bestimmungen lauten in der *ZustOR:*

ZustOR § 69 § 69. Wer sich durch Vertrag zur Veräußerung einer Sache verpflichtet (Veräußerer), hat dem anderen Vertragsschließenden (Erwerber) das Eigenthum der Sache zu verschaffen.

Betrifft die Veräußerung ein anderes Recht an der Sache mittels Bestellung oder Uebertragung derselben, so hat der Veräußerer dieses Recht zu verschaffen.

ZustOR § 318 § 318. Durch den Kaufvertrag wird der Verkäufer verpflichtet, dem Käufer, wenn eine Sache Gegenstand des Kaufes ist, die verkaufte Sache zu übergeben und deren Eigenthum zu verschaffen, wenn ein Recht Gegenstand des Kaufs ist, dieses Recht zu verschaffen und bei dem Verkaufe eines auf eine Sache sich beziehenden Rechts, zu dessen Ausübung die Innehabung der Sache erforderlich ist, die letztere zu übergeben.

Der Käufer wird durch den Kaufvertrag verpflichtet, dem Verkäufer den vereinbarten Kaufpreis zu zahlen und die verkaufte Sache abzunehmen.

ZustOR § 319 § 319. Der Kaufpreis muß in Geld bestehen. Neben dem in Geld festgesetzten Kaufpreise können Leistungen anderer Art bedungen, auch kann vereinbart werden, daß solche Leistungen zu einem bestimmten Geldanschlage an Stelle des Geldpreises treten sollen.

3. Zu § 69 ZustOR: „Es lag noch der Antrag vor: den § 69 Abs. 2 der Zusammenstellung der das Obligationenrecht betreffenden Beschlüsse (Protokolle S. 676–679, 695) in Erledigung des Seite 671 der Protokolle gemachten Vorbehalts zu fassen: ‚Betrifft die Veräußerung ein anderes Recht außer Forderungen, sei dasselbe zu bestellen oder zu übertragen, so hat der Veräußerer dieses Recht zu verschaffen.'
Derselbe wurde als völlig unbedenklich genehmigt". (Prot. I 3075).

4. Der Antrag von *Kurlbaum* (Nr. 570, Prot. I S. 3553, sub. 15), den § 367 Abs. 2 KE (1. Fassung) zu fassen: „Betrifft die Veräußerung ein Recht pp.", wurde von der 1. Kommission gebilligt (Prot. I, S. 3560).

5. Zu § 367 KE: Auf Antrag wurde beschlossen, in § 367 Abs. 2 KE den Anfang zu fassen: „Betrifft der Vertrag die Veräußerung eines Rechtes . . ." (Prot. I, S. 12133) und in Abs. 1 a. E. zu sagen: „Eigenthum *an* der Sache" (Prot. I, S. 11923–11924).

6. In § 318 Abs. 1 ZustOR wurde aufgrund eines Antrags statt „Innehabung" gesetzt: „Inhabung" (Prot. I, S. 3290).

7. Aufgrund eines Antrags von *Kurlbaum* (Nr. 570, Prot. I, S. 3551, sub. III), wurde in § 457 KE (1. Fassung) statt „an Stelle" gesetzt „an die Stelle" (Prot. I 3559).

III., IV. Die Bestimmungen lauten im *KE (E I):* KE § 367 E I 370

§ 367. Wer sich durch Vertrag zur Veräußerung einer Sache verpflichtet (Veräußerer), hat dem anderen Vertragschließenden (Erwerber) das Eigenthum (an; E I) der Sache zu verschaffen.

Betrifft die Veräußerung ein Recht [Betrifft der Vertrag die Veräußerung eines Rechtes, (E I),], so hat der Veräußerer dieses Recht zu verschaffen.

§ 456. Durch den Kaufvertrag wird der Verkäufer verpflichtet, dem Käufer, wenn eine Sache Gegenstand des Kaufes ist, die verkaufte Sache zu übergeben und deren Eigenthum[13] zu verschaffen, wenn ein Recht Gegenstand des Kaufes ist, dieses Recht zu verschaffen und bei dem Verkaufe eines auf eine Sache sich beziehenden Rechtes, zu deren Ausübung die Inhabung der Sache erforderlich ist, die letztere zu übergeben. KE § 456 E I 459

Der Käufer wird durch den Kaufvertrag verpflichtet, dem Verkäufer den vereinbarten Kaufpreis zu zahlen und die verkaufte Sache abzunehmen.

§ 457. Der Kaufpreis muß in Geld bestehen. Neben dem in Geld festgesetzten Kaufpreise können Leistungen anderer Art bedungen, auch kann vereinbart werden, daß solche Leistungen zu einem bestimmten Geldanschlage an die Stelle des Geldpreises treten sollen. KE § 457 E I § 460

**B. Vorkommission des Reichsjustizamtes**

I. Beantragt war:

a) Die §§ 370 bis 380 hier zu streichen und beim Kaufe in einem besonderen Unterabschnitte Struckmann (Nr 1, 104)

„Gewährleistung des veräußerten Rechtes"

(Stellung vorbehalten) folgende Vorschriften aufzunehmen:

§ a (§§ 370, 371)

Der Verkäufer haftet dafür, daß nicht bezüglich des Kaufgegenstandes einem Dritten Rechte zustehen, welche dieser gegen den Käufer geltend machen kann. [Die weiteren Anträge von *Struckmann*, §§ b–gg, werden bei den betreffenden Bestimmungen mitgeteilt.] Struckmann (Nr 1, 104)

b) Zu §§ 370 bis 411.

A. Statt derselben folgende Vorschrift als § 370 zu setzen: Die für den Kauf geltenden Vorschriften über die Verpflichtung des Verkäufers zur Verschaffung des Eigenthums der verkauften Sache oder zur Verschaffung des verkauften Rechtes, über seine Haftung wegen der einem Dritten zustehenden Rechte an der verkauften Sache oder dem verkauften Rechte und über die ihm deshalb oder wegen Mängel der verkauften Sache obliegende Gewährleistung finden auf alle zu der Veräußerung einer Sache oder eines Rechtes verpflichtenden Verträge entsprechende Anwendung. Planck (Nr 6, 9)

B. Den Titel über den Kauf in folgender Art zu ändern: Planck (Nr 6, 9)

Vierter Titel.

Kauf.

I.

Allgemeine Vorschriften.

Hinter § 462 werden eingeschaltet als §§ 462a bis 462d.

---

[13] „Eigenthum an derselben" heißt es im E I.

Planck (Nr 6, 9) 1. die §§ 371 und 372 in der Fassung des Entwurfs unter Aenderung der Worte „Veräußerer, Veräußerung und Erwerber" in „Verkäufer, Verkauf und Käufer";

Planck (Nr 6, 9) 2. § 373 in folgender Fassung: Der Verkäufer haftet nicht für die Verschaffung des Eigenthums und die Freiheit von den in dem § 462a bezeichneten Rechten, wenn der Käufer bei Schließung des Kaufes den Mangel in dem Rechte des Verkäufers gekannt hat.

Diese Vorschrift u.s.w. wie im zweiten Absatze des § 373 Abs. 2.

Planck (Nr 6, 9) 3. der § 378 in folgender Fassung: Betrifft der Verkauf ein Grundstück oder ein Recht an einem solchen, so ist u.s.w. wie im § 378 unter Aenderung der Worte „Veräußerer und Erwerber" in „Verkäufer und Käufer".

Planck (Nr 6, 9) Hinter § 469 wird ein neuer Unterabschnitt eingeschaltet unter der Ueberschrift:

II.

Gewährleistung wegen Mangels in dem Rechte des Verkäufers.

Hier folgen dann die §§ 374 bis 377, 379, 380, 380a in der unten folgenden Fassung unter Aenderung der Worte „Veräußerer und Erwerber" in „Verkäufer und Käufer" und den sonst durch die Beschränkung auf den Kauf erforderlich werdenden Aenderungen.

Darauf folgt ein Abschnitt unter der Ueberschrift:

III.

Planck (Nr 6, 9) Gewährleistung wegen Mangels der verkauften Sache.

und sind in diesen Abschnitt zu stellen die §§ 381 bis 411 in entsprechend geänderter Fassung.

Hierauf folgt ein Abschnitt unter der Ueberschrift:

IV.

Planck (Nr 6, 9) Kauf nach oder auf Probe unter Vorbehalt eines besseren Gebotes.

mit den §§ 470 bis 475 des Entwurfs.

Planck (Nr 6, 9) Die übrigen Abschnitte des Entwurfs bleiben unter Aenderung der Zahlen II bis IV in V bis VII.

Planck (Nr 6, 9) Der V. Abschnitt vom Tausch wird ein besonderer Titel.

**II.** 60. Sitzung vom 8. 10. 1891

| Prot-RJA 339 | Zu den §§ 370 bis 380 wurde beschlossen, die Lehre von der Gewährleistung des veräußerten Rechts hier zu streichen und in Beschränkung auf den Kauf in den über diesen handelnden Abschnitt des zweiten Buches einzugliedern. Man erwog, daß die Vorschriften wesentlich im Hinblick auf den Kauf gedacht seien und zur direkten Anwendung sich vorzugsweise nur für diesen eigneten, auf unentgeltliche Rechtsgeschäfte aber überhaupt nicht paßten, daß ferner die Beschränkung auf den Kauf der Methode fast aller bisherigen Gesetzbücher entspreche und eine konkretere und verständlichere Fassung ermögliche.

**III.** Anträge zu § 459 i. V. m. § 370 E I

Struckmann (Nr 2, 14) **a)** **1.** Den § 459 zu fassen: Durch den Kaufvertrag wird der Verkäufer verpflichtet, dem Käufer den Kaufgegenstand zu vollem Rechte und Genusse zu verschaffen. Der Käufer wird verpflichtet, dem Verkäufer den vereinbarten Preis zu zahlen und ihm die verkaufte Sache abzunehmen.

**2.** Den § 460 zu streichen. Struckmann (Nr 2, 15)

**b) 1.** In § 370 den Eingang des Absatz 1 zu fassen: Wer sich durch Vertrag gegen Entgelt zur Veräußerung einer Sache verpflichtet hat u.s.w. Jacubezky (Nr 5, 14)

**2.** Im § 459 Absatz 2 die Worte „und die verkaufte Sache abzunehmen" zu streichen, den § 460 zu streichen. Jacubezky (Nr 9, 1, 2)

**c)** Für den Fall, daß die §§ 370 bis 411 an ihrer jetzigen Stelle bleiben, werden folgende Aenderungen vorgeschlagen: Planck (Nr 6, 10)

**1.** In dem § 370 sowie in dem § 371 den zweiten Satz zu streichen. (Vergl. unten § 380a.) Planck (Nr 6, 10)

**2.** Den § 374 in zwei Paragraphen zu zerlegen und zu fassen:

§ 374. So lange der Veräußerer dem Erwerber das Eigenthum der den Gegenstand des Vertrages bildenden Sache nicht verschafft hat, ist der Erwerber, auch wenn der zur Eigenthumsübertragung erforderliche Vertrag bereits geschlossen worden, die ihm obliegende Gegenleistung zu verweigern befugt. Planck (Nr 6, 11)

Das Gleiche gilt, wenn Rechte Dritter bestehen, für deren Nichtvorhandensein der Veräußerer nach § 371 zu haften hat. Die Gegenleistung darf in diesem Falle von dem Erwerber jedoch nur soweit zurückbehalten werden, als zur Sicherung des ihm wegen Nichterfüllung zustehenden Anspruches erforderlich ist.

§ 374a. Ist der zur Uebertragung des Eigenthums erforderliche Vertrag zwischen dem Veräußerer und dem Erwerber geschlossen, so kann der Erwerber einen Anspruch wegen Nichterfüllung der dem Veräußerer obliegenden Verpflichtung zur Verschaffung des Eigenthums und zur Gewähr der Freiheit von den im § 371 bezeichneten Rechten erst dann gegen den Veräußerer geltend machen, wenn ein Dritter das Eigenthum an der Sache oder ein Recht der im § 371 bezeichneten Art mit Erfolg geltend gemacht hat. Planck (Nr 6, 11)

**3.** Die §§ 375 und 376 in folgender Art zusammenzufassen: Planck (Nr 6, 12)

Das Eigenthum oder sonstige Recht des Dritten ist als mit Erfolg geltend gemacht anzusehen, wenn es durch rechtskräftiges Urtheil oder Schiedsspruch zwischen dem Erwerber und dem Dritten festgestellt, oder von dem Erwerber gegenüber dem Dritten anerkannt ist.

Der erfolgreichen Geltendmachung steht es gleich, wenn der Dritte Erbe des Erwerbers oder wenn der letztere Erbe des Dritten geworden ist oder wenn der Erwerber das Recht des Dritten anderweit erworben oder den Dritten abgefunden hat.

**4.** Den § 378 zu fassen: Der Veräußerer eines Grundstücks ist verpflichtet, die in das Grundbuch eingetragene, dem vertragsmäßigen Rechte des Erwerbers entgegenstehenden Rechte auf seine Kosten zur Löschung zu bringen. Dies gilt u.s.w. wie im Entw. Planck (Nr 6, 13)

**5.** Den § 380 zu fassen: Eine vertragsmäßige Beschränkung der Haftung des Veräußerers wegen eines Mangels in seinem Rechte ist unwirksam, wenn der Veräußerer das Recht des Dritten gekannt und dem Erwerber arglistig verschwiegen hat. Planck (Nr 6, 14)

**6.** Hinter § 380 folgende Vorschrift als § 380a einzuschalten:

Die Vorschriften der §§ 370, 371, 373 bis 380 finden auf den Vertrag, durch welchen sich Jemand zu der Veräußerung eines Rechtes verpflichtet, entsprechende Anwendung. Planck (Nr 6, 15)

Bildet den Gegenstand des Vertrages eine Forderung, so kann der Erwerber den Anspruch wegen Nichterfüllung nach Maßgabe des § 374a auch dann geltend machen, wenn der Schuldner das Nichtbestehen der Forderung mit Erfolg geltend gemacht hat.

IV. 60. Sitzung vom 8. 10. 1891

| Prot-RJA 339 | Der § 370 wurde gestrichen in der Voraussetzung, daß er sachlich durch den § 459 ersetzt werden würde.

Eine Beratung des § 459 E I hat nicht stattgefunden.

## C. 2. Kommission

I. Anträge (Prot. II, Bd. 1, S. 653; Bd. 2, S. 50—56; *Mugdan*, Bd. 2, S. 646, 765 ff.)

Struckmann (Nr 2, 26) a) Beantragt war: Die §§ 370 bis 380 hier zu streichen und statt derselben beim Kaufe an geeigneter Stelle die in dem Antrag unter §§ a bis h formulirten Bestimmungen anzunehmen.

Die Kom. beschloß ohne Debatte, die Gewährleistung wegen Mängel im Rechte des Veräußerers zunächst für den Kauf zu regeln und dann zu prüfen, ob und inwieweit die für den Kauf gegebenen Rechtssätze auf andere entgeltliche Veräußerungsverträge auszudehnen seien.

b) Es lagen die Anträge vor:

1. den § 459 zu fassen:

Struckmann (Nr 71, 1) Durch den Kaufvertrag wird der Verkäufer verpflichtet, dem Käufer den Kaufgegenstand zu vollem Rechte und Genusse zu verschaffen. Der Käufer wird verpflichtet, dem Verkäufer den vereinbarten Preis zu zahlen und ihm die verkaufte Sache abzunehmen.

2. im § 459

a) dem Abs. 1 die zu § 371 beschlossene Bestimmung in nachstehender Fassung als Satz 2 anzufügen:

Jacubezky (Nr 102, 1) Die Sache oder das Recht muß dem Käufer frei von Rechten Dritter verschafft werden, welche gegen den Käufer geltend gemacht werden können;

b) im Abs. 2 die Worte „und die verkaufte Sache abzunehmen" zu streichen;

3. den Abs. 1 zu fassen:
Durch den Kaufvertrag wird der Verkäufer einer Sache zur Uebergabe derselben und zur Uebertragung des Eigenthums, der Verkäufer eines Rechtes zu dessen Beschaffung und, wenn die Ausübung des Rechtes vom Besitz einer Sache abhängig ist, zur Beschaffung des Besitzes dem Käufer verpflichtet.

Die Kom. lehnte den ersten Satz des Antrags 1 ab und überwies die lediglich redaktionellen Anträge 2a und 3 der RedKom, indem sie sachlich den Abs. 1 des Entw. billigte. Der Antrag 2b wurde abgelehnt.

c) Zu § 459 war ferner beantragt:

1. den zweiten Absatz so zu fassen:

v. Cuny (Nr 113, 1) Sofern die Zahlung des vereinbarten Preises und die Abnahme der gekauften Sache nicht schon beim Vertragsschlusse stattfindet, wird der Käufer verpflichtet, zum vertragsmäßigen Zeitpunkte den Preis zu zahlen und die Sache abzunehmen.

Planck (Nr 119, 1) 2. für den Fall, daß der Gedanke, welcher dem Antrag 1 zu Grunde liegt, zum Ausdruck gebracht werden soll, an geeigneter Stelle, etwa dem Schlusse der Vorschriften über den Kauf, nachstehende Bestimmung aufzunehmen:

Wird ohne vorherigen Kaufvertrag eine Sache gegen Geld ausgetauscht, so finden die Vorschriften über den Kaufvertrag insoweit Anwendung, als sie sich nicht auf die Verpflichtung der Parteien zur Uebergabe der Sache und zur Zahlung des Kaufpreises beziehen.

Die Kommission lehnte beide Anträge (gegen zwei Stimmen) ab.

**d)** Ein Antrag, der darauf gerichtet war, zwischen dem § 459 und dem § 460 die zu den §§ 372 bis 411 beschlossenen Vorschriften einzustellen und dabei den § 462 unmittelbar vor den zum § 379 beschlossenen § f (Bd. I S. 665) zu setzen, wurde der RedKom überwiesen. Jacubezky (Nr 102, 2)

**e)** Zu § 460 war beantragt, die Bestimmung zu streichen. Struckmann (Nr 71, 2) Jacubezky (Nr 102, 3)

Die Streichung wurde beschlossen.

**II.** In der *VorlZust* hat die beschlossene Regelung die Fassung als § 459: Durch den Kaufvertrag wird der Verkäufer verpflichtet, dem Käufer, wenn eine Sache Gegenstand des Kaufes ist, die verkaufte Sache zu übergeben und das Eigenthum an derselben zu verschaffen, wenn ein Recht Gegenstand des Kaufes ist, das Recht zu verschaffen und, sofern zur Ausübung des Rechts die Inhabung der Sache erforderlich ist, auf welche dasselbe sich bezieht, die Sache zu übergeben. E I-VorlZust § 459

Der Käufer wird durch den Kaufvertrag verpflichtet, dem Verkäufer den vereinbarten Kaufpreis zu zahlen und die gekaufte Sache abzunehmen.

**III.** Fassung der Regelung in der *ZustRedKom:*

§ 459. Durch den Kaufvertrag wird der Verkäufer einer Sache verpflichtet, dem Käufer die Sache zu übergeben und das Eigenthum an derselben zu verschaffen. Der Verkäufer eines Rechtes hat dem Käufer das Recht zu verschaffen und, sofern das Recht sich auf eine Sache bezieht, deren Inhabung zur Ausübung des Rechtes erforderlich ist, die Sache zu übergeben. E I-ZustRedKom § 459

Der Käufer wird durch den Kaufvertrag verpflichtet, dem Verkäufer den vereinbarten Kaufpreis zu zahlen und die gekaufte Sache abzunehmen.

**IV.** Im *E II* lautet die Regelung als § 375. Durch den Kaufvertrag wird der Verkäufer einer Sache verpflichtet, dem Käufer die Sache zu übergeben und das Eigenthum an derselben zu verschaffen. Der Verkäufer eines Rechtes hat dem Käufer das Recht zu verschaffen und, wenn das Recht zum Besitz einer Sache berechtigt, die Sache zu übergeben. E II § 375

Der Käufer wird durch den Kaufvertrag verpflichtet, dem Verkäufer den vereinbarten Kaufpreis zu zahlen und die gekaufte Sache abzunehmen.

**V.** Die Fassung des § 427 *E II rev (E III)* stimmt mit der des § 433 BGB überein.

## § 434

**Der Verkäufer ist verpflichtet, dem Käufer den verkauften Gegenstand frei von Rechten zu verschaffen, die von Dritten gegen den Käufer geltend gemacht werden können.**

## A. 1. Kommission

I. 83. Sitzung vom 2. 5. 1882, Schriftführer Struckmann

| Prot I 676 | Zu § 8:

TE-OR (Nr 20) § 8 „Die Gewährleistungspflicht des Veräußerers bezieht sich auch auf die Freiheit der Sache von Hypotheken sowie von Lasten, welche der Besitzer der Sache als solcher zu tragen hat."

lagen folgende Anträge vor:

1. Den § als entbehrlich, weil bereits durch § 7 gedeckt, zu streichen;

Windscheid (Nr 56) 2. Den § dahin zu fassen: „Der Schuldner ist verpflichtet, dafür einzustehen, daß die Sache nicht mit Hypotheken belastet sei . . ."

Johow (Nr 55, 1) 3. Dem § 8 in Verbindung mit dem § 9 folgende Fassung zu geben: „Die Gewährleistungspflicht des Veräußerers einer Sache bezieht sich auch auf die Freiheit der Sache von Rechten an derselben (Sachenrecht Abschnitt IV – VII[1] und auf das Nichtbestehen anderer Rechte Dritter, welche gegen den Erwerber geltend gemacht werden können.

Diese Bestimmung findet entsprechende Anwen- | dung, wenn der Veräußerer zur | Prot I 677 Bestellung oder zur Uebertragung eines Rechtes an einer Sache verpflichtet ist."

4. Vor dem Worte: „Lasten" einzuschalten: „Dienstbarkeiten" und hinzuzufügen: v. Weber (Nr 57, 2) „Auf die Freiheit veräußerter Grundstücke von solchen Grunddienstbarkeiten, welche sich aus der äußeren Lage und Beschaffenheit des Grundstücks ergeben, erstreckt sich jedoch die Haftpflicht des Veräußerers nicht."

Zunächst wurde das Prinzip des Entwurfs zur Berathung verstellt, daß der Veräußerer für alle dinglichen Rechte einschließlich der Dienstbarkeiten zu haften habe. Das Prinzip wurde von keiner Seite beanstandet. Die Mehrheit lehnte auch die in dem Antrage unter Nr. 4 vorgeschlagene Ausnahme ab. Man erachtete die für eine solche Ausnahme geltend gemachten praktischen Gründe, daß sie zur Verminderung schikanöser Prozesse und zur Vermeidung unbilliger Härten für den Veräußerer dienen werde, nicht für durchschlagend, glaubte vielmehr, daß es bei der Pflicht des Veräußerers, dem Erwerber alle Rechte Dritter anzuzeigen, verbleiben müsse und daß die vorgeschlagene Ausnahme zwar einige Prozesse verhüten, dagegen eine große Zahl anderer hervorrufen werde, indem es oft zweifelhaft sein und darüber gestritten werden würde, ob eine Grunddienstbarkeit als eine solche anzusehen sei, welche sich aus der äußeren Lage und der Beschaffenheit des Grundstücks ergebe. Aus diesem Grunde habe die Kommission auch bereits beschlossen, daß derartige Grunddienstbarkeiten von der Form der Eintragung im Grundbuche nicht ausgenommen werden sollten.

Anlangend die Frage, ob das Prinzip des Entwurfs neben dem § 7 im § 8 zum besonderen Ausdrucke zu | bringen sei, so entschied sich die Mehrheit im Interesse der Deutlichkeit und der praktischen Handhabung des Gesetzbuchs für die Aufnahme einer | Prot I 678 entsprechenden Bestimmung und zwar in der in dem Antrage unter Nr. 3 Abs. 2 vorgeschlagenen Ausdehnung auf solche Fälle, in denen ein Recht an einer Sache den Gegenstand des Vertrags bildet. Auch wurde nach dem Vorschlage jenes Antrages beschlossen, die Rechte, für welche der Veräußerer zu haften habe, durch Hinweis auf das Sachenrecht Abschnitt IV – VII zu bezeichnen. Man war ferner einverstanden, daß das Wort: „Gewährleistungspflicht" in dem betreffenden Zusammenhange zu vermeiden sei.

---

[1] Erbbaurecht, Dienstbarkeiten, Reallasten, Pfandrechte.

Soweit der Antrag unter Nr. 3 sich zugleich auf den § 9 bezieht, wurde die Beschlußfassung bis zur Berathung des § 9 ausgesetzt.

Zu § 9: TE-OR (Nr 20) § 9

„Der Veräußerer ist dem Erwerber zur Gewährleistung auch dann verpflichtet, wenn zur Zeit der Veräußerung Rechte Dritter bestehen, durch welche dem Erwerber das Eigenthum oder das andere Recht an der Sache wieder entzogen werden kann."

waren folgende Anträge gestellt:

1. Den § 9 mit dem § 8 in der in dem Antrage Nr. 3 zum § 8 vorgeschlagenen Fassung zu verbinden.

2. Statt § 9 folgende Bestimmung aufzunehmen: „Der Veräußerer ist dem Erwerber zur Gewährleistung auch dann verpflichtet, wenn zur Zeit der Veräußerung Rechte Dritter bestehen, durch welche der Erwerber in der Inhabung und Benutzung gestört wird." v. Weber (Nr 57, 3)

Es bestand Einvernehmen, daß die gestellten Anträge nur redaktioneller Natur seien und keine materiellen Abweichungen von dem Entwurfe bezweckten.

Die Mehrheit billigte die in dem Antrage un- | ter Nr. 1 vorgeschlagene Fassung, da dieselbe deutlicher als der Entwurf zum Ausdruck bringe, daß der Veräußerer auch für solche persönlichen Rechte Dritter hafte, welche, ohne dem Erwerber das vertragsmäßige Recht selbst zu entziehen, gegen jeden Erwerber geltend gemacht werden können. | Prot I 679

**II. 1.** In der *ZustOR* lautet die beschlossene Regelung als § 70: Der Veräußerer einer Sache haftet dafür, daß an der Sache nicht Rechte der im Sachenrechts Entwurfe Abschnitt 4 – 7 bezeichneten Art und daß auch nicht sonstige auf die Sache sich beziehende Rechte bestehen, die ein Dritter gegen den Erwerber geltend machen kann. ZustOR § 70

Diese Bestimmung findet entsprechende Anwendung, wenn der Vertrag die Veräußerung des Rechts an einer Sache betrifft.

**2.** Zu § 70 ZustOR lag der Antrag von *Kurlbaum* (Nr. 566, 4; Prot. I, S. 3231) vor, den § 70 zu fassen: „Der Veräußerer haftet dafür, daß an dem Gegenstande der Veräußerung nicht Rechte – nicht sonstige auf den Gegenstand sich beziehende pp." und den Absatz 2 zu streichen. Die 1. Kommission beschloß folgendes: Der erste Absatz des § 70 soll unverändert bleiben, der zweite Absatz gefaßt werden: „Diese Bestimmung findet entsprechende Anwendung, wenn der Vertrag die Veräußerung eines Rechts der im zweiten Absatze des § 69 bezeichneten Art betrifft" (Prot. I 3286).

**3.** Ferner beantragte *Kurlbaum* (Nr. 570, Prot. I, S. 3553), den § 358 Abs 2 KE (1. Fassung) zu fassen: „Die Bestimmung des ersten Absatzes findet entsprechende Anwendung, wenn der Vertrag die Veräußerung eines Rechtes betrifft". Der Antrag wurde gebilligt (Prot. I, S. 3560).

**III. 1.** Im *KE* lautet die Regelung als § 368: Der Veräußerer einer Sache haftet dafür, daß an der Sache nicht dingliche Rechte und daß auch nicht sonstige auf die Sache sich beziehende Rechte bestehen, die ein Dritter gegen den Erwerber geltend machen kann. KE § 368

Die Bestimmung des ersten Absatzes findet entsprechende Anwendung, wenn der Vertrag die Veräußerung eines Rechtes betrifft.

**2.** Aufgrund eines Antrages von *v. Mandry* (Nr. 575) wurde beschlossen, den Eingang des § 368 Abs. 1 KE zu fassen: „Der Veräußerer einer Sache haftet dafür, daß nicht Rechte an der Sache und daß auch nicht sonstige . . ." (Prot. I, S. 6178).

3. Der Antrag von *Kurlbaum* (Nr. 576), in § 368 KE statt „an der Sache nicht Rechte" zu setzen: „nicht Rechte an der Sache" (Prot. I, S. 6190) war durch den Beschluß zu 2. erledigt.

4. Auf Antrag von *Gebhard* (Nr. 594, 3) wurde in § 368 Abs. 1 KE „die ein Dritter" durch „*welche* ein Dritter" ersetzt (Prot. I, S. 11777).

E I § 371

**IV.** Fassung der Regelung im *E I* als § 371: Der Veräußerer einer Sache haftet dafür, daß nicht Rechte an der Sache und daß auch nicht sonstige auf die Sache sich beziehende Rechte bestehen, welche ein Dritter gegen den Erwerber geltend machen kann.

Die Vorschrift des ersten Absatzes findet entsprechende Anwendung, wenn der Vertrag die Veräußerung eines Rechtes betrifft.

### B. Vorkommission des Reichsjustizamtes

I. Beantragt war:

Struckmann (Nr 1, 104)

1. § a (§§ 370, 371) Der Verkäufer haftet dafür, daß nicht bezüglich des Kaufgegenstandes einem Dritten Rechte zustehen, welche dieser gegen den Käufer geltend machen kann.

2. Zum Antrag von *Planck* vgl. bei § 433 BGB.

**II. 1.** In der Beratung (Prot. vom 8. 10. 1891) wurde § 371 sachlich nicht beanstandet und erhielt folgende Fassung (ProtRJA S. 339):

E I-RJA § a (§ 371)

§ a (§ 371) Der Verkäufer haftet dafür, daß nicht bezüglich des Kaufgegenstandes einem Dritten Rechte zustehen, welche dieser gegen den Käufer geltend machen kann.

**2.** Zu § 371 (§ a) wurde als Satz 2 nachstehende Zusatzbestimmung (Vgl. Antrag von

E I-RJA § a S. 2

*Struckmann* bei §§ 440, 441 BGB) beschlossen (Prot. vom 9. 10. 1891, S. 347): Der Verkäufer eines Werthpapieres haftet auch dafür, daß dasselbe nicht zum Zwecke der Kraftloserklärung aufgeboten ist.

### C. 2. Kommission

**I.** Zu den §§ 370, 371 E I war beantragt (Prot. II, Bd. 1, S. 654; *Mugdan*, Bd. 2,

Struckmann (Nr 2, 26)

S. 647): die Fassung des § a (§§ 370, 371 E I-RJA).

Hierzu die Unteranträge:

a) den Satz 2 des § a zu streichen;

b) im § a hinter dem Worte „aufgeboten" die Worte einzufügen „oder unter Zahlungssperre gestellt."

Die Kom. nahm den § a mit dem Unterantrage b an. Die Frage, ob es sich empfiehlt, den Ausdruck „haften" zu gebrauchen, wurde der RedKom zur Prüfung überwiesen; die endgültige Fassung des § a soll nach Durchberathung des § 459 festgestellt werden.

**II.** In der *VorlZust* lautet die beschlossene Regelung als § 371: Der Verkäufer ist verpflichtet, dem Käufer den Kaufgegenstand frei von Rechten zu verschaffen, welche Dritte gegen den Käufer geltend machen können. E I-VorlZust § 371

Der Verkäufer eines Werthpapiers haftet auch dafür, daß dasselbe (zur Zeit des Abschlusses des Kaufes [oder: der Uebergabe des Papiers?]) nicht zum Zwecke der Kraftloserklärung aufgeboten oder unter Zahlungssperre gestellt ist[2].

**III.** Fassung der Regelung in der *ZustRedKom* als § 459a (371): Der Verkäufer ist verpflichtet, dem Käufer den Kaufgegenstand frei von Rechten zu verschaffen, welche Dritte gegen den Käufer geltend machen können. E I-ZustRedKom § 459a

**IV.** Im *E II* lautet die Regelung als § 376: Der Verkäufer ist verpflichtet, dem Käufer den Kaufgegenstand frei von Rechten zu verschaffen, die von Dritten gegen den Käufer geltend gemacht werden können. E II § 376

**V.** *E II rev* § 428 (*E III* § 428) lautet wie § 434 BGB.

## E. Reichstag

**I.** In der XII. Kommission lag der Antrag von *Frohme, Stadthagen* vor: Frohme, Stadthagen (Nr 33)

Statt § 428 und § 429 zu setzen: „Der Verkäufer ist verpflichtet, den verkauften Gegenstand dem Käufer so zu verschaffen, wie Treu und Glauben mit Rücksicht auf die Verkehrssitte es erfordern."

**II.** Über die Sitzung heißt es im Bericht von *Heller* vom 4. 3. 1896:

Die §§ 428, 429, die die Abgeordneten Frohme, Stadthagen durch die in Nr. 33 vorgeschlagene Bestimmung zu ersetzen beantragten, wurden gegen die Stimmen der Antragsteller angenommen, nachdem der Kommissar ORR *Struckmann* dargethan hatte, daß der Inhalt der beantragten Bestimmung sich schon aus den §§ 129, 153 ergebe, die §§ 428, 429 des Entwurfs hierdurch aber nicht entbehrlich gemacht seien.

## § 435

**Der Verkäufer eines Grundstücks oder eines Rechtes an einem Grundstück ist verpflichtet, im Grundbuch eingetragene Rechte, die nicht bestehen, auf seine Kosten zur Löschung zu bringen, wenn sie im Falle ihres Bestehens das dem Käufer zu verschaffende Recht beeinträchtigen würden.**

**Das Gleiche gilt bei dem Verkauf eines Schiffes oder eines Rechtes an einem Schiffe für die im Schiffsregister eingetragenen Rechte.**

**A, B, C. I.** Die Materialien zu § 435 BGB sind bis zur Fassung der Regelung des § 435 in der VorlZust bei § 440 BGB mitgeteilt (vgl. § 378 E I).

---

[2] § 371 Abs. 2 E I-VorlZust ist später in § 437 Abs. 2 BGB übernommen worden.

**C. II.** Die im § 378 E I enthaltene Regelung lautet in der *VorlZust* als:

E I-VorlZust § 378 — § 378. Der Verkäufer eines Grundstücks oder eines Rechtes an einem Grundstücke ist verpflichtet, die in das Grundbuch eingetragenen Rechte, welche dem vertragsmäßigen Rechte des Käufers entgegenstehen, auf seine Kosten zur Löschung zu bringen. Dies gilt auch dann, wenn die eingetragenen Rechte nicht zur Entstehung gelangt sind oder nicht mehr bestehen. (Die Vorschriften des § 374 finden keine Anwendung). Diese Vorschriften gelten auch für den Verkauf eines Schiffes oder eines Rechtes an einem Schiffe in Ansehung der in das Schiffsregister eingetragenen Rechte.

Der Redaktionskommission wird zur Erwägung verstellt, ob unter Streichung des § 378 als Dritter Absatz des § 372 oder als § 372a folgende Vorschrift einzustellen ist: Der Verkäufer eines Grundstückes oder eines Rechtes an einem Grundstücke ist verpflichtet, die in das Grundbuch eingetragenen Rechte, welche dem vertragsmäßigen Rechte des Käufers entgegenstehen, auf seine Kosten auch dann zur Löschung zu bringen, wenn sie nicht zur Entstehung gelangt sind oder nicht mehr bestehen. Diese Vorschrift gilt auch u.s.w. wie im § 378 Abs. 2.

E I-ZustRedKom § 459b — **III.** Fassung der Regelung in der *ZustRedKom* als § 459b (378): Der Verkäufer eines Grundstücks oder eines Rechtes an einem Grundstück ist verpflichtet, in das Grundbuch eingetragene Rechte, die nicht zur Entstehung gelangt sind oder nicht mehr bestehen, auf seine Kosten zur Lösung zu bringen, wenn sie im Falle ihres Bestehens das vertragsmäßige Recht des Käufers beeinträchtigen würden.

Das Gleiche gilt bei dem Verkauf eines Schiffes oder eines Rechtes an einem Schiffe für die in das Schiffsregister eingetragenen Rechte.

E II § 377 — **IV.** In *E II* lautet die Regelung als § 377: Der Verkäufer eines Grundstücks oder eines Rechtes an einem Grundstück ist verpflichtet, in das Grundbuch eingetragene Rechte, die nicht zur Entstehung gelangt sind oder nicht mehr bestehen, auf seine Kosten zur Löschung zu bringen, wenn sie im Falle ihres Bestehens das dem Käufer zu verschaffende Recht beeinträchtigen würden.

Das Gleiche gilt bei dem Verkauf eines Schiffes oder eines Rechtes an einem Schiffe für die in das Schiffsregister eingetragenen Rechte.

**V.** Die Fassung des § 429 *E II rev* (*E III* § 429) entspricht der des § 435 BGB (jetzige Fassung aufgrund einer VO vom 21. 12. 1940, RGBl. I 1609).

## § 436

**Der Verkäufer eines Grundstücks haftet nicht für die Freiheit des Grundstücks von öffentlichen Abgaben und von anderen öffentlichen Lasten, die zur Eintragung in das Grundbuch nicht geeignet sind.**

### A. 1. Kommission

I. 83. Sitzung vom 2. 5. 1882, Schriftführer Struckmann

| Prot I 679 — | Zu § 10:

TE-OR (Nr 20) § 10 — „Auf die Freiheit veräußerter Grundstücke von öffentlichen Abgaben erstreckt sich die Gewährleistungspflicht des Veräußerers nicht, vorbehaltlich der Verpflichtung aus

besonderer Zusicherung des letzteren oder wegen betrüglichen Verhaltens desselben."
lagen folgende Anträge[1] vor:

1. Statt des § zu bestimmen:
„Für die Freiheit von öffentlichen Abgaben braucht der Veräußerer nur bezüglich der bereits fälligen Beiträge einzustehen."

2. Den § 10 dahin zu fassen: Johow
„Auf die Freiheit veräußerter Grundstücke von öffentlichen Abgaben und gemeinen Lasten (Sachenrechtsentw. §§ 535–537) erstreckt sich die Gewährleistungspflicht des Veräußerers nicht." (Nr 55, 2)

Gegen die in dem Antrage unter Nr. 2 vorgeschlagene Fassung wurde das Bedenken erhoben, daß der Ausdruck: „gemeine Lasten" in manchen Rechtsgebieten nicht verständlich sein und dem dortigen öffentlichen Rechte nicht entsprechen werde. Die Verweisung auf den § 537[2] des Sachenrechts aber sei nicht vollkommen zutreffend, da die dort aufgeführten Lasten nicht ausschließlich dem öffent- | lichen Rechte angehörten, es sich aber hier nur um Lasten des öffentlichen Rechts handele. Man verständigte sich dahin, neben den öffentlichen Abgaben die nicht buchungsfähigen öffentlichen Lasten als diejenigen Lasten zu bezeichnen, für welche der Veräußerer nicht zu haften habe, indem die Kenntniß von dem Vorhandensein solcher Lasten bei dem Erwerber in der Regel vorauszusetzen sein werde, eventuell es seine Sache sei, sich nach dem Vorhandensein derselben zu erkundigen. | Prot I 680

Der Antrag unter 1, ausdrücklich auszusprechen, daß die Haftpflicht des Veräußerers sich auf die bereits fälligen Beiträge erstreckte, wurde von der Mehrheit abgelehnt, ebenso der Verbesserungsantrag, die Worte: „bezüglich der bereits fälligen Beiträge" durch die Worte zu ersetzen: „bezüglich der Rückstände". Die Mehrheit erachtete es mit den Motiven des Entwurfs[3] für selbstverständlich, daß dem Erwerber solche Abgaben, welche schon vor der Veräußerung hätten bezahlt werden müssen, nicht zur Last fielen. Auf der anderen Seite sei es bedenklich, ausdrücklich auszusprechen, daß nur für bereits fällige Beiträge oder für Rückstände gehaftet werde, da die eine wie die andere Ausdrucksweise zu Mißverständnissen und unrichtigen Entscheidungen im konkreten Falle führen könnte.

Die Schlußworte des § 10: „vorbehaltlich der Verpflichtung u.s.w." wurden dem Antrage unter Nr. 1 entsprechend als entbehrlich gestrichen.

---

Der Antrag von *Weber* (Nr. 57, 2), in § 10 nach „öffentlichen Abgaben" hinzuzufügen: „und von solchen Grunddienstbarkeiten, welche sich aus der äußeren Lage und Beschaffenheit des Grundstücks ergeben", ist in den Prot. nicht enthalten.

Vgl. § 537 i. V. m. § 533; *§ 533:* „Aus dem Zuschlagspreise werden die Ansprüche der Gläubiger in der durch die §§ 534–545 festgesetzten Reihenfolge und in dem daselbst bestimmten Umfange berichtigt." *§ 537:* „IV. Die Ansprüche wegen der laufenden und der aus dem letzten Jahre rückständigen gemeinen Lasten, welche nach Gesetz oder Verfassung auf dem Grundstück haften, namentlich aller Abgaben und Leistungen, welche aus dem Kirchen-, Pfarr- und Schulverbande entspringen oder an die Kirche, die Pfarre und die Schule oder die für den Kirchen- oder den Schuldienst angestellten Personen zu entrichten, oder an öffentliche Verbände zum Schutze der Grundstücke oder zur Beförderung der Landeskultur, oder an Versicherungsanstalten, sofern die Versicherungsgelder dem Hypothekengläubiger haften oder zur Wiederherstellung durch Brand zerstörter oder beschädigter Gebäude verwendet werden müssen, zu gewähren sind." – *§ 534* betrifft den Gesindelohn, *§ 535* die Deichlasten, und *§ 536* die Staats- und Gemeindeabgaben.

Vgl. Mot. TE-OR Nr. 20, S. 24.

ZustOR § 71
KE § 369
E I § 372

**II., III., IV.** Die beschlossene Regelung lautet in der *ZustOR* (gleichlautend im *KE* und *E I)* als § 71: Der Veräußerer eines Grundstücks[4] haftet nicht für die Freiheit desselben von öffentlichen Abgaben und von anderen öffentlichen, zur Eintragung im Grundbuch nicht geeigneten Lasten.

**B. Vorkommission des Reichsjustizamtes**

**I.** Beantragt war:

Struckmann
(Nr 1, 104)

**1.** § b (§ 372) Der Verkäufer eines Grundstückes haftet nicht für die Freiheit desselben von öffentlichen Abgaben und anderen öffentlichen, zur Eintragung in das Grundbuch nicht geeigneten Lasten. Diese Vorschrift findet auf außergewöhnliche Abgaben und Lasten keine Anwendung.

**2.** Zum Antrag von *Planck* vgl. bei § 433 BGB.

**II.** In der Beratung (Prot. v. 8. 10. 1891) wurde § 372 sachlich nicht beanstandet und erhielt folgende Fassung (ProtRJA, S. 339):

E I-RJA
§ b (§ 372)

§ b (§ 372) Der Verkäufer eines Grundstücks haftet nicht für die Freiheit desselben von öffentlichen Abgaben und anderen öffentlichen zur Eintragung in das Grundbuch nicht geeigneten Lasten.

**C. 2. Kommission**

**I.** Zu § 372 E I war beantragt (Prot. II, Bd. 1, S. 656–657; *Mugdan*, Bd. 2, S. 648):

Struckmann
(Nr 2, 26)

die Fassung des § b E I-RJA;
hierzu war beantragt:

a) am Schlusse hinzuzusetzen: ebensowenig für Grunddienstbarkeiten, welche von so geringer Wichtigkeit sind, daß nicht anzunehmen ist, der Käufer würde bei ihrer Kenntniß nicht gekauft haben.

b) für den Fall, daß eine Vorschrift in diesem Sinne aufgenommen werden sollte, dem § b die Worte hinzuzufügen: auch nicht für nicht in das Grundbuch eingetragene Dienstbarkeiten und Reallasten, sofern dieselben das Grundstück nur unerheblich belasten.

Die Kom. trat dem Hauptantrage bei, der, abgesehen von der Beschränkung auf den Fall des Kaufes, mit dem Entw. sachlich übereinstimmt. Von den Zusatzanträgen wurde der Antrag a im Laufe der Verhandlung zu Gunsten des Antrags b zurückgezogen, dieser aber abgelehnt.

E I-VorlZust
§ 372

**II.** Die beschlossene Regelung lautet in der *VorlZust* als § 372: Der Verkäufer eines Grundstücks haftet nicht für die Freiheit desselben von öffentlichen Abgaben und anderen öffentlichen, zur Eintragung in das Grundbuch nicht geeigneten Lasten.

[4] Im E I heißt es „Grundstückes"; am Ende „in das Grundbuch".

**III., IV.** Fassung der Regelung in der *ZustRedKom* (gleichlautend im *E II*) als § 459 c (§ 372): Der Verkäufer eines Grundstücks haftet nicht für die Freiheit des Grundstücks von öffentlichen Abgaben und anderen öffentlichen, zur Eintragung in das Grundbuch nicht geeigneten Lasten. E I-ZustRedKom § 459 c E II § 378

**V.** Die Fassung des *E II rev* § 430 (*E III* § 430) entspricht der des § 436 BGB.

§ 437

**Der Verkäufer einer Forderung oder eines sonstigen Rechtes haftet für den rechtlichen Bestand der Forderung oder des Rechtes.**

**Der Verkäufer eines Werthpapiers haftet auch dafür, daß es nicht zum Zwecke der Kraftloserklärung aufgeboten ist.**

§ 438

**Uebernimmt der Verkäufer einer Forderung die Haftung für die Zahlungsfähigkeit des Schuldners, so ist die Haftung im Zweifel nur auf die Zahlungsfähigkeit zur Zeit der Abtretung zu beziehen.**

## A. 1. Kommission

**I. a)** 137. Sitzung vom 6. 11. 1882, Schriftführer v. Liebe

| Die §§ 8 bis 12 des Entwurfs[1] lauten: | Prot I 1289

§ 8. „Ob und inwieweit der bisherige Gläubiger verpflichtet ist, dem neuen Gläubiger für den rechtlichen Bestand und für die Einbringlichkeit der übertragenen Forderung zu haften, richtet sich nach dem Rechtsgrunde, auf welchem die Uebertragung beruht." TE-OR (Nr 3) § 8

§ 9. „Ist die Uebertragung einer Forderung auf Grund eines entgeltlichen Rechtsgeschäfts erfolgt, so haftet der bis- | herige Gläubiger für den rechtlichen Bestand der Forderung und es finden die über die Gewährleistung des veräußerten Rechts geltenden Vorschriften entsprechende Anwendung; für die Zahlungsfähigkeit des Schuldners haftet er, von absichtlicher Verschweigung abgesehen, nur dann, wenn er die Haftung nach der Natur des Geschäfts ausdrücklich übernommen hat." TE-OR (Nr 3) § 9 | Prot I 1290

§ 10. „Ist die Uebertragung einer Forderung ohne eine bestehende Verbindlichkeit auf Seiten des bisherigen Gläubigers oder auf Grund eines unentgeltlichen Rechtsgeschäfts erfolgt, durch welches der bisherige Gläubiger, die Forderung zu übertragen verpflichtet wird, so haftet dieser dem neuen Gläubiger, wenn nicht etwas anderes TE-OR (Nr 3) § 10

---

[1] Die folgenden Bestimmungen sind im Zessionsrecht enthalten und wurden erst von der 2. Kommission in das Kaufrecht versetzt.

vereinbart worden, auch nicht für den rechtlichen Bestand der Forderung. Hat der bisherige Gläubiger dem neuen Gläubiger absichtlich verschwiegen, daß die Forderung nicht begründet oder daß der Schuldner nicht zahlungsfähig sei, so ist er diesem den dadurch verursachten Schaden zu ersetzen verbunden."

TE-OR (Nr 3) § 11 § 11. „Hat der bisherige Gläubiger dem neuen Gläubiger für die Zahlungsfähigkeit des Schuldners zu haften, so geht diese Haftung im Zweifel nur auf die Zahlungsfähigkeit zur Zeit der Uebertragung."

TE-OR (Nr 3) § 12 § 12. „Ist die Uebertragung auf Grund einer gesetzlichen Verpflichtung hierzu, oder unmittelbar kraft Gesetzes erfolgt, so haftet der bisherige Gläubiger weder für den rechtlichen Bestand der Forderung noch für die Zahlungsfähigkeit des Schuldners."

Man beschloß die §§ 8–12 mit Rücksicht darauf, daß deren Bestimmungen theilweise in den Anträgen nicht getrennt werden und daß sie zusammenhängende Fragen betreffen, auch bei der Berathung zusammenzufassen.

Es lagen folgende Anträge vor:

Windscheid (Nr 185) | Prot I 1291 1. die §§ 8–10 durch folgende Bestimmungen zu ersetzen:

| § a.: „Wer (vertragsmäßig) eine Forderung übertragen zu wollen erklärt hat, haftet dem Empfänger der Erklärung für den rechtlichen Bestand der Forderung und für die Zahlungsfähigkeit des Schuldners nach Maßgabe des Rechtsgrundes auf welchem die Erklärung beruht. Er haftet für den rechtlichen Bestand, wenn der Rechtsgrund ein entgeltliches Geschäft ist, im Fall der Schenkung nur dann, wenn er eine der Gattung nach bestimmte Forderung zu schenken versprochen hat."

(Die Frage nach der Anwendbarkeit der Vorschriften über die Gewährleistung des veräußerten Rechts vorbehalten).

§ b. (eventuell): „Hat der Erklärende den Nichtbestand der Forderung oder die Zahlungsunfähigkeit des Schuldners gekannt und verschwiegen, so haftet er auf Schadensersatz."

Planck (Nr 171, 3) 2. die §§ 9 und 10 durch folgende Bestimmung zu ersetzen: „Beruht die Verbindlichkeit zur Uebertragung auf Vertrag, so finden auf die Haftung des bisherigen Gläubigers für den rechtlichen Bestand der Forderung die §§ 69, 70, 72–76, 78–80 der Zusammenstellung des Obligationenrechts über die Gewährleistung des veräußerten Rechts mit der Maßgabe entsprechende Anwendung, daß als „Dritter" im Sinne der §§ 73–76 auch der den rechtlichen Bestand der Forderung bestreitende Schuldner anzusehen ist.

Für die Zahlungsfähigkeit des Schuldners haftet der bisherige Gläubiger nur dann, wenn er die Haftung vertragsmäßig übernommen hat."

Eventuell wird beantragt noch folgenden Satz hinzuzufügen: „Hat der bisherige Gläubiger die Zahlungsunfähigkeit des Schuldners gekannt und dem neuen Gläubiger absichtlich verschwiegen, so ist er demselben den dadurch verursachten Schaden zu ersetzen verpflichtet."

| Prot I 1292 Kurlbaum (Nr 177, 1) 3. in dem vorstehenden Antrage 2 hinter Satz 1 folgende | Bestimmung einzuschalten:

„Das Gleiche gilt, wenn die Uebertragung einer Geldforderung im Wege der Zwangsvollstreckung erfolgt ist. Der bisherige Gläubiger haftet jedoch in diesem Falle nicht über den Betrag hinaus, für welchen die Forderung übertragen worden ist."

Kurlbaum (Nr 176) 4. im Anschluß an den Absatz 1 des Antrags 2 zu bestimmen:

„Wer sich (durch Vertrag) zur Abtretung einer Forderung verpflichtet hat, haftet für die Zahlungsfähigkeit des Schuldners, wenn er dessen Zahlungsunfähigkeit gekannt und dem neuen Gläubiger verschwiegen hat. Diese Verpflichtung kann durch Vertrag nicht beschränkt oder erlassen werden.

Im Falle der Schenkung ist der bisherige Gläubiger, wenn er die Zahlungsunfähigkeit des Schuldners gekannt hat, diesem nur zum Ersatz des dadurch entstandenen Schadens verpflichtet."

5. den § 11 in folgender Weise zu fassen:

„Ist die Haftung für die Zahlungsfähigkeit des Schuldners übernommen, so bezieht sich dieselbe im Zweifel nur auf die Zahlungsfähigkeit zur Zeit der Abtretung."

6. den § 12 zu streichen. Kurlbaum (Nr 176)

Beschlossen wurde: Windscheid

1. Der § 8 soll keine Aufnahme finden.

2. Betreffend den Fall, wenn sich jemand zur Abtretung verpflichtet hat, und vorausgesetzt, daß die Haftung für das Zahlungsvermögen nicht übernommen auch der fehlende rechtliche Bestand oder die Zahlungsunfähigkeit nicht verhehlt ist, so soll entsprechend dem Antrage 2 bestimmt werden, der bisherige Gläubiger hafte nicht für die Zahlungsfähigkeit des Schuldners, wohl aber für den rechtlichen Bestand der Forderung unter entsprechender Anwendbarkeit der sämmtlichen, in Ansehung der Gewährleistung des veräußerten Rechts in den Protokollen vom 2. bis 12. Mai 1882, S. 672–728 beschlossenen | Bestimmungen, mit Ausnahme der auf den besonderen Fall der Grundstücksveräußerung sich beziehenden Beschlüsse vom 2., 5. und 8. Mai 1882 Protokolle (S. 679, 680, 686, 707, 708 (Zusammenstellung der beschlossenen Bestimmungen des Obligationenrechts §§ 71, 77) mit der Maßgabe, daß auch der Schuldner als Dritter im Sinne der Beschlüsse vom 2., 5. und 8. Mai, Protokolle S. 675, 686 689–693, 702, 703 (Zusammenstellung der beschlossenen Bestimmungen des Obligationenrechts §§ 73–76) gilt. | Prot I 1293

3. Es soll nichts bestimmt werden

a) über den Fall, wenn die Haftung für das Zahlungsvermögen des Schuldners übernommen worden ist;

b) über den Fall, wenn der fehlende rechtliche Bestand der Forderung oder die Zahlungsunfähigkeit des Schuldners verhehlt ist;

c) über die Haftung im Falle der Ueberweisung im Wege der Zwangsvollstreckung;

d) über die Haftung im Falle der Uebertragung ohne bestehende Verbindlichkeit.

4. Die §§ 11 und 12 des Entwurfs werden genehmigt. Der zur Fassung gestellte Antrag 5 wird der Redaktion überwiesen.

Die Gründe waren:

Zu 1. Der § 8 sei entbehrlich; er enthalte nur einen theoretischen Grundsatz, der sich für ein Gesetzbuch nicht eigne und aus den nachfolgenden Bestimmungen sich abstrahiren lasse.

Zu 2. Die beschlossene Bestimmung entspreche sowohl dem Entwurfe als dem Vorbeschlusse vom 10. Oktober 1877, sie harmonire auch mit dem in verschiedenen Rechtsgebieten gegenwärtig geltenden Rechte und empfehle sich wegen ihrer praktischen Zweckmäßigkeit und im Interesse der Vereinfachung des Rechts.

Zu 3a. Die Motive führen mit Recht aus[2]: Das Gesetz | könne nicht bestimmen, wie | Prot I 1294

[2] Vgl. Mot., S. 30 (hier ist auch im einzelnen ausgeführt, wie eine solche Haftung rechtlich beurteilt werden kann).

die Haftung sich gestalte, wenn der bisherige Gläubiger für das Zahlungsvermögen des Schuldners einzustehen sich verpflichtet habe. Müsse das Gesetz aber in dieser Beziehung sich schweigend verhalten, so verdiene es den Vorzug, den betreffenden Fall überhaupt zu übergehen. Daß der bisherige Gläubiger für das Zahlungsvermögen des Schuldners die Haftung wirksam übernehmen könne, sei an sich klar und ergebe sich insbesondere aus § 11 des Entwurfs.

Zu 3b. Verhalte sich das Gesetz schweigend über den Fall, wenn der fehlende rechtliche Bestand oder die Zahlungsunfähigkeit des Schuldners verschwiegen seien, so ergebe sich aus den allgemeinen Grundsätzen, daß der bisherige Gläubiger in Folge seines Betrugs (dolus causam dans), abgesehen von der Anfechtbarkeit des Rechtsgeschäfts, für das negative Interesse hafte. Diese Konsequenz auszusprechen oder ihr durch die positive Vorschrift zu begegnen, der bisherige Gläubiger hafte für das Erfüllungsinteresse, dazu fehle es an zureichenden Gründen.

Zu 3c. Ueber den Fall der Uberweisung im Wege der Zwangsvollstreckung fänden sich in der C.P.O. §§ 736–740[3] die erforderlichen Bestimmungen und wenn die letzteren auch zu Zweifeln Anlaß gegeben hätten, so sei es doch nicht Aufgabe des bürgerlichen Gesetzbuchs, diese Zweifel zu lösen, deren Entscheidung vielmehr der Revision der C.P.O. vorzubehalten.

Zu 3d. Nach den Motiven[4] komme nur der Fall der Schenkung ohne vorausgegangenes Versprechen in Betracht. Dieser Fall werde aber genügend durch den nach dem Beschluß zu 2 für anwendbar erklärten § 80 der Zusammenstellung der beschlossenen Bestimmungen des Obligationenrechts[5], Beschluß vom 12. Mai 1882, Protokolle S. 726–728 gedeckt.

| Prot I 1295 Zu 4. Der § 11 des Entwurfs sei unbedenklich; der § 12 gebe | zwar zu der Erinnerung Anlaß, daß er zu ungeeigneten Anwendungen in den Fällen führen könne, wenn auf Grund einer gesetzlichen Verpflichtung abgetreten sei, insofern es Fälle gebe, in welchen der bisherige Gläubiger nicht haftfrei sei und Aehnliches könne sich auch in dem Fall der unmittelbaren Uebertragung durch das Gesetz herausstellen. Allein, daß in solchen Fällen die Haftung nicht ausgeschlossen sei, folge aus anderen Rechtsnormen, deren Anwendung durch den § 12 nicht gehindert werde, da dieser nur eine Regel ausspreche, die, wie jede andere Regel, Ausnahmen in Gemäßheit anderer besonderer Rechtsnormen unterliegen könne. So könne es z. B. keinem Zweifel unterliegen, daß der § 12 nicht entgegenstehe, den Mandatar oder Kommissionär für haftbar zu erklären, wenn ihn in Ansehung der dem Mandanten oder Kommittenten übertragenen Forderung aus dem Mandats- oder Kommissionsverhältniß eine Verantwortung treffe; oder Haftbarkeit anzunehmen, wenn bei der Verpflichtung zur Abtretung einer nur der Gattung nach bestimmten Forderung eine nicht existirende Forderung abgetreten sei.

Zu entbehren sei der § 12 in dem Rahmen des Gesetzes, nachdem § 8 gestrichen sei, um so wichtiger, als das Fehlen des Rechtssatzes, daß die cessio necessaria an und für sich und regelmäßig keine Haftung des bisherigen Gläubigers für rechtlichen Bestand und Zahlungsvermögen begründe, zu dem Vorwurf einer auffallenden Lücke gerechten Anlaß geben könne.

Neben der cessio necessaria würde der Fall des Legats nur bei Annahme einer dinglichen Wirkung desselben in Betracht kommen, könne daher nach Lage des Erbrechtsentwurfs vorläufig auf sich beruhen bleiben.

---

[3] §§ 835, 836, 839–841 ZPO (z. T. gegenüber der CPO geändert und ergänzt).
[4] Mot. S. 30, 31.
[5] Vgl. § 523 BGB.

b) Protokoll der 138. Sitzung vom 8. 11. 1882, Schriftführer v. Liebe

| Zu dem § 12 des Entwurfs war der nachträgliche Antrag eingekommen: | Prot I 1297
den § 12 in Ausführung der als richtig anerkannten Grundsätze zu fassen:
„Erfolgt die Uebertragung einer Forderung auf Grund einer gesetzlichen Verpflichtung oder kraft Gesetzes, so bestimmt sich die Haftung des bisherigen Gläubigers für den rechtlichen Bestand der Forderung und für die Zahlungsfähigkeit des Schuldners nach dem zwischen dem bisherigen und dem neuen Gläubiger bestehenden Rechtsverhältnisse." Kurlbaum (Nr 188)

eventualiter dem beschlossenen § 12 hinzuzufügen:
„Verpflichtungen, welche der bisherige Gläubiger vor der Uebertragung gegen den neuen Gläubiger hatte, werden durch die Vorschrift des § 12 nicht berührt."

Die Mehrheit war der Ansicht, der Antrag bezwecke die Aenderung eines Beschlusses, durch welchen der § 12 erledigt sei.

| Hiervon ausgehend, lehnte sie in Gemäßheit des § 9 der Geschäftsordnung das Eingehen auf die Berathung des Antrags ab. | Prot I 1298

II. 1. In der *RedVorl* lautet die beschlossene Regelung:

§ 215 (9, 10). Wer sich durch Vertrag zur Abtretung einer Forderung verpflichtet, haftet dem neuen Gläubiger nur wegen des rechtlichen Bestandes der Forderung. Auf diese Haftung finden die §§ 69, 70, 72–76, 78–80 mit der Maßgabe entsprechende Anwendung, daß als Dritter im Sinne der §§ 73–76 auch der (den rechtlichen Bestand bestreitende) Schuldner anzusehen ist. RedVorl § 215

(NB: 1. Der Eingang ist ähnlich gefaßt, wie § 69 Abs. 1. Das einseitige Versprechen inter vivos wird durch die Seite 59 der Zusammenstellung erwähnte Bestimmung gedeckt werden.

2. Die am Schlusse eingeklammerten Worte werden entbehrlich sein.)

§ 216 (11). Hat der bisherige Gläubiger kraft eines Versprechens oder aus einem besonderen Rechtsgrunde wegen der Zahlungsfähigkeit des Schuldners zu haften, so bezieht sich diese Haftung im Zweifel nur auf die Zeit der Uebertragung. RedVorl § 216

§ 217 (12). Ist die Uebertragung auf Grund einer gesetzlichen Verpflichtung oder unmittelbar kraft Gesetzes erfolgt, so haftet der bisherige Gläubiger weder wegen des rechtlichen Bestandes der Forderung noch wegen der Zahlungsfähigkeit des Schuldners, soweit nicht aus dem zwischen dem bisherigen und dem neuen Gläubiger bestehenden Rechtsverhältnisse sich ein Anderes ergiebt. RedVorl § 217

(NB: Der Nachsatz ist nicht beschlossen, aber anerkannt, daß die Regel des § 8 Ausnahmen erleidet).

2. In der *ZustOR* (im KE[6]) lautet die Regelung:

§ 215. Wer sich durch Vertrag zur Abtretung einer Forderung verpflichtet, haftet dem neuen Gläubiger nur wegen des rechtlichen Bestandes der Forderung. Auf diese Haftung finden die §§ 69, 70, 72–76, 78–80 mit der Maßgabe entsprechende Anwendung, daß als Dritter im Sinne der §§ 73–76 auch der Schuldner anzusehen ist. ZustOR § 215

§ 216. Hat der bisherige Gläubiger kraft eines Versprechens oder aus einem anderen besonderen Rechtsgrunde wegen der Zahlungsfähigkeit des Schuldners zu haften, so bezieht sich diese Haftung im Zweifel nur auf die Zahlungsfähigkeit zur Zeit der Uebertragung. ZustOR § 216

[6] Wegen der Änderungen im KE vgl. unten unter III 1 und 2.

ZustOR § 217 § 217. Ist die Uebertragung auf Grund einer gesetzlichen Verpflichtung oder unmittelbar kraft Gesetzes erfolgt, so haftet der bisherige Gläubiger weder wegen des rechtlichen Bestandes der Forderung noch wegen der Zahlungsfähigkeit des Schuldners.

**3.** Auf Antrag von *Kurlbaum* (Nr. 555) wurde in § 215 ZustOR das Zitat „§ 80"[7] gestrichen (Prot. I, S. 3248, 3252, 3253).

**4.** Ferner lag der Antrag von *Kurlbaum* vor (Nr. 570, IV, 8): „In den §§ 296, 297, 298 (Korrekturfahnenfassung des KE) statt ‚haftet wegen' zu setzen ‚haftet *für*' den rechtlichen Bestand und haftet *für* die Zahlungsfähigkeit". – Hierzu wurde beschlossen: „haften für" sei anzuwenden, wenn bestimmt werden soll, wofür einzustehen oder was zu leisten ist, „haften wegen", wenn der rechtliche Grund oder die thatsächliche Veranlassung der Haftung (z. B. Fahrlässigkeit) angegeben wird. – Es müsse also heißen: „Haften wegen des Verlustes, der Beschädigung", dagegen: „haften für Schadensersatz, Schaden". Demgemäß sind die vorgeschlagenen Änderungen zu bewirken (Prot. I, S. 3552, 3550f.).

**III. 1.** Bis auf die unter II. 3., 4. mitgeteilten Änderungen lauten die §§ 296–298 *KE* wie die §§ 215–217 *ZustOR*.

**2.** Auf Grund eines Antrages wurde beschlossen, in § 298 KE statt „kraft Gesetzes" zu sagen „kraft *des* Gesetzes"[8] (Prot. I, S. 6137) – Auf einen Antrag von *Johow* (Nr. 587, 4) wurde in § 296 S. 2 KE „die §§" durch „die Vorschriften der §§" ersetzt (Prot. I, S. 11731).

**3.** Zu § 296 lag der Antrag vor (Prot. I, S. 11745):

| Prot I 11745 v. Weber (Nr 604) | 19. Dem ersten Satze die Worte anzuschließen: „und dafür, daß der Schuldner nicht Gegenforderungen an den bisherigen Gläubiger (nach Maßgabe des § 301)[9] zur Aufrechnung bringe."

Der Antrag wurde abgelehnt in der Erwägung: Für den Fall, wenn der Schuldner eine Gegenforderung an den bisherigen Gläubiger, welche der übertragenen Forderung schon zur Zeit der Uebertragung als zur Aufrechnung geeignet ge- | genübergestanden (| Prot I 11746) habe, gegenüber dem neuen Gläubiger zur Aufrechnung bringe, sei eine Bestimmung entbehrlich. Aus der Vorschrift des § 296 über die Garantie des Zedenten für den rechtlichen Bestand der Forderung in Verbindung mit der Vorschrift des § 281 über die Rückwirkung der erfolgten Aufrechnung auf die Zeit, zu welcher die beiderseitigen Forderungen als zur Aufrechnung geeignet sich gegenübergetreten sind, ergebe sich ohne weiteres das in dem Antrage bezeichnete Resultat. Für die übrigen Fälle, in welchen dem Schuldner gemäß der Vorschrift im § 301 die Aufrechnung mit einer ihm gegen den bisherigen Gläubiger zustehenden Gegenforderung gestattet sei, sei eine Bestimmung über die Haftung des Zedenten, falls der Schuldner von dieser Kompensationsbefugniß Gebrauch mache, nicht angängig. Es müsse dahin gestellt bleiben, ob der Zedent in einem solchen Falle gleichfalls aus der Garantieverpflichtung (§ 296) hafte oder ob der neue Gläubiger ihm gegenüber auf den Kondiktionsanspruch beschränkt sei. Es empfehle sich nicht, hier durch kasuistische Bestimmungen einzugreifen. Die Lösung der sich ergebenden Fragen müsse vielmehr der Wissenschaft und Praxis überlassen bleiben.

v. Mandry (Nr 585) 20. Zu § 297 zu setzen „kraft *Vertrages* oder aus u.s.w."

---

[7] Vgl. § 523 BGB.

[8] Wie in anderen Bestimmungen, z. B. in § 303 KE (§§ 305 E I, 408 BGB).

[9] Vgl. § 402 BGB.

Der Antrag wurde abgelehnt. Die Kommission befürchtete, im Hinblick auf die deutliche Vorschrift des § 340[10] nicht, daß § 297 in seiner jetzigen Fassung dahin verstanden werden könne, als ob hier ausnahmsweise das einseitige Versprechen des bisherigen Gläubigers als verpflichtend anerkannt werden solle.

21. Zu § 298.

1. den Nachsatz zu fassen:

| „so bestimmt sich die Haftung des bisherigen Gläubigers für den rechtlichen Bestand der Forderung und für die Zahlungsfähigkeit des Schuldners nach dem zwischen dem bisherigen und dem neuen Gläubiger bestehenden Rechtsverhältnisse" (z. vergl. Prot. S. 1294, 1295, 1297). | Prot I 11747 Kurlbaum (Nr 586)

2. hinter den Worten „bisherigen Gläubiger" einzuschalten:

„sofern nicht das zwischen dem bisherigen Gläubiger und dem neuen Gläubiger bestehende Rechtsverhältniß ein Anderes ergiebt." v. Weber (Nr 604)

(zu vergl. §§ 268, 827 Abs. 2[11].)

Anheimgestellt wird, ob statt „sofern nicht das – bestehende Rechtsverhältniß ein Anderes ergiebt" in diesen drei Paragraphen zu setzen sei:

„sofern nicht aus dem – bestehenden Rechtsverhältnisse ein Anderes sich ergiebt."

Der Antrag Nr. 1 wurde aus den bei der Berathung des § 298 als maßgebend erachteten Gründen (Prot. S. 1295) abgelehnt. Man legte nach wie vor besonderes Gewicht darauf, daß aus dem Gesetze klar hervorgehe, daß auf Grund der cessio necessaria allein keine Haftung des bisherigen Gläubigers eintrete.

Der Antrag Nr. 2 in seiner eventuellen Fassung, sofern er den Hinweis auf die aus dem besonderen Rechtsverhältniß zwischen dem alten und dem neuen Gläubiger, auf welchem auch die cessio necessaria beruht, unter Umständen sich ergebende Haftung des alten Gläubigers ausspricht, wurde angenommen, jedoch beschlossen, den vorgeschlagenen Zusatz an den Schluß | des Paragraphen zu setzen. Zugleich wurde beschlossen, auch die Fassung der §§ 266, 827 Abs. 2 entsprechend der angenommenen eventuellen Fassung des Antrages Nr. 2 zu ändern. | Prot I 11748

IV. Im *E I* lautet die Regelung:

§ 298. Wer sich durch Vertrag zur Abtretung einer Forderung verpflichtet, haftet dem neuen Gläubiger nur für den rechtlichen Bestand der Forderung. Auf diese Haftung finden die Vorschriften der §§ 370, 371, 373 bis 377, 379, 380 mit der Maßgabe entsprechende Anwendung, daß als Dritter im Sinne der §§ 374 bis 377 auch der Schuldner anzusehen ist. E I § 298

§ 299. Hat der bisherige Gläubiger kraft eines Versprechens oder aus einem anderen besonderen Rechtsgrunde für die Zahlungsfähigkeit des Schuldners zu haften, so bezieht sich diese Haftung im Zweifel nur auf die Zahlungsfähigkeit zur Zeit der Uebertragung. E I § 299

§ 300. Ist die Uebertragung auf Grund einer gesetzlichen Verpflichtung oder unmittelbar kraft des Gesetzes erfolgt, so haftet der bisherige Gläubiger weder für den rechtlichen Bestand der Forderung noch für die Zahlungsfähigkeit des Schuldners sofern nicht aus dem zwischen dem bisherigen Gläubiger und dem neuen Gläubiger bestehenden Rechtsverhältnisse ein Anderes sich ergiebt. E I § 300

---

[10] Materialien zu § 305.

[11] Vgl. §§ 270 E I (§ 369 BGB), 843 E I (894, 897, 898 BGB).

## B. Vorkommission des Reichsjustizamtes

Struckmann (Nr 1, 61 a) I. Beantragt war:

1. a) die Gewährleistung im Falle der (entgeltlichen) Abtretung einer Forderung, überhaupt die Gewährleistung wegen des veräußerten Rechts (§§ 370–380) beim *Kaufe* zu regeln, eventuell die Bestimmungen über die Gewährleistung für den rechtlichen Bestand einer abgetretenen Forderung in den Unterabschnitt „Gewährleistung des veräußerten Rechts" einzustellen, da die Vorschriften der letzteren, vorbehaltlich gewisser dort zu bestimmenden Modifikationen, an sich auch die Abtretung einer Forderung schon mitumfassen (vergl. § 370 Abs. 2, § 371 Abs. 2).

Struckmann (Nr 1, 61 b) b) die §§ 298–300 hier durch folgende Bestimmungen zu ersetzen: Der bisherige Gläubiger haftet dem neuen Gläubiger für den rechtlichen Bestand der Forderung oder für die Zahlungsfähigkeit des Schuldners nur insoweit, als die Haftung im Gesetze besonders bestimmt ist oder aus dem zwischen dem bisherigen Gläubiger und dem neuen Gläubiger bestehenden Rechtsverhältnisse sich ergiebt.

Hat der bisherige Gläubiger gegenüber dem neuen Gläubiger die Haftung für die Zahlungsfähigkeit des Schuldners durch Vertrag übernommen, so bezieht die Haftung sich im Zweifel nur auf die Zahlungsfähigkeit zur Zeit der Uebertragung.

Planck (Nr 2, 38) 2. den § 298, eventuell den zweiten Absatz desselben zu streichen. (Vergl. Antrag zu § 380 a.)

Jacubezky (Nr 4, 71) 3. a) den § 298 unter Versetzung hinter den § 371 zu fassen:

Der Veräußerer einer Forderung haftet auch dafür, daß nicht dem Schuldner ein Recht zusteht, die Leistung zu verweigern.

Betrifft der Vertrag ein Werthpapier, welches im Wege des Aufgebotsverfahrens für kraftlos erklärt werden kann, so haftet der Veräußerer dafür, daß das Aufgebot nicht erlassen ist.

Jacubezky (Nr 4, 71) b) die §§ 299, 300 hinter den § 371 a (§ 298, vergl. oben Nr. 3 a) zu versetzen.

II. 96. Sitzung vom 14. 9. 1891

| Prot-RJA 256 | Der § 298 wurde als zur Lehre von der Gewährleistung des veräußerten Rechtes gehörig hier gestrichen. Bis zur Berathung der §§ 370ff. wurde vorbehalten zu prüfen, inwieweit diese Vorschriften mit Rücksicht auf die Fälle der Abtretung von Forderungen, auf welche sie an sich schon Anwendung zu finden hätten, gewisser Modifikationen bedürften. Anlangend die Haftung für die Zahlungsfähigkeit des Schuldners, so hielt man die Aufnahme einer dem § 299 entsprechenden Vorschrift für angemessen, war jedoch der Ansicht, daß auch diese Vorschrift nicht hierher gehöre, sondern am passendsten den Vorschriften über die Gewährleistung wegen des rechtlichen Bestandes der Forderung anzuschließen sei. Mit diesem Vorbehalte wurde der § 299 in folgender Fassung angenommen:

E I-RJA § 299 „Hat der bisherige Gläubiger dem neuen Gläubiger gegenüber die Haftung für die Zahlungsfähigkeit des Schuldners übernommen, so bezieht die Haftung sich im Zweifel nur auf die Zahlungsfähigkeit zur Zeit der Uebertragung."

Der § 300 wurde gestrichen, da dessen Inhalt beim Schweigen des Gesetzes selbstverständlich sei.

## C. 2. Kommission

**I.** a) Prot. II, Bd. 1, S. 386–387; bei *Mugdan,* Bd. 2 nicht auffindbar.

1. Zu § 298 war beantragt:

die Bestimmungen hier zu streichen und die Gewährleistung im Zusammenhange mit den Vorschriften über die Gewährleistung des veräußerten Rechtes (§§ 370ff.) zu regeln. Struckmann (Nr 1, 80)

Der Antrag wurde in der Erwägung angenommen, daß die Bestimmung des § 298 ihrem Inhalte nach zu den Vorschriften über die Gewährleistung des veräußerten Rechtes gehöre und daß es nicht zweckmäßig sei, sie von diesen zu trennen. Die Prüfung des § 298 wurde demgemäß für die Berathung der §§ 370ff. vorbehalten.

2. Zu § 299 lag der Antrag vor:

die Bestimmung unter Versetzung zu den Vorschriften über die Gewährleistung des veräußerten Rechtes durch die Fassung des § 299 E I-RJA zu ersetzen. Struckmann (Nr 1, 81)

Der Antrag fand die Zustimmung der Kom., welche eine inhaltliche Aenderung des Entw. in dem Vorschlage nicht erblickte.

3. Der § 300 wurde auf Antrag gestrichen, weil man annahm, daß der im Entw. ausgesprochene Gedanke eines besonderen Ausdrucks im Gesetze nicht bedürfe. Struckmann (Nr 1, 82)

b) Prot. II, Bd. 1, S. 669; *Mugdan,* Bd. 2, S. 575:

Erledigt wurde endlich noch die bei § 298 vorbehaltene Frage nach der Gewährleistung des Rechtes im Falle des Verkaufs einer Forderung. Im Laufe der Berathung wurde beantragt, folgende Bestimmung aufzunehmen:

Der Verkäufer einer Forderung haftet dem Käufer für den rechtlichen Bestand der Forderung. Das Gleiche gilt bei dem Kaufe eines anderen Rechtes.

Der Antrag gelangte sachlich zur Annahme.

**II.** Fassung der beschlossenen Bestimmung in der *VorlZust:* E I-VorlZust § 298

An Stelle des § 298 soll an geeigneter Stelle folgende Vorschrift aufgenommen werden: Der Verkäufer einer Forderung oder eines sonstigen Rechtes haftet dem Käufer für den rechtlichen Bestand der Forderung oder des Rechtes. (Der Vorschlag über Stellung und Fassung dieser Vorschrift bleibt vorbehalten).

§ 299. Hat der bisherige Gläubiger dem neuen Gläubiger gegenüber die Haftung für die Zahlungsfähigkeit des Schuldners übernommen, so bezieht sich die Haftung im Zweifel nur auf die Zahlungsfähigkeit zur Zeit der Übertragung. E I-VorlZust § 299

(1. Die Vorschriften über die Gewährleistung der Forderung sollen in dem Abschnitte über die Gewährleistung des veräußerten Rechtes, § 370ff. des Entwurfes, getroffen werden.

2. Die Versetzung dieses Paragraphen in den Abschnitt über Gewährleistung des veräußerten Rechtes bleibt vorbehalten).

**III. 1.** Fassung der Regelung in der *ZustRedKomm.* E I-ZustRedKom § 459d

§ 459d (298). Der Verkäufer einer Forderung oder eines sonstigen Rechtes haftet dem Käufer für den rechtlichen Bestand der Forderung oder des Rechtes.

Der Verkäufer eines Werthpapiers haftet auch dafür, daß dasselbe nicht zum Zwecke der Kraftloserklärung aufgeboten ist.

(Im Abs. 2 ist die Zahlungssperre nicht besonders erwähnt worden, da sie als Veräußerungsverbot durch den § 459a gedeckt ist).

E I-ZustRedKom § 459e — § 459e (299). Hat der Verkäufer einer Forderung die Haftung für die Zahlungsfähigkeit des Schuldners übernommen, so bezieht sich die Haftung im Zweifel nur auf die Zahlungsfähigkeit zur Zeit der Abtretung. (Durch die §§ 459d, 459e erledigt sich die Anmerkung zu den §§ 298, 299).

**2.** Der Antrag (Prot. II, Bd. 2, S. 475; *Mugdan*, Bd. 2, S. 575), die Zahlungssperre in dem § 459d Abs. 2 besonders zu erwähnen, eventuell den Abs. 2 zu streichen, wurde von der Mehrheit abgelehnt.

E II § 379 — **IV, V.** § 379 E II (§ 431 E II rev, § 431 E III) lautet wie § 437 BGB.

E II § 380 — § 380 E II: Hat der Verkäufer einer Forderung die Haftung für die Zahlungsfähigkeit des Schuldners übernommen, so bezieht sich die Haftung im Zweifel nur auf die Zahlungsfähigkeit zur Zeit der Abtretung. (§ 432 E II rev [432 E III] entspricht § 438 BGB.)

### E. Reichstag (XII. Kommission)

Bericht von *Heller* vom 4. 3. 1896: Der § 432, den *Frohme, Stadthagen* (Nr. 33) als entbehrlich zu streichen beantragten, wurde nach kurzer Erwiderung *Struckmanns* gegen die Stimmen der Antragsteller angenommen.

## § 439

**Der Verkäufer hat einen Mangel im Rechte nicht zu vertreten, wenn der Käufer den Mangel bei dem Abschlusse des Kaufes kennt.**

**Eine Hypothek, eine Grundschuld, eine Rentenschuld oder ein Pfandrecht hat der Verkäufer zu beseitigen, auch wenn der Käufer die Belastung kennt. Das Gleiche gilt von einer Vormerkung zur Sicherung des Anspruchs auf Bestellung eines dieser Rechte.**

### A. 1. Kommission

**I.** 83. Sitzung vom 2. 5. 1882, Schriftführer Struckmann

| Prot I 680, 681 — | Zu § 11:

TE-OR (Nr 20) § 11 — „Hat der Erwerber zur Zeit der Schließung | des Vertrages den Mangel im Rechte des Veräußerers oder das Recht des Dritten gekannt, so hat der Veräußerer nur im Falle besonderer Vereinbarung nach Maßgabe derselben Gewähr zu leisten."

lagen folgende Anträge vor:

Kurlbaum (Nr 54, § c) — 1. den § durch folgende Bestimmung zu ersetzen:

„Die in den §§ 7–9 bestimmten Pflichten des Veräußerers treten nicht ein, wenn bei Abschluß des Vertrages, durch welchen der Veräußerer sich zur Veräußerung verpflichteте, dem anderen Vertragschließenden der Mangel in dem Rechte des Veräußerers bekannt war, es sei denn, daß beide Vertragschließenden den Vertrag wissentlich über die Sache oder das Recht eines Dritten abgeschlossen haben.

Die Kenntniß von der Belastung des Gegenstandes mit einem Pfandrechte steht dem Erwerber nicht entgegen."

2. dem § 11 als Absatz 2 hinzuzufügen: Johow (Nr 55, 3)

„Auf Hypotheken und auf Pfandrechte an beweglichen Sachen und Vermögensrechten findet diese Bestimmung keine Anwendung."

3. Zu § 11 hinzuzufügen: v. Weber (Nr 57, 4)

„Bei dem Kaufvertrage hat der Veräußerer dem Erwerber für die Freiheit der Sache von Hypotheken, welche der Käufer nicht besonders übernommen hat, auch dann zu haften, wenn der Käufer deren Vorhandensein gekannt hat."

Man war einverstanden, daß im Hinblick | auf die Verkehrssitte die Rechte des Erwerbers durch die Kenntniß von Hypotheken und Pfandrechten nicht berührt werden dürften und dies im Gesetze ausdrücklich auszusprechen sei. In Ansehung der Fassung gab man dem Antrage unter Nr. 2 den Vorzug. Der Antrag unter Nr. 3 war zurückgezogen. | Prot I 682

Anlangend den Antrag unter Nr. 1, soweit derselbe den Fall betrifft, in welchem die Vertragschließenden den Vertrag ausdrücklich über die Sache oder das Recht eines Dritten abgeschlossen haben, so erachtete die Mehrheit die Aufnahme einer solchen Bestimmung für bedenklich, indem es der Beurtheilung des konkreten Falls zu überlassen sein werde, ob, vorausgesetzt, daß der Vertrag nicht als gegen die guten Sitten verstoßend überhaupt ungültig sei, ein Verzicht des Erwerbers auf die Haftpflicht des Veräußerers für die Verschaffung des Rechts vorliege oder nicht.

Die Prüfung der Frage, ob es nöthig sei, im § 11 hervorzuheben, daß der Veräußerer im Falle besonderer Vereinbarung nach Maßgabe derselben zu haften habe, wurde der Redaktion überwiesen.

Zu § 12: TE-OR (Nr 20) § 12

„Wenn eine im Wege der Zwangsvollstreckung gepfändete Sache durch den Gerichtsvollzieher aus freier Hand (Reichs-Civilprozeßordnung §§ 721, 722)[1] verkauft wird, so haftet der Schuldner nicht für Gewährleistung."

war die Streichung des § beantragt. Sachlich wurde der Inhalt des § von keiner Seite beanstandet. Man einigte sich aber dahin, daß die Bestimmung wegen ihres Zusammenhangs mit dem Sachenrechte nicht hier, sondern im Sachenrechte zu erledigen sei. Der im § 12 vorgesehene Fall werde nicht anders zu behandeln sein, als der Fall, in welchem eine im Wege der Zwangsvollstreckung gepfändete Sache durch den Gerichtsvollzieher öffentlich versteigert werde. Es werde daher die Bestimmung im § 135 Nr. 1 des Sachenrechtsentwurfs[2] auch auf jenen Fall auszudehnen, eventuell bei der Revision der Civilprozeßordnung zu bestimmen sein, daß der Verkauf aus freier Hand in den Fällen der §§ 721, 722 der Civilprozeßordnung in Ansehung der Wirkungen dem Verkaufe in öffentlicher Versteigerung von Seiten des Gerichtsvollziehers gleichstehe. v. Schmitt (Nr 59) | Prot I 683

**II. 1.** Die beschlossene Regelung lautet in der ZustOR als § 72: Die in den §§ 69 und 70 bestimmte Haftung des Veräußerers tritt nicht ein, wenn der Erwerber bei der Schließung des Vertrages (§ 69) den Mangel in dem Rechte des Veräußerers gekannt hat. ZustOR § 72

---

[1] Vgl. §§ 820, 821 ZPO (unverändert).
[2] Vgl. § 935 Abs. 2 BGB.

Diese Bestimmung findet auf den Fall der Kenntniß von Hypotheken und Pfandrechten keine Anwendung.

v. Weber (Nr 561) 2. Antrag von *v. Weber* zu § 72 (Nr. 561; Prot. I, S. 3263–3264): Im 2. Absatze dürfte nach „Pfandrechten" hinzuzufügen sein „welche an der veräußerten Sache oder dem veräußerten Rechte bestehen".

Bei der Berathung des Abschnitts über den Verpfändungsvertrag ist von der Kommission beschlossen worden, daß sich die Bestimmung des § 70, (wonach der Veräußerer eines Rechts dafür zu haften hat, daß nicht an der Sache Rechte der im Sachenrechtsentwurfe Abschnitt 4 bis 7 bezeichneten Art und daß auch nicht *sonstige auf die Sache sich beziehende* Rechte bestehen, die ein Dritter gegen den Erwerber geltend machen kann,) auch auf den Fall der Bestellung einer Hypothek beziehe und die Wirkung habe, daß der Veräußerer (Besteller der Hypothek) für die Freiheit der Sache von anderen vorgehenden Hypotheken zu haften habe.

| Prot I 3264 | Der § 72 bestimmt nun, daß die Haftung des Veräußerers wegen Hypotheken und Pfandrechten auch im Falle der Kenntniß des Erwerbers von deren Vorhandensein nicht wegfalle. Hierbei hat man aber gewiß nur an den Fall gedacht, wo die veräußerte Sache oder das veräußerte Recht selbst mit Pfandrecht oder Hypothek belastet ist. Wenn sich dagegen jemand eine Hypothek an einem Grundstücke versprechen läßt, während er weiß, daß dasselbe schon verpfändet ist, so ist doch sicher anzunehmen, daß er nicht die Befreiung des Grundstücks von der vorgehenden Hypothek sich hat bedingen wollen, wenn dies nicht ausdrücklich vereinbart ist.

Der Antrag, in § 72 hinter: „Pfandrechten" hinzuzufügen:

„welche an der veräußerten Sache oder dem veräußerten Rechte bestehen"

wurde abgelehnt, weil er von einer erheblichen sachlichen Bedeutung sei und kein Anlaß vorliege, den angeregten Gegenstand gegenwärtig von neuem der Prüfung zu unterziehen (Prot. I 3273).

KE § 370 **III. 1.** Im *KE* lautet die Regelung als § 370: Die in den § 367, 368 bestimmte Haftung des Veräußerers tritt nicht ein, wenn der Erwerber bei der Schließung des Vertrages (§ 367) den Mangel in dem Rechte des Veräußerers gekannt hat.

Diese Bestimmung findet auf den Fall der Kenntniß von Hypotheken und Pfandrechten keine Anwendung.

2. Aufgrund eines Antrags wurde beschlossen, in § 370 Abs. 2 KE hinter „Hypotheken" einzuschalten „Grundschulden" (Prot. I, S. 5455).

3. Auf Antrag (*v. Mandry* Nr. 585, 21) wurde in § 370 Abs. 1 KE das Allegat: „(367)" gestrichen (Prot. I, S. 11777). – Ferner wurde vor „Schließung" der bestimmte Artikel weggelassen (Prot. I, S. 11837).

E I § 373 **IV.** Im *E I* lautet die Regelung als § 373: Die in den §§ 370, 371 bestimmte Haftung des Veräußerers tritt nicht ein, wenn der Erwerber bei Schließung des Vertrages den Mangel in dem Rechte des Veräußerers gekannt hat.

Diese Vorschrift findet auf den Fall der Kenntniß von Pfandrechten und Grundschulden keine Anwendung.

## B. Vorkommission des Reichsjustizamtes

**I.** Beantragt war:

**1.** § c (§ 373). Die Haftung des Verkäufers für einen Mangel in seinem Rechte ist ausgeschlossen, wenn der Käufer bei Schließung des Vertrages den Mangel gekannt hat. Diese Vorschrift findet keine Anwendung, wenn der Mangel in der Belastung des Kaufgegenstandes mit einem Pfandrechte oder einer Grundschuld besteht. Struckmann (Nr 1, 104)

**2.** Zum Antrag von *Planck* vgl. bei § 433 BGB.

**II.** In der Beratung (Prot. vom 8. 10. 1891) wurde § 373 sachlich nicht beanstandet und erhielt folgende Fassung (ProtRJA, S. 340):

§ c (§ 373). Die Haftung des Verkäufers für einen Mangel in seinem Rechte ist ausgeschlossen, wenn der Käufer bei Schließung des Vertrages den Mangel gekannt hat, es sei denn, daß der Mangel in der Belastung des Kaufgegenstandes mit einem Pfandrechte oder einer Grundschuld besteht. E I-RJA § c (§ 373)

## C. 2. Kommission

**I.** Zu § 373 E I war beantragt (Prot. II, Bd. 1, S. 658–659, *Mugdan*, Bd. 2, S. 6–9 f.):

1. die Fassung des § c (§ 373) E I-RJA; Struckmann (Nr 2, 26)

2. den § 373 wie folgt zu fassen:

Die Haftung des Verkäufers wegen eines Mangels in seinem Rechte ist ausgeschlossen, wenn der Käufer den Mangel beim Abschlüsse des Kaufes gekannt hat, es sei denn, daß aus den Umständen erhellt, daß der Verkäufer die Verpflichtung zur Beseitigung des Mangels übernehmen wollte. Eine solche Verpflichtung ist im Zweifel als gewollt anzusehen, wenn der Mangel in der Belastung des Kaufgegenstandes mit einem Pfandrechte oder einer Grundschuld besteht. Planck (Nr 73)

3. den § 373 im Anschluß an den Antrag 2. mit folgenden Aenderungen zu beschließen: v. Mandry (Nr 77, 3)

.... wenn der Käufer beim Abschlusse des Kaufes den Mangel gekannt hat *oder beim Kaufe eines Grundstücks aus dem Grundbuch ersehen konnte.* Der Ausschluß tritt nicht ein, wenn der Mangel ...

Die Kom. beschloß die Annahme des Antrags 1, der sich, abgesehen von der Beschränkung auf den Fall des Kaufes, sachlich vom Entw. nicht entfernt. Die Anträge 2 und 3 wurden abgelehnt.

**II.** In der *VorlZust* lautet die Regelung als § 373:

Die Verpflichtung des Verkäufers zur Verschaffung des Eigenthums oder sonstigen Rechtes an dem Kaufgegenstande sowie zur Verschaffung der Freiheit von den im § 371 bezeichneten Rechten tritt nicht ein, wenn der Käufer beim Abschlusse des Kaufes wußte, daß der Verkäufer das zu verschaffende Recht nicht habe oder daß Dritten Rechte der im § 371 bezeichneten Art in Ansehung des Kaufgegenstandes zustehen. Zur Beseitigung eines Pfandrechts oder einer Grundschuld, welche an dem Kaufgegenstande bestehen, ist der Verkäufer jedoch auch dann verpflichtet, wenn der Käufer diese Belastung kannte. E I-VorlZust § 373

E I-ZustRedKom § 459f. **III.** In der *ZustRedKom* lautet die Regelung als § 459f. (373):

Der Verkäufer haftet wegen eines Mangels in seinem Rechte nicht, wenn der Käufer den Mangel bei Abschluß des Kaufes gekannt hat. Zur Beseitigung eines Pfandrechts oder einer Grundschuld ist der Verkäufer auch dann verpflichtet, wenn der Käufer die Belastung gekannt hat.

E II § 381 **IV. 1.** Fassung der Regelung im *E II* als § 381: Der Verkäufer hat einen Mangel im Rechte nicht zu vertreten, wenn der Käufer den Mangel bei dem Abschlusse des Kaufes gekannt hat.

Eine Hypothek, eine Grundschuld, eine Rentenschuld oder ein Pfandrecht hat der Verkäufer zu beseitigen, auch wenn der Käufer die Belastung gekannt hat. Das Gleiche gilt von einer Vormerkung zur Sicherung des Anspruchs auf Bestellung eines dieser Rechte.

**2.** Prot. II, Bd. 3, S. 749; *Mugdan*, Bd. 2, S. 651; Es lag der Antrag vor, dem § 381 des Entw. II hinzuzufügen: Ist zur Sicherung des Anspruchs eines Dritten auf Uebertragung des Eigenthums an dem verkauften Grundstück oder auf Uebertragung oder Erhaltung des verkauften Rechtes eine Vormerkung eingetragen, so ist der Käufer zum Rücktritte vom Vertrage berechtigt, wenn der Dritte die Vormerkung gegen den Käufer oder dessen Rechtsnachfolger geltend macht. Eine Vormerkung zur Sicherung des Anspruchs eines Dritten auf Bestellung einer Hypothek oder einer Grundschuld auf dem verkauften Grundstück oder auf Bestellung eines Pfandrechts an dem verkauften Rechte ist der Verkäufer zu beseitigen verpflichtet.

hierzu der Unterantrag:

für den Fall, daß auf den Antrag eingegangen wird, als § 377a zu bestimmen:

Der Verkäufer eines Grundstücks oder eines Rechtes an einem Grundstück ist verpflichtet, eine zur Sicherung des Anspruchs eines Dritten auf Uebertragung des Eigenthums an dem Grundstück oder auf Uebertragung oder Aufhebung des Rechtes eingetragene Vormerkung auf seine Kosten zur Löschung zu bringen, es sei denn, daß der Käufer bei dem Abschlusse des Kaufes wußte, daß der Anspruch, zu dessen Sicherung die Vormerkung dient, begründet ist.

Der Satz 2 des Antrags wurde angenommen, der Satz 1 des Antrags und der Unterantrag wurden abgelehnt.

**V.** Die Fassung des *E II rev* § 433 (*E III* § 433) entspricht der des § 439 BGB (§ 439 Abs. 2 Satz 1 neu gefaßt durch VO vom 21. 12. 1940; RGBl. I, S. 1609).

## E. Reichstag (XII. Kommission)

Es lag der Antrag von *Frohme, Stadthagen* (Nr. 33) vor, in § 433 Satz 1 und Satz 2 hinter „hat" zu setzen: „falls nicht die Absicht der Parteien oder die Verkehrssitte dem entgegensteht". — Der Antrag wurde von den Antragstellern zurückgezogen (Bericht von *Heller* vom 4. 3. 1895).

§ 440

**Erfüllt der Verkäufer die ihm nach den §§ 433 bis 437, 439 obliegenden Verpflichtungen nicht, so bestimmen sich die Rechte des Käufers nach den Vorschriften der §§ 320 bis 327.**

**Ist eine bewegliche Sache verkauft und dem Käufer zum Zwecke der Eigenthumsübertragung übergeben worden, so kann der Käufer wegen des Rechtes eines Dritten, das zum Besitze der Sache berechtigt, Schadensersatz wegen Nichterfüllung nur verlangen, wenn er die Sache dem Dritten mit Rücksicht auf dessen Recht herausgegeben hat oder sie dem Verkäufer zurückgewährt oder wenn die Sache untergegangen ist.**

**Der Herausgabe der Sache an den Dritten steht es gleich, wenn der Dritte den Käufer oder dieser den Dritten beerbt oder wenn der Käufer das Recht des Dritten anderweit erwirbt oder den Dritten abfindet.**

**Steht dem Käufer ein Anspruch auf Herausgabe gegen einen Anderen zu, so genügt an Stelle der Rückgewähr die Abtretung des Anspruchs.**

§ 441

**Die Vorschriften des § 440 Abs. 2 bis 4 gelten auch dann, wenn ein Recht an einer beweglichen Sache verkauft ist, das zum Besitze der Sache berechtigt.**

## A. 1. Kommission

I. a) 84. Sitzung vom 5. 5. 1882, Schriftführer Neubauer

| Bevor zur Berathung des § 13 des Entwurfes: | Prot I 687

„Die Gewährleistungspflicht des Veräußerers ist begründet, auch wenn der Dritte, welchem das den Veräußerer zur Gewährleistung verpflichtende Recht zusteht, Erbe des Erwerbers oder der Letztere Erbe des Dritten wird, oder wenn der Erwerber das erwähnte Recht unentgeltlich erwirbt." TE-OR (Nr 20) § 13

übergegangen wurde, erachtete man, zumal im Hinblick auf den Inhalt des § 13 und die dazu gestellten Anträge, eine Verständigung darüber für nöthig:

welcher Sinn der Bestimmung am Schluß des obigen § e[1]:

„das Recht des Dritten müsse gegen den anderen Theil mit Erfolg geltend gemacht sein"

beiwohne.

Zu dem § 13 waren, abgesehen von einem zurückgezogenen Streichungsantrage, folgende Anträge gestellt: v. Schmitt (Nr 59)

[1] § e lautet: „Soweit nicht das Gesetz ein Anderes bestimmt, kann der Veräußerer nach Erfüllung der Erfordernisse, von welchen der Erwerb des dem anderen Theile zu verschaffenden Rechts abhängig ist, wegen der in einem Mangel in seinem Rechte sich gründenden gänzlichen oder theilweisen Nichtverschaffung desselben (§§ a und b) erst dann in Anspruch genommen werden, wenn das der Verschaffung entgegenstehende Recht des Dritten gegen den anderen Theil mit Erfolg geltend gemacht ist (Gewährleistungspflicht)."

Kurlbaum (Nr 54, § b) 1. statt dessen zu bestimmen:

„Der Veräußerer ist zur Gewährleistung auch dann verpflichtet, wenn der andere Vertragschließende das Recht des Dritten, welcher den Gegenstand des Vertrages entziehen könnte, erwirbt oder beseitigt oder der Dritte Erbe des anderen Vertragschließenden wird."

Planck (Nr 61, 1) 2. dem vorstehenden Antrage hinzuzufügen:

„oder das Recht des Dritten dem anderen Vertragschließenden gegenüber in einer auch den Veräußerer bindenden Weise festgestellt wird."

| Prot I 688 Kurlbaum (Nr 63, 2) | 3. den zu 1 vorgeschlagenen § nunmehr zu fassen:

„Der Veräußerer ist dem anderen Vertragschließenden zur Gewährleistung auch dann verpflichtet, wenn der veräußerte Gegenstand einem Rechtsnachfolger des anderen Vertragschließenden entzogen wird und wenn der andere Vertragschließende oder dessen Rechtsnachfolger das Recht des Dritten, welcher den Gegenstand des Vertrages entziehen könnte, erwirbt oder beseitigt oder der Dritte Erbe des anderen Vertragschließenden oder des Rechtsnachfolger desselben wird."[2]

v. Weber 4. statt des § 13 zu bestimmen:

„Ist eine Sache veräußert worden und hat ein Dritter dieselbe als sein Eigenthum oder ein Recht auf Inhabung oder Benutzung der Sache in Anspruch genommen, so tritt die Gewährleistungspflicht des Veräußerers ein, wenn der Erwerber die Sache nach Feststellung des Anspruchs herausgegeben hat oder sie ihm im Wege der Zwangsvollstreckung abgenommen worden ist.

In anderen Fällen, sowie dann, wenn an die Stelle der Verpflichtung des Erwerbers zur Herausgabe der Sache die Verpflichtung zum Schadensersatz getreten ist, tritt die Gewährleistungspflicht mit Feststellung des Anspruchs des Dritten ein.

Es ist hierbei gleichviel, ob die Feststellung des Anspruchs durch rechtskräftiges richterliches Urtheil, durch Schiedsspruch oder durch Anerkennung des Erwerbers erfolgt.

Die Haftpflicht des Veräußerers tritt auch ein, wenn der Dritte, welchem das den Veräußerer verpflichtende Recht zusteht, Erbe des Erwerbers oder der letztere Erbe des Dritten wird oder wenn der Dritte das erwähnte Recht unentgeltlich erwirbt oder den

| Prot I 689 Dritten | dafür abfindet."

Windscheid 5. dem § 13 anzuschließen:

„oder der Vertragschließende in irgend einer sonstigen Weise durch das Bestehen des Rechts des Dritten Schaden erleidet."

Von verschiedenen Seiten wurde hervorgehoben:

Der Sinn der gedachten Bestimmung des § e könne nur sein:

Wenn der Dritte sein Recht gegen den Erwerber nicht allein geltend mache, sondern auch mit Erfolg, d. h. erreiche, daß den seinem Rechte entsprechenden Ansprüchen

---

[2] Der § f des Antrags von *Kurlbaum* (Nr. 54) fehlt in den Prot. Er lautet: § f (14). Ist nur ein Theil der veräußerten Sache oder des veräußerten Rechts entzogen, so hat der Veräußerer bei Anwendung des § e Abs. 1 das Geleistete nur nach Verhältniß des Werthes des entzogenen Theiles zu dem Werthe des ganzen Vertragsgegenstandes zu erstatten oder zu ersetzen.

Ist für eine Belastung der Sache oder des Rechts Gewähr zu leisten, so findet die Vorschrift des ersten Absatzes entsprechende Anwendung. Im Falle der Belastung des Gegenstandes mit einem Pfandrechte oder mit einer dem Besitzer der Sache als solchem obliegenden Leistung ist jedoch der Veräußerer, auch wenn ihm die Belastung nicht bekannt war, und die Entziehung des veräußerten Gegenstandes noch nicht erfolgt ist, verpflichtet, nach seiner Wahl die Belastung zu beseitigen oder bis auf Höhe der Gegenleistung des Erwerbers Schadensersatz zu leisten.

Genüge geschehe, so sei der Fall gegeben, daß nunmehr der Erwerber den Anspruch auf Gewährleistung erheben könne, vorausgesetzt natürlich, daß das Recht des Dritten in der That begründet und erweislich sei. In Frage könne aber kommen, ob nicht, wenn der Dritte sein Recht gegen den Erwerber im Prozeßwege verfolge, eine zu seinen Gunsten ergangene rechtskräftige Entscheidung für genügend zu erachten sei, gleichviel, ob das Urtheil befolgt bezw. vollstreckt werde oder nicht; ob ferner im Bejahungsfalle nicht konsequent auch das Anerkenntniß des Erwerbers, sowie ein zu Gunsten des Dritten erlassener Schiedsspruch der rechtskräftigen Entscheidung gleichzustellen sei. Es könne im Allgemeinen keinem Bedenken unterliegen, beide Fragen zu bejahen Ein Zweifel erhebe sich nur hinsichtlich der Sachveräußerung, indem zweifelhaft erscheine, ob bei einer solchen dem Dritten, wenn zur Verwirklichung des Rechts desselben die Herausgabe der Sache gehöre, diese in der That herausgegeben sein müsse, bevor der Erwerber den Gewährleistungsanspruch erheben dürfe. Der Antrag zu 2 schlage die unbeschränkte Bejahung der beiden Fragen vor. Der Antrag zu 4 bringe zwar auch die Bejahung in Vorschlag, aber mit der wichtigen Ausnahme, daß, wenn im | Falle der Sachveräußerung der Anspruch des Dritten zur Verwirklichung seines Rechts auf Herausgabe der Sache gehe, das rechtskräftige Erkenntniß u.s.w. nicht genügen solle, sondern die Ausfolgung der Sache an den Dritten hinzutreten müsse. Solle verdeutlicht werden, was unter dem „mit Erfolg geltend machen" zu verstehen sei, so könne sonach nur bestimmt werden: | Prot I 690

„Das Recht ist als mit Erfolg geltend gemacht anzusehen:

1. wenn der Dritte dasselbe gegen den Erwerber im Wege des Prozesses verfolgt hat und zu seinen Gunsten eine rechtskräftige Entscheidung ergangen ist;

2. wenn der Erwerber das Recht dem Dritten gegenüber als begründet anerkannt hat oder wenn er mit dem Dritten einen Schiedsvertrag abgeschlossen hat und der Schiedsspruch zu Gunsten des Dritten ergangen ist."

Sodann werde sich fragen, ob noch zusätzlich zu bestimmen sei:

„Ist jedoch bei dem die Veräußerung einer Sache betreffenden Vertrage die Verwirklichung des Rechts des Dritten von der Herausgabe der Sache abhängig, so ist das Recht des Dritten erst dann als mit Erfolg geltend gemacht anzusehen, wenn die Sache dem Dritten herausgegeben ist."

Die Mehrheit schloß sich der vorstehenden Auffassung an, billigte auch in getrennter Abstimmung zunächst die vorgeschlagene Verdeutlichung ohne den Zusatz, sodann die zusätzliche Bestimmung und schließlich die Verdeutlichung mit der zusätzlichen Bestimmung, womit die Anträge zu 2 und 4 als erledigt angesehen wurden.

| Die leitenden Erwägungen waren: | Prot I 691

Die selbstverständliche Voraussetzung sei und bleibe, daß das Recht des Dritten bestehe und beziehungsweise als begründet nachgewiesen werde. Nach dem unmodifizirten oder reinen Verschaffungsprinzipe genüge diese Voraussetzung, damit der Erwerber den Veräußerer in Anspruch nehmen könne. Die beschlossene Modifikation des Verschaffungsprinzips gründe sich in den Schwierigkeiten, welche unausbleiblich seien, wenn und solange ungewiß sei, ob der Dritte sein Recht geltend machen werde. Dieser Grund erledige sich, sobald der Dritte sich bei dem Erwerber gemeldet und die Anerkennung seines begründeten Rechts von Seiten des Erwerbers erwirkt oder ein rechtskräftiges Erkenntniß gegen diesen erstritten habe. Nur in dem Falle, welchen die beschlossene zusätzliche Bestimmung behandele, könne das nicht genügen, weil in einem solchen Falle die gedachte Ungewißheit noch in der früheren Bedeutung fortwirke und, wenn man dagegen erinnere, der Dritte, welcher sein begründetes und durch

Anerkenntniß oder Urtheil festgestelltes Recht nicht weiter verfolge, übe gegen den Erwerber eine Liberalität, die dem Veräußerer nicht zu Statten kommen dürfe, so widerstrebe eine solche Unterstellung der regelmäßigen Lage der Dinge.

Es wurde zur Berathung des Antrags zu 5 übergegangen. Durch diesen Antrag wird nicht allein der § 13 erheblich über die darin behandelten Fälle hinaus erweitert, son-
| Prot I 692 dern | auch die beschlossene Modifikation des Verschaffungsprinzips tief berührt.

Die Mehrheit beschloß die Ablehnung des Antrags, indem sie erwog: Werde der Beweis geführt, daß das Recht des Dritten bestehe, so werde regelmäßig auch die Annahme begründet sein, der Erwerber habe einen Schaden erlitten; solle dies genügen, um die Haftpflicht des Veräußerers zu begründen, so gingen die Vortheile der beschlossenen Modifikation des Verschaffungsprinzips fast gänzlich verloren. Die Annahme des Antrags, dessen volle Harmonie mit dem in erster Reihe beschlossenen Verschaffungsprinzipe anzuerkennen sei, und für welchen auch eine gewisse Analogie des § 13 spreche, würde nöthigen, jene Modifikation fallen zu lassen und das reine Verschaffungsprinzip anzunehmen.

Nunmehr wurde der § 13 berathen. Er fand in Ansehung seines sachlichen Inhalts keinen Widerspruch. Allseitig wurde anerkannt, daß die beschlossene Modifikation des Verschaffungsprinzips auf die in § 13 behandelten Fälle vermöge der die sogenannte Eviktion ausschließenden Beschaffenheit derselben nicht passe. In redaktioneller Hinsicht erachtete man die Streichung des auch nach den Motiven (S. 26) entbehrlichen Wortes „unentgeltlich" am Schluß des § für nöthig, billigte ferner in sachlicher Hinsicht, in Veranlassung der Anträge zu 1 und 3, die Hineinziehung des derselben Beurtheilung unterliegenden Falles, wenn der Erwerber das Recht des Dritten beseitigt hat,
| Prot I 693 überließ aber der Redaktion die Prüfung, ob nicht das Wort | „beseitigt" durch ein anderes, z. B. „abgelöst" oder „abgefunden" zu ersetzen sei. Der Redaktion soll ferner zur Prüfung vorbehalten bleiben, ob der Fall der Beerbung des Dritten durch den Erwerber als schon in dem Falle des Erwerbes der Rechte des Dritten begriffen, nach den Anträgen zu 1 und 3 zu übergehen sei.

Der Antrag zu 3, soweit er auf die Fälle Rücksicht nimmt, in welchen der Rechtsfolger des Erwerbers die Entziehung erlitten hat u.s.w., wurde abgelehnt. Man glaubte, die Würdigung der beregten Fälle müsse der Rechtswissenschaft überlassen bleiben. Die Mehrheit war übrigens der Ansicht, die vorgeschlagenen Bestimmungen seien als richtig anzuerkennen.

TE-OR (Nr 20) Zu § 14 des Entwurfs:

§ 14 „Der gewährleistungspflichtige Veräußerer ist verbunden, dem Erwerber das fehlende Recht zu verschaffen und denselben von dem Rechte des Dritten zu befreien, auch den dem Erwerber entstandenen Schaden zu ersetzen. Der Letztere ist berechtigt, die ihm obliegende Gegenleistung, soweit er sie noch nicht bewirkt hat, insolange zurückzuhalten, bis der Veräußerer dieser Verpflichtung nachgekommen ist.

Ist dem Veräußerer die Verschaffung des fehlenden Rechts oder die Befreiung des Erwerbers von dem Rechte des Dritten nicht möglich, so ist der Veräußerer dem Erwerber zum vollen Schadensersatz verpflichtet. Für die Bestimmung des ordentlichen und
| Prot I 694 außer- | ordentlichen Werthes der Sache, welche der Erwerber dem Dritten herausgeben muß, ist die Zeit der Herausgabe maßgebend. An der Forderung auf Ersatz des Schadens hat sich der Erwerber die ihm von dem Dritten für Verwendungen auf die Sache und für die Lösung derselben zukommenden Vergütungen abrechnen zu lassen."

lagen die Anträge vor:

Windscheid 1. statt dessen zu bestimmen:

(Nr 56) „Ist der Schuldner nicht im Stande, dem Gläubiger das zu verschaffende Recht zu verschaffen oder das entgegenstehende Recht des Dritten zu beseitigen, so ist der Gläubiger

1. wenn er seinerseits noch nicht geleistet hat, nicht verpflichtet, die Leistung zu bewirken und berechtigt, Schadensersatz zu fordern,

2. wenn er bereits geleistet hat, Schadensersatz zu fordern, jedenfalls die gemachte Leistung zurückzufordern."

Diesen Antrag änderte der Antragsteller nunmehr dahin, zu bestimmen:

„Ist pp.

2. wenn er bereits geleistet hat, Schadensersatz zu fordern. Hat der Gläubiger das ihm zu verschaffende oder das zu beseitigende Recht erworben, so kann er die ganze Leistung zurückfordern." Planck (Nr 65)

2. a) den Absatz 2 des § 14 zu streichen und eventuell an dessen Stelle folgende Bestimmung zu setzen:

„Die Folgen der Nichterfüllung der dem Veräußerer obliegenden Verpflichtungen | und einer nach Eintritt der Gewährleistungspflicht eintretenden Unmöglichkeit bestimmen sich nach den allgemeinen Vorschriften über die Verpflichtungen aus gegenseitigen Verträgen." | Prot I 695

b) folgende neue Bestimmung hinzuzufügen:

„Wurde die Gewährleistungspflicht dadurch begründet, daß der andere Vertragschließende das Recht erworben oder beseitigt hat oder der Dritte Erbe des anderen Vertragschließenden geworden ist, so ist der gewährleistungspflichtige Veräußerer dem anderen Vertragschließenden dasjenige zu ersetzen verpflichtet, was derselbe dem Dritten, wenn dieser in dem gedachten Zeitpunkte sein Recht geltend gemacht hätte, zu leisten verpflichtet gewesen wäre."

3. hinter § 14 als § 14a einzuschalten: Johow (Nr 55, 4)

„Betrifft die Gewährleistungspflicht des Veräußerers ein im Grundbuche oder im Schiffsregister eingetragenes Recht, so ist der Veräußerer auch verbunden, dasselbe auf seine Kosten zur Löschung zu bringen, und zwar auch dann, wenn das Recht in Wirklichkeit nicht zur Entstehung gelangt ist oder nicht mehr besteht."

Der Antrag wurde nunmehr geändert dahin, in § 14a zu bestimmen: Johow (Nr 64)

„Wer zur Veräußerung eines Grundstücks oder zur Bestellung oder Veräußerung eines Rechts an einem Grundstücke verpflichtet ist, hat in das Grundbuch eingetragene Rechte, | die dem vertragsmäßigen Rechte des Erwerbers entgegenstehen, auf seine Kosten zur Löschung zu bringen, und zwar auch dann, wenn das eingetragene Recht nicht geltend gemacht wird und wenn dasselbe gar nicht zur Entstehung gelangt ist oder nicht mehr besteht. | Prot I 696

Dies gilt auch im Falle des § 7 Absatz. (Gemeint ist diejenige Modifikation des Verschaffungsprinzips, welche mit dem Abschlusse des dinglichen Vertrages eintritt). Die vorstehenden Vorschriften finden in Ansehung der in das Schiffsregister eingetragenen Rechte entsprechende Anwendung."

4. stattdessen zu bestimmen: Kurlbaum (Nr 54, § c, e)

§ d.

„Die Gewährleistung besteht in dem Ersatze des Schadens, welchen der andere Vertragschließende durch die Entziehung der Sache erleidet und im Falle des § b (vgl. Antrag Nr. 1 zu § 13 S. 687) erleiden würde.

Im Falle des § b ist die Höhe des Schadens so zu bemessen, als ob die Entziehung zu der Zeit geschehen wäre, zu welcher das Ereigniß eingetreten ist, welches die Gewährleistung erforderlich macht.

§ e.

Der Veräußerer kann verlangen, daß der andere Vertragschließende sich an Stelle des § d bestimmten Schadensersatzes mit der Erstattung des von ihm Geleisteten oder im Falle der Unmöglichkeit mit dem Ersatz desselben begnügt, es sei denn, daß dem Veräußerer bei Abschluß des Vertrages, durch welchen er sich zur Veräußerung verpflichtete, der Mangel in seinem Rechte bekannt war.

| Prot I 697 | In jedem Falle hat der Veräußerer auch die Kosten des Vertrages und der Veräußerung zu erstatten."

5. dem § d des Antrages zu 4 den Zusatz zu geben

Planck (Nr 61, 1–3) „Wenn eine Entziehung zwar noch nicht stattgefunden, aber die Besorgniß gerechtfertigt ist, daß dieselbe stattfinden werde, so ist der Erwerber berechtigt, von dem Veräußerer Sicherheitsleistung zu verlangen und, falls die Gegenleistung noch nicht erfolgt ist, dieselbe in einem entsprechenden Betrage zurückzubehalten."

ferner an die Stelle der §§ e ff. des Antrags zu 4 die §§ 15 ff. des Entwurfs in einer den bisherigen Beschlüssen entsprechenden veränderten Fassung zu setzen.

Kurlbaum (Nr 63, 3) 6. den zu 5 beantragten Zusatz zu § d des Antrags zu 4 zu fassen:

„Wenn von einem Dritten ein Anspruch erhoben wird, auf Grund dessen die Entziehung des veräußerten Gegenstandes zu besorgen ist, so ist der Erwerber berechtigt, einen entsprechenden Theil der Gegenleistung bis zur Erledigung des Anspruchs oder Leistung genügender Sicherheit für die Zurückgabe zurückzubehalten. Die Leistung der Sicherheit durch Bürgen ist ausgeschlossen. Auf Verlangen des Veräußerers hat der Erwerber die ihm obliegende Gegenleistung zu hinterlegen."

Kurlbaum (Nr 63, 1) 7. an passender Stelle einzuschalten (zwischen den Bestimmungen über Verschaffung des Rechts und über Eviktion?):

„Ergiebt sich der Mangel im Rechte des zur Veräußerung Verpflichteten vor der Veräußerung, so kann der andere Vertragschließende die Erfüllung des Vertrages bis zur Beseitigung des Mangels verweigern."

Kurlbaum (Nr 63, 4) 8. als weiteren Absatz den Bestimmungen zuzusetzen:

| Prot I 698 „Die im Grundbuche oder im Schiffsregister vorhan- | denen Eintragungen von Rechten gelten als Belastungen, wenn auch das eingetragene Recht nicht entstanden ist oder nicht mehr besteht. Die Pflicht zur Gewährleistung wegen eines eingetragenen Rechts ist von der Entziehung des veräußerten Gegenstandes nicht abhängig".

Beschlossen wurde, zunächst den ersten Satz des Absatzes 1 des § 14 zu erledigen:

Hervorgehoben wurde; der erste Satz des ersten Absatzes müsse in Gemäßheit der beschlossenen Modifikation des Verschaffungsprinzips nothwendig eine Aenderung erleiden; er werde durch die Bestimmung ersetzt werden müssen:

„Wird das Recht des Dritten mit Erfolg geltend gemacht, so hat der Veräußerer dem anderen Theile (vollen) Schadensersatz *dafür* zu leisten, d. h. dafür, daß das Recht des Dritten mit Erfolg geltend gemacht ist. Dasselbe gilt in den Fällen des § 13."

Die Mehrheit erkannte diese Auffassung als begründet an und billigte die Aufnahme jener Bestimmung. Sie ging davon aus: Das Verschaffungsprinzip sei nicht abgelehnt, sondern gebilligt und nur durch die mehrgedachte Modifikation abgeschwächt. In Gemäßheit der letzteren könne der Erwerber, sobald der dingliche Vertrag hinzugetreten sei, erst, nachdem der Dritte mit Erfolg sein Recht geltend gemacht habe, den Veräußerer in Anspruch nehmen. Der Anspruch des Erwerbers gehe aber alsdann nicht auf Verschaffung des dem Erwerber zugesicherten Rechts, sondern sofort auf Schadensersatz wegen Nichtverschaffung, indem aus praktischen Gründen bis auf Weiteres unterstellt werden müsse, der Veräußerer sei zur Verschaffung außer Stande, welche

Unterstellung, nachdem die Sache | in die betreffende Lage gediehen, eine vollkommen berechtigte sei. Das Verschaffungsprinzip zeige sich aber noch insofern wirksam, als der Veräußerer durch nachträgliche Verschaffung dem Anspruche auf Schadensersatz sich immer noch entziehen könne. Wenn hiergegen erinnert werde, näher liege die Konstruktion, sobald der Dritte sein Recht mit Erfolg geltend gemacht habe, verwandele sich das Recht auf Verschaffung definitiv in das Recht auf Schadensersatz wegen Nichtverschaffung, so sei diese Konstruktion nicht allein eine künstliche, sondern auch eine solche, welche mit dem Wesen und der Natur des obligatorischen Veräußerungsvertrages sich nur schwer vertrage. | Prot I 699

b) Protokoll der 85. Sitzung vom 8. 5. 1882, Schriftführer Neubauer

| Die Berathung des Theilentwurfes des Obligationenrechts betreffend Rechte und Verpflichtungen aus Verträgen (Nr. 20) wurde fortgesetzt. | Prot I 701

Zur Berathung gelangte zunächst der zweite Satz des ersten Absatzes des § 14. Derselbe behandelt die Frage, inwiefern der Erwerber die Gegenleistung wegen Nichtbeschaffung des ihm zugesicherten Rechts verweigern dürfe. Von der Voraussetzung ausgehend, vor Hinzutritt des dinglichen Vertrages folge das Weigerungsrecht schon aus den allgemeinen Grundsätzen über die exceptio non adimpleti contractus, will der zweite Satz dieses Recht dem Empfänger auch dann zugestehen, wenn der dingliche Vertrag dem obligatorischen hinzugetreten ist.

Anlangend den Fall, wenn der dingliche Vertrag noch fehlt und nur der obligatorische Vertrag vorliegt, so war man einverstanden, daß der Erwerber befugt sei, die Gegenleistung nach den Grundsätzen über die Einrede des nicht erfüllten Vertrages zu verweigern. Nur darüber bestand eine Verschiedenheit der Ansichten, ob es nöthig sein werde, dies besonders auszusprechen, wie die Anträge zu 7 (Protokolle S. 697) und 1 (Protokolle S. 694) in Vorschlag bringen. Dafür wurde geltend gemacht, es werde un-| erläßlich sein, den Erwerber für beweispflichtig zu erklären. Letzteres fand keinen Widerspruch; es wurde nur geltend gemacht, die Beweislastfrage könne durch Erweiterung oder Verdeutlichung des § 18 des Entwurfs so, wie angegeben, entschieden werden. | Prot I 702

Zur Erörterung gelangte, ob und inwiefern das Recht, die Gegenleistung zu verweigern, auch nach dem Abschlusse des dinglichen Vertrages noch anzuerkennen sei. Der Entwurf will es, wie erwähnt, zugestehen; denselben Standpunkt nimmt der Antrag zu 1 (Protokolle S. 694) ein. Dagegen bezwecken die Anträge zu 5 und 6 (Protokolle S. 697), wenn auch nicht eine Versagung des Rechts, doch eine Beschränkung desselben, und zwar nach verschiedenen Richtungen.

Die Mehrheit entschied für die unbeschränkte Beilegung des Rechts, also für den Standpunkt des Entwurfs. Sie ließ sich von der Erwägung leiten: Das reine Verschaffungsprinzip nöthige, das Recht ohne Beschränkung anzuerkennen; nun sei jenes Prinzip allerdings nicht unerheblich modifizirt und es möge immerhin zweifelhaft erscheinen, ob es nicht der beschlossenen Modifikation mehr entspräche, das Recht der Verweigerung der Gegenleistung, wenn auch nicht gänzlich zu versagen, doch nur unter gewissen Beschränkungen zuzulassen. Allein unverkennbar vertrage sich die unbeschränkte Beilegung des Rechts doch immer noch mit der gedachten Modifikation; noch erheblicher aber sei, daß der Haupt-Uebelstand, welcher sich an das reine Verschaffungsprinzip knüpfe, und zur Modifikation desselben Anlaß gegeben habe, nämlich die Schwierigkeit der Berechnung des zu erstattenden Interesse, mit unbeschränkter Zulassung des Rechts der Verweigerung der Gegenleistung keineswegs verknüpft sei

| Prot I 703 und durch diese Zulassung somit nur in gerechtfertigter Weise dem in | erster Reihe stehenden Verschaffungsprinzipe die gebührende Geltung eingeräumt werde.

Im Laufe der Debatte war aufmerksam darauf gemacht worden, welche Mißstände aus der Unbeschränktheit des Weigerungsrechts sich dann ergeben könnten, wenn der nach Verwirklichung des Rechts des Dritten dem Erwerber zustehende Schadensanspruch den Werth der Gegenleistung nicht allein bei weitem nicht erreiche, sondern auch vielleicht sogar feststehe, daß der Veräußerer außer Stande sei, das Recht des sich ruhig verhaltenden Dritten zu beseitigen, bei welchen Voraussetzungen der Empfänger doch nur befugt sein dürfe, einen verhältnißmäßigen Theil der Gegenleistung einzubehalten. Die Mehrheit glaubte jedoch, daß die gerügten Uebelstände mit der unbeschränkten Zulassung der exceptio non impleti contractus überhaupt und im Allgemeinen verbunden seien und nur zu der Prüfung Anlaß geben könnten, ob nicht in den Vorschriften über die Vertragserfüllung und die Folgen der subjektiven Unmöglichkeit der vertragsmäßigen Leistung Vorsorge zu treffen sei, daß die exceptio non impleti contractus nicht zu unerträglichen Härten führe.

Die bisherigen Beschlüsse unterstellen den Fall, daß das Recht des Dritten feststeht bezw. erwiesen ist. In den Anträgen zu 5 und 6 (Protokolle S. 697) wird aber auch der Fall ins Auge gefaßt, wenn das Recht des Dritten noch nicht feststeht, sondern nur wahrscheinlich oder glaubhaft gemacht ist. Die Anträge wollen auch in einem solchen Falle, obschon nur unter Beschränkungen, dem Erwerber das Recht zugestehen, die Gegenleistung zu verweigern. Die Mehrheit vermochte jedoch kein Bedürfniß zur Beilegung eines solchen exzeptionellen, nach dem geltenden Rechte allerdings zum Theil

| Prot I 704 begründeten Rechts anzuerkennen | und lehnte daher die Anträge ab.

In dem Antrage zu 5 (Protokolle S. 697) findet sich noch der Vorschlag, dem Erwerber, welcher die Leistung empfangen und die Gegenleistung gemacht hat, das Recht einzuräumen, von dem Veräußerer Sicherheitsleistung zu verlangen, wenn das Recht des Dritten zwar noch nicht mit Erfolg geltend gemacht, aber zu besorgen ist, daß dies geschehen werde. Der Vorschlag wurde abgelehnt. Erwogen wurde: Für den Vorschlag ließen sich allerdings manche Billigkeitsgründe anführen; allein er hamonire weder mit dem geltenden Rechte, noch mit der beschlossenen Modifikation des Verschaffungsprinzips, welchem er einen großen Theil seiner Bedeutung entziehe. Dazu komme, daß die allgemeinen Vorschriften über Arrest und einstweilige Verfügungen dem Erwerber genügenden Schutz verliehen.

Es wurde übergegangen zur Berathung des die Interesseforderung des Erwerbers beschränkenden Antrages zu 4 (Protokolle S. 696, 697).

Der Antrag fand nicht die Zustimmung der Mehrheit. Man war der Ansicht: Gehe man davon aus, der Vertragschließende, welcher eine objektiv mögliche und objektiv möglich gebliebene Leistung versprochen habe, müsse das volle Interesse ersetzen, wenn er die Leistung nicht bewirke, gleichviel, ob ihm eine unverschuldete subjektive Unmöglichkeit zur Seite stehe oder nicht, so stehe der Antrag mit einem wichtigen Prinzipe und mit den Beschlüssen über die Zulässigkeit der die Veräußerung fremden Guts betreffenden obligatorischen Verträge (Beschluß vom 27. März d. Js., Protokolle S. 567, 568[3]) in einem nicht zu rechtfertigenden Widerspruche. Sollte aber das gedachte Prinzip später verworfen und durch ein anderes, das Schuldmoment zum Ausgange

| Prot I 705 nehmendes oder mehr berücksichtigendes Prinzip ersetzt werden, so | ergebe sich die Entbehrlichkeit der vorgeschlagenen Bestimmung. Daß die letztere den bekannten Vorschriften des preußischen A.L.R. sich nähere und auch mit denen einiger anderen modernen Kodifikationen mehr oder weniger harmonire, könne wegen der prinzipiel-

[3] Vgl. Materialien zu § 306 BGB.

len Bedeutung der auch nur eine prinzipielle Lösung zulassenden Frage nicht den Ausschlag geben.

Es folgte die Berathung des zweiten Absatzes des § 14. Die Mehrheit entschied für die Ablehnung desselben und der dazu gestellten Verbesserungsanträge.

Zunächst war man einverstanden, daß der zweite Absatz insofern entbehrlich sei, als er einmal die Verpflichtung zum vollen Schadensersatz ausspricht (Satz 1) und sodann, als vorgeschrieben wird, der Erwerber habe sich anrechnen zu lassen, was er von dem Dritten empfangen habe (Satz 3). In der ersteren Beziehung hielt man die Bestimmung des ersten Absatzes für genügend, zumal, wenn in diesem bei „Schaden" hinzugefügt würde „vollen". Anlangend dagegen die auf die Werthsberechnung der entwehrten Sache sich beziehende Vorschrift des zweiten Absatzes, so zeigte sich von Neuem eine Verschiedenheit der Ansichten in Ansehung des Zeitpunkts, mit welchem der Anspruch auf Verschaffung sich in den Anspruch auf Schadensersatz endgültig verwandele. Die eine Ansicht ging dahin: entscheidend sei der Zeitpunkt, wo der Dritte sein Recht mit Erfolg geltend gemacht habe, woraus z. B. folge, daß im Falle der Sachveräußerung von jenem Zeitpunkte an der Veräußerer den casus deteriorationis und interitus trage, aber auch für Werthsteigerungen der entwehrten Sache nach diesem Zeitpunkte nicht einzustehen habe. Die andere Ansicht war: Wegen des beschlossenen Verschaffungsprinzips stehe auch nach jenem Zeitpunkte das Recht auf Verschaffung noch im Vordergrunde, wie auch aus dem früher gefaßten Beschlusse erhelle, daß der Veräußerer durch Verschaffung dem Anspruche auf Schadensersatz sich immer noch entziehen könne (Protokolle S. 699). Sei dies | aber richtig, so erhelle, daß der Veräußerer den gedachten casus, | Prot I 706 so lange der Schadensanspruch nicht geltend gemacht sei, auch nicht zu tragen, dagegen nach Umständen, insbesondere wegen Verzugs, auch den erhöhten Werth zu ersetzen habe. Eine dritte Meinung ging dahin: die erstere Auffassung sei zwar die richtige, erleide aber die Modifikation, daß der Veräußerer dem Anspruche auf Schadensersatz sich entziehen könne, wenn er dem Erwerber durch Verschaffung des Rechts dasselbe gewähre, was dieser durch Leistung des Schadensersatzes erhalten würde, so daß also im Falle der Sachveräußerung die entwehrte Sache in dem Zustande zur Zeit der Entwehrung zu verabfolgen sei und der Veräußerer den casus deteriorationis und interitus trage; es bestehe eine facultas alternativa zur Verschaffung; nur in diesem Sinne sei der frühere Beschluß zu verstehen. Beschlossen wurde, zunächst darüber abzustimmen, ob die letztere Meinung gebilligt werden solle. Die Mehrheit entschied für die Verneinung und sodann für die Annahme der ersten Ansicht, wodurch der erwähnte frühere Beschluß geändert ist. Die Mehrheit hatte die Ueberzeugung gewonnen, daß im Interesse der Einfachheit des Gesetzes nur die erste oder die zweite Ansicht gebilligt werden dürfe, daß aber die erste Ansicht wegen ihrer größeren Harmonie mit den geltenden Rechte und weil sie der beschlossenen Modifikation des Verschaffungsprinzips sich passender anschließe, den Vorzug verdiene.

Zur Prüfung gelangten die Anträge, welche sich auf die Fälle des § 13 beziehen.

Es lagen in dieser Beziehung vor die Anträge zu 4 (in seinem § d Absatz 2), zu 2b und zu 1 (Protokolle S. 696, 695 und 694). Der Antrag zu 1 wurde dahin geändert, daß es statt: „Hat der Gläubiger das ihm zu verschaffende oder das zu beseitigende Recht erworben, so kann er die gemachte Leistung zurückfordern". heißt:

| „Erwirbt der Gläubiger das ihm zu verschaffende Recht anderweitig, so kann er die gemachte Leistung zurückfordern." | Prot I 707

Es erfolgte die Ablehnung der Anträge.

Die Mehrheit erwog: Nach den früher gefaßten Beschlüssen sei in den fraglichen Fällen das Recht des Dritten als in dem Zeitpunkte, wo das betreffende Ereigniß sich zutrug, mit Erfolg geltend gemacht anzusehen. Es bedürfe eines Weiteren nicht, als dies bei der Redaktion zum klaren Ausdruck zu bringen. Daß ein Schadensanspruch bestehe und wie dieser sich gestalte, ergebe sich alsdann von selbst. Wenn hiergegen erinnert werde, eine solche, mit dem Antrage zu 2b (Protokolle S. 695) harmonirende Normirung sei bedenklich, weil ein Schaden in Wirklichkeit nicht erlitten sei und das hierauf beruhende gemeine Recht eine Aenderung erleide, so könne ersteres nicht anerkannt und auf letzteres kein entscheidendes Gewicht gelegt werden. Der Vorschlag, dem Erwerber nur das Recht einzuräumen, seine Leistung zurückzufordern, sei noch bedenklicher, weil nach ihm der Erwerber unter Umständen bald zu viel, bald zu wenig erhalten könne.

Darüber bestand übrigens kein Zweifel, daß in Ansehung des Interesseanspruchs im Allgemeinen durch den früher gefaßten Beschluß (Protokolle S. 698, 699) hinreichend klar gestellt ist, der Veräußerer habe dafür das Interesse zu leisten, daß das Recht des Dritten mit Erfolg geltend gemacht ist, dem Erwerber also zu leisten, was diesem dadurch entzogen worden ist, daß das Recht mit Erfolg geltend gemacht worden ist und daß hierbei der Zeitpunkt maßgebend ist, wo das Recht des Dritten verwirklicht wird, woraus sich wichtige Konsequenzen ergäben.

Zum Schluß wurden die Anträge zu 3 und 8 (Protokolle S. 695, 696 und 697, 698), welche sich auf die Veräußerung von Grundstücken und Schiffen u.s.w. beziehen, zur
| Prot I 708 Berathung gestellt. Es erfolgte | die Annahme des verbesserten Antrages zu 3, jedoch unter Streichung des zweiten Absatzes.

Erwogen wurde: der Veräußerer müsse unbedingt verpflichtet sein, möge der dingliche Vertrag hinzugetreten sein oder nicht, die gebuchten Rechte zur Löschung zu bringen, weil hiervon für den Erwerber meist die Möglichkeit abhänge, von dem veräußerten Gegenstande den erwarteten Nutzen zu ziehen. Es sei nicht möglich, dem Erwerber einen zu verwirklichenden Anspruch erst dann zu gewähren, wenn entwehrt sei. Komme es aber zur Entwehrung, so bleibe es bei den allgemeinen Grundsätzen über die Gewährleistung. Die Verpflichtung, die gebuchten Rechte zur Löschung zu bringen, sei von der Gewährleistungspflicht unabhängig, daher dürfe auch der zweite Absatz des Antrages zu 3 keine Aufnahme finden, weil er das Mißverständnis hervorrufe, daß das letztere im Falle der Eviktion nicht gelten solle. Erinnert wurde, in dem beregten Falle liege ein Eviktionsanspruch gar nicht vor. Darauf wurde erwidert, die Vorschrift gehöre zu dem Veräußerungsvertrage und empfehle sich daher deren Aufnahme.

Von einer Seite wurde geltend gemacht, die Ausdehnung der Vorschrift auf die Veräußerung der registrirten Schiffe u.s.w. sei aus juristischen Gründen unstatthaft und aus praktischen Gründen weder nöthig, noch zweckmäßig. Die Erledigung dieses Bedenkens wurde der Berathung des Entwurfs des Sachenrechts vorbehalten.

c) 86. Sitzung vom 10. 5. 1882, Schriftführer Neubauer

| Prot I 709 | Zu §§ 15 bis 17 des Entwurfes, welche lauten:

TE-OR (Nr 20) § 15 — § 15.

„Besteht nur in Ansehung eines Theils des Vertragsgegenstandes ein den Veräußerer zur Gewährleistung verpflichtendes Recht eines Dritten, so kann der Erwerber anstatt des Rechtes auf Schadensersatz die Aufhebung des ganzen Vertrages verlangen, wenn die Verschaffung des fehlenden Rechtes oder die Befreiung des Erwerbers von dem Rechte des Dritten nicht möglich ist und hierdurch der Werth oder die Tauglichkeit des Vertragsgegenstandes zu dem regelmäßigen oder nach dem Vertrages vorausgesetzten Gebrauche aufgehoben oder erheblich gemindert wird.

Dasselbe gilt, wenn in Ansehung eines mit der Sache veräußerten Rechtes ein solches Recht eines Dritten besteht oder wenn die | Sache mit einer Last beschwert ist, für welche der Veräußerer zu haften hat. | Prot I 710

Falls der Erwerber die Sache mit Rechten Dritter belastet hat, so kann er die Aufhebung des Vertrages nur verlangen, wenn er diese Rechte beseitigt.

§ 16. TE-OR (Nr 20) § 16

Wird der Vertrag auf den Antrag des Erwerbers aufgehoben, so muß der Letztere die Sache, soweit er sie nicht dem Dritten herausgeben mußte, nebst Zuwachs, den mitübergebenen Zugehörungen und allen Früchten und dem sonstigen Gewinne dem Veräußerer zurückgeben, auch wegen der nicht gezogenen Früchte und der Verschlechterungen, soweit er mit Anwendung der Sorgfalt eines ordentlichen Hausvaters jene ziehen und die Verschlechterungen abwenden gekonnt hatte, Ersatz leisten. Wegen Verwendungen auf die Sache stehen ihm die dem redlichen Besitzer gegen den Eigenthumsanspruch eingeräumten Rechte zu.

§ 17. TE-OR (Nr 20) § 17

Der Veräußerer hat im Falle der Aufhebung des Vertrages dem Erwerber die empfangene Gegenleistung zurückzugeben, die Vertragskosten zu erstatten und denselben von den in Folge des Vertrages übernommenen Verbindlichkeiten zu befreien.

| Bestand die Gegenleistung in Geld, so hat er davon Zinsen von der Zeit des Empfanges an zu bezahlen. Bestand dieselbe in Sachen anderer Art, so hat er solche nebst den gezogenen Früchten und dem sonstigen Gewinne, dem Zuwachs und den mitübergebenen Zugehörungen zurückzugeben. In Ansehung der nicht gezogenen Früchte und der Verschlechterungen der Sache, sowie der von dem Erwerber auf die Sache gemachten Verwendungen finden die Bestimmungen in § 16 entsprechende Anwendung." | Prot I 711

lagen die Anträge vor:

1. die §§ zu streichen; Windscheid (Nr 60)

2. statt derselben zu bestimmen: Kurlbaum (Nr 54, g)

„Verliert die veräußerte Sache oder das veräußerte Recht durch die Entziehung eines Theiles die Tauglichkeit zu dem gewöhnlichen oder nach dem Vertrage vorausgesetzten Gebrauche, so kann der Erwerber verlangen, daß der Veräußerer die ganze Sache, soweit sie nicht entzogen ist, zurücknimmt und Schadensersatz leistet, als wäre die ganze Sache oder das ganze Recht entzogen."

Beschlossen wurde die Streichung der §§ unter Ablehnung des Antrages zu 2. Die Gründe des Beschlusses waren:

Wenn für die Streichung der §§ geltend gemacht sei, das ihnen zum Grunde liegende Prinzip, der Erwerber könne unter den fraglichen Voraussetzungen statt das Interesse zu fordern, die Aufhebung des Vertrages verlangen, sei in- | sofern selbstverständlich, als schon nach allgemeinen Grundsätzen ein solches Recht bestehe, da bei der Voraussetzung, dem Erwerber sei nach der erfolgten Theilentwehrung mit der Aufrechterhaltung des Vertrages nicht gedient, die Aufhebung des Vertrages gerade sein Interesse repräsentire, – so lasse die Zulänglichkeit dieses Grundes sich bezweifeln. Durchgreifend erscheine dagegen der andere für die Streichung geltend gemachte Grund. Der Fall, in welchem der Erwerber an der Aufrechterhaltung des Vertrages nach erfolgter Theilentwehrung kein Interesse habe, gehöre einer größeren Kategorie von Fällen an. Diese Kategorie umfasse alle Fälle, in welchen bei einem zweiseitigen Vertrage der eine Theil die ihm gebührende Leistung, weil der andere Theil sie nicht zu beschaffen vermöge, nicht erhalten könne, gleichwohl Erfüllung zu fordern befugt und diesem Erfüllungsan- | Prot I 712

spruche nur durch Leistung des Interesse zu genügen möglich sei, das Interesse aber gerade in der Aufhebung des Vertrages bestehe. Es werde zur geeigneten Zeit und an passender Stelle zu prüfen sein, ob nicht für alle solche Fälle, gleichviel ob die ganze Leistung oder nur ein Theil derselben nicht zu verschaffen sei, der zu derselben berechtigten Partei das Recht beigelegt werden müsse, die Aufhebung des Vertrages zu verlangen und zwar, wenn die ganze Leistung nicht zu beschaffen sei, unbeschränkt. Erfolge die Bejahung der Frage, so würden die zur Berathung stehenden §§ entbehrlich. Werde die Frage verneint, so fehle es an zwingenden Gründen, für die in diesen §§ behandelten
| Prot I 713 Fälle besondere, von der allgemeinen Regel abweichende Bestimmungen | zu beschließen. Möglich sei es allerdings erst solche Bestimmungen zu beschließen, diese später auf andere Fälle auszudehnen, zum Schluß aber, wenn nöthig, für prinzipielle Vorschriften sich zu entscheiden und bei Aufnahme der letzteren die zuerst beschlossenen speziellen Bestimmungen zu unterdrücken. Allein ein solches Verfahren sei inkorrekt; denn es handele sich um ein weittragendes, viele Fälle umfassendes Prinzip, über welches als solches Beschluß gefaßt werden müsse, bevor ein einzelner, von ihm betroffener Fall sich erledigen lasse.

Der Entwurf gebe außerdem noch zu der Erinnerung Anlaß, daß es kaum zu rechtfertigen sei, dem Gläubiger bei theilweiser Entwehrung das alternative Recht beizulegen, von dem Vertrage zurückzutreten oder Schadensersatz zu verlangen, während er bei gänzlicher Entwehrung ein solches Recht entbehren würde, daß die Vorschrift des Entwurfs ferner mit den Bestimmungen des § 39[4], insbesondere der Schlußbestimmung desselben, nicht zu harmoniren scheine.

Der Antrag zu 2 müsse gleichfalls, mindestens vorläufig, auf sich beruhen. Er habe die Auffassung zur Grundlage, der über die Leistung des Interesse nach erfolgter Entwehrung gefaßte Beschluß entziehe den § 15 jener allgemeinen Kategorie, weil das Interesse nicht wegen unterbliebener Vertragserfüllung, sondern wegen Entwehrung zu leisten und der Anspruch auf Vertragserfüllung in Entschädigung wegen Entwehrung
| Prot I 714 umge- | wandelt sei. Indessen sei diese Auffassung nicht allein bestreitbar, sondern es würde immerhin doch die beantragte Vorschrift erst in Berathung genommen werden können, wenn im Prinzipe feststände, wie der Fall behandelt werden solle, in welchem ein Theil der Leistung nicht gewährt werden könne, der Leistungspflichtige das Interesse gewähren müsse und das Interesse des Berechtigten in der Aufhebung des Vertrages bestehe.

Anlangend den Ort, wo die beregte prinzipielle Frage zu erledigen sei, so werde die Beschlußfassung am passendsten bei der Berathung der Vorschriften über die Leistung des Interesse oder über die Unmöglichkeit der Erfüllung zu erfolgen haben.

Einverständniß bestand übrigens darüber, daß die zum § 14 gefaßten Beschlüsse auch den Fall der Theilentwehrung in dem ausgedehnten Sinne des § 15 decken.

**d)** 87. Sitzung vom 12. 5. 1882, Schriftführer Neubauer

| Prot I 721 | Es lag der Antrag vor, in den Abschnitt von der Gewährleistung des veräußerten Rechts noch folgende Bestimmung, vorbehaltlich anderer Redaktion derselben, aufzunehmen:

Derscheid (Nr 68) „Schon ehe der Dritte das ihm zustehende Eigenthum oder die ihm zustehende Hypothek geltend gemacht hat, kann der Erwerber Auflösung des Vertrages nebst Schadensersatz verlangen, wenn der Veräußerer das nachgewiesene Recht des Dritten nicht zu beseitigen vermag."

---

[4] Zu § 39 TE-OR Nr. 20 vgl. die Materialien bei §§ 462–480 BGB.

eventuell, falls der Beschluß über die vorläufige Streichung der §§ 15–17 nicht entgegensteht, auch folgenden Zusatz:

„Dieselbe Befugniß hat der Erwerber, wenn nur ein Theil der veräußerten Sache ihm von einem Dritten entzogen wird oder die Sache mit Servituten zu Gun- | sten Dritter belastet ist und hierdurch der Werth oder die Tauglichkeit der Sache zu dem vertragsmäßig vorausgesetzten Gebrauche aufgehoben oder erheblich gemindert wird." | Prot I 722

Es erfolgte die Ablehnung des Antrags. Die Gründe waren: Man glaubte: Der Hauptantrag lasse sich schwer in Einklang bringen mit den bisher gefaßten Beschlüssen. Er harmonire nicht mit dem Beschlusse, welcher zum § 2 des Entwurfs in Ansehung des Rechts des einen Theils, von dem Vertrage wegen Nichterfüllung seitens des anderen Theils abzugehen, gefaßt worden (Prot. S. 639) und andererseits mit dem Beschlusse über das Recht des Erwerbers erst nach der Entwehrung einen Anspruch, und zwar nur auf das Interesse, erheben zu dürfen. Die Annahme des Antrages würde auch weiter zu gehen und zu der Bestimmung nöthigen: sowohl vor als nach der Entwehrung habe der Erwerber das Recht, die Auflösung des Vertrages zu fordern, sobald der Veräußerer das Recht des Dritten nicht zu beseitigen vermöge. Vorbehalten sei aber nur eine prinzipielle Normirung, welche ein solches Recht in der Art gewähre, daß der eine Vertragschließende, wenn der andere Theil aus irgendeinem Grunde nicht zu erfüllen vermöge, aber für das Interesse hafte, als Interesse die Aufhebung des Vertrages zu fordern habe, im Falle nur theilweise die Erfüllung nicht zu bewirken sei, jedoch nur unter der Voraussetzung, daß er an der theilweisen reellen Erfüllung kein Interesse habe (vgl. Prot. S. 712).

Noch einleuchtender sei die Unvereinbarkeit des eventuellen Antrages mit den zu den §§ 15–17 des Entwurfs gefaßten Beschlüssen.

Ferner wurde von anderer Seite ein Zusatz zu den gefaßten Beschlüssen dahin beantragt:

| „Im Falle der Retention der Gegenleistung nach erfolgter Veräußerung kann der Veräußerer gegen Leistung genügender Sicherheit für den im Falle der Entwehrung zu leistenden Schadensersatz die Gegenleistung fordern. Die Leistung der Sicherheit durch Bürgen ist ausgeschlossen." | Prot I 723 Derscheid

Auch dieser Antrag wurde abgelehnt, weil man ihn mit den bisher gefaßten Beschlüssen insofern nicht vereinbar hielt, als beschlossen sei, kraft des Verschaffungsprinzips könne der Erwerber die Gegenleistung sowohl vor als nach dem Hinzutritte des dinglichen Vertrages *schlechthin* nach den allgemeinen Grundsätzen über die exceptio non adimpleti contractus verweigern (Prot. S. 702). Für selbstverständlich wurde übrigens angesehen, daß nach der Entwehrung der Erwerber seine Weigerung nur von der Befriedigung des Interesseanspruchs abhängig machen könne.

II. 1. Die beschlossene Regelung lautet in der *ZustOR:* ZustOR § 73

§ 73. Solange der Veräußerer wegen eines Mangels in seinem Rechte die Verpflichtungen der §§ 69 und 70 nicht erfüllt hat, ist der *Erwerber* die ihm obliegende Gegenleistung zu verweigern befugt. Es macht hierbei keinen Unterschied, ob den übrigen Erfordernissen, von welchen der Erwerb des dem *Erwerber* zu verschaffenden Rechts abhängt, bereits genügt ist oder nicht.

Ist jedoch den erwähnten Erfordernissen genügt, so kann, soweit das Gesetz nicht ein Anderes bestimmt, der *Erwerber* gegen den Veräußerer einen Anspruch wegen Nichterfüllung der Verpflichtungen der §§ 69 und 70 erst dann erheben, wenn das Recht des Dritten mit Erfolg geltend gemacht ist.

ZustOR § 74 § 74. Das Recht des Dritten ist als mit Erfolg geltend gemacht anzusehen:

1. wenn der Dritte dasselbe gegen den Erwerber im Wege des Prozesses verfolgt hat und zu seinen Gunsten eine rechtskräftige Entscheidung ergangen ist;

2. wenn der Erwerber das Recht dem Dritten gegenüber als begründet anerkennt oder wenn er mit dem Dritten einen Schiedsvertrag abgeschlossen hat und der Schiedsspruch zu Gunsten des Dritten ergangen ist.

Ist jedoch bei dem die Veräußerung einer Sache betreffenden Vertrage die Verwirklichung des Rechts des Dritten von der Herausgabe der Sache abhängig, so ist das Recht des Dritten erst dann als mit Erfolg geltend gemacht anzusehen, wenn die Sache dem Dritten herausgegeben ist.

ZustOR § 75 § 75. Das Recht des Dritten ist auch dann als mit Erfolg geltend gemacht anzusehen, wenn der Dritte Erbe des Erwerbers oder wenn der letztere Erbe des Dritten geworden ist, oder wenn der Erwerber das Recht des Dritten anderweitig erworben oder den Dritten abgefunden hat.

ZustOR § 76 § 76. Ist das Recht des Dritten mit Erfolg geltend gemacht, so steht dem *Erwerber* ein Anspruch auf vollen Schadensersatz gegen den Veräußerer zu.

Für die Feststellung des Schadens ist der Zeitpunkt maßgebend, wo das Recht des Dritten mit Erfolg geltend gemacht ist.

ZustOR § 77 § 77. Betrifft der Vertrag die Veräußerung eines Grundstücks oder eines Rechts an demselben, so ist der Veräußerer verpflichtet, die in das Grundbuch eingetragenen, dem vertragsmäßigen Rechte des Erwerbers entgegenstehenden Rechte auf seine Kosten zur Löschung zu bringen. Es gilt dies auch dann, wenn das eingetragene Recht nicht geltend gemacht oder wenn es nicht zur Entstehung gelangt ist oder nicht mehr besteht.

(Die vorstehenden Vorschriften finden in Ansehung der in das Schiffsregister eingetragenen Rechte entsprechende Anwendung.)*

(* Es bleibt vorbehalten, bei der Berathung des Sachenrechts zu prüfen, ob die Bestimmung beizubehalten, und wenn dies beschlossen wird, ob sie nicht zu versetzen sei.)

2. 128. Sitzung vom 13. 10. 1882, Schriftführer v. Liebe

| Prot I 1176 | Ferner war beantragt[5], den Beschlüssen vom 5. und 8. Mai 1882 (Prot. S. 698, 699, 705, 706, § 76 der beschlossenen Bestimmungen des Obligationenrechts) folgende Zusätze beizufügen:

Planck (Nr 156) a) in Gemäßheit des Prot. S. 713 sich findenden Vorbehalts den Zusatz:
„Anstatt des Anspruchs auf Schadensersatz kann der Erwerber nach Maßgabe der im § 3 des Theilentwurfs über die Folgen der Nichterfüllung der Verbindlichkeit gegebenen Vorschriften von dem Vertrage zurücktreten."

Planck (Nr 162) b) den weiteren Zusatz:
„Die Bestimmung im § 1 Abs. 2 des Abschnitts über die Folgen der Nichterfüllung
| Prot I 1177 der Verbind- | lichkeit (lautend: hat im Falle des Abs. 1 – der zu vertretenden theilweisen Unmöglichkeit der Leistung — der noch mögliche Theil der Leistung für den Gläubiger kein Interesse, so kann der Gläubiger unter Ablehnung oder Rückgewähr der Theilleistung Schadensersatz wegen Nichterfüllung der ganzen Verbindlichkeit fordern) findet entsprechende Anwendung."

---

[5] Die Anträge erfolgten im Rahmen der Beratung des TE-OR Nr. 22 betreffend die Folgen der Nichterfüllung.

Der Antrag a wurde im Laufe der Berathung dahin erweitert, daß auch der folgende Beschluß vom 10. Mai 1882 (Prot. S. 715, 716, § 78[6]) durch Beziehung der dort ausgesprochenen Beweispflicht auf den Fall des Rücktritts vervollständigt werde.

Der Antrag a wurde sachlich von der Mehrheit angenommen und beschlossen, dem ersteren Beschlusse (§ 76) einen Zusatz dahin beizufügen:

„Bei gegenseitigen Verträgen ist der Erwerber berechtigt, nach Maßgabe der Bestimmungen, welche zu §§ 3–7 des Theilentwurfs des Obligationenrechts (Nr. 22) „Folgen der Nichterfüllung" beschlossen worden sind, zurückzutreten."

Die etwa nothwendige Ergänzung des anderen Beschlusses (§ 78) wurde der Prüfung bei der Redaktion vorbehalten.

Dagegen wurde die Beschlußfassung über den erst in heutiger Sitzung eingebrachten Antrag b, weil er nicht vorher schriftlich mitgetheilt ist, auf die nächste Sitzung verschoben. Dabei wurde bemerkt, daß nach dem Antrage b in dem ersteren Beschlusse (§ 76 cit.) hinter den Worten „gegen den Veräußerer zu" der Satz einzuschieben sein würde: „die zu § 1 des Theilentwurfs des Obligationenrechts Nr. 13 „Folgen der Nichterfüllung" beschlossene Bestimmung, (nämlich:

„Hat im Falle des § 1 der möglich gebliebene Theil der Leistung für den Gläubiger kein In- | teresse, so kann der Gläubiger unter Ablehnung oder Zurückgewährung jenes Theils Schadensersatz wegen Nichterfüllung der ganzen Verbindlichkeit fordern.") | Prot I 1178

findet entsprechende Anwendung."

Für die Annahme des Antrags waren die entscheidenden Gründe:

Es habe der Grundsatz Anerkennung gefunden, wer zu einer Leistung sich verpflichte, müsse für das anfängliche subjektive Unvermögen aufkommen und, wenn er später nicht leiste, dem Gläubiger das Interesse vergüten. Der zum § 3 des vorliegenden Theilentwurfs in Beziehung auf das Rücktrittsrecht des Gläubigers gefaßte Beschluß beruhe auf dem Gedanken, der Gläubiger mache in dem Rücktritt vom Vertrage nur sein erweisliches Interesse geltend. Die Konsequenz gebiete aber, das Rücktrittsrecht auch dann zu gewähren, wenn jener Fall des anfänglichen subjektiven Unvermögens vorliege. Dies sei auch nach den zu den §§ 1, 3 und 10 des Entwurfs gefaßten Beschlüssen als mitbeschlossen anzusehen. Nun sei der in dem Antrage unterstellte Fall nur ein Unterfall des anfänglichen subjektiven Unvermögens. Die in dem Antrage vorgeschlagene Bestimmung erscheine daher sogar als selbstverständlich. Gleichwohl verdiene sie aufgenommen zu werden, weil die Selbstverständlichkeit wegen der getrennten und besonderen Behandlung der Gewährleistungspflicht sich anzweifeln ließe. Wenn gegen den Vorschlag erinnert sei, er sei bedenklich, weil er eine Neuerung enthalte und weil erfahrungsmäßig die Pflicht zur Gewährleistung oft erst geraume Zeit nach Erfüllung des Vertrags sich wirksam erweise und in einem solchen Falle der Rücktritt vom Vertrage zu erheblichen Weiterungen und Verwicklungen zu führen vermöge, so könne hierauf kein entscheidendes Gewicht gelegt werden. Der Gegengrund richte | sich gegen das allgemeinere Prinzip, um dessen Anwendung es sich handle. Dies gelte auch von dem zweiten Theile des Gegengrundes, da auch in anderen Fällen des subjektiven Unvermögens der Rücktritt erst geraume Zeit, nachdem der Vertrag zum Theil oder von einem Theile vollständig erfüllt sei, erfolgen könne. | Prot I 1179

In das Gesetzbuch die ausdrückliche Bestimmung aufzunehmen, das anfängliche subjektive Unvermögen sei von dem Schuldner in gleicher Weise zu vertreten, wie die von ihm verschuldete oder aus einem anderen Grunde zu vertretende nachträgliche objektive Unmöglichkeit, hielt man auch jetzt für überflüssig. Man glaubte, der Grundsatz ergebe sich zur Genüge aus den Beschlüssen vom 27. März, 12. April, und 26. April

---

[6] Vgl. die Materialien zu § 442 BGB.

1882 (Prot. S. 568, 569, 574, 576, 641–646, §§ 36, 63 der Zusammenstellung der beschlossenen Bestimmungen des Obligationenrechts[7], sowie aus den zu §§ 1 und 10 des vorliegenden Theilentwurfs gefaßten Beschlüssen; ihn ausdrücklich auszusprechen, sei aber nicht unbedenklich, weil er unter gewissen Umständen z. B. wenn der Gläubiger das Unvermögen gekannt oder der Schuldner stillschweigend die Nichthaftung ausbedungen habe, nicht gelte.

Die Entscheidung über die Frage, ob in Ansehung des Falles des concursus duarum causarum lucrativarum, welcher in der Wissenschaft zuweilen als ein Fall unverschuldeter (juristischer) Unmöglichkeit behandelt wird, eine Bestimmung in das Gesetzbuch aufzunehmen sei, wurde gemäß dem in den Motiven S. 19 enthaltenen Vorbehalte[8] bis zur Berathung des die Erlöschung der Schuldverhältnisse betreffenden Abschnitts ausgesetzt.

3. 129. Sitzung vom 16. 10. 1882 Schriftführer v. Liebe

| Prot I 1191 | Die Berathung des Theilentwurfs des Obligationenrechts (Nr. 22) wurde fortgesetzt.

1. Zunächst lag der in dem Protokoll über die vorige Sitzung (S. 1177) bereits mitgetheilte Antrag zur Erledigung vor, welcher einen Zusatz zu den Beschlüssen vom 5. und 8. Mai 1882, Prot. S. 698, 699, 705, 706 (Zusammenstellung der beschlossenen Bestimmungen des Obligationenrechts § 76) dahin bezweckt, daß (im § 76) die nach Prot. S. 1140 a. E. dem § 1 des zur Berathung stehenden Theilentwurfs (Nr. 22) anzuschließende Bestimmung:

„Hat im Falle der nur theilweisen Unmöglichkeit der noch mögliche Theil der Leistung für den Gläubiger kein Interesse, so kann er unter Ablehnung oder Zurückgewährung jenes Theils Schadensersatz wegen Nichterfüllung der ganzen Verbindlichkeit fordern."

für entsprechend anwendbar erklärt werde.

2. Ferner wurde der Antrag gestellt, der eben gedachten zu § 1 zusätzlich beschlossenen Bestimmung die Vorschrift beizufügen: „Die Bestimmungen der Beschlüsse vom 21. und 24. April und vom 21. Mai 1882, Prot. S. 624, 627, 763–766 (Zusammenstel-
| Prot I 1192 lung der beschlossenen Bestim- | mungen des Obligationenrechts §§ 55, 98) finden entsprechende Anwendung"; eventuell aber der Prüfung bei der Redaktion vorzubehalten, ob sich die Aufnahme dieser Bestimmung nöthig mache und wie sie zu fassen sei:

3. Endlich wurde, da bei der Berathung sich zeigte, daß die zu § 1 beschlossene Bestimmung verschieden ausgelegt werde, nämlich einerseits dahin, daß, wenn dem

[7] Vgl. Materialien bei §§ 308 ff., 361 BGB.

[8] Hierzu heißt es u. a., in den Motiven, a. a. O. S. 19, 20: „Als ein Fall unverschuldeter (juristischer) Unmöglichkeit wurde seit Mommsen's Ausführungen (Beiträge I S. 255 ff., III S. 413 ff.) der sogn. concursus causarum lucrativarum aufgefaßt, d. h. wenn der Gläubiger genau dasjenige (Windscheid, Pand. § 343 a Nr. 1, 2), was er von Jemanden ex causa lucrativa zu fordern hat, von anderer Seite gleichfalls ex causa lucrativa erhält (ohne jede Aufopferung seinerseits), so soll jene Forderung wegen rechtlicher Unmöglichkeit der Erfüllung erloschen sein. . . . Man hat davon abzusehen, in dem Entwurfe durch Aufstellung einer allgemeinen Vorschrift Stellung zu der Streitfrage zu nehmen. Eine solche Vorschrift, welche mit Sicherheit gehandhabt werden könnte, läßt sich auch nicht geben. Keine moderne Gesetzgebung, kein neuerer Entwurf hat durch eine derartige Bestimmung die Lösung der Frage versucht; überall ist auf die allgemeinen Prinzipien des Gesetzes oder auf die Grundsätze über die einzelnen in Frage kommenden Rechtsgeschäfte verwiesen . . .".

Gläubiger bereits ein Theil geleistet in Gemäßheit des Wortverstandes der Vorschrift, wie sie oben formulirt sei, die Möglichkeit der Rückgewähr und die wirkliche vollständige Rückgewähr die Bedingung der dem Gläubiger zugesprochenen Befugniß bildeten, andererseits aber dahin, daß der Gläubiger von der Verpflichtung zur Rückgewähr, ohne an seinen Rechten etwas einzubüßen, befreit werde, insoweit die empfangene Theilleistung in seinen Händen nicht durch sein Verschulden untergegangen oder verschlechtert sei, ein Antrag auf Verdeutlichung der Vorschrift in letzterem Sinne gestellt. Dabei war zugleich bemerkt, daß, wenn der empfangene Theil durch Zufall untergehe, bevor der von der anderen Seite zu vertretende Umstand, welcher die Restleistung unmöglich mache, eingetreten sei, der von der Vorschrift getroffene Fall insofern nicht vorliege, als durch das Unmöglichwerden der Restleistung kein Mangel des Interesse am Behalten des Empfangenen, welches gar nicht mehr existirte, habe hervorgerufen werden können.

Die Mehrheit nahm die Anträge unter 1 und 2 an, beschloß mithin die beantragten Ergänzungen (des § 76 der Zusammenstellung der beschlossenen Bestimmungen des Obligationenrechts und der zu § 1 beschlossenen diesen § anzuschließenden Bestimmung). Dagegen wurde der unter 3 aufgeführte Antrag ab- | gelehnt, indem die Mehrheit sich für die angeführte entgegengesetzte Auffassung der fraglichen Vorschrift aussprach. | Prot I 1193

Erwogen war:

Zu 1. Durch das in der vorigen Sitzung beschlossene Rücktrittsrecht werde die vorgeschlagene Ausdehnung keineswegs bedeutungslos. Sie erscheine erheblich einmal, wenn die Veräußerung in einem einseitigen Geschäfte sich gründe, Beschluß vom 12. Mai 1882, Prot. S. 726–728 (§ 80 der Zusammenstellung der beschlossenen Bestimmungen des Obligationenrechts), dann aber auch bei gegenseitigen Verträgen, weil die in Rede stehende Bestimmung dem Gläubiger das Recht geben würde, bei dem Vertrage stehen zu bleiben und das volle Interesse wegen gänzlicher Nichterfüllung zu fordern. Die Ausdehnung selbst betreffend, so lasse sich nicht verkennen, daß der Fall der Eviktion einen Unterfall des theilweisen Unvermögens bilde, für welches der Schuldner aufzukommen habe. Nun leuchte ein, wie inkonsequent es sein würde, die vorgeschlagene Ausdehnung zu verneinen und durch die Verneinung einem als richtig anerkannten Prinzip für einen der wichtigsten von ihm betroffenen Fälle die Anerkennung zu versagen. Es sei eingewandt, die Annahme des Antrags führe zu einer Disharmonie mit den Vorschriften über die Gewährleistung wegen des Mangels einer zugesicherten Eigenschaft, Beschlüsse vom 17., 19., 24. und 26. Mai 1882, Prot. S. 745–751, 778–786 (§§ 85, 93, 101 der Zusammenstellung der beschlossenen Bestimmungen des Obligationenrechts). Allein hierin könne nur ein Anlaß gefunden werden, zur Beseitigung der Disharmonie auch den früheren Beschluß (§ 85 a. a. O. in gleicher Weise wie den § 76) zu ergänzen. Indessen erscheine es doch rathsam, von einer solchen Er- | gänzung mindestens vorläufig abzusehen. Es bedürfe nämlich noch der näheren Prüfung, ob nicht spezielle Gründe vorlägen, die Ausdehnung der beregten Vorschrift auf die Gewähr wegen Mangels einer zugesicherten Eigenschaft in Rücksicht auf den eigenthümlichen Charakter dieser Gewährleistungspflicht abzulehnen. | Prot I 1194

Zu 2. Es könne nicht zweifelhaft sein, daß dasjenige, was für das Rücktrittsrecht in Bezug auf die im Antrage 2 angezogenen Bestimmungen beschlossen sei, auch für das in Frage stehende Recht gelten müsse.

Zu 3. Was endlich die beantragte Verdeutlichung der in Rede stehenden Vorschrift anbelange, so würde sie allerdings mit den Vorschriften, die für das Rücktrittsrecht beschlossen seien, im Einklange stehen. Allein andererseits sei zu würdigen, daß das in

Frage stehende Recht von eingreifender Bedeutung und für den Schuldner drückender sei, als das Rücktrittsrecht, weshalb es gerechtfertigt erscheine, dasselbe an erschwerendere Voraussetzungen zu knüpfen . . .

**4.** In der *ZustOR* lautet die beschlossene Regelung: Der § 76 wird durch folgenden neuen Absatz ergänzt: „Die Bestimmung des § 187 Abs. 1 findet entsprechende Anwendung. Bei einem gegenseitigen Vertrage ist der Erwerber nach Maßgabe der Abs. 2 und 3 des § 187 berechtigt, vom Vertrage zurückzutreten."

**5.** Zu § 371 KE (1. Fassung) lag der Antrag von *v. Weber* vor, aus dem zweiten und dritten Satze je einen besonderen Absatz zu bilden (Nr. 571, Prot. I, S. 3557). – Der Antrag wurde durch Mehrheitsbeschluß abgelehnt (Prot. I, S. 3561).

**6.** Aufgrund eines Antrags von *Kurlbaum* (Nr. 570, Prot. I, S. 3554) wurde beschlossen, in § 372 Abs. 1 Ziff. 2 KE (1. Fassung) statt „abgeschlossen"[9] zu setzen „geschlossen" (Prot. I, S. 3560).

**7.** Ebenfalls aufgrund eines Antrags von *Kurlbaum* (Nr. 570, Prot. I, S. 3551) wurde beschlossen, in § 373 KE (1. Fassung) zu sagen "anderweit" statt: „anderweitig"[10] (Prot. I, S. 3559).

**8.** Zu 374 KE (1. Fassung) lag der Antrag von *v. Weber* (Nr. 571, 2) vor, aus den Worten „Die Bestimmung des § 240 findet entsprechende Anwendung" und „Bei einem gegenseitigen Vertrage pp. – zurückzutreten", je einen besonderen Absatz zu bilden." (Prot. I, S. 3557–3558). – Der Antrag wurde durch Mehrheitsbeschluß abgelehnt (Prot. I, S. 3561).

**9.** Zu § 77 Abs. 2 ZustOR lag der Antrag von Kurlbaum (Nr. 556, 5) vor, die Klammern zu streichen und die Anmerkung nicht mitabzudrucken (Prot. I, S. 3281). – Der Antrag wurde angenommen (Prot. I, S. 3286).

**10.** Ferner wurde der Antrag von *Kurlbaum* (Nr. 570), in § 375 KE (1. Fassung) statt „Rechtes an demselben" zu setzen „Rechtes an einem solchen" (Prot. I, S. 3553), von der Kommission genehmigt (Prot. I, S. 3560).

**III. 1.** Die geänderten Bestimmungen lauten im *KE* wie folgt:

KE § 371 § 371. So lange der Veräußerer wegen eines Mangels in seinem Rechte die Verpflichtungen der §§ 367, 368 nicht erfüllt hat, ist der Erwerber die ihm obliegende Gegenleistung zu verweigern befugt. Es macht hierbei keinen Unterschied, ob den übrigen Erfordernissen, von welchen der Erwerb des dem Erwerber zu verschaffenden Rechts abhängt, bereits genügt ist oder nicht. Ist jedoch den erwähnten Erfordernissen genügt, so kann, soweit das Gesetz nicht ein Anderes bestimmt, der Erwerber gegen den Veräußerer einen Anspruch wegen Nichterfüllung der Verpflichtungen der §§ 367, 368 erst dann erheben, wenn das Recht des Dritten mit Erfolg geltend gemacht ist.

KE § 372 § 372. Das Recht des Dritten ist als mit Erfolg geltend gemacht anzusehen:

1. wenn der Dritte dasselbe gegen den Erwerber im Wege des Prozesses verfolgt hat und zu seinen Gunsten eine rechtskräftige Entscheidung ergangen ist;

2. wenn der Erwerber das Recht dem Dritten gegenüber[11] als begründet anerkannt, oder wenn er mit dem Dritten einen Schiedsvertrag geschlossen hat und der Schiedsspruch zu Gunsten des Dritten ergangen ist.

---

[9] Vgl. §§ 77ff. E I.

[10] Vgl. § 518 E I (§ 511 KE).

[11] Das Wort „gegenüber" steht im E I vor „dem Dritten".

Ist jedoch bei dem die Veräußerung einer Sache betreffenden Vertrage die Verwirklichung des Rechtes des Dritten von der Herausgabe der Sache abhängig, so ist das Recht des Dritten erst dann als mit Erfolg geltend gemacht anzusehen, wenn die Sache dem Dritten herausgegeben ist.

§ 373. Das Recht des Dritten ist auch dann als Erfolg geltend gemacht anzusehen, wenn der Dritte Erbe des Erwerbers oder wenn der letztere Erbe des Dritten geworden ist, oder wenn der Erwerber das Recht des Dritten anderweit erworben oder den Dritten abgefunden hat. KE § 373

§ 374. Ist das Recht des Dritten mit Erfolg geltend gemacht, so steht dem Erwerber ein Anspruch auf Schadensersatz wegen Nichterfüllung gegen den Veräußerer zu. KE § 374

Für die Feststellung des Schadens ist der Zeitpunkt maßgebend, in welchem das Recht des Dritten mit Erfolg geltend gemacht ist. Die Bestimmung [Vorschrift][12] des § 240 [§ 242] findet entsprechende Anwendung. Bei einem gegenseitigen Vertrage ist der Erwerber nach Maßgabe des § 366 [§ 369] berechtigt, vom Vertrage zurückzutreten.

§ 375. Betrifft der Vertrag die Veräußerung eines Grundstückes oder eines Rechtes an einem solchen, so ist der Veräußerer verpflichtet, die in das Grundbuch eingetragenen, dem vertragsmäßigen Rechte des Erwerbers entgegenstehenden Rechte auf seine Kosten zur Löschung zu bringen. Es gilt dies [Dies gilt][13] auch dann, wenn das eingetragene Recht nicht geltend gemacht, oder wenn es nicht zur Entstehung gelangt ist oder nicht mehr besteht. KE § 375

Die Vorschriften des ersten Absatzes finden in Ansehung der in das Schiffsregister eingetragenen Rechte entsprechende Anwendung.

2. Aufgrund eines Antrags von *v. Schmitt* (Nr. 583, 1) beschloß die 1. Kommission, im § 371 KE das Wort „hierbei“ in der Redewendung „es macht hierbei keinen Unterschied“ zu streichen (Prot. I, 11730–31).

3. Ferner lagen noch die Anträge zu § 371 KE vor:

| 1. Zeile 2 und Zeile 9, 10 statt „die Verpflichtungen der §§“ zu setzen „die ihm (an der zweiten Stelle: demselben) gemäß §§ . . . obliegenden Verpflichtungen.“ | Prot I 11777 Johow (Nr 587, 15) v. Mandry (Nr 585, 22)

2. a) den *zweiten* vom *ersten* Satze durch ein Semikolon zu trennen („zu verweigern befugt; es macht jedoch . . .“).

b) den bisherigen *dritten* Satz zu fassen:

„Einen Anspruch wegen Nichterfüllung der Verpflichtungen der §§ 367, 368 kann dagegen, soweit das Gesetz nicht ein Anderes bestimmt, der Erwerber gegen den Veräußerer, nachdem den erwähnten Erfordernissen genügt ist, erst dann erheben, wenn das Recht des Dritten mit Erfolg geltend gemacht ist.“

(Der Hauptgegensatz: Verweigerungsbefugniß und Anspruch tritt bei Verbindung des zweiten mit dem ersten Satze und bei der beantragten Umstellung im dritten Satze schärfer hervor. Würde aus Satz 3 ein eigener Absatz gemacht, so wäre die erste Aenderung überflüssig; vergl. aber die Ablehnung eines entsprechenden, allerdings weitergehenden Antrags auf S. 3561 der Prot.).

Der Antrag zu 1 wurde angenommen, während der Antrag zu 2a und b abgelehnt wurde.

---

[12] Im E I heißt es „Vorschrift“ statt „Bestimmung“. Die im folgenden in Klammern beigefügten Ziffern beziehen sich auf den E I.

[13] So lautet der Satzanfang im E I.

**IV.** Der neu gefaßte § 371 KE lautet als 374 *E I:*

E I § 374 Solange der Veräußerer wegen eines Mangels in seinem Rechte die nach den §§ 370, 371 ihm obliegenden Verpflichtungen nicht erfüllt hat, ist der Erwerber die ihm obliegende Gegenleistung zu verweigern befugt. Es macht keinen Unterschied, ob den übrigen Erfordernissen, von welchem der Erwerb des dem Erwerber zu verschaffenden Rechtes abhängt, bereits genügt ist oder nicht. Ist jedoch den erwähnten Erfordernissen genügt, so kann, soweit das Gesetz nicht ein Anderes bestimmt, der Erwerber gegen den Veräußerer einen Anspruch wegen Nichterfüllung der demselben nach den §§ 370, 371 obliegenden Verpflichtungen erst dann erheben, wenn das Recht des Dritten mit Erfolg geltend gemacht ist.

Die §§ 375–378 E I entsprechen den §§ 373–375 KE.

**B. Vorkommission des Reichsjustizamtes**

I. Beantragt war:

Struckmann (Nr 1, 104) 1. § d (§ 374). Stehen bezüglich des Kaufgegenstandes einem Dritten Rechte zu, wegen deren der Verkäufer dem Käufer haftet, so ist dieser berechtigt, wegen des Mangels im Rechte des Verkäufers seine Rechte aus dem Vertrage geltend zu machen oder, sofern sein Interesse den sofortigen Rücktritt rechtfertigt, von dem Vertrage nach Maßgabe des § 369 Absatz 2 zurückzutreten.

Struckmann (Nr 1, 104) § e (§§ 374–376). Ist den Erfordernissen, von welchen der Erwerb des dem Käufer zu verschaffenden Rechtes abhängt, abgesehen von dem Mangel im Rechte des Verkäufers genügt, so kann der Käufer, soweit nicht das Gesetz ein Anderes bestimmt, einen Anspruch auf Schadensersatz wegen Nichterfüllung gegen den Verkäufer erst dann erheben, wenn zwischen dem Käufer und dem Dritten dessen Recht durch rechtskräftiges Urtheil oder durch Anerkenntniß oder durch Schiedsspruch festgestellt und der Genuß des Kaufgegenstandes dem Käufer auch thatsächlich entzogen ist (Entwehrung).

Der Entwehrung steht es gleich, wenn der berechtigte Dritte den Käufer oder dieser den Dritten beerbt oder wenn der Käufer das Recht des Dritten anderweit erwirbt oder den Dritten abfindet.

Struckmann (Nr 1, 104) § f (§ 378). Die Vorschrift des § e Absatz 1 findet auf den Kauf eines Grundstückes oder eines Rechtes an einem Grundstücke in Ansehung der in das Grundbuch eingetragenen Rechte, welche dem vertragsmäßigen Rechte des Käufers entgegenstehen, keine Anwendung. Der Verkäufer ist verpflichtet, diese Rechte auf seine Kosten löschen zu lassen, auch wenn sie nicht zur Entstehung gelangt sind oder nicht mehr bestehen.

Diese Vorschriften gelten auch für den Kauf eines Schiffes oder eines Rechtes an einem Schiffe in Ansehung der in das Schiffsregister eingetragenen Rechte.

Struckmann (Nr 1, 104) § g (§ 377). Ist der Kaufgegenstand dem Käufer ganz oder theilweise entwehrt, so kann der Käufer gegen den Verkäufer diejenigen Rechte geltend machen, welche nach dem § 369 dem Gläubiger für den Fall zustehen, daß die Leistung in Folge eines von dem Schuldner zu vertretenden Umstandes ganz oder theilweise unmöglich geworden ist. Der Anspruch des Käufers auf Beseitigung des entgegenstehenden Rechtes des Dritten ist nach erfolgter Entwehrung ausgeschlossen.

Struckmann (Nr 1, 104) § h (§§ 374–377). Betrifft der Kauf die Uebertragung eines Rechtes, so kann der Käufer, wenn dasselbe überhaupt nicht besteht, die im § g bezeichneten Rechte sofort geltend machen.

Bildet jedoch ein Recht an der Sache oder dem Rechte eines Dritten den Gegenstand des Kaufes, so ist die Geltendmachung der im § g bezeichneten Rechte davon abhängig, daß zwischen dem Käufer und dem Dritten das Nichtbestehen des Rechtes nach Maßgabe des § e Absatz 1 festgestellt ist, es sei denn, daß der Dritte dem Käufer oder dieser den Dritten beerbt oder daß der Käufer den Dritten abfindet. Das Recht, von dem Vertrage zurückzutreten, kann der Käufer auch ohne diese Voraussetzungen geltend machen, wenn sein Interesse den sofortigen Rücktritt rechtfertigt.

Die Vorschriften des Absatz 2 finden auf den Fall der Abtretung einer Forderung mit der Maßgabe entsprechende Anwendung, daß als Dritter der Schuldner anzusehen ist.

§ i. Bildet ein aufgebotenes, aber noch nicht für kraftlos erklärtes Werthpapier den Gegenstand des Kaufes, so ist die Entwehrung mit der Erlassung des Ausschlußurtheiles als erfolgt anzusehen. Struckmann (Nr 1, 104)

2. a) Den § 374 zu fassen: Solange der Veräußerer die nach den §§ 370, 371 ihm obliegenden Verpflichtungen nicht erfüllt hat, ist der Erwerber berechtigt, die ihm obliegende Gegenleistung nach Maßgabe des § b (vgl. oben Nr. 13) zu verweigern und dem Veräußerer für die Erfüllung dieser Verpflichtungen eine angemessene Frist mit der Androhung zu bestimmen, daß er, wenn dieselbe nicht binnen der bestimmten Frist erfolgt, sie nicht mehr wolle. Wird die Erfüllung nicht binnen der bestimmten Frist bewirkt, so hat der Erwerber die Wahl, Schadensersatz wegen Nichterfüllung zu verlangen oder von dem Vertrage zurückzutreten. Der Bestimmung einer Erfüllungsfrist bedarf es nicht, wenn die Erfüllung unmöglich geworden ist oder der Vertrag wegen des Mangels im Rechte des Veräußerers für den Erwerber kein Interesse hat. Auf das Rücktrittsrecht finden die Vorschriften der §§ h (vgl. oben Nr. 13), 426 bis 431, 433 entsprechende Anwendung. Jacubezky (Nr 5, 15)

b) Den § 375 zu fassen: Ist bei dem die Veräußerung einer Sache betreffenden Vertrage, abgesehen von dem Mangel in dem Rechte des Veräußerers, den Erfordernissen, von welchen der Erwerb des Eigenthums abhängt, genügt, so kann der Erwerber wegen des Rechtes eines Dritten, dessen Verwirklichung von der Herausgabe der Sache abhängt, Schadensersatz wegen Nichterfüllung nur fordern, wenn die Sache dem Dritten mit Rücksicht auf dessen Recht herausgegeben ist oder wenn er sie dem Veräußerer zurückgewährt. Jacubezky (Nr 5, 16)

Der Herausgabe der Sache an den Dritten steht es gleich, wenn der Dritte u.s.w. wie im § 376.

Die vorstehenden Vorschriften finden entsprechende Anwendung, wenn der Vertrag die Veräußerung eines Rechtes an einer Sache betrifft, dessen Verwirklichung die Inhabung der Sache erfordert.

c) Folgenden § 375a einzuschalten: Soweit das Recht für dessen Verschaffung der Veräußerer dem Erwerber nach den §§ 370 bis 371a haftet, zur Zeit der Schließung des Vertrages dem Erwerber zusteht, ist der Vertrag nichtig. Der Veräußerer ist dem Erwerber zum Ersatze des Schadens verpflichtet, welchen er dadurch erleidet, daß er auf die Gültigkeit des Vertrages vertraut hat, jedoch in keinem Falle über den Betrag hinaus, welchen er bei Voraussetzung der Gültigkeit des Vertrages wegen Nichterfüllung zu ersetzen gehabt hätte. Die Haftung tritt nicht ein, wenn der Erwerber sein Recht kannte. Jacubezky (Nr 5, 17)

Ist der Vertrag nur theilweise nichtig, so hat der Erwerber das Recht, die Gegenleistung nach Maßgabe des § 392 zu mindern.

Jacubezky (Nr 5, 18) d) Die §§ 376, 377 zu streichen.

Jacubezky (Nr 5, 19) e) Im § 378 Absatz 1 den zweiten Satz durch folgende Vorschriften zu ersetzen: Dies gilt auch dann, wenn das eingetragene Recht nicht zur Entstehung gelangt ist oder nicht mehr besteht.

Die Vorschriften des § 375 finden keine Anwendung.

f) Folgenden § 378 a (vgl. § 462) einzuschalten:

Jacubezky (Nr 5, 20) Der Veräußerer ist verpflichtet, dem Erwerber über die die veräußerte Sache oder das veräußerte Recht betreffenden rechtlichen Verhältnisse, insbesondere bei der Veräußerung eines Grundstückes über die Grenzen, Gerechtsame und Lasten desselben, die nöthigen Aufschlüsse zu ertheilen, auch die zum Beweise des Rechtes an dem veräußerten Gegenstande dienenden Urkunden, soweit diese in seinen Händen sich befinden, oder beglaubigte Abschriften derselben auszuliefern.

3. Zum Antrag von Planck vgl. bei § 433 BGB.

II. 61. Sitzung vom 9. 10. 1891

| Prot-RJA 342 | Zu § 374 bestand in der Kommission Einvernehmen, daß es, solange der dingliche Vertrag nicht geschlossen sei, hinsichtlich der Ansprüche des Käufers an den Verkäufer wegen rechtlicher Mängel des Kaufgegenstandes bei den allgemeinen Grundsätzen der §§ 361, 364, 369–369c bewende, wonach der Käufer berechtigt sei, den Kaufpreis zu verweigern, auf Erfüllung zu klagen, Schadensersatz wegen Nichterfüllung zu fordern oder nach Maßgabe des § 369a vom Vertrage zurückzutreten. | Prot-RJA 343 | Nicht erforderlich erschien es, auf diese allgemeinen Grundsätze ausdrücklich zu verweisen.

Zweifel erhoben sich jedoch, ob und inwieweit es gerathen sei, *nach Abschluß* des dinglichen Vertrages den in § 374 Satz 3 des Entw. zur Anerkennung gelangten Eviktionsstandpunkt beizuhalten oder das Rechtsverschaffungsprinzip in allen Folgen strikt durchzuführen.

Unbestritten blieb, daß in Ansehung von Grundstücken und Rechten an Liegenschaften nach der im Entw. erfolgten Ausgestaltung des Grundbuchsystems das Eviktionsprinzip überhaupt nicht in Frage komme, sondern insoweit die Vorschriften des § 378 maßgebend seien.

Anlangend den Kauf beweglicher Sachen und solcher Rechte, welche mit der Inhabung einer Sache verbunden sind, so wurde angenommen, daß auch hier der Käufer die ihm wegen vollständiger oder theilweiser Nichterfüllung zustehenden Rechte ohne Rücksicht auf eine erfolgte Entwehrung müsse geltend machen können, jedoch mit der Einschränkung, daß er Schadensersatz wegen Nichterfüllung nur verlangen dürfe, wenn er die Sache dem Dritten mit Rücksicht auf dessen Recht herausgegeben habe oder dem Verkäufer zurückgewähre. Man glaubte, daß diese Art der Regelung einerseits durch die Interessen des Käufers geboten sei, zumal da nach dem Entw. die Ersitzung dem Römischen Rechte gegenüber erschwert sei, andererseits aber der Möglichkeit entgegentrete, daß der Käufer außer dem Genuß der Sache noch eine Entschädigung erhalte. Das Bedenken, daß, wenn die Sachen mit solchen Rechten Dritter belastet seien, deren Bestand für sich allein den Genuß der Sache nicht beeinträchtige, es an einer ausreichenden Basis für die Schadensersatzberechnung fehle, werde hinfällig, wenn in allen Fällen, in welchen der Käufer Schadensersatz wegen Nichterfüllung verlange, die Geltend- | Prot-RJA 344 | machung dieses Rechts nur mit der bezeichneten Einschränkung zulässig sei. Auch der Gesichtspunkt könne nicht als durchschlagend angesehen werden, daß die Auflösung erfüllter Verträge möglichst zu vermeiden und deshalb nur bei dem Nachweise eines besonderen Interesses des Käufers vor der Entwehrung zuzulassen sei.

Eine Verschiedenheit der Ansichten zeigte sich insbesondere bei der Frage, ob und inwieweit wenigstens bei dem Verkaufe anderer Rechte (Forderungen, immaterieller Rechte, selbständiger Gerechtigkeiten, welche kein Blatt im Grundbuche erhalten) an dem Eviktionsstandpunkte (vergl. auch § 298 das.) festzuhalten sei.

Zu Gunsten des vom Entw. eingenommenen Standpunktes wurde ausgeführt, daß derselbe in angemessener Weise den Interessen sämmtlicher Betheiligten Rechnung trage und nicht nur mit einer verbreiteten Ansicht des gemeinen Rechts, sondern auch vom Züricher Gesetzbuch abgesehen, mit allen neueren Gesetzgebungswerken in Uebereinstimmung sich befinde. Es entspreche der Billigkeit, daß der Gläubiger, solange er weder tatsächlich noch rechtlich im Genusse des erworbenen Rechts beeinträchtigt werde, Rechte wegen des Mangels im Rechte des Verkäufers nicht geltend machen dürfe. Die gegentheilige Regelung führe dahin, daß ohne Grund Verträge aufgehoben und Prozesse geführt würden, falls später das Recht des Dritten wegfalle. Auch werde durch das Eviktionsprinzip verhütet, daß z. B. bei dem Verkaufe einer Forderung der Zessionar zuerst den Zedenten wegen des rechtlichen Nichtbestandes der Forderung in Anspruch nehme und demnächst gleichwohl die Forderung von dem Schuldner einziehe, wenn in den verschiedenen Prozessen die Frage nach dem Bestande der Forderung verschieden beantwortet werde.

| Hinzukomme, daß es vor der Eviktion für die Berechnung des Schadens an einer festen Grundlage dann fehle, wenn das verkaufte Recht mit Rechten Dritter belastet sei, deren Bestand allein den Genuß der verkauften Rechte nicht beeinträchtige und von denen es völlig ungewiß sei, ob sie demnächst geltend gemacht werden würden. | Prot-RJA 345

In Ansehung der Uebertragung solcher Rechte, welche nicht gegen bestimmte Dritte gerichtet seien, wie z. B. immaterieller Rechte, bedürfe der Entwurf einer Ergänzung in dem Sinne, daß dem Erwerber insoweit die Befugniß gegeben werde, sofort alle Rechte und insbesondere auch Schadensersatz wegen Nichterfüllung zu verlangen.

Diesen Ausführungen gegenüber ging die Mehrheit der Kommission jedoch von der Anschauung aus, daß es sich empfehle, bei dem Verkauf von Rechten – abgesehen von dem oben bezeichneten Falle – lediglich die allgemeinen Grundsätze zur Anwendung zu bringen. Das mit dem römischen Sachenrechte im Zusammenhange stehende Eviktionsprinzip habe für das auf anderen sachenrechtlichen Grundlagen beruhende Bürgerliche Gesetzbuch seinen inneren Grund verloren, die sonst für jenes Prinzip angeführten Zweckmäßigkeitsgründe könnten aber nicht als durchschlagend anerkannt werden. Man thue dem Erwerber Unrecht, wenn man ihm nicht ohne Rücksicht auf die bereits erfolgte Entwehrung die Befugniß gewähre, seine Rechte wegen des Mangels im Rechte des Verkäufers geltend zu machen und insbesondere Schadensersatz wegen Nichterfüllung zu verlangen. Auf die fernliegende Möglichkeit, daß der Erwerber einmal gleichzeitig den Genuß des verkauften Rechts haben und die Entschädigung erhalten könne, brauche keine Rücksicht genommen werden.

Die §§ 374 bis 377 des Entw. wurden hiernach durch fol- | gende Bestimmung ersetzt: | Prot-RJA 346

§ d. „Hat bei dem Kauf einer Sache der Verkäufer das zur Verschaffung des Eigenthums Erforderliche gethan, so kann der Käufer in Ansehung der verkauften Sache wegen des einem Dritten zustehenden Rechts Schadensersatz wegen Nichterfüllung nur fordern, wenn die Sache dem Dritten mit Rücksicht auf dessen Recht herauszugeben ist oder wenn der Käufer sie dem Verkäufer zurückgewährt. E I-RJA § d

Der Herausgabe steht es gleich, wenn der Dritte dem Käufer oder dieser den Dritten beerbt oder wenn der Käufer das Recht des Dritten anderweit erwirbt oder den Dritten abfindet.

Die vorstehenden Vorschriften finden entsprechende Anwendung, wenn der Verkauf das Recht an einer Sache betrifft, welches zur Inhabung der Sache berechtigt."

Der Antrag, in den Entwurf eine Vorschrift des Inhalts aufzunehmen, daß der Vertrag nichtig sei, soweit das Recht, für dessen Verschaffung der Veräußerer dem Erwerber hafte, zur Zeit der Schließung des Vertrages dem Erwerber zustehe, der Verkäufer aber dem anderen Theile für das negative Vertragsinteresse hafte, sowie daß bei theilweiser Nichtigkeit des Vertrages der Erwerber seine Gegenleistung nach Maßgabe des § 392 mindern könne, wurde abgelehnt. Man war der Ansicht, daß es im Hinblick auf die Vorschriften der §§ 344, 345, 114 besonderer Vorschriften insoweit nicht bedürfe.

Die §§ 378 bis 380 des Entw. wurden sachlich nicht beanstandet, seine Fassung wurde wie folgt bestimmt:

E I-RJA § e | Prot-RJA § 347

| § e (378). „Der Verkäufer eines Grundstücks oder eines Rechts an einem Grundstücke ist verpflichtet, die in das Grundbuch eingetragenen Rechte auf seine Kosten löschen zu lassen, auch wenn sie nicht zur Entstehung gelangt sind. Die Vorschrift des § d findet keine Anwendung.

Diese Vorschriften gelten auch für den Kauf eines Schiffes oder Rechts an einem Schiffe in Ansehung der in das Schiffsregister eingetragenen Rechte."

### C. 2. Kommission

I. Anträge (Prot. II, Bd. 1, S. 660–661, 664, 667f.; *Mugdan*, Bd. 2, S. 652ff.)

Struckmann (Nr. 2, 26)

a) Zum Ersatze der §§ 374 bis 377 waren in dem Antrag I (C. I a) bei § 433 BGB) unter § d folgende Bestimmungen vorgeschlagen:

Hat bei dem Verkauf einer Sache der Verkäufer abgesehen von dem Mangel in seinem Rechte das zur Verschaffung des Eigenthums Erforderliche gethan, so kann der Käufer wegen des in Ansehung der verkauften Sache einem Dritten zustehenden Rechtes Schadensersatz wegen Nichterfüllung nur fordern, wenn die Sache dem Dritten mit Rücksicht auf dessen Recht herausgegeben ist oder wenn der Käufer sie dem Verkäufer zurückgewährt.

Der Herausgabe der Sache an den Dritten steht es gleich, wenn der Dritte den Käufer oder dieser den Dritten beerbt oder wenn der Käufer das Recht des Dritten anderweit erwirbt oder den Dritten abfindet.

Diese Vorschriften finden entsprechende Anwendung, wenn der Verkauf das Recht an einer Sache betrifft, welches zur Innehabung der Sache berechtigt.

Von anderer Seite war hierzu beantragt, in dem Abs. 1 des § d vor dem Worte „Schadensersatz" die Worte einzuschalten „die Gegenleistung verweigern oder".

Der § d wurde, unter Ablehnung des Zusatzantrags, angenommen.

Struckmann (Nr 2, 26)

b) Zum Ersatze des § 378 waren unter § e folgende Bestimmungen vorgeschlagen:

Der Verkäufer eines Grundstücks oder eines Rechtes an einem Grundstück ist verpflichtet, die in das Grundbuch eingetragenen Rechte, welche dem vertragsmäßigen Rechte des Käufers entgegenstehen, auf seine Kosten löschen zu lassen, auch wenn sie nicht zur Entstehung gelangt sind oder nicht mehr bestehen. Die Vorschriften des § d finden keine Anwendung.

Diese Vorschriften gelten auch für den Verkauf eines Schiffes oder eines Rechtes an einem Schiffe in Ansehung der in das Schiffsregister eingetragenen Rechte.

Der Vorschlag, welcher, abgesehen von der Beschränkung auf den Kauf, sachlich vom Entw. nicht abweicht, wurde angenommen.

c) Zur Ergänzung der §§ a bis h (§§ 370 bis 380) war beantragt, als § $g^1$ zu bestimmen: Jacubezky (Nr 66, 6)

Soweit das Recht, für dessen Verschaffung der Verkäufer dem Käufer haftet, zur Zeit der Schließung des Vertrages dem Käufer zusteht, ist der Vertrag nichtig. Der Verkäufer ist dem Käufer zum Ersatze des Schadens verpflichtet, welchen dieser dadurch erleidet, daß er auf die Gültigkeit des Vertrags vertraut hat. Die Haftung tritt nicht ein, wenn der Käufer sein Recht kannte.

Ferner lag noch zu $g^1$ der Antrag von *v. Mandry* vor[14]: „Für den Fall, daß beschlossen werden sollte, über den Kauf der eigenen Sache eine Vorschrift aufzunehmen, dieselbe dahin zu treffen: Soweit das Recht ... ist der Vertrag nichtig, *es sei denn, daß der Käufer sein Recht kennt.* Der Verkäufer ist, wenn der Vertrag nichtig ist, dem Käufer ... vertraut hat." – Dieser Antrag wurde noch vor der Sitzung zurückgezogen (Nr. 78, 1). v. Mandry (Nr 77, 4)

Jacubezky zog seinen Antrag nach einer Diskussion zurück.

II. Die beschlossene Regelung lautet in der *VorlZust* als § 374 (374–377)[15]: Die Folgen der Nichterfüllung der Verpflichtung des Verkäufers zur Verschaffung des vollen Rechtes an dem Kaufgegenstande und der Freiheit desselben von den im § 371 bezeichneten Rechten (‚insbesondere das Recht des Käufers, die Gegenleistung zu verweigern oder Schadensersatz wegen Nichterfüllung zu verlangen oder von dem Vertrage zurückzutreten,) bestimmen sich nach den allgemeinen für gegenseitige Verträge geltenden Vorschriften der §§ 362 bis 369c. E I-VorlZust § 374

Wenn jedoch eine (bewegliche) Sache den Gegenstand des Käufers bildet und der zur Uebertragung des Eigenthums erforderliche Vertrag von den Parteien abgeschlossen ist, so kann der Käufer wegen des einem Dritten in Ansehung der verkauften Sache zustehenden Rechtes Schadensersatz wegen Nichterfüllung nur fordern, wenn die Sache dem Dritten mit Rücksicht auf dessen Recht herausgegeben ist oder wenn der Käufer sie dem Verkäufer zurückgewährt. Der Herausgabe der Sache an den Dritten steht es gleich, wenn der Dritte den Käufer oder dieser den Dritten beerbt oder wenn der Käufer das Recht des Dritten anderweit erwirbt oder den Dritten abfindet.

Die Vorschriften des zweiten Absatzes finden entsprechende Anwendung, wenn der Verkauf das Recht an einer Sache betrifft, welches zur Inhabung der Sache berechtigt.

III. In der *ZustRedKom* lautet die beschlossene Regelung als § 459g (374–377): Erfüllt der Verkäufer die ihm nach den §§ 459 bis 459d, 459f obliegende Verpflichtung zur Gewährleistung nicht, so bestimmen sich die Rechte des Käufers nach den allgemeinen Vorschriften der §§ 362 bis 369c. E I-ZustRedKom § 459g

Ist jedoch eine bewegliche Sache verkauft und dem Käufer zum Zwecke der Eigenthumsübertragung übergeben, so kann der Käufer wegen des Rechtes eines Dritten, das zur Inhabung der Sache berechtigt, Schadensersatz wegen Nichterfüllung nur verlangen, wenn die Sache dem Dritten mit Rücksicht auf dessen Recht herauszugeben ist oder wenn der Käufer sie dem Verkäufer zurückgewährt. Der Herausgabe der Sache an den Dritten steht es gleich, wenn der Dritte den Käufer oder dieser den Dritten beerbt oder wenn der Käufer das Recht des Dritten anderweit erwirbt oder den Dritten abfindet.

---

[14] Dieser Antrag ist in den Prot. nicht enthalten.
[15] Wegen § 378 E I vgl. Materialien bei § 435 BGB.

Die Vorschriften des Abs. 2 gelten auch dann, wenn der Verkauf das Recht an einer Sache betrifft, das zur Inhabung der Sache berechtigt.

E II § 382 **IV. 1.** Fassung der Regelung im *E II* als § 382: Erfüllt der Verkäufer die ihm nach den §§ 375 bis 379, 381 obliegenden Verpflichtungen nicht, so bestimmen sich die Rechte des Käufers nach den allgemeinen Vorschriften der §§ 271 bis 279.

Ist jedoch eine bewegliche Sache verkauft und dem Käufer zum Zwecke der Eigenthumsübertragung übergeben, so kann der Käufer wegen des Rechtes eines Dritten, das zum Besitze der Sache berechtigt, Schadensersatz wegen Nichterfüllung nur verlangen, wenn er die Sache dem Dritten mit Rücksicht auf dessen Recht herausgegeben hat oder sie dem Verkäufer zurückgewährt. Der Herausgabe der Sache an den Dritten steht es gleich, wenn der Dritte den Käufer oder dieser den Dritten beerbt oder wenn der Käufer das Recht des Dritten anderweit erwirbt oder den Dritten abfindet.

Die Vorschriften des Abs. 2 gelten auch dann, wenn ein Recht an einer beweglichen Sache verkauft ist, das zum Besitze der Sache berechtigt.

Jacubezky (Nr 33, 3) **2.** Revision des *E II* (Prot. II, Bd. 6, S. 170, *Mugdan*, Bd. 2, S. 654).

Zu § 382 lag der Antrag vor, im Abs. 2

a) dem ersten Satze am Schlusse den Zusatz zu geben: oder wenn die Sache untergegangen ist;

b) als dritten Satz nachstehende Vorschrift aufzunehmen: Steht dem Käufer ein Anspruch auf Herausgabe der Sache gegen einen Dritten zu, so genügt an Stelle der Zurückgewährung die Abtretung des Anspruchs.

(Vgl. *Strohal*, Kurze Bem. Das Erfordernis der Entwährung oder Zurückgewährung bezweckt lediglich, zu verhüten, daß der Käufer Schadensersatz erhält und zugleich die Sache behält [Prot. S. 1330]. Wegen des gemeinen Rechts vgl. Dernburg, Pand. II, § 99 Noten 29, 30)[16].

Wolffson (Nr 37, 1) **2.** In § 383 sollen statt §§ 375 bis 379 die §§ 375 bis 377, 379 citiert werden[17].

Die Kommission nahm den ersten Antrag an.

**V.** Die Fassung der §§ 434, 435 *E II rev (E III)* entspricht derjenigen der §§ 440, 441 BGB.

## E. Reichstag (XII. Kommission)

Gröber (Nr 32, 2) **I.** Es lag der Antrag von *Gröber* (Nr. 32, 2) vor, dem Abs. 1 des § 434 hinzufügen: „Der Schadensersatz darf jedoch das Doppelte des Kaufpreises nicht übersteigen".

**II.** Bericht von *Heller* über die Ausschußsitzung vom 4. 3. 1896:

Zum § 434 lag ein Antrag *Gröbers* vor, zu dessen Begründung der Antragsteller bemerkte, die Bestimmung des Gemeinen Rechts, die nach dem Antrage beibehalten werden solle, habe guten Sinn und habe sich gut bewährt. *Struckmann* sprach sich

---

[16] In den Prot. nicht abgedruckt.

[17] Dieser Antrag ist in den Prot. nicht enthalten.

dagegen aus unter Hinweis darauf, daß die neueren Gesetzgebungen die Bestimmung fallen gelassen haben. Sie sei zu formalistisch und könne zu großen Unbilligkeiten führen. Die Annahme des Antrags würde eine Differenz mit dem HGB herbeiführen, für den Handelsverkehr würde die Bestimmung unberechenbar sein. Die im einzelnen Falle etwa erforderliche Abhilfe schaffe der von der Kommission beschlossene § 245 a. Auch die Abgeordneten *von Cuny* und *von Gültlingen* erklärten sich gegen den Antrag. Er wurde gegen zwei Stimmen abgelehnt.

## § 442

**Bestreitet der Verkäufer den vom Käufer geltend gemachten Mangel im Rechte, so hat der Käufer den Mangel zu beweisen.**

### A. 1. Kommission

I. 86. Sitzung vom 10. 5. 1882, Schriftführer Neubauer

| Zu § 18 des Entwurfes: | Prot I 714

Der Erwerber, welcher gegen den Veräußerer einen der in den §§ 14 bis 17 erwähnten Ansprüche erhebt, hat den Grund der Gewährleistungspflicht des Veräußerers zu beweisen." TE-OR (Nr 20) § 18

lagen die Anträge vor:

1. statt dessen zu bestimmen: Kurlbaum (Nr 54 § h)

„Derjenige, welcher Gewährleistung fordert, hat die rechtmäßige Entziehung der Sache oder des Rechts zu beweisen."

2. zu bestimmen: v. Weber (Nr 66)

„Wird gegen den Veräußerer einer Sache oder eines Rechts an der Sache oder gegen den zu einer solchen Veräußerung Verpflichteten auf Grund eines Mangels in dem | Rechte desselben von dem anderen Vertragschließenden ein Anspruch erhoben oder die Erfüllung des Vertrages verweigert, so trifft denjenigen, welcher den Mangel geltend macht, die Beweislast des Vorhandenseins des Mangels." | Prot I 715

Der Antrag zu 1 wurde zurückgezogen. Der Antrag zu 2 fand insofern keinen Widerspruch, als er

1. zugleich den Fall der Verweigerung der Leistung besonders hervorhebt,

2. die Voraussetzung der zu gebenden Beweisregel genauer, als der Entwurf bezeichnet.

Der Antragsteller hatte aber ausgeführt, wenn am Schluß der von ihm vorgeschlagenen Vorschrift die Worte hinzugefügt seien: „des Vorhandenseins des Mangels", so habe damit angedeutet werden sollen, daß der Erwerber die Fortdauer des Rechts des Dritten oder mindestens doch beweisen müsse, daß der Dritte das Recht in Anspruch genommen habe, da es aus praktischen Gründen im höchsten Maße bedenklich erscheine, den Beweis für genügend zu erachten, daß das Recht des Dritten zu irgendeiner Zeit zur Entstehung gelangt sei, während es ungewiß bleibe, ob letzterer selbst dessen Fortdauer auch nur wirklich behaupte. Hiergegen erhob sich von verschiedenen Seiten Widerspruch, welchen die Mehrheit für begründet erachtete. Man wandte gegen die Ausführung des Antragstellers ein: sie stände nicht im Einklange mit den früher gefaßten Beschlüssen über das Recht des Empfängers, die ihm obliegende Leistung wegen Nicht- | verschaffung des ihm zu verschaffenden Rechts zu verweigern, harmoniere auch nicht mit den allgemeinen Beweisgründen; die zu ihrer Begründung hervorgehobenen praktischen Uebelstände hätten zu einer begrenzten Modifikation des Verschaffungsprinzips geführt; bei dieser Begrenzung, welche durch den Antrag, wenn diesem der in der Begründung vertretene Sinn beigelegt werde, wieder in Frage gestellt würde, müsse es verbleiben. | Prot I 716

Der Antrag gelangte in der berichtigten Fassung zur Annahme:

„Wird gegen den Veräußerer von dem anderen Vertragschließenden auf Grund eines Mangels in dem Rechte des Veräußerers ein Anspruch erhoben oder bei Erfüllung des Vertrages verweigert, so trifft den anderen Vertragschließenden die Beweislast."

TE-OR (Nr 20) § 19

Zu § 19 des Entwurfs:

„Wenn über das den Veräußerer zur Gewährleistung verpflichtende Recht des Dritten in einem Rechtsstreit zwischen diesem und dem Erwerber ein rechtskräftiges Urtheil zum Nachtheil des Letzteren ergangen ist, so gilt jenes Recht gegen den Veräußerer mit Ausschluß des Gegenbeweises, jedoch vorbehaltlich der Bestimmungen in den §§ 65 und 71 Absatz 3 der Reichs-Civilprozeßordnung[1], als bewiesen, sofern der Erwerber dem Veräußerer den Streit verkündet hat oder der Letztere dem Streit freiwillig beigetreten | ist. | Prot I 717

Ein solches Urtheil verbindet den Veräußerer auch dann, wenn er auf die Streitverkündung verzichtet hat, es sei denn, daß der Erwerber den ihm nachtheiligen Ausgang des Rechtsstreites verschuldet hätte."

lagen die Anträge vor:

Gebhard (Nr 58)

1. den § 19 zu fassen:

„Ist über das den Veräußerer zur Gewährleistung verpflichtende Recht des Dritten zwischen diesem und dem Erwerber ein Rechtsstreit anhängig, so kann der Erwerber dem Veräußerer den Streit verkünden (C.P.O. § 69)."

Kurlbaum (Nr 54, § h)

2. statt dessen zu bestimmen:

„Ist in dem über den Gegenstand mit dem berechtigten Dritten etwa geführten Rechtsstreit dem Veräußerer von dem anderen Vertragschließenden der Streit verkündet oder der Veräußerer dem anderen Vertragschließenden als Nebenintervenient beigetreten, so ist das in dem Rechtsstreit erlassene rechtskräftige Urtheil auch für das Rechtsverhältniß unter den Vertragschließenden maßgebend, sofern nicht nach den Vorschriften der §§ 65, 71 der Civilprozeßordnung eine mangelhafte Prozeßführung geltend gemacht werden kann.

Hat der Veräußerer auf die Streitverkündung verzichtet, so ist das erlassene Urtheil für das Rechtsverhältniß unter den Vertragschließenden ohne Rücksicht auf die Vorschriften der §§ 65, 71 der Civil- | prozeßordnung maßgebend, es sei denn, daß der andere Vertragschließende den ihm nachtheiligen Ausgang des Rechtsstreits verschuldet hat. | Prot I 718

Im Falle der Streitverkündung oder des Verzichts auf dieselbe hat der Veräußerer die dem Erwerber auferlegten Prozeßkosten zu erstatten, es sei denn, daß der Erwerber dieselben durch eigenes Verschulden veranlaßt habe."

Kurlbaum (Nr 63, 5)

[1] Vgl. §§ 68, 74 ZPO (unverändert).

3. zu bestimmen: Windscheid

„Das Recht des Dritten gilt als erwiesen, wenn es durch ein rechtskräftiges Urtheil in einem zwischen dem Erwerber und dem Dritten geführten Prozesse festgestellt worden ist, vorbehaltlich des dem Veräußerer zustehenden Beweises, daß der Prozeß unrichtig entschieden oder von dem Erwerber schlecht geführt worden sei. Hat der Erwerber dem Veräußerer den Streit verkündet, so greifen die Vorschriften der §§ 65 und 71 der C.P.O. Platz."

4. den § zu streichen.

Die Mehrheit beschloß die Streichung des § 19 unter Ablehnung der Anträge zu 1, 2 und 3. Die Gründe waren:

Es sei die Bestimmung nicht nöthig, daß der Erwerber zur Streitverkündung berechtigt sei. Ebensowenig bedürfe es Vorschriften über die Wirkung der Streitverkündung. In beiderlei Hinsicht seien die einschlagenden Vorschriften der Deutschen Civilprozeßordnung (§§ 69, 71, 65) ausreichend. | Ob der § 65 der Civilprozeßordnung in Ansehung der Fassung einwandfrei sei, könne auf sich beruhen; die etwa nöthige Berichtigung falle in den Bereich der Revision der Civilprozeßordnung. Uebrig bleibe noch der weder im Entwurfe noch in den Anträgen zu 1 und 2 behandelte Fall, wenn der Erwerber die Streitverkündung unterlassen und der Dritte ein obsiegendes Urtheil erstritten habe. Es erhebe sich die Frage, ob und inwiefern das Urtheil dem Veräußerer gegenüber das Recht des Dritten zu beweisen vermöge, ob es ohne alle Bedeutung sei, so daß der Erwerber immer noch zu beweisen habe, daß das Recht des Dritten bestanden habe und folglich auch der Veräußerer unterlegen haben würde, oder ob der Veräußerer darzulegen habe, daß ungerecht entschieden oder Angriffs- und Verteidigungsmittel versäumt worden seien. Allein diese Frage würde nur dann der Entscheidung bedürfen, wenn dem Erwerber die Pflicht zur Streitverkündung auferlegt sei. Da eine solche Verpflichtung nicht beschlossen worden, so finde die gedachte Frage durch die allgemeinen Grundsätze ihre Erledigung, nach welchen das Urtheil nur Rechtswirkung unter den Parteien erzeuge, unbeschadet des Rechts des Erwerbers, die früheren Streitverhandlungen und das Urtheil als Beweismittel zu benutzen. | Prot I 719

Auch der Fall des Verzichts auf die Streitverkündung könne übergangen werden. Weil eine Pflicht zur Streitverkündung nicht | bestehe, so könne dem Verzicht nur die Bedeutung beiwohnen, daß der Veräußerer sich verpflichtet habe, das von dem Dritten gegen den Erwerber erstrittene Urtheil gegen sich gelten lassen zu wollen, ob mit dem Vorbehalt der redlichen, d. h. nicht dolosen Prozeßführung von Seiten des Erwerbers oder mit dem Vorbehalte der Rechte, welche ihm zustehen würden, wenn die Streitverkündung rechtzeitig erfolgt wäre (§ 65 der Deutschen C.P.O.), könne nur konkret nach den Umständen des Falles entschieden werden. | Prot I 720

**II.** Die beschlossene Regelung lautet in der *ZustOR:*

§ 78. Wird wegen eines Mangels in dem Rechte des Veräußerers gegen diesen von dem *Erwerber* ein Anspruch erhoben oder von dem *Erwerber* die ihm obliegende Leistung verweigert, so ist der *Erwerber* beweispflichtig. ZustOR § 73

**III., IV.** Fassung der Regelung im *KE (E I):*

§ 376. Wird wegen eines Mangels in dem Rechte des Veräußerers gegen diesen von dem Erwerber ein Anspruch erhoben oder von dem Erwerber die ihm obliegende Leistung verweigert oder das Rücktrittsrecht geltend gemacht[2], so ist der Erwerber beweispflichtig. KE § 376 E I § 379

[2] Vgl. Materialien zu §§ 440, 441 BGB.

## B. Vorkommission des Reichsjustizamtes

I. Beantragt war:

Struckmann (Nr 1, 104) **1.** § k (§ 379). Der Käufer, welcher wegen eines Mangels im Rechte des Verkäufers seine Rechte aus dem Vertrage oder das Rücktrittsrecht geltend macht, hat den Mangel zu beweisen.

**2.** Wegen des Antrages von Planck vgl. bei § 433 BGB.

E I-RJA § f (§ 379) **II.** Der § 379 wurde sachlich nicht beanstandet, seine Fassung wurde wie folgt bestimmt (Prot. vom 9. 10. 1891, S. 347): § f (§ 379). Der Käufer, welcher wegen eines Mangels im Rechte des Verkäufers seine Rechte aus dem Vertrage oder das Rücktrittsrecht geltend macht, hat den Mangel zu beweisen.

## C. 2. Kommission

**I.** Zu § 379 E I war beantragt (Prot. II, Bd. 1, S. 665; *Mugdan*, Bd. 2, S. 655):

Struckmann (Nr 2, 26) 1. die nur redaktionell vom Entw. abweichende Fassung des § f (§ 379) E I-RJA; Der Antrag wurde inhaltlich angenommen.

2. Des Weiteren war beantragt, als § f[1] folgende Vorschrift einzustellen:
Der Verkäufer haftet für einen Mangel in seinem Rechte auch dann, wenn der Mangel erst nach dem Abschlusse des Verkaufs entstanden ist.
Der Antrag wurde zurückgezogen.

E I-VorlZust § 379 **II.** Fassung der beschlossenen Regelung in der *VorlZust* als § 379:
Der Käufer, welcher wegen eines Mangels im Rechte des Verkäufers seine Rechte aus dem Vertrage oder das Rücktrittsrecht geltend macht, hat den Mangel zu beweisen.

E I-ZustRedKom § 459 **III.** Fassung der Regelung in der *ZustRedKom* als § 459h (379): Der Käufer, welcher die ihm wegen eines Mangels im Rechte des Verkäufers zustehenden Rechte geltend macht, hat den Mangel zu beweisen.

**IV, V.** Die Fassung des § 383 *E II (E II rev* § 436, *E III* § 436) entspricht der des § 442 BGB.

## § 443

**Eine Vereinbarung, durch welche die nach den §§ 433 bis 437, 439 bis 442 wegen eines Mangels im Rechte dem Verkäufer obliegende Verpflichtung zur Gewährleistung erlassen oder beschränkt wird, ist nichtig, wenn der Verkäufer den Mangel arglistig verschweigt.**

## A. 1. Kommission

I. 87. Sitzung vom 12. 5. 1882, Schriftführer Neubauer

| Zu § 20 des Entwurfes: | Prot I 723

„Die Verpflichtung des Veräußerers zur Gewährleistung kann durch Vereinbarung der Vertragschließenden erweitert, beschränkt oder ganz erlassen werden. Ein Erlaß der Verpflichtung ist anzunehmen, wenn eine Sache als eine der Gefahr der Entwehrung ausgesetzte veräußert worden ist. TE-OR (Nr 20) § 20

Der Erlaß oder die Beschränkung der Gewährleistungspflicht ist ungiltig, wenn der Veräußerer das ihn zur Gewährleistung verpflichtende Recht dem Erwerber absichtlich verschwiegen hat."

lagen die Anträge vor: Gebhard (Nr 58, 2)

1. in Absatz 2 statt „absichtlich" zu setzen: „arglistig".

2. statt dessen zu bestimmen: Kurlbaum (Nr 54, h)

„Die Verpflichtungen des Veräußerers §§ a bis i (d. h. sämmtliche Vorschriften über die Gewährlei- | stung des veräußerten Rechts) können im Voraus durch Vertrag erweitert, beschränkt oder erlassen werden. | Prot I 724

Der Erlaß oder die Beschränkung ist unwirksam, soweit die Verpflichtungen einen Mangel in dem Rechte des Veräußerers betreffen, welchen dieser gekannt oder verschwiegen hat."

Der § 20 fand insofern keinen Widerspruch, als er einerseits zuläßt, die gesetzlichen Verpflichtungen des Veräußerers durch Vertrag beliebig zu ändern, und als er andererseits im zweiten Absatze für den Fall einer solchen Aenderung den Veräußerer, welcher das Recht des Dritten verschwiegen hat, für haftbar erklärt.

Betreffend die in den Anträgen zu 1 und 2 vorgeschlagenen Verbesserungen, so wurden folgende Beschlüsse gefaßt:

1. Der Eingang des § soll entsprechend dem Antrage zu 2, und auch entsprechend der Absicht des Entwurfes, eine Fassung erhalten, welche auf alle Pflichten des Veräußerers sich bezieht.

2. Ob entsprechend dem Antrage zu 2 „ganz" vor „erlassen" zu unterdrücken und „ungiltig" zu ersetzen sei durch „unwirksam", ob ferner mit dem Antrage zu 2 vom „Mangel im Rechte" zu reden sei, soll bei der Redaktion geprüft werden.

3. Der eine Auslegungsregel enthaltende zweite Satz des ersten Absatzes des § 20 soll, in Gemäßheit des Antrags zu 2, in Wegfall kommen. Man hielt eine solche Auslegungsregel für bedenklich, jedenfalls für entbehrlich.

4. Die Worte „absichtlich verschwiegen" sollen, ebenfalls in Uebereinstimmung mit dem Antrage zu 2, ersetzt werden durch den Ausdruck „gekannt und verschwiegen". Man | war der Ansicht, daß das Wort „verschwiegen" zur Genüge auf den sogenannten dolus malus hinweise und die Auslegung ausschließe, es genüge, wenn ohne böse Absicht das Recht des Dritten nicht angezeigt sei, z. B. weil der Veräußerer irrig unterstellt habe, auch der Erwerber sei davon unterrichtet. | Prot I 725

**II., III., IV.** Die beschlossene Regelung lautet in der *ZustOR* (in *KE, E I*):

§ 79. Die in den §§ 69–78 (§§ 367–376; §§ 370–379) bestimmten Verpflichtungen des Veräußerers können durch Vertrag erweitert, beschränkt oder erlassen werden. ZustOR § 79 KE § 377

Der Erlaß oder die Beschränkung ist unwirksam, wenn der Veräußerer das Recht des Dritten gekannt und dem Erwerber verschwiegen hat. E I § 380

## B. Vorkommission des Reichsjustizamtes

I. Beantragt war:

Struckmann (Nr 1, 104) 1. § 1 (§ 380). Die Haftung des Verkäufers wegen eines Mangels in seinem Rechte kann durch Vertrag erweitert, beschränkt oder ausgeschlossen werden. Die Beschränkung oder Ausschließung ist jedoch unwirksam, wenn der Verkäufer den Mangel gekannt und dem Käufer arglistig verschwiegen hat.

Jacubezky (Nr 5, 21) 2. Den § 380 zu fassen: Ein Vertrag, durch welchen die in den §§ 370 bis 378 bestimmten Verpflichtungen des Veräußerers erlassen oder beschränkt werden, ist unwirksam, wenn der Veräußerer den Mangel in seinem Rechte gekannt und dem Erwerber verschwiegen hat.

II. 61. Sitzung vom 9. 10. 1891

Der § 380 wurde sachlich nicht beanstandet, seine Fassung wurde wie folgt bestimmt:

| Prot-RJA 347 E I-RJA § g | § g. „Ein Vertrag, durch welchen die in den §§ a bis f bestimmten Verpflichtungen erlassen oder beschränkt werden, ist unwirksam, wenn der Verkäufer den Mangel an seinem Rechte gekannt und dem Käufer arglistig verschwiegen hat."

## C. 2. Kommission

Struckmann (Nr 2, 26) I. Beantragt war (Prot. II, Bd. 1, S. 667; *Mugdan*, Bd. 2, S. 656):

Zu § 380 war unter § g vorgeschlagen, den Entw. durch folgende Bestimmung zu ersetzen: Ein Vertrag, durch welchen die in den §§ a bis f bestimmten Verpflichtungen des Verkäufers erlassen oder beschränkt werden, ist unwirksam, wenn der Veräußerer den Mangel in seinem Rechte gekannt und dem Erwerber arglistig verschwiegen hat.

Der Antrag wurde sachlich angenommen.

E I-VorlZust § 380 II. Fassung der beschlossenen Regelung in der *VorlZust:* § 380. Ein Vertrag, durch welchen die Verpflichtungen des Verkäufers zur Gewährleistung des verkauften Rechtes erlassen oder beschränkt werden, ist unwirksam, wenn der Verkäufer den Mangel in seinem Rechte gekannt und dem Käufer arglistig verschwiegen hat.

E I-ZustRedKom § 462a III. Fassung der beschlossenen Regelung in der *ZustRedKom:* § 462a (§ 380). Ein Vertrag, durch welchen die dem Verkäufer nach den §§ 459 bis 459d, 459f obliegende Verpflichtung zur Gewährleistung erlassen oder beschränkt wird, ist nichtig, wenn der Verkäufer den Mangel in seinem Rechte arglistig verschwiegen hat.

E II § 384 IV. Im *E II* lautet die Regelung als § 384: Eine Vereinbarung, durch welche die nach den §§ 375 bis 379, 381 bis 383 wegen eines Mangels im Rechte dem Verkäufer obliegende Verpflichtung zur Gewährleistung erlassen oder beschränkt wird, ist nichtig, wenn der Verkäufer den Mangel arglistig verschwiegen hat.

V. Die Fassung des § 437 *E II rev* (§ 437 *E III)* entspricht der des § 443 BGB.

## § 444

**Der Verkäufer ist verpflichtet, dem Käufer über die den verkauften Gegenstand betreffenden rechtlichen Verhältnisse, insbesondere im Falle des Verkaufs eines Grundstücks über die Grenzen, Gerechtsame und Lasten, die nöthige Auskunft zu ertheilen und ihm die zum Beweise des Rechtes dienenden Urkunden, soweit sie sich in seinem Besitze befinden, auszuliefern. Erstreckt sich der Inhalt einer solchen Urkunde auch auf andere Angelegenheiten, so ist der Verkäufer nur zur Ertheilung eines öffentlich beglaubigten Auszugs verpflichtet.**

### A. 1. Kommission

I. a) 187. Sitzung vom 12. 3. 1883, Schriftführer Neubauer

| Zu § 6 des Entwurfes: | Prot I 1858 TE-OR (Nr 32) § 6

„Der Verkäufer ist verpflichtet, dem Käufer über die den Kaufgegenstand betreffenden rechtlichen Verhältnisse, insbesondere bei Grundstücken über die Grenzen, Gerechtsame und Lasten die erforderlichen Aufschlüsse zu ertheilen und die auf den Beweis des Rechtes an dem Kaufgegenstand bezüglichen Urkunden, soweit sie sich in seinen Händen befinden, auszufolgen."

war beantragt:

die Vorschrift in folgender allgemeinerer Fassung in den allgemeinen Theil des Obligationenrechts, etwa hinter § 80, zu versetzen: Planck (Nr 302, 4)

„Der Veräußerer ist verpflichtet, dem Erwerber über die die veräußerte Sache oder das unveräußerte Recht betreffenden rechtlichen Verhältnisse, insbesondere bei Grundstücken über die Grenzen, Gerechtsame und Lasten die erforderlichen Aufschlüsse zu ertheilen und die auf den Beweis des Rechts an einer veräußerten Sache bezw. des veräußerten Rechts bezüglichen Urkunden, soweit sie sich in seinen Händen befinden, auszufolgen."

Der § 6 wurde angenommen, der seine Erweiterung bezweckende Antrag abgelehnt.

Erwogen war:

Es könne zweifelhaft erscheinen, ob der § 6 überhaupt erforderlich sei und ob nicht für seine Zwecke die §§ 61 und 166 der Zusammenstellung der das Obligationenrecht betreffenden Beschlüsse (Protokolle vom 24. April und 20. September 1882, S. 635, 636, 1059–1063[1]) genügten. Nachdem aber einmal der, freilich auf alle Arten von Uebertragungen und nicht bloß auf die rechtsgeschäftliche Abtretung sich beziehende § 218 a. a. O. (Protokolle vom 8. November 1882 S. 1298–1300)[2] Aufnahme gefunden habe, empfehle sich auch die des § 6, und dies um so mehr, als demselben unverkennbar eine große praktische Wichtigkeit beiwohne. Der Er- | weiterungsantrag verdiene dagegen keine Billigung. Die meisten Veräußerungsverträge, auf welche die Vorschrift ausgedehnt werden solle, als Tausch, Theilung, Vergleich u.s.w. würden, insoweit die Vorschrift für sie paße, durch den § 6 ohnehin schon deshalb mitbetroffen, weil der letztere in Verbindung mit § 218 a. a. O. ein weiter reichendes Prinzip erkennen lasse, so daß vorzugsweise nur noch die Schenkung in Betracht komme und die Einbeziehung der Schenkung unterliege gerade nicht unerheblichen Bedenken, weil bei dieser für die | Prot I 1859

[1] Vgl. §§ 359, 224 E I (bei §§ 242, 276 BGB).
[2] Vgl. § 301 E I (Zessionsrecht); bei §§ 402f. BGB).

Beurtheilung des Umfangs der Verpflichtungen des Schenkers in der hier fraglichen Beziehung die Verhältnisse des einzelnen Falles und die vermuthliche Absicht des Schenkers vorzugsweise ins Auge zu fassen sei.

Einige Ausführungen der Motive gaben noch zu folgenden Beschlüssen Anlaß.

1. Gebilligt wurde das Uebergehen einer dem Art. 425 Abs. 3 des Dresdener Entwurfs[3] entsprechenden Bestimmung (Motive S. 10), jedoch die Hinweisung auf den einen anderen Fall im Auge habenden § 190 der Zusammenstellung der auf das Obligationenrecht sich beziehenden Beschlüsse (Protokoll vom 9. Oktober 1882, S. 1162)[4] für bedenklich erachtet, zugleich hervorgehoben, die Entscheidung, ob eine besondere Zession erforderlich sei, hänge davon ab, ob der die stillschweigende Zession ergebende Kaufvertrag die Auslegung gestatte, daß nur ein pactum de cedendo abgeschlossen oder daß der dingliche Vertrag hinzugetreten sei, — eine Unterscheidung, die vom Standpunkte des Dresdener Entwurfs wegen des im Art. 339[5] enthaltenen und nicht anerkannten Prinzips der Anfechtung unterliege.

2. Gebilligt wurde das Schweigen des Entwurfs über die Verpflichtung des Verkäufers zur Herausgabe der Pertinenzien und der Akzessionen (Motive s. 10, 11). Hinsichtlich der ersteren wurden die Bestimmungen der §§ 16—18 des Sachenrechts-Entwurfs[6] vorläufig für genügend erachtet. Hinsichtlich der Akzessionen erhob sich zwar der
| Prot I 1860 Zweifel, ob der Verkäufer | zu deren Herausgabe unbeschränkt verpflichtet, und ob er nicht berechtigt sei, dieselben — mindestens dann, wenn sie von der Hauptsache sich trennen ließen — zurückzubehalten. Man erachtete es jedoch nicht für erforderlich, diesen Zweifel zu lösen, indem man davon ausging, daß die Verpflichtungen des Verkäufers zur Ausfolgung des Zuwachses, (auch soweit es sich nicht um die einer besonderen Beurtheilung unterliegenden Früchte handele — § 8 des Entwurfes —) vorzugsweise nach dem Inhalte des Vertrags und dem aus demselben sich ergebenden Willen der Parteien sich bestimmten. In Ansehung des Schatzes blieb vorbehalten, geeignetenfalls bei der Berathung des Sachenrechts über eine besondere Bestimmung zu beschließen.

3. Die Ausführungen der Motive S. 11, 12, welche sich auf Erfüllungsort und Erfüllungszeit so wie auf den von der Preiszahlung unabhängigen Eigenthumsübergang beziehen, blieben unbeanstandet.

4. Die von einem Mitgliede angeregte Frage, ob nicht dem Verkäufer eines Grundstücks, der gegen Baarzahlung verkauft habe, das Recht einzuräumen sei, wenn er das Eigenthum ohne Baarzahlung übertragen wolle, sich Hypothek am Grundstücke vorzubehalten, wurde von der Mehrheit verneint, da sich ein solches Recht nur in der Gestalt eines gesetzlichen Rechtstitels zur Hypothek konstruiren lassen würde und

---

3 Diese Bestimmung lautet: „Stehen dem Verkäufer in Beziehung auf die verkaufte Sache gegen Dritte Forderungen zu, welche als in der Veräußerung mit inbegriffen zu betrachten sind, so gehen dieselben auf den Käufer über."

4 Vgl. bei § 275 BGB (Schuldrecht I, S. 214ff.).

5 Art. 339 DresdE lautet: „Bestimmt ein Gesetz, daß eine Forderung auf einen Anderen übergehen solle, oder hat ein Erblasser eine ihm zustehende Forderung einem Anderen vermacht, so erfolgt der Uebergang der Forderung sofort, ohne eine Willenserklärung des bisherigen Gläubigers oder des Erben, mit dem Vorhandensein der Voraussetzungen des Uebergangs auf den neuen Gläubiger.

Beruht der Grund des Uebergangs einer Forderung auf einen Anderen auf richterlichem Ausspruch, so ist die Forderung mit dem Zeitpunkte als übergegangen zu betrachten, zu welchem der Ausspruch vollziehbar geworden ist."

6 Vgl. §§ 789—791 E I (§§ 97—98, 314 BGB).

solche Rechtstitel möglichst zu vermeiden seien, ein überwiegendes Bedürfniß aber dafür im obigen Falle nicht bestehe.

Zu § 7 des Entwurfes: TE-OR (Nr 32) § 7

„Haben Mehrere eine Sache gemeinschaftlich verkauft oder ist der Verkäufer von Mehreren beerbt, so kann der einzelne Verkäufer oder der einzelne Erbe seinen Antheil am Kaufpreise, wenn nicht die vorgängige Bezahlung des Kaufpreises vereinbart ist, nur gegen Uebergabe des ganzen Kaufgegenstandes verlangen."

| lag der Antrag vor: | Prot I 1861

Die Vorschrift zu streichen, eventuell sofern nicht nach Maßgabe des in dem Antrage Nr. 3 zu § 1 für die Redaktion gemachten Vorschlags (S. 1845)[7] verfahren wird: Planck (Nr 302, 5)

a) in der ersten Zeile statt: „eine Sache" zu setzen: „einen Gegenstand",

b) statt der Schlußworte: „nur gegen Uebergabe des ganzen Kaufgegenstandes verlangen" zu setzen:

„nur gegen Erfüllung der den Verkäufern bezw. den Erben des Verkäufers in Betreff des ganzen Kaufgegenstandes obliegenden Verpflichtungen verlangen."

Der § 7 wurde unter Ablehnung des Streichungsantrags und unter Billigung der in dem obigen Antrage eventuell vorgeschlagenen Erweiterungen genehmigt.

Erwogen war:

Gegen den § 7 sei geltend gemacht, daß er eine positive Vorschrift enthalte, wie aus dem § 10 der Zusammenstellung der das Obligationenrecht betreffenden Beschlüsse (Protokoll vom 3. März 1882 S. 493, 495, 499)[8] sich ergebe. Sollte diese Auffassung, gegen die sich übrigens nicht unerhebliche Bedenken geltend machen ließen, richtig sein, so erscheine die Aufnahme des § 7 nur um so nothwendiger. Denn der Käufer würde, wenn das Gegentheil gelte, in eine Lage gerathen, die bei dem Abschlusse des Vertrages nicht beabsichtigt sein könne, indem er insbesondere die Aufdrängung eines Miteigenthumsverhältnisses sich würde gefallen lassen müssen. Der § 7 verdiene aus denselben Gründen Billigung, welche zur Annahme des § 98 der Zusammenstellung der das Obligationenrecht betreffenden Beschlüsse (Protokoll vom 22. Mai 1882 S. 736–766) bezw. der einschlagenden Vorschriften der §§ 63 (Protokoll vom 26. April 1882, S. 641–646), 76 (Protokolle vom 5. und 8. Mai 1882 S. 698 ff.), 102 (Protokolle vom 17. Mai 1882 u. ff., S. 740 u. ff.), 187 und 188 (Protokolle vom 2. Oktober 1882 u. ff., S. 1116 u. ff.) geführt | hätten[9]. | Prot I 1862

Die in dem Antrage eventuell vorgeschlagenen Erweiterungen folgten aus dem Prinzipe des § 7 und gäben auch zu einem sonstigen Bedenken keinen Anlaß, weshalb sie aufzunehmen seien.

b) 189. Sitzung vom 19. 3. 1883, Schriftführer Neubauer

| Der § 14 des Entwurfs lautet: | Prot I 1883

„Haben Mehrere eine Sache gemeinschaftlich gekauft oder ist der Käufer von Mehreren beerbt, so kann der einzelne Käufer oder Erbe nicht verlangen, daß der Kauf gegen Zahlung des auf ihn kommenden Antheils am Kaufpreise von dem Käufer theilweise erfüllt werde." TE-OR (Nr 32) § 14

[7] Abgedruckt bei § 433 BGB.

[8] Vgl. § 420 E I.

[9] Wegen der entsprechenden Bestimmungen des BGB vgl. die Zusammenstellung.

Der § 14 wurde aus gleichen Gründen wie der § 7 gebilligt, zugleich beschlossen, daß er sowohl in Ansehung des Inhalts, insbesondere durch Ausdehnung auf andere als Sachkaufsverträge, als rücksichtlich der Fassung mit dem § 7 in Einklang zu bringen sei, der Redaktion endlich die Prüfung vorbehalten, ob nicht beide Paragraphen mit einander zu verbinden seien.

**II., III. 1.** Die beschlossene Regelung lautet in der *RedVorl:*

RedVorl § 4 § 4 (6) 321. Der Verkäufer ist verpflichtet, dem Käufer über die den Kaufgegenstand betreffenden rechtlichen Verhältnisse, insbesondere bei dem Verkaufe von Grundstükken über die Grenzen, Gerechtsame und Lasten derselben die nöthigen Aufschlüsse zu ertheilen und die zum Beweise des Rechts an dem Kaufgegenstande dienenden Urkunden, soweit sie in seinen Händen sich befinden, auszuliefern.

(NB: Zu vergl. § 218.)

RedVorl § 10 § 10 (7 und 14) 327. Haben Mehrere gemeinschaftlich verkauft oder gekauft oder ist der Verkäufer oder Käufer von Mehreren beerbt worden, so kann der einzelne Verkäufer, Käufer oder Erbe, sofern nicht der andere Vertragschließende vorzuleisten verpflichtet ist, seinen Antheil an demjenigen, was der letztere zu leisten hat, nur gegen Bewirkung der demselben aus dem Vertrage gebührenden vollständigen Leistung verlangen.

(NB: Zu vergl. § 98.)

ZustOR § 321 **2.** Die Regelung lautet in der *ZustOR:* § 321. Der Verkäufer ist verpflichtet, dem Käufer über die den Kaufgegenstand betreffenden rechtlichen Verhältnisse, insbesondere bei dem Verkaufe von Grundstücken über die Grenzen, Gerechtsame und Lasten derselben die nöthigen Aufschlüsse zu ertheilen, auch die zum Beweise des Rechts[9a] an dem Kaufgegenstande dienenden Urkunden, soweit sie in seinen Händen sich befinden, auszuliefern.

ZustOR § 327 § 327*. Haben Mehrere gemeinschaftlich verkauft oder gekauft oder ist der Verkäufer oder Käufer von Mehreren beerbt worden, so kann der einzelne Verkäufer, Käufer oder Erbe, sofern nicht der andere Vertragschließende vorzuleisten verpflichtet ist, seinen Antheil an demjenigen, was der letztere zu leisten hat, nur gegen Bewirkung der demselben aus dem Vertrage gebührenden vollständigen Leistung verlangen.

(* Bei der Schlußredaktion wird zu prüfen sein, ob nicht der § 327 in allgemeiner Fassung in den allgemeinen Theil des Obligationenrechts zu versetzen sei[10].)

**III.** § 459 *KE* entspricht 321 ZustOR.

KE § 360 Im KE ist die Regelung des § 327 ZustOR verallgemeinert worden und in § 360 enthalten: Sind bei einem gegenseitigen Vertrage auf der einen oder anderen Seite mehrere Personen als Vertragschließende betheiligt, oder ist der eine oder andere Theil von Mehreren beerbt worden, so kann ein Einzelner der mehreren Vertragschließenden oder Erben, sofern nicht der andere Vertragschließende vorzuleisten verpflichtet ist, seinen Antheil an der dem letzteren obliegenden Leistung nur gegen Bewirkung der demselben aus dem Vertrage gebührenden vollständigen Leistung verlangen[11].

---

[9a] Im KE heißt es „Rechtes" und hinter „soweit": „diese".

[10] Vgl. auch § 361 ZustOR.

[11] Vgl. hierzu Beratung des BGB, Schuldrecht I, S. 37 (Antrag von *v. Weber;* abgelehnt). Die Neufassung beruht auf einem weiteren Antrag, der durch Mehrheitsbeschluß genehmigt wurde: „Man war der Ansicht: die §§ 327, 361 beruhten auf einem Prinzipe, welches als solches ausgesprochen zu werden verdiene; es sei dies auch zumal im Hinblick auf den § 60[a] völlig unbedenklich." (Prot. I, S. 3258–3259). — Im übrigen vgl. den Anhang zu § 444 BGB.

**IV.** Fassung der Regelung im *E I* als § 462: Der Verkäufer ist verpflichtet, dem Käufer über die den Kaufgegenstand betreffenden rechtlichen Verhältnisse, insbesondere bei dem Verkaufe eines Grundstückes über die Grenzen, Gerechtsame und Lasten desselben die nöthigen Aufschlüsse zu ertheilen, auch die zum Beweise des Rechtes an dem Kaufgegenstande dienenden Urkunden, soweit diese in seinen Händen sich befinden, auszuliefern. E I § 462

§ 363 E I lautet wie § 360 KE.

## B. Vorkommission des Reichsjustizamtes

**I.** Anträge: Die §§ 460, 462 (vgl. zu dem letzteren Antrag 5 Nr. 20f abgedruckt bei §§ 440, 441 BGB) zu streichen. Jacubezky (Nr 9, 2)

**II.** Eine Beratung hat nicht stattgefunden.

## C. 2. Kommission

**I.** Anträge (Prot. II, Bd. 2, S. 58; *Mugdan*, Bd. 2, S. 769)

Zu § 462 lagen, außer dem unter C. I. d) zu § 433 BGB mitgeteilten Vorschlage, nachstehende Anträge vor:

1. in der vorletzten Zeile statt „dienenden" zu setzen „erforderlichen";

2. dem § 462 hinzuzusetzen:
Hat die Urkunde noch einen anderen Inhalt als denjenigen, welcher sich auf den Beweis des Rechtes an dem Kaufgegenstande bezieht, so ist der Verkäufer nur zur Ertheilung eines beglaubigten Auszugs verpflichtet.

Der Antrag 1 wurde zu Gunsten des Antrag 2 zurückgezogen.
Der Antrag 2 fand Annahme; im Uebrigen blieb der § 462 unbeanstandet.

**II.** Fassung der Regelung in der *VorlZust* als § 462: Der Verkäufer ist verpflichtet, dem Käufer über die den Kaufgegenstand betreffenden rechtlichen Verhältnisse, insbesondere bei dem Verkaufe eines Grundstückes über die Grenzen, Gerechtsame und Lasten, die nöthigen Aufschlüsse zu ertheilen und ihm die zum Beweise des Rechtes an dem Kaufgegenstande dienenden Urkunden, soweit diese sich in seinen Händen befinden, auszuliefern. Hat eine solche Urkunde noch einen anderen Inhalt als denjenigen, welcher das Recht an dem Kaufgegenstand betrifft, so ist der Verkäufer nur zur Ertheilung eines beglaubigten Auszuges verpflichtet. E I-VorlZust § 462

**III.** Fassung der Regelung in der *ZustRedKom* als § 462: Der Verkäufer ist verpflichtet, dem Käufer über die den Kaufgegenstand betreffenden rechtlichen Verhältnisse, insbesondere im Falle des Verkaufs eines Grundstücks über die Grenzen, Gerechtsame und Lasten, die nöthige Auskunft zu ertheilen und die zum Beweise des Rechtes dienenden Urkunden, soweit sie sich in seinen Händen befinden, auszuliefern. Hat eine solche Urkunde noch einen anderen Inhalt als denjenigen, welcher den Kaufgegenstand betrifft, so ist der Verkäufer nur zur Erteilung eines öffentlich beglaubigten Auszugs verpflichtet. E I-ZustRedKom § 462

E II § 385

**IV.** Im *E II* lautet die Regelung als § 385: Der Verkäufer ist verpflichtet, dem Käufer über die den Kaufgegenstand betreffenden rechtlichen Verhältnisse, insbesondere im Falle des Verkaufs eines Grundstücks über die Grenzen, Gerechtsame und Lasten, die nöthige Auskunft zu ertheilen und ihm die zum Beweise des Rechtes dienenden Urkunden, soweit sie sich in seinen Händen befinden, auszuliefern. Erstreckt sich der Inhalt einer solchen Urkunde auch auf andere Angelegenheiten, so ist der Verkäufer nur zur Ertheilung eines öffentlich beglaubigten Auszugs verpflichtet.

**V.** Die Fassung des § 438 *E II rev (E III)* entspricht der des § 444 BGB.

## Anhang zu 444 BGB

### B. Vorkommission des Reichsjustizamtes

**I.** Beantragt war:

**1.** den § 363 zu fassen:

Struckmann (Nr 1, 98)

„Sind bei einem gegenseitigen, auf eine theilbare Leistung gerichteten Vertrage auf der einen oder anderen Seite mehrere Personen betheiligt, so kann jede derselben ihren Antheil an der dem anderen Theile obliegenden Leistung, sofern nicht dieser vorzuleisten verpflichtet ist, nur gegen Bewirkung der vollständigen ihm nach dem Vertrage gebührenden Gegenleistung verlangen.

Planck (6, 5)

**2.** die §§ 362 und 364 in der Art zu verbinden, daß der § 364 den zweiten Absatz bildet und dann erst den § 363 folgen zu lassen.

E I-RJA § 363

**II.** In der *Vorkommission des Reichsjustizamtes* wurde der § 363 wie folgt gefaßt: „Sind bei einem gegenseitigen, auf eine theilbare Leistung gerichteten Vertrage auf der einen oder anderen Seite mehrere Personen betheiligt, so kann jede derselben ihren Antheil an der dem anderen Theile obliegenden Leistung, sofern nicht dieser vorzuleisten verpflichtet ist, nur gegen Bewirkung der vollständigen Gegenleistung verlangen." (Prot-RJA 330–331).

### C. 2. Kommission

**I.** Zu § 363 E I lagen die Anträge vor (Prot. II, Bd. 1, S. 627; *Mugdan*, Bd. 2 S. 632):

Struckmann (Nr 2, 20)

**1.** die Fassung des § 363 E I-RJA;

Jacubezky (Nr 60, 1)

**2.** die Bestimmung mit dem Vorbehalte zu streichen, daß, wenn es bei der getheilten Haftung der Erben verbleiben sollte, die auf den Fall einer Mehrheit von Erben bezügliche Vorschrift desselben in den § 2051 aufgenommen werde.

Der Antrag 1, der vom Entw. nur in der Fassung abweicht, wurde sachlich angenommen.

**II.** In der *VorlZust* lautet die Regelung: § 363. Sind bei einem gegenseitigen Vertrage auf der einen oder anderen Seite mehrere Personen betheiligt, so kann jede derselben ihren Antheil an der dem anderen Theile obliegenden Leistung, sofern dieser nicht vorzuleisten verpflichtet ist, nur gegen Bewirkung der vollständigen Gegenleistung verlangen. (Die Vorschrift des § 362 Abs. 1 Satz 3 bleibt unberührt.)

E I-VorlZust § 313

**III.** Die Regelung des § 363 E I-VorlZust ist in der *ZustRedKom* in § 362 enthalten (vgl. Schuldrecht I S. 465f.)

§ 445

**Die Vorschriften der §§ 433 bis 444 finden auf andere Verträge, die auf Veräußerung oder Belastung eines Gegenstandes gegen Entgelt gerichtet sind, entsprechende Anwendung.**

## B. Vorkommission des Reichsjustizamtes

I. Beantragt war:

§ m. Die Vorschriften über die Gewährleistung des veräußerten Rechtes beim Kaufe finden auf andere entgeltliche Veräußerungsverträge entsprechende Anwendung. Struckmann (Nr 1, 104)

Das Gleiche gilt, wenn ein Recht auf Betreiben eines Gläubigers im Wege der Zwangsvollstreckung veräußert wird.

(Anheimgegeben wird, an Stelle des Abs. 2 des § m, sowie des § 395 hinter § 718 der C.P.O.[1] folgende Bestimmungen als § 718a einzuschalten:

Auf die Gewährleistung wegen Mangels im Rechte des Schuldners finden die Vorschriften über die Gewährleistung des veräußerten Rechtes beim Kaufe entsprechende Anwendung. Ein Anspruch auf Gewährleistung wegen Mängel der versteigerten Sache steht dem Erwerber nicht zu. Struckmann (Nr 1, 104)

(Vergl. § 138 des Entw. des Gesetzes, betreffend die Zwangsvollstreckung in das unbewegliche Vermögen[2].)

II. 61. Sitzung vom 9. 10. 1891

| An den Schluß der Bestimmungen über die Gewährleistung wegen rechtlicher Mängel wurde die Vorschrift gestellt, daß die für den Kauf erlassenen Gewährleistungsgrundsätze auch auf andere gegen Entgelt gerichtete Veräußerungsverträge analoge Anwendung finden. Vor- | behalten wurde, unter Ersetzung des § 395 des Entwurfs, eine Bestimmung in die Civilprozeßordnung an passender Stelle aufzunehmen, wonach dem Erwerber, wenn an ihn eine Sache oder ein Recht auf Grund einer Pfändung veräußert worden sei, ein Anspruch wegen Mängel im Rechte des Schuldners oder wegen Mängel der veräußerten Sache nicht zustehe. Der § h erhielt folgende Fassung: | ProtRJA 347 | ProtRJA 348

---

1 § 718 CPO entspricht § 817 ZPO.

2 § 138 dieses Entwurfs lautet:

Durch den Zuschlag erwirbt der Ersteher das Eigenthum an dem Grundstücke, auch wenn der Schuldner nicht Eigenthümer war.

Durch den Zuschlag erlöschen in dem durch die Versteigerungsbedingungen bestimmten Umfange die an dem Grundstücke, außer dem Eigenthume, bestehenden Rechte sowie die Rechte auf vorzugsweise Befriedigung aus dem Grundstücke und die Haftung des Grundstückes für wiederkehrende Leistungen und für Kosten.

Ein Gleiches gilt in Ansehung der übrigen Gegenstände, auf welche die Versteigerung des Grundstückes sich erstreckt hat, soweit die Beschlagnahme noch wirksam ist. Ist die Beschlagnahme nach der Versteigerung unwirksam geworben, so finden die Vorschriften des § 830 des Bürgerlichen Gesetzbuches zu Gunsten des Erstehers entsprechende Anwendung; ein Anspruch des Erstehers auf Gewährleistung findet nicht statt.

In Ansehung der mitversteigerten Sachen, welche nicht in Beschlag genommen waren, finden die Vorschriften des dritten Absatzes Anwendung, wie wenn die Sachen zur Zeit des Schlusses der Versteigerung in Beschlag genommen worden wären.

E I-RJA § h „Die Vorschriften über die Haftung des Verkäufers für einen Mangel in seinem Rechte finden auf andere Verträge, welche auf Veräußerung gegen Entgelt gerichtet sind, entsprechende Anwendung."

**C. 2. Kommission**

I. Anträge (Prot. II, Bd. 1, S. 668; *Mugdan*, Bd. 2, S. 657)

1. Es war vorgeschlagen die Bestimmung des § h E I-RJA.

Struckmann (Nr 2, 26) Der § h wurde sachlich angenommen.

Struckmann (Nr 2, 26) 2. Dem § h war von dem Antragsteller eine Anmerkung beigefügt, nach welcher, zugleich als Ersatz des § 395, folgende Vorschrift in die C.P.O. (etwa als § 710 a)[3] aufgenommen werden soll:

Wird eine Sache oder ein Recht auf Grund der Pfändung veräußert, so steht dem Erwerber ein Anspruch wegen eines Mangels im Rechte des Schuldners oder wegen eines Mangels der veräußerten Sache nicht zu.

Die vorgeschlagene Bestimmung wurde, soweit sie auf den Mangel im Rechte des Schuldners sich bezieht, sachlich angenommen; die Prüfung der Frage, ob die Vorschrift in die C.P.O. oder in das B.G.B. gehört, blieb der RedKom vorbehalten.

E I-VorlZust § 380 a II. Fassung der beschlossenen Regelung in der *VorlZust* als § 380 a*: Die Vorschriften über die Verpflichtungen des Verkäufers zur Gewährleistung des verkauften Rechtes finden auf andere Verträge, welche auf Veräußerung gegen Entgelt gerichtet sind, entsprechende Anwendung.

(*1. In den Art. 11 des Einführungsgesetzes wird folgende Vorschrift als § 710 a der Civilprozeßordnung eingestellt: Wird eine Sache oder ein Recht auf Grund der Pfändung veräußert, so steht dem Erwerber ein Anspruch wegen eines Mangels im Rechte des Schuldners oder wegen eines Mangels der veräußerten Sache nicht zu.)

E I-ZustRedKom § 462 b III. 1. Fassung der Regelung in der *ZustRedKom* als § 462 b*: Die Vorschriften der §§ 459 bis 461 a finden auch auf andere Verträge, die auf Veräußerung gegen Entgelt gerichtet sind, entsprechende Anwendung.

(* In den Art. 11 des Entwurfes des Einführungsgesetzes wird, zugleich als Ersatz für den § 395 des Entwurfes, folgende Vorschrift als § 710 a CPO eingestellt: Wird ein Gegenstand auf Grund der Pfändung veräußert, so steht dem Erwerber wegen eines Mangels im Rechte des Schuldners oder wegen eines Mangels der veräußerten Sache ein Anspruch auf Gewährleistung nicht zu.)

2. Da die Bestimmungen über den Verpfändungsvertrag (§§ 681 bis 682 E I) gestrichen wurden (Prot. II, Bd. 2, S. 488–489; *Mugdan*, Bd. 2, S. 1032), stellte die Redaktionskommission in der Neufassung des § 462 b klar, daß der Verpfändungsvertrag zu den auf „Veräußerung" gerichteten Verträgen i. S. der §§ 462 b und 469 h[1] gehören.

E II § 386 IV. Fassung der Regelung im *E II* als § 386: Die Vorschriften der §§ 375 bis 385 finden auf andere Verträge, die auf Veräußerung oder Belastung eines Gegenstandes gegen Entgelt gerichtet sind, entsprechende Anwendung.

V. Die Fassung des § 439 *E II rev* (*E III* § 439) entspricht der des § 445 BGB.

---

[3] Vgl. § 806 ZPO.

## § 446

**Mit der Uebergabe der verkauften Sache geht die Gefahr des zufälligen Unterganges und einer zufälligen Verschlechterung auf den Käufer über. Von der Uebergabe an gebühren dem Käufer die Nutzungen und trägt er die Lasten der Sache.**

**Wird der Käufer eines Grundstücks vor der Uebergabe als Eigenthümer in das Grundbuch eingetragen, so treten diese Wirkungen mit der Eintragung ein.**

### A. 1. Kommission

I. a) Vorlage von *v. Kübel* (1876, Nr. 7[1]), Thesen:

I. Bei dem Kaufvertrage trägt der Verkäufer die Gefahr des zufälligen Untergangs und der zufälligen Verschlechterung der verkauften Sache bis zu deren Uebergabe an den Käufer.

II. Ist die verkaufte Sache eine unbewegliche, so trägt der Verkäufer die Gefahr, bis die Sache nicht nur dem Käufer übergeben, sondern auch die Eintragung des Eigenthumsüberganges auf den Käufer im Grundbuche erfolgt ist.

III. Der Verkäufer trägt die Gefahr nach Maßgabe der folgenden Sätze:

1) Ist nach Schließung des Kaufvertrags vor den in Ziff. I und II bezeichneten Zeitpunkten dem Verkäufer die Erfüllung seiner Verbindlichkeit ohne eine von ihm zu vertretende Verschuldung, durch Zufall, ganz unmöglich geworden und ist in Folge dessen der Verkäufer von seiner Verbindlichkeit befreit, so kann er von dem Käufer, abgesehen von dem Falle des Verzuges desselben, auch die Gegenleistung nicht fordern und hat dem Käufer, wenn dieser seinerseits bereits geleistet hat, das Geleistete nach Maßgabe der für die Ansprüche wegen ungerechtfertigter Bereicherung zu gebenden Vorschriften (gleich einem redlichen Besitzer und ohne sich mit dem Schaden des Käufers zu bereichern) zurückzunehmen.

2) Ist nach Schließung des Kaufvertrages vor dem in den Ziff. I und II bezeichneten Zeitpunkten dem Verkäufer die Erfüllung seiner Verbindlichkeit durch Zufall theilweise unmöglich geworden und ist in Folge dessen die Verbindlichkeit des Verkäufers auf die noch mögliche Leistung beschränkt, so kann der Käufer an der Gegenleistung einen verhältnißmäßigen Abzug machen oder von dem Vertrage abgehen, wenn anzunehmen ist, daß er diesen nicht geschlossen hätte, falls die Unmöglichkeit vollständiger Erfüllung schon zur Zeit der Schließung des Vertrages in Aussicht gestanden hatte.

IV. Wird bei einem unter einer aufschiebenden Bedingung geschlossenen Kaufvertrage während schwebender Bedingung die verkaufte Sache dem Käufer übergeben, so geht hierdurch im Zweifel die Gefahr des zufälligen Untergangs und der zufälligen Verschlechterung der Sache nicht auf den Käufer über.

V. Auch im Falle der Versendung der verkauften Sache trägt der Verkäufer die Gefahr, wenn nicht etwas Anderes ausdrücklich vereinbart ist oder aus den Umständen erhellt.

---

[1] Die Begründung zu dieser Vorlage umfaßt 47 Seiten und kann hier aus Platzgründen nicht abgedruckt werden.

VI. Bis zum Zeitpunkt, bis zu welchem der Verkäufer die Gefahr trägt, kommen ihm, soweit er sich nicht im Verzuge befindet, die natürlichen und bürgerlichen Früchte der Sache zu.

b) Protokoll der Sitzung vom 22. 9. 1876

3. Hiernächst wurde die Vorlage Nr. 7 betreffend die Tragung der Gefahr beim Kauf, zur Berathung gestellt.

Die Thesis I, welche sich auch auf den species-Kauf erstreckt, wurde unter Ablehnung der von zwei Seiten gestellten Anträge, bezüglich des species-Kaufs bei der entgegenstehenden Theorie des römischen Rechts zu bleiben, nach eingehender Erörterung der für die verschiedenen Ansichten sprechenden Gründe und der Gegengründe mit 7 gegen 4 Stimmen angenommen[2].

In Betreff der Thesis II waren vier verschiedene Ansichten vertreten. Die des Referenten, welcher den Käufer erst nach der Uebergabe *und* Eintragung in das Grundbuch die Gefahr tragen lassen will, wurde abgelehnt. Ebensowenig vermochte die Ansicht, daß die Auflassung genüge, aber auch erst von dieser ab der Käufer die Gefahr zu tragen habe, die Mehrheit zu gewinnen. Die Ansicht, daß von der Tradition ab der Käufer die Gefahr zu tragen habe, und daß also die Tradition allein entscheide, wurde auch nicht von der Mehrheit gebilligt. Nachdem dann zunächst auch die Meinung, daß Auflassung *oder* Tradition genüge, um die Gefahr auf den Käufer zu übertragen, von der Mehrheit abgelehnt war, wurde beschlossen, im Gesetzbuche diese letzterwähnte Ansicht zur Geltung zu bringen, indem sich schließlich die Mehrheit auf dieselbe vereinigte trotz des von mehreren Seiten hervorgehobenen Bedenkens, wie es zu halten sei, wenn der Eigenthümer dem Einen tradirt und dem Andern aufgelassen hat.

c) Protokoll der Sitzung vom 25. 9. 1876:

3. Es wurde sodann die Berathung der Vorlage Nr. 7, betreffend die Tragung der Gefahr beim Kauf, fortgesetzt. Der Theil der Thesis III Nr. 1, welcher für den Fall, daß unter den dort näher angegebenen Voraussetzungen dem Verkäufer die Erfüllung seiner Verbindlichkeit durch Zufall ganz unmöglich geworden ist, vorschreibt, daß — abgesehen von dem Falle des Verzuges — der Verkäufer von dem Käufer die Gegenleistung nicht fordern kann, wurde von keiner Seite beanstandet.

Dagegen wurde von einer Seite beantragt, die Kondiktion nicht zuzulassen, wenn im Falle gänzlicher Unmöglichkeit der Erfüllung unter den zu Thesis III Nr. 1 angegebenen Voraussetzungen der Käufer seinerseits bereits geleistet hat.

---

[2] Hierzu findet sich im Nachlaß *Gebhard* folgende Notiz: „P. [Planck?] hob hervor:

1. Der römische Satz sei bei einfachen [Rechtsgeschäften?] wie beim Kaufe das der Rechtslogik Entsprechende Natürliche.

2. Er habe auch die rechtsgeschichtliche Entwickelung für sich; denn das *alt*deutsche Recht stehe, wie bestritten dies auch sei, auf dem Boden des römischen Rechts und erfreue sich noch heute der Geltung im französischen und englischen Rechte.

3. Es erspare internationale Collisionen mit dem französischen und englischen Recht, was um so beachtenswerther, weil sich in mehreren Fällen darüber streiten läßt, ob die Tradition vorliege. Das practische Bedürfniß aber spreche durchschlagend für das deutschrechtliche Prinzip; es vereinfache das Recht, während der römische Satz dasselbe complicire. Der letztere gebe zwar eine einfache Regel, aber diese müsse durch eine große Ausnahme zu Gunsten des Veräußerungsgeschäfts durchbrochen werden und der Begriff des letzteren sei nicht leicht festzustellen. Hinzu komme . . ." [hier bricht Gebhard ab].

Dieser Antrag wurde von der Mehrheit abgelehnt.

Der Antragsteller, Geheim-Rath von Windscheid hat seine Motive dahin zu Protokoll gegeben:

„Wenn der Käufer vor der Uebergabe der Sache das Kaufgeld zahlt, so ist der Grund seiner Leistung nicht die Erwartung der Gegenleistung, sondern seine durch den Kaufvertrag übernommene Verpflichtung. Diese Verpflichtung braucht er nach dem Sinne des Kaufvertrages nur gegen Ueberlieferung der Kaufsache zu erfüllen; indem er aber wissend, daß noch nicht überliefert sei, zahlt, verzichtet er auf diese Rechtsposition, und hält sich nur an die von dem Verkäufer übernommene Verpflichtung, deren Schicksale er tragen muß. Nimmt man das Gegentheil an, also daß der Käufer wirklich unter der Voraussetzung der erfolgenden Gegenleistung zahle, so muß man ihm auch bei Verweigerung dieser Gegenleistung durch den Verkäufer ein Rückforderungsrecht geben. Verwiesen wird endlich auf L. 50 D. de Acts. E.V. (19, 1) (verbis: possessione autem tradita etc)."

Der entgegenstehende Antrag des Referenten wurde angenommen, nachdem die Klammer nebst den darin stehenden Worten:

„gleich einem redlichen Besitzer und ohne sich mit dem Schaden des Käufers zu bereichern"

gestrichen war, und nachdem der Referent erklärt hatte, daß er den deutschen Ausdruck „Ansprüche wegen ungerechtfertigter Bereicherung" im Sinne von „Kondiktionen" gewählt habe, daß also beabsichtigt sei, das Geleistete nach Maßgabe der für die Kondiktionen zu gebenden Vorschriften zurückgeben zu lassen.

Die Streichung der eingeklammerten Worte erfolgte lediglich, weil hier nicht einer an anderer Stelle zu treffenden Entscheidung vorgegriffen werden soll, also ohne Erörterung des Inhalts jener zu gebenden Vorschriften.

Die Thesis III Nr. 2, betreffend die durch Zufall eingetretene theilweise Unmöglichkeit der Erfüllung unter den dort angegebenen Voraussetzungen, wurde von der Mehrheit (8 gegen 3 Stimmen) ganz nach dem Vorschlage des Referenten angenommen, und zwar in beiden Theilen, sowohl, was den verhältnißmäßigen Abzug als was das Abgehen von dem Vertrage in dem in der Thesis bezeichneten Falle angeht.

Es war angeregt, ob es nicht richtiger sei, dem Käufer den Rücktritt vom Vertrage für alle Fälle zu gestatten, und, sofern er bei dem Vertrage beharre, zur Zahlung des vollen Kaufgeldes zu verpflichten. Der Anregung wurde keine weitere Folge gegeben.

Weiter kam zur Sprache, ob es sich nicht um ein allgemeines Prinzip handele, nämlich um die Feststellung von Bestimmungen, die bei nur theilweiser Nichtigkeit des Vertrages, oder wenn dieser nur theilweise zur Auflösung gelange, am Platze seien; sodann, ob in dem Rechte des Abzugs das Recht der Kondizirung zur Genüge ausgedrückt sei; ferner, ob nicht zu verdeutlichen sei, welche Berechnungsweise eintrete, wenn der Abzug verlangt werde, ob die absolute oder die relative; und was Rechtens sei, wenn der Käufer, welcher zurücktreten wolle, außer Stande sei, das Empfangene überhaupt, oder im empfangenen Zustande zu restituiren. Man war der Ansicht, daß es sich nicht empfehle, auf das eine oder andere zur Zeit näher einzugehen, und dem Herrn Referenten überlassen bleiben müsse, die einzelnen Punkte näher ins Auge zu fassen.

Die Thesis IV wurde von der Mehrheit nach dem Vorschlage des Referenten angenommen, nachdem der Antrag, die Frage erst bei Erörterung der Lehre von den Bedingungen zu erledigen, abgelehnt war. Der von einer Seite gestellte Antrag, in dem in der

Thesis bezeichneten Falle im Zweifel die Gefahr auf den Käufer übergehen zu lassen, fand nicht die Zustimmung der Mehrheit[3].

Die Thesis V des Referenten, betreffend die Tragung der Gefahr im Falle der Versendung der verkauften Sache, wurde, insoweit sie von den Vorschriften des Handelsgesetzbuchs (Art. 345)[4] abweichende Bestimmungen vorschlägt, abgelehnt. Die überwiegende Mehrheit beschloß sowohl beim Genus-Kauf, als beim Species-Kauf bei dem Grundsatze des Handelsgesetzbuchs stehen zu bleiben. Indessen wurde von mehreren Mitgliedern bemerkt, daß sie nur deshalb für den gefaßten Beschluß gestimmt hätten, weil sie Werth darauf legten, daß die Uebereinstimmung mit dem Handelsgesetzbuche nicht verloren gehe[5].

Die Thesis VI wurde mit dem ausdrücklichen Vorbehalte von Ausnahmen und mit dem Bemerken, daß hier Spezialitäten vorläufig außer Betracht bleiben sollen, *als Regel* angenommen.

d) Das Ergebnis der Beratungen faßte v. Kübel in einer Zusammenstellung[6] 1877 wie folgt zusammen:

1. Bei dem Kaufvertrage trägt der Verkäufer die Gefahr des zufälligen Unterganges und der zufälligen Verschlechterung der verkauften Sache bis zu deren Uebergabe an den Käufer.

(Prot. IV vom 22. September 1876).

---

[3] Im Nachlaß von Gebhard findet sich zu den Verhandlungen über die These IV. folgende Notiz: „Man war einig, daß es sich um eine *Willensinterpretation* handle.

*Windscheid* machte geltend, es lasse sich nicht behaupten, daß im Zweifel die Absicht dahin gehe, die Tradition solle als *Erfüllung* gelten, vielmehr werde nur *precario* überlassen.

*Kurlbaum:* Allerdings werde, wie dies das pr. ALR ausspreche, bei erfolgter Uebergabe in der Regel nicht eine Suspensiv-, sondern eine Resolutivbedingung anzunehmen sein.

*Windscheid:* Der Antrag, den Referentenvorschlag umzustoßen, laufe darauf hinaus, daß die Suspensivbedingung wie eine Resolutivbedingung behandelt werde."

[4] Art. 345 ADHGB lautet: Nach Uebergabe der Waare an den Spediteur oder Frachtführer oder die sonst zum Transporte der Waare bestimmte Person trägt der Käufer die Gefahr, von welcher die Waare betroffen wird. Hat jedoch der Käufer eine besondere Anweisung über die Art der Uebersendung ertheilt, und ist der Verkäufer ohne dringende Veranlassung davon abgewichen, so ist dieser für den daraus entstandenen Schaden verantwortlich.

Der Verkäufer hat die Gefahr, von welcher die Waare auf dem Transport betroffen wird, in dem Falle zu tragen, wenn er gemäß dem Vertrage die Waare an dem Orte, wohin der Transport geschieht, zu liefern hat, so daß dieser Ort für ihn als der Ort der Erfüllung gilt. Daraus, daß der Verkäufer die Zahlung von Kosten oder Auslagen der Versendung übernommen hat, folgt für sich allein noch nicht, daß der Ort, wohin der Transport geschieht, für den Verkäufer als der Ort der Erfüllung gilt.

Durch die Bestimmungen dieses Artikels ist nicht ausgeschlossen, daß die Gefahr schon seit einem früheren Zeitpunkte von dem Käufer getragen wird, sofern dies nach dem bürgerlichen Rechte der Fall sein würde.

[5] Vgl. hierzu die Notiz zur Thesis Nr. V in Nachlaß *Gebhard:*

„*Windscheid* wollte unterschieden wissen zwischen Specieskauf und Genuskauf, wobei er von der Ansicht ausging, daß weder der Verkäufer noch der Käufer durch einseitige Erklärung specialisiren könne. Beim Specieskauf (wirkliche übereinstimmende Specialisierung vorausgesetzt) gehe die Gefahr mit der Versendung über; — nicht auf Grund der Annahme, als ob in der Versendung eine Erfüllung liege; auch nicht auf Grund der Annahme eines zwischen der Nichterfüllung und Erfüllung liegenden Mittelbegriffs, sondern weil die dem römischen Rechte bekannte Kategorie Platz greife: non solutum, sed satisfactum est.

(Hiermit ist das Prinzip des römischen Rechts verworfen und, im Anschluß an das preußische und das österreichische Recht, ferner an die neueren deutschen Gesetzesentwürfe, das deutschrechtliche Prinzip adoptirt.)

2. Ist die verkaufte Sache eine unbewegliche, so trägt der Verkäufer die Gefahr, bis die Sache entweder dem Käufer übergeben oder die Eintragung des Eigenthumsübergangs auf den Käufer im Grundbuche erfolgt ist.

(Es standen sich diesfalls vier Ansichten gegenüber, die Ansicht des Redaktors, welcher konsequent den Verkäufer bis zur Uebergabe und Eintragung die Gefahr tragen lassen wollte; eine zweite Ansicht, welche allein die Tradition entscheiden lassen wollte; eine dritte Ansicht, welche die Eintragung für den allein entscheidenden Akt erklärte, und die schließlich zum Beschluß erhobene, obwohl als bedenklich erkannte und von dem Redaktor entschieden bekämpfte Ansicht, wonach sowohl Uebergabe als Eintragung, jede für sich, genügen solle, dem Verkäufer die Gefahr abzunehmen.)

(Prot. IV vom 22. September 1876.)

3. Der Verkäufer trägt die Gefahr nach Maßgabe der folgenden Sätze:

a) Ist nach Schließung des Kaufvertrages vor den in den Ziffern 1 und 2 bezeichneten Zeitpunkten dem Verkäufer die Erfüllung seiner Verbindlichkeit ohne eine von ihm zu vertretende Verschuldung durch Zufall ganz unmöglich geworden und ist in Folge dessen der Verkäufer von seiner Verbindlichkeit befreit, so kann er von dem Käufer, abgesehen von dem Falle des Verzuges desselben, auch die Gegenleistung nicht fordern, und hat dem Käufer, wenn dieser seinerseits bereits geleistet hat, das Geleistete nach Maßgabe der für die Ansprüche wegen ungerechtfertigter Bereicherung zu gebenden Vorschriften (Kondiktionentheorie) zurückzugeben.

(Die in der Vorlage des Redaktors hinter dem Worte „Vorschriften" in Klammern stehenden Worte: „gleich einem redlichen Besitzer und ohne sich mit dem Schaden des Käufers zu bereichern", sind in dem Beschlusse nur aus dem Grunde weggelassen worden, um nicht damit einer an einer anderen Stelle zu gebenden Entscheidung vorzugreifen und ohne Eingehung auf die Sache selbst.)

b) Ist nach Schließung des Kaufvertrags vor den in den Ziffern 1 und 2 bezeichneten Zeitpunkten dem Verkäufer die Erfüllung seiner Verbindlichkeit durch Zufall theilweise unmöglich geworden und ist in Folge dessen die Verbindlichkeit des Verkäufers auf die noch mögliche Leistung beschränkt, so kann der Käufer an der Gegenleistung einen verhältnismäßigen Abzug machen oder von dem Vertrage abgehen, wenn anzunehmen ist, daß er diesen nicht geschlossen hätte, falls die Unmöglichkeit vollständiger Erfüllung schon zur Zeit der Schließung des Vertrags in Aussicht gestanden hätte.

(Prot. V vom 25. September 1876.)

4. Wird bei einem unter einer aufschiebenden Bedingung geschlossenen Kaufvertrag während schwebender Bedingung die verkaufte Sache dem Käufer übergeben, so geht

---

Beim Genuskauf gehe die Gefahr mit der Versendung nicht über; der Verkäufer ist nicht gebunden, was er ausgesucht und versandt hat. Er kann die Sendung zurückziehen; aber doppelt wäre es unbillig, wenn er im Falle des Untergangs dem Käufer sagen dürfte: die versandte Sache war die verkaufte Sache; – es gibt noch andere Sachen dieser Art; man denke z. B. an den Versandt generisch gekaufter Loose.

P. [Planck?] Die Vorschriften des HGB seien nicht dem Handelsrecht eigenthümlich; sie seien für den Handels- und für den bürgerlichen Verkehr anwendbar. Für beide Arten des Verkehrs müsse derselbe Satz gelten und ebendeshalb dürfe nicht unterschieden werden zwischen Genus- und Specieskauf.

6 Diese Zusammenstellung erfolgte auf Wunsch Papes und wurde als Manuskript gedruckt.

hierdurch im Zweifel die Gefahr des zufälligen Unterganges und der zufälligen Verschlechterung der Sache nicht auf den Käufer über.

(Prot. V vom 25. September 1876.)

5. Im Falle der Versendung der verkauften Sache sollen in Absicht auf die Tragung der Gefahr sowohl beim Spezieskauf, wie beim Genuskauf die Vorschriften des Art. 345 des Handelsgesetzbuchs angenommen werden.

(Der Antrag des Redaktors, auch in diesem Falle dem Verkäufer die Tragung der Gefahr aufzulegen, wenn nicht etwas Anderes vereinbart sei oder aus den Umständen erhelle, fand nicht die Mehrheit, indem von der Majorität auf die Uebereinstimmung mit dem Handelsgesetzbuch das entscheidende Gewicht gelegt wurde.)

(Prot. V vom 25. September 1876.)

6. Bis zu dem Zeitpunkte, bis zu welchem der Verkäufer die Gefahr trägt, kommen ihm, soweit er sich nicht im Verzuge befindet, der Regel nach (Ausnahmen vorbehalten) die natürlichen und bürgerlichen Früchte der verkauften Sache zu.

(Prot. V vom 25. September 1876.)

e) 187. Sitzung vom 14. 3. 1883, Schriftführer Neubauer

| Prot I 1862 TE-OR (Nr 32) § 8

| Der § 8 des Entwurfs lautet:

„Der Verkäufer trägt die Gefahr des zufälligen Unterganges und der zufälligen Verschlechterung der verkauften Sache nach Maßgabe der Vorschriften in §§ 189, 190 (der Zusammenstellung der Beschlüsse[7]) bis zu der Uebergabe der verkauften Sache an den Käufer, im Falle des Verkaufes einer unbeweglichen Sache aber, bis die Sache entweder dem Käufer übergeben oder die Eintragung des Eigenthumsüberganges auf den Käufer im Grundbuch erfolgt ist.

Insolange als die Gefahr bei dem Verkäufer bleibt, kommen ihm auch die Früchte und sonstigen Nutzungen der verkauften Sache zu.

Wird bei einem unter einer aufschiebenden Bedingung abgeschlossenen Kaufvertrag während schwebender Bedingung die verkaufte Sache dem Käufer übergeben, so geht hierdurch, wenn nicht etwas Anderes vereinbart ist, die Gefahr des zufälligen Unterganges und der Verschlechterung der Sache auf den Käufer nicht über."

Beschlossen wurde, den § 8 absatzweise zu erledigen.

Zu Abs. 1 des Entwurfes war beantragt:

v. Kübel

1. von dem Referenten, die zweite Hälfte des ersten Absatzes zu fassen:

„im Falle des Verkaufs einer unbeweglichen Sache aber bis die Sache dem Käufer übergeben und die Eintragung des Eigenthumsüberganges auf den Käufer im Grundbuch erfolgt ist."

v. Schmitt (Nr 306, 1)

2. den Schlußsatz des ersten Absatzes zu faßen:

| Prot I 1863

„Unterliegt eine unbewegliche Sache erst nach Uebergabe | derselben an den Käufer dem zufälligen Untergange oder einer zufälligen Verschlechterung, so behält der Verkäufer das Recht auf den Kaufpreis."

eventuell in Verbindung mit dem Antrage Nr. 1 dahin:

„Unterliegt eine unbewegliche Sache erst nachdem sie dem Käufer übergeben und die Eintragung des Eigenthumsüberganges auf den Käufer im Grundbuch erfolgt ist, dem zufälligen Untergange u.s.w. wie zuvor."

v. Schmitt (Nr 306, 2)

den übrigen Inhalt des ersten Absatzes zu streichen, wobei zur Fassung bemerkt war:

[7] Vgl. Materialien zu den §§ 275, 279, 280 BGB.

„Der Antrag bezielt, den Einklang des ersten Absatzes mit § 189 Abs. 3 (Zusammenstellung der Beschlüsse zum Obligationenrecht) festzuhalten."

3. statt der Worte: „Eintragung des Eigenthumsüberganges auf den Käufer im Grundbuche" zu setzen: „Auflaßungserklärung". Kurlbaum

4. im ersten Absatze die Worte: „im Falle des Verkaufes u.s.w. bis zum Schlusse" zu streichen. Kurlbaum

Die Begründung der Anträge ergab, daß die Anträge Nr. 2 und 4 bezüglich der Immobilien sachlich übereinstimmen. Der Antrag Nr. 2 beruht nämlich auf der Voraussetzung, der erste Absatz sei, soweit er sich nicht auf unbewegliche Sachen beziehe, wegen der §§ 189 und 190 der Zusammenstellung der das Obligationenrecht betreffenden Beschlüße (Protokolle vom 9. und 11. Oktober 1882 S. 1154 u. ff.) selbstverständlich und daher entbehrlich. Dies wurde aber von der Mehrheit deshalb als richtig bezweifelt, weil die Folgen des Tragens der Gefahr insofern weiter griffen, wie die §§ 189, 190, als ohne Verschaffung des Eigenthums tradirt sein könne. Für die Aufnahme der Vorschrift wurde außerdem geltend gemacht, daß die letztere gegen ein bekanntes Prinzip des gemeinen Rechts sich richte und schon deshalb ein klarer und bestimmter Ausspruch sich empfehle.

Betreffend die unbeweglichen Sachen erklärte sich die | Mehrheit nach vorheriger Ablehnung zuerst der Anträge Nr. 2[8] und 4, sodann des Antrages Nr. 1 für die Bestimmung des Entwurfes und schließlich gegen den Antrag Nr. 3, so daß der Entwurf unveränderte Annahme fand. Die Gründe waren: | Prot I 1864

Wie die Motive[9] lehrten, beruhe dasjenige, was der Entwurf enthalte, auf einem am 22. September 1876 gefaßten Vorbeschlusse. Diesen Vorbeschluß, dem eine umfaßende und reifliche Prüfung vorausgegangen sei, wieder fallen zu lassen, sei ein genügender Grund nicht vorhanden. Die Tradition, und nur die Tradition, in Ansehung des Ueberganges der Gefahr für maßgebend zu erklären, sei ungerechtfertigt, weil es der Natur und dem Wesen des Kaufs als eines Veräußerungsvertrages widerstrebe, den Käufer, nachdem er Eigenthümer der Sache geworden sei und die volle rechtliche Herrschaft über dieselbe erlangt habe, gleichwohl noch von dem Tragen der Gefahr zu befreien. Dies würde regelmäßig sogar zu einem Widerspruche mit dem Parteiwillen führen; denn die Parteien, welche die Eintragung des Eigenthumsüberganges erwirkt hätten, würden fast ausnahmslos von der Absicht geleitet und stillschweigend einverstanden sein, daß der Käufer fortan auch die Gefahr zu tragen habe. Unerheblich erscheine es, daß vor der Tradition der Käufer zur Ueberwachung der Sache nicht im Stande sei. Die dem Verkäufer obliegende Obhut biete einen genügenden Ersatz, ähnlich wie im Falle des Faustpfandes der Eigenthümer bei der custodia sich beruhigen müße, zu der der Pfandgläubiger verpflichtet sei. Auf der anderen Seite sei es auch nicht zulässig, für den Uebergang der Gefahr Eigenthum und Tradition vereint zu fordern. Wenn dafür angeführt sei, der Verkäufer habe die doppelte Verpflichtung, einmal, zu tradiren, sodann, durch die erforderliche Mitwirkung bei der Auflassung das Eigenthum zu verschaffen, so sei dieser Grund nicht durchgreifend. Denn es leuchte ein, daß es nicht statthaft sei, den Uebergang der Gefahr von der Erfüllung aller dem Verkäufer obliegenden | Verpflichtungen abhängig zu machen.

Von größerem Belange sei der gegen den Vorbeschluß aus der Möglichkeit eines zweifachen Verkaufs entlehnte Grund. Sei zweimal verkauft und dem einen Käufer tradirt, dem anderen aufgelassen, so könnten allerdings Schwierigkeiten entstehen, | Prot I 1865

---

[8] Die Ablehnung erfolgte mit 7 gegen 4 Stimmen (Nachlaß v. Schmitt).
[9] Mot. TE-OR Nr. 32, S. 13 ff.

wenn später die Sache von einer Gefahr betroffen werde. Allein diese Schwierigkeiten ließen sich, soweit sie sich nicht aus der Verpflichtung des Verkäufers, dem Käufer die Eintragung im Grundbuche zu verschaffen, ohnehin erledigten, lösen. Sie seien nicht genügend, ein an sich richtiges Prinzip zu opfern. Das früher beschlossene Prinzip sei aber richtig, weil es dem Wesen des Kaufvertrages, der rechtsgeschichtlichen Entwickelung und der regelmäßigen Parteiintention entspreche, dem Käufer von dem Zeitpunkte an die Gefahr aufzuerlegen, wo er – sei es die thatsächliche – sei es die rechtliche Herrschaft über die Sache erlangt habe.

Der Antrag Nr. 3 empfehle sich nicht zur Annahme, denn er vertrage sich nicht mit dem vorgedachten Grunde und verdunkele die dem Vorbeschlusse zum Grunde liegende prinzipielle Auffassung.

f) 188. Sitzung vom 16. 3. 1883, Schriftführer Neubauer

| Prot I 1867 | Zum zweiten Absatze des § 8 lagen die Anträge vor:

Windscheid 1. statt desselben zu bestimmen[10]:

„Die Nutzungen der verkauften Sache kommen dem Käufer von dem Zeitpunkte an zu, wo ihm die Sache übergeben oder aufgelassen ist."

2. in dem dem dritten Absatze nachzustellenden zweiten – nunmehr also dritten – Absatze den Eingang dahin zu ändern:

„So lange nach den Vorschriften in Absatz 1 und 2 der Verkäufer die Gefahr trägt, u.s.w"

3. den zweiten Absatz zu fassen:

v. Weber (Nr 304) „Insolange als die Gefahr bei dem Verkäufer bleibt, *treffen ihn die Lasten*, es kommen ihm aber auch die (Früchte und sonstigen) Nutzungen der verkauften Sache zu."

| Prot I 1868 Die Anträge Nr. 1 und 3 fanden salva redactione die Billigung der Mehrheit, während der Antrag Nr. 2 durch | die Annahme des Antrags Nr. 1 für erledigt galt.

Die Gründe waren:

Der Absatz 2 beruhe auf einem Vorbeschlusse. Obschon gegen denselben im Wesentlichen nichts zu erinnern sei, so erscheine er gleichwohl nicht völlig einwandfrei[11]. Zunächst könne er zu dem Mißverständnisse verleiten, es habe allgemein das an sich nicht haltbare Prinzip anerkannt werden sollen: wer die Gefahr trage, habe stets auch Anspruch auf die Nutzungen und Früchte. Weiter verleihe er dem Käufer, der zufolge des § 9 vor der Uebergabe die Gefahr nach Einleitung des Transports der Sache trage, das Recht auf die Nutzungen und Früchte, wiewohl eine solche Ausdehnung des eine exzeptionelle Rechtsnorm enthaltenden § 9 nicht weniger entbehrlich als bedenklich erscheine. Endlich aber sei aus ihm nicht genügend die Unterstellung des Rechtsfalles zu erkennen, welchen der erste Absatz voraussetze, des Regelfalles nämlich, wenn

---

10 Dieser Antrag dürfte von *Windscheid* stammen (Nachlaß Schmitt); der weitere Antrag von *Kurlbaum* (vgl. Originalprotokolle).

11 Das folgende ist Windscheids Begründung. Nach den Notizen von Schmitt führte *Windscheid* etwa folgendes aus: Windscheid sagt, daß der Satz falsch sei, wer die Gefahr trage, habe auch die Rechte. Es entscheidet vielmehr der vermutliche Wille der Parteien darüber, wer die Nutzungen und Lasten haben soll. Eine solche Vermutung liegt in der Tradition und in der Auflassung. Danach wollen die Parteien, daß der Käufer die Vorteile und die Lasten habe. Übrigens muß man auch den Transportfall hier herziehen. In der Vereinbarung, daß der Käufer die Gefahr tragen soll, liegt noch nicht die Vereinbarung, daß er auch die Nutzungen haben soll. Wie ist es bei der Pränumeration des Kaufpreises? Sache der Auslegung.

über die Tragung der Gefahr nicht besondere, die dispositiven Normen des Gesetzes ausschließende Vereinbarungen getroffen seien. Liege eine solche Vereinbarung vor, so werde der zweite Absatz unanwendbar, indem alsdann der aus dem Inhalte des Vertrages und den konkreten Umständen im Wege der Auslegung zu ermittelnde Parteiwille in erster Reihe entscheiden müsse, ob dem einen oder anderen Theile die Früchte und Nutzungen der fraglichen Zeit gebühren. Da der Antrag Nr. 1 die vorstehenden Bedenken beseitige, so sei seine Billigung gerechtfertigt.

Gegen den Antrag Nr. 3 sei nichts zu erinnern. So lange der Verkäufer bei Unterstellung des Regelfalles die Gefahr trage beziehungsweise die Nutzungen beanspruchen könne, müßten auch die Lasten von ihm getragen werden, und zwar gleichviel, ob dieselben auf den Nutzungen oder auf der Substanz ruhten. Man könne das für selbstverständlich erachten; allein, es besonders zu bestimmen, | erscheine bei der praktischen Wichtigkeit der Vorschrift mindestens rathsam. | Prot I 1869

Bei der Berathung des Antrags Nr. 3 erkannte man das Bedürfniß, besondere Bestimmungen darüber aufzunehmen, inwiefern das Recht des Verkäufers auf die natürlichen Früchte einzig und allein von der Separation oder Perzeption derselben abhänge, auch wenn vielleicht eine unzeitige Trennung stattgefunden hat, ob Separation und Perzeption auch bei solchen bürgerlichen Früchten, die an Stelle der natürlichen Früchte treten, maßgebend bleibe und wie es bei den *anderen* bürgerlichen Früchten zu halten sei, ferner die Lasten betreffend, ob die Haftung für dieselben durch die Fälligkeit bedingt werde oder eine Vertheilung pro rata temporis einzutreten habe.

Die Berathung hierüber, so wie die Entscheidung, ob den aufzunehmenden Bestimmungen ein allgemeinerer, über den gegenwärtigen Fall hinausreichender Inhalt zu geben, somit auch eine andere Stelle anzuweisen sei, wurde bis zu der in Aussicht gestellten Vorlegung besonderer Anträge[12] vertagt.

Einverständniß bestand, daß die sachenrechtlichen Vorschriften über den Erwerb der Früchte und über das Recht auf dieselben bei Feststellung des Rechtsverhältnisses zwischen Eigenthümer und Besitzer, sowie zwischen Eigenthümer und Nießbraucher nicht in Frage ständen.

Zum dritten Absatze des § 8 war beantragt:

1. den letzten Absatz zu streichen, eventuell in demselben Planck (Nr 305, 1)

---

[12] Diese sollten von Struckmann ausgearbeitet werden (Nachlaß Schmitt). Die von Struckmann ausgearbeiteten Vorschläge sind, soweit ersichtlich, nicht beraten worden. Sie lauten in der Zusammenfassung (*Vorlage:* Vertheilung der Nutzungen und Lasten zwischen Verkäufer und Käufer, S. 21):

„Auf Grund vorstehender Ausführungen gehen also die Vorschläge dahin:

1. in Ansehung der natürlichen Früchte darauf zu sehen, ob der Veräußerer dieselben zur Zeit der Uebergabe bezw. der Auflassung bereits erworben hatte oder nicht;

2. in Ansehung der Mieth- und Pachtgelder die Entscheidung bis zur Berathung der Bestimmungen über Miethe und Pacht auszusetzen, eventuell zu bestimmen, daß dieselben zwischen dem Veräußerer und dem Erwerber pro rata temporis vertheilt werden, soweit der letztere zur Fortsetzung des bisherigen Mieth- und Pachtverhältnisses seinerseits verpflichtet ist;

3. in Ansehung der mit Eigenthumsrechte an der veräußerten Sache verbundenen (nicht als Vergütung für die fortlaufende Gewährung des Gebrauchs oder Genusses anzusehenden) juristischen Früchte, sowie

4. in Ansehung der Lasten den Zeitpunkt der Fälligkeit entscheiden zu lassen.

Endlich wird zur Erwägung verstellt, ob nicht dem Veräußerer bis zur Belaufe des Werthes der dem Erwerber anfallenden natürlichen Früchte ein Anspruch auf Erstattung der nach Vollendung des Veräußerungsvertrags auf die Gewinnung jener Früchte nach Maßgabe einer ordentlichen Wirtschaftsführung aufgewendeten Kosten zu gewähren sein dürfte."

a) hinter dem Worte: „übergeben" die Worte einzuschalten:
„oder bei einer unbeweglichen Sache die Eintragung des Eigenthumsüberganges auf den Käufer im Grundbuche bewirkt."

b) das vorletzte Wort: „nicht" zu streichen.

| Prot I 1870 Kurlbaum

2. den Absatz zu fassen[13]:
„Von dem im ersten Absatze bezeichneten Zeitpunkte an trägt der Käufer die Gefahr auch dann, wenn der Kaufvertrag unter einer (aufschiebenden oder auflösenden) Bedingung abgeschlossen ist."

Die Mehrheit beschloß die Streichung des dritten Absatzes aus nachstehenden Erwägungen:

Der mit einem Vorbeschlusse übereinstimmende dritte Absatz enthalte nur eine dispositive Rechtsregel, deren Anwendbarkeit durch Parteiberedung ausgeschlossen werden könne. Ob er an und für sich berechtigt sei, darüber lasse sich streiten. Zweifelhaft könne aber nicht sein, daß seine Aufnahme bei der gegenwärtigen Sachlage den größten Bedenken unterliege. Der Sachenrechts-Entwurf bringe den Grundsatz in Vorschlag: die Eigenthumsübertragung unter einer aufschiebenden Bedingung sei unzulässig und die unter einer solchen Bedingung erfolgte Eigenthumstradition verschaffe dem Empfänger gleichwohl das Eigenthum. Damit harmoniere aber sichtbar eine dispositive Rechtsnorm nicht, welche, wie im dritten Absatze geschehe, der bedingten Eigenthumstradition unter den Parteien die entgegengesetzte Wirkung in Ansehung des Tragens der Gefahr beilege. Selbst wenn die im Absatz 3 enthaltene Vorschrift nur den Charakter einer Auslegungsregel haben solle, würde sich eine Art von Widerspruch mit jenem Grundsatze des Sachenrechts-Entwurfs ergeben. Ohne dem letzteren zu präjudiziren, könne also der Absatz 3 – mindestens zur Zeit – keine Billigung finden. Aus ähnlichen Gründen seien schon bei der Berathung des Allgemeinen Theils (Protokoll vom 4. Januar 1882 S. 288) Bestimmungen abgelehnt, deren Annahme den Absatz 3 erledigt haben würde. Ob der letztere außerdem mit dem § 107 der Zusammenstellung der den Allgemeinen Theil betreffenden Beschlüsse (Protokolle von 2. und 4. Januar 1882 S. 278ff.)[14] | sich wenig vertrage, dürfe dahingestellt bleiben. Für die Unterdrückung des Absatz 3 könne aber noch angeführt werden, daß er auf einen verhältnißmäßig seltenen Fall sich beziehe. Weit häufiger sei der in dem Antrage Nr. 2 mitbetroffene Fall der Uebergabe unter einer auflösenden Bedingung. Indessen über diesen Fall eine Bestimmung aufzunehmen, sei gleichfalls vor Feststellung des Sachenrechts nicht angängig.

| Prot I 1871

Werde die Sache durch Zufall nur verschlechtert, so falle diese Verschlechterung zweifellos bei Eintritt der auflösenden Bedingung dem Verkäufer zur Last. Ein Gleiches müsse aber auch im Gemäßheit des § 108 der Zusammenstellung der den Allgemeinen Theil betreffenden Beschlüsse (Protokolle vom 2. und 6. Januar 1882, S. 278, 279, 293) im Falle des Unterganges der Sache gelten, wenn nicht ein Anderes besonders bestimmt werde. Dieses sei aber nur richtig, wenn nach dem Sachenrechte der Eintritt der Resolutivbedingung dingliche Wirkung haben könne. Werde das Gegentheil bestimmt, so würden wohl in Beziehung auf das Rechtsverhältniß unter den Parteien die Vorschriften zur Richtschnur zu dienen haben, welche der vorliegende Entwurf in den nachfolgenden Bestimmungen über gewisse Nebenverträge gebe.

Vorbehalten blieb, auf den Gegenstand bei Berathung des Sachenrechts zurückzukommen[14a].

---

[13] Dieser Antrag stammt von *Kurlbaum* (Nachlaß v. Schmitt).
[14] Vgl. Materialien zu § 158 BGB.
[14a] Hierzu Quellen zu §§ 495f. BGB unter A. I

Weiter lag der Antrag vor:
dem § 8 folgenden Zusatz zu geben:
„Die Bestimmungen dieses Paragraphen finden entsprechende Anwendung, wenn ein Recht an einer Sache, welches zu deren Inhabung berechtigt, den Gegenstand des Kaufs bildet." Planck (305, 2)

Der Antrag wurde angenommen, indem man davon ausging: Nachdem der § 1 die S. 1847 der Protokolle beschlossene Erweiterung[15] erfahren habe, müsse folgerichtig auf die in dem Antrage vorgeschlagene Bestimmung aufgenommen | werden. Erwogen war zugleich, daß die §§ 189, 190 der Zusammenstellung der das Obligationenrecht betreffenden Beschlüsse (Protokolle vom 9. und 11. Oktober 1882 S. 1154ff.) nicht genügten, weil ohne Verschaffung des Rechts die Sache, auf welche dieses sich beziehe, tradirt sein könne. | Prot I 1872

Gegen die Ausführung der Motive S. 20 über die Entbehrlichkeit von Bestimmungen über den Kauf in Bausch und Bogen wurde nichts erinnert.

II. 1. In der *RedVorl* lautet die Regelung: RedVorl § 5

§ 5 (5) 322. Der Verkäufer trägt die Gefahr des zufälligen Unterganges und der zufälligen Verschlechterung sowie die Lasten der verkauften Sache bis zur Uebergabe der letzteren an den Käufer. Bis zur Uebergabe gebühren dem Verkäufer die Nutzungen der Sache.

Die in dem ersten Absatze bezeichneten Wirkungen der Uebergabe treten bei dem Verkaufe einer unbeweglichen Sache auch schon vor der Uebergabe (nicht allein mit der Uebergabe, sondern auch schon vor derselben) mit dem Zeitpunkte ein, in welchem der Eigenthumsübergang auf den Käufer im Grundbuche eingetragen ist.

Die Bestimmungen des ersten und des zweiten Absatzes finden im Falle des Verkaufs eines auf eine Sache sich beziehenden Rechtes, zu dessen Ausübung die Innehabung derselben erforderlich ist, entsprechende Anwendung.

(NB: 1. Nach den gefaßten Beschlüssen soll nicht entschieden werden, wie es mit dem Uebergange der Gefahr u.s.w. sich verhalte, wenn ein anderes Recht, als im letzten Absatz bezeichnet ist, verkauft wird. Man hat die allgemeinen Grundsätze für genügend erachtet.

2. Betreffend den zweiten Satz, so ist beschlossen, es müsse wiederholt von „Uebergabe" die Rede sein und vermieden werden, vom Uebergange der Gefahr zu reden oder darauf hinzuweisen.

3. Rathsam ist die größte Deutlichkeit für die auf den Grundstückskauf sich beziehende Vorschrift.

4. Der letzte Absatz zeigt eine große Kürze, namentlich in Rücksicht auf den Fall, wenn das Recht zu seiner Begründung oder Uebertragung der Eintragung im Grundbuche bedarf. Allein eine Verdeutlichung würde zu einer mißlichen Breite nöthigen, die der Fall nicht verdient.

5. Man darf im ersten Absatze nicht die §§ 189, 190 in Bezug nehmen wegen des Falles, wenn das Eigenthum des Käufers einer unbeweglichen Sache gebucht, diese aber nicht tradirt oder wenn tradirt, aber noch nicht aufgelassen ist. Der Käufer trägt alsdann die Gefahr, obschon der Verkäufer noch nicht erfüllt hat und der Abs. 3 des § 189 bleibt außer Anwendung.)

---

[15] Vgl. Materialien zu § 433 BGB.

ZustOR § 322 **2.** Fassung der Regelung in der *ZustOR* als § 322: Der Verkäufer trägt die Gefahr des zufälligen Unterganges und der zufälligen Verschlechterung, sowie die Lasten der verkauften Sache bis zur Uebergabe der letzteren an den Käufer. Bis zur Uebergabe gebühren dem Verkäufer die Nutzungen der Sache.

Ist bei dem Verkaufe einer unbeweglichen Sache die Eintragung des Eigenthumsüberganges im Grundbuche[16] vor der Uebergabe erfolgt, so treten die in dem ersten Absatze bezeichneten Wirkungen schon mit dem Zeitpunkte der Eintragung ein.

Die Bestimmungen des ersten und des zweiten Absatzes finden im Falle des Verkaufs eines auf eine Sache sich beziehenden Rechts, zu dessen Ausübung die Innehabung derselben erforderlich ist, entsprechende Anwendung.

**2.** Aufgrund eines Antrags wurde in § 322 ZustOR das Wort „Innehabung" ersetzt durch „Inhabung" (Prot. I S. 3290).

**III. 1.** Bis auf diese Änderung stimmt § 460 KE mit § 322 ZustOR überein.

**2.** Der Antrag von *Johow* (Nr. 606, 1; Begründung bei § 477 BGB), in § 460 Abs. 2 KE statt „unbewegliche Sache" zu setzen „Grundstück", wurde angenommen (Prot. I, S. 11780–11781).

**3.** Ferner beschloß die 1. Kommission, im Abs. 3 statt „des ersten und des *zweiten* Absatzes" zu setzen „des ersten und zweiten Absatzes" (Antrag von Johow, Nr. 606, 2, Prot. I, 11797–11798).

E I § 463 **IV.** Im *E I* lautet die Regelung als § 463: Der Verkäufer trägt die Gefahr des zufälligen Unterganges und der zufälligen Verschlechterung sowie die Lasten der verkauften Sache bis zur Uebergabe der letzteren an den Käufer. Bis zur Uebergabe gebühren dem verkäufer die Nutzungen der Sache.

Ist bei dem Verkaufe eines Grundstückes die Eintragung des Eigenthumsüberganges in das Grundbuch vor der Uebergabe erfolgt, so treten die im ersten Absatze bezeichneten Wirkungen schon mit dem Zeitpunkte der Eintragung ein.

Die Vorschriften des ersten und zweiten Absatzes finden im Falle des Verkaufes eines auf eine Sache sich beziehenden Rechtes, zu dessen Ausübung die Inhabung derselben erforderlich ist, entsprechende Anwendung.

## B. Vorkommission des Reichsjustizamtes

**I.** Beantragt war:

Struckmann (Nr 3, 17) **1.** Den § 463 zu fassen: Die Gefahr des zufälligen Unterganges und einer zufälligen Verschlechterung des Kaufgegenstandes geht mit der Uebergabe auf den Käufer über. Von diesem Zeitpunkte an trägt er auch die Lasten und gebühren ihm die Nutzungen des Kaufgegenstandes.

Ist bei dem Verkaufe eines Grundstückes die Eintragung des Eigenthumsübergangs in das Grundbuch vor der Uebergabe erfolgt, so treten die im Abs. 1 bezeichneten Wirkungen schon mit dem Zeitpunkte der Eintragung ein.

Planck (Nr 6, 49) **2.** Den § 463 zu fassen: Der Verkäufer trägt bis zur Uebergabe der verkauften Sache an den Käufer die Gefahr nach Maßgabe des § 368, sowie die Lasten der Sache. Bis zur Uebergabe gebühren dem Verkäufer die Nutzungen der Sache.

Ist bei dem Verkaufe ..... erfolgt, so tritt der Uebergang der Gefahr und der

[16] Im KE heißt es: „in das Grundbuch"; im Abs. 2: „des Verkaufes" und „des Rechtes".

Lasten sowie des Rechtes auf die Nutzungen mit dem Zeitpunkte der Eintragung ein.

Abs. 3 wie im Entwurf.

3. Den § 463 zu fassen: Bis zur Uebergabe gebühren dem Verkäufer die Nutzungen der verkauften Sache und hat er die Lasten derselben zu tragen. Diese Vorschrift findet im Falle des Verkaufes eines auf eine Sache sich beziehenden Rechtes, zu dessen Ausübung die Inhabung der Sache erforderlich ist, entsprechende Anwendung. Jacubezky (Nr 9, 3)

ferner in dem Titel I folgenden § 368c (§§ 368a, 368b s. unten Nr. 5) einzuschalten:

Hat der Schuldner ein Grundstück oder ein auf ein Grundstück sich beziehendes Recht zu leisten, zu dessen Ausübung die Inhabung des Grundstücks erforderlich ist, so geht die Gefahr mit der Eintragung des Eigenthumsüberganges oder des Rechtserwerbes in das Grundbuch auf den Gläubiger über. Wird das Grundstück dem Gläubiger vor der Eintragung übergeben, so gilt der Uebergang der Gefahr, wenn die Eintragung erfolgt ist (oder nur wegen Unterganges des Grundstücks unterbleibt), als mit der Uebergabe eingetreten. Jacubezky (Nr 9, 3)

II. Eine Beratung hat nicht stattgefunden.

## C. 2. Kommission

I. Anträge (Prot. I, Bd. 2, S. 58ff.; *Mugdan*, Bd. 2, S. 769ff.)

1. Wie Struckmann in der Vorkommission des Reichsjustizamtes. Struckmann (Nr 71, 4)

2. die Bestimmungen zu fassen: Wolffson (Nr 124)

Der Verkäufer einer beweglichen Sache trägt die Gefahr des zufälligen Unterganges und der zufälligen Verschlechterung, sowie die Lasten der verkauften Sache bis zur Uebergabe der letzteren an den Käufer, der Verkäufer eines Grundstücks bis zur Eintragung des Eigenthumsüberganges in das Grundbuch. Bis zu diesem Zeitpunkte gebühren dem Verkäufer die Nutzungen der Sache.

Im Falle des Verkaufs eines auf die Sache sich beziehenden Rechtes, zu dessen Ausübung die Inhabung derselben erforderlich ist, finden die Vorschriften des ersten Absatzes entsprechende Anwendung.

3. a) dem § 463 folgenden Inhalt zu geben: Jacubezky (Nr 102, 4)

Bis zur Uebergabe gebühren dem Verkäufer die Nutzungen der verkauften Sache und hat er die Lasten derselben zu tragen. Diese Vorschrift findet im Falle des Verkaufs eines auf eine Sache sich beziehenden Rechtes, zu dessen Ausübung die Inhabung der Sache erforderlich ist, entsprechende Anwendung.

b) zwischen dem § 368 und dem § 368a der Vorl. Zus. folgende Vorschriften als § 368[1] einzuschalten:

Hat bei einem gegenseitigen Vertrage der eine Theil ein Grundstück oder ein auf ein Grundstück sich beziehendes Recht zu leisten, zu dessen Ausübung die Inhabung des Grundstücks erforderlich ist, so trägt er die Gefahr bis zur Eintragung des Eigenthumsüberganges oder des Erwerbes des geschuldeten Rechtes in das Grundbuch. Erfolgt die Uebergabe des Grundstücks an den anderen Theil vor der Eintragung, so geht die Gefahr in dem Zeitpunkte der Uebergabe über. Der Gefahrübergang gilt jedoch als nicht erfolgt, wenn der Schuldner mit der Erwirkung der Eintragung in Verzug kommt.

(Der in Satz 3 gemachte Vorschlag wird auch für den Fall aufrechterhalten, daß die Verallgemeinerung der in den Sätzen 1, 2 enthaltenen Vorschriften abgelehnt werden sollte.)

Die Kommission lehnte die Anträge ab; der § 463 wurde ohne sachliche Aenderung beibehalten.

E I-VorlZust § 463 **II.** Die beschlossene Regelung lautet in der *VorlZust* als § 463: Die Gefahr des zufälligen Unterganges und der zufälligen Verschlechterung der verkauften Sache geht mit der Uebergabe der letzteren auf den Käufer über. Von der Uebergabe an gebühren dem Käufer die Nutzungen der Sache und trägt er die Lasten derselben.

Erfolgt bei dem Verkaufe eines Grundstückes die Eintragung des Eigenthumsüberganges in das Grundbuch vor der Uebergabe, so treten die im Abs. 1 bezeichneten Wirkungen mit der Eintragung ein.

Die Vorschriften der Abs. 1, 2 finden im Falle des Verkaufes eines auf eine Sache sich beziehenden Rechtes, zu dessen Ausübung die Inhabung der Sache erforderlich ist, entsprechende Anwendung.

E I-ZustRedKom § 463 **III.** Fassung der Regelung in der *ZustRedKom* als § 463: Die Gefahr des zufälligen Unterganges und der zufälligen Verschlechterung geht mit der Uebergabe der verkauften Sache auf den Käufer über. Von der Uebergabe an gebühren dem Käufer die Nutzungen und trägt er die Lasten der Sache.

Erfolgt bei dem Verkauf eines Grundstücks die Eintragung des Eigenthumsüberganges in das Grundbuch vor der Uebergabe, so treten die im Abs. 1 bezeichneten Wirkungen mit der Eintragung ein.

**IV., V.** Die Fassung des *E II* § 387 (*E II rev* § 440, *E III* § 440) entspricht der des § 446 BGB (§ 446 Abs. 2 neu gefaßt durch VO vom 21. 12. 1940; RGBl. I, S. 1609).

## § 447

**Versendet der Verkäufer auf Verlangen des Käufers die verkaufte Sache nach einem anderen Orte als dem Erfüllungsorte, so geht die Gefahr auf den Käufer über, sobald der Verkäufer die Sache dem Spediteur, dem Frachtführer oder der sonst zur Ausführung der Versendung bestimmten Person oder Anstalt ausgeliefert hat.**

**Hat der Käufer eine besondere Anweisung über die Art der Versendung ertheilt und weicht der Verkäufer ohne dringenden Grund von der Anweisung ab, so ist der Verkäufer dem Käufer für den daraus entstehenden Schaden verantwortlich.**

### A. 1. Kommission

**I.** 188. Sitzung vom 16. 3. 1883, Schriftführer Neubauer

| Prot I 1872 TE-OR (Nr 32) § 9 | Der § 9 des Entwurfs lautet[1]:

„Wenn der Verkäufer die verkaufte Sache auf Verlangen des Käufers an einen andern Ort, als wo sie dem Vertrage gemäß übergeben ist, versendet, so trägt der Käufer die

[1] Vgl. die Vorbeschlüsse bei § 446 BGB unter A. I.

Gefahr nach Maßgabe der Vorschriften in §§ 189, 190[2] von der Zeit an, wo der Verkäufer die Sache dem Spediteur, Frachtführer oder der sonst zur Ausführung des Transports bestimmten Person übergeben hat.

Hat der Käufer eine besondere Anweisung über die Art der Zuwendung gegeben und ist der Verkäufer ohne dringende Veranlassung davon abgewichen, so bleibt die Gefahr bei dem Verkäufer."

Beantragt war:

1. in dem zweiten Absatze die Schlußworte: „so bleibt die Gefahr bei dem Verkäufer" in Uebereinstimmung mit dem Handelsgesetzbuch Art. 345 Abs. 1 z. E.[3] dahin zu ändern: v. Weber (Nr 304)

„so hat dieser für den daraus entstandenen Schaden zu haften."

2. den zweiten Absatz dahin zu verdeutlichen, daß er alle Fälle treffe, in welchen die Sache nach Uebergang der Gefahr an einen andern Ort gesendet war. Kurlbaum

Der erste Absatz, der einen mit Artikel 345 des Handelsgesetzbuchs übereinstimmenden Vorbeschluß wiederholt, war unbeanstandet geblieben.

| Betreffend den zweiten Absatz fand der Antrag Nr. 1, welcher einen engeren Anschluß an den Artikel 345 a. a. O. in Vorschlag bringt, aus den bei der Berathung des letzteren (Nürnberger Berathungsprotokolle S. 640) für maßgebend erachteten Gründen die Billigung der Mehrheit. Der nunmehr gestellte Antrag auf Streichung des zweiten Absatzes, weil sein Inhalt selbstverständlich sei, fand nicht die Zustimmung der Mehrheit. Die letztere war der Ansicht, durch den beschlossenen Inhalt des Absatzes 2 sei eine alte Streitfrage geschlichtet, indem vielfach die der Bestimmung des Entwurfs zum Grunde liegende Ansicht vertreten worden sei. | Prot I 1873

Ob der zweite Absatz der in dem Antrage Nr. 2 vorgeschlagenen Verdeutlichung bedürfe, was von mehreren Seiten bezweifelt wurde, blieb der Prüfung bei der Redaktion vorbehalten.

Der § 10 des Entwurfs bestimmt: TE-OR (Nr 32) § 10

„Soll die verkaufte Sache dem Käufer auf dessen Gefahr an einen andern Ort gesendet werden, und hat der Käufer die Art der Zusendung nicht bestimmt, so ist der Verkäufer verpflichtet, mit der Sorgfalt eines ordentlichen Hausvaters diese Bestimmung zu treffen, insbesondere die Person zu wählen, durch welche der Transport ausgeführt werden soll."

Der Antrag auf Streichung des § 10 wurde genehmigt.

Erwogen war:

Der § 10 beruhe auf der Voraussetzung, daß der Verkäufer sich ausdrücklich oder stillschweigend verpflichtet habe, die Sache auf Gefahr des Käufers an einen andern Ort zu übersenden. Er bestimme für diesen Fall, der Verkäufer sei verpflichtet, bei der Einleitung des Transports und insbesondere bei der Auswahl des Transporteurs die Sorgfalt eines ordentlichen Hausvaters anzuwenden. Diese Bestimmung sei aber völlig selbstverständlich, indem jene Verpflichtung des Verkäufers sich unmittelbar aus den §§ 61, 166 der Zusammen- | stellung der das Obligationenrecht betreffenden Beschlüsse (Protokolle vom 24. April und 20. September 1882, S. 635, 636, 1059–1063)[4] ergebe. Der Umstand, daß eine mindestens ähnliche Bestimmung in dem Artikel 344 des Handelsgesetzbuchs sich finde, könne die Aufnahme einer überflüssigen Vorschrift nicht | Prot I 1874

[2] Vgl. die Materialien bei den §§ 275, 279, 280 BGB.
[3] Art. 345 ADHGB ist abgedruckt bei § 446, Fn. 4.
[4] Vgl. Materialien bei den §§ 242, 276 BGB.

rechtfertigen. Die Haftung des Käufers für die Kosten des Transports komme nicht in Betracht, weil sie in dem § 11 besonders bestimmt sei.

**II., III., IV. 1.** In der *RedVorl* lautet die beschlossene Regelung:

RedVorl § 7

§ 7 (9). 324. Wenn der Verkäufer die verkaufte Sache auf Verlangen des Käufers an einen anderen Ort als denjenigen versendet, an welchem dieselbe nach dem Vertrage zu übergeben ist, so trägt der Käufer die Gefahr von dem Zeitpunkte an, in welchem der Verkäufer die Sache dem Spediteur, dem Frachtführer oder der sonst zum Transport bestimmten Person ausgeliefert (übergeben) hat.

Hat der Käufer eine besondere Anweisung über die Art der Versendung ertheilt und ist der Verkäufer ohne dringende Veranlassung von der Anweisung abgewichen, so ist der Verkäufer für den hieraus entstehenden Schaden dem Käufer verantwortlich.

(NB: 1. Im ersten Absatze sind die Worte: „nach Maßgabe der §§ 189, 190" nicht aufzunehmen, weil sie im § 5 [Entw. § 8] zu unterdrücken waren; eine Lücke liegt nicht vor, wie sich schon aus Art. 345 Handelsgesetzbuchs ergiebt.

2. Der zweite Absatz bedarf nicht der Verdeutlichung, daß er auch in den Fällen gelte, wenn der Käufer ohnehin schon die Gefahr trägt, z. B. wegen bereits stattgehabter Uebergabe, zumal die fragliche Haftung in solchen Fällen sich von selbst versteht.)

ZustOR § 324
KE § 462
E I § 465

**2.** Fassung der Regelung in der *ZustOR* (gleichlautend im *KE, E I)* als § 324: Wenn der Verkäufer die verkaufte Sache auf Verlangen des Käufers an einen anderen Ort als denjenigen versendet, an welchem dieselbe nach dem Vertrage zu übergeben ist, so trägt der Käufer die Gefahr von dem Zeitpunkte an, in welchem der Verkäufer die Sache dem Spediteur, dem Frachtführer oder der sonst zum Transport[5] bestimmten Person ausgeliefert hat.

Hat der Käufer eine besondere Anweisung über die Art der Versendung ertheilt und ist der Verkäufer ohne dringende Veranlassung von der Anweisung abgewichen, so ist der Verkäufer für den hieraus entstehenden Schaden dem Käufer verantwortlich.

## B. Vorkommission des Reichsjustizamtes

**I.** Beantragt war:

**1.** den § 465 Abs. 1 zu fassen:

Struckmann (Nr 3, 19)

Wenn der Verkäufer auf Verlangen des Käufers diesem die Sache nach einem anderen Orte als dem der Erfüllung übersendet, so geht die Gefahr der Sache mit dem Zeitpunkte auf den Käufer über, in welchem der Verkäufer u.s.w. (wie im Entw.).

**2.** den § 465 durch folgende Vorschriften zu ersetzen:

a) § 229a (die §§ 229, 230 s. Antrag 4 Nr. 15, 16) oder § 213a:

Jacubezky (Nr 9, 5)

Ist eine nur der Gattung nach bestimmte Sache zu leisten, so geht, wenn die zu leistende Sache auf Verlangen des Gläubigers an einen anderen Ort als den Leistungsort versendet wird, mit der Auslieferung der Sache an die zur Ausführung des Transportes bestimmte Person (oder Anstalt) die Gefahr auf den Gläubiger über.

Ist der Schuldner ohne dringenden Grund von einer besonderen Anweisung des Gläubigers über die Art der Versendung abgewichen, so haftet er dem Gläubiger für den hieraus entstandenen Schaden.

---

[5] Vom KE ab heißt es: „zur Ausführung des Transportes."

b) § 368a:

Wird die zu leistende Sache auf Verlangen des Gläubigers von dem Schuldner an einen anderen Ort als den Leistungsort versendet, so ist das Recht des Schuldners auf die Gegenleistung von den Gefahren unabhängig, von welchen die Sache nach der Auslieferung an die zur Ausführung des Transportes bestimmte Person (oder Anstalt) betroffen wird. Die Vorschrift des § 229a (213a) Absatz 2 findet Anwendung. Jacubezky (Nr 9, 5)

(Zu den Vorschlägen a, b vgl. die für den Fall des Verzuges des Gläubigers im § 257 Absatz 2 und im § 368 Absatz 2 gegebenen entsprechenden Vorschriften.)

und aus dem § 368 Abs. 2 (vergl. Antrag 5 Nr. 12) einen § 368b zu bilden.

**II.** § 465 ist nicht beraten worden.

## C. 2. Kommission

**I.** Zu § 465 war beantragt (Prot. II, Bd. 2, S. 67; *Mugdan*, Bd. 2, S. 774), den Abs. 1 zu fassen:

Wenn der Verkäufer auf Verlangen des Käufers diesem die Sache nach einem anderen Orte als dem der Erfüllung übersendet, so geht die Gefahr der Sache mit dem Zeitpunkt auf den Käufer über, in welchem der Verkäufer (wie im Entw.). Struckmann (Nr 71, 6)

Die Kom. beschloß, den von keiner Seite beanstandeten Inhalt des § 465 beizubehalten.

**II.** Fassung der Regelung in der *VorlZust* als § 465: Wenn der Verkäufer dem Käufer auf dessen Verlangen die Sache nach einem anderen Orte als dem der Erfüllung übersendet, so geht die Gefahr des Unterganges und der Verschlechterung der Sache mit dem Zeitpunkt auf den Käufer über, in welchem der Verkäufer die Sache dem Spediteur, dem Frachtführer oder der sonst zur Ausführung des Transports bestimmten Person ausgeliefert hat. E I-VorlZust § 465

Hat der Käufer eine besondere Anweisung über die Art der Versendung ertheilt und ist der Verkäufer ohne dringende Veranlassung von der Anweisung abgewichen, so ist der Verkäufer für den hieraus entstehenden Schaden dem Käufer verantwortlich.

**III., IV.** Fassung der Regelung in der *ZustRedKom* (im *E II*) als § 465: Versendet der Verkäufer auf Verlangen des Käufers die verkaufte Sache nach einem anderen Orte als dem Erfüllungsorte, so geht die Gefahr auf den Käufer über, sobald der Verkäufer die Sache dem Spediteur, dem Frachtführer oder der sonst zur Ausführung des Transports bestimmten Person oder Anstalt ausgeliefert hat. E I-ZustRedKom § 465 E II § 388

Hat der Käufer eine besondere Anweisung über die Art der Versendung ertheilt und ist der Verkäufer ohne dringende Veranlassung von der Anweisung abgewichen, so ist der Verkäufer dem Käufer für den hieraus (daraus; E II) entstehenden (entstandenen; E II) Schaden verantwortlich.

**V.** Die Fassung des § 441 *E II rev* (§ 441 *E III)* entspricht der des § 447 BGB.

### § 448

**Die Kosten der Uebergabe der verkauften Sache, insbesondere die Kosten des Messens und Wägens, fallen dem Verkäufer, die Kosten der Abnahme und der Versendung der Sache nach einem anderen Orte als dem Erfüllungsorte fallen dem Käufer zur Last.**

**Ist ein Recht verkauft, so fallen die Kosten der Begründung oder Uebertragung des Rechtes dem Verkäufer zur Last.**

### § 449

**Der Käufer eines Grundstücks hat die Kosten der Auflassung und der Eintragung, der Käufer eines Rechtes an einem Grundstücke hat die Kosten der zur Begründung oder Uebertragung des Rechtes nöthigen Eintragung in das Grundbuch, mit Einschluß der Kosten der zu der Eintragung erforderlichen Erklärungen, zu tragen. Dem Käufer fallen in beiden Fällen auch die Kosten der Beurkundung des Kaufes zur Last.**

## A. 1. Kommission

I. 188. Sitzung vom 16. 3. 1883, Schriftführer Neubauer

| Prot I 1874 | Zu § 11 des Entwurfs:

TE-OR (Nr 32) § 11 „Sofern nicht etwas Anderes vereinbart worden oder gebräuchlich ist, trägt die Kosten der Uebertragung des verkauften Rechtes, sowie der Uebergabe der Sache insbesondere des Messens und Wägens, der Verkäufer, die Kosten der Abnahme und des Transports an einen andern Ort, als den der Erfüllung, der Käufer."

war beantragt:

die Vorschrift zu fassen:

v. Weber (Nr. 387) „Sofern nicht etwas Anderes vereinbart worden oder gebräuchlich ist, trägt der Verkäufer die Kosten der Uebertragung *eines* verkauften Rechtes und *bei Sachen* die Kosten der Uebergabe, insbesondere des Messens und Wägens, der Käufer die Kosten der Abnahme und des Transports an einen andern Ort, als den der Erfüllung, *bei unbeweglichen Sachen insbesondere die Kosten der Auflassung und der Eintragung in das Grundbuch.*"

Planck Zu diesem Antrage wurde der Verbesserungsantrag gestellt[1]: Den Käufer eines Rechts, zu dessen Begründung oder Uebertragung die Eintragung in das Grundbuch nöthig sei, für verpflichtet zu erklären, die Kosten dieser Eintragung und der dazu erforderlichen Erklärungen zu tragen.

Außerdem lag der Antrag vor, das Wort: „gebräuchlich" im Eingange zu streichen.

| Prot I 1875 | Die Anträge und der Entwurf selbst, soweit dieser von den Anträgen nicht berührt worden, wurden genehmigt.

Erwogen war:

[1] Dieser Antrag stammt von *Planck* (Nachlaß v. Schmitt).

1. Der § 11 verdiene im Allgemeinen aus den in den Motiven[2] dargelegten Gründen ohne Zweifel Billigung.

2. Aber auch der zusätzliche Antrag erscheine schon deshalb gerechtfertigt, weil nach einer weitverbreiteten Verkehrssitte die in Rede stehenden Kosten stets von dem Käufer getragen würden. Seine Annahme mache zugleich die Billigung des Verbesserungsantrags erforderlich, damit nicht eine auffallende Disharmonie sich ergebe. Dieser Rücksicht gegenüber erscheine es unerheblich, ob jene Verkehrssitte für die durch den Verbesserungsantrag betroffenen Fälle unerweislich bleibe, zumal diese Fälle verhältnißmäßig selten seien. Die Hypotheken von der beschlossenen Ausdehnung auszunehmen, sei kein Grund vorhanden. Der Fall der Zession einer Hypothek scheide aus, weil zur Uebertragung des Rechts die Buchung nicht nöthig sei, nicht minder scheide aus einem ähnlichen Grunde der Fall der Einräumung einer Grundschuld aus, während die Einräumung einer Sicherungshypothek sich nicht als Verkauf eines Rechts betrachten lasse; im Uebrigen unterliege die Anwendbarkeit der Vorschrift keinem Bedenken.

3. Das Wort: „gebräuchlich" im Eingang sei entbehrlich, da nur ein thatsächlicher Gebrauch in Frage kommen könne, ein solcher aber nur als Anhalt für die Auslegung des Parteiwillens von Belang sei, worauf hinzuweisen nicht erforderlich erscheine.

Zur Redaktion wurde bemerkt, daß in dem Antrage Nr. 1 das Wort: „insbesondere" zu berichtigen sein werde.

Zu § 12 des Entwurfes:

„Wird ein Kauf über eine künftige Sache unter der Bedingung geschlossen, daß die
Sache zur Entstehung | gelangen werde (bedingter Hoffnungskauf), so ist, wenn die | Prot I 1876
Sache zur Entstehung gelangt, der Käufer verpflichtet, den Kaufpreis ohne Rücksicht TE-OR (Nr 32)
auf die Beschaffenheit und, in Ermangelung anderer Vereinbarungen, auch ohne Rück- § 12
sicht auf den Umfang der Sache zu bezahlen.

Wird der Kauf über eine Sache, deren künftige Entstehung ungewiß ist, ohne Rücksicht darauf, ob sie zur Entstehung gelangen werde, oder nicht, geschlossen (unbedingter Hoffnungskauf), so ist der Käufer zur Zahlung des Kaufpreises verpflichtet, auch wenn die Sache gar nicht zur Entstehung kommt."

war beantragt:

im ersten Absatze die Worte: „in Ermangelung anderer Vereinbarung, auch ohne v. Weber
Rücksicht auf" zu streichen, eventuell statt: „in Ermangelung anderer Vereinbarung" zu (Nr 310, 1)
setzen: „im Zweifel".

Der Antrag auf Streichung des § 12 wurde von der Mehrheit gebilligt. Man war der Ansicht:

Der § 12 gehe über selbstverständliche Bestimmungen nicht hinaus. Weder was der erste Absatz enthalte, noch was der zweite Absatz bestimme, lasse sich als richtig bezweifeln.

Auch soweit der § 12 die Gültigkeit der betreffenden Geschäfte anerkenne, sei er überflüssig. In dieser Beziehung ziehe er nur eine Konsequenz des Grundsatzes, daß die Autonomie der Parteien soweit reiche, als das Gesetz ihr keine Schranken setze. Wolle man aber in dem § 12 die Vorschrift finden, beide Geschäfte seien nach den für den Kauf geltenden Rechtsnormen zu beurtheilen, so sei das nur insoweit richtig, als es sich von selbst verstehe; das juristische Wesen beider Geschäfte als gewagter Verträge bedinge
noch die Anwendbarkeit anderer Rechtsnormen und gerade | diese Anwendbarkeit | Prot I 1877
werde durch den § 12 nur verdunkelt.

---

[2] Vgl. Mat. TE-OR Nr. 32, S. 26–28.

RedVorl § 8 **II. 1.** In der *RedVorl* lautet die beschlossene Regelung als § 8 (11) 325. Die Kosten der Uebergabe der Sache, insbesondere die des Messens und Wägens, und bei dem Verkaufe eines Rechts die Kosten der (Begründung oder) Uebertragung desselben fallen dem Verkäufer, die Kosten der Abnahme der Sache und des Transports derselben nach einem anderen Orte als dem der Erfüllung, fallen dem Käufer zur Last.

Ist eine unbewegliche Sache oder ein Recht an einer solchen verkauft, so hat der Verkäufer im ersten Falle die Kosten der Auflassung und der Eintragung des Eigenthumsübergangs, im letzteren Falle die Kosten der zur Begründung oder Uebertragung des Rechts nöthigen Eintragung im Grundbuche und der zu dieser Eintragung erforderlichen Erklärungen zu tragen.

(NB: 1. Im Eingange ist der Zusatz: „Sofern nicht ein Anderes vereinbart ist" bedenklich; die Hinweisung auf eine andere Vereinbarung fehlt auch in den anderen §§, namentlich in dem wichtigen § über Tragen der Gefahr [oben § 5].

2. Die Erstreckung des zweiten Absatzes auf die der Buchung bedürfenden dinglichen Rechte ist beschlossen, obschon vorher genehmigt war, daß bei dem Verkaufe eines Rechts dem Verkäufer die Kosten der Uebertragung des Rechts zur Last fallen. Ein Widerspruch liegt darin gerade nicht, wiewohl die Angemessenheit jener Ausdehnung des zweiten Absatzes bedenklich erscheinen mag. Bei der Uebertragung eines Rechts ist bisher immer zwischen Begründung und Uebertragung unterschieden.)

ZustOR § 325 **2.** In der *ZustOR* lautet die Regelung als § 325: Die Kosten der Uebergabe der Sache, insbesondere die des Messens und Wägens, und bei dem Verkaufe eines Rechts die Kosten der Begründung oder Uebertragung desselben fallen dem Verkäufer, die Kosten der Abnahme der Sache und des Transports derselben nach einem anderen Orte, als dem der Erfüllung, fallen dem Käufer zur Last.

Ist eine unbewegliche Sache oder ein Recht an einer solchen verkauft, so hat der Käufer im ersteren Falle die Kosten der Auflassung und der Eintragung des Eigenthumsübergangs, letzteren Falls die Kosten der zur Begründung oder Uebertragung des Rechts nöthigen Eintragung im Grundbuche einschließlich der zu dieser Eintragung erforderlichen Erklärungen zu tragen.

KE § 463 **III. 1.** Fassung der Regelung im *KE* als § 463: Die Kosten der Uebergabe der Sache, insbesondere die des Messens und Wägens, und bei dem Verkaufe eines Rechtes die Kosten der Begründung oder Uebertragung desselben fallen dem Verkäufer, die Kosten der Abnahme der Sache und des Transportes derselben nach einem anderen Orte, als dem der Erfüllung, fallen dem Käufer zur Last.

Ist eine unbewegliche Sache oder ein Recht an einer solchen verkauft, so hat der Käufer im ersteren Falle die Kosten der Auflassung und der Eintragung des Eigenthumsüberganges, im letzteren Falle die Kosten der zur Begründung oder Uebertragung des Rechtes nöthigen Eintragung in das Grundbuch, einschließlich der zu dieser Eintragung erforderlichen Erklärungen, zu tragen.

**2.** Aufgrund eines Antrags von *Johow* (Nr. 606, 1) wurde beschlossen, in § 463 Abs. 2 KE statt „unbewegliche Sache" zu setzen „Grundstück". Infolge der Annahme dieses Antrags ergab sich die weitere Änderung, in § 463 Abs. 2 a. A. statt „einer" zu setzen „einem" (Prot. I, S. 11780–11781).

E I § 466 **IV.** Fassung der Regelung im *E I* als § 466: Die Kosten der Uebergabe der Sache, insbesondere die des Messens und Wägens, und bei dem Verkaufe eines Rechtes die Kosten der Begründung oder Uebertragung desselben fallen dem Verkäufer, die Kosten der Abnahme der Sache und des Transportes derselben nach einem anderen Orte als dem der Erfüllung, fallen dem Käufer zur Last.

Ist ein Grundstück oder ein Recht an einem solchen verkauft, so hat der Käufer im ersteren Falle die Kosten der Auflassung und der Eintragung des Eigenthumsüberganges, im letzteren Falle die Kosten der zur Begründung oder Uebertragung des Rechtes nöthigen Eintragung in das Grundbuch, einschließlich der zu dieser Eintragung erforderlichen Erklärungen, zu tragen.

**B.** Anträge zu § 466 E I lagen in der **Vorkommission des Reichsjustizamtes** nicht vor. Eine Beratung des § 466 E I hat nicht stattgefunden.

**C. 2. Kommission**

**I.** Zu § 466 E I war beantragt (Prot. II, Bd. 2, S. 68, *Mugdan*, Bd. 2, S. 774):

1. einen Abs. 1a des Inhalts einzuschalten: Die Kosten der Vertragsurkunde trägt der Käufer. v. Cuny (Nr 113, 2)

2. an Stelle dieses Zusatzes in den Allg. Theil als § 93a folgende Bestimmungen aufzunehmen:

Die Kosten der Beurkundung des Vertrages sind, sofern nicht ein Anderes bestimmt ist, von den Parteien zu gleichen Theilen zu tragen. Stehen auf einer Seite mehrere Personen, so sind sie als eine Partei anzusehen; der auf sie treffende Theil der Kosten ist von ihnen zu gleichen Theilen zu tragen. Jacubezky (Nr 122, 3)

Der Antragsteller zu 1 änderte im Laufe der Berathung seinen Vorschlag dahin, nur dem Abs. 2 den von ihm vorgeschlagenen Zusatz zu geben.

Nach der Berathung stellte der Vorsitzende fest, daß sich gegen die Annahme des § 466 ein Widerspruch nicht erhoben habe. — Es wurde der modifizirte Antrag 1 angenommen, der Antrag 2 abgelehnt.

**II.** Fassung der beschlossenen Regelung in der *VorlZust* als § 466: Die Kosten der Uebergabe der Sache, insbesondere die des Messens und Wägens, und bei dem Verkauf eines Rechtes die Kosten der Begründung oder Uebertragung desselben fallen dem Verkäufer, die Kosten der Abnahme der Sache und des Transportes derselben nach einem anderen Orte als dem der Erfüllung fallen dem Käufer zur Last. E I-VorlZust § 466

Ist ein Grundstück oder ein Recht an einem solchen verkauft, so hat der Käufer die Kosten der Vertragserrichtung (Vertragsurkunde) und bei dem Verkaufe eines Grundstücks die Kosten der Auflassung sowie der Eintragung des Eigenthumsüberganges, bei dem Verkauf eines Rechtes die Kosten der zur Begründung oder Uebertragung des Rechtes nöthigen Eintragung in das Grundbuch, einschließlich der zu dieser Eintragung erforderlichen Erklärungen, zu tragen.

**III, IV.** Fassung der Regelung in der *ZustRedKom* (gleichlautend im *E II)* als § 466. Die Kosten der Uebergabe der verkauften Sache, insbesondere die Kosten des Messens und Wägens, fallen dem Verkäufer, die Kosten der Abnahme und des Transports der Sache nach einem anderen Orte als dem Erfüllungsorte fallen dem Käufer zur Last. Ist ein Recht verkauft, so sind die Kosten der Begründung oder Uebertragung des Rechtes von dem Verkäufer zu tragen. E I-ZustRedKom § 466 E II § 390

Der Käufer eines Grundstücks hat die Kosten der Auflassung und der Eintragung, der Käufer eines Rechtes an einem Grundstücke hat die Kosten der zur Begründung oder Uebertragung des Rechtes nöthigen Eintragung in das Grundbuch, mit Einschluß der Kosten der zur Eintragung erforderlichen Erklärungen, zu tragen. Dem Käufer fallen in beiden Fällen auch die Kosten der Vertragsurkunde (Beurkundung; *E II*) des Kaufes zur Last.

V. Die §§ 442–443 *E II rev (E III* §§ 442–443) entsprechen den §§ 448–449 BGB (§ 449 Abs. 2 angefügt durch VO vom 21. 12. 1940; RGBl. I, S. 1609).

## § 450

**Ist vor der Uebergabe der verkauften Sache die Gefahr auf den Käufer übergegangen und macht der Verkäufer vor der Uebergabe Verwendungen auf die Sache, die nach dem Uebergange der Gefahr nothwendig geworden sind, so kann er von dem Käufer Ersatz verlangen, wie wenn der Käufer ihn mit der Verwaltung der Sache beauftragt hätte.**

**Die Verpflichtung des Käufers zum Ersatze sonstiger Verwendungen bestimmt sich nach den Vorschriften über die Geschäftsführung ohne Auftrag.**

### A. 1. Kommission

I. a) 186. Sitzung vom 12. 3. 1883, Schriftführer Neubauer

| Prot I 1851 TE-OR (Nr 32) § 5 — | Zu § 5 des Entwurfes: „Der Verkäufer ist verpflichtet, die verkaufte Sache bis zur Uebergabe an den Käufer mit der Sorgfalt eines ordentlichen Hausvaters zu bewahren.

Wegen Verwendungen auf die Sache hat der Verkäufer gegen den Käufer die Rechte, welche dem redlichen Besitzer gegen den Eigenthümer zustehen, wenn dieser den Eigenthumsanspruch geltend macht."

lagen die Anträge vor:

Windscheid (Nr 300, 2) — 1. den ersten Absatz zu streichen und statt des zweiten Absatzes zu bestimmen: „Der Käufer ist verpflichtet, dem Verkäufer die auf die Sache gemachten Verwendungen nach den Vorschriften über die Geschäftsführung ohne Auftrag zu ersetzen."

| Prot I 1852 Planck (Nr 302, 3) — | 2. den § 5 durch folgende Bestimmung zu ersetzen: „Für nothwendige Verwendungen, welche der Verkäufer auf den Gegenstand des Kaufs vor der Uebergabe desselben, aber nachdem die Gefahr auf den Käufer übergegangen, gemacht hat, ist er von dem Käufer Ersatz zu verlangen berechtigt. Im Uebrigen kann er für Verwendungen nur nach Maßgabe der Grundsätze über die Geschäftsführung ohne Auftrag und ungerechtfertigte Bereicherung Ersatz verlangen."

v. Weber — 3. unter Annahme des Antrags Nr. 2 am Schluß des ersten Satzes hinter: „berechtigt" einzuschalten:

„wenn sie durch einen von ihm nicht zu vertretenden Umstand veranlaßt worden sind."

Die Anträge Nr. 1 und 2 bringen die Beseitigung des ersten Absatzes in Vorschlag.

Die Mehrheit erachtete den ersten Absatz wegen des §§ 166 und ff. der Zusammenstellung der auf das Obligationenrecht sich beziehenden Beschlüsse (Protokolle vom 20. September 1882 und ff.; S. 1059ff.)[1] für überflüssig und wegen Nichtberücksichtigung des Falls, wenn der Käufer im Verzuge ist, auch für nicht unbedenklich und beschloß daher die Streichung. Betreffend den zweiten Absatz, so wurde zunächst der Fall geprüft, wenn der Käufer die Gefahr der noch hinter dem Verkäufer befindlichen Sache trägt. Man war einverstanden, daß in einem solchen Falle der Verkäufer wegen der Verpflichtung, für die Erhaltung und Verwahrung der Sache zu sorgen, einen unbedingten Anspruch auf Ersatz der nothwendigen Verwendungen haben müsse und keineswegs die in dem § 5 des Entwurfs in Bezug genommenen sachenrechtlichen Vorschriften anwendbar seien (zu vergl. § 185 letzter Absatz des Sachenrechts-Entwurfs), während rücksichtlich der übrigen Verwendungen sich seine Ersatzansprüche nur nach den Grundsätzen über die negotiorum gestio bestimmen könnten, so daß also auch in dieser Beziehung die Vorschrift des Entwurfs zu ändern sei. Anlangend den die Regel bildenden Fall, wenn der Käufer | die Gefahr nicht trägt, so zeigte sich eine Verschiedenheit der Ansichten. Die Berathung über die für diesen Fall zu treffenden Bestimmungen gelangte in der heutigen Sitzung nicht zum Abschluß. | Prot I 1853

b) 187. Sitzung vom 14. 3. 1883, Schriftführer Neubauer

| In Fortsetzung der in der vorigen Sitzung abgebrochenen Berathung gelangte der Fall zur Prüfung, wenn die Gefahr auf den Käufer noch nicht übergegangen ist. Bei der Prüfung wurde auf die in der vorigen Sitzung getroffenen Entscheidungen zurückgegangen. | Prot I 1855

Die umfassende Berathung führte zu den neuen Anträgen:

1. Ueber den Anspruch des Verkäufers auf Ersatz von Verwendungen sich jeder Bestimmung zu enthalten.

2. Ueber die Bestimmung nicht hinauszugehen: der Verkäufer könne den Ersatz derjenigen nothwendigen Verwendungen verlangen, die erfolgt seien, nachdem die Gefahr auf den Käufer übergegangen sei.

3. Der vorstehenden Bestimmung die Vorschrift anzuschließen: die Ansprüche des Verkäufers auf Ersatz von Verwendungen bestimmten sich im Uebrigen nach den Grundsätzen über die Geschäftsführung ohne Auftrag.

Die Mehrheit erklärte sich gegen die Anträge Nr. 1 und 2 und für den Antrag Nr. 3 auf Grund folgender Erwägungen[2]:

Wenn das Gesetz sich jeder Bestimmung enthalte, so würden für das Recht des Verkäufers auf Ersatz von Verwendungen die allgemeinen Grundsätze und die aus diesen von der Wissen- | schaft und Praxis zu ziehenden Konsequenzen maßgebend sein. So wenig dagegen im Allgemeinen zu erinnern sei und so richtig es auch vom legislativen Standpunkte erscheine, in Fällen der vorliegenden Art der Wissenschaft und | Prot I 1856

---

[1] Vgl. Materialien zu § 276ff.

[2] Die Meinung von *Pape*, der sich in der Diskussion sehr engagierte, war folgende: Wenn der Verkäufer die Gefahr nicht mehr trug, sollten die nützlichen Verwendungen nach den Grundsätzen der Geschäftsführung ohne Auftrag, die notwendigen entsprechend einem fingierten Auftrag ersetzt werden. Wenn der Verkäufer noch die Gefahr trug, sollte es hinsichtlich der nützlichen Verwendungen bei den Bestimmungen über die Geschäftsführung ohne Auftrag verbleiben, während notwendige aus Auftrag zu ersetzen waren. Im übrigen lehnte *Pape* den Antrag ab, nichts zu bestimmen, da dann dem Zweifel in der Praxis Tür und Tor geöffnet sei (Nachlaß v. Schmitt).

Praxis durch gesetzliche Bestimmungen nicht vorzugreifen, so erhebe sich doch ein wichtiges Bedenken. Sei die Gefahr vor der Uebergabe auf den Käufer bereits übergegangen, z. B. in Folge einer besonderen Uebereinkunft oder in Gemäßheit der Vorschriften über das Tragen der Transportgefahr oder bei dem Verkaufe einer unbeweglichen Sache in Gemäßheit des Grundsatzes wegen Ueberganges der Gefahr mit der Eintragung des Eigenthumsüberganges im Grundbuche, so erfülle der Verkäufer, welcher Behufs Abwendung einer Gefahr oder zur Erhaltung und Bewahrung der Sache zu nothwendigen Verwendungen sich verstehe, nur eine aus dem Kaufvertrage entspringende Verpflichtung. Hieraus lasse sich aber der Schluß ziehen, ein Anspruch auf Ersatz solcher Verwendungen finde nicht statt, weil derjenige, welcher eine Verpflichtung erfülle, auch die damit verbundenen Unkosten tragen müße. Diese Konsequenz führe jedoch unverkennbar zu einer großen Unbilligkeit. Im römischen Rechte sei daher auch das Gegentheil bestimmt. Um dieser Unbilligkeit mit Sicherheit zu begegnen, bleibe nichts übrig, als eine Bestimmung aufzunehmen, welche dem Verkäufer den Ersatzanspruch zugestehe und damit zum Ausdruck bringe, daß der Verkäufer als vom Käufer beauftragt gelte, für die Erhaltung und Bewahrung der Sache zu sorgen. Die Aufnahme einer solchen Bestimmung rufe aber die Nothwendigkeit hervor, vorsorglich hinzuzufügen, daß es im Uebrigen in Ansehung des Anspruchs des Verkäufers aus Ersatz von Verwendungen bei den allgemeinen Grundsätzen verbleibe, weil sonst in Folge des argumentum e contrario gefolgert werden könnte, jeder andere Ersatzanspruch sei ausgeschlossen. Weiter könne es keinem Zweifel unterliegen, daß es die Grundsätze über
| Prot I 1857 die Geschäftsführung ohne Auftrag seien, die Maß und Ziel | gäben und daß in der Hinweisung auf dieselben keineswegs auch nur die Andeutung zu finden sei, die eine oder die andere Voraussetzung, von welcher nach jenen Grundsätzen der Ersatzanspruch abhänge, sei nicht erforderlich. Wie nach den erwähnten Grundsätzen die Beurtheilung der einzelnen Fälle sich gestalte, habe das Gesetz nicht zu bestimmen. In der letzteren Hinsicht zeigten sich zum Theil größere oder geringere Meinungsverschiedenheiten, die indessen aus dem angegebenen Grunde zu einer Entscheidung keinen Anlaß gaben. Nur in Betreff der rechtlichen Würdigung eines Falles wurde auf den Antrag eines Mitgliedes die Ansicht der Mehrheit zu ermitteln und zu Protokoll festzustellen beschlossen. Es ist *der* Fall, wenn der Verkäufer, bevor die Gefahr auf den Käufer übergegangen ist, zur Abwendung einer drohenden Gefahr Aufwendungen gemacht hat. Die Mehrheit war der Ansicht, ein Ersatzanspruch finde nicht statt, weil der Verkäufer nicht allein durch Abwendung der Gefahr bloß eine Pflicht erfülle, sondern auch, weil er durch den Untergang oder die Verschlechterung der Sache das Kaufgeld oder einen Theil desselben verliere, also durch Abwendung der Gefahr nur im eigenen Interesse handele und eine eigene Angelegenheit besorge. Die Minderheit erachtete diese Ansicht für irrthümlich, glaubte vielmehr: die Umstände des konkreten Falles müßen entscheiden ob der Ersatzanspruch begründet sei oder nicht; habe der Verkäufer in der Absicht gehandelt, nicht um das Kaufgeld ganz oder zum Theil sich zu sichern, sondern nur um seiner Erstattungs- und Bewahrungspflicht zu genügen und der Interessenklage des Käufers vorzubeugen, so gestalte sich die Beurtheilung, — namentlich, wenn dem Interesse des Käufers wirklich gedient und dessen Nutzen befördert sei, — gerade so, wie in dem Falle, wenn die Gefahr auf den Käufer bereits übergegangen gewesen sei. Die Minderheit hob zugleich hervor, daß die Entscheidung der Mehrheit, weil darin nur
| Prot I 1858 eine juristische Meinung ausgedrückt sei, für die Auslegung des Gesetzes ohne | Belang bleibe.

**II., III. 1.** Die beschlossene Regelung lautet in der *RedVorl* als § 6 (5) 323.

RedVorl § 6 Der Verkäufer kann von dem Käufer den Ersatz der nothwendigen Verwendungen verlangen, welche er auf die verkaufte Sache nach Abschluß des Vertrages und noch vor der Uebergabe gemacht hat, sofern zur Zeit der Verwendung die Gefahr auf den Käufer bereits übergegangen war. Im Uebrigen bestimmen sich die Ansprüche des Verkäufers auf Ersatz der Verwendungen, welche er auf die Sache vor der Uebergabe und vor oder nach dem Uebergang der Gefahr auf den Käufer gemacht hat, nach den Grundsätzen über Geschäftsführung ohne Auftrag.

oder: Die Ansprüche des Verkäufers auf Ersatz von Verwendungen, welche er auf die verkaufte Sache nach Abschluß des Vertrags und vor der Uebergabe gemacht hat, bestimmen sich nach den Grundsätzen über Geschäftsführung ohne Auftrag. Auf Ersatz von nothwendigen Verwendungen hat er jedoch wie ein Beauftragter des Käufers Anspruch, wenn sie zu einer Zeit gemacht sind, in welcher der Käufer die Gefahr trug.

(NB: 1. Die erste Fassung wird den Vorzug verdienen; denn nach der zweiten Fassung erhält der erste Satz eine ihm nicht zukommende Bedeutung; er überrascht, weil man nicht sofort erkennt, daß er nur zu dem zweiten Satze überleiten soll und, wenn dieser fehlte, als selbstverständlich überflüssig wäre. Bei der ersten Fassung erledigt sich dieses Bedenken oder wird doch erheblich abgeschwächt. Ob es nicht rathsam wäre, die Verweisung auf die Grundsätze über die negotiorum gestio zu unterlassen, muß wegen der vorliegenden Beschlüsse auf sich beruhen.

2. Der § 6 wird dem § 5 folgen müssen, weil der § 5 ein Prinzip über das Tragen der Gefahr enthält. Der Entwurf legt das Hauptgewicht auf die Scheidung zwischen den Pflichten des Verkäufers und Käufers, allein die strenge Durchführung dieser Scheidung ist nicht möglich, wie zum Theil die folgenden §§ ergeben; sie ist auch überwiegend von nur theoretischer Bedeutung.

3. Die Fassung muß andeuten, daß der Uebergang der Gefahr vor der Tradition die Ausnahme bildet; daher das Wort: „sofern" im ersten Vorschlage.

4. Weil die Uebergabe in Frage steht, kann der § nicht über den Sachverkauf hinaus ausgedehnt werden.)

2. Fassung der Regelung in der *ZustOR* (im *KE*) als § 323: Der Verkäufer kann von dem Käufer den Ersatz der nothwendigen Verwendungen verlangen, welche er auf die verkaufte Sache nach Abschluß des Vertrages und noch vor der Uebergabe gemacht hat, sofern zur Zeit der Verwendung die Gefahr auf den Käufer bereits übergegangen war. Im Uebrigen bestimmen sich die Ansprüche des Verkäufers auf Ersatz der Verwendungen, welche er auf die Sache vor der Uebergabe und vor oder nach dem Uebergang[3] der Gefahr auf den Käufer gemacht hat, nach den Grundsätzen über Geschäftsführung ohne Auftrag. ZustOR § 323 KE § 461

3. Ferner wurde der Antrag von *Mandry* (Nr. 590, 32) angenommen, das Wort „noch" in § 461 KE a. A. zu streichen (Prot. I, S. 11797, 11798).

4. In § 461 KE wurde, aufgrund eines Antrags von *v. Schmitt* (Nr. 611, 1; Prot. I, S. 11791–11793; Begründung bei § 155 BGB), der Ausdruck „Abschluß" mit „Schließung" vertauscht (Prot. I, S. 11793).

5. Auf Grund eines Antrags wurde beschlossen, in § 462 KE die Worte „auf den Käufer" vor „Gefahr" zu streichen (Prot. I, S. 12132–12133).

IV. Fassung der Regelung im *E I* als § 464: E I § 464

Der Verkäufer kann von dem Käufer den Ersatz der nothwendigen Verwendungen verlangen, welche er auf die verkaufte Sache nach Schließung des Vertrages und vor der

[3] Im KE heißt es „Uebergange".

Uebergabe gemacht hat, sofern zur Zeit der Verwendung die Gefahr auf den Käufer bereits übergegangen war. Im Uebrigen bestimmen sich die Ansprüche des Verkäufers auf Ersatz der Verwendungen, welche er auf die Sache vor der Uebergabe und vor oder nach dem Uebergange der Gefahr gemacht hat, nach den Grundsätzen über Geschäftsführung ohne Auftrag.

### B. Vorkommission des Reichsjustizamtes

I. Beantragt war:

1. den § 464 zu fassen:

Struckmann (Nr 3, 18) Ist die Gefahr des Kaufgegenstandes bereits vor der Uebergabe auf den Käufer übergegangen, so kann der Verkäufer von ihm Ersatz der nothwendigen Verwendungen verlangen, welche er nach Schließung des Vertrags und vor der Uebergabe auf den Kaufgegenstand gemacht hat. Im Uebrigen bestimmen sich die Ansprüche des Verkäufers auf Ersatz von Verwendungen nach den Grundsätzen über Geschäftsführung ohne Auftrag.

Planck (Nr 6, 50) 2. den § 464 zu streichen.

3. den § 464 zu fassen:

Jacubezky (Nr 9, 4) Der Anspruch des Verkäufers auf Ersatz der Verwendungen, welche er nach Schließung des Vertrages auf die verkaufte Sache gemacht hat, bestimmt sich nach den für Geschäftsführung ohne Auftrag geltenden Grundsätzen.

oder zu streichen.

II. Eine Beratung hat nicht stattgefunden.

### C. 2. Kommission

I. Zu § 464 E I war beantragt (Prot. II, Bd. 2, S. 64–65; *Mugdan*, Bd. 2, S. 771):

Struckmann (Nr 71, 5) 1. die Bestimmungen zu fassen: wie Antrag von Struckmann in der Vorkommission des RJA;

Jacubezky (Nr 102, 5) 2. unter Streichung des ersten Satzes den zweiten wie folgt zu gestalten:

Der Anspruch des Verkäufers auf Ersatz der Verwendungen, welche er nach der Vertragschließung auf die verkaufte Sache gemacht hat, bestimmt sich nach den für Geschäftsführung ohne Auftrag geltenden Grundsätzen.

3. den zweiten Satz nicht aufzunehmen;

v. Mandry (Nr 126, 1) 4. die beiden Sätze des § 464 zu streichen;

5. die Bestimmungen des Entw. durch nachstehende Vorschrift zu ersetzen:

Ist die Gefahr der verkauften Sache vor der Uebergabe auf den Käufer übergegangen, so kann der Verkäufer von ihm Ersatz der bis zur Uebergabe auf die Sache gemachten Verwendungen in gleichem Maße verlangen, wie wenn er vom Käufer mit der Verwaltung der Sache beauftragt worden wäre.

Die Kom. entschied sich für den ersten Satz des Entw. bzw. des sachlich nicht abweichenden Antrags 1; der zweite Satz und der Antrag 5 wurden abgelehnt.

**II.** Fassung der Regelung in der *VorlZust* als § 464: Hat der Verkäufer vor Uebergabe der Sache, nachdem die Gefahr auf den Käufer übergegangen, Verwendungen gemacht, welche zur Erhaltung der Sache nothwendig waren, so kann er vor den Ersatz derselben von dem Käufer verlangen. E I-VorlZust § 464

**III.** Fassung der Regelung in der *ZustRedKom* als § 465a: Ist vor der Uebergabe der verkauften Sache die Gefahr auf den Käufer übergegangen und hat der Verkäufer vor der Uebergabe Verwendungen gemacht, die nach dem Uebergange der Gefahr zur Erhaltung der Sache nothwendig geworden sind, so ist der Käufer zum Ersatze verpflichtet. Die Verpflichtung des Verkäufers zum Ersatze sonstiger Verwendungen bestimmt sich nach den Vorschriften über die Geschäftsführung ohne Auftrag. E I-ZustRedKom § 465a

**IV. 1.** Fassung im *E II* als § 389: Ist vor der Uebergabe der verkauften Sache die Gefahr auf den Käufer übergegangen und hat der Verkäufer vor der Uebergabe Verwendungen auf die Sache gemacht, die nach dem Uebergange der Gefahr nothwendig geworden sind, so ist der Käufer zum Ersatze verpflichtet. Die Verpflichtung des Käufers zum Ersatze sonstiger Verwendungen bestimmt sich nach den Vorschriften über die Geschäftsführung ohne Auftrag. E II § 389

**2.** *Revision des E II* (Prot. II, Bd. 6, S. 170–171; *Mugdan*, Bd. 2, S. 773)

Es folgt die Berathung über den Antrag, in § 389 dem ersten Satze folgende Fassung zu geben: Jacubezky (Nr 33, 4)

Ist vor der Uebergabe der verkauften Sache die Gefahr auf den Käufer übergegangen und macht der Verkäufer vor der Uebergabe Aufwendungen auf die Sache, die nach dem Uebergange der Gefahr nothwendig geworden sind, so kann er von dem Verkäufer Ersatz verlangen, wie wenn der Verkäufer ihn mit der Verwaltung der Sache beauftragt hätte.

Der Antrag wurde von der Mehrheit gebilligt.

**V.** § 444 *E II rev* (§ 444 *E III*) entspricht § 450 BGB.

## § 451

**Ist ein Recht an einer Sache verkauft, das zum Besitze der Sache berechtigt, so finden die Vorschriften der §§ 446 bis 450 entsprechende Anwendung.**

**I.** Die Bestimmung geht auf § 463 Abs. 3 E I zurück (vgl. die Materialien zu § 446 BGB).

**II.** Als selbständige Bestimmung taucht die Regelung des § 463 Abs 3 erstmals in der *ZustRedKom* als § 466a auf: E I-ZustRedKom § 466a

Bezieht sich ein verkauftes Recht auf eine Sache, deren Inhabung zur Ausübung des Rechtes erforderlich ist, so finden die Vorschriften der §§ 463 bis 466 entsprechende Anwendung.

**III.** Die Fassung des § 391 *E II* (§ 445 E II rev, E III § 445) entspricht der des § 451 BGB.

§ 452

**Der Käufer ist verpflichtet, den Kaufpreis von dem Zeitpunkt an zu verzinsen, von welchem an die Nutzungen des gekauften Gegenstandes ihm gebühren, sofern nicht der Kaufpreis gestundet ist.**

## A. 1. Kommission

I. 189. Sitzung vom 19. 3. 1883, Schriftführer Neubauer

| Prot I 1879 TE-OR (Nr 32) § 13

| Zu § 13 des Entwurfes:
„Ist die verkaufte Sache vor der Bezahlung des Kaufpreises übergeben worden, so hat der Käufer den Kaufpreis von der Zeit der Uebergabe an zu verzinsen, ausgenommen, wenn der Kaufpreis gestundet worden oder eine Stundung üblich ist."

lagen außer dem Antrage, den § 13 zu streichen, die Anträge vor:

1. den § 13 zu fassen:

Planck (Nr 312, 1)

„Von dem Zeitpunkte an, in welchem der Käufer das Recht auf die Früchte und sonstigen Nutzungen der verkauften Sache oder des verkauften Rechts hat, ist er den Kaufpreis zu verzinsen verpflichtet, sofern ihm derselbe nicht gestundet worden (oder eine Stundung üblich) ist."

2. die Vorschrift zu fassen:

Derscheid (Nr 303)

„Ist ein verkauftes Grundstück dem Käufer vor der Bezahlung des Kaufpreises übergeben, so hat der Käufer den Kaufpreis von der Zeit der Uebergabe an zu verzinsen, auch wenn der Kaufpreis gestundet worden."

eventuell, falls der § 13 des Entwurfs angenommen werden sollte, statt der Schlußworte:

| Prot I 1880

| „ausgenommen, wenn der Kaufpreis gestundet worden oder eine Stundung üblich ist."

zu setzen:

„auch wenn der Kaufpreis gestundet worden."

Nachdem beschlossen war, über den Streichungsantrag erst nach Feststellung des Inhalts des Paragraphen zu entscheiden, über diesen Inhalt also nur unter dem Vorbehalt der demnächstigen Ablehnung der beschlossenen Vorschriften zu befinden, wurden folgende Beschlüsse gefaßt:

1. Der Antrag, die Verpflichtung des Käufers zur Verzinsung des Kaufgeldes nur für die Fälle des Verkaufs eines Grundstücks zu bestimmen, blieb in der Minderheit.

2. Der Antrag, die Verpflichtung zur Zinsenzahlung nicht mit der Zeit der Uebergabe, sondern mit der Zeit beginnen zu lassen, in welcher nach den zum § 8 gefaßten Beschlüssen der Käufer das Recht auf die Früchte und sonstigen Nutzungen erlangt, fand die Zustimmung der Mehrheit, wobei Einverständniß bestand, daß es keinen Unterschied mache, ob die Sache einen Frucht- oder Gebrauchsertrag wirklich gewähre oder nicht.

3. Der Antrag, die Verzinslichkeit auch für den Fall der Stundung des Kaufpreises zu bestimmen, wurde abgelehnt und die entgegenstehende Bestimmung des Entwurfs angenommen.

4. Die auf die Ueblichkeit einer Stundung sich beziehende Bestimmung des Entwurfs wurde für entbehrlich erklärt.

5. Der Antrag, die Vorschrift des Entwurfs nicht auf den Fall des Verkaufs einer Sache zu beschränken, sondern auch auf den Fall des Verkaufs eines Rechts auszudehnen, wurde gebilligt.

Nach den vorstehenden Beschlüssen hatte somit die Mehrheit im Wesentlichen für die Annahme des Antrages Nr. 1 entschieden.

| Der dem obigen Vorbehalte gemäß schließlich zur Abstimmung gestellte Antrag, den § 13 beziehungsweise die an Stelle desselben, beschlossenen Vorschriften nicht aufzunehmen, blieb in der Minderheit. | Prot I 1881

Die Gründe waren:

1. Es lasse sich nicht verkennen, daß der § 13 eine Rechtsnorm von singulärer Natur enthalte und zu deren Rechtfertigung sich kaum mit Erfolg der Grund einer gewissen Billigkeit geltend machen lasse, weil dieser Grund nöthigen würde, viel weiter zu gehen, und zwar sowohl für den Kauf etwa durch Anerkennung des nach den Motiven im preußischen Rechte[1] sich findenden allgemeinen Grundsatzes, als durch Ausdehnung der Vorschrift auch auf andere Geschäfte. Andererseits falle aber schwer ins Gewicht, daß eine Rechtsnorm in Frage stehe, die überall geltendes Recht sei, wenn auch im Einzelnen sich verschiedene Abweichungen finden möchten. Es sei nicht gerechtfertigt, bei einem so wichtigen Gegenstande, wie der vorliegende zweifellos sei, das geltende Recht ohne die zwingendsten Gründe zu ändern und dadurch für längere Zeit in den Verkehr störend einzugreifen. Zu einer solchen Neuerung fehlten genügende Gründe und dies reiche aus, es bei dem zu belassen, was einmal bestehendes Recht sei und sich eingebürgert habe.

2. Aus ähnlichen Gründen müsse es bedenklich erscheinen, die Vorschrift auf die Fälle des Verkaufs eines Grundstücks zu beschränken. Für die Beschränkung lasse sich nicht anführen, nur Grundstücke pflegten einen Gebrauchs- oder Frucht-Ertrag zu gewähren. In vielen Fällen treffe die Voraussetzung auch bei beweglichen Sachen zu, während mitunter Grundstücke ertraglos seien. Sollte die Ertragsfähigkeit von entscheidender Bedeutung sein, so würde nichts übrig bleiben, als die Verzinslichkeit davon abhängig zu machen, ob eine ertragsfähige Sache | verkauft sei oder nicht und welche Bedenken gegen eine solche Bestimmung stritten, sei zur Genüge in den Motiven S. 32 dargelegt. Die Nichtunterscheidung zwischen unbeweglichen und beweglichen Sachen bringe auch gegenüber dem Artikel 289[2] des Handelsgesetzbuches den Gewinn, daß in vielen Fällen die Entscheidung entbehrlich werde, ob der Kaufvertrag unter Kaufleuten abgeschlossen sei. | Prot I 1882

3. Nachdem beschlossen sei, daß bei dem Verkaufe eines Grundstücks dem Käufer die Nutzungen von der Zeit an gebühren, in welcher entweder tradirt oder der Eigenthumsübergang im Grundbuche eingetragen sei, erscheine es unstatthaft, die Verzinslichkeit ausnahmslos nur mit der Uebergabe beginnen zu lassen. Der Anfang der Verzinslichkeit müsse in Berücksichtigung des Grundes, auf welchem die singuläre Rechtsnorm beruhe, auf die Zeit bestimmt werden, in welcher das Recht des Käufers auf die Nutzungen beginne.

4. Sei das Kaufgeld gestundet, so könne die Rechtsnorm keine Anwendung finden. Der Verkäufer, welcher mit der späteren Zahlung des Kaufgeldes sich einverstanden

---

[1] Vgl. ALR I 11 § 109 ff.

[2] Art. 289 ADHGB lautet: „Kaufleute unter einander sind berechtigt, in beiderseitigen Handelsgeschäften auch ohne Verabredung oder Mahnung von jeder Forderung seit dem Tage, an welchem sie fällig war, Zinsen zu fordern."

erkläre, ohne die Verzinslichkeit sich auszubedingen, gebe zur Genüge den Willen kund, Zinsen nicht in Anspruch zu nehmen; sein Verfahren lasse regelmäßig erkennen, daß er bei der Vereinbarung des Kaufgeldes die Zinseneinbuße schon in Anschlag gebracht habe. Auch nach dem im Handelsverkehr geltenden Grundsatze würde bei einem Geldschuldverhältnisse unter Kaufleuten die Schuld erst vom Tage der Fälligkeit verzinst.

5. Der Fall der Ueblichkeit der Stundung dürfe aus den bei der Berathung des § 11 des Entwurfes für die Streichung der Worte „oder gebräuchlich ist" für maßgebend erachteten Gründen (S. 1875) im Gesetze keine besondere Erwähnung finden.

| Prot I 1883 6. Es fehle an zureichenden Gründen, die Vorschrift nur | auf den Sachverkauf zu beschränken. Sei dieselbe angemessen, so müsse sie für alle Arten von Kauf ohne Rücksicht auf den Gegenstand gelten.

Betreffend die Redaktion wurde von einer Seite bemerkt, es werde der Fall in's Auge zu fassen sein, in welchem eine in Geld veranschlagte Leistung zu bewirken ist (§ 2). Bei der Redaktion soll geprüft werden, ob es nöthig sei, auf diesen Fall besondere Rücksicht zu nehmen.

Bei der Debatte war die Frage angeregt, ob es sich nicht empfehle, im Gesetzbuche sich des Wortes: „Nutzungen" zu bedienen, zur Bezeichnung sowohl des Frucht- als des Gebrauchsertrages und das Wort „Früchte" nur zu verwenden zur Bezeichnung der natürlichen und zivilen Früchte im Sinne des § 20 des Sachenrechts-Entwurfs. Die Frage wurde von der Mehrheit bejaht und dem Redaktionsausschusse die Prüfung überlassen, ob nicht demzufolge die Fassung einiger Beschlüsse eine Aenderung zu erleiden habe. Ob die Terminologie im Sachenrechte durch eine besondere Bestimmung zu verdeutlichen sei, soll bei der Berathung des Sachenrechts entschieden werden. (Zu vergl. Sachenrechts-Entwurf §§ 181, 184, 277).

RedVorl § 9 **II., III., V. 1.** Die beschlossene Regelung lautet in der *RedVorl* als § 9 (13) 326:
Der Käufer ist verpflichtet, den Kaufpreis von dem Zeitpunkte an zu verzinsen, von welchem ihm die Nutzungen des Kaufgegenstandes gebühren. Diese Verpflichtung tritt nicht ein, wenn der Kaufpreis gestundet ist.

(NB: 1. Nicht zu übersehen ist, daß eine *allgemeine* Bestimmung über den fraglichen Zeitpunkt fehlt, siehe oben zu § 5 Nr. 1.

2. Die Schlußbestimmung scheint wegen ihrer hervorragenden Wichtigkeit einen besonderen Satz zu verdienen.

3. Im letzten Satze: „Kaufpreis" zu ersetzen durch „Geldpreis" zur Entscheidung der Frage, ob Zinsen zu zahlen sind, wenn andere Leistungen statt des Preises nach einem Geldanschlage zu bewirken sind (§ 2), möchte nicht räthlich sein. Die Entscheidung der Frage wird zweckmäßigerweise dem Richter überlassen.)

ZustOR § 326 **2.** Die Regelung lautet in der ZustOR (im KE, E I) als 326: Der Käufer ist verpflich-
KE § 464 tet, den Kaufpreis von dem Zeitpunkte an zu verzinsen, von welchem ihm die Nutzun-
E I § 467 gen des Kaufgegenstandes gebühren. Diese Verpflichtung tritt nicht ein, wenn der Kaufpreis gestundet ist.

### B. Vorkommission des Reichsjustizamtes

Es lagen die Anträge von *Struckmann* (Nr. 3, 20) und von *Jacubezky* (Nr. 9, 6) vor, den § 467 zu streichen.

Eine Beratung dieser Anträge ist nicht erfolgt.

## C. 2. Kommission

Zu § 467 war beantragt, die Bestimmungen zu streichen. Die Streichung wurde beschlossen (Prot. II, Bd. 2, S. 69; *Mugdan*, Bd. 2, S. 775). Struckmann (Nr 71, 7) Jacubezky (Nr 102, 6)

## D. Bundesrat (Justizausschuß)

I. *Preußen* beantragte zu § 375, die Vorschrift des § 467 des Entwurfs erster Lesung wiederherzustellen, wonach der Käufer verpflichtet ist, den Kaufpreis von dem Zeitpunkt an zu verzinsen, von welchem ihm die Nutzungen des Kaufgegenstandes gebühren, sofern nicht der Kaufpreis gestundet ist.

II. Über die Sitzung des Bundesratsausschusses für Justizwesen heißt es im Bericht von *Heller* vom 11. 10. 1895 (Geh. StA München, MA 76 729):

Der Antrag Preußens zum § 427 wurde von dem Berichterstatter als der Gerechtigkeit von entsprechend befürwortet; auch Sachsen erklärte sich dafür. Bayern, Württemberg und Lübeck sprachen sich gegen ihn aus. Bei der Abstimmung gab Hessen den Ausschlag zu Gunsten des Antrags[3].

III. Die beschlossene Vorschrift (§ 446 *E III)* entspricht § 452 BGB.

## E. Reichstag (XII. Kommission)

I. Antrag von *Gröber* zu § 446 E III: Gröber (Nr 32, 3)

a) den § 446 zu streichen,

b) im Falle der Ablehnung des zu a gestellten Antrages den § 446 des Entwurfes durch folgende Vorschrift zu ersetzen: „Der Käufer ist verpflichtet, den Kaufpreis von dem Zeitpunkt an zu verzinsen, von welchem an die Früchte des gekauften Gegenstandes ihm gebühren, sofern nicht der Kaufpreis gestundet oder die Stundung üblich ist."

II. Bericht von *Heller* vom 4. 3. 1896:

Zu dem durch Beschluß des Bundesrates in den Entwurf aufgenommenen § 446 lagen zwei Anträge *Gröber* vor. Den Antrag auf Streichung begründete der Antragsteller damit, daß die die gesetzliche Zinspflicht des Käufers schaffende Vorschrift eine durchaus singuläre Bestimmung sei, der Verkehrssitte nicht entspreche und keine innere Berechtigung habe. Mit der Verkehrssitte sei allenfalls sein eventueller Antrag vereinbar. Den vom Entwurfe gebrauchten Ausdruck „Nutzungen" habe er wegen der Unbestimmtheit dieses Begriffes durch „Früchte" ersetzt. *Struckmann* trat für die unveränderte Annahme des § 446 ein. Die Bestimmung sei in dem überwiegenden Theile Deutschlands geltendes Recht, sie sei innerlich durchaus berechtigt und liege namentlich im Interesse des kleinen Kaufmanns und Gewerbetreibenden. Zwischen Früchten und sonstigen Nutzungen zu unterscheiden, sei nicht gerechtfertigt. Die Anträge gaben zu einer längeren Diskussion Anlaß, in der sich die Abgeordneten *Vielhaben, von Cuny* und *Frohme* für die Streichung, *von Gültlingen, von Buchka* und *Marbe* für die Annahme der Bestimmung aussprachen. Die Ersetzung des Wortes „Nutzungen" durch „Früchte" wurde mit großer Mehrheit abgelehnt; mit zehn gegen neun Stimmen[4] beschloß die Kommission, den Paragraphen unverändert anzunehmen.

---

[3] Nach dem wohl insoweit unrichtigen Bericht von *Schicker* (Württemberg) vom 12. 10. 1895 unterstützte auch Bayern den Antrag.

[4] Nach den Protokollen der Kommission mit neun gegen acht Stimmen (ZStA Potsdam, Reichsjustizministerium, Nr. 758).

## § 453

**Ist als Kaufpreis der Marktpreis bestimmt, so gilt im Zweifel der für den Erfüllungsort zur Erfüllungszeit maßgebende Marktpreis als vereinbart.**

### A. 1. Kommission

I. 186. Sitzung vom 12. 3. 1883, Schriftführer Neubauer

| Prot I 1850 | Der § 3 des Entwurfs:

TE-OR (Nr 32) § 3 „Wird der Marktpreis als Kaufpreis bestimmt, so gilt im Zweifel der mittlere Marktpreis des Ortes, an welchem, und der Zeit, zu welcher die verkaufte Sache von dem Verkäufer zu übergeben ist, als vereinbart. Besteht an diesem Orte kein Marktpreis, so gilt der Preis des zunächst gelegenen Marktortes als vereinbart."

Der § 3 wurde insoweit gebilligt, als er bestimmt: im Zweifel gelte als vereinbart der Marktpreis des Ortes, an welchem, und der Zeit, zu welcher zu übergeben sei. Die übrigen in dem § 3 sich findenden Bestimmungen wurden abgelehnt.

Man ging davon aus:

Insoweit der § 3 im Einklang mit dem Artikel 353 des Handelsgesetzbuchs[1] den wichtigen Grundsatz enthalte, maßgebend sei der Marktpreis der Zeit und des Orts der Erfüllung, verdiene er Billigung. Anders verhalte es sich mit den übrigen Anordnungen. Zunächst müsse der Zusatz: „mittlere" bei „Marktpreis" gestrichen werden, weil er nur Bedeutung habe, wenn zugleich (wie im Art. 353 des Handelsgesetzbuchs) näher bestimmt würde, was unter „mittlerem" Preise zu verstehen sei. Zu streichen sei ferner der zweite Satz, der weder mit Artikel 353 a. a. O. noch damit harmonire, | Prot I 1851 | daß nicht selten für einen Ort keineswegs der Marktpreis des nächsten Marktortes, sondern der eines entfernteren Marktortes der maßgebende sei.

Der Prüfung bei der Redaktion blieb vorbehalten, ob nicht zu verdeutlichen sei, daß der ursprüngliche Vertrag — nicht aber spätere Vereinbarungen — entscheide, ob nicht ferner mit dem Artikel 353 H.G.B. von „Erfüllung" statt von „Uebergabe" zu reden sei.

TE-OR (Nr 32) § 4 Der § 4 des Entwurfes lautet:

„Die wechselseitigen Verpflichtungen des Verkäufers und des Käufers sind Zug um Zug zu erfüllen (Baarkauf), wenn nicht die Vorleistung des Verkäufers unter Stundung des Kaufpreises (Kreditkauf), oder die vorgängige Baarzahlung des Kaufpreises (Pränumerationskauf) vereinbart worden ist."

Windscheid (Nr 300, 2) Planck (Nr 302, 2) Es wurde die beantragte Streichung des § 4 beschlossen, weil er wegen der Bestimmungen der §§ 65—67 der Zusammenstellung der auf das Obligationenrecht sich beziehenden Beschlüsse über Rechte und Verpflichtungen aus Verträgen (Protokolle S. 653—661)[2] nur eine terminologische Bedeutung habe, die für das Gesetzbuch von keinem besonderen Werthe sei.

---

[1] Art. 353 ADHGB lautet: „Ist im Vertrage der Marktpreis oder der Börsenpreis als Kaufpreis bestimmt, so ist im Zweifel hierunter der laufende Preis, welcher zur Zeit und an dem Orte der Erfüllung oder an dem für letzteren maßgebenden Handelsplatze nach den dafür bestehenden örtlichen Einrichtungen festgestellt ist, in Ermangelung einer solchen Feststellung oder bei nachgewiesener Unrichtigkeit derselben, der mittlere Preis zu verstehen, welcher sich aus der Vergleichung der zur Zeit und am Orte der Erfüllung geschlossenen Kaufverträge ergiebt."

[2] Vgl. Materialien zu § 320ff. BGB.

**II., III., IV. 1.** In der *RedVorl* lautet die Regelung als § 3 (3) 320: Wird der Marktpreis als Kaufpreis bestimmt, so ist im Zweifel als vereinbart anzusehen der Marktpreis des Orts, an welchem, so wie der Zeit, in welcher der Verkäufer nach dem Vertrage zu erfüllen hat. RedVorl § 3

(NB: Der Entwurf braucht: „gilt". Dieses Wort deutet auf Fiktion.)

**2.** In der *ZustOR* (im *KE, E I)* lautet die Regelung als 320: Wird der Marktpreis als Kaufpreis bestimmt, so ist im Zweifel als vereinbart anzusehen der Marktpreis des Orts[3], an welchem, so wie der Zeit, in welcher der Verkäufer nach dem Vertrage zu erfüllen hat. ZustOR § 320 KE § 453 E I § 461

## B. Vorkommission des Reichsjustizamtes

**I.** Beantragt war:

**1.** den § 461 durch folgende Vorschrift zu ersetzen:
Ist ein Kaufvertrag ohne Bestimmung des Preises geschlossen, so gilt im Zweifel der mittlere Marktpreis zur Zeit und am Orte der Erfüllung als vereinbart. Struckmann (Nr 3, 16)

**2.** in dem § 461 statt der Worte „anzusehen der Marktpreis" zu setzen: „der mittlere Marktpreis". Planck (Nr 6, 48)

**II.** Eine Beratung hat nicht stattgefunden.

## C. 2. Kommission

**I.** Zu § 461 E I war beantragt (Prot. II, Bd. 2, S. 57; *Mugdan,* Bd. 2, S. 768):

1. die Bestimmung durch folgende Vorschrift zu ersetzen: wie Antrag von Struckmann in Vorkommission des RJA; Struckmann (Nr 71, 3)

2. im § 461 des Entw. Zeile 2 vor „Marktpreis" einzuschalten „mittlere". Planck (Nr 119, 2)

Die Kom. lehnte beide Anträge ab; der § 461 wurde sachlich genehmigt.

**II.** Fassung der Regelung in der *VorlZust* als § 461:
Ist als Kaufpreis der Marktpreis bestimmt, so ist im Zweifel der für den Leistungsort maßgebende Marktpreis der Leistungszeit als vereinbart anzusehen. E I-VorlZust § 461

**III., IV., V.:** Die Fassung des § 466b *ZustRedKom* (*E II* § 392, *E II rev* § 446, *E III* § 447) entspricht der des § 453 BGB.

[3] Im KE und E I heißt es „Ortes", ferner „sowie".

## § 454

**Hat der Verkäufer den Vertrag erfüllt und den Kaufpreis gestundet, so steht ihm das im § 325 Abs. 2 und im § 326 bestimmte Rücktrittsrecht nicht zu.**

### C. 2. Kommission

I. Anträge (Prot. I, Bd. 2, S. 69–70; *Mugdan*, Bd. 2, S. 775)

Des Weiteren war beantragt:

Struckmann (Nr 120) 1. hinter § 467 als § 467a nachstehende Vorschrift einzustellen:
Hat der Verkäufer vor Empfang des Kaufpreises erfüllt, so kann er wegen Verzugs des Käufers sowie im Falle des § 243 von dem Vertrage nur zurücktreten, wenn er sich dieses Recht bei der Erfüllung vorbehalten hat. (Vergl. Bd. I S. 643, 650.)

2. in dem § 467a hinter „erfüllt" die Worte „und den Kaufpreis gestundet" einzuschalten und am Schlusse statt „nur zurücktreten, wenn ..." zu setzen „nicht zurücktreten";

Jacubezky (Nr 125) 3. an Stelle der vorgeschlagenen Bestimmung als § 467a folgende Vorschriften aufzunehmen:
Dem Verkäufer eines Grundstücks steht, wenn die Eintragung des Eigenthumsüberganges erfolgt ist, das im § 369 Abs. 2 und im § 369a bestimmte Rücktrittsrecht nur soweit zu, als nicht für den Kaufpreis dem Vertrage gemäß Hypothek (an dem Grundstücke) bestellt oder in Anrechnung auf den Kaufpreis von dem Käufer eine Schuld des Verkäufers (für welche eine Hypothek an dem Grundstücke besteht) übernommen ist. Bei dem Verkauf eines anderen Gegenstandes ist der Verkäufer, wenn er vor der Zahlung des Kaufpreises erfüllt hat, nicht berechtigt, nach dem § 369 Abs. 2 oder dem § 369a vom Vertrage zurückzutreten[1].
falls weder diese noch die Bestimmung des Antrags 1 von der Mehrheit gebilligt wird, folgende Bestimmung einzustellen:
Soweit bei dem Verkaufe eines Grundstücks für den Kaufpreis dem Vertrage gemäß Hypothek (an dem Grundstücke) bestellt oder in Anrechnung auf den Kaufpreis von dem Käufer eine Schuld des Verkäufers (für welche Hypothek an dem Grundstücke besteht) übernommen ist, steht dem Verkäufer wegen nicht rechtzeitiger Zahlung des Kaufpreises das im § 369 Abs. 2 und im § 369a bestimmte Rücktrittsrecht nicht zu.

Der Antragsteller zu 3 erklärte sich im Laufe der Berathung damit einverstanden, daß im zweiten Satze seines prinzipalen Antrags hinter „erfüllt" die Worte eingeschaltet würden „und den Kaufpreis gestundet".
Die Mehrheit nahm den Antrag 1 mit den unter 2 vorgeschlagenen Aenderungen an.

E I-VorlZust § 467a **II.** Fassung der beschlossenen Regelung in der *VorlZust* als § 467a: Hat der Verkäufer den Kaufvertrag erfüllt und den Kaufpreis gestundet, so steht ihm das im § 369 Abs. 2 und im § 369a bestimmte Rücktrittsrecht nicht mehr zu.

---

[1] Zunächst hatte *Jacubezky* beantragt: Für den Fall der Ablehnung des in dem Antrage Nr. 120 vorgeschlagenen § 467a wird beantragt, als § 467a folgende Vorschrift aufzunehmen: Ist für den bei dem Verkaufe eines Grundstücks geschuldeten Kaufpreise dem Vertrage gemäß eine Hypothek bestellt, so steht dem Verkäufer wegen nicht rechtzeitiger Zahlung desselben das in § 369 Abs. 2 und in § 369a bestimmte Rücktrittsrecht nicht zu." (Antrag Nr. 122, 2)

III. Fassung der Regelung in der *ZustRedKom* als § 467a: Dem Verkäufer steht das im § 369 Abs. 2 und im § 369a bestimmte Rücktrittsrecht nicht zu, wenn er den Vertrag erfüllt und den Kaufpreis gestundet hat. E I-ZustRedKom § 467a

IV, V. Die Fassung des § 393 *E II* (§ 447 *E II rev*, § 448 *E III*) entspricht der des § 454 BGB.

## § 455

**Hat sich der Verkäufer einer beweglichen Sache das Eingenthum bis zur Zahlung des Kaufpreises vorbehalten, so ist im Zweifel anzunehmen, daß die Übertragung des Eigenthums unter der aufschiebenden Bedingung vollständiger Zahlung des Kaufpreises erfolgt und daß der Verkäufer zum Rücktritte von dem Vertrage berechtigt ist, wenn der Käufer mit der Zahlung in Verzug kommt.**

### C. 2. Kommission

I. Anträge (Prot. II, Bd. 2, S. 78–79; *Mugdan*, Bd. 2, S. 780)

Zu erledigen waren noch folgende Anträge: Dittmar (Nr 127)

1. einen § 473a des Inhalts einzustellen:

Hat sich der Verkäufer einer beweglichen Sache zur Sicherung seiner Ansprüche aus dem Kaufvertrage das Eigenthum an der Sache vorbehalten, so ist dadurch, falls die Uebergabe der Sache an den Käufer stattgefunden hat, der Rücktritt von dem Vertrage wegen Nichterfüllung als vorbehalten anzusehen.

(Vorbehalten bleibt, im Sachenrechte die Aufnahme folgender Bestimmung als § 874a zu beantragen:

Die Beifügung einer Bedingung bei der Eigenthumsübertragung ist unwirksam.)

2. als § 475a zu bestimmen: Jacubezky (Nr 128)

Hat bei dem Verkauf einer beweglichen Sache der Verkäufer sich bis zur Zahlung des Kaufpreises das Eigenthum an der dem Käufer übergebenen Sache vorbehalten, so ist im Zweifel anzunehmen, daß dieses auf den Käufer unter der aufschiebenden Bedingung vollständiger Zahlung des Kaufpreises übertragen und der Verkäufer für den Fall, daß der Käufer mit der Zahlung in Verzug kommt, berechtigt ist, von dem Kaufvertrage zurückzutreten.

hierzu der Unterantrag,

die Worte „unter der aufschiebenden Bedingung" durch die Worte „unter der auflösenden Bedingung" zu ersetzen.

Der Antrag 2 gelangte unter Ablehnung des Unterantrags und des Antrags 1 zur Annahme.

II. In der *VorlZust* hat die beschlossene Regelung die Fassung als:

§ 475a: Hat bei dem Verkauf einer beweglichen Sache der Verkäufer sich bis zur Zahlung des Kaufpreises das Eigenthum an der dem Käufer übergebenen Sache vorbe- E I-VorlZust § 475a halten, so ist im Zweifel anzunehmen, daß dieses auf den Käufer unter der aufschiebenden Bedingung vollständiger Zahlung des Kaufpreises übertragen und der Verkäufer für den Fall, daß der Käufer mit der Zahlung in Verzug kommt, berechtigt ist, von dem Kaufvertrage zurückzutreten.

E I-ZustRedKom § 467b

**III.** Fassung der Regelung in der ZustRedKom als § 467b: Hat bei dem Verkauf einer beweglichen Sache der Verkäufer sich das Eigenthum an der Sache bis zur Zahlung des Kaufpreises vorbehalten, so ist im Zweifel anzunehmen, daß die Uebertragung des Eigenthums an der Sache unter der aufschiebenden Bedingung vollständiger Zahlung des Kaufpreises erfolgt und daß der Verkäufer zum Rücktritte von dem Kaufvertrage berechtigt ist, wenn der Käufer mit der Zahlung in Verzug kommt.

**IV., V.** Die Fassung des § 394 E II (§ 448 E II rev, § 449 E III) entspricht der des § 455 BGB.

## E. Reichstag (XII. Kommission)

Gröber (Nr 32, 4)

**I.** Es lag der Antrag von *Gröber* vor, hinter § 449 folgende Vorschriften als § 449a einzuschalten:

„Ansprüche aus dem Verkauf geistiger Getränke, welche dem Käufer in den Geschäftsräumen des Verkäufers verabreicht werden, können nicht gerichtlich geltend gemacht werden, wenn der Käufer zur Zeit der Verabreichung der Getränke eine frühere Schuld gleicher Art an denselben Gläubiger noch nicht bezahlt hatte.

Durch Vereinbarungen zum Zweck der Erfüllung solcher nicht klagbarer Ansprüche, insbesondere durch Schuldanerkenntnisse, Pfand- und Bürgschaftsverträge, wird eine Verbindlichkeit nicht begründet.

**II.** Bericht von *Heller* vom 4. 3. 1896:

Den Antrag auf Einschaltung eines neuen § 449a begründete Gröber mit dem Hinweis auf die Nothwendigkeit, das Überhandnehmen der Trunksucht auch auf diesem Gebiet des bürgerlichen Rechts zu bekämpfen. Der Antrag sei der Bestimmung eines österreichischen Gesetzes nachgebildet, das wohltätig wirke. Struckmann erkannte an, daß der dem Antrage zugrunde liegende Gedanke zu billigen sei. Die vorgeschlagene Bestimmung würde aber praktisch undurchführbar sein und jedenfalls in der Weise eingeschränkt und ausgestaltet werden müssen wie der § 10 des im Jahre 1892 dem Reichstage vorgelegten Entwurfs eines Gesetzes zur Bekämpfung der Trunksucht. Richtiger sei es jedoch, die Bestimmung einem Spezialgesetze vorzubehalten, denn sie müsse durch anderweitige Bestimmungen, insbesondere gewerbepolizeilicher Art, ergänzt werden. Im gleichen Sinne sprach sich der Abgeordnete Bennigsen aus. Der Antrag wurde mit Stimmenmehrheit abgelehnt[1].

---

[1] Vgl. auch Bericht im „Vorwärts" (*Vormbaum*, a. a. O., S. 166 – 167). – Die Ablehnung erfolgte gegen 7 Stimmen (Protokolle der XII. Kommission, ZStA Potsdam, Reichstag, Nr. 758).

## § 456

**Bei einem Verkauf im Wege der Zwangsvollstreckung dürfen der mit der Vornahme oder Leitung des Verkaufs Beauftragte und die von ihm zugezogenen Gehülfen, mit Einschluß des Protokollführers, den zum Verkaufe gestellten Gegenstand weder für sich persönlich oder durch einen Anderen noch als Vertreter eines Anderen kaufen.**

## § 457

**Die Vorschrift des § 456 gilt auch bei einem Verkauf außerhalb der Zwangsvollstreckung, wenn der Auftrag zu dem Verkauf auf Grund einer gesetzlichen Vorschrift ertheilt worden ist, die den Auftraggeber ermächtigt, den Gegenstand für Rechnung eines Anderen verkaufen zu lassen, insbesondere in den Fällen des Pfandverkaufs und des in den §§ 383, 385 zugelassenen Verkaufs, sowie bei einem Verkaufe durch den Konkursverwalter.**

## § 458

**Die Wirksamkeit eines den Vorschriften der §§ 456, 457 zuwider erfolgten Kaufes und der Uebertragung des gekauften Gegenstandes hängt von der Zustimmung der bei dem Verkauf als Schuldner, Eigenthümer oder Gläubiger Betheiligten ab. Fordert der Käufer einen Betheiligten zur Erklärung über die Genehmigung auf, so finden die Vorschriften des § 177 Abs. 2 entsprechende Anwendung.**

**Wird in Folge der Verweigerung der Genehmigung ein neuer Verkauf vorgenommen, so hat der frühere Käufer für die Kosten des neuen Verkaufs sowie für einen Mindererlös aufzukommen.**

### A. 1. Kommission

I. 192. Sitzung vom 2. 4. 1883, Schriftführer Neubauer

Es wurde übergegangen zur Berathung der „Nachtrag zum Kauf im Allgemeinen“ überschriebenen §§ 17a und 17b des Entwurfs. Dieselben bestimmen: | Prot I 1936

§ 17a. TE-OR (Nr 32) § 17a

„Die mit der Leitung eines Verkaufs im Wege der Zwangsvollstreckung beauftragten Personen, deren Stellvertreter und Gehülfen, sowie der beigezogene Protokollführer dürfen den zum Verkaufe bestimmten Gegenstand weder persönlich noch durch Andere erkaufen.

Die Wirksamkeit eines dieser Vorschrift zuwider stattgehabten Kaufes ist von der Genehmigung des Schuldners, des Eigenthümers und der bei dem Verkaufe betheiligten Gläubiger abhängig.

Wird die Genehmigung ertheilt, so gilt der Kauf als von Anfang an wirksam, wird sie verweigert, als von Anfang an unwirksam. Im Falle der Nichtgenehmigung findet ein neuer Verkauf auf Kosten des ersten Käufers statt. Derselbe hat für den Ausfall bei dem neuen Verkaufe einzustehen. Gegenüber dem Anspruch auf Herausgabe der verkauften Sache hat er die Rechtsstellung des unredlichen Besitzers gegenüber dem Eigenthumsanspruch nach Maßgabe der Vorschriften in §§ 182, 183 Abs. 2, 185 Abs. 3 des Sachenrechtsentwurfs."

§ 17b.

TE-OR (Nr 32) § 17b | Prot I 1937 „Die Vorschriften des § 17a finden entsprechende Anwendung, | wenn Gegenstände eines Pfand- oder Zurückbehaltungsrechtes nach gesetzlicher Bestimmung ohne die Voraussetzungen der Zwangsvollstreckung auf Antrag des Gläubigers durch das Gericht oder kraft besonderer Ermächtigung durch den Gläubiger selbst zum Verkaufe gebracht werden.

Die Vorschriften des § 17a finden keine Anwendung, wenn Sachen, welche einen Börsen- oder Marktpreis haben, gesetzlicher Bestimmung gemäß zum Tageskurs (zum laufenden Preise) verkauft werden."

Es war beantragt:

Derscheid (Nr 319) 1. die §§ 17a und 17b zu streichen und an deren Stelle folgende Bestimmung zu setzen:

„Die zur Abhaltung öffentlicher Versteigerungen befugten richterlichen und anderen Beamten, Gerichtsvollzieher und Auktionatoren (§ 36 der Gewerbeordnung) sowie die nach gesetzlicher Vorschrift zuzuziehenden Protokollführer dürfen bei den von ihnen vorgenommenen Versteigerungen nicht mitbieten, auch Gegenstände, deren Verkauf aus freier Hand sie kraft gesetzlicher Ermächtigung oder richterlicher Anordnung zu bewirken haben, nicht kaufen.

Der an diese Personen unmittelbar oder mittelbar in der Person von Dritten erfolgte Zuschlag oder Verkauf ist nichtig."

Planck (Nr 323, 2) 2. die Absätze 2 und 3 des § 17a durch folgende Bestimmung zu ersetzen:

„Die Wirksamkeit eines dieser Vorschrift zuwider stattgehabten Kaufs sowie der auf Grund desselben vorgenommenen Uebertragung des Kaufgegenstandes ist von der Genehmigung des Schuldners, des Eigenthümers und der bei dem Verkaufe betheiligten Gläubiger abhängig. Die Vorschriften des § 96 der Zusammenstellung des Allgemeinen Theils finden dabei entsprechende Anwendung.

| Prot I 1938 Im Falle der Nichtgenehmigung findet ein neuer Verkauf auf Kosten des ersten Käufers statt; derselbe hat | für den Ausfall bei dem neuen Verkaufe einzustehen."

Kurlbaum 3. statt des § 17a zu bestimmen:

„Hat . . . gekauft, so ist der Erwerb der Sache dem Schuldner, dem Eigenthümer und den betheiligten Gläubigern gegenüber unwirksam.

Erfolgt ein neuer Verkauf, so hat der Ersteher die Kosten desselben zu tragen und den Ausfall an dem erzielten Preise zu ersetzen.

Gegenüber dem Anspruche auf Herausgabe u.s.w."

Außerdem war von einer Seite der Antrag gestellt, die §§ 17a und 17b zu streichen und zur Begründung des Antrags hervorgehoben:

Die §§ enthielten im Wesentlichen ein an die betreffenden Beamten sich richtendes Verbot, zu kaufen; es wohne ihnen ein disziplinarrechtlicher Charakter bei, weshalb sie in die landesrechtlichen Dienstordnungen gehörten; wären sie in diese aufgenommen, so würde sich ihre privatrechtliche Bedeutung aus den allgemeinen Grundsätzen ergeben; werde bei ihrer Aufnahme in das bürgerliche Gesetzbuch nur ihre privatrechtliche Bedeutung gewürdigt und geregelt, so verlören sie dadurch den disziplinarrechtlichen Charakter keineswegs, wohl aber erhebe sich der Zweifel, wie es denn mit der Rechtsbeständigkeit anderer Verträge sich verhalte, welche landesrechtlich und innerhalb der landesgesetzlichen Kompetenz, insbesondere den Beamten durch Disziplinargesetze verboten seien; es gebe solche Verbote, die weit wichtiger seien, als die in Frage stehenden und deren allgemeine Geltung innerhalb des ganzen Reichsgebietes noch erwünschter erscheinen möchte; noch weniger wolle einleuchten, weshalb der Entwurf nur vom Kaufe rede, während doch den betreffenden Beamten nicht selten, namentlich auch im Wege der Zwangsvollstreckung, Verpachtung, Vermiethung, Verdingung u.s.w. aufgetragen würden; soweit endlich der Entwurf auch auf gewisse konzessionirte Gewerbetreibende sich beziehe, würde das Verbot in die Gewerbeordnung gehören.

| Die Mehrheit erklärte sich gegen den Streichungsantrag, indem sie erwog: | Prot I 1939

Es bestehe ein Bedürfniß, ganz unabhängig von den disziplinaren Anordnungen durch privatrechtliche, im ganzen Gebiete des Reichs geltende Rechtsnormen die in dem Entwurfe erwähnten Verträge für unstatthaft zu erklären und zu bestimmen, welche privatrechtliche Folgen einträten, wenn sie gleichwohl geschlossen würden; disziplinarrechtliche Verbote seien jedenfalls ungenügend, weil auch auf die Gehülfen der betreffenden Personen Rücksicht zu nehmen und die gedachten Folgen durch eine positive Vorschrift zu bestimmen seien. Daß ein Bedürfniß vorhanden sei, noch andere Verträge in ähnlicher Weise für unstatthaft zu erklären, könne nicht anerkannt werden. Das Bedenken in Ansehung der privatrechtlichen Wirkungen verwandter landesgesetzlicher Verbote lasse sich durch eine, dem Einführungsgesetze einzuverleibende Vorschrift erledigen.

Nachdem die Mehrheit sich für die Aufnahme der §§ 17a und 17b ausgesprochen hatte, wurden, die Einzelheiten anlangend, folgende Beschlüsse gefaßt:

1. Der Entwurf untersagt den betreffenden Personen nicht den Kauf, wenn ihnen der Verkauf von demjenigen, für dessen Rechnung verkauft werden soll, durch Privatvertrag oder vom Gerichte, jedoch nicht im Wege der Zwangsvollstreckung, aufgetragen ist. Nach dem Antrage Nr. 1 soll das Verbot auch in solchen Fällen gelten, sofern es sich um eine *Versteigerung* handelt.

Die vorgeschlagene Ausdehnung wurde abgelehnt. Die Mehrheit glaubte, daß das Verbot auf solche Fälle zu beschränken sei, in welchen derjenige, für dessen Rechnung verkauft wird, kraft einer gesetzlichen Vorschrift genöthigt ist, einen Verkauf anzuerkennen, zu dem er seine Genehmigung nicht ertheilt hat.

2. Der Entwurf erklärt den unstatthaften Kauf nicht für nichtig, sondern nur dergestalt für unwirksam, daß er durch Genehmi- | gung desjenigen, in dessen Interesse das Verbot besteht, wirksam wird. | Prot I 1940

Der Antrag Nr. 1 schlägt die Nichtigkeit vor. Dieser Vorschlag wurde abgelehnt. Die Mehrheit hielt die Regelung des Entwurfs im Interesse aller Betheiligten für passender, erklärte sich aber sodann, die Fassung der aufzunehmenden Vorschrift betreffend, für den Antrag Nr. 2 jedoch mit der Maßgabe, daß im zweiten Absatze, entsprechend dem Antrage Nr. 3, der Fall vorgesehen werden soll, wenn der zweite Verkauf unterbleibt.

In Ansehung der Fassung war erwogen:

Der Antrag Nr. 2 verdeutliche zunächst, daß sowohl der obligatorische als der dingliche Vertrag unter das Verbot fallen, knüpfe sodann in angemessener Weise an den § 96 der Zusammenstellung der den allgemeinen Theil betreffenden Beschlüsse (Protokolle vom 16. und 19. Dezember 1881 S. 242–248, 258)[1] an, der einen Fall behandele, welcher mit dem vorliegenden ohne Zweifel die größte Aehnlichkeit habe. Der letzte Satz des § 17a des Entwurfs sei selbstverständlich und daher entbehrlich.

---

[1] Vgl. Materialien bei §§ 177f. BGB.

3. Der Antrag Nr. 3 übergeht das im ersten Absatze des § 17a enthaltene Verbot. Der desfallsige Vorschlag wurde abgelehnt und der Entwurf genehmigt. Die Mehrheit ging davon aus: Das Verbot sei auch im Antrag Nr. 3, wenn auch nur versteckt, enthalten; es besonders hervorzuheben, sei aber deshalb nöthig, damit kein Zweifel bestehe, daß derjenige, welcher das Verbot verletze, rechtswidrig handele und das Interesse zu leisten habe.

4. Der Antrag Nr. 1 nennt als die betreffenden Personen „richterliche und andere Beamte, Gerichtsvollzieher und Auktionatoren (§ 36 der Gewerbeordnung) und die nach gesetzlicher Vorschrift zuzuziehenden Protokollführer". Der Entwurf § 17a drückt sich dahin aus: „Die ... beauftragten Personen, deren Stellvertreter und Gehülfen, sowie die beigezogenen Protokollführer."

| Prot I 1941 Die Mehrheit entschied für die Bestimmung des Entwurfs | mit der Abweichung, daß von „Stellvertreter" keine Rede sein solle und daß auch bei „Gehülfen" hinzuzufügen sei: „beigezogenen". Man glaubte, daß die weitere Fassung des Entwurfs dem Zwecke der Vorschrift entsprechender sei und daß derselbe nur darin zu weit gehe, daß er auch die Stellvertreter und Gehülfen, auch wenn diese im konkreten Falle bei Erledigung des Auftrags nicht mitgewirkt hätten, mitumfasse.

5. Zum § 17b wurde der erste Absatz für zu eng erachtet und seine Ausdehnung auf alle Fälle für nöthig erklärt, in welchen Jemand kraft Gesetzes im Wege der sogenannten Selbsthülfe befugt ist, für Rechnung eines Anderen verkaufen zu lassen, insbesondere in den Fällen des Artikel 343 des Handelsgesetzbuchs[2] und des § 247 der Zusammenstellung der das Obligationenrecht betreffenden Beschlüsse (Protokolle vom 11. und 13. Dezember 1882, S. 1456–1462, 1469, 1470)[3].

6. Der zweite Absatz des § 17b wurde gestrichen; man hielt ihn für bedenklich, weil die betreffende Person durch den freihändigen Verkauf auf den Tageskurs einzuwirken vermöge, dieser auch während der Börsenzeit oft kein fester sei; sondern nicht selten auf- und niedersteige.

Die Fassung der beschlossenen Vorschriften blieb der Redaktion vorbehalten.

RedVorl § 10a **II. 1.** In der *RedVorl* lautet die beschlossene Regelung:

§ 10a (17a) 327a. Die (Jede) mit der Vornahme oder Leitung eines Verkaufs im Wege der Zwangsvollstreckung beauftragte Person sowie die von dieser bei Erledigung des Auftrags zugezogenen Gehülfen mit Einschluß der Schriftführer (Protokollführer) dürfen den zum Verkauf bestimmten Gegenstand weder persönlich noch durch einen Anderen kaufen.

---

2 Art. 343 ADHGB lautet: „Der Verkäufer ist verpflichtet, die Waare, so lange der Käufer mit der Empfangnahme nicht im Verzuge ist, mit der Sorgfalt eines ordentlichen Geschäftsmannes aufzubewahren. – Ist der Käufer mit der Empfangnahme der Waare im Verzuge, so kann der Verkäufer die Waare auf Gefahr und Kosten des Käufers in einem öffentlichen Lagerhause oder bei einem Dritten niederlegen. Er ist auch befugt, nach vorgängiger Androhung die Waare öffentlich verkaufen zu lassen; er darf, wenn die Waare einen Börsenpreis oder Marktpreis hat, nach vorgängiger Androhung den Verkauf auch nicht öffentlich durch einen Handelsmäkler oder in Ermangelung eines solchen durch einen zu Versteigerungen befugten Beamten zum laufenden Preise bewirken. Ist die Waare dem Verderben ausgesetzt und Gefahr im Verzuge, so bedarf es der vorgängigen Androhung nicht.

Von der Vollziehung des Verkaufs hat der Verkäufer den Käufer, soweit es thunlich, sofort zu benachrichtigen; bei Unterlassung ist er zum Schadensersatze verpflichtet."

3 Vgl. §§ 377, 381 ff. BGB (§ 247 ZustOR).

Die Wirksamkeit eines dieser Vorschrift zuwider erfolgten Kaufs und dessen Vollziehung ist von der Genehmigung der bei dem Verkaufe als Schuldner, Eigenthümer oder Gläubiger Betheiligten abhängig.

Die Vorschriften des § 96 des Allgemeinen Theils finden entsprechende Anwendung. Im Falle der Nichtgenehmigung hat der Käufer, wenn ein neuer Verkauf erfolgt, die Kosten des letzteren zu tragen und für den Wiedererlös aufzukommen.

§ 10b (§ 17b) 327b. Der § 10a findet entsprechende Anwendung in den Fällen, in welchen der Auftrag zum Verkauf auf Grund einer gesetzlichen Bestimmung ertheilt wird, durch welche Jemand ermächtigt ist, einen Gegenstand für Rechnung eines Anderen zum Verkauf zu bringen (insbesondere in den Fällen eines Pfand- oder Zurückbehaltungsrechts). RedVorl § 10b

(NB: Zu beachten ist, daß der Auftrag entweder unmittelbar oder vom Gericht ertheilt sein kann, daß ferner der Auftraggeber auch der Eigenthümer sein kann [§ 247 Obl.R.Entw.].)

2. Fassung der Regelung in der *ZustOR:*

§ 327a. Die mit der Vornahme oder Leitung eines Verkaufs im Wege der Zwangsvollstreckung beauftragte Person sowie die von dieser bei Erledigung des Auftrags zugezogenen Gehülfen mit Einschluß der Protokollführer dürfen den zum Verkauf bestimmten Gegenstand weder persönlich noch durch einen Anderen kaufen. ZustOR § 327a

Die Wirksamkeit eines dieser Vorschrift zuwider erfolgten Kaufs so wie der auf Grund desselben vorgenommenen Uebertragung des Kaufgegenstands ist von der Genehmigung der bei dem Verkaufe als Schuldner, Eigenthümer oder Gläubiger Betheiligten abhängig.

Die Vorschriften des § 96 des Allgemeinen Theils finden entsprechende Anwendung. Im Falle der Nichtgenehmigung hat, wenn ein neuer Verkauf erfolgt, der frühere Käufer die Kosten des neuen Verkaufs zu tragen und für den Mindererlös aufzukommen.

§ 327b. Der § 327a findet entsprechende Anwendung in den Fällen, in welchen ohne die Voraussetzung der Zwangsvollstreckung der Auftrag zum Verkauf auf Grund einer gesetzlichen Bestimmung ertheilt wird, durch welche Jemand ermächtigt ist, einen Gegenstand für Rechnung eines Anderen zum Verkauf zu bringen, insbesondere in den Fällen eines Pfand- oder Zurückbehaltungsrechts. ZustOR § 327b

III. 1. Im *KE* lautet die Regelung:

§ 465. Die mit der Vornahme oder Leitung eines Verkaufes im Wege der Zwangsvollstreckung beauftragte Person, sowie die von dieser bei Erledigung des Auftrages zugezogenen Gehülfen mit Einschluß der Protokollführer dürfen den zum Verkauf bestimmten Gegenstand weder persönlich noch durch einen Anderen kaufen. KE § 465

Die Wirksamkeit eines dieser Vorschrift zuwider erfolgten Kaufes, sowie der auf Grund desselben vorgenommenen Uebertragung des Kaufgegenstandes ist von der Genehmigung der bei dem Verkaufe als Schuldner, Eigenthümer oder Gläubiger Betheiligten abhängig.

Die Vorschriften des § 124 finden entsprechende Anwendung. Im Falle der Nichtgenehmigung hat, wenn ein neuer Verkauf erfolgt, der frühere Käufer die Kosten des neuen Verkaufes zu tragen und für den Mindererlös aufzukommen.

§ 466. Der § 465 findet entsprechende Anwendung, wenn ohne die Voraussetzung der Zwangsvollstreckung der Auftrag zum Verkaufe auf Grund einer gesetzlichen Bestimmung ertheilt wird, durch welche Jemand ermächtigt ist, einen Gegenstand für Rechnung eines Anderen zum Verkaufe zu bringen, insbesondere in den Fällen eines Pfand- oder Zurückbehaltungsrechtes. KE § 466

2. Aufgrund eines Antrags von *Johow* (Nr. 606, 3) wurde beschlossen, in § 466 KE a. E. statt „Pfand-" zu setzen „Pfandrechtes" (Prot. I, S. 11797f.)

3. Aufgrund eines Antrags wurde beschlossen, in § 465 Abs. 1 KE statt „der Protokollführer" zu setzen „des Protokollführers" (Prot I, S. 12133).

IV. Fassung der Regelung im *E I:*

E I § 468 § 468. Die mit der Vornahme oder Leitung eines Verkaufes im Wege der Zwangsvollstreckung beauftragte Person sowie die von dieser bei Erledigung des Auftrages zugezogenen Gehülfen mit Einschluß des Protokollführers dürfen den zum Verkaufe bestimmten Gegenstand weder persönlich noch durch einen Anderen kaufen.

Die Wirksamkeit eines dieser Vorschrift zuwider erfolgten Kaufes sowie der auf Grund desselben vorgenommenen Uebertragung des Kaufgegenstandes ist von der Genehmigung der bei dem Verkaufe als Schuldner, Eigenthümer oder Gläubiger Betheiligten abhängig.

Die Vorschriften des § 123 finden entsprechende Anwendung. Im Falle der Nichtgenehmigung hat, wenn ein neuer Verkauf erfolgt, der frühere Käufer die Kosten des neuen Verkaufes zu tragen und für den Mindererlös aufzukommen.

E I § 469 § 469. Die Vorschriften des § 468 finden entsprechende Anwendung, wenn ohne die Voraussetzung der Zwangsvollstreckung der Auftrag zum Verkaufe auf Grund einer gesetzlichen Vorschrift ertheilt wird, durch welche Jemand ermächtigt ist, einen Gegenstand für Rechnung eines Anderen zum Verkaufe zu bringen, insbesondere in den Fällen eines Pfandrechtes oder Zurückbehaltungsrechtes.

## B. Vorkommission des Reichsjustizamtes

I. Beantragt war:

1. an Stelle der §§ 468, 469 zu bestimmen:

Struckmann (Nr 3, 21) Wird Jemand mit der Vornahme oder Leitung eines Verkaufes auf Grund einer gesetzlichen Vorschrift beauftragt, welche ihn ermächtigt, den Kaufgegenstand für Rechnung eines Anderen zum Verkaufe zu bringen, insbesondere in den Fällen der Zwangsvollstreckung sowie der Ausübung eines Pfandrechtes oder eines Zurückbehaltungsrechtes, so dürfen der Beauftragte sowie die von ihm zugezogenen Gehülfen mit Einschluß des Protokollführers den Kaufgegenstand weder persönlich noch durch Andere oder als Vertreter Anderer kaufen.

Abs. 2, 3 wie § 468 Abs. 2, 3 des Entw.

Jacubezky (Nr 9, 7) 2. Im § 469 statt der Worte „durch welche Jemand ermächtigt ist" zu setzen „nach welchen Jemand berechtigt ist" und statt der Worte „oder Zurückbehaltungsrechtes" zu setzen „oder des § 278".

II. Eine Beratung hat nicht stattgefunden.

## C. 2. Kommission

I. Zu den §§ 468, 469 war beantragt (Prot II, Bd. 2, S. 72–73; *Mugdan*, Bd. 2, S. 776f.):

1. an Stelle der §§ 468, 469 zu bestimmen: Struckmann (Nr 71, 3)

Wird Jemand mit der Vornahme oder Leitung eines Verkaufs auf Grund einer gesetzlichen Vorschrift beauftragt, welche den Auftraggeber ermächtigt, den Kaufgegenstand für Rechnung eines Anderen zum Verkauf zu bringen, insbesondere in den Fällen der Zwangsvollstreckung sowie der Ausübung eines Pfandrechts oder eines Zurückbehaltungsrechts, so dürfen der Beauftragte sowie die von ihm zugezogenen Gehülfen mit Einschluß des Protokollführers den Kaufgegenstand weder persönlich noch durch Andere oder als Vertreter Anderer kaufen.

Abs. 2, 3 wie § 468 Abs. 2, 3;

2. den § 469 zu fassen: Jacubezky (Nr 102, 7)

Die Vorschriften des § 468 finden entsprechende Anwendung, wenn der Auftrag zum Verkauf auf Grund einer gesetzlichen Vorschrift ertheilt ist, nach welcher Jemand berechtigt ist, einen Gegenstand für Rechnung eines Anderen verkaufen zu lassen, insbesondere in den Fällen eines Pfandrechts oder des im § 278 bestimmten Rechtes;

3. die §§ 468, 469 wie folgt zu gestalten: v. Mandry (Nr 126, 2)

a) im § 468 Abs. 1 am Schlusse zu setzen: „können den zum Verkaufe bestimmten Gegenstand weder in eigenem Namen noch als Vertreter Anderer kaufen. Gestattung seitens des Auftraggebers ist unwirksam“;

den Abs. 2 beizubehalten;

im Abs. 3 den ersten Satz zu streichen.

b) den § 469 in der Fassung des Antrags 2 anzunehmen;

4. für den Fall der Ablehnung des Antrags 3 die §§ 468, 469 dahin zusammenzufassen:

Abs. 1 wie Entw. § 468 Abs. 1, doch mit folgenden Schlußworten: . . . . . „können den zum Verkaufe bestimmten Gegenstand weder persönlich noch durch Andere oder als Vertreter Anderer kaufen. Gestattung seitens des Auftraggebers ist unwirksam“;

Abs. 2 wie im Antrage 2.

5. den Entw. wie folgt zu ändern:

a) den Eingang des § 468 Abs. 1 zu fassen:

Die mit der Vornahme oder Leitung einer öffentlichen Versteigerung oder mit der Vornahme eines Verkaufs aus freier Hand auf Grund einer gesetzlichen Ermächtigung beauftragte Person sowie die von ihr zugezogenen Gehülfen mit Einschluß des Protokollführers etc.

b) im § 469 die Schlußworte „insbesondere in den Fällen eines Pfandrechts oder Zurückbehaltungsrechts“ zu streichen.

Die §§ 468, 469 des Entw. wurden angenommen, und zwar der § 468 mit der in dem Antrag 1 enthaltenen Erweiterung des Kaufverbots, daß die mit dem Verkaufe Beauftragten und deren Gehülfen auch nicht als Vertreter Anderer kaufen dürfen; die im Antrage 3 zu Abs. 1 Satz 2 vorgeschlagene Bestimmung wurde abgelehnt. Der RedKom blieb die Entscheidung darüber vorbehalten, ob es sich empfiehlt, die getrennten Rechtssätze der §§ 468, 469 mit einander zu verschmelzen und den Schlußhalbsatz des § 469 fortzulassen oder unter Berücksichtigung der im Antrage 2 an Stelle des Zurückbehaltungsrechts angeführten Fälle des § 278 in anderer Weise zu fassen und das Zitat des § 123 beizubehalten.

II. Fassung der beschlossenen Regelung in der *VorlZust:*

§ 468. Die mit der Vornahme oder Leitung eines Verkaufes im Wege der Zwangsvollstreckung beauftragte Person sowie die von dieser bei Erledigung des Auftrages E I-VorlZust § 468 zugezogenen Gehülfen mit Einschluß des Protokollführers dürfen den zum Verkaufe bestimmten Gegenstand weder persönlich noch durch einen Anderen noch als Vertreter eines Anderen kaufen.

Die Wirksamkeit eines dieser Vorschrift zuwider erfolgten Kaufes sowie der auf Grund desselben vorgenommenen Uebertragung des Kaufgegenstandes ist von der Genehmigung der bei dem Verkaufe als Schuldner, Eigenthümer oder Gläubiger Betheiligten abhängig. Der Verweigerung der Genehmigung steht es gleich, wenn der Betheiligte nach Empfang einer Aufforderung des Käufers nicht binnen zwei Wochen die Genehmigung ertheilt.

Im Falle der Verweigerung der Genehmigung hat, wenn ein neuer Verkauf erfolgt, der frühere Käufer die Kosten des neuen Verkaufes zu tragen und für den Mindererlös aufzukommen.

E I-VorlZust § 469 — § 469. Die Vorschriften des § 468 finden entsprechende Anwendung, wenn der Auftrag zum Verkauf auf Grund einer gesetzlichen Vorschrift ertheilt ist, nach welcher Jemand berechtigt ist, einen Gegenstand für Rechnung eines Anderen verkaufen zu lassen, insbesondere in den Fällen eines Pfandrechts oder des im § 278 bestimmten Rechtes.

(Oder statt der §§ 468, 469:

Wird Jemand mit der Vornahme oder Leitung eines Verkaufs auf Grund einer gesetzlichen Vorschrift beauftragt, welche den Auftraggeber ermächtigt, den Kaufgegenstand für Rechnung eines Anderen zum Verkaufe zu bringen, insbesondere in den Fällen der Zwangsvollstreckung sowie der Ausübung eines Pfandrechts oder des im § 278 bestimmten Rechtes, so dürfen der Beauftragte sowie die von ihm zugezogenen Gehülfen mit Einschluß des Protokollführers den Kaufgegenstand weder persönlich noch durch einen Anderen noch als Vertreter eines Anderen kaufen.

Abs. 2 und 3 wie oben § 468).

**III.** In der *ZustRedKom* lautet die Regelung als § 468:

E I-ZustRedKom § 468 — Bei einem Verkauf im Wege der Zwangsvollstreckung dürfen der mit der Vornahme oder Leitung des Verkaufs Beauftragte und die von ihm zugezogenen Gehülfen mit Einschluß des Protokollführers den zum Verkaufe gestellten Gegenstand weder persönlich noch durch einen Anderen noch als Vertreter eines Anderen kaufen.

Das Gleiche gilt, wenn außerhalb der Zwangsvollstreckung der Auftrag zu dem Verkauf auf Grund einer gesetzlichen Vorschrift ertheilt ist, welche den Auftraggeber ermächtigt, den Gegenstand für Rechnung eines Anderen verkaufen zu lassen, insbesondere in den Fällen des Pfandverkaufs und des in § 278 vorgesehenen Verkaufs.

E I-ZustRedKom § 468a — § 468a. Die Wirksamkeit eines den Vorschriften des § 468 zuwider erfolgten Kaufes und der Uebertragung des Kaufgegenstandes hängt von der Zustimmung der bei dem Verkauf als Schuldner, Eigenthümer oder Gläubiger Betheiligten ab. Die Genehmigung eines Betheiligten gilt als verweigert, wenn er sie nach Empfang einer Aufforderung des Käufers nicht binnen zwei Wochen erklärt.

Wird infolge der Verweigerung der Genehmigung ein neuer Verkauf vorgenommen, so hat für die Kosten desselben und für einen Mindererlös der frühere Käufer aufzukommen.

**IV. 1.** Fassung der Regelung im *E II*

E II § 395 — § 395. Bei einem Verkauf im Wege der Zwangsvollstreckung dürfen der mit der Vornahme oder Leitung des Verkaufs Beauftragte und die von ihm zugezogenen

Gehülfen, mit Einschluß des Protokollführers, den zum Verkaufe gestellten Gegenstand weder persönlich noch durch einen Anderen noch als Vertreter eines Anderen kaufen.

Das Gleiche gilt bei einem Verkauf außerhalb der Zwangsvollstreckung, wenn der Auftrag zu dem Verkauf auf Grund einer gesetzlichen Vorschrift ertheilt worden ist, welche den Auftraggeber ermächtigt, den Gegenstand für Rechnung eines Anderen verkaufen zu lassen, insbesondere in den Fällen des Pfandverkaufs und des im § 330 vorgesehenen Verkaufs.

§ 396. Die Wirksamkeit eines den Vorschriften des § 395 zuwider erfolgten Kaufes und der Uebertragung des Kaufgegenstandes hängt von der Zustimmung der bei dem Verkauf als Schuldner, Eigenthümer oder Gläubiger Betheiligten ab. E II § 396

Die Genehmigung eines Betheiligten gilt als verweigert, wenn sie von ihm nicht binnen zwei Wochen nach dem Empfang einer Aufforderung des Käufers erklärt wird.

Wird in Folge der Verweigerung der Genehmigung ein neuer Verkauf vorgenommen, so hat der frühere Käufer für die Kosten desselben sowie für einen Mindererlös aufzukommen.

2. *Revision des E II:* Zu § 395 lag der Antrag vor, dem Abs. 2 hinzuzufügen: „und bei dem Verkaufe durch den Konkursverwalter". Der Antrag wurde gebilligt (Prot. II, Bd. 6, S. 172). Jacubezky (Nr 33, 5)

V. Die §§ 449–451 *E II rev* (§§ 450–452 *E III* entsprechen den §§ 456–458 BGB).

## II. Gewährleistung wegen Mängel der Sache

### § 459

**Der Verkäufer einer Sache haftet dem Käufer dafür, daß sie zu der Zeit, zu welcher die Gefahr auf den Käufer übergeht, nicht mit Fehlern behaftet ist, die den Werth oder die Tauglichkeit zu dem gewöhnlichen oder dem nach dem Vertrage vorausgesetzten Gebrauch aufheben oder mindern. Eine unerhebliche Minderung des Werthes oder der Tauglichkeit kommt nicht in Betracht.**

**Der Verkäufer haftet auch dafür, daß die Sache zur Zeit des Ueberganges der Gefahr die zugesicherten Eigenschaften hat.**

### A. 1. Kommission

I. 87. Sitzung vom 12. 5. 1882, Schriftführer Neubauer

Nach Abschluß der Beratungen der TE-OR Nr. 20 §§ 7–21 „Gewährleistung des veräußerten Rechts" | folgten allgemeine Besprechungen über den Abschnitt „Gewährleistung wegen Mängel der Sache", insbesondere dessen System und Terminologie. Eine Beschlußfassung erfolgte nicht. Einverständniß bestand jedoch, daß mit Rücksicht darauf, daß der Entwurf auch in diesem Abschnitte von „Gewährleistung" spreche, der | Prot I 728

Beschluß vom 2. dieses Monats (Prot. S. 675)[1], nach welchem am Schluß des auszusprechenden Prinzips für die Eviktion das Wort „Gewährleistungspflicht" in Klammern beigefügt werden soll, nicht aufrecht zu erhalten sei. |

88. Sitzung vom 15. 5. 1882, Schriftführer Neubauer (nicht anwesend Dr. Gebhard)

| Prot I 729 | Die Berathung des Theilentwurfes des Obligationenrechts, betreffend Rechte und Verpflichtungen aus Verträgen (№ 20), insbesondere Gewährleistung wegen Mängel der Sache, wurde fortgesetzt.

Johow (Nr 69) Zu dem vorliegenden Abschnitte war folgender, das System desselben berührender Antrag gestellt:

Zu §§ 22 ff. nachstehende Grundsätze – Fassung vorbehalten – zu beschließen:

1. „Mangelt der auf Grund eines Vertrages geschuldeten Sache eine zugesicherte Eigenschaft, so ist das Rechtsverhältniß zwischen den Vertragschließenden nach den Grundsätzen über die Unmöglichkeit der Erfüllung zu beurtheilen.

| Prot I 730 2. Hat die auf Grund eines Vertrages geschuldete Sache | zu der Zeit, mit welcher die Gefahr derselben auf den Gläubiger übergeht, einen Mangel, welcher den Werth oder die Tauglichkeit der Sache zu dem regelmäßigen oder nach dem Vertrage vorausgesetzten Gebrauche aufhebt oder erheblich mindert, so ist zu unterscheiden, ob der Schuldner bei Abschluß des Vertrages den Mangel gekannt hat oder nicht.

3. Hat im Falle der № 2 der Schuldner den Mangel gekannt, so ist das Rechtsverhältniß zwischen den Vertragschließenden ebenso zu beurtheilen, wie wenn eine zugesicherte Eigenschaft mangelte.

Diese Bestimmung findet keine Anwendung, wenn auch der Gläubiger bei Abschluß des Vertrages den Mangel gekannt hat.

4. Hat im Falle der № 2 der Schuldner den Mangel nicht gekannt, so hat der Gläubiger nach seiner Wahl das Recht des Rücktritts von dem Vertrage oder das Recht der Minderung.

Diese Bestimmung findet keine Anwendung, wenn der Gläubiger die Sache angenommen und hierbei den Mangel erkannt hat.

5. Das Recht der Minderung befugt den Gläubiger, seine Gegenleistung nach dem Verhältniß zu kürzen, in welchem der Werth der Sache mit dem Fehler zu dem Werthe derselben ohne den Fehler zu der Zeit der Schließung des Vertrages gestanden hat.

| Prot I 731 | 6. Geht die Sache nach der in № 2 bezeichneten Zeit unter, und hat der Gläubiger dem Schuldner noch nicht angezeigt, daß er von dem Vertrage zurücktrete, so hat er fortan nur das Recht der Minderung, es sei denn, daß die Sache in Folge ihrer Fehlerhaftigkeit untergegangen.

Hatte der Gläubiger seinen Rücktritt von dem Vertrage dem Schuldner bereits angezeigt, so bleibt der Untergang der Sache ohne Einfluß auf die Aufhebung des Vertrages. Hat der Gläubiger den Untergang der Sache verschuldet, so haftet er dem Schuldner für den Schaden.

7. Ist die auf Grund eines Vertrages zu leistende Sache nur der Gattung nach bestimmt, so finden die unter 2 – 6 bezeichneten Grundsätze keine Anwendung.

Wählt der Schuldner eine Sache, welche wegen eines vorhandenen Mangels seiner Verbindlichkeit nicht entspricht, so wird der Gläubiger durch die Annahme der Sache nicht gehindert, dieselbe dem Schuldner zur Verfügung zu stellen und vertragsmäßige Erfüllung oder nach Lage der Sache das Erfüllungsinteresse zu fordern.

[1] S. bei § 433 BGB.

Der Gläubiger kann die Leistung einer anderen Sache nicht mehr fordern, wenn er bei der Annahme der Sache den Mangel kannte, oder wenn er bei späterer Entdeckung des Mangels nicht unverzüglich dem Schuldner anzeigt, daß er die Leistung einer anderen Sache beanspruche.

8. Die Spezialitäten des Entwurfs, welche von den | unter 1 – 7 vorgeschlagenen Sätzen nicht berührt werden, bleiben vorbehalten." | Prot I 732

Nachdem sich ergeben hatte, daß es nicht in der Absicht des Antragstellers gelegen habe, für die Fälle, in welchen eine bestimmte Eigenschaft zugesichert ist, die aus den bisherigen Beschlüssen über die Nichtigkeit eines Vertrages, in welchem eine unmögliche Leistung bedungen ist, hervorgehenden Bestimmungen (vgl. Beschluß vom 24. März 1882, Protokolle S. 558 und vom 23. Dezember 1881, Protokolle S. 276)[2] als maßgebend in Vorschlag zu bringen, erachtete man es für angemessen, in die Berathung des Entwurfs nach der Reihenfolge der einzelnen Paragraphen desselben einzutreten und die aus dem obigen Antrage zu ersehenden Abweichungen an zutreffender Stelle zu berücksichtigen.

Zu § 22 des Entwurfes:

„Wer durch entgeltlichen Vertrag eine Sache veräußert, haftet dem Erwerber nicht nur für die zugesicherten Eigenschaften, sondern auch dafür, daß die Sache zu der Zeit, mit welcher die Gefahr derselben auf den Erwerber übergeht, nicht solche Mängel hat, welche den Werth oder die Tauglichkeit der Sache zu dem regelmäßigen oder nach dem Vertrage vorausgesetzten Gebrauche aufheben oder erheblich mindern." TE-OR (Nr 20) § 22

lagen die Anträge vor:

1. anstatt der Worte: "zu der Zeit, mit welcher die Gefahr derselben auf den Erwerber übergeht" zu setzen: „zur Zeit der Schließung des Vertrages". Derscheid (Nr 62)

2. § 22 zu fassen: v. Weber (Nr 71, 1)

"Wer pp. eine Sache veräußert, haftet dem Erwerber dafür, daß die Sache zu der Zeit, mit welcher die Gefahr derselben auf den Erwerber übergeht, nicht nur die zugesicherten Eigenschaften, | sondern auch nicht solche Mängel hat pp." | Prot I 733

Das dem § 22 zum Grunde liegende Prinzip blieb unbeanstandet.

Zu einer ausführlichen Erörterung führte der Antrag zu 1. Es erfolgte die Ablehnung desselben. Die Ablehnung gründete sich auf folgende Erwägungen: Man könne zugeben, daß die Verpflichtungen des Veräußerers in Ansehung der Haftung für gewisse Eigenschaften des Vertragsgegenstandes sich an und für sich nach der Zeit des Vertragsabschlusses bestimmen. Auf der anderen Seite komme aber auch die Haftung in Betracht, welche sich für ihn aus der noch fortdauernden Tragung der Gefahr ergebe. Verliere der Vertragsgegenstand während dieser Zeit eine Eigenschaft, deren Mangel nach § 22 vertreten werden müsse, in Folge eines zufälligen, eine theilweise Unmöglichkeit der Erfüllung nach sich ziehenden Ereignisses, so begründe dies für den Erwerber das Recht, vom Vertrage zurückzutreten oder eine Herabsetzung der Gegenleistung zu fordern, und zwar nach Maßgabe des in der Sitzung vom 25. September 1876 (gedruckte Zusammenstellung S. 14)[2a] gefaßten Beschlusses, welcher folgendergestalt laute:

„Ist nach Schließung des Kaufvertrages vor den in den Ziffern 1 und 2 bezeichneten Zeitpunkten (d. i. vor der Uebergabe bezw. Eintragung in das Grundbuch) dem Verkäufer die Erfüllung seiner Verbindlichkeit durch Zufall theilweise unmöglich geworden und ist in Folge dessen die Verbindlichkeit des Verkäufers [2b] auf die noch mögliche

---

[2] S. bei §§ 306 und 139 BGB.
[2a] S. bei § 446 BGB.
[2b] In den Protokollen heißt es – offenbar durch ein Versehen – „Käufers".

Leistung beschränkt, so kann der Käufer an der Gegenleistung einen verhältnißmäßigen Abzug machen oder von dem Vertrage abgehen, wenn anzunehmen ist, daß er diesen nicht geschlossen hätte, falls die Unmöglichkeit vollständiger Erfüllung schon zur
| Prot I 734 Zeit | der Schließung des Vertrags in Aussicht gestanden hätte."

Im Wesentlichen sei damit dem Erwerber das Recht der Wandelung und das Recht der Minderung eingeräumt. Das Recht der Wandelung möge sich immerhin etwas anders gestalten, wie es in dem vorliegenden Abschnitte zu bestimmen sei. Allein diese Modifikationen könnten nicht von erheblichem Belange sein. Deshalb rechtfertige sich im Interesse der Einfachheit des Gesetzes und der Erleichterung seiner Anwendung die in dem Entwurf vorgeschlagene Gleichstellung, wobei selbstverständlich sei, daß, wenn zur Zeit des Vertragsschlusses die Mängel nicht vorhanden waren, der Veräußerer nicht deshalb *auf das Interesse* in Anspruch genommen werden könne, weil er eine Eigenschaft zugesichert oder einen Mangel verschwiegen habe (§ 26).

Im Uebrigen wurden folgende Beschlüsse gefaßt:

1. Der Antrag zu 2, welcher nur verdeutlicht, was der § 22 nach den Motiven[3] (S. 33 ff.) zu bestimmen bezweckt, fand Annahme.

2. Das Wort: „Mängel" soll der Breviloquenz halber, im Einklange mit dem Entwurfe, für das Fehlen sowohl der zugesicherten, als der stillschweigend vorausgesetzten Eigenschaften gebraucht werden.

3. Das Wort „entgeltlichen" im Eingang soll aus ähnlichen Gründen, wie in § 7 (Beschluß vom 2. Mai d. Js., Protokolle S. 676)[4] gestrichen werden (zu vergleichen § 38).

4. Der Paragraph betrifft den obligatorischen Veräußerungsvertrag, so daß das Wort „veräußert" zu vermeiden ist.

5. Das Wort: „erheblich" am Schluß wurde beanstandet, weil es mißverständlich sei, zumal es nur zu „Werth" passe. Die Mehrheit beschloß jedoch die Beibehaltung des
| Prot I 735 Wortes mit der Aenderung in „nicht unerheblich", wobei | jedoch der Redaktion die Prüfung überlassen blieb, ob nicht die Fassung den Vorzug verdiene: „eine unerhebliche Minderung kommt nicht in Betracht", damit der der Rechtsregel: „minima non curat praetor" entsprechende Sinn klarer zum Ausdruck komme.

6. Ob das Wort: „regelmäßig" durch „gewöhnlich" zu ersetzen sei, bleibt der Prüfung bei der Redaktion vorbehalten.

7. Der § 22 und die folgenden §§ betreffen nur die *Sach*veräußerung und bezw. die physischen Fehler der Sache. Ob die Bestimmungen auf den Fall der Veräußerung des Rechts an einer Sache, wenn zur Ausübung des Rechts die Detention der Sache erforderlich ist (z. B. Nießbrauch), auszudehnen seien, wird später nach Erledigung des Abschnitts geprüft werden.

Zum Schluß empfahl ein Mitglied, bei der Redaktion des § 22 den Artikel 317 des bayerischen Entwurfs zum Anhalt zu nehmen.

Zu § 23 des Entwurfs:

TE-OR (Nr 20) § 23 „Für andere, als die im § 22 bezeichneten Mängel haftet der Veräußerer nur dann, wenn er deren Nichtvorhandensein bei der Schließung des Vertrages besonders zugesichert hat. Das allgemeine Versprechen, für alle Mängel haften zu wollen, ist im Zweifel nur auf die nach Maßgabe des § 22 von dem Veräußerer zu vertretenden Mängel zu

[3] v. Kübels.
[4] S. bei § 433 BGB. § 38 TE-OR (Nr 20) s. bei § 524 BGB.

beziehen. Eine bloß zur Empfehlung der Sache gemachte Anpreisung der Sache gilt nicht als Zusicherung."

war beantragt: Derscheid (Nr 62)

die Worte „bei der Schließung des Vertrages" zu streichen.

Der § 23 wurde satzweise berathen. Es erfolgte die Ablehnung zunächst des ersten, dann des zweiten, zuletzt auch des dritten Satzes.

| Man erachtete den ersten Satz für selbstverständlich, den zweiten, welcher nur eine nicht ganz unbedenkliche Auslegungsregel enthalte, für nicht erforderlich, wenn er auch in Bezug auf die Viehmängel sich zur Aufnahme empfehlen möge, den dritten, weil er über den Begriff: „Anpreisung" nicht aufkläre, gleichfalls für entbehrlich. | Prot I 736

**II. 2.** In der *ZustOR* lauten die beschlossenen Vorschriften als § 81:

Wer sich durch Vertrag zur Veräußerung einer Sache verpflichtet, haftet dem Erwerber dafür, daß die Sache zu dem Zeitpunkte, in welchem die Gefahr derselben auf den Erwerber übergeht, die zugesicherten Eigenschaften hat. ZustOR § 81

Er haftet dafür, daß die Sache zu demselben Zeitpunkte auch nicht solche Mängel hat, welche den Werth oder die Tauglichkeit derselben zu dem gewöhnlichen oder nach dem Vertrage vorausgesetzten Gebrauche aufheben oder mindern. Eine unerhebliche Minderung des Werths oder der Tauglichkeit kommt nicht in Betracht.

**3.** Bei der Beratung der Anträge betr. die Drucklegung der Beschlüsse zum Obligationenrecht wurde auf Antrag von Kurlbaum (Nr. 570 III) in § 81 Abs. 1 und 2 die Wendung „zu dem Zeitpunkte" ersetzt durch „in dem Zeitpunkte" (Prot I 3551, 3559).

Bei der Drucklegung der Beschlüsse zum Obligationenrecht waren die beiden Absätze des § 81 zu einem Absatz verbunden worden. Von Kurlbaum (Nr. 570 II) wurde beantragt, diese redaktionelle Änderung zu genehmigen. Der dagegen gerichtete Antrag von v. Weber (Nr. 571, 3), in § 81 aus dem 2. und 3. Satze „Er haftet dafür pp. — nicht in Betracht." einen besonderen Absatz zu bilden und den Eingang so zu fassen: „Der Veräußerer haftet auch dafür, daß die Sache in demselben Zeitpunkte nicht solche Mängel hat, pp." (in § 85 ist § 81 Absatz 2 zitiert)[5] wurde angenommen (Prot I 3548, 3558, 3561).

**III.** Gemäß den vorstehenden Beschlüssen ist die Fassung der Vorschriften im *KE* § 378. Jedoch heißt es „Werthes" statt „Werths".

**IV.** Im *E I* lautet die Vorschrift als § 381:

Wer sich durch Vertrag zur Veräußerung einer Sache verpflichtet, haftet dem Erwerber dafür, daß die Sache in dem Zeitpunkte, in welchem die Gefahr auf den Erwerber übergeht, die zugesicherten Eigenschaften hat. E I § 381

Der Veräußerer haftet auch dafür, daß die Sache in demselben Zeitpunkte nicht solche Mängel hat, welche den Werth oder die Tauglichkeit derselben zu dem gewöhnlichen oder nach dem Vertrage vorausgesetzten Gebrauche aufheben oder mindern. Eine unerhebliche Minderung des Werthes oder der Tauglichkeit kommt nicht in Betracht.

---

[5] § 85 ZustOR s. Vor §§ 462–480 BGB.

## B. Vorkommission des Reichsjustizamtes

I. Zur systematischen Stellung der Vorschriften über die Gewährleistung wegen Mängel der veräußerten Sache, wurde von Struckmann (Nr. 1, 105) und von Planck (Nr. 6, 9) der *Antrag* gestellt, die §§ 381 bis 411 E I von ihrer bisherigen Stelle im Titel „Allgemeine Vorschriften" über Schuldverhältnisse aus Rechtsgeschäften unter Lebenden zu versetzen in den Titel über den Kauf, wo sie im Anschluß an den ebenfalls neu zu bildenden Unterabschnitt „Gewährleistung des veräußerten Rechts" (Struckmann) bzw. „Gewährleistung wegen Mangels in dem Rechte des Verkäufers" (Planck) den Unterabschnitt „Gewährleistung wegen Mängel der veräußerten (Planck: verkauften) Sache" bilden sollen. Bezüglich der Fassung der Vorschriften beschränkt sich der Antrag Plancks auf eine der geänderten Stellung „entsprechend geänderte Fassung"; der Antrag Struckmanns schlägt eine durchgehende Neufassung vor, die zu den einzelnen §§ mitgeteilt wird. Dort werden auch mitgeteilt die von Planck für den Fall, daß die §§ 370 – 411 an ihrer bisherigen Stelle bleiben sollten, vorgeschlagenen Fassungsänderungen.

Zu § 381 E I wurde im einzelnen beantragt:

1. die Ersetzung der Vorschrift durch folgende Bestimmung:

§ a (§ 381)

Struckmann (Nr 1, 105 § a) Der Verkäufer einer Sache haftet dem Käufer dafür, daß dieselbe in dem Zeitpunkte, in welchem die Gefahr auf den Käufer übergeht, die zugesicherten Eigenschaften hat.

Der Verkäufer haftet auch dafür, daß die Sache in dem bezeichneten Zeitpunkte nicht mit solchen Mängeln behaftet ist, welche u.s.w. (wie § 381 Abs. 2 des Entw.)[6].

Jacubezky (Nr 5, 22) 2. im § 381 den Eingang des Absatzes 1 zu fassen:

Wer sich durch Vertrag gegen Entgelt zur Veräußerung u.s.w.

und dem Absatz 2 folgenden Satz anzufügen:

Ist ein auf die Veräußerung mehrerer Sachen gerichteter Vertrag über die mehreren Sachen als zusammengehörende geschlossen, so kommt eine Minderung des Werthes oder der Tauglichkeit einer einzelnen von den mehreren Sachen nicht in Betracht, wenn sie für die ganze Leistung unerheblich ist.

Planck (Nr 6, 16) 3. in dem § 381 vor dem Worte „verschwiegen" einzuschalten: „arglistig"[7].

II. 62. Sitzung vom 27. 12. 1891

| Prot-RJA 349 | I. Die Kommission beschloß zunächst, die von der Gewährleistung wegen Mängel der veräußerten Sache handelnden §§ 381 bis 411 in Konsequenz der zu den §§ 370 bis 380 gefaßten Beschlüsse (Prot. S. 339)[8] an dieser Stelle zu streichen und in der Beschränkung auf den Kauf in den 4. Titel des 2. Abschnittes einzureihen.

II. Der § 381 fand seinem sachlichen Inhalte nach die Billigung der Mehrheit. Der Anregung, in dem Abs. 2 die Worte „oder nach dem Vertrage vorausgesetzten" zu streichen, um dem Mißverständnisse vorzubeugen, als ob in Abweichung vom gemeinen Rechte für die Frage des Vorliegens eines Mangels auch blos *subjektive*, aus der Person des Käufers zu entnehmende Kriterien maßgebend sein sollten, wurde nicht stattgegeben. Einverständniß herrschte jedoch darüber, daß die den Gebrauch betref-

---

[6] Der Antrag ist Bestandteil des oben mitgeteilten Systemantrags Nr. 1, 105.

[7] Der Antrag ist für den Fall gestellt, daß dem Systemantrag Nr. 6, 9 nicht stattgegeben wird.

[8] S. bei § 433 BGB.

fende Voraussetzung Bestandtheil des Vertrages geworden sein müsse, wenngleich andererseits eine *Zusicherung* im Sinne des Abs. 1 nicht vorzuliegen brauche.

Für entbehrlich wurde die Aufnahme einer Bestimmung des Inhalts erachtet, daß bei einem auf die Veräußerung mehrerer Sachen gerichteten Vertrage, welcher über die mehreren Sachen als zusammengehörende geschlossen sei, eine Minderung des Werthes oder der Tauglichkeit einer einzelnen Sache nicht in Betracht komme, wenn sie für die ganze Leistung unerheblich sei. Die Mehrheit nahm an, daß bei richtiger Auslegung des § 381 Abs. 2 und unter analoger Anwendung des dem § 389 zu Grunde liegenden Gedankens sich von selbst | ergebe, daß die Haftung wegen Mängel der verkauften Sache nur dann eintrete, wenn die den Gegenstand des Kaufes bildende *Einheit* als solche mit einem erheblichen Mangel behaftet sei. | Prot-RJA 350

In redaktioneller Beziehung wurde der § 381 unter Berücksichtigung des zu I. gefaßten Beschlusses vorläufig wie folgt festgestellt:

§ a (381)

Der Verkäufer einer Sache haftet dem Käufer dafür, daß dieselbe in dem Zeitpunkte, in welchem die Gefahr auf den Käufer übergeht, die zugesicherten Eigenschaften hat. E I-RJA § a (381)

Der Verkäufer haftet auch dafür, daß die Sache in dem bezeichneten Zeitpunkte nicht mit solchen Mängeln behaftet ist, welche u. s. w. (wie der Abs. 2 des Entwurfs).

## C. 2. Kommission

I. Zu den Vorschriften des E I über die „Gewährleistung wegen Mängel der veräußerten Sache" wurde beantragt (Prot. II, Bd. 1, S. 670f; *Mugdan*, Bd. 2, S. 657f.):

die §§ 381 bis 411 hier zu streichen und statt derselben beim Kaufe die in dem Antrag unter §§ a bis ee formulirten Bestimmungen aufzunehmen[9]. Struckmann (Nr 67, 1)

Die Kommission beschloß aus den bezüglich der Haftung für Rechtsmängel dargelegten Gründen, auch die Gewährleistung wegen Mängel der Sache zunächst nur für den Kauf zu regeln.

Zu § 381 lagen folgende Anträge vor:

1. statt des Entw. zu bestimmen: Struckmann (Nr 67, 1 § a)

§ a. Der Verkäufer einer Sache haftet dem Käufer dafür, daß dieselbe in dem Zeitpunkte, in welchem die Gefahr auf den Käufer übergeht, die zugesicherten Eigenschaften hat.

Der Verkäufer haftet auch dafür, daß die Sache in dem bezeichneten Zeitpunkte nicht mit solchen Mängeln behaftet ist, welche den Werth oder die Tauglichkeit derselben zu dem gewöhnlichen oder nach dem Vertrage vorausgesetzten Gebrauch aufheben oder mindern. Eine unerhebliche Minderung des Werthes oder der Tauglichkeit kommt nicht in Betracht.

2. im § 381 (§ a) dem Abs. 2 die Bestimmung anzufügen: Jacubezky (Nr 74, 1)

Sind mehrere Sachen als zusammengehörig verkauft, so kommt eine Minderung des Werthes oder der Tauglichkeit einer einzelnen von den mehreren Sachen nicht in betracht, wenn sie für die ganze Leistung unerheblich ist.

---

[9] In der metallographierten Fassung lautet der Antrag eingangs: „Die §§ 381 bis 411 hier zu streichen und beim Kauf (Stellung im übrigen vorbehalten) folgende Vorschriften aufzunehmen".

v. Cuny (Nr 83, 1) 3. im § 381 (§ a) Abs. 2 vor dem Worte „Mängel" das Wort „verborgene" einzuschalten;

Wilke (Nr 80, 1) 4. den Schlußsatz des § a zu streichen.

Die Anträge 2 und 3 wurden mit Zustimmung der Antragsteller ausgesetzt, und zwar der Antrag 2 bis zur Berathung des § 389, der Antrag 3 bis zur Berathung des § 382. Der Antrag 1 wurde angenommen; der Antrag 4 war hierdurch erledigt.

**II.** In der *VorlZust* der Beschlüsse der 2. Kommission hat die beschlossene Vorschrift die Fassung:

E I-VorlZust § 381 Der Verkäufer einer Sache haftet dem Käufer dafür, daß dieselbe in dem Zeitpunkte, in welchem die Gefahr auf den Käufer übergeht, die zugesicherten Eigenschaften hat.

Der Verkäufer haftet auch dafür, daß die Sache in dem bezeichneten Zeitpunkte nicht mit solchen Mängeln behaftet ist, welche den Werth oder die Tauglichkeit derselben zu dem gewöhnlichen oder nach dem Vertrage vorausgesetzten Gebrauche aufheben oder mindern. Eine unerhebliche Minderung des Werthes oder der Tauglichkeit kommt nicht in Betracht[10].

**III.** In der *ZustRedKom* hat die Vorschrift — in das Recht des Kaufs eingestellt — als § 469 a die Fassung:

E I-ZustRedKom § 469 a (381) Der Verkäufer einer Sache haftet dem Käufer dafür, daß sie zu der Zeit, in welcher die Gefahr auf den Käufer übergeht, nicht mit solchen Fehlern behaftet ist, welche den Werth oder die Tauglichkeit zu dem gewöhnlichen oder nach dem Vertrage vorausgesetzten Gebrauch aufheben oder mindern. Eine unerhebliche Minderung des Werthes oder der Tauglichkeit kommt nicht in Betracht.

Der Verkäufer haftet auch dafür, daß die Sache zur Zeit des Gefahrübergangs die zugesicherten Eigenschaften hat.

**IV., V.** Im *E II* hat die Vorschrift als § 397 und im *E II rev* als § 452 die in § 459 BGB Gesetz gewordene Fassung.

## § 460

**Der Verkäufer hat einen Mangel der verkauften Sache nicht zu vertreten, wenn der Käufer den Mangel bei dem Abschlusse des Kaufes kennt. Ist dem Käufer ein Mangel der im § 459 Abs. 1 bezeichneten Art in Folge grober Fahrlässigkeit unbekannt geblieben, so haftet der Verkäufer, sofern er nicht die Abwesenheit des Fehlers zugesichert hat, nur, wenn er den Fehler arglistig verschwiegen hat.**

---

[10] Zu der Vorschrift ist angemerkt:

Die Vorschriften der §§ 381—411 sollen auf den Kauf beschränkt werden und in den Abschnitt über den Kauf eingestellt werden. Vorbehalten bleibt eine Vorschrift, durch welche die entsprechende Anwendung auf andere entgeltliche Verträge bestimmt wird.

## A. 1. Kommission

**I.** 88. Sitzung vom 15. 5. 1882, Schriftführer Neubauer (nicht anwesend Dr. Gebhard)

| Der § 24 des Entwurfs lautet: | Prot I 736

„Für Mängel, welche der Erwerber zur Zeit der Schließung des Vertrages gekannt hat, haftet der Veräußerer nicht. Für Mängel, welche der Erwerber nicht gekannt hat, aber bei Anwendung gewöhnlicher Aufmerksamkeit hätte wahrnehmen können, haftet der Veräußerer nur dann, wenn er deren Nichtvorhandensein zugesichert hat." TE-OR (Nr 20) § 24

1. Der erste Satz wurde angenommen. Für selbstverständlich wurde es gehalten, daß die darin enthaltene Bestimmung von der Anwendung auszuschließen sei, wenn eine Eigenschaft zugesichert ist, welche bei dem Abschluß des Vertrages, wie dem Erwerber bekannt war, gefehlt hat, die Beseitigung des Mangels aber möglich ist.

2. Zu dem zweiten Satz wurde der Antrag gestellt, am Schluß hinzuzusetzen: Kurlbaum
„oder deren Vorhandensein gekannt und verschwiegen hat."
Der zweite Satz fand mit dem vorstehenden Zusatzantrage Annahme.

Den Zusatzantrag betreffend, so ging man davon aus, daß der dolose Veräußerer sich auf den Mangel der Aufmerksamkeit des Erwerbers nicht berufen könne. Von einigen Seiten wurde hinzugefügt, daß dem dolosen Veräußerer gegenüber in dem betreffenden Falle, wenn die Voraussetzungen des § 22 vorliegen, nicht allein das Recht auf Erstattung des Interesse (§ 26), sondern | auch das Recht der Wandelung und Minderung zustehen müsse. | Prot I 737

Beantragt wurde zum zweiten Satze, dem Erwerber das Recht der Wandelung und Minderung auch dann zu versagen, wenn ihm nur *geringe* Fahrlässigkeit zur Last falle, behufs Uebereinstimmung mit dem zum § 95 des Entwurfs des Allgemeinen Theils (Protokolle S. 174–176, 183, 188, 189, Zusammenstellung § 74)[1] gefaßten Beschlusse. Der Antrag wurde jedoch abgelehnt; man fand die beregte Uebereinstimmung nicht für geboten und die Bestimmung des Entwurfs um so angemessener, als sie mit dem geltenden Rechte mehr harmonire.

Den von einer Seite gestellten Antrag betreffend, zu bestimmen, daß der Erwerber, wenn er die Sache in Kenntniß von dem Mangel angenommen habe, wegen des letzteren zur Wandelung oder Minderung nicht mehr befugt sei, so wurde beschlossen, diesen Antrag erst nach Erledigung des § 25 zu prüfen.

Gebilligt wurde, daß der Entwurf – abweichend von dem dresdener Entwurfe Art. 174 – Vorschriften nicht aufgenommen hat für die Fälle, wenn sachverständige Beurtheilung nöthig und der Erwerber Sachverständiger ist, ferner, wenn die sofortige Untersuchung nicht möglich ist.

**II. 2.** In der *ZustOR* lautet die beschlossene Bestimmung als § 82:

Der Veräußerer haftet nicht wegen eines Mangdls, welchen der Erwerber zur Zeit der Schließung des Vertrages gekannt hat. ZustOR § 82

Wegen eines Mangels, welchen der Erwerber nicht gekannt hat, jedoch bei Anwendung gewöhnlicher Aufmerksamkeit hätte wahrnehmen können, haftet der Veräußerer nur dann, wenn er das Nichtvorhandensein des Mangels zugesichert, oder wenn er denselben gekannt und dem Erwerber verschwiegen hat.

---

[1] S. bei §§ 118, 122 BGB.

3. Auf der 118. Sitzung wurde nach Beratung der §§ 196, 197 TE–OR (Nr 13) der Redaktion anheimgegeben, die Fassung des § 82 ZustOR, wo von Anwendung gewöhnlicher Aufmerksamkeit die Rede ist, zu ändern: „wegen eines Mangels, welchen der Erwerber aus grober Fahrlässigkeit nicht gekannt hat" (Prot I 1063)[2].

**III.** Im *KE* ist die Vorschrift als § 379 gefaßt:

Abs. 1 wie § 82 Abs. 1 ZustOR.

Abs. 2: Wegen eines Mangels, welcher dem Erwerber in Folge grober Fahrlässigkeit unbekannt geblieben ist, haftet der Veräußerer nur dann, wenn ... usw. wie § 82 ZustOR.

**IV.** Im *E I* ist die Vorschrift in einer gegenüber § 379 KE unveränderten Fassung in § 382 enthalten.

## B. Vorkommission des Reichsjustizamtes

**I.** Beantragt war:

Struckmann (Nr 1, 105 § b)[3] 1. § 382 wie folgt zu fassen:

Der Verkäufer haftet nicht wegen eines Mangels, welchen der Käufer zur Zeit der schließung des Vertrages gekannt hat.

Wegen eines Mangels, welcher dem Käufer in Folge grober Fahrlässigkeit unbekannt geblieben ist, haftet der Verkäufer nur dann, wenn er die Abwesenheit des Mangels zugesichert oder ihn arglistig verschwiegen hat.

Jacubezky (Nr 5, 23) 2. im § 382 den Schluß des Absatz 2 zu fassen:

... dem Erwerber arglistig verschwiegen hat.

**II.** 62. Sitzung vom 27. 12. 1891

| Prot-RJA 350 | **III.** Zu § 382 Abs. 1 wurde der Standpunkt des Entwurfs, wonach der Verkäufer wegen eines Mangels nicht haftet, welchen der Käufer zur Zeit der Schließung des Vertrages gekannt hat, von der Mehrheit gebilligt. Die Anregung, auch wegen eines dem Käufer bekannten Mangels den Verkäufer haften zu lassen, wenn er das Nichtvorhandensein des Mangels zugesichert habe, wurde als zu weit gehend beanstandet, da in einem solchen Falle regelmäßig eine dolose Verleitung des Verkäufers zu der Zusicherung von Seiten des Käufers vorliegen würde und die Annahme gerechtfertigt sei, der Verkäufer würde, wenn er gewußt hätte, daß der Käufer den Mangel kennt, die Zusicherung schwerlich gegeben haben. Anders liege die Sache, wenn beide Theile den Mangel gekannt hätten. In einem solchen Falle könne in der Zusicherung die Garantie des Verkäufers gefunden wer- | Prot-RJA 351 | den, daß dem Käufer aus dem Mangel kein Schaden erwachsen werde. Auch verstehe es sich von selbst, daß die Zusicherung dann wirksam sei, wenn sie als Versprechen der Beseitigung eines Mangels aufzufassen sei.

Zu Abs. 2 glaubte die Mehrheit eine Haftung des Verkäufers wegen solcher Mängel, welche dem Käufer in Folge grober Fahrlässigkeit unbekannt geblieben seien, nur dann statuiren zu sollen, wenn der Verkäufer die Abwesenheit des Mangels zugesichert oder denselben *arglistig* verschwiegen habe. Maßgebend hierfür war die Erwägung, daß der

---

[2] S. bei §§ 276–278 BGB.

[3] S. zu diesem Antrag bereits oben bei § 459 BGB sowie unten bei §§ 462–493 BGB.

Entwurf zu einer unbilligen Härte gegenüber dem Verkäufer führe, indem er den letzteren nöthige, auch auf einen offensichtlichen Mangel selbst in solchen Fällen ausdrücklich hinzuweisen, in denen der Preis unter stillschweigender Berücksichtigung des Mangels entsprechend niedrig festgesetzt und mithin die Annahme, daß auch der Käufer das Vorhandensein des Mangels bemerkt habe, gerechtfertigt sei.

Demgemäß erhielt der § 382 folgende Fassung:

§ b (382)

Der Verkäufer haftet nicht wegen eines Mangels, welchen der Käufer zur Zeit der Schließung des Vertrages gekannt hat. E I-RJA § b (382)

Wegen eines Mangels, welcher dem Käufer in Folge grober Fahrlässigkeit unbekannt geblieben ist, haftet der Verkäufer nur dann, wenn er die Abwesenheit des Mangels zugesichert oder ihn arglistig verschwiegen hat.

## C. 2. Kommission

**I.** Zu § 382 war beantragt (Prot. II, Bd. 1, S. 671 f.; *Mugdan*, Bd. 2, S. 658):

1. denselben wie folgt zu ersetzen: Struckmann (Nr 67, 1 § b)

§ b. Der Verkäufer haftet nicht wegen eines Mangels, welchen der Käufer zur Zeit der Schließung des Vertrags gekannt hat.

Wegen eines Mangels, welcher dem Käufer in Folge grober Fahrlässigkeit unbekannt geblieben ist, haftet der Verkäufer nur dann, wenn er die Abwesenheit des Mangels zugesichert oder ihn arglistig verschwiegen hat.

2. den § 382 zu fassen: v. Mandry (Nr 78, 2)

Der Verkäufer haftet nicht wegen eines Mangels, welchen der Käufer zur Zeit der Schließung des Vertrags gekannt oder nur in Folge grober Fahrlässigkeit nicht gekannt hat. Hat jedoch der Verkäufer die Abwesenheit des Mangels zugesichert oder denselben arglistig verschwiegen, so haftet er auch dann, wenn der Mangel dem Käufer in Folge grober Fahrlässigkeit unbekannt geblieben ist[4].

Den Antrag 1 (§ b) nahm die Kom. sachlich an; der Antrag 2 wurde als nur die fassung betreffend der RedKom überwiesen.

**II.** In der *VorlZust* der Beschlüsse der 2. Kommission entspricht die Fassung des § 382 dem § b des Antrags 1.

**III.** In der *ZustRedKom* hat die Vorschrift als § 469 b die Fassung:

Der Verkäufer haftet nicht wegen eines Mangels, welchen der Käufer zur Zeit des Kaufes gekannt hat. Ist dem Käufer ein Mangel der im § 469 a Abs. 1 bezeichneten Art E I-ZustRedKom § 469 b (382)

[4] Dem Antrag ist in Klammern hinzugefügt: nur zur Redaktion.
Die Zusammenstellung der Anträge enthält ferner noch einen Antrag von Planck (Nr 76): „Dem ersten Satze des § 382 folgende Worte hinzuzufügen:
. . . . , es sei denn, daß aus den Umständen erhellt, daß der Verkäufer die Verpflichtung zur Beseitigung des Mangels hat übernehmen wollen."
und einen Antrag von v. Cuny (Nr. 83, 2): „In § 382 Absatz 2 (beziehungsweise in § b Absatz 2 der Anträge Struckmann Nr. 67) die Worte „oder wenn er dieselben gekannt und dem Erwerber verschwiegen hat" (ebenso im Antrage Struckmann die entsprechenden Worte „oder ihn arglistig verschwiegen hat") zu streichen."

in Folge grober Fahrlässigkeit unbekannt geblieben, so haftet der Verkäufer, sofern er nicht die Abwesenheit des Fehlers zugesichert hat, nur, wenn er den Fehler arglistig verschwiegen hat.

**IV.** Im *E II* ist die Vorschrift als § 398 in der Fassung enthalten:

E II § 398 Der Verkäufer hat einen Mangel der verkauften Sache nicht zu vertreten, wenn der Käufer den Mangel bei dem Abschlusse des Kaufes gekannt hat. Ist dem Käufer ein Mangel der im § 397 Abs. 1 . . . usw. wie in § 469b E I – ZustRedKom.

**V.** Im *E II rev* hat die Vorschrift als § 453 die in § 460 BGB Gesetz gewordene Fassung.

## § 461

**Der Verkäufer hat einen Mangel der verkauften Sache nicht zu vertreten, wenn die Sache auf Grund eines Pfandrechts in öffentlicher Versteigerung unter der Bezeichnung als Pfand verkauft wird.**

**A./B.** Eine dem § 461 BGB entsprechende Vorschrift ist im E I nicht enthalten.

### C. 2. Kommission

**I.** Bei der Beratung des § 1180 E I[1] wurde beantragt (Prot. II, Bd. 3, S. 480–482; *Mugdan*, Bd. 2, S. 659f.):

Jacubezky (Nr 148, 6)[2] 1. als § 398a des Entw. II zu bestimmen:
Ist eine Sache von einem Pfandgläubiger auf Grund des Pfandrechts verkauft worden, so steht dem Käufer ein Anspruch auf Gewährleistung wegen Mängel der Sache nicht zu.

Struckmann (Nr 140, 4)[3] 2. dem § 1180 als Abs. 4 hinzuzufügen:
Dem Erwerber steht wegen eines Mangels der veräußerten Sache ein Anspruch auf Gewährleistung nicht zu.

v. Mandry (Nr 154, 1)[4] 3. hierzu der Zusatzantrag, den Vorschriften unter 1 und 2 hinzuzufügen:
Ist in einem Falle, in dem Verkauf aus freier Hand gestattet ist, der Verkauf aus freier Hand vorgenommen worden, so ist der Anspruch auf Gewährleistung nicht ausgeschlossen, es sei denn, daß der Käufer zur Zeit des Kaufes gewußt hat, daß die Sache auf grund eines Pfandrechts verkauft wird.

---

[1] BGB § 1242
[2] Der Anträge zum Sachenrecht.
[3] Der Anträge zum Sachenrecht.
[4] Der Anträge zum Sachenrecht.

4. den § 398a zu fassen:

Ist eine Sache auf Grund des Pfandrechts unter Bezugnahme auf dasselbe in öffentlicher Versteigerung verkauft, so steht dem Käufer ein Anspruch auf Gewährleistung wegen Mängel der Sache nicht zu.

Die Anträge 1 bis 3 wurden zu Gunsten des Antrags 4 zurückgezogen, welcher einstimmige Annahme fand.

**II.** In der *VorlZust* der Beschlüsse der 2. Kommission lautet die Vorschrift als § 398a:

Ist eine Sache auf Grund eines Pfandrechtes an derselben unter Bezugnahme hierauf in öffentlicher Versteigerung verkauft, so steht dem Käufer ein Anspruch auf Gewährleistung wegen Mängel der Sache nicht zu. E I-VorlZust § 398a

**III.** In der *ZustRedKom* lautet der § 398a:

Der Verkäufer hat einen Mangel der verkauften Sache nicht zu vertreten, wenn die Sache auf Grund eines Pfandrechts in öffentlicher Versteigerung unter der Bezeichnung als Pfand verkauft worden ist. E I-ZustRedKom § 398a

**IV.** Im *E II* ist die Vorschrift in § 398a in unveränderter Fassung enthalten.

**V.** Im *E II rev* hat die Vorschrift als § 454 die im § 461 BGB Gesetz gewordene Fassung.

## Vor §§ 462–480

*Bemerkung des Herausgebers*

Im folgenden werden die Protokolle der Beratungen zu §§ 25–29, 33–37, 39 TE-OR (Nr. 20)[1] im Zusammenhang mitgeteilt. Die Beratungen dieser Vorlagen sind, vor allem auch durch die Einbeziehung der Frage, wie die Gewährleistung für Sachmängel bei der Gattungsschuld zu regeln sei, derart ineinander verwoben, daß die sonst durchgeführte Trennung der Beratungen nur in einer Weise möglich wäre, aus welcher der Zusammenhang der Beratungen nicht mehr erkennbar wäre. Im Anschluß an die Protokolle werden sodann ebenfalls im Zusammenhang die in der ZustOR vorliegenden Ergebnisse der Beratungen mitgeteilt, wobei zu den einzelnen §§ angegeben wird, auf welchen Seiten der Protokolle die zu den betr. Bestimmungen gehörenden Beratungen sich finden. Die weiteren Beratungen folgen in der sonst geübten Weise zu den einzelnen Vorschriften der ZustOR.

### A. 1. Kommission

**I.** 88. Sitzung vom 15. 5. 1882, Schriftführer Neubauer (nicht anwesend Dr. Gebhard)

[1] Die Beratungen zu §§ 30–32 TE-OR (Nr. 20) finden sich als Bestandteil der Entstehungsgeschichte des Rücktrittsrechts, s. Vor §§ 346–360 BGB, und die zu § 38 TE-OR (Nr. 20) bei § 524 BGB.

| Prot I 737 TE-OR (Nr 20) § 25

| Zu § 25 des Entwurfs:

„Ist die Haftung des Veräußerers nach Maßgabe der §§ 22–24 begründet, so kann der Erwerber nach seiner Wahl entweder die Aufhebung des Vertrages (Wandelung) oder Herabsetzung seiner Gegenleistung (Minderung) verlangen.

Der Veräußerer kann sich von diesen Ansprüchen gegen den Willen des Erwerbers durch Nachlieferung einer fehlerfreien oder mit den zugesicherten Eigenschaften versehenen Sache nicht befreien."

| Prot I 738 Planck (Nr 70, 1)

| lag der Antrag vor:

den zweiten Absatz folgendermaßen zu fassen:

„Der Veräußerer kann sich von diesen Ansprüchen gegen den Willen des Erwerbers dadurch nicht befreien, daß er der Sache die zugesicherten Eigenschaften verschafft und die Mängel beseitigt."

Der erste Absatz blieb unbeanstandet; nur wurde beschlossen, statt: „kann Aufhebung des Vertrages verlangen" zu setzen: „ist berechtigt, vom Vertrage zurückzutreten", weil eine solche Fassung korrekter sei.

Der zweite Absatz und der dazu gestellte Antrag wurden abgelehnt, weil man es für bedenklich und weder für gerecht noch billig hielt, dem Veräußerer das Recht auf Beseitigung des Mangels zu entziehen, wenn die Beseitigung möglich ist.

Die vorstehenden §§, einschließlich des § 25, sind von der Unterstellung aus erledigt, Gegenstand des Vertrages sei eine individuell bestimmte Sache. Ob und inwieweit sie anwendbar seien, wenn die Sache nur der Gattung nach bestimmt ist, blieb der Prüfung in der nächsten Sitzung vorbehalten. |

89. Sitzung vom 17. 5. 1882, Schriftführer Neubauer

| Prot I 739

| Die Berathung des Theilentwurfes des Obligationenrechts, betreffend Rechte und Verpflichtungen aus Verträgen (№ 20), insbesondere Gewährleistung wegen Mängel der Sache, wurde fortgesetzt.

Es wurde übergegangen zu der Berathung, ob und inwiefern die Vorschriften über das Recht der Wandelung und Minderung auch auf die Fälle anwendbar seien, in welchen der Vertrag sich auf eine nur der Gattung nach bestimmte Sache bezieht.

In dieser Beziehung lagen die Anträge vor:

Windscheid (Nr 67)

1. zu bestimmen:

„Die Vorschriften über das Recht auf Wandelung oder auf Minderung finden auf Verträge über Sachen, die nur der Gattung nach bestimmt sind, keine Anwendung. Hat das zum Zweck der Erfüllung eines Vertrages dieser Art Geleistete einen Mangel der in § 22 bezeichneten Art oder fehlt ihm eine ausdrücklich zugesicherte Eigenschaft, so hat der Erwerber das Recht, anderweitige genügende Leistung zu verlangen, ist aber auch verpflichtet, anderweitige genügende Leistung anzunehmen. Der Erwerber hat außerdem das Recht auf Schadensersatz."[2]

| Prot I 740 Planck (Nr 70, 3)

| 2. in dem Antrage zu 1) den letzten Satz zu streichen und folgenden Satz hinzuzufügen:

„Ist die zum Zwecke der Erfüllung des Vertrages gemachte Leistung als Erfüllung angenommen, so liegt dem Erwerber der Beweis ob, daß das Geleistete einen der in § 22 bezeichneten Mängel habe oder daß ihm eine zugesicherte Eigenschaft fehle."

---

[2] Dem Antrag war hinzugesetzt: Sollte dieser Antrag angenommen werden, so bleibt ein Antrag auf Ausdehnung der kurzen Verjährung des § 37 auf das Genusgeschäft vorbehalten.

3. der Vorschlag Nr. 7 des im Eingange des Protokolls vom 15. Mai dieses Jahres gedachten Antrages (S. 731). Johow (Nr 69,7)[3]

4. eventuell, falls der Antrag zu 1) abgelehnt werden sollte, folgende Bestimmung aufzunehmen: Planck (Nr 70,4)

„War die Verpflichtung auf die Veräußerung einer nur der Art und Gattung nach bestimmten Sache gerichtet, so ist der Gläubiger eine ihm zum Zwecke der Erfüllung dieser Verpflichtung angebotene Sache anzunehmen nicht verpflichtet, wenn dieselbe die in § 22 bezeichneten Mängel hat oder ihr die zugesicherten Eigenschaften fehlen.

Hat der Gläubiger die zum Zwecke der Erfüllung angebotene Sache als Erfüllung angenommen, so verliert er das Recht, statt derselben eine anderweite fehlerfreie und mit den zugesicherten Eigenschaften versehene Sache zu fordern. Dagegen stehen ihm in solchem Falle die in § 25 bezeichneten Rechte in demselben Maße zu, als wenn die Verpflichtung auf die gelieferte Sache gerichtet gewesen wäre."

Der Schluß dieses Antrages wurde dahin geändert, die letzten Worte: „als wenn die Verpflichtung pp." zu fassen: „als wenn durch das Angebot und die Annahme der Sache die frühere Verpflichtung in eine Verpflichtung zur Veräußerung der gelieferten Sache verwandelt wäre."

Beschlossen wurde von der Mehrheit:

1. Das Recht der Wandelung und Minderung nach Maßgabe der bisherigen Beschlüsse gilt auch in den Fällen, in welchen eine nur der Gattung nach bestimmte Sache den Gegenstand der Veräußerung bildet.

| 2. In solchen Fällen hat der Erwerber außerdem das Recht, die Annahme einer zwar zu der vereinbarten Gattung gehörigen, jedoch mit Mängeln behafteten Sache zu verweigern und eine Sache von mangelfreier Beschaffenheit zu fordern. | Prot I 741

3. Er hat das vorstehend unter Nr. 2 bezeichnete Recht auch nach der Annahme der Sache.

Die Beschlüsse unter Nr. 2 und 3 ergeben, daß dem Erwerber das darin erwähnte Recht schlechthin ohne Unterschied, ob eine Sache von vertragswidriger Beschaffenheit bereits angenommen war oder nicht, zustehen soll, wobei es für selbstverständlich galt, daß auf dieses Recht verzichtet sei, wenn eine zum Zweck der Erfüllung angebotene Sache von vertragswidriger Beschaffenheit in Kenntniß der Mängel als Erfüllung angenommen sei.

Durch die gefaßten Beschlüsse galten die verschiedenen Anträge als erledigt.

Die Gründe der Beschlüsse waren:

Vom Standpunkte der Theorie ließen sich gewichtige Gründe für das Prinzip geltend machen, auf welchem die Anträge zu 1) und 2) beruhen. Zu verkennen sei auch nicht, daß dieses, der älteren Doktrin und Praxis unbekannte Prinzip in der neueren Zeit von vielen Autoritäten als in der Natur der Sache begründet vertreten werde. Andererseits sei jedoch nicht zu bestreiten, daß dasselbe bisher in der Praxis nur geringen Anklang gefunden habe und in keiner der modernen Kodifikationen, insbesondere auch nicht in denen der neuesten Zeit, anerkannt sei. Noch wichtiger aber und entscheidend erscheine seine Unzweckmäßigkeit für den Verkehr. Nach dem erwähnten Prinzipe habe der Empfänger das Recht der Wandelung nur dann, wenn er zu beweisen vermöge, daß die Aufrechterhaltung des Vertrages für ihn kein Interesse mehr habe, das Recht der Minderung nur dann, wenn er darzutun vermöge, daß der Schaden, welchen der Veräußerer im Falle der Zurückweisung der Sache zu erstatten gehabt hätte, noch ein größerer

[3] S. bei § 459 BGB.

| Prot I 742 gewesen sein würde. Durch diese | schwer zu führenden Beweise würden die Interessen der Empfänger in erheblichem Maße bedroht. Zur Abwendung der Nachtheile bleibe nichts übrig, als dem Erwerber das Recht der Wandelung und Minderung in gleicher Weise beizulegen, wie im Falle des die Veräußerung einer individuell bestimmten Sache betreffenden Vertrages. Eine andere Frage sei, ob der Erwerber außerdem das Recht haben solle, die Lieferung einer mängelfreien Sache an Stelle der mit Mängeln behafteten zu fordern. Ihm dieses Recht zu versagen, vertrage sich wenig mit seinem kontraktlichen Rechte und könne überdies unter Umständen zu großen Härten führen. Allerdings werde die Lage des Erwerbers, wenn ihm außer den beiden anderen Rechten noch das dritte Recht zustehe, eine besonders günstige; diese günstige Lage trete um so mehr hervor, als der Veräußerer in Folge des Rechts der Wandelung des Erwerbers seinerseits nicht befugt sei, an Stelle der vertragswidrigen eine mängelfreie Sache zu liefern und deren Annahme zu fordern. Allein hierin könne kein Grund gefunden werden, die an sich begründeten Rechte des Erwerbers zu beschränken. Der Veräußerer müsse die Folgen seines vertragswidrigen Verhaltens in vollem Umfange tragen. Dem Erwerber das Recht auf Lieferung einer anderen, mängelfreien Sache nur so lange zu gewähren, als er die angebotene vertragswidrige Sache noch nicht angenommen habe – wobei nur der Fall in Betracht kommen könne, wenn die Mängel ihm bei der Annahme nicht bekannt gewesen seien –, erscheine inkonsequent, während kein zureichender Zweckmäßigkeitsgrund für eine solche Inkonsequenz sich anführen lasse. Ob für den Handelsverkehr jenes dritte Recht des Erwerbers, weil es zu großen Unzuträglichkeiten führe, keine Anerkennung verdiene, und in der Praxis überwiegend auch nicht anerkannt werde, müsse auf sich beruhen. Nichts stehe entgegen, bei der Revision des Handelsgesetzbuchs eine abweichende Normirung zu beschließen. Daß übrigens die gefaßten
| Prot I 743 Beschlüsse eine befriedigende juristische Konstruktion | der sich ergebenden Rechtsverhältnisse gestatteten, sei zweifellos, wie zur Genüge aus der den Gegenstand behandelnden neueren juristischen Literatur erhelle.

Zur Prüfung gelangte, ob und inwiefern der Erwerber das Recht der Wandelung und der Minderung beziehungsweise das Recht auf Verschaffung einer anderen Sache durch *vorbehaltslose* Annahme einer mit Mängeln behafteten Sache verliere.

Johow Das Mitglied, von welchem der im Eingange des Protokolls vom 15. Mai d. Js. (S. 729) gedachte Antrag herrührt, hatte an Stelle des Vorschlags unter Nr. 4 Absatz 2 dieses Antrags beantragt, zu bestimmen:

„Nach der Uebergabe der Sache verliert der Erwerber das Recht des Rücktritts, wenn er bei Kenntniß des Mangels oder bei späterer Entdeckung desselben nicht unverzüglich dem Veräußerer den Rücktritt unter Angabe des Mangels anzeigt."

Kurlbaum Von einem anderen Mitgliede wurde die Bestimmung vorgeschlagen:

„Hat der Erwerber die Sache angenommen, obgleich er den Mangel gekannt hat, oder bei Anwendung gewöhnlicher Aufmerksamkeit hätte erkennen müssen, so kann er den Mangel nicht geltend machen, es sei denn, daß die Annahme nur unter Vorbehalt der Rechte wegen des bestimmten Mangels erfolgte."

Der erste Antrag wurde abgelehnt, der zweite Antrag, soweit er den Fall betrifft, wenn der Erwerber bei der Annahme die Mängel kannte, gebilligt, soweit er den Fall des Kennenmüssens betrifft, gleichfalls abgelehnt.

Die Gründe der Beschlüsse waren: Wenn der Empfänger eine ihm zum Zwecke der Erfüllung angebotene Sache von mangelhafter Beschaffenheit *ohne Vorbehalt* als Erfüllung annehme, obschon er von den Mängeln unterrichtet sei, so könne in einem solchen
| Prot I 744 Verhalten nur der Verzicht auf das Recht | der Wandelung, der Minderung und beziehungsweise auf Verschaffung einer anderen Sache gefunden werden; diese Rechte später noch geltend zu machen, verstoße wider Treue und Glauben; es entspreche aber auch

dem Interesse des Verkehrs, durch eine positive Vorschrift die nachträgliche Verfolgung jener Rechte auszuschließen. Noch weiter zu gehen, sei aber weder aus inneren Gründen gerechtfertigt, noch für den bürgerlichen Verkehr, im Gegensatze zum Handelsverkehr, durch praktische Rücksichten geboten. Ob für den Handelsverkehr noch weitergehende Vorschriften sich empfehlen, müsse gegenwärtig dahingestellt bleiben.

Zu § 26 des Entwurfs:

„Neben dem Rechte auf Wandelung oder Minderung hat der Erwerber gegen den Veräußerer den Anspruch auf vollen Schadenersatz, wenn derselbe einen Mangel der in § 22 bezeichneten Art gekannt und dem Erwerber absichtlich verschwiegen hat oder wenn er dem Letzteren eine fehlende Eigenschaft zugesichert hat." TE-OR (Nr 20) § 26

lagen die Anträge vor:

1. den § 26 zu fassen: Planck (Nr 70, 2)

„Wenn der Veräußerer einen Mangel der in § 22 bezeichneten Art bei Schließung des Vertrages gekannt und dem Erwerber absichtlich verschwiegen hat, so ist der Erwerber, wenn er die Wandelung verlangt, daneben Ersatz des ihm durch den Abschluß des Vertrages erwachsenen Schadens zu fordern berechtigt. Fehlen zugesicherte Eigenschaften, so ist der Erwerber nach seiner Wahl statt der Wandelung oder Minderung Schadensersatz wegen theilweiser Nichterfüllung zu fordern berechtigt."

Der Antrag wurde dahin geändert, den § 26 zu fassen:

„Wenn der Veräußerer einen Mangel der in § 22 bezeichneten Art bei Schließung des Vertrages gekannt und verschwiegen hat, so hat der Erwerber neben dem | Rechte auf Wandelung oder Minderung Anspruch auf Ersatz des ihm durch das Verschweigen des Mangels erwachsenen Schadens. Fehlen zugesicherte Eigenschaften oder sind die Mängel nach Abschluß des Vertrages durch ein Verschulden des Veräußerers eingetreten, so ist der Erwerber nach seiner Wahl statt der Wandelung oder Minderung Schadensersatz wegen theilweiser Nichterfüllung zu fordern berechtigt." | Prot I 745

2. den § 26 zu fassen: v. Weber (Nr 71, 2)

„Neben pp. auf vollen Schadensersatz, wenn derselbe einen Mangel der pp. Art bei Veräußerung einer dem Stücke nach bestimmten Sache zur Zeit des Vertragsabschlusses, bei Veräußerung einer nur der Gattung nach bestimmten Sache zu der Zeit, mit welcher die Gefahr derselben auf den Erwerber übergeht, gekannt und verschwiegen hat, oder wenn er dem Erwerber eine zu den vorerwähnten Zeitpunkten fehlende Eigenschaft zugesichert hat."

eventuell hinzuzufügen:

„Ist bei Veräußerung einer dem Stücke nach bestimmten Sache der Mangel erst nach dem Vertragsabschlusse dem Veräußerer bekannt geworden oder der Verlust der zugesicherten Eigenschaft erst nach dem Vertragsabschlusse eingetreten und bei der Uebergabe der Mangel oder das Fehlen der Eigenschaft verschwiegen worden, so haftet der Veräußerer neben der Wandelung oder Minderung für den durch diese Verschweigung dem Erwerber verursachten Schaden."

Es wurde beschlossen, den § 26 zunächst nur insofern zu berathen, als er auf den Fall sich bezieht, wenn eine zugesicherte Eigenschaft fehlt. Für diesen Fall bestimmt der § 26: der Veräußerer habe, gleichviel, ob ihm ein Verschulden zur Last falle oder nicht, vollen Schadensersatz zu leisten. Das Prinzip blieb nicht ohne Beanstandung. Gegen dasselbe wur- | de geltend gemacht, es finde sich weder in dem preußischen Allgemeinen Landrecht, noch in einigen anderen modernen Kodifikationen, vertrage sich auch schwer mit den Grundsätzen über die Wirksamkeit eines Vertrages, in welchem eine objektiv unmögliche Leistung zugesichert sei; es führe endlich unter Umständen zu | Prot I 746 großen Härten. Die Mehrheit billigte jedoch das Prinzip, indem sie erwog: in der Zusicherung einer bestimmten Eigenschaft könne nur die Uebernahme der Garantie für das Vorhandensein dieser Eigenschaft und das Versprechen gefunden werden, für alle Folgen einstehen zu wollen, wenn die Eigenschaft fehlen sollte.

Der Entwurf gewährt das Recht auf vollen Schadensersatz in der Art, daß es zugleich mit und neben dem Rechte der Wandelung oder Minderung geltend gemacht werden kann. Hiergegen richtet sich der Antrag zu 1), nach welchem das Recht auf Schadensersatz nur an Stelle des Rechts der Wandelung oder Minderung zustehen soll.

Der Antrag wurde abgelehnt. Die Mehrheit war der Ansicht, der Antrag stehe nicht allein mit dem geltenden Rechte nicht im Einklange, sondern erscheine auch unzweckmäßig, weil die vorgeschlagene Bestimmung in manchen Fällen die Interessen des Erwerbers in ungerechtfertigter Weise empfindlich verletzen werde.

Nunmehr wurde geprüft, zu welcher Zeit, damit die beschlossene Vorschrift anwendbar werde, die zugesicherte Eigenschaft vorhanden sein müsse, ob die Zeit des Vertragsabschlusses oder die Zeit des Ueberganges der Gefahr entscheide. Nach dem Antrage zu 2) soll der erste Zeitpunkt maßgebend sein, wenn es sich um die Veräußerung einer Spezies handelt, der zweite, wenn die Sache nur der Gattung nach bestimmt ist.

| Prot I 747 Der Vorschlag wurde als der Natur der Dinge ent- | sprechend gebilligt, zugleich eine ihm entsprechende Bestimmung deshalb für nöthig erachtet, weil der § 22 in der beschlossenen Fassung zu dem Mißverständniß Anlaß geben könne, wenn eine Spezies in Frage stehe, sei von der Annahme auszugehen, der Veräußerer habe versprochen, und die Garantie dafür übernommen, daß die zugesicherte Eigenschaft noch zu der Zeit vorhanden sei, wo die Gefahr auf den Erwerber übergehe. Eine solche Annahme widerspreche aber den Gründen, welche Anlaß gegeben hätten, das Recht der Wandelung und der Minderung auch wegen solcher Mängel einzuräumen, die erst nach dem Abschluß des Vertrages, aber noch vor Uebergang der Gefahr auf den Erwerber entstanden wären; sie würde auch zu ungerechtfertigten Härten führen.

Die Berathung wandte sich zu dem zweiten in § 26 behandelten Falle, zu dem Falle nämlich, wenn der Veräußerer den Mangel einer nicht zugesicherten, aber vorausgesetzten Eigenschaft absichtlich verschwiegen hat. Der § 26 bestimmt: auch in einem solchen Falle habe der Veräußerer vollen Schadensersatz zu leisten, so zwar, daß das sogenannte positive Interesse zu ersetzen ist. Nach dem Antrage zu 1) soll dagegen der Veräußerer nur zum Ersatz des sogenannten negativen Interesses verpflichtet sein. Die Mehrheit gab jedoch der Bestimmung des Entwurfs den Vorzug. Erwogen wurde: Für den Antrag zu 1) möge sprechen, daß der in Betracht kommende dolus als ein dolus causam dans sich charakterisire oder diesem doch gleichstehe, und daß, wenn der dolus causam dans dem Betrogenen das Recht verleihe, den Vertrag anzufechten mit der Wirkung, daß er den Ersatz des negativen Interesses zu fordern befugt sei, die Konsequenz zu gebieten scheine, den vorliegenden Fall nicht anders zu behandeln. Allein das geltende
| Prot I 748 Recht habe diese Konsequenz nicht gezogen. Nach ihm liege dem Ver- | äußerer die Pflicht ob, das positive Interesse zu ersetzen. Der Grund sei offenbar der, daß das Bedürfniß gefühlt sei, den unredlichen Veräußerer in dem in Frage stehenden Falle wegen dessen hervorragender Wichtigkeit für den Verkehr, um den Verkehr thunlichst zu sichern, mit empfindlichen Nachtheilen zu bedrohen. Der Grund verdiene die ernsteste Beachtung und rechtfertige es, bei dem geltenden Rechte stehen zu bleiben. Uebrigens sei noch nicht beschlossen, daß in den Fällen des dolus causam dans und in ähnlichen Fällen nur das negative Interesse zu ersetzen sei. Durch den jetzigen Beschluß solle und dürfe jener allgemeineren Frage nicht präjudizirt werden.

Hinsichtlich der Zeit, welche für die Annahme des dolus maßgebend ist, wurde wieder der Antrag zu 2) gebilligt. Gegen den Antrag wurde geltend gemacht: es erscheine unbillig, bei dem Vertrage über eine nur der Gattung nach bestimmte Sache den Veräußerer als Betrüger zu behandeln, welcher wissentlich eine mit den gewöhnlich vorausgesetzten Eigenschaften nicht versehene Sache geliefert habe. Die Mehrheit meinte jedoch: wer in einem solchen Falle wissentlich eine der gewöhnlich vorausgesetzten Eigenschaften entbehrende Sache liefere, handele nicht minder unredlich, als derjenige welcher bei einem Vertrage über eine Spezies deren Mängel verhehle.

90. Sitzung vom 19. 5. 1882, Schriftführer Neubauer

| Die Berathung des Theilentwurfs des Obligationenrechts, betreffend Rechte und Verpflichtungen aus Verträgen (№ 20), insbesondere Gewährleistung wegen Mängel der Sache, wurde fortgesetzt. | Prot I 749

Von einer Seite wurde beantragt, die Berathung und Beschlußfassung über den in der Sitzung vom 17. ds. Mts. (Protokolle S. 743) gemachten Vorschlag, soweit er den Fall betrifft, wenn der Vertrag eine nur der Gattung nach bestimmte Sache zum Gegenstand hat und der Erwerber die Mängel bei der Annahme kennen mußte, wieder aufzunehmen und den früheren Beschluß zu ändern.

Die Mehrheit lehnte die erneute Prüfung des in Rede stehenden Vorschlags ab.

Man ging zur Berathung des zu § 26 unter 2 gedachten (Protokolle S. 745) eventuellen Vorschlages über.

Es erfolgte die Ablehnung des Antrages. Erwogen wurde: Die vorgeschlagene Bestimmung möge als Konsequenz allgemeiner Grundsätze für die meisten Fälle zutreffend sein; allein ihre Aufnahme in das Gesetzbuch könne sich nicht empfehlen, weil sie | kasuistischer Natur sei und weil kein Bedürfniß bestehe, durch eine positive Vorschrift der Rechtswissenschaft vorzugreifen. | Prot I 750

Der § 27 des Entwurfes:

„Wenn von mehreren durch Einen Vertrag veräußerten Sachen nur eine oder einige mangelhaft sind oder der zugesicherten Eigenschaften entbehren, so kann die Wandelung nur rücksichtlich der fehlerhaften Sachen verlangt werden, auch wenn ein Gesammtpreis für alle Sachen festgesetzt ist. TE-OR (Nr 20) § 27

Wenn jedoch mehrere Sachen als zusammengehörig veräußert wurden und eine Trennung der fehlerhaften von den fehlerfreien Sachen ohne Verletzung der Interessen des Erwerbers nicht möglich ist, so kann derselbe die Wandelung nach seiner Wahl wegen der einzelnen fehlerhaften oder wegen der sämmtlichen veräußerten Sachen verlangen. Ist die Trennung ohne Verletzung der Interessen des Veräußerers nicht möglich, so kann der Erwerber die Wandelung nur rücksichtlich sämmtlicher Sachen verlangen."

blieb unbeanstandet.

In redaktioneller Hinsicht wurde erinnert:

1. Das Wort „Gesammtpreis" werde zu ersetzen sein durch „Gesammtleistung".

2. Wenn die Terminologie, welche zum § 22 beschlossen worden sei, durchgeführt werden solle, werde zu ändern sein:

a, „fehlerhaft (mangelhaft)" in „mit Mängeln behaftet" (zu vergleichen § 28);

b, „fehlerfrei" in „mängelfrei" oder „mangelfrei".

| Auch werde sich empfehlen, in § 22 von den zugesicherten Eigenschaften und den vorausgesetzten Eigenschaften behufs Erleichterung der Allegation in zwei verschiedenen Absätzen zu handeln. | Prot I 751

3. Der letzte Satz im zweiten Absatze werde von dem vorhergehenden Satze nicht durch einen Punkt, sondern durch einen Strichpunkt zu trennen oder hinter „Ist"

einzuschalten sein: „in einem solchen Falle", damit die Voraussetzung erhelle, daß die mehreren Sachen als zusammengehörig veräußert worden.

4. In Frage komme, ob der Ausdruck „als zusammengehörig" durch „als ein Ganzes" zu ersetzen sei.

5. Das Wort „Interessen" sei nicht unbedenklich und durch einen anderen Ausdruck zu ersetzen, z. B. „ohne Benachtheiligung".

Die Erledigung der Erinnerungen blieb der Redaktion vorbehalten.

Schließlich war man einverstanden, daß, wenn bei der Berathung des Sachenrechts der Begriff „Gesammtsache" oder „Sachgesammtheit" Anerkennung finden sollte, ein solcher Beschluß zur Aenderung des § 27 Anlaß geben möge.

Der § 28 des Entwurfs:

TE-OR (Nr 20) § 28 „Die Wandelung wegen eines Mangels der Hauptsache zieht auch die Wandelung der Nebensache nach sich, selbst wenn für diese ein besonderer Preis festgesetzt ist. Ist die Nebensache mit einem Mangel behaftet, so kann nur rücksichtlich dieser die Wandelung verlangt werden."

wurde genehmigt, obschon von einer Seite geltend gemacht war, der Inhalt des Paragraphen erscheine | selbstverständlich und daher der Paragraph entbehrlich. | Prot I 752

Bei der Redaktion soll geprüft werden, ob der Ausdruck „Wandelung der Nebensache" korrekt und nicht eine Aenderung der Fassung nöthig sei.

Auch § 29 des Entwurfs:

TE-OR (Nr 20) § 29 „Ist in den Fällen der §§ 27, 28 ein Gesammtpreis festgesetzt und wird der Vertrag blos rücksichtlich einzelner fehlerhafter Sachen aufgehoben, so ist der Gesammtpreis nach dem Verhältniß herabzusetzen, in welchem der Gesammtwerth der veräußerten Sachen ohne die Fehler zu dem Werthe der von der Aufhebung nicht betroffenen Sachen zur Zeit der Schließung des Vertrages gestanden hat."

wurde gebilligt.

Die Erinnerungen, statt: „fehlerhaft" werde es auch hier „mit Mängeln behaftet" und statt „Gesammtpreis" „Gesammtleistung" heißen müssen, wurden wieder der Prüfung bei der Redaktion vorbehalten, welcher auch die Entscheidung überlassen blieb, ob nicht die §§ 27 bis 29 hinter den § 34 zu versetzen seien. |[4]

91. Sitzung vom 22. 5. 1882, Schriftführer Neubauer (nicht anwesend Kurlbaum)

| Prot I 769 | Zu § 33 des Entwurfes:

TE-OR (Nr 20) § 33 „Verlangt der Erwerber Minderung, so hat ihm der Veräußerer die Gegenleistung nach dem Verhältniß zu erlassen oder zu ersetzen, in welchem der Werth der Sache mit dem Fehler zu dem Werthe derselben ohne den Fehler zu der Zeit der Schließung des Vertrages gestanden hat. Wird wegen der Fehlerhaftigkeit nur einzelner von mehreren um einen Gesammtpreis veräußerten Sachen Minderung verlangt, so ist der zu erlassende oder zu ersetzende | Betrag der Gegenleistung mit Rücksicht auf den Gesammtwerth aller veräußerten Sachen zu bestimmen." | Prot I 770

Johow (Nr 69, 5) lag der in dem Antrage, welcher im Eingange des Protokolls vom 15. Mai d. Js. (Protokolle S. 730)[5] mitgetheilt ist, unter Nr. 5 gedachte Vorschlag vor.

Dieser ist nach der Erläuterung des Antragstellers nur redaktioneller Natur, er bezweckt, den Ausdruck „erlassen", welcher auf ein erst vorzunehmendes Rechtsgeschäft hinzudeuten scheine, zu vermeiden. Die Prüfung desselben blieb der Redaktion vorbehalten.

---

[4] Die sich hier anschließenden Beratungen der §§ 30–32 TE-OR (Nr. 20), Prot I 752–769, betreffend das Wandelungsrecht s. Vor §§ 346–360 BGB.

[5] S. bei § 459 BGB.

Im Uebrigen wurde der das sogenannte absolute Prinzip ablehnende § 33 des Entwurfs gebilligt.

Die von einer Seite ausgesprochenen Zweifel, ob es nicht den Vorzug verdiene, das Prinzip nicht zum Ausdruck zu bringen, wurden nicht weiter verfolgt.

Für die Prüfung bei der Redaktion wurde erinnert: „Gesammtpreis" müsse durch „Gesammtleistung" ersetzt werden und die Worte „Fehlerhaftigkeit" und „Fehler" seien nach Maßgabe der beschlossenen Terminologie zu ändern.

Zu § 34 des Entwurfes:

„Der Erwerber kann, wenn mehrere Fehler der Sache nach und nach entdeckt werden, die Minderung wegen jedes einzelnen verlangen. Die Summe der dem Erwerber aus dem Grund der Minderung zukommenden Ermäßigung darf den Betrag seiner Gegenleistung nie übersteigen. TE-OR (Nr 20) § 34

Wenn die dem Erwerber auf Grund einmaliger oder wiederholter Minderung zukommende Ermäßigung seiner Gegenleistung den vertragsmäßigen Betrag derselben erreicht, so kann der Veräußerer die Wandelung beantragen, sofern solche nach Maßgabe des § 31 möglich ist."

wurde beantragt: Planck (Nr 78, 1)

den zweiten Satz des ersten Absatzes und den zweiten Absatz | zu streichen. | Prot I 771

Der erste Satz des ersten Absatzes wurde angenommen, der Prüfung bei der Redaktion aber vorbehalten, ob nicht im Gesetze auszudrücken, daß – wie nach den Motiven (S. 42) selbstverständlich sein soll –, wenn mehrere Fehler nach und nach entdeckt werden, die Wandelung noch zulässig ist, nachdem schon vorher das Recht der Minderung geltend gemacht war.

Der zweite Satz des ersten Absatzes und der zweite Absatz wurden gestrichen. Die Gründe waren: Nach dem zu § 33 beschlossenen relativen Prinzipe könne der Fall, daß die Ermäßigungen den Betrag der Gegenleistung übersteigen, nicht vorkommen, der Fall aber, daß die Ermäßigungen den Betrag der Gegenleistung erreichen, nur dann vorkommen, wenn die Sache ganz werthlos geworden sei. Für den letzteren Fall erscheine eine Bestimmung, welche nur die Wandelung zulasse oder dem Veräußerer freistelle, dieselbe zu verlangen, um so zweckloser, als der Erwerber sie dadurch zu vereiteln vermöge, daß er einen Minderungsanspruch erhebe, wodurch die ihm obliegende Leistung bis auf einen minimalen Betrag sich verringere.

Der § 35 des Entwurfes lautet:

„Wird auf Betreiben eines Gläubigers eine Sache im Wege der Zwangsvollstreckung veräußert, so hat der Erwerber kein Recht auf Gewährleistung wegen Mängel der Sache. TE-OR (Nr 20) § 35

Das Gleiche gilt, wenn Sachen, so wie sie stehen und liegen, ohne Rücksicht auf Zahl, Maaß und Gewicht (in Bausch und Bogen) veräußert worden sind."

Der erste Absatz des § wurde angenommen, aber späterer Beschlußfassung vorbehalten, ob die Bestimmung nicht in den Abschnitt vom Kaufe zu übernehmen sei.

Der zweite Absatz wurde gestrichen, weil er eine Auslegungsregel enthalte, welche bei der Verschiedenheit des | im Verkehr herrschenden Sprachgebrauchs nicht in allen Fällen zutreffe. | Prot I 772

Zu § 36 des Entwurfs:

„Die Haftpflicht für Mängel der veräußerten Sache fällt weg, wenn solche vertragsweise erlassen worden ist. Wegen eines Mangels, welchen der Veräußerer hierbei absichtlich verschwiegen hat, steht dem Erwerber jedoch der Anspruch auf Schadensersatz zu." TE-OR (Nr 20) § 36

lagen die Anträge vor:

1. den § 36 zu fassen: Schmitt (Nr 79)

„Die Haftung wegen eines Mangels der in § 22 bezeichneten Art kann im Voraus durch Vertrag erlassen werden. Der Erlaß ist unwirksam, wenn der Veräußerer den Mangel gekannt und verschwiegen hat."

Kurlbaum (Nr 75) 2. den dem § 38 nachzustellenden § 36 zu fassen:
„Die Verpflichtungen des Veräußerers können im Voraus durch Vertrag erweitert, beschränkt oder erlassen werden.

Der Erlaß oder die Beschränkung ist unwirksam, soweit die Verpflichtungen einen Mangel betreffen, welchen der Veräußerer gekannt und verschwiegen hat."

Derscheid (Nr 74) 3. an Stelle des zweiten Absatzes folgende Bestimmung zu treffen:
„Hinsichtlich derjenigen Mängel, welche der Veräußerer zur Zeit der Vereinbarung über den Erlaß der Haftpflicht oder bei Veräußerung einer nur der Gattung nach bestimmten Sache zur Zeit des Uebergangs der Gefahr auf den Erwerber gekannt und verschwiegen hat, ist diese Vereinbarung ungültig und behält der Erwerber die ihm nach § 26 zustehenden Rechte."

Es wurden folgende Beschlüsse gefaßt:

1. Gebilligt wurde die Bestimmung, daß die Haftpflicht durch Vertrag beschränkt oder erlassen werden könne.

| Prot I 773 2. Im Falle der wissentlichen Verschweigung soll neben dem | Anspruche auf Schadensersatz von dem in den Anträgen zu 1 und 2 hervorgehobenen Gesichtspunkte aus, daß der Erlaß oder die Beschränkung in Folge des dolus unwirksam sei und in Konsequenz der zu §§ 24, 26 gefaßten Beschlüsse (Protokolle S. 736, 737, 746–748) auch das Recht der Wandelung, Minderung und Nachlieferung gelten.

3. Der zu 3 gestellte Antrag, wenn im Falle der eine Gattungssache betreffenden Veräußerung eine Eigenschaft zugesichert, aber Vertretung erlassen sei, solle Verschweigen bei der Lieferung (beim Uebergange der Gefahr) der Verschweigung zur Zeit der Vertragserrichtung im Falle der eine individuelle Sache betreffenden Veräußerung gleichgestellt werden, wurde abgelehnt, weil eine solche Gleichstellung dem Inhalte des Vertrages nicht entsprechen werde.

4. Es soll im Einklange mit dem Entwurfe zwischen den Fällen, wenn eine zugesicherte Eigenschaft und wenn eine andere Eigenschaft mangelt, nicht unterschieden werden, damit nicht das Mißverständniß entstehe, im ersteren Falle sei der Erlaß wirkungslos. Verkannt wurde nicht, daß in dem unterstellten Falle Zusicherung und Erlaß sich in gewissem Sinne widersprechen.

5. Die Zulässigkeit der Erweiterung der Haftpflicht soll als keineswegs unpraktisch nicht übergangen werden.

6. Bei der Redaktion ist zu prüfen, ob nicht eine Fassung sich empfehle, welche sich der für den § 20[6] zu bestimmenden Fassung anschließt. |

92. Sitzung vom 24. 5. 1882, Schriftführer Neubauer (nicht anwesend Kurlbaum)

| Prot I 775 | Die Berathung des Theilentwurfes des Obligationenrechts betreffend Rechte und Verpflichtungen aus Verträgen (Nr. 20), insbesondere Gewährleistung wegen Mängel der Sache, wurde fortgesetzt.

Zu § 37 des Entwurfes:

TE-OR (Nr 20) § 37 „Die Ansprüche auf Wandelung und Minderung verjähren in Ansehung beweglicher Sachen innerhalb sechs Monaten, in Ansehung unbeweglicher Sachen innerhalb eines

[6] S. diesen bei § 443 BGB.

Jahres von dem Zeitpunkte an, wo die Sache dem Erwerber übergeben worden ist.“

lagen die Anträge vor[7]:

1. hinter den Worten: „auf Wandelung und Minderung“ einzuschalten: Derscheid
„sowie auf Schadensersatz“, (Nr 74)
und im Falle der Annahme des Antrages den § hinter § 38 zu stellen[8].

2. an Stelle des § 37 folgende Bestimmung zu setzen: Planck
„Das Recht auf Wandelung und Minderung so wie im Falle des § das Recht, Liefe- (Nr 76, 1)
rung einer anderen Sache zu verlangen, erlischt in Ansehung beweglicher Sachen,
| wenn der Erwerber nicht binnen sechs Monaten, in Ansehung unbeweglicher Sachen, | Prot I 776
wenn er nicht binnen eines Jahres von dem Zeitpunkte an, wo die Sache ihm übergeben worden ist, dem Veräußerer gegenüber erklärt, daß und welches der gedachten Rechte er ausüben wolle. Die getroffene Wahl ist unwiderruflich.

Das Recht auf Lieferung einer anderen Sache erlischt auch, wenn der Erwerber, nachdem er von dem Mangel Kenntniß erhalten, nicht unverzüglich erklärt, daß er dieses Recht ausüben wolle.“

eventuell den § folgendermaßen zu fassen: Planck
„Auf die Wahl zwischen den Ansprüchen auf Wandelung, Minderung und Liefe- (Nr 76, 2)
rung einer anderen Sache finden die Vorschriften der §§ 3 und 4 der Zusammenstellung[9] entsprechende Anwendung.

Die Ansprüche verjähren u.s.w. wie im § 37 des Entwurfes.

Der Anspruch auf Lieferung einer anderen Sache erlischt, wenn der Erwerber u.s.w., wie in dem letzten Satze des prinzipalen Antrages.“

falls der eventuelle Antrag angenommen werden sollte, Planck
„den zu § 25 gefaßten Beschluß, nach welchem dem Erwerber statt des Rechts, die (Nr 76, 3)
Aufhebung des Vertrages zu verlangen, das Recht, von dem Vertrage zurückzutreten, beigelegt ist, wieder aufzuheben, die Fassung des Entwurfes wieder herzustellen und zu Protokoll zu konstatiren, daß unter dem Rechte, die Aufhebung des Vertrages oder Herabsetzung der Gegenleistung zu verlangen, das Recht verstanden wird, die Abschließung eines hierauf gerichteten Vertrages zu verlangen.“

Dieser letztgedachte Antrag war dahin verbessert worden, daß für den Fall der Planck (Nr 80)
Annahme des eventuellen An- | trages beantragt wurde: | Prot I 777

a, dem § 25 nunmehr folgende Fassung zu geben: Planck
„Ist die Haftung des Veräußerers nach Maßgabe der §§ 22–24 begründet, so hat der (Nr 80, 1)
Erwerber nach seiner Wahl entweder einen Anspruch auf Wandelung oder einen Anspruch auf Herabsetzung seiner Gegenleistung (Minderung).“

b, die zum § 30 gefaßten Beschlüsse[10] durch folgende Bestimmungen zu ersetzen: Planck
(Nr 80, 2)

§ a.

„Der Anspruch auf Wandelung gewährt dem Erwerber das Recht, zu verlangen, daß er in diejenige Lage versetzt werde, in welcher er sein würde, wenn der Vertrag nicht

---

[7] Bei den Originalprotokollen befindet sich noch folgender Antrag von Windscheid: „Auch einredeweise können die Rechte aus der Mangelhaftigkeit der Sache nach Ablauf der ... Frist nicht mehr geltend gemacht werden, wenn nicht ...“

[8] Der 2. Teil dieses Antrages lautet in der Zusammenstellung der Anträge: Sollte der Antrag zu § 37 angenommen werden, so bliebe vorbehalten, diesen Paragraphen hinter den § 38 oder an den Schluß des Abschnittes zu stellen und im letzteren Falle das Citat des § 37 im ersten Absatz des § 39 zu streichen.

[9] S. zu diesen die Materialien zu § 263 BGB.

[10] Zu den in diesem Antrag genannten §§ 16, 17, 30 TE-OR (Nr. 20) s. Vor §§ 346–360 BGB.

geschlossen wäre, *gegen* die Verpflichtung, seinerseits auch den Veräußerer in die entsprechende Lage zu versetzen."

§ b.

„Im Besonderen ist der Veräußerer verpflichtet ... (wie zu § 17 beschlossen ist)."

§ c.

„Der Erwerber ist nach Maßgabe des § a im Besonderen verpflichtet ... (wie zu § 16 beschlossen ist)."

§ d.

„Mit der Erhebung der Klage auf Wandelung oder auf Nachlieferung erwirbt der Veräußerer für den Fall, daß die Klage für begründet erkannt wird, seinerseits gegen den Erwerber einen Anspruch auf Erfüllung der in §§ a und c bezeichneten Verpflichtungen."

Derscheid 3. falls eine Präklusivfrist beliebt werden möchte, zu bestimmen:

„Das Recht auf Wandelung oder Minderung kann nur gerichtlich, sei es durch Klage oder Einrede, und nur innerhalb einer Frist von 6 Monaten in Ansehung beweglicher Sachen und von einem Jahre in Ansehung unbe- | weglicher Sachen geltend gemacht werden. | Prot I 778

Die Frist beginnt mit dem Zeitpunkt, wo die Sache dem Erwerber übergeben worden ist."

v. Weber 4. in § 37 zu bestimmen:

„Auf die Wahl zwischen den Ansprüchen auf Wandelung, Minderung und Lieferung einer anderen Sache finden die Vorschriften der §§ 3, 4 der Zusammenstellung[11] entsprechende Anwendung.

Die Ansprüche des Erwerbers wegen eines Mangels der in § 22 Absatz 1 bezeichneten Art (gesetzlich vorauszusetzender Eigenschaften) oder wegen des Mangels einer zugesicherten Eigenschaft einschließlich des Anspruchs auf Schadensersatz verjähren in Ansehung beweglicher Sachen innerhalb 6 Monaten, in Ansehung unbeweglicher Sachen innerhalb eines Jahres von dem Zeitpunkte an, wo die Sache dem Erwerber übergeben worden ist, es sei denn, daß der Veräußerer eine Haftpflicht auf längere Zeit übernommen hat.

Diese Verjährung tritt nicht ein, wenn der Veräußerer den Mangel gekannt und dem Erwerber verschwiegen hat.

Auch die Einreden des Erwerbers wegen eines der im zweiten Absatze gedachten Mängel erlöschen binnen derselben Frist, wenn nicht innerhalb der Frist der Erwerber den Mangel und die Wahl, welches der ihm zustehenden Rechte er ausüben wolle, dem Veräußerer angezeigt hat. Ist die Anzeige erfolgt, so bleiben die Einreden bestehen."

Johow (Nr 69, 7) Der Antrag unter Nr. 7 Absatz 3 des im Eingange des Protokolls vom 15. Mai d. Js. (Protokolle S. 729ff.)[12] mitgetheilten Vorschlages wurde zu Gunsten des Antrages zu 2 zurückgezogen.

Beschlossen wurde:

I. Insofern der § 37 bestimmt:

das Recht der Wandelung und Minderung müsse binnen | einer sechsmonatigen bezw. einjährigen vom Tage der Uebergabe zu berechnenden Frist geltend gemacht werden. | Prot I 779

blieb er unbeanstandet.

---

[11] S. bei § 263 BGB.

[12] S. bei § 459 BGB.

II. Betreffend die Frage, ob die Frist als Präklusivfrist oder als Verjährungsfrist zu bezeichnen sei, so wurde zunächst der Vorschlag abgelehnt, für eine Präklusivfrist zu entscheiden, innerhalb welcher das Recht auf Wandelung und Minderung, gerichtlich, d. h. mittels Klage oder Einrede geltend zu machen sei (Vorschlag zu 3), abgelehnt, sodann nicht minder der Vorschlag, für eine Präklusivfrist zu entscheiden, binnen welcher der Erwerber dem Veräußerer gegenüber zu erklären habe, daß und welches der beiden genannten Rechte er ausüben wolle.

Die Mehrheit entschied hierauf:

1. für die Annahme der Verjährungsfrist und für die Bestimmung des Entwurfes: „die Ansprüche auf Wandelung und Minderung verjähren u.s.w."

2. weiter für die zusätzliche Bestimmung:

„Auch einredeweise können nach Ablauf der Frist von dem Erwerber die wegen der Mängel ihm zustehenden Rechte nicht mehr geltend gemacht werden."

Die Gründe der Beschlüsse waren:

Die in Frage stehende Frist als Präklusivfrist auszugestalten, sei nicht rathsam. Es würde darin, auf das im größten Theile Deutschlands geltende Recht gesehen, eine schon wegen der sich daran schließenden Unanwendbarkeit der Vorschriften über Hemmung und Unterbrechung der Verjährung mehr als bedenkliche Neuerung liegen. Erkläre man, wenn eine Präklusivfrist bestimmt sei, daneben durch eine positive Vorschrift die bezüglichen für die Anspruchsverjährung geltenden Rechtsnormen für anwendbar, so sei der Boden der Präklusivfrist verlassen. Bei Unterstellung des Falles, daß der Erwerber seinerseits geleistet habe, fehle es auch sichtbar an jedem Grunde, für eine andere als die Verjährungsfrist zu entscheiden. In einem solchen Falle | stehe dem | Prot I 780
Erwerber ein Anspruch auf gänzliche oder theilweise Restitution des von ihm Geleisteten zu, und diesen Anspruch nicht an eine kurze Präklusivfrist zu knüpfen, sondern einer kurzen Verjährung zu unterwerfen, lasse sich als sachgemäß und zweckentsprechend in keiner Weise bezweifeln. Schwierigkeiten entständen nur bei Würdigung des Falles, wenn der Empfänger seinerseits nicht geleistet habe. Für einen derartigen Fall liege nach den für die Anspruchsverjährung beschlossenen Prinzipien die Auffassung nahe: es fehle auf Seiten des Erwerbers ein (auf eine positive oder negative Leistung gerichteter) Anspruch, folglich sei die Verjährung ausgeschlossen und der Empfänger in der Lage, sobald er auf Leistung in Anspruch genommen werde, auch nach Ablauf der fraglichen Frist sich im Wege der Einrede, insbesondere der des nicht erfüllten Vertrages, noch fortwährend gegen die Forderung des Veräußerers zu schützen. Die Auffassung führe zu einem, den praktischen Zweck der kurzen Frist gefährdenden Ergebnisse. Um demselben zu begegnen, könne man allerdings nach dem Vorgange des Handelsgesetzbuchs (Art. 349 Abs. 3) bestimmen, daß die Einreden mit Ablauf der Frist erloschen sind. Eine derartige Regelung befriedige aber noch weniger, weil bei ihr die Einreden an eine kurze Präklusivfrist gebunden erschienen, während in dem anderen Falle, wenn der Erwerber geleistet habe, seine Ansprüche einer kurzen *Verjährung* unterlägen, so daß sich eine auffallende und nicht zu billigende Disharmonie herausstelle. Ein anderer Ausweg sei, zu bestimmen, die Einreden würden mit Ablauf der Frist nach Maßgabe der Vorschriften über die Anspruchsverjährung aufgehoben, oder in noch kürzerer Form: die Einreden verjähren innerhalb der kurzen Frist. Indessen auch dieser Ausweg erscheine nicht weniger mißlich; denn es werde damit ein neues, dunkles, durch besondere Bestimmungen zu verdeutlichendes Institut, das Institut der bloßen Einredeverjährung, eingeführt. Aber bei näherer Betrachtung zeige sich die Irrthümlichkeit jener, | die | Prot I 781
erwähnten Schwierigkeiten hervorrufenden Auffassung. Der Erwerber, von dem noch nicht geleistet sei, habe allerdings einen wirklichen und wahren Anspruch, welcher

seinem Wesen nach von demjenigen, der ihm nach erfolgter Leistung zustehe, nicht verschieden sei. Der dem Anfechtungsrechte verwandte Anspruch sei gerichtet auf gänzliche oder theilweise Befreiung von den durch den Vertrag für den Erwerber entstandenen Verpflichtungen, bei Ausübung der Wandelung gegen Ausfolgung desjenigen, was der Empfänger erhalten habe. Sei von dem Empfänger bereits geleistet, so trete an die Stelle des Befreiungsanspruchs der Anspruch auf Restitution des Geleisteten. Habe der Erwerber noch nicht geleistet, so sei es jener Anspruch auf Befreiung, welcher der kurzen Verjährung unterliege, so zwar, daß mit Vollendung der Verjährung nach dem für die Anspruchsverjährung beschlossenen Prinzipe (Beschluß zu §§ 194 Abs. 1, 196 Abs. 2 des Allgemeinen Theils vom 3. Februar d. Js., Protokolle S. 387–391; Zusammenstellung der Beschlüsse § 156 Abs. 3)[13] auch die Möglichkeit verloren sei, die betreffenden Rechte noch im Wege der Einrede geltend zu machen.

Von diesem Standpunkte aus genüge im Grunde die Bestimmung des Entwurfs. Allein nach den, namentlich im Gebiete des preußischen A.L.R. gemachten Erfahrungen sei zu besorgen, daß bei einer so kurzen Bestimmung, wie sie der Entwurf enthalte, der richtige Standpunkt nicht werde erkannt werden. Es sei also dringend nothwendig, eine Vorschrift hinzuzufügen, welche auf den richtigen Standpunkt gleichsam deklaratorisch hinweise. Dies geschehe durch die beschlossene zusätzliche Vorschrift. Daß nach dem römischen Rechte noch ein anderer, zu demselben Ergebnisse führender Standpunkt sich vertreten lasse, könne auf sich beruhen.

| Prot I 782 III. Was in Ansehung des Rechts auf Wandelung und Minde- | rung beschlossen ist, soll, wenn die Veräußerung einer Gattungssache in Frage steht, auch für das Recht auf Verschaffung einer anderen Sache gelten.

Erwogen wurde, die Gleichstellung rechtfertige sich in Konsequenz früherer Beschlüsse und weil die in Betracht kommenden Verhältnisse nicht verschieden seien.

IV. Auch der Anspruch auf Schadensersatz unterliegt der beschlossenen Verjährung; eine Ausnahme gilt jedoch für denjenigen Anspruch auf Schadensersatz, der darin sich gründet, daß der Veräußerer den Mangel gekannt und verschwiegen hat.

Die Gründe dieses Beschlusses waren: Der praktische Zweck der beschlossenen kurzen Verjährung würde nur unvollkommen erreicht werden, wenn dieselbe nicht zugleich auf den Anspruch, Schadensersatz zu leisten, ausgedehnt werde. Nur der Fall der wissentlichen Verschweigung des Mangels sei wegen des dem Veräußerer zur Last fallenden unredlichen oder betrügerischen Verhaltens von der Regel auszunehmen. In einem solchen Falle auch den Anspruch auf Wandelung oder Minderung der kurzen Verjährung zu entziehen, sei weder ein praktisches Bedürfniß noch aus juristischen Gründen erforderlich.

V. Auf die Wahl zwischen dem Rechte auf Wandelung, Minderung und Verschaffung einer anderen Sache finden die Vorschriften, welche in der Sitzung vom 27. Februar 1882 (Protokolle S. 476–478, Zusammenstellung der Beschlüsse §§ 3, 4)[14] in Ansehung der alternativen Obligation beschlossen sind, entsprechende Anwendung.

Erwogen wurde: Obschon eine alternative Obligation nicht vorliege, so rechtfertigten doch dieselben Gründe, welche bei der alternativen Obligation die in Rede stehenden Beschlüsse veranlaßt hätten, diese wegen Aehnlichkeit der in Betracht kommenden
| Prot I 783 Verhältnisse auf den vorliegenden Fall | auszudehnen. Wenn dagegen erinnert werde, die Ausdehnung führe zu einer Unbilligkeit gegen den Erwerber, wenn der Veräußerer auf die Anzeige des ersteren mit der Erklärung antworte, derselbe habe überhaupt keine

---

[13] S. bei § 222 BGB.
[14] S. bei § 263 BGB.

Ansprüche, so lasse sich eine ähnliche Erinnerung auch bei der alternativen Obligation erheben. Den erwähnten Fall durch eine besondere Bestimmung zu berücksichtigen, sei um so mißlicher, als darunter die Einfachheit des Gesetzes ohne Erreichung eines wesentlichen Nutzens erheblich leide.

VI. Die dem Erwerber zustehenden Einreden können nicht dadurch über die kurze Verjährungsfrist hinaus erhalten werden, daß innerhalb dieser Frist von dem Erwerber dem Veräußerer der Mangel angezeigt und kund gegeben wird, welches Recht er ausüben wolle.

Die Gründe des Beschlusses waren: Eine Bestimmung, welche die Konservirung der Einreden auf dem angegebenen Wege gestatte, passe nicht zu den unter II aufgeführten Beschlüssen; sie würde nur dann aufgenommen werden dürfen, wenn ein praktisches Interesse ihre Aufnahme geböte, letzteres sei aber so wenig der Fall, daß vielmehr umgekehrt eine solche Bestimmung zum Theil die Zwecke gefährde, welche durch die kurze Verjährung erreicht werden sollen. Kein Gewicht dürfe darauf gelegt werden, ob die Vorschrift dem Artikel 349 des Handelsgesetzbuchs entsprechen würde. Bei der Revision des Handelsgesetzbuchs würden vielmehr die einschlagenden Vorschriften des bürgerlichen Gesetzbuchs zu beachten sein.

VII. Die kurze Verjährungsfrist kann durch Vertrag bis zur ordentlichen Verjährungsfrist ausgedehnt werden. Erwogen wurde: Die tägliche Erfahrung lehre, wie häufig die Fälle seien, in welchen die Verjährungsfrist durch Vertrag in der Form der Bestimmung von mehr oder weniger geräumigen sogenannten Garantiefristen ausgedehnt wür- | de. Es liege darin ein überzeugender Beweis für die praktische Nothwendigkeit, solche Verträge zuzulassen. | Prot I 784 Ob durch die Zulassung der in der Sitzung vom 5. Februar d. Js. in Ansehung der Verträge über die Verlängerung der Verjährungsfristen gefaßte Beschluß (zu § 196 des Allgemeinen Theils, Protokolle S. 394; Zusammenstellung der Beschlüsse § 160)[15] eine Ausnahme erleide, sei gleichgültig. Jener Beschluß bezwecke nur die Aufstellung einer Regel, von der in einzelnen Fällen, namentlich bei sehr kurzen Fristen, abzugehen, völlig unbedenklich erscheine. |

93. Sitzung vom 26. 5. 1882, Schriftführer Neubauer (nicht anwesend Kurlbaum)

| Die Berathung des Theilentwurfes des Obligationenrechts, betreffend Rechte und Verpflichtungen aus Verträgen (№ 20), insbesondere Gewährleistung wegen Mängel der Sache, wurde fortgesetzt. | Prot I 785

Es wurden zunächst noch einige auf den § 37 des Entwurfs sich beziehende Fragen erledigt.

1. Der Antrag, in Ansehung des Rechts auf Verschaffung einer anderen Sache, wenn die Veräußerung eine Gattungssache betrifft, zu bestimmen: Planck (Nr 76, 1 u. 2)

„Das Recht erlösche, wenn der Erwerber, nachdem er von dem Mangel Kenntniß erhalten habe, nicht unverzüglich erkläre, daß er das Recht ausüben wolle",

fand nicht die Zustimmung der Mehrheit.

Von verschiedenen Seiten wurde zwar nicht verkannt, daß es angemessen sein möge, | das in Rede stehende Recht abzuschwächen, es überwog jedoch die Ansicht, die vorgeschlagene Bestimmung werde keinen erheblichen Nutzen stiften, wenn nicht zugleich, unter Abänderung des früheren Beschlusses, die Pflicht der sofortigen Untersuchung vorgeschrieben werde, wohl aber wegen der Schwierigkeit, die Zeit der Kenntniß festzustellen, manche praktische Uebelstände nach sich ziehen; es sei deshalb vorzu- | Prot I 786

[15] S. bei § 225 BGB.

ziehen, das aus Gründen der Gerechtigkeit dem Erwerber beigelegte Recht auf Nachlieferung nicht in der beantragten Weise zu schmälern.

2. Zur Sprache kam, ob es nothwendig sei, für diejenigen Fälle Vorsorge zu treffen, in welchen die Untersuchung der Sache unmittelbar nach deren Uebergabe auf längere Zeit durch besondere Umstände verhindert werde, so daß die Verjährungsfrist abgelaufen sein könne, bevor die Entdeckung oder die Rüge des Mangels möglich gewesen sei. Eine solche Vorsorge wurde jedoch im Interesse der Sicherstellung des der kurzen Verjährung zum Grunde liegenden legislativen Zweckes für nicht angemessen, aber auch um so weniger für nöthig erachtet, als nach den in der vorigen Sitzung gefaßten Beschlüssen die vertragsmäßige Verlängerung der Frist zulässig sei.

Planck (Nr 80) Die Berathung wandte sich zu den die Korrektur der früheren Beschlüsse bezweckenden Anträgen, welche in dem Protokolle über die vorige Sitzung (S. 776, 777) unter

| Prot I 787 2. | mitgetheilt sind.

1. Der Antrag a zu § 25, der in Gemäßheit der über die Verjährung zum § 37 gefaßten Beschlüsse hervorzuheben bezweckt, daß es sich bei der Wandelung und Minderung um einen wahren Anspruch handele, wurde zwar abgelehnt, jedoch beschlossen, die zum § 25 beschlossene Vorschrift im Nachsatze dahin zu fassen:

Der Erwerber habe die Wahl zu verlangen, entweder daß der Vertrag rückgängig gemacht (Wandelung) oder daß die Gegenleistung herabgesetzt werde (Minderung).

2. Der Antrag b zu § 30 führte zu einer ausführlichen Debatte über die Frage:

inwiefern der Veräußerer, wenn der Erwerber ihm gegenüber einmal die Erklärung abgegeben habe, von der Wandelung Gebrauch machen zu wollen, auch seinerseits befugt sei, auf Ausführung der Wandelung zu bestehen.

Nachdem die Mehrheit beschlossen hatte, diese Frage müsse in dem Gesetze entschieden werden, wurde der Antrag:

dem Veräußerer in dem vorausgesetzten Falle das Recht beizulegen, auch seinerseits die Wandelung zu verlangen,

abgelehnt und sodann der Antrag angenommen:

jenes Recht dem Veräußerer bis dahin zu versagen, daß von dem Erwerber die Wandelung durch Klage oder Einrede geltend gemacht sei.

| Prot I 788 | Die Entscheidung beruhte auf der Erwägung: Die Frage bedürfe wegen ihrer praktischen Wichtigkeit und da sie nach den bisher gefaßten Beschlüssen eine verschiedene Beantwortung zulasse und voraussichtlich finden werde, der Entscheidung. Gehe man davon aus, daß die Mangelhaftigkeit nur dem Erwerber ein Recht, und zwar ein alternatives Recht verleihe, von welchem Gebrauch zu machen in seinem Willen stehe, so könne in der einseitigen Erklärung desselben, er wolle die Wandelung ausüben, kein Verzicht auf die Willkür, die in Folge der Mangelhaftigkeit ihm erwachsenen Rechte wirklich zur Geltung zu bringen oder nicht, gefunden werden. Verzichtet habe er nach den gefaßten Beschlüssen nur auf *die* Befugniß, wenn er die Rechte ausübe, die Alternative der Minderung zu wählen. Dieser Auffassung folge auch das geltende Recht, mindestens das römische oder gemeine Recht. Davon abzuweichen, könne nur aus Gründen der praktischen Zweckmäßigkeit sich rechtfertigen. Solche Gründe seien aber nicht anzuerkennen. Möge auch in einzelnen Fällen sich eine gewisse Unbilligkeit gegen den auf die Wandelungserklärung des Erwerbers sich verlassenden und danach sich richtenden Veräußerer sich ergeben, so sei es doch bedenklich, zur Abwendung der Unbilligkeit eine Bestimmung zu treffen, die dem Erwerber gegenüber nicht gerecht erscheine und diesen in Schaden bringen könne. Das Interesse des Erwerbers verdiene nachdrück-

| Prot I 789 licher geschützt zu werden, als das des Veräußerers, | dem allein die Nichterfüllung

vertraglicher Pflichten zur Last falle. Nur wenn der Erwerber die Wandelung bereits im Wege der Klage oder Einrede geltend gemacht habe, müsse von der Regel eine Ausnahme gemacht werden, weil, sobald der Streit vor den Richter gebracht sei, die Wandelungserklärung des Erwerbers die schon aus prozessualischen Gründen nicht mehr zu verändernde feste Grundlage der richterlichen Entscheidung bilde. Uebrigens dürfe nicht übersehen werden, daß, wenn der Erwerber nicht blos die Wandelung erkläre, sondern damit zugleich eine andere, die Verwirklichung der Wandelung ganz oder zum Theil enthaltende Erklärung verbinde, z. B. die ihm ausgelieferte Sache zur Verfügung stelle und eine solche Erklärung vielleicht sogar von dem Veräußerer angenommen sei, die Beurtheilung sich ändern möge. Der alsdann vorliegende Fall sei ein anderer, als der einfache Fall, worüber Beschluß zu fassen sei. Auch über diesen anderen Fall im Gesetze noch Entscheidung zu treffen, sei ohne Kasuistik nicht möglich.

Nach Erledigung der vorstehenden Fragen glaubte man den übrigen Inhalt des Antrages b der Prüfung bei der Redaktion vorbehalten zu dürfen. Bei der Redaktion soll auch geprüft werden, ob nicht noch einige andere früher gefaßte Beschlüsse insbesondere auch der über die Erfüllung Zug um Zug (Protokolle S. 760)[16], in Ansehung der Fassung der Berichtigung bedürfen[17].

| Zu § 39 des Entwurfes: | Prot I 793

„Bei gegenseitigen Verträgen hat im Falle nur theilweiser Unmöglichkeit der dem einen Vertragschließenden obliegenden Leistung, sofern nicht der ganze Vertrag nichtig ist, der andere den Anspruch auf Wandelung oder Minderung nach Maßgabe der Vorschriften in §§ 25, 27–33, § 34 Absatz 1 Satz 2, § 37. TE-OR (Nr 20) § 39

| Wenn der Versprechende die theilweise Unmöglichkeit kannte oder kennen mußte, so ist er dem anderen Theile überdies zum Schadenersatz (§ 26) verbunden. | Prot I 794

Die Ansprüche auf Wandelung oder Minderung, so wie auf Schadenersatz sind ausgeschlossen, wenn der Versprechensempfänger die theilweise Unmöglichkeit kannte oder kennen mußte.“

lagen die Anträge vor:

1. den § 39, vorbehaltlich der Frage über die Stelle, an welcher derselbe aufzunehmen sei, zu fassen: Planck (Nr 78, 2)

„Wenn die Leistung, zu welcher sich ein Vertragschließender durch einen gegenseitigen Vertrag verpflichtet hat, theilweise unmöglich ist, so ist der Vertrag nur, soweit er auf die unmögliche Leistung gerichtet war, nichtig, im Uebrigen aber gültig. Dem anderen Vertragschließenden steht aber in solchem Falle, wenn durch die theilweise Unmöglichkeit der Werth oder die Tauglichkeit des Gegenstandes der Leistung zu seinem regelmäßigen oder nach dem Vertrage vorausgesetzten Gebrauche aufgehoben oder in einer nicht unerheblichen Weise gemindert wird, das Recht auf Wandelung und Minderung unter entsprechender Anwendung der in den §§ 24, 25 und 27 bis 37 enthaltenen Vorschriften zu. Dasselbe Recht steht ihm zu, wenn die theilweise Unmöglichkeit nach Schließung des Vertrages, aber bevor die Gefahr auf ihn übergegangen, eingetreten ist.

| Hatte der Vertragschließende, welcher sich zu der theilweise unmöglichen Leistung verpflichtet, für deren Möglichkeit einzustehen versprochen, oder hatte er die Unmöglichkeit bei Schließung des Vertrages gekannt und verschwiegen, so findet die Vorschrift des § 26 entsprechende Anwendung.“ | Prot I 795

---

[16] S. Vor §§ 346–360 BGB.

[17] Die anschließende Beratung des § 38 TE-OR (Nr. 20), Prot I 790–793, betreffend die Sachmängelhaftung bei der Schenkung s. bei § 524 BGB.

Windscheid (Nr 77) 2. den § 39 zu streichen, dagegen das Resultat einer auf Grundlage des folgenden Vorschlags zu passender Zeit zu pflegenden Berathung hinter die zu §§ 4 und 5 des Entwurfes gefaßten Beschlüsse (Protokolle S. 660)[18] einzurücken:

§ d.

„Ist die in einem gegenseitigen Vertrag von einem der Vertragschließenden versprochene Leistung unmöglich, so ist der andere Vertragschließende zur Gegenleistung nicht verpflichtet.

Bei theilweiser Unmöglichkeit gilt das Gleiche, sofern nicht erhellt, daß der Vertragswille auch auf den möglichen Theil der Leistung gerichtet war. Ist dies der Fall, so mindert sich die Verpflichtung zur Gegenleistung in entsprechendem Maße."

§ e.

„Ist einem der Vertragschließenden die Erfüllung der durch den Vertrag für ihn begründeten Verpflichtung unmöglich, so ist der andere Vertragschließende berechtigt, | Prot I 796 die Gegenleistung zu verweigern, und, wenn er bereits geleistet hat, das | Geleistete zurückzufordern. Sein Recht auf Schadensersatz wegen Nichtleistung bleibt unberührt; er ist aber zur Annahme von Schadensersatz statt der Leistung nicht verpflichtet.

Bei theilweiser Unmöglichkeit stehen dem anderen Vertragschließenden die gleichen Rechte zu, sofern nicht erhellt, daß der Vertragswille auch auf den Theil der Leistung, in Betreff dessen die Erfüllung möglich ist, gerichtet war. Ist dies der Fall, so kann die Erfüllung der durch den Vertrag für ihn begründeten Verpflichtung von ihm nur in entsprechendem Maße verlangt werden."

Der Frage der Fassung und im Besonderen der Frage, ob es sich nicht empfiehlt, im Gesetzbuche alle Fälle der vollständigen beziehungsweise theilweisen Unmöglichkeit in je einer einheitlichen Bestimmung zusammenzufassen, soll durch diesen Vorschlag nicht vorgegriffen werden.

Der Antrag zu 1 wurde zurückgezogen, der Antrag zu 2 bis auf Weiteres nicht weiter verfolgt, der § 39 selbst abgelehnt.

Die Gründe der Ablehnung waren:

Der § 39 behandele den Fall, wenn bei einem gegenseitigen Vertrage die Leistung des einen Theils *von Anfang an* objektiv, aber nur theilweise, unmöglich sei. Nach den bisher gefaßten Beschlüssen sei in einem solchen Falle der ganze Vertrag nichtig, es sei denn, daß erweislich auch in tantum kontrahirt sein würde (vgl. Beschlüsse vom 24. und | Prot I 797 27. | März 1882, Protokolle S. 560, 561, 565–568; Zusammenstellung der Beschlüsse §§ 33, 34 mit Beschluß vom 23. Dezember 1881, Protokolle S. 276, Zusammenstellung der Beschlüsse zum Allgemeinen Theil § 106)[19]. Hiernach sei es nicht zulässig, dem einen oder anderen Theile im fraglichen Falle das Recht der Wandelung beizulegen. Nur die Minderung könne in Frage kommen, aber auch in dieser Hinsicht sei eine besondere Bestimmung nicht nöthig, da, wenn feststehe, daß die Parteien in tantum kontrahirt haben würden, auch erhellen müsse und werde, wie es nach ihrer Intention mit der völlig möglich gebliebenen Leistung des einen Theils beziehungsweise mit der Kürzung derselben zu halten sei, wobei anerkannt werden könne, daß die an sich unanwendbaren Bestimmungen über die Minderung wegen Mängel und Fehler in vielen Fällen als ein passender Anhalt für die zu treffende Entscheidung dienen könnten.

Zum Schluß war man einverstanden, daß kein Grund vorliege:

---

[18] S. bei §§ 320, 322 BGB.
[19] S. bei §§ 307, 308 und 139 BGB.

1. über die Fälle Bestimmung zu treffen, in welchen nicht eine Sache, sondern nur ein solches Recht an der Sache, zu dessen Ausübung der Gewahrsam der Sache erforderlich sei, den Gegenstand der Veräußerung bilde (Protokolle S. 735)[20];

2. die Bestimmungen über das vertragsmäßige Rücktrittsrecht (Protokolle S. 626 zu 2) zu vervollständigen.

Zu Nr. 1 überzeugte man sich, daß die beschlossenen Vorschriften nur für die Sachveräußerung paßten, und daß für andere Verträge, so- | weit nöthig, durch spezielle Bestimmung zu sorgen sei (z. B. in Betreff der Pacht und Miethe, Werkverdingung u.s.w.). | Prot I 798

Zu Nr. 2 glaubte man, daß die Vorschriften über Wandelung wegen Fehler und Mängel zu der fraglichen Uebertragung keineswegs sich eigneten, überdies eine Unvollständigkeit der Vorschriften über das vertragsmäßige Rücktrittsrecht nicht vorliege.

II. In der *ZustOR* haben die beschlossenen Vorschriften als §§ 83–87, 93–102[21] die Fassung erhalten:

Ist die Haftung des Veräußerers nach den §§ 81 und 82 begründet, so kann der Erwerber nach seiner Wahl verlangen, entweder daß der Vertrag rückgängig gemacht (Wandelung) oder daß die Gegenleistung herabgesetzt werde (Minderung). ZustOR § 83
(Prot I 737, 738, 776, 777, 787)

Auf die Wahl zwischen dem Rechte der Wandelung und dem Rechte der Minderung finden die Vorschriften der §§ 3 und 4 entsprechende Anwendung. ZustOR § 84
Durch die von dem Erwerber dem Veräußerer gegenüber abgegebene Erklärung, daß er die Wandelung verlange, wird der Veräußerer nicht berechtigt, auch seinerseits die Wandelung zu fordern. Hierzu ist er erst dann berechtigt, wenn der Erwerber die Wandelung im Wege der Klage oder Einrede verlangt hat.
(Prot I 776–778, 782, 783, 787–789)

Ist zur Zeit der Schließung des Vertrages eine zugesicherte Eigenschaft nicht vorhanden gewesen oder ein damals vorhandener Mangel der in § 81 Abs. 2 bezeichneten Art von dem Veräußerer dem Erwerber wissentlich verschwiegen, so hat der letztere neben dem Rechte der Wandelung oder Minderung gegen den Veräußerer Anspruch auf vollen Schadensersatz. ZustOR § 85
(Prot I 744–750)

Hat der Erwerber die mit einem Mangel behaftete Sache angenommen, obschon er von demselben Kenntniß hatte, so stehen ihm die in §§ 83 und 85 bezeichneten Rechte nur dann zu, wenn er bei der Annahme sich wegen des Mangels seine Rechte vorbehalten hat. ZustOR § 86
(Prot I 743, 744)

Wird der Vertrag in Folge der Wandelung rückgängig gemacht, so sind die Vertragschließenden, soweit nicht das Gesetz ein Anderes bestimmt, unter einander so berechtigt und verpflichtet, wie wenn der Vertrag nicht geschlossen worden wäre. ZustOR § 87
(Prot I 752–761, 766–769)

Ist ein Vertrag auf die Veräußerung von mehreren Sachen gerichtet und sind von diesen Sachen nur eine oder einige mangelhaft, so ist die Wandelung nur in Ansehung ZustOR § 93

---

[20] S. bei § 459 BGB. In den Protokollen heißt es „die" statt „der" Gewahrsam.

[21] Die §§ 88–92 ZustOR s. beim Rücktritt, Vor §§ 346–360 BGB.

der mangelhaften Sachen statthaft, selbst wenn eine Gesammtleistung für alle Sachen festgesetzt ist.

Ist jedoch der Vertrag über die mehreren Sachen als zusammengehörige geschlossen und die Trennung der mangelhaften von den mangelfreien Sachen ohne Benachtheiligung des Erwerbers nicht möglich, so kann dieser nach seiner Wahl die Wandlung wegen der einzelnen mangelhaften oder wegen der sämmtlichen Sachen verlangen; ist die Trennung ohne Benachtheiligung des Veräußerers nicht möglich, so ist die Wandelung nur in Ansehung sämmtlicher Sachen statthaft.

(Prot I 750, 751)

ZustOR § 94 Wird wegen eines Mangels der Hauptsache das Recht der Wandelung geltend gemacht, so wird davon auch die Nebensache betroffen.

Ist die Nebensache mangelhaft, so ist nur in Ansehung dieser Sache die Wandelung statthaft.

(Prot I 751, 752)

ZustOR § 95 War in den Fällen der §§ 93 und 94 eine Gesammtleistung festgesetzt, so ist, wenn das Recht der Wandelung nur in Ansehung einzelner Sachen geltend gemacht wird, die Gesammtleistung in dem Verhältniß herabzusetzen, in welchem zur Zeit der Schließung des Vertrages bei Voraussetzung der Mangelfreiheit sämmtlicher Sachen der Gesammtwerth derselben zu dem Werthe derjenigen Sachen gestanden hat, welche von der Wandelung nicht betroffen werden.

(Prot I 752)

ZustOR § 96 Wird das Recht der Minderung geltend gemacht, so ist die dem Erwerber obliegende Gegenleistung in dem Verhältniß herabzusetzen, in welchem der Werth der Sache mit dem Mangel zu dem Werthe derselben ohne den Mangel zu der Zeit der Schließung des Vertrages gestanden hat.

Wird in dem Falle, wenn der Vertrag auf die Veräußerung mehrerer Sachen gerichtet und für diese eine Gesammtleistung bestimmt ist, das Recht der Minderung nur in Ansehung einer oder einiger Sachen verlangt, so erfolgt die Herabsetzung der Gegenleistung unter Berücksichtigung des Gesammtwerths aller den Gegenstand der Veräußerung bildenden Sachen.

(Prot I 769, 770)

ZustOR § 97 Ist das Recht der Minderung geltend gemacht, so wird dadurch nicht ausgeschlossen, daß wegen eines erst später entdeckten Mangels die Wandelung oder von Neuem die Minderung verlangt werde.

(Prot I 770, 771)

ZustOR § 98 Sind mehrere Veräußerer oder mehrere Erwerber vorhanden oder ist der Veräußerer oder Erwerber von Mehreren beerbt, so kann die Wandelung nur von allen und gegen Alle, die Minderung von Jedem und gegen jeden Einzelnen verlangt werden. Hat ein Einzelner das Recht der Minderung geltend gemacht, so ist die Wandelung ausgeschlossenm

(Prot I 763–766)

ZustOR § 99 Wird auf Betreiben eines Gläubigers eine Sache im Wege der Zwangsvollstreckung veräußert, so steht dem Erwerber ein Recht auf Gewährleistung wegen Mängel nicht zu.

(Prot I 771, 772)[22]

---

[22] Zu § 99 ZustOR ist angemerkt: Vorbehalten bleibt, den § in den vom Kaufvertrage handelnden Abschnitt zu versetzen. S. die weiteren Beratungen zu dieser Bestimmung im Anhang zu § 474 BGB.

Die Haftung des Veräußerers wegen Mängel kann durch Vertrag erweitert, beschränkt oder erlassen werden. ZustOR § 100

Der Erlaß oder die Beschränkung ist unwirksam, wenn der Veräußerer den Mangel gekannt und dem Erwerber verschwiegen hat.

(Prot I 772, 773)

Die Ansprüche auf Wandelung und Minderung unterliegen in Ansehung beweglicher Sachen einer Verjährung von sechs Monaten, in Ansehung unbeweglicher Sachen einer Verjährung von Einem Jahre dergestalt, daß nach Vollendung der Verjährung die Rechte von dem Erwerber auch nicht mehr einredeweise geltend gemacht werden können. ZustOR § 101

Binnen gleicher Frist verjährt der Anspruch auf Schadensersatz (§ 85), sofern der Anspruch nicht darin sich gründet, daß der Mangel wissentlich verschwiegen worden ist.

Die Verjährungsfrist beginnt mit dem Zeitpunkte, wo die Sache dem Erwerber übergeben ist. Sie kann durch Vertrag bis zur ordentlichen Verjährungsfrist (Allg. Th. § 131) erweitert werden.

(Prot I 775 – 787)

Betrifft die Veräußerung eine nur der Gattung nach bestimmte Sache, so steht dem Erwerber außer den Rechten der Wandelung und der Minderung auch das Recht zu, an Stelle der mangelhaften eine mangelfreie Sache zu fordern. ZustOR § 102

Auf dieses Recht finden die für das Recht der Wandelung geltenden Vorschriften der §§ 84, 86, 89, 90, 91, 92, 93, 94, 95, 97, 98, 100, 101 entsprechende Anwendung.

Der Veräußerer ist in einem solchen Falle gemäß § 85 zum Schadensersatz verpflichtet, wenn zu dem Zeitpunkte, in welchem die Gefahr auf den Erwerber überging, die zugesicherte Eigenschaft gefehlt hat oder der sonstige Mangel verschwiegen worden ist.

(Prot I 739 – 743, 745 – 749, 760, 761, 769, 773, 781, 782, 785, 786)

### § 462

**Wegen eines Mangels, den der Verkäufer nach den Vorschriften der §§ 459, 460 zu vertreten hat, kann der Käufer Rückgängigmachung des Kaufes (Wandelung) oder Herabsetzung des Kaufpreises (Minderung) verlangen.**

### § 465

**Die Wandelung oder die Minderung ist vollzogen, wenn sich der Verkäufer auf Verlangen des Käufers mit ihr einverstanden erklärt.**

### § 466

**Behauptet der Käufer dem Verkäufer gegenüber einen Mangel der Sache, so kann der Verkäufer ihn unter dem Erbieten zur Wandelung und unter Bestimmung einer angemessenen Frist zur Erklärung darüber auffordern, ob er Wandelung verlange. Die Wandelung kann in diesem Falle nur bis zum Ablaufe der Frist verlangt werden.**

*ZustOR §§ 83, 84*

## A. 1. Kommission

**III., IV.** § 83 ist im *KE* in § 380, im *E I* in § 383 in unveränderter Fassung enthalten[1].

**III.** § 84 ist im *KE* in unveränderter Fassung in § 381 enthalten.

Bei der 2. Beratung des KE wurde zu § 381 beantragt:

v. Mandry (Nr 585, 23) 1. im Abs. 1 zu setzen „finden die Vorschriften der §§ 207, 208 Satz 1 . . ."

(Die Wahl zwischen dem Rechte der Wandelung und dem Rechte der Minderung schließt das Recht des Erwerbers, Erfüllung zu verlangen, nicht aus: vergl. Abs. 2 und Prot. S. 787—789, wirkt also auch nicht in der Weise auf das Schuldverhältniß ein, wie Satz 2 des § 208 bestimmt, d. h. in der Weise, daß fortan nur die aus der Wandelung sich ergebenden Leistungen als Inhalt der Verpflichtung anzusehen sind. Die „entsprechende Anwendung" kann allerdings auch darin gefunden werden, daß nach der Wahl das Schuldverhältniß so zu beurtheilen ist, wie wenn von Anfang an neben der Verpflichtung zur Erfüllung nur das Recht der Wandelung (nicht auch das Recht der Minderung) gestanden wäre. Aber wozu ist diese von Bedeutung?)

Johow (Nr 587, 16) 2. Abs. 2 Zeile 4 statt „fordern" zu setzen „verlangen".

(Vergl. Zeile 2 und 5 desselben Absatzes.)

Kurlbaum (Nr 591, 4) 3. Abs. 2 zu fassen:

„Durch die Wahl der Wandelung wird der Veräußerer nicht berechtigt, auch seiner Seits die Wandelung zu fordern. Hat der Erwerber das Recht der Wandelung durch Klage oder Einrede geltend gemacht, so kann der Veräußerer für den Fall des Unterliegens auch seiner Seits die Wandelung fordern."

(Da die Erklärung der Wahl nach § 207 gegenüber dem anderen Theile erfolgen muß, der gleichgestellte Fall der Annahme einer Leistung aber wohl ein Uebereinkommen darstellt, so wird die Umschreibung im Satz 1 entbehrt werden können. Für den zweiten Satz führte der Umstand, daß die Wandelung die unabänderliche Grundlage des Urtheils bildet, m. E. nicht zu dem Schlusse, daß der Beklagte mehr als die Abweisung der Klage fordern könne, wenn der Kläger die Klage nicht betreiben will. Eine üble Lage bleibt für den Beklagten nur, wenn der Kläger die Sache bis zum Urtheil fortsetzt.)

Der Antrag zu 1. wurde angenommen. Der Abs. 1 des § 381 erhält hiernach die Fassung:

Auf die Wahl . . . finden die Vorschriften des § 207 und des § 208 Satz 1 entsprechende Anwendung.

Der Antrag zu 2, desgleichen der Antrag zu 3 wurden abgelehnt. (Prot I 11778, 11779)

Aus Anlaß eines von Kurlbaum zu § 394 Abs. 5 KE gestellten Antrags (Nr. 612), diese Vorschrift wie folgt neu zu fassen:

In Ansehung der dem Veräußerer nach der Vorschrift des § 381 Abs. 2 Satz 2 zustehenden Anspruchs auf Wandelung wird die Verjährung gleichzeitig mit der Verjährung des dem Erwerber zustehenden Anspruchs vollendet.

---

[1] In der Zusammenstellung der Anträge lautet der Antrag Nr. 587, 4 von Johow: „§§ 241, 296, § 366 Abs. 3, §§ 380, 384, 407, 408 statt ‚die §§' zu setzen ‚die Vorschriften der §§' ". Bei der Beschlußfassung über diesen Antrag (Prot I 11731) ist der § 380 nicht berücksichtigt.

kam es zu einer wiederholten Prüfung der Vorschrift im § 381 Abs. 2 Satz 2, ihres Sinnes und ihrer Tragweite. Die Kommission überzeugte sich hierbei, daß die Vorschrift keineswegs alle Zweifel in Ansehung der Frage, welche zu lösen sie bestimmt sei, beseitige, vielmehr manche alte mit der Frage zusammenhängende Zweifel, mit deren Lösung die Wissenschaft von jeher sich beschäftige, bestehen lasse und daneben manche neue Zweifel in Ansehung der Verjährung pp. hervorzurufen geeignet sei. Vorzuziehen sei daher, mit der bestehenden Gesetzgebung die Entscheidung der im § 381 Abs. 2 Satz 2 in Verbindung mit Satz 1 berührten Frage sowie der damit zusammenhängenden Fragen nach wie vor der Wissenschaft und Praxis zu überlassen. Hiernach beschloß die Kommission, den zweiten Absatz des § 381 zu streichen[1a]. Der Antrag b zu § 394 Abs. 5 kam hierdurch als gegenstandslos in Wegfall. (Prot I 11786, 11787)

**IV.** Im *E I* hat die Vorschrift als § 384 die Fassung erhalten:

Auf die Wahl zwischen dem Rechte der Wandelung und dem Rechte der Minderung finden die Vorschriften des § 208 und des § 209 Satz 1 entsprechende Anwendung. E I § 384

## B. Vorkommission des Reichsjustizamtes

I. Beantragt war:

1. die §§ 383, 384 in einem Paragraphen wie folgt zusammenzufassen: Struckmann (Nr 1, 105, § c)[2]

Im Falle der Haftung des Verkäufers kann der Käufer nach seiner Wahl Rückgängigmachung des Kaufes (Wandelung) oder Herabsetzung des Kaufpreises (Minderung) verlangen.

Die Wahl ist vollzogen, wenn sie von dem Käufer gegenüber dem Verkäufer erklärt worden ist. Die vollzogene Wahl ist unwiderruflich.

2. den § 383 zu fassen: Jacubezky (Nr 5, 24)

Ist die Haftung des Veräußerers nach den §§ 381, 382 begründet, so kann der Erwerber nach seiner Wahl entweder den Vertrag rückgängig machen (Wandelung) oder die Gegenleistung herabsetzen (Minderung).

3. den § 384 in folgender Fassung dem § 383 als zweiten Satz anzuschließen: Planck (Nr 6, 17)

Auf die Wahl zwischen Wandelung und Minderung finden die Vorschriften der §§ 208, 209, 210 Abs. 2 Anwendung.

eventuell den § 384 zu streichen.

II. 62. Sitzung vom 27. 12. 1891

| IV. Die §§ 383, 384 wurden ihrem sachlichen Inhalte nach | gebilligt. Insbesondere trat die Mehrheit dem Entwurfe darin bei, daß das dem Käufer für den Fall der Haftung des Verkäufers nach §§ 381, 382 zustehende Recht auf Wandelung oder Minderung als ein Anspruch aufzufassen sei, welcher der *Verjährung* innerhalb der im § 397 normirten Fristen unterliege. | Prot-RJA 351 | Prot-RJA 352

Der Anregung, die Geltendmachung der Wandelung und der Minderung durch eine einseitige innerhalb einer bestimmten *Präklusivfrist* abzugebende *Erklärung* des Käufers

[1a] Die Zusammenstellung der Anträge enthält einen Antrag von Johow (Nr. 615), im § 381 den Abs. 2 zu streichen, eventuell den Satz 2 dieses Absatzes zu streichen.

[2] S. zu diesem Antrag auch bei §§ 459, 460, 463, 466 – 493 BGB.

zuzulassen, wurde nicht stattgegeben. Gegen diese Regelung wurde, abgesehen von der in der Präklusivfrist liegenden größeren Strenge, insbesondere geltend gemacht, daß es dem Verkehrsinteresse widerstreite, wenn dem Käufer die Möglichkeit gewährt würde, durch Abgabe einer entsprechenden Erklärung innerhalb der vorgeschriebenen Präklusivfrist die Mangelhaftigkeit der gekauften Sache bis zum Ablauf der dreißigjährigen Verjährungsfrist zum Gegenstande einer Erörterung im Prozesse zu machen. Auch das bestehende Recht, wie dasselbe von der herrschenden Ansicht aufgefaßt werde, insbesondere auch der Artikel 349 des Handelsgesetzbuchs und das Schweizer Obligationenrecht behandele die Frist für die Geltendmachung der hier in Rede stehenden Rechte nicht als Präklusivfrist, sondern als Verjährungsfrist und verlange insbesondere, daß innerhalb der Frist *Klage* erhoben, der Streit wegen des Mangels mithin innerhalb der Frist zur richterlichen Kognition gebracht werde.

In redaktioneller Hinsicht wurden die §§ 383, 384 in einen Paragraphen zusammengezogen und wie folgt gefaßt:

| Prot-RJA 353

| § c. (383, 384.)

E I-RJA § c (383, 384)

Im Falle der Haftung des Verkäufers kann der Käufer nach seiner Wahl Rückgängigmachung des Kaufs (Wandelung) oder Herabsetzung des Kaufpreises (Minderung) verlangen.

Die Wahl ist vollzogen, wenn sie von dem Käufer gegenüber dem Verkäufer erklärt worden ist. Die vollzogene Wahl ist unwiderruflich.

### C. 2. Kommission

I. Zu den §§ 383, 384 war beantragt (Prot. II, Bd. 1, S. 673ff.; *Mugdan*, Bd. 2, S. 660ff.):

Struckmann (Nr 67, 1 § c)

1. die von der Vorkommission des RJA als § c beschlossenen Bestimmungen aufzunehmen.

Jacubezky (Nr 74, 2)

2. den § 383 zu fassen:

Im Falle der Haftung des Verkäufers kann der Käufer nach seiner Wahl den Vertrag rückgängig machen (Wandelung) oder die Gegenleistung herabsetzen (Minderung).

(Demgemäß soll im Folgenden nicht von dem Verlangen der Wandelung oder Minderung, sondern von der Wandelung oder Minderung, und nicht von dem Anspruche auf Wandelung oder Minderung, sondern von dem Rechte der Wandelung oder Minderung gesprochen werden.)

v. Mandry (Nr 78, 3)

3. an Stelle der §§ 383, 384 einen Paragraphen des Inhalts zu beschließen:

in erster Linie:

Im Falle der Haftung des Verkäufers kann der Käufer nach seiner Wahl vom Vertrage zurücktreten oder den Kaufpreis verhältnißmäßig mindern.

Die Wahl ist vollzogen, wenn der Käufer dem Verkäufer gegenüber den Rücktritt sowie wenn er die Minderung erklärt hat. Die Erklärung ist unwiderruflich.

in zweiter Linie:

Im Falle der Haftung des Verkäufers kann der Käufer nach seiner Wahl die Ansprüche geltend machen, welche bei erfolgtem Rücktritte von dem Vertrage begründet sind, oder die Ansprüche, welche bei Festhalten[3] an dem Vertrag unter verhältnißmäßiger Minderung des Preises begründet sind.

[3] In dem Antrag heißt es: . . . bei Feststellung in dem . . .

Die Wahl ist vollzogen, wenn usw. (wie im Antrag 1)[4]

4. im § 383 (und demgemäß auch an den anderen Stellen) das Recht auf *Minderung* zu streichen[5]; v. Cuny (Nr 83, 3)

5. dem § 383 in der Fassung des Antrags 2 folgenden Absatz anzufügen: Wilke (Nr 80, 2)

Wenn jedoch nach den Umständen des Falles die Rückgängigmachung des Vertrags gegen Treu und Glauben verstoßen würde, wenn insbesondere durch den Mangel der Sache der Werth oder die Tauglichkeit nur verhältnißmäßig unerheblich gemindert wird, so beschränkt sich das Recht des Käufers auf Herabsetzung der Gegenleistung.

Die Kommission beschloß, unter Aussetzung der Anträge 4 und 5, die Berathung zunächst auf die Frage zu beschränken, ob im Falle der Haftung des Verkäufers nach den Grundsätzen der §§ 381, 382 dem Käufer das Recht zustehen solle, durch eine einseitige, dem Verkäufer gegenüber abzugebende Erklärung vom Vertrage zurückzutreten bezw. den Kaufpreis verhältnißmäßig zu mindern, oder ob ihm nur ein im Wege der Klage oder Einrede verfolgbarer Anspruch des Inhalts zu geben sei, daß der Verkäufer in die Wandelung oder Minderung einwillige.

Bei dem engen Zusammenhange dieser Frage mit der Frage, ob die für die Geltendmachung der in den §§ 383, 385 bezeichneten Rechte im § 397[6] bestimmte Frist als Verjährungsfrist oder als Präklusivfrist zu gestalten sei, wurde ferner beschlossen, den § 397, soweit derselbe sich auf die im § 383 bezeichneten Rechte bezieht und den Charakter der Frist betrifft, mit zur Berathung zu stellen.

Insofern lagen

zu § 397 die Anträge vor:

6. statt desselben zu bestimmen: Struckmann (Nr 67, 1 § q)

§ q. Der Anspruch auf Wandelung oder Minderung sowie der Anspruch auf Schadensersatz wegen Mangels einer zugesicherten Eigenschaft verjährt bei beweglichen Sachen in sechs Monaten, bei unbeweglichen Sachen in einem Jahre nach Uebergabe der Sache an den Käufer. Die Verjährungsfrist kann jedoch durch Vertrag bis zur ordentlichen Verjährung verlängert werden. Als Verlängerung ist es anzusehen, wenn die Haftung des Verkäufers auf eine längere Frist vertragsmäßig festgesetzt ist.

Hat der Käufer vor Ablauf der Verjährung unverzüglich nach erlangter Kenntniß des Mangels die Anzeige desselben an den Verkäufer abgesendet oder eine der im § e Abs. 3 der Anzeige gleichgestellten Handlungen vorgenommen, so kann er die im Abs. 1 bezeichneten Ansprüche auch nach Ablauf der Verjährung im Wege der Einrede geltend machen.

Die Vorschriften des Abs. 1 finden keine Anwendung, wenn der Verkäufer den Mangel dem Käufer arglistig verschwiegen hat.

7. den § 397 durch folgende Vorschriften zu ersetzen: Jacubezky (Nr 74, 6)

Die Ansprüche aus der im § 381 bestimmten Haftung des Verkäufers verjähren bei beweglichen Sachen in sechs Monaten, bei unbeweglichen Sachen in einem Jahre nach Uebergabe der Sache an den Käufer.

Ist vor Vollendung der Verjährung zur Sicherung des Beweises die Beweisaufnahme durch Vernehmung von Sachverständigen beantragt, so beginnt die Verjährung erst mit

---

[4] Dem Antrag ist hinzugesetzt:
Der in erster Linie gestellte Antrag steht auf dem Standpunkte des Antrages Nº 74, 2 und wird in dieser Richtung ergänzt durch den Antrag zu § 397. Der eventuelle Antrag steht auf dem Standpunkt des Entwurfs und des Antrags Nr. 67 § c, faßt aber den „Anspruch" anders auf als die Motive II 238, 239, vgl. übrigens auch S. 200 auch da um des § 347 willen.

[5] Dem Antrag ist hinzugesetzt: vergl. Gierke S. 220; Seuffert S. 65 u.s.w.

[6] § 397 E I ist hervorgegangen aus ZustOR § 101, s. u. bei §§ 477 – 479 BGB.

Beendigung des Verfahrens. Die Vorschriften des § 174 (§ 170b der Beschlüsse der Redaktionskommission) Abs. 2 und des § 171[7] finden entsprechende Anwendung; an die Stelle der sechsmonatigen Frist tritt eine Frist von zwei Wochen.

Hat der Käufer vor Vollendung der Verjährung die Anzeige des Mangels an den Verkäufer abgesendet oder eine der im § e Abs. 3 der Anzeige gleichgestellten Handlungen vorgenommen, so kann er die im Abs. 1 bezeichneten Ansprüche im Wege der Einrede auch nach Vollendung der Verjährung geltend machen.

Die Vorschriften der Abs. 1, 2 finden in dem Falle des § 385 keine Anwendung.

v. Mandry (Nr 78, 4) 8. als § 397 zu bestimmen:

a) für den Fall der Annahme des Antrags 2 oder des prinzipalen Antrags 3:

Das Rücktrittsrecht sowie das Recht auf Minderung des Kaufpreises erlischt, wenn es nicht bei beweglichen Sachen in sechs Monaten, bei unbeweglichen Sachen in einem Jahre nach der Uebergabe ausgeübt wird. Die Vorschriften über Hemmung und Unterbrechung der Verjährung finden entsprechende Anwendung.

Binnen der gleichen Frist verjährt der Anspruch auf Schadensersatz wegen Mangels einer zugesicherten Eigenschaft, es sei denn, daß die Eigenschaft wider besseres Wissen zugesichert worden ist.

b) für den Fall der Ablehnung des Antrags 2 und des prinzipalen Antrags 3:

Die im Falle der Haftung des Verkäufers begründeten Ansprüche verjähren bei u.s.w. (wie § q Abs. 1)

Binnen der gleichen Frist u.s.w. (wie unter a Abs. 2)

Planck (Nr 79) 9. im § q (Antrag 6) dem Abs. 2 hinzuzufügen:

den Anspruch auf Wandelung jedoch nur, wenn er vor Ablauf der Verjährung dem Verkäufer gegenüber erklärt hat, daß er die Wandelung verlange.

Der Antragsteller zu 8 änderte im Laufe der Berathung den Antrag a dahin, daß an Stelle der Vorschriften über Hemmung und Unterbrechung der Verjährung die Vorschriften der §§ 165, 166 für entsprechend anwendbar erklärt werden sollen. Eventuell war er auch mit der Weglassung des zweiten Satzes aus dem ersten Absatz einverstanden. Von anderer Seite wurde jedoch der ursprüngliche Antrag wieder aufgenommen.

Des Weiteren wurden die Anträge 2 und 7 zu Gunsten der subsidiären Anträge 3 und 8 zurückgezogen, die Berathung über den Antrag 9 vorläufig ausgesetzt.

Die Kommission beschloß, unter Ablehnung des den primären Anträgen 3 und 8 a zu Grunde liegenden Prinzips, die im § 383 bezeichneten Rechte als Ansprüche zu gestalten.

Der Vorsitzende konstatirte nunmehr ohne Widerspruch, daß sich hieraus auch die Annahme der in dem Antrage 6 vorgeschlageenen Begrenzung des Anspruchs durch eine sechsmonatige bzw. einjährige Verjährungsfrist und der Perpetuirung der Einrede durch eine vor Ablauf der Verjährung erfolgende Anzeige des Mangels ergebe (Prot. II, Bd. 1, S. 676).

Die Anträge 4 und 5 wurden, nachdem der Antrag 5 im Laufe der Berathung von dem Antragsteller dahin modifizirt worden war, den beantragten Zusatz zu fassen:

Wenn jedoch nach den Umständen des Falles durch den Mangel der Sache der Werth oder die Tauglichkeit so unerheblich gemindert wird, daß das Interesse des Käufers an der Vertragserfüllung dadurch nicht beseitigt wird, so beschränkt sich das Recht auf Herabsetzung der Gegenleistung.

abgelehnt (Prot. II, Bd. 1, S. 681 f.).

[7] S. die zitierten Vorschriften bei §§ 211, 212 BGB und in Prot.II, Bd. 1, S. 675 N. 1.

Nach Erledigung eines Antrags, die Beratung über den zu § 240 E I beschlossenen Zusatz wieder aufzunehmen[8], wurde die Beratung der Vorschriften über Wandelung und Minderung wieder aufgenommen. Beantragt war:

1. den § 383 durch den oben unter C. I. 1. mitgeteilten § c zu ersetzen.

2. den § 384 zu streichen.

Die Kommission entschied sich für den vom Entwurf sachlich nicht abweichenden § c (Antrag 1)[9] (Prot. II, Bd. 1, S. 685).

Zur Beratung des § 393 lag u. a. der Antrag vor (Prot. II, Bd. 1, S. 699, 708):

1. die Berathung des § 384 wieder aufzunehmen und den Abs. 2 desselben durch folgende Vorschrift zu ersetzen:

Das Recht des Verkäufers, statt der verlangten Wandelung die Minderung oder statt dieser die Wandelung zu verlangen oder statt der verlangten Wandelung oder Minderung bei dem Vertrage stehen zu bleiben, wird erst dadurch ausgeschlossen, daß der Verkäufer sich mit der Wandelung oder Minderung einverstanden erklärt hat.

Zur Beratung dieses Antrags wurde ferner beantragt (Prot. II, Bd. 1, S. 703):

2. a) den Abs. 2 des § c (Prot. II, Bd. 1, S. 685 unter 1) zu streichen und als § $c^1$ folgende Vorschrift aufzunehmen:

Die Wandelung und die Minderung ist vollzogen, wenn der Verkäufer sich dem Käufer gegenüber mit dem Verlangen des letzteren, daß der Kauf rückgängig gemacht oder der Kaufpreis herabgesetzt werde, einverstanden erklärt hat oder zur Wandelung oder Minderung rechtskräftig verurtheilt ist.

Hat der Verkäufer sich nicht innerhalb einer angemessenen Frist dem Käufer gegenüber mit der von diesem verlangten Wandelung oder Minderung einverstanden erklärt, so ist der Käufer nicht verpflichtet, ein (späteres) Erbieten des Verkäufers zu derselben anzunehmen, und berechtigt, statt des erhobenen Anspruchs den anderen Anspruch geltend zu machen.

Der Verkäufer ist berechtigt, mit dem Erbieten zur Wandelung dem Käufer eine angemessene Frist zur Erklärung über die Annahme zu bestimmen. Nimmt der Käufer das Erbieten nicht rechtzeitig an, so kann er die Wandelung wegen des Mangels, wegen dessen sie angeboten ist, nicht mehr verlangen.

b) in der C.P.O. dem § 240 folgenden Abs. 2 beizufügen:

Das Gleiche gilt, wenn in einem Falle, in welchem Ansprüche auf Schadensersatz, Wandelung oder Minderung oder ein gesetzliches oder durch Vertrag vorbehaltenes Rücktrittsrecht auf dem nämlichen Grunde beruhen, einer dieser Ansprüche statt eines der anderen oder statt des aus dem Rücktritte sich ergebenden Anspruchs oder der letztere statt eines der anderen Ansprüche geltend gemacht wird.

3. der Unterantrag, in dem unter 2 vorgeschlagenen § $c^1$ dem Abs. 1 hinzuzufügen:

Bis dahin ist der Käufer an eine von ihm erklärte Wahl zwischen Wandelung oder Minderung und dem Anspruch auf Erfüllung des Vertrags nicht gebunden.

den Abs. 2 aber abzulehnen.

Der Antrag 1 wurde zu Gunsten des nach dem Unterantrag 3 abzuändernden Antrags 2 a (§ $c^1$) Abs. 1 zurückgezogen. Der Antrag 2 a Abs. 1 wurde hierauf mit der unter 3 empfohlenen Aenderung sachlich angenommen. Die Berathung des Abs. 3 dieses Antrags wurde vertagt bis zu der bei § 387 vorbehaltenen Prüfung der Frage, welche

---

[8] § 240 E I s. bei § 280 BGB.

[9] Offensichtlich unrichtig hier *Mugdan*, Bd. 2, S. 664.

von den auf das vertragsmäßige Rücktrittsrecht sich beziehenden Vorschriften (§§ 427ff.) auf das Recht der Wandelung für entsprechend anwendbar zu erklären seien. Die Vertagung erfolgte, nachdem zu § 432 E I[10] ein Antrag angekündigt war, durch welchen der mit dem Abs. 3 erstrebte Zweck erreicht werden würde. Die Stellung des Antrags 2 b bezweckte lediglich, dem Antragsteller die Einbringung eines entsprechenden Antrags bei der Berathung des E.G. vorzubehalten (Prot. II, Bd. 1, S. 709).

Nach Beratung des § 436 E I wurde beantragt (Prot. II, Bd. 1, S. 800):

Struckmann (Nr 106)

1. der zu § 386 beschlossenen Bestimmung hinzuzusetzen:

Der Verkäufer ist, wenn ihm gegenüber der Käufer einen Mangel der verkauften Sache behauptet, berechtigt, dem Käufer eine angemessene Frist zur Erklärung darüber zu bestimmen, ob er wegen des Mangels Wandelung oder Minderung verlange. Erfolgt die Erklärung nicht innerhalb der Frist, so verliert der Käufer die aus dem Mangel sich ergebenden Rechte.

Jacubezky (Nr 108)

2. statt dieses Zusatzes im Anschluß an die zu § 384 beschlossene Vorschrift folgende Bestimmungen aufzunehmen:

Der Verkäufer ist, wenn der Käufer ihm gegenüber einen Mangel der Sache behauptet, berechtigt, dem Käufer unter dem Erbieten zur Wandelung oder Minderung eine angemessene Frist zur Erklärung über die Annahme zu bestimmen. Erklärt der Käufer nicht innerhalb der Frist die Annahme der Wandelung oder Minderung, so kann er Wandelung oder Minderung nicht mehr verlangen.

Im Laufe der Berathung wurde der Antrag 2 zurückgezogen und folgender Zusatz zu dem Antrag 1 vorgeschlagen:

Der Käufer ist an die Erklärung nicht gebunden, wenn der Verkäufer sich nicht unverzüglich mit der vom Käufer verlangten Wandelung oder Minderung einverstanden erklärt.

Der Antragsteller zu 1 erläuterte seinen Antrag dahin, daß in dem gesetzten Falle der Käufer nur das Recht auf Wandelung oder Minderung, nicht aber das Recht auf Schadensersatz verlieren solle. Er erklärte sich ferner damit einverstanden, daß die von ihm beantragte Vorschrift von der RedKom in dem Sinne verdeutlicht werde, daß der Käufer, solange nicht der Verkäufer sein Einverständniß mit der getroffenen Wahl erklärt habe, zur Abänderung seiner Entscheidung befugt sei.

Der Vorsitzende stellte hierauf fest, daß ein Widerspruch gegen die vorgeschlagene Bestimmung nicht mehr bestehe.

**II.** In der *VorlZust* der Beschlüsse der 2. Kommission sind die Beschlüsse in der folgenden Fassung enthalten:

E I-VorlZust § 383[11]

Im Falle der Haftung des Verkäufers kann der Käufer nach seiner Wahl Rückgängigmachung des Kaufes (Wandelung) oder Herabsetzung des Kaufpreises (Minderung) verlangen.

---

[10] S. bei § 355 BGB.

[11] Zu der Vorschrift ist angemerkt:

In Verbindung mit den §§ 383, 384 wurde der § 397 berathen und zu demselben sachlich Folgendes beschlossen:

Der Anspruch auf Wandelung oder Minderung sowie der Anspruch auf Schadensersatz wegen Mangels einer zugesicherten Eigenschaft verjährt bei beweglichen Sachen in sechs Monaten, bei unbeweglichen Sachen in einem Jahre nach Uebergabe der Sache an den Käufer.

Hat der Käufer vor Ablauf der Verjährung unverzüglich nach erlangter Kenntniß des Mangels

Die Wahl ist vollzogen, wenn sie von dem Käufer gegenüber dem Verkäufer erklärt worden ist. Die vollzogene Wahl ist unwiderruflich. Das Recht des Käufers, (unter Zurücknahme des Verlangens der Wandelung oder Minderung) bei dem Vertrage stehen zu bleiben, wird durch die Wahl zwischen Wandelung und Minderung nicht berührt und fällt erst dann weg, wenn der Verkäufer sich mit der verlangten Wandelung oder Minderung einverstanden erklärt oder sein Einverständniß durch rechtskräftiges Urtheil ersetzt ist. (Oder statt der letzten Worte: . . . berührt und erst dadurch ausgeschlossen, daß die Wandelung oder Minderung zwischen den Parteien vereinbart oder durch rechtskräftiges Urtheil ausgesprochen wird.)

§ 384 erledigt durch § 383.

Die VorlZust enthält hinter § 386 ferner einen Nachtrag zu § 383, der wie folgt lautet:

An die Stelle des zweiten Absatzes tritt die folgende Vorschrift:

E I-VorlZust § 383 Abs. 2

Die Wandelung oder Minderung ist vollzogen, wenn der Verkäufer sich dem Käufer gegenüber mit dessen Verlangen einverstanden erklärt hat oder rechtskräftig dazu verurtheilt ist. Bis zur Vollziehung der Wandelung oder Minderung kann der Käufer die von ihm getroffene Wahl ändern oder sein Verlangen (gänzlich) zurücknehmen und bei dem Vertrage stehen bleiben.

sowie einen Nachtrag zu § 436 folgenden Wortlauts:

Hinter § 386 wird nachfolgende Vorschrift als § 386 a eingeschaltet:

E I-VorlZust § 386 a

Der Verkäufer ist berechtigt, dem Käufer, wenn dieser ihm gegenüber einen Mangel der verkauften Sache behauptet, eine angemessene Frist zur Erklärung darüber zu bestimmen, ob er Wandelung oder Minderung verlange. Erfolgt die Erklärung nicht innerhalb der Frist, so erlischt der Anspruch auf Wandelung oder Minderung. Das Recht des Käufers, die innerhalb der Frist getroffene Wahl nach Maßgabe des § 383 (383, 384) bis zur Vollziehung der Wandelung oder Minderung zu ändern, bleibt unberührt.

**III.** In der *ZustRedKom* haben die Vorschriften als §§ 469 c und 469 f[12] die folgende Fassung erhalten:

E I-ZustRedKom § 469 c (383)

Wegen eines Mangels, welchen der Verkäufer nach den Vorschriften der §§ 469 a, 469 b zu vertreten hat, kann der Käufer Rückgängigmachung des Kaufes (Wandelung) oder Herabsetzung des Kaufpreises (Minderung) verlangen.

E I-ZustRedKom § 469 f (384)

Die Wandelung oder Minderung ist vollzogen, wenn der Verkäufer sich mit der verlangten Wandelung oder Minderung dem Käufer gegenüber einverstanden erklärt hat oder rechtskräftig dazu verurtheilt ist.

Behauptet der Käufer dem Verkäufer gegenüber einen Mangel, so kann der Verkäufer den Käufer unter Bestimmung einer angemessenen Frist zur Erklärung darüber auffordern, ob er Wandelung oder Minderung verlange. Erfolgt die Erklärung nicht innerhalb der Frist, so erlöschen die Ansprüche auf Wandelung und Minderung.

Bis zur Vollziehung der Wandelung oder der Minderung kann der Käufer die getroffene Wahl ändern oder bei dem Vertrage stehen bleiben.

---

die Anzeige desselben an den Verkäufer abgesendet oder eine der im § e (§ 386) Abs. 3 [d. i. der von Struckmann bei der Beratung des § 386 beantragte § e Abs. 2; s. bei § 464 BGB] der Anzeige gleichgestellten Handlungen vorgenommen, so kann er die im Abs. 1 bezeichneten Ansprüche auch nach Ablauf der Verjährung im Wege der Einrede geltend machen.

Die Berathung über verschiedene zu dem § 397 gestellten Anträge ist indessen ausgesetzt.

12 §§ 469 d und e entsprechen §§ 385, 386 E I.

**IV.** Im *E II* sind die Vorschriften in §§ 399 und 402 enthalten. Die Fassung ist gegenüber der ZustRedKom unverändert, mit der Ausnahme, daß es in § 402 Abs. 1 (§ 469f Abs. 1) heißt:

Die Wandelung ... ist vollzogen, wenn der Verkäufer sich mit der von dem Käufer verlangten Wandelung oder Minderung einverstanden ...

Bei der Revision des E II wurde beantragt (Prot. II, Bd. 6, S. 180f.):

Wolffson (Nr 37, 2) 1. in § 402 sollen Absatz 3 als Abs. 2 nach Absatz 1 folgen und Absatz 2 als Absatz 3 in folgender Fassung eingestellt werden:

Erkennt der Verkäufer die Mangelhaftigkeit der gelieferten Sache an, so kann er den Käufer unter Bestimmung u.s.w. bis zum Schlusse des Absatzes.

und ist dann fortzufahren:

Mit der Erklärung des Käufers ist die Wandelung oder Minderung vollzogen.

(Das im Abs. 2 des Entwurfes II geordnete Verfahren verläuft im Falle einer Erklärung des Käufers ganz resultatlos. Es bindet den Verkäufer nicht, da es diesem trotz der Erklärung des Käufers frei steht, das Recht des Käufers auf Wandelung oder Minderung zu bestreiten. Es bindet aber auch den Käufer nur, wenn der Verkäufer sich mit dem Verlangen des Käufers einverstanden erklärt, weil sonst der Letztere die getroffene Wahl noch ändern kann.

Man sollte dem Verkäufer die Befugniß, den Käufer zu einer Erklärung unter so schwerem Präjudiz zu zwingen, nur dann einräumen, wenn er das Recht des Käufers, die gelieferte Sache zu bemängeln, anerkennt. Unter dieser Voraussetzung führt das Verfahren zu einem beide Theile bindenden Resultat.)

Jacubezky (Nr 36, 1)[13] 2. dem Abs. 2 des § 402 folgende Fassung zu geben:

Behauptet der Käufer dem Verkäufer gegenüber einen Mangel, so kann der Verkäufer den Käufer unter dem Erbieten zur Wandelung und unter Bestimmung einer angemessenen Frist zur Erklärung darüber auffordern, ob er Wandelung verlange. Erfolgt die Erklärung nicht innerhalb der Frist, so kann die Wandelung nicht mehr verlangt werden.

und den Abs. 3 zu streichen.

(Der Abs. 2 bezweckt, dem Verkäufer die Möglichkeit zu gewähren, sich Klarheit über seine Rechtslage zu verschaffen und durch das Angebot einer der ihm obliegenden Leistungen den Gläubiger in Annahmeverzug zu versetzen. Zu diesem Zwecke genügt der Vorschlag. Der Zweck läßt sich nur erreichen, wenn der Verkäufer dem Verlangen entspricht, das Angebot des Käufers annimmt. Anderenfalls kann nach Abs. 3 der Käufer seine Erklärung zurücknehmen. Es ist aber nicht billig, abweichend von § 120, den Käufer bis zum Widerrufe an seine Erklärung zu binden, wenn der Verkäufer dem gestellten Verlangen widerspricht. Bei der Minderung setzt ein der Annahme fähiges

---

[13] Der Antrag war gestellt in Ersetzung des ursprünglichen Vorschlags (Antrag Nr 33, 6): Im § 402 soll der Schluß des Abs. 2 Satz 1 lauten:

ob er von dem Rechte auf Wandelung oder Minderung Gebrauch machen wolle.

Der Abs. 3 soll folgende Fassung erhalten:

Der Käufer ist an die Erklärung, daß und in welcher Weise er von dem Rechte Gebrauch machen wolle, bis zur Vollziehung der Wandelung oder der Minderung nicht gebunden.

(Die nach Abs. 2 abzugebende Erklärung hat nach Abs. 3 nur die Bedeutung, daß der Käufer sich sein Recht im Ganzen wahrt, die Wahl zwischen Wandelung und Minderung hat er jetzt nicht zu treffen, und wenn er sich darüber äußert, so gilt die Aeußerung nicht als Wahl im Sinne des § 220. Im Abs. 3 soll der Ausdruck „Wahl" vermieden werden, weil es sich nicht um eine Wahl im Sinne des § 220 handelt.)

Verlangen des Käufers die Bestimmung des Betrages voraus, auf welchen er den Kaufpreis herabsetzen will, es genügt also nicht, daß der Käufer blos erklärt, er verlange Minderung. Stimmt der Verkäufer der verlangten Minderung auf den bezeichneten Betrag nicht sofort zu, so kann der Käufer eine weitergehende Minderung oder Wandelung verlangen, der Verkäufer weiß also nicht, wie er daran ist. Es besteht aber überhaupt kein Grund, die Minderung, die eine Art von Schadensersatz (negatives Interesse) ist, anders zu behandeln als den Anspruch auf Schadensersatz, für den der Abs. 2 nicht gilt.)

Die Kommission erklärte sich mit dem Grundgedanken der Anträge, daß dem Verkäufer das in § 402 Abs. 2 eingeräumte Recht nur zustehen soll, wenn er die Mangelhaftigkeit der gelieferten Sache anerkenne (Antrag 1) bezw. sich zur Wandelung erbiete (Antrag 2), einverstanden, gab jedoch dem Antrag 2 den Vorzug.

V. Im *E II rev* haben die beschlossenen Vorschriften in den §§ 455, 458, 459 die in §§ 462, 465, 466 BGB Gesetz gewordene Fassung erhalten.

## D. Bundesrat (Justizausschuß)

I. Zu §§ 402, 411 E II haben Mecklenburg-Schwerin und Mecklenburg-Strelitz befürchtet, der Abs. 2 des § 402 könne dahin verstanden werden, daß der Käufer, welcher einen Mangel behauptet habe, das Recht zur Wandelung und Minderung schlechthin, nicht bloß wegen des behaupteten Mangels, verliere. Daher wird vorgeschlagen, dem Abs. 2 des § 402 hinzuzusetzen:

„wegen des behaupteten Mangels."

Wenn sodann der § 402 Abs. 3 bestimme, daß der Käufer, welcher wegen eines Mangels der gekauften Sache Wandelung oder Minderung verlangt habe, bis zur rechtskräftigen Verurtheilung des Verkäufers die getroffene Wahl ändern oder bei dem Vertrage stehen bleiben könne, so entstehe der Zweifel, wie sich diese Vorschrift zu den Bestimmungen der Zivilprozeßordnung über Klageänderung verhalte. Die gleiche Frage erhebe sich bei dem § 411, demzufolge der Käufer, nachdem er wegen eines Mangels Minderung erlangt habe, wegen eines anderen Mangels Wandelung oder von Neuem Minderung verlangen dürfe.

Mit Bezug hierauf wird in erster Linie vorgeschlagen, dem § 402 Abs. 3 folgenden zweiten Satz hinzuzufügen:

„Der Uebergang von der Wandelungsklage zur Minderungsklage und umgekehrt gilt nicht als Klageänderung."

und in dem § 411 nachstehenden Zusatz aufzunehmen:

„die Vorschrift des § 402 Abs. 3 Satz 2 findet entsprechende Anwendung."

In zweiter Linie wird befürwortet,

den § 240 der Zivilprozeßordnung im Einführungsgesetz entsprechend zu ergänzen.

II. 1. Bericht von *Heller* (Bayern) vom 11. 10. 1895

Die Mecklenburgischen Anträge zu den §§ 459, 468 (402, 411 E II) wurden, soweit sie nicht schon erledigt sind, zurückgezogen.

2. Bericht von *Schicker* (Württemberg) vom 12. 10. 1895

Die Anträge zu §§ 459, 468 (402, 411) sind erledigt, zum Theil durch die neue Fassung des Entwurfs.

## § 463

**Fehlt der verkauften Sache zur Zeit des Kaufes eine zugesicherte Eigenschaft, so kann der Käufer statt der Wandelung oder der Minderung Schadensersatz wegen Nichterfüllung verlangen. Das Gleiche gilt, wenn der Verkäufer einen Fehler arglistig verschwiegen hat.**

*ZustOR § 85*[1]

### A. 1. Kommission

**II. 3.** Auf der 111. Sitzung (4. 9. 1882) wurde bei Beratung des TE–OR Nr. 15 „Unerlaubte Handlungen“ aus Anlaß der Streichung des § 2 dieses TE (in welchem die Ersatzpflicht ohne Unterscheidung von mittelbarem und unmittelbarem Schaden ausgesprochen war) beschlossen, in den bisherigen Beschlüssen (ZustOR §§ 76, 85) das Wort „vollen“ vor „Schadensersatz“ zu streichen (Prot I 990, 991).

**III.** Im *KE* lautet der Schluß der in § 382 enthaltenen Bestimmung:
. . . Anspruch auf Schadensersatz wegen Nichterfüllung.

**IV.** Im *E I* entspricht die Fassung des § 385 derjenigen des § 382 KE.

### B. Vorkommission des Reichsjustizamtes

I. Beantragt war:

Struckmann (Nr 1, 105 § d)[2]

1. Ist eine zugesicherte Eigenschaft zur Zeit der Schließung des Vertrages nicht vorhanden gewesen, so kann der Käufer statt der Wandelung oder Minderung auch Schadensersatz wegen Nichterfüllung verlangen. Das Gleiche gilt, wenn der Verkäufer einen damals vorhanden gewesenen Mangel der im § a Abs. 2 bezeichneten Art dem Käufer arglistig verschwiegen hat.

Jacubezky (Nr 5, 25)

2. den § 385 zu fassen:
Hat der Veräußerer das Vorhandensein einer Eigenschaft oder das Nichtvorhandensein eines Mangels wider besseres Wissen zugesichert oder einen ihm bekannten Mangel arglistig verschwiegen, so kann der Erwerber statt der Wandelung oder Minderung Schadensersatz wegen Nichterfüllung verlangen.

Das Gleiche gilt, wenn der Veräußerer die Gewähr für eine bestimmte Eigenschaft der Sache übernommen hat. Wer als Sachkundiger eine dem Gebiete seiner besonderen Sachkunde angehörige Sache veräußert, haftet dafür, daß sie nicht solche Mängel hat, vermöge welcher sie bei bestimmungsmäßigem Gebrauche Schaden stiftet, in gleicher Weise, wie wenn er die Gewähr für das Nichtvorhandensein des Mangels übernommen hätte.

---

[1] Den Wortlaut s. o. S. 151.
[2] S. zu diesem Antrag auch bei §§ 459, 460, 462, 464–493 BGB.

3. in dem § 385 statt des Wortes „wissentlich" zu setzen „arglistig" und statt der Worte „neben dem Rechte der Wandelung oder Minderung" zu setzen: „neben dem Anspruche auf Wandelung oder Minderung". Planck (Nr 6, 18)

II. 62. Sitzung vom 27. 12. 1891

| V. Zu § 385 wurde beschlossen, dem Käufer in den daselbst vorgesehenen Fällen einen Schadensersatzanspruch wegen Nichterfüllung nicht „neben" sondern „statt" des Anspruches auf Wandelung oder Minderung zu gewähren. Erwogen wurde: | Prot-RJA 353

Die Geltendmachung des Schadensersatzanspruches wegen Nichterfüllung setze voraus, daß der Käufer ein Recht aus dem Vertrage habe, und sei mithin ausgeschlossen, wenn der Käufer durch Erhebung der Wandelungsklage die Auflösung des Vertrages herbeiführe. Daß dem Käufer im Falle eines Dolus auf Seiten des Verkäufers neben dem Anspruch auf Wandelung und Minderung ein Anspruch auf Ersatz des negativen Vertragsinteresses zustehe, sei selbstverständlich und bedürfe keiner besonderen Erwähnung im Gesetze.

Das Wort wissentlich wurde in Uebereinstimmung mit den zu § 382 Abs. 2 gefaßten Beschlüssen durch das Wort arglistig ersetzt. Im übrigen wurde der § 385 seinem sachlichen Inhalte nach gebilligt, insbesondere auch in der Richtung, daß nicht zwischen Zusicherung und Garantieübernahme unterschieden, sondern in allen Fällen der Zusicherung Schadensersatz wegen Nichterfüllung beim Fehlen einer zugesicherten Eigenschaft gewährt werden solle. Man war der Ansicht, daß die | gedachte Unterscheidung praktisch sich nicht empfehle, da sie eine Quelle von Streitigkeiten sein würde. In redaktioneller Beziehung wurde folgende Fassung beschlossen: | Prot-RJA 354

§ d. (385)

Ist eine zugesicherte Eigenschaft zur Zeit der Schließung des Vertrages nicht vorhanden gewesen, so kann der Käufer statt der Wandelung oder Minderung Schadensersatz wegen Nichterfüllung verlangen. Das Gleiche gilt, wenn der Verkäufer einen damals vorhanden gewesenen Mangel der im § a Abs. 2 bezeichneten Art dem Käufer arglistig verschwiegen hat. E I-RJA § d (385)

## C. 2 Kommission

I. Zu § 385 war beantragt (Prot. II, Bd. 1, S. 686ff; *Mugdan*, Bd.2, S. 668 ff.):

1. die Vorschriften durch den von der Vorkommission des RJA beschlossenen § d zu ersetzen. Struckmann (Nr 67, 1 § d)

Hierzu die Unteranträge:

a) die Worte „der im § a Abs. 2 bezeichneten Art" zu streichen;

b) für den Fall der Annahme des § d die Worte „zur Zeit der Schließung des Vertrages" wegzulassen;

2. der Antrag, die Bestimmung dahin zu ändern: Jacubezky (Nr 74, 3)

Hat der Verkäufer das Vorhandensein einer Eigenschaft oder das Nichtvorhandensein eines Mangels wider besseres Wissen zugesichert oder einen ihm bekannten Mangel arglistig verschwiegen, so kann der Käufer statt der Wandelung oder Minderung Schadensersatz wegen Nichterfüllung verlangen.

Die Kommission nahm den Antrag 1 an; die Unteranträge und der Antrag 2 wurden abgelehnt.

Jacubezky (Nr 74, 4)

Es lag ferner der Antrag vor, als § 385a nachstehende Vorschriften in den Entwurf aufzunehmen:

Ist eine in einem Gewerbebetriebe verkaufte Sache mit einem Mangel behaftet, auf welchen sich die für das Gewerbe erforderliche besondere Sachkunde bezieht, so haftet der Verkäufer für den Schaden, welchen der Mangel bei bestimmungsmäßigem Gebrauche der Sache verursacht. Die Vorschrift des § 219 b[3] ZustRedKom findet entsprechende Anwendung.

Der Antrag wurde abgelehnt.

**II.** In der *VorlZust* der Beschlüsse der 2. Komission lautet die zu § 385 beschlossene Vorschrift wie § d (§ 385) E I-RJA.

**III.** In der *ZustRedKom* hat die Vorschrift als § 469d die Fassung:

E I-ZustRedKom § 469 d (385)

Hat der verkauften Sache zur Zeit des Kaufes eine zugesicherte Eigenschaft gefehlt, so kann der Käufer statt der Wandelung oder Minderung Schadensersatz wegen Nichterfüllung verlangen. Das Gleiche gilt, wenn der Verkäufer einen Fehler arglistig verschwiegen hat.

**IV.** Im *E II* ist die Vorschrift in § 400 enthalten. Bei im übrigen unveränderter Fassung ist in Satz 1 vor „Minderung“ der Artikel „der“ eingefügt.

**V.** Im *E II rev* hat die Vorschrift als § 456 die in § 463 BGB Gesetz gewordene Fassung.

## § 464

**Nimmt der Käufer eine mangelhafte Sache an, obschon er den Mangel kennt, so stehen ihm die in den §§ 462, 463 bestimmten Ansprüche nur zu, wenn er sich seine Rechte wegen des Mangels bei der Annahme vorbehält.**

*ZustOR § 86*[1]

### A. 1. Kommission

**III.** Die Vorschrift ist im *KE* in unveränderter Fassung in § 383 enthalten. Vor dem Zitat der §§ 380, 382 ist jedoch der Artikel „den“ eingefügt.

**IV.** Im *E I* ist die Vorschrift in § 386 enthalten. Die Fassung weicht von derjenigen des KE dahin ab, daß es heißt: . . .obschon er von dem Mangel (statt: von demselben) Kenntniß hatte . . .

### B. Vorkommission des Reichsjustizamtes

**I.** Beantragt war:

Struckmann (Nr 1, 105 § e)[2]

1. Die nach den §§ c, d dem Käufer zustehenden Ansprüche sind ausgeschlossen, wenn der Käufer die Sache, obschon er von deren Mangelhaftigkeit Kenntniß erlangt

[3] Diese Vorschrift s. im Anhang I zu §§ 249ff. BGB.

[1] S. den Wortlaut o. S. 151.

[2] S. zu diesem Antrag auch bei §§ 459, 460, 462, 464–493 BGB.

hatte, angenommen hat, es sei denn, daß die Annahme unter Vorbehalt seiner aus dem Mangel sich ergebenden Rechte erfolgt ist.

2. In dem § 386 statt „Rechte" zu setzen „Ansprüche". Planck (Nr 6, 19)

II. 62. Sitzung vom 27. 12. 1891

| VI. Der § 386 wurde seinem sachlichen Inhalte nach gebilligt. Als Abs. 2 wurde jedoch zusätzlich bestimmt, daß der Käufer, wenn er von der Mangelhaftigkeit der Sache erst nach deren Annahme Kenntniß erlange, den Mangel unverzüglich nach erlangter Kenntniß dem Verkäufer anzeigen müsse, widrigenfalls er seiner Ansprüche aus dem Mangel verlustig gehe. Maßgebend für die Aufnahme dieses Zusatzes war die Erwägung, daß sonst der Käufer durch Verzögerung der Geltendmachung des Mangels leicht auf Kosten des Verkäufers spekuliren und dem letzteren den Gegenbeweis gegenüber der behaupteten Mangelhaftigkeit der Kaufsache erschweren könnte. | Prot-RJA 354

Demgemäß erhielt der § 386 folgende Fassung:

§ e (386)

Die nach den §§ c, d dem Käufer zustehenden Ansprüche sind ausgeschlossen, wenn der Käufer die Sache, obschon er von deren Mangelhaftigkeit | Kenntniß erlangt hatte, angenommen hat, es sei denn, daß die Annahme unter Vorbehalt seiner aus dem Mangel sich ergebenden Rechte erfolgt ist. E I-RJA § e (386) | Prot-RJA 355

Ergiebt sich später ein Mangel, so hat der Käufer ihn unverzüglich nach erlangter Kenntniß dem Verkäufer anzuzeigen. Versäumt er die rechtzeitige Absendung der Anzeige, so verliert er die aus dem Mangel sich ergebenden Rechte, es sei denn, daß der Verkäufer[3] den Mangel arglistig verschwiegen hatte.[4]

## C. 2. Kommission

I. Zu § 386 wurde der von der Vorkommission des RJA beschlossene § e als § e Abs. 1 beantragt. Als § e Abs. 2 wurde beantragt[5] (Prot. II, Bd. 1, S. 690f.; *Mugdan*, Bd. 2, S 671). Struckmann (Nr 67, 1 § e)

Der Anzeige an den Verkäufer steht es gleich, wenn der Käufer unverzüglich nach erlangter Kenntniß des Mangels wegen desselben Klage gegen den Verkäufer erhebt oder zur Sicherung des Beweises die Vernehmung von Sachverständigen nach Maßgabe der C.P.O. beantragt[6].

---

[3] In der metallographierten Fassung heißt es „Käufer". Dieser offensichtliche Schreibfehler ist in Prot. II, Bd. 1, S. 690, bereits berichtigt.

[4] Zu § 386 E I s. außerdem noch ProtRJA 362f. bei §§ 477–479.

[5] Auch dieser Vorschlag entspricht sachlich einem Beschluß der Vorkom. des RJA, s. ProtRJA 362f. bei §§ 477–479

[6] In der metallographierten Fassung des Antrages ist dazu angemerkt:
Im Art. 11 des Einf. Ges. sollen als § 449a der C.P.O. folgende Vorschriften eingeschaltet werden:
Im Falle des § e (386) Abs. 3 des Bürgerlichen Gesetzbuchs ist das Gesuch des Käufers, wegen eines Mangels der gekauften Sache Sachverständige zu vernehmen, statthaft, auch wenn das Erforderniß des § 449 Nr. 4 nicht vorliegt. Mit dem Gesuche kann der Antrag auf Einnahme des Augenscheins und auf Vernehmung von Zeugen verbunden werden.
Hat der Käufer den Mangel der Sache dem Verkäufer angezeigt, oder die Annahme der Sache mit der Behauptung des Mangels abgelehnt, so ist auch der Verkäufer befugt, nach Maßgabe des Abs. 1 Beweisaufnahme zur Sicherung des Beweises zu beantragen.
S. dazu auch bei §§ 477–479 BGB die N. 6 u. 7.

Die Kommission nahm den sachlich vom Entwurf nicht abweichenden Vorschlag des § e Abs. 1 Satz 1 an; im Uebrigen wurde der § e abgelehnt.

**II.** In der *VorlZust* der Beschlüsse der 2. Kom. lautet die beschlossene Vorschrift:

E I-VorlZust § 386 Hat der Erwerber die mit einem Mangel behaftete Sache angenommen, obschon er von dem Mangel Kenntniß hatte, so stehen ihm die in den §§ 383, 385 bezeichneten Rechte nur dann zu, wenn er bei der Annahme sich wegen des Mangels seine Rechte vorbehalten hat.

**III.** In der *ZustRedKom* hat die Vorschrift die Fassung:

E I-ZustRedKom § 469 e (386) Hat der Käufer eine mangelhafte Sache angenommen, obschon er den Mangel kannte, so stehen ihm die in den §§ 469c, 469d bezeichneten Ansprüche nur zu, wenn er sich seine Rechte wegen des Mangels bei der Annahme vorbehalten hat.

**IV.** Im *E II* ist die Vorschrift in einer dem § 469e E I-ZustRedKom entsprechenden Fassung im § 401 enthalten. Das Zitat lautet hier: „die in den §§ 399, 400 bestimmten Ansprüche".

**V.** Im *E II rev* hat die Vorschrift in § 457 die Fassung erhalten, die in § 464 BGB Gesetz geworden ist.

**D. Bundesrat (Justizausschuß)**

**I.** Zu § 401 hat Bremen beanstandet, daß der Entwurf die Pflicht des Käufers zur Untersuchung und zur Anzeige entdeckter Mängel verneine. Die Verallgemeinerung des Art. 347 des Handelsgesetzbuchs entspreche den Verkehrsanschauungen. Die Kürze der Verjährungsfrist (§ 413) mache eine Untersuchungs- und Anzeigepflicht schon deshalb nicht entbehrlich, weil eine Reihe von Verkaufsgegenständen einer schnellen Veränderung unterworfen sei. Auch die im § 312 getroffene Regelung der Beweislast sichere den Verkäufer nicht, da er häufig den Beweis, daß der Käufer die Leistung als Erfüllung angenommen habe, nicht werde führen können.

Es wird deshalb in erster Linie beantragt,

eine dem Art. 347 des Handelsgesetzbuchs entsprechende Bestimmung, und zwar in der Ausdehnung auf sogenannte Platzgeschäfte, aufzunehmen und dabei die Worte „soweit dies nach ordnungsmäßigem Geschäftsgange thunlich ist", durch die Worte „mit der Sorgfalt eines ordentlichen Hausvaters" zu ersetzen.

Für den Fall einer Ablehnung dieses Vorschlags wird, insbesondere mit Rücksicht auf die Gefahr einer Verdunkelung des Sachverhalts, befürwortet,

dem Käufer wenigstens die sofortige Anzeigepflicht bezüglich der entdeckten Mängel aufzuerlegen.

**II. 1.** Bericht von *Heller* (Bayern) vom 11. 10. 1895

Der Antrag Bremens zum § 457 veranlaßte eine längere Diskussion. Der Berichterstatter empfahl seine Ablehnung, der Senator Dr. Pauli aber hielt ihn aufrecht und befürwortete seine Annahme nachdrücklich. Der Kommissar Struckmann trat ihm entgegen. Preußen lehne es entschieden ab, für den gewöhnlichen bürgerlichen Verkehr die Untersuchungspflicht einzuführen. Eine andere, davon ganz unabhängige Frage sei die der Anzeigepflicht. Preußen sei aber auch gegen diese, weil sie namentlich für geschäftsunkundige Personen mit erheblicher Gefahr verbunden sei; darüber, ob die Anzeige „unverzüglich“ erfolgt sei, würde es viele Streitigkeiten geben. Die Mehrheit entschied sich gegen den Antrag. Dadurch war auch der Antrag Bremens zum § 478 erledigt.

2. Bericht von *Sieveking* (Hamburg) vom 11. 10. 1895

Zu § 457 (II, 401) hatte Bremen beantragt, daß eine dem Art. 347 des Handelsgesetzbuchs entsprechende Bestimmung auch für den bürgerlichen Kauf, und zwar sowohl bei Platz-, wie bei Distanzgeschäften getroffen, eventuell wenigstens dem Käufer die sofortige Anzeigepflicht bezüglich entdeckter Mängel auferlegt werde. Der Antrag wurde per maiora abgelehnt, nachdem der Kommissar des Reichs-Justizamts Struckmann darauf hingewiesen hatte, daß bei Ausübung der im § 457 erwähnten Rechte den Käufer die Beweislast treffe.

3. Bericht von *Schicker* (Württemberg) vom 12. 10. 1895

Die Anträge Bremens zu § 457 (401) und 478 (420) wurden von Senator Dr. Pauli unter Darlegung der Erfahrungen in Bremen befürwortet. Es wurde ihm aber entgegengehalten, daß im gewöhnlichen Verkehr die Anforderung sofortiger Untersuchung und Anzeige nicht gestellt werden könne. Der gemeine Mann besinne sich häufig eine Zeit lang, bevor er reklamiere. Die Anträge wurden abgelehnt.

## §§ 465, 466

Die Materialien zu den §§ 465, 466 sind bei § 462 mitgeteilt.

## § 467

**Auf die Wandelung finden die für das vertragsmäßige Rücktrittsrecht geltenden Vorschriften der §§ 346 bis 348, 350 bis 354, 356 entsprechende Anwendung; im Falle des § 352 ist jedoch die Wandelung nicht ausgeschlossen, wenn der Mangel sich erst bei der Umgestaltung der Sache gezeigt hat. Der Verkäufer hat dem Käufer auch die Vertragskosten zu ersetzen.**

*ZustOR §§ 87–92*

### A. 1. Kommission

II. 3. In der 191. Sitzung vom 30. 3. 1883 (Prot I 1903–1923)[1] wurde beschlossen, die §§ 87–92 ZustOR zu streichen. Der neu beschlossene § 87 hat in der ZustOR die Fassung[2]:

---

[1] Das Protokoll dieser Sitzung ist abgedruckt Vor §§ 346–360 BGB.

[2] Die von der Kom. als § 87 Zf. 3 beschlossene Vorschrift ist in der ZustOR als § 98 enthalten, s. bei § 474 BGB.

ZustOR § 87 Auf das Recht der Wandelung finden die §§ 55–58 und 60a (des Abschnitts über den Vorbehalt des Rücktritts vom Vertrage) mit folgenden Abweichungen entsprechende Anwendung:

1., Der Veräußerer hat, wenn der Vertrag in Folge der Wandelung rückgängig gemacht wird, dem Erwerber auch die Vertragskosten zu erstatten.

2., Die Bestimmung § 58 Ziff. 3 findet keine Anwendung, wenn der Mangel sich erst bei der Umgestaltung gezeigt hat.

Bei Beratung der Anträge, welche die Drucklegung der auf das Obligationenrecht sich beziehenden Beschlüsse betreffen, wurde der Antrag von Kurlbaum (Nr. 570 III), in § 87 „Nr." statt „Ziffer" (NB. § 157 № 4 [KE]) zu setzen, angenommen (Prot I 3551, 3559).

**III.** Im *KE* hat die zu § 87 ZustOR beschlossene Vorschrift die Fassung:

KE § 384 Auf das Recht der Wandelung finden die §§ 424–427, 430 mit folgenden Abweichungen entsprechende Anwendung:

1. Der Veräußerer hat, wenn der Vertrag in Folge der Wandelung rückgängig gemacht wird, dem Erwerber auch die Vertragskosten ersetzen.

2. Die Bestimmung des § 427 Nr. 3 findet keine Anwendung, wenn der Mangel sich erst bei der Umgestaltung gezeigt hat.

Bei der 2. Beratung des KE wurden die von Johow gestellten Anträge, in § 384 statt „die §§" zu setzen „die Vorschriften der §§" (Nr. 587, 4) und in § 384 Nr. 2 statt „Bestimmung" zu setzen „Vorschrift" (Nr. 603 I) angenommen (Prot I 11731, 11913, 11920).

**IV.** Im *E I* ist die Vorschrift in § 387 in einer die vorstehend mitgeteilten Änderungen berücksichtigenden Fassung enthalten.

## B. Vorkommission des Reichsjustizamtes

I. Beantragt war:

Struckmann (Nr 1, 105, § f)[3] 1. Auf das Recht der Wandelung finden die für das vertragsmäßige Rücktrittsrecht geltenden Vorschriften der §§ 426 bis 428, 429, 430, 432, 433 (der Neufassung; vergl. unten Nr. 114–119)[4] entsprechende Anwendung, die Vorschrift des § 430 Nr. 3 jedoch mit der Abweichung, daß die Wandelung nicht ausgeschlossen wird, wenn der Mangel erst bei der Umgestaltung der Sache sich gezeigt hat.

Im Falle der Wandelung hat der Verkäufer dem Käufer die Vertragskosten zu ersetzen.

2. den § 387 zu fassen:

Planck (Nr 6, 20) Im Falle der Wandelung finden . . . Anwendung.

1. Der Veräußerer hat dem Erwerber auch die Vertragskosten zu ersetzen.

2. wie im Entwurf.

---

[3] S. zu diesem Antrag auch bei den §§ 459, 460, 462–466, 468–493 BGB.

[4] Die Zf. 114–119 dieses Antrages s. bei §§ 349–357 BGB.

**II.** 62. Sitzung vom 27. 12. 1891

| VII. Der § 387 wurde sachlich gebilligt, der Eingang jedoch gefaßt: | Prot-RJA 355

§ f (387)

Im Falle der Wandelung finden die für das vertragsmäßige Rücktrittsrecht geltenden Vorschriften der §§ 427 bis 430, 438 entsprechende Anwendung, die Vorschrift des § 430 Nr. 3 jedoch mit der Abweichung, daß die Wandelung nicht ausgeschlossen ist, wenn der Mangel erst bei der Umgestaltung der Sache sich gezeigt hat. E I-RJA § f (387)

Der Verkäufer hat dem Käufer im Falle der Wandelung die Vertragskosten zu ersetzen.

Vorbehalten blieb, daß nach Berathung der §§ 426ff. über das Rücktrittsrecht die Zitate zu ändern seien.

## C. 2. Kommission

**I.** Beantragt war (Prot. II, Bd. 1, S. 692f.; *Mugdan*, Bd. 2, S. 672f.): Struckmann (Nr 67, 1 § f)

die Ersetzung des § 387 durch den von der Vorkom. des RJA beschlossenen § f. Jedoch lauten die Zitate hier: Vorschriften des § 427 Abs. 1 Satz 2, Abs. 2, 3 und der §§ 428 bis 430, 433.[5]

Die Kom. beschloß, den § 387 mit den darin enthaltenen Zitaten sachlich beizubehalten, die Entscheidung der Frage aber, ob die für das vertragsmäßige Rücktrittsrecht geltenden Vorschriften sämmtlich oder nur zum Theil oder nur unter Modifikationen Anwendung finden sollen, bis zur Berathung der gedachten Vorschriften selbst auszusetzen.

Nach Abschluß dieser Berathung folgte Feststellung der Zitate im § 387. Außer dem oben mitgeteilten, bereits erledigten Antrag lag der Antrag vor (Prot. II, Bd. 1, S. 801): Jacubezky (Nr 114, 1)

dem an Stelle des § 387 beschlossenen § f folgende Fassung zu geben:

Durch die Vollziehung der Wandelung erlöschen die beiderseitigen Verbindlichkeiten aus dem Kaufvertrage (oder: wird der Kaufvertrag aufgehoben). Beide Theile sind verpflichtet, einander in die rechtliche Lage zu versetzen, welche bestände, wenn der Vertrag nicht geschlossen wäre. Die für das vertragsmäßige Rücktrittsrecht geltenden Vorschriften des § 427 Abs. 2, 3 (in der Fassung der Anträge № 67 und № 91)[6] und der §§ 428 bis 430, 433 finden entsprechende Anwendung. Im Falle des § 430 Nr. 3 ist jedoch die Wandelung nicht ausgeschlossen, wenn der Mangel sich erst bei der Umgestaltung der Sache gezeigt hat. Der Verkäufer hat dem Käufer die Vertragskosten zu ersetzen[7].

---

[5] In der metallographierten Fassung des Antrags ist dazu angemerkt: „der Neufassung; vergl. unten Nr. 16ff.“. S. diese Anträge bei §§ 346ff. BGB; vgl. auch Prot. II, Bd. 1, S. 692 N. 1.

[6] S. diese bei §§ 346, 347, 349 BGB.

[7] Dem Antrag war hinzugesetzt:
Sollte die das Schuldverhältniß zum Erlöschen bringende Wirkung auch bei der „Rückgängigmachung“ des Kaufes durch Vertrag, also bei einem auf Aufhebung des Schuldverhältnisses gerichteten Vertrage (vergl. Mot. S. 79), abgelehnt werden, so wäre zu erwägen, ob nicht auch dem Erlaß die unmittelbare Wirkung versagt werden soll, so daß er, wie das unbeschränkte pactum de non petendo des römischen Rechts, nur eine dauernde Einrede erzeugte. Der § 290 hätte dann etwa folgende Fassung zu erhalten:
Wird dem Schuldner von dem Gläubiger durch Vertrag die Schuld erlassen, so ist der Schuldner berechtigt, die Leistung zu verweigern.

Gegen die Zitate des Antrags erhob sich kein Widerspruch. Nachdem der Vorsitzende dies festgestellt hatte, wurden die in den beiden ersten Sätzen des Antrags enthaltenen Zusätze von der Kom. gebilligt.

**II.** In der *VorlZust* der Beschlüsse der 2. Kom. hat der § 387 die Fassung:

E I-VorlZust § 387 Auf die Wandelung finden die für das vertragsmäßige Rücktrittsrecht geltenden Vorschriften der §§ 427 bis 433 entsprechende Anwendung, die Vorschrift des § 430 Nr. 3 jedoch mit der Abweichung, daß die Wandelung nicht ausgeschlossen ist, wenn der Mangel erst bei der Umgestaltung der Sache sich gezeigt hat.

Der Verkäufer hat, wenn die Wandelung vollzogen wird, dem Käufer auch die Vertragskosten zu ersetzen.

Als Nachtrag zu § 436 enthält die VorlZust zu § 387 ferner die Fassung:

E I-VorlZust § 387 Durch die Vollziehung der Wandelung erlöschen die beiderseitigen Verbindlichkeiten aus dem Kaufvertrage. Beide Theile sind verpflichtet einander die empfangenen Leistungen zurückzugewähren. Die für das vertragsmäßige Rücktrittsrecht geltenden Vorschriften des § 427 Abs.2 Satz 2 und Abs. 3 und der §§ 428 bis 430, 433 finden entsprechende Anwendung. Im Falle des § 430 Nr. 3 ist jedoch die Wandelung nicht ausgeschlossen, wenn der Mangel sich erst bei der Umgestaltung der Sache gezeigt hat. Der Verkäufer hat dem Käufer auch die Vertragskosten zu ersetzen.

E I-ZustRedKom § 469 g (387) **III.** In der *ZustRedKom* lautet die Vorschrift:

Mit der Vollziehung der Wandelung erlöschen die beiderseitigen Verbindlichkeiten aus dem Vertrage. Beide Theile sind verpflichtet, die empfangenen Leistungen einander zurückzugewähren. Die für das vertragsmäßige Rücktrittsrecht geltenden Vorschriften des § 427 Abs. 2 Satz 2, Abs. 3 und der §§ 428 bis 430a, 433 finden entsprechende Anwendung; im Falle des § 430 Nr. 2 ist . . . usw. wie in der VorlZust.

**IV.** Im *E II* ist die Vorschrift im § 403 enthalten. Die Fassung ist unverändert mit der Ausnahme, daß es in Satz 2 heißt:

. . . verpflichtet, einander die empfangenen Leistungen . . .

Bei der Revision des E II (Prot. II, Bd. 6, S. 172) strich die Kom. den Satz 1 mit Rücksicht auf den zu § 427 (E II § 298) gefaßten Beschluß, die Sätze 1, 2 des § 298 Abs. 1 E II dahin zu ersetzen: Hat sich bei einem Vertrage ein Theil den Rücktritt vorbehalten, so sind die Parteien, wenn der Rücktritt erfolgt, verpflichtet, einander die zu empfangenen Leistungen zurückzugewähren.

Ein weiterer Antrag von Wolffson (Nr. 37, 3), statt der §§ 299–303 (E II) die §§ 299, 301–303 zu citiren, wurde der RedKom überwiesen.

**V.** Im *E II rev* hat die Vorschrift die in § 467 BGB Gesetz gewordene Fassung erhalten.

## § 468

**Sichert der Verkäufer eines Grundstücks dem Käufer eine bestimmte Größe des Grundstücks zu, so haftet er für die Größe wie für eine zugesicherte Eigenschaft. Der Käufer kann jedoch wegen Mangels der zugesicherten Größe Wandelung nur verlangen, wenn der Mangel so erheblich ist, daß die Erfüllung des Vertrags für den Käufer kein Interesse hat.**

### A. 1. Kommission

I. 189. Sitzung vom 19. 3. 1883, Schriftführer Neubauer

Auf der Sitzung wurde die Beratung des TE-OR (Nr. 32), betreffend den Kauf fortgesetzt[1].

| Die §§ 15—17 des Entwurfes, welche lauten: | Prot I 1883

„Ist ein Grundstück oder ein Inbegriff von Grund- | stücken mit Angabe des Flächengehalts verkauft worden und erhellt nicht, daß diese Angabe blos zur Bezeichnung des Grundstücks erfolgte, so kann der Käufer, wenn er einen geringeren, als den angegebenen Flächengehalt erhält, verhältnißmäßige Herabsetzung des Kaufpreises verlangen. Ist der Mangel an Flächengehalt so bedeutend, daß anzunehmen ist, der Kauf habe kein Interesse für den Käufer, so ist der letztere berechtigt, von dem Vertrag zurückzutreten. TE-OR (Nr 32) § 15 | Prot I 1884

Neben dem Recht auf Preisherabsetzung oder dem Rücktritt von dem Vertrage hat der Käufer gegen den Verkäufer Anspruch auf vollen Schadensersatz wegen Nichterfüllung.

Ein unerheblicher Abmangel an dem angegebenen Flächeninhalt kommt nicht in Betracht."

„Auf das in § 15 bezeichnete Rücktrittsrecht des Käufers finden die §§ 54, 55, 87 bis 91, 92, 98 und im Falle der Erhebung des Anspruchs auf Preisherabsetzung die §§ 96, 98 entsprechende Anwendung." TE-OR (Nr 32) § 16

„Das Rücktrittsrecht sowie der Anspruch auf Preisherabsetzung unterliegen einer Verjährung von Einem Jahr. Die Vorschrift des § 101 findet Anwendung. TE-OR (Nr 32) § 17

Binnen gleicher Frist verjährt der in § 15 Abs. 2 bezeichnete Anspruch auf Schadenersatz."

wurden gemeinsam zur Berathung gebracht. Es waren zu ihnen folgende Anträge gestellt:

1. die §§ 15—17 durch folgende Bestimmung zu ersetzen: Planck (Nr 312, 2)

„Ist ein Grundstück oder ein Inbegriff von Grundstücken mit Angabe des Flächengehalts verkauft worden, und ist diese Angabe nicht bloß zur Bezeichnung des Grundstücks erfolgt, so haftet der Verkäufer dem Käufer nach | Maßgabe der §§ 31—101 der Zusammenstellung des Obligationenrechts dafür, daß das Grundstück bezw. der Inbegriff von Grundstücken den angegebenen Flächengehalt hat. Das Recht der Wandlung steht dem Käufer jedoch nur dann zu, wenn der Mangel an Flächengehalt so bedeutend ist, daß anzunehmen ist, der Kauf habe kein Interesse für den Käufer." | Prot I 1885

2. statt der §§ 15—17 zu bestimmen: Kurlbaum (Nr 311)

„Hat der Verkäufer eines Grundstücks eine gewisse Größe desselben zugesichert, so

[1] In dieser Sitzung wurden zunächst § 13 (Prot I 1879—1883) — s. bei § 452 BGB — und § 14 (Prot I 1883) — s. bei § 444 BGB — beraten.

haftet er für das Vorhandensein dieser Größe wie für das Vorhandensein einer zugesicherten Eigenschaft (§§ 81—101). Das Recht auf Wandelung steht dem Käufer jedoch nur dann zu, wenn wegen der Größe des Mangels anzunehmen ist, daß der Kauf für ihn kein Interesse habe."

wobei anheimgegeben wurde, die Vorschrift in allgemeinerer Fassung — Veräußerer — Erwerber — hinter § 101 einzuschalten.

v. Weber (Nr 310, 2–4)

3. im § 15

a, im ersten Absatze statt: „erhellt nicht, daß diese Angabe bloß" zu setzen:

„ist diese Angabe nicht bloß";

b, den zweiten Absatz zu streichen,

eventuell statt der Worte: „gegen den Verkäufer Anspruch auf vollen Schadenersatz wegen Nichterfüllung" zu setzen:

„wenn der Verkäufer den Flächeninhalt wissentlich falsch angegeben hat, gegen diesen Anspruch auf Schadenersatz".

im § 16

a, hinter § 92 (beim Rücktrittsrecht) noch einzuschalten:

„bis 95";

b, zwischen §§ 96 und 98 (bei der Preisherabsetzung) noch einzuschalten: „97".

| Prot I 1886

| den § 17 zu streichen, eventuell,

wenn der Antrag b zu § 15 (die Streichung oder auch nur der eventuelle Antrag) angenommen wird, den zweiten Absatz zu streichen,

wenn keiner der Anträge b zu § 15 angenommen wird, dem zweiten Absatze hinzuzufügen:

„sofern er sich nicht darauf gründet, daß der Verkäufer den Flächeninhalt wissentlich falsch angegeben habe".

Derscheid (Nr 309)

4. im § 15 in der ersten Zeile die Worte: „oder ein Inbegriff von Grundstücken" zu streichen;

als § 15a aufzunehmen die Vorschrift:

„Die Bestimmungen des § 15 finden auch Anwendung, wenn mehrere Grundstücke zu einem Gesammtpreise verkauft sind.

Ist in diesem Falle der Flächeninhalt nicht im Ganzen, sondern für die einzelnen Grundstücke angegeben, so kommt der Mangel am Flächeninhalt eines Grundstücks nur insoweit in Betracht, als derselbe nicht durch den Mehrinhalt anderer Grundstücke dem Werthe nach ausgeglichen wird; auch ist für die Preisminderung das Werthverhältniß des Grundstücks, an welchem der Mangel ermittelt worden, zu den übrigen Grundstücken maßgebend."

in § 16 die Bezugnahme auf § 97[2] der Zusammenstellung zu streichen;

den § 17 dahin zu fassen:

„Das Rücktrittsrecht, sowie der Anspruch auf Preisherabsetzung und Schadensersatz unterliegen einer Verjährung von Einem Jahr nach Maßgabe der Vorschriften des § 101."

Schmitt (Nr 308)

5. den dritten Absatz des § 15 ohne Ersatz zu streichen,

eventuell unter Streichung dieses Absatzes im ersten Satze des ersten Absatzes statt der Worte: „wenn er einen geringeren als den angegebenen Flächengehalt erhält"[3] zu setzen:

---

[2] Im Antrag heißt es richtigerweise: § 96.

[3] So der Antrag in der Zusammenstellung der Anträge, während die Prot. hier statt „erhält" „hat" schreiben.

| „wenn er einen nicht unerheblich geringeren als den angegebenen Flächengehalt erhält.“ | Prot I 1887

und den § 17 zu fassen (redaktionell):

„Die Bestimmungen des § 101 finden entsprechende Anwendung.“

Die Berathung führte zu folgenden Beschlüssen:

I.

Es wurde die Nothwendigkeit anerkannt, den Fall, wenn ein Grundstück unter Angabe eines bestimmten Flächeninhalts verkauft wird, im Gesetzbuche nicht zu übergehen. Gegen die Nothwendigkeit war zwar erinnert: wenn das Gesetz sich schweigend verhalte, so werde in jedem einzelnen Falle zu prüfen sein, ob die Angabe sich als Zusicherung betrachten lasse und wenn dies bejaht werden müsse, die Anwendbarkeit der Vorschrift über den Mangel einer zugesicherten Eigenschaft einer veräußerten Sache (§§ 81 u. ff. der Zusammenstellung der das Obligationenrecht betreffenden Beschlüsse, Protokolle vom 15. Mai 1882 u. ff. S. 734ff.), sofern sich ein geringerer, als der angegebene Flächeninhalt ergebe, zweifellos sein, und hierbei könne es füglich belassen werden. Man war jedoch der Ansicht, es lasse sich immer noch in Zweifel ziehen, ob in der Zusicherung eines bestimmten Flächeninhalts die Zusicherung einer Eigenschaft im Sinne des § 81 a. a. O. liege, weshalb es mindestens angemessen sei, dies besonders auszusprechen, — zu geschweigen, daß die unbeschränkte Anwendbarkeit der angezogenen Vorschriften durch Bestimmung der einen oder anderen Besonderheit werde auszuschließen sein, außerdem eine Vorschrift darüber nöthig werden könne, inwiefern die bloße Angabe des Flächeninhalts genüge, um eine Zusicherung anzunehmen.

II.

Nach dem Entwurfe (§ 15) sind die Voraussetzungen, auf welche seine Bestimmungen sich beziehen:

1. Es ist ein Grundstück oder ein Inbegriff von Grundstücken | mit Angabe des Flächeninhalts verkauft | Prot I 1888

2. Es erhellt nicht, daß diese Angabe bloß zur Bezeichnung des Grundstücks erfolgte.

3. Es findet sich ein nicht unerheblicher Mangel des angegebenen Flächeninhalts.

Die Mehrheit beschloß, die Voraussetzungen im Einklang mit dem Antrage № 2 dahin zu bestimmen:

„Hat der Verkäufer eines Grundstücks eine gewisse Größe desselben zugesichert pp.“

Erwogen war:

a, Es sei nicht nöthig, des Falls, wenn ein Inbegriff von Grundstücken verkauft sei, besonders zu gedenken, da in einem solchen Falle die als ein Ganzes zusammengefaßten Grundstücke für die Anwendung des Gesetzes ohne Zweifel als ein Grundstück anzusehen seien.

b, Der Entwurf bezwecke, die wichtige Frage, ob in der bloßen Angabe des Flächeninhalts eine Zusicherung zu finden, dahin zu entscheiden, daß im Zweifel eine solche Zusicherung anzunehmen sei. Die Entscheidung möge geeignet sein, vielen Streitigkeiten vorzubeugen, auf der anderen Seite unterliege sie aber großen Bedenken, weil die Angabe des Flächeninhalts nach den Gewohnheiten verschiedener Gegenden entweder allgemein oder in den weitaus die Mehrzahl bildenden Fällen regelmäßig eine andere Bedeutung habe, in welcher Beziehung insbesondere der herkömmliche oder mitunter auch der Ordnung halber vorgeschriebene Verkauf auf Grund von Katasterauszügen bezw. unter katastergemäßer Bezeichnung zu würdigen sei. Jede Aufstellung einer Inter pretationsregel werde zu Uebelständen führen. Es verdiene den Vorzug, die Entscheidung, ob eine Zusicherung im gegebenen Falle vorliege, dem Richter zu überlassen, was geschehe, wenn einfach bestimmt werde:

„sei eine bestimmte Größe zugesichert."

| Prot I 1889 | c, Für die Bestimmung, ein unerheblicher Mangel verdiene keine Beachtung, lasse sich die Unzuverlässigkeit der meisten Grundstücksvermessungen geltend machen. Allein aus dieser Unzuverlässigkeit folge von selbst, daß der Käufer die genaueste Uebereinstimmung des wirklichen mit dem im Vertrage angegebenen Flächeninhalte regelmäßig nicht verlangen könne. Dies noch besonders zu bestimmen, sei entbehrlich, aber auch insofern nicht unbedenklich, als eine solche Bestimmung zu unpassenden Anwendungen, z. B. bei dem Verkaufe von Bauplätzen in den großen Städten, verleiten könne.

III.

Nach dem Entwurfe soll in dem von ihm unterstellten Falle der Käufer zum Rücktritt vom Vertrage oder zur Preisminderung berechtigt sein, zwischen beiden Rechten die Wahl haben, das Rücktrittsrecht ihm jedoch nur dann zustehen, wenn der Mangel des Flächeninhalts so bedeutend ist, daß die Annahme begründet wird, der Kauf habe für den Käufer kein Interesse; überdies soll der Käufer Anspruch auf Schadensersatz erheben können. Auf das Rücktrittsrecht und das Preisminderungsrecht werden sodann die Vorschriften über das Recht der Wandelung und Minderung in großem Umfange für anwendbar erklärt. Indem die Beschlußfassung, ob es nicht vorzuziehen sei, mit den Anträgen № 1 und 2 sich darauf zu beschränken, die Anwendbarkeit der §§ 81 und ff. der Zusammenstellung der das Obligationenrecht betreffenden Beschlüsse zu bestimmen und hierauf die für nöthig befundenen Besonderheiten folgen zu lassen, vorläufig ausgesetzt blieb, zeigte sich zunächst Einverständniß, daß das Recht des Käufers, vom Vertrage zurückzutreten, bezw. das Recht der Wandelung in der von dem Entwurfe vorgeschlagenen Weise zu beschränken sei. Die Beschränkung hielt man aus Gründen der praktischen Zweckmäßigkeit und insbesondere deshalb für nöthig, weil die Auflö-
| Prot I 1890 sung des Vertrags meist zu großen Weite- | rungen und Verwickelungen führe. Der Antrag, dem Käufer den Anspruch auf Schadensersatz nur dann zuzugestehen (vgl. Antrag № 3 S. 1885, 1886), wenn der Verkäufer den Flächeninhalt wissentlich falsch angegeben hat, wurde abgelehnt. Die Mehrheit vermochte sich nicht zu überzeugen, daß zur Bestimmung einer solchen, mit den allgemeinen Grundsätzen nicht übereinstimmenden Besonderheit ein zureichender Grund vorliege, der namentlich in der Unzuverlässigkeit der meisten Vermessungen deshalb nicht gefunden werden könne, weil ein unerheblicher Unterschied regelmäßig überhaupt nicht in Betracht komme.

Die Mehrheit erklärte sich sodann gegen die Aufnahme der im Antrage № 4 (S. 1886) vorgeschlagenen, auf den Fall sich beziehenden Bestimmungen, wenn mehrere Grundstücke zu einem Gesammtpreise verkauft sind. Sie hielt die erste Bestimmung, welche die Anrechnung des Mehr bei dem einen Grundstücke auf das Weniger bei dem anderen vorschreibt, aus den in den Motiven[4] S. 35 angegebenen Gründen und außerdem wegen ihrer kasuistischen Beschaffenheit für nicht gerechtfertigt, während sie die zweite Bestimmung, welche die Vertheilung nach Maßgabe des Werths anordnet, wegen des im § 16 für anwendbar erklärten § 96 der mehrerwähnten Zusammenstellung (Protokoll vom 22. Mai 1882 S. 769, 770) für überflüssig erachtete.

---

[4] zum TE, also v. Kübel.

IV.

Der § 16 des Entwurfs erklärt verschiedene Bestimmungen, welche für das Recht der Wandelung und Minderung gelten, auf die im § 15 dem Käufer zugestandenen Rechte für anwendbar. Die Mehrheit war der Ansicht, daß kein Grund obwalte, die in dem § 16 übergangenen §§ 81–86, 93, 94, 95, 97 und 100 der erwähnten Zusammenstellung von der Anwendbarkeit auszuschließen, beschloß daher nach Maßgabe der Anträge Nº 1 und 2 die Anwendbarkeit der §§ 81–100 a. a. O. zu bestimmen. Sie billigte ferner in Uebereinstimmung mit diesen Anträgen und dem § 17 des Entwurfs, daß auch der § 101 anwendbar sein müsse, | unter Ablehnung des Antrags Nº 3, welcher den § 101 von der Anwendbarkeit ausschließen will. In der letzteren Hinsicht war die Betrachtung entscheidend, daß die Gründe, auf welchen der § 101 beruhe, im Wesentlichen auch in dem vorliegenden Falle zuträfen. | Prot I 1891

V.

Nach den vorstehenden Beschlüssen sind auf den in Frage stehenden Fall die Vorschriften über die Mängelgewähr mit der einzigen Abweichung für anwendbar erklärt, daß das Recht der Wandelung beschränkt ist. Man überzeugte sich, daß es hiernach aber richtiger sei, auf die Bestimmung sich zu beschränken, der Verkäufer hafte nach Maßgabe der §§ 81–101 der Zusammenstellung der das Obligationenrecht betreffenden Beschlüsse, die gedachte Besonderheit hierauf anzuschließen und die im § 15 des Entwurfs sich findende Hinweisung auf die §§ 54 und 55 derselben Zusammenstellung zu beseitigen.

Im Wesentlichen ist daher in dem Antrag Nº 2 enthaltene Vorschlag gebilligt.

Zum Schluß verständigte man sich dahin, daß die beschlossene Vorschrift auf den Kauf nicht zu beschränken, weil sie für alle Veräußerungsverträge offenbar die gleiche Berechtigung habe, auf dieselben auszudehnen und daher in einer allgemeineren Fassung in den Abschnitt über Gewährleistung wegen Mängel (§§ 81 ff. der Zusammenstellung) aufzunehmen sei.

**II.** Die *ZustOR* enthält im Anschluß an § 327 mit der Bemerkung, daß der § hinter § 101 einzuschalten sei, die beschlossene Vorschrift in der Fassung:

Hat der Veräußerer eines Grundstücks eine bestimmte Größe desselben dem Erwerber zugesichert, so gilt diese Zusicherung als die Zusicherung einer Eigenschaft des Grundstücks (§ 81). Es steht jedoch wegen eines Mangels der zugesicherten Größe das Recht der Wandelung dem Erwerber nur dann zu, wenn wegen Erheblichkeit des Mangels anzunehmen ist, daß die Erfüllung des Vertrags für den Erwerber kein Interesse habe. ZustOR § 101 a

**III.** Im *KE* ist die Vorschrift in § 385 in unveränderter Fassung enthalten. Statt „Grundstücks" und „Vertrags" heißt es jedoch „Grundstückes" und „Vertrages".

Bei der 2. Beratung des KE wurde zu den §§ 385, 388, 394 Abs. 2, 408 beantragt, die eingeklammerten Paragraphen zu streichen. (Dieselben möchten in keinem dieser Paragraphen nothwendig sein, um Mißverständnisse auszuschließen.) Der Antrag fand die Genehmigung der Kommission (Prot I 11779). v. Mandry (Nr 585, 24)[5] Johow (Nr 587, 17)[6]

[5] In der metallographierten Fassung lautet der Antrag eingangs: „24. zu §§ 375, 388, 394$^{2}$ und $^{3}$, 408." Statt „375" muß es wie in Prot I 11779 „385" heißen. Die Protokolle dagegen sind unrichtig, soweit § 394 Abs. 3 nicht erwähnt wird.

[6] Der Antrag lautet: § 385 Z. 3, § 388 Z. 3, § 408 Z. 6 die in Klammern allegierten Paragraphen zu streichen.

**IV.** Im *E I* ist die Vorschrift in § 388 unter Berücksichtigung des soeben mitgeteilten Beschlusses enthalten.

## B. Vorkommission des Reichsjustizamtes

I. Beantragt war:

Struckmann (Nr 1, 105 § g)[7] 1. die Vorschrift zu fassen:
Hat der Verkäufer eines Grundstückes eine bestimmte Größe desselben dem Käufer zugesichert, so gilt diese Zusicherung als Zusicherung einer Eigenschaft des Grundstükkes. Wegen Mangels der zugesicherten Größe kann jedoch Wandelung nur dann verlangt werden, wenn wegen Erheblichkeit des Mangels die Erfüllung des Vertrages für den Käufer kein Interesse hat.

Planck (Nr 6, 21) 2. in § 388 (wie in §§ 390, 391) statt „Recht der Wandelung" zu setzen „Anspruch auf Wandelung".

II. 62. Sitzung vom 27. 12. 1891

| Prot-RJA 355 | VIII. Der § 388 wurde seinem sachlichen Inhalte nach nicht beanstandet, in redaktioneller Hinsicht aber wie folgt umgestaltet:

§ g (388)

E I-RJA § g (388) | Prot-RJA 356 Hat der Verkäufer eines Grundstückes eine be- | stimmte Größe desselben dem Käufer zugesichert, so gilt diese Zusicherung als Zusicherung einer Eigenschaft des Grundstückes. Wegen Mangels der zugesicherten Größe kann jedoch Wandelung nur dann verlangt werden, wenn der Mangel so erheblich ist, daß die Erfüllung des Vertrages für den Käufer kein Interesse hat.

## C. 2. Kommission

Struckmann (Nr 67, 1 § g) **I.** Beantragt war der sachlich mit dem § 388 E I übereinstimmende § g in der von der Vorkom. des RJA beschlossenen Fassung (Prot. II, Bd. 1, S. 693; *Mugdan*, Bd. 2, S. 673).
Der Antrag wurde angenommen.

**II.** In der *VorlZust* der Beschlüsse der 2. Kom. ist die Vorschrift in der beantragten und beschlossenen Fassung in § 388 enthalten.

E I-ZustRedKom § 469 h (388) **III.** In der *ZustRedKom* lautet die Vorschrift des § 469h:
Hat der Verkäufer eines Grundstücks eine bestimmte Größe des Grundstücks dem Käufer zugesichert, so haftet er für die Größe wie für eine zugesicherte Eigenschaft. Der Käufer kann jedoch wegen Mangels der zugesicherten Größe Wandelung nur verlangen, wenn der Mangel so erheblich ist, daß die Erfüllung des Vertrags für den Käufer kein Interesse hat.

[7] S. zu diesem Antrag auch bei §§ 459, 460, 462–467, 469–493 BGB.

**IV.** Im *E II* lautet die Vorschrift in § 404 eingangs: „Hat der Verkäufer eines Grundstücks dem Käufer eine bestimmte Größe des Grundstücks zugesichert“, und im S. 2 heißt es „Vertrags“ statt „Vertrages“.

**V.** Im *E II rev* hat die Vorschrift als § 461 die in § 468 BGB Gesetz gewordene Fassung erhalten.

§ 469

**Sind von mehreren verkauften Sachen nur einzelne mangelhaft, so kann nur in Ansehung dieser Wandelung verlangt werden, auch wenn ein Gesammtpreis für alle Sachen festgesetzt ist. Sind jedoch die Sachen als zusammengehörend verkauft, so kann jeder Theil verlangen, daß die Wandelung auf alle Sachen erstreckt wird, wenn die mangelhaften Sachen nicht ohne Nachtheil für ihn von den übrigen getrennt werden können.**

*ZustOR § 93*[1]

**A. 1. Kommission**

**III.** Die Vorschrift ist im *KE* in unveränderter Fassung in § 386 enthalten.

Bei der Beratung der Anträge, welche die Redaktion einzelner Vorschriften des Obligationenrechts betreffen, wurde auf Antrag von Kurlbaum (Nr. 576, 16) in Abs. 2 statt: „der mangelhaften von den mangelfreien Sachen “ gesetzt: „der mangelhaften Sachen von den mangelfreien“ (Prot I 6190).

**IV.** Im *E I* hat die Vorschrift in § 389 die dem vorstehenden Beschluß entsprechende Fassung. In Abs. 2 S. 1 heißt es jedoch „zusammengehörende“ statt „zusammengehörige“.

**B. Vorkommission des Reichsjustizamtes**

**I.** Beantragt war die folgende Fassung der Vorschrift:

Sind bei einem Verkaufe mehrerer Sachen nur einzelne mangelhaft, so kann nur bezüglich dieser die Wandelung gefordert werden, auch wenn ein Gesammtpreis für alle Sachen festgesetzt ist. Struckmann (Nr. 1, 105 § h)[2]

Sind jedoch mehrere Sachen als zusammengehörig verkauft, so kann jeder Theil verlangen, daß die durch die Mangelhaftigkeit einzelner Sachen begründete Wandelung auf alle Sachen ausgedehnt werde, wenn ohne seine Benachtheiligung die mangelhaften Sachen von den übrigen nicht getrennt werden können.

---

[1] S. den Wortlaut o. S. 151 f.

[2] S. zu diesem Antrag auch bei §§ 459, 460, 462–468, 470–493 BGB.

**II.** 62. Sitzung vom 27. 12. 1891

Beschlossen wurde eine Fassung der Vorschrift, die unter Zusammenziehung der beiden Absätze in einem Absatz der beantragten Fassung entspricht (ProtRJA 356).

**C. 2. Kommission**

**I.** Beantragt war (Prot. II, Bd. 1, S. 693f.; *Mugdan*, Bd. 2, S. 673):

Struckmann (Nr 67, 1 § h) 1. die von der Vorkom. des RJA beschlossene Fassung der Vorschrift, wobei es nur in Satz 1 statt „gefordert" heißt „verlangt".

2. der bis zur Beratung des § 389 ausgesetzte, von Jacubezky (Nr. 74, 1) zu § 381 gestellte, oben bei § 459 BGB mitgeteilte Antrag 2.

Die Kom. nahm den Antrag 1 an, lehnte dagegen den Antrag 2 ab.

**II.** In der *VorlZust* der Beschlüsse der 2. Kom. hat die Vorschrift in § 389 die von der Kom. beschlossene Fassung.

**III.** In der *ZustRedKom* hat die Vorschrift als § 469i die Fassung:

E I-ZustRedKom § 469 i (389) Sind bei einem Verkaufe mehrerer Sachen nur einzelne mangelhaft, so kann nur in Ansehung dieser die Wandelung verlangt werden, auch wenn ein Gesammtpreis für alle Sachen festgesetzt ist. Sind jedoch die Sachen als zusammengehörig verkauft, so kann jeder Theil verlangen, daß die Wandelung auf alle Sachen ausgedehnt werde, wenn die mangelhaften Sachen von den übrigen nicht ohne Nachtheil für ihn getrennt werden können.

**IV., V.** Im *E II* hat die Vorschrift als § 405, im *E II rev* als § 462 die in § 469 BGB Gesetz gewordene Fassung. In § 405 S. 2 *E II* heißt es jedoch noch „zusammengehörig" statt „zusammengehörend".

## § 470

**Die Wandelung wegen eines Mangels der Hauptsache erstreckt sich auch auf die Nebensache. Ist die Nebensache mangelhaft, so kann nur in Ansehung dieser Wandelung verlangt werden.**

*ZustOR § 94*[1]

**A. 1. Kommission**

**III.** Die Fassung der Vorschrift ist im *KE* in § 387 unverändert, jedoch sind die beiden Absätze in einem Absatz zusammengefaßt. Bei der 2. Beratung des KE fand der Antrag von Gebhard (Nr. 594, 4), in § 387 statt „so ist nur in Ansehung dieser Sache

[1] S. den Wortlaut o. S. 152.

die Wandelung statthaft" zu setzen „so ist die Wandelung nur in Ansehung der Nebensache statthaft" (§ 386 Abs. 1, Abs. 2 Schlußsatz.), die Genehmigung der Kommission (Prot I 11779).

**IV.** Im *E I* entspricht § 390 Satz 1 dem Satz 1 des § 387 KE. Satz 2 des § 390 lautet: E I § 390 S. 2
Ist die Nebensache mangelhaft, so ist die Wandelung nur in Ansehung der Nebensache statthaft.

**B. Vorkommission des Reichsjustizamtes**

**I.** Beantragt war:

1. Wird wegen eines Mangels der Hauptsache, die Wandelung u.s.w. (wie § 390 des Entw.). Struckmann (Nr 1, 105 § i)[2]

2. in § 390 (wie in §§ 388, 391) statt „Recht der Wandelung" zu setzen „Anspruch auf Wandelung" Planck (Nr 6, 21)

**II.** 62. Sitzung vom 27. 12. 1891

| X. Der Eingang des § 390 erhielt folgende Fassung: | Prot-RJA 356
Wird wegen eines Mangels der Hauptsache die Wandelung verlangt u.s.w. E I-RJA § i (390)

**C. 2. Kommission**

**I.** Beantragt war die von der Vorkom. des RJA beschlossene Fassung der Vorschrift (Prot. II, Bd. 1, S. 694; *Mugdan,* Bd. 2, S. 674). Struckmann (Nr 67, 1 § i)
Der § 390 wurde sachlich gebilligt.

**II.** In der *VorlZust* der Beschlüsse der 2. Kom. ist die Fassung des 1. Satzes des § 390 die beantragte und beschlossene. Satz 2 lautet:
Ist die Nebensache mangelhaft, so ist nur in Ansehung ihrer die Wandelung statthaft. E I-VorlZust § 390 S. 2

**III. – V.** In der *ZustRedKom* hat die Vorschrift als § 469k, im *E II* als § 406, im *E II rev* als § 463 die in § 470 BGB Gesetz gewordene Fassung.

## § 471

**Findet im Falle des Verkaufs mehrerer Sachen für einen Gesammtpreis die Wandelung nur in Ansehung einzelner Sachen statt, so ist der Gesammtpreis in dem Verhältnisse herabzusetzen, in welchem zur Zeit des Verkaufs der Gesammtwerth der Sachen in mangelfreiem Zustande zu dem Werthe der von der Wandelung nicht betroffenen Sachen gestanden haben würde.**

*ZustOR § 95*[1]

---

[2] S. zu diesem Antrag auch bei §§ 459, 460, 462 – 469, 471 – 493 BGB.

[1] S. den Wortlaut o. S. 152.

### A. 1. Kommission

**II. 3.** Zur Redaktion des § 95 wurde von v. Weber (Nr. 561) bemerkt:

Hinter „eine Gesammtleistung" fehlt „des Erwerbers", was zur Deutlichkeit, daß hier von der Gegenleistung die Rede ist, erforderlich erscheint. Im Entwurfe stand:

„Gesammt*preis*", was das Mißverständniß ausschloß. Beschlossen wurde die Einfügung der Worte „des Erwerbers" hinter „Gesammtleistung" (Prot I 3264, 3273).

Der Antrag von Kurlbaum (Nr. 570 II), den Eingang, den die Vorschrift bei der Drucklegung des *KE* erhalten hat, zu genehmigen, wurde angenommen (Prot I 3548, 3559).

KE § 388

**III.** Im *KE* hat die Vorschrift als § 388 die Fassung:

Wird im Falle der Veräußerung mehrerer Sachen für eine Gesammtleistung des Erwerbers das Recht der Wandelung nur in Ansehung einzelner Sachen geltend gemacht (§§ 386, 387), so ist die Gesammtleistung in dem Verhältnisse ... usw. wie in § 95 ZusstOR.

Bei der 2. Beratung des *KE* wurde der Antrag von v. Mandry (Nr. 585, 24) und von Johow (Nr. 587, 17), in § 388 die eingeklammerten Paragraphen zu streichen[1a], genehmigt (Prot I 11779).

**IV.** Im *E I* ist die Vorschrift mit der soeben mitgeteilten Änderung in § 391 enthalten.

### B. Vorkommission des Reichsjustizamtes

I. Beantragt war:

Struckmann (Nr 1, 105 § k)[2]

1. als § 391 die folgenden Bestimmungen:

Wird bei einem Verkaufe mehrerer Sachen für einen Gesammtpreis nur ein Theil derselben von der Wandelung betroffen, so ist der Gesammtpreis nach dem Verhältnisse herabzusetzen, in welchem der Werth der von der Wandelung betroffenen Sachen, diese als mangelfrei vorausgesetzt, zu dem Gesammtwerthe aller verkauften Sachen zur Zeit der Schließung des Vertrages gestanden hat.

Sind neben dem in Geld festgesetzten Kaufpreise Leistungen anderer Art bedungen, so sind diese bei der Herabsetzung des Gesammtpreises nach ihrem Werthe zur Zeit der Schließung des Vertrages in Geld anzuschlagen. Uebersteigt der Betrag, um welchen hiernach der Gesammtpreis herabzusetzen ist, den in Geld festgesetzten Kaufpreis, so hat neben Erstattung des letzteren der Verkäufer den Ueberschuß dem Käufer zu zahlen.

Planck (Nr 6, 21)

2. in § 391 statt „Recht der Wandelung" zu setzen „Anspruch auf Wandelung".

II. 62. Sitzung vom 27. 12. 1891

| ProtRJA 356

| XI. Der § 391 wurde sachlich gebilligt, durch einen Zusatz jedoch eine Bestimmung für den Fall getroffen, daß neben dem in Gelde festgesetzten Kaufpreise andere nicht auf vertretbare Sachen gerichtete Leistungen bedungen seien.

---

[1a] S. zu diesem Antrag bei § 468 BGB und N. 5, ebd.

[2] S. zu diesem Antrag auch bei §§ 459, 460, 462–470, 472–493 BGB.

Der § 391 erhielt hiernach folgende Fassung:

| § k (391) | ProtRJA 357

Wird bei einem Verkaufe mehrerer Sachen für einen Gesammtpreis nur ein Theil derselben von der Wandelung betroffen, so ist der Gesammtpreis nach dem Verhältnisse herabzusetzen, in welchem der Werth der von der Wandelung betroffenen Sache, diese als mangelfrei vorausgesetzt, zu dem Gesammtwerthe aller verkauften Sachen zur Zeit der Schließung des Vertrages gestanden hat. E I-RJA § k (391)

Sind neben dem in Geld festgesetzten Kaufpreise andere nicht auf vertretbare Sachen gerichtete Leistungen bedungen, so sind diese bei der Herabsetzung des Gesammtpreises nach ihrem Werthe zur Zeit der Schließung des Vertrages in Geld anzuschlagen. Uebersteigt der Betrag, um welchen hiernach der Gesammtpreis herabzusetzen ist, den in Geld festgesetzten Kaufpreis, so hat der Verkäufer neben Erstattung des Preises den Mehrbetrag dem Käufer zu zahlen.

### C. 2. Kommission

**I.** Beantragt war, die Vorschrift zu fassen wie § k (391) E I-RJA Abs. 1[3] (Prot. II, Bd. 1, S. 694; *Mugdan*, Bd. 2, S. 674). Struckmann (Nr 67, 1 § k)

Die Kom. überwies die Vorschrift der RedKom.

**II.** In der *VorlZust* der Beschlüsse der 2. Kom. ist die Fassung der Vorschrift:

Tritt bei einem Verkaufe mehrerer Sachen für einen Gesammtpreis die Wandelung nur in Ansehung eines Theiles der verkauften Sachen ein, so ist der Gesammtpreis in dem Verhältnisse herabzusetzen, in welchem zur Zeit der Schließung des Vertrages bei Voraussetzung der Mangelfreiheit sämmtlicher Sachen der Gesammtwerth derselben zu dem Werthe derjenigen Sachen gestanden hat, welche von der Wandelung nicht betroffen werden. E I-VorlZust § 391

(Oder:

Tritt ... Sachen ein, so ist der Gesammtpreis um den Bruchtheil zu mindern, welchen bei Schließung des Vertrages bei Voraussetzung der Mangelfreiheit sämmtlicher Sachen der Werth der von der Wandelung betroffenen Sachen von dem Werthe sämmtlicher Sachen betrug.)

**III.** in der *ZustRedKom* lautet die Vorschrift:

Findet im Falle des Verkaufs mehrerer Sachen für einen Gesammtpreis die Wandelung nur in Ansehung einzelner Sachen statt, so ist der Gesammtpreis in dem Verhältnisse herabzusetzen, in welchem bei Voraussetzung der Mangelfreiheit der Gesammtwerth der Sachen zu dem Werthe der von der Wandelung nicht betroffenen Sachen zur Zeit des Verkaufs gestanden hat. E I-ZustRedKom § 469 l (391)

**IV., V.** Im *E II* hat die Vorschrift in § 407, im *E II rev* in § 464 die in § 471 BGB Gesetz gewordene Fassung.

---

[3] Der von der Vorkom. des RJA beschlossene 2. Absatz ist mit § 392 Abs 3 EI-RJA zu einem Paragraphen zusammengefaßt als § m beantragt worden, s. bei §§ 472, 473 BGB Abweichend von § k (391) EI-RJA heißt es hier wieder „der von der Wandelung betroffenen Sachen".

## § 472

**Bei der Minderung ist der Kaufpreis in dem Verhältnisse herabzusetzen, in welchem zur Zeit des Verkaufs der Werth der Sache in mangelfreiem Zustande zu dem wirklichen Werthe gestanden haben würde.**

**Findet im Falle des Verkaufs mehrerer Sachen für einen Gesammtpreis die Minderung nur wegen einzelner Sachen statt, so ist bei der Herabsetzung des Preises der Gesammtwerth aller Sachen zu Grunde zu legen.**

## § 473

**Sind neben dem in Geld festgesetzten Kaufpreise Leistungen bedungen, die nicht vertretbare Sachen zum Gegenstande haben, so sind diese Leistungen in den Fällen der §§ 471, 472 nach dem Werthe zur Zeit des Verkaufs in Geld zu veranschlagen. Die Herabsetzung der Gegenleistung des Käufers erfolgt an dem in Geld festgesetzten Preise; ist dieser geringer als der abzusetzende Betrag, so hat der Verkäufer den überschießenden Betrag dem Käufer zu vergüten.**

*ZustOR § 96*[1]

### A. 1. Kommission

**II. 3.** Bei Beratung der Anträge, welche gestellt waren, in Betreff der Drucklegung der auf das Obligationenrecht sich beziehenden Beschlüsse wurde auf Antrag von Kurlbaum (Nr. 570 IV 17) in § 389 (§ 96 ZustOR) statt „zu der Zeit" gesetzt „zur Zeit" (Prot I 3553, 3560).

**III.** Im *KE* entspricht die Fassung der in § 389 enthaltenen Vorschrift unter Berücksichtigung der vorstehend mitgeteilten Änderung dem § 96 ZustOR. Außerdem heißt es in § 389 KE „Verhältnisse" und „Gesammtwerthes" statt „Verhältniß" und „Gesammtwerths".

v. Mandry (Nr 597 I 1) Bei der Beratung der auf die Redaktion einzelner Vorschriften des Obligationenrechts sich beziehenden Anträge wurde auf einen in der Sitzung (8. 6. 1885) gestellten Antrag beschlossen, den § 389 Abs. 2 nach dem Vorbild des § 388 zu fassen:

Wird im Falle der Veräußerung mehrerer Sachen für eine Gesammtleistung des Erwerbers das Recht der Minderung nur . . . Sachen geltend gemacht, so erfolgt . . .

(Prot I 6205)

Bei der 2. Beratung des KE wurde der Antrag

zu § 389 in Zeile 3 und 4 zu setzen:

„. . . der Werth der mit dem Mangel behafteten Sache zu dem Werthe der von dem Mangel freien Sache zur Zeit . . ."

abgelehnt, ebenso der eventuelle Antrag, die Worte „zur Zeit der Schließung des Vertrages" vorzurücken hinter die Worte „in welchem" (Prot I 11779, 11780).

**IV.** Im *E I* entspricht die Fassung der in § 392 enthaltenen Vorschriften derjenigen des KE unter Berücksichtigung der vorstehend mitgeteilten Beschlüsse.

[1] S. den Wortlaut o. S. 152.

**B. Vorkommission des Reichsjustizamtes**

I. Beantragt war:

1. die Vorschrift zu fassen:

Wird der Anspruch auf Minderung geltend gemacht, so ist der Kaufpreis nach dem Verhältnisse herabzusetzen, in welchem der Werth der mit dem Mangel behafteten Sache zu dem Werthe der als mangelfrei gedachten Sache zur Zeit der Schließung des Vertrages gestanden hat. Struckmann (Nr 1, 105 § 1)[2]

Wird bei einem Verkaufe mehrerer Sachen für einen Gesammtpreis Minderung nur wegen einzelner Sachen geltend gemacht, so erfolgt die Herabsetzung des Preises unter Berücksichtigung des Gesammtwerthes der sämmtlichen Sachen.

Sind neben dem in Geld festgesetzten Kaufpreise Leistungen anderer Art bedungen, so finden die Vorschriften des § k Abs. 2 Anwendung.

2. im § 392 dem Absatz 1 folgenden Satz anzufügen: Jacubezky (Nr 5, 26)

Die Herabsetzung darf jedoch den Betrag nicht übersteigen, welchen der Erwerber im Falle des § 385 wegen des Mangels als Schadensersatz wegen Nichterfüllung zu beanspruchen hätte.

3. folgenden § 392a einzuschalten:

Besteht die Gegenleistung nicht in Geld oder anderen vertretbaren Sachen, so hat im Falle der Minderung der Veräußerer den Theil des Werthes derselben, um welchen sie herabzusetzen ist, dem Erwerber in Geld zu ersetzen. Macht der Erwerber das Recht der Minderung in solcher Weise geltend, so kann der Veräußerer die Wandelung verlangen. Jacubezky (Nr 5, 27)

Besteht die Gegenleistung nur theilweise in Geld oder anderen vertretbaren Sachen, so hat die Minderung soweit möglich durch Herabsetzung dieses Theiles der Gegenleistung zu erfolgen. Dabei kommt, soweit die Gegenleistung nicht in Geld besteht, der Werth derselben in Ansatz.

4. in § 392 (wie in §§ 393, 394) statt „Recht der Minderung" zu setzen „Anspruch auf Minderung". Planck (Nr 6, 21)

5. hinter § 392 folgende Vorschrift als § 392a einzuschalten: Planck (Nr 6, 22)

Besteht der Gegenstand der Gegenleistung nicht in vertretbaren Sachen, so ist die Gegenleistung zwar ganz zu bewirken, aber nur gegen Ersatz desjenigen Werthes, welchen der nach § 392 in Ansatz zu bringende Bruchtheil der Gegenleistung hat.

II. 63. Sitzung vom 29. 12. 1891

| I. Zu § 392 wurde der Vorschlag, | Prot-RJA 359

denselben durch folgende Bestimmung zu ersetzen:

„Wird der Anspruch auf Minderung geltend gemacht, so ist der Kaufpreis nach dem Verhältnisse herabzusetzen, in welchem der Werth der mit dem Mangel behafteten Sache zu dem Werthe der als mangelfrei gedachten Sache zur Zeit der Schließung des Vertrages gestanden hat. E I-RJA § 392

Wird bei einem Verkaufe mehrerer Sachen für einen Gesammtpreis Minderung nur wegen einzelner Sachen geltend gemacht, so erfolgt die Herabsetzung des Preises unter Berücksichtigung des Gesammtwerthes der sämmtlichen Sachen.

Sind neben dem in Geld festgesetzten Kaufpreise Leistungen anderer Art bedungen, so finden die Vorschriften des § k Abs. 2 (d. i. des zu § 391 vorgeschlagenen Paragraphen) Anwendung."

---

[2] S. zu diesem Antrag auch bei §§ 459, 460, 462–471, 474–493 BGB.

sachlich angenommen. Der Antrag wich in Abs. 1 und 2 vom Entwurf nur redaktionell ab. Der Abs. 3 galt als durch den zu § 391 gefaßten Beschluß bereits angenommen. Jedoch soll klargestellt werden, daß sich die Bestimmung des Abs. 3 nur auf den in Abs. 1, nicht auch auf den in Abs. 2 behandelten Fall bezieht und es soll die entsprechende Vorschrift in einem besonderen Paragraphen zugleich für die Fälle des § 391 Abs. 1 und des § 392 Abs. 1 getroffen werden.

| Prot-RJA 360 Ein Antrag, als Höchstbetrag der nach § 392 Abs. 1 zu- | lässigen Herabsetzung der Gegenleistung denjenigen Betrag festzusetzen, welchen der Erwerber nach § 385 als Schadensersatz wegen Nichterfüllung beanspruchen kann, wurde abgelehnt; man sah in diesem Vorschlag eine mit dem Wesen der Minderungsklage nicht vereinbare Beeinträchtigung des Erwerbers und hielt die Aufnahme der empfohlenen Vorschrift auch deshalb für nicht rathsam, weil sie gegenüber dem bisherigen Recht eine das Gesetz unnöthig belastende Neuerung enthalte.

**C. 2. Kommission**

I. Beantragt war (Prot. II, Bd. 1, S. 694 ff.; *Mugdan*, Bd. 2, S. 674 ff.):

Struckmann (Nr 67, 1 § 1) 1. der § l des oben bei § 459 BGB erwähnten Antrags in folgender Fassung:

Wird von dem Käufer Minderung verlangt, so ist der Kaufpreis nach dem Verhältnisse herabzusetzen, in welchem der Werth der mit dem Mangel behafteten Sache zu dem Werthe der als mangelfrei gedachten Sache zur Zeit der Schließung des Vertrages gestanden hat.

Wird bei einem Verkaufe mehrerer Sachen für einen Gesammtpreis Minderung nur wegen einzelner Sachen verlangt, so erfolgt die Herabsetzung des Preises unter Berücksichtigung des Gesammtwerthes der sämmtlichen Sachen.

Jacubezky (Nr 74, 5) 2. der Antrag, im § 392 (§ l) dem Abs. 1 hinzuzufügen:

Die Herabsetzung darf jedoch den Betrag nicht übersteigen, welchen der Käufer im Falle des § 385 wegen des Mangels als Schadensersatz wegen Nichterfüllung zu beanspruchen hätte.

Die Kom. nahm den mit dem Entw. sachlich übereinstimmenden Antrag 1 an und lehnte den Antrag 2 ab. In redaktioneller Beziehung wurde der RedKom anheimgegeben, den Ausdruck „mangelfrei gedachten Sache" zu vermeiden.

Struckmann (Nr 67, 1 § m) Beantragt war ferner die Aufnahme folgender Bestimmung:

Sind neben dem in Geld festgesetzten Kaufpreise Leistungen anderer Art bedungen, welche nicht auf vertretbare Sachen gerichtet sind, so sind in den Fällen der §§ k, l diese Leistungen nach ihrem Werthe zur Zeit der Schließung des Vertrages in Geld anzuschlagen. Uebersteigt der Betrag, um welchen der Kaufpreis einschließlich des Werthes der anderen Leistungen herabzusetzen ist, den in Geld festgesetzten Preis, so hat der Verkäufer neben Erstattung des Preises den Mehrbetrag an den Käufer zu zahlen.

Die Kom. beschloß die Aufnahme dieser Bestimmung.

Wilke (Nr 85, 1) Des weiteren war beantragt:

1. hinter § m als § m[1] zu bestimmen:

Der Verkäufer kann die Wandelung oder Minderung dadurch abwenden, daß er unverzüglich den Mangel beseitigt[3].

[3] Die vorgeschlagene Vorschrift lautet in der Zusammenstellung der Anträge:
Der Verkäufer kann . . . abwenden, daß er gegen Rückgabe der mangelhaften Sache, soweit der Käufer im Falle der Wandelung die Rückgabe zu leisten haben würde, unverzüglich den Mangel beseitigt.

2. für den Fall, daß der dem Antrag 1 zu Grunde liegende Gedanke gebilligt werden sollte, der Vorschrift folgende Fassung zu geben: Jacubezky (Nr 86)

Kann der Mangel ohne einen für den gewöhnlichen oder nach dem Vertrage vorausgesetzten Gebrauch erheblichen Zeitaufwand beseitigt werden, so ist der Verkäufer berechtigt, die Wandelung oder Minderung dadurch abzuwenden, daß er den Mangel rechtzeitig (innerhalb einer angemessenen Frist) beseitigt. Dieses Recht ist ausgeschlossen, wenn ein besonderes Interesse des Käufers die sofortige Wandelung oder Minderung rechtfertigt.

hierzu der Unterantrag.

im Satz 1 die Worte „oder Minderung" zu streichen.

Der Antrag 1 wurde zu Gunsten des Antrags 2 in dem Sinne zurückgezogen, daß es dem Ermessen der RedKom überlassen bleiben solle, in welcher Weise zum Ausdruck zu bringen sei, daß nur eine „sofortige" „alsbaldige" Beseitigung des Mangels zugelassen sei. Der Antrag 2 wurde abgelehnt, nachdem für den Falll seiner Annahme der Unterantrag angenommen worden war. Die Ablehnung erfolgte gegen 7 Stimmen.

**II.** In der *VorlZust* der Beschlüsse der 2. Kom. haben die beschlossenen Bestimmungen die Fassung:

Wird von dem Käufer Minderung verlangt, so ist der Kaufpreis in dem Verhältnisse herabzusetzen, in welchem der Werth der Sache ohne den Mangel zu dem Werthe derselben mit dem Mangel zur Zeit der Schließung des Vertrages gestanden hat. E I-VorlZust § 392

Wird bei einem Verkaufe mehrerer Sachen für einen Gesammtpreis Minderung nur wegen einzelner Sachen verlangt, so erfolgt die Herabsetzung des Preises unter Berücksichtigung des Gesammtwerthes der sämmtlichen Sachen.

Sind neben dem . . . in Geld anzuschlagen. Die Herabsetzung der Gegenleistung des Käufers erfolgt an dem in Geld festgesetzten Theile derselben, und hat, wenn dieser geringer ist als der abzusetzende Betrag, der Verkäufer den überschießenden Betrag dem Käufer herauszuzahlen. E I-VorlZust § 392a

**III.** In der *ZustRedKom* sind die Vorschriften gefaßt:

Bei der Minderung ist der Kaufpreis in dem Verhältnisse herabzusetzen, in welchem der Werth der Sache bei Voraussetzung der Mangelfreiheit zu dem wirklichen Werthe zur Zeit des Verkaufs gestanden hat. E I-ZustRedKom § 469m (392)

Findet im Falle des Verkaufs mehrerer Sachen für einen Gesammtpreis die Minderung nur wegen einzelner Sachen statt, so erfolgt die Herabsetzung des Preises unter Berücksichtigung des Gesammtwerths aller Sachen.

Sind neben dem in Geld festgesetzten Kaufpreis andere, nicht auf vertretbare Sachen gerichtete Leistungen bedungen, so sind diese Leistungen in den Fällen der §§ 469l, 469m nach dem Werthe zur Zeit des Verkaufs in Geld anzuschlagen. Die Herabsetzung der Gegenleistung des Käufers erfolgt an dem in Geld festgesetzten Preise; ist dieser geringer als der abzusetzende Betrag, so hat der Verkäufer den überschießenden Betrag dem Käufer zu vergüten. E I-ZustRedKom § 469n

**IV., V.** Im *E II* hat die Vorschrift des § 392 E I (E I-ZustRedKom § 469m) als § 408, im *E II rev* als § 465 die in § 472 BGB Gesetz gewordene Fassung.

E I-ZustRedKom § 469n ist im *E II* in unveränderter Fassung in § 409 enthalten und hat im *E II rev* in § 466 die in § 473 BGB Gesetz gewordene Fassung erhalten.

§ 474

**Sind auf der einen oder der anderen Seite Mehrere betheiligt, so kann von jedem und gegen jeden Minderung verlangt werden.**

**Mit der Vollziehung der von einem der Käufer verlangten Minderung ist die Wandelung ausgeschlossen.**

*ZustOR § 98*

**A. 1. Kommission**

**II. 3.** In der 191. Sitzung vom 30. 3. 1883 (Prot I 1903–1923)[1] wurde beschlossen, die §§ 87–92, 98 ZustOR zu streichen und durch den neu beschlossennen § 87 zu rsetzen. Der Prüfung bei der Redaktion blieb vorbehalten, ob die Bestimmung unter Ziffer 3 des neuen § 87 in einen besonderen Paragraphen zu verweisen sei. Dementsprechend hat der neu beschlossene § 87 Zf. 3 in der ZustOR als § 98 die Fassung:

ZustOR § 98 Sind mehrere Veräußerer oder mehrere Erwerber vorhanden oder ist der Veräußerer oder Erwerber von Mehreren beerbt, so kann die Minderung von jedem und gegen jeden Einzelnen verlangt werden. Hat ein Einzelner das Recht der Minderung geltend gemacht, so ist die Wandelung ausgeschlossen.

**III.** Im *KE* enthält § 391 die Bestimmung:

KE § 391 Sind mehrere Veräußerer oder mehrere Erwerber vorhanden, oder ist der Veräußerer oder Erwerber von Mehreren beerbt, so kann die Minderung von Jedem und gegen jeden Einzelnen verlangt werden. Hat ein Einzelner das Recht der Minderung geltend gemacht, so ist die Wandelung ausgeschlossen.

**IV.** Im *E I* ist die Vorschrift in § 394 enthalten; die Fassung ist auf Antrag von Gebhard (Nr. 594, 5) bei der 2. Beratung des KE gegenüber dem KE dahin geändert, daß es statt „von Jedem und gegen jeden Einzelnen" heißt: „von jedem Einzelnen und gegen jeden Einzelnen" (Prot I 11780).

**B. Vorkommission des Reichsjustizamtes**

**I.** Beantragt war:

Struckmann (Nr 1, 105 § n)[2] 1. die Vorschrift zu fassen:

Sind auf der einen oder anderen Seite mehrere Personen betheiligt, so kann die Minderung von jedem Einzelnen und gegen jeden Einzelnen verlangt werden. Hat ein Einzelner die Minderung geltend gemacht, so ist die Wandelung ausgeschlossen.

Planck (Nr 6, 21) **2.** In § 394 (wie in §§ 392, 393) statt „Recht der Minderung" „Anspruch auf Minderung" zu setzen.

---

[1] Das Protokoll dieser Sitzung ist abgedruckt Vor §§ 346–360 BGB.

[2] S. zu diesem Antrag auch bei §§ 459, 460, 462–473, 475–493 BGB.

**II.** 63. Sitzung vom 29. 12. 1891

Der von § 394 des Entw. nur redaktionell abweichende Antrag, den Paragraphen zu fassen:

„Sind auf der einen oder anderen Seite mehrere Personen betheiligt, so kann die Minderung von jedem Einzelnen und gegen jeden Einzelnen verlangt werden. Hat ein Einzelner die Minderung geltend gemacht, so ist die Wandelung ausgeschlossen." E I-RJA § n (394)

wurde sachlich angenommen (ProtRJA 360).

**C. 2. Kommission**

**I.** Beantragt war, § 394 zu fassen wie von der Vorkom. des RJA beschlossen (Prot. II, Bd. 1, S. 700; *Mugdan*, Bd. 2, S. 677) Struckmann (Nr 67, 1 § o)[3]

Der Antrag wurde angenommen. Die Anregung, durch eine Umstellung oder einen Zusatz klarzustellen, daß durch den § 394 Satz 2 die Anwendung des § 393 nicht ausgeschlossen sein sollte, so daß also die Wandelung wegen eines erst später entdeckten Mangels auch hier nicht unzulässig wäre, wurde der RedKom überwiesen.

**II.** In der *VorlZust* der Beschlüsse der 2. Kom. hat § 394 eine mit dem § 394 E I-RJA übereinstimmende Fassung, jedoch heißt es in Satz 2 statt „geltend gemacht" „verlangt".

Als Satz 3 ist der Vorschrift hinzugefügt:

Die Vorschrift des § 393 bleibt jedoch unberührt.

**III.** In der *ZustRedKom* hat die Vorschrift als § 469 o[4] die Fassung:

Sind auf der einen oder anderen Seite Mehrere betheiligt, so kann von jedem Einzelnen und gegen jeden Einzelnen Minderung verlangt werden. Nach Vollziehung der von einem Einzelnen verlangten Minderung ist die Wandelung ausgeschlossen. E I-ZustRedKom § 469 o (394)

**IV.** Im *E II* § 410 ist die Fassung der Vorschrift unverändert.

**V.** Im *E II rev* hat die Vorschrift in § 467 die Fassung erhalten, die in § 474 BGB Gesetz geworden ist.

## Anhang zu § 474 BGB

*ZustOR § 99*[1]

**A. 1. Kommission**

**II. 3.** Bei der Beratung der zum Obligationenrecht gefaßten Beschlüsse wurde der Antrag von Kurlbaum (Nr. 566, 6), in § 99 die Worte: „auf Betreiben eines Gläubigers" zu streichen, abgelehnt (Prot I 3282, 3286).

---

[3] Zu dem Antrag ist angemerkt:
Wegen des § 395 vgl. den Antrag 2 unter Nr. 26 Anm. zu § h. S. hier bei § 445 BGB.

[4] Damit ist die in der Kom. angeregte Umstellung (s. o. I) erfolgt.

[1] S. die Fassung o. S. 152.

**III.** Im *KE* ist die Vorschrift in unveränderter Fassung in § 392 enthalten. Bei der 2. Beratung des KE wurde von Kurlbaum (Nr. 591, 5) beantragt,

in § 392 die Worte „auf Betreiben eines Gläubigers" zu streichen.

(An sich entbehrlich; zu vgl. aber auch Konkursordnung §§ 116, 117).

Der Antrag wurde abgelehnt in der Erwägung, daß bei Streichung der bezeichneten Worte das Mißverständnis entstehen könnte, als ob sich die Vorschrift des § 392 auch auf die Zwangsversteigerung im Teilungsverfahren (§ 762) beziehe.

Auch der eventuelle Antrag auf Einschaltung der Worte „des Konkursverwalters oder" fand die Genehmigung der Kommission nicht. Man hielt die durch den Antrag bezweckte Verdeutlichung des § 392 für überflüssig, da ohnedies klar sei, daß der Konkursverwalter die Zwangsvollstreckung in Vertretung der Gläubiger betreibe (Prot I 11780).

**IV.** Im *E I* ist die Vorschrift in § 395 enthalten, die Fassung unverändert.

## B. Vorkommission des Reichsjustizamtes

Struckmann (Nr. 1, 105 § gg)[2]

**I.** Es war beantragt:

§ gg (§ 395).

Die Vorschriften über die Gewährleistung wegen Mängel der Sache beim Kaufe finden auf andere entgeltliche Veräußerungsverträge entsprechende Anwendung.

Wird eine Sache auf Betreiben eines Gläubigers im Wege der Zwangsvollstreckung veräußert, so steht dem Erwerber ein Anspruch auf Gewährleistung wegen Mängel nicht zu.

(Vergl. oben unter Nr. 104 § m.)[3]

**II.** 63. Sitzung vom 29. 12. 1891

| Prot-RJA 360

| **III.** Der § 395 soll nach dem zu § 380 gefaßten Beschlusse[4] in die Civilprozeßordnung eingestellt werden.

## C. 2. Kommission

Der § 395 wurde durch die im Anschluß an den § 380 beschlossene Bestimmung[5] als erledigt angesehen (Prot. II, Bd. 1, S. 701; *Mugdan*, Bd. 2, S. 677).

Im E II ist zu § 386 angemerkt[6]:

In den Artikel 11 des Entwurfes des Einführungsgesetzes soll, zugleich als Ersatz für den § 395 des Entw. I, folgende Vorschrift als § 710a der Civilprozeßordnung eingestellt werden:

Wird ein Gegenstand auf Grund der Pfändung veräußert, so steht dem Erwerber wegen eines Mangels im Rechte oder wegen eines Mangels der veräußerten Sache ein Anspruch auf Gewährleistung nicht zu.

In dieser Fassung ist die Vorschrift in § 806 ZPO Gesetz geworden.

---

2 S. zu diesem Antrag auch bei §§ 459, 460, 462 – 493 BGB, zu § gg Abs. 1 bei § 493 BGB.

3 Zu Struckmanns Antrag Nr. 1, 104 § m ist angemerkt, daß eine Ersetzung des § 395 E I durch eine entsprechende Vorschrift in der CPO anheimgegeben wird, s. bei § 445 BGB.

4 S. bei § 445 BGB.

5 S. bei § 445 BGB.

6 Die sachlich übereinstimmende Anmerkung zu § 462b E I-ZustRedKom s. bei § 445 BGB.

## § 475

**Durch die wegen eines Mangels erfolgte Minderung wird das Recht des Käufers, wegen eines anderen Mangels Wandelung oder von neuem Minderung zu verlangen, nicht ausgeschlossen.**

*ZustOR § 97*[1]

### A. 1. Kommission

**III., IV.** Die Vorschrift ist im *KE* in § 390, im *E I* in § 393 jeweils in unveränderter Fassung enthalten.

### B. Vorkommission des Reichsjustizamtes

**I.** Beantragt war:

1. die Vorschrift zu fassen:

Durch die Geltendmachung der Minderung wegen eines Mangels wird das Recht des Käufers, wegen eines anderen erst später entdeckten Mangels Wandelung oder von Neuem Minderung zu verlangen, nicht ausgeschlossen. Struckmann (Nr 1, 105 § m)[2]

2. in § 393 (wie in §§ 392, 394) statt „Recht der Minderung" zu setzen „Anspruch auf Minderung". Planck (Nr 6, 21)

**II.** 63. Sitzung vom 29. 12. 1891

Zu § 393 wurde der nur redaktionell abweichende Antrag, den Paragraphen zu fassen:

„Durch die Geltendmachung der Minderung wegen eines Mangels wird das Recht des Käufers, wegen eines anderen erst später entdeckten Mangels Wandelung oder von Neuem Minderung zu verlangen, nicht ausgeschlossen." E I-RJA § m (393)

angenommen (ProtRJA 360).

### C. 2. Kommission

**I.** Beantragt war (Prot. II, Bd. 1, S. 698ff.; *Mugdan*, Bd. 2, S. 667f.):

1. die Vorschrift des § 393 zu fassen, wie von der Vorkom. des RJA beschlossen, Struckmann (Nr 67, 1 § n)

2. der beantragten Vorschrift hinzuzufügen: Wilke (Nr 85, 2)

Der Uebergang von der Minderungsklage zur Wandelungsklage oder zu einer anderen Minderungsklage gilt in diesem Falle nicht als Klageänderung[3].

---

[1] S. die Fassung o. S. 152.

[2] S. zu diesem Antrag auch bei §§ 459, 460, 462–474, 476–493 BGB.

[3] In der metallographierten Fassung des Antrags lautet die vorgeschlagene Bestimmung: „Der Uebergang von der Minderungsklage zur Wandelungsklage und der Uebergang von der Wandelungsklage zur Minderungsklage gilt" usw. Dem Antrag ist hinzugesetzt: vergl. § 376 des Bär'schen Gegenentwurfs.

hierzu die weiteren Anträge:

a) in dem unter 2) vorgeschlagenen Zusatz die Worte „oder zu einer anderen Minderungsklage“ zu streichen.

b) Der oben bei §§ 462, 465, 466 BGB mitgeteilte Antrag zu § 384.

Die sachlich mit § 393 übereinstimmende, im Antrag 1 vorgeschlagene Bestimmung blieb unbeanstandet.

Der Antrag 2 wurde mit 9 gegen 8 Stimmen abgelehnt, nachdem zuvor der Unterantrag a) verworfen war.

**II.** in der *VorlZust* der Beschlüsse der 2. Kom. hat § 393 die Fassung:

E I-ZustRedKom § 469 p (393)

Durch die wegen eines Mangels erfolgte Minderung wird das Recht des Käufers, wegen eines anderen erst später entdeckten Mangels Wandelung oder von Neuem Minderung zu verlangen, nicht ausgeschlossen.

**III. – V.** In der *ZustRedKom* lautet die Vorschrift als § 469p:

E I-VorlZust § 393

Durch die wegen eines Mangels erfolgte Minderung wird das Recht des Käufers, wegen eines anderen Mangels Wandelung oder von neuem Minderung zu verlangen, nicht ausgeschlossen[4].

Damit liegt die in § 475 BGB (*E II* § 411, *E II rev* § 468)[5] Gesetz gewordene Fassung vor.

## § 476

**Eine Vereinbarung, durch welche die Verpflichtung des Verkäufers zur Gewährleistung wegen Mängel der Sache erlassen oder beschränkt wird, ist nichtig, wenn der Verkäufer den Mangel arglistig verschweigt.**

*ZustOR § 100*[1]

### A. 1. Kommission

**III., IV.** Die Vorschrift ist im *KE* in § 393 und im *E I* in § 396, jeweils in unveränderter Fassung enthalten.

### B. Vorkommission des Reichsjustizamtes

**I.** Beantragt war:

Struckmann (Nr 1, 105 § o)[2]

1. die Vorschrift zu fassen:

Die Haftung des Verkäufers wegen Mängel kann durch Vertrag erweitert, beschränkt oder ausgeschlossen werden. Die Beschränkung oder Ausschließung ist

---

[4] Dazu ist angemerkt:
Die im § 393 des Entw. sich findenden Worte „erst später entdeckten“ sind als entbehrlich und leicht irreführend weggelassen.

[5] Zur Beratung dieser Vorschrift im Bundesrat s. bei §§ 462, 465, 466 BGB.

[1] S. die Fassung o. S. 153.

[2] S. zu diesem Antrag auch bei §§ 459, 460, 462 – 475, 477 – 493 BGB

jedoch unwirksam, wenn der Verkäufer den Mangel gekannt und dem Käufer arglistig verschwiegen hat.

2. den § 396 zu fassen: Jacubezky (Nr 5, 28)
Ein Vertrag, durch welchen die Haftung des Veräußerers wegen Mängel erlassen oder beschränkt wird, ist unwirksam, wenn der Veräußerer den Mangel gekannt und dem Erwerber verschwiegen hat.

3. die Vorschrift zu fassen: Planck (Nr 6, 23)
Die vertragsmäßige Beschränkung der Haftung wegen Mängel ist unwirksam, wenn der Veräußerer den Mangel gekannt und dem Erwerber arglistig verschwiegen hat.

**II.** 63. Sitzung vom 29. 12. 1891

| IV. Den § 396 beschloß man, unter Streichung des Absatzes 1 entsprechend dem § 380[3] dahin zu fassen: | Prot-RJA 360
| „Ein Vertrag, durch welchen die Haftung des Verkäufers wegen Mängel erlassen oder beschränkt wird, ist unwirksam, wenn der Verkäufer den Mangel gekannt und dem Käufer arglistig verschwiegen hat." | Prot-RJA 361 E I-RJA § 396
Die Streichung des Abs. 1 erfolgte aus den gleichen Gründen wie im § 380.

## C. 2. Kommission

**I.** Beantragt war, § 396 zu fassen (Prot. II, Bd. 1, S. 701; *Mugdan*, Bd. 2, S. 667): Struckmann (Nr 67, 1 § p)
Ein Vertrag, durch welchen die Haftung des Verkäufers wegen Mängel erlassen oder beschränkt wird, ist unwirksam, wenn der Verkäufer den Mangel dem Käufer arglistig verschwiegen hat.
Der Antrag wurde angenommen.

**II.** In der *VorlZust* der Beschlüsse der 2. Kom. entspricht die Fassung des § 396 derjenigen des beschlossenen Antrags.

**III.** In der *ZustRedKom* hat die Vorschrift die Fassung[4]:
Ein Vertrag, durch welchen die Verpflichtung des Verkäufers zur Gewährleistung wegen Mängel der Sache erlassen oder beschränkt wird, ist nichtig, wenn der Verkäufer den Mangel arglistig verschwiegen hat. E I-ZustRedKom § 469 q (396)

**IV.** Im *E II* § 412 ist die Fassung der Vorschrift unverändert[5].

**V.** Im *E II rev* hat die Vorschrift als § 469 die in § 476 BGB Gesetz gewordene Fassung.

---

[3] S. bei § 443 BGB.

[4] In der ZustRedKom ist angemerkt: Wegen des § 395 des Entw. vgl. die Anmerkung zu § 462 b. S. hier bei § 445 BGB.

[5] Zu § 412 E II ist angemerkt: Zu § 395 des Entw. I vergl. die Anmerkung zu § 386. S. diese hier im Anhang zu § 474 BGB.

§ 477

**Der Anspruch auf Wandelung oder auf Minderung sowie der Anspruch auf Schadensersatz wegen Mangels einer zugesicherten Eigenschaft verjährt, sofern nicht der Verkäufer den Mangel arglistig verschwiegen hat, bei beweglichen Sachen in sechs Monaten von der Ablieferung, bei Grundstücken in einem Jahre von der Uebergabe an. Die Verjährungsfrist kann durch Vertrag verlängert werden.**

**Beantragt der Käufer gerichtliche Beweisaufnahme zur Sicherung des Beweises, so wird die Verjährung unterbrochen. Die Unterbrechung dauert bis zur Beendigung des Verfahrens fort. Die Vorschriften des § 211 Absatz 2 und des § 212 finden entsprechende Anwendung.**

**Die Hemmung oder Unterbrechung der Verjährung eines der im Absatz 1 bezeichneten Ansprüche bewirkt auch die Hemmung oder Unterbrechung der Verjährung der anderen Ansprüche.**

§ 478

**Hat der Käufer den Mangel dem Verkäufer angezeigt oder die Anzeige an ihn abgesendet, bevor der Anspruch auf Wandelung oder auf Minderung verjährt war, so kann er auch nach der Vollendung der Verjährung die Zahlung des Kaufpreises insoweit verweigern, als er auf Grund der Wandelung oder der Minderung dazu berechtigt sein würde. Das Gleiche gilt, wenn der Käufer vor der Vollendung der Verjährung gerichtliche Beweisaufnahme zur Sicherung des Beweises beantragt oder in einem zwischen ihm und einem späteren Erwerber der Sache wegen des Mangels anhängigen Rechtsstreite dem Verkäufer den Streit verkündet hat.**

**Hat der Verkäufer den Mangel arglistig verschwiegen, so bedarf es der Anzeige oder einer ihr nach Abs. 1 gleichstehenden Handlung nicht.**

§ 479

**Der Anspruch auf Schadensersatz kann nach der Vollendung der Verjährung nur aufgerechnet werden, wenn der Käufer vorher eine der im § 478 bezeichneten Handlungen vorgenommen hat. Diese Beschränkung tritt nicht ein, wenn der Verkäufer den Mangel arglistig verschwiegen hat.**

*ZustOR § 101*[1]

**A. 1. Kommission**

**II. 3.** Bei Beratung der Anträge, welche gestellt waren in Betreff der Drucklegung der auf das Obligationenrecht sich beziehenden Bestimmungen wurde auf Antrag von Kurlbaum (Nr 570 IV 18) in § 101 Abs. 2 (wie auch in § 404 Abs. 2, 564 Abs. 2 – diese §§ in der Ordnung des KE) statt „binnen gleicher Frist“ gesetzt „mit Ablauf einer

[1] S. die Fassung o. S. 153.

gleichen Frist". Der Antrag wurde gebilligt ebenso der weitere Antrag von Kurlbaum (Nr. 570 IV 19), die Änderung mit der Maßgabe zu genehmigen, daß jeder Satz für sich einen Absatz bildet und im nunmehrigen vierten Absatze statt „wo" gesetzt wird „in welchem" (Prot I 3553, 3554, 3560).

**III.** Im *KE* ist die Vorschrift als § 394 den vorstehenden Beschlüssen gemäß gefaßt. Die Absätze 3 und 4 haben die Fassung:

Die Frist kann durch Rechtsgeschäft bis zur ordentlichen Verjährungsfrist (§ 155) erweitert werden. KE § 394 Abs. 3, 4

Die Verjährung beginnt mit dem Zeitpunkte, in welchem die Sache dem Erwerber übergeben ist.

Bei der 2. Beratung des KE lagen zu § 394 die Anträge vor:

1. in § 394 Abs. 2 und 3 die eingeklammerten Paragraphen zu streichen. v. Mandry (Nr 585, 24)[1a]

Der Antrag fand die Genehmigung der Kommission (Prot I 11779).

2. in Abs. 2 Zeile 3 zu setzen „daß der Veräußerer den Mangel gekannt und verschwiegen hat" (zu vergl. §§ 393, 564 II) Abs. 3 zu fassen „die Frist kann durch Vertrag bis zur odentlichen Verjährungsfrist verlängert werden" (zu vergl. § 564 III). Kurlbaum (Nr 591, 6)

Der Antrag zu Abs. 2 wurde abgelehnt, der Antrag zu Abs. 3 dagegen angenommen (Prot I 11780).

3. in § 394 Abs. 1 in § 460 Abs. 2, § 463 Abs. 2, §§ 472, 484 Nr. 2, 504, 510, 514 Abs. 1, § 515 Abs. 3, 4, 5, §§ 528, 529, 530 Abs. 1, § 564 Abs.1, § 624 Abs. 4 statt „unbewegliche Sache" zu setzen „Grundstück". Johow (Nr 606, 1)

(Außer den vorstehend bezeichneten Stellen redet der K.E. im Hinblick auf § 771 nicht von unbeweglichen Sachen, sondern von Grundstücken. Vergl. auch im Obligationenrecht: §§ 369, 375, 385 459, 501 Abs. 2, § 514 Abs. 1 Satz 3, Abs. 2 Satz 2, Abs. 3, § 729 Abs. 1, 2, § 762 Abs. 2 Satz 2; von „landwirthschaftlichen Grundstücken" ist die Rede in den §§ 532ff.)[1b]

Der Antrag wurde für die §§ 394 Abs. 1, 515 Abs. 3, 4, 5, 564 Abs. 1 abgelehnt, für die übrigen in dem Antrag genannten Paragraphen angenommen. Hiernach behalten die § 394 Abs. 1, § 515 Abs. 3, 4, 5 und § 564 Abs. 1 ihre bisherige Fassung. Man hielt diese Fassung zur Hervorhebung des Gegensatzes zwischen beweglichen und unbeweglichen Sachen für die in diesen Paragraphen bezeichneten Fälle für angemessen (Prot I 11780, 11781).

4. a) Abs. 4 zuzusetzen: Kurlbaum (Nr 612)

„Sie wird auch durch Geltendmachung der Einrede unterbrochen; die Vorschriften des § 173 finden entsprechende Anwendung."

b) Abs. 5 neu:

„In Ansehung des dem Veräußerer nach der Vorschrift des § 381 Abs. 2 Satz 2 zustehenden Anspruches auf Wandelung wird die Verjährung gleichzeitig mit der Verjährung des dem Erwerber zustehenden Anspruches vollendet."

Der Antrag a) zu Abs. 4 wurde abgelehnt. Die Kommission erwog:

Allerdings gehe nach dem auch auf den Anspruch auf Wandelung oder Minderung anwendbaren allgemeinen Prinzipe mit der Verjährung des Anspruches auch die hieraus

[1a] S. zu diesem Antrag bei § 468 und N. 5 ebd.

[1b] In der metallographierten Fassung des Antrags heißt es „§ 515 Abs. 2, 3, 5" statt „§ 515 Abs. 3, 4, 5".

fließende Einrede unter und werde die Verjährung zwar durch Erhebung der Klage, nicht aber durch einredeweise Geltendmachung des Anspruches unterbrochen, so daß, falls der Erwerber in dem auf Bezahlung des Kaufpreises gegen ihn anhängig gemachten Rechtsstreite die Einrede der Wandelung oder Minderung vorschütze, diese Einreden für ihn möglicherweise doch verloren gehen könnten, wenn nämlich das Urtheil erst nach Ablauf der Verjährungsfrist ergehe. Es bestehe aber kein Bedürfniß, dem Erwerber gegen diese Gefahr durch eine Vorschrift positiven, anomalen Charakters zur Hülfe zu kommen. Der Erwerber könne sich gegen die Gefahr selbst in einfacher Weise dadurch schützen, daß er Widerklage erhebe. Dieselbe Lage könne sich überall ergeben, wo Jemand keine selbständige, sondern nur eine aus seinem Anspruch abgeleitete Einrede habe (Prot I 11785, 11786).

Der Antrag b kann als gegenstandslos in Wegfall[2] (Prot I 11785, 11786 f.).

**IV.** Im *E I* hat die Vorschrift als § 397 die Fassung:

E I § 397 Die Ansprüche auf Wandelung und Minderung unterliegen in Ansehung beweglicher Sachen einer Verjährung von sechs Monaten, in Ansehung unbeweglicher Sachen einer Verjährung von einem Jahre dergestalt, daß nach Vollendung der Verjährung die Rechte von dem Erwerber auch nicht mehr einredeweise geltend gemacht werden können.

Mit Ablauf einer gleichen Frist verjährt der Anspruch auf Schadensersatz, sofern nicht der Anspruch darin sich gründet, daß der Mangel wissentlich verschwiegen worden ist.

Die Frist kann durch Vertrag bis zur ordentlichen Verjährungsfrist verlängert werden.

Die Verjährung beginnt mit dem Zeitpunkte, in welchem die Sache dem Erwerber übergeben ist.

## B. Vorkommission des Reichsjustizamtes

**I.** Beantragt war:

Struckmann (Nr 1, 105 § p)[3] 1. § 397 zu fassen:

Der Anspruch auf Wandelung oder Minderung sowie der Anspruch auf Schadensersatz wegen Mangels einer zugesicherten Eigenschaft verjährt bei beweglichen Sachen in sechs Monaten, bei unbeweglichen Sachen in einem Jahre nach Uebergabe der Sache an den Käufer. Die Verjährungsfrist kann jedoch durch Vertrag bis zur ordentlichen Verjährung verlängert werden.

Hat der Käufer vor Ablauf der Verjährung dem Verkäufer den Mangel angezeigt, so kann er die im Abs. 1 bezeichneten Ansprüche auch noch nach Ablauf der Verjährung im Wege der Einrede geltend machen.

Die Vorschriften des Abs. 1 finden keine Anwendung, wenn der Verkäufer den Mangel dem Käufer arglistig verschwiegen hat.

Jacubezky (Nr 5, 29) 2. den § 397 zu fassen:

Die Ansprüche des Erwerbers aus der im § 381 bestimmten Haftung des Veräußerers unterliegen in Ansehung beweglicher Sachen einer Verjährung von sechs Monaten,

---

[2] Die Beratung dieses Antrages s. bei §§ 462, 465, 466 BGB.

[3] S. zu diesem Antrag auch bei §§ 459, 460, 462–476, 480–493 BGB.

in Ansehung unbeweglicher Sachen einer Verjährung von einem Jahre. Die Verjährung beginnt mit dem Zeitpunkte, in welchem die Sache dem Erwerber übergeben ist.

Nach Ablauf der Verjährungsfrist kann die Haftung des Veräußerers im Wege der Einrede nur geltend gemacht werden, wenn innerhalb der Frist die Anzeige von dem Mangel und der Absicht des Erwerbers, die Haftung des Veräußerers geltend zu machen, abgesendet oder zur Sicherung des Beweises die Beweisaufnahme durch Vernehmung von Sachverständigen beantragt ist.

Die vorstehenden Vorschriften finden in dem Falle des § 385 Absatz 1 keine Anwendung.

3. folgenden § 397a einzuschalten: Jacubezky (Nr 5, 30)

Durch Vertrag kann sowohl eine die im § 397 bestimmte Frist übersteigende als eine kürzere Gewährfrist bestimmt werden. Ist eine solche Bestimmung getroffen, so kommen im Zweifel die Vorschriften des § 397 mit nachstehenden Aenderungen zur Anwendung:

1. Ist eine längere Gewährfrist bestimmt, so wird die im § 397 bestimmte Frist auf die Dauer der Gewährfrist erstreckt.

2. Ist eine kürzere Gewährfrist bestimmt, so kann der Erwerber die Haftung des Veräußerers außer dem Falle des § 385 Absatz 1 nur geltend machen, wenn er spätestens innerhalb vierundzwanzig Stunden nach Ablauf der Gewährfrist eine der im § 397 Absatz 2 bezeichneten Handlungen vorgenommen hat. Die Vorschriften der §§ 165, 166 finden entsprechende Anwendung.

4. im § 397 die Worte „dergestalt, daß nach Vollendung . . . können" zu streichen. Planck (Nr 6, 24)

**II.** 63. Sitzung vom 29. 12. 1891

| V. Zu § 397 wurde der Antrag, denselben durch folgenden Paragraphen zu ersetzen: | Prot-RJA 361

§ p (397)

„Der Anspruch auf Wandelung oder Minderung sowie der Anspruch auf Schadensersatz wegen Mangels einer zugesicherten Eigenschaft verjährt bei beweglichen Sachen in sechs Monaten, bei unbeweglichen Sachen in einem Jahre nach Uebergabe der Sache an den Käufer. Die Verjährungsfrist kann jedoch durch Vertrag bis zur ordentlichen Verjährung verlängert werden.

Hat der Käufer vor Ablauf der Verjährung dem Verkäufer den Mangel angezeigt, so kann er die im Abs. 1 bezeichneten Ansprüche auch noch nach Ablauf der Verjährung im Wege der Einrede geltend machen.

Die Vorschriften des Abs. 1 finden keine Anwendung, wenn der Verkäufer den Mangel dem Käufer arglistig verschwiegen hat."

mit den aus dem Folgenden sich ergebenden Aenderungen sachlich angenommen

1. *Zu Abs. 1* fand die bezüglich der Einreden der Wandelung oder Minderung in Abs. 1 des vorstehenden Antrags vorgeschlagene Abänderung des Entwurfs Billigung. Man ging davon aus, daß es der im Leben herrschenden | Anschauung nicht entspreche, | Prot-RJA 362 wenn dem Käufer zugemuthet werde, aktiv im Wege der Klage gegen den Verkäufer vorzugehen, solange dieser nicht seinerseits den Anspruch auf den Kaufpreis geltend mache und solange also die thatsächliche Lage des Käufers dem entspreche, was er von dem Verkäufer zu verlangen berechtigt sei. Die Regelung des Entwurfs könne den geschäftsunkundigen Käufer leicht um sein Recht bringen. Für die Fortdauer der Einrede nach Verjährung des Anspruchs sprächen die gleichen Gründe, welche die Kommission bewogen hätten, die Einrede gegen eine durch Betrug oder Drohung erworbene

Forderung nach dem Erlöschen des Anfechtungsrechts gegenüber dem Deliktsanspruche fortbestehen zu lassen und die Aufrechnung mit verjährten Forderungen zu gestatten. Der Vorschlag entspreche der bewährten Bestimmung des Art. 349 Abs. 3 H.G.B. und der in der preußischen Jurisprudenz herrschenden Auffassung sowie vielfachen Wünschen der Kritik (Zusammenst. II S. 145ff., VI S. 335). Daß die Wirkung der Verjährung eine erhebliche Abschwächung erfahre, könne nicht entscheidend gegen den Vorschlag in Betracht kommen, da die Verjährung ein durchweg durch Zweckmäßigkeitserwägungen bestimmtes Institut sei.

Eine Aenderung müsse der Vorschlag nach zwei Richtungen erleiden. Einerseits sei die Fortdauer der Einreden schon an die *Absendung* der Anzeige zu knüpfen; die Uebersendung derselben müsse auf Gefahr des Verkäufers gehen. In gleichem Sinne sei auch der zu § 386 Abs. 2 beschlossene Zusatz zu modifiziren dergestalt, daß der Eingang dieser Bestimmung zu fassen sei:

„Versäumt er die rechtzeitige Absendung der Anzeige, so verliert er die Rechte . . ."[4]

| Prot-RJA 363 Ferner müsse in § 386 Abs. 2 und in § 397 der Absendung | der Anzeige gleichgestellt werden der Antrag auf Beweisaufnahme zur Sicherung des Beweises durch Vernehmung von Sachverständigen. Ein solcher Antrag sei stets ein zweckentsprechendes, bisweilen das einzige zweckentsprechende Mittel, um eine rechtzeitige Feststellung des Mangels herbeizuführen.

Ein Vorschlag, zu bestimmen, daß die Anzeige zugleich die Absicht des Käufers, die Haftung des Verkäufers geltend zu machen, erkennen lassen müsse, wurde abgelehnt, da man von einer solchen Vorschrift bei formalistischer Anwendung unbillige Entscheidungen befürchtete und die Frage, welche Anforderungen in der bezeichneten Richtung an die Anzeige zu stellen seien, der Wissenschaft und der Praxis überlassen zu können glaubte.

2. *Zu Abs. 2* erschien es mit dem oben mitgetheilten Antrage (Abs. 3) sachgemäß, im Falle arglistigen Verschweigens eines Mangels seitens des Verkäufers nicht nur für den Schadensersatzanspruch sondern auch für die Ansprüche auf Wandelung oder Minderung die ordentliche Verjährung Platz greifen zu lassen, wie dies auch dem Art. 350 H.G.B. entspreche.

3. *Zu Abs. 3* wurde der Entwurf sachlich gebilligt. Mit Rücksicht darauf aber, daß die im Leben üblichen Abreden selten unmittelbar auf die Verlängerung der Verjährungsfrist gerichtet sind, beschloß man im Anschluß an Art. 349 Abs. 5 H.G.B. die Bestimmung zuzufügen:

„Als Verlängerung ist es anzusehen, wenn die Haftbarkeit des Verkäufers auf eine kürzere oder längere Frist vertragsmäßig festgesetzt ist."

Ein Antrag, welcher die Aufnahme von Auslegungsregeln für Verabredungen einer
| Prot-RJA 364 Gewährfrist bezweckte, | wurde im wesentlichen aus dem in den Motiven II S. 241 angeführten Grunde abgelehnt.

4. *Der Absatz 4* erfuhr sachlich keine Beanstandung.

## C. 2. Kommission

I. Zu § 397 lagen vor (Prot. II, Bd. 1, S. 701ff.; *Mugdan*, Bd.2, S. 677ff.):

---

[4] Diesen Wortlaut hatte bereits der von der Vorkom. – Prot-RJA 354f. – beschlossene E I-RJA § e (386), s. bei § 464 BGB.

1., 2., 3., 4. die zu § 383 gestellten – bei §§ 462, 465, 466 BGB mitgeteilten – Anträge 6 bis 9;

5. die Anträge:

a) in dem Abs. 1 des § 397, wie sich derselbe nach den bisher gefaßten Beschlüssen (oben bei §§ 462, 465, 466 BGB) gestaltet hat, das Wort „Uebergabe“ durch „Ablieferung“ zu ersetzen. (H.G.B. Art. 348, 349; Entsch. d. R. G. 5. S. 31) Wolffson (Nr 89)

b) nach dem Abs. 1 des bisherigen Beschlusses fortzufahren:
Ist die Haftung des Verkäufers für die im § a bezeichneten Mängel durch Vertrag auf eine längere Frist festgesetzt, so tritt die Verjährung mit Ablauf der vereinbarten Frist ein.

Hat der Käufer vor Ablauf der Verjährung eine Anzeige des Mangels an den Verkäufer abgesandt oder zur Sicherung des Beweises die Vernehmung von Sachverständigen nach Maßgabe der Civilprozeßordnung beantragt oder dem Verkäufer in einem, von einem späteren Erwerber wegen Mängel erhobenen Rechtsstreite den Streit verkündet, so kann er die in Abs. 1 bezeichneten Ansprüche auch nach Ablauf der Verjährung im Wege der Einrede geltend machen.

Die Vorschriften des Abs. 1 finden keine Anwendung, wenn der Verkäufer den Mangel arglistig verschwiegen oder eine nicht vorhanden gewesene Eigenschaft wider besseres Wissen zugesagt hat.

6. der Antrag, hinter dem § 397 folgenden § 397a einzuschalten: Jacubezky (Nr 74, 7)
Auf eine durch Vertrag bestimmte Gewährfrist finden im Zweifel die im § 397 über die Verjährungsfrist getroffenen Vorschriften Anwendung.

Ist die durch Vertrag bestimmte Gewährfrist kürzer als die im § 397 Abs. 1 bestimmte Verjährungsfrist, so kann der Käufer die Haftung des Verkäufers, von dem Falle des § 385 abgesehen, nur geltend machen, wenn er spätestens innerhalb vier und zwanzig Stunden nach Ablauf der Gewährfrist eine der im § e Abs. 2, 3 bezeichneten Handlungen vorgenommen hat.

Die vorstehenden Anträge sind durch die zu §§ 383, 384 gefaßten Beschlüsse (o. bei §§ 462, 465, 466 BGB) insoweit erledigt, als nach demselben mit dem Entw. die Rechte der Minderung und Wandelung als Ansprüche zu gestalten und diese Ansprüche einer kurzen Verjährung zu unterwerfen sind.

Bei der weiteren Erörterung dieser Verjährung wurde der Antrag 5, der den Anfang der Verjährung zu dem Zeitpunkt der Ablieferung (statt wie der Antrag 1 und § 397 Abs. 4 des Entw. in dem der Übergabe der Sache an den Käufer) verlegen will, angenommen.

Die Kom. hat sich bereits bei der Beratung der §§ 383, 384 (oben bei §§ 462, 465, 466 BGB) dahin schlüssig gemacht, daß nach dem Erlöschen der Ansprüche auf Minderung, auf Wandelung oder auf Schadensersatz wegen Mangels einer zugesicherten Eigenschaft eine Perpetuierung der diesen Ansprüchen entsprechenden Einreden eintreten soll, wenn innerhalb der Verjährungsfrist der Käufer dem Verkäufer von dem Mangel Anzeige erstattet hat. Die Kom. hat es jedoch abgelehnt, mit dem Antrag 1 zu erfordern, daß diese Anzeige „unverzüglich nach erlangter Kenntniß von dem Mangel“ erfolgen müsse. Der § q Abs. 2 des Antrags 1 wurde daher nur noch unter Streichung dieser Worte (auch in dem zitierten § e Abs. 2) aufrecht erhalten. Zu dieser Vorschrift lagen ferner der bei der früheren Beratung ausgesetzte Antrag 9 und und der Antrag 5b vor. Die Kom. lehnte den Antrag 9 ab und nahm den Antrag 5b an.

Von den Bestimmungen des oben bei §§ 462, 465, 466 BGB mitgeteilten Antrags 7 gelangte der zweite Absatz zur Annahme.

Dem Abs. 2 des § 397 entsprachen folgende Anträge:

1. der bei §§ 462, 465, 466 BGB mitgeteilte Antrag 6 in seinem § q Abs. 1, 3;

2. der bei §§ 462, 465, 466 BGB mitgeteilte Antrag 8a Abs. 2;

3. der hier bei §§ 477–479 BGB mitgeteilte Antrag 5b Abs. 3.

Die Kom. nahm den Antrag 1 an. Sachlich bestand darüber Einverständnis, daß der Fall des arglistigen Verschweigens eines Mangels im Sinne des Entw. wie des § q sowohl dann gegeben sei, wenn der Verkäufer einen Mangel der in § 381 Abs. 2 bezeichneten Art arglistig verschweige, als auch dann, wenn er eine nicht vorhandene Eigenschaft wider besseres Wissen zusichere. Die unter 2 und 3 bezeichneten Anträge hielten eine ausdrückliche Hervorhebung des zweiten Falles für erforderlich. Die Kom. überwies diese Frage als lediglich die Fassung betreffend der RedKom zur Prüfung.

Auf den Abs. 3 bezogen sich:

1. der bei §§ 462, 465, 466 BGB mitgeteilte Antrag 6 in seinem § q Abs. 1 Satz 2, 3;

2. der hier bei §§ 477–479 BGB aufgeführte Antrag 5b Abs. 1;

Jacubezky (Nr 74, 4)

3. der Antrag, hinter § 397 folgenden § 397a einzustellen:

Auf eine durch Vertrag bestimmte Gewährfrist finden im Zweifel die im § 397 über die Verjährungsfrist getroffenen Vorschriften Anwendung.

Ist die durch Vertrag bestimmte Gewährfrist kürzer als die im § 397 Abs. 1 bestimmte Verjährungsfrist, so kann der Käufer die Haftung des Verkäufers, von dem Falle des § 385 abgesehen, nur geltend machen, wenn er spätestens innerhalb vierundzwanzig Stunden nach Ablauf der Gewährfrist eine der im § e Abs. 2, 3 bezeichneten Handlungen vorgenommen hat.

4. der Antrag, in dem § 397 Abs. 3 die Worte „bis zur ordentlichen Verjährungsfrist" zu streichen.

Die Kom. nahm zunächst den Antrag 2 (5b Abs. 1) sachlich an. Nachdem sich über den Sinn des Beschlusses Meinungsverschiedenheiten ergeben hatten, wurde auf Antrag die Wiederholung der Abstimmung beschlossen. Vor der Abstimmung wurde zum Antrag 2

5. der Unterantrag gestellt, die Bestimmung zu fassen:

Ist die Haftung des Verkäufers für die in § a (o. bei § 459 BGB) bezeichneten Mängel durch Vertrag auf eine längere Frist festgesetzt, so tritt die Verjährung nicht vor Ablauf der Frist ein.

Die Kom. lehnte hierauf die Anträge 2 und 5 ab und nahm den Antrag 4 an.

**II.** In der *VorlZust* der Beschlüsse der 2. Kom. sind die gefaßten Beschlüsse in den §§ 397, 397a, 397b in der folgenden Fassung enthalten:

E I-VorlZust § 397

Der Anspruch auf Wandelung oder Minderung sowie der Anspruch auf Schadensersatz wegen Mangels einer zugesicherten Eigenschaft verjährt bei beweglichen Sachen in sechs Monaten, bei unbeweglichen Sachen in einem Jahre nach Ablieferung der Sache an den Käufer. Die Verjährungsfrist kann durch Vertrag verlängert werden.

Ist vor Vollendung der Verjährung zur Sicherung des Beweises die Vernehmung von Sachverständigen beantragt, so beginnt die Verjährung erst mit Beendigung des Verfahrens. Die Vorschriften des § 174 (§ 170b der Beschlüsse der RedKom) Abs. 2 und des § 171[5] finden entsprechende Anwendung; an die Stelle der sechsmonatigen Frist tritt eine Frist von zwei Wochen.

[5] S. die zitierten Vorschriften bei §§ 211, 212 BGB und in Prot. II, Bd. 1, S. 675 Nr. 1.

Hat der Käufer vor Ablauf der Verjährung eine Anzeige des Mangels an den Verkäufer abgesandt oder zur Sicherung des Beweises die Vernehmung von Sachverständigen nach Maßgabe der Civilprozeßordnung beantragt, oder dem Verkäufer in einem, von einem späteren Erwerber der Sache wegen Mängel derselben erhobenen Rechtsstreite den Streit verkündet, so kann er die in § 397 bezeichneten Ansprüche auch nach Ablauf der Verjährung im Wege der Einrede geltend machen. E I-VorlZust § 397a

Die Vorschriften der §§ 397, 397a finden keine Anwendung, wenn der Verkäufer den Mangel dem Käufer arglistig verschwiegen hat. E I-VorlZust § 397b

**III.** In der *ZustRedKom* haben die beschlossenen Vorschriften als §§ 469r, 469s die Fassung:

Der Anspruch auf Wandelung oder Minderung sowie der Anspruch auf Schadensersatz wegen Mangels einer zugesicherten Eigenschaft verjährt, sofern nicht der Verkäufer den Mangel arglistig verschwiegen hat, bei beweglichen Sachen in sechs Monaten nach der Ablieferung, bei unbeweglichen Sachen in einem Jahre nach der Uebergabe der Sache an den Käufer. Die Verjährungsfrist kann durch Vertrag verlängert werden. E I-ZustRedKom § 469r (397)

Beantragt der Käufer gerichtliche Beweisaufnahme zur Sicherung des Beweises, so wird die Verjährung unterbrochen. Die Unterbrechung dauert bis zur Beendigung des Verfahrens. Die Vorschriften des § 170b Abs. 2 und des § 171 finden entsprechende Anwendung[6].

Hat der Käufer vor Vollendung der Verjährung eine Anzeige des Mangels an den Verkäufer abgesendet oder gerichtliche Beweisaufnahme zur Sicherung des Beweises beantragt oder in einem zwischen ihm und einem späteren Erwerber der Sache wegen des Mangels anhängigen Rechtsstreite dem Verkäufer den Streit verkündet, so kann er den Anspruch auf Wandelung oder Minderung auch nach Vollendung der Verjährung im Wege der Einrede geltend machen. Der Anspruch auf Schadensersatz kann nach Vollendung der Verjährung im Wege der Aufrechnung nur geltend gemacht werden, wenn der Käufer vor Vollendung der Verjährung eine der bezeichneten Handlungen vorgenommen hat. E I-ZustRedKom § 469s

Ist der Mangel von dem Verkäufer arglistig verschwiegen, so bedarf es der Anzeige oder einer ihr nach Abs. 1 gleichstehenden Handlung nicht.

**IV., V.** Im *E II* hat die Vorschrift des § 469r E I-ZustRedKom als § 413[7], im *E II rev* als § 470 die in § 477 BGB Gesetz gewordene Fassung. Im E II fehlt jedoch noch im Abs. 2 Satz 2 das letzte Wort: „fort“.

---

[6] Zu dem § ist angemerkt:
In Art. 11 des Entwurfes des Einführungsgesetzes sollen, zugleich als Ersatz für den § 402 Satz 3, 4 und den § 403 des Entwurfes als § 449a der Civilprozeßordnung folgende Vorschriften eingestellt werden:
Die Beweisaufnahme kann auch ohne daß die Voraussetzungen des § 447 vorliegen, beantragt werden, wenn Mängel einer Sache festzustellen sind, für welche der Gegner Gewähr leisten soll.
Hat der Erwerber einer Sache dem Veräußerer einen Mangel angezeigt oder die Annahme der Sache wegen Mangelhaftigkeit abgelehnt, so kann auch der Veräußerer die Beweisaufnahme nach Maßgabe des Abs. 1 beantragen.
S. dazu auch N. 6 bei §§ 464 BGB.

[7] Zu § 413 E ist angemerkt:
In den Artikel 11 des Entwurfes des Einführungsgesetzes sollen, zugleich als Ersatz für den § 402 Satz 3, 4 und § 403 des Entw. I, als § 449a der Civilprozeßordnung folgende Vorschriften eingestellt werden:

**IV.** § 469 s E I-ZustRedKom ist im *E II* in § 414 in folgender Fassung enthalten:

Hat der Käufer vor der Verjährung des Anspruchs auf Wandelung oder auf Minderung eine Anzeige ... verkündet, so kann er auch nach der Verjährung die Zahlung des Kaufpreises insoweit verweigern, als er auf Grund der Wandelung oder der Minderung dazu berechtigt sein würde. Der Anspruch auf Schadensersatz kann nach der Verjährung nur aufgerechnet werden, wenn der Käufer vor der Verjährung eine der bezeichneten Handlungen vorgenommen hat.

Hat der Verkäufer den Mangel arglistig verschwiegen, so bedarf es der Anzeige oder einer ihr nach Abs. 1 gleichstehenden Handlung nicht.

**V.** Im *E II rev* ist die Vorschrift in den §§ 471, 472 in der den §§ 478, 479 BGB entsprechenden Fassung enthalten.

## § 480

**Der Käufer einer nur der Gattung nach bestimmten Sache kann statt der Wandelung oder der Minderung verlangen, daß ihm an Stelle der mangelhaften Sache eine mangelfreie geliefert wird. Auf diesen Anspruch finden die für die Wandelung geltenden Vorschriften der §§ 464 bis 466, des § 467 Satz 1 und der §§ 469, 470, 474 bis 479 entsprechende Anwendung.**

**Fehlt der Sache zu der Zeit, zu welcher die Gefahr auf den Käufer übergeht, eine zugesicherte Eigenschaft oder hat der Verkäufer einen Fehler arglistig verschwiegen, so kann der Käufer statt der Wandelung, der Minderung oder der Lieferung einer mangelfreien Sache Schadensersatz wegen Nichterfüllung verlangen.**

*ZustOR § 102*[1]

### A. 1. Kommission

**II. 3.** Bei Beratung der Anträge, welche gestellt waren in Betreff der Drucklegung der auf das Obligationenrecht sich beziehenden Beschlüsse wurde auf Antrag von Kurlbaum (Nr. 570 III) in § 102 Abs. 3 statt „zu dem Zeitpunkte" gesetzt „in dem Zeitpunkte" (Prot I 3551, 3559).

Auf Grund der während der Beratung gestellten Anträge wurde bestimmt, in § 102 Abs. 1 das Wort „Sache" hinter „mangelhaften" einzuschalten und hinter „mangelfreien" zu streichen (Prot I 3561). In Abs. 3 wurde schließlich vor „verschwiegen" das Wort „wissentlich" eingeschaltet (Prot I 3561).

---

Die Beweisaufnahme kann, auch ohne daß die Voraussetzungen des § 447 vorliegen, beantragt werden, wenn Mängel einer Sache oder eines Werkes festzustellen sind, wegen deren der Gegner Gewähr leisten soll.

Hat der Erwerber einer Sache dem Veräußerer einen Mangel angezeigt oder die Annahme der Sache wegen Mangelhaftigkeit abgelehnt, so kann auch der Veräußerer die Beweisaufnahme nach Maßgabe des Abs. 1 beantragen. In gleicher Weise ist der Unternehmer eines Werkes zu dem Antrage berechtigt, wenn der Besteller ihm einen Mangel angezeigt oder die Abnahme des Werkes wegen Mangelhaftigkeit verweigert hat.

S. dazu auch N. 6 bei § 464 BGB.

[1] S. die Fassung o. S. 153.

**III.** Im *KE* hat die Vorschrift als § 395 die Fassung wie im § 102 ZustOR unter Berücksichtigung der vorstehend mitgeteilten Beschlüsse.

Bei der Revision des KE wurde der Antrag, § 395 Abs. 1 a.E. zu fassen: Kurlbaum

„... das Recht zu, die Verschaffung einer mangelfreien Sache an Stelle der mangelhaften zu fordern." (Nr 591, 7)

mit der Maßgabe angenommen, daß an Stelle des Wortes „Verschaffung" das Wort „Lieferung" zu setzen ist (Prot I 11781, 11782).

Auf den Antrag von Johow (Nr. 603 IV 5), im § 395 Abs. 3 statt „gemäß §" zu setzen „gemäß dem §", wurde beschlossen, statt „gemäß §" zu setzen „in Gemäßheit des §" (Prot I 11918, 11920).

**IV.** Unter Berücksichtigung des vorstehend mitgeteilten Beschlusses entspricht im *E I* § 398 dem § 395 KE.

## B. Vorkommission des Reichsjustizamtes

**I.** Beantragt war:

1. § 398 durch die folgenden Vorschriften zu ersetzen: Struckmann

§ q (398) Der Käufer einer nur der Gattung nach bestimmten Sache kann nach seiner Wahl statt der Wandelung oder der Minderung verlangen, daß ihm an Stelle der mangelhaften Sache eine mangelfreie geliefert werde. Auf diesen Anspruch finden die für die Wandelung geltenden Vorschriften des § c Abs. 2 und der §§ e, f, h bis k, m bis o entsprechende Anwendung. (Nr 1, 105 §§ q, r)[2]

§ r (§ 398) Statt der im § q bezeichneten Ansprüche kann der Käufer auch Schadensersatz wegen Nichterfüllung fordern, wenn in dem Zeitpunkte, in welchem die Gefahr auf ihn übergegangen, eine zugesicherte Eigenschaft nicht vorhanden gewesen ist oder der Verkäufer einen damals vorhanden gewesenen Mangel der im § a Abs. 2 bezeichneten Art dem Käufer arglistig verschwiegen hat.

2. im § 398 den Schluß des Absatz 3 zu fassen: Jacubezky

... der sonstige Mangel arglistig verschwiegen worden ist. (Nr 5, 31)

und folgenden neuen Absatz anzufügen:

Wählt der Gläubiger die Wandelung, so ist der Schuldner, sofern er nicht den Mangel arglistig verschwiegen hat, berechtigt, eine mangelfreie Sache an Stelle der mangelhaften zu liefern. Macht der Schuldner von diesem Rechte Gebrauch, so hat er dem Gläubiger den durch die verspätete Lieferung entstandenen Schaden zu ersetzen, wie wenn er seit der Lieferung der mangelhaften Sache in Verzug gewesen wäre. Der Gläubiger kann die Lieferung zurückweisen, wenn sie nicht unverzüglich erfolgt oder wenn sie in Folge der Verspätung für ihn kein Interesse hat.

3. im § 398 statt „außer dem Rechte der Wandelung und Minderung" zu setzen: „außer dem Anspruche auf Wandelung oder Minderung" und statt „Recht der Wandelung" zu setzen „Anspruch auf Wandelung". Planck (Nr 6, 25)

**II.** 63. Sitzung vom 29. 12. 1891

Der Antrag 1 wurde | sachlich angenommen. Der Antrag wich, abgesehen davon, daß er das Recht auf Nachlieferung nur *statt* des Rechts auf Wandelung oder Minderung gewährt, und von der Ersetzung des Wortes „wissentlich" durch „arglistig" in Abs. 3, vom Entwurf inhaltlich nicht ab. | Prot-RJA 364

[2] S. zu diesem Antrag auch bei §§ 459, 460, 462–479, 481–493 BGB.

| Prot-RJA 365 | Abgelehnt wurde ein Antrag, dem Verkäufer, falls der Käufer Wandelung wählt, das Recht zur Nachlieferung einer mangelfreien Sache zu gewähren, ihn jedoch zum Ersatz des durch die verspätete Lieferung entstandenen Schadens zu verpflichten, wie wenn er seit der Lieferung der mangelhaften Sache im Verzuge gewesen wäre, und dem Käufer die Zurückweisung der Nachlieferung zu gestatten, wenn diese nicht unverzüglich erfolge oder in Folge der Verspätung für den Käufer kein Interesse habe. Man war der Ansicht, daß das gleiche Recht eventuell dem Verkäufer auch dann einzuräumen wäre, wenn der Käufer Minderung wähle, daß es dieser gegenüber aber ganz unzweckmäßig wäre, da der Käufer in jedem Falle über die gelieferte Sache müsse verfügen können. Außerdem erschien der Vorschlag mit dem Bedürfnisse des Handelsverkehrs, für welchen diese Bestimmung auch Anwendung finden würde, nach alsbaldiger Klarstellung der Lage des Käufers nicht vereinbar und durch Billigkeitsrücksichten nicht gerechtfertigt.

## C. 2. Kommission

I. Zu § 398 war beantragt (Prot. II, Bd. 1, S. 711 ff,; *Mugdan*, Bd. 2, S. 682 ff.):

Struckmann (Nr 67, 1 §§ r, s) 1. die Bestimmungen des Entw. durch die §§ r und s des oben (Prot. II, Bd. 1) S. 670 (s. bei § 459 BGB) erwähnten Antrags zu ersetzen:

§ r. Der Käufer einer nur der Gattung nach bestimmten Sache kann nach seiner Wahl statt der Wandelung oder der Minderung verlangen, daß ihm an Stelle der mangelhaften Sache eine mangelfreie geliefert werde. Auf diesen Anspruch finden die für die Wandelung geltenden Vorschriften des § c Abs. 2 und der §§ e, f, h, i, n bis q (siehe oben [Prot. II, Bd. 1] S. 673, 674, 690, 692–694, 698) entsprechende Anwendung.

§ s. Statt der im § r bezeichneten Ansprüche kann der Käufer auch Schadensersatz wegen Nichterfüllung fordern, wenn in dem Zeitpunkte, in welchem die Gefahr auf ihn übergegangen ist, eine zugesicherte Eigenschaft nicht vorhanden gewesen oder der Verkäufer einen damals vorhanden gewesenen Mangel der im § a Abs. 2 bezeichneten Art dem Käufer arglistig verschwiegen hat.

Wolffson (Nr 84 und 93) 2. den § 398 zu fassen:

Wird dem Käufer einer nur der Gattung nach bestimmten Sache eine mangelhafte Sache zur Erfüllung angeboten, so kann er nach seiner Wahl statt der Minderung unter Zurückweisung der angebotenen Leistung diejenigen Rechte geltend machen, welche ihm im Falle der Nichterfüllung zustehen[3].

§ c Abs. 2 und die §§ h, i, o, q finden entsprechende Anwendung.

Hat der Käufer die angebotene Leistung als Erfüllung angenommen, so stehen ihm nur die im § c Abs. 1 bezeichneten Rechte zu.

v. Cuny (Nr 83, 4) 3. dem § 398 (bezw. dem § r des Antrags 1) folgenden[4] Absatz hinzuzufügen:

Der Verkäufer kann die Wandelung oder Minderung dadurch abwenden, daß er gegen Rückgabe der mangelhaften Sache eine mangelfreie liefert und den Schaden ersetzt.

---

[3] Im Antrag Nr. 84 war als Fassung dieses Absatzes ursprünglich vorgeschlagen: . . . so kann er nach seiner Wahl entweder die ihm für den Fall der Nichterfüllung oder die im § c Abs. 1 bezeichneten Rechte geltend machen.

[4] In der Zust. Anträge folgt hier: . . . neuen, aus dem Gesetzentwurf von Bähr entnommen . . .

4. den Absatz 3 des § 398 (§ s) wie folgt zu fassen: Jacubezky (Nr 74, 8)

Der Käufer kann, statt die im § 398 Abs. 1 (§ r) bezeichneten Rechte geltend zu machen, auch Schadensersatz wegen Nichterfüllung fordern, wenn der Verkäufer wußte, daß eine zugesicherte Eigenschaft in dem Zeitpunkte, in welchem die Gefahr auf den Käufer übergegangen ist, nicht vorhanden war, oder einen damals vorhanden gewesenen Mangel der im § 381 Abs. 2 bezeichneten Art dem Käufer arglistig verschwiegen hat.

Die Kom. lehnte den Antrag 2 Abs. 3 ab. Eine Abstimmung über den Abs. 1 fand nicht statt, nachdem der Antragsteller die Worte „nach seiner Wahl statt der Minderung" zurückgezogen und anerkannt hatte, daß der übrigbleibende Satz sich von selbst verstehe. Statt der Abs. 1, 2 des Entw. wurde hierauf der Antrag 1 § r sachlich angenommen.

Der Abs. 3 des § 398 wurde in der Fassung des § s angenommen. Der weiter zum Abs. 3 gestellte, unter 4 mitgeteilte Antrag wurde als durch die zu § 385 gefaßten Beschlüsse (s. bei § 463 BGB) erledigt angesehen.

Zu dem Antrag 3 (Recht des Verkäufers zur Nachlieferung einer mangelfreien Sache) wurden folgende Eventualanträge gestellt:

1. den in dem Antrage vorgeschlagenen Zusatz zu § 398 durch eine Bestimmung des Inhalts zu ersetzen:

Verlangt der Käufer die Wandelung, so ist der Verkäufer berechtigt, dieselbe dadurch abzuwenden, daß er eine mangelfreie Sache an Stelle der mangelhaften liefert. Macht der Verkäufer von diesem Rechte Gebrauch, so hat er dem Käufer den durch die verspätete Lieferung entstandenen Schaden zu ersetzen, wie wenn er seit der Lieferung der mangelhaften Sache in Verzug gewesen wäre. Der Käufer kann die Lieferung zurückweisen, wenn sie nicht sofort erfolgt oder wenn sie in Folge der Verspätung für ihn kein Interesse mehr hat.

2. der beantragten Vorschrift hinzuzufügen:

War die Leistung genau zu einer festbestimmten Zeit oder innerhalb einer festbestimmten Frist zu bewirken und ist diese Zeit oder Frist abgelaufen, so kann der Käufer die Nachlieferung zurückweisen. Das Gleiche gilt, wenn der Verkäufer den Mangel arglistig verschwiegen hatte oder wenn er sich im Verzuge befindet oder wenn die Nachlieferung in Folge der Verspätung für den Käufer kein Interesse mehr hat.

3. in der beantragten Vorschrift hinter dem Worte „Sache" die Worte „auf seine Gefahr und Kosten" einzuschalten.

Ueber die Anträge wurde in der Weise abgestimmt, daß zunächst eine Eventualabstimmung über folgende Punkte stattfand:

1. ob für den Fall der Annahme einer Vorschrift im Sinne des Hauptantrags der Verkäufer befugt sein soll, durch Nachlieferung einer mangelfreien Sache und durch Schadensersatz nur den Wandelungsanspruch oder auch den Minderungsanspruch abzuwenden;

2. ob durch Aufnahme eines entsprechenden Zusatzes zum Ausdrucke gebracht werden soll, daß der Käufer die Nachlieferung zurückweisen darf, wenn

a) der Verkäufer im Verzug ist oder
b) den Mangel arglistig verschwiegen hat oder
c) die Nachlieferung nicht sofort bewirkt wird oder
d) in Folge der Verspätung für den Käufer kein Interesse mehr hat oder
e) ein Fixgeschäft vorliegt;

3. ob besonders auszudrücken ist, daß die Nachlieferung auf Gefahr und Kosten des Verkäufers zu erfolgen hat.

Die Kommission beschloß eventuell, nur die Abwendung der Wandelungsklage zuzulassen und die unter 2 und 3 aufgeführten Zusätze mit Ausnahme des Zusatzes 2a aufzunehmen.

Der Hauptantrag wurde hierauf von dem Antragsteller zurückgezogen, von anderer Seite jedoch wieder aufgenommen.

Bei der endgültigen Abstimmung über diesen Antrag ergab sich für denselben keine Mehrheit.

**II.** In der *VorlZust* der Beschlüsse der 2. Kom. haben die gefaßten Beschlüsse in § 398 die Fassung:

E I-VorlZust § 398

Der Käufer einer nur der Gattung nach bestimmten Sache kann nach seiner Wahl statt der Wandelung oder der Minderung verlangen, daß ihm an Stelle der mangelhaften Sache eine mangelfreie geliefert werde. Auf diesen Anspruch finden die für den Anspruch auf Wandelung geltenden Vorschriften des § 383 Abs. 2, der §§ 386, (387) 389, 390, 393, 394, 396 bis 397b entsprechende Anwendung.

Mangelt es der Sache zu der Zeit, in welcher die Gefahr auf den Käufer überging, an einer zugesicherten Eigenschaft, oder hat der Verkäufer einen zu dieser Zeit vorhandenen Mangel der im § 381 Abs. 2 bezeichneten Art dem Käufer arglistig verschwiegen, so kann der Käufer nach seiner Wahl statt der Wandelung, Minderung oder Lieferung einer mangelfreien Sache, auch Schadensersatz wegen Nichterfüllung fordern.

**III.** In der *ZustRedKom* hat die Vorschrift als § 469 t die Fassung:

E I-ZustRedKom § 469 t (398)

Der Käufer einer nur der Gattung nach bestimmten Sache kann statt der Wandelung oder Minderung verlangen, daß ihm an Stelle der mangelhaften Sache eine mangelfreie geliefert werde. Auf diesen Anspruch finden die für die Wandelung geltenden Vorschriften der §§ 469e bis 469g, 469i, 469k, 469o bis 469s entsprechende Anwendung.

Hat der Sache zu der Zeit, in welcher die Gefahr auf den Käufer übergegangen ist, eine zugesicherte Eigenschaft gefehlt oder hat der Verkäufer einen Fehler arglistig verschwiegen, so kann der Käufer statt der Wandelung, Minderung oder Lieferung einer mangelfreien Sache Schadensersatz wegen Nichterfüllung verlangen.

**IV.** Im *E II* ist die Vorschrift in einer der *ZustRedKom* gegenüber dahin geänderten Fassung in § 415 enthalten, daß im Abs. 1 vor „Minderung" und im Abs. 2 vor „Minderung" und „Lieferung" jeweils der Artikel „der" eingeschaltet ist und daß es im Abs. 1 Satz 1 „geliefert wird" statt „geliefert werde" heißt.

Bei der Revision des *E II* wurde im Hinblick auf den zu § 387 (E II § 403) gefaßten Beschluß beantragt, im Abs. 1 Satz 2 statt der §§ 401–403 (E II) zu zitieren: „§ 401, 402, 403, Satz 1–3". Der Antrag, der die Ausschließung des nicht passenden Satzes des § 403 bezweckt, wurde der RedKom überwiesen (Prot. II, Bd. 6, S. 172).

Ein Antrag, im § 415 Abs. 1 Satz 2 das Allegat des § 402 zu streichen und dem Abs. 1 den Zusatz hinzuzufügen:

Das Verlangen ist unwiderruflich. Der Anspruch ist ausgeschlossen, wenn er nicht gleichzeitig mit der Anzeige des Mangels erhoben wird oder wenn der Käufer Wandelung oder Minderung verlangt.

wurde zurückgenommen (Prot. II, Bd. 6, S. 181f.).

**V.** Im *E II rev* ist die Vorschrift als § 473 gefaßt wie § 480 BGB.

## Vor §§ 481–492

## Gewährleistung beim Viehkauf

*Vorbemerkung*

Im Rahmen der Beratungen, die während der Ausarbeitung der Teilentwürfe in der Gesamtkommission stattgefunden haben, um wesentliche Meinungsverschiedenheiten unter den Redaktoren sowie die Prinzipien zu klären, die die einzelnen Teilentwürfe beherrschen sollten[1], befaßten sich die Konferenz der Redaktoren vom 14. 5. 1875 und die 1. Kom. in ihren Sitzungen vom 28. 10. 1875 und vom 1. 11. 1879 mit der Gewährleistung für Mängel bei der Veräußerung von Haustieren. Grundlage dieser Beratungen waren die dazu verfaßte Vorlage aus dem Jahre 1875 und in der Sitzung vom 1. 11. 1879 die Vorlage Nr. 4 (1879) des Redaktors des Obligationenrechts v. Kübel, bestehend aus einem Vorschlag mit Motiven. Im folgenden werden diese Vorlagen, das Gutachten der preußischen Deputation für das Veterinärwesen sowie die Protokolle der Sitzungen vom 14. 5. 1875, 28. 10. 1875 und 1. 11. 1879, soweit sie den in Frage stehenden Gegenstand betreffen, den Beratungen des TE-OR Nr. 2 betr. die Gewährleistung beim Viehhandel vorangestellt. Die Beratungen dieses TE werden sodann, da sich eine Trennung in der sonst geübten Weise schwierig gestalten würde, geschlossen mitgeteilt. Erst zu den Vorschriften der ZustOR wird also die Entwicklung zum BGB in der üblichen Trennung dargestellt.

### Protokoll der 27. Konferenz der Redaktoren vom 14. 5. 1875

4. Der Obertribunalsdirektor Dr. von Kuebel überreicht einen Antrag[2], welcher — nach den heutigen Erörterungen vervollständigt — dem Herrn Vorsitzenden zugesandt werden soll. — Es kam zur Sprache, ob nicht mit Rücksicht darauf, daß a) erfahrungsmäßig die Natur der Krankheiten wechselt und neue Krankheiten auftreten (z. B. seit einigen Jahren Lungenseuche), b) die wissenschaftlichen Ansichten über die Entstehung der Krankheiten sich modifiziren, die Spezifikation von Krankheiten und Fristen im Gesetze zu vermeiden sei, indem entweder in jedem einzelnen Falle die Streitfrage sachverständigen Gutachten zu unterstellen, oder etwa durch den Bundesrath auf Grund sachverständigen Gutachtens Gewährmängel und Fristen festgestellt und von Zeit zu Zeit revidirt würden.

Dem gegenüber betonte der Obertribunalsdirektor Dr. von Kuebel, daß bei den Dresdener Konferenzen von verschiedenen Regierungen Anträge gestellt seien, die Mängel und Fristen im Gesetzbuch selbst festzustellen, daß in Süddeutschland in Folge allgemein anerkannten Bedürfnisses, vor nicht sehr langer Zeit für Bayern, Württemberg, Baden und Hessen Gesetze erlassen seien, und daß im ehemaligen Königreiche Hannover umfangreiche Vorarbeiten zu einem solchen Gesetze gefertigt seien.

Man war darüber einig, daß die Frage für jetzt dahin gestellt bliebe, das Gutachten[3] aber jedenfalls nicht entbehrt werden könne.

---

[1] S. zur Festlegung dieser Beratungen das Prot. der Sitzung vom 28. 9. 1874 im 1. Band dieser Edition: *Schubert*, Materialien zur Entstehungsgeschichte des BGB, S. 220.

[2] Diese erste Vorlage von Kübels konnte bislang noch nicht aufgefunden werden. Bei der erwähnten vervollständigten Fassung handelt es sich um die im folgenden abgedruckte Vorlage von Kübels von 1875.

[3] Das Gutachten ist im Anschluß an das Protokoll der Sitzung der 1. Kom. vom 28. 10. 1875 abgedruckt.

**Vorlage des Redaktors von Kübel aus dem Jahre 1875.**

*Die Gewährleistung für Mängel bei der Veräußerung von Hausthieren.*

*Vorschlag.*

I., Die Gewährleistung für verborgene Mängel bei der entgeltlichen Veräußerung der für die Landwirthschaft und den Handelsverkehr wichtigsten Arten der Hausthiere, nämlich der Thiere des Pferdegeschlechts[4], des Rindviehs, der Schaafe und der Schweine, ist im Zivilgesetzbuche besonders zu regeln[5].

II., Diese Regelung hat auf der Grundlage des deutschrechtlichen Prinzips zu erfolgen, wonach

1., der Veräußerer kraft Gesetzes (soweit nicht ausdrücklich ein Anderes von den Vertragschließenden vereinbart worden, und abgesehen von den Fällen des Betruges) nur für gewisse gesetzlich bestimmte Mängel (sog. Hauptmängel) und

2., nur, wenn sie innerhalb einer gesetzlich bestimmten Frist (Gewährfrist) hervorgetreten sind, Gewähr zu leisten hat (unter regelmäßiger Beschränkung auf die Wandlungsklage[6] und nur ausnahmsweiser Zulassung der Minderungsklage beim geschlachteten Vieh),

3., beim Hervortreten des Mangels innerhalb der Gewährfrist das Bestehen des fraglichen Mangels zur entscheidenden Zeit bis zum Beweise des Gegentheils vermuthet wird.

III., behufs Bestimmung der Gewährmängel und der Gewährfristen ist eine Kommission von Sachverständigen (Thierärzten) zu berufen, welche sich darüber gutachtlich zu äußern hätte,

1., welche Mängel und Krankheiten der Thiere des Pferdegeschlechtes, des Rindviehes, der Schaafe und der Schweine als Gewährmängel aufzustellen, und

2., welche Gewährfristen für die einzelnen Gewährmängel zu bestimmen sind?

IV. Als maßgebend für die Beantwortung der unter Ziff. III aufgestellten Fragen wäre zu bezeichnen:

1., daß zur Aufnahme unter die Gewährmängel nur solche Krankheiten oder Mängel sich eignen, welche

a, den ordentlichen Gebrauch des Thieres aufheben oder wesentlich stören oder den Werth des Thieres erheblich vermindern und gar nicht oder nur mit unverhältnißmäßigem Zeit- und Geldaufwand sich heilen lassen,

b, ihrer Natur nach während eines längeren oder kürzeren Zeitraumes überhaupt nicht oder (mindestens für den Nichtthierarzt) nur schwer zu erkennen sind, und

c, die Aufstellung einer bestimmten Frist (Gewährfrist) für die Entwicklung und Erkennung der Krankheit oder des Mangels zulassen.

2., daß die Gewährfrist denjenigen Zeitraum zu umfassen habe, innerhalb dessen die fragliche Krankheit oder der fragliche Mangel deren Natur zufolge erfahrungsgemäß in

---

[4] Dazu ist angemerkt: Pferde, Esel, Maulthiere, Maulesel.

[5] Daneben ist angemerkt: Bezüglich der anderen Thierarten gelten die allgemeinen Bestimmungen über Gewährleistung.

[6] Dazu ist angemerkt: Aufhebung des Geschäfts.

der Regel sich zu entwickeln und zu offenbaren pflegt, so daß von dem Standpunkte der Thierheil-Wissenschaft sich annehmen läßt, es sei die Krankheit oder der Mangel im Falle ihres Hervortretens innerhalb der Frist schon bei deren Beginn vorhanden gewesen, wenn sie aber erst nach Ablauf der Frist hervortreten, sie seien erst nach dem entscheidenden Zeitpunkte entstanden.

## Zur Begründung

Das Bedürfniß einer einheitlichen Gesetzgebung oder Gewährleistung bei der Veräußerung von Hausthieren bedarf wohl keines besonderen Nachweises. Längst haben die bezüglich des Verkehres mit Hausthieren vorzugsweise auf einander angewiesenen deutschen Nachbarstaaten die betreffende Gesetzgebung auf gemeinsamer Grundlage geregelt, so Württemberg, Baden und die früheren Hohenzoller'schen Fürstenthümer, denen Andere gefolgt sind, und bei der mehrfachen Neugestaltung der Landesgesetzgebungen auf diesem Gebiete in der jüngeren Zeit, wie bei der Bearbeitung des Obligationenrechtes durch die Dresdener-Kommission ist stets auf die Erzielung diesfälligen gemeinsamen Rechtes das größte Gewicht gelegt worden. Nur bei der betreffenden K. preuß. Gesetzgebung für den Bezirk des Appellationsgerichts Köln ist hiervon Umgang genommen und die Gewährleistung im prinzipiellen Gegensatz zu den Nachbarstaaten geregelt worden; es geschah dies aber in der ausgesprochenen Hoffnung, daß der Vorgang die Nachbarstaaten nachziehen und infolge dessen schließlich doch zu einer gemeinsamen Gesetzgebung führen werde. Ungeachtet des hiernach überall anerkannten Bedürfnisses *gleichen Rechtes* besteht nun aber zur Zeit noch die größte Verschiedenheit der einzelnen deutschen Gesetzgebungen; sie beruhen nicht nur auf prinzipiell verschiedenen Grundlagen, sondern es gehen auch die auf dasselbe Prinzip gebauten Gesetzgebungen in der Durchführung vielfach auseinander. Die Nachtheile dieser Verschiedenheit der einzelnen Gesetzgebungen treten bei dem heutigen gesteigerten, die früheren Grenzen weit überschreitenden, so wichtigen Handelsverkehre mit Hausthieren weit fühlbarer hervor, als ehedem der Fall war, und ist infolge dessen eine einheitliche Regelung der Gewährleistungspflicht beim Viehhandel unabweisbar geworden.

Zu diesem Behufe ist zunächst das hierfür zu adoptirende Prinzip festzustellen, und, da je nach der Wahl dieses Prinzipes die Einholung eines Sachverständigen-Gutachtens als Grundlage eines Theils der zu treffenden Bestimmungen erforderlich sein wird, dürfte hierdurch gerechtfertigt sein, daß die Frage der Kommission vorgelegt wird.

Es sind drei verschiedene Prinzipien, welche den in Deutschland bestehenden Gesetzgebungen zu Grunde liegen:

1., das Prinzip des römischen Rechtes, welches allgemeine Haftbarkeit des Veräußerers für alle erweislich schon zur Zeit der Veräußerung vorhanden gewesene verborgene Mängel von Erheblichkeit statuirt und dem Erwerber für diesen Fall die Wandlungs- und die Minderungsklage giebt;

2., das Prinzip des deutschen Rechtes, wonach der Veräußerer kraft Gesetzes nur für gewisse gesetzlich bestimmte Mängel und nur, wenn sie sich innerhalb einer gewissen gesetzlich bestimmten Gewährfrist offenbaren, haftet, im letzteren Falle aber bis zum Beweise des Gegentheils vermuthet wird, daß sie schon zur enscheidenden Zeit vorhanden gewesen, dem Erwerber aber regelmäßig nur die Wandlungsklage und nur ausnahmsweise die Minderungsklage zusteht;

3., ein gemischtes Prinzip, welches, neben der allgemeinen Haftpflicht des römischen Rechtes, für sogenannte Nachtkrankheiten, die innerhalb 24 Stunden hervortreten, und für gewisse Mängel, wenn sie innerhalb eines gewissen Zeitraums offenbar werden, eine rechtliche Vermuthung ihres Vorhandenseins schon zur entscheidenden Zeit statuirt, in allen übrigen Fällen aber auf dem Erwerber die Beweislast liegen läßt.

Das römische Rechtsprinzip, obwohl es dem reinen Rechtsstandpunkte entspricht, und bei leblosen Gegenständen auch den Anforderungen des Verkehres gerecht wird, hat sich in seiner Anwendung auf den Viehhandel den bisherigen Erfahrungen zufolge nicht als praktisch bewährt und ist fast überall verlassen worden. Die Zweifelhaftigkeit der Frage, ob im einzelnen Falle der Fehler eines Thieres als ein verborgener und erheblicher zu erachten, die in der Natur der Sache liegende Schwierigkeit des Beweises des Vorhandenseins zur entscheidenden Zeit und die Abhängigkeit der Entscheidung nach allen diesen Richtungen in jedem einzelnen Falle von dem ungewissen Gutachten Sachverständiger begünstigt chikaneuse und verderbliche Prozesse, vertheuert und erschwert dem wirklich Verletzten den Erfolg, oder macht solchen selbst unmöglich und führt dadurch zur Rechtsunsicherheit, welche Viehhandel und Viehzucht in empfindlicher Weise schädigt. Es hat sich in Folge dessen das römische Prinzip nur in einem kleinen Theile von Deutschland rein behauptet, so in *Mecklenburg* und in *Oldenburg*, wo das gemeine Recht gilt und bezüglich der Gewährleistung im Viehhandel keine besonderen gesetzlichen Bestimmungen bestehen, sowie in *Hannover*, wo aber ein auf das deutschrechtliche Prinzip gebauter Entwurf bereits vorlag, als die Ereignisse des Jahres 1866 eintraten, und die Erhebung des Entwurfes zum Gesetz verhinderten. Auch der *code civil* Art. 1641–1649 beruht auf dem römischen Prinzip und enthält keine besonderen Bestimmungen bezüglich der Gewährleistung bei der Veräußerung von Hausthieren. Es ist jedoch das Recht des code durch ein Gesetz vom 20. Mai 1838 (loi des vices rédhibitoires des animaux domestiques) auf der Grundlage des deutschrechtlichen Prinzips geändert worden. Schon im Jahre 1825 hatten sich auf Grund der mit dem römischen Prinzip gemachten ungünstigen Erfahrungen von 59 Provinzialräthen 52 für das deutsche Prinzip erklärt und im Jahre 1837 erklärten sich, trotz des Einspruchs der für das römische Prinzip eintretenden Thierärzte, alle Provinzialräthe für das deutsche Prinzip, wie auch in der Deputirtenkammer dem Einspruch der Thierärzte kein Gewicht beigelegt wurde. Wie in *Frankreich*, so wurde dann auch in *Belgien*, durch ein Gesetz vom 28. Januar 1850 und in Luxemburg durch ein Gesetz vom 18. April 1851 der code im Sinne des deutschen Prinzipes abgeändert. In *Baden* aber waren die betreffenden Bestimmungen des code schon durch eine, gleichfalls auf deutschrechtlicher Grundlage ruhende Verordnung vom 20. Juni 1806 surrogirt worden, an deren Stelle später das Gesetz vom 29. April 1853 getreten ist. Nur für den Königl. *Preuß*. App. Bezirk *Cöln* ist durch Gesetz vom 3. Mai 1859 und für den Bezirk des Justizamtes zu Ehrenbreitenstein durch Gesetz vom 27. März 1836 das römisch rechtliche Prinzip des code auch für die Veräußerung von Hausthieren aufrecht erhalten und nur die Verjährungszeit für die Klage auf 42 Tage reduzirt, auch dem Käufer die Feststellung des Gewährmangels durch Sachverständige schon vor der Klage gestattet und hierfür ein besonderes Verfahren normirt worden. Die Veranlassung zu dem ersteren Gesetze hatte übrigens ein Antrag des rheinischen Abgeordneten André gegeben, der, gestützt auf die mit dem Prinzip des code gemachten nachtheiligen Erfahrungen, ein auf das deutsche Prinzip gebautes Gesetz in Vorschlag gebracht hatte. Die Königlich Preußische Regirung hatte sich jedoch, auf Grund des Gutachtens von Thierärzten, daß eine vollständige Aufzählung der unter den Begriff eines Gewährmangels passenden Krankheiten vom Standpunkte der Thierärzte nicht möglich sei, und davon ausgehend, daß eine Beschränkung der Gewährmängel eine Rechtsverweigerung enthalten würde, auch die Aufstellung einer Rechtsvermuthung keinen praktischen Werth habe und die wirtschaftliche Basis dafür fehle, für die Beibehaltung des Prinzips des code entschieden, wofür noch weiter geltend gemacht worden ist, daß die allgemeine Gewährpflicht die Aufrichtigkeit und Redlichkeit im Viehhandel befördern, eine mit der Erfahrung wenig harmonirende Unterstellung.

Im übrigen Deutschland haben alle Gesetze der Neuzeit von dem römischen Prinzip sich abgewandt und die Gewährleistung beim Viehhandel auf der Grundlage des deutschrechtlichen Prinzips normirt. Dahin gehören das Gesetz vom 6. Juli 1844 für *Sachsen-Meiningen Hildburghausen,* das Großherzoglich *Hessische* Gesetz vom 15. Juli 1858 Art. 4, 7, 8, das Königl. *Bayerische* Gesetz vom 26. März 1859 Art 1, 2, das Großh. *Badische* Gesetz vom 23. April 1859 Art. 1, 2, das Königl. *Württembergische* Gesetz vom 26. Dezember 1861 Art. 1, 2, das Königl. *Sächsische* bürgerliche Gesetzbuch vom 2. Januar 1863 § 925–927, das Königl. *Preußische* Gesetz für *Hohenzollern* vom 5. Juni 1863 Art. 1, 2, das Gesetz für *Hessen-Hamburg* vom 15. März 1864, das Gesetz für *Frankfurt* vom 29. Dezember 1864 Art. 1, 3, 5, das *Kurhessische* Gesetz vom 23. Oktober 1865 § 1, 3, 10. Auch in *Sachsen-Koburg-Gotha* (19. Juli 1774 und 29. März 1790), sowie in Nassau gilt das deutschrechtliche Prinzip und der *Dresdener* Entwurf eines Obligationenrechts von 1866 Art. 193, 194, 197 ist gleichfalls auf dasselbe gebaut. Hierbei ist der von Seiten der Thierheilwissenschaft erhobene Einwand nicht unbeachtet geblieben, daß es nicht möglich sei, *alle* verborgenen und erheblichen, nach allgemeinen Grundsätzen zur Gewährleistung verpflichtenden Mängel erschöpfend zu bestimmen und sie mit einer für alle Fälle zutreffenden und dem Erwerber, wie dem Veräußerer in gleicher Weise gerecht werdenden Gewährfrist zu versehen, die Wissenschaft vielmehr nur eine aus der Mehrzahl der Fälle abstrahirte Wahrscheinlichkeitsberechnung an die Hand geben kann. Es wurde davon ausgegangen, daß diesen Bedenken überwiegende Rücksichten des praktischen Bedürfnißes, der Rechtseinfachheit und Rechtssicherheit entgegenstehen, welche eine Beschränkung der Gewährleistungspflicht auf gewisse besonders erhebliche Mängel und die Aufstellung einer Rechtsvermuthung im Fall des Hervortretens binnen einer gewissen Frist zu Gunsten des Erwerbers, sowie den Ausschluß der Gewährpflicht für später hervortretende Mängel zu Gunsten des Veräußerers hinreichend rechtfertigen. Auch wurde auf die Möglichkeit weiter gehender besonderer Vereinbarung der Vertragschließenden hingewiesen. In den Motiven zu dem Königl. Preuß. Gesetze für Hohenzollern ist insbesondere hervorgehoben worden, daß, wenn auch vom theoretischen Standpunkte das römische Prinzip den Vorzug verdiene, die theoretisch besten Gesetzgebungen sich in der Praxis nicht immer am besten bewähren, nach den in den hohenzollernschen Landen gemachten Erfahrungen aber die auf dem deutschen Prinzip beruhenden Gesetze in Württemberg und Baden den Handel mit Hausthieren wesentlich erleichtern und befördern und deren Einführung in Hohenzollern als dringendes Bedürfniß empfunden werde. Auch wurde, im Widerspruch mit den Motiven zu dem Gesetze für den App. Bezirk Cöln bemerkt, daß bei einer gemeinsamen Gesetzgebung in Betreff der Gewährleistung beim Viehhandel nicht sowohl auf die Grundsätze des römischen Rechtes, als vielmehr auf die Grundsätze des Preuß. Landrechtes, welches die Prinzipien des römischen und des deutschen Rechtes zweckmäßig mit einander verbinde, zurückzugehen sein werde. Endlich wurde bemerkt, es seien die Präsumtionsfristen so berechnet, daß mit einer an Gewißheit gränzenden Wahrscheinlicheit angenommen werden könne, es sei ein Fehler, der in diesen Fristen sich offenbare, schon zur Zeit der Uebergabe vorhanden gewesen. Noch ist zu erwähnen, daß auch das *Schweizer* Konkordat vom 22. April 1853 § 1, 2, 3 die Gewährleistung beim Viehhandel auf der Grundlage des deutschrechtlichen Prinzips geregelt und auch in Italien dieses Prinzip Eroberungen gemacht hat.

Abweichend hievon steht das *Preußische* Landrecht von 1794 auf dem Boden des sogenannten gemischten Prinzips, indem dasselbe I, 11 § 199–206 und Anh. § 13, 14 zwar bei s. g. Nachtkrankheiten u. bei gewissen, binnen einer gesetzlich bestimmten Frist hervortretenden Mängeln eine Rechtsvermutung für das Vorhandensein schon zur entscheidenden Zeit festsetzt, im Uebrigen aber I, 11 § 192–198, I, 5 § 319, 325–332 es bei den allgemeinen Bestimmungen bezüglich der Mängelgewähr, also bei der Haftpflicht, für alle erheblichen verborgenen Mängel beläßt. Auf demselben Boden steht das *Österreichische* allgemeine bürgerliche Gesetzbuch von 1811 § 922f., deßgl. ein Gesetz für das Fürstenthum *Waldeck* vom 19. April 1836 und ebenso besteht in *Braunschweig, Bremen, Hamburg* und *Lübeck* neben allgemeiner Gewährspflicht eine Gewährfrist für gewisse Hauptmängel bei Pferden.

Dieses letztere Prinzip ist es, welches besonders vom thierärztlichen Standpunkte befürwortet wird. So hat die zweite internationale Versammlung von Thierärzten zu Wien im Jahr 1865 sich für die Nothwendigkeit der Beibehaltung der allgemeinen Gewährpflicht unter Herabsetzung der Verjährungspflicht auf höchstens 1/4 Jahr, weil die wissenschaftliche Beweisführung in der Regel nicht über diese Zeit hinausgehe, und für die Festsetzung einer speciellen Gewährzeit für gewisse näher bezeichnete Mängel neben der allgemeinen Haftverbindlichkeit ausgesprochen, wobei für die Beibehaltung der letzteren geltend gemacht worden ist, daß die Thierheilkunde soweit vorgeschrieben sei, um die konkreten Fälle beurtheilen zu können, dieselbe dagegen nicht im Stande sei, auch nur annähernd alle die Mängel aufzuführen und eine bestimmte Gewährzeit für dieselben zu normiren, welche dem Käufer einen wohlbegründeten Rechtsanspruch geben, endlich nur die Beibehaltung der allgemeinen Haftpflicht es möglich mache, die s. g. Nachtschäden (24 stündige Garantie für alle während dieser Zeit sich äußernde Krankheiten) wegfallen lassen zu können. In ganz ähnlicher Weise ist auch sonst von Autoritäten der Thierheilkunde, so z. B. von *Gerlach*, Handb., 2. Aufl., S. 26ff., 32ff., 37f. ausgesprochen worden, welch' letzterer meint, daß damit auch dem Bedürfnisse des Viehhandels entsprochen werde. Daran wird sich jedoch zweifeln lassen. Denn abgesehen von der Abkürzung der Verjährungsfrist, welche mit dem Prinzip nichts zu thun hat, wird durch das s. g. gemischte Prinzip lediglich der Käufer begünstigt, zu dessen Gunsten für einzelne Mängel im Fall ihres Hervortretens binnen einer bestimmten Frist die Beweislast geändert ist, während der Veräußerer für diese Mängel auch über die Frist hinaus für den Fall der Erweislichkeit des Bestehens zur entscheidenden Zeit und unter derselben Voraussetzung für alle und jede sonstigen verborgenen Mängel von Erheblichkeit haftbar bleibt und deshalb dieselbe Unsicherheit, wie bei dem rein römischen Prinzip besteht und für chicaneuse Prozesse derselbe Raum ist.

Offenbar wird man bei der Wahl des Prinzips für die Regelung der Gewährleistung beim Viehhandel, neben der juristischen und thierheilwissenschaftlichen Seite, insbesondere das praktische Bedürfnis der Erzielung möglichster Sicherheit des Handelsverkehrs im Auge behalten müssen und letzterem Bedürfnisse wird nur durch die Annahme des Deutschen Prinzips genügt. Der Veräußerer weiß in diesem Falle von vorneherein, wofür er zu haften hat, und ist der seine Rechtssicherheit bedrohenden Gefahr, je nach dem unsicheren Resultate von Sachverständigen-Gutachten, für alle möglichen Mängel bis zur Verjährungszeit haften zu müssen, enthoben, während anderer Seits der Erwerber der Beschränkung der gesetzlichen Haftpflicht gegenüber den Vortheil der ihn des schwierigsten und zweifelhaftesten Beweises überhebenden Rechtsvermuthung hat und erforderlichen Falls eine Ausdehnung der Gewährleistungspflicht des Veräußerers auf weitere bestimmte Mängel vereinbaren kann. Diese großen, den Verkehrsinteressen wesentlich dienenden, eminent praktischen Vortheile sind es, welche dem Deutschen Prinzip, ungeachtet der fortgesetzten Angriffe Seitens der

Thierheilwissenschaft, den Eingang in alle neueren Gesetzgebungen (mit einer einzigen Ausnahme) verschafft haben, und die in dem Geltungsbereiche des Prinzips gemachten, wie bemerkt, auch in den Motiven zu dem Königlich Preußischen Gesetze für Hohenzollern konstatirten, günstigen Erfahrungen sprechen entschieden gegen ein Verlassen desselben. Es würde dieß sicher im Handel und Verkehr als ein empfindlicher Rückschritt und eine Störung der bisherigen Rechtssicherheit empfunden werden. Die von Seiten der Thierärzte erhobenen Bedenken sind nicht neu, sie bestanden schon bei allen neueren Gesetzen, welche das deutschrechtliche Prinzip angenommen haben, und sind, wie schon bemerkt, nicht als durchschlagend erkannt worden. Es gilt dies insbesondere von dem aus dem heutigen gehobenen Standpunkte der Thierheilkunde entnommenen Grunde; denn nicht nur steht auch heute noch immer nur der kleinere Theil der Thierärzte auf der Höhe der Wissenschaft, sondern es gehen bekanntlich auch die Gutachten wissenschaftlich gebildeter Thierärzte oft genug weit auseinander, und jeder Praktiker kennt die Unsicherheit einer von solchem Gutachten abhängigen Entscheidung. Die praktische Rücksicht auf die für Handel und Verkehr so wichtige Rechtssicherheit spricht daher noch immer für das deutsche Prinzip bestimmter Gewährmängel und Gewährfristen. Die hieraus sich ergebende Beschränkung der Haftpflicht des Veräußerers rechtfertigt sich durch die schon hervorgehobenen praktischen Erwägungen und die Schwierigkeit für die Thierheilkunde, Gewährmängel und Gewährfristen in befriedigender Weise festzustellen, sollte sich bei dem heutigen Standpunkte der Thierheilkunde doch wohl überwinden lassen, zumal es sich dabei nur um die Konstatirung einer auf die Erfahrung gebauten Regel handelt. Die Gesetzgebungen gehen, wie die beiliegende Tabelle zeigt, diesfalls allerdings weit auseinander; es wird daher nichts übrig bleiben, als durch ein, von einer thierärztlichen Kommission einzuholendes Gutachten die erforderliche Grundlage für die zutreffenden Bestimmungen zu gewinnen.

gez. von Kübel

### Vorberatungen der 1. Kommission

15. Sitzung vom 28. 10. 1875, Schriftführer Neubauer

...

3. die Vorlage über die Gewährleistung für Mängel bei der Veräußerung von Hausthieren wurde vom Redaktor des Obligationenrechts eingehend gerechtfertigt. Es wurde beschlossen:

I. Der Vorschlag des Redaktors des Obligationenrechts nebst Motiven wird dem Königlich Preußischen Herrn Minister für die landwirthschaftlichen Angelegenheiten mit dem Ersuchen übersandt, die in Folge der Verordnung vom 21. Mai 1875 (Pr. Ges. Samml. S. 219.) errichtete Deputation für das Veterinärwesen zur Erstattung eines motivirten Gutachtens zu veranlassen,

1, Ueber die in den Motiven des Redaktors erörterte Hauptfrage:

ob nämlich den Vorschriften des Gesetzbuchs über die Gewährleistung für Mängel bei der Veräußerung von Hausthieren das Prinzip zum Grunde zu legen sei, welches der Redaktor das Prinzip des römischen Rechts nennt, oder ob umgekehrt das von ihm als das deutschrechtliche bezeichnete Prinzip oder *das Prinzip* zur Richtschnur zu nehmen sei, welches das gemischte genannt ist,

2, welche Krankheiten, wenn dem Prinzipe des Deutschen Rechts oder dem gemischten Prinzipe der Vorzug gegeben wird, je nach der Verschiedenheit der Thiergattungen in den betreffenden Vorschriften als die zu vertretenden hervorzuheben, und welche Fristen für die einzelnen Krankheiten als die maßgebenden zu bestimmen seien,

3, ob etwa auch in einer anderen Richtung besondere Vorschriften zum Zweck der sachgemäßen Regelung der in Frage stehenden Gewährleistungspflicht sich empfehlen dürften.

II. Das zu erwartende Gutachten wird sämmtlichen Regierungen mit dem Ersuchen übersandt, die Kommission von den Bedenken in Kenntniß zu setzen, zu welchen das Gutachten und dessen Berücksichtigung bei der Aufstellung des Gesetzentwurfs ihnen Anlaß geben möchten.

III. Der Redaktor des Obligationenrechts wird, nachdem die Rückäußerungen der Regierungen eingegangen sind, der Kommission die Frage zur Entscheidung unterbreiten, ob das alsdann vorliegende Material genügt, um über das zu befolgende Prinzip und alle daran sich knüpfenden Einzelheiten endgültig zu beschließen, oder ob und in wiefern, und eventuell auf welchem Wege das Material vorher noch zu vervollständigen und zu ergänzen sei....

**Gutachten
über die
Regelung der Gewährleistung beim Viehhandel
im
Deutschen bürgerlichen Gesetzbuche.**

Seine Excellenz, der Herr Staats-Minister Dr. Friedenthal hat durch Erlaß vom 2. November vorigen Jahres der unterzeichneten Deputation den von der Commission zur Ausarbeitung des deutschen bürgerlichen Gesetzbuchs eingesandten Vorschlag, betreffend:

die Gewährleistung für Mängel bei der Veräußerung von Hausthieren,

zufertigen lassen und die Erstattung eines Gutachtens darüber erfordert:

1. Ob den Vorschriften des Gesetzbuchs über die Gewährleistung für Mängel bei der Veräußerung von Hausthieren das Princip zu Grunde zu legen sei, welches das Princip des Römischen Rechts genannt wird, oder ob umgekehrt das als das deutschrechtliche bezeichnete Princip oder das Princip zur Richtschnur zu nehmen sei, welches das gemischte genannt ist?

2. Welche Krankheiten, wenn dem Princip des deutschen Rechts oder dem gemischten Princip der Vorzug gegeben wird, je nach Verschiedenheit der Thiergattungen in den betreffenden Vorschriften als die zu vertretenden hervorzuheben und welche Fristen für die einzelnen Krankheiten als die maßgebenden zu bestimmen seien?

3. Ob etwa noch in einer anderen Richtung besondere Vorschriften zum Zweck einer sachgemäßen Regelung der in Rede stehendem Gewährleistungspflicht sich empfehlen dürften?

Die unterzeichnete Deputation hat diese Fragen in der Plenar-Sitzung am 27. Januar d. Js. nach Anhörung von drei Referenten einer eingehenden Berathung unterzogen und durch besondere Beschlüsse die Gesichtspunkte genehmigt, die in nachstehendem Gutachten ihre Begründung finden[7].

...

[7] Aus Platzgründen mußte von einem Abdruck auch der Begründung abgesehen werden.

Inhaltlich der vorstehenden Erörterungen ergeben sich für die Beantwortung der von Sr. Excellenz dem Herrn Staats-Minister Dr. Friedenthal der unterzeichneten Deputation zur gutachtlichen Besprechung überwiesenen und im Eingange dieses Schriftsatzes wörtlich aufgeführten Fragen folgende Desiderate:

Die einheitliche Regelung der Gewährleistung bei der Veräußerung von Hausthieren in dem Deutschen bürgerlichen Gesetzbuche hat davon auszugehen:

1) daß die gesetzlichen Bestimmungen gleichmäßig dem Käufer und dem Verkäufer einen sachgemäßen Rechtsschutz gewähren, und

2) daß jede überflüssige Befugniß der Parteien, von welcher ein zweckwidriger Gebrauch gemacht werden kann, im Interesse der Rechtssicherheit und der praktischen Bedürfnisse des Handels- und Geschäfts-Verkehrs vermieden wird.

Die erste Forderung kann nur durch die Beibehaltung der allgemeinen Haftverbindlichkeit des Verkäufers nach dem Princip des Römischen Rechts erfüllt werden. Besondere Gewährfristen und Rechtsvermuthungen führen zu ungerechten Beschädigungen des Verkäufers, ohne dem Käufer einen berechtigten Vortheil gewähren zu können.

Für die zweite Forderung wird das Gesetz eine Reihe von Vorschriften enthalten müssen, welche die nach dem Römischen Recht den Parteien zustehenden Befugnisse zweckmäßig einschränken.

Demgemäß empfiehlt die unterzeichnete Deputation auf Grund der in vorstehendem Gutachten besprochenen Motive folgende Vorschläge:

I.

In dem bürgerlichen Gesetzbuche für das Deutsche Reich ist die Gewährleistung beim Kauf und Tausch von Hausthieren nach dem Princip des Römischen Rechts auf alle verborgenen und erheblichen Mängel auszudehnen.

Von allen Rechtsvermuthungen und gesetzlichen Gewährszeiten ist abzusehen.

II.

1. Der Käufer hat die Pflichten und Rechte des Eigenthumes nicht mit dem Vertragsabschlusse, sondern erst mit dem Zeitpunkte der Ueberlieferung der Thiere zu übernehmen.

2. Wegen eines Mißverhältnisses des vereinbarten Preises zum Werthe der erworbenen Thiere darf die Gültigkeit des Kauf- oder Tauschvertrages nicht angefochten werden können.

3. Die Klagefrist ist auf 42 Tage nach der Ueberlieferung des Thieres zu beschränken, wobei der Tag der Uebergabe nicht mitzurechnen ist.

4. Wenn sich an dem erworbenen Thiere eine Fehlerhaftigkeit herausstellt, so muß der Käufer bei Verlust seines Anspruchs auf Gewährleistung verpflichtet sein, dem Verkäufer ungesäumt darüber Anzeige zu machen.

Dem Verkäufer muß das Recht zustehen, das Thier, dessen Fehlerhaftigkeit er zu vertreten aufgefordert ist, zu besichtigen oder durch einen Sachverständigen untersuchen zu lassen. Durch die Weigerung, das betreffende Thier zu diesem Zwecke zu zeigen, muß der Käufer die Berechtigung verlieren, wegen des behaupteten Fehlers gesetzliche Gewährleistung zu verlangen.

5. Das Klagerecht des Käufers ist im Allgemeinen auf die Wandlungsklage zu beschränken. Nur bei denjenigen Thieren, die zum Zwecke der Fleischgewinnung geschlachtet worden sind, ist die Preisminderungsklage zu gestatten.

6. Bei der Wandlungsklage muß der Käufer berechtigt sein, für die seit dem Tage der Ueberlieferung nothwendig gewordenen Unterhaltungskosten des Thieres, abzüglich des Werthes der inzwischen stattgefundenen Nutzungen, eine Entschädigung vom Verkäufer zu verlangen.

Zur Verminderung der Unterhaltungskosten müssen beide Parteien berechtigt sein, beim zuständigen Gericht zu beantragen, daß das im Streite befangene Thier nach Beendigung der auf die Fehlerhaftigkeit bezüglichen Beweiserhebung sofort öffentlich versteigert und daß der Erlös bis zum Austrage des Verfahrens in gerichtlichen Gewahrsam genommen wird.

7. Stirbt das Thier innerhalb der Klagefrist in Folge eines Gewährfehlers, so muß der Verkäufer zur Gewährleistung verpflichtet sein. Ist aber das Thier durch eine, erst nach der Uebergabe eingetretene Veranlassung zu Grunde gegangen, bevor wegen eines bestehenden Gewährsfehlers ein Anspruch gegen den Verkäufer geltend gemacht wurde, so kann ein Klagerecht nicht mehr zulässig sein.

8. Hat der Käufer zwei oder mehrere Thiere derselben Gattung von einem Besitzer gleichzeitig erworben und ist bei einem derselben eine ansteckende Krankheit als Gewährfehler nachgewiesen, so muß dem Käufer das Recht zustehen, die Rücknahme sämmtlicher Thiere von dem Verkäufer zu fordern.

Berlin, im Mai 1876.

Königliche technische Deputation für das Veterinair-Wesen[8].

**Vorlage № 4 von 1879**

**Die Gewährleistung für Mängel bei der Veräußerung von Hausthieren**

**Vorschlag.**

I. In Absicht auf die Gewährleistung für verborgene Mängel bei der entgeltlichen Veräußerung der für die Landwirthschaft und den Handelsverkehr wichtigsten Arten der Hausthiere, nämlich der Thiere des Pferdegeschlechts, des Rindviehs, der Schafe und der Schweine, sind im Civilgesetzbuche besondere Bestimmungen zu treffen.

II. Diesen Bestimmungen soll, unter Zurückweisung des römisch-rechtlichen und des gemischten Prinzips, das sog. deutsch-rechtliche Prinzip zu Grunde gelegt werden, wonach

1. der Veräußerer kraft Gesetzes nur für gewisse gesetzlich zu bestimmende Mängel, sog. Hauptmängel, und

2. nur, wenn sie innerhalb einer gesetzlich bestimmten Frist (Gewährfrist) hervorgetreten sind, Gewähr zu leisten hat (unter regelmäßiger Beschränkung auf die Wandlungsklage und nur ausnahmeweiser Zulassung der Minderungsklage beim geschlachteten Vieh),

3. beim Hervortreten des Mangels innerhalb der Gewährfrist das Bestehen des fraglichen Mangels zur entscheidenden Zeit bis zum Beweise des Gegentheils vermuthet wird.

---

[8] S. zu diesem Gutachten auch den Bericht von *Pape* bei *Schubert*, Materialien zur Entstehungsgeschichte des BGB, S. 282f.

III. Die in den Gesetzen, welche auf dem deutsch-rechtlichen Prinzip beruhen, zum Theil sehr verschieden beantwortete Frage, welche Mängel und Krankheiten bei Annahme des deutsch-rechtlichen Prinzips sich dazu eignen, als Gewährmängel aufgestellt zu werden und welche Gewährfristen für die einzelnen Gewährmängel zu bestimmen seien, kann nur durch Sachverständige an der Hand der Erfahrung entschieden werden.

Wann und wie dies zu geschehen habe, wird der Erwägung unterstellt.

Die maßgebenden Gesichtspunkte für die Beantwortung der vorbezeichneten Fragen werden sein, wie schon früher dargelegt worden,

1. daß zur Aufnahme unter die Gewährmängel nur solche Krankheiten oder Mängel sich eignen, welche

a) den ordentlichen Gebrauch des Thieres aufheben oder wesentlich stören oder den Werth des Thieres erheblich vermindern und gar nicht oder nur mit unverhältnißmäßigem Zeit- und Geldaufwand sich heilen lassen,

b) ihrer Natur nach während eines längeren oder kürzeren Zeitraums überhaupt nicht oder (mindestens für den Nichtthierarzt) nur schwer zu erkennen sind, und

c) die Aufstellung einer bestimmten Frist (Gewährfrist) für die Entwickelung und Erkennung der Krankheit oder des Mangels zulassen,

2. daß die Gewährfrist denjenigen Zeitraum zu umfassen habe, innerhalb dessen die fragliche Krankheit oder der fragliche Mangel deren Natur zufolge erfahrungsgemäß in der Regel sich zu entwickeln und zu offenbaren pflegt, so daß von dem Standpunkte der Thierheilwissenschaft sich annehmen läßt, es sei die Krankheit oder der Mangel im Falle ihres Hervortretens innerhalb der Frist schon bei deren Beginn vorhanden gewesen, wenn sie aber erst nach Ablauf der Frist hervortreten, sie seien erst nach dem entscheidenden Zeitpunkte entstanden.

IV. Im Falle der Annahme des deutsch-rechtlichen Prinzips dürfte es sich empfehlen, die betreffenden Bestimmungen nicht in das Gesetzbuch selbst, sondern in eine Beilage zu demselben aufzunehmen.

## Zur Begründung.

Ein ähnlicher motivirter Vorschlag ist von dem Redaktor schon im Jahre 1875 gemacht worden, auf welchen sich bezogen wird. Es ist jedoch am 28. Oktober 1875 beschlossen worden:

I. den Vorschlag vorerst dem Königl. Preuß. Ministerium für die landwirthschaftlichen Angelegenheiten mit dem Ersuchen zu übersenden, die durch Verordnung vom 21. Mai 1875 errichtete Deputation für das Veterinärwesen zur Erstattung eines motivirten Gutachtens zu veranlassen, sowohl

1. über die Hauptfrage, welches Prinzip den Vorschriften des Gesetzbuchs über die Gewährleistung für Mängel bei der Veräußerung von Hausthieren zu Grunde zu legen sei, als auch

2. welche Krankheiten, wenn dem Prinzipe des Deutschen Rechts oder dem gemischten Prinzipe der Vorzug gegeben werde, je nach der Verschiedenheit der Thiergattungen in den betreffenden Vorschriften als die zu vertretenden hervorzuheben und welche Fristen für die einzelnen Krankheiten als die maßgebenden zu bestimmen seien;

3. ob dann auch in einer anderen Richtung bestimmte Vorschriften sich empfehlen dürften;

II. das hiernach zu erwartende Gutachten den sämmtlichen deutschen Regierungen mit dem Ersuchen mitzutheilen, die Kommission von etwaigen Bedenken in Kenntniß zu setzen, zu welchen das Gutachten und dessen Berücksichtigung bei der Aufstellung des Gesetz-Entwurfs Anlaß geben möchte;

III. ist der Redaktor beauftragt worden, nach Einlauf der Rückäußerung der Regierungen, der Kommission die Frage zur Entscheidung zu unterbreiten, ob das alsdann vorliegende Material genüge, um über das zu befolgende Prinzip und alle daran sich knüpfenden Einzelheiten endgültig zu beschließen, oder ob und inwiefern, und eventuell auf welchem Wege das Material vorher noch zu vervollständigen und zu ergänzen sei.

Das Gutachten der Königl. preußischen Deputation für das Veterinärwesen wurde im Mai 1876 erstattet und hat sich für die Annahme des römisch-rechtlichen Prinzips und das Absehen von allen Rechtsvermuthungen und gesetzlichen Gewährszeiten ausgesprochen und demzufolge die eventuelle Frage in Absicht auf die Bestimmung der Gewährsmängel und Gewährsfristen unbeantwortet gelassen.

Von den übrigen deutschen Regierungen, deren Erklärungen zum Theil erst in jüngster Zeit eingelangt sind (von Bayern erst im Sept. d. J.), haben sich

A. für das römisch-rechtliche Prinzip ausgesprochen: Mecklenburg-Schwerin, Sachsen-Weimar, Oldenburg, Sachsen-Altenburg, Anhalt, Schwarzburg-Sondershausen, Schwarzburg-Rudolstadt, Waldeck und Pyrmont, Reuß, Bremen;

B. für das deutsch-rechtliche Prinzip sind eingetreten: Bayern, Württemberg, Baden, Hessen, Mecklenburg-Strelitz, Schaumburg-Lippe, Lippe, Lübeck (mit einer Modifikation), Hamburg;

C. das gemischte Prinzip, übrigens in verschiedener Weise, empfehlen Königreich Sachsen und Braunschweig.

Für die wohl vorzugsweise auf Gründe der Zweckmäßigkeit zu stützende Entscheidung der Frage, welches Prinzip anzunehmen, liegt nunmehr genügendes Material vor. Es muß sich vorbehalten werden, dieses Material mündlich vorzutragen und daran anschließend die Vorschläge zu begründen.

**Kübel.**

### Vorberatungen der 1. Kommission

Sitzung vom 1. 11. 1879, Schriftführer Neubauer

1. . . .

2. Der Redaktor des Obligationenrechts begründete in ausführlichem Vortrage die in der Vorlage Nr. 4, betreffend die Gewährleistung für Mängel bei der Veräußerung von Hausthieren unter Nr. I und II enthaltenen Vorschläge, indem er insbesondere den auf Annahme des sogen. deutsch-rechtlichen Prinzips gerichteten Vorschlag zu rechtfertigen suchte. Er theilte dabei zugleich den wesentlichen Inhalt der sämmtlichen auf Grund des Beschlusses vom 28. Oktober 1875 eingegangenen Gutachten und Erklärungen der Bundes-Regierungen, sowie der gutachtlichen Auslassungen anderer Vereine und Behörden mit. Während der Vorschlag Nr. I keinen Widerspruch fand, wurde der Vorschlag Nr. II von verschiedenen Seiten bekämpft und ihm der Antrag entgegenge-

stellt, wenn nicht das sogen. römisch-rechtliche Prinzip, doch wenigstens das gemischte Prinzip, d. i. das Prinzip des Preußischen Allgemeinen Landrechts anzunehmen. Mit 6 gegen 5 Stimmen wurde jedoch der Vorschlag des Redaktors, nachdem dieser den auf Beschränkung der Wandlungsklage sich beziehenden Vorschlag bis zur künftigen Berathung vorläufig zurückgenommen hatte, entschieden. Demgemäß ist (dem Antrag des Referenten gemäß) beschlossen:

I. In Absicht auf die Gewährleistung für verborgene Mängel bei der entgeltlichen Veräußerung der für die Landwirthschaft und den Handelsverkehr wichtigsten Arten der Hausthiere, nämlich der Thiere des Pferdegeschlechts, des Rindviehs, der Schaafe und der Schweine, sind im Civilgesetzbuche besondere Bestimmungen zu treffen.

II. Diesen Bestimmungen soll, unter Zurückweisung des römisch-rechtlichen und des gemischten Prinzips, das sogen. deutsch-rechtliche Prinzip zu Grunde gelegt werden, wonach

1. der Veräußerer kraft Gesetzes nur für gewisse gesetzlich zu bestimmende Mängel, sogen. Hauptmängel, und

2. nur, wenn sie innerhalb einer gesetzlich bestimmten Frist (Gewährfrist) hervorgetreten sind, Gewähr zu leisten hat,

3. beim Hervortreten des Mangels innerhalb der Gewährfrist das Bestehen des fraglichen Mangels zur entscheidenden Zeit bis zum Beweise des Gegentheils vermuthet wird.

Die Anträge Nr. III und IV der Vorlage wurden dagegen durch den Beschluß ersetzt, in das Gesetzbuch sei eine Vorschrift aufzunehmen, welche die Bestimmung der sogen. Hauptmängel und Gewährfristen (II Nr. 1 und 2 der Vorlage) einer mit Zustimmung des Bundesrathes zu erlassenden und gleichzeitig mit dem Gesetzbuche in Kraft tretenden kaiserlichen Verordnung vorbehalte.

Für diesen Beschluß war insbesondere auch die Erwägung leitend, daß die Bestimmung jener Mängel und Fristen von Zeit zu Zeit der Berichtigung oder Abänderung und die neue Vorschrift mitunter der Beschleunigung bedürfen würde.

Man war einverstanden, daß die gefaßten Beschlüsse der Frage nicht präjudiziren, inwiefern es sich empfehle, für die Geltendmachung der Gewähransprüche eine besonders kurze Verjährungsfrist vorzuschreiben und das Anzeigesystem einzuführen.

(Die Verbindung der vorstehenden Beschlüsse mit den folgenden Beratungen bi den die Bestimmungen des TE Nr. 2 nebst Motiven.)

## A. 1. Kommission

I. 94. Sitzung vom 31. 5. 1882, Schriftführer Neubauer (nicht anwesend Kurlbaum)

| Zur Berathung gelangte der auf die Gewährleistung beim Viehhandel sich beziehende Theilentwurf (Nr. 2). | Prot I 799

Zu demselben war

I. ein Antrag gestellt, der sich gegen das dem Entwurfe zum Grunde liegende Prinzip richtet, und folgendergestalt lautet: Johow (Nr 83)

A, statt des deutschrechtlichen Prinzips, auf welchem – gemäß dem Kommissionsbeschlusse vom 1. November 1879 – der Entwurf beruht, *das gemischte Prinzip* anzunehmen;

B, im Falle der Annahme des gemischten Prinzips den Entwurf dahin zu modifiziren:

1. statt der §§ 1 bis 3 zu bestimmen:

§ a.

„Die §§ (die zu Nr. 20 §§ 22 bis 38[9] beschlossenen Bestimmungen) gelten auch in
| Prot I 800 Ansehung der Veräußerung von Pferden, Eseln, Mauleseln, | Maulthieren, Rindvieh, Schafen und Schweinen, soweit nicht in den folgenden Paragraphen etwas Anderes bestimmt ist.

§ b.

Für bestimmte Mängel der im § a bezeichneten Thiergattungen werden bestimmte Gewährfristen durch Kaiserliche, mit Zustimmung des Bundesraths ergehende Verordnung festgesetzt.

Der Lauf einer Gewährfrist beginnt mit dem Tage nach dem Uebergange der Gefahr auf den Erwerber. Tritt ein Mangel innerhalb der Gewährfrist hervor, so wird vermuthet, daß er schon zu der Zeit, mit welcher die Gefahr auf den Erwerber übergegangen ist, bestanden habe.

Die Gewährfristen können durch Vertrag abgekürzt werden.

§ c.

Auf die Vermuthung des § b Absatz 3 kann der Erwerber sich nur dann berufen, wenn er binnen 24 Stunden nach Ablauf der gesetzlichen oder der abgekürzten Gewährfrist dem Veräußerer den Mangel des Thieres anzeigt oder Klage erhebt oder zur Sicherung des Beweises für das Vorhandensein des Mangels Beweisaufnahme beantragt (C.P.O. §§ 447ff.). In Ansehung solcher Anträge auf Beweisaufnahme findet die Vorschrift der Civilprozeßordnung § 449 № 4 keine Anwendung."

2. Den § 4 zu streichen.

3. Den § 8 dahin zu fassen:

„Der Gewährleistungsanspruch wegen Mängel eines Thieres der im § a bezeichneten
| Prot I 801 Gattungen verjährt binnen 14 Tagen nach Ablauf der gesetzli- | chen oder der abgekürzten Gewährfrist und bei dem Mangel einer Gewährfrist binnen 42 Tagen von der Uebergabe des Thieres an."

II. Ein anderer Antrag von gleichfalls allgemeiner, obschon nur die Redaktion betreffender Tragweite ging dahin:

Schmitt (Nr 84 I) 1. Unter Abstrich der Ueberschriften „α" vor: § 22 (№ 20) und „β" vor: § 1 die Bestimmungen der §§ 1 bis 9 mit folgender Vorschrift einzuleiten:

§

„Die allgemeinen Bestimmungen über die dem Veräußerer kraft Gesetzes obliegende Pflicht zur Gewährleistung wegen Mängel der Sache finden im Falle der Veräußerung lebender Thiere einer der nachstehend bezeichneten Thiergattungen nur nach Maßgabe der folgenden besonderen Vorschriften Anwendung."

2. Den § 1 des Entwurfs dahin zu fassen:

§ 1.

„Im Falle der Veräußerung von Pferden, Eseln, Mauleseln und Maulthieren, von Rindvieh, von Schafen und von Schweinen haftet der Veräußerer nur wegen bestimmter Mängel jeder u.s.w."

3. Den § 4 des Entwurfs zu streichen.

4. Den § 8 des Entwurfs in zwei Paragraphen zu zerlegen, wie folgt:

---

[9] Das sind die allgemeinen Bestimmungen über die Gewährleistung wegen der Mängel der Sache.

§ 8.

„Die Verjährungsfrist beträgt 14 Tage. Sie beginnt mit dem Ablaufe der gesetzlichen oder vereinbarten Gewährfrist."

§ 8a.

„Die Vorschrift des § 8 findet auf den Fall, wenn der Veräußerer die Haftung wegen anderer als der nach Maßgabe des § 1 Absatz 2 bestimmten Mängel eines Thieres der vorbezeichneten Gattungen | besonders übernommen hat, Anwendung. | Prot I 802

Hat der Veräußerer u.s.w. wie im Schlußsatze des § 8 des Entwurfs."

5. in § 9 das Allegat „§§ 1 bis 8" entsprechend zu ändern.

6. Die zum Obligationenrecht Nr. 20 über Schenkungen beschlossenen Vorschriften in den Abschnitt von der Schenkung zu übertragen.

Beschlossen wurde, beide Anträge bei Berathung der einzelnen Paragraphen, und insbesondere bei der des § 1, zu erledigen.

Zu § 1 des Entwurfs:

„Im Falle der entgeltlichen Veräußerung von Pferden, Eseln, Mauleseln und Maulthieren, von Rindvieh, von Schafen und von Schweinen haftet der Veräußerer kraft Gesetzes nur für bestimmte Mängel jeder einzelnen Thiergattung und nur dann, wenn sich die Mängel innerhalb der für einen jeden derselben besonders festgesetzten Frist offenbaren. TE-OR (Nr 2) § 1

Die Bestimmung jener Mängel und die Festsetzung dieser Fristen wird einer mit Zustimmung des Bundesraths zu erlassenden und gleichzeitig mit dem Gesetzbuch in Kraft tretenden Kaiserlichen Verordnung vorbehalten.

Der Lauf der Fristen beginnt mit dem Tage nach der Uebergabe des veräußerten Thieres und wenn sich der Erwerber mit der Empfangnahme im Verzuge befindet, mit dem Tage nach Eintritt des Verzuges. Dies gilt im Zweifel auch im Falle der Vereinbarung einer Abkürzung oder Verlängerung der Fristen."

lagen noch die Anträge vor:

1. im Schlußsatze des ersten Absatzes statt des Wortes „innerhalb" zu setzen: „bis zum Ablaufe", Schmitt (Nr 84 II)

eventuell:

| „innerhalb der Zeit von der Uebergabe des Thieres und, falls sich der Erwerber mit der Empfangnahme im Verzuge befindet, von dem Eintritte des Verzuges bis zum Ablaufe" | Prot I 803

oder:

„innerhalb der Zeit von dem Uebergange der Gefahr auf den Erwerber bis zum Ablaufe".

2. im dritten Absatze die Worte: Derscheid (Nr 82)

„und wenn sich der Erwerber mit der Empfangnahme im Verzuge befindet, mit dem Tage nach Eintritt des Verzuges."

zu streichen.

Es wurden folgende Beschlüsse gefaßt:

1. Die Mehrheit entschied im Einklange mit den in der Sitzung vom 1. November 1879 gefaßten Vorbeschlüssen für das dem Entwurfe zum Grunde liegende, in den Motiven[10] als das deutsch-rechtliche bezeichnete Prinzip, lehnte also den oben unter I (S. 799) aufgeführten Antrag, soweit er die Annahme eines anderen Prinzips bezweckt, ab.

[10] des Redaktors v. Kübel.

Für die Entscheidung waren die Gründe bestimmend, welche für das Prinzip des Entwurfs in den Motiven ausführlich entwickelt sind.

2. Der übrige sachliche Inhalt des § 1 fand im Allgemeinen Billigung.

3. In Ansehung des Schlusses des ersten Absatzes wurde der Antrag zu 1, das Wort „innerhalb" zu vertauschen mit den Worten: „bis zum Ablaufe", angenommen. Man hielt die Aenderung für angemessen, weil damit zum klaren Ausdruck gebracht werde, daß auch der Fall getroffen werden solle, wenn der Mangel noch vor dem im dritten Absatze bezeichneten Beginne der Gewährfrist offenbar geworden sei.

| Prot I 804 4. Der auf Streichung der im dritten Absatze befindlichen Wor- | te: „und, wenn – Verzuges" gerichtete Antrag zu 2 wurde abgelehnt, dagegen der im Laufe der Diskussion gestellte Antrag gebilligt, den ersten Satz des Absatz 3 dahin zu fassen:

„Der Lauf der Frist beginnt mit dem Ablaufe des Tages, an welchem die Gefahr auf den Erwerber übergeht."

Man gab dieser Fassung wegen des zum § 22 des vorhergehenden Abschnitts in der Sitzung vom 15. Mai d. Js. (Prot. S. 733) gefaßten Beschlusses[11] und weil dieselbe den Zweck der Bestimmung des Entwurfs erfülle, vor der letzteren den Vorzug.

5. Ob der vorliegende Abschnitt mit der in den Motiven für selbstverständlich erachteten Bestimmung einzuleiten sei:

„Die Vorschriften des vorhergehenden Abschnitts gelten auch in Ansehung der Veräußerung von pp., soweit nicht in den folgenden Paragraphen ein Anderes bestimmt ist."

oder ob eine ähnliche, denselben Zweck verfolgende Vorschrift (zu vgl. Antrag II und Antrag I B 1 § a, S. 801, 799) vorauszuschicken oder am Schluß des vorliegenden Abschnitts anzufügen sei, oder ob nur die Ueberschriften: „α. Im Allgemeinen" und „β. Gewährleistung beim Viehhandel" zu streichen seien, blieb der Prüfung bei der Redaktion vorbehalten. In redaktioneller Hinsicht wurden noch folgende Erinnerungen erhoben:

1. Von „entgeltlicher" Veräußerung werde nach den zu den §§ 7, 22 des vorhergehenden Abschnitts gefaßten Beschlüssen (Prot. S. 676[12], 734)[13] nicht zu reden sein. Den Schenkungsfall betreffend, so werde es auch in Ansehung der Schenkung von Viehstükken jeder Art bei den in der Sitzung vom 26. Mai d. Js. (Prot. S. 791–793) zum § 38 gefaßten Beschlüssen[14] sein Bewenden behalten müssen. Dies werde aber zum besonderen Ausdruck zu bringen sein, zu welchem Ende es sich empfehlen möge, den Schen-
| Prot I 805 kungsfall in einem besonderen Paragraphen am Schluß | des ganzen Abschnitts über die Gewährleistung wegen Mängel der Sache zu behandeln.

2. Das Wort „Veräußerung" werde ähnlich wie in dem § 22 (vgl. Prot. S. 734 unter 4)[15] des vorhergehenden Abschnitts zu vermeiden sein.

3. Die Worte „kraft Gesetzes" im ersten Absatz würden als selbstverständlich zu streichen sein.

4. Statt: „haften *für* Mängel" werde es heißen müssen: „haften *wegen* Mängel."

---

[11] S. bei § 459 BGB.
[12] S. bei § 433 BGB.
[13] S. bei § 459 BGB.
[14] S. bei § 524 BGB.
[15] S. bei § 459 BGB.

5. Im zweiten Absatze werde: „wird – vorbehalten“ zu ersetzen sein durch: „erfolgt durch“. Zweifelhaft könne auch erscheinen, ob nicht ein Zusatz am Platze sei: „Die Verordnung kann auf demselben Wege ergänzt und abgeändert werden.“

6. Es werde sich empfehlen, das Wort: „Gewährfrist“ in üblicher Weise durch Einklammerung im Interesse der Breviloquenz als ein terminologisches hervorzuheben und zu verdeutlichen, daß darunter begriffen seien:

a, die durch das Gesetz bestimmten Fristen für die Mängel, wegen welcher nach dem Gesetze gehaftet werde,

b, die durch Vertrag bestimmten längeren oder kürzeren Fristen für dieselben Mängel,

c, die durch Vertrag bestimmten Fristen für die Mängel, wegen welcher nur in Folge Vertrages gehaftet werde.

7. Die Worte „im Zweifel“ im letzten Absatze schienen entbehrlich zu sein.

Die Prüfung der vorstehenden Erinnerungen blieb der Redaktion vorbehalten.

Von einer Seite wurde bemerkt, daß in einem im Februar d. Js. in der zweiten Kammer der badischen Ständeversammlung eingebrachten, die Abänderung des badischen Währschaftsgesetzes vom 23. April 1859, betreffenden Gesetzesvorschlage proponirt worden sei, Vereinbarungen, welche die | gesetzlichen Fristen abkürzen, für nichtig zu erklären. Zur Begründung dieses Vorschlages sei Folgendes geltend gemacht worden: Wie die Erfahrung zeige, würden die Käufer sehr häufig dadurch übervortheilt, daß die Viehhändler beim Verkaufe von Thieren, welche mit einem gesetzlichen Mangel behaftet sind, dem Käufer die Zusicherung machen, innerhalb einer bestimmten Frist, welche kürzer als die gesetzliche Gewährfrist ist, für *alle* Fehler des Thieres zu haften. Die Käufer seien bereit, auf ein solches Anerbieten einzugehen, weil sie in der irrigen Meinung, das allgemeine Versprechen begründe die Haftpflicht auch in Ansehung der im Gesetze nicht genannten Mängel, in der vermeintlichen Erweiterung der Garantiepflicht ein Aequivalent für die mit der Kürzung der Frist etwa verbundene Gefahr erblickten und fänden sich dann, wenn der Mangel vor Ablauf der gesetzlichen, aber nach Ablauf der bedungenen Frist hervortrete, ihres Anspruchs verlustig. Die bei absichtlicher Uebervortheilung verbleibende Betrugsklage gewähre wegen der Beweisschwierigkeiten keinen ausreichenden Schutz gegen diese in der gleichen Form sich wiederholenden Benachtheiligungen. Die von derselben betroffenen Käufer gehörten der großen Zahl nach denjenigen Theilen der Bevölkerung an, welchen genaue Gesetzeskenntniß abgehe. Die Versuche, durch Belehrungen abzuhelfen, hätten sich als nutzlos erwiesen. Ausgiebige Abhülfe sei nur dadurch zu erzielen, daß das Gesetz die Abkürzung der Fristen für unstatthaft erkläre. | Prot I 806

Das Mitglied, von welchem die vorstehende Mittheilung ausging, erklärte, es scheine ihm bedenklich, für eine Aenderung des Entwurfs in der fraglichen Beziehung einzutreten. Müsse auch zugegeben werden, daß durch vertragsmäßige Abkürzung der Gewährfristen unerfahrene und unachtsame Käufer übervortheilt werden könnten, und daß solche Uebervortheilungen thatsächlich vorkämen, so möchte doch dieser Miß- | brauch nicht ausreichen, um ein Abgehen von dem schwerwiegenden Prinzipe der Vertragsfreiheit zu rechtfertigen. | Prot I 807

Auch unter den übrigen Mitgliedern erhob sich keine Stimme für die Aufnahme einer der Fristverkürzung entgegentretenden Vorschrift.

Zu § 2 des Entwurfes:

„Offenbart sich einer der nach Maßgabe des § 1 Absatz 2 bestimmten Mängel innerhalb der für denselben festgesetzten Frist, so wird bis zum Beweise des Gegentheils TE-OR (Nr 2) § 2 angenommen, daß das veräußerte Thier schon zur Zeit der Uebergabe und im Falle des Verzuges des Erwerbers bezüglich der Empfangnahme zur Zeit des Eintritts des Verzuges damit behaftet gewesen sei."

lagen folgende Anträge vor:

Johow 1. statt: „so wird bis zum Beweise des Gegentheils angenommen" zu setzen: „so wird vermuthet".

Johow 2. statt: „zur Zeit der Uebergabe – Verzuges" zu setzen: „zur Zeit, in welcher die Gefahr auf den Erwerber übergeht."

Derscheid (Nr 82) 3. statt der Worte: „innerhalb der für denselben festgesetzten Frist" zu setzen: „innerhalb der für denselben gesetzlich bestimmten Frist".

4. statt „innerhalb der für denselben festgesetzten Frist" zu setzen: „bis zum Ablaufe der Gewährfrist".

Von den vorstehenden Anträgen abgesehen blieb der § 2 unbeanstandet.

Die Anträge zu 1 und 2 wurden angenommen; der erste in Rücksicht auf den zu § 211 des Entwurfes des Allgemeinen Theils in der Sitzung vom 20. Februar d. Js. (Prot. S. 448, 449, | Zusammenstellung § 173)[16] gefaßten Beschluß, der zweite in Konsequenz des eben zum § 1 unter Nr. 4 gefaßten Beschlusses (S. 803, 804). | Prot I 808

Die Anträge zu 3 und 4 gaben zu einer ausführlichen Erörtrung darüber Anlaß, ob es richtig sei, mit dem Entwurfe und mit dem, nur dessen Verdeutlichung bezweckenden Antrage zu 3 die Vorschrift auf die Fälle der gesetzlichen Gewährfrist im engeren Sinne zu beschränken oder ob dieselbe auszudehnen sei, einmal auf die Fälle der kontraktlichen Abänderung der gesetzlichen Frist, sodann auf die Fälle der nur kontraktlichen Gewährfrist, wenn nämlich wegen eines nach dem Gesetze nicht zu vertretenden Mangels durch Vertrag unter Bestimmung einer besonderen Gewährfrist die Haftung übernommen ist. Man überzeugte sich von der Angemessenheit der Ausdehnung, weil der Parteiwille, wenn nicht ein Anderes aus dem Inhalte des Vertrages erhelle, keine andere Auslegung als die zulasse, daß die fragliche Frist nach den für die gesetzliche Gewährfrist im engeren Sinne bestehenden Regeln zu beurtheilen sei. Eine Verschiedenheit der Ansichten bestand aber darüber, ob es zulässig sei, um alle Fälle zu treffen, mit dem Antrage zu 4 kurz nur von „Gewährfrist" zu reden, oder ob es nöthig werde, zunächst nur über die gesetzliche Gewährfrist im engeren Sinne zu bestimmen und sodann hinzuzufügen, ein Gleiches gelte, sofern ein Anderes erhelle, auch in den Fällen, wenn die Frist allgemein oder in Ansehung der Dauer durch Vertrag bestimmt sei. Für die zweite Ansicht wurde geltend gemacht, die vorgeschlagene Kürze führe mindestens zu einer bedenklichen Inkorrektheit, weil die in Rede stehende Vorschrift in den Fällen der zuletzt gedachten Art nur den Charakter einer Auslegungsregel habe, während sie dieses Charakters in den Fällen der ersteren Art entbehre.

Die Entscheidung der Frage wurde der Redaktion überlassen, indem man annahm, daß sie nur redaktioneller Natur sei.

| Prot I 809 | Zu § 3 des Entwurfes:

TE-OR (Nr 2) § 3 „Auf die im § 2 aufgestellte Rechtsvermuthung kann sich der Erwerber nur dann berufen, wenn er längstens innerhalb 24 Stunden nach Ablauf der nach Maßgabe des § 1 Absatz 2 bestimmten Fristen oder, im Falle deren Verkürzung durch Vereinbarung, der verkürzten Frist entweder dem Veräußerer selbst den Mangel des Thieres anzeigt oder bei dem zuständigen Gerichte Klage erhebt oder bei dem in § 448 der Civilprozeßord-

[16] Der Beschluß betrifft den von der 2. Kom. gestrichenen § 198 E I, s. dazu im Allgemeinen Teil, der dem § 292 S. 1 ZPO entspricht.

nung bezeichneten Amtsgerichte nach Maßgabe des § 449 der Civilprozeßordnung die Beweisaufnahme durch Sachverständige wegen jenes Mangels beantragt; in letzterem Falle hat das Amtsgericht diesem Antrage stattzugeben und finden im Uebrigen die Vorschriften der §§ 451 bis 455 der Civilprozeßordnung entsprechende Anwendung."

lagen die Anträge vor:

1. die §§ 3 und 8 zu streichen und an Stelle des § 8 folgende Bestimmungen zu treffen: Derscheid (Nr 82)

§ a.

Der Anspruch auf Gewährleistung wegen der nach Maßgabe des § 1 Absatz 2 bestimmten und derjenigen sonstigen Mängel eines Thieres der ebendaselbst genannten Gattungen, für welche der Veräußerer nach § 4 Absatz 1 haftet, verjährt mit dem Ablauf des Tages, welcher auf die gesetzliche oder vereinbarte Gewährfrist folgt.

§ b.

Hat der Erwerber wegen eines gemäß § 1 Absatz 2 bestimmten Mangels vor Ablauf des Tages, welcher auf die gesetzliche oder durch Vereinbarung abgekürzte Gewährfrist folgt, die Beweisaufnahme durch Sachverständige bei dem zuständigen Amtsgericht beantragt (§§ 447 bis 449 C.P.O.), so endigt die Verjährung bezüglich dieses Mangels erst mit dem 14ten Tage nach Ablauf der gesetzlichen oder ab- | gekürzten Gewährfrist. | Prot I 810

Das Amtsgericht hat einem solchen Antrag stattzugeben und finden im Uebrigen die Vorschriften der §§ 451 bis 455 der Civilprozeßordnung entsprechende Anwendung.

§ c.

Wenn der Veräußerer für andere als die nach Maßgabe des § 1 Absatz 2 bestimmten Mängel haftet (§ 4 Abs. 1), und eine Gewährfrist nicht vereinbart ist, so verjährt der Anspruch auf Gewährleistung binnen 42 Tagen von der Uebergabe des Thieres an.

2. den im Eingange des Protokolls zu I B mitgetheilten § c an die Stelle des § 3 zu setzen; Johow (Nr 83)

3. den § 3 zu fassen: Gebhard

„Die in § 2 aufgestellte Rechtsvermuthung tritt nur dann ein, wenn der Erwerber spätestens innerhalb 24 Stunden nach dem Ablaufe der Gewährfrist entweder den Mangel des Thieres dem Verkäufer anzeigt oder wegen dieses Mangels Klage erhebt oder das Gesuch um Beweisaufnahme durch Sachverständige anbringt. Wird das Gesuch um Beweisaufnahme durch Sachverständige von dem Erwerber oder von dem Veräußerer angebracht, so finden die Vorschriften der §§ 448 bis 455 der Civilprozeßordnung mit Ausnahme der Ziffer 4 des § 449 Anwendung."

Der Antrag zu 1, dessen Zweck ist, den Gewährfristen zugleich den Charakter der Verjährungsfristen beizulegen, wurde abgelehnt. Man war der Ansicht, die vorgeschlagene Regelung habe zur Folge, daß den Fristen eine doppelte Eigenschaft zukomme, einmal die einer Präklusivfrist, soweit es sich um die in Betracht kommende Rechtsvermuthung handele, sodann die einer Verjährungsfrist. Diese doppelte Eigenschaft führe aber insofern zu Mißständen, als für Beginn und Lauf der Präklusivfristen ganz andere Regeln gelten, als für Beginn und Lauf der Verjährungsfrist.

| Der § 3 des Entwurfs fand hierauf Annahme. | Prot I 811

Die Anträge zu 2 und 3 blieben der Prüfung bei der Redaktion vorbehalten. Nur wurde beschlossen hervorzuheben, daß

1. auch der Veräußerer befugt sei, die Beweisaufnahme zu beantragen, ohne daß der Antrag wegen Mangels des Erfordernisses § 449 Nr. 4 Civilprozeßordnung zurückgewiesen werden dürfe;

2. der Antrag, wenn die Bestimmung § 449 № 4 Civilprozeßodnung nicht anwendbar sein soll, auf Vernehmung von Sachverständigen und beziehungsweise Einnahme des Augenscheins gerichtet sein müsse. |

95. Sitzung vom 2. 6. 1882, Schriftführer Neubauer (nicht anwesend Kurlbaum)

| Prot I 813 | Die Berathung des Theilentwurfes des Obligationenrechts über Gewährleistung beim Viehhandel (№ 2) wurde fortgesetzt.

Zu § 4 des Entwurfes:

TE-OR (Nr 2) § 4 „Für andere als die nach Maßgabe des § 1 Absatz 2 bestimmten Mängel eines Thieres der dort bezeichneten Gattungen haftet der Veräußerer nur dann, wenn er die Mängel zur Zeit der Uebergabe des Thieres dem Erwerber arglistig verschwiegen oder die Haftung besonders übernommen hat.

Ein allgemeines Versprechen des Veräußerers, für alle Mängel haften zu wollen, ist nur auf die nach Maßgabe des § 1 Absatz 2 bestimmten Mängel zu beziehen."

lag außer den im Eingange des Protokolls vom 31. Mai d. J. unter I. und II. erwähnten Anträgen (Protokolle S. 799 und 801), welche den § zu streichen befürworten, der | Prot I 814 Antrag vor: den ersten Absatz zu | streichen und hinter § 8 folgenden neuen Paragra- Planck (Nr 86, 1)[17] phen einzustellen:

„Die Vorschriften der §§ 1 bis 5 und 8 finden keine Anwendung auf solche Mängel der in § 22[18] gedachten Art, welche der Veräußerer bei Schließung des Vertrages gekannt und dem Erwerber verschwiegen hat."

Es wurden folgende Beschlüsse gefaßt:

A. In Ansehung des Falles, wenn ein Mangel, wegen dessen nicht nach § 1 Absatz 2 dieses Theilentwurfes, wohl aber nach allgemeinen Grundsätzen zu haften ist, vom Veräußerer gekannt und verschwiegen wird.

In diesem Falle soll der Veräußerer haftfrei sein. Die Mehrheit nahm an, diese Entscheidung stehe nicht allein im Einklange mit dem adoptirten deutschrechtlichen Prinzipe, sondern rechtfertige sich auch deshalb, weil das Gegentheil den Zweck dieses Prinzips, namentlich soweit der Zweck auf die Verhütung verderblicher Prozesse gerichtet sei, in hohem Maße gefährde.

Der Antrag, zusätzlich zu § 1 zu bestimmen:

„Die Haftung aus strafbarem Betrug bleibt unberührt."

wurde abgelehnt. Die Mehrheit war der Ansicht, diese Haftung verstehe sich nach den allgemeinen Grundsätzen über die Vertretung unerlaubter und strafbarer Handlungen von selbst.

B. In Ansehung des Falles, in welchem die Haftung für einen andern als den nach § 1 Absatz 2 dieses Theilentwurfes zu vertretenden Mangel durch Vertrag unter Bestim- | Prot I 815 mung einer Gewähr- | frist übernommen ist.

Der Veräußerer soll in einem solchen Falle gemäß der Vorschriften dieses Abschnitts haften mit der Maßgabe, daß an die Stelle der gesetzlichen die durch Vertrag bestimmte Frist tritt.

Die Mehrheit war der Ansicht, daß die Gleichstellung den in der Sitzung vom 31. Mai d. J. zu § 2 dieses Theilentwurfes S. 807 gefaßten Beschlüssen und den regelmäßigen

---

[17] Der Antrag wurde gestellt in Ersetzung eines zuvor gestellen Antrags (Nr. 81, 1), den Abs. 1 des § 4 dahin zu fassen:
Hat der Veräußerer andere als die nach Maßgabe des § 1 Abs. 2 bestimmten Mängel eines Thieres der dort bezeichneten Gattungen gekannt und verschwiegen oder für solche andere Mängel die Haftung besonders übernommen, so finden die §§ 22–26 Anwendung.

[18] § 22 TE-OR (Nr. 20) s. bei § 459 BGB.

Intentionen der Parteien gemäß sei, und überdies zur Vereinfachung des Gesetzes diene.

C. In Ansehung des Falles, in welchem die Haftung für einen andern als den nach § 1 Absatz 2 dieses Theilentwurfes zu vertretenden Mangel durch Vertrag ohne Bestimmung einer Gewährfrist übernommen ist.

Es blieb vorbehalten, bei der Berathung der folgenden Paragraphen Beschluß darüber zu fassen, ob und inwiefern die letzteren auf diesen Fall anzuwenden seien. Darüber bestand kein Zweifel, daß die vorhergehenden Paragraphen wegen Mangels einer Gewährfrist unanwendbar seien.

Einverständniß bestand darüber, daß, wenn ein Mangel, wegen dessen nach § 1 Absatz 2 dieses Theilentwurfes zu haften ist, vom Veräußerer gekannt und verschwiegen wird, der vorliegende Theilentwurf anwendbar, der Veräußerer überdies aber gemäß § 26 des Theilentwurfes über Gewährleistung wegen Mängel der Sache zum Schadensersatz verpflichtet ist.

Der Absatz 2 des § 4 wurde angenommen, nachdem man sich von seiner praktischen Zweck- | mäßigkeit überzeugt hatte (vl. Protokolle S. 736). | Prot I 816

Zu § 5 des Entwurfes:

„Wegen der nach Maßgabe des § 1 Absatz 2 bestimmten Mängel kann der Erwerber nur Wandelung, nicht Minderung verlangen, ausgenommen, wenn der Mangel an dem geschlachteten Thiere sich gefunden hat; in diesem Falle kann der Erwerber den durch den Mangel herbeigeführten Minderwerth des Fleisches und der anderen Theile des Thieres ersetzt verlangen." TE-OR (Nr 2) § 5

wurde beantragt: den § 5 wie folgt zu fassen: Planck (Nr 81, 2)

„Wegen der nach Maßgabe des § 1 Absatz 2 bestimmten Mängel kann der Erwerber nur Wandelung oder, sofern die Verpflichtung auf ein nur der Gattung nach bestimmtes Thier ging, Lieferung eines anderen Thieres, nicht Minderung verlangen, ausgenommen, wenn die Wandelung nach Maßgabe des § 32[19] nicht stattfindet oder der Mangel an dem geschlachteten Thiere sich gefunden hat."

Es wurden folgende Beschlüsse gefaßt:

1. Wenn ein nach § 1 Absatz 2 dieses Theilentwurfes zu vertretender Mangel in Frage steht, soll das Recht der Minderung ausgeschlossen sein.

Man hielt für diese Bestimmung die in den Motiven dargelegten Gründe für durchgreifend.

2. Bezieht sich die Veräußerung auf ein nur der Gattung nach bestimmtes Thier, so soll dem Erwerber neben dem Rechte der Wandelung auch das Recht auf Verschaffung eines anderen Thieres zustehen.

Erwogen wurde, es sei durch keinen prakti- | schen Zweckmäßigkeitsgrund geboten, neben dem Rechte der Minderung zugleich auch das Recht auf Lieferung eines anderen Thieres in Abweichung von der allgemeinen Regel (Protokolle S. 740–743)[20] auszuschließen. | Prot I 817

3. Das Recht der Minderung soll auch dann ausgeschlossen sein, wenn ein nur kontraktlich zu vertretender Mangel, sei es mit oder ohne Bestimmung einer Gewährfrist, vorliegt.

Für die Gleichstellung war die Erwägung maßgebend, daß auch in den betreffenden Fällen die Uebelstände der Minderung in gleicher Weise sich geltend machten.

---

19 § 32 TE-OR (Nr. 20) s. Vor §§ 346–360 BGB.

20 S. Vor §§ 462–480 BGB.

4. In den Fällen des § 32 des Theilentwurfes über Gewährleistung wegen Mängel der Sache (Nº 20) soll dem Erwerber nicht (wie der Entwurf will) sowohl das Recht der Wandelung als auch das Recht der Minderung entzogen sein, vielmehr soll ihm das Recht der Wandelung mit der Maßgabe zustehen, daß er dem Veräußerer den Werth des Thieres zu vergüten hat, welchen dasselbe zu der Zeit hatte, wo die Handlung vorgenommen ist, durch welche nach § 32 die Wandelung ausgeschlossen ist.

Die Mehrheit glaubte, daß es mit der Gerechtigkeit nicht verträglich sei, in den in Betracht kommenden Fällen dem Erwerber sowohl das Recht der Wandelung als auch das der Minderung zu versagen und daß die Beilegung des Rechts der Wandelung mit der angegebenen Modifikation zu keinen praktischen Uebelständen zu führen vermöge, | Prot I 818 welche letztere sich allerdings ergeben würden, wenn statt | des Rechts der Wandelung das Recht der Minderung zugestanden würde.

5. Ueber den Fall, in welchem ein Mangel des Thieres erst nach dem Schlachten desselben sich gezeigt hat, soll keine Bestimmung in das Gesetz aufgenommen werden.

Die Mehrheit war der Meinung, für eine solche Bestimmung bestehe, zumal in Rücksicht auf den Beschluß zu 4, kein Bedürfniß.

Zu § 6 des Entwurfes:

TE-OR (Nr 2) § 6 „Wird der Vertrag aufgehoben, so hat der Veräußerer des Thieres dem Erwerber insbesondere auch die von demselben getragenen Kosten einer thierärztlichen Untersuchung und Behandlung, so wie der Fütterung und Pflege des Thieres, unter Abzug des aus diesem etwa gezogenen Nutzens, zu erstatten."

Planck (Nr 86, 2) war beantragt:

den Eingang des § dahin zu fassen:

„Wenn der Erwerber von dem Rechte, die Wandelung zu verlangen, Gebrauch macht, so hat der Veräußerer u.s.w.", wie im Entwurf.

Der § 6 wurde in Ansehung seines sachlichen Inhalts nicht beanstandet. Einverständniß bestand auch, daß derselbe auf den Fall auszudehnen sei, wenn in den Fällen, wo es sich um die Verschaffung eines nur der Gattung nach bestimmten Thieres handelt, die Lieferung eines anderen Thieres verlangt wird.

Der mitgetheilte Antrag wurde der Prüfung bei der Redaktion vorbehalten; ebenso die Erinnerungen: die Worte: „von demselben getragenen" vor „Kosten" seien entbehr- | Prot I 819 lich, und | das Wort „erstatten" am Schluß sei durch „vergüten" zu ersetzen.

Endlich wurde beschlossen, daß der § 6 auch für die Fälle zu gelten habe, in welchen die Haftung für einen anderen als einen nach § 1 Absatz 2 dieses Theilentwurfes zu vertretenden Mangel, selbst ohne Bestimmung einer Gewährfrist, durch Vertrag übernommen ist.

Zu § 7 des Entwurfes:

TE-OR (Nr 2) § 7 „Entsteht wegen der Gewährleistung für ein veräußertes Thier ein Rechtsstreit, so kann jede Partei alsbald, wenn die Besichtigung des Thieres nicht mehr erforderlich ist, die öffentliche Versteigerung desselben und die gerichtliche Hinterlegung des Erlöses erlangen."

lagen die Anträge vor:

Schmitt (Nr 84 III) 1. die Worte „alsbald, wenn" zu vertauschen mit „sobald" oder das Wort „alsbald" zu streichen.

Planck (Nr 86, 3) 2. den Eingang des § dahin zu fasen:

„Entsteht ein Rechtsstreit über die verlangte Wandelung, so kann jede" u.s.w. wie im Entwurfe.

Auch dieser § blieb sachlich unbeanstandet. Beschlossen wurde die Ausdehnung desselben auf die Fälle, in welchen die Haftung für einen anderen als die nach § 1 Absatz 2 dieses Theilentwurfes zu vertretenden Mängel, selbst ohne Bestimmung einer Gewährfrist, durch Vertrag übernommen ist, so wie eine Ergänzung im Eingang, welche ergiebt, daß unter Gewährleistung auch das Recht auf Verschaffung eines anderen Thieres in den Fällen, wo ein nur der Gattung nach bestimm- | tes Tier zu leisten ist, begriffen sei. | Prot I 820

Die Prüfung der Anträge zu 1 und 2 blieb der Redaktion vorbehalten.

Zu § 8 des Entwurfes:

„Der Anspruch auf Gewährleistung wegen der nach Maßgabe des § 1 Absatz 2 bestimmten und derjenigen sonstigen Mängel eines Thieres der ebendaselbst genannten Gattungen, für welche der Veräußerer die Haftung besonders übernommen hat, verjährt binnen 14 Tagen nach Ablauf der gesetzlichen oder vereinbarten Gewährfrist. Hat der Veräußerer die Haftung für weitere Mängel ohne Vereinbarung einer Gewährfrist übernommen, so verjährt der Anspruch wegen dieser Mängel binnen 42 Tagen von der Uebergabe des Thieres an.“ TE-OR (Nr 2) § 8

lagen die im Eingange des Protokolls vom 31. Mai d. J. unter I B 3 (Protokolle S. 800, 801) und II. 4 (Protokolle S. 801, 802), endlich der ebenda zu § 3 unter 1 (Protokolle S. 809) mitgetheilten Anträge vor.

Der sachliche Inhalt des § 8 wurde genehmigt. Der letzterwähnte Antrag ist bereits in der Sitzung vom 31. Mai d. J. (Protokolle S. 810) abgelehnt worden. Die beiden anderen Anträge blieben als blos redaktioneller Natur der Prüfung bei der Redaktion vorbehalten. Dasselbe geschah in Ansehung einer Erinnerung, der § 8 werde eine Fassung erhalten müssen, die außer Zweifel stelle, daß nach Vollendung der Verjährung auch einredeweise der Anspruch nicht mehr verfolgbar sei.

Der § 9 des Entwurfes:

„Die Vorschriften der §§ 1–8 gelten auch für Handelsgeschäfte, welche Viehveräußerungen zum Gegenstande haben.“ TE-OR (Nr 2) § 9

wurde abgelehnt. Man glaubte, daß erst bei der Revisi- | on des Handelsgesetzbuchs die durch denselben angeregten Fragen sich erledigen ließen. | Prot I 821

II. In der *ZustOR* haben die gefaßten Beschlüsse als §§ 103–115 die Fassung[21]:

Die Vorschriften der §§ 81 bis 102 gelten auch für Verträge, welche die Veräußerung von Pferden, Eseln, Mauleseln und Maulthieren, von Rindvieh, von Schafen und von Schweinen zum Gegenstand haben, soweit nicht in den §§ 104 bis 114 ein Anderes bestimmt ist. ZustOR § 103

Der Veräußerer haftet in den Fällen des § 103 nur wegen bestimmter Mängel (Hauptmängel) und wegen solcher auch nur dann, wenn dieselben bis zum Ablauf bestimmter Fristen (Gewährfristen) zum Vorschein kommen. ZustOR § 104

Die Bestimmung der Hauptmängel und Gewährfristen erfolgt für jede einzelne Thiergattung durch eine, mit Zustimmung des Bundesraths zu erlassende, gleichzeitig mit dem Gesetzbuche in Kraft tretende Kaiserliche Verordnung.

Diese Verordnung kann auf demselben Wege ergänzt und abgeändert werden.

Der Lauf der Gewährfrist beginnt mit dem Ablaufe des Tages, an welchem die Gefahr des Thieres auf den Erwerber übergeht. ZustOR § 105

Offenbart sich ein Hauptmangel bis zum Ablauf der gesetzlichen Gewährfrist, so wird vermuthet, daß das Thier schon zu der Zeit, in welcher die Gefahr auf den Erwer- ZustOR § 106

[21] Die Überschrift des TE Nr. 2 „Gewärleistung beim Viehhandel“ ist gestrichen.

ber überging, mit dem Mangel behaftet war. Diese Vermuthung tritt jedoch nur dann ein, wenn der Erwerber spätestens innerhalb 24 Stunden nach Ablauf der Gewährfrist entweder dem Veräußerer den Mangel angezeigt oder wegen des letzteren Klage gegen den Veräußerer erhoben oder zur Sicherung des Beweises die Beweisaufnahme durch Vernehmung von Sachverständigen in Antrag gebracht hat (Civilprozeßordnung §§ 447 u. ff.). Einem solchen Antrage ist stattzugeben, auch wenn das Erforderniß des § 449 Ziffer 4 der Civilprozeßordnung nicht vorliegt. Mit demselben kann der Antrag auf Einnahme des Augenscheines und auf Vernehmung von Zeugen vebunden werden.

ZustOR § 107 Hat der Erwerber dem Veräußerer den Mangel angezeigt, so ist der Veräußerer gleichfalls befugt, nach Maßgabe der Bestimmung des § 106 Beweisaufnahme zur Sicherung des Beweises zu beantragen.

ZustOR § 108 Der Erwerber kann wegen eines Hauptmangels nur die Wandelung, nicht auch die Minderung verlangen.

Die Wandelung kann von dem Erwerber auch in den Fällen des § 92 verlangt werden. Der Erwerber hat in diesen Fällen dem Veräußerer für das empfangene Thier dessen Werth zu vergüten. Der Werth bestimmt sich nach dem Zeitpunkte, in welchem der Erwerber die nach den Vorschriften des § 92 die Wandelung ausschließende Handlung vorgenommen hat.

ZustOR § 109 Wird der Vertrag in Folge der Wandelung rückgängig gemacht, so hat der Veräußerer dem Erwerber insbesondere auch die Kosten einer thierärztlichen Untersuchung und Behandlung, sowie der Fütterung und Pflege des veräußerten Thiers, unter Abzug des von diesem etwa gezogenen Nutzens vergüten.

ZustOR § 110 Entsteht über das Recht der Wandelung ein Rechtsstreit, so kann jede Partei, sobald die Besichtigung des Thieres nicht mehr erforderlich ist, die öffentliche Versteigerung und die Hinterlegung[22] des Erlöses verlangen.

ZustOR § 111 Der Anspruch auf Wandelung verjährt mit der in § 101 bestimmten Wirkung binnen einer Frist von zwei Wochen. Diese Frist beginnt mit dem Ablaufe der Gewährfrist.

Binnen gleicher Frist verjährt der Anspruch auf Schadensersatz, sofern nicht der Anspruch darin sich gründet, daß der Mangel wissentlich verschwiegen ist.

ZustOR § 112 Betrifft die Veräußerung ein nur der Gattung nach bestimmtes Thier, so kann der Erwerber auch die Verschaffung eines anderen mangelfreien Thieres gemäß § 102 verlangen.

Auf dieses Recht finden die Bestimmungen der §§ 109, 110, 111 entsprechende Anwendung.

ZustOR § 113 Ein allgemeines Versprechen des Veräußerers, wegen aller Mängel haften zu wollen, ist nur auf die Hauptmängel zu beziehen.

ZustOR § 114 Im Falle der Vereinbarung einer Abkürzung oder Verlängerung der Gewährfrist finden die §§ 105 bis 112 mit der Maßgabe Anwendung, daß die vereinbarte an die Stelle der gesetzlichen Gewährfrist tritt.

ZustOR § 115 Hat der Veräußerer die Haftung wegen eines nicht zu den Hauptmängeln gehörenden Mangels besonders übernommen, so finden die §§ 108, 109, 110, 112 und wenn zugleich eine Gewährfrist vereinbart ist, außerdem die §§ 105, 106, 107, 111 entsprechende Anwendung. Ist eine Gewährfrist nicht vereinbart, so verjähren die Ansprüche auf Wandelung und Schadensersatz (§ 111) binnen 42 Tagen. Die Verjährungsfrist beginnt mit dem Zeitpunkte, in welchem das Thier dem Erwerber übergeben ist.

---

[22] Dazu ist angemerkt: Bei Hinterlegung darf nicht der Zusatz gemacht werden: „gerichtliche". Das Einführungs-Gesetz muß ergeben, daß unter „Hinterlegung" im Sinne des Gesetzbuchs diejenige zu verstehen ist, welche nach Landesrecht bei den für die Annahme der die Zahlung vertretenden Hinterlegung kompetenten Stellen erfolgt.

## § 481 BGB

**Für den Verkauf von Pferden, Eseln, Mauleseln und Maulthieren, von Rindvieh, Schafen und Schweinen gelten die Vorschriften der §§ 459 bis 467, 469 bis 480 nur insoweit, als sich nicht aus den §§ 482 bis 492 ein Anderes ergibt.**

*ZustOR § 103*

### A. 1. Kommission

**II. 3.** Auf Antrag von v. Weber (Nr 551) wurde das Zitat in § 103 dahin berichtigt, daß statt „§ 104–114" gesetzt würde „§ 104 bis 115" (Prot I 3264, 3274).

Auf Antrag von Kurlbaum (Nr 566, 7) wurde sodann das Zitat berichtigt: „81–101, 102" (NB. § 101 a nicht mit zu citiren) (Prot I 3282, 3286).

**III.** Im *KE* entspricht § 396 dem § 103 ZustOR, wobei die zitierten Vorschriften sind: „§§ 378 bis 384, 386 bis 395" und „§§ 397 bis 408".

Bei der 2. Beratung des KE wurde auf Antrag von Kurlbaum (Nr 591, 9) in § 396 das Wort „auch" vor „für Verträge" gestrichen, und am Schluß gesetzt „nur insoweit, als" statt „soweit".

**IV.** Im *E I* lautet die beschlossene Vorschrift als § 399:

Die Vorschriften der §§ 381 bis 387, 389 bis 398 gelten für Verträge, welche die Veräußerung von Pferden, Eseln, Mauleseln und Maulthieren, von Rindvieh, von Schafen und von Schweinen zum Gegenstande haben, nur insoweit, als nicht in den §§ 400 bis 411 ein Anderes bestimmt ist. E I § 399

### B. Vorkommission des Reichsjustizamtes

**I.** Beantragt war, § 399 zu fassen: Struckmann (Nr 1, 105 § s)[1]

§ s (§ 399)

Bei dem Verkauf von Pferden, Eseln, Mauleseln und Maulthieren, von Rindvieh, Schafen und Schweinen finden die Vorschriften der §§ a bis r nur insoweit Anwendung, als nicht in den §§ t bis ff ein Anderes bestimmt ist.

**II.** 63. Sitzung vom 29. 12. 1891

Zu § 399 wurde der nur in der Fassung abweichende Antrag sachlich angenommen (ProtRJA 365).

### C. 2. Kommission

**I.** Anträge zu den §§ 399 bis 411 (Prot. II Bd. 1, S. 718ff.; *Mugdan*, Bd. 2, S. 686ff.):

1. der oben bei § 459 BGB erwähnte Antrag, nach welchem die §§ 399 bis 411, soweit sie den Kauf betreffen, durch folgende Vorschriften ersetzt werden sollen: Struckmann (Nr 67, 1 §§ t-dd)

[1] S. zu diesem Antrag auch bei §§ 459, 460–480, 482–493 BGB.

§ t (399). Bei dem Verkaufe von Pferden, Eseln, Mauleseln und Maulthieren, von Rindvieh, Schafen und Schweinen finden die Vorschriften der §§ a bis s nur insoweit Anwendung, als nicht in den §§ u bis dd ein Anderes bestimmt ist.

§ u (400). Der Verkäufer haftet nur wegen bestimmter Hauptmängel und auch wegen dieser nur, wenn sie bis zum Ablauf einer bestimmten Gewährfrist sich zeigen.

Die Hauptmängel und die Gewährfristen für jede Thiergattung werden durch eine mit Zustimmung des Bundesraths zu erlassende Kaiserliche Verordnung bestimmt. Diese kann auf demselben Wege ergänzt und abgeändert werden.

§ v (401 bis 403). Die Gewährfrist beginnt mit Ablauf des Tages, an welchem die Gefahr auf den Käufer übergeht.

Zeigt ein Hauptmangel sich bis zum Ablaufe der Gewährfrist, so wird vermuthet, daß der Mangel schon zu der Zeit vorhanden gewesen sei, in welcher die Gefahr auf den Käufer übergegangen ist.

Der Käufer verliert die aus dem Mangel sich ergebenden Rechte, wenn er nicht spätestens innerhalb vierundzwanzig Stunden nach Ablauf der Gewährfrist oder, wenn das Thier vor Ablauf derselben verendet ist, nach dem Tode des Thieres entweder die Anzeige des Mangels an den Verkäufer abgesendet oder eine der im § e Abs. 3 (siehe oben S. 690)[2] der Anzeige gleichgestellten Handlungen vorgenommen hat.

§ w (410). Die Gewährfrist kann durch Vereinbarung verlängert oder abgekürzt werden. Die vereinbarte Frist tritt an die Stelle der gesetzlichen.

§ x (404). Der Käufer kann nur Wandelung, nicht auch Minderung verlangen.

Die Wandelung kann von dem Käufer auch in den Fällen des § 430 verlangt werden. Der Käufer hat in diesen Fällen dem Verkäufer für das empfangene Thier dessen Werth zu vergüten. Der Werth bestimmt sich unter Berücksichtigung des Mangels nach dem Zeitpunkt, in welchem der Käufer die nach dem § 430 das Rücktrittsrecht ausschließende Handlung vorgenommen hat.

§ y (neu). Hat der Käufer mehrere Thiere gleicher Art von demselben Verkäufer gekauft und zeigt sich bei einem der Thiere bis zum Ablauf der Gewährfrist eine unter die Hauptmängel fallende ansteckende Krankheit, so kann der Käufer die Wandelung wegen der sämmtlichen Thiere verlangen, soweit sie gemeinsam der Gefahr der Ansteckung ausgesetzt gewesen sind.

Die Krankheiten, welche im Sinne dieser Vorschrift als ansteckende gelten, werden in der nach Maßgabe des § u Abs. 2 zu erlassenden Kaiserlichen Verordnung bestimmt.

§ z (405). Wird der Kauf in Folge der Wandelung rückgängig gemacht, so hat der Verkäufer dem Käufer auch die Kosten einer thierärztlichen Untersuchung und Behandlung, der Fütterung und Pflege des Thieres sowie einer nothwendig gewordenen Tödtung und Wegschaffung desselben unter Abzug des Werthes der etwa von dem Thiere gezogenen Nutzungen zu ersetzen.

§ aa (406). Im Laufe eines Rechtsstreits über die Wandelung kann jede Partei, sobald die Besichtigung des Thieres nicht mehr erforderlich ist, verlangen, daß dasselbe öffentlich versteigert und der Erlös öffentlich hinterlegt werde.

§ bb (407). Der Anspruch auf Wandelung oder auf Schadensersatz wegen einer zugesicherten Eigenschaft verjährt in zwei Wochen von Ablauf der Gewährfrist an. Ist jedoch vor Vollendung der Verjährung zur Sicherung des Beweises die Beweisaufnahme durch Vernehmung von Sachverständigen beantragt, so beginnt die Verjährung erst mit Beendigung des Verfahrens. Die Vorschriften des § 171 und des § 174 Abs. 3 finden

[2] Die Seitenangabe bezieht sich auf die Prot. II, Bd. 1; s. hier bei § 464 BGB.

entsprechende Anwendung; an die Stelle der sechsmonatigen Frist tritt eine Frist von zwei Wochen.

Diese Vorschriften finden keine Anwendung, wenn der Verkäufer den Mangel dem Käufer arglistig verschwiegen hat.

§ cc (408). Ist ein nur der Gattung nach bestimmtes Thier Gegenstand des Kaufes, so kann der Käufer statt der Wandelung verlangen, daß ihm an Stelle des mangelhaften Thieres ein mangelfreies geliefert werde. Auf diesen Anspruch finden die Vorschriften der §§ y bis bb entsprechende Anwendung. (Der § 409 soll gestrichen werden.)

§ dd (411). Hat der Verkäufer die Haftung wegen eines nicht zu den Hauptmängeln gehörenden Mangels übernommen, so finden die Vorschriften der §§ x bis aa, cc und, wenn zugleich eine Gewährfrist vereinbart ist, die Vorschriften der §§ v, bb entsprechende Anwendung. Ist eine Gewährfrist nicht vereinbart, so verjährt der Anspruch in sechs Wochen nach der Uebergabe des Thieres an den Käufer[3].

2. der Antrag: Danckelmann (Nr 81)

a) das deutschrechtliche Prinzip des Entwurfs durch das gemeinrechtliche zu ersetzen;

b) für den Fall der Annahme dieses Prinzips die Aufnahme folgender Bestimmungen zu beschließen:

§ a (399; § t). Bei dem Verkaufe von Hausthieren finden die Vorschriften der §§ 381 bis 398 nur insoweit Anwendung, als nicht in den §§ a bis h ein Anderes bestimmt ist.

§ b (402, 403; § v). Der Käufer hat spätestens innerhalb 24 Stunden nach erlangter Kenntniß des Mangels entweder die Anzeige des Mangels an den Verkäufer abzusenden, oder eine der in § ... (e Abs. 3 des Antrags Nr. 67)[4] der Anzeige gleichgestellten Handlung vorzunehmen. (Vorausgesetzt wird, daß der oben S. 668[5] unter VIII mitgetheilte Antrag wegen Ergänzung der C.P.O. Annahme findet.)

Versäumt er dies, so haftet er dem Verkäufer für den Ersatz des durch Unterlassung der Anzeige entstandenen Schadens.

§ c (404; § x). Der Käufer kann nur Wandelung, nicht auch Minderung verlangen.
In den Fällen der §§ 429, 430 findet jedoch nur Minderung statt.

§ d (§ y). Hat der Käufer mehrere Thiere gleicher Art von demselben Verkäufer gekauft und zeigt sich bei einem der Thiere bis zum Ablauf der Verjährungsfrist eine dem Gewährsanspruche unterliegende ansteckende Krankheit, so kann der Käufer innerhalb der Verjährungsfrist für sämmtliche Thiere die Wandelung bezw. Minderung fordern, soweit sie gemeinsam der Gefahr der Ansteckung ausgesetzt gewesen sind.

§ e (405; § z). Wird der Kauf in Folge der Wandelung rückgängig gemacht, so hat der Verkäufer dem Käufer auch die Kosten einer thierärztlichen Untersuchung und Behandlung, der Fütterung und Pflege, sowie einer nothwendig gewordenen Tödtung und Wegschaffung des Thieres unter Abzug des Werthes der etwa von ihm gezogenen Nutzungen zu ersetzen.

§ f (406; § aa). Im Laufe eines Rechtsstreits über die Wandelung bezw. Minderung kann jede Partei, sobald die Besichtigung des Thieres nicht mehr erforderlich ist, verlangen, daß es öffentlich versteigert und der Erlös öffentlich hinterlegt werde.

---

[3] In der metallographierten Fassung des Antrags bildet der Satz 2 einen selbständigen Absatz.
[4] S. bei § 464 BGB.
[5] Bezieht sich auf Prot. II, Bd. 1; s. hier bei § 445 BGB.

§ g (407; § bb). Der Anspruch auf Wandelung bezw. Minderung, ingleichen der Anspruch auf Schadensersatz wegen einer zugesicherten Eigenschaft verjähren in 6 Wochen von der Uebergabe an.

Ist jedoch vor Vollendung der Verjährung zur Sicherung des Beweises die Beweisaufnahme durch Vernehmung von Sachverständigen beantragt, so wird die Verjährung bis zur Beendigung des Verfahrens unterbrochen.

Diese Vorschriften finden keine Anwendung, wenn der Verkäufer den Mangel dem Käufer arglistig verschwiegen hat.

§ h (408; § cc). Ist ein nur der Gattung nach bestimmtes Thier Gegenstand des Verkaufs, so kann der Käufer statt der Wandelung verlangen, daß ihm an Stelle des mangelhaften Thieres ein mangelfreies Thier geliefert werde. Auf diesen Anspruch finden die Vorschriften der §§ a bis g entsprechende Anwendung.

Die Kom. trat zunächst in eine allgemeine Berathung darüber ein, ob bei der Regelung der Haftung wegen Mängel eines verkauften Thieres das sog. deutschrechtliche System zu Grunde zu legen sei.

Miteinbezogen wurden noch folgende Anträge:

Conrad (Nr 94) 3. den § 400 durch nachstehende Vorschrift zu ersetzen:

Der Verkäufer haftet bis zum Ablauf einer Gewährsfrist von sechs Wochen für die Mängel des verkauften Thieres, welche den Werth desselben dergestalt mindern, daß der Käufer, wenn sie ihm bekannt gewesen wären, dasselbe gar nicht oder nur zu einem wesentlich geringeren Preise gekauft haben würde.

Spahn (Nr 92) 4. im § 399 die Worte „Schafen und Schweinen“ zu streichen.

Der Antragsteller zu 4 erläuterte seinen Antrag dahin, daß derselbe nur für den Fall der Annahme des dem Entwurfe bezw. dem Antrag 1 zu Grunde liegenden Systems gestellt sei.

Die Kom. beschloß:

1. unter Ablehnung des Antrags 2 a bei der Regelung der Grundsätze über die Haftung wegen Viehmängel das deutschrechtliche System zu Grunde zu legen.

2. unter Ablehnung des Antrags 4 den § 399 in der Fassung des Antragssss 1 § t anzunehmen.

Mit der Ablehnung des römischrechtlichen Systems erledigte sich der Antrag 2 b. Die in dem Antrag 4 angeregte Beschränkung wurde mit Mehrheit abgelehnt.

**II.** In der *VorlZust* der Beschlüsse der 2. Kom. hat § 399 die Fassung des Antrags 1 § t; die zitierten §§ sind: „§§ 381 bis 398“ und „§§ 400 bis 411“.

**III., IV.** Die gleiche Fassung findet sich in der *ZustRedKom* § 469 u (die zitierten §§: 469a bis 469g, 469i bis 469t und 469v bis 469g[1]) und im *E II* § 416 (die zitierten §§: 397 bis 403, 405 bis 415), in dem es am Schluß jedoch heißt: „als sich nicht aus den §§ 417 bis 428 ein Anderes ergiebt“.

**V.** Im *E II rev* hat die Vorschrift als § 474 die in § 481 BGB Gesetz gewordene Fassung.

### D. Bundesrat (Justizausschuß)

**I.** Zu § 416 E II hat Bayern daran erinnert, daß von den landwirthschaftlichen Interessenvertretungen schon gegenüber dem Entwurf erster Lesung eine Bestimmung für erforderlich erachtet worden sei, nach welcher in dem Falle, daß der Käufer von dem nämlichen Verkäufer gleichzeitig mehrere Thiere derselben Art oder eine ganze Heerde gekauft habe und bei einem der Thiere innerhalb der Gewährsfrist eine unter die Hauptmängel fallende ansteckende Krankheit sich zeige, der bei den übrigen Thieren – soweit sie gemeinsam der Gefahr der Ansteckung ausgesetzt gewesen seien – bestehende Seuchenverdacht als Hauptmangel gelten solle. Das Generalkomité des landwirthschaftlichen Vereins in Bayern sei nunmehr auf jene frühere Anregung zurückgekommen und habe erklärt, daß das wirthschaftliche Bedürfniß eine solche Ergänzung des Entwurfes wenigstens in dem Umfang erfordere, in welchem erfahrungsgemäß und nach dem Urtheile der Sachverständigen der Seuchenverdacht wohl begründet erscheine.

Sollte von anderen Bundesregierungen eine Ausdehnung der Vorschriften über die Gewährschaft im obigen Sinn oder im Sinne der bei der zweiten Lesung gestellten, aber abgelehnten Anträge 3 oder 4[6] vorgeschlagen werden, so würde Bayern dem nicht entgegentreten.

II. 1. Bericht von *Heller* (Bayern) vom 11. 10. 1895.

Die Bayerische Anregung zum § 474 wurde von Württemberg unterstützt, fand aber sonst keinen Anklang und wurde entsprechend dem Antrage des Berichterstatters abgelehnt.

2. Bericht von *Sieveking* (Hamburg) vom 11. 10. 1895

Zu § 474 (E II 416) hatte Bayern die Aufnahme von Bestimmungen angeregt, wonach in dem Falle gleichzeitigen Verkaufs mehrerer Thiere oder einer Heerde durch denselben Verkäufer an denselben Käufer, wenn sich innerhalb der Gewährfrist bei einem Thiere eine als Hauptmangel geltende ansteckende Krankheit zeige, der bei den übrigen Thieren etwa bestehende Seuchenverdacht als Hauptmangel gelten solle. Derselben wurden aber – als zu weit gehend – keine Folge gegeben.

3. Bericht von *Schicker* (Württemberg) vom 12. 10. 1895

Zu § 474 wurde von Ministerialrath von Heller und mir der auf Seite 3 der Zusammenstellung in der Anmerkung abgedruckte Antrag 3 gestellt. Derselbe fand aber nicht die Majorität.

## § 482 BGB

**Der Verkäufer hat nur bestimmte Fehler (Hauptmängel) und diese nur dann zu vertreten, wenn sie sich innerhalb bestimmter Fristen (Gewährfristen) zeigen.**

**Die Hauptmängel und die Gewährfristen werden durch eine mit Zustimmung des Bundesraths zu erlassende Kaiserliche Verordnung bestimmt. Die Bestimmung kann auf demselben Wege ergänzt und abgeändert werden.**

ZustOR § 104[1]

### A. 1. Kommission

II. 3. Bei der Beratung der zum Obligationenrecht gefaßten Beschlüsse wurde der Antrag von Kurlbaum (Nr. 566, 8), in § 104 Abs. 2 vor „Gewährfristen" einzuschalten „der" abgelehnt (Prot I 3282, 3286).

---

[6] Prot. II, Bd. 1, S. 741; hier bei § 487 BGB.

[1] S. die Fassung o. S. 229.

**III.** Im *KE* ist die Vorschrift in unveränderter Fassung in § 397 enthalten. Jedoch sind die Abs. 2 und 3 zu einem Absatz verbunden und statt „Bundesraths" heißt es „Bundesrathes".

Bei der 2. Beratung des KE wurde zu § 397 beantragt:

Johow (Nr 587, 18) Kurlbaum (Nr 591, 10)

1. Abs. 1 Zeile 3 statt „Ablauf" zu schreiben „Ablaufe". (Vergl. § 399 Zeile 1.)

2. Abs. 2

a, Zeile 1 hinter „und" einzuschalten „der".

b, Zeile 2 bis 4 statt „durch . . . Verordnung" zu setzen „nach erfolgter Zustimmung des Bundesraths durch Kaiserliche Verordnung".

c, Satz 2. Die Bestimmung kann pp.

Der Antrag zu 1 wurde angenommen.

Zu Abs. 2 wurde folgende Fassung des ersten Satzes beschlossen: „Die Bestimmung der Hauptmängel und der Gewährfristen — durch eine mit Zustimmung des Bundesrathes zu erlassende Kaiserliche Verordnung."

Der Antrag 2 c zu Satz 2 Abs. 2 wurde abgelehnt. (Prot I 11782)

**IV.** Im *E I* ist die Fassung der in § 400 enthaltenen Vorschrift den vorstehenden Beschlüssen gemäß geändert.

## B. Vorkommission des Reichsjustizamtes

Struckmann (Nr 1, 105 § t)[2]

**I.** Beantragt war, die Vorschrift zu fassen:

Der Verkäufer haftet nur wegen bestimmter Hauptmängel und auch wegen dieser nur, wenn sie bis zum Ablauf einer bestimmten Gewährfrist sich zeigen.

Die Hauptmängel und die Gewährfristen für jede Thiergattung werden durch eine mit Zustimmung des Bundesraths zu erlassende Kaiserliche Verordnung bestimmt. Dieselbe kann auf demselben Wege ergänzt und abgeändert werden.

**II.** 63. Sitzung vom 29. 12. 1891

Der Antrag wurde angenommen (ProtRJA 366).

## C. 2. Kommission

**I.** Zu § 400 lagen vor (Prot. II, Bd. 1, S. 727; *Mugdan*, Bd. 2 S. 690f.):

Struckmann (Nr 67 1 § u) Conrad (Nr 94)

1. der § u des oben bei § 481 BGB mitgetheilten Antrags;

2. der Antrag, statt des § 400 zu bestimmen:

Der Verkäufer haftet bis zum Ablauf einer Gewährfrist von sechs Wochen für die Mängel des verkauften Thieres, welche den Werth desselben dergestalt mindern, daß der Käufer, wenn sie ihm bekannt gewesen wären, dasselbe gar nicht oder nur zu einem wesentlich geringeren Preise gekauft haben würde.

---

[2] S. zu diesem Antrag auch bei §§ 459, 460, 462 – 481, 483 – 493 BGB.

3. der Antrag, dem Abs. 1 hinzuzufügen: Spahn (Nr 92, 2)
und nicht durch einen der Ablieferung vorausgegangen Eisenbahntransport bewirkt sind.

Der Antrag 2 fand durch den zu § 399 mitgeteilten Beschluß seine Erledigung. Den Antrag 3 nahm der Antragsteller im Laufe der Beratung zurück. Der mit dem Entw. sachlich übereinstimmende Antrag 1 (§ u) wurde angenommen. Der RedKom blieb die Entscheidung darüber vorbehalten, ob es notwendig ist, durch die Fassung zu verdeutlichen, daß die „Hauptmängel" im Sinne des § 400 nur die im § 381 Abs. 2 bezeichneten Mängel ersetzen sollen, daß dagegen im Falle der besonderen Zusicherung einer Eigenschaft die allgemeinen Vorschriften über die Gewährleistung eines Mangels der verkauften Sache anzuwenden sind, und ob es den Vorzug verdient, statt der Bezeichnung „bestimmte Hauptmängel" im Anschluß an den Entw. die Ausdrucksweise „bestimmte Mängel (Hauptmängel)" zu wählen.

**II.** In der *VorlZust* der Beschlüsse der 2. Kom. hat § 400 die Fassung:

Der Verkäufer haftet, soweit er nicht eine Eigenschaft zugesichert hat, nur wegen bestimmter Mängel (Hauptmängel) und auch wegen dieser nur, wenn sie bis zum Ablauf einer bestimmten Frist (Gewährfrist) sich zeigen. E I-VorlZust § 400

Abs. 2 lautet wie in dem beschlossenen § u Antrag 1. Jedoch heißt es im Satz 2 eingangs: „Die Bestimmung" statt: „Dieselbe".

**III.** In der *ZustRedKom* hat die Vorschrift als § 469 v, die Fassung:

Der Verkäufer haftet nur wegen bestimmter Fehler (Hauptmängel) und nur, wenn der Fehler sich innerhalb einer bestimmten Frist (Gewährfrist) zeigt. E I-ZustRedKom § 469 v (400)

Die Hauptmängel und die Gewährfristen werden durch eine . . . usw. wie in § 400 EI-VorlZust.

**IV., V.** Im *E II* hat die Vorschrift als § 417 und im *E II rev* als § 475 die in § 482 BGB Gesetz gewordene Fassung.

## D. Bundesrat (Justizausschuß)

**I.** Zu § 417 wies Bremen darauf hin, daß gewisse Mängel den Werth eines Thieres erheblich verminderten, sobald man es als lebender Organismus betrachte, während sein Werth als Schlachtvieh dadurch nicht beeinträchtigt werde. Es sei zweifelhaft, ob diese Unterscheidung in dem Entwurfe gemacht werde, sowie ob die im § 417 vorgesehene Kaiserliche Verordnung eine besondere Kategorie von Mängeln aufstellen dürfe, die als Hauptmängel beim Handel in Schlachtvieh anzusehen seien.

Es werde empfohlen, diese Befugniß im § 417 ausdrücklich auszusprechen.

**II. 1.** Bericht von *Heller* (Bayern) vom 11. 10. 1895

Zu dem Vorschlage Bremens zum § 475 bemerkte der Berichterstatter, es sei ihm von zuständiger Seite mitgetheilt worden, die Kaiserliche Verordnung werde die von Bremen berührte Unterscheidung machen. Der Vorsitzende bestätigte dies mit dem Beifügen, daß der Entwurf der Verordnung schon aufgestellt sei. Man beschloß, eine erläuternde Bemerkung in die Denkschrift aufzunehmen[3].

---

[3] Übereinstimmend der Bericht von Schicker (Württemberg) vom 12. 10. 1895.

2. Bericht von *Sieveking* (Hamburg) vom 11. 10. 1895

Eine Bemerkung Bremens zu § 475 (E II 417) dahingehend, daß bei der Bestimmung der Hauptmängel ein Unterschied zwischen Schlachtvieh und anderem Vieh derselben Gattung gemacht werden müsse, wurde nicht weiter verfolgt, nachdem der Vorsitzende in Aussicht gestellt hatte, daß die zu erlassende Kaiserliche Verordnung diesen Unterschied machen werde. Daß die Kompetenz hierzu durch § 475 verliehen werde, soll in der Denkschrift an den Reichstag hervorgehoben werden.

## E. Reichstag

I. In der *XII. Kommission* des Reichstages lagen

zu §§ 475, 476 E II rev, 476, 477 E III sowie zu weiteren Bestimmungen des Rechts der Gewährleistung wegen Mängel beim Kauf von Vieh eine Reihe von Anträgen von v. Buchka (Nr. 29, 1–6) vor, die wegen ihres Zusammenhangs hier geschlossen wiedergegeben werden und wie folgt lauten:

1. die §§ 476 bis 478 zu streichen

2. dem § 479 folgende Fassung zu geben:
Der Käufer verliert die ihm wegen eines Mangels zustehenden Rechte, wenn er nicht ungesäumt nach Erkennung des Mangels, spätestens aber innerhalb vier Wochen nach der Ablieferung des Thiers (§§ 440, 441), oder falls das Thier vor dem Ablauf dieser Frist getödtet worden oder sonst verendet ist, spätestens innerhalb zweier Tage nach dem Tode desselben den Mangel dem Verkäufer anzeigt u.s.w. (wie in dem Entwurf).

3. dem § 480 folgende Fassung zu geben:
Die im § 479 bestimmte Anzeigefrist kann durch Vertrag verlängert oder abgekürzt werden. Die vereinbarte Frist tritt an die Stelle der gesetzlichen Frist.

4. im § 484 Absatz 1

a) statt des Wortes „Hauptmangels" zu setzen „Mangels",

b) statt der Worte „der Gewährfrist" zu setzen „der im § 479 bestimmten Anzeigefrist".

5. dem § 486 folgende Fassung zu geben:
Sichert der Verkäufer eine Eigenschaft des Thieres zu, so finden die Vorschriften der §§ 479, 481 bis 485 entsprechende Anwendung.

6. dem § 487 folgende Fassung zu geben[4]:
Ein allgemeines Versprechen, durch welches der Verkäufer die Gewährleistung wegen aller Fehler übernimmt, ist im Zweifel nur auf die erheblichen und beim Kaufabschluß nicht erkennbar gewesenen Mängel zu beziehen.

II. Bericht von *Heller* vom 6. 3. 1896 über die 10. Sitzung vom 6. 3. 1896

Der Antragsteller leitete seine Begründung mit der Bemerkung ein, daß man diesen Versuch, dem Systeme des Entwurfs gegenüber das gemeinrechtliche System zur Geltung zu bringen, ihm als Mecklenburger nicht verdenken werde. Das Gemeine Recht sei durchaus praktikabel, wenn unverzügliche Anzeige der Mängel vorgeschrieben und eine kurze Verjährungsfrist eingeführt ist, es habe sich wohl bewährt. In der Praxis komme

[4] S. zu diesem Antrag weiter bei § 491 BGB.

das System allenthalben zum Durchbruch, auch wo es nicht geltendes Recht ist. Der Käufer werde entweder Haftung auch für andere als die Hauptmängel fordern oder einen geringeren Kaufpreis bieten. Den Nachtheil habe immer der wirtschaftlich Schwächere. In längerer Ausführung verbreitete er sich über die Vorzüge des gemein-rechtlichen und die Schattenseiten des deutsch-rechtlichen Systems.

Ihm entgegnete in ausführlicher Darlegung der Kommissar Struckmann. Die Wortführer der Reichspartei, der Nationalliberalen und des Zentrums erklärten sich für das System des Entwurfs, jener Antrag fand keine Unterstützung. Dr. von Buchka zog deshalb die Nr. 1 bis 5 zurück. Die §§ 476 bis 479 gelten hiernach als genehmigt.

## § 483 BGB

**Die Gewährfrist beginnt mit dem Ablaufe des Tages, an welchem die Gefahr auf den Käufer übergeht.**

## § 484 BGB

**Zeigt sich ein Hauptmangel innerhalb der Gewährfrist, so wird vermuthet, daß der Mangel schon zu der Zeit vorhanden gewesen sei, zu welcher die Gefahr auf den Käufer übergegangen ist.**

## § 485 BGB

**Der Käufer verliert die ihm wegen des Mangels zustehenden Rechte, wenn er nicht spätestens zwei Tage nach dem Ablaufe der Gewährfrist oder, falls das Thier vor dem Ablaufe der Frist getödtet worden oder sonst verendet ist, nach dem Tode des Thieres den Mangel dem Verkäufer anzeigt oder die Anzeige an ihn absendet oder wegen des Mangels Klage gegen den Verkäufer erhebt oder diesem den Streit verkündet oder gerichtliche Beweisaufnahme zu Sicherung des Beweises beantragt. Der Rechtsverlust tritt nicht ein, wenn der Verkäufer den Mangel arglistig verschwiegen hat.**

*ZustOR §§ 105–107*[1]

### A. 1. Kommission

II. 3. Bei Beratung der Anträge, welche gestellt waren in Betreff der Drucklegung der auf das Obligationenrecht sich beziehenden Beschlüsse, wurde in § 106 auf Antrag von Kurlbaum (Nr 570 III) „Nr.“ statt „Ziff“ gesetzt (Prot I 3551, 3559). Ein weiterer Antrag von Kurlbaum (Nr 570 IV), u. a. in § 106 statt „zu der Zeit, *in* welcher“ zu setzen: „zu der Zeit, *zu* welcher“[2] wurde abgelehnt (Prot I 3552, 3560).

---

[1] S. die Fassung o. S. 229 f.

[2] Dem Antrag ist die Bemerkung hinzugesetzt:
„Es heißt überall „zur Zeit“ oder „zu der Zeit“, dagegen „*in* dem Zeitpunkt, *in* welchem“.

**III.** Im *KE* ist § 105 in § 398, § 106 in § 399 und § 107 in § 400 in jeweils unveränderter, in § 399 jedoch den vorstehenden Beschluß berücksichtigender Fassung enthalten. Außerdem heißt es in § 399 Satz 1 „Ablaufe" statt „Ablauf" und in § 400 "Bestimmungen" statt „Bestimmung".

Bei Beratung mehrerer Anträge betreffend die Fassung einiger Vorschriften des KE wurde beschlossen, u. a. in § 399 bei der Wendung: „so wird vermuthet, daß ..." in dem Nachsatz das Zeitwort in den Konjunktiv zu setzen (Prot I 6136).

Bei der 2. Beratung des KE wurde zu § 398 beantragt:

Johow (Nr 587, 19) 1. statt „mit dem Ablaufe" zu setzen „mit Ablauf". (Vgl. § 404 Abs. 1, 2, § 408 und andere Stellen.)

Gebhard (Nr 594, 6) 2. statt „Der Lauf der Gewährfrist beginnt" zu setzen „Die Gewährfrist beginnt" (§§ 104, 685 Abs. 2, 1236, 1412 Abs. 1, 2048 Abs. 1.)

Beide Anträge wurden genehmigt (Prot I 11782, 11783).

Ferner wurde der Antrag, im § 398 die Worte: „die Gefahr des Thieres" durch die Worte „in Ansehung des Thieres die Gefahr" zu ersetzen, genehmigt (Prot I 12132, 12133).

Zu § 400 wurden bei der 2. Beratung des KE die Anträge von Johow, statt „Bestimmungen" zu setzen „Vorschriften" (Nr. 603 I) und statt „nach Maßgabe der Vorschriften (Bestimmungen) des §" zu setzen „nach Maßgabe des §" (Nr. 603 IV 4) angenommen[2a] (Prot I 11913, 11918, 11919, 11920).

**IV.** Im *E I* haben die Vorschriften in §§ 401, 402, 403 die Fassung des KE unter Berücksichtigung der vorstehenden Beschlüsse.

### B. Vorkommission des Reichsjustizamtes

**I.** Beantragt war:

Struckmann (Nr 1, 105 §§ u–w)[3] 1. die §§ 401–403 durch folgende Vorschriften zu ersetzen:

§ u (§§ 401, 402 Satz 1)

Die Gewährfrist beginnt mit Ablauf des Tages, an welchem die Gefahr auf den Käufer übergeht.

Zeigt ein Hauptmangel sich bis zum Ablauf der Gewährfrist, so wird vermuthet, daß der Mangel schon zu der Zeit gewesen sei, in welcher die Gefahr auf den Käufer übergegangen ist.

§ v (§ 402 Satz 2)

Der Käufer hat den Mangel, nachdem er ihn erkannt hat, unverzüglich dem Verkäufer anzuzeigen. Versäumt er dies, so verliert er die aus dem Mangel sich ergebenden Rechte, es sei denn, daß der Verkäufer den Mangel arglistig verschwiegen hat.

Der Anzeige an den Verkäufer steht es gleich, wenn der Käufer unverzüglich nach dem im Absatz 1 bezeichneten Zeitpunkte wegen des Mangels Klage gegen den Verkäufer erhebt oder zur Sicherung des Beweises die Vernehmung von Sachverständigen nach Maßgabe der §§ 447 ff. der Civilprozeßordnung beantragt.

---

[2a] Durch die Annahme auch des zweiten Antrags wurde die erste Änderung gegenstandslos.

[3] S. zu diesem Antrag auch bei §§ 459, 460, 462–482, 486–493 BGB.

§ w (§ 402 Satz 3, 4, § 403)

Der Antrag auf Vernehmung von Sachverständigen zur Sicherung des Beweises ist statthaft, ohne daß es der im § 449 Nr. 4 der Civilpozeßordnung vorgeschriebenen Darlegung einer besonderen Gefährdung bedarf. Mit dem Gesuche kann der Antrag auf Einnahme des Augenscheines und auf Vernehmung von Zeugen verbunden werden.

Hat der Käufer den Mangel dem Verkäufer angezeigt, so ist auch dieser befugt, nach Maßgabe des Absatz 1 Beweisaufnahme zur Sicherung des Beweises zu beantragen.

2. den § 402 zu fassen: Jacubezky (Nr 5, 32)

Kommt ein Hauptmangel vor dem Ablaufe der Gewährfrist zum Vorschein, so wird vermuthet, daß das Thier schon zu der Zeit, in welcher die Gefahr auf den Erwerber überging, mit dem Mangel behaftet gewesen sei. Diese Vermuthung tritt jedoch nur dann ein, wenn der Erwerber spätestens innerhalb vierundzwanzig Stunden nach Ablauf der Gewährfrist oder, wenn das Thier vor Ablauf derselben verendet ist, nach dem Tode des Thieres, entweder die Anzeige von dem Mangel an den Veräußerer abgesendet oder wegen des Mangels Klage erhoben oder zur Sicherung des Beweises die Beweisaufnahme durch Vernehmung von Sachverständigen beantragt hat.

Im Falle des § 385 Absatz 1 wird vermuthet, daß das Thier auch schon zur Zeit der Schließung des Vertrages mit dem Mangel behaftet gewesen sei, sofern derselbe zum Vorschein gekommen ist, ehe seit der Schließung des Vertrages ein der Gewährfrist gleichkommender Zeitraum abgelaufen war. Die Vorschrift des zweiten Satzes des Absatzes 1 findet entsprechende Anwendung.

und die Sätze 3, 4 des § 402 in die Civilprozeßordnung zu versetzen.

3. im § 403 den Eingang zu fassen: Jacubezky (Nr 5, 33)

Hat der Erwerber dem Veräußerer den Mangel angezeigt oder die Annahme des Thieres mit der Behauptung des Mangels abgelehnt, so ist u.s.w.

und die Vorschrift in die Civilprozeßordnung zu versetzen.

4. in den §§ 401–403 statt „Recht der Wandelung" zu setzen „Anspruch auf Wandelung". Planck (Nr 6, 26)

II. 63. Sitzung vom 29. 12. 1891

| IX. An Stelle der §§ 401, 402 Satz 1 wurde folgende sachlich übereinstimmende Bestimmung angenommen: | Prot-RJA 366

§ u. (§§ 401, 402 Satz 1.)

„Die Gewährfrist beginnt mit Ablauf des Tages, an welchem die Gefahr auf den Käufer übergeht.

Zeigt ein Hauptmangel sich bis zum Ablauf der Gewährfrist, so wird vermuthet, daß der Mangel schon zu der Zeit vorhanden gewesen sei, in welcher die Gefahr auf den Käufer übergegangen ist."

X. Zu § 402 Satz 2 wurde beschlossen, an die Versäumung der Anzeige, der Klage oder des Antrags auf Beweissicherung nicht nur den Ausschluß der Berufung auf die in Satz 1 aufgestellte Vermuthung, sondern den Verlust der wegen der Mängel zustehenden Ansprüche zu knüpfen, mithin die zu § 386 Abs. 2 beschlossene, entsprechend zu ergänzende Vorschrift auch bei Viehmängeln Anwendung finden zu lassen, jedoch mit der Abweichung, daß es | genügen soll, wenn der Käufer die bezeichneten Rechtshandlungen innerhalb 24 Stunden nach Ablauf der Gewährfrist oder, wenn das Thier vor Ablauf derselben verendet ist, nach dem Tode des Thieres vornimmt. | ProtRJA 367

Für die Annahme des Präjudizes des Rechtsverlustes war vor Allem der zu § 386 gefaßte Beschluß maßgebend, von welchem man hier eine Ausnahme zu bestimmen keinen hinreichenden Grund fand. Die Annahme des Rechtsverlustes erschien ferner geboten durch das Interesse des Verkäufers, welcher durch die Bestimmung des Entwurfs unbillig benachtheiligt werde, da dieser dem Käufer die Möglichkeit lasse, seinerseits sich die Beweise für das Vorhandensein des Mangels zur Zeit des Gefahrübergangs zu sichern und dann gegen den Verkäufer, wenn diesem die Führung des Gegenbeweises unmöglich sei, vorzugehen. Erwogen wurde auch, daß nur durch den Rechtsverlust der Hauptzweck des deutschrechtlichen Gewährschaftsrechts, die Abschneidung von Prozessen, erreicht werde.

Dagegen hielt man es mit Rücksicht auf geschäftsunkundige Käufer für zu streng, den Rechtsverlust schon dann eintreten zu lassen, wenn der Käufer die Anzeige und die dieser gleichgestellten Handlungen nicht unverzüglich nach Entdeckung des Mangels vornehme. Man zog auch in Betracht, daß bei der Natur der hier in Frage stehenden Kaufgegenstände die Entscheidung, wann der Käufer von dem Mangel Kenntniß erlangt habe, nicht selten erhebliche Schwierigkeiten machen werde.

Ein Vorschlag, eine dem § 402 Satz 1 entsprechende Vermuthung für den Fall aufzustellen, wenn nach § 385 der Käufer das Vorhandensein des Mangels zur Zeit des Vertragsschlusses zu beweisen habe, wurde abgelehnt. Man hielt eine solche Vermuthung theils neben der durch die Gewährfristen gegebenen thatsächlichen Vermuthung für überflüssig | theils für nutzlos, da der Käufer die Kenntniß des Verkäufers von dem Mangel beweisen müsse, für diesen Beweis aber eine solche Vermuthung ohne Werth sei. | Prot-RJA 368

Die *Sätze 3 und 4* beschloß man, als rein prozessualisch in die Civilprozeßordnung zu versetzen.

XI. Der § 403 wurde sachlich nicht beanstandet. Es soll jedoch im Vordersatz dem Falle der Anzeige von dem Mangel der Fall gleichgestellt werden, wenn der Käufer die Annahme des Thieres mit der Behauptung des Mangels abgelehnt hat, und es soll die Vorschrift ebenfalls in die Civilprozeßordnung eingestellt werden.

## C. 2. Kommission

**I.** Zu §§ 401 bis 403 war beantragt (Prot II, Bd. 1, S. 735ff.; *Mugdan*, Bd. 2, S. 692ff.):

Struckmann (Nr 67, 1 § v) 1. a) den § 401 und den § 402 Satz 1, 2 durch den oben bei § 481 BGB mitgetheilten § v zu ersetzen;

b) die Vorschriften des § 402 Satz 3, 4 und des § 403 zu streichen und im Art. 11 des E.G. als § 449 a der C.P.O. folgende Vorschriften einzustellen:

Das Gesuch des Käufers, wegen eines Mangels der gekauften Sache Sachverständige zu vernehmen, ist statthaft, auch wenn das Erforderniß des § 449 Nr. 4 nicht vorliegt. Mit dem Gesuche kann der Antrag auf Einnahme des Augenscheins und auf Vernehmung von Zeugen verbunden werden.

Hat der Käufer den Mangel der Sache dem Verkäufer angezeigt oder die Annahme der Sache mit der Behauptung des Mangels abgelehnt, so ist auch der Verkäufer befugt, nach Maßgabe des Abs. 1 Beweisaufnahme zur Sicherung des Beweises zu beantragen:

hierzu die Unteranträge:

Rüger (Nr 87, 1) 2. im § v Abs. 3 anstatt „vierundzwanzig Stunden“ zu setzen „achtundvierzig Stunden“;

3. im § v Jacubezky (Nr 95)

a) dem Abs. 2 als Satz 2 hinzuzufügen:

War das Thier vor diesem Zeitpunkte der Ansteckung mit einer zu den Hauptmängeln gehörenden Seuche ausgesetzt, so steht dem Hervortreten der Krankheit die wegen des Verdachtes der Ansteckung gesetzlicher Vorschrift gemäß auf polizeiliche Anordnung erfolgte Tödtung gleich.

b) den Abs. 3 zu fassen:

Der Käufer verliert die aus dem Mangel sich ergebenden Rechte, wenn er nicht spätestens innerhalb vierundzwanzig Stunden nach Ablauf der Gewährfrist oder, wenn das Thier vor Ablauf derselben verendet ist, nach dem Tode des Thieres entweder die Anzeige des Mangels an den Verkäufer abgesendet oder wegen desselben Klage gegen den Verkäufer erhoben oder diesem den Streit verkündet oder zur Sicherung des Beweises die Vernehmung von Sachverständigen beantragt hat, es sei denn, daß der Verkäufer den Mangel arglistig verschwiegen oder das Nichtvorhandensein desselben wider besseres Wissen zugesichert hat.

Die Kom. erklärte sich mit dem von keiner Seite beanstandeten § 401 des Entw., von welchem der Antrag 1 a (§ v Abs. 1) nur in der Fassung abweicht, sachlich einverstanden. Die Vorschrift des § 402 Satz 1, mit welcher der § v Abs. 2 (Antrag 1 a) übereinstimmt, wurde gleichfalls angenommen.

Der in dem Unterantrag 3 a beantragte Zusatz wurde abgelehnt. Gebilligt wurden die Anträge 1 und 3 b, die an die Unterlassung rechtzeitiger Anzeige den Verlust der aus dem Mangel sich ergebenden Rechte knüpfen.

Angenommen wurden schließlich auch die Anträge 2 und 1 b.

II. In der *VorlZust* der Beschlüsse der 2. Kom. sind diese in § 401 in der folgenden Fassung enthalten:

Die Gewährfrist beginnt mit Ablauf des Tages, an welchem die Gefahr auf den Käufer übergeht. E I-VorlZust § 401

Zeigt ein Hauptmangel sich bis zum Ablauf der Gewährfrist, so wird vermuthet, daß der Mangel schon zu der Zeit vorhanden gewesen sei, in welcher die Gefahr auf den Käufer übergegangen ist.

Der Käufer verliert die aus dem Mangel sich ergebenden Rechte, wenn er nicht spätestens innerhalb achtundvierzig Stunden nach Ablauf der Gewährfrist oder, wenn das Thier vor Ablauf derselben verendet ist, nach dem Tode des Thieres entweder die Anzeige des Mangels an den Verkäufer abgesendet oder wegen desselben Klage gegen den Verkäufer erhoben oder diesem den Streit verkündet oder zur Sicherung des Beweises die Vernehmung von Sachverständigen beantragt hat, es sei denn, daß der Verkäufer den Mangel arglistig verschwiegen hat[4].

(Zu §§ 402, 403 verweist die VorlZust auf § 401)

---

[4] Zu der Vorschrift ist angemerkt:
Im Artikel 11 des Einführungsgesetzes sollen als § 449 a der Civilprozeßordnung folgende Vorschriften eingestellt werden:
Wird das Gesuch von dem Käufer einer Sache zu dem Zwecke gestellt, um den Beweis der Mangelhaftigkeit der Sache zu sichern, so ist dasselbe statthaft, auch wenn das Erforderniß des § 449 Nr. 4 nicht vorliegt.
Hat der Käufer den Mangel der Sache dem Verkäufer angezeigt oder die Annahme der Sache mit der Behauptung des Mangels abgelehnt, so ist auch der Verkäufer befugt, nach Maßgabe des Abs. 1 Beweisaufnahme zur Sicherung des Beweises zu beantragen.

**III.** In der *ZustRedKom* ist § 401 E I-VorlZust in den §§ 469 w, 469 x, 469 y in folgender Fassung enthalten:

R I-ZustRedKom § 469 w (401) Die Gewährfrist beginnt mit dem Ablaufe des Tages, an welchem die Gefahr auf den Käufer übergeht.

E I-ZustRedKom § 469 (402) Satz 1) Zeigt sich ein Hauptmangel innerhalb der Gewährfrist, so wird vermuthet, daß der Mangel schon zu der Zeit vorhanden gewesen sei, in welcher die Gefahr auf den Käufer übergegangen ist.

E I-ZustRedKom §469 y (402 Satz 2) Der Käufer verliert die aus dem Mangel sich ergebenden Rechte, wenn er nicht spätestens binnen zwei Tagen nach dem Ablaufe der Gewährfrist oder, wenn das Thier vor dem Ablaufe der Frist verendet ist, nach dem Tode des Thieres die Anzeige des Mangels an den Verkäufer abgesendet oder wegen des Mangels Klage gegen den Verkäufer erhoben oder diesem den Streit verkündet oder gerichtliche Beweisaufnahme zur Sicherung des Beweises beantragt hat. Der Rechtsverlust tritt nicht ein, wenn der Verkäufer den Mangel arglistig verschwiegen hat[5].

**IV., V.** im *E II* sind die Vorschriften in §§ 418, 419, 420 enthalten, wobei die Fassung in § 420 dahin geändert ist, daß es statt: „aus dem Mangel sich ergebenden" (§ 469 y) heißt: „ihm wegen des Mangels zustehenden". In § 419 heißt es „zu welcher" statt „in welcher".

In §§ 418, 419, die in *E II rev* in §§ 476, 477 enthalten sind, liegt die in §§ 483, 484 BGB Gesetz gewordene Fassung vor. Die Vorschrift des § 420 E II[6] hat im E II rev in § 478 die in § 485 BGB Gesetz gewordene Fassung erhalten.

### D. Bundesrat (Justizausschuß)

**I.** Zu § 420 hat Bremen auch die gegenüber § 401 erhobenen Bedenken geltend gemacht[7].

## § 486 BGB

**Die Gewährfrist kann durch Vertrag verlängert oder abgekürzt werden. Die vereinbarte Frist tritt an die Stelle der gesetzlichen Frist.**

*ZustOR § 114*[1]

### A. 1. Kommission

Kurlbaum (Nr 570 IV 21) **II. 3.** Bei Beratung der Anträge, welche gestellt waren in Betreff der Drucklegung der auf das Obligationenrecht sich beziehenden Beschlüsse, wurde beantragt, in den Worten „die vereinbarte an die Stelle der gesetzlichen Gewährfrist" das letzte Wort hinter „vereinbarte" zu versetzen.

Der Antrag wurde gebilligt (Prot I 3554, 3560).

---

[5] Zu dem § ist angemerkt: Wegen des § 402 Satz 3, 4 und des § 403 des Entw. vergl. die Anmerkung zu § 469 r. S. diese hier bei §§ 477–479 BGB.

[6] Zu dieser ist angemerkt: Zu § 402 Satz 3, 4 und § 403 des Entw. I vergl. die Anmerkung zu § 413. S. hier bei §§ 477–479 BGB.

[7] S. bei § 464 BGB.

[1] S. die Fassung o. S. 230.

**III.** Unter Berücksichtigung der vorstehenden Änderung entspricht im *KE* § 407 dem § 114 ZustOR. Bei der 2. Beratung des KE wurde der Antrag von Johow (Nr. 587, 4), in § 407 statt „die §§" zu setzen „die Vorschriften der §§" angenommen (Prot I 11731).

**IV.** Unter Berücksichtigung der vorstehenden Änderung entspricht im *E I* § 410 dem § 407 KE.

## B. Vorkommission des Reichsjustizamtes

**I.** Beantragt war:

1. die Ersetzung des § 410 durch — Struckmann (Nr 1, 105 § ee)[2]

§ ee (§ 410)

Im Falle der Vereinbarung einer kürzeren oder längeren Gewährfrist finden die Vorschriften der §§ t bis cc mit der Maßgabe Anwendung, daß die vereinbarte Gewährfrist an die Stelle der gesetzlichen Gewährfrist tritt.

2. die Worte „Recht der Wandelung" zu ersetzen durch „Anspruch auf Wandelung". — Planck (Nr 6, 26)

**II.** 63. Sitzung vom 29. 12. 1891

| XIX. Der § 410 wurde sachlich nicht beanstandet. Redaktionell wurde vorgeschlagen, denselben als § 400 a dahin einzustellen: — | Prot-RJA 372

„Die Gewährfrist kann durch Vereinbarung verlängert oder abgekürzt werden. Die vereinbarte Frist tritt an die Stelle der gesetzlichen." — E I-RJA § 400 a

## C. 2. Kommission

**I.** Zu § 410 (wegen des § 409 siehe Anhang zu § 491 BGB) war beantragt (Prot. II, Bd. 1, S. 748; *Mugdan*, Bd. 2, S. 702):

1. an Stelle desselben den § w, oben bei § 481 BGB, aufzunehmen; — Struckmann (Nr 67, 1 § w)

2. den § 410 durch folgende Vorschrift zu ersetzen: — v. Mandry (Nr 88, 2)

Die Gewährfrist kann *schriftliche* Vereinbarung verlängert oder verkürzt werden. Die vereinbarte Frist tritt an die Stelle der gesetzlichen[3].

Der Antrag 2 wurde mit Rücksicht auf die Ablehnung des von derselben Seite vorgeschlagenen § 400 a[4] zurückgezogen. Der sachlich mit dem Entw. übereinstimmende Antrag 1 fand Annahme.

**II.** In der *VorlZust* der Beschlüsse der 2. Kom. lautet § 410 wie der von der Kom. beschlossene § w. In einer Anmerkung ist hinzugefügt: Es wurde vorgeschlagen, den § 410 vor § 404 einzuschalten.

---

[2] S. zu diesem Antrag auch bei §§ 459, 460, 462–493 BGB.

[3] Dem Antrag ist in der Fassung der Zusammenstellung der Anträge hinzugefügt: vgl. Äußerung der Königl. württ. Staatsminist. S. 12.

[4] S. im Anhang zu § 491 BGB.

**III.** In der *ZustRedKom* hat die Vorschrift in § 469 z (das ist die dem vorstehenden Vorschlag entsprechende Stelle) die Fassung:

E I-ZustRedKom § 469 z (410) Die Gewährfrist kann durch Vertrag verlängert oder abgekürzt werden. Die vereinbarte Frist tritt an die Stelle der gesetzlichen.

**IV.** Im *E II* ist die Vorschrift in unveränderter Fassung in § 421 enthalten.

**V.** Im *E II rev* ist die Fassung des § 479, wie in § 486 BGB Gesetz geworden.

**E. Reichstag**

**I.** In der *XII. Kommission* des Reichstags lag

zum § 480 E III (E II rev § 479) der Antrag Gröber (Nr. 32 der Drucksachen, Ziff. 5) vor

in § 480 den ersten Satz in folgender Fassung anzunehmen:

„Die Gewährfrist kann durch schriftlichen Vertrag verlängert oder abgekürzt werden."

**II.** Bericht von *Heller* vom 6. 3. 1896 über die 10. Sitzung vom 6. 3. 1896

Zur Begründung bemerkte der Antragsteller man sollte es nicht allzusehr erleichtern, die Gewährfrist zu verlängern oder abzukürzen; namentlich der Fall der Abkürzung erfordere eine strengere Form zum Schutze des wirtschaftlich Schwächeren. Der Antrag wurde gegen vier Stimmen abgelehnt, nachdem sich Struckmann gegen ihn ausgesprochen und insbesondere darauf aufmerksam gemacht hatte, daß auch die Ausschließung der Haftung der Schriftform nicht bedürfe.

## § 487 BGB

**Der Käufer kann nur Wandelung, nicht Minderung verlangen.**

**Die Wandelung kann auch in den Fällen der §§ 351 bis 353, insbesondere wenn das Thier geschlachtet ist, verlangt werden; an Stelle der Rückgewähr hat der Käufer den Werth des Thieres zu vergüten. Das Gleiche gilt in anderen Fällen, in denen der Käufer in Folge eines Umstandes, den er zu vertreten hat, insbesondere einer Verfügung über das Thier, außer Stande ist, das Thier zurückzugewähren.**

**Ist vor der Vollziehung der Wandelung eine unwesentliche Verschlechterung des Thieres in Folge eines von dem Käufer zu vertretenden Umstandes eingetreten, so hat der Käufer die Werthminderung zu vergüten.**

**Nutzungen hat der Käufer nur insoweit zu ersetzen, als er sie gezogen hat.**

*ZustOR § 108*[1]

[1] S. die Fassung o. S. 230.

## A. 1. Kommission

**II. 3.** Auf der 191. Sitzung vom 30. 3. 1883[2] wurde in § 108 Abs. 2 das Zitat des § 92 durch das Zitat des dort zur Ersetzung des § 92 vorgeschlagenen § e ersetzt (Prot I 1916, 1922).

**III.** Im *KE* ist die Vorschrift in der Fassung unverändert in § 401 enthalten; die zitierte Vorschrift ist § 427.

Bei der 2. Beratung des KE wurde zu § 401 beantragt,

| a, Abs. 1 die Worte „wegen eines Hauptmangels" zu streichen (zu vergl. §§ 400, 405). | Prot I 11787 Kurlbaum (Nr 591, 1)

b, Abs. 2 statt „für das empfangene Thier dessen Werth" „den Werth des empfangenen Thieres". Gebhard (Nr 594, 7)

Der Antrag zu a wurde angenommen, der Antrag zu b abgelehnt.

**IV.** Im *E I* lautet die Vorschrift in § 404 unter Streichung der Worte „wegen eines Hauptmangels" wie in § 401 KE.

## B. Vorkommission des Reichsjustizamtes

**I.** Beantragt war:

1. die Ersetzung des § 404 durch folgende Vorschriften Struckmann (Nr 1, 105 §§ x, y)[3]

§ x (§ 404)

Der Käufer kann nur Wandelung, nicht auch Minderung verlangen.

Die Wandelung kann von dem Käufer auch in den Fällen des § 430 verlangt werden. Der Käufer hat in diesen Fällen dem Verkäufer für das empfangene Thier dessen Werth zu vergüten. Der Werth bestimmt sich (unter Berücksichtigung des Mangels) nach dem Zeitpunkte, in welchem der Käufer die nach dem § 430 das Rücktrittsrecht ausschließende Handlung vorgenommen hat.

§ y

Hat der Käufer mehrere Thiere gleicher Art von demselben Verkäufer gekauft und zeigt sich bei einem der Thiere bis zum Ablauf der Gewährfrist eine unter die Hauptmängel fallende, ansteckende, leicht übertragbare Krankheit, so kann der Käufer die Wandelung wegen der sämmtlichen Thiere verlangen, soweit sie bei dem Verkäufer der Gefahr der Ansteckung ausgesetzt gewesen sind.

2. im § 404 dem Absatz 2 folgenden Satz anzufügen: Jacubezky (Nr 5, 34)

Der Veräußerer haftet jedoch nicht über den Betrag hinaus, welchen der Erwerber im Falle des § 385 wegen des Mangels als Schadensersatz wegen Nichterfüllung zu beanspruchen hätte.

3. folgenden § 404 a einzuschalten: Jacubezky (Nr 5, 35)

Bildet eine Schafheerde den Gegenstand des Vertrages, so steht dem Erwerber, wenn bei einem Thiere während der Gewährfrist eine ansteckende Krankheit zum Vorschein kommt, das Recht der Wandelung in Ansehung der ganzen Heerde zu.

---

[2] Das Prot. dieser Sitzung s. Vor §§ 346 – 360 BGB.

[3] S. zu diesem Antrag auch bei §§ 459, 460, 462 – 493 BGB.

Die Krankheiten, welche im Sinne dieser Vorschrift als ansteckende gelten, werden in der gemäß § 400 Absatz 2 zu erlassenden Kaiserlichen Verordnung bestimmt.

Planck (Nr 6, 26) 4. in § 404 statt „Recht der Wandelung" zu setzen „Anspruch auf Wandelung".

**II.** 63. Sitzung vom 29. 12. 1891

Zu § 404 wurde der inhaltlich übereinstimmende § x (des Antrags 1) sachlich angenommen (ProtRJA 368).

| Prot-RJA 368 | XIII. Hinter § 404 beschloß man sachlich, folgende Vorschrift aufzunehmen:

| Prot-RJA 369 | § y

„Hat der Käufer mehrere Thiere gleicher Art von demselben Verkäufer gekauft und zeigt sich bei einem der Thiere bis zum Ablauf der Gewährfrist eine unter die Hauptmängel fallende, ansteckende Krankheit, so kann der Käufer die Wandelung wegen der sämmtlichen Thiere verlangen, soweit sie gemeinsam der Gefahr der Ansteckung ausgesetzt gewesen sind.

Die Krankheiten, welche im Sinne dieser Vorschrift als ansteckende gelten, werden in der gemäß § 400 Abs. 2 zu erlassenden Kaiserlichen Verordnung bestimmt."

Maßgebend für den Beschluß waren die in der Kritik hervorgetretenen Wünsche und die für diese angeführten Gründe (Zusammenst. II S. 183ff., VI S. 347f.). Man ging davon aus, daß die der Ansteckungsgefahr ausgesetzten Thiere schon wegen des Verdachts der Erkrankung, auch wenn diese noch nicht innerhalb der Gewährfrist hervortrete, als mangelhaft zu behandeln seien. Da der Grund der Vorschrift in der Anstekkungsgefahr liege, dürfe dieselbe nicht auf den Fall beschränkt werden, wenn die Veräußerung durch dasselbe Rechtsgeschäft erfolgt sei. Andererseits genüge es nicht, wenn die Veräußerung durch dasselbe Rechtsgeschäft erfolgt sei, sofern nicht die Thiere gemeinsam der Ansteckungsgefahr ausgesetzt gewesen seien.

## C. 2. Kommission

I. Beantragt war (Prot. II, Bd. 1, S. 739ff.; *Mugdan*, Bd. 2, S. 695f.):

Struckmann (Nr 67,1 § x) 1. die Vorschriften in der Fassung des bei § 481 BGB mitgetheilten § x zu beschließen;

Jacubezky (Nr 74, 9) 2. in dem § 404 (x) dem Abs. 2 hinzuzufügen:
Der Verkäufer haftet jedoch nicht über den Betrag hinaus, welchen der Käufer im Falle des § 385 wegen des Mangels als Schadensersatz wegen Nichterfüllung zu beanspruchen hätte.

3. an Stelle des § 404 zu bestimmen:
Der Käufer kann nur die Wandelung, nicht auch die Minderung verlangen.
In den Fällen des § 430[4] findet jedoch nur Minderung statt.

Conrad (Nr 94) 4. den § 404 durch folgende Vorschrift zu ersetzen:
Der Käufer kann entweder Wandelung oder Minderung verlangen.

Struckmann (Nr 96) 5. den Abs. 2 zu fassen:
Die Wandelung kann von dem Käufer auch in den Fällen des § 430 verlangt werden. Der Käufer ist in diesen Fällen statt der Rückgabe des empfangenen Thieres dem Ver-

[4] Zu § 430 E I s. bei §§ 351 – 354 BGB.

käufer Schadensersatz zu leisten verpflichtet. Hat jedoch im Falle des § 430 Nr. 3 der Mangel sich erst bei der Umgestaltung gezeigt, so beschränkt sich die Verpflichtung des Käufers auf die Vergütung des Werthes, welchen das Thier unter Berücksichtigung des Mangels in dem Zeitpunkte der Umgestaltung hatte.

Die Kom. entschied sich für den sachlich mit dem Entw. übereinstimmenden Antrag 1; die Anträge 2 bis 5 wurden abgelehnt.

Nachträglich wurde noch beantragt, dem Abs. 1 des zu § 404 beschlossenen § x folgende Sätze anzufügen: Jacubezky (Nr 114, 2)

Im Falle einer nach § 427 Abs. 3[5] von dem Käufer zu vertretenden Verschlechterung des Thieres hat der Käufer den durch dieselbe verursachten Minderwerth zu vergüten. Zum Ersatze nicht gezogener Nutzungen ist der Käufer nicht verpflichtet (zu Satz 2 vergl. Mot. II S. 260).

Ferner die Berathung über den § x Abs. 2 Satz 3 wieder aufzunehmen und diesen Satz zu streichen.

Der Antrag wurde sachlich angenommen; die RedKom erhielt die Weisung, bei den zu § x Abs. 1 beschlossenen Zusatzbestimmungen durch die Fassung klarzustellen, daß die Vorschrift nur diejenigen Fälle treffen wolle, in welchen es sich um eine Haftung des Käufers für eine vor vollzogener Wandelung eingetretene Verschlechterung handele (Prot. II, Bd. 1, S. 802).

Zu der Erörterung des Falles, in welchem mehrere Thiere den Gegenstand des Kaufvertrags bilden war beantragt (Prot II, Bd. 1, S. 741 f.):

1. den oben bei § 481 BGB mitgetheilten § y anzunehmen; Struckmann (Nr 67, 1 § y)
2. in dem § y die Worte „mehrere Thiere gleicher Art" zu ersetzen durch die Worte „eine Heerde oder eine Anzahl Thiere gleicher Gattung gleichzeitig";
3. in dem Antrage 2 dem Worte „gleichzeitig" hinzuzufügen „durch dasselbe Rechtsgeschäft";
4. den Abs. 1 des § y durch folgende Vorschrift zu ersetzen: Jacubezky (Nr 74, 10)

Bildet eine Schafheerde den Gegenstand des Vertrags, so steht dem Käufer, wenn sich bei einem Thiere vor Ablauf der Gewährfrist eine ansteckende Krankheit zeigt, das Recht der Wandelung in Ansehung der ganzen Heerde zu.

Die Kom. lehnte zunächst in eventueller Abstimmung den Antrag 2 ab und nahm den Antrag 3 an. Der hierdurch modifizirte Antrag 1 wurde sodann abgelehnt, desgleichen der Antrag 4.

II. In der *VorlZust* der Beschlüsse der 2. Kom. hat § 404 zunächst die Fassung:

Der Käufer kann nur Wandelung, nicht auch Minderung verlangen.

Die Wandelung kann von dem Käufer auch in den Fällen des § 430 verlangt werden. Der Käufer hat in diesen Fällen dem Verkäufer für das empfangene Thier dessen Werth zu vergüten. Der Werth bestimmt sich unter Berücksichtigung des Mangels nach dem Zeitpunkte, in welchem der Käufer die nach dem § 430 das Rücktrittsrecht ausschließende Handlung vorgenommen hat.

Die Fassung der Vorschrift ist dann wie folgt geändert worden:

DerKäufer kann nur Wandelung, nicht auch Minderung verlangen. Bis zur Vollziehung der Wandelung hat der Käufer im Falle einer nach § 427 Abs. 3 von ihm zu vertretenden Verschlechterung des Thieres nur den durch dieselbe verursachten Minderwerth zu vergüten und ist zum Ersatze nicht gezogener Nutzungen nicht verpflichtet. E I-VorlZust § 404

[5] Zu § 427 E I s. bei §§ 346, 347, 349 BGB.

Die Wandelung kann von dem Käufer auch in den Fällen des § 430 verlangt werden. Der Käufer hat in diesen Fällen dem Verkäufer für das empfangene Thier dessen Werth zu vergüten.

III. In der *ZustRedKom* sind die Vorschriften in § 469 a[1] in folgender Fassung enthalten:

E I-ZustRedKom § 469 a[1] (404)

Der Käufer kann nur Wandelung, nicht Minderung verlangen.

Die Wandelung kann auch in den Fällen der §§ 430, 430 a, insbesondere wenn das Thier geschlachtet ist, verlangt werden. Der Käufer hat solchenfalls dem Verkäufer den Werth des Thieres zu vergüten.

Ist vor der Vollziehung der Wandelung in Folge eines von dem Käufer zu vertretenden Umstandes eine unwesentliche Verschlechterung des Thieres eingetreten, so hat der Käufer den durch dieselbe verursachten Minderwerth zu vergüten. Zum Ersatze nicht gezogener Nutzungen ist der Käufer nicht verpflichtet.

IV. Im *E II* lauten die Vorschriften in § 422:

E II § 422

Der Käufer kann nur Wandelung, nicht Minderung verlangen.

Die Wandelung kann auch in den Fällen der §§ 302, 303, insbesondere wenn das Thier geschlachtet ist, verlangt werden. Der Käufer hat in einem solchen Falle dem Verkäufer den Werth des Thieres zu vergüten.

Ist eine unwesentliche Verschlechterung des Thieres in Folge eines von dem Käufer zu vertretenden Umstandes vor der Vollziehung der Wandelung eingetreten, so hat der Käufer die Werthminderung zu vergüten.

Nutzungen hat der Käufer nur insoweit zu ersetzen, als er sie gezogen hat.

V. Im *E II rev* hat § 480 die in § 487 BGB Gesetz gewordene Fassung.

## E. Reichstag

v. Dziembowski-Pomian (Nr 123, 13)

I. In der *XII. Kommission* des Reichstags lag der Antrag vor:

in § 481 folgenden neuen Absatz einzustellen:

Verkäufer hat das Thier an dem Orte zurückzunehmen, wo dasselbe in den Gewahrsam des Käufers gekommen ist.

II. Bericht von *Heller* vom 3. 6. 1896 über die 10. Sitzung vom 3. 6. 1896

Der auf den § 481 bezügliche Antrag von Dziembowski (№ 123 der Drucksachen Ziff. 13) wurde gegen die Stimme des Antragstellers abgelehnt. Struckmann hatte sich gegen ihn ausgesprochen. Der Antrag fasse einseitig den Verkäufer in das Auge; es sei aber auch das Interesse des Käufers zu berücksichtigen, das durch die beantragte Vorschrift in vielen Fällen verletzt würde. Die Frage sei überhaupt von allgemeinerer Natur; man solle sich deshalb mit den allgemeinen Grundsätzen des Entwurfs begnügen, von einer Sondervorschrift absehen und die Anwendung der allgemeinen Grundsätze auf die in Frage stehenden Fälle der Wissenschaft und der Praxis überlassen.

## § 488

**Der Verkäufer hat im Falle der Wandelung dem Käufer auch die Kosten der Fütterung und Pflege, die Kosten der thierärztlichen Untersuchung und Behandlung sowie die Kosten der nothwendig gewordenen Tödtung und Wegschaffung des Thieres zu ersetzen.**

*ZustOR § 109*[1]

### A. 1. Kommission

**II. 3.** Bei Beratung der Anträge, welche gestellt waren in Betreff der Drucklegung der auf das Obligationenrecht sich beziehenden Beschlüsse, wurde auf Antrag von Kurlbaum (Nr. 570 IV 20) statt „des von diesem gezogenen Nutzens" gesetzt „der von diesem gezogenen Nutzungen" (Prot I 3554, 3560).

**III., IV.** Im *KE* und in *E I* hat die Vorschrift als § 402 bzw. § 405 die Fassung der ZustOR unter Berücksichtigung der vorstehenden Änderung. Statt „Thiers" heißt es nunmehr „Thieres".

### B. Vorkommission des Reichsjustizamtes

**I.** Beantragt war:

1. § 405 zu ersetzen durch

§ z (§ 405) — Struckmann (Nr 1, 105 § z)[2]

Wird der Kauf in Folge der Wandelung rückgängig gemacht, so hat der Verkäufer dem Käufer auch die Kosten einer thierärztlichen Untersuchung und Behandlung, der Fütterung und Pflege des Thieres sowie einer nothwendig gewordenen Tödtung und Wegschaffung desselben unter Abzug des Werthes der etwa von dem Thiere gezogenen Nutzungen zu ersetzen.

2. den § 405 zu fassen: — Jacubezky (Nr 5, 36)

Im Falle der Wandelung hat der Veräußerer dem Erwerber auch die Kosten der Fütterung und Pflege des Thieres, einer thierärztlichen Untersuchung und Behandlung sowie einer nothwendig gewordenen Tödtung und Wegschaffung desselben unter Abzug der von dem Thiere etwa gezogenen Nutzungen zu vergüten.

3. die Ersetzung der Worte „Recht der Wandelung" durch „Anspruch auf Wandelung" — Planck (Nr 6, 26)

**II.** 63. Sitzung vom 29. 12. 1891

Den § 405 beschloß man durch die Bestimmung des § z (Antrag 1) zu ersetzen (ProtRJA 369).

| Die Hinzufügung der Tödtungs- und Wegschaffungskosten erschien als eine angemessene Ergänzung des Entwurfs. — | Prot-RJA 370

---

[1] S. den Wortlaut o. S. 230.

[2] S. zu diesem Antrag auch bei §§ 459, 460, 462–493 BGB.

**C. 2. Kommission**

**I.** Zu § 405 lagen die Anträge vor (Prot. II, Bd. 1 S. 743f.; *Mugdan* Bd. 2, S. 698):

Struckmann (Nr 67, 1 § z)[3]

1. an dessen Stelle die Fassung des § z zu beschließen;
2. im § 405 (vorbehaltlich besserer Fassung) einzuschalten:

sowie die Kosten der in Ansehung des verkauften Thieres erforderlich gewordenen Schutzmaßregeln gegen Seuchengefahr.

Die Kom. nahm den Antrag 1 an und lehnte den Antrag 2 ab.

**II.** In der *VorlZust* der Beschlüsse der 2. Kom. hat § 405 die Fassung des von der Kom. angenommenen § z.

**III.** In der *ZustRedKom* hat die Vorschrift zu § 469 b[1] die Fassung:

E I-ZustRedKom § 469b[1] (405)

Der Verkäufer hat im Falle der Wandelung dem Käufer auch die Kosten der Fütterung und Pflege des Thieres, die Kosten einer thierärztlichen Untersuchung und Behandlung sowie die Kosten einer nothwendig gewordenen Tödtung und Wegschaffung des Thieres unter Abzug des Werthes der etwa gezogenen Nutzungen zu ersetzen.

**IV.** Im *E II* hat die Vorschrift in § 423 die Fassung der ZustRedKom unter Weglassung der Worte:

„unter Abzug des Werthes der etwa gezogenen Nutzungen".

**V.** Im *E II rev* hat die Vorschrift in § 481 die Fassung, die in § 488 BGB Gesetz geworden ist.

## § 489

**Ist über den Anspruch auf Wandelung ein Rechtsstreit anhängig, so ist auf Antrag der einen oder der anderen Partei die öffentliche Versteigerung des Thieres und die Hinterlegung des Erlöses durch einstweilige Verfügung anzuordnen, sobald die Besichtigung des Thieres nicht mehr erforderlich ist.**

*ZustOR § 110*[1]

**A. 1. Kommission**

**II. 3.** Auf der 153. Sitzung vom[2] wurde beschlossen, in § 110 vor „Hinterlegung" einzuschalten: „öffentliche" (Prot. I 1470). Bei der Beratung der Anträge, welche gestellt waren in Betreff der Drucklegung der auf das Obligationenrecht sich beziehenden Beschlüsse, wurde auf Antrag von Kurlbaum (Nr. 570 II) hinter „Versteigerung" eingefügt „des letzteren" (Prot I 3548, 3559).

**III., IV.** Unter Berücksichtigung der vorstehenden Ergänzungen stimmen mit § 110 ZustOR im *KE* § 403 und im *E I* § 406 überein.

---

[3] S. die Fassung o. bei § 481 BGB.

[1] S. die Fassung o. S. 230.

[2] S. das Prot. der Sitzung o. bei §§ 377, 381–386 BGB.

**B. Vorkommission des Reichsjustizamtes**

**I.** Beantragt war:

1. die Ersetzung des § 406 durch

Struckmann (Nr 1, 105 § aa)[3]

§ aa (§ 406)

Im Laufe eines Rechtsstreites über die Wandelung kann jede Partei, sobald die Besichtigung des Thieres nicht mehr erforderlich ist, verlangen, daß dasselbe öffentlich versteigert und der Erlös öffentlich hinterlegt werde.

2. die Ersetzung von „Recht der Wandelung" durch „Anspruch auf Wandelung".

Planck (Nr 6, 26)

**II.** 63. Sitzung vom 29. 12. 1891

Der Fassungsvorschlag des Antrags 1 fand Annahme (Prot-RJA 370).

**C. 2. Kommission**

**I.** Zu § 406 war beantragt (Prot. II, Bd. 1, S. 744; *Mugdan*, Bd. 2, S. 698f.):

1. den § aa, oben bei § 481 BGB, aufzunehmen;

Struckmann (Nr 67, 1 § aa)

2. dem § 406 als Satz 2 anzufügen:

Rüger (Nr 87, 2)

Die Anordnung und Vollziehung dieser Maßnahmen kann im Wege der einstweiligen Verfügung nach Maßgabe der §§ 815, 816, 818, 820, 821, 822 der C.P.O. geschehen.

Der sachlich mit dem Entw. übereinstimmende Antrag 1 wurde nicht beanstandet. Der dem Antrag 2 zugrunde liegende Gedanke fand gleichfalls die Zustimmung der Kom. Doch soll der RedKom die Entscheidung überlassen bleiben, ob und in welcher Weise diesem Gedanken Ausdruck zu geben sei. Die folgenden Fassungsvorschläge wurden ihr demgemäß zur Prüfung überwiesen.

3. dem § 406 hinzuzufügen:

ohne daß die Voraussetzungen einer einstweiligen Verfügung erforderlich sind.

4. den § 406 zu fassen:

Im Laufe eines Rechtsstreits über die Wandelung hat das Gericht, sobald die Besichtigung des Thieres nicht mehr erforderlich ist, auf Antrag einer Partei im Wege einstweiliger Verfügung anzuordnen, daß das Thier öffentlich versteigert und der Erlös öffentlich hinterlegt werde.

**II.** In der *VorlZust* der Beschlüsse der 2. Kom hat § 406 die Fassung:

E I-VorlZust § 406

Im Laufe eines Rechtsstreits über die Wandelung kann jede Partei, sobald die Besichtigung des Thieres nicht mehr erforderlich ist, verlangen, daß durch einstweilige Verfügung die öffentliche Versteigerung des Thieres und die öffentliche Hinterlegung des Erlöses angeordnet werde.

**III.** In der *ZustRedKom* hat die Vorschrift als § 469 c[1] die Fassung:

E I-ZustRedKom § 469 c[1] (406)

Ist über den Anspruch auf Wandelung ein Rechtsstreit anhängig, so ist auf Antrag der einen oder anderen Partei die öffentliche Versteigerung des Thieres und die öffentliche Hinterlegung des Erlöses durch einstweilige Verfügung anzuordnen, sobald die Besichtigung des Thieres nicht mehr erforderlich ist.

**IV., V.** Im *E II* § 424 und im *E II rev* § 482 liegt die in § 489 BGB Gesetz gewordene Fassung vor.

---

[3] S. zu diesem Antrag auch bei §§ 459, 460, 462–493 BGB.

## § 490

**Der Anspruch auf Wandelung, sowie der Anspruch auf Schadensersatz wegen eines Hauptmangels, dessen Nichtvorhandensein der Verkäufer zugesichert hat, verjährt in sechs Wochen von dem Ende der Gewährfrist an. Im Uebrigen bleiben die Vorschriften des § 477 unberührt.**

**An die Stelle der in den §§ 210, 212, 215 bestimmten Fristen tritt eine Frist von sechs Wochen.**

**Der Käufer kann auch nach der Verjährung des Anspruchs auf Wandelung die Zahlung des Kaufpreises verweigern. Die Aufrechnung des Anspruchs auf Schadensersatz unterliegt nicht der im § 479 bestimmten Beschränkung.**

*ZustOR § 111*[1]

### A. 1. Kommission

II. 3. Bei der Beratung der Anträge, welche gestellt waren in Betreff der Drucklegung der auf das Obligationenrecht sich beziehenden Beschlüsse, wurde auf Antrag von Kurlbaum (Nr 570 IV 18) in Abs. 2 (wie zugleich in einigen anderen Vorschriften) statt: „Binnen gleicher Frist" gesetzt: „Mit Ablauf einer gleichen Frist", ferner in Abs. 1 statt „binnen einer Frist von" „mit Ablauf von" (Prot I 3553, 3554, 3560).

Ferner wurde auf Antrag Kurlbaums (Nr. 570 II) beschlossen, Abs. 1 Satz 2 als Abs. 3 aufzunehmen (Prot I 3548, 3559).

III., IV. Die Vorschrift hat im *KE* als § 404 und im *E I* als § 407 die Fassung:

KE § 404 E I § 407 Der Anspruch auf Wandelung verjährt mit der im § 397 (KE: § 394 bestimmten) bezeichneten Wirkung mit Ablauf von zwei Wochen.

Mit Ablauf einer gleichen Frist verjährt der Anspruch auf Schadensersatz, sofern nicht der Anspruch darin sich gründet, daß der Mangel wissentlich verschwiegen ist.

Die Verjährung beginnt mit Ablauf (KE: dem Ablaufe) der Gewährfrist.

Die Änderung von „bestimmten" in „bezeichneten" ist bei der 2. Beratung des KE auf Antrag von Johow (Nr. 603 II) beschlossen worden, (Prot I 11915, 11920).

### B. Vorkommission des Reichsjustizamtes

I. Beantragt war:

Struckmann (Nr 1, 105 § bb)[2] 1. die Ersetzung des § 407 durch § bb (§ 407)

Der Anspruch auf Wandelung oder auf Schadensersatz wegen einer zugesicherten Eigenschaft verjährt (vorbehaltlich der Vorschrift des § p Abs. 2) in zwei Wochen vom Ablauf der Gewährfrist an. Ist jedoch ein Verfahren zur Sicherung des Beweises gemäß des § w eingeleitet, so beginnt die Verjährung erst mit Beendigung dieses Verfahrens.

Diese Vorschriften finden keine Anwendung, wenn der Verkäufer den Mangel dem Käufer arglistig verschwiegen hat.

---

[1] S. die Fassung o. S. 230.
[2] S. zu diesem Antrag auch bei §§ 459, 460, 462–493 BGB.

2. den § 407 zu fassen: Jacubezky (Nr 5, 37)

Die Ansprüche aus der Haftung des Veräußerers verjähren mit Ablauf von zwei Wochen. Die Verjährung beginnt mit Ablauf der Gewährfrist.

Ist vor Vollendung der Verjährung zur Sicherung des Beweises die Beweisaufnahme durch Vernehmung von Sachverständigen beantragt, so beginnt die Verjährung erst mit Beendigung der Beweisaufnahme. Die Vorschriften des § 171 und des § 174 Absatz 2 finden entsprechende Anwendung; an die Stelle der sechsmonatigen Frist des § 171 tritt eine Frist von zwei Wochen[3].

Nach Ablauf der Verjährungsfrist kann die Haftung des Veräußerers auch im Wege der Einrede nicht mehr geltend gemacht werden. Dies gilt jedoch nicht für einen Rechtsstreit, in welchem die Einrede vor Ablauf der Verjährungsfrist geltend gemacht ist.

Die vorstehenden Vorschriften finden in dem Falle des § 385 Absatz 1 keine Anwendung.

3. die Ersetzung von „Recht der Wandelung" durch „Anspruch auf Wandelung" Planck (Nr 6, 26)

II. 63. Sitzung vom 29. 12. 1891

| XVI. An Stelle des § 407 entschied man, folgende Vorschrift aufzunehmen: Prot-RJA 370

§ bb (407)

„Der Anspruch auf Wandelung oder auf Schadensersatz wegen einer zugesicherten Eigenschaft verjährt in zwei Wochen vom Ablauf der Gewährfrist an. Ist jedoch ein Verfahren zur Sicherung des Beweises gemäß des § w eingeleitet, so beginnt die Verjährung erst mit Beendigung dieses Verfahrens. Die Vorschriften des § 171 und des § 174 Absatz 2 finden entsprechende Anwendung; an die Stelle der sechsmonatigen Frist des § 171 tritt eine Frist von zwei Wochen. E I-RJA § bb (407)

Diese Vorschriften finden keine Anwendung, | wenn der Verkäufer den Mangel dem Käufer arglistig verschwiegen hat." | Prot-RJA 371

Der dem Vorschlage Sachsens und der Badischen Kommission und dem Gegenentwurfe Bährs entsprechende Zusatz in Abs. 1 Satz 2 erschien angemessen, eine Ergänzung im Sinne des Satzes 3 aber geboten. Der Ausschluß der kurzen Verjährung auch für den Wandelungsanspruch im Falle des Abs. 2 sowie die Ersetzung des Wortes „wissentlich" durch „arglistig" entsprach dem zu § 397 gefaßten Beschlusse. Bezüglich der Fortdauer der Einreden von § 397 abzuweichen, glaubte man keinen Grund zu haben.

## C. 2. Kommission

I. Zu § 407 lagen die Anträge vor (Prot. II, Bd. 1, S. 745 ff.; *Mugdan*, Bd. 2, S. 699 f.):

1. die Bestimmungen des Entw. durch folgende Vorschriften zu ersetzen (dieser Antrag trat an die Stelle des bei § 481 BGB mitgetheilten Vorschlags § bb):

Der Anspruch auf Wandelung sowie der Anspruch auf Schadensersatz wegen Mangels einer zugesicherten Eigenschaft verjährt in sechs Wochen von Ablauf der Gewährfrist an. In den Fällen des § 171 Abs. 2 und der §§ 175, 180[4] tritt an die Stelle der dort bestimmten Fristen eine Frist von sechs Wochen.

[3] S. zu § 171 E I bei § 212 BGB, zu § 174 E I bei § 211 BGB.

[4] Dazu ist in Prot. II, Bd. 1, S. 745 N. 2, angemerkt, daß die §§ 170a, 171, 172b ZustRedKom gemeint sind; deren Wortlaut s. ebd.

Jacubezky (Nr 99, 1)

2. a) in erster Linie, den § 407 zu streichen;

b) für den Fall der Ablehnung dieses Antrags, den unter 1 vorgeschlagenen Bestimmungen hinzuzufügen:

Im Falle des § 170b Abs. 2[5] ist zur Vollendung der nach Beendigung der Unterbrechung beginnenden neuen Verjährung der Ablauf von sechs Monaten erforderlich. Die Vorschriften des § 397 Abs. 2 und der §§ 397a, 397b[6] finden Anwendung[7].

Es war ferner beantragt:

Jacubezky (Nr 99, 2)

3. die Berathung über den Schlußsatz der zu § 397 beschlossenen Bestimmungen (Vorl. Zus. § 397 Abs. 2: „an die Stelle der sechsmonatigen Frist tritt eine Frist von zwei Wochen") wiederaufzunehmen und diesen Satz zu streichen.

Die Kom. nahm die Anträge 1 und 3 an; der Antrag 2 wurde abgelehnt.

**II.** In der *VorlZust* der Beschlüsse der 2. Kom. hat § 407 die Fassung:

E I-VorlZust § 407

Der Anspruch auf Wandelung verjährt in sechs Wochen von Ablauf der Gewährfrist an. Das Gleiche gilt, wenn der Verkäufer das Nichtvorhandensein eines Hauptmangels zugesichert hat, von dem Anspruche des Käufers auf Schadensersatz wegen Mangels dieser zugesicherten Eigenschaft. Im Uebrigen finden in Ansehung der Verjährung die Vorschriften der §§ 397 bis 397b Anwendung. In den Fällen des § 171 Abs. 2[8] und der §§ 175, 180 (des Entw.)[9] tritt jedoch an die Stelle der dort bestimmten Fristen eine Frist von sechs Wochen.

**III.** In der *ZustRedKom* hat die Vorschrift in § 469d[1] die Fassung:

E I-ZustRedKom § 469 d[1] (407)

Der Anspruch auf Wandelung sowie der Anspruch auf Schadensersatz wegen eines Hauptmangels, dessen Nichtvorhandensein der Verkäufer[10] zugesichert hat, verjährt in sechs Wochen von dem Ablaufe der Gewährfrist an. Im Uebrigen bleiben die Vorschriften des § 469r unberührt.

An die Stelle der in den §§ 170a, 171, 172b bestimmten Fristen tritt eine Frist von sechs Wochen.

Im Wege der Einrede kann der Anspruch auf Wandelung auch nach Vollendung der Verjährung geltend gemacht werden[11].

**IV.** Im *E II* hat die Vorschrift als § 425 die Fassung:

Abs. 1 und Abs. 2 wie in § 490 Abs. 1 und 2 BGB Gesetz geworden.

---

5 Hierzu ist in Prot. II, Bd. 1, S. 746 N. 1, der Wortlaut des § 170b ZustRedKom angemerkt.

6 Dazu ist in Prot. II, Bd. 1, S. 746 N. 2, angemerkt, daß die §§ 397 Abs. 2, 397a, 397b E I-VorlZust gemeint seien; deren Wortlaut s. ebd. und hier bei §§ 477–479 BGB.

7 In der Zusammenstellung der Anträge lautet die zu § 407 von Jacubezky vorgeschlagene Fassung: Der Anspruch auf Wandelung und der Anspruch auf Schadensersatz wegen Mangels einer zugesicherten Eigenschaft verjährt in zwei Wochen vom Ablauf der Gewährfrist an. In den Fällen des § 171 Abs. 2 und der §§ 175, 180 (§§ 172b, 170a der Beschlüsse der RedKom) tritt an die Stelle der dort bestimmten Fristen von drei und sechs Monaten eine Frist von zwei Wochen. Die Vorschriften des § 397 Abs. 2 und der §§ 397a, 397b, der VorlZust finden Anwendung.

8 In der VorlZust heißt es – wohl versehentlich – „ der §§ 171 Abs. 2".

9 Dazu ist angemerkt: Die allegierten §§ werden der Berichtigung bedürfen und bleibt der desfallsige Vorschlag vorbehalten.

10 In der ZustRedKom heißt es „Käufer". Dieser Fehler war noch in der ersten gedruckten Fassung des E II enthalten gewesen, später aber berichtigt worden.

11 Dem 3. Absatz liegen die Beschlüsse der Kom Prot. II 3006, 3007, 3010, amtl. Ausgabe Bd. 2, S. 714ff zugrunde.

Abs. 3: Der Käufer kann auch nach der Verjährung des Anspruchs auf Wandelung die Zahlung des Kaufpreises verweigern; der Anspruch auf Schadensersatz kann auch nach der Verjährung aufgerechnet werden.

**V.** Im *E II rev* hat in § 483 auch Abs. 3 die in § 490 BGB Gesetz gewordene Fassung.

### E. Reichstag

**I., II.** *XII. Kommission* des Reichstags, Bericht von *Heller* vom 6. 3. 1896 über die 10. Sitzung vom 6. 3. 1896

Der Antrag,

§ 484 Absatz 3 dem ersten Satz folgende Fassung zu geben: Gröber

„Der Käufer kann auch nach der Verjährung des Anspruchs auf Wandelung die Zahlung des Kaufpreises verweigern, wenn sein Recht gemäß § 479 gewahrt ist." (redaktionell.) (Nr 32, 6)

wurde der Red.Kom. zur Prüfung überwiesen. Sachlich wurde der § genehmigt.

## § 491

**Der Käufer eines nur der Gattung nach bestimmten Thieres kann statt der Wandelung verlangen, daß ihm an Stelle des mangelhaften Thieres ein mangelfreies geliefert wird. Auf diesen Anspruch finden die Vorschriften der §§ 488 bis 490 entsprechende Anwendung.**

*ZustOR § 112*[1]

### A. 1. Kommission

**III.** Die Vorschrift ist im *KE* in unveränderter Fassung in § 405 enthalten; die zitierten Bestimmungen des KE sind: in Abs. 1 § 395, in Abs. 2 §§ 402, 403, 404. Bei der 2. Beratung des KE wurde beantragt, in § 405 Abs. 1 den Nachsatz zu fassen: Kurlbaum

„so steht dem Erwerber gemäß § 395 außer dem Rechte der Wandelung auch das Recht zu, die Verschaffung eines mangelfreien Thieres an Stelle des mangelhaften zu fordern." (Nr 591, 8)

Der Antrag wurde mit der Maßgabe angenommen, daß das Wort „Lieferung" an Stelle des Wortes „Verschaffung" tritt, überdies zu streichen ist „gemäß § 395" (Prot I 11782).

Auf Antrag von Johow (Nr. 603 I) wurde in Abs. 2 statt „Bestimmungen" gesetzt: „Vorschriften" (Prot I 11920).

**IV.** Im *E I* ist die Vorschrift in einer den vorstehenden Beschluß berücksichtigenden Fassung in § 408 enthalten, im Abs. 2 heißt es außerdem „Vorschriften" statt „Bestimmungen".

---

[1] S. die Fassung o. S. 230.

## B. Vorkommission des Reichsjustizamtes

I. Beantragt war:

Struckmann (Nr 1, 105 § cc)[2] 1. die Ersetzung des § 408 durch

§ cc (§ 408)

Ist ein nur der Gattung nach bestimmtes Thier Gegenstand des Kaufes, so kann der Käufer statt der Wandelung verlangen, daß ihm an Stelle des mangelhaften Thieres ein mangelfreies geliefert werde. Auf diesen Anspruch finden die Vorschriften der §§ y bis bb entsprechende Anwendung.

Jacubezky (Nr 5, 38) 2. dem § 408 folgenden Absatz anzufügen:
Wählt der Erwerber die Wandelung, so ist der Veräußerer nach Maßgabe des § 398 Absatz 4 berechtigt, ein mangelfreies Thier an Stelle des mangelhaften zu liefern.

Planck (Nr 6, 26) 3. die Ersetzung von „Recht der Wandelung" durch „Anspruch auf Wandelung".

II. 63. Sitzung vom 29. 12. 1891

Der nur redaktionell abweichende Antrag 1 fand Annahme (ProtRJA 371).

## C. 2. Kommission

I. Zu § 408 wurde der nur redaktionell abweichende § cc, oben bei § 481 BGB, angenommen.

(Prot. II, Bd. 1, S. 748; *Mugdan*, Bd. 2, 700)

II. In der *VorlZust* der Beschlüsse der 2. Kom. ist § 408 gefaßt wie der von der Kom. beschlossene § cc.

III. In der *ZustRedKom* lautet die Vorschrift in § 469e[1]:

E I-ZustRedKom § 469 e[1] (408) Der Käufer eines nur der Gattung nach bestimmten Thieres kann statt der Wandelung verlangen, daß ihm an Stelle des mangelhaften Thieres ein mangelfreies geliefert werde. Auf diesen Anspruch finden die §§ 469b[1] bis 469d[1] entsprechende Anwendung.

IV., V. Im *E II* hat die Vorschrift in § 426, im *E II rev* in § 484 die in § 491 BGB Gesetz gewordene Fassung.

## Anhang zu § 491 BGB.

ZustOR § 113[1]

## A. 1. Kommission

III., IV. Die Vorschrift ist in unveränderter Fassung im *KE* in § 406, im *E I* in § 409 enthalten.

---

[1] S. die Fassung o. S. 230.
[2] S. zu diesem Antrag auch bei §§ 459, 460, 462 – 493 BGB.

## B. Vorkommission des Reichsjustizamtes

**I.** Beantragt war:

1. die Ersetzung des § 409 durch — Struckmann (Nr 1, 105 § dd)[2]

§ dd (§ 409)

Ein allgemeines Versprechen des Verkäufers, wegen aller Mängel haften zu wollen, ist im Zweifel nur auf die Hauptmängel zu beziehen.

2. die Worte „Recht der Wandelung" zu ersetzen durch „Anspruch auf Wandelung" — Planck (Nr 6, 26)

**II.** 63. Sitzung vom 29. 12. 1891

| XVIII. Der § 409 wurde gestrichen. Entscheidend war die Erwägung, daß die Vorschrift des § 409 in der ihr im Entwurfe beigelegten Bedeutung einer zwingenden Bestimmung den Anforderungen von Treu und Glauben widerspreche, und daß für die in ihr liegende Beschränkung der Vertragsfreiheit hinreichende Gründe nicht gegeben seien. Der Vorschlag, die Bestimmung als Auslegungsregel beizubehalten, wurde abgelehnt, weil man die | Aufstellung einer Auslegungsregel dieses Inhalts für willkürlich hielt. — | Prot-RJA 371 — | Prot-RJA 372

## C. 2. Kommission

**I.** Es lag der Antrag vor, als § 400 a folgende Vorschrift aufzunehmen (Prot. II, Bd. 1, S. 729 ff.; *Mugdan*, Bd. 2, S. 691 f., 700 ff.): — v. Mandry (Nr 88, 1)

Die Vereinbarung, daß wegen aller oder einzelner Hauptmängel nicht gehaftet werde, ist nur gültig, wenn der Käufer seine Einwilligung schriftlich erklärt[3].

Der Antragsteller erweiterte bezw. änderte seinen Antrag nachträglich dahin:

Die Vereinbarung, daß wegen aller oder einzelner Hauptmängel nicht gehaftet werde, ist nur gültig, wenn der Käufer, die Vereinbarung, daß für andere als die gesetzlichen Hauptmängel gehaftet werde, wenn der Verkäufer seine Einwilligung schriftlich erklärt.

Die Kom. beschloß, mit diesem Antrage die Berathung des § 409 zu verbinden:

Beantragt war:

1. die Vorschrift des § 409 zu streichen; — Struckmann (Nr 67, 1)

2. den Paragraphen wie folgt zu fassen:

Ein allgemeines Versprechen des Verkäufers, wegen aller Mängel haften zu wollen, ist im Zweifel nur auf die Hauptmängel zu beziehen.

3. in die allgemeinen Vorschriften über die Gewährleistung wegen Mängel folgende Bestimmung einzustellen:

Ein allgemeines Versprechen des Verkäufers, wegen aller Mängel haften zu wollen, ist im Zweifel nur auf diejenigen Mängel zu beziehen, für welche er nach dem Gesetze zu haften hat.

Die Kom. lehnte die Aufnahme des § 400 a ab; der § 409 gelangte nach dem Antrag 2 zur Annahme, vorbehaltlich der Stellung, welche der RedKom überlassen wurde.

**II.** In der *VorlZust* der Beschlüsse der 2. Kom. hat § 409 die von der Kom. gemäß dem Antrag 2 beschlossene Fassung.

---

[3] S. auch den Antrag zu § 410 bei § 486 BGB.

**III.** In der *ZustRedKom* ist die Fassung der Vorschrift als § 469f[1] unverändert mit der Ausnahme, daß es statt „Mängel" „Fehler" heißt.

**IV.** Im *E II* hat die Vorschrift in § 428 die Fassung:

E II § 428

Ein allgemeines Versprechen, durch welches der Verkäufer die Gewährleistung wegen aller Fehler übernommen hat, ist im Zweifel nur auf die Hauptmängel zu beziehen.

Jacubezky (Nr 33, 7)

Bei der Revision des E II war beantragt (Prot. II, Bd. 6, S. 172):

im § 428 sollen die Worte „im Zweifel" gestrichten werden.

(Der Antrag entspricht einem Wunsche der Bayer. Regierung. Vgl. Bayer. Gesetz vom 26. März 1859, Art. 10 Abs. 3.)

Hinsichtlich dieses Antrags wurde die Wiederaufnahme der Beratung abgelehnt.

**V.** Im *E II rev* ist die Fassung der Vorschrift in § 486 unverändert.

## D. Bundesrat (Justizausschuß)

**I.** Zu § 428 E II beanstandete Bayern die hier gegebene Auslegungsregel, welche eine Unbilligkeit gegenüber dem geschäftsungewandten Verkäufer bilde und zu Prozessen führen müsse, deren Entscheidung vielfach vom Eide über unklare und unerwiesene Behauptungen der Parteien abhängen werde.

Es wird beantragt,

die Auslegungsregel durch eine zwingende Vorschrift zu ersetzen.

**II. 1.** Bericht von *Sieveking* (Hamburg) vom 11. 10. 1895

§ 486 (E II 428) wurde von Bayern und Württemberg beanstandet. Es wurde beantragt, die Auslegungsregel durch eine zwingende Vorschrift im Sinne des § 409 der E I zu ersetzen. Der Antrag wurde jedoch abgelehnt.

**2.** Bericht von *Heller* (Bayern) vom 11. 10. 1895

Von dem Antrag Bayerns zum § 486 erkannte der Berichterstatter an, daß er die praktisch bessere Lösung der Streitfrage enthalte. Immerhin würden aber auch bei Annahme des Antrags Täuschungen und Unbilligkeiten vorkommen zum Nachtheile des Käufers und gerade dieser sei in der Mehrzahl der Fälle der geschäftsungewandtere Teil. Ich hielt den Antrag aufrecht, gewann aber nur die Stimme Württembergs.

**3.** Bericht von *Schicker* (Württemberg) vom 12. 10. 1895

Zu § 486 (428) befürworteten von Heller und ich die Streichung der Worte „im Zweifel". Von Geheimrath Struckmann und Ministerialrath Langfeld wurde es als ein dringendes Interesse der vorzugsweise als Käufer in Betracht kommenden ländlichen Bevölkerung bezeichnet, daß nur eine Auslegungsregel gegeben werde, sonst würde den ~~größten Betrü~~gereien Vorschub geleistet. Der Antrag wurde mit Mehrheit abgelehnt.

## E. Reichstag

**I.** In der *XII. Kommission* des Reichstags lag der Antrag vor:

1. den § 487 dahin abzuändern: Gröber (Nr 32, 7)

„Ein allgemeines Versprechen, durch welches der Verkäufer die Gewährleistung wegen aller Fehler übernimmt, ist im Zweifel auch auf die nicht zu den Hauptmängeln gehörenden Fehler zu beziehen."[4]

2. der oben bei § 482 BGB mitgeteilte Antrag von *Buchka* Drucks. Nr. 29 Ziff. 6.[5]

**II.** Bericht von *Heller* vom 6. 3. 1896 über die 10. Sitzung vom 6. 3. 1896

Der § 487 (E III; § 486 E II rev) und die dazu gestellten Anträge waren Gegenstand längerer Diskussion. Der Abgeordnete Gröber bemerkte zur Begründung seines Antrags, das deutschrechtliche System dürfe nicht in das Maßlose gesteigert werden, es dürfe nicht dazu führen, daß Treue und Glauben verletzt werden. Das Publikum werde es nie verstehen, daß ein allgemeines Versprechen der Gewährleistung sich nur auf die Hauptmängel bezieht. Struckmann sprach sich gegen den Antrag aus. Die Auslegungsregel des § 487 entspreche durchaus dem deutschrechtlichen Systeme. Die von Gröber beantragte Umkehrung stellte die Vorteile dieses Systems zum größten Teile in Frage. Von den Mitgliedern der Kommission erklärte sich nur der Abgeordnete von Cuny entschieden für die Bestimmung des Entwurfs, die sehr bald in das Rechtsbewußtsein des Volkes eindringen werde. Im übrigen neigte die Stimmung der Kommission mehr und mehr dahin, daß es die zweckmäßigste Lösung sein würde, eine Auslegungsregel überhaupt nicht aufzustellen. Die Abgeordneten von Benningsen und Marbe gaben hierzu die Anregung; Enneccerus, Stadthagen schlossen sich ihnen an und auch der Abgeordnete Gröber entschied sich dafür, seinen Antrag zurückzuziehen und auf jede Auslegungsregel zu verzichten. Ebenso zog der Abgeordnete von Buchka seinen Antrag (Nr. 29 der Drucksachen Ziff. 6) zurück, dem er bei Beginn der Diskussion die dem Entwurfe sachlich sich fast ganz anschließende Fassung gegeben hatte, daß der Schluß lautete: „nur auf diejenigen Hauptmängel zu beziehen, welche bei dem Kaufsabschlusse nicht erkennbar waren." Die Abstimmung ergab die Streichung des § 487 gegen eine Stimme.

## § 492

**Uebernimmt der Verkäufer die Gewährleistung wegen eines nicht zu den Hauptmängeln gehörenden Fehlers oder sichert er eine Eigenschaft des Thieres zu, so finden die Vorschriften der §§ 487 bis 491 und, wenn eine Gewährfrist vereinbart wird, auch die Vorschriften der §§ 483 bis 485 entsprechende Anwendung. Die im § 490 bestimmte Verjährung beginnt, wenn eine Gewährfrist nicht vereinbart wird, mit der Ablieferung des Thieres.**

*ZustOR § 115*[1]

---

[4] Während der 10. Sitzung vom 6. 3. 1896 änderte Gröber seinen Antrag dahin, daß statt „gehörenden Fehler" gesetzt werde, „gehörenden erheblichen Mängel", und beantragte eventuell, § 487 überhaupt zu streichen.

[5] v. Buchka änderte seinen Antrag während der 10. Sitzung vom 6. 3. 1896 dahin:
„Ein allgemeines Versprechen, durch welches der Verkäufer die Gewährleistung wegen aller Fehler übernimmt, ist im Zweifel nur auf diejenigen Mängel zu beziehen, welche beim Kaufabschluß nicht bekannt waren."

[1] S. die Fassung o. S. 230.

## A. 1. Kommission

**II. 3.** Bei Beratung der zum Obligationenrecht gefaßten Beschlüsse wurden auf Antrag von Kurlbaum (Nr. 566, 9) in § 115, letzter Satz, die Worte „Verjährungsfrist" ersetzt durch „Verjährung" (Prot I 3282, 3287).

Bei Beratung der Anträge, welche gestellt waren in Betreff der Drucklegung der auf das Obligationenrecht sich beziehenden Beschlüsse wurde auf Antrag von Kurlbaum (Nr. 570 II) der 2. und 3. Satz durch ein Semikolon verbunden und (Nr. 570 IV 18) statt „binnen" gesetzt „mit Ablauf von" (Prot I 3548, 3554, 3560).

**III.** Im *KE* hat die Vorschrift in § 408 die den vorstehenden Beschlüssen entsprechende Fassung. Bei Beratung der Anträge, welche die Redaktion einzelner Vorschriften betreffen, wurde auf Antrag von Kurlbaum (Nr. 576, 17) in § 408 „zweiundvierzig Tage" ersetzt durch „sechs Wochen" (Prot I 6190).

Bei der 2. Beratung des KE wurden der Antrag von Johow (Nr. 587, 4), in § 408 statt „die §§" zu setzen „die Vorschriften der §§", und die Anträge[2] von v. Mandry (Nr. 585, 24) und Johow (Nr. 587, 17), in § 408 den eingeklammerten Paragraphen zu streichen, angenommen (Prot I 11731, 11779).

**IV.** Die Fassung der Vorschrift im *E I* § 411 entspricht den vorstehenden Beschlüssen.

## B. Vorkommission des Reichsjustizamtes

I. Beantragt war:

Struckmann (Nr 1, 105 § ff)[3]

1. die Ersetzung des § 411 durch § ff (§ 411)

Hat der Verkäufer die Haftung eines nicht zu den Hauptmängeln gehörenden Mangels übernommen, so finden die Vorschriften der §§ x bis aa, cc und, wenn zugleich eine Gewährfrist vereinbart ist, die Vorschriften der §§ u, v, w, bb entsprechende Anwendung.

Ist eine Gewährfrist nicht vereinbart, so verjährt der Anspruch in sechs Wochen nach der Uebergabe des Thieres an den Käufer.

Jacubezky (Nr 5, 39)

2. im § 411 Satz 2 die Worte „auf Wandelung und Schadensersatz" zu ersetzen durch die Worte „aus der Haftung des Veräußerers, abgesehen von dem Falle des § 385 Absatz 1".

Planck (Nr 6, 26)

3. die Worte „Recht der Wandelung" zu ersetzen durch „Anspruch auf Wandelung".

II. 63. Sitzung vom 29 12. 1891

| Prot-RJA 372

Zu § 411 wurde der Antrag 1 | sachlich angenommen. Die Streichung des Wortes „besonders" vor „übernommen" in Satz 1 folgte aus der Streichung des § 409[4].

---

[2] S. zu diesen bei § 468 BGB N. 5. und 6.
[3] S. zu diesem Antrag auch bei §§ 459, 460, 462–493 BGB.
[4] S. diesen im Anhang zu § 491 BGB.

## C. 2. Kommission

I. Zu § 411 wurde der § dd, o. bei § 481 BGB, angenommen (Prot. II, Bd. 1, S. 748; *Mugdan*, Bd. 2, S. 702).

II. In der *VorlZust* der Beschlüsse der 2. Kom. ist § 411 gefaßt wie der von der Kom. beschlossene § dd, wobei Satz 2 zu Abs. 2 geworden und die Worte „Gewährsfrist" und „Uebergabe" durch „Gewährfrist" und „Ablieferung" ersetzt sind.

III. In der *ZustRedKom* ist die Vorschrift des § 411 in § 469g[1] in der Fassung enthalten:

Hat der Verkäufer die Haftung wegen eines nicht zu den Hauptmängeln gehörenden Fehlers übernommen oder hat er eine Eigenschaft des Thieres zugesichert, so finden die Vorschriften der §§ 469a[1] bis 469e[1] und, wenn eine Gewährfrist vereinbart ist, auch die Vorschriften der §§ 469w bis 469y entsprechende Anwendung. Die im § 469d[1] bestimmte Verjährung beginnt, wenn eine Gewährfrist nicht vereinbart ist, mit der Ablieferung des Thieres an den Käufer. E I-ZustRedKom § 469 g[1] (411)

IV. Im *E II* ist die Vorschrift des § 469g[1] E I-ZustRedKom mit Ersetzung des Wortes „Haftung" am Anfang durch „Gewährleistung" und unter Streichung der drei letzten Worte „an den Käufer" bei im übrigen unveränderter Fassung in § 427 enthalten.

V. § 427 E II hat im *E II rev* in § 485 die in § 492 BGB Gesetz gewordene Fassung.

## § 493

**Die Vorschriften über die Verpflichtung des Verkäufers zur Gewährleistung wegen Mängel der Sache finden auf andere Verträge, die auf Veräußerung oder Belastung einer Sache gegen Entgelt gerichtet sind, entsprechende Anwendung.**

## B. Vorkommission des Reichsjustizamtes

I. Beantragt war: Struckmann (Nr 1, 105 § gg Abs. 1)[1]

§ gg

Die Vorschriften über die Gewährleistung wegen Mängel der Sache beim Kaufe finden auf andere entgeltliche Veräußerungsverträge entsprechende Anwendung.

II. 63. Sitzung vom 29. 12. 1891

| XXI. Der Vorschlag, | Prot-RJA 372

am Schlusse der von der Mängelgewähr handelnden Bestimmungen folgende Vorschrift aufzunehmen:

---

[1] S. zu diesem Antrag auch bei §§ 459, 460, 462–492 BGB, zu § gg Abs. 2 im Anhang zu § 474 BGB.

E I-RJA § 411 a (gg) | Prot-RJA 373

§ gg.

„Die Vorschriften über die Gewährleistung wegen | Mängel der Sache beim Kaufe finden auf andere entgeltliche Veräußerungsverträge entsprechende Anwendung."

fand in Gemäßheit des zu § 381 gefaßten Beschlusses[2] Zustimmung.

**C. 2. Kommission**

**I.** In dem bei § 459 BGB mitgeteilten Antrage war als § ee die Bestimmung vorgeschlagen (Prot. II, Bd. 1, S. 748; *Mugdan*, Bd. 2, S. 702):

Struckmann (Nr 67, 1 § ee)

Die Vorschriften über die Haftung des Verkäufers wegen Mängel der Sache finden auf andere Verträge, welche auf Veräußerung gegen Entgelt gerichtet sind, entsprechende Anwendung.

Der Vorschlag wurde angenommen.

**II.** In der *VorlZust* der Beschlüsse der 2. Kom. ist die Vorschrift als § 411 a in unveränderter Fassung enthalten.

**III.** In der *ZustRedKom* ist die Vorschrift als § 469h[1] mit der Abweichung enthalten, daß es statt „Verträge, welche" heißt:

„Verträge, die".

**IV., V.** Im *E II* als § 429 und im *E II rev* als § 487 hat die Vorschrift die in § 493 BGB Gesetz gewordene Fassung.

## III. Besondere Arten des Kaufes

### 1. Kauf nach Probe. Kauf auf Probe.

### § 494

**Bei einem Kaufe nach Probe oder nach Muster sind die Eigenschaften der Probe oder des Musters als zugesichert anzusehen.**

**A. 1. Kommission**

**I.** 189. Sitzung vom 19. 3. 1883, Schriftführer Neubauer

| Prot I 1879

| Die Berathung des Theilentwurfs des Obligationenrechts (Nr. 32), betreffend den „Kauf" wurde fortgesetzt. |

---

[2] S. dazu ProtRJA 349 bei § 459 BGB.

| Zu § 18 des Entwurfs: | Prot I 1891

„Ist ein Kauf nach Probe oder Muster abgeschlossen, so haftet der Verkäufer dem Käufer dafür, daß die verkaufte Sache der Probe oder dem Muster entspreche." TE-OR (Nr 32) § 18

war beantragt: Kurlbaum (Nr 311)

die Vorschrift zu fassen:

„Bei einem Kaufe nach Probe oder Muster gelten die Eigenschaften der Probe oder des Musters als zugesichert."

Der sachliche Inhalt des § 18 fand keine Beanstandung, die | Prüfung des vorstehenden Antrags wurde wegen seiner nur redaktionellen Bedeutung der Redaktion vorbehalten. | Prot I 1892

Der Antrag, den § 18 gleichfalls auf andere Veräußerungsverträge auszudehnen und in allgemeinerer Fassung in den vorerwähnten Abschnitt[1] zu versetzen, blieb in der Minderheit. Die Mehrheit war der Ansicht: Die Ausdehnung würde das Verständniß des Gesetzes erschweren; sie sei auch insofern nicht angemessen, als nur der *Kauf* nach Probe oder Muster als ein Vertrag besonderer Art sich ausgebildet habe, worüber eine spezielle Vorschrift am Platz, die im Grunde selbstverständlich sei, weshalb sie entbehrt werden könnte, wenn nicht diese Selbstverständlichkeit gerade bei dem Kauf aus zufälligen, in dem Verkehr liegenden Gründen zweifelhaft geworden sei.

Gegen die Ausführung in den Motiven (S. 36 ff) über die Entbehrlichkeit noch anderer spezieller Bestimmungen wurde nichts erinnert.

II. In der *ZustOR* hat die beschlossene Vorschrift als § 328 die Fassung:

Bei einem Kaufe nach Probe oder Muster sind die Eigenschaften der Probe oder des Musters als zugesichert anzusehen. ZustOR § 328

III., IV. Die Vorschrift ist in unveränderter Fassung im *KE* in § 467 und im *E I* in § 470 enthalten.

## B. Vorkommission des Reichsjustizamtes

Zu § 470 E I waren Anträge nicht gestellt. Die Vorschrift wurde — wie das Kaufrecht des E I insgesamt — nicht beraten.

## C. 2. Kommission

I. Der § 470 blieb sachlich unbeanstandet *(Prot. II, Bd. 2, S. 77; Mugdan,* Bd. 2, S. 779)

II.—V. Die im *E II* in § 430, in *E II rev* in § 488 enthaltene Vorschrift ist in der Fassung der ZustOR und des E I in § 494 BGB Gesetz geworden.

[1] Gemeint ist der Prot I 1891 erwähnte Abschnitt über die Gewährleistung wegen Mängel der Sache.

## § 495

**Bei einem Kaufe auf Probe oder auf Besicht steht die Billigung des gekauften Gegenstandes im Belieben des Käufers. Der Kauf ist im Zweifel unter der aufschiebenden Bedingung der Billigung geschlossen.**

**Der Verkäufer ist verpflichtet, dem Käufer die Untersuchung des Gegenstandes zu gestatten.**

## § 496

**Die Billigung eines auf Probe oder auf Besicht gekauften Gegenstandes kann nur innerhalb der vereinbarten Frist und in Ermangelung einer solchen nur bis zum Ablauf einer dem Käufer von dem Verkäufer bestimmten angemessenen Frist erklärt werden. War die Sache dem Käufer zum Zwecke der Probe oder der Besichtigung übergeben, so gilt sein Schweigen als Billigung.**

### A. 1. Kommission

I. 190. Sitzung vom 28. 3. 1883, Schriftführer Neubauer

| Prot I 1893 | Die Berathung des Theilentwurfes des Obligationenrechts (N° 32) betreffend den Kauf wurde fortgesetzt.

Zu § 19 des Entwurfes:

TE-OR (Nr 32) § 19 „Ist ein Kauf auf Probe oder Besicht abgeschlossen, so steht es im freien Belieben des Käufers, ob er die verkaufte Sache annehmbar finden will oder nicht.

Der Kauf gilt im Zweifel als mit der Bestimmung geschlossen, daß der Verkäufer insolange gebunden sein soll, bis der Käufer seine Genehmigung oder Mißbilligung erklärt hat.

Im Falle der Genehmigung des Käufers treten die gegenseitigen Rechte und Verpflichtungen aus dem Kaufe mit dem Zeitpunkte in Kraft, in welchem der Kauf auf Probe oder Besicht abgeschlossen worden ist.

Im Falle der Mißbilligung des Käufers hört der Verkäufer auf, gebunden zu sein."

war beantragt:

Kurlbaum (Nr 313) 1. den zweiten Absatz zu streichen.

2. statt dessen zu bestimmen:

[W]indscheid (Nr 316) „Ist ein Kauf auf Probe oder Besicht abgeschlossen, so steht es im Belieben des Käufers, den Kauf- | Prot I 1894 | gegenstand zu genehmigen oder nicht.

Der Kauf ist im Zweifel unter der aufschiebenden Bedingung der Genehmigung (§ 56 des Allgemeinen Theils) abgeschlossen.

(eventuell hinzuzufügen:

„§ 56 der Zusammenstellung der Beschlüsse des Allgemeinen Theils[1] findet in diesem Fall Anwendung."

oder:

„Bis zum Ausfall der Bedingung ist der Verkäufer dem Käufer gebunden.")

---

[1] § 56 ZustAT enspricht dem von der 2. Kom. gestrichenen § 79 E I, s. zu diesem bei §§ 145ff. BGB.

Ist der Kauf unter der auflösenden Bedingung der Mißbilligung abgeschlossen, so finden die §§ 54, 55, 57, 58 Absatz 1 der Zusammenstellung der Beschlüsse des Obligationenrechts[2] Anwendung."

3. zu beschließen:

a, die Absätze 2, 3 und 4 durch die Vorschrift zu ersetzen:
„Ein solcher Kauf ist im Zweifel als mit der Bestimmung geschlossen anzusehen, daß der Vertrag für den Verkäufer bindend, der Käufer aber an den Vertrag nur dann gebunden sei, wenn er wolle (§ 56 der Zusammenstellung der den Allgemeinen Theil betreffenden Beschlüsse)."

b, dem § 56 a.a.O. die Vorschrift anzuschließen:
„Erklärt der erstere Theil, daß er nicht wolle, so hört der andere Theil auf, gebunden zu sein."

Beschlossen wurde Folgendes:

1. An Stelle des ersten Absatzes des § 19 gelangte der erste Absatz des Antrags № 2 zur Annahme.

2. der zum Ersatz der Absätze 2, 3 und 4 des § 19 bestimmte zweite Absatz des Antrags № 2 wurde abgelehnt, dagegen

3. an Stelle des zweiten Absatzes des § 19 der Antrag № 3 unter a angenommen und

4. nach Ablehnung des dritten Absatzes des § 19 an Stelle des vierten Absatzes des letzteren der An- | trag № 3 unter b gebilligt, sodann | Prot I 1895

5. der dritte Absatz des Antrags № 2 abgelehnt. Der Antrag № 1 galt durch die vorstehenden Beschlüsse für erledigt.

Die Gründe waren:
In Ansehung des Kaufs auf Besicht oder auf Probe gelte im Verkehr die Auffassung: der Käufer sei nicht gebunden, so zwar, daß er nach freiem Belieben billigen oder mißbilligen könne, während der Verkäufer fest gebunden sei.

Dieser, in den modernen Kodifikationen durchweg vertretene und auch in dem Handelsgesetzbuche sich findende Grundsatz müsse festgehalten werden. Es könne aber nicht genügen, eine ihn enthaltene Vorschrift in das Gesetzbuch aufzunehmen. Die aufzunehmende Vorschrift müsse zugleich eine Anleitung geben, wie das Rechtsverhältniß zu konstruiren sei. Geschehe das nicht, so würden sich, wie aus den Motiven und den Mittheilungen derselben über die verschiedenen in der Doktrin vertretenen Ansichten erhelle, unfehlbar in der erwähnten Beziehung große Zweifel erheben und hieran eine Menge von Streitfragen sich knüpfen. Welche Bestimmung hinsichtlich der Konstruktion des Rechtsverhältnisses für das Gesetzbuch sich empfehle, könne keinem Bedenken unterliegen. Der richtige Weg sei durch den § 56 der Zusammenstellung der den Allgemeinen Theil betreffenden Beschlüsse (Protokoll vom 9. Januar 1882, Seite 302, 303) gewiesen. Entwurf und Anträge hätten auch übereinstimmend für diesen Weg sich entschieden. Zu bestimmen bleibe nur, in welcher Weise die Anwendbarkeit des § 56 oder daß der Kauf auf Besicht oder auf Probe unter den darin enthaltenen Grundsätzen falle, auszudrücken sei. Weder der Entwurf noch der Antrag № 2 ergäben jene Anwendbarkeit mit voller Klarheit. Gegen den Antrag | № 2 sei außerdem zu erinnern, daß die Bestimmung: der Kauf gelte im Zweifel als unter der aufschiebenden Bedingung abgeschlossen, die Anwendbarkeit des § 56 insofern zu verdunkeln geeignet sei, als nach diesem nicht der gegenseitige Vertrag, sondern nur die Verpflichtung des Verkäufers | Prot I 1396

[2] Zu §§ 54–58 ZustOR s. Vor §§ 346–360 BGB.

unter einer Suspensivbedingung stehe, während der Käufer noch in keiner Weise, auch nicht suspensiv, gebunden sei. Der Antrag № 3a schaffe in der in Rede stehenden Richtung volle Klarheit, weshalb er Billigung verdiene. Wenn darin von Suspensivbedingung nicht besonders die Rede sei, so liege darin kein Mangel, weil aus dem § 56 mit genügender Deutlichkeit erhelle, daß die Verpflichtung des Verkäufers suspensiv bedingt sei („wenn der andere Theil wolle") und daß mit der Erfüllung der Bedingung der gegenseitige Vertrag selbst als unbedingter zur vollen Perfektion gelange.

Durch die Worte: „im Zweifel" sei zugleich in sachgemäßer Weise erkennbar gemacht, daß die Parteien durch besondere Vereinbarung die Anwendbarkeit des § 56 auszuschließen vermöchten, daß sie insbesondere verabreden könnten, daß der Kaufvertrag als abgeschlossen zu gelten habe und der Käufer nur zum Rücktritte befugt sein, die Rücktrittserklärung allenfalls auch als Resolutivbedingung wirken solle (zu vergl. Protokolle Seite 626). Es sei aber nicht Aufgabe des Gesetzes, darüber nähere Bestimmungen zu ertheilen, wie in solchen Fällen das Rechtsverhältniß zu beurtheilen sei, da in dieser Hinsicht es füglich bei der Anwendung der allgemeinen Grundsätze belassen werden könne. Deshalb empfehle sich auch nicht die Aufnahme des dritten Absatzes des Antrags № 2, welcher außerdem zu der Erinnerung Anlaß gebe, daß er der Parteiberedung, die Rücktrittserklärung solle als Resolutivbedingung wirken, die Gültigkeit zu versagen scheine.

Der dritte Absatz des § 19 sei bedenklich. Es könne nicht anerkannt werden, daß die
| Prot I 1897 Absicht der Parteien regelmä- | ßig auf dasjenige gerichtet sei, was der dritte Absatz bestimme, wie sich namentlich zeige, wenn das, keineswegs für die obligatorischen Beziehungen unerhebliche Tragen der Gefahr gewürdigt werde. Richtiger erscheine es, im Einklange mit den neueren Kodifikationen die in dem dritten Absatze erledigte Frage zu übergehen und ihrer Entscheidung nach den allgemeinen Grundsätzen nicht durch eine positive Vorschrift entgegenzutreten, zu welcher letzteren überdies ein besonderes praktisches Bedürfniß ersichtlich nicht vorliege.

Der vierte Absatz erscheine zwar vollkommen gerechtfertigt, allein er gehöre in erweiterter Fassung unverkennbar zum § 56, der ohne denselben an einer gewissen Unvollständigkeit leide, die sogar zu einem wesentlichen Mangel sich gestalten müßte, wenn der vierte Absatz nur in dem vorliegenden § 19 als eine Spezialbestimmung für den Kauf auf Besicht oder auf Probe sich fände.

Betreffend endlich den ersten Absatz des § 19, so sei er schon deshalb nicht zu entbehren, weil er eine allgemeine Regel enthalte, die auch für die Fälle gelte, in welchen durch Parteiberedung die Anwendbarkeit des mehrerwähnten § 56 ausgeschlossen erscheine. Hinsichtlich der Fassung empfehle sich die, welche im Antrage № 2 vorgeschlagen sei, schon deshalb, weil sie den Bestimmungen des Handelsgesetzbuchs sich enger anschließe. Der Prüfung bei der Redaktion müsse übrigens vorbehalten bleiben, ob die Worte: „oder nicht" zu ersetzen seien durch: „oder mißbilligen".

II. 1., 2. In der *RedVorl* und in der *ZustOR* lautet die Vorschrift als § 329:

RedVorl/ZustOR § 329 Ist ein Kauf auf Besicht oder auf Probe abgeschlossen, so steht es im Belieben des Käufers, den Kaufgegenstand zu genehmigen oder nicht (oder zu mißbilligen), (ZustOR: zu genehmigen oder zu mißbilligen).

Ein solcher Kauf ist im Zweifel als mit der Bestimmung geschlossen anzusehen, daß der Vertrag für den Verkäufer bindend, der Käufer aber an den Vertrag nur dann gebunden sei, wenn er wolle (§ 56 Allgem. Theil)[3].

---

[3] Zu § 329 RedVorl ist angemerkt: Der Entwurf redet in der Ueberschrift von „Kauf auf Besicht oder auf Probe". Das harmonirt mit dem H. G. B. Art. 339. Im . . . stellt der Entwurf „Probe"

**3.** Bei Beratung der Anträge, welche gestellt waren in Betreff der Drucklegung der auf das Obligationenrecht sich beziehenden Beschlüsse wurde auf Antrag von Kurlbaum (Nr. 570 IV 26) in § 329 (und zugleich in einer Reihe weiterer Vorschriften) statt „abgeschlossen" gesetzt: „geschlossen" (Prot I 3554, 3560).

**III.** Im *KE* entspricht § 468 unter Berücksichtigung der vorstehenden Änderung dem § 329 ZustOR.

Bei der 2. Beratung des KE wurde auf Antrag von v. Mandry (Nr. 590, 33) § 468 Abs. 2 wie folgt gefaßt:

... anzusehen, daß der Käufer an den Vertrag nur dann gebunden sei, wenn er wolle[4]. (Prot I 11798)

Auf Antrag von Johow (Nr. 606, 4) wurde die Allegierung des § 78 Allgem. Teil gestrichen (Prot I 11798).

**IV.** Im *E I* ist die Vorschrift in § 471 den vorstehend mitgeteilten Beschlüssen gemäß gefaßt.

*Bemerkung des Herausgebers:*

Es folgt zunächst die Entstehung der §§ 472, 473 E I, da im weiteren diese Vorschriften mit § 471 E I zusammen beraten worden sind.

**I.** 190. Sitzung vom 28. 3. 1883, Schriftführer Neubauer

| Der § 20 des Entwurfs: | Prot I 1897

„Der Verkäufer ist verpflichtet, dem Käufer die Vornahme der Handlungen zu gestatten, welche zur Untersuchung des Kaufgegenstandes erforderlich sind." Te-OR (Nr 32) § 20

wurde genehmigt.

**II.** In der *RedVorl* und der *ZustOR* lautet die Vorschrift als § 330:

Der Verkäufer ist verpflichtet, dem Käufer die (RedVorl: Vornahme der) Handlungen zu gestatten, welche zur Untersuchung des Kaufgegenstandes erforderlich sind. RedVorl/ZustOR § 330

**III., IV.** Im *KE* § 469 und im *E I* § 472 lautet die Vorschrift:

Der Verkäufer ist bei einem Kaufe auf Besicht oder auf Probe verpflichtet, ... usw. wie § 330 ZustOR.

**I.** 190. Sitzung vom 28. 3. 1883, Schriftführer Neubauer

| Zu § 21 des Entwurfes: | Prot I 1897

„Als Mißbilligung des Käufers gilt es, wenn derselbe innerhalb der verabredeten Frist sich nicht | erklärt. Te-OR (Nr 32) § 21

Wurde eine Erklärungsfrist nicht verabredet, so kann der Verkäufer nach Ablauf einer den Umständen angemessenen Frist den Käufer zur Erklärung auffordern und es tritt die in Absatz 1 bezeichnete Rechtsfolge ein, wenn der Käufer sich auf die Aufforderung nicht sofort erklärt. | Prot I 1898

vor, indessen wird doch eine solche Abweichung zu vermeiden sein. (Das ausgelassene 2. Wort des 2. Satzes ist nicht lesbar.)

[4] Der Antrag enthält als Begründung: vgl. § 78, wonach sich das Bindendsein des Vertrages für den Verkäufer von selbst ergiebt und nicht mehr als Auslegungsregel aufgestellt zu werden braucht bezw. aufgestellt werden kann.

Ist die Sache dem Käufer zum Zwecke der Prüfung oder Besichtigung übergeben, so gilt es als Genehmigung des Käufers, wenn der Käufer nicht innerhalb der vertragsmäßigen Frist oder nicht sofort auf die in Gemäßheit des Absatzes 2 an ihn ergangene Aufforderung des Verkäufers[4a] sich erklärt oder die Sache zurückgiebt."

lagen die Anträge vor:

Kulbaum (Nr 313) 1. statt dessen zu bestimmen:

„Ist der verkaufte Gegenstand dem Käufer übergeben und erklärt sich der Käufer nicht innerhalb der verabredeten Frist oder in Ermangelung einer solchen nicht innerhalb einer angemessenen Frist nach der an ihn gerichteten Aufforderung des Verkäufers, so gilt dies als Genehmigung.

Ist der verkaufte Gegenstand nicht übergeben, so gilt der Umstand, daß der Käufer nach Maßgabe der Vorschriften des ersten Absatzes sich nicht erklärt, als Mißbilligung."

Dieser Antrag wurde von dem Antragsteller dahin berichtigt, zu bestimmen:

„Erklärt sich der Käufer nicht innerhalb der verabredeten Frist oder in Ermangelung einer solchen nicht innerhalb einer angemessenen Frist nach der an ihn gerichteten Aufforderung des Verkäufers, so gilt dies als Mißbilligung.

| Prot I 1899 Ist jedoch eine Sache verkauft und diese dem | Käufer übergeben, so gilt der Umstand, daß der Käufer nach Maßgabe der Vorschriften des ersten Absatzes sich nicht erklärt, als Genehmigung."

Windscheid (Nr 316) 2. zu bestimmen:

„Der Käufer muß sich binnen der vereinbarten Frist, in Ermangelung einer solchen auf die von dem Verkäufer an ihn gerichtete Aufforderung binnen angemessener Frist, erklären, ob er den Kaufgegenstand genehmigen will oder nicht; eine später abgegebene Erklärung gilt als nicht erfolgt. Ist bei aufschiebender Bedingung der Kaufgegenstand übergeben, so gilt die Nichterklärung binnen der bezeichneten Frist als Genehmigung."

Es wurden folgende Beschlüsse gefaßt:

Den Fall betreffend: wenn eine Frist vereinbart ist, so ergab sich, in Uebereinstimmung mit dem Entwurf und den Anträgen, allseitiges Einverständniß, daß, sofern der Käufer sich binnen der Frist nicht erklärt, bei jedem Kaufe – ohne Rücksicht auf den Gegenstand – dieser als mißbilligt zu gelten hat, daß jedoch bei dem Sachverkaufe, wenn die Sache zum Zwecke der Prüfung oder Besichtigung übergeben war, die Sache als genehmigt anzusehen ist.

Anlangend den Fall der Ermangelung einer Fristbestimmung fand, unter Ablehnung der Anträge № 1 und 2 der in dem Entwurfe enthaltene Grundsatz die Billigung der Mehrheit, demzufolge die vorstehenden Bestimmungen mit der Abweichung Platz greifen, daß der Verkäufer nach Ablauf einer angemessenen Frist den Käufer zur Erklärung aufzufordern und der Käufer unter dem Präjudize der Mißbilligung beziehungsweise Genehmigung sich sofort zu erklären hat.

Die Fassung der Vorschrift blieb der Redaktion vorbehalten.

Erwogen war:

| Prot I 1900 | Der Entwurf folge im Wesentlichen den Bestimmungen des Handelsgesetzbuchs (Artikel 339). Die Anträge № 1 und 2 wichen von demselben für den Fall ab, wenn eine Erklärungsfrist nicht vereinbart sei. Die Abweichung sei nicht rathsam. Die unter Beiziehung von Sachverständigen berathenen Vorschriften des Handelsgesetzbuchs hätten sich in der Praxis vollkommen bewährt; es sei auch kein Grund vorhanden, ihre Sachge-

---

[4a] In den Protokollen heißt es: Käufers, statt richtig: Verkäufers.

mäßheit für den bürgerlichen Verkehr in Zweifel zu ziehen. Den erwähnten Fall insbesondere betreffend lasse sich für den Grundsatz des Handelsgesetzbuchs und des Entwurfs noch die Betrachtung geltend machen, daß in Ermangelung einer Fristvereinbarung die Absicht der Parteien hervortrete, dem Käufer eine Ueberlegungsfrist zu gewähren, die das Recht des Verkäufers, ihn unmittelbar nach Abschluß des Handels durch eine sofortige Aufforderung zur Erklärung zu drängen, kaum zulasse. Der von den Antragstellern in Bezug genommene § 56 der Zusammenstellung der das Obligationenrecht betreffenden Beschlüsse (Protokolle vom 21. und 24. April 1882 Seite 624, 625, 627)[5] könne eine entgegenstehende Entscheidung nicht rechtfertigen, da die in Betracht kommenden Verhältnisse in den beiden Fällen verschieden seien.

Beantragt war ferner: v. Weber

als § 21a aufzunehmen: (Nr 314)

„Durch die Uebergabe der Sache zum Zweck der Prüfung oder Besichtigung geht die Gefahr des zufälligen Unterganges und der zufälligen Verschlechterung auf den Käufer nicht über."

Der Antrag wurde durch Mehrheitsbeschluß abgelehnt. Man erachtete die in dem Antrage vorgeschlagene Bestimmung für den Fall, welcher allein in Betracht kommen könne und in dem Antrage | auch nur unterstellt sei, wenn nämlich dergestalt kontrahirt | Prot I 1901 worden, daß der § 56 der Zusammenstellung der auf den Allgemeinen Theil sich beziehenden Beschlüsse[6] anwendbar wird, schon deshalb für selbstverständlich, weil, wenn der Käufer noch gar nicht gebunden, auch keine Rede davon sein könne, daß er die Gefahr der den Gegenstand des Kaufs bildenden Sache trage.

Von Neuem kam zur Sprache, wie es mit dem Tragen der Gefahr sich verhalte, wenn nach den Parteiberedungen ein unter der Resolutivbedingung der Mißbilligung stehender Kauf anzunehmen sei. Von verschiedenen Seiten wurde bemerkt:

Das Sitzungsprotokoll vom 16. März 1883, Seite 1871[7], sei so gefaßt, als habe die Mehrheit den doppelten Grundsatz gebilligt:

1. Aus dem § 108 der Zusammenstellung der den Allgemeinen Theil betreffenden Beschlüsse[8] folge, daß der Verkäufer schlechthin die Gefahr trage.

2. Die Folgerung werde aber unhaltbar, wenn nach den Bestimmungen des Sachenrechts der Eintritt der Resolutivbedingung nicht dinglich wirke.

Gegen den Grundsatz № 1 könne eingewendet werden, daß die Fassung des § 108 um so weniger zu der fraglichen Folgerung berechtige, als der unmittelbar folgende § 109 (Protokolle vom 4. und 6. Januar 1882, Seite 284, 285, 293, 294)[9] die rückwirkende Kraft im Prinzipe nicht anerkenne.

Gegen den zweiten Grundsatz sei aufzustellen: er beruhe auf der Deduktion, seien die Parteien nur obligatorisch berechtigt und verpflichtet, so habe der Käufer die Gefahr zu tragen, weil er — wenn auch durch einen von ihm nicht zu vertretenden Umstand — außer Stand gesetzt, eine obligatorische Verpflichtung zu erfüllen, den Anspruch auf die Gegenleistung verliere — eine | Deduktion, deren Schlüssigkeit deshalb der Anfechtung | Prot I 1902 unterliege, weil, wenn der Grundsatz № 1 richtig sei, der Vertrag als nicht geschlossen zu betrachten sein würde, der Käufer folglich seine Leistung zurückhalten oder, wenn sie bereits bewirkt, mit der condictio ob causam finitam zurückfordern könne.

---

5 S. Vor §§ 346–360 BGB.
6 Zu dem gestrichenen § 56 ZustAT (§ 79 E I) s. bei §§ 145ff. BGB.
7 S. bei § 446 BGB.
8 Zu § 108 ZustAT s. bei § 158 BGB.
9 Zu § 109 ZustAT s. bei § 159 BGB.

Man verständigte sich, daß durch die Bemerkung in dem Protokolle, Seite 1871[10]:

„Vorbehalten bleibe, auf den Gegenstand bei Berathung des Sachenrechts zurückzukommen."

habe ausgedrückt werden sollen, daß die gedachten beiden Grundsätze keineswegs schon als feststehend zu betrachten seien, die endgültige Entscheidung darüber vielmehr unter Berücksichtigung der zitirten §§ 108, 109 und beziehungsweise § 113 (Protokolle vom 4. und 6. Januar 1882 Seite 285, 286, 288, 289, 294)[11], sowie unter Berücksichtigung des Falls der bedingten Zession, der späteren Zeit vorbehalten bleiben solle.

**II. 1., 2.** Die zu § 21 TE-OR (Nr 32) gefaßten Beschlüsse lauten in der *RedVorl* und der *ZustOR* als § 331:

RedVorl/ZustOR § 331

Als Mißbilligung des Käufers gilt es, wenn derselbe nicht innerhalb der vereinbarten Frist und in Ermangelung einer solchen Vereinbarung, wenn er nicht unverzüglich auf die nach Ablauf einer den Umständen angemessenen Frist von dem Verkäufer an ihn gerichtete Aufforderung sich erklärt.

Die Nichterklärung (ZustOR: Das Unterlassen der Erklärung) gilt jedoch als Genehmigung, wenn eine verkaufte Sache dem Käufer zum Zwecke der Besichtigung oder Probe übergeben worden war.

**3.** Bei Beratung der zum Obligationenrecht gefaßten Beschlüsse wurde auf Antrag von Kurlbaum (Nr. 566, 28) beschlossen, in Abs. 1 hinter „der vereinbarten Frist" ein Komma zu setzen (Prot I 3288).

Bei Beratung der Anträge, welche gestellt waren in Betreff der Drucklegung der auf das Obligationenrecht sich beziehenden Beschlüsse, wurde der Antrag von Kurlbaum (Nr. 570 III) in § 331 zu setzen:

„in Ermangelung einer vereinbarten Frist" statt „in Ermangelung einer solchen Vereinbarung"

angenommen (Prot I 3551, 3559).

**III., IV.** Im *KE* § 470 und im *E I* § 473 hat die Vorschrift die Fassung des § 331 ZustOR unter Berücksichtigung der vorstehend mitgeteilten Änderungen.

## B. Vorkommission des Reichsjustizamtes

**I.** Beantragt war:

Struckmann (Nr 3, 22)

1. die §§ 471 bis 473 durch folgende Vorschriften zu ersetzen:

Bei einem Kaufe auf Besicht oder auf Probe steht es im Belieben des Käufers, ob er den Kaufgegenstand billigen will oder nicht. Im Zweifel ist der Kauf als unter der aufschiebenden Bedingung der Billigung geschlossen anzusehen.

Der Mißbilligung steht es gleich, wenn der Käufer nicht innerhalb der vereinbarten Frist und in Ermangelung einer solchen nicht unverzüglich auf die nach Ablauf einer angemessenen Frist an ihn gerichtete Aufforderung des Verkäufers diesem gegenüber seine Billigung erklärt. War jedoch die Sache dem Käufer zum Zwecke der Besichtigung oder Probe übergeben, so gilt das Unterlassen der Erklärung als Billigung.

---

[10] In den Protokollen heißt es „Seite 1571", was offensichtlich ein Schreibfehler ist.

[11] Zu § 113 ZustAT s. bei § 160 BGB.

2. den § 471 zu fassen:
(vergl. Beschluß zu § 79 und 138.) Planck (Nr 6, 51)

Ist ein Kauf auf Besicht oder Probe geschlossen, so ist derselbe im Zweifel als unter der aufschiebenden Bedingung geschlossen anzusehen, daß der Käufer den Kauf genehmige.

Die Ertheilung oder Verweigerung der Genehmigung steht in dem Belieben des Käufers; er ist bis zu seiner Genehmigung nicht an den Kauf gebunden.

Der Verkäufer ist verpflichtet, dem Käufer die Handlungen zu gestatten, welche zur Untersuchung des Kaufgegenstandes erforderlich sind.

Die Genehmigung des Käufers gilt als verweigert, wenn derselbe bis zum Ablaufe der vereinbarten Frist nicht genehmigt.

In Ermangelung einer vereinbarten Frist kann der Verkäufer nach Ablauf einer den Umständen angemessenen Zeit den Käufer zur Erklärung auffordern. Die Genehmigung gilt als verweigert, wenn der Käufer sich auf die Aufforderung nicht unverzüglich erklärt.

Mit der Verweigerung der Genehmigung gilt die Bedingung als ausgefallen.

War eine auf Besicht oder Probe verkaufte Sache dem Käufer zum Zwecke der Besichtigung oder Probe bereits übergeben, so gilt das Unterlassen der Erklärung des Käufers innerhalb der vereinbarten Frist oder auf die ergangene Aufforderung als Genehmigung.

3. im § 471 den Absatz 2 zu fassen: Jacubezky (Nr 9, 8)

Ein solcher Kaufvertrag ist im Zweifel als unter der aufschiebenden Bedingung geschlossen anzusehen, daß der Käufer den Kaufgegenstand genehmigen werde.

4. den § 472 zu streichen. Jacubezky (Nr 9, 9)

5. den § 473 zu fassen: Planck (Nr 6, 52)

Als Mißbilligung gilt es, wenn der Käufer sich nicht innerhalb der vereinbarten Frist erklärt.

Ist eine Frist nicht vcvereinbart, so kann der Verkäufer nach Ablauf einer den Umständen angemessenen Zeit den Käufer zur Erklärung auffordern und gilt es als Mißbilligung, wenn der Käufer sich auf die Aufforderung nicht unverzüglich erklärt.

War die verkaufte Sache jedoch dem Käufer zur Besichtigung oder zur Probe übergeben, so gilt das Unterlassen der Erklärung innerhalb der vereinbarten Frist oder auf die ergangene Aufforderung als Genehmigung.

**II.** Eine Beratung der §§ 471 – 473 hat in der Vorkom. nicht stattgefunden.

## C. 2. Kommission

**I.** Die §§ 471 bis 473 wurden zusammen beraten.

Es war beantragt (Prot. II, Bd. 2, S. 77f.; *Mugdan*, Bd. 2, S. 779f.):

1. den §§ 471 bis 473 folgenden Inhalt zu geben: Struckmann (Nr 71, 9)

Bei einem Kaufe auf Besicht oder auf Probe steht es im Belieben des Käufers, ob er den Kaufgegenstand billigen will oder nicht.

Im Zweifel ist der Kauf als unter der aufschiebenden Bedingung der Billigung geschlossen anzusehen.

Der Mißbilligung steht es gleich, wenn der Käufer nicht innerhalb der vereinbarten Frist und in Ermangelung einer solchen nicht unverzüglich auf die nach Ablauf einer angemessenen Frist an ihn gerichtete Aufforderung des Verkäufers diesem gegenüber seine Billigung erklärt. War jedoch die Sache dem Käufer zum Zwecke der Besichtigung oder Probe übergeben, so gilt das Unterlassen der Erklärung als Billigung.

2. zu den §§ 471, 472:

Jacubezky (Nr 102, 8) a) im § 471 den Abs. 2 zu fassen:

Ein solcher Kaufvertrag ist im Zweifel als unter der aufschiebenden Bedingung geschlossen anzusehen, daß der Käufer den Kaufgegenstand genehmigen werde.

Jacubezky (Nr 102, 9) b) den § 472 zu streichen.

Die Kom. stimmte dem § 471 Abs. 1 und den §§ 472, 473 sachlich zu; der § 471 Abs. 2 wurde nach dem Vorschlage der nur redaktionell von einander abweichenden Anträge angenommen.

**II.** In der *VorlZust* der Beschlüsse der 2. Kom. haben die §§ 471, 472, 473 die Fassung:

E I-VorlZust § 471 Bei einem Kaufe auf Besicht oder auf Probe steht es im Belieben des Käufers, ob er den Kaufgegenstand billigen will oder nicht. Im Zweifel ist der Kauf als unter der aufschiebenden Bedingung der Billigung geschlossen anzusehen.

E I-VorlZust § 472 Der Verkäufer ist bei einem Kaufe auf Besicht oder auf Probe verpflichtet, dem Käufer die Handlungen zu gestatten, welche zur Untersuchung des Kaufgegenstandes erforderlich sind.

E I-VorlZust § 473 Der Mißbilligung des Käufers steht es gleich, wenn derselbe nicht innerhalb der vereinbarten Frist und in Ermangelung einer solchen nicht unverzüglich auf die nach Ablauf einer angemessenen Frist an ihn gerichtete Aufforderung des Verkäufers diesem gegenüber seine Billigung erklärt. War jedoch die Sache dem Käufer zum Zwecke der Besichtigung oder Probe übergeben, so gilt das Unterlassen der Erklärung als Billigung.

**III.** In der *ZustRedKom* sind die §§ 471 und 472 in § 471 wie folgt zusammengefaßt:

E I-ZustRedKom § 471 Bei einem Kaufe auf Besicht oder auf Probe steht es im Belieben des Käufers, ob er den Kaufgegenstand billigen will oder nicht. Der Kauf ist im Zweifel unter der aufschiebenden Bedingung der Billigung geschlossen.

Der Verkäufer ist verpflichtet, dem Käufer die Untersuchung des Gegenstandes zu gestatten.

§ 473 lautet:

E I-ZustRedKom § 473 Die Billigung eines auf Besicht oder auf Probe gekauften Gegenstandes gilt als verweigert, wenn der Käufer nicht innerhalb der vereinbarten Frist und in Ermangelung einer solchen nicht unverzüglich auf die nach Ablauf einer angemessenen Frist an ihn gerichtete Aufforderung dem Verkäufer gegenüber die Billigung erklärt; war die Sache dem Käufer zum Zwecke der Besichtigung oder Probe übergeben, so gilt sein Schweigen als Billigung.

**IV.** Im *E II* sind die §§ 471, 472 E I in § 431 enthalten, dessen Satz 1 abweichend von § 471 E I-ZustRedKom lautet:

Bei einem Kaufe auf Probe oder auf Besicht steht die Billigung des Kaufgegenstandes im Belieben des Käufers.

§ 473 E I-ZustRedKom ist im E II als § 432 mit der Abweichung enthalten, daß es „auf Probe oder Besicht“ statt „auf Besicht oder auf Probe“ und „zum Zwecke der Probe oder der Besichtigung“ statt „zum Zwecke der Besichtigung oder Probe“ heißt.

Bei der Revision des E II wurde zu § 432 beantragt: Planck (Nr 34, 1)
das Wort „unverzüglich“ durch „sofort“ zu ersetzen (vergl. H.G.B. Art 339 Abs. 3) oder:

statt der Worte „nicht unverzüglich . . . Aufforderung“ zu setzen: „nicht vor Ablauf einer ihm von dem Verkäufer bestimmten angemessenen Frist.“

Der 2. Vorschlag, dem auch der Antragsteller den Vorzug gab, fand die Billigung der Kom.

V. Im *E II rev* haben § 431 E II als § 489 die in § 495 BGB und § 432 E II als § 490 die in § 496 BGB Gesetz gewordene Fassung.

**D. Bundesrat (Justizausschuß)**

I. Mecklenburg-Schwerin und Mecklenburg-Strelitz gaben anheim,

1. hinter dem § 432 (E II) die Vorschriften der §§ 1 bis 6 des Gesetzes, betreffend die Abzahlungsgeschäfte, vom 16. März 1894, insoweit einzustellen, als sie nicht bereits in den Bestimmungen des Entwurfes über Rücktritt und Vertragsstrafe enthalten seien;

2. den § 7 des genannten Gesetzes durch Aufnahme in den Art. 16 des Entwurfes des Einführungsgesetzes in das Strafgesetzbuch zu verweisen und im Uebrigen jenes Gesetz durch das Einführungsgesetz aufzuheben.

II. Bericht von *Heller* (Bayern) vom 11. 10. 1895

Der Mecklenburgische Antrag zum § 490 *(E II rev)* wurde zurückgezogen.

**Anhang zu §§ 494–496 BGB.**

*Kauf mit Vorbehalt eines besseren Angebots*

**A. 1. Kommission**

I. 192. Sitzung vom 2. 4. 1883[1], Schriftführer Neubauer (nicht anwesend v. Schmitt)

| Die Berathung des Theilentwurfs des Obligationenrechts (Nr. 32), betreffend den Kauf, wurde fortgesetzt. | Prot I 1925

Die den „Kauf mit Vorbehalt eines besseren Angebots“ (die addictio in diem) erledigenden Vorschriften des Entwurfs lauten:

„Ist bei einem Kauf dem Verkäufer für den Fall, daß ein besseres Gebot für den Kaufgegenstand von einem Dritten gemacht werde, der Rücktritt vorbehalten, so steht TE-OR (Nr 32) § 28

[1] Im Anschluß an die Beratungen der den Kauf auf Besicht oder Probe betreffenden Vorschriften der §§ 19–21 TE-OR (Nr. 32) in der 190. Sitzung wurden in der 191. Sitzung vom 30. 3. 1883 Prot I 1903–1923, die von dem „Kauf mit Vorbehalt der Reue“ handelnden §§ 22–27 TE-OR (Nr. 32) beraten. S. diese Beratungen Vor §§ 346–360 BGB.

es in dem Ermessen des Verkäufers, ob er ein ihm gemachtes Gebot für ein besseres annehmen will oder nicht.

Haben mehrere denselben Gegenstand verkauft oder ist der Verkäufer von Mehreren beerbt, so gilt das Gebot eines Dritten dem Käufer gegenüber nur dann als ein besseres, wenn die Mehreren es insgesammt als solches geltend machen."

| Prot I 1926 TE-OR (Nr 32) § 29 „Ist in dem Vertrage keine Frist bestimmt, inner- | halb welcher die Anmeldung besseren Gebots erfolgen kann, so gilt bei beweglichen Sachen eine Frist von drei Tagen, bei unbeweglichen Sachen eine solche von einem Jahr, von der Zeit der Schließung des Vertrages an, als vereinbart.

Die Vorschrift des § 55 (der Zusammenstellung)[2] findet daneben entsprechende Anwendung."

TE-OR (Nr 32) § 30 „Erfolgt ein besseres Gebot (§ 28 Abs. 1, § 29), so hat der Verkäufer dem Käufer von dem Inhalte desselben Anzeige zu machen. Der Käufer ist berechtigt, innerhalb acht Tagen von der ihm zugegangenen Anzeige an in das Gebot des Dritten einzutreten."

TE-OR (Nr 32) § 31 „Tritt der Käufer in das Gebot des Dritten ein, so wird der Kaufvertrag aufrecht erhalten und es gilt derselbe von dem Zeitpunkt des Eintritts an als unter den Bestimmungen des Gebots des Dritten abgeschlossen."

TE-OR (Nr 32) § 32 „Erklärt der Käufer innerhalb der in § 30 bezeichneten Frist seinen Eintritt in das Gebot des Dritten nicht, so hat der Verkäufer, sofern nicht einer der in § 24 № 1–3 genannten Fälle vorliegt, die Wahl, ob er das Gebot des Dritten annehmen oder bei dem Kaufe stehen bleiben will.

Das Recht, das Gebot des Dritten anzunehmen, erlischt, wenn der Verkäufer auf die von dem Käufer an ihn gerichtete Aufforderung innerhalb acht Tagen die Annahme nicht erklärt. Auf die Erklärung des Verkäufers findet die Vorschrift des § 54 zweiter Satz (der Zusammenstellung) Anwendung."[3]

TE-OR (Nr 32) § 33 | Prot I 1927 „Im Falle der Annahme des Gebots des Dritten durch den Verkäufer sind der letztere und der Käufer unter einander so berechtigt und verpflichtet, wie wenn der Kauf nicht geschlossen wäre. Die gegenseitigen Rechte und Verpflichtungen | des Verkäufers und Käufers bemessen sich nach den Vorschriften des § 25 Abs. 1, 2, 3."[4]

Es lagen die Anträge vor:

Planck (Nr 317, 1) 1. a, dem § 30 folgende Zusätze zu geben:

„Ging das Gebot auf einen Gesammtpreis für den Kaufgegenstand und einen oder mehrere andere Gegenstände zusammen, so ist der Käufer nicht berechtigt, in das Gebot nur rücksichtlich des Kaufgegenstandes für einen verhältnißmäßigen Theil des Gesammtpreises einzutreten, sondern kann nur in das Gebot im Ganzen eintreten.

Sind mehrere Käufer oder mehrere Erben eines Käufers vorhanden, so gilt der Eintritt in das bessere Gebot nur dann als erfolgt,wenn alle Käufer bezw. alle Erben des Käufers in dasselbe eintreten.

Die Verpflichtung des Verkäufers, das bessere Gebot dem Käufer anzuzeigen, findet nicht statt, wenn in dem Gebote neben dem Kaufpreise oder in Anrechnung auf denselben, Sachen des Anbietenden, oder Rechte welche ihm zustehen, oder Handlungen, welche von ihm persönlich vorzunehmen sind, versprochen sind."

---

[2] S. Vor §§ 346–360 BGB.

[3] S. § 24 TE-OR (Nr. 32) und § 54 ZustOR Vor §§ 346–360 BGB.

[4] S. § 25 TE-OR (Nr. 32) Vor §§ 346–360 BGB.

b, Den § 31 durch folgende Bestimmung zu ersetzen: Planck (Nr 317, 2)

„Tritt der Käufer in das Gebot des Dritten ein, so wird dadurch ein neuer Kaufvertrag unter den Bedingungen dieses Gebots abgeschlossen.

Der frühere Kauf gilt als durch den neuen Vertrag rückgängig gemacht und finden rücksichtlich des sich daraus ergebenden Verhältnisses unter den Parteien die Vorschriften der §§ 87 – 90 der Zusammenstellung des Obligationenrechts (Eventl. §§ b und c der Anlage zum Redaktionsentwurf, betreffend die Folgen der Nichterfüllung der Verbindlichkeit)[5] entsprechende Anwendung."

c, Die §§ 29, 32 und 33 durch folgende Bestimmungen zu ersetzen: Planck (Nr 317, 3)

| § 32 | Prot I 1928

„Ist der Verkäufer nach Maßgabe des letzten Absatzes des § 30 nicht verpflichtet, den Käufer das Gebot des Dritten anzuzeigen, oder erklärt der Käufer innerhalb der in § 30 bezeichneten Frist seinen Eintritt in das Gebot des Dritten nicht, so ist der Verkäufer berechtigt, dasselbe anzunehmen, und finden, wenn er dies thut, auf sein Verhältniß zu dem Käufer die Vorschriften des § 31 Abs. 2 Anwendung."

§ 33.

„Auf das Erlöschen des Rechts des Verkäufers, den Kauf durch Annahme eines besseren Gebots rückgängig zu machen, finden die Vorschriften der §§ 55 und 92 der Zusammenstellung des Obligationenrechts (Eventl. e und f der oben citirten Anlage)[6] entsprechende Anwendung.

Das Recht des Verkäufers erlischt ferner

1. wenn das bessere Gebot nicht innerhalb der vertragsmäßig bestimmten Frist und in Ermangelung einer solchen bei beweglichen Sachen nicht innerhalb einer Frist von 3 Tagen, bei unbeweglichen Sachen nicht innerhalb einer Frist von einem Jahr von der Schließung des Vertrages an gerechnet, erfolgt.

2. wenn der Verkäufer, nachdem der Käufer den Eintritt in das bessere Gebot abgelehnt, auf eine von diesem an ihn gerichtete Aufforderung nicht binnen 8 Tagen das bessere Gebot annimmt und dem Käufer davon Anzeige macht."

2. in § 30 im ersten Satze nach den Worten: „dem Käufer" einzuschalten: „ohne Zögern" und den § 31 zu fassen: v. Weber (Nr 320)

„Tritt der Käufer in das Gebot des Dritten ein, so hat er dem Verkäufer die in der Zwischenzeit von dem Kaufgegenstand gezogenen Nutzungen zu vergüten und ist seinerseits von dem Kaufpreise für die Zwischenzeit Zinsen nicht zu bezahlen verbunden oder die ge- | zahlten Zinsen zurückzuverlangen berechtigt." | Prot I 1929

3. a, in § 28 den zweiten Absatz zu streichen, dagegen zuzusetzen: Kurlbaum (Nr 321)

„Ein Angebot darf jedoch, wenn es in Betracht kommen soll, außer einem in Geld oder anderen vertretbaren Sachen bestimmten Preise nur solche Leistungen umfassen, welche auch der Käufer versprochen hat.

Der Rücktritt steht dem Verkäufer auf Grund des gemachten Vorbehalts nur dann zu, wenn er für den Fall, daß der Käufer in das bessere Angebot nicht eintritt, auf Grund des letzteren den Kaufvertrag mit dem anbietenden Dritten abschließt."

b, § 29 zu fassen:

„Das Rücktrittsrecht erlischt außer dem Falle des § 55 (der Zusammenstellung), wenn der Rücktritt nicht innerhalb der vereinbarten Frist erfolgt.

---

[5] S. §§ 87 – 90 ZustOR und die Anlage Vor §§ 346 – 360 BGB.

[6] S. Vor §§ 346 – 360 BGB.

Ist eine Frist nicht vereinbart, das Rücktrittsrecht aber für die Zeit nach der Uebergabe der Sache vorbehalten, so erlischt dasselbe, wenn der Rücktritt bei dem Verkauf beweglicher Sachen nicht innerhalb dreier Tage, bei dem Verkauf unbeweglicher Sachen nicht innerhalb dreier Monate nach der Uebergabe erfolgt.

Die Vorschriften des § 56 (der Zusammenstellung) finden nicht Anwendung."[7]

c, den § 30 zu fassen:

„Der Rücktritt wird nur wirksam, wenn der Verkäufer mit der Erklärung desselben dem Käufer das bessere Angebot und die Person des Anbietenden mittheilt und der Käufer nicht innerhalb einer Woche nach Empfang dieser Mittheilung dem Verkäufer erklärt, daß er in das bessere Gebot eintrete."

d, in § 31 zu bestimmen:

| Prot I 1930 „Tritt der Käufer in das bessere Gebot ein, so gilt der Kaufvertrag von dem Zeitpunkte des Eintritts an als unter den Bestimmungen des besseren Gebots ab- | geschlossen."

e, die §§ 32, 33 zu streichen.

Planck (Nr 323, 1) 4. die §§ 28 bis 33 durch folgende Bestimmung zu ersetzen:

„Ist bei einem Kauf dem Verkäufer für den Fall, daß ein besseres Gebot für den Kaufgegenstand von einem Dritten gemacht werde, der Rücktritt vorbehalten, so steht es in dem Ermessen des Verkäufers, ob er ein ihm gemachtes Gebot für ein besseres annehmen will oder nicht. Zum Rücktritte ist er aber nur dann berechtigt, wenn er das Gebot wirklich angenommen hat.

Das Rücktrittsrecht erlischt in dem Falle dieses §, sofern eine Frist für dessen Geltendmachung nicht vereinbart ist, wenn der Berechtigte bei beweglichen Sachen nicht innerhalb einer Frist von 4 Wochen, bei unbeweglichen Sachen nicht innerhalb der Frist von einem Jahre seit Abschluß des Vertrages den Rücktritt erklärt. Der § 56 (g der Anlage)[8] findet keine Anwendung."

unter Aufrechterhaltung des Antrags Nr. 1 nur für den Fall der Nichtannahme dieses Antrags[9].

Nachdem eine allgemeine Besprechung der Bestimmungen des Entwurfs unter Berücksichtigung der gestellten Anträge vorausgegangen war, wurde beschlossen, den eine wesentliche Vereinfachung der Vorschriften des Entwurfs bezweckenden Antrag № 4 den Berathungen zum Grunde zu legen.

Der Beschluß beruhte auf folgender Erwägung:

Der Vertrag, mit welchem die §§ 28 – 33 sich beschäftigen, sei in der Gegenwart verhältnißmäßig so selten, daß es fraglich erscheinen müsse, ob er überhaupt im Gesetzbuche eine besondere Behandlung verdiene. Nicht zu leugnen sei, daß in der gegenwärtigen Zeit nicht selten, insbesondere bei öffentlichen Lizitationen, wenn erhebliche Gegenstände in Frage ständen, Verträge geschlossen würden, welche dem Kaufe mit dem Vorbehalte eines besseren Angebots verwandt erschienen und denen keine geringe Bedeutung beiwohne. Diese Verträge würden sich indessen nach den für die addictio in

| Prot I 1931 diem aufzustellenden Normen nicht beurthei- | len lassen, indem sie vielmehr überwiegend unter das Prinzip des § 56 der Zusammenstellung der den Allgemeinen Theil

---

[7] §§ 55, 56 ZustOR s. Vor §§ 346 – 360 BGB.

[8] S. Vor §§ 346 – 360 BGB.

[9] Der entsprechende Zusatz in dem Antrag Nr. 323 lautet: Die in Nr. 317 (s. o. Prot I 1927 f., Antrag 1) zu den §§ 29 – 33 gestellten Anträge werden nur für den Fall aufrecht erhalten, daß der vorstehende Antrag nicht angenommen wird.

betreffenden Beschlüsse (Protokoll vom 9. Januar 1882, S. 302, 303)[10] fielen. Sei aber einmal ein eine addictio in diem enthaltender Vertrag geschlossen, so würde in Ermangelung besonderer Rechtsnormen geprüft werden müssen, welcher Sinn der Vereinbarung beiwohne, ob an eine Suspensiv- oder Resolutivbedingung gedacht oder ob nur die Ausbedingung eines obligatorischen Rücktrittsrechts bezweckt sei und je nachdem die Auslegung den einen oder anderen Parteiwillen ergebe, auf die einschlagenden allgemeinen Grundsätze zurückgegangen werden müssen, durch deren Anwendung sich alle Schwierigkeiten erledigten. Allein das gänzliche Schweigen des Gesetzes über die addictio in diem erscheine aus einem besonderen Grunde nicht unbedenklich. Ein Kauf mit Vorbehalt eines besseren Angebots werde immerhin mitunter noch vorkommen. Wenn nun in der That mit Vorbehalt eines besseren Angebots verkauft werde, so könne schwerlich darauf gerechnet werden, daß der Vertrag in der Regel mehr als den erwähnten Vorbehalt ergebe. Weil die addictio in diem im geltenden Rechte, von dem französischen Rechte abgesehen, geregelt sei, so würden die Parteien um so seltener sich veranlaßt finden, über den Sinn und die juristische Bedeutung des Vorbehalts ein Näheres zu bestimmen und somit der Zweifel sich erheben, wie die Vereinbarung auszulegen, ob eine Suspensivbedingung oder eine Resolutivbedingung oder ein Rücktrittsrecht als gewollt zu erachten sei. Hieraus ergebe sich die Nothwendigkeit oder doch die Angemessenheit, mindestens eine dispositive Rechtsnorm aufzustellen, welche zur Entscheidung bringe, wie der einfache Vorbehalt eines besseren Angebots zu verstehen sei. Der Entwurf und die Anträge entschieden übereinstimmend für die Annahme eines gewöhnlichen, also nur obligatorisch wirkenden Rücktrittsrechts. Hiergegen lasse sich in Konsequenz der bisher in ähnlichen Fällen gefaßten Beschlüsse nichts erinnern. Andererseits erscheine die gedachte Rechtsnorm aber auch im Allgemeinen, und bis auf einige noch erforderliche Einzelheiten, vollkommen genügend, weil im Uebrigen die | allgemeinen Grundsätze über das vertragsmäßige Rücktrittsrecht ausreichten. Die | Prot I 1932
nöthigen Ergänzungen betreffend, so müsse die Dauer des Rücktrittsrechts besonders geregelt werden. Werde nämlich der Vorbehalt des Rücktritts unterstellt, so würde nach den Beschlüssen über das vertragsmäßige Rücktrittsrecht, da der Rücktritt bei dem Vorbehalte eines besseren Gebots an eine Bedingung geknüpft erscheine, das Recht erst dann erlöschen, wenn nach Eintritt der Bedingung der Käufer den Verkäufer zur Erklärung aufgefordert und der letztere binnen vier Wochen sich nicht erklärt habe. Dieses Ergebniß könne ohne Zweifel nicht für angemessen erachtet werden. Außerdem lasse sich nur noch in Frage stellen, ob nicht eine Vorschrift darüber nöthig sei, von welchen Voraussetzungen die Entscheidung abhänge, daß ein besseres Gebot vorliege. Eine solche einfache Regelung des Kaufs mit Vorbehalt des besseren Angebots sei aber nur dann möglich, wenn dem Käufer das Eintrittsrecht oder das sogenannte Vorkaufsrecht nicht zugestanden werde. Die Beilegung dieses Rechts rufe, wie der Entwurf zur Genüge ergebe, nicht unerhebliche Schwierigkeiten hervor, deren Beseitigung die wünschenswerthe einfache Normirung verhindere. Nun fehle es an zureichenden Gründen, das gedachte Recht dem Käufer zuzugestehen. Aus dem Inhalte der Vereinbarung lasse sich dasselbe unverkennbar nicht herleiten. Daß Billigkeitsgründe für eine solche Begünstigung des Käufers sprächen, könne ebensowenig geltend gemacht werden. Allerdings sei das Vorkaufsrecht des Käufers überwiegend im geltenden Rechte anerkannt. Dies erkläre sich aber wohl nur aus dem Umstande, daß im römischen Rechte dem Käufer das Recht beigelegt sei. Wie das römische Recht zu der betreffenden Bestimmung gelangt sei, stehe dahin, nicht unwahrscheinlich liege der Grund in Verkehrssitten, welche der Gegenwart fremd seien. Habe der in Frage stehende Vertrag

---

10 Zu dem gestrichenen § 56 ZustAT (§ 79 E I) s. bei §§ 145ff. BGB.

in der jetzigen Zeit nur noch geringe praktische Bedeutung, so könne es umsoweniger einem Bedenken unterliegen, dem Käufer das Vorkaufsrecht, sofern er es sich nicht vorbehalten habe, zu versagen. Hieraus rechtfertige es sich den Antrag N° 4, welcher
| Prot I 1933 auf der vor- | stehenden Auffassung beruhe, und insonderheit das gesetzliche Vorkaufsrecht des Käufers nicht anerkenne, den Berathungen zum Grunde zu legen.

Bevor zu der Berathung des näheren Inhalts des Antrags übergegangen wurde, verständigte man sich dahin, daß nach Erledigung derselben besonders zu entscheiden sei, ob es nicht den Vorzug verdiene, über den Kauf mit Vorbehalt eines besseren Angebots in das Gesetzbuch überhaupt Bestimmungen nicht aufzunehmen.

Der Antrag N° 4 wurde absatzweise berathen.

Zum ersten Absatz.

Es wurden folgende Verbesserungsanträge gestellt:

Planck a, zu bestimmen:

„Hat der Verkäufer sich die Annahme des besseren Gebots eines Dritten vorbehalten, so ist darin der Rücktritt vom Vertrage für den Fall als vorbehalten anzusehen, daß von Seiten eines Dritten ein besseres Gebot erfolgt und dieses von dem Verkäufer angenommen wird."

Windscheid b, zu bestimmen:

„Hat sich ein Vertragschließender den Rücktritt für den Fall vorbehalten, daß ihm von einem Dritten ein besseres Gebot gemacht werden sollte, so ist er berechtigt, den Vertrag dadurch rückgängig zu machen, daß er mit dem Dritten auf das bessere Gebot einen Vertrag abschließt."

Kurlbaum c, für den Fall der Annahme des Antrags zu a oder b hinzuzufügen:

„Als höheres Gebot gilt nur dasjenige, welches dem Verkäufer außer solchen Leistungen, welche der Käufer neben dem in Geld bestimmten Preise versprochen hat, einen höheren Geldpreis oder neben dem mit dem Käufer bestimmten Preise noch andere Leistungen gewährt."

Beschlossen wurde:

1. Annahme des Antrags zu a, unter Vorbehalt der Entscheidung, ob mit dem Antrage N° 4 zu bestimmen sei, das Ermessen des Verkäufers entscheide, ob das neue
| Prot I 1934 Gebot ein besseres | sei, sodann

2. die Ablehnung dieser letzteren in dem Antrage N° 4 enthaltenen Bestimmung und

3. die Ablehnung des Antrags zu c.

Der erste Absatz des Antrags N° 4 und der Antrag zu b galten hiermit als erledigt.

Erwogen war:

Der Antrag zu a verdeutliche nur das dem Antrage N° 4 zum Grunde liegende und volle Billigung verdienende Hauptprinzip, das Prinzip nämlich, daß, wenn nur die Annahme eines besseren Gebots vorbehalten worden, eine solche Vereinbarung, sofern nicht aus dem Inhalte des Vertrags sich ein Anderes ergebe, dahin auszulegen sei, daß der Verkäufer sich den *Rücktritt* mit nur obligatorischen Wirkungen für den Fall ausbedungen habe, daß ein besseres Gebot erfolge und dieses von ihm angenommen werde. Der Antrag zu a stelle zugleich genügend klar, daß, wie in allen anderen Fällen des vorbehaltenen Rücktritts, dieser erklärt werden müsse, daß ferner im vorliegenden Falle die RücktrittserkQrung erst dann zulässig sei, wenn das bessere Gebot nicht allein erfolgt, sondern auch vom Verkäufer angenommen worden. Die Rücktrittserklärung — obschon vielleicht nicht im Einklange mit dem Wortinhalte der Abrede — auch von der *Annahme* des besseren Gebots abhängig zu machen, rechtfertige sich deshalb, weil, wenn schon das bloße bessere Gebot für die Ausübung des Rechts genügen solle, das Rücktrittsrecht praktisch sich zu einem unbedingten gestalten würde.

Der Antrag zu b gebe zu dem Bedenken Anlaß, daß nach ihm zur Verwirklichung des Rücktritts eine Rücktrittserklärung nicht erforderlich sein würde, worin einestheils eine nicht zu rechtfertigende Anomalie liege und woraus andererntheils erhebliche Verwickelungen, z. B. in Bezug auf das Tragen der Gefahr, entstehen könnten.

Anlangend die Frage, welches Gebot als ein besseres anzusehen sei so vertrage sich die Bestimmung, daß in dieser Beziehung das freie Ermessen des Verkäufers entscheide, nicht mit dem Inhalte der Vereinbarung. Wenn gleichwohl zum Theil das geltende Recht, z. B. | das preußische A.L.R., das Ermessen des Verkäufers für maßgebend erkläre, so finde diese Bestimmung ihr Temperament in dem im geltenden Rechte anerkannten Vorkaufsrechte des Käufers; mit der Beseitigung des Vorkaufsrechts werde die Bestimmung unhaltbar. Eine nähere Verdeutlichung, welches Gebot von dem objektiven Standpunkte aus (welcher, wenn das Gesetz nicht ein Anderes bestimme, gebilligt erscheine) ein besseres sei, könne entbehrt werden, sie würde überdies entweder inhaltslos bleiben oder in Kasuistik sich verlieren müssen. | Prot I 1935

Der Antrag zu c sei ebenfalls nicht zu empfehlen, weil er in unzulässiger Weise den Begriff des besseren Gebots beenge, z. B. wenn das neue Gebot nur in Bezug auf Zeit und Ort der Zahlung des Preises für den Verkäufer sich als günstiger darstelle.

Einverständniß bestand, daß das bessere Gebot, wenn es Berücksichtigung finden solle, ein Kaufgebot, d. h. ein solches Gebot sein müsse, wodurch das Wesen des Geschäfts als eines Kaufgeschäfts sich nicht ändere. Der Redaktion blieb die Prüfung vorbehalten, ob dies der besonderen Verdeutlichung bedürfe.

Zum zweiten Absatz.

Es wurden die Verbesserungsanträge gestellt,

von einer Seite:

bei unbeweglichen Sachen gleichfalls nur eine vierwöchige Erklärungsfrist zu bestimmen,

von anderer Seite:

bei unbeweglichen Sachen die Frist auf drei Monate herabzusetzen.

Das Prinzip des zweiten Absatzes blieb aus den einschlagenden, in den Motiven des Entwurfs entwickelten Gründen unbeanstandet. Die Verbesserungsanträge betreffend, so wurde der erste abgelehnt, der zweite angenommen.

In der letzteren Beziehung war die Mehrheit der Ansicht, bei unbeweglichen Sachen sei eine vierwöchige Frist regelmäßig zu kurz, eine einjährige dagegen zu lang, vielmehr eine dreimonatige angemessen.

| Zur Redaktion wurde erinnert, daß es im Eingange nicht: | Prot I 1936

„Das Rücktrittsrecht erlischt:"

sondern:

„Das Rücktrittsrecht ist ausgeschlossen"

werde heißen müssen, daß ferner der zweite Satz vielleicht entbehrlich sei.

Schließlich wurde der Antrag:

über den fraglichen Vertrag keine Bestimmungen, insbesondere auch nicht die vorstehend beschlossenen, aufzunehmen,

durch Mehrheitsbeschluß abgelehnt.

**II. 1.** In der *RedVorl* lauten die beschlossenen Vorschriften unter der Überschrift: Kauf mit Vorbehalt eines besseren Gebotes[11] als §§ 332, 333;

RedVorl § 332 Hat der Verkäufer[12] sich die Annahme des besseren Gebots eines Dritten (für den Kaufgegenstand) vorbehalten, so ist dadurch (durch einen solchen Vorbehalt) der Rücktritt von dem Vertrage für den Fall als vorbehalten anzusehen, daß das bessere Kaufgebot[13] eines Dritten erfolgen und dieses Gebot von dem Verkäufer angenommen werde.

RedVorl § 333 Das Rücktrittsrecht ist ausgeschlossen, wenn nicht der Verkäufer innerhalb der vereinbarten Frist und in Ermangelung einer solchen Fristbestimmung bei unbeweglichen Sachen nicht innerhalb einer Frist von drei Monaten, bei anderen Gegenständen nicht innerhalb einer Frist von vier Wochen seit dem Abschluß des Vertrages den Rücktritt erklärt.

**2.** In der *ZustOR* sind in § 332 die Klammern um die Worte „für den Kaufgegenstand" weggelassen und zu dem Worte „dadurch" der Klammerzusatz ganz gestrichen.

§ 333 ist unverändert.

**3.** Zu § 333 wurde bei Beratung der Anträge, welche gestellt waren in Betreff der Drucklegung der auf das Obligationenrecht sich beziehenden Beschlüsse auf Antrag von Kurlbaum (Nr. 570 IV 27) beschlossen, statt „das Rücktrittsrecht ist ausgeschlossen" zu setzen „das Rücktrittsrecht erlischt" (Prot I 3554, 3560).

**III.** Im *KE* ist die Fassung der §§ 471, 472 gegenüber derjenigen der ZustOR unverändert, wobei nur in § 472 der vorstehend mitgeteilte Beschluß berücksichtigt ist.

Bei der 2. Beratung des KE wurde ein Antrag von Johow (Nr. 606, 1), in § 472 (und zugleich in einer Reihe weiterer Vorschriften) statt „unbewegliche Sache" zu setzen „Grundstück"[14] angenommen (Prot I 11780, 11781).

Auf Antrag von v. Schmitt[15] wurde ferner in § 472 das Wort „Abschluß" durch „Schließung" ersetzt (Prot I 11791 – 11793).

**IV.** Im *E I* sind die beschlossenen Vorschriften unter Berücksichtigung der vorstehend mitgeteilten Änderungen in § 474, 475 enthalten.

## B. Vorkommission des Reichsjustizamtes

Beantragt war von Struckmann (Nr. 3, 23) und Jacubezky (Nr. 9, 9) die Streichung der §§ 474, 475.

Eine Beratung hat nicht stattgefunden.

## C. 2. Kommission

(Prot. II, Bd. 2, S. 78; *Mugdan*, Bd. 2, S. 780)

Die Kom. beschloß die von Struckmann (Nr 71, 10) und Jacubezky (Nr 102, 10) beantragte Streichung der §§ 474, 475 E I.

---

[11] Zu der Überschrift ist angemerkt: Der Entwurf redet nur in der Ueberschrift von „Angebot" sonst überall von „Gebot".

[12] In der RedVorl heißt es „Käufer", was offensichtlich falsch ist.

[13] Dazu ist angemerkt: Kaufgebot; daraus erhellt zur Genüge, daß ein Kaufgeschäft proponirt sein muß.

[14] S. die Begründung dazu bei (§ 394 KE = 397 E I) § 477 BGB.

[15] S. diesen Antrag (Nr. 611) bei §§ 346 – 360 BGB.

2. Wiederkauf

§ 497

**Hat sich der Verkäufer in dem Kaufvertrage das Recht des Wiederkaufs vorbehalten, so kommt der Wiederkauf mit der Erklärung des Verkäufers gegenüber dem Käufer, daß er das Wiederkaufsrecht ausübe, zu Stande. Die Erklärung bedarf nicht der für den Kaufvertrag bestimmten Form.**

**Der Preis, zu welchem verkauft worden ist, gilt im Zweifel auch für den Wiederkauf.**

## A. 1. Kommission

**I.** 195. Sitzung vom 9. 4. 1883, Schriftführer Neubauer (nicht anwesend v. Schmitt)

| Die Berathung des Theilentwurfes des Obligationenrechts (Nº 32), betreffend den Kauf, wurde fortgesetzt. | Prot I 1967

Zur Berathung gestellt wurden die §§ 41 – 47 des Entwurfs, betreffend den Kauf mit Vorbehalt des Wiederkaufs und Wiederverkaufs.

Der Entwurf beschränkt sich in seinen Bestimmungen, ähnlich wie bei dem Vorkaufsrechte, auf das nur obligatorisch wirksame Wiederkaufs- und Wiederverkaufsrecht. Gegen diesen Standpunkt wurde auch hier nichts erinnert.

Der § 41 des Entwurfs lautet:

„Wird bei einem Kaufvertrag dem Verkäufer das Recht des Wiederkaufes des Kaufgegenstandes vorbehalten, so gilt als Wiederkaufspreis im Zweifel der Preis, für welchen verkauft worden ist, als vereinbart. TE-OR (Nr 32) § 41

Durch den Vorbehalt des Wiederkaufsrechtes wird der Käufer dem Verkäufer gebunden. Mit der von dem Letzteren dem Käufer abgegebenen Erklärung, daß er das Wiederkaufsrecht ausübe, ist der Wiederkauf abgeschlossen."

| Der § 41 wurde absatzweise berathen. | Prot I 1968

Erster Absatz.

Der erste Absatz blieb bis auf folgende Erinnerungen unbeanstandet:

1. statt „gilt" werde zu setzen sein: „ist anzusehen;"

2. die Worte: „im Zweifel" seien überflüssig und zu streichen;

3. für: „bei einem Kaufvertrage . . . vorbehalten" werde es heißen müssen „eingeräumt" zum Zweck der Einbeziehung des Falls, wenn dem Verkäufer nach Abschluß des Kaufs durch eine spätere Vereinbarung das Wiederkaufsrecht zugestanden werde.

Die Erinnerungen unter Nº 1 und 2 wurden für begründet erachtet, die unter Nº 3 fand dagegen nicht den Beifall der Mehrheit, welche vielmehr der Ansicht war: Die durch die Erinnerung angeregte Erweiterung der Vorschrift sei nicht erforderlich, da es sich von selbst verstehe, daß in der nachträglichen Vereinbarung des Wiederkaufsrechts, sofern die Parteiberedungen nicht ein Anderes ergäben, nur eine Ergänzung des früher abgeschlossenen Kaufvertrages zu finden, der Fall also so zu beurtheilen sei, als wenn die Verabredung schon bei dem Abschlusse des Hauptvertrages getroffen sei; es unterliege daher keinem Bedenken, mit dem Entwurfe nur den weitaus die Regel bildenden Fall als den Normalfall hervorzuheben.

Zweiter Absatz.

Planck (Nr 330, 1) Es lag der Antrag vor:
den zweiten Absatz dahin zu fassen:
„Mit der von dem Verkäufer dem Käufer gegenüber abgegebenen Erklärung, daß er das Wiederkaufsrecht ausübe, gilt der Wiederkauf als abgeschlossen."

Dieser Antrag wurde genehmigt.

| Prot I 1969 | Erwogen war:
Die Bestimmung des Entwurfs: der Wiederkauf gelange mit der Erklärung des Verkäufers, daß er das Wiederkaufsrecht ausübe, zum Abschluß, verdiene aus ähnlichen Gründen Billigung, weshalb eine entsprechende Bestimmung zum § 34 des Entwurfs für die Ausübung des Vorkaufsrechts beschlossen sei (Protokoll vom 4. April 1883 S. 1949, 1950)[1]. Auch in Ansehung der Fassung empfehle sich für die vorliegende Bestimmung eine dem erwähnten Beschlusse sich anschließende, der juristischen Konstruktion nicht vorgreifende Redaktion.

**II.** In der *RedVorl* und der *ZustOR* lauten die beschlossenen Vorschriften unter der Überschrift:
Kauf mit Vorbehalt des Wiederkaufs.
als §§ 334 und 335

RedVorl/ZustOR § 334 Ist bei einem Kaufvertrage dem Verkäufer das Recht des Wiederkaufs[2] vorbehalten, so ist als Wiederkaufspreis der Preis, zu welchem verkauft worden ist, als vereinbart anzusehen.

RedVorl/ZustOR § 335 Mit der von dem Verkäufer dem Käufer gegenüber abgegebenen Erklärung, daß er das Wiederkaufsrecht ausübe, gelangt der Wiederkauf zum Abschluß (RedVorl: gilt der Wiederkauf als abgeschlossen).

**III., IV.** Im *KE* sind die Vorschriften in §§ 473, 474 und im *E I* in §§ 476, 477 jeweils in unveränderter Fassung enthalten.

Bei der 2. Beratung des KE wurde von v. Schmitt der Antrag (Nr. 611) gestellt:

1. den in den §§ 100, 125, 126; 292 Abs. 2. 317 Abs. 1; 343, 345, 429, 461, 472, 475; 476 Abs. 1; 485 Abs. 2, 488, 489, 491, 492, 493, 494, 494a, 496; 503, 544; 661 Abs. 2; 666; 669 Nr. 2; 671 Nr. 2; 673 Abs. 2 gebrauchten Ausdruck „Abschluß" mit Schließung" zu vertauschen (jeweils unter Berücksichtigung des casus);

2. in den §§ 474, 479 statt „gelangt ... zum Abschlusse" zu setzen „ist ... geschlossen".

(Bemerkungen. Man kann mit dem Ausdrucke „Schließung" die gesamten auf einen Vertrag bezüglichen Erklärungen, den vollen Thatbestand oder Hergang des Zustandekommens eines Vertrags bezeichnen, das Wort „Abschluß" aber für diejenige Erklärung, deren Hinzutritt zu den übrigen die Perfektion des Geschäfts bewirkt, gebrauchen, auch mit Abschluß den Zeitpunkt des Eintritts dieser Perfektion bezeichnen. Eine solche Unterscheidung ist im K.E. nicht gemacht. Dieser spricht, wo er unzweifelhaft den Zeitpunkt des Eintritts der Perfektion des Vertrags bezeichnen will („vor", „nach", „mit", „zur Zeit"), bald von Schließung (§§ 1370 Nr. 2, 1371, 1409 Abs. 1, 1431, 1435, 1533, 1586 Abs. 1, 1593 Abs. 1), bald von Abschluß (§§ 292 Abs. 2, 317 Abs. 1, 429, 461,

[1] S. unten bei §§ 504–506, 510, 511 BGB.
[2] In der RedVorl ist an dieser Stelle eingefügt: (des Kaufgegenstandes) und dazu ist notiert: „des Kaufgegenstandes wird entbehrlich sein".

472, 474, 475, 479, 485, 488, 491, 494, 494a, 496 Abs. 2, 666 Abs. 2, 669 Nr. 2); es wäre auch schwierig, diese Unterscheidung durchzuführen, da, wo es z. B. auf die Zeit der Kenntniß eines Thatumstandes ankommt, das Erlangen der Kenntnis erst im Momente der Perfektion der schon vorher erlangten Kenntnis gleichsteht; es ist endlich ein besonderer Ausdruck für eine derartige Unterscheidung deshalb entbehrlich, weil der Gesammtinhalt einer jeden Vorschrift immer erkennen lassen muß, in welchem Sinne der eine oder andere Ausdruck gebaucht ist.

Wird auf einen term. techn. für die natürlich nicht zu beseitigende Verschiedenheit in der Sache verzichtet, so erübrigt:

entweder nur den Ausdruck „Schließung"

oder nur den Ausdruck „Abschluß" zu gebrauchen, gleichviel ob gegebenen Falles der ganze Geschäftsthatbestand oder die die Perfektion unmittelbar herbeiführende Erklärung zu bezeichnen ist,

oder, gleichviel, welcher Sinne ausgedrückt werden will, mit den Ausdrücken „Schließung" und „Abschluß" *zu wechseln.*

Will man das Letztere, so muß man so durch den ganzen Entwurf verfahren, nicht aber in einzelnen Theilen wechseln (Allg. Theil, Obligat. Recht), in anderen Theilen nur den einen oder anderen Ausdruck gebrauchen, z. B. im ganzen Familien- und Erbrecht „Schließung" im Sachenrecht „Abschluß". Man erweckt sonst Zweifel über die Absicht des Gesetzgebers. In der That ist aber die Lizenz des abwechselnden Gebrauchs bei Berathung des Familienrechts und Erbrechts aufgegeben worden, indem man überall den Ausdruck „Schließung" vorzog und dies mit Vorbedacht, anknüpfend an den Kommissionsbeschluß bezüglich des Gebrauchs der Worte „schließen" und „abschließen" Prot. S. 6136. Auch der Umstand spricht gegen den abwechselnden Gebrauch des einen oder anderen Wortes, daß der Kommissionsentwurf sonst den Gebrauch synonymer Ausdrücke sorgfältig vermeidet. Ist hiernach entweder nur das Wort „Abschluß" oder nur das Wort „Schließung" zu gebrauchen, so entscheidet der angezogene Kommissionsbeschluß für das letztere.)

Der Antrag zu 1 fand die Genehmigung der Kommission.

Der Antrag zu 2 wurde zurückgezogen. Dem Beschlusse zu 1 zufolge ist demgemäß „Abschluß" durch „Schließung" je unter entsprechender Aenderung des Artikels zu ersetzen in: § 100 Z. 1, § 125 Z. 1, § 126 Z. 1; § 292 Abs. 2, Z. 1; § 317 Abs. 1 Z. 3, § 343 Z. 1, § 345 Z. 1; § 429 Z. 5, § 461 Z. 3; § 472 Z. 5; § 475 Z. 1, 4, 5; § 476 Abs. 1 Z. 1; § 485 Abs. 2; § 488 Abs. 1 Z. 1, 2, Abs. 2 Z. 1; § 489 Z. 2; § 491 Z. 1; § 492 Z. 6; § 493 Z. 1, § 494 Z. 3, 6; § 494a Abs. 1 Z. 2; Abs. 3 Z. 1; § 496 Abs. 2 Z. 3; § 503 Z. 6, 7; § 544 Abs. 1 Z. 3, Abs. 2 Z. 2; § 661 Abs. 2 Z. 1 und Z. 5; § 666 Abs. 2 Z. 5; § 669 Nr. 2 Z. 2; § 671 Nr. 2 Z. 2, § 673 Abs. 2 Z. 2.

## B. Vorkommission des Reichsjustizamtes

I. Beantragt war:

1. den § 476 zu fassen: Struckmann (Nr 3, 24)

Ist bei einem Kaufvertrage dem Verkäufer das Recht des Wiederkaufes vorbehalten, so ist der Preis, zu welchem verkauft worden ist, auch für den Wiederkauf als vereinbart anzusehen.

2. die §§ 476, 477 in folgender Fassung zu vereinigen (vgl. unten Nr. 11 zu § 478)[3]. Jacubezky (Nr 9, 10)

[3] S. unten bei §§ 498–500 BGB.

Ist bei einem Kaufe dem Verkäufer das Recht des Wiederkaufes vorbehalten, so kommt der Wiederkauf mit der von dem Verkäufer gegenüber dem Käufer abgegebenen Erklärung, daß er das Wiederkaufsrecht ausübe, zum Abschlusse.

**II.** Eine Beratung hat nicht stattgefunden.

**C. 2. Kommission**

Struckmann (Nr 71, 11) **I.** (Prot. II, Bd. 2, S. 81 f.; *Mugdan*, Bd. 2, S. 782): Zu § 476 lag der o. unter B. I. 1. mitgeteilte Antrag von Struckmann vor.

Die Kom. war in sachlicher Hinsicht mit dem § 476 des Entw. einverstanden.

Der § 477, zu welchem ein Antrag nicht gestellt war, blieb gleichfalls unbeanstandet.

**II.** In der *VorlZust* der Beschlüsse der 2. Kom. haben die §§ 476, 477 die Fassung:

E I-VorlZust § 476 Ist bei einem Kaufvertrag dem Verkäufer das Recht des Wiederkaufs vorbehalten, so ist der Preis, zu welchem verkauft worden ist, auch für den Wiederkauf als vereinbart anzusehen.

E I-VorlZust § 477 Mit der von dem Verkäufer gegenüber dem Käufer abgegebenen Erklärung, daß er das Wiederkaufsrecht ausübe, gelangt der Wiederkauf zum Abschlusse.

**III.** In der *ZustRedKom* sind die §§ 476, 477 wie folgt in § 476 zusammengefaßt:

E I-ZustRedKom § 476 Ist bei einem Verkaufe dem Verkäufer das Recht des Wiederkaufs vorbehalten, so kommt der Wiederkauf mit der dem Käufer gegenüber abgegebenen Erklärung des Verkäufers, daß er das Wiederkaufsrecht ausübe, zu Stande. Die Erklärung bedarf, wenn für den Kaufvertrag eine Form vorgeschrieben ist, der Form nicht.

Der Preis, zu welchem verkauft worden ist, gilt im Zweifel auch für den Wiederkauf.

**IV.** Im *E II* sind die Vorschriften in § 433 in der Fassung enthalten:

Ist bei einem Verkaufe das Recht des Wiederkaufs vorbehalten, so . . . usw. wie in der ZustRedKom § 476.

**V.** Im *E II rev* hat die Vorschrift in § 491 die in § 497 BGB Gesetz gewordene Fassung.

## § 498

**Der Wiederverkäufer ist verpflichtet, dem Wiederkäufer den gekauften Gegenstand nebst Zubehör herauszugeben.**

**Hat der Wiederverkäufer vor der Ausübung des Wiederkaufsrechts eine Verschlechterung, den Untergang oder eine aus einem anderen Grunde eingetretene Unmöglichkeit der Herausgabe des gekauften Gegenstandes verschuldet oder den Gegenstand wesentlich verändert, so ist er für den daraus entstehenden Schaden verantwortlich. Ist der Gegenstand ohne Verschulden des Wiederverkäufers verschlechtert oder ist er nur unwesentlich verändert, so kann der Wiederkäufer Minderung des Kaufpreises nicht verlangen.**

§ 499

**Hat der Wiederverkäufer vor der Ausübung des Wiederkaufsrechts über den gekauften Gegenstand verfügt, so ist er verpflichtet, die dadurch begründeten Rechte Dritter zu beseitigen. Einer Verfügung des Wiederverkäufers steht eine Verfügung gleich, die im Wege der Zwangsvollstreckung oder der Arrestvollziehung oder durch den Konkursverwalter erfolgt.**

§ 500

**Der Wiederverkäufer kann für Verwendungen, die er auf den gekauften Gegenstand vor dem Wiederkaufe gemacht hat, insoweit Ersatz verlangen, als der Werth des Gegenstandes durch die Verwendungen erhöht ist. Eine Einrichtung, mit der er die herauszugebende Sache versehen hat, kann er wegnehmen.**

**A. 1. Kommission**

I. 195. Sitzung vom 9. 4. 18883, Schriftführer Neubauer (nicht anwesend v. Schmitt)

| Zu § 42 des Entwurfs: | Prot I 1969

„Durch den Abschluß des Wiederkaufes wird der Wiederverkäufer verpflichtet, dem Wiederkäufer den Kaufgegenstand in dem Zustand, in welchem dieser sich zur Zeit des Vorbehaltes des Wiederkaufsrechtes befunden hat, sammt Zuwachs und Zubehörungen zurückzugeben. Kann er den Gegenstand zufolge eines von ihm zu vertretenden Umstandes nicht oder nur in einem verschlechterten Zustand zurückgeben, so ist er zum Schadenersatz wegen Nichterfüllung verbunden. Rechte, welche der Wiederverkäufer Dritten an dem Kaufgegenstand bestellt hat, muß er ablösen oder, wenn er das zu bewirken nicht im Stande ist, den Wiederkäufer deshalb entschädigen. TE-OR (Nr 32) § 42

Der Wiederkäufer ist verpflichtet, dem Wiederverkäufer den Wiederkaufspreis zu bezahlen und, wenn der Werth des Gegenstandes bei dem Wiederverkäufer durch Zuwachs erhöht worden ist, demselben den Mehrwerth zu erstatten. Wegen Verwendungen auf den Gegenstand, wegen nothwendiger Verwendung je- | doch nur soweit, als sie durch einen von dem Wiederverkäufer nicht zu vertretenden Umstand veranlaßt worden sind, hat der Letztere gegen den Wiederkäufer die Rechte, welche dem redlichen Besitzer gegen den Eigenthümer zustehen, wenn dieser den Eigenthumsanspruch geltend macht.“ | Prot I 1970

war beantragt

1. a, im zweiten Absatz nach den Worten: „wegen nothwendiger Verwendungen jedoch nur soweit als sie“ die Worte einzuschalten: v. Weber (Nr 329)

„nicht in den gewöhnlichen Erhaltungskosten bestehen und“

b, ferner am Schlusse des zweiten Absatzes hinzuzufügen:

„Eine Abrechnung der aus der Sache gezogenen, dem Wiederverkäufer verbleibenden Vortheile (Nutzungen) der Sache von dem zu ersetzenden Betrage der Verwendungen findet nicht statt.“

2. die §§ 42 und 43 durch folgende Bestimmung zu ersetzen: Planck

„Durch den Abschluß des Wiederkaufs werden die Vertragschließenden einander so (Nr 330, 2)

verpflichtet, als wenn der Wiederkauf zur Zeit des Vorbehalts des Wiederkaufsrechts abgeschlossen wäre.

Diese Bestimmung findet keine Anwendung (und ist für die Haftung der Vertragschließenden lediglich die Zeit des Abschlusses des Wiederkaufs maßgebend), wenn vereinbart worden ist, daß der Wiederkaufspreis in dem Schätzungswerthe des Kaufgegenstandes zu der Zeit, zu welcher der Wiederkaufsberechtigte das Wiederkaufsrecht
| Prot I 1971 ausüben werde, | bestehen solle."

Dem § 42 liegt die Auffassung zum Grunde: durch den im Falle der Ausübung des Wiederkaufsrechts zu Stande kommenden Kauf werde der frühere Kauf nicht – wie im Falle der Ausübung des vorbehaltenen Rücktrittsrechts – rückwirkend aufgehoben, sondern dem für die Vergangenheit in Kraft bleibenden früheren Kaufe folge mit der Ausübung des Wiederkaufsrechts ein neuer Kauf unter Veränderung der Rechtsstellung der Parteien als Käufer und Verkäufer, so jedoch, daß wegen des schon in dem früheren Kaufe sich gründenden Wiederkaufsrechts für den neuen Kauf einige Besonderheiten gelten. Der Antrag Nº 2 bezweckt, unter Anerkennung des Grundsatzes, daß der frühere Kauf durch die Ausübung des Wiederkaufsrechts für die Vergangenheit nicht außer Kraft trete, durch eine prinzipielle Bestimmung, nicht allein die Einzelnheiten des § 42 entbehrlich zu machen, sondern auch dieselben zu ergänzen. Er beruht auf dem Gedanken: der durch Ausübung des Wiederkaufrechts zu Stande kommende neue Kauf sei so zu beurtheilen, als wäre er bereits zur Zeit des Abschlusses des früheren Kaufs abgeschlossen, und nur seine Vollziehung einer späteren, aus der demnächstigen Ausübung des Wiederkaufsrechts sich ergebenden Zeit vorbehalten, demzufolge die Rechte und Pflichten der Parteien in Ansehung des durch Ausübung des Wiederkaufsrechts zum Abschluß kommenden Vertrages sich nach den Regeln bestimmten, welche gelten würden, wenn ein gewöhnlicher Kauf zum Wiederkaufspreise schon beim Abschluß des früheren Vertrages eingegangen und nur die Aussetzung seiner Vollziehung bis zur Ausübung des Wiederkaufsrechts vereinbart wäre.

| Prot I 1972 | Der insonderheit wegen der Nutzungen des Kaufgegenstandes und der Zinsen des Kaufpreises wichtige Grundsatz, daß der frühere Kauf durch Ausübung des Wiederkaufsrechts für die Vergangenheit nicht außer Kraft trete, fand keinen Widerspruch. Betreffend aber den Antrag Nº 2, so wurden gegen ihn verschiedene Bedenken erhoben. Insbesondere wurde erinnert: die vorgeschlagene Normirung nehme einestheils ohne zureichenden Grund eine Fiktion zum Ausgang und lege andererntheils dem Eintritte einer Suspensivbedingung in nicht geringem Umfange – gegen die Regel – für das Rechtsverhältniß unter den Parteien rückwirkende Kraft bei. Man beschloß, zunächst über die in dem § 42 enthaltenen Einzelnheiten und die in dem Antrage Nº 1 vorgeschlagenen oder anderweit sich als nöthig ergebenden Ergänzungen zu entscheiden, demnächst aber darüber zu beschließen, ob eine prinzipielle Vorschrift vorzuziehen und ob insbesondere die des Antrags Nº 2 zu billigen sei.

Absatz 1.

1. Der erste Satz wurde genehmigt; insbesondere fanden die Worte: „und Zubehörungen" Billigung. In der letzteren Beziehung war die Mehrheit der Ansicht: es entspreche den allgemeinen Grundsätzen, daß dem Wiederkäufer alle bei Ausübung des Wiederkaufsrechts vorhandenen Zubehörungen auszufolgen seien; der Wiederverkäufer erleide dadurch keinen Nachtheil, indem er vor einem solchen durch den Anspruch geschützt werde, welcher ihm wegen Verwendungen zustehe.

Der Prüfung bei der Redaktion blieb vorbehalten, ob nicht hervorzuheben sei, daß
| Prot I 1973 die Nutzungen nicht herausgegeben würden und ob für das wegen | des Zuwachses und

der Zubehörungen nicht vollkommen passende Wort: „zurückzugeben“ sich nicht ein anderes empfehle.

2. Der zweite Satz wurde gleichfalls genehmigt.

3. Der dritte Satz wurde zwar ebenfalls genehmigt, jedoch der Prüfung bei der Redaktion vorbehalten, ob derselbe nicht wegen des zweiten Satzes entbehrlich sei.

Absatz 2.

1. Der erste Satz wurde nur insofern gebilligt, als er die Zahlung des Wiederkaufspreises bestimmt, dagegen soweit er die Vergütung des Mehrhwerths in Folge eines Zuwachses vorschreibt, von der Mehrheit abgelehnt, die der Ansicht war, diese Bestimmung stehe mit dem Wesen und dem Zwecke des Wiederkaufsrechts wenig im Einklange, während sie auch für die meisten Fälle als eine durch Billigkeitsrücksichten gerechtfertigte nicht gelten könne.

2. Der zweite Satz handelt von dem Ersatze der Verwendungen. Die in dem Antrage № 2 enthaltene prinzipielle Vorschrift führt, wie eine nähere Erörterung ergab, dahin, daß dem Käufer nur in den seltensten Fällen ein Anspruch auf Ersatz von Verwendungen zustehen würde (zu vergl. Beschlüsse zum § 5 des Entwurfes, Protokolle vom 12. und 14. März 1883 Seite 1852, 1853, 1855 – 1858)[1]. Die Mehrheit war aber der Ansicht, daß dies unbillig sein würde, glaubte vielmehr, daß hinsichtlich der impensae utiles und voluptuariae die Bestimmung des Entwurfs eine völlig angemessene, folglich zu billigen sei und nur, weil der Käufer die Nutzungen zwar behalte, dagegen aber von dem Kaufgelde keine Zinsen beziehe, des in dem Antrage № 1 vorgeschlagenen zweiten Zusatzes (unter b S. 1970) bedürfe. Anlangend die impensae necessariae beschloß | die Mehrheit, daß wegen solcher Verwendungen dem Käufer ein Ersatzanspruch nicht einzuräumen sei, da die Aufwendungen, zu welchen derselbe sich verstehe, um eine Gefahr von dem Kaufgegenstande abzuwenden, präsumtiv in seinem eigenen Interesse gemacht würden und dem Verkäufer, weil dieser die Gefahr nicht trage, auch nicht zur Last gelegt werden könnten. | Prot I 1974

Nachträglich gelangten noch folgende zwei Fragen zur Erörterung:

1. Der Entwurf giebt keine deutliche Auskunft, wie es zu halten sei, wenn der Kaufgegenstand durch Zufall eine Verschlechterung oder Verringerung erfahren hat, ob in einem solchen Falle der das Wiederkaufsrecht ausübende Verkäufer das volle Kaufgeld zu zahlen verpflichtet oder zu einer verhältnißmäßigen Kürzung desselben befugt ist.

Die Mehrheit entschied für die erste Alternative, indem sie erwog: der Verkäufer, der das Wiederkaufsrecht ausübe, müsse – dem Inhalte des Vertrages gemäß – auch das volle Kaufgeld zahlen; glaube er dadurch im Falle der Verschlechterung oder Verringerung der Sache zu kurz zu kommen, so möge er von der Ausübung des Rechts absehen.

2. Der Verkäufer kann neben dem Kaufgelde einen Gegenstand empfangen haben, zu dessen Zurückgewährung im empfangenen Zustande er zweifellos bei Ausübung des Wiederkaufsrechts verpflichtet ist, den er aber – möglicherweise in Folge zufälliger oder verschuldeter Ereignisse – nicht oder nicht im empfangenen Zustande zurückgewähren kann. Es fragt sich, ob in einem solchen Falle die Ausübung des Rechts ausgeschlossen sei, und zwar gleichviel, ob die Unmöglichkeit der Zurückgabe in einem Zufalle sich gründet oder auf einem Versehen des Verkäufers be- | ruht. | Prot I 1975

Es wurde der Antrag gestellt, zu bestimmen:

[1] S. bei § 450 BGB.

„Das Wiederkaufsrecht kann nicht ausgeübt werden, wenn der Verkäufer nicht im Stande ist, einen neben dem in Geld bedungenen Kaufpreise erhaltenen Gegenstand in dem empfangenen Zustande zurückzugeben."

Der Antrag fand die Billigung der Mehrheit, die der Ansicht war: der Verkäufer, der nicht im Stande sei zurückzugeben, was er empfangen habe, könne billigerweise und nach der muthmaßlichen Parteiintention zur Ausübung des Wiederkaufsrechts nicht zugelassen werden.

Zum Schluß überzeugte man sich, daß die Ersetzung der beschlossenen Vorschriften durch eine prinzipielle Vorschrift nicht angänglich sein werde, daß von einer solchen mindestens eine Verdeutlichung des Gesetzes nicht zu erwarten sei, daß ferner der Antrag № 2 (S. 1970) schon deshalb nicht angenommen werden könne, weil er mit einem Theile der gefaßten Beschlüsse nicht harmonire.

II. In der *RedVorl* und *ZustOR* haben die gefaßten Beschlüsse als §§ 336, 337 die Fassung:

RedVorl/ZustOR § 336 Durch den Abschluß des Wiederkaufs wird der Wiederverkäufer verpflichtet, dem Wiederkäufer den Kaufgegenstand in dem (RedVorl: empfangenen Zustande. ZustOR:) Zustande, in welchem sich derselbe zur Zeit des Vorbehalts des Wiederkaufsrechts befunden hat, nebst dem seit Abschluß des früheren Kaufs hinzugetretenen Zuwachs und den zur Zeit des Abschlusses des Wiederkaufs vorhandenen Zubehörungen, jedoch ohne die in der Zwischenzeit gezogenen Nutzungen, herauszugeben. Kann der Wiederverkäufer den Gegenstand wegen eines von ihm zu vertretenden Umstandes nicht oder nicht in dem bezeichneten Zustande zurückgeben, so ist er zum Schadensersatz wegen Nichterfüllung verpflichtet. Gründet sich das Unvermögen zur Zurückgabe in (RedVorl: dem empfangenen. ZustOR:) jenem Zustande nicht in einem von ihm zu vertretenden Umstande, so kann er gleichwohl[2] die Zahlung des vollen Wiederkaufspreises fordern.

Die RedVorl enthält zu § 336 die folgenden Anmerkungen:

1. „Empfangener Zustand". Die Zeit des Abschlusses des früheren Kaufs wird nicht entscheiden, sondern die Zeit des Empfangs.

2. Zubehör und Zuwachs sind verschieden zu beurtheilen. Der Käufer muß auch alle von ihm herrührenden Zubehörungen, welche zur Zeit des Abschlusses des Wiederkaufs noch vorhanden sind, ausfolgen. Den Zuwachs hat er auszufolgen, soweit ein solcher seit dem Abschluß des früheren Kaufs hinzugetreten ist.

3. Ob der Zusatz wegen der Nutzungen nöthig sei, kann zweifelhaft erscheinen.

4. Der letzte Satz nimmt auf den Fall Rücksicht, wenn der ganze Gegenstand untergegangen ist, in welchem Falle das Wiederkaufsrecht sich erledigt.

5. Der zweite Satz spricht nicht blos von Verschlechterungen, weil auch Verringerungen in Betracht kommen.

6. Der letzte Satz im ersten Absatz des Entwurfs ist wohl bei der weiten Fassung des zweiten Satzes („empfangener Zustand") entbehrlich.

RedVorl/ZustOR § 337 Durch den Abschluß des Wiederkaufs wird der Wiederkäufer verpflichtet, dem Wiederverkäufer den Wiederkaufspreis ohne Vergütung von Zinsen für die Zwischenzeit zu zahlen.

[2] Dieses Wort steht in der RedVorl in Klammern.

Hat der Wiederkäufer einen nicht der Gattung nach bedungenen Gegenstand (RedVorl: „empfangen, so ist er den letzteren in dem empfangenen Zustand zurückzugeben verpflichtet; wenn er hierzu außer Stande ist." ZustOR:) als Nebenleistung erhalten und kann er diesen nicht oder kann er ihn nicht in dem Zustande, in welchem er ihn empfangen hat, zurückgeben, so ist die Ausübung des Wiederkaufsrechts ausgeschlossen.

Die Verpflichtungen des Wiederkäufers wegen Ersatzes von Verwendungen, welche der Wiederverkäufer auf den Kaufgegenstand gemacht hat, bestimmen sich nach den Vorschriften über die Verpflichtungen des Eigenthümers, einen redlichen Besitzer, gegen welchen der Eigenthumsanspruch geltend gemacht wird, wegen Verwendungen Ersatz zu leisten mit der Abweichung, daß der Wiederkäufer wegen nothwendiger Verwendungen zu einer Ersatzleistung nicht verpflichtet ist und daß die Bestimmung, nach welcher der redliche Besitzer auf den Ersatzanspruch die aus der Sache gezogenen Vortheile sich in Abrechnung bringen lassen muß, außer Anwendung bleibt.

Zu § 337 enthält die RedVorl die Anmerkungen:

1. Der Kaufpreis ist möglicherweise nicht gezahlt, der andere Gegenstand aber geleistet.

2. Betreffend die Verwendungen, so wird nach der Anlage des § 18 (337) von den Verpflichtungen des Wiederkäufers zu reden sein. Die Schlußbestimmung muß so gefaßt werden, daß erhellt, daß sie durch eine besondere Bestimmung des Sachenrechts-Entwurfs veranlaßt und zu streichen ist, wenn diese Bestimmung sich erledigt.

III. Im *KE* sind die §§ 336, 337 ZustOR in unveränderter Fassung in §§ 475, 476 enthalten.

Bei Beratung der Anträge, welche die Redaktion einzelner Vorschriften des Obligationenrechts betreffen, wurde auf Antrag von Gebhard (Nr. 577, 14) in § 476 Abs. 3 a. E. statt: „bleibt außer Anwendung" gesetzt: „findet keine Anwendung" (Prot I 6181, 6183).

Angenommen wurde ferner der Antrag von Kurlbaum (Nr. 579, 5), § 476 Abs. 3 S. 1 zu fassen:

„Wegen Verwendungen auf den Kaufgegenstand hat der Wiederverkäufer die Rechte, welche dem Besitzer gegen den Eigenthümer zustehen (zu vgl. § 424; zu beachten das ius tolendi) (Prot I 6203, 6204).

Bei der zweiten Beratung des KE wurde auf Antrag von v. Schmitt (Nr. 611[3] in §§ 475, 476 das Wort „Abschluß" durch „Schließung" ersetzt (Prot I 11791–11793).

Beantragt wurde ferner:

| Zu § 475 | Prot I 11798

1. a, im ersten Satz (Zeile 5 und 6) die Worte zu streichen „und den zur Zeit des Abschlusses des Wiederkaufs vorhandenen Zubehörungen" (vergl. die Bemerkung zu § 424 oben Nr. 7 Antrag 2, S. 11788[4]). v. Mandry (Nr 590, 34)

Die Gründe treffen hierfür allerdings nicht alle zu, nämlich nicht die Argumentation aus § 780 K.E.[5], vergl. auch Prot. S. 1972.

b, den letzten Satz zu beginnen:

[3] S. zu diesem Antrag Prot I 11791 bei den Materialien Vor §§ 346–360 BGB

[4] S. Prot. I 11788 f. in den Materialien Vor §§ 346–360 BGB.

[5] S. a.a.O. (N. 4).

„Ist es nicht ein von dem Wiederverkäufer zu vertretender Umstand, welcher bewirkt, daß der Gegenstand nicht in dem bezeichneten Zustande zurückgegeben werden kann, so kann er (der Wiederverkäufer) . . .“

(Die kürzere Fassung des Entwurfs unterliegt Bedenken, namentlich wegen des
| Prot I 11799 Nebeneinanderstehens von „in jenem Zustande“ | und „in einem . . . Umstande“).

v. Mandry (Nr 597, I 2) c, eventuell für den Fall der Ablehnung des Antrages zu a, den § 476 Abs. 3 S. 1 dahin zufassen[6]:

„Wegen Verwendungen finden die Vorschriften der §§ 914–916 entsprechende Anwendung.“

Kurlbaum (Nr 593, 3) 2. in Satz 2 den Nachsatz zu fassen:

„so finden die Vorschriften Anwendung, welche für den Fall einer nach Abschluß des Vertrages eintretenden Unmöglichkeit der Erfüllung gelten.“

und Satz 3 zu streichen.

(Für den Fall des Unterganges ist Satz 3 nicht beschlossen. Zu vergl. auch § 476 Abs. 3 S. 2.)

Johow (Nr 610, 1) 3. Satz 3 zu fassen:

„Ist das Unvermögen, den Kaufgegenstand in jenem Zustande zurückzugeben, nicht durch einen . . . Umstand herbeigeführt, so . . .“

Es wurden folgende Beschlüsse gefaßt:

1. unter Ablehnung des prinzipalen Antrages zu 1 a, dem eventuellen Antrage 1 c entsprechend

a, den ersten Satz des dritten Absatzes des § 476 dahin zu fassen:

Wegen Verwendungen auf den Kaufgegenstand und wegen Anschaffung von Zubehörungen finden die Vorschriften des § 914 Abs. 1, 3 und der §§ 915, 916 entsprechende Anwendung.

b, in Abs. 3 S. 2 die Worte „und die Bestimmung, nach welcher . . . keine Anwendung“ zu streichen.

| Prot I 11800 | Die Kommission erwog: Die Vorschrift, der Wiederverkäufer habe den Kaufgegenstand nebst den zur Zeit der Schließung des Wiederkaufes vorhandenen Zubehörungen dem Wiederkäufer herauszugeben, müsse aus den bei der früheren Beschlußfassung maßgebend gewesenen Gründen (Prot. S. 1972), insbesondere weil die Herausgabe der zur genannten Zeit vorhandenen Zubehörungen der regelmäßigen Parteiintention entspreche, aufrecht erhalten bleiben. Allerdings aber werde hiernach nöthig, die Vorschrift über die Ansprüche des Wiederverkäufers wegen Verwendungen auf den Kaufgegenstand in § 476 Abs. 3 S. 1 zu ändern. Mit der jetzigen Verweisung auf die Rechte, welche dem Besitzer gegen den Eigenthümer zustehen, sei dem Wiederverkäufer in Ansehung der Verwendungen auf Anschaffung von Zubehörungen nicht gedient, indem unter den Verwendungen, welche der Besitzer dem Eigenthümer zu ersetzen habe, der auf die Beschaffung von Zubehörungen gemachte Aufwand nicht falle (§ 914, Prot. S. 4186, 4205). Es seien hiernach die Vorschriften über die Rechte des Besitzers gegenüber dem Eigenthümer wegen seiner Verwendungen auch auf die Verwendungen des

[6] Dieser Eventualantrag betraf zugleich den § 424 KE (o. N. 4) und lautet:
eventuell (für den Fall, daß der in erster Linie gestellte Antrag auf Streichung von „Zubehörungen“ bezw. „und den zur Zeit des Abschlusses des Wiederkaufes vorhandenen Zubehörungen“ abgelehnt wird)
in § 424 den Abs. 3, in § 476 den Abs. 3 S. 1 dahin zu fassen: Wegen Verwendungen finden die Vorschriften der §§ 914–916 entsprechende Anwendung.

Wiederverkäufers auf Anschaffung von Zubehörungen entsprechend auszudehnen. Unter der Anschaffung sei selbstverständlich auch die Zufügung von Stücken, welche dem Wiederverkäufer bereits gehörten, zu verstehen.

2. Der Antrag zu 2 wurde abgelehnt, jedoch die Fassung des § 475 S. 3 dahin geändert:

Ist das Unvermögen, den Kaufgegenstand in jenem Zustande zurückzugeben, durch einen von dem Wiederverkäufer nicht zu vertretenden, vor Schließung des Wie- | derkaufes eingetretenen Umstand herbeigeführt, so pp. | Prot I 11801

Die Kommission fand keinen Anlaß, von den bei der Beschlußfassung über die Vorschriften in Satz 2 und 3 des § 475 maßgebend gewesenen Erwägungen (Prot. S. 1974) abzugehen. Durch die veränderte Fassung wird jedoch bestimmter zum Ausdruck gebracht, daß sich die Vorschrift des § 475 Satz 3 nur auf solche (kasuelle) Verschlechterungen oder Verringerungen des Kaufgegenstandes bezieht, welche vor der Schließung des Wiederkaufes eingetreten sind. Einverständniß bestand, daß, wenn auf Gegenstand vor der Schließung des Wiederkaufes (kasuell) ganz untergegangen sei, auf den dennoch abgeschlossenen Wiederkauf die allgemeinen Vorschriften Anwendung finden würden.

Hierdurch sind die Anträge 1 b und 3 erledigt.|

Auf Antrag von Johow (Nr. 621) wurde ferner beschlossen, statt „seit Schließung" zu setzen „seit der Schließung" (Prot I 11877, 11878).

Abgelehnt wurde der Antrag von Kurlbaum (Nr. 624, 6), in §§ 475 und 476 statt „durch die Schließung" zu setzen „durch Schließung", wenn nicht vorgezogen werde zu sagen „durch den Wiederkauf" (Prot I 11837).

| Zu § 476 | Prot I 11801

a, Abs. 1 die Worte „ohne Vergütung der Zinsen für die Zwischenzeit" zu streichen. Johow (Nr 610, 2)

(Diese Worte sind nicht beschlossen, vergl. Prot. S. 1973 zu Abs. 1 unter 1; da die Verpflichtung zur Zahlung des Wiederkaufpreises erst durch den Abschluß des Wiederkaufes entsteht, so bedarf es einer Bestimmung nicht, daß Zinsen für die Zwischenzeit nicht zu vergüten sind.)

b, Abs. 2 statt „und kann er diesen . . zurückgeben" zu setzen „und kann er *denselben* nicht *zurückgeben* oder nicht in dem Zustande *zurückgeben*, in welchem er ihn empfangen hat . . ." Johow (Nr 610, 3)

| c, Abs. 2 Zeile 3 die Worte „kann er ihn" zu streichen (zu vergl. § 475)[6a]. | Prot I 11802

Der Antrag zu a wurde abgelehnt, der Antrag zu b dagegen genehmigt. Hiermit ist der Antrag zu c erledigt. Kurlbaum (Nr 591, 17 u. 593, 4)

IV. Im *E I* lauten die Vorschriften der §§ 478 und 479:

Durch die Schließung des Wiederkaufes wird der Wiederverkäufer verpflichtet, dem Wiederkäufer den Kaufgegenstand in dem Zustande, in welchem derselbe zur Zeit des Vorbehaltes des Wiederkaufsrechtes sich befunden hat, nebst dem seit der Schließung des früheren Kaufes hinzugetretenen Zuwachse und den zur Zeit der Schließung des Wiederkaufes vorhandenen Zubehörungen, jedoch ohne die in der Zwischenzeit gezogenen Nutzungen, herauszugeben. Kann der Wiederverkäufer den Gegenstand wegen eines von ihm zu vertretenden Umstandes nicht zurückgeben oder nicht in dem bezeichneten Zustande zurückgeben, so ist er zum Schadensersatze wegen Nichterfüllung verpflichtet. Ist das Unvermögen, den Kaufgegenstand in jenem Zustande zurückzugeben, E I § 478

[6a] S. auch noch den Antrag Kurlbaum Nr. 624, 6 bei § 475 ZustOR.

durch einen von dem Wiederverkäufer nicht zu vertretenden, vor Schließung des Wiederkaufs eingetretenen Umstandes herbeigeführt, so kann er gleichwohl die Zahlung des vollen Wiederkaufpreises fordern.

E I § 479 Durch die Schließung des Wiederkaufes wird der Wiederkäufer verpflichtet, dem Wiederverkäufer den Wiederkaufpreis ohne Vergütung von Zinsen für die Zwischenzeit zu zahlen.

Hat der Wiederkäufer einen nicht der Gattung nach bedungenen Gegenstand als Nebenleistung erhalten und kann er denselben nicht zurückgeben oder nicht in dem Zustande zurückgeben, in welchem er denselben empfangen hat, so ist die Ausübung des Wiederkaufsrechtes ausgeschlossen.

Wegen Verwendungen auf den Kaufgegenstand und wegen Anschaffung von Zubehörungen finden die Vorschriften des § 936 Abs. 1, 3 und der §§ 937, 938 entsprechende Anwendung. Der Wiederkäufer ist jedoch wegen nothwendiger Verwendungen zu einer Ersatzleistung nicht verpflichtet.

## B. Vorkommission des Reichsjustizamtes

I. Beantragt war:

Zu § 478

Struckmann (Nr 3, 25) 1. Der Käufer hat die Sache nebst Zubehörungen dem Wiederkäufer in dem Zustande herauszugeben, in welchem sie zur Zeit der Ausübung des Wiederkaufsrechtes sich befindet. Kann er in Folge eines von ihm zu vertretenden Umstandes die Sache nicht zurückgeben oder ist in der Zwischenzeit die Sache in Folge eines solchen Umstandes verschlechtert oder hat er sie mit Rechten Dritter belastet, so ist er dem Wiederkäufer zum Schadensersatze wegen Nichterfüllung verpflichtet. Die in der Zwischenzeit gezogenen Nutzungen der Sache verbleiben dem Käufer.

Planck (Nr 6, 53) 2. in dem § 478 aus dem zweiten Satze „Kann" u.s.w. einen besonderen Absatz zu bilden und in diesem das Wort „zurückgeben" einmal zu streichen.

Jacubezky (Nr 9, 11) 3. den § 478 zu fassen:
Durch die Schließung des Wiederkaufes wird der Wiederverkäufer verpflichtet, dem Wiederkäufer den Kaufgegenstand herauszugeben.

Der Wiederkäufer hat dem Wiederverkäufer als Wiederkaufpreis den Preis, zu welchem er an diesen verkauft hat, zu zahlen.

Zu § 479

Struckmann (Nr 3, 25) 1. Der Wiederkäufer hat dem Käufer für die Zwischenzeit Zinsen von dem Preise nicht zu entrichten.

Für Verwendungen auf die Sache kann der Käufer, sofern dadurch die Sache nicht wesentlich verändert worden ist, von dem Wiederkäufer insoweit Ersatz verlangen, als durch die Verwendung der Werth der Sache im Vergleiche zu dem Werthe derselben zur Zeit des Vorbehalts des Wiederkaufsrechtes erhöht ist. Besteht die Verwendung in der Verbindung einer Sache mit der herauszugebenden Sache und erhält der Käufer für die Verwendung nicht mindestens den Werth ersetzt, welchen die verwendete Sache nach der Trennung haben würde, so ist er berechtigt, diese Sache wegzunehmen; er hat jedoch die herauszugebende Sache auf seine Kosten wieder in den vorigen Stand zu setzen.

Die Vorschriften des zweiten Absatzes finden auf die Anschaffung von Zubehörungen entsprechende Anwendung.

2. in dem § 479 im letzten Absatze statt der Worte „finden ... Anwendung" zu setzen: „finden die für den Eigenthumsanspruch geltenden Vorschriften des § 936 Abs. 1, 3 und der §§ 937, 938 entsprechende Anwendung". Planck (Nr 6, 54)

3. den § 479 zu fassen: Jacubezky (Nr 9, 12)

Ist der Kaufgegenstand in Folge eines von dem Wiederverkäufer zu vertretenden Umstandes untergegangen oder verschlechtert, so hat der Wiederverkäufer Schadensersatz wegen Nichterfüllung zu leisten. Das Gleiche gilt, wenn der Wiederverkäufer den Kaufgegenstand nicht herausgeben kann, weil er über ihn verfügt hat, oder wenn er das Recht eines Dritten, mit welchem er ihn belastet hat, nicht beseitigen kann. Den Verfügungen des Wiederverkäufers stehen die im Wege einer gegen ihn betriebenen Zwangsvollstreckung erfolgten Verfügungen gleich.

Wegen Verwendungen auf den Kaufgegenstand finden die Vorschriften des § 936 Abs. 1, 3 und der §§ 937, 938 entsprechende Anwendung. Der Wiederkäufer ist jedoch wegen nothwendiger Verwendungen zu einer Ersatzleistung nicht verpflichtet.

Beantragt war ferner die Aufnahme folgender Bestimmung: Struckmann (Nr 3, 25)[7]

§ 479 a

Die Ausübung des Wiederkaufsrechtes ist ausgeschlossen, wenn der Wiederkäufer neben dem in Geld festgesetzten Preise einen nicht der Gattung nach bestimmten Gegenstand erhalten hat und diesen nicht oder nicht in dem Zustande zurückgeben kann, in welchem er ihn empfangen hat.

§ 479 b

Das Wiederkaufsrecht erlischt, sofern nicht für dessen Ausübung eine kürzere Frist vereinbart ist bei Grundstücken in zehn Jahren seit der Eintragung des Eigenthumsüberganges in das Grundbuch, bei anderen Sachen in drei Jahren seit der Uebergabe an den Käufer.

II. Eine Beratung hat nicht stattgefunden.

## C. 2. Kommission

I. Zu den §§ 478, 479 waren die Anträge gestellt (Prot. II, Bd. 2, S. 82ff.; *Mugdan*, Bd. 2, S. 782ff.):

1. die Vorschriften des Entw. durch nachstehende Bestimmungen zu ersetzen: Struckmann (Nr 71, 12/13)

§ 478. Der Käufer hat dem Wiederkäufer den Kaufgegenstand nebst Zubehörungen in dem Zustande herauszugeben, in welchem derselbe zur Zeit der Ausübung des Wiederkaufsrechts sich befindet. Kann er in Folge eines von ihm zu vertretenden Umstandes den Kaufgegenstand nicht zurückgeben oder ist dieser in der Zwischenzeit in Folge eines solchen Umstandes verschlechtert oder hat er ihn mit Rechten Dritter belastet, so ist er dem Wiederkäufer zum Schadensersatze wegen Nichterfüllung verpflichtet. Die in der Zwischenzeit gezogenen Nutzungen verbleiben dem Käufer.

§ 479. Der Wiederkäufer hat dem Käufer für die Zwischenzeit Zinsen von dem Preise nicht zu entrichten.

[7] S. zu dem in diesem Antrag weiter vorgeschlagenen § 479b bei § 503 BGB.

Der Käufer kann für Verwendungen auf den Kaufgegenstand, sofern dieser dadurch nicht wesentlich verändert worden ist, von dem Wiederkäufer insoweit Ersatz verlangen, als durch die Verwendungen der Werth des Kaufgegenstandes im Vergleiche zu dem Werthe desselben zur Zeit des Vorbehalts des Wiederkaufsrechts erhöht ist. Besteht die Verwendung in der Verbindung einer Sache mit der herauszugebenden Sache und erhält der Käufer für die Verwendung nicht mindestens den Werth ersetzt, welchen die verwendete Sache nach der Trennung haben würde, so ist er berechtigt, die Sache wegzunehmen; er hat jedoch die herauszugebende Sache auf seine Kosten wieder in den vorigen Stand zu setzen.

Die Vorschriften des zweiten Absatzes finden auf die Anschaffung von Zubehörungen entsprechende Anwendung.

§ 479 a. Die Ausübung des Wiederkaufsrechts ist ausgeschlossen, wenn der Wiederkäufer neben dem in Geld festgesetzten Preise einen nicht der Gattung nach bestimmten Gegenstand erhalten hat und diesen nicht oder nicht in dem Zustande zurückgeben kann, in welchem er ihn empfangen hat.

§ 479 b. Das Wiederkaufsrecht erlischt, sofern nicht für dessen Ausübung eine kürzere Frist vereinbart ist, bei Grundstücken in zehn Jahren seit der Eintragung des Eigenthumsüberganges in das Grundbuch, bei anderen Gegenständen in drei Jahren seit der Vollziehung des Kaufes[8].

Jacubezky (Nr 102, 11)

2. die Bestimmungen wie folgt zu gestalten:

§ a. (478 Satz 1, 479 Abs. 1) Durch die Schließung des Wiederkaufs wird der Wiederverkäufer verpflichtet, dem Wiederkäufer den Kaufgegenstand herauszugeben.

Der Wiederkäufer hat dem Wiederverkäufer den Wiederkaufpreis zu zahlen.

§ b. (478 Satz 2, 479 Abs. 3) Ist der Kaufgegenstand in Folge eines von dem Wiederverkäufer zu vertretenden Umstandes untergegangen oder verschlechtert, so hat der Wiederverkäufer Schadensersatz wegen Nichterfüllung zu leisten. Das Gleiche gilt, wenn der Wiederverkäufer den Kaufgegenstand nicht herausgeben kann, weil er über denselben verfügt hat, oder wenn er das Recht eines Dritten, mit welchem er den Kaufgegenstand belastet hat, nicht beseitigen kann. Der rechtsgeschäftlichen Verfügung steht die Verfügung gleich, welche durch Urtheil oder im Wege der Zwangsvollstrekkung oder der Arrestvollziehung erfolgt.

Wegen Verwendungen auf den Kaufgegenstand finden die Vorschriften des § 936 Abs. 1, 3 und der §§ 937, 938 entsprechende Anwendung. Der Wiederkäufer ist jedoch wegen nothwendiger Verwendungen zu einer Ersatzleistung nicht verpflichtet.

§ c. (479 Abs. 2) Der Wiederkauf ist ausgeschlossen, wenn der Wiederkäufer einen nicht der Gattung nach bedungenen Gegenstand als Nebenleistung erhalten hat und denselben nicht oder nicht in dem Zustande zurückgeben kann, in welchem er den Gegenstand empfangen hat, es sei denn, daß ihm für diesen Fall gestattet sein sollte, soweit er zur Zurückgabe außer Stande ist, den Werth in Geld zu leisten.

(Der § c wird nur für den Fall vorgeschlagen, daß es für unthunlich erachtet werden sollte, die Vorschrift des § 479 Abs. 2 ohne Ersatz zu streichen.)

3. für den Fall, daß die in dem Antrage 2 vorgeschlagene Regelung beschlossen wird, den Eingang des § b zu fassen:

Der Wiederverkäufer haftet auch für die Zeit vor dem Abschlusse des Wiederkaufs wegen Vorsatzes und Fahrlässigkeit. Er hat, wenn der Kaufgegenstand in Folge eines

[8] S. zur Beschlußfassung über diese Bestimmung bei § 503 BGB.

von ihm zu vertretenden Umstandes untergegangen oder verschlechtert ist, dem Wiederkäufer Schadensersatz wegen Nichterfüllung zu leisten. Das Gleiche gilt u.s.w.

Die Kom. trat an der Hand der Bestimmungen des Entwurfs in eine satzweise Berathung ein.

a. Auf den § 478 Satz 1 beziehen sich der Antrag 1 in seinem § 478 Satz 1. 3 und der Antrag 2 in seinem § a Abs. 1.

Die Kom. entschied sich für den § a Abs. 1 mit der dem Antrag 1 entnommenen Maßgabe, daß hinter „Kaufgegenstand" die Worte „nebst Zubehörungen" eingeschaltet werden sollen.

b. Auf den Satz 2 des § 478 beziehen sich der Antrag 1 § 478 Satz 2 der Antrag 2 § b Abs. 1 und der Antrag 3. Im Laufe der Berathung wurde ferner beantragt:

4. dem § 478 Satz 2 hinzuzufügen:

Der Käufer darf, solange das Wiederkaufsrecht besteht, die Sache nicht wesentlich ändern.

Die Anträge 1 und 2 erwähnen unter den Verfügungen der Zwischenzeit, für welche der Wiederverkäufer schadensersatzpflichtig sein soll, die Fälle der Belastung des Kaufgegenstandes mit Rechten Dritter. Hiergegen erhob sich kein Widerspruch. Ebenso blieb der unter 2 in Anknüpfung an die zu § 430 gefaßten Beschlüsse vorgeschlagene Zusatz unbeanstandet, nach welchem die Schadensersatzpflicht auch im Falle einer durch Urtheil oder im Wege der Zwangsvollstreckung erfolgten Verfügung eintreten soll. Der Antrag 2 stellt diesen die Fälle der rechtlichen Verfügung über den Kaufgegenstand gleich und erwähnt daneben die Fälle des Unterganges, während der Entw. und der Antrag 1 die beiden letzteren Fälle nicht spezialisiren, sondern als Fälle, „in welchen der Kaufgegenstand in Folge eines zu vertretenden Umstandes nicht zurückgegeben werden kann", zusammenfaßt. In dieser Beziehung blieb der RedKom die Prüfung der Abweichungen überlassen. Es soll deutlich zum Ausdrucke gebracht werden, daß in allen Fällen des § 478 die Verpflichtung zum Schadensersatz an die Voraussetzung geknüpft wird, daß der Wiederverkäufer nicht in der Lage ist, den früheren Zustand wiederherzustellen.

Der Antrag 4 will diesen Fällen die Fälle einer wesentlichen Aenderung zur Seite stellen. Eine wesentliche Aenderung soll, auch wenn sie vielleicht objektiv nicht als Verschlechterung erscheinen würde, von dem Wiederverkäufer vertreten werden, falls der Wiederkäufer durch sie in seinem Interesse geschädigt worden ist. Zugleich soll der vorgeschlagene Zusatz zum Ausdrucke bringen, daß die Vornahme unwesentlicher Aenderungen nach dem Sinne des Vorbehalts dem Käufer nicht verwehrt sei.

Die Kom. entschied sich für den Antrag 4. Die Frage, in welcher Weise der Zusatz dem § 478 Satz 2 einzugliedern sei und ob es daneben noch des weiteren, unter 3 beantragten Zusatzes bedürfe, wurde der RedKom zur Prüfung überwiesen.

c. Den Satz 3 des § 478 wollen die Anträge 1 und 2 streichen. Die Kom. beschloß, vorbehaltlich der Fassung, den Satz 3 beizubehalten.

d. Der Absatz 1 des § 479 wurde nach der Fassung des Antrags 2 (§ a Abs. 2) angenommen.

e. Der Abs. 2 des § 479 wurde gestrichen.

f. Zu Abs. 3 des § 479 nahm die Kom. den Antrag 1 (§ 479 Abs. 2, 3) an, nachdem der Antragsteller im Absatz 2 die Worte „sofern dieser dadurch nicht wesentlich verändert worden ist" hat fallen lassen.

E I-VorlZust § 478 (478 S. 1, 2)

**II.** In der *VorlZust* der Beschlüsse der zweiten Kom. lauten die gefaßten Beschlüsse:

Der Wiederverkäufer wird durch die Schließung des Wiederkaufes verpflichtet, dem Wiederkäufer den Kaufgegenstand nebst Zubehörungen herauszugeben.

Hat der Wiederverkäufer in der Zeit zwischen dem Vorbehalte des Wiederkaufsrechtes und der Schließung des Wiederkaufes aus Vorsatz oder Fahrlässigkeit den Untergang oder eine Verschlechterung des Kaufgegenstandes (nebst Zubehörungen) herbeigeführt oder hat er in dieser Zeit den Kaufgegenstand wesentlich geändert oder eine Verfügung darüber getroffen, so ist er, wenn er in Folge hiervon den Kaufgegenstand (nebst Zubehörungen) nicht oder nicht in demjenigen Zustande herausgeben kann, in welchem sich derselbe zur Zeit des Vorbehalts des Wiederkaufsrechtes befunden hat, dem Wiederkäufer den dadurch verursachten Schaden zu ersetzen verpflichtet.

Der rechtsgeschäftlichen Verfügung steht die Verfügung gleich, welche durch Urtheil oder im Wege der Zwangsvollstreckung oder der Arrestvollziehung erfolgt.

E I-VorlZust § 479 (479 Abs. 1, 3)

Der Wiederkäufer wird durch die Schließung des Wiederkaufes verpflichtet, dem Wiederverkäufer den Wiederkaufpreis zu zahlen.

Für Verwendungen, welche der Wiederverkäufer auf den Kaufgegenstand (nebst Zubehörungen) vor Schließung des Wiederkaufes gemacht hat, ist der Wiederkäufer insoweit Ersatz zu leisten verpflichtet, als dadurch der Werth des Kaufgegenstandes (nebst Zubehörungen) im Vergleiche zu dem Werthe desselben zur Zeit des Vorbehalts des Wiederkaufsrechtes erhöht ist. Besteht die Verwendung in der Verbindung einer Sache mit der herauszugebenden Sache und erhält der Käufer für die Verwendung nicht mindestens den Werth ersetzt, welchen die verwendete Sache nach der Trennung haben würde, so ist er berechtigt, die Sache wegzunehmen; er hat jedoch die herauszugebende Sache auf seine Kosten wieder in den vorigen Stand zu setzen.

E I-VorlZust § 479a (468 S. 3)

Kann der Wiederverkäufer in Folge eines von ihm nicht zu vertretenden Umstandes den Kaufgegenstand nicht in demjenigen Zustande herausgeben, in welchem sich derselbe zur Zeit des Vorbehalts des Wiederkaufsrechtes befunden hat, so ist er gleichwohl die Zahlung des vollen Wiederverkaufpreises zu fordern berechtigt.

**III.** In der *ZustRedKom* haben die Vorschriften die Fassung:

E I-ZustRedKom § 478

Der Wiederverkäufer ist verpflichtet, dem Wiederkäufer den Kaufgegenstand nebst Zubehör herauszugeben.

Hat der Wiederverkäufer in der Zeit zwischen dem Vorbehalt und der Ausübung des Wiederkaufsrechts den Untergang oder eine Verschlechterung des Kaufgegenstandes verschuldet oder den Gegenstand wesentlich verändert, so ist er dem Wiederkäufer für den daraus entstandenen Schaden verantwortlich. Hat er über den Gegenstand verfügt, so ist er verpflichtet, die dadurch begründeten Rechte Dritter zu beseitigen, der rechtsgeschäftlichen Verfügung steht eine Verfügung gleich, die durch Urtheil oder im Wege der Zwangsvollstreckung oder der Arrestvollziehung erfolgt.

Ist der Kaufgegenstand in Folge eines von dem Wiederverkäufer nicht zu vertretenden Umstandes verschlechtert, oder sonst verändert, so kann der Wiederkäufer eine Minderung des Kaufpreises nicht verlangen.

E I-ZustRedKom § 479 (479 Abs. 3)

Der Wiederverkäufer kann für Verwendungen, die er auf den Kaufgegenstand vor dem Wiederkaufe gemacht hat, insoweit Ersatz verlangen, als der Werth des Gegenstandes durch die Verwendungen erhöht ist. Besteht die Verwendung in der Verbindung einer Sache mit der herauszugebenden und erhält der Wiederverkäufer für die Verwendung nicht mindestens den Werth ersetzt, welchen die verwendete Sache nach der Trennung haben würde, so ist er berechtigt, sie wegzunehmen; er hat jedoch die herauszugebende Sache auf seine Kosten wieder in den vorigen Stand zu setzen.

**IV.** Im *E II* haben die beschlossenen Vorschriften als §§ 434, 435, 437 und 438 die Fassung:

Der Wiederverkäufer ist verpflichtet, dem Wiederverkäufer den Kaufgegenstand nebst Zubehör herauszugeben. E II § 434

Hat der Wiederverkäufer vor der Ausübung des Wiederkaufsrechts den Untergang oder eine Verschlechterung des Kaufgegenstandes verschuldet oder den Gegenstand wesentlich verändert, so ist er für den daraus entstandenen Schaden verantwortlich. Ist der Gegenstand ohne Verschulden des Wiederverkäufers verschlechtert oder ist er nur unwesentlich verändert, so kann der Wiederkäufer[9] eine Minderung des Kaufpreises nicht verlangen.

Hat der Wiederverkäufer vor der Ausübung des Wiederkaufsrechts über den Kaufgegenstand verfügt, so ist er verpflichtet, die dadurch begründeten Rechte Dritter zu beseitigen; der rechtsgeschäftlichen Verfügung steht eine Verfügung gleich, die durch Urtheil oder im Wege der Zwangsvollstreckung oder der Arrestvollziehung erfolgt.

Der Wiederverkäufer kann für Verwendungen, die er auf den Kaufgegenstand vor dem Wiederkaufe gemacht hat, insoweit Ersatz verlangen, als der Werth des Gegenstandes durch die Verwendungen erhöht ist. E II § 435

Hat der Wiederverkäufer mit der herauszugebenden Sache eine andere Sache verbunden und erhält er nicht mindestens den Werth ersetzt, welchen diese Sache nach der Trennung haben würde, so ist er berechtigt, sie wegzunehmen; im Falle der Wegnahme hat er die herauszugebende Sache auf seine Kosten wieder in den vorigen Stand zu setzen. Ist er nicht mehr im Besitze, so finden die Vorschriften des § 491 Abs. 2 Satz 3 entsprechende Anwendung.

Bei der Revision des E II lagen zu § 435 die Anträge vor (Prot. II, Bd. 6, S. 173):

1. den Abs. 1 zu fassen: Struckmann (Nr 29, 2)

Hat der Wiederverkäufer vor dem Wiederkaufe Verwendungen auf den Kaufgegenstand gemacht, so bestimmt sich die Ersatzpflicht des Wiederkäufers nach den Vorschriften über die Geschäftsführung ohne Auftrag; die Verzinsung des aufgewendeten Geldes kann der Wiederverkäufer für die Zeit vor dem Wiederkaufe nicht verlangen.

(vgl. § 959 des E II; v. Petrazycki, Lehre vom Einkommen I S. 318ff., 331ff.).

2. den Abs. 2 sachlich durch die Vorschrift zu ersetzen:

Der Wiederverkäufer hat das Recht der Wegnahme in demselben Umfange wie nach § 491 Abs. 2 ein Miether.

Der Antrag 1 wurde abgelehnt, der Antrag 2 gebilligt.

**V.** Im *E II rev* sind die beschlossenen Vorschriften in §§ 492 (E II 434 Abs. 1,2), 493 (E II 434 Abs. 3), 494 (E II 435) in der Fassung enthalten, die in §§ 498, 499, 500 BGB Gesetz geworden ist.

[9] Im E II heißt es hier offensichtlich unrichtig: „Wiederverkäufer".

## § 501

**Ist als Wiederkaufpreis der Schätzungswerth vereinbart, den der gekaufte Gegenstand zur Zeit des Wiederkaufs hat, so ist der Wiederverkäufer für eine Verschlechterung, den Untergang oder die aus einem anderen Grunde eingetretene Unmöglichkeit der Herausgabe des Gegenstandes nicht verantwortlich, der Wiederkäufer zum Ersatze von Verwendungen nicht verpflichtet.**

### A. 1. Kommission

**I.** 195. Sitzung vom 9. 4. 1883, Schriftführer Neubauer (nicht anwesend v. Schmitt)

| Prot I 1975 | Der § 43 des Entwurfs lautet:

TE-OR (Nr 32) § 43 „Ist vereinbart worden, daß der Wiederkaufspreis in dem Schätzungswerthe des Kaufgegenstandes zu der Zeit, zu welcher der Wiederkaufsberechtigte das Wiederkaufsrecht ausüben werde, bestehen solle, so ist der Wiederverkäufer nur verpflichtet, den Gegenstand in dem Zustande, in welchem er sich zu der Zeit der Ausübung des Wiederkaufsrechtes befindet, gegen Bezahlung des Schätzungswerthes zu übergeben."

Der sachliche Inhalt des § 43 blieb unbeanstandet. Einverständniß bestand, daß der Verkäufer nicht für Verschlechterungen hafte, auch nicht verantwortlich sei, wenn er den Untergang des Kaufgegenstandes vorsätzlich oder fahrlässig herbeigeführt habe, | Prot I 1976 daß ihm andererseits ein Anspruch wegen Verwendungen nicht zustehe. Ob in | dieser Beziehung eine Verdeutlichung des § 43 nöthig sei, blieb der Prüfung bei der Redaktion vorbehalten, bei der auch befunden werden soll, ob die Schlußworte: „gegen Bezahlung des Schätzungswerthes zu übergeben", weil sie auf ein Einlösungsrecht hinzudeuten scheinen, durch einen neuen Ausdruck zu ersetzen seien.

Der zu § 42 unter № 2 mitgetheilte Antrag[1] war, soweit er sich auf den § 43 bezieht (Abs. 2 S. 1970, 1971), in Folge der zum § 42 gefaßten Beschlüsse zurückgezogen worden.

**II.** In der *RedVorl* und der *ZustOR* lautet die Vorschrift als § 338:

RedVorl/ZustOR § 338 Ist vereinbart worden, daß der Wiederverkaufspreis in dem Schätzungswerthe des Kaufgegenstandes zu der Zeit, in welcher das Wiederkaufsrecht ausgeübt werde, bestehen solle, so ist bei Ausübung des Wiederkaufsrechts der Wiederverkäufer nur zur Herausgabe des Gegenstandes in dem Zustande, in welchem er sich zur Zeit der Ausübung des Rechts befindet, der Wiederkäufer nur zur Zahlung des Schätzungswerthes verpflichtet. Der Wiederverkäufer ist wegen Unterganges oder Verschlechterung des Gegenstandes nicht verantwortlich, der Wiederkäufer zum Ersatz von Verwendungen nicht verbunden.

**III., IV.** Die Vorschrift ist in unveränderter Fassung im *KE* in § 477 und im *E I* in § 480[2] enthalten.

---

[1] S. oben bei §§ 498 – 500 BGB.

[2] Jedoch heißt es hier (offensichtlich infolge eines Druckfehlers, vgl. den hier folgenden Antrag Plancks): „... so ist bei Ausübung des Wiederkaufsrechts der Wiederkäufer" (statt: Wiederverkäufer).

## B. Vorkommission des Reichsjustizamtes

I. Beantragt war:

1. den § 480 zu streichen, eventuell dahin zu fassen: Struckmann (Nr 3, 26)

Ist als Preis für den Wiederkauf der Schätzungswerth der Sache zur Zeit der Ausübung des Wiederkaufsrechtes vereinbart, so ist der Käufer dem Wiederkäufer wegen Unterganges oder Verschlechterung der Sache sowie wegen Belastung derselben mit Rechten Dritter nicht verantwortlich, der Wiederkäufer zum Ersatze von Verwendungen nicht verbunden.

2. im § 480 den Druckfehler „Wiederkäufer" in „Wiederverkäufer" zu ändern. Planck (Nr 6, 55)

3. den § 480 zu fassen: Jacubezky (Nr 9, 13)

Ist vereinbart, daß der Wiederkaufpreis in dem Schätzungswerthe des Kaufgegenstandes zu der Zeit des Wiederkaufs bestehen solle, so ist der Wiederverkäufer wegen Unterganges oder Verschlechterung des Gegenstandes nicht haftbar und der Wiederkäufer zum Ersatze von Verwendungen nicht verpflichtet.

II. Eine Beratung hat nicht stattgefunden.

## C. 2. Kommission

I. Zu § 480 lagen die Anträge vor (Prot. II, Bd. 2, S. 92; *Mugdan*, Bd. 2, S. 789):

1. die Bestimmungen zu streichen, eventuell dieselben zu fassen: Struckmann (Nr 71, 14)

Ist als Preis für den Wiederkauf der Schätzungswerth des Kaufgegenstandes zur Zeit der Ausübung des Wiederkaufsrechts vereinbart, so ist der Käufer dem Wiederkäufer wegen Unterganges oder Verschlechterung des Kaufgegenstandes sowie wegen Belastung desselben mit Rechten Dritter nicht verantwortlich, der Wiederkäufer zum Ersatze von Verwendungen nicht verbunden.

2. dem § 480 folgende Fassung zu geben: Jacubezky (Nr 102, 12)

Ist vereinbart, daß der Wiederkaufpreis in dem Schätzungswerthe des Kaufgegenstandes zur Zeit des Wiederkaufs bestehen solle, so ist der Wiederverkäufer wegen Unterganges oder Verschlechterung des Gegenstandes nicht haftbar und der Wiederkäufer zum Ersatze von Verwendungen nicht verpflichtet.

Der Antrag 2 gelangte zur Annahme.

II. In der *VorlZust* der Beschlüsse der 2. Kom. hat § 480 die von der Kom. beschlossene Fassung des Antrags 2. Hinter „Verschlechterung" ist jedoch eingefügt: „(oder wesentlicher Aenderung)".

III. In der *ZustRedKom* lautet § 480: E I-ZustRedKom § 480

Ist als Wiederkaufpreis der Schätzungswerth vereinbart, welchen der Kaufgegenstand zur Zeit des Wiederkaufs hat, so ist der Wiederverkäufer für den Untergang oder eine Verschlechterung des Gegenstandes nicht verantwortlich, der Wiederkäufer zum Ersatze von Verwendungen nicht verpflichtet.

IV. Im *E II* ist die Vorschrift in der Fassung der ZustRedKom in § 436 enthalten.

V. Im *E II rev* hat die Vorschrift als § 495 die in § 501 BGB Gesetz gewordene Fassung erhalten.

## § 502

**Steht das Wiederkaufsrecht Mehreren gemeinschaftlich zu, so kann es nur im Ganzen ausgeübt werden. Ist es für einen der Berechtigten erloschen oder übt einer von ihnen sein Recht nicht aus, so sind die übrigen berechtigt, das Wiederkaufsrecht im Ganzen auszuüben.**

### A. 1. Kommission

I. 195. Sitzung vom 9. 4. 1883, Schriftführer Neubauer (nicht anwesend v. Schmitt)

| Prot I 1976 | Der § 44 des Entwurfs:

TE-OR (Nr 32) § 44 „Mehrere Wiederkaufsberechtigte oder mehrere Erben des Wiederkaufsberechtigten können das Wiederkaufsrecht nur insgesammt ausüben."

wurde als selbstverständlich und daher entbehrlich aus gleichem Grunde gestrichen, weshalb in Betreff des Vorkaufsrechts die Annahme des zum § 37 nach S. 1961 unter 2 der Protokolle gestellten ähnlichen Antrags abgelehnt war (vergl. S. 1962)[1].

### B. Vorkommission des Reichsjustizamtes

I. Beantragt war:

Jacubezky (Nr 9, 14) folgenden § 480a einzuschalten:

§ 480a. Steht das Wiederkaufsrecht mehreren Berechtigten zu, so kann es nur im Ganzen ausgeübt werden. Ist es für einen der Berechtigten erloschen, so sind die übrigen berechtigt, es im Ganzen auszuüben.

II. Eine Beratung hat nicht stattgefunden.

### C. 2. Kommission

I. Es war beantragt (Prot. II, Bd. 2, S. 91; *Mugdan*, Bd. 2, S. 788):

Jacubezky (Nr 102, 13) als § 480a folgende Bestimmungen aufzunehmen:

Steht das Wiederkaufsrecht mehreren Berechtigten zu, so kann es nur im Ganzen ausgeübt werden. Ist es für einen der Berechtigten erloschen, so sind die übrigen berechtigt, es im Ganzen auszuüben.

Die Kom. nahm den ersten Satz an; der zweite wurde abgelehnt.

II. In der *VorlZust* der Beschlüsse der zweiten Kom. lautet die Vorschrift:

E I-VorlZust § 480a Steht das Wiederkaufsrecht mehreren Berechtigten zu, so kann es nur im Ganzen ausgeübt werden.

III. In der *ZustRedKom* ist die Fassung der Vorschrift unverändert.

---

[1] S. unten bei §§ 512–514 BGB.

**IV.** Im E II hat die Vorschrift als § 437 die Fassung:
Steht das Wiederkaufsrecht Mehreren gemeinschaftlich zu, so kann es nur im Ganzen ausgeübt werden. E II § 437

Bei der Revision des E II lag zu § 437 der Antrag vor (Prot. II, Bd. 6, S. 174): Jacubezky
dem § 437 entweder ein dem § 446 S. 2 oder einen dem § 305 S. 2 entsprechenden Satz beizufügen. (Nr 36, 2)
Die Kom. billigte den Antrag gem. der ersteren Alternative.

**V.** Im *E II rev* ist die Vorschrift in § 496 in der Fassung enthalten, die in § 502 BGB Gesetz geworden ist.

## § 503

**Das Wiederkaufsrecht kann bei Grundstücken nur bis zum Ablaufe von dreißig, bei anderen Gegenständen nur bis zum Ablaufe von drei Jahren nach der Vereinbarung des Vorbehalts ausgeübt werden. Ist für die Ausübung eine Frist bestimmt, so tritt diese an die Stelle der gesetzlichen Frist.**

### A. 1. Kommission

I. 195. Sitzung vom 9. 4. 1883, Schriftführer Neubauer (nicht anwesend v. Schmitt)

| Zu § 46 des Entwurfs: | Prot I 1977
„Auf das Wiederkaufsrecht findet die Vorschrift des § 38 Ziff. 1[1] Anwendung. TE-OR (Nr 32)
Das Wiederkaufsrecht erlischt, wenn der Berechtigte innerhalb der für die Ausübung des Rechtes festgesetzten Frist dem Verpflichteten nicht erklärt hat, dasselbe ausüben zu wollen." § 46

war beantragt, v. Weber
im zweiten Absatz nach den Worten: „innerhalb der für die Ausübung des Rechtes festgesetzten Frist" einzuschalten: (Nr 329)

„und in Ermangelung einer solchen Fristbestimmung bei unbeweglichen Sachen innerhalb drei Jahren, bei anderen Gegenständen innerhalb sechs Monaten vom Tage der Uebertragung des Kaufgegenstandes an."

Die Mehrheit beschloß die Ablehnung des § 46 und des vorstehenden Antrags.
Die Gründe waren:
Zum ersten Absatze.
Daß das Wiederkaufsrecht im Zwangsvollstreckungsverfahren nicht ausgeübt werden könne, brauche wegen der obligatorischen Natur desselben nicht bestimmt zu werden (zu vergl. Beschlüsse zum § 38, Protokoll vom 6. April 1883 S. 1963, 1964)[2]. Wenn in Ansehung des Vorkaufsrechts die Aufnahme einer entsprechenden Bestimmung zum Schutze des Verpflichteten beschlossen sei, beruhe dieser Beschluß auf der Erwägung, daß das Vorkaufsrecht nicht gerade | eine besondere Begünstigung verdiene | Prot I 1978)

[1] S. unten bei §§ 512–514 BGB.
[2] S. unten bei §§ 512–514 BGB.

und seine nur dem Verpflichteten zum Nachtheil gereichende Zulassung in den Fällen des Zwangsverkaufs in der Regel der Absicht nicht entsprechen werde, welche bei Begründung des Rechts obgewaltet oder den Gesetzgeber geleitet habe. Eine gleiche Erwägung treffe aber bei dem Wiederkaufsrechte nicht zu. Das letztere durch positive Vorschriften zu beschränken, sei um so bedenklicher, je häufiger die Fälle seien, in welchen eine in Noth und Bedrängniß befindliche Person das eine oder andere Vermögensstück unter Vorbehalt des Wiederkaufs zu verkaufen sich genöthigt sehe. Es brauche in dieser Beziehung nur an den sogenannten Rückkaufshandel erinnert und darauf aufmerksam gemacht zu werden, daß, abgesehen von der Aufrechterhaltung der reichsgesetzlichen Vorschriften über Wucher und Rückkaufshandel das Gesetzbuch keine Bestimmungen über die Ungültigkeit gewisser, in der Form des Verkaufs unter Vorbehalt des Rückkaufs sich vollziehenden wucherlichen Kreditgeschäfte enthalten werde.

Zum zweiten Absatze.

Der zweite Absatz enthalte eine selbstverständliche und daher entbehrliche Vorschrift. Der Zusatzantrag bringe eine positive Bestimmung in Vorschlag, durch welche das Wiederkaufsrecht einer sehr eingreifenden Beschränkung unterworfen werde. Diese Beschränkung sei aus den zuvor erwähnten Gründen nicht für angemessen zu erachten. Wenn die beantragte Vorschrift den Bestimmungen verschiedener moderner Kodifikationen entspreche, so dürfte hierauf schon deshalb kein Gewicht gelegt werden, weil meist denselben einestheils eine ähnliche Vorschrift, wie sie der § 130 der Zusammenstellung der den Allgemeinen Theil betreffenden Beschlüsse (Protokolle vom 13. und

| Prot I 1979 20. Januar 1882, S. 319, 320, 339, 340)[3] enthalte, fremd sei und an- | derentheils von ihnen gegen den Mißbrauch des Verkaufs unter Vorbehalt des Wiederkaufs zu wucherlichen Kreditgeschäften besondere Vorsorge getroffen sei.

## B. Vorkommission des Reichsjustizamtes

I. Beantragt war:

Struckmann (Nr 3, 25) 1. den folgenden § 479 b aufzunehmen:

Das Wiederkaufsrecht erlischt, sofern nicht für dessen Ausübung eine kürzere Frist vereinbart ist, bei Grundstücken in zehn Jahren seit der Eintragung des Eigenthumsüberganges in das Grundbuch, bei anderen Sachen in drei Jahren seit der Uebergabe an den Käufer.

Jacubezky (Nr 9, 14) 2. den folgenden § 480 b einzuschalten:

§ 480 b. Ist eine Frist für die Ausübung des Wiederkaufsrechtes nicht bestimmt, so erlischt dasselbe bei Grundstücken mit Ablauf von dreißig Jahren, bei anderen Gegenständen mit Ablauf von drei Jahren. Die Frist beginnt mit der Vollziehung des Kaufs, bei Grundstücken und bei Rechten zu deren Erwerbe eine Eintragung in das Grundbuch erforderlich ist, mit dieser.

II. Eine Beratung hat nicht stattgefunden.

[3] S. bei § 194 BGB.

**C. 2. Kommission**

**I.** Die Kom. wandte sich nunmehr der Frage zu, ob dem Wiederkaufsrecht eine zeitliche Grenze gesetzt werden soll. Es lagen vor (Prot. II, Bd. 2, S. 88f.; *Mugdan*, Bd. 2, S. 787):

1. der § 479b des oben unter B. I und des bei §§ 498–500 BGB unter C. I. mitgeteilten Antrags 1 von Struckmann. Struckmann (Nr 71, 13)

2. der Antrag, als § 480b, folgende Bestimmungen einzustellen: Jacubezky (Nr 102, 13)
Ist eine Frist für die Ausübung des Wiederkaufsrechts nicht bestimmt, so erlischt dasselbe bei Grundstücken mit Ablauf von dreißig Jahren, bei anderen Gegenständen mit Ablauf von drei Jahren. Die Frist beginnt mit der Vollziehung des Kaufes, bei Grundstücken und bei Rechten, zu deren Erwerbe eine Eintragung in das Grundbuch erforderlich ist, mit der Eintragung.

3. der Vorschlag, für den Fall der Annahme des Antrags 2

a) dem letzten Satze den Inhalt zu geben:
Die Frist beginnt mit dem Zeitpunkt, in welchem das Recht des Wiederkaufs vorbehalten ist.

b) eventuell statt „Vollziehung des Kaufes" zu setzen „Erfüllung".

Die Kom. nahm den Antrag 2 mit der unter 3a vorgeschlagenen Aenderung an.

**II.** In der *VorlZust* der Beschlüsse der zweiten Kom. lautet die Vorschrift:
Ist eine Frist für die Ausübung des Wiederkaufsrechtes nicht bestimmt, so erlischt dasselbe bei Grundstücken mit Ablauf von dreißig Jahren, bei anderen Gegenständen mit Ablauf von drei Jahren. Die Frist beginnt mit dem Zeitpunkt, in welchem das Wiederkaufsrecht vorbehalten ist. E I-VorlZust § 480b

**III.** In der *ZustRedKom* lautet § 480b:
Ist für die Ausübung des Wiederkaufsrechts eine Frist nicht bestimmt, so erlischt es bei Grundstücken mit Ablauf von dreißig Jahren, bei anderen Gegenständen mit Ablauf von drei Jahren. Die Frist beginnt mit dem Vorbehalte des Wiederkaufsrechts. E I-ZustRedKom § 480b

**IV.** Im *E II* hat § 438 die Fassung:
Ist für die Ausübung des Wiederkaufsrechts eine Frist nicht bestimmt, so erlischt es bei Grundstücken mit dem Ablaufe von dreißig, bei anderen Gegenständen mit dem Ablaufe von drei Jahren nach der Vereinbarung des Vorbehalts. E II § 438

**V.** Im *E II rev* hat die Vorschrift in § 497 die Fassung, die in § 503 BGB Gesetz geworden ist.

## Anhang zu § 503 BGB

### A. 1. Kommission

**I.** 195. Sitzung vom 9. 4. 1883, Schriftführer Neubauer (nicht anwesend v. Schmitt)

| Der § 45 des Entwurfs: | Prot I 1976

TE-OR (Nr 32) § 45 „Das Wiederkaufsrecht ist unveräußerlich."
wurde abgelehnt. Die Mehrheit ging davon aus: Durch die Vorschrift, das Wiederkaufsrecht sei nicht übertragbar, werde im Grunde nur wenig erreicht; der Wiederkaufsberechtigte vermöge den Zweck einer solchen Bestimmung im Wesentlichen dadurch zu vereiteln, daß er dem Verpflichteten gegenüber die Ausübung seines Rechts erkläre und alsdann die Rechte aus dem Kaufe übertrage, der durch diese einfache Erklärung zum Abschluß gelangt sei. Allein – auch abgesehen hiervon – sei es bedenklich, die Nichtzessibilität des Wiederkaufsrechts vorzuschreiben. Die Nichtzessibilität folge aus dem Wesen des Rechts nur dann, wenn man unterstelle, die Ausübung des Rechts sei von dem Willen des Berechtigten für seine Person abhängig gemacht. Indessen diese Voraussetzung sei anfechtbar; sie könne nicht einmal als die Regel gelten; ob sie begründet sei, lasse sich | vielmehr nur nach den Umständen des konkreten Falls unter Berücksichtigung der Verkehrssitten entscheiden. Die Vorschrift des § 45 werde insbesondere die mißliche Folge haben, daß das Wiederkaufsrecht in manchen Fällen ungerechtfertigter Weise den Gläubigern des Berechtigten als Gegenstand der Zwangsvollstreckung entzogen würde. |

| Prot I 1977

| Prot I 1979 | Zu § 47 des Entwurfs:
TE-OR (Nr 32) § 47 „Die Vorschriften der §§ 41–46 finden entsprechende Anwendung, wenn bei einem Kaufvertrag der Käufer sich den Wiederverkauf des Kaufgegenstandes an den Verkäufer vorbehalten hat (Vorbehalt des Wiederverkaufs)[1]."
v. Weber (Nr 329) war beantragt:
als zweiten Absatz hinzuzufügen:
„Das Wiederverkaufsrecht kann nicht ausgeübt werden, wenn der Wiederverkäufer nicht im Stande ist, den Gegenstand des Wiederverkaufs in demselben Zustande zurückzugeben, in welchem er ihn erhalten hat."
Es wurde die Streichung beschlossen.
Die Mehrheit war der Ansicht:
Der Kauf unter Vorbehalt des Wiederverkaufsrechts sei so selten, daß für das Gesetz kein Anlaß bestehe, ihn besonders hervorzuheben. Zudem werde meist das Geschäft, wenn es vorkomme, als Kauf unter Vorbehalt des Reurechts sich darstellen. Endlich sei der Inhalt des § 47 so allgemein und so unbestimmter Art, daß damit wenig gewonnen und schwerlich mehr erreicht sei, als sich von selbst verstehe.

Erörtert wurde schließlich der „Vorbehalt des Eigenthums beim Kauf". Man theilte die Auffassung der Motive (S. 77–80), daß das Gesetzbuch in dem vorliegenden Abschnitte über den Kauf mit Vorbehalt des Eigenthums nichts zu bestimmen habe.

Vorbehalten blieb, auf den Gegenstand zurückzukommen, wenn die Berathung des Sachenrechts hierzu einen Anlaß geben sollte.

## 3. Vorkauf

### § 504

**Wer in Ansehung eines Gegenstandes zum Vorkaufe berechtigt ist, kann das Vorkaufsrecht ausüben, sobald der Verpflichtete mit einem Dritten einen Kaufvertrag über den Gegenstand geschlossen hat.**

---

[1] In den Protokollen heißt es offensichtlich unrichtig „Wiederkaufes".

§ 505

**Die Ausübung des Vorkaufsrechts erfolgt durch Erklärung gegenüber dem Verpflichteten. Die Erklärung bedarf nicht der für den Kaufvertrag bestimmten Form.**

**Mit der Ausübung des Vorkaufsrechts kommt der Kauf zwischen dem Berechtigten und dem Verpflichteten unter den Bestimmungen zu Stande, welche der Verpflichtete mit dem Dritten vereinbart hat.**

§ 506

**Eine Vereinbarung des Verpflichteten mit dem Dritten, durch welche der Kauf von der Nichtausübung des Vorkaufsrechts abhängig gemacht oder dem Verpflichteten für den Fall der Ausübung des Vorkaufsrechts der Rücktritt vorbehalten wird, ist dem Vorkaufsberechtigten gegenüber unwirksam.**

§ 510

**Der Verpflichtete hat dem Vorkaufsberechtigten den Inhalt des mit dem Dritten geschlossenen Vertrags unverzüglich mitzutheilen. Die Mittheilung des Verpflichteten wird durch die Mittheilung des Dritten ersetzt.**

**Das Vorkaufsrecht kann bei Grundstücken nur bis zum Ablaufe von zwei Monaten, bei anderen Gegenständen nur bis zum Ablaufe einer Woche nach dem Empfange der Mittheilung ausgeübt werden. Ist für die Ausübung eine Frist bestimmt, so tritt diese an die Stelle der gesetzlichen Frist.**

§ 511

**Das Vorkaufsrecht erstreckt sich im Zweifel nicht auf einen Verkauf, der mit Rücksicht auf ein künftiges Erbrecht an einen gesetzlichen Erben erfolgt.**

## A. 1. Kommission

I. 193. Sitzung vom 4. 4. 1883, Schriftführer Neubauer (nicht anwesend v. Schmitt)

| Die Berathung des Theilentwurfes des Obligationenrechts (№ 32), betreffend den Kauf, wurde fortgesetzt. Man wandte sich zu dem „6. Vorkauf" überschriebenen Unterabschnitte. | Prot I 1943

Es lautet der § 34 des Entwurfs:

„Wird einem Kaufvertrage der Vorbehalt beigefügt, daß, wenn der Kaufgegenstand von dem Käufer anderweit werde verkauft werden, dem Verkäufer der Vorzug vor dem dritten Käufer zustehen soll (Vorbehalt des Vorkaufsrechtes), so kann der Verkäufer dieses Recht ausüben, sobald der Käufer einen anderweiten Kaufvertrag mit einem Dritten abgeschlossen hat. TE-OR (Nr 32) § 34

Der Berechtigte kann, wenn nicht etwas Anderes festgesetzt worden ist, nur unter den in dem anderweiten Kaufvertrag enthaltenen Bedingungen das Vorkaufsrecht ausüben.

Durch den Vorbehalt des Vorkaufsrechts wird der Käufer dem Vorkaufsberechtigten gebunden. Mit der von dem Letzteren dem Verpflichteten abgegebenen Erklärung, | Prot I 1944 daß er nach Maßgabe der Vorschrift im Absatz 2 das Vorkaufsrecht aus- | übe, ist der Vorkauf zwischen Beiden geschlossen.

Der Verpflichtete ist verbunden, von dem mit einem Dritten abgeschlossenen Kaufvertrag und von dessen Inhalt dem Berechtigten ohne Zögern Anzeige zu erstatten."

Es lagen folgende Anträge vor[1]:

Windscheid (Nr 325) 1. statt der §§ 34, 35, 36, 38 Abs. 2, 39, 40 zu beschließen – vorbehaltlich des Ortes der Einstellung (etwa hinter § 10 der vorläufigen Zusammenstellung)[1a]:

§ a. „Ist Jemand verpflichtet, für den Fall, daß er verkauft, einer bestimmten Person den Vorzug zu geben (Vorkaufsrecht), so haftet er dem Vorkaufsberechtigten auf Schadensersatz, wenn er nicht ihm, sondern einem Dritten verkauft. Der Vorkaufsberechtigte ist seinerseits verpflichtet, die Bedingungen des mit dem Dritten abgeschlossenen Kaufvertrages zu erfüllen. Ist der Vorkaufsberechtigte dazu nicht im Stande und läßt die Leistung, welche er zu bewirken nicht vermag, für den Vorkaufspflichtigen eine Schätzung in Geld nicht zu, so hat er einen Anspruch nicht."

§ b. „Das Vorkaufsrecht erlischt, wenn der Vorkaufsberechtigte das Anbieten des Vorkaufspflichtigen, den Kaufvertrag mit ihm abzuschließen, ablehnt oder sich auf dieses Anbieten binnen angemessener Frist nicht erklärt. Das Vorkaufsrecht erlischt nicht, wenn der Kaufvertrag mit dem Dritten zu günstigeren Bedingungen, als dem Vorkaufsberechtigten angeboten waren, abgeschlossen wird."

Kurlbaum (Nr 328) 2. In § 34 zu bestimmen:

| Prot I 1945 | „Wer sich verpflichtet hat, bei dem Verkaufe eines gewissen Gegenstandes einem Anderen als Käufer den Vorzug zu geben (Einräumung des Vorzugsrechts), ist, wenn er den Gegenstand verkauft, dem Vorkaufsberechtigten unter den Bestimmungen des abgeschlossenen Vertrages als Verkäufer gebunden.

---

[1] Als Anlage zu den Originalprotokollen befindet sich noch folgender Antrag von Planck:
den § 34 durch folgende Bestimmung zu ersetzen:
Hat Jemand einem Anderen das Vorkaufsrecht in Betreff eines Gegenstandes eingeräumt, so ist er verpflichtet, dem Berechtigten den Gegenstand des Vorkaufs, bevor er denselben einem Dritten verkauft, zum Kaufe anzubieten und ihm eine angemessene Frist zur Annahme zu gestatten. In dem Angebote dürfen neben dem Geldpreise oder in Anrechnung auf denselben andere vertretbare Gegenstände als Gegenleistung nicht gefordert werden.
Verkauft der Verpflichtete den Gegenstand des Vorkaufsrechts einem Dritten, ohne denselben dem Berechtigten nach Maßgabe des ersten Absatzes angeboten zu haben oder ehe dieser das Angebot abgelehnt und die gesetzte Frist abgelaufen ist, so ist der Berechtigte befugt, dem Verpflichteten zu erklären, daß er den Gegenstand des Vorkaufsrechtes unter den mit dem Dritten vereinbarten Bedingungen kaufe. Dieselbe Befugniß steht dem Berechtigten zu, wenn der Verpflichtete den Gegenstand zu billigeren Bedingungen als er dem Berechtigen angeboten oder später als 3 Monate, nachdem der Berechtigte das Angebot abgelehnt bezw. die für die Annahme des Gebots bestimmte gesetzte Frist abgelaufen ist, verkauft hat. Mit der Abgabe der Erklärung gilt der Kauf als abgeschlossen.
Der Verpflichtete ist verbunden, von dem mit einem Dritten abgeschlossenen Kaufvertrag und von dessen Inhalt dem Berechtigten ohne Zögern Anzeige zu erstatten.

[1a] S. diesen bei § 420 BGB.

Er ist verpflichtet, dem Vorkaufsberechtigten die Person des Käufers und die Bestimmungen des Vertrages mitzutheilen.

Durch die dem Verpflichteten abgegebene Erklärung des Vorkaufsberechtigten, daß er das Vorkaufsrecht ausübe, wird der Vertrag zwischen Beiden geschlossen."

3. hinter § 34 als Zusatz einzuschalten prinzipaliter: Planck

„Das Vorkaufsrecht fällt weg, wenn der Verpflichtete den Gegenstand dem Vorkaufsberechtigten zum Kauf angeboten, dieser den Kauf abgelehnt oder sich binnen einer ihm von dem Verpflichteten gesetzten angemessenen Frist nicht erklärt hat und der Verpflichtete binnen drei Monaten nach der Ablehnung bezw. dem Ablauf der Frist den Gegenstand des Verkaufs unter denselben oder lästigeren Bedingungen, als er dem Berechtigten angeboten, anderweit verkauft hat.

In dem Angebote an den Verpflichteten dürfen neben dem Geldpreise oder in Anrechnung auf denselben andere als vertretbare Gegenstände nicht als Gegenleistung gefordert sein."

eventuell diesen Zusatz zu beschränken auf den Fall, wenn bereits ein Angebot von anderer Seite vorliegt und demnächst von dem Verkäufer innerhalb einer festzusetzenden Frist zu diesen oder noch lästigeren Bedingungen mit einem Anderen abgeschlossen wird.

4. dem Absatz 2 folgenden Zusatz zu geben: Planck

„Sind mehrere Berechtigte oder mehrere Erben eines Berechtigten vorhanden, so (Nr 323, 3)
können nur alle zusam- | men das Vorkaufsrecht ausüben." | Prot I 1946

Es wurden folgende Beschlüsse gefaßt:

I.

Der Entwurf behandelt zunächst das in einem Kaufvertrage vorbehaltene Vorkaufsrecht und dehnt sodann in dem, den Schluß des Abschnitts bildenden § 40 die für jenes Vorkaufsrecht in den vorhergehenden Paragraphen enthaltenen Vorschriften auf die Fälle aus, in welchen anderweit durch Rechtsgeschäft ein Vorkaufsrecht begründet ist. Der Antrag N° 2 schlägt vor, die über das Vorkaufsrecht aufzunehmenden Bestimmungen von vornherein auf alle Fälle zu erstrecken, in welchen Jemand zur Einräumung eines Vorkaufsrechts sich verpflichtet hat, wobei vorbehalten ist, in einem Schlußparagraphen die Anwendbarkeit der vorausgehenden Vorschriften auf das durch Vermächtniß eingeräumte Vorkaufsrecht zu bestimmen.

Nach dem Antrage N° 1 sollen die über das Vorkaufsrecht aufzunehmenden Bestimmungen nicht auf das rechtsgeschäftliche Vorkaufsrecht beschränkt, sondern auch auf das in einem Gesetze sich gründende ausgedehnt und dies – in Erweiterung des Vorschlags N° 2 – schon im ersten Paragraphen durch eine allgemeine Fassung desselben zum Ausdruck gebracht werden.

Dieser letztere Vorschlag fand die Billigung der Mehrheit.

Die Ansicht der Mehrheit war nämlich:

Das in einem Kaufvertrage vorbehaltene Vorkaufsrecht durch eine vorausgehende getrennte Regelung besonders auszuzeichnen, sei nicht gerechtfertigt. Was von diesem Vorkaufsrechte gelte, müsse nicht minder für jedes andere, auf Rechtsgeschäft beruhende Vorkaufsrecht Platz greifen. Dies werde auch von dem Entwurfe anerkannt. Es sei daher nicht abzusehen, weshalb das Gesetzbuch das in einem Kaufvertrage bestimmte Vorkaufsrecht zu- | nächst und getrennt zu erledigen habe, zumal kaum anerkannt | Prot I 1947
werden könne, daß dieses Vorkaufsrecht unter den rechtsgeschäftlichen Vorkaufsrechten weitaus die Regel bilde und durch gewisse Eigenthümlichkeiten sich auszeichne. Aber die hiernach sich rechtfertigende Ausdehnung des ersten Paragraphen müsse noch

weiter erstreckt und zugleich das in einem Gesetze sich gründende Vorkaufsrecht mitbetroffen werden. Wenn auch noch dahinstehe, ob das Gesetzbuch ein gesetzliches Vorkaufsrecht anerkennen werde, so könne es doch der Fall sein und dies genüge, dem ersten § eine Fassung zu geben, welche die Anwendbarkeit der darin enthaltenen und der nachfolgenden Vorschriften auf das gesetzliche Vorkaufsrecht nicht ausschließe. Sollte bei der demnächstigen Zulassung eines gesetzlichen Vorkaufsrechts die Angemessenheit der einen oder anderen Vorschrift des vorliegenden Abschnitts sich ergeben, so stehe nichts entgegen, an der Stelle, wo ein solches gesetzliches Vorkaufsrecht anerkannt werde, das Nöthige vorzusehen. Dieses Verfahren sei doch bei Weitem einfacher, als bei jeder Zulassung eines gesetzlichen Vorkaufsrechts die Anwendbarkeit der Vorschriften des zur Berathung stehenden Abschnitts besonders auszusprechen. Der Prüfung bei der Redaktion blieb vorbehalten, ob der vorstehende Beschluß eine Aenderung der Stellung des Abschnitts nöthig mache.

II.

Der Entwurf regelt ausschließlich das nur obligatorisch wirksame Vorkaufsrecht, indem er die Entscheidung, inwiefern ein auch dinglich wirksames Vorkaufsrecht anzuerkennen und wie dasselbe zu gestalten sei, dem Sachenrechte vorbehält.

Dieser Standpunkt des Entwurfs blieb unbeanstandet. Ueber das Wesen des obligatorischen Vorkaufsrechts bestimmt der § 34 des Entwurfs,

| Prot I 1948 | im ersten Absatze: dasselbe könne ausgeübt werden, wenn der Verpflichtete mit einem Dritten einen Kauf wirklich abgeschlossen habe;

im zweiten Absatze: der Berechtigte, welcher das Recht ausübe, habe gegen Erlangung der dem Dritten im Vertrage zugestandenen Rechte zu leisten, was der Dritte in dem Vertrage zu leisten sich verpflichtet habe;

im dritten Absatze: der Kauf mit dem Berechtigten komme zu Stande durch die bloße Erklärung desselben, daß er das Recht ausübe;

im vierten Absatze: der Verpflichtete sei zur ungesäumten Anzeige des mit dem Dritten abgeschlossenen Kaufs verbunden.

Der Antrag № 2 weicht in sachlicher Beziehung nur wenig von den Bestimmungen des Entwurfs ab; er hat im Wesentlichen nur durch Zusammenziehung zu kürzen gesucht und die Anzeigepflicht betreffend, die Bestimmung weggelassen, daß, *ohne Zögern* anzuzeigen sei.

Der Antrag № 1 stellt die Verpflichtung zum Schadensersatze, wenn der Verpflichtete nicht dem Berechtigten, sondern einem Dritten verkauft, in den Vordergrund, übergeht sodann sowohl die Vorschrift über die Anzeigepflicht als die über das Zustandekommen des Vertrages mit dem das Vorkaufsrecht ausübenden Berechtigten.

Nachdem beide Anträge abgelehnt waren, wurden die Bestimmungen des Entwurfes, vorbehaltlich der Fassung mit folgenden Abweichungen angenommen:

1. Im zweiten Absatze sollen:

a, die Worte: „wenn nicht etwas Anderes festgesetzt worden ist“ gestrichen, und

b, das Wort: „Bedingungen“ durch einen anderen Ausdruck ersetzt werden.

2. Im dritten Absatze soll

a, der erste Satz gestrichen,

| Prot I 1949 | b, im zweiten Satze für: „ist . . . geschlossen“ gesetzt werden: „gilt der Vertrag als geschlossen“.

Dabei wurde als selbstverständlich angesehen, daß der § 34 in Gemäßheit des zu I. gefaßten Beschlusses noch anderer Aenderungen bedürfe, die gleichfalls der Redaktion vorbehalten blieben.

Erwogen war:

1. Gegen die Bestimmung des Entwurfs, zur Ausübung des Vorkaufsrechts sei der wirkliche Abschluß eines Kaufs mit dem Dritten erforderlich, sei nichts zu erinnern. Denn zur Ausübung des Rechts könne es nach dem Wesen des letzteren nicht ausreichen, daß ein Dritter sich geneigt erklärt habe, zu kaufen, der Dritte müsse sich vielmehr durch einen perfekten Vertrag gebunden haben. Billigung verdiene auch die Vorschrift des Entwurfs, zur Perfektion des Vertrages mit dem das Vorkaufsrecht ausübenden Berechtigten genüge dessen Erklärung, daß er das Recht ausübe. Werde noch ein Mehreres verlangt, so führe dies nur zu nutzlosen Weiterungen. Wie das Zustandekommen des Vertrages juristisch aufzufassen sei, ob ein Fall des § 56 der Zusammenstellung der den Allgemeinen Theil betreffenden Beschlüsse (Protokoll vom 9. Januar 1882, S. 302, 303)[2] anzunehmen oder für die Akzeptation einer Offerte zu entscheiden, oder ein pactum de contrahendo mit der positiven Bestimmung zu unterstellen, daß der Vorvertrag sich durch die fragliche Erklärung des Berechtigten unmittelbar in den Hauptvertrag verwandele oder ob der Vorschrift überhaupt ein positiver Charakter beizumessen sei (wofür sich insbesondere geltend machen lasse, daß in den Fällen des auf Gesetz oder letztwillige Verfügung beruhenden | Vorkaufsrechts die anderen Konstruktionen auf Schwierigkeiten stießen,) habe das Gesetz nicht zu entscheiden. Deshalb bedürfe der dritte Absatz des Paragraphen, da er — in Anlehnung an den § 56 der Beschlüsse zum Allgemeinen Theil — auf eine bestimmte, in den Motiven näher begründete Konstruktion hinweise, der beschlossenen Aenderungen. Die letzteren seien aber auch deshalb angemessen, weil gegen die Fassung des Entwurfs sich die Erinnerung erheben lasse, er sehe das Wesen des Vorkaufsrechts darin, daß es nur wirksam werde und Platz greife, wenn der Verpflichtete seine Pflichten verletzt habe. Eine solche Auffassung sei ohne Zweifel verfehlt. Obschon zur Ausübung des Rechts der wirkliche Abschluß des Kaufs mit dem Dritten erforderlich sei, so müsse doch zunächst davon ausgegangen werden, daß der Verpflichtete in Beachtung seiner aus dem Vorkaufsrechte entspringenden Verpflichtungen den Abschluß mit dem Dritten bewirke unter der Bedingung, wenn der Berechtigte das Vorkaufsrecht nicht ausübe oder unter Vorbehalt des Rücktritts, wenn die Ausübung des Rechts erfolge. Zu beachten sei dabei nur, daß, obschon im Allgemeinen auch ein bedingter oder unter Vorbehalt des Rücktritts abgeschlossener Verkauf zur Ausübung des Vorkaufsrechts berechtige und der Berechtigte in einem solchen Falle bei Ausübung seines Rechts in den Vertrag so eintrete, wie er abgeschlossen sei, doch in dem Falle, wenn wegen des Vorkaufsrechts in der obigen Weise bedingt oder unter Vorbehalt des Rücktritts abgeschlossen sei, dem Vorkaufsberechtigten gegenüber selbstverständlich ein unbedingt oder vorbehaltslos abgeschlossener Kauf angenommen werden müsse. Ob das letztere durch eine andere Fassung des zweiten Absatzes des § noch besonderen Ausdruck zu finden habe, blieb der Redaktion zu erwägen vorbehalten. | Prot I 1950

2. Die Anzeigepflicht folge aus dem Wesen des Rechts, in dem es ohne dieselbe nicht zur vollen Wirksamkeit ge- | langen könne. | Prot I 1951

3. Die Bestimmungen der Anträge № 1 und 2 gäben zu ähnlichen Erinnerungen Anlaß, wie die Bestimmungen des Entwurfs, während sie im Uebrigen weniger deutlich, als die letzteren, seien.

4. Das Wort: „Bedingungen" sei im zweiten Absatze des § 34 des Entwurfs in einem Sinne gebraucht, der Mißverständnisse hervorzurufen vermöge und daher durch einen anderen Ausdruck zu ersetzen.

[2] S. zu dem — von der 2. Kom. gestrichenen — § 56 ZustAT (§ 79 E I) bei §§ 145 ff. BGB.

5. Die Worte: „ohne Zögern“ müßten im letzten Absatze des § 34 stehen bleiben, da dem Berechtigten aus der Verzögerung der Anzeige ein erheblicher Schaden entstehen könne.

6. Im zweiten Absatze des § 34 des Entwurfs seien die Worte: „wenn nicht etwas Anderes festgesetzt worden ist“ entbehrlich, zudem wegen des dispositiven Charakters auch der übrigen Vorschriften nur störend.

III.

Der Antrag Nº 3, und zwar sowohl der prinzipale als der eventuelle, wurde abgelehnt (vergl. zugleich Antrag Nº 1 § b S. 1944).

Die Mehrheit fand in beiden Anträgen positive, dem geltenden Rechte fremde Bestimmungen, zu welchen ein Bedürfniß sich nicht herausgestellt habe und deren Angemessenheit überdies manchen Bedenken unterliege.

IV.

Die Erledigung des Antrags Nº 4 wurde der Berathung des § 37 vorbehalten[3].

Zu § 35 des Entwurfes:

TE-OR (Nr 32) § 35 | Prot I 1952 „Das Vorkaufsrecht kann nicht ausgeübt werden, wenn der Verpflichtete und der Dritte von dem Kaufvertrag wieder abgegangen sind, bevor der Berechtigte erklärt hat, daß er von dem Vorkaufsrechte Gebrauch mache. | Hatte jedoch der Verpflichtete dem Berechtigten von dem Kaufvertrage mit dem Dritten Anzeige gemacht, so ist er verbunden, dem Berechtigten, welcher in den Kauf eintreten wollte, den durch den Abgang von dem Kauf verursachten Schaden zu ersetzen. Auf die Ausmessung des Schadens findet die Vorschrift des § 33 (der Zusammenstellung des Obligationenrechts)[4] Anwendung.“

war beantragt:

v. Weber (Nr 326, 1) 1. statt der Worte: „den durch den Abgang von dem Kauf verursachten Schaden zu ersetzen“ zu setzen:

„den durch die zur Ausübung seines Rechts vor erlangter Kenntniß von der Wiederaufhebung des Kaufvertrages etwa gemachten Vorkehrungen gehabten Aufwand zu ersetzen.“ und den Schlußsatz zu streichen.

Kurlbaum (Nr 328) 2. den § 35 zu streichen, eventuell den zweiten Satz zu fassen:

„Der Verpflichtete ist jedoch verbunden, dem Berechtigten den p.p. (wie im Antrage N° 1).“

Die Mehrheit beschloß die Streichung des § 35, indem sie der Ansicht war: Derselbe enthalte eine dem Wesen des Rechts widerstrebende Abschwächung desselben mittels positiver Satzungen, für welche Abschwächung zureichende Gründe sich nicht geltend machen ließen.

**II. 1., 2.** Die *RedVorl* und die *ZustOR* enthalten die beschlossenen Bestimmungen unter der Überschrift: „6. Vorkaufsrecht.“ als §§ 339, 340, 341 in der Fassung:

RedVorl/ZustOR § 339 Ist Jemand verpflichtet für den Fall, daß er einen gewissen Gegenstand verkaufen werde, einem Anderen als Käufer den Vorzug zu geben, so kann der Andere das hieraus für ihn sich ergebende Recht (Vorkaufsrecht) ausüben, sobald der Verpflichtete mit einem Dritten einen Kaufvertrag über den Gegenstand abgeschlossen hat.

Das Vorkaufsrecht kann ausgeübt werden, auch wenn der Verpflichtete in dem Vertrage mit dem Dritten den Rücktritt für den Fall der Ausübung des Vorkaufsrechts

---

[3] S. unten bei §§ 512–514 BGB.

[4] S. diesen bei § 307 BGB.

sich vorbehalten oder unter der Bedingung der Nichtausübung dieses Rechts dem Dritten verkauft hat.

Absatz 2 ist in der RedVorl in Klammern gesetzt und hat die Fassung:

Das Vorkaufsrecht kann ausgeübt werden, ohne Unterschied, ob der Verpflichtete .. Bedingung der Ausübung dieses Rechts dem Dritten verkauft hat oder nicht.

Die RedVorl enthält zu § 339 die Note:

Die Vorschriften über das Vorkaufsrecht werden nach Erledigung der Nebenverträge unmittelbar vor den Bestimmungen über den Erbschaftskauf eingestellt.

Mit der von dem Berechtigten dem Verpflichteten gegenüber abgegebenen Erklärung, daß er das Vorkaufsrecht ausübe, gelangt der Kaufvertrag zwischen Beiden unter den in dem Kaufvertrage zwischen dem Verpflichteten und dem Dritten enthaltenen Bestimmungen zum Abschluß. Von dem Berechtigten sind insbesondere alle Verbindlichkeiten zu erfüllen, welche der Dritte in dem mit ihm abgeschlossenen Vertrage übernommen hat. RedVorl/ZustOR § 340

Der Verpflichtete hat von dem mit dem Dritten abgeschlossenen Kaufvertrage und dessen Inhalt dem Berechtigten ohne Zögern Anzeige zu erstatten. RedVorl/ZustOR § 341

3. Bei Beratung der Anträge, welche gestellt waren in Betreff der Drucklegung der auf das Obligationenrecht sich beziehenden Beschlüsse wurde auf Antrag von Kurlbaum (Nr. 570 IV) in § 339 Abs. 1 und 2 sowie in §§ 340, 341 statt „abgeschlossen" gesetzt: „geschlossen" (Prot I 3554, 3560).

III. Im *KE* sind die §§ 339–341 ZustOR in §§ 478, 479[4a], 480 enthalten. Die Fassung berücksichtigt die vorstehende Änderung; ferner lautet in § 478 der Anfang:

„Ist Jemand verpflichtet, in dem Falle, daß . . ."

und der Schluß: „. . . oder den Vertrag mit der Bedingung der Nichtausübung dieses Rechtes geschlossen hat[5].

Bei Beratung der Anträge betreffend die Redaktion des Allgemeinen Theils entschied man sich (nach Ersetzung der Worte „Durch die dem Dritten zugegangene Erklärung" in § 934 ZustSachenR durch die Worte: „Durch die gegenüber dem Dritten abgegebene Erklärung") auch den Eingang des § 479 dahin zu fassen:

„Mit der gegenüber dem Verpflichteten abgegebenen Erklärung des Berechtigten" (Prot I 6166, 6167).

Bei der zweiten Beratung des KE wurde beantragt: v. Weber (Nr 196, 11)[6]

| Im § 480 statt „ohne Zögern" zu setzen „unverzüglich".

(Anmerkung: Der Ausdruck „ohne Zögern", „Verzögern", „Verzögerung" findet sich in den §§ 84, 85 Abs. 4, 435, 480 des K.E. Nach Protokoll S. 125, 126 ist im § 34[7] der Ausdruck „ohne Zögern" statt des sonst im Entwurfe (vergl. das Wortregister) gebrauchten Ausdrucks „unverzüglich" um deswillen gewählt, weil von einem *Verzuge* im technischen Sinne (in Ermangelung einer *Verpflichtung* zum Handeln) dabei nicht die Rede sein könne. Dieser Gesichtspunkt trifft auch bei § 85 Abs. 4 und bei § 435 zu. Soll dieser feine Unterschied, der allerdings nur theoretischen Werth zu haben scheint, im Ausdrucke festgehalten werden, so dürfte auch in dem § 188 Abs. 4 (nicht auch Abs. 3) und in den §§ 123, 306, 504, 793, 887, 1091 statt „unverzüglich" zu setzen sein | Prot I 11656

[4a] S. dazu auch den Antrag von v. Schmitt Nr. 611 o. bei § 497 BGB.

[5] Diese Fassung des Schlusses ist auf Antrag von Kurlbaum (Nr. 570 II) beschlossen worden (Prot I 3548, 3549, 3559).

[6] Der Anträge zum Allgemeinen Teil.

[7] S. bei § 149 BGB.

| Prot I 11657 „ohne Zögern“. Denn es handelt | sich in allen diesen Fällen nicht um eine Verpflichtung des Handelnden, sondern um eine Berechtigung desselben, welche nur an ein Handeln ohne Zögern gebunden ist und bei Verzögerung wegfällt.

Dagegen handelt es sich in dem Falle des § 480 wohl um eine Verpflichtung des Bestellers des Vorkaufsrechtes zur Anzeige des mit einem Dritten geschlossenen Kaufs an den Vorkaufsberechtigten, deren Nichterfüllung ihn zum Schadensersatze verpflichtet (vergl. Prot. S. 1951). Es dürfte daher im § 480 der Ausdruck „unverzüglich“ am Platze sein.

In allen übrigen Fällen, in denen der K.E. den Ausdruck „unverzüglich“ gebraucht, handelt es sich um Erfüllung von Verpflichtungen.

Eventuell würde in Frage kommen, ob etwa die Unterscheidung aufzugeben und überall „unverzüglich“ zu setzen sei.)

Die Kommission glaubte den Prot. S. 125, 126 (vergl. auch S. 4106, 4147) zwischen „unverzüglich“ und „ohne Zögern“ gemachten Unterschied nicht mehr aufrechterhalten zu sollen, genehmigte den eventuellen Antrag und beschloß, in den §§ 84, 435, 480 die Worte „ohne Zögern“ durch das Wort „unverzüglich“ zu ersetzen. Vorbehalten blieb, auf gestellte Anträge auch in anderen Vorschriften eine entsprechende Anwendung, soweit erforderlich, eintreten zu lassen.

Zu § 478 wurde der Antrag von Johow (Nr. 610, 4), in Abs. 1 statt „wird“ zu setzen „werde“ zurückgezogen (Prot I 11802).

**IV.** Im *E I* sind die Bestimmungen unter Berücksichtigung der vorstehenden Änderungen in §§ 481, 482, 483 enthalten.

### B. Vorkommission des Reichsjustizamtes

**I.** Beantragt war:

Struckmann (Nr 3, 27) 1. die §§ 481 – 483 durch folgende Vorschriften zu ersetzen:

Ist Jemand verpflichtet, einem Anderen bezüglich einer Sache den Vorkauf zu gewähren, so hat er, wenn ein Dritter zum Kaufe der Sache bereit ist, dem Vorkaufsberechtigten hiervon unter Angabe der mit dem Dritten verabredeten Verkaufsbedingungen Anzeige zu machen. Mit der nach erfolgter Anzeige dem Verpflichteten gegenüber abgegebenen Erklärung des Vorkaufsberechtigten, daß er das Vorkaufsrecht ausübe, gelangt der Kaufvertrag zwischen ihm und dem Verpflichteten unter den zwischen diesem und dem Dritten verabredeten Bedingungen zum Abschlusse. Hat der Verpflichtete mit dem Dritten einen Kaufvertrag über die Sache bereits geschlossen, so ist der Vorkaufsberechtigte auch ohne vorgängige Anzeige des Verpflichteten die bezeichnete Erklärung abzugeben befugt.

Planck (Nr 5, 56) 2. den § 483 vor den § 482 zu stellen.

Jacubezky (Nr 9, 15) 3. im § 482 den Satz 2 durch folgende Vorschriften zu ersetzen:

Die Erklärung ist unwirksam, wenn der Vorkaufsberechtigte den Kaufpreis, soweit derselbe nicht gestundet ist, nicht unverzüglich erlegt. Eine dem Dritten gewährte Stundung kann der Vorkaufsberechtigte nur beanspruchen, wenn er für den gestundeten Betrag Sicherheit leistet.

Jacubezky (Nr 9, 16) 4. den § 483 mit dem § 487 zu verbinden.

**II.** Eine Beratung hat nicht stattgefunden.

## C. 2. Kommission

I. Zu § 481 lagen die Anträge vor (Prot. II, Bd. 2, S. 93ff.; *Mugdan*, Bd. 2, S. 789ff.):

1. §§ 481 – 483 durch nachstehende Vorschriften zu ersetzen: Struckmann (Nr 71, 15)

Ist Jemand verpflichtet, einem Anderen bezüglich eines Gegenstandes den Vorkauf zu gewähren, so hat er, wenn ein Dritter zum Kaufe des Gegenstandes bereit ist, dem Vorkaufsberechtigten hiervon unter Angabe der mit dem Dritten verabredeten Verkaufsbedingungen Anzeige zu machen. Mit der nach erfolgter Anzeige dem Verpflichteten gegenüber abgegebenen Erklärung des Vorkaufsberechtigten, daß er das Vorkaufsrecht ausübe, gelangt der Kaufvertrag zwischen ihm und dem Verpflichteten unter den zwischen diesem und dem Dritten verabredeten Bedingungen zum Abschluß. Hat der Verpflichtete mit dem Dritten einen Kaufvertrag über den Gegenstand bereits abgeschlossen, so ist der Vorkaufsberechtigte auch ohne vorgängige Anzeige des Verpflichteten die bezeichnete Erklärung abzugeben befugt.

Unterläßt der Verpflichtete die Anzeige, so ist er, wenn er den Kauf mit dem Dritten abschließt, dem Berechtigten zum Schadensersatze verpflichtet[8].

2. hinter § 487 als § 487a eine Vorschrift nachstehenden Inhalts aufzunehmen. Jacubezky (Nr 102, 20)

Der Verpflichtete ist berechtigt, vor Schließung des Vertrags mit einem Dritten den Vorkaufsberechtigten unter Mittheilung der in Aussicht genommenen Vertragsbestimmungen zur Schließung eines Kaufvertrags unter den mitgetheilten Bestimmungen aufzufordern. Erklärt der Vorkaufsberechtigte sich nicht innerhalb der für die Ausübung des Vorkaufsrechts bestimmten Frist dem Verpflichteten gegenüber zur Schließung des Vertrags bereit, so ist das Vorkaufsrecht gegenüber einem Kaufvertrage, welcher innerhalb eines Monats nach Ablauf der Frist unter den mitgetheilten Vertragsbestimmungen zu Stande kommt, ausgeschlossen. Unwesentliche Aenderungen der Vertragsbestimmungen kommen nicht in Betracht.

3. falls eine Abänderung des Entwurfs im Sinne des Antrags 1 oder des Antrags 2 erfolgen soll:[9] Wilke (Nr 32)

a) die §§ 481 – 483 des Entwurfs durch folgende Bestimmungen zu ersetzen:

Ist Jemand verpflichtet, einen Anderen bezüglich eines Gegenstandes den Vorkauf zu gewähren, so hat er, wenn ein Dritter zum Kaufe des Gegenstandes bereit ist, dem Vorkaufsberechtigten hiervon unter Angabe der mit dem Dritten verabredeten Verkaufsbedingungen Anzeige zu machen und, sofern ein Grundstück den Gegenstand des Vorkaufs bildet, sich in gerichtlicher oder notarieller Form für den Fall der Ausübung des Vorkaufsrechts zur Uebertragung des Eigenthums an ihn zu denselben Bedingungen zu verpflichten.

Mit der darauf dem Verpflichteten gegenüber unter Beobachtung der für Verträge dieser Art geltenden Formen abgegebenen Erklärung des Vorkaufsberechtigten, daß er das Vorkaufsrecht ausübe, gelangt der Kaufvertrag zwischen ihm und dem Verpflichteten unter den zwischen diesem und dem Dritten verabredeten Bedingungen zum Abschlusse. Hat der Verpflichtete mit dem Dritten einen Kaufvertrag über den Gegenstand in rechtsverbindlicher Form bereits geschlossen, so ist der Vorkaufsberechtigte auch ohne vorgängige Anzeige des Verpflichteten die bezeichnete Erklärung abzugeben be-

[8] Der 2. Absatz fehlt in der metallographierten Fassung des Antrags.

[9] In der metallographierten Fassung lautet der Anfang dieses Antrags: Die §§ 481 – 483 des Entwurfs in folgender, sich an den Struckmannschen Antrag Nr. 71, 15 anlehnenden Fassung zu beschließen:

fugt. In diesem Falle ersetzt die Mittheilung einer gerichtlich oder notariell beglaubigten Abschrift des Kaufvertrages die Anzeige des Verpflichteten und die förmliche dem Vorkaufsberechtigten gegenüber sonst zu erklärende Verpflichtung zum Verkaufe.

b) die Schlußworte des § 487 zu fassen:

dem Verpflichteten gegenüber unter Beobachtung der für den Abschluß des Kaufvertrags erforderlichen Form erklärt, daß er das Vorkaufsrecht ausübe.

4. dem Absatz 1 des § 481 am Schlusse hinzuzufügen:

oder dem Vorkaufsberechtigten angezeigt hat, daß und unter welchen Bedingungen ein Dritter zum Kaufe bereit sei. Bei einem Grundstücke tritt das Recht zur Ausübung des Vorkaufsrechts nur ein, wenn der Kaufvertrag oder die Anzeige von der Kaufbereitschaft des Dritten gerichtlich oder notariell beurkundet ist.

5. dem Absatz 1 des § 481 folgenden Satz anzufügen:

ein Vertrag, durch welchen das Vorkaufsrecht hinsichtlich eines Grundstücks begründet wird, bedarf der gerichtlichen oder notariellen Form.

6. die in dem Antrage 2 als § 487a vorgeschlagene Bestimmung mit folgenden Aenderungen aufzunehmen:

a) am Schlusse des zweiten Satzes zu setzen „so ist das Vorkaufsrecht erloschen";

b) an Stelle des dritten Satzes folgenden Satz zu beschließen:

Hat auf erfolgte Anzeige der Vorkaufsberechtigte die Ausübung des Vorkaufsrechts abgelehnt oder die Frist versäumt, kommt jedoch der Verkauf nicht zu Stande, so gilt das Vorkaufsrecht als nicht erloschen.

Die Anträge 1, 4 und 5 wurden vor der Abstimmung zurückgezogen, der Antrag 1 zu Gunsten des Antrags 2.

Die Anträge 2, 3 und 6 lehnte die Kom. ab. Der § 481 des Entwurfs wurde seinem sachlichen Inhalte nach angenommen.

Die Kom. trat in die Berathung des § 482 ein. Auf denselben bezogen sich die mitgetheilten Anträge 1 und 3.

Ein dritter Antrag ging dahin,

im Gesetz ausdrücklich zu bestimmen, daß die Erklärung des Vorkaufsberechtigten, das Vorkaufsrecht ausüben zu wollen, nicht an eine Form gebunden sei[10].

Dieser Antrag fand die Zustimmung der Mehrheit. Im Uebrigen wurde der erste Satz des § 482 angenommen, der zweite gestrichen.

Zu § 483, auf den sich die mitgetheilten Anträge 1 und 3a bezogen, war weiter beantragt,

Jacubezky (Nr 102, 15) die Vorschrift mit § 487 zu verbinden.

Die Kom. nahm in Konsequenz der zu § 481 gefaßten Beschlüsse den § 483 seinem Inhalte nach an; die Entscheidung über die Stellung der Vorschrift wurde der RedKom überlassen.

**II.** In der *VorlZust* der Beschlüsse der 2. Kom. lauten die beschlossenen Vorschriften als §§ 481 (in den § 482 aufgenommen ist), 483a und 484c wie folgt:

---

[10] Ein in der Kom. nicht gestellter Antrag (Nr. 129 zu § 482) von Jacubezky lautet:
den Satz 2 des § 482 zu streichen und als Absatz 2 folgende Vorschrift einzufügen:
Die Erklärung ist unwirksam, wenn der Kaufpreis, soweit derselbe nicht gestundet ist, nicht bei der Erklärung entrichtet wird und der Verpflichtete aus diesem Grunde die Erklärung unverzüglich zurückweist; sie ist jedoch wirksam, wenn der nicht gestundete Kaufpreis unverzüglich nach der Zurückweisung entrichtet wird. Eine dem Dritten gewährte Stundung kann der Vorkaufsberechtigte nur beanspruchen, wenn er für den gestundeten Betrag Sicherheit leistet.

Ist Jemand verpflichtet, einem Anderen den Vorkauf in Ansehung eines bestimmten Gegenstandes zu gewähren, so kann der Andere das Vorkaufsrecht ausüben, soweit der Verpflichtete mit einem Dritten einen Kaufvertrag über den Gegenstand geschlossen hat. E I-VorlZust § 481 (481 Abs. 1, 482)

Mit der gegenüber dem Verpflichteten abgegebenen Erklärung des Berechtigten, daß er das Vorkaufsrecht ausübe, gelangt der Kaufvertrag zwischen Beiden unter den in dem Kaufvertrage zwischen dem Verpflichteten und dem Dritten enthaltenen Bestimmungen zum Abschlusse.

Die Erklärung des Berechtigten bedarf der für Kaufverträge über Gegenstände der betreffenden Art vorgeschriebenen Form nicht[11].

Hat der Verpflichtete in dem mit dem Dritten geschlossenen Vertrage sich den Rücktritt für den Fall der Ausübung des Vorkaufsrechtes vorbehalten oder den Vertrag mit der Bedingung der Nichtausübung des Vorkaufsrechtes geschlossen, so sind diese Bestimmungen dem Vorkaufsberechtigten gegenüber unwirksam. E I-VorlZust § 483a (481 Abs. 2)

Der Verpflichtete hat von dem mit dem Dritten geschlossenen Kaufvertrage und dessen Inhalte dem Berechtigten unverzüglich Anzeige zu erstatten. E I-VorlZust § 484c (483, 487 Nr 2)

Das Vorkaufsrecht erlischt, wenn es auf die Anzeige des Verpflichteten nicht innerhalb der für die Ausübung bestimmten Frist und in Ermangelung einer solchen Bestimmung bei Grundstücken nicht innerhalb einer Frist von zwei Monaten, bei anderen Gegenständen nicht innerhalb einer Frist von einer Woche ausgeübt wird[12].

**III.** In der *ZustRedKom* sind die Vorschriften wie folgt gefaßt:

Ist Jemand in Ansehung eines Gegenstandes zum Vorkaufe berechtigt, so kann er . . . u.s.w. wie in der VorlZust. E I-ZustRedKom § 481 (481 Abs. 1, 482)

Mit der dem Verpflichteten gegenüber . . . ausübe, kommt der Kauf zwischen ihnen unter den von dem Verpflichteten mit dem Dritten vereinbarten Bestimmungen zu Stande. Die Erklärung bedarf, wenn für den Kaufvertrag eine Form vorgeschrieben ist, der Form nicht.

Eine Vereinbarung des Verpflichteten mit dem Dritten, durch welche der Kauf von der Nichtausübung des Vorkaufsrechts abhängig gemacht oder dem Verpflichteten für den Fall der Ausübung des Vorkaufsrechts der Rücktritt vorbehalten wird, ist dem Vorkaufsberechtigten gegenüber unwirksam. E I-ZustRedKom § 483a (481 Abs. 2)

Der Verpflichtete hat dem Berechtigten den Inhalt des mit dem Dritten geschlossenen Kaufvertrags unverzüglich anzuzeigen. E I-ZustRedKom § 484c (483, 487 Nr 2)

Das Vorkaufsrecht erlischt, wenn es nach Empfang der Anzeige nicht . . . einer solchen bei Grundstücken nicht binnen zwei Monaten, bei anderen Gegenständen nicht binnen einer Woche ausgeübt wird.

**IV.** Im *E II* ist § 481 E I-ZustRedKom in § 439, § 483a E I-ZustRedKom in § 440 und § 484c E I-ZustRedKom in § 444 enthalten. Die Fassung ist unverändert mit der Ausnahme, daß § 444 lautet:

Absatz 1 statt „anzuzeigen“: „mitzutheilen“.

Absatz 2: Das Vorkaufsrecht erlischt, wenn der Berechtigte es nach dem Empfange der Mittheilung nicht innerhalb. . .

---

[11] Dazu ist angemerkt: der § 477 erhält einen dem dritten Absatz des § 481 entsprechenden Zusatz.

[12] Zur Entstehung des Absatzes 2 s. unten bei §§ 512 – 514 BGB.

Börner (Nr 30, 2) Bei der Revision des E II lag zu § 444 der Antrag vor (Prot. II, Bd. 6, S. 174) dem Absatz 1 hinzuzufügen:

Die Mittheilung des Verpflichteten wird durch die Mittheilung des Dritten ersetzt.

und in dem § 1008 den Abs. 1 sowie in dem § 1909 den Abs. 3 (RedVorl § 2151c Abs. 2 S. 2), der im Wesentlichen eine dem § 1008 Abs. 1 entsprechende Vorschrift für das Vorkaufsrecht des Miterben enthält, zu streichen.

(Auch bei dem obligatorischen Vorkaufsrecht hat der Dritte ein wesentliches Interesse daran, daß er alsbald Klarheit darüber gewinnt, ob das Vorkaufsrecht ausgeübt wird, und dem wird am einfachsten dadurch Rechnung getragen, daß man ihm das Recht gibt, die Fristen des § 444 Abs. 2 in Lauf zu setzen. Selbstverständlich hat – § 439 Abs. 2 – die Ausübung des Vorkaufsrechts nicht ihm, sondern dem Verpflichteten gegenüber zu erfolgen. Zugleich wird durch diese Regelung eine Vereinfachung des Gesetzes erzielt. Die Fassung schließt sich dem § 1837a Abs. 1 S. 2 der RedVorl an. (Vgl. auch die Anmerkung zu § 1837 a)[13])

Die Kom. nahm den Antrag an.

Jacubezky (Nr 69, 2) Ferner wurde beantragt, folgenden neuen Absatz zu § 1006 (E II)[14] zu beschließen (Prot. II, Bd. 6, S. 245):

Ist das Vorkaufsrecht für alle Verkaufsfälle oder für alle Fälle der Veräußerung bestellt, so erstreckt es sich im Zweifel nicht auf eine Veräußerung, die mit Rücksicht auf ein künftiges Erbrecht an einen gesetzlichen Erben erfolgt.

(Vgl. § 1418[15]. Die sog. antizipierte Erbfolge steht gegenüber dem Vorkaufsrecht der Vererbung gleich. Es wäre unzweckmäßig zu verlangen, daß diese Beschränkung des wiederkehrenden Vorkaufsrechtes in jedem einzelnen Falle in die Eintragungsbewilligung (vgl. § 795)[16] aufgenommen wird.)

Die Mehrheit erklärte sich zunächst mit dem Antrag aus den ihm beigefügten Gründen einverstanden. Sie beschloß jedoch, die vorgeschlagene Vorschrift auch für das obligatorische Vorkaufsrecht zu erlassen und daher den beantragten Zusatz in den Abschnitt über das obligatorische Vorkaufsrecht zu verweisen. Die Anwendung desselben auf das dingliche Vorkaufsrecht ergibt sich alsdann aus § 1007[17].

V. Im *E II rev* sind die §§ 439, 440, 444 E II in §§ 498, 499, 500, 504 in der den §§ 504, 505, 506, 510 BGB entsprechenden Fassung enthalten. Der bei der Revision des E II gefaßte, oben an zweiter Stelle mitgeteilte Beschluß ist in der in § 511 BGB Gesetz gewordenen Fassung im E II rev in § 505 enthalten.

---

[13] S. diesen bei § 2146 BGB.
[14] S. diesen bei § 1097 BGB.
[15] S. diesen bei § 1521 BGB.
[16] S. diesen bei § 874 BGB.
[17] S. diesen bei § 1058 BGB.

§ 507

**Hat sich der Dritte in dem Vertrage zu einer Nebenleistung verpflichtet, die der Vorkaufsberechtigte zu bewirken außer Stande ist, so hat der Vorkaufsberechtigte statt der Nebenleistung ihren Werth zu entrichten. Läßt sich die Nebenleistung nicht in Geld schätzen, so ist die Ausübung des Vorkaufsrechts ausgeschlossen; die Vereinbarung der Nebenleistung kommt jedoch nicht in Betracht, wenn der Vertrag mit dem Dritten auch ohne sie geschlossen sein würde.**

§ 508

**Hat der Dritte den Gegenstand, auf den sich das Vorkaufsrecht bezieht, mit anderen Gegenständen zu einem Gesammtpreise gekauft, so hat der Vorkaufsberechtigte einen verhältnißmäßigen Theil des Gesammtpreises zu entrichten. Der Verpflichtete kann verlangen, daß der Vorkauf auf alle Sachen erstreckt wird, die nicht ohne Nachtheil für ihn getrennt werden können.**

§ 509

**Ist dem Dritten in dem Vertrage der Kaufpreis gestundet worden, so kann der Vorkaufsberechtigte die Stundung nur in Anspruch nehmen, wenn er für den gestundeten Betrag Sicherheit leistet.**

**Ist ein Grundstück Gegenstand des Vorkaufs, so bedarf es der Sicherheitsleistung insoweit nicht als für den gestundeten Kaufpreis die Bestellung einer Hypothek an dem Grundstücke vereinbart oder in Anrechnung auf den Kaufpreis einer Schuld, für die eine Hypothek an dem Grundstücke besteht, übernommen worden ist.**

## A. 1. Kommission

I. 193. Sitzung vom 4. 4. 1883, Schriftführer Neubauer (nicht anwesend v. Schmitt.)

| Zu § 36 des Entwurfs: | Prot I 1952 TE-OR (Nr 32) § 36

„Das Vorkaufsrecht kann auch ausgeübt werden, wenn der Verpflichtete in dem Kaufvertrag mit dem Dritten sich auf Anrechnung auf den Kaufpreis Leistungen ausbedungen hat, welche der Berechtigte nicht bewirken kann, sofern dieselben für den Verpflichteten eine Schätzung in Geld zulassen, so wie wenn der Verpflichtete den Gegenstand des Vorkaufsrechtes zugleich mit einem oder mehreren anderen Gegenständen um einen | Gesammtpreis verkauft hat. Im ersten Fall hat der Berechtigte den Schätzungswerth der Leistungen, im zweiten Falle den durch Schätzung herzustellenden verhältnißmäßigen Preis des Gegenstandes zu bezahlen.“ | Prot I 1953

lagen die Anträge vor:

1. in § 36 die Worte: „sofern dieselben für den Verpflichteten eine Schätzung in Geld zulassen“[1] zu streichen und dem § 36 oder in einem besonderen Paragraphen die Vorschrift (vorbehaltlich der Redaktion) hinzuzufügen: v. Weber (Nr 324)

„Das Vorkaufsrecht kann auch, wenn nur ein Theil des dem Vorkaufsrechte unterworfenen Gegenstandes verkauft wird, rücksichtlich dieses Theils ausgeübt werden. Will der Vorkaufsberechtigte den Gegenstand nicht zum Theil erwerben, so kann er ein gerichtliches Verbot des Verkaufs dieses Theiles ausbringen."

Planck (Nr 323, 4) 2. den § 36 durch folgende Bestimmung zu ersetzen:

„Hat der Dritte neben dem Kaufpreise oder in Anrechnung auf denselben die Leistung nicht vertretbarer Sachen, Rechte oder Handlungen verspochen, so ist der Vorkaufsberechtigte statt derselben den durch Schätzung zu ermittelnden Werth, welchen jene Leistungen zur Zeit der Schließung des Verkaufs für den Verpflichteten haben, zu bezahlen verpflichtet. Soweit solche Leistungen eine Schätzung in Geld nicht zulassen, bleiben sie außer Betracht.

Hat der Verpflichtete den Gegenstand des Verkaufs zugleich mit einem oder mehreren anderen Gegenständen für einen Gesammtpreis verkauft, so ist der Berechtigte nicht befugt, in den Kauf nur rücksichtlich des Gegenstandes des | Vorkaufs einzutreten, sondern kann nur in den Kauf im Ganzen eintreten." | Prot I 1954

Kurlbaum (Nr 328) 3. in § 36 zu bestimmen:

„Der Vorkaufsberechtigte kann statt der Leistung fremder Sachen oder Rechte, sowie statt persönlicher Leistungen deren Werth zahlen. Leistungen, welche von dem Vorkaufsberechtigten nicht bewirkt werden können und in Geld nicht zu schätzen sind, kommen zu Gunsten des Vorkaufsberechtigten in Wegfall."

Windscheid (Nr 325) 4. der zum § 34 unter № 1 mitgetheilte Antrag § a letzter Satz[2].

Es wurden folgende Beschlüsse gefaßt:

I.

Der Entwurf läßt die Ausübung des Vorkaufsrechts nur dann zu, wenn mit dem Dritten ein Kaufvertrag abgeschlossen ist, nicht also auch in den Fällen, wenn der Verpflichtete durch einen andern nicht als Kaufvertrag anzusehenden Vertrag veräußert hat.

Dieser Standpunkt des Entwurfs fand keine Beanstandung.

II.

Sind in dem mit dem Dritten abgeschloossenen Kaufvertrage neben dem Kaufgelde für den Verkäufer in Gelde schätzbare Nebenleistungen bedungen, durch welche der Charakter des Vertrags als eines Kaufvertrages nicht ausgeschlossen wird, so muß nach dem Entwurfe der Berechtigte im Falle der Ausübung des Vorkaufsrechts auch diese Nebenleistungen übernehmen; er hat jedoch, wenn er die Leistungen nicht bewirkken kann, deren Schätzungswerth zu zahlen.

Gegen das Prinzip wurde im Allgemeinen nichts erinnert. In Ansehung einiger Einzelheiten ergab sich da- | gegen eine Verschiedenheit der Ansichten. | Prot I 1955

1. Der Entwurf versteht unter den nicht zu bewirkenden Leistungen solche, zu deren reeller Bewirkung der Berechtigte subjektiv außer Stande ist.

Nach den Anträgen № 2 und 3 sollen diese Leistungen in anderer Art näher bezeichnet werden.

Die Mehrheit lehnte jedoch die desfallsigen Vorschläge ab und billigte die Bestimmung des Entwurfs, indem sie erwog:

---

[1] In der metallographierten Fassung des Antrags folgen hier die Worte „und in § 38 die Bestimmung unter Nr. 2"

[2] S. o. bei §§ 504–506, 510, 511 BGB.

Entscheidend könne nur das subjektive Unvermögen des Berechtigten sein, *wirklich* zu leisten, was Gegenstand der Verpflichtung sei. Wenn er dazu – vielleicht auch nur zufällig – im Stande sei, so müsse die reelle Leistung erfolgen; fehle die Voraussetzung, so könne er durch Geldzahlung erfüllen, gleichviel, ob er durch größere oder geringere Geldopfer das subjektive Unvermögen zu beseitigen in der Lage sei. Die Vorschläge der Anträge № 2 und 3 führten in verschiedenen Fällen zu einem anderen Resultate, weshalb sie nicht gebilligt werden könnten. Ob der Standpunkt des Entwurfs mit genügender Deutlichkeit aus dem § 36 erhelle, werde bei der Redaktion zu prüfen sein.

2. Hat der Berechtigte durch Geldzahlung zu erfüllen, so fragt sich, ob der Schätzungswerth der Leistung zu zahlen oder ob das volle Interesse wegen Nichterfüllung zu vergüten sei. Der Entwurf und der Antrag № 3 entscheiden für die erste Alternative, den Anträgen № 2 und № 4 liegt die zweite Alternative zum Grunde.

Die Mehrheit billigte das Prinzip des Entwurfs und des Antrags № 3. Sie verkannte zwar nicht, daß für das andere Prinzip die Erwägung sich geltend machen lasse, der Verpflichtete habe dem Berechtigten gegenüber auf das volle Interesse in gleicher Art Anspruch, wie ein solcher Anspruch ihm zustehen würde, wenn der | Dritte nicht | Prot I 1956
erfülle und die entgegenstehende Bestimmung führe zu einer Erweiterung des Vorkaufsrechts; sie glaubte jedoch, daß dieses Bedenken nicht den Ausschlag geben könne, weil das andere Prinzip den Berechtigten unberechenbaren Nachtheilen aussetzen könne und den praktischen Werth des Vorkaufsrechts schwer zu beeinträchtigen vermöge.

Einverständniß bestand, daß der Schätzungswerth nach der Zeit der Erfüllung sich bestimme, daß ferner der Berechtigte durch reelle Erfüllung, wenn er sich zu dieser – ohne dazu verpflichtet zu sein – in Stand setze, die Verpflichtung zur Geldzahlung abzuwenden vermöge, und daß die letztere Verpflichtung eintretenden Falls, namentlich in Bezug auf die Erfüllung Zug um Zug, an die Stelle der betreffenden Leistung trete.

III.

Ist eine Nebenleistung, die der Berechtigte zu bewirken nicht vermag, in Gelde nicht schätzbar, so soll nach dem Entwurfe und dem Antrage № 4 die Ausübung des Vorkaufsrechts unstatthaft sein, nach den Anträgen № 1, 2 und 3 dagegen dergestalt das Gegentheil gelten, daß eine solche Nebenleistung unbeachtet bleibt und als nicht vereinbart anzusehen ist.

Die Mehrheit billigte das Prinzip des Entwurfs und des Antrags № 4. Sie ging davon aus:

Wenn mit den Anträgen № 1, 2 und 3 das Gegentheil bestimmt werde, so sei der tief im Wesen des Vorkaufsrechts liegende Grundsatz verletzt, daß der Berechtigte, welcher das Recht ausübe, dem Verpflichteten nicht weniger leisten dürfe, als der Dritte zu leisten versprochen habe. Zu einer solchen singulären, | das Vorkaufsrecht im Wider- | Prot I 1957
spruche mit seinem Begriffe erheblich erweiternden Vorschrift sei kein Grund vorhanden. Insbesondere dürfe nicht geltend gemacht werden, die Vorschrift sei nöthig, um die Vereitelung des Vorkaufsrechts zu verhüten. Wolle man hierauf Gewicht legen, so müsse das Vorkaufsrecht noch ganz anders gestaltet und insbesondere vorgeschrieben werden, es greife in allen Fällen einer entgeltlichen Veräußerung Platz, während doch zuvor gerade das Gegentheil aus wichtigen Gründen beschlossen sei (zu vgl. S. 1954).

Zur Redaktion wurde erinnert, daß in § 36 die Worte: „auf Anrechnung auf den Kaufpreis“ überflüssig seien und zu einer irrthümlichen Auslegung Anlaß geben könnten. |

194. Sitzung vom 6. 4. 1883, Schriftführer Neubauer (nicht anwesend v. Schmitt)

|Die Berathung des Theilentwurfs des Obligationenrechts (№ 12) betreffend den | Prot I 1959
Kauf wurde, zunächst zu § 36 des Entwurfs, fortgesetzt.

IV.

Der Entwurf bestimmt für den Fall, wenn der Gegenstand, auf welchen das Vorkaufsrecht sich bezieht, mit einem oder mehreren Gegenständen zusammen für einen Gesammtpreis verkauft wird, die Ausübung des Vorkaufsrechts finde alsdann in der Weise statt, daß der Berechtigte für jenen Gegenstand einen verhältnißmäßigen Theil des Gesammtpreises zu zahlen habe. Nach dem Antrage № 2 (S. 1953, 1954) soll in dem bezeichneten Falle das Recht nur in der Art zur Ausübung gelangen können, daß der Berechtigte befugt ist, in den Kauf im Ganzen einzutreten.

Die Mehrheit lehnte den Vorschlag, den Fall im Gesetze zu übergehen, ab; sie erklärte sich ferner gegen den im Antrage № 2 enthaltenen Vorschlag, sowie gegen den
Kurlbaum im Laufe der Debatte eingebrachten Vorschlag der Bestimmung des Entwurfs hinzuzufügen:

| Prot I 1960 „Der Verpflichtete kann jedoch verlangen, daß der Berechtigte | in den ganzen Kaufvertrag eintrete oder von der Ausübung des Vorkaufsrechtes Abstand nehme."

und billigte vielmehr die Vorschrift des Entwurfs.

Erwogen war:

Ueber den in Rede stehenden, ohne Zweifel nicht seltenen Fall im Gesetze zu schweigen, sei bedenklich, denn, wie er zu beurtheilen sei, darüber lasse sich, wenn die Entscheidung in Ermangelung eines anderen Anhalts ausschließlich aus dem Wesen des Rechts erfolgen müsse, streiten. Den Beweis hierfür liefere die Verschiedenheit der Ansichten, die in dieser Beziehung bei der gegenwärtigen Berathung geltend gemacht seien. Von einer Seite sei aufgestellt, die Ausübung des Rechts sei schlechthin ausgeschlossen, von anderer Seite, der Berechtigte könne nur sein Interesse liquidiren, von dritter Seite, die eine oder andere der vorgeschlagenen Bestimmungen werde Platz greifen. Wie zweifelhaft die Entscheidung sei, erhelle auch aus den abweichenden Bestimmungen der neueren Kodifikationen. Sei aber einmal zur Beseitigung der Streitfrage eine Entscheidung nöthig, so verdiene die in dem Entwurfe enthaltene immerhin noch vor jeder anderen den Vorzug. Dieselbe bringe einestheils den Vortheil, daß sie die geringsten Verwickelungen hervorrufe und diene anderentheils noch am meisten zur gleichmäßigen Wahrung des Interesses beider Theile.

V.

In dem Antrage № 1 (S. 1953) ist eine Bestimmung für den Fall in Vorschlag gebracht, wenn nur ein Theil des dem Vorkaufsrechte unterworfenen Gegenstandes verkauft wird. Der Antrag wurde eventuell dahin berichtigt, die Schlußbestimmung: „so kann u.s.w." durch die zu ersetzen: „so kann er gegen den Verkauf Widerspruch erheben."

Die Mehrheit erklärte sich gegen die Aufnahme der vorgeschlagenen Bestimmung.

Sie war der Ansicht:

| Prot I 1961 Es sei selbstverständlich, daß das Recht auch dann ausgeübt wer- | den könne, wenn nur ein Theil des demselben unterliegenden Gegenstandes verkauft werde. Dies noch besonders auszusprechen, sei entbehrlich. Wenn der Antrag aber hierüber hinaus dem Berechtigten noch die Befugniß beilegen wolle, dem Verpflichteten den Theilverkauf zu verbieten, so empfange das Vorkaufsrecht dadurch eine Erweiterung, die nicht in seinem Begriffe liege, dem geltenden Rechte — von dem sächsischen Gesetzbuche abgesehen — fremd und durch ein praktisches Bedürniß keineswegs geboten sei.

**II. 1., 2** In der *RedVorl* und der *ZustOR* hat die beschlossene Vorschrift als § 342 die Fassung:

Hat der Dritte in dem mit ihm abgeschlossenen Kaufvertrage zu einer in Geld schätzbaren Nebenleistung [RedVorl: Leistung (Nebenleistung)] sich verpflichtet, zu deren Bewirkung der Berechtigte außer Stande ist, so hat dieser im Falle der Ausübung des Vorkaufsrechts für eine solche Leistung den Geldwerth zu zahlen (RedVorl: so kann dieser für eine solche Leistung den Geldwerth zahlen), welchen dieselbe zur Erfüllungszeit hat. Ist die Nebenleistung, welche der Berechtigte zu bewirken nicht vermag, in Geld nicht schätzbar, so ist die Ausübung des Vorkaufsrechts ausgeschlossen. RedVorl/ZustOR § 342

Hat der Dritte den Gegenstand des Vorkaufsrechts mit einem oder mehreren anderen Gegenständen zu einem Gesammtpreis gekauft, so hat der Berechtigte bei Ausübung des Rechts einen verhältnißmäßigen Theil des Gesammtpreises zu entrichten.

Zu diesem § ist in der RedVorl notiert:

1. „Nebenleistung" zur Klarstellung, daß der Vertrag ein Kaufvertrag bleiben muß.

2. Der Berechtigte muß befugt sein, sein subjektives Unvermögen, obschon er dazu nicht verpflichtet ist, zu beseitigen und dann voll zu leisten.

3. Bei Beratung der Anträge, welche gestellt waren in Betreff der Drucklegung der auf das Obligationenrecht sich beziehenden Beschlüsse wurde auf Antrag von Kurlbaum (Nr. 570 IV) statt „abgeschlossenen" gesetzt: „geschlossenen" (Prot. I 3554, 3560).

**III., IV.** Unter Berücksichtigung der vorstehenden Änderung ist § 342 ZustOR im *KE* in § 481 im *E I* in § 484 enthalten.

## B. Vorkommission des Reichsjustizamtes

**I.** Beantragt war:

1. den § 484 zu fassen: Struckmann (Nr 3, 23)

Hat der Dritte nach dem zwischen ihm und dem Verpflichteten verabredeten Verkaufsbedingungen Nebenleistungen übernommen, welche der Vorkaufsberechtigte in Natur zu bewirken außer Stande ist, so hat dieser statt derselben den Geldwerth zu entrichten, welchen sie zur Erfüllungszeit haben. Nebenleistungen, welche in Geld nicht schätzbar sind, kommen nicht in Betracht.

Ist dem Dritten nach den Verkaufsbedingungen der Preis gestundet, so kann der Vorkaufsberechtigte die gleiche Stundung nur dann für sich in Anspruch nehmen, wenn er für den gestundeten Betrag zureichende Sicherheit leistet.

2. im § 484 den Abs. 1 zu fassen: Jacubezky (Nr 9, 17)

Ist in dem mit dem Dritten geschlossenen Kaufvertrage eine Nebenleistung vereinbart, zu deren Bewirkung der Vorkaufsberechtigte außer Stande ist, so kann das Vorkaufsrecht nur ausgeübt werden, wenn anzunehmen ist, daß der Kaufvertrag auch im Falle der Unmöglichkeit der Nebenleistung gewollt wäre. Der Vorkaufsberechtigte hat in solchem Falle den Betrag des Werthes zu zahlen, welchen die Nebenleistung zur Leistungszeit hat. Ist die Nebenleistung in Geld nicht schätzbar, so ist der Betrag zu zahlen, auf welchen eine den Umständen angemessene Konventionalstrafe zu bestimmen gewesen wäre.

**II.** Eine Beratung hat nicht stattgefunden.

## C. 2. Kommission

**I.** Zu § 484 lagen die Anträge vor (Prot. II, Bd. 2 S. 100ff., *Mugdan*, Bd. 2 S. 794ff.):

Struckmann (Nr 71, 16) 1. die Bestimmungen des Entwurfs durch folgende Vorschriften zu ersetzen:

Hat der Dritte nach den zwischen ihm und dem Verpflichteten verabredeten Verkaufsbedingungen Nebenleistungen übernommen, welche der Vorkaufsberechtigte in Natur zu bewirken außer Stande ist, so hat dieser statt derselben den Geldwerth zu entrichten, welchen sie zur Erfüllungszeit haben. Nebenleistungen, welche in Geld nicht schätzbar sind, kommen nicht in Betracht. Hat der Dritte den Gegenstand des Vorkaufsrechts mit anderen Gegenständen zu einem Gesammtpreise gekauft, so hat der Vorkaufsberechtigte einen verhältnißmäßigen Theil des Gesammtpreises zu entrichten.

Ist dem Dritten nach den Verkaufsbestimmungen der Preis gestundet, so kann der Vorkaufsberechtigte die gleiche Stundung nur dann für sich in Anspruch nehmen, wenn er für den gestundeten Betrag hinreichende Sicherheit leistet.

Jacubezky (Nr 102, 16) 2. dem Abs. 1 des § 484 folgende Fassung zu geben:

Ist in dem mit dem Dritten geschlossenen Kaufvertrage eine Nebenleistung vereinbart, zu deren Bewirken der Vorkaufsberechtigte außer Stande ist, so kann das Vorkaufsrecht nur ausgeübt werden, wenn anzunehmen ist, daß der Kaufvertrag auch gewollt wäre, wenn statt der Nebenleistung der Werth derselben in Geld zu leisten wäre. Der Vorkaufsberechtigte hat in diesem Falle den Betrag des Werthes zu zahlen, welchen die Nebenleistung zur Erfüllungszeit hat. Ist die Nebenleistung in Geld nicht schätzbar, so tritt an die Stelle des Werthes der Betrag, um welchen der Kaufpreis höher bestimmt worden wäre, wenn die Nebenleistung nicht vereinbart worden wäre.

hierzu der Unterantrag, statt des zweiten und dritten Satzes zu bestimmen:

Der Vorkaufsberechtigte hat in diesem Falle den Verpflichteten für die ausfallende Nebenleistung in Geld zu entschädigen.

3. dem § 484 Abs. 1 S. 2 hinzuzufügen:

wenn nicht anzunehmen ist, daß der Kaufvertrag auch ohne diese Nebenleistung zu Stande gekommen wäre.

4. folgenden Zusatz zu beschließen:

Im Falle des Verkaufs an einen zu den nächsten gesetzlichen Erben gehörigen Abkömmling des Verkäufers findet die Ausübung des Vorkaufsrechts nicht statt, wenn im Vertrage zu Gunsten des Vorkaufsberechtigten bedungen ist, daß ihm für den Fall eines seitens des Erwerbers erfolgenden Weiterverkaufs das Vorkaufsrecht zustehen soll.

Der zweite Absatz des Entwurfs sowie der zweite und dritte Absatz der unter 1 vorgeschlagenen Bestimmungen blieben einstweilen von der Berathung ausgeschieden.

Von dem ersten Absatz des Entwurfs wurde der erste Satz nicht beanstandet, der zweite Satz mit dem unter 3 beantragten Zusatz angenommen. Den Absatz 1 des Antrags 1 und die Anträge 2 und 4 lehnte die Kom. ab; die Ablehnung des Antrags 1 Absatz 1 erfolgte mit 8 gegen 8 Stimmen durch Stichentscheid des Vorsitzenden. Die Frage, ob es nöthig sei, den für die Bemessung des Geldwerths maßgebenden Zeitpunkt in dem Gesetz ausdrücklich hervorzuheben, wurde der RedKom zur Erwägung überwiesen.

Zu dem Absatz 2 des § 484 lagen die Anträge vor:

1. die Vorschrift in der oben unter 1 vorgeschlagenen Fassung anzunehmen;

Wolffson (Nr 130, 1) 2. den Schluß des Abs. 2 zu fassen:

so hat der Berechtigte bei Ausübung des Rechtes auch die anderen Gegenstände zu dem Gesammtpreise zu übernehmen.

hierzu der Unterantrag, hinter „Berechtigte" einzuschalten „auf Verlangen des Verpflichteten";

3. dem Absatz 2 hinzuzufügen: Jacubezky (Nr 131, 1)

Der Verpflichtete kann verlangen, daß der Vorkauf auf alle Sachen ausgedehnt werde, wenn sie ohne Nachtheil für ihn nicht getrennt werden können.

Die Kom. lehnte den Antrag 2 ab, nachdem in eventueller Abstimmung der Unterantrag zur Annahme gelangt war. Im Uebrigen wurde die Vorschrift des Entwurfs und der mit ihr übereinstimmende Antrag 1 sachlich gebilligt und mit 8 gegen 6 Stimmen auch der Antrag 3 angenommen.

Zu erledigen war noch der dritte Absatz des oben mitgetheilten Antrags von Struckmann (Nr. 71, 16). Hierzu waren folgende Unteranträge gestellt:

1. der vorgeschlagenen Bestimmung hinzuzusetzen: Wolffson (Nr 130, 2)

Ist bei dem Verkauf eines Grundstücks verabredet, daß der Kaufpreis oder ein Theil desselben gegen Hypothek an dem verkauften Grundstücke gestundet werden soll, so bedarf es zur Ausübung des Vorkaufsrechts nicht der Stellung einer weiteren Sicherheit

2. Der Bestimmung außer diesem Zusatze noch folgenden Satz hinzuzufügen: Jacubezky (Nr 131, 2)

Soweit der Dritte in Anrechnung auf den Kaufpreis eine Schuld des Verpflichteten, für welche Hypothek an dem verkauften Grundstücke besteht, übernommen hat, bedarf es der Sicherheitsleistung nicht.

3. Statt der in dem Hauptantrage vorgeschlagenen Bestimmung in dem § 482 hinter Satz 1 als Absatz 2 nachstehende Vorschriften aufzunehmen:

Die Erklärung ist unwirksam, wenn der Kaufpreis, soweit derselbe nicht gestundet ist, nicht bei der Erklärung entrichtet wird und der Verpflichtete aus diesem Grunde die Erklärung unverzüglich zurückweist; sie ist jedoch wirksam, wenn der nicht gestundete Kaufpreis unverzüglich nach der Zurückweisung entrichtet wird. Eine dem Dritten gewährte Stundung kann der Vorkaufsberechtigte nur beanspruchen, wenn er für den gestundeten Betrag Sicherheit leistet.

Im Laufe der Berathung änderte der Antragsteller zu 3 seinen Vorschlag dahin, daß er an Stelle der Worte „bei der Erklärung" die Worte „Zug um Zug" setzte.

Der Hauptantrag wurde unter Streichung des Wortes „hinreichende" mit den Unteranträgen 1 und 2 angenommen; der Unterantrag 3 wurde abgelehnt.

**II.** In der *VorlZust* der Beschlüsse der zweiten Kom. haben die beschlossenen Bestimmungen als §§ 484, 484 a, 484 b die Fassung:

E I-VorlZust § 484

Hat der Dritte in dem zwischen ihm und dem Verpflichteten geschlossenen Kaufvertrage sich zu einer Nebenleistung verpflichtet, welche der Vorkaufsberechtigte in Natur zu bewirken außer Stande ist, so ist der Vorkaufsberechtigte im Falle der Ausübung des Vorkaufsrechtes den Geldwerth einer solchen Leistung zu zahlen verpflichtet. Ist die Nebenleistung in Gelde nicht schätzbar, so ist die Ausübung des Vorkaufsrechtes ausgeschlossen. Ist jedoch anzunehmen, daß der Vertrag mit dem Dritten auch ohne die unschätzbare Nebenleistung geschlossen sein würde, so gilt dieselbe dem Vorkaufsberechtigten gegenüber als nicht vereinbart.

E I-VorlZust § 484 a

Hat der Dritte den Gegenstand des Vorkaufsrechtes mit anderen Gegenständen zu einem Gesammtpreise gekauft, so hat der Vorkaufsberechtigte im Falle der Ausübung des Vorkaufsrechtes einen verhältnißmäßigen Theil des Gesammtpreises zu entrichten.

Der Verpflichtete kann verlangen, daß der Vorkauf auf alle Sachen ausgedehnt werde, wenn sie ohne Nachtheil für ihn nicht getrennt werden können.

E I-VorlZust § 484b Ist dem Dritten nach dem zwischen ihm und dem Verpflichteten geschlossenen Kaufvertrage der Kaufpreis gestundet, so kann der Vorkaufsberechtigte die Stundung nur dann für sich in Anspruch nehmen, wenn er für den gestundeten Betrag Sicherheit leistet. Der Sicherheitsleistung bedarf es, wenn ein Grundstück den Gegenstand des Verkaufes bildet, insoweit nicht als für den gestundeten Kaufpreis die Bestellung einer Hypothek an dem Grundstücke vereinbart oder in Anrechnung auf den Kaufpreis eine Schuld des Verpflichteten, für welche Hypothek an dem Grundstücke besteht, übernommen ist.

**III.** In der *ZustRedKom* lauten die beschlossenen Vorschriften:

E I-ZustRedKom § 484 Hat sich der Dritte in dem Kaufvertrage zu einer . . ., so hat der Vorkaufsberechtigte statt der Nebenleistung den Geldwerth zu entrichten. Läßt sich die Nebenleistung in Geld nicht schätzen, so ist die Ausübung des Vorkaufsrechts ausgeschlossen; die Vereinbarung der Nebenleistung kommt jedoch nicht in Betracht, wenn anzunehmen ist, daß der Vertrag mit dem Dritten auch ohne sie geschlossen sein würde.

E I-ZustRedKom § 484a Hat der Dritte den Gegenstand, auf den sich das Vorkaufsrecht bezieht, mit . . ., so hat der Vorkaufsberechtigte einen verhältnißmäßigen . . .

E I-ZustRedKom § 484b Ist dem Dritten in dem Kaufvertrage der Kaufpreis gestundet, so kann der Vorkaufsberechtigte die Stundung nur in Anspruch . . .

Ist ein Grundstück Gegenstand des Verkaufs, so bedarf es der Sicherheitsleistung insoweit nicht, als . . . eine Schuld, für welche Hypothek. . .

**IV.** Im *E II* ist § 484 E I-ZustRedKom in § 441 enthalten, wobei es in Satz 1 statt „den Geldwerth" „ihren Werth" heißt und der Schluß lautet:

. . . auch ohne sie würde geschlossen worden sein.

§ 484a E I-ZustRedKom ist im E II in unveränderter Fassung in § 442 enthalten, § 484b E I-ZustRedKom in § 443, wobei in diesem § der Anfang lautet:

Ist dem Dritten in dem Vertrage . . .

und der Schluß:

. . . für die eine Hypothek an dem Grundstücke besteht, übernommen ist.

Struckmann (Nr 12, 3) Bei der Revision des E II wurde zu § 443 beantragt, in Absatz 2 die Worte „oder . . . übernommen" zu streichen. Man einigte sich dahin, die RedKom zu ermächtigen, die Worte in dem gegenwärtigen Zusammenhang zu streichen, und mit der Prüfung der Frage zu beauftragen, ob und an welcher anderen Stelle dieselben zum Ausdruck zu bringen seien (Prot. II, Bd. 6, S. 174).

**V.** Im *E II rev* haben die Vorschriften in §§ 501, 502, 503 die in §§ 507, 508, 509 BGB Gesetz gewordene Fassung.

## §§ 510, 511

Die Materialien zu den §§ 510, 511 sind bei §§ 540–506 mitgeteilt.

## § 512

**Das Vorkaufsrecht ist ausgeschlossen, wenn der Verkauf im Wege der Zwangsvollstreckung oder durch den Konkursverwalter erfolgt.**

## § 513

**Steht das Vorkaufsrecht Mehreren gemeinschaftlich zu, so kann es nur im Ganzen ausgeübt werden. Ist es für einen der Berechtigten erloschen oder übt einer von ihnen sein Recht nicht aus, so sind die übrigen berechtigt, das Vorkaufsrecht im Ganzen auszuüben.**

## § 514

**Das Vorkaufsrecht ist nicht übertragbar und geht nicht auf die Erben des Berechtigten über, sofern nicht ein Anderes bestimmt ist. Ist das Recht auf eine bestimmte Zeit beschränkt, so ist es im Zweifel vererblich.**

### A 1. Kommission

I. 194. Sitzung vom 6. 4. 1883, Schriftführer Neubauer (nicht anwesend v. Schmitt)

| Zu § 37 des Entwurfs: | Prot I 1961

„Das Vorkaufsrecht ist unveräußerlich und erlischt mit dem Tode des Berechtigten." TE-OR (Nr 32) § 37

war beantragt:

1. den § 37 hinter § 39, welchem § 38 als § 39a anzuschließen sei, als § 39b zu setzen und zu fassen: Kurlbaum (Nr 328)

„Das Vorkaufsrecht kann nicht auf einen Anderen übertragen werden. Es erlischt, wenn nicht etwas Anderes vereinbart ist, mit dem Tode des Berechtigten."

2. als § 37a die Bestimmung aufzunehmen: v. Weber (Nr 326, 2)

„Steht das Vorkaufsrecht Mehreren zu und kann oder will Einer derselben das Vorkaufsrecht nicht ausüben, so sind die Uebrigen zur Ausübung desselben berechtigt."

Der Antrag zu 1 wurde dahin berichtigt, statt der Worte: „wenn nicht ein Anderes vereinbart ist" im Eingange zu setzen: „im Zweifel".

Die Mehrheit beschloß in getrennter Abstimmung zunächst die Unübertragbarkeit, sodann die Unvererblichkeit des Rechts und lehnte den Zusatz: „im Zweifel" zunächst in Ansehung der Unübertragbarkeit, sodann auch in Ansehung der Unvererblichkeit ab. Fassung und Stellung des hiernach sachlich gebilligten § 37 blieben der Redaktion vorbehalten.

Erwogen war:

Wenn nichts bestimmt werde, so werde das Rechht für übertragbar und noch zweifelloser für vererblich zu erachten sein. Allein weder die Uebertragbarkeit noch die Vererblichkeit sei aus dem in | den Motiven dargelegten Gründen empfehlenswerth. Nur | Prot I 1962 wenn die Uebertragbarkeit oder Vererblichkeit ausdrücklich oder stillschweigend bestimmt seien, dürften sie Platz greifen.

Auf die Zulässigkeit einer solchen Bestimmung besonders hinzuweisen, sei entbehrlich, aber auch insofern nicht unbedenklich, als durch einen desfallsigen Zusatz, auch wenn er nur in den Worten: „im Zweifel" bestehe, der nur dispositive Charakter der übrigen, das obligatorische Vorkaufsrecht regelnden Bestimmungen einigermaßen verdunkelt werde. Auch könne nicht anerkannt werden, daß der § 261 der Zusammenstellung der das Obligationenrecht betreffenden Beschlüsse (Protokoll vom 15. Dezember 1882 S. 1481)[1] einen solchen Zusatz räthlich erscheinen lasse.

Von einer Seite war übrigens geltend gemacht worden, die Zessibilität des Vorkaufsrechts, wenn sie nicht besonders bestimmt sei, lasse sich, je nachdem man für die eine oder andere juristische Konstruktion desselben sich entscheide, bejahen oder verneinen, während von einer anderen Seite behauptet wurde, die Nichtzessibilität folge schon aus dem § 212 Abs. 1 (am Schlusse) der Zusammenstellung der auf das Obligationenrecht sich beziehenden Beschlüsse (Prot. vom 3. November 1882 S. 1276–1280)[2].

Der Zusatzantrag № 2 steht im Zusammenhange mit dem zum § 34 unter № 4 (S. 1945, 1946) mitgetheilten Antrage[3], dessen Erledigung an der vorliegenden Stelle bei der Berathung des § 34 vorbehalten ist (S. 1951).

Die in dem letzteren Antrage enthaltene Bestimmung wurde zwar für richtig, ihre Aufnahme aber für entbehrlich erachtet, weil es selbstverständlich sei, daß in den von dem Verpflichteten abgeschlossenen Kauf nur im Ganzen nicht aber nur theilweise eingetreten werden könne, woraus mit Nothwendigkeit folge, daß sämmtliche Berechtigten nur gemeinschaftlich das Recht auszuüben vermöchten.

Hierauf wurde durch Mehrheitsbeschluß auch der Antrag abgelehnt, für den Fall, wenn der eine oder andere Berechtigte das Recht nicht ausüben kann oder will, den
| Prot I 1963 übrigen Berechtigten zu | gestatten, das Recht im Ganzen auszuüben. Die Mehrheit verkannte zwar nicht, daß der zuvor gefaßte Beschluß der Annahme des vorstehenden Antrages nicht direkt entgegenstehe, daß auch manche Billigkeitsgründe für den letzteren sich geltend machen ließen, gleichwohl hielt sie denselben für bedenklich, weil die darin vorgeschlagene Bestimmung unter Umständen (z. B. wenn auf Kredit verkauft sei) den Verpflichteten zu benachtheiligen geeignet sei und weil sie mit der beschlossenen Nichtzessibilität des Rechts doch nicht vollkommen harmonire.

Zu § 38.

TE-OR (Nr 32) § 38 „Das Vorkaufsrecht kann nicht ausgeübt werden und erlischt:

1. wenn der Gegenstand desselben im Wege der Zwangsvollstreckung veräußert wird;

2. wenn der Verpflichtete in dem Kaufvertrag mit dem Dritten sich auf Anrechnung auf den Kaufpreis solche persönliche Leistungen ausbedungen hat, welche der Berechtigte nicht bewirken kann und welche eine Schätzung in Geld nicht zulassen."

lagen die Anträge vor:

Kurlbaum (Nr 328) 1. den § hinter § 39 als § 39a zu setzen und zu fassen:
„Das Vorkaufsrecht kann nicht ausgeübt werden, wenn pp. (wie Nr. 1)" und N° 2 zu streichen;

---

[1] S. diesen im Anhang III zu § 397 BGB.
[2] S. bei § 399 BGB.
[3] S. oben bei §§ 504–506, 510, 511 BGB.

2. die Bestimmung unter Nr. 2 zu streichen. v. Weber

Die Bestimmung unter Ziffer 2 des § 38 ist durch die zum § 36 gefaßten Beschlüsse (unter III S. 1951)[4] genehmigt und galt daher für erledigt.

Die Bestimmung unter Ziffer 1 wurde genehmigt, die Prüfung, an welcher Stelle die Bestimmung aufzunehmen sei, der Redaktion vorbehalten.

Erwogen war:

Wenn der dem obligatorischen Vorkaufsrechte unterliegende Gegenstand im Wege der Zwangsvollstreckung veräußert werde, so könne bei dem Zwangsverkaufe selbst das Recht keine Berück- | sichtigung finden, der Gegenstand sei vielmehr so zu veräußern, als wenn das Recht nicht bestehe. Dies ergebe sich aus dem nur obligatorischen Charakter des Rechts, welches ebensowenig, wie die sonstigen obligatorischen Rechte der Gläubiger des Schuldners im Zwangsvollstreckungsverfahren zu beachten sei. Dies trete noch deutlicher hervor, wenn zugleich das an die Pfändung sich knüpfende Pfandrecht gewürdigt werde. Eine andere Frage aber sei, ob nicht der Vorkaufsberechtigte dem Schuldner gegenüber geltend machen könne, der Fall der Ausübung des Vorkaufsrechts sei durch den Zwangsverkauf gegeben, der Schuldner also gehalten, zu leisten weil er zu leisten haben würde, wenn er ohne Rücksicht auf das Vorkaufsrecht aus freier Hand unbedingt und vorbehaltlos verkauft und den Kauf durch dinglichen Vertrag vollzogen habe. Diese Frage werde bejaht werden müssen, wenn man von der Ansicht ausgehe, bei einem Zwangsverkaufe sei der Schuldner als Verkäufer zu betrachten. Der Entwurf bezwecke aber die Verneinung der Frage auch für den Fall, wenn jene Ansicht als die richtige erscheinen möchte. Und hierin sei dem Entwurfe beizupflichten, weil es ungemein hart sein würde, wenn der Schuldner in der angegebenen Art haftbar sein solle. | Prot I 1964

Den Bestimmungen des Sachenrechts über die Behandlung des gegen Dritte wirkenden Vorkaufsrechts, welches einer ganz anderen Beurtheilung unterliege, werde übrigens durch den obigen Beschluß und die vorstehende Motivirung in keiner Weise vorgegriffen.

Zu § 39 des Entwurfs: TE-OR (Nr 32) § 39

„Das Vorkaufsrecht erlischt ferner, wenn der Berechtigte auf die Anzeige des Verpflichteten von dem mit dem Dritten geschlossenen Kaufvertrag nicht innerhalb der für die Ausübung des Rechts festgesetzten Frist dem Verpflichteten erklärt hat, dasselbe ausüben zu wollen, sowie wenn in Ermangelung einer solchen Fristbestimmung der Verpflichtete den Berechtigten zur Erklärung innerhalb einer angemessenen Frist aufgefordert hat und der Berechtigte innerhalb dieser Frist eine Erklärung | nicht abgiebt." | Prot I 1965

war beantragt:

1. den § zu fassen: v. Weber (Nr 327)

„Das Vorkaufsrecht erlischt ferner, wenn der Berechtigte auf die Anzeige des Verpflichteten von dem mit dem Dritten abgeschlossenen Kaufvertrag nicht innerhalb der für die Ausübung des Rechts festgesetzten Frist oder in Ermangelung einer solchen Fristbestimmung bei unbeweglichen Sachen innerhalb vier Wochen, bei anderen Kaufgegenständen innerhalb einer Woche vom Empfang der Anzeige an dem Verpflichteten erklärt hat, das Vorkaufsrecht ausüben zu wollen."

2. in § 39 zu bestimmen: Kurlbaum (Nr 328)

„Das Vorkaufsrecht erlischt, wenn der Berechtigte nach der Mittheilung der Person des Käufers und der Bestimmungen des Vertrages von Seiten des Verkäufers nicht innerhalb der vereinbarten Frist oder in Ermangelung einer solchen bei beweglichen

---

[4] S. bei §§ 504–506, 510, 511 BGB.

Gegenständen nicht innerhalb zwei Wochen, bei unbeweglichen Gegenständen nicht innerhalb zweier Monate dem Verpflichteten erklärt, daß er das Vorkaufsrecht ausübe."

Gebhard — 3. dem § 39 hinzuzufügen:

„Hat der Verpflichtete die Erstattung der Verkaufsanzeige unterlassen, so erlischt das Vorkaufsrecht nach Ablauf von dreißig Jahren, gerechnet von dem Zeitpunkt, in welchem der Kaufvertrag mit dem Dritten abgeschlossen worden ist."

Nachdem der Antrag № 2 dahin berichtigt war, daß für: „zwei Wochen" zu setzen sei „eine Woche", wurde derselbe angenommen, die Fassung jedoch der Redaktion vorbehalten, wobei insbesondere auch die Fassung des Antrags № 1 zu berücksichtigen sein werde.

Man war der Ansicht, daß der Entwurf aus den Gründen der Motive Billigung verdiene und nur aus Gründen der praktischen Zweckmäßigkeit – den Anträgen gemäß – der Aenderung bedürfe, daß die in Ermangelung einer besonders festgesetzten eintretende Frist im Gesetze selbst zu bestimmen sei und daß anlagend die Dau- | er der Frist der in den Anträgen enthaltene Vorschlag – insoweit sie voneinander abweichen, die Vorschriften des verbesserten Antrags № 2 – angemessen erschienen. (| Prot I 1966)

Der Antrag № 3, welcher eine zusätzliche Bestimmung vorschlägt, wurde abgelehnt, weil nach § 134 Absatz 3 der Zusammenstellung der auf den allgemeinen Theil sich beziehenden Beschlüsse (Protokoll vom 19. Januar 1882 S. 335)[5] die Verjährung des Vorkaufsrechts innerhalb der gewöhnlichen Frist, möge man das Recht selbst konstruiren, wie man wolle, zweifellos erscheine.

Zu § 40 des Entwurfs:

TE-OR (Nr 32) § 40 — „Die Vorschriften in §§ 34–39 finden auch Anwendung, wenn das Vorkaufsrecht bei einem anderen Rechtsgeschäft als bei einem Kauf, oder durch selbständigen Vertrag oder durch ein Vermächtniß eingeräumt wird. Im Falle der Bestellung des Vorkaufsrechts durch Vermächtniß tritt die Gebundenheit des Beschwerten dem Bedachten gegenüber mit dem Erwerb der mit dem Vermächtniß belasteten Erbschaft ein."

war beantragt:

Kurlbaum (Nr 328) — 1. in § 40 zu bestimmen:

„Die Vorschriften der §§ 34 bis 39 finden auch Anwendung, wenn das Vorkaufsrecht durch Vermächtniß eingeräumt ist."

v. Weber (Nr 326, 3) — 2. in § 40 am Schluß zu setzen statt: „Erbschaft", „Zuwendung".

Der § 40 galt durch die Beschlüsse zu § 34 des Entwurfs (S. 1946, 1947)[6] für erledigt.

**II. 1., 2.** In der *RedVorl* und der *ZustOR* haben die beschlossenen Vorschriften als §§ 343, 344, 345 die Fassung:

RedVorl/ZustOR § 343 — Das Vorkaufsrecht kann nicht ausgeübt werden, wenn der Gegenstand desselben im Wege der Zwangsvollstreckung verkauft wird.

RedVorl/ZustOR § 344 — Das Vorkaufsrecht kann auf einen Andern nicht übertragen werden.

RedVorl/ZustOR § 345 — Das Vorkaufsrecht erlischt:

1. mit dem Tode des Berechtigten,

2. wenn der Berechtigte auf die Anzeige des Verpflichteten von dem mit dem Dritten abgeschlossenen Kaufvertrage nicht innerhalb der für die Ausübung des Rechts bestimmten Frist und in Ermangelung einer solchen Fristbestimmung bei unbewegli-

---

[5] S. bei §§ 198, 199 BGB.

[6] S. bei §§ 504–506, 510, 511 BGB.

chen Sachen nicht innerhalb einer Frist von zwei Monaten, bei anderen Gegenständen nicht innerhalb einer Frist von einer Woche dem Verpflichteten erklärt, daß er das Vorkaufsrecht ausübe.

**3.** Zu § 345 wurde bei Beratung der Anträge, welche gestellt waren in Betreff der Drucklegung der auf das Obligationenrecht sich beziehenden Beschlüsse auf Antrag von Kurlbaum (Nr. 570 IV) statt: „abgeschlossenen" gesetzt: „geschlossenen" (Prot I 3554, 3560).

Der Antrag von Kurlbaum (Nr. 570 II), in Ziff. 2 vor „bestimmten Frist" einzufügen: „besonders", wurde genehmigt (Prot I 3549, 3559).

**III.** Im *KE* sind die beschlossenen Vorschriften in §§ 482, 483 484 (dieser unter Berücksichtigung der vorstehenden Änderung) in unveränderter Fassung enthalten.

Bei der zweiten Beratung des KE wurde ein u. a. § 484 Nr. 2 betreffender Antrag von Johow (Nr. 606, 1), statt „unbewegliche Sache" zu setzen „Grundstück" angenommen (Prot I 11780, 11781). Ein ebenfalls § 484 betreffender Antrag von v. Mandry (Nr. 590, 35), am Schluß statt „dem Verpflichteten erklärt" zu setzen „gegenüber dem Verpflichteten erklärt" wurde genehmigt (Prot I 11802).

Zu § 482 war von Kurlbaum (Nr. 593, 5) beantragt, statt „Zwangsvollstreckung" zu setzen „Zwangsversteigerung".

Der Antrag wurde abgelehnt in der Erwägung: Die Ausübung des Verkaufsrechtes im Falle der Zwangsversteigerung theilungshalber (§ 762) auszuschließen, gehe zu weit. Andererseits wäre nach dem Wortlaute, wenn auch nicht nach dem Sinne des Antrages, die Ausübung des Vorkaufsrechtes zulässig, wenn im Zwangsvollstreckungsverfahren der Gerichtsvollzieher aus freier Hand verkaufe, während dasselbe auch in solchem Falle ausgeschlossen sein müsse (Prot I 11802).

**IV.** Im *E I* sind die Vorschriften in §§ 485, 486, 487 (dieser unter Berücksichtigung der vorstehend mitgeteilten Beschlüsse) in unveränderter Fassung enthalten.

## B. Vorkommission des Reichsjustizamtes

I. Beantragt war:

1. den § 485 in folgender Fassung dem § 481 als Abs. 3 anzufügen: Jacubezky

Bei einem im Wege der Zwangsvollstreckung oder durch den Konkursverwalter erfolgenden Verkaufe findet die Ausübung eines Vorkaufsrechtes nicht statt. (Nr 9, 18)

2. den § 486 und die Nr. 1 des § 487 zu streichen, eventuell dahin zu fassen: Struckmann

Das Vorkaufsrecht ist nicht übertragbar und geht nicht auf die Erben des Berechtigten über, sofern nicht ein Anderes bestimmt ist. (Nr 3, 29)

3. den § 486 zu fassen: Planck

Das Vorkaufsrecht kann, sofern durch Gesetz oder Rechtsgeschäft nicht ein Anderes bestimmt ist, nicht übertragen werden. (Nr (, 57)

4. den § 486 zu fassen: Jacubezky

Das Vorkaufsrecht kann nicht übertragen werden und geht nicht auf die Erben des Berechtigten über, sofern nicht ein Anderes bestimmt ist. (Nr 9, 19)

Sind mehrere Vorkaufsberechtigte vorhanden, so finden die Vorschriften des § 480 a entsprechende Anwendung.

Struckmann (Nr 3, 30)

5. den § 487 in folgender Fassung hinter § 483 einzustellen:

Das Vorkaufsrecht erlischt, wenn der Berechtigte auf die ihm von dem Verpflichteten gemachte Anzeige nicht innerhalb der für die Ausübung des Vorkaufsrechtes bestimmten Frist und in Ermangelung einer solchen nicht innerhalb einer Woche, bei Grundstücken nicht innerhalb zweier Monate dem Verpflichteten gegenüber erklärt, daß er das Vorkaufsrecht ausübe.

Jacubezky (Nr 9, 20)

6. den § 487 zu fassen:

Der Verpflichtete hat . . . u.s.w. wie § 483.

Das Vorkaufsrecht erlischt, wenn es auf die Anzeige des Verpflichteten nicht innerhalb der für die Ausübung bestimmten Frist und in Ermangelung einer solchen Bestimmung bei Grundstücken nicht innerhalb einer Frist von zwei Monaten, bei anderen Gegenständen nicht innerhalb einer Frist von einer Woche ausgeübt wird.

Jacubezky (Nr 9 21)

7. folgenden § 487a einzuschalten:

Der Verpflichtete ist berechtigt, vor Schließung des Vertrags mit einem Dritten den Vorkaufsberechtigten unter Mittheilung der in Aussicht genommenen Vertragsbestimmungen zur Erklärung über die Ausübung des Vorkaufsrechtes aufzufordern. Durch die Aufforderung erlangt der Vorkaufsberechtigte das Recht, das Vorkaufsrecht auszuüben, wie wenn der in Aussicht genommene Kaufvertrag geschlossen wäre. Wird das Vorkaufsrecht nicht innerhalb der in § 487 bestimmten Frist ausgeübt, so ist es gegenüber einem Kaufvertrag, welcher innerhalb eines Monats nach Ablauf der Frist unter den mitgetheilten Vertragsbestimmungen zu Stande kommt, ausgeschlossen. Unwesentliche Aenderungen der mitgetheilten Vertragsbestimmungen kommen nicht in Betracht.

**II.** Eine Beratung hat nicht stattgefunden.

## C. 2. Kommission

**I.** Es war beantragt (Prot. II, Bd. 2, S. 107ff., *Mugdan*, Bd. 2, S. 799ff.):

Zu § 485

der oben B I. 1. mitgeteilte Antrag von Jacubezky (Nr. 102, 17). Die Kom. nahm den Antrag an.

Zu den §§ 486, 487

1. a) und b) die oben B I. 2. und 5. mitgeteilten Anträge von Struckmann (Nr 71, 17 und 18).

2. die §§ wie folgt zu fassen:

Jacubezky (Nr 102, 18)

a) den § 486:

Das Vorkaufsrecht kann nicht übertragen werden und geht nicht auf die Erben des Berechtigten über, sofern nicht ein Anderes bestimmt ist[7].

---

[7] Als § 486 Abs. 2 war in dem Antrag Nr. 102, 18 folgende Bestimmung vorgeschlagen:
Sind mehrere Vorkaufsberechtigte vorhanden, so finden die Vorschriften des § 480a entsprechende Anwendung.

Steht das Vorkaufsrecht mehreren Berechtigten zu, so kann es nur im Ganzen ausgeübt werden. Ist das Vorkaufsrecht für einen der Berechtigten erloschen oder übt einer derselben sein Recht nicht aus, so sind die übrigen berechtigt, es im Ganzen auszuüben (vergl. Mot. II S. 172, 348). Jacubezky (Nr 131, 3)[8]

b) den § 487: Jacubezky (Nr 102, 19)

Der Verpflichtete hat usw. (wie § 483).

Das Vorkaufsrecht erlischt, wenn es auf die Anzeige des Verpflichteten nicht innerhalb der für die Ausübung bestimmten Frist und in Ermangelung einer solchen Bestimmung bei Grundstücken nicht innerhalb einer Frist von zwei Monaten, bei anderen Gegenständen nicht innerhalb einer Frist von einer Woche ausgeübt wird.

3. statt des § 487 Nr. 1 nachstehenden Zusatz zu § 486 zu beschließen:

Das Vorkaufsrecht geht, wenn nichts Anderes bestimmt ist, auf die Erben des Berechtigten nur über, wenn es durch Rechtsgeschäft auf eine bestimmte Zeit beschränkt ist.

4. als § 487b folgende Vorschriften aufzunehmen: v. Mancry (Nr 133, 1)

Das Vorkaufsrecht erlischt, wenn nicht eine andere Frist bestimmt ist, bei Grundstücken mit Ablauf von dreißig Jahren, bei anderen Gegenständen mit Ablauf von drei Jahren. Die Frist beginnt mit dem Zeitpunkt, in welchem das Vorkaufsrecht begründet worden (entstanden?) ist. (Vergl. § 480b der Vorl.Zus.[9])[10]

Die Kom. lehnte zunächst die unter 1 a) beantragte Streichung des § 486 ab und nahm den sachlich mit dem eventuellen Antrag 1 a) übereinstimmenden Antrag 2 a) insoweit an, als derselbe mit dem Entwurf das Vorkaufsrecht für unübertragbar erklärt, jedoch unter dem ausdrücklichen Vorbehalt, daß nicht „ein Anderes bestimmt ist".

Zu § 487 Nr. 1 wurde die unter 1 a) beantragte Streichung gleichfalls abgelehnt. Der Antrag 2 a) Abs. 1 wurde, soweit er den § 487 Nr. 1 betrifft, zu Gunsten des Antrags 3 zurückgezogen. Der Antrag 3 fand die Billigung der Mehrheit; die Stellung der Vorschrift blieb der RedKom überlassen.

Der Antrag 2 a), welcher als § 486 Abs. 2 eine besondere Bestimmung über den Fall, wenn mehrere Vorkaufsberechtigte vorhanden sind, in Vorschlag bringt, wurde angenommen. Gegen die in dem § 487 Nr. 2 enthaltene Vorschrift, von welcher die Anträge 1 b) und 2 b) sachlich nicht abweichen, wurde ein Widerspruch nicht erhoben. Die Frage der Stellung derselben blieb der RedKom vorbehalten.

Der Antrag 4, welcher entsprechend den für das Wiederkaufsrecht gefaßten Beschlüssen das Vorkaufsrecht mangels einer vereinbarten Frist an eine drei- bzw. dreißigjährige Ausschlußfrist knüpfen will, wurde abgelehnt.

---

8 Die metallographierte Fassung des Antrags lautet eingangs: An Stelle des in dem Antrage Nr. 102, 18 als Abs. 2 des § 486 vorgeschlagenen Satzes soll folgende Vorschrift aufgenommen werden.

9 § 480b VorlZust s. bei § 503 BGB.

10 Die Zusammenstellung der Anträge enthält noch folgende Anträge:
einen Antrag von Jacubezky, der dem oben B I. 7. mitgeteilten entspricht,
zwei Anträge von Wilke (Nr. 132, 2 und 3) die lauten: Die Schlußworte des § 487 so zu fassen:
„dem Verpflichteten gegenüber unter Beobachtung der für den Abschluß des Kaufvertrages erforderlichen Form erklärt, daß er das Vorkaufsrecht ausübe.
zu Anfang des § 487 zu sagen, daß die Anzeige des Verpflichteten den in § 481 bestimmten Vorschriften entsprochen haben müsse.

**II.** In der *VorlZust* der Beschlüsse der 2. Kom. sind die zu §§ 485–487 beschlossenen Bestimmungen in §§ 484c Abs. 2, 485, 485a und 486 in folgender Fassung enthalten[11]:

E I-VorlZust § 485 Bei einem im Wege der Zwangsvollstreckung oder durch den Konkursverwalter erfolgenden Verkaufe findet das Vorkaufsrecht nicht statt.

E I-VorlZust § 485a Steht das Vorkaufsrecht mehreren Berechtigten (gemeinschaftlich) zu, so kann es nur im Ganzen ausgeübt werden. Ist das Vorkaufsrecht für einen der Berechtigten erloschen oder übt einer derselben sein Recht nicht aus, so sind die übrigen berechtigt, es im Ganzen auszuüben.

E I-VorlZust § 486 (486, 487 Nr 1) Das Vorkaufsrecht ist nicht übertragbar und geht nicht auf die Erben des Berechtigten über, sofern nicht ein Anderes bestimmt ist. Ist das Vorkaufsrecht durch Rechtsgeschäft auf eine bestimmte Zeit beschränkt, so ist anzunehmen, daß es vererblich sein soll.

**III.** In der *ZustRedKom* haben die Vorschriften die Fassung:

E I-ZustRedKom § 485 Das Vorkaufsrecht ist ausgeschlossen, wenn der Verkauf im Wege der Zwangsvollstreckung oder durch den Konkursverwalter erfolgt.

EI-ZustRedKom § 485a Steht das Vorkaufsrecht mehreren Berechtigten gemeinschaftlich zu, so . . . Ist es für . . . oder übt einer von ihnen sein . . . berechtigt, das Vorkaufsrecht im Ganzen auszuüben.

E I-ZustRedKom § 486 (486, 487 Nr 1) Das Vorkaufsrecht . . . bestimmt ist. Ist das Recht auf eine bestimmte Zeit beschränkt, so ist es im Zweifel vererblich.

**IV., V.** Damit haben die Vorschriften, die im *E II* in §§ 445, 446, 447, im *E II rev* in §§ 506, 507, 508 enthalten sind, die in §§ 512, 513, 514 BGB Gesetz gewordene Fassung.

## IV. Tausch

### § 515

**Auf den Tausch finden die Vorschriften über den Kauf entsprechende Anwendung.**

### A. 1. Kommission

**I.** 199. Sitzung vom 20. 4. 1883, Schriftführer Neubauer (nicht anwesend v. Schmitt)

| Prot I 2019[1] | Zur Berathung gelangte der Theilentwurf des Obligationsrechts (№ 32), so weit er sich auf „den Tausch" bezieht.

Die bezügliche Vorschrift des § 57 daselbst lautet:

TE-OR (Nr 32) § 57 „Auf den Tauschvertrag finden die Vorschriften über den Kaufvertrag entsprechende Anwendung. Jeder der Vertragschließenden ist hinsichtlich der von ihm ver-

[11] § 484 c Abs. 2 s. bei §§ 504–506, 510, 511 BGB.

[1] Prot. I 1981–2017 betreffen den Erbschaftskauf; sie werden bei §§ 2371 ff. BGB mitgeteilt.

sprochenen Leistung gleich einem Verkäufer und hinsichtlich der ihm zugesagten Leistung gleich einem Käufer zu beurtheilen."

Beantragt war v. Weber

die Bestimmung hinzuzufügen:

„Wird bei einem Tauschvertrage von Einem der Vertragschließenden das Recht der Wandelung in Bezug auf einen von mehreren im Tausch gegen eine Gesammtleistung erhaltenen Gegenständen oder das Recht der Minderung der Gegenleistung wegen eines Mangels des im Tausch erhaltenen Gegenstandes geltend gemacht und besteht die Gegenleistung in nicht vertretbaren Sachen, so hat die Herabsetzung der Gegenleistung nach Maßgabe der Vorschriften in den §§ 95 und 96 (der Zusammenstellung des Obligationenrechts)[2] durch Vergütung des Werths desjenigen Betrages der Gegenleistung, um welchen dieser herabzusetzen ist, in Gelde zu erfolgen."

eventuell:

| Diese Bestimmung wenigstens in Bezug auf das Recht der Minderung zu treffen, unter dem Vorbehalt, ob die Bestimmung in den Abschnitt über Gewährleistung wegen Mängel der Sache zu versetzen. | Prot I 2020

(zu vergl. bayerischer Entwurf Art. 394; Dresdener Entwurf Art. 180, 185).

Der § 57 wurde aus den Gründen der Motive genehmigt, der zusätzliche Vorschlag durch Mehrheitsbeschluß abgelehnt. In der letzteren Beziehung war die Mehrheit der Ansicht: Die vorgeschlagene Bestimmung würde nach der Oekonomie des Entwurfs nicht in den Abschnitt über den Kauf, sondern in einer allgemeineren, noch andere als die Fälle des Tausches treffenden Fassung in den Abschnitt über die Gewährleistung wegen Mängel (§§ 81 und ff. der Zusammenstellung der das Obligationenrecht betreffenden Beschlüsse)[3] gehören und überdies zur Kompletirung des § 189 a.a.O. (Protokolle vom 9. und 11. Oktober 1882 S. 1154 ff.)[4] nöthigen. Indessen die Nothwendigkeit einer solchen Bestimmung könne überhaupt nicht anerkannt werden. Solle eine Gegenleistung gemindert werden, bei welcher eine Theilleistung, weil durch diese das Wesen der Leistung sich ändere, ausgeschlossen erscheine, so könne die Minderung in der Art sich vollziehen, daß das Ganze geleistet und der aus dem Minderungsrechte sich ergebende Unterschied in Geld vergütet werde, möglicherweise aber auch in der Weise, daß der Leistungspflichtige an Stelle der Leistung nur einen entsprechenden Theil des Geldwerths derselben vergüte, obschon gegen das letztere Verfahren sich geltend machen lasse, daß es mit dem Begriffe der bloßen Minderung sich weniger zu vertragen scheine. Indem der Vorschlag die erste Alternative als richtig voraussetze, wolle er nur den Zweifel heben, ob nicht die Minderung einer Sachleistung durch Gewährung eines entsprechenden Bruchtheils des Eigenthums der Sache zu erfolgen habe. Der Zweifel erscheine aber kaum berechtigt. Denn in der Gewährung des bloßen Miteigenthums liege nicht eine | Minderung der Leistung, sondern eine völlige Veränderung des Inhalts derselben, woraus die Nothwendigkeit sich ergebe, die Minderung auf dem in dem Antrage vorgeschlagenen Wege zu bewirken. Unter allen Umständen fehle es an genügenden Gründen, der Lösung des Zweifels durch die Wissenschaft mittels einer speziellen kasuistischen Bestimmung vorzugreifen (zu vergl. Protokolle S. 1520, 1521)[5]. | Prot I 2021

Von einer Seite ward angeregt, ob die entsprechende Anwendbarkeit der Vorschrift über das Vorkaufsrecht nicht auszuschließen sei. Man erachtete eine solche Beschränkung um so weniger für nothwendig, als einestheils der Ausdruck: „entsprechende

---

[2] S. § 95 ZustOR bei § 471 BGB, § 96 ZustOR bei §§ 472, 473 BGB.
[3] S. bei §§ 459, 460, 462 – 480 BGB.
[4] S. bei § 275 BGB.
[5] S. bei § 7 TE-OR (Nr 10) bei §§ 812 ff. BGB.

Anwendung" Mißverständnisse nicht besorgen lasse und anderntheils die Möglichkeit eines Vorkaufsrechts nicht ausgeschlossen sei.

**II.–IV.** In der *RedVorl*[6] und der *ZustOR* § 359, im *KE* § 498 und im *E I* § 502 lautet die Vorschrift:

Auf den Tauschvertrag finden die Vorschriften über den Kaufvertrag entsprechende Anwendung. Jeder der Vertragschließenden ist in Ansehung der von ihm versprochenen Leistung gleich einem Verkäufer und in Ansehung der ihm zugesicherten Leistung gleich einem Käufer zu beurtheilen.

## B. Vorkommission der Reichsjustizamtes

**I.** Beantragt war:

Struckmann (Nr 3, 41) den § 502 zu fassen:

Auf den Tausch finden die Vorschriften über den Kauf entsprechende Anwendung. Jeder Theil ist in Ansehung der von ihm versprochenen Leistung als Verkäufer, in Ansehung der ihm zugesicherten Leistung als Käufer zu beurtheilen.

**II.** Eine Beratung hat nicht stattgefunden.

## C. 2. Kommission

**I.** (Prot. II, Bd. 2, S. 130, *Mugdan*, Bd. 2, S. 812) Die Kom. wandte sich der Berathung des den „Tausch" betreffenden § 502 zu. Es lag nur der (redaktionelle) Antrag vor, die Bestimmung zu fassen:

Struckmann (Nr 71, 29) Auf den Tausch finden die Vorschriften über den Kauf entsprechende Anwendung. Jeder Theil ist in Ansehung der von ihm versprochenen Leistung als Verkäufer, in Ansehung der ihm zugesicherten Leistung als Käufer zu beurtheilen.

Die Kom. billigte sachlich den Entwurf, erachtete jedoch den zweiten Satz, da er einen materiellen Rechtssatz nicht aufstellt, für überflüssig.

**II.-V.** Die beschlossene Vorschrift hat in der *VorlZust* der Beschlüsse der 2. Kom. § 502, in der *ZustRedKom* § 502, im *E II* § 462 und im *E II rev* § 509 die in § 515 BGB Gesetz gewordene Fassung.

---

[6] In der RedVorl sind — offensichtlich durch ein Versehen — die Begriffe Verkäufer und Käufer vertauscht.

## ZWEITER TITEL

## Schenkung

### § 516

**Eine Zuwendung, durch die Jemand aus seinem Vermögen einen Anderen bereichert, ist Schenkung, wenn beide Theile darüber einig sind, daß die Zuwendung unentgeltlich erfolgt.**

**Ist die Zuwendung ohne den Willen des Anderen erfolgt, so kann ihn der Zuwendende unter Bestimmung einer angemessenen Frist zur Erklärung über die Annahme auffordern. Nach dem Ablaufe der Frist gilt die Schenkung als angenommen, wenn nicht der Andere sie vorher abgelehnt hat. Im Falle der Ablehnung kann die Herausgabe des Zugewendeten nach den Vorschriften über die Herausgabe einer ungerechtfertigten Bereicherung gefordert werden.**

### A. 1. Kommission

I. a) 180. Sitzung vom 26. 2. 1883, Schriftführer Neubauer

| Zur Berathung gelangte der in den Art. 497 bis 522 des Dresdener Entwurfs enthaltene, von der *Schenkung* handelnde Abschnitt[1]. | Prot I 1771

In Veranlassung eines gestellten Antrags verständigte man sich dahin, bei der Berathung der Ordnung des Dresdener Entwurfs zu folgen und demgemäß auch schon bei der Erledigung des ersten Artikels (Art. 497) über die Frage zu entscheiden, ob und inwiefern die Schenkung stets ein Vertrag sei. Gegen *die Terminologie* des Dresdener Entwurfs: „Schenker" und „Beschenkter" (zu vergl. Material über Schenkung S. 20)[2] erhob sich kein Widerspruch. Unbeanstandet blieb ferner die dem Dresdener Entwurfe entsprechende vollständige Behandlung der Schenkung in dem speziellen Theile des Obligationenrechts, wobei jedoch vorbehalten wurde, geeignetenfalls nach Erledigung des Abschnitts über dessen Stellung im Gesetzbuche anderweit zu beschließen.

Der an der Spitze stehende Art. 497 des Dresdener Entwurfs lautet

„Wendet Jemand, ohne rechtlich dazu verpflichtet zu sein, durch Verminderung seines Vermögens einem Anderen mit dessen Einverständnisse und in der Absicht, dessen Vermögen zu vermehren, einen Vermögensvortheil unentgeltlich zu, so ist diese Zuwendung eine Schenkung, ohne Unterschied, ob sol- | che durch das Versprechen einer Leistung (Schenkungsvertrag) oder durch ein anderes Rechtsgeschäft, insbesondere durch Übertragung des Eigenthums an einer Sache oder durch Ueberlassung oder Aufgebung eines anderen Vermögensrechtes bewirkt worden ist. | DresdE Art. 497 | Prot I 1772

Wird bei einem zweiseitigen Vertrage eine den Werth der Gegenleistung übersteigende Leistung mit der Absicht zu schenken, vereinbart, so ist dieser Vertrag, soweit der Werth der Leistung den der Gegenleistung übersteigt, als eine Schenkung zu beurtheilen."

[1] Beratungsgrundlage war für das Schenkungsrecht der Dresdener Entwurf von 1866, weil v. Kübel keine Vorlage hat fertigstellen können. Es existiert lediglich eine von den Hilfsarbeitern zusammengestellte Materialsammlung zum Schenkungsrecht (100 Seiten).

[2] Dieselbe Terminologie gebrauchten das sächs. BGB, der bayr. und der hess. Entwurf

Zu diesem Artikel lagen folgende Anträge vor:

Windscheid (Nr 286) 1) statt des Art. 497 zu bestimmen:

„Eine Schenkung liegt vor, wenn Jemand durch Verminderung seines Vermögens einem Anderen eine Bereicherung in der Absicht, ihn zu bereichern, zuwendet und der Andere das ihm Zugewendete als geschenkt annimmt."

v. Kübel (Nr 289) 2) statt der Art. 497, 499, 500 zu bestimmen:

„Wenn Jemand einem Andern mit dessen Zustimmung durch Verminderung des eigenen Vermögens eine Bereicherung in der darauf gerichteten Absicht zuwendet, so liegt eine Schenkung vor."

Planck (Nr 288, 1) 3) den Art. 497 durch folgende Bestimmungen zu ersetzen:

§ a. „Eine Vermögenszuwendung durch welche das Vermögen des Zuwendenden vermindert und der Empfänger bereichert wird, ist Schenkung, wenn sie in der Absicht, zu schenken (eventl. in der Absicht, den Empfänger zu bereichern) erfolgt und der Empfänger das Zugewandte als geschenkt annimmt.

Wer in der Absicht zu schenken, einem Anderen eine Zuwendung der in Absatz 1 gedachten Art gemacht hat, ist solange gebunden, als der Empfänger nicht das Zugewandte als geschenkt anzunehmen abgelehnt hat.

| Prot I 1773 | Die Annahme gilt als erfolgt, wenn der Empfänger, nachdem er von der Zuwendung und daß dieselbe in der Absicht zu schenken gemacht sei, Kenntniß erhalten, nicht ohne Zögern die Annahme ablehnt.

Ist die Annahme abgelehnt, so steht dem Zuwendenden ein Anspruch auf Zurückgabe der Bereicherung nach Maßgabe der §§ 267, 269[3] der vorläufigen Zusammenstellung der Beschlüsse über die ungerechtfertigte Bereicherung gegen den Empfänger zu."

§ b. „Wird bei einem gegenseitigen Vertrage eine den Werth der Gegenleistung übersteigende Leistung in der Ansicht zu schenken, versprochen, so finden rücksichtlich desjenigen Betrages, um welchen der Werth der Leistung den der Gegenleistung übersteigt, die Vorschriften des § a Anwendung."

4. an Stelle Art. 497 Abs. 1 und Art. 503 zu bestimmen:

v. Schmitt (Nr 290) § a. „Die schenkungsweise Zuwendung eines Vortheils, wodurch das Vermögen des Beschenkten vermehrt und das Vermögen des Schenkers vermindert wird, kann, soweit das Gesetz nicht anderes bestimmt, wirksam nur durch Vertrag erfolgen."

v. Weber (Nr 285) 5. in Art. 497 die Worte: „mit dessen Einverständnisse und" zu streichen und als zweiten Absatz die Bestimmung aufzunehmen:

„Schenkungen, bei welchen die Zuwendung eines Vermögensvortheils an den Beschenkten durch die Leistung des Schenkgebers sich vollzieht, ohne daß die Einwilligung des Beschenkten dazu erforderlich ist, insbesondere Schenkungen durch Befreiung des Beschenkten von Verbindlichkeiten gegen Dritte mittels Befriedigung des Gläubigers oder mittels Schuldübernahmevertrags des Schenkgebers mit dem Gläubiger, oder | Prot I 1774 durch Führung der Geschäfte des | Beschenkten ohne die Absicht einen Ersatzanspruch zu erwerben (§ 279 der Zusammenstellung der Beschlüsse zum Obligationenrecht[4]), bedürfen nicht der Annahme des Beschenkten. Schlägt der Beschenkte eine solche Schenkung aus, so ist der Schenkgeber zur Rückforderung des Geleisteten von dem Beschenkten nach den Vorschriften des § 270 (Rückforderung wegen weggefallenen Rechtsgrundes[5]) berechtigt.

---

[3] Vgl. Materialien zu den §§ 742, 744 E I (condictio causa data causa non secuta).
[4] Vgl. §§ 754 E I, 685 BGB.
[5] Vgl. Materialien zu § 745 E I (condictio ob causam finitam).

In anderen Fällen bedarf die Schenkung der Annahme."

6. in Art. 497 den ersten Absatz zu fassen: Johow (Nr 287 II)

„Als Schenkung gilt jede unentgeltliche, das eigene Vermögen mindernde Zuwendung eines Vermögensvortheils an einen Andern, zu welcher eine rechtliche Verbindlichkeit nicht besteht."

Man beschloß, die beiden Absätze des Art. 497 getrennt zu erledigen.

*Zum ersten Absatz.*

Man verständigte sich dahin, über den ersten Absatz zunächst nur insofern Beschluß zu fassen, als er die Erfordernisse der Schenkung, abgesehen von der Frage, ob dieselbe stets ein Vertrag sei, bestimmt.

Die Mehrheit entschied, unter Vorbehalt der Fassung, für die Bestimmung:

„Schenkung sei die Zuwendung an einen Andern, durch welche das Vermögen des Zuwendenden vermindert und der Andere bereichert werde und welche in der Absicht erfolge, den Andern zu bereichern."

Erwogen war:

Bleibe die der nachträglichen Erledigung vorbehaltene Frage außer Betracht, so zeigten sich, was die Erfordernisse der Schenkung anlange, zwischen dem Entwurfe und den einzelnen Anträgen keine wesentlichen Verschiedenheiten. Entwurf und Anträge hielten sich im Allgemeinen an diejenigen Erfordernisse, welche in der Rechtswissenschaft als die zu- | treffenden anerkannt seien. Es könne nicht geleugnet werden, daß damit keineswegs die Lösung aller Zweifel erreicht werde. Indessen der Gesetzgeber müsse darauf verzichten, alle nichtausgeschlossenen Zweifel zu erledigen. Dies würde nur im Wege einer kasuistischen Behandlung möglich sein, die statt Nutzen zu stiften, nur schädlich wirken werde. Die noch bleibenden Zweifel zu lösen, müsse der Wissenschaft überlassen werden, die dazu besser im Stande sei, als der Gesetzgeber es vermöge. Soweit Entwurf und Anträge nicht harmonirten, also eine besondere Entscheidung angezeigt sei, erscheine von Belang: | Prot I 1775

1. Das sichtbar wesentliche und der besonderen Hervorhebung bedürfende Erforderniß des animus donandi mit „der Absicht zu schenken" oder „schenkungsweise" (sc. „Zuwendung") auszudrücken, sei bedenklich. Durch eine solche Ausdrucksweise werde der näheren Bestimmung eines der wesentlichen Erfordernisse in einer Anstoß erweckenden Weise nur ausgewichen. Vorzuziehen sei, von der „Absicht, den Andern zu bereichern" zu reden. Diese Art der Bezeichnung des Erfordernisses erscheine zwar nicht einwandsfrei, namentlich erhebe sich der Zweifel, ob nicht mindestens bei „Absicht" der Zusatz nöthig sei: „nächste", damit die Fälle, in welchen die Zuwendung condicionis implendae causa erfolgt sei, und verwandte Fälle von dem Begriffe der Schenkung ausgeschlossen blieben. Jede Verdeutlichung, und insbesondere auch der beregte Zusatz, würde indessen nur neue Zweifel hervorrufen und in nicht zu billigender Weise der Wissenschaft und Praxis vorgreifen. Man müsse vertrauen, daß die letzteren gerade in der fraglichen Beziehung, wenn von der Absicht der Bereicherung geredet werde, bei Entscheidung der einzelnen Fälle nicht fehlgreifen würden.

2. Nicht ganz richtig sei es, die Verminderung des Vermögens des Zuwendenden als solche zu bezeichnen, *durch welche* der Andere bereichert werde, weshalb es den Vorzug verdiene, die | beiden Erfordernisse nur kopulativ neben einander zu stellen. | Prot I 1776

3. Werde eine animo donandi erfolgende Zuwendung erfordert, durch welche der Zuwendende ärmer, der Andere reicher werde, so würden das Erforderniß der Unentgeltlichkeit der Zuwendung und das Erforderniß des Mangels einer rechtlichen Ver-

pflichtung entbehrlich, die Aufstellung des letzteren Erfordernisses könne sogar zu einer unrichtigen Folgerung verleiten.

Der Entwurf enthält von den Worten „ohne Unterschied" an bis zum Schluß des Absatzes die Hervorhebung einiger Schenkungsfälle und eine Art von Definition des „Schenkungsvertrags". Es war vorbehalten, nachträglich darüber zu befinden, ob der Zusatz Aufnahme verdiene. Beschlossen wurde, daß der Zusatz als zur Verdeutlichung nicht erforderlich und weil er außerdem, anlangend die erwähnte Definition nicht zu billigen sei, sich zur Aufnahme nicht eigene.

Es wurde zur Prüfung der Frage übergegangen, inwiefern zu bestimmen sei, daß jede Schenkung ein Vertrag sei, beziehungsweise einen solchen erfordere.

Es waren außer den oben mitgetheilten Anträgen noch folgende Anträge gestellt:

Kurlbaum 1. statt des vierten Absatzes des Antrags Nr. 3, sowie an Stelle des Schlusses des Absatzes 1 des Antrages Nr. 5 zu setzen:

„Wird die Schenkung ausgeschlossen, so besteht die Schenkung als solche nicht."

Johow 2. statt des vierten Absatzes des Antrags Nr. 3 zu bestimmen:

„Wird eine Schenkung, bei welcher die Zuwendung eines Vermögensvortheils an einen Andern ohne dessen Willen überhaupt oder ohne dessen Willen, den Vortheil als Geschenk anzunehmen, sich vollzogen hat, von dem Anderen ausgeschlagen, so ist der | Prot I 1777 Schenkgeber zur | Rückforderung des Geleisteten nach den Vorschriften der §§ 267 und 269[6] berechtigt."

Nachdem der Antrag Nr. 5 abgelehnt war, gelangten in getrennter Abstimmung zur Annahme von dem Antrage Nr. 3 § a

zunächst die Schlußbestimmung des ersten Absatzes, wonach zur Schenkung erforderlich ist, daß derjenige, an den die Zuwendung erfolgt, das Zugewendete als geschenkt annimmt, weiter der Absatz 2, sodann Absatz 3, endlich Absatz 4, dieser unter Ablehnung des vorerwähnten Verbesserungsantrags 1.

Entwurf und die übrigen Anträge galten hiermit als erledigt.

Die Gründe waren[7]:

Die meisten Schenkungen gründeten sich in einem Vertrage, auf welchen die für Verträge geltenden allgemeinen Regeln anwendbar seien. Es gebe aber Fälle, in welchen die Unterstellung eines Vertrags nicht unerheblichen Bedenken zu unterliegen scheine. Es seien dies die Fälle, in welchen die Zuwendung oder vorläufige Bereicherung ohne das Wissen des Bereicherten oder ohne dessen Willen, die Bereicherung als Geschenk anzunehmen, sich vollziehe. Die wichtigsten Fälle seien in dem Antrage Nr. 5 hervorgehoben (Befriedigung eines Gläubigers desjenigen, dem zugewendet werde, ohne dessen Wissen oder Willen; wissentliche Berichtigung einer Nichtschuld, während der Empfänger glaube, Gläubiger zu sein; Besorgung des Geschäfts eines Dritten unter Aufwendungen ohne animus obligandi). Es erscheine unstatthaft, dem Bereicherten die Bereicherung wider seinen Willen als Geschenk aufzudrängen. Darin stimmten auch Entwurf und Anträge mit einander überein. Müsse dem Bereicherten das Recht zustehen, die Bereicherung als Schenkung abzulehnen, so habe dies zur Folge, daß die Bereicherung, | Prot I 1778 sofern die Schenkung zurückgewiesen werde, rückgängig zu machen sei. Keines- | wegs ergebe sich aber die Nothwendigkeit, wegen der gedachten Fälle die Vertragsnatur der

[6] Vgl. Materialien zu den §§ 742–744 E I.

[7] In den Notizen von v. Schmitt heißt es: „Alle waren sich darüber einig, daß Savignys Ansicht irrig sei, wonach Schenkung kein Vertrag sei." Neben Planck waren auch Windscheid und v. Kübel strenge Anhänger der Meinung, daß niemand gegen seinen Willen beschenkt werden darf.

Schenkung überhaupt zu verneinen und davon auszugehen, zu den wesentlichen Erfordernissen einer Schenkung gehöre nicht der Abschluß eines Vertrags. Es sei auch nicht erforderlich, mit den Anträgen Nr. 4 und 5 jene Fälle als Ausnahme von einer wichtigen Regel in der Art zu behandeln, daß die Schenkung selbst in diesen Fällen, in Abweichung von dem Vertragsprinzip, nicht durch Vertrag zu Stande komme, sondern ohne einen solchen zur vollen Perspektive gelange, und die nachträgliche Ablehnung der Schenkung dem Zuwendenden nur das Recht verleihe, die Bereicherung ob causam finitam zu kondiziren. Es sei eine andere Auffassung möglich und näher liegend, wobei das Vertragsprinzip vollständig gewahrt bleibe und die Nothwendigkeit sich erledige, die in Rede stehenden Fälle einer immerhin mißlichen ausnahmsweisen Regelung zu unterziehen.

Das Prinzip, die Schenkung sei ein Vertrag, bringe mit sich, daß der Bereicherte, damit die Schenkung als solche perfekt werde, die Bereicherung als Schenkung oder als geschenkt annehme. An diesem Prinzipe könne auch in den fraglichen Fällen festgehalten werden. In ihnen vollziehe sich zwar die Bereicherung vorläufig vor der Annahmeerklärung oder ohne diese. Aber die von der Zuwendung oder Bereicherung wohl zu unterscheidende *Schenkung* werde erst durch die Annahme bezw. durch die nach erlangter Kenntniß des Sachverhalts unterbleibende Ablehnung perfekt. Näher betrachtet verhalte es sich damit ähnlich, wie mit dem gewöhnlichen Schenkungsversprechen. Sei das letztere angenommen, so liege, indem der Beschenkte das Forderungsrecht auf Vollziehung erworben habe, eine hiermit zugleich zur Verwirklichung gelangte Zuwendung oder Bereicherung vor; so lange die Annahme noch fehle, handele es sich um eine noch nicht verwirklichte Zuwendung, die als Schenkung in ähnlicher Art offerirt sei, wie in den | mehrgedachten Fällen die bereits verwirklichte Zuwendung. Nichts stehe entgegen, auch in den letzteren Fällen davon auszugehen, die Zuwendung oder Bereicherung sei als eine der Annahme bedürfende Schenkung offerirt. Das Eigenthümliche bestehe nur darin, daß, wenn die Schenkung abgelehnt werde, die Rückleistung nach den Grundsätzen über die Kondiktionen einzutreten habe, daß ferner von dem Zuwendenden anzunehmen sei, er habe stillschweigend erklärt: a) er wolle so lange an die Schenkungsofferte gebunden sein, bis die Schenkung abgelehnt worden; b) der andere Theil könne die Annahme stillschweigend durch Nichtablehnung wirksam erklären (zu vgl. § 63 der Zusammenstellung der den Allgemeinen Theil betreffenden Beschlüsse, Protokolle vom 14. bis 16. November 1881 S. 128–130, 133–139)[8]. | Prot I 1779

Auf diesem Standpunkte beruhen der Entwurf, sowie die Anträge Nr. 1, Nr. 2 und Nr. 3. Der Antrag Nr. 3 verdiene aber deshalb den Vorzug, weil er jede Dunkelheit beseitige. In der letzteren Beziehung sei von besonderer Wichtigkeit:

1. Die Schlußbestimmung des ersten Absatzes: „und der Empfänger das Zugewandte als geschenkt annimmt" gebe dem Vertragsprinzipe oder dem Prinzipe: daß jede Schenkung als solche angenommen werden müsse, deutlichen Ausdruck.

2. Der zweite Absatz ergebe klar und bestimmt, daß das gewöhnliche Schenkungsversprechen sich nach den für die Verträge geltenden allgemeinen Regeln richte, daß also rechtzeitig akzeptirt werden müsse.

3. Aus dem zweiten Absatze erhelle nicht minder deutlich, daß in den mehrerwähnten Fällen oder in den Fällen, wenn die Zuwendung oder Bereicherung sich ohne Wissen oder Willen des Bereicherten vollzogen habe, der Zuwendende an die Schenkungsofferte so lange gebunden bleibe, bis diese abgelehnt sei.

---

[8] Vgl. § 151 BGB (§ 86 E I).

4. Der dritte Absatz bestimme in passender Weise, daß es als Annahme gelte, wenn der Bereicherte nicht ohne | Zögern nach erlangter Kenntnißnahme ablehne. | Prot I 1780

5. Der letzte Absatz ordne an, daß im Falle der Ablehnung der Zuwendende nach Maßgabe der Vorschriften über die condictio ob rem zu kondiziren befugt sei.

Den Vorschriften möge zum Theil ein positiver Charakter beiwohnen, aber, soweit dies der Fall sei, empföhlen sich dieselben wegen ihrer einleuchtenden praktischen Zweckmäßigkeit.

Insbesondere den letzten Absatz betreffend, so ließe sich möglicherweise in Zweifel ziehen, ob die condictio ob rem, wenn nichts bestimmt würde, statthaft sei, da bestreitbar erscheine, ob die Zuwendung unter einer ausdrücklich oder stillschweigend erklärten Voraussetzung erfolge. Mit dem Verbesserungsantrage Nr. 1 sich auf die Bestimmung zu beschränken, die Schenkung bestehe als solche nicht, erscheine nicht rathsam; denn eine solche Bestimmung sei zur Beseitigung der gegen die Zulässigkeit der erwähnten Kondiktionen streitenden Bedenken ungenügend. Der Antrag bezwecke, die Frage offen zu lassen, ob kondizirt werden könne, wenn derjenige, dem durch Vertrag etwas in der ihm unbekannt gebliebenen Schenkungsabsicht zugewendet sei (z. B. durch Verkauf unter dem Sachwerthe), von dem Sachverhalte nachträglich unterrichtet, die Schenkung als solche ablehne, aber die Herausgabe der Bereicherung, unter Berufung auf den Vertrag, verweigere. Dieser Fall bedürfe jedoch keiner besonderen Berücksichtigung, denn er finde seine Erledigung durch die allgemeinen Vorschriften über die Wirkungen der Mentalreservation (zu vergl. §§ 72, 74 der auf den Allgemeinen Theil sich beziehenden Beschlüsse[9], Protokolle vom 21., 23. und 28. November 1881 S. 171–173, 183, 174–176, 183, 188, 189).

*Zum zweiten Absatze.*

Außer den bereits erwähnten Vorschlägen lag noch der Antrag vor,

| Prot I 1781 Kurlbaum statt: „vereinbar" zu setzen: „in der Absicht der | Schenkung gegeben und angenommen."

Die Mehrheit beschloß die Streichung des zweiten Absatzes; sie hielt dasjenige, was er enthält, für selbstverständlich und nicht für erforderlich, über verwandte Fälle besondere Bestimmungen aufzunehmen.

Bei der Berathung des Art. 497 war noch zur Sprache gekommen, ob es nicht möglich sein werde, dem Artikel bezw. den obigen Beschlüssen nach Anleitung des Antrags Nr. 4 eine Fassung zu geben, durch welche die bisher sorgfältig vermiedene Aufstellung einer lehrbuchartigen Definition ausgeschlossen werde. Die Prüfung der Erinnerung blieb der Redaktion vorbehalten.

b) 81. Sitzung vom 28. 2. 1883, Schriftführer Neubauer

| Prot I 1783 | Die Berathung des Abschnitts „Schenkung" wurde fortgesetzt.

DresdE Art 498 Der Art. 498 des Entwurfs lautet:

„Eine Vermögenszuwendung der in Art. 497 angegebenen Art verliert ihre Natur als Schenkung nicht dadurch, daß sie in der Absicht erfolgt, eine Pflicht der Dankbarkeit zu erfüllen (belohnende Schenkung)."

Windscheid (Nr 286) Der Antrag auf Streichung des Artikels wurde genehmigt.

Erwogen war:

Johow (Nr 287) Was der Art. 498 enthalte, verstehe sich von selbst. Sofern nämlich das Gesetz nicht ein Anderes bestimme, müsse auch die sogen. belohnende Schenkung gleich jeder anderen, die auf diesem oder jenem Motive des Schenkers beruhe, als eine gewöhnliche Schenkung gelten. Die Aufnahme des Art. 498 sei ferner insofern nicht unbedenklich,

---

[9] Vgl. §§ 116ff. BGB.

als sie mittels des argumentum e contrario zur unrichtigen Beurtheilung anderer verwandter Fälle, z. B. wenn zur Erfüllung einer Sittlichkeitspflicht geschenkt sei, zu verleiten vermöge. Ausgeschloßen bleibe nicht, bei der Regelung des Widerrufsrechts für die belohnende Schenkung die eine oder andere Besonderheit zu bestimmen (zu vgl. Art. 514).

Zu Art. 499 des Entwurfs: DresdE Art 499

„Hat Jemand zu einem bestimmten Zwecke oder unter der Verpflichtung des Beschenkten zu einer Leistung oder sonst unter einer Beschränkung geschenkt (Schenkung unter | einer Auflage), so gilt eine solche Zuwendung, vorausgesetzt, daß die Auflage nicht blos zu Gunsten des Empfängers gereicht, nur soweit als Schenkung, als der Werth des Zugewendeten den der Auflage übersteigt.“ | Prot I 1784

lag außer dem *Streichungsantrage* der Antrag vor den Schlußsatz dahin zu fassen: Windscheid (Nr 28

„. . ., so gilt eine solche Zuwendung nur insoweit, als Schenkung, als der Werth des Zugewendeten nicht durch die Auflage verringert wird.“ Planck (Nr 288, 2)

Der Streichungsantrag wurde genehmigt.

Erwogen war:

Die Bestimmung des Art. 499: im Falle der donatio sub modo mindere sich die Schenkung um den Werth der Auflage, verstehe sich wieder von selbst, die weitere Bestimmung aber, daß das Gegentheil gelte, wenn die Auflage blos zu Gunsten des Empfängers gereiche, erscheine je nach den konkreten Umständen bald richtig, bald unrichtig, weshalb eine allgemeine Bestimmung nicht am Platze, die Beurtheilung des einzelnen Falles vielmehr dem Richter zu überlassen sei. Dazu komme, daß der Art. 499 dem Mißverständnisse ausgesetzt sei, soweit der Werth der Auflage reiche, liege nicht eine Schenkung, sondern ein lästiger Vertrag vor. Ueber die in dem Art. 499 enthaltene Definition der donatio sub modo werde bei Berathung des Art. 512 zu befinden sein.

c) 186. Sitzung vom 12. 3. 1883, Schriftführer Neubauer

| Zu dem die „Schenkung“ betreffenden Abschnitte des Obligationenrechts lag noch der Antrag vor: | Prot I 1843

die Berathung über den zu Artikel 497 gefaßten Beschluß:

„Die Annahme (der Schenkung) gilt als erfolgt, wenn der Empfänger, nachdem er von der Zuwendung und daß dieselbe in der Absicht zu schenken gemacht sei, Kenntniß erhalten, nicht ohne Zögern die Annahme ablehnt.“

wieder aufzunehmen und demnächst den beschlossenen Satz anzulehnen. Kurlbaum (Nr 299)

Von anderer Seite wurde beantragt, jenem Beschlusse, unter Festhaltung desselben, hinzuzufügen[10]:

„Auf Schenkungen, welche mit einer Auflage verbunden sind, leidet dies keine Anwendung.“ v. Weber

eventuell dem Satze hinzuzufügen: „im Zweifel“ oder den Satz zu fassen:

„Die Annahme wird vermuthet, wenn pp.“

Nachdem beschlossen war, die in dem Antrage von Neuem angeregte Frage nochmals der Berathung zu unterziehen, erklärte sich die Mehrheit[11] gegen die Wiederaufhe-

[10] Nach den Notizen von v. Schmitt stammt dieser Antrag von *v. Weber*.

[11] Nach den Notizen von v. Schmitt votierten die Kommissionsmitglieder folgendermaßen: *Pape* meinte, im Zweifel sei eine Annahme der Schenkung zu vermuten; was die Auflage betreffe, so erreiche diese in der Regel nicht den Wert des Geschenks. Während *Planck* an seinem früheren Vorschlag festhielt, nahmen *Johow, Windscheid* und *v. Kübel* für den Antrag von Kurlbaum Stellung. Windscheid lehnte allerdings eine Fiktion ab; eine Präsumtion reiche aus; dies brauche aber im Gesetz nicht ausgesprochen zu werden, das werde der Richter tun. *v. Weber* stimmte Windscheid zu, wollte aber eine ausdrückliche Regelung. Dieser Vorschlag wurde schließlich angenommen.

bung des früheren Beschlusses (zu vgl. Protokolle S. 1777–1779 und S. 1827), ingleichen gegen den Vorschlag, die donatio sub modo von der früher beschlossenen Vorschrift auszunehmen, wogegen der Antrag Billigung fand, die letztere dahin zu beschränken, daß im Falle die Ablehnung nicht ohne Verzug erfolge, die *Vermuthung* eintrete, die Schenkung sei angenommen.

Die Mehrheit beharrte bei der Ansicht: die früher beschlossene Vorschrift sei im Allgemeinen angemessen; denn einmal werde regelmäßig der Bereicherte keinen Anlaß finden, die Zuwendung als Schenkung abzulehnen, sodann diene die Vorschrift zur alsbaldigen Klarstellung des Rechtsverhältnisses, während sie zugleich mancherlei Zweifeln, – insbesondere darüber, binnen welcher Frist die Ablehnung zu erklären sei und ob der Zuwendende das Recht habe, eine solche Frist nachträglich zu bestimmen, – in einfacher Weise vorbeuge. Auch empfehle sich die Vorschrift in Rücksicht auf die pflichtwidrige Annahme von Geschenken seitens der Beamten. Die donatio sub modo von der Regel auszunehmen, sei schon wegen der Seltenheit der betreffenden Fälle nicht gerechtfertigt. Nur darin möge der frühere Beschluß zu weit gehen, daß er eine Fiktion ausspreche. Zur Erreichung des Zwecks der Vorschrift erscheine es genügend, nur eine einfache Vermuthung aufzustellen. Durch eine solche Modifikation des Beschlusses fänden alle gegen ihn geltend zu machenden Bedenken ihre Erledigung.

**II., III. 1.** In der *RedVorl* lautet die beschlossene Regelung:

RedVorl § 304 — § 304 (1). Als Schenkung gilt die an einen Andern erfolgende Zuwendung, durch welche das Vermögen des Zuwendenden vermindert und der Andere bereichert wird, sofern sie in der Absicht dieser Bereicherung geschieht und der Andere die Zuwendung als Geschenk (als geschenkt) annimmt.

(NB: 1. Durch „gilt" wird der Charakter der Definition abgeschwächt.

2. „Als Geschenk", wird gesetzt „als geschenkt", so erinnert das immer noch an idem per idem.)

RedVorl § 305 — § 305 (2). Hat Jemand einen Andern ohne dessen Willen durch eine sein Vermögen vermindernde Zuwendung in der Absicht, zu schenken, bereichert, so ist der Zuwendende an den Schenkungsantrag so lange gebunden, bis der Andere die Schenkung ablehnt. Die Annahme wird vermuthet, wenn der Andere, nachdem er von der Bereicherung und der Schenkungsabsicht in Kenntniß gesetzt ist, nicht ohne Zögern die Ablehnung erklärt. Im Falle der Ablehnung ist der Zuwendende die Herausgabe der Bereicherung nach Maßgabe der §§ 267–269 zu fordern berechtigt.

(NB: 1. Vielleicht kann der Eingang einfach so gefaßt werden: „Ist eine Zuwendung der im § 1 bezeichneten Art ohne den Willen des Bereicherten vollzogen" pp.

2. „Schenkungsantrag". Das technische Wort für „Vertragsofferte" ist „Antrag" [Allg. Th. §§ 57 u. ff.]. Hier soll zum Ausdruck gelangen, daß kraft der Vertragsnatur der Schenkung die auf *Schenkung* gerichtete Offerte stets der Akzeptation bedarf.

3. „und der Schenkungsabsicht". Beides, Zuwendung und Schenkungsabsicht, muß zur Kunde gelangt sein.

4. „ohne Zögern". Vgl. Allg. Th. § 62).

ZustOR § 304 KE § 434 — **2.** In der *ZustOR (im KE)* lautet die Regelung § 304. Als Schenkung gilt die an einen Anderen erfolgende Zuwendung, durch welche das Vermögen des Zuwendenden vermindert und der Andere bereichert wird, sofern sie in der Absicht dieser Bereicherung geschieht und der Andere die Zuwendung als Geschenk annimmt.

ZustOR § 305 KE § 435 — § 305. Hat Jemand einem Anderen ohne dessen Willen durch eine sein Vermögen vermindernde Zuwendung in der Absicht, zu schenken, bereichert, so ist der Zuwendende so lange gebunden, bis der Andere die Schenkung ablehnt. Die Annahme wird vermuthet, wenn der Andere, nachdem er von der Bereicherung und der Schenkungsabsicht Kenntniß erlangt hat, nicht ohne Zögern [unverzüglich][12] die Ablehnung erklärt. Im Falle der Ablehnung ist der Zuwendende die Herausgabe der Bereicherung nach Maßgabe der §§ 267–269 [§§ 736–738 KE; 742–744 E I] zu fordern berechtigt.

3. Auf Antrag von *v. Weber* (Nr. 196, 11[13]) wurden in § 435 KE die Worte „ohne Zögern" durch „unverzüglich" ersetzt (Prot. I, S. 11656–11657).

4. Ein Antrag (*v. Mandry* Nr. 590, 27), den § 434 *KE* zu fassen: „. . . sofern der Zuwendende die Zuwendung in der Absicht der Bereicherung des Anderen vornimmt, und der Andere die Zuwendung als Geschenk annimmt."; eventuell: „. . . sofern die Zuwendung von dem Zuwendenden in der Absicht der Bereicherung des Anderen vorgenommen und von dem Anderen als Geschenk angenommen wird." (Der Wechsel zwischen aktiver und passiver Konstruktion soll vermieden werden), wurde abgelehnt (Prot. I, S. 11793–11794).

5. Ferner lag von *Kurlbaum* der Antrag (Nr. 591, 13) vor, in § *435 KE* „nicht ohne Zögern die Ablehnung erklärt" zu ersetzen durch: „die Ablehnung unverzüglich zu erklären unterläßt" (NB. *nicht* würde ebensogut auf „ohne Zögern" wie auf „erklärt" bezogen werden können. Unmittelbar zu „wenn" gestellt würde es eine Ausnahme bezeichnen, während doch eine Voraussetzung bezeichnet werden soll.). Der Antrag wurde, soweit er nicht durch den Prot. I, S. 11657 gefaßten Beschluß bereits erledigt war, abgelehnt (Prot. I, S. 11794).

IV. Die §§ 437 und 438 E I stimmen bis auf die oben genannte Änderung mit den §§ 304 und 305 ZustOR überein.

## B. Vorkommission des Reichsjustizamtes

I. Beantragt war:

1. Die §§ 437–439 durch folgende Bestimmungen zu ersetzen:

§ 437. Schenkung ist der Vertrag, durch welchen der eine Theil dem anderen Theile eine unentgeltliche Zuwendung macht. Struckmann (Nr 3, 1)

Eine Zuwendung liegt vor, wenn auf Kosten (aus dem Vermögen) des einen Theiles das Vermögen des anderen vermehrt wird.

Als Zuwendung ist es nicht anzusehen, wenn für ein Recht, sei es auch von einem Anderen als dem Verpflichteten, Sicherheit geleistet oder wenn die für ein Recht bestehende Sicherheit aufgegeben oder wenn auf ein angefallenes, jedoch noch nicht erworbenes Vermögensrecht verzichtet oder ein Vermögenserwerb unterlassen oder wenn eine Erbschaft oder ein Vermächtniß ausgeschlagen wird.

§ 438. Hat Jemand, in der Absicht zu schenken, einem Anderen ohne dessen Willen eine Zuwendung gemacht, so liegt eine Schenkung erst dann vor, wenn der Andere sie annimmt. Die Annahme gilt als erfolgt, wenn der Andere nicht unverzüglich, nachdem er von der Schenkungsabsicht Kenntniß erlangt hat, die Schenkung ablehnt. Im Falle der Struckmann (Nr 3, 1)

[12] In § 438 E I heißt es statt „ohne Zögern" „unverzüglich".

[13] Die Begründung des Antrags ist abgedruckt bei § 174 BGB (§ 121 E I).

Ablehnung ist er die ihm durch die Zuwendung zu Theil gewordene Bereicherung nach Maßgabe der §§ 742 bis 744 herauszugeben verpflichtet.

Planck (Nr 6, 36) 2. a) Den § 437 zu fassen: Eine Zuwendung, durch welche der Empfänger aus dem Vermögen des Zuwendenden bereichert wird, ist Schenkung, wenn sie zum Zwecke der Bereicherung des Empfängers gemacht und von demselben als zu diesem Zweck erfolgt, angenommen wird.

Planck (Nr 6, 41) b) Den § 438 zu fassen: Hat Jemand einen Anderen ohne dessen Willen durch eine Zuwendung aus seinem Vermögen bereichert, so ist . . . . . u.s.w. wie im Entwurfe.

Jacubezky (Nr 8, 1) 3. a) Den § 437 zu fassen: Zur Schenkung ist ein Vertrag erforderlich, in welchem vereinbart wird, daß eine Zuwendung, welche von dem einen Theile (Schenker) aus seinem Vermögen dem anderen Theile gemacht wird, diesem als Bereicherung zukommen solle.

Jacubezky (Nr 8, 2) b) Den § 438 in folgender Fassung dem § 437 als Absatz 2 anzufügen: Ist die Bereicherung des Beschenkten von dem Schenker ohne den Willen des ersteren bewirkt, so bedarf es eines Vertrages nicht. Der Beschenkte ist, so lange er die Schenkung nicht angenommen hat, berechtigt, dieselbe abzulehnen. Im Falle der Ablehnung hat er dem Schenker die Bereicherung nach Maßgabe der §§ 742 bis 744 zu erstatten.

**II.** 65. Sitzung vom 4. 1. 1892

| Prot-RJA 391

E I-RJA § 437

| Zu § 437 beschloß man, eine Definition der Schenkung beizubehalten, die Fassung aber dahin zu ändern:

„Zur Schenkung ist erforderlich, daß Jemand auf seine Kosten das Vermögen eines Anderen vermehrt und beide Theile darüber einig sind, daß die Vermehrung unentgeltlich erfolge."

Eine sachliche Abweichung vom Entwurf wurde hiermit nicht beabsichtigt.

E I-RJA § 438 Der § 438 wurde durch folgende Vorschrift ersetzt:

„Hat Jemand in der Absicht, zu schenken, das Vermögen eines Anderen ohne dessen Willen vermehrt, so liegt eine Schenkung erst dann vor, wenn der andere Theil[13a] sich damit einverstanden erklärt hat. Das Einverständniß gilt als erklärt, wenn der Andere nicht innerhalb einer ihm von dem Zuwendenden zur Erklärung bestimmten angemessenen Frist die Schenkung ablehnt. Im Falle der Ablehnung der Schenkung ist er die ihm durch die Zuwendung zu Theil gewordene Bereicherung nach Maßgabe der §§ 742 bis 744 herauszugeben verpflichtet."

Die beschlossene Bestimmung vermeidet in Satz 1 von der Gebundenheit des Zuwendenden zu sprechen, ohne jedoch sachlich in dieser Hinsicht von dem Entwurfe abweichen zu wollen (vgl. den Schlußsatz), und setzt in Satz 2 an Stelle einer Vermuthung eine Fiktion der Annahme, läßt diese aber nicht schon in Er- | mangelung *unverzüglicher* Ablehnung sondern erst dann Platz greifen, wenn die Ablehnung nicht innerhalb einer von dem Zuwendenden bestimmten angemessenen Frist erfolgt ist. Letztere Milderung erschien durch das Interesse des Zuwendungsempfängers geboten. Im übrigen glaubte man, an der im Entwurf angenommenen Auffassung festhalten zu müssen, daß auch in den Fällen des § 438 zum Zustandekommen der *Schenkung* ein Vertrag erforderlich sei. Man hielt gegenüber einem abweichenden Vorschlage diese Konstruktion vom Standpunkte der in § 437 gegebenen Definition für folgerichtiger und für dem natürlichen Gefühle entsprechender, welchem es widerstrebe, die Möglichkeit einer Schenkung ohne Willen des Beschenkten anzuerkennen.

| Prot-RJA 392

[13a] Im späteren Antrag in der 2. Kommission heißt es: „der Andere".

## C. 2. Kommission

**I.** Beantragt war (Prot. II, Bd. 2, S. 1–2; *Mugdan*, Bd. 2, S. 735):

**1.** die Fassung der §§ 437, 438 E I-RJA; Struckmann (Nr 68, 1, 2)

**2.** den § 438 in nachstehender Fassung als Abs. 2 anzufügen: Hat Jemand in der Absicht, zu schenken, das Vermögen des Anderen ohne dessen Willen vermehrt, so bedarf es der Annahme der Schenkung nicht. Der Beschenkte kann die Schenkung ablehnen, so lange er sie nicht angenommen hat. Die Schenkung gilt als abgelehnt, wenn der Beschenkte nicht innerhalb einer ihm von dem Schenker zur Erklärung über die Annahme bestimmten angemessenen Frist die Annahme erklärt. Im Falle der Ablehnung ist die Schenkung als nicht erfolgt anzusehen; der Ablehnende ist das ihm Zugewendete nach den Vorschriften über die Erstattung einer ungerechtfertigten Bereicherung herauszugeben verpflichtet. Jacubezky (Nr 97, 1)

**3.** den § 437 zu fassen: Schenkung ist der Vertrag, durch welchen Jemand, ohne dazu verpflichtet zu sein, auf seine Kosten dem Anderen ein wirthschaftliches Gut zuwendet und beide Theile darüber einig sind, daß die Zuwendung unentgeltlich erfolgt. Wilke (Nr 117, 1)

Die Kom. stimmte dem Antrag 1 a und b sachlich zu; bezüglich des § 437 wurde der RedKom die Entscheidung vorbehalten, ob die zum Wesen oder zur Begriffsbestimmung der Schenkung gehörenden Merkmale in der Fassung zum Ausdruck zu bringen seien. Die Anträge 2 und 3 wurden abgelehnt.

Nicht in den Protokollen enthalten ist folgender Antrag von *Dittmar* (Nr. 112, 1)[14]: im Abschnitt II Titel 2 (Schenkung) etwa als § 437a ff., zu bestimmen: Dittmar (Nr 112, 1)

Zur Gültigkeit der Schenkung einer unbeweglichen Sache ist die Auflassung sowie die Eintragung des Beschenkten in das Grundbuch erforderlich.

Zur Gültigkeit der Schenkung einer beweglichen Sache ist erforderlich, daß die Sache dem Beschenkten (wirklich) übergeben wird. Die Uebergabe kann nicht dadurch ersetzt werden, daß dem Beschenkten der Besitz der geschenkten Sache nach Maßgabe der Vorschriften des § 803 Abs. 2 oder der §§ 804 oder 805 eingeräumt wird.

Zur Gültigkeit der Schenkung einer Forderung, welche dem Schenker gegen einen Dritten zusteht, ist erforderlich, daß dem Beschenkten eine Urkunde über die Uebertragung oder die über die Forderung ausgestellte Schuldurkunde ausgehändigt wird.

Zur Gültigkeit des schenkweisen Erlasses einer Schuld, welche den Betrag von 300 M. übersteigt, ist erforderlich, daß der Erlaß schriftlich erfolgt oder die über die Schuld ausgestellte Urkunde dem Schuldner zurückgegeben wird.

Nur teilweise in den Protokollen enthalten ist der Antrag von *Sohm* (Nr. 118):

a) den § 437 zu streichen. Gründe: Die Rechtssätze, welche § 437 enthält, sind vollständig in den §§ 438, 439 (Antrag *Struckmann*) enthalten. Der § 437 ist darum überflüssig. Sohm (Nr 118)

b) Eventuell, falls eine Definition der Schenkung als wünschenswerth erscheint, den § 437 zu fassen: *„Schenkung ist die unentgeltliche Vermögenszuwendung um der Bereicherung des Empfängers willen"*[15]. Dieser Satz würde dann durch die folgenden §§ 434, 439 seine genauere Präzisirung finden. Die hier vorgeschlagene Definition ist nach meiner Ansicht zutreffender als die des Antrags *Struckmann* Nr. 68. Nach der dort gegebenen Begriffsbestimmung (ebenso nach der Formulirung *Wilke* Nr. 117) würde in

---

[14] Vgl. auch den Antrag von Dittmar bei § 518 BGB unter C I a) 2.

[15] Nur dies erscheint in den Protokollen.

dem Zusenden eines Briefes eine Schenkung (des Briefpapiers nebst Briefumschlag) liegen, was zweifellos unrichtig ist. Die vertragsmäßige unentgeltliche Vermögenszuwendung ist als solche noch keine Schenkung.

Die Kommission überwies den Antrag 2 der Redaktionskommission zu eventuellen Berücksichtigung (Prot. II, Bd. 2, S. 25).

**II.** Fassung der beschlossenen Regelung in der *VorlZust*:

E I-VorlZust § 437

§ 437. (437, 438). Eine Zuwendung, durch welche Jemand auf seine Kosten (oder: aus seinem Vermögen) einen Anderen bereichert, (oder: das Vermögen eines Anderen vermehrt,) ist Schenkung, wenn die Zuwendung als eine unentgeltliche gemacht und angemessen wird. Hat Jemand in der Absicht, zu schenken, auf seine Kosten einen Anderen ohne dessen Willen bereichert, (oder: das Vermögen eines Anderen ohne dessen Willen vermehrt,) so ist (zu einer Schenkung) erforderlich, daß der Andere die Bereicherung (nachträglich) als Schenkung (oder: als eine unentgeltliche) annimmt. Die Annahme gilt als erklärt, wenn der Andere nicht innerhalb einer ihm von dem Zuwendenden zur Erklärung bestimmten angemessenen Frist die Schenkung ablehnt. Im Falle der Ablehnung ist er die ihm durch die Zuwendung zu Theil gewordene Bereicherung nach Maßgabe der §§ 742 bis 744 herauszugeben verpflichtet.

(Oder statt des zweiten Absatzes: Hat Jemand in der Absicht zu schenken, auf seine Kosten einem Anderen eine Zuwendung gemacht, durch welche derselbe bereichert wird, so kommt die Schenkung zu Stande, wenn der Andere die Zuwendung als Schenkung (oder: als eine unentgeltliche) annimmt. Die Annahme gilt u.s.w. wie oben).

E I-ZustRedKom § 437

**III.** In der *ZustRedKom* lautet die Regelung als § 437: Eine Zuwendung, durch die Jemand aus seinem Vermögen einen Anderen bereichert, ist Schenkung, wenn beide Theile darüber einig sind, daß die Zuwendung eine unentgeltliche sein soll. Ist die Zuwendung in der Absicht zu schenken ohne den Willen des Anderen erfolgt, so gilt die Schenkung als angenommen, wenn der Andere sie nicht innerhalb einer ihm von dem Zuwendenden zur Erklärung der Annahme bestimmten angemessenen Frist ablehnt. Im Falle der Ablehnung ist er verpflichtet, die durch die Zuwendung bewirkte Bereicherung nach Maßgabe der §§ 742 bis 744 herauszugeben.

E II § 463

**IV.** Fassung der Regelung im *E II* als § 463: Eine Zuwendung, durch die Jemand aus seinem Vermögen einen Anderen bereichert, ist Schenkung, wenn beide Theile darüber einig sind, daß die Zuwendung unentgeltlich erfolgt.

Ist die Zuwendung ohne den Willen desjenigen erfolgt, welcher beschenkt werden soll, so gilt die Schenkung als von ihm angenommen, wenn er sie nicht innerhalb einer ihm von dem Zuwendenden zur Erklärung über die Annahme bestimmten angemessenen Frist ablehnt. Im Falle der Ablehnung ist er zur Erstattung des ihm Zugewendeten nach den Vorschriften über die Herausgabe einer ungerechtfertigten Bereicherung verpflichtet.

**V.** § 510 *E II rev* (§ 511 *E III)* entspricht § 516 BGB.

## § 517

**Eine Schenkung liegt nicht vor, wenn Jemand zum Vortheil eines Anderen einen Vermögenserwerb unterläßt oder auf ein angefallenes, noch nicht endgültig erworbenes Recht verzichtet oder eine Erbschaft oder ein Vermächtniß ausschlägt.**

### A. 1. Kommission

I. 181. Sitzung vom 28. 2. 1883, Schriftführer Neubauer

| Der Art. 500 des Entwurfs lautet: | Prot I 1784

„Der zu Gunsten eines Anderen erfolgte Verzicht auf ein angefallenes, jedoch noch nicht erworbenes Vermögensrecht oder die zu Gunsten eines Anderen erfolgte Unterlassung eines Vermögenserwerbes ist nicht als Schenkung anzusehen. DresdE Art 500

Dasselbe gilt, wenn Jemand zu Gunsten eines Anderen eine pfandrechtliche oder andere Sicherheit für ein Recht unentgeltlich aufgiebt oder eine solche für ein fremdes Recht bestellt."

Außer dem Streichungsantrage war der Antrag gestellt, dem ersten Absatze hinzuzufügen: Windscheid (Nr 286)

| „Dasselbe gilt von der Ausschlagung einer Erbschaft oder eines Vermächtnisses." | Prot I 1785

Die beiden Absätze, aus welchen der Artikel besteht, gelangten getrennt zur Erledigung. v. Schmitt

*Zum ersten Absatze.*

Die Mehrheit entschied für die Aufnahme des ersten Absatzes nebst der dazu vorgeschlagenen zusätzlichen Bestimmung, jedoch mit der Maßgabe, daß der Ausdruck zu vermeiden: „als Schenkung sei nicht anzusehen", vielmehr dafür zu setzen sei: „Als Vermögensverminderung sei (insbesondere) nicht anzusehen". Erwogen war:

Von besonderer Wichtigkeit sei die im ersten Absatze enthaltene, übrigens dem geltenden Rechte entsprechende Bestimmung: der Verzicht auf ein angefallenes, jedoch noch nicht erworbenes Vermögensrecht gelte nicht als Schenkung. Die Bestimmung habe einleuchtend nur dann Bedeutung, wenn die übrigen Erfordernisse der Schenkung, insbesondere also der animus donandi und auf Seiten des zur Bereicherung gelangenden Theils die Annahme der Bereicherung als Geschenk nicht fehlten. Es sei geltend gemacht, die Bestimmung könne übergangen werden, weil in dem unterstellten Falle das andere wesentliche Erforderniß einer Schenkung: die Vermögensverminderung auf Seiten des Verzichtenden mangele. Indessen seien in dieser Beziehung selbst für einen Juristen, sofern dieser nicht im römischen Rechte geschult sei, nicht alle Zweifel ausgeschlossen. Bei der großen praktischen Wichtigkeit der Vorschrift erscheine es daher räthlich, dieselbe zu übernehmen, zumal sie fast in allen Kodifikationen sich finde. Um das Bedenken zu beseitigen, die Vorschrift sei geeignet, das zum Artikel 497 beschlossene Erforderniß der Vermögensverminderung zu verdunkeln, genüge es, nicht mit dem Entwurfe sich dahin auszudrücken: „nicht als Schenkung sei anzusehen", sondern dahin: „(insbesondere) sei nicht | als Vermögensverminderung anzusehen". Der Hauptfall, auf welchen die Vorschrift sich beziehe, sei der des Verzichts auf eine Erbschaft oder ein Vermächtniß. Ob aber dieser Fall durch die Bestimmung des Entwurfs getroffen werde, wenn – in Uebereinstimmung mit dem Erbrechtsentwurfe und den Vorbeschlüssen – für Erbschaft und Vermächtniß das Prinzip des Erwerbs ipso jure anerkannt werde, unterliege gleichfalls nicht unerheblichen Bedenken, welche durch eine | Prot I 1786 positive Vorschrift erledigt werden müßten. Die Erledigung könne nur dahin erfolgen, daß die Vermögensverminderung verneint werde. Denn das Prinzip des Erwerbs ipso jure bei Erbschaft und Vermächtniß müsse, wie die einschlagenden Vorbeschlüsse und die diesen folgenden Vorschriften des Erbrechtsentwurfs lehrten, in einer Weise ausgestaltet werden, daß die ipso jure erworbene Erbschaft oder das ipso jure erworbene Vermächtniß als schon erworbenes Vermögen im gewöhnlichen Sinne sich nicht betrachten ließen, vielmehr nur in gewissen Beziehungen als solches angesehen würden, während im Uebrigen nur von einem blos angefallenen Rechte die Rede sein könne. Auch nach römischem Rechte gelte die Ablehnung eines ipso jure erworbenen Legats nicht als Vermögensverminderung auf Seiten des Legatars. Ob im konkreten Falle der vertragsmäßige Verzicht auf Erbschaft oder Vermächtniß zu Gunsten desjenigen, der an Stelle des Verzichtenden berufen oder mit dem Vermächtnisse beschwert sei, in versteckter Weise eine Annahme (Antretung) der Erbschaft oder des Vermächtnisses enthalte, hänge von den Umständen ab. Das Gesetz könne hierüber keine besonderen Regeln aufstellen.

Was die actio Pauliana im Falle des Konkurses und außerhalb desselben betreffe, so
| Prot I 1787 müsse übrigens vorbehalten bleiben, an geeigneter Stelle und bezw. bei | Revision der Konkursordnung und des Reichsgesetzes vom 21. Juli 1879 (RGBl. S. 277) die Anfechtung nach Maßgabe der Vorschriften über die Anfechtung unentgeltlicher Verfügungen auch dann zuzulassen, wenn nach dem gefaßten Beschlusse eine Schenkung nicht vorliege. Soweit endlich der Artikel 500 den Fall der Unterlaßung eines Vermögenserwerbs betreffe, unterliege er einer ähnlichen Beurtheilung wie der Verzicht auf ein angefallenes Recht.

*Zum zweiten Absatze.*

Die Aufnahme des zweiten Absatzes wurde mit der Maßgabe gebilligt, daß die Worte: „Dasselbe gilt" durch eine andere, dem vorigen Beschlusse entsprechende Ausdrucksweise zu ersetzen seien und daß bei der Redaktion zu prüfen sein werde, ob für das nach dem Zusammenhange anscheinend nicht passende Wort: „Recht" ein anderer Ausdruck werde gewählt werden müssen.

Erwogen war:

Für die Entbehrlichkeit des zweiten Absatzes lasse sich in ähnlicher Art, wie für die des ersten Absatzes, geltend machen, daß in den beiden darin erwähnten Fällen ein wesentliches Erforderniß der Schenkung mangele, im ersten Falle das der Vermögensverminderung, im zweiten das der Bereicherung. Aber auch in dieser Hinsicht seien keineswegs alle Zweifel ausgeschlossen, die sogar – auf den ökonomischen Erfolg gesehen – vielleicht noch eine größere Berechtigung hätten, als die bei dem ersten Absatze zur Sprache gelangten. Deshalb empfehle sich auch hier die Aufnahme der als sachgemäß nicht angefochtenen Bestimmung in einer Fassung, welche einer Verdunke-
| Prot I 1788 lung der zu Artikel 497 gefaßten Beschlüsse in ge- | eigneter Weise vorbeuge.

DresdE Art 501 Zu Art. 501 des Entwurfs:

„Gegenstand einer Schenkung kann das ganze gegenwärtige Vermögen oder ein im Verhältniß zu dem Ganzen gedachter Theil desselben sein.

Die Schenkung des ganzen künftigen Vermögens oder eines im Verhältniß zu dem Ganzen gedachten Theiles ist nichtig . . ." [vgl. Materialien zu den §§ 310, 311 BGB].

| Prot I 1792 | Der Art. 502 des Entwurfes lautet:

DresdE Art 502 „Schenkungen unter Lebenden zwischen Ehegatten sind gültig, sofern nicht ein Landesgesetz etwas Anderes bestimmt."

Johow (Nr 287) Es wurde die Streichung des Artikels beschlossen, indem man davon ausging: Ueber die Schenkung unter Eheleuten habe allerdings das Gesetzbuch das Erforderliche zu bestimmen, die Bestimmungen gehörten aber in das Familienrecht, wie denn auch der Entwurf des Familienrechts das Nöthige bereits vorgesehen habe (vgl. Motive desselben S. 269ff.). Planck (Nr 288, 4)

II. 1. In der *RedVorl (ZustOR)* lautet die beschlossene Regelung:

§ 306. Eine Bereicherung liegt nicht vor, wenn für ein Recht, auch von einem Anderen als dem Verpflichteten, Sicherheit bestellt wird. RedVorl § 306 ZustOR § 306

Eine Vermögensverminderung liegt nicht vor, wenn auf ein angefallenes, jedoch noch nicht erworbenes Vermögensrecht verzichtet oder ein Vermögenserwerb unterlassen oder die für ein Recht bestehende pfandrechtliche oder andere Sicherheit aufgegeben wird.

Als Verzicht auf ein angefallenes, jedoch noch nicht erworbenes Recht gilt es, wenn einer von Rechtswegen erworbenen, aber noch nicht angenommenen Erbschaft oder letztwilligen Zuwendung entsagt wird.

(NB: 1. Der DresdE Art. 500 redet von: „zu Gunsten eines Anderen"; dies paßt schwerlich zu der auf einem besonderen Beschlusse beruhenden Fassung des § 306 [3].

2. Der Erbrechts-Entwurf redet anlangend die Ablehnung einer Erbschaft oder eines Vermächtnisses bald von „Ausschlagung", bald von „Entsagung", bald von „Entschlagung" [§§ 123, 124, 302, 305, 307, 308, 312, 313 u. ff.] und die Antretung und Annahme betreffend bald von „Uebernahme", bald von „Annahme" unter Bevorzugung des letzteren Ausdrucks [§§ 129, 304, 307, 308, 310 u. ff.].

3. Letztwillige Zuwendung zur eventuellen Einbeziehung der donatio mortis causa.)

2. Der Antrag von *Kurlbaum* (Nr. 570, IV Ziff. 23) in § 436 KE (Fassung des Revisionsabzuges) statt „selbst wenn es . . . geschieht" zu setzen „selbst wenn die Sicherheit . . . bestellt wird", wurde abgelehnt (Prot. I, S. 3554, 3560).

III. 1. Fassung der Regelung im *KE:*

§ 436 Abs. 1: Eine Bereicherung liegt nicht vor, wenn für ein Recht Sicherheit bestellt wird, selbst wenn es von einem Anderen als dem Verpflichteten geschieht. KE § 436

Abs. 2, 3 wie § 305 Abs. 2, 3 ZustOR.

2. Der Antrag von *Kurlbaum* (Nr. 576, Ziff. 21), den § 436 KE Abs. 1 zu fassen: „Eine Bereicherung liegt nicht vor, wenn für ein Recht Sicherheit geleistet wird, selbst wenn sie ein Anderer als der Verpflichtete leistet" wurde mit folgender Modifikation genehmigt: „Eine Bereicherung liegt nicht vor, wenn für ein Recht Sicherheit geleistet wird, selbst wenn ein Anderer als der Verpflichtete die Sicherheit leistet" (Prot. I, S 6191–6192).

3. Prot. I, S. 8886–8887: Von der nachstehend angenommenen (erbrechtlichen) Terminologie weicht der § 436 Abs. 3 KE insofern ab, als er von letztwilliger Zuwendung auch in dem Sinne einer Zuwendung durch eine zweiseitige unwiderrufliche Verfügung von Todeswegen spricht (Mot. des vorl. Entw. S. 4). Da nur ein Vermächtniß in Frage kommen kann, so wurde beantragt und beschlossen, den § 436 Abs. 3 dahin zu fassen: „Als Verzicht auf ein angefallenes, jedoch noch nicht erworbenes Recht gilt es, wenn einer Erbschaft oder einem Vermächtnisse, welche von Rechtswegen erworben, aber noch nicht angenommen sind, entsagt wird".

4. Es lag der Antrag von *v. Schmitt* vor: in § 436 Abs. 3 KE in Ansehung der Worte „von Rechtswegen erworben" zu setzen „angefallen" (Prot. I, S. 9174). – Beschluß der 1. Kommission: Die Fassung der bisher beschlossenen Bestimmungen soll, soweit sie

abweicht, entsprechend geändert werden. Eine Änderung wird erforderlich sein in § 436 Abs. 3 KE in Ansehung der Worte „von Rechtswegen angefallen" (es muß wohl heißen „erworben", Anm. des Hrg.) und „entsagt" (Prot. I, S. 9166).

Die geänderte Regelung lautet: § 416 Abs. 3: Als Verzicht auf ein angefallenes, jedoch noch nicht erworbenes Recht gilt es, wenn einer Erbschaft oder einem Vermächtnisse, welche von Rechtswegen angefallen, aber noch nicht angenommen sind, ausgeschlagen wird.

**5.** Zu § 436 KE lag der Antrag von *Kurlbaum* Nr. 591, 14 vor, den §. zu fassen: Abs. 1. „Eine Schenkung liegt nicht vor, wenn pp." – Abs. 2. „Eine Schenkung liegt auch dann nicht vor, wenn pp." – Abs. 3 im Anschluß an Abs. 2: „Insbesondere gilt die Ausschlagung einer Erbschaft oder eines Vermächtnisses nicht als Schenkung." – Die Anträge zu Abs. 1 wurden abgelehnt in der Erwägung, daß von der jetzigen Fassung eine Erschwerung der Beurtheilung anderer Fälle nicht zu befürchten sei. Der Antrag zu Abs. 3 wurde hierauf zurückgezogen (Prot. I., S. 11794, 11795).

**6.** Ferner wurde auf Antrag von *Kurlbaum* (Nr. 624, 2b) beschlossen, § 436 Abs. 3 KE dahin zu fassen: „. . . Recht gilt die Ausschlagung einer Erbschaft oder eines Vermächtnisses." (Prot. I, S. 11836)

E I § 439 **IV.** Fassung der Regelung in E I als § 439

Eine Bereicherung liegt nicht vor, wenn für ein Recht Sicherheit geleistet wird, selbst wenn ein Anderer als der Verpflichtete die Sicherheit leistet.

Eine Vermögensverminderung liegt nicht vor, wenn auf ein angefallenes, jedoch noch nicht erworbenes Vermögensrecht verzichtet oder ein Vermögenserwerb unterlassen oder die für ein Recht bestehende pfandrechtliche oder andere Sicherheit aufgegeben wird.

Als Verzicht auf ein angefallenes, jedoch noch nicht erworbenes Recht gilt die Ausschlagung einer Erbschaft oder eines Vermächtnisses.

## B. Vorkommission des Reichsjustizamtes

**I.** Beantragt war:

**1.** Zum Antrage von Struckmann vgl. § 516 BGB unter B I 1.

**2.** den § 439 vor den § 438 zu setzen und den § 439 dahin zu fassen:

Planck (Nr 6, 37) Als Schenkung ist es nicht anzusehen, wenn auf ein angefallenes jedoch noch nicht erworbenes Vermögensrecht verzichtet oder ein Vermögenserwerb unterlassen oder eine Erbschaft oder ein Vermächtniß ausgeschlagen, oder die für ein Recht bestehende pfandrechtliche oder andere Sicherung aufgegeben oder für ein Recht Sicherheit geleistet wird, selbst wenn in dem letzteren Falle ein anderer als der Verpflichtete die Sicherheit leistet.

Jacubezky (Nr 8, 3) **3.** den § 439 zu fassen:

Eine Schenkung liegt nicht vor, wenn für ein Recht, sei es auch von einem Anderen als dem Verpflichteten, Sicherheit geleistet wird.

(Das Aufgeben der für ein Recht bestellten Sicherheit ist Schenkung nur dann, wenn es mit Rücksicht auf einen zu erwartenden Ausfall erfolgt, und nur bis zur Höhe des Ausfalles.)

Eine Schenkung liegt ferner nicht vor, wenn auf ein angefallenes aber noch nicht erworbenes Recht verzichtet, eine Erbschaft oder ein Vermächtniß ausgeschlagen oder ein Vermögenserwerb unterlassen wird.

**II.** 65. Sitzung vom 4. 1. 1892

| Den § 439 beschloß man durch folgende Vorschrift zu ersetzen: „Eine Schenkung liegt nicht vor, wenn auf ein angefallenes jedoch noch nicht erworbenes Vermögensrecht verzichtet oder ein Vermögenserwerb unterlassen oder wenn eine Erbschaft oder ein Vermächtniß ausgeschlagen wird." | Prot-RJA 392 E I-RJA § 439

Die Bestimmung des Abs. 1 erschien zutreffend aber selbstverständlich, da sich aus der Natur der causa bei der Sicherheitsleistung ergebe, daß eine Schenkung nicht vorliege. Die Vorschrift des Abs. 2a E., betreffend das Aufgeben einer Sicherheit, hielt man zwar in der Mehrzahl der Fälle auch für richtig; man nahm aber an, daß sie dann nicht zutreffe, wenn das Aufgeben mit Rücksicht auf einen zu erwartenden Ausfall erfolge und zog es daher vor, der Entscheidung durch Wissenschaft und Praxis nicht durch eine gesetzliche Regelung vorzugreifen.

## C. 2. Kommission

**I.** Prot. II, Bd. 2, S. 8; *Mugdan*, Bd. 2, S. 739):

Zu § 439 war beantragt

1. nur den Satz aufzunehmen:

Eine Schenkung liegt nicht vor, wenn auf ein angefallenes, jedoch noch nicht erworbenes Recht verzichtet oder ein Vermögenserwerb unterlassen oder wenn eine Erbschaft oder ein Vermächtniß ausgeschlagen wird. Struckmann (Nr 68, 3)

2. in dem § 439 dem Gedanken Ausdruck zu geben, daß in den dort aufgeführten Fällen nur „im Zweifel" keine Schenkung anzunehmen sei. Wilke (Nr 117, 2)

Der Antrag 1 fand Annahme; der Antrag 2 wurde abgelehnt.

**II., III., IV.** Die Regelungen lauten in der *VorlZust*, in der *ZustRedKom* und im *E II:*

a) § 439. Eine Schenkung liegt nicht vor, wenn auf ein angefallenes, jedoch noch nicht erworbenes Recht verzichtet oder ein Vermögenserwerb unterlassen oder wenn eine Erbschaft oder ein Vermächtniß ausgeschlagen wird. E I-VorlZust § 439

b) § 439. Eine Schenkung liegt nicht vor, wenn ein Vermögenserwerb unterlassen oder wenn auf ein angefallenes, jedoch noch nicht erworbenes Recht verzichtet oder eine Erbschaft oder ein Vermächtniß ausgeschlagen wird. E I-ZustRedKom § 439

c) § 464. Eine Schenkung liegt nicht vor, wenn Jemand zum Vortheil eines Anderen einen Vermögenserwerb unterläßt oder auf ein angefallenes, noch nicht erworbenes Recht verzichtet oder eine Erbschaft oder ein Vermächtniß ausschlägt. E II § 464

**V.** § 511 *E II rev* (§ 512 *E III)* entspricht § 517 BGB.

**§ 518**

**Zur Gültigkeit eines Vertrags, durch den eine Leistung schenkweise versprochen wird, ist die gerichtliche oder notarielle Beurkundung des Versprechens erforderlich. Das Gleiche gilt, wenn ein Schuldversprechen oder ein Schuldanerkenntniß der in den §§ 780, 781 bezeichneten Art schenkweise ertheilt wird, von dem Versprechen oder der Anerkennungserklärung.**

**Der Mangel der Form wird durch die Bewirkung der versprochenen Leistung geheilt.**

**A. 1. Kommission**

**I. a)** 182. Sitzung vom 2. 3. 1883, Schriftführer Neubauer

| Prot I 1793 | Der Artikel 503 des Dresdener Entwurfs bestimmt:

DresdE Art 503 „Schenkungen unter Lebenden bedürfen zu ihrer Gültigkeit keiner besonderen Form, sofern nicht ein Landesgesetz etwas Anderes bestimmt."

Diese Bestimmung ist nicht vereinbar mit den Vorbeschlüssen vom 19. September 1876, welche lauten:

„1. Jedes Schenkungsversprechen bedarf zu seiner Gültigkeit der Errichtung in einer gerichtlichen oder notariellen Urkunde.

2. Die vollzogene Schenkung ist formfrei. Vorbehalten bleibt jedoch der Beschluß, *wann* die Schenkung als vollzogen zu erachten sei[1]."

v. Kübel (Nr 289) Es war der Antrag gestellt[2], den Artikel 503 ohne Ersetzung durch eine andere Bestimmung einfach zu streichen und damit, unter Aufhebung jener Vorbeschlüsse, das Schenkungsversprechen für formfrei zu erklären. Die Mehrheit beschloß jedoch, die Vorbeschlüsse im Prinzipe aufrecht zu erhalten, unter Vorbehalt der nachträglichen Entscheidung über die sachliche Bedeutung und die davon abhängige Fassung derselben. Sie glaubte, daß es bei den Vorbeschlüssen verbleiben müsse, einmal in Rücksicht auf das geltende Recht, sodann zur Verhütung übereilter Schenkungsversprechungen, | Prot I 1794 | weiter behufs Beseitigung der in manchen Fällen nicht ausgeschlossenen Zweifel, ob ein wirkliches Schenkungsversprechen oder nur die Ankündigung der Absicht, künftig schenken zu wollen, vorliege, außerdem aber, damit die Umgehung der Vorschriften über die Form der letztwilligen Verfügungen und der Schenkungen auf den Todesfall, sowie die Vereitelung des Zwecks dieser Vorschriften thunlichst verhindert, auch Strei-

[1] In dem Prot. der Sitzung vom 19. 9. 1876 heißt es zu dieser Frage: „Darüber, ob die Schenkungen durchweg von den Formvorschriften zu befreien, gingen die Ansichten auseinander. Nach Erörterung und Prüfung der Gründe für die verschiedenen Ansichten entschied sich die Mehrheit (6 gegen 5 Stimmen) dafür, daß jedes Schenkungsversprechen zu seiner Gültigkeit einer besonderen Form bedürfen soll. — Dagegen sprach sich die überwiegende Mehrzahl (8 :3) dafür aus, daß die vollzogene Schenkung frei sein soll von der für das Schenkungsversprechen erforderlichen Form. ‚Vollzogen' oder ‚realisirt' wurde von einer Seite so erläutert, daß gemeint seien diejenigen Schenkungen, bei welchen der Vermögenserfolg, welcher erreicht werden soll, bereits erreicht ist. Man war aber einverstanden, daß zur Zeit kein Beschluß gefaßt werden soll, *wann* die Schenkung als vollzogen zu erachten. — Vorbehalten bleibt auch, zu prüfen, ob, falls die Schenkung des ganzen Vermögens zugelassen wird, für diese besondere Formvorschriften zu geben sind."

[2] Der Antrag Nr. 289 *v. Kübels* lautet: „Art. 503 zu streichen, in der Absicht, für Schenkungen eine Form überhaupt nicht vorzuschreiben."

tigkeiten über die angeblichen Schenkungsversprechungen eines Verstorbenen vorgebeugt werde, welche letztere Gründe noch dadurch an Bedeutung gewonnen hätten, daß die Schenkung des ganzen gegenwärtigen Vermögens für zulässig erklärt sei.

Betreffend die sachliche Bedeutung und die Fassung des unter Nr. 1 aufgeführten Vorbeschlusses lagen folgende Anträge vor:

1. den Artikel durch folgende Bestimmung zu ersetzen: „Ein Vertrag, durch welchen sich Jemand schenkweise dem zu Beschenkenden gegenüber zu einer Leistung verpflichtet oder auf Einreden gegen eine demselben zustehende Forderung verzichtet, ist nichtig, wenn das Versprechen beziehungsweise der Verzicht nicht in gerichtlicher oder notarieller Form erklärt ist (eventl. hinzuzusetzen: Die Annahme ist formfrei)." Planck (Nr 288, 5)

2. zu bestimmen:
„Ein Schenkungsversprechen verpflichtet zur Vollziehung der versprochenen Schenkung nur dann, wenn es in einer gerichtlichen oder notariellen Urkunde errichtet ist." Windscheid (Nr 286)

3. zu bestimmen in:
§ b. „Der Vertrag, wodurch sich Jemand schenkungsweise zu einer Leistung verpflichtet (Schenkungsversprechen), ist nichtig, wenn nicht das Versprechen des Schenkers zu leisten, gerichtlich oder notariell beurkundet ist. v. Schmitt (Nr 290)
Dasselbe gilt von dem Antrage zu einem Vertrage der bezeichneten Art."

| § c. „Das Versprechen, wodurch sich Jemand verpflichtet, schenken zu wollen, ist, auch wenn es angenommen wird, unverbindlich." | Prot I 1795

4. zu bestimmen[3]:
„Das (unter Lebenden) einem Anderen erklärte Versprechen, ihm eine Schenkung zu machen, ist unverbindlich, wenn es nicht in einer gerichtlichen oder notariellen Urkunde erklärt ist. Johow (Nr 287 II)
Dasselbe gilt von dem einem Anderen schenkungsweise ertheilten Versprechen, ihm eine Leistung zu machen.
Die Annahme des Versprechens ist in beiden Fällen formfrei."

5. vorzuschreiben:
„Ein zum Zwecke der Schenkung abgegebenes Versprechen ist nur dann gültig, wenn es in einer gerichtlich oder notariell errichteten Urkunde erklärt ist." v. Weber (Nr 293)

Einverständniß bestand, daß die gerichtliche oder notarielle Form für dasjenige Schenkungsversprechen erforderlich sei, durch welches der Schenker nicht allein zu einer Leistung sich verpflichtet, sondern auch hervorhebt, daß er sich schenkungsweise verpflichte, so daß aus dem Versprechen selbst die Schenkung als die materielle causa

---

[3] Der erste, in den Prot. nicht mitgeteilte Teil des Antrages von *Johow* lautet:
„Bei der Berathung die nachfolgende Disposition einzuhalten:
A. Bestimmungen, die sich auf Schenkungen aller Art beziehen.
1. Schenkungsversprechen und geschenktes Leistungsversprechen Art. 503.
2. Zum Begriff der Schenkung. Art. 497, 498, 500.
3. Erfüllung des Schenkungsversprechens, Art. 504 – 507, 511.
4. Widerruf der Schenkung, Art. 514 – 521.
B. Bestimmungen in Ansehung besonderer Schenkungsfälle.
1. Schenkung mit Auflage. Art. 499, 512, 513.
2. Schenkung eines Vermögens oder einer Vermögensquote. Art. 501, 508 – 510.
3. Schenkung unter Ehegatten. Art. 502.
4. Schenkung von Todeswegen. Art. 522."

sich unmittelbar ergiebt. Weiter verständigte man sich dahin, daß es nicht nöthig sei, zwischen dem Versprechen, zu schenken, und dem Versprechen, eine Leistung zu machen, zu unterscheiden, daß es vielmehr genüge, nur von einem Versprechen zu reden, durch welches sich Jemand zu einer Leistung verpflichte, daß ferner der Antrag, welcher das Schenkungsversprechen zur Annahme offerirt, sowie das Versprechen, schenken zu wollen, übergangen werden könnten, jener Antrag deshalb, weil wenn das angenommene Versprechen unverbindlich sei, die Unverbindlichkeit der bloßen Offerte völlig zweifellos erscheine, das bloße Versprechen, schenken zu wollen, aus dem
| Prot I 1796 Grunde, weil es bei Unterstellung eines nach den Intentionen der | Parteien verbindlichen pactum de donando mit dem Leistungsversprechen zusammenfalle, andernfalls ein wirkliches Versprechen oder ein Versprechen im juristischen Sinne nicht enthalte.

Eine Meinungsverschiedenheit trat dagegen in Ansehung der Beurtheilung des Falls hervor, wenn der Schenkgeber, nachdem das Versprechen von dem Beschenkten angenommen und der obligatorische Schenkungsvertrag ohne Beachtung der gerichtlichen oder notariellen Form abgeschlossen ist oder wenn der Schenkgeber gleichzeitig mit der Annahme dem Beschenkten ein schriftliches abstraktes, also die Schenkung als materielle causa nicht erwähnendes Versprechen ertheilt. Die eine Ansicht ging dahin, die Ertheilung eines solchen abstrakten Versprechens sei unerheblich und nicht geeignet, den Mangel der gerichtlichen oder notariellen Form des Versprechens zu ersetzen, der Schenker also berechtigt, auch die Erfüllung des abstrakten Versprechens zu verweigern. Die andere Ansicht war[4]: Durch die Ertheilung des abstrakten Versprechens nehme die Schenkung den Charakter einer vollzogenen Schenkung an, weshalb die Vorschrift: das Versprechen erfordere zu seiner Gültigkeit die gerichtliche oder notarielle Form, von der Anwendung ausgeschlossen sei. Die Mehrheit entschied für die erstere Ansicht und für den Antrag Nr. 1, worin dieser Ansicht Ausdruck zu geben bezweckt ist, jedoch unter dem doppelten Vorbehalte, daß der nachträglichen Prüfung vorbehalten bleibe, einmal, ob nicht eine andere Beurtheilung einzutreten habe, wenn das abstrakte Versprechen mittels Ausstellung eines Inhaber- oder Ordrepapiers ertheilt ist, sodann, ob dasjenige, was der Antrag Nr. 1 über den Verzicht auf Einreden enthält, Billigung verdiene. Die Entscheidung der Mehrheit beruhte auf der Erwägung: Wenn dem Schenkungsversprechen ein abstraktes Versprechen nachfolge, so liege doch immer nur ein Versprechen vor, welches der Regel der Unverbindlichkeit des nicht gerichtlich oder notariell ertheilten Versprechens unterliegen müsse; die Regel könne nur wegen
| Prot I 1797 der besonderen Beschaffenheit des | abstrakten Versprechens, sofern dieselbe aus anderen Gründen zur Annahme einer vollzogenen Schenkung nöthige, eine Ausnahme erleiden.

In Betreff der gerichtlichen oder notariellen Form war man über zweierlei einverstanden: Die Form ist als gewahrt anzusehen, wenn der Schenkungsvertrag selbst unter Mitwirkung beider Theile gerichtlich oder notariell abgeschlossen wird. Die Form ist aber auch dann als gewahrt zu betrachten, wenn der Schenker das Versprechen vor Gericht oder Notar einseitig erklärt und die über seine Erklärung errichtete Urkunde dem Beschenkten, der das Schenkungsversprechen bereits angenommen hat oder nunmehr annimmt, aushändigt. Beides ergiebt sich zur Genüge aus der Fassung des angenommenen Antrags Nr. 1. Wie der Fall zu beurtheilen sei, wenn die einseitig von dem Schenker gerichtlich oder notariell abgegebene Erklärung nicht ausgefertigt oder die Urkunde darüber dem Beschenkten nicht ausgehändigt oder dieser gar von der gerichtlichen oder notariellen Erklärung nicht in Kenntniß gesetzt ist, glaubte man der richter-

---

[4] Diese Ansicht wurde u. a. von Pape und Windscheid vertreten (die Forderung sei verobjektiviert; Notizen von *v. Schmitt*).

lichen Beurtheilung überlassen zu müssen. Von verschiedenen Seiten wurde übrigens die Ansicht geäußert, daß es nach der Fassung des angenommenen Antrags den auch nur mündlichen Abschluß des Vertrages vorausgesetzt, ähnlich wie bei der letztwilligen Verfügung, genüge, wenn überhaupt nur das Versprechen von dem Schenker gerichtlich oder notariell erklärt sei.

*Anlangend die Bedeutung und Fassung des unter Nr. 2 aufgeführten Vorbeschlusses* lagen die Anträge vor:

1. zu bestimmen: v. Weber (Nr 293)
„Ist eine Schenkung ohne vorgängige gerichtliche oder notarielle Beurkundung von dem Schenker vollzogen worden, so ist sie (des Formmangels ohngeachtet) gültig."

2. zu bestimmen: Johow (Nr 287 II)
„Ist ein Schenkungsversprechen oder ein geschenktes Leistungsversprechen erfüllt, so begründet der Mangel | der gerichtlichen oder notariellen Erklärung des Versprechenden kein Rückforderungsrecht des Schenkers gegen den Beschenkten." | Prot I 1798

3. vorzuschreiben:
„Das zur Erfüllung eines nichtigen Versprechens Geleistete kann nicht zurückgefordert werden, auch wenn die Leistung in der irrthümlichen Voraussetzung erfolgte, daß das Versprechen gültig sei." Gebhard

Der Antrag Nr. 1 bezweckt dem Grundsatze Ausdruck zu geben, daß der Mangel der gerichtlichen oder notariellen Form durch die Vollziehung der Schenkung bezw. durch Erfüllung des Versprechens geheilt werde. Dieser Grundsatz hat zur Folge, daß die Erfüllung gerade so wie die Beachtung der Form wirkt, daß mithin, wenn der Schenker das Versprechen in dem Irrthum, er sei zu dessen Erfüllung verpflichtet, gleichviel, ob der Irrthum ein thatsächlicher oder rechtlicher ist, nachträglich erfüllt, das solvendi causa Geleistete nicht kondizirt werden kann. Der Antrag No. 3 will zwar die Rückforderung des Geleisteten nach Analogie der Vorschrift § 156 der auf den Allgemeinen Theil sich beziehenden Beschlüsse (Protokoll vom 3. Februar 1882 S. 387–391)[5], betreffend die Rückforderung des zur Befriedigung eines verjährten Anspruchs Geleisteten, auch im Falle der Erfüllung des der vorgeschriebenen Form entbehrenden Schenkungsversprechens die Rückforderung dessen, was geleistet ist, ausschließen, dagegen im Uebrigen nicht anerkennen, daß der Formmangel durch Erfüllung geheilt werde. Der Antrag Nr. 2 versagt nur die Rückforderung des Geleisteten, ohne sich darüber auszusprechen, ob und inwiefern, wenn solvendi causa geleistet wurde, die condictio indebiti Platz greife.

Die Anträge erfuhren Widerspruch. Es wurde gegen sie geltend gemacht:

Erfolge die Leistung dessen, was ohne die gesetzliche Form versprochen ist, so liege eine vollzogene Schenkung vor, die als solche an keine Form gebunden sei. Habe aber der Schenker | in dem Irrthum, zur Erfüllung rechtlich verpflichtet zu sein, also solvendi causa und nicht donandi causa erfüllt, so ändere sich die Beurtheilung. In einem solchen Falle könne nicht von einer vollzogenen Schenkung, sondern nur von der Erfüllung einer irrthümlich als bestehend vorausgesetzten Verbindlichkeit die Rede sein, so daß die Grundsätze über Rückforderung wegen Leistung einer Nichtschuld anwendbar werden müßten. Es sei kein Grund vorhanden, durch positive Vorschriften diesen als richtig nicht zu bestreitenden, eines besonderen Ausdrucks nicht bedürfenden Konsequenzen zu begegnen. Am wenigsten empfehle sich der Antrag Nr. 1. Es müsse doch im höchsten Maße bedenklich erscheinen, die nachträgliche Konvaleszenz eines | Prot I 1799

5 Materialien bei § 222 BGB (§ 182 E I).

nichtigen Geschäfts zuzulassen. Wenn dafür angeführt werde, es sei auffallend, eine vollzogene Schenkung nicht für gültig zu erklären, das Gegentheil aber zu bestimmen, wenn ein Versprechen vorausgegangen sei, so treffe der Einwurf nicht zu. Durch das vorausgegangene Versprechen werde die vollzogene Schenkung nicht hinfällig; sie werde es nur dann, wenn in der irrthümlichen Voraussetzung einer rechtlichen Verpflichtung erfüllt, folglich durch die Erfüllung – für sich betrachtet – eine Schenkung nicht vollzogen sei. Von größerem Belange sei der Einwand: da nach den Grundsätzen über die condictio indebiti der Irrtum nicht nachgewiesen zu werden brauche, so werde der Schenker, wenn ein Schenkungsversprechen vorausgegangen sei, die vollzogene Schenkung regelmäßig mit Erfolg anzufechten vermögen, so daß praktisch jenes auffallende Ergebniß sich herausstellen werde. Allein auch dieser Einwand sei von keiner durchschlagenden Bedeutung. Der Schenker werde nämlich in dem fraglichen Falle immer erst den Beweis zu führen haben, daß er nur solvendi causa erfüllt habe, da in der Erfüllung zunächst nur eine vollzogene Schenkung sich bethätige, die, so lange nicht ein Anderes erhelle, als solche auch zu beurtheilen sei. Die Anträge Nr. 2 und 3 führten zu einer Halbheit und zur Anerkennung einer Art von Naturalobligation, wozu der | Prot I 1800 Gesetzgeber sich nur aus beson- | ders wichtigen Gründen verstehen dürfe, die im vorliegenden Falle nicht erkennbar seien.

Die Mehrheit trat der vorstehenden Auffassung bei und billigte dieselbe, nachdem die obigen Anträge insgesamt abgelehnt waren.

Der Grundsatz: die vollzogene Schenkung ist formfrei, führe dahin, daß, wenn nach den Bestimmungen des Gesetzbuchs der sogen. dingliche Vertrag zum Abschluß gelangt, die Schenkung unanfechtbar ist. Von verschiedenen Seiten wurde erinnert: Diese Folge harmonire wegen der regelmäßigen Formfreiheit des dinglichen Vertrages, namentlich in den Fällen der Eigenthumstradition bei beweglichen Sachen durch constitutum possessorium; der Zession, des Erlasses, wenig mit den Motiven, worauf der Grundsatz beruhe: das Schenkungsversprechen sei nur dann verbindlich, wenn die gerichtliche oder notarielle Form gewahrt sei.

Beantragt war:

v. Weber (Nr 293) 1. zu bestimmen:

„Als vollzogen gilt die Schenkung einer beweglichen Sache, wenn deren Besitz übertragen worden, mit Ausschluß jedoch der in § 62 des Sachenrechtsentwurfs[6] bezeichneten Art der Uebertragung, die Schenkung einer unbeweglichen Sache, wenn die Auflassung erklärt ist, die Schenkung einer Forderung an einen Dritten, wenn eine Urkunde über deren Uebertragung auf den Beschenkten dem Letzteren ausgehändigt oder die über die geschenkte Forderung von dem Schuldner ausgestellte Urkunde dem Beschenkten übergeben worden ist, die Schenkung eines anderen dem Beschenkten zu bestellenden oder auf ihn zu übertragenden Rechts, wenn die zur Bestellung oder Uebertragung des Rechts Seitens des Schenkgebers erforderlichen Handlungen vorgenommen sind.

(Die Schenkung eines ganzen Vermögens oder eines im Verhältnisse zum Ganzen gedachten Theiles desselben, der schenkungsweise erklärte Erlaß einer Schuld oder | Prot I 1801 Ver- | zicht auf ein anderes Recht ist nur gültig, wenn die Schenkung von dem Schenker gerichtlich oder notariell beurkundet worden ist)."

[6] § 62 TE-SachR lautet: „Ist auf Grund eines besonderen Rechtsverhältnisses zu dem Erwerber der bisherige Besitzer befugt, die Sache als Inhaber zu behalten, so kann die Uebergabe dadurch erfolgen, daß der bisherige Besitzer im Einverständnisse mit dem Erwerber erklärt, die thatsächliche Gewalt fortan für den Erwerber üben zu wollen."

2. einzuschalten vor Art. 503: Kurlbaum

„Ist eine Schenkung unter aufschiebender Bedingung gemacht, so kann dieselbe, so lange die Bedingung nicht eingetreten ist, von dem Schenker durch eine dem Beschenkten abzugebende Willenserklärung widerrufen werden, es sei denn, daß die Schenkung von dem Schenker gerichtlich oder notariell beurkundet ist.

Das Gleiche gilt für die Schenkung einer beweglichen körperlichen Sache, so lange diese nicht zum Gewahrsam des bestimmten Empfängers übergeben ist und für jede Schenkung eines beweglichen Gegenstandes, bei welcher eine Benutzung des Gegenstandes vorbehalten ist, bis zum Ablaufe der Zeit, für welche der Vorbehalt gemacht ist.

Durch den Widerruf wird die Schenkung aufgehoben. (Vorbehalten bleibt die gleiche Behandlung unbeweglicher Sachen, so lange dieselben noch nicht durch Auflassung veräußert werden.)"

Soweit der Antrag Nr. 2 auf die bedingte Schenkung sich bezieht, wurde er der nachträglichen Erledigung vorbehalten, im Uebrigen beschlossen, über die einzelnen an den Anträgen ersichtlichen Fälle der Schenkungsvollziehung getrennt zu befinden.

1. Die Schenkung einer beweglichen Sache.

Die Mehrheit war der Ansicht: Es liege kein Grund vor, über diese Schenkung ein Besonderes zu bestimmen. Sie ging davon aus: Bei der Schenkung einer beweglichen Sache liege die Vollziehung in dem Traditionsvertrage. Wie der letztere zu Stande komme, erscheine gleichgültig. Es sei kein Bedürfniß, mit den Anträgen insbesondere die Tradition mittels der constitutum possessorium für ungenügend zu erachten und dies um so weniger, wenn der das constitutum possessorium beschränkende § 62 | des Sachenrechtsentwurfs, wie vorausgesehen, Annahme finde. Dazu komme, daß die vorgeschlagene Bestimmung leicht vereitelt werden könne. Die Vereitelung sei nämlich auf dem Wege möglich, daß eine Naturalübergabe an den Beschenkten bewirkt werde und dieser sodann sofort zurückliefere. | Prot I 1802

2. Die Schenkung einer unbeweglichen Sache.

Die Mehrheit war der Ansicht: Eine solche Schenkung könne erst mit der Auflassung als vollzogen gelten. Dies sei selbstverständlich und daher zu bestimmen entbehrlich, der Antrag Nr. 1, soweit er eine solche Bestimmung in Vorschlag bringe, folglich zur Annahme nicht geeignet.

3. Die Uebertragung einer Forderung.

Die Mehrheit[7] beschloß, auch über diesen Fall sei eine besondere Bestimmung nicht aufzunehmen. Sie vermochte sich nicht zu überzeugen, daß der Grundsatz, nach welchem die mündliche Zession zur Uebertragung der Forderung genügt und die Perfektion des dinglichen Vertrags von einem weiteren Erforderniß nicht abhängig ist, gefährlich zu wirken vermöge; sie glaubte, wenn feststehe, daß nicht bloß zu zediren versprochen, sondern wirklich zedirt sei, der Fall von der Tradition einer beweglichen Sache, namentlich mittels constitutum possessorium, nicht wesentlich verschieden sei, auch die mitunter nicht ausgeschlossenen Zweifel, ob nur ein pactum de cedendo vorliege, für die Entscheidung, ob eine vollzogene Schenkung vorliege, nicht schwerer wögen, wie in anderen Fällen, in welchen der Uebergang des Gläubigerrechts von Bedeutung werde.

b) Sitzung vom 5. 3. 1883, Schriftführer Neubauer

| 4. Bestellung oder Uebertragung eines anderen Rechts, als eines Forderungsrechts. | Prot I 1803

Man war einverstanden, daß in dieser Beziehung ein Besonderes nicht zu bestimmen sei, weil, wie sich von selbst verstehe, die Vollziehung der Schenkung von der Erfüllung

[7] mit 7 gegen 4 Stimmen (Nachlaß *v. Schmitt*).

der Voraussetzungen abhänge, die zur Bestellung oder Uebertragung des Rechts erforderlich seien und weil wieder kein Grund obwalte, die Vollziehung der Schenkung von anderen, als den hieraus sich ergebenden Erfordernißen abhängig zu machen. Der Antrag Nr. 1 (S. 1800), soweit er den vorstehenden Fall betrifft, ward als im Zusammenhange stehend mit anderen, aus diesem Antrage ersichtlichen und in der vorigen Sitzung abgelehnten Vorschlägen zurückgezogen.

5. Uebertragung eines beweglichen Gegenstandes unter Vorbehalt der Benutzung.

Der auf diesen Fall sich beziehende, in dem Antrage Nr. 2 (S. 1801) enthaltene Vorschlag ward aus Anlaß der in der vorigen Sitzung gefaßten Beschlüsse gleichfalls zurückgezogen.

6. Erlaß und Verzicht.

| Prot I 1804 Die Mehrheit beschloß[8], auch über Erlaß und Verzicht sei jede | besondere Bestimmung entbehrlich.

Erwogen war:

1. Der Erlaß (Schulderlaß) gehöre nach den früheren Beschlüssen (S. 1474) zu den dinglichen, an keine besondere Form gebundenen Verträgen. Die Schenkung mittels Erlasses gelange also durch mündlichen Vertrag zur Vollziehung. Die Gründe, weshalb für das Schenkungsversprechen die gerichtliche oder notarielle Form bestimmt sei, schienen zu erfordern, die gleiche Form auch für den schenkungsweisen Erlaß vorzuschreiben, wofür sich außerdem anführen lasse, daß das pactum de remittendo und der dingliche Erlaßvertrag sich kaum von einander trennen ließen. Allein, nachdem einmal die Zession betreffend beschloßen worden, die auch nur mündliche Zession (unter dieser den dinglichen Vertrag verstanden) für genügend zu erachten, würde sich eine auffallende Inkonsequenz herausstellen, wenn der Erlaß anders beurtheilt würde. Es sei nicht zu rechtfertigen, den Gläubiger, welcher schenkungsweise die Forderung einem Dritten mündlich zedire, für gebunden zu erachten, nicht aber den Gläubiger, welcher schenkungsweise dem Schuldner die Schuld mündlich erlaße, also nicht einem Dritten, sondern dem Schuldner selbst den ökonomischen Werth der Forderung schenkungshalber zuwende. Auf den anscheinenden Konflikt mit den erwähnten Gründen dürfe auch in dem vorliegenden Falle kein zu großes Gewicht gelegt werden. Die positive Vorschrift, nach welcher das Schenkungsversprechen zu seiner Verbindlichkeit der gerichtlichen oder notariellen Form bedürfe, die vollzogene Schenkung dagegen formfrei sei, führe nothwendig zu einigen Disharmonien, die sich nur auf dem Wege einer weit gehenden Kasuistik beseitigen ließen. Diesen Weg zu betreten, sei aber entbehrlich, weil die Formvorschrift ihre Hauptbedeutung für solche Fälle behalte, in welchen eine bloße mündliche Erklärung zur Vollziehung der Schenkung nicht genüge, z. B. wenn eine

| Prot I 1805 Geldsumme oder eine unbewegliche Sache den Gegenstand des | Versprechens bilde.

2. Der Verzicht des Schuldners auf Einreden, welche ihm gegen die Forderung zuständen, wirke allerdings wirthschaftlich wie die Begründung einer neuen Forderung durch Versprechen. Indessen hierin könne doch kein Grund gefunden werden, für einen solchen schenkungsweisen Verzicht dieselbe Form wie für das Schenkungsversprechen zu erfordern. Denn juristisch seien beide Fälle einmal völlig verschieden und überdies erscheine es unzulässig, den gänzlichen Erlaß der Forderung für formfrei zu erklären,

[8] *Windscheid* sprach sich gegen *v. Weber* und *Planck* aus, obwohl der Verzicht auf Einreden wirtschaftlich gesehen Neubegründung der Verbindlichkeit sei. Aber es handle sich formell um kein Versprechen, sondern um einen dinglichen Vertrag. Der Einfachkeit halber sollte man streng beim Prinzip bleiben. *Pape* stimmte Windscheid zu (nach den Notizen von *v. Schmitt*).

den bloßen Verzicht auf eine Einrede gegen dieselbe an die gerichtliche oder notarielle Form oder an eine sonstige besondere Form zu binden.

3. Für den nicht unter den Schulderlaß fallenden Verzicht auf ein Recht seien gleichfalls besondere Bestimmungen nicht am Platze. Sei nach den einschlagenden Vorschriften der vertragsmäßige Verzicht auf ein solches Recht zu Gunsten eines Anderen zuläßig, z. B. der Verzicht auf eine Hypothek, eine Servitut, Reallast zu Gunsten des Eigenthümers des belasteten Grundstücks oder der Verzicht auf ein sonstiges Recht, dem ein Verpflichteter gegenüberstehe, zu Gunsten des letzteren, so müßten jene Vorschriften auch ergeben, von welchen Voraussetzungen die volle Perfektion der Vermögensveränderung abhänge, deren Erreichung durch den Verzicht bezweckt werde. Seien diese Voraussetzungen erfüllt, so sei auch die Schenkung vollzogen, während sie vorher als vollzogen nicht gelten könne.

7. Die Uebertragung des ganzen Vermögens oder einer Quote desselben.

Die Mehrheit war der Ansicht, auch dieser Fall gebe zu einer besonderen Bestimmung keinen Anlaß. Sie ging davon aus:

Wenn und soweit der Schenker sich seines Vermögens zu Gunsten des Beschenkten durch Tradition, Zeßion, Auflassung u.s.w. entäußere, liege eine vollzogene Schenkung vor, die wegen Mangels der gerichtlichen oder notariellen Form nicht ange- | fochten werden könne, vorbehaltlich des Falls, wenn aus Irrthum über die Rechtsbeständigkeit des vorausgegangenen nicht in der vorgeschriebenen Form ertheilten Schenkungsversprechens solvendi causa geleistet sei (Protokolle S. 1799). | Prot I 1806

Hierbei müßte es verbleiben.

Es sei geltend gemacht: der Schenker, welcher sich nicht in der vorgeschriebenen Form zur Uebertragung seines Vermögens verpflichtet und demnächst nur einen Theil desselben dem Beschenkten zugewendet habe, würde insofern zu kurz kommen, als der Beschenkte aus dem Versprechen nur auf dasjenige Anspruch habe, was nach Abzug der Schulden übrig bleibe, weshalb es angemessen erscheine, für die Schenkung des ganzen Vermögens oder einer Quote desselben einen zwischen Schenker und Beschenkten abzuschließenden gerichtlichen oder notariellen Vertrag oder doch mindestens eine gerichtliche oder notarielle Erklärung des Schenkers in dem Sinne zu erfordern, daß auch die gänzliche oder theilweise Vollziehung den Schenker nicht binde und nicht hindere, die Nichtigkeit sowohl des Vertrags oder des Versprechens als auch der Vollziehung geltend zu machen. Der Einwurf könne jedoch als zutreffend nicht anerkannt werden. Habe der Schenker theilweise in Erfüllung seines Versprechens und mit Bezug auf dasselbe vollzogen, so sei er auch berechtigt, soweit das zurückbehaltene Vermögen zur Deckung der Schulden nicht ausreiche, von dem Beschenkten die Bezahlung des übrigen Schuldenbetrages oder Rückerstattung des dazu erforderlichen Vermögenstheils gerade so zu verlangen, wie in dem Falle, wenn der Schenkungsvertrag in gerichtlicher oder notarieller Form abgeschloßen worden wäre. Anlangend aber die unmittelbare Haftung des Beschenkten gegenüber den Gläubigern, wenn eine solche Haftung nach Maßgabe des Art. 509[9] beschlossen werden sollte, was noch dahinstehe, so würde eine solche nur insoweit eintreten können, als der Schenker den zur Deckung der Schulden erforderlichen Betrag nicht zurückbehalten habe und soweit die Zurückbehaltung | unterblieben sei, die Haftung sich aus der noch zu beschließenden Vorschrift ergebe. | Prot I 1807

Sollte später beschlossen werden, daß die Uebertragung des ganzen Vermögens eine Universalsukzeßion begründe, die durch einen besonderen, die Zuwendung der einzel-

[9] Vgl. Materialien bei § 419 BGB.

nen Vermögensstücke entbehrlich machenden Akt sich vollziehe, so werde allerdings nachträglich zu prüfen sein, ob nicht für diesen Akt, wenn das ganze Vermögen schenkungsweise übertragen werde, die gerichtliche oder notarielle Form vorzuschreiben sei.

Zur Berathung gelangte der Antrag Nr. 2, soweit er auf die suspensiv bedingte Schenkung sich bezieht. Die Mehrheit entschied gegen die Aufnahme der vorgeschlagenen Bestimmung, in der sie eine Besonderheit fand, für die sich erhebliche praktische Gründe um so weniger geltend machen ließen, als die in Betracht kommenden Fälle nur seltene seien.

Zur Sprache kam, ob in Veranlassung des Beschlusses, wonach in der Ertheilung eines abstrakten Schuldversprechens oder Schuldbekenntnisses keine Schenkungsvollziehung liegen soll (Protokolle S. 1796, 1797), besondere Bestimmungen darüber nöthig seien, inwiefern eine Schenkungsvollziehung mindestens dann anzunehmen sei, wenn eine Schuldverschreibung auf den Inhaber oder eine indossationsfähige Schuldverschreibung, eine Schuldverschreibung in Wechselform, ein Grundschuldbrief, die Annahmeerklärung auf eine Anweisung u.s.w. ertheilt ist. Man glaubte, daß das Gesetz hierüber nichts zu bestimmen, vielmehr die Entscheidung, inwiefern in solchem Falle eine vollzogene Schenkung vorliege, der Wissenschaft und Praxis zu überlassen habe, indem es sich dabei im Wesentlichen um die aus der besonderen rechtlichen Natur der betreffenden Urkunden zu ziehenden Konsequenzen handele.

Früher ist beschlossen, daß, wenn zum Zweck der Erfüllung einer Verbindlichkeit ein abstraktes Schuldversprechen oder Schuldbekenntniß ertheilt ist, der Schuldner befugt sei, sich aller gegen jene Verbindlichkeit zulässigen Einreden zu bedienen (Pro-
| Prot I 1808 | tokoll vom 19. Februar 1883 S. 1746)[10]. Es ist vorbehalten, den Beschluß von Neuem bei Berathung des Abschnitts über die Schenkung der Prüfung zu unterziehen (Protokoll vom 21. Februar 1883, S. 1756). Nachdem man sich verständigt hatte, nunmehr in diese vorbehaltene neue Prüfung einzutreten, beschloß die Mehrheit die Aufhebung jenes Beschlusses.

Erwogen war:

Der frühere, schon an sich in hohem Maße anfechtbare Beschluß werde durch den jüngst gefaßten Beschluß, wonach in der Ertheilung eines abstrakten Schuld-Versprechens oder Bekenntnisses keine Schenkungsvollziehung liegen solle, zum großen Theile entbehrlich. Aus diesem Beschluß folge, daß der Schuldner, der das abstrakte Versprechen oder Bekenntniß nicht in gerichtlicher oder notarieller Form ertheilt habe, die Nichtigkeit desselben geltend machen könne, mindestens aber zur condictio sine causa berechtigt sei, weil eine nicht kraft rechtsgültigen Willens erfolgte Zuwendung vorliege (Zusammenstellung der auf das Obligationenrecht sich beziehenden Beschlüsse § 273[11]; Protokolle vom 15. und 17. Januar 1883 S. 1584ff.), daß er mithin auch die Erfüllung des Versprechens verweigern könne. Der ältere Beschluß sei also nur noch für die Fälle von Belang, wenn in gerichtlicher oder notarieller Form das abstrakte Versprechen oder Bekenntniß abgegeben sei. Seine Bedeutung werde hierdurch dergestalt abgeschwächt,

---

[10] Der Beschluß hat folgenden Inhalt: „Der Schuldner, welcher aus einem, den Verpflichtungsgrund nicht ergebenden schriftlichen Schuldversprechen in Anspruch genommen wird, kann dessen Erfüllung verweigern, wenn die Voraussetzungen vorhanden sind, von welchen die Rückforderung einer Leistung wegen ungerechtfertigter Bereicherung abhängig ist. – Ist das Versprechen zur Erfüllung einer Verbindlichkeit ertheilt, so kann sich der Schuldner aller Einwendungen bedienen, welche er gegen die letztere zu erheben befugt war, selbst wenn er bei Ertheilung des Versprechens von den Einwendungen Kenntniß hatte." (Näheres bei den §§ 780, 781 BGB.)

[11] Vgl. § 748 E I (condictio sine causa).

daß im Hinblick auf die erheblichen Bedenken, die sich gegen ihn geltend machen ließen, seine Beseitigung den Vorzug verdiene.

**II., III., IV. 1.** In der *RedVorl* lautet die beschlossene Regelung: § 307 (5). Ein Vertrag, durch welchen sich Jemand schenkungsweise dem zu Beschenkenden gegenüber zu einer Leistung verpflichtet, ist für den Schenker nur dann verbindlich, wenn das Versprechen in gerichtlicher oder notarieller Form erklärt ist. RedVorl § 307

(NB: Der Beschluß redet von „Nichtigkeit"; die Ausdrucksweise ist nicht ohne Bedenken wegen § 308 [6]. Die vollzogene Schenkung ist auch ohne Beobachtung einer besonderen Form gültig. Als Vollziehung der Schenkung ist die Ertheilung eines die Angabe des Verpflichtungsgrundes nicht enthaltenden (oder diesen nur im Allgemeinen bezeichnenden) Schuldversprechens oder Schuldanerkenntnisses nicht anzusehen.)

**2.** Fassung der Regelung in der *ZustOR* (im *KE* und *E I*): § 307. Der Vertrag, durch welchen Jemand sich verpflichtet, einem Anderen etwas schenkungsweise zu leisten, ist nur dann gültig, wenn das Versprechen in gerichtlicher oder notarieller Form erklärt ist. ZustOR § 307 KE § 437 E I § 440

Dies gilt auch im Falle der Ertheilung eines die Angabe des Verpflichtungsgrundes nicht enthaltenden Schuldversprechens oder Schuldanerkenntnisses.

§ 308. Die durch Veräußerung vollzogene Schenkung ist auch ohne Beobachtung einer besonderen Form gültig. ZustOR § 308 KE § 438 E I § 441

**B. Vorkommission des Reichsjustizamtes**

I. Beantragt war:

1. die §§ 440, 441 durch folgende Vorschrift zu ersetzen: Struckmann (Nr 3, 2)

Verpflichtet Jemand sich, schenkungshalber einem Anderen etwas zu leisten, so ist die Schenkung nur dann gültig, wenn das Versprechen in gerichtlicher oder notarieller Form ertheilt ist. Das ohne diese Form ertheilte Schenkungsversprechen erlangt jedoch durch Bewirkung der Leistung seinem ganzen Inhalte nach Gültigkeit.

(Diese Vorschriften finden auch dann Anwendung, wenn ein die Angabe des Verpflichtungsgrundes nicht enthaltendes Schuldversprechen oder Schuldanerkenntniß schenkungshalber ertheilt wird.)

2. die §§ 440 und 441 durch folgende Vorschriften zu ersetzen:

Das schenkungsweise erfolgende Versprechen einer Leistung bedarf der gerichtlichen oder notariellen Form. Zur Annahme des Versprechens bedarf es dieser Form nicht. Planck (Nr 6, 39)

3. a) den § 440 zu fassen:

Der Vertrag, durch welchen Jemand schenkungsweise sich zu einer Leistung verpflichtet, ist nur dann gültig, wenn das Versprechen in gerichtlicher oder notarieller Form erklärt ist. Jacubezky (Nr 8, 4)

Dies gilt auch, wenn ein von einem besonderen Schuldgrunde nicht abhängiges Schuldversprechen oder ein Schuldanerkenntniß schenkungsweise ertheilt wird.

b) Den § 441 zu fassen:

Der Mangel der im § 440 vorgeschriebenen Form wird durch Vollziehung der Schenkung geheilt. Jacubezky (Nr 8, 5)

II. 66. Sitzung vom 5. 1. 1892

| Prot-RJA 393 | Das im § 440 Abs. 1 aufgestellte Erforderniß der gerichtlichen oder notariellen Form des Schenkungsversprechens wurde gebilligt. Man hielt weder ein Zurückgreifen auf das Insinuationsprinzip für erforderlich, noch die einfache Schriftform für ausreichend. Ebenso war man mit der Beschränkung der Formvorschrift auf das Schenkungs*versprechen* einverstanden und hielt eine Ausdehnung derselben auf die Fälle der Uebergabe durch constitum possessorium, der Schuldabtretung und des Erlasses nicht für rathsam. Dagegen erschien der § 441 insofern zu eng, als es nach den Motiven bei der Nichtigkeit des formlosen Schenkungsversprechens sein Bewenden haben soll, wenn der Schenker in irrthümlicher Annahme der Gültigkeit des Versprechens das Versprochene geleistet hat. Man hielt es für bedenklich, an die feine Unterscheidung, ob der Schenker animo solvendi oder animo donandi geleistet habe (vgl. Mot. II, S. 295), einen so weitgehenden Unterschied im Rechte zu knüpfen, und in Fällen ersterer Art die condictio zuzulassen, in Fällen letzterer Art sie auszuschließen. Vielmehr bestand Einverständniß darüber, daß nach Analogie der § 351 Abs. 2 und entsprechend dem Standpunkt des preußischen Rechtes stets Heilung des Formmangels durch die Erfüllung eintreten solle.

Der Abs. 2 des § 440 wurde gestrichen. Das schenkungsweise gegebene abstrakte *Schuldversprechen* soll dem Formzwange des Abs. 1 nicht unterworfen werden. Man ging in Abweichung von der Auffassung der Mot. (II S. 294) davon aus, daß durch die
| Prot-RJA 394 Abgabe eines abstrakten – die | causa der Schenkung nicht enthaltenden – Schuldversprechens die Schenkung bereits (reell) vollzogen sei, daß diese Fälle daher, entsprechend der Auffassung des preuß. Rechtes, gemäß § 441 von der Form befreit sein müßten. Die Frage, ob ein schenkungsweise ertheiltes *Schuldanerkenntniß* der Form des Abs. 1 bedürfe, blieb der bisher noch ausgesetzten Regelung des Anerkennungsvertrages überhaupt vorbehalten.

Die §§ 440, 441 sollen sonach durch folgende Vorschrift ersetzt werden:

E I-RJA § 440 „Ein Schenkungsversprechen ist nur dann gültig, wenn es in gerichtlicher oder notarieller Form erklärt ist.

Der Mangel der Form wird durch Bewirkung der versprochenen Leistung geheilt."

## C. 2. Kommission

I. Anträge (Prot. II, Bd. 2, S. 9–11; *Mugdan*, Bd. 2, S. 740f.)

a) Zu den §§ 440, 441 lagen die Anträge vor:

1. den § 440 unter Streichung des § 441 zu fassen:

Struckmann (Nr 68, 4) Ein Schenkungsversprechen ist nur dann gültig, wenn das Versprechen in gerichtlicher oder notarieller Form erklärt ist. Der Mangel der Form wird jedoch durch Bewirkung der versprochenen Leistung geheilt.

2. die §§ 440, 441 wie folgt zu gestalten[12]:

[12] Dieser Antrag dürfte von *Dittmar* stammen (vgl. den Antrag von Dittmar bei § 516 unter C.I. 3). Eventuell war von ihm beantragt: dem Antrag von Struckmann die Bestimmung beizufügen: „Besteht der Gegenstand der Schenkung in einer unbeweglichen oder beweglichen Sache, in einer Forderung des Schenkers an einen Dritten oder in dem Erlaß einer Schuld des Beschenkten, so gilt die Leistung nur dann als bewirkt, wenn den Erfordernissen der §§ 437a ff. (den unter 1 vorgeschlagenen Bestimmungen) genügt ist." (Antrag Nr. 112, 2.)

§ 440. Das Schenkungsversprechen ist nur dann gültig, wenn es in gerichtlicher oder notarieller Form erklärt ist. Die durch Veräußerung vollzogene Schenkung bedarf dieser Form nicht. Dittmar

§ 441. Als durch Veräußerung vollzogen gilt:

die Schenkung einer beweglichen Sache, wenn die Sache dem Beschenkten wirklich und nicht nur nach Maßgabe der Vorschriften des § 803 Abs. 2, des § 804 oder des § 805 übergeben worden ist;

die Schenkung einer Forderung, welche dem Schenker gegen einen Dritten zusteht, wenn dem Beschenkten eine Urkunde über die Uebertragung oder die über die Forderung ausgestellte Schuldurkunde ausgehändigt worden ist;

die Schenkung einer Schuld, welche den Betrag von 300 Mark übersteigt, wenn die Schuld dem Beschenkten schriftlich erlassen oder wenn ihm die über die Schuld ausgestellte Urkunde zurückgegeben worden ist.

3. den § 440 Abs. 1, falls der Abs. 2 abgelehnt wird, durch folgende Bestimmung zu ersetzen:

Ein Schenkungsversprechen ist nur gültig, wenn das Versprechen schriftlich erklärt ist.

4. den § 440 eventuell zu fassen:

Die Schenkung ist außer dem Falle des § 438 nur gültig, wenn die Erklärung des Schenkers gerichtlich oder notariell beurkundet ist.

Diese Vorschrift findet keine Anwendung, wenn bei einer Schenkung, deren Gegenstand eine Sache oder ein Recht an einer solchen ist, die Uebertragung des Eigenthums oder die Begründung oder Uebertragung des Rechtes erfolgt ist oder wenn bei einer Schenkung, deren Gegenstand eine dem Schenker zustehende Forderung ist, die Uebertragung von dem Schenker dem Schuldner angezeigt ist oder wenn dem Schuldner die Schuld schenkungsweise erlassen wird. Durch die Uebertragung des Eigenthums einer beweglichen Sache oder die Begründung oder Uebertragung eines Rechtes an einer solchen wird die gerichtliche oder notarielle Beurkundung der Schenkung nicht ersetzt, wenn vereinbart ist, daß der Schenker die Sache in der Inhabung behalten soll.

Die Kom. nahm den § 440 sachlich an; der § 441 wurde durch die im Antrag 1 Satz 2 enthaltene Bestimmung ersetzt.

b) Die Berathung der §§ 440, 441 wurde fortgesetzt (Prot. II, Bd. 2, S. 13–17; *Mugdan*, Bd. 2, S. 741). Es lagen vor:

1. der oben mitgetheilte Antrag 2 zu § 441;

2. der Antrag 4 daselbst, den indessen der Antragsteller dahin abänderte, daß er, und zwar nicht blos eventuell, zum Ersatz der §§ 440, 441 folgende Bestimmungen vorschlug:

Die Schenkung ist außer dem Falle des § 438 nur gültig, wenn die Erklärung des Schenkers gerichtlich oder notariell beurkundet ist. Diese Vorschrift findet keine Anwendung, wenn bei einer Schenkung, deren Gegenstand eine Sache oder ein Recht an einer solchen ist, die Uebertragung des Eigenthums oder die Begründung oder Uebertragung des Rechtes erfolgt, bei einer Schenkung, deren Gegenstand eine dem Schenker zustehende Forderung ist, die Uebertragung von dem Schenker dem Schuldner angezeigt ist oder wenn dem Schuldner die Schuld schenkungsweise erlassen wird. Durch die Uebertragung des Eigenthums einer beweglichen Sache und die Begründung und Uebertragung eines Rechts an einer solchen wird die gerichtliche oder notarielle Beurkundung der Schenkung nicht ersetzt, wenn vereinbart ist, daß der Schenker die Sache in der Inhabung behalten soll. Bei einem Wechsel oder einem anderen Papier, welches durch Indossament übertragen werden kann, und bei dem Inhaberpapier genügt die Beobachtung der Vorschriften der §§ 1225, 1226.

3. für den Fall der Ablehnung des Antrags 2 der Vorschlag, dem bereits angenommenen Abs. 2 des § 440 die Worte hinzuzufügen:

Der Annahme einer Anweisung und der Eingehung einer Wechselverpflichtung, ohne Unterschied, ob die Ausstellung der Urkunde zur Beurkundung des Schenkungsversprechens erfolgt.

Die Kom. beschloß, zunächst in eventueller Abstimmung festzustellen, wie für den Fall der Aufnahme weiterer Formvorschriften diese Vorschriften zu gestalten seien. Bei dieser Abstimmung entschied sich die Mehrheit dahin:

a. bei der Schenkung beweglicher Sachen von dem § 441 eine Ausnahme zu machen hinsichtlich des constitutum possessorium (§ 805), nicht aber bezüglich der traditio brevi manu (§ 803 Abs. 2) und der Anweisung (§ 804);

b. die schenkweise Uebertragung einer Forderung an die gerichtliche oder notarielle Form zu binden, eine Ausnahme zu Gunsten der Aushändigung einer blos schriftlichen Uebertragungsurkunde nicht zuzulassen, dagegen von dem Formerforderniß Abstand zu nehmen, wenn die Uebertragung von dem Schenker dem Schuldner angezeigt oder die Schuldurkunde dem Beschenkten ausgehändigt worden ist;

c. zur Gültigkeit des schenkweisen Erlasses, wenn der erlassene Betrag 300 Mark übersteigt, Schriftlichkeit oder Aushändigung der Schuldurkunde an den Schuldner zu fordern;

d. den im letzten Satze des Antrags 2 hinsichtlich der Wechsel etc. beantragten Zusatz abzulehnen.

Hierauf wurde endgültig darüber abgestimmt, ob die so gestalteten Vorschriften in der von dem Antrage 2 vorgeschlagenen Weise aufgenommen oder mit dem Antrag 1 als Ausnahme des § 441 an die §§ 440, 441 angeschlossen werden sollen. Die Abstimmung ergab jedoch weder für die eine noch für die andere Lösung eine Mehrheit. Sodann gelangte der Antrag 3 zur Abstimmung, nachdem der Antragsteller seinen Vorschlag dahin erweitert hatte, den Abs. 2 des § 440 zu fassen:

Dies gilt auch im Falle eines abstrakten Schuldversprechens und zwar auch dann, wenn es zur Erfüllung eines Schenkungsvertrags ertheilt wird.

Auch dieser Antrag wurde, und zwar mit zehn gegen neun Stimmen, abgelehnt.

E I-VorlZust § 440

II. Die beschlossene Regelung lautet in der VorlZust als § 440: Ein Schenkungsversprechen bedarf der gerichtlichen oder notariellen Form. Das Gleiche gilt von einem nach Maßgabe des § 683 ohne Angabe des Verpflichtungsgrundes ausgestellten Schuldversprechen oder Schuldanerkenntnisse, wenn dasselbe in der Absicht zu schenken, ertheilt (ausgestellt) wird.

Der Mangel der Form wird durch Bewirkung der versprochenen Leistung geheilt.

E I-ZustRedKom § 440

III. Fassung der Regelung in der ZustRedKom als § 440: Ein Schenkungsversprechen bedarf der gerichtlichen oder notariellen Form. Das Gleiche gilt von einem schenkweise ertheilten Schuldversprechen oder Schuldanerkenntnisse der im § 683 bezeichneten Art.

Der Mangel der Form wird durch die Wirkung der Bewirkung der versprochenen Leistung geheilt.

**IV. 1.** Im E II lautet die Regelung als § 465: Zur Gültigkeit eines Vertrages, durch den eine Leistung schenkweise versprochen wird, ist die Ertheilung des Versprechens in gerichtlicher oder notarieller Form erforderlich. Das Gleiche gilt von der Ertheilung des Versprechens oder der Anerkennungserklärung bei einem schenkweise erfolgten Schuldversprechen oder Schuldanerkenntnisse der in den §§ 719, 720 bezeichneten Art. E II § 465

Der Mangel der Form wird durch die Bewirkung der versprochenen Leistung geheilt.

**2.** Auf Grund der eines Vorschlages der Subkommission über die gerichtliche und notarielle Form wurde beschlossen, den § 465 Abs. 1 dahin zu ändern (Prot. II, Bd. 5, S 443, 444; *Mugdan*, Bd. 1, S. 708 f.):

Zur Gültigkeit eines Vertrags, durch den eine Leistung schenkweise versprochen wird, ist die gerichtliche oder notarielle Beurkundung des Versprechens erforderlich. Das Gleiche gilt, wenn ein Schuldversprechen oder ein Schuldanerkenntniß der in den §§ 719, 720 bezeichneten Art schenkweise erfolgt, von dem Versprechen oder der Anerkennungserklärung.

**V.** § 521 *E II rev* (§ 513 *E III*) entspricht § 518 BGB (geändert durch Gesetz vom 28. 8. 1969; BGBl. I, S. 1513).

## § 519

**Der Schenker ist berechtigt, die Erfüllung eines schenkweise ertheilten Versprechens zu verweigern, soweit er bei Berücksichtigung seiner sonstigen Verpflichtungen außer Stande ist, das Versprechen zu erfüllen, ohne daß sein standesgemäßer Unterhalt oder die Erfüllung der ihm kraft Gesetzes obliegenden Unterhaltspflichten gefährdet wird.**

**Treffen die Ansprüche mehrerer Beschenkten zusammen, so geht der früher entstandene Anspruch vor.**

### A. 1. Kommission

I. 183. Sitzung vom 5. 3. 1883, Schriftführer Neubauer

| Es lag der Antrag vor, hinter Art. 504[1] folgende Bestimmung einzuschalten: | Prot I 1812

„Die Erfüllung einer schenkweise eingegangenen Verpflichtung ist der Verpflichtete insoweit und so lange zu verweigern berechtigt, als er dazu ohne Gefährdung seines eigenen standesmäßigen Unterhalts und der ihm sonst obliegenden Verpflichtungen nicht im Stande ist. Planck (Nr 294, 2)

| Beim Zusammentreffen mehrerer Ansprüche gegen denselben Schenker geht für | Prot I 1813 den Fall, daß derselbe allen Ansprüchen nach Maßgabe der vorstehenden Bestimmung zu genügen nicht im Stande ist, der früher entstandene Anspruch dem später entstandenen vor. Beim Zusammentreffen von Ansprüchen aus einer Schenkung und aus der gesetzlichen Unterhaltspflicht (§§ 291, 292, 387, 388 des Familienrechts-Entwurfs) gegen denselben Verpflichteten geht der Anspruch aus der letzteren vor."

---

[1] Vgl. Materialien zu den §§ 521, 522 BGB.

Der Antrag wurde durch Mehrheitsbeschluß abgelehnt. Die Mehrheit war der Ansicht:

Der Antrag bezwecke die Einführung einer Art von jus competentiae. Die Rechtswohlthat der Kompetenz sei aber, wie schon bei Berathung der Civilprozeßordnung erkannt sei, eine bedenkliche Rechtsinstitution, die in der Praxis zu großen Weiterungen und Verwickelungen führe, mit den allgemeinen Grundsätzen sich überdies wenig vertrage, bei der Milde der die Zwangsvollstreckung regelnden Vorschriften der Civilprozeßordnung zum großen Theil ihre Berechtigung verloren habe und unter Umständen zu großen Härten und Unbilligkeiten gegen den Gläubiger führen könne, welches letztere insbesondere auch dann gelte, wenn dem Schenker die Rechtswohlthat gewährt werde, sofern Fälle vorkommen könnten, in welchen der Beschenkte durch dieselbe in Schaden und Verlust gerathe.

## B. Vorkommission des Reichsjustizamtes

I. Beantragt war:

1. Hinter § 445 folgende Vorschrift als § 445a einzuschalten:

Planck (Nr 6, 42) Die Erfüllung einer schenkungsweise eingegangenen Verpflichtung ist der Schenker zu verweigern berechtigt, wenn und soweit er bei Berücksichtigung seiner anderweiten Verpflichtungen ohne Beeinträchtigung seines eigenen standesmäßigen Unterhalts die Erfüllung zu bewirken außer Stande ist. Beim Zusammentreffen mehrerer Ansprüche gegen denselben Schenker geht für den Fall, daß derselbe allen Ansprüchen nach Maßgabe der Vorschrift des ersteren Absatzes zu genügen nicht im Stande ist, der früher entstandene Anspruch dem später entstandenen vor. Beim Zusammentreffen von Ansprüchen aus einer Schenkung und aus der gesetzlichen Unterhaltspflicht gegen denselben Verpflichteten geht der Anspruch aus dem letzteren vor.

2. Folgenden § 448a einzuschalten:

Jacubezky (Nr 8, 9) Die Erfüllung eines Schenkungsversprechens kann verweigert werden, soweit der Schenker bei Berücksichtigung seiner anderweiten Verpflichtungen ohne Beeinträchtigung (Gefährdung) seines eigenen standesmäßigen Unterhaltes und der ihm obliegenden gesetzlichen Unterhaltspflichten die Erfüllung zu bewirken außer Stande ist.

Ist der Schenker nach Vollziehung der Schenkung wegen Vermögenslosigkeit und Erwerbslosigkeit nicht im Stande, sich selbst zu unterhalten und seinem Ehegatten und seinen Abkömmlingen den Unterhalt in solcher Weise, wie er ihnen denselben bei zureichendem Vermögen auf Grund der gesetzlichen Unterhaltspflicht zu gewähren hätte, zu gewähren, so ist er von dem Beschenkten die Herausgabe von zwei Dritteln des Geschenkes, soweit sie zur Deckung des Unterhaltes erforderlich ist, zu verlangen berechtigt. Die Vorschriften des § 1481 Abs. 2, der §§ 1488, 1491 bis 1493, 2015 und des § 2016 Abs. 2 finden entsprechende Anwendung.

Ferner dem § 2016 folgende Vorschrift als Absatz anzufügen:

Auf das von dem Beschenkten Herauszugebende wird angerechnet, was er gemäß § 448a an den Schuldner geleistet hat.

II. 66. Sitzung vom 5. 1. 1892

| Prot-RJA 397 | Bei Erörterung der Frage, ob und inwieweit dem Schenker ein beneficium competentiae zu bewilligen sei (vgl. Zusammenst. der Kritiken II S. 219 zu § 445 unter 2), wurde beschlossen, folgenden § 445a aufzunehmen:

„Der Schenker ist die Erfüllung eines Schenkungsversprechens zu verweigern berechtigt, soweit er bei Berücksichtigung seiner anderweiten Verpflichtungen, insbesondere auch der ihm obliegenden gesetzlichen Unterhaltspflichten, ohne Beeinträchtigung seines eigenen standesmäßigen Unterhalts die Erfüllung zu bewirken außer Stande ist. Soweit hiernach der Schenker bei dem Zusammentreffen der Ansprüche mehrerer Beschenkter nicht im Stande ist, allen Ansprüchen zu genügen, geht der früher entstandene Anspruch dem später entstandenen vor.“ E I-RJA § 445 a

| Weiter glaubte man in der Berücksichtigung des Schenkers nicht gehen zu dürfen. Insbesondere schien es mit der Rücksicht auf die Lage des Beschenkten und seiner Angehörigen unvereinbar, auch nach Vollziehung der Schenkung bei Verarmung des Schenkers diesem einen Anspruch auf teilweise Herausgabe des Geschenkten zu gewähren. Demgemäß wurde der Antrag, | Prot-RJA 398

a) dem § 445 a folgenden Abs. 2 anzufügen:

„Ist der Schenker nach Vollziehung der Schenkung wegen Vermögenslosigkeit und Erwerbslosigkeit nicht im Stande, sich selbst zu unterhalten und seinen Abkömmlingen den Unterhalt in solcher Weise, wie er ihnen denselben bei zureichendem Vermögen auf Grund der gesetzlichen Unterhaltspflicht zu gewähren hätte, zu gewähren, so ist er von dem Beschenkten die Herausgabe von zwei Dritteln des Geschenkes, soweit sie zur Deckung des Unterhaltes erforderlich ist, zu verlangen berechtigt. Die Vorschriften des § 1481 Abs. 2, der §§ 1488, 1491 bis 1495, 2015 und des § 2016 Abs. 2 finden entsprechende Anwendung.“

b) dem § 2016 folgenden Absatz anzufügen:

„Auf das von dem Beschenkten Herauszugebende wird angerechnet, was er gemäß § 445 a an den Schenker geleistet hat.“

abgelehnt.

C. I. Die **2. Kommission** nahm den von Struckmann (Nr. 68, 6) gestellten Antrag (§ 445 a E I-RJA) als § 442 a an (Prot. II, Bd. 2, S. 21; *Mugdan*, Bd. 2, S. 747). Struckmann (Nr 68, 6)

**II.** Fassung der beschlossenen Regelung in der *VorlZust* als § 442 a: Der Schenker ist die Erfüllung eines schenkweise gegebenen Versprechens zu verweigern berechtigt, soweit er bei Berücksichtigung seiner anderweiten Verpflichtungen, insbesondere auch der ihm obliegenden gesetzlichen Unterhaltspflichten, ohne Beeinträchtigungen seines eigenen standesgemäßen Unterhalts die Erfüllung zu bewirken außer Stande ist. Soweit hiernach der Schenker bei dem Zusammentreffen der Ansprüche mehrerer Beschenkter nicht im Stande ist, allen Ansprüchen zu genügen, geht der früher entstandene Anspruch dem später entstandenen vor. E I-VorlZust § 442 a

**III.** In der *ZustRedKom* lautet die Regelung als § 441 a: Der Schenker ist die Erfüllung eines schenkweise gegebenen Versprechens zu verweigern berechtigt, soweit er bei Berücksichtigung seiner sonstigen Verpflichtungen, mit Einschluß der gesetzlichen Unterhaltspflichten, ohne Beeinträchtigung seines eigenen standesmäßigen Unterhalts die Erfüllung zu bewirken außer Stande ist. Treffen die Ansprüche mehrerer Beschenkten zusammen, so geht der früher entstandene Anspruch vor. E I-ZustRedKom § 441 a

**IV. 1.** Fassung der Regelung im *E II*

§ 466. Der Schenker ist berechtigt, die Erfüllung eines schenkweise ertheilten Versprechens zu verweigern, soweit er bei Berücksichtigung seiner sonstigen Verpflichtun- E II § 466 gen, mit Einschluß der gesetzlichen Unterhaltspflichten, außer Stande ist, das Versprechen ohne Beeinträchtigung seines eigenen standesmäßigen Unterhalts zu erfüllen. Treffen die Ansprüche mehrerer Beschenkten zusammen, so geht der früher entstandene Anspruch vor.

2. Zur Ersetzung des Wortes „Beeinträchtigung" durch „Gefährdung" vgl. Prot. II, Bd. 4, S. 481 (*Mugdan*, Bd. 2, S. 747).

E II rev § 513 E III § 514 **V. Fassung der Regelung im *E II rev (E III)* als § 513:** Der Schenker ist berechtigt, die Erfüllung eines schenkweise ertheilten Versprechens zu verweigern, soweit er bei Berücksichtigung seiner sonstigen Verpflichtungen außer Stande ist, das Versprechen ohne Gefährdung seines standesmäßigen Unterhalts zu erfüllen.

Treffen die Ansprüche mehrerer Beschenkter zusammen, so geht der früher entstandene Anspruch vor.

**E.** Die weitere Abänderung des § 514 Abs. 1 E III beruht auf einem Beschluß der **XII. Reichstagskommission.** Die heutige Fassung des § 519 Abs. 1 BGB beruht auf einem Gesetz vom 11. 8. 1961 (BGBl. I, S. 1221).

## § 520

**Verspricht der Schenker eine in wiederkehrenden Leistungen bestehende Unterstützung, so erlischt die Verbindlichkeit mit seinem Tode, sofern nicht aus dem Versprechen sich ein Anderes ergiebt.**

### A. 1. Kommission

I. 184. Sitzung vom 7. 3. 1883, Schriftführer Neubauer

| Prot I 1816 | Zu Art. 507 des Entwurfes:

DresdE Art 507 „Hat der Schenker dem Beschenkten eine Unterstützung in wiederkehrenden Fristen versprochen, so geht die Verbindlichkeit hieraus im Zweifel nicht auf die Erben des Schenkers über."

war beantragt:

Johow (Nr 287) die Vorschrift als entbehrlich zu streichen, eventuell den Eingang dahin zu fassen:

„Ist eine Unterstützung in wiederkehrenden Fristen Gegenstand eines Schenkungsversprechens oder eines geschenkten Leistungsversprechens, so u.s.w."

Der Art. 507 fand unter Ablehnung des Streichungsantrags die Billigung der Mehrheit.

Erwogen war:

Die Fälle seien nicht selten, in welchen der Schenker dem Beschenkten eine Rente oder andere in wiederkehrenden Fristen zu entrichtenden Bezüge zum Lebensunterhalt zusichere, ohne besonders hervorzuheben, daß nur, solange der Schenker lebe, der Beschenkte auf die Rente u.s.w. Anspruch habe, während doch eine solche Beschränkung beabsichtigt zu sein pflege, zumal in den Fällen, wenn das Einkommen des Schenkers ganz oder zum großen Theile nicht fundirt sei und mit seinem Tode fortfalle. Die in dem Art. 507 enthaltene Interpretationsregel erscheine daher angemessen zur Verhinderung großer Härten, obschon anzuerkennen sei, daß ihre Bedeutung durch die Vorschriften über die für das Schenkungsversprechen erforderliche Form gemindert werde.

Die Fassung blieb der Redaktion vorbehalten.

**II., III. 1.** In der *RedVorl* (*ZustOR*, im *KE*) lautet die beschlossene Regelung als § 312 (10): Hat der Schenker dem Beschenkten eine Unterstützung versprochen, die in wiederkehrenden Fristen zu gewähren ist, so sind seine Erben, sofern nicht aus dem Vertrage sich ein Anderes ergiebt, zur Fortgewährung der Unterstützung nicht verpflichtet. RedVorl § 312 ZustOR § 312 KE § 444

(NB: Es muß zum Ausdruck gelangen, daß die Erben pro praeterito haften.)

2. Auf Antrag von *Kurlbaum* (Nr. 624, 1a) wurde beschlossen, in § 444 KE statt „sind seine Erben" zu setzen „ist sein Erbe" (Prot. I, S. 11835).

**IV.** Fassung der Regelung im *E I* als § 447: Hat der Schenker dem Beschenkten eine Unterstützung versprochen, welche in wiederkehrenden Fristen zu gewähren ist, so ist sein Erbe, sofern nicht aus dem Vertrage ein Anderes sich ergiebt, zur Fortgewährung der Unterstützung nicht verpflichtet. E I § 447

**B.** Zu § 447 E I lag ein Antrag in der **Vorkommission des Reichsjustizamtes** nicht vor. Er blieb unbeanstandet (Prot-RJA, S. 399, sub 7).

**C. I.** Der § 447 blieb in der **2. Kommission** unbeanstandet (Prot. II, Bd. 2, S. 30; bei *Mugdan*, Bd. 2 nicht enthalten).

**II., III., IV.** In der *VorlZust* (*ZustRedKom*, im *E II*) lautet die Regelung:

a) § 447. Hat der Schenker dem Beschenkten eine in wiederkehrenden Fristen zu gewährende Unterstützung versprochen, so ist sein Erbe, sofern nicht aus dem Vertrage ein Anderes sich ergiebt, zur Fortgewährung der Unterstützung nicht verpflichtet. E I-VorlZust § 447

b) § 441 b. Hat der Schenker dem Beschenkten eine in wiederkehrenden Leistungen bestehende Unterstützung versprochen, so erlischt die Verbindlichkeit mit dem Tode des Schenkers, sofern sich nicht aus dem Vertrag ein Anderes ergiebt. E I-ZustRedKom § 441 b

c) § 467. Hat der Schenker dem Beschenkten eine in wiederkehrenden Leistungen bestehende Unterstützung versprochen, so erlischt die Verbindlichkeit mit dem Tode des Schenkers, sofern sich nicht aus dem Versprechen ein Anderes ergiebt. E II § 467

**V.** § 514 *E II rev* (§ 515 *E III*) entspricht § 520 BGB.

### § 521

**Der Schenker hat nur Vorsatz und grobe Fahrlässigkeit zu vertreten.**

### § 522

**Zur Entrichtung von Verzugszinsen ist der Schenker nicht verpflichtet.**

## A. 1. Kommission

**I.** 183. Sitzung vom 5. 3. 1883, Schriftführer Neubauer

| Prot I 1808 | Zu Art. 504 des Entwurfes:

DresdE Art 504 „Durch den Schenkungsvertrag unter Lebenden wird der Schenker verpflichtet, die versprochene Leistung zu bewirken, insbesondere dem Beschenkten den versprochenen Gegenstand als eigen zu überlassen und, wenn dieser eine Sache ist, zu übergeben. Es finden darauf die Vorschriften der Art. 171, 191, 299 und 327[1] Anwendung."

lagen die Anträge vor:

| Prot I 1809 | 1. statt dessen zu bestimmen:

Johow (Nr 292) „In Ansehung der Erfüllung eines Schenkungsversprechens und eines geschenkten Leistungsversprechens haftet der Schenker dem Beschenkten nur für Vorsatz und grobes Versehen." (vgl. Prot. S. 1063–1066)[2]. „Von einer schenkungsweise versprochenen Geldsumme hat der Beschenkte Verzugszinsen nicht zu fordern. Der Anspruch desselben auf Schadensersatz bleibt unberührt."

(Vgl.: Obl. R. Entw. Nr. 22 § 21 Abs. 1[3]; Begründung hierzu S. 41 unten; Prot. S. 1204; Materialien über Schenkung S. 49 unter 4).

---

[1] Die Bestimmungen lauten:
Art. 171: Im Falle einer unentgeltlichen Veräußerung ist der Veräußerer zur Gewährleistung nicht verpflichtet. Hat er jedoch dem Erwerber arglistig verschwiegen, daß er zur Veräußerung nicht berechtigt war, so ist er dem Erwerber den daraus verursachten Schaden zu ersetzen verbunden. Hat er sich zur Gewährleistung verpflichtet, so ist er, wenn der Fall eintritt, nur den ordentlichen Werth des veräußerten Gegenstandes zu leisten verpflichtet.
Art. 191: Im Falle einer unentgeltlichen Veräußerung haftet der Veräußerer nicht für Mängel der Sache. Hat er jedoch die Mängel der Sache dem Erwerber arglistig verschwiegen, so ist er ihm den dadurch verursachten Schaden zu ersetzen verbunden. Hat er sich verpflichtet, für die Mängel zu haften, so hat er nach dem ordentlichen Werthe der Sache Ersatz zu leisten.
Art. 299: Ist der Schuldner mit der Zahlung von Zinsen oder mit der Zahlung einer schenkungsweise versprochenen Summe im Verzug, so hat er keine Verzugszinsen zu bezahlen.
Art. 327: Bei unentgeltlichen Veräußerungen haftet der Veräußerer auch nicht für den rechtlichen Bestand der Forderung. Hat er jedoch dem Erwerber arglistig verschwiegen, daß die Forderung nicht begründet sei, so ist er dem Erwerber den dadurch verursachten Schaden zu ersetzen verbunden.

[2] Der ursprüngliche Antrag lautete auf Streichung. Wegen der im Antrag genannten Prot. vgl. Materialien zu den §§ 276, 277 BGB.

[3] § 21 Abs. 1 TE-OR Nr. 22 lautet: „Aus einer schenkungsweise versprochenen Geldsumme dürfen Verzugszinsen nicht gefordert werden, wogegen dem Gläubiger die Geltendmachung eines erlittenen Schadens vorbehalten bleibt." (Materialien bei § 289 BGB, § 249 E I).

2. die Vorschrift zu faßen: Kurlbaum (Nr 291, 3)

„Aus einem Schenkungsversprechen hat der Schuldner, so lange er nicht zur Leistung des Versprochenen rechtskräftig verurtheilt ist, wegen Fahrlässigkeit nur im Falle grober Fahrläßigkeit zu haften und im Falle des Verzugs oder der Rechtshängigkeit des Anspruchs nur die von ihm gezogenen Nutzungen des versprochenen Gegenstandes herauszugeben.

Fällt einem Rechtsnachfolger des Schenkers eine Fahrläßigkeit oder ein Verzug zur Last oder wird der Anspruch gegen den Rechtsnachfolger des Schenkers rechtshängig, so treten die Wirkungen dieser Umstände ohne die Beschränkungen des ersten Absatzes ein."

3. den Artikel durch folgende Bestimmung zu ersetzen: „Aus einer schenkweise eingegangenen Verpflichtung haftet der Verpflichtete nur wegen Vorsatzes und grober Fahrlässigkeit." Planck (Nr 294, 1)

Die Mehrheit beschloß zunächst die Nichtaufnahme des ersten Satzes des Art. 504, weil sie denselben für selbstverständlich und daher für entbehrlich hielt, und dies namentlich auch insoweit, als er von: „überlassen des versprochenen Gegenstandes als eigen" redet, indem angenommen wurde, daß derjenige, welcher einen Gegenstand zu schenken sich verpflichte, nach dem Wortbegriffe die Substanz des Rechts, soweit letzteres ihm zustehe, | zu verschaffen verspreche und das Gegentheil bestimmt werden müße, wenn es gelten solle. | Prot I 1810

Weiter hielt man die in dem zweiten Satze sich findende Hinweisung auf die Vorschriften über Gewährleistung (Dresdener Entwurf Art. 171, 191, 327) wegen der §§ 80, 116 und 215[4] der Zusammenstellung der auf das Obligationenrecht sich beziehenden Beschlüße (Protokolle vom 12., 26. Mai und 6. November 1882 S. 726–728, 791–793, 1292–1294) für überflüssig.

Die Anträge bezwecken die Aufnahme anderer Bestimmungen, worüber an dieser Stelle Beschluß zu faßen, früher vorbehalten ist.

1. Nach S. 1063–1066[5] der Protokolle ist der Beschluß darüber vorbehalten, inwiefern der Schenker für Fahrlässigkeit hafte.

Die Anträge bringen übereinstimmend in Vorschlag, zu bestimmen, daß der Schenker außer wegen Vorsatzes auch wegen grober Fahrlässigkeit einzustehen habe.

Der Vorschlag fand keinen Widerspruch. Es kam zwar zur Sprache, daß nach den §§ 80 und 116 der Zusammenstellung der auf das Obligationenrecht sich beziehenden Beschlüße der Schenker zur Gewährleistung nur im Falle des dolus verpflichtet sei. Man glaubte jedoch, daß hierin bei der Eigenthümlichkeit der Gewährleistungspflicht kein Grund liege, die Haftung des Schenkers überhaupt nur auf den Fall des dolus zu beschränken und daß eine solche Beschränkung sowohl wegen der Vertragsnatur der Schenkung, als auch wegen der sich daraus ergebenden Abweichung von dem geltenden Rechte keine Billigung verdiene.

Die Faßung der Bestimmung blieb der Redaktion vorbehalten, nachdem für die Faßung des Antrags Nr. 3 geltend gemacht war, sie beseitige das Mißverständnis, daß die Haftung sich nicht auf die unmittelbar aus dem Gesetze sich ergebenden Verpflichtungen beziehe. Von verschiedenen Seiten wurde hervorgehoben, es werde zu prüfen sein, ob nicht die einfache Bestimmung genüge: der Schenker hafte dem Beschenkten | nur wegen Vorsatzes und grober Fahrlässigkeit. | Prot I 1811

[4] Zu § 80 TE-OR vgl. § 523 BGB; zu § 116 TE-OR vgl. § 524 BGB; zu § 215 TE-OR vgl. §§ 437–438 BGB.

[5] Abgedruckt bei §§ 276, 277 BGB.

Nach dem Antrage Nr. 2 soll die beschränkte Haftung des Schenkers mit der rechtskräftigen Verurtheilung zur Leistung des Versprochenen enden. Man beschloß die Entscheidung über diesen Vorschlag bis zur Erledigung der auf den Verzug des Schenkers und die Folgen des Streitbeginns sich beziehenden Anträge auszusetzen, indem man der Ansicht war, daß, wenn in diesen Beziehungen die Anwendbarkeit der allgemeinen Grundsätze beschlossen werden sollte, der Antrag sich erledige.

Nach dem Antrage Nr. 2 soll ferner der Rechtsnachfolger, insbesondere der Erbe des Schenkers, für jede ihm selbst zur Last fallende Fahrlässigkeit haften. Die Mehrheit erklärte sich gegen eine solche Bestimmung, weil sie eine mit zureichenden Gründen nicht zu rechtfertigende Abweichung von den allgemeinen Grundsätzen enthalte.

2. Nach S. 1203, 1204 der Protokolle[6] ist der Beschluß darüber vorbehalten, inwiefern die allgemeinen Grundsätze über mora solvendi auf den in Verzug gerathenen Schenker Anwendung leiden. Der Antrag Nr. 2 bezweckt eine erhebliche Modifikation dieser Grundsätze. Der Schenker — nicht auch deßen Rechtsnachfolger, wenn dieser selbst in Verzug geräth —, soll die Folgen der mora solvendi, soweit es sich nicht um die Herausgabe der fructus percepti handelt, erst vom Tage der rechtskräftigen Verurtheilung an tragen. Die beiden anderen Anträge wollen es dagegen bei den allgemeinen Grundsätzen belassen und dies dadurch zum Ausdruck bringen, daß über den Verzug des Schenkers nichts bestimmt wird. Die Mehrheit entschied für die beiden letzteren Anträge, unter Vorbehalt der nachträglichen Beschlußfaßung, ob der Schenker auch Verzugszinsen zu entrichten habe, in welcher Beziehung der Antrag Nr. 1 vorschlägt, den Schenker von dieser Verpflichtung zu befreien.

Erwogen war:

| Prot I 1812 Es bleibe immer mißlich, die Anwendbarkeit der allgemeinen | Grundsätze zu beschränken oder zu modifizieren. Durch Anordnungen solcher Art werde die Einfachheit des Gesetzes beeinträchtigt und seine Handhabung erschwert. Sie seien nur gerechtfertigt, wenn sich wichtige Gründe dafür geltend machen ließen. Letzteres treffe aber im vorliegenden Falle nicht zu. Unbeachtet dürfe nur nicht bleiben, daß nach § 193 der Zusammenstellung der auf das Obligationenrecht sich beziehenden Beschlüsse (Protokoll vom 16. Oktober 1882 S. 1195—1199[7]) in Verbindung mit dem oben zu Nr. 1 gefaßten Beschluße der Schenker nur durch grobe Fahrlässigkeit in Verzug gerathe.

Betreffend die Verpflichtung des Schenkers zur Zahlung von Verzugszinsen fand der Antrag Nr. 1, worin die Verpflichtung verneint wird, die Billigung der Mehrheit. Diese nahm an: Die Vorschrift, wonach der in Verzug gerathene Schuldner Verzugszinsen zu zahlen habe, auch wenn nicht erhelle, daß der Gläubiger eine Zinseneinbuße oder einen sonstigen Schaden erlitten habe, sei positiver Natur und vertrage es sich schwer mit der Billigkeit, diese positive Vorschrift auch gegen den Schenker in Anwendung zu bringen.

Einverständniß bestand, daß, wenn die allgemeinen Grundsätze über die mora solvendi mit der letztgedachten Modifikation gegen den Schenker anwendbar sein sollen, auch kein Grund obwalte, die Vorschriften über die Folgen des Streitbeginns (Zusammenstellung der auf das Obligationenrecht sich beziehenden Beschlüsse § 191 a[8]; Protokolle vom 3. und 5. Januar 1883 S. 1536, 1545—1547) von der Anwendung auszuschließen.

| Prot I 1813 | In Bezug auf den Vorbehalt im Protokolle vom 18. Oktober 1882 (S. 1204) bestand Einverständniß, daß erst bei der Schlußredaktion befunden werden könne, ob es sich

[6] Abgedruckt bei §§ 289 BGB.
[7] Vgl. Materialien zu § 285 BGB.
[8] Vgl. Materialien zu § 292 BGB.

empfehle, die vorgedachten Beschlüsse (Zusammenstellung der auf das Obligationenrecht sich beziehenden Beschlüsse §§ 80, 116, 215) in den Abschnitt von der Schenkung zu übernehmen.

Zu Artikel 505 des Entwurfs:

„Ist eine angefallene Erbschaft Gegenstand der Schenkung, so finden die Vorschriften der Art. 439 bis 442, 445 bis 448[9] analoge Anwendung." DresdE Art 505

| war beantragt: | Prot I 1814

1. die Vorschrift zu streichen, Johow (Nr 287, II)
2. die Beschlußfassung bis nach der Entscheidung über den Erbschaftskauf auszusetzen. Planck (Nr 294, 3)

Beschlossen wurde, den Artikel bei der Berathung des Abschnitts über den Erbschaftskauf zu erledigen und die zu beschließende Vorschrift in jenen Abschnitt einzustellen.

Ein Mitglied behielt sich vor, bei der Erledigung des Artikels auf die Frage zurückzukommen, ob für die Schenkung einer Erbschaft eine besondere Form vorzuschreiben sei.

184. Sitzung vom 7. 3. 1883, Schriftführer Neubauer

| Zu Art. 506 des Dresdener Entwurfs: | Prot I 1815

„Hat der Schenker sich für seine Person das Recht vorbehalten, über einen Theil des Geschenkten anderweit zu verfügen und ist er gestorben, ohne die Verfügung getroffen zu haben, so hat der Beschenkte auch einen Anspruch auf diesen Theil." DresdE Art 506

war beantragt:

die Vorschrift zu streichen, eventuell den Eingang dahin zu fassen: Johow (Nr 287 II)

„Hat in einem Schenkungsversprechen oder in einem geschenkten Leistungsversprechen der Erklärende sich das Recht vorbehalten, über den Gegenstand des Versprechens oder einen Theil desselben anderweit u.s.w."

Der Streichungsantrag wurde genehmigt.

Die Mehrheit fand in dem Artikel 506 nur eine Auslegungsregel, deren Nothwendigkeit nicht anerkannt werden könne und die namentlich auch zu dem Zwecke, um eine dem Art. 946 des französischen Civilgesetzbuchs[10] entsprechende Auslegung auszuschließen, nicht erforderlich erscheine, da dieser Artikel | auf einer ganz anderen Auffassung beruhe. In der letzteren Beziehung wurde hervorgehoben, die einen absoluten Charakter an sich tragende Bestimmung des französischen Rechts erkläre sich aus einem demselben eigenthümlichen Grundsatze über die Unzulässigkeit der nur unter einem bestimmten Vorbehalte erfolgenden Schenkung. — — | Prot I 1816

| Zu Art. 508 des Entwurfs[11]: | Prot I 1817

„Hat Jemand sein ganzes gegenwärtiges Vermögen oder einen im Verhältniß zu dem Ganzen gedachten Theil desselben geschenkt, so hat der Beschenkte nur Anspruch auf dasjenige Vermögen oder den bestimmten Theil desjenigen Vermögens, welches nach Abzug der zur Zeit der Schenkung vorhandenen Schulden des Schenkers übrig bleibt." DresdE Art 508

war beantragt:

die Vorschrift zu fassen:

---

[9] Die Art. 439 bis 448 DresdE behandeln den „Kauf einer Erbschaft".

[10] Art. 946 C. c. lautet: „En cas que le donateur se soit réservé la liberté de disposer d'un effet compris dans la donation, ou d'une somme fixe sur les biens donnés; s'il meurt sans en avoir disposé, ledit effet ou ladite somme appartiendra aux héritiers du donateur, nonobstant toutes clauses et stipulations à ce contraires."

[11] Zu Art. 507 DresdE vgl. § 520 BGB.

Planck (Nr 294, 4) „Hat Jemand sich schenkweise zu der Uebertragung seines ganzen gegenwärtigen Vermögens oder eines im Verhältniß zu dem Ganzen gedachten Theils desselben verpflichtet, so hat der Beschenkte nur Anspruch auf dasjenige Vermögen oder den bestimmten Teil desjenigen Vermögens, welches nach Abzug der zur Zeit der Schenkung vorhandenen Schulden des Schenkers übrig bleibt."

Johow Außerdem lag der Antrag auf Streichung des Artikels vor. Der letztere Antrag wurde genehmigt.

Erwogen war:

Der Art. 508 bestimme nur das Rechtsverhältniß zwischen dem Schenker und dem Beschenkten. Insofern man in ihm die dispositive Rechtsnorm finde, der, welcher sein ganzes gegenwärtiges Vermögen verschenke, verschenke – auf den ökonomischen Erfolg gesehen – nur so viel, als von dem Aktivvermögen nach Bezahlung der Schulden übrig bleibe, erscheine er selbstverständlich, indem er nur den rechtswissenschaftlichen Grundsatz zur Anerkennung bringe: bona non intelliguntur nisi deducto aere alieno. Soweit er aber zu bestimmen scheine, der Schenker sei befugt, das zur Schuldentilgung Erforderliche zurückzubehalten, stehe er mit der regelmäßigen Parteiintention

| Prot I 1818 schwerlich im Einklange. Wie die Erfahrung lehre, gehe der Partei- | wille meist dahin, daß der Beschenkte das gesammte Aktivvermögen erhalte und aus den Mitteln desselben die Schulden zu tilgen habe.

Zu Art. 509 des Entwurfes:

DresdE Art 509 „Hat der Beschenkte im Falle des Art. 508 das geschenkte Vermögen in Empfang genommen, ohne daß die zur Zahlung der Schulden des Schenkers erforderlichen Mittel abgezogen worden sind, so haftet er nach Maßgabe der Vorschrift des Art. 206 neben dem Schenker für diese Schulden, soweit das zur Zeit der Schenkung vorhandene Vermögen reicht und, wenn er darüber ein öffentlich beglaubigtes Verzeichniß nicht hat aufnehmen lassen, oder wenn er sich bei Aufnahme des letzteren einer Unredlichkeit schuldig gemacht hat, auch mit seinem eigenen Vermögen."

und zu Art. 510 des Entwurfes:

DresdE Art 510 „Eine zwischen dem Schenker und dem Beschenkten getroffene Vereinbarung, daß der Letztere von der im Art. 509 bezeichneten Haftpflicht befreit sein solle, ist nichtig."

vgl. die Materialien zu § 419 BGB.

| Prot I 1823 | Zu Art. 511 des Entwurfs:

DresdE Art 511 „Die Erfüllung der Verbindlichkeit aus einem Schenkungsvertrage hat, wenn nicht nach den Vorschriften des Art. 255 Abs. 1[12] etwas Anderes anzunehmen ist, an dem Wohnsitze des Schenkers zur Erfüllungszeit zu erfolgen."

war beantragt:

Johow (Nr 287, II) 1. den Art. zu fassen:

„Die Erfüllung eines Schenkungsversprechens oder eines geschenkten Leistungsversprechens hat im Zweifel an dem Orte zu erfolgen, wo der Schuldner zur Zeit der Erklärung des Versprechens seinen Wohnsitz hatte."

Planck (Nr 294, 6) 2. den Artikel zu streichen.

Der Art. 511 wurde vorbehaltlich der Fassung durch Mehrheitsbeschluß gebilligt. Die Mehrheit ging davon aus: Unverkennbar spreche die Billigkeit dafür, dem Schenker das Recht beizulegen, an dem Orte zu erfüllen, wo er zur Erfüllungszeit seinen Wohnsitz habe. Nach den §§ 174 und 175 der Zusammenstellung der auf das Obligationenrecht sich beziehenden Beschlüsse (Protokolle vom 25. September 1882 S. 1078–1084) werde ihm aber dieses Recht, wenn der Art. 511 keine Aufnahme finde, in vielen Fällen versagt werden müssen, weshalb die Billigung der Vorschrift angemessen erscheine.

12 Vgl. Materialien zu § 269 BGB.

**II., III., IV. 1.** In der *RedVorl* lautet die beschlossene Regelung:

§ 309 (7) Der Schenker haftet dem Beschenkten nur wegen Vorsatzes und grober Fahrlässigkeit. (NB: zu vergl. §§ 166 u. ff.). RedVorl § 309

oder: Der Schenker haftet wegen Nichterfüllung seiner Verpflichtungen dem Beschenkten nur dann, wenn ihm Vorsatz oder grobe Fahrlässigkeit zur Last fällt.

§ 310 (8) Der im Verzuge befindliche Schenker hat Verzugszinsen nicht zu entrichten, unbeschadet seiner Verpflichtung zum Schadensersatz. RedVorl § 310

(NB: Von versprochenen Geldsummen wird wegen der Schlußbestimmung § 195 nicht zu reden sein.)

§ 311 (9). Das Schenkungsversprechen ist im Zweifel an dem Orte zu erfüllen, an welchem der Schenker zur Erfüllungszeit seinen Wohnsitz hat. RedVorl § 311

**2.** In der *ZustOR* (im *KE, E I)* lautet die Regelung:

§ 309. Der Schenker haftet wegen Nichterfüllung seiner Verpflichtungen dem Beschenkten nur dann, wenn ihm Vorsatz oder grobe Fahrlässigkeit zur Last fällt. ZustOR § 309 KE § 439 E I § 442

§ 310. Der im Verzuge befindliche Schenker hat Verzugszinsen nicht zu entrichten, unbeschadet seiner Verpflichtung zum Schadensersatz[13]. ZustOR § 310 KE § 442 E I § 445

§ 311. Das Schenkungsversprechen ist im Zweifel an dem Orte zu erfüllen, an welchem der Schenker zur Erfüllungszeit seinen Wohnsitz hat. ZustOR § 311 KE § 443 E I § 446

## B. Vorkommission des Reichsjustizamtes

**I.** Beantragt war:

**1. a)** Den § 442 dahin zu fassen:

Der Schenker haftet dem Beschenkten aus einem Schenkungsversprechen wegen Nichterfüllung seiner Verpflichtungen sowie in den Fällen der §§ 345, 347 nur dann, wenn ihm Vorsatz oder grobe Fahrlässigkeit zur Last fällt. Struckmann (Nr 3, 3)

**b)** Den § 445 in folgender Fassung dem § 442 als Abs. 2 anzuschließen:

Im Falle des Verzuges hat er Verzugszinsen nicht zu entrichten. Struckmann (Nr 3, 5)

**2.** Den § 446 zu streichen. Planck (Nr 6, 43) Jacubezky (Nr 8, 7)

**II.** 66. Sitzung vom 6. 1. 1892

| Der § 442 wurde sachlich gebilligt. Hinzugefügt wurde, daß auch in den Fällen der §§ 345, 347, in denen es sich nicht eigentlich um Haftung „wegen Nichterfüllung" handelt, eine Haftung des Schenkers nur bei Vorsatz oder grober Fahrlässigkeit eintritt. Der § 442 erhielt sonach folgende Fassung: | ProtRJA 394

„Der Schenker haftet dem Beschenkten aus einem Schenkungsversprechen wegen Nichterfüllung seiner Verpflichtungen sowie in den Fällen der §§ 345, 347 nur dann, wenn ihm Vorsatz oder grobe Fahrlässigkeit zur Last fällt." E I-RJA § 442

---

[13] Im KE und E I heißt es „Schadensersatze".

| ProtRJA 294 | Der § 445 soll in folgender Fassung dem § 442 als Abs. 2 angeschlossen werden: „Verzugszinsen hat der Schenker nicht zu entrichten." Die Worte „unbeschadet seiner Verpflichtung zum Schadensersatze" wurden als in Folge der Umstellung entbehrlich gestrichen.

| ProtRJA 298 | ProtRJA 299 | Der § 446 wurde als neben den allgemeinen Grundsätzen über den Ort der Leistung entbehrlich ge- | strichen, zumal die hier aufgestellte Auslegungsregel unter Umständen, z. B. wenn die geschenkte Spezies sich nicht am Wohnsitz des Schenkers befinde, nicht zutreffe.

## C. 2. Kommission

**I.** Anträge (Prot. I, S. 21, 29, 30; *Mugdan*, Bd. 2, S. 747, 752)

a) Zu § 442 lagen die Anträge vor:

Struckmann (Nr 68, 5) 1. die Fassung des E I-RJA § 442;

Wilke (Nr 117, 3) 2. an Stelle der §§ 442, 443, 444, 445 (im Wesentlichen dem Vorschlage *Rocholl*'s entsprechend) folgende Paragraphen aufzunehmen: Der Schenker haftet wegen Nichterfüllung, wegen Unmöglichkeit der Erfüllung und wegen verzögerter Erfüllung nur, soweit ihm Vorsatz oder grobe Fahrlässigkeit zur Last fällt. Ebenso haftet der Schenker wegen Mangels in seinem Rechte und wegen Mangels der verschenkten Sache nur im Falle Vorsatzes oder grober Fahrlässigkeit und nur für Schadensersatz. Jedoch kann der Beschenkte, wenn ein nur der Gattung nach bestimmter Gegenstand versprochen ist, einen anderen Gegenstand fordern.

Der Antrag 1 stimmt sachlich mit dem Entw. überein, enthält aber einen Zusatz, nach dem der Schenker auch in den Fällen der §§ 345, 347, in welchen es sich nicht eigentlich um eine Haftung wegen Nichterfüllung handelt, nicht für jede Fahrlässigkeit, sondern nur für Vorsatz und grobe Fahrlässigkeit haften soll. Der Antrag 2 (Abs. 1) steht nach der Erklärung des Antragstellers auf dem gleichen Standpunkte.

Die Kom. nahm den Antrag 1 an, indem sie davon ausging, daß der beantragte Zusatz dem Sinne der Vorschrift des Entw. entspreche; der Antrag 2 wurde der RedKom überwiesen.

b) Zu § 445 war beantragt:

Struckmann (Nr 68, 9) 1. die Bestimmung dem § 442 als Abs. 2 in nachstehender Fassung anzuschließen: Verzugszinsen hat der Schenker nicht zu entrichten.

Wilke (Nr 117, 3) 2. den unter a) 2 gestellten Antrag anzunehmen.

Die Kom. lehnte den Antrag 2, soweit er sich auf § 445 bezieht, ab: der § 445 des Entw. wurde unter Vorbehalt einer redaktionellen Umgestaltung im Sinne des Antrags 1 angenommen.

Struckmann (Nr 68, 10) c) Der § 446 wurde gestrichen (Antrag von *Struckmann*, Nr. 68, 10)

**II.** In der VorlZust lautet die beschlossene Regelung:

E I-VorlZust § 442 § 442. Der Schenker haftet nur wegen Vorsatz und grober Fahrlässigkeit. Dies gilt auch in den Fällen der §§ 344, 347.

E I-VorlZust § 445 § 445. Zur Entrichtung von Verzugszinsen ist der Schenker nicht verpflichtet.

**III.** Fassung der Regelung in der ZustRedKom:

§ 442. Der Schenker haftet nur wegen Vorsatzes und grober Fahrlässigkeit. E I-ZustRedKom § 442

§ 445 lautet wie die Fassung des E I-VorlZust § 445.

**IV., V.** Die Fassung der Regelung in den §§ 468, 469 *E II* (*E II rev* §§ 515, 516; *E III* §§ 516, 517) gleicht der der §§ 521, 522 BGB.

## § 523

**Verschweigt der Schenker arglistig einen Mangel im Rechte, so ist er verpflichtet, dem Beschenkten den daraus entstehenden Schaden zu ersetzen.**

**Hatte der Schenker die Leistung eines Gegenstandes versprochen, den er erst erwerben sollte, so kann der Beschenkte wegen eines Mangels im Rechte Schadensersatz wegen Nichterfüllung verlangen, wenn der Mangel dem Schenker bei dem Erwerbe der Sache bekannt gewesen oder in Folge grober Fahrlässigkeit unbekannt geblieben ist. Die für die Gewährleistungspflicht des Verkäufers geltenden Vorschriften des § 433 Abs. 1, der §§ 434 bis 437, des § 440 Abs. 2 bis 4 und der §§ 441 bis 444 finden entsprechende Anwendung.**

### A. 1. Kommission

**I.** a) 87. Sitzung vom 12. 5. 1882, Schriftführer Neubauer

| Zu § 21 des Entwurfes: | Prot I 725 TE-OR (Nr 20) § 21

„Im Falle einer unentgeltlichen Veräußerung ist der Veräußerer zur Gewährleistung nicht verpflichtet. Wenn er dem Erwerber den ihm bekannten Mangel in seinem Rechte oder das Recht des Dritten absichtlich verschwiegen hat, so ist er dem Erwerber den dadurch verursachten Schaden zu ersetzen verbunden. Hat der Veräußerer sich zur Gewährleistung besonders verpflichtet, so ist er keinesfalls mehr, als den ordentlichen Werth des veräußerten Gegenstandes dem Erwerber zu ersetzen verpflichtet."

lagen die Anträge vor:

1. im zweiten Satze statt „absichtlich" zu setzen „arglistig". Gebhard (Nr 58, 3)

2. statt dessen in dem dem § 20[1] voranzustellenden § zu bestimmen: Kurlbaum (Nr 54 i)

„Im Fall der Schenkung ist der Veräußerer zur Gewährleistung nur dann verpflichtet, wenn er eine Quantität vertretbarer Sachen zu veräußern versprochen hat. Hat er dem Erwerber den ihm bekannten Mangel in seinem Rechte verschwiegen, so ist er dem Erwerber zum Ersatz des dadurch verursachten Schadens verpflichtet."

Dieser Antrag wurde dahin geändert, daß es statt: „eine Quantität vertretbarer Sachen" heißen soll: „einen nur der Gattung nach bestimmten Gegenstand".

3. dem ersten Satze nach den Worten: „zur Gewährleistung nicht verpflichtet" hinzuzufügen: v. Weber

---

[1] Zu § 20 TE-OR Nr. 20 vgl. Materialien zu § 443 BGB.

| Prot I 726 | „er muß jedoch, wenn ihm an seinen Rechtsvorgänger ein Gewährleistungsanspruch zusteht, diesen dem Erwerber abtreten".

(vorbehaltlich der Frage, ob nach den Bestimmungen über cessio necessaria etwa unmittelbarer Uebergang des Forderungsrechts auszusprechen).

Der Antrag zu 1 wurde durch den Beschluß Nr. 4 zu § 20 für erledigt erachtet.

Unbeanstandet blieb das im § 21 enthaltene Prinzip, daß im Falle des nicht entgeltlichen obligatorischen Vertrages der Veräußerer, sofern der Vertrag auf eine species sich beziehe, wegen Mangels in seinem Rechte nicht zu haften habe, sofern er nicht die Haftung besonders übernommen hat.

Im Uebrigen wurden folgende Beschlüsse gefaßt:

1. Statt „unentgeltliche Veräußerung" soll es mit dem Antrage zu 2 heißen „Schenkung". Man erwog: Das erwähnte Prinzip sei zweifellos gerechtfertigt für die Schenkung im juristischen Sinne; nun gebe es allerdings unentgeltliche Zuwendungen, welche nicht als wahre Schenkungen sich betrachten ließen oder als solche vom Gesetze nicht betrachtet würden. Zu entscheiden sei, ob solche Zuwendungen dem Prinzipe des § 21 ebenfalls unterliegen. Wenn das Gesetz dieselben als Schenkungen nicht angesehen wissen wolle, so könne die Frage füglich nicht bejaht werden. Einleuchtend aber sei, daß es im höchsten Maße bedenklich bleibe, allgemein zu bestimmen, die gedachten Zuwendungen seien jenem Prinzipe zu unterwerfen. Der richtige Weg sei, im Einzelnfalle die Frage in dem einen oder anderen Sinne zu lösen, die vorliegende Bestimmung folglich auf Schenkungen zu beschränken.

2. Entsprechend dem Antrage zu 2 soll, wenn der obligatorische Vertrag auf eine nur
| Prot I 727 der Gattung nach be- | stimmte Sache sich bezieht, die Haftung des Veräußerers wegen Mangels in seinem Rechte, wie bei der entgeltlichen Veräußerung, eintreten. Entscheidend war die Erwägung: die Haftung werde der regelmäßigen Intention der Parteien entsprechen und am wenigsten dem Rechtsgefühl widerstreben.

3. Der letzte Satz des § 21 soll keine Aufnahme finden. Man fand darin eine für einen seltenen Fall bestimmte und daher entbehrliche, überdies nicht ganz unbedenkliche Auslegungsregel.

4. Der Antrag zu 3 wurde abgelehnt. Die Mehrheit war der Ansicht: Was der Antrag zu bestimmen bezwecke, dürfe insofern als selbstverständlich gelten, als der Schenkgeber verpflichtet erscheine, dem Beschenkten zu gewähren, was an Stelle des verschenkten, aber untergegangenen oder von einem Dritten evinzirten Gegenstandes in sein Vermögen gekommen sei. Dies in einer einzelnen Anwendung ausdrücklich auszusprechen, sei nicht ohne Gefahr. Denn es könne daraus ein argumentum e contrario für andere Fälle entnommen werden, z. B. wenn vor der Uebergabe der verschenkte Gegenstand durch Schuld eines Dritten untergegangen sei. Bei den Vorschriften über die Unmöglichkeit der Erfüllung werde in größerer Ausdehnung zu prüfen sein, welche Pflichten dem Veräußerer obliegen, wenn zwar das veräußerte Objekt untergegangen oder evinzirt, dagegen an dessen Stelle ein anderer Vermögenswert dem Veräußerer zugegangen sei.

5. Schließlich bestand Einverständniß, daß in Gemäßheit des Beschlusses Nr. 2 der § 21 dem § 20 vorzustellen ist. Zugleich wurde beschlossen, die Entscheidung der Frage der Ausdehnung der Vorschriften dieses Abschnitts auf die sonstigen Veräußerungsfälle
| Prot I 728 (Prot. S. 671) dem Abschnitte über | Rechtsübertragung (Theilentwurf des Obligationenrechts Nr. 3) vorzubehalten.

b) Zu § 11 TE-OR Nr. 3 (Zessionsrecht) vgl. Materialien zu den §§ 437–438 BGB.

**II. 1.** 1. Fassung der beschlossenen Regelung in der *ZustOR* als

§ 80. Im Falle der Schenkung haftet der Veräußerer wegen eines Mangels in seinem Rechte nur dann, wenn er eine nur der Gattung nach bestimmte Sache zu schenken versprochen hat. Hat er bei einer anderen Schenkung das Recht des Dritten gekannt und dem Erwerber verschwiegen, so ist er dem letzteren zum Ersatz des dadurch verursachten Schadens verpflichtet. ZustOR § 80

**2. a)** 285. Sitzung vom 30. 1. 1884, Schriftführer Neubauer

| Nach dem Hauptantrage soll in § 215 das Zitat: | Prot I 3248

„§ 80„ gestrichen und in dem zweiten Abschnitte im Titel: „Schenkung“ in dem dorthin zu übernehmenden § 80 bestimmt werden: Kurlbaum (Nr 555)

„Der Schenker haftet wegen eines vor dem Abschluß des Schenkungsvertrags begründeten | Mangels in seinem Rechte nach Maßgabe der §§ 69 bis 79 nur dann, wenn er pp. . . . (bis „verpflichtet“). | Prot I 3249

Im Falle der Schenkung einer Forderung finden die Vorschriften des ersten Absatzes nach Maßgabe des § 215 entsprechende Anwendung.“

Die Berathung hierüber gelangte nicht zum Abschluß.

**b)** 286. Sitzung vom 1. 2. 1884, Schriftführer Neubauer

| Betreffend den am Schluß des vorigen Protokolls (S. 3248, 3249) gedachten Antrag, so wurde derselbe dahin berichtigt: | Prot I 3252

in § 215 das Zitat § 80 zu streichen, ferner die §§ 80 und 116 in den Abschnitt über die Schenkung hinter den § 309 der Zusammenstellung zu versetzen, und zwar mit folgenden Fassungsänderungen:

§ 80. „Der Schenker haftet dem Beschenkten wegen eines Mangels in seinem Rechte nach Maßgabe der §§ 69–79 und 215 nur dann, wenn er einen nur der Gattung nach bestimmten Gegenstand zu schenken versprochen hat. Hat er bei einer anderen Schenkung u.s.w. . . . (bis) verpflichtet.“

| § 116. „Der Schenker haftet dem Beschenkten nicht wegen eines Mangels der verschenkten Sache. Hat er jedoch u.s.w. . . . (bis) verpflichtet.“ | Prot I 3253

„Die vorstehenden Bestimmungen finden auch in dem Falle Anwendung, wenn von dem Schenker eine nur u.s.w. . . . (bis) des § 101.“

Der Antrag wurde gebilligt.

**III. 1.** Im *KE* lautet die beschlossene Regelung als § 440: Der Schenker haftet dem Beschenkten wegen eines Mangels in seinem Rechte nach Maßgabe der §§ 296, 367 bis 377 nur dann, wenn er einen der Gattung nach bestimmten Gegenstand zu schenken versprochen hat. Hat er bei einer anderen Schenkung das Recht des Dritten gekannt und dem Erwerber verschwiegen, so ist er dem letzteren zum Ersatze des dadurch verursachten Schadens verpflichtet. KE § 440

**2.** Auf Anregung von *v. Schmitt* (Nr. 583, 2) wurde beschlossen in § 440 KE statt „der Gattung nach“ zu setzen: „nur der Gattung nach“, um die Fassung dieses Paragraphen mit der in anderen Fällen (§§ 212, 255, Abs. 2 pp. KE) zur Bezeichnung eines generisch bestimmten Leistungsgegenstandes gebrauchten Ausdrucksweise zu bringen (Prot. I, S. 11724).

**IV.** Im *E I* lautet die Regelung als § 443: Der Schenker haftet dem Beschenkten wegen eines Mangels in seinem Rechte nach Maßgabe der §§ 298, 370 bis 380 nur dann, wenn er einen nur der Gattung nach bestimmten Gegenstand zu schenken versprochen E I § 443 hat. Hat er bei einer anderen Schenkung das Recht des Dritten gekannt und dem Erwerber verschwiegen, so ist er dem letzteren zum Ersatze des dadurch verursachten Schadens verpflichtet.

## B. Vorkommission des Reichsjustizamtes

I. Beantragt war:

1. Die §§ 443, 444 dahin zusammen zu fassen:

Struckmann (Nr 3, 4) Der Schenker haftet dem Beschenkten weder wegen eines zur Zeit der Schließung des Vertrages vorhandenen Mangels in seinem Rechte noch wegen eines zu dieser Zeit vorhandenen Mangels der geschenkten Sache, insbesondere auch nicht wegen Mangels einer zugesicherten Eigenschaft. Hat er jedoch den Mangel bei der Schenkung dem Beschenkten arglistig verschwiegen, so ist er diesem zum Ersatze des dadurch verursachten Schadens verpflichtet.

Planck (Nr 6, 40) 2. a) Im § 443 Satz 1 statt der §§ „298, 370 bis 380" zu setzen: „370 bis 380a" und im Satz 2 statt der Worte „gekannt und" zu setzen: „arglistig".

Planck (Nr 6, 41) b) Im § 444 statt „gekannt und" zu setzen: „arglistig".

3. Die §§ 443, 444 in folgender Weise zusammenzufassen:

Jacubezky (Nr 8, 6) Der Schenker haftet dem Beschenkten wegen eines Mangels in seinem Rechte oder eines Mangels der verschenkten Sache, wenn er den Mangel arglistig verschwiegen hat. Hat der Schenker einen von ihm zu erwerbenden Gegenstand zu leisten, so haftet er wegen eines Mangels in seinem Rechte oder eines Mangels der verschenkten Sache nach Maßgabe des § 442. Soweit nach diesen Vorschriften eine Haftung des Schenkers besteht, finden die für entgeltliche Verträge geltenden Vorschriften entsprechende Anwendung.

II. 66. Sitzung vom 5. 1. 1892

| Prot-RJA 394 | Zu den §§ 443, 444 war man mit dem Entwurfe darin einverstanden, daß der Schenker wegen eines Mangels in seinem Rechte und wegen Mängel der verschenkten | Prot-RJA 395 Sache dem Beschenkten stets dann haften | müsse, wenn er den Mangel arglistig verschwiegen hat. Man hielt es jedoch im Interesse des Verkehrs und der Rücksicht auf Treu und Glauben für geboten, die Haftung des Schenkers in solchen Fällen nicht auf das negative Interesse zu beschränken (§ 443 Satz 2, § 444 Abs. 1 Satz 2), sondern nach Maßgabe der für entgeltliche Verträge geltenden Vorschriften (§ 385) den Beschenkten einen Anspruch auf Schadensersatz wegen Nichterfüllung zu gewähren. In gleichem Umfange soll ferner der Schenker für Rechtsmängel auch wegen grober Fahrlässigkeit in allen den Fällen haften, in denen er eine nach dem Inhalte des Schenkungsversprechens von ihm erst *zu erwerbende* Sache zu leisten hat. Man hielt die in § 443 Satz 1 gemachte Unterscheidung zwischen dem Versprechen einer Spezies und dem Versprechen einer Gattungssache nicht für zweckentsprechend, weil der von den Mot. (II S. 296) betonte richtige Gesichtspunkt, daß der Schenker voraussetzlich einen Gegenstand nur eben so, wie er ihn selbst habe, auf den Beschenkten übertragen wolle, auch dann zutreffe, wenn der Schenker eine oder mehrere der in seinem Besitze befindlichen Gattungssachen zu schenken verspreche (z. B. drei Stücke seiner Schafherde), während andererseits dieser Gesichtspunkt bei dem Versprechen einer Spezies überall da nicht zutreffe, wo der Schenker dieselbe erst für den Beschenkten beschaffen wolle. Andererseits gehe der

Entwurf darin zu weit, daß er im Falle des Versprechens einer Gattungssache den Schenker wegen Nichtverschaffung des Rechts ohne Rücksicht auf Verschulden wie bei entgeltlichen Verträgen für Schadensersatz wegen Nichterfüllung haften lasse; vielmehr müsse hier die Haftung nach Maßgabe des § 442 auf den Fall beschränkt werden | wenn dem Schenker Vorsatz oder grobe Fahrlässigkeit wegen Nichtverschaffung des Rechts zur Last falle. Die weitergehende auf die Unterstellung eines Garantieversprechens sich gründende Haftung bei entgeltlichen Verträgen beruhe auf der Entgeltlichkeit. Auch hinsichtlich der Haftung wegen Mängel der geschenkten Sache schien es durch die Rücksicht auf Treu und Glauben geboten, dem Schenker in solchen Fällen, in denen er die Besorgung einer fremden Genussache für den Beschenkten übernommen habe, die Haftung wegen grober Fahrlässigkeit, d. h. für den Fall aufzuerlegen, daß ihm bei dem Erwerbe der Sache der Mangel in Folge grober Fahrlässigkeit unbekannt geblieben war, während, wenn der Schenker eine in seinem Besitze befindliche Genussache oder eine von ihm erst zu erwerbende Spezies versprochen habe, die Haftung auf den Fall arglistigen Verschweigens des Mangels der Sache beschränkt werden müsse. Soweit es sich um eine von dem Schenker erst zu erwerbende Gattungssache handele, erscheine es billig, dem Beschenkten das Recht zu geben, wegen eines Mangels im Rechte des Schenkers oder wegen eines Mangels der verschenkten Sache statt Schadensersatzes wegen Nichterfüllung die Lieferung eines anderen mangelfreien Gegenstandes an Stelle des mangelhaften zu fordern. Die Frage, welche Bedeutung der *Zusicherung* einer Eigenschaft bei der Schenkung zukomme, sei der Entscheidung des einzelnen Falls zu überlassen. | Prot-RJA 396

Hiernach wurden die §§ 443, 444, vorbehaltlich einer Verdeutlichung der Fassung, in folgender Weise zusammengefaßt: „Der Schenker haftet dem Beschenkten wegen eines | Mangels in seinem Rechte oder eines Mangels der verschenkten Sache, wenn er den Mangel arglistig verschwiegen hat. Hat der Schenker einen von ihm erst zu erwerbenden Gegenstand zu leisten, so haftet er wegen eines Mangels in seinem Rechte oder eines Mangels der verschenkten Sache nach Maßgabe des § 442. Ist der zu erwerbende Gegenstand nur der Gattung nach bestimmt, so kann der Beschenkte statt Schadensersatzes wegen Nichterfüllung Leistung eines mangelfreien Gegenstandes an Stelle des mangelhaften fordern." | Prot-RJA 397 E I-RJA §§ 443, 444

## C. 2. Kommission

I. Zu § 443 E I war beantragt (Prot. II, Bd. 2, S. 25–26; *Mugdan*, Bd. 2, S. 749f.):

1. den § 443 durch nachstehende Vorschriften zu ersetzen: Struckmann (Nr 68, 7)

Der Schenker haftet dem Beschenkten wegen eines Mangels in seinem Rechte für Schadensersatz wegen Nichterfüllung, wenn er den Mangel dem Beschenkten bei der Schenkung arglistig verschwiegen hat.

Das Gleiche gilt, wenn der Schenker einen von ihm erst zu erwerbenden Gegenstand zu leisten versprochen hat und ihm wegen Nichtverschaffung desselben Vorsatz oder grobe Fahrlässigkeit zur Last fällt. Ist der zu erwerbende Gegenstand nur der Gattung nach bestimmt, so kann der Beschenkte statt Schadensersatzes wegen Nichterfüllung Verschaffung eines anderen Gegenstandes an Stelle des geleisteten verlangen

2. an die Stelle der §§ 442, 443, 444, 445 den zu § 521 BGB unter C I a 2 vorgeschlagenen Paragraphen zu setzen. Wilke (Nr 117, 3)

3. dem § 443 folgenden Wortlaut zu geben:

Hat der Schenker einen Mangel in seinem Rechte dem Verschenkten arglistig verschwiegen, so ist er ihm den dadurch verursachten Schaden zu ersetzen verpflichtet

Hat der Schenker einen Gegenstand zu leisten versprochen, welcher von ihm erst noch erworben werden soll, und tritt nach Uebertragung des Gegenstandes auf den Beschenkten ein Mangel im Rechte des Schenkers hervor, so kann der Beschenkte Schadensersatz wegen Nichterfüllung verlangen, wenn der Schenker den Mangel aus Vorsatz oder in Folge grober Fahrlässigkeit zu beseitigen unterlassen hat. Die Vorschrift des § 374 Abs. 2 (in der Fassung der RedKom findet entsprechende Anwendung;

Jacubezky (Nr 97, 3) 4. im Abs. 2 die Worte „wegen Nichtverschaffung desselben" zu ersetzen durch die Worte „wegen Mangels in seinem Rechte" (oder „in der Rechtsverschaffung").

Die Kom. beschloß:

1. den § 443 in der Fassung des Antrags 3 anzunehmen;

2. den Satz 1 und den Satz 3 des Antrags 1 sowie den Antrag 2, soweit er den Schenker auch wegen Unmöglichkeit der Erfüllung haften lassen will, abzulehnen;

3. die in dem Satz 2 des Antrags 1 und die in dem Antrage 4 vorgeschlagenen Fassungen der RedKom zu überweisen;

4. die Beschlußfassung über den Antrag 2, soweit derselbe den Schenker auch wegen eines Mangels der Sache und wegen verzögerter Erfüllung haften lassen will, vorläufig auszusetzen.

**II., III., IV.** In der *VorlZust* (*ZustRedKom*, im E II) lautet die Regelung:

E I-VorlZust § 443 **a)** § 443. Hat der Schenker einen Mangel in seinem Rechte dem Beschenkten arglistig verschwiegen, so ist er diesem den dadurch verursachten Sachen zu ersetzen verpflichtet.

Hat der Schenker einen Gegenstand zu leisten versprochen, welchen er erst erwerben sollte, so ist er, wenn ihm in Ansehung eines Mangels in dem von ihm dem Beschenkten verschafften Rechte Vorsatz oder grobe Fahrlässigkeit zur Last fällt, dem Beschenkten Schadensersatz wegen Nichterfüllung zu leisten verpflichtet. Die für den Kauf geltenden Vorschriften des § 374 Abs. 2, 3 finden entsprechende Anwendung.

E I-ZustRedKom § 443 **b)** § 443. Hat der Schenker einen Mangel in seinem Rechte arglistig verschwiegen, so ist er verpflichtet, dem Beschenkten den dadurch verursachten Schaden zu ersetzen.

Hat der Schenker einen Gegenstand zu leisten versprochen, den er erst erwerben sollte, so kann der Beschenkte wegen eines Mangels im Rechte Schadensersatz wegen Nichterfüllung verlangen, wenn dem Schenker Vorsatz oder grobe Fahrlässigkeit zur Last fällt. Die für den Kauf geltenden Vorschriften des § 459 g Abs. 2, 3 und der §§ 459h, 462a finden entsprechende Anwendung.

E II § 470 **c)** § 470. Hat der Schenker einen Mangel im Rechte arglistig verschwiegen, so ist er verpflichtet, dem Beschenkten den dadurch verursachten Schaden zu ersetzen.

Hatte der Schenker die Leistung eines Gegenstandes versprochen, den er erst erwerben sollte, so kann der Beschenkte wegen eines Mangels im Rechte Schadensersatz wegen Nichterfüllung verlangen, wenn der Mangel dem Schenker bei dem Erwerbe der Sache bekannt gewesen oder in Folge grober Fahrlässigkeit unbekannt geblieben ist. Die für die Gewährleistungspflicht des Verkäufers geltenden Vorschriften des § 382 Abs. 2, 3 und der §§ 383, 384 finden entsprechende Anwendung.

Jacubezky (Nr 36, 5) **2.** Revision des E II (Prot. II, Bd. 6, S. 183; *Mugdan*, Bd. 2, S. 751): Zu § 470 war in Ausführung des bei der Berathung des Entw. I § 1897 (Bd. V S. 226, 227) gemachten Vorbehalts der Antrag gestellt, in dem Abs. 2 den Satz 2 wie folgt zu fassen: „Die für die

Gewährleistungspflicht des Verkäufers geltenden Vorschriften des § 375 Abs. 1, der §§ 376 bis 379, des § 382 Abs. 2, 3 und der §§ 383 bis 385 finden entsprechende Anwendung." (Vgl. die Anm. zu § 1879 RedVorl). – Die Kom. billigte den Antrag, um Uebereinstimmung mit dem vom Gattungsvermächtnisse handelnde § 2052 herzustellen.

V. Die Fassung des *E II rev* § 517 (E III § 518) gleicht der des § 523 BGB.

## § 524

**Verschweigt der Schenker arglistig einen Fehler der verschenkten Sache, so ist er verpflichtet, dem Beschenkten den daraus entstehenden Schaden zu ersetzen.**

**Hatte der Schenker die Leistung einer nur der Gattung nach bestimmten Sache versprochen, die er erst erwerben sollte, so kann der Beschenkte, wenn die geleistete Sache fehlerhaft und der Mangel dem Schenker bei dem Erwerbe der Sache bekannt gewesen oder in Folge grober Fahrlässigkeit unbekannt geblieben ist, verlangen, daß ihm an Stelle der fehlerhaften Sache eine fehlerfreie geliefert wird. Hat der Schenker den Fehler arglistig verschwiegen, so kann der Beschenkte statt der Lieferung einer fehlerfreien Sache Schadensersatz wegen Nichterfüllung verlangen. Auf diese Ansprüche finden die für die Gewährleistung wegen Fehler einer verkauften Sache geltenden Vorschriften entsprechende Anwendung.**

### A. 1. Kommission

I. 93. Sitzung vom 26. 5. 1882, Schriftführer Neubauer

| Zu § 38 des Entwurfes: | Prot I 790 TE-OR (Nr 20) § 38

„Im Falle unentgeltlicher Veräußerung einer Sache haftet der Veräußerer nicht für Mängel derselben. Hat er jedoch Mängel der Sache der im § 22 bezeichneten Art dem Erwerber absichtlich verschwiegen, so ist er demselben den dadurch verursachten Schaden zu ersetzen verbunden. Hat er sich verpflichtet, für die Mängel zu haften, so ist er verbunden, dem Erwerber den Unterschied zwischen dem ordentlichen Werth der Sache ohne den Mangel und dem Werthe derselben mit dem Mangel zur Zeit des Vertragsschlusses zu ersetzen."

lagen die Anträge vor:

1. den § 38 vor § 36 zu setzen und zu fassen: Kurlbaum (Nr 75)

„Im Falle der Schenkung haftet der Veräußerer für Mängel der Sache nur, wenn er eine nur der Gattung nach bestimmte Sache zu veräußern versprochen hat. Der Erwerber kann in diesem Falle anderweite Leistung oder Ersatz des Minderwerthes der veräußerten Sache fordern.

Hat der Veräußerer einen Mangel der Sache gekannt und verschwiegen, so ist er verpflichtet, den hierdurch entstandenen Schaden dem Erwerber zu ersetzen."

2. den § 38 zu fassen: v. Schmitt (Nr 7a)

„Im Falle der Schenkung einer Sache kann der Beschenkte wegen des Mangels versprochener Eigenschaften den Ersatz des Minderwerthes der Sache oder, falls eine Gattungssache geschenkt ist, anderweitige Leistung verlangen.

In dem Falle eines Mangels der in § 22 bezeichneten Art kann der Beschenkte, wenn der Veräußerer den Mangel gekannt und verschwiegen hat, den Ersatz des dadurch verursachten Schadens verlangen."

| Prot I 791 | I. Beschlossen wurde, zunächst nur den Fall zu erledigen, in welchem die Schenkung eine individuell bestimmte Sache betrifft und hierbei über die verschiedenen in Betracht kommenden Fragen getrennt zu entscheiden.

Diese Fragen wurden entschieden, wie folgt:

1. Soll der Schenker wegen des Mangels einer zugesicherten Eigenschaft haften?

Die Frage wurde verneint. Es überwog die Ansicht, die Haftung führe zu Unbilligkeiten und vertrage sich wenig mit dem Wesen des Schenkungsvertrags.

2. Soll der Schenker wegen des Mangels einer vorausgesetzten Eigenschaft haften?

Die Frage wurde aus gleichem Grunde und in Konsequenz des vorausgegangenen Beschlusses verneint.

3. Soll der Schenker, wenn er den Mangel einer zugesicherten Eigenschaft gekannt und verschwiegen hat, wegen des dem Erwerber aus der Verschweigung entstandenen Schadens haften?

| Prot I 792 Die Frage wurde bejaht, indem man erwog, die Bejahung rechtfertige sich aus | den allgemeinen, für die Vertretung eines unredlichen Verhaltens geltenden Grundsätzen.

4. Soll der Schenker, wenn er den Mangel einer vorausgesetzten Eigenschaft gekannt und verschwiegen hat, wegen des dem Erwerber aus der Verschweigung entstandenen Schadens haften?

Die Frage wurde aus gleichem Grunde bejaht.

5. Soll der Fall besonders vorgesehen werden, wenn der Schenker sich besonders verpflichtet hat, wegen eines Mangels zu haften?

Die Frage wurde aus denselben Gründen verneint, welche bei der Berathung des § 21 (Protokolle S. 727[1]) zur Verneinung der ähnlichen Frage geführt haben.

II. Uebergegangen wurde zur Erledigung des Falles, wenn eine Gattungssache den Gegenstand der Schenkung bildet.

Die den obigen Fragen entsprechenden Fragen wurden beantwortet, wie folgt:

1. Soll der Schenker wegen des Mangels einer zugesicherten Eigenschaft haften?

Die Frage wurde dahin bejaht, daß der Erwerber das Recht, *und nur* das Recht habe, eine andere Sache zu fordern. Man glaubte, daß diese Entscheidung den allgemeinen Grundsätzen entspreche.

2. Soll der Schenker wegen des Mangels einer vorausgesetzten Eigenschaft haften?

Die Frage wurde dahin verneint, daß auch das Recht auf Verschaffung einer anderen Sache nicht bestehe.

Man glaubte, daß die Billigkeit und das Wesen des Schenkungsvertrages diese Ent-
| Prot I 793 schei | dung rechtfertigte.

3. Soll der Schenker, wenn er den Mangel einer zugesicherten Eigenschaft oder

4. wenn er den Mangel einer vorausgesetzten Eigenschaft gekannt und verschwiegen hat, wegen des aus der Verschweigung dem Erwerber entstandenen Schadens haften?

Beide Fragen wurden aus den Gründen bejaht, welche die Bejahung der zu I unter 3 und 4 aufgeführten Fragen veranlaßt haben.

[1] Vgl. Materialien bei § 523 BGB.

5. Soll der Fall übergangen werden, wenn der Schenker besonders versprochen hat, wegen eines Mangels zu haften?

Die Frage wurde aus gleichem Grunde wie die zu I Nr. 5 aufgeführte bejaht.

Die Bestimmungen des Entwurfs und die gestellten Anträge galten hiermit als erledigt.

Beschlossen wurde noch, daß anlangend den Anspruch auf Verschaffung einer anderen Sache (Beschluß II, 1) dieser Anspruch der kurzen Verjährung unterliege, so daß eine Umstellung der §§ 37 und 38 sich vielleicht empfehlen werde. Die Fassung des § 38 nach Maßgabe der gefaßten Beschlüsse blieb der Redaktion vorbehalten.

II. 1. Fassung der Regelung in der *ZustOR* als § 116: Im Falle der Schenkung haftet der Veräußerer nicht wegen eines Mangels der Sache. Hat er jedoch den Mangel (§ 81) gekannt und dem Erwerber verschwiegen, so ist er dem letzteren zum Ersatz des dadurch verursachten Schadens verpflichtet. ZustOR § 116

Die vorstehenden Bestimmungen finden auch in dem Falle Anwendung, wenn von dem Veräußerer eine nur der Gattung nach bestimmte Sache zu schenken versprochen ist. Mangelt in einem solchen Falle die Sache eine zugesicherte Eigenschaft, so ist der Erwerber berechtigt, an Stelle der mangelhaften eine mangelfreie Sache zu fordern. Dieser Anspruch unterliegt der Verjährung nach Maßgabe des § 101.

2. Wegen der Änderung und Umstellung des § 116 ZustOR vgl. die Materialien zu § 523 BGB unter A. IVb.

3. Auf Antrag von *Weber* (Nr. 571, 5) sollte das in § 441 KE (1. Fassung) das Zitat des § 378 in den ersten Satz hinter „Mangels" gestellt werden. Die Kommission beschloß, das Zitat ganz zu streichen (Prot. I, S. 3558, 3561).

III., IV. Die endgültige Fassung des *KE (E I)* lautet: § 441: Der Schenker haftet dem Beschenkten nicht wegen eines Mangels der verschenkten Sache. Hat er jedoch den Mangel gekannt und dem Erwerber verschwiegen, so ist er dem letzteren zum Ersatze des dadurch verursachten Schadens verpflichtet. KE § 441 E I § 444

Die Vorschriften[2] des ersten Absatzes finden auch in dem Falle Anwendung, wenn von dem Schenker eine nur der Gattung nach bestimmte Sache zu schenken versprochen ist. Mangelt in einem solchen Falle der Sache eine zugesicherte Eigenschaft, so ist der Erwerber berechtigt, an Stelle der mangelhaften Sache eine mangelfreie zu fordern. Dieser Anspruch unterliegt der Verjährung nach Maßgabe des § 394 [§ 397 E I].

B. Wegen der Anträge und Beratungen in der **Vor-Kommission des Reichsjustizamtes** vgl. Materialien zu § 523 BGB unter B.

## C. 2. Kommission

I. Zu § 444 E I war beantragt (Prot. II, Bd. 2, S. 28–29; *Mugdan*, Bd. 2, S. 751):

1. die Bestimmungen des Entw. durch nachstehende Vorschriften zu ersetzen: Der Schenker haftet dem Beschenkten wegen eines Mangels der verschenkten Sache für Schadensersatz wegen Nichterfüllung, wenn er den Mangel dem Beschenkten bei der Schenkung arglistig verschwiegen hat. Das Gleiche gilt, wenn der Schenker eine von Struckmann (Nr 67, 8)

---

[2] Im KE heißt es „Bestimmungen".

ihm erst zu erwerbende, nur der Gattung nach bestimmte Sache zu leisten hat und ihm der Mangel bei dem Erwerbe bekannt gewesen oder in Folge grober Fahrlässigkeit unbekannt geblieben ist. Statt Schadensersatz wegen Nichterfüllung kann der Beschenkte eine mangelfreie Sache an Stelle der mangelhaften fordern;

Wilke (Nr 117, 3) 2. den bei § 521 BGB unter C. I. 2a gestellten Antrag anzunehmen;

Jacubezky (Nr 97, 4) 3. in den unter 1 vorgeschlagenen Bestimmungen aus dem zweiten und dritten Satze einen neuen Absatz zu bilden und in diesen folgende weitere Vorschrift aufzunehmen:

Auf die Verjährung finden die beim Kaufvertrage geltenden Vorschriften entsprechende Anwendung.

Der Antragsteller zu 3 erweiterte im Laufe der Berathung seinen Vorschlag dahin,

daß nicht nur die für die Verjährung sondern auch die für den Schadensersatzanspruch und den Anspruch auf Lieferung einer mangelfreien Sache beim Kaufe geltenden Vorschriften, insbesondere die Bestimmungen der §§ 381, 382, 386, 400 bis 402, 409 bis 411 entsprechende Anwendung finden sollen.

Der Antragsteller zu 1 erklärte sich mit diesem veränderten Zusatz unter der Voraussetzung einverstanden, daß die nähere Feststellung der zu zitirenden Vorschriften der RedKom überlassen bleibe. Im Uebrigen änderte er mit Rücksicht auf den zu § 443 gefaßten Beschluß seinen Vorschlag dahin, daß im Falle des ersten Satzes nur die Haftung für das negative Vertragsinteresse eintreten solle.

Der Vorsitzende stellte fest, daß, nachdem die Anträge 1 und 3 wie geschehen geändert worden seien, ein Widerspruch gegen die Annahme des Antrags 1 mit dem unter 3 vorgeschlagenen Zusatze nicht mehr bestehe.

E I-VorlZust § 444 **II.** Die beschlossene Regelung lautet in der *VorlZust* als § 444: Hat der Schenker (bei der Schenkung) einen Mangel der verschenkten Sache dem Beschenkten arglistig verschwiegen, so ist er diesem den dadurch verursachten Schaden zu ersetzen verpflichtet.

Hat der Schenker eine nur der Gattung nach bestimmte Sache zu leisten versprochen, welche er erst erwerben sollte, so ist er wegen eines Mangels der geleisteten Sache, welche ihm bei dem Erwerbe bekannt gewesen oder in Folge grober Fahrlässigkeit unbekannt geblieben ist, dem Beschenkten Schadensersatz wegen Nichterfüllung zu leisten verpflichtet. Statt des Schadensersatzes kann der Beschenkte verlangen, daß ihm an Stelle der mangelhaften Sache eine mangelfreie geliefert werde.

Im Uebrigen finden die für den Kauf geltenden Vorschriften der §§ 381 bis 411 entsprechende Anwendung.

E I-ZustRedKom § 444 **III.** Fassung der Regelung in der *ZustRedKom:* § 444: Hat der Schenker einen Fehler der verschenkten Sache arglistig verschwiegen, so ist er verpflichtet, dem Beschenkten den dadurch verursachten Schaden zu ersetzen.

Hat der Schenker eine nur der Gattung nach bestimmte Sache zu leisten versprochen, die er erst erwerben sollte, so kann der Beschenkte wegen eines Fehlers der geleisteten Sache Schadensersatz wegen Nichterfüllung verlangen, wenn der Fehler dem Schenker bei dem Erwerbe der Sache bekannt gewesen oder in Folge grober Fahrlässigkeit unbekannt geblieben ist. Statt des Schadensersatzes kann der Beschenkte verlangen, daß ihm an Stelle der fehlerhaften Sache eine fehlerfreie geliefert werde. Im übrigen finden auf diese Ansprüche die für Gewährleistung wegen Fehler der verkauften Sache geltenden Vorschriften entsprechende Anwendung.

E II § 471 **IV. 1.** Im *E II* lautet die Regelung als § 471: Hat der Schenker einen Fehler der verschenkten Sache arglistig verschwiegen, so ist er verpflichtet, dem Beschenkten den dadurch verursachten Schaden zu ersetzen.

Hatte der Schenker die Leistung einer nur der Gattung nach bestimmten Sache versprochen, die er erst erwerben sollte, so kann der Beschenkte wegen eines Fehlers der geleisteten Sache Schadensersatz wegen Nichterfüllung verlangen, wenn der Fehler dem Schenker bei dem Erwerbe der Sache bekannt gewesen oder in Folge grober Fahrlässigkeit unbekannt geblieben ist. Statt des Schadensersatzes kann der Beschenkte verlangen, daß ihm an Stelle der fehlerhaften Sache eine fehlerfreie Sache geliefert wird Auf diese Ansprüche finden die für die Gewährleistung wegen Fehler einer verkauften Sache geltenden Vorschriften entsprechende Anwendung.

2. Revision des *E II* (Prot. II, Bd. 2, S. 183; *Mugdan*, Bd. 2, S. 751)

Zu § 471 war beantragt, in dem Abs. 2 die beiden ersten Sätze zu fassen:

Hatte der Schenker die Leistung einer nur der Gattung nach bestimmten Sache versprochen, die er erst erwerben sollte, so kann der Beschenkte, wenn die geleistete Sache fehlerhaft und der Fehler dem Schenker bei dem Erwerbe der Sache bekannt gewesen oder in Folge grober Fahrlässigkeit unbekannt geblieben ist, verlangen, daß ihm an Stelle der fehlerhaften Sache eine fehlerfreie geliefert wird. Hat der Schenker den Fehler arglistig verschwiegen, so kann der Beschenkte statt der Lieferung einer fehlerfreien Sache Schadensersatz wegen Nichterfüllung verlangen. (Vergl. § 415 Abs. 2. Die Haftung des fahrlässigen Schenkers darf nicht eine weitergehende sein als die des fahrlässigen Verkäufers). — Der Antrag wurde gebilligt. Jacubezky (Nr 36, 6)

V. § 518 *E II rev (E III* § 519) entspricht § 524 BGB.

## § 525

**Wer eine Schenkung unter einer Auflage macht, kann die Vollziehung der Auflage verlangen, wenn er seinerseits geleistet hat.**

**Liegt die Vollziehung der Auflage im öffentlichen Interesse, so kann nach dem Tode des Schenkers auch die zuständige Behörde die Vollziehung verlangen.**

## § 526

**Soweit in Folge eines Mangels im Rechte oder eines Mangels der verschenkten Sache der Werth der Zuwendung die Höhe der zur Vollziehung der Auflage erforderlichen Aufwendungen nicht erreicht, ist der Beschenkte berechtigt, die Vollziehung der Auflage zu verweigern, bis der durch den Mangel entstandene Fehlbetrag ausgeglichen wird. Vollzieht der Beschenkte die Auflage ohne Kenntniß des Mangels, so kann er von dem Schenker Ersatz der durch die Vollziehung verursachten Aufwendungen insoweit verlangen, als sie in Folge des Mangels den Werth der Zuwendung übersteigen.**

## § 527

**Unterbleibt die Vollziehung der Auflage, so kann der Schenker die Herausgabe des Geschenkes unter den für das Rücktrittsrecht bei gegenseitigen Verträgen**

**bestimmten Voraussetzungen nach den Vorschriften über die Herausgabe einer ungerechtfertigten Bereicherung insoweit fordern, als das Geschenk zur Vollziehung der Auflage hätte verwendet werden müssen.**

**Der Anspruch ist ausgeschlossen, wenn ein Dritter berechtigt ist, die Vollziehung der Auflage zu verlangen.**

## A. 1. Kommission

I. a) 184. Sitzung vom 7. 3. 1883, Schriftführer Neubauer

| Prot I 1823 | Der Art. 512 des Entwurfs lautet:

DresdE Art 512 „Ist die Schenkung unter einer Auflage erfolgt, so kann der Beschenkte die Vollziehung der Schenkung vor der Erfüllung der Auflage fordern; er ist | aber verpflichtet, die Auflage, wenn sie zu Gunsten des Schenkers oder eines Dritten gereicht, im letzteren Alle nach Maßgabe der Vorschriften der Art. 203–205[1] zu erfüllen. | Prot I 1824

Hat der Beschenkte die Auflage erfüllt und ist ihm später der Gegenstand der Schenkung entwährt worden, so kann er das auf die Erfüllung der Auflage Verwendete nach Maßgabe der Vorschriften über die Rückforderung einer Leistung wegen Nichteintrittes der Voraussetzung zurückfordern."

Zunächst wurde einleitend beschlossen, nicht allein das Wort „Auflage" im Sinne von „modus" beizubehalten, sondern auch von einer näheren Bestimmung, was darunter zu verstehen sei, abzusehen, insbesondere die Bestimmung nicht aufzunehmen, welche sich in der letzteren Beziehung in dem abgelehnten Art. 499 des Dresdener Entwurfs findet. Man war der Ansicht, das Wort „Auflage" im Sinne von modus sei in der neueren Rechtssprache dergestalt eingebürgert, daß sowohl seine Aufnahme als das Absehen von jeder Art von Definition keinem Bedenken unterliege.

Zu Art. 512 lagen folgende Anträge vor:

Planck (Nr 294, 7) 1. den zweiten Satz des ersten Absatzes zu fassen:

„. . .; er ist aber verpflichtet, die Auflage zu erfüllen.

Gereichte die Auflage zu Gunsten eines Dritten, so finden die Vorschriften der §§ 121 bis 125 der Zusammenstellung der Beschlüsse des Obligationenrechts[2] entsprechende Anwendung."

Windscheid (Nr 295) 2. statt desselben zu bestimmen[3]:

„Eine bei der Schenkung dem Beschenkten (in verpflichtender Absicht) gemachte Auflage verpflichtet denselben zur Erfüllung. Geht die Auflage auf eine an einen Dritten zu bewirkende Lei|-stung, so finden die §§ 121–125 der Zusammenstellung der Beschlüsse des Obligationenrechts Anwendung." | Prot I 1825

Planck 3. den zweiten Absatz durch folgende, eventuell dem Antrage Nr. 2 hinzuzufügende Bestimmung zu ersetzen:

„Soweit der Beschenkte in Folge der durch die Auflage begründeten Verpflichtung durch die Schenkung nicht bereichert wird, findet die Bestimmung des § 80 der Zusammenstellung des Obligationenrechts[4] keine Anwendung."

---

[1] Die Artikel 203 bis 205 DresdE behandeln den „Einfluß der Verträge auf Dritte".

[2] Vgl. Materialien zu den §§ 328 ff. BGB.

[3] Absatz 2 sollte nach *Windscheids* Votum gestrichen werden. Dieser Ansicht widersprach *Planck* in der Diskussion, da dann eine Bestimmung für den Fall fehle, wenn beim Schenker keine Bereicherung eingetreten sei.

[4] Vgl. Materialien bei § 523 BGB.

4. den zweiten Absatz zu fassen: v. Weber (Nr 297)

„Hat der Beschenkte die Auflage erfüllt und ist ihm später der Gegenstand der Schenkung entwährt worden, so kann er, auch wenn der Schenker das Recht des Dritten nicht gekannt hat, Ersatz des auf die Erfüllung der Auflage Verwendeten von dem Schenker fordern, soweit er dafür nicht durch die ihm verbliebenen Nutzungen des geschenkten Gegenstandes entschädigt ist oder deshalb einen Gegenanspruch an dem Entwährer hatte.“

5. den zweiten Absatz zu fassen[5]: Kurlbaum

„Hat der Beschenkte die Auflage erfüllt und ist ihm der Gegenstand der Schenkung entwährt worden, so kann er, auch wenn der Schenker das Recht des Dritten nicht gekannt hat, Ersatz des auf die Erfüllung der Auflage Verwendeten von dem Schenker fordern, jedoch nach Abzug der nicht entzogenen Vortheile der Schenkung.“

6. der Bestimmung hinzuzufügen: Kurlbaum

„Die Vorschrift des § (daß die Schenkung als angenommen gilt, wenn sie nicht ohne Zögern ausgeschlossen wird) findet bei Schenkungen unter einer Auflage nicht statt.“

Der Artikel wurde absatzweise berathen.

| *Zum ersten Absatz.* | Prot I 1826

Der wesentliche Inhalt des Art. 512 hatte nur insoweit Beanstandung gefunden, als er die zu Gunsten des Empfängers gereichende Auflage als eine Auflage im Sinne des Art. 512 nicht gelten lassen will. Aus den bei der Berathung des Art. 499 zur Sprache gelangten Gründen (Protokolle S. 1784) hielt man die Beseitigung dieser Bestimmung, also die Unterdrückung der Worte: „wenn die Auflage zu Gunsten des Schenkers oder eines Dritten gereicht“ für erforderlich. Der Antrag, den Eingang des Artikels, worin die Verpflichtung des Schenkers zur Vorleistung bestimmt wird, als selbstverständlich zu streichen, wurde abgelehnt, indem die Mehrheit glaubte, die Selbstverständlichkeit lasse sich in Zweifel ziehen. Die Fassung blieb der Redaktion vorbehalten.

*Zum zweiten Absatz.*

Man überzeugte sich, daß der zweite Absatz, insoweit er die Vorschriften über die Rückforderung einer Leistung wegen Nichteintritts der Voraussetzung für anwendbar erkläre, nicht zu halten sei, weil er für die vielen Fälle, in welchen durch die Erfüllung der Auflage dem Schenker ein Vortheil nicht zugegangen ist, nicht passe und mindestens in solchen Fällen mannigfache Zweifel hervorrufen müsse, daß ferner der in dem zweiten Absatze unterstellte Fall zu einer besonderen Bestimmung deshalb Anlaß gebe, weil der Schenker zur Gewährleistung nicht verpflichtet sei. Die Mehrheit ging davon aus: Wenn nichts bestimmt werde, so würde der Beschenkte, sofern die Erfüllung der Auflage dem Schenker keinen Vortheil gebracht habe, den aus dieser Erfüllung für ihn entstandenen Verlust tragen müssen; dies sei unbillig; dem Beschenkten sei das Recht beizulegen, den Ersatz des Werths seiner Leistung nach Abzug der aus der Schenkung erlangten Bereicherung von dem Schenker zu fordern. Hierauf zielten im Wesentlichen auch die Anträge Nr. 3, 4 und 5 | hin. Der Antrag Nr. 5 verdiene aber, weil die darin vorgeschlagene Bestimmung eben so klar als einfach sei, den Vorzug. Der Antrag Nr. 5 fand daher, vorbehaltlich der Fassung, die Billigung, womit die übrigen Anträge für erledigt galten. | Prot I 1827

Der zusätzliche Antrag Nr. 6 wurde, weil er eine — obschon vielleicht an sich angemessene — Besonderheit enthalte, da er doch nur für seltene Fälle berechnet sei und das Gesetz unnöthiger Weise komplizire, von der Mehrheit abgelehnt.

---

[5] Nach den Originalprotokollen stammt der Antrag von *Kurlbaum;* er könnte aber auch von Schmitt kommen (vgl. dessen Nachlaß), da er Art. 102 bayr. Entwurf entspricht.

b) 185. Sitzung v. 9. 3. 1883, Schriftführer Neubauer

| Prot I 1829 | Zu Art. 513 des Entwurfs:

DresdE Art 513 „Wird die einer Schenkung unter Lebenden zu Gunsten des Schenkers oder eines Dritten beigefügte Auflage durch Verschuldung des Beschenkten nicht erfüllt, so können der Schenker oder deßen Erben die Schenkung widerrufen und das Geschenkte von dem Beschenkten oder deßen Erben nach Maßgabe der Vorschriften über die Rückforderung einer Leistung wegen Nichteintritts der Voraussetzung zurückfordern."

lagen die Anträge vor:

Windscheid (Nr 295) 1. zu bestimmen:

„Bleibt die Auflage in Folge eines von dem Beschenkten zu vertretenden Umstandes unerfüllt, so hat der Schenker die Wahl, ob er Schadensersatz fordern oder die Schenkung widerrufen will. Auf den Widerruf finden die Vorschriften über den Widerruf wegen Undanks Anwendung. Das Widerrufsrecht ist ausgeschlossen

a) wenn der Schenker durch die Auflage gegen die guten Sitten oder die öffentliche Ordnung verstoßen hat;

b) wenn die Auflage auf eine an einen Dritten zu bewirkende Leistung geht und der Dritte nach § 123 der Zusammenstellung der Beschlüsse des Obligationenrechts ein

| Prot I 1830 Forderungs- | recht auf Bewirkung der Leistung erworben hat."

eventuell hinzuzufügen in Art. 513 a:

„Geht die Auflage auf eine Verwendung des Geschenkten im Intereße des Beschenkten, so steht dem Schenker ein Rückforderungsrecht nach §§ 267–269 der Zusammenstellung der Beschlüße des Obligationenrechts[6] zu."

Planck (Nr 294) 2. den Artikel durch folgende Bestimmungen zu ersetzen:

§ 513. „Wird die Erfüllung der einer Schenkung unter Lebenden beigefügten Auflage (eventuell hinzuzusetzen: in Folge eines von dem Beschenkten zu vertretenden Umstandes) ganz oder theilweise unmöglich, so sind der Schenker, so wie dessen Erben berechtigt, die Schenkung zu widerrufen.

Der Widerruf muß dem Beschenkten gegenüber erklärt werden.

Das Recht, die Schenkung zu widerrufen, erlischt, wenn der Widerruf nicht binnen eines Jahres, nachdem der Schenker bezw. dessen Erben von der Unmöglichkeit der Erfüllung der Auflage Kenntniß erhalten haben, erklärt ist.

Die Bestimmungen dieses § finden keine Anwendung, wenn die Auflage zu Gunsten eines Dritten gereichte und dieser nach Maßgabe der §§ 121–123 der Zusammenstellung der Beschlüsse des Obligationenrechts ein unentziehbares Recht auf die Erfüllung der Auflage erworben hatte."

§ 513a. „Ist der Widerruf rechtmäßig erfolgt, so gilt dadurch der Rechtsgrund, aus welchem die schenkweise Leistung erfolgt ist, als weggefallen und steht dem Schenker bezw. dessen Erben das Recht zu, das Geleistete nach Maßgabe des § 270 der Zusammenstellung der Beschlüsse zurückzufordern.

Durch den rechtmäßig erfolgten Widerruf erlischt das Recht, Schadensersatz wegen Nichterfüllung der durch die Auflage begründeten Verpflichtung zu fordern."

Planck (Nr 298) Nachträglich war beantragt, die ersten drei Absätze des vorgeschlagenen § 513 durch folgende Bestimmungen zu ersetzen:

| Prot I 1831 | „Wird die Erfüllung der einer Schenkung unter Lebenden beigefügten Auflage ganz oder theilweise unmöglich, so ist der Schenker das Geschenkte nach Maßgabe der

[6] Vgl. §§ 742–744 E I (condictio ob rem).

Bestimmungen über Nichteintritt einer Voraussetzung (§§ 267–269 der Zusammenstellung[6]) zurückzufordern berechtigt.

Tritt die Unmöglichkeit in Folge eines von dem Beschenkten zu vertretenden Umstandes ein, so hat der Schenker die Wahl, ob er Schadensersatz wegen Nichterfüllung der Auflage verlangen oder das Geschenkte nach Maßgabe des ersten Absatzes zurückfordern will.

Das Recht, das Geschenkte nach Maßgabe des ersten Absatzes zurückzufordern, erlischt, wenn der Schenker nicht binnen Jahresfrist, nachdem er von der Unmöglichkeit Kenntniß erhalten, davon Gebrauch zu machen erklärt hat."

und zwar im Falle der Annahme des Antrages unter Weglassung des § 513a.

3. zu bestimmen: Kurlbaum

„Wird die Erfüllung der Auflage in Folge eines von dem Beschenkten zu vertretenden Umstandes ganz oder theilweise unmöglich, so hat der Schenker die Wahl, Schadensersatz zu fordern oder das Geschenkte nach Maßgabe der §§ 267–269 zurückzufordern.

Das Gleiche gilt, wenn der Beschenkte, nachdem er rechtskräftig verurtheilt worden, binnen einer von dem Gläubiger zu bestimmenden angemessenen Frist die Auflage nicht erfüllt. Die Fristbestimmung muß ergeben, daß der Gläubiger nach Ablauf der Frist die Erfüllung nicht mehr wolle."

4. in dem zu 2 gedachten nachträglichen Antrage im zweiten Absatze hinter: „Tritt die Unmöglichkeit in Folge eines von dem Beschenkten zu vertretenden Umstandes ein" hinzuzufügen: Derscheid

„oder befindet sich der Beschenkte mit der Erfüllung der Auflage im Verzug pp."

Außerdem lag der Antrag vor, den Art. 513 ohne Ersetzung | durch eine andere Bestimmung zu streichen. | Prot I 1832

Die Mehrheit entschied für den Streichungsantrag.

Erwogen war:

Das römische Recht erblicke in der Auflage eine Voraussetzung im Sinne der condictio ob rem. Diese Auffassung, zu der das römische Recht nicht unwahrscheinlich aus Anlaß der rechtswissenschaftlichen Entwickelung der Klagerechte gelangt sei, stehe in vielen Fällen mit dem Parteiwillen nichtsweniger als im Einklang. Sie sei nur in gewissen Fällen und als Regel vielleicht dann gerechtfertigt, wenn die Auflage in der Verwendung des Geschenkten im Interesse des Empfängers bestehe. Ihre strenge Durchführung sei auch im römischen Rechte unterblieben. Werde die Erfüllung der Auflage durch Zufall unmöglich, so gestatte auch das römische Recht – wenigstens nach der gewöhnlichen Ansicht –, nicht die condictio ob rem, so daß die Auflage im praktischen Erfolge als erfüllt angesehen werde. Das Gesetz, welches die Auflage für eine Voraussetzung im Sinne der condictio ob rem erkläre, sei sichtbar positiver Natur; seine Berechtigung unterliege den größten Bedenken, weil es, wie erwähnt, in vielen Fällen ein völlig unpassendes Ergebniß liefere. Dasselbe gelte aber auch von dem Gesetze, wodurch das Gegentheil angeordnet und daneben etwa noch vorgeschrieben werde, der Schenker sei, wenn die Auflage schuldbar nicht erfüllt werde, zum Widerrufe der Schenkung nach Maßgabe der Vorschriften über den Widerruf wegen Undanks berechtigt. Wie die Auflage zu beurtheilen sei, könne nur aus den Umständen des konkreten Falles erkannt werden. Möglich sei es, daß ihr die Bedeutung der Voraussetzung im Sinne der condictio ob rem zukomme, so zwar, daß die Voraussetzung bald die sein könne, daß sie überhaupt sich erfülle, sollte die Nichterfüllung auch auf Zufall beruhen, bald die, daß der Beschenkte die Nichterfüllung nicht verschulde. Andererseits könnten die Umstände aber auch die Annahme rechtfertigen, an eine Voraussetzung im Sinne der condictio ob rem sei keineswegs gedacht, vielmehr bezweckt, den Schenker auf das Recht zu beschränken, die | Erfüllung der Auflage und bezw. Schadensersatz wegen verschuldeter Nichterfüllung zu fordern oder auch ihm das Recht (sei es als einziges, sei es als ferneres) zuzugestehen, die Schenkung im Falle der verschuldeten Nichterfüllung zu widerrufen. Enthalte sich das Gesetz jeder Bestimmung, so könne jeder Fall die Würdigung finden, die nach den Umständen sich als die angemeßene ergebe. Werde dagegen mittels positiver Vorschriften der einen oder anderen Art eingegriffen, so seien unpassende und sachwidrige Ergebnisse in vielen Fällen unausbleiblich. Hieraus rechtfertige es sich, über den Gegenstand zu schweigen. Es lasse sich insbesondere auch die Nothwendigkeit, im Interesse der Rechtssicherheit positive Rechtsnormen dispositiver Art aufzustellen, nicht anerkennen. Die Fälle, um die es sich handele, seien doch verhältnißmäßig zu selten, als daß eine solche positive, mit so erheblichen Uebelständen verbundene Regelung ein Bedürfniß sein könnte. Ob die Auflage mittels letztwilliger Verfügung anders zu beurtheilen sei, müße der Berathung des Erbrechts vorbehalten bleiben; jene Auflage werde übrigens insofern geringe Schwierigkeit verursachen, als meist in derselben die Verfügung zu Gunsten eines Dritten enthalten sei, dessen Rechte zur Vereinfachung der Regelung dienten.

| Prot I 1833

Der Redaktion blieb die Prüfung vorbehalten, ob es nicht nöthig sein werde, den zu dem vorhergehenden Artikel gefaßten Beschluß mit einem Zusatze zu versehen, welcher ausdrücke, daß ungeachtet des Rechts des Schenkers, die Erfüllung der Auflage zu fordern, die Anwendbarkeit der Vorschriften über die condictio ob rem je nach den Umständen nicht ausgeschloßen sei.

**II., III., IV. 1.** In der *RedVorl* lautet die beschlossene Regelung:

RedVorl § 313

§ 313 (11). Ist die Schenkung unter Auflage erfolgt, so kann der Schenker die Erfüllung der letzteren fordern; gereicht diese zu Gunsten eines Dritten, so finden die §§ 121–125 Anwendung.

Die Anwendbarkeit der Vorschriften der §§ 267–269, sofern die Umstände des Falles die Annahme einer Voraussetzung im Sinne des § 267 begründen, bleibt unberührt.

Wird dem Beschenkten, welcher die Auflage erfüllt hat, der Gegenstand der Schenkung entwehrt, so kann er von dem Schenker, auch wenn dieser das Recht des Dritten nicht gekannt hat, Ersatz seiner (der durch die Erfüllung der Auflage verursachten) Aufwendungen insoweit fordern, als dieselben die aus der Schenkung entstandene Bereicherung übersteigen.

(NB: Daß der Schenker die Erfüllung des modus verlangen und folglich auf dieselbe oder wegen Schadenersatzes klagen kann, wird der besonderen Hervorhebung bedürfen. Denn dies Recht ist bestreitbar und bestritten.)

**2.** In der *ZustOR* (im *KE, E I)* lautet die Regelung:

ZustOR § 313
KE § 445
E I § 448

§ 313. Ist die Schenkung unter einer Auflage erfolgt, so kann der Schenker, nachdem er vorgeleistet hat, die Erfüllung der Auflage fordern; gereicht diese zu Gunsten eines Dritten, so finden die §§ 121–125[7] Anwendung.

Wird dem Beschenkten, welcher die Auflage erfüllt hat, der Gegenstand der Schenkung entwehrt, so kann er von dem Schenker, auch wenn dieser das Recht des Entwehrenden[8] nicht gekannt hat, Ersatz der durch die Erfüllung der Auflage verursachten

---

[7] Im KE ist auf die §§ 409 bis 413, im E I auf die §§ 412 bis 416 verwiesen. Außerdem heißt es im E I: „so finden die Vorschriften der §§ . . ."

[8] In § 313 ZustOR heißt es statt des „Entwehrenden" des „Dritten".

Aufwendungen insoweit fordern, als dieselben die aus der Schenkung entstandene Bereicherung übersteigen[9].

## B. Vorkommission des Reichsjustizamtes

I. Beantragt war:

1. a) den § 448 zu fassen: Ist die Schenkung unter einer Auflage erfolgt, so kann nach vollzogener Schenkung der Schenker die Erfüllung der Auflage fordern. Ist die Auflage zu Gunsten eines Dritten gemacht, so bestimmt dessen Recht, die Erfüllung der Auflage zu verlangen, sich nach den §§ 412 bis 416. Struckmann (Nr 3, 6)

Wird nach erfüllter Auflage dem Beschenkten der Gegenstand der Schenkung entwehrt, so kann er von dem Schenker Ersatz seiner zum Zwecke der Erfüllung gemachten Aufwendungen insoweit verlangen, als sie die durch die Schenkung ihm zu Theil gewordene Bereicherung übersteigen, in keinem Falle jedoch über den Werth hinaus, welchen der Gegenstand der Schenkung zur Zeit der Entwehrung hat.

b) Als § 448 a folgende Vorschrift aufzunehmen: Ist die Erfüllung der Auflage durch Verschulden des Beschenkten unmöglich geworden, so kann der Schenker, sofern nicht der Anspruch auf Erfüllung einem Dritten zusteht, das Geschenk nach Maßgabe der §§ 742 bis 745 zurückfordern. Struckmann (Nr 3, 7)

c) Als § 448 b folgende Vorschrift einzuschalten: Ist die Schenkung unter einer Auflage erfolgt, deren Vollziehung im öffentlichen Interesse liegt, so finden nach dem Tode des Schenkers die für letztwillige Auflagen geltenden Vorschriften des § 1888 Satz 2 Anwendung. Struckmann (Nr 3, 8)

2. Den Schluß des ersten Absatzes des § 448 zu fassen:

.... so finden die für das Versprechen der Leistung an einen Dritten geltenden Vorschriften der §§ 412 bis 416 Anwendung. Planck (Nr 6, 44)

3. den § 448 zu fassen:

Ist die Schenkung unter einer Auflage erfolgt, so kann der Schenker, nachdem er vorgeleistet hat, die Erfüllung der Auflage fordern. Soweit die aus der Schenkung entstandene Bereicherung die zur Erfüllung der Auflage erforderlichen Aufwendungen nicht übersteigt, finden die Vorschriften der §§ e bis h, k (Antrag Nr. 5) über die Rechte des Gläubigers auf den Schenker entsprechende Anwendung. Jacubezky (Nr 8, 8)

Der Beschenkte ist die Erfüllung der Auflage zu verweigern berechtigt, soweit in Folge eines Mangels in dem Rechte des Schenkers oder eines Mangels der verschenkten Sache die aus der Schenkung entstandene Bereicherung die Höhe der zur Erfüllung der Auflage erforderlichen Aufwendungen nicht erreicht. In den Fällen der §§ 375, 375a (Antrag Nr. 5, 16, 17) kann der Beschenkte, welcher ohne Kenntniß des Mangels in dem Rechte des Schenkers die Auflage erfüllt hat, von dem Schenker, auch wenn dieser den Mangel nicht gekannt hat, Ersatz der durch die Erfüllung der Auflage verursachten Aufwendungen insoweit fordern, als dieselben in Folge des Mangels die aus der Schenkung entstandene Bereicherung übersteigen.

Gereicht die Auflage zu Gunsten eines Dritten, so finden die Vorschriften der §§ 412 bis 416 Anwendung. Ist die Vollziehung der Auflage im öffentlichen Interesse, so kann sie nach dem Tode des Schenkers auch von der zuständigen Behörde verlangt

9 In der BR-Drucksache Nr. 2 von 1888 findet sich bei § 448 noch ein Hinweis auf die Prot. I, S. 3554, 3560. Hier ist kein Beschluß zu § 448 E I auffindbar.

werden. Die Zuständigkeit bestimmt sich in Ermangelung einer reichsgesetzlichen Vorschrift nach den Landesgesetzen.

**II.** a) 66. Sitzung vom 5. 1. 1892

| Prot-RJA 399 Der Abs. 1 des § 448 wurde sachlich nicht beanstandet. Zu dem Abs. 2 wurde beschlossen, dem Beschenkten das Recht zur Verweigerung der Erfüllung der Auflage zu geben, soweit in Folge eines Mangels in dem Rechte des Schenkers oder eines Mangels der verschenkten Sache die aus der Schenkung entstandene Bereicherung die Höhe der zur Erfüllung der Auflage erforderlichen Aufwendungen nicht erreicht. Einvernehmen bestand ferner, in dem Abs. 2 zum Ausdrucke zu bringen, daß wegen eines Mangels im Rechte des Schenkers der Beschenkte Ersatz seiner zum Zwecke der Erfüllung der Auflage gemachten Aufwendungen in keinem Falle über den Werth des geschenkten Gegenstandes hinaus verlangen könne.

Außerdem einigte man sich dahin, eine Vorschrift des Inhalts aufzunehmen, daß, wenn die Erfüllung der Auflage durch Verschulden des Beschenkten unmöglich geworden sei, der Schenker, sofern nicht der Anspruch auf Erfüllung einem Dritten zustehe, das Geleistete nach Maßgabe der §§ 742 bis 745 insoweit solle zurückfordern können, als es zur Erfüllung der Auflage hätte verwendet werden müssen. Man war der Ansicht, daß ein solches, im Wesentlichen auch dem bestehenden Rechte entsprechendes Rückforderungsrecht namentlich mit Rücksicht auf solche Fälle geboten sei, in welchen der Schenker selbst an der Erfüllung der Auflage ein vermögensrechtliches Interesse nicht habe.

Die Fassung wurde dem Referenten überlassen.

| Prot-RJA 401 b) Protokoll der 67. Sitzung vom 6. 1. 1892

| Im Anschluß an den § 448a wurde beschlossen, als § 448b eine Bestimmung folgenden Inhalts aufzunehmen:

„Liegt die Vollziehung der Auflage im öffentlichen Interesse, so kann sie nach dem Tode des Schenkers auch von der zuständigen Behörde verlangt werden. Die Zuständigkeit bestimmt sich in Ermangelung einer reichsgesetzlichen Vorschrift nach den Landesgesetzen."

Maßgebend für die Aufnahme dieser Vorschrift war die Erwägung, daß die den öffentlichen Organen in § 1888 beigelegte Befugniß, die Erfüllung im öffentlichen Interesse liegender Auflagen zu erzwingen, nicht auf *letztwillige* Auflagen zu beschränken, sondern in gleicher Weise auch hinsichtlich der einem Schenkungsversprechen *unter Lebenden* beigefügten Auflage anzuerkennen sei.

## C. 2. Kommission

**I.** Anträge (Prot. II, Bd. 2, S. 30–31; *Mugdan*, Bd. 2, S. 752ff)

Struckmann (Nr 68, 11) a) Zu § 448 war beantragt:

1. an Stelle desselben nachstehende Paragraphen aufzunehmen:

§ 448. Ist die Schenkung unter einer Auflage erfolgt, so kann nach vollzogener Schenkung der Schenker die Erfüllung der Auflage fordern. Ist die Auflage zu Gunsten eines Dritten gemacht, so bestimmt sich dessen Recht, die Erfüllung der Auflage zu verlangen, nach den Vorschriften der §§ 412 bis 416.

Liegt die Vollziehung der Auflage im öffentlichen Interesse, so kann sie nach dem Tode des Schenkers auch von der zuständigen Behörde verlangt werden. Die Zuständigkeit bestimmt sich in Ermangelung einer reichsgesetzlichen Vorschrift nach den Landesgesetzen.

§ 448a. Der Beschenkte ist die Erfüllung einer Auflage zu verweigern berechtigt, soweit in Folge eines Mangels in dem Rechte des Schenkers oder eines Mangels der verschenkten Sache die aus der Schenkung entstandene Bereicherung die Höhe der zur Erfüllung der Auflage erforderlichen Aufwendungen nicht erreicht. Hat der Beschenkte ohne Kenntniß des Mangels in dem Rechte des Schenkers die Auflage erfüllt, so kann er von dem Schenker, auch wenn dieser den Mangel nicht gekannt hat, Ersatz der durch die Erfüllung der Auflage verursachten Aufwendungen insoweit fordern, als dieselben in Folge des Mangels die aus der Schenkung entstandene Bereicherung übersteigen.

§ 448b. Ist die Erfüllung der Auflage durch Verschulden des Beschenkten unmöglich geworden, so kann der Schenker, sofern nicht der Anspruch auf Erfüllung einem Dritten zusteht, das Geleistete nach Maßgabe der §§ 742 bis 744 insoweit zurückfordern, als es zur Erfüllung der Auflage hätte verwendet werden müssen.

2. den vorgeschlagenen § 448b zu fassen:

Im Falle der Nichterfüllung der Auflage kann der Schenker unter den in den §§ 369, 369a für das Rücktrittsrecht bei gegenseitigen Verträgen bestimmten Voraussetzungen das Geleistete nach Maßgabe der §§ 742 bis 744 insoweit zurückfordern, als es zur Erfüllung der Auflage hätte verwendet werden müssen. Jacubezky (Nr 97, 5)

Der Antragsteller zu 2 erklärte sich im Laufe der Berathung damit einverstanden, daß der in dem § 448b des Antrags 1 enthaltene Zwischensatz „sofern nicht der Anspruch auf Erfüllung einem Dritten zusteht", in dem von ihm vorgeschlagenen § 448b gleichfalls eingeschaltet werde.

Die Kom. entschied sich für die §§ 448, 448a des Antrags 1 und den modifizirten § 448b des Antrags 2; jedoch wurde in dem § 448 Abs. 1 der zweite Satz gestrichen.

b) Des Weiteren war beantragt, als § 448c eine Bestimmung des Inhalts aufzunehmen:

Ist die Schenkung unter der Auflage gemacht, daß die Erträgnisse des geschenkten Gegenstandes oder des Werthes desselben ganz oder theilweise (dauernd) zu näher bezeichnetem Zwecke verwendet werden sollen, so bedarf die Auflage der gerichtlichen oder notariellen Form. (Vgl. § 58a der VorlZust. Anheimgegeben, aber nicht beantragt, wird die knappere Fassung: „Ist die Schenkung unter der Auflage stiftungsgemäßer Verwendung der Erträgnisse gemacht, so . . ." sowie die Beifügung eines 2. Absatzes folgenden Inhalts: „Ist die für die Auflage vorgeschriebene Form nicht beobachtet, so ist Schenkung, soweit die Auflage reicht, unwirksam – vgl. den Gegensatz in § 1887 –.)[10]. v. Mandry (Nr 104 u. 115, 2)

Im Laufe der Berathung wurden hierzu folgende Unteranträge gestellt:

1. den Nachsatz zu fassen: „so bedarf sie" (nämlich die Schenkung) „der schriftlichen Form";

2. in dem Nachsatze statt „Auflage" zu setzen „Schenkung".

Die Kom. beschloß für den Fall, daß der Hauptantrag zur Annahme gelangen sollte, auch den Unterantrag 2 anzunehmen; der Unterantrag 1 wurde abgelehnt.

Bei der endgültigen Abstimmung ergab sich zu Gunsten des durch den Unterantrag 2 modifizirten Hauptantrags keine Mehrheit.

---

[10] Diese Begründung ist nicht in den Protokollen enthalten.

**II.** Die beschlossene Regelung lautet in der *VorlZust:*

E I-VorlZust § 448 — § 448. Ist die Schenkung mit einer Auflage gemacht, so ist der Schenker nach Vollziehung der Schenkung die Erfüllung der Auflage zu fordern berechtigt.

Liegt die Erfüllung der Auflagen im öffentlichen Interesse, so kann sie nach dem Tode des Schenkers auch von der zuständigen Behörde verlangt werden. Die Zuständigkeit bestimmt sich in Ermangelung einer reichsgesetzlichen Vorschrift nach den Landesgesetzen.

E I-VorlZust § 448a — § 448a. Soweit in Folge eines Mangels in dem Rechte des Schenkers oder eines Mangels der verschenkten Sache die aus der Schenkung entstandene Bereicherung die Höhe der zur Erfüllung der Auflage erforderlichen Aufwendungen nicht erreicht, ist der Beschenkte die Erfüllung der Auflage (bis zur Ausgleichung des durch den Mangel verursachten Fehlbetrages) zu verweigern berechtigt. Im Falle eines Mangels im Rechte des Schenkers kann der Beschenkte, wenn er ohne Kenntniß des Mangels die Auflage erfüllt hat, von dem Schenker (, auch wenn dieser den Mangel nicht gekannt hat,) Ersatz der durch die Erfüllung der Auflage verursachten Aufwendungen verlangen, soweit dieselben in Folge des Mangels die aus der Schenkung entstandene Bereicherung übersteigen.

E I-VorlZust § 448b — § 448b. Im Falle der Nichterfüllung der Auflage kann der Schenker, sofern nicht ein Dritter berechtigt ist, die Erfüllung der Auflage zu verlangen, unter den in den §§ 369, 369a für das Rücktrittsrecht bei gegenseitigen Verträgen bestimmten Voraussetzungen das Geschenk nach Maßgabe der §§ 742 bis 744 insoweit zurückfordern, als es zur Erfüllung der Auflage hätte verwendet werden müssen.

**III.** Fassung der Regelung in der *ZustRedKom:*

E I-ZustRedKom § 448 — § 448. Ist die Schenkung unter einer Auflage gemacht, so kann der Schenker die Vollziehung der Auflage fordern, wenn er seinerseits geleistet hat.

Liegt die Vollziehung der Auflage im öffentlichen Interesse, so kann sie nach dem Tode des Schenkers auch von der nach den Landesgesetzen zuständigen Behörde verlangt werden.

E I-ZustRedKom § 448a — § 448a. Soweit der Werth der Zuwendung in Folge eines Mangels in dem Rechte des Schenkers oder eines Mangels der verschenkten Sache nicht die Höhe der zur Vollziehung der Auflage erforderlichen Aufwendungen erreicht, ist der Beschenkte die Vollziehung der Auflage zu verweigern berechtigt, bis der durch den Mangel verursachte Fehlbetrag ausgeglichen wird. Hat der Beschenkte die Auflage ohne Kenntniß des Mangels vollzogen, so kann er von dem Schenker Ersatz der durch die Vollziehung verursachten Aufwendungen insoweit verlangen, als sie in Folge des Mangels den Werth der Zuwendung übersteigen.

E I-ZustRedKom § 448b — § 448b. Unterbleibt die Vollziehung der Auflage, so kann der Schenker das Geschenk unter den für das Rücktrittsrecht bei gegenseitigen Verträgen bestimmten Voraussetzungen nach Maßgabe der §§ 742 bis 744 insoweit zurückfordern, als es zur Vollziehung der Auflage hätte verwendet werden müssen. Die Rückforderung ist ausgeschlossen, wenn ein Dritter berechtigt ist, die Vollziehung der Auflage zu verlangen.

**IV. 1.** Im *E II* lautet die Regelung:

E II § 472 — § 472. Ist eine Schenkung unter einer Auflage gemacht, so kann der Schenker die Vollziehung der Auflage verlangen, wenn er seinerseits geleistet hat.

Liegt die Vollziehung der Auflage im öffentlichen Interesse, so kann nach dem Tode des Schenkers auch die nach den Landesgesetzen zuständige Behörde die Vollziehung verlangen.

§ 473. Soweit in Folge eines Mangels im Rechte oder eines Mangels der verschenkten Sache der Werth der Zuwendung die Höhe der zur Vollziehung der Auflage erforderlichen Aufwendungen nicht erreicht, ist der Beschenkte berechtigt, die Vollziehung der Auflage zu verweigern, bis der durch den Mangel verursachte Fehlbetrag ausgeglichen wird. Hat der Beschenkte die Auflage ohne Kenntniß des Mangels vollzogen, so kann er von dem Schenker Ersatz der durch die Vollziehung verursachten Aufwendungen insoweit verlangen, als sie in Folge des Mangels den Werth der Zuwendung übersteigen. E II § 473

§ 474. Unterbleibt die Vollziehung der Auflage, so kann der Schenker das Geschenk unter den für das Rücktrittsrecht bei gegenseitigen Verträgen bestimmten Voraussetzungen nach den Vorschriften über die Herausgabe einer ungerechtfertigten Bereicherung insoweit zurückfordern, als es zur Vollziehung der Auflage hätte verwendet werden müssen. Die Rückforderung ist ausgeschlossen, wenn ein Dritter berechtigt ist, die Vollziehung der Auflage zu verlangen. E II § 474

2. Revision des *E II* (Prot. II, Bd. 6, S. 183; *Mugdan*, Bd. 2, S. 753)

Zu § 472 wurde der Antrag, im Abs. 2 die Worte „nach den Landesgesetzen" zu streichen, in Gemäßheit früherer Beschlüsse angenommen[11]. Börner (Nr 30, 4)

V. Die §§ 519–521 *E II rev* (§§ 520–522 *E III*) entsprechen den §§ 525–527 BGB.

## § 528

**Soweit der Schenker nach der Vollziehung der Schenkung außer Stande ist, seinen standesmäßigen Unterhalt zu bestreiten und die ihm seinen Verwandten, seinem Ehegatten oder seinem früheren Ehegatten gegenüber gesetzlich obliegende Unterhaltspflicht zu erfüllen, kann er von dem Beschenkten die Herausgabe des Geschenkes nach den Vorschriften über die Herausgabe einer ungerechtfertigten Bereicherung fordern. Der Beschenkte kann die Herausgabe durch Zahlung des für den Unterhalt erforderlichen Betrags abwenden. Auf die Verpflichtung des Beschenkten finden die Vorschriften des § 760 sowie die für die Unterhaltspflicht der Verwandten geltende Vorschrift des § 1613 und im Falle des Todes des Schenkers auch die Vorschriften des § 1615 entsprechende Anwendung.**

**Unter mehreren Beschenkten haftet der früher Beschenkte nur insoweit, als der später Beschenkte nicht verpflichtet ist.**

## § 529

**Der Anspruch auf Herausgabe des Geschenkes ist ausgeschlossen, wenn der Schenker seine Bedürftigkeit vorsätzlich oder durch grobe Fahrlässigkeit herbeigeführt hat oder wenn zur Zeit des Eintritts seiner Bedürftigkeit seit der Leistung des geschenkten Gegenstandes zehn Jahre verstrichen sind.**

[11] Dem Antrag ist in Klammern beigefügt: „vergl. § 1024 Abs. 2. Wohl nur redaktionell."

**Das Gleiche gilt, soweit der Beschenkte bei Berücksichtigung seiner sonstigen Verpflichtungen außer Stande ist, daß Geschenk herauszugeben, ohne daß sein standesmäßiger Unterhalt oder die Erfüllung der ihm kraft Gesetzes obliegenden Unterhaltspflichten gefährdet wird.**

C. In der **2. Kommission** war beantragt: folgende Zusätze zu beschließen (Prot. II, Bd. 2, S. 22; *Mugdan*, Bd. 2, S. 747f.):

1. a) Zu § 442a als Abs. 2[1]:

Jacubezky (Nr 97, 2) Ist der Schenker nach Vollziehung der Schenkung wegen Vermögenslosigkeit und Erwerbslosigkeit nicht im Stande, sich selbst zu unterhalten und im Falle einer zur Zeit der Schenkung bereits geschlossenen formgültigen Ehe seinem Ehegatten und seinen Abkömmlingen den Unterhalt in solcher Weise, wie er ihnen denselben bei zureichendem Vermögen auf Grund der gesetzlichen Unterhaltspflicht zu gewähren hätte, zu gewähren, so ist er von dem Beschenkten die Herausgabe von zwei Dritteln des Geschenkes, soweit sie zur Deckung des Unterhaltes erforderlich ist, zu verlangen berechtigt. Der Beschenkte kann statt der Herausgabe den Werth in Geld leisten. Die Vorschriften des § 1481 Abs. 2, der §§ 1488, 1491 bis 1493, 2015 und des § 2016 Abs. 2 finden entsprechende Anwendung.

b) Zu § 2016 als Abs. 3:

Jacubezky (Nr 97, 2) Auf das von dem Beschenkten Herauszugebende wird angerechnet, was er nach Maßgabe des § 442a Abs. 2 an den Schenker geleistet hat.

Wilke (Nr 117, 5) 2. die unter 1a vorgeschlagenen Bestimmungen dem § 449 anzufügen.

Die Kom. lehnte den Antrag 1 ab, nachdem der Antragsteller sich bereit erklärt hatte, im Satz 1 statt „von zwei Dritteln“ zu setzen „der Hälfte“; der nur die etwaige Stellung der Vorschriften betreffende Antrag 2 war hierdurch erledigt.

**E. Reichstag**

**I.** Es lag der Antrag von *Gröber* vor: hinter § 527 folgende Bestimmung als § 527a aufzunehmen:

Gröber (Nr 32, 8) „Tritt mit oder nach der Leistung des Geschenkes in den Vermögensverhältnissen des Schenkers eine so wesentliche Verschlechterung ein, daß er unterhaltungsbedürftig wird oder seiner Unterhaltungspflicht nicht zu genügen vermag, so kann er von dem Beschenkten die Herausgabe des Geschenkes verlangen, soweit er durch dasselbe bereichert ist.“

Der verbesserte Antrag lautet:

Gröber (Nr 36) Die Kommission wolle beschließen, als § 527a einzufügen:

„Tritt mit oder nach der Leistung des Geschenkes in den Vermögensverhältnissen des Schenkers eine so wesentliche Verschlechterung ein, daß er unterhaltsbedürftig wird oder der ihm obliegenden Unterhaltspflicht nicht zu genügen vermag, so kann er von dem Beschenkten die Herausgabe des Geschenkes nach den Vorschriften über die Herausgabe einer ungerechtfertigten Bereicherung in Höhe des Betrages fordern, wel-

---

[1] Einen ähnlichen Antrag hatte *Jacubezky* bereits in der Vorkommission des Reichsjustizamtes gestellt (vgl. § 519 BGB unter B I.b.).

cher zur Bestreitung seines standesgemäßen Unterhalts oder zur Erfüllung seiner Unterhaltspflicht zu ergänzen ist. Die Rückforderung ist ausgeschlossen, soweit durch die Herausgabe dem Beschenkten und seiner Familie der standesgemäße Unterhalt entzogen wird oder wenn der Schenker die Verschlechterung der Vermögensverhältnisse durch Vorsatz oder grobe Fahrlässigkeit verschuldet hat.

Der Beschenkte kann die Herausgabe durch Zahlung des fehlenden Betrages abwenden.

Unter mehreren Beschenkten haftet der früher Beschenkte nur insoweit, als der später Beschenkte nicht verpflichtet ist."

II. a) Bericht von *Heller* über die Sitzung vom 4. 3. 1896:

Der Antrag *Gröber* auf Einschaltung eines neuen § 527a, um, wie der Antragsteller zur Begründung bemerkte, die viel zu engen Bestimmungen des Entwurfs über den Widerruf der Schenkung in einer dem wirtschaftlichen Bedürfnisse und der Billigkeit entsprechenden Weise zu ergänzen, wurde von *Struckmann* im wesentlichen mit den Gründen bekämpft, aus denen die Mehrheit der Kommission für die zweite Lesung des Entwurfs einen damals von dem Ministerialrat *von Jacubezky* gestellten ähnlichen Antrag abgelehnt hatte. Struckmann führte ferner aus, daß der Antrag wenn er sich zur allenfallsigen Annahme eignen sollte, in verschiedenen Beziehungen weiter ausgestaltet werden müßte. Die Bestimmung müßte auf den Fall beschränkt werden, daß die Unterhaltsbedürftigkeit des Schenkers nicht durch sein eigenes Verschulden herbeigeführt ist, die Herausgabe müßte auf einen angemessenen Teil des Geschenkes eingeschränkt werden, es wäre ferner auch der Fall vorzusehen, daß der Beschenkte den geschenkten Gegenstand nicht mehr besitzt, es wäre endlich auch die Frage zu entscheiden, was bei einer Mehrheit von Schenkungen Rechtens sei. Der Antragsteller gab die Verbesserungsbedürftigkeit seines Antrags zu und beantragte entsprechende Änderungen und Zusätze. In der Kommission zeigte sich auf mehreren Seiten die Neigung, dem Antrage in der verbesserten Fassung zuzustimmen, insbesondere äußerten sich die Abgeordneten *von Cuny*, *von Bennigsen* und *Stadthagen* in diesem Sinne. Da die neue Fassung des Antrags aber noch nicht gedruckt vorlag, wurde dessen weitere Beratung vertagt.

b) Bericht von *Heller*, vom 6. 3. 1896:

. . . es erübrigte nur noch die Erledigung des Antrags Gröber auf Einschaltung eines neuen § 527a. Gegen den dem Antrag zu Grund liegenden Gedanken wurde aus der Mitte der Kommission ein grundsätzlicher Widerspruch zunächst nicht mehr erhoben. Auch der Kommissar *Struckmann* trat ihm nicht entgegen. Dagegen machte er darauf aufmerksam, daß auch die neue Fassung des Antrags nicht bloß der redaktionellen, sondern in mehreren Richtungen auch der sachlichen Verbesserung bedürfe. Insbesondere müsse das Erfordernis, daß der Schenker der ihm obliegenden Unterhaltspflicht nicht zu genügen vermag, eingeschränkt werden auf die ihm, seiner Ehefrau und seinen Verwandten gegenüber gesetzlich obliegende Unterhaltspflicht. Auch sei es ratsam, die Geltendmachung des Rückforderungsrechts auf eine bestimmte Frist – etwa zehn Jahre seit der Schenkung – einzuschränken[2]. Erwogen müsse außerdem werden, ob es sich mit dem Grundgedanken der Bestimmung vertrage, die Möglichkeit bestehen zu lassen, daß das Zurückgeforderte etwa sofort von Gläubigern des Schuldners gepfändet wird. Der Antragsteller *Gröber* erklärte sich zu jeder sachlich begründeten Verbesse-

[2] Diesen und den folgenden Vorschlag machte sich *Gröber* zu eigen (vgl. die schriftlichen Anträge in den Anlagen zu dem Kommissionsprotokoll vom 6. 3. 1896). Außerdem sollte kein Anspruch gegenüber dem Erben des Beschenkten bestehen.

rung seines neuen Antrags bereit; die entsprechenden Punkte festzuhalten stieß jedoch, weil nicht über alle sofort Einheit der Meinungen zu erzielen war, auf erhebliche Schwierigkeiten. Sowohl der Professor *von Mandry* als der Geheimrat *Dr. Planck* gaben deshalb nochmals zu erwägen, ob es sich denn in der Tat rechtfertige, eine solche Bestimmung zu treffen. Es handele sich bei der Frage im wesentlichen um eine sittliche Pflicht, die sich zu gesetzlicher Normierung überhaupt nicht eigne. Jedenfalls müsse eine gesetzliche Bestimmung an so viele Voraussetzungen geknüpft und mit so vielen Kautelen umgeben werden, daß sie eine Quelle von Prozessen würde. Auch der Abgeordnete *von Buchka* erklärte, er überzeuge sich mehr und mehr davon, daß die Frage dem sittlichen Gebiete angehöre und daß die Schwierigkeiten, bei Aufstellung einer gesetzlichen Pflicht allen Anforderungen der Gerechtigkeit zu genügen, kaum zu überwinden seien. Er werde daher zunächst gegen den Antrag stimmen. Auf den Vorschlag des Abgeordneten *v. Bennigsen* entschied sich jedoch die große Mehrheit dafür, den Antrag im Prinzip anzunehmen und nicht bloß die Fassung sondern auch die sachliche Ausgestaltung der Vorschrift zunächst der Redaktionskommission anheimzustellen.

## § 530

**Eine Schenkung kann widerrufen werden, wenn sich der Beschenkte durch eine schwere Verfehlung gegen den Schenker oder einen nahen Angehörigen des Schenkers groben Undankes schuldig macht.**

**Dem Erben des Schenkers steht das Recht des Widerrufs nur zu, wenn der Beschenkte vorsätzlich und widerrechtlich den Schenker getödtet oder am Widerrufe gehindert hat.**

## § 531

**Der Widerruf erfolgt durch Erklärung gegenüber dem Beschenkten.**

**Ist die Schenkung widerrufen, so kann die Herausgabe des Geschenkes nach den Vorschriften über die Herausgabe einer ungerechtfertigten Bereicherung gefordert werden.**

## § 532

**Der Widerruf ist ausgeschlossen, wenn der Schenker dem Beschenkten verziehen hat oder wenn seit dem Zeitpunkt, in welchem der Widerrufsberechtigte von dem Eintritte der Voraussetzungen seines Rechtes Kenntniß erlangt hat, ein Jahr verstrichen ist. Nach dem Tode des Beschenkten ist der Widerruf nicht mehr zulässig.**

## § 533

**Auf das Widerrufsrecht kann erst verzichtet werden, wenn der Undank dem Widerrufsberechtigten bekannt geworden ist.**

## A. 1. Kommission

### I. a) 185. Sitzung vom 9. 3. 1883, Schriftführer Neubauer

| Zu Art. 514 des Entwurfs: | Prot I 1833

„Eine Schenkung unter Lebenden kann wegen Undankes des Beschenkten widerrufen werden, ausgenommen, wenn zur Vergeltung einer Lebensrettung oder zur Belohnung für Dienste, welche bezahlt zu werden pflegen, innerhalb des für die Bezahlung dieser Dienste gewöhnlichen Maßes geschenkt worden ist.“ DresdE Art 514

| war beantragt: | Prot I 1834

Die Art. 514–522 zu streichen, eventuell die Vorschrift zu faßen: Planck

„Eine Schenkung unter Lebenden ist der Schenker wegen Undanks des Beschenkten zu widerrufen berechtigt. (Nr 294, 9)

Diese Vorschrift findet keine Anwendung, wenn die Schenkung behufs Erfüllung einer sittlichen oder Anstandspflicht (eventuell hinzuzusetzen: „insbesondere der Pflicht der Dankbarkeit) erfolgte, eine derartige Pflicht wirklich bestand und die Schenkung den Umständen nach nicht als übermäßig zu betrachten ist.“

Der Antrag, die Vorschriften über den Widerruf der Schenkung wegen Undanks zu streichen, fand nicht die Billigung der Mehrheit, welche sich aus den S. 71, 72 des Materials zusammengestellten Gründen[1] für die Anerkennung des Widerrufsrechts erklärte, wobei sie das Hauptgewicht darauf legte, daß das geltende Recht durchweg das allerdings vom juristischen Standpunkte anomal erscheinende Widerrufsrecht[2] zugestehe und daß der Gesetzgeber sich gegen die Gebote der Ethik nicht schlechthin indifferent verhalten dürfe.

Die Beschlußfaßung über den Inhalt des Art. 514 wurde bis zur Erledigung des Art. 515 ausgesetzt.

Zu Art. 515 des Entwurfs: DresdE Art 515

„Als Undank wird es betrachtet, wenn der Beschenkte dem Leben des Schenkers nachstellt, oder diesem die Freiheit zu entziehen sucht, oder sich einer thätlichen Mißhandlung oder schweren Beleidigung des Schenkers schuldig macht, oder diesem einen bedeutenden Vermögensverlust absichtlich zugezogen hat.“

lagen die Anträge vor:

1. zu bestimmen:

„Die Schenkung kann widerrufen werden, wenn der Beschenkte sich eines groben Undanks schuldig macht.“ Planck

---

[1] Vgl. Mat. S. 72: Für die Beibehaltung des Widerrufs wurde geltend gemacht: „Die Entziehung des aus Liberalität Zugewendeten komme nicht bloß bei der Schenkung, sondern auch anderwärts, insbesondere im Erbrechte, vor. Der Widerruf wegen Undank beruhe auf rechtlich und sittlich gutem Grunde. Das Widerrufsrecht sei kein Mittel zur Rache, sondern diene nur dazu, demjenigen, der sich als der ihm erwiesenen Wohltat *unwürdig* gezeigt habe, das Geschenkte zu entziehen. Der Unwürdige solle verlieren, was ihm unter der selbstverständlichen Voraussetzung seiner Würdigkeit geschenkt worden sei. Dies sei der maßgebende Gesichtspunkt, der auch bei der Lehre der Indignität zur Geltung komme. Der Gesetzgeber dürfe sich gegen die Anforderungen der Moral keineswegs indifferent verhalten, habe vielmehr unter Umständen moralische Verpflichtungen zu rechtlichen zu erheben. . . . Die Entscheidung fiel für die Beibehaltung des Widerrufs wegen Undank aus (Prot. S. 1981–1983).“

[2] Neben *Planck* lehnte auch *Windscheid* das Widerrufsrecht ab, und zwar mit der Begründung, der rein renumeratorisch Beschenkte sei nicht zur Dankbarkeit verpflichtet. Der Widerruf einer solchen Schenkung müsse ausgeschlossen sein, weil dieser Widerruf selbst ein Undank gegen den Beschenkten wäre. Dagegen setzte sich *Pape* energisch für den DresdE ein. (Nachlaß *v. Schmitt*).

2. statt dessen zu bestimmen:

| Prot I 1835 Kurlbaum „Die Schenkung kann widerrufen werden, wenn der | Beschenkte dem Leben des Schenkers nachgestellt hat.

Ein Schenkungsversprechen kann außerdem widerrufen werden, wenn der Beschenkte vorsätzlich den Schenker mißhandelt, wissentlich verleumderisch beleidigt oder demselben einen bedeutenden Vermögensverlust vorsätzlich zugefügt hat."

eventuell, sofern die Unterscheidung zwischen vollzogener Schenkung und Schenkungsversprechen abgelehnt werden sollte:

„Die Schenkung kann widerrufen werden, wenn der Beschenkte dem Leben des Schenkers nachgestellt, vorsätzlich den Schenker mißhandelt u.s.w. wie oben."

Es wurden folgende Beschlüße gefaßt:

1. Zwischen Schenkungsversprechen und vollzogener Schenkung soll nicht unterschieden werden.

Erwogen war:

Die vorgeschlagene Unterscheidung stehe mit dem geltenden Rechte, zu dessen Aenderung sich kein Bedürfniß ergeben habe, nicht im Einklang, lasse auch in manchen Fällen Weiterungen und Verwickelungen besorgen und entbehre überdies der inneren Rechtfertigung.

2. Der Antrag Nr. 1 und der eventuelle Antrag Nr. 2 wurden abgelehnt, die Bestimmungen des Entwurfs angenommen.

Erwogen war:

Der Antrag Nr. 1 laße die erforderliche Bestimmtheit vermißen, deren Mangel in der Praxis zahlreiche Streitigkeiten verursachen werde, der eventuelle Antrag Nr. 2 weiche dagegen von dem Entwurfe nicht erheblich ab, der letztere sei aber schon deshalb vorzuziehen, weil er mit dem geltenden Rechte mehr harmoniere.

Einvernehmen bestand, daß andere Gründe, als die im Art. 515 aufgeführten zum Widerrufe nicht berechtigen. Es wurde zur Berathung des Art. 514 zurückgekehrt. Die Mehrheit beschloß die Streichung des Artikels, indem sie sich nicht zu überzeugen vermochte, daß genügende Gründe vorlägen, die belohnende Schenkung allgemein oder die eine oder andere Art derselben, nachdem einmal zum Art. 498 beschlossen sei, daß

| Prot I 1836 die belohnende | Schenkung als eine gewöhnliche Schenkung zu betrachten sei, in Ansehung des Widerrufsrechts von der allgemeinen Regel auszunehmen.

Der zum Artikel 514 eventuell gestellte Antrag galt durch die obigen Beschlüße für erledigt.

Zur Sprache kam, daß nach Streichung des Art. 514 für den Art. 515 die Faßung sich empfehlen werde:

„Die Schenkung kann wegen Undanks widerrufen werden, wenn u.s.w."

DresdE Art 516 Zu Art. 516 des Entwurfs:

„Hat der Beschenkte den Schenker vorsätzlich getödtet, so können die Erben des Letzteren die Schenkung wegen Undanks des Beschenkten widerrufen. In anderen Fällen des Undankes können die Erben des Schenkers das Geschenkte von dem Beschenkten nur zurückfordern, wenn der Schenker den Widerruf bereits erklärt hat."

war beantragt:

Planck (Nr 294, 9) Die Vorschrift zu fassen:

„Den Erben des Schenkers steht das Recht, die Schenkung zu widerrufen, nur dann zu, wenn der Beschenkte den Schenker vorsätzlich getödtet hat."

Der mit dem geltenden Rechte übereinstimmende und das Widerrufsrecht angemessen beschränkende Artikel blieb unbeanstandet, der mitgetheilte Antrag der Prüfung bei der Redaktion vorbehalten.

Zu Art. 517 des Entwurfs: DresdE Art 517

„Gegen die Erben des Beschenkten können die Rechte aus dem Widerruf der Schenkung geltend gemacht werden, wenn der Schenker oder, im Falle der Tödtung des Schenkers durch den Beschenkten, die Erben des Ersteren bei Lebzeiten des Letzteren den Widerruf erklärt haben."

war beantragt,

1. zu bestimmen[3]:

„Das Recht, die Schenkung wegen Undanks zu widerrufen, er- | lischt ferner, wenn es nicht bei Lebzeiten des Beschenkten ausgeübt ist." | Prot I 1337 Johow

2. statt deßen vorzuschreiben, daß dem Schenker das Recht zustehe, auch den Erben des Beschenkten gegenüber zu widerrufen, wenn der Beschenkte selbst sich des Undanks schuldig gemacht habe. Planck

Der Antrag Nr. 2 fand nicht die Zustimmung der Mehrheit, welche der Ansicht war, das Widerrufsrecht erfordere wegen seiner positiven Natur die thunlichste Beschränkung, insbesondere in den Fällen, in welchen ein Konflikt mit den ethischen Geboten weniger hervortrete oder weniger klar vorliege.

Zu Art. 518 des Entwurfes: DresdE Art 518

„Im Falle des Widerrufes der Schenkung wegen Undankes des Beschenkten wird der Schenker, wenn die Schenkung noch nicht vollzogen ist, von der Verbindlichkeit zu deren Vollziehung frei. Ist die Schenkung bereits vollzogen, so ist der Beschenkte verpflichtet, das Geschenkte in derselben Weise wie im Falle der Rückforderung einer Leistung wegen Nichteintrittes ihrer Voraussetzung zurückzuerstatten."

lag der Antrag vor, statt dessen zu bestimmen:

„Im Falle des Widerrufs hat der Schenker das Recht der Rückforderung des Geleisteten nach Maßgabe des § 270 der Zusammenstellung der auf das Obligationenrecht[4] sich beziehenden Beschlüße." Planck

Der Antrag fand die Zustimmung der Mehrheit. Die letztere erblickte in demselben keine wesentliche Abweichung von dem Entwurfe, wohl aber die völlig sachgemäße Berichtigung oder Verdeutlichung, daß ein Fall, nicht der condictio ob rem, sondern der condictio ob causam finitam gegeben sei. Die Aufnahme des ersten Satzes des Art. 518 hielt man für überflüssig, weil bei noch nicht vollzogener Schenkung das Schenkungs*versprechen* der Kondizirung unterliege und folgerecht auch dessen Erfüllung verweigert werden könne.

Zu Art. 519 des Entwurfes: DresdE Art 519

„Das Recht des Widerrufes wegen Undanks des Be- | schenkten verjährt mit dem Ablaufe eines Jahres von der Zeit an, zu welcher der Schenker oder, im Falle der | Prot I 1838

---

[3] Die Autoren der folgenden Anträge sind nicht sicher feststellbar; die Anträge dürften aber zum Teil von *Planck* stammen, von dem folgender, nicht in die Protokolle aufgenommener Antrag (Nr. 284, 9) vorlag: Statt §§ 517, 519 und 520: „Auf den Widerruf wegen Undank finden die Vorschriften des § 513 Absatz 2 und 3 (vgl. oben Nr. 8, Anträge zu Art. 513 DresdE), der letztere Absatz mit der Maßgabe Anwendung, daß die Frist mit dem Zeitpunkte beginnt, in welchem der Schenker und im Falle des § 516 dessen Erben von dem Undanke Kenntniß erhalten haben. – Das Recht, die Schenkung wegen Undank zu widerrufen, erlischt ferner, wenn es nicht bei Lebzeiten des Beschenkten ausgeübt ist und wenn der Schenker den Undank verziehen hat. – Auf das Widerrufsrecht wegen Undankes kann erst nach eingetretenem Undanke gültig verzichtet werden," § 518: „Die Folgen des rechtmäßigen Widerrufs bestimmen sich nach § 513a Abs. 1 (vgl. oben Nr. 8, Anträge zu Art. 513 DresdE) – Der zweite Antrag stammt eventuell von Johow (vgl. Originalprotokolle).

[4] Vgl. § 745 E I (condictio ob causam finitam).

Tödtung des Schenkers durch den Beschenkten, die Erben des Ersteren den Undank erfahren haben."

lag der Antrag vor, statt dessen zu bestimmen[5]:

Planck „Das Recht, die Schenkung zu widerrufen, erlischt, wenn der Widerruf nicht binnen eines Jahres, nachdem der Schenker und im Falle des Art. 516 dessen Erben von dem Undanke Kenntniß erhalten haben, erklärt ist."

Der Antrag wurde von der Mehrheit gebilligt, indem sie der Ansicht war, einmal verdiene der Entwurf, sofern er das Widerrufsrecht durch Knüpfung an eine kurze Frist noch weiter beschränke, volle Billigung, sodann aber müsse die Frist eine Präklusivfrist sein, weil das Widerrufsrecht selbst sich nicht als ein Anspruch auffaßen laße, so daß die Vorschriften über die Anspruchsverjährung nicht paßten.

DresdE Art 520 Zu Art. 520 des Entwurfs:

„Auf das Widerrufsrecht wegen Undankes kann erst nach eingetretenem Undanke gültig verzichtet werden. Verzeihung des Undankes enthält einen Verzicht auf das Recht, die Schenkung zu widerrufen."

Planck war beantragt, statt dessen zu bestimmen:

„Das Recht, die Schenkung wegen Undankes zu widerrufen, erlischt, wenn der Schenker den Undank verziehen hat. Auf das Widerrufsrecht wegen Undankes kann erst nach eingetretenem Undanke gültig verzichtet werden."

Die in dem Artikel enthaltene Bestimmung, worin man eine völlig angemeßene neue Beschränkung des Widerrufsrechts fand, wurde gebilligt.

Der Antrag, in welchem man nur eine andere Faßung des Artikels erblickte, wurde der Prüfung bei der Redaktion vorbehalten.

DresdE Art 521 Zu Art. 521 des Entwurfes:

„Inwiefern eine Schenkung unter Lebenden wegen Verletzung des Pflichttheiles von dem Pflichttheilsberechtigten | angefochten werden kann, ist nach den erbrechtlichen Bestimmungen zu beurtheilen." | Prot I 1839

war beantragt[6]:

Johow (Nr 287 II) die Vorschrift in Rücksicht auf die §§ 282–285 des Erbrechts-Entwurfes zu streichen.

Planck Der Streichungsantrag wurde gebilligt, weil das Erbrecht das Erforderliche zu bestimmen habe, in dem Erbrechts-Entwurfe §§ 282–285[7] auch das Nöthige vorgesehen sei.

Vorbehalten blieb, bei der Berathung des Erbrechts auch darüber zu befinden, ob und inwiefern das Recht der nachgeborenen Kinder, eine Schenkung des Erblaßers anzufechten, anzuerkennen sei[8].

DresdE Art 522 Zu Art. 522 des Entwurfes:

„Schenkungen auf den Todesfall sind nach den Vorschriften der Landesgesetze zu beurtheilen."

lagen die Anträge vor:

Johow (Nr 287 II) 1. den Artikel zu streichen, vgl. Erbrechts-Entwurf §§ 220, 221[9].

---

[5] Die Anträge zu 519 und 520 stammen von Planck (vgl. Nachlaß von v. Schmitt).

[6] Ferner hatte *Johow* (Nr. 287, II) beantragt, folgende Bestimmung hinzuzufügen: „Was in den §§ . . . von dem Widerruf einer Schenkung bestimmt ist, gilt auch von dem Widerruf eines Schenkungsversprechens (und eines geschenkten Leistungsversprechens)."

[7] Vgl. §§ 2325–2330 BGB (§§ 2009–2018 E 1).

[8] Nach den Notizen von *v. Schmitt* wurde dies von niemandem befürwortet.

[9] Vgl. § 2301 BGB (§ 1962 E I).

2. die Aufnahme folgender Vorschrift, sei es an der Stelle des Art. 522, sei es zu den Bestimmungen des Erbrechts-Entwurfs § 221 zu beschließen: v. Schmitt (Nr 296)

§ . . . „Schenkungen auf den Todesfall, welche das Gesetz den Vorschriften über die Schenkung unter Lebenden unterwirft, sind nichtig, wenn nicht der Schenkungsvertrag gerichtlich oder notariell beurkundet ist."

Der Streichungsantrag wurde aus gleichem Grunde, wie der zu Art. 521 genehmigt.

Die Erörterung des Antrags Nr. 2 wurde der Berathung der §§ 220, 221 des Erbrechtsentwurfs vorbehalten.

Weiter lag der Antrag vor:

an geeigneter Stelle, – etwa hinter Art. 513, eventuell hinter Artikel 520 – folgende neue Bestimmung einzuschalten: Planck (Nr 294, 10)

„Der gesetzliche Vertreter eines wegen Verschwendung Entmündigten und, falls der letztere im Zustande der Entmündigung gestorben, auch die Erben desselben, sind berechtigt, | diejenigen Schenkungen zu widerrufen, welche der Entmündigte innerhalb des letzten Jahres vor der Stellung des Antrags auf Entmündigung gemacht hat. | Prot I 1840

Ausgenommen sind solche Schenkungen, welche behufs Erfüllung einer Pflicht der Sittlichkeit oder des Anstandes erfolgten, sofern eine solche Pflicht wirklich bestand und die Schenkung den Umständen nach nicht als übermäßig zu betrachten ist.

Auf die Ausübung des Widerrufsrechts und dessen Erlöschen finden die Vorschriften des § 513 Abs. 2 und 3 (vgl. Antrag Nr. 2 zu Art. 513) mit der Maßgabe entsprechende Anwendung, daß die im Abs. 3 bestimmte Frist mit demjenigen Zeitpunkte beginnt, in welchem der gesetzliche Vertreter des Entmündigten bezw. die Erben des letzteren von der Schenkung Kenntniß erhalten haben.

Die Folgen des Widerrufs bestimmen sich nach § 513a Abs. 1 (vgl. Antrag Nr. 2 zu Art. 513)."

Dieser Antrag wurde abgelehnt[10]. Die Mehrheit erkannte das Bedürfniß zu Bestimmungen der vorgeschlagenen Art um so weniger an, als dieselben dem geltenden Rechte fremd seien, überdies die Bestimmungen des Allgemeinen Theils über die Prodigalitäts-Erklärung (Protokoll vom 21. Oktober 1881, Zusammenstellung der auf den Allgemeinen Theil sich beziehenden Beschlüße § 29[11]) diese erleichterten und als im Familienrechts-Entwurfes (§ 567[12]) Vorsorge getroffen sei, daß ein Verschwender unter vorläufiger Vormundschaft gestellt werden könne, auch wenn er noch nicht entmündigt sei.

In der heutigen Sitzung gelangte noch gelegentlich zur Erörterung, ob, wenn eine ohne den Willen des Bereicherten diesem schenkungsweise gemachte Zuwendung vorliege, welche der Bereicherte als Geschenk ablehne, der Zuwendende also zur condictio ob rem befugt werde, für die letztere der Bereicherte erst von dem Zeitpunkte an, wo die Ablehnung erfolge, als in bösem Glauben befindlich anzusehen sei.

Es bestand Einverständniß, daß die Frage zu bejahen sei, da, so- | lange die Ablehnung nicht erklärt sei, von dem Wissen, daß die betreffende Voraussetzung nicht in Erfüllung gehen könne, keine Rede sein könne. Die gleiche Ansicht wurde für den Fall gebilligt, wenn der Geschäftsherr die Genehmigung der negotiorum gestio versage und demzufolge der gestor wegen seiner Aufwendungen zur condictio ob rem berechtigt sei. Man nahm an, daß für die letztere der böse Glaube des Geschäftsherrn erst mit dem Zeitpunkte beginne, wo er die Genehmigung versage, weil er vorher diese noch immer | Prot I 1841

[10] Nach *v. Schmitt's* Notizen abgelehnt mit der Begründung, das hieße, der Entmündigte sei Verschwender, weil er geschenkt habe, und weil er nun zum Verschwender erklärt worden sei, habe er nicht gültig geschenkt.

[11] Vgl. § 6 BGB (§ 29 E I).

[12] Vgl. §§ 1906–1908 BGB (§ 1737 E I).

wirksam zu ertheilen vermöge und folglich erst durch die Versagung der Genehmigung entschieden werde, daß die in Frage kommende Voraussetzung sich nicht erfüllen könne oder nicht erfüllt habe. Die Mehrheit war auch der Ansicht, daß aus den beschloßenen Vorschriften das Obige sich zur Genüge ergebe und eine Verdeutlichung derselben nicht erforderlich sei.

RedVorl § 314 **II. 1.** In der *RedVorl* lautet die beschlossene Regelung: § 314 (12). Eine Schenkung kann wegen Undanks widerrufen werden, wenn der Beschenkte

dem Leben des Schenkers nachgestellt;
demselben die Freiheit zu entziehen gesucht;
ihn thätlich mißhandelt;
ihn schwer beleidigt;
oder einen bedeutenden Vermögensverlust ihm zugefügt hat.

RedVorl § 315 § 315 (13). Den Erben des Schenkers steht das Recht, die Schenkung wegen Undanks zu widerrufen, nur dann zu, wenn der Beschenkte den Schenker vorsätzlich getödtet hat.

RedVorl § 316 § 316 (14). Das Recht des Widerrufs[12a] erlischt:
mit dem Tode des Beschenkten;
mit dem Ablaufe eines Jahres von dem Zeitpunkt an, in welchem der Schenker und im Falle des § 315 (13) dessen Erben den Undank erfahren haben;
durch Verzeihung des Schenkers.

Auf das Widerrufsrecht kann erst verzichtet werden, nachdem der Undank dem Schenker oder dessen Erben bekannt geworden ist.

(NB: 1. Der Zusatz: „und der Widerruf nicht erklärt ist" wird in den beiden ersten Erlöschungsfällen nicht nöthig sein.

2. Den Verzichtsfall betreffend, ist der Ausdruck des Entwurfes Art. 520 „nach eingetretenem Undank" inkorrekt.

3. Können die Erben des Schenkers verzeihen? – Nach Art. 520 des DresdE wäre zu bejahen, da Verzeihung als Verzicht gilt und die Erben zweifellos verzichten können. Sieht man dagegen, was richtiger ist, in der Verzeihung keinen wahren Verzicht, so wird es bedenklich, im Falle des § 315 (13) die Verzeihung der Erben zu beachten. Der Antrag Nr. 294 Z. 9. [Planck] schweigt auch von Verzeihung der Erben.)

RedVorl § 317 § 317 (15). Im Falle Widerrufs[13] steht dem Schenker oder dessen Erben das Recht zu, das Geleistete nach Maßgabe des § 270 zurückzufordern.

ZustOR § 314 **2.** Fassung der Regelung in der *ZustOR:* § 314. Eine Schenkung kann wegen Undanks widerrufen werden, wenn der Beschenkte dem Leben des Schenkers nachgestellt, demselben die Freiheit zu entziehen gesucht, sich einer thätlichen Mißhandlung oder schweren Beleidigung desselben schuldig gemacht oder einen bedeutenden Vermögensverlust ihm vorsätzlich zugefügt hat.

Die §§ 315–317 *ZustOR* lauten wie die § 314–317 RedVorl.

**III. 1.** Fassung der Regelung im *KE:*

KE § 446 § 446. Eine Schenkung kann wegen Undankes widerrufen werden, wenn der Beschenkte dem Leben des Schenkers nachgestellt, oder demselben die Freiheit zu

[12a] In der ZustOR heißt es „Widerrufes" und im folgenden statt „Zeitpunkt" „Zeitpunkte".
[13] „des Widerrufes" heißt es in der ZustOR.

entziehen gesucht, oder sich einer thätlichen Mißhandlung oder schweren Beleidigung desselben schuldig gemacht, oder wenn er ihm einen bedeutenden Vermögensverlust vorsätzlich zugefügt hat.

§ 447. Den Erben des Schenkers steht das Recht, die Schenkung wegen Undankes zu widerrufen, nur dann zu, wenn der Beschenkte den Schenker vorsätzlich getödtet hat. KE § 447

Die §§ 448 und 449 stimmen mit der ZustOR überein.

2. Zu § 446 KE lag der Antrag von *Mandry* (Nr. 590, Ziff. 29) vor:

„den § 446 zu fassen: ... wegen Undanks durch eine gegenüber dem Beschenkten abzugebende Erklärung widerrufen werden ... (vgl. § 423[1]. In welcher Weise widerrufen werden muß, ist bestimmt im § 121 – jetzt § 120[1] – (Vollmacht), § 304 (Anzeige der Abtretung), 575 (Auslobung), § 590 (Auftrag) und insofern auch im § 73, als aus der Verbindung des Absatzes 2 mit Absatz 1 sich ergibt, daß der Widerruf gegenüber dem Empfänger der Willenserklärung abgegeben werden muß). Der Antrag wurde genehmigt" (Prot. I, S. 11795–11796). v. Mandry (Nr 590, 29)

3. Aufgrund eines Antrages von *Kurlbaum* (Nr. 624, 1 b) wurde beschlossen, in § 447 KE statt „den Erben" zu setzen „dem Erben" (Prot. I, S. 11835–11836[14]). Kurlbaum (Nr 624, 1 b)

4. Aufgrund eines Antrages von *Kurlbaum* (Nr. 624, 1 c) wurde beschlossen, in § 448 KE statt „und im Falle ... dessen Erben ... haben" zu setzen „oder im Falle ... dessen Erbe ... hat" (Prot. I, S. 11835–11836). Kurlbaum (Nr 624, 1 c)

5. Auf Grund eines Antrags wurde beschlossen, in § 448 Abs. KE die einzelnen Vorschriften zu nummerieren und die einzelnen Nummern mit Ausnahme der letzten je mit einem Semikolon abzuschließen (Prot. I, S. 12133).

IV. Fassung der Regelung im *E I:*

§ 449. Eine Schenkung kann wegen Undankes durch eine gegenüber dem Beschenkten abzugebende Erklärung widerrufen werden, wenn der Beschenkte dem Leben des Schenkers nachgestellt, oder demselben die Freiheit zu entziehen gesucht, oder sich einer vorsätzlichen körperlichen Mißhandlung oder schweren Beleidigung desselben schuldig gemacht, oder wenn er ihm einen bedeutenden Vermögensverlust vorsätzlich zugefügt hat. E I § 449

§ 450. Dem Erben des Schenkers steht das Recht, die Schenkung wegen Undankes zu widerrufen, nur dann zu, wenn der Beschenkte den Schenker vorsätzlich getödtet hat. E I § 450

§ 451. Das Recht des Widerrufes erlischt: E I § 451

1. mit dem Tode des Beschenkten,

2. mit Ablauf eines Jahres von dem Zeitpunkte an, in welchem der Schenker oder im Falle des § 450 dessen Erbe den Undank erfahren hat,

3. durch Verzeihung des Schenkers.

Auf das Widerrufsrecht kann erst verzichtet werden, nachdem der Undank dem Schenker oder dessen Erben bekannt geworden ist.

§ 452. Im Falle des Widerrufes steht dem Schenker oder dessen Erben das Recht zu, das Geleistete nach Maßgabe des § 745 zurückzufordern. E I § 452

[14] Die Begründung des Antrages ist bei § 520 BGB mitgeteilt.

## B. Vorkommission des Reichsjustizamtes

I. Beantragt war:

Struckmann (Nr 3, 9)

1. Die §§ 449 bis 452 durch folgende Vorschriften zu ersetzen:

§ 449. Der Schenker kann die Schenkung widerrufen, wenn der Beschenkte durch ein wider ihn, seinen Ehegatten oder seine Kinder verübtes oder vorsätzliches Vergehen oder Verbrechen oder durch vorsätzliche Zufügung eines bedeutenden Vermögensschadens eines groben Undankes sich schuldig gemacht hat.

Diese Vorschrift findet keine Anwendung auf eine Schenkung, durch welche der Schenker dem Beschenkten für die von diesem geleisteten Dienste sich dankbar hat erweisen wollen oder welche durch die auf den Anstand zu nehmende Rücksicht gerechtfertigt wird.

Struckmann (Nr 3, 9)

§ 450. Der Widerruf erfolgt durch eine von dem Schenker gegenüber dem Beschenkten abzugebende Erklärung. Den Erben des Schenkers steht das Recht des Widerrufs nur dann zu, wenn der Beschenkte den Schenker vorsätzlich getödtet hat.

Ist der Widerruf erfolgt, so können der Schuldner oder dessen Erben das Geschenk nach Maßgabe des § 745 zurückfordern.

Struckmann (Nr 3, 10)

§ 451. Das Recht, die Schenkung zu widerrufen, erlischt:

1. mit dem Tode des Beschenkten;

2. mit Ablauf eines Jahres von dem Zeitpunkte an, in welchem dem Schuldner oder im Falle des § 450 Abs. 1 Satz 2 dem Erben desselben die das Recht des Widerrufs begründende Handlung des Beschenkten bekannt geworden ist;

3. wenn der Schenker dem Beschenkten verzeiht. Vor dem im Abs. 1 Nr. 2 bezeichneten Zeitpunkte kann auf das Widerrufsrecht nicht verzichtet werden.

Planck (Nr 6, 47)

2. Den § 449 zu fassen: . . . . . widerrufen werden, wenn der Beschenkte sich eines vorsätzlichen Verbrechens oder Vergehens oder des Versuchs eines solchen gegen den Schenker oder den Ehegatten oder die Kinder oder die Eltern desselben schuldig gemacht hat.

Der Widerruf findet nicht statt, wenn nach den Umständen des Falles eine erhebliche sittliche Verfehlung des Schenkers nicht vorliegt.

Jacubezky (Nr 8, 10)

3. Den § 449 zu fassen: Eine Schenkung kann wegen Undanks widerrufen werden, wenn der Beschenkte sich einer schweren Verfehlung gegen den Schenker schuldig gemacht hat. Der Widerruf erfolgt durch eine gegenüber dem Beschenkten abzugebende Erklärung.

Jacubezky (Nr 8, 11)

Den § 452 in folgender Fassung dem § 449 als Absatz 2 anzufügen: Ist der Widerruf erfolgt, so ist der Beschenkte das Empfangene nach Maßgabe des § 745 zu erstatten verpflichtet.

Jacubezky (Nr 8, 12)

Folgenden § 452a einzuschalten: Die Vorschriften des § 448a Absatz 2 und des § 449 finden auf Schenkungen, welche durch eine sittliche Pflicht oder durch die auf den Anstand zu nehmende Rücksicht geboten waren, keine Anwendung.

II. 67. Sitzung vom 6. 1. 1892

| Prot-RJA 401

| Zu § 449 wurde die Zulassung des Widerrufs einer Schenkung wegen groben Undanks des Beschenkten grundsätzlich gebilligt.

In Abweichung vom Entw., welcher verlangt, daß der Undank sich durch bestimmte im Gesetz bezeichnete Handlungen bethätigt haben müsse, empfehle es sich jedoch, dem richterlichen Ermessen einen freieren Spielraum zu gewähren und den Widerruf im Allgemeinen dann zuzulassen, wenn der Beschenkte durch eine schwere Verfehlung sich eines groben Undanks gegen den Schenker schuldig gemacht habe. Durch einen entsprechenden Zusatz sei ferner zu verdeutlichen, daß ein grober Undank gegen den Schenker eventuell auch in einer gegen einen seiner Angehörigen gerichteten Handlung gefunden werden könne. Der Anregung, den Begriff der Angehörigen durch Beschränkung auf einen bestimmten Grad der Verwandt- | schaft oder auf die mit dem Schenker in häuslicher Gemeinschaft lebenden Verwandten näher zu umschreiben, wurde aus praktischen Gründen nicht stattgegeben. Die Mehrheit war vielmehr die Ansicht, daß die Frage, ob in einer schweren Verfehlung gegenüber einem Angehörigen des Schenkers ein grober Undank gegen den letzteren selbst zu finden sei, nur nach freiem richterlichen Ermessen insbesondere unter Würdigung der konkreten zwischen dem Schenker und dem verletzten Angehörigen bestehenden Beziehungen mit Sicherheit entschieden werden könne. | Prot-RJA 402

In weiterer Abweichung vom Entwurf wurde ferner beschlossen, den Widerruf wegen groben Undanks bei solchen Schenkungen auszuschließen, durch welche einer sittlichen Pflicht oder einer auf den Anstand zu nehmenden Rücksicht genügt werden sollte. Für diese Beschränkung wurde geltend gemacht, daß die Schenkungen der bezeichneten Art ihrem Charakter nach den Empfänger nicht zur Dankbarkeit verpflichten sollten. Der Anregung, die gleiche Beschränkung auch hinsichtlich derjenigen Schenkungen eintreten zu lassen, durch welche der Schenker sich dem Beschenkten gegenüber für die von diesem geleisteten Dienste habe dankbar erweisen wollen, wurde nicht stattgegeben, und zwar als folgenden Gründen. Der Begriff der renumeratorischen Schenkung sei an sich unbestimmt und könne zu Zweifeln Anlaß geben. In der Regel enthielten solche Zuwendungen auch neben der Vergütung für geleistete Dienste eine *erhebliche* Liberalität auf Seiten des Gebers, für welche der letztere billigerweise Dankbarkeit von dem Beschenkten erwarten dürfe. Diejenigen Fälle aber, in welchen die Liberalität im Verhältnisse zu den geleisteten Diensten eine nur geringe sei, fielen unter den Begriff der Anstandsgeschenke.

Demgemäß erhielt der § 449 folgende Fassung:

„Eine Schenkung kann widerrufen werden, wenn der Beschenkte durch eine schwere Verfehlung gegen den Schenker oder einen seiner nahen Angehörigen sich eines groben Undanks gegen den Schenker schuldig gemacht hat. E I-RJA § 449

| Diese Vorschrift findet keine Anwendung auf Schenkungen, durch welche einer sittlichen Pflicht oder einer auf den Anstand zu nehmenden Rücksicht genügt werden sollte." | Prot-RJA 403

Der § 450 wurde seinem sachlichen Inhalte nach gebilligt. In redaktioneller Beziehung wurde der im § 449 des Entwurfs enthaltene Satz, daß der Widerruf durch eine von dem Schenker gegenüber dem Beschenkten abzugebende Erklärung erfolge, in den § 450 übernommen und der § 452 dem § 450 als Abs. 2 hinzugefügt.

Hiernach erhielt der § 450 folgende Fassung:

„Der Widerruf erfolgt durch eine von dem Schenker gegenüber dem Beschenkten abzugebende Erklärung. Den Erben des Schenkers steht das Recht des Widerrufs nur dann zu, wenn der Beschenkte den Schenker vorsätzlich getödtet hat. E I-RJA § 450

Ist der Widerruf erfolgt, so können der Schenker oder dessen Erben das Geschenk nach Maßgabe des § 745 zurückfordern."

Der § 451 erhielt nachstehende Fassung:

„Das Recht, die Schenkung zu widerrufen, erlischt: E I-RJA § 451

1. mit dem Tode des Beschenkten;

2. mit Ablauf eines Jahres von dem Zeitpunkt an, in welchem der Schenker oder im Falle des § 450 Abs. 1 Satz 2 dem Erben desselben die das Recht des Widerrufs begründende Handlung des Beschenkten bekannt geworden ist;

3. wenn der Schenker dem Beschenkten verzeiht.

Vor dem im Abs. 1 Nr. 2 bezeichneten Zeitpunkte kann auf das Widerrufsrecht nicht verzichtet werden."

### C. 2. Kommission

I. Anträge (Prot. II, Bd. 2, S. 35, 37; *Mugdan*, Bd. 2, S. 755ff.)

Struckmann (Nr 68, 12)

a) Zu § 449 lagen die Anträge vor:

1. die Vorschrift durch folgende Bestimmungen zu ersetzen:

Eine Schenkung kann widerrufen werden, wenn der Beschenkte sich durch eine schwere Verfehlung gegen den Schenker oder dessen nahe Angehörige eines groben Undankes schuldig gemacht hat.

Diese Vorschrift findet keine Anwendung auf eine Schenkung, durch welche einer auf den Anstand zu nehmenden Rücksicht oder einer sittlichen Pflicht genügt werden sollte.

Wilke (Nr 117, 4)

2. den § 449 zu fassen:

Eine Schenkung kann wegen Undankes durch eine gegenüber dem Beschenkten oder seinem Rechtsnachfolger abzugebende Erklärung widerrufen werden, wenn der Beschenkte eine Handlung begangen hat, welche den Schenker, sofern er ein Abkömmling desselben wäre, zur Pflichttheilsentziehung berechtigen würde[15].

*eventuell* den § 449 in der Fassung des Antrags 1 mit der Aenderung anzunehmen, daß statt „nahe Angehörige" gesagt wird: „Verwandte in aufsteigender oder absteigender Linie".

Im Laufe der Berathung zog der Antragsteller zu 2 seinen prinzipalen Vorschlag zurück und beantragte, in seinem eventuellen Vorschlage die Ehefrau mitzuerwähnen.

Die Kom. lehnte den eventuellen Antrag 2 ab; der Antrag 1 wurde angenommen.

b) Zu § 450 war beantragt:

Struckmann (Nr 68, 13)

1. unter Einbeziehung des § 452 die Fassung des E I-RJA § 450;

Wilke (Nr 117, 8)

2. dem § 450 folgende Fassung zu geben:

Dem Erben des Schenkers steht das Recht, die Schenkungen wegen Undankes zu widerrufen, nur dann zu, wenn der Beschenkte den Schenker vorsätzlich getödtet hat oder wenn dem Schenker die das Widerrufsrecht begründende Handlung des Beschenkten nicht bekannt gewesen ist[16] (bezw. statt der Worte „oder wenn dem Schenker ... gewesen ist" die Worte zu setzen „oder wenn der Schenker außer Stande gewesen ist, das Widerrufsrecht auszuüben").

3. dem § 450 am Schlusse hinzuzufügen:

oder durch eine vorsätzliche Handlung in einen Zustand versetzt hat, durch welchen derselbe bis zu seinem Tode an der Ausübung des Widerrufsrechts verhindert worden ist.

---

[15] Als Abs. 2 sollte hinzugefügt werden der Antrag von *Jacubezky* (Nr. 97, 2): vgl. Materialien zu § 528 und 529 BGB unter C.

[16] Das folgende ist nicht mehr im schriftlichen Antrag enthalten.

4. den Zusatz wie folgt zu gestalten:
oder durch eine widerrechtliche Handlung den Schenker an der Ausübung des Widerrufsrechts vorsätzlich verhindert hat.

Die Berathung beschränkte sich auf den § 450, so daß der dem § 452 entsprechende Abs. 2 des Antrags 1 vorläufig zurückgestellt wurde.

Die Kom. entschied sich, unter Ablehnung des Antrags 2, für die Bestimmung des Entw. mit dem Zusatze des Antrags 4; der Antrag 3 war hierdurch erledigt.

c) Zu § 451 lagen die Anträge vor:

1. Die Fassung des E I-RJA § 451; Struckmann (Nr 68, 14)

2. den § 451 in folgender Fassung anzunehmen: Wilke (Nr 117, 7)
Das Recht des Widerrufs erlischt durch Verzeihung. Eine solche wird angenommen, wenn der Schenker oder seine Erben von dem Rechte des Widerrufs nicht innerhalb eines Jahres nach erlangter Kenntniß von dem Undanke Gebrauch gemacht haben.
Auf das Widerrufsrecht kann nicht im voraus verzichtet werden.

Die Kom. lehnte indessen den Antrag ab und beließ es sachlich bei dem Entw. (1. Antrag).

d) Auf § 452 bezogen sich:

1. der Abs. 2 des unter b 1. mitgetheilten Antrags 1; Struckmann (Nr 68, 13)

2. der Antrag, den § 452 wie folgt zu fassen: Wilke (Nr 117, 8)
Im Falle des Widerrufs steht dem Schenker und dessen Erben das Recht zu, das Geleistete und dasjenige, was der Beschenkte daraus erworben hat, zurückzufordern. Ist die Herausgabe durch die Beschaffenheit des Geleisteten ausgeschlossen, oder der Beschenkte zur Zeit der das Widerrufsrecht begründenden Handlung das Geleistete herauszugeben außer Stande, so hat der Beschenkte den Werth des letzteren zu vergüten. Beides aber fällt fort, soweit der Empfänger zu dem angegebenen Zeitpunkte durch das Geleistete nicht mehr bereichert ist.

Der Antrag 2 wurde vor der Abstimmung von dem Antragsteller zurückgezogen.

Der Entw., mit dem sich der Antrag 1 sachlich deckt, gelangte zur Annahme; der RedKom wurde jedoch vorbehalten, durch eine andere Fassung schon jetzt, eventuell nach Beschlußfassung über die Ausgestaltung der Kondiktionen, die Verweisung auf § 745 zu vermeiden.

II. Fassung der Regelung in der VorlZust

§ 449. Eine Schenkung kann widerrufen werden, wenn der Beschenkte durch eine schwere Verfehlung gegen den Schenker oder nahe Angehörige desselben sich groben Undankes schuldig gemacht hat. E I-VorlZust § 449

Diese Vorschrift findet keine Anwendung auf Schenkungen, durch welche einer sittlichen Pflicht oder einer auf den Anstand zu nehmenden Rücksicht genügt werden sollte.

§ 450. Den Erben des Schenkers steht das Recht des Widerrufs nur zu, wenn der Beschenkte den Schenker vorsätzlich getödtet oder durch eine widerrechtliche Handlung (vorsätzlich) am Widerrufe gehindert hat. E I-VorlZust § 450

§ 451. Der Widerruf ist ausgeschlossen, wenn der Schenker dem Beschenkten verziehen hat oder wenn von dem Zeitpunkte an, in welchem der Schenker oder im Falle des § 450 der Erbe desselben von dem Undanke des Beschenkten Kenntniß erlangt hat, ein Jahr abgelaufen ist. Nach dem Tode des Beschenkten findet der Widerruf nicht mehr statt. E I-VorlZust § 451

Solange der Undank des Beschenkten dem Schenker oder dessen Erben nicht bekannt geworden ist, kann auf das Recht, die Schenkung wegen groben Undankes zu widerrufen, nicht verzichtet werden.

E I-VorlZust § 452 — § 452. Der Widerruf erfolgt durch eine von dem Widerrufsberechtigten gegenüber dem Beschenkten abzugebende Erklärung. Ist der Widerruf erfolgt, so kann das Geschenk nach Maßgabe des § 745 zurückgefordert werden.

III. In der *ZustRedKom* lautet die Regelung:

E I-ZustRedKom § 449 — § 449. Eine Schenkung kann widerrufen werden, wenn der Beschenkte durch eine schwere Verfehlung gegen den Schenker oder nahe Angehörige desselben sich groben Undankes schuldig gemacht hat.

Den Erben des Schenkers steht das Recht des Widerrufs nur zu, wenn der Beschenkte vorsätzlich den Schenker getödtet oder durch eine widerrechtliche Handlung am Widerrufe gehindert hat.

E I-ZustRedKom § 449a — § 449a. Schenkungen, durch die einer sittlichen Pflicht oder einer auf den Anstand zu nehmenden Rücksicht entsprochen wird, unterliegen dem Widerrufe nicht.

§ 450. Vergleiche § 449 Abs. 2.

E I-ZustRedKom § 450a — § 450a. Der Widerruf erfolgt durch Erklärung gegenüber dem Beschenkten. Auf Grund des Widerrufs kann das Geschenk nach Maßgabe des § 745 zurückgefordert werden.

E I-ZustRedKom § 451 — § 451. Der Widerruf ist ausgeschlossen, wenn der Schenker dem Beschenkten verziehen hat oder wenn von dem Zeitpunkt an, in welchem der Widerrufsberechtigte von dem Eintritte der Voraussetzungen seines Rechts Kenntniß erlangt hat, ein Jahr abgelaufen ist. Nach dem Tode des Beschenkten findet der Widerruf nicht mehr statt.

E I-ZustRedKom § 451a — § 451a. Auf das Widerrufsrecht kann erst verzichtet werden, nachdem der Undank dem Widerrufsberechtigten bekannt geworden ist.

IV. 1. Im *E II* lautet die Regelung:

E II § 475 — § 475. Eine Schenkung kann widerrufen werden, wenn sich der Beschenkte durch eine schwere Verfehlung gegen den Schenker oder nahe Angehörige desselben groben Undankes schuldig gemacht hat.

Dem Erben des Schenkers steht das Recht des Widerrufs nur zu, wenn der Beschenkte vorsätzlich den Schenker getödtet oder durch eine widerrechtliche Handlung am Widerrufe gehindert hat.

E II § 477 — § 477. Der Widerruf erfolgt durch Erklärung gegenüber dem Beschenkten.

Auf Grund des Widerrufs kann das Geschenk nach den Vorschriften über die Herausgabe einer ungerechtfertigten Bereicherung zurückgefordert werden.

Die §§ 478, 479 entsprechen den §§ 451, 451a E I-ZustRedKom.

Jacubezky (Nr 36, 7) — **2a.** Revision des *E II* (Prot. II, Bd. 6, S. 183–184, *Mugdan*, Bd. 2, S. 759).

Es folgte die Berathung über einen Antrag als § 479a folgende Bestimmung einzustellen: Ist der Schenker zu der Schenkung durch die irrige Annahme eines Umstandes bestimmt worden, so kann er die Schenkung anfechten, soweit er sie bei Kenntniß der Sachlage nicht gemacht haben würde. Die Vorschriften der §§ 97, 99 finden Anwendung[17].

Die Kommission entschied gegen den Antrag.

---

[17] Als Begründung war hinzugefügt: „Vergl. Strohal, Kurze Bemerk., und § 1779 RedVorl."

**2b.** Zur Einfügung der Worte „und widerrechtlich" hinter „vorsätzlich" in § 475 Abs. 2 E II vgl. Prot. II. Bd. 5, S. 639; *Mugdan*, Bd. 2, S. 756.

V. Die §§ 522–526 *E II rev.* (§§ 523–527 E III) entsprechen den §§ 530–533 BGB.

## § 534

**Schenkungen, durch die einer sittlichen Pflicht oder einer auf den Abstand zu nehmenden Rücksicht entsprochen wird, unterliegen nicht der Rückforderung und dem Widerrufe.**

C. I. Zur Entstehungsgeschichte des § 534 BGB vgl. die Materialien zu den §§ 530–533 BGB. Als selbständige Bestimmung erscheint sie erstmals im E I-VorlZust. als: § 449a: Schenkungen, durch die einer sittlichen Pflicht oder einer auf den Anstand zu nehmenden Rücksicht entsprochen wird, unterliegen dem Widerrufe nicht. E I-VorlZust § 449 a

II. Fassung der Regelung in *E II:*

Schenkungen, durch die einer sittlichen Pflicht oder einer auf den Anstand zu nehmenden Rücksicht entsprochen wird, unterliegen nicht dem Widerrufe. E II § 476

III. Die Versetzung dieser Bestimmung an das Ende des Schenkungsrechts geht auf die Kommission des Reichstages zurück.

## DRITTER TITEL

## Miethe, Pacht[1]

### I. Miethe

*Vorbemerkung:* Der Redaktor des Obligationenrechts, Franz v. Kübel, konnte eine Vorlage zum Mietrecht nicht mehr fertigstellen. Die Materialiensammlung zum Miet- und Pachtrecht stammt von einem Hilfsarbeiter. Kübel hat aber vor den Beratungen der Kommission einen vollständigen Entwurf zur Abänderung des Mietrechts des Dresdener Entwurfs vorgelegt, der in den Kommissionsprotokollen unter den Anträgen erscheint und somit ganz auseinandergerissen ist. Dieser Entwurf wird im folgenden geschlossen mitgeteilt, damit die Konzeption v. Kübels gut erkennbar wird. Aus demselben Grunde werden an den betreffenden Stellen auch die Anträge Kübels zum Pachtrecht, zur Leihe und zum Dienstvertragsrecht im Zusammenhang wiedergegeben.

**Antrag von v. Kübel Nr. 345 (vom 23. 4. 1883) zum Mietrecht:**

§ **1** (DresdE Art. 538). Durch den Miethvertrag wird der Vermiether verpflichtet, dem Miether den Gebrauch der vermietheten Sache zu überlassen. Der Miether wird verpflichtet, dem Vermiether die vereinbarte Vergütung (Miethzins, Miethpreis) zu entrichten.

(Die Art. 539, 540 des *DresdE* fallen aus.)

§ **2** (DresdE Art. 541, 544, 554 Satz 1). Der Vermiether ist verpflichtet, dem Miether den Miethgegenstand in einem zu dem vertragsmäßigen Gebrauche geeigneten Zustande zu übergeben und denselben während der ganzen Miethzeit in solchem Zustande zu erhalten.

Der Vermiether hat dem Miether den ungeschmälerten und ungestörten vertragsmäßigen Gebrauch während der Miethzeit zu gewähren.

(Art. 542 des *DresdE* fällt aus.)

§ **3** (DresdE Art. 545). Fehlt der vermietheten Sache zur Zeit der Uebergabe eine zugesicherte Eigenschaft oder leidet sie zu dieser Zeit an einem Mangel, welcher die Tauglichkeit der Sache zu dem vertragsmäßigen Gebrauche aufhebt oder mindert oder entsteht später ein solcher Mangel, so kann der Miether Herabsetzung des Miethpreises (§ 96 der Zusammenstellung) nach Verhältniß der Zeit, während welcher der Gebrauch aufgehoben oder gemindert ist, verlangen, oder, wenn der Vermiether nicht ohne Zögern dem Mangel abhilft, von dem Vertrage zurücktreten. Der Miether kann sofort zurücktreten, wenn sein Interesse dies erfordert. Eine unerhebliche Minderung der Tauglichkeit kommt nicht in Betracht. Die §§ 82, 84 der Zusammenstellung finden entsprechende Anwendung.

Ist zur Zeit der Schließung des Vertrages eine zugesicherte Eigenschaft nicht vorhanden gewesen oder ein damals vorhandener Mangel von dem Vermiether dem Miether wissentlich verschwiegen worden, so hat der letztere neben dem Rechte auf verhältnißmäßige Herabsetzung des Miethpreises oder auf Rücktritt den Anspruch auf Schadensersatz wegen Nichterfüllung. Wegen eines nach der Schließung des Vertrags entstandenen Mangels steht dem Miether der Anspruch auf Schadensersatz nur zu, wenn er bei dem Vertrage stehen bleibt und der Mangel zufolge eines von dem Vermiether zu vertretenden Umstandes eingetreten ist.

[1] Von den Bestimmungen des Miet- und Pachtrechts sind seit 1900 geändert worden: §§ 537, 538, 543, 547, 549, 554, 555, 557, 565, 569, 573, 574, 580, 585; eingefügt wurden: §§ 541 a, 547 a, 550 a, 552 a, 554 a-b, 556 a-c, 557 a, 564 a-b, 565 a-e, 569 a-b, 570 a, 580 a.

§ 4 (neu). Auf die in § 3 Abs. 1 bezeichneten Ansprüche des Miethers sowie auf den Schadensersatzanspruch wegen eines bei der Uebergabe vorhandenen Mangels (§ 3 Abs. 2 Satz 1) findet § 86, auf das Rücktrittsrecht finden die §§ 54, 55, 87 bis 91, 92 Ziff. 1 entsprechende Anwendung. Durch den Rücktritt wegen eines während der Miethzeit entstandenen Mangels wird der Bestand des Vertrages in der Zeit vor dem Eintritt des Mangels nicht berührt.

Die Ansprüche auf verhältnißmäßige Herabsetzung des Miethpreises und auf Rücktritt vom Vertrage unterliegen der in § 101 Abs. 1 bestimmten Verjährung. Binnen der daselbst bestimmten Frist verjährt auch der Anspruch auf Schadensersatz (§ 3 Abs. 2), sofern der Anspruch nicht darin sich gründet, daß der Mangel wissentlich verschwiegen worden ist. Die Verjährungsfrist beginnt in Ansehung der bei der Uebergabe vorhandenen Mängel mit dem Zeitpunkt, wo die Sache dem Miether übergeben ist. Die Verjährungsfrist kann durch Vertrag bis zur ordentlichen Verjährungsfrist (Allg. Theil § 131) erweitert werden.

§ 5 (DresdE Art. 543). Hat der Vermiether eines Grundstückes dem Miether eine bestimmte Größe desselben zugesichert, so gilt diese Zusicherung als Zusicherung einer Eigenschaft des Grundstücks (§ 3). Auf das Rücktrittsrecht des Miethers findet § 101a Satz 2 entsprechende Anwendung.

(Die Art. 546, 547, 548 des *DresdE* fallen aus.)

§ 6 (DresdE Art. 552). Der Vermiether einer unbeweglichen Sache ist verpflichtet, auf Verlangen des Miethers die Bewilligung zur Eintragung der Rechte des letzteren aus dem Miethvertrage in das Grundbuch zu ertheilen (§ 28 Abs. 2 des Sachenrechtsentwurfes).

§ 7 (DresdE Art. 550 Abs. 1, 551). Geht während der Miethzeit ein den Gebrauch des Miethers ausschließendes oder beschränkendes Recht an der gemietheten Sache in Folge einer Veräußerung des Vermiethers oder aus einem anderen Rechtsgrunde auf einen Dritten über, welcher sich zur Belassung des Miethers nicht verpflichtet hat (§ 8), so kann der Miether, wofern er nicht die Eintragung in das Grundbuch gemäß § 6 erwirkt hatte, von dem Dritten die Fortsetzung des Miethverhältnisses nicht verlangen, sondern ist auf die Ansprüche gegen den Vermiether wegen Nichterfüllung (§§ 185–188 der Zusammenstellung) beschränkt. Wird durch das Recht des Dritten der Gebrauch nur theilweise aufgehoben, so kann der Miether auch ohne den Nachweis, daß der noch übrige Theil des Gebrauches für ihn kein Interesse habe, von dem Vertrag zurücktreten.

Bei der Miethe unbeweglicher Sachen ist der dritte Erwerber verpflichtet, dem Miether anzuzeigen, daß er die Sache zu räumen habe, und demselben von dieser Anzeige an, sofern die Miethe in Gemäßheit des Miethvertrages nicht schon früher endigt, den Gebrauch der Sache bis zu dem nächsten vertragsmäßigen Ziele und, wenn die Zeit bis zu solchem bereits zur Hälfte abgelaufen ist, bis zu dem darauf folgenden vertragsmäßigen Ziele, in Ermangelung eines solchen Zieles aber noch drei Monate zu belassen.

Das Recht zum Rücktritt von dem Vertrage (§ 187 Abs. 3) wird durch diese Bestimmung nicht berührt.

§ 8 (DresdE Art. 550 Abs. 1). Hat der dritte Erwerber sich dem Vermiether gegenüber verpflichtet, dem Miether den Gebrauch des vermietheten Gegenstandes während der im Miethvertrag bestimmten Zeit oder während eines Theiles dieser Zeit zu gestatten, so wird der Miether hierdurch unmittelbar berechtigt, die Fortsetzung des Miethverhältnisses während der bestimmten Zeit von dem Erwerber zu verlangen

(§§ 121, 125 der Zusammenstellung). Die Vorschrift in § 7 Abs. 2 Satz 2 findet Anwendung.

§ 9 (DresdE Art. 550 Abs. 2, 551). Der Miether, welcher in Gemäßheit der Bestimmungen in § 7 Abs. 2 und § 8 im Gebrauch des vermietheten Gegenstandes verbleibt, ist verpflichtet, die in dem Miethvertrage vereinbarte Vergütung, soweit sie auf die Zeit von dem Erwerbe des Dritten an entfällt, dem letzteren zu bezahlen. Auf Vorauszahlungen an den Vermiether kann sich der Miether dem Erwerber gegenüber nur insoweit berufen, als er sie dem Miethvertrage gemäß, bevor er von dem Erwerbe des Dritten Kenntniß hatte, geleistet hat.

§ 10 (DresdE Art. 554 Satz 2, Art. 555). Der Vermiether hat alle Ausbesserungen, welche während der Miethzeit zum Zwecke der Erhaltung der vermietheten Sache in brauchbarem Zustande erforderlich sind, auf seine Kosten zu besorgen, insoweit nicht der Miethvertrag diese Verpflichtung dem Miether auferlegt oder das Bedürfniß der Ausbesserung durch Schuld des letzteren herbeigeführt ist.

Bei der Miethe beweglicher Sachen sind die Auslagen, welche der fortgesetzte Gebrauch der Sache verursacht, insbesondere bei der Miethe von Thieren die Fütterungskosten, von dem Miether zu tragen.

(Art. 556 des DresdE fällt aus).

§ 11 (DresdE Art. 557). Auf den Ersatz nothwendiger Verwendungen auf die gemiethete Sache hat der Miether gegen den Vermiether Anspruch, soweit ein solcher nach den Grundsätzen über Geschäftsführung ohne Auftrag begründet ist.

Wegen anderer Verwendungen hat der Miether einen Ersatzanspruch nur, wenn der Vermiether die Vornahme derselben genehmigt hat und soweit die durch dieselben bewirkte Werthserhöhung zur Zeit der Beendigung der Miethe noch besteht.

Außerdem hat der Miether nur das Recht, die Einrichtungen auf welche er die Verwendungen gemacht hat, nach Ersatz des bei der Trennung verursachten Schadens wegzunehmen. Auf Verlangen des Vermiethers hat der Miether demselben jedoch diese Einrichtungen gegen Erstattung des Werthes, welchen sie im Falle der Wegnahme gehabt haben würden, zu belassen.

§ 12 (DresdE Art. 558). Der Vermiether ist verpflichtet, die auf der Sache ruhenden Lasten und Abgaben zu tragen.

§ 13 (DresdE Art. 563). Der Miether darf von der gemietheten Sache nur den vertragsmäßigen Gebrauch machen. Art und Umfang des dem Miether zustehenden Gebrauches richten sich in Ermangelung besonderer Bestimmung nach der Beschaffenheit der vermietheten Sache und dem Zwecke, zu welchem sie bestimmt ist.

§ 14 (DresdE Art. 559, 562 Abs. 2). Der Miether darf, wenn dies nicht in dem Miethvertrage untersagt ist, die gemiethete Sache weiter vermiethen (Aftermiethe), vorausgesetzt, daß hierdurch nicht der Gebrauch, zu welchem die Sache dem Miether überlassen worden ist, verändert wird.

Der Miether haftet auch im Falle einer statthaften Aftervermiethung dem Vermiether unmittelbar dafür, daß durch den Aftermiether die dem Miether in Ansehung der Sache obliegenden Verbindlichkeiten erfüllt werden.

(Art. 562 Abs. 1 des *DresdE* fällt aus.)

§ 15 (DresdE Art. 564). Werden Ausbesserungen an der Sache nöthig, welche dem Vermiether obliegen oder maßt sich ein Dritter Rechte an der Sache an, so ist der Miether verpflichtet, dem Vermiether hiervon sofort Anzeige zu machen. Er haftet dem Vermiether für den demselben durch die Unterlassung dieser Anzeige entstandenen Schaden.

§ 16 (DresdE Art. 560). Der Miethpreis ist in Ermangelung anderer Vereinbarung bei einer Miethzeit von wenigstens sechs Monaten in vierteljährigen Terminen, je am Schlusse eines Vierteljahres, bei einer kürzeren Miethzeit nach Ablauf derselben zu bezahlen.

§ 17 (DresdE Art. 561). Kann der Miether wegen eines in seiner Person eingetretenen Zufalles während der Miethzeit von der gemietheten Sache keinen oder nur einen beschränkten Gebrauch machen, so behält der Vermiether das Recht auf die dem Miether nach dem Vertrag obliegende Gegenleistung nach Abzug oder gegen Vergütung der dem Vermiether ersparten Aufwendungen.

§ 18 (DresdE Art. 565). Der Miether ist verpflichtet, nach Ablauf der Miethzeit die gemiethete Sache in demselben Zustande, in welchem er sie erhalten hat, zurückzugeben. Er haftet dem Vermiether jedoch nicht für Verschlechterungen, welche in Folge des vertragsmäßigen Gebrauches, des Alters oder eines anderen von dem Miether nicht zu vertretenden Umstandes eingetreten sind. (Art. 566 des *DresdE* fällt aus).

§ 19. Der Vermiether hat kraft Gesetzes ein Pfandrecht an den in das vermiethete Grundstück oder die vermiethete Wohnung eingebrachten Sachen des Miethers. Im Verhältniß zu anderen Gläubigern des letzteren besteht das Pfandrecht jedoch in Ansehung des Miethzinses nur wegen der laufenden und des für das letzte Jahr vor der durch die Gläubiger bewirkten Pfändung oder vor der Eröffnung des Konkursverfahrens rückständigen Zinses und im Falle des Konkurses wegen aller Forderungen nur an den zur Zeit der Eröffnung des Konkursverfahrens noch in der Wohnung oder auf dem Grundstück befindlichen Sachen.

Im Falle des Zusammentreffens mit anderen Pfand- oder Vorzugsrechten geht das der Entstehung nach ältere Recht dem jüngeren vor.

Das Pfandrecht erlischt an den Sachen, welche mit ausdrücklicher oder stillschweigender Einwilligung des Vermiethers von der Wohnung oder dem Grundstück weggeschafft sind.

Vermöge seines Pfandrechtes hat der Vermiether an den demselben unterworfenen Sachen ein Zurückbehaltungsrecht.

Die Geltendmachung des Pfand- und Zurückbehaltungsrechtes und die Verfolgung des Pfandrechtes ist ausgeschlossen, wenn dem Vermiether Sicherheit nach Maßgabe der Vorschrift des § 179 Satz 2 der Zusammenstellung des Obligationenrechtes geleistet wird.

§ 20 (DresdE Art. 568). Das Miethverhältniß endigt mit dem Ablauf der Zeit, auf welche dasselbe eingegangen war. Ist über die Dauer Nichts bestimmt, so kann sowohl der Vermiether als der Miether das Miethverhältniß durch Kündigung beendigen.

Die Kündigung muß, in Ermangelung einer anderen Bestimmung über die Fristen und Ziele derselben, bei beweglichen Sachen drei Tage, bei unbeweglichen Sachen drei Monate vor dem Tage, an welchem das Ende der Miethe eintreten soll, erfolgen. Wenn jedoch monatsweise Miethzinszahlung vereinbart ist, so muß die Kündigung spätestens am fünfzehnten Tage des laufenden Monats auf den letzten Tag bei wöchentlicher Miethzinszahlung am zweiten Tage der Woche auf das Ende derselben geschehen; bei täglicher Miethzinszahlung genügt Kündigung je von einem Tag auf den anderen. Nichtrechtzeitige Kündigung ist wirkungslos.

§ 21 (DresdE Art. 569). Wird nach dem Ablauf des auf eine bestimmte Zeit eingegangenen Miethvertrages die vermiethete Sache von dem seitherigen Miether mit Wissen und ohne Widerspruch des Vermiethers wie bisher gebraucht, so gilt der Miethvertrag in Ermangelung anderer Vereinbarung auf so lange als erneuert, bis er von dem Vermiether oder Miether durch Kündigung nach Maßgabe des § 20 Abs. 2 beendigt wird.

(Die Art. 570, 571 des *DresdE* fallen aus.)

§ **22** (neu). Stirbt der Miether, so sind, auch wenn der Vertrag auf eine längere Zeit eingegangen oder eine längere Kündigungsfrist festgesetzt ist, sowohl seine Erben als der Vermiether berechtigt, die Miethe mit Einhaltung der in § 20 Abs. 2 bezeichneten Fristen zu kündigen. Die dreimonatliche Kündigungsfrist bei unbeweglichen Sachen läuft in diesem Falle von dem Ablauf des Quartals an, in welchem der Tod eingetreten ist.

§ **23** (DresdE Art. 572). Der Vermiether kann ohne vorausgehende Kündigung von dem Vertrage zurücktreten:

1. wenn während der Miethzeit die vermiethete Sache einer unaufschiebbaren Ausbesserung bedarf, sofern durch die Vornahme derselben der vertragsmäßige Gebrauch der Sache ausgeschlossen wird;

2. wenn der Miether oder Aftermiether ungeachtet erfolgter Abmahnung durch den Vermiether von der Sache einen vertragswidrigen Gebrauch macht oder dieselbe durch Vernachlässigung der dem Miether obliegenden Sorgfalt erheblich gefährdet;

3. wenn der Miether mit der Zahlung des Miethzinses für zwei auf einander folgende Ziele im Verzuge ist.

In den Fällen der Ziffer 2 und 3 bleibt dem Vermiether die Geltendmachung eines weiteren durch die Handlungsweise des Miethers oder durch dessen Verzug entstandenen Schadens vorbehalten.

Im Falle der Ziffer 1 ist der Vermiether dem Miether zum Schadensersatz verpflichtet, wenn er bei dem Abschluß des Vertrages den schon damals vorhandenen Umstand, welcher die Ausbesserung veranlaßt, gekannt hat oder kennen mußte, oder wenn er das nach dieser Zeit eingetretene Bedürfniß der Ausbesserung verschuldet hat.

§ **24** (DresdE Art. 570). Der Miether kann ohne vorausgehende Kündigung von dem Vertrage zurücktreten:

1. wenn die vermiethete Sache durch einen Zufall theilweise untergegangen ist, und der Gebrauch des noch übrigen Theiles für den Miether kein Interesse hat;

2. wenn der Miether zufolge eines zufälligen, nicht in seiner Person oder seinen persönlichen Verhältnissen begründeten Umstandes an dem Gebrauche der vermietheten Sache dauernd verhindert ist. Tritt eine solche Hinderung nur zeitweise oder zu einem Theil der gemietheten Sache ein, so kann der Miether zurücktreten, wenn der Gebrauch des übrigen Theiles oder während der übrigen Zeit für ihn kein Interesse hat.

§ **25** (neu). In den Fällen der §§ 23, 24 wird die Auflösung des Miethverhältnisses von der Zeit an bewirkt, zu welcher der Rücktritt von dem Rücktretenden dem anderen Theile erklärt ist.

§ **26** (DresdE Art. 574). Mit dem Ende des Miethverhältnisses ist der Vermiether berechtigt, auch von dem Aftermiether die sofortige Räumung der vermietheten Sache zu verlangen.

(Art. 575 des DresdE fällt aus.)

## § 535

**Durch den Miethvertrag wird der Vermiether verpflichtet, dem Miether den Gebrauch der vermietheten Sache während der Miethzeit zu gewähren. Der Miether ist verpflichtet, dem Vermiether den vereinbarten Miethzins zu entrichten.**

### A. 1. Kommission

I. 199. Sitzung vom 20. 4. 1883 (Schriftführer Neubauer)

| Es wurde zur Berathung der Vorschriften über den *Mieth- und Pachtvertrag* übergegangen. | Prot I 2021

Die Berathung erfolgte nach Anleitung der in dem Dresdener Entwurfe in den Artikeln 538–589 enthaltenen Bestimmungen.

Einverständniß bestand, daß die in dem Dresdener Entwurfe durchgeführte Trennung des Miethvertrages von dem Pachtvertrage und die vorherige Behandlung des ersteren Vertrages volle Billigung verdiene.

Zu Artikel 538 des Entwurfs: DresdE Art 538

„Durch den Miethvertrag wird der Vermiether verpflichtet, dem Miether den Gebrauch einer Sache gegen eine vertragsmäßige Vergütung (Miethzins, Miethgeld) zu überlassen."

war beantragt:

1. in diesem Artikel zu bestimmen:

„Durch den Miethvertrag wird der Vermiether verpflichtet, dem Miether den Gebrauch der vermietheten Sache während der Miethzeit zu gewähren und zu diesem Zwecke | die Sache zu übergeben. Kurlbaum (Nr 341) | Prot I 2022

Der Miether wird durch den Vertrag verpflichtet, die für den Gebrauch vereinbarte Gegenleistung (Miethzins) zu bewirken und die Sache nach Ablauf der Miethzeit zurückzugeben[1]."

2. statt dessen zu bestimmen:

„Durch den Miethvertrag wird der Vermiether verpflichtet, dem Miether den Gebrauch der vermietheten Sache zu überlassen. Der Miether wird verpflichtet, dem Vermiether die vereinbarte Vergütung (Miethzins, Miethpreis) zu überlassen."[2] v. Kübel (Nr 341)

3. zu bestimmen:

„Durch den Miethvertrag wird der Vermiether verpflichtet, dem Miether den zugesagten Gebrauch des Miethgegenstandes zu gewähren, der Miether wird verpflichtet, dem Vermiether die zugesagte Vergütung (Miethzins) zu leisten." Windscheid (Nr 342)

4. die Vorschrift zu fassen:

„Durch den Miethvertrag wird der Vermiether verpflichtet, dem Miether den Gebrauch der vermietheten Sache während der Miethzeit gegen die vereinbarte Vergütung (Miethzins, Miethgeld) zu gewähren." Planck (Nr 343)

Der wesentliche Inhalt des Artikels 538 blieb unbeanstandet.

Im Uebrigen wurden aus Anlaß der gestellten Anträge folgende Beschlüsse gefaßt:

[1] Dem Antrag war hinzugefügt: „NB: § 132 Nr. 11, 133 Nr. 3 Allg. Th. steht „Miethgeld".

[2] Im Originalantrag heißt es am Ende: „zu entrichten".

1. Es soll bei dem Worte: „Sache" zur Bezeichnung des Gegenstandes des Miethvertrages verbleiben und dafür das Wort: „Gegenstand" nicht gewählt werden.

Man ging davon aus, das Gesetz werde sich einfacher und klarer gestalten, wenn nur eine Sachmiethe, nicht auch eine Rechtsmiethe anerkannt und der den Gebrauch eines Rechts gewährende Vertrag als Pachtvertrag behandelt werde (zu vergl. DresdE Art. 576).

| Prot I 2023 2. Es soll, damit nicht die Vorschrift den Charakter einer | lehrbuchartigen Definition gewinnen, bei „Sache" (scil. gemietete) statt des unbestimmten Artikels: „einer" der bestimmte Artikel: „der" gebraucht werden.

3. Das Wort: „gegen" soll ausscheiden, weil es an Erfüllung Zug um Zug erinnert, während doch der Vermiether in der Regel vorzuleisten hat.

4. Für das Wort: „überlassen" soll das Wort: „gewähren" verwendet werden. Das letztere Wort wurde für bezeichnender erachtet.

5. Es soll zur Verdeutlichung des Wesens des Vertrages bezw. der Hauptverpflichtung des Vermiethers auch der Miethzeit Erwähnung geschehen.

6. Bei der Bezeichnung der Verpflichtung des Miethers soll der Ausdruck: „vereinbarte Gegenleistung" unter Einklammerung von „Miethzins" verwendet werden. Jenen Ausdruck hielt man nach der bisherigen Sprachweise für den passendsten und das Wort „Miethzins" schon wegen des Sprachgebrauchs der Reichsjustizgesetze (D. Civilprozeßordnung § 8, Konkursordnung § 41[3]) für besonders angemessen.

7. Der Übergabe- und Rückgabepflicht soll keine Erwähnung geschehen. Man glaubte, die Hervorhebung dieser Verpflichtungen sei überflüssig, aber auch insofern bedenklich, als in gewissen Fällen, z. B. bei Gestatten des Lustwandels in einem Park, der Benutzung eines Instruments ohne Veränderung seines Standorts, von Übergeben und Rückgeben, mindestens im gewöhnlichen Sinne, keine Rede sein könne.

8. Dem Worte: „Gebrauche" soll „zugesagten" nicht hinzugefügt werden. Der Zusatz wurde für überflüssig angesehen und außerdem besorgt, er könne zu der Mißdeutung Anlaß geben, zum Wesen des Mietvertrages gehöre eine besondere Vereinbarung über den Umfang und den Inhalt des Gebrauchsrechts.

Der Vorbeschluß vom 21. September 1876[4], nach welchem der Mietvertrag formfrei sein soll, wurde aufrecht erhalten, sodann ein Bedürfnis nicht anerkannt, eine Bestimmung darüber aufzunehmen, nach welchen Rechtsnormen der Vertrag zu beurteilen sei, | Prot I 2024 durch den | für den Gebrauch einer Sache eine Gegenleistung übernommen ist, deren entgeltliche Übernahme – für sich betrachtet – den Charakter des Geschäfts zu ändern vermöchte. Man hielt es keineswegs für ausgeschlossen, daß in einem solchen Falle sowohl die für den Miethvertrag als die für das andere Geschäft, z. B. Werkverdingung, geltenden Rechtsnormen nebeneinander anwendbar würden.

DresdE Art 539 Zu Artikel 539 des Entwurfs:

„Gegenstände der Miethe können alle Sachen sein, welche einen Gebrauch ohne Verbrauch zulassen.

Der Eigenthümer kann seine Sache von Demjenigen in Miethe nehmen, welchem der Gebrauch derselben zusteht."

lagen die Anträge vor:

Kurlbaum (Nr 341) 1. den zweiten Absatz zu streichen, und zuzusetzen: „Die zu §§ 7 und 14 des Titels vom Kauf gefaßten Beschlüsse finden entsprechende Anwendung."

[3] § 8 CPO entspricht § 8 ZPO; § 41 KO a. F. entspricht § 49 KO n. F. (verändert).
[4] Vgl. Materialien zu § 125 ff. BGB.

2. nur zu bestimmen unter Streichung des zweiten Absatzes: Windscheid (Nr 342)
„Gegenstand des Miethvertrages kann Alles sein, was Gebrauch ohne Verbrauch zuläßt."

3. den Artikel zu unterdrücken. v. Kübel (Nr 345)

In getrennter Abstimmung wurde zuerst der erste Absatz, sodann auch der zweite Absatz des Art. 539 abgelehnt, dagegen die in dem Antrage Nr. 1 vorgeschlagene, auf die entsprechende Anwendbarkeit der §§ 7 und 14 des Theilentwurfs über den Kauf (Nr. 32) sich beziehende Zusatzvorschrift (Protokolle S. 1861, 1862, 1883[5]) angenommen.

Man hatte erwogen:

1. Der erste Absatz des Art. 539 sei entbehrlich, weil er sichtbar nur Selbstverständliches enthalte.

2. Aus gleichem Grunde erscheine auch der zweite Absatz überflüssig, zumal in Art. 566 die Frage, inwiefern die Miete der eigenen Sache nichtig sei, noch besonders behandelt werde[6].

3. Die zusätzlich vorgeschlagene Vorschrift möge vielleicht wegen Untheilbarkeit der in Frage kommenden Leistungen entbehr- | lich sein; allein ihre Aufnahme erscheine wegen der zitierten §§ 7 und 14 bezw. wegen der zu diesen gefaßten Beschlüsse zur Beseitigung eines durch dieselben nahe gelegten Zweifels rathsam. | Prot I 2025

Zu Art. 540 des Entwurfs: DresdE Art 540
„Der Miethzins kann in Geld oder in anderen vertretbaren Sachen oder in Dienstleistungen bestehen."
war von mehreren Seiten die Streichung der Vorschrift beantragt. Kurlbaum (Nr 341)
Der Antrag auf Streichung des Art. 540 wurde genehmigt. Windscheid (Nr 342)
Man war der Meinung, der Art. 540 enthalte nicht mehr, als sich schon aus dem Artikel 538 und den dazu gefaßten Beschlüssen ergebe; die Streichung sei um so nothwendiger, als der Artikel offenbar zu enge sei, da er nicht alle Arten der Leistung, zu welchen der Miether sich verpflichten könne, umfasse.

**II. 1.** In der *RedVorl* lautet die beschlossene Regelung:

§ 1 (Art. 538). 360. Durch den Miethvertrag wird der Vermiether verpflichtet, dem Miether den Gebrauch der vermietheten Sache während der Miethzeit zu gewähren, und der Miether verpflichtet, dem Vermiether die vereinbarte Gegenleistung (Miethzins) zu entrichten[7]. RedVorl § 1

§ 1a. 361. Die Bestimmung des § 101a Satz 1[8] und die für den Kauf geltenden Bestimmungen des § 10 der Redaktionsvorlage über den Kauf (§ 327[9]) finden auf die Miethe entsprechende Anwendung. RedVorl § 1a

(NB: Der § 101a soll nach der Redaktionsvorlage über den Kauf [zum § 10] eingeschoben werden; nur der Satz 1 des § 101a wird für anwendbar erklärt, so daß sich die

[5] Vgl. Materialien zu § 444 BGB.
[6] Vgl. Materialien zu § 537ff. BGB.
[7] Anmerkung von Pape und in der RedVorl: „NB: Aenderungen im Allgem. Theil a. § 132 Nr. statt ‚Miethgeldes zu setzen Miethzinses', – b. § 133 Nr. 4 statt: ‚Miethgelder' zu setzen: ‚Miethzins'."
[8] Vgl. Materialien zu § 468 BGB.
[9] Vgl. Materialien zu § 444 BGB.

Vorschrift ergiebt: „Hat der Vermiether eines Grundstücks eine bestimmte Größe desselben zugesichert, so gilt diese Zusicherung als Zusicherung einer Eigenschaft." Der zweite Satz des § 101 a erledigt sich durch § 24 der jetzigen Vorlage[10].)

**2.** § 360 ZustOR entspricht § 1 RedVorl.

ZustOR § 361 — § 361 ZustOR lautet: Die für den Kauf geltenden Bestimmungen des § 327 finden auf die Miethe entsprechende Anwendung.

**III., IV.** Die Fassung des § 499 KE (§ 503 E I) stimmt mit der des § 360 ZustOR überein.

§ 361 ZustOR ist bereits im KE entfallen (vgl. § 537f. BGB).

## B. Vorkommission des Reichsjustizamtes

I. Beantragt war:

Struckmann (Nr 3, 42) E I-RJA § 503 — den § 503 zu fassen: Durch den Miethvertrag wird der Vermiether verpflichtet, dem Miether während der Miethzeit den Gebrauch der vermietheten Sache zu gewähren. Der Miether wird verpflichtet, dem Vermiether den vereinbarten Miethzins zu entrichten.

II. 68. Sitzung vom 14. 3. 1892

| Prot-RJA 409 — | Zu § 503 wurde der sachlich vom Entwurfe nicht abweichende Antrag angenommen, die Vorschrift zu fassen: [wie Antrag von Struckmann].

## C. 2. Kommission

Struckmann (Nr 142, 1) — **I.** Es lag der Antrag von *Struckmann* (Nr. 142, 1) vor, die Vorschrift entspr. § 503 E I-RJA zu fassen (Prot. II, Bd. 2, 130; *Mugdan*, Bd. 2, 812).

Die Kom. beschloß die Beibehaltung des § 503, dessen sachlicher Inhalt von keiner Seite beanstandet war; die Prüfung der in dem Antrage vorgeschlagenen Fassungsänderungen wurde der RedKom überwiesen.

E I-ZustRedKom § 503 — **II.** In der *VorlZust* hat die Regelung die Fassung als § 503. Durch den Miethvertrag wird der Vermiether verpflichtet, dem Miether während der Miethzeit den Gebrauch der vermietheten Sache zu gewähren. Der Miether wird verpflichtet, dem Vermiether den vereinbarten Miethzins zu entrichten.

E I-VorlZust § 503 — **III.** Fassung der Regelung in der *ZustRedKom* als § 503: Durch den Miethvertrag wird der Vermiether verpflichtet, dem Miether den Gebrauch der vermietheten Sache während der Miethzeit zu gewähren; der Miether wird verpflichtet, dem Vermiether den vereinbarten Miethzins zu entrichten.

---

[10] Vgl. Materialien zu den §§ 442, 543 BGB unter A II.

Die für die Miether an Grundstücken gegebenen Vorschriften gelten auch für die Miethe von Wohn- und anderen Räumen[11].

**IV.** § 480 Abs. 1 E II lautet wie § 503 Abs. 1 ZustRedKom. Abs. 2 lautet: Die Vorschriften über die Miethe von Grundstücken gelten auch für die Miethe von Wohn- und anderen Räumen. E II § 480 Abs. 2

**V.** § 527 *E II rev* (§ 528 *E III*) entspricht § 535 BGB.

### § 536

**Der Vermiether hat die vermiethete Sache dem Miether in einem zu dem vertragsmäßigen Gebrauche geeigneten Zustande zu überlassen und sie während der Miethzeit in diesem Zustande zu erhalten.**

## A. 1. Kommission

**I. a)** 199. Sitzung vom 20. 4. 1883, Schriftführer Neubauer

| Zu Art. 541 des Entwurfs: | Prot I 2025 DresdE Art 541

„Der Vermiether ist verpflichtet, die vermiethete Sache sammt den durch den Vertrag nicht ausgenommenen Zubehörungen in einem zu dem vertragsmäßigen Gebrauche geeigneten Zustande dem Miether zu übergeben."

lagen die Anträge vor:

1. den Artikel zu streichen. v. Kübel (Nr 345) Kurlbaum (Nr 341) Windscheid (Nr 342)

2. statt der Art. 541, 544, 554 Satz 1 zu bestimmen: v. Kübel (Nr 345)

„Der Vermiether ist verpflichtet, dem Miether den Miethgegenstand in einem zu dem vertragsmäßigen Gebrauche geeigneten Zustande zu übergeben und denselben während der ganzen Miethzeit in solchem Zustande zu erhalten.

Der Vermiether hat dem Miether den ungeschmälerten und ungestörten vertragsmäßigen Gebrauch während der Miethzeit zu gewähren."

3. Die Art. 541 und 544 durch folgende Bestimmungen zu ersetzen: Planck (Nr 343, 2)

| „Der Vermiether ist verpflichtet, dem Miether beim Beginne der Miethzeit die vermiethete Sache in einem zu dem vertragsmäßigen Gebrauche geeigneten Zustande zu übergeben und dieselbe in einem solchen Zustande während der ganzen Miethzeit zu erhalten. | Prot I 2026

Hatte die vermiethete Sache bereits zur Zeit der Schließung des Vertrages Mängel, welche den vertragsmäßigen Gebrauch derselben ausschließen oder mindern, so findet auf die Verpflichtung des Vermiethers in Betreff dieser Mängel die Vorschrift des § 82 der Zusammenstellung des Obligationenrechts entsprechende Anwendung."

---

[11] Zu § 503 Abs. 2 E II vgl. Materialien zu § 530 BGB.

Man verständigte sich, die Erledigung des Art. 541 und der dazu gestellten Anträge bis zur Berathung des Art. 545 auszusetzen[1].

| Prot I 2029 DresdE Art 544 | Zu Art. 544 des Entwurfs[2]:

„Der Vermiether ist verpflichtet, dem Miether den ungeschmälerten und ungestörten vertragsmäßigen Gebrauch der vermietheten Sache während der ganzen Dauer der Miethzeit zu gewähren."

lagen folgende Anträge vor:

ndscheid (Nr 342) 1. den Artikel zu streichen.

urlbaum (Nr 341) 2. der zu Art. 541 unter Nr. 2 und

3. der ebenda unter Nr. 3 mitgetheilte Antrag.

Der Antrag auf Streichung des Art. 544 wurde genehmigt. Die Mehrheit erachtete | Prot I 2030 denselben wegen der | zum Art. 538 gefaßten Beschlüsse und in Rücksicht auf die nachfolgenden Art. 546 und ff. für überflüssig.

b) 203. Sitzung vom 30. 4. 1883, Schriftführer Neubauer

| Prot I 2081 DresdE Art 554 | Zu Art. 554 des Entwurfs:

„Der Vermiether ist verpflichtet, die vermiethete Sache während der Miethzeit in dem zu deren vertragsmäßigen Gebrauche erforderlichen Zustande zu erhalten. Er hat alle Ausbesserungen, welche zu diesem Zwecke während der Miethzeit nöthig werden, auf seine Kosten zu übernehmen, soweit nicht der Miethvertrag, Ortsgebrauch oder Gesetz dem Miether diese Verpflichtung auferlegt."

lagen die Anträge[3] vor:

v. Kübel (Nr 345) 1. statt dessen zu bestimmen:

„Der Vermiether hat allen Ausbesserungen, welche während der Miethzeit zum Zwecke der Erhaltung der vermietheten Sache in brauchbarem Zustande erforderlich sind, auf seine Kosten zu besorgen, insoweit nicht der Miethvertrag diese Verpflichtung dem Miether auferlegt oder das Bedürfniß der Ausbesserung durch Schuld des letzteren herbeigeführt ist."

2. die Vorschrift zu streichen.

Der Streichungsantrag wurde genehmigt, indem man der Ansicht war,

| Prot I 2082 | daß der Artikel nur Selbstverständliches enthalte und durch die in der Sitzung vom 20. d. Mts. (Protokolle S. 2026) beschlossene Aufnahme der Bestimmung:

„Der Vermiether sei verpflichtet, dem Miether die vermiethete Sache in einem zu dem vertragsmäßigen Gebrauche geeigneten Zustande zu überlassen und dieselbe in diesem Zustande während der ganzen Miethzeit zu erhalten."

völlig entbehrlich werde.

II. In der *RedVorl* und in der *ZustOR* lautet die beschlossene Regelung:

RedVorl § 2 ZustOR § 362 § 2 (Art. 541, 554). 362. Der Vermiether ist verpflichtet, dem Miether die Sache in einem zu dem vertragsmäßigen Gebrauche geeigneten Zustande zu überlassen und in diesem Zustande dieselbe während der ganzen Miethzeit zu erhalten.

III., IV. § 500 *KE* (§ 504 E I) entspricht § 362 ZustOR.

---

[1] Zum Kommissionsbeschluß vgl. S. 429 ff. dieses Bandes.

[2] Zu Art. 542 vgl. Materialien zu § 542 BGB; zu Art. 543 vgl. Materialien zu § 537 ff. BGB.

[3] In den Protokollen fehlt folgender Antrag von *Kurlbaum* (Nr. 344): § 554: Der Vermiether ist verpflichtet, während der Miethzeit an der vermietheten Sache diejenigen Ausbesserungen vorzunehmen, welche zur Erhaltung des nach Art. 545 zu gewährenden Zustandes nothwendig sind.

## B. Vorkommission des Reichsjustizamtes

I. Beantragt war: den § 504 zu fassen:

Der Vermiether hat die Sache dem Miether in einem zu dem vertragsmäßigen Gebrauche geeigneten Zustande zu überlassen und in diesem Zustande während der Miethzeit zu erhalten. Struckmann (Nr 3, 43)

II. 68. Sitzung vom 14. 3. 1892

| Zu § 504 wurde der mit dem Entwurf übereinstimmende Antrag angenommen, die Bestimmung zu fassen: . . . [wie Antrag Struckmann] | Prot-RJA 409

Abgelehnt wurde ein Zusatz des Inhalts, daß der Vermiether, wenn die Sache nach Schließung des Vertrages die Tauglichkeit zu dem vertragsmäßigen Gebrauche ganz oder theilweise verloren habe, nicht verpflichtet sei, den zu diesem Gebrauche geeigneten Zustande wiederherzustellen. Dem Vorschlage lag der Gedanke zu Grunde, daß der Miethvertrag den Vermiether nur zur Erhaltung der Mietsache, nicht aber zur Wiederherstellung derselben im Falle zufälligen Verlustes der Tauglichkeit zu dem vertragsmäßigen Gebrauche verpflichte. Der Miether | dürfe in diesem Falle nicht Erfüllung und bei Verzug des Vermiethers Schadensersatz wegen Nichterfüllung fordern, sondern nur den Miethzins mindern oder verweigern oder vom Vertrage nach § 529 zurücktreten. | Prot-RJA 410

Demgegenüber wurde ausgeführt, die Verpflichtung des Vermiethers, die Sache während der Miethzeit in einem zu dem vertragsmäßigen Gebrauche geeigneten Zustande zu erhalten, schließe auch die Verpflichtung ein, die Sache, wenn dieser Zustand durch Zufall aufgehoben sei, wiederherzustellen. Durch die anderen bezeichneten Rechte des Miethers werde seinem Interesse nicht genügt. Vorausgesetzt sei dabei, daß eine Wiederherstellung der vermietheten Sache möglich bleibe. Gehe diese durch Zufall unter, sei z. B. das gemiethete Haus total abgebrannt, so ergebe sich aus § 368 die angemessene Entscheidung, daß der Vermiether befreit werde und zugleich das Recht auf die Gegenleistung verliere. Ob eine Wiederherstellung der Mietsache möglich sei, lasse sich nur im einzelnen Falle entscheiden. Es komme darauf an, ob in Folge des Zufalls die *Identität* der Sache nicht aufgehoben sei. Der Vermiether sei nur zur *Erhaltung* der *gemietheten Sache*, nicht zur Substituirung einer davon verschiedenen neuen verpflichtet.

## C 2. Kommission

I. Es lag der Antrag von *Struckmann* (Nr. 142, 2) vor, § 504 nach dem Beschluß der Vorkommission zu fassen. Der Antrag wurde angenommen (Prot. II, Bd. 2, 130; *Mugdan*, Bd. 2, S. 812). Struckmann (Nr 142, 2)

II., III. Die beschlossene Regelung lautet in der *VorlZust* und in der *ZustRedKom* als:

§ 504. Der Vermiether hat die Sache dem Miether in einem zu dem vertragsmäßigen Gebrauche geeigneten Zustande zu überlassen und in diesem Zustande während der Miethzeit zu erhalten. E I-VorlZust § 504 E I-ZustRedKom § 504

IV., V. Die Fassung des § 481 *E II* (§ 528 *E II rev*, § 529 *E III*) entspricht der des § 536 BGB.

§ 537

**Ist die vermiethete Sache zur Zeit der Ueberlassung an den Miether mit einem Fehler behaftet, der ihre Tauglichkeit zu dem vertragsmäßigen Gebrauch aufhebt oder mindert, oder entsteht im Laufe der Miethe ein solcher Fehler, so ist der Miether für die Zeit, während deren die Tauglichkeit aufgehoben ist, von der Entrichtung des Miethzinses befreit, für die Zeit, während deren die Tauglichkeit gemindert ist, nur zur Entrichtung eines nach den §§ 472, 473 zu bemessenden Theiles des Miethzinses verpflichtet.**

**Das Gleiche gilt, wenn eine zugesicherte Eigenschaft fehlt oder später wegfällt. Bei der Vermiethung eines Grundstücks steht die Zusicherung einer bestimmten Größe der Zusicherung einer Eigenschaft gleich.**

§ 538

**Ist ein Mangel der im § 537 bezeichneten Art bei dem Abschlusse des Vertrags vorhanden oder entsteht ein solcher Mangel später in Folge eines Umstandes, den der Vermiether zu vertreten hat, oder kommt der Vermiether mit der Beseitigung eines Mangels in Verzug, so kann der Miether, statt die im § 537 bestimmten Rechte geltend zu machen, Schadensersatz wegen Nichterfüllung verlangen.**

**Im Falle des Verzugs des Vermiethers kann der Miether den Mangel selbst beseitigen und Ersatz der erforderlichen Aufwendungen verlangen.**

§ 539

**Kennt der Miether bei dem Abschlusse des Vertrags den Mangel der gemietheten Sache, so stehen ihm die in den §§ 537, 538 bestimmten Rechte nicht zu. Ist dem Miether ein Mangel der im § 537 Abs. 1 bezeichneten Art in Folge grober Fahrlässigkeit unbekannt geblieben oder nimmt er eine mangelhafte Sache an, obschon er den Mangel kennt, so kann er diese Rechte nur unter den Voraussetzungen geltend machen, unter welchen dem Käufer einer mangelhaften Sache nach den §§ 460, 464 Gewähr zu leisten ist.**

§ 540

**Eine Vereinbarung, durch welche die Verpflichtung des Vermiethers zur Vertretung von Mängeln der vermietheten Sache erlassen oder beschränkt wird, ist nichtig, wenn der Vermiether den Mangel arglistig verschweigt.**

**A. 1. Kommission**

a) 199. Sitzung vom 20. 4. 1883, Schriftführer Neubauer

| Prot I 2028 | Zu Art. 543 des Entwurfs:

DresdE Art 543 „Ist ein Grundstück oder ein Inbegriff von Grundstücken mit Angabe des Flächeninhaltes vermiethet worden und erhellt nicht, daß diese Angabe blos zur Bezeichnung des Grundstücks geschehen sei, so findet, wenn der Flächeninhalt mit der Angabe nicht übereinstimmt, die Vorschrift des Art. 437 analoge Anwendung."

lagen die Anträge vor:

Kurlbaum (Nr 341) Windscheid (Nr 34

1. den Artikel zu streichen.

v. Kübel (Nr 345) | Prot I 2029

2. statt dessen zu bestimmen:

„Hat der Vermiether eines Grundstücks dem Mie- | ther eine bestimmte Größe desselben zugesichert, so gilt diese Zusicherung als Zusicherung einer Eigenschaft des Grundstücks (§ 3). Auf das Rücktrittsrecht des Miethers findet § 101 a Satz 2 entsprechende Anwendung."

Planck (Nr 343, 4)

3. den Art. 543 durch folgende Bestimmung zu ersetzen:

„Hat der Vermiether eines Grundstücks eine bestimmte Größe desselben dem Miether zugesichert, so gilt diese Zusicherung als die Zusicherung einer Eigenschaft des Grundstücks. Ist die zugesicherte Größe nicht vorhanden, so steht jedoch dem Miether das Rücktrittsrecht nur dann zu, wenn wegen Erheblichkeit des Mangels anzunehmen ist, daß die Erfüllung des Vertrags für den Miether kein Interesse hat (vgl. § 101 a der Redaktionsvorlage zum Kaufe)".

Die im Wesentlichen übereinstimmenden Anträge Nr. 2 und 3 wurden vorbehaltlich der Fassung und der Stellung genehmigt, womit der Streichungsantrag und die Bestimmung des Entwurfs für erledigt galten.

Die Mehrheit war der Ansicht, es liege kein Grund vor, dasjenige, was in der Sitzung vom 19. März 1883 (Protokolle S. 1887–1891)[1] für den Veräußerungsfall beschlossen sei, von der analogen Anwendung im Vermiethungsfalle auszuschließen.

b) 200. Sitzung vom 24. 4. 1883, Schriftführer Neubauer (nicht anwesend v. Kuebel)

| Prot I 2031

| Die Berathung des Abschnitts, betreffend die Miethe wurde fortgesetzt.

DresdE Art 545

Zu Art. 545 des Entwurfs:

„Leidet die vermiethete Sache an einem zur Zeit der Schließung des Vertrages dem Miether unbekannt gebliebenen Mangel, oder entsteht später ein Mangel, welcher den vertragsmäßigen Gebrauch ausschließt oder in erheblicher Weise schmälert, so kann der Miether Befreiung von dem Miethzinse oder verhältnismäßige Herabsetzung desselben und, wenn der Miethzins vorausbezahlt ist, dessen gänzliche oder verhältnißmäßige Rückerstattung, oder auch, wenn der Vermiether dem Mangel nicht ohne Verzögerung abhilft, Aufhebung des Vertrages verlangen.

Hat der Vermiether einen zur Zeit der Schließung des Vertrages vorhandenen Mangel dem Miether arglistig verschwiegen, oder den späteren Eintritt des Mangels verschuldet, so kann der Miether auch Schadenersatz und, wenn der Miether durch die Mangelhaftig- | keit der gemietheten Sache einen Schaden erlitten hat, insbesondere auch Ersatz dieses Schadens von dem Miether verlangen."

| Prot I 2032

lagen die Anträge vor:

1. statt dessen zu bestimmen in:

v. Kübel (Nr 345)

§ 3. „Fehlt der vermietheten Sache zur Zeit der Uebergabe eine zugesicherte Eigenschaft oder leidet sie zu dieser Zeit an einem Mangel, welcher die Tauglichkeit der Sache zu dem vertragsmäßigen Gebrauche aufhebt, oder mindert oder entsteht später ein solcher Mangel, so kann der Miether Herabsetzung des Miethpreises (§ 96 der Zusammenstellung) nach Verhältniß der Zeit, während welcher der Gebrauch aufgehoben oder

[1] Vgl. Materialien zu § 468 BGB, ferner zu § 536 BGB.

gemindert ist, verlangen, oder, wenn der Vermiether nicht ohne Zögern dem Mangel abhilft, von dem Vertrage zurücktreten. Der Miether kann sofort zurücktreten, wenn sein Interesse dies erfordert. Eine unerhebliche Minderung der Tauglichkeit kommt nicht in Betracht. Die §§ 82, 84 der Zusammenstellung finden entsprechende Anwendung.

Ist zur Zeit der Schließung des Vertrages eine zugesicherte Eigenschaft nicht vorhanden gewesen oder ein damals vorhandener Mangel von dem Vermiether dem Miether wissentlich verschwiegen worden, so hat der letztere neben dem Rechte auf verhältnißmäßige Herabsetzung des Miethpreises oder auf Rücktritt den Anspruch auf Schadenersatz wegen Nichterfüllung. Wegen eines nach der Schließung des Vertrags entstandenen Mangels steht dem Miether der Anspruch auf Schadenersatz nur zu, wenn er bei dem Vertrage stehen bleibt und der Mangel zufolge eines von dem Vermiether zu vertretenden Umstandes eingetreten ist."

| Prot I 2033 | § 4 (neu). „Auf die in § 3 Abs. 1 bezeichneten Ansprüche des Miethers sowie auf den Schadenersatzanspruch wegen eines bei der Uebergabe vorhandenen Mangels (§ 3 Abs. 2 Satz 1) findet § 86, auf das Rücktrittsrecht finden die §§ 54, 55, 87 bis 91, 92 Ziff. 1 entsprechende Anwendung.

Durch den Rücktritt wegen eines während der Miethzeit entstandenen Mangels wird jedoch der Bestand des Vertrages in der Zeit vor dem Eintritt des Mangels nicht berührt.

Die Ansprüche auf verhältnißmäßige Herabsetzung des Miethpreises und auf Rücktritt vom Vertrage unterliegen der in § 101 Abs. 1 bestimmten Verjährung. Binnen der daselbst bestimmten Frist verjährt auch der Anspruch auf Schadenersatz (§ 3 Abs. 2), sofern der Anspruch nicht darin sich gründet, daß der Mangel wissentlich verschwiegen worden ist. Die Verjährungsfrist beginnt in Ansehung der bei der Uebergabe vorhandenen Mängel mit dem Zeitpunkt, wo die Sache dem Miether übergeben ist. Die Verjährungsfrist kann durch Vertrag bis zur ordentlichen Verjährungsfrist (Allg. Theil § 131) erweitert werden."

2. den Artikel 545 durch folgende Bestimmung zu ersetzen:

Planck (Nr 343, 4 u. 347, 1) „Wenn die vermiethete Sache zu derjenigen Zeit, in welcher die Gewährung des Gebrauchs[2] vertragsmäßig erfolgen muß, zugesicherte Eigenschaften nicht hat oder solche Mängel hat, welche den vertragsmäßigen Gebrauch derselben ausschließen oder in einer nicht unerheblichen Weise beeinträchtigen, so ist der Miether berechtigt, von dem Vertrage zurückzutreten oder seine Rechte aus dem Vertrage geltend zu machen.

Auf das Rücktrittsrecht finden die §§ 54, 55, 87, 88 Abs. 1–4, 89, 90, 91, 92 und 98 (jetzt §§ 54–59 und 60a der Redaktionsvorlage) entsprechende Anwendung[3].

| Prot I 2034 | Fallen zugesicherte Eigenschaften erst nach dem im ersten Absatze bezeichneten Zeitpunkte weg[4] oder treten nach diesem Zeitpunkte Mängel der im 1. Absatze bezeichneten Art ein, so ist der Miether den Miethvertrag für die Zukunft aufzuheben berechtigt. Er muß dem Vermiether jedoch, wenn die Wiederherstellung der zugesicherten Eigenschaften oder die Abhülfe der Mängel möglich ist, vorher eine angemessene Frist hierzu gestatten, sofern nicht die Fortsetzung des Miethvertrages bei Gestattung einer solchen Frist für ihn ohne Interesse ist.

---

[2] Statt „Gewährung" des Gebrauchs" heißt es in dem ursprünglichen Antrag (Nr. 343, 4) „die Uebergabe".

[3] Vgl. die entsprechenden Bestimmungen der ZustOR.

[4] Im ursprünglichen Antrag (Nr. 343, 4) heißt es: „weg, nachdem das im 1. Absatze bezeichnete Rücktrittsrecht ausgeschlossen ist", . . .

Auf das Recht des Miethers, den Miethvertrag aufzuheben, finden die Vorschriften der §§ 54, 55 und 98 der Zusammenstellung (§§ 54, 59 und 60a der Redaktionsvorlage über das Rücktrittsrecht) entsprechende Anwendung[5]."

3. zu bestimmen:

„Wird der zugesagte Gebrauch des Miethgegenstandes durch die mangelhafte Beschaffenheit desselben ganz oder in nicht unerheblichem Maße unmöglich gemacht, so steht dem Miether das Recht auf Minderung des Miethzinses und, wenn der Vermiether dem Mangel nicht ohne Verzögerung abhilft, das Recht auf Rücktritt vom Vertrage zu. Hierauf finden die §§ 82, 84, 86, 93 bis 100 (der Zusammenstellung des Obligationenrechts) entsprechende Anwendung. War der Mangel schon zur Zeit der Schließung des Vertrags vorhanden oder beruht sein späterer Eintritt auf einem von dem Vermiether zu vertretenden Umstand, so hat der Miether außerdem Anspruch auf Schadensersatz. Die gleichen Rechte hat der Miether, wenn dem Miethgegenstand eine zugesicherte Eigenschaft fehlt. § 101a findet entsprechende Anwendung." Windscheid (Nr 342)

4. zu bestimmen:

| „Der Vermiether haftet dem Miether dafür, daß die vermiethete Sache während der Miethzeit die zugesicherten Eigenschaften hat. | Prot I 2035 Kurlbaum (Nr 341)

Er haftet dafür, daß die Sache während der Miethzeit auch nicht solche Mängel hat, welche die Tauglichkeit derselben zu dem gewöhnlichen oder nach dem Vertrage vorausgesetzten Gebrauche aufheben oder mindern. Eine unerhebliche Minderung der Tauglichkeit kommt nicht in Betracht.

Die §§ 81 bis 86, 93 bis 98, 100 der Zusammenstellung finden entsprechende Anwendung (NB: § 98 ist versetzt, das Zitat danach zu berichtigen).

Der Rücktritt vom Vertrage ist nach Uebernahme der Sache nur zulässig, wenn der Vermiether nach Anzeige des Miethers dem Mangel nicht in angemessener Frist abhilft.

Der Rücktritt bewirkt nur die Aufhebung des Vertrages für die Zukunft und schließt die Minderung des Miethzinses für die Vergangenheit nicht aus."

Man verständigte sich, zunächst nur darüber zu beschließen: für welche Mängel der Vermiether einzustehen habe, unter vorläufiger Aussetzung der Entscheidung über die Art und den Umfang der Haftung.

In der ersteren Beziehung wurden folgende Beschlüsse gefaßt:

1. Ohne die in dem Antrage Nr. 4 vorgeschlagene Anlehnung an den § 81 der Zusammenstellung der das Obligationenrecht betreffenden Beschlüsse (Protokoll vom 15. Mai 1882, S. 734, 735) soll im Einklange mit dem Entwurfe und den übrigen Anträgen bestimmt werden: der Vermiether habe für solche Mängel Gewähr zu leisten, welche die Tauglichkeit der Sache zu dem vertragsmäßigen Gebrauche aufheben (ausschließen) oder mindern (beeinträchtigen).

| Die Mehrheit war nämlich der Ansicht: | Prot I 2036

Bei der Sachveräußerung sei die Bestimmung, welche dem Veräußerer die Verpflichtung auferlege, auch für solche Mängel einzustehen, welche die Tauglichkeit zum *gewöhnlichen* Gebrauche aufheben oder mindern, deshalb am Platze, weil regelmäßig jeder Erwerber auf eine solche Tauglichkeit rechne und rechnen dürfe. Ein Aehnliches lasse sich aber keineswegs von der Miethe behaupten. Ein Miethvertrag, welcher dem Miether das volle und unbeschränkte Gebrauchsrecht einräume, sei verhältnißmäßig selten. Die Regel bildeten die Miethverträge, welche den Miether nur zu einem bestimmten, aus dem Vertrage ersichtlichen Gebrauche berechtigten. Es verdiene daher

[5] Der letzte Satz lautet im ursprünglichen Antrag (Nr. 343, 4): „Die Aufhebung erfolgt durch eine darauf gerichtete Erklärung des Miethers an den Vermiether."

den Vorzug, allein auf den vertragsmäßigen Gebrauch den Nachdruck zu legen. Sei das vollständige Gebrauchsrecht zugestanden, so erscheine dies als das vertragsmäßige, folglich die Hervorhebung des vertragsmäßigen Gebrauchs[6] auch für diesen Fall zutreffend und richtig.

2. Mit den Anträgen Nr. 1, 2, 3 und 4 soll des Mangels einer zugesicherten Eigenschaft besonders gedacht werden.

Die besondere Erwähnung hielt man einmal der Verdeutlichung halber, sodann auch zur Beseitigung des Mißverständnisses für nöthig: für den Mangel einer zugesicherten Eigenschaft, sofern derselbe den vertragsmäßigen Gebrauch nicht beeinträchtige, habe der Vermiether in keiner Weise einzustehen, so daß auch der Erfüllungsanspruch wegfalle.

3. Den Anträgen Nr. 1, 2, 3 und 4 gemäß soll der § 82 der Zusammenstellung (Protokoll vom 15. Mai 1882, S. 736, 737) für entsprechend anwendbar erklärt werden. Man hielt diese Anwendbarkeit wegen par ratio für ebenso sachgemäß als in jeder Beziehung für unbedenklich.

| Prot I 2037 | 4. Es soll nicht bestimmt werden, daß für nicht erhebliche Mängel eine Haftung nicht eintrete, vorbehaltlich der bei der demnächstigen Bestimmung des Umfangs der Haftung zu treffenden Entscheidung, ob und inwiefern die Anwendbarkeit der einen oder anderen Vorschrift davon abhänge, daß der Mangel nicht ein unerheblicher sei.

Man ging davon aus: Als allgemeines und durchgreifendes Prinzip sei die Vorschrift, nur für nicht unerhebliche Mängel werde eingestanden, unhaltbar, wie sich namentlich in den Fällen des Mangels einer zugesicherten Eigenschaft und im Hinblick auf den Erfüllungsanspruch zeige, die Vorschrift könne nur in Beziehung auf besondere Rechte, die dem Miether wegen Mängel etwa beigelegt würden, sich als angemessen empfehlen.

Die Berathung wandte sich zur Bestimmung der Tragweite und des Umfangs der Gewährleistungspflicht.

Es wurde beschlossen was folgt:

1. Die in dem Antrage Nr. 2 vorgeschlagene Regelung fand nicht die Zustimmung der Mehrheit. Begründung und nähere Besprechung des Vorschlags hatten zwar ergeben, daß derselbe bei Hereinziehung der allgemeinen Grundsätze über die Leistungspflicht und die Folgen deren Nichterfüllung, so wie der unverschuldeten oder verschuldeten Unmöglichkeit der Leistung von den übrigen Vorschlägen sich nicht soweit entfernt, als es Anfangs scheinen könnte. Allein es machte sich die Ansicht geltend, daß seine Annahme das Verständniß des Gesetzes und dessen Anwendung erschweren würde. Man hielt es für sachgemäßer, mit den übrigen Anträgen und auch entsprechend dem Entwurfe und ähnlich wie bei der Normirung der Gewährleistungspflicht in Veräußerungsfällen, klar und bestimmt vorzuschreiben, unter welchen Voraussetzungen der Miether zum Rücktritt und zur Minderung berechtigt sei, wie | diese Rechte sich gestalten, ferner inwiefern der Miether nebstdem einen Anspruch auf Erfüllung bezw. auf Schadensersatz wegen Nichterfüllung habe. | Prot I 2038

2. Jeder von dem Vermiether nach den obigen Beschlüssen zu vertretende Mangel soll dem Miether das Recht verleihen, nach seiner Wahl entweder von dem Vertrage für die Zukunft zurückzutreten oder Herabsetzung (Minderung) des Miethzinses zu fordern.

Erwogen war:

Sei der Vermiether vertretungspflichtig, so liege voller Anlaß vor, dem Miether

[6] Dieser war nach *Windscheid* zugesichert und mußte gewährleistet werden (Nachlaß Schmitt).

ähnliche Rechte beizulegen, wie solche in Fällen der Sachveräußerung dem Erwerber zugestanden seien. Nur könne bei der Eigenthümlichkeit des auf einen gewissen Zeitraum sich erstreckenden Miethverhältnisses das Rücktrittsrecht nicht in der Weise eingeräumt werden, daß dessen Ausübung auch rückwärts wirke, indem es zugleich die Vergangenheit ergreife.

Werde das Rücktrittsrecht während der Dauer des Miethverhältnisses ausgeübt, so verstehe es sich übrigens von selbst, und werde, soweit nöthig, bei der Fassung der Vorschrift zu berücksichtigen sein, daß der Miether hinsichtlich der Vergangenheit zur Ausübung des Rechts auf Herabsetzung des Miethzinses befugt sein müsse.

3. Ist die Beseitigung des Mangels möglich, so soll das Rücktrittsrecht erst stattfinden, nachdem dem Vermiether eine Frist zur Beseitigung des Mangels gewährt ist.

Dies soll gelten:

a) wenn die Sache dem Miether zum Gebrauche bereits überlassen war, aber auch

b) dann, wenn diese Ueberlassung noch nicht erfolgt ist.

Man glaubte, daß in beiden Fällen die Beschränkung des Rücktrittsrechts durch Billigkeitsrücksichten um so mehr geboten sei, als das Recht selbst im Wesentlichen auf einer positiven Satzung | beruhe. | Prot I 2039

4. Die unter Ziffer 3 bestimmte Beschränkung soll fortfallen, wenn das Interesse des Miethers die Zulassung des sofortigen Rücktritts erheischt.

Diese Bestimmung wurde für nöthig erachtet, um die Beschränkung nicht auf Fälle auszudehnen, in welchen sie wegen der eine sofortige Befriedigung erfordernden, dem Miethvertrage häufig den Charakter eines Fixgeschäfts verleihenden Bedürfnisse des Miethers nicht paßt.

5. Damit die Beschränkung des Rücktrittsrechts dem Vermiether zu statten komme, soll dieser ohne Verzögerung den Mangel zu beseitigen verpflichtet sein. Man war der Ansicht, daß wegen der Gründe, worauf die Beschränkung beruhe, der Vermiether die Beseitigung des Mangels unverzüglich in Angriff zu nehmen und auch durchzuführen habe und daß jede Hinhaltung die Ausübung des Rücktrittsrechts begründen müsse, sofern nicht dem Vermiether ein nach § 193 der Zusammenstellung (Protokoll vom 16. Oktober 1882 Seite 1195–1199) den Verzug ausschließender Umstand zur Seite stehe.

6. In Ansehung der Verpflichtung des Vermiethers, Schadensersatz zu leisten, wurde beschlossen: diese Verpflichtung trete ein:

a) wenn *der Mangel einer zugesicherten Eigenschaft* schon zur Zeit des Vertragsschlusses bestanden habe;

b) wenn ein solcher Mangel später durch Verschulden des Vermiethers entstanden sei;

c) wenn ein solcher Mangel später ohne Verschulden des Vermiethers entstanden sei, von dem letzteren aber die Beseitigung desselben verzögert werde;

d) wenn der *Mangel anderer Art* sei unter den gleichen Voraussetzungen.

Erwogen war:

Fehle eine von dem Vermiether zugesicherte Eigenschaft, | so habe der Miether Anspruch auf Erfüllung bezw. auf Schadensersatz wegen Nichterfüllung. Dies folge aus den Gründen, auf welchen die für Veräußerungsfälle beschlossene Vorschrift des § 85 der Zusammenstellung der auf das Obligationenrecht sich beziehenden Beschlüsse (Protokolle vom 17. und 19. Mai 1882 Seite 745–749) beruhe. Es sei nicht angänglich, in der | Prot I 2040

fraglichen Beziehung die Miethe anders zu beurtheilen wie die Sachveräußerung. Zu beachten sei nur, daß, wenn der Mangel erst nach dem Vertragsschlusse oder während der Dauer des Miethsverhältnisses ohne Verschulden des Vermiethers hervortrete, der Vermiether zum Schadensersatz nur verpflichtet sein könne, wenn ihm in Ansehung der ihm obliegenden alsbaldigen Beseitigung des Mangels Verzug zur Last falle. So lange diese Voraussetzung fehle, habe der Miether in Gemäßheit des § 189a a. O. (Protokolle vom 9. und 11. Oktober 1882, S. 1154ff.) nur Anspruch auf Einbehaltung oder Kürzung des Miethzinses. Anlangend nun einen sonstigen, den vertragsmäßigen Gebrauch des Miethers ausschließenden oder beeinträchtigenden Mangel, so könne die völlige Gleichstellung eines solchen Mangels mit einem Mangel der ersten Art zweifelhaft erscheinen. Gleichwohl müsse für die völlige Gleichstellung entschieden und davon ausgegangen werden: der Vermiether habe eine den vertragsmäßigen Gebrauch des Miethers bedingende Tauglichkeit stillschweigend zugesichert. Eine solche Unterstellung liege nicht allein in Rücksicht auf das Wesen des Miethvertrags sehr nahe, sondern sie werde auch noch durch eine andere Erwägung gerechtfertigt. Nach den zum Artikel 538 gefaßten Beschlüssen habe der Vermiether dem Miether den Gebrauch der vermietheten Sache während der Miethzeit zu gewähren, folglich der die Sache in einer den vertragsmäßigen Gebrauch des Miethers ermöglichenden Beschaffenheit dem letzteren zu überlassen und die Sache in dieser Beschaffenheit während der ganzen Miethzeit zu
| Prot I 2041 erhalten. Sei die von dem Vermiether zu gewährende Tauglichkeit bei Beginn des | - Miethverhältnisses nicht vorhanden oder gehe sie später verloren, so habe der Miether einen Anspruch auf die in der Regel mögliche Beseitigung des Mangels; es ergebe sich für den Miether ein Anspruch auf Erfüllung und folgerecht auch auf Schadensersatz wegen Nichterfüllung. Es leuchte daher ein, wie nothwendig die gedachte Gleichstellung und eine gewisse Abweichung von den für die Gewährleistungspflicht bei der Sachveräußerung geltenden Grundsätzen sei (zu vergl. § 85 a. a. O.). Jene Gleichstellung sei der einzige Weg, um zu einer einfachen Gestaltung des Gesetzes zu gelangen.

Zur Prüfung gelangte, welche Bestimmungen über das Recht der Wandelung und Minderung in Fällen der Sachveräußerung zur nothwendigen Ergänzung der bisherigen Beschlüsse für entsprechend anwendbar zu erklären seien. Entschieden wurde, daß – abgesehen von dem § 82, dessen Anwendbarkeit bereits beschlossen worden – noch für anwendbar zu erklären seien die §§ 84 Abs. 1, 86, 93–98, 100 und 60a der Zusammenstellung (Protokolle vom 24. und 26. Mai, 17. Mai, 19. und 22. Mai 1882, 30. März 1883, Seite 782, 783, 787–789, 743, 744, 750–773, 1921). Anlangend den § 83 a. a. O. (Protokolle vom 15. und 26. Mai 1882, S. 737, 738, 787) und § 84 Abs. 2 daselbst (Protokolle vom 24. und 26. Mai 1882, Seite 787–789), so wurde gegen deren Anwendbarkeit entschieden. Die betreffenden Bestimmungen bringen nämlich zum Ausdrucke, daß den Rechten auf Wandelung und Minderung die Eigenschaft eines Anspruchs im Sinne des § 130 der Zusammenstellung der Beschlüsse zum Allgemeinen Theil (Protokolle vom 13. und 20. Januar 1882 S. 319, 320, 339, 340) beiwohne. Die Beilegung einer solchen Eigenschaft ist für nöthig erachtet, um für die Verjährungsbestimmung des § 101 der Zusammenstellung der das Obligationenrecht betreffenden Beschlüsse (Protokolle vom 24. und 26. Mai 1882, S. 779–786) eine geeignete Grundlage zu gewinnen.

| Prot I 2042 Es liegt darin eine Abweichung von dem für das | vertragsmäßige Rücktrittsrecht beschlossenen Grundsatze (§ 54 a. a. O., S. 624, 627 der Protokolle). Man war der Ansicht, daß für das jetzt in Rede stehende Rücktrittsrecht an dem letzteren Grundsatze, weil er dem Wesen des Rechts entsprechender sei, festgehalten werden müsse und was die Verjährung betreffe, nöthigenfalls durch Bestimmung einer Präklusivfrist Abhülfe geschaffen werden könne.

Die Anwendbarkeit noch anderer Vorschriften zu bestimmen, erachtete man für unzutreffend; ob nicht die §§ 54 und 55 der Zusammenstellung (Protokolle vom 21. und 24. April 1882, S. 624, 627) für anwendbar zu erklären seien, wurde der Prüfung bei der Redaktion vorbehalten. Nachträglich erfolgte die Entscheidung einiger Fragen, deren Erledigung früher vorbehalten ist.

1. Oben (S. 2037) ist die Prüfung der Frage ausgesetzt, ob der Vermiether in Ansehung nicht erheblicher Mängel von der Gewährleistungspflicht insofern zu entbinden, als dem Miether wegen solcher Mängel gewisse Rechte nicht einzuräumen seien.

Die Mehrheit beschloß, zwischen nicht erheblichen und anderen Mängeln sei in keiner Beziehung zu unterscheiden.

Erwogen war:

Wenn der § 81 der Zusammenstellung (Protokoll vom 15. Mai 1882, S. 734, 735) vorschreibe: „eine unerhebliche Minderung der Tauglichkeit komme nicht in Betracht", so beziehe sich diese Bestimmung nicht auf den Mangel einer zugesicherten Eigenschaft. Nachdem beschlossen sei, jeder von dem Vermiether zu vertretende Mangel sei als Mangel einer zugesicherten Eigenschaft zu beurtheilen, würde es inkonsequent sein, die Vertretungspflicht des Vermiethers wegen nicht erheblicher Mängel irgend zu erleichtern. Noch ein Anderes trete hinzu: Nach der gedachten Bestimmung des § 81 sei der Veräußerer völlig haftfrei. Nun könne doch der Vermiether nicht in ähnlicher Weise völlig haftfrei gestellt werden; dem | Miether müsse der Anspruch auf Erfüllung (auf Beseitigung des Mangels), folglich auf den Schadensersatz wegen Nichterfüllung verbleiben, welcher letztere Anspruch oft zum Rücktrittsrecht oder zur Zinsminderung führen, mitunter den Vermiether noch weit empfindlicher treffen könne. Um so weniger liege ein Grund vor, die nicht erheblichen Mängel besonders auszuzeichnen. | Prot I 2043

2. In dem Antrage Nr. 1 sind Bestimmungen über die Verjährung der in Rede stehenden Ansprüche vorgeschlagen.

Die Mehrheit lehnte die Aufnahme dieser Bestimmungen ab. Sie ging davon aus:

Das Rücktrittsrecht einer kurzen Verjährung zu unterwerfen, oder an eine gewisse Präklusivfrist zu binden, erscheine kein Bedürfniß. Ueber die Verjährung der Schadensansprüche werde zum Art. 575 des Entwurfs Beschluß zu fassen sein. Das Minderungsrecht betreffend, für das allerdings die Bestimmung einer kurzen Verjährungs- bezw. Präklusivfrist angemessen sein möge, so empfehle es sich, hierauf bei Berathung des Art. 575 zurückzukommen; es werde, wenn eine kurze Frist bestimmt werden sollte, mit der Schwierigkeit zu rechnen sein, welche sich daraus ergebe, daß der mangelfreie Zustand dauernd zu gewähren sei.

3. Es ist nach dem vorigen Sitzungsprotokolle (S. 2026) die Entscheidung darüber vorbehalten, ob nicht dem Artikel 545 die Bestimmung vorauszuschicken sei: der Vermiether sei verpflichtet, dem Miether die vermiethete Sache in einem zu dem vertragsmäßigen Gebrauche geeigneten Zustande zu übergeben und dieselbe in einem solchen Zustande während der ganzen Miethzeit zu erhalten.

Man überzeugte sich von der Angemessenheit der Vorausschickung einer solchen Bestimmung, die insbesondere zur Klarstellung diene, daß der Miether einen Anspruch auf Erfüllung jener Verpflichtung bezw. auf Schadensersatz wegen Nichterfüllung derselben habe.

| Die Fassung des Artikel 545 nach den heute gefaßten Beschlüssen blieb der Redaktion vorbehalten. | Prot I 2044

c) 203. Sitzung vom 30. 4. 1883, Schriftführer Neubauer

| Der Art. 556 des Entwurfs lautet: | Prot I 2082

„Verzögert der Vermiether die ihm obliegenden Ausbesserungen, obgleich ihm der DresdE Art 556

Miether von deren Nothwendigkeit Anzeige gemacht hat, so kann der Letztere für die Zeit, während welcher er dadurch in dem vertragsmäßigen Gebrauche der Sache gehindert worden ist, verhältnißmäßige Herabsetzung des Miethzinses und Ersatz des außerdem durch die Verzögerung etwa erlittenen Schadens verlangen."

| Prot I 2083 | Mehrseitig wurde die *Streichung* des Artikels beantragt und von einem Mitgliede, v. Kübel (Nr 345) welches den Streichungsantrag gestellt hatte, eventuell vorgeschlagen, zu bestimmen:

Kurlbaum (Nr 344) „So lange der Miether die Nothwendigkeit von Ausbesserungen dem Vermiether anzuzeigen unterlassen hat, kann er wegen der entstandenen Mängel Herabsetzung des Miethzinses nicht fordern."

Die Streichung des Artikels wurde gebilligt. Man ging nämlich davon aus:

Es sei selbstverständlich und brauche daher nicht bestimmt zu werden, daß der mit einer nothwendigen Ausbesserung in *Verzug* gerathene Vermiether, wenn dadurch das vertragsmäßige Gebrauchsrecht des Miethers beeinträchtigt werde, einen verhältnismäßigen Teil des Miethzinses einbüße und außerdem zum Schadensersatz verpflichtet werde. Der Artikel sei aber überdies bedenklich. Er schließe die Deutung nicht aus: das Recht des Miethers auf verhältnismäßige Kürzung des Miethzinses sei von dem Verzuge des Vermiethers abhängig. Dies sei aber einleuchtend nicht richtig; als richtig könne vielmehr nur anerkannt werden, daß der Miether im Falle der Versäumung der nach dem Artikel 564 ihm obliegenden Anzeige den vollen Miethzins für diejenige Zeit zu entrichten habe, während welcher er, wenn er die Anzeige rechtzeitig erstattet und dadurch den Vermiether in die Lage versetzt hätte, die Ausbesserung zu besorgen, in seinem Gebrauchsrechte nicht würde beeinträchtigt worden sein.

**II. 1.** In der *RedVorl* lauten die beschlossenen Regelungen:

RedVorl § 3 § 3 (Art. 545). 363. Fehlt der Sache zur Zeit der Ueberlassung an den Miether eine zugesicherte Eigenschaft oder leidet sie zu dieser Zeit an einem Mangel, welcher ihre Tauglichkeit zu dem vertragsmäßigen Gebrauche ganz oder zum Theil aufhebt, so ist der Miether vorbehaltlich des nach dem § 24 ihm zustehenden Rücktrittsrechts, für die Zeit, während welcher die Tauglichkeit ganz oder zum Theil aufgehoben war, im Falle der gänzlichen Aufhebung von der Entrichtung des Miethzinses befreit, im Falle der theilweisen Aufhebung nur einen verhältnißmäßigen Theil des Miethzinses zu entrichten verpflichtet. Außerdem hat der Miether gegen den Vermiether Anspruch auf Schadensersatz wegen Nichterfüllung.

Auf die dem Miether zustehenden Rechte finden die §§ 82, 86 und 96[7] entsprechende Anwendung.

(NB: Das Rücktrittsrecht wird im § 24 näher bestimmt. Es ergeben sich hieraus für die Formulirung der gefaßten Beschlüsse einige Schwierigkeiten.)

RedVorl § 4 § 4 (Art. 545) 364. Der Miether hat die in Gemäßheit der Bestimmungen des § 3 (363) ihm zustehenden Rechte auch dann, wenn der Mangel einer zugesicherten Eigenschaft oder ein die Tauglichkeit zum Gebrauch ganz oder zum Theil aufhebender Mangel erst nach Ueberlassung der Sache hervortritt, den Anspruch auf Schadensersatz wegen Nichterfüllung jedoch nur insofern, als der Vermiether den Mangel verschuldet hat oder die Beseitigung desselben verzögert.

**2.** Fassung der Regelung in der *ZustOR:*

§ 363. Fehlt der Sache zur Zeit der Ueberlassung an den Miether eine zugesicherte ZustOR § 363 Eigenschaft, oder leidet sie zu dieser Zeit an einem Mangel, welcher ihre Tauglichkeit zu

[7] Gemeint sind die entsprechenden Bestimmungen der ZustOR.

dem vertragsmäßigen Gebrauche aufhebt oder mindert, so ist der Miether, vorbehaltlich des nach dem § 384 ihm zustehenden Rücktrittsrechtes[7a], für die Zeit, während welcher die Tauglichkeit aufgehoben oder gemindert war, im Falle der Aufhebung von der Entrichtung des Miethzinses befreit, im Falle der Minderung nur einen verhältnißmäßigen Theil des Miethzinses zu entrichten verpflichtet. Außerdem hat der Miether gegen den Vermiether Anspruch auf Schadensersatz wegen Nichterfüllung.

Hat der Vermiether eines Grundstücks eine bestimmte Größe desselben zugesichert, so gilt diese Zusicherung als Zusicherung einer Eigenschaft.

Auf die dem Miether zustehenden Rechte finden die §§ 82, 86, 96 und 100 entsprechende Anwendung.

§ 364. Der Miether hat die in Gemäßheit der Bestimmungen des § 363 ihm zustehenden Rechte auch dann, wenn der Mangel einer zugesicherten Eigenschaft oder ein die Tauglichkeit zum Gebrauch(e) aufhebender oder mindernder Mangel erst nach Ueberlassung der Sache eintritt, den Anspruch auf Schadensersatz wegen Nichterfüllung, jedoch nur insofern, als der Vermiether den Mangel verschuldet hat oder die Beseitigung desselben verzögert. ZustOR § 364

**III. 1.** Die §§ 501 und 502 *KE* entsprechen der Fassung der §§ 363, 364 ZustOR. In Abs. 1 des § 363 ist auf § 522 verwiesen. Abs. 3 lautet: „Auf die dem Miether zustehenden Rechte finden die §§ 379, 383, 389, 393 entsprechende Anwendung."

**2.** Es lagen die Anträge von *Kurlbaum* vor:

| 23. *§ 501 Abs. 1* zu fassen:

„Leidet die Sache zur Zeit der Ueberlassung an den Miether an dem Mangel einer zugesicherten Eigenschaft oder an einem Mangel, welcher ihre Tauglichkeit zu dem vertragsmäßigen Gebrauche aufhebt oder mindert, oder tritt später ein Mangel der einen oder anderen Art ein, so ist der Miether – verpflichtet" (der zweite Satz zu streichen zu vgl. § 502). | Prot I 6192 Kurlbaum (Nr 576, 23–25)

Abs. 3 zu streichen (zu vergl. § 502a).

24. *§ 502* zu fassen:

„Der Miether hat gegen den Vermiether außer den im § 501 bestimmten Rechten Anspruch auf Schadensersatz wegen Nicht- | erfüllung, wenn einer der im § 501 bezeichneten Mängel zur Zeit der Schließung des Vertrages vorhanden gewesen oder später durch einen von dem Vermiether zu vertretenden Umstand eingetreten, oder wenn die Beseitigung eines später eingetretenen Mangels von dem Vermiether verzögert ist" (zu vgl. § 501). | Prot I 6193

25. *§ 502a* neu einzuschalten:

„Auf die dem Miether nach den §§ 501, 502 zustehenden Rechte finden die §§ 379, 383, 389, 393 entsprechende Anwendung."

Diese Anträge wurden genehmigt. Man erkannte an, daß durch die veränderte Fassung die Beschlüsse zu §§ 501, 502, insbesondere in Ansehung der Verpflichtung zum Schadensersatze, zu einem deutlicheren und richtigen Ausdruck gelangen (Prot. S. 2032, 2035, 2039, 2040[8] vgl. § 382).

**IV.** Die Regelung lautet im *E I:*

§ 505. Leidet die Sache zur Zeit der Ueberlassung an den Miether an dem Mangel einer zugesicherten Eigenschaft oder an einem Mangel, welcher ihre Tauglichkeit zu E I § 505

[7a] Im KE heißt es: „Rücktrittsrechtes"; in Abs. 2: „Grundstückes".

[8] Vgl. oben S. 429ff.

dem vertragsmäßigen Gebrauche aufhebt oder mindert, oder tritt später ein Mangel der einen oder anderen Art ein, so ist der Miether, vorbehaltlich des nach dem § 529 ihm zustehenden Rücktrittsrechtes, für die Zeit, während welcher die Tauglichkeit aufgehoben oder gemindert war, im Falle der Aufhebung von der Entrichtung des Miethzinses befreit, im Falle der Minderung nur einen verhältnißmäßigen Theil des Miethzinses zu entrichten verpflichtet.

Hat der Vermiether eines Grundstückes eine bestimmte Größe desselben zugesichert, so gilt diese Zusicherung als Zusicherung einer Eigenschaft.

E I § 506 § 506. Der Miether hat gegen den Vermiether außer den im § 505 bestimmten Rechten Anspruch auf Schadensersatz wegen Nichterfüllung, wenn einer der im § 505 bezeichneten Mängel zur Zeit der Schließung des Vertrages vorhanden gewesen oder später durch einen von dem Vermiether zu vertretenden Umstand eingetreten, oder wenn die Beseitigung eines später eingetretenen Mangels von dem Vermiether verzögert ist.

E I § 507 § 507. Auf die dem Miether nach den §§ 505, 506 zustehenden Rechte finden die Vorschriften der §§ 382, 386, 392, 396 entsprechende Anwendung.

## B. Vorkommission des Reichsjustizamtes

I. Beantragt war:

1. die §§ 505–507 wie folgt zu fassen:

Struckmann (Nr 3, 44) § 505. Leidet die vermiethete Sache zur Zeit ihrer Ueberlassung an den Miether an dem Mangel einer zugesicherten Eigenschaft oder an einem Mangel, welcher ihre Tauglichkeit zu dem vertragsmäßigen Gebrauche aufhebt oder mindert, oder tritt im Laufe der Miethe ein Mangel der einen oder anderen Art ein, so hat, vorbehaltlich des dem Miether nach § 529 zustehenden Rücktrittsrechts, für die Zeit, während welcher die Tauglichkeit aufgehoben war, der Vermiether kein Recht auf den Miethzins, für die Zeit, während welcher die Tauglichkeit gemindert war, der Miether das Recht, den Miethzins nach Maßgabe des § 392 zu mindern.

Hat eine zugesicherte Eigenschaft bereits zur Zeit der Schließung des Vertrages gefehlt oder ist ein damals bereits vorhanden gewesener Mangel von dem Vermiether dem Miether arglistig verschwiegen, so kann dieser zugleich Schadensersatz wegen Nichterfüllung verlangen. Das Gleiche gilt, wenn später durch einen von dem Vermiether zu vertretenden Umstand ein Mangel entsteht.

Struckmann (Nr 3, 44) § 506. Ist dem Miether zur Zeit der Schließung des Vertrages ein Mangel bekannt gewesen oder in Folge grober Fahrlässigkeit unbekannt geblieben oder hat der Miether die Sache, obschon er von deren Mangelhaftigkeit Kenntniß erlangt hatte, angenommen, so finden auf die im § 505 bestimmte Haftung des Vermiethers die Vorschriften der §§ 382, 386 entsprechende Anwendung.

Zeigt im Laufe der Miethe sich ein Mangel, so hat der Miether dem Vermiether unverzüglich davon Anzeige zu machen. Unterläßt er dies, so kann er für die Zeit, für welche die Vermiether bei zeitiger Anzeige den Mangel hätte beseitigen können, die im § 505 bestimmten Rechte nicht geltend machen.

Wird auf gemachte Anzeige die Beseitigung des Mangels von dem Vermiether verzögert, so haftet er dem Miether auch für Schadensersatz.

§ 507. Die Haftung des Vermiethers wegen Mängel kann durch Vertrag erweitert, beschränkt oder ausgeschlossen werden. Die Beschränkung oder Ausschließung ist jedoch unwirksam, wenn der Vermiether den Mangel gekannt und dem Miether arglistig verschwiegen hat. Struckmann (Nr 3, 44)

2. den Schluß des § 507 zu fassen: „... finden die für den Minderungsanspruch wegen Mängel der veräußerten Sache geltenden Vorschriften der §§ 382, 386, 392, 396 entsprechende Anwendung." Planck (Nr 6, 62)

II. 68. Sitzung vom 14. 3. 1892

| Der § 505 wurde sachlich gebilligt. Die Fassung wurde insofern als unrichtig beanstandet, als in dem Nachsatze des Abs. 1 der Mangel einer zugesicherten Eigenschaft nicht berücksichtigt ist. Es werde etwa zu sagen sein: „für die Zeit, während welcher die zugesicherte Eigenschaft gefehlt hat oder die Tauglichkeit aufgehoben oder gemindert war." | Prot-RJA 410

Eine Anregung, den Fall des Mangels einer zugesicherten Eigenschaft überhaupt im § 505 zu übergehen, wurde abgelehnt, weil solche zugesicherte besondere Eigenschaften der Miethsache, welche zu ihrer Tauglichkeit für | den vertragsmäßigen Gebrauch nicht nothwendig seien, für den Miether nicht selten von größter Bedeutung seien und er im Falle ihres Nichtvorhandenseins daher auch die im § 505 bezeichneten Rechte haben müsse. | Prot-RJA 411

Der § 506 wurde sachlich beibehalten. Es lagen zwei Abänderungsvorschläge vor, welche die Voraussetzungen des Schadensersatzanspruches des Miethers wegen der *zur Zeit des Vertragsabschlusses vorhandenen* Mängel abweichend vom Entwurfe bestimmen wollten. Nach dem einen Vorschlage sollte dieser Anspruch, entsprechend dem § 385, nur stattfinden einerseits beim Fehlen zugesicherter Eigenschaften, andererseits bei solchen die Tauglichkeit für den vertragsmäßigen Gebrauch ausschließenden Mängeln, welche der Vermiether arglistig verschwiegen hat. Dagegen ging der zweite Vorschlag davon aus, daß eine derartige Unterscheidung der bezeichneten beiden Arten von Mängeln nicht durchführbar sei, und wollte daher den Vermiether wegen aller ihm *bekannten* Mängel haften lassen. Gegen diesen Vorschlag wurde eingewendet, derselbe gehe theils nicht weit genug, indem er auch bei Zusicherung einer Eigenschaft den Vermiether nur bei Kenntniß ihres Nichtvorhandenseins haften lassen wolle, theils zu weit, insofern er ihn auch wegen solcher die Tauglichkeit beeinflussender Mängel haften lassen wolle, welche er zwar gekannt, aber auch als dem Miether bekannt vorausgesetzt habe.

Diesen Vorschlägen gegenüber wurde der Entwurf aus den in den Motiven S. 377 dargelegten Gründen gebilligt.

Für die Fassung wurde angeregt, ob es der Erwähnung des im § 506 a. E. hervorgehobenen Falles des Verzuges neben § 504 bedürfe.

Zu § 507 wurde der Antrag angenommen, ihn durch folgende Bestimmungen zu ersetzen: ... [wie Antrag von Struckmann zu §§ 505, 507].

| Der § 506 Abs. 3 des Vorschlags entspricht dem § 506 a. E. des Entwurfs. Die im § 507 des Entwurfs enthaltene Verweisung auf § 392 wollte der Antragsteller in den § 505 aufnehmen. Die Verweisungen auf die §§ 382, 386, 396 sind in dem Antrage theils verdeutlicht theils aufgelöst. Die in Abs. 2 des § 506 des Vorschlags empfohlene Bestimmung ist eine Folgerung aus § 519. Es erschien zweckmäßig, dieselbe an dieser Stelle auszusprechen. | Prot-RJA 412

## C. 2. Kommission

I. Anträge (Prot. II, Bd. 2, S. 131ff.; *Mugdan*, Bd. 2, S. 813ff.)

a) Beantragt war zu § 505 E I:

Struckmann (Nr 143, 3)

1. Ist die vermiethete Sache zur Zeit ihrer Ueberlassung an den Miether mit einem Mangel behaftet, welcher den vertragsmäßigen Gebrauch aufhebt oder beschränkt, oder tritt im Laufe der Miethe ein solcher Mangel ein, so hat, vorbehaltlich des dem Miether nach § 529 zustehenden Rücktrittsrechts, für die Zeit, während welcher der vertragsmäßige Gebrauch aufgehoben war, der Vermiether kein Recht auf den Miethzins, für die Zeit, während welcher der vertragsmäßige Gebrauch beschränkt war, der Miether das Recht, den Miethzins nach Maßgabe des § 392 verhältnißmäßig zu mindern.

Einem Mangel der Sache steht es gleich, wenn eine zugesicherte Eigenschaft fehlt oder im Laufe der Miethe wegfällt.

Als Zusicherung einer Eigenschaft ist es anzusehen, wenn bei der Vermiethung eines Grundstücks der Vermiether eine bestimmte Größe des Grundstücks zugesichert hat.

Jacubezky (Nr 144, 1)

2. im Abs. 1 der unter 1 vorgeschlagenen Fassung statt „nach Maßgabe des § 392“ zu setzen „nach Maßgabe der §§ 392, 392a[9]“

3. den Abs. 2 dieser Fassung mit den Worten zu beginnen:

Einem Mangel der Sache im Sinne des Abs. 1 steht es gleich . . .

Der Antragsteller zu 1 erklärte sich mit der Zitirung des § 392 a einverstanden[10].

Die Kom. nahm den § 505 in der Fassung des Antrags 1 mit den unter 2 und 3 vorgeschlagenen Modifikationen an.

b) Der § 506 wurde von keiner Seite beanstandet.

Die Kom. entschied sich, im Wesentlichen aus den Gründen der Mot., für Beibehaltung der Bestimmungen des Entw.

c) Zu § 507 lagen die Anträge vor:

1. die Bestimmung durch folgende Vorschriften zu ersetzen:

Struckmann (Nr 142, 4)

§ 507. Ist dem Miether zur Zeit der Schließung des Vertrags ein Mangel der gemietheten Sache bekannt gewesen oder in Folge grober Fahrlässigkeit unbekannt geblieben oder hat der Miether die Sache, obschon er von deren Mangelhaftigkeit Kenntniß erlangt hatte, angenommen, so finden auf die in § 505 bestimmte Haftung des Vermiethers die Vorschriften der §§ 382, 386 entsprechende Anwendung.

Zeigt sich im Laufe der Miethe ein Mangel, so hat der Miether dem Vermiether unverzüglich davon Anzeige zu machen. Unterläßt er dies, so kann er für die Zeit, für welche der Vermiether bei zeitiger Anzeige den Mangel hätte beseitigen können, die in den §§ 505, 506 bestimmten Rechte nicht geltend machen.

§ 507a. Ein Vertrag, durch welchen die Haftung des Vermiethers wegen Mängel erlassen oder beschränkt wird, ist nichtig, wenn der Vermiether den Mangel dem Miether arglistig verschwiegen hat.

Jacubezky (Nr 144, 2)

2. in dem Abs. 1 der unter 1 vorgeschlagenen Fassung des § 507 statt „in § 505“ die Worte „in den §§ 505, 506“ zu setzen und den Abs. 2 zu fassen:

Unterläßt der Miether, von einem sich im Laufe der Miethe ergebenden Mangel dem Vermiether unverzüglich Anzeige zu machen, so kann er . . .

---

[9] Vgl. Materialien zu den §§ 472, 473 BGB.

[10] Der Antrag wurde später fallen gelassen (Nr. 166, 4).

3. dem § 507a folgenden Satz hinzuzufügen: v. Mandry (Nr 147)
Bei (der) Miethe eines zur Wohnung von Menschen bestimmten Grundstücks ist ein solcher Vertrag auch ohne arglistiges Verschweigen nichtig, soweit er sich auf die Haftung für Mängel bezieht, welche das Wohnen auf dem Grundstücke gesundheitsgefährlich machen. (Vergl. Zus. d. gutachtl. Aeuß. II S. 240 und VI S. 378.)

Der Antragsteller zu 1 stimmte der Verweisung auf den § 506 in seinem § 507 Abs. 1 zu.

Der Antragsteller zu 3 erklärte sich damit einverstanden, daß die Berathung seines Vorschlags mit der Berathung des § 530 verbunden werde.

Die Kom. erklärte sich mit der Aufnahme der als §§ 507, 507a vorgeschlagenen Bestimmungen einverstanden.

II. In der *VorlZust* hat die beschlossene Regelung die Fassung:

§ 505. Ist die vermiethete Sache zur Zeit ihrer Ueberlassung an den Miether mit einem Mangel behaftet, welcher ihre Tauglichkeit zu dem vertragsmäßigen Gebrauch aufhebt oder mindert, oder tritt während der Miethzeit ein solcher Mangel ein, so ist der Miether, vorbehaltlich des ihm nach § 529 zustehenden Rücktrittsrechts, für die Zeit, während welcher die Tauglichkeit aufgehoben war, von der Entrichtung des Miethzinses befreit, für die Zeit, während welcher die Tauglichkeit gemindert war, berechtigt, den Miethzins nach Maßgabe der §§ 392, 392a zu mindern. E I-VorlZust § 505

Das Gleiche gilt, wenn eine zugesicherte Eigenschaft fehlt oder später wegfällt.

Als Zusicherung einer Eigenschaft ist es anzusehen, wenn bei der Vermiethung eines Grundstücks der Vermiether eine bestimmte Größe des Grundstücks zugesichert hat.

§ 506. Der Miether hat gegen den Vermiether außer den im § 505 bestimmten Rechten Anspruch auf Schadensersatz wegen Nichterfüllung, wenn ein Mangel der im § 505 Abs. 1 bezeichneten Art oder der Mangel einer zugesicherten Eigenschaft zur Zeit des Vertragsschlusses vorhanden gewesen oder wenn ein solcher Mangel durch einen von dem Vermiether zu vertretenden Umstand eingetreten, oder wenn die Beseitigung eines später eingetretenen Mangels (der einen oder anderen Art) von dem Vermiether verzögert ist. E I-VorlZust § 506

§ 507. Ist dem Miether zur Zeit der Schließung des Vertrages ein Mangel der gemietheten Sache bekannt geworden oder in Folge grober Fahrlässigkeit unbekannt geblieben oder hat der Miether die Sache, obschon er von deren Mangelhaftigkeit Kenntniß erlangt hatte, angenommen, so finden auf die in den §§ 505, 506 bestimmte Haftung des Vermiethers die Vorschriften der §§ 382, 386 entsprechende Anwendung. E I-VorlZust § 507

Unterläßt der Miether von einem sich im Laufe der Miethe zeigenden Mangel dem Vermiether unverzüglich Anzeige zu machen, so kann er für die Zeit, für welche der Vermiether bei zeitiger Anzeige den Mangel hätte beseitigen können, die in den §§ 505, 506 bestimmten Rechte nicht geltend machen.

§ 507a. Ein Vertrag, durch welchen die Haftung des Vermiethers wegen Mängel erlassen oder beschränkt wird, ist nichtig, wenn der Vermiether den Mangel dem Miether arglistig verschwiegen hat. E I-VorlZust § 507a

III. Fassung der Regelung in der *ZustRedKom:*

§ 505. Ist die vermiethete Sache zur Zeit der Ueberlassung an den Miether mit einem Fehler behaftet, der ihre Tauglichkeit zu dem vertragsmäßigen Gebrauch aufhebt oder mindert, oder entsteht im Laufe der Miethe ein solcher Fehler, so ist der Miether für die E I-ZustRedKom § 505

Zeit, während welcher die Tauglichkeit aufgehoben ist, von der Entrichtung des Miethzinses befreit, für die Zeit, während welcher die Tauglichkeit gemindert ist, nur zur Entrichtung eines verhältnißmäßigen, nach den §§ 469m, 469n zu bemessenden Theiles des Miethzinses verpflichtet.

Das Gleiche gilt, wenn eine zugesicherte Eigenschaft fehlt oder später wegfällt. Bei der Vermiethung eines Grundstücks steht die Zusicherung einer bestimmten Größe der Zusicherung einer Eigenschaft gleich.

E I-ZustRedKom § 506 § 506. (506, 514 Abs. 3). Ist ein Mangel der im § 505 bezeichneten Art bei dem Abschlusse des Vertrags vorhanden gewesen oder später in Folge eines von dem Vermiether zu vertretenden Umstandes entstanden, oder kommt der Vermiether mit der Beseitigung eines Mangels in Verzug, so kann der Miether, statt die im § 505 bestimmten Rechte geltend zu machen, Schadensersatz wegen Nichterfüllung verlangen.

Im Falle des Verzuges des Vermiethers kann der Miether den Mangel selbst beseitigen und Ersatz der erforderlich gewesenen Aufwendungen verlangen.

§ 507. Hat der Miether den Mangel der vermietheten Sache bei dem Abschlusse des Vertrags gekannt, so stehen ihm die in den §§ 505, 506 bestimmten Rechte nicht zu. Ist dem Miether ein Mangel der im § 505 Abs. 1 bezeichneten Art in Folge grober Fahrlässigkeit unbekannt geblieben oder hat er eine mangelhafte Sache, obschon er den Mangel kannte, angenommen, so kann er diese Rechte nur unter den Voraussetzungen geltend machen, unter welchen dem Käufer einer mangelhaften Sache nach den §§ 469b, 469e Gewähr zu leisten ist.

§ 507a (507). Eine Vereinbarung, durch welche die Haftung des Vermiethers wegen Mängel erlassen oder beschränkt wird, ist nichtig, wenn der Vermiether den Mangel arglistig verschwiegen hat.

IV. 1. § 482 *E II* lautet wie § 505 ZustRedKom (unter Bezugnahme auf die §§ 408, 409).

§ 483 *E II* lautet wie § 506 ZustRedKom (unter Bezugnahme auf § 482).

E II § 484 § 484 E II lautet: Hat der Miether den Mangel der gemietheten Sache bei dem Abschlusse des Vertrags gekannt, so stehen ihm die in den §§ 482, 483 bestimmten Rechte nicht zu. Ist den Miether ein Mangel der im § 482 Abs. 1 bezeichneten Art in Folge grober Fahrlässigkeit unbekannt geblieben oder hat er eine mangelhafte Sache angenommen, obschon er den Mangel kannte, so kann er diese Rechte nur unter den Voraussetzungen geltend machen, unter welchen dem Käufer einer mangelhaften Sache nach den §§ 398, 401 Gewähr zu leisten ist.

E II § 485 § 485 *E II* lautet: Eine Vereinbarung, durch welche die Verpflichtung des Vermiethers, Mängel der vermietheten Sache zu vertreten, erlassen oder beschränkt wird, ist nichtig, wenn der Vermiether den Mangel arglistig verschwiegen hat.

2. Revision des *E II* (Prot. II, Bd. 2, S. 186, *Mugdan*, Bd. 2, 813):

Wolffson Es war beantragt, dem § 483 hinzufügen:

(Nr 47, 1) War der bei Abschluß des Vertrags vorhandene Mangel aller Sorgfalt unerachtet nicht zu entdecken, so tritt die Verpflichtung zum Schadensersatz nicht ein.

(Der Antrag entspricht einem Vorschlage Hamburgs. Vergl. H.G.B. Art. 560 Abs. 2, sächs. B.G.B. § 1198, schweiz. Obl. Recht § 277.)

Der Antrag wurde abgelehnt.

V. Die §§ 529–532 *E II rev* (§§ 530–533 *E III*) entsprechen den §§ 537–540 BGB.

## D. Bundesrat (Justizausschuß)

**I.** Antrag *Hamburgs* zu § 483 (E II), als zweiten Absatz einzustellen: „Wegen eines bei Abschluß des Vertrages vorhandenen Mangels der im § 482 bezeichneten Art tritt eine Verpflichtung des Vermiethers zum Schadenersatz nicht ein, wenn der Mangel aller Sorgfalt unerachtet nicht zu entdecken war." Der § 483 verpflichtet den Vermiether unabhängig von einem demselben zur Last fallenden Verschulden zum Schadensersatz wegen Nichterfüllung, wenn die vermiethete Sache bei dem Abschluß des Vertrags mit einem Mangel der im § 482 Abs. 1 bezeichneten Art behaftet gewesen ist. Wenn diese weitgehende Haftung des Vermiethers nun auch im Prinzip nicht beanstandet werden soll, so erscheint es doch billig und den Verhältnissen des Verkehrs entsprechend, eine Einschränkung derselben dahin eintreten zu lassen, daß die Verpflichtung des Vermiethers zur Leistung von Schadensersatz fortfällt, wenn der Mangel aller Sorgfalt unerachtet nicht zu entdecken war. — Zu verweisen ist dabei auf Art. 560 des Handelsgesetzbuches, welcher die Haftung des Verfrachters für Seetüchtigkeit des Schiffes in gleicher Weise einschränkt.

**II.** Bericht von *Sieveking* (Hamburg) vom 15. 10. 1895

Der Antrag zu § 530 (II, 483) wurde nach Rücksprache mit dem stimmführenden Bevollmächtigten Lübecks nicht weiter verfolgt — in der Erwägung, daß das, nur für den Fall arglistiger Verschweigung von Fehlern (§ 532; II, 485) beschränkte Vertragsrecht dem Vermiether genügenden Schutz gewähre.

## E. Reichstag (XII. Kommission und Plenum)

**I.** Beantragt war, in § 533 die Worte: „wenn der Vermiether den Mangel arglistig verschweigt" zu streichen. Frohme, Stadthagen (Nr 39, 1)

**II.** Bericht von v. Heller über die Sitzung vom 6. 3. 1896

Der zum § 533 gestellte Antrag *Frohme, Stadthagen* wurde von *Struckmann* und dem Abgeordneten *Enneccerus* als unannehmbar bekämpft und gegen die Stimmen der Antragsteller abgelehnt.

**III.** In zweiter Lesung wurde beantragt, in § 533 das Wort „arglistig" zu streichen. Der Antrag wurde abgelehnt. Frohme, Stadthagen (Nr 133)

**IV.** In der 2. Lesung (StBRT 1895/97, S. 2779) wurde der unter I. mitgeteilte Antrag wiederholt und abgelehnt.

## § 541

**Wird durch das Recht eines Dritten dem Miether der vertragsmäßige Gebrauch der gemietheten Sache ganz oder zum Theil entzogen, so finden die Vorschriften der §§ 537, 538, des § 539 Satz 1 und des § 540 entsprechende Anwendung.**

## A. 1. Kommission

I. 201. Sitzung vom 26. 4. 1883, Schriftführer Neubauer (nicht anwesend v. Kuebel)

| Prot I 2045 | Die Berathung des Abschnitts, betreffend die Miethe, wurde fortgesetzt.

DresdE Art 546 Der Art. 546 des Dresdener Entwurfs lautet:

„Der Vermiether darf keine Handlungen, insbesondere jene Aenderungen an der Sache vornehmen, wodurch deren vertragsmäßiger Gebrauch für den Miether ausgeschlossen oder geschmälert wird.

Wird durch die Handlung eines Dritten, für welche der Vermiether nicht einzustehen hat, der vertragsmäßige Gebrauch der gemietheten Sache ausgeschlossen oder geschmälert, so haftet der Vermiether nur, wenn er die Handlung des Dritten abzuwenden aus Verschuldung unterlassen hat."

Kurlbaum (Nr 341) Windscheid (Nr 342) v. Kübel (Nr 345) Planck (Nr 347, 2)

Der von verschiedenen Seiten gestellte Antrag, die Vorschrift zu streichen, wurde genehmigt.

Die Gründe waren:

*Zum ersten Absatze.*

Der erste Absatz ziehe nur eine als richtig nicht anfechtbare Folgerung aus dem Art. 544 und wenn der letztere als ent- | Prot I 2046 | behrlich abgelehnt sei, so lasse sich auch die Entbehrlichkeit des vorliegenden ersten Absatzes nicht bestreiten.

*Zum zweiten Absatze.*

Der zweite Absatz enthalte eine positive Bestimmung. Er beziehe sich auf den Fall, wenn ein Dritter unberechtigter Weise (zu vergl. Art. 547) dem Miether den vertragsmäßigen Gebrauch ganz oder zum Theil unmöglich mache. In einem solchen Falle sei die Leistung des Vermiethers ganz oder zum Theil wegen zufälliger Unmöglichkeit unterblieben, folglich der Anspruch desselben auf den Miethzins ganz oder zum Theil ausgeschlossen (§ 189 der Zusammenstellung der das Obligationenrecht betreffenden Beschlüsse. Protokolle vom 9. und 11. Oktober 1882, S. 1154 und ff.). Der zweite Absatz bestimme das Gegentheil, indem er sichtbar davon ausgehe, der Miether möge an den Dritten wegen Ersatzes des erlittenen Schadens sich halten. Hierin liege eine Abweichung von den allgemeinen Grundsätzen und diese Abweichung könne um so weniger gebilligt werden, als der Miether in vielen Fällen nicht im Stande sein werde, von dem Dritten Schadensersatz zu erlangen, z. B. wenn derselbe zahlungsunfähig, unbekannt sei oder ihm zur Zeit der Verübung der That die Zurechnungsfähigkeit gefehlt habe. Eine andere Beurtheilung sei nur bei der Unterstellung möglich, durch das Eingreifen des Dritten sei der Miether bloß für seine Person an der Ausübung des Gebrauchsrechts verhindert und nur wegen eines in seiner Person eingetretenen Zufalls die Sache vertragsmäßig zu gebrauchen außer Stand gesetzt worden. Indessen auf einen solchen Fall sei die Vorschrift nicht berechnet, wie der Art. 561[1] überzeugend lehre; sie könne nur den Fall einer objektiven Gebrauchsverhinderung, z. B. durch Zerstörung der vermietheten Sache, im Auge haben, also gerade den Fall, für welchen sie keineswegs gerechtfertigt erscheine.

| Prot I 2047 | Ob und inwiefern der Miether verpflichtet sei, dem Dritten Widerstand zu leisten, dem Vermiether Anzeige zu erstatten oder von den possessorischen Rechtsmitteln, wenn diese ihm gestattet seien, Gebrauch zu machen, werde an anderer Stelle zu prüfen sein (zu vergl. Art. 564)[2].

---

[1] Vgl. Materialien bei § 552 BGB.
[2] Vgl. Materialien bei § 545 BGB.

Zu Art. 547 des Dresdener Entwurfs: DresdE Art 547

„Wird in Folge von Rechten, welche dem Dritten rücksichtlich der gemietheten Sache zustehen, der vertragsmäßige Gebrauch der ganzen gemietheten Sache oder eines erheblichen Theiles derselben dem Miether entzogen, so kann dieser Befreiung von dem Miethzinse oder verhältnißmäßige Herabsetzung desselben, und, wenn der Miethzins vorausbezahlt ist, dessen gänzliche oder verhältnißmäßige Rückerstattung, oder auch Aufhebung des Vertrages verlangen. Bestand das Recht des Dritten schon zur Zeit der Schließung des Vertrages und hat der Vermiether dasselbe dem Miether arglistig verschwiegen, so kann dieser auch Schadenersatz verlangen."

war beantragt:

1. die Vorschrift zu streichen. v. Kübel (Nr 345)

2. den Artikel durch folgende Bestimmung zu ersetzen: Planck (Nr 347, 3)

„Wird in Folge von Rechten, welche einem Dritten rücksichtlich der gemietheten Sache zustehen, der vertragsmäßige Gebrauch der ganzen vermietheten Sache oder eines nicht unerheblichen Theils derselben dem Miether entzogen, so ist derselbe den Vertrag für die Zukunft aufzuheben berechtigt.

Bestand das Recht des Dritten schon zur Zeit der Schließung des Vertrages, so ist der Miether von dem Vermiether auch Schadensersatz wegen Nichterfüllung zu fordern berechtigt, sofern er nicht den Mangel in dem Rechte des Vermiethers bei Schließung des Vertrags gekannt hat."

| 3. zu bestimmen: | Prot I 2048 Kurlbaum (Nr 344)

„Der Vermiether haftet dem Miether dafür, daß diesem der vertragsmäßige Gebrauch der vermietheten Sache nicht durch Dritte auf Grund eines auf die Sache sich beziehenden Rechtes entzogen wird.

Die §§ 72 Absatz 1, 76, 78, 79 finden entsprechende Anwendung."

4. die Art. 547, 548 durch folgende Bestimmung zu ersetzen: Windscheid (Nr 349)

„Der Miether kann vom Vertrage zurücktreten, wenn ihm der Gebrauch auch nur eines Theils der vermietheten Sache von Anfang an vom Vermiether nicht verschafft oder wenn er ihm hinterher entzogen wird.

(Oder kürzer: — wenn ihm der Gebrauch auch nur eines Theils der vermietheten Sache nicht gewährt wird.) Ein unerheblicher Theil kommt nicht in Betracht."

Der Art. 547 bestimmt die Rechte des Miethers bezw. die Verpflichtung des Vermiethers, wenn durch *das Recht* eines Dritten dem Miether der vertragsmäßige Gebrauch ganz oder zum Theil entzogen wird.

Die Mehrheit überzeugte sich zunächst von der Nothwendigkeit, den in Rede stehenden Fall im Gesetze nicht zu übergehen. Sie ging davon aus:

Verhalte das Gesetz sich schweigend, so würden die allgemeinen Grundsätze Platz greifen, nach diesen aber zwei Fälle zu unterscheiden sein.

Erster Fall. Das Recht des Dritten habe schon zur Zeit des Abschlusses des Vertrages bestanden. In einem solchen Falle habe der Vermiether (ähnlich wie bei der Sachveräußerung der Veräußerer), wenn der Dritte sein Recht geltend mache, Schadensersatz wegen Nichterfüllung zu leisten.

Zweiter Fall. Das Recht des Dritten sei erst später zur Entstehung gelangt. In diesem Falle hafte der Vermiether wegen Nichterfüllung nur dann, wenn ihn ein Verschulden | treffe, z. B. wenn er dem Dritten das Recht verschafft habe; sei dagegen der Vermiether schuldfrei, z. B., weil eine Enteignung, eine Separation (Verkoppelung) u. s. w. stattgefunden habe, so verliere er, abgesehen von besonderen Bestimmungen, nur den Anspruch auf den vollen Miethzins oder einen verhältnißmäßigen Theil desselben. In | Prot I 2049

der letzteren Beziehung könne aber bei dem Schweigen des Gesetzes leicht ein Zweifel entstehen, nämlich die unberechtigte und ein sachwidriges Ergebniß liefernde Auffassung sich geltend machen, die in dem ersten Falle zu unterstellende Garantieübernahme müsse wegen der Verpflichtung des Vermiethers „den Gebrauch dauernd und während der ganzen Miethzeit zu *gewähren*", auch in Ansehung der erst später entstandenen Rechte Dritter angenommen werden. Sei es schon deshalb rathsam, Bestimmungen über die Rechte des Miethers aufzunehmen, so trete hierfür noch ein anderer und wichtigerer Grund hinzu. Nach den allgemeinen Grundsätzen würde das Rücktrittsrecht des Miethers im Falle der nicht vollständigen Entziehung des Gebrauchs stets ein sehr beschränktes sein (zu vergl. § 187 der Zusammenstellung der auf das Obligationenrecht sich beziehenden Beschlüsse, Protokolle vom 4., 6. und 16. Oktober 1882, S. 1135—1149). Dies stehe aber nicht im Einklange mit den in der vorigen Sitzung über die Gewährleistung wegen physischer Mängel gefaßten Beschlüssen, nach welchen das Rücktrittsrecht des Miethers einer Beschränkung nicht unterliege. Es lasse sich schlechterdings nicht rechtfertigen, dem Miether, dessen Gebrauchsrecht durch solche Mängel der vermietheten Sache beeinträchtigt sei, ein unbeschränktes Rücktrittsrecht zuzugestehen, — dem Miether, dessen Gebrauchsrecht durch das Recht eines Dritten eine Beeinträchtigung erleide, das gleiche Recht zu versagen. Das Rücktrittsrecht des Miethers, dessen vertragsmäßiger Gebrauch an dem Rechte eines Dritten scheitere, müsse
| Prot I 2050 daher unter allen Um- | ständen besonders und entsprechend den erwähnten Beschlüssen geregelt werden.

Die Mehrheit gewann aber ferner die Ueberzeugung, es fehle an jedem Grunde, die Haftung des Vermiethers wegen juristischer Fehler anders zu normiren, als die Haftung desselben wegen physischer Mängel in der vorigen Sitzung bestimmt ist. Es wurde demgemäß beschlossen, die in der vorigen Sitzung beschlossenen einschlagenden Vorschriften seien auf den zur Beurtheilung stehenden, in dem Art. 547 behandelten Fall für anwendbar zu erklären. Nur die Abweichung wurde in Rücksicht auf den § 72 der Zusammenstellung der das Obligationenrecht betreffenden Beschlüsse (Protokolle vom 2. und 5. Mai 1882 S. 675, 681, 682, 686) für angemessen erachtet, daß der Vermiether wegen Nichterfüllung auf Schadensersatz nur dann nicht in Anspruch genommen werden könne, wenn der Miether bei dem Abschluß des Vertrags das Recht des Dritten kannte, nicht auch dann, wenn er dasselbe in Folge grober Fahrlässigkeit nicht erkannt hat.

Bei der Berathung war von verschiedenen Seiten das Bedenken geäußert, ob nicht in der vorigen Sitzung bei der Beilegung des Rücktrittsrechts zu weit gegangen sei. Nachdem beschlossen war, diese Frage von Neuem zu prüfen, wurde der Antrag gestellt, das Rücktrittsrecht durch die Bestimmung zu beschränken:

„Das Rücktrittsrecht finde nur statt, wenn der vertragsmäßige Gebrauch aufgehoben oder *in erheblichem Maße* gemindert sei".

Der Antrag fand die Zustimmung der Mehrheit, welche die *nur für das Rücktrittsrecht vorgeschlagene* Beschränkung nachträglich für nöthig hielt, um einen auf unlauteren Absichten beruhenden Mißbrauch des Rechts zu verhüten.

Die Beschränkung soll auch für die Fälle der Beeinträchtigung des Gebrauchs durch
| Prot I 2051 das Recht eines Dritten | gelten.

DresdE Art 548 Der Art. 548 des Entwurfs lautet:

„Stand dem Vermiether das Recht an der vermietheten Sache, in Folge dessen er vermiethete, nur auf Zeit zu, so kann der Miether, falls dieses Recht während der Miethzeit erlischt und der Nachfolger das Miethverhältniß nicht mit ihm fortsetzt, Schadenersatz wegen Nichterfüllung des Vertrages von dem Vermiether nur verlangen, wenn der Miether zur Zeit der Schließung des Vertrages nicht wußte, daß dem Vermiether das Recht an der vermietheten Sache nur auf Zeit zustand."

Der von verschiedenen Seiten gestellte Antrag, den Art. 548 von der Aufnahme auszuschließen, wurde genehmigt. Kurlbaum (Nr 344)

Man war der Ansicht: Der Artikel 548 bestimme über einen Fall, der durch die zum Art. 547 gefaßten Beschlüsse mit betroffen werde und daher keiner besonderen Hervorhebung bedürfe, sofern man nicht für ihn ein Anderes bestimmen wolle, als aus jenen Beschlüssen sich ergebe. Es leuchte aber ein, daß zu solchen Besonderheiten, wie sie der Art. 548 in der That, wenn auch nur in geringem Maße enthalte, kein Grund vorhanden sei. v. Kübel (Nr 345) Planck (Nr 347, 4)

II. Die beschlossene Regelung lautet in der *RedVorl* und der *ZustOR:*

§ 5 (Art. 547) 365. Wird dem Miether durch das Recht eines Dritten der vertragsmäßige Gebrauch ganz oder zum Theil entzogen, so finden die Bestimmungen der §§ 3 und 4 (363 und 364) entsprechende Anwendung mit der Maßgabe, daß der Anspruch auf Schadensersatz wegen Nichterfüllung dadurch nicht ausgeschlossen wird, daß dem Miether in Folge grober Fahrlässigkeit das Recht des Dritten bei dem Abschluß(sse; KE) des Vertrages unbekannt geblieben war. RedVorl § 5 ZustOR § 365

III. 1. § 503 *KE* lautet wie § 365 ZustOR und nimmt auf die §§ 501, 502 KE Bezug.

2. Auf Antrag von *v. Schmitt* (Nr. 611; Beratung des BGB, Schuldrecht I, S. 594 f.) wurde beschlossen, in § 503 KE den Ausdruck „Abschluß" mit „Schließung" zu vertauschen. (Prot. I 11791–3).

3. Ferner lag zu 503 der Antrag vor:

die Vorschrift zu fassen: „... Anwendung; jedoch wird der Schadensersatz wegen Nichterfüllung dadurch nicht ausgeschlossen, daß dem Miether ..." (Vermeidung des doppelten „daß"). v. Mandry (Nr 597, 36)

Der Antrag wurde in folgender Fassung angenommen: ... Anwendung; der Anspruch auf Schadensersatz wegen Nichterfüllung wird jedoch dadurch nicht ausgeschlossen, daß dem Miether ... (Prot. I 11812).

IV. Zu *E I* lautet die beschlossene Regelung als § 508:

Wird dem Miether durch das Recht eines Dritten der vertragsmäßige Gebrauch ganz oder zum Theil entzogen, so finden die Vorschriften der §§ 505 bis 507 entsprechende Anwendung; der Anspruch auf Schadensersatz wegen Nichterfüllung wird jedoch dadurch nicht ausgeschlossen, daß dem Miether in Folge grober Fahrlässigkeit das Recht des Dritten bei der Schließung des Vertrages unbekannt geblieben war. E I § 508

## B. Vorkommission des Reichsjustizamtes

I. Beantragt war, den § 508 zu fassen:

Wird dem Miether durch das Recht eines Dritten der vertragsmäßige Gebrauch der Sache ganz oder theilweise entzogen, so hat er, vorbehaltlich der Vorschrift des § 519, nach Maßgabe des § 505 Abs. 1 das Recht auf Nachlaß am Miethzinse. Hat das Recht des Dritten bereits zur Zeit der Schließung des Vertrages bestanden oder ist es später durch einen von dem Vermiether zu vertretenden Umstand zur Entstehung gelangt, so kann der Miether zugleich Schadensersatz wegen Nichterfüllung verlangen. Struckmann (Nr 3, 45)

Auf die Haftung des Vermiethers finden die Vorschriften des § 373 Abs. 1 und des § 380 entsprechende Anwendung.

**II.** 68. Sitzung vom 14. 3. 1892

| Prot-RJA 413 | Der § 508 wurde mit der Aenderung angenommen, daß die aus der Verweisung auf § 507 folgende entsprechende Anwendbarkeit des § 386 nicht ausgesprochen werde, vielmehr die Frage offen gelassen werden soll, ob der Miether durch vorbehaltlose Annahme der Sache mit Kenntniß des Rechtes des Dritten die wegen des Mangels im Recht ihm gegen den Vermiether zustehenden Rechte verliere. Einverstanden war man darüber, daß es zweckmäßiger sei, auf § 373 Abs. 1 zu verweisen statt auf § 382, welcher nur mit der im zweiten Halbsatze des § 508 bezeichneten Abweichung zur Anwendung kommen könne, und daß man besser auf § 380, als auf § 396 verweise.

### C. 2. Kommission

**I.** Zu § 508 war beantragt (Prot. II, Bd. 2, S. 133; *Mugdan* Bd. 2, S. 814):

Struckmann (Nr 142, 5) die Bestimmung zu fassen:

Wird dem Miether durch das Recht eines Dritten der vertragsmäßige Gebrauch ganz oder theilweise entzogen, so finden die Vorschriften der §§ 505, 506 sowie des § 373 Abs. 1 und des § 380 entsprechende Anwendung.

Die Kommission entschied sich für die Beibehaltung des § 508 in dieser Fassung.

**II.** Die beschlossene Regelung lautet in der *VorlZust:*

E I-VorlZust § 508 § 508. Wird dem Miether durch das Recht eines Dritten der vertragsmäßige Gebrauch ganz oder theilweise entzogen, so finden die Vorschriften der §§ 505, 506 sowie des § 373 Abs. 1 und des § 380 entsprechende Anwendung.

**III.** Fassung der Regelung in der *ZustRedKom:*

E I-ZustRedKom § 508 § 508. Wird durch das Recht eines Dritten dem Miether der vertragsmäßige Gebrauch der gemietheten Sache ganz oder zum Theil entzogen, so finden die Vorschriften der §§ 505, 506, des § 507 Abs. 1 und des § 507a entsprechende Anwendung.

| Prot I 2087 | **IV., V.** Die Fassung des § 486 *E II* (§ 533 *E II rev*, 534 *E III)* entspricht der des § 541 BGB.

## § 542

**Wird dem Miether der vertragsmäßige Gebrauch der gemietheten Sache ganz oder zum Theil nicht rechtzeitig gewährt oder wieder entzogen, so kann der Miether ohne Einhaltung einer Kündigungsfrist das Miethverhältniß kündigen. Die Kündigung ist erst zulässig, wenn der Vermiether eine ihm von dem Miether bestimmte angemessene Frist hat verstreichen lassen, ohne Abhülfe zu schaffen. Der Bestimmung einer Frist bedarf es nicht, wenn die Erfüllung des Vertrags in Folge des die Kündigung rechtfertigenden Umstandes für den Miether kein Interesse hat.**

**Wegen einer unerheblichen Hinderung oder Vorenthaltung des Gebrauchs ist die Kündigung nur zulässig, wenn sie durch ein besonderes Interesse des Miethers gerechtfertigt wird.**

**Bestreitet der Vermiether die Zulässigkeit der erfolgten Kündigung, weil er den Gebrauch der Sache rechtzeitig gewährt oder vor dem Ablaufe der Frist die Abhülfe bewirkt habe, so trifft ihn die Beweislast.**

## § 543

**Auf das dem Miether nach § 542 zustehende Kündigungsrecht finden die Vorschriften der §§ 539 bis 541 sowie die für die Wandelung bei dem Kaufe geltenden Vorschriften der §§ 469 bis 471 entsprechende Anwendung.**

**Ist der Miethzins für eine spätere Zeit im voraus entrichtet, so hat ihn der Vermiether nach Maßgabe des § 347 oder, wenn die Kündigung wegen eines Umstandes erfolgt, den er nicht zu vertreten hat, nach den Vorschriften über die Herausgabe einer ungerechtfertigten Bereicherung zurückzuerstatten.**

### A. 1. Kommission

I. a) 199. Sitzung vom 20. 4. 1883, Schriftführer Neubauer

| Zu Art. 542 des Entwurfs: | Prot I 2026

„Ist die Zeit, auf welche eine Sache vermiethet worden ist, bestimmt, so kann der Miethvertrag nur innerhalb dieser Zeit erfüllt werden. Erfolgt die Uebergabe der vermietheten Sache nicht innerhalb dieser Zeit, so findet die Vorschrift des Art. 152 Anwendung. DresdE Art 542

war beantragt:

1. die Vorschrift zu streichen. v. Kübel (Nr 345) Windscheid (Nr 342)

2. statt dessen zu bestimmen:

„Die Gewährung des Gebrauchs der vermietheten Sache kann für eine andere als die vertragsmäßige Zeit weder gefordert noch angeboten werden." Kurlbaum (Nr 341)

3. den Art. 542 dahin zu fassen: Planck (Nr 343, 3)

„Die Vorschrift des § 63 der Zusammenstellung des Obligationenrechts findet, sofern nicht eine entgegenstehende Absicht der Vertragschließenden erhellt, immer Anwendung, wenn der Vermiether die vermiethete Sache dem Miether nicht zu der vertragsmäßig bestimmten Zeit übergiebt.

Nach Ablauf der für die Dauer der Miethe bestimm- | ten Zeit kann die Gewährung des Gebrauchs der gemietheten Sache weder gefordert noch angeboten werden." | Prot I 2027

Der erste Satz des Antrags Nr. 3 wurde angenommen, der zweite Satz dieses Antrags, sowie der Antrag Nr. 2 nebst der Bestimmung des Entwurfs wurden abgelehnt.

Erwogen war:

Der erste Satz des Antrags Nr. 3 enthalte eine überaus wichtige Bestimmung. Dieselbe lege dem Miether das Recht bei, nach Maßgabe des § 63 der Zusammenstellung der das Obligationenrecht betreffenden Beschlüsse (Protokoll vom 26. April 1882 S. 641 – 646) von dem Vertrage zurückzutreten, wenn ihm der Vermiether die vermiethete Sache nicht zur vertragsmäßig bestimmten Zeit überlasse. Was nach § 63 a. a. O. bei anderen, eine bestimmte Erfüllungszeit ergebenden Verträgen nur dann gelte, wenn feststehe, daß die Vertragsleistung „genau zu einer festbestimmten Zeit oder binnen einer festbestimmten Frist" zu erfolgen habe, solle bei Miethverträgen zu Gunsten des Miethers überhaupt schon dann Platz greifen, wenn der Vertrag nur die Zeit ergebe, zu welcher der Vermiether die vermiethete Sache zum Gebrauche einzuräumen habe. Jeder Miethvertrag dieser Art werde damit schlechthin zu einem Fixgeschäfte im Sinne des § 63 erklärt. So eingreifend nun auch eine solche Bestimmung erscheine, so lasse sich doch ihre Angemessenheit nicht in Zweifel ziehen. Dies trete klar hervor, wenn die Fälle der Miethe einer Wohnung in Betracht gezogen würden. Wer eine Wohnung mit der Bestimmung miethe, daß ihre Einräumung zu einer gewissen Zeit erfolgen müsse, werde regelmäßig in eine schlimme Lage gerathen, wenn ihm nicht das in dem Antrage erwähnte Recht zustehe. Aber auch bei einer Miethe anderer Art, namentlich bei der Miethe von beweglichen Sachen, werde es sich meist ähnlich verhalten. Die eine abweichende Beurtheilung zulassenden oder rechtfertigenden Fälle bildeten ohne Zweifel
| Prot I 2028 weitaus die Ausnahme. Auf sie brauche um so weniger Rück- | sicht genommen zu werden, als die vorgeschlagene Bestimmung nur eine lex dispositiva sei, die außer Anwendung zu bleiben habe, wenn ihre Unanwendbarkeit als gewollt sich betrachten lasse. Man dürfe nicht einwenden, der Richter werde in den geeigneten Fällen auch ohne die gedachte Bestimmung für ein Fixgeschäft im Sinne des § 63 a. a. O. entscheiden. Die Frage sei namentlich im Hinblicke auf das Miethen von Wohnungen von so großer praktischer Bedeutung, daß eine einfache und klare Bestimmung des Gesetzes das dringendste Bedürfniß sei.

Der zweite Satz des Antrags Nr. 3 bezw. der Antrag Nr. 2 und die Bestimmung des Entwurfs könnten entbehrt werden. Es handelte sich dabei um einen ganz andern als den zuvor erledigten Fall, nämlich um den Fall, wenn für eine kalendermäßig bestimmte Zeit vermiethet sei. In einem solchen Falle erscheine einleuchtend jene Zeit als ein wesentlicher Theil des betreffenden Rechts und der betreffenden Verpflichtung. Der Vertrag könne nur in der bestimmten Zeit erfüllt werden und seine Erfüllung zu einer anderen Zeit ergebe sich als unmöglich. Die Zeitbestimmung verleihe dem Vertrage den Charakter eines Fixgeschäfts, nicht im Sinne des § 63 a. a. O., sondern im strengsten Sinne. Dies noch besonders auszusprechen, sei nicht erforderlich.

b) 208. Sitzung vom 11. 5. 1883, Schriftführer Neubauer

| Prot I 2149 | Zu Art. 573 des Entwurfs:

DresdE Art 573 „Der Miether kann, neben den in den Artikeln 542, 543, 545, 547 angegebenen Fällen, das Miethverhältniß einseitig auflösen:

| Prot I 2150 1. wenn der Vermiether die ihm obliegenden noth- | wendigen Ausbesserungen der vermietheten Sache, ohngeachtet der Aufforderung des Miethers nicht vornimmt;

2. wenn durch die Vornahme dieser Ausbesserungen die vertragsmäßige Fortsetzung des Miethverhältnisses ausgeschlossen wird;

3. wenn die Fortsetzung des Gebrauches der gemietheten Sache mit einer erheblichen Gefahr für den Miether verbunden ist.

Der Miether wird jedoch in diesen Fällen von der ihm nach Maßgabe der Vorschrift des Artikels 562 Absatz 1 obliegenden Verbindlichkeit erst dann befreit, wenn er dem Vermiether angezeigt hat, daß er das Vertragsverhältniß auflösen wolle und die gemiethete Sache verlassen werde oder verlassen habe."

lagen die Anträge vor:

1. statt dessen zu bestimmen: v. Kübel (Nr 345)

„Der Miether kann ohne vorausgehende Kündigung von dem Vertrage zurücktreten:

1. wenn die vermiethete Sache durch einen Zufall theilweise untergegangen ist, und der Gebrauch des noch übrigen Theiles für den Miether kein Interesse hat;

2. wenn der Miether zufolge eines zufälligen, nicht in seiner Person oder seinen persönlichen Verhältnissen begründeten Umstandes an dem Gebrauche der vermietheten Sache dauernd verhindert ist. Tritt eine solche Hinderung nur zeitweise oder zu einem Theil der gemietheten Sache ein, so kann der Miether zurücktreten, wenn der Gebrauch des übrigen Theiles oder während der übrigen Zeit für ihn kein Interesse hat."

2. in der Erwägung, ob nicht der zu Art. 547 gefaßte Beschluß einer Ergänzung bedürfe, mit Rücksicht darauf: Windscheid (Nr 355 u. 369)

Wenn es gerecht erscheine, daß der Miether das Recht, | vom Vertrage zurückzutreten, schlechthin (auch wenn es ihm nach allgemeinen Grundsätzen nicht zustehen würde) in dem Falle habe, wo ihm der Gebrauch der vermietheten Sache oder eines nicht unerheblichen Theils derselben in Folge Mangels des Rechts des Vermiethers entzogen werde: müsse ihm dann nicht das gleiche Recht auch in dem Fall beigelegt werden, wo diese Entziehung ihren Grund in einer anderen Thatsache und im Besonderen in dem Mangel der thatsächlichen Macht des Vermiethers oder in der Zerstörung der Sache habe? zu bestimmen: | Prot I 2151

„Der Miether hat das Recht, vom Vertrage zurückzutreten, auch dann, wenn ihm wegen eines anderen Grundes als wegen Mangels des Rechts des Vermiethers der Gebrauch der vermietheten Sache oder eines nicht unerheblichen Theils derselben von Anfang an nicht verschafft oder hinterher oder für eine nicht unerhebliche Zeitdauer[1] entzogen wird."

3. den Artikel durch folgende Bestimmung zu ersetzen: „Der Miether ist außer den Fällen der Art. 542, 545 und 547 (§§ x, 3–5 der Redaktionsvorlage) von dem Vertrage für die Zukunft zurückzutreten berechtigt, wenn ihm in Folge eines von ihm nicht zu vertretenden Umstandes der vertragsmäßige Gebrauch der vermietheten Sache ganz oder zum Theil von dem Vermiether nicht gewährt wird. Die Vorschriften des Art. 545 (§ 3 der Redaktionsvorlage) finden hierbei entsprechende Anwendung." (Die Stellung dieses § wird der Redaktion vorzubehalten bleiben.) Planck (Nr 369)

4. den Artikel vorbehaltlich des Antrags Nr. 2 zu streichen. Die Anträge Nr. 1–3 bezwecken eine Erweiterung des Art. 573 im Anschluß an die über das Rücktrittsrecht des Miethers bisher beschlossenen Vorschriften. Kurlbaum (Nr 372)

Beschlossen ist zunächst in der Sitzung vom 20. April | 1883 (Protokolle S. 2027, 2028) die Vorschrift: | Prot I 2152

„Wird die vermiethete Sache (scil. ohne einen von dem Miether zu vertretenden Umstand) dem Miether nicht zu der im Vertrage bestimmten Zeit überlassen, so kann derselbe nach Maßgabe der Bestimmungen des § 63 von dem Vertrage zurücktreten,

[1] Die Worte von „hinterher" ab hat Windscheid im Verbesserungsantrag Nr. 369, 1 hinzugefügt.

sofern nicht der Inhalt des Vertrags die Annahme begründet, daß die Einräumung dieses Rechts nicht gewollt sei."

Weiter ist in den Sitzungen vom 24. und 26. April 1883 (Protokolle S. 2035—2044, 2048—2051) beschlossen:

§ a. „Mangelt der vermietheten Sache zur Zeit der Ueberlassung an den Miether eine zugesicherte Eigenschaft oder leidet sie zu dieser Zeit an einem Mangel, welcher ihre Tauglichkeit zu dem vertragsmäßigen Gebrauche ganz oder zum Theil aufhebt, so ist der Miether für die Zeit, während welcher die Tauglichkeit ganz oder zum Theil aufgehoben war, im Falle der gänzlichen Aufhebung von der Entrichtung des Miethzinses befreit, im Falle der theilweisen Aufhebung nur einen verhältnißmäßigen Theil des Miethzinses (§ 96) zu entrichten verpflichtet. Wird die Tauglichkeit zum Gebrauch in erheblichem Maße zum Theil oder wird sie für eine erhebliche Zeitdauer gänzlich aufgehoben, so kann der Miether außerdem für die Zukunft von dem Vertrage zurücktreten. Das Rücktrittsrecht ist ausgeschlossen, wenn der Vermiether dem Mangel ohne Verzögerung abhilft, es sei denn, daß das Interesse des Miethers den sofortigen Rücktritt erfordert. (Durch die Ausübung des Rücktrittsrechts wird das Recht des Miethers, für die Vergangenheit den Miethzins verhältnißmäßig herabzusetzen, nicht berührt.) Auf die hiernach dem Miether zustehenden Rechte finden die §§ 54, 55, 60a, 82, 84
| Prot I 2153 Abs. 1, 86, 93—98, 100 entsprechende Anwendung. Neben diesen | Rechten hat der Miether gegen den Vermiether Anspruch auf Schadensersatz wegen Nichterfüllung."

§ b. „Der Miether hat die nach den Bestimmungen des § a ihm zustehenden Rechte auch dann, wenn der Mangel einer zugesicherten Eigenschaft oder ein die Tauglichkeit zum Gebrauch ganz oder zum Theil aufhebender Mangel erst nach Ueberlassung der Sache an den Miether hervortritt, den Anspruch auf Schadensersatz wegen Nichterfüllung jedoch nur dann, wenn der Vermiether den Mangel verschuldet hat oder die Beseitigung desselben verzögert."

§ c. „Wird dem Miether durch das Recht eines Dritten der vertragsmäßige Gebrauch ganz oder zum Theil entzogen, so finden die Bestimmungen der §§ a und b entsprechende Anwendung mit der Maßgabe, daß der Anspruch auf Schadensersatz wegen Nichterfüllung dadurch nicht ausgeschlossen wird, daß dem Miether in Folge grober Fahrlässigkeit das Recht des Dritten bei dem Abschluß des Vertrages unbekannt geblieben ist."

Endlich ist durch den in der Sitzung vom 28. April 1883 (Protokolle S. 2075, 2076) gefaßten Beschluß dem Miether das Recht beigelegt, von dem Vertrage für die Zukunft zurückzutreten, wenn der Dritte, welcher durch Veräußerung des Vermiethers ein den vertragsmäßigen Gebrauch des Miethers ausschließendes oder beschränkendes Recht erworben hat, den letzteren auffordert, nach Ablauf der gesetzlichen Kündigungsfrist zu räumen.

Man überzeugte sich von der Nothwendigkeit, den zuerst erwähnten Beschluß, unter theilweiser Aenderung desselben, mit den Bestimmungen des obigen § a in vollen Einklang zu bringen, sodann die Bestimmungen der obigen §§ a, b und c, soweit sie auf
| Prot I 2154 das Rücktrittsrecht sich be- | ziehen, auf alle Fälle auszudehnen, in welchen dem Miether durch einen von ihm nicht zu vertretenden Umstand der vertragsmäßige Gebrauch ganz oder zum Theil vorenthalten oder wieder entzogen wird, — entsprechend also den Anträgen Nr. 2 und 3 die prinzipielle Vorschrift aufzunehmen:

„Der Miether könne ohne vorherige Kündigung von dem Vertrage für die Zukunft zurücktreten, wenn ihm der vertragsmäßige Gebrauch ohne einen von ihm zu vertretenden Umstand ganz oder zum Theil nicht oder nicht rechtzeitig verschafft oder später wieder entzogen wird und der Vermiether in beiden Fällen die sofortige Abhülfe verzögert.

Die Vorenthaltung oder Entziehung eines nicht erheblichen Theils oder während einer nichterheblichen Zeit begründe das Rücktrittsrecht nur dann, wenn ein besonderes Interesse des Miethers den Rücktritt rechtfertigt."

Die Fassung der Vorschrift blieb der Redaktion vorbehalten, bei der auch geprüft werden soll, ob nicht in den obigen §§ a, b und c die auf das Rücktrittsrecht sich beziehenden Vorschriften, weil sie durch jene prinzipielle Vorschrift entbehrlich würden, zu unterdrücken seien.

Der Art. 573 und die dazu gestellten Anträge galten hiermit als erledigt.

Es wurde zwar noch angeregt, ob nicht die Bestimmung unter Ziffer 3 des Artikels 573, welche durch den obigen Beschluß nicht betroffen werde und eine selbständige Bedeutung habe, zur Aufnahme sich empfehle. Die Frage wurde jedoch verneint, weil sich die Ansicht geltend machte, der betreffende Fall müsse nach den allgemeinen Grundsätzen entschieden, also konkret geprüft werden, ob eine objektive Hinderung des Gebrauchs vorliege oder dieser nur aus einem in der Person des Miethers liegenden Grunde verhindert, oder ob und inwiefern anzunehmen, daß dem Miether still- | schweigend ein Rücktrittsrecht zugestanden sei. | Prot I 2155

Dagegen erachtete man eine Bestimmung für nöthig, welche das beiden Theilen zustehende gesetzliche Rücktrittsrecht näher regelt.

Es war der Antrag gestellt, zu bestimmen:

„In den Fällen der Artikel 572, 573 Ziffer 1 wird die Auflösung des Miethverhältnisses von der Zeit an bewirkt, zu welcher der Rücktritt von dem Rücktretenden dem anderen Theile erklärt ist." v. Kübel (Nr 345)

Diese Vorschrift wurde jedoch für zu eng befunden und zu bestimmen beschlossen:

„Auf das Rücktrittsrecht des Vermiethers und des Miethers finden die §§ 54, 59, 60a der Zusammenstellung der das Obligationenrecht betreffenden Beschlüsse (neue Redaktion, vgl. Protokolle vom 21. und 24. April, sowie 22. Mai 1882 und 30. März 1883, S. 624, 627, 1916, 624, 627, 1921 – § f., 763–766, 1921 – § h –), auf das Rücktrittsrecht des Miethers außerdem die §§ 82, 84 Abs. 1, 86, 93–95, 97, 98 (Protokolle vom 24. und 26. Mai, 17. Mai, 22. Mai 1882 und 30. März 1883 S. 736, 737, 782, 783, 737–789, 743, 744, 771, 763–766, 1921, 1922) entsprechende Anwendung."

Für die Anwendbarkeit des § 59 wurde von der Mehrheit deshalb entschieden, weil sowohl der Vermiether als der Miether unter Umständen durch eine im § 59 vorgesehene Handlungsweise sich präjudiziren könnten.

Ob außerdem im Eingang auch der § 55 (neue Redaktion, Protokolle S. 625, 626, 755–760, 789, 1916–1919, 1922, 1923) zu allegiren oder die Hinweisung auf denselben, weil das in Frage stehende Rücktrittsrecht nur für die Zukunft wirke, damit kein Mißverständniß entstehe, besser wegzulassen bezw. durch spezielle Bestimmungen zu ersetzen sei, blieb der Prüfung bei der Redaktion vorbehalten.

Von einer Seite war der Antrag gestellt worden, die Bestimmung aufzunehmen:

| „Geht die vermiethete Sache durch einen von dem Miether zu vertretenden Umstand ganz unter, so wird das Miethverhältniß beendigt. Bei theilweisem Untergange durch einen solchen Umstand endigt sich das Miethverhältniß in Bezug auf den untergegangenen Theil und es tritt von da an eine verhältnißmäßige Minderung des Miethzinses ein. Der Anspruch des Vermiethers auf Schadenersatz bleibt in beiden Fällen unberührt." | Prot I 2156 v. Weber (Nr 373)

(zu vergleichen die Materialien S. 145 ff.[2])

Die Mehrheit erklärte sich gegen die Aufnahme dieser Vorschrift, indem sie der Ansicht war:

Der in dem Antrage unterstellte Fall unterliege der Beurtheilung nach allgemeinen Grundsätzen, deren Anwendbarkeit durch eine kasuistische Vorschrift näher zu bestimmen oder gar durch eine positive Satzung auszuschließen, kein genügender Anlaß bestehe.

**II. 1.** Die beschlossene Regelung lautet in der *RedVorl:*

RedVorl § 24 § 24 (Art. 573). 384. Der Miether kann ohne vorherige Kündigung von dem Vertrage für die Zukunft zurücktreten, wenn ihm der vertragsmäßige Gebrauch ohne einen von ihm zu vertretenden Umstand ganz oder zum Theil nicht oder nicht rechtzeitig verschafft oder später wieder entzogen wird und der Vermiether nicht sofort Abhülfe schafft.

Die Vorenthaltung oder Entziehung eines nicht erheblichen Theils oder während einer nicht erheblichen Zeit begründet das Rücktrittsrecht nur dann, wenn ein besonderes Interesse des Miethers den Rücktritt rechtfertigt.

(NB: Daß der Miether stets auch das Minderungsrecht hat, erhellt zur Genüge aus den §§ 3, 4 und 5 [§§ 363, 364, 365].)

RedVorl § 25 § 25. 385. Auf das nach den §§ 7, 23 und 24 (367, 383, 384) begründete Rücktrittsrecht finden die §§ 54, 55, 59 und 60a, auf das Rücktrittsrecht des Miethers so wie auf das Recht desselben, Herabsetzung des Miethzinses zu fordern, außerdem die §§ 93, 94, 95, 97, 98 entsprechende Anwendung. (Durch den Rücktritt wird das Recht des Miethers, Herabsetzung des Miethzinses für die Vergangenheit zu fordern, nicht berührt.)

(NB: 1. Die Allegation des § 55 im Eingang kann kein Mißverständniß erwecken; sie hat sichtbar nur den Sinn: pro futuro gelte der Vertrag als nicht geschlossen, und dies auszudrücken, ist nicht ohne Bedeutung.

2. Die §§ 93, 94, 95 handeln nur von dem, dem Rücktrittsrechte gleichstehenden Rechte der Wandelung. Auf dieselben in dem vorliegenden § 25 hinzuweisen, ist also durchaus passend, die §§ 97 und 98 handeln dagegen von dem Rechte der Wandelung *und der Minderung* aber nur in Ansehung ihrer Konkurrenz; bezögen sie sich nur auf das Minderungsrecht, so würden sie im § 3 [363] für unanwendbar zu erklären sein. Daß die §§ 82 und 86 für das Rücktrittsrecht des Miethers gelten, ergiebt wohl zur Genüge die Schlußbestimmung des § 3 [363].)

**2.** Fassung der Regelung in der *ZustOR:*

ZustOR § 384 § 384. Der Miether kann ohne vorherige Kündigung von dem Vertrage für die Zukunft zurücktreten, wenn ihm der vertragsmäßige Gebrauch ohne einen von ihm zu

---

[2] Dieser Antrag geht auf einen Vorschlag des vorbereitenden Ausschusses der Dresd. Kommission zurück. Hier war als Art. 599 beantragt: „Das Miethverhältniß erlischt, wenn vor Ablauf der Miethzeit die gemiethete Sache ohne Verschuldung des Vermiethers und des Miethers (durch Zufall) ganz untergeht. Ist die Sache nur zum Theil durch Zufall untergegangen, so kann der Miether, wenn nach den Umständen anzunehmen ist, daß er ohne diesen Theil den Miethvertrag nicht oder nur gegen einen geringeren Miethzins abgeschlossen hätte, die Aufhebung des Miethverhältnisses oder eine entsprechende Minderung des Miethzinses fordern." Dieser Antrag war in der Dresd. Kommission abgelehnt worden, weil man davon ausging, daß er durch die allgemeinen Bestimmungen des Obligationenrechts gedeckt sei (vgl. weitere Einzelheiten in den Materialien zum Miethrecht, S. 145 ff.).

vertretenden Umstand ganz oder zum Theil nicht oder nicht rechtzeitig verschafft oder später wieder entzogen wird, oder wenn der Mangel einer zugesicherten Eigenschaft sich ergiebt. Das Rücktrittsrecht ist ausgeschlossen, wenn die sofort ge Abhülfe ohne Verzögerung bewirkt wird.

Die Vorenthaltung oder Entziehung eines an sich nicht erheblichen Theils (Theiles; KE) des Gebrauchs (Gebrauches; KE) oder während einer an sich nicht erheblichen Zeit begründet das Rücktrittsrecht nur dann, wenn ein besonderes Interesse des Miethers den Rücktritt rechtfertigt.

§ 385. Auf das nach den §§ 367, 383 und 384 begründete Rücktrittsrecht finden der in § 54 und in Ansehung der Wirksamkeit des Vertrags für die Zeit nach dem Rücktritte sowie hinsichtlich der für diese Zeit erfolgten Vorausleistungen der § 55, ferner die §§ 59 und 60a Anwendung, auf das Rücktrittsrecht des Miethers sowie auf das Recht desselben, Herabsetzung des Miethzinses zu fordern, finden außerdem die §§ 93, 94, 95, 97, 98 entsprechende Anwendung. Durch den Rücktritt wird das Recht des Miethers, Herabsetzung des Miethzinses für die Vergangenheit zu fordern, nicht berührt. ZustOR § 385

**3.** Der Gleichförmigkeit wegen (vgl. § 421 ZustOR) wurde beschlossen (Antrag von *v. Weber*, Nr. 362, 20), in § 384 ZustOR die Worte „ohne vorherige Kündigung" durch „ohne Einhaltung einer Kündigungsfrist" zu ersetzen (Prot. I 3268, 3275).

**III. 1a)** Der § 522 KE entspricht bis auf den Anfang dem § 384 ZustOR: „Der Miether kann ohne Einhaltung einer Kündigungsfrist . . ."

**b)** § 523 KE lautet: Auf das nach den §§ 504, 521, 522 begründete Rücktrittsrecht finden der § 423 und in Ansehung der Wirksamkeit des Vertrages für die Zeit nach dem Rücktritte sowie hinsichtlich der für diese Zeit erfolgten Vorausleistungen der § 424, ferner die §§ 428, 430 Anwendung; auf das Rücktrittsrecht des Miethers sowie auf das Recht desselben, Herabsetzung des Miethzinses zu fordern, finden außerdem die §§ 386 bis 388, 390, 391 entsprechende Anwendung. Durch den Rücktritt wird das Recht des Miethers, Herabsetzung des Miethzinses für die Vergangenheit zu fordern, nicht berührt. KE § 523

**2.** Folgende Anträge von *Kurlbaum* (Nr. 576) lagen vor:

| 27. *§ 522.* | Prot I 6193

| Abs. 1 Satz 2 das Wort „sofortige" zu streichen, und zuzusetzen „Erfolgt jedoch die Abhülfe nicht sofort und rechtfertigt ein besonderes Interesse des Miethers den sofor- | tigen Rücktritt, so ist der letztere zulässig." Kurlbaum (Nr 576) | Prot I 6194

28. *§ 523.*

Zeile 2 statt „der § 423" zu setzen „die §§ 423, 428, 430", dagegen in Zeile 4, 5 die Worte „ferner die §§ 428, 430" zu streichen, ferner Zeile 6ff. zu fassen: „sowie auf das Recht desselben, den Miethzins zu mindern, finden außerdem die §§ 379, 383, 386 bis 388, 390, 391 entsprechende Anwendung. Durch den Rücktritt wird das Recht des Miethers, den Miethzins für die Vergangenheit zu mindern, nicht berührt." Kurlbaum (Nr 576)

. . . Desgleichen wurde der Antrag Nr. 27 zu *§ 522,* da er lediglich bezweckt, die Fassung dieser Vorschrift den sachlichen Beschlüssen (Prot. S. 2152, 2153) anzupassen, angenommen. Aus dem gleichen Grunde wurde der Antrag Nr. 28 zu *§ 523* angenommen. Es soll vermieden werden, das Recht, den Miethzins nicht voll zu bezahlen, zu einem Anspruche zu gestalten (vergl. insbesondere Prot. S. 2041, 2042, 2043, 2158 bis 2160).

**3.** Zu weiteren Änderungen des § 523 KE vgl. Materialien zu §§ 571ff. BGB unter A. III.

**4.** Der Antrag, in § 522 KE statt „ohne Verzögerung" zu setzen: „unverzüglich", wurde abgelehnt (Prot. I, S. 11821 – 11822).

**IV.** Im *E I* lauten die Bestimmungen:

§ 529. Der Miether kann ohne Einhaltung einer Kündigungsfrist von dem Vertrage für die Zukunft zurücktreten, wenn ihm der vertragsmäßige Gebrauch ohne einen von ihm zu vertretenden Umstand ganz oder zum Theil nicht oder nicht rechtzeitig verschafft oder später wieder entzogen wird, oder wenn der Mangel einer zugesicherten Eigenschaft sich ergiebt. Das Rücktrittsrecht ist ausgeschlossen, wenn die Abhülfe ohne Verzögerung bewirkt wird. Erfolgt jedoch die Abhülfe nicht sofort und rechtfertigt ein besonderes Interesse des Miethers den sofortigen Rücktritt, so ist der letztere zulässig.

Die Vorenthaltung oder Entziehung eines an sich nicht erheblichen Theiles des Gebrauches oder während einer an sich nicht erheblichen Zeit begründet das Rücktrittsrecht nur dann, wenn ein besonderes Interesse des Miethers den Rücktritt rechtfertigt.

E I § 530 § 530. Auf das nach dem § 509 Abs. 2 und nach den §§ 510, 528, 529 begründete Rücktrittsrecht finden die Vorschriften der §§ 426, 431, 433 und in Ansehung der Wirksamkeit des Vertrages für die Zeit nach dem Rücktritte sowie hinsichtlich der für diese Zeit erfolgten Vorausleistungen die Vorschriften des § 427 Anwendung; auf das Rücktrittsrecht des Miethers sowie auf das Recht desselben, den Miethzins zu mindern, finden außerdem die Vorschriften der §§ 382, 386, 389 bis 391, 393, 394 entsprechende Anwendung. Durch den Rücktritt wird das Recht des Miethers, den Miethzins für die Vergangenheit zu mindern, nicht berührt.

## B. Vorkommission des Reichsjustizamtes

**I.** Beantragt war:

Struckmann (Nr 3, 56) **1 a)** Den § 529 zu fassen: Der Miether kann ohne Einhaltung einer Kündigungsfrist von dem Vertrage für die Zukunft zurücktreten, wenn der vertragsmäßige Gebrauch der Sache ohne einen von ihm zu vertretenden Umstand ganz oder zu einem erheblichen Theil ihm nicht rechtzeitig verschafft oder ihm wieder entzogen wird oder der Mangel einer zugesicherten Eigenschaft sich ergiebt und in diesen Fällen der Vermiether auf eine an ihn gerichtete Aufforderung des Miethers nicht unverzüglich Abhülfe schafft. Ist eine Abhülfe voraussichtlich nicht möglich oder rechtfertigt ein besonderes Interesse des Miethers den sofortigen Rücktritt, so kann der Miether auch ohne die vorgängige Aufforderung zurücktreten.

Eine an sich unerhebliche Hinderung oder Vorenthaltung des Gebrauchs der Sache begründet den Rücktritt nur dann, wenn ein besonderes Interesse des Miethers ihn rechtfertigt.

Neben dem Rücktritte bleibt dem Miether das Recht auf Nachlaß am Miethzins und auf Schadensersatz für die Vergangenheit vorbehalten.

Struckmann (Nr 6, 57) **b)** Den § 530 zu fassen: Auf das nach den §§ 528, 529 dem Vermiether und dem Miether zustehende Rücktrittsrecht finden die für das vertragsmäßige Rücktrittsrecht geltenden Vorschriften der §§ 426, 427, 431 bis 433, auf das Rücktrittsrecht des Miethers außerdem die für die Wandelung beim Kaufe geltenden Vorschriften der §§ (382, 385, 389 bis 391, 393, 394) entsprechende Anwendung.

**2. a)** Den § 529 zu fassen:

Der Miether kann ... sich ergiebt. Er muß, wenn er aus einem dieser Gründe zurücktreten will, dem Vermiether davon vorher Anzeige machen. Das Rücktrittsrecht ist ausgeschlossen, wenn die Abhülfe nach dieser Anzeige ohne Verzögerung bewirkt wird. Erfolgt jedoch ... u.s.w. wie im Entwurfe. Planck (Nr 6, 68)

b) In dem § 530 hinter „finden die" einzuschalten:

„für das vertragsmäßige Rücktrittsrecht geltenden", ferner hinter „außerdem die" einzuschalten: „für Planck (Nr 6, 69)

**II.** 74. Sitzung vom 28. 3. 1892

| Zu § 529 wurde es für angemessen erachtet, unter Abänderung der Beweislast, die Ausübung des Rücktrittsrechts in den Fällen des § 529 an die weitere Voraussetzung zu knüpfen, daß der Vermiether auf eine an ihn gerichtete Aufforderung des Miethers nicht binnen angemessener Frist Abhülfe schaffe. Demgemäß erhielt der Abs. 1 des § 529 folgende Fassung: „Der Miether kann ohne Einhaltung einer Kündigungsfrist von dem Vertrage für die Zukunft zurücktreten, wenn der vertragsmäßige Gebrauch der Sache ohne einen von ihm zu vertretenden Umstand ganz oder zum Theil ihm nicht rechtzeitig verschafft oder ihm wieder entzogen wird oder der Mangel einer zugesicherten Eigenschaft sich ergiebt und in diesen Fällen der Vermiether auf die Aufforderung des Miethers nicht innerhalb einer angemessenen Frist Abhülfe schafft." | Prot-RJA 452

| Der § 530 erhielt folgende Fassung: ... [wie Antrag Struckmann]. | Prot-RJA 453

Der letzte Satz des § 530 soll dem § 529 als Abs. 3 in folgender Fassung angeschlossen werden: „Neben dem Rücktritte bleibt dem Miether das Recht auf Nachlaß am Miethzinse und auf Schadensersatz für die Vergangenheit vorbehalten."

## C. 2. Kommission

**I.** Anträge (Prot. II, Bd. 2, S. 229f.; *Mugdan*, Bd. 2, S. 873f.)

a) Zu § 529 war beantragt:

1. die Bestimmungen zu fassen: Struckmann (Nr 142, 16)

Der Miether kann ohne Einhaltung einer Kündigungsfrist von dem Vertrage für die Zukunft zurücktreten, wenn der vertragsmäßige Gebrauch der Sache ohne einen von ihm zu vertretenden Umstand ganz oder zum Theil ihm nicht rechtzeitig verschafft oder ihm wieder entzogen wird oder der Mangel einer zugesicherten Eigenschaft sich ergiebt und in diesen Fällen der Vermiether auf die Aufforderung des Miethers nicht innerhalb einer angemessenen Frist Abhülfe schafft.

Eine an sich unerhebliche Hinderung oder Vorenthaltung des Gebrauchs der Sache begründet den Rücktritt nur dann, wenn ein besonderes Interesse des Miethers ihn rechtfertigt.

Neben dem Rücktritte bleibt dem Miether das Recht auf Nachlaß am Miethzins und auf Schadensersatz für die Vergangenheit vorbehalten.

2. den Abs. 1 dieser Bestimmungen dahin zu ändern, daß der Schluß lautet: Planck (Nr 174, 2)

... der Vermiether nicht innerhalb einer ihm von dem Miether bestimmten angemessenen Frist Abhülfe schafft. Der Bestimmung einer Frist bedarf es nicht, wenn ein besonderes Interesse des Miethers den sofortigen Rücktritt rechtfertigt.

Wolffson (Nr 169, 2) 3. dem unter 1 vorgeschlagenen Abs. 1 hinzuzufügen:
Hat das Miethverhältniß in Folge des durch die Abhülfe zu gewärtigenden Zeitverlustes für den Miether kein Interesse mehr, so steht demselben das Rücktrittsrecht zu, ohne daß es der Setzung einer Frist bedarf. (Zu vergl. § 369a VorlZust E I[3].)

Der § 529 wurde im Sinne der vorstehenden Anträge beibehalten; die Prüfung der Fassung blieb der RedKom überlassen.

Struckmann (Nr 142, 17) **b)** Zu § 530 lag der Antrag vor,
die Bestimmungen durch nachstehende Vorschrift zu ersetzen:
Auf das nach den §§ 528, 529 dem Vermiether und dem Miether zustehende Rücktrittsrecht finden die für das vertragsmäßige Rücktrittsrecht geltenden Vorschriften der §§ 426, 427, 432, 433, auf das Rücktrittsrecht des Miethers außerdem die für die Wandelung beim Kaufe geltenden Vorschriften der §§ 382, 386, 389 bis 391, 393, 394 entsprechende Anwendung.
hierzu der Unterantrag,
Planck (Nr 174, 3) vor den Worten „entsprechende Anwendung" zu setzen „sowie die Vorschrift des § 369c Satz 2".

Der Antrag wurde mit dem Unterantrag angenommen.

**II.** Die beschlossene Regelung lautet in der VorlZust

E I-VorlZust § 529 § 529. Der Miether kann ohne Einhaltung einer Kündigungsfrist von dem Vertrage für die Zukunft zurücktreten, wenn der vertragsmäßige Gebrauch der Sache ohne einen von ihm zu vertretenden Umstand ganz oder zum Theil ihm nicht rechtzeitig verschafft oder ihm wieder entzogen wird oder der Mangel einer zugesicherten Eigenschaft sich ergiebt und in diesen Fällen der Vermiether nicht innerhalb einer ihm von dem Miether bestimmten Frist Abhülfe schafft.

Hat die Erfüllung des Miethvertrages in Folge der nicht rechtzeitigen Verschaffung oder der Entziehung des vertragsmäßigen Gebrauchs oder in Folge des Mangels der zugesicherten Eigenschaft kein Interesse mehr für den Miether, so steht ihm das Rücktrittsrecht zu, ohne daß es der Bestimmung einer Frist bedarf.

Eine an sich unerhebliche Hinderung oder Vorenthaltung des Gebrauchs der Sache begründet den Rücktritt nur dann, wenn ein besonderes Interesse des Miethers ihn rechtfertigt.

Neben dem Rücktritte bleibt dem Miether das Recht auf Nachlaß am Miethzins und auf Schadensersatz für die Vergangenheit vorbehalten.

E I-VorlZust § 530 § 530. Auf das nach den §§ 528 bis 529a dem Vermiether und dem Miether zustehende Rücktrittsrecht finden die für das vertragsmäßige Rücktrittsrecht geltenden Vorschriften der §§ 427, 428a, 432, 433 auf das Rücktrittsrecht des Miethers außerdem die für die Wandlung beim Kaufe geltenden Vorschriften der §§ 469b, 469e, 469i, 469k, 469l, 469m, 469o, sowie die Vorschrift des § 369c Satz 2 entsprechende Anwendung. (Auf das dem Miether nach § 529a zustehende Rücktrittsrecht findet die Vorschrift des § 432 keine Anwendung.)

**III. 1.** Fassung der Regelung in der ZustRedKom:

E I-ZustRedKom § 508a § 508a. (529, 530). Wird der vertragsmäßige Gebrauch der vermietheten Sache dem Miether ganz oder zum Theil nicht rechtzeitig gewährt oder wieder entzogen, so kann

[3] Diese Anmerkung ist nicht in den Protokollen enthalten. § 369a E I-VorlZust entspricht dem § 326 BGB.

der Miether ohne Einhaltung einer Kündigungsfrist das Miethverhältniß kündigen. Die Kündigung ist jedoch erst zulässig, wenn der Vermiether eine ihm von dem Miether bestimmte angemessene Frist hat verstreichen lassen, ohne Abhülfe zu schaffen. Der Bestimmung einer Frist bedarf es nicht, wenn die Erfüllung des Vertrags in Folge des die Kündigung rechtfertigenden Umstandes für den Miether kein Interesse hat.

Wegen einer unerheblichen Hinderung oder Vorenthaltung des Gebrauchs findet die Kündigung nur statt, wenn ein besonderes Interesse des Miethers sie rechtfertigt.

Auf das Kündigungsrecht finden die Vorschrift des § 507 sowie die für die Wandelung bei dem Kaufe geltenden Vorschriften der §§ 469b, 469e, 469i bis 469l entsprechende Anwendung. Ist der Miethzins für eine spätere Zeit im Voraus entrichtet, so hat ihn der Vermiether nach Maßgabe des § 427 und des § 369c Satz 2 zurückzuerstatten (Im Anschluß an den zu § 566 gefaßten Beschluß hat die Redaktionskommission an Stelle des für die Zukunft wirkenden Rücktrittsrechts ein Kündigungsrecht setzen zu sollen geglaubt. Diese Aenderung hat zur Streichung des § 529 Abs. 4 der vorläufigen Zusammenstellung und zur Weglassung der §§ 428d, 432, 433 im § 530 der vorläufigen Zusammenstellung geführt. Die §§ 469o, 469p[4] sind nicht angeführt, weil ihre Anwendung auf die Miethe, auch wenn sie möglich sein sollte, schwer verständlich und kaum von praktischer Bedeutung ist.).

2. Zur Fassung der ZustRedKom § 508a heißt es in dem Prot. II, Bd. 2, S. 513 (*Mugdan*, Bd. 2, S. 874): Die Fassung der RedKom weicht von den Beschlüssen zu §§ 528 bis 530, oben S. 228 bis 230, darin ab, daß an die Stelle des für die Zukunft wirkenden Rücktrittsrechts ein Kündigungsrecht für den Miether bezw. Vermiether gesetzt ist. Hieraus hat sich die Streichung des Abs. 4 in dem § 529 der Vorl. Zus. als selbstverständlich ergeben; ferner ist die Bezugnahme auf die §§ 428a, 432, 433 gestrichen. Die §§ 469o und 469p sind nicht angeführt, weil das darin berührte Minderungsrecht beim Kaufe einen anderen Karakter hat als das hier in Frage stehende Minderungsrecht.

Die Aenderungen wurden nicht beanstandet.

## IV. Fassung der Regelung im E II

§ 487: Wird dem Miether der vertragsmäßige Gebrauch der gemietheten Sache ganz oder zum Theil nicht rechtzeitig gewährt oder wieder entzogen, so kann der Miether ohne Einhaltung einer Kündigungsfrist das Miethverhältniß kündigen. Die Kündigung ist erst zulässig, wenn der Vermiether eine ihm von dem Miether bestimmte angemessene Frist hat verstreichen lassen, ohne Abhülfe zu schaffen. Der Bestimmung einer Frist bedarf es nicht, wenn die Erfüllung des Vertrags in Folge des die Kündigung rechtfertigenden Umstandes für den Miether kein Interesse hat. E II § 487

Wegen einer unerheblichen Hinderung oder Vorenthaltung des Gebrauchs ist die Kündigung nur zulässig, wenn sie durch ein besonderes Interesse des Miethers gerechtfertigt wird.

Auf das Kündigungsrecht finden die Vorschriften der §§ 484 bis 486 sowie die für die Wandelung bei dem Kaufe geltenden Vorschriften der §§ 405 bis 407 entsprechende Anwendung. Ist der Miethzins für eine spätere Zeit im Voraus entrichtet, so ist er von dem Vermiether nach Maßgabe des § 298 und des § 279 Satz 2 zurückzuerstatten.

V. Die Fassung der §§ 534, 535 *E II rev.* (§§ 535, 536 *E III*) entspricht der der §§ 542, 543 BGB.

---

[4] Vgl. §§ 474, 475 BGB.

§ 544

**Ist eine Wohnung oder ein anderer zum Aufenthalte von Menschen bestimmter Raum so beschaffen, daß die Benutzung mit einer erheblichen Gefährdung der Gesundheit verbunden ist, so kann der Miether das Miethverhältniß ohne Einhaltung einer Kündigungsfrist kündigen, auch wenn er die gefahrbringende Beschaffenheit bei dem Abschlusse des Vertrags gekannt oder auf die Geltendmachung der ihm wegen dieser Beschaffenheit zustehenden Rechte verzichtet hat.**

## B. Vorkommission des Reichsjustizamtes

**I.** Beantragt war: Hinter § 530 folgende Vorschrift als § 530a einzuschalten:

Struckmann (Nr 3, 58) Ist eine Wohnung Gegenstand des Miethvertrages und leidet sie an einem die Gesundheit der Bewohner gefährdenden Mangel, so kann der Miether nach Maßgabe des § 529 von dem Vertrage für die Zukunft zurücktreten, auch wenn er den Mangel zur Zeit der Schließung des Vertrages gekannt hat oder die Haftung des Vermiethers für den Mangel durch Vertrag ausgeschlossen ist.

**II.** 74. Sitzung vom 28. 3. 1892

| Prot-RJA 453 | Die Kommission beschloß ferner, hinter § 530 folgende Vorschrift als § 530a einzuschalten: [wie Antrag von Struckmann]

Erwogen wurde: Die Vorschrift enthalte eine aus sozialpolitischen Gründen und aus Gründen der Humanität gerechtfertigte Einschränkung der Vertragsfreiheit, welche mit den Grundsätzen des Zivilrechtes wohl vereinbar sei. Das Recht, Mängel der Wohnung, durch welche die Gesundheit gefährdet werde, zu rügen, bilde ein unverzichtbares Recht des Individuums. Durch die Kenntniß des Mangels dürfe das Kündigungsrecht um so weniger ausgeschlossen werden, als der Miether nicht selten über den schädlichen Einfluß des Mangels | auf seine Gesundheit und über das Maß seiner Widerstandsfähigkeit gegenüber diesem Mangel im Unklaren sein werde. | Prot-RJA 454

## C. 2. Kommission

**I.** Es war der Antrag gestellt (Prot. II, Bd. 2 S. 230; *Mugdan*, Bd. 2, S. 874): hinter § 530 als § 530a folgende Bestimmung einzustellen:

Struckmann (Nr 142, 18) Ist eine Wohnung Gegenstand des Miethvertrags und leidet sie an einem die Gesundheit der Bewohner gefährdenden Mangel, so kann der Miether nach Maßgabe des § 529 von dem Vertrage für die Zukunft zurücktreten, auch wenn er den Mangel zur Zeit der Schließung des Vertrags gekannt hat oder die Haftung des Vermiethers für den Mangel durch Vertrag ausgeschlossen ist.

Hierzu die Unteranträge:

Planck (Nr 174, 4)

a) vor dem Worte „gefährdenden" einzuschalten „erheblich",

b) die Worte „auch wenn er" durch die Worte „es sei denn, daß er" zu ersetzen.

[von *Jacubezky* lag der Antrag[1] vor, den § 530a nicht aufzunehmen, Nr. 144, 14.]

[1] Dieser Antrag ist nicht in den Protokollen enthalten.

Die Kom. nahm den Antrag mit der unter a vorgeschlagenen Aenderung an. Der Unterantrag b wurde abgelehnt.

**II.** Fassung der beschlossenen Regelung in der VorlZust:

§ 529a. Ist eine Wohnung Gegenstand des Miethvertrags und leidet sie an einem Mangel, der eine erhebliche (oder: nahe liegende) Gefahr für die Gesundheit der Bewohner begründet, so kann der Miether ohne Einhaltung einer Kündigungsfrist für die Zukunft von dem Vertrage zurücktreten, auch wenn er den Mangel zur Zeit des Vertragsschlusses gekannt hat oder die Haftung des Vermiethers durch Vertrag ausgeschlossen ist. E I-VorlZust § 529a

**III.** In der *ZustRedKom* lautet die Regelung:

§ 508b. Ist eine gemiethete Wohnung so beschaffen, daß ihre Benutzung mit einer erheblichen Gefährdung der Gesundheit verbunden ist, so kann der Miether das Miethverhältniß ohne Einhaltung einer Kündigungsfrist kündigen, auch wenn er die gefahrbringende Beschaffenheit bei dem Abschlusse des Vertrags gekannt oder auf die Geltendmachung seiner Rechte wegen derselben verzichtet hat. E-ZustRedKom § 508b

**IV. 1.** § 488 *E II* lautet wie § 508b ZustRedKom.

**2.** Revision des E II (Prot. II, Bd. 6, S. 184; *Mugdan*, Bd. 2 S. 875): Gegenüber einem Antrag, im § 488 die Schlußworte „auch wenn ... verzichtet hat" zu streichen wurde die Wiederaufnahme der Berathung abgelehnt.

**V.** Die Fassung des § 536 *E II rev.* (§ 537 E III) entspricht bis auf die unter E mitgeteilte Änderung der des § 544 BGB.

## E. Reichstag (XII. Kommission)

**I.** Beantragt war, den Eingang des § 537 wie folgt zu gestalten: „Ist ein zum Aufenthalt von Menschen bestimmter Raum so beschaffen, daß seine Benutzung mit einer Gefährdung der Gesundheit verbunden ist, so kann ..." Frohme, Stadthagen (Nr 39, 2)

**II.** Bericht von *Heller* über die Sitzung vom 6. 3. 1896

Der zum § 537 vorliegende Antrag *Frohme, Stadthagen* wurde, soweit er auf Streichung des Worts „erheblichen" gerichtet ist, gegen die Stimmen der Antragsteller abgelehnt. Soweit er dagegen bezweckt, die Bestimmung auch auf Komptoirs, Werkstätten etc. zu erstrecken, die nicht Bestandteile einer Wohnung sind, wurde er einstimmig in der Form angenommen, daß, vorbehaltlich besserer Fassung, statt „Wohnung" gesetzt wurde „Raum"[2].

[2] Vgl. auch Bericht im „Vorwärts" (*Vormbaum*, a. a. O., S. 171 – 172).

## § 545

**Zeigt sich im Laufe der Miethe ein Mangel der gemietheten Sache oder wird eine Vorkehrung zum Schutze der Sache gegen eine nicht vorhergesehene Gefahr erforderlich, so hat der Miether dem Vermiether unverzüglich Anzeige zu machen. Das Gleiche gilt, wenn sich ein Dritter ein Recht an der Sache anmaßt.**

**Unterläßt der Miether die Anzeige, so ist er zum Ersatze des daraus entstehenden Schadens verpflichtet; er ist, soweit der Vermiether in Folge der Unterlassung der Anzeige Abhülfe zu schaffen außer Stande war, nicht berechtigt, die im § 537 bestimmten Rechte geltend zu machen oder nach § 542 Abs. 1 Satz 3 ohne Bestimmung einer Frist zu kündigen oder Schadensersatz wegen Nichterfüllung zu verlangen.**

### A. 1. Kommission

I. 205. Sitzung vom 4. Mai 1883, Schriftführer Neubauer

| Prot I 2101 | Zu Artikel 564 des Entwurfs:

DresdE Art 564 „Werden Ausbesserungen der gemietheten Sache nöthig, welche dem Vermiether obliegen, oder maßt sich ein Dritter während der Dauer der Miethzeit Rechte an der gemietheten Sache an, so ist der Miether verpflichtet, dem Vermiether hiervon sofort Anzeige zu machen, sofern dieser nicht ohnedies Kenntniß davon hat. Er haftet dem Vermiether für den demselben durch die Unterlassung dieser Anzeige entstandenen Schaden."

lagen die Anträge vor:

v. Kübel (Nr 345) 1. statt dessen zu bestimmen:

„Werden Ausbesserungen an der Sache nöthig, welche dem Vermiether obliegen oder maßt sich ein Dritter Rechte an der Sache an, so ist der Miether verpflichtet, dem Vermiether hiervon sofort Anzeige zu machen. Er haftet dem Vermiether für den demselben durch die Unterlassung dieser Anzeige entstandenen Schaden."

| Prot I 2102 Kurlbaum (Nr 344) | 2. die Worte: „sofern dieser nicht ohnehin Kenntniß davon hat" zu streichen.

Gegen den sachlichen Inhalt des Artikels hatte sich ein Widerspruch nicht erhoben. Betreffend den Zwischensatz: „sofern dieser nicht ohnedies Kenntniß davon hat", so erklärte sich die Mehrheit[1] für die Streichung, indem sie denselben für selbstverständlich und daher für entbehrlich hielt auf Grund der Erwägung: Wenn eine dem Vermiether obliegende Verbesserung unterbleibe, so habe derselbe nicht vorgeleistet und deshalb auf den Miethzins oder auf dessen vollen Betrag keinen Anspruch; diese Folge dürfe aber vermöge der dem *Miether* obliegenden Verpflichtungen nicht eintreten, falls der letztere die Anzeige von der eingetretenen Nothwendigkeit einer Ausbesserung zu erstatten versäumt habe. Sei der Vermiether von dem Sachverhältnisse bereits unterrichtet, so habe die Anzeige keinen Zweck, weshalb auch von der Anzeigepflicht keine Rede sein könne. Dies noch besonders auszusprechen, sei überflüssig, zumal bestimmt werde, es solle der aus der Unterlassung der Benachrichtigung entstandene Schaden ersetzt werden, ein solcher aber aus jener Unterlassung bei der Voraussetzung, der Vermiether sei unterrichtet gewesen, nicht entstehen könne. Dazu komme, daß der Zwischensatz

---

[1] Gegen den Strich stimmte u. a. *Pape*, dafür *Windscheid* (Nachlaß Schmitt).

für die Fälle nicht passe, in welchen nicht die Einbehaltung oder Kürzung des Miethzinses, sondern die Erstattung eines sonstigen von dem Vermiether erlittenen Schadens in Frage stehe. Es sei doch mehr als selbstverständlich, daß dem Miether unter der gedachten Voraussetzung die Erstattung eines solchen Schadens als Folge der versäumten Anzeige nicht obliegen könne. Was in Ansehung einer nöthig gewordenen Ausbesserung sich ergebe, müsse noch in erhöhtem Maße von der Anmaßung eines Rechts durch einen Dritten gelten.

Die Prüfung der in dem Antrage Nr. 1 vorgeschlagenen Fassungsberichtigungen blieb der Redaktion vorbehalten, bei der auch geprüft werden soll, ob das Wort: „sofort" durch: „unverzüglich" zu ersetzen sei.

**II. 1.** Die beschlossene Regelung lautet in der *RedVorl* (ZustOR):

§ 14 (Art. 564) 374. Wird eine dem Vermiether obliegende Ausbesserung der Sache nöthig, oder maßt sich ein Dritter ein Recht an der Sache an, so ist der Miether verpflichtet, dem Vermiether hiervon unverzüglich Anzeige zu erstatten. Er haftet dem Vermiether wegen des durch die Unterlassung der Anzeige entstandenen Schadens. RedVorl 14 ZustOR § 374

**2.** Zu § 374 ZustOR stellte *Kurlbaum* (Nr. 570 IV, 8) den Antrag, statt „haftet wegen" zu sagen „haftet für" (Prot. I 3552).

Hierzu wurde beschlossen: „haften für sei anzuwenden, wenn bestimmt werden soll, wofür einzustehen oder was zu leisten ist, ‚haften wegen', wenn der rechtliche Grund oder die thatsächliche Veranlassung der Haftung (z. B. Fahrlässigkeit) angegeben wird. Es müsse also heißen: ‚haften wegen des Verlustes, der Beschädigung' dagegen: „haften für Schadensersatz, Schaden" (Prot. I 3559—3560).

**III. 1.** Die beschlossene Regelung lautet im KE als § 512: „Wird eine dem Vermiether obliegende Ausbesserung der Sache nöthig, oder maßt sich ein Dritter ein Recht an der Sache an, so ist der Miether verpflichtet, dem Vermiether hiervon unverzüglich Anzeige zu erstatten. Er haftet dem Vermiether für den (Ersatz des; E I) durch die Unterlassung der Anzeige entstandenen Schaden(s). KE § 512

**2.** Es war von Johow (Nr. 205) beantragt, in § 512 KE zu sagen „für den Ersatz des Schadens" statt „für den Schaden" (Prot. I 11717). Der in den Materialien zu § 31 BGB mitgeteilte Gesamtantrag wurde von der 1. Kommission genehmigt (Prot. I 11718).

**3.** Weiter lag noch der Antrag zu § 512 S. 1 KE vor (Prot. I 11817), zwischen „ein" und „Recht" einzuschalten „den vertragsmäßigen Gebrauch des Miethers aufhebendes oder beschränkendes (zu vergl. § 504)". Kurlbaum (Nr 599, 5)

Der Antrag wurde abgelehnt in der Erwägung, daß die Vorschrift des § 512 den Miether zur custodia in bestimmter Richtung verpflichte, vermöge welcher Verpflichtung der Miether den Vermiether von jeder Rechtsanmaßung eines Dritten, auch wenn diese Anmaßung das Recht des Miethers nicht beeinträchtige, in Kenntniß setzen müsse (Prot. I 11817).

**IV.** Bis auf die unter III 2 mitgeteilte Änderung entspricht § 519 E I dem § 512 KE.

**B.** In der **Vorkommission des Reichsjustizamtes** wurde § 519 E I nicht beraten.

**C. I.** Die 2. *Kommission* billigte den § 519, und zwar im wesentlichen aus den Gründen der Motive (Prot. II, Bd. 2, S. 187; *Mugdan*, Bd. 2, S. 848).

E I-VorlZust § 519

**II.** Fassung der Regelung in der *VorlZust* als § 519. Wird eine dem Vermiether obliegende Ausbesserung der Sache nöthig, oder maßt sich ein Dritter ein Recht an der Sache an, so ist der Miether verpflichtet, dem Vermiether hiervon unverzüglich Anzeige zu erstatten. Er haftet dem Vermiether für den Ersatz des durch die Unterlassung der Anzeige entstandenen Schadens.

E I-ZustRedKom § 508c

**III.** Fassung der Regelung in der *ZustRedKom* als § 508c. (519). Zeigt sich im Laufe der Miethe ein Mangel der gemietheten Sache oder maßt sich ein Dritter ein Recht an der Sache an, so hat der Miether dem Vermiether dies unverzüglich anzuzeigen.

Unterläßt der Miether die Anzeige, so ist er zum Ersatze des dadurch verursachten Schadens verpflichtet; er ist nicht berechtigt, für die Zeit, für welche der Vermieter in Folge der Unterlassung der Anzeige Abhülfe nicht hat schaffen können, die im § 505 bestimmten Rechte geltend zu machen oder Schadensersatz wegen Nichterfüllung zu verlangen.

E II § 489

**IV. 1.** Fassung der Regelung in E II als § 489: Zeigt sich im Laufe der Miethe ein Mangel der gemietheten Sache oder maßt sich ein Dritter ein Recht an der Sache an, so hat der Miether dem Vermiether unverzüglich Anzeige zu machen.

Unterläßt der Miether die Anzeige, so ist er zum Ersatze des daraus entstandenen Schadens verpflichtet; er ist nicht berechtigt, für die Zeit, für welche der Vermiether in Folge der Unterlassung der Anzeige Abhülfe zu schaffen außer Stande war, die im § 482 bestimmten Rechte geltend zu machen oder Schadensersatz wegen Nichterfüllung zu verlangen.

**2.** Revision des *E II* (Prot. II, Bd. 6, S. 184, 186f.; *Mugdan*, Bd. 2, S. 848f.)

a) Von zwei zu § 489 gestellten Anträgen kam nach Aussetzung des einen nur der andere zur Erörterung. Dieser ging dahin, in dem Abs. 2 den zweiten Halbsatz wie folgt zu fassen:

Jacubezky (Nr 42a, 1)

er ist, soweit der Vermiether in Folge der Unterlassung der Anzeige Abhülfe zu schaffen außer Stande war, nicht berechtigt, die im § 482 und im § 487 Abs. 1 Satz 3 bestimmten Rechte geltend zu machen oder Schadensersatz wegen Nichterfüllung zu verlangen.

(Hat der Mangel nur in Folge der Unterlassung rechtzeitiger Abhülfe eine Beschaffenheit angenommen, die den Miether nach § 487 Abs. 1 Satz 3 zur sofortigen Kündigung berechtigt, so soll dieses Recht im Falle des § 489 Abs. 2 ausgeschlossen sein.)

Der Antrag wurde aus dem ihm beigefügten Grunde sachlich gebilligt;

Wolffson (Nr 47, 1)

b) Zu § 489 war der ausgesetzte Antrag gestellt:

aa) im Abs. 1 nach den Worten „der Sache an" fortzufahren „oder wird die Sache durch eine nicht vorhergesehene Gefahr bedroht, deren Abwendung besondere Fürsorge erfordert, so hat der Miether . . .";

bb) nach § 489 folgenden § 489a einzuschalten:

Bei Gefahr im Verzuge hat der Miether, soweit thunlich, die zur Abwendung der Gefahr dienlich erscheinenden Maßregeln für Rechnung des Vermiethers zu ergreifen, bis der Vermiether in der Lage ist, die Sorge für die gefährdete Sache selbst zu übernehmen.

Die Vorschrift des § 489 Abs. 2 findet entsprechende Anwendung.

cc) ähnliche Bestimmungen bei der Leihe und dem Hinterlegungsvertrag zu treffen. (Vergl. preuß. A.L.R. I. 21 § 243, sächs. B.G.B. § 1177).

Der Vorschlag unter aa gelangte zur Annahme; die Vorschläge unter b und c wurden zurückgezogen.

c) Ein Antrag, als § 489 a die Vorschrift aufzunehmen:
Wird eine Ausbesserung der gemietheten Sache erforderlich, so hat der Miether dem Vermiether die Ausbesserung zu gestatten,
wurde abgelehnt.

V. Die Fassung des § 537 E II rev. (E III § 538) entspricht der des § 545 BGB.

### § 546

**Die auf der vermietheten Sache ruhenden Lasten hat der Vermiether zu tragen.**

## A. 1. Kommission

I. 204. Sitzung vom 2. Mai 1883, Schriftführer Neubauer – (nicht anwesend v. Kuebel)

| Zu Art. 558 des Dresdener Entwurfs: | Prot I 2089
„Der Vermiether ist verpflichtet, die auf der vermietheten Sache haftenden Lasten und Abgaben zu tragen.“ DresdE Art 558
war beantragt, statt dessen zu bestimmen:
„Der Vermiether ist verpflichtet, die auf der Sache ruhenden Lasten und Abgaben zu tragen.“ v. Kübel (Nr 345)
Der Artikel blieb in sachlicher Hinsicht unbeanstandet. Die in dem Antrage vorgeschlagenen Fassungsänderungen wurden der Prüfung bei der Redaktion vorbehalten.

II. Fassung der Regelung in der *RedVorl (ZustOR):* § 10 (Art. 558). Der Vermiether ist verpflichtet, die auf der vermietheten Sache ruhenden Lasten und Abgaben zu tragen. RedVorl 310 ZustOR 370

III. IV. Die Regelung der RedVorl ist unverändert in den KE § 503 und in den E I § 515 übernommen worden.

## B. Vorkommission des Reichsjustizamtes

II. 71. Sitzung vom 21. 3. 1892 Prot-RJA 433

Gegen den § 515 des Entwurfs wurde sachlich nichts erinnert. Als redaktionell wurde die Frage angesehen, ob neben den Lasten auch noch die Abgaben besonders erwähnt werden sollen.

C. I. In den Prot. der 2. Kommission (Bd. 2, S. 178; bei *Mugdan,* Bd. 2, nicht enthalten) heißt es: Der § 515 wurde sachlich beibehalten, da sein Inhalt von keiner Seite beanstandet worden war.

**II., III.** Fassung der Regelung in der *VorlZust* und der *ZustRedKom:*

E I-VorlZust § 515 **a)** § 515. Die auf der vermietheten Sache ruhenden Lasten und Abgaben hat der Vermiether zu tragen.

E I-ZustRedKom § 513 **b)** § 513 (515). Die auf der vermietheten Sache ruhenden Lasten sind von dem Vermiether zu tragen.

**IV.** § 490 E II lautet wie § 513 ZustRedKom.

**V.** Die Fassung des § 539 *E II rev* (§ 539 E III) entspricht der des § 546 BGB.

## § 547

**Der Vermiether ist verpflichtet, dem Miether die auf die Sache gemachten nothwendigen Verwendungen zu ersetzen. Der Miether eines Thieres hat jedoch die Fütterungskosten zu tragen.**

**Die Verpflichtung des Vermiethers zum Ersatze sonstiger Verwendungen bestimmt sich nach den Vorschriften über die Geschäftsführung ohne Auftrag. Der Miether ist berechtigt, eine Einrichtung, mit der er die Sache versehen hat, wegzunehmen.**

### A. 1. Kommission

**I.** 203. Sitzung vom 30. 4. 1883, Schriftführer Neubauer

| Prot I 2082 | Zu Art. 555 des Entwurfs:

DresdE Art 555 „Bei der Miethe beweglicher Sachen sind die Auslagen, welche der fortgesetzte Gebrauch der Sache verursacht, bei Thieren insbesondere die Fütterungskosten, von dem Miether zu tragen."

lag nur der eine Fassungsänderung bezweckende Antrag vor: die Vorschrift zu fassen:

v. Kübel (Nr 345) „Bei der Miethe beweglicher Sachen sind die Auslagen, welche der fortgesetzte Gebrauch der Sache verursacht, insbesondere bei der Miethe von Thieren die Fütterungskosten, von dem Miether zu tragen."

Der Artikel blieb sachlich unbeanstandet; man erblickte darin zwar eine positive Bestimmung, indessen eine solche, die in den Verkehrssitten und in der Natur der Verhältnisse ihre volle Rechtfertigung finde.

Der Prüfung bei der Redaktion blieb vorbehalten, ob nicht

1. das Wort: „fortgesetzte" durch „vertragsmäßige" zu ersetzen oder einfach zu streichen sei;

2. für „insbesondere" das Wort „auch" gewählt werden müsse . . .

| Prot I 2083 | Zu Art. 557 des Entwurfes:

DresdE Art 557 „Hat der Miether Verwendungen auf die gemiethete Sache gemacht, so ist er berechtigt, den Ersatz der nothwendigen Verwendungen sofort, den Ersatz der nützlichen nur, soweit sie der muthmaßlichen Absicht, den Verhältnissen und dem Vortheile des

Vermiethers entsprechen und dadurch der Werth der vermietheten Sache zur Zeit der Beendigung der Miethe noch erhöht ist, zu dieser Zeit von dem Vermiether zu verlangen. Bei Verwendungen anderer Art kann der Miether | die Einrichtungen wegnehmen, auf welche er diese Verwendungen gemacht hat; der Vermiether ist jedoch berechtigt, diese Wegnahme dadurch abzuwenden, daß er dem Miether den Werth erstattet, welchen diese Einrichtungen im Falle ihrer Wegnahme haben würden." | Prot I 2034

lagen die Anträge vor:

1. statt dessen zu bestimmen: v. Kübel (Nr 345)

„Auf den Ersatz nothwendiger Verwendungen auf die gemiethete Sache hat der Miether gegen den Vermiether Anspruch, soweit ein solcher nach den Grundsätzen über Geschäftsführung ohne Auftrag begründet ist.

Wegen anderer Verwendungen hat der Miether einen Ersatzanspruch nur, wenn der Vermiether die Vornahme derselben genehmigt hat und soweit die durch dieselben bewirkte Werthserhöhung zur Zeit der Beendigung der Miethe noch besteht. Außerdem hat der Miether nur das Recht, die Einrichtungen, auf welche er die Verwendungen gemacht hat, nach Ersatz des bei der Trennung verursachten Schadens wegzunehmen. Auf Verlangen des Vermiethers hat der Miether demselben jedoch diese Einrichtungen gegen Erstattung des Werthes, welchen sie im Falle der Wegnahme gehabt haben würden, zu belassen."

2. zu bestimmen: Kurlbaum (Nr 344)

„Der Miether kann für nothwendige Verwendungen auf die gemiethete Sache von dem Vermiether Ersatz fordern. Wegen anderer Verwendungen hat der Miether einen Anspruch nur nach Maßgabe der Vorschriften über die Geschäftsführung ohne Auftrag."

3. die Vorschrift durch folgende Bestimmungen zu ersetzen: Planck (Nr 353)

„Wenn der Vermiether mit der Vornahme der ihm obliegenden Ausbesserungen im Verzuge ist, so ist der Miether dieselben selbst vorzunehmen und die dadurch erwachsenen Kosten, soweit ihre Aufwendung zu dem gedachten Zwecke erforderlich war, von dem Vermiether ersetzt zu verlangen berechtigt.

| Im Uebrigen finden rücksichtlich des Ersatzes von Verwendungen, welche der Miether auf die gemiethete Sache gemacht hat, die Grundsätze über die Geschäftsführung ohne Auftrag Anwendung." | Prot I 2085

Der Antragsteller zu Nr. 2 berichtigte seinen Antrag dahin, daß die Ersatzansprüche des Miethers auch wegen nothwendiger Verwendungen sich nach den Vorschriften über Geschäftsführung ohne Auftrag bestimmen sollen. Der Antragsteller zu Nr. 3 verbesserte seinen Antrag durch den Vorschlag, im Eingange hinter: „obliegenden" einzuschieben: „Einrichtungen oder".

Es wurden folgende Beschlüsse gefaßt:

1. Die in dem ersten Satze des Antrags Nr. 3 enthaltene Bestimmung mit der hinzugefügten Verbesserung fand die Zustimmung der Mehrheit.

2. In Ansehung der nothwendigen Verwendungen entschied die Mehrheit für das von einer weiteren Voraussetzung nicht abhängige Recht des Miethers, den Ersatz derselben zu fordern.

3. In Betreff der sonstigen Verwendungen sollen sich die Rechte des Miethers, wegen derselben Ersatz zu fordern, nach den Grundsätzen über die Geschäftsführung ohne Auftrag bestimmen. Daneben soll dem Miether noch das Recht auf Wegnahme zustehen. Der Antrag, die Rechte des Miethers auf Ersatzleistung davon abhängig zu machen, daß der Vermiether die Verwendung genehmigt habe, war abgelehnt worden.

Die Gründe waren:

zu 1. Es lasse sich darüber streiten, ob die betreffende Bestimmung nicht schon aus den allgemeinen Grundsätzen folge und daher entbehrlich sei. Dafür könne man anführen: der Miether, welcher eine dem Vermiether obliegende Ausbesserung oder Einrichtung, nachdem der letztere damit in Verzug gerathen sei, selbst besorge, habe sowohl nach den Grundsätzen über Bereicherung ohne Rechtsgrund als nach dem Prinzipe, daß der Inhalt der kontraktlichen Verbindlichkeiten sich mit Rücksicht auf Treue und Glauben bestimme (§ 61 der Zusammenstellung der auf das Obligatio- | nenrecht sich beziehenden Beschlüsse, Protokoll vom 24. April 1882, S. 635, 636), gegen den Vermiether Anspruch auf Erstattung der Aufwendungen, welche zur Erfüllung der Verpflichtung des Vermiethers erforderlich gewesen seien. Es erscheine dies jedoch nicht so zweifellos, daß eine jeden Zweifel hebende Bestimmung für entbehrlich erachtet werden könnte. Bei der großen praktischen Wichtigkeit des Falles sei es rathsam, durch eine ausdrückliche Vorschrift klares Recht zu schaffen. Die vorgeschlagene Bestimmung sei aber auch deshalb empfehlenswert, weil sie auf ein allgemeines Prinzip hinweise, welches Praxis und Wissenschaft auf andere verwandte Fälle anwenden würden und welches zur Aufnahme in das Gesetzbuch wegen der seiner angemessenen Formulirung entgegenstehenden Schwierigkeiten sich kaum eigne. | Prot I 2086

zu 2. Auf Ersatz der nothwendigen Verwendungen müsse der Miether einen von weiteren Voraussetzungen nicht abhängigen Anspruch aus ähnlichen Gründen haben, die dazu bestimmt haben, ein solches Recht durch die Beschlüsse vom 12. und 14. März 1883, (Protokolle S. 1852, 1853, 1855–1858[1]) dem Verkäufer beizulegen. Denn auch der Miether habe, solange die gemiethete Sache in seinem Gewahrsam sich befinde, kraft des Miethvertrags auf dieselbe Sorgfalt zu verwenden und sie vor Schaden zu hüten. Übrigens werde durch den unter 1 gefaßten Beschluß der Beschluß unter 2 nicht entbehrlich, wie schon der Fall lehre, wenn am letzten Tage oder unmittelbar vor Ablauf der Miethzeit der gemietheten Sache eine Gefahr drohe.

zu 3. Es fehle an genügenden Gründen, die Rechtsnormen über die negotiorum gestio von der Anwendung auszuschließen. Verstehe sich der Miether unbeauftragt zu anderen als nothwendigen Verwendungen, so erscheine er dem Vermiether gegenüber unleugbar als Geschäftsführer ohne Auftrag. Es müsse daher auch bei der Anwendbarkeit der für die Geschäftsführung ohne Auftrag geltenden Grundsätze verbleiben, wenn nicht besondere Gründe ein Anderes rechtfertigten. Solche Gründe seien aber in der That nicht ersichtlich. Insbesondere dürfe nicht geltend gemacht werden: der Geschäftsführer ohne Auftrag erhalte keinen Ersatz, wenn er ohne den animus | obligandi gehandelt habe. Denn es wolle nicht einleuchten, weshalb dem Miether, der ohne den Verpflichtungswillen Verwendungen gemacht habe, ausnahmsweise der Ersatzanspruch zustehen solle. Erheblicher sei der Grund: der Ersatzanspruch müsse an die besondere Voraussetzung, daß der Vermiether die Verwendung genehmigt habe, deshalb geknüpft werden, weil sonst eine Menge von Streitigkeiten entstehen und die Vermiether der Gefahr ausgesetzt würden, mit böswilligen oder in bedrängter Lage sich befindenden Miethern in langwierige Prozesse zu gerathen. Allein auch dieser Grund sei nicht von der Bedeutung, daß er eine singuläre Vorschrift zu rechtfertigen vermöge, die den Miether weit nachtheiliger stelle, als jeden Dritten und den Vermiether — in Abweichung von den allgemeinen Rechtsgrundsätzen — auf Kosten des Miethers in erheblichem Maße begünstige. Endlich das jus tollendi betreffend, so werde es in den Fällen von Belang, wenn durch die Verwendung eine Eigenthumserweiterung eingetreten sei, z. B. durch Errichtung eines Gebäudes, da es in anderen Fällen sich von selbst verstehe. | Prot 2087

[1] Vgl. Materialien zu § 450 BGB.

In den ersteren Fällen müsse dem Miether das jus tollendi gewahrt bleiben, damit er von demselben Gebrauch machen könne, wenn von der Anwendung der Grundsätze über die negotiorum gestio und über die Bereicherung ohne Rechtsgrund nach der Lage des Falls ein günstiges Ergebniß für ihn nicht zu erwarten sei. Dafür spreche umsomehr die Billigkeit, als die Verwendung regelmäßig durch das Miethverhältniß veranlaßt sein werde und der Vermiether ein Mehreres nicht verlangen könne, als daß er die Sache in dem Zustande zurückerhalte, in welchem sich dieselbe bei der Einräumung an den Miether befunden habe (zu vergl. Art. 565[2]).

**II. 1.** In der *RedVorl* lautet die beschlossene Regelung:

§ 8. Bei der Miethe einer beweglichen Sache sind die Auslagen, welche der Gebrauch der Sache verursacht, bei der Miethe eines Thieres auch die Fütterungskosten, von dem Miether zu tragen. RedVorl § 8 Zust-OR § 368 KE § 506 E I § 513

§ 9. Der Vermiether ist verpflichtet, dem Miether die auf die Sache gemachten nothwendigen Verwendungen zu ersetzen[3]. Im Uebrigen bestimmen sich die Ansprüche des Miethers auf Ersatz von Verwendungen nach den Grundsätzen über die Geschäftsführung ohne Auftrag. Der Miether hat außerdem, unbeschadet der Vorschrift des § 15 (375) [513 KE, 520 E I], das Recht, die durch eine Verwendung entstandene Einrichtung wegzunehmen. RedVorl § 9 ZustOR § 369 KE § 507 E I § 514

Ist der Vermiether mit der ihm obliegenden Vornahme einer Ausbesserung oder Einrichtung im Verzuge, so kann der Miether diese bewirken und den Ersatz der dazu erforderlich gewesenen Kosten von dem Vermiether verlangen.

**2.** Die §§ 368, 369 *ZustOR* stimmen mit den §§ 8, 9 RedVorl überein.

**III., IV.** Die Fassung der §§ 506, 507 KE (§§ 513, 514 E I) entspricht der der §§ 8, 9 RedVorl.

## B. Vorkommission des Reichsjustizamtes

**I.** Beantragt war:

**1.** den § 514 Abs. 2 Satz 1 und Abs. 3 zu fassen: Struckmann (Nr 3, 47)

Der Miether hat außerdem das Recht, die von ihm gemachten Einrichtungen wegzunehmen; er ist jedoch verpflichtet, die Sache auf seine Kosten wieder in den vorigen Stand zu setzen. Solange er im Besitze der Sache ist, kann er das Recht der Wegnahme ohne Zuthun des Vermiethers ausüben.

Ist der Vermiether mit der Vornahme einer ihm obliegenden Ausbesserung oder Einrichtung im Verzuge, so kann der Miether diese bewirken und von dem Vermiether Ersatz der dazu erforderlich gewesenen Kosten verlangen.

**2.** Den § 514 zu fassen: Ist der Vermiether mit der ihm obliegenden Vornahme einer Ausbesserung oder Einrichtung im Verzuge, so kann der Miether diese bewirken und den Ersatz der dazu erforderlich gewesenen Kosten von dem Vermiether verlangen. Planck (Nr 6, 64)

Im Uebrigen bestimmen sich die Ansprüche des Miethers auf Ersatz von Verwendungen nach den Grundsätzen der Geschäftsführung ohne Auftrag. Der Miether hat

---

[2] Vgl. Materialien zu § 556 BGB.

[3] Der folgende Satz bildet in der ZustOR, im KE und im E I einen eigenen Absatz. Abs. 2 des § 9 der RedVorl ist in diesen Entwürfen im Abs. 3 enthalten.

außerdem, unbeschadet der Vorschrift des § 520 das Recht, die durch eine Verwendung entstandene Einrichtung wegzunehmen.

II. 71. Sitzung vom 21. 3. 1892

| Prot-RJA 431 | Der § 513 des Entwurfs wurde, vorbehaltlich der Frage, ob er an einer anderen Stelle einzuschalten sein werde, sachlich nicht beanstandet.

Dem § 514 Abs. 1 stimmte die Kommission, entgegen einem Streichungsantrage, bei; sie war der Ansicht, daß diese Vorschrift durch den Abs. 3 keineswegs überflüssig werde, da Abs. 3 Verzug des Vermiethers voraussetze, der Vermiether aber auch ohne das Vorhandensein eines Verschuldens nicht im Stande sein könne, nothwendige Ausbesserungen rechtzeitig vorzunehmen. Mit der Verweisung auf Abzüge vom Miethzins sei dem Miether, dem es darauf ankomme, daß ihm der vertragsmäßige Gebrauch der Sache gewährt werde, keineswegs gedient. Für die Beibehaltung des Abs. 1 spreche auch die Analogie des zu § 464 gefaßten Beschlusses. Gegen ein einseitiges Vorgehen des | Miethers sei der Vermiether durch den § 519 genügend geschützt. | Prot-RJA 432

Für die Streichung wurde angeführt, daß hinsichtlich der Ersatzansprüche des Miethers wegen der von ihm gemachten Verwendungen neben dem Abs. 3 die Rechtssätze über Geschäftsführung ohne Auftrag ausreichten. Die Analogie des § 464 passe nicht, weil es bei der Miethe von vornherein nicht zweifelhaft sein könne, daß der Miether die Aufwendungen nicht aus eigenen Mitteln zu bestreiten habe.

Der Satz 1 des Abs. 2 wurde nach dem Vorgange des zu § 464 gefaßten Beschlusses gestrichen, während zu Gunsten des Entwurfs geltend gemacht wurde, durch Fortlassung dieses Satzes könne das Mißverständniß entstehen, als sei an dieser Stelle die Materie der Ersatzansprüche des Miethers vollständig geregelt, so daß auch Forderungen des Miethers aus der Geschäftsführung ohne Auftrag überhaupt ausgeschlossen seien.

Der Abs. 2 Satz 2 sowie Abs. 3 wurden sachlich nicht beanstandet; doch soll zum Zwecke der Verdeutlichung der Abs. 2 Satz 2 den Zusatz erhalten, daß der Miether, solange er im Besitze der Sache ist, das Recht der Wegnahme ohne Zutun des Vermiethers ausüben darf. Der § 514 Abs. 2 Satz 2 und der Abs. 3 erhielten folgende Fassung: [wie Antrag von Struckmann].

## C. 2. Kommission

I. Anträge (Prot. II, Bd. 2, S. 174ff.; *Mugdan*, Bd. 2, S. 840)

a) Der § 513 des Entw. wurde nicht beanstandet; die Entscheidung über seine Stellung blieb der RedKom vorbehalten.

b) Zu § 514 war beantragt:

Struckmann (Nr 142, 7) 1. statt desselben nachstehende Bestimmungen aufzunehmen:
Der Vermiether ist verpflichtet, dem Miether die auf die Sache gemachten Verwendungen zu ersetzen, welche zur Erhaltung der Sache nothwendig waren. — Abs. 2, 3 in der Fassung des E I-RJA § 514 Abs. 2, 3;

2. den Abs. 1 zu streichen;

v. Mandry (Nr 154, 1) 3. den Abs. 2 wie folgt zu gestalten:
Der Miether ist außerdem berechtigt, die von ihm gemachten Einrichtungen wegzunehmen, es sei denn, daß dieselben zu wesentlichen Bestandtheilen der gemietheten

Sache geworden sind und dem Miether der Werth ersetzt wird, welchen sie nach der Wegnahme haben würden. Erfolgt die Wegnahme, so ist der Miether verpflichtet, die gemiethete Sache auf seine Kosten wieder in den vorigen Stand zu setzen. (Vergl. § 936.)

4. dem Abs. 2 hinzusetzen:

Ist der Miether nicht mehr im Besitze der Sache, so ist der Vermiether verpflichtet, ihm die Wegnahme zu gestatten. Der Vermiether kann die Gestattung der Wegnahme verweigern, bis der Miether für den durch die Wegnahme entstehenden Schaden Sicherheit geleistet hat.

5. den Abs. 2 zu fassen:

Der Miether hat außerdem das Recht, die von ihm gemachten Einrichtungen wegzunehmen, solange er im Besitze der Sache ist; er ist jedoch verpflichtet, die Sache auf seine Kosten wieder in den vorigen Stand zu setzen.

Vor der Abstimmung wurde der Antrag 5 und von dem Antrag 1 der Vorschlag unter Abs. 2 Satz 2 seitens der Antragsteller zurückgenommen.

Die Kom. beschloß die Beibehaltung des Entw. mit Ausnahme des zweiten Satzes unter Abs. 2; dieser Satz wurde durch die unter 4 vorgeschlagene Bestimmung ersetzt. Der Antrag 3 wurde abgelehnt.

In Folge der Beibehaltung des Abs. 2 Satz 1 wurde die RedKom ermächtigt, einen dieser Vorschrift entsprechenden Rechtssatz zu § 464 wieder aufzunehmen.

c) Prot. II, Bd. 2, S. 263 (bei *Mugdan*, Bd. 2, nicht auffindbar)

Der Kom. wurde im Anschluß an die in der vorigen Sitzung angeregte Frage über die Rechte des Verpächters an den vom Pächter gepflanzten Bäumen folgender Antrag unterbreitet:

1. die Berathung des § 514 wieder aufzunehmen und den zweiten Satz im zweiten Absatze des § 514 der VorlZus dahin zu ändern:

Der Miether hat außerdem das Recht, die von ihm gemachten Einrichtungen wegzunehmen; jedoch hat er dieses Recht nicht, wenn die Einrichtung darin besteht, daß mit der gemietheten Sache eine andere Sache als wesentlicher Bestandtheil verbunden ist, und der Vermiether mindestens den Werth ersetzt, welchen die verbundene Sache nach der Trennung für den Miether haben würde. Erfolgt die Wegnahme, so ist der Miether verpflichtet . . .

2. falls dieser Vorschlag nicht angenommen wird, als § 532a zu bestimmen:

Bäume und andere Pflanzen, welche zu wesentlichen Bestandtheilen des gepachteten Grundstücks geworden sind, darf der Pächter nach Maßgabe des § 514 Abs. 2 nicht wegnehmen, wenn er von dem Verpächter mindestens den Werth ersetzt erhält, welchen der Baum oder die Pflanze für den Pächter nach der Trennung haben würde.

Nachdem auf den Zusammenhang der in dem Antrage berührten Fragen mit dem § 785 des Entw. hingewiesen war, erklärte sich der Antragsteller damit einverstanden, daß der Antrag bis zur Berathung des § 785 zurückgestellt werde. Ein Beschluß wurde nicht gefaßt.

**II. 1.** Fassung der beschlossenen Regelung in der *VorlZust:*

§ 513. Bei der Miethe einer beweglichen Sache sind die Auslagen, welche der Gebrauch der Sache verursacht, bei der Miethe eines Tieres auch die Fütterungskosten von dem Miether zu tragen. E I-VorlZust § 513

§ 514. (Die Redaktionskommission ist ermächtigt, eine dem ersten Satze des zweiten Absatzes dieses Paragraphen entsprechende Vorschrift in den § 464 wieder aufzuneh- E I-VorlZust § 514 men.) Der Vermiether ist verpflichtet, dem Miether die auf die Sache gemachten Verwendungen zu ersetzen, welche zur Erhaltung der Sache nothwendig waren.

Im Uebrigen bestimmen sich die Ansprüche des Miethers auf Ersatz von Verwendungen nach den Grundsätzen über die Geschäftsführung ohne Auftrag. Der Miether hat außerdem das Recht, die von ihm gemachten Einrichtungen wegzunehmen; er ist jedoch verpflichtet, die Sache auf seine Kosten wieder in den vorigen Stand zu setzen. Hat der Miether die Inhabung der Sache nicht mehr, so ist der Vermiether verpflichtet, ihm die Wegnahme zu gestatten. Der Vermiether kann die Gestattung der Wegnahme verweigern, bis der Miether ihm für den durch die Wegnahme entstehenden Schaden Sicherheit leistet.

Ist der Vermiether mit der ihm obliegenden Vornahme einer Ausbesserung oder Einrichtung im Verzuge, so kann der Miether diese bewirken und den Ersatz der dazu erforderlich gewesenen Kosten von dem Vermiether verlangen.

Die Ersatzansprüche des Miethers sowie der Anspruch auf Gestattung der Wegnahme einer durch eine Verwendung entstandenen Einrichtung verjähren mit Ablauf von sechs Monaten. Die Verjährung beginnt mit der Beendigung des Miethverhältnisses. Die Verjährungsfrist beträgt dreißig Jahre von dem Zeitpunkte an, in welchem der Anspruch entstanden ist, wenn nicht der Anspruch im Gemäßheit des ersten Satzes bereits früher verjährt ist[4].

**2.** Für die Leihe heißt es in den Prot. II, Bd. 2, S. 273 (Einzelheiten bei § 601 BGB):

„Die Mehrheit erachtete es nicht für nöthig, mit dem Abs. 1 des Entw. die Verpflichtung des Entleihers zur Tragung der durch den Gebrauch der Sache verursachten Auslagen besonders auszusprechen, da sich diese Verpflichtung von selbst verstehe. Die RedKom wurde ermächtigt, auch in § 513 die entsprechende Bestimmung für die Miethe zu streichen."

**III. 1.** Fassung der Regelung in der *ZustRedKom:*

E I-ZustRedKom § 514

§ 514. (513, 514 Abs. 1, 2). Der Vermiether ist verpflichtet, dem Miether die auf die Sache gemachten nothwendigen Verwendungen zu ersetzen. Der Miether eines Thieres hat jedoch die Fütterungskosten zu tragen.

Die Verpflichtung des Vermiethers zum Ersatze sonstiger Verwendungen bestimmt sich nach den Vorschriften über die Geschäftsführung ohne Auftrag. Der Miether ist berechtigt, eine von ihm gemachte Einrichtung wegzunehmen; im Falle der Wegnahme hat er die Sache auf seine Kosten wieder in den vorigen Stand zu setzen. Ist der Miether nicht mehr im Besitze, so ist der Vermiether verpflichtet, die Wegnahme der Einrichtung zu gestatten; er kann die Gestattung verweigern, bis der Miether für den durch die Wegnahme entstehenden Schaden Sicherheit leistet (geleistet hat; E II).

**IV. 1.** § 491 *E II* lautet wie § 514 ZustRedKom.

**2.** Vgl. Prot. II, Bd. 6, S. 94–95 zur Frage des Verwendungsersatzes.

**3.** Zu § 491 war der Antrag gestellt, den Abs. 1 und den Abs. 2 Satz 1 durch folgende Vorschriften zu ersetzen (Prot. II, Bd. 2, S. 185; *Mugdan*, Bd. 2, S. 841 in der Fn.):

Jacubezky (Nr 42 a, 2)

Die Verpflichtung des Vermiethers zum Ersatze von Verwendungen, die der Miether auf die Sache gemacht hat, bestimmt sich (unbeschadet der Vorschrift des § 483 Abs. 2) nach den Vorschriften über die Geschäftsführung ohne Auftrag. Der Miether eines Thieres hat die Fütterungskosten zu tragen.

---

[4] Vgl. Materialien zu § 558 BGB.

(Vergl. den Beschluß zu § 389, Mot. II S. 393, preuß. A.L.R. I. 21 § 287, sächs. B.G.B. § 1201, österr. B.G.B. § 1097.)

Die Wiederaufnahme der Berathung wurde abgelehnt.

**V.** Die Fassung des § 539 *E II rev* (*E III* § 540) entspricht der des § 547 BGB.

## § 548

**Veränderungen oder Verschlechterungen der gemietheten Sache, die durch den vertragsmäßigen Gebrauch herbeigeführt werden, hat der Miether nicht zu vertreten.**

**A., B.** Wegen der Regelung des § 548 BGB vgl. die Materialien zu § 556 BGB.

**C. I.** Als selbständige Vorschrift erscheint § 548 BGB erstmals im *E II* § 492:

Veränderungen oder Verschlechterungen der gemietheten Sache, welche durch den vertragsmäßigen Gebrauch herbeigeführt werden, sind von dem Miether nicht zu vertreten. E II § 492

**II.** Die Fassung des § 540 *E II rev* (§ 541 *E III*) entspricht der des § 548 BGB.

## § 549

**Der Miether ist ohne die Erlaubniß des Vermiethers nicht berechtigt, den Gebrauch der gemietheten Sache einem Dritten zu überlassen, insbesondere die Sache weiter zu vermiethen. Verweigert der Vermiether die Erlaubniß, so kann der Miether das Miethverhältniß unter Einhaltung der gesetzlichen Frist kündigen, sofern nicht in der Person des Dritten ein wichtiger Grund vorliegt.**

**Ueberläßt der Miether den Gebrauch einem Dritten, so hat er ein dem Dritten bei dem Gebrauche zur Last fallendes Verschulden zu vertreten, auch wenn der Vermiether die Erlaubniß zur Ueberlassung ertheilt hat.**

### A. 1. Kommission

**I.** 204. Sitzung vom 2. 5. 1883, Schriftführer Neubauer

| Zu Art. 559 des Entwurfs: | Prot I 2089

„Der Miether ist berechtigt, die gemiethete Sache weiter zu vermiethen (Aftermiethe, Untermiethe) ausgenommen, wenn etwas Anderes vereinbart worden ist oder wenn durch die Aftermiethe der Gebrauch, zu welchem die gemiethete Sache dem Miether überlassen worden ist, zum Nachtheile der Sache verändert werden würde." DresdE Art 559

lagen die Anträge vor:

Prot I 2090 | 1. statt dessen zu bestimmen:

v. Kübel (Nr 345) „Der Miether darf, wenn dies nicht in dem Miethvertrage untersagt ist, die gemiethete Sache weiter vermiethen (Aftermiethe), vorausgesetzt, daß hierdurch nicht der Gebrauch, zu welchem die Sache dem Miether überlassen worden ist, verändert wird."

Kurlbaum (Nr 344) 2. zu bestimmen:

„Der Miether ist berechtigt, den ihm zustehenden Gebrauch der gemietheten Sache durch Miethvertrag einem Anderen zu überlassen (Aftermiethe)[1]."

Planck (Nr 354) 3. der Vorschrift folgenden Zusatz zu geben:

„Die Uebertragbarkeit der dem Miether auf Grund des Miethvertrages gegen den Vermiether zustehenden Forderung kann durch Vertrag zwischen dem Miether und Vermiether ausgeschlossen werden.

Der vertragsmäßige Ausschluß der Aftervermiethung gilt im Zweifel auch als Ausschluß der Uebertragbarkeit der Forderung des Miethers gegen den Vermiether."

Beschlossen wurde, den Art. 559 durch die Bestimmung zu ersetzen:

„Der Miether sei, soweit nicht ein Anderes vereinbart worden, berechtigt, den vertragsmäßigen Gebrauch einem Anderen zu überlassen, namentlich auch durch weitere Vermiethung (Untermiethe)."

Die Aufnahme eines weiteren, dem Antrage Nr. 3 entsprechenden Zusatze wurde abgelehnt.

Erwogen war:

1. Der Art. 559 erscheine sichtbar insofern zu eng, als er nur von der Untermiethe rede. Werde der Miether für befugt erklärt, weiter zu vermiethen, so sei damit das Prinzip anerkannt, daß er überhaupt den vertragsmäßigen Gebrauch einem Anderen überlassen könne. Dies Prinzip müsse ausgesprochen und das Recht, weiter zu vermiethen, nur als Folge desselben bezeichnet werden.

| Prot I 2091 | Das Recht, den Gebrauch einem Dritten zu überlassen, werde übrigens in vielen Fällen weniger auf Grund einer ausdrücklichen Vereinbarung, als vielmehr auf Grund einer stillschweigenden, aus den Umständen zu entnehmenden Uebereinkunft verneint werden müssen. Es empfehle sich daher, besonders hervorzuheben, daß dem Miether das Recht nicht zustehe, wenn ein Anderes vereinbart worden sei. Ueberflüssig erscheine dagegen der Vorbehalt, es dürfe der vertragsmäßige Gebrauch nicht geändert werden. Nur denjenigen Gebrauch, welcher dem Miether zustehe, könne dieser einleuchtend einem Anderen überlassen. Spreche das Gesetz vom Ueberlassen des *vertragsmäßigen* Gebrauchs so fehle es vollends an jedem Grunde, daneben noch die Unzulässigkeit der Veränderung des Gebrauchs zu erwähnen.

Die Terminologie betreffend, so sei es vorzuziehen, den Ausdruck: „Aftermiethe" zu vermeiden und sich nur des eben so verständlichen als passenden Ausdrucks: „Untermiethe" zu bedienen.

2. Die dem Miether aus dem Miethvertrage zustehenden obligatorischen Rechte seien durch die Gestattung der Ueberlassung des Gebrauchs an einen Andern zugleich für abtretungsfähig erklärt. Bestimme aber der Miethvertrag die Nichtübertragbarkeit dieser Rechte oder die Unzulässigkeit der Einräumung des Gebrauchs an einen Dritten, so müsse die Abtretung der Miethrechte dergestalt wirkungslos sein, daß auch derjenige, welchem abgetreten sei, keine Rechte gegen den Vermiether erlange. Dies brauche

[1] Als Satz 2 der beantragten Bestimmung hat *Kurlbaum* vorgesehen: „Er haftet jedoch dem Vermiether in Ansehung der Erfüllung des Miethvertrages wegen des Verschuldens des Aftermiethers" (vgl. unten S. 475 f).

jedoch nicht besonders bestimmt zu werden. Für die Nothwendigkeit einer solchen Bestimmung spreche nur scheinbar der Abs. 2 des § 212 der Zusammenstellung der das Obligationenrecht betreffenden Beschlüsse (Protokoll vom | 3. November 1882 S. 1276–1280). Indem die Unübertragbarkeit der Rechte oder die Unzulässigkeit der Ausübung des Gebrauchs an einen Dritten vereinbart sei, gestalteten sich die Miethrechte zu höchst persönlichen Ansprüchen, die (in Gemäßheit des im ersten Absatze des § 212 a. a. O. enthaltenen Prinzips) der Uebertragbarkeit, auch mit Wirkung gegen Dritte, entzogen seien. Einer anderen Beurtheilung könne nur der Fall unterliegen, wenn der Miethvertrag dem Miether die Ueberlassung des Gebrauchs an einen Andern zwar gestatte, aber die Abtretung der Miethrechte ausschließe. Auf einen solchen seltenen Fall habe jedoch das Gesetz keine besondere Rücksicht zu nehmen. Außerdem könne bei Berathung des Art. 572 noch dadurch Abhülfe geschafft werden, daß das Gesetz dem Vermiether das Recht zur einseitigen Auflösung des Vertrags einräume, sobald der Miether in Mißbrauch seiner Miethrechte einer Vereinbarung zuwider handele, welche ihm die Abtretung derselben untersage. Unbedenklich erscheine es übrigens, daß in der Vereinbarung, nach welcher der Miether nicht weiter vermiethen dürfe, auch die Untersagung der Abtretung der Miethrechte, und umgekehrt, im Zweifel zu finden sei. | Prot I 2092

| Zu Art. 562 des Entwurfs: | Prot I 2099

„Der Miether hat die gemiethete Sache mit der Sorgfalt eines sorgsamen Hausvaters zu behandeln. DresdE Art 562

Hat er die Sache in Aftermiethe gegeben, so haftet er dem Vermiether dafür, daß der Aftermiether die Sache mit derselben Sorgfalt gebrauche."
war beantragt:

1. unter Wegfall des ersten Absatzes an die zu Art. 559 unter 1. vorgeschlagene Vorschrift zu bestimmen: v. Kübel (Nr 345)

„Der Miether haftet auch im Falle einer statthaften Aftervermiethung dem Vermiether unmittelbar dafür, daß durch den Aftermiether die dem Miether in Ansehung der Sache obliegenden Verbindlichkeiten erfüllt werden."

2. unter Streichung des Artikels im Anschluß an den zu Art. 559 unter 2 mitgetheilten Antrag zu bestimmen: Kurlbaum (Nr 344)

„Der Miether haftet dem Vermiether in Ansehung der Erfüllung des Miethvertrages wegen des Verschuldens des Aftermiethers."

Beschlossen wurde:

1. zunächst die Streichung des ersten Absatzes des Art. 562.

2. sodann zum zweiten Absatze in Gemäßheit der beschlossenen Erweiterung des Art. 559 eine Ausdehnung der im zweiten Absatze enthaltenen Bestimmung auf alle Fälle, in welchen der Miether den Gebrauch einem Anderen überlassen hat.

Wie die Bestimmung zu fassen, ob bei der Fassung die des § 166 der Zusammenstellung der das Obligationenrecht betreffenden Beschlüsse (Protokoll vom 11. Oktober 1882, S. 1171–1174) zu berücksichtigen, ob von „statthafter Weise" zu reden und die Bestimmung mit der des | Art. 559 zu verbinden sei, blieb der Prüfung bei der Redaktion vorbehalten. | Prot I 2100

Zu 1. war man der Ansicht, der erste Absatz enthalte nur Selbstverständliches (zu vergl. Art. 565).

Zu 2. erachtete man die Ausdehnung der Bestimmung wegen Erweiterung des Art. 559 für nöthig. Wegen des Zusatzes: „statthafter Weise" kam zur Sprache, daß die betreffende Haftung – und sogar noch eine strengere – auch dann eintrete, wenn unstatthafter Weise der Gebrauch einem Anderen überlassen sei.

Zu Art. 563 des Entwurfs:

DresdE Art 563 „Der Miether darf von der gemietheten Sache nur den vertragsmäßigen Gebrauch machen. Ist der Gebrauch durch den Vertrag nicht bestimmt, so richtet sich derselbe nach der Beschaffenheit der gemietheten Sache und nach dem Zwecke, zu welchem dieselbe bestimmt ist."

war beantragt:

1. statt dessen zu bestimmen:

v. Kübel (Nr 345) „Der Miether darf von der gemietheten Sache nur den vertragsmäßigen Gebrauch machen. Art und Umfang des dem Miether zustehenden Gebrauches richten sich in Ermangelung besonderer Bestimmung nach der Beschaffenheit der vermietheten Sache und dem Zwecke, zu welchem sie bestimmt ist."

Kurlbaum (Nr 344) 2. die Vorschrift zu streichen.

Es wurde die Streichung beider Absätze des Artikels beschlossen, indem man glaubte, daß darin nicht mehr zu finden sei, als sich von selbst verstehe.

**II.** In der *RedVorl* und der *ZustOR* lautet die beschlossene Regelung:

RedVorl § 11 **a)** § 11 (Art. 559, 562) 371. Sofern nicht ein Anderes vereinbart ist, steht dem Miether das Recht zu, einem Anderen den vertragsmäßigen Gebrauch zu überlassen, insbesondere auch durch weiteres Vermiethen (Untermiethe).

Wird dieses Recht von ihm ausgeübt, so haftet er dem Vermiether in Ansehung der Erfüllung seiner Verpflichtungen wegen des Verschuldens des Anderen.

(NB. 1. Zu vergl. den zum § 166 beschlossenen Zusatz [S. 100 der Zusammenstellung].

2. Der Fall, wenn der Miether den Gebrauch einem Anderen nicht überlassen durfte, braucht nicht vorgesehen zu werden. Es ist mehr als selbstverständlich, daß er in einem solchen Falle mindestens in gleicher Art haften muß.)

ZustOR § 371 **b)** § 371. Sofern nicht ein Anderes vereinbart ist, steht dem Miether das Recht zu, einem Anderen den vertragsmäßigen Gebrauch der gemietheten Sache zu überlassen, insbesondere auch durch weiteres Vermiethen (Untermiethe).

Ueberläßt der Miether den Gebrauch an einen Anderen, so haftet er dem Vermiether in Ansehung der Erfüllung seiner Verpflichtungen wegen des Verschuldens des Anderen.

**III., IV.** Die Fassung des § 371 ZustOR ist in § 509 KE und in § 516 E I unverändert übernommen worden.

## B. Vorkommission des Reichsjustizamtes

**I.** Beantragt war:

Struckmann (Nr 3, 48) Den § 516 durch folgende Vorschriften zu ersetzen:

§ 516. Sofern nicht ein Anderes vereinbart ist, steht dem Miether das Recht, einem Anderen den vertragsmäßigen Gebrauch der gemietheten Sache, insbesondere durch weiteres Vermiethen (Untermiethe), zu überlassen, ohne Einwilligung des Vermiethers nicht zu.

Im Falle der Vermiethung einer unbeweglichen Sache ist jedoch der Miether, wenn er aus einem in seiner Person liegenden Grunde das Miethrecht auszuüben außer Stande ist und der Vermiether seine Einwilligung zur Ueberlassung des vertragsmäßigen Gebrauchs an einen geeigneten Untermiether versagt, berechtigt, das Miethverhältniß mit der gesetzlichen Frist zu kündigen[2].

§ 516a. Im Falle der Untermiethe haftet der erste Miether dem Vermiether auch wegen eines Verschuldens des Untermiethers in Ausübung der Untermiethe. Struckmann (Nr 3, 43)

Der Vermiether kann den gegen den ersten Miether ihm zustehenden Anspruch auf Zurückgabe der Sache auch gegen den Untermiether geltend machen, welcher als solcher die Sache (oder einen Theil derselben) besitzt. Das zwischen dem ersten Vermiether und dem ersten Miether über den Anspruch auf Zurückgabe ergangene rechtskräftige Urtheil wirkt für und gegen den Untermiether, welcher nur als solcher zum Besitze der Sache berechtigt ist.

Diese Vorschriften finden entsprechende Anwendung, wenn der Miether aus einem sonstigen Grunde den Gebrauch der Sache einem Anderen überlassen hat[3].

II. a) 71. Sitzung vom 21. 3. 1892

| An Stelle des § 516 des Entw. wurde beschlossen, um den beiderseitigen Interessen des Vermiethers und Miethers gerecht zu werden, eine Bestimmung im Sinne der §§ 319 bis 322 I, 21 des preußischen A.L.R.[4] in das Gesetzbuch aufzunehmen. Gegen den Entw. wurde eingewendet, sein Standpunkt beachte nicht genügend das in dem Miethverhältniß liegende persönliche Moment zwischen Vermiether und Miether. Der Vermiether bedürfe einer größeren Sicherung gegenüber dem Eintreten von Untermiethern, zumal ihm ein gesetzliches Pfandrecht an den eingebrachten Vermögensstücken des Untermiethers nicht zukomme. | Prot-RJA 433

b. 72. Sitzung vom 22. 3. 1892

| Die Berathung über § 516 wurde fortgesetzt. | Prot-RJA 435

1. An Stelle des § 516 Abs. 2 war vorgeschlagen: . . . [wie Antrag von Struckmann, § 516a[5]]. E I-RJA § 516 Abs. 2

| Die in dem Antrage in § 516a Abs. 1 vorgeschlagene Aenderung des § 516 Abs. 2 wurde gebilligt. Der Miether müsse im Falle der Untermiethe für das Verschulden des | Prot-RJA 436

---

[2] Dem Antrag war in der Anm. hinzugefügt: In Art. 11 des Einf.-Ges. ist hinter § 754 der C.P.O. als § 754a folgende Vorschrift aufzunehmen: „Ein dem Schuldner zustehendes Mieth- oder Pachtrecht kann nach Maßgabe des § 754 gepfändet werden, auch wenn die Ausübung desselben einem Anderen nicht überlassen werden kann. Im Falle der Pfändung ist der Vermiether oder der Verpachter das Mieth- oder das Pachtverhältniß mit der gesetzlichen Frist zu kündigen berechtigt." [§ 754 C.P.O. entspricht § 857 ZPO, verändert].

[3] Dem Antrag war in der Anm. hinzugefügt: In Art. 11 des Einf.-Ges. ist hinter § 665 der C.P.O. folgende Vorschrift als § 666a aufzunehmen: „Die vollstreckbare Ausfertigung eines Urtheils, durch welches ein Miether zur Zurückgabe der vermietheten Sache an den Vermiether verurtheilt ist, kann diesem auch gegen den Untermiether ertheilt werden. Die Vorschriften des § 666 Abs. 1, 3 finden entsprechende Anwendung. Vor der Entscheidung ist der Untermiether zu hören. Die Ertheilung der vollstreckbaren Ausfertigung ist nur dann zulässig, wenn der Untermiether anerkennt, nur auf Grund des mit dem Miether geschlossenen Miethvertrages zum Besitze der Sache berechtigt zu sein. Dem Untermiether steht derjenige gleich, welchem aus einem sonstigen Grunde der Gebrauch der Sache von dem Miether überlassen ist. — Diese Vorschriften finden auf die Pacht entsprechende Anwendung." [§ 666 C.P.O. entspricht § 730 ZPO; Abs. 2 geändert].

[4] Es muß wohl heißen: „§§ 309 bis 322 I, 21".

[5] Einschließlich der vorgeschlagenen Änderungen der C.P.O.

Untermiethers in Ausübung der Untermiethe haften (Vergl. die Bemerkungen *Ungers* in Ihering's Jahrbüchern XXX S. 374 Anm. 25[6]).

Ebenso wurden die Absätze 2 und 3 des vorgeschlagenen § 516a einschließlich der unter b zur Einstellung in die Civilproceßordnung empfohlene Bestimmung angenommen.

Einverständniß bestand darüber, daß das praktische Bedürfniß gebiete, dem Vermiether in jedem Falle auch gegen den Untermiether mit Beendigung des Miethverhältnisses einen Anspruch auf Zurückgabe der Miethsache zu geben, da er auch dann in der Lage sein müsse, sich die Inhabung seiner Sache zurückzuverschaffen, wenn ihm ein dinglicher Anspruch zu diesem Zwecke nicht zur Verfügung stehe.

Die in Abs. 2 Satz 2 des Vorschlags empfohlene Erstreckung der Rechtskraft des im Prozeß zwischen dem Vermiether und dem Miether ergangenen Räumungsurtheils auf den Untermiether wurde zwar von einer Seite mit dem Hinweise darauf bekämpft, daß es widersprechend sei, den Untermiether, welcher vor Rechtshängigkeit des bezeichneten Prozesses zur Inhabung der Miethsache gelangt sei, wesentlich anders und ungünstiger zu behandeln als denjenigen, welchem der Miether vor jenem Zeitpunkt sein Miethrecht abgetreten habe. Diesem Bedenken gegenüber hielt man aber die Rücksicht auf das Bedürfniß des Lebens für ausschlaggebend, welches eine Bestimmung im Sinne des
| Prot-RJA 437 Vor- | schlags fordere. Zum Beweise dieses Bedürfnisses wurde auf die Aeußerungen der Kritik (Zusammenst. II S. 268, 269[7]), der Regierungen von Sachsen und Mecklenburg-Schwerin (Zusammenst. I S. 65, 66, 69[8]) und auf den Vorgang der österreich.

---

[6] *Unger* wandte sich in seinem Aufsatz „Handeln auf eigene Gefahr" (Jb. für Dogm. Bd. 30, 1891) gegen die Formulierung des § 516 Abs. 2 E I, daß der Miether dem Vermiether „in Ansehung der Erfüllung *seiner Verpflichtungen* wegen des Verschuldens des anderen" haftet. Hierzu heißt es in der Anm. 25: „Diese Worte sind überflüssig und verwirrend und wären m. E. zu streichen. Sie sind, wie aus den Motiven II S. 397 zu entnehmen ist, aus der Ansicht hervorgegangen, daß die strengere Haftung des Miethers nur eine Folge der Vorschrift des § 224 Abs. 2 sei ... Der Untermiether ist aber gewiß nicht der *Gehilfe*, sondern der *Substitut* des Miethers und dieser bedient sich jenes nicht ‚zur Bewirkung der Leistung', sondern zur Ausübung seiner Gebrauchsbefugniß ...". Unger weist dann darauf hin, daß der Miether an sich nur für culpa in eligendo hafte. Aber im Interesse des Vermieters sei ihm die Weitervermietung nur gegen Übernahme der Haftung für culpa des Aftermieters gestattet. Der Miether haftet also nach Unger „für das Verschulden des Aftermiethers in Ansehung der Erfüllung dessen eigener Pflicht zur Obsorge über den Miethgegenstand".

[7] Für eine Verbesserung der Rechtsstellung des Vermiethers sprachen sich Gierke und Warnatsch aus. Einige Autoren wollten das Recht zur Untervermiethung von der Einwilligung des Vermieters abhängig machen.

[8] Um prozessuale Schwierigkeiten für den Vermieter möglichst gering zu halten, stellte *Sachsen* den Antrag: dem § 516 des Entw. folgenden dritten Absatz hinzuzufügen: „Ist der Miether sur Zurückgabe der Sache verpflichtet oder rechtskräftig verurtheilt, so kann der Vermiether auch von demjenigen, an welchen der Miether oder der Untermiether den Gebrauch überlassen hat, die Zurückgabe der Sache oder des überlassenen Theiles derselben verlangen. Die Vorschrift des § 190 Abs. 3 findet entsprechende Anwendung." Wegen weiterer Anträge zur Ergänzung der C.P.O. vgl. a. a. O., S. 66. – Von *Mecklenburg-Schwerin* und *M.-Strelitz* lag die Stellungnahme vor: „Der § 516 werde nicht beanstandet, sofern außer dem in § 516 Abs. 2 normierten Punkte nachstehenden Vorschlägen entsprochen werde: a) Der Aftermiether (Afterpächter) müsse eine geeignete Person sein. b) Nach Beendigung der Miethe (Pacht) müsse der Vermiether (Verpächter) ohne Rücksicht darauf, ob ihm Eigenthum oder ein dingliches Recht an der Sache zustehe oder nicht, auf Räumung klagen können; außerdem müsse vorgeschrieben werden, daß das gegen den Miether (Pächter) erlassene vollstreckbare Urtheil auf Räumung auch gegen den Aftermiether (Afterpächter) wirksam und vollstreckbar sei. c) ..."

Verordnung vom 16. November 1858[9] hingewiesen. Aus den gleichen Gründen fand auch die bezüglich der Vollstreckbarkeit des Urtheils empfohlene prozessuale Erleichterung Billigung.

2. Im Anschluß an die in der vorigen Sitzung an Stelle des § 516 Abs. 1 beschlossene Vorschrift, nach welcher der Miether den vertragsmäßigen Gebrauch der Miethe ohne Einwilligung des Vermiethers nicht überlassen darf, war beantragt:

in Art. 11 des Einführungsgesetzes hinter § 754 der C.P.O. als § 754a folgende Vorschrift aufzunehmen: . . . [wie Antrag Struckmann in Fn. 2].

Die vorgeschlagene Bestimmung wurde abgelehnt.

Zu Gunsten des Vorschlags war geltend gemacht worden:

Die zu § 516 beschlossene Aenderung des Entwurfs mache eine besondere Bestimmung über die Zwangsvollstreckung in Mieth- und Pachtrechte nothwendig. Sei nach dem gefaßten Beschlusse die Untervermiethung ohne Einwilligung des Vermiethers für die Regel unzulässig, so werde hierdurch auch den Gläubigern, wenn man nicht etwas Besonderes bestimme, die Verwertung des Miethrechtes unmöglich gemacht; beim Pachtrecht bleibe zwar nach § 754 der C.P.O. eine gerichtliche Verwaltung möglich, dagegen sei die Unterverpachtung ausgeschlossen. Dieses Ergebniß würde dem Rechtsbewußtsein widersprechen, welches nicht dulde, daß den Gläubigern ein werthvolles Ver- | mögensrecht des Schuldners entzogen werde; ferner würde es im Widerspruch stehen mit dem, was nach richtiger Ansicht gemäß § 17 Nr. 1, § 52 Nr. 2, § 107 der Konkursordnung[10] im Falle des Konkurses gelte. Nehme man die vorgeschlagene Modifikation für den Zwangsvollstreckungsfall nicht an, so verdiene es den Vorzug, die Bestimmung des § 516 Abs. 1 unverändert beizubehalten. Dem Interesse des Vermiethers werde genügt durch Anerkennung des in Satz 2 empfohlenen Kündigungsrechtes. | Prot-RJA 438

Dieser Ausführung wurde entgegengehalten:

Die vom Antragsteller bezüglich des Konkursfalles vertretene Ansicht treffe nicht zu. Der Konkursverwalter sei nicht befugt, die Miethsache vertragswidrig unterzuvermiethen. Es sei ferner auch volkswirthschaftlich gar nicht wünschenswerth, daß jeder Gläubiger berechtigt sein solle, den Schuldner aus der Inhabung der Miethsache zu verdrängen, von welcher für diesen bisweilen die Möglichkeit weiteren Erwerbs abhänge. Gebe man dem Vermiether das vorgeschlagene Kündigungsrecht, so verliere der Vorschlag für die Gläubiger im wesentlichen seinen Werth. Bei der Pacht genüge das schon nach der C.P.O. zulässige Mittel der gerichtlichen Verwaltung. Man thue besser auch bezüglich der Miethe, es bei dem § 754 der C.P.O.[11] zu belassen. Danach sei eine Pfändung des Miethrechtes möglich, zur Untervermiethung bedürfe es aber der Einwilligung des Vermiethers.

---

[9] Vgl. *§ 21 Abs. 1* der VO vom 16. 11. 1858 (Reichs-Gesetz-Blatt, 1858, S. 657 ff.) über das gerichtliche Verfahren bei Streitigkeiten aus dem Bestandsvertrage überhaupt . . .: Aufkündigungen, welche der Bestandsnehmer nicht bestritten hat, und alle wider ihn erwirkten provisorischen Verfügungen oder Bescheide und Urtheile sind auch gegen dessen Afterbestandsnehmer wirksam und vollstreckbar, selbst wenn eine Aufkündigung gegen Letzeren nicht angebracht worden oder derselbe nicht beigezogen worden wäre.

[10] Vgl. zu § 17 KO a. F. den § 19 KO n. F. (geändert); zu § 52 KO a. F. den § 59 KO n. F. (unverändert); zu § 107 KO a. F. den § 117 KO n. F. (geändert).

[11] Vgl. § 857 ZPO (geändert gegenüber der alten Fassung).

## C. 2. Kommission

**I.** Zu § 516 E I war beantragt (Prot. II, Bd. 2, S. 178ff.; *Mugdan*, Bd. 2, S. 843ff.):

1. dem Abs. 1 am Schlusse hinzuzufügen:
sofern eine dem Vermiether nachtheilige Veränderung durch die Ueberlassung des Gebrauchs an den Anderen nicht bewirkt wird.

2. dem Abs. 1 folgenden Satz anzuschließen:
Der Vermiether kann die Untermiethe untersagen, wenn zu erwarten steht, daß der Untermiether die gemiethete Sache in einer unehrbaren oder der gemietheten Sache schädlichen oder ihrer Beschaffenheit nicht entsprechenden Weise benutzen werde.

3. den Abs. 1 zu fassen:
Sofern nicht ein Anderes vereinbart ist, steht dem Miether das Recht, einem Anderen den vertragsmäßigen Gebrauch der gemietheten Sache, insbesondere durch weiteres Vermiethen (Untermiethe), zu überlassen, nicht zu.

Struckmann (Nr 142, 8)

4. den § 516 in zwei Paragraphen zu zerlegen und diese zu fassen:
§ 516. Sofern nicht ein Anderes vereinbart ist, steht dem Miether das Recht, einem Anderen den vertragsmäßigen Gebrauch der gemietheten Sache, insbesondere durch weiteres Vermiethen (Untermiethe), zu überlassen, ohne Einwilligung des Vermiethers nicht zu. Der Vermiether einer unbeweglichen Sache darf seine Einwilligung nur versagen, wenn der Andere ein unehrbares oder der gemietheten Sache schädliches Gewerbe betreibt. Versagt der Vermiether seine Einwilligung aus anderen Gründen, so ist der Miether berechtigt, das Miethverhältniß unter Einhaltung der gesetzlichen Kündigungsfrist zu kündigen.

§ 516a. Im Falle der Untermiethe haftet der Miether dem Vermiether auch wegen eines Verschuldens des Untermiethers in Ausübung der Untermiethe.

Diese Vorschrift findet entsprechende Anwendung, wenn der Miether aus einem sonstigen Grunde den Gebrauch der Sache einem Anderen überlassen hat.

5. in dem § 516 des Antrags 4 an Stelle des zweiten und dritten Satzes zu bestimmen:
Im Falle der Vermiethung einer unbeweglichen Sache ist jedoch der Miether, wenn er durch eine unfreiwillige Veränderung seiner persönlichen Verhältnisse außer Stande kommt, das Miethrecht auszuüben, berechtigt, das Miethverhältniß mit der gesetzlichen Frist zu kündigen, falls der Vermiether seine Einwilligung zur Ueberlassung des vertragsmäßigen Gebrauchs an einen geeigneten Untermiether versagt.

6. den § 516 des Antrags 4 durch folgende Bestimmungen zu ersetzen:
Sofern nicht ein Anderes vereinbart ist, steht dem Miether das Recht, einem Anderen den vertragsmäßigen Gebrauch der gemietheten Sache, insbesondere durch weiteres Vermiethen (Untermiethen) zu überlassen, ohne Einwilligung des Vermiethers nicht zu.

Bei Vermiethung einer unbeweglichen Sache kann jedoch der Miether die Einwilligung des Vermiethers beanspruchen, wenn er durch eine unfreiwillige Veränderung in seiner Person oder in den Umständen außer Stande gesetzt wird, das Miethrecht auszuüben, und wenn zugleich in der Person des Untermiethers kein erheblicher Grund vorliegt, die Einwilligung zu verweigern. Versagt der Vermiether in diesem Falle seine Einwilligung, so ist der Miether berechtigt, das Miethverhältniß unter Einhaltung der gesetzlichen Kündigungsfrist zu kündigen.

Jacubezky (Nr 144, 10)

7. für den Fall der Annahme des Antrags 4 die Sätze 2 und 3 des § 516 durch folgende Vorschriften zu ersetzen:
Verweigert der Vermiether die Einwilligung, ohne daß in der Person des Anderen ein wichtiger, nach den Umständen des Falles die Verweigerung rechtfertigender Grund

vorliegt, so ist der Miether berechtigt, das Miethverhältniß mit Einhaltung der gesetzlichen Kündigungsfrist zu kündigen.

8. den Eingang der an Stelle des § 516 zu beschließenden Vorschrift zu fassen:
Sofern nicht ein Anderes vereinbart oder aus den Umständen des Falles, insbesondere aus der Beschaffenheit der vermietheten Sache und der Art des eingeräumten Gebrauchs, zu entnehmen ist, steht dem Miether . . .

9. Von Conrad lag der nicht in den Protokollen enthaltene Antrag vor: im Antrag von *Struckmann* den zweiten und dritten Satz von: „Der Vermiether einer unbeweglichen Sache darf seine Einwilligung . . .“ zu streichen. Conrad (Nr 156)

Der Antragsteller zu 7 erklärte im Laufe der Berathung, seinen Antrag auch für den Fall der Annahme des Antrags 3 stellen zu wollen. Die Anträge 4 und 6 wurden zu Gunsten des Antrags 5 zurückgezogen. Auf die Abstimmung über den Antrag 8 verzichtete der Antragsteller, nachdem von anderer Seite darauf hingewiesen war, daß besondere Merkmale, aus denen nach den Umständen des Falles, insbesondere nach der Beschaffenheit der vermietheten Sache oder nach der Art des eingeräumten Gebrauchs, die Zulässigkeit der Untermiethe zu entnehmen sei, sich nicht aufstellen ließen.

Die Kom. beschränkte zunächst die Berathung auf den Abs. 1 und beschloß, den Antrag 3 mit dem in dem Antrage 7 enthaltenen Zusatz anzunehmen, die übrigen Anträge aber abzulehnen.

Statt des zweiten Absatzes des § 516 nahm die Kom. den § 516a des Antrags 4 an.

II. Fassung der beschlossenen Regelung in der *VorlZust:*

§ 516. Dem Miether steht das Recht nicht zu, ohne Einwilligung des Vermiethers einem Dritten den vertragsmäßigen Gebrauch der vermietheten Sache, insbesondere durch weiteres Vermiethen (Untermiethe) zu überlassen. Verweigert der Vermiether die Einwilligung, ohne daß in der Person des Dritten ein wichtiger, nach den Umständen des Falles die Verweigerung rechtfertigender Grund vorliegt, so ist der Miether berechtigt, das Miethverhältniß mit Einhaltung der gesetzlichen Kündigungsfrist zu kündigen. E I-VorlZust § 516

Im Falle der Untermiethe haftet der Miether dem Vermiether auch wegen eines Verschuldens des Untermiethers in Ausübung der Untermiethe. Diese Vorschrift findet entsprechende Anwendung, wenn der Miether aus einem sonstigen Grunde den Gebrauch der Sache einem Anderen überlassen hat.

III. Fassung der Regelung in der *ZustRedKom:*

§ 516. Der Miether ist nicht berechtigt, den Gebrauch der gemietheten Sache ohne Erlaubniß des Vermiethers einem Dritten zu überlassen, insbesondere die Sache weiter zu vermiethen (Untermiethe). Verweigert der Vermiether die Erlaubniß, ohne daß in der Person des Dritten ein wichtiger die Verweigerung rechtfertigender Grund vorliegt, so kann der Miether das Miethverhältniß unter Einhaltung der gesetzlichen Frist kündigen. E I-ZustRedKom § 516

Überläßt der Miether den Gebrauch einem Dritten, so haftet er dem Vermiether auch wegen eines dem Dritten bei dem Gebrauche zur Last fallenden Verschuldens.

IV. Fassung der Regelung im *E II*

§ 493. Der Miether ist nicht berechtigt, den Gebrauch der gemietheten Sache ohne Erlaubniß des Vermiethers einem Dritten zu überlassen, insbesondere die Sache weiter zu vermiethen (Untermiethe). Verweigert der Vermiether die Erlaubniß, ohne daß in E II § 493 der Person des Dritten ein wichtiger Grund vorliegt, so kann der Miether das Miethverhältniß unter Einhaltung der gesetzlichen Frist kündigen.

Ueberläßt der Miether den Gebrauch einem Dritten, so hat er ein dem Dritten bei dem Gebrauche zur Last fallendes Verschulden zu vertreten, auch wenn der Vermiether die Erlaubniß zur Ueberlassung ertheilt hat.

**V.** § 541 *E II rev* (§ 542 *E III*) lautet wie § 549 BGB.

### E. Reichstag (XII. Kommission und Plenum)

Frohme, Stadthagen (Nr 39, 3)

**I.** Beantragt war: in § 542 statt: „Der Miether ist ohne die Erlaubniß des Vermiethers *nicht* berechtigt . . .“ zu setzen: „Der Miether ist ohne die Erlaubniß des Vermiethers berechtigt . . .“[12]; eventuell statt: „unter Einhaltung der gesetzlichen Frist zu kündigen“ zu setzen: „mit Ablauf des auf die Weigerung folgenden Tages aufzuheben“.

**II.** Bericht von *Heller* über die Sitzung vom 6. 3. 1896:

Zum § 542 lagen ein Hauptantrag und ein eventueller Antrag *Frohme, Stadthagen* vor. In dem Eventualantrag ist statt „Tages“ zu setzen „Termins“. Zur Begründung führte Stadthagen aus, daß sich das gesetzliche Verbot der Untermiete weder aus juristischen noch aus sozialpolitischen Gründen rechtfertigen lasse, und daß der Eventualantrag den Mieter doch einigermaßen günstiger stelle als den Entwurf. *Struckmann* bekämpfte insbesondere den Hauptantrag, indem er betonte, daß die Miete in der Regel ein persönliches Moment habe, und darauf aufmerksam machte, daß an den Sachen des Untermieters dem Vermieter ein Pfandrecht nicht zustehe. Der Antrag wurde im ganzen gegen die Stimmen der Antragsteller abgelehnt[13].

**III.** In 2. Lesung wurde der Antrag von *Frohme, Stadthagen* wiederholt (Nr. 133, 2) und abermals abgelehnt.

**IV.** Das Gleiche gilt für das Plenum (Nr. 465, 14; StBRT 1895/97, S. 2779f.).

**V.** In 2. Lesung der XII. Kommission lag ferner der von der Kommission abgelehnte Antrag von *Gröber* vor:

in § 542 den Absatz 2 in folgender Fassung anzunehmen:

Gröber (Nr 129, 1)

„Ueberläßt der Miether den Gebrauch einem Dritten, so haftet er für ein dem Dritten bei dem Gebrauche zur Last fallendes Verschulden, sowie, wenn der Vermiether die Erlaubniß zur Ueberlassung ertheilt hat, für den durch Zufall eingetretenen Schaden, es sei denn, daß der Schaden auch bei dem Gebrauch der Sache durch den Miether eingetreten sein würde.“

---

[12] Der Antrag wurde von Stadthagen dahin modifiziert, daß die von ihm beantragte Norm absolut sein sollte (Protokoll der Kommissionssitzung vom 6. 3. 1896).

[13] Vgl. auch Bericht im „Vorwärts“ (*Vormbaum*, S. 172).

## § 550

**Macht der Miether von der gemietheten Sache einen vertragswidrigen Gebrauch und setzt er den Gebrauch ungeachtet einer Abmahnung des Vermiethers fort, so kann der Vermiether auf Unterlassung klagen.**

### B. Vorkommission des Reichsjustizamtes

I. Beantragt war: hinter § 519 folgende Vorschrift als § 519a einzuschalten:

Der Miether ist verpflichtet, dem Vermiether die Vornahme der zur Beaufsichtigung der Sache nothwendigen Handlungen sowie der zur Erhaltung der Sache nöthigen Ausbesserungen zu gestatten. Er darf insbesondere dem Vermiether das Betreten der vermietheten Räume für diese Zwecke nicht verweigern. Struckmann (Nr 3, 50)

Gefährdet der Miether durch vertragswidriges Verhalten, insbesondere durch vertragswidrigen Gebrauch der gemietheten Sache oder durch Vernachlässigung der ihm wegen Erhaltung derselben obliegenden Sorgfalt[1], die ordnungsmäßige Rückgewährung der Sache, so steht dem Vermiether gegen den Miether ein Anspruch auf Unterlassen des vertragswidrigen Verhaltens zu.

II. 72. Sitzung vom 22. 3. 1892

| Hinter § 519 beschloß man eine Bestimmung des Inhalts einzustellen: „Gefährdet der Miether durch vertragswidriges Ver- | halten, insbesondere durch vertragswidrigen Gebrauch der gemietheten Sache, die ordnungsmäßige Rückgewährung der Sache, so steht dem Vermiether gegen den Miether außer dem Anspruch auf Schadensersatz ein Anspruch auf Unterlassen des vertragswidrigen Verhaltens zu.“ | Prot-RJA 438 | Prot-RJA 439

Diese den Vorschlägen von *Boyens* (Zusammenst. II S. 271[2]) und von Hessen (Zusammenst. II S. 69[3]) entsprechende Vorschrift erschien nöthig, um, zumal im Hinblick auf § 1004[4], Zweifel über den Sinn des Entwurfs auszuschließen.

### C. 2. Kommission

I. Anträge (Prot. II, Bd. 2, S. 187; *Mugdan*, Bd. 2, S. 849)

Zu § 519 lag der Antrag vor, als § 519a folgende Bestimmung aufzunehmen:

---

1 Die Worte von „oder“ bis „Sorgfalt“ sind von der Kommission des RJA nicht angenommen worden.

2 Der Vorschlag von *Boyens* lautet: § 519a: Der Miether ist verpflichtet, die vermiethete Sache mit der Sorgfalt eines sorgsamen Hausvaters zu behandeln, und der Vermiether ist berechtigt, gegen den Miether schon während der Dauer der Miethszeit wegen Vernachlässigung dieser Pflicht Ansprüche auf Herstellung oder Schadensersatz zu erheben, auch wenn durch das Verhalten des Miethers die Besorgniß einer solchen Vernachlässigung für die Zukunft begründet wird, Sicherheitsleistung zu verlangen.

3 Der hessische Vorschlag lautet: „Der Miether ist verpflichtet, die vermiethete Sache mit der Sorgfalt eines sorgsamen Hausvaters zu behandeln, und der Vermiether ist berechtigt, schon während der Dauer der Miethzeit wegen Vernachlässigung dieser Pflicht Ansprüche auf Herstellung oder Schadensersatz zu erheben, auch, wenn durch das Verhalten des Miethers die Besorgniß einer solchen Vernachlässigung für die Zukunft begründet wird, Sicherheitsleistung zu verlangen.“

4 Wegen § 1004 E I vgl. die Materialien zu § 1053 BGB.

Struckmann (Nr 142, 10) Gefährdet der Miether durch vertragswidriges Verhalten, insbesondere durch vertragswidrigen Gebrauch der gemietheten Sache, die ordnungsmäßige Rückgewährung derselben, so kann der Vermiether Klage auf Verurtheilung des Miethers zum Unterlassen des vertragswidrigen Verhaltens erheben.

Die Kom. billigte den § 519, und zwar im Wesentlichen aus den Gründen der Motive.

Ferner wurde der Unterantrag gestellt, die vorgeschlagene Bestimmung (§ 519a) wie folgt zu fassen:

Ein vertragswidriger Gebrauch der vermietheten Sache, den der Miether trotz Verbots des Vermiethers fortsetzt, berechtigt den Vermiether, auf Unterlassung desselben zu klagen.

Dieser Unterantrag wurde angenommen.

E I-VorlZust § 519a **II.** Fassung der beschlossenen Rechnung in der *VorlZust* als § 519a: Gefährdet der Miether durch vertragswidriges Verhalten, insbesondere durch vertragswidrigen Gebrauch der gemietheten Sache, die ordnungsmäßige Rückgewährung derselben, so kann der Vermiether Klage auf Unterlassung des vertragswidrigen Verhaltens erheben.

Oder:

Macht der Miether einen vertragswidrigen Gebrauch von der gemietheten Sache, so kann der Vermiether auf Unterlassung derselben Klage erheben.

Dieser Vorschlag wurde abgeändert in:

Setzt der Miether einen vertragswidrigen Gebrauch der Sache trotz des Verbots des Vermiethers fort, so kann dieser Verurtheilung des Miethers zur Unterlassung des vertragswidrigen Gebrauchs verlangen.

E I-ZustRedKom § 516a **III.** Fassung der Regelung in der *ZustRedKom* als § 516a. Macht der Miether von der gemietheten Sache einen vertragswidrigen Gebrauch, so kann der Vermiether Verurtheilung des Miethers zur Unterlassung verlangen, wenn der Gebrauch ungeachtet einer Abmahnung fortgesetzt wird.

E II § 494 **IV.** Zu *E II* lautet die Regelung als § 494. Macht der Miether von der gemietheten Sache einen vertragswidrigen Gebrauch, so kann der Vermiether Verurtheilung des Miethers zur Unterlassung verlangen, wenn der Gebrauch ungeachtet einer Abmahnung fortgesetzt wird.

**V.** Die Fassung des § 542 *E II rev* (§ 543 *E III)* entspricht der des § 550 BGB.

## § 551

**Der Miethzins ist am Ende der Miethzeit zu entrichten. Ist der Miethzins nach Zeitabschnitten bemessen, so ist er nach dem Ablaufe der einzelnen Zeitabschnitte zu entrichten.**

**Der Miethzins ist für ein Grundstück, sofern er nicht nach kürzeren Zeitabschnitten bemessen ist, nach dem Ablaufe je eines Kalendervierteljahres am ersten Werktage des folgenden Monats zu entrichten.**

## A. 1. Kommission

I. 204. Sitzung vom 2. 5. 1883, Schriftführer Neubauer

| Zu Art. 560 des Entwurfs: | Prot I 2092

„Der Miether ist verpflichtet, den bedungenen Miethzins zu der durch Vertrag bestimmten oder ortsgebräuchlichen Zeit an den Vermiether zu bezahlen. Fehlt es an einer solchen Zeitbestimmung, so ist, sofern nicht ein Landesgesetz etwas Anderes bestimmt, der Miethzins, wenn derselbe nach bestimmten Zeitabschnitten bemessen worden ist, nach Ablauf eines solchen Zeitabschnittes, außerdem am Ende der Miethzeit, zu bezahlen." DresdE Art 560

| war beantragt: | Prot I 2093

1. statt dessen zu bestimmen: v. Kübel (Nr 345)

„Der Miethpreis ist in Ermangelung anderer Vereinbarung bei einer Miethzeit von wenigstens sechs Monaten in vierteljährigen Terminen, je am Schlusse eines Vierteljahres, bei einer kürzeren Miethzeit nach Ablauf derselben zu bezahlen."

2. zu bestimmen:

„Der Miethzins ist am Ende der Miethzeit oder, wenn er nach bestimmten Zeitabschnitten bemessen ist, nach Ablauf derselben zu bezahlen. Der Miethzins für unbewegliche Sachen ist vierteljährlich am ersten Tage der Monate Januar, April, Juli, Oktober zu bezahlen, sofern er nicht nach einem kürzeren Zeitraume als einem Vierteljahre bemessen ist." Kurlbaum (Nr 344)

Der Grundsatz des Entwurfs und der Anträge, daß der Vermiether vorzuleisten und der Miether den Miethzins erst nach Gewährung des Gebrauchs zu entrichten habe, fand keine Beanstandung.

Im Uebrigen wurde — im Einklange mit dem Antrage Nr. 2 — beschlossen:

1. Ist der Miethzins nach bestimmten Zeitabschnitten bemessen, so muß er nach Ablauf der einzelnen Zeitabschnitte entrichtet werden.

2. Fehlt es an einer solchen Bemessung, so bleibt es, wenn eine bewegliche Sache vermiethet ist, bei der Regel, daß die Entrichtung des Miethzinses erst am Ende der Miethzeit zu erfolgen hat.

3. Ist eine unbewegliche Sache vermiethet, so ist der Miethzins, sofern er nicht nach kürzeren Zeitabschnitten bemessen ist, je nach Ablauf eines Vierteljahres zu entrichten, und zwar

4. am Anfang der Monate Januar, April, Juli und Oktober.

| Erwogen war: | Prot I 2094

Zu 1. Nach der Verkehrssitte habe die in Rede stehende Bemessung gerade die Bedeutung, daß der Miethzins je nach Ablauf des einzelnen Zeitabschnitts entrichtet werden müsse.

Zu 2. Es fehle ein Bedürfniß, von dem Grundsatze abzuweichen, daß der Vermiether den Zins erst dann verlangen könne, wenn er seinerseits vollständig — durch ununterbrochene Gewährung des Gebrauchs während der ganzen Miethzeit — vorgeleistet habe.

Zu 3. Die Bestimmung sei gerechtfertigt, weil bei der Miethe unbeweglicher Sachen in Deutschland die Entrichtung des Miethzinses in vierteljährlichen Raten fast allgemein üblich sei. Es erkläre sich dies zu nicht geringem Theile aus dem Umstande, daß auch die Hypothekenzinsen in ähnlicher Art zu zahlen seien.

Zu 4. Die Bestimmung sei ein Bedürfniß, weil sie in gewissem Zusammenhange mit den Räumungsterminen stehe und in der letzteren Beziehung die Begründung eines einheitlichen Rechts schon zur Erleichterung des Umzugs von Ort zu Ort sich als nöthig erweise. Dazu komme noch die auf die Entrichtung der Hypothekenzinsen zu nehmende Rücksicht.

Selbstverständlich sei, daß, wenn die Miethe im Laufe eines Kalenderquartals begonnen habe, der Miethzins für die in dieses Quartal fallende Zeit im Beginne des nächsten Kalenderquartals, also zum ersten Male nicht für ein volles Vierteljahr, entrichtet werden müsse (zu vergl. sächsisches Gesb. § 1204).

Für zweifellos galt, daß kein Grund bestehe, mit dem Entwurfe auf den Ortsgebrauch, der selbstredend für die Auslegung des Parteiwillens von großer Bedeutung sei, zu verweisen oder einen landesgesetzlichen Vorbehalt zuzulassen.

II. In der *RedVorl* und der *ZustOR* lautet die beschlossene Regelung:

RedVorl § 12
ZustOR § 372

§ 12 (Art. 560) 372. Der Miethzins ist am Ende der Miethzeit, wenn er jedoch nach bestimmten Zeitabschnitten bemessen worden ist, nach Ablauf der einzelnen Zeitabschnitte zu entrichten. Bei der Miethe einer unbeweglichen Sache muß der Miethzins, sofern er nicht nach kürzeren Zeitabschnitten bemessen worden ist, je nach Ablauf eines Kalendervierteljahres am ersten Tage der Monate Januar, April, Juli, Oktober entrichtet werden.

III. 1. § 510 *KE* lautet wie § 372 *ZustOR*.

2. Auf Antrag von *Johow* (Nr. 606, 1) wurde beschlossen, in § 510 KE statt „unbewegliche Sache" zu setzen „Grundstück" (Prot. I 11780f.)

IV. Bis auf die unter III 2 mitgeteilte Änderung entspricht § 517 *E I* dem § 372 ZustOR.

## B. Vorkommission des Reichsjustizamtes

I. Beantragt war: Die Schlußworte des Satzes 2 zu fassen:

Struckmann (Nr 3, 49)

„am ersten Werktage der Monate Januar, April, Juli, Oktober entrichtet werden."

II. 72. Sitzung vom 22. 3. 1892

| Prot-RJA 438

| In § 517 Satz 2 beschloß man als Zahlungszeit für den Miethzins statt des ersten *Tages* den ersten *Werktag* der Monate Januar, April, Juli und Oktober zu bestimmen.

## C. 2. Kommission

I. Anträge (Prot. II, Bd. 2, S. 185; *Mugdan*, Bd. 2, S. 847)

In § 517 war der erste Satz nicht beanstandet. Zu dem zweiten Satze lagen die Anträge vor:

Struckmann (Nr 142, 9)
Conrad (Nr 156)

1. statt „Tage" zu setzen „Werktage";
2. statt „am ersten Tage" zu setzen „in den ersten drei Tagen".

Die Kom. nahm den § 517 mit der unter 1 vorgeschlagenen Aenderung an und lehnte den Antrag 2 ab.

**II.** In der *VorlZust* lautet die Regelung:

§ 517. Der Miethzins ist am Ende der Miethzeit, wenn er jedoch nach bestimmten Zeitabschnitten bemessen worden ist, nach Ablauf der einzelnen Zeitabschnitte zu entrichten. Bei der Miethe eines Grundstücks muß der Miethzins, sofern er nicht nach kürzeren Zeitabschnitten bemessen worden ist, je nach Ablauf eines Kalendervierteljahres am ersten Werktage der Monate Januar, April, Juli, Oktober entrichtet werden. E I-VorlZust § 517

**III.** In der *ZustRedKom* lautet die Regelung:

§ 517. Der Miethzins ist am Ende der Miethzeit zu entrichten. Ist der Miethzins nach Zeitabschnitten bemessen, so ist er nach dem Ablaufe der einzelnen Zeitabschnitte zu entrichten. E I-ZustRedKom § 517

Bei der Miethe eines Grundstücks ist der Miethzins, sofern er nicht nach kürzeren Zeitabschnitten bemessen ist, je nach dem Ablauf eines Kalendervierteljahrs am ersten Werktage des folgenden Monats zu entrichten.

**IV.** Fassung der Regelung im E II als § 495: Der Miethzins ist am Ende der Miethzeit zu entrichten. Ist der Miethzins nach Zeitabschnitten bemessen, so ist er nach dem Ablaufe der einzelnen Zeitabschnitte zu entrichten. E II § 495

Der Miethzins für ein Grundstück ist, sofern er nicht nach kürzeren Zeitabschnitten bemessen ist, je nach dem Ablauf eines Kalendervieteljahrs am ersten Werktage des folgenden Monats zu entrichten.

**V.** Die Fassung des § 543 *E II rev* (§ 544 *E III)* entspricht der des § 551 BGB.

## D. Bundesrat (Justizausschuß)

**I.** Zu § 495 E II:

*Mecklenburg-Schwerin und Mecklenburg-Strelitz* halten es unter Bezugnahme auf ihre Bemerkungen zu dem Entwurf erster Lesung (Zusst. z. Entw. I Bd. I S. 114, 116) für geboten, daß der Landesgesetzgebung hinsichtlich der Bestimmung der Fälligkeitstermine des Miethzinses für Wohnungen und des Pachtzinses für Grundstücke, sowie hinsichtlich der Festsetzung der Kündigungs- und Räumungsfristen für gemiethete und gepachtete Grundstücke freie Hand gelassen werde.

Dem § 495 wie auch den §§ 506, 524, 535 werde daher nur mit dem Vorbehalte zugestimmt, daß in den Entwurf des Einführungsgesetzes — etwa an Stelle des Art. 58 — folgende Vorschrift Aufnahme finde:

„Unberührt bleiben die Vorschriften der Landesgesetze über die Fälligkeit des Mieth- oder Pachtzinses sowie über die Kündigungs- und Räumungsfristen bei der Miethe oder Pacht eines Grundstücks." (Zusammenstellung I, S. 32)

**II.** Der Antrag wurde abgelehnt.

§ 552

**Der Miether wird von der Entrichtung des Miethzinses nicht dadurch befreit, daß er durch einen in seiner Person liegenden Grund an der Ausübung des ihm zustehenden Gebrauchsrechts verhindert wird. Der Vermiether muß sich jedoch den Werth der ersparten Aufwendungen sowie derjenigen Vortheile anrechnen lassen, welche er aus einer anderweitigen Verwerthung des Gebrauchs erlangt. Solange der Vermiether in Folge der Ueberlassung des Gebrauchs an einen Dritten außer Stande ist, dem Miether den Gebrauch zu gewähren, ist der Miether zur Entrichtung des Miethzinses nicht verpflichtet.**

**A. 1. Kommission**

| Prot I 2094 I. 204. Sitzung vom 2. 5. 1883, Schriftführer Neubauer

DresdE Art 561 | Zu Art. 561 des Entwurfs:

| Prot I 2095 | „Kann der Miether aus Verschuldung oder wegen eines in seiner Person eingetretenen Zufalls während der Dauer der Miethzeit von der gemietheten Sache keinen oder nur einen beschränkten Gebrauch machen, so bleibt er zur Entrichtung seiner vollen Gegenleistung verbunden, vorausgesetzt, daß der Vermiether die vermiethete Sache zu dem vertragsmäßigen Gebrauche des Miethers bereit gehalten, insbesondere dieselbe nicht selbst gebraucht oder einem Dritten zum Gebrauche überlassen hat."

lagen die Anträge vor:

v. Kübel (Nr 345) 1. statt dessen zu bestimmen:

„Kann der Miether wegen eines in seiner Person eingetretenen Zufalles während der Miethzeit von der gemietheten Sache keinen oder nur einen beschränkten Gebrauch machen, so behält der Vermiether das Recht auf die dem Miether nach dem Vertrag obliegende Gegenleistung nach Abzug oder gegen Vergütung der dem Vermiether ersparten Aufwendungen."

Planck (Nr 357) 2. die Vorschrift zu fassen:

„Wenn der Miether mit der Annahme der Gebrauchsüberlassung der gemietheten Sache im Verzuge ist (§ 202 der Zusammenstellung des Obligationenrechts) oder nachdem er dieselbe angenommen, den Gebrauch aus einem in seiner Person liegenden Grunde nicht fortsetzt, so ist der Vermiether, ohne daß es eines ferneren Angebots der Gebrauchsgewährung bedarf, die vertragsmäßige Gegenleistung so lange zu fordern berechtigt, als er den Gebrauch der gemietheten Sache dem Miether zu gewähren vermögend bleibt.

Hat der Vermiether indessen dadurch, daß der Miether die Gebrauchsgewährung | Prot I 2096 nicht angenommen oder nicht fortgesetzt hat, Aufwendungen erspart | oder durch eine anderweite Verwerthung des Gebrauchs eine Bereicherung erhalten, so ist der Miether den desfallsigen Betrag von der Gegenleistung in Abzug zu bringen berechtigt."

Windscheid (Nr 360) 3. zu bestimmen:

„Der Miether ist, wenn er aus einem in seiner Person liegenden Grunde den Gebrauch der vermietheten Sache nicht ausübt, berechtigt, von dem Miethpreise abzuziehen, was der Vermiether in Folge des Nichtgebrauchs erspart oder durch anderweitige Verwerthung des Gebrauchs gewonnen hat."

Beschlossen wurde:

1. zu bestimmen sei:

„Der Miether, welcher den Gebrauch nicht ausgeübt habe, müsse den Miethzins entrichten, auch wenn er aus einem, in seiner Person liegenden Grunde den Gebrauch nicht habe ausüben *können*."

2. Der Fall, wenn der Miether in Verzug der Annahme sich befinde, sei nicht besonders hervorzuheben, auch nicht zu erwähnen, daß der Vermiether auf den Miethzins nur in so weit Anspruch habe, als er den Gebrauch zu gewähren vermocht habe.

3. zu bestimmen sei:

„Habe der Vermiether gegen den Miether, welcher den Gebrauch nicht ausgeübt habe, auf den Miethzins Anspruch, so müsse er sich in Abzug bringen lassen, einmal die ersparten Aufwendungen, sodann dasjenige, was er durch anderweite Verwerthung des Gebrauchs erlangt habe; es stehe ihm jedoch ein Anspruch auf den Miethzins für diejenige Zeit nicht zu, für die er sich durch Ueberlassung des Gebrauchs an einen Andern außer Stand gesetzt habe, dem Miether auf Verlangen den Gebrauch zu gewähren."

Den Beschlüssen lagen folgende Erwägungen zum Grunde:

| Der Vermiether habe vorzuleisten. Diese Verpflichtung ergebe sich mit voller Klarheit aus den zu den Art. 545, 547 und 560 beschlossenen Bestimmungen. Der Vorleistungspflicht werde nach den zum Art. 538 beschlossenen Bestimmungen Genüge geleistet, wenn er dem Miether den vertragsmäßigen Gebrauch gewähre. Eine solche Gewährung liege schon vor, wenn der Vermiether den Miether auffordere oder ihm überlasse, die Sache in Gebrauch zu nehmen, sofern der Ausübung des Gebrauchs kein objektives Hinderniß entgegenstehe. Ob der Abschluß des Miethvertrages ausreiche, um die erste Voraussetzung als erfüllt anzusehen, oder ob diese dazu noch eine besondere Aufforderung oder Anzeige erforderlich sei oder ob sogar eine reelle Oblation, z. B. bei beweglichen Sachen durch Ueberbringen hinzutreten müsse, hänge von den Umständen ab. Eine besondere Bestimmung sei weder in der einen noch in der anderen Beziehung nöthig. Auf die Vorschriften über den Annahmeverzug brauche im Gesetze keine besondere Rücksicht genommen zu werden. Der Vermiether erfülle die Vorleistungspflicht durch den bezeichneten einseitigen, eine Mitwirkung des Miethers nicht erfordernden Akt. Noch weniger sei die Vorschrift nöthig, der Vermiether könne den Miethzins nur verlangen, wenn und so lange er den Gebrauch zu gewähren vermocht habe, also z. B. nicht mehr für die Zeit, nachdem die Sache durch Zufall untergegangen sei. Denn dies ergebe sich als nothwendige Folge seiner Vorleistungspflicht. Dagegen sei eine andere Vorschrift nöthig. Da der Vermiether den Zufall trage, so könne sich der Zweifel erheben, ob er auf den Miethzins auch dann keinen Anspruch habe, wenn der Miether nur durch einen in seiner Person eingetretenen Zufall den Gebrauch auszuüben verhindert sei. Diese Frage müsse – im Einklange mit dem Entwurfe, den gestellten Anträgen und dem | geltenden Rechte – verneint werden. Es empfehle sich jedoch, nicht von einem in der Person eingetretenen *Zufalle*, sondern von einem in der Person liegenden *Grunde* zu reden, weil die erste Ausdrucksweise an den objektiv wirkenden oder den Gebrauch absolut und für Jeden hindernden Zufall erinnere.

| Prot I 2097

| Prot I 2098

Habe der Vermiether gegen den Miether, der den Gebrauch nicht ausgeübt habe, Anspruch auf den Miethzins, so könne doch der Miether ohne Zweifel die von dem Vermiether ersparten Aufwendungen abziehen. Ein Gleiches müsse aber auch von der Bereicherung gelten, welche dem Vermiether infolge anderweitiger Verwerthung des Gebrauchs zugegangen sei, möge er die Sache selbst gebraucht oder den Gebrauch einem Dritten überlassen haben. Für den letzteren Fall sei jedoch eine Ausnahme zu bestimmen. Habe der Vermiether die Sache einem Dritten dergestalt zum Gebrauche überlassen, daß er sich außer Stand gesetzt habe, dem Miether auf dessen Verlangen den Gebrauch zu gewähren (z. B. indem von ihm ein nicht zu jeder Zeit lösbarer Miethvertrag abgeschlossen sei), so erscheine die Vorleistungspflicht nicht als erfüllt und folglich der Anspruch auf den Miethzins für die betreffende Zeit nicht begründet. Eine andere Beurtheilung könne nur eintreten, wenn der Vermiether erweislich als negotiorum gestor des Miethers gehandelt habe. Unhaltbar sei die Auffassung, in jeder anderweiten Verwerthung des Gebrauchs liege schon an sich eine Nichterfüllung der Vorleistungspflicht. Wenn der Vermiether die Sache, deren ungehinderter Gebrauch dem Miether freigestellt sei, während der Zeit, in welcher der letztere sich der Ausübung des Gebrauchs enthalte, selbst gebrauche oder durch einen Andern auf jederzeitigen Widerruf gebrauchen lasse, so könne das nicht genügen, um die Erfüllung der Vorleistungspflicht zu verneinen.

| Prot I 2099 Entscheidend sei, ob der Miether in der Lage geblieben | sei, zu jeder Zeit, sobald er wollte und für seine Person vermochte, sein Gebrauchsrecht auszuüben.

**II. 1.** Fassung der beschlossenen Regelung in der *RedVorl:*

RedVorl § 13 § 13 (Art. 561) 373. Der Miether, welcher das ihm zustehende Gebrauchsrecht nicht ausgeübt hat, ist zur Entrichtung des Miethzinses auch dann verpflichtet, wenn er aus einem in seiner Person liegenden Grunde das Recht auszuüben außer Stande war; er ist jedoch berechtigt, auf den Miethzins den Geldwerth der dem Vermiether ersparten Aufwendungen und das von demselben aus einer anderweitigen Vermiethung des Gebrauchs erlangten Vortheils in Abzug zu bringen. Für die Zeit, während welcher der Vermiether außer Stand gesetzt war, dem Miether den Gebrauch zu gewähren, hat der Miether den Miethzins nicht zu entrichten.

(NB. Anlangend die Schlußbestimmung, so würde es zu enge sein, auf die Bestimmung sich zu beschränken: „Für die Zeit, während welcher der Vermiether [durch Ueberlassung des Gebrauchs an einen Anderen] sich außer Stand gesetzt hatte, dem Miether den Gebrauch [auf dessen Verlangen] zu gewähren" u. s. w. Damit wäre nur ein Beispielsfall gedeckt und ein gefährliches argumentum e contrario geschaffen.)

**2.** In der *ZustOR* lautet die Regelung:

ZustOR § 373 § 373. Der Miether, welcher das ihm zustehende Gebrauchsrecht nicht ausgeübt hat, ist zur Entrichtung des Miethzinses auch dann verpflichtet, wenn er aus einem in seiner Person liegenden Grunde das Recht auszuüben außer Stande war. Der Miether ist jedoch berechtigt, auf den Miethzins den Geldwerth der dem Vermiether ersparten Aufwendungen und des von demselben aus einer anderweitigen (anderweiten[1]) Verwerthung des Gebrauchs erlangten Vortheils in Abzug zu bringen. Für die Zeit, während welcher der Vermiether durch Ueberlassung des Gebrauchs an einen Andern sich außer Stand gesetzt hatte, dem Miether den Gebrauch zu gewähren, hat der Miether den Miethzins nicht zu entrichten.

**III., IV.** Die §§ 511 *KE*, 518 *E I* entsprechen dem § 373 ZustOR.

**B.** § 518 E I ist in der *Vorkommission des Reichsjustizamtes* nicht behandelt worden.

---

[1] In *KE* und *E I* heißt es „anderweiten" statt „anderweitigen". Ferner heißt es im folgenden hier „Vortheil*es*", „Gebrauch*es*" und „Ander*en*".

## C. 2. Kommission

**I.** Zu § 518 E I war beantragt (Prot. II, Bd. 2, S. 186; *Mugdan*, Bd. 2, S. 848):

1. den Satz 3 zu streichen;
2. dem Satze 3 hinzuzusetzen: v. Mandry (Nr 154, 2)

Außerdem hat der Miether den Miethzins soweit nicht zu entrichten, als er sich Ersatz für solchen durch Untervermiethung hätte verschaffen können, der Vermiether aber die Einwilligung in die Untermiethe ohne rechtfertigenden Grund verweigert hat, es sei denn, daß sich der Miether selbst außer Stande gesetzt hat, das ihm zustehende Gebrauchsrecht auszuüben. (Vergl. preuß. A.L.R. I. 21 §§ 376, 377[2].)

Die Kom. nahm den § 518 an und lehnte die Aufnahme eines dem Antrage 2 entsprechenden Zusatzes ab.

**II.** Fassung der beschlossenen Regelung in der *VorlZust:*

E I-VorlZust § 518

§ 518. Der Miether, welcher das ihm zustehende Gebrauchsrecht nicht ausgeübt hat, ist zur Entrichtung des Miethzinses auch dann verpflichtet, wenn er aus einem in seiner Person liegenden Grunde das Recht auszuüben außer Stande war. Der Miether ist jedoch berechtigt, auf den Miethzins den Geldwerth der dem Vermiether ersparten Aufwendungen und des von demselben aus einer anderweiten Verwerthung des Gebrauches erlangten Vortheils in Abzug zu bringen. Für die Zeit, während welcher der Vermiether durch Ueberlassung des Gebrauches an einen Anderen sich außer Stand gesetzt hatte, dem Miether den Gebrauch zu gewähren, hat der Miether den Miethzins nicht zu entrichten.

**III.** In der *ZustRedKom* lautet die Regelung:

E I-ZustRedKom § 518

§ 518. Der Miether wird dadurch, daß er das ihm zustehende Gebrauchsrecht nicht ausübt, von der Entrichtung des Miethzinses auch dann nicht befreit, wenn er durch einen in seiner Person liegenden Grund an dem Gebrauche verhindert ist. Er kann jedoch den Werth der dem Vermiether ersparten Aufwendungen und des von demselben aus einer anderweitigen Verwerthung des Gebrauchs erlangten Vortheils von dem Miethzins abziehen. Für die Zeit, während welcher der Vermiether durch Ueberlassung des Gebrauchs an einen Dritten sich außer Stand gesetzt hat, dem Miether den Gebrauch zu gewähren, ist der Miether zur Entrichtung des Miethzinses nicht verpflichtet.

E II § 496

**IV.** Fassung der Regelung im *E II* als § 496. Der Miether wird von der Entrichtung des Miethzinses nicht dadurch befreit, daß er durch einen in seiner Person liegenden Grund an der Ausübung des ihm zustehenden Gebrauchsrechts verhindert ist. Der Vermiether muß sich jedoch den Werth der ersparten Aufwendungen sowie derjenigen Vortheile anrechnen lassen, welche er aus einer anderweitigen Verwerthung des Gebrauchs erlangt hat. Für die Zeit, während welcher der Vermiether sich durch Ueberlassung des Gebrauchs an einen Dritten außer Stand gesetzt hat, dem Miether den Gebrauch zu gewähren, ist der Miether zur Entrichtung des Miethzinses nicht verpflichtet.

**V.** Die Fassung des § 544 *E II rev* (§ 545 *E III)* entspricht der des § 522 BGB.

---

[2] Der Eingang des Antrags lautet: *„Für den Fall*, daß zu § 516 mit Antrag Struckmann Nr. 142 Ziff. 8 oder dem eventuellen Antrag Jacubezky Nr. 144 Ziff. 10 die Untervermiethung verboten werden sollte, am Schlusse des § 518 den Satz anzufügen: Außerdem . . . (wie im Text). — Wegen der Anträge Nr. 142, 144 vgl. Materialien zu § 549 BGB.

## E. Reichstag (XII. Kommission)

Frohme, Stadthagen (Nr 39, 4) I. Beantragt war: in § 545 die Worte:

„in Folge der Ueberlassung des Gebrauchs an einen Dritten" zu streichen.

II. Nach *Heller* (Bericht vom 6. 3. 1896) und dem Kommissionsprotokoll vom 6. 3. 1896 wurde der Antrag zurückgezogen, nach dem Kommissionsbericht (S. 1969) ohne Diskussion gegen zwei Stimmen abgelehnt.

III. Der Antrag wurde im Plenum wiederholt (Nr. 545, 15) und abgelehnt.

### § 553

**Der Vermiether kann ohne Einhaltung einer Kündigungsfrist das Miethverhältniß kündigen, wenn der Miether oder derjenige, welchem der Miether den Gebrauch der gemietheten Sache überlassen hat, ungeachtet einer Abmahnung des Vermiethers einen vertragswidrigen Gebrauch der Sache fortsetzt, der die Rechte des Vermiethers in erheblichem Maße verletzt, insbesondere einem Dritten den ihm unbefugt überlassenen Gebrauch beläßt, oder die Sache durch Vernachlässigung der dem Miether obliegenden Sorgfalt erheblich gefährdet.**

### § 554

**Der Vermiether kann ohne Einhaltung einer Kündigungsfrist das Miethverhältniß kündigen, wenn der Miether für zwei auf einander folgende Termine mit der Entrichtung des Miethzinses oder eines Theiles des Miethzinses im Verzug ist. Die Kündigung ist ausgeschlossen, wenn der Miether den Vermiether befriedigt, bevor sie erfolgt.**

**Die Kündigung ist unwirksam, wenn sich der Miether von seiner Schuld durch Aufrechnung befreien konnte und unverzüglich nach der Kündigung die Aufrechnung erklärt.**

### § 555

**Macht der Vermiether von dem ihm nach den §§ 553, 554 zustehenden Kündigungsrechte Gebrauch, so hat er den für eine spätere Zeit im voraus entrichteten Miethzins nach Maßgabe des § 347 zurückzuerstatten.**

## A. 1. Kommission

I. 208. Sitzung vom 11. 5. 1883, Schriftführer Neubauer

| Prot I 2145 | Zu Art. 572 des Entwurfs:

DresdE Art 572 „Der Vermiether kann das Miethverhältniß einseitig lösen:

1. wenn während der Miethzeit die vermiethete Sache einer unaufschieblichen Ausbesserung bedarf, deren Vornahme die vertragsmäßige Fortsetzung des Miethverhältnisses ausschließt;

2. wenn der Miether oder der Aftermiether, ohngeachtet erfolgter Abmahnung durch den Vermiether, von der vermietheten Sache einen vertragswidrigen Gebrauch macht oder derselben durch Mißbrauch erheblichen Schaden zufügt;

3. wenn der Miether mit der Zahlung des Miethzinses für zwei aufeinander folgende Ziele, ohngeachtet jedesmaliger Mahnung, im Rückstande geblieben ist und den Vermiether, bevor dieser das Miethverhältniß auflösen zu wollen erklärt hat, nicht befriedigt;

4. wenn der Miether in Konkurs verfällt und dem Vermiether wegen der aus der Fortsetzung der Miethe entspringenden Forderungen nicht Sicherheit geleistet wird."

lagen die Anträge vor:

1. statt dessen zu bestimmen: v. Kübel (Nr 345)

| „Der Vermiether kann ohne vorausgehende Kündigung von dem Vertrage zurücktreten: | Prot I 2146

1. wenn während der Miethzeit die vermiethete Sache einer unaufschiebbaren Ausbesserung bedarf, sofern durch die Vornahme derselben der vertragsmäßige Gebrauch der Sache ausgeschlossen wird;

2. wenn der Miether oder Aftermiether ungeachtet erfolgter Abmahnung durch den Vermiether von der Sache einen vertragswidrigen Gebrauch macht oder dieselbe durch Vernachlässigung der dem Miether obliegenden Sorgfalt erheblich gefährdet;

3. wenn der Miether mit der Zahlung des Miethzinses für zwei auf einander folgende Ziele im Verzuge ist.

In den Fällen der Ziffer 2 und 3 bleibt dem Vermiether die Geltendmachung eines weiteren durch die Handlungsweise des Miethers oder durch dessen Verzug erlittenen Schadens vorbehalten.

Im Falle der Ziffer 1 ist der Vermiether dem Miether zum Schadensersatz verpflichtet, wenn er bei dem Abschluß des Vertrages den schon damals vorhandenen Umstand, welcher die Ausbesserung veranlaßt, gekannt hat oder kennen mußte, oder wenn er das nach dieser Zeit eingetretene Bedürfniß der Ausbesserung verschuldet hat."

2. Dem zu 1 vorgeschlagenen § folgende Nr. 2a hinzuzufügen:

„wenn der Miether vertragswidrig seine Forderungen aus dem Miethvertrage an einen Dritten abtritt." Planck (Nr 370, 1)

3. zu bestimmen: Kurlbaum (Nr 372,

„Der Vermiether kann von dem Vertrage für | die Zukunft zurücktreten: | Prot I 2147

1. wenn der Miether die vermiethete Sache durch Vernachlässigung der ihm obliegenden Sorgfalt erheblich gefährdet oder erfolgter Abmahnung von Seiten des Vermiethers ungeachtet einen vertragswidrigen Gebrauch von der Sache macht;

2. wenn der Miether, während er mit der Leistung eines Miethzinsbetrages oder eines Theils desselben in Verzug ist, mit der Leistung eines zweiten oder eines Theils desselben in Verzug gekommen ist und den Vermiether wegen beider Beträge noch nicht völlig befriedigt hat."

Der Antragsteller zu Nr. 1 hatte die in den beiden letzten Absätzen des Antrags enthaltenen Vorschläge zurückgezogen.

Im Uebrigen wurden folgende Beschlüsse gefaßt:

1. Zum Eingange des Artikels verständigte man sich, daß derselbe zu lauten habe:

„Der Vermiether könne ohne vorherige Aufkündigung von dem Vertrage für die Zukunft zurücktreten."

2. Die Bestimmung unter Ziffer 1 des Artikels soll weder in der daraus ersichtlichen, noch in einer anderen Fassung Aufnahme finden.

Die Mehrheit war der Ansicht:

Der Schwerpunkt der Vorschrift liege darin, daß dem Miether die Befugniß entzogen werde, nach Vollendung der Ausbesserung die Wiedereinräumung des Gebrauchs für die noch übrige Miethzeit zu fordern. Allein gerade hierin sei eine nicht gerechtfertigte Beeinträchtigung der kontraktlichen Rechte desselben zu finden. Die Beeinträchtigung könne unter Umständen eine überaus empfindliche sein, wie z. B. in dem Falle, wenn der Miether ein Ladenlokal auf längere Zeit gemiethet, dasselbe durch Feuer eine Beschädigung erlitten habe, deren Ausbesserung den Miether nöthige, auf kurze Zeit zu
| Prot I 2148 räumen, | und nunmehr der Vermiether, weil die Miethpreise gestiegen, zu der Wiedereinräumung des im Wesentlichen nur in dem früheren Zustande wiederhergestellten Lokals nur gegen Erhöhung des Zinses sich verstehen wolle. Solche und ähnliche Fälle seien weit häufiger, als die, in welchen durch die nöthig gewordene Ausbesserung der Gebrauchswerth der Sache erheblich gestiegen sei und deshalb eine Erhöhung des Miethpreises oder das Recht des Vermiethers vom Vertrage zurückzutreten, billig erscheinen könnten. Jene anderen Fälle verdienten vorzugsweise Berücksichtigung, zumal in den letzteren Fällen zumeist eine Verständigung zwischen Miether und Vermiether auf keine Schwierigkeit stoßen würde.

3. Die Bestimmung unter Ziffer 2 des Artikels soll in der Fassung des Antrags Nr. 1 mit der Maßgabe Aufnahme finden, daß für: „Aftermiether" zu setzen sei: „derjenige, welchem er den Gebrauch überlassen hat," und daß die unbefugte Ueberlassung des Gebrauchs an einen Andern als ein Fall des vertragswidrigen Gebrauchs hervorzuheben sei. Man gab der Fassung jenes Antrags vor der des Entwurfs schon deshalb den Vorzug, weil der letztere in der zweiten mit „oder" eingeleiteten Bestimmung die vorhergehende verdunkele, auch auf die bloße Gefährdung der Sache keine Rücksicht nehme.

Die Ersetzung des Worts „Aftermiethe" durch einen weiter gehenden Ausdruck hielt man wegen der zum Art. 559 gefaßten Beschlüsse (Protokoll vom 2. Mai 1883 S. 2090–2092) und aus den dafür bestimmend gewesenen Gründen für nöthig.

Der aus dem Antrage Nr. 3 sich ergebende Vorschlag, von dem Erfordernisse der vorherigen Abmahnung im Falle der erheblichen Gefährdung der Sache abzusehen, wurde abgelehnt.

| Prot I 2149 Die Mehrheit vermochte sich nämlich nicht zu überzeugen, | daß ein zureichender Grund vorliege, zwischen diesem und dem anderen Falle in der hier fraglichen Beziehung zu unterscheiden.

4. Der Antrag Nr. 2 fand gleichfalls nicht die Zustimmung der Mehrheit.

Diese war der Ansicht: Die in dem Antrage vorgeschlagene Bestimmung betreffe nur den Fall, wenn dem Miether zwar gestattet, den Gebrauch einem Anderen zu überlassen, dagegen untersagt sei, seine obligatorischen Rechte aus dem Miethvertrage abzutreten (zu vergl. Protokoll vom 2. Mai 1883, S. 2092[1]); für einen solchen seltenen Fall in das Gesetz eine besondere, die allgemeinen Grundsätze modifizierende Bestimmung aufzunehmen, sei ein genügender Anlaß nicht vorhanden.

5. Die Bestimmung unter Ziffer 3 des Artikels soll in der Fassung des Antrags Nr. 3 aufgenommen werden.

---

[1] Vgl. Materialien zu § 549 BGB.

Man hielt es zunächst für nöthig, den Verzug des Miethers besonders hervorzuheben, nicht aber für angemessen, daneben noch die Mahnung als selbständiges Erforderniß aufzustellen, dagegen für rathsam, zum Ausdruck zu bringen, daß das Rücktrittsrecht nach Befriedigung des Vermiethers nicht mehr ausgeübt werden könne; endlich war man der Meinung, zur Erreichung des Zwecks des Gesetzes dürfe zwischen dem Rückstande des ganzen Zinses und dem eines Theils desselben nicht unterschieden werden.

6. Einverständniß bestand, daß die Bestimmung unter Ziffer 4 des Entwurfs als zur Konkursordnung gehörend zur Aufnahme sich nicht eigene.

**II. 1.** Fassung der beschlossenen Regelung in der *RedVorl (ZustOR)*:

§ 23 (Art. 572) 383. Der Vermiether kann ohne vorherige Kündigung von dem Vertrage für die Zukunft zurücktreten: RedVorl § 23 ZustOR § 383

1. wenn der Miether oder derjenige, welchem dieser den Gebrauch überlassen hat, ungeachtet einer Abmahnung des Vermiethers entweder von der Sache einen vertragswidrigen Gebrauch macht, insbesondere durch unbefugte Ueberlassung des Gebrauchs an einen Dritten, oder die Sache durch Vernachlässigung der dem Miether obliegenden Sorgfalt erheblich gefährdet;

2. wenn der Miether mit der Entrichtung des Miethzinses oder eines Theils desselben für zwei auf einander folgende Termine in Verzug kommt[2] und den Vermiether wegen des Rückstandes nicht vollständig befriedigt, bevor dieser den Rücktritt erklärt hat.

**2.** Der Gleichförmigkeit wegen (vgl. § 421 ZustOR) wurde beschlossen (Antrag von *v. Weber*, Nr. 362, 20), die Worte „ohne vorherige Kündigung" durch „ohne Einhaltung einer Kündigungsfrist" zu ersetzen (Prot. I 3268, 3275).

**III., IV.** Die Regelung lautet im *KE* als § 521, im *E I* als § 528:

Der Vermiether kann ohne Einhaltung einer Kündigungsfrist von dem Vertrage für die Zukunft zurücktreten: KE § 521 E I § 528

1. wenn der Miether oder derjenige, welchem dieser den Gebrauch überlassen hat, ungeachtet einer Abmahnung des Vermiethers entweder von der Sache einen vertragswidrigen Gebrauch macht, insbesondere durch unbefugte Ueberlassung des Gebrauches an einen Dritten, oder die Sache durch Vernachlässigung der dem Miether obliegenden Sorgfalt erheblich gefährdet;

2. wenn der Miether mit der Entrichtung des Miethzinses oder eines Theiles desselben für zwei auf einander folgende Termine sich im Verzuge befindet und den Vermiether wegen des Rückstandes nicht vollständig befriedigt, bevor dieser den Rücktritt erklärt hat.

**B.** Der § 528 E I wurde in der **Vorkommission des Reichsjustizamtes** nicht beraten.

**C. 2. Kommission**

**I.** Beantragt war (Prot. II, Bd. 2, S. 228, *Mugdan*, Bd. 2, S. 872):

Zu § 528 war die Nr. 1 nicht beanstandet. Zu Nr. 2 lagen die Anträge vor:

[2] In der ZustOR und im KE heißt es statt dessen „sich im Verzuge befindet".

1. die Worte „aufeinander folgende" zu streichen;

2. die Bestimmung zu fassen:
wenn der Miether mit der Entrichtung des Miethzinses oder eines Theiles desselben für zwei Termine sich im Verzuge befindet, auch in einer vom Vermiether unter Androhung der Vertragsauflösung ihm gesetzten Frist von mindestens vier Wochen die Zahlung nicht nachholt.

3. die Versäumung lediglich eines Termins aufzuführen, daneben aber den Rücktritt des Vermiethers vom Ablauf einer vierzehntägigen Mahnfrist abhängig zu machen.

Die Anträge wurden sämmtlich abgelehnt.

**II.** In der *VorlZust* lautet die Regelung:

E I-ZustRedKom § 518 a

§ 528. Der Vermiether kann ohne Einhaltung einer Kündigungsfrist von dem Vertrage für die Zukunft zurücktreten:

1. wenn der Miether oder derjenige, welchem dieser den Gebrauch überlassen hat, ungeachtet einer Abmahnung des Vermiethers entweder von der Sache einen vertragswidrigen Gebrauch macht, oder den Gebrauch der Sache unbefugterweise einem Dritten überläßt, oder die Sache durch Vernachlässigung der dem Miether obliegenden Sorgfalt erheblich gefährdet;

2. wenn der Miether mit der Entrichtung des Miethzinses oder eines Theils desselben für zwei auf einander folgende Termine sich im Verzuge befindet und den Vermiether wegen des Rückstandes nicht vollständig befriedigt, bevor dieser den Rücktritt erklärt hat.

**III. 1.** Fassung der Regelung in der *ZustRedKom:*

E I-VorlZust § 528

§ 518 a. (528, 530.). Der Vermiether kann ohne Einhaltung einer Kündigungsfrist das Miethverhältniß kündigen:

1. wenn der Miether oder derjenige, welchem der Miether den Gebrauch der gemietheten Sache überlassen hat, ungeachtet einer Abmahnung des Vermiethers einen vertragswidrigen Gebrauch von der Sache macht, insbesondere den Gebrauch unbefugt einem Dritten überläßt, oder die Sache durch Vernachlässigung der dem Miether obliegenden Sorgfalt erheblich gefährdet;

2. wenn der Miether mit der Entrichtung des Miethzinses oder eines Theiles desselben für zwei auf einander folgende Termine im Verzuge ist. Die Kündigung ist ausgeschlossen, wenn der Miether den Vermiether befriedigt, bevor die Kündigung erfolgt.

Macht der Vermiether von dem Kündigungsrechte Gebrauch, so hat er den für eine spätere Zeit im Voraus entrichteten Miethzins nach Maßgabe des § 427 zurückzuerstatten.

(Anm.: Im Anschluß an den zu § 566 gefaßten Beschluß hat die Redaktionskommission an Stelle des für die Zukunft wirkenden Rücktrittsrechts ein Kündigungsrecht setzen zu sollen geglaubt. Diese Aenderung hat zur Streichung des § 529 Abs. 4 der vorläufigen Zusammenstellung[3] und zur Weglassung der §§ 428 a, 432, 433 im § 530 der vorläufigen Zusammenstellung geführt. Die §§ 409 o, 409 p sind nicht angeführt, weil ihre Anwendung auf die Miethe, auch wenn sie möglich sein sollte, schwer verständlich und kaum von praktischer Bedeutung ist.)

[3] § 529 E I – VorlZust ist abgedruckt bei den Materialien zu den §§ 542, 543 BGB unter C II 2.

**2.** Zu den §§ 528–530 wurde beschlossen, daß die Vorschriften die ihnen von der RedKom in der Zus. §§ 508a, 518a gegebene Fassung behalten sollen (Prot. II, Bd. 2 S. 513; *Mugdan*, Bd. 2, S. 873).

**3.** Im Zusammenhange mit den unter 2. beschlossenen Aenderungen war beantragt, dem § 518a Nr. 2 in der Zus. d. RedKom hinzuzufügen:

Die Kündigung ist unwirksam, wenn der Miether sich von seiner Schuld durch Aufrechnung befreien konnte und unverzüglich nach der Kündigung die Aufrechnung erklärt.

Die Mehrheit der Kommission entschied sich für den Antrag (Prot. II, Bd. 2, S. 514–515; *Mugdan*, Bd. 2, S. 872).

**IV. 1.** Fassung der Regelung in *E II:*

§ 497. Der Vermiether kann ohne Einhaltung einer Kündigungsfrist das Miethverhältniß kündigen: E II § 497

1. wenn der Miether oder derjenige, welchem der Miether den Gebrauch der gemietheten Sache überlassen hat, ungeachtet einer Abmahnung des Vermiethers einen vertragswidrigen Gebrauch der Sache fortsetzt, insbesondere einem Dritten den ihm unbefugt überlassenen Gebrauch beläßt, oder die Sache durch Vernachlässigung der dem Miether obliegenden Sorgfalt erheblich gefährdet;

2. wenn der Miether für zwei auf einander folgende Termine mit der Entrichtung des Miethzinses oder eines Theiles desselben im Verzug ist. Die Kündigung ist ausgeschlossen, wenn der Miether den Vermiether befriedigt, bevor sie erfolgt. Die Kündigung ist unwirksam, wenn der Miether sich von seiner Schuld durch Aufrechnung befreien konnte und unverzüglich nach der Kündigung die Aufrechnung erklärt.

Macht der Vermiether von dem Kündigungsrechte Gebrauch, so hat er den für eine spätere Zeit im Voraus entrichteten Miethzins nach Maßgabe des § 298 zurückzuerstatten.

**2.** Die Wiederaufnahme der Beratung bezüglich des Antrags von *Wolffson* (Nr. 47, 2), in § 497 Abs. 1 Nr. 2 Satz 1 die Worte „auf einander folgende" zu streichen, wurde abgelehnt (Prot. II, Bd. 2, S. 185, *Mugdan*, Bd. 2, S. 873). Wolffson (Nr 47, 2)

**V.** Die Regelung des § 497 E II wurde im *E II rev* in drei Bestimmungen aufgeteilt. Die Fassung dieser §§ 545–547 E II rev (§§ 546–548 E III) entspricht bis auf die unter E. mitgeteilten Änderungen der der §§ 553–555 BGB.

## E. Reichstag (XII. Kommission und Plenum)

**I. 1.** Beantragt war: in § 546: a) zwischen „einen" und „vertragswidrigen" zu setzen „gröblich", b) die Worte: „einem Dritten den ihm unbefugt überlassenen Gebrauch beläßt oder" zu streichen[4]. Frohme, Stadthagen (Nr 39, 5)

**2.** Bericht von *v. Heller* über die Sitzung vom 7. 3. 1896

Den zum § 546 vorliegenden Antrag *Frohme, Stadthagen* änderten die Antragsteller dahin ab, daß in § 546 statt „vertragswidrigen" gesetzt werde „den Vertrag in erheblicher Weise verletzenden". Beide Teile des Antrags begründete *Stadthagen* durch Hin-

[4] Der Antrag zu b) war zurückgezogen worden (vgl. Kommissionsprotokoll vom 7. 3. 1896).

weis auf die in Berlin gebräuchlichen schikanösen und „halsabschneiderischen" Mietvertragsformulare. Der Antrag fand keine Unterstützung und wurde gegen die Stimmen der Antragsteller abgelehnt. *Struckmann* hatte dagegen ausgeführt, die Bestimmung habe das richtige getroffen. Einen vertragswidrigen Gebrauch der Sache brauche sich der Vermieter nicht gefallen zu lassen. Was aber „vertragswidrig" sei, müsse nach Treu und Glauben mit Rücksicht auf die Vertragssitte entschieden werden. Die Gerichte seien daher in der Lage, schikanösen Auslegungen der Mietverträge entgegenzutreten. Auch die Annahme des Antrags würde nicht jeden Mißbrauch ausschließen, da ja durch Vertrag die in der Bestimmung enthaltene Beschränkung des Rechts des Vermieters beseitigt werden könnte.

Gröber (Nr 35, 1)

**II. 1.** Ferner war beantragt, in § 547 das Wort „Termine" zu ersetzen durch das Wort „Ziele" (der Redaktions-Kommission zu überweisen).

**2.** Bericht von v. Heller über die Sitzung vom 7. 3. 1896:

Der Antrag *Gröber* zum § 547 wurde der Redaktionskommission überwiesen. *Enneccerus* sprach übrigens den Wunsch aus, daß die Redaktionskommission dem Antrage keine Folge geben möge.

Frohme Stadthagen (Nr 39, 6)

**III. 1.** Außerdem war beantragt, dem § 548 zuzusetzen: „Eine entgegenstehende Vereinbarung ist ungültig."

**2.** Bericht von v. Heller über die Sitzung vom 7. 3. 1896:

Den Antrag *Frohme, Stadthagen* zum § 547 lehnte die Kommission gegen die Stimmen der Antragsteller ab. *Struckmann* hatte sich gegen ihn ausgesprochen, weil das geltende Recht eine solche Bestimmung nicht kenne und ein Bedürfnis dafür nicht nachgewiesen sei.

**IV.** In der 2. Lesung (Nr. 133, 3) und im Plenum (Nr. 465, 16) wurde von den Sozialdemokraten der Antrag zu § 546 E III gestellt, zwischen „einen" und „vertragswidrigen" zu setzen, „erheblich". Der Antrag wurde im Plenum am 20. 6. 1896 angenommen (StBRT 1895/97, S. 2780).

**V.** Der unter III. genannte Antrag wurde von den Sozialdemokraten in der 2. Lesung der XII. Kommission und im Plenum wiederholt (Nr. 133, 4 bzw. 465, 17).

## § 556

**Der Miether ist verpflichtet, die gemiethete Sache nach der Beendigung des Miethverhältnisses zurückzugeben.**

**Dem Miether eines Grundstücks steht wegen seiner Ansprüche gegen den Vermiether ein Zurückbehaltungsrecht nicht zu.**

**Hat der Miether den Gebrauch der Sache einem Dritten überlassen, so kann der Vermiether die Sache nach der Beendigung des Miethverhältnisses auch von dem Dritten zurückfordern.**

### A. 1. Kommission

**I. a)** 205. Sitzung vom 4. 5. 1893, Schriftführer Neubauer

| Zu Artikel 565 des Entwurfs: | Prot I 2103

„Der Miether ist verpflichtet, nach Ablauf der Miethzeit die gemiethete Sache sammt Zubehörungen dem Vermiether in demselben Zustande, in welchem er sie erhalten hat, zurückzugeben, soweit der letztere nicht durch den vertragsmäßigen Gebrauch, durch Alter oder Zufall geändert worden ist.“ DresdE Art 565

lag außer dem Antrage, die Worte: „sammt[1] Zubehörungen“ zu streichen der Antrag vor: Kurlbaum (Nr 344)

statt dessen zu bestimmen:

„Der Miether ist verpflichtet, nach Ablauf der Miethzeit die gemiethete Sache in demselben Zustande, in welchem er sie erhalten hat, zurückzugeben. Er haftet dem Vermiether jedoch nicht für Verschlechterungen, welche in Folge des vertragsmäßigen Gebrauchs, des Alters oder eines anderen von dem Miether nicht zu vertretenden Umstandes eingetreten sind.“ v. Kübel (Nr 345)

Der wesentliche Inhalt des Artikels fand keine Beanstandung und der erwähnte Streichungsantrag Billigung, während die in dem zweiten Antrage vorgeschlagenen sonstigen Aenderungen als nur redaktioneller Natur der Erledigung bei der Redaktion überwiesen wurden.

Den Streichungsantrag betreffend, so erachtete man die Worte: „sammt Zubehörungen“ für entbehrlich, aber auch nicht einmal für ganz richtig, da sie mit dem jus tollendi, welches dem Miether durch die zu dem Artikel 557 gefaßten Beschlüsse wegen Verwendungen eingeräumt sei (Protokolle S. 2085, 2087), nicht in vollem Einklange stände.

Zu Artikel 566 des Entwurfs:

„Der Miether kann sich der Verbindlichkeit zur Rückgabe der vermietheten Sache nicht durch den Einwand entziehen, daß dem Vermiether das Eigenthum an solcher nicht zustehe. DresdE Art 566

Die Verbindlichkeit des Miethers zur Rückgabe der gemietheten Sache fällt nur dann weg, wenn der Miether bereits zur Zeit der Schließung des Vertrages Eigenthümer der Sache gewesen ist und nicht der Fall des Artikels 539 Absatz 2 vorliegt, oder wenn ihm der Vermiether nach der Vermiethung der Sache das Eigenthum an solcher überlassen hat.“ | Prot I 2104

lag außer dem Antrage, die Vorschrift zu streichen, der Antrag vor, zu bestimmen, vorbehaltlich der Stellung der Vorschrift: v. Kübel (Nr 345) Kurlbaum (Nr 344)

„Der Miethvertrag ist ungültig, wenn der Miether beim Abschluß nicht gewußt hat, daß er Eigenthümer der vermietheten Sache sei oder daß ihm ein anderes Recht an derselben zustehe, kraft dessen er Anspruch auf den zugesagten Gebrauch hat. Der Miethvertrag wird ungültig, wenn (zu der Zeit, zu welcher) der Miether nach dem Abschluß das Eigenthumsrecht oder ein anderes Recht der bezeichneten Art an der vermietheten Sache erwirbt.“ Windscheid (Nr 365)

Man verständigte sich zunächst dahin, daß der erste Absatz des Artikels und nicht minder der zweite Absatz, soweit dieser den Fall betrifft, wenn der Vermiether dem Miether das Eigenthum der Sache überläßt, wegen Selbstverständlichkeit der betreffenden Bestimmungen zu streichen seien. Soweit der zweite Absatz mit dem Falle sich befaßt, wenn der Miether bei Schließung des Miethvertrages bereits Eigenthümer der Sache gewesen ist, erachtete man ihn, weil er nur von der Verbindlichkeit zur Rückgabe, nicht auch von der zur Entrichtung des Zinses und weil er nur von dem Eigenthume des

---

[1] Im ursprünglichen Antrag heißt es: „nebst“.

Miethers zur Zeit des Vertragsschlusses, nicht auch von dem späteren Eigenthumserwerbe rede, unter allen Umständen für zu eng, beschloß daher, nur über den oben mitgetheilten, in beiderlei Rücksicht vollständigen Antrag zu berathen.

Der zunächst zur Berathung gestellte erste Absatz dieses Antrags wurde durch Mehrheitsbeschluß abgelehnt.

Die Gründe des Beschlusses waren[2]:

Im Vordergrunde stehe der Fall, wenn Jemand in Unkenntniß seines Eigenthums die eigene Sache miethe. Ein solcher Miethvertrag erscheine keineswegs deshalb nichtig, weil der Vermiether zu einer objektiv unmöglichen Leistung sich verpflichtet habe. | Prot I 2105 Ge- | genstand der Leistung sei die Gebrauchsgewährung, die wegen ihrer thatsächlichen Natur auch dem Eigenthümer an seiner Sache verschafft werden könne. Es passe die Auffassung nicht, welche bei dem Kauf der eigenen Sache die Folgerung rechtfertigen möge, der Vertrag sei auf eine unmögliche Leistung gerichtet und daher in Gemäßheit des § 32 der Zusammenstellung der das Obligationenrecht betreffenden Beschlüsse (Prot. vom 24. März 1882 S. 558) nichtig. Wenn gleichwohl der erste Absatz des Antrags den fraglichen Miethvertrag für ungültig erkläre, so liege unverkennbar der Grund der Bestimmung in dem vorausgesetzten Irrthum des Miethers. Die Bestimmung rege nothwendig die Frage an, ob sie nur eine Folgerung aus dem § 75 der Zusammenstellung der den allgemeinen Theil betreffenden Beschlüsse über die Wirkung des wesentlichen Irrthums (Prot. vom 23. und 28. November 1881 S. 174–176, 183, 188, 189) zu ziehen, oder ob sie im Anschluß an den Vorbehalt des § 80 a. a. O. (Prot. vom 5. Dezember 1881 S. 209) einen Irrthum in den Motiven ausnahmsweise für erheblich zu erklären bezwecke. Eine für das Verständniß und die Auslegung der Vorschriften über den Einfluß des Irrthums auf die Gültigkeit der Rechtsgeschäfte wichtige Lösung des Zweifels sei nicht möglich, ohne auf die aus einer gründlichen Berathung hervorgegangenen §§ 75 und 80 zurückzukommen und diese einer erneuten Prüfung zu unterziehen. Von der – mindestens vorläufig – als gerechtfertigt anzusehenden Voraussetzung ausgegangen, die §§ 75 und 80 seien vollständig und angemessen, müsse die Entscheidung des zur Erörterung stehenden Falles der Wissenschaft überlassen bleiben, es sei denn, daß ein dringendes praktisches Bedürfniß vorliege, im Interesse der Rechtssicherheit durch das Gesetz entscheidend einzugreifen. Ein solches Bedürfniß könne bei der verhältnißmäßigen Seltenheit des Falles, in welchem aus Irrthum die eigene Sache gemiethet werde, nicht anerkannt werden. Noch eine andere Betrachtung sei von nicht geringer Erheblichkeit. Gewichtvolle Gründe möchten immerhin die Annahme recht- | Prot I 2106 fertigen, | der in Rede stehende Irrthum sei nur ein nach § 80 a. a. O. einflußloser Irrthum in den Motiven. Daraus folge aber keineswegs die unbeschränkte Verpflichtung des Miethers, den Miethzins zu zahlen und die Sache auszufolgen. Durch keine Rechtsnorm gehindert, seine Eigenthumsrechte geltend zu machen, könne er sich zunächst gegen den Anspruch, auf Rückgabe erfolgreich mit der Einrede vertheidigen: dolo facit, qui petit, quod redditurus est, und sodann gegen den Anspruch auf Entrichtung des Miethzinses einwenden: der Vermiether habe ihm nach den für die Eigenthumsklage

---

[2] Die Argumentation von *Windscheid* ergibt sich aus den ersten fünf Sätzen des folgenden Absatzes. Dagegen vertrat *Planck* die Ansicht, die Miete der eigenen Sache müsse statthaft sein, gerade weil sie nur auf die faktische Gebrauchsgewährung gehe. Der Mieter sei noch nicht Besitzer. Liege ein Irrtum des Mieters vor, so sei der Vertrag aus diesem Grunde noch nicht unwirksam (zu den weiteren Ausführungen von Planck vgl. Prot. I 2104). Zu Plancks Ausführungen merkt *v. Schmitt* an: „Die Ansicht ist . . . scharfsinnig, aber widerstrebt der Natur der Sache und dem Gefühl.“ Windscheids Antrag sei abgelehnt worden, sehr mit Unrecht ganz gegen die Natur der Sache und gegen jede gesunde Vernunft. Es sei aber auch Art. 566 abgelehnt, somit alles offen.

geltenden Grundsätzen die Nutzungen herauszugeben und, soweit dies der Fall, folglich auf den Miethzins keinen Anspruch so daß der Miether also zur Entrichtung des Zinses nur für die Zeit verpflichtet bleibe, in welcher der Vermiether in gutem Glauben und der Eigenthumsanspruch noch nicht geltend gemacht war. Um so weniger lasse sich die Behauptung halten, zu der vorgeschlagenen Bestimmung sei ein praktisches Bedürfniß vorhanden. Endlich erscheine die Bestimmung nach den Rechtsnormen über den Einfluß des Irrthums für den Fall nicht zutreffend, in welchem die Voraussetzung begründet sei, der Miether würde, auch wenn er sein Eigenthum gekannt hätte, gleichwohl gemiethet haben, um alsbald zu dem Gebrauche der Sache zu gelangen.

Die Mehrheit lehnte hierauf auch den zweiten Satz des Antrags ab. Sie verkannte zwar nicht, daß bei der Beurtheilung des darin behandelten Falles die zuvor angezogenen Grundsätze über den Einfluß, welchen der Irrthum bei Eingehung der Verträge auf deren Rechtsbeständigkeit hat, keine Anwendung finden, glaubte aber, daß die sonstigen allgemeinen Rechtsnormen – insbesondere die über die Rechte des Eigenthümers gegenüber dem gutgläubigen oder bösgläubigen Besitzer – zur richtigen Entscheidung des Falles vollkommen genügten.

b) 208. Sitzung vom 11. 5. 1883, Schriftführer Neubauer

| Zu Artikel 574 des Entwurfs: | Prot I 2156

„Mit der Miethe endigt auch die Aftermiethe. Hat der Miether die gemiethete Sache über die Dauer der Miethzeit in Aftermiethe gegeben, so kann der Aftermiether, wenn er die Zeitbeschränkung bei der Schließung der Aftermiethe nicht gekannt hat, vom Aftervermiether wegen Nichterfüllung des Vertrages Schadenersatz verlangen." DresdE Art 574

lagen die Anträge vor:

1. statt dessen zu bestimmen: v. Kübel (Nr 345)

„Mit dem Ende des Miethverhältnisses ist der Vermiether berechtigt, auch von dem Aftermiether die sofortige Räumung der vermietheten Sache zu verlangen."

2. zu bestimmen (Stellung vorbehalten): Kurlbaum (Nr 372)

„Wegen der Räumung oder Zurückgewährung | der vermietheten Sache in deren gegenwärtigem Zustande findet die gegen den Miether zulässige Zwangsvollstreckung gegen denjenigen, welchem der Miether den Gebrauch der Sache überlassen hat, ebenso statt, wie gegen denjenigen, an welchen eine in Streit befangene Sache veräußert ist." | Prot I 2157

3. zu bestimmen[3]:

„Das von dem Vermiether gegen den Miether erstrittene rechtskräftige Urtheil auf Räumung oder Zurückgewährung der vermietheten Sache wirkt auch gegen denjenigen, welchem der Miether vor oder nach Eintritt der Rechtsgängigkeit den Gebrauch der Sache überlassen hat." Gebhard

4. die Vorschrift zu streichen. Windscheid (Nr 369, 2)

Der Antrag Nr. 1 wurde zurückgezogen.

Die Mehrheit erklärte sich sodann gegen die Aufnahme sowohl des Artikels als der in den Anträgen Nr. 2 und 3 vorgeschlagenen Bestimmungen.

Erwogen war:

Die dinglichen Rechtsbeziehungen machten im Fall der Untermiethe keine besonderen Schwierigkeiten. Sei der Vermiether Eigenthümer, so könne er nach Beendigung der Hauptmiethe gegen den Untermiether sein Eigenthum wirksam geltend machen und die Räumungsklage sowohl gegen den Hauptmiether als den Untermiether anstellen, auch

[3] Dieser Antrag stammt von *Gebhard* (Nachlaß *v. Schmitt* u. Originalprot.).

wenn er nur gegen den Hauptmiether kraft seines dinglichen Rechts ein verurtheilendes Erkenntniß erstritten habe, dieses gegen den Untermiether, der erst durante lite zur Innehabung der Sache gelangt sei, vollstrecken lassen. Anders verhalte es sich mit den obligatorischen Rechtsbeziehungen, mit welchen allein – wie anzunehmen – Entwurf und Anträge sich befaßten. Der Grundsatz des Entwurfs: „mit der Miethe endigt auch die Untermiethe", sei unhaltbar. Es sei nicht abzusehen, weshalb das Ende der Miethe das obligatorische Recht des Untermiethers gegen den Hauptmiether auf Gebrauchsge-
| Prot I 2158 währung erledigen sollte. Eine andere Fra- | ge sei, ob das Räumungsurtheil, welches der Hauptvermiether kraft seines obligatorischen Rechts gegen den Hauptmiether erstritten habe, gegen den Untermiether rechtskräftig und vollstreckbar werde. Die Frage müsse nach den allgemeinen Grundsätzen für den Fall, daß der Untermiether zur Innehabung bereits vor dem gegen den Hauptmiether angestrengten Prozesse gelangt sei, entschieden verneint werden und ein Anderes – in Abweichung von den allgemeinen Grundsätzen – positiv vorzuschreiben, dazu fehle es an genügenden Gründen (zu vergl. Prot. S. 429, 430, 431)[4]. Habe dagegen der Untermiether erst durante lite die Innehabung erlangt, so hänge die Entscheidung, ob das Räumungsurtheil gegen den Untermiether rechtskräftig und vollstreckbar werde, davon ab, ob anzunehmen, der Untermiether sei Inhaber „eines in Streit befangenen Gegenstandes" im Sinne des § 167 der Zusammenstellung der den Allgemeinen Theil betreffenden Beschlüsse (Prot. vom 13. und 15. Februar 1882 S. 425–433) geworden. Bei der desfallsigen Entscheidung handele es sich aber sichtbar um das Verständniß des § 236 der Deutschen Civilprozeßordnung[5] und ob dieser nur auf dingliche Klagen zu beziehen sei. Es erscheine nicht angemessen, eine Bestimmung aufzunehmen, welche als eine Deklaration des § 236 a. a. O. sich auffassen lasse. Sollte die gewöhnliche Ansicht, nach welcher der § 236 nur auf dingliche Klagen sich beziehe, auch richtig sein und sollte die Beschränkung in der That Billigung verdienen, so würde wieder kein Grund obwalten, nur in Beziehung auf das Untermiethsverhältniß den § 236 zu erweitern.

II. Die beschlossene Regelung lautet in der *RedVorl (ZustOR)*:

RedVorl § 15 § 15 (Art. 565) 375. Der Miether ist verpflichtet, nach Ablauf der Miethzeit die
ZustOR § 375 gemiethete Sache in demselben Zustande zurückzugeben, in welchem er sie erhalten hat; er haftet jedoch nicht wegen (Veränderungen und[6]) Verschlechterungen, welche durch den vertragsmäßigen Gebrauch, durch Alter oder durch einen anderen von ihm nicht zu vertretenden Umstand entstanden sind.

(NB: „Veränderungen" wird zu halten sein; eine Veränderung braucht keine Verschlechterung zu sein.)

**III. 1.** Der § 513 KE lautet wie § 375 ZustOR.

**2.** Es lag der Antrag von *Gebhard* (Nr. 609, 2) vor: in KE § 513 zu setzen:

| Prot I 11817 | a) statt: „nach Ablauf der Miethzeit die gemiethete Sache" „die gemiethete Sache nach Ablauf der Miethzeit" (vergl. § 540).

b) statt „erhalten hat" „empfangen hat" (vergl. § 547).

Der Antrag zu a wurde angenommen und zu b beschlossen, im § 513 Z. 2, 3 sowie im § 547 Z. 2 je zu setzen, in welchem er die Sache empfangen hat, desgleichen in § 540 Z. 9 und § 542 Z. 2 statt „erhalten hat" zu setzen „empfangen hat".

---

[4] Vgl. die Materialien zu § 192 E I.
[5] § 263 CPO entspricht § 265 ZPO (geändert).
[6] Die Klammer ist im KE unter Beibehaltung der Worte „Veränderungen und" entfallen.

**IV.** Im E I lautet die Regelung als § 520: Der Miether ist verpflichtet, die gemiethete Sache nach Ablauf der Miethzeit in demselben Zustande zurückzugeben, in welchem er die Sache empfangen hat; er haftet jedoch nicht wegen Veränderungen und Verschlechterungen, welche durch den vertragsmäßigen Gebrauch, durch Alter oder durch einen anderen von ihm nicht zu vertretenden Umstand entstanden sind. E I § 520

## B. Vorkommission des Reichsjustizamtes

**I.** Beantragt war:

**1.** dem § 520 folgende Vorschrift als Abs. 2 hinzuzufügen:

Dem Miether eines Grundstückes steht wegen seiner Ansprüche aus dem Miethverhältnisse, insbesondere auch wegen Verwendungen, das Recht der Zurückbehaltung des Grundstückes nicht zu. Struckmann (Nr 3, 5)

**2.** Zu § 520 a) den Eingang zu fassen:

Der Miether ist verpflichtet, die gemiethete Sache nach Ablauf der Miethzeit in ordnungsmäßigem Zustande zurückzugeben; er haftet nicht wegen Veränderungen ... u.s.w. wie im Entwurfe. Planck (Nr 6, 65)

b) folgenden Zusatz zu geben:

Dem Miether steht wegen seiner Forderungen aus dem Miethvertrage ein Zurückbehaltungsrecht in Ansehung der gemietheten Sache nicht zu.

**II.** 72. Sitzung vom 22. 3. 1892

| Zu § 520 beschloß man einen Zusatz folgenden Inhalts: ... [wie Antrag von Struckmann] | Prot-RJA 439

Entscheidend für den Beschluß waren die in der Kritik (Zusammenst. II S. 272, VI S. 400, 401[7]) und in den Aeußerungen der Regierungen angeführten Gründe[8]. Eine Ausdehnung der Bestimmung auf bewegliche Sachen hielt man nicht für geboten.

## C. 2. Kommission

**I.** Zu § 520 E I war beantragt (Prot. II, Bd. II, S. 188ff.; *Mugdan*, Bd. 2, S. 849ff.):

1. a) den § 520 durch folgenden Paragraphen zu ersetzen:

Der Miether ist verpflichtet, die gemiethete Sache nach Ablauf der Miethzeit zurückzugeben. Wegen Veränderungen und Verschlechterungen, welche durch den vertragsmäßigen Gebrauch entstanden sind, haftet der Miether nicht. Struckmann (Nr 142, 11)

Dem Miether eines Grundstücks steht wegen seiner Ansprüche aus dem Miethvertrage das Zurückbehaltungsrecht nicht zu.

Hat der Miether den Gebrauch der Sache einem Anderen, insbesondere einem Untermiether, überlassen, so ist der Vermiether nach Ablauf der Miethzeit berechtigt,

---

[7] Gegen das nach dem E I bestehende Zurückbehaltungsrecht des Miethers (Pächters) wandten sich unter anderem Gierke, Bähr, Opitz, die Handelskammer Kassel, das preuß. Landes-Ökonomie-Kollegium und andere landwirtschaftliche Verbände.

[8] Gegen das Zurückbehaltungsrecht votierten Preußen, Bayern, Sachsen, Anhalt sowie die beiden Mecklenburg (Zust. BR Bd. 2, S. 58ff.)

auch von dem Anderen die Zurückgabe der Sache zu verlangen. Ist der Miether rechtskräftig zur Zurückgabe der Sache verurtheilt, so wirkt das Urtheil auch für und gegen den Untermiether sowie gegen denjenigen, welchem der Miether aus einem sonstigen Grunde den Gebrauch der Sache überlassen hatte.

b) in dem Entw. des E.G. Art. 11 hinter § 665 folgende Bestimmung als § 666a aufzunehmen:

Die vollstreckbare Ausfertigung eines Urtheils, durch welches der Miether zur Zurückgabe der vermietheten Sache an den Vermiether verurtheilt ist, kann diesem auch gegen den Untermiether ertheilt werden. Die Vorschriften des § 666 Abs. 1, 3 finden entsprechende Anwendung. Vor der Entscheidung ist der Untermiether zu hören. Die Ertheilung der vollstreckbaren Ausfertigung ist nur dann zulässig, wenn der Untermiether nicht bestreitet, nur auf Grund des mit dem Miether geschlossenen Miethvertrags zum Besitze der Sache berechtigt zu sein. Dem Untermiether steht derjenige gleich, welchem aus einem sonstigen Grunde der Gebrauch der Sache von dem Miether überlassen ist.

Diese Vorschriften finden auf die Pacht entsprechende Anwendung.

v. Mandry (Nr 154, 3) 2. für den Fall der Annahme des Antrags 1a Abs. 3 Satz 2 statt der Worte „auch für und" die Worte zu setzen „in der Sache selbst auch; . . ."

v. Rüger (Nr 155) 3. dem Antrag 1b hinzuzufügen:

a) die Vorschrift des G.V.G. § 23 Ziff. 2 Abs. 1 dahin zu ändern:

Streitigkeiten zwischen dem Vermiether eines Grundstücks auf der einen und dem Miether oder Untermiether oder demjenigen, welchem der Gebrauch der Sache von dem Miether oder Untermiether aus einem sonstigen Grunde überlassen worden ist, auf der anderen Seite wegen Ueberlassung, Benutzung und Räumung des Grundstücks und wegen des gesetzlichen Pfandrechts des Vermiethers an den eingebrachten Sachen des Miethers.

b) die Vorschrift des G.V.G. § 202 Abs. 2 Ziff. 4 zu ersetzen durch die Worte „4. die in § 23 Ziff. 2 Abs. 1 bezeichneten Streitigkeiten;"

c) die Vorschrift der C.P.O. § 649 Ziff. 1 zu ersetzen durch die Worte „die in § 23 Ziff. 2 Abs. 1 G.V.G. bezeichneten Streitigkeiten".

1. Die im § 520 enthaltene Vorschrift selbst wurde nicht beanstandet. Der Antrag 1a Abs. 1 weicht nur in der Fassung ab, indem er die nach Ansicht des Antragstellers überflüssigen Worte „in demselben Zustande, in welchem er die Sache empfangen hat" und „durch Alter oder einen anderen von ihm nicht zu vertretenden Umstand" wegläßt. Die Entscheidung für diese Verschiedenheit blieb der RedKom überlassen.

2. Der Abs. 2 der unter 1a vorgeschlagenen Bestimmung wurde angenommen.

3. Von dem Abs. 3 des Antrags 1a weicht der Unterantrag 2 nur in der Fassung des zweiten Satzes ab. Der Antragsteller zu 1a billigte die vorgeschlagene Fassungsänderung insoweit, als sie in der Weglassung der Worte „für und" besteht.

Die Kom. nahm den unter 1a vorgeschlagenen Abs. 3 Satz 1 an, lehnte dagegen den Satz 2 ab; der Antrag 1b war hierdurch erledigt.

**II.** Fassung der Regelung in der *VorlZust:*

E I-VorlZust § 520 § 520. Der Miether ist verpflichtet, die gemiethete Sache nach Ablauf der Miethzeit zurückzugeben. Er haftet nicht wegen Untergang oder Verschlechterung der gemietheten Sache, wenn diese durch den vertragsmäßigen Gebrauch herbeigeführt sind.

Hat der Miether den Gebrauch der Sache einem Anderen, insbesondere einem Untermiether, überlassen, so ist der Vermiether nach Ablauf der Miethzeit berechtigt, auch von dem Anderen die Zurückgabe der Sache zu verlangen.

Dem Miether eines Grundstücks sowie demjenigen, welchem der Miether den Gebrauch überlassen hat, steht wegen seiner Ansprüche auf Ersatz von Verwendungen ein Zurückbehaltungsrecht nicht zu.

(In das Einführungsgesetz sollen folgende Vorschriften eingestellt werden

1. Der § 23 Ziff. 2 Abs. 1 des GVG enthält folgende Fassung:
Streitigkeiten zwischen dem Vermiether eines Grundstücks und dem Miether oder Untermiether oder zwischen den letzteren wegen Ueberlassung, Benutzung und Räumung des Grundstücks oder wegen Zurückbehaltung der in das Grundstück eingebrachten Sachen.

2. Der § 202 Abs. 2 Ziff. 4 des GVG erhält folgende Fassung:

4. die in § 23 Ziff. 2 Abs. 2 bezeichneten Streitigkeiten.

3. Der § 649 Ziff. 1 der CPO erhält folgende Fassung:
Die in § 23 Ziff. 2 Abs. 1 des Gerichtsverfassungsgesetzes bezeichneten Streitigkeiten.)

III. Fassung der Regelung in der *ZustRedKom:*

§ 520. Der Miether ist verpflichtet, die gemiethete Sache nach der Beendigung des Miethverhältnisses zurückzugeben. Er haftet nicht wegen Veränderungen oder Verschlechterungen, welche durch den vertragsmäßigen Gebrauch herbeigeführt sind. E I-ZustRedKom § 520

Dem Miether eines Grundstücks steht wegen seiner Ansprüche gegen den Vermiether ein Zurückbehaltungsrecht nicht zu.

Hat der Miether den Gebrauch der Sache einem Dritten überlassen, so kann der Vermiether die Sache nach der Beendigung des Miethverhältnisses auch von dem Dritten zurückfordern.

(In den Entwurf eines Einführungsgesetzes sollen folgende Vorschriften eingestellt werden:

1. Der § 23 Nr. 2 Abs. 1 des GVG wird dahin geändert:
Streitigkeiten zwischen dem Vermiether und dem Miether oder Untermiether von Wohn- oder anderen Räumen oder zwischen dem Miether und dem Untermiether solcher Räume wegen Ueberlassung, Benutzung oder Räumung sowie wegen Zurückhaltung der von dem Miether in die Miethräume eingebrachten Sachen.

2. Der § 202 Abs. 2 Nr. 4 des Gerichtsverfassungsgesetzes wird dahin geändert:

4. Streitigkeiten zwischen dem Vermiether und dem Miether oder Untermiether von Wohn- oder anderen Räumen oder zwischen dem Miether und dem Untermiether solcher Räume wegen Ueberlassung, Benutzung oder Räumung sowie wegen Zurückhaltung der von dem Miether in die Miethräume eingebrachten Sachen.

Im Art. 11 des Entwurfes des Einführungsgesetzes soll die Nr. 1 des § 649 der CPO folgende Fassung erhalten:

1. Streitigkeiten zwischen dem Vermiether und dem Miether oder Untermiether von Wohn- oder anderen Räumen oder zwischen dem Miether und dem Untermiether solcher Räume wegen Ueberlassung, Benutzung oder Räumung sowie wegen Zurückhaltung der von dem Miether in die Miethräume eingebrachten Sachen.)

**IV.** § 498 *E II* lautet wie § 520 ZustRedKom. Lediglich die Regelung des Abs. 1 Satz 2 lautet als Abs. 2: Dem Miether eines Grundstückes steht wegen seiner Ansprüche gegen den Vermiether ein Zurückbehaltungsrecht nicht zu.

**V.** Die Fassung des § 548 *E II rev* (§ 549 E III) entspricht der des § 556 BGB.

### E. Reichstag (XII. Kommission)

Frohme Stadthagen (Nr 39, 7)

**I.** Beantragt war, „den Absatz 2 des § 549 zu streichen".

**II.** Bericht von Heller vom 7. 3. 1896

Auch der zum § 549 vorliegende Antrag *Frohme, Stadthagen* wurde von anderer Seite nicht unterstützt und gegen die Stimmen der Antragsteller abgelehnt. Die Mehrheit schloß sich der Ausführung *Struckmanns* an, daß für die Bestimmung des Abs. 2 ein öffentliches Interesse spreche; die Weigerung eines Mieters, aus der Wohnung auszuziehen, würde in größeren Städten unter Umständen die ganze Abwicklung des Wohnungswechsels einer Menge von Familien ins Stocken bringen.

## § 557

**Giebt der Miether die gemiethete Sache nach der Beendigung des Miethverhältnisses nicht zurück, so kann der Vermiether für die Dauer der Vorenthaltung als Entschädigung den vereinbarten Miethzins verlangen. Die Geltendmachung eines weiteren Schadens ist nicht ausgeschlossen.**

### A. 1. Kommission

**I.** 208. Sitzung vom 11. 5. 1883, Schriftführer Neubauer

Prot I 2141 | Zu Art. 570 des Entwurfs:

DresdE Art 570 „Setzt der Miether außer dem Falle des Artikels 569 den Gebrauch der gemietheten Sache fort, so kann der Vermiether nach Verhältniß der Zeit dieses Gebrauches einen Miethzins wenigstens in dem Betrage fordern, welchen der Miether zuletzt zu entrichten hatte."

v. Kübel (Nr 345) lag außer dem Antrage, die Vorschrift zu streichen, der Antrag vor, den Artikel in folgender Fassung anzunehmen:

Kurlbaum (Nr 368) „Setzt der Miether ohne Verlängerung des Miethverhältnisses den Gebrauch der Sache nach Ablauf der Miethzeit fort, so kann der Vermiether für die Zeit des fortgesetzten Gebrauchs, vorbehaltlich weiteren Schadensersatzes, einen Miethzins fordern, welcher wenigstens dem vereinbarten gleichkommt."

Die Mehrheit erklärte sich für die Aufnahme des Artikels, indem sie die Fassung der | Prot I 2142 Redaktion vorbehielt, | wobei insbesondere der obige, in sachlicher Hinsicht von dem Entwurfe nicht abweichende Antrag zu prüfen sei.

Erwogen war:

Der Artikel enthalte eine positive Vorschrift, deren Bedeutung darin bestehe, daß der dem Vermiether aus der Fortsetzung des Gebrauchs von Seiten des Miethers zustehende Anspruch, sofern die Voraussetzungen der relocatio tacita nicht vorliegen, auf einen Mindestbetrag ein „für allemal" bestimmt werde. Eine solche Anordnung empfehle sich aus Gründen der praktischen Zweckmäßigkeit. Sie sei geeignet, Streitigkeiten über die Höhe des Anspruchs, welchen der Vermiether aus dem Fundamente der Schadensersatzpflicht oder der Bereicherung ohne Rechtsgrund geltend machen könne, in eben so einfacher als angemessener Weise abzuschneiden.

**II.** Fassung der beschlossenen Regelung in der *RedVorl* (ZustOR):

**a)** § 20 (Art. 570) 380. Wird der Gebrauch der Sache von dem Miether nach Ablauf der Miethzeit ohne Verlängerung des Miethverhältnisses fortgesetzt, so kann der Vermiether für die Zeit der Fortsetzung des Gebrauchs einen Miethzins fordern, welcher dem vertragsmäßigen Miethzinse gleichkommt, unbeschadet des Anspruchs auf Ersatz eines weiteren Schadens. RedVorl § 20

**b)** § 380. Wird der Gebrauch der Sache von dem Miether nach Ablauf der Miethzeit ohne Verlängerung des Miethverhältnisses fortgesetzt, so kann der Vermiether für die Zeit der Fortsetzung des Gebrauchs[1] eine Entschädigung fordern, welche dem vertragsmäßigen Miethzinse gleichkommt, unbeschadet des Anspruchs auf Ersatz eines weiteren Schadens. ZustOR § 380

**III., IV.** Die §§ 518 *KE*, 525 *E I* lauten wie § 380 ZustOR.

B. § 525 E I wurde in der **Vorkommission des Reichsjustizamtes** nicht beraten.

### C. 2. Kommission

**I.** § 525 E I wurde von keiner Seite beanstandet (Prot. II, Bd. 2, S. 218; bei *Mugdan*, Bd. 2 nicht erwähnt).

**II.** Fassung der Regelung in der *VorlZust* als § 525. Wird der Gebrauch der Sache von dem Miether nach Ablauf der Miethzeit ohne Verlängerung des Miethverhältnisses fortgesetzt, so kann der Vermiether für die Zeit der Fortsetzung des Gebrauches eine Entschädigung fordern, welche dem vertragsmäßigen Miethzinse gleichkommt, unbeschadet des Anspruchs auf Ersatz eines weiteren Schadens. E I-VorlZust § 525

**III.** Fassung der Regelung in der *ZustRedKom* als § 520a (525): Wird die gemiethete Sache von dem Miether nach der Beendigung des Miethverhältnisses nicht zurückgegeben, so kann der Vermiether für die Dauer der Vorenthaltung als Entschädigung den vertragsmäßigen Miethzins verlangen. Die Geltendmachung eines weiteren Schadens ist nicht ausgeschlossen. E I-ZustRedKom § 520a

[1] Im KE (E I) heißt es „Gebrauches" statt „Gebrauchs"; ferner im folgenden: „Anspruches".

**IV.** § 499 *E II* entspricht § 520a ZustRedKom. Statt „vertragsmäßigen" heißt es „vereinbarten".

**V.** Die Fassung des § 549 *E II rev* (§ 550 *E III* entspricht der des § 557 BGB.

## § 558

**Die Ersatzansprüche des Vermiethers wegen Veränderungen oder Verschlechterungen der vermietheten Sache sowie die Ansprüche des Miethers auf Ersatz von Verwendungen oder auf Gestattung der Wegnahme einer Einrichtung verjähren in sechs Monaten.**

**Die Verjährung der Ersatzansprüche des Vermiethers beginnt mit dem Zeitpunkt, in welchem er die Sache zurückerhält, die Verjährung der Ansprüche des Miethers beginnt mit der Beendigung des Miethverhältnisses.**

**Mit der Verjährung des Anspruchs des Vermiethers auf Rückgabe der Sache verjähren auch die Ersatzansprüche des Vermiethers.**

### A. 1. Kommission

**I.** 208. Sitzung vom 11. 5. 1883, Schriftführer Neubauer

| Prot I 2158 — | Zu Artikel 575 des Entwurfs:

DresdE Art 575 — „Jeder Anspruch aus dem Miethverhältnisse auf Ersatz von Verwendungen, Auslagen und Schäden verjährt in sechs Monaten von dem Zeitpunkte an, wo dasselbe rechtlich geltend gemacht werden kann."

war beantragt:

| Prot I 2159 — | 1. statt dessen zu bestimmen[1]:

Kurlbaum (Nr 372) — „Das Recht des Miethers, wegen des Mangels einer zugesicherten Eigenschaft der vermietheten Sache oder wegen eines Mangels der Sache den Miethzins zu mindern, erlischt, wenn es nicht innerhalb einer Frist von sechs Monaten durch Klage oder Einrede geltend gemacht wird.

Das Gleiche gilt für den Anspruch des Miethers wegen der von ihm vorgenommenen Herstellungen und Ausbesserungen an der Sache sowie für den Anspruch auf Ersatz des Schadens, welcher in Folge von Mängeln der vermietheten Sache an Sachen des Miethers entstanden ist, sofern nicht der letztere Anspruch einen Mangel betrifft, welchen der Vermiether bei Abschluß des Vertrages gekannt und verschwiegen hat.

Die Frist beginnt mit dem Ablauf der Miethzeit oder wenn der Miethzins nach gewissen Zeitabschnitten zu leisten ist, in den Fällen des ersten Absatzes mit Ablauf des

---

[1] Der zurückgezogene Antrag Nr. 371 von *Kurlbaum* zu Art. 575 lautet: „Das Recht des Miethers, wegen des Mangels einer zugesicherten Eigenschaft der Sache oder wegen eines Mangels der Sache den Miethzins zu mindern, erlischt, wenn es nicht innerhalb einer Frist von sechs Monaten durch Klage oder Einrede geltend gemacht wird. Die Frist beginnt mit dem Ablauf der Miethzeit oder, wenn der Miethzins nach gewissen Zeitabschnitten zu leisten ist, mit dem Ablauf des Zeitabschnitts, auf welchen der zu mindernde Miethzins fällt. — Das Gleiche gilt für den Anspruch des Miethers wegen der von ihm vorgenommenen Herstellungen und Ausbesserungen der Sache."

Zeitabschnitts, auf welchen der zu mindernde Miethzins fällt, in den Fällen des zweiten Absatzes mit dem Ablaufe des Zeitabschnitts, in welchem die Herstellung oder Ausbesserung gemacht oder der Schaden entstanden ist."

2. den Artikel durch folgende Bestimmung zu ersetzen: „Die Ansprüche des Miethers auf Schadensersatz wegen mangelhafter Beschaffenheit der gemietheten Sache und auf Ersatz von Verwendungen, verjähren in sechs Monaten. Planck (Nr 374)

Die Verjährung beginnt mit dem Ablauf der Miethzeit und, wenn der Miethzins nach gewissen Zeitabschnitten zu leisten ist, mit dem Ablauf des Zeitabschnitts, in welchem der Schaden entstanden bezw. die Verwendung gemacht ist.

(Soweit der Anspruch des Miethers lediglich auf | Ersatz desjenigen Betrages geht, um welchen der Vermiether bei Beendigung der Miethe noch bereichert ist, beginnt die Verjährung desselben immer erst mit Beendigung der Miethzeit.)" | Prot I 2160

eventuell noch folgenden Zusatz beizufügen:

„Die gänzliche oder theilweise Befreiung des Miethers von der Verpflichtung zur Zahlung des Miethzinses wegen mangelhafter Beschaffenheit der vermietheten Sache fällt weg, wenn der Miether dem Vermiether von dem Mangel und der in Folge desselben von ihm in Anspruch genommenen Befreiung nicht binnen einer Frist von sechs Monaten Anzeige macht. Die Frist beginnt mit dem Ablauf der Miethzeit und wenn der Miethzins nach gewissen Zeitabschnitten zu entrichten ist, mit dem Ablauf des Zeitabschnitts, für welchen die Befreiung in Anspruch genommen wird."

3. die Vorschrift zu streichen. v. Kübel (Nr 345)

Die Mehrheit erklärte sich für die Ablehnung des Artikels und der dazu gestellten Anträge.

Sie vermochte die Ueberzeugung nicht zu gewinnen, daß ein genügendes Bedürfniß vorliege, die betreffenden Rechte und Ansprüche an eine kurze Verjährungs- oder Präklusivfrist zu binden, indem sie zugleich die Schwierigkeiten erwog, die einer angemessenen Normirung entgegenständen, wobei insbesondere in Betracht komme, daß wenig erreicht würde, wenn die Beschränkung in vollem Umfange nicht zugleich auf das Minderungsrecht erstreckt würde, während dieses doch als ein der Verjährung unterliegender Anspruch sich nicht betrachten ließe, so daß für dasselbe eine Präklusivfrist bestimmt werden müßte, woraus mancherlei Härten und Unzuträglichkeiten zu entstehen drohten.

## B. Vorkommission des Reichsjustizamtes

**II.** 71. Sitzung vom 21. 3. 1892:

| Die von einer Seite angeregte Frage, ob es sich nicht | zur Vermeidung schikanöser Prozesse empfehle, die Ansprüche des Miethers wegen Verwendungen einer kurzen Verjährung von 6 Monaten oder 1 Jahr nach Beendigung der Miethe zu unterwerfen, wurde nicht weiter verfolgt; es blieb aber vorbehalten, die Frage bei der Hauptkommission zur Sprache zu bringen. | Prot-RJA 432 | Prot-RJA 433

## C. 2. Kommission

**I.** Anträge (Prot. II, Bd. 2, S. 177, 194; *Mugdan*, Bd. 2, S. 841 f.)

a) Zu § 514 war noch der Antrag gestellt, nachstehende Bestimmung aufzunehmen:

Dittmar (Nr 145, 1) Die Ersatzansprüche des Miethers verjähren mit Ablauf von sechs Monaten nach Beendigung des Miethverhältnisses.

hierzu der Unterantrag, statt dieser Bestimmung, folgende Sätze einzustellen:

Die Ersatzansprüche des Miethers verjähren mit Ablauf von sechs Monaten. Die Verjährung beginnt mit der Beendigung des Miethverhältnisses.

Die Verjährungsfrist beträgt dreißig Jahre von dem Zeitpunkt an, in welchem der Anspruch entstanden ist, wenn nicht der Anspruch in Gemäßheit des ersten Absatzes bereits früher erloschen ist.

Der Unterantrag wurde angenommen.

**b)** Es lag noch der Antrag vor, als § 520a zu bestimmen:

v. Mandry (Nr 166, 1) Die Ersatzansprüche des Vermiethers wegen Veränderungen und Verschlechterungen, welche an der vermietheten Sache während der Miethzeit eingetreten sind, verjähren nach Maßgabe der in § 514 Abs. 4 (Vorl. Zus.) gegebenen Vorschriften[2].

(Vorbehalten bleibt, diese Bestimmung mit § 514 Abs. 4 zusammenzufassen.)

Der Antrag wurde angenommen.

**II.** Fassung der beschlossenen Regelung in der *VorlZust:*

E I-VorlZust § 520 § 520a. Die Ersatzansprüche des Vermiethers gegen den Miether wegen Untergangs oder Verschlechterung der gemietheten Sache (während der Miethzeit) sowie die Ansprüche des Miethers gegen den Vermiether auf Ersatz von Verwendungen oder auf Gestattung der Wegnahme einer durch eine Verwendung entstandenen Einrichtung verjähren mit Ablauf von sechs Monaten; die Verjährung beginnt mit der Beendigung des Miethverhältnisses. Die Verjährungsfrist beträgt dreißig Jahre von dem Zeitpunkt an, in welchem der Anspruch entstanden ist, wenn nicht der Anspruch in Gemäßheit des ersten Satzes bereits früher verjährt ist.

(Der § 514 Abs. 4 fällt weg.)

**III. 1.** Fassung der Regelung in der ZustRedKom:

E I-ZustRedKom § 520b § 520b. Die Ersatzansprüche des Vermiethers wegen Veränderungen oder Verschlechterungen der gemietheten Sache sowie die Ansprüche des Miethers auf Ersatz von Verwendungen oder auf Gestattung der Wegnahme einer Einrichtung verjähren in sechs Monaten. Die Verjährung der Ersatzansprüche des Vermiethers beginnt mit dem Zeitpunkt, in welchem er die Sache zurückerhält, die Verjährung der Ansprüche des Miethers beginnt mit der Beendigung des Miethverhältnisses.

**2.** Wegen Änderungsanträge zu § 520b vgl. Materialien zu § 601 BGB unter III. 1.

**IV. 1.** § 500 E II entspricht § 520b ZustRedKom. Statt „gemietheten Sache" heißt es „*ver*mietheten Sache".

**2.** Revision des E II (Prot. II, Bd. 6, S. 185; *Mugdan*, Bd. 2, S. 843)

Zu § 500 lag der Antrag vor:

Jacubezky (Nr 42a, 3) 1. dem zweiten Satze hinzuzufügen:

Mit der Verjährung des Anspruchs des Vermiethers auf Rückgabe der Sache verjähren auch dessen Ersatzansprüche.

(Vergl. den Beschluß zu § 165 und die verwandte Vorschrift des § 189[3]).

---

[2] Vgl. Materialien bei § 547 BGB unter C II.

[3] Es fehlt der Hinweis auf *Strohal*, Krit. Bem.

2. die RedKom zu ermächtigen, wo auf den § 500 Satz 2 verwiesen ist, die Verweisung auf diesen Zusatz zu erstrecken.

Der Antrag wurde gebilligt.

V. Die Fassung des § 550 *E II rev* (§ 551 *E III*) entspricht der des § 558 BGB.

## § 559

**Der Vermiether eines Grundstücks hat für seine Forderungen aus dem Miethverhältniß ein Pfandrecht an den eingebrachten Sachen des Miethers. Für künftige Entschädigungsforderungen und für den Miethzins für eine spätere Zeit als das laufende und das folgende Miethjahr kann das Pfandrecht nicht geltend gemacht werden. Es erstreckt sich nicht auf die der Pfändung nicht unterworfenen Sachen.**

## § 560

**§ 560. Das Pfandrecht des Vermiethers erlischt mit der Entfernung der Sachen von dem Grundstück, es sei denn, daß die Entfernung ohne Wissen oder unter Widerspruch des Vermiethers erfolgt. Der Vermiether kann der Entfernung nicht widersprechen, wenn sie im regelmäßigen Betriebe des Geschäfts der Miethers oder den gewöhnlichen Lebensverhältnissen entsprechend erfolgt oder wenn die zurückbleibenden Sachen zur Sicherung des Vermiethers offenbar ausreichen.**

## § 561

**Der Vermiether darf die Entfernung der seinem Pfandrecht unterliegenden Sachen, soweit er ihr zu widersprechen berechtigt ist, auch ohne Anrufen des Gerichts verhindern und, wenn der Miether auszieht, die Sachen in seinen Besitz nehmen.**

**Sind die Sachen ohne Wissen oder unter Widerspruch des Vermiethers entfernt worden, so kann er die Herausgabe zum Zwecke der Zurückschaffung in das Grundstück und, wenn der Miether ausgezogen ist, die Ueberlassung des Besitzes verlangen. Das Pfandrecht erlischt mit dem Ablauf eines Monats, nachdem der Vermiether von der Entfernung der Sachen Kenntniß erlangt hat, wenn nicht der Vermiether diesen Anspruch vorher gerichtlich geltend gemacht hat.**

## § 562

**Der Miether kann die Geltendmachung des Pfandrechts des Vermiethers durch Sicherheitsleistung abwenden; er kann jede einzelne Sache dadurch von dem Pfandrechte befreien, daß er in Höhe ihres Werthes Sicherheit leistet.**

§ 563

**Wird eine dem Pfandrechte des Vermiethers unterliegende Sache für einen anderen Gläubiger gepfändet, so kann diesem gegenüber das Pfandrecht nicht wegen des Miethzinses für eine frühere Zeit als das letzte Jahr vor der Pfändung geltend gemacht werden.**

**1. Kommission**

I. a) 205. Sitzung vom 4. 5. 1883, Schriftführer Neubauer

| Prot I 2106 | Zu Artikel 567 des Entwurfs:

DresdE Art 567 „Hinsichtlich der Rechte, welche dem Vermiether einer unbeweglichen Sache zur Sicherung seiner Ansprüche aus dem Miethvertrage auf die von dem Miether zum | Prot I 2107 Zwecke | der Benutzung in oder auf die gemiethete unbewegliche Sache gebrachten Gegenstände zustehen, sind die Landesgesetze maßgebend."

lagen die Anträge vor:

v. Kübel (Nr 345) 1. statt dessen zu bestimmen:

„Der Vermiether hat kraft Gesetzes ein Pfandrecht an den in das vermiethete Grundstück oder die vermiethete Wohnung eingebrachten Sachen des Miethers. Im Verhältniß zu anderen Gläubigern des letzteren besteht das Pfandrecht jedoch in Ansehung des Miethzinses nur wegen des laufenden und des für das letzte Jahr vor der durch die Gläubiger bewirkten Pfändung oder vor der Eröffnung des Konkursverfahrens rückständigen Zinses und im Falle des Konkurses wegen aller Forderungen nur an den zur Zeit der Eröffnung des Konkursverfahrens noch in der Wohnung oder auf dem Grundstück befindlichen Sachen.

Im Falle des Zusammentreffens mit anderen Pfand- oder Vorzugsrechten geht das der Entstehung nach ältere Recht dem jüngeren vor.

Das Pfandrecht erlischt an den Sachen, welche mit ausdrücklicher oder stillschweigender Einwilligung des Vermiethers von der Wohnung oder dem Grundstück weggeschafft sind.

Vermöge seines Pfandrechts hat der Vermiether an den demselben unterworfenen Sachen ein Zurückbehaltungsrecht.

Die Geltendmachung des Pfand- und Zurückbehaltungsrechtes und die Verfolgung des Pfandrechts ist ausgeschlossen, wenn dem Vermiether Sicherheit nach Maßgabe der Vorschrift des § 179 Satz 2 der Zusammenstellung des Obligationenrechts geleistet wird.

v. Weber (Nr 361) 2. zu bestimmen:

„Der Vermiether unbeweglicher Sachen hat wegen der aus dem Miethvertrage entstehenden Ansprüche kraft Gesetzes ein Pfandrecht an den in das vermiethete Grund- | Prot I 2108 stück (oder die vermiethete Wohnung) eingebrachten Sachen des | Miethers.

Vermöge seines Pfandrechts hat der Vermiether an den demselben unterworfenen Sachen ein Zurückbehaltungsrecht, jedoch nur wegen des laufenden und rückständigen Miethzinses und anderer fälliger Ansprüche aus dem Miethvertrage.

Das Pfandrecht erlischt an den Sachen, welche ohne rechtlich begründeten Widerspruch des Vermiethers und ohne Verheimlichung vor demselben von dem Grundstücke (oder der Wohnung) weggeschafft worden sind.

Im Verhältnisse zu anderen Gläubigern des Miethers und zu dritten Personen, welche nach der Einbringung das Eigenthum oder andere dingliche Rechte an den eingebrachten Sachen erlangt haben, besteht das Pfandrecht in Ansehung des Miethzinses nur wegen des zu der Zeit, wo die Sachen aus dem Grundstücke (oder der Wohnung) weggeschafft werden sollen, laufenden oder für das letzte Jahr vor diesem Zeitpunkte rückständigen Zinses.

Die Geltendmachung des Pfand- und Zurückbehaltungsrechts ist ausgeschlossen, wenn dem Vermiether Sicherheit nach Maßgabe der Vorschrift des § 179 Absatz 2 (oder Satz 2 und 3) der Zusammenstellung des Obligationenrechts geleistet wird. An Sachen, welche der Pfändung nicht unterworfen sind (§ 715 der CPO), findet das Pfand- und Zurückbehaltungsrecht nicht statt.

Die Vorschriften der Civilprozeßordnung § 709, 710 und der Konkursordnung § 41 bleiben unberührt[1]."

3. zu bestimmen: Kurlbaum (Nr 362)

„Der Vermiether einer unbeweglichen Sache hat wegen seiner Forderungen aus dem Miethvertrage ein Pfandrecht an den eingebrachten Sachen des Miethers.

Das Pfandrecht erstreckt sich auch auf diejenigen dem Miether nicht gehörigen eingebrachten Sachen, an welchen der Miether ein Pfandrecht begründen kann.

Das Pfandrecht erlischt durch Entfernung der Sachen von dem Grundstücke, es sei denn, daß die Entfernung heimlich oder | gegen den Widerspruch des Vermiethers erfolgt ist. | Prot I 2109

Der Vermiether kann der Entfernung solcher Sachen, welche im regelmäßigen Betriebe der Geschäfte des Miethers entfernt werden, nur wegen fälliger Forderungen widersprechen. Im Uebrigen kann er diejenigen Sachen, auf welche das Pfandrecht sich erstreckt, zurückbehalten und deren Entfernung von dem Grundstücke verhindern; er kann, wenn die Sachen widerrechtlich entfernt sind, deren Zurückschaffung auf das Grundstück und, sofern dieses von dem Miether bereits geräumt ist, den Gewahrsam der Sachen verlangen.

Die Geltendmachung des Pfandrechts kann durch Sicherheitsleistung abgewendet werden. Die Sicherheitsleistung durch Bürgen ist ausgeschlossen.

Werden Sachen, welche mit dem Pfandrechte belastet sind, für einen anderen Gläubiger des Miethers gepfändet, so kann diesem gegenüber das Pfandrecht wegen des Miethzinses, welcher auf eine frühere Zeit als das letzte Jahr vor der Pfändung fällt, nicht geltend gemacht werden.

Durch die rechtmäßige Zurückhaltung der Sachen in eigenem Gewahrsam erlangt der Vermiether ein Faustpfandrecht an denselben." Kurlbaum (Nr 366)

(NB. Für den Fall des Konkurses bleiben die Beschränkungen des § 41 KO bestehen.

Eine entsprechende Beschränkung bleibt für den Fall vorbehalten, daß das Pfandrecht des Vermiethers mit den Ansprüchen anderer Gläubiger bei einer unter Vorbehalt angetretenen Erbschaft konkurrirt.)

4. zu bestimmen: Johow (Nr 363)

„Ist ein Grundstück Gegenstand des Miethvertrages, so hat der Vermiether wegen seiner Forderungen aus dem Miethvertrage kraft Gesetzes ein Pfandrecht an den in das Grundstück eingebrachten Sachen des Miethers.

Die Ausübung des Pfandrechts wegen des Miethzinses ist anderen Gläubigern des Miethers gegenüber beschränkt | auf den laufenden und den für das letzte Jahr vor der Pfändung oder vor der Eröffnung des Konkursverfahrens rückständigen Zins. | Prot I 2110

---

[1] Zu § 715 CPO vgl. § 811 ZPO (geändert); zu §§ 709/710 CPO vgl. §§ 804–805 ZPO (unverändert); zu § 41 KO a. F. vgl. § 49 KO (geändert).

Das Pfandrecht erlischt mit der Wegschaffung der Sache aus dem Grundstück.

Der Vermiether ist befugt, behufs Erhaltung seines Pfandrechts die eigenmächtige Wegschaffung von Sachen aus dem Grundstück mit Gewalt zu hindern, auch weggeschaffte und bei sofortiger Nacheile erreichte Sachen dem Inhaber mit Gewalt wieder abzunehmen und in das Grundstück zurückzuschaffen. Diese Befugnis ist ausgeschlossen, wenn dem Vermiether in Höhe des Werthes der wegzuschaffenden Sachen Sicherheit in Gemäßheit der §§ 174 Abs. 1, 175–178 der Zusammenstellung zum Allgemeinen Theil geleistet wird."

Kein Zweifel bestand, daß dem Vermiether zu seiner Sicherheit ein besonderes Recht an den von dem Miether eingebrachten Sachen einzuräumen, dieses Recht an der vorliegenden Stelle zu regeln und von dem landesgesetzlichen Vorbehalte des Art. 567 abzusehen sei. Mit Rücksicht auf die übereinstimmend eine vollständige Regelung des Rechts bezweckenden Anträge wurde in getrennter Berathung beschlossen, was folgt:

I.

Das Recht steht dem Vermiether zu, wenn der Miethvertrag eine unbewegliche Sache zum Gegenstande hat. Man hielt es nicht für angemessen, von „Grundstücken" zu reden, weil Sachen in Frage kommen könnten, für welche der Ausdruck: „Grundstücke" bedenklich sei. Man erachtete es ferner nicht für sachgemäß, die Miethe einer *Wohnung* noch besonders zu erwähnen, obschon dafür angeführt war: die Praxis weise Fälle auf, in welchen die Räumlichkeit einer beweglichen Sache, z. B. ein Schiffsraum, als Wohnung vermiethet werde. Die Mehrheit erkannte das Bedürfniß nicht an, für solche Fälle von der Regel abzuweichen, daß das Recht des Vermiethers an den eingebrachten Sachen eine unbewegliche Sache | als Gegenstand des Miethvertrages erfordere.

| Prot I 2111

II.

In Uebereinstimmung mit den vier gestellten Anträgen soll zur Bezeichnung des juristischen Wesens des dem Vermiether zustehenden Rechts bestimmt werden, daß dasselbe *ein Pfandrecht* sei.

Man war der Ansicht: eine solche Normirung sei allein geeignet, zu einem einfachen und klaren Rechte zu gelangen, während sie auf der anderen Seite zu praktischen Unzuträglichkeiten nicht zu führen vermöge.

III.

Das Pfandrecht soll als ein *gesetzliches* bezeichnet werden.

Die Bezeichnung fand man für nothwendig, um der verschiedene unhaltbare Konsequenzen nach sich ziehenden Auffassung zu begegnen, das Recht beruhe auf einer stillschweigenden Verpfändung.

IV.

1. Als Gegenstand des Rechts soll bezeichnet werden: „die eingebrachten Sachen *des Miethers*", nicht auch

2. Sachen, an welchen der Miether ein Pfandrecht begründen kann, oder

3. Sachen der Ehefrau und der Kinder des Miethers, sofern die Eigenthümer an dem Miethgebrauche Theil nehmen.

Erwogen war:

zu 1. Die Beibehaltung des in der Wissenschaft und Praxis hergebrachten, auch in dem § 41 der Konkursordnung gebrauchten und einen klaren und bestimmten Sinn ergebenden Ausdrucks: „eingebrachte Sachen" unterliege keinem Bedenken. Der Zusatz „des Miethers" stelle dagegen in angemessener Weise das Prinzip außer Zweifel, daß einzig und allein die Sachen des Miethers dem Rechte | unterworfen seien, daß | Prot I 2112 namentlich die Sachen des Untermiethers dem Hauptvermiether in keiner Weise haften, in welcher letzteren Beziehung das geltende Recht allerdings zum Theil abweiche; eine solche Abweichung sei indessen nur geeignet, ungerechtfertigte Härten oder mißliche Verwickelungen hervorzurufen.

zu 2. und 3. Die unter 2 beregte, gegen das erwähnte Prinzip streitende Ausdehnung sei nicht zu halten, denn sie führe ohne Zweifel schon deshalb zu weit, weil sie alle Fälle treffe, in welchen der Miether z. B. auch nur als Bevollmächtigter oder Vormund u.s.w. die rechtliche Macht habe, über die Sachen zu verfügen, während die Ausübung dieser Macht im eigenen Interesse rechtswidrig, vielleicht sogar strafbar sei. Zweifelhafter könne erscheinen, ob nicht die andere, unter 3 hervorgehobene Ausnahme sich rechtfertigen lasse, indem dafür insbesondere sich geltend machen lasse, die betreffenden Personen nähmen Theil an den aus dem Miethvertrage für den Miether entspringenden Vortheilen und andererseits seien erfahrungsmäßig die Vermiether erheblichen Benachtheiligungen ausgesetzt, wenn die Ausdehnung nicht gelte. Indessen die letztere habe zur Folge, daß Ehefrau und Kinder — im Widerspruche mit den allgemeinen Grundsätzen — in gewissem Umfange mit ihrem Vermögen für die Schulden des Ehemannes oder Vaters einstehen oder aus eigenen Mitteln ein Bedürfniß bestreiten müßten, welches dem Ehemanne oder Vater zur Last falle. Eine solche Abweichung von den allgemeinen Grundsätzen würde nur dann bestimmt werden dürfen, wenn das dringendste praktische Bedürfniß sie erfordere. Diese Voraussetzung müsse nach den in großen Rechtsgebieten gemachten Erfahrungen geleugnet werden. Dazu komme, die für den Vermiether besorgte Gefahr betreffend, deren erhebliche Minderung durch die reichsgesetzlichen Rechtsnormen | über die actio Pauliana (Gesetz vom 21. Juli 1879[2]) und in Anse- | Prot I 2113 hung des Frauenguts die durch das Prinzip der Formfreiheit der fraglichen Verträge erleichterte Aushülfe, daß der Vermiether den Miethvertrag zugleich mit der Ehefrau abschließe.

V.

Das Recht soll dem Vermiether wegen aller aus dem Miethvertrage entstehenden Ansprüche zustehen.

Man fand keinen Grund, welcher eine Beschränkung des Rechts in der fraglichen Beziehung zu rechtfertigen vermöge.

VI.

Hinsichtlich des Rechts wegen des Miethzinses soll — im Einklang mit dem Antrage Nr. 3 — bestimmt werden:

„Werde eine mit dem Pfandrechte belastete Sache für einen andern Gläubiger gepfändet, so könne diesem gegenüber das Pfandrecht wegen des Miethzinses nicht geltend gemacht werden, welcher auf eine frühere Zeit als das letzte Jahr vor der Pfändung falle."

---

[2] Es handelt sich um das Gesetz betreffend die Anfechtung von Rechtshandlungen eines Schuldners außerhalb des Konkursverfahrens (geändert 1898).

Die Gründe waren:

Der § 41 der Konkursordnung gewähre dem Vermiether das Absonderungsrecht in Ansehung des Miethzinses und wegen des laufenden und des für das letzte Jahr vor Eröffnung des Verfahrens rückständigen Zinses. So weit die Beschränkung auf rückständige Zinsen sich beziehe, müsse sie auch außerhalb des Konkurses für das dem Vermiether zustehende Pfandrecht zu Gunsten der Gläubiger gelten, die im Wege der Zwangsvollstreckung ein Pfändungsrecht erwirkt hätten. Dazu nöthigten die Gründe, auf welchen jene Beschränkung der Konkursordnung beruhe. In der Beschränkung aber noch weiter zu gehen und das Pfandrecht jedem Dritten gegenüber schlechthin zu
| Prot I 2114 verneinen, würde eine Verneinung desselben überhaupt enthalten; die Ver- | neinung würde von geringem praktischen Werthe, andererseits nicht folgerichtig sein. Eine weit wichtigere Frage, die sich noch erhebe, sei die: ob das Pfandrecht wegen des *künftigen* Miethzinses, der nicht zu dem laufenden gehöre, zu versagen sei. Die einschlagende Bestimmung der Konkursordnung, insofern sie rücksichtlich der künftigen Zinse eine Beschränkung ergeben sollte, könne bei der Entscheidung dieser Frage nicht zum Anhalt oder Vorbild dienen. Der Grund liege in der Einwirkung, welche die Eröffnung des Konkurses auf den Fortbestand des Miethverhältnisses äußere. Werde das Pfandrecht wegen des künftigen Zinses außerhalb des Konkurses – im Einklange mit mehreren der gestellten Anträge — versagt, so ergebe sich hieraus eine theilweise und höchst bedenkliche Vereitelung des Zwecks des Gesetzes. Der Vermiether, welcher sich auf längere oder kürzere Zeit für die Zukunft gebunden und weder rückständigen noch laufenden Zins zu fordern habe, müsse alsdann erleiden, daß die Invekten und Illaten des Miethers abgepfändet würden, und daß er damit wegen des künftigen Zinses die bei Eingehung des Miethverhältnisses vorausgesetzte Sicherheit verliere. Dies erscheine unstatthaft; es müsse vielmehr das Pfandrecht des Vermiethers auch wegen des künftigen Zinses unbeschränkt anerkannt werden. Ob darin gegenüber dem Pfändungspfandrechte eine Aenderung des § 709 der Deutschen Civilprozeßordnung liege, könne dahingestellt bleiben. Sollte der § 709 a. a. O. das desfallsige Verständniß in der That zulassen, so sei es aus dem erwähnten Grunde dringend geboten, diesem Verständnisse durch eine Bestimmung des bürgerlichen Gesetzbuchs entgegenzutreten.

Von einer Seite wurde bemerkt, daß die Konkursordnung, soweit nach derselben das Miethverhältniß überhaupt fortdauere, die Ausübung des Pfandrechts auch in Ansehung des künftigen Miethzinses nicht beschränke.

b) 206. Sitzung vom 7. Mai 1883, Schriftführer Neubauer

| Prot I 2117 | In Fortsetzung der Berathung über das dem Vermiether in Ansehung der eingebrachten Sachen des Miethers beizulegende Recht wurde weiter beschlossen:

VII.

Es soll nicht bestimmt werden: das Pfandrecht des Vermiethers erlösche mit der Wegschaffung der Sachen aus dem Grundstücke, sondern es soll bestimmt werden: das Pfandrecht erlösche mit der Entfernung der Sachen von dem Grundstücke, es sei denn, daß die Entfernung heimlich oder gegen den Widerspruch des Vermiethers erfolgt sei.

Man war der Ansicht: Werde das Erstere bestimmt, so erleide nicht allein das Pfandrecht eine den Zweck seiner Beilegung erheblich beeinträchtigende Abschwächung, sondern es werde zugleich die Gefahr der Förderung des mit den größten Uebelständen verbundenen sogenannten Ausrückens hervorgerufen. Die Fassung der beschlossenen Vorschrift weise übrigens in passender Weise darauf hin, daß den Ver-
| Prot I 2118 miether die Beweislast treffe, während das Wort „heimlich" den Sinn habe, | der ihm nach den einschlagenden Bestimmungen des Sachenrechts beiwohne.

VIII.

Es soll dem Vermiether nicht neben dem Pfandrecht noch besonders das Zurückbehaltungsrecht beigelegt, vielmehr soll bestimmt werden:

„der Vermiether habe das Recht, auch ohne Anrufung des Richters die Wegschaffung der Sachen von dem Grundstücke zu hindern und, wenn der Miether das letztere räume, dieselben in seinen Gewahrsam zu nehmen."

Man ging davon aus:

Das gesetzliche Pfandrecht des Vermiethers würde einen großen Theil seines Werths verlieren, wenn der Vermiether nicht im Stande sei, der Entfernung der Sachen von dem Grundstücke sich ohne vorherige Anrufung des Richters oder eigenmächtig zu widersetzen. Denn die Fortdauer des Rechts im Falle einer nur unter seinem Widerspruch oder heimlich bewirkten Entfernung würde ihm meist oder doch sehr oft wenig nützen. Indem es daher nöthig sei, das gesetzliche, mit dem wirklichen Gewahrsam der haftbaren Sachen nicht verbundene Pfandrecht durch die Befugniß zu verstärken, der Entfernung derselben mittels Eigenmacht entgegenzutreten, auch die Sachen, wenn der Miether das Grundstück zu räumen oder bereits geräumt habe, in Gewahrsam zu nehmen, empfehle es sich doch nicht, diese Befugniß als Zurückbehaltungsrecht zu bezeichnen, unter welchem der juristische Sprachgebrauch ein dem Schuldner zustehendes obligatorisches Recht verstehe, vielmehr verdiene es den Vorzug, den Inhalt des Rechts anzugeben.

IX.

Es soll nicht bestimmt werden: der Vermiether sei | außerdem befugt, die heimlich oder unter seinem Widerspruch weggeschafften Sachen im Wege der sofortigen Nacheile eigenmächtig zurückzuschaffen bezw. an sich zu nehmen (zu vergl. Sachenrechts Entwurf § 72 Abs. 2). Man glaubte, daß die Bestimmungen des § 164 der Zusammenstellung der den Allgemeinen Theil betreffenden Beschlüsse (Protokolle vom 6. und 8. Februar 1882 S. 399–408) über Selbsthülfe zum Schutze des Vermiethers genügten und daß es die Rücksicht auf die öffentliche Ordnung nicht gestatte, über diese Bestimmungen hinauszugehen. | Prot I 2119

X.

Es soll bestimmt werden: der Vermiether sei befugt, von dem Miether die Zurückschaffung der heimlich oder unter Widerspruch entfernten Sachen und im Falle der Räumung des Grundstücks die Ueberlassung des Gewahrsams derselben *rechtlich* zu verlangen, während das Recht des Vermiethers, das Pfandrecht in Ansehung solcher unrechtmäßig weggeschafften Sachen gegen Dritte geltend zu machen, nach den Rechtsnormen des Sachenrechts über die Verfolgbarkeit des auf Vertrag beruhenden Pfandrechts sich bestimme.

Die erstere Bestimmung erachtete man zur Klarstellung des Gesetzes für angemessen und die zweite für sachgemäß, um den dinglichen Charakter des Rechts zu verdeutlichen, ohne den Vorschriften des Sachenrechts über die Rechte des Pfandgläubigers einer beweglichen Sache gegenüber einer Dritten, in den Besitz der letzteren gelangten Person vorzugreifen.

XI.

Der nachträglich gestellte Antrag, zu bestimmen: Derscheid

„Das Recht des Vermiethers, die Zurückschaffung oder den Gewahrsam widerrecht- (Nr 367)

| Prot I 2120 lich entfernter Sachen zu verlangen, erlösche, wenn dasselbe nicht innerhalb einer | Frist von einer Woche nach erlangter Kenntniß von der Entfernung gerichtlich geltend gemacht ist[3]."

und eventuell die vorstehende Bestimmung unter Weglassung des Wortes: „gerichtlich" aufzunehmen,

wurde abgelehnt.

Man war der Ansicht: Eine solche Bestimmung würde nur gerechtfertigt sein, wenn sie allgemein für alle Fälle gelte, in welchen dem Pfandgläubiger einer beweglichen Sache der Gewahrsam wider seinen Willen entzogen sei; dieselbe auf den vorliegenden Fall zu beschränken und damit nur das Pfandrecht des Vermiethers nicht unerheblich zu beschränken, dazu fehle es an zwingenden Gründen; ob die Vorschrift in der beregten Ausdehnung zu beschließen sei, könne erst bei Berathung des Sachenrechts zur Entscheidung gelangen.

XII.

Es soll nicht bestimmt werden: der Vermiether könne der Wegschaffung der dem Pfandrechte unterliegenden Sachen nur wegen des laufenden und rückständigen Miethzinses und anderer fälliger Ansprüche aus dem Miethvertrage widersprechen.

Erwogen war:

Die in Frage stehende Beschränkung führe in ihren praktischen Folgen zur fast völligen Verneinung des Pfandrechts wegen anderer als bereits fälliger Ansprüche mit Ausnahme des Anspruchs auf den laufenden Zins. Dies erhelle, wenn man in Betracht ziehe, daß die Wegschaffung, welcher der Vermiether zu widersprechen nicht befugt sei, nach dem unter VII gefaßten Beschlusse die Aufhebung des Pfandrechts nach sich ziehen müsse, da unter „Widerspruch" im Sinne dieses Beschlusses selbstredend nur ein
| Prot I 2121 berechtigter Widerspruch | sich verstehen lasse. Die Beschränkung stehe also nicht im Einklange mit den in der vorigen Sitzung unter V und VI gefaßten Beschlüssen (S. 2113, 2114). Anzuerkennen sei, daß das Recht des Vermiethers, der Wegschaffung jeder, dem Pfandrechte unterworfenen Sache zu widersprechen, schwere Uebelstände hervorzurufen geeignet sei, die noch verstärkt würden, wenn das Recht auch wegen des künftigen Miethzinses oder wegen sonstiger künftiger Ansprüche zustehe, deren Erledigung durch Befriedigung des Vermiethers dem Miether nicht angesonnen werden dürfe. Diese Uebelstände zeigten sich indessen – obschon nur in geringerem Maße – auch bei Bestimmung der in Rede stehenden Beschränkung. Es werde ihnen thunlichst durch eine Bestimmung abzuhelfen sein, welche dem Vermiether die Befugniß entziehe, unterschiedslos der Wegschaffung jeder Sache, sei es wegen fälliger Ansprüche, sei es wegen noch nicht fälliger oder künftiger Forderungen sich zu widersetzen. Auch aus dem § 710 der D. Civilprozeßordnung könne kein Grund für die Beschränkung entlehnt werden. Wenn derselbe von Befriedigung wegen noch nicht fälliger Forderungen rede, so seien unter „den noch nicht fälligen Forderungen" bloß solche zu verstehen, bei denen nur die Erfüllungszeit noch nicht eingetreten, nicht aber auch solche, die außerdem noch von weiteren Voraussetzungen abhängig seien, z. B. dem Eintritte einer Bedingung. Der Anspruch des Vermiethers auf den künftigen Miethzins u. dgl. gehöre nicht zu den noch nicht fälligen Forderungen im Sinne des § 710 a. a. O. Da der Vermiether vorzuleisten habe, so sei jener Anspruch noch von einer weiteren Voraussetzung abhängig, so daß der Vermiether wegen desselben nicht sofortige Befriedigung verlangen, sondern – ähnlich wie bei einem bedingten Anspruche – nur Hinterlegung des betreffenden Theils des Erlöses fordern könne.

[3] Hier verweist Derscheid auf § 164 Abs. 3 Zust. Allg. Teil.

| XIII. | Prot I 2122

Es soll bestimmt werden: der Vermiether könne der Wegschaffung solcher Sachen nicht widersprechen, die im regelmäßigen Betriebe des Geschäfts des Miethers und – salva redactione – weil die gewöhnlichen Lebensverhältnisse es erfordern (im gewöhnlichen Laufe des Lebens) entfernt werden. Diese Beschränkung soll auch wegen fälliger Forderungen gelten.

Erwogen war:

Das betreffende Recht des Vermiethers bedürfe zur thunlichsten Beseitigung der bereits gedachten Uebelstände nothwendig der Beschränkung. Am unbedenklichsten erscheine die Beschränkung in Ansehung der Sachen, deren ungehemmte Entfernung zum Betriebe eines gewerblichen Geschäfts des Miethers erforderlich sei, z. B. der Waaren, die zu einem Verkaufsladen gehören. Allein diese Beschränkung reiche nicht aus. Sie müsse auf alle Sachen erstreckt werden, deren dauernde, namentlich aber deren nur vorübergehende Entfernung durch die gewöhnlichen Lebensverhältnisse geboten sei, z. B. Reiseutensilien bei Antritt einer Reise, reparaturbedürftige Sachen, deren Ausbesserung außerhalb des Hauses zu erfolgen habe u.s.w. Erscheine die Beschränkung aber einmal angemessen, so müsse sie allgemein – also auch für die bereits fälligen Ansprüche – gelten. Würde wegen der letzteren in Rücksicht auf die sofortige Erfüllungspflicht des Miethers eine Ausnahme zugelassen, so würden die besorgten Unzuträglichkeiten immerhin noch in nicht geringem Umfange sich geltend machen.

XIV.

Der Antrag zu bestimmen[4]:

„Durch die erlangte Gewahrsam erwirbt der Vermiether ein Faustpfandrecht.“ Kurlbaum

| wurde abgelehnt. | Prot I 2123

Man erachtete eine solche Bestimmung deshalb für selbstverständlich, weil es nicht zweifelhaft sein könne, daß der Vermiether, wenn er in Folge seines gesetzlichen Pfandrechts auch zum Gewahrsam der Sachen gelange, hinsichtlich seiner Rechte und Pflichten demjenigen gleichstehe, welcher durch Vertrag ein Faustpfand erworben habe, demgemäß auch wegen des § 41 der Konkursordnung („sofern sich die Sachen noch auf dem Grundstücke befinden“) eine besondere Vorsorge nicht nöthig sei.

XV.

Es soll nicht bestimmt werden, daß im Falle der Konkurseröffnung des Pfandrechts nur an den auf dem Grundstücke noch befindlichen Sachen bestehe.

Man war der Ansicht, eine desfallsige, eine Bestimmung der Konkursordnung nur wiederholende Vorschrift sei, soweit das Konkursverfahren in Betracht komme, offenbar als zur Konkursordnung gehörend entbehrlich, im Uebrigen aber ungerechtfertigt, weil sie eine nicht haltbare Beschränkung des Pfandrechts enthalte.

XVI.

Die Rangordnung des Pfandrechts im Verhältniß zu anderen Pfand- oder Vorzugsrechten soll nicht geordnet werden.

Man glaubte, daß diese Regelung dem Sachenrechte vorzubehalten sei.

---

[4] Dieser Antrag stammt von *Kurlbaum* (Nachlaß v. Schmitt).

XVII.

Es soll bestimmt werden, daß das Pfandrecht sich nicht auf diejenigen Sachen beziehe, die der Pfändung nicht unterworfen sind.

| Prot I 2124 | Man glaubte, daß der Gesetzgeber inkonsequent verfahren würde, wenn er ein *gesetzliches* Pfandrecht in Betreff der Sachen zugestehe, deren Abpfändung er aus Gründen der öffentlichen Wohlfahrt und im öffentlichen Interesse verbiete.

XVIII.

Es soll bestimmt werden, die Ausübung des Pfandrechts könne dadurch abgewendet werden, daß für die Ansprüche des Vermiethers bis zur Höhe des Werths der Sachen nach Maßgabe der Bestimmungen § 174 Abs. 1, §§ 175–178 der Zusammenstellung der den Allgemeinen Theil betreffenden Beschlüsse (Protokolle vom 20. und 22. Februar 1882, S. 449–458) Sicherheit geleistet werde.

Man hielt eine solche Milderung des kraft des Gesetzes dem Vermiether zustehenden Pfandrechts für angemessen und völlig unbedenklich.

XIX.

Man erachtete es nicht für nöthig, hervorzuheben, daß die §§ 709, 710 der D. Civilprozeßordnung unberührt blieben, weil nichts beschlossen sei, was in dieser Hinsicht Zweifel erwecken könnte.

Einverständniß bestand, daß

1. in Ansehung des den Gastwirthen an den eingebrachten Sachen der Gäste zustehenden Pfandrechts das Erforderliche in dem Abschnitte über das Vertragsverhältniß zwischen Wirth und Gast (zu vergl. DresdE Art. 750ff.) vorzusehen sei.

2. im Sachenrecht zu bestimmen sei, die Vorschriften über das konventionelle Faustpfandrecht an beweglichen Sachen finden auch, vorbehaltlich ge- | wisser Modifikationen, auf das gesetzliche Pfandrecht Anwendung. | Prot I 2125

**II. 1.** Fassung der beschlossenen Regelung in der *RedVorl:*

RedVorl § 16 § 16 (Art. 567) 376. Der Vermiether einer unbeweglichen Sache hat wegen seiner Ansprüche aus dem Miethvertrage ein gesetzliches Pfandrecht an den eingebrachten Sachen des Miethers. Das Pfandrecht besteht nicht in Ansehung derjenigen Sachen, welche der Abpfändung entzogen sind. Es erlischt mit der Entfernung der Sachen von dem Grundstücke, auf welches sich das Miethverhältniß bezieht, es sei denn, daß die Entfernung heimlich oder gegen den Widerspruch des Vermiethers erfolgt ist. Der Vermiether kann der Entfernung derjenigen Sachen nicht widersprechen, welche der Miether im regelmäßigen Betriebe seines Geschäfts[4a] oder weil die gewöhnlichen Lebensverhältnisse es mit sich bringen (erfordern[5]), zu entfernen bestimmt wird.

Der Vermiether ist berechtigt, auch ohne Anrufung des Richters (eigenmächtig[6]) die Entfernung aller anderen Sachen zu hindern und, wenn der Miether das Grundstück räumt, dieselben in seinen Gewahrsam zu nehmen.

Er ist berechtigt, von dem Miether die Zurückschaffung der heimlich oder gegen seinen Widerspruch entfernten Sachen, deren Entfernung er zu widersprechen befugt

---

[4a] Im KE heißt es: „Geschäftes"; im Abs. 3: „Grundstückes" und im Abs. 5: „Pfandrechtes".

[5] Dieses Wort ist in der ZustOR nicht mehr enthalten.

[6] Dieses Wort ist in der ZustOR nicht mehr enthalten.

war, und nach bereits erfolgter Räumung des Grundstücks die Ueberlassung des Gewahrsams derselben zu fordern.

Die Rechte des Vermiethers in Ansehung der entfernten Sachen gegenüber dritten Personen bestimmen sich nach den Vorschriften über das auf Vertrag beruhende Pfandrecht.

Die Ausübung des gesetzlichen Pfandrechtes des Vermiethers kann für jede einzelne, diesem Rechte unterliegende Sache dadurch abgewendet werden, daß für den Anspruch des Vermiethers bis zur Höhe des Werths der Sache Sicherheit geleistet wird. Die Sicherheitsleistung durch Bürgen ist ausgeschlossen.

Wird eine dem Pfandrechte des Vermiethers unterliegende Sache für einen anderen Gläubiger gepfändet, so kann diesem gegenüber das Pfandrecht wegen desjenigen Miethzinses nicht geltend gemacht werden, welcher auf eine frühere Zeit als das letzte Jahr vor der Pfändung entfällt.

**2.** § 376 *ZustOR* entspricht bis auf die unter 1. angemerkten Änderungen dem § 16 RedVorl. ZustOR § 376

**3.** Aufgrund eines Antrags von *Kurlbaum* (Nr. 565, 35) wurde der fünfte Absatz des § 376 ZustOR dahin geändert: „Die Ausübung des gesetzlichen Pfandrechts des Vermiethers kann durch Sicherheitsleistung für den Anspruch und in Ansehung jeder einzelnen diesem Rechte unterliegenden Sache durch Sicherheitsleistung bis zur Höhe des Werthes der Sache abgewendet werden. Die Sicherheitsleistung durch Bürgen ist ausgeschlossen“ (Prot. I 3289).

**4.** Ferner wurden in § 376 Abs. 2 ZustOR die Worte „des Richters“ durch „des Gerichts“ ersetzt (Prot. I 3295). Der Vorschlag hierzu ging von der Redaktionskommission aus.

**5.** Aufgrund eines Antrags von *Kurlbaum* (Nr. 570 IV, 28) wurde beschlossen, in § 376 ZustOR statt „Abpfändung“ zu setzen „Pfändung“ (Prot. I 3554, 3560).

**6.** Weiter wurde auf Antrag beschlossen, in § 376 ZustOR statt „der Pfändung entzogen sind“, zu setzen, „der Pfändung nicht unterworfen sind“ (Prot. I 3564).

**III. 1.** Bis auf die unter II 3–6 mitgeteilten Änderungen entspricht § 514 *KE* dem § 376 ZustOR.

**2.** 425. Sitzung vom 25. 3. 1885:

| Es war beantragt[7]: | Prot I 5794

a) in § 514 KE den vierten Absatz zu streichen; Johow (Nr 430)

b) in § 529 KE den zweiten Satz dahin zu ändern:

„Auf dieses Pfandrecht findet die Vorschrift des Abs. 4 (bisher Abs. 5) Anwendung.“

c) in § 567 den zweiten Satz zu streichen.

Zu diesem Antrage war der Unterantrag gestellt worden, bei Streichung des Abs. 4 des § 514 KE den Abs. 3 dieses § zu fassen:

„Der Miether ist gegenüber dem Vermiether verpflichtet, die heimlich oder gegen den Widerspruch des Vermiethers entfernten Sachen, deren Entfernung der Vermiether zu widersprechen befugt war, zurückzuschaffen und nach bereits erfolgter Räumung des Grundstückes deren Inhabung zu überlassen.“ Kurlbaum (Nr 431)

---

[7] Die Ziffern der beiden folgenden Anträge beziehen sich auf die zum Sachenrecht gestellten Anträge.

Der Hauptantrag wurde mit Rücksicht darauf angenommen, daß die über das Pfandrecht beschlossenen Bestimmungen, in Abweichung von dem Entwurfe, sich nicht auf das durch Vertrag begründete Pfandrecht beschränken, sondern allgemein lauten und auch auf das gesetzliche Pfandrecht sich beziehen, somit die in den §§ 514, 529, 567 sich findende Verweisung auf die Bestimmungen über das durch Vertrag begründete Pfandrecht entbehrlich, ja irreführend geworden ist.

| Prot I 5795 | Der gestellte Unterantrag wurde abgelehnt. Man war der Ansicht: Für die vorgeschlagene Fassungsänderung liege ein genügender Grund nicht vor. Der § 514 Abs. 3 KE beziehe sich auf die Pfandvindikation des Vermiethers und harmonire mit den allgemeinen über die Pfandvindikation beschlossenen Bestimmungen, zu vergl. Prot. S. 5530, 5531[8]. In Frage könne nur kommen, wie bei der Berathung bemerkt wurde, ob vielleicht die Worte: „von dem Miether" zu streichen seien, worüber jedoch gegenwärtig nicht Beschluß zu fassen sei.

**3.** Ferner nahm die 1. Kommission den Antrag von *Kurlbaum* (Nr. 576, 26) an: „den zweiten Absatz des § 514 KE aus dem letzten Satze des ersten Absatzes und dem zweiten Absatze zu bilden und dabei im Eingang des jetzigen zweiten Absatzes statt „der Vermiether" zu setzen „Er", und im Eingange des dritten Absatzes statt: „Er" „Der Vermiether". (Prot. I 6193, 6194)

**4.** Auf Antrag von *Johow* (Nr. 606, 1) hin wurde beschlossen, in 514 Abs. 1 KE statt „unbewegliche Sache" zu setzen „Grundstück" (Prot. I 11780f.).

**5.** Ferner lagen folgende Anträge vor:

| Prot I 11817 v. Mandry (Nr 597, 38) | Prot I 11818

1. Zu § 514 Abs. 2, diesen zu fassen: | „... zu deren Entfernung der Miether im regelmäßigen Betriebe seines Geschäftes bestimmt wird oder weil die gewöhnlichen Lebensverhältnisse es mit sich bringen. In Ansehung aller anderen seinem Pfandrechte unterliegenden Sachen ist der Ver- | miether berechtigt, auch ohne Anrufen des Gerichtes die Entfernung zu hindern und dieselben, wenn ... räumt, in seine Inhabung zu nehmen".

(Von der Fassungsänderung abgesehen, wird die Einschiebung der Worte „seinem Pfandrechte unterliegenden" – vergl. Abs. 5 – beantragt, um das Mißverständnis auszuschließen, als ob das Rückbehaltungsrecht unabhängig vom Pfandrechte bezüglich „aller anderen Sachen", d. h. bezüglich aller nicht im ersten Satze des 2. Abs. ausgenommenen Sachen, bestehe.)

Gebhard (Nr 609, 3)

2. a) § 514 Abs. 1 Satz 1 zu fassen:
„Der Vermiether einer unbeweglichen Sache hat wegen seiner Forderungen aus dem Miethvertrage an den eingebrachten Sachen des Miethers ein gesetzliches Pfandrecht".

b) im § 514 Abs. 4 zu setzen:
statt: „Sicherheitsleistung für den Anspruch" „Sicherheitsleistung für die Forderung".

c) § 529 Satz 1 zu fassen:
„Der Pächter eines Grundstückes hat wegen seiner auf das Inventar sich beziehenden Forderungen an dem in seiner Inhabung befindlichen mitverpachteten Inventar ein gesetzliches Pfandrecht."

d) § 536 zu fassen:
„Der Verpächter eines landwirthschaftlichen Grundstückes hat wegen seiner Forderungen aus dem Pachtvertrage sowohl an den eingebrachten Sachen des Pächters als

---

[8] Vgl. Materialien zu § 1227 BGB.

auch an den Früchten des Grundstückes ein gesetzliches Pfandrecht. Auf dieses Pfandrecht finden die Vorschriften des § 514 Abs. 1 bis 4 entsprechende Anwendung."

| e) § 567 zu fassen: | Prot I 11819

„Der Unternehmer hat wegen seiner Forderungen für Arbeit und Auslagen an den von ihm . . . Bestellers ein gesetzliches Pfandrecht."

f) § 621 Satz 1 zu fassen:

„Der Gastwirth hat . . . des Gastes an den eingebrachten Sachen desselben ein gesetzliches Pfandrecht."

(In § 514 Abs. 1, Abs. 3, 536 steht „Ansprüche", in § 529, 567, 621 „Forderungen";

in § 514 Abs. 1, 536, 567, 621 ist zuerst die Forderung, dann der Gegenstand des Pfandrechts, im § 529 zuerst der Gegenstand des Pfandrechts, dann die Forderung genannt; –

im § 529 bilden die Worte „ein gesetzliches Pfandrecht" den Schluß des Satzes, an welchen sich die ersten Worte des folgenden Satzes unmittelbar anschließen; –

in §§ 514, 536, 567 und 621 sind die Worte „ein gesetzliches Pfandrecht" vorausgestellt; –

im § 536 entspricht die Ersetzung des Semikolon durch einen Punkt der Fassung des § 529, –

die Vertauschung von „des § 514 | mit Ausschluß des letzten Absatzes" mit „des § 514 Abs. 1 bis 4" der üblichen Verweisungsmethode.) | Prot I 11820

Beschlossen wurde:

zu 1) den § 514 Abs. 2 Satz 1 dahin zu fassen:

. . . nicht widersprechen, zu deren Entfernung der Miether im regelmäßigen Betriebe seines Geschäftes oder dadurch veranlaßt wird, daß die gewöhnlichen Lebensverhältnisse die Entfernung mit sich bringen.

in Abs. 2 Satz 2 nach „aller anderen" einzuschalten „seinem Pfandrechte unterliegenden" . . .

zu 2) im § 514 Abs. 1 Z. 2 zu setzen statt „Ansprüche" „Forderungen"

Abs. 4 Z. 2 statt „Anspruch" „Forderung";

§ 529 Satz 1 zu fassen:

Der Pächter eines Grundstückes hat wegen seiner auf das Inventar sich beziehenden Forderungen ein gesetzliches Pfandrecht an dem in seiner Inhabung befindlichen mitverpachteten Inventare.

§ 536 zu fassen:

Der Verpächter eines landwirthschaftlichen Grundstückes hat wegen seiner Forderungen aus dem Pachtvertrage ein gesetzliches Pfandrecht sowohl an den eingebrachten Sachen des Pächters als auch an den Früchten des Grundstückes. Auf dieses Pfandrecht finden die Vorschriften des § 514 Abs. 1 bis 4 entsprechende Anwendung.

Die §§ 567, 621 bleiben unverändert.

IV. Die beschlossene Regelung lautet als § 521 E I:

Der Vermiether eines Grundstückes hat wegen seiner Forderungen aus dem Miethvertrage ein gesetzliches Pfandrecht an den eingebrachten Sachen des Miethers. Das Pfandrecht besteht nicht in Ansehung derjenigen Sachen, welche der Pfändung nicht unterworfen sind. Es erlischt mit der Entfernung der Sachen von dem Grundstücke, auf welches das Miethverhältniß sich bezieht, es sei denn, daß die Entfernung heimlich oder gegen den Widerspruch des Vermiethers erfolgt ist. E I § 521

Der Vermiether kann der Entfernung derjenigen Sachen nicht widersprechen, zu deren Entfernung der Miether im regelmäßigen Betriebe seines Geschäftes oder dadurch veranlaßt wird, daß die gewöhnlichen Lebensverhältnisse die Entfernung mit sich bringen. Er ist berechtigt, auch ohne Anrufung des Gerichtes die Entfernung aller anderen seinem Pfandrechte unterliegenden Sachen zu hindern und, wenn der Miether das Grundstück räumt, dieselben in seine Inhabung zu nehmen.

Der Vermiether ist berechtigt, von dem Miether die Zurückschaffung der heimlich oder gegen seinen Widerspruch entfernten Sachen, deren Entfernung er zu widersprechen befugt war, und nach bereits erfolgter Räumung des Grundstückes die Ueberlassung der Inhabung derselben zu fordern.

Die Ausübung des gesetzlichen Pfandrechts des Vermiethers kann durch Sicherheitsleistung für die Forderung und in Ansehung jeder einzelnen diesem Rechte unterliegenden Sache durch Sicherheitsleistung bis zur Höhe des Werthes der Sache abgewendet werden. Die Sicherheitsleistung durch Bürgen ist ausgeschlossen.

Wird eine dem Pfandrechte des Vermiethers unterliegende Sache für einen anderen Gläubiger gepfändet, so kann diesem gegenüber das Pfandrecht wegen desjenigen Miethzinses nicht geltend gemacht werden, welcher auf eine frühere Zeit als das letzte Jahr vor der Pfändung entfällt.

## B. Vorkommission des Reichsjustizamtes

### I. Anträge

Struckmann (Nr 3, 52)

1. den § 521 durch folgende Vorschriften zu ersetzen:

§ 521. Der Vermiether eines Grundstückes hat wegen seiner Forderungen aus dem Miethvertrage ein gesetzliches Pfandrecht an den in die gemietheten Räume eingebrachten Sachen des Miethers. Das Pfandrecht umfaßt auch die in diese Räume eingebrachten Sachen des Ehegatten und der Kinder des Miethers, sofern der Ehegatte und die Kinder mit ihm in häuslicher Gemeinschaft leben. Dem Pfandrechte unterliegen nicht solche Sachen, welche der Pfändung nicht unterworfen sind.

Das Pfandrecht erlischt mit der Entfernung der Sachen aus den gemietheten Räumen, es sei denn, daß die Sachen ohne Genehmigung des Vermiethers weggeschafft worden sind. Der Mangel dieser Genehmigung hindert das Erlöschen des Pfandrechtes nicht in Ansehung solcher Sachen, welche der Miether im regelmäßigen Betriebe seines Geschäfts oder den gewöhnlichen Lebensverhältnissen entsprechend aus den Räumen entfernt.

Struckmann (Nr 3, 52)

§ 521 a. Der Vermiether kann die Wegschaffung der ihm haftenden Sachen auch ohne Anrufen des Gerichts hindern und, wenn der Miether die gemietheten Räume verläßt, die Sachen in seinen Besitz nehmen. Sind Sachen ohne Genehmigung des Vermiethers weggeschafft worden, so kann dieser die Zurückschaffung derselben in die Räume, oder, wenn der Miether diese verlassen hat, die Ausantwortung der Sachen in seinen Besitz fordern. Diese Vorschriften finden keine Anwendung auf die im § 521 Abs. 2 Satz 2 bezeichneten Sachen.

Struckmann (Nr 3, 52)

§ 521 b. Die Ausübung des dem Vermiether zustehenden Pfandrechts ist insoweit ausgeschlossen, als sie zur Sicherung seiner Forderungen wegen des rückständigen und des bis zum Ende der Miethzeit laufenden Miethzinses sowie seiner aus dem Miethverhältnisse bereits entstandenen Entschädigungsforderungen nicht erforderlich ist. Der

Miether kann die Ausübung des Pfandrechts durch Sicherheitsleistung für die im Abs. 1 bezeichneten Forderungen abwenden und jede einzelne Sache durch Sicherheitsleistung bis zum Betrage ihres Werthes von dem Pfandrechte befreien.

§ 521c: Wird eine dem Pfandrechte des Vermiethers unterliegende Sache für einen anderen Gläubiger gepfändet, so kann der Vermiether sein Pfandrecht nur wegen des für das der Pfändung vorhergehende letzte Jahr geschuldeten und des bis zum Ende der Miethzeit laufenden Miethzinses sowie wegen der zur Zeit der Pfändung aus dem Mietverhältnisse bereits entstandenen Entschädigungsforderungen geltend machen. Struckmann (Nr 3, 52)

2. Den § 521 in folgender Art zu ändern und zu zerlegen:

§ 521. Der Vermiether eines Grundstücks hat wegen des Miethzinses für das laufende, das demselben vorhergehende und das darauf folgende Jahr, sowie wegen aller sonstigen fälligen Forderungen aus dem Miethvertrage ein gesetzliches Pfandrecht an den eingebrachten Sachen des Miethers. Das Pfandrecht besteht nicht in Ansehung derjenigen Sachen, welche der Pfändung nicht unterworfen sind. Planck (Nr 6, 66)

§ 521a. Das Pfandrecht des Vermiethers erlischt mit der Entfernung der Sachen von dem Grundstücke, auf welches das Miethverhältniß sich bezieht, es sei denn, daß die Entfernung heimlich oder gegen den Widerspruch des Vermiethers erfolgt ist. Planck (Nr 6, 66)

Der Vermiether kann der Entfernung derjenigen Sachen nicht widersprechen, zu deren Entfernung der Miether im regelmäßigen Betriebe seines Geschäfts oder dadurch veranlaßt wird, daß die gewöhnlichen Lebensverhältnisse die Entfernung mit sich bringen. Er kann der Entfernung von Sachen auch dann nicht widersprechen, wenn der Werth der auf dem Grundstücke zurückbleibenden, dem Pfandrecht unterworfenen Sachen der in dem § 521 bezeichneten Forderungen genügt. Er ist berechtigt . . . u.s.w. wie im zweiten Satz des zweiten Abs. des Entwurfs.

§ 521b. Der Vermiether ist berechtigt, die Zurückschaffung . . . u.s w. wie im dritten Abs. des § 521 des Entwurfs. Planck (Nr 6, 66)

§ 521c wie Abs. 4 des § 521 des Entwurfs.
(Abs. 5 des § 521 des Entwurfs fällt weg.)

**II. a)** 73. Sitzung vom 23. 3. 1892

| Zur Berathung gelangte der § 521. Einverständniß bestand darüber, daß die völlige Beseitigung des Pfandrechts des Vermiethers nicht in Frage kommen, es vielmehr nur darum sich handeln könne, den Umfang des Rechts in angemessener Weise zu begrenzen. | Prot-RJA 441

1. Anlangend zunächst den Umfang des Pfandrechts in Ansehung der Forderungen (Abs. 1 Satz 1; Abs. 5), so beschloß man, es zu beschränken auf die fälligen Forderungen aus dem Mietvertrage und auf den Miethzins für das laufende und das nächstfolgende Jahr, es bezüglich des Verhältnisses des Vermiethers zu einem pfändenden anderen Gläubiger des Miethers aber bei der weiteren einschränkenden Bestimmung des Abs. 5 zu belassen.

Einverstanden war man darüber, daß in Betreff der aus dem Miethverhältnisse entstehenden Entschädigungsansprüche das Pfandrecht auf die fälligen Ansprüche dieser Art eingeschränkt werden müsse. Ebenso stimmte man bezüglich der fälligen Miethzinsforderungen darin überein, daß die pfandrechtliche Haftung im Verhältniß zum Miether selbst auf alle rückständigen Miethzinsen zu erstrecken, im Verhältniß zu anderen pfändenden Gläubigern auf die Rückstände aus dem letzten Jahre vor der Pfändung zu beschränken sei.

Dagegen gingen die Meinungen auseinander bezüglich der künftig fällig werdenden Miethzinsen.

In dieser Hinsicht wurde von einer Seite vorgeschlagen, gegenüber dem Miether
| Prot-RJA 442 selbst sowie gegenüber einem anderen pfändenden Gläubiger das Pfandrecht auf die | künftigen Miethzinsen für die ganze Miethzeit zu erstrecken, dagegen für den Konkursfall eine weitere Einschränkung eintreten zu lassen. Zu diesem Zwecke wurde beantragt, die Bestimmung, wonach der Vermiether gegenüber einem pfändenden Gläubiger nur wegen des für das der Pfändung vorhergehende letzte Jahr geschuldeten und des bis zum Ende der Miethzeit laufenden Miethzinses sowie wegen der zur Zeit der Pfändung aus dem Miethverhältnisse bereits entstandenen Entschädigungsforderungen sein Pfandrecht geltend machen kann, durch Aenderung des § 41 der Konkursordnung[9] in der Fassung des Art. 13 des Einf.-Ges. für den Konkursfall bezüglich des Umfangs des Absonderungsrechts mit der Maßgabe für anwendbar zu erklären, daß an Stelle des in jener Bestimmung bezeichneten Zeitpunkts der Pfändung der Zeitpunkt der Konkurseröffnung treten solle. Der Antragsteller wollte hierdurch erreichen, daß das Absonderungsrecht des Vermiethers im Konkurse des Miethers durch Ausübung des dem Verwalter im § 17 Nr. 1[10] gewährten Kündigungsrechts auf den bis zum Ablaufe der gesetzlichen Kündigungsfrist laufenden Miethzins beschränkt und somit für den Interessenanspruch des Vermiethers wegen Nichterfüllung des Miethvertrages während der ganzen übrigen vertragsmäßigen Dauer desselben, entgegen der vom Reichsgericht für das Gebiet des preußischen und französischen Rechts vertretenen Ansicht[11], ausgeschlossen werde.

Der Antragsteller führte aus:

Im Verhältniß des Vermiethers zum Miether bestehe kein Grund, das Pfandrecht bezüglich der künftig fällig werdenden Miethzinsforderungen zu beschränken. Es sei unbillig, dem Vermiether zuzumuthen, daß er zusehe, wenn der Miether seine eingebrachten Sachen, in welchen der Vermiether die einzige Sicherheit auch für die in die
| Prot-RJA 443 spätere Vertragszeit fallenden Miethzinsen habe, von dem Grund- | stücke entferne, obwohl er seinerseits vielleicht auf längere Zeit an den Miethvertrag gebunden sei. Einen hinreichenden Schutz gewähre dem Vermiether auch nicht das ihm im § 528 Nr. 2 bestimmte Kündigungsrecht, da dieses voraussetze, daß der Miether mit der Entrichtung des Miethzinses oder eines Teiles desselben für *zwei auf einander folgende* Termine sich im Verzuge befinde. Eine Beschränkung des Pfandrechts habe zur nothwendigen Folge, daß mit kleinen Leuten, welche persönlich dem Vermiether keine Sicherheit bieten, nur noch auf kurze Zeit oder gegen Kündigung oder gegen Vorauszahlung der Miethe bezw. Sicherheitsleistung Miethverträge abgeschlossen würden. Bei der Pacht vollends würde eine Beschränkung des Pfandrechts dahin führen, daß kleine Pächter von Pachtungen ganz ausgeschlossen wären, da sie weder im Stande seien, dem Verpächter Sicherheit zu bestellen, noch die Pacht vorauszuzahlen, weil diese regelmäßig aus dem Ernteertrage gedeckt werde. Anlangend das Verhältniß des Vermiethers zu anderen Gläubigern des Miethers so liege entweder Ueberschuldung des letzteren vor, dann könne der Gläubiger sich durch den Antrag auf Konkurseröffnung helfen, oder es liege keine Ueberschuldung vor, dann schade das Pfandrecht des Vermiethers den übrigen Gläubigern Nichts. Nur für den Konkursfall sei allerdings eine Beschränkung des Absonderungsrechts des Vermiethers im Interesse der übrigen Gläubiger geboten, wie

---

[9] Vgl. § 49 KO n. F. (geändert).
[10] Vgl. § 19 KO n. F. (geändert).
[11] Vgl. RGZ 7, 20 und 11, 357; ferner RG Pr. JMBl. 1885, 150 (vgl. *G. v. Wilmowski*, Deutsche Reichskonkursordnung, 4. Aufl. 1889, Anm. 4 zu § 17 KO; und Anm. 7a zu § 41 KO).

sie neuerdings von Vertretern des Handelsstandes vielfach gefordert werde[12]. Nach der, übrigens keineswegs unanfechtbaren, Rechtsprechung des Reichsgerichts[13] habe der Vermiether, welcher z. B. einen Laden auf Jahre zu sehr hohem Miethzinse vermiethet habe, in Höhe der Miethzinsen für die ganze vertragsmäßige Dauer des Miethverhältnisses ein Absonderungsrecht, durch welches unter Umständen die ganze Masse den anderen Gläubigern | entzogen werde. Diesem Uebelstande helfe der Antrag ab, indem der Konkursverwalter durch Kündigung nach § 17 Nr. 1 Konk.-O. die durch das Absonderungsrecht gesicherte Miethzinsforderung auf die Dauer der gesetzlichen Kündigungsfrist beschränken könne, während für die Schadensersatzforderungen des Vermiethers wegen Nichterfüllung des Miethvertrages das Absonderungsrecht nicht beansprucht werden könne, da diese Ersatzforderung erst mit der Kündigung, also nach der Konkurseröffnung entstehe. | Prot-RJA 444

Der gefaßte Beschluß beruhte auf folgenden Gründen:

Es könne bei der Gestaltung des Pfandrechts des Vermiethers nicht danach gestrebt werden, diesen kraft Gesetzes so zu stellen, als ob ihm der Miether für alle während der ganzen Dauer des Miethverhältnisses aus diesem entstehenden Forderungen Sicherheit geleistet hätte. Eine so weitgehende Sicherstellung müsse besonderer Vereinbarung überlassen bleiben. Das Pfandrecht solle den Vermiether nur gegen unerwartete Ausfälle schützen. Der Miethzins werde regelmäßig aus den laufenden Einnahmen gedeckt; besondere Störungen bezüglich dieser könnten den Miether zeitweilig außer Stand setzen, den Zins zu zahlen; daraus ergebe sich aber noch keine Wahrscheinlichkeit dafür, daß diese Störungen während der ganzen Miethzeit fortdauern würden. Es genüge, dem Vermiether den Miethzins für eine so lange Zeit zu sichern, daß er von dem in § 528 Nr. 2 bestimmten Rücktrittsrecht Gebrauch machen könne. Es sei volkswirthschaftlich nicht wünschenswerth, daß ein Miethvertrag, welcher die Kräfte des Miethers erheblich übersteige, für seine ganze Dauer aufrechterhalten werde. Die allzu weite Ausdehnung des Pfandrechts ermögliche | den unsoliden Miethern den Abschluß von Miethverträgen zu hohen Miethzinsen und mit langer Dauer, benachtheilige aber die soliden Miether. Eine wirkliche Sicherheit biete das Pfandrecht dem Vermiether bei kleinen Leuten nur in sehr beschränktem Maße, sein Hauptwerth liege darin, daß es den Miether zu püntklicher Miethzahlung veranlasse; diesen Zweck erfülle es auch in der vorgeschlagenen Beschränkung. | Prot-RJA 445

Anlangend das Verhältniß des Vermiethers zu anderen Gläubigern, so sei es außerhalb des Konkurses gleichfalls geboten, das Pfandrecht zu beschränken, denn, wenn es zur Pfändung komme, liege jedenfalls Zahlungsstockung vor, also sei an sich der Konkursfall gegeben. Ganz unzweckmäßig sei es aber, die Gläubiger dadurch zum Konkursantrag zu drängen, daß man sie dem Vermiether gegenüber im Konkurse günstiger stelle als außerhalb desselben. Dies führe zu einer Härte gegen den Schuldner und zur Benachtheiligung der Gläubiger.

Wesentlich verschieden liege die Frage des Pfandrechts bei der Pacht. Dort werde zu erwägen sein, ob man das Pfandrecht nicht auf die Pachtzinsforderungen für die ganze Pachtzeit ausdehnen solle.

2. In Betreff des Gegenstandes des Pfandrechts beschloß man gegenüber dem Abs. 1 Satz 2 des Entwurfs insofern eine Erweiterung, als man vom Pfandrechte nicht die unpfändbaren, sondern nur die im Falle des Konkurses nicht zur Konkursmasse gehöri-

[12] Diesen Forderungen ist durch die Neufassung des § 41 KO a. F., jetzt § 49 KO, Rechnung getragen worden.

[13] Vgl. Fn. 10.

gen Sachen ausnahm, das Pfandrecht also erstreckte auf die zwar unpfändbaren, aber nach der Konkursordnung § 1 Abs. 3 zur Konkursmasse gehörenden Sachen, d. h. auf die zum Betriebe einer Apotheke unentbehrlichen Geräthe, Gefäße und Waaren und auf das Inventarium der Posthaltereien. Gegen diese Er- | weiterung wurde geltend gemacht, daß dieselben Gründe, welche dazu geführt hätten, jene Sachen der Pfändung zu entziehen, auch für den Ausschluß des Pfandrechts des Vermiethers sprächen.

| Prot-RJA 446

Für den Beschluß war die Erwägung maßgebend, daß es nicht angemessen sei, dem Apotheker und dem Posthalter, welcher außer Stande sei, den Mieth- oder Pachtzins für das zu seinem Gewerbe unentbehrliche Grundstück zu zahlen, dadurch die Fortführung seines Gewerbes zu ermöglichen, daß man die Sicherheit des Vermiethers beschränke. In Betracht komme auch, daß man dem Vermiether selbst im Konkurse kein Absonderungsrecht an den bezeichneten Gegenständen gewähren könne, wenn man sie von seinem Pfandrechte außerhalb des Konkurses ausnehme. Berücksichtigt wurde endlich der Vorgang des bayer. Gesetzes v. 18. Dezember 1887[14] und der bezügliche Wunsch der bayerischen Regierung.

3. Die Ausdehnung des Pfandrechts auf die eingebrachten Sachen der Ehefrau und der Kinder, sofern diese mit dem Miether in häuslicher Gemeinschaft leben, wurde abgelehnt. In Ansehung der Sachen der Ehefrau wurde neben den Aeußerungen der Kritik[15] und der Regierungen[16] für die Ausdehnung geltend gemacht, daß der Ausschluß dieser Sachen vom Pfandrechte die Vermiether dazu führen werde, den Abschluß des Miethvertrages zugleich seitens der Ehefrau zu verlangen, wodurch die Haftung der Ehefrau noch wesentlich verschärft werden würde.

Für die Ablehnung einer solchen Erweiterung des Pfandrechts war maßgebend, daß ein hinreichender Grund fehle, in Ansehung der Miethschulden des Mannes eine, wenn auch auf bestimmte Sachen beschränkte, Mithaftung einzuführen, wenn man im übri- | gen bei dem Grundsatze des ehelichen Güterrechts belasse, daß die Ehefrau für Schulden des Mannes nicht hafte, auch nicht für die zur Befriedigung der Bedürfnisse des täglichen Lebens eingegangenen Schulden. Es könne nur eine eventuelle Abänderung dieses Grundsatzes bei Berathung des Familienrechts in Frage kommen. Für die Pfandhaftung der den Kindern des Miethers gehörigen Sachen sprächen keinerlei Gründe.

| Prot-RJA 447

4. Zu Abs. 1 Satz 3 wurde beschlossen, das Wort „heimlich" durch „ohne Wissen" zu ersetzen, um auch den Fall zu decken, in welchem der Miether dem Pfandrecht unterliegende Sachen nicht heimlich, andererseits aber ohne Wissen des Vermiethers entferne. Eine Anregung, die Beweislast vom Vermiether auf den Miether zu übertragen, wurde mit Rücksicht auf die entsprechende Regelung der Beweislast bezüglich des Erlöschens des Faustpfandrechts in § 1191 Abs. 2 abgelehnt.

5. Die Absätze 2, 3 und 4 Satz 1 wurden nicht beanstandet. Auch der Abs. 4 Satz 2 fand Annahme. Für die Zulassung der Sicherheitsleistung durch Bürgen wurde auf die Aeußerung des preuß. Landes-Ökomie-Kollegiums hingewiesen (Zusammenst. VI

---

14 Art. 1 des Gesetzes, die der Pfändung nicht unterworfenen Sachen und Forderungen betreffend (Bayr. Gesetz- und Verordnungsblatt, 1887, S. 695 f.) lautet: „Die Rechte, welche nach den Vorschriften des bürgerlichen Rechtes dem Vermiether und dem Verpächter an den eingebrachten Sachen und dem Letzteren an den Früchten des verpachteten Grundstücks zustehen, erstrekken sich nicht auf diejenigen Sachen, welche nach § 715 Nr. 1, 2, 3, 4, 6, 7, 9, 10 der Civilprozeßordnung der Pfändung nicht unterworfen sind."

15 Vgl. Zust. Bd. 2, S. 280.

16 Vgl. ZustBR Bd. 1, S. 58 ff.

S. 419[17]). Man erblickte jedoch in der Möglichkeit der Sicherheitsleistung durch Bürgen eine bedenkliche Abschwächung des Pfandrechts des Vermiethers.

b) 74. Sitzung vom 28. 3. 1892

| 1. Die Kommission trat in die Berathung über den Antrag ein, im Anschluß an den § 521 eine Vorschrift folgenden Inhalts aufzunehmen: | Prot-RJA 449

„Im Falle der Untermiethe hat der Hauptvermiether wegen der im § 521 Abs. 1 bezeichneten Forderungen ein gesetzliches Pfandrecht an den Forderungen des Untervermiethers gegen den Untermiether aus der Untermiethe. Durch das gesetzliche Pfandrecht werden Verfügungen des Untervermiethers über die Forderungen, insbesondere die Einziehung derselben, nicht ausgeschlossen, solange nicht der Hauptvermiether dem Untermiether die Zahlung an den Untervermiether verboten hat. Solche Verfügungen sind jedoch dem Hauptvermiether gegenüber unwirksam, soweit sie den später als drei Monate nach dem Verbote fällig werdenden Miethzins betreffen. Gegen die Forderung auf den später fällig werdenden Miethzins kann dem Hauptvermiether gegenüber auch nicht mit einer Forderung des Untermiethers gegen den Untervermiether aufgerechnet werden.

Hat der Hauptvermiether dem Untermiether die Zahlung an den Untervermiether verboten, so ist er wegen der im § 521 bezeichneten Forderungen zur Ausübung des dem Untervermiether an den eingebrachten Sachen des Untermiethers zustehenden gesetzlichen Pfand- | rechtes berechtigt. Das gesetzliche Pfandrecht kann mit Wirksamkeit gegen den Hauptvermiether nicht durch Vertrag zwischen dem Untermiether und dem Untervermiether ausgeschlossen und nicht durch Verzicht des letzteren aufgehoben werden“. | Prot-RJA 450

Die Kommission lehnte die Aufnahme der beantragten Vorschrift ab.

Erwogen wurde:

Ein Bedürfniß, dem Hauptvermiether ein gesetzliches Pfandrecht an den Forderungen des Untervermiethers an den Untermiether aus der Untermiethe zu gewähren, bestehe nicht, weil nach den zu § 516 gefaßten Beschlüssen die Zulässigkeit der Untermiethe regelmäßig an die Einwilligung des Hauptvermiethers gebunden sei. Der Hauptvermiether könne sich in ausreichender Weise dadurch schützen, daß er dem Miether die Einwilligung zur Untermiethe nur gegen Abtretung der ihm aus der Untermiethe gegenüber dem Untermiether erwachsenden Ansprüche ertheile.

Die Bestimmung des Satz 3, daß Verfügungen des Untervermiethers über die aus der Untermiethe sich ergebenden Forderungen an Untermiether dem Hauptvermiether gegenüber unwirksam seien, soweit sie den Miethzins betreffen, welcher später als drei Monate nach dem Erlaß des Zahlungsverbotes an den Untermiether fällig wird, könne zu einer unbilligen Benachtheiligung des Untermiethers in den Fällen führen, in denen der letztere den Miethzins für einen Zeitraum von mehr als drei Monaten vorausgezahlt habe.

Die beantragte Vorschrift, sofern sie dem Hauptvermiether indirekt ein gesetzliches Pfandrecht an den Illaten des Untermiethers gewähre, stehe ferner nicht nur mit dem Preußischen ALR. sondern auch mit dem überwiegend sonst geltenden Rechte im Widerspruch. Nach §§ 3, 40, 41 Nr. 4 der Konk.-O.[18] habe der Hauptvermiether | im | Prot-RJA 451

[17] Die Mehrheit war dort davon ausgegangen, „daß die Möglichkeit der Sicherheitsleistung durch Bürgen die finanzielle Stellung des Miethers und Pächters verbessere, also auch im Interesse des Vermiethers und Verpächters liege und im Interesse der Landwirthschaft den Kreis derjenigen Personen, welche pachten, erweitere“ (Zust. Bd. 6, 419).

[18] Vgl. die §§ 4, 48, 49 KO n. F. (die beiden letzteren Bestimmungen geändert).

Konkurse des Untermiethers kein Absonderungsrecht an den Illaten des letzteren. Das gleiche gelte nach § 7 des Pr. Ausf.-Ges. z. Konk.-O.[19] und nach den meisten übrigen deutschen Ausführungsgesetzen auch außerhalb des Konkursverfahrens im Verhältniß zu den Gläubigern des Untermiethers. Von dem geltenden Rechte in dieser Beziehung abzuweichen, liege ein praktischer Grund nicht vor. Insbesondere sei der angeführte Grund hinfällig, daß ohne Gewährung eines gesetzlichen Pfandrechts der Hauptvermiether in dem Falle, wenn der Miether aus persönlichen Gründen verhindert sei, die Wohnung selbst zu beziehen und sich deswegen zur Untermiethe genöthigt sehe, der erforderlichen Sicherheit entbehre. Der Miether sei nicht verpflichtet, die Wohnung zu beziehen. Unterlasse er es, so habe der Vermiether gleichfalls keine Realsicherheit für seine Ansprüche aus dem Miethvertrage.

### C. 2. Kommission

I. Anträge (Prot. II, Bd. 2, S. 194ff.; *Mugdan*, Bd. 2, S. 853ff.)

a) Zu § 521 lagen die Anträge vor:

Struckmann (Nr 142, 12)

1. die Vorschriften des Entw. durch folgende Bestimmungen zu ersetzen:

§ 521. Der Vermiether eines Grundstücks hat wegen seiner fälligen Forderungen aus dem Miethvertrag und wegen des Miethzinses für das laufende und das nächstfolgende Jahr ein gesetzliches Pfandrecht an den eingebrachten Sachen des Miethers. Dem Pfandrechte sind diejenigen Sachen nicht unterworfen, welche im Falle des Konkurses nicht zur Konkursmasse gehören.

Das Pfandrecht erlischt mit der Entfernung der Sachen aus den gemietheten Räumen, es sei denn, daß die Sachen ohne Wissen oder unter Widerspruch des Vermiethers weggeschafft worden sind.

Der Widerspruch des Vermiethers hindert das Erlöschen des Pfandrechts nicht in Ansehung solcher Sachen, welche der Miether im regelmäßigen Betriebe seines Geschäfts oder den gewöhnlichen Lebensverhältnissen entsprechend aus den Räumen entfernt. Der Entfernung anderer Sachen ist der Vermiether zu widersprechen nicht berechtigt, soweit sie die Sicherheit der im Abs. 1 bezeichneten Forderungen offensichtlich nicht beeinträchtigt.

§ 521a. Der Vermiether darf die Wegschaffung der ihm haftenden Sachen, soweit er deren Entfernung zu widersprechen berechtigt ist, auch ohne Anrufung des Gerichts hindern und, wenn der Miether die gemietheten Räume verläßt, die Sachen in seinen Besitz nehmen. Sind Sachen, deren Entfernung der Vermiether zu widersprechen berechtigt ist, ohne Wissen oder unter Widerspruch desselben weggeschafft worden, so kann er die Zurückschaffung der Sachen in die gemietheten Räume und, wenn der Miether diese verlassen hat, die Ausantwortung der Sachen in seinen Besitz fordern.

[19] § 7 des preuß. AG zur KO vom 6. 3. 1879 lautet: „Die Vorschriften des § 41 der Deutschen Konkursordnung und des § 6 dieses Gesetzes finden außerhalb des Konkursverfahrens auf das Verhältniß der durch diese Vorschriften den Faustpfandgläubigern gleichgestellten Gläubiger zu anderen Gläubigern des Schuldners entsprechende Anwendung. – Für Forderungen, für welche durch die Vorschriften der Deutschen Konkursordnung ein Anspruch auf abgesonderte Befriedigung aus einzelnen Gegenständen des beweglichen Vermögens nicht zugelassen ist, besteht auch außerhalb des Konkursverfahrens kein Absonderungs- oder Vorzugsrecht an solchen Gegenständen."

§ 521 b. Der Miether kann die Ausübung des Pfandrechts durch Sicherheitsleistung für die im § 521 Abs. 1 bezeichneten Forderungen abwenden und jede einzelne Sache durch Sicherheitsleistung bis zum Betrage ihres Werthes von dem Pfandrechte befreien. Die Sicherheitsleistung durch Bürgen ist ausgeschlossen.

§ 521 c. Wird eine dem Pfandrechte des Vermiethers unterliegende Sache für einen anderen Gläubiger gepfändet, so kann diesem gegenüber der Vermiether das Pfandrecht wegen des für eine frühere Zeit als das der Pfändung vorhergehende letzte Jahr rückständigen Miethzinses nicht geltend machen.

2. den ersten Satz des § 521 zu fassen: v. Mandry (Nr 154, 4)
Der Vermiether eines Grundstücks hat wegen des für das letzte Jahr rückständigen Miethzinses sowie wegen des Miethzinses für das laufende und das nächstfolgende Jahr ein Pfandrecht an den eingebrachten Sachen des Miethers.

3. für den Fall der Ablehnung des Antrags 2 Dittmar Nr 168, 1–2)

a) den ersten Satz des § 521 zu fassen:
Der Vermiether eines Grundstücks hat wegen des Miethzinses für das laufende, das demselben vorgehende und darauf folgende Jahr sowie wegen aller sonstigen fälligen Forderungen aus dem Miethvertrag ein gesetzliches Pfandrecht an den eingebrachten Sachen des Miethers.

b) den Abs. 5 des § 521 (§ 521 c des Antrags 1) zu streichen;

4. in dem § 521 des Antrags 1 statt der Worte „für das laufende und das nächstfolgende Jahr" zu setzen „für das laufende Kalendervierteljahr und für die vier folgenden Kalendervierteljahre": Goldschmidt (Nr 164)

5. den Eingang des § 521 zu fassen: Rüger (Nr 165, 1)
Der Vermiether eines Grundstücks hat wegen seiner fälligen Entschädigungsforderungen aus dem Miethvertrage, sowie wegen des Miethzinses für die Vergangenheit, das laufende und nächstfolgende Jahr etc.

6. dem ersten Satze des unter 1 vorgeschlagenen § 521 hinzuzufügen: Küntzel (Nr 153)
Das Pfandrecht erstreckt sich auch auf die dem Ehegatten und die den Kindern des Miethers gehörenden Sachen, sofern die Eigenthümer zur Zeit der Einbringung der Sachen die häusliche Gemeinschaft des Miethers theilten.
für den Fall der Ablehnung dieses Zusatzes:
Das Pfandrecht erstreckt sich auch auf die eingebrachten Sachen des Ehegatten und der Kinder des Miethers wegen des Miethzinses für die Zeit, während welcher die Eigenthümer der Sachen die häusliche Gemeinschaft des Miethers theilten.

7. in dem § 521 dem ersten Satze die Worte anzufügen „und seiner Ehefrau"; Conrad (Nr 156)

8. in dem unter 1 vorgeschlagenen § 521 dem Abs. 1 folgende Abs. 2, 3 anzureihen: Gebhard (Nr 158)
Das Pfandrecht erstreckt sich auch auf eingebrachte Sachen eines Dritten, soweit dieselben zur Einrichtung einer gemietheten Wohnung dienen, wenn der Miether diese Sachen vor oder bei deren Einbringung dem Vermiether als die seinigen bezeichnet hat, der Vermiether das Recht des Dritten nicht kannte, seine Unkenntniß auch nicht auf grober Fahrlässigkeit beruhte; die Vorschriften des § 877 Satz 2 und des § 879 Satz 2 finden entsprechende Anwendung.

Hat der Miether vor oder bei der Einbringung dem Vermiether erklärt, daß die Sachen nicht mit früher begründeten Rechten belastet seien, so geht das Pfandrecht des Vermiethers früher begründeten Rechten vor, wenn der Vermiether diese Rechte nicht kannte, seine Unkenntniß auch nicht auf grober Fahrlässigkeit beruhte; die Vorschriften des § 877 Satz 2 und des § 879 Satz 2 finden entsprechende Anwendung.

Planck (Nr 162) 9. in dem unter 1 vorgeschlagenen § 521 dem Abs. 1 hinzuzufügen:

Die von dem Miether eingebrachten, einem Dritten gehörigen Sachen sind dem gesetzlichen Pfandrechte des Vermiethers unterworfen, wenn der Dritte dem Vermiether oder Miether gegenüber die Zustimmung zu der Unterwerfung erklärt.

Jacubezky (Nr 144, 11) 10. als § 521 a folgende Vorschriften aufzunehmen:

Im Falle der Untermiethe hat der Hauptvermiether wegen der im § 521 Abs. 1 bezeichneten Forderungen ein gesetzliches Pfandrecht an den Forderungen des Untervermiethers gegen den Untermiether aus der Untermiethe. Durch das gesetzliche Pfandrecht werden Verfügungen des Untervermiethers über die Forderungen, insbesondere die Einziehung, nicht ausgeschlossen, so lange nicht der Hauptvermiether dem Untermiether die Zahlung an den Untervermiether verboten hat. Solche Verfügungen sind jedoch dem Hauptvermiether gegenüber unwirksam, soweit sie den später als drei Monate nach dem Verbote fällig werdenden Miethzins betreffen. Gegen die Forderung auf den später fällig werdenden Miethzins kann dem Hauptvermiether gegenüber auch nicht mit einer Forderung des Untermiethers gegen den Untervermiether aufgerechnet werden.

Hat der Hauptvermiether dem Untermiether die Zahlung an den Untervermiether verboten, so ist er wegen der im § 521 Abs. 1 bezeichneten Forderungen zur Ausübung des dem Untervermiether an den eingebrachten Sachen des Untermiethers zustehenden gesetzlichen Pfandrechts berechtigt. Das gesetzliche Pfandrecht kann mit Wirksamkeit gegen den Hauptvermiether nicht durch Vertrag zwischen dem Untermiether und dem Untervermiether ausgeschlossen und nicht durch Verzicht des letzteren aufgehoben werden.

Dittmar (Nr 145, 2) 11. in dem § 521 a des Antrags 1 den zweiten Satz zu fassen:

Sind Sachen, deren Entfernung der Vermiether . . . weggeschafft worden, so ist er berechtigt, die Zurückschaffung . . . zu fordern.

und hinzuzufügen:

Dieses Recht erlischt, wenn es nicht innerhalb einer Frist von vier Wochen nach erlangter Kenntniß von der Entfernung gerichtlich geltend gemacht worden ist.

Jacubezky (Nr 163) 12. dem § 521 a des Antrags 1 folgenden Satz anzufügen:

Befindet sich die weggeschaffte Sache im Besitze des Miethers oder eines Dritten, welcher das Eigenthum an derselben von dem Miether erworben hat, so erlischt das Pfandrecht, wenn der Vermiether den Anspruch auf Zurückschaffung oder Herausgabe der Sache nicht innerhalb einer Frist von vier Wochen gegen den Eigenthümer gerichtlich geltend macht und bis zur Befriedigung verfolgt.

Rüger (Nr 165, 2) 13. folgende Vorschriften aufzunehmen:

§ 521 d. Ueberträgt der Vermiether das Eigenthum oder ein anderes den vertragsmäßigen Gebrauch des Miethers ausschließendes Recht an dem vermietheten Grundstück auf einen Dritten, so erlischt das Pfandrecht an den Sachen, welche sich nicht im Besitze des Vermiethers befinden, mit dem Zeitpunkte der Uebertragung des Eigenthums oder des anderen Rechtes in Ansehung derjenigen Forderungen, welche auf den Dritten nicht übergehen.

§ 521 e. Wird eine Forderung aus dem Miethvertrage auf einen Dritten übertragen, auf welchen nicht zugleich das Eigenthum oder ein anderes den vertragsmäßigen Gebrauch des Miethers ausschließendes Recht an dem Grundstücke übergeht, so erlischt mit dem Zeitpunkte der Uebertragung der Forderung das Pfandrecht an den Sachen, welche sich zu diesem Zeitpunkte nicht im Besitze des bisherigen Gläubigers befinden.

Eventuell wird anheimgestellt, von der Vorschrift des § 521 e die Fälle der Uebertragung der Forderung kraft Gesetzes auszuschließen.

(Vorbehalten bleibt, zu § 1067 Ziff. 4 zu beantragen, daß die Hypothek das Recht zur Geltendmachung des dem Vermiether oder Verpächter zustehenden gesetzlichen Pfandrechts nicht in sich schließen soll.)

Die Berathung beschränkte sich zunächst auf den ersten Satz des § 521 und zwar auf die Frage, wegen welcher Forderungen dem Vermiether im Verhältnisse zum Miether ein gesetzliches Pfandrecht gewährt werden soll. Auf diese Frage bezogen sich der Antrag 1 in seinem § 521 Satz 1 sowie die Anträge 2 bis 5. Der Antrag 5 weicht von dem Antrag 1 nur in der Fassung ab; er bezweckt, das Mißverständniß auszuschließen, als ob unter den fälligen Forderungen auch der Anspruch auf Rückgewähr der Miethsache zu begreifen sei. Der Antragsteller zu 1 erklärte, daß dies auch seiner Ansicht nicht entsprechen würde.

Die Kom. beschloß in getrennten Abstimmungen, das Pfandrecht auf fällige Entschädigungsforderungen des Vermiethers aus dem Miethvertrage zu erstrecken und bezüglich der Miethzinsforderungen die in den Anträgen 3 und 4 enthaltenen Beschränkungen abzulehnen, dagegen die unter 1 vorgeschlagenen anzunehmen.

Der Antrag 1 war somit in der hier fraglichen Beziehung angenommen.

b) Die Berathung des § 521 wurde fortgesetzt. Beantragt war:

1. den Abs. 5 durch den S. 195 unter a) 1 mitgetheilten § 521 c zu ersetzen;

2. die Nr. 2 des § 41 der K.O. in der Fassung des Entw. des E.G. Art. 13 dahin zu ergänzen:

diejenigen, welchen an gewissen Gegenständen ein gesetzliches oder ein durch Pfändung erlangtes Pfandrecht zusteht; das nach Maßgabe des § 521 des B.G.B. bestehende Pfandrecht kann wegen desjenigen Miethzinses oder Pachtzinses, welcher auf eine frühere Zeit als das letzte Jahr vor der Eröffnung des Verfahrens entfällt, sowie wegen solcher Entschädigungsforderungen aus dem Mieth- oder Pachtverhältnisse, welche nach der Eröffnung des Verfahrens entstanden sind, nicht geltend gemacht werden.

Gegen die Aufnahme des Abs. 5 in der Fassung des Antrags 1 erhob sich kein Widerspruch. Die Berathung über den Antrag 2 wurde im Einverständnisse mit dem Antragsteller bis zur Berathung des § 526 ausgesetzt[20].

c) Es folgte die Berathung der Frage, ob das Pfandrecht des Vermiethers auf die dem Miether gehörigen Sachen zu beschränken oder auf eingebrachte Sachen eines Dritten zu erstrecken sei. Auf diese Frage bezogen sich die unter a) mitgetheilten Anträge 6 bis 9. Der Antrag 7 wurde indessen zu Gunsten des Antrags 6 zurückgezogen. Dagegen wurde weiter beantragt:

1. in dem unter 8 vorgeschlagenen Abs. 2 die Worte „wenn der Miether diese Sachen vor oder bei deren Einbringung dem Vermiether als die seinigen bezeichnet hat" zu streichen;

2. dem § 521 am Schluß unter einem neuen Abs. folgende Bestimmung anzufügen:

In Ansehung der aus den vorstehenden Vorschriften sich ergebenden Befugnisse des Vermiethers wird vermuthet, daß die in dem gemietheten Grundstücke befindlichen Sachen eingebrachte Sachen des Vermiethers sind.

Die Mehrheit lehnte sämmtliche Anträge ab.

---

[20] Vgl. Materialien zu § 569 BGB.

**d)** Es folgte die Berathung des § 521 Abs. 1 Satz 2. (Vgl. Antrag 1 – § 521 – unter a). Die Mehrheit billigte die Vorschrift des § 521 Abs. 1 Satz 2 wesentlich aus den Gründen der Motive und lehnte die vorgeschlagene Erweiterung des Pfandrechts des Vermiethers ab ... (Prot. II, Bd. 2, S. 207; *Mugdan*, Bd. 2, S. 860).

**e)** Auf den § 521 Abs. 2 Satz 3 bezog sich der unter a) mitgetheilte Antrag 1 in dem zweiten Absatze des von ihm vorgeschlagenen § 521. Der Antrag weicht in doppelter Beziehung vom Entw. ab. ... Die Mehrheit billigte die zuerst erwähnte Abweichung; im übrigen wurde die Regelung des Entwurfs beibehalten (Prot. II, Bd. 2, S. 207, *Mugdan*, Bd. 2, S. 860).

**f)** Die Vorschrift des § 521 Abs. 2 Satz 1, welche der Antrag 1 in seinem § 521 Abs. 3 Satz 1 mit einigen redaktionellen Aenderungen wiedergiebt, wurde von keiner Seite beanstandet. Auch der von dem Antrag als Satz 2 des Abs. 3 vorgeschlagene Zusatz, nach welcher der Vermiether insoweit der Entfernung anderer Sachen zu widersprechen nicht befugt sein soll, als sie die Sicherheit der im § 521 Abs. 1 bezeichneten Forderungen nicht gefährdet, wurde von der Mehrheit gebilligt.

**g)** Die Vorschrift des § 521 Abs. 2 Satz 2, die von dem Antrag 1 als § 521a Satz 1 übernommen ist, blieb unbeanstandet.

Mit dem Abs. 3 des Entw. deckt sich inhaltlich der § 521a Satz 2 bis auf die bereits besprochene Ersetzung des Wortes „heimlich" durch die Worte „ohne Wissen des Vermiethers".

Die zu dem Antrag 1 unter 11 und 12 gestellten Unteranträge (unter a) stimmen darin miteinander überein, daß sie die Rechte des Vermiethers an den bereits weggeschafften Sachen einer gewissen zeitlichen Begrenzung unterwerfen.

Die Mehrheit nahm den Abs. 3 des Entw. mit dem unter 11 vorgeschlagenen Zusatz an; der Unterantrag 12 wurde abgelehnt.

**h)** Es folgte die Berathung des § 521 Abs. 4. Der Antrag 1 hat diesen Abs. in dem von ihm vorgeschlagenen unter a) mitgetheilten § 521b mit einigen redaktionellen Aenderungen übernommen. Im Laufe der Berathung wurde beantragt,

den die Sicherheitsleistung durch Bürgen ausschließenden Satz zu streichen.

Die Kom. beschloß die Streichung; der erste Satz des vierten Abs. wurde angenommen.

**i)** Die Kom. ging zur Berathung der in dem Antrage 13 vorgeschlagenen, oben unter a) mitgetheilten §§ 521d, 521e über. Hierzu war der eventuelle Unterantrag gestellt,

für den Fall der Annahme des § 521d zu bestimmen, daß das gesetzliche Pfandrecht des Vermiethers nicht mit dem Zeitpunkte der Eigenthumsübertragung, sondern mit dem der Besitzübergabe an den Dritten erlösche.

Der Unterantrag und der § 521d wurden abgelehnt, letzterer mit acht gegen sieben Stimmen.

Hierauf zog der Antragsteller den § 521e zurück, indem er bemerkte, daß die beantragte Bestimmung sich ohne den § 521d nicht aufrechterhalten ließe.

**k)** Es folgte die Berathung des Antrags,

den bei a) unter 10 mitgetheilten § 521a aufzunehmen.

Hierzu lag der Unterantrag vor, den Satz 3 zu fassen:

Solche Verfügungen sind jedoch dem Hauptvermiether gegenüber nur hinsichtlich der Miethforderung für das laufende und für das nächste Vierteljahr wirksam.

Die Kom. entschied sich in eventueller Abstimmung für den Unterantrag, verwarf dann aber den so geänderten § 521a.

l) In redaktioneller Beziehung wurde es im Hinblick darauf, daß die Kommission die in der VorlZust mitgetheilte Abänderung des GVG § 23 Ziff. 2 Abs. 1[21] beschlossen habe, als erwünscht bezeichnet, auch dem § 521 eine Fassung zu geben, welche erkennen lasse, daß das dem Vermiether eingeräumte Pfandrecht dem Untervermiether in gleicher Weise dem Untermiether gegenüber zustehe.

**II.** Die beschlossene Regelung lautet in der *VorlZust:*

E I-VorlZust § 521

§ 521. Der Vermiether eines Grundstücks hat wegen seiner fälligen Entschädigungsforderungen aus dem Miethvertrage sowie wegen des Miethzinses für die Vergangenheit, das laufende und das nächstfolgende Jahr ein gesetzliches Pfandrecht an den eingebrachten Sachen des Miethers. Das Pfandrecht besteht nicht an denjenigen Sachen, welche der Pfändung nicht unterworfen sind.

E I-VorlZust § 521a

§ 521a. Das Pfandrecht des Vermiethers an den eingebrachten Sachen erlischt mit deren Entfernung von dem Grundstücke, auf welches sich das Miethverhältniß bezieht, es sei denn, daß die Entfernung ohne Wissen oder unter Widerspruch des Vermiethers erfolgt ist. Das Nichtwissen und der Widerspruch des Vermiethers hindern das Erlöschen des Pfandrechts nicht in Ansehung solcher Sachen, welche der Miether im regelmäßigen Betriebe seines Geschäfts oder den gewöhnlichen Lebensverhältnissen entsprechend entfernt, oder durch deren Befreiung vom Pfandrechte die Sicherheit der im § 521 bezeichneten Forderungen offenbar nicht beeinträchtigt wird.

E I-VorlZust § 521b

§ 521b. Der Vermiether ist kraft des Pfandrechts berechtigt, die Entfernung der ihm haftenden Sachen, soweit dieselben nach § 521a im Falle seines Widerspruchs durch die Entfernung von dem Pfandrechte nicht befreit werden, auch ohne Anrufung des Gerichts zu hindern und, wenn der Miether die gemietheten Räume verläßt, die Sachen in seinen Besitz zu nehmen. Sind solche Sachen ohne Wissen oder unter Widerspruch des Vermiethers entfernt, so kann er die Zurückschaffung der Sachen in die gemietheten Räume und, wenn der Miether diese verlassen hat, die Ueberlassung der Inhabung der Sachen fordern.

Wird das Recht, die Zurückschaffung der entfernten Sachen oder die Ueberlassung der Inhabung derselben zu fordern, nicht innerhalb einer Frist von vier Wochen nach erlangter Kenntniß von der Entfernung gerichtlich geltend gemacht, so erlischt das Pfandrecht.

E I-VorlZust § 521c

§ 521c. Der Miether kann die Ausübung des Pfandrechts durch Sicherheitsleistung für die im § 521 bezeichneten Forderungen abwenden und jede einzelne Sache durch Sicherheitsleistung bis zum Betrage ihres Werthes von dem Pfandrechte befreien.

E I-VorlZust § 521d

§ 521d. Wird eine dem Pfandrechte des Vermiethers unterliegende Sache für einen anderen Gläubiger gepfändet, so kann diesem gegenüber das Pfandrecht wegen desjenigen Miethzinses nicht geltend gemacht werden, welcher auf eine frühere Zeit als das letzte Jahr vor der Pfändung entfällt.

**III.** Fassung der Regelung in der *ZustRedKom:*

E I-ZustRedKom § 521

§ 521 (521 Abs. 1 Satz 1). Der Vermiether eines Grundstücks hat wegen seiner Forderungen aus dem Miethverhältniß ein Pfandrecht an den eingebrachten Sachen des Miethers. Wegen künftiger Entschädigungsforderungen und wegen des Miethzinses für

---

[21] Vgl. Materialien zu § 556 BGB unter C II.

eine spätere Zeit als das laufende und das folgende Miethjahr kann das Pfandrecht nicht ausgeübt werden. Es erstreckt sich nicht auf die der Pfändung nicht unterworfenen Sachen.

E I-ZustRedKom § 521 a — § 521 a (521 Abs. 1 Satz 2, Abs. 2 Satz 1). Das Pfandrecht des Vermiethers erlischt mit der Entfernung der Sachen von dem Grundstück, es sei denn, daß die Entfernung ohne Wissen oder unter Widerspruch des Vermiethers erfolgt. Der Vermiether kann der Entfernung nicht widersprechen, wenn sie im regelmäßigen Betriebe des Geschäfts des Miethers oder den gewöhnlichen Lebensverhältnissen entsprechend erfolgt oder wenn die zurückbleibenden Sachen zur Sicherung des Vermiethers offensichtlich ausreichen.

E I-ZustRedKom § 521 b — § 521 b (521 Abs. 2 Satz 2, Abs. 3). Der Vermiether darf die Entfernung der dem Pfandrecht unterliegenden Sachen, soweit er ihr zu widersprechen berechtigt ist, auch ohne Anrufen des Gerichts hindern und, wenn der Miether auszieht, die Sachen in seinen Besitz nehmen. Sind solche Sachen ohne Wissen oder unter Widerspruch des Vermiethers entfernt, so kann er die Herausgabe der Sachen zum Zwecke der Zurückschaffung in das Grundstück und, wenn der Miether ausgezogen ist, die Ueberlassung des Besitzes der Sachen verlangen. Macht der Vermiether diesen Anspruch nicht binnen vier Wochen, nachdem er von der Entfernung der Sachen Kenntniß erlangt hat, gerichtlich geltend, so erlischt das Pfandrecht.

E I-ZustRedKom § 521 c — § 521 c (521 Abs. 4). Der Miether kann die Ausübung des Pfandrechts durch Sicherheitsleistung abwenden und jede einzelne Sache durch Sicherheitsleistung in der Höhe ihres Werthes von dem Pfandrechte befreien.

E I-ZustRedKom § 521 d — § 521 d (521 Abs. 5). Wird eine dem Pfandrecht des Vermiethers unterliegende Sache für einen anderen Gläubiger gepfändet, so kann diesem gegenüber das Pfandrecht wegen des Miethzinses für eine frühere Zeit, als das letzte Jahr vor der Pfändung nicht geltend gemacht werden.

IV. Im E II lautet die Regelung:

E II § 501 — § 501 (521 Abs. 1 Satz 1, 2). Der Vermiether eines Grundstücks hat für seine Forderungen aus dem Miethverhältniß ein Pfandrecht an den eingebrachten Sachen des Miethers. Für künftige Entschädigungsforderungen und für den Miethzins für eine spätere Zeit als das laufende und das folgende Miethjahr kann das Pfandrecht nicht geltend gemacht werden. Es erstreckt sich nicht auf die der Pfändung nicht unterworfenen Sachen.

E II § 502 — § 502 (521 Abs. 1 Satz 3, Abs. 2 Satz 1). Das Pfandrecht des Vermiethers erlischt mit der Entfernung der Sachen von dem Grundstück, es sei denn, daß die Entfernung ohne Wissen oder unter Widerspruch des Vermiethers erfolgt. Der Vermiether kann der Entfernung nicht widersprechen, wenn sie im regelmäßigen Betriebe des Geschäfts des Miethers oder den gewöhnlichen Lebensverhältnissen entsprechend erfolgt oder wenn die zurückbleibenden Sachen zur Sicherung des Vermiethers offensichtlich ausreichen.

E II § 503 — § 503 (521 Abs. 2 Satz 2, Abs. 3). Der Vermiether darf die Entfernung der seinem Pfandrecht unterliegenden Sachen, soweit er ihr zu widersprechen berechtigt ist, auch ohne Anrufen des Gerichts hindern und, wenn der Miether auszieht, die Sachen in seinen Besitz nehmen. Sind die Sachen ohne Wissen oder unter Widerspruch des Vermiethers entfernt, so kann er die Herausgabe zum Zwecke der Zurückschaffung in das Grundstück und, wenn der Miether ausgezogen ist, die Ueberlassung des Besitzes verlangen. Macht der Vermiether diesen Anspruch nicht innerhalb eines Monats, nachdem er von der Entfernung der Sachen Kenntniß erlangt hat, gerichtlich geltend, so erlischt das Pfandrecht.

§ 504 (521 Abs. 4). Der Miether kann die Geltendmachung des Pfandrechts des Vermiethers durch Sicherheitsleistung abwenden; er kann jede einzelne Sache durch Sicherheitsleistung in der Höhe ihres Werthes von dem Pfandrechte befreien. E II § 504

§ 505 (521 Abs. 5). Wird eine dem Pfandrechte des Vermiethers unterliegende Sache für einen anderen Gläubiger gepfändet, so kann diesem gegenüber das Pfandrecht wegen des Miethzinses für eine frühere Zeit als das letzte Jahr vor der Pfändung nicht geltend gemacht werden. E II § 505

V. Die Fassung der §§ 551–555 *E II (E III §§ 552–556)* entspricht der der §§ 559–563 BGB.

## D. Bundesrat (Justizausschuß)

I. Zu § 501 E II: *Bremen* befürwortet aus Gründen der Billigkeit und zur Verhütung bedenklicher, dem Vermiether zum Nachtheile gereichender Abmachungen zwischen dem Miether und seinem Ehegatten die Aufnahme folgenden Zusatzes:

„Das Pfandrecht erstreckt sich auch auf die dem Ehegatten des Miethers gehörigen Sachen, sofern er zur Zeit ihrer Einbringung die häusliche Gemeinschaft des Miethers theilte."

II. Bericht von Schicker über die Sitzung vom 12. 10. 1895: Zu § 551 (501) wies Senator *Pauli* darauf hin, daß in Bremen das Beantragte geltendes Recht sei und sich bewährt habe. Entgegengehalten wurden die schon in der II. Kommission geltend gemachten Gründe und die weitere Konsequenz, wenn man berücksichtige, wie unter der Herrschaft des Abzahlungswesens häufig das Eingebrachte dem Miether nicht gehöre. Wer sich sichern wolle, müsse eben mit der Ehefrau einen entsprechenden Vertrag schließen. Der Antrag wurde abgelehnt.

## E. Reichstag (XII. Kommission und Plenum)

I. Beantragt war: a) in § 552 die Worte zu streichen: „Es erstreckt sich nicht auf die der Pfändung nicht unterworfenen Sachen." Vielhaben (Nr 37)

b) §§ 552 bis 556 zu streichen; eventuell den Schluß des § 552 dahin zu fassen: „Es erstreckt sich weder auf die der Pfändung nicht unterworfenen Sachen noch auf Gegenstände, die zum Erwerb oder zur Ausübung des Berufs des Miethers oder seiner Familie gebraucht werden." Frohme, Stadthagen (Nr 39, 8)

II. Bericht von *Heller* über die Sitzung vom 7. 3. 1896

Die auf den § 552 bezüglichen Anträge *Vielhaben* und *Stadthagen*, *Frohme* veranlaßten eine sehr lange Diskussion. Der Abgeordnete *Vielhaben* erkannte selbst an, daß sein Antrag unpopulär sei und keine Aussicht habe angenommen zu werden, begründete ihn aber in ausführlicher Weise, hauptsächlich von den Verhältnissen Hamburgs ausgehend. Das Hauptgewicht legte er darauf, daß die besondere Natur des Mietverhältnisses den Vermieter dazu nötige, ein größeres Maß von Kredit walten zu lassen, als der Gläubiger in anderen Vertragsverhältnissen es zu tun veranlaßt ist, daß die Zahl der Mieter, denen gegenüber ein kräftiger Zwang zur Zahlung des Mietzinses nötig ist, außerordentlich groß sei, und daß das Bestehen eines solchen Zwangs in deren eigenem wohlverstandenem Interesse liege, da jede Milderung eine Steigerung der Mietpreise zur unausbleiblichen Folge habe. *Stadthagen* trat dem Antrage in langer Ausführung entgegen und entwickelte sodann im wesentlichen in der nämlichen Weise wie bei der ersten Beratung des Entwurfs im Plenum des Reichstags seine Anschauung von der rechtlichen und sozialpolitischen Verwerflichkeit des gesetzlichen Pfandrechts des Vermieters. *Struckmann* verteidigte in überzeugender Weise beiden Anträgen gegenüber den Standpunkt des Entwurfs. Gegen den Antrag *Vielhaben* bemerkte er unter anderem, er stehe in unlöslichem Widerspruche mit der Bestimmung in § 715 der Zivilprozeßordnung. Die Beschränkung des Rechts des Mieters schütze die wirtschaftliche Existenz der Schwachen. Die Beseitigung der Beschränkung würde dem Rechtsbewußtsein des Volkes und der Entwicklung der neueren Gesetzgebung widerstreiten. Auch der Eventualantrag *Frohme, Stadthagen* sei nicht annehmbar. Ob die Bestimmungen des § 715 der Zivilprozeßordnung etwa zu erweitern seien, werde bei der Revision der Zivilprozeßordnung zu erwägen sein. Geschieht dies, so wirke es auch auf das gesetzliche Pfandrecht des Vermieters. Andernfalls aber würde eine Bestimmung im Bürgerlichen Gesetzbuche den Zweck nicht erreichen, weil der Vermieter an den seinem Pfandrecht entzogenen Sachen einen Arrest erwirken könnte. Das Bestehen des gesetzlichen Pfandrechts selbst aber liege im Interesse der wirtschaftlich Schwachen; es schütze gegen die Forderung der Vorauszahlung, vermindere die Fälle, in denen von der Exmission Gebrauch gemacht wird. Seine Aufhebung würde nur zur Folge haben, daß ein vertragsmäßiges Zurückbehaltungsrecht zur Regel würde. Auch der Abgeordnete *Enneccerus* sprach sich gegen die sämtlichen Anträge aus sowie der Abgeordnete *Gröber*, dieser mit dem Bemerken, daß er bereit sein würde, die Annahme einer Resolution zu unterstützen, in der der Wunsch nach einer Erweiterung des § 715 der Zivilprozeßordnung ausgesprochen würde. Im übrigen waren es *Vielhaben* auf der einen, *Frohme* und *Stadthagen* auf der anderen Seite, die in wiederholten Entgegnungen die Diskussion noch längere Zeit fortsetzten. Die Abstimmung ergab die Ablehnung des Antrags *Vielhaben* gegen eine Stimme, die Ablehnung der Anträge *Frohme, Stadthagen* gegen zwei Stimmen und die Annahme des unveränderten § 552 gegen zwei Stimmen[22].

**III.** Der Antrag auf Streichung der §§ 552–556 E III wurde in der 2. Lesung (Nr. 133, 5) und im Plenum wiederholt (Nr. 456, 18) und abgelehnt.

## § 564

**Das Miethverhältniß endigt mit dem Ablaufe der Zeit, für die es eingegangen ist.**

**Ist die Miethzeit nicht bestimmt, so kann jeder Theil das Miethverhältniß nach den Vorschriften des § 565 kündigen.**

[22] Vgl. auch Bericht im „Vorwärts" (*Vormbaum, S. 173–176).*

§ 565

**Bei Grundstücken ist die Kündigung nur für den Schluß eines Kalendervierteljahres zulässig; sie hat spätestens am dritten Werktage des Vierteljahres zu erfolgen. Ist der Miethzins nach Monaten bemessen, so ist die Kündigung nur für den Schluß eines Kalendermonats zulässig; sie hat spätestens am fünfzehnten des Monats zu erfolgen. Ist der Miethzins nach Wochen bemessen, so ist die Kündigung nur für den Schluß einer Kalenderwoche zulässig; sie hat spätestens am ersten Werktage der Woche zu erfolgen.**

**Bei beweglichen Sachen hat die Kündigung spätestens am dritten Tage vor dem Tage zu erfolgen, an welchem das Miethverhältniß endigen soll.**

**Ist der Miethzins für ein Grundstück oder für eine bewegliche Sache nach Tagen bemessen, so ist die Kündigung an jedem Tage für den folgenden Tag zulässig.**

**Die Vorschriften des Abs. 1 Satz 1, Abs. 2 gelten auch für die Fälle, in denen das Miethverhältniß unter Einhaltung der gesetzlichen Frist vorzeitig gekündigt werden kann.**

## A. 1. Kommission

I. 207. Sitzung vom 9. 5. 1883, Schriftführer Neubauer

| Zu Art. 568 des Entwurfs.: | Prot I 2127 DresdE Art 568

„Das Miethverhältniß endigt mit dem Ablaufe der vereinbarten Miethzeit. Ist eine Miethzeit nicht vereinbart, jedoch ein innerhalb einer gewissen Zeit zu erreichender Gebrauchszweck bezeichnet worden, so gilt die Miethe als für diese Zeit geschlossen. Fehlt es an der Bezeichnung eines solchen Gebrauchszweckes, so gilt, sofern nicht etwas Anderes ortsgebräuchlich oder durch die Landesgesetze bestimmt ist, die Miethe auf unbestimmte Zeit geschlossen, und jeder Theil kann, nach vorheriger Kündigung das Miethverhältniß einseitig auflösen.

In Ermangelung einer vertragsmäßigen, ortsgebräuchlichen oder landesgesetzlichen Kündigungsfrist muß die Kündigung bei vermietheten beweglichen Sachen drei Tage, bei unbeweglichen Sachen vierzehn Tage der Auflösung des Miethverhältnisses vorausgehen."

war beantragt: v. Kübel (Nr 345)

1. statt dessen zu bestimmen:

„Das Miethverhältniß endigt mit dem Ablauf der | Zeit, auf welche dasselbe eingegangen war. Ist über die Dauer Nichts bestimmt, so kann sowohl der Vermiether als der Miether das Miethverhältniß durch Kündigung beendigen. | Prot I 2128

Die Kündigung muß, in Ermangelung einer anderen Bestimmung über die Fristen und Ziele derselben, bei beweglichen Sachen drei Tage, bei unbeweglichen Sachen drei Monate vor dem Tage, an welchem das Ende der Miethe eintreten soll, erfolgen. Wenn jedoch monatsweise Miethzinszahlung vereinbart ist, so muß die Kündigung spätestens am fünfzehnten Tage des laufenden Monats auf den letzten Tag, bei wöchentlicher Miethzinszahlung am zweiten Tage der Woche auf das Ende derselben geschehen; bei täglicher Miethzinszahlung genügt Kündigung je von einem Tag auf den anderen. Nichtrechtzeitige Kündigung ist wirkungslos."

2. im Anschluß an den Antrag 4 A, b, S. 2059[1] (vgl. ebenda S. 2060 Antrag Nr. 5 § a): v. Weber (Nr 346, 4)

[1] Vgl. Materialien zu §§ 571 ff. BGB.

a) den dritten Absatz zu fassen:

„In Ermangelung einer vertragsmäßigen Kündigungsfrist muß die Kündigung bei vermietheten beweglichen Sachen drei Tage, bei unbeweglichen Sachen, wenn der jährliche Miethzins 150 M. oder mehr beträgt, wenigstens ein halbes Jahr und bei einem Miethzinsbetrage unter 150 M. M. wenigstens sein Vierteljahr vor der Auflösung des Miethvertrags erfolgen. Die Kündigung muß im ersteren Falle spätestens am 31. März oder am 30. September, im letzteren spätestens am 31. März, 30. Juni, 30. September oder 31. Dezember geschehen, wenn sie für den Schluß des nächsten Kalenderhalbjahres oder Kalendervierteljahres gelten soll."

*eventuell* hinzuzufügen:

| Prot I 2129 „Durch Landesgesetz können andere Kalenderzeiten | für den Miethwechsel und die Kündigungsfrist bestimmt werden."

b) Als Absatz 4 hinzuzufügen:

„Miethverträge über unbewegliche Sachen, in welchen ein monatlicher oder wöchentlicher Miethzins ausgemacht ist, sond monatlicher oder wöchentlicher Kündigung unterworfen."

3. in Artikel 568 zu bestimmen:

Kurlbaum (Nr 366) „Ist über die Dauer der Miethzeit nichts vereinbart, so kann sowohl der Vermiether als der Miether das Miethverhältniß durch Kündigung beendigen.

Vor Ablauf wenigstens eines der Zeitabschnitte, nach welchen der Miethzins bestimmt ist, kann das Miethverhältniß durch Kündigung nicht beendigt werden.

Sind auf der einen oder der anderen Seite mehrere Personen als Vertragschließende betheiligt, oder ist der eine oder der andere Theil von Mehreren beerbt, so kann die Kündigung nur von Allen und gegen Alle erfolgen.

Für die Kündigung gelten, soweit nicht etwas Anderes vereinbart ist, folgende Vorschriften:

Die Kündigung muß bei unbeweglichen Sachen spätestens am dritten Tage des Vierteljahres erfolgen, mit dessen Ablauf das Miethverhältniß beendigt werden soll, und findet bei solchen Sachen nur zum Ablauf eines der Monate März, Juni, September, Dezember statt. Jedoch ist bei Bestimmung des Miethzinses nach Monaten spätestens am fünfzehnten Tage eines Monats zum Ablauf desselben, bei Bestimmung des Miethzinses nach Wochen spätestens am zweiten Tage einer Woche zum Ablaufe derselben zu kündigen.

Bei beweglichen Sachen muß die Kündigung spätestens am dritten Tage vor dem
| Prot I 2130 Tage erfolgen, | an welchem das Miethverhältniß beendigt werden soll.

Ist der Miethzins nach Tagen bestimmt, so kann bei beweglichen und bei unbeweglichen Sachen an jedem Tage zum folgenden Tage gekündigt werden."

Der auch in den drei Anträgen enthaltene Grundsatz des Entwurfs:

„daß das Miethverhältniß, wenn eine Miethzeit vereinbart ist, mit deren Ablauf, wenn eine Miethzeit aber nicht vereinbart ist, erst nach einer vorherigen, beiden Theilen zustehenden Kündigung und nach Ablauf einer mit der Kündigung beginnenden, durch das Gesetz zu bestimmenden Frist endet,"

fand keine Beanstandung.

Die Fassung der Vorschrift, welche diesen Grundsatz auszusprechen hat, blieb der Redaktion vorbehalten. Einverständniß bestand jedoch, daß die in dem Entwurfe sich findende Hinweisung auf die aus dem Gebrauchszwecke sich ergebende Dauer der Miethzeit entbehrlich und daß es nicht minder überflüssig sei, mit dem Entwurfe des Ortsgebrauchs Erwähnung zu thun, daß endlich kein Anlaß bestehe — entsprechend dem Entwurfe — dem Eingreifen der Landesgesetze Raum zu lassen.

Betreffend die gesetzlichen Kündigungsfristen wurden folgende Beschlüsse gefaßt

I. In Ansehung des Falls, wenn der Miethzins nicht nach Zeitabschnitten bemessen ist.

1. Bei der Miethe einer unbeweglichen Sache soll die Kündigungsfrist *unterschiedslos* drei Monate betragen. Der Antrag, die Frist auf 6 Monate festzusetzen, wenn der jährliche Miethzins 150 Mark oder mehr betrage, wurde abgelehnt.

Erwogen war:

Die Frist müsse mindestens auf drei Monate bestimmt werden, | eine kürzere Frist vertrage sich nicht mit der Verkehrssitte, auch nicht mit dem in großen Gebieten, insbesondere im Bereiche des preußischen Rechts und des sächsischen bürgerlichen Gesetzbuchs geltenden und ohne die bedenklichsten Störungen nicht zu ändernden Rechte, würde zudem eine Abänderung der zum Art. 551 Behufs Abschwächung des Grundsatzes: „Kauf bricht Miethe" gefaßten Beschlüsse (Protokolle S. 2071–2076) nöthig machen. Andererseits dürfe, um mit der Verkehrssitte in Einklang zu bleiben, auch eine längere Frist nicht gewählt werden; denn eine über drei Monate hinausgehende Frist passe ohne Zweifel nur für die Fälle, in welchen das Miethverhältniß einen wichtigen Gegenstand betreffe, z. B. eine herrschaftliche Wohnung, einen geräumigen Speicher, und der Miethzins dementsprechend ein beträchtlicher sei. Solche Fälle bildeten indessen die Minderzahl und dürften deshalb für die Feststellung der Regel nicht ausschlaggebend sein. Noch bedenklicher erscheine es, dieselben durch Bestimmung verschiedener, nach dem Betrage des Zinses sich richtender Fristen zu berücksichtigen. Jede derartige von der Festsetzung einer einheitlichen Frist absehende Unterscheidung führe schon deshalb zu praktischen Uebelständen, weil oft Streit darüber entstehen würde, ob der Zins, der ja nicht immer nur in einer Geldsumme bestehe, die entscheidende Höhe erreiche. Es sei ferner nicht möglich, den für die Unterscheidung maßgeblichen Betrag, wenn er für Stadt und Land, für große, mittlere und kleinere Städte, so wie für alle Zeitverhältnisse gleichmäßig passen solle, zu finden. Die Bestimmung einer einheitlichen Frist, wie sie namentlich auch im preußischen ALR enthalten sei und in dessen Bereiche sich vollkommen bewährt habe, sei mit so wesentlichen Vorzügen verbunden, daß es nicht rathsam erscheine, auf die Festsetzung verschiedener Fristen einzugehen. | Prot I 2131

2. Die Frist soll beginnen mit dem Ablaufe des Kalenderquartals, in welchem gekündigt ist und enden mit dem Ablaufe | des folgenden Kalenderquartals, unter Kalenderquartalen diejenigen verstanden, welche am 1. Januar, 1. April, 1. Juli und 1. Oktober beginnen. | Prot I 2132

Man hielt eine solche Bestimmung aus ähnlichen Gründen für angemessen und erforderlich, wie die, auf welchen der zum Art. 560 über die Zeit der Entrichtung des Miethzinses gefaßte entsprechende Beschluß (Protokolle S. 2093, 2094[2]) beruht.

3. Der Antrag, die Kündigung für zureichend zu erklären, welche an einem der drei ersten Tage des Quartals erfolgt, nach dessen Ablauf die Miethe enden soll, wurde abgelehnt.

Man erblickte in dieser Bestimmung eine die Einfachheit des Gesetzes störende Irregularität, für die sich insbesondere nicht anführen lasse, der Vermiether werde oft in der an den drei ersten Tagen des neuen Quartals unterbliebenen Entrichtung des verfallenen Zinses einen Grund zur Kündigung finden, da dieser Grund, abgesehen von seiner geringen Erheblichkeit, dazu nöthigen würde, die Vorschrift auch auf die vertragsmä-

[2] Vgl. Materialien zu § 551 BGB.

ßige Kündigungsfrist auszudehnen und somit für eine dem Wortverstande des Vertrags widerstrebende Auslegungsregel zu entscheiden.

4. Bei der Miethe einer beweglichen Sache soll die Kündigungsfrist drei Tage betragen.

Man erachtete diese Frist in Rücksicht auf die *regelmäßig* in Betracht kommenden Verhältnisse als eine zutreffende.

II. In Ansehung des Falls, wenn der Miethzins nach Zeitabschnitten (jährlich, monatlich, wöchentlich, täglich) bemessen ist.

1. Ist bei der Miethe einer unbeweglichen Sache der Miethzins nach Monaten bemessen (monatsweise bestimmt), so soll die Kündigung im Laufe eines mit dem ersten Kalendertage beginnenden Monats bis zum 15ten Kalendertage einschließlich der- | Prot I 2133 gestalt zu- | lässig sein, daß das Miethverhältniß mit Ablauf des Monats endet.

Die Anträge: einmonatige oder zweiwöchige Kündigung zuzulassen, waren abgelehnt worden.

Erwogen war:

In dem unterstellten Falle fehle die Vereinbarung einer Miethzeit. In Gemäßheit der beschlossenen Regel würde also, wenn nicht eine Ausnahme gemacht werde, die dreimonatige Kündigungsfrist gelten. Es leuchte aber ein, wie wenig in einem solchen Falle die Regel passe. Diese müsse eine Ausnahme erleiden. Wie die letztere zu bestimmen sei, ob nämlich zuzulassen sei: einmonatige Kündigung, zweiwöchige Kündigung oder zweiwöchige Kündigung mit der Abweichung, daß bis zum 15ten einschließlich des laufenden Kalendermonats gekündigt werden müsse, könne zweifelhaft erscheinen. Indessen sei doch die letztere Art der Regelung, die namentlich im preußischen Rechte sich finde und in dessen Bereiche sich bewährt und eingelebt habe, im Interesse beider Theile die passendste.

2. Ist bei der Miethe einer unbeweglichen Sache der Miethzins nach Wochen bemessen (wochenweise bestimmt), so soll die Kündigung an den beiden ersten Tagen einer mit dem Sonntag beginnenden Woche dergestalt zulässig sein, daß das Miethverhältniß mit Ablauf der Woche endet.

Die Anträge, einwöchige Kündigung oder Kündigung an den beiden ersten Tagen der Miethswoche zur neuen Woche zuzulassen, waren abgelehnt worden.

Die Entscheidung beruhte auf ähnlichen Erwägungen wie die vorhergehende, obschon zur Sprache kam, daß das preußische Recht eine gleiche Vorschrift nicht enthalte.

| Prot I 2134 | 3. Ist bei der Miethe einer beweglichen Sache der Miethzins nach Monaten oder Wochen bemessen (monatsweise oder wochenweise bestimmt), so soll es bei der Regel der dreitägigen Kündigung verbleiben.

Man erachtete für diesen Fall eine die Anwendung der Regel ausschließende Bestimmung nicht für erforderlich.

4. Ist bei Miethe einer unbeweglichen oder beweglichen Sache der Miethzins nach Tagen bemessen (tageweise bestimmt), so soll eintägige Kündigung zulässig sein.

Man glaubte, daß diese Vorschrift mit der Verkehrssitte in Uebereinstimmung stehe.

5. Folgende Anträge wurden durch Mehrheitsbeschluß abgelehnt:

a) der Antrag zu bestimmen:

„Vor Ablauf wenigstens eines der Zeitabschnitte, nach welchen der Miethzins bestimmt sei, könne das Miethverhältniß durch Kündigung nicht beendet werden."

so wie der im Laufe der Berathung gestellte Antrag, zu bestimmen:

„Wenn vereinbart worden, daß der Miethzins nach Zeitabschnitten zu entrichten sei, so könne erst zum Ablauf des zweiten Zeitabschnitts gekündigt werden.“

Die Gründe waren:

Sei der Miethzins ohne besondere Festsetzung der Miethzeit nach Zeitabschnitten bemessen, sei z. B. der Miethvertrag nur mit der Bestimmung geschlossen, der Miethzins betrage jährlich, monatlich, wöchentlich u.s.w. x Mark, so fehle – wie schon erwähnt – an und für sich betrachtet, die auch nur stillschweigende Vereinbarung einer Miethzeit, ob gleichwohl in jener Bestimmung | die stillschweigende Uebereinkunft zu finden sei, die Miethzeit betrage gerade ein Jahr u.s.w., oder sie betrage dergestalt ein Jahr u.s.w., daß, wenn sie mit Ablauf des Jahres u.s.w. endigen solle, rechtzeitig gekündigt werden müsse, sei quaestio facti, deren Entscheidung von den Umständen des Falles abhänge. Es erscheine in hohem Maße bedenklich, mittels einer Auslegungsregel dieser oder jener Art einzugreifen, weil eine solche nur zu oft eine sachwidrige Entscheidung des gegebenen Falls zur Folge haben müßte. | Prot I 2135

b) der Antrag, zu bestimmen: „Nicht rechtzeitige Kündigung sei wirkungslos.“

Man ging davon aus: Werde die vorgeschlagene Bestimmung wörtlich verstanden, so sei sie selbstverständlich; werde ihr der Sinn unterlegt, eine für den Zeitpunkt, für welchen sie zunächst berechnet sei, verspätete Kündigung sei dergestalt wirkungslos, daß sie auch für den nächstfolgenden Termin nicht gelte, so erscheine sie bedenklich, weil nur die Umstände des Falls entscheiden könnten, ob in der verspäteten Kündigung eine rechtzeitige Kündigung für den nächsten Termin sich finden lasse.

Uebrigens bestand kein Zweifel, daß eine bedingte Kündigung wirkungslos und eine Bestimmung hierüber nicht nöthig sei (zu vergl. Prot. S. 278, 1185[3]).

c) der Antrag, zu bestimmen:

„Sind auf der einen oder anderen Seite mehrere Personen als Vertragschließende betheiligt oder ist der eine oder andere Theil von Mehreren beerbt, so kann die Kündigung nur von Allen oder gegen Alle erfolgen.“

Man erachtete eine solche Vorschrift wegen Selbstverständlichkeit für entbehrlich. Ihre Selbstverständlichkeit wurde aus dem in der Sitzung vom 20. April 1883 (Pro- | tokolle S. 2024, 2025[4]) gefaßten Beschlusse, so wie daraus gefolgert, daß die dem Vermiether obliegende Leistung der Gebrauchsgewährung und nicht minder die dem Miether obliegende Leistung der Zurückgewährung der Sache nach Beendigung des Miethverhältnisses untheilbar seien. | Prot I 2136

6. Dagegen fand der nachträglich gestellte Antrag, die Bestimmung aufzunehmen:

„Ist der Miethvertrag nicht auf die Lebenszeit des Miethers oder des Vermiethers abgeschlossen, so kann der auf längere Dauer als dreißig Jahre abgeschlossene Miethvertrag mit dem Ablaufe des dreißigsten Jahres gekündigt werden.“

Genehmigung.

Die in Vorschlag gebrachte Bestimmung hielt man aus volkswirthschaftlichen Gründen für erforderlich, um die Erbmiethe oder ein dieser ähnliches Verhältniß auszuschließen.

7. Einverständniß bestand endlich, daß in das Einführungsgesetz eine Vorschrift aufzunehmen sei, welche die landesgesetzliche Befugniß der Polizeibehörde wahrt, die Räumungsfristen bei Miethwohnungen zu regeln.

---

3 Vgl. Materialien zu den §§ 158ff., 284 BGB.

4 Vgl. Materialien zu § 535 BGB.

**II. 1.** Die beschlossene Regelung lautet in der RedVerl:

RedVorl § 17 § 17 (Art. 568) 377. Das Miethverhältniß endet mit dem Ablaufe der Zeit, auf welche es eingegangen war. Ist die Miethzeit nicht bestimmt, so kann sowohl der Miether als der Vermiether das Miethverhältniß durch Kündigung beenden.

Die Kündigung ist bei unbeweglichen Sachen nur zu den am 1. Januar, 1. April, 1. Juli, 1. Oktober beginnenden Kalendervierteljahren zulässig; sie muß in dem Vierteljahr erfolgen, welches demjenigen vorausgeht, mit dessen Ablauf das Miethverhältniß enden soll.

Ist bei einer unbeweglichen Sache der Miethzins monatsweise (nach Monaten) bemessen, so ist die Kündigung im Laufe eines jeden Monats, welcher mit dem als erster im Kalender bezeichneten Tage beginnt, bis zum 15. Monatstage einschließlich dergestalt zulässig, daß das Miethverhältniß mit dem Ablauf des Monats endet.

Ist bei einer unbeweglichen Sache der Miethzins wochenweise (nach Wochen) bemessen, so ist die Kündigung an den beiden ersten Tagen jeder mit dem Sonntage beginnenden Woche dergestalt zulässig, daß das Miethverhältniß mit Ablauf der Woche endet.

Bei beweglichen Sachen muß die Kündigung spätestens am dritten Tage vor dem Tage erfolgen, an welchem das Miethverhältniß enden soll.

Ist bei einer unbeweglichen oder beweglichen Sache der Miethzins tageweise (nach Tagen) bemessen, so ist die Kündigung an jedem Tage zum folgenden Tage zulässig.

**2.** Fassung der Regelung in der *ZustOR:*

ZustOR § 377 § 377. Das Miethverhältniß endet mit dem Ablaufe der Zeit, auf welche es eingegangen war. Ist die Miethzeit nicht bestimmt, so kann sowohl der Miether als der Vermiether das Miethverhältniß durch Kündigung beenden.

Die Kündigung ist bei unbeweglichen Sachen nur zu den am 1. Januar, 1. April, 1. Juli, 1. Oktober beginnenden Kalendervierteljahren zulässig; sie muß vor Beginn des Vierteljahres erfolgen, mit dessen Ablauf das Miethverhältniß enden soll.

Ist bei einer unbeweglichen Sache der Miethzins nach Monaten bemessen, so ist die Kündigung nur zum Ablauf eines Kalender-Monats zulässig; sie muß spätestens am 15. des Monats erfolgen, mit dessen Ablauf das Miethverhältniß enden soll.

Ist bei einer unbeweglichen Sache der Miethzins nach Wochen bemessen, so ist die Kündigung nur zum Ablauf einer Kalenderwoche zulässig; sie muß spätestens am Montag der Woche erfolgen, mit deren Ablauf das Miethverhältniß enden soll.

Bei beweglichen Sachen muß die Kündigung spätestens am dritten Tage vor dem Tage erfolgen, an welchem das Miethverhältniß enden soll.

Ist bei einer unbeweglichen oder beweglichen Sache der Miethzins nach Tagen bemessen, so ist die Kündigung an jedem Tage zum folgenden Tage zulässig.

**III.** § 515 *KE* stimmt mit § 377 ZustOR bis auf folgende Punkte überein:

**a)** statt „enden“ heißt es überall „endigen“; statt „Ablauf“ heißt es „Ablaufe“.

**b)** Abs. 3 lautet: „Die Kündigung ist bei unbeweglichen Sachen nur zum Ablaufe der am 1. Januar, 1. April, 1. Juli, 1. Oktober beginnenden Kalendervierteljahre zulässig; sie muß vor Beginn des Vierteljahres erfolgen, mit dessen Ablaufe das Miethverhältniß endigen soll.“

**c)** in Abs. 4 ist die Ziffer ausgeschrieben.

**2.** Aufgrund eines Antrages von *Johow* (Nr. 606, 1) wurde beschlossen, in § 515 Abs. 3, 4, 5 KE statt „unbewegliche Sache“ zu setzen „Grundstück“ (Prot. I 11789, 11781).

3. Ferner war von *Mandry* (Nr. 597, 39) beantragt, § 515 KE Abs. 1 zu fassen: „. . . auf welche dasselbe eingegangen ist." Beschlossen wurde die Fassung: „. . . auf welche es eingegangen ist." (Prot. I, S. 11821)

**IV.** die beschlossene Regelung lautet in § 522 E I:

Das Miethverhältniß endigt mit dem Ablaufe der Zeit, auf welche es eingegangen ist. E I § 522

Ist die Miethzeit nicht bestimmt, so kann sowohl der Miether als der Vermiether das Miethverhältniß durch Kündigung beendigen.

Die Kündigung ist bei unbeweglichen Sachen nur zum Ablaufe der am 1. Januar, 1 April, 1. Juli, 1. Oktober beginnenden Kalendervierteljahre zulässig; sie muß vor Beginn des Vierteljahres erfolgen, mit dessen Ablaufe das Miethverhältniß endigen soll.

Ist bei einer unbeweglichen Sache der Miethzins nach Monaten bemessen so ist die Kündigung nur zum Ablaufe eines Kalendermonats zulässig; sie muß spätestens am fünfzehnten des Monates erfolgen, mit dessen Ablaufe das Miethverhältniß endigen soll.

Ist bei einer unbeweglichen Sache der Miethzins nach Wochen bemessen, so ist die Kündigung nur zum Ablaufe einer Kalenderwoche zulässig; sie muß spätestens am Montag der Woche erfolgen, mit deren Ablaufe das Miethverhältniß endigen soll.

Bei beweglichen Sachen muß die Kündigung spätestens am dritten Tage vor dem Tage erfolgen, an welchem das Miethverhältniß endigen soll.

Ist bei einer unbeweglichen oder beweglichen Sache der Miethzins nach Tagen bemessen, so ist die Kündigung an jedem Tage zum folgenden Tage zulässig.

## B. Vorkommission des Reichsjustizamtes

**I.** Beantragt war:

den § 522 dahin zu fassen:

Das Miethverhältniß endigt mit dem Ablaufe der Zeit, für welches es eingegangen ist. Struckmann (Nr 3, 53)

Ist die Miethzeit nicht bestimmt, so kann sowohl der Miether als der Vermiether das Miethverhältniß durch Kündigung beendigen. Für die Kündigung gelten, sofern nicht ein Anderes vereinbart ist, folgende Regeln.

Die Kündigung ist bei unbeweglichen Sachen nur für den Schluß eines der am 1. Januar, 1. April, 1. Juli, 1. Oktober beginnenden Kalendervierteljahre zulässig; sie muß spätestens am 1. Werktage des Vierteljahres erfolgen, mit dessen Ablauf das Miethverhältniß endigen soll.

Ist bei einer unbeweglichen Sache der Miethzins nach Monaten bemessen, so ist die Kündigung nur für den Schluß eines Kalendermonats zulässig; sie muß spätestens am fünfzehnten des Monats erfolgen, mit dessen Ablaufe das Miethverhältniß endigen soll.

Ist bei einer unbeweglichen Sache der Miethzins nach Wochen bemessen, so ist die Kündigung nur für den Schluß einer Kalenderwoche zulässig; sie muß spätestens am ersten Werktage der Woche erfolgen, mit deren Ablauf das Miethverhältniß endigen soll.

Bei beweglichen Sachen muß die Kündigung spätestens am dritten Tage vor dem Tage erfolgen, an welchem das Miethverhältniß endigen soll.

Ist bei einer unbeweglichen oder beweglichen Sache der Miethzins nach Tagen bemessen, so ist die Kündigung an jedem Tage für den folgenden Tag zulässig.

**2.** In dem § 522 den ersten Abs. zu streichen. Planck Nr 6, 67)

II. 74. Sitzung vom 28. 3. 1892

| Prot-RJA 451 | Zu § 522 Abs. 3 wurde beschlossen, die Kündigung bei unbeweglichen Sachen noch am ersten Werktage des Vierteljahres zuzulassen, mit dessen Ablauf das Miethverhältniß endigen solle. Diese Abänderung des Entwurfs sei im Interesse beider Parteien angemessen. Dem Vermiether werde dadurch die Möglichkeit gegeben, noch am ersten Tage des neuen Quartals zu kündigen, falls der Miether mit der Miethe für das verflossene Quartal im Rückstande sei. Der Miether habe ferner häufig ein Interesse, die Wohnung schon am Tage des Einzugs zum nächsten Termine zu kündigen, weil er alsbald zur Erkenntniß gelange, daß dieselbe seinen Bedürfnissen nicht entspreche.

Ferner wurden im Abs. 5 die Worte „am Montage der Woche" durch die Worte „am ersten Werktage der Woche" ersetzt.

Die Frage, ob der Abs. 1 als selbstverständlich zu streichen sei, wurde der Entscheidung des Referenten anheimgegeben.

## C. 2. Kommission

I. Anträge (Prot. II, Bd. 2, S. 214f.; *Mugdan*, Bd. 2, S. 864f.)

a) Zu § 522 waren nachstehende Anträge gestellt:

1. die Abs. 1 bis 5 des Entw. zu fassen:

Struckmann (Nr 142, 13) Das Miethverhältniß endigt mit dem Ablaufe der Zeit, für welche es eingegangen ist.

Ist die Miethzeit nicht bestimmt, so kann sowohl der Miether als der Vermiether das Miethverhältniß durch Kündigung beendigen. Für die Kündigung gelten, sofern nicht ein Anderes bestimmt ist, folgende Regeln:

Die Kündigung ist bei unbeweglichen Sachen nur für den Schluß eines der am 1. Januar, 1. April, 1. Juli, 1. Oktober beginnenden Kalendervierteljahre zulässig; sie muß spätestens am ersten Werktage des Vierteljahres erfolgen, mit dessen Ablaufe das Miethverhältniß endigen soll.

Ist bei einer unbeweglichen Sache der Miethzins nach Monaten bemessen, so ist die Kündigung nur für den Schluß eines Kalendermonats zulässig; sie muß spätestens am fünfzehnten des Monats erfolgen, mit dessen Ablaufe das Miethverhältniß endigen soll.

Ist bei einer unbeweglichen Sache der Miethzins nach Wochen bemessen, so ist die Kündigung nur für den Schluß einer Kalenderwoche zulässig; sie muß spätestens am ersten Werktage der Woche erfolgen, mit deren Ablaufe das Miethverhältniß endigen soll.

hierzu der Unterantrag,

in dem Abs. 3 hinter den Worten „am ersten Werktage des Vierteljahrs" einzuschalten die Worte „oder des längeren Zeitraums".

Jacubezky (Nr 144, 12) 2. den Abs. 1 zu streichen;

3. die Abs. 4, 5 wie folgt zu gestalten:

Rüger (Nr 165, 3) Ist bei einer unbeweglichen Sache der Miethzins nach Monaten oder nach Wochen bemessen, so ist die Kündigung nur für den Schluß eines Kalendermonats zulässig; sie muß spätestens am ersten Werktage des Monats erfolgen, mit dessen Ablaufe das Miethverhältniß endigen soll.

Die Abs. 1, 2, 4, 6, 7 des Entw. wurden beibehalten. Die Abs. 3, 5 änderte die Kom. nach den Vorschlägen des Antrags 1 ab; der Unterantrag und der Antrag 3 wurden abgelehnt. Eine redaktionelle Anregung, die dahin ging, daß eine Fassung gewählt werden möge, welche die Wiederholung des Ausdrucks „unbewegliche Sachen“ in mehreren unmittelbar auf einander folgenden Absätzen vermeide, wurde der RedKom zur Berücksichtigung überwiesen.

b) Es war beantragt, als § 522a folgende Bestimmung aufzunehmen Wolffson (Nr 169, 1)

Steht die Endigung des Miethverhältnisses in Folge Zeitablaufs oder Kündigung bevor, so muß auf Verlangen des Vermiethers der Miether von der in § 522 bezeichneten oder der vertragsmäßigen Kündigungsfrist an die Besichtigung der Sache denjenigen, welche sie miethen oder erwerben wollen, an geeigneten, vom Miether zu bestimmenden Tagesstunden gestatten. (Vergl. Bähr, Gegenentw. § 499.)

Ein hierzu gestellter Unterantrag, die Worte „von der in § 522 bezeichneten oder der vertragsmäßigen Kündigungsfrist an“ zu streichen, wurde im Verlaufe der Berathung zurückgezogen.

Bei der Abstimmung erklärte sich die Kom. mit sieben gegen sieben Stimmen unter Stichentscheid des Vorsitzenden gegen die Aufnahme der vorgeschlagenen Bestimmung.

II. Fassung der Regelung in der *VorlZust:*

§ 522. Das Miethverhältniß endigt mit dem Ablaufe der Zeit, auf welche es eingegangen ist. E I-VorlZust § 522

Ist die Miethzeit nicht bestimmt, so kann sowohl der Miether als der Vermiether das Miethverhältniß durch Kündigung beendigen.

Ist der Miethzins nach Tagen bemessen, so ist die Kündigung an jedem Tage für den folgenden Tag zulässig.

Ist der Miethzins nicht nach Tagen bemessen, so gelten folgende Regeln.

Bei beweglichen Sachen muß die Kündigung spätestens am dritten Tage vor dem Tage erfolgen, an welchem das Miethverhältniß endigen soll.

Bei unbeweglichen Sachen ist die Kündigung nur für den Schluß eines der am 1. Januar, 1. April, 1. Juli, 1. Oktober beginnenden Kalendervierteljahre zulässig; sie muß spätestens am ersten Werktage des Vierteljahres erfolgen, mit dessen Ablauf das Miethverhältniß endigen soll. Ist der Miethzins nach Monaten bemessen, so ist die Kündigung nur für den Schluß eines Kalendermonats zulässig; sie muß spätestens am fünfzehnten des Monats erfolgen, mit dessen Ablaufe das Miethverhältniß endigen soll. Ist der Miethzins nach Wochen bemessen, so ist die Kündigung nur für den Schluß einer Kalenderwoche zulässig; sie muß spätestens am ersten Werktage der Woche erfolgen, mit deren Ablaufe das Miethverhältniß endigen soll.

III. Fassung der Regelung in der *ZustRedKom:*

§ 522. Das Miethverhältniß endigt mit dem Ablaufe der Zeit, für welche es eingegangen ist. E I-ZustRedKom § 522

Ist die Miethzeit nicht bestimmt, so kann sowohl der Miether als der Vermiether das Miethverhältniß kündigen.

Ist der Miethzins nach Tagen bemessen, so ist die Kündigung an jedem Tage für den folgenden Tag zulässig. Ist der Miethzins nicht nach Tagen bemessen, so gelten nachstehende Vorschriften.

Bei Grundstücken ist die Kündigung nur für den Schluß eines Kalendervierteljahrs zulässig; sie hat spätestens am ersten Werktage des Vierteljahrs zu erfolgen. Ist der Miethzins nach Monaten bemessen, so ist die Kündigung nur für den Schluß eines Kalendermonats zulässig; sie hat spätestens am fünfzehnten des Monats zu erfolgen. Ist der Miethzins nach Wochen bemessen, so ist die Kündigung nur für den Schluß einer Kalenderwoche zulässig; sie hat spätestens am ersten Werktage der Woche zu erfolgen.

Bei beweglichen Sachen hat die Kündigung spätestens am dritten Tage vor dem Tage zu erfolgen, an welchem das Miethverhältniß endigen soll.

Die Vorschriften des Abs. 4 Satz 1 und des Abs. 5 gelten auch für die Fälle, in welchen das Miethverhältniß unter Einhaltung der gesetzlichen Frist vorzeitig gekündigt werden kann.

**IV.** Im *E II* lautet die Regelung

E II § 506 § 506. Das Miethverhältniß endigt mit dem Ablaufe der Zeit, für welche es eingegangen ist.

Ist die Miethzeit nicht bestimmt, so kann sowohl der Miether als der Vermiether das Miethverhältniß kündigen.

Bei Grundstücken ist die Kündigung nur für den Schluß eines Kalendervierteljahrs zulässig; sie hat spätestens am ersten Werktage des Vierteljahrs zu erfolgen. Ist der Miethzins nach Monaten bemessen, so ist die Kündigung nur für den Schluß eines Kalendermonats zulässig; sie hat spätestens am fünfzehnten des Monats zu erfolgen. Ist der Miethzins nach Wochen bemessen, so ist die Kündigung nur für den Schluß einer Kalenderwoche zulässig; sie hat spätestens am ersten Werktage der Woche zu erfolgen.

Bei beweglichen Sachen hat die Kündigung spätestens am dritten Tage vor dem Tage zu erfolgen, an welchem das Miethverhältniß endigen soll.

Ist der Miethzins für ein Grundstück oder für eine bewegliche Sache nach Tagen bemessen, so ist die Kündigung an jedem Tage für den folgenden Tag zulässig.

Die Vorschriften des Abs. 3 Satz 1 und des Abs. 4 gelten auch für die Fälle, in welchen das Miethverhältniß unter Einhaltung der gesetzlichen Frist vorzeitig gekündigt werden kann.

**V.** Die Regelung des § 506 *E II* wurde im E II rev in zwei Bestimmungen aufgeteilt. Die Fassung dieser Bestimmungen (E II rev §§ 556, 557; E III §§ 557, 558) entspricht bis auf die unter D. und E. aufgeführten Änderungen der der §§ 564, 565 BGB.

## D. Bundesrat (Justizausschuß)

**I.** Zu § 506 E II: Mecklenburg-Schwerin und Mecklenburg-Strelitz führen aus: Soweit die Vorschrift des § 506 Abs. 3 bezwecke, dem Miether und Vermiether bei Beginn des Miethverhältnisses die Möglichkeit einer sofortigen Aufkündigung zu geben, werde sie den erstrebten Erfolg nur erreichen, wenn der Miether bereits am ersten Werktage des Vierteljahrs die gemietheten Räume habe beziehen können. Da aber die örtlichen Räumungsfristen regelmäßig über den ersten Werktag des Vierteljahres hinausgingen, so werde empfohlen,

in § 506 Abs. 3 statt „ersten Werktage“ zu setzen:

„dritten Werktage.“ Vergl. auch zu § 495 oben S. 32 (Zust. S. 33).

**II.** Bericht von *Heller* vom 11. 10. 1895:

Für den Mecklenburgischen Antrag zum § 557 erklärte sich Preußen; auch Baden, Hessen und Lübeck — sohin die Mehrheit — stimmten ihm zu.

## E. Reichstag (XII. Kommission)

I. Beantragt war:

den Schlußsatz des Absatzes 1 des § 558 wie folgt zu fassen: „sie hat spätestens am ersten Werktage der Woche zu erfolgen, mit deren Ablauf das Mietverhältniß endigen soll.“ Frohme, Stadthagen (Nr 39, 9)

II. Bericht von *Heller* über die Sitzung vom 7. 3. 1896:

Der Antrag *Frohme, Stadthagen* zum § 558 wurde der Redaktionskommission überwiesen.

### § 566

**Ein Miethvertrag über ein Grundstück, der für längere Zeit als ein Jahr geschlossen wird, bedarf der schriftlichen Form. Wird die Form nicht beobachtet, so gilt der Vertrag als für unbestimmte Zeit geschlossen; die Kündigung ist jedoch nicht für eine frühere Zeit als für den Schluß des ersten Jahres zulässig.**

## C. 2. Kommission

I. Anträge (Prot. II, Bd. 2, S. 178; *Mugdan*, Bd. 2, S. 829)

Es folgte die Berathung des § 509a der VorlZust[1], um die Frage zu entscheiden, wie es mit der Fortsetzung und Kündigung eines Miethverhältnisses gehalten werden soll, wenn der Vertrag ohne Beobachtung der schriftlichen Form auf längere Zeit geschlossen ist und deshalb nur auf ein Jahr gilt. Es lagen die Anträge vor:

1. die als § 509a beschlossenen Vorschriften zu fassen: Jacubezky (Nr 157)
Der Miethvertrag bedarf der schriftlichen Form, wenn das Miethverhältniß länger als ein Jahr dauern soll. Ist ein Miethvertrag, in welchem eine längere Dauer des Miethverhältnisses vereinbart ist, nicht schriftlich geschlossen, so gilt er als auf unbestimmte Zeit mit der Maßgabe geschlossen, daß die Kündigung nicht zu einem früheren Termin als dem Ablaufe des ersten Jahres statthaft ist.

2. den Vorschriften folgende Fassung zu geben: Wilke (Nr 160)
Wenn der auf längere Zeit geschlossene Miethvertrag wegen Fehlens der Schriftform in Gemäßheit des § 509a nur einjährige Gültigkeit hat, so endigt er mit Ablauf des einen Jahres nur unter der Voraussetzung vorausgegangener gesetzlicher Kündigung. Im Falle ausbleibender Kündigung gilt das Miethverhältniß immer auf ein weiteres Jahr verlängert, sofern nicht nach dem mündlichen Vertrage eine frühere Beendigung vereinbart ist.

Vor Eintritt in die Berathung wurde der nur für den Fall der Ablehnung des Antrags 1 gestellte Antrag 2 zurückgezogen.

Die Kom. nahm den Antrag 1 an.

---

[1] VorlZust § 509a ist mitgeteilt bei den §§ 571 BGB unter C II.

II. Fassung der beschlossenen Regelung in der *VorlZust:*

E I-VorlZust § 509 a § 509 a.: Der Miethvertrag bedarf der schriftlichen Form, wenn das Miethverhältniß länger als ein Jahr dauern soll. Ist ein Mietvertrag, in welchem eine längere Dauer des Miethverhältnisses vereinbart ist, nicht schriftlich geschlossen, so gilt er als auf unbestimmte Zeit mit der Maßgabe geschlossen, daß die Kündigung nicht zu einem früheren Termine als dem Ablaufe des ersten Jahres statthaft ist.

III. Fassung der Regelung in der ZustRedKom als:

E I-ZustRedKom § 522 a § 522 a.: Ein Miethvertrag, der über ein Grundstück für längere Zeit als ein Jahr geschlossen wird, bedarf der schriftlichen Form. Ist die Form nicht gewahrt, so gilt der Vertrag als für unbestimmte Zeit geschlossen; die Kündigung ist jedoch nicht für eine frühere Zeit als für den Schluß des ersten Jahres zulässig.

IV. Im E II lautet die Regelung:

E II § 507 § 507: Ein Miethvertrag über ein Grundstück bedarf der schriftlichen Form, wenn er für längere Zeit als ein Jahr geschlossen wird. Ist die Form nicht beobachtet, so gilt der Vertrag als für unbestimmte Zeit geschlossen; die Kündigung ist jedoch nicht für eine frühere Zeit als für den Schluß des ersten Jahres zulässig.

V. Die Fassung des § 558 E II rev (E III § 559) entspricht der des § 566 BGB.

## § 567

**Wird ein Miethvertrag für eine längere Zeit als dreißig Jahre geschlossen, so kann nach dreißig Jahren jeder Theil das Miethverhältniß unter Einhaltung der gesetzlichen Frist kündigen. Die Kündigung ist unzulässig, wenn der Vertrag für die Lebenszeit des Vermiethers oder des Miethers geschlossen ist.**

### A. 1. Kommission

I. Zur Beratung der im § 567 BGB enthaltenen Regelung vgl. Materialien zu den §§ 564–565 BGB.

II. 1. Fassung der beschlossenen Regelung in der *RedVorl:*

RedVorl § 18 § 18 (378). Ist ein Miethvertrag auf längere Zeit als auf 30 Jahre abgeschlossen, so kann das Miethverhältniß nach Ablauf von 30 Jahren sowohl von dem Vermiether als von dem Miether nach Maßgabe der Vorschriften des § 17 (377) Abs. 2 und 5 gekündigt werden. Diese Bestimmung findet auf den Fall, wenn der Vertrag auf Lebenszeit des Vermiethers oder des Miethers geschlossen ist, keine Anwendung.

(NB: Die Fassung ergiebt deutlich, daß die *Kündigung* erst nach Ablauf von 30 Jahren zulässig ist.)

**2.** In der *ZustOR* lautet die Regelung als § 378:

Ist ein Miethvertrag auf eine Zeit geschlossen, die sich auf länger als dreißig Jahre erstreckt, so kann das Miethverhältniß nach Ablauf von 30 Jahren sowohl von dem Vermiether als von dem Miether nach Maßgabe der Vorschriften § 377 Abs. 2 und 5 durch Kündigung beendet werden. Diese Bestimmung findet auf den Fall, wenn der Vertrag auf Lebenszeit des Vermiethers oder des Miethers geschlossen ist, keine Anwendung. ZustOR § 378

**III. 1.** Im *KE* lautet die Regelung als § 516:

Ist ein Miethvertrag auf eine Zeit geschlossen, die sich auf länger als dreißig Jahre erstreckt, so kann das Miethverhältniß nach Ablauf von dreißig Jahren sowohl von dem Vermiether als von dem Miether nach Maßgabe der Vorschriften des § 515 Abs. 3, 6 durch Kündigung beendigt werden. Die vorstehende Bestimmung findet keine Anwendung, wenn der Vertrag auf Lebenszeit des Vermiethers oder des Miethers geschlossen ist. KE § 516

**2.** Auf Antrag von *Gebhard* (Nr. 609, 4) wurde beschlossen, in § 516 Satz 2 KE statt „auf Lebenszeit des Vermiethers" zu setzen „auf die Lebenszeit des Vermiethers" (§ 557). — Prot. I 11821. Gebhard (Nr 609, 4)

**IV.** Im *E I* lautet die Regelung als § 523:

Ist ein Miethvertrag auf eine Zeit geschlossen, welche sich auf länger als dreißig Jahre erstreckt, so kann das Miethverhältniß nach Ablauf von dreißig Jahren sowohl von dem Vermiether als von dem Miether nach Maßgabe des § 522 Abs. 5, 6 durch Kündigung beendigt werden. Diese Vorschrift findet keine Anwendung, wenn der Vertrag auf die Lebenszeit des Vermiethers oder des Miethers geschlossen ist. E I § 523

B. In der **Vorkommission des Reichsjustizamtes** wurde § 523 E I nicht beraten.

C. I. In der *2. Kommission* wurde § 523 E I von keiner Seite beanstandet (Prot. II, Bd. 2, S. 217, bei *Mugdan* nicht erwähnt).

**II., III., IV.** Fassung der Regelung in der *VorlZust, ZustRedKom,* im *E II:*

**a)** § 523. Ist ein Miethvertrag auf eine Zeit geschlossen, welche sich auf länger als dreißig Jahre erstreckt, so kann das Miethverhältniß nach Ablauf von dreißig Jahren sowohl von dem Vermiether als von dem Miether nach Maßgabe des § 522 Abs. 5, 6 Satz 1 durch Kündigung beendigt werden. Diese Vorschrift findet keine Anwendung, wenn der Vertrag auf die Lebenszeit des Vermiethers oder des Miethers geschlossen ist. E I-VorlZust § 523

**b)** § 523. Ist ein Miethvertrag für eine längere Zeit als dreißig Jahre geschlossen, so kann nach dreißig Jahren jeder Theil das Miethverhältniß unter Einhaltung der gesetzlichen Frist kündigen. Die Kündigung findet nicht statt, wenn der Vertrag für die Lebenszeit des Vermiethers oder des Miethers geschlossen ist. E I-ZustRedKom § 523

**c)** § 508. Ist ein Miethvertrag für eine längere Zeit als dreißig Jahre geschlossen, so kann nach dreißig Jahren jeder Theil das Miethverhältniß unter Einhaltung der gesetzlichen Frist kündigen. Die Kündigung ist unzulässig, wenn der Vertrag für die Lebenszeit des Vermiethers oder des Miethers geschlossen ist. E II § 508

**V.** Die Fassung des § 559 E II rev (§ 560 E III) entspricht der des § 567 BGB.

## § 568

**Wird nach dem Ablaufe der Miethzeit der Gebrauch der Sache von dem Miether fortgesetzt, so gilt das Miethverhältniß als auf unbestimmte Zeit verlängert, sofern nicht der Vermiether oder der Miether seinen entgegenstehenden Willen binnen einer Frist von zwei Wochen dem anderen Theile gegenüber erklärt. Die Frist beginnt für den Miether mit der Fortsetzung des Gebrauchs, für den Vermiether mit dem Zeitpunkt, in welchem er von der Fortsetzung Kenntniß erlangt.**

### A. 1. Kommission

I. 207. Sitzung vom 9. 5. 1883, Schriftführer Neubauer

| Prot I 2136 | Zu Art. 569 des Entwurfs:

DresdE Art 569 „Ist der Miethvertrag auf eine bestimmte Zeit geschlossen und nach deren Ablauf das Miethverhältniß von dem Miether mit Wissen und ohne Widerspruch des Vermiethers fortgesetzt worden, so gilt im Zweifel der Miethvertrag unter den früheren Bedingungen und, wenn letztere zu verschiedenen Zeiten verschiedene gewesen sind, unter den Bedingungen, welche zuletzt gegolten haben, auf so lange als erneuert, bis nach den Vorschriften des Artikels 568 Absatz 2, 3 eine Kündigung erfolgt."

war beantragt:

v. Kübel (Nr 545) 1. zu bestimmen:

| Prot I 2137 „Wird nach dem Ablauf des auf eine bestimmte Zeit | eingegangenen Miethvertrags die vermiethete Sache von dem seitherigen Miether mit Wissen und ohne Widerspruch des Vermiethers wie bisher gebraucht, so gilt der Miethvertrag in Ermangelung anderer Vereinbarung auf so lange als erneuert, bis er von dem Vermiether oder Miether durch Kündigung nach Maßgabe des § 20 Abs. 2 beendigt wird." (vgl. Antrag Nr. 1) zu Art. 568 S. 2127, 2128[1].)

v. Weber (Nr 564) 2. zu bestimmen:

„Wird nach dem Ablaufe der Miethzeit der Gebrauch der vermietheten Sache von dem Miether mit Wissen des Vermiethers fortgesetzt, so ist der Miethvertrag, wenn nicht von dem einen oder anderen Theile vor Ablauf von zwei Wochen vom Ende der Miethzeit an ein Widerspruch dagegen erhoben worden ist, auf so lange als erneuert anzusehen, bis der Vertrag von dem Vermiether oder Miether durch Kündigung nach Maßgabe des Art. 568 Absatz 3 und 4 (vgl. den Antrag zu Art. 568 unter Nr. 2 S. 2128, 2129[2]) beendigt wird."

Kurlbaum (Nr 368) 3. vorzuschreiben:

„Die Vorschriften des Art. 568 finden auch Anwendung, wenn ein auf bestimmte Zeit geschlossener Miethvertrag ohne Vereinbarung einer bestimmten weiteren Miethzeit verlängert wird.

Wenn der Miether dem Vermiether angezeigt hat, daß er das Miethverhältniß nach Ablauf der bestimmten Zeit fortsetzen wolle, und den Gebrauch der Sache fortsetzt, der Vermiether aber weder innerhalb zwei Wochen nach Empfang der Anzeige noch innerhalb zwei Wochen nach Ablauf der Miethzeit widerspricht, so ist anzunehmen, daß der Vermiether in die Verlängerung des Miethverhältnisses auf unbestimmte Zeit willige."

---

[1] Vgl. Materialien zu § 564–565 BGB.
[2] Vgl. Materialien zu § 564f. BGB.

Einverständniß bestand, daß in Uebereinstimmung mit dem Entwurfe und den Anträgen zu bestimmen sei:

„im Falle der relocatio tacitia trete Verlängerung des Miethverhältnisses unter den bisherigen Vertragsbestimmungen mit der Maßgabe ein, daß eine Miethzeit als nicht vereinbart gelte." | Prot I 2138

In Ansehung der Voraussetzungen der relocatio tacita wurde beschlossen:

1. die erste Voraussetzung soll sein: Fortsetzung des Gebrauchs von Seiten des Miethers nach Ablauf der Miethzeit (nicht der durch Vertrag bestimmten Miethzeit);

2. Nichterhebung eines Widerspruchs von Seiten des Miethers oder Vermiethers binnen einer zweiwöchigen Frist, welche letztere gegen den Vermiether erst von dem Tage beginnt, an welchem er von der Fortsetzung des Gebrauchs Kenntniß erhalten hat.

Der Antrag, als Erforderniß aufzustellen: „die von dem Miether dem Vermiether gegenüber abzugebende Erklärung, er wolle das Miethverhältniß fortsetzen und die Nichterhebung eines Widerspruchs von Seiten des Vermiethers innerhalb einer Frist von zwei Wochen nach Empfang der Erklärung" wurde abgelehnt.

Weiter wurde entschieden, zu bestimmen sei:

das Miethverhältniß sei betreffenden Falls als verlängert (erneuert) *anzusehen*, nicht aber, es *gelte* als verlängert (erneuert).

Endlich wurde beschlossen, von der in dem Entwurfe sich findenden Hinweisung auf die Bedingungen, die zuletzt gegolten haben, sei abzusehen.

Die Gründe waren:

Es trage sich nicht selten zu, daß der Miether nach Ablauf der Miethzeit den Gebrauch der gemietheten Sache mit Wissen des Vermiethers fortsetze. In einem solchen Falle erhebe sich die Frage, ob eine Verlängerung des Miethverhältnisses unter den bisherigen kontraktlichen Bestimmungen als stillschweigend vereinbart anzusehen sei. Es lasse sich die Ansicht vertreten, das Gesetz habe die Frage nicht zu entscheiden, die Lösung derselben vielmehr dem Richter zu überlassen, welcher die Umstände des einzelnen | Falls zu würdigen haben werde. Dem praktischen Bedürfnisse werde damit aber in keiner Weise genügt, weil die Fälle zu häufig seien, in welchen der Gebrauch von Seiten des Miethers mit Wissen des Vermiethers fortgesetzt sei, während sonstige Thatsachen, die auf eine stillschweigende Uebereinkunft über Verlängerung des Vertrags schließen ließen, nicht vorlägen, obschon die Verneinung der Verlängerung dem Interesse beider Theile widerspreche. Das Interesse beider Theile erfordere durch das Gesetz zu bestimmen, das Miethverhältniß sei in solchem Falle auf unbestimmte Zeit durch stillschweigende Uebereinkunft als verlängert oder erneuert anzusehen. Die Vorschrift an die Voraussetzung zu knüpfen, daß der Miether den Verlängerungswillen dem Vermiether erklärt und dieser binnen einer gewissen Frist nicht widersprochen habe, sei nicht angemessen. Werde die Bestimmung in solcher Weise beschränkt, so würde sie nur selten zur Anwendung gelangen und für die meisten und vom praktischen Standpunkte vorzugsweise in Betracht kommenden Fälle würde die schwer zu entbehrende Entscheidungsnorm fehlen. Anerkannt könne nur werden, daß es nicht angänglich sei, jede mit Wissen des Vermiethers erfolgende Fortsetzung des Gebrauchs von Seiten des Miethers für die relocatio tacita für genügend zu erklären. Der Miether werde häufig durch zufällige Umstände, z. B. durch einen Krankheits- oder Sterbefall, genöthigt, den Gebrauch noch einige Zeit fortzusetzen, ohne daß ihm entfernt die Absicht der Verlängerung des Miethverhältnisses beiwohne, und nicht minder habe oft der Vermiether, der die Fortsetzung des Gebrauchs erfahre, ohne sofort seine Rechte durch Einspruch oder in anderer Art zu wahren, keineswegs die Absicht, die Verlängerung des Miethverhältnisses zuzulassen. Der passendste Ausweg, um den hieraus sich ergebenden Bedenken | Prot I 2139

zu begegnen, sei, die Voraussetzung der relocatio tacita noch davon abhängig zu
| Prot I 2140 machen, daß weder | der eine noch der andere Theil dagegen binnen einer zweiwöchigen Frist Widerspruch erhebe und dem Vermiether gegenüber diese Frist erst mit dem Tage beginnen zu lassen, an welchem er die Fortsetzung des Gebrauchs erfahre. Da die Vorschrift einen stillschweigend abgeschlossenen Vertrag zu unterstellen habe, so sei es übrigens nöthig, zu bestimmen: das Miethverhältniß sei als verlängert (erneuert) *anzusehen* nicht aber, es *gelte* als verlängert (erneuert), damit der Beweis frei bleibe, daß durch besondere Umstände die Annahme des Verlängerungswillens ausgeschlossen sei.

Bedenklich sei es, die Vorschrift auf den Fall zu beschränken, wenn der Miethvertrag auf eine bestimmte Zeit abgeschlossen sei. Die Beschränkung würde die Vorschrift insbesondere auf die Fälle unanwendbar machen, in welchen ein nicht auf bestimmte Zeit eingegangenes Miethverhältniß durch Kündigung beendigt sei und doch lasse sich nicht leugnen, daß auch für solche Fälle die Vorschrift kaum minder ein Bedürfniß sei, wie für die anderen.

Die in dem Entwurfe sich findende Hinweisung auf die Bedingungen der letzten Zeit sei endlich störend und entbehrlich.

**II. 1.** Fassung der beschlossenen Regelung in der *RedVorl:*

RedVorl § 19 § 19 (Art. 569) 379. Wird nach Ablauf der Miethzeit der Gebrauch der Sache von dem Miether fortgesetzt, so ist das Miethverhältniß auf unbestimmte Zeit als verlängert anzusehen (so ist das Miethverhältniß als ohne Bestimmung einer Miethzeit verlängert anzusehen), es sei denn, daß der Vermiether oder Miether binnen einer zweiwöchigen Frist dem anderen Theile seinen entgegenstehenden Willen erklärt. Die Frist beginnt gegen den Miether mit dem Tage der Fortsetzung des Gebrauchs, gegen den Vermiether mit dem Tage, an welchem er von dieser Fortsetzung Kenntniß erhält.

ZustOR § 379 **2.** Fassung der Regelung in der ZustOR:

§ 379. Wird nach Ablauf der Miethzeit der Gebrauch der Sache von dem Miether fortgesetzt, so ist das Miethverhältniß als ohne Bestimmung einer Miethzeit verlängert anzusehen, es sei denn, daß der Vermiether oder Miether binnen einer zweiwöchigen Frist dem anderen Theile seinen entgegenstehenden Willen erklärt. Die Frist beginnt gegen den Miether von (mit[3]) dem Tage der Fortsetzung des Gebrauchs, gegen den Vermiether von (mit) dem Tage, an welchem er von dieser Fortsetzung Kenntniß erhält.

**III. 1.** § 517 *KE* entspricht bis auf die unter II. 2 angemerkte Änderung dem § 379 ZustOR.

**2.** Zu § 517 S. 2 KE lag der Antrag von *Gebhard* (Nr. 148 zum Allg. Teil) vor:

statt „mit dem Tage der Fortsetzung des Gebrauches“: zu setzen „mit dem Ablaufe des Tages, an welchem der Gebrauch fortgesetzt worden ist“, (Eventuell: mit der Fortsetzung des Gebrauches); ferner statt: „mit dem Tage, an welchem“ zu setzen „Mit dem Zeitpunkte, in welchem“ (Prot. I 6150). Die Kommission nahm den Eventualantrag und den zweiten Antrag an. Der während der Beratung gestellte Antrag, statt „mit der Fortsetzung des Gebrauches“ zu setzen „mit dem Ablaufe der Miethzeit“ wurde von der Mehrheit als sachlich nicht unbedenklich abgelehnt. (Prot. I 6162, 6163).

E I § 524 **IV.** Die beschlossene Regelung lautet als § 524 *E I:* Wird nach Ablauf der Miethzeit der Gebrauch der Sache von dem Miether fortgesetzt, so ist das Miethverhältniß als

[3] Im KE heißt es „mit“ dem Tage und im folgenden: „Gebrauches“.

ohne Bestimmung einer Miethzeit verlängert anzusehen, es sei denn, daß der Vermiether oder Miether binnen einer zweiwöchigen Frist dem anderen Theile seinen entgegenstehenden Willen erklärt. Die Frist beginnt für den Miether mit der Fortsetzung des Gebrauches, gegen den Vermiether mit dem Zeitpunkte, in welchem er von dieser Fortsetzung Kenntniß erhält.

## B. Vorkommission des Reichsjustizamtes

**I.** Beantragt war: den § 524 zu fassen:

Wird nach Ablauf der Miethzeit der Gebrauch der Sache von dem Miether mit Wissen des Vermiethers[4] fortgesetzt, so gilt in Ermangelung einer anderen Vereinbarung das Miethverhältniß als verlängert in der Art, daß es nur durch Kündigung nach Maßgabe des § 522 Abs. 2 bis 7 beendigt werden kann. Die Verlängerung ist jedoch ausgeschlossen, wenn der Vermiether oder der Miether binnen einer zweiwöchigen Frist dem anderen Theile gegenüber seinen entgegenstehenden Willen erklärt. Die Frist beginnt u.s.w. (wie im Entw.) Struckmann (Nr 3, 54)

**II.** § 524 E I wurde nicht beraten.

## C. 2. Kommission

**I.** Zu § 524 E I war beantragt (Prot. II, Bd. 2, S. 217; *Mugdan*, Bd. 2, S. 866):

**1.** Die Fassung des Antrags von Struckmann in der Vorkom des RJA; Struckmann (Nr 142, 14)
hierzu der Unterantrag, den zweiten Satz dieser Bestimmungen zu fassen:

Die Verlängerung ist jedoch ausgeschlossen, wenn der Vermiether oder der Miether binnen einer zweiwöchigen Frist, bei Miethen aber, die auf eine kürzere Zeit als einen Monat eingegangen sind, binnen einer der Hälfte der bedungenen Miethzeit gleichkommenden Frist dem anderen Theile gegenüber seinen entgegenstehenden Willen erklärt.

**2.** in den unter 1 vorgeschlagenen Bestimmungen v. Mandry (Nr 166, 2)

a) die Worte „binnen einer zweiwöchigen Frist" in dem zweiten Satze durch das Wort „unverzüglich" zu ersetzen und den dritten Satz hierdurch als erledigt anzusehen;

b) eventuell die „zweiwöchige Frist" durch eine „angemessene Frist" zu ersetzen.

Die Kom. entschied sich für die Beibehaltung des Entw., mit dem der Antrag 1 sachlich übereinstimmt; der Unterantrag und der Antrag 2 wurden abgelehnt.

**II.** Fassung der beschlossenen Regelung in der *VorlZust:*

§ 524. Wird nach Ablauf der Miethzeit der Gebrauch der Sache von dem Miether fortgesetzt, so gilt das Miethverhältniß in Ermangelung einer anderen Vereinbarung als auf unbestimmte Zeit verlängert. Die Verlängerung ist jedoch ausgeschlossen, wenn der Vermiether oder der Miether binnen einer zweiwöchigen Frist dem anderen Theile E I-VorlZust § 524

---

[4] Die Worte: „mit Wissen des Vermiethers" sind im Antrag von Struckmann in der 2. Kom. nicht mehr enthalten.

gegenüber seinen entgegenstehenden Willen erklärt. Die Frist beginnt gegen den Miether mit der Fortsetzung des Gebrauches, gegen den Vermiether mit dem Zeitpunkte, in welchem er von dieser Fortsetzung Kenntniß erhält.

**III.** Fassung der Regelung in der *ZustRedKom:*

E I-ZustRedKom § 524 — § 524. Wird nach dem Ablaufe der Miethzeit der Gebrauch der Sache von dem Miether fortgesetzt, so gilt das Miethverhältniß in Ermangelung einer anderen Vereinbarung als auf unbestimmte Zeit verlängert, es sei denn, daß der Vermiether oder der Miether binnen einer Frist von zwei Wochen dem anderen Theile gegenüber seinen entgegenstehenden Willen erklärt. Die Frist beginnt für den Miether mit der Fortsetzung des Gebrauchs, für den Vermiether mit dem Zeitpunkt, in welchem er von der Fortsetzung Kenntniß erhält.

**IV.** Im E II lautet die Regelung als § 509:

E II § 509 — Wird nach dem Ablaufe der Miethzeit der Gebrauch der Sache von dem Miether fortgesetzt, so gilt das Miethverhältniß in Ermangelung einer anderen Vereinbarung als auf unbestimmte Zeit verlängert, es sei denn, daß der Vermiether oder der Miether seinen entgegenstehenden Willen binnen einer Frist von zwei Wochen dem anderen Theile gegenüber erklärt. Die Frist beginnt für den Miether mit der Fortsetzung des Gebrauchs, für den Vermiether mit dem Zeitpunkt, in welchem er von der Fortsetzung Kenntniß erhält.

**V.** Die Fassung des § 560 E II rev (E III § 561) entspricht der des § 568 BGB.

## § 569

**Stirbt der Miether, so ist sowohl der Erbe als der Vermiether berechtigt, das Miethverhältniß unter Einhaltung der gesetzlichen Frist zu kündigen. Die Kündigung kann nur für den ersten Termin erfolgen, für den sie zulässig ist.**

### A. 1. Kommission

**I.** 208. Sitzung vom 11. 5. 1883, Schriftführer Neubauer

| Prot I 2142 — | Zu Artikel 571 des Entwurfs:

DresdE Art 571 — „Ist der Miethvertrag auf so lange geschlossen, als es den Vertragschließenden gefallen werde, so endigt derselbe, wenn nicht ein Theil früher erklärt, daß er das Vertragsverhältniß auflösen wolle, mit dem Tode des einen oder anderen Theils."

war beantragt:

v. Kübel (Nr 345) — 1. unter Streichung des Artikels zu bestimmen: „Stirbt der Miether, so sind, auch wenn der Vertrag auf eine längere Zeit eingegangen oder eine längere Kündigungsfrist festgesetzt ist, sowohl seine Erben als der Vermiether berechtigt, die Miethe mit Einhaltung der § 20 Absatz 2 (d. h. der im Antrage NNr. 1 zu Artikel 568 vorgeschlagenen Vorschrift) bezeichneten Fristen zu kündigen. Die dreimonatliche Kündigungsfrist bei unbeweglichen Sachen läuft in diesem Falle von dem Ablauf | des Quartals an, in welchem der Tod eingetreten ist.“ | Prot I 2143

2. Für die vorstehende Bestimmung war von anderer Seite die Fassung vorgeschlagen:

„Stirbt der Miether, so sind sowohl dessen Erben als der Vermiether berechtigt, das Miethverhältniß durch Kündigung nach Maßgabe des Artikels 568 zu beendigen. Kurlbaum (Nr 368)

Sind Ehegatten zusammen Miether einer Wohnung, so ist die Ehefrau nach dem Tode des Mannes in gleicher Weise wie dessen Erben zur Kündigung berechtigt.“

Zunächst wurde der Antrag auf Streichung des Artikels 571 genehmigt. Man erblickte nämlich in der betreffenden Vorschrift nur eine Auslegungsregel von zweifelhaftem Werthe, gegen die sich insbesondere die Erinnerung erheben lasse, daß in manchen der fraglichen Fälle eine der Kündigung nach Maßgabe des Artikels 568 unterliegende Miethe auf unbestimmte Zeit werde anzunehmen sein.

Die Mehrheit entschied sodann für die Aufnahme der Bestimmung, welche nach dem Antrage Nr. 1 und dem ersten Absatze des Antrags Nr. 2 für den Fall des Todes des Miethers in Vorschlag gebracht ist, indem sie die Faßung der Vorschrift der Redaktion überwies.

Sie ging davon aus:

Der Tod des Miethers rufe erfahrungsmäßig in der Regel eine so eingreifende Aenderung in den Verhältnissen hervor, daß die vorgeschlagene Kündigungsbefugniß meist den Intentionen entsprechen werde, welche bei Eingehung des Vertrags für die Parteien leitend gewesen seien und daß dieselbe in hohem Maße geeignet erscheine zufällige Härten und Unbilligkeiten auszugleichen.

| Der zweite Absatz des Antrags Nr. 2, welcher sich auf den Fall bezieht, wenn Ehegatten zusammen gemiethet haben und der Ehemann stirbt, wurde abgelehnt. | Prot I 2144

Man fand in der vorgeschlagenen Bestimmung eine wenig angemessene Singularität, gegen die namentlich zu erinnern sei, daß sie mit dem Zwecke, welcher den Vermiether bestimmt habe, mit beiden Ehegatten den Vertrag einzugehen, oft nicht im Einklang stehen würde, da dieser Zweck nicht immer oder vielleicht nur ausnahmsweise der sein werde, sich das Pfandrecht an den eingebrachten Sachen zu sichern.

**II.** Fassung der beschlossenen Regelung in der *RedVorl* und der *ZustOR:*

§ 21 (Art. 571) 381. Stirbt der Miether, so sind sowohl seine Erben als der Vermiether berechtigt, das Miethverhältniß, auch wenn dasselbe auf längere Zeit eingegangen war[1] oder eine längere Kündigungsfrist vereinbart war, durch Kündigung nach Maßgabe der Bestimmungen § 17 (377 Abs. 3, 6) Absatz 2 und 5 zu beenden (beendigen). RedVorl § 21 ZustOR § 381

**III.** § 519 *KE* entspricht bis auf die unter II. angemerkten Änderungen dem § 21 (321) RedVorl.

**2.** Es war von *Johow* (Nr. 610, 9) beantragt, die Worte „durch Kündigung“ hinter „Miethverhältniß“ zu versetzen. Der Antrag wurde zurückgezogen, dagegen beschlossen, statt „vereinbart war“ zu setzen „vereinbart ist“ (Prot. I 11821). Johow (Nr 610, 9)

**3.** Ferner wurde beschlossen (Antrag von *Kurlbaum* Nr. 624, 1f.), im Eingang des § 519 KE statt: „sind sowohl seine Erben“ zu setzen: „ist sowohl sein Erbe“ (Prot. I, S. 11835f.).

---

[1] Das Wort „war“ fehlt in der ZustOR; im KE heißt es „beendigen“ statt „beenden“.

**IV.** Im *E I* lautet die Regelung als § 526:

E I § 526 Stirbt der Miether, so ist sowohl sein Erbe als der Vermiether berechtigt, das Miethverhältniß, auch wenn dasselbe auf längere Zeit eingegangen oder eine längere Kündigungsfrist vereinbart ist, durch Kündigung nach Maßgabe des § 522 Abs. 3, 6 zu beendigen.

## B. Vorkommission des Reichsjustizamtes

I. Beantragt war: dem § 526 folgende Vorschrift als Abs. 2 hinzuzufügen:

Struckmann (Nr 3, 55) Diese Vorschrift findet keine Anwendung auf die Miethe von Räumen, welche dem Betriebe eines Erwerbsgeschäfts zu dienen bestimmt sind.

II. 74. Sitzung vom 28. 3. 1892

| Prot-RJA 451 | Prot-RJA 452 | Zu § 526 wurde eine Einschränkung für den Fall beschlossen, | daß die gemietheten Räume dem Betriebe eines Erwerbsgeschäftes zu dienen bestimmt seien. In diesem Falle solle, wenn der Miether sterbe, das im § 526 des Entwurfs vorgesehene Kündigungsrecht nur den Erben des Miethers zustehen. Dem Vermiether in diesem Falle ein Kündigungsrecht zu gewähren, könnte für die Erben des Miethers unter Umständen mit großen Vermögensnachtheilen verbunden sein, wenn die Höhe des Miethzinses mit Rücksicht auf die lange Dauer der Miethe bemessen sei. Die Sachlage sei hier ähnlich wie bei der Pacht (vergl. § 538[1]). Die Einräumung des Kündigungsrechtes an die Erben des Miethers trage andererseits der praktischen Erwägung Rechnung, daß die Erben nach ihren persönlichen Verhältnissen möglicherweise zur Weiterführung des Erwerbsgeschäftes außer Stande seien.

## C. 2. Kommission

I. Anträge (Prot. II, Bd. 2, S. 218ff.; *Mugdan*, Bd. 2, S. 866ff.)

a) Zu § 526 lagen die Anträge vor:

Struckmann (Nr 142, 15) 1. der Vorschrift des Entw. folgenden Abs. 2 hinzuzufügen:
Bei der Miethe von Räumen, welche dem Betriebe eines Erwerbsgeschäfts zu dienen bestimmt sind, steht dem Vermiether das im Abs. 1 bestimmte Kündigungsrecht nicht zu. Dem Erben des Miethers steht es nur dann zu, wenn der Vermiether seine Einwilligung zur Ueberlassung der Miethe an einen geeigneten Untermiether versagt[2].

Jacubezky (Nr 144, 13) 2. dem § 526 folgende Fassung zu geben:
Stirbt der Miether, so ist sein Erbe berechtigt, das Miethverhältniß, auch wenn dasselbe auf längere Zeit eingegangen oder eine längere Kündigungsfrist vereinbart ist, durch Kündigung nach Maßgabe des § 522 Abs. 3, 6 zu beendigen.

hierzu die Unteranträge:

a) den § 526 zu fassen:
Stirbt der Miether, so ist sein Erbe berechtigt, das Miethverhältniß, auch wenn dasselbe auf längere Zeit eingegangen oder eine längere Kündigungsfrist vereinbart ist,

---

[2] Der Satz 2 dieses Antrags ist im schriftlich eingebrachten Antrag nicht enthalten.

unter Einhaltung der im § 522 Abs. 3, 6 bestimmten Fristen, bei unbeweglichen Sachen für das Ende des auf den Tod folgenden Quartals, bei beweglichen Sachen für das Ende des dem Tode folgenden Monats zu kündigen.

b) eventuell der Bestimmung hinzuzusetzen:

Der Vermiether ist nicht verpflichtet, einem Erben des Miethers die Ausübung des vertragsmäßigen Gebrauchs zu überlassen, wenn derselbe nicht schon vor dem Tode des Miethers den Gebrauch ausgeübt hat.

3. dem § 526 hinzuzufügen:

Das gleiche Kündigungsrecht steht, wenn Eheleute gemiethet haben, nach dem Tode des Ehemanns der Ehefrau zu.

4. dem § 526 die Fassung zu geben:

Stirbt der Miether oder wird über sein Vermögen Konkurs eröffnet, so ist sowohl sein Erbe, oder der Verwalter des Konkurses, als auch der Vermiether berechtigt, das Miethverhältniß, auch wenn es auf längere Zeit eingegangen oder eine längere Kündigungsfrist vereinbart ist, durch Kündigung nach Maßgabe des § 522 Abs. 3, 6 zu beendigen. Goldschmidt (Nr 151)

5. zu §§ 521, 526: Struckmann (Nr 170)

Die K.O. unter § 41 Nr. 2 in der Fassung des Entw. d. E.G. Art. 13 dahin zu ergänzen[3]:

diejenigen, welchen an gewissen Gegenständen ein gesetzliches oder ein durch Pfändung erlangtes Pfandrecht zusteht; das nach Maßgabe des § 521 des B.G.B. bestehende Pfandrecht kann wegen desjenigen Miethzinses oder Pachtzinses, welcher auf eine frühere Zeit als das letzte Jahr vor der Eröffnung des Verfahrens entfällt, *sowie wegen solcher Entschädigungsforderungen aus dem Mieth- oder Pachtverhältnisse, welche nach der Eröffnung des Verfahrens entstanden sind*, nicht geltend gemacht werden.

Die Kom. beschränkte die Erörterung zunächst auf das Kündigungsrecht für den Fall des Todes des Miethers, so daß, da in diesem Punkte der Antrag 4 sich mit dem Entw. sachlich deckt, die Anträge 4 und 5 vorläufig aus der Berathung ausschieden.

Der Antrag 2b wurde vor der Abstimmung zurückgezogen.

Nachdem unter Voraussetzung der Billigung des Antrags 2 der Unterantrag a Annahme gefunden hatte, wurde der so geänderte Antrag abgelehnt. Ebenso erklärte sich die Kom. gegen die Aufnahme der in den Anträgen 1 und 3 enthaltenen Zusatzbestimmungen, so daß es nach dem schließlichen Ergebnisse der Abstimmung bei dem Entw. verbleiben soll.

b) Die Kom. trat in die Berathung der Frage ein, welche Wirkungen auf das Miethverhältniß der Eröffnung des Konkurses über das Vermögen des Miethers beigelegt werden sollen.

Es lagen folgende Anträge vor:

1. dem § 526 der VorlZust[4] als zweiten Absatz hinzuzufügen: Goldschmidt (Nr 175)

Wird über das Vermögen des Miethers der Konkurs eröffnet, so ist sowohl der Vermiether als auch der Konkursverwalter berechtigt, das Miethverhältniß in gleicher Weise zu beendigen.

eventuell in dem Entw. des E.G. Art. 13 die K.O. § 17 Nr. 1 dahin zu ergänzen, daß bestimmt wird:

---

[3] Vgl. § 49 KO n. F. (geändert).

[4] Vgl. unten unter C II. — Im folgenden sind die Worte: „sowohl der Vermiether als auch" nicht im schriftlichen Antrag enthalten.

§ 17. Auf Pacht- und Miethverträge über Sachen übt, wenn deren Uebergabe schon erfolgt ist, die Eröffnung des Verfahrens folgende Wirkungen aus:

1. Hatte der Gemeinschuldner gepachtet oder gemiethet, so kann sowohl der andere Theil als der Verwalter den Vertrag durch Kündigung beendigen. Die Frist oder Zeit für die Kündigung ist, falls eine kürzere Zeit nicht bedungen war, die gesetzliche.

2. den § 17 unter Nr. 1 wie folgt zu fassen:

Mandry (Nr 176) Hatte der Gemeinschuldner gepachtet oder gemiethet, so ist sowohl der andere Theil als der Verwalter berechtigt, das Pacht- oder Miethverhältniß zu kündigen. Die Kündigungsfrist ist, falls eine kürzere nicht vereinbart war, die gesetzliche.

(Der Antrag bezweckte nach der Erklärung des Antragstellers lediglich, den jetzt im § 17 Nr. 1 enthaltenen Zusatz „oder ortsübliche" zu beseitigen, übrigens aber nicht in das materielle Recht einzugreifen[5]).

3. dem § 17 der K.O.[6] hinzuzusetzen:

Im Falle dieser vorzeitigen Aufhebung des Pacht- oder Miethverhältnisses durch den Konkursverwalter steht dem Vermiether bezw. Verpächter kein Entschädigungsanspruch zu, weder als Massegläubiger noch als Konkursgläubiger noch an den Miether bezw. Pächter.

(Eine genauere Fassung sowie die Ausdehnung des Antrags auf den Fall des § 18 der K.O. blieb vorbehalten.)

4. die K.O. § 17 Nr. 1 und § 41 Nr. 2 dahin zu ändern, daß die Bestimmungen lauten:

a) § 17 Nr. 1:

Hatte der Gemeinschuldner gepachtet oder gemiethet, so kann sowohl der andere Theil als der Verwalter den Vertrag aufkündigen. Die Frist oder Zeit für die Kündigung ist die gesetzliche. Durch die Kündigung des Verwalters wird das Miethverhältniß sowohl der Konkursmasse als dem Gemeinschuldner gegenüber aufgehoben. Dem Vermiether steht jedoch der Anspruch auf Ersatz des ihm durch die Aufhebung entstehenden Schadens zu. Diesen Anspruch kann er auch im Konkurse geltend machen.

b) § 41 Nr. 2:

diejenigen, welchen an gewissen Gegenständen ein gesetzliches oder . . . Pfandrecht zusteht; das nach Maßgabe des § 521 des B.G.B. bestehende Pfandrecht kann wegen desjenigen Mieth- oder Pachtzinses, welcher auf eine frühere Zeit als das letzte Jahr vor der Eröffnung des Verfahrens entfällt, nicht und wegen des Mieth- oder Pachtzinses, welcher auf eine spätere Zeit entfällt, sowie wegen Entschädigungsforderungen, die nicht bereits bei Eröffnung des Verfahrens fällig waren, nur insoweit geltend gemacht werden, als die Verpflichtung zur Bezahlung Masseschuld ist.

Planck (Nr 174, 1) 5. falls eine Ergänzung der K.O. § 41 Nr. 2 in der Fassung des Entw. des E.G. Art. 13 für erforderlich erachtet werden sollte, die Bestimmung zu fassen:

diejenigen, welchen . . . zusteht; das nach Maßgabe des § 521 des B.G.B. bestehende Pfandrecht kann wegen desjenigen Miethzinses oder Pachtzinses, welcher auf eine frühere Zeit als das letzte Jahr vor der Eröffnung des Verfahrens entfällt, nicht geltend gemacht werden, und wegen des Miethzinses oder Pachtzinses, welcher auf eine spätere Zeit als das zur Zeit der Eröffnung des Verfahrens laufende und das nächstfolgende Jahr entfällt, nur insoweit, als die Verpflichtung zur Bezahlung desselben Masseschuld ist.

---

[5] Die Begründung ist im schriftlichen Antrag nicht enthalten.

[6] Die §§ 17, 18 KO a. F. entsprechen den §§ 19, 20 KO (geändert).

6. dieser Bestimmung die unter a) 5 vorgeschlagene Fassung zu geben:

Im Laufe der Berathung wurde der Antrag 1 zu Gunsten des Antrags 6, dieser zu Gunsten des Antrags 4b zurückgezogen.

Die Anträge 3 und 5 lehnte die Kom. ab. Der Antrag 4a und b wurde angenommen. Die Annahme des Antrags 4b erfolgte mit dem Vorbehalte von Aenderungen, die sich in Ansehung des Pachtzinses aus späteren Beschlüssen über die Pacht ergeben möchten. Vorbehalten blieb ferner die unter 2 vorgeschlagene, vom Antrag 4a übernommene Aenderung der K.O. § 17 Nr. 1 bezüglich der Kündigungsfrist demnächst bei der Berathung des E.G. auch für den § 19 zu beschließen. Im Uebrigen war der Antrag 2 durch Annahme des Antrags 4a erledigt.

II. 1. Fassung der beschlossenen Regelung in der *VorlZust:*

§ 526. Stirbt der Miether, so ist sowohl sein Erbe als der Vermiether berechtigt, das Miethverhältniß, auch wenn dasselbe auf längere Zeit eingegangen oder eine längere Kündigungsfrist vereinbart ist, durch Kündigung nach Maßgabe des § 522 Abs. 5, 6 Satz 1 zu beendigen. E I-VorlZust § 526

Dem § 526 ist folgende Anmerkung hinzuzufügen:

In den Art. 13 des Einführungsgesetzes werden folgende Vorschriften eingestellt:

1. Der § 17 Nr. 1 erhält folgende Fassung:

1. Hätte der Gemeinschuldner gepachtet oder gemiethet, so kann sowohl der andere Theil als der Verwalter den Vertrag aufkündigen. Die Frist für die Kündigung ist, sofern nicht vertragsmäßig eine kürzere Frist bestimmt ist, die gesetzliche.

Durch die Kündigung des Verwalters wird das Miethverhältniß sowohl der Konkursmasse als dem Gemeinschuldner gegenüber aufgehoben. Dem Vermiether steht jedoch ein Anspruch auf Ersatz des ihm durch die Aufhebung entstehenden Schadens zu. Diesen Anspruch kann er auch im Konkurse geltend machen.

(Oder statt des zweiten Absatzes:

Im Falle der Aufkündigung durch den Verwalter steht dem Vermiether dem Verpächter ein Anspruch auf Ersatz des ihm durch die Aufhebung des Mieth- oder Pachtverhältnisses erwachsenen Schadens gegen den Gemeinschuldner zu.)

2. Der § 41 Nr. 2 erhält folgende Fassung:

2. Diejenigen, welchen ... zusteht; das nach Maßgabe des § 521 des Bürgerlichen Gesetzbuchs bestehende Pfandrecht kann wegen des Mieth- oder Pachtzinses, welcher auf eine frühere Zeit als das letzte Jahr vor der Eröffnung des Verfahrens entfällt, sowie wegen des dem Vermiether oder Verpächter nach § 17 Nr. 1 wegen Aufhebung des Mieth- oder Pachtverhältnisses zustehenden Entschädigungsanspruchs nicht geltend gemacht werden.

2. Prot. II, Bd. 2, S. 251 (*Mugdan*, Bd. 2, S. 872):

Auf Anregung eines Mitgliedes wurde hierauf[7] beschlossen, die zu den §§ 526, 527 gefaßten Beschlüsse dahin zu modifiziren, daß das Kündigungsrecht der Erben sowie das Kündigungsrecht aus § 527 ausgeschlossen sein solle, wenn die Kündigung nicht zum ersten zulässigen Termin erfolge. Eine entsprechende Fassung der §§ 526, 527 wurde der RedKom überlassen.

[7] Vgl. die Materialien zu 596 BGB unter C I.

III. In der *ZustRedKom* lautet die Regelung:

E I-ZustRedKom § 526

§ 526. Im Falle des Todes des Miethers ist sowohl der Erbe als der Vermiether berechtigt, das Miethverhältniß unter Einhaltung der gesetzlichen Frist zu kündigen, auch wenn eine längere Miethzeit oder eine längere Kündigungsfrist vereinbart ist. Die Kündigung ist ausgeschlossen, wenn sie nicht für den ersten Termin erfolgt, für den sie zulässig ist[8].

E II § 510

IV. Fassung der Regelung im *E II* als § 510: Im Falle des Todes des Miethers ist sowohl der Erbe als der Vermiether berechtigt, das Miethverhältniß unter Einhaltung der gesetzlichen Frist zu kündigen. Die Kündigung ist ausgeschlossen, wenn sie nicht für den ersten Termin erfolgt, für den sie zulässig ist.

V. Die Fassung des § 561 E II rev (§ 562 E III) entspricht der des § 569 BGB.

### E. Reichstag (XII. Kommission und Plenum)

Frohme, Stadthagen (Nr 39, 10)

I. Beantragt war: in § 562 die Worte „sowohl . . . als der Vermiether" zu streichen.

II. Bericht von *Heller* über die Sitzung vom 7. 3. 1896:

Der Antrag *Frohme, Stadthagen* zum § 562 wurde im Hinblick auf den hinsichtlich der Untermiete gefaßten Beschluß gegen die Stimmen der Antragsteller abgelehnt.

III. Der Antrag wurde in der 2. Lesung der XII. Kommission (Nr. 133, 7) und im Plenum (Nr. 465. 19) von den Sozialdemokraten wiederholt und erneut abgelehnt (StBRT 1895/97, S. 2782).

## § 570

**Militärpersonen, Beamte, Geistliche und Lehrer an öffentlichen Unterrichtsanstalten können im Falle der Versetzung nach einem anderen Orte das Miethverhältniß in Ansehung der Räume, welche sie für sich oder ihre Familie an dem bisherigen Garnison- oder Wohnorte gemiethet haben, unter Einhaltung der gesetzlichen Frist kündigen. Die Kündigung kann nur für den ersten Termin erfolgen, für den sie zulässig ist.**

### A. 1. Kommission

I. 208. Sitzung vom 11. 5. 1883, Schriftführer Neubauer

| Prot I 2144

| Es wurde der weitere Antrag gestellt, außerdem noch die Vorschrift aufzunehmen[1]:

[8] Die in der VorlZust dem § 526 beigefügte Anmerkung ist in der ZustRedKom nicht mehr enthalten.

[1] Dieser Antrag stammt von *Pape* (Nachlaß v. Schmitt).

„Wird ein Beamter oder eine Militärperson nach einem anderen Orte versetzt, so sind sie berechtigt, das Miethverhältniß in Ansehung der Wohnung, welche sie an ihrem bisherigen Wohnorte oder Garnisonsorte zum Gebrauche für sich oder für sich und ihre Familie oder für die letztere allein gemiethet haben, nach Maßgabe des Artikels 568 durch Kündigung zu beendigen." Pape

Die Vorschrift fand die Billigung der Mehrheit. Man erachtete dieselbe aus ähnlichen Gründen für sachgemäß, wie die, auf welchen der vorher gefaßte, das Kündigungsrecht im Falle des Todes des Miethers betreffende Beschluß beruhe.

Zur Sprache kam:

1. Da der § 226 der Zusammenstellung der das Obligationenrecht betreffenden Beschlüsse (Protokoll vom 10. November 1882 S. 1316, 1317) im Einklange mit dem Sprachgebrauche der Deutschen Civilprozeßordnung (§ 749[2]) nur von „Beamten" und nicht von „öffentlichen Beamten" rede, so müsse der erstere Ausdruck auch für die vorliegende Bestimmung beibehalten werden, vorbehaltlich einer in das Einführungsge- | setz oder unter die allgemeinen Bestimmungen aufzunehmenden Vorschrift, welche verdeutliche, in welchem Sinne das Wort „Beamter" im Gesetzbuche gebraucht werde. | Prot I 2145

2. Bei der Berathung des Reichsmilitärgesetzes vom 2. Mai 1874 (Entwurf in den Drucksachen des Reichstags Nr. 9 § 37[3] S. 36, 54; stenographische Berichte P. 880) sei nicht eine gleiche Bestimmung, sondern eine viel weiter gehende, auf den Fall der Mobilmachung sich beziehende Vorschrift abgelehnt.

**II.** Die beschlossene Regelung lautet in der *RedVorl (ZustOR):*

§ 22 (382). Das Kündigungsrecht nach Maßgabe der Bestimmungen § 17 (377) Absatz 2 und 5 ungeachtet der Vereinbarung einer längeren Miethzeit oder Kündigungsfrist steht auch einem Beamten oder einer Militärperson im Falle der Versetzung nach einem anderen Orte in Ansehung einer Wohnung zu, welche sie an dem bisherigen Wohnorte oder Garnisonorte zum Gebrauche für sich oder (für sich und[4]) ihre Familie (oder für diese allein[4]) gemiethet hatten. RedVorl § 22 ZustOR § 382

(NB. Der Fall ist nicht selten, daß ein Beamter, insbesondere aber eine Militärperson, nur für die Familie eine Wohnung gemiethet haben, während sie selbst in einem fiskalischen Gebäude [Kaserne, Amtsgebäude u.s.w.] wohnen müssen.)

**III. 1.** Im *KE* § 520 lautet der Eingang der Bestimmung: „Das Recht, durch Kündigung nach Maßgabe der Bestimmungen des § 515 Abs. 3 den Miethvertrag ungeachtet . . ., zu beendigen, steht . . ." KE § 520

**2.** Auf Antrag von *Gebhard* (Nr. 609, 5, Beschluß zu a) und von *Johow* (Nr. 610, 10; Beschluß zu b) wurde beschlossen, in § 520

a) statt „steht *auch* einem Beamten . . ." zu setzen „steht einem Beamten oder einer Militärperson auch im Falle . . .".

b) statt „den Miethvertrag" zu setzen „das Miethverhältniß" (Prot. I 11821).

---

[2] § 749 CPO entspricht § 850 ZPO (geändert).

[3] Der abgelehnte § 37 lautet: „Angehörige des aktiven Heeres, welche nach eingetretener Mobilmachung oder Kriegsbereitschaft dienstlich genöthigt werden, ihre Garnison oder ihren Wohnort zu verlassen, sind als Miether an die von ihnen geschlossenen Miethverträge, insoweit nicht ausdrücklich etwas Anderes vereinbart ist, nur bis zum Ablauf desjenigen Kalendervierteljahres gebunden, in welchem sie ihre Garnison oder ihren Wohnort verlassen."

[4] Die eingeklammerten Satzteile fehlen in der ZustOR.

**IV.** Im *E I* lautet die Regelung als § 527:

E I § 527 Das Recht, durch Kündigung nach Maßgabe des § 522 Abs. 3 das Miethverhältniß ungeachtet der Vereinbarung einer längeren Miethzeit oder Kündigungsfrist zu beendigen, steht einem Beamten oder einer Militärperson auch im Falle der Versetzung nach einem anderen Orte in Ansehung einer Wohnung zu, welche sie an dem bisherigen Wohnorte oder Garnisonorte zum Gebrauche für sich oder ihre Familie gemiethet hatten.

**B.** § 537 E I wurde in der **Vorkommission des Reichsjustizamtes** nicht behandelt.

**C. 2. Kommission**

**I.** Zu § 527 E I war beantragt (Prot. II, Bd. 2, S. 227; *Mugdan*, Bd. 2, S. 871):

v. Mandry (Nr 166, 3) 1. die Vorschrift des Entw. durch folgende Bestimmungen zu ersetzen:
Hat der Miether in seinem Wohnort eine Wohnung zum Gebrauche für sich oder seine Familie gemiethet und wird er durch eine nicht freiwillige Veränderung in seiner Person genöthigt, den Wohnort aufzugeben, so kann er die Miethe durch Kündigung nach Maßgabe des § 522 Abs. 3 aufheben, auch wenn eine längere Miethzeit oder Kündigungsfrist vereinbart ist. Als eine solche Nöthigung zur Aufgabe des Wohnorts gilt insbesondere die Versetzung einer Militärperson oder eines Beamten oder eines Geistlichen oder eines Lehrers an einer öffentlichen Unterrichtsanstalt nach einem anderen Garnison- oder Wohnorte.
eventuell:

v. Mandry (Nr 166, 3) a) die Vorschrift auf „Geistliche und Lehrer an öffentlichen Unterrichtsanstalten" auszudehnen;

b) als zweiten Abs. hinzuzufügen:
Das Kündigungsrecht kann durch Vertrag nicht ausgeschlossen werden.

(Vergl. zu dem eventuellen Antrage unter lit. a die Zusammenstellung der Aeußerungen der Bundesregierungen, II S. 69[5])

Rüger (Nr 165, 4) 2. im § 527 den Schluß zu fassen:
. . . steht einem öffentlichen Beamten . . . in Ansehung solcher Räume zu, welche sie an dem bisherigen Wohn- oder Garnisonorte zum Gebrauche für sich oder ihre Familie gemiethet hatten.

Den eventuellen Antrag 1 b ließ der Antragsteller fallen.

Der Antrag 2 wurde, soweit er „öffentlichen Beamten" statt „Beamten" setzen will, ebenfalls zurückgezogen, nachdem darauf hingewiesen worden war, daß der Entw. das Wort „Beamte" regelmäßig zur Bezeichnung der „öffentlichen" Beamten verwende.

Den prinzipalen Antrag 1 lehnte die Kom. ab. Die Vorschrift des Entw. wurde mit den unter 1 a und 2 vorgeschlagenen Erweiterungen beibehalten.

---

[5] Diese Begründung ist nicht in den Protokollen enthalten.

**II. 1.** Fassung der Regelung in der *VorlZust:*

§ 527. Das Recht, durch Kündigung nach Maßgabe des § 522 Abs. 6 Satz 1 das Miethverhältnis ungeachtet der Vereinbarung einer längeren Miethzeit oder Kündigungsfrist zu beendigen, steht einem Beamten, einem Geistlichen, einem in der öffentlichen Unterrichtsanstalt angestellten Lehrer sowie einer Militärperson in Ansehung solcher Räume zu, welche sie an dem bisherigen Wohn- oder Garnisonorte zum Gebrauche für sich oder ihre Familie gemiethet hatten. E I-VorlZust § 527

**2.** Zu einer Anweisung an die RedKom vergl. Materialien zu § 569 BGB unter C II 2.

**III.** Fassung der Regelung in der *ZustRedKom:*

§ 527. Militärpersonen, Beamte, Geistliche und Lehrer an öffentlichen Unterrichtsanstalten können im Falle ihrer Versetzung nach einem anderen Orte das Miethverhältniß in Ansehung von Räumen, welche sie für sich oder ihre Familie an dem bisherigen Garnison- oder Wohnort gemiethet haben, unter Einhaltung der gesetzlichen Frist kündigen, auch wenn eine längere Miethzeit oder eine längere Kündigungsfrist vereinbart ist. Die Kündigung ist ausgeschlossen, wenn sie nicht für den ersten Termin erfolgt, für den sie zulässig ist. E I-ZustRedKom § 527

**IV.** Im *E II* lautet die Regelung:

§ 511. Militärpersonen, Beamte, Geistliche und Lehrer an öffentlichen Unterrichtsanstalten können im Falle der Versetzung nach einem anderen Orte das Miethverhältniß in Ansehung der Räume, welche sie für sich oder ihre Familie an dem bisherigen Garnison- oder Wohnorte gemiethet haben, unter Einhaltung der gesetzlichen Frist kündigen. Die Kündigung ist ausgeschlossen, wenn sie nicht für den ersten Termin erfolgt, für den sie zulässig ist. E II § 511

**V.** Die Fassung des § 562 *E II rev* (*E III* § 563) entspricht der des § 570 BGB.

## E. Reichstag (XII. Kommission)

**I.** Beantragt war, den § 563 E III zu streichen. Gröber (Nr 35, 2)

**II.** Bericht von Heller über die Sitzung vom 7. 3. 1896

Die von *Gröber* beantragte Streichung des § 563 wurde mit großer Mehrheit abgelehnt. *Gröber* bezweifelte das Bedürfniß eines solchen Privilegiums, das in Süddeutschland nicht bestehe; durch eine entsprechende Vertragsbestimmung könne sich jeder schützen. *Struckmann* sowie die Abgeordneten *Enneccerus* und *v. Cuny* befürworteten die Annahme der Bestimmung, für die auch ein dienstliches Interesse bestehe.

§ 571

Wird das vermiethete Grundstück nach der Ueberlassung an den Miether von dem Vermiether an einen Dritten veräußert, so tritt der Erwerber an Stelle des Vermiethers in die sich während der Dauer seines Eigenthums aus dem Miethverhältniß ergebenden Rechte und Verpflichtungen ein.

Erfüllt der Erwerber die Verpflichtungen nicht, so haftet der Vermiether für den von dem Erwerber zu ersetzenden Schaden wie ein Bürge, der auf die Einrede der Vorausklage verzichtet hat. Erlangt der Miether von dem Uebergange des Eigenthums durch Mittheilung des Vermiethers Kenntniß, so wird der Vermiether von der Haftung befreit, wenn nicht der Miether das Miethverhältniß für den ersten Termin kündigt, für den die Kündigung zulässig ist.

§ 572

Hat der Miether des veräußerten Grundstücks dem Vermiether für die Erfüllung seiner Verpflichtungen Sicherheit geleistet, so tritt der Erwerber in die dadurch begründeten Rechte ein. Zur Rückgewähr der Sicherheit ist er nur verpflichtet, wenn sie ihm ausgehändigt wird oder wenn er dem Vermiether gegenüber die Verpflichtung zur Rückgewähr übernimmt.

§ 573

Eine Verfügung, die der Vermiether vor dem Uebergange des Eigenthums über den auf die Zeit der Berechtigung des Erwerbers entfallenden Miethzins getroffen hat, ist insoweit wirksam, als sie sich auf den Miethzins für das zur Zeit des Ueberganges des Eigenthums laufende und das folgende Kalendervierteljahr bezieht. Eine Verfügung über den Miethzins für eine spätere Zeit muß der Erwerber gegen sich gelten lassen, wenn er sie zur Zeit des Ueberganges des Eigenthums kennt.

§ 574

Ein Rechtsgeschäft, das zwischen dem Miether und dem Vermiether in Ansehung der Miethzinsforderung vorgenommen wird, insbesondere die Entrichtung des Miethzinses, ist dem Erwerber gegenüber wirksam, soweit es sich nicht auf den Miethzins für eine spätere Zeit als das Kalendervierteljahr, in welchem der Miether von dem Uebergange des Eigenthums Kenntniß erlangt, und das folgende Vierteljahr bezieht. Ein Rechtsgeschäft, das nach dem Uebergange des Eigenthums vorgenommen wird, ist jedoch unwirksam, wenn der Miether bei der Vornahme des Rechtsgeschäfts von dem Uebergange des Eigenthums Kenntniß hat.

## § 575

Soweit die Entrichtung des Miethzinses an den Vermiether nach § 574 dem Erwerber gegenüber wirksam ist, kann der Miether gegen die Miethzinsforderung des Erwerbers eine ihm gegen den Vermiether zustehende Forderung aufrechnen. Die Aufrechnung ist ausgeschlossen, wenn der Miether die Gegenforderung erworben hat, nachdem er von dem Uebergange des Eigenthums Kenntniß erlangt hat, oder wenn die Gegenforderung erst nach der Erlangung der Kenntniß und später als der Miethzins fällig geworden ist.

## § 576

Zeigt der Vermiether dem Miether an, daß er das Eigenthum an dem vermietheten Grundstück auf einen Dritten übertragen habe, so muß er in Ansehung der Miethzinsforderung die angezeigte Uebertragung dem Miether gegenüber gegen sich gelten lassen, auch wenn sie nicht erfolgt oder nicht wirksam ist.

Die Anzeige kann nur mit Zustimmung desjenigen zurückgenommen werden, welcher als der neue Eigenthümer bezeichnet worden ist.

## § 577

Wird das vermiethete Grundstück nach der Ueberlassung an den Miether von dem Vermiether mit dem Rechte eines Dritten belastet, so finden die Vorschriften der §§ 571 bis 576 entsprechende Anwendung, wenn durch die Ausübung des Rechtes dem Miether der vertragsmäßige Gebrauch entzogen wird. Hat die Ausübung des Rechtes nur eine Beschränkung des Miethers in dem vertragsmäßigen Gebrauche zur Folge, so ist der Dritte dem Miether gegenüber verpflichtet, die Ausübung zu unterlassen, soweit sie den vertragsmäßigen Gebrauch beeinträchtigen würde.

## § 578

Hat vor der Ueberlassung des vermietheten Grundstücks an den Miether der Vermiether das Grundstück an einen Dritten veräußert oder mit einem Rechte belastet, durch dessen Ausübung der vertragsmäßige Gebrauch dem Miether entzogen oder beschränkt wird, so gilt das Gleiche wie in den Fällen des § 571 Abs. 1 und des § 577, wenn der Erwerber dem Vermiether gegenüber die Erfüllung der sich aus dem Miethverhältniß ergebenden Verpflichtungen übernommen hat.

## § 579

Wird das vermiethete Grundstück von dem Erwerber weiter veräußert oder belastet, so finden die Vorschriften des § 571 Abs. 1 und der §§ 572 bis 578 entsprechende Anwendung. Erfüllt der neue Erwerber die sich aus dem Miethverhältniß ergebenden Verpflichtungen nicht, so haftet der Vermiether dem Miether nach § 571 Abs. 2.

## A. 1. Kommission

**I. a)** 201. Sitzung vom 26. 4. 1883, Schriftführer Neubauer

| Prot I 2051 | Die Artikel 549–553 des Entwurfs lauten:

DresdE Art 549 Artikel 549. „Geht ein den Gebrauch des Miethers ausschließendes Recht an der gemietheten Sache in Folge einer Veräußerung des Vermiethers oder vermöge eines anderen Rechtsgrundes während der Miethzeit auf einen Dritten über, so kann der Miether nicht von diesem die Fortsetzung des Miethverhältnisses, sondern nur von dem Vermiether Erfüllung des Vertrages oder Schadenersatz wegen Nichterfüllung verlangen."

DresdE Art 550 | Prot I 2052 Artikel 550. „Hat sich im Falle des Artikels 549 der dritte Erwerber dem Vermiether gegenüber verpflichtet, den Gebrauch der | vermietheten Sache dem Miether während der noch übrigen Miethzeit zu gewähren, so finden die Vorschriften der Artikel 206, 208 Anwendung.

Der dritte Erwerber kann, wenn er der übernommenen Verbindlichkeit gemäß dem Miether den Gebrauch der Sache überläßt, von dem Zeitpunkte seiner Erwerbung an die Rechte des Vermiethers auf den Miethzins geltend machen."

DresdE Art 551 Artikel 551. „Bei einer Wohnungsmiethe ist im Falle des Artikels 549 der dritte Erwerber, wenn nicht ein Landesgesetz etwas Anderes bestimmt, verpflichtet, dem Miether anzuzeigen, daß er die Wohnung zu räumen habe, und von dieser Anzeige an dem Miether, sofern die Miethe in Gemäßheit des bisherigen Miethvertrages nicht schon früher endigt, den Gebrauch der Sache bis zum nächsten vertragsmäßigen oder ortsgebräuchlichen Ziele und, wenn die Zeit bis zu solchem bereits zur Hälfte abgelaufen ist, bis zu dem darauf folgenden vertragsmäßigen oder ortsgebräuchlichen Ziele, in dessen Ermangelung aber noch drei Monate lang, zu gestatten."

DresdE Art 552 Artikel 552. „Ist die vermiethete Sache eine unbewegliche und geht ein den Gebrauch des Miethers ausschließendes Recht an derselben auf einen Dritten über, so ist, wenn der Miethvertrag vor dem Uebergang des Rechtes auf den Dritten im öffentlichen Buche eingetragen war, der Dritte verpflichtet, dem Miether den vertragsmäßigen Gebrauch bis zum Ablauf der festgesetzten Miethzeit zu gewähren, und es findet die Vorschrift des Artikels 550 Absatz 2 Anwendung."

| Prot I 2053 DresdE Art 553 Artikel 553. „Inwiefern die Vorschrift des Artikels 552 auch in | dem Falle einer Zwangsversteigerung der vermietheten Sache gelte, ist nach den Landesgesetzen zu beurtheilen."

Es lagen dazu folgende Anträge vor[1]:

Kurlbaum (Nr 344) 1. zu bestimmen in:

---

[1] Zu den folgenden Anträgen von *Johow* und *Kurlbaum* (preußische Juristen) vgl. die Bestimmungen des ALR, denen der Grundsatz „Kauf bricht nicht Miethe" zugrundeliegt:
I 21 § 2: „Soweit der Berechtigte sich im wirklichen Besitze der zu gebrauchenden oder zu nutzenden Sache befindet, hat seine Befugniß die Eigenschaft eines dinglichen Rechts."
§ 3: „Die Verpflichtung, ihm die Ausübung des dinglichen Rechts zu gestatten, geht also auf jeden neuen Eigenthümer der belasteten Sache, welcher sein Recht von dem Besteller des Gebrauchs- oder Nutzungsrechts herleitet, mit über."
§ 4: „Bei Grundstücken und Gerechtigkeiten hat die Eintragung des Rechts in das Hypothekenbuch die Wirkungen des körperlichen Besitzes der Sache" [vgl. auch § 5].
§ 358: „Durch einen freiwilligen Verkauf wird in den Rechten und Pflichten des Miethers oder Pächters nichts geändert" [vergl. auch § 359].

Artikel 549. „Ist die vermiethete Sache nach der Uebergabe derselben an den Miether von dem Vermiether veräußert worden, so ist der Erwerber nicht berechtigt, dem Miether den vertragsmäßigen Gebrauch der Sache zu entziehen."

(NB: Das Recht des Erwerbers zu kündigen und Zahlung des Miethzinses für sich zu fordern, bleibt vorbehalten.)

Artikel 549a. „Hat der Miether die gemiethete Sache von dem Vermiether übergeben erhalten, so ist er berechtigt, das ihm gegen den Vermiether zustehende Recht, die Sache zu gebrauchen, auch gegen Dritte, welche ihm den Gebrauch ohne Recht entzogen haben, zu verfolgen.

Wegen einer solchen Entziehung des Gebrauchs haftet der Vermiether nicht."

(NB: der „Besitzschutz" bleibt vorbehalten.)

und ferner materiell unter Streichung der Artikel 550 bis 553[2] in Kurlbaum (Nr 352)

§. „Wird die vermiethete Sache an den Miether übergeben und danach von dem Vermiether zu Eigenthum veräußert, so wird durch die Veräußerung das Recht, für die Zeit nach der Veräußerung den Miethzins und nach Ablauf der Miethzeit die Zurückgewährung der Sache zu fordern, von dem | Vermiether auf den Erwerber übertragen. | Prot I 2054

Vorausleistung des Miethzinses ist dem Erwerber gegenüber nur insoweit wirksam, als sie für dasjenige Kalenderquartal erfolgt ist, in welchem der Miether von der Veräußerung Kenntniß erlangte. Nur in gleichem Umfange ist dem Erwerber gegenüber die Abtretung der Miethzinsforderung an einen Dritten und die Aufrechnung mit Forderungen des Miethers gegen den Vermiether zulässig. Forderungen wegen Nichterfüllung des Miethvertrages nach der Veräußerung können gegen die Forderung des Erwerbers aufgerechnet werden.

Der Miether ist berechtigt, von dem Vertrage für die Zukunft zurückzutreten, wenn der Erwerber auf die von dem Miether an ihn gerichtete Aufforderung nicht binnen einer angemessenen Frist erklärt, daß er die Pflichten des Vermiethers übernehme.

Ist der Ablauf der Miethzeit von einer Kündigung abhängig, so ist der Erwerber zur Kündigung berechtigt und nur eine ihm gegenüber erfolgte Kündigung ihm gegenüber wirksam.

Ist eine vermiethete unbewegliche Sache im Wege der Zwangsvollstreckung oder durch den im Konkursverfahren über das Vermögen des Vermiethers bestellten Verwalter veräußert worden, so kann der Erwerber ohne Rücksicht auf die vertragsmäßige Miethzeit und Kündigungsfrist nach Maßgabe des § 568 (vorbehalten dessen Abänderung) kündigen.

(NB: Ausdehnung des letzten Absatzes auf eine von dem Benefizialerben oder dem Nachlaßpfleger zu betreibende Versteigerung bleibt vorbehalten.) Vorstehende Vorschriften finden im Falle der weiteren Veräußerung entsprechende Anwendung."

2. a) den Artikel 550 dahin zu fassen: Johow (Nr 348 u. 351)

| „Hat im Falle des Art. 549 der dritte Erwerber sich dem Vermiether gegenüber verpflichtet, die Verpflichtungen des Vermiethers dem Miether gegenüber zu erfüllen, so erlangt der Miether hierdurch das Recht gegen den Erwerber, die Erfüllung von demselben zu fordern. | Prot I 2055

[2] Der Eingang des Antrags Nr. 352 lautet: „Es wird beantragt, die Art. 549 bis 553, betreffend die Rechtsverhältnisse zwischen dem Miether und einem neuen Erwerber der Sache erst nach Feststellung des vertragsmäßigen Verhältnisses zwischen Miether und Vermiether festzustellen . . ."

Dem Miether gegenüber erlangt der dritte Erwerber von der Zeit der Erwerbung an die Rechte des Vermiethers aus dem Miethvertrage, wie wenn dieselben ihm abgetreten wären."

b) folgende Bestimmungen hinzuzufügen:

Art. 550a. „Bei Miethverträgen über ein Grundstück oder über gewisse Räume eines Grundstücks tritt das in Art. 550 bestimmte Rechtsverhältniß zwischen dem dritten Erwerber des Grundstücks und dem Miether auch dann ein, wenn der Erwerber die daselbst in Abs. 1 bezeichnete Verpflichtung dem Vermiether gegenüber nicht übernommen hat, dies jedoch nur dann, wenn der Miethvertrag schriftlich abgefaßt und zur Zeit der Erwerbung des Grundstücks bereits in der Vollziehung begriffen war.

Der Grundstückserwerber haftet aber in diesem Falle dem Miether nicht für solche Forderungen, welche vor der Erwerbung des Grundstücks fällig geworden."

Art. 550b. „In den Fällen des Art. 550a kann der Miether Abreden zwischen ihm und dem Vermiether, welche in die Vertragsurkunde nicht aufgenommen sind und von gesetzlichen Bestimmungen abweichen, dem dritten Erwerber gegenüber nicht geltend machen, es sei denn, daß diesem bei der Erwerbung die Abreden bekannt waren.

| Prot I 2056 | Hat der Miether Miethzinsen die nach dem Vertrage erst in der Zeit nach der Veräußerung des Grundstücks fällig werden, im Voraus an den Vermiether bezahlt, ohne dies auf der in den Händen des Vermiethers befindlichen Vertragsurkunde zu vermerken oder von dem Vermiether vermerken zu lassen, so wird er durch die Zahlung dem dritten Erwerber gegenüber nicht befreit, es sei denn, daß diesem bei der Erwerbung die erfolgte Vorausbezahlung bekannt war."

Art. 550c. „Im Falle der auf Betreiben eines Gläubigers erfolgenden Zwangsversteigerung des Grundstücks findet der Art. 550a mit der Beschränkung Anwendung, daß der Erwerber bei längerer Dauer des Miethvertrages denselben zum nächsten vertragsmäßigen oder ortsgebräuchlichen Termin, und wenn die Zeit bis zu solchen bereits zur Hälfte abgelaufen ist, zu dem darauf folgenden Termine, in Ermangelung eines solchen aber mit Frist von drei Monaten kündigen darf.

Diese Befugniß des Erwerbers erlischt, wenn nicht die Kündigung innerhalb einer Woche seit der Erwerbung des Grundstücks erfolgt ist.

Erfolgt die Kündigung rechtzeitig, so beschränkt sich die Verpflichtung des Erwerbers darauf, dem Miether den Gebrauch des Miethgegenstandes bis zum Ablauf der Kündigungsfrist zu belassen, und die Berechtigung des Erwerbers gegenüber dem Miether darauf, den auf diese Zeit fallenden und bei der Erwerbung noch ausstehenden Miethzins zu fordern."

c) im Falle der Annahme des Art. 550a an geeigneter Stelle einzuschalten:

| Prot I 2057 „Bei Miethverträgen über ein Grundstück oder über ge- | wisse Räume eines Grundstücks sind die Vertragschließenden einander zu schriftlicher Abfassung des Miethvertrages verpflichtet."

v. Kübel (Nr 345) 3. zu bestimmen in:

§ 6 (DresdE Art. 552) „Der Vermiether einer unbeweglichen Sache ist verpflichtet, auf Verlangen des Miethers die Bewilligung zur Eintragung der Rechte des letzteren aus dem Miethvertrage in das Grundbuch zu ertheilen (§ 28 Abs. 2 des Sachenrechtsentwurfs)."

§ 7 (DresdE Art. 550 Abs. 1, 551) „Geht während der Miethzeit ein den Gebrauch des Miethers ausschließendes oder beschränkendes Recht an der gemietheten Sache in Folge einer Veräußerung des Vermiethers oder aus einem anderen Rechtsgrunde auf einen Dritten über, welcher sich zur Belassung des Miethers nicht verpflichtet hat (§ 8), so kann der Miether, wofern er nicht die Eintragung in das Grundbuch gemäß § 6 erwirkt hatte, von dem Dritten die Fortsetzung des Miethverhältnisses nicht verlangen, sondern ist auf die Ansprüche gegen den Vermiether wegen Nichterfüllung (§§ 185–188 der Zusammenstellung) beschränkt. Wird durch das Recht des Dritten der Gebrauch nur theilweise aufgehoben, so kann der Miether auch ohne den Nachweis, daß der noch übrige Theil des Gebrauches für ihn kein Interesse habe, von dem Vertrage zurücktreten.

Bei der Miethe unbeweglicher Sachen ist der dritte Erwerber verpflichtet, dem Miether anzuzeigen, daß er die Sache zu räumen habe, und demselben von dieser Anzeige an, sofern die Miethe in Gemäßheit des Miethvertrages nicht schon früher endigt, den Gebrauch der | Sache bis zu dem nächsten vertragsmäßigen Ziele und, wenn die Zeit bis zu solchem bereits zur Hälfte abgelaufen ist, bis zu dem darauf folgenden vertragsmäßigen Ziele, in Ermangelung eines solchen Zieles aber noch drei Monate zu belassen. Das Recht zum Rücktritt von dem Vertrage (§ 187 Abs. 3) wird durch diese Bestimmung nicht berührt." | Prot I 2058

§ 8 (DresdE Art. 550 Abs. 1) „Hat der dritte Erwerber sich dem Vermiether gegenüber verpflichtet, dem Miether den Gebrauch des vermietheten Gegenstandes während der im Miethvertrag bestimmten Zeit oder während eines Theiles dieser Zeit zu gestatten, so wird der Miether hierdurch unmittelbar berechtigt, die Fortsetzung des Miethverhältnisses während der bestimmten Zeit von dem Erwerber zu verlangen (§§ 121, 125 der Zusammenstellung). Die Vorschrift in § 7 Absatz 2 Satz 2 findet Anwendung."

§ 9 (DresdE Art. 550 Abs. 2, 551) „Der Miether, welcher in Gemäßheit der Bestimmungen in § 7 Absatz 2 und § 8 im Gebrauch des vermietheten Gegenstandes verbleibt, ist verpflichtet, die in dem Miethvertrage vereinbarte Vergütung, soweit sie auf die Zeit von dem Erwerbe des Dritten an entfällt, dem letzteren zu bezahlen. Auf Vorauszahlungen an den Vermiether kann sich der Miether dem Erwerber gegenüber nur insoweit berufen, als er sie dem Miethvertrage gemäß, bevor er von dem Erwerbe des Dritten Kenntniß hatte, geleistet hat."

4. zu beschließen: v. Weber (Nr 346, 1)

A. Zu Art. 551.

a) In der Fassung des § 7 Abs. 2 (des Antrags Nr. 3) zwischen „der dritte Erwerber" und „verpflichtet" einzu- | schalten: | Prot I 2059

„wenn er den Miethvertrag nicht fortsetzen will."

b) daselbst statt der Worte „bis zu dem nächsten" bis „zu belassen" zu setzen:

„noch bis zu dem Ablaufe der gesetzlichen Kündigungsfrist (Art. 568 Abs. 3) zu belassen.

Benutzt der dritte Erwerber die erste Kündigungsfrist nicht, so ist es so anzusehen, als sei er von der Zeit seines Erwerbs an in den Vertrag seines Vorgängers eingetreten."

(zu vergl. den damit im Zusammenhang stehenden Antrag zu Art. 568).

B. Zu Art. 552. v. Weber (Nr 346, 2)

In der Fassung des § 6 des Antrags Nr. 3 am Schlusse hinzuzufügen:

„sofern die Miethzeit über die in § 7 Abs. 2 festgesetzte Kündigungsfrist hinausreicht. Die Kosten hat der Miether zu tragen."

C. zu Art. 553. v. Weber (Nr 346, 3)

Die Bestimmung aufzunehmen:

„Im Falle einer Zwangsversteigerung der vermietheten unbeweglichen Sache kann der Ersteher die nach Art. 551 Abs. 2 ihm zustehenden Rechte auch dann ausüben, wenn das Miethrecht in das Grundbuch eingetragen worden ist."

Planck (Nr 350) 5. Die Art. 549–553 durch folgende Bestimmungen zu ersetzen:

§ a (Art. 549 und 551) „Geht während der Miethzeit ein den vertragsmäßigen Gebrauch des Miethers ausschließendes oder beschränkendes Recht an der gemietheten Sachen in Folge einer Veräußerung des Vermiethers oder aus einem anderen Rechts-
| Prot I 2060 grunde auf einen Dritten über, | so ist, wenn die vermiethete Sache eine unbewegliche ist, der Erwerber verpflichtet, den vertragsmäßigen Gebrauch der gemietheten Sache durch den Miether und die Vornahme derjenigen Handlungen, insbesondere Ausbesserungen, zu welchen der Vermiether dem Miether gegenüber verpflichtet ist bis zum Ablaufe der im Absatz 2 bestimmten Räumungsfrist, sofern aber die Miethe nach Maßgabe des Miethvertrages schon vor diesem Zeitpunkte endigt, bis zum Ablaufe der Miethzeit zu dulden.

Als Räumungsfrist gilt die in Art. 568 Abs. 3, 4 (in der Fassung des Antrages Nr. 4) zu diesem Artikel bestimmte gesetzliche Kündigungsfrist, sofern aber die vertragsmäßige Kündigungsfrist eine kürzere ist, diese. An die Stelle der Kündigung tritt die Anzeige des Erwerbers an den Miether, daß er die gemiethete Sache zu räumen habe."

eventuell statt des zweiten Absatzes dieses § zu bestimmen:

„Die Räumungsfrist beginnt mit der Anzeige an den Miether, daß er die gemiethete Sache zu räumen habe, und endigt mit dem nächsten vertragsmäßigen oder ortsüblichen Ziele und, wenn die Zeit bis zu solchem zur Zeit der Anzeige bereits zur Hälfte abgelaufen ist, mit dem darauf folgenden vertragsmäßigen oder ortsgebräuchlichen Ziele, in dessen Ermangelung aber mit Ablauf von drei Monaten."

§ b (Art. 552 und 553) „Sind die Rechte des Miethers aus dem Miethvertrage zur Zeit des Erwerbs des Dritten in das Grundbuch eingetragen, so hat der Erwerber die im § a Absatz 1 bestimmte Verpflichtung während der ganzen Dauer der Miethzeit.

| Prot I 2061 | Die Bestimmung dieses § findet im Falle der Zwangsversteigerung keine Anwendung."

§ c (Art. 550) „Hat sich im Falle des § a der dritte Erwerber dem Vermiether gegenüber verpflichtet, die demselben dem Miether gegenüber obliegenden Verpflichtungen während der noch übrigen Miethzeit zu erfüllen, so finden die §§ 121–125 der Zusammenstellung des Obligationenrechts mit der Maßgabe Anwendung, daß im Zweifel die unmittelbare Berechtigung des Miethers dem dritten Erwerber gegenüber und deren Entstehung zur Zeit des Erwerbes des Dritten als gewollt zu betrachten ist. Von diesem Zeitpunkte an sind im Zweifel auch die dem Vermiether aus dem Miethvertrage gegen den Miether zustehenden Forderungen als dem dritten Erwerber abgetreten anzusehen."

Nach dem Antrage Nr. 1 soll dem Miether, sobald ihm die vermiethete Sache eingeräumt ist, ein gegen Dritte wirksames Recht zustehen, nach dem Antrage Nr. 2 dies mindestens für die Miethe eines Grundstücks oder des bestimmten Raumes eines solchen bei einem schriftlich abgefaßten Miethvertrage gelten. Der hieraus sich ergebende weit tragende Grundsatz wird von dem Entwurfe und den übrigen Anträgen nur für den Fall anerkannt, wenn das auf ein Grundstück sich beziehende Miethrecht in das Grundbuch eingetragen ist, während dieselben im Uebrigen zum Schutze des Miethers nur zu bestimmen bezwecken:

1. der Erwerber des Grundstücks habe dem Miether eine angemessene Räumungsfrist zu gestatten;

2. der zwischen dem Vermiether und dem neuen Erwerber über die Fortdauer des Miethrechts zu Gunsten des Miethers abgeschlossene Vertrag verleihe dem Miether gegen den Erwerber unmittelbar Rechte. | Prot I 2062

Man verständigte sich, zunächst darüber Beschluß zu fassen, ob für die Grundstücksmiethe das den Anträgen Nr. 1 und 2 zum Grunde liegende Prinzip anzuerkennen sei. Die Mehrheit erklärte sich gegen dieses Prinzip[3] unter Vorbehalt der demnächstigen Entscheidung über die nach dem Entwurfe und den übrigen Anträgen dem Miether beizulegenden besonderen Rechte einschließlich des Rechts auf Buchung des Miethrechts und der aus einer solchen Buchung entspringenden Rechte.

Die Gründe des Beschlusses waren:

Es handele sich um die Entscheidung, in wiefern der Grundsatz anzuerkennen sei: Kauf bricht Miethe. Wenn das römische Recht diesen Grundsatz in voller Schärfe anerkannt habe und die neuere gemeinrechtliche Doktrin und Praxis hierin dem römischen Rechte folgten, so könne nicht zweifelhaft sein, daß in der Gegenwart die strenge Durchführung jenes Grundsatzes abzulehnen sei, weil sie unter den gegenwärtigen Verhältnissen — zumal in den größeren Städten, wo das Gros der Bevölkerung bis zu den höchsten und vornehmsten Ständen hinauf zur Miethe wohne — zu den größten Unzuträglichkeiten und zu Uebelständen der schwersten Art führen müsse. Der Entwurf und die übrigen Anträge seien auch von der strengen Durchführung des Grundsatzes: Kauf bricht Miethe für die Grundstücksmiethe weit entfernt. Indem sie die Buchung des Miethrechts zuließen und an die Buchung die Wirkung des Miethrechts gegen Dritte knüpften, lasse sich vielmehr umgekehrt (bei Würdigung der das Grundbuchrecht beherrschenden Prinzipien) behaupten, es sei der entgegenstehende Grundsatz gebilligt | zumal, wenn die Buchung ohne besondere Zusicherung des Vermiethers zulässig sein sollte, wodurch das Miethrecht sichtbar dem Nießbrauche sich nähere. Der Schwerpunkt des den Anträgen Nr. 1 und 2 zum Grunde liegenden Prinzips liege nicht in der Ablehnung des Grundsatzes: Kauf bricht Miethe, sondern in der mit den Regeln des Grundbuchrechts nicht vereinbaren Bestimmung, daß der Erwerber ein Miethrecht anzuerkennen habe, worüber das Grundbuch keine Auskunft gebe. Zu einer solchen tiefgreifenden Abweichung von den für das Immobiliarrecht durch Vorbeschlüsse festgestellten Regeln fehle es aber an zureichenden Gründen. Zur Abwendung der vorerwähnten Unzuträglichkeiten und Uebelstände seien die aus dem Entwurfe und den übrigen Anträgen sich ergebenden Abhülfen vollkommen genügend. Der Einwurf: nach diesen Abhülfen würde der Miether genöthigt sein, für die Buchung seines Rechts zu sorgen, woraus eine unerträgliche Häufung der Grundbuchgeschäfte, eine Ueberladung des Grundbuchs mit Eintragungen, so wie eine unzulässige Häufung der Kosten entstehen würden, treffe nicht zu. Eine derartige Besorgniß sei, wie die Erfahrung ergebe, unbegründet. Solle der Miether einen vollkommenen Schutz finden, solle sein Recht gegen Dritte in vollem Umfange wirken, so müsse es im Falle der Zwangsversteigerung, wie jedes andere dingliche oder gegen Dritte wirkende Recht, seine Geltung behaupten. Soweit gingen aber die Anträge Nr. 1 und 2, indem sie an das geltende preußische Recht[4] sich hielten, keineswegs. Abgesehen davon, daß hieraus eine neue Rechtsanomalie sich ergebe, daß ein dingliches oder gegen Dritte wirksames Recht anerkannt werde, welches sich in einem Hauptfalle kraftlos erweise, so könne nach preußischem Rechte der Miether gegen die in der Zwangsversteigerung ihm drohende Verkümmerung seines Rechts | durch dessen von der besonderen Zustimmung des Vermiethers abhängige | Prot I 2063 | Prot I 2064

[3] Zur Mehrheit gehörte auch Windscheid (Nachlaß *v. Schmitt*).
[4] Vgl. Fn. 1 und Materialien zum Mietrecht, S. 47–51.

Buchung mindestens insofern sich schützen, daß er aus dem Grundstückserlöse entschädigt werde, wobei dahin gestellt bleiben könne, ob nach neuerem Rechte zur Erreichung des Zwecks eine besondere Hypothekbestellung erforderlich sei. Wäre nun die erwähnte Besorgniß begründet, so müßten im Gebiete des preußischen Rechts die Fälle der Buchung der Miethrechte nicht selten gewesen sein. Die Erfahrung lehre aber entschieden das Gegentheil. Dies erkläre sich nur aus dem Grunde, daß der Miether regelmäßig sich durch die dem Vermiether drohende Verantwortung, (die ihn antreibe, dem Erwerber die Anerkennung des Miethrechts im Veräußerungsfalle zur Pflicht zu machen), so wie durch die ihm gesetzlich von dem Erwerber zu gewährende angemessene Räumungsfrist genügend geschützt finde. Wie unbegründet die Besorgniß sei, lasse sich auch aus den Erfahrungen der Rechtsgebiete entnehmen, in welchen die Rechte des Miethers ähnlich geregelt seien, wie der Entwurf und die übrigen Anträge bezweckten. Das geltende preußische Recht in der vorliegenden Beziehung zum Vorbild zu nehmen, sei auch deshalb bedenklich, weil es mit dem ihm eigenthümlichen, in den die Grundregeln des Sachenrechts betreffenden Vorbeschlüssen nicht anerkannten Prinzipe im Zusammenhange stehe, daß das Recht zur Sache durch deren Besitzgewinnung zum dinglichen sich gestalte.

Man war einverstanden, daß nach Ablehnung des in den Anträgen Nr. 1 und 2 vertretenen Grundsatzes für die Grundstücksmiethe derselben um so weniger für die Miethe beweglicher Sachen anzuerkennen sei.

b) 202. Sitzung vom 28. April 1883, Schriftführer Neubauer (nicht anwesend v. Kuebel)

| Prot I 2065 | Die Berathung des Abschnitts, betreffend „die Miethe", insbesondere der Artikel 549 bis 553, wurde fortgesetzt.

Man verständigte sich in Berücksichtigung der am Schlusse der letzten Sitzung getroffenen Entscheidung dahin, daß die Artikel einzeln in der Folgeordnung des Entwurfs unter Beachtung der aus dem vorigen Sitzungsprotokolle ersichtlichen Anträge zu berathen seien.

Artikel 549. Die Mehrheit entschied für die Nichtaufnahme des Artikels.

Sie war der Ansicht:

Was der Artikel 549 bestimme, verstehe sich von selbst; denn solle der Miethvertrag andere als obligatorische Rechtsbeziehungen hervorrufen, so müsse das Gesetz dies besonders vorschreiben. Dazu komme, daß der Artikel insofern nicht einmal ganz richtig sei, als er dem Vermiether schlechthin die Verpflichtung zum Schadensersatze wegen Nichterfüllung auferlege, obschon er im Vordersatze von einem anderen Rechtsgrunde im Gegensatze zu einer Veräußerung des Vermiethers rede, dieser andere
| Prot I 2066 Rechtsgrund aber wohl ein solcher sein kön- | ne, daß der Vermiether wegen Schadensersatzes nicht haftbar sei z. B. im Falle einer Enteignung. Welche Ausnahmen das im Art. 549 enthaltene Prinzip erleide, ergebe sich aus den folgenden Artikeln, zu deren Verdeutlichung die Vorausschickung jenes Prinzips in keiner Weise diene.

Artikel 550. Der wesentliche Inhalt des Artikel 550 hatte keine Beanstandung erfahren. Das Einzelne betreffend, so wurden in Veranlassung der gestellten Anträge folgende Beschlüsse gefaßt:

Zum ersten Absatze.

1. Der Artikel erwähnt nur des Falls, wenn der Erwerber sich verpflichtet hat, dem Miether den Gebrauch der vermietheten Sache zu gewähren. Man erachtete dies für zu eng und für richtiger, allgemeiner von dem Falle zu reden, wenn der Erwerber sich verbindlich gemacht habe, die Verpflichtungen des Vermiethers zu erfüllen, welche

Verbindlichkeiten über die der Gebrauchsgewährung mehr oder weniger hinausgehen können.

2. Der Artikel erklärt sich für die Anwendbarkeit der Vorschriften über die Zahlungsübernahme. Entschieden wurde, für anwendbar zu erklären seien die §§ 121 bis 125 der Zusammenstellung der das Obligationenrecht betreffenden Beschlüsse (Prot. vom 7. und 9. Juni 1882 S. 839–850) mit der Maßgabe, daß die unmittelbare Berechtigung des Miethers und deren Entstehung zur Zeit des Erwerbes des Dritten als gewollt zu betrachten seien.

Erwogen war:

Die zwischen dem Vermiether und dem Erwerber zu Gunsten des Miethers getroffene Vereinbarung müsse dem letzteren gegen den Erwerber unmittelbar Rechte verleihen. Es sei dies dringend nothwendig, um den Grundsatz: „Kauf bricht Miethe" in seinen Wirkungen ge- | bührend abzuschwächen. Bedenklich erscheine es aber, sich auf die kategorische Bestimmung zu beschränken, der Miether werde gegen den Erwerber unmittelbar berechtigt. Eine solche Bestimmung würde unfehlbar den Zweifel hervorrufen, wie die unmittelbare Berechtigung juristisch zu konstruiren sei. Je nachdem für die eine oder andere Konstruktion entschieden würde, ergebe sich eine nicht unerhebliche Verschiedenheit der weiteren Konsequenzen. Am nächsten liege und am einfachsten sei, in pactum in favorem tertii zu unterstellen und die auf ein solches pactum sich beziehenden Vorschriften für anwendbar zu erklären jedoch behufs Erreichung des Zwecks der Bestimmung mit der in den Beschluß aufgenommenen Maßgabe. Diese Art der Regelung bringe mit sich, daß Vermiether und Erwerber eine dem Miether weniger günstige Vereinbarung treffen könnten. Hierauf durch einen Zusatz, namentlich den Zusatz: „im Zweifel" besonders hinzuweisen, sei einestheils entbehrlich, weil der nur dispositive Charakter der Vorschrift nicht zu verkennen sei, andderntheils nicht rathsam, da ein Zusatz der gedachten Art den praktischen Werth der Vorschrift zu beeinträchtigen vermöge. | Prot I 2067

3. Die Erwähnung des Falls, wenn der Erwerber nur für einen gewissen Theil der Miethzeit die Verpflichtungen des Vermiethers zu erfüllen verspricht, wurde für überflüssig erachtet. Man hielt diesen Fall in dem anderen, wenn die Vereinbarung auf die ganze Miethzeit sich bezieht, für eingeschlossen.

4. Auch die Erwähnung des dem Miether zustehenden Rücktrittsrechts hielt man für überflüssig bezw. für unzutreffend. Man ging davon aus: Wenn der Erwerber alle Verpflichtungen des Vermiethers (dieser also durch den Erwerber) erfülle, so könne von einem Rücktrittsrechte keine Rede sein; verhalte es sich anders, so genügten die in der vorigen Sitzung zum Artikel 547 über die Ver- | tretung juristischer Fehler gefaßten, auch das Rücktrittsrecht des Miethers vorsehenden Beschlüsse. | Prot I 2068

5. Es wurde für nicht angemessen erachtet, außer dem Falle des Erwerbs des Dritten durch Veräußerung des Vermiethers auch noch des Falls des Erwerbs aus einem anderen Rechtsgrunde Erwähnung zu thun. Man überzeugte sich nämlich, daß der letztere Fall nicht vorgesehen zu werden brauche, weil in ihm für den Vermiether regelmäßig kein Anlaß bestehe, mit dem Dritten über die Anerkennung der Rechte des Miethers eine Vereinbarung zu treffen, und, wenn es gleichwohl geschehe, die allgemeinen Regeln über das pactum in favorem tertii ihre Geltung behaupten müßten. In Ansehung des Vindikationslegats, sofern es Anerkennung finden sollte, war man vorläufig der Ansicht, daß darin ein Veräußerungsfall zu finden sei.

6. Zu unterscheiden zwischen den Fällen, wenn – *vor* oder *nach* der Ueberlassung an den Miether – veräußert ist, erachtete man für nicht gefertigt. Es machte sich die

Ansicht geltend, zu einer solchen Unterscheidung fehle es an jedem haltbaren Grunde.

Zum zweiten Absatze.

1. Man hielt es zur Klarstellung des Rechtsverhältnisses für nöthig, ausdrücklich auszusprechen, daß das Recht auf den Miethzins als abgetreten anzusehen sei. Dabei wurde anerkannt, daß der Vertrag zwischen Vermiether und Erwerber ein Anderes ergeben könne und daß in einem solchen Falle der Erwerber auch nicht das Recht habe, von dem Miether einen Zins zu fordern, der ihm nach jenem Vertrage nicht zukomme. Gleichwohl wurde auch hier eine besondere Hinweisung auf eine dem Rechte des Erwerbers entgegenstehende Vereinbarung, namentlich durch den Zusatz: „im Zweifel" aus ähnlichen Gründen wie den zuvor unter Nr. 2 erwähnten (S. 2067) für entbehrlich und für nicht angemeßen befunden.

| Prot I 2069 | 2. Die Mehrheit war der Ansicht: es dürfe nicht bestimmt werden: der den Miethzins einfordernde Erwerber brauche Vorauszahlungen nicht gelten zu lassen, die der Miether, wenn auch bevor er den Erwerb des Dritten erfahren, doch ohne durch den Miethvertrag dazu verpflichtet zu sein, im Voraus geleistet habe. Sie hielt eine solche Bestimmung zunächst für illusorisch, weil in der betreffenden Vorauszahlung stets eine Aenderung des ursprünglichen Miethvertrags sich finden lasse, mindestens eine solche Aenderung damit verbunden werden könne. Sodann aber glaubte sie, die Bestimmung – so angemessen sie auch insofern erscheinen möchte, als der Erwerber, welcher in Folge des zwischen ihm und dem Vermiether abgeschlossenen Vertrags das Miethrecht anzuerkennen genöthigt sei, billigerweise auch auf den nach demselben Vertrage ihm gebührenden Miethzins müße Anspruch machen können –, gereiche doch dem Miether in so hohem Maße zum Nachtheil, daß dadurch der Vortheil, welchem ihm der erste Absatz in Abschwächung des Grundsatzes: „Kauf bricht Miethe" zuzuwenden bezwecke, in vielen Fällen den größten Theil seines Werths verliere.

3. Für selbstverständlich wurde angesehen, daß die Bestimmung über die Abtretung der dem Vermiether zustehenden Forderungen nur für den Fall passe, wenn der Dritte die Sache selbst oder das Recht des Gebrauchs derselben erworben hat. Es wurde die Verdeutlichung dieser Beschränkung für nothwendig befunden.

Die Fassung der gefaßten Beschlüsse blieb der Redaktion vorbehalten.

Artikel 551.

Kurlbaum (Nr 356) Es war der neue Antrag gestellt, zu bestimmen:

| Prot I 2070 § a. „Wird eine vermiethete unbewegliche Sache dem | Miether übergeben und danach die Sache oder ein Recht an derselben von dem Vermiether veräußert, so kann der Erwerber den vertragsmäßigen Gebrauch des Miethers erst dann ausschließen oder beschränken, wenn er dem Miether die Absicht, dies zu thun, erklärt hat und seit dieser Erklärung die gesetzliche Kündigungsfrist oder, wenn die vertragsmäßige Kündigungsfrist kürzer ist, diese letztere abgelaufen ist.

Der Erwerber kann die Ausschließung oder Beschränkung des Miethgebrauchs nur zu den vertragsmäßig bestimmten Kalenderzeiten oder in Ermangelung solcher zu den gesetzlich bestimmten Kalenderzeiten verlangen.

Die Erklärung des Erwerbers ist unwirksam, wenn dieser bei der Erklärung eine den Erwerb nachweisende öffentliche Urkunde nicht vorlegt und der Miether wegen dieses Mangels die Erklärung unverzüglich zurückweist.

So lange hiernach der Erwerber den Miethgebrauch nicht ausschließen oder beschränken kann, hat er auch die Vornahme derjenigen Handlungen, insbesondere Ausbesserungen zu gestatten, zu welchen der Vermiether dem Miether verpflichtet ist."

§ b. „Durch die Veräußerung der Sache im Falle des § a wird das Recht, für die Zeit nach der Veräußerung den Miethzins und demnächst die Zurückgewährung der Sache zu fordern, von dem Vermiether auf den Erwerber übertragen.

Vorausleistung des Miethzinses ist dem Erwerber gegenüber nur insoweit wirksam, als sie für dasjenige Kalenderquartal erfolgt ist, in welchem der Miether von der Veräußerung Kenntniß erlangte. Nur in gleichem Umfange ist dem Erwerber gegenüber die Abtretung der Miethzinsforderung an einen Dritten und die Aufrechnung mit | Forderungen des Miethers gegen den Vermiether zulässig. Forderungen wegen Nichterfüllung des Miethvertrages nach der Veräußerung können gegen die Forderung des Erwerbers aufgerechnet werden. | Prot I 2071

Der Miether ist berechtigt, von dem Vertrage für die Zukunft zurückzutreten, wenn der Erwerber die im § a bezeichnete Erklärung abgiebt oder auf die von dem Miether an ihn gerichtete Aufforderung nicht binnen einer angemessenen Frist erklärt, daß er die Pflichten des Vermiethers übernehme.

Ist der Ablauf der Miethzeit von einer Kündigung abhängig, so ist eine Kündigung des Miethers, welcher von der Veräußerung Kenntniß hat, dem Erwerber gegenüber nur dann wirksam, wenn sie diesem gegenüber erfolgt ist."

Das Prinzip des Artikels 551 fand keine Beanstandung. An die Billigung dieses Prinzips schlossen sich folgende, auf verschiedene Einzelheiten sich beziehende Entscheidungen:

1. Die Bestimmungen des Artikels sollen nicht auf die *Wohnungsmiethe* beschränkt, sondern auf alle Fälle der *Grundstücksmiethe* erstreckt werden.

Die Mehrheit glaubte nämlich, daß die Beschränkung auf die Wohnungsmiethe zu mancherlei Streitigkeiten zu führen drohe und überdies in Rücksicht auf die Verträge, welche Speicher, Waaren „und Meßgewölbe" u.s.w. zum Gegenstande hätten, bedenklich sei.

2. Der Vorbehalt für die Landesgesetze soll beseitigt werden. Es galt für zweifellos, daß für die Aufnahme eines solchen Vorbehalts ein haltbarer Grund nicht vorliege.

3. Es soll bestimmt werden, der Erwerber sei verpflichtet, während der in Frage kommenden Frist den Miether nicht allein nicht auszutreiben, sondern auch ihm den vertragsmäßigen Gebrauch zu gestatten, sowie die Vornahme der dem Vermiether obliegenden Handlungen, namentlich der diesem zur Last fallenden Ausbesserungen, zuzulassen.

Man hielt die Ausdehnung durch den Zweck der Vorschrift | für geboten. | Prot I 2072

4. Auch hier soll nur der Fall der Veräußerung des Vermiethers hervorgehoben werden.

Die Hineinziehung des Falles, wenn der Dritte aus einem anderen Rechtsgrunde erworben hat, hielt man für unzutreffend, weil für einen solchen, je nach Verschiedenheit der Verhältnisse einer verschiedenen Beurtheilung unterliegenden Fall durch eine positive Vorschrift die Anwendung der allgemeinen Grundsätze oder der maßgebenden speziellen Rechtsnormen nicht ohne Gefahr sich ausschließen lasse.

5. Die Frist, welche der Erwerber zu gewähren hat, soll diejenige sein, welche zum Artikel 568 als die gesetzliche Kündigungsfrist beschlossen werden wird, sofern nicht die vertragsmäßige Kündigungsfrist eine kürzere ist.

Man war der Ansicht: Die zum Artikel 568 zu beschließende gesetzliche Kündigungsfrist müsse wegen Uebereinstimmung der zu würdigenden Verhältnisse so bemessen werden, daß sie auch für den vorliegenden Fall die passende sei; durch die Gleichstellung beider Fristen werde zudem die Einfachheit des Gesetzes gefördert.

6. Der Kalenderzeit soll keine Erwähnung geschehen. Man erachtete einen solchen Zusatz, soweit bei Bestimmung der gesetzlichen Kündigungsfrist des Artikels 568 die Kalenderzeit hervorgehoben werden sollte, für überflüssig, im Uebrigen schon deshalb für nicht angemessen, weil dadurch von dem Prinzipe, wonach die gesetzliche Kündigungsfrist maßgebend sein solle, ohne zureichenden Grund abgewichen würde.

7. Ob hervorzuheben sei, der Erwerber sei zur Kündigung nur berechtigt, nicht auch verpflichtet, blieb der Prüfung bei der Redaktion vorbehalten. Daß eine Verpflichtung zur Kündigung nicht auferlegt werden dürfe, galt für völlig zweifellos.

8. Es soll nicht bestimmt werden: benutze der Erwerber nicht die erste Kündigungsfrist, so sei es so anzusehen, als wäre er von der Zeit seines Erwerbes an in den Vertrag
| Prot I 2073 seines | Vorgängers eingetreten.

Erwogen war:

Durch eine solche Bestimmung (zu vergl. Sachenrechtsentwurf § 315 Absatz 2[5]) würde der Miether in der Person des Erwerbers einen neuen Schuldner erhalten, der alle nach dem Miethvertrage dem Vermiether obliegenden Verpflichtungen zu erfüllen habe. Hieraus ergebe sich eine große Härte für den Erwerber, zumal wenn derselbe von dem Umfange jener Verpflichtungen keine Kenntniß gehabt habe. Die Bestimmung würde auch, damit der Miether nicht einseitig begünstigt würde, dazu nöthigen, den Vermiether ihm gegenüber für befreit zu erklären, also zu der Regelung sich zu verstehen, daß der alte Miethvertrag pro futuro aufgehoben werde und ein neuer zwischen dem Erwerber und dem Miether abgeschlossener Vertrag von gleichem Inhalte an die Stelle desselben trete. Gegen eine solche künstliche Regelung sei aber vorzugsweise zu erinnern, daß dem Miether ohne seinen Willen und ohne daß er dagegen sich zu schützen vermöge, ein neuer Schuldner an Stelle des bisherigen Schuldners aufgedrängt werde.

9. Ob zu bestimmen sei, die Aufforderung des Erwerbers, der Miether habe zu räumen, gelte als Kündigung, soll, weil sichtbar nur eine untergeordnete Fassungsfrage zu entscheiden ist, bei der Redaktion geprüft werden.

10. Es soll bestimmt werden, der kündigende oder die Räumung fordernde Erwerber habe durch Vorlegung einer öffentlichen Urkunde den Erwerb nachzuweisen, widrigenfalls die Kündigung oder Aufforderung, sofern der Miether dieselbe wegen des fehlenden Nachweises unverzüglich zurückweise, wirkungslos bleibe.

Erwogen war:

Der Miether, welcher dem Grundsatze: „Kauf bricht Miethe“ sich unterwerfen und die Beeinträchtigung seiner vertragsmäßigen Rechte erleiden müsse, könne billigerwei-
| Prot I 2074 | se auch den Nachweis fordern, daß die Voraussetzung eingetreten sei, von welcher die Anwendbarkeit jenes Grundsatzes abhänge. Er brauche sich bei der bloßen Anzeige des

[5] § 315 TE-Sachenrecht lautet:
„Die bei der Beendigung des Nießbrauchs abgeschlossenen oder in der Vollziehung begriffenen Pacht- und Miethverträge hat der Eigenthümer zu erfüllen. Dafür gebührt ihm der Entgelt von der Beendigung des Nießbrauchs ab.
Der Eigenthümer ist jedoch befugt, dem Pächter und dem Miether das Vertragsverhältniß dergestalt zu kündigen, daß dasselbe ohne Rücksicht auf abweichende Bestimmungen des Vertrages mit dem Ablaufe derjenigen Frist endigt, welche das Gesetz für die Kündigung eines auf unbestimmte Zeit abgeschlossenen Pacht- oder Miethvertrages vorschreibt. Diese Befugniß erlischt, wenn von derselben nicht spätestens bei der ersten auf die Beendigung des Nießbrauchs folgenden Erhebung einer Entgeltleistung des Pächters oder des Miethers Gebrauch gemacht wird.
Die Bestimmungen dieser Paragraphen bleiben außer Anwendung, wenn bei dem Abschlusse des Pacht- oder Miethvertrages der Tag der Beendigung des Nießbrauchs aus dem Grundbuche ersichtlich war.“

Erwerbers oder auch des Vermiethers mit oder ohne Bescheinigung nicht zu beruhigen; er dürfe einen vollständigen Beweis verlangen. Andererseits erscheine es angemessen, dem Miether zur Pflicht zu machen, den Mangel des Nachweises, sofern er sich auf denselben berufen wolle, unverzüglich zu rügen (zu vergl. § 96 der Zusammenstellung der den Allgemeinen Theil betreffenden Beschlüsse, Protokolle vom 16. und 19. Dezember 1881 S. 242–248, 258).

11. Es soll nicht bestimmt werden: der Erwerber habe Anspruch auf den Miethzins für die Zeit seit dem Erwerb und der Miether nur ein beschränktes Recht, in Ansehung dieses Anspruchs Vorauszahlungen, Gegenforderungen und Zessionen geltend zu machen.

Erwogen war:

Gegen die Bestimmung stritten ähnliche Bedenken wie die, welche unter Nr. 8 für ausschlaggebend befunden seien. Sie könnte unter Umständen zu einer empfindlichen Kränkung der Rechte des Miethers führen; sie würde dazu nöthigen, den Erwerber für verpflichtet zu erklären, seinerseits für die betreffende Zeit die Verbindlichkeiten zu erfüllen, die nach dem Miethvertrage dem Vermiether obliegen. Man werde in ihr sogar (, auch wenn ein Weiteres nicht bestimmt werde,) die künstliche und aus verschiedenen Gründen bedenkliche Regelung finden: der Erwerber gelte als in den Vertrag von der Zeit seines Erwerbes an vollständig eingetreten und der Vermiether als ausgeschieden. Der Zweck der Abschwächung des Grundsatzes: „Kauf bricht Miethe“ werde damit jedenfalls nur unvollkommen erreicht.

Doppeltes dürfe nur nicht übersehen werden:

a) Im praktischen Leben werde sich, wie die Erfahrung bestätige, das Verhältniß regelmäßig so gestal- | ten, daß der Erwerber unter Zustimmung des Miethers für die Zeit seit dem Erwerb mit oder ohne einige Modifikationen in die Rechte und Pflichten des Vermiethers eintrete; | Prot I 2075

b) Die Fälle der Zwangsveräußerung des vermietheten Grundstücks ständen nicht in Frage. Wie die Rechte des Miethers in solchen Fällen sich gestalten, müsse in den Vorschriften über die Zwangsvollstreckung in das unbewegliche Vermögen bestimmt werden.

Ferner blieben völlig unberührt die Vorschriften des Sachenrechts über die Rechte der Hypothekengläubiger im Falle der Vorauserhebung, Abtretung und Verpfändung von Miethzinsen über eine gewisse Zeit hinaus (zu vergl. Sachenrechts-Entwurf § 384[6]).

12. Es soll gleichfalls nicht bestimmt werden, daß der Miether, welcher von dem Erwerbe des Dritten Kenntniß erlangt habe, nur dem letzteren wirksam kündigen könne.

Man erachtete eine solche Vorschrift nach Ablehnung der unter Nr. 11 gedachten Bestimmungen nicht für sachgemäß, da der Vermiether dem Miether vor wie nach als Berechtigter und Verpflichteter gegenüberstehe.

---

[6] § 384 TE-Sachenrecht lautet: „Die nachstehend bezeichneten Rechtshandlungen sind, soweit sie zum Nachtheil der Hypothekengläubiger gereichen, ohne Wirksamkeit:

1. die Verpfändung oder die Pfändung von Früchten und beweglichen Zubehörstücken, mit welchen eine räumliche Trennung von dem Grundstücke nicht verbunden ist;

2. die Vorauserhebung, Abtretung und Verpfändung von Pacht- und Miethzinsen und sonstigen Hebungen auf mehr als ein Vierteljahr;

3. die Abtretung und Verpfändung der Ansprüche auf Versicherungsgelder, sowie der Verzicht auf dieselben.“

13. Es soll bestimmt werden: der Miether sei zum Rücktritt vom Vertrage berechtigt, wenn der Erwerber das Miethverhältniß auf Grund des Gesetzes und nicht in Gemäßheit des Miethvertrages kündige, es soll dagegen nicht vorgeschrieben werden, daß dem Miether ein gleiches Recht zustehe, wenn der Erwerber sich binnen einer gewissen Frist nicht erkläre, ob er die Pflichten des Vermiethers übernehme.

Die erstere Bestimmung erachtete man für angemessen, weil dem Miether die Entziehung seines vertragsmäßigen Gebrauchsrechts bevorstehe, die zweite für zu weit gehend, weil schon die erstere dem Miether eine vollkommen genügende Rücktrittsbefugniß beilege.

| Prot I 2076 Weitere Vorschriften über ein Rücktrittsrecht des | Miethers hielt man nicht für erforderlich.

14. Es soll zum Ausdruck gebracht werden, daß, wenn die Ausübung des Rechts des Dritten die Räumung seitens des Miethers nicht erfordere, die Ausübung des Rechts zum Nachtheil des Miethers erst nach Ablauf der fraglichen Frist zulässig sei und der Dritte in einem solchen Falle den Miether aufzufordern habe, sich der Ausübung des Rechts nach Ablauf der Frist zu fügen.

Eine solche sachlich unanfechtbare Verdeutlichung erachtete man zur Vermeidung von Mißverständnissen für angemessen.

15. Der Artikel soll auf den Fall beschränkt bleiben, wenn die Veräußerung stattgefunden hat, nachdem die Sache dem Miether bereits überlassen war. Weiter zu gehen fand man nämlich durch ein praktisches Bedürfnis nicht geboten, aber auch in Rücksicht auf den öffentlichen Glauben des Grundbuchs für sehr bedenklich.

Die Fassung der gefaßten Beschlüsse blieb der Redaktion vorbehalten.

c) 203. Sitzung vom 30. April 1883, Schriftführer Neubauer (nicht anwesend von Kübel)

| Prot I 2077 | Die Berathung des Abschnitts, betreffend die Miethe wurde, zunächst zu Artikel 552 und 553, fortgesetzt.

Art. 552. Außer den aus dem Sitzungsprotokolle vom 26. April 1883 (S. 2053 u. ff.) ersichtlichen Anträgen lagen noch die Anträge vor:

Kurlbaum a) zu bestimmen:

„Der Vermiether einer unbeweglichen Sache ist verpflichtet, die Eintragung der Ansprüche des Miethers auf den Gebrauch der Sache in das Grundbuch in einer öffentlichen Urkunde zu bewilligen, nachdem ihm die zu dieser Urkunde erforderlichen Kosten von dem Miether vorgeschossen sind. Die Kosten der Eintragung und der Löschung hat der Miether zu tragen.

Sind die Ansprüche eingetragen, so kann die in § a bezeichnete Erklärung des Erwerbers nur unter denjenigen Voraussetzungen wirksam erfolgen, unter welchen der Vermiether den Miethvertrag kündigen kann; die Wirkung tritt mit Ablauf der dem Vermiether zustehenden Kündigungsfrist ein. Wird die Sache oder ein Recht an derselben veräußert, | ehe die Sache an den Miether übergeben ist, so ist der Erwerber auch verpflichtet, dem Miether den vertragsmäßigen Gebrauch einzuräumen. Die Vorschriften des § b finden entsprechende Anwendung (vergl. Protokoll vom 28. April 1883 unter Art. 551 S. 2069 u. ff.).“

| Prot I 2078

Johow (Nr 359) b) zu bestimmen:

Art. 552. „Die aus einem Miethvertrage über ein Grundstück dem Miether zustehenden Rechte können in das Grundbuch eingetragen werden.

Auf die Bewilligung der Eintragung hat der Miether einen Anspruch gegen den Vermiether nur dann, wenn dieser zu derselben sich verpflichtet hat.

Wer nach der Eintragung der Mietherrechte das Grundstück oder den Nießbrauch an demselben erwirbt, tritt zu dem Miether von Rechtswegen in das im Art. 550 bestimmte Rechtsverhältniß.

Erbbaurechte, Grunddienstbarkeiten und beschränkte Gebrauchsrechte, welche an dem Grundstücke nach der Eintragung der Mietherrechte erworben sind, dürfen, soweit sie den dem Miether zustehenden Gebrauch des Grundstücks beeinträchtigen würden, nicht ausgeübt werden."

Art. 553. „Die Bestimmung in Art. 552 Abs. 3 findet keine Anwendung in Ansehung desjenigen, welcher das Grundstück in der auf Betreiben eines Gläubigers oder des Konkursverwalters erfolgten Zwangsversteigerung erworben hat."

(Regelung des Weiteren dem materiellen Subhastationsrecht vorzubehalten.)

c) den Artikel ohne Ersetzung durch eine andere Bestimmung zu streichen.

Der letztgedachte Antrag fand die Zustimmung der Mehrheit.

| Die Gründe des Beschlusses waren: Johow

Die Eintragung des Miethrechts in das Grundbuch könne mit verschiedener Wirkung zugelassen werden, zunächst mit der Wirkung, daß das Recht durch die Buchung (ähnlich wie der Nießbrauch) einen dinglichen Charakter gewinne, mindestens nicht bloß gegen den Universalsukzessor, sondern auch gegen jeden Sondernachfolger des Vermiethers geltend gemacht werden dürfe, — dann aber auch mit der Wirkung einer Dispositionsbeschränkung des Vermiethers als Eigenthümers, indem die Grundbuchbehörde, so lange das Recht eingetragen sei, und während der Dauer der Miethzeit die Eintragung einer jeden Veräußerung abzulehnen habe, die nicht unter Vorbehalt der Rechte des Miethers erfolgt sei. Auch die zweite Art der Regelung führe thatsächlich dahin, daß der Miether in der obigen Art wegen seiner Rechte gegen jeden Sondernachfolger gesichert werde; die Verfügungsgewalt des Vermiethers in weitem Umfange hemmend und das Grundbuch gleichsam auf Zeit in erheblichem Maße sperrend, greife sie nur noch tiefer in die Rechte des Vermiethers ein, als die erste Art der Normirung mit sich bringe. | Prot I 2079

Enthalte das Gesetzbuch keine, die Eintragung des Miethrechts für zulässig erklärende Bestimmung, so werde dieselbe nachdem auf Vorbeschlüssen beruhenden Systeme des Sachenrechtsentwurfs (zu vergl. insbesondere § 28 des Sachenrechtsentwurfs[7]) weder mit der einen noch mit der anderen Wirkung statthaft sein. Zulässig würde nur sein, daß der Vermiether dem Miether wegen der diesem im Falle der Veräußerung des Grundstücks aus der Kränkung seiner Miethrechte gebührenden Forderung auf Schadensersatz — allenfalls unter Verpflichtung zur Zahlung einer Konventionalstrafe — mit dem Grundstücke Hypothek bestelle. Diese Aushülfe erscheine aber auch neben den zu Art. 550 und 551 beschlossenen Bestimmungen Behufs Beseitigung aller aus dem Grundsatze: „Kauf bricht Miethe" zu besorgenden Uebelstände vollkommen genügend. Dies trete noch überzeugender hervor, wenn — nach Vorbild des preußischen Rechts und in Ueber- | einstimmung mit verschiedenen bereits gestellten Anträgen — der Eintragung des Miethrechts im Grundbuche im Interesse des Realkredits die Wirkung für den Fall der Zwangsversteigerung entzogen werde. Die Zulassung der Buchung des Miethrechts, sofern darin ein Anderes, als eine bloße Belastung des Grundstücks mit einer Hypothek liegen solle, sei (worüber eine Täuschung nicht möglich sei) mit mancherlei Nachtheilen verbunden. Solle sie dem Miether den bezweckten | Prot I 2080

[7] § 28 TE-Sachenrecht lautet: „Die Eintragung persönlicher Rechte ist nur in den gesetzlich vorgesehenen Fällen zulässig. — Die Eintragung sichert dem Recht in Ansehung des Grundstücks die Wirkung auch gegen die Sondernachfolger des Verpflichteten."

Schutz bringen, so müsse demselben das Recht beigelegt werden, sie auch dann zu verlangen, wenn der Vermiether sich nicht zu ihrer Bewilligung besonders verpflichtet habe. Ein derartiges Recht des Miethers rufe aber die Gefahr einer übermäßigen Häufung der Grundbuchgeschäfte, der Eintragungen und Löschungen im Grundbuche so wie der Kosten hervor. Werde das Recht an die Voraussetzung geknüpft, daß der Vermiether es besonders zugestanden habe, so werde es allerdings nur ausnahmsweise vorkommen. Indessen sowohl in dem einen wie in dem anderen Falle bleibe der Schutz des Miethers, wenn die Eintragung im Falle der Zwangsvollstreckung nicht wirke, immer doch nur ein unvollkommener. Der Vermiether habe wegen der ihm drohenden Verantwortung die dringendste Veranlassung, nicht ohne Vorbehalt der Rechte des Miethers zu veräußern. Der Miether, welcher hierbei und bei den aus den Beschlüssen zum Art. 551 sich ergebenden wichtigen Rechten sich nicht beruhigen zu können glaube, müsse vor Allem auch die Zwangsversteigerung und deren Folgen besorgen, werde also bei der Voraussetzung, daß die Eintragung bei der Zwangsvollstreckung wirkungslos bleibe, sich doch genöthigt sehen, von dem Vermiether die erwähnte Hypothekbestellung zu fordern. Sei es einmal im Interesse des Realkredits nicht angänglich, der Eintragung auch für den Fall der Zwangsversteigerung die volle Wirkung beizulegen, so leuchte daher ein, wie wenig für den Miether durch die Zulassung der Eintragung gewonnen werde. Den Ausschlag aber gebe, daß durch die Zulassung der Buchung ein neues dingliches oder ein mindestens auch gegen die Sondernachfolger
| Prot I 2081 wirkendes Recht ge- | schaffen werde, welches in mancherlei Beziehung noch dringender wie ususfructus und usus der besonderen Normirung bedürfen würde, indem insbesondere festzustellen sein würde, wie es mit dem Rechte des Erwerbers auf den Miethzins und mit den Verpflichtungen desselben in Ansehung der dem Vermiether obliegenden Leistungen zu halten sei. In Frage könne noch kommen, ob nicht die Eintragung des Miethrechts mit der bloßen, aber auch im Falle der Zwangsversteigerung geltenden Wirkung einer Hypothekbestellung für die Interessenforderung des Miethers zu gestatten sei. Aber hiergegen sei zu erinnern, daß damit die auf Vorbeschlüssen beruhenden Grundsätze des Sachenrechtsentwurfs über die Hypothekbestellung nicht in Einklang zu bringen seien, auch für den Miether nur wenig erreicht werde.

Art. 553. Der Artikel 553 galt durch den zum Art. 552 gefaßten Beschluß für erledigt.

**II. 1.** In der *RedVorl* lautet die beschlossene Regelung:

RedVorl § 6 § 6 (Art. 550) 366. Wird durch Veräußerung des Vermiethers an einen Dritten ein den vertragsmäßigen Gebrauch des Miethers aufhebendes oder beschränkendes Recht an der Sache erworben und hat der Dritte durch Vertrag sich dem Vermiether verpflichtet, für die spätere Miethzeit die dem Vermiether dem Miether gegenüber obliegenden Verpflichtungen ganz oder zum Theil zu erfüllen, insbesondere das erworbene Recht gegen den Miether nicht auszuüben, so finden die §§ 121–125 mit der Maßgabe Anwendung, daß die unmittelbare Berechtigung des Miethers dem Dritten gegenüber und die Entstehung dieser Berechtigung mit der Zeit, zu welcher der Dritte das Recht erworben hat, als gewollt anzusehen ist. Von diesem Zeitpunkte an sind auch, sofern der Dritte die Sache selbst oder das Recht, dieselbe zu gebrauchen, erworben hat, die dem Vermiether aus dem Miethvertrage gegen den Miether zustehenden Forderungen als dem Dritten abgetreten anzusehen.

RedVorl § 7 § 7 (Art. 551). 367. Ist im Falle der Vermiethung einer unbeweglichen Sache nach Ueberlassung derselben an den Miether von einem Dritten durch Veräußerung des Vermiethers ein den vertragsmäßigen Gebrauch des Miethers ausschließendes oder beschränkendes Recht an der Sache erworben, so ist der Dritte verpflichtet, den vertragsmäßigen Gebrauch der Sache durch den Miether sowie die Vornahme derjenigen Handlungen, welche dem Vermiether dem Miether gegenüber obliegen, insbesondere die von dem Vermiether zu bewirkenden Ausbesserungen noch so lange zu gestatten, bis nach der von dem Dritten an den Miether gerichteten Aufforderung, die Sache zu räumen, oder sofern die Ausübung des Rechts die Kündigung nicht erfordert, die Ausübung desselben zu dulden, die im § 17 Absatz 2 Satz 1 (Art. 568) bestimmte gesetzliche Kündigungsfrist und, wenn die vertragsmäßige Kündigungsfrist kürzer ist, diese kürzere Frist verstrichen ist. Erfolgt die Aufforderung, zu räumen, so ist der Miether berechtigt, von dem Vertrage für die Zukunft zurückzutreten. Die Aufforderung, zu räumen oder die Ausübung des Rechts zu gestatten, ist wirkungslos, wenn der Dritte bei der Aufforderung eine seine Berechtigung ergebende Urkunde nicht vorlegt und der Miether wegen dieses Mangels die Aufforderung unverzüglich zurückweist.

(NB. Das aus dem § 17 sich nicht ergebende absolute und positive Kündigungsrecht paßt nur, wenn die Räumung verlangt ist. Sonst muß die Ausübung des Rechts abgewartet werden, in welchem Falle alsdann die Regeln über das Rücktrittsrecht wegen juristischer Fehler eintreten. – Daß nur zum 1. Januar u.s.w. gekündigt werden kann, erhellt zur Genüge aus der Fassung des Legats.)

2. In der *ZustOR* lautet die Fassung:

§ 366. Wird durch Veräußerung des Vermiethers von einem Dritten ein den vertragsmäßigen Gebrauch des Miethers aufhebendes oder beschränkendes Recht an der Sache erworben und hat der Dritte durch Vertrag sich dem Vermiether verpflichtet, für die spätere Miethzeit die dem Vermiether dem Miether gegenüber obliegenden Verpflichtungen ganz oder zum Theil zu erfüllen, insbesondere das erworbene Recht gegen den Miether nicht auszuüben, so finden die §§ 121 – 125 mit der Maßgabe Anwendung, daß die unmittelbare Berechtigung des Miethers dem Dritten gegenüber und die Entstehung dieser Berechtigung mit der Zeit, zu welcher der Dritte das Recht erworben hat, als gewollt anzusehen ist. Hat der Dritte die Sache selbst oder das Recht dieselbe zu gebrauchen, erworben, so sind von diesem Zeitpunkte an die dem Vermiether aus dem Miethvertrage gegen den Miether für die noch übrige Miethzeit zustehenden Forderungen als dem Dritten abgetreten anzusehen. ZustOR § 366

§ 367. Hat im Falle der Vermiethung einer unbeweglichen Sache nach Ueberlassung derselben an den Miether ein Dritter durch Veräußerung[7a] des Vermiethers ein den vertragsmäßigen Gebrauch des Miethers aufhebendes oder beschränkendes Recht an der Sache erworben, so ist der Dritte verpflichtet, den vertragsmäßigen Gebrauch der Sache durch den Miether sowie die Vornahme derjenigen Handlungen, welche dem Vermiether dem Miether gegenüber obliegen, insbesondere die von dem Vermiether zu bewirkenden Ausbesserungen noch so lange zu gestatten, bis nach der von dem Dritten an den Miether gerichteten Aufforderung zur Räumung der Sache oder, sofern die Ausübung des Rechts die Räumung nicht erfordert, zur Duldung der Ausübung desselben, die im § 377 (515[8]) Absatz 2 bestimmte gesetzliche Kündigungsfrist und, (oder,[8]) wenn die vertragsmäßige Kündigungsfrist kürzer ist, diese kürzere Frist verstrichen ist. Erfolgt die Aufforderung, zu räumen, so ist der Miether berechtigt, von dem Vertrage sofort für die Zukunft zurückzutreten. Die Aufforderung, zu räumen oder die Ausübung des Rechts zu dulden, ist wirkungslos, wenn der Dritte vor oder bei der Auffor- ZustOR § 367

---

[7a] Im KE folgt hier: „von Seiten"; im letzten Satz heißt es: Ausübung des Rechtes".
[8] Fassung des KE.

derung eine seine Berechtigung ergebende öffentliche Urkunde nicht vorlegt und der Miether wegen dieses Mangels die Aufforderung unverzüglich zurückweist.

**3.** Auf Grund eines Kommissionsbeschlusses wurde in § 366 S. 1 ZustOR der Ausdruck „mit der Zeit, *zu* welcher" umgeändert in: „mit der Zeit, *in* welcher" (Prot. I 3560).

**4.** Über die Neufassung des Anfangs des § 366 ZustOR liegt ein Beschluß nicht vor.

**III. 1.** Im *KE* ist die Reihenfolge der §§ 366, 367 ZustOR vertauscht worden.

§ 504 *KE* lautet wie § 367 ZustOR.

KE § 505 § 505 *KE* lautet: „Hat ein Dritter, welcher durch Veräußerung von Seiten des Vermiethers ein den vertragsmäßigen Gebrauch des Miethers aufhebendes oder beschränkendes Recht an der Sache erwirbt, durch Vertrag sich dem Vermiether verpflichtet, für die spätere Miethzeit die dem Vermiether dem Miether gegenüber obliegenden Verpflichtungen ganz oder zum Theil zu erfüllen, insbesondere das erworbene Recht gegen den Miether nicht auszuüben, so finden die §§ 409 bis 413 mit der Maßgabe Anwendung, daß die unmittelbare Berechtigung des Miethers dem Dritten gegenüber und die Entstehung dieser Berechtigung mit der Zeit, in welcher der Dritte das Recht erworben hat, als gewollt anzusehen ist. Hat der Dritte die Sache selbst oder das Recht, dieselbe zu gebrauchen, erworben, so sind von diesem Zeitpunkte an die dem Vermiether aus dem Miethvertrage gegen den Miether für die noch übrige Miethzeit zustehenden Forderungen als dem Dritten abgetreten anzusehen."

**2.** Nach einem Antrag[9] beschloß die 1. Kommission, den Ausdruck „Veräußerung" im engeren Sinne als Aufgeben der Substanz des Rechts (Übertragung und Aufhebung des Rechts) zu gebrauchen. Infolgedessen wurden die §§ 504, 505 KE durch Hinzufügung der Worte „oder Belastung" bei „Veräußerung" geändert (Prot. I 3786 f.).

**3.** Die 1. Kommission beschloß ferner[10], in den §§ 504, 505 KE, statt der Worte „dem Vermiether gegenüber dem Miether" zu setzen „gegenüber dem Miether dem Vermiether" (Prot. I 6195).

**4.** Nach einem Antrag von *Johow* (Nr. 606, 1) wurde in § 504 KE der Ausdruck „unbewegliche Sache" ersetzt durch „Grundstück" (Prot. I 11780 f.).

**5.** Auf Antrag von *Gebhard* (Nr. 609, 1) wurde beschlossen, in § 505 KE statt „mit der Zeit, in welcher" zu setzen „mit dem Zeitpunkte, in welchem" (Prot. I 11787).

**6.** Ferner lagen die Anträge vor:

|Prot I 11812 | 1. den § 504 zu fassen:

v. Mandry (Nr 597, 37) „Hat im Falle der Vermiethung . . . erworben, so ist der Dritte berechtigt, an den Miether eine Aufforderung zur Räumung der Sache oder, sofern die Ausübung des Rechtes die Räumung nicht erfordert, zur Duldung der Ausübung desselben zu erlassen. Er ist verpflichtet, den vertragsmäßigen Gebrauch . . . noch so lange zu gestatten, bis nach erlassener Aufforderung die im § 515 vorgeschriebene gesetzliche Kündigungsfrist . . . verstrichen ist."

Johow (Nr 614, 1) 2. a) die Vorschriften des § 504 folgendermaßen zu ordnen:

| Prot I 11813 § 504. „Ist im Falle der Vermiethung eines Grundstückes nach Ueberlassung desselben an den Miether das Eigenthum des | Grundstückes von dem Vermiether einem

---

[9] Der Antrag dürfte von *Kurlbaum* stammen, da auch folgenden in dem Prot. I 3785 f. genannten Anträge von diesem Autor herrühren (Ziff. 56 und 69).

[10] Einzelheiten zu diesem Beschluß bei den Materialien zu § 164 BGB.

Dritten übertragen und fordert der Dritte den Miether zur Räumung des Grundstückes auf, so ist der Dritte verpflichtet, den vertragsmäßigen Gebrauch des Grundstückes durch den Miether sowie ... nach bis zum Ablaufe der im § 515 bestimmten gesetzlichen Kündigungsfrist, oder, wenn die vertragsmäßige Kündigungsfrist kürzer ist, bis zum Ablaufe dieser kürzeren Frist zu dulden. (Die Frist beginnt mit der Aufforderung.)

Erfolgt die Aufforderung zur Räumung des Grundstückes, so ist der Miether berechtigt, von dem Vertrage sofort für die Zukunft zurückzutreten."

§ 504a. „Die Vorschrift des § 504 Abs. 1 findet entsprechende Anwendung, wenn der Dritte an dem Grundstücke zwar nicht das Eigenthum, aber ein anderes Recht erworben hat, welches den vertragsmäßigen Gebrauch des Grundstückes durch den Miether aufhebt oder beschränkt. Ist zur Ausübung des von dem Dritten erworbenen Rechtes nicht erforderlich, daß der Miether das Grundstück räume, so tritt an die Stelle der Aufforderung zur Räumung die Aufforderung zu dulden, daß der Dritte das erworbene Recht ausübe."

§ 504b. „In den Fällen der §§ 504, 504a ist die Aufforderung, | das Grundstück zu räumen, oder die Ausübung des Rechtes zu dulden, wirkungslos, wenn (etc wie jetzt der Schlußsatz des § 504 bis) zurückweist." | Prot I 11814

b) Im Falle der Annahme dieses Vorschlages:
im § 523 Z. 1 statt „den § 504" zu setzen „dem § 504 Abs. 2, §§ ";
im § 530 Abs. 3 Z. 2 hinter „504" einzuschalten „504a";
im § 985 Z. 4 hinter „504" einzuschalten „504a", 504b".

3. a) die Vorschriften des § 504 in folgender Weise zu fassen: v. Weber (Nr 618)

§ 504. „Ist im Falle der Vermiethung eines Grundstückes nach Ueberlassung desselben an den Miether das Eigenthum des Grundstückes von dem Vermiether auf einen Dritten übertragen worden, so ist der Dritte pp. (*wie im Entwurfe* bis) Aufforderung zur Räumung des Grundstückes die im § 515 pp. (wie im Entwurfe bis) Frist verstrichen ist.

Erfolgt die Aufforderung zur Räumung des Grundstückes, so ist der Miether berechtigt, von dem Vertrage sofort für die Zukunft zurückzutreten."

§ 504a und § 504b nach dem Antrage Nr. 2. a) jedoch in § 504a den Eingang zu fassen: „Die Vorschrift*en des § 504* fin*den* entsprechende Anwendung."

b) im § 523 bei Annahme der Vorschläge zu 1 | | Prot I 11815
und 2 statt
„den §§ 504"
zu setzen
„dem § 504 *Abs. 2 und den §§ 504a*"
(In §§ 530, 985 wie in dem Antrage Nr. 2b vorgeschlagen.)

Es wurde beschlossen:

1. den § 504 in folgende drei Paragraphen zu zerlegen:

§ 504. Ist im Falle der Vermiethung eines Grundstücks nach Ueberlassung desselben an den Miether das Eigenthum an dem Grundstücke von dem Vermiether auf einen Dritten übertragen worden, so ist der Dritte verpflichtet, den vertragsmäßigen Gebrauch des Grundstückes durch den Miether, sowie die Vornahme derjenigen Handlungen, welche gegenüber dem Miether dem Vermiether obliegen, insbesondere die von dem Vermiether zu bewirkenden Ausbesserungen noch so lange zu gestatten, bis nach der von dem Dritten an den Miether gerichteten Aufforderung zur Räumung des E I § 509

Grundstückes die im § 515 bestimmte gesetzliche Kündigungsfrist, oder, wenn die vertragsmäßige Kündigungsfrist kürzer ist, diese kürzere Frist verstrichen ist.

Erfolgt die Aufforderung zur Räumung des Grundstückes, so ist der Miether berechtigt, von dem Vertrage sofort für die Zukunft zurückzutreten.

| Prot I 11816 E I § 510 § 504a. Die Vorschriften des § 504 [§ 509 E I] finden entspre- | chende Anwendung, wenn ein Dritter an dem Grundstücke zwar nicht das Eigenthum, aber ein anderes Recht, welches den vertragsmäßigen Gebrauch des Grundstückes durch den Miether aufhebt oder beschränkt, nach Ueberlassung des Grundstückes an den Miether durch ein Rechtsgeschäft des Vermiethers erworben hat.

Ist zur Ausübung des von dem Dritten erworbenen Rechtes nicht erforderlich, daß der Miether das Grundstück räume, so tritt an die Stelle der Aufforderung zur Räumung die Aufforderung, zu dulden, daß der Dritte das erworbene Recht ausübe; in diesem Falle findet die Vorschrift des § 504 Abs. 2 keine Anwendung.

E I § 511 § 504b. In den Fällen der §§ 504, 504a [§ 509, 510] ist die Aufforderung, das Grundstück zu räumen, oder die Ausübung des Rechtes zu dulden, wirkungslos, wenn der Dritte vor oder bei der Aufforderung eine seine Berechtigung ergebende öffentliche Urkunde nicht vorlegt und der Miether wegen dieses Mangels die Aufforderung unverzüglich zurückweist".

2. im § 505 Z. 1, 2 statt „durch Veräußerung oder Belastung von Seiten" zu setzen „durch ein Rechtsgeschäft".

3. im § 523 Zeile 1 wird statt „den §§ 504, 521, 522" gesetzt „dem § 504 Abs. 2 und den §§ 504a, 521, 522"; im § 530 Abs. 3 Zeile 2 wird hinter „504" eingeschaltet „504a"; | Prot I 11817 | im § 985 Zeile 4 wird hinter „504" unter Streichung des Komma eingeschaltet „bis".

IV. Die §§ 509, 510, 511 E I entsprechen dem unter III. c) mitgeteilten Beschluß.

E I § 512 Der § 512 E I lautet:

Hat ein Dritter, welcher durch ein Rechtsgeschäft des Vermiethers ein den vertragsmäßigen Gebrauch des Miethers aufhebendes oder beschränkendes Recht an der Sache erwirbt, durch Vertrag sich dem Vermiether verpflichtet, für die spätere Miethzeit die gegenüber dem Miether dem Vermiether obliegenden Verpflichtungen ganz oder zum Theil zu erfüllen, insbesondere das erworbene Recht gegen den Miether nicht auszuüben, so finden die Vorschriften der §§ 412 bis 416 mit der Maßgabe Anwendung, daß die unmittelbare Berechtigung des Miethers gegenüber dem Dritten und die Entstehung dieser Berechtigung mit dem Zeitpunkte, in welchem der Dritte das Recht erworben hat, als gewollt anzusehen ist. Hat der Dritte die Sache selbst oder das Recht, dieselbe zu gebrauchen, erworben, so sind von diesem Zeitpunkte an die dem Vermiether aus dem Miethvertrage gegen den Miether für die noch übrige Miethzeit zustehenden Forderungen als dem Dritten abgetreten anzusehen.

## B. Vorkommission des Reichsjustizamtes

I. Beantragt war:

1. Die §§ 509–512 durch folgende Vorschriften zu ersetzen:

Struckmann (Nr 3, 46) § 509: Ist ein Grundstück oder ein Theil desselben Gegenstand des Miethvertrages, so kommen die in den §§ 509a bis 512 enthaltenen besonderen Vorschriften zur Anwendung.

§ 509a: Wird das Eigenthum an dem vermietheten Grundstücke nach dessen Ueberlassung an den Miether von dem Vermiether auf einen Dritten übertragen, so tritt von dem Zeitpunkte der Eigenthumsübertragung an der Erwerber an Stelle des Vermiethers in die während der Dauer seines Eigenthums aus dem Miethverhältnisse sich ergebenden Rechte und Pflichten ein. Struckmann (Nr 3, 46)

Ist der Miethvertrag schriftlich geschlossen, so sind mündlich getroffene Aenderungen oder Ergänzungen desselben dem Erwerber gegenüber unwirksam.

§ 509b. Verfügungen des Vermiethers über den in die Zeit der Berechtigung des Erwerbers fallenden Theil der Miethzinsforderung sind dem Erwerber gegenüber insoweit wirksam, als sie den Miethzins des laufenden und des auf die Eigenthumsübertragung folgenden nächsten Kalendervierteljahres betreffen. Struckmann (Nr 3, 46)

Dem Miether gegenüber gilt als Zeitpunkt der Eigenthumsübertragung der Zeitpunkt, in welchem er von der Uebertragung Kenntniß erlangt hat. Auch finden zu Gunsten des Miethers die Vorschriften der §§ 306 bis 308a entsprechende Anwendung.

Soweit nach den Vorschriften des ersten und zweiten Absatzes Verfügungen des Vermiethers über die Miethzinsforderung dem Erwerber gegenüber wirksam sind, kann der Miether auch mit den gegenüber dem Vermiether ihm zustehenden, vor dem im Abs. 2 bezeichneten Zeitpunkte entstandenen Forderungen gegen die Miethzinsforderung des Erwerbers aufrechnen.

§ 509c. Der Erwerber ist berechtigt, das Miethverhältniß unter Einhaltung der gesetzlichen Kündigungsfrist zu kündigen, auch wenn dasselbe nach dem Miethvertrage auf eine längere Zeit eingegangen ist. Diese Vorschrift findet jedoch keine Anwendung, wenn der Miethvertrag schriftlich geschlossen ist oder der Erwerber dem Vermiether gegenüber die Fortsetzung des Miethverhältnisses übernommen hat. Struckmann (Nr 3, 46)

Die Kündigung ist unwirksam, wenn bei derselben eine die Berechtigung des Erwerbers ergebende öffentliche Urkunde nicht vorgelegt und die Kündigung aus diesem Grunde von dem Miether unverzüglich zurückgewiesen wird.

Im Falle der Kündigung ist der Miether berechtigt, von dem Vermiether Schadensersatz wegen Nichterfüllung des Miethvertrages zu verlangen oder sofort von dem Vertrage für die Zukunft zurückzutreten. Auf das Rücktrittsrecht finden die für das vertragsmäßige Rücktrittsrecht geltenden Vorschriften der §§ 426, 427, 431 bis 433 entsprechende Anwendung.

§ 509d. Das im § 509c bestimmte Kündigungsrecht des Erwerbers erlischt, wenn derselbe nicht binnen einer angemessenen Frist auf die Aufforderung des Miethers diesem gegenüber ausdrücklich erklärt, daß er das Kündigungsrecht ausübe. Struckmann (Nr 3, 46)

§ 510. Die Vorschriften der §§ 509a bis 509d finden entsprechende Anwendung, wenn ein Dritter an dem Grundstücke nach dessen Ueberlassung an den Miether durch Rechtsgeschäft des Vermiethers ein anderes Recht erwirbt, dessen Ausübung den vertragsmäßigen Gebrauch des Grundstücks für den Miether ausschließen würde. Struckmann (Nr 3, 46)

Wird durch die Ausübung des dem Dritten eingeräumten Rechts der vertragsmäßige Gebrauch des Grundstücks für den Miether nur beschränkt, so ist der Erwerber die Fortsetzung des Miethverhältnisses zwischen dem Vermiether und dem Miether zu gestatten verpflichtet, wenn er diese Verpflichtung dem Vermiether gegenüber übernommen hat oder der Miethvertrag schriftlich geschlossen ist. Anderenfalls ist der Erwerber berechtigt, sein Recht dem Miether gegenüber auszuüben, wenn er diesen zur Duldung der Ausübung aufgefordert hat und seit dem Empfange der Aufforderung die im § 509c Abs. 1 für den Fall der Kündigung bestimmte Frist abgelaufen ist. Auf die Aufforderung findet die Vorschrift des § 509c Abs. 2 entsprechende Anwendung.

Struckmann (Nr 3, 46) § 511. Die Eintragung des Miethverhältnisses in das Grundbuch ist zulässig, wenn dasselbe auf einen längeren Zeitraum als den der gesetzlichen Kündigungsfrist eingegangen und der Miethvertrag schriftlich geschlossen ist, es sei denn, daß in demselben der Miether auf die Eintragung verzichtet hat.

Auf Grund des schriftlichen Miethvertrages kann der Miether von dem Vermiether verlangen, daß dieser die Eintragung in der nach der Grundbuchordnung erforderlichen Form bewillige.

Bei der Eintragung kann zur näheren Bezeichnung des Inhalts des Miethverhältnisses auf die Eintragungsbewilligung Bezug genommen werden.

Struckmann (Nr 3, 46) § 512[11]. Ist das Miethverhältniß in das Grundbuch eingetragen, so finden die Vorschriften der §§ 509a bis 510 mit der Maßgabe Anwendung, daß der Ueberlassung des Grundstücks an den Miether die Eintragung gleichsteht und daß für das Rechtsverhältniß zwischen dem Erwerber und dem Miether der Inhalt der Eintragung maßgebend ist.

2. Zu § 509 bis 512

I. prinzipaliter:

Die §§ 509 bis 512 zu fassen:

Planck (Nr 6, 63) § 509. Ist im Falle der Vermiethung ... Ausbesserungen für die Dauer des Miethverhältnisses, längstens jedoch für 6 Jahre von dem Erwerbe des Eigenthums an gerechnet zu gestatten.

Steht dem Vermiether ein Kündigungsrecht zu, so ist der Erwerber zur Ausübung desselben berechtigt.

Planck (Nr 6, 63) § 510 wie Absatz 1 des § 510 des Entwurfs. (Absatz 2 fällt weg.)

Planck (Nr 6, 63) § 511 wie § 512 des Entwurfs. (§ 511 fällt weg.)

II. Eventuell die §§ 509 bis 512 durch folgende Vorschriften zu ersetzen:

Planck (Nr 6, 63) § 509. Ist im Falle der Vermiethung ... so ist der Dritte gegenüber dem Miether verpflichtet, die dem Vermiether auf Grund des Miethvertrages obliegenden Verpflichtungen für die noch übrige Miethzeit, längstens jedoch für 6 Jahre zu erfüllen und sind die für diese Zeit dem Vermiether gegen den Miether aus dem Miethvertrage zustehenden Forderungen als dem Dritten abgetreten, anzusehen.

---

[11] Dem § 512 war von Struckmann folgende *Anmerkung* hinzugefügt:

I. Es ist davon ausgegangen, daß die unter 46 vorgeschlagenen Bestimmungen der §§ 509 bis 512 auch im Falle der Zwangsversteigerung eines Grundstücks entsprechende Anwendung finden sollen, jedoch mit folgenden Abweichungen:

1. Ist das Miethrecht nicht eingetragen und erfolgt die Zwangsversteigerung auf Antrag eines eingetragenen Gläubigers, so steht das im § 509c Abs. 1 bestimmte Kündigungsrecht dem Ersteher auch dann zu, wenn der Miethvertrag schriftlich geschlossen ist.

2. Das Gleiche gilt, wenn das Miethrecht eingetragen ist und die Zwangsversteigerung auf Antrag eines voreingetragenen Gläubigers erfolgt. Das Kündigungsrecht des Erstehers ist jedoch ausgeschlossen, wenn im Falle der Nr. 1 die eingetragenen, im Falle der Nr. 2 die voreingetragenen Gläubiger durch ein mit Uebernahme des Miethrechts abgegebenes Gebot befriedigt werden.

Dementsprechend wird der § 141 des Entw. eines Gesetzes, betreffend die Zwangsvollstreckung in das unbewegliche Vermögen [Fn. 19] zu ändern sein.

II. Für den Fall der freiwilligen Veräußerung eines vermietheten Grundstückes durch den Konkursverwalter sollen die §§ 509 bis 512 in der vorgeschlagenen Fassung direkt anwendbar sein. Der § 17 Nr. 2 der Konk.-O. [vgl. § 19 KO in der Fassung von 1898; geändert; Anm. des Hrsg.] ist daher zu streichen.

Die Verpflichtungen des Vermiethers gegen den Miether werden durch die Vorschriften des ersten Absatzes nicht berührt. Der Vermiether und der Dritte haften dem Miether als Gesammtschuldner.

Eine den Vorschriften des ersten und zweiten Absatzes widerstreitende Vereinbarung zwischen dem Vermiether und dem Erwerber des Grundstücks ist gegenüber dem Miether unwirksam.

§ 510. Hat der Vermiether nach Ueberlassung des vermietheten Grundstücks an den Miether einem Dritten ein anderes Recht an dem Grundstücke als das Eigenthum eingeräumt, so ist der Dritte gegenüber dem Miether verpflichtet, für die noch übrige Miethzeit, längstens jedoch für sechs Jahre, die Ausübung des ihm eingeräumten Rechtes insoweit zu unterlassen, als durch dieselbe der vertragsmäßige Gebrauch des Miethers beeinträchtigt werden würde. Planck (Nr 6, 63)

Begründet das dem Dritten eingeräumte Recht die Befugniß zum Gebrauche des Grundstücks in demselben Umfange, in welchem der Miether dazu vertragsmäßig berechtigt ist, so finden die Vorschriften des § 509 entsprechende Anwendung.

(§ 511 fällt weg.)

§ 512. Wenn sich derjenige, welcher das Eigenthum einer vermietheten Sache oder ein anderes Recht an derselben erworben, durch Vertrag gegenüber dem Vermiether verpflichtet hat, die demselben gegenüber dem Miether obliegenden Verpflichtungen zu erfüllen, so finden die Vorschriften des § 509 Abs. 1 und 2 und des § 510 für die ganze Miethzeit und zwar auch dann Anwendung, wenn eine andere Sache als ein Grundstück den Gegenstand des Miethvertrages bildet oder die vermiethete Sache dem Miether zur Zeit des Erwerbes des Eigenthums oder sonstigen Rechtes von Seiten des Dritten noch nicht überlassen war, es sei denn, daß aus dem Inhalte des zwischen dem Dritten und dem Vermiether geschlossenen Vertrages erhellt, daß eine unmittelbare Berechtigung des Miethers gegenüber dem Dritten nicht gewollt war. Planck (Nr 6, 63)

III. Eventuell neben den §§ 509 bis 512 in einer der obigen Fassungen in das III. Buch hinter § 1061 einen neuen Abschnitt einzuschalten unter der Ueberschrift:

Mieth- und Pachtrecht.

§ 1061 a. Ein Grundstück kann mit einem Miethrechte in der Art belastet werden, daß der Miethberechtigte befugt ist, das Grundstück nach Maßgabe des Begründungsvertrags zu gebrauchen und der jeweilige Eigenthümer des Grundstücks gegenüber dem Miethberechtigten zu den durch Vertrag bestimmten Leistungen verpflichtet ist. Planck (Nr 6, 63)

§ 1061 b. Ist zwischen dem Vermiether und dem Miether eines Grundstücks vereinbart, daß der Miethvertrag in das Grundbuch eingetragen werden solle, so kann jeder Theil verlangen, daß an Stelle des durch den Miethvertrag begründeten Schuldverhältnisses ein Miethrecht an dem Grundstücke bestellt werde, für dessen Inhalt die Bestimmungen des Miethvertrages maßgebend sind. Planck (Nr 6, 63)

Mit der Begründung des Miethrechts erlischt das Schuldverhältniß aus dem Miethvertrage.

§ 1061 c. Bei der Eintragung eines Miethrechts in das Grundbuch kann zur näheren Bezeichnung des Inhalts des Rechtes auf die Eintragungsbewilligung Bezug genommen werden. Planck (Nr 6, 63)

§ 1061 d. Auf das Rechtsverhältniß zwischen dem Miethberechtigten und dem jeweiligen Eigenthümer finden, soweit sich aus den §§ 1061 d bis 1061 l ein Anderes nicht ergiebt, die Vorschriften über das Schuldverhältniß aus einem Miethvertrage entsprechende Anwendung. Planck (Nr 6, 63)

Planck (Nr 6, 63) § 1061 e. Wird das Recht des Miethberechtigten von einem Dritten beeinträchtigt, so finden auf die Ansprüche des Miethberechtigten gegen den Dritten die für den Eigenthumsanspruch geltenden Vorschriften der §§ 929 bis 945 und 951 entsprechende Anwendung.

Planck (Nr 6, 63) § 1061 f. Der Eigenthümer des belasteten Grundstücks haftet für die während der Dauer seines Eigenthums fällig werdenden Leistungen persönlich; er wird von dieser Verpflichtung dadurch nicht befreit, daß er aufhört Eigenthümer zu sein.

Wird das belastete Grundstück in Natur getheilt, so haften die Eigenthümer der einzelnen Theile als Gesamtschuldner.

Planck (Nr 6, 63) § 1061 g. Wegen der rückständigen Leistungen steht dem Miethberechtigten eine Sicherungshypothek an dem Grundstücke zu. Der Höchstbetrag, bis zu welchem das Grundstück haftet, besteht in Ermangelung einer anderweitigen Festsetzung in dem Betrage des zweijährigen Miethzinses.

Planck (Nr 6, 63) § 1061 h. Der Miethberechtigte ist zur Entrichtung des Miethzinses an den jeweiligen Eigenthümer des Grundstücks verpflichtet.

Auf das Recht des jeweiligen Eigenthümers auf den Miethzins finden die für Reallasten geltenden Vorschriften der §§ 1057 und 1058 Absatz 1 entsprechende Anwendung.

Planck (Nr 6, 63) § 1061 i. Auf die Uebertragung und Belastung des Miethrechts finden die für die Uebertragung und Belastung des Nießbrauchs geltenden Vorschriften der §§ 1011 bis 1013 entsprechende Anwendung. Die Zulässigkeit der Uebertragung und Belastung kann aber durch den Begründungsvertrag ausgeschlossen werden.

Planck (Nr 6, 63) § 1061 k. Zur Aufhebung des Miethrechts durch Rechtsgeschäft ist ein zwischen dem Eigenthümer des belasteten Grundstücks und dem Miethberechtigten zu schließender Vertrag und die Löschung des Miethrechts im Grundbuche erforderlich.

Ist das Miethrecht mit dem Rechte eines Dritten belastet, so kann die Löschung nur mit Einwilligung dieses Dritten erfolgen. Die Einwilligung muß gegenüber dem Grundbuchamte oder dem Eigenthümer erklärt werden; sie ist unwiderruflich.

Planck (Nr 6, 63) § 1061 l. Auf die Belastung eines Grundstücks mit einem Pachtrechte finden die Vorschriften der §§ 1061 a, 1061 k entsprechende Anwendung.

**II. a.** 69. Sitzung vom 15. 3. 1892

| Prot-RJA 415 | Man ging zur Berathung der §§ 509–512 über.

Einverständniß bestand darüber, daß der Entwurf mit Rücksicht auf die, wenngleich theilweise übertriebenen, Angriffe der Kritik im Sinne eines weitergehenden Schutzes des Miethers einer Abänderung bedürfe, und daß mithin statt von dem Grundsatze „Kauf bricht Miethe" von dem entgegengesetzten Grundgedanken auszugehen sei. Ebenso war man darüber einig, daß der Miether einer *beweglichen* Sache schon nach dem Entwurfe hinreichend sichergestellt, also nur für die Miethe von Grundstücken eine besondere Regelung erforderlich sei.

Unter Ausscheidung der Frage, ob und mit welcher Wirkung eine Eintragung des Miethverhältnisses in das Grundbuch zugelassen werden solle, wandte man sich zunächst zu der Gestaltung des Verhältnisses des Miethers zu dem Erwerber.

Man beschloß die Annahme des § 509a Abs. 1 des folgenden Antrages: . . . [wie Antrag Struckmann Nr. 3, 46].

| Prot-RJA 419 | Vorbehalten blieb hierbei die Frage der Haftung des Vermiethers nach dem Eigenthumsübergange sowie die Frage, ob der Erwerber auch in die Verpflichtung des Vermiethers aus besonderen von diesem dem Miether bezüglich der Eigenschaften der Sache ertheilten Zusicherungen eintreten solle.

Man erwog:

Nach dem Grundgedanken des Satzes „Kauf bricht nicht Miethe“ solle der Miether durch den Eigenthumswechsel in seinen Rechten nicht beeinträchtigt werden. Er müsse daher von dem Eigenthumsübergang an vom Erwerber das Gleiche verlangen können wie bis dahin von dem Vermiether. Andererseits müßten von dem bezeichneten Zeitpunkt ab dem Erwerber als Ersatz des ihm entzogenen Naturalgenusses der Miethsache die bürgerlichen Früchte der Miethsache zufallen. Beides werde auf die einfachste und der im Leben herrschenden Auffassung entsprechendste Weise dadurch erreicht, daß man das Mietverhältniß nach Analogie der Reallast als ein zwischen dem Miether und dem | jeweiligen Eigenthümer des Grundstücks bestehendes obligatorisches Verhältniß, | Prot-RJA 420 ähnlich den actiones in rem scriptae, gestalte. Von diesem Standpunkt ergebe sich von selbst das Ausscheiden der Zwischenerwerber aus der Haftung, soweit es sich nicht um Verpflichtungen handle, welche in der Zeit ihres Eigenthums entstanden seien. Die Rechte des Erwerbers beruhten hiernach nicht auf der Rechtsnachfolge sondern entständen unmittelbar aus dem Eigenthumserwerb am Grundstücke. Könne somit der Vermiether an sich nur über die während der Zeit seines Eigenthums entstehenden Forderungen verfügen, so bedürfe es aus praktischen Gründen einer gewissen Modifikation dieser aus der bezeichneten Grundauffassung sich ergebenden Folgerung, wie sie in § 509b des Antrags vorgeschlagen sei.

Abgelehnt wurde ein Antrag, den § 509 des Entwurfs nur dahin abzuändern, daß die dort bestimmte Duldungspflicht des Erwerbers für die ganze Dauer des Miethverhältnisses, längstens jedoch für sechs Jahre nach dem Eigenthumserwerbe bestehen solle. Man war der Ansicht, daß diese Regelung dem Interesse des Miethers nicht gerecht werde; es sei ferner unpraktisch und unnatürlich und müsse zu zahlreichen Prozessen Anlaß geben, wenn der Miether wegen seiner Ansprüche aus dem Miethvertrage fortdauernd an den Vermiether gewiesen werde. Die Zeit von 6 Jahren sei auch für Mieth- und Pachtverträge von langer Dauer nicht ausreichend.

Die Berathung der oben als vorbehalten bezeichneten Fragen wurde bis zur nächsten Sitzung vertagt.

**b.** 70. Sitzung vom 16. 3. 1892

| 1. Man wandte sich zunächst zu der Frage, ob der Eintritt des Erwerbers in die aus dem Miethverhältnisse sich ergebenden Verpflichtungen zu beschränken sei. Es wurde | Prot-RJA 421 von einer Seite vorgeschlagen, die Haftung des Erwerbers wegen Mangels einer dem Miether von dem Vermiether zugesicherten Eigenschaft der Miethsache auszuschließen und eine Verpflichtung desselben zur Herstellung von Einrichtungen, welche der Vermiether dem Miether versprochen habe, zu verneinen.

Dieser Vorschlag wurde abgelehnt und in der hier fraglichen Beziehung der im vorigen Protokolle mitgeteilte Antrag § 509a gebilligt.

Zu Gunsten des Vorschlags wurde geltend gemacht:

Das berechtigte Interesse des Miethers erfordere nur, daß er vom Zeitpunkte des Eigenthumswechsels ab gegen den Erwerber das Recht habe, von diesem die Gewährung und Erhaltung der Miethsache in einem für den vertragsmäßigen Gebrauch geeigneten Zustande zu verlangen. Die Rücksicht auf den Miether werde aber auf Kosten des Erwerbers übertrieben, wenn man diesen auch wegen zugesicherter Eigenschaften und auf Herstellung von Einrichtungen, die der Vermiether versprochen habe, haften lasse. Durch eine solche Haftung werde der öffentliche Glaube des Grundbuchs, welches über die aus dieser Haftung dem Erwerber drohende Belastung Nichts ergebe, in bedenklichstem Maße erschüttert. Das Interesse des Miethers an der zugesicherten Eigenschaft und der versprochenen Einrichtung könne kein besonders erhebliches sein, wenn er es län-

| Prot-RJA 422 gere Zeit unterlassen | habe, die Herstellung von dem Vermiether zu fordern. Übrigens werde die diesem drohende Schadensersatzpflicht regelmäßig indirekt darauf hinwirken, daß der Vermiether sich vom Erwerber die Uebernahme der Herstellungspflicht versprechen lasse, und dann bekomme der Miether nach § 512 ein unmittelbares Recht gegen den Erwerber.

Gegen diese Ausführungen wurde bemerkt:

Die Haftung des Erwerbers nur für vertragsmäßige Brauchbarkeit der Sache führe zu einem verwickelten Verhältniß und leiste dem Interesse des Miethers nicht Genüge, da diesem nicht selten mit der Sache, wenn sie nicht auch besonders zugesicherte Eigenschaften habe, garnicht gedient sei. Zur Gewährung des *vertragsmäßigen* Gebrauchs gehöre auch die Herstellung der zugesicherten Eigenschaften, ohne die der Zweck der Miethe oft gar nicht erreicht werden könne. Die Gefahr, daß der Erwerber unerwartet in eine bei dem Erwerbe nicht erkennbare erhebliche Haftung gerathe, werde wesentlich vermindert durch die Bestimmung des § 509a Abs. 2, daß wenn der Miethvertrag schriftlich geschlossen, mündlich getroffene Aenderungen oder Ergänzungen desselben dem Erwerber unwirksam seien, und durch das bei mündlichem Miethvertrage dem Erwerber in § 509c Abs. 1 des Antrags gewährte Kündigungsrecht. Es empfehle sich, nach diesem Antrage die Wirksamkeit des Miethvertrages gegenüber dem Erwerber über die Dauer der gesetzlichen Kündigungsfrist hinaus von der Schriftform abhängig zu machen. Es entspreche dies dem französischen Rechte[12] und komme dem preußischen Rechte[13] nahe. Auch mehrfache Vorschläge der Kritik gingen dahin. Den Erwerber schlechthin gegen Betrug des Vermiethers zu schützen, sei nicht möglich. Die gefürchtete Gefährdung des Glaubens des Grundbuchs sei im Gebiete des preußischen Rechts nicht eingetreten.

2. Anlangend das Verhältniß des Miethers zum Vermiether nach eingetretener Veräußerung des Grundstücks, so beschloß man, den Vermiether nicht gemäß dem
| Prot-RJA 423 § 509a des | Antrags für die Zukunft aus der Haftung ausscheiden, sondern für Schadensersatz wegen Nichterfüllung der dem Erwerber obliegenden Verpflichtungen haften zu lassen, mit der Maßgabe, daß der Vermiether frei werde, wenn der Miether nicht nach erlangter Kenntniß von dem Eigenthumsübergange durch Mittheilung des Vermiethers das Miethverhältniß zu dem ersten Termine, zu welchem die Kündigung statthaft ist, kündigt.

Für das Ausscheiden des Vermiethers aus der Haftung wurde geltend gemacht, es entspreche dieses am besten der Konstruktion des Miethverhältnisses nach Analogie einer Reallast; die Fortdauer der Haftung sei ferner bei unkündbarer Miethe ein ungesundes Verhältniß.

Für die Annahme bürgenmäßiger Haftung des Vermiethers sprach dagegen neben der Analogie des § 1013 die Erwägung, daß es dem Miether nicht zugemuthet werden könne, sich den Eintritt eines zahlungsunfähigen Erwerbers an Stelle des Vermiethers gefallen zu lassen, und daß dieser nicht berechtigt sein könne, sich durch Veräußerung des Grundstücks von seiner Vertragspflicht zu befreien. Der Vermiether hafte nicht für Erfüllung, sondern für den Schadensersatz wegen Nichterfüllung und deshalb nicht als selbstschuldnerischer Bürge, abweichend von § 1013. Die Befreiung des Vermiethers bei unterlassener Kündigung seitens des Miethers entspreche der Billigkeit.

---

[12] Vergl. *Zachariae-Crome,* Handbuch des franz. Civilrechts, 8. Aufl., Bd. 2 (1894), S. 565 ff. (§ 349).

[13] Zum preuß. Recht vgl. Fn. 1.

2. Der § 509b Abs. 1 des mitgetheilten Antrags wurde angenommen. Im Anschluß an die französische Jurisprudenz[14], die badische und sächsische Praxis[15] und das bayerische Gesetz von 1871[16] sowie nach Analogie des § 1069 Abs. 2 des Entwurfs hielt man eine beschränkte Zulassung von Vorausverfügungen des Vermiethers über die Miethzinsforderung durch das Bedürfniß des Lebens für geboten.

Zu § 509b Abs. 2 wurde der Satz 1 gebilligt, zu Satz 2 aber beschlossen, nur den § 306 für entsprechend anwendbar | zu erklären, da der § 307 nach den Beschlüssen der Redaktionskommission in Fortfall gekommen sei, der § 308[17] aber nicht passe; eine Urkunde der dort bezeichneten Art könne in dem den Eigenthumserwerb des Erwerbers darthuenden Auszug aus dem Grundbuche nicht erblickt werden. | Prot-RJA 424

Die Bestimmung des Abs. 3 wurde als eine Folgerung aus den Vorschriften der Abs. 1 und 2 angenommen.

3. Der Abs. 1 des § 509c des mitgetheilten Antrags wurde angenommen. Gegen denselben wurde zwar geltend gemacht, es sei unbillig, den Erwerber, wenn er das Miethverhältniß sofort kündige, für die Dauer der gesetzlichen Kündigungsfrist in dem weiten zu § 509a Abs. 1 beschlossenen Umfange haften zu lassen. Man dürfe ihn nur entweder verpflichten, die zur Erfüllung der Verpflichtungen erforderlichen Handlungen des letzteren zu dulden oder für Erhaltung der Sache in vertragsmäßig brauchbarem Zustande haftbar machen, müsse ihn aber von der Haftung aus besonderen Zusicherungen des Vermiethers befreien. Eine weitergehende Haftung des Erwerbers stehe mit dem Gedanken des § 509a Abs. 2 in Widerspruch.

Diesen Einwendungen gegenüber wurde betont, daß es sich hier immer nur um die verhältnißmäßig kürzere gesetzliche Kündigungsfrist handele, und daß aus der Haftung des Erwerbers gemäß § 509a Abs. 1 praktisch erhebliche Nachtheile nicht zu befürchten seien.

Die Aufnahme einer Vorschrift im Sinne des § 509c Abs. 2 hielt man für überflüssig.

Der Abs. 3 daselbst wurde mit der Aenderung angenommen, daß der Miether *neben* dem Schadensersatzanspruch gegen den Vermiether das Rücktrittsrecht haben soll. Es wurde auf die entsprechende Vorschrift des § 566 für den Dienstvertrag hingewiesen.

4. Gegen den im § 509d des Antrags enthaltenen Vor- | schlag wurde geltend gemacht: Derselbe stehe mit dem Grundgedanken des § 509c Abs. 1 nicht im Einklange, daß nur durch die Schriftform das Miethverhältniß für die ganze vereinbarte Dauer dem Erwerber gegenüber wirksam werden solle. Der Vorschlag sei auch insofern unzweckmäßig, als eine Aufforderung der gedachten Art von Seiten des Miethers an den Erwerber dem Leben fremd sei und sich auch kaum einbürgern werde. Die Regelung sei dahin zu treffen, daß, wenn der Erwerber von dem in § 509c bestimmten Kündigungsrecht keinen Gebrauch mache, das Miethsverhältniß in Ermangelung eines schriftlichen Vertrages, für die Zukunft als ein auf unbestimmte Zeit eingegangenes zu behandeln sei. | Prot-RJA 425

Diese Ausführung wurde gebilligt und demgemäß die Aufnahme einer entsprechenden Vorschrift beschlossen.

---

[14] Vgl. *Zachariae-Crome*, a. a. O., S. 145 (§ 256); S. 566 (§ 349).

[15] Vergl. Materialien zum Miet- und Pachtvertrag, S. 52f., 54 f.

[16] Die betreffende Bestimmung lautet (Abschied für den Landtag des Königreichs Bayern, § 21 Abs. 3, Gesetz-Blatt für das Königreich Bayern 1870/1871, S. 298ff.): „Vorauszahlungen auf den Miethzins sind gegenüber dem neuen Erwerber im Falle einer Zwangsveräußerung nur für die Zeit bis zu dem auf den Uebergang folgenden Ziele, andernfalls noch für die Zeit bis zum nächstfolgenden Ziele rechtswirksam."

[17] Zu den §§ 306–308 E I vgl. §§ 407ff. BGB.

c. 71. Sitzung vom 21. 3. 1892

| Prot-RJA 427 | 1. Zu § 510 des Entw. billigte die Kommission im Prinzipe – vorbehaltlich der aus den Beschlüssen zu § 509 sich ergebenden Aenderungen – den im Protokolle der 69. Sitzung S. 417, 418 als § 510 mitgetheilten Antrag, welcher wie der Entw. die Fälle, in denen das Miethrecht durch das vom Vermiether einem Dritten am Grundstücke eingeräumte anderweitige Recht, abgesehen vom Eigenthum, *ausgeschlossen* wird, von denjenigen Fällen unterscheidet, in welchen das Miethrecht nur *beschränkt* wird. Von einer Seite wurde beantragt, die entsprechende Anwendung der beschlossenen §§ 509a–509d auf solche Fälle zu beschränken, in welchen ein Dritter ein auf der *Inhabung* des Grundstücks gerichtetes Recht an diesem erworben habe. Zur Begründung wurde hervorgehoben, es führe zu weit, wenn der Vermiether genöthigt werden solle, sich jeder Bestellung eines Rechts an dem vermietheten Grundstücke zu enthalten, weil dadurch möglicherweise das Recht des Miethers beeinträchtigt werden könnte. Man dürfe den Grundsatz „Kauf bricht nicht Miethe" nicht bis in die äußersten Konsequenzen verfolgen. Könne der Miether trotz des eingeräumten Rechts sein Miethverhältniß fortsetzen, so müsse er sich auch die Ausübung dieses Rechts von Seiten des Erwerbers gefallen lassen. Der Vermiether werde schon im eigenen Interesse, namentlich aber mit Rücksicht auf eine spätere Weitervermiethung nicht Rechte bestellen, welche die Ausübung der Miethe dauernd und wesentlich erschwerten; der Miether aber sei durch seinen Schadensersatzanspruch gegen den Vermiether hinreichend gesichert. Es sei auch noch in Betracht zu ziehen, daß es sich um äußerst selten vorkommende Fälle handele.

| Prot-RJA 428 Die Mehrheit der Kommission war dagegen der Ansicht, | daß Miether und Pächter gegen die Beeinträchtigung ihres Rechts durch Dritte auch in solchen Fällen geschützt werden müßten, in denen das Recht des Dritten nicht mit der Inhabung des Grundstücks verbunden sei, da unter Umständen auch durch solche Rechte, z. B. durch die Bestellung von Grunddienstbarkeiten, insbesondere von Wege- und Wassergerechtigkeiten, dem Miether oder Pächter der vertragsmäßige Gebrauch des Grundstücks wesentlich beeinträchtigt und sogar völlig entzogen werden könne. Den Miether oder Pächter in solchen Fällen auf seinen Schadensersatzanspruch gegen den Vermiether oder Verpächter zu verweisen, entspreche nicht dem Gedanken, auf welchem der Satz „Kauf bricht nicht Miethe" beruhe, nämlich dem Gedanken, dem Miether und Pächter die thatsächliche Ausübung seines Rechts gegen rechtsgeschäftliche Akte des Vermiethers oder Verpächters zu sichern. Der Anspruch auf Schadensersatz gewähre überdies dem Miether oder Pächter in solchen Fällen keinen Schutz, in denen der Vermiether oder Verpächter nicht zahlungsfähig seien. Uebrigens könne der Vermiether oder Verpächter, der regelmäßig der wirthschaftlich stärkere Theil sei, sich in dem Mieth- oder Pachtvertrage die künftige Bestellung derartiger Rechte vorbehalten.

2. Der § 511 des Entw. hat durch die als §§ 509c Abs. 2, 510 gefaßten Beschlüsse seine Erledigung gefunden.

Die Berathung wandte sich sodann den im Protokoll der 69. Sitzung S. 418, 419 als §§ 511, 512 mitgetheilten Bestimmungen zu. Der Antrag bezweckt, dem Miether die Möglichkeit zu geben, durch Eintragung seines Miethrechts in das Grundbuch sich auch gegen die in der Zwischenzeit zwischen der Schließung des Vertrags und der Ueberlassung des Grundstücks vorgenommenen Verfügungen über dasselbe dem Erwerber gegenüber in derselben Weise zu sichern, wie in dem Falle, in welchem der Dritte das

| Prot-RJA 429 Recht nach Ueber- | lassung des Grundstücks an den Miether erworben hat. Ferner soll die Eintragung den Miether im Falle der Subhastation des Grundstückes gegen Austreibung schützen, wenn die Subhastation auf Betreiben eines nacheingetragenen Gläubi-

gers erfolgt und dessen Anspruch durch ein unter Uebernahme des Miethrechts abgegebenes Gebot nicht gedeckt wird. Von praktischer Bedeutung sei die Zulassung der Eintragung für solche Fälle, in denen auf längere Zeit zu gewerblichen Zwecken gemiethet oder in denen auf längere Zeit gepachtet werde, da in derartigen Fällen die vorzeitige Austreibung des Miethers oder Pächters für diese regelmäßig mit erheblichen Verlusten verbunden sei. Bei der Miethe von Geschäftslokalen würden, namentlich in größeren Städten, mit Rücksicht auf die lange Dauer der Miethzeit und die dadurch gewährleistete Möglichkeit, nach und nach eine große Kundschaft zu erwerben, oft sehr hohe Miethzinsen bewilligt und bei der Landgüterpacht verwende der Pächter auf das Pachtgut zum Zwecke der Verbesserung desselben oft große Summen, deren Verwendung für ihn erst im Laufe der Pacht und bei ungestörter Fortsetzung derselben gewinnbringend sei. Andererseits werde durch die Zulassung der Eintragung des Miethrechts weder dem Eigenthümer noch auch den Realgläubigern, da diese die Belastung des Grundstücks mit dem Mieth- oder Pachtrechte aus dem Grundbuch ersehen könnten, zu nahe getreten. Für die persönlichen Gläubiger des Eigenthümers brauche aber nicht gesorgt zu werden, da diesen etwaigen fraudulösen Mieth- und Pachtverträgen gegenüber die paulianischen Rechtsmittel zur Seite ständen. Im geltenden Recht sei der Grundsatz „Kauf bricht nicht Miethe" für den Fall der Subhastation allerdings nur in einigen Rechtsgebieten (beispielsweise im französisch-badischen Recht[18]) durchgeführt, während andere Rechte auf dem gegentheiligen Standpunkte des § 141 des | Entw. eines Gesetzes, | Prot-RJA 430 betreffend die Zwangsvollstreckung in das unbewegliche Vermögen[19], ständen. Die Kritik aber und insbesondere die landwirthschaftlichen Interessentenkreise hätten sich überwiegend im Sinne des Antrags ausgesprochen.

Von anderer Seite wurde entgegengehalten, es verdiene den Vorzug, die Eintragung des Miethrechts in das Grundbuch überhaupt nicht zu gestatten, da es dem Zwecke des Grundbuchs widerstrebe, obligatorische Verhältnisse offensichtlich zu machen, und der mit der Eintragung verfolgte Zweck, wenigstens zum Theil, auch noch auf anderem Wege erreicht werden könne. Dazu komme, daß es nicht selten, insbesondere wenn das Miethverhältnis Inhalts des Miethvertrages sich beim Ausbleiben der Kündigung stillschweigend fortsetzen soll, Schwierigkeiten bereiten werde, das einmal eingetragene Miethrecht zur Löschung zu bringen. Es werde vorkommen, daß der Miethvertrag längst abgelaufen sei, ohne daß die Beendigung aus dem Grundbuch und den dazu gehörigen Anlagen entnommen werden könne. Im Verkehre werde man der Eintragung die Bedeutung beimessen, daß der Miether Anlaß gehabt habe, dem Vermiether zu

---

18 Zum franz. Recht *Zachariä-Crome*, Handbuch des franz. Civilrechts, Bd. 2, 1894, S. 565 ff.; *Ferid*, Das franz. Zivilrecht, Bd. 1, 1971, S. 702 (2 G 32).

19 § 141 dieses Entwurfs lautet:
„Ist das versteigerte Grundstück vermiethet oder verpachtet, so finden auf das Rechtsverhältniß zwischen dem Miether oder Pächter und dem Ersteher die Vorschriften der §§ 509, 511, 532, 537 des Bürgerlichen Gesetzbuches entsprechende Anwendung.
Die nach dem § 794 des Bürgerlichen Gesetzbuches dem Ersteher gebührenden Forderungen wegen Miethzinsen und Pachtzinsen aus der Vermiethung oder Verpachtung des Grundstückes gehen mit dem Zuschlage auf den Ersteher über.
Sind die Miethzinsforderungen und Pachtzinsforderungen wegen des Anspruches aus einer an dem Grundstücke bestehenden Reallast, Hypothek oder Grundschuld in Beschlag genommen, so finden die Vorschriften des § 1069 Abs. 2 des Bürgerlichen Gesetzbuches zu Gunsten des Erstehers mit der Maßgabe Anwendung, daß der Ersteher an die Stelle des Gläubigers tritt, zu dessen Gunsten die Beschlagnahme erfolgt ist. Im Sinne dieser Vorschrift steht die Ertheilung des Zuschlages der Beschlagnahme zu Gunsten der Gläubiger gleich, auf deren Antrag die Versteigerung erfolgt ist."

mißtrauen und daß er besorge, beim Eintritt der Zwangsvollstreckung mit seinem Miethrecht auszufallen. Damit werde der Realkredit des Eigenthümers untergraben.

Die Kommission entschied sich für die Zulassung der Eintragung des Miethrechts in das Grundbuch mit den nach dem Antrage damit verbundenen Wirkungen, insbesondere auch im Subhastationsverfahren. Man war jedoch – abweichend von dem Standpunkte des Antrags – der Ansicht, daß die Zulassung der Eintragung von der Bewilligung des Eigenthümers in öffentlich beglaubigter Urkunde abhängig zu machen sei. Dem Miether oder Pächter schon auf Grund des schriftlichen Mieth- oder Pachtvertrages das Recht einzuräumen, ohne besondere Einwilligung des | Vermiethers oder Verpächters das Mieth- oder Pachtrecht eintragen zu lassen, liege regelmäßig nicht im Sinne des Vertrages. Im übrigen wurde der Antrag, Fassung vorbehalten, sachlich gebilligt.

| Prot-RJA 431

3. Zu § 512 des Entwurfs lag der Antrag vor, diese Vorschrift zu streichen, da sie in Ansehung von Liegenschaften nach den zu § 509 gefaßten Beschlüssen überflüssig geworden sei, in Ansehung beweglicher Sachen aber der Miether nach der sachenrechtlichen Ausgestaltung der Tradition (§§ 874, 803 bis 805) einen Eingriff des Vermiethers oder des Erwerbers nicht zu besorgen habe. Die Kommission hielt es jedoch für angezeigt, den Paragraphen für den Fall, wenn ein Dritter nach Abschluß des Miethvertrages, aber vor Beginn der Miethe durch Rechtsgeschäft des Vermiethers ein den vertragsmäßigen Gebrauch ausschließendes oder beschränkendes Recht an dem vermietheten Grundstücke erwirbt, in dem Sinne aufrecht zu erhalten, daß auch in einem solchen Falle die zu den §§ 509, 510 beschlossenen Vorschriften Anwendung finden sollen.

## C. 2. Kommission

I. Anträge (Prot. II, Bd. 2, S. 134ff.; *Mugdan*, Bd. 2, S. 814ff.):

a) Zu den §§ 509 bis 512 war beantragt:

Struckmann (Nr 142, 6)

1. die Vorschriften des Entw. durch folgende Bestimmungen zu ersetzen:

§ 509. Ist ein Grundstück oder ein Theil eines Grundstücks Gegenstand des Miethvertrags, so kommen die in den §§ 509a bis 512 enthaltenen Vorschriften zur Anwendung.

§ 509a. Wird das Eigenthum an dem vermietheten Grundstücke nach dessen Ueberlassung an den Miether von dem Vermiether auf einen Dritten übertragen, so tritt von dem Zeitpunkte der Eigenthumsübertragung an der Erwerber an Stelle des Vermiethers in die während der Dauer seines Eigenthums aus dem Miethverhältnisse sich ergebenden Rechte und Pflichten ein.

Ist der Miethvertrag schriftlich geschlossen, so sind mündlich getroffene Aenderungen oder Ergänzungen desselben dem Erwerber gegenüber unwirksam.

Soweit der Erwerber die nach dem Miethvertrage dem Vermiether obliegenden Pflichten nicht erfüllt, haftet der Vermiether dem Miether für Schadensersatz wegen Nichterfüllung. Der Vermiether wird jedoch von dieser Haftung frei, wenn der Miether, nachdem er von dem Eigenthumsübergange durch Mittheilung des Vermiethers Kenntniß erlangt hat, das Miethverhältniß nicht zu dem ersten Termine, zu welchem die Kündigung statthaft ist, kündigt.

§ 509b. Verfügungen des Vermiethers über den in die Zeit der Berechtigung des Erwerbers fallenden Theil der Miethzinsforderung sind dem Erwerber gegenüber insoweit wirksam, als sie den Miethzins des laufenden und des auf die Eigenthumsübertragung folgenden nächsten Kalendervierteljahres betreffen. Dem Miether gegenüber gilt als Zeitpunkt der Eigenthumsübertragung der Zeitpunkt, in welchem er von der Uebertragung Kenntniß erlangt hat.

Soweit Verfügungen des Vermiethers über die Miethzinsforderung dem Erwerber gegenüber wirksam sind, kann der Miether auch mit den gegenüber dem Vermiether ihm zustehenden Forderungen, welche vor dem im Abs. 2 bezeichneten Zeitpunkte entstanden sind, aufrechnen.

§ 509c. Hat der Vermiether dem Miether angezeigt, daß das Eigenthum an dem vermietheten Grundstück auf einen Dritten übertragen sei, so muß er in Ansehung des Rechtes des Dritten auf die Miethzinsforderung dem Miether gegenüber die angezeigte Uebertragung gegen sich gelten lassen, auch wenn sie nicht erfolgt oder nicht wirksam ist.

Der Anzeige steht es gleich, wenn der Vermiether eine Urkunde über die erfolgte Eigenthumsübertragung dem in der Urkunde bezeichneten neuen Eigenthümer ausgehändigt und dieser sie dem Miether vorgelegt hat.

Die Zurücknahme der Anzeige ist nur wirksam, wenn sie mit Zustimmung desjenigen erfolgt, welcher als neuer Eigenthümer bezeichnet war.

§ 509d. Ist der Miethvertrag nicht schriftlich geschlossen, so kann sowohl der Miether als der Erwerber, sofern dieser nicht dem Vermiether gegenüber die Fortsetzung des Miethverhältnisses übernommen hat, unter Einhaltung der gesetzlichen Kündigungsfrist das Miethverhältniß durch Kündigung beendigen, auch wenn dasselbe nach dem Vertrag auf eine längere Zeit eingegangen ist.

Wird das Miethverhältniß durch Kündigung seitens des Erwerbers vor Ablauf der vertragsmäßigen Miethzeit beendigt, so ist der Miether berechtigt, von dem Vermiether Schadensersatz wegen Nichterfüllung des Miethvertrags zu verlangen und sofort von dem Vertrage für die Zukunft zurückzutreten. Auf das Rücktrittsrecht finden die für das vertragsmäßige Rücktrittsrecht geltenden Vorschriften der §§ 426, 427, 432, 433 entsprechende Anwendung.

§ 510. Die Vorschriften der §§ 509a bis 509d finden entsprechende Anwendung, wenn ein Dritter an dem Grundstücke nach dessen Ueberlassung an den Miether durch Rechtsgeschäft des Vermiethers ein anderes Recht erwirbt, dessen Ausübung den vertragsmäßigen Gebrauch des Grundstücks für den Miether ausschließen würde.

Wird durch die Ausübung des dem Dritten eingeräumten Rechtes der vertragsmäßige Gebrauch des Grundstücks für den Miether nur beschränkt, so ist der Erwerber die Fortsetzung des Miethverhältnisses zwischen dem Vermiether und dem Miether zu gestatten verpflichtet, wenn er diese Verpflichtung dem Vermiether gegenüber übernommen hat oder der Miethvertrag schriftlich geschlossen ist. Anderenfalls ist der Erwerber berechtigt, sein Recht dem Miether gegenüber auszuüben, wenn er diesen zur Duldung der Ausübung aufgefordert hat und seit dem Empfange der Aufforderung eine der gesetzlichen Kündigungsfrist gleichkommende Frist abgelaufen ist.

§ 511. Die Vorschriften der §§ 509a bis 510 finden auch dann Anwendung, wenn vor der Ueberlassung des Grundstücks an den Miether ein Dritter durch Rechtsgeschäft des Vermiethers ein den vertragsmäßigen Gebrauch des Miethers ausschließendes oder beschränkendes Recht an dem Grundstück erworben und der Erwerber dem Vermiether gegenüber die Erfüllung der diesem nach dem Miethvertrag obliegenden Verpflichtungen ganz oder theilweise übernommen hat.

§ 512. Die Eintragung des Miethverhältnisses in das Grundbuch ist zulässig, wenn es auf einen längeren Zeitraum als den der gesetzlichen Kündigungsfrist eingegangen, der

Miethvertrag schriftlich abgeschlossen und die Eintragung von dem Vermiether in einer öffentlich beglaubigten Urkunde bewilligt ist.

Bei der Eintragung kann zur näheren Bezeichnung des Inhalts des Miethverhältnisses auf die Eintragungsbewilligung Bezug genommen werden.

Ist die Eintragung erfolgt, so finden die Vorschriften der §§ 509a bis 509c, 510 mit der Maßgabe Anwendung, daß der Ueberlassung des Grundstücks an den Miether die Eintragung gleichsteht und daß für das Rechtsverhältniß zwischen dem Erwerber und dem Miether der Inhalt der Eintragung maßgebend ist.

Der Antragsteller hatte vorgeschlagen, dem § 512 folgende Anm. beizufügen:

I. Es ist davon ausgegangen, daß die Vorschriften der §§ 509a bis 512 auch im Falle der Zwangsversteigerung eines Grundstücks entsprechende Anwendung finden sollen, jedoch mit folgenden Abweichungen:

1. Ist das Miethrecht nicht eingetragen und erfolgt die Zwangsversteigerung auf Antrag eines eingetragenen Gläubigers, so findet das im § 509d bestimmte Kündigungsrecht auch dann statt, wenn der Miethvertrag schriftlich geschlossen ist.

2. Das Gleiche gilt, wenn das Miethrecht eingetragen ist und die Zwangsversteigerung auf Antrag eines voreingetragenen Gläubigers erfolgt.

Das im § 509d bestimmte Kündigungsrecht ist jedoch ausgeschlossen, wenn im Falle der Nr. 1 die eingetragenen, im Falle der Nr. 2 die voreingetragenen Gläubiger durch ein mit Uebernahme des Miethrechts abgegebenes Gebot befriedigt werden.

Dementsprechend wird der § 141 des Entw. eines Ges. betr. die Zwangsvollstrekkung in das unbewegliche Vermögen zu ändern sein.

II. Für den Fall der freiwilligen Veräußerung eines vermietheten Grundstücks durch den Konkursverwalter sollen die §§ 509 bis 512 direkt anwendbar sein. Der § 17 Nr. 2 der Konkursordnung ist daher zu streichen.

Die Berathung beschränkte sich zunächst auf die Bestimmungen des vorgeschlagenen § 509a Abs. 1, 2. Zu diesen Bestimmungen waren noch folgende Anträge gestellt:

2. in dem Abs. 1 das Wort „Rechte" zu streichen und dafür zu bestimmen:
Die Rechte des Vermiethers aus dem Miethvertrage für die Zeit nach der Eigenthumsübertragung gehen, soweit nicht aus dem Kaufvertrage sich ein Anderes ergiebt, nach Maßgabe der §§ 302 bis 308 auf den Erwerber über.

Jacubezky (Nr 144, 3) 3. a) dem Abs. 1 des § 509a hinzuzufügen:
Fehlt dem Grundstücke eine von dem Vermiether zugesicherte Eigenschaft oder hat der Vermiether dem Miether die Herstellung einer Einrichtung versprochen, so tritt der Erwerber in die aus der Zusicherung oder dem Versprechen sich ergebende Haftung des Vermiethers nur ein, wenn er sie diesem gegenüber übernommen hat.

Jacubezky (Nr 144, 3) b) den Abs. 2 zu streichen,
eventuell denselben als Abs. 1 des vorgeschlagenen § 509d in diesen zu versetzen, jedoch mit folgendem Zusatz:
es sei denn, daß der Erwerber sie dem Vermiether gegenüber übernommen hat;

Planck (Nr 148, 1) 4. a) in dem Antrage 3a die Schlußworte „wenn er sie diesem gegenüber übernommen hat" dahin zu ändern:
wenn er sie zur Zeit des Erwerbes gekannt hat;
eventuell dahin:
wenn er sie zur Zeit des Abschlusses des den Vermiether zur Eigenthumsübertragung verpflichtenden Vertrags gekannt hat;

b) in dem eventuellen Antrage 3b die Schlußworte dahin zu fassen: — Planck (Nr 148, 2)
es sei denn, daß er sie zur Zeit des Erwerbes gekannt hat;
eventuell dahin:
es sei denn, daß er sie zur Zeit des Abschlusses des den Vermiether zur Eigenthumsübertragung verpflichtenden Vertrags gekannt hat;

5. a) in dem Antrage 3a die Schlußworte dahin zu ändern:
wenn ihm der Vermiether vor oder bei Abschluß des Vertrags über den Erwerb von dem bestehenden Miethverhältnisse Kenntniß gegeben hat;

b) in dem eventuellen Antrage 3b die Schlußworte dahin zu ändern:
es sei denn, daß ihm der Vermiether vor oder bei Abschluß etc. (wie unter 5 a).

Die Kom. beschloß:

a. den Abs. 1 des § 509a in der Fassung des Antrags 1 anzunehmen und die Anträge 2 und 3 abzulehnen;

b. für den Fall der Annahme einer dem Abs. 2 des § 509a entsprechenden Vorschrift die in den Anträgen 3b und 5b vorgeschlagenen Zusätze abzulehnen und den in dem prinzipalen Antrage 4b vorgeschlagenen Zusatz anzunehmen.

b) Die Berathung des oben a) 1. mitgetheilten § 509a wurde fortgesetzt. Beantragt war, dem Abs. 1 hinzuzufügen (Prot. II, Bd. 2, S. 141; *Mugdan*, Bd. 2, S. 815):
Jedoch ist der Miether berechtigt, unter Einhaltung der gesetzlichen Kündigungsfrist das Miethverhältniß durch Kündigung zu beendigen, auch wenn dasselbe nach dem Vertrag auf längere Zeit eingegangen ist. — Der Antrag wurde abgelehnt. — Sohm (Nr 149)

c) Es folgte die Berathung des Falles, wenn der Erwerber die nach dem Miethvertrage dem Vermiether obliegenden Pflichten nicht erfüllt. Auf diesen Fall bezogen sich (Prot. II, Bd. 2, S. 142f.; *Mugdan*, Bd. 2, S. 818f.):

1. die Vorschläge in dem Abs. 3 des § 509a; ferner die hierzu gestellten Anträge:

2. den Satz 1 des Abs. 3 zu fassen: — Planck (Nr 148, 3)
Wird der Erwerber wegen Nichterfüllung der ihm aus dem Miethverhältnisse obliegenden Verpflichtungen dem Miether zum Schadensersatze verpflichtet, so haftet der Vermiether für die Erfüllung dieser Verbindlichkeit dem Miether als Bürge mit der Maßgabe, daß die Einrede der Vorausklage ausgeschlossen ist.

3. den Satz 2 zu fassen: — Jacubezky (Nr 144, 3)
Der Vermiether wird von dieser Haftung für die Zukunft frei, wenn der Miether, nachdem ihm der Eigenthumsübergang bekannt geworden ist, das Miethverhältniß nicht zu dem ersten Termine, zu welchem die Kündigung statthaft ist, kündigt.

4. dem Satz 2 folgende Fassung zu geben: — Wolffson (Nr 146, 1)
Wenn jedoch der Miether, nachdem er von dem Eigenthumsübergange durch Mittheilung des Vermiethers Kenntniß erlangt hat, das Miethverhältniß nicht zu dem ersten Termine, zu welchem die Kündigung statthaft ist, kündigt, so wird der Vermiether von diesem Tage[20] an von der Haftung frei.

Der Antrag 1 fand Annahme, wogegen die Mehrheit den Antrag 3 ablehnte; die Anträge 2 und 4 wurden der RedKom überwiesen.

---

[20] Im schriftlich eingereichten Antrag heißt es: „*von diesem Termin an*". Dem Antrag ist die Anmerkung hinzugefügt. „Dieser Antrag ist vermuthlich nur redaktionell".

d) Die Berathung wandte sich der Behandlung des Falles zu, wenn der Vermiether über die Miethzinsforderung für die Zeit der Berechtigung des neuen Eigenthümers verfügt hat. Diesen Fall betrafen:

1. die §§ 509b und 509c in dem unter a) mitgetheilten Antrag 1, ferner die hierzu gestellten Anträge,

Jacubezky (Nr 144, 4) 2. die beiden Paragraphen wie folgt zusammenzufassen:
Hat der Vermiether vor der Eigenthumsübertragung über den auf die Zeit nach derselben treffenden Theil des Miethzinses verfügt, so ist die Verfügung dem Erwerber gegenüber insoweit wirksam, als sie den Miethzins des bei der Eigenthumsübertragung laufenden und des nächstfolgenden Kalendervierteljahrs betrifft. Soweit Verfügungen des Vermiethers über die Miethzinsforderung dem Erwerber gegenüber wirksam sind, kann der Miether auch mit einer ihm gegen den Vermiether zustehenden Forderung aufrechnen. Die Vorschriften der §§ 303 bis 306 finden entsprechende Anwendung.

3. a) dem § 509b Abs. 1 Satz 1 hinzuzufügen: und als sie dem Erwerber zur Zeit des Erwerbes (eventuell: zur Zeit des Kaufvertrags) bekannt gewesen sind;

b) dem § 509b folgenden Abs. 3 zuzufügen:
Hat der Vermiether eine Verfügung getroffen, welche nach der Vorschrift des Abs. 1 dem Erwerber gegenüber unwirksam ist, und macht der Erwerber diese Unwirksamkeit gegenüber dem Miether geltend, so ist der Miether berechtigt, von dem Vertrage für die Zukunft zurückzutreten. Auf das Rücktrittsrecht finden die für das vertragsmäßige Rücktrittsrecht geltenden Vorschriften der §§ 426, 427, 432, 433 entsprechende Anwendung.

4. die §§ 509b, c abzulehnen und statt dessen dem § 509a Abs. 1 hinzuzufügen:
Verfügungen des Vermiethers über den in die Zeit der Berechtigung des Erwerbers fallenden Theil der Miethzinsforderung sind dem Erwerber gegenüber wirksam.

Der Antrag 3b, welcher auf ähnlichen Gesichtspunkten beruhte, wie der abgelehnte allgemeinere Antrag (mitgeteilt unter I.c.) wurde zurückgezogen.

Die Kom. nahm, unter Ablehnung des Antrags 4, den Antrag 1 an, jedoch mit der Maßgabe, daß dem Antrage 2 bezw. 3a gemäß

a. in dem § 509b der Abs. 1 Satz 1 den unter 3a in erster Linie vorgeschlagenen Zusatz, der Abs. 1 Satz 2 eine der Fassung des § 304 Abs. 1 und der Abs. 2 eine der Fassung des § 303 entsprechende Fassung erhalten,

b. in dem § 509c der Abs. 2 gestrichen werden soll.

e) Die Berathung des § 509a Abs. 2 und des § 509d wurde fortgesetzt (Prot. II, Bd. 2, S. 147ff., *Mugdan*, Bd. 2, S. 823ff.).
Beantragt war:

Jacubezky (Nr 144, 3 und 5) 1. den § 509d zu fassen:
Ist der Miethvertrag nicht schriftlich geschlossen, so kann der Erwerber unter Einhaltung der gesetzlichen Kündigungsfrist das Miethverhältniß durch Kündigung beendigen, auch wenn dasselbe nach dem Vertrag auf eine längere Zeit eingegangen ist, es sei denn, daß der Erwerber zur Zeit des Erwerbes den Vertrag gekannt hat. Das gleiche Kündigungsrecht steht dem Miether zu, wenn der Miethvertrag nicht schriftlich geschlossen und der Erwerber innerhalb einer ihm von dem Miether gesetzten angemessenen Frist nicht erklärt, daß er in den Vertrag eintrete.

Wird das Miethverhältniß durch Kündigung seitens des Erwerbers vor Ablauf etc. (wie § 509d Abs. 2).

Die Vorschriften des ersten und zweiten Absatzes finden auch dann Anwendung, wenn der Miethvertrag zwar schriftlich geschlossen, aber durch mündlich getroffene Vereinbarung geändert oder ergänzt ist.

2. folgende Bestimmungen zu beschließen:

§ 509d. Ist der Miethvertrag nicht schriftlich beurkundet (eventuell „geschlossen") und hat der Erwerber zur Zeit des Erwerbes (eventuell „zur Zeit des Abschlusses des den Vermiether zur Eigenthumsübertragung verpflichtenden Vertrags") keine Kenntniß von dem Miethvertrage gehabt, so kann er unter Einhaltung der gesetzlichen Kündigungsfrist durch Kündigung das Miethverhältniß beendigen, auch wenn dasselbe nach dem Vertrag auf längere Zeit eingegangen ist. Auch mündlich getroffene Verabredungen über Aenderungen eines schriftlich beurkundeten (eventuell „geschlossenen") Miethvertrags oder Ergänzungen desselben, von denen der Erwerber zur angegebenen Zeit keine Kenntniß hatte, sind demselben gegenüber nicht wirksam.

Erklärt sich der Erwerber auf Anfordern des Miethers in einer von diesem zu bestimmenden angemessenen Frist nicht zur Uebernahme des Miethvertrags mit seinen etwaigen Aenderungen und Ergänzungen bereit, so kann der Miether unter Einhaltung der gesetzlichen Kündigungsfrist durch Kündigung das Miethverhältniß beendigen.

Wird das Miethverhältniß etc. (wie § 509c Abs. 2).

§ 509d[1]. Der Miether kann aus Vorauszahlungen, welche er dem Vermiether geleistet hat, nachdem er von dem Abschlusse des den Vermiether zur Eigenthumsübertragung verpflichtenden Vertrags Kenntniß erhalten hat, oder aus nach dieser Zeit erworbenen Forderungen an den Vermiether oder aus Verabredungen, welche er nach dieser Zeit mit dem Vermiether über das Miethverhältniß getroffen hat, keine Einwendungen gegen den Erwerber herleiten.

3. den § 509a Abs. 2 und den § 509d abzulehnen;

4. die Ablehnung zu beschließen, eventuell

a) dem Abs. 1 des § 509d hinzuzufügen:

Der Miether ist jedoch zur Kündigung nur berechtigt, wenn der Erwerber auf die von dem Miether an ihn gerichtete Aufforderung, sich über den Eintritt in den Miethvertrag zu erklären, nicht unverzüglich dem Miether den Eintritt erklärt.

b) in dem Abs. 2 Satz 1 die Worte „seitens des Erwerbers" zu streichen;

c) dem § 509d als Abs. 3 hinzuzusetzen:

Ist der Erwerber in eine zwischen dem Vermiether und dem Miether mündlich getroffene Vereinbarung nicht eingetreten, so finden die Vorschriften der Abs. 1, 2 entsprechende Anwendung.

d) einen neuen Paragraphen des Inhalts aufzunehmen:

Ist der Miethvertrag oder eine bei der Schließung des Vertrags oder später vereinbarte Vertragsbestimmung nicht beurkundet, so ist jeder Theil berechtigt, von dem anderen Theile die Beurkundung zu verlangen. Wird die Beurkundung von dem anderen Theile verzögert, so ist der Theil, welcher sie verlangt, berechtigt, ohne Einhaltung einer Kündigungsfrist von dem Vertrage für die Zukunft zurückzutreten.

5. die §§ 509a Abs. 2 und 509d durch folgende Bestimmung zu ersetzen:

Wird in einem Miethvertrag über ein Grundstück die Miethzeit bestimmt, so bedarf derselbe der schriftlichen Form, soweit seine Dauer sich über ein Jahr erstrecken soll, und dauert anderenfalls nur ein Jahr.

Nicht in den Protokollen erscheinen folgende Anträge:

Wolffson (Nr 146, 2a) 1. Der Eingang des § 509d soll lauten: Ist der Miethvertrag nicht schriftlich geschlossen und hat der Vermiether dem Erwerber vor oder bei Abschluß des Vertrages über den Erwerb von dem bestehenden Miethverhältniß keine Kenntniß gegeben, so kann der Erwerber unter Einhaltung der gesetzlichen Kündigungsfrist u.s.w.

Planck (Nr 148, 4) 2. Im Abs. 1 des § 509d die Worte „sofern dieser nicht ... übernommen hat" zu streichen und statt derselben am Schlusse hinzuzufügen: „es sei denn, daß der Erwerber zur Zeit des Erwerbs den Vertrag gekannt hat", eventuell diesen Zusatz dem eventuellen Antrag unter 1 entsprechend zu fassen.

Der Antragsteller zu 2 zog seinen Antrag § 509d Abs. 1 Satz 1 und Abs. 2 zu Gunsten des unter 1 vorgeschlagenen § 509d Abs. 1 zurück. Ebenso ließ der Antragsteller zu 4 seinen eventuellen Vorschlag unter a insoweit zu Gunsten des Antrags 1 § 509d Abs. 1 Satz 2 fallen, als er in Abweichung von diesem Antrage vorschreiben wollte, daß der Erwerber sich unverzüglich zu erklärten hätte.

Es wurde zunächst darüber abgestimmt, welche von den vorgeschlagenen Ergänzungen und Abänderungen des Hauptantrags (oben unter a) eventuell anzunehmen seien. Bei dieser Abstimmung wurde an Stelle des § 509d Abs. 1 der Antrag 1 Abs. 1 angenommen, zu Abs. 2 die unter 4b beantragte Streichung der Worte „seitens des Erwerbers" abgelehnt, ebenso der Abs. 3 des Antrags 1; sodann entschied man sich dafür, dem § 509d eine dem § 509a Abs. 2 in der früher eventuell beschlossenen Gestalt entsprechende Vorschrift (oben unter a) hinzuzufügen.

Nach dieser eventuellen Ausgestaltung der vorgeschlagenen Bestimmungen wurde der Antrag 5 endgültig angenommen; die Streichungsanträge 3 und 4 waren hierdurch erledigt. Außerdem stimmte die Kom. noch besonders darüber ab, ob neben der in dem Antrage 5 vorgeschlagenen Bestimmung eine dem § 509a Abs. 2 entsprechende Vorschrift aufgenommen werden soll; die Mehrheit erklärte sich gegen die Aufnahme. Die Berathung des unter 2 vorgeschlagenen § 509d¹ blieb vorbehalten.

(Prot. II, Bd. 2, S. 156–157)

f) Den oben unter e) mitgetheilten Antrag 2 § 509d¹ erklärte der Antragsteller für erledigt.

g) Beantragt war:

1. als § 509e[21] folgende Bestimmungen aufzunehmen:

Wolffson (Nr 146, 3) Wenn der Erwerber unter Mittheilung der ihm vom Veräußerer über das bestehende Miethverhältniß gemachten Angaben den Miether auffordert, falls er noch weitere Ansprüche aus dem Miethverhältniß erheben will, dieselben anzugeben, so muß der Miether dieser Aufforderung innerhalb einer Woche vom Empfange derselben nachkommen, widrigenfalls angenommen wird, daß er weitere Ansprüche aus dem Miethvertrage gegen den Erwerber nicht erheben will. Die Vorschriften des § 75 finden entsprechende Anwendung.

Die Aufforderung muß die Androhung enthalten, daß der Miether solche weitere Ansprüche, welche er dem Erwerber nicht in der angegebenen Frist anzeigt, gegen den letzteren nicht geltend machen kann.

[21] Im Antrag von *Wolffson* ist diese Bestimmung als § 509f. vorgeschlagen. Als § e war von ihm vorgeschlagen (nicht in den Prot. enthalten): „Hat der Erwerber sich dem Vermiether gegenüber zur Erfüllung des Miethvertrages verpflichtet, so kommt § 509a (unter Ausschluß der Bestimmungen des § 509d) auch dann zur Anwendung, wenn das Grundstück dem Miether noch nicht überlassen war."

Die Aufforderung ist wirkungslos, wenn bei derselben eine die Berechtigung des Erwerbers ergebende Urkunde nicht vorgelegt und die Aufforderung aus diesem Grunde von dem Miether unverzüglich zurückgewiesen wird.

2. diese Bestimmungen wie folgt zu fassen:

Hat der Vermiether dem Miether gegenüber erklärt, daß er das Eigenthum an dem vermietheten Grundstück einem Dritten übertragen werde, so ist der Dritte berechtigt, dem Miether zur Mittheilung der das Miethverhältniß betreffenden Vertragsbestimmungen eine angemessene Frist mit der Androhung zu bestimmen, daß die nicht innerhalb der Frist mitgetheilten Vertragsbestimmungen gegen den Dritten nicht geltend gemacht werden können. Erfolgt die Mittheilung nicht innerhalb der Frist, so können, wenn das Eigenthum an dem vermietheten Grundstück innerhalb eines Monats nach Ablauf der Frist auf den Dritten übergeht, Vertragsbestimmungen, welche dem Dritten bis zum Ablaufe der Frist nicht bekannt geworden sind, gegen ihn nicht geltend gemacht werden.

Der Erklärung des Vermiethers gegenüber dem Miether steht die Vorlage einer von dem Vermiether dem Dritten ausgestellten schriftlichen Erklärung oder der Urkunde über den Vertrag gleich, durch welchen der Vermiether sich verpflichtet hat, das Eigenthum an dem vermietheten Grundstücke dem Dritten zu übertragen.

Soweit die von dem Miether dem Dritten nicht mitgetheilten Vertragsbestimmungen gegen diesen nicht geltend gemacht werden können, haftet der Vermiether dem Miether für Schadenersatz wegen Nichterfüllung.

Die Kom. lehnte beide Anträge ab.

h) Die Kom. ging zur Berathung des § 510 über. Struckmann (Nr 152, 1)

1. Den unter a) mitgetheilten Antrag 1 hatte der Antragsteller inzwischen dahin geändert, daß der § 510 durch folgende Bestimmungen ersetzt werden sollte:

Die Vorschriften der §§ 509b bis 509d[22] finden entsprechende Anwendung, wenn ein Dritter an dem Grundstücke nach dessen Ueberlassung an den Miether durch Rechtsgeschäft des Vermiethers ein anderes Recht erwirbt, dessen Ausübung den vertragsmäßigen Gebrauch des Grundstücks für den Miether ausschließen würde.

Wird durch die Ausübung des dem Dritten eingeräumten Rechtes der vertragsmäßige Gebrauch des Grundstücks für den Miether nur beschränkt, so ist der Erwerber die Fortsetzung des Miethverhältnisses zwischen dem Vermiether und dem Miether zu gestatten verpflichtet.

2. Von anderer Seite war beantragt, den Abs. 2 dieser Bestimmungen zu streichen. Jacubezky (Nr 144, 6)

Der Antrag 1 wurde angenommen.

Zum ersten Antrag von *Struckmann* lagen die Anträge vor:

1a) In § 510 Abs. 2 statt der Worte „wenn er diese Verpflichtung dem Miether gegenüber übernommen hat" zu setzen „wenn ihm der Vermiether vor oder bei Abschluß des Vertrages über den Erwerb von dem bestehenden Miethverhältniß Kenntniß gegeben hat." Wolffson (Nr 146, 2 b)

b) Im Eingang soll es heißen statt „509d" „§ 509f". Wolffson (Nr 146, 4)

2. Im Absatz 2 des § 510 des Antrages 142 Ziff. 6 sollen die Worte: „wenn er diese Verpflichtung dem Vermiether gegenüber übernommen hat" ersetzt werden durch die Worte: „wenn er das Miethverhältniß zur Zeit des Erwerbes gekannt hat"; eventuell entsprechend dem eventuellen Antrage unter 1. Planck (Nr 148, 5)

---

[22] Gemeint sind die Bestimmungen in der Fassung der VorlZust (vgl. unter II.).

i) Der § 511 wurde, als nach den bisherigen Beschlüssen nicht mehr anwendbar, gestrichen.

Jacubezky (Nr 144, 7) k) Ein im Protokoll nicht mitgeteilter Antrag ging dahin, in dem vorgeschlagenen § 511:

a) die Worte „ein den vertragsmäßigen Gebrauch des Miethers ausschließendes oder beschränkendes Recht an dem Grundstücke" zu ersetzen durch die Worte „das Eigenthum oder ein anderes Recht, dessen Ausübung den vertragsmäßigen Gebrauch des Grundstücks für den Miether ausschließen würde",

b) die Worte „ganz oder theilweise" zu streichen[23].

l) Zu § 512 war beantragt,
die Bestimmungen des Entw. durch die oben zu a) unter § 511 aufgeführte Vorschrift zu ersetzen[1].
Der Antrag wurde angenommen.

m) Es war weiter beantragt:

1. zur Ergänzung des Entw.

A. die bei a) unter § 512 aufgeführten Bestimmungen über die Eintragung der Miethe in das Grundbuch zu beschließen;

Struckmann (Nr 152, 2) B. diesen Bestimmungen eine Anmerkung beizufügen, für welche folgender Wortlaut vorgeschlagen wird[24]:

a) in erster Linie:

α) Es ist davon ausgegangen, daß die §§ 509b bis 509d[25] und 511, 512[26] auch im Falle der Zwangsversteigerung eines Grundstücks entsprechende Anwendung finden sollen, jedoch mit folgenden Modifikationen:

1. Ist das Miethrecht nicht eingetragen und erfolgt die Zwangsversteigerung auf Antrag eines eingetragenen Gläubigers, so ist der Ersteher berechtigt, das Miethverhältniß unter Einhaltung der gesetzlichen Kündigungsfrist zu kündigen, auch wenn es nach dem Vertrag auf eine längere Zeit eingegangen ist. Im Falle der Kündigung kann der Miether von dem Vermiether Schadensersatz wegen Nichterfüllung verlangen.
Das Kündigungsrecht des Erstehers erlischt, wenn dieser nach dem Empfang einer Aufforderung des Miethers zur Erklärung nicht innerhalb einer angemessenen Frist das Kündigungsrecht ausübt.

2. Das Gleiche gilt, wenn das Miethrecht eingetragen ist und die Zwangsversteigerung auf Antrag eines voreingetragenen Gläubigers erfolgt.

3. Das Grundstück ist bei der Zwangsversteigerung in den Fällen der Nr. 1, 2 mit und ohne Uebernahme des Miethverhältnisses auszubieten. Das Kündigungsrecht des Erstehers nach Maßgabe der Vorschriften Nr. 1, 2 ist ausgeschlossen, wenn im Falle der Nr. 1 die eingetragenen, im Falle der Nr. 2 die voreingetragenen Gläubiger durch ein mit Uebernahme des Miethverhältnisses abgegebenes Gebot befriedigt werden.

β) Für den Fall der freiwilligen Veräußerung eines vermietheten Grundstücks durch den Konkursverwalter sollen die §§ 509b bis 509d (Vorl. Zus.), 511, 512 direkt Anwendung finden. Der § 17 Nr. 2 der K.O. soll daher gestrichen werden.

---

23 Vergl. die Fassung des § 519 E II
24 Damit wurde die unter C I. a zu § 512 (Antrag Struckmann) mitgeteilte Anmerkung geändert.
25 In der Fassung der VorlZust.
26 Vergl. die Vorschläge von Struckmann zu den §§ 511, 512 oben C I. a.

b) in zweiter Linie, d. h. für den Fall, daß für die Zwangsversteigerung der Grundsatz „Kauf bricht Miethe“ angenommen wird:

Es ist davon ausgegangen, daß die Vorschriften der §§ 509b bis 509d (Vorl. Zus.), 511, 512 nur mit folgenden Modifikationen entsprechende Anwendung finden sollen:

Der Ersteher ist berechtigt, das Miethverhältniß unter Einhaltung der gesetzlichen Kündigungsfrist zu kündigen, auch wenn es nach dem Vertrag auf eine längere Zeit eingegangen ist. Im Falle der Kündigung kann der Miether von dem Vermiether Schadensersatz wegen Nichterfüllung verlangen.

Das in Abs. 1 bestimmte Kündigungsrecht des Erstehers erlischt, wenn dieser nach dem Empfang einer Aufforderung zur Erklärung nicht innerhalb einer angemessenen Frist das Kündigungsrecht ausübt.

Das Grundstück ist mit und ohne Uebernahme des Miethverhältnisses auszubieten. Das Kündigungsrecht ist ausgeschlossen, wenn durch ein mit Uebernahme des Miethverhältnisses abgegebenes Gebot die eingetragenen und die die Zwangsversteigerung betreibenden persönlichen Gläubiger befriedigt werden.

2. der in dem Antrag 1B vorgeschlagenen Anm. unter Nr. 3a. E. hinzuzufügen:

Das Kündigungsrecht ist ferner ausgeschlossen, wenn das mit Uebernahme des Miethrechts abgegebene Gebot auch bei der unter Zulassung des Kündigungsrechts erfolgenden Ausbietung nicht überschritten wird.

3. zum Antrag 1:

A. die für den Entw. vorgeschlagenen Bestimmungen nicht aufzunehmen, eventuell Jacubezky (Nr 144, 3 u. 150, 1)

a) statt derselben folgende Sätze einzustellen:

Das Miethverhältniß kann in das Grundbuch eingetragen werden. Die Eintragung erfolgt auf Grund der Bewilligung des Vermiethers[27]. Bei der Eintragung kann zur näheren Bezeichnung des Inhalts des Miethverhältnisses auf die Eintragungsbewilligung Bezug genommen werden.

Ist die Eintragung erfolgt, so finden die Vorschriften der §§ 509a bis 509c, 510 mit der Maßgabe Anwendung, daß der Ueberlassung des Grundstücks an den Miether die Eintragung gleichsteht. Der Erwerber haftet für die Erfüllung der aus dem Miethverhältnisse sich ergebenden Verpflichtungen nur nach dem Inhalte der Eintragung, es sei denn, daß er diese Verpflichtungen dem Vermiether gegenüber in weiterem Umfange übernommen hat. Die Vorschrift des § 509a Abs. 1 Satz 2 findet keine Anwendung.

Erwirbt nach der Eintragung des Miethverhältnisses ein Dritter an dem Grundstück ein Recht, dessen Ausübung den vertragsmäßigen Gebrauch des Grundstücks für den Miether nicht ausschließen aber beschränken würde, so ist der Dritte verpflichtet, die Fortsetzung des Miethverhältnisses zwischen dem Vermiether und dem Miether zu gestatten. Die Vorschrift des Abs. 2 Satz 2 findet entsprechende Anwendung.

b) für den Fall, daß aus dem Abs. 3 der Vorschläge des Antrags 1 A der Satz, „daß für das Rechtsverhältniß zwischen dem Erwerber und dem Miether der Inhalt der Eintragung maßgebend ist“, entgegen dem Abs. 2 der unter 3 A a formulirten Bestimmungen angenommen wird, dem Abs. 1 dieser Bestimmungen folgende Fassung zu geben:

Das Miethverhältniß kann in das Grundbuch eingetragen werden. Zur Eintragung ist erforderlich, daß die Eintragungsbewilligung des Vermiethers und die Annahme derselben seitens des Miethers vor dem Grundbuchamt erklärt oder in einer gerichtlich

---

[27] Im ursprünglichen Antrag Nr. 144, 8 lautet dieser Satz: „Die Vorschriften der §§ 828 bis 834, 840 bis 843, 977 Abs. 1 finden entsprechende Anwendung.“

oder notariell beglaubigten Urkunde dem Grundbuchamt eingereicht wird. Bei der Eintragung etc. (wie unter a Abs. 1 Satz 3).

[nicht in den Protokollen enthalten: Soll die Eintragung für die Verpflichtung des Miethers maßgebend sein, so kann sie nicht auf Grund einer einseitigen Erklärung des Vermiethers erfolgen; dieser wäre sonst in der Lage, behufs Erzielung eines vortheilhaften Verkaufes einen viel höheren als den vereinbarten Miethzins und eine längere als die vereinbarte Dauer der Miethe eintragen zu lassen, und der Miether wäre dann dem Erwerber gegenüber gebunden.]

B. Die unter 1 B vorgeschlagene Anm. für den Fall, daß das Miethverhältniß von dem Ersteher nicht übernommen ist, in folgender Weise abzuändern:

Die Vorschriften des § 509 b der Vorl. Zus. finden mit der Maßgabe Anwendung, daß der Ersteher in die Verpflichtungen des Vermiethers nur soweit eintritt, als sie sich auf die Ueberlassung des Gebrauchs des Grundstücks und die zur ordnungsmäßigen Erhaltung desselben erforderlichen Ausbesserungen und Wiederherstellungen beziehen, und berechtigt ist, das Miethverhältniß unter Einhaltung der gesetzlichen Kündigungsfrist zu kündigen, auch wenn dasselbe nach dem Vertrage auf eine längere Zeit eingegangen ist. In gleicher Weise ist der Miether zur Kündigung berechtigt. Solange die Kündigung des Miethers nicht erfolgt ist, kann sie dadurch ausgeschlossen werden, daß der Ersteher in das Miethverhältniß nach dem ganzen Umfange desselben eintritt. Der Eintritt erfolgt durch Erklärung gegenüber dem Miether. Hat dieser gekündigt, so ist der Ersteher berechtigt, die Kündigung unverzüglich dadurch zurückzuweisen, daß er seinen Eintritt in das Miethverhältniß erklärt.

den ebenda unter β vorgeschlagenen Satz zu streichen;

4. in dem Antrag 1 B a unter α Nr. 1 den zweiten Satz des ersten Absatzes durch folgende Bestimmungen zu ersetzen:

Im Falle der Kündigung kann der Miether von dem Vermiether Schadensersatz wegen Nichterfüllung verlangen und sofort von dem Vertrage für die Zukunft zurücktreten. Auf das Rücktrittsrecht finden die für das vertragsmäßige Rücktrittsrecht geltenden Vorschriften der §§ 426, 427, 432, 433 entsprechende Anwendung.

Die Entscheidung darüber, ob die Eintragung des Miethverhältnisses in das Grundbuch zugelassen werden soll, wurde ausgesetzt. Im Uebrigen ergab die Berathung:

1. Bei der Frage nach der Stellung des Miethers im Falle der Zwangsversteigerung des Grundstücks wurde unterschieden, ob das Miethrecht nicht eingetragen oder ob es, sofern die Zulassung der Eintragung beschlossen wird, eingetragen ist.

Für den ersteren Fall entschied sich die Mehrheit im Anschluß an den Eventualantrag 1 B b und den Antrag 2 dahin, daß der Ersteher berechtigt sein soll, das Miethverhältniß unter Einhaltung der gesetzlichen Kündigungsfrist zu kündigen, sofern er den Zuschlag nicht unter der Bedingung der Uebernahme des Miethverhältnisses erlangt hat, daß ferner ein Grundstück, bezüglich dessen ein durch Ueberlassung vollzogenes Miethverhältniß besteht, stets doppelt, einerseits unter der Bedingung der Uebernahme des Miethrechts, andererseits ohne diese Bedingung ausgeboten und der Zuschlag auf ein mit Uebernahme abgegebenes Gebot nur dann ertheilt werden soll, wenn ohne die Bedingung der Uebernahme ein dem betreibenden Gläubiger günstigeres Gebot nicht abgegeben ist.

Bezüglich der Stellung eingetragener Miethrechte wurde eventuell der Antrag 1 B a α Nr. 2, 3 angenommen. Der in diesem Antrag unter β enthaltene Vorschlag wurde nach dem zuerst bezeichneten Beschlusse von dem Antragsteller zurückgezogen.

Die Kom. hielt sich nicht nur für befugt, sondern auch für verpflichtet, über die dem bürgerlichen Rechte angehörige Frage, welchen Einfluß die Zwangsversteigerung auf das Miethverhältniß ausübe, sich in den Grundsätzen schlüssig zu machen.

2. Der Antrag 4 wurde angenommen.

3. Zu entscheiden war noch die Frage, ob der Ersteher, sofern er das Miethverhältniß nicht übernommen habe, mit dem Antrage 3 B in die Verpflichtungen des Vermiethers nur insoweit eintreten solle, als sie sich auf die Ueberlassung des Gebrauchs des Grundstücks und die zur ordnungsmäßigen Erhaltung desselben erforderlichen Ausbesserungen und Wiederherstellungen beziehen, oder ob er gemäß dem Antrag 1 B a α in alle Verpflichtungen des Vermiethers aus dem zwischen diesem und dem Miether getroffenen Vereinbarungen eintreten solle. Für den Fall der Annahme des ersteren Antrags wurde unter Zustimmung des Antragstellers vorgeschlagen,

dem Miether das Recht zum sofortigen Rücktritte vom Vertrage zu geben.

Der so modifizirte Antrag wurde abgelehnt.

n) Die Kom. trat in die Berathung der Frage ein, ob die Eintragung der Miethe (und der Pacht) in das Grundbuch zugelassen werden soll. Es lagen außer den unter m) mitgetheilten Anträgen 1 und 3 noch folgende Anträge vor:

5. den unter a) 1. vorgeschlagenen § 512 zu fassen:

Das Miethrecht kann in das Grundbuch eingetragen werden. Die Eintragung erfolgt auf Antrag des Miethers, wenn der Eigenthümer dieselbe bewilligt hat. Die Eintragung beschränkt sich auf die Bezeichnung der vermietheten Räume und des Miethers. Zur näheren Bezeichnung kann auf die Eintragungsbewilligung Bezug genommen werden.

Ist die Eintragung erfolgt, so finden die Vorschriften der §§ 509 b bis 509 d (VorlZust), 510 mit der Maßgabe Anwendung, daß der Ueberlassung des Grundstücks an den Miether die Eintragung gleichsteht.

6. dem Abs. 2 des § 512 a) 1. hinzuzufügen:

Aenderungen und Ergänzungen des Miethvertrags, welche in das Grundbuch nicht eingetragen sind, sind im Verhältnisse zwischen Miether und Erwerber unwirksam.

Im Laufe der Berathung wurde der Antrag 5 zurückgezogen. Der Antragsteller zu 1 erklärte, daß er von dem im Abs. 1 für die Eintragung aufgestellten Erforderniß eines schriftlich abgeschlossenen Miethvertrags absehen wolle. Der Antragsteller zu 3 bemerkte, daß er an Stelle der in seinem eventuellen Vorschlag unter Abs. 2 Satz 1 angeführten Bestimmungen die §§ 509 b bis 509 d, 510 der VorlZust zitiren wolle und daß sein Abs. 3 durch den zu § 510 gefaßten Beschluß erledigt sei. Einverstanden war er ferner damit, daß zur Eintragung, da sie eine materielle Bedeutung habe, und auch für das Recht des Miethers von Einfluß sein könne, die Einwilligung des Vermiethers und der Antrag des Miethers erfordert werde.

Die Kom. entschied sich mit zehn gegen sechs Stimmen gegen die Zulassung der Eintragung.

o) Es lag der Antrag vor, als § 512 a folgende Bestimmung aufzunehmen:

Wird das vermiethete Grundstück von dem Erwerber an einen Dritten veräußert, so finden die Vorschriften der §§ 509 b Abs. 1, 509 c, 510, 512 entsprechende Anwendung.

Die Kom. stimmte sachlich dem Antrage zu, überließ jedoch der RedKom die Entscheidung darüber, ob die vorgeschlagene Bestimmung als eine selbständige Vorschrift aufzunehmen sei oder ob es den Vorzug verdiene, die Verschiedenheiten zwischen der Haftpflicht des weiterveräußernden Erwerbers von derjenigen des Vermiethers bei den einzelnen Vorschriften oder auch nur bei § 509 b (VorlZust) zum Ausdrucke zu bringen.

p) Die Kom. wandte sich der Frage zu, ob im Falle einer Veräußerung des Grundstücks der Erwerber für die Erstattung einer von dem Pächter dem Veräußerer geleisteten Sicherheit haftbar gemacht werden soll. Beantragt war (Prot. II, Bd. 2, S. 260):

Struckmann (Nr 182) 1. als § 532a zu bestimmen:

Im Falle des § 509b der VorlZust tritt der neue Erwerber, wenn der Pächter für seine aus dem Pachtverhältnisse sich ergebenden Verpflichtungen dem Verpächter Sicherheit geleistet hat, auch in die aus der Sicherheitsleistung sich ergebenden Rechte und Verpflichtungen ein, wenn der Pachtvertrag schriftlich geschlossen ist und die Bestellung der Sicherheit aus dem schriftlichen Pachtvertrage sich ergiebt. Der Verpächter haftet für die aus der Sicherheitsleistung sich ergebenden Verpflichtungen des neuen Erwerbers dem Pächter als selbstschuldnerischer Bürge.

(In einer Anm. zu § 532a soll hinzugefügt werden, daß diese Vorschrift im Falle der Zwangsversteigerung des verpachteten Grundstücks nur dann Anwendung findet, wenn auf ein mit Uebernahme des Pachtverhältnisses abgegebenes Gebot der Zuschlag ertheilt ist.)

2. für den Fall der Ablehnung des Antrags:

a) die vorgeschlagenen Bestimmungen mit der Aenderung einzustellen, daß der Schluß des ersten Satzes lautet:

. . . Verpflichtungen ein, wenn der Erwerber zur Zeit der Eigenthumsübertragung die Bestellung der Sicherheit kannte.

b) falls auch dieser Vorschlag abgelehnt wird, den zweiten Satz zu streichen und in dem ersten die Schlußworte („wenn . . . ergiebt") durch die Worte zu ersetzen:

in die Verpflichtungen jedoch nur dann, wenn er sie übernommen hat oder wenn ihm die Sicherheit ausgehändigt worden ist.

und diese Vorschrift auf die Miethe auszudehnen.

Jacubezky (Nr 183, 1) 3. dem § 509b Abs. 1 der VorlZust folgenden Satz anzufügen[28]

Für die Erstattung einer von dem Miether dem Vermiether geleisteten Sicherheit haftet er nur, wenn die geleistete Sicherheit ihm ausgehändigt worden ist.

Der Antragsteller zu 3 zog vor der Abstimmung seinen Vorschlag zu Gunsten des Eventualantrags 2b zurück.

Die Kom. entschied sich für den Antrag 2b. Die Anträge 1 und 2a wurden abgelehnt.

**II. 1.** Die beschlossenen Bestimmungen lauten in der *VorlZust:*

E I-VorlZust § 509 § 509. Ist ein Grundstück oder ein Theil eines Grundstücks Gegenstand des Miethvertrages, so kommen die in den §§ 509a bis 512 enthaltenen Vorschriften zur Anwendung.

E I-VorlZust § 509a § 509a. Der Miethvertrag bedarf der schriftlichen Form, wenn er auf länger als ein Jahr und nicht auf unbestimmte Zeit geschlossen ist. In Ermangelung dieser Form gilt ein solcher Miethvertrag nur für ein Jahr.

E I-VorlZust § 509b § 509b. Wird das Eigenthum an dem vermietheten Grundstücke nach dessen Ueberlassung an den Miether von dem Vermiether auf einen Dritten übertragen, so tritt von dem Zeitpunkte der Eigenthumsübertragung an der Erwerber an Stelle des Vermiethers in die während der Dauer seines Eigenthums aus dem Miethverhältnisse sich ergebenden Rechte und Pflichten ein.

---

[28] Der ursprüngliche Antrag (später zurückgezogen) lautet: „Der Erwerber haftet nicht für die Erstattung einer dem Vermiether von dem Miether geleisteten Sicherheit."

Wird der Erwerber wegen Nichterfüllung der ihm aus dem Miethverhältniß obliegenden Verpflichtungen dem Miether zum Schadensersatze verpflichtet, so haftet der Vermiether für die Erfüllung dieser Verbindlichkeit dem Miether als Bürge mit der Maßgabe, daß die Einrede der Vorausklage ausgeschlossen ist. Der Vermiether wird jedoch von dieser Haftung frei, wenn der Miether, nachdem er von dem Eigenthumsübergange durch Mittheilung des Vermiethers Kenntniß erlangt hat, das Miethverhältniß nicht zu dem ersten Termine, zu welchem die Kündigung statthaft ist, kündigt.

§ 509c. Verfügungen, welche der Vermiether vor der Eigenthumsübertragung über den in die Zeit der Berechtigung des Erwerbers fallenden Theil der Miethzinsforderung getroffen hat, sind dem Erwerber gegenüber insoweit wirksam, als sie den Miethzins des laufenden und des auf die Eigenthumsübertragung folgenden nächsten Kalendervierteljahres betreffen oder als sie dem Erwerber zur Zeit des Erwerbes bekannt gewesen sind. E I-VorlZust § 509c

Der Erwerber muß eine nach dem Erwerbe von dem Miether an den Vermiether bewirkte Erfüllung der Miethzinsforderung für das laufende und das nächstfolgende Kalendervierteljahr sowie jedes nach dem Erwerbe zwischen dem Miether und dem Vermiether in Ansehung einer solchen Miethzinsforderung vorgenommene Rechtsgeschäft gegen sich gelten lassen, es sei denn, daß der Miether zur Zeit der Leistung oder der Vornahme des Rechtsgeschäfts die Eigenthumsübertragung gekannt hat.

Gegen die Miethzinsforderung für das laufende und für das nächstfolgende Kalendervierteljahr kann der Miether auch eine ihm gegen den Vermiether zustehende Gegenforderung zur Aufrechnung bringen, es sei denn, daß er die Gegenforderung erworben hat, nachdem er von der Eigenthumsübertragung Kenntniß erlangt hatte, oder daß die Gegenforderung erst nach Erlangung dieser Kenntniß und später als die Miethzinsforderung fällig geworden ist.

§ 509d. Hat der Vermiether dem Miether angezeigt, daß das Eigenthum an dem vermietheten Grundstück auf einen Dritten übertragen sei, so muß er in Ansehung des Rechts des Dritten auf die Miethzinsforderung dem Miether gegenüber die angezeigte Uebertragung gegen sich gelten lassen, auch wenn sie nicht erfolgt oder nicht wirksam ist. E I-VorlZust § 509d

Die Zurücknahme der Anzeige ist nur wirksam, wenn sie mit Zustimmung desjenigen erfolgt, welcher als neuer Eigenthümer bezeichnet war.

§ 510. Die Vorschriften der §§ 509b bis 509d finden entsprechende Anwendung, wenn ein Dritter an dem vermietheten Grundstücke nach dessen Ueberlassung an den Miether durch Rechtsgeschäft mit dem Vermiether ein (anderes) Recht (als das Eigenthum) erwirbt, dessen Ausübung den vertragsmäßigen Gebrauch des Grundstücks für den Miether ausschließen würde. E I-VorlZust § 510

Wird durch die Ausübung des dem Dritten eingeräumten Rechtes der vertragsmäßige Gebrauch des Grundstücks für den Miether nur beschränkt, so ist der Dritte dem Miether gegenüber verpflichtet, die Ausübung des Rechtes insoweit zu unterlassen, als durch die Ausübung der vertragsmäßige Gebrauch des Miethers beeinträchtigt werden würde.

§ 512. Die Vorschriften der §§ 509b bis 510 finden auch dann Anwendung, wenn vor Ueberlassung des Grundstücks an den Miether ein Dritter durch Rechtsgeschäft des Vermiethers ein den vertragsmäßigen Gebrauch des Miethers ausschließendes oder beschränkendes Recht an dem Grundstück erworben und der Erwerber dem Vermiether gegenüber die Erfüllung der diesem nach dem Miethvertrage obliegenden Verpflichtungen ganz oder theilweise übernommen hat. E I-VorlZust § 512

§ 512a. Wird das vermiethete Grundstück von dem Erwerber weiter veräußert oder E I-VorlZust § 512a belastet, so finden die Vorschriften des § 509b Abs. 1 und der §§ 509c bis 512 entsprechende Anwendung.

(Es ist davon ausgegangen, daß die Vorschriften der §§ 509b bis 509d, 512, 512a auch im Falle der Zwangsversteigerung eines Grundstücks Anwendung finden, dabei aber folgende Modifikationen eintreten:

Der Ersteher ist berechtigt, das Miethverhältniß unter Einhaltung der gesetzlichen Kündigungsfrist zu kündigen, auch wenn es nach dem Vertrage auf eine längere Zeit eingegangen ist. Im Falle der Kündigung kann der Miether an den Vermiether Schadensersatz wegen Nichterfüllung verlangen und sofort vom Vertrage für die Zukunft zurücktreten. [Auf das Rücktrittsrecht finden die für das vertragsmäßige Rücktrittsrecht geltenden Vorschriften der §§ 427, 428a, 432, 433 entsprechende Anwendung.]

Dem Ersteher kann von dem Miether eine angemessene Frist zur Erklärung darüber bestimmt werden, ob er von dem Kündigungsrechte Gebrauch mache. Erfolgt die Kündigung nicht innerhalb dieser Frist, so ist das Kündigungsrecht erloschen.

Das Grundstück ist mit und ohne Uebernahme des Miethverhältnisses auszubieten. Der Zuschlag erfolgt auf das mit Uebernahme des Miethverhältnisses abgegebene Gebot, wenn durch dasselbe die eingetragenen und die die Zwangsversteigerung betreibenden persönlichen Gläubiger befriedigt werden oder wenn dasselbe nicht geringer ist, wie das ohne Uebernahme des Miethverhältnisses abgegebene Gebot. Das Kündigungsrecht des Erstehers ist in diesem Falle ausgeschlossen.)

**2.** Prot. II, Bd. 2, S. 268 (*Mugdan*, Bd. 2, S. 836)

In der VorlZust ist dem § 512a eine Anmerkung beigefügt, in welcher der Einfluß der Zwangsversteigerung auf die Miethe geordnet ist. Hierzu war beantragt, in die Anmerkung noch folgenden Satz aufzunehmen:

Die Vorschrift des § 509c Abs. 1, nach welcher Verfügungen des Vermiethers über den in die Zeit der Berechtigung des Erwerbers fallenden Theil des Miethzinses wirksam sind, wenn sie dem Erwerber zur Zeit des Erwerbes bekannt waren, findet keine Anwendung.

Der Antrag wurde angenommen.

**III.** Fassung der Regelung in der *ZustRedKom:*

E I-ZustRedKom § 530a

§ 530a. Wird das vermiethete Grundstück nach der Überlassung an den Miether von dem Vermiether an einen Dritten veräußert, so tritt von der Eigenthumsübertragung an der Erwerber an Stelle des Vermiethers in die während der Dauer seines Eigenthums aus dem Miethverhältnisse sich ergebenden Rechte und Verpflichtungen ein.

Erfüllt der Erwerber die aus dem Miethverhältnisse sich ergebenden Verpflichtungen nicht, so haftet der Vermiether, soweit der Erwerber Schadensersatz zu leisten hat, als selbstschuldnerischer Bürge. Der Vermiether wird von der Haftung befreit, wenn der Miether, nachdem er von der Eigenthumsübertragung durch Mittheilung des Vermiethers Kenntniß erlangt hat, das Miethverhältniß nicht für den ersten Termin kündigt, für den die Kündigung zulässig ist.

E I-ZustRedKom § 530b

§ 530b. Hat der Miether des veräußerten Grundstücks wegen seiner Verpflichtungen dem Vermiether Sicherheit geleistet, so tritt der Erwerber auch in die dadurch begründeten Rechte ein. Zur Rückgewähr der Sicherheit ist er nur verpflichtet, wenn sie ihm ausgehändigt ist oder wenn er dem Vermiether gegenüber die Verpflichtung zur Rückgewähr übernommen hat.

E I-ZustRedKom § 530c

§ 530c. Verfügungen, welche der Vermiether vor der Eigenthumsübertragung über den in die Zeit der Berechtigung des Erwerbers fallenden Theil der Miethzinsforderung getroffen hat, sind insoweit wirksam, als sie sich auf den Miethzins für das zur Zeit der Eigenthumsübertragung laufende und das folgende Kalendervierteljahr beziehen. Verfügungen über den Miethzins für eine spätere Zeit muß der Erwerber gegen sich gelten lassen, wenn er sie zur Zeit der Eigenthumsübertragung gekannt hat.

§ 530d. Ein nach der Eigenthumsübertragung zwischen dem Miether und dem Vermiether in Ansehung der Miethzinsforderung vorgenommenes Rechtsgeschäft, insbesondere die Entrichtung des Miethzinses, ist dem Erwerber gegenüber wirksam, soweit es sich nicht um den Miethzins für eine spätere Zeit als das Kalendervierteljahr, in welchem der Miether von der Eigenthumsübertragung Kenntniß erlangt hat, und das folgende Vierteljahr handelt. Die Wirksamkeit ist ausgeschlossen, wenn der Miether bei der Vornahme des Rechtsgeschäfts von der Eigenthumsübertragung Kenntniß hatte. E I-ZustRedKom § 530d

§ 530e. Soweit die Entrichtung des Miethzinses an den Vermiether nach § 530d Satz 1 dem Erwerber gegenüber wirksam ist, kann der Miether gegen die Miethzinsforderung des Erwerbers eine ihm gegen den Vermiether zustehende Forderung aufrechnen. Die Aufrechnung ist ausgeschlossen, wenn der Miether die Gegenforderung erworben hat, nachdem er von der Eigenthumsübertragung Kenntniß erlangt hatte, oder wenn die Gegenforderung erst nach Erlangung der Kenntniß und später als der Miethzins fällig geworden ist. E I-ZustRedKom § 530e

§ 530f. Hat der Vermiether dem Miether angezeigt, daß das Eigenthum an dem vermietheten Grundstück auf einen Dritten übertragen sei, so muß er in Ansehung der Miethzinsforderung die angezeigte Uebertragung dem Miether gegenüber gegen sich gelten lassen, auch wenn sie nicht erfolgt oder nicht wirksam ist. E I-ZustRedKom § 530f

Die Zurücknahme der Anzeige ist nur wirksam, wenn sie mit Zustimmung desjenigen erfolgt, welcher als neuer Eigenthümer bezeichnet war.

§ 530g (510). Wird das vermiethete Grundstück nach der Ueberlassung an den Miether von dem Vermiether mit dem Rechte eines Dritten belastet, so finden die Vorschriften der §§ 530a bis 530f entsprechende Anwendung, wenn durch die Ausübung des Rechtes dem Miether der vertragsmäßige Gebrauch entzogen wird. Hat die Ausübung des Rechtes nur eine Beschränkung des Miethers in dem vertragsmäßigen Gebrauche zur Folge, so ist der Dritte dem Miether gegenüber verpflichtet, die Ausübung zu unterlassen, soweit durch sie der vertragsmäßige Gebrauch beeinträchtigt werden würde. E I-ZustRedKom § 530g

§ 530h (512). Hat vor der Ueberlassung des vermietheten Grundstücks an den Miether der Vermiether das Grundstück an einen Dritten veräußert oder mit einem Rechte belastet, durch dessen Ausübung dem Miether der vertragsmäßige Gebrauch entzogen oder beschränkt wird, so gilt das Gleiche wie in den Fällen des § 530a Abs. 1 und des § 530g, wenn der Erwerber dem Vermiether gegenüber die Erfüllung der aus dem Miethverhältnisse sich ergebenden Verpflichtungen übernommen hat. E I-ZustRedKom § 530h

§ 530i[29]. Wird das vermiethete Grundstück von dem Erwerber weiter veräußert oder belastet, so finden die Vorschriften des § 530a Abs. 1 oder der §§ 530b bis 530h entsprechende Anwendung. Erfüllt der neue Erwerber die aus dem Miethverhältnisse sich ergebenden Verpflichtungen nicht, so haftet der Vermiether dem Miether in Gemäßheit des § 530a Abs. 2. E I-ZustRedKom § 530i

[29] Die dem § 530i beigefügte Anmerkung entspricht der zum 520 E II beigefügten Anmerkung (vergl. unter IV a. E.).

**IV. 1.** Fassung der Regelung im *E II:*

E II § 512 § 512. Wird das vermiethete Grundstück nach der Ueberlassung an den Miether von dem Vermiether an einen Dritten veräußert, so tritt der Erwerber an Stelle des Vermiethers in die während der Dauer seines Eigenthums sich aus dem Miethverhältniß ergebenden Rechte und Verpflichtungen ein.

Erfüllt der Erwerber die Verpflichtungen nicht, so haftet der Vermiether, soweit der Erwerber zum Schadensersatze verpflichtet ist, für den Schadensersatz wie ein Bürge, der auf die Einrede der Vorausklage verzichtet hat. Der Vermiether wird von der Haftung befreit, wenn der Miether, nachdem er von dem Uebergange des Eigenthums durch Mittheilung des Vermiethers Kenntniß erlangt hat, das Miethverhältniß nicht für den ersten Termin kündigt, für den die Kündigung zulässig ist.

E II § 513 § 513. Hat der Miether des veräußerten Grundstücks für die Erfüllung seiner Verpflichtungen dem Vermiether Sicherheit geleistet, so tritt der Erwerber in die dadurch begründeten Rechte ein. Zur Rückgewähr der Sicherheit ist er nur verpflichtet, wenn sie ihm ausgehändigt worden ist oder wenn er dem Vermiether gegenüber die Verpflichtung zur Rückgewähr übernommen hat.

E II § 514 § 514. Verfügungen, welche der Vermiether vor dem Uebergange des Eigenthums über den in die Zeit der Berechtigung des Erwerbers fallenden Theil der Miethzinsforderung getroffen hat, sind insoweit wirksam, als sie sich auf den Miethzins für das zur Zeit des Ueberganges des Eigenthums laufende und das folgende Kalendervierteljahr beziehen. Verfügungen über den Miethzins für eine spätere Zeit muß der Erwerber gegen sich gelten lassen, wenn er sie zur Zeit des Ueberganges des Eigenthums gekannt hat.

E II § 515 § 515. Ein nach dem Uebergange des Eigenthums zwischen dem Miether und dem Vermiether in Ansehung der Miethzinsforderung vorgenommenes Rechtsgeschäft, insbesondere die Entrichtung des Miethzinses, ist dem Erwerber gegenüber wirksam, soweit es sich nicht auf den Miethzins für eine spätere Zeit als das Kalendervierteljahr, in welchem der Miether von dem Uebergange des Eigenthums Kenntniß erlangt hat, und das folgende Vierteljahr bezieht. Die Wirksamkeit ist ausgeschlossen, wenn der Miether bei der Vornahme des Rechtsgeschäfts von dem Uebergange des Eigenthums Kenntniß hatte.

E II § 516 § 516. Soweit die Entrichtung des Miethzinses an den Vermiether nach § 515 Satz 1 dem Erwerber gegenüber wirksam ist, kann der Miether gegen die Miethzinsforderung des Erwerbers eine ihm gegen den Vermiether zustehende Forderung aufrechnen. Die Aufrechnung ist ausgeschlossen, wenn der Miether die Gegenforderung erworben hat, nachdem er von dem Uebergange des Eigenthums Kenntniß erlangt hat, oder wenn die Gegenforderung erst nach der Erlangung der Kenntniß und später als der Miethzins fällig geworden ist.

§ 517 lautet wie § 530f. ZustRedKom.

§ 518 lautet wie § 530g ZustRedKom.
(Bezug genommen ist auf §§ 512 bis 517; der Schluß lautet: „soweit sie den vertragsmäßigen Gebrauch beeinträchtigen würde.“)

§ 519 lautet wie § 530h (Bezug genommen ist auf §§ 512 Abs. 1, 518; in Satz 2 ist das „sich“ vor das Wort „aus“ gesetzt worden).

§ 520. Wird das vermiethete Grundstück von dem Erwerber weiter veräußert oder belastet, so finden die Vorschriften des § 512 Abs. 1 und der §§ 513 bis 519 entsprechende Anwendung. Erfüllt der neue Erwerber die sich aus dem Miethverhältniß ergebenden Verpflichtungen nicht, so haftet der Vermiether dem Miether in Gemäßheit des § 512 Abs. 2.

Die dem § 520 E II beigefügte *Anmerkung* lautet:

1. Der § 511 des Entw. I ist gestrichen.

2. Es wird vorausgesetzt, daß die Vorschriften der §§ 512 bis 516, 519, 520 auch im Falle der Zwangsversteigerung eines Grundstücks Anwendung finden, dabei aber folgende Aenderungen eintreten:

Der Ersteher ist berechtigt, das Miethverhältniß unter Einhaltung der gesetzlichen Kündigungsfrist zu kündigen. Im Falle der Kündigung kann der Miether sofort von dem Vertrage für die Zukunft zurücktreten und von dem Vermiether Schadensersatz wegen Nichterfüllung verlangen. Auf das Rücktrittsrecht finden die für das vertragsmäßige Rücktrittsrecht geltenden Vorschriften der §§ 298, 300, 304, 305 entsprechende Anwendung.

Der Miether kann den Ersteher unter Bestimmung einer angemessenen Frist zur Erklärung darüber auffordern, ob er von dem Kündigungsrechte Gebrauch machen wolle. Erfolgt die Kündigung nicht innerhalb der Frist, so ist das Kündigungsrecht erloschen.

Das Grundstück ist mit und ohne Uebernahme des Miethverhältnisses auszubieten. Der Zuschlag erfolgt auf das mit Uebernahme des Miethverhältnisses abgegebene Gebot, wenn die eingetragenen und die betreibenden persönlichen Gläubiger durch das Gebot befriedigt werden oder wenn das Gebot nicht geringer ist als das ohne Uebernahme des Miethverhältnisses abgegebene Gebot. Das Kündigungsrecht des Erstehers ist in diesem Falle ausgeschlossen.

Die Vorschrift des § 514 Satz 2 findet keine Anwendung.

2. Wegen einer Fassungsänderung des § 515 E II (§ 574 BGB) vgl. Materialien zu den §§ 1158f. BGB (Prot. II, Bd. 6, S. 253ff.).

V. Die Fassung der §§ 563–571 *E II rev* (§§ 564–572 *E III*) entspricht der der §§ 571–579 BGB.

## E. Reichstag (XII. Kommission)

I. Beantragt war: in Absatz 2 des § 569 zwischen „mit“ und „Zustimmung“ zu setzen „schriftlicher“. Frohme, Stadthagen (Nr 39, 11)

II. Bericht von *Heller* über die Sitzung vom 7. 3. 1896:

Den Antrag *Frohme, Stadthagen* zum § 569 zogen die Antragsteller zurück, nachdem *Struckmann* darauf aufmerksam gemacht hatte, daß der Zweck des Antrags schon durch die §§ 178, 107 erreicht sei.

III. Der Antrag wurde in 2. Lesung wiederholt (Nr. 133, 8) und abgelehnt.

§ 580

**Die Vorschriften über die Miethe von Grundstücken gelten auch für die Miethe von Wohnräumen und anderen Räumen.**

Zur Entstehung des § 580 BGB heißt es bei *Planck*, BGB nebst EG, 3. Aufl. 1907, 2. Bd., Recht der Schuldverhältnisse Anm. 1 zu § 580:

Der E I enthielt besondere Vorschriften über die Miete von Grundstücken in den §§ 505 Abs. 2 (= BGB § 537 Abs. 2 Satz 2), 505–511 (entspr. §§ 571 ff.), 517 Satz 2 (entspr. § 551 Abs. 2), 521 (entspr. §§ 559–565), 522 Abs. 3–5, 7 (entspr. § 565 Abs. 1, 3), dagegen keine dem § 580 entsprechende Vorschrift. Bezüglich der §§ 509 ff. sprachen aber die Mot. II S. 386 die Anwendbarkeit auf die Miete von Wohnungen, Speichern, Waren- und Meßgewölben etc. besonders aus. Der § 580 ist hervorgegangen aus einem von der zweiten Kommission angenommenen Antrage, der die Vorschriften der §§ 571 ff. ausdrücklich auf die Miete eines Teiles eines Grundstücks ausdehnen wollte (Prot. II, Band 2, S. 134; [vgl. Materialien zu § 571 ff. BGB unter C I]). Den darin ausgesprochenen Gedanken brachte die Redaktionskommission in der allgemeinen Fassung des § 580 zum Ausdrucke.

**A.** Die Regelung des § 580 BGB taucht erstmals in § 503 Abs. 2 *E I-ZustRedKom* auf (vgl. Materialien zu § 535 BGB unter C III).

E II § 480 Abs. 2

**B. 1.** Die Regelung lautet als § 480 Abs. 2 *E II:* Die Vorschriften über die Miethe von Grundstücken gelten auch für die Miethe von Wohn- und anderen Räumen.

**2.** Die Fassung des § 572 E II rev (§ 573 E III) entspricht der des § 580 BGB.

**E. Reichstag (XII. Kommission)**

**I.** Beantragt war: als § 572a oder an einer anderen geeigneten Stelle die Bestimmung zu setzen:

Frohme, Stadthagen (Nr 39, 12)

„Verträge[1], durch welche der Miether eines Grundstücks aus anderen als in diesem Abschnitt ausgedrückten Gründen dem Vermiether das Recht einseitiger Aufhebung des Miethsvertrages oder des Rücktritts vom Miethsvertrage einräumt oder sich einer Konventionalstrafe in einer größeren Höhe als eines Wochenzinses unterwirft, sind ungültig."

**II.** Bericht von Heller über die Sitzung vom 7. 3. 1896:

Den Antrag auf Einstellung eines neuen § 572a begründete *Stadthagen* wiederum mit dem Hinweis auf die in Berlin gebräuchlichen Mietvertragsformulare. Den Fall, daß die Aufhebung des Mietvertrags wegen Nichtzahlung des Mietzinses erfolgt, solle der Antrag übrigens nicht treffen; in dieser Beziehung bedürfe der Antrag daher noch der redaktionellen Verbesserung. *Struckmann* gab zu, daß der Antrag im Hinblick auf die

[1] Abgeändert in „Vereinbarungen" (Protokoll der Kommissionssitzung vom 7. 3. 1896).

Berliner Verhältnisse einen gewissen guten Kern habe. Aber im allgemeinen passe eine so weit gehende Beschränkung der Vertragsfreiheit für die Mannigfaltigkeit des Lebens nicht. Hinsichtlich der Konventionalstrafe genüge übrigens der § 337. Der Antrag wurde gegen die Stimmen der Antragsteller abgelehnt[2].

**III.** Der fast gleichlautende Antrag der Sozialdemokraten (Nr. 465, 20) als § 572a oder an einer anderen geeigneten Stelle die Bestimmung zu setzen: „Verträge, in denen der Miether eines Grundstücks aus anderen als in diesem Abschnitt ausgedrückten Gründen dem Vermiether das Recht einseitiger Aufhebung des Miethsvertrages oder des Rücktritts vom Miethsvertrag einräumt oder sich eine Konventionalstrafe in einer größeren Höhe als eines Wochenzinses unterwirft, sind ungültig." wurde im Plenum ebenfalls abgelehnt.

**IV.** a) Ferner war beantragt, folgende Resolution anzunehmen: „Die Kommission spricht die Erwartung aus, daß in dem Gesetz, betreffend die Aenderung der Civilprozeßordnung, eine Bestimmung Aufnahme finde, nach welcher eine angemessene Räumungsfrist in Urtheilen festgesetzt werden muß, falls auf Räumung einer Wohnung erkannt wird." Frohme, Stadthagen (Nr 40, 5)

b) Bericht von Heller über die Sitzung vom 7. 3. 1896:

Zu der von *Frohme* und *Stadthagen* beantragten Resolution bemerkte *Struckmann*, eine angemessene Räumungsfrist habe manches für sich. Hierauf bezügliche landesgesetzliche Vorschriften seien durch den Artikel 93 des Entwurfs des Einführungsgesetzes vorbehalten. Inwieweit eine Vorschrift in der Zivilprozeßordnung möglich sei, lasse sich jetzt nicht übersehen. Nach Befürwortung durch den Abgeordneten *von Bennigsen* wurde die Resolution einstimmig angenommen.

**V.** Ferner war in der 2. Lesung der XII. Kommission beantragt, folgender *Resolution* ihre Zustimmung zu geben: Die Kommission spricht die Erwartung aus, daß in dem Gesetz, betreffend Aenderungen der Zivilprozeßordnung, der Kreis der unentbehrlichen Gegenstände erweitert, mindestens auf alle zum Erwerb oder Beruf des Schuldners unentbehrlichen Gegenstände erweitert, mindestens auf alle zum Erwerb oder Beruf des Schuldners unentbehrlichen Gegenstände ausgedehnt und klarer bezeichnet werde. Frohme, Stadthagen (Nr 133, 6)

Der Antrag wurde einstimmig angenommen (Bericht, Drucksache Nr. 440d S. 2118).

1. Abgeändert in „Vereinbarungen" (Protokoll der Kommissionssitzung vom 7. 3. 1896).

2. Nach dem Kommissionsprotokoll gegen 7 Stimmen abgelehnt.

## II. Pacht

Die *Anträge von v. Kübel* zum Pachtrecht lauten im Zusammenhang (vgl. Vorbemerkung zu § 535 BGB):

**Antrag Nr. 358 vom 28. 4. 1883 zum Pachtrecht:**

[2] Nach dem Kommissionsprotokoll gegen sieben Stimmen abgelehnt.

**III. Pacht. § 26** (DresdE Art. 576, 577). Durch den Pachtvertrag wird der Verpächter verpflichtet, dem Pächter eine fruchtbringende Sache oder ein nutzbares Recht zum Bezug der Früchte oder Erträgnisse während der Pachtzeit zu überlassen und der Pächter verpflichtet, dem Verpächter die vereinbarte Gegenleistung (Pachtzins) zu entrichten.

Der Pachtzins kann auch in einer Quote der Früchte oder Erträgnisse bestehen (Theilpacht).

**§ 27** (DresdE Art. 578). Die Vorschriften über den Miethvertrag finden auf den Pachtvertrag Anwendung, soweit nicht die nachfolgenden Bestimmungen Abweichungen enthalten.

(Art. 579 des Dresdener Entwurfs fällt aus.)

**§ 28** (DresdE Art. 580). In dem in § 7 bezeichneten Falle hat der Erwerber dem Pächter eines landwirthschaftlichen Grundstückes nach der an ihn erfolgten Anzeige, daß er das Grundstück zu räumen habe, auf demselben noch bis zu Ende des laufenden Wirthschaftsjahrs, und, falls die Anzeige nicht wenigstens sechs Monate vor dem Ablaufe des Wirthschaftsjahres erfolgte, bis zum Ende des nächstfolgenden Wirthschaftsjahres zu belassen.

**§ 29** (DresdE Art. 581, 582). Der Pächter ist verpflichtet, den verpachteten Gegenstand in nutzbarem Zustande zu erhalten. Der Pächter landwirthschaftlicher Grundstücke darf Aenderungen in der hergebrachten Bewirthschaftung, welche über die Pachtzeit hinaus von Einfluß sind, ohne Einwilligung des Verpächters nicht vornehmen. Der Theilpächter darf den Pachtgegenstand ohne Einwilligung des Verpächters nicht in Afterpacht geben.

**§ 30** (DresdE Art. 583). Die Kosten der mit der Benutzung des Grundstücks in Verbindung stehenden gewöhnlichen Ausbesserungen, insbesondere der Wohn- und Wirthschaftsgebäude, der Wege und Stege, der Abzugsgräben und Umzäunungen, hat der Pächter, die Kosten anderer Ausbesserungen der Verpächter zu tragen.

**§ 31.** Muß der Pachtgegenstand vor dem Ablauf der Pachtzeit von dem Pächter zufolge eines von ihm nicht zu vertretenden Umstandes geräumt werden, so ist der Pächter berechtigt, auch für die ohne Einwilligung des Verpächters gemachten Aufwendungen und Verbesserungen des Pachtgegenstandes (§ 11 Abs. 2) von dem Verpächter insoweit Ersatz zu verlangen, als der durch denselben erzielte Nutzen dem Pächter erst im Laufe der übrigen Pachtzeit hätte zu gut kommen sollen und zu gut gekommen wäre.

**§ 32** (DresdE Art. 584). Der Pächter eines landwirthschaftlichen Grundstückes kann, wenn durch einen Zufall die auf dem Grundstück stehenden oder gewonnenen Früchte ganz oder theilweise vernichtet oder verdorben werden, weder von dem Vertrage zurücktreten, noch einen Erlaß oder eine Minderung des Pachtzinses verlangen.

**§ 33** (DresdE Art. 585). Hat der Pächter das Inventar zu einem bestimmten angeschlagenen Werthe mit der Verpflichtung übernommen, nach Beendigung des Pachtvertrags ein Inventar von gleichem Schätzungswerthe zurückzugeben, so erhält er das Recht auf den Gebrauch und die Nutzungen des Inventars und trägt während der Dauer des Pachtvertrages die Gefahr des Unterganges und der Verschlechterung derselben. Der Pächter kann über die einzelnen Inventarstücke, soweit dies der wirthschaftlichen Benutzung entspricht, verfügen; er ist aber verpflichtet, die abgegangenen Stücke durch neue zu ersetzen und bei Beendigung des Pachtvertrages eine nach Beschaffenheit, Umfang und Schätzungswerth dem übernommenen gleichkommendes Inventar dem Verpächter zurückzugeben; giebt der Pächter das Inventar in schlechterer Beschaffenheit oder in vermindertem Umfange zurück, so hat er für den Minderwerth Ersatz zu leisten. Uebersteigt der Schätzungswerth des zurückgelassenen Inventars den Werth des übernommenen, so kann der Pächter, wenn die Wertherhöhung durch eine den Verhältnissen des gepachteten Grundstücks entsprechende Bewirthschaftung herbeigeführt worden ist, Ersatz des Ueberschusses verlangen.

§ 34 (DresdE Art. 586). Hat der Pächter das erhaltene Inventar weder gekauft, noch sich zu dessen Rückgabe gemäß § 33 verpflichtet, so ist er berechtigt, die Inventarstücke ihrer Beschaffenheit und ihrem Zwecke gemäß zu benutzen, insbesondere die Jungen des Viehes für sich zu behalten, sowie die Ergänzung der von ihm nicht verschuldeten Abgänge von dem Verpächter zu verlangen. Dagegen hat der Pächter alle Reparaturen, sowie die Unterhalts- und Fuhrkosten zu tragen und bei Beendigung des Pachtes das Inventar nach Maßgabe der Vorschrift des § 18 zurückzugeben.

§ 35 (neu). Der Pächter hat an dem in seinem Gewahrsam befindlichen Inventar (§§ 33, 34) wegen seiner Forderungen für dasselbe an den Verpächter kraft Gesetzes ein Pfandrecht. Die Bestimmungen in § 19 Abs. 2, 4, 5 finden Anwendung.

§ 36 (DresdE Art. 587). Nach Ablauf der Pachtzeit ist der Pächter verpflichtet, die gepachteten landwirthschaftlichen Grundstücke mit Rücksicht auf die Jahreszeit, zu welcher der Pacht zu Ende geht, in wirthschaftlichem Zustande zurückzugeben. Insbesondere hat er die vorhandenen Wirthschaftserzeugnisse, soweit sie zur Fortführung der Wirthschaft bis zu der Zeit nöthig sind, zu welcher man gleiche oder ähnliche Erzeugnisse aus dem Grundstücke zu gewinnen pflegt, ingleichen die vorhandenen Düngemittel, welche auf den Grundstücken erzeugt oder für die letzteren angeschafft worden sind, zurückzulassen.

§ 37 (neu). Der Verpächter hat kraft Gesetzes wegen seiner sämmtlichen Ansprüche aus dem Pachtverhältniß ein Pfandrecht an den in das verpachtete Grundstück eingebrachten Sachen des Pächters, sowie an den Früchten des Grundstückes (Sachenrechtsentw. § 155), im Konkurse des Pächters jedoch nur, soweit die Sachen und die Früchte zur Zeit der Eröffnung des Konkursverfahrens sich noch auf dem Grundstücke befinden.

Im Uebrigen finden die Bestimmungen des § 19 Abs. 2–5 entsprechende Anwendung.

§ 38 (DresdE Art. 588). Ist bei der Verpachtung landwirthschaftlicher Grundstücke etwas Anderes nicht bestimmt worden, so ist anzunehmen, daß der Pacht so lange dauern soll, als nach der vertragsmäßigen oder hergebrachten Bewirthschaftungsweise zum Bezug einer Erndte von sämmtlichen verpachteten Grundstücken erforderlich ist.

Der Pacht über andere Gegenstände gilt im Zweifel als auf ein Jahr geflossen.

Diese Vorschriften über die Dauer gelten auch für einen stillschweigend erneuerten Pachtvertrag.

Die Kündigung eines Pachtvertrages über landwirthschaftliche Grundstücke kann nur sechs Monate vor dem Ablauf der in Absatz 1 bezeichneten Zeit erfolgen.

§ 39 (neu). Stirbt der Pächter, so sind sowohl seine Erben, als der Verpächter berechtigt, den Pacht zu kündigen. Die Kündigung muß erfolgen bei dem Pacht landwirthschaftlicher Grundstücke sechs Monate vor dem Ablauf des Wirthschaftsjahres, und wenn der Tod in den letzten sechs Monaten eines Wirthschaftsjahres eintritt, sechs Monate vor dem Ablaufe des nächstfolgenden Wirthschaftsjahres. Bei dem Pacht anderer Gegenstände beträgt die Kündigungsfrist drei Monate.

Im Falle der Kündigung durch den Verpächter findet die Vorschrift in § 31 Anwendung.

§ 581

**Durch den Pachtvertrag wird der Verpächter verpflichtet, dem Pächter den Gebrauch des verpachteten Gegenstandes und den Genuß der Früchte, soweit sie nach den Regeln einer ordnungsmäßigen Wirthschaft als Ertrag anzusehen sind, während der Pachtzeit zu gewähren. Der Pächter ist verpflichtet, dem Verpächter den vereinbarten Pachtzins zu entrichten.**

**Auf die Pacht finden, soweit sich nicht aus den §§ 582 bis 597 ein Anderes ergiebt, die Vorschriften über die Miethe entsprechende Anwendung.**

## A. 1. Kommission

I. 209. Sitzung vom 18. 5. 1883, Schriftführer Neubauer

| Prot I 2161 | Die Berathung wandte sich zu dem „die Pacht" betreffenden Abschnitte des Dresdener Entwurfs.

Man verständigte sich vorab, daß das Gesetzbuch sich der Ausdrücke: „P*ä*chter" und „Verp*ä*chter" *nicht* „P*a*chter" und „Verp*a*chter", ferner des Ausdrucks: „*die* Pacht" nicht: „*der* Pacht" zu bedienen habe.

Zu Artikel 576 des Entwurfs:

DresdE Art 576 „Durch den Pachtvertrag wird der Verpächter verpflichtet, dem Pächter gegen eine vertragsmäßige Vergütung (Pachtzins, Pachtgeld) eine fruchtbringende Sache oder ein nutzbares Recht zur Fruchtziehung zu überlassen."

lagen die Anträge vor:

v. Kübel (Nr 358) 1. statt dessen zu bestimmen:
„Durch den Pachtvertrag wird der Verpächter verpflichtet, dem Pächter eine fruchtbringende Sache oder ein nutzbares Recht zum Bezug der Früchte oder Erträgnisse während der Pachtzeit zu überlassen und der Pächter verpflichtet, dem Verpächter die vereinbarte Gegenleistung (Pachtzins) zu entrichten."

Kurlbaum (Nr 375) 2. zu bestimmen:
„Durch den Pachtvertrag wird der Verpächter verpflichtet, dem Pächter die Benutzung und den Fruchtgenuß des verpachteten Gegenstandes während der Pachtzeit zu gewähren, und der Pächter verpflichtet, dem Verpächter die vereinbarte Gegenleistung (Pachtzins) zu entrichten.

| Prot I 2162 Gegenstand der Verpachtung kann eine fruchtbringende Sa- | che oder ein nutzbares Recht sein."

v. Schmitt (Nr 378) 3. den ersten Absatz des Antrags Nr. 2 zu fassen:
„Durch den Pachtvertrag wird der Verpächter verpflichtet, dem Pächter den Bezug der Früchte oder Erträgnisse der verpachteten Sache oder des verpachteten Rechts während der Pachtzeit zu gewähren, und der Pächter verpflichtet, dem Verpächter die vereinbarte Gegenleistung (Pachtzins) zu entrichten."

Windscheid (Nr 372) 4. der im Laufe der Debatte zurückgenommene Antrag: den Artikel zu streichen, eventuell hinter: „fruchtbringende" einzufügen: „unbewegliche".

Beschlossen wurde die Aufnahme des Artikels in der Fassung:

„Durch den Pachtvertrag wird der Verpächter verpflichtet, dem Pächter den Gebrauch und den Fruchtgenuß des verpachteten Gegenstandes während der Pachtzeit zu gewähren und der Pächter verpflichtet, dem Verpächter die vereinbarte Gegenleistung (Pachtzins) zu entrichten."

Erwogen war:

Die Aufnahme des Artikels sei schon deshalb nicht zu umgehen, weil das bei der Miethe nicht in Frage kommende Recht des Pächters, die Früchte sich anzueignen, zum Ausdruck gebracht werden müsse. Die Fassung des Artikels sei aber im Uebrigen thunlichst derjenigen anzuschließen, welche für den Miethvertrag bei Berathung des Artikels 538 bestimmt sei (Prot. S. 2022).

Zu dem Ende genüge es, außer den sich von selbst ergebenden Modifikationen, dem Ausdrucke: „den Gebrauch" hinzuzufügen: „und den Fruchtgenuß". Das letztere Wort deute ausreichend an, einmal, daß der Pächter zugleich das Recht habe, die Früchte sich anzueignen, weil dieser Sinn mit dem Worte: „Fruchtgenuß" regelmäßig verbunden sei, sodann daß sowohl die natürlichen als die bürgerlichen Früchte in Betracht kommen (Prot. S. 1883[1]). Richtig sei es ferner, dem Pächter außer dem Fruchtgenusse auch das Gebrauchsrecht, dieses in gleichem Maße wie dem Miether, beizulegen. Es könne nämlich nicht anerkannt werden, daß der Pächter be- | griffsmäßig zum Gebrauche nur insoweit befugt sei, als der letztere zum Fruchtgenuß erforderlich erscheine. | Prot I 2163

Die Verwendung des Ausdrucks: „verpachteter Gegenstand" mache es endlich entbehrlich, den Fall der Pachtung eines Rechts besonders hervorzuheben.

Die Anträge, dieses Falls in einer oder der anderen Art besonders Erwähnung zu thun, neben der Früchte auch der Erträgnisse zu gedenken, und das Gebrauchsrecht zu übergehen, waren aus den vorstehenden Erwägungen abgelehnt worden.

Der Artikel 577 des Entwurfs lautet: DresdE Art 577

„Der Pachtzins kann auch in einem im Verhältniß zu dem Gesammtertrage des Pachtgegenstandes gedachten Theile der Früchte desselben bestehen (Theilpacht)."

Von mehreren Seiten war die Streichung des Artikels beantragt[2] von einer Seite vorgeschlagen, ihn als Absatz 2 dem Artikel 576 in der Fassung anzuschließen: Windscheid (Nr 377) Kurlbaum (Nr 375) v. Schmitt (Nr 378)

„Der Pachtzins kann auch in einer Quote der Früchte oder Erträgnisse bestehen (Theilpacht)." v. Kübel (Nr 358)

Die Mehrheit entschied für die Streichung des Artikels. Sie war der Ansicht:

Der Artikel bezwecke die Bestimmung:

„Werde als Pachtzins ein Bruchtheil der Früchte vereinbart, so werde durch eine solche Vereinbarung die Anwendbarkeit der für die Pacht geltenden Rechtsnormen nicht ausgeschlossen."

Eine solche Bestimmung möge für das römische Recht eine große Bedeutung gehabt haben; für das Gesetzbuch sei sie, nachdem beschlossen worden, daß die Gegenleistung des Pächters nicht in der Zahlung einer Geldsumme zu bestehen brauche, sondern beliebiger Art sein könne, von geringem Werthe. Nur als Auslegungsregel, — sofern der Vertrag Zweifel lasse, ob der Parteiwille auf Eingehung eines Gesellschaftsverhältnisses gerichtet gewesen sei, — könnte sie noch einiges Gewicht haben, welches aber durch die Voraussetzung: der Bruchtheil der Früchte müsse als *„Pachtzins"* bedungen sein: be- | deutend gemindert werde. Ob überdies die Theilpacht gegenwärtig in Deutschland nur wenig verbreitet sei und schon deshalb ihre Uebergehung sich rechtfertige, könne dahingestellt bleiben. | Prot I 2164

---

[1] Materialien zu § 452 BGB.

[2] Wegen des Antrags von *v. Schmitt* vgl. Anträge zu Art. 582 DresdE (unten S. 621). – Streichung war beantragt von Windscheid, Kurlbaum und von v. Schmitt, der folgende Antrag stammt von v. Kübel.

DresdE Art 578 Zu Artikel 578 des Entwurfs:

„Die Vorschriften über den Miethvertrag finden auf den Pachtvertrag Anwendung, soweit nicht die nachstehenden Vorschriften etwas Anderes enthalten."

war beantragt:

v. Kübel (Nr 358) 1. statt dessen zu bestimmen:

„Die Vorschriften über den Miethvertrag finden auch auf den Pachtvertrag Anwendung, soweit nicht die nachfolgenden Bestimmungen Abweichungen enthalten."

v. Schmitt (Nr 378) 2. zu bestimmen:

„Die Vorschriften über die Miethe finden vorbehaltlich der nachfolgenden besonderen Bestimmungen *entsprechende* Anwendung auf die Pacht."

Der Artikel blieb sachlich unbeanstandet, seine Fassung der Redaktion vorbehalten, bei der die gestellten Anträge Berücksichtigung zu finden hätten; es wurde jedoch beschlossen, die Vorschriften über die Miethe seien, weil die direkte Anwendung derselben nicht überall zutreffe, nur für *entsprechend* anwendbar zu erklären. Einverständniß bestand, daß besondere Bestimmungen für den Fall nicht aufzunehmen seien, wenn bei der Miethe einer unbeweglichen Sache zugleich ein Grundstück zum Fruchtgenuß überlassen sei, z. B. bei der Miethe eines Hauses ein dazu gehörender Garten oder umgekehrt. Man war der Ansicht, daß in einem solchen Falle die Entscheidung, ob Miethe oder Pacht vorliege, davon abhänge, welcher Gegenstand als die Hauptsache erscheine, wodurch nicht ausgeschlossen werde, ungeachtet der hiernach zu treffenden Entscheidung in Ansehung gewisser Einzelheiten die für das andere Verhältniß geltenden Vorschriften anzuwenden, z. B. in dem obigen Beispiele, wenn für Miethe zu entscheiden sei, die Rechte und Pflichten des Miethers für den Fruchtgenuß in Ansehung des Gartens nach den Rechtsnormen über die Pacht zu bestimmen.

| Prot I 2165 | (Zu vgl. übrigens Protokoll vom 12. März 1883 S. 1849[3].)

DresdE Art 579 Zu Artikel 579 des Entwurfs:

„Der Verpächter ist verpflichtet, dem Pächter die Inhabung der verpachteten Sache oder der Sache, auf welche sich das verpachtete Recht bezieht, zu verschaffen, soweit diese Inhabung zur Fruchtziehung erforderlich ist."

Windscheid (Nr 377), v. Kübel (Nr 358) war beantragt:

1. die Vorschrift zu streichen.

v. Schmitt (Nr 378) 2. die Bestimmung zu fassen:

„Ist ein Recht verpachtet, so ist der Verpächter verpflichtet, dem Pächter die Sache, auf welche sich das Recht bezieht, insoweit als es zum Bezug der Erträgnisse erforderlich ist, zu überlassen."

eventuell die ganze Bestimmung zu streichen.

Die Mehrheit entschied für die Streichung des Artikels. Sie ging davon aus: Es genüge vollkommen die aus dem vorhergehenden Artikel sich ergebende entsprechende Anwendbarkeit der für die Miethe zu den Artikeln 541, 554 beschlossenen Vorschriften (Prot. S. 2036, 2082[4]).

| Prot I 2171 | Zu Artikel 582 des Entwurfs:

DresdE Art 582 „Im Falle des Theilpachtes eines landwirthschaftlichen Grundstückes kann der Theilpächter dasselbe nicht ohne Einwilligung des Verpächters in Afterpacht (Unterpacht) geben."

---

[3] Vgl. Materialien zu § 433 BGB.

[4] Materialien zu § 536 BGB und zu den §§ 537ff. BGB.

war beantragt:

1. in einem der unter Nr. 1 zu Artikel 581 vorgeschlagenen Bestimmung anzuführenden Satze zu bestimmen:

„Der Theilpächter darf den Pachtgegenstand ohne Einwilligung des Verpächters nicht in Afterpacht geben.“ v. Kübel (Nr 358)

2. den zu 1 mitgetheilten Satz als besonderen Absatz dahin zu fassen:

„Dem Pächter steht, sofern nicht ein Anderes vereinbart ist, das Recht nicht zu, ohne Einwilligung des Verpächters den Pachtgegenstand in Unterpacht zu geben, wenn der Pachtzins in einer Quote der Früchte oder Erträgnisse desselben besteht (Theilpacht).“ v. Schmitt (Nr 378; 380, 2)

3. den Artikel zu streichen, eventuell zu bestimmen: „Ist der Pachtzins in einem Bruchtheil der Früchte des Pachtgegenstandes bestimmt, so ist der Pächter nicht berechtigt, den Fruchtgenuß einem Anderen zu überlassen.“ Kurlbaum (Nr 375)

| Die Mehrheit billigte den eventuellen Antrag Nr. 3 mit dem Zusatze: „insbesondere auch nicht durch weiteres Verpachten (Unterpacht).“ | Prot I 2172

Die Fassung blieb der Redaktion vorbehalten.

Man war der Ansicht:

Bei der Theilpacht müsse davon ausgegangen werden, daß die Ueberlassung des Fruchtgenusses an einen Anderen dem Willen der Parteien, insbesondere dem Willen des Verpächters, nicht gemäß, daß also die Zulässigkeit einer solchen Ueberlassung stillschweigend ausgeschlossen sei. Uebrigens dürfe aus den Gründen, welche bei der Berathung der Artikel 559, 562 (Prot. vom 2. Mai 1883 S. 2090–2092, 2099, 2100) bestimmend gewesen seien, nicht bloß von Afterpacht gesprochen, sondern es müsse allgemein die Ueberlassung des Fruchtgenusses oder des Nutzungsrechts an einen Andern für unstatthaft erklärt werden.

| Zu Artikel 584 des Entwurfs: | Prot I 2174

„Wegen eines Zufalls, welcher die Früchte trifft, kann der Pächter einen Erlaß des Pachtzinses von dem Verpächter nicht verlangen.“ DresdE Art 584

| war beantragt: | Prot I 2175

statt dessen zu bestimmen: v. Kübel (Nr 358)

„Der Pächter eines landwirthschaftlichen Grundstücks kann, wenn durch einen Zufall die auf dem Grundstück stehenden oder gewonnenen Früchte ganz oder theilweise vernichtet oder verdorben werden, weder von dem Vertrage zurücktreten, noch einen Erlaß oder eine Minderung des Pachtzinses verlangen.“

Der Artikel 584 fand, im Wesentlichen aus den S. 184 ff.[5] des Materials zusammengestellten Gründen die Billigung der Mehrheit.

Die in dem Antrage enthaltenen Beschränkungen:

1. auf die Pacht landwirthschaftlicher Grundstücke,

2. die Hervorhebung nur der stehenden und gewonnenen Früchte, wurden nicht gebilligt,

zu 1 nicht, weil das dem Artikel zu Grunde liegende Prinzip die Beschränkung nicht gestatte,

zu 2 nicht, weil die Nichtentstehung von Früchten gleichfalls in Betracht komme, weshalb bei der Redaktion zu prüfen sein werde, ob nicht in der Bestimmung des Entwurfs hinter: „Früchte“ der Zusatz zu machen sei: „oder deren Entstehung“.

---

[5] Auf S. 184/186 sind die Materialien aus den Verhandlungen der Dresd. Kommission (Prot. S. 2180–2189, 2228, 2234) wiedergegeben. Die Dresd. Kommission hob den gesetzlichen Remissionsanspruch mit 5 Stimmen gegen 1 auf.

Auch die Frage, ob außer dem Erlasse des Pachtzinses die Minderung und das Rücktrittsrecht des Pächters ausdrücklich ausgeschlossen werden solle, wurde der Prüfung bei der Redaktion vorbehalten.

II. In der *RedVorl* und in der *ZustOR* lautet die beschlossene Regelung als:

RedVorl § 1 ZustOR § 386 — § 1 (576) 386. Durch den Pachtvertrag wird der Verpächter verpflichtet, dem Pächter den Gebrauch und den Fruchtgenuß des verpachteten Gegenstandes während der Pachtzeit zu gewähren, und der Pächter verpflichtet, dem Verpächter die vereinbarte Gegenleistung (Pachtzins) zu entrichten.

RedVorl § 2 ZustOR § 387 — § 2 (578) 387. Die für den Miethvertrag geltenden Vorschriften finden auf den Pachtvertrag entsprechende Anwendung, soweit nicht in den nachfolgenden §§ 3 bis 16 (388–403 ZustOR; 526 bis 541 KE) ein Anderes bestimmt ist.

RedVorl § 3 ZustOR § 388 — § 3 (582) 388. Ist vereinbart, daß der Pachtzins in einem Bruchtheile der Früchte des Pachtgegenstandes bestehen soll (Theilpacht), so ist der Pächter nicht berechtigt, (ohne Einwilligung des Verpächters[6]) einem Anderen die Fruchtgewinnung [in der ZustOR: den Fruchtgenuß] zu überlassen, insbesondere auch nicht durch weiteres Verpachten (Unterpacht).

(NB: 1. „Fruchtgenuß" wird man nicht sagen dürfen; das Wort führt zu weit. 2. Die Worte: „ohne Einwilligung des Verpächters" sind wohl entbehrlich.)

RedVorl § 4 ZustOR § 389 — § 4 (584) 389. Der Pächter wird durch einen Zufall, welcher die Früchte oder deren Entstehung trifft, nicht von der Verpflichtung[7] befreit, den vollen Pachtzins zu entrichten.

(NB: Es soll zum Ausdruck gelangen, daß es sich nicht bloß um einen Anspruch auf Erlaß handelt. Es wird der Zusatz nicht nöthig sein: „Auch berechtigt ihn ein solcher Zufall nicht zum Rücktritt vom Vertrage." Es erhellt dies zur Genüge aus der aufgenommenen Bestimmung.)

III. 1. Die §§ 524–527 *KE* lauten wie die §§ 386–389 ZustOR.

2. Zu § 525 *KE* wurde auf Antrag von *Gebhard* (Nr. 151, 1 zum Allg. T.) beschlossen, das Wort „nachfolgenden" zu streichen (Prot. I 6136).

IV. Bis auf diese Änderung stimmen die §§ 531–534 E I mit dem KE überein.

## B. Vorkommission des Reichsjustizamtes

I. Beantragt war:

Struckmann (Nr 3, 59) — 1. a) Die §§ 531, 532 durch folgende Vorschriften zu ersetzen:
Durch den Pachtvertrag wird der Verpächter verpflichtet, dem Pächter während der Pachtzeit den Gebrauch und den Fruchtgenuß der verpachteten Sache oder des verpachteten Rechts zu gewähren. Der Pächter wird verpflichtet, dem Verpächter den vereinbarten Pachtzins zu entrichten.

---

[6] In der ZustOR sind diese Worte ohne Klammer enthalten.
[7] In der ZustOR heißt es: „Verbindlichkeit".

Auf die Pacht finden, soweit nicht in den §§ 533 bis 548 ein Anderes vorgeschrieben ist, die Vorschriften über die Miethe entsprechende Anwendung.

b) Den § 533 durch folgende Vorschrift zu ersetzen: Struckmann (Nr 3, 60)
Sofern nicht ein Anderes vereinbart ist, steht dem Pächter das Recht, einem Anderen den Gebrauch und den Fruchtgenuß des Pachtgegenstandes, insbesondere durch weiteres Verpachten (Unterpacht), zu überlassen, ohne Einwilligung des Verpächters nicht zu.

(Vgl. oben die Anm. zu § 516[8] und unten § 539a[9].)

II. 75. Sitzung vom 29. 3. 1892 | Prot-RJA 455

| 1. Die §§ 531, 532 blieben sachlich unbeanstandet.

2. Zu § 533 wurden sachlich folgende Bestimmungen beschlossen: . . .

[Abs. 1 wie Antrag *Struckmann* Abs. 2:] Dem Pächter eines Landgutes ist das Verpachten einzelner Grundstücke oder eines Nebenbetriebes gestattet, sofern dadurch die ordnungsmäßige Bewirthschaftung des Landgutes nicht beeinträchtigt wird",

Man erwog:

Bei der Pacht beständen für die regelmäßige Unzulässigkeit der Gebrauchsüberlassung, insbesondere der Unterverpachtung, ohne Einwilligung des Verpächters die gleichen Gründe wie bei der Miethe, da es auch bei der Pacht dem Verpächter auf die Persönlichkeit des Pächters wesentlich ankomme. Die von einer Seite vertretene Ansicht, daß nur bei der Pacht eines Landguts oder eines gewerblichen Unternehmens die Person des Pächters von Erheblichkeit sei, treffe nicht zu; das gleiche könne auch bei der Pacht einer Wiese, eines Ackerstückes, eines Nießbrauchrechts u.s.w. gelten. Zwischen Miethe und Pacht bestehe nur der eine Unterschied in der hier fraglichen Richtung, daß bei dieser auch kein Bedürfniß bestehe, dem Pächter im Falle unbegründeter Verweigerung | der Einwilligung zur Unterverpachtung seitens des Verpächters ein Kündigungsrecht zu geben, da der Pächter, wenn er sein Recht nicht selbst ausüben könne oder wolle, in der Lage sei, es durch andere, insbesondere einen Verwalter auszuüben. | Prot-RJA 456

Die in Abs. 2 enthaltene Ausnahme sei durch das praktische Bedürfniß geboten und rechtfertige sich dadurch, daß die dort bezeichnete Unterpacht den Verpächter in keiner Weise schädige.

3. Zu § 534 lag ein Abänderungsvorschlag nicht vor. Man war insbesondere der Ansicht, daß auch bei Wasserschäden, abgesehen davon, daß, wo derartige Schäden häufiger vorkämen, darauf bei Bemessung des Pachtzinses von vornherein Rücksicht genommen zu werden pflege, sich im einzelnen Falle eine angemessene und billige Entscheidung ergeben werde, wenn man unterscheide, ob der zufällige Wasserschaden die Erfüllung der dem Verpächter obliegenden Verpflichtung zur Gewährung des Gebrauchs und des Fruchtgenusses des Pachtgrundstücks ganz oder theilweise unmöglich gemacht (§§ 531, 368 Abs. 1, §§ 505, 506, 529, 530, 532) oder ob er nur die Früchte und deren Entstehung getroffen hat (§ 534).

---

8 Vgl. bei § 549 BGB.
9 Vgl. bei § 595 ff. BGB.

## C. 2. Kommission

I. Anträge (Prot. II, Bd. 2, S. 232ff.; *Mugdan*, Bd. 2, S. 876ff.)

Struckmann (Nr 142, 19) a) Zu den §§ 531, 532 lag nur der redaktionelle Antrag vor, die Bestimmungen des Entw. in einen Paragraphen des Inhalts zusammenzufassen: wie Antrag Struckmann in der Vorkommission des RJA.

Sachlich wurden die §§ 531, 532 nicht beanstandet. Im Anschluß an den § 532 wurde von einer Seite angeregt, ob es sich nicht empfehle, die in der Praxis des preuß. Rechtes streitige Frage der Haftung des Erwerbers eines verpachteten Grundstücks für die von dem Pächter dem Verpächter bestellte Pachtkaution ausdrücklich zu entscheiden. Im Laufe der Erörterung wurde beantragt,

eine die Frage verneinende Vorschrift aufzunehmen.

Die Kom. beschloß, die Entscheidung über die angeregte Frage bis zu einer der nächsten Sitzungen auszusetzen.

b) Die Berathung des § 533 erstreckte sich auf die Anträge:

1. nachstehende Bestimmungen aufzunehmen:

Struckmann (Nr 143, 1) a) als § 533: die Fassung des § 533 Abs. 1 E I-RJA

Struckmann (Nr 143, 6) b) als § 539a:

Der Pächter eines Landguts ist einzelne Grundstücke sowie landwirthschaftliche Nebenbetriebe ohne Einwilligung des Verpächters weiter zu verpachten berechtigt, sofern dadurch die ordnungsmäßige Bewirthschaftung des Landguts nicht beeinträchtigt wird.

Jacubezky (Nr 144, 16) 2. den § 533 durch nachstehende Vorschriften zu ersetzen:

Der Pächter eines landwirthschaftlichen Grundstücks oder eines gewerblichen Unternehmens (Erwerbsgeschäfts) ist nicht berechtigt, ohne Einwilligung des Verpächters den Gebrauch und den Fruchtgenuß, insbesondere durch weiteres Verpachten (Unterpacht), einem Anderen zu überlassen.

Dem Pächter eines Landguts oder eines gewerblichen Unternehmens (Erwerbsgeschäfts) ist das Verpachten einzelner Grundstücke oder eines Nebenbetriebs gestattet, sofern dadurch die ordnungsmäßige Bewirthschaftung des Landguts oder der ordnungsmäßige Betrieb des gewerblichen Unternehmens (Erwerbsgeschäfts) nicht beeinträchtigt wird.

Danckelmann (Nr 167) 3. den unter 1b vorgeschlagenen § 539a abzulehnen;

Conrad (Nr 171) 4. statt desselben folgende Bestimmung aufzunehmen:

Der Pächter eines Landguts ist einzelne Grundstücke, aber im Ganzen nicht über ein Zwanzigstel der landwirthschaftlich nutzbaren Fläche, wowie landwirthschaftliche Nebenbetriebe ohne Einwilligung des Verpächters weiter zu verpachten berechtigt.

Die Kom. nahm den Antrag 1a an; die unter 1b, 2 (Abs. 2) und 4 vorgeschlagenen Bestimmungen wurden abgelehnt.

c) Es lag noch der Antrag vor,

Jacubezky (Nr 144, 16) dem nach dem Beschlusse zu § 296 (Bd. I S. 384, 385) in die C.P.O. einzustellenden § 749a[10] hinzuzusetzen:

Ist bei einem Pachtverhältnisse der Pächter nicht berechtigt, den Gebrauch und den Fruchtgenuß des Pachtgegenstandes einem Anderen zu überlassen, so wird dadurch die

[10] Materialien bei § 400 BGB.

Pfändung des Pachtrechts und die Anordnung einer Verwaltung zur Ausübung desselben nicht ausgeschlossen.

Hierzu die Unteranträge:

1. der vorgeschlagenen Bestimmung hinzuzufügen:

Im Falle der Pfändung ist der Verpächter das Pachtverhältniß mit der gesetzlichen Frist zu kündigen berechtigt.

2. folgenden weiteren Zusatz zu beschließen:

Diese Vorschriften finden auf die Miethe von Räumen, welche dem Betrieb eines Erwerbsgeschäfts zu dienen bestimmt sind, entsprechende Anwendung. Struckmann (Nr 172, 1)

Der Hauptantrag fand Annahme; die Unteranträge wurden abgelehnt.

d) Zu § 534 lagen die Anträge vor:

1. die Vorschrift des Entw. durch folgende Bestimmungen zu ersetzen[11]: Gebhard (Nr 173)

Bestehen die bestimmungsmäßigen Nutzungen ausschließlich in den Erzeugnissen und in dem zur Gewinnung dieser Erzeugnisse erforderlichen Gebrauch eines landwirthschaftlichen Grundstücks (vergl. §§ 792, 793), so kann der Pächter, wenn er in Folge außergewöhnlicher, das Wachsthum der Früchte schädigender Ereignisse an dem Fruchterwachse eines Pachtjahres in Ansehung der Menge eine Einbuße erleidet, welche mindestens der Hälfte des gewöhnlichen Jahreserwachses gleichkommt, Nachlaß an dem für das Pachtjahr zu entrichtenden Zinse fordern. Der Nachlaß bestimmt sich nach dem Verhältniß, in welchem der erzielte Jahreserwachs zu dem gewöhnlichen Jahreserwachse steht. Hat der Pächter aus anderen Gründen einen Anspruch auf Ersatz der Einbuße, so mindert sich der Nachlaß um den Betrag der Ersatzforderung.

Umfaßt die Pacht mehrere zu einem Gesammtzins in Bestand gegebene Grundstücke, so kommen bei der Berechnung des (erzielten und des gewöhnlichen) Jahreserwachses sämmtliche Grundstücke in Betracht.

Der Anspruch findet nicht statt, wenn die Einbuße schon bei dem Abschlusse des Pachtvertrags erkennbar war.

Der Anspruch fällt weg, wenn der Pächter nicht vor der Einheimsung der geschädigten Früchte dem Verpächter unter Mittheilung des Sachverhalts anzeigt, daß er den Nachlaß fordere.

Der Anspruch verjährt in sechs Monaten. Die Verjährungsfrist beginnt mit dem Schlusse des Pachtjahres.

Auf eine Theilpacht finden diese Vorschriften keine Anwendung.

2. statt der Vorschrift des Entw. folgende Bestimmungen aufzunehmen: Conrad (Nr 178)

Hat der Pächter in einem Pachtjahre durch außergewöhnliche, die Ernte schädi-

[11] Der ursprüngliche Antrag von Gebhard (Nr. 161) lautete: „Hat der Pächter eines landwirthschaftlichen Grundstücks in Folge außergewöhnlicher, das Wachsthum der Früchte schädigender Ereignisse an der Erndte eines Pachtjahres eine Einbuße erlitten, welche die Hälfte eines mittleren Jahresertrages übersteigt, so kann er verhältnißmäßige Minderung des Pachtzinses fordern.

Umfaßt die Pacht mehrere Grundstücke, so ist die Größe der Einbuße nach dem mittleren Gesammtbetrage des ganzen Pachtgegenstandes zu bemessen.

Der Anspruch findet nicht statt, wenn die Einbuße schon bei dem Abschlusse des Pachtvertrags erkannbar war oder wenn dem Pächter aus anderen Gründen ein Ersatzanspruch zusteht.

Der Anspruch fällt weg, wenn der Pächter nicht vor der Einheimsung der Früchte dem Verpächter unter Mittheilung des Sachverhalts anzeigt, daß er die Minderung fordere.

Der Anspruch verjährt in sechs Monaten. Die Verjährung beginnt mit dem Schlusse des Pachtjahres."

gende Ereignisse oder durch Kriegsschäden eine Einbuße im Jahresertrage des gepachteten landwirthschaftlichen Grundstücks erlitten, welche sich auf mehr als die Hälfte der Jahrespacht beläuft, so kann er, wenn die Pachtperiode auf weniger als fünf Jahre vereinbart ist, Nachlaß im Betrage der Hälfte des Schadens beanspruchen.

Der Anspruch fällt fort, wenn der Pächter durch geeignete Maßregeln den Schaden hätte abwenden oder den Ersatz desselben auf andere Weise hätte sichern können.

Der Anspruch verjährt in sechs Monaten. Die Verjährungsfrist beginnt mit dem ersten Januar des der Ernte folgenden Jahres.

3. den § 534 zu streichen.

Bei der Abstimmung wurde zunächst die Frage gestellt, ob überhaupt dem Pächter gesetzlich ein Recht auf Pachtzinsnachlaß zu gewähren sei, vorbehaltlich späteren Beschlusses über die Voraussetzungen und den Umfang dieses Rechtes. Die Frage wurde mit zehn gegen sieben Stimmen verneint. Hierauf wurde die Streichung des § 534 mit neun gegen acht Stimmen beschlossen.

**II.** In der *VorlZust* lautet die Regelung als:

E I-VorlZust § 531 — § 531 (531, 532). Durch den Pachtvertrag wird der Verpächter verpflichtet, dem Pächter während der Pachtzeit den Gebrauch und den Fruchtgenuß der verpachteten Sache oder des verpachteten Rechts zu gewähren. Der Pächter wird verpflichtet, dem Verpächter den vereinbarten Pachtzins zu entrichten.

Auf die Pacht finden, soweit nicht in den §§ 533 bis 548 ein Anderes vorgeschrieben ist, die Vorschriften über die Miethe entsprechende Anwendung.

§ 533. Das Recht das Pachtverhältniß zu kündigen, wenn der Verpächter die Einwilligung zu der Ueberlassung des Gebrauchs und Fruchtgenusses an einen Anderen, insbesondere durch weiteres Verpachten (Unterpacht), verweigert, steht dem Pächter nicht zu.

**III.** In der *ZustRedKom* lautet die Regelung:

E I-ZustRedKom § 531 — § 531. (531, 532). Durch den Pachtvertrag wird der Verpächter verpflichtet, dem Pächter während der Pachtzeit den Gebrauch und den Fruchtgenuß des verpachteten Gegenstandes zu gewähren; der Pächter wird verpflichtet, dem Verpächter den vereinbarten Pachtzins zu entrichten.

Auf die Pacht finden, soweit sich aus den §§ 533 bis 548c nicht ein Anderes ergiebt, die Vorschriften über die Miethe entsprechende Anwendung.

Wegen § 533 E I vgl. § 548b E I-ZustRedKom (bei §§ 595ff. BGB).

**IV.** Im *E II* lautet die Regelung als

E II § 521 — § 521. Durch den Pachtvertrag wird der Verpächter verpflichtet, dem Pächter den Gebrauch und den Fruchtgenuß des verpachteten Gegenstandes während der Pachtzeit zu gewähren; der Pächter wird verpflichtet, dem Verpächter den vereinbarten Pachtzins zu entrichten.

Auf die Pacht finden, soweit sich nicht aus den §§ 522 bis 537 ein Anderes ergiebt, die Vorschriften über die Miethe entsprechende Anwendung.

**V.** Die Fassung des § 573 *E II rev* (*E III* § 574) entspricht der des § 581 BGB.

## D. Bundesrat (Justizausschuß)

### I. Anträge:

*Baden:* befürwortet zu § 573 E II im Anschluß an das in dem größten Theile Deutschlands geltende Recht, „dem Pächter einen gesetzlichen Anspruch auf Minderung des Pachtzinses bei Mißwachs in irgend welcher Form zu gewähren."

### II. Bericht von *Schicker* (Württemberg) vom 12. 10. 1895

Über den Antrag Badens zu § 573 (521) wegen des Anspruchs auf Minderung des Pachtgeldes fand zwar eine längere Diskussion statt. Diese enthielt aber nur das, was nach den Protokollen in der II. Kommission diskutiert wurde. Nur wies *Struckmann* darauf hin, daß der von Baden vorgebrachte Billigkeitsgrund auch zu Ermäßigungsansprüchen bei vielen anderen Verträgen, z. B. der Pacht eines Sommerrestaurants bei einem regnerischen Sommer führen müßte. Der Badische Antrag fand nur bei Hessen Unterstützung.

## E. Reichstag (XII. Kommission)

### I. Beantragt war: hinter § 574 folgende Vorschrift als § 574a einzufügen:

„Ist bei einer auf nicht länger als ein Jahr geschlossenen Pacht durch Naturereignisse an den Früchten vor deren Einheimsung ein die Hälfte des durchschnittlichen Ertrages übersteigender Verlust, welcher bei Anwendung gewöhnlicher Sorgfalt nicht abgewendet werden konnte, entstanden, so hat der Pächter Anspruch auf verhältnißmäßigen Nachlaß am Pachtzins. Gröber (Nr 35, 3)

Umfaßt der Pachtvertrag mehrere Grundstücke, so ist die Größe des Verlustes nach dem durchschnittlichen Gesammtertrag des ganzen Pachtgegenstandes zu bemessen."

### II. 1. Bericht der XII. Kom. S. 1971:

In Folge eines Antrags, statt der Worte „und den Fruchtgenuß" in Absatz 1 Satz 1 zu setzen: „und den Genuß der Früchte, soweit sie nach den Regeln einer ordnungsmäßigen Wirthschaft als Ertrag anzusehen sind" wurde von Seiten der Vertreter der verbündeten Regierungen erklärt, der Antrag diene dazu, den Paragraphen mit den übrigen Bestimmungen des Bürgerlichen Gesetzbuches über die Früchte in Einklang zu setzen. Der Antrag wurde angenommen.

2. Bericht von *Heller* über die Sitzung vom 7. 3. 1896

Durch den Antrag *Gröber* auf Einstellung eines neuen § 574a wurde die Frage der Gewährung des Remissionsanspruchs bei Mißwachs aufgeworfen. Der Antragsteller bemerkte, es scheine ihm wenigstens für kurzzeitige Pachtverträge kein Grund dazu zu bestehen, das in dieser Beziehung geltende Recht aufzuheben. *Struckmann* erörterte ausführlich die Gründe, aus denen der Entwurf darauf verzichtet hat, eine entsprechende Bestimmung aufzunehmen. Der dabei besonders betonte Umstand, daß erfahrungsgemäß in allen Gebieten, wo der gesetzliche Remissionsanspruch noch besteht, seine Geltendmachung in den Pachtverträgen regelmäßig ausgeschlossen wird, bewirkte, daß der Antrag wider Erwarten eine ausdrückliche Unterstützung nicht fand. Er wurde gegen sieben Stimmen abgelehnt.

## § 582

**Der Pächter eines landwirthschaftlichen Grundstücks hat die gewöhnlichen Ausbesserungen, insbesondere die der Wohn- und Wirthschaftsgebäude, der Wege, Gräben und Einfriedungen, auf seine Kosten zu bewirken.**

### A. 1. Kommission

I. 209. Sitzung vom 18. 5. 1883, Schriftführer Neubauer

| Prot I 2172 | Zu Artikel 583 des Entwurfs:

„Die Kosten der mit der Benutzung des Grundstücks in Verbindung stehenden gewöhnlichen Ausbesserungen, insbesondere der Wohn- und Wirthschaftsgebäude, der Wege und Stege, der Abzugsgräben und Umzäunungen, hat der Pächter, die Kosten anderer Ausbesserungen der Verpächter zu tragen."

lagen die Anträge vor[1]:

Kurlbaum (Nr 375) 1. zu bestimmen:

„Der Pächter hat die gewöhnlichen Ausbesserungen des verpachteten Gegenstandes, insbesondere an Gebäuden, Wegen, Gräben und Umfriedungen vorzunehmen.

Ist der Pächter mit der Vornahme einer Ausbesserung im Verzuge, so kann der Verpächter dieselbe bewirken und den Ersatz der erforderlich gewesenen Kosten von dem Pächter verlangen."

v. Weber (Nr 376) | Port I 2173 2. den Artikel zu fassen:

„Der Pächter hat die mit der Benutzung des Grundstücks | in Verbindung stehenden gewöhnlichen Ausbesserungen, insbesondere der Wohn- und Wirthschaftsgebäude, der Wege und Stege, der Abzugsgräben und Umzäunungen auf seine Kosten vorzunehmen. (Andere Ausbesserungen liegen dem Verpächter ob.)"

v. Schmitt (Nr 380, 2) 3. vorzuschreiben:

„Die erforderlichen gewöhnlichen Ausbesserungen an verpachteten Grundstücken, insbesondere an den Wohn- und Wirthschaftsgebäuden, Wegen, Stegen, Abzugsgräben und Umzäunungen, liegen dem Pächter ob."

Beschlossen wurde:

Der Artikel soll mit der Beschränkung auf landwirthschaftliche Grundstücke und unter Beseitigung der Worte: „mit der Benutzung des Grundstücks in Verbindung stehenden," ferner mit der Verdeutlichung, daß der Pächter die fraglichen Ausbesserungen auch vorzunehmen habe, Aufnahme finden, der Verpflichtung des Verpächters, die übrigen Ausbesserungen auf seine Kosten zu bewirken, aber keine Erwähnung geschehen.

Man ging davon aus:

Anlangend die Pacht landwirthschaftlicher Grundstücke stehe der Artikel mit der Verkehrssitte im Einklange. Es sei allgemein gebräuchlich, daß bei der Pacht landwirthschaftlicher Grundstücke dem Pächter die gewöhnlichen Ausbesserungen der Gebäude u.s.w. auf seine Kosten obliegen. Der Ausdruck: „gewöhnliche Ausbesserungen" möge etwas unbestimmt sein. Indessen müsse das Gesetz darauf verzichten, den Begriff durch Einzelvorschriften noch weiter zu verdeutlichen. Im Großen und Ganzen könne der

---

1 v. Kübel beantragte die Beibehaltung des Art. 583 (Antrag Nr. 358).

richtige Sinn umsoweniger verkannt werden, als die beigefügten Beispiele auf denselben genügend hinwiesen. Die Fassung des Zusatzes „insbesondere pp." wurde der Redaktion überwiesen.

Der Zusatz: „mit der Benutzung des Grundstücks in Verbindung stehenden" sei ungerechtfertigt, zudem in hohem Maße unklar und nur geeignet, eine Menge von Zweifeln hervor- | zurufen. Die Bestimmung, daß die in dem Artikel nicht erwähnten Ausbesserungen dem Verpächter zur Last blieben, ergebe sich endlich aus der vorgeschriebenen entsprechenden Anwendbarkeit der für die Miethe geltenden Rechtsnormen, weshalb die Uebergebung derselben sich empfehle. | Prot I 2174

Der in dem Antrage Nr. 1 enthaltene zweite Absatz wurde abgelehnt. Man glaubte nicht, daß er deshalb aufgenommen werden müsse, weil zum Artikel 557 die Bestimmung beschlossen sei (Prot. vom 30. April 1883, S. 2085—2087[2]):

„Ist der Vermiether mit der ihm obliegenden Vornahme einer Ausbesserung oder Einrichtung im Verzuge, so kann der Miether diese bewirken und den Ersatz der dazu erforderlich gewesenen Kosten von dem Vermiether verlangen."

Man erachtete den vorliegenden Fall für anders geartet als denjenigen, auf welchen jene Bestimmung sich bezieht, und eine spezielle Bestimmung für kein Bedürfniß. Der Antrag, hinter Artikel 583 einen neuen Paragraphen des Inhalts einzuschalten:

„Muß der Pachtgegenstand vor dem Ablauf der Pachtzeit von dem Pächter zufolge eines von ihm nicht zu vertretenden Umstandes geräumt werden, so ist der Pächter berechtigt, auch für die ohne Einwilligung des Verpächters gemachten Aufwendungen, für Verbesserungen, des Pachtgegenstandes (§ 11 Abs. 2, — vergl. Antrag Nr. 1 zu Art. 557, S. 2084—) von dem Verpächter insoweit Ersatz zu verlangen, als der durch denselben erzielte Nutzen dem Pächter erst im Laufe der übrigen Pachtzeit hätte zu gut kommen sollen und zu gut gekommen wäre." v. Kübel (Nr 358)

war zurückgezogen worden.

II. In der *RedVorl* und der *ZustOR* lautet die Regelung:

§ 9 (583) 395. Der Pächter eines landwirthschaftlichen Grundstückes hat die gewöhnlichen Ausbesserungen (desselben[3]), insbesondere der Wohn- und Wirthschaftsgebäude, der Wege und Stege, der Gräben und Einfriedigungen auf seine Kosten zu bewirken. RedVorl § 9 ZustOR § 395

III., IV. Die Regelung lautet im *KE* und *E I* als:

§ 533 (§ 540). Der Pächter eines landwirthschaftlichen Grundstückes hat die gewöhnlichen Ausbesserungen, insbesondere der Wohngebäude und Wirthschaftsgebäude, der Wege und Stege, der Gräben und Einfriedigungen, auf seine Kosten zu bewirken. KE § 533 E I § 540

**B.** In der **Vorkommission des Reichsjustizamtes wurde** § 540 E I sachlich gebilligt (Prot.-RJA 458).

**C. 2. Kommission**

**I.** Zu § 540 E I war beantragt (Prot. II, Bd. 2, S. 252f.; *Mugdan*, Bd. 2, S. 887):

---

[2] Vgl. Materialien zu § 547 BGB.

[3] Das Wort „desselben" ist in der ZustOR weggefallen.

Struckmann (Nr 143, 7) 1. den Eingang zu fassen:
Der Pächter hat die gewöhnlichen Ausbesserungen ...

Spahn (Nr 179, 2) 2. dem § 540 hinzuzufügen:

a) und dem Verpächter die Besichtigung des Grundstücks alljährlich zu gestatten.

b) Die zu den dem Pächter oder Verpächter obliegenden Ausbesserungen erforderlichen Materialien können, sofern die Ausbesserungen nicht verschuldet sind, dem Grundstück entnommen werden.

Auf die Abstimmung über den Zusatz 2a verzichtete der Antragsteller. Die Mehrheit lehnte den Zusatz 2b ab. Im übrigen wurde der sachliche Inhalt des § 540 von keiner Seite beanstandet.

II. In der *VorlZust* lautet die Regelung:

E I-VorlZust § 540 — § 540. Der Pächter hat die gewöhnlichen Ausbesserungen, insbesondere der Wohngebäude und Wirthschaftsgebäude, der Wege und Stege, der Gräben und Einfriedungen auf seine Kosten zu bewirken.

III. In der *ZustRedKom* lautet die Regelung:

E I-ZustRedKom § 532a — § 532a (540). Der Pächter eines landwirthschaftlichen Grundstücks hat die gewöhnlichen Ausbesserungen, insbesondere die der Wohn- und Wirthschaftsgebäude, der Wege, Gräben und Einfriedungen, auf seine Kosten zu bewirken.

IV., V. § 522 *E II* (§ 574 *E II rev;* § 575 *E III)* lautet wie § 582 BGB.

## § 583

**Der Pächter eines landwirthschaftlichen Grundstücks darf nicht ohne die Erlaubniß des Verpächters Aenderungen in der wirthschaftlichen Bestimmung des Grundstücks vornehmen, die auf die Art der Bewirthschaftung über die Pachtzeit hinaus von Einfluß sind.**

### A. 1. Kommission

I. 209. Sitzung vom 18. 5. 1883, Schriftführer Neubauer

| Prot I 2168 — | Zu Artikel 581 des Entwurfs:

DresdE Art 581 — „Ist ein landwirthschaftliches Grundstück Gegenstand des Pachtvertrages, so hat der Pächter dasselbe wirthschaftlich zu benutzen. Aenderungen in der hergebrachten Bewirthschaftung des Grundstückes, welche auf die Art der Bewirthschaftung desselben über die Pachtzeit hinaus von Einfluß sind, darf der Pächter nicht ohne Einwilligung des Verpächters vornehmen."

war beantragt:

1. statt dessen zu bestimmen:

| „Der Pächter ist verpflichtet, den verpachteten Gegenstand in nutzbarem Zustande zu erhalten. Der Pächter landwirthschaftlicher Grundstücke darf Aenderungen in der hergebrachten Bewirthschaftung, welche über die Pachtzeit hinaus von Einfluß sind, ohne Einwilligung des Verpächters nicht vornehmen." | Prot I 2169 Kurlbaum (Nr 358)

2. den ersten Satz: „Ist im pp." bis „wirthschaftlich zu benutzen" zu fassen: v. Weber (Nr 376)

„Der Pächter ist verpflichtet, den gepachteten Gegenstand seiner Bestimmung gemäß ordentlich zu bewirthschaften, insbesondere für Erhaltung der Ertragsfähigkeit zu sorgen."

und im zweiten Satze statt: „hergebrachten" zu setzen: „bisherigen".

Der erste Antrag wurde zu Gunsten des zweiten zurückgezogen.

Der Artikel gelangte satzweise zur Erledigung.

Zum ersten Satze.

Die Mehrheit erklärte sich gegen die Aufnahme der in dem Antrage Nr. 2 enthaltenen Bestimmung, ingleichen gegen die Aufnahme der im Laufe der Debatte vorgeschlagenen Bestimmung:

„Ist ein landwirthschaftliches Grundstück Gegenstand des Pachtvertrages, so darf der Pächter dasselbe nur wirthschaftlich benutzen." Kurlbaum

endlich auch gegen die Aufnahme des ersten Satzes des Entwurfs.

Man hatte erwogen:

Bei der Berathung des Artikels 562 sei die Bestimmung abgelehnt, der Miether habe die gemiethete Sache mit der Sorgfalt eines sorgsamen Hausvaters zu behandeln (Prot. S. 2099, 2100[1]). Die Ablehnung sei erfolgt, nicht bloß wegen der im Artikel 565 normirten Rückgewährungspflicht des Miethers, sondern vorzugsweise deshalb, weil der folgendergestalt lautende § 61 der Zusammenstellung der das Obligationenrecht betreffenden Beschlüsse (Prot. vom 24. April 1882, S. 635, 636[2]):

„Der Vertrag verpflichtet den Vertragschließenden zu demjenigen, was sich aus den Bestimmungen und der Na- | tur des Vertrags nach Gesetz und Verkehrssitte, so wie mit Rücksicht auf Treue und Glauben als Inhalt seiner Verbindlichkeit ergiebt." | Prot I 2170

mit zwingender Nothwendigkeit schon jene Bestimmung ergebe und der § 61 gerade deshalb beschlossen sei, um im Interesse der Vereinfachung des Gesetzes besondere Vorschriften über Inhalt und Umfang der bei den einzelnen, im Gesetzbuche normirten Verträgen den Parteien obliegenden Verpflichtungen entbehrlich zu machen. Die gedachte Ablehnung nöthige zu einer gleichen Enthaltsamkeit in Ansehung des ersten Satzes des vorliegenden Artikels. Für diesen ersten Satz lasse sich zwar der besondere Grund anführen, bei der Pacht eines landwirthschaftlichen Grundstücks finde das Recht des Pächters auf den Fruchtgenuß in der Wirthschaftlichkeit der Benutzung seine Schranken. Indessen, näher betrachtet, folge auch dies aus der jedem Pächter oder Miether obliegenden Pflicht, sein Gebrauchs- und Fruchtgenußrecht nicht exzessiv und innerhalb der aus der Natur des Vertrags, der Verkehrssitte und der Rücksicht auf Treue und Glauben sich ergebenden Grenzen auszuüben. Ueberdies werde durch einen so unbestimmten Ausdruck als „wirtschaftlich benutzen" nur wenig erreicht. Die Fassung des Entwurfs sei ferner insoweit mangelhaft, als sie das Verhältniß zulasse, der Pächter sei stets verpflichtet, das Grundstück nicht unbenutzt zu lassen, — eine Verpflichtung, die ihm doch nur unter der Voraussetzung obliegen könne, wenn die Nichtbenutzung eine Verschlechterung des Grundstücks nach sich zu ziehen drohe. Der im Laufe der Debatte gestellte Antrag suche zwar einem solchen Verständnisse durch eine andere

[1] Vgl. Materialien zu § 549 BGB.
[2] Vgl. Materialien zu § 242 BGB.

Fassung vorzubeugen. Indessen auch in dieser Fassung eigene sich die Vorschrift aus jenem anderen Grunde um so weniger zur Aufnahme, als eine solche spezielle Vorschrift nach anderen Richtungen mancherlei Zweifel über den Umfang der Verpflichtungen, sowohl des Pächters als namentlich auch des Miethers, hervorrufen könnte.

| Prot I 2171 Gegen den Antrag Nr. 2 sprächen ähnliche Erwägungen | wie die vorstehenden; er erscheine sogar durch die Ausdehnung auf jede Pacht und durch die Hinweisung auf die Erhaltung der Ertragsfähigkeit insofern noch weniger passend, als eine Verpflichtung der letzteren Art dem Pächter nicht ausnahmslos bei jeder Pacht obliege.

Zum zweiten Satze.

Die Mehrheit billigte die Bestimmung in der Beschränkung auf die Pacht eines landwirthschaftlichen Grundstücks. Sie glaubte nämlich, die Vorschrift sei nicht allein in hohem Maße angemessen, sondern es sei auch zweifelhaft, ob sie aus dem bei der Berathung des ersten Satzes für selbstverständlich erachteten Prinzipe sich herleiten lasse.

Ob das Wort: „hergebracht" durch das Wort: „bisherige" zu ersetzen sei, blieb der Prüfung bei der Redaktion vorbehalten.

**II., III.** In der *RedVorl* und der *ZustOR* (im *KE*) lautet die Regelung:

RedVorl § 10 ZustOR § 396 KE § 534 § 10 (581) 396. Bei der Pacht eines landwirthschaftlichen Grundstücks[3] darf der Pächter Aenderungen in der bisherigen Bewirthschaftung des Grundstücks, sofern dieselben auf die Art der Bewirthschaftung über die Pachtzeit hinaus von Einfluß sind, nicht ohne Einwilligung des Verpächters vornehmen.

**IV.** Im *E I* § 541 lautet die Regelung:

E I § 541 Der Pächter eines landwirthschaftlichen Grundstücks darf Aenderungen in der bisherigen Bewirthschaftung des Grundstückes, sofern dieselben auf die Art der Bewirthschaftung über die Pachtzeit hinaus von Einfluß sind, nicht ohne Einwilligung des Verpächters vornehmen.

## B. Vorkommission des Reichsjustizamtes

**I.** Beantragt war:

Struckmann (Nr 3, 68) Den § 541 zu fassen: Der Pächter ist verpflichtet, das Grundstück nach landwirthschaftlichen Regeln ordnungsmäßig zu bewirthschaften. Er darf Aenderungen in der bisherigen wirthschaftlichen Bestimmung des Grundstücks, sofern sie u.s.w. (wie im Entw.).

**II.** 75. Sitzung vom 29. 3. 1892

| Prot-RJA 459 | Zu § 541 wurde sachlich beschlossen, ihn durch folgende Bestimmung zu ersetzen: „Der Pächter eines landwirthschaftlichen Grundstücks ist verpflichtet, das Grundstück nach landwirthschaftlichen Regeln ordnungsmäßig zu bewirthschaften. Er darf Aenderungen in der bisherigen wirtschaftlichen Bestimmung des Grundstücks, sofern sie" u.s.w. (wie im Entwurf).

[3] Im KE heißt es: „Grundstückes".

Der Satz 1 bezweckt, deutlicher, als es im § 545 geschehen ist, zum Ausdruck zu bringen, daß der Verpächter auch während der Pachtzeit einen Anspruch gegen den Pächter auf ordnungsmäßige Bewirthschaftung des Grundstücks hat, nicht nur den Rückgewähr- und eventuellen Schadensersatzanspruch nach § 545. Der Eingang des zweiten Satzes enthält gegenüber dem § 541 nur eine redaktionelle Verdeutlichung.

Der erste Satz wurde von einer Seite bekämpft. Es wurde ausgeführt: Der Pächter sei so wenig verpflichtet, das Pachtgrundstück während der Pachtzeit ordnungsmäßig zu bewirthschaften, wie er überhaupt verpflichtet sei, den Pachtgegenstand zu gebrauchen und zu nutzen. Nach § 531 habe er nur ein *Recht* auf den Gebrauch und den Fruchtgenuß. Nur solange er das Pachtgrundstück nutze, müsse er es so tun, wie es den Regeln ordnungsmäßiger Bewirthschaftung entspreche. In diesem Sinne sei der § 545 zutreffend. Dagegen könne der Pächter jederzeit das Grundstück dem Verpächter zur Verfügung stellen, unbeschadet natürlich seiner Verpflichtung, den Pachtzins für die ganze Vertragszeit zu zahlen. Die in dem vorgeschlagenen Satz 1 ausgedrückte entgegengesetzte Auffassung unterstelle eine Dienstpflicht des Pächters gegenüber dem Verpächter, welche dem Sinne des Pachtvertrages nicht entspreche.

Diese Ausführung fand keine Zustimmung. Man war vielmehr der Ansicht, daß es dem Sinne eines Pachtver- | trages über ein landwirthschaftliches Grundstück allein entspreche, wenn man davon ausgehe, daß der Pächter nicht nur zur Zahlung des Pachtzinses sondern auch dazu verpflichtet sei, dem Verpächter für die Dauer des Pachtverhältnisses die Sorge für die ordnungsmäßige Bewirthschaftung des Grundstücks abzunehmen; nur so verstanden genüge auch der § 545 dem Landeskulturinteresse und habe er vielfach Billigung gefunden. | Prot-RJA 460

## C. 2. Kommission

I. Zu § 541 E I war beantragt (Prot. II, Bd 2, S. 253; *Mugdan*, Bd. 2, S. 883):

1. die Bestimmung des Entw. unter Streichung des § 545 durch nachstehende Vorschriften zu ersetzen: Struckmann (Nr 143, 3)

Der Pächter ist verpflichtet, das Grundstück nach landwirthschaftlichen Regeln ordnungsmäßig zu bewirthschaften. Er darf Aenderungen in der bisherigen wirthschaftlichen Bestimmung des Grundstücks etc. (wie im Entw.).

hierzu für den Fall der Annahme dieses Vorschlags der Unterantrag, nach dem ersten Satze einzuschalten:

Von der Verpflichtung zur Bewirthschaftung des Grundstücks kann der Pächter sich durch Verzicht auf das Pachtrecht und Zurückgabe des Grundstücks befreien

2. a) als § 532a nachstehende Vorschrift einzustellen: Jacubezky (Nr 144, 15)

Zum vertragsmäßigen Gebrauche des verpachteten Gegenstandes ist bei der Pacht eines landwirthschaftlichen Grundstücks die ordnungsmäßige Bewirthschaftung, bei der Pacht eines gewerblichen Unternehmens (eines Erwerbsgeschäfts) der ordnungsmäßige Betrieb erforderlich.

b) den Eingang des § 541 zu fassen: Jacubezky (Nr 144, 20)

Der Pächter darf Aenderungen etc. (Vergl. Antrag a.)

Die Berathung wurde auf den § 545 ausgedehnt.

Die Kom. überwies den zweiten Satz des Antrags 1 als nur eine Verdeutlichung des Entw. bezweckend der RedKom. Im Uebrigen wurden die Anträge abgelehnt und die §§ 541, 545 beibehalten.

II. in der *VorlZust* lautet die Regelung als:

E I-VorlZust § 541 § 541. Der Pächter darf Aenderungen in der bisherigen wirthschaftlichen Bestimmung des Grundstücks, sofern sie auf die Art der Bewirthschaftung über die Pachtzeit hinaus von Einfluß sind, nicht ohne Einwilligung des Verpächters vornehmen.

III. In der *ZustRedKom* lautet die Regelung:

E I-ZustRedKom § 532b § 532b (541). Der Pächter eines landwirthschaftlichen Grundstücks darf Aenderungen in der bisherigen wirthschaftlichen Bestimmung des Grundstücks, sofern sie auf die Art der Bewirthschaftung über die Pachtzeit hinaus von Einfluß sind, nicht ohne Erlaubniß des Verpächters vornehmen.

IV. Fassung der Regelung im *E II:*

E II § 523 § 523. Der Pächter eines landwirthschaftlichen Grundstücks darf Aenderungen in der wirthschaftlichen Bestimmung des Grundstücks nicht ohne Erlaubniß des Verpächters vornehmen, sofern sie auf die Art der Bewirthschaftung über die Pachtzeit hinaus von Einfluß sind.

V. Die Fassung des § 575 *E II rev* (§ 576 *E III)* entspricht der des § 583 BGB.

## § 584

**Ist bei der Pacht eines landwirthschaftlichen Grundstücks der Pachtzins nach Jahren bemessen, so ist er nach dem Ablaufe je eines Pachtjahrs am ersten Werktage des folgenden Jahres zu entrichten.**

### A. 1. Kommission

I. 209. Sitzung vom 18. 5. 1883, Schriftführer Neubauer

| Prot I 2167 v. Schmitt (Nr 380, 2) | Es war beantragt, hinter Artikel 580 einen neuen Artikel des Inhalts einzuschalten: „Der Pächter eines landwirthschaftlichen Grundstücks muß den Pachtzins, sofern nicht ein Anderes vereinbart ist, je mit dem Ablaufe eines Wirthschaftsjahres entrichten."

Zu diesem Vorschlage wurde der Verbesserungsantrag gestellt, zu bestimmen:

„Bei der Pacht eines landwirthschaftlichen Grundstücks finde die zum Artikel 560 beschlossene Vorschrift: „„Bei der Miethe einer unbeweglichen Sache muß der Miethzins, sofern er nicht nach kürzeren Zeitabschnitten bemessen worden ist, je nach Ablauf eines Kalendervierteljahres am ersten Tage der Monate Januar, April, Juli, Oktober entrichtet werden."" keine Anwendung."

Letzterer Vorschlag fand die Zustimmung der Mehrheit.

Erwogen war:

Zum Artikel 560 sei für die Miethe Folgendes beschlossen (Protokolle S. 2093, 2094[1]):

[1] Vgl. Materialien zu § 551 BGB.

„Der Miethzins ist am Ende der Miethzeit, wenn er jedoch nach bestimmten Zeitabschnitten bemessen worden ist, | nach Ablauf der einzelnen Zeitabschnitte zu entrichten. Bei der Miethe einer unbeweglichen Sache muß der Miethzins, sofern er nicht nach kürzeren Zeitabschnitten bemessen worden ist, je nach Ablauf eines Kalendervierteljahres am ersten Tage der Monate Januar, April, Juli, Oktober entrichtet werden." | Prot I 2168

Diese Bestimmungen paßten auch für die Pacht mit der Ausnahme, daß der zweite Satz für die Pacht landwirthschaftlicher Grundstücke, bei welcher die Entrichtung des Zinses in Vierteljahrsraten keineswegs üblich sei, sich nicht eigene.

Es sei ausreichend, die Bestimmung des zweiten Satzes für die Pacht landwirthschaftlicher Grundstücke durch eine besondere Vorschrift für unanwendbar zu erklären. Für die Pacht solcher Grundstücke gelte alsdann nur die Regel des ersten Satzes. Dieses Ergebniß erscheine aber auch vollständig angemessen, da in den betreffenden Fällen regelmäßig der Zins nach Einem Jahre bemessen sei, folglich gemäß der Regel des ersten Satzes der Zins jährlich entrichtet werden müsse. Die Anwendbarkeit des zweiten Satzes noch in weiterem Umfange – nämlich auch für die Pacht anderer als landwirthschaftlicher Grundstücke – auszuschließen, sei schon deshalb bedenklich, weil in manchen Fällen, in welchen eine unbewegliche Sache, die kein landwirthschaftliches Grundstück sei, den Gegenstand des Vertrages bilde, erhebliche Zweifel entstehen könnten, ob Pacht oder Miethe vorliege.

II. 1. Fassung der Regelung in der *RedVorl (ZustOR)*:

§ 8 (394). Auf die Pacht eines landwirthschaftlichen Grundstücks findet die Bestimmung Satz 2 § 12 (der Redaktionsvorlage über die Miethe) – § 372 – keine Anwendung. RedVorl § 8

2. Fassung der Regelung in der *ZustOR*: ZustOR § 394

§ 394. Auf die Pacht eines landwirthschaftlichen Grundstücks findet die Bestimmung Satz 2 § 372 keine Anwendung.

III. Im *KE* lautet die Regelung:

§ 532. Auf die Pacht eines landwirthschaftlichen Grundstückes findet die Bestimmung des zweiten Satzes des § 510 keine Anwendung. KE § 532

IV. § 539. Auf die Pacht eines landwirthschaftlichen Grundstücks findet die Vorschrift des zweiten Satzes des § 517 keine Anwendung. E I § 539

B. In der **Vorkommission des Reichsjustizamtes** wurde § 539 E I sachlich gebilligt (Prot.-RJA 458).

## C. 2. Kommission

I. Zu § 539 E I war beantragt (Prot. II, Bd. 2, S. 251; *Mugdan*, Bd. 2, S. 887):

die Vorschrift des Entw. durch folgende Bestimmungen zu ersetzen: Struckmann (Nr 143, 6)

§ 539. Für die Pacht landwirthschaftlicher Grundstücke gelten die in den §§ 539a bis 548 enthaltenen besonderen Vorschriften.

§ 539a. Der Pächter eines Landguts ist einzelne Grundstücke sowie landwirthschaftliche Nebenbetriebe ohne Einwilligung des Verpächters weiter zu verpachten berechtigt, sofern dadurch die ordnungsmäßige Bewirthschaftung des Landguts nicht beeinträchtigt wird.

§ 539b. Der Pachtzins ist in Ermangelung einer anderen Vereinbarung am Schlusse jedes Pachtjahrs zu entrichten.

Der § 539a ist bereits durch den zu § 533 gefaßten Beschluß[2] erledigt. Im Uebrigen bezweckt der Antrag keine sachliche Aenderung des Entw.

Die Mehrheit erklärte sich im Wesentlichen mit dem Antrag einverstanden, hielt es jedoch für zweckmäßig, die als § 539b vorgeschlagene Bestimmung auf den Fall zu beschränken, daß der Pachtzins nach Jahren bemessen sei.

**II.** In der *VorlZust* lautet die Regelung als:

E I-VorlZust § 539

§ 539. Für die Pacht landwirthschaftlicher Grundstücke gelten die in den §§ 539a bis 548 enthaltenen besonderen Vorschriften.

§ 539a. Ist der Pachtzins nach Jahren bemessen, so ist er (am ersten Werktage) nach Ablauf jedes Pachtjahres zu entrichten.

E I-ZustRedKom § 532c

**III.** In der *ZustRedKom* lautet die Regelung als § 532c. (539): Ist bei der Pacht eines landwirthschaftlichen Grundstücks der Pachtzins nach Jahren bemessen, so ist er je nach dem Ablauf eines Pachtjahres am ersten Werktage des folgenden Jahres zu entrichten.

**IV.** § 524 *E II* lautet wie § 532c ZustRedKom.

**V.** Die Fassung des § 576 *E II rev* (§ 577 E III) entspricht der des § 584 BGB.

**D.** Wegen der Verhandlungen im **Justizausschuß des Bundesrates** vgl. Materialien zu § 551 BGB.

## § 585

**Das Pfandrecht des Verpächters eines landwirthschaftlichen Grundstücks kann für den gesamten Pachtzins geltend gemacht werden und unterliegt nicht der im § 563 bestimmten Beschränkung. Es erstreckt sich auf die Früchte des Grundstücks sowie auf die nach § 811 Nr. 4 der Zivilprozeßordnung der Pfändung nicht unterworfenen Sachen.**

### A. 1. Kommission

**I.** 211. Sitzung vom 23. 5. 1883, Schriftführer Neubauer

| Prot I 2202

| Es lag der Antrag vor, die Vorschrift aufzunehmen:

[2] Vgl. Materialien zu § 581 BGB unter C I b.

| „Der Verpächter hat kraft Gesetzes wegen seiner sämmtlichen Ansprüche aus dem Pachtverhältniß ein Pfandrecht an den in das verpachtete Grundstück eingebrachten Sachen des Pächters, sowie an den Früchten des Grundstücks (Sachenrechtsentw. § 155[1]), im Konkurse des Pächters jedoch nur, soweit die Sachen und die Früchte zur Zeit der Eröffnung des Konkursverfahrens sich noch auf dem Grundstücke befinden. | Prot I 2203 v. Kübel (Nr 358)

Im Uebrigen finden die Bestimmungen des § 19 Abs. 2–5 (d. h. des zu Art. 567 unter Nr. 1 mitgetheilten Antrags vgl. S. 2107[2]) entsprechende Anwendung."

Es war zu diesem Antrage der Verbesserungsantrag gestellt, den § dahin zu fassen

„Dem Verpächter eines landwirthschaftlichen Grundstücks steht wegen seiner Forderungen aus dem Pachtvertrage ein gesetzliches Pfandrecht außer an den eingebrachten Sachen des Pächters auch an den Früchten des Grundstücks zu. Die Vorschriften des § 16 der RedVorl[3] über die Miethe (Beschlüsse zu Art. 567, S. 2110–2125) finden darauf entsprechende Anwendung." Planck (Nr 385)

Der letztere Antrag fand die Zustimmung der Mehrheit mit der Abweichung, daß keine Anwendung finden soll der letzte Absatz des in dem Antrage angezogenen § 16 der folgendergestalt lautet (vgl. Prot. S. 2113, 2114):

„Wird eine dem Pfandrechte des Vermiethers unterliegende Sache für einen anderen Gläubiger gepfändet, so kann diesem gegenüber das Pfandrecht wegen desjenigen Miethzinses nicht geltend gemacht werden, welcher auf eine frühere Zeit, als das letzte Jahr vor der Pfändung entfällt."

Man ging davon aus: Der Antrag finde seine volle Rechtfertigung in dem § 41 Nr. 2 der Konkursordnung[4] in Verbindung mit den Gründen, auf welchen der angezogene § 16 (Prot. S. 2110–2125) beruhe, so wie in der Erwägung, daß nach dem § 41 der Konkurs-Ordnung das Absonderungsrecht des Verpächters sich auf die Pachtrückstände auch der früheren Jahre beziehe, und nicht, wie das des | Vermiethers, auf den Zins für das letzte Jahr beschränkt sei. Von der Bestimmung, daß die der Abpfändung nicht unterliegenden Sachen auch nicht dem Pfandrechte unterliegen, befürchtete man keine Unzuträglichkeiten, namentlich auch nicht wegen der Bestimmung des § 715 Nr. 5 der D. Civilprozeßordnung[5], in welcher Beziehung in Betracht komme, daß, wenn der Pächter die zum Betriebe oder zur Fortsetzung der Wirthschaft unentbehrlichen Gegenstände fortschaffen wolle, deren Entbehrlichkeit von ihm manifestiert wäre, folglich auch der Verpächter das Pfandrecht geltend machen dürfe. | Prot I 2204

II. In der *RedVorl* und in der *ZustOR* lautet die Regelung als: § 12. 398. Bei der Pacht eines landwirthschaftlichen Grundstücks hat der Verpächter wegen seiner Ansprüche aus dem Pachtvertrage ein gesetzliches Pfandrecht sowohl an den eingebrachten Sachen des Pächters als auch an den Früchten des Grundstücks; auf dieses Pfandrecht finden die Bestimmungen des § 16 (der Redaktionsvorlage über die Miethe) – 376 – Abs. 1, 2, 3, 4 und 5 entsprechende Anwendung [des § 376 mit Ausschluß des letzten Absatzes entsprechende Anwendung; Fassung der ZustOR]. RedVorl § 12 ZustOR § 398

[1] § 155 TE-Sachenrecht lautet: „Dasselbe [vgl. § 956 BGB, Anm. des Hrg.] gilt in Ansehung desjenigen, welcher zu dem Bezuge oder zu der Entnahme vermöge eines Forderungsrechts befugt ist und den Besitz des Erzeugnisses oder sonstigen Bestandtheils mit dem Willen des Eigenthümers der Hauptsache erlangt. – Ist das Forderungsrecht, z. B. Pachtrecht, gegen Dritte wirksam, so findet der § 154 entsprechende Anwendung."

[2] Vgl. Materialien zu §§ 559 ff. BGB.

[3] Vgl. Materialien zu §§ 559 ff. unter A II 1.

[4] Vgl. § 49 KO n. F. (geändert gegenüber der alten Fassung).

[5] § 715 Nr. CPO entspricht § 811 ZPO (geändert).

KE § 536 **III. 1.** Die Regelung lautet als § 536 *KE:* Bei der Pacht eines landwirthschaftlichen Grundstückes hat der Verpächter wegen seiner Ansprüche aus dem Pachtvertrage ein gesetzliches Pfandrecht sowohl an den eingebrachten Sachen des Pächters als auch an den Früchten des Grundstückes; auf dieses Pfandrecht finden die Bestimmungen des § 514 mit Ausschluß des letzten Absatzes entsprechende Anwendung.

**2.** Zur Änderung des § 536 KE vgl. die Materialien zu §§ 559ff. BGB unter III (Prot. I 11818, 11820).

E I § 543 **IV.** Im E I lautet die Regelung als § 543: Der Verpächter eines landwirthschaftlichen Grundstückes hat wegen seiner Forderungen aus dem Pachtvertrage ein gesetzliches Pfandrecht sowohl an den eingebrachten Sachen des Pächters als auch an den Früchten des Grundstücks. Auf dieses Pfandrecht finden die Vorschriften des § 521 Abs. 1 bis 4 entsprechende Anwendung.

## B. Vorkommission des Reichsjustizamtes

I. Beantragt war:

Den § 543 durch folgende Vorschriften zu ersetzen:

Die für das gesetzliche Pfandrecht des Vermiethers geltenden Vorschriften der §§ 521 bis 521c finden mit folgenden Abweichungen und Ergänzungen entsprechende Anwendung: (Struckmann (Nr 3, 69))

Dem Pfandrechte des Verpächters unterliegen auch die nach dem § 715 Nr. 5 der Civilprozeßordnung der Pfändung nicht unterworfenen Sachen.

Das Pfandrecht erstreckt sich auch auf die Früchte des Grundstücks.

Anderen Gläubigern des Pächters gegenüber kann das Pfandrecht wegen des rückständigen Pachtzinses ohne die im § 521c bestimmte Beschränkung geltend gemacht werden.

II. 75. Sitzung vom 29. 3. 1892

| Prot-RJA 461 | Zu § 543 wurde beschlossen, die für das gesetzliche Pfandrecht des Vermiethers zu § 521 angenommenen Bestimmungen mit der Abweichung und Ergänzung für anwendbar zu erklären, daß das Pfandrecht dem Verpächter, auch gegenüber anderen Gläubigern des Pächters, wegen seiner fälligen Forderungen aus dem Pachtvertrage und wegen des gesammten Pachtzinses zustehe, und daß das Pfandrecht sich auch auf die Früchte erstrecke.

Der Beschluß weicht in Ansehung des Gegenstandes des Pfandrechts vom Entwurfe dadurch ab, daß er das Pfandrecht erstreckt auf die zwar unpfändbaren, aber nach § 1 Abs. 3 der Konkursordnung[6] in die Konkursmasse fallenden Sachen, also insbesondere auf die in § 715 Nr. 5 der C.P.O. bezeichneten Sachen. Für diese Ausdehnung, welche übrigens nur eine Konsequenz des zu § 521 Abs. 1 Satz 2 gefaßten Beschlusses ist, sprachen namentlich die Wünsche des preußischen Justizministers und der preußischen Minister für Landwirthschaft und des Königlichen Hauses (Zusammenst. I S. 61[7]).

---

[6] Gemeint ist § 41 Nr. 3 KO (§ 49 KO n. F.).

[7] Der preußische Vorschlag lautet (Zust. BR Bd. 1, S. 60f.): § 543. Der Verpächter eines landwirthschaftlichen Grundstückes hat wegen des Pachtzinses und wegen seiner bereits entstandenen

In Ansehung der durch das Pfandrecht zu sichernden Forderungen war man der Ansicht, daß das Pfandrecht des Verpächters, abweichend von dem des Vermiethers, auf den gesammten Pachtzins für die künftige Vertragszeit zu erstrecken sei, da der Verpächter eine der wirthschaftlichen Bestimmung des Inventars widersprechende Entfernung desselben vom Grundstücke müsse hindern können, auch wenn die zurückbleibenden Gegenstände ihm für den Pachtzins des nächstfolgenden Jahres Sicherheit bieten, und man zweckmäßig bezüglich der übrigen Gegenstände des Pfandrechts das Gleiche bestimme wie bezüglich des Inventars.

### C. 2. Kommission

I. Zu § 543 E I war beantragt (Prot. II, Bd. 2, S. 258; *Mugdan*, Bd. 2, S. 890 f.):

1. die Bestimmungen des Entw. durch nachstehende Vorschriften zu ersetzen: Struckmann (Nr 143, 10)

Die für das gesetzliche Pfandrecht des Vermiethers geltenden Vorschriften der §§ 521 bis 521c[8] finden mit folgenden Abweichungen und Ergänzungen entsprechende Anwendung.

Dem Pfandrechte des Verpächters unterliegen auch die nach § 715 Nr. 5 der Civilprozeßordnung der Pfändung nicht unterworfenen Sachen. Struckmann (Nr 172, 2)

Das Pfandrecht steht dem Verpächter, auch gegenüber anderen Gläubigern des Pächters, wegen seiner fälligen Forderungen aus dem Pachtvertrag und wegen des gesammten Pachtzinses zu.

Das Pfandrecht erstreckt sich auch auf die Früchte des Grundstücks.

2. im dritten Abs. dieser Vorschriften die Worte „wegen des gesammten Pachtzinses“ durch die Worte „wegen des Pachtzinses für das laufende und folgende Pachtjahr“ zu ersetzen.

Die Kom. nahm den Antrag 1 an; der Antrag 2 wurde abgelehnt.

II. In der *VorlZust* lautet die Regelung:

§ 543. Der Verpächter hat wegen seiner fälligen Entschädigungsforderungen sowie wegen des gesammten Pachtzinses ein gesetzliches Pfandrecht an den eingebrachten Sachen des Pächters und an den Früchten des Grundstücks. E I-VorlZust § 543

Auf dieses Pfandrecht finden die Vorschriften des § 521 Satz 2 und der §§ 521a bis 521c entsprechende Anwendung. Dem Pfandrechte unterliegen jedoch auch die nach § 715 Nr. 5 der Civilprozeßordnung der Pfändung nicht unterworfenen Sachen. Die Vorschrift des § 521d findet keine Anwendung.

III. In der *ZustRedKom* lautet die Regelung:

§ 534a. (543). Das Pfandrecht des Verpächters eines landwirthschaftlichen Grundstücks erstreckt sich auf den gesammten Pachtzins und unterliegt nicht der Beschrän- E I-ZustRedKom § 534a

---

Entschädigungsforderungen aus dem Pachtvertrage ein gesetzliches Pfandrecht sowohl an den eingebrachten Sachen des Pächters, des Ehegatten und der Kinder desselben, sofern diese mit dem Pächter in häuslicher Gemeinschaft leben, als auch an den Früchten des Grundstückes. Auf dieses Pfandrecht finden die Vorschriften des § 521 Abs. 1 bis 4 entsprechende Anwendung; das Pfandrecht besteht jedoch in Ansehung der im § 715 Nr. 5 der Civilprozeßordnung aufgeführten unpfändbaren Sachen.

[8] Vgl. die Fassung des E I-VorlZust bei §§ 559 ff. BGB unter C II.

kung des § 521 d. Es besteht auch an den Früchten des Grundstücks sowie an den nach § 715 Nr. 5 der Civilprozeßordnung der Pfändung nicht unterworfenen Sachen.

**IV.** Im *E II* lautet die Regelung:

E II § 525 § 525. Das Pfandrecht des Verpächters eines landwirthschaftlichen Grundstücks kann für den gesammten Pachtzins geltend gemacht werden und unterliegt nicht der Beschränkung des § 505. Es erstreckt sich auch auf die Früchte des Grundstücks sowie auf die nach § 715 Nr. 5 der Civilprozeßordnung der Pfändung nicht unterworfenen Sachen.

**V.** Die Fassung des § 577 *E II rev* (§ 578 *E III)* entspricht der des § 585 BGB (Satz 2 geändert durch Gesetz vom 5. 3. 1953; BGBl. I, S. 33).

## E. Reichstag (XII. Kommission)

Frohme, Stadthagen (Nr 40, 1)

**I.** Prinzipiell war beantragt, den § 578 zu streichen, eventuell

1. im Absatz 1 die Worte „und unterliegt nicht der im § 556 bestimmten Beschränkung", und

2. den zweiten Satz zu streichen.

**II.** Bericht von *Heller* über die Sitzung vom 7. 3. 1895:

Zur Begründung der den § 578 betreffenden Anträge nahm der Abgeordnete *Stadthagen* im allgemeinen Bezug auf seine grundsätzliche Stellung zu dem gesetzlichen Pfandrechte des Vermieters; hinsichtlich des Eventualantrags bemerkte er, daß die Bestimmung in offenem Widerspruch stehe mit dem § 715 Nr. 5 der Zivilprozeßordnung. *Struckmann* führte hiergegen aus, daß das gesetzliche Pfandrecht bei der Pacht noch viel weniger zu entbehren sei als bei der Miete. Die in dem Eventualantrag a beanstandete Bestimmung entspreche dem § 41 Nr. 2 der Konkursordnung. Durch die meisten Landesausführungsgesetze sei diese Bestimmung auf das Zusammentreffen des Verpächters mit anderen Gläubigern des Pächters außerhalb des Konkurses ausgedehnt. Hinsichtlich der vom Eventualantrage b berührten Bestimmung liege die Sache bei der Pacht völlig anders als bei der Miete. Die Bestimmung in § 715 Nr. 5 der Zivilprozeßordnung beruhe auf einem öffentlichen Interesse, dem Landeskulturinteresse. Diese Rücksicht falle aber weg in dem Augenblicke, in dem das Pachtverhältnis aufhört, weil an die Stelle des Pächters nun der Eigentümer oder der neue Pächter tritt. Der § 715 Nr. 5 treffe überhaupt nicht das Verhältnis zwischen dem Pächter und dem Verpächter. Hinsichtlich der Früchte stehe die Bestimmung des Entwurfs ebenfalls im Einklang mit der Konkursordnung, die Anträge wurden gegen die Stimmen der Antragsteller abgelehnt[9].

**III.** Der Antrag wurde in der 2. Lesung (Nr. 133, 9) und im Plenum (Nr. 465, 22) von *Stadthagen, Frohme* u. a. wiederholt und erneut abgelehnt (StBRT 1895/97, S. 2783 f.).

---

9 Ferner hatte Enneccerus den Antrag gestellt, in § 578 S. 2 E III zwischen „sowie" und „auf die nach § 715 . . ." einzuschalten: „nach Beendigung der Pacht" (für die 1. Lesung zurückgezogen; Kommissionsprotokoll vom 7. 3. 1896).

## § 586

**Wird ein Grundstück sammt Inventar verpachtet, so liegt dem Pächter die Erhaltung der einzelnen Inventarstücke ob.**

**Der Verpächter ist verpflichtet, Inventarstücke, die in Folge eines von dem Pächter nicht zu vertretenden Umstandes in Abgang kommen, zu ergänzen. Der Pächter hat jedoch den gewöhnlichen Abgang der zu dem Inventar gehörenden Thiere aus den Jungen insoweit zu ersetzen, als dies einer ordnungsmäßigen Wirthschaft entspricht.**

### A. 1. Kommission

I. 210. Sitzung vom 21. 5. 1883, Schriftführer Neubauer

| Die Berathung des „die Pacht" betreffenden Abschnitts wurde fortgesetzt. | Prot I 2177

Die Artikel 585, 586 des Entwurfs lauten: . . .

[Der Text des Art. 585 ist bei § 587 BGB abgedruckt]

| Artikel 586. „Hat der Pächter das Inventar weder gekauft, noch sich zu dessen Rückgabe nach dem Schätzungswerthe verpflichtet, so kann er die Inventarienstücke ihrer Beschaffenheit und ihrem Zwecke gemäß benutzen, insbesondere die Jungen des Viehes für sich behalten; er ist aber verbunden, die Kosten für den Unterhalt der Inventarienstücke zu übernehmen und bei Beendigung des Pachtvertrages das Inventar nach Maßgabe der Vorschrift des Artikels 565 zurückzugeben." | Prot I 2178 DresdE Art 586

Man verständigte sich, zunächst den Artikel 586 zu berathen.

Es waren folgende Anträge gestellt:

1. statt dessen zu bestimmen: v. Kübel (Nr 358)

„Hat der Pächter das erhaltene Inventar weder gekauft noch sich zu dessen Rückgabe gemäß § 33 (d. h. dem Vorschlage zu Art. 585 S. 2181[1]) verpflichtet, so ist er berechtigt, die Inventarstücke ihrer Beschaffenheit und ihrem Zwecke gemäß zu benutzen, insbesondere die Jungen des Viehs für sich zu behalten, sowie die Ergänzung der von ihm nicht verschuldeten Abgänge von dem Verpächter zu verlangen. Dagegen hat der Pächter alle Reparaturen, sowie die Unterhalts- und Kurkosten zu tragen und bei Beendigung des Pachtes das Inventar nach Maßgabe der Vorschrift des § 18 (d. h. des Antrags zu Art. 565 – S. 2103[2]) zurückzugeben."

2. zu bestimmen: Kurlbaum (Nr 382)

„Erstreckt sich das Pachtverhältniß auf bewegliche Gegenstände, welche zur Benutzung eines unbeweglichen Pachtgegenstandes bestimmt sind (Inventar), so liegt dem Pächter die Ausbesserung und Unterhaltung derselben ob. Der Verpächter hat dieselben, wenn ohne einen von dem Pächter zu vertretenden Umstand Abgänge vorkommen, zu ergänzen."

| Beschlossen wurde, den Artikel zunächst nur in Beziehung auf den Fall zu erledigen, wenn die Pacht ein landwirthschaftliches Grundstück betrifft. | Prot I 2179

Die Mehrheit entschied:

---

[1] Vgl. Materialien zu § 587 BGB
[2] Vgl. Materialien zu § 556 BGB

1. für die Nichtaufnahme der Bestimmung, welche den Pächter berechtigt, die Inventarstücke nach Beschaffenheit und Zweck zu gebrauchen;

2. für die Aufnahme der Bestimmung, welche dem Pächter das Recht beilegt, von den fruchttragenden Inventarstücken die Früchte zu ziehen, insbesondere die Jungen des Viehs sich anzueignen;

3. für die Aufnahme der Bestimmung, welche den Pächter zur Unterhaltung und Ausbesserung des Inventars verpflichtet, wobei jedoch der Kurkosten keine besondere Erwähnung geschehen soll.

4. für die Aufnahme der Bestimmung, welche den Verpächter verpflichtet, die ohne einen von dem Pächter zu vertretenden Umstand eingetretenen Abgänge zu ergänzen;

5. für die Nichtaufnahme der Bestimmung, welche den Pächter verpflichtet, das Inventar nach Maßgabe des Artikels 565 zurückzugewähren;

6. für den Gebrauch des Wortes: „Inventar" ohne einen den Begriff verdeutlichenden Zusatz.

Die Gründe waren:

Der Artikel 586 befasse sich mit dem Falle, wenn ein landwirthschaftliches Grundstück mit einem dazu gehörenden Inventar verpachtet sei. Er wolle bestimmen, wie in einem solchen Falle, sofern eine besondere Uebereinkunft nicht getroffen sei, das Rechtsverhältniß sich in Ansehung des Inventars gestalte. Daß derartige Bestimmungen erforderlich sind, könne im Allgemeinen nicht anerkannt werden. Die für den Pachtvertrag geltenden Rechtsnormen seien vielmehr im Allgemeinen für genügend zu erachten,
| Prot I 2180 um die in Betracht kom- | menden Fragen zu entscheiden. Insbesondere brauche nicht bestimmt zu werden, daß der Pächter zum Gebrauch berechtigt und zur Rückgabe im empfangenen Zustande nach Maßgabe des Artikels 565 verpflichtet sei. Dagegen empfehle es sich, das Recht des Pächters auf den Fruchtgenuß und die Ergänzungspflicht des Verpächters besonders hervorzuheben. Denn in beiderlei Hinsicht könnte die Zulänglichkeit der allgemeinen Rechtsnormen einigermaßen bezweifelt werden, in der ersteren Beziehung auf Grund der Auffassung, in Ansehung des Inventars erscheine der Pächter nur als Miether, in der letzteren Beziehung auf Grund der Aufstellung, der Verpächter habe sich nach dem Wesen des Vertrags zur Erhaltung des Inventars in dem übergebenen Umfange u.s.w. während der Dauer der Pacht nicht verpflichtet, demzufolge der Pächter in dem unterstellten Falle eines von ihm nicht zu vertretenden Abgangs nur ein Recht auf Minderung des Zinses habe. Die Aufnahme der hierauf bezüglichen Bestimmung mache es aber zugleich räthlich, der Verpflichtung des Pächters zur Unterhaltung und Ausbesserung des Inventars zu gedenken, um die Ergänzungspflicht des Verpächters dadurch zu begrenzen. Der Ausdruck: „Inventar" bedürfe, weil er allgemein verständlich sei, keiner Verdeutlichung, von der um so mehr abzusehen sei, als sie eine mit großen Schwierigkeiten verbundene Definition nöthig machen würde. Das Uebergehen der Kurkosten sei endlich gerechtfertigt, weil die Haftung für dieselben sich aus der Unterhaltspflicht des Pächters ergebe.

Nachträglich wurde beschlossen, der Pacht eines landwirthschaftlichen Grundstücks die Pacht einer anderen unbeweglichen Sache gleichzustellen. Man glaubte, daß diese Ausdehnung völlig unbedenklich und überdies mit dem Vortheil verbunden sei, daß die mitunter zweifelhafte Frage, ob das verpachtete Grundstück ein landwirthschaftliches sei oder nicht, unerheblich würde.

II. In der *RedVorl* und in der *ZustOR* lautet die beschlossene Regelung:

RedVorl § 5 § 5 (586) 390. Wird eine unbewegliche Sache mit dem dazugehörenden Inventar verpachtet, so liegt dem Pächter die Unterhaltung und die Ausbesserung der einzelnen Inventarstücke ob; in Ansehung der fruchttragenden Stücke hat er den Fruchtgenuß, insbesondere gebühren ihm die Jungen der Thiere; die ohne einen von dem Pächter zu vertretenden Umstand abgegangenen Stücke ist der Verpächter zu ersetzen verpflichtet. ZustOR § 390

**III. 1.** In § 528 *KE* lautet der Eingang: „Wird eine unbewegliche Sache mit einem zur Benutzung derselben dienenden Inventar verpachtet, so ... (wie § 390 ZustOR).

**2.** Der Antrag von *Kurlbaum* Nr. 576, 29), statt „eine unbewegliche Sache" zu setzen „ein Grundstück", wurde abgelehnt. (Prot. I 6194)

**3.** Es wurde auf Antrag von *Johow* (Nr. 606, 1; vollständig abgedruckt bei §§ 477ff. BGB) beschlossen, statt „unbewegliche Sache" zu setzen „Grundstück" (Prot. I 11780).

**IV.** Im *E I* lautet die Regelung als § 535:

Wird ein Grundstück mit einem zur Benutzung desselben dienenden Inventare verpachtet, so liegt dem Pächter die Unterhaltung und die Ausbesserung der einzelnen Inventarstücke ob; in Ansehung der fruchttragenden Stücke hat er den Fruchtgenuß, insbesondere gebühren ihm die Jungen der Thiere; die ohne einen von dem Pächter zu vertretenden Umstand abgegangenen Stücke ist der Verpächter zu ersetzen verpflichtet. E I § 535

## B. Vorkommission des Reichsjustizamtes

**I.** Es war beantragt:

Wird ein Grundstück mit einem zu dessen Benutzung dienenden Inventare verpachtet, so liegt dem Pächter die Unterhaltung und die Ausbesserung der einzelnen Inventarstücke, dem Verpächter die Ergänzung der ohne einen von dem Pächter zu vertretenden Umstand abgegangenen Inventarstücke ob. Struckmann (Nr 3, 61)

Der Fruchtgenuß von fruchttragenden Inventarstücken, insbesondere die Jungen der Thiere, gebühren dem Pächter.

**II.** Der § 535 E I wurde sachlich nicht beanstandet (Prot.-RJA 456).

## C. 2. Kommission

**I.** Zu § 535 E I war beantragt (Prot. II, Bd. 2, S. 243; *Mugdan*, Bd. 2, S. 883):

1. die Vorschriften des Entw. zu streichen;

2. den zweiten Satz zu streichen; Conrad (Nr 171)

3. die Vorschriften zu fassen: wie Antrag Struckmann in der Vorkommission des RJA; Struckmann (Nr 143, 2)

4. dem Abs. 2 der unter 3 vorgeschlagenen Bestimmungen hinzuzusetzen:
Der Pächter hat indessen aus denselben die Inventarstücke, welche abgehen, zu ersetzen.

5. in dem Zusatze des Antrags 4 statt „die Inventarstücke, welche abgehen" zu setzen „den gewöhnlichen Abgang."

Die Kom. nahm den Antrag 3 mit dem in den Anträgen 4 bezw. 5 vorgeschlagenen Zusatz an.

**II.** In der *VorlZust* lautet die Regelung:

E I-VorlZust § 535 — § 535. Wird ein Grundstück mit einem zu dessen Benutzung dienenden Inventare verpachtet, so liegt dem Pächter die Unterhaltung und Ausbesserung der einzelnen Inventarstücke, dem Verpächter die Ergänzung der ohne einen von dem Pächter zu vertretenden Umstand abgegangenen Inventarstücke ob.

Der Fruchtgenuß von fruchttragenden Inventarstücken gebührt dem Pächter. Dieser ist jedoch verpflichtet, den (gewöhnlichen) Abgang der zu dem Inventare gehörigen Thiere aus den Jungen derselben insoweit zu ersetzen, als dies einer ordnungsmäßigen Wirthschaft entspricht.

**III. 1.** In der *ZustRedKom* lautet die Regelung:

E I-ZustRedKom § 535 — § 535. Wird ein Grundstück sammt Inventar verpachtet, so liegt dem Pächter die Unterhaltung und Ausbesserung der einzelnen Inventarstücke ob.

Der Verpächter ist verpflichtet, Inventarstücke, die ohne einen von dem Pächter zu vertretenden Umstand in Abgang gekommen sind, zu ergänzen. Der Pächter hat jedoch den gewöhnlichen Abgang der zu dem Inventar gehörenden Thiere aus den Jungen insoweit zu ersetzen, als dies einer ordnungsmäßigen Wirthschaft entspricht.

**2.** Zu einem Änderungsantrag vgl. Materialien zu den §§ 587ff. BGB unter C III. 2.

**IV.** Im *E II* lautet die Regelung:

E II § 526 — § 526. Wird ein Grundstück sammt Inventar verpachtet, so liegt dem Pächter die Unterhaltung und Ausbesserung der einzelnen Inventarstücke ob.

Der Verpächter ist verpflichtet, Inventarstücke, die in Folge eines von dem Pächter nicht zu vertretenden Umstandes in Abgang gekommen sind, zu ergänzen. Der Pächter hat jedoch den gewöhnlichen Abgang der zu dem Inventare gehörenden Thiere aus den Jungen insoweit zu ersetzen, als dies einer ordnungsmäßigen Wirthschaft entspricht.

**V.** Die Fassung des § 578 *E II rev* (§ 579 *E III*) entspricht der des § 586 BGB.

## § 587

**Uebernimmt der Pächter eines Grundstücks das Inventar zum Schätzungswerthe mit der Verpflichtung, es bei der Beendigung der Pacht zum Schätzungswerthe zurückzugewähren, so gelten die Vorschriften der §§ 588, 589.**

## § 588

**Der Pächter trägt die Gefahr des zufälligen Unterganges und einer zufälligen Verschlechterung des Inventars. Er kann über die einzelnen Stücke innerhalb der Grenzen einer ordnungsmäßigen Wirthschaft verfügen.**

**Der Pächter hat das Inventar nach den Regeln einer ordnungsmäßigen Wirthschaft in dem Zustande zu erhalten, in welchem es ihm übergeben wird. Die von ihm angeschafften Stücke werden mit der Einverleibung in das Inventar Eigenthum des Verpächters.**

§ 589

**Der Pächter hat das bei der Beendigung der Pacht vorhandene Inventar dem Verpächter zurückzugewähren.**

**Der Verpächter kann die Uebernahme derjenigen von dem Pächter angeschafften Inventarstücke ablehnen, welche nach den Regeln einer ordnungsmäßigen Wirthschaft für das Grundstück überflüssig oder zu werthvoll sind; mit der Ablehnung geht das Eigenthum an den abgelehnten Stücken auf den Pächter über.**

**Ist der Gesammtschätzungswerth der übernommenen Stücke höher oder niedriger als der Gesammtschätzungswerth der zurückzugewährenden Stücke, so hat im ersteren Falle der Pächter dem Verpächter, im letzteren Falle der Verpächter dem Pächter den Mehrbetrag zu ersetzen.**

## A. 1. Kommission

I. a) 210. Sitzung vom 21. 5. 1883, Schriftführer Neubauer

Der Art. 585 lautet (Prot. I 2177–2178):

| „Hat der Pächter das Inventar zu einem bestimmten angeschlagenen Werthe mit der Verpflichtung übernommen, nach Beendigung des Pachtvertrages ein Inventar von gleichem Schätzungswerthe zurückzugeben, so erhält er das Recht auf den Gebrauch und die Nutzungen des Inventars und trägt während der Dauer des Pachtvertrages die Gefahr des Unterganges und der Verschlechterung desselben. Der Pächter kann über die einzelnen Inventarstücke, soweit dies der wirthschaftlichen Benutzung entspricht, verfügen; er ist aber verpflichtet, die abgegangenen Stücke durch neue zu ersetzen und bei Beendigung des Pachtvertrags ein nach Beschaffenheit, Umfang und Schätzungswerth dem übernommenen gleichkommendes Inventar dem Verpächter zurückzugeben; giebt der Pächter das Inventar in schlechterer Beschaffenheit oder in vermindertem Umfange zurück, so hat er für den Minderwerth Ersatz zu leisten. Uebersteigt der Schätzungswerth des zurückgelassenen Inventars | den Werth des übernommenen, so kann der Pächter, wenn die Wertherhöhung durch die den landwirthschaftlichen Grundsätzen entsprechende Bewirthschaftung des gepachteten Grundstückes herbeigeführt worden ist, Ersatz des Ueberschusses verlangen." | Prot I 2177 DresdE Art 585 | Prot I 2178

| Es waren folgende Anträge gestellt: | Prot I 2181 v. Kübel (Nr 358)

1. statt dessen zu bestimmen:

„Hat der Pächter das Inventar zu einem bestimmten angeschlagenen Werthe mit der Verpflichtung übernommen, nach Beendigung des Pachtvertrags ein Inventar von gleichem Schätzungswerthe zurückzugeben, so erhält er das Recht auf den Gebrauch und die Nutzungen des Inventars und trägt während der Dauer des Pachtvertrages die Gefahr des Unterganges und der Verschlechterung desselben. Der Pächter kann über die einzelnen Inventarstücke, soweit dies der wirthschaftlichen Benutzung entspricht, verfügen; er ist aber verpflichtet, die abgegangenen Stücke durch neue zu ersetzen und bei Beendigung des Pachtvertrages ein nach Beschaffenheit, Umfang und Schätzungswerth dem übernommenen gleichkommendes Inventar dem Verpächter zurückzugeben; giebt der Pächter das Inventar in schlechterer Beschaffenheit oder in vermindertem Umfange zurück, so hat er für den Minderwerth Ersatz zu leisten. Uebersteigt der Schätzungswerth des zurückgelassenen Inventars den Werth des übernommenen, so kann der Pächter, wenn die Werthserhöhung durch eine den Verhältnissen des gepachteten Grundstücks entsprechende Bewirthschaftung herbeigeführt worden ist, Ersatz des Ueberschusses verlangen."

v. Weber (Nr 381, 1) 2. Im zweiten Satze am Schlusse nach den Worten „Ersatz zu leisten" hinzuzufügen: „für eine bloß durch allgemeine Preisminderung herbeigeführte Minderung des Schätzungswerths haftet er nicht."

Hinter dem dritten Satze hinzuzufügen:

„Hat der Pächter an Stelle übernommener Inventargegenstände werthvollere Stücke angeschafft, deren Anschaffung den Verhältnissen des Grundstücks nicht entspricht, und | weigert sich der Verpächter die Werthserhöhung für dieselben zu vergüten, so ist der Pächter berechtigt, diese Stücke zurückzubehalten und dafür den Schätzungswerth der übernommenen Stücke zu ersetzen." | Prot I 2182

3. den § zu fassen:

Planck (Nr 383) „Hat der Pächter das Inventar zu einem bestimmten angeschlagenen Werthe mit der Verpflichtung übernommen, nach Beendigung des Pachtvertrages ein Inventar von gleichem Schätzungswerthe zurückzugeben, so wird er berechtigt, das Inventar zu gebrauchen und zu benutzen, auch über die einzelnen Inventarienstücke, soweit dies der wirthschaftlichen Benutzung entspricht, zu verfügen. Er ist verpflichtet, das Inventar in einem dem Verhältnisse des gepachteten Grundstücks entsprechenden Zustande zu erhalten und dem Verpächter das Eigenthum an dem zum Ersatze der abgegangenen Stücke neu angeschafften zu verschaffen.

Nach Beendigung der Pacht ist der Pächter das vorhandene Inventar dem Verpächter zurückzugeben und, wenn dasselbe von geringerem Umfange oder geringerer Beschaffenheit wie das übergebene ist, den Werth der fehlenden bezw. den Minderwerth der vorhandenen Stücke zu ersetzen verpflichtet. Für die Werthsermittlung ist der Zeitpunkt, in welchem die Pacht endigt und für die Beschaffenheit der zurückzugebenden Stücke der angeschlagene Schätzungswerth in der Art maßgebend, daß Stücke von solcher Beschaffenheit zurückgegeben werden müssen, wie zur Zeit des Anschlags für einen dem angeschlagenen Schätzungswerth entsprechenden Preis zu erkaufen waren.

Ist das zurückgegebene Inventar von größerem Umfange oder besserer Beschaffenheit, so ist der Verpächter dem Pächter den Werth der überschießenden | bezw. den Mehrwerth der vorhandenen Stücke nach Maßgabe der Vorschrift des vorigen Absatzes zu ersetzen verpflichtet, wenn die Vergrößerung oder Verbesserung des Inventars nach den Verhältnissen des gepachteten Grundstücks wirthschaftlich gerechtfertigt war. | Prot I 2183

Planck (Nr 385, 1) Ist letzteres nicht der Fall, so hat der Verpächter die Wahl, ob er dem Pächter nach Maßgabe der vorstehenden Bestimmung Ersatz leisten oder demselben die überschießenden und besseren Stücke, die letzteren gegen Ersatz desjenigen Werths übertragen will, welchen Stücke von solcher Beschaffenheit wie die übernommenen bei Beendigung der Pacht hatten. Dies Wahlrecht steht dem Verpächter in Betreff jedes einzelnen Stükkes zu."

Kurlbaum (Nr 382) 4. zu bestimmen:

„Ist in dem in dem vorhergehenden Beschlusse – zu Artikel 586 – unterstellten Falle vereinbart, daß der Pächter die Inventargegenstände in gleicher Art, Zahl und Beschaffenheit zurückgeben solle, so trägt der Pächter bis zur Zurückgabe die Gefahr des Untergangs und der Verschlechterung. In der Zwischenzeit darf der Pächter über die Gegenstände verfügen, soweit die gehörige Benutzung des Hauptgegenstandes der Pacht es gestattet.

Der Pächter hat dem Verpächter für die bei der Zurückgabe fehlenden Gegenstände und wenn die zurückgegebenen Gegenstände von geringerer Beschaffenheit sind, als die übergebenen derselben Art, für die geringere Beschaffenheit der zurückgegebenen Ersatz zu leisten. Für die etwa vorhandene bessere Beschaffenheit der letzteren hat der Verpächter dem Pächter Ersatz zu leisten, soweit nicht die Beschaffenheit der Gegenstände die für gehörige | Benutzung des Hauptgegenstandes angemessene Beschaffenheit übersteigt. | Prot I 2184

Sind die mitverpachteten Inventargegenstände unter Anschlag eines gewissen Werths übergeben, so ist anzunehmen, daß die Vertragschließenden, die Zurückgabe der Inventargegenstände in gleicher Art, Zahl und Beschaffenheit vereinbart haben. Der Werthanschlag ist im Zweifel nur dazu bestimmt, die Beschaffenheit der übergebenen Gegenstände festzustellen."

In Folge einer einleitenden Besprechung verständigte man sich, bei der Erledigung des Artikels 585 in nachstehender Weise zu verfahren.

Der Artikel 585 behandelt denselben Fall, wie der zuvor erledigte Artikel 586 mit der Abweichung, daß er eine auf das Inventar sich beziehende besondere Uebereinkunft unterstellt. Er bezweckt, die Rechtsfolgen näher zu bestimmen, welche an eine solche Uebereinkunft oder an einen solchen Nebenvertrag sich knüpfen, sofern nicht ein Anderes aus den Beredungen der Parteien sich ergiebt. Der Grund weshalb solche Bestimmungen sich empfehlen, liegt in der Häufigkeit der betreffenden Uebereinkunft, namentlich bei der Pacht landwirthschaftlicher Grundstücke. Die Uebereinkunft, welche der Entwurf und ihm folgend, die Anträge Nr. 1, 2 und 3 im Auge haben, ist die, wenn vereinbart ist: das Inventar sei nach einer Taxe (nach Werths-Anschlag) zu übergeben und nach einer Taxe zurückzugewähren. Beschlossen wurde, zunächst nur über die für die Uebereinkunft – und zwar in der Beschränkung auf landwirthschaftliche Grundstücke – erforderlichen Bestimmungen zu berathen, vorbehaltlich der nachträglichen Beschlußfassung, ob und inwiefern die beschlossenen Vorschriften auf die Pacht einer anderen unbeweglichen Sache auszudehnen und ob nicht – nach Maßgabe des An- | trags Nr. 4 – auch noch andere Vereinbarungen zu berücksichtigen seien. | Prot I 2185

Das Ergebniß der weiteren Berathungen war:

I. Anlangend die im Eingange des Artikels 585 unterstellte Uebereinkunft, so wurde gegen die Fassung des Entwurfs erinnert, dieselbe drücke die wirklich gemeinte Uebereinkunft nur unvollkommen und nicht einmal korrekt aus, indem insbesondere die Worte: „von gleichem Schätzungswerthe" einen unrichtigen Sinn ergäben und zudem die Voraussetzung in einer die Anwendbarkeit des Gesetzes schwer beeinträchtigenden Weise beengten. Es wurde der Vorschlag gemacht, den Eingang des Artikels dahin zu fassen:

„Ist bei der Pacht eines landwirthschaftlichen Grundstücks mit dem dazu gehörenden Inventar vereinbart, daß der Pächter das Inventar nach einer Taxe (nach einem Werths-Anschlage) zu übernehmen und nach einer Taxe zurückzugewähren habe" pp.

Der Vorschlag fand die Zustimmung der Mehrheit, die der Ansicht war: derselbe erledige nicht nur die gegen die Fassung des Entwurfs erhobenen Erinnerungen, sondern werde auch der im Verkehrsleben für die fragliche Uebereinkunft vorherrschenden Ausdrucksweise gerecht.

II. Im ersten Satze bestimmt der Artikel als Folge der Uebereinkunft:

1. der Pächter erhalte das Recht auf den Gebrauch und die Nutzungen des Inventars,

2. der Pächter trage während der Dauer des Pachtvertrags die Gefahr des Untergangs und der Verschlechterung desselben.

Die Mehrheit beschloß die Nichtaufnahme der Bestimmung unter Nr. 1, dagegen die Aufnahme der Bestimmung unter Nr. 2. Sie war der Ansicht: die Bestimmung unter | Prot I 2186 Nr. 1, sei wegen Selbstverständlichkeit | entbehrlich, während ein Gleiches von der inhaltschweren Bestimmung unter Nr. 2 sich nicht behaupten lasse und, wenn auch zugegeben werden könne, daß die letztere Bestimmung aus den nachfolgenden Bestimmungen herzuleiten sei, so müsse sie doch wegen ihrer außerordentlichen Wichtigkeit einen besonderen und klaren Ausdruck finden.

Eine Verschiedenheit der Ansichten hatte sich in Ansehung der Zeitdauer, während welcher der Pächter die Gefahr zu tragen habe, gezeigt. Es war der Antrag gestellt, als terminus ad quem die Zeit der Rückgewähr zu bezeichnen, ferner der, über die Zeitdauer nichts zu bestimmen. Beide Anträge wurden jedoch abgelehnt. Die Mehrheit ging davon aus: Der in Frage stehenden Uebereinkunft könne präsumtiv nur der Sinn beigelegt werden, daß der Pächter auch nur so lange, als er Pächter sei, – also während der Pachtzeit – die Gefahr zu tragen habe; wie es mit dem Tragen der Gefahr stehe, wenn die Rückgewähr erst später erfolge, bestimme sich nach den allgemeinen Grundsätzen, insbesondere nach den über die Folgen des Verzugs. Die Anwendung dieser Grundsätze würde im Falle der Bestimmung, der Pächter trage bis zur Rückgewähr die Gefahr, zum Theil zweifelhaft und verdunkelt. Ueber die Zeitdauer nichts zu bestimmen, sei, weil alsdann das Gesetz an einer erheblichen Lücke leiden würde, nicht angemessen.

III. Der zweite Satz des Artikels enthält zunächst die Bestimmung:

der Pächter könne über die einzelnen Inventarstücke, soweit es der wirthschaftlichen Benutzung entspreche, verfügen.

Die Bestimmung blieb sachlich unbeanstandet, ihre Fassung der Redaktion vorbehalten.

IV. Weiter bestimmt der zweite Satz des Artikels:

der Pächter sei verpflichtet, die abgegangenen Stücke durch neue zu ersetzen.

Nach dem Antrage Nr. 3 soll dafür bestimmt werden:

| Prot I 2187 a) der Pächter habe das Inventar in einem den Verhältnissen | des Grundstücks entsprechenden Zustande zu erhalten, und

b) dem Verpächter das Eigenthum der neu angeschafften Stücke zu verschaffen.

Zu diesem Antrage wurde der Verbesserungsantrag gestellt, zu bestimmen:

a) der Pächter habe das empfangene Inventar in einem ordnungsgemäßen Zustande zu erhalten,

b) der Verpächter erlange das Eigenthum der neu angeschafften Inventarstücke[1].

Der letztere Antrag fand in getrennter Abstimmung die Billigung der Mehrheit.

Erwogen war:

Der Verpächter habe das größte Interesse, daß das Grundstück zu jeder Zeit mit einem zureichenden und angemessenen Inventar versehen sei. Diesem Interesse werde durch die Ansprüche nicht genügt, welche er geltend machen könne, wenn bei Beendigung der Pachtzeit die Rückgewährtaxe eine Unzulänglichkeit des verhandenen Inventars und die Verpflichtung des Pächters zur Zahlung einer Differenzsumme ergebe. Es reiche auch nicht aus, dem Pächter nur die Pflicht zur Ersetzung der abgegangenen Stücke aufzuerlegen. Ein noch vorhandenes Stück könne in Folge des Gebrauchs oder eines Zufalls in einem Zustande sich befinden, der seine Brauchbarkeit, wenn nicht aufhebe, doch wesentlich mindere, so daß ein Ersatz nöthig werde. Andererseits komme

[1] Dieser Antrag stammt von *v. Weber* (Nachlaß v. Schmitt).

zu Gunsten des Pächters die Möglichkeit in Betracht, daß die Ersetzung eines abgegangenen Stücks überflüssig sei, weil von dem Pächter vor dem Abgange ein anderes Stück angeschafft oder verbessert worden, welches einen Ersatz entbehrlich mache, oder weil in Folge der Aenderung in der Bewirthschaftung das eingegangene Stück zwecklos geworden sei. Hiernach ergebe sich als die richtige Bestimmung, daß der Pächter das ihm übergebene oder das empfangene Inventar in einem ordnungsmäßigen Zustande zu er- | halten habe. Eine solche Bestimmung erledige auch den Einwand, der Pächter könne nicht verpflichtet sein, wenn er das Inventar verbessert und vermehrt habe, dasselbe in dem von ihm verbesserten und vermehrten Zustande zu erhalten. Auch der Einwand lasse sich nicht erheben: der Pächter müsse das Recht haben, über neu angeschaffte Stücke frei zu verfügen. Sei das neu angeschaffte Stück zur Erhaltung des Inventars in dem empfangenen ordnungsmäßigen Zustande entbehrlich, so ergebe sich das unbeschränkte Verfügungsrecht aus dem zuvor gefaßten Beschlusse. Verhalte es sich anders, so sei nicht abzusehen, weshalb dem Pächter ein solches Verfügungsrecht zustehen müsse. Endlich dürfe nicht geltend gemacht werden, es würden oft Zweifel entstehen, ob ein Stück nur zum persönlichen Gebrauch des Pächters angeschafft oder die Anschaffung zum Zweck der Ergänzung des Inventars erfolgt sei. Die Nothwendigkeit der Lösung solcher Zweifel würde auch im Falle der Ablehnung der fraglichen Bestimmung bleiben und, wenn auch nicht während der Pachtzeit, doch bei Beendigung derselben hervortreten. Aus der Verpflichtung des Pächters zu Neuanschaffungen folge von selbst die weitere Verpflichtung desselben, dem Verpächter das Eigenthum der neu angeschafften Stücke zu verschaffen. Nach den allgemeinen Grundsätzen würde zu dieser Verschaffung erforderlich sein, daß der Pächter dem Verpächter die neu angeschafften Stücke tradire, was im Wege der traditio brevi manu oder des constitutum possessorium geschehen könne. Allein es erhebe sich die Frage, ob dies genüge, ob nicht vielmehr zu bestimmen sei, daß dem Verpächter schon durch die Anschaffung als Inventarstück und durch die Einverleibung des Stücks in das Inventar das Eigenthum auch ohne weitere Beredung zufalle. Die Frage müsse bejaht werden, einmal im Interesse des Verpächters, der sonst der Gefahr ausgesetzt sei, daß ihm bei einer langen Pachtperiode zuletzt das Eigenthum des Gutsin- | ventars fehle oder nur zum geringen Theile zustehe, dann im Interesse der Hypothekengläubiger, wenn diesen wie z. B. nach preußischem Rechte und auch nach dem Entwurfe des Sachenrechts der Fall, zugleich das Inventar hafte, welche Haftung bei einer langen Pachtperiode zuletzt ganz oder zum größten Theile nicht mehr bestehen würde. Wie der Anfall des Eigenthums an den Verpächter juristisch zu konstruiren sei, habe das Gesetz nicht zu entscheiden. Insbesondere sei nicht darüber zu bestimmen, ob die Konstruktion, welche sich in der Judikatur verschiedener oberster Gerichtshöfe (vgl. Materialien S. 190, 191, Seuffert's Archiv 7, 283[2]), insbesondere aber auch in der neuerlichen Judikatur des Reichsgerichts (Entsch. in Straff. 7 S. 41 ff.[3]) finde, Billigung und Anerkennung verdiene. Von selbst verstehe sich, daß der Eigenthumserwerb des Verpächters von der Anschaffung als Inventarstück und von der thatsächlichen Einverleibung in das Inventar abhänge, wozu regelmäßig die Einbringung in das Grundstück nöthig sein möge. Ob und inwiefern in dieser Hinsicht eine besondere Verdeutlichung erforderlich sei, werde bei der Redaktion zu prüfen sein.

| Prot I 2188

| Prot I 2189

---

[2] In SeuffA 7, 283 ist eine Entscheidung zu dieser Frage nicht zu finden. Nach den Materialien zum Miet- und Pachtrecht, S. 190, sollte danach der Verpächter an den Ersatzstücken durch ein Besitzkonstitut Besitz und Eigentum erwerben.

[3] Hier ist für das pr. ALR entschieden, daß der Pächter „nicht Eigentümer der von ihm aus eigenen Mitteln zum Ersatze des Abganges angeschafften Inventarienstücke" wird.

V. Der zweite Satz des Artikels bestimmt endlich:

der Pächter sei verpflichtet, bei Beendigung des Pachtvertrags ein nach Beschaffenheit, Umfang und Schätzungswerth dem übernommenen gleichkommendes Inventar dem Verpächter zurückzugeben; gebe er das Inventar in schlechterer Beschaffenheit oder in verändertem Umfange zurück, so habe er für den Minderwerth Ersatz zu leisten.

Darüber bestand kein Zweifel, daß in Gemäßheit des Sinnes der Uebereinkunft: das Inventar werde nach Taxe übergeben und nach Taxe zurückgewährt, der Pächter verpflichtet sei, dem Verpächter die Summe zu zahlen, um welche die Rückgewährtaxe hinter der Uebergabetaxe zurückbleibe. Dagegen zeigte sich eine wesentliche Verschiedenheit | der Ansichten, wie die Differenz zu ermitteln und festzustellen sei. | Prot I 2190

Von einer Seite wurde geltend gemacht: Die Differenz sei im Wege der einfachen Vergleichung der beiden Taxen zu ermitteln, indem die entsprechende Werthsumme der neuen Taxe von der der alten Taxe abgezogen würde.

Die andere Meinung war: der Pächter dürfe die Gefahr des Sinkens der Preise nicht tragen, so daß die alte Taxe überwiegend die Bedeutung habe, die Beschaffenheit und Güte der einzelnen Stücke festzustellen, auf das Sinken der Preise also zu Gunsten des Pächters Rücksicht genommen werden müsse, was einfach in der Weise geschehen könne, daß nach Ermittelung der Prozente, um welche die Preise gesunken seien, die Werthsummen der Rückgewährtaxe vor der Vergleichung der beiden Taxen um die gleichen Prozente erhöht würde.

Die zweite Ansicht liegt den Anträgen Nr. 2 und 3 zum Grunde. Auf welcher Ansicht der Entwurf beruht, ist nach der Fassung desselben nicht klar; nach den Dresdener Berathungsprotokollen (vgl. Materialien S. 197, 198[4]) scheint gleichfalls die Billigung der zweiten Ansicht bezweckt zu sein. Die Mehrheit entschied aber für die erste Ansicht, wobei die Fassung der aufzunehmenden Bestimmung der Redaktion vorbehalten blieb.

Erwogen war:

Unverkennbar empfehle sich die erste Ansicht wegen der Vereinfachung des sich ergebenden Rechtsverhältnisses. Folge das Gesetz der anderen Ansicht, so könne nicht fehlen, daß in vielen Fällen schwierige Ermittelungen nöthig und zahlreiche Streitigkeiten sich erheben würden. Es müsse aber auch bezweifelt werden, daß die zweite Ansicht dem Willen der Parteien, die übereingekommen wären: das Inventar werde nach Taxe übergeben und nach Taxe zurückgewährt, präsumtiv entsprechend sei. Sei ein Weiteres, als angegeben, nicht vereinbart, so lasse die Vereinbarung kaum eine andere Deutung zu, als die, welche der ersten | Ansicht zum Grunde liege. Bezweckten die Parteien ein Anderes, so müßten sie durch eine besondere Abrede sich vorsehen. Es könne auch nicht anerkannt werden, daß im praktischen Leben die zweite Ansicht die vorherrschende sei. Gehe man davon aus, daß die zur Beurtheilung stehende Uebereinkunft sich ausgebildet habe, um als Ersatz für den Kauf und den Rückkauf des Inventars zu dienen, – ein Verfahren, gegen welches das schwer wiegende Bedenken sich ergebe, daß der Verpächter während der Dauer der Pacht nicht Eigenthümer des Inventars sei, und daß darunter der Realkredit empfindlich leide, – so werde die Sachgemäßheit der ersten Ansicht noch weit einleuchtender. Es errege auch keinen Anstoß, daß nach der | Prot I 2191

[4] Hier heißt es auf S. 197 u. a.: „Die Mehrheit war jedoch der Ansicht, daß der Pächter, soweit er das Inventar in natura zurückgebe, für eine andere Preisminderung, als die, welche dasselbe durch die eingetretene Verschlechterung erleide, nicht aufzukommen habe, und es nicht gerathen sei, in dem Gesetze den Grundsatz auszusprechen, daß der Pächter für den aus der allgemeinen Preisminderung hervorgehenden Minderwerth des Inventars einzustehen habe."

ersten Ansicht der Pächter, welcher in unverändertem Zustande zurückgewähre, zu einer größeren oder geringeren Geldleistung verpflichtet werden könne. Darin liege nur eine nothwendige Konsequenz der wahren Bedeutung der Vereinbarung, gerade so, wie im Falle der Vereinbarung: der Pächter habe bei Beginn der Pacht das Inventar zur Taxe vom Verpächter zu kaufen und diesem bei Ablauf der Pacht zur jetzigen Taxe zurückzuverkaufen.

I. b) 211. Sitzung vom 23. 5. 1883, Schriftführer Neubauer

| Es wurde die Berathung des „die Pacht" betreffenden Abschnitts, insbesondere zu Art. 585 fortgesetzt. | Prot I 2193

VI. Der letzte Satz des Art. 585 bestimmt: übersteige der Schätzungswerth des zurückgelassenen Inventars den Werth des übernommenen, so könne der Pächter, wenn die Wertherhöhung durch die den landwirthschaftlichen Grundsätzen entsprechende Bewirthschaftung des Grundstücks herbeigeführt sei, Ersatz des Ueberschusses verlangen.

Von einer Seite war beantragt, mit Rücksicht auf die Beschlüsse der letzten Sitzung den letzten Satz des Artikels durch die Bestimmung zu ersetzen:

„Uebersteigt der Schätzungswerth des vorhandenen Inventars den Schätzungswerth des übernommenen, so ist der Verpächter dem Pächter den Mehrwerth zu ersetzen verpflichtet, es wäre denn, daß derselbe durch eine den Verhältnissen des gepachteten Grundstücks nach landwirthschaftlichen Grundsätzen nicht entsprechende Vermehrung oder Verbesserung des Inventars herbeigeführt wäre. Ist letzteres der Fall, so hat der Verpächter die Wahl, ob er dem Pächter den Mehrwerth ersetzen oder demselben das Eigenthum der überschießenden und besseren Stücke übertragen | will. Wählt er das letztere, so ist der Pächter den Schätzungswerth der übernommenen Stücke zu ersetzen verpflichtet. Das Wahlrecht steht dem Verpächter in Betreff jedes einzelnen Stückes zu." Planck (Nr 388, 1) | Prot I 2194

Zunächst überzeugte man sich, daß es zu eng sei, nur den Fall vorauszusetzen, wenn der Gesammtbetrag der neuen Taxe den der früheren übersteige, daß vielmehr zunächst die allgemeine Frage der Entscheidung bedürfe, ob und inwiefern der Verpächter befugt sei, überflüssige oder zu werthvolle Stücke abzulehnen. Man war einverstanden, daß dem Verpächter das Recht beizulegen sei, alle überflüssigen und zu werthvollen Stücke zurückzuweisen, daß ferner die Entscheidung, ob ein Stück überflüssig oder zu werthvoll von der den landwirthschaftlichen Grundsätzen und den Verhältnissen des Grundstücks entsprechenden Bewirthschaftung abhängig zu machen sei. Man war aber auch über folgende Bestimmungen einverstanden:

a) Werde ein Stück von dem Verpächter als überflüssig oder zu werthvoll zurückgewiesen, so scheide dasselbe aus der Rückgewährtaxe aus.

b) Die Zurückweisung genüge, um dem Pächter das Eigenthum des zurückgewiesenen Stücks ohne einen besonderen Traditionsakt zu verschaffen.

c) Der Verpächter habe, wenn die Rückgewährtaxe nach Ausscheidung der mit Recht abgelehnten Stücke mehr betrage, wie die Uebergabetaxe, die überschießende Summe dem Pächter zu zahlen, gerade so wie im umgekehrten Falle der Pächter zur Zahlung der Differenzsumme verpflichtet sei. Man war der Ansicht: die vorstehenden Bestimmungen fänden ihre unmittelbare Rechtfertigung durch die bisher gefaßten Beschlüsse, so wie durch die Erwägung, daß dem Verpächter nicht angesonnen werden dürfe, überflüssige und zu werthvolle Stücke, deren Eigenthümer er allerdings geworden sei, gegen Vergütung des Taxwerths zu behalten. Zum Ausdruck soll auch gebracht werden, daß dem Verpächter, der behaupte, ein Stück sei überflüssig oder zu werthvoll, Prot I 2195 | den allgemeinen Grundsätzen gemäß die Beweislast obliege.

Zur Sprache gelangte, ob der Verpächter, welcher mit Recht geltend mache, von mehreren Stücken sei ein Theil überflüssig, bei der Zurückweisung die Wahl habe. Die Mehrheit bejahte die Frage, weil das Wahlrecht des Verpächters sich aus seiner Rechtsstellung als Eigenthümer aller Stücke ergebe, hielt aber eine Entscheidung durch das Gesetz nicht für erforderlich.

Die Fassung der beschlossenen Bestimmungen blieb der Redaktion vorbehalten.

Es wurde der neue Antrag gestellt, die Bestimmung aufzunehmen:

v. Schmitt „Sei das Inventar nach Taxe übergeben, so werde die Uebereinkunft vermuthet, das Inventar sei nach Taxe zu übernehmen und nach Taxe zurückzugewähren."

Die Mehrheit erklärte sich gegen die Aufnahme einer solchen Bestimmung, welche sie für bedenklich hielt, weil nur die Umstände des Falls für die Entscheidung, ob die betreffende Uebereinkunft als gewollt zu betrachten sei, maßgebend sein dürften. Aus gleichem Grunde erachtete man die Bestimmung nicht für angemessen, im Zweifel sei im Falle der Uebernahme des Inventars nach einer Taxe anzunehmen, diese habe nur die Feststellung der Beschaffenheit der einzelnen Stücke bezweckt.

Zum Schluß gelangte die Frage zur Erledigung, ob die zum Art. 585 beschlossenen Vorschriften auf die Pacht landwirthschaftlicher Grundstücke zu beschränken oder auf die Pacht anderer unbeweglicher Sachen auszudehnen seien. Die Mehrheit erklärte sich gegen die Ausdehnung. Sie ging davon aus: Werde eine nicht zu den landwirthschaftlichen Grundstücken gehörende unbewegliche Sache nebst Inventar, z. B. eine Mühle, eine Fabrik, ein Gasthof mit der Uebereinkunft verpachtet, das Inventar sei nach einer Taxe zu übernehmen und nach einer Taxe zurückzugewähren, so erscheine es in hohem Maße zweifelhaft, ob nach den in dem Verkehr vorherrschenden Auffassungen einer | Prot I 2196 solchen Uebereinkunft der gleiche Sinn bei- | wohne, wie bei der Pacht eines landwirthschaftlichen Grundstücks anzunehmen keinem Bedenken unterliege. Es verdiene daher die Beschränkung des Artikels auf landwirthschaftliche Grundstücke um so mehr den Vorzug, als bei der Pacht anderer Grundstücke, wenn die gedachte Uebereinkunft getroffen wäre, der Inhalt der letzteren auch regelmäßig über ihre Bedeutung und Tragweite nähere Auskunft geben würde.

Einverständniß bestand, daß kein Bedürfniß vorliege, in Ansehung der Pacht eines Grundstücks nebst Inventar noch eine andere Uebereinkunft, als die, nach welcher das Inventar nach einer Taxe zu übernehmen und zurückgewähren ist, zu regeln und daß anlangend die Regelung jener Uebereinkunft die Berücksichtigung der *Stückzahl* mit Recht unterblieben sei.

Der Art. 585 und die dazu gestellten Anträge gelten demnach als erledigt.

II. Die Regelung lautet in der *RedVorl* und in der *ZustOR:*

RedVorl § 13 ZustOR § 399 § 13 (585) 399. Ist bei der Pacht, welche ein landwirthschaftliches Grundstück mit dem dazu gehörenden Inventar zum Gegenstand hat, vereinbart, daß der Pächter das Inventar nach einer Taxe (einem Werthanschlage[5]) zu übernehmen und nach einer Taxe zurückzugewähren habe, so gelten folgende Bestimmungen:

Der Pächter trägt während der Pachtzeit die Gefahr des Untergangs und der Verschlechterung des Inventars; er kann über einzelne Stücke des letzteren innerhalb der Grenzen einer wirthschaftlichen Benutzung des Grundstücks verfügen; er hat das Inventar in dem Zustande, in welchem es ihm übergeben ist, wirthschaftsmäßig zu

---

[5] Die Worte: „einem Werthanschlage" fehlen in der ZustOR.

erhalten; die von ihm neu angeschafften Stücke werden durch die Einverleibung in das Inventar Eigenthum des Verpächters; nach Beendigung hat der Pächter das alsdann vorhandene Inventar dem Verpächter auszufolgen; der Verpächter ist befugt, die Uebernahme derjenigen Stücke abzulehnen, welche nach landwirthschaftlichen Bewirthschaftungsregeln (bei Berücksichtigung der Verhältnisse des Grundstücks[6]) sich als überflüssig oder als zu werthvoll ergeben; mit der Ablehnung geht das Eigenthum des abgelehnten Stücks auf den Pächter über; das abgelehnte Stück ist bei der Aufnahme der Rückgewährtaxe in diese nicht einzustellen; übersteigt der Gesammtbetrag der Uebernahmetaxe den der Rückgewährtaxe oder umgekehrt der Gesammtbetrag der letzteren Taxe den der ersteren, so hat im ersten Falle der Pächter dem Verpächter, im letzten Falle dieser dem Pächter den Mehrbetrag zu zahlen.

2. *Kurlbaum* stellte den Antrag (Nr. 570 IV, 30), statt „landwirthschaftliche Bewirthschaftungsregeln" zu setzen „landwirthschaftliche Grundsätze" (Prot. I 3555). Es wurde beschlossen, statt dessen zu sagen, „nach den Regeln einer ordnungsmäßigen Bewirthschaftung" (Prot. I 3560).

III. Die Regelung lautet als § 537 *KE:*

Ist bei der Pacht, welche ein landwirthschaftliches Grundstück mit einem zur Benutzung desselben dienenden Inventar zum Gegenstand hat, vereinbart, daß der Pächter das Inventar nach einer Taxe zu übernehmen und nach einer Taxe zurückzugewähren habe, so gelten folgende Bestimmungen: KE § 537

Der Pächter trägt während der Pachtzeit die Gefahr des Unterganges und der Verschlechterung des Inventars; er kann über einzelne Stücke des letzteren innerhalb der Grenzen einer wirthschaftlichen Benutzung des Grundstückes verfügen; er hat das Inventar in dem Zustande, in welchem es ihm übergeben ist, wirthschaftsmäßig zu erhalten; die von ihm neu angeschafften Stücke werden durch die Einverleibung in das Inventar Eigenthum des Verpächters; nach Beendigung der Pacht hat der Pächter das alsdann vorhandene Inventar dem Verpächter auszufolgen; der Verpächter ist befugt, die Uebernahme derjenigen Stücke abzulehnen, welche nach den Regeln einer ordnungsmäßigen Bewirthschaftung bei Berücksichtigung der Verhältnisse des Grundstückes sich als überflüssig oder als zu werthvoll ergeben; mit der Ablehnung geht das Eigenthum des abgelehnten Stückes auf den Pächter über; das abgelehnte Stück ist bei der Aufnahme der Rückgewährtaxe in diese nicht einzustellen; übersteigt der Gesammtbetrag der Uebernahmetaxe den der Rückgewährtaxe oder umgekehrt der Gesammtbetrag der letzteren Taxe den der ersteren, so hat im ersten Falle der Pächter dem Verpächter, im letzten Falle dieser dem Pächter den Mehrbetrag zu zahlen.

2. Zu § 537 E I lag der Antrag von *Johow* (Nr. 514, 2) vor:

| in Abs. 2 die einzelnen Vorschriften einzurücken, zu numeriren und mit Punkten statt der Strichpunkte abzuschließen. (Die jetzige Form des Abs. 2 erschwert die Uebersicht und das künftige Zitiren ungemein.) | Prot I 11822

Beschlossen wurde, den § 537 in folgende acht Absätze — ohne Numerierung — zu zerlegen.

Abs. 1, wie der jetzige Absatz 1, mit Punkt (nicht Doppelpunkt) am Ende.

Abs. 2. Der Pächter trägt während der Pachtzeit die Gefahr des Unterganges und der Verschlechterung des Inventars.

Abs. 3. Der Pächter kann über einzelne Stücke des Inventars innerhalb der Grenzen einer wirthschaftlichen Benutzung des Grundstückes verfügen.

[6] In der ZustOR sind diese Worte ohne Klammer enthalten.

Abs. 4. Der Pächter hat das Inventar in dem Zustande, in welchem es ihm übergeben ist, wirthschaftsmäßig zu erhalten.

Abs. 5. Die von dem Pächter neu angeschafften Stücke werden durch die Einverleibung in das Inventar Eigenthum des Verpächters.

Abs. 6. Der Pächter hat nach Beendigung der Pacht das alsdann vorhandene Inventar dem Verpächter auszufolgen.

| Prot I 11823 | Abs. 7. Der Verpächter ist befugt, die Uebernahme derjenigen Stücke abzulehnen, welche nach den Regeln einer ordnungsmäßigen Bewirthschaftung bei Berücksichtigung der Verhältnisse des Grundstückes sich als überflüssig oder als zu werthvoll ergeben; mit der Ablehnung geht das Eigenthum des abgelehnten Stückes auf den Pächter über; das abgelehnte Stück ist bei der Aufnahme der Rückgewährtaxe in diese nicht einzustellen.

Abs. 8. Uebersteigt der Gesammtbetrag der Uebernahmetaxe den der Rückgewährtaxe oder umgekehrt der Gesammtbetrag der letzteren Taxe den der ersteren, so hat im ersten Falle der Pächter dem Verpächter, im letzten Falle dieser dem Pächter den Mehrbetrag zu zahlen.

**3.** Auf Antrag von *Johow* (Nr. 491, 1c der Anträge zum Sachenrecht) wurde beschlossen, in § 537 Abs. 7 KE zu sagen: „Eigenthum an dem abgelehnten Stücke" (Prot. I, S. 11923 f.).

**IV.** Die Regelung lautet im *E I* als § 544:

E I § 544 Ist bei der Pacht, welche ein landwirthschaftliches Grundstück mit einem zur Benutzung desselben dienenden Inventare zum Gegenstande hat, vereinbart, daß der Pächter das Inventar nach einer Taxe zu übernehmen und nach einer Taxe zurückzugewähren habe, so gelten folgende Vorschriften:

Der Pächter trägt während der Pachtzeit die Gefahr des Unterganges und der Verschlechterung des Inventares.

Der Pächter kann über einzelne Stücke des Inventares innerhalb der Grenzen einer wirthschaftlichen Benutzung des Grundstückes verfügen.

Der Pächter hat das Inventar in dem Zustande, in welchem es ihm übergeben ist, wirthschaftsmäßig zu erhalten.

Die von dem Pächter neu angeschafften Stücke werden durch die Einverleibung in das Inventar Eigenthum des Verpächters.

Der Pächter hat nach Beendigung der Pacht das alsdann vorhandene Inventar dem Verpächter auszufolgen.

Der Verpächter ist befugt, die Uebernahme derjenigen Inventarstücke abzulehnen, welche nach den Regeln einer ordnungsmäßigen Bewirthschaftung bei Berücksichtigung der Verhältnisse des Grundstückes sich als überflüssig oder als zu werthvoll ergeben; mit der Ablehnung geht das Eigenthum an dem abgelehnten Stücke auf den Pächter über; das abgelehnte Stück ist bei der Aufnahme der Rückgewährtaxe in diese nicht einzustellen.

Uebersteigt der Gesammtbetrag der Uebernahmetaxe den der Rückgewährtaxe oder umgekehrt der Gesammtbetrag der letzteren Taxe den der ersteren, so hat im ersten Falle der Pächter dem Verpächter, im letzten Falle dieser dem Pächter den Mehrbetrag zu zahlen.

## B. Vorkommission des Reichsjustizamtes

**I.** Beantragt war, den Eingang des § 544 zu fassen:

Ist bei der Pacht vereinbart, daß der Pächter das mit dem Grundstücke verbundene Inventar u.s.w. (wie im Entw.). Struckmann (Nr 3, 70)

**II.** Der § 544 E I erfuhr keine sachliche Änderung (Prot-RJA 761).

## C. 2. Kommission (Prot. II Bd. 2, S. 259; *Mugdan*, Bd. 2, S. 892)

**I.** Der § 544 war von keiner Seite beanstandet worden[7].

Die Kom. beschloß, die Bestimmungen des Entw. beizubehalten.

Für die Beibehaltung des § 545 hat sich die Mehrheit bereits bei der Berathung des § 541 entschieden[8].

**II.** Die Regelung lautet in der *VorlZust* als § 544. Ist (bei der Pacht) vereinbart, daß der Pächter das mit dem Grundstücke verbundene (mitverpachtete) Inventar nach einer Taxe zu übernehmen und nach einer Taxe zurückzugewähren habe, so gelten folgende Vorschriften: E I-VorlZust § 544

Der Pächter trägt während der Pachtzeit die Gefahr des Unterganges und der Verschlechterung des Inventars.

Der Pächter kann über einzelne Stücke des Inventars innerhalb der Grenzen einer wirthschaftlichen Benutzung des Grundstücks verfügen.

Der Pächter hat das Inventar in dem Zustande, in welchem es ihm übergeben ist, wirthschaftsmäßig zu erhalten.

Die von dem Pächter neu angeschafften Stücke werden durch die Einverleibung in das Inventar Eigenthum des Verpächters. Der Pächter hat nach Beendigung der Pacht das als dann vorhandene Inventar dem Verpächter auszufolgen.

Der Verpächter ist befugt, die Uebernahme derjenigen Inventarstücke abzulehnen, welche nach den Regeln einer ordnungsmäßigen Bewirthschaftung bei Berücksichtigung der Verhältnisse des Grundstücks sich als überflüssig oder als zu werthvoll ergeben; mit der Ablehnung geht das Eigenthum an dem abgelehnten Stücke auf den Pächter über; das abgelehnte Stück ist bei der Aufnahme der Rückgewährtaxe in diese nicht einzustellen.

Uebersteigt der Gesammtbetrag der Uebernahmetaxe den der Rückgewährtaxe oder umgekehrt der Gesammtbetrag der letzteren Taxe den der ersteren, so hat im ersten Falle der Pächter dem Verpächter, im letzten Falle dieser dem Pächter den Mehrbetrag zu zahlen.

**III. 1.** In der *ZustRedKom* lautet die Regelung als § 535a. (544 Abs. 1). Hat der Pächter eines landwirthschaftlichen Grundstücks das Inventar zum Schätzungswerthe mit der Verpflichtung übernommen, es bei der Beendigung der Pacht zum Schätzungswerthe zurückzugewähren, so gelten die Vorschriften der §§ 535b, 535c. E I-ZustRedKom § 535a

7 Von Struckmann war der in der Vorkommission gestellte Antrag wiederholt worden (Nr. 143, 11).

8 Vgl. die Materialien zu § 583 BGB.

(Nach der Ansicht der Redaktionskommission ist es unbedenklich und wünschenswerth, die §§ 535a bis 535c auf die Pacht aller Grundstücke zu erstrecken und demgemäß in § 535a das Wort „landwirthschaftlichen" zu streichen.)

E I-ZustRedKom § 535b

§ 535b. (544 Abs. 2, 3, 4, 5). Der Pächter trägt die Gefahr des zufälligen Unterganges oder einer zufälligen Verschlechterung des Inventars. Er kann über einzelne Stücke innerhalb der Grenzen einer ordnungsmäßigen Wirthschaft verfügen.

Der Pächter hat das Inventar nach den Regeln einer ordnungsmäßigen Wirthschaft in dem Zustande zu erhalten, in welchem es ihm übergeben worden ist. Die von ihm angeschafften Stücke werden mit der Einverleibung in das Inventar Eigenthum des Verpächters.

E I-ZustRedKom § 535c

§ 535c. (544 Abs. 6, 7, 8). Der Pächter hat das bei der Beendigung der acht vorhandene Inventar dem Verpächter zurückzugewähren.

Der Verpächter kann die Uebernahme derjenigen vom Pächter angeschafften Inventarstücke ablehnen, welche nach den Regeln einer ordnungsmäßigen Wirthschaft für das Grundstück überflüssig oder zu werthvoll sind; mit der Ablehnung geht das Eigenthum an den abgelehnten Stücken auf den Pächter über.

Uebersteigt der Gesammtschätzungswerth der übernommenen Stücke den der zurückgewährten Stücke oder übersteigt der Gesammtschätzungswerth der letzteren Stücke den der ersteren, so hat im ersten Falle der Pächter dem Verpächter, im letzteren Fall der Verpächter dem Pächter den Mehrbetrag zu zahlen.

2. Zu § 544 Abs. 1 lag der Antrag vor (Prot. II, Bd. 2, S. 516; *Mugdan*, Bd. 2, S. 892). in dem denselben ersetzenden § 535a der Zus. d. RedKom das Wort „landwirthschaftlichen" zu streichen, eventuell auch die Vorschriften der §§ 535, 536 auf landwirthschaftliche Grundstücke zu beschränken. Die Kom. nahm den prinzipalen Antrag an.

IV. Die Regelung lautet im *E II:*

E II § 527

§ 527. Hat der Pächter eines Grundstücks das Inventar zum Schätzungswerthe mit der Verpflichtung übernommen, es bei der Beendigung der Pacht zum Schätzungswerthe zurückzugewähren, so gelten die Vorschriften der §§ 528, 529.

§ 528 E II lautet wie § 535b ZustRedKom.

E II § 529

§ 529. Der Pächter hat das bei der Beendigung der Pacht vorhandene Inventar dem Pächter zurückzugewähren.

Der Verpächter kann die Uebernahme derjenigen von dem Pächter angeschafften Inventarstücke ablehnen, welche nach den Regeln einer ordnungsmäßigen Wirthschaft für das Grundstück überflüssig oder zu werthvoll sind; mit der Ablehnung geht das Eigenthum an den abgelehnten Stücken auf den Pächter über.

Uebersteigt der Gesammtschätzungswerth der übernommenen Stücke den der zurückzugewährenden oder übersteigt der Gesammtschätzungswerth der zurückzugewährenden Stücke den der übernommenen, so hat im ersteren Falle der Pächter dem Verpächter, im letzteren Falle der Verpächter dem Pächter den Mehrbetrag zu ersetzen.

V. Die Fassung der §§ 579–581 *E II rev* (§§ 580–582 *E III)* entspricht der der §§ 587–589 BGB).

§ 590

**Dem Pächter eines Grundstücks steht für die Forderungen gegen den Verpächter, die sich auf das mitgepachtete Inventar beziehen, ein Pfandrecht an den in seinen Besitz gelangten Inventarstücken zu. Auf das Pfandrecht findet die Vorschrift des § 562 Anwendung.**

## A. 1. Kommission

I. 211. Sitzung vom 23. 5. 1883, Schriftführer Neubauer

| Es lag der Antrag vor, hinter die Art. 585 und 586 eine neue Bestimmung des Inhalts einzustellen: | Prot 2196 v. Kübel (Nr 358)

„Der Pächter hat an dem in seinem Gewahrsam befindlichen Inventar (§§ 33, 34 – d. h. die Vorschläge, die zu den Art. 586 und 585 unter Nr. 1), S. 2178–2181 mitgetheilt sind[1] – wegen seiner Forderungen für dasselbe an den Verpächter kraft Gesetzes ein Pfandrecht. Die Bestimmungen in § 19 Abs. 2, 4, 5 (d. h. des zu Art. 567 unter Nr. 1) mitgetheilten Antrags, vgl. S. 2107[2]) finden Anwendung."

Zu diesem Antrage war der Verbesserungsantrag eingebracht; v. Weber (Nr 381, 2)

statt des letzten Satzes: „Die Bestimmungen in § 19 Abs. 2, 4, 5 finden Anwendung." zu setzen:

„Die Bestimmungen über das auf Vertrag beruhende Pfandrecht finden Anwendung. Die Ausübung des Pfandrechts kann jedoch durch Sicherheitsleistung für den Anspruch | abgewendet werden. Die Sicherheitsleistung durch Bürgen ist ausgeschlossen." | Prot I 2197

Der letztere Antrag fand die Zustimmung der Mehrheit.

Erwogen war:

Der Antrag verdiene in Rücksicht auf die Vorschrift der Konkursordnung § 41 Nr. 3[3] und in Rücksicht auf die über das Pfandrecht des Vermiethers an den eingebrachten Sachen des Miethers gefaßten Beschlüsse so wie deshalb Billigung, weil der Pächter sich in dem wirklichen Gewahrsam des Inventars in gleicher Art befinde, wie der Faustpfandgläubiger, dem durch Vertrag eine Sache gepfändet sei, diese in seinem Gewahrsam habe.

II. 1. In der *RedVorl* und der *ZustOR* lautet die Regelung als § 5 a. 391. Der Pächter einer unbeweglichen Sache hat an dem (in seinem Gewahrsam befindlichen[4]) Inventar derselben wegen seiner auf das Inventar sich beziehenden Forderungen ein gesetzliches Pfandrecht. Auf dieses Pfandrecht finden die Vorschriften über das auf Vertrag beruhende Pfandrecht Anwendung. Die Ausübung des gesetzlichen Pfandrechts kann für jede einzelne diesem Rechte unterliegenden Sache dadurch abgewendet werden, daß für den Anspruch des Pächters bis zur Höhe des Werths der Sache Sicherheit geleistet wird. Die Sicherheitsleistung durch Bürgen ist ausgeschlossen. | RedVorl § 5a ZustOR § 391

---

1 Vgl. Materialien zu § 587 ff. BGB.
2 Vgl. Materialien zu § 559 ff. BGB.
3 § 41 Nr. 3 KO lautet: Den Faustpfandgläubigern stehen gleich, 3. Pächter in Ansehung des in ihrem Gewahrsam befindlichen Inventars wegen der Forderungen für dieses [Neufassung des § 41 in § 49 KO n. F.].
4 Die eingeklammerten Worte sind in der ZustOR ohne Klammern enthalten.

(NB: Nach § 41 der Konkursordnung kann man nicht annehmen, daß nur an landwirthschaftliche Grundstücke gedacht sei, wohl aber, daß die Pacht einer beweglichen Sache nicht in Frage stehe.)

2. Auf Antrag von *Kurlbaum* (Nr. 570 III) wurde beschlossen, statt „Inventar
KE § 529 derselben" zu setzen „mitverpachteten Inventar" (NB: § 328 KE; Prot. I 3551, 3559).

III. 1. Die Regelung lautet als § 529 *KE:* „Der Pächter einer unbeweglichen Sache hat an dem in seinem Gewahrsam befindlichen mitverpachteten Inventar wegen seiner auf das Inventar sich beziehenden Forderungen ein gesetzliches Pfandrecht. Auf dieses Pfandrecht finden die Vorschriften über das auf Vertrag beruhende Pfandrecht und die Vorschrift des § 514 Abs. 5 Anwendung."

2. Der Satz 2 des § 529 KE wurde dahin geändert: „Auf dieses Pfandrecht findet die Vorschrift des Abs. 4 (bisher Abs. 5) Anwendung" (Prot. I 5794; vollständig abgedruckt bei §§ 559 ff. BGB).

3. Der Antrag von *Kurlbaum* (Nr. 576, 29), in § 529 KE statt „eine unbewegliche Sache" zu setzen „ein Grundstück" wurde abgelehnt (Prot. I 6194).

4. Der Antrag von *Johow* (Nr. 606, 1), in § 529 KE statt „unbewegliche Sache" zu setzen „ein Grundstück" wurde angenommen (P I 11780–11781; vollständig abgedruckt bei § 477 BGB).

5. Ferner wurde beschlossen, den § 529 S. 1 KE wie folgt zu fassen:
„Der Pächter eines Grundstückes hat wegen seiner auf das Inventar sich beziehenden Forderungen an dem in seiner Inhabung mitverpachteten Inventar ein gesetzliches Pfandrecht" (Antrag von *Gebhard*, Nr. 609, 3 d; Prot. I, S. 11818 ff.).

IV. Im *E I* lautet die Regelung:

E I § 536 § 536. Der Pächter eines Grundstücks hat wegen seiner auf das Inventar sich beziehenden Forderungen an dem in seiner Inhabung befindlichen mitverpachteten Inventare ein gesetzliches Pfandrecht. Auf dieses Pfandrecht findet die Vorschrift des § 521 Abs. 4 Anwendung.

## B. Vorkommission des Reichsjustizamtes

I. Beantragt war, den § 536 zu fassen:

Struckmann (Nr 3, 62) Der Pächter eines Grundstücks hat wegen seiner auf das Inventar sich beziehenden Forderungen aus dem Pachtverhältnisse an dem in seinem Besitze befindlichen mitverpachteten Inventar ein gesetzliches Pfandrecht. Bei Beendigung der Pacht steht jedoch dem Pächter ein Recht der Zurückbehaltung auf Grund des Pfandrechts dem Verpächter gegenüber nicht zu.

II. 75. Sitzung vom 29. 3. 1892

Prot-RJA 456 | Zu § 536 wurde beschlossen, an Stelle des zweiten Satzes zu bestimmen, daß dem Pächter bei Beendigung der Pacht ein Recht der Zurückbehaltung auf Grund des Pfandrechts dem Verpächter gegenüber nicht zustehe. Man sah hierin eine folgerichtige Weiterbildung des Gedankens, welcher der zu § 520 beschlossenen Ausschließung eines Zurückbehaltungsrechts des Miethers eines Grundstücks an diesem zu Grunde liegt.

| Prot-RJA 457 Von einer Seite wurde beantragt, den § 536 zu strei- | chen und lediglich durch eine

Aenderung des § 709 der CPO[5] das Vorzugsrecht des Pächters am Inventar nach § 41 Nr. 33 der Konkursordnung[6] auf das Verhältniß desselben zu anderen pfändenden Gläubigern zu erstrecken. Der Antragsteller ging davon aus, daß das Recht des Pächters am Inventar, falls man diesen verpflichte, dasselbe zurückzugeben, auch wenn er nicht befriedigt sei, nicht wohl als Pfandrecht, sondern nur als Vorzugsrecht konstruirt werden könne. Demgegenüber erschien die Konstruktion als Pfandrecht als die einfachere, obwohl zugegeben wurde, daß es sich um ein anomal beschränktes Pfandrecht handle. Aber auch in der vorgeschlagenen Beschränkung könne es unter Umständen schon während der Pachtzeit anderen Gläubigern des Verpächters gegenüber von Bedeutung sein. Es komme hinzu, daß der § 41 Nr. 3 der Konk.-O. durch eine große Zahl von Landesausführungsgesetzen zur Konk.-O. auch außerhalb des Konkurses im Verhältniß zu anderen Gläubigern für anwendbar erklärt sei.

## C. 2. Kommission

**I.** Zu § 536 E I war beantragt (Prot. II, Bd. 2, S. 244; *Mugdan*, Bd. 2, S. 884):

1. Die Vorschriften wie folgt zu fassen: wie Antrag von Struckmann in der Vorkommission. Struckmann (Nr 143, 3)

2. die Vorschriften zu streichen; eventuell den zweiten Satz der unter 1 vorgeschlagenen Bestimmungen zu fassen: Jacubezky (Nr 144, 17)

Das Pfandrecht erlischt mit Beendigung der Pacht.

Die Kom. lehnte die Anträge, soweit sie eine sachliche Aenderung des Entw. bezwecken, ab und nahm den § 536 an.

**II.** In der *VorlZust* lautet die Regelung:

§ 536. Der Pächter eines Grundstückes hat wegen seiner auf das Inventar sich beziehenden Forderungen an dem in seiner Inhabung befindlichen mitverpachteten Inventare ein gesetzliches Pfandrecht. Auf dieses Pfandrecht findet die Vorschrift des § 521c Anwendung.

**III. 1.** In der *ZustRedKom* lautet die Regelung:

§ 536. Dem Pächter eines Grundstücks steht wegen seiner auf das mitgepachtete Inventar sich beziehenden Forderungen ein Pfandrecht an den in seinem Besitze befindlichen Inventarstücken zu. Auf das Pfandrecht findet die Vorschrift des § 521c Anwendung.

**2.** Wegen einer Aenderung des § 536 E I-ZustRedKom vgl. Materialien zu § 587 ff. BGB unter C. III. 2.

**IV. 1.** Im *E II* lautet die Regelung als § 530:

Dem Pächter eines Grundstücks steht für seine auf das mitgepachtete Inventar sich beziehenden Forderungen ein Pfandrecht an den in seinen Besitz gelangten Inventarstücken zu. Auf das Pfandrecht findet die Vorschrift des § 504 Anwendung. E II 530

**2.** Wegen einer Änderung des § 530 E II vgl. Materialien zu § 1253 BGB (Prot II, Bd. 3, S. 487, 490).

**V.** Die Fassung des § 582 *E II rev (E III* § 583) entspricht der des § 590 BGB.

---

[5] § 709 CPO entspricht § 804 BGB (unverändert).
[6] Wegen § 41 Nr. 3 KO vgl. Fn. 3.

§ 591

**Der Pächter eines landwirthschaftlichen Grundstücks ist verpflichtet, das Grundstück nach der Beendigung der Pacht in dem Zustande zurückzugewähren, der sich bei einer während der Pachtzeit bis zur Rückgabe fortgesetzten ordnungsmäßigen Bewirthschaftung ergiebt. Dies gilt insbesondere auch für die Bestellung.**

§ 592

**Endigt die Pacht eines landwirthschaftlichen Grundstücks im Laufe eines Pachtjahres, so hat der Verpächter die Kosten, die der Pächter auf die noch nicht getrennten, jedoch nach den Regeln einer ordnungsmäßigen Wirthschaft vor dem Ende des Pachtjahrs zu trennenden Früchte verwendet hat, insoweit zu ersetzen, als sie einer ordnungsmäßigen Wirthschaft entsprechen und den Werth dieser Früchte nicht übersteigen.**

§ 593

**Der Pächter eines Landguts hat von den bei der Beendigung der Pacht vorhandenen landwirthschaftlichen Erzeugnissen ohne Rücksicht darauf, ob er bei dem Antritte der Pacht solche Erzeugnisse übernommen hat, so viel zurückzulassen, als zur Fortführung der Wirthschaft bis zu der Zeit erforderlich ist, zu welcher gleiche oder ähnliche Erzeugnisse voraussichtlich gewonnen werden.**

**Soweit der Pächter landwirthschaftliche Erzeugnisse in größerer Menge oder besserer Beschaffenheit zurückzulassen verpflichtet ist, als er bei dem Antritte der Pacht übernommen hat, kann er von dem Verpächter Ersatz des Werthes verlangen.**

**Den vorhandenen auf dem Gute gewonnenen Dünger hat der Pächter zurückzulassen, ohne daß er Ersatz des Werthes verlangen kann.**

§ 594

**Uebernimmt der Pächter eines Landguts das Gut auf Grund einer Schätzung des wirthschaftlichen Zustandes mit der Bestimmung, daß nach der Beendigung der Pacht die Rückgewähr gleichfalls auf Grund einer solchen Schätzung zu erfolgen hat, so finden auf die Rückgewähr des Gutes die Vorschriften des § 589 Abs. 2, 3 entsprechende Anwendung.**

**Das Gleiche gilt, wenn der Pächter Vorräthe auf Grund einer Schätzung mit einer solchen Bestimmung übernimmt, für die Rückgewähr der Vorräthe, die er zurückzulassen verpflichtet ist.**

## A. 1. Kommission

I. 211. Sitzung vom 23. 5. 1883, Schriftführer Neubauer

|Prot I 2197 DresdE Art 587 | Zu Artikel 587 des Entwurfs:

„Nach Ablauf der Pachtzeit ist der Pächter verpflichtet, die gepachteten landwirthschaftlichen Grundstücke mit Rücksicht auf die Jahreszeit, zu welcher der Pacht zu

Ende geht, in wirthschaftlichem Zustande zurückzugeben. Insbesondere hat er die vorhandenen Wirthschaftserzeugnisse, soweit sie zur Fortführung der Wirthschaft bis zu der Zeit nöthig sind, zu welcher man gleiche oder ähnliche Erzeugnisse aus dem Grundstücke zu gewinnen pflegt, ingleichen die vorhandenen Düngemittel, welche auf den Grundstücken erzeugt oder für die letzteren angeschafft worden sind, zurückzulassen."

lagen die Anträge[1] vor:

1. vor dem Artikel in einem besonderen § zu bestimmen: v. Weber (Nr 390, 1)

„Hat der Pächter eines landwirthschaftlichen Grundstücks bei Antritt des Pachts Vorräthe an verbrauchbaren Sachen (Stroh, Dünger, Futter, Samengetreide und dergleichen) übernommen, so wird er Eigenthümer derselben und hat bei Ablauf der Pachtzeit Vorräthe von gleicher Art, Menge und Güte dem Verpächter zurückzugeben.

Ist vereinbart, daß solche Vorräthe nach Taxe (nach | einem Werthanschlage) zu übernehmen und zurückzugeben seien, so hat der Pächter für das bei der Rückgabe an den einzelnen Vorräthen Fehlende den Minderwerth nach der Taxe zu ersetzen." | Prot I 2198

und am Schlusse des Artikels hinzuzufügen: v. Weber (Nr 390, 2)

„Insoweit der Pächter hiernach bei Ablauf der Pachtzeit an Wirthschaftserzeugnissen und Düngemitteln mehr zurückzulassen hat, als er bei Antritt der Pacht übernommen hat, hat ihm der Verpächter den Mehrwerth des Zurückgelassenen zu ersetzen."

2. statt des Artikels zu bestimmen: Planck (Nr 388, 2)

„Sind dem Pächter eines landwirthschaftlichen Grundstücks beim Antritt der Pacht verbrauchbare für die Führung der Wirthschaft bestimmte Sachen, insbesondere Stroh, Futtergetreide, Samen und Dünger überlassen, so ist er verpflichtet, dem Verpächter bei Beendigung der Pacht ebensoviel an Vorräthen dieser Art und von derselben Güte als er erhalten, zurückzugeben.

Erfolgt die Beendigung der Pacht zu einer anderen Jahreszeit, als der Antritt derselben, so ist eine diesem Zeitunterschiede nach landwirthschaftlichen Grundsätzen entsprechende größere oder geringere Menge von Vorräthen der fraglichen Art zurückzugeben.

War vereinbart, daß der Pächter Vorräthe der fraglichen Art nach einem Werthanschlage übernehmen und zurückgewähren solle, so finden rücksichtlich der Verpflichtung zur Zurückgabe und des Ersatzes des Mehr- oder Minderwerths die Vorschriften des § 585 entsprechende Anwendung."

3. zu bestimmen Kurlbaum (Nr 384)

„Besteht der Gegenstand des Pachtverhältnisses in einem Landgut oder in mehreren zum Betriebe der Landwirthschaft verbundenen Grundstücken, so hat der Pächter bei der Zurückgabe des Pachtgegenstandes dem Verpächter die zur Fortsetzung der Wirthschaft bis zur näch- | sten Ernte erforderlichen landwirthschaftlichen Erzeugnisse einschließlich des Düngers unentgeltlich hinzugeben." (Vgl. § 715 Nr. 5 C.P.O.[2]) | Prot I 2199

Beschlossen wurde, den Artikel zunächst nur in Beziehung auf die Pacht eines Landguts, ferner in dieser Beschränkung vorerst auch nur insoweit zu berathen, als er bestimmt, das Grundstück sei *in wirthschaftlichem Zustande zurückzugeben.*

Die Mehrheit war der Ansicht:

Nach dem für die Miethe beschlossenen und auch für die Pacht wenn nicht ein Anderes bestimmt wäre, geltenden Grundsatze habe der Pächter das Gut in dem empfangenen wirthschaftlichen Zustande zurückzugeben. Hieraus lasse sich nicht ohne Grund folgern, daß, wenn der Zustand des Guts, insbesondere die vorzugsweise –

[1] Nach v. Kübels Antrag Nr. 358 sollte Art. 587 DresdE beibehalten werden.

[2] § 715 Nr. 5 CPO entspricht § 811 Nr. 4 ZPO (geändert).

wenn nicht allein – in Betracht kommende Bestellung (das sogenannte Feldinventar) zur Zeit der Uebergabe ein mangelhafter gewesen sei, der Pächter seiner Verpflichtung genüge, wenn er das Gut in dem gleichen wirthschaftlichen Zustande zurückgewähre, daß der Pächter andrerseits, wenn das Gut ihm in einem Zustande überliefert worden, welcher ein besserer gewesen sei, als die landwirthschaftlichen Regeln erfordern, dasselbe auch in diesem besseren wirthschaftlichen Zustande zurückgewähren müsse. Der Entwurf beruhe aber auf einem anderen Prinzipe, auf dem Prinzipe nämlich: der Pächter übernehme durch den Pachtvertrag die Verpflichtung, das Gut während der ganzen Pachtzeit als bonus paterfamilias zu bewirthschaften und in dem wirthschaftlichen Zustande – also namentlich mit dem Feldinventar – zurückzugewähren, wie dieser Zustand sich gestalte, wenn der Pächter während der ganzen Pachtzeit und bis zum Zeitpunkt der Rückgewähr nach jeder Richtung in der That als bonus paterfamilias
| Prot I 2200 gewirthschaftet habe. Es möge zweifelhaft sein, ob die vorstehende, dem | Entwurfe zum Grunde liegende Auffassung nicht schon aus dem Wesen des Pachtvertrags abzuleiten sei. Keinem Zweifel unterliege aber ihre Angemessenheit, weshalb das Prinzip des Entwurfs im Gesetze zu billigen sei. Dasselbe bringe nothwendig mit sich, daß der Pächter, welcher in einem besseren als dem empfangenen wirthschaftlichen Zustande, namentlich mit einem besseren Feldinventar, zurückgewähre, auf Vergütung keinen Anspruch habe, andererseits aber auch keine Vergütung zu leisten verpflichtet sei, wenn er in einem ordnungsmäßigen, obgleich weniger guten als dem empfangenen Zustande zurückliefere. Besondere Härten könnten hieraus um so weniger entstehen, als regelmäßig die Uebergabe und die Rückgewähr in dieselbe Jahreszeit fielen. Allein auch bei Verschiedenheit dieser Jahreszeit würde nur selten der eine oder der andere Theil unter dem Prinzipe leiden. Beruhe die Verschiedenheit auf Uebereinkunft, so müsse angenommen werden, deren Folgen seien gewollt, und es sei in Berücksichtigung derselben die Vereinbarung so wie geschehen getroffen. Sei die Verschiedenheit durch einen anderen Umstand herbeigeführt, der das Ende der Pacht zu einer anderen als der ursprünglich vorgesehenen Zeit bewirkt habe, so würde nach den Umständen des Falls die Anwendung der Grundsätze über die condictio sine causa nicht ausgeschlossen sein. Unberührt blieben ferner, wie sich von selbst verstehe, die Ansprüche des Pächters auf Grund von Verbesserungen, die mit dem wirthschaftlichen Zustande des Guts im Sinne des Art. 587 in keinem Zusammenhange ständen und nach den zum Art. 557 gefaßten Beschlüssen (Prot. S. 2085–2087[3]) zu beurtheilen seien. Ob das gedachte Prinzip in der Fassung des Entwurfs einen genügenden Ausdruck gefunden habe, werde bei der Redaktion geprüft werden müssen.

| Prot I 2201 Hierauf wurde der Artikel, in der Beschränkung auf | die Pacht eines Landguts, insoweit zur Berathung gezogen, als er von *Vorräthen* handelt. Er beruht auf dem Grundsatze: der Pächter habe so viele Vorräthe (Wirthschaftserzeugnisse) zurückzulassen, als zur Fortführung der Wirthschaft bis zur nächsten betreffenden Ernte erforderlich seien. Von den dem Pächter überlieferten Vorräthen ist in dem Artikel keine Rede, demzufolge anzunehmen ist, der Pächter sei nach dem Inhalte des Artikels ohne Rücksicht auf das Empfangene die erwähnten Quantitäten, aber auch *nur* diese, zurückzulassen verpflichtet, so daß bei Berücksichtigung dessen, was der Pächter empfing, bald der eine bald der andere Theil eine Einbuße erleiden kann. Die Mehrheit erachtete einen solchen Grundsatz weder für billig noch für angemessen. Sie war der Ansicht:

Habe der Pächter Vorräthe empfangen, so liege es in der Natur der Dinge, daß er – wie bei einem Darlehen – die gleichen Quantitäten zurückzugewähren habe. Dies, den

[3] Vgl. Materialien zu § 547 BGB.

Anträgen Nr. 1 und 2 zum Grunde liegende Prinzip verdiene Anerkennung. Dasselbe bedürfe nur einer in dem Antrage Nr. 1 bereits vorgesehenen Modifikation. Wenn der Pächter im gegebenen Falle in Gemäßheit jenes Prinzips auch nicht restitutionspflichtig für solche Qantitäten sei, die zur Fortsetzung der Wirthschaft sich als erforderlich erwiesen, so müsse er dieselben gleichwohl, sofern sie vorhanden, auf Verlangen des Verpächters zurücklassen, allerdings nur gegen Erstattung des Werths. Den Dünger anders zu behandeln als die sonstigen Vorräthe, hielt man nicht für nöthig, nur seine besondere Erwähnung für angemessen.

Beschlossen wurde, daß das Gesetz dem Vorstehenden gemäß zu bestimmen habe, wobei die Fassung der Redaktion vorbehalten blieb. Die Mehrheit war übrigens der Meinung, es sei entbehrlich, zum Ausdruck zu bringen, daß der Pächter Eigenthümer der ihm überlieferten Vorräthe werde, da dies die selbstverständliche Voraussetzung der auszusprechenden | Rechtsnorm sei. | Prot I 2202

Bisher war davon ausgegangen worden, daß in Ansehung der Rückgewähr der Vorräthe eine besondere Uebereinkunft nicht getroffen ist. Es wurde nunmehr zur Prüfung des Falls übergegangen, wenn vereinbart ist: „es sei nach Taxe zu übergeben und nach Taxe zurückzugewähren." Die Mehrheit billigte für diesen Fall den im letzten Absatz des Antrags Nr. 2 enthaltenen Vorschlag, jedoch mit der Beschränkung, daß bei der Rückgewähr nur diejenigen Vorräthe zur Abschätzung gelangen, die der Pächter nach dem zuvor beschlossenen Prinzipe zurückzulassen verpflichtet sei. Sie glaubte, der erwähnte Vorschlag mit der vorstehenden Modifikation stehe im Einklange mit der Verkehrssitte und der muthmaßlichen Absicht der Parteien. Aus gleichen Gründen wurde beschlossen, die Vorschrift – selbstverständlich ohne die Modifikation – auf den Fall auszudehnen, wenn vereinbart ist: auch betreffend den wirthschaftlichen Zustand des Guts, insbesondere das Feldinventar, sei nach Taxe zu übergeben und zurückzugewähren.

Zum Schluß gelangte zur Entscheidung, ob die beschlossenen Vorschriften auf jede Pacht eines landwirthschaftlichen Grundstücks auszudehnen oder auf die Landgüterpacht oder auf die Pacht mehrerer als ein Ganzes bewirthschafteten Grundstücke zu beschränken sei. Die Mehrheit erachtete die Ausdehnung für unbedenklich, besorgte insbesondere nicht, daß das Gesetz zu dem Mißverständnisse verleiten könne, auch der Pächter eines einzelnen Grundstücks habe die zur Fortführung der Wirthschaft erforderlichen Vorräthe zurückzulassen, da bei einem einzelnen Grundstücke von der Fortführung der Wirthschaft keine Rede sein könne, in welcher Rücksicht übrigens noch bei der Redaktion das etwa Nöthige vorgesehen werden könne.

II. 1.In der *RedVorl* und der *ZustOR* lautet die Regelung:

§ 14 (557) 400. Der Pächter eines landwirthschaftlichen Grundstücks ist verpflichtet, dasselbe nach Ablauf der Pachtzeit in demjenigen *wirthschaftlichen* Zustande zurückzugewähren, welcher sich bei der Voraussetzung ergiebt, daß das Grundstück während der ganzen Pachtzeit bis zur Rückgewähr nach landwirthschaftlichen Regeln ordnungsgemäßig bewirthschaftet worden ist. Es gilt dies insbesondere von der Bestellung[4]. RedVorl § 14 ZustOR § 400

(NB: Soll statt: „wirthschaftlichen Zustande" gesetzt werden : „mit demjenigen Feldinventar"? Oder soll auf Feldinventar besonders hingewiesen werden: „Es gilt dies insbesondere von dem Feldinventar [von der Bestellung]"?)

§ 15 (587) 401. Sind dem Pächter eines landwirthschaftlichen Grundstücks bei dem Antritte der Pacht verbrauchbare, für die Führung der Wirthschaft bestimmte Sachen, RedVorl § 15 ZustOR § 401

[4] Der letzte Satz ist erst in der ZustOR enthalten.

insbesondere Stroh, Dünger, Futtergetreide und Samen, überlassen worden, so hat er bei Beendigung der Pacht Vorräthe von gleicher Art, Güte und Menge zurückzugeben.

RedVorl § 15a
ZustOR § 402

§ 15a 402. Der Pächter eines landwirthschaftlichen Grundstücks[5] hat bei Beendigung der Pacht von den auf dem Grundstücke vorhandenen Wirthschaftserzeugnissen, einschließlich der Düngemittel, so viel zurückzulassen, als zur Fortführung der Wirthschaft bis zu der Zeit erforderlich ist, in welcher gleiche oder ähnliche Erzeugnisse voraussichtlich gewonnen werden. Er ist hierzu verpflichtet, auch wenn er bei Antritt der Pacht solche Erzeugnisse nicht oder nicht in gleicher Menge oder Güte erhalten hat. Soweit jedoch dasjenige, was er zurückzulassen hat, mehr beträgt oder von besserer Beschaffenheit ist als dasjenige, was ihm bei Antritt der Pacht überlassen worden war, ist der Verpächter ihm zum Werthsersatze verpflichtet.

(NB: Wird es nöthig sein, im Eingang statt: „landwirthschaftlicher Grundstücke" zu setzen: „Landguts oder mehrere zum Betriebe der Landwirthschaft verbundener Grundstücke?")

RedVorl § 16
ZustOR § 403

§ 16 (403). Ist bei der Pacht eines landwirthschaftlichen Grundstücks vereinbart, daß der wirthschaftliche Zustand desselben (das Feldinventar, die Bestellung[6]) und die dem Pächter zu überlassenden Vorräthe nach einer Taxe zu übernehmen und nach einer Taxe zurückzugewähren seien, so finden in Ansehung der Verpflichtung zur Rückgewähr und zu der Zahlung des aus der Vergleichung der beiden Taxen sich ergebenden Ueberschusses die Bestimmungen des § 13 (399 ZustOR; § 537 KE) entsprechende Anwendung mit der Maßgabe[7], daß bei der Aufnahme der Rückgewährtaxe nur diejenigen Vorräthe zur Abschätzung gelangen, welche der Pächter zurückzulassen verpflichtet ist.

Kurlbaum
(Nr 570, IV)

2. Der Antrag von *Kurlbaum* (Nr. 570, IV, 30), in § 400 *ZustOR* statt „landwirthschaftlichen Regeln" zu setzen „landwirthschaftlichen Grundsätzen" wurde abgelehnt (Prot. I 3555, 3560).

3. Zu § 402 *ZustOR* lagen die Anträge vor (*Kurlbaum* Nr. 570 IV Ziff. 9, 31):

Kurlbaum
(Nr 570, IV)

a) statt „in der Zeit, in welcher" zu setzen „Zeit, zu welcher" (Prot. I 3552); b) statt „Wirthschaftserzeugnissen, einschließlich der Düngemittel" zu setzen „landwirthschaftlichen Erzeugnissen", und am Schlusse des Satzes hinter „werden" zuzusetzen „ingleichen den vorhandenen nöthigen Dünger". (Prot. I 3555). — Der Antrag zu a) wurde abgelehnt. Zu b) wurde beschlossen: „Die vorgeschlagenen Änderungen zu § 540 wurden gebilligt, zugleich soll das Wort „Erzeugnisse" mit dem Worte „Gegenstände" vertauscht werden" (Prot. I 3560).

III. 1. Die §§ 538, 539, 541 *KE* entsprechen den §§ 440, 401, 403 ZustOR.

KE § 540

§ 540 KE lautet: Der Pächter eines Landgutes oder mehrerer zum Betriebe der Landwirthschaft verbundener Grundstücke hat bei Beendigung der Pacht von den auf dem Grundstücke vorhandenen landwirthschaftlichen Erzeugnissen so viel zurückzulassen, als zur Fortführung der Wirthschaft bis zu der Zeit erforderlich ist, in welcher gleiche oder ähnliche Erzeugnisse voraussichtlich gewonnen werden, ingleichen den vorhandenen nöthigen Dünger. Er ist hierzu verpflichtet, auch wenn er bei Antritt der Pacht solche Gegenstände nicht oder nicht in gleicher Menge oder Güte erhalten hat. Soweit jedoch dasjenige, was er zurückzulassen hat, mehr beträgt oder von besserer

---

[5] Der Eingang der Bestimmung lautet in der ZustOR: „Der Pächter eines Landguts oder mehrerer zum Betriebe der Landwirthschaft verbundener Grundstücke hat . . ."

[6] Die eingeklammerten Worte fehlen in der ZustOR.

[7] Im KE heißt es: „mit der Maßgabe Anwendung."

Beschaffenheit ist, als dasjenige, was ihm bei Antritt der Pacht überlassen worden war, ist der Verpächter ihm zum Werthersatze verpflichtet.

2. Auf „gegebene Anregung“ (Prot. I 6136) wurde beschlossen, in § 439 a. E. KE, statt „zurückzugeben“ zu sagen „zurückzugewähren“ (Prot. I 6137).

3. Ferner lagen die Anträge vor:

a) zu § 540. | Prot I 11823
in Satz 2 und Satz 3 statt „bei Antritt der Pacht“ zu setzen „bei dem Antritte der Pacht“. (so in § 539).

Es wurde beschlossen, den Antrag abzulehnen, dagegen in § 539 Z. 2 statt „bei dem Antritte“ zu setzen „bei Antritt“.

b) zu § 541. Kurlbaum
in der vorletzten Zeile zu setzen „einzustellen sind“ statt „zur Schätzung gelangen“. (Nr 599, 2)
(Zu vergl. § 537. Es handelt sich nicht um die Ermittelung des Werthes, sondern um die Aufstellung der Berechnung.)

Beschlossen wurde, statt „zur Schätzung gelangen“ zu setzen „in die Taxe einzustellen sind“.

IV. Die Regelung lautet im *E I:*

§ 545. Der Pächter eines landwirthschaftlichen Grundstücks ist verpflichtet, dasselbe nach Ablauf der Pachtzeit in demjenigen wirthschaftlichen Zustande zurückzugewähren, welcher sich bei der Voraussetzung ergiebt, daß das Grundstück während der ganzen Pachtzeit bis zur Rückgewähr nach landwirthschaftlichen Regeln ordnungsmäßig bewirthschaftet worden ist. Es gilt dies insbesondere von der Bestellung. E I § 545

§ 546. Sind dem Pächter eines landwirthschaftlichen Grundstücks bei Antritt der Pacht verbrauchbare, für die Führung der Wirthschaft bestimmte Sachen, insbesondere Stroh, Dünger, Futtergetreide und Samen, überlassen worden, so hat er bei Beendigung der Pacht Vorräthe von gleicher Art, Güte und Menge zurückzugewähren. E I § 546

§ 547. Der Pächter eines Landgutes oder mehrerer zum Betriebe der Landwirthschaft verbundener Grundstücke hat bei Beendigung der Pacht von den auf dem Grundstücke vorhandenen landwirthschaftlichen Erzeugnissen so viel zurückzulassen, als zur Fortführung der Wirthschaft bis zu der Zeit erforderlich ist, in welcher gleiche oder ähnliche Erzeugnisse voraussichtlich gewonnen werden, ingleichen den vorhandenen nöthigen Dünger. Er ist hierzu verpflichtet, auch wenn er bei Antritt der Pacht solche Gegenstände nicht oder nicht in gleicher Menge oder Güte empfangen hat. Soweit jedoch dasjenige, was er zurückzulassen hat, mehr beträgt oder von besserer Beschaffenheit ist, als dasjenige, was ihm bei Antritt der Pacht überlassen worden war, ist der Verpächter ihm zum Werthersatze verpflichtet. E I § 547

§ 548. Ist bei der Pacht eines landwirthschaftlichen Grundstückes vereinbart, daß der wirthschaftliche Zustand desselben und die dem Pächter zu überlassenden Vorräthe nach einer Taxe zu übernehmen und nach einer Taxe zurückzugewähren seien, so finden in Ansehung der Verpflichtung zur Rückgewähr und zur Zahlung des aus der Vergleichung der beiden Taxen sich ergebenden Ueberschusses die Vorschriften des § 544 mit der Maßgabe entsprechende Anwendung, daß bei der Aufnahme der Rückgewährtaxe nur diejenigen Vorräthe in die Taxe einzustellen sind, welche der Pächter zurückzulassen verpflichtet ist. E I § 548

## B. Vorkommission des Reichsjustizamtes

I. Beantragt war:

a) Den Eingang des § 545 zu fassen:

Struckmann (Nr 3, 71) Der Pächter ist verpflichtet, das Grundstück nach Ablauf u.s.w. (wie im Entw.).

b) Die §§ 546, 547 dahin zu fassen:

Struckmann (Nr 3, 72) § 546. Der Pächter eines Landguts (oder mehrerer zum Betriebe der Landwirthschaft verbundener Grundstücke) hat die ihm bei Antritt der Pacht überlassenen Vorräthe an Stroh, Dünger, Futter, Samen und anderen zur Fortsetzung der Wirthschaft bestimmten landwirthschaftlichen Erzeugnissen bei Beendigung der Pacht in gleicher Art, Menge und Güte zurückzugewähren.

Von den bei Beendigung der Pacht in der Wirthschaft vorhandenen landwirthschaftlichen Erzeugnissen hat der Pächter, ohne Rücksicht darauf, ob er bei Antritt der Pacht solche Gegenstände empfangen hat oder nicht, das Stroh, den Dünger und das Futter, im Uebrigen soviel zurückzulassen, als zur Fortführung der Wirthschaft bis zu der Zeit erforderlich ist, in welcher gleiche oder ähnliche Erzeugnisse voraussichtlich gewonnen werden.

Struckmann (Nr 3, 72) § 547. Uebersteigt der Werth der nach dem § 546 Abs. 2 von dem Pächter zurückzulassenden Gegenstände den Werth der dem Pächter bei Antritt der Pacht zur Fortführung der Wirthschaft überlassenen Vorräthe, so ist der Verpächter ihm zum Ersatz des Mehrbetrags verpflichtet. Diese Verpflichtung erstreckt sich jedoch auf die Vorräthe an Stroh, Dünger und Futter nur insoweit, als sie zur Fortführung der Wirthschaft bis zu der im § 546 Abs. 2 bezeichneten Zeit erforderlich sind.

Reichen die bei Beendigung der Pacht in der Wirthschaft vorhandenen Vorräthe an Stroh, Dünger und Futter zur Fortführung der Wirthschaft bis zu der im § 546 Abs. 2 bezeichneten Zeit nicht aus, so hat der Pächter das Fehlende anzuschaffen, es sei denn, daß der Mangel an den Vorräthen nicht auf einem Verstoße des Pächters gegen die Regeln einer ordnungsmäßigen Wirthschaftsführung beruht.

c) Den § 548 zu fassen:

Struckmann (Nr 3, 73) Ist bei der Pacht (eines Landguts) vereinbart, daß der wirthschaftliche Zustand des Grundstücks und die dem Pächter zu überlassenden Vorräthe u.s.w. (wie im Entw.).

II. 75. Sitzung vom 29. 3. 1892

| Prot-RJA 461 | Der § 545 wurde gestrichen. Er erschien neben dem zu § 541 beschlossenen Satz 1 (oben unter 9.[8]) entbehrlich.

| Prot-RJA 462 | Zu § 546 wurde beschlossen, die Worte „eines landwirthschaftlichen Grundstükkes“ zu ersetzen durch die Worte „eines Landguts“.

Man ging davon aus, daß die Vorschrift nicht auf alle landwirthschaftlichen Grundstücke, z. B. einzelne Aecker, Wiesen passe. Sie setze Grundstücke voraus, bei denen es üblich sei, daß dem Pächter die in § 546 bezeichneten für die Führung der Wirthschaft bestimmten Sachen überlassen würden, Grundstücke, welche nach ihrem Umfange und ihrer Beschaffenheit geeignet seien, einer vollständigen Wirthschaft als Grundlage zu dienen. Zur Bezeichnung solcher Grundstücke lasse sich angemessen das Wort „Landgut“ verwenden.

---

[8] Vgl. Materialien zu § 583 BGB.

Einem Antrage, das Wort „Futtergetreide" nach dem Vorschlage von Drechsler (Zusammenst. VI S. 436[9]) durch „Futter" zu ersetzen, wurde nicht Folge gegeben, da dieser Ausdruck zu weit erschien.

Zu § 547 wurde beschlossen, die Worte „oder mehrerer zum Betriebe der Landwirthschaft verbundener Grundstücke" sowie das Wort „nöthigen" vor „Dünger" zu streichen. Die ersteren Worte hielt man für entbehrlich, da es nicht zweifelhaft erscheine, daß mehrere zum Betriebe der Landwirthschaft verbundene Grundstücke eine wirthschaftliche Einheit und somit ein Landgut in dem zu § 546 entwickelten Sinne darstellten.

Man hielt es ferner, im Anschluß an die Aeußerungen der Kritik (Zusammenst. II S. 293, VI S. 436ff.)[10]), mit Rücksicht auf die wirthschaftliche Bestimmung des Düngers für geboten, den Pächter zur Zurücklassung des gesammten vorhandenen (nicht bloß des nöthigen) Düngers zu verpflichten. Dagegen erschien die Anregung zu weitgehend, die Zurücklassungspflicht auch auf das gesammte Stroh und Futter zu erstrecken. Man nahm an, daß durch das Interesse der Landwirthschaft eine solche gesetzliche Bestimmung nicht gefordert | werde, und daß man eine solche Erweiterung der Verpflichtung des Pächters besonderer Vereinbarung überlassen könne. | Prot-RJA 463

16. Der § 548 wurde ebenso wie der § 546 auf die Pacht eines Landgutes beschränkt.

## C. 2. Kommission

I. a) Zu § 545 lag der Antrag von *Struckmann* (Nr. 143, 12) vor, die Vorschriften zu streichen (vgl. Neufassung des § 541 E I). Für die Beibehaltung des § 545 E I hat sich die Mehrheit bei der Beratung des § 541 E I entschieden (Prot. II, Bd. 2, S. 253; *Mugdan*, Bd. 2, S. 892). Struckmann (Nr 143, 12)

b) Zu § 545 lag noch der Antrag vor, folgende Bestimmung als § 545a einzustellen: Jacubezky (Nr 183, 3)

Endigt die Pacht im Laufe eines Pachtjahrs, so hat der Verpächter dem Pächter die Kosten, welche dieser auf die Hervorbringung der bei Beendigung der Pacht noch nicht getrennten Früchte innerhalb der Grenzen wirthschaftlichen Verfahrens verwendet hat, insoweit zu ersetzen, als die Trennung nach den Regeln einer ordentlichen Wirthschaft im laufenden Pachtjahre zu erfolgen hat und die Kosten den Werth der dem Verpächter zufallenden Früchte nicht übersteigen (vgl. Mot. 440; Entw. § 1009[11]).

Der Antrag wurde angenommen.

c) Zu den §§ 546, 547 lag zunächst der Antrag vor, die Vorschriften des Entw. durch folgende Bestimmungen zu ersetzen: Struckmann (Nr 143, 13)

Der Pächter eines Landguts hat die ihm bei dem Antritte der Pacht überlassenen Vorräthe an Stroh, Dünger, Futtergetreide, Samen und anderen verbrauchbaren, für die Fortführung der Wirthschaft bestimmten Sachen bei Beendigung der Pacht in gleicher Art, Menge und Güte zurückzugewähren.

Von den bei Beendigung der Pacht in der Wirthschaft vorhandenen landwirthschaftlichen Erzeugnissen hat der Pächter ohne Rücksicht darauf, ob er bei dem Antritte der Pacht solche Gegenstände empfangen hat oder nicht, soviel zurückzulassen, als zur

---

[9] *Drechsler* im Archiv des deutschen Landwirthschaftsraths, Jg. 14 (1890), S. 2?3ff.

[10] Die Anregung ging in erster Linie von den landwirtschaftlichen Interessenvereinigungen (insbesondere aus dem rheinisch-französischrechtlichen Gebiet) aus.

[11] Die Begründung ist in den Prot. nicht enthalten.

Fortführung der Wirthschaft bis zu der Zeit erforderlich ist, wo gleiche oder ähnliche Erzeugnisse voraussichtlich gewonnen werden, ingleichen den vorhandenen Dünger. Uebersteigt der Werth der zurückzulassenden Gegenstände den Werth der dem Pächter bei dem Antritte der Pacht zur Fortführung der Wirthschaft überlassenen Vorräthe, so ist der Verpächter ihm zum Ersatze des Mehrbetrags verpflichtet.

Der Abs. 1 des Antrags entspricht dem § 546, der Abs. 2 dem § 547 des Entw.

Zu dem Abs. 1 (§ 546) wurde beantragt:

1. die Bestimmung des Entw. ersatzlos zu streichen;

Conrad (Nr 171) 2. statt „bestimmten" zu setzen „nothwendigen";

3. das Wort „Güte" zu streichen.

Der § 547 wurde einstweilen von der Berathung ausgeschieden.

Bezüglich des § 546 wurde der Antrag 2 zurückgezogen, der Antrag 3 abgelehnt und die unter 1 beantragte Streichung der Bestimmung beschlossen.

Conrad (Nr 171) d) Zu § 547 war beantragt:

1. die Bestimmungen des Entw. zu streichen, eventuell im Satz 1 „angeschafft" statt „gewonnen" zu sagen;

2. dem § 547 die Fassung des zweiten Absatzes des unter III mitgetheilten Antrags zu geben:

3. dem § 547 hinzuzusetzen:
Für zurückgelassenes Stroh und zurückgelassenen Dünger ist Ersatz nicht zu leisten.

4. folgenden Satz hinzuzufügen:
Ist der Werth der zurückgelassenen Gegenstände geringer als der Werth der dem Pächter bei dem Antritte der Pacht zur Fortführung der Wirthschaft überlassenen Vorräthe, so hat der Pächter den Unterschied zu vergüten.
oder (in anderer Fassung):
Soweit dasjenige, was der Pächter zurückläßt, weniger beträgt oder von geringerer Beschaffenheit ist als dasjenige, was ihm beim Antritte der Pacht überlassen worden war, ist der Pächter zum Werthersatze verpflichtet.

Der § 547 des Entw. wurde mit der Aenderung angenommen, daß 1. das Wort „nöthigen" vor Dünger gestrichen und 2. hinzugefügt wird: „für zurückgelassenen Dünger ist Ersatz nicht zu leisten". Die weitergehenden Aenderungs- und Zusatz-Anträge wurden abgelehnt. Die Prüfung der Fassung des so gestalteten § 547 (mit Berücksichtigung des eventuellen Antrags 1) blieb der RedKom überlassen.

Struckmann (Nr 143, 14) e) Der § 548 wurde mit der im Wesentlichen redaktionellen Aenderung beibehalten, daß der Eingang lauten soll:

Ist bei der Pacht eines Landguts vereinbart, daß der wirthschaftliche Zustand des Landguts und die dem Pächter zu überlassenden Vorräthe . . .

**II.** Die Regelung lautet in der *VorlZust:*

E I-VorlZust § 545 § 545. Der Pächter ist verpflichtet, das Grundstück nach Ablauf der Pachtzeit in demjenigen wirthschaftlichen Zustande zurückzugewähren, welcher sich bei der Voraussetzung ergiebt, daß das Grundstück während der ganzen Pachtzeit bis zur Rückgewähr nach landwirthschaftlichen Regeln ordnungsmäßig bewirthschaftet worden ist. Es gilt dies insbesondere von der Bestellung.

§ 545a. Endigt die Pacht im Laufe eines Pachtjahres, so hat der Verpächter dem Pächter die Kosten, welche dieser auf die Hervorbringung der bei Beendigung der Pacht noch nicht getrennten Früchte innerhalb der Grenzen wirthschaftlichen Verfahrens verwendet hat, insoweit zu ersetzen, als die Trennung nach den Regeln einer ordentlichen Wirthschaft im laufenden Pachtjahre zu erfolgen hat und die Kosten den Werth der dem Verpächter zufallenden Früchte nicht übersteigen. E I-VorlZust § 545a

§ 547. Der Pächter eines Landguts hat von den bei Beendigung der Pacht auf dem Grundstücke vorhandenen landwirthschaftlichen Erzeugnissen ohne Rücksicht darauf, ob er bei dem Antritt der Pacht solche Gegenstände empfangen hat oder nicht, soviel zurückzulassen, als zur Fortführung der Wirthschaft bis zu der Zeit erforderlich ist, in welcher gleiche oder ähnliche Erzeugnisse voraussichtlich gewonnen werden, ingleichen den vorhandenen auf dem Gute gewonnenen Dünger. E I-VorlZust § 547

Soweit der Pächter landwirthschaftliche Erzeugnisse in größerer Menge oder besserer Beschaffenheit zurückzulassen verpflichtet ist, als er beim Antritt der Pacht erhalten hat, ist der Verpächter ihm zum Werthersatze verpflichtet. (Für den zurückzulassenden Dünger ist Ersatz nicht zu leisten.)

§ 548. Ist bei der Pacht eines Landguts vereinbart, daß der wirthschaftliche Zustand desselben und die dem Pächter zu überlassenden Vorräthe nach einer Taxe zu übernehmen und nach einer Taxe zurückzugewähren seien, so finden in Ansehung der Verpflichtung zur Rückgewähr und zur Zahlung des aus der Vergleichung der beiden Taxen sich ergebenden Ueberschusses die Vorschriften des § 544 mit der Maßgabe entsprechende Anwendung, daß bei der Aufnahme der Rückgewährtaxe nur diejenigen Vorräthe in die Taxe einzustellen sind, welche der Pächter zurückzulassen verpflichtet ist. E I-VorlZust § 548

III. In der *ZustRedKom* lautet die Regelung:

§ 545. Der Pächter eines Grundstücks ist verpflichtet, dasselbe nach der Beendigung der Pacht in dem Zustande zurückzugewähren, welcher sich bei einer während der ganzen Pachtzeit bis zur Rückgewähr fortgesetzten ordnungsmäßigen Bewirthschaftung ergiebt. Dies gilt insbesondere auch für die Bestellung. E I-ZustRedKom § 545

545A. Endigt die Pacht eines landwirthschaftlichen Grundstücks im Laufe eines Pachtjahres, so hat der Verpächter die Kosten, welche der Pächter auf die noch nicht getrennten, in dem Pachtjahr nach den Regeln einer ordnungsmäßigen Wirthschaft noch zu trennenden Früchte innerhalb der Grenzen einer solchen Wirthschaft verwendet hat, insoweit zu ersetzen, als sie den Werth dieser Früchte nicht übersteigen. E I-ZustRedKom § 545a

§ 547. Der Pächter eines Landguts hat von den bei der Beendigung der Pacht vorhandenen landwirthschaftlichen Erzeugnissen ohne Rücksicht darauf, ob er bei dem Antritte der Pacht solche Sachen übernommen hat oder nicht, soviel zurückzulassen, als zur Fortführung der Wirthschaft bis zu der Zeit erforderlich ist, in welcher gleiche oder ähnliche Erzeugnisse voraussichtlich gewonnen werden, ingleichen den vorhandenen auf dem Gute gewonnenen Dünger. E I-ZustRedKom § 547

Soweit der Pächter landwirthschaftliche Erzeugnisse in größerer Menge oder besserer Beschaffenheit zurückzulassen verpflichtet ist, als er bei dem Antritte der Pacht übernommen hat, ist der Verpächter zum Werthersatz verpflichtet. Für Dünger ist Ersatz nicht zu leisten.

§ 548. Hat bei der Pacht eines Landguts der Pächter das Gut auf Grund einer Schätzung des wirthschaftlichen Zustandes desselben mit der Bestimmung übernommen, daß nach der Beendigung der Pacht die Rückgewähr gleichfalls auf Grund einer E I-ZustRedKom § 548 solchen Schätzung zu erfolgen habe, so finden in Ansehung der Rückgewähr des Gutes die Vorschriften des § 535c Abs. 2, 3 entsprechende Anwendung.

Das Gleiche gilt, wenn der Pächter Vorräthe auf Grund einer Schätzung mit einer solchen Bestimmung übernommen hat, in Ansehung der Rückgewähr der Vorräthe, die er zurückzulassen verpflichtet ist.

**IV.** Fassung der Regelung im *E II:*

E II § 531 § 531. Der Pächter eines landwirthschaftlichen Grundstücks ist verpflichtet, das Grundstück nach der Beendigung der Pacht in dem Zustande zurückzugewähren, welcher sich bei einer während der Pachtzeit bis zur Rückgewähr fortgesetzten ordnungsmäßigen Bewirthschaftung ergiebt. Dies gilt insbesondere auch für die Bestellung.

E II § 532 § 532. Endigt die Pacht eines landwirthschaftlichen Grundstücks im Laufe eines Pachtjahrs, so hat der Verpächter die Kosten, welche der Pächter auf die noch nicht getrennten, jedoch nach den Regeln einer ordnungsmäßigen Wirthschaft vor dem Ende des Pachtjahrs zu trennenden Früchte verwendet hat, insoweit zu ersetzen, als sie einer ordnungsmäßigen Wirthschaft entsprechen und den Werth dieser Früchte nicht übersteigen.

E II § 533 § 533. Der Pächter eines Landguts hat von den bei der Beendigung der Pacht vorhandenen landwirthschaftlichen Erzeugnissen ohne Rücksicht darauf, ob er bei dem Antritte der Pacht solche Sachen übernommen hat, so viel zurückzulassen, als zur Fortführung der Wirthschaft bis zu der Zeit erforderlich ist, zu welcher gleiche oder ähnliche Erzeugnisse voraussichtlich gewonnen werden, ingleichen den vorhandenen auf dem Gute gewonnenen Dünger.

Soweit der Pächter landwirthschaftliche Erzeugnisse in größerer Menge oder besserer Beschaffenheit zurückzulassen verpflichtet ist, als er bei dem Antritte der Pacht übernommen hat, kann er von dem Verpächter Ersatz des Werthes verlangen. Für Dünger ist Ersatz nicht zu leisten.

E II § 534 § 534. Hat der Pächter eines Landguts das Gut auf Grund einer Schätzung des wirthschaftlichen Zustandes mit der Bestimmung übernommen, daß nach der Beendigung der Pacht die Rückgewähr gleichfalls auf Grund einer solchen Schätzung zu erfolgen hat, so finden in Ansehung der Rückgewähr des Gutes die Vorschriften des § 529 Abs. 2, 3 entsprechende Anwendung.

Das Gleiche gilt, wenn der Pächter Vorräthe auf Grund einer Schätzung mit einer solchen Bestimmung übernommen hat, in Ansehung der Rückgewähr der Vorräthe, die er zurückzulassen verpflichtet ist.

**V.** Die Fassung der §§ 583–586 *E II rev* (§§ 584–587 *E III)* entspricht der der §§ 591–594 BGB.

## D. Bundesrat (Justizausschuß)

**I.** Zu § 533: *Mecklenburg-Schwerin* und *Mecklenburg-Strelitz* fürchten eine Schädigung der Landwirthschaft von der Bestimmung, daß die Bestimmung, wonach der Pächter von dem auf dem Gute gewonnenen Stroh nur soviel, als zur Fortsetzung der Wirthschaft bis zur nächsten Strohernte erforderlich ist, dagegen von dem auf dem Gute gewonnenen Dünger den gesammten noch vorhandenen Bestand zurückzulassen hat;

denn, wenn der abziehende Pächter das Stroh, nicht aber den Dünger vergütet erhalte, so liege es in seinem Interesse, möglichst wenig Stroh zu Dünger zu machen.

Es wird daher vorgeschlagen, den ersten Absatz am Schlusse zu fassen: „. . . ingleichen den vorhandenen, auf dem Gute gewonnenen Dünger und das vorhandene, auf dem Gute gewonnene Stroh“ und den letzten Satz des zweiten Absatzes des § 533 durch die Bestimmung zu ersetzen: „Für Dünger und Stroh ist Ersatz nicht zu leisten.“

II. Der Antrag wurde abgelehnt (Bericht von *Schicker* v. 12. 10. 1895).

## E. Reichstag (XII. Kommission)

I. Beantragt war:

1. in § 586 den Absatz 3 wie folgt zu fassen: „Stroh und Dünger vom letzten Jahr hat der Pächter, soweit solche auf dem Gut gewonnen und nicht in der Wirthschaft verwendet[12] sind, zurückzulassen, ohne daß er Ersatz des Werthes verlangen kann.“ Gröber (Nr 35, 4)

2. den § 586 Abs. 3 zu fassen:

Dünger, Stroh und andere zur Vermehrung des Düngers dienliche Materialien vom letzten Jahre hat der Pächter u.s.w. wie sub 1. Letocha (Nr 42)

II. Bericht von *Heller* über die Sitzung vom 10. 3. 1896:

Zum § 586 lagen vor der Antrag *Gröber* und der noch etwas weiter gehende Antrag *Letocha*. Die Antragsteller führten aus, daß die beantragte Erweiterung der Bestimmung des Entwurfs der an eine ordentliche Wirtschaftsführung zu stellenden Anforderung entspreche, daß auch das auf dem Gute gewonnene Stroh und ähnliche Materialien (Binsen, Schilf, Rohr u. dergl.) wieder zum Besten des Guts verwendet werden; *Letocha* berief sich hierbei auf die entsprechende Bestimmung des Preußischen Landrechts. Die Anträge fanden wenig Unterstützung; nur einer der Konservativen, *Himburg*, erklärte sich für sie, ein anderer, Freiherr *von Maltzan*, sprach sich vom Standpunkte der landwirtschaftlichen Interessen gegen sie aus. Die Landwirtschaft sei in vielen Gegenden auf den Verkauf von Stroh angewiesen. Der Verpächter, der diesen verhindern will, könne sich durch eine Vertragsbestimmung schützen. Die Kommissare *Struckmann* und *v Jacubezky* traten den Anträgen gleichfalls entgegen und legten die Gründe dar, aus denen die Kommission gleichartige Anträge nicht angenommen hat. Beide Anträge wurden je gegen fünf Stimmen abgelehnt.

III. In der 2. Lesung lag der von der Kommission abgelehnte Antrag vor, hinter § 585 als neuen § 585a zu setzen:

Der Verpächter kann den Zustand des Pachtgutes auf seine Kosten durch Sachverständige feststellen lassen. Dasselbe Recht steht dem Pächter sowohl während der Pachtzeit als auch innerhalb von 3 Monaten nach der Aufhebung des Pachtverhältnisses zu. Dziembowski-Pomian (Nr 135)

Der Antrag wurde abgelehnt.

---

[12] Von *Gröber* dahin geändert, daß es statt „nicht in der Wirthschaft verwendet“ heißen sollte „noch vorhanden“ (Kommissionsprotokoll vom 7. 3. 1896).

### § 595

**Ist bei der Pacht eines Grundstücks oder eines Rechtes die Pachtzeit nicht bestimmt, so ist die Kündigung nur für den Schluß eines Pachtjahres zulässig; sie hat spätestens am ersten Werktage des halben Jahres zu erfolgen, mit dessen Ablaufe die Pacht endigen soll.**

**Diese Vorschriften gelten bei der Pacht eines Grundstücks oder eines Rechtes auch für die Fälle, in denen das Pachtverhältniß unter Einhaltung der gesetzlichen Frist vorzeitig gekündigt werden kann.**

### § 596

**Dem Pächter steht das im § 549 Abs. 1 bestimmte Kündigungsrecht nicht zu.**

**Der Verpächter ist nicht berechtigt, das Pachtverhältniß nach § 569 zu kündigen.**

**Eine Kündigung des Pachtverhältnisses nach § 570 findet nicht statt.**

### § 597

**Giebt der Pächter den gepachteten Gegenstand nach der Beendigung der Pacht nicht zurück, so kann der Verpächter für die Dauer der Vorenthaltung als Entschädigung den vereinbarten Pachtzins nach dem Verhältnisse verlangen, in welchem die Nutzungen, die der Pächter während dieser Zeit gezogen hat oder hätte ziehen können, zu den Nutzungen des ganzen Pachtjahrs stehen. Die Geltendmachung eines weiteren Schadens ist nicht ausgeschlossen.**

## A. 1. Kommission

**I. a)** 209. Sitzung vom 18. 5. 1883, Schriftführer Neubauer

| Prot 2165 | Zu Artikel 580 des Entwurfs:

DresdE Art 580 „Geht während der Pachtzeit ein die Fruchtziehung des Pächters ausschließendes Recht an dem verpachteten Gegenstande auf einen Dritten über, so ist dieser, sofern nicht ein Landesgesetz etwas Anderes bestimmt, verpflichtet, dem Pächter anzuzeigen, daß er den Pacht nicht fortsetzen werde, und es endigt der Pacht mit dem Schlusse des laufenden Pachtjahres oder, wenn die Anzeige nicht wenigstens acht Wochen vor dem Ende desselben erfolgt, mit dem Ende des nächsten Pachtjahres."

lagen die Anträge vor:

1. statt dessen zu bestimmen:

v. Kübel (Nr 358) „In dem im § 7 (vgl. Antrag Nr. 3 zu Art. 549 und ff. S. 2057[1]) bezeichneten Falle hat der Erwerber den Pächter eines landwirthschaftlichen Grundstücks nach der an ihn

| Prot I 2166 erfolgten Anzei | ge, daß er das Grundstück zu räumen habe, auf demselben noch bis zu Ende des laufenden Wirtschaftsjahrs und, falls die Anzeige nicht wenigstens sechs Monate vor dem Ablauf des Wirtschaftsjahrs erfolgte, bis zum Ende des nächstfolgenden Wirtschaftsjahrs zu belassen."

---

[1] Vgl. Materialien zu § 571 ff. BGB.

2. zu bestimmen: Kurlbaum (Nr 375)

„Bei der Verpachtung eines Grundstücks kann im Falle des Artikels 551 der Erwerber des Grundstücks oder eines Rechts an demselben die Räumung des Grundstücks oder die Duldung des erworbenen Rechts erst mit dem Ablaufe des Wirtschaftsjahrs und nach einer vor Ablauf der ersten Hälfte des Wirtschaftsjahres erfolgten Aufforderung von dem Miether verlangen."

(Im Falle der Aenderung des Art. 588 bleibt eine Bezugnahme auf denselben vorbehalten.)

3. zu bestimmen: Derscheid (Nr 379)

„Die Vorschriften des § 7 der Redaktionsvorlage über die Miethe (Beschluß zum Art. 551, Prot. vom 28. April 1883, S. 2071–2076[2]) finden mit der Maßgabe Anwendung, daß an Stelle der im § 17 Absatz 2 Satz 1 (Beschluß zum Art. 568, Prot. vom 9. Mai 1883 S. 2130–2136[3]) bestimmten gesetzlichen Kündigungsfrist die im Artikel 588 bestimmte Kündigungsfrist tritt."

4. der in dem Antrage Nr. 1 vorgeschlagenen Vorschrift hinzuzusetzen:

„... zu belassen und auch diejenigen Ausbesserungen zu gestatten, welche dem Pächter obliegen." v. Schmitt (Nr 380)

und statt: „Anzeige" zu setzen: „Aufforderung" (scil. das Grundstück zu räumen).

Man überzeugte sich, daß die zum Artikel 551 beschlossenen Vorschriften (Prot. S. 2071–2076[4]) in vollem Umfange paßten und daß die aus dem Beschlusse zum Artikel 573 (S. 2164) sich ergebende entsprechende Anwendbarkeit derselben genüge, mit der einzigen Maßgabe, daß an Stelle der für die Miethe | in Bezug genommenen gesetzlichen Kündigungsfrist diejenige Kündigungsfrist zu treten habe, welche zum Artikel 588 zu beschließen sei. | Prot I 2167

Man überließ der Redaktion, in welcher Weise das Vorstehende auszudrücken sei, ob nach Anleitung des Antrags Nr. 3 oder etwa in noch einfacherer Weise durch Streichung des Artikels in Verbindung mit einem Zusatze zu Artikel 588, worin ausgesprochen werde, daß die betreffende Frist bei Anwendung der fraglichen für die Miethe geltenden Vorschriften an Stelle der in diesen bezeichneten Frist trete.

Der in dem Antrag Nr. 4 in Beziehung auf die dem *Pächter* obliegenden Reparaturen angeregte Zusatz fand keinen Anklang, indem die Mehrheit zu einer solchen speziellen Anordnung kein Bedürfniß anerkannte.

b) 212. Sitzung vom 25. 5. 1883, Schriftführer Neubauer

| Die Berathung des „die Pacht" betreffenden Abschnitts wurde fortgesetzt. | Prot I 2205

Zu Artikel 588 des Entwurfs: DresdE Art 588

„Ist bei der Verpachtung landwirthschaftlicher Grundstücke die Pachtzeit nicht bestimmt worden, so wird angenommen, daß letztere so lange dauern solle, als zur vollständigen Ziehung einer Ernte von sämmtlichen gepachteten Grundstücken, nach der vereinbarten oder hergebrachten Bewirthschaftungsweise, erforderlich ist

Der Pachtvertrag über andere Gegenstände gilt im Zweifel als auf ein Jahr geschlossen.

Diese Vorschriften gelten auch im Falle stillschweigender Erneuerung des Pachtvertrages."

lagen die Anträge vor:

1. statt dessen zu bestimmen: v. Kübel (Nr 358)

---

[2] Vgl. Materialien zu § 571 ff. BGB.

[3] Vgl. Materialien zu § 564 BGB.

[4] Vgl. Materialien zu § 571 ff. BGB; wegen Art. 578 vgl. § 581 BGB.

„Ist bei der Verpachtung landwirthschaftlicher Grundstücke etwas Anderes nicht bestimmt worden, so ist anzunehmen, daß der Pacht so lange dauern soll, als nach der

| Prot I 2206 vertragsmäßigen oder hergebrachten Bewirthschaftungsweise | zum Bezug einer Ernte von sämmtlichen verpachteten Grundstücken erforderlich ist.

Der Pacht über andere Gegenstände gilt im Zweifel als auf ein Jahr geschlossen.

Diese Vorschriften über die Dauer gelten auch für einen stillschweigend erneuerten Pachtvertrag.

Die Kündigung eines Pachtvertrages über landwirthschaftliche Grundstücke kann nur sechs Monate vor dem Ablauf der in Absatz 1 bezeichneten Zeit erfolgen."

Derscheid (Nr 579)

2. zu bestimmen:

„Ist die Pachtzeit nicht durch Vertrag bestimmt, so ist sowohl der Pächter als der Verpächter berechtigt, das Pachtverhältniß unter Beobachtung einer sechsmonatlichen Kündigungsfrist zu kündigen; bei der Verpachtung landwirthschaftlicher Grundstücke kann jedoch nur zum Ablauf eines Wirthschaftsjahres gekündigt werden."

Planck (Nr 385, 3)

3. den Artikel durch folgende Bestimmungen zu ersetzen:

„Ist bei der Pacht eines landwirthschaftlichen Grundstücks die Pachtzeit nicht bestimmt, so ist die Kündigung nur zu dem Ende eines Wirthschaftsjahres zulässig und muß spätestens 6 Monate vor Ablauf desselben erfolgen.

Diese Vorschrift findet auch im Falle des § 21 der RedVorl über die Miethe (d. h. der Beschlüsse zu Art. 571, Prot. vom 11. Mai 1883, S. 2143, 2144[5]) Anwendung.

Planck (Nr 588, 3)

Auf die Kündigung eines auf unbestimmte Zeit eingegangenen Pachtverhältnisses, dessen Gegenstand ein Recht ist, finden die Vorschriften des § 17 der Redaktions-Vorlage über die Kündigung der Miethe einer unbeweglichen Sache (d. h. Beschlüsse zu Art. 568, S. 2130–2136) Anwendung."

| Prot I 2207 v. Weber (Nr 390, 3)

| 4. den Artikel zu fassen:[6]

„Ist die Pachtzeit nicht bestimmt, so ist die Kündigung nur zu dem Ende eines Pachtjahres zulässig und muß bei der Pacht eines landwirthschaftlichen Grundstücks spätestens sechs Monate, bei andern Pachtgegenständen spätestens drei Monate vor Ablauf desselben erfolgen.

Diese Kündigungsfrist tritt bei der Pacht auch in den Fällen der §§ 7, 18 und 21 (der Redaktionsvorlage über die Miethe[7], d. h. der Beschlüsse zu Art. 551, 568 und 571, Prot. S. 2071–2076, 2130, 2136, 2143, 2144) an die Stelle der dort für die Miethe bestimmten Kündigungsfrist."

5. hinzuzufügen:

Kurlbaum (Nr 384)

Art. 588a. „Die Vorschriften der Artikel 569, 570 (§§ 19, 20 der Redaktionsvorlage[8]) finden bei der Verpachtung landwirthschaftlich benutzter Gegenstände nicht Anwendung[9]."

Für die Miethe ist der Grundsatz beschlossen:

„Ist die Miethzeit nicht bestimmt, so kann sowohl der Miether als der Vermiether das Miethverhältniß durch Kündigung beenden (Prot. S. 2130)."

Der Artikel 588 beruht für die Pacht auf einem anderen Grundsatze. Die Mehrheit beschloß jedoch, den für die Miethe angenommenen Grundsatz auch für die Pacht festzuhalten, so daß also auch bei der letzteren in Ermangelung einer Bestimmung der

---

[5] Vgl. Materialien zu § 569 BGB; zu Art. 568 vgl. Materialien zu § 564 BGB.

[6] Dieser Antrag stammt von v. *Weber* (Nachlaß v. Schmitt u. Originalprot.).

[7] Vgl. Materialien zu den §§ 571 ff., 564 f., 569 BGB.

[8] Vgl. Materialien zu den §§ 568, 557 BGB.

[9] Ferner lag noch der Antrag von *v. Schmitt* vor (Nr. 386, 2), den Abs. 3 des Art. 588 zu streichen.

Pachtzeit das Pachtverhältniß als auf unbestimmte Zeit unter einem beiden Theilen zustehenden Kündigungsrechte für eingegangen erachtet werden soll. Die Mehrheit vermochte nämlich nicht die Ueberzeugung zu gewinnen, daß zureichende Gründe vorhanden seien, in der betreffenden Beziehung zwischen Miethe und Pacht zu unterscheiden.

| Verschiedene Ansichten bestanden in Ansehung der für die Pacht zu bestimmenden Kündigungsfrist. Es wurde beschlossen, bei Festsetzung der letzteren die einzelnen Pachtgegenstände getrennt in Betracht zu ziehen. | Prot I 2208

I. Pacht einer unbeweglichen Sache.

Die Mehrheit erklärte sich für die Bestimmung einer sechsmonatigen Kündigungsfrist, jedoch mit der Maßgabe, daß die Kündigung nur zu dem Ende eines Pachtjahrs zulässig sein soll, – unter dem letzteren das mit dem Beginne der Pacht anfangende bewegliche, nach dem Kalender zu berechnende Jahr verstanden.

Erwogen war:

Hinsichtlich der Grundstücke zeige sich zwischen Miethe und Pacht ein wesentlicher Unterschied. Das Gebrauchsrecht des Miethers bleibe sich – auf die Zeit gesehen, in welcher der Miether aus dem Gebrauche Vortheil ziehe – während der ganzen Dauer des Miethverhältnisses, in der Regel fortwährend gleich, z. B. in den wichtigen Fällen der Wohnungsmiethe. Anders verhalte es sich bei der Pacht. Der Pächter eines Grundstücks, namentlich der eines landwirthschaftlichen Grundstücks, gelange meist zum thatsächlichen Fruchtgenuß nur zu einer kürzeren oder längeren Zeit des Jahres, z. B. zur Erntezeit. Es leuchte daher ein, daß für solche Pachtverhältnisse die Bestimmung einer Kündigungsfrist erforderlich sei, welche beide Theile nöthige, das erste Jahr und, wenn in diesem nicht rechtzeitig gekündigt sei, auch das folgende u.s.w. auszuhalten. Weiter ergebe sich – mindestens für landwirthschaftliche Grundstücke – die Nothwendigkeit der Festsetzung einer geräumigen Kündigungsfrist, weil in der Regel das Ende der Pacht beide Theile behufs Abwendung von Nachtheilen zu Vorbereitungen veranlassen werde, welche erhebliche Zeit erforderten. Für landwirthschaftliche Grundstücke erscheine als die angemessene Frist eine Frist von sechs Monaten | die auch die herkömmliche sei. Die gleiche Frist könne unbedenklich auch für andere Grundstücke bestimmt werden. Das Gesetz werde an Einfachheit gewinnen, wenn ohne Unterscheidung nach der Beschaffenheit der Grundstücke die Fristsetzung einer einheitlichen Frist erfolge. | Prot I 2209

Anlangend die Berechnung des Jahres liege es nahe, bei landwirthschaftlichen Grundstücken das *Wirthschaftsjahr* als entscheidend zu bezeichnen. Dagegen erhebe sich aber das Bedenken, daß der Begriff des Wirthschaftsjahrs ein überaus schwankender und unbestimmter sei und am wenigsten bei der Verschiedenheit der klimatischen und anderen Verhältnisse durch das Gesetz sich fixiren lasse. Es biete sich der passende Ausweg dar, nach Anleitung des Antrags Nr. 4 das mit dem Beginne der Pacht anfangende bewegliche Jahr (Pachtjahr) für maßgebend zu erklären, zumal dieses Jahr bei landwirthschaftlichen Grundstücken in den weitaus meisten Fällen mit dem sogenannten Wirthschaftsjahre zusammentreffen werde. Bei anderen als landwirthschaftlichen Grundstücken könne für die die Regel bildenden Fälle die entscheidende Bedeutung des Pachtjahrs noch weniger Bedenken unterliegen.

II. Pacht einer beweglichen Sache.

Man überzeugte sich, daß kein Grund bestehe, die Vorschriften über die Miethe einer beweglichen Sache von der Anwendung auszuschließen.

III. Pacht eines Rechtes.

Die Mehrheit war der Ansicht, es empfehle sich – schon im Interesse der Einfachheit des Gesetzes – die Anwendbarkeit der für die Pacht einer unbeweglichen Sache oben unter I beschlossenen Vorschriften zu bestimmen, wobei sie erwog, daß der Fall der Verpachtung eines Rechts an einer beweglichen Sache keine Berücksichtigung verdiene, da, wenn er vorkommen sollte, die Verpachtung der Sache selbst | werde anzunehmen sein. | Prot I 2210

Bei der Miethe sind besondere Vorschriften hinsichtlich der Kündigung für die Fälle beschlossen, in welchen der Zins nach gewissen Zeitabschnitten bemessen ist. Geprüft wurde, ob zu I und III die Anwendbarkeit dieser Vorschriften für die Pacht auszuschließen sei. Die Mehrheit erklärte sich im bejahenden Sinne – also für die Ausschließung –, indem sie der Ansicht war, in den wichtigsten, bei der gesetzlichen Regelung im Vordergrunde stehenden Fällen der Pacht habe die Bemessung des Zinses nach Zeitabschnitten (fast ausnahmslos) eine andere Bedeutung wie bei der Miethe, nämlich nur die, für die Zeit der Zinszahlung einen Anhalt zu geben. Es erkläre sich dies aus der bereits oben hervorgehobenen Verschiedenheit, welche zwischen Miethe und Pacht bestehe.

Der zweite Absatz des Antrags Nr. 4 fand als sichtbar den Verhältnissen entsprechend keine Beanstandung, vielmehr einhellige Billigung, vorbehaltlich der nachträglichen Prüfung, ob der darin allegirte § 21 von der Anwendbarkeit für die Pacht überhaupt auszuschließen sei.

Zur Berathung gestellt wurde der Antrag Nr. 5 S. 2207.

Es war außerdem beantragt, an Stelle der in jenem Antrage vorgeschlagenen Vorschrift zu bestimmen:

a) von einer Seite:

v. Kübel „Wird bei landwirthschaftlichen Grundstücken das Pachtverhältniß nach Beendigung der Pachtzeit stillschweigend fortgesetzt, so gilt die Pacht als auf unbestimmte Zeit verlängert."

b) von anderer Seite:

v. Schmitt (Nr 386, 1) „Bei landwirthschaftlichen Grundstücken ist das Pachtverhältniß, wenn es nach Ablauf der Pachtzeit von dem Pächter mit Wissen und ohne Widerspruch des Verpächters fortgesetzt wird, auf unbestimmte Zeit als verlängert anzusehen."

| Prot I 2211 | Die in dem Antrage Nr. 5 in Bezug *genommenen* Vorschriften in §§ 19 und 20 der vorläufigen Zusammenstellung (Vorlage für die Redaktion) lauten:

§ 19. „Wird nach Ablauf der Miethzeit der Gebrauch der Sache von dem Miether fortgesetzt, so ist das Miethverhältniß auf unbestimmte Zeit als verlängert anzusehen, (so ist das Miethverhältniß als ohne Bestimmung einer Miethzeit verlängert anzusehen), es sei denn, daß der Vermiether oder Miether binnen einer zweiwöchigen Frist dem anderen Theile seinen entgegenstehenden Willen erklärt. Die Frist beginnt gegen den Miether mit dem Tage der Fortsetzung des Gebrauchs, gegen den Vermiether mit dem Tage, an welchem er von dieser Fortsetzung Kenntniß erhält."

§ 20. „Wird der Gebrauch der Sache von dem Miether nach Ablauf der Miethzeit ohne Verlängerung des Miethverhältnisses fortgesetzt, so kann der Vermiether für die Zeit der Fortsetzung des Gebrauchs einen Miethzins fordern, welcher dem vertragsmäßigen Miethzinse gleichkommt, unbeschadet des Anspruchs auf Ersatz eines weiteren Schadens."

Die Mehrheit erklärte sich gegen den Antrag Nr. 5 und sodann auch gegen die vorstehenden Anträge a und b, billigte vielmehr zunächst die volle Anwendbarkeit des

§ 19 und demnächst auch die des § 20, die des letzteren jedoch mit der Beschränkung, daß der Pächter eines landwirthschaftlichen Grundstücks den Pachtzins für je ein Pachtjahr nur insofern zu entrichten habe, als das Grundstück während des ganzen Pachtjahrs von ihm benutzt sei.

Erwogen war:

Die in Frage stehenden §§ 19 und 20 auch für die Pacht | landwirthschaftlicher Grundstücke. Setze der Pächter nach Ablauf der Pachtzeit die Benutzung des Grundstücks mit Wissen und Willen des Verpächters fort, so dürfe mit gleichem Rechte, wie bei der entsprechenden Fortsetzung des Gebrauchs einer vermietheten Sache, eine stillschweigende Verlängerung des Miethverhältnisses *auf unbestimmte Zeit* angenommen werden, eine gleiche Verlängerung des Pachtverhältnisses als beiderseits gewollt vermuthet werden. Aber auch insofern der § 19 eine vierzehntägige Frist bestimme, binnen welcher jeder Theil durch eine entgegenstehende Erklärung den Eintritt der durch das Gesetz vorgeschriebenen Vermuthung zu verhindern vermöge, passe er für die Pacht, indem eine Verschiedenheit der zu würdigenden Verhältnisse in keiner Weise anerkannt werden könne. Nur dürfe nicht außer Betracht bleiben, daß der § 19 bloß *entsprechend* anwendbar sein werde, demzufolge seine Anwendung von der Voraussetzung abhänge, daß der Pächter nicht bloß den Gebrauch des landwirthschaftlichen Grundstücks fortgesetzt, z. B. eine dazu gehörige Wohnung inne behalten, sondern auch durch genügende Handlungen den Willen, das Grundstück auch ferner zum Fruchtgenuß benutzen zu wollen, offenbart habe. Nicht minder sei auch wegen par ratio der § 20 für anwendbar zu erachten, obschon nur mit der beschlossenen Beschränkung, weil ohne die letztere bei der schon mehrfach erwähnten Eigenthümlichkeit der Pacht eines landwirthschaftlichen Grundstücks sich oft eine auffallende Unbilligkeit zum Nachtheil des Pächters herausstellen würde. Es könne zweifelhaft sein, ob die Beschränkung, da der § 20 nur entsprechend anwendbar sein solle, sich nicht von selbst verstehe. Indessen verdiene es den Vorzug, die Beschränkung auszusprechen, damit einer nicht unwichtigen Streitfrage vorgebeugt werde. | Prot I 2212

Für die Miethe ist beschlossen (§ 21 der vorläufigen | Zusammenstellung – Vorlage für die Redaktion –): | Prot I 2213

„Stirbt der Miether, so sind sowohl seine Erben als der Vermiether berechtigt, das Miethverhältniß, auch wenn dasselbe auf längere Zeit eingegangen war oder eine längere Kündigungsfrist vereinbart war, durch Kündigung nach Maßgabe der Bestimmungen § 17 (Beschlüsse zu Art. 568, Prot. vom 9 Mai 1883 S. 2131–2136[10]) Absatz 2 und 5 zu beenden."

Es war

1. der Antrag gestellt: v. Schmitt (Nr 386, 2)

unter Streichung des dritten Absatzes des Art. 588 zu bestimmen:

„Die Vorschriften des § 21 finden für die Pacht keine Anwendung."

während von anderer Seite

2. beantragt war, zu bestimmen: v. Kübel (Nr 358)

„Stirbt der Pächter, so sind sowohl seine Erben, als der Verpächter berechtigt, den Pacht zu kündigen. Die Kündigung muß erfolgen bei dem Pacht landwirthschaflicher Grundstücke sechs Monate vor dem Ablauf des Wirthschaftsjahrs und wenn der Tod in den letzten sechs Monaten eines Wirtschaftsjahrs eintritt, sechs Monate vor dem Ablauf des nächstfolgenden Wirtschaftsjahrs. Bei dem Pacht anderer Gegenstände beträgt die Kündigungsfrist drei Monate.

---

[10] Vgl. Materialien zu § 564 BGB.

Im Falle der Kündigung durch den Verpächter findet die Vorschrift in § 31 (d. h. des in dem Prot. vom 18. Mai 1883 S. 2174[11] mitgetheilten Vorschlags) Anwendung."

Der erstere Antrag fand die Zustimmung der Mehrheit.

Erwogen war:

| Prot I 2214 Die in Rede stehende Bestimmung gelte zur Zeit nur | in wenigen Gebieten. Für die Miethe erscheine sie immerhin aus den früher zur Sprache gelangten Gründen, und insbesondere deshalb gerechtfertigt, weil bei der vorzugsweise in Betracht kommenden Wohnungsmiethe davon auszugehen sei, der Gebrauch des gemietheten Gegenstandes diene regelmäßig nur zur Befriedigung eines persönlichen Bedürfnisses des Miethers. Ein Gleiches lasse sich bei der Pacht, und namentlich bei der vorzugsweise zu berücksichtigenden Pacht eines landwirthschaftlichen Grundstücks, nicht behaupten. Noch wichtiger aber seien die erheblichen Vermögensinteressen, die meist in den Fällen der Grundstückspacht für den einen oder andern Theil durch eine, in dem Pachtvertrage nicht vorgesehene Kündigung auf dem Spiel ständen. Eine solche Kündigung könne nicht selten zu den größten Verlusten für denjenigen führen, gegen den das Kündigungsrecht ausgeübt werde. Es müsse bei der Regel bleiben, nach welcher die Rechte und Pflichten aus vermögensrechtlichen Verträgen durch den Tod eines Theils keine Aenderung erlitten (Prot. vom 15. Dezember 1882 S. 1481[12]). Entspreche das nicht der Intention der Parteien, so möchten sie bei Abschluß des Vertrages dasjenige vereinbaren, was sie für angemessen hielten.

Einverständniß bestand, daß der unter nur von der Wohnungsmiethe handelnde § 22 der vorläufigen Zusammenstellung (Vorlage für die Redaktion), welcher lautet:

„Das Kündigungsrecht nach Maßgabe der Bestimmungen § 17 (d. h. der Beschlüsse zu Art. 568 S. 2130ff.[13]) Absatz 2 und 5 ungeachtet der Vereinbarung einer längeren Miethzeit oder Kündigungsfrist steht auch einem Beamten oder einer Militärperson im Falle der Versetzung nach einem anderen Orte in Ansehung einer Wohnung zu, welche

| Prot I 2215 sie an dem bisherigen Wohnorte oder Garnison- | orte zum Gebrauche für sich oder für sich und ihre Familie oder für diese allein gemiethet hatten." (vgl. Prot. S. 2144, 2145.)

und bezüglich dessen beantragt war, zu bestimmen:

v. Weber (Nr 390, 4) „Die Vorschrift des § 22 findet auf die Pacht nicht Anwendung."

auf die Pacht keine Anwendung leide. Ob die Unanwendbarkeit auszuprechen sei, blieb der Prüfung bei der Redaktion vorbehalten.

DresdE Art 589 Einverständniß bestand ferner, daß der Artikel 589 des Entwurfs, welcher lautet:

„Verfällt der Pächter in Konkurs, so kann die Fortsetzung des Pachtes weder von dem Verpächter noch von dem Pächter oder seinen Gläubigern ohne Einwilligung des anderen Theils verlangt werden."

als in den Bereich der Konkursordnung fallend nicht aufzunehmen sei. (Zu vgl. Prot. S. 2149[14].)

II. 1. In der *RedVorl* und der *ZustOR* lautet die beschlossene Regelung:

RedVorl § 6 ZustOR § 392 § 6 (392). Ist bei der Pacht einer unbeweglichen Sache oder eines Rechts die Pachtzeit nicht bestimmt, so finden die Vorschriften Abs. 2–5 § 17 (Redaktionsvorlage über die Miethe) – 377 – keine Anwendung. An die Stelle derselben treten folgende Vorschriften:

---

[11] Vgl. Materialien zu § 582 BGB.
[12] Vgl. Materialien zum Anhang III zu § 397 BGB.
[13] Vgl. Materialien zu § 570 BGB.
[14] Vgl. Materialien zu §§ 553f. BGB.

Die Kündigung ist nur zum Ende eines Pachtjahres zulässig; das erste Pachtjahr beginnt mit dem Anfange der Pacht und endet mit dem entsprechenden Tage des folgenden Jahres. Die Kündigungsfrist beträgt sechs Monate.

Nach diesen Vorschriften bestimmt sich auch für die Anwendung der §§ 7 und 18 (der Redaktionsvorlage über die Miethe) – 367 und 378 – der Beginn und das Maß der im § 7 – 367 – bezeichneten gesetzlichen Kündigungsfrist.

§ 7 (393). Die §§ 21 und 22 (der Redaktionsvorlage über die Miethe) – 381 und 382 – finden auf die Pacht keine Anwendung. RedVorl § 7 ZustOR § 393

(NB: Sollte es nöthig sein, den nur von der Wohnungsmiethe handelnden § 21 für nicht anwendbar zu erklären?)

§ 8 (394). Auf die Pacht eines landwirthschaftlichen Grundstücks findet die Bestimmung des Satz 2 § 12 (der Redaktionsvorlage über die Miethe) – 372 – keine Anwendung. RedVorl § 8 ZustOR § 394

§ 11 (397). In den Fällen des § 20 (der Redaktionsvorlage über die Miethe) – 380 – hat der Pächter eines landwirthschaftlichen Grundstücks den Pachtzins nur insofern zu entrichten, als er während der ganzen Dauer eines oder mehrerer Pachtjahre den Fruchtgenuß behalten hat. RedVorl § 11

2. Die Regelung des § 11 *RedVorl* lautet in der ZustOR als § 397: Der § 380 kommt bei der Pacht eines landwirthschaftlichen Grundstücks mit der Maßgabe zur entsprechenden Anwendung, daß der Verpächter eine dem vertragsmäßigen Pachtzins gleichkommende Entschädigung nur insofern fordern kann, als der Pächter während der ganzen Dauer eines oder mehrerer Pachtjahre den Fruchtgenuß behalten hat. ZustOR § 397

3. Auf Antrag von *Kurlbaum* (Nr. 570, III) wurde beschlossen, im § 397 ZustOR statt: „kommt in entsprechende Anwendung" zu setzen „findet entsprechende Anwendung (Prot. I 3551, 3559).

**III. 1.** Im *KE* lauten die Bestimmungen: KE § 530

§ 530. Ist bei der Pacht einer unbeweglichen Sache oder eines Rechtes die Pachtzeit nicht bestimmt, so finden die Vorschriften des § 515 Abs. 3 bis 7 keine Anwendung. An die Stelle derselben treten folgende Vorschriften:

Die Kündigung ist nur zum Ende eines Pachtjahres zulässig; das erste Pachtjahr beginnt mit dem Anfange der Pacht und endigt mit dem entsprechenden Tage des folgenden Jahres. Die Kündigungsfrist beträgt sechs Monate.

Nach den Vorschriften des zweiten Absatzes bestimmt sich auch für die Anwendung der §§ 504, 516 der Beginn und das Maß der im § 504 bezeichneten gesetzlichen Kündigungsfrist.

§ 531. Die §§ 519, 520 finden auf die Pacht keine Anwendung. KE § 531

§ 532. Auf die Pacht eines landwirthschaftlichen Grundstückes findet die Bestimmung des zweiten Satzes des § 510 keine Anwendung. KE § 532

§ 535. Der § 518 findet bei der Pacht eines landwirthschaftlichen Grundstückes mit der Maßgabe entsprechende Anwendung, daß der Verpächter eine dem vertragsmäßigen Pachtzins gleichkommende Entschädigung nur insofern fordern kann, als der Pächter während der ganzen Dauer eines oder mehrerer Pachtjahre den Fruchtgenuß behalten hat. KE § 535

2. Von *Gebhard* (Nr. 148 II zum Allg. T.) lag der Antrag vor:

| 8. *§ 530 Abs. 2* besagt: „Das erste Pachtjahr beginnt mit dem Anfange der Pacht und endigt mit dem entsprechenden Tage des folgenden Jahres". Soll das Pachtjahr mit | Prot I 6151

dem *Beginne* oder mit dem *Ablaufe* des korrespondierenden Tages endigen? Im letzteren Falle würde, wenn die Pacht *mit dem Beginne eines Tages anfängt* (vom 1. Januar 1884), das Pachtjahr 1 Jahr und 1 Tag dauern (mit Ablauf des 1. Januar 1885) endigen. Die Worte „und endigt mit dem entsprechenden Tage des folgenden Jahres" können wohl ersatzlos ausfallen; es genügt, den *Beginn* des Pachtjahres festzustellen (Prot. S. 2209); die Berechnung des Jahres ergibt sich aus § 149.

Eventuell: „und ist nach Maßgabe des § 149 zu berechnen".

| Prot I 6163 | Beschlossen wurde, den § 530 Abs. 2, S. 1 K. E. zu fassen: Die Kündigung ist nur zum Ende eines Pachtjahres zulässig. Das erste Pachtjahr beginnt mit dem Anfange der Pacht; es ist nach Maßgabe des § 149 zu berechnen".

3. Der Antrag von *Kurlbaum* (Nr. 576, 29), in § 530 KE statt „eine unbewegliche Sache" zu setzen „Grundstück" wurde abgelehnt (vgl. KE §§ 394, 460, 463, 472, 484 Nr. 2, 504, 510, 514, 564; Prot. I 6194).

4. Aufgrund eines Antrages von *Johow* (Nr. 66, 1, vollständig abgedruckt bei §§ 477ff. BGB) wurde beschlossen, in § 530 Abs. 1 KE statt „unbewegliche Sache" zu setzen „Grundstück" (Prot. I 11780, 11781).

5. Wegen weiterer Änderungen des § 530 KE vgl. Materialien zu § 571 BGB unter III.

IV. Im *E I* lautet die beschlossene Regelung:

E I § 537 § 537. Ist bei der Pacht eines Grundstückes oder eines Rechtes die Pachtzeit nicht bestimmt, so finden die Vorschriften des § 522 Abs. 3 bis 7 keine Anwendung. An die Stelle derselben treten folgende Vorschriften:

Die Kündigung ist nur zum Ende eines Pachtjahres zulässig. Das erste Pachtjahr beginnt mit dem Anfange der Pacht; es ist nach Maßgabe des § 149 zu berechnen. Die Kündigungsfrist beträgt sechs Monate.

Nach den Vorschriften des zweiten Absatzes bestimmt sich auch für die Anwendung der §§ 509, 510, 523 der Beginn und das Maß der im § 509 bezeichneten gesetzlichen Kündigungsfrist.

E I § 538 § 538. Die Vorschriften der §§ 526, 527 finden auf die Pacht keine Anwendung.

E I § 542 § 542. Die Vorschrift des § 525 findet bei der Pacht eines landwirthschaftlichen Grundstückes mit der Maßgabe entsprechende Anwendung, daß der Verpächter eine dem vertragsmäßigen Pachtzinse gleichkommende Entschädigung nur insofern fordern kann, als der Pächter während der ganzen Dauer eines oder mehrerer Pachtjahre den Fruchtgenuß behalten hat.

## B. Vorkommission des Reichsjustizamtes

I. Beantragt war

1. den § 537 durch folgende Vorschriften zu ersetzen:

Struckmann (Nr 3, 63) Ist bei der Pacht eines Grundstücks oder eines Rechts die Pachtzeit nicht bestimmt, so kann die Kündigung der Pacht nur für den Schluß eines Pachtjahres unter Einhaltung einer Kündigungsfrist von sechs Monaten erfolgen. Das erste Pachtjahr beginnt mit dem Anfange der Pacht.

Diese Vorschriften finden bei der Pacht eines Grundstücks oder eines Rechts in allen Fällen Anwendung, in welchen das Pachtverhältniß mit gesetzlicher Frist gekündigt werden kann.

2. an Stelle des § 542 hier als § 537a folgende Vorschrift einzuschalten:

Bleibt der Pächter nach Ablauf der Pachtzeit ohne Verlängerung des Pachtverhältnisses im Genusse des Pachtgegenstandes, so kann der Verpächter, sofern die Fortdauer des Genusses auf die ganze Dauer eines Pachtjahres sich erstreckt, als Entschädigung den Pachtzins eines Pachtjahres, sofern die Fortdauer des Genusses auf eine kürzere Zeit sich erstreckt, als Entschädigung den Pachtzins nach dem Verhältnisse fordern, in welchem die Nutzungen, die der Pächter während dieser Zeit aus dem Pachtgegenstande gezogen hat oder hätte ziehen können, zu den Nutzungen des ganzen Pachtjahres stehen. Struckmann (Nr 3, 64)

Durch diese Vorschriften wird der Anspruch auf Ersatz eines weiteren Schadens nicht berührt.

3. Den § 538 zu fassen: Eine Beendigung des Pachtverhältnisses nach Maßgabe der Vorschriften des § 526 Abs. 1 und des § 527 findet nicht statt. Struckmann (Nr 3, 65)

4. An Stelle des § 539 folgende Vorschriften aufzunehmen:

§ 539. Für die Pacht landwirthschaftlicher Grundstücke gelten die in den §§ 539a bis 548 enthaltenen besonderen Vorschriften. Struckmann (Nr 3, 66)

§ 539a. Der Pächter ist einzelne Theile des verpachteten Grundstücks, soweit dies mit der ordnungsmäßigen Bewirthschaftung des gesammten Grundstücks vereinbar ist, ingleichen landwirthschaftliche Nebenbetriebe ohne Einwilligung des Verpächters weiter zu verpachten berechtigt. Struckmann (Nr 3, 66)

§ 539b. Der Pachtzins ist in Ermangelung einer anderen Vereinbarung am Schlusse des ersten Pachtjahres zu entrichten. Struckmann (Nr 3, 66)

5. Den Eingang des § 540 zu fassen: Der Pächter hat die gewöhnlichen Ausbesserungen u.s.w. (wie im Entw.). Struckmann (Nr 3, 67)

II. 75. Sitzung vom 29. 3. 1892

| Zu § 537 lagen sachliche Abänderungsanträge nicht vor. | Prot-RJA 457

Der § 538 wurde, soweit er den § 527 bei der Pacht für unanwendbar erklärt, nicht beanstandet. Dagegen beschloß man, im Falle des Todes des Pächters den Erben desselben ein gesetzliches Kündigungsrecht zu geben, falls der Verpächter ihnen nicht die Einwilligung zur Unterverpachtung des Pachtgegenstandes ertheilt, dagegen dem Verpächter, in Uebereinstimmung mit dem Entwurf, kein Recht zur Kündigung des Pachtverhältnisses zu gewähren.

Man erwog:

Die im Entwurfe getroffene Regelung erscheine den Erben des Pächters gegenüber unbillig. Seien diese selbst zur Bewirthschaftung des Pachtgegenstandes nicht befähigt, | so bleibe ihnen, wenn der Verkäufer nicht freiwillig in eine Unterverpachtung einwillige, nur die Möglichkeit der Bewirthschaftung durch einen Verwalter, deren Kosten nicht selten den Ertrag des Pachtgegenstandes ganz aufzehren werde. Es müsse ihnen daher das Recht eingeräumt werden, dem Verpächter einen geeigneten Unterpächter zu stellen und, falls der Verpächter seine Einwilligung in die Unterverpachtung versage, das Pachtverhältniß gemäß § 537 zu kündigen. Gelinge es den Erben nicht, einen geeigneten Unterpächter zu finden, so müsse der Nachtheil des Fortbestehens der Pacht sie treffen. Durch das Kündigungsrecht der Erben werde dem Verpächter nicht zu nahe getreten, da dieser bei der Erheblichkeit der Person des Pächters von vornherein darauf rechnen müsse, daß der Tod des Pächters den Fortbestand des Pachtverhältnisses beeinflusse; es genüge, wenn er durch die Einwilligung in die Unterverpachtung die vorzeitige Beendigung des Pachtverhältnisses abwenden könne. | Prot-RJA 458

Dem Verpächter selbst wegen des Todes des Pächters ein Kündigungsrecht zu geben, verbiete sich durch die Erwägung, daß die Erben mit Rücksicht auf die vom Pächter in der ersten Zeit des Pachtverhältnisses gemachten Verwendungen gewöhnlich ein erhebliches Vermögensinteresse an der Fortdauer der Pacht während der ganzen Vertragszeit hätten, uns jene Verwendungen wieder aus dem Pachtgegenstande herauswirthschaften zu können.

Man war einverstanden darüber, daß die zu § 526 beschlossene Bestimmung über die Miethe von Räumen, welche dem Betriebe eines Erwerbsgeschäfts zu dienen bestimmt sind, eine Aenderung dahin erfahren müsse, daß den Erben des Miethers ein Kündigungsrecht nur zustehe, wenn der Vermiether nicht in die Untervermiethung an eine geeignete Person einwillige.

8. Die §§ 539, 540 wurden sachlich gebilligt . . .

| Prot-RJA 460 | 10. Zu § 542 wurde der Antrag angenommen, an Stelle desselben als § 537a folgende Vorschrift einzuschalten: . . .[wie Antrag Struckmann Nr. 3, 64].

Es erschien einerseits angemessen, die Vorschrift zu verallgemeinern, da sie nicht nur bei der Pacht landwirthschaftlicher Grundstücke zur Anwendung kommen könne, sondern auch bei anderen Pachtverhältnissen wie z. B. der Pacht eines Gartenetablissements, einer Fährgerechtigkeit. Andererseits glaubte man, daß in der vorgeschlagenen Fassung der Gedanke des § 542 deutlicher zum Ausdruck komme wie im Entwurf.

**C. 2. Kommission**

**I. a)** Zu § 537 lagen die Anträge vor (Prot. II, Bd. 2, S. 246; *Mugdan*, Bd. 2, S. 886):

Struckmann (Nr 143, 4) 1. Die Bestimmungen des Entwurfs zu fassen: wie Antrag von Struckmann in der Vorkommission;

Conrad (Nr 171) 2. im § 537 statt „sechs Monaten" zu setzen „einem Jahre";

3. dem ersten Satze der unter 1 vorgeschlagenen Bestimmungen hinzuzufügen: Die Kündigung muß spätestens am ersten Werktage des halben Jahres erfolgen, mit dessen Ablauf der Pachtvertrag endigen soll.

Die Kom. lehnte den Antrag 2 ab, nahm den § 537 in der Fassung des Antrags 1 an und überwies den Antrag 3 der RedKom zur Berücksichtigung.

**b)** Es lag der Antrag vor, als § 537a eine Vorschrift folgenden Inhalts aufzunehmen: Pächter ist berechtigt, wegen seiner auf das Inventar sich beziehenden Forderungen aus dem Pachtverhältnisse das Zurückbehaltungsrecht an dem Grundstücke auszuüben.

Die Mehrheit lehnte den Antrag ab.

**c)** Zu § 538 lagen die Anträge vor (Prot. II, Bd. 2, S. 249; bei *Mugdan*, Bd. 2, nicht auffindbar):

Struckmann (Nr 143, 5) 1. die Vorschrift des Entw. durch folgende Bestimmungen zu ersetzen:

Stirbt der Pächter, so steht das im § 526 bestimmte Kündigungsrecht dem Verpächter nicht zu. Dem Erben des Pächters steht es nur dann zu, wenn der Verpächter seine Einwilligung zur Ueberlassung der Pacht an einen geeigneten Unterpächter versagt[15].

---

[15] Dem Antrag ist in der Fn. hinzugefügt (nicht in den Prot. enthalten): „Der zu § 526 als Abs. 2 beantragte Zusatz soll dem § 538 Abs. 1 der Redfassung entsprechend dahin geändert werden: Bei der Miethe von Räumen, welche dem Betriebe eines Erwerbsgeschäfts zu dienen bestimmt sind, steht dem Vermiether das im Abs. 1 bestimmte Kündigungsrecht nicht zu. Dem Erben des Miethers steht es nur dann zu, wenn der Vermiether seine Einwilligung zur Ueberlassung der Miethe an einen geeigneten Untermiether versagt."

Eine Beendigung des Pachtverhältnisses nach Maßgabe des § 527 findet nicht statt.

2. den § 538 zu fassen[16]:

Im Falle des Todes des Pächters steht dem Verpächter das im § 526 bestimmte Kündigungsrecht nicht zu. Eine Beendigung des Pachtverhältnisses nach Maßgabe des § 527 findet nicht statt. Jacubezky (Nr 183, 2)

3. unter Abs. 1 zu bestimmen: Spahn (Nr 179)

Bei landwirthschaftlichen Grundstücken kann das im § 526 bestimmte Kündigungsrecht, wenn der Tod des Pächters zwischen dem 1. Juli und 31. März eingetreten ist, nur zum Ende des laufenden Wirthschaftsjahrs und, wenn der Tod zwischen dem 1. April und 30. Juni eingetreten ist, nur zum Ende des nächstfolgenden Wirthschaftsjahrs ausgeübt werden.

Der Antrag 3 wurde vor dem Beginne der Berathung zurückgezogen.

Die Kom. lehnte den zweiten Satz des ersten Abs. der unter 1 vorgeschlagenen Bestimmungen ab. Im Uebrigen wurde der Antrag 1 und der insoweit mit ihm übereinstimmende Antrag 2 angenommen.

d) Zu § 539 vgl. Materialien zu § 584 BGB.

e) Auf den § 542 bezogen sich folgende Anträge (Prot. II, Bd. 2, S. 256; *Mugdan*, Bd. 2 S. 890):

1. an Stelle des § 542 nachstehende Vorschriften als § 537a einzustellen: wie Antrag von Struckmann in der Vorkommission des RJA. Struckmann (Nr 143, 9)

2. den unter 1 vorgeschlagenen § 537a nicht aufzunehmen;

3. aus dem § 537a die besondere Hervorhebung des auf die ganze Dauer eines Pachtjahrs sich erstreckenden Genusses an dem Pachtgegenstande fortzulassen.

Der Antrag 3 wurde mit Zustimmung des Antragstellers der RedKom überwiesen. Im Uebrigen gelangte der Antrag 1 zur Annahme.

II. In der *VorlZust* lautet die beschlossene Regelung:

§ 537. Ist bei der Pacht eines Grundstücks oder eines Rechtes die Pachtzeit nicht bestimmt, so ist die Kündigung nur für den Schluß eines Pachtjahres zulässig; sie muß spätestens am ersten Werktage des halben Jahres erfolgen, mit dessen Ablaufe das Pachtverhältniß endigen soll. Das erste Pachtjahr beginnt mit dem Anfange der Pacht. E I-VorlZust § 537

Diese Vorschriften finden bei der Pacht eines Grundstücks oder eines Rechtes in allen Fällen Anwendung, in welchen das Pachtverhältniß mit gesetzlicher Frist gekündigt werden kann.

§ 542. Hinter § 537 wird folgende Vorschrift als § 537a eingestellt:

Bleibt der Pächter nach Ablauf der Pachtzeit ohne Verlängerung des Pachtverhältnisses im Genusse des Pachtgegenstandes, so kann der Verpächter als Entschädigung den Pachtzins nach dem Verhältnisse fordern, in welchem die Nutzungen, die der Pächter während der Zeit, in welcher er im Genusse des Pachtgegenstandes geblieben, aus demselben gezogen hat oder hätte ziehen können, zu den Nutzungen des ganzen Pachtjahres stehen. E I-VorlZust § 537a

Durch diese Vorschriften wird der Anspruch auf Ersatz eines weiteren Schadens nicht berührt.

---

[16] Der ursprüngliche Antrag von *Jacubezky* (Nr. 144, 18) lautet: „Eine Beendigung des Pachtverhältnisses nach Maßgabe des § 527 findet nicht statt.“

E I-VorlZust § 538 § 538*. Im Falle des Todes des Pächters steht dem Verpächter das in § 526 bestimmte Kündigungsrecht nicht zu. Eine Beendigung des Pachtverhältnisses nach Maßgabe des § 527 findet nicht statt.

*Hinter § 527 wird folgende Vorschrift als § 527a eingestellt:

Die Kündigung auf Grund der Vorschriften der §§ 526, 527 ist ausgeschlossen, wenn sie nicht zu dem ersten Termin erfolgt.

**III. 1.** In der *ZustRedKom* lautet die Regelung:

E I-ZustRedKom § 584a § 548a (537). Ist bei der Pacht eines Grundstücks oder eines Rechtes die Pachtzeit nicht bestimmt, so ist die Kündigung nur für den Schluß eines Pachtjahres zulässig; sie hat spätestens am ersten Werktage des Pachtjahres zu erfolgen. Die Pachtjahre werden von dem Anfange der Pacht an gerechnet.

Diese Vorschriften gelten bei der Pacht eines Grundstücks oder eines Rechtes auch für die Fälle, in welchen das Pachtverhältniß unter Einhaltung der gesetzlichen Frist vorzeitig gekündigt werden kann.

E I-ZustRedKom § 548b § 548b (533, 538). Dem Pächter steht das in § 516 Abs. 1 bestimmte Kündigungsrecht nicht zu.

Der Verpächter ist nicht berechtigt, das Pachtverhältniß nach § 526 zu kündigen.

Eine Kündigung des Pachtverhältnisses nach § 527 findet nicht statt.

(Der laut Anmerkung zu § 296[17] beschlossene § 749a der Zivilprozeßordnung erhält folgenden Zusatz:

Die Pfändung des Pachtrechts und die Anordnung einer Verwaltung zur Ausübung desselben ist zulässig, auch wenn dem Pächter nicht gestattet ist, die Ausübung des Rechtes einem Dritten zu überlassen.)

E I-ZustRedKom § 584c § 548c (542). Wird der Pachtgegenstand nach der Beendigung der Pacht nicht zurückgegeben, so kann der Verpächter für die Dauer der Vorenthaltung als Entschädigung den vertragsmäßigen Pachtzins nach dem Verhältnisse verlangen, in welchem die Nutzungen, die der Pächter während dieser Zeit gezogen hat oder hätte ziehen können, zu den Nutzungen des ganzen Pachtjahres stehen. Die Geltendmachung eines weiteren Schadens ist nicht ausgeschlossen.

(Im Art. 13 des Entwurfs des Einführungsgesetzes sollen geändert werden

1. der § 17 der Konkursordnung dahin: 1. hatte der Gemeinschuldner gepachtet oder gemiethet, so kann sowohl der andere Theil als der Verwalter das Pacht- oder Miethverhältniß kündigen. Die Kündigungsfrist ist, falls nicht eine kürzere Frist bedungen war, die gesetzliche. Kündigt der Verwalter, so ist der andere Theil berechtigt, Ersatz des ihm durch die Aufhebung des Vertrags erwachsenen Schadens zu verlangen.

2. die dem § 41 Nr. 2 der Konkursordnung gegebene Fassung dahin: 2. diejenigen, welche an gewissen Gegenständen ein gesetzliches oder ein durch Pfändung erlangtes Pfandrecht haben; das dem Vermiether und dem Verpächter nach den §§ 521, 531, 534a des Bürgerlichen Gesetzbuchs zustehende Pfandrecht kann wegen des dem Vermiether oder dem Verpächter in Folge der Kündigung des Verwalters erwachsenen Entschädigungsanspruchs sowie wegen des Mieth- oder Pachtzinses für eine frühere Zeit als das letzte Jahr vor der Eröffnung des Verfahrens nicht geltend gemacht werden; das Pfandrecht des Verpächters eines landwirthschaftlichen Grundstücks unterliegt in Ansehung des Pachtzinses der Beschränkung nicht.)

---

[17] Vgl. Materialien zu den §§ 400, 412 BGB.

2. Prot. II, Bd. 2, S. 515–516, *Mugdan*, Bd. 2, S. 887):
Zum Ersatze des § 537 Abs. 2 Satz 2 heißt es in der Zus. der RedKom § 548 Abs. 1 Satz 2: „Die Pachtjahre werden von dem Anfange der Pacht an gerechnet." Beantragt war, diesen Satz als selbstverständlich zu streichen. Die Streichung wurde beschlossen.

IV. Im *E II* lautet die Regelung:

§ 535. Ist bei der Pacht eines Grundstücks oder eines Rechtes die Pachtzeit nicht bestimmt, so ist die Kündigung nur für den Schluß eines Pachtjahrs zulässig; sie hat spätestens am ersten Werktage des halben Jahres zu erfolgen, mit dessen Ablaufe die Pacht endigen soll. E II § 535

Diese Vorschriften gelten bei der Pacht eines Grundstücks oder eines Rechtes auch für die Fälle, in welchen das Pachtverhältniß unter Einhaltung der gesetzlichen Frist vorzeitig gekündigt werden kann.

§ 536. Dem Pächter steht das im § 493 Abs. 1 bestimmte Kündigungsrecht nicht zu. E II § 536

Der Verpächter ist nicht berechtigt, das Pachtverhältniß nach § 510 zu kündigen.

Eine Kündigung des Pachtverhältnisses nach § 511 findet nicht statt.

§ 537. Wird der Pachtgegenstand nach der Beendigung der Pacht von dem Pächter nicht zurückgegeben, so kann der Verpächter für die Dauer der Vorenthaltung als Entschädigung den vereinbarten Pachtzins nach dem Verhältnisse verlangen, in welchem die Nutzungen, die der Pächter während dieser Zeit gezogen hat oder hätte ziehen können, zu den Nutzungen des ganzen Pachtjahrs stehen. Die Geltendmachung eines weiteren Schadens ist nicht ausgeschlossen[18]. E II § 537

V. Die Fassung der §§ 587–589 *E II rev* (§§ 588–590 *E III*) entspricht der der §§ 595–597 BGB.

## D. Bundesrat (Justizausschuß)

I. a) Zum Antrag *Mecklenburgs* zu § 535 vgl. Materialien zu § 551 BGB.

b) Zu § 536: Mecklenburg-Schwerin und Mecklenburg-Strelitz halten es für eine bedenkliche Verletzung der Rechte des Verpächters, daß, wenn das Pachtrecht gepfändet und eine Verwaltung zur Ausübung desselben angeordnet werde (§ 749a Abs. 2 der C.P.O. in der Anm. zu § 344 unter 1), dem Verpächter ein Kündigungsrecht nicht zustehen solle, obwohl für ihn die Persönlichkeit des Pächters von wesentlichem Interesse sei. Für die Gewährung eines Kündigungsrechts lasse sich auch die entsprechende Vorschrift des § 17 der Konkursordnung geltend machen.

II. 1. Beide Anträge wurden abgelehnt, der letztere deswegen, weil die verlangte Bestimmung dazu mißbraucht werden könnte, sich von einem Pachtvertrag durch Herbeiführung einer Pfändung des Pachtrechts auf kurze Zeit zu befreien.
(Bericht von *Schicker* vom 12. 10. 1895)

2. Bericht von *Heller* vom 11. 10. 1895:
Den Mecklenburgischen Antrag zum § 583 empfahl der Berichterstatter nur persönlich; nach seiner Instruktion habe er gegen ihn zu stimmen. Auch der Kommissar

---

[18] Zur Änderung der KO vgl. Anm. zu § 548c E I-ZustRedKom.

Struckmann erkannte an, daß erhebliche Gründe für ihn sprächen, namentlich im Hinblick auf die entsprechende Vorschrift im § 17 der Konkursordnung. Preußen sei gleichwohl dagegen, weil zu befürchten sei, daß unter Umständen von dem Kündigungsrechte in Fällen würde Gebrauch gemacht werden, bei denen es den Intentionen des Gesetzes nicht entspräche: bei nur ganz kurze Zeit dauernden Pfändungen. Es stimmte niemand für den Antrag.

**III.** Bericht von *Heller* vom 11. 1. 1896

Ich machte, einer Anregung von der nämlichen Seite (d. h. Jacubezkys) folgend, ferner darauf aufmerksam, daß es sich vielleicht empfehle, mit der vom Ausschusse beschlossenen Fassung des § 557 die Fassung des § 587 Absatz 1 in Einklang zu bringen, demgemäß auch hier statt, „am ersten Werktage" zu setzen „am dritten Werktage". Hessen unterstützte die Anregung, die Mehrheit war jedoch dafür, es bei der dermaligen Fassung des § 587 zu belassen, nachdem der Vertreter Mecklenburgs, auf dessen Antrag der Ausschuß seinerzeit die Änderung des § 557 beschlossen hat, mitgetheilt hatte, daß hinsichtlich der Pacht ein Bedürfniß nach Änderung der Bestimmung des Entwurfs in Mecklenburg nicht empfunden werde.

**E. Reichstag (XII. Kommission und Plenum):**

**I.** Es war beantragt:

Frohme, Stadthagen (Nr 40, 2–3)

1. in § 589 den ersten Satz zu streichen
2. den § 590 zu streichen.

**II.** Bericht von *Heller* über die Sitzung vom 10. 3. 1896: Die Anträge *Frohme, Stadthagen* zu den §§ 589, 590 wurden nach unerheblicher Diskussion gegen die Stimmen der Antragsteller abgelehnt.

**III.** In der 2. Lesung wurden beide Anträge (Nr. 133, 10 und 11), im Plenum der erste Antrag (Nr. 465, 22) von den Sozialdemokraten wiederholt und erneut abgelehnt. (StBRT. 1895/97, S. 2784f.).

## Anhang zum Pachtrecht:

## Viehverstellung

### A. 1. Kommission

I. 212. Sitzung vom 25. 5. 1883, Schriftführer Neubauer

| In dem Dresdener Entwurfe folgen die über „die Viehverstellung" bestimmenden Art. 590–597[1], welche lauten: | Prot I 2215

Artikel 590. „Wird Vieh, insbesondere Zug- oder Milchvieh, einem Anderen zum Gebrauch und zur Benutzung gegen eine Vergütung (Zins) und gegen die Verpflichtung, das Vieh einzustellen, zu füttern und zu pflegen, überlassen (Viehverstellung), so hat der Versteller die Verbindlichkeit, während der Verstellungszeit dem Einsteller den Gebrauch und die Nutzungen des eingestellten Viehes ungestört und ungeschmälert zu gewähren, und der Einsteller das Recht, das eingestellte Vieh zur Arbeit zu gebrauchen und die Milch und den Dünger von demselben zu beziehen." DresdE Art 590

Artikel 591. „Der Einsteller ist verpflichtet, dem Versteller den | Zins zu bezahlen und das eingestellte Vieh mit der Sorgfalt eines sorgsamen Hausvaters zu behandeln, er haftet jedoch nicht für die Gefahr des Unterganges und der Verschlechterung des Viehes." DresdE Art 591 | Prot I 2216

Artikel 592. „Erkrankt das eingestellte Vieh, so hat der Einsteller hiervon dem Versteller alsbald Anzeige zu machen. Für die ausgelegten Kurkosten und für die außerordentliche Pflege während der Krankheit kann der Einsteller von dem Versteller Ersatz verlangen." DresdE Art 592

Artikel 593. „An den Jungen des eingestellten Viehes steht, wenn nicht etwas Anderes vertragsmäßig bestimmt oder ortsgebräuchlich ist, dem Versteller das Eigenthum zu. Der Einsteller hat die Jungen nur so lange, als sie bei der Mutter belassen werden müssen, zu pflegen und nach diesem Zeitraum an den Versteller abzuliefern. Beläßt der Letztere die Jungen über die Zeit hinaus bei dem Einsteller, so kann dieser für die längere Fütterung und Pflege von dem Versteller Ersatz verlangen." DresdE Art 593

Artikel 594. „Der Einsteller ist verpflichtet, nach Beendigung der Verstellung das eingestellte Vieh nach Maßgabe der Vorschrift des Artikels 565 dem Versteller zurückzugeben." DresdE Art 594

Artikel 595. „Die Viehverstellung endigt mit dem Ablaufe der dafür vereinbarten Zeit. Der Versteller kann jedoch schon früher die Rückgabe des Viehes verlangen, wenn der Einsteller den ihm obliegenden Verbindlichkeiten nicht nachkommt." DresdE Art 595

| Artikel 596. „Ist die Dauer der Viehverstellung nicht bestimmt, so kann jeder Vertragschließende das Vertragsverhältniß einseitig auflösen, sofern dies nicht zur Unzeit geschieht. Als unzeitig ist die Auflösung zu betrachten, wenn dadurch dem anderen Theile für eine gewisse Zeit die Last der Fütterung und Pflege des Viehes, nicht aber die Möglichkeit verbleiben würde, auch den entsprechenden Vortheil des Gebrauches und der Nutzungen des Viehes zu ziehen." | Prot I 2217 DresdE Art 596

[1] Vgl. die Materialien zu diesen Bestimmungen, S. 201–212.

DresdE Art 597 Artikel 597. „Wird von dem Versteller eine Viehherde unter einem Werthanschlage oder unter einer Beschreibung, auf deren Grund eine Bestimmung des Werthes möglich ist, zum Gebrauche und zur Benutzung gegen die Verpflichtung überlassen, daß die Heerde in gleicher Beschaffenheit zurückgegeben werde, so findet die Vorschrift des Artikels 585 Anwendung."

Es war beantragt, zu beschließen:

Gebhard (Nr 387) 1. In dem Gesetzbuche sind Vorschriften über die Viehverstellung nicht aufzunehmen.

Gebhard (Nr 387) 2. In dem Einführungsgesetze ist zu bestimmen, daß landesgesetzliche Vorschriften über Viehverstellung und Viehpacht, sofern es sich nicht um ein mit der Verpachtung eines Grundstücks verbundenes Vertragsverhältniß handelt, unberührt bleiben.

Die Mehrheit erklärte sich gegen die Aufnahme dieser Artikel so wie auch gegen den Antrag 2.

Die Gründe waren:

Die Artikel 590 bis 596 handeln von einem Vertrage, welcher sich der einheitlichen Regelung durch das Gesetz deshalb entziehe, weil sein gewollter Inhalt durchgehends | Prot I 2218 durch lokale Sitten und Gewohnheiten bedingt werde. Ihn durch | Reichsgesetz zu regeln, sei wegen der völligen Verschiedenheit der zu würdigenden Verhältnisse der einzelnen Gebiete des Reichs unausführbar. Jede Regelung werde nur dem Herkommen eines sehr begrenzten Gebiets entsprechen oder noch wahrscheinlicher mit dem Herkommen keines einzigen Gebietes sich vertragen. Nicht angemessen erscheine es auch, die Regelung den Landesgesetzen zu überlassen, da die landesgesetzliche Regelung mit ähnlichen Schwierigkeiten zu kämpfen habe, da ferner die sachgemäße Abgrenzung des Vorbehalts auf schwer zu besiegende Hindernisse stoße. Es müsse außerdem das Bedürfniß einer gesetzlichen Regelung, sei es durch Reichsgesetz, sei es durch Landesgesetz, geleugnet werden.

Die Autonomie der Parteien, in Verbindung mit dem Umstande, daß bei der Auslegung eines gegebenen Vertrags die lokalen Sitten und Gewohnheiten die ihnen gebührende Berücksichtigung zu finden hätten, helfe über alle Bedenken hinweg.

Es könne nicht die Aufgabe des Gesetzes sein, sich der Regelung aller Verträge zu unterziehen, die in dieser oder jener Gegend oft geschlossen würden und einen zweifelhaften juristischen Charakter an sich trügen, zumal wenn die Ermittelung und Feststellung dieses Charakters, wie im vorliegenden Falle, von gewissen sehr wechselnden Vereinbarungen abhänge. Es gewinne den Anschein, als wenn der im Entwurfe unterstellte Vertrag durch eine besondere, bald so, bald anders lautende Nebenabrede seinen juristischen Charakter ändere und oft weniger ein Pachtvertrag, als ein Vertrag sei, durch welchen der Versteller die Fütterung und Pflege eines Viehstücks dem Einsteller gegen Zusicherung einer Vergütung, die in eigenthümlicher Weise bestimmt werde, dergestalt übertrage, daß diese Uebertragung den juristischen Charakter des Geschäfts bedinge und im Falle der gesetzlichen Regelung zum Anhalt zu nehmen sei. Es zeige | Prot I 2219 sich also | evident, wie bedenklich eine gesetzliche Regelung des Vertrags sein würde, die voraussichtlich nur zu oft zur Folge haben müßte, daß der Richter Rechtsnormen zur Anwendung bringen werde, die zu den Intentionen der Parteien nicht stimmten.

In Deutschland habe zudem, von dem französischen Rechte und dem ihm nachgebildeten badischen Landrechte abgesehen, die Gesetzgebung von der Regelung des Vertrags bisher sich fern gehalten und die Regelung des französischen Rechts habe sich anscheinend für Deutschland als völlig unpraktisch erwiesen.

Anlangend endlich den in Artikel 597 behandelten sogenannten eisernen Viehvertrag, so sei die Regelung des Entwurfs so dürftig, daß damit fast nichts erreicht werde.

Weit besser sei es, auch von der Regelung dieses Vertrags abzusehen, so daß in jedem einzelnen Falle zu prüfen sein werde, worauf der Parteiwille gerichtet gewesen sei und ob und inwiefern die in dem Artikel 597 angezogene Vorschrift zur analogen Anwendung sich eigene.

**B. Vorkommission des Reichsjustizamtes**

II. 74. Sitzung vom 28. 3. 1892:

| Die Kommission entschied sich endlich dahin, das Institut der Viehverstellung im Bürgerlichen Gesetzbuche nicht zu regeln. Ein Bedürfniß nach einer reichsgesetzlichen Regelung sei nur insofern hervorgetreten, als die Viehverstellung häufig zu wucherischen Zwecken mißbraucht werde. Die zur Verhinderung eines derartigen Mißbrauchs erforderlichen Bestimmungen seien der Wuchergesetzgebung vorzubehalten. | Prot-RJA 454

**C. 2. Kommission**

I. Prot. II, Bd. 2, S. 268 (*Mugdan*, Bd, 2, S. 268)

Es war weiter beantragt, im E.G. als Art. 58a zu bestimmen: Dittmar (Nr 180)

Unberührt bleiben die Vorschriften der Landesgesetze über Viehverstellung und Viehpacht, sofern es sich nicht um ein mit der Verpachtung eines Grundstücks verbundenes Vertragsverhältniß handelt.

Von anderer Seite wurde vorgeschlagen, die Bestimmung wie folgt zu fassen:

Unberührt bleiben die Vorschriften der Landesgesetze, welche bei der Viehverstellung oder Viehpacht, sofern es sich nicht um ein mit der Verpachtung eines Grundstücks verbundenes Vertragsverhältniß handelt, die Vertragsfreiheit beschränken.

Beide Anträge wurden abgelehnt.

## VIERTER TITEL

## Leihe

Der Antrag *v. Kübels* zur Leihe lautet im Zusammenhang (vgl. Vorbemerkung vor § 535 BGB):

**Antrag Nr. 394 vom 24. 5. 1883 zur Leihe**

Zu Art. 598. § 1 (vgl. § 608). Wer eine Sache zum unentgeltlichen Gebrauche geliehen erhalten hat (Entleiher), ist verpflichtet, dieselbe nach gemachtem Gebrauche oder, wenn eine Zeit bestimmt ist, nach deren Ablauf dem Verleiher zurückzugeben.

Zu Art. 599. Zu streichen.

Zu Art. 600. § 2. Der Vertrag, durch welchen die Verleihung einer Sache versprochen wird, ist als unter dem Vorbehalt geschlossen anzusehen, daß der Versprechende zum Rücktritt von dem Vertrag befugt sein solle, wenn die Sache unvorhergesehener Weise ihm selbst unentbehrlich wird.

§ 3. Der Verleiher, sowie derjenige, welcher die Verleihung einer Sache versprochen hat, haftet dem Entleiher nur für Vorsatz und grobe Fahrlässigkeit.

Zu Art. 601 und 602. Zu streichen.

Zu Art. 603. § 4. Der Entleiher ist nicht berechtigt, einem Anderen den Gebrauch der Sache zu überlassen.

Zu Art. 604. Zu streichen.

Zu Art. 605. § 5. Der Entleiher hat die durch den Gebrauch der Sache verursachten Auslagen, bei der Leihe von Thieren insbesondere die Kosten der Fütterung zu tragen.

Bezüglich der von dem Entleiher auf die Sache gemachten Verwendungen finden die Vorschriften des § 369 Abs. 1 (der Redaktions-Vorlage von der Miethe) Anwendung.

Zu Art. 606. § 6. (cfr. § 375 der RedVorl von der Miethe). Der Entleiher hat die entliehene Sache dem Verleiher in demselben Zustande zurückzugeben, in welchem er sie erhalten hat; er haftet jedoch nicht wegen Veränderungen und Verschlechterungen, welche durch den vertragsmäßigen Gebrauch, durch Alter oder durch einen anderen von ihm nicht zu vertretenden Umstand entstanden sind.

Zu Art. 607. Zu streichen konform der Streichung des Art. 566 (des DresdE) bei der Miethe.

Zu Art. 608. Zu streichen als durch § 1 (Art. 598) gedeckt.

Zu Art. 609. § 7. (Nach dem Vorgang des § 383 der RedVorl von der Miethe).

Der Verleiher kann vor Ablauf der Leihzeit von dem Vertrage für die Zukunft zurücktreten, wenn der Entleiher von der entliehenen Sache einen vertragswidrigen Gebrauch macht, insbesondere durch Ueberlassung des Gebrauchs an einen Dritten, oder die Sache durch Vernachlässigung der ihm obliegenden Sorgfalt erheblich gefährdet, sowie wenn die Sache unvorhergesehener Weise dem Verleiher selbst unentbehrlich wird.

Zu Art. 610. § 8. Hat der Verleiher den willkührlichen Widerruf sich vorbehalten, so endigt die Gebrauchsleihe, wenn der Widerruf erklärt wird. Ein Vorbehalt des Widerrufs ist anzunehmen, wenn der Verleiher die Sache zu einem weder der Dauer noch dem Zwecke nach bestimmten Gebrauche überlassen hat.

Zu Art. 611. § 9. Die Gebrauchsleihe endigt mit dem Tode des Verleihers und des Entleihers.

Zu Art. 612, 613. Zu streichen.

## § 598

**Durch den Leihvertrag wird der Verleiher einer Sache verpflichtet, dem Entleiher den Gebrauch der Sache unentgeltlich zu gestatten.**

## § 599

**Der Verleiher hat nur Vorsatz und grobe Fahrlässigkeit zu vertreten.**

## A. 1. Kommission

I. 213. Sitzung vom 28. 5. 1883, Schriftführer Neubauer

| Zur Berathung gestellt wurde der die Ueberschrift „Gebrauchsleihe“ tragende, in den Artikeln 598–613 enthaltene Abschnitt des Dresdener Entwurfs. | Prot I 2221

In Ansehung der Terminologie wurde für den Gebrauch der Worte: „Entleiher“, „Verleiher“ und „Leihvertrag“ entschieden.

Zu Artikel 598 des Entwurfs: DresdE Art 598

„Durch den Gebrauchsleihvertrag wird der Verleiher dem Entleiher zur Ueberlassung einer beweglichen oder unbeweglichen Sache zum unentgeltlichen Gebrauche, der Entleiher dagegen dem Verleiher verpflichtet, die nämliche Sache, welche er von Letzterem zum Gebrauche erhalten hat, künftig zurückzugeben.“

lagen die Anträge vor:

1. zugleich zu Artikel 600 zu bestimmen: Kurlbaum (Nr 389)

„Wer eine Sache zum unentgeltlichen Gebrauche geliehen erhalten hat (Entleiher), ist verpflichtet, dieselbe dem Verleiher nach Ablauf der bestimmten Zeit zurückzugeben.

Der Verleiher darf dem Entleiher den vertragsmäßigen Gebrauch der Sache nicht entziehen.“

2. den Artikel in der Fassung des ersten Absatzes des Antrags Nr. 1 aufzunehmen, den zweiten Absatz dieses Antrages mit dem von demselben Antragsteller vorge- | schlagenen Ersatz des Artikels 601 zu verbinden und nach diesem Artikel 598 – unter Wegfall des Artikels 602 folgenden Artikel einzuschalten: v. Weber (Nr 393, 1–2) | Prot I 2222

„Wer zur unentgeltlichen Verleihung einer Sache durch Vertrag sich verpflichtet, haftet wegen Nichterfüllung seiner Verpflichtung nur, wenn ihm Vorsatz oder grobe Fahrlässigkeit zur Last fällt.

Derjenige, welchem eine Sache zum unentgeltlichen Gebrauche geliehen werden soll, wird durch den darauf gerichteten Vertrag zur Annahme der Sache nur verpflichtet, wenn der Vertrag zugleich den Vortheil des Verleihers bezweckt.“

3. zu bestimmen: Planck (Nr 392, 1)

„Wer eine Sache einem Anderen zum unentgeltlichen Gebrauche geliehen hat (Verleiher), ist verpflichtet, dieselbe dem Anderen (Entleiher) bis zur Beendigung der Gebrauchsleihe zu belassen. Der Entleiher ist verpflichtet, die geliehene Sache dem Verleiher nach Beendigung der Gebrauchsleihe zurückzugeben.“

4. zu bestimmen: Windscheid (Nr 389)

„Wer von einem Anderen eine Sache geliehen hat, ist verpflichtet, dem Verleiher die empfangene Sache in dem Zustande zurückzugeben, in welchem er sie empfangen hat.

Er haftet nur wegen (Vorsatzes oder) grober Fahrlässigkeit, wenn ihm die Sache lediglich im Interesse des Verleihers geliehen worden ist[1].“

5. zu bestimmen: v. Kübel (Nr 394)

„Wer eine Sache zum unentgeltlichen Gebrauche geliehen erhalten hat (Entleiher), ist verpflichtet, dieselbe nach gemachtem Gebrauche oder, wenn eine Zeit bestimmt ist, nach deren Ablauf dem Verleiher zurückzugeben.“

---

[1] Der Antrag von *Windscheid* zu Art. 600 DresdE (Nr. 391) ist weder hier noch bei Art. 600 wiedergegeben. Er lautet: „Der Verleiher ist verpflichtet, dem Entleiher den Gebrauch, zu welchem ihm die Sache geliehen worden ist, zu gestatten.“

Nachdem man sich verständigt hatte, aus ähnlichen Gründen wie die, welche für die | Prot I 2223 Fassung des auf das Darlehen sich beziehenden | § 287 der Zusammenstellung der das Obligationenrecht betreffenden Beschlüsse (Prot. vom 31. Januar und 5. Februar 1883 S. 1673–1676, 1679) bestimmend gewesen sind, auch dem vorliegenden Artikel nicht eine Fassung zu geben, welche zum Ausdruck bringt, daß der Leihvertrag ein Konsensualvertrag ist (zu vgl. Prot. S. 1674–1676), ferner – im Einklange mit dem Entwurfe – als ein wesentliches Erforderniß der Gebrauchsleihe die Unentgeltlichkeit des Gebrauchs hervorzuheben (in welcher Rücksicht namentlich gewürdigt wurde, daß im gewöhnlichen Leben auch in Fällen der Entgeltlichkeit des Gebrauchs der Ausdruck „Leihvertrag", „Leihe", „leihen" u.s.w. nicht ungewöhnlich sei, z. B. beim Entleihen von Büchern aus Leihbibliotheken), erachtete die Mehrheit es für angemessen, in der einleitenden Vorschrift – mit den Anträgen Nr. 1 und 3 – die aus dem Vertrage für beide Theile entspringenden Hauptverpflichtungen zu erwähnen. Die Mehrheit glaubte, es sei nicht angänglich, nach Vorbild des § 287 a. a. O. nur von der Verpflichtung des Entleihers zu reden, weil auch der Verleiher aus dem Vertrage zu einer bestimmten Leistung – nämlich zur Gestattung und Nichtentziehung des Gebrauchs – verpflichtet würde, während sich ein Gleiches von dem Darleiher nicht behaupten lasse.

Hierauf verständigte man sich über folgende Punkte:

1. Mit dem Entwurfe und den Anträgen soll als Gegenstand des Leihvertrags eine Sache bezeichnet werden.

Vorbehalten blieb, nach Durchberathung des Abschnitts in Gemäßheit eines bereits eingebrachten Antrags auf die Frage zurückzukommen, ob die beschlossenen Vorschriften auf den Fall, wenn die Ausübung eines Rechts Gegenstand der Verleihung ist, für entsprechend anwendbar zu erklären seien.

Mit dem Entwurfe bei „Sache" hinzuzufügen: „bewegliche oder unbewegliche" hielt man für entbehrlich, da, wenn der Zusatz fehle, die Unerheblichkeit, ob die Sache eine bewegliche oder unbewegliche sei, sich mit genügender Klarheit ergebe.

| Prot I 2224 | 2. Die Verpflichtung des Entleihers soll, weil sie nach dem juristischen Wesen des Vertrags die überwiegende ist, vorausgestellt werden.

Verschiedene Ansichten bestanden, ob es genüge, als die Verpflichtung des Entleihers nur die zu bezeichnen, die Sache zurückzugeben, als die des Verleihers nur die, den Gebrauch der Sache zu gestatten und nicht zu entziehen oder ob ein Zusatz nöthig sei, aus welchem ersichtlich werde, wie und wann zurückzugeben bezw. wie lange der Gebrauch zu gestatten und zu belassen sei. Die Mehrheit erklärte sich für die Angemessenheit eines solchen Zusatzes, der jedoch, um den nachfolgenden Bestimmungen nicht vorzugreifen, allgemein gehalten werden müsse. In der letzteren Beziehung war – abgesehen von den aus den Anträgen ersichtlichen Vervollständigungen – im Laufe der Diskussion vorgeschlagen, die Rückgabepflicht des Entleihers betreffend bei „zurückzugeben" hinzuzufügen: „nach Beendigung des Leihverhältnisses" oder „zur vertragsmäßigen Zeit" und die Gebrauchsgestattungspflicht des Verleihers anlangend bei: „Gebrauch" hinzuzufügen: „vertragsmäßigen" oder „während des Leihverhältnisses". Die Mehrheit entschied für den Zusatz „zur vertragsmäßigen Zeit" bezw. „vertragsmäßigen", womit die übrigen Anträge, soweit sie auf diese Frage sich beziehen, für erledigt gelten.

Man überzeugte sich, daß nach dem Vorstehenden die Fassung der Vorschrift sich dahin zu gestalten habe:

„Wer eine Sache von einem Anderen zum unentgeltlichen Gebrauche erhalten hat (Entleiher), ist verpflichtet, dem Anderen (Verleiher) dieselbe Sache zur vertragsmäßigen Zeit zurückzugeben.

Der Verleiher ist verpflichtet, dem Entleiher, den vertragsmäßigen Gebrauch zu belassen."

Der Antrag: im Eingange vor: „erhalten" einzuschalten: „geliehen" wurde als zu umständlich, der fernere Antrag | „erhalten" zu ersetzen durch „geliehen" als zu unbestimmt abgelehnt. Dagegen soll bei der Redaktion geprüft werden, ob nicht das Wort: „belassen" am Schluß durch einen andern Ausdruck als: „gestatten" oder „nicht zu entziehen" zu ersetzen oder durch den Zusatz „und zu gestatten" zu verdeutlichen sei, damit namentlich erkennbar werde, daß der Verleiher durch Veräußerung der Sache dem Entleiher den Gebrauch nicht entziehen oder schmälern dürfe. | Prot I 2225

In dem Antrage Nr. 2 ist vorgeschlagen, die von dem Entleiher zu prästirende culpa in einem besonderen Paragraphen zu regeln. Von anderer Seite war beantragt, die vorgeschlagene Bestimmung dahin zu fassen:

„Der Verleiher, sowie derjenige, welcher die Verleihung einer Sache versprochen hat, haftet dem Entleiher nur wegen Vorsatzes und grober Fahrlässigkeit." Planck (Nr 392, 1)

Darüber bestand kein Zweifel, daß der in der Sitzung vom 20. September 1882 (Prot. S. 1065[2]) gefaßte Beschluß nöthige, die vorgeschlagene Bestimmung aufzunehmen, wenn der Verleiher in der That nur in der beantragten beschränkten Weise haften solle und daß in dieser Beziehung auch zwischen dem Vorvertrage und dem Realvertrage sich nicht unterscheiden lasse. Ferner fand man in sachlicher Hinsicht die vorgeschlagene Bestimmung wegen ihrer Uebereinstimmung mit dem geltenden Rechte und weil sie dem Wesen des Leihvertrages entspreche, sodann im Hinblick auf den von der Schenkung handelnden § 309 der Zusammenstellung der das Obligationenrecht betreffenden Beschlüsse (Prot. vom 9. März 1883 S. 1810–1812) für angemessen. Die Fassung der in einen besonderen § aufzunehmenden Bestimmung blieb der Prüfung bei der Redaktion vorbehalten.

Der zweite Absatz des Antrags Nr. 4 fand nicht die Zustimmung der Mehrheit, die der Ansicht war: In Gemäßheit des in den §§ 166, 167 der Zusammenstellung der das Obligationenrecht. betreffenden Beschlüsse (Prot. vom 20. September 1882 S. 1059– | 1063) enthaltenen allgemeinen Grundsatzes habe der Entleiher (wie sich von selbst verstehe, wenn nicht ein Anderes bestimmt werde,) für jede Fahrlässigkeit einzustehen; von dieser Regel für den in dem Antrage vorgesehenen Fall abzuweichen erscheine nicht nöthig; einmal sei jener Fall ein verhältnißmäßig seltener, indem meist – näher betrachtet – ein beiderseitiges Interesse vorliegen oder, wo ein solches wirklich nicht vorhanden, ein anderer Vertrag als ein Leihvertrag sich ergeben werde, sodann rechtfertige sich auch für ihn, insofern der Entleiher doch immerhin fremdes Gut in den Händen habe und einem Mandatar zu vergleichen sei, die Anwendbarkeit der Regel. | Prot I 2226

Der Artikel 599 des Entwurfs lautet: DresdE Art 599

„Verbrauchbare Sachen können nicht Gegenstand einer Gebrauchsleihe sein, es sei denn, daß durch den beabsichtigten Gebrauch die Rückgabe der geliehenen Sache nicht ausgeschlossen wird."

Es wurde auf den von mehreren Seiten gestellten Antrag die Streichung des Artikels beschlossen, weil er nur Selbstverständliches enthalte. Kurlbaum (Nr 389) Windscheid (Nr 390) v. Kübel (Nr 394)

Zu Artikel 600 des Entwurfs: DresdE Art 600

„Der Verleiher ist verpflichtet, dem Entleiher die verliehene Sache zum vertragsmäßigen Gebrauche zu übergeben, es wäre denn, daß er selbst eines unvorhergesehenen

[2] Vgl. Materialien zu § 276 ff. BGB.

Falles wegen die Sache nöthig hat; auch darf er den Entleiher in dem vertragsmäßigem Gebrauche der Sache weder selbst noch durch Andere stören."

war beantragt:

1. statt dessen zu bestimmen:

Planck (Nr 392, 1) „Der Vertrag, durch welchen die Gebrauchsleihe einer Sache versprochen wird, ist im Zweifel als unter dem Vorbehalte abgeschlossen anzusehen, daß der Versprechende befugt sei, von dem Vertrage für den Fall zurückzutreten, daß er eines unvorhergesehenen Umstandes wegen des | Gebrauchs der Sache selbst bedürfe." | Prot I 2227

2. zu bestimmen:

v. Kübel (Nr 394) „Der Vertrag, durch welchen die Verleihung einer Sache versprochen wird, ist als unter dem Vorbehalt geschlossen anzusehen, daß der Versprechende zum Rücktritt von dem Vertrage befugt sein solle, wenn die Sache unvorhergesehener Weise ihm selbst unentbehrlich wird."

Kurlbaum (Nr 389) Außerdem lag der Antrag auf Streichung des Artikels vor.

Der Streichungsantrag wurde, unter Ablehnung der Anträge Nr. 1 und 2, genehmigt.

Erwogen war:

Der Inhalt des Artikels sei, bis auf den Zwischensatz: „es wäre denn, daß er selbst eines unvorhergesehenen Falles wegen die Sache nöthig hat" durch die zum Artikel 598 gefaßten Beschlüsse genügend gedeckt. Anlangend aber jenen Zwischensatz, auf welchen allein die Anträge Nr. 1 und 2 sich bezögen, so sei dieser wegen der einschlagenden und nicht zu beanstandenden Bestimmung des Artikels 609 entbehrlich. Es könne nicht bezweifelt werden, daß der Verleiher, wenn er zufolge Artikel 609 befugt sei, wegen eines eigenen Bedürfnisses vor Ablauf der Leihzeit zurückzufordern und von dem Vertrage für die Zukunft zurückzutreten, auch berechtigt sein müsse, den Rücktritt zu erklären, wenn noch vor Verabfolgung der Sache das Bedürfniß sich herausgestellt habe.

| Prot I 2229 | Zu Artikel 602 des Entwurfs:

DresdE Art 602 „Der Entleiher ist zur Annahme der Sache nur verpflichtet, wenn der Gebrauchsleihvertrag zugleich oder ausschließlich den Vortheil des Verleihers bezweckt."

war beantragt, statt dessen zu bestimmen:

v. Weber (Nr 393, 2) „Derjenige, welchem eine Sache zum unentgeltlichen Gebrauche geliehen werden soll, wird durch den darauf gerichteten Vertrag zur Annahme der Sache nur verpflichtet, wenn der Vertrag zugleich den Vortheil des Verleihers bezweckt."

(vgl. oben S. 2222).

| Prot I 2230 Kurlbaum (Nr 389) Windscheid (Nr 391) v. Kübel (Nr 394) Von verschiedenen Seiten war die Streichung des Artikels | beantragt. Dieser Antrag wurde gebilligt. Die Mehrheit war nämlich der Ansicht: der Artikel enthalte, so weit er als richtig anerkannt werden könne, nur Selbstverständliches.

**II. 1.** In der *RedVorl* und der *ZustOR* lautet die beschlossene Regelung:

RedVorl § 1 § 1 (598) 404. Wer eine Sache von einem Anderen zum unentgeltlichen Gebrauche erhalten hat (Entleiher), ist verpflichtet, dem Anderen (Verleiher), dieselbe Sache zu der vertragsmäßigen Zeit zurückzugeben. Der Verleiher ist verpflichtet, dem Entleiher den vertragsmäßigen Gebrauch der Sache zu belassen (zu gestatten und zu belassen).

Oder:

ZustOR § 404 Wer eine Sache von einem Anderen zum unentgeltlichen Gebrauche erhalten hat (Entleiher), ist verpflichtet, die Sache nur vertragsmäßig zu gebrauchen und dem Anderen (Verleiher) dieselbe Sache zu der vertragsmäßigen Zeit zurückzugeben. Der Verleiher ist verpflichtet, bis dahin dem Entleiher den vertragsmäßigen Gebrauch der Sache zu gestatten und zu[3] belassen.

(NB: Die erste Fassung entspricht mehr den gefaßten Beschlüssen; die zweite wird aber als correcter vorzuziehen sein. Wenn der erste Satz von der Qualifikation des Gebrauchs schweigt und nur von der Zeit der Rückgabe redet, so wird der zweite Satz umso mehr ähnlich zu halten zu sein, als die Qualifikation des Gebrauchs für die Verpflichtung des Entleihers noch wichtiger ist, als für die des Verleihers.

2. „Zu gestatten und zu belassen". Bei der Berathung ist Gewicht darauf gelegt, daß der Verleiher nicht durch einfache Verfügung über die Sache zu Gunsten eines Dritten dem Entleiher den Gebrauch indirekt entziehen oder schmälern dürfe.)

§ 2 (405). Der Verleiher (so wie derjenige, welcher die Verleihung einer Sache versprochen [zugesagt hat,],) haftet (wegen Nichterfüllung seiner Verpflichtungen) dem Entleiher nur dann, wenn ihm Vorsatz oder grobe Fahrlässigkeit zur Last fällt. RedVorl § 2

(NB: 1. zu vergl. § 309.

2. Der Zusatz „so wie derjenige . . . hat" ist ungemein störend; soll er nicht entbehrlich sein?)

2. In der *ZustOR* lautet die Regelung des § 2 RedVorl des § 405: Der Verleiher, sowie derjenige, welcher die Verleihung einer Sache zugesagt hat, haftet wegen Nichterfüllung seiner Verpflichtungen dem Entleiher nur dann, wenn ihm Vorsatz oder grobe Fahrlässigkeit zur Last fällt. ZustOR § 405

III. 1. Die § 542, 543 *KE* lauten wie die §§ 404, 405 ZustOR.

2. Auf Antrag von *Gebhard* (Nr. 609, 2) wurde beschlossen, in § 542 KE statt „erhalten hat" zu setzen „empfangen hat" (Prot. I 11817).

IV. Im *E I* lauten die Bestimmungen:

§ 549. Wer eine Sache von einem Anderen zum unentgeltlichen Gebrauche empfangen hat (Entleiher), ist verpflichtet, die Sache nur vertragsmäßig zu gebrauchen und dem Anderen (Verleiher) dieselbe Sache zu der vertragsmäßigen Zeit zurückzugeben. Der Verleiher ist verpflichtet, bis dahin dem Entleiher den vertragsmäßigen Gebrauch der Sache zu belassen. E I § 549

§ 550. Der Verleiher sowie derjenige, welcher die Verleihung einer Sache zugesagt hat, haftet wegen Nichterfüllung seiner Verpflichtungen dem Entleiher nur dann, wenn ihm Vorsatz oder grobe Fahrlässigkeit zur Last fällt. E I § 550

## B. Vorkommission des Reichsjustizamtes

I. Beantragt war, Struckmann (Nr 3, 74)

1. den § 549 zu fassen:

Wer eine Sache zum unentgeltlichen Gebrauch (leihweise) empfangen hat, ist verpflichtet, sie zur vertragsmäßigen Zeit dem Verleiher zurückzugeben. Der Verleiher ist verpflichtet, bis dahin dem Entleiher den vertragsmäßigen Gebrauch der Sache zu belassen.

[3] Die Worte: „gestatten und zu" sind in der ZustOR nicht enthalten.

Struckmann (Nr 3, 75) 2. Den § 550 zu fassen:
Der Verleiher haftet wegen Nichterfüllung seiner Verpflichtungen sowie in den Fällen der §§ 345, 347 dem Entleiher nur dann, wenn ihm Vorsatz oder grobe Fahrlässigkeit zur Last fällt.

II. 76. Sitzung vom 11. 4. 1892

| Prot-RJA 465 | 1. Die Kommission wandte sich zur Berathung des sechsten von der Gebrauchsleihe handelnden Titels.

Zu § 549 wurde beschlossen, die Frage, ob die Gebrauchsleihe als ein Real- oder als ein Konsensualkontrakt aufzufassen sei, im Gesetz offen zu lassen und demgemäß eine Fassung zu wählen, die beide Auffassungen zulasse. Die Fassung des Entwurfs wurde ferner als zu eng beanstandet, weil sie nur den Fall berücksichtige, daß für das Leihverhältniß vertragsmäßig eine bestimmte Zeit festgesetzt sei, während auch die Fälle in Betracht kämen, in welchen die Dauer der Leihe nicht bestimmt, insbesondere von der Willkür des Verleihers abhängig sei (vgl. § 558). Endlich sei aber auch der Satz, daß der Entleiher die Sache nur vertragsmäßig gebrauchen dürfe, an dieser Stelle zu streichen und in den § 552 zu verweisen. Demgemäß erhielt der § 549 nachstehende Fassung:

E I-RJA § 549 | „Durch den Leihvertrag wird der Verleiher verpflichtet, dem Entleiher den Gebrauch einer Sache unentgeltlich zu gestatten. Der Entleiher ist verpflichtet, die empfangene Sache nach Beendigung seiner Befugnisse zum Gebrauche dem Verleiher zurückzugeben."

2. In den §§ 550, 551 wurden die Worte „sowie derjenige, welcher die Verleihung einer Sache zugesagt hat", gestrichen, um in Gemäßheit des zu § 549 gefaßten Beschlusses die Frage nach der rechtlichen Konstruktion des Leihvertrages offen zu lassen.

## C. 2. Kommission

I. Zu den §§ 549, 550 lag der Antrag vor, die Bestimmungen zu fassen (Prot. II, Bd. 2, S. 269; *Mugdan*, Bd. 2, S. 895):

Struckmann (Nr 159, 1–2) § 549. Fassung des § 549 E I-RJA.
§ 550. Der Verleiher haftet nur wegen Vorsatzes oder grober Fahrlässigkeit.
Der Antrag wurde angenommen.

II. In der *VorlZust* lautet die Regelung:

E I-VorlZust § 549 § 549. Durch den Leihvertrag wird der Verleiher verpflichtet, dem Entleiher den Gebrauch einer Sache unentgeltlich zu gestatten. Der Entleiher ist verpflichtet, die empfangene Sache nach Beendigung seiner Befugniß zum Gebrauche dem Verleiher zurückzugeben.

E I-VorlZust § 550 § 550. Der Verleiher haftet nur wegen Vorsatzes und grober Fahrlässigkeit.

III. Fassung der Regelung in der *ZustRedKom:*

E I-ZustRedKom § 549 § 549. Durch den Leihvertrag wird der Verleiher einer Sache verpflichtet, dem Entleiher den Gebrauch derselben unentgeltlich zu gestatten; der Entleiher ist verpflichtet, die empfangene Sache nach der Beendigung seiner Befugniß zum Gebrauche dem Verleiher zurückzugeben.

E I-ZustRedKom § 550 § 550. Der Verleiher haftet nur wegen Vorsatzes und grober Fahrlässigkeit.

**IV.** § 538 E II lautet wie § 549 E I-ZustRedKom (Satz 2 ist in § 604 BGB enthalten).

§ 539. Der Verleiher hat nur Vorsatz und grobe Fahrlässigkeit zu vertreten. E II § 539

**V.** Die Fassung der §§ 590–591 *E II rev* (§§ 591–592 *E III*) entspricht der der §§ 598–599 BGB).

§ 600

**Verschweigt der Verleiher arglistig einen Mangel im Rechte oder einen Fehler der verliehenen Sache, so ist er verpflichtet, dem Entleiher den daraus entstehenden Schaden zu ersetzen.**

## A. 1. Kommission

I. 213. Sitzung vom 28. 5. 1883, Schriftführer Neubauer

| Zu Artikel 601 des Entwurfs: | Prot I 2227

„Hat der Verleiher unberechtigt eine fremde Sache verliehen und dies dem Entleiher arglistig verschwiegen, so ist er dem Letzteren zum Schadensersatze verpflichtet, wenn dieser in dem vertragsmäßigen Gebrauche der geliehenen Sache von dem hierzu Berechtigten behindert wird." DresdE Art 601

lagen die Anträge vor, statt dessen zu bestimmen:

1. „Der Verleiher, sowie derjenige, welcher eine Gebrauchsleihe versprochen hat, haften nicht wegen eines zur Zeit des Vertragsschlusses bestehenden Mangels in ihrem Rechte | an der geliehenen Sache und wegen Mängel der Sache. Planck (Nr 392, 1) | Prot I 2228

Haben sie aber das dem vertragsmäßigen Gebrauch entgegenstehende Recht eines Dritten an der Sache oder einen Mangel derselben gekannt und dem anderen Theile verschwiegen, so sind sie demselben zum Ersatze des dadurch verursachten Schadens verpflichtet."

2. „Der Verleiher haftet dem Entleiher weder wegen Entziehung des Gebrauchs durch einen Dritten, sofern nicht das Recht des Dritten auf einer von dem Verleiher nach Hingabe der Sache vorgenommenen Veräußerung beruht, noch wegen eines Mangels der Sache. Kurlbaum (Nr 389)

Hat der Verleiher einen Mangel der Sache oder das Recht eines Dritten an der Sache gekannt und dem Entleiher verschwiegen, so ist der Verleiher dem Entleiher zum Ersatz des dadurch verursachten Schadens verpflichtet."

3. in einem neuen Artikel:

„Hat die geliehene Sache einen Mangel und ist dadurch dem Entleiher ein Schaden entstanden, so ist er, der Verleiher, zum Ersatz des Schadens verpflichtet, wenn er den Mangel gekannt und verschwiegen hat. Ist die Sache lediglich in seinem Interesse geliehen worden, so ist er zum Schadensersatz auch dann verpflichtet, wenn er den Mangel kennen mußte (bei Anwendung gewöhnlicher Sorgfalt hätte wahrnehmen können). Der Entleiher hat einen Schadensersatzanspruch nicht, wenn er den Mangel gekannt hat, ist die Sache lediglich in seinem Interesse geliehen worden, auch dann nicht, wenn er ihn kennen mußte." Windscheid (Nr 391) und in Artikel 601:

Windscheid (Nr 391) „Die Bestimmungen des Artikels X (des neuen Artikels) finden entsprechende Anwendung, wenn eine Sache geliehen worden ist, an welcher einem Dritten ein den Gebrauch des Entleihers ausschließendes Recht zusteht."

v. Kübel (Nr 394) Außerdem war die Streichung des Artikels beantragt. Die Anträge Nr. 2 und 3 wurden zu Gunsten des Antrags Nr. 1 zurückgezogen.

| Prot I 2229 | Der Antrag Nr. 1 fand unter Vorbehalt der Fassung die Zustimmung der Mehrheit. Erwogen war:

Anlangend die Haftung des Verleihers für physische und juristische Fehler und Mängel, so sei unverkennbar nur angemessen, dieselbe gerade so zu normiren, wie die entsprechende Haftung des Schenkers in den §§ 80 Satz 2 und 116 Absatz 1 der Zusammenstellung der das Obligationenrecht betreffenden Beschlüsse (Prot. vom 12. und 26. Mai 1882 S. 726–728, 791–793), namentlich auch in Beziehung auf den Mangel einer zugesicherten Eigenschaft geregelt sei. Schweigend dürfe sich in dieser Beziehung das Gesetz nicht verhalten, weil sonst nach den allgemeinen Vorschriften über die Erfüllung der Verbindlichkeiten (§§ 185 und ff. der Zusammenstellung der das Obligationenrecht betreffenden Beschlüsse, Prot. S. 1116 und ff.) eine strengere Haftung des Verleihers sich ergeben und nicht einmal die heute beschlossene Vorschrift: der Verleiher hafte nur wegen Vorsatzes und grober Fahrlässigkeit, demselben zu statten kommen würde, da diese Vorschrift sich nur auf die nach dem Abschlusse des Vertrages sich zutragenden Thatsachen beziehe. Zwischen dem Vorvertrage und dem Realvertrage zu unterscheiden, sei wieder kein Grund vorhanden.

**II. 1.** In der *RedVorl* lautet die Regelung als § 3 (601) 406:

RedVorl § 3 Der Verleiher so wie derjenige, welcher die Verleihung einer Sache versprochen (zugesagt) hat, haftet dem Entleiher weder wegen eines zur Zeit des Abschlusses des Vertrags schon vorhandenen Mangels in seinem Rechte noch wegen eines Mangels der Sache (insbesondere nicht wegen Mangels einer zugesicherten Eigenschaft).

Hat er jedoch den Mangel in seinem Rechte oder den Mangel der Sache bei dem Abschlusse des Vertrags gekannt, und dem Entleiher verschwiegen, so ist er dem letzteren zum Ersatze des dadurch verursachten Schadens verpflichtet.

(NB: Zu vergl. §§ 80, 116, der § 116 allegirt den § 81 und drückt damit aus, daß unter Mangel auch der Mangel einer zugesicherten Eigenschaft zu verstehen sei; daß der § 3 bei gleicher Fassung ähnlich zu verstehen sei, wird sich kaum bezweifeln lassen, man braucht deshalb dem ersten Satze wohl nicht anzuschließen: „insbesondere nicht wegen Mangels einer zugesicherten Eigenschaft.")

**2.** Fassung der Regelung in der *ZustOR*.

ZustOR § 406 § 406. Der Verleiher, sowie derjenige, welcher die Verleihung einer Sache zugesagt hat, haftet dem Entleiher weder wegen eines zur Zeit des Abschlusses des Vertrags[1] schon vorhandenen Mangels in seinem Rechte noch wegen eines Mangels der Sache, insbesondere nicht wegen Mangels einer zugesicherten Eigenschaft.

Hat er jedoch den Mangel in seinem Rechte oder den Mangel der Sache bei dem Abschlusse des Vertrags[2] gekannt und dem Entleiher verschwiegen, so ist er dem letzteren zum Ersatze des dadurch verursachten Schadens verpflichtet.

---

[1] Im KE (E I) heißt es „Vertrages".

[2] Vgl. Fn. 1.

**III. 1.** § 544 *KE* lautet wie § 406 ZustOR.

**2.** Auf Grund eines Antrages von *v. Schmitt* (Nr. 611, 1–2) wurde in § 406 der Ausdruck „Abschluß" mit „Schließung" vertauscht (Prot. I 11791; vollständig abgedruckt bei § 100 KE).

**IV.** Im *E I* lautet die Regelung als § 551: E I § 551

Der Verleiher sowie derjenige, welcher die Verleihung einer Sache zugesagt hat, haftet dem Entleiher weder wegen eines zur Zeit der Schließung des Vertrages schon vorhandenen Mangels in seinem Rechte noch wegen eines Mangels der Sache, insbesondere nicht wegen Mangels einer zugesicherten Eigenschaft.

Hat er jedoch den Mangel in seinem Rechte oder den Mangel der Sache bei der Schließung des Vertrages gekannt und dem Entleiher verschwiegen, so ist er dem letzteren zum Ersatze des dadurch verursachten Schadens verpflichtet.

## B. Vorkommission des Reichsjustizamtes

**I.** Beantragt war, den § 551 zu fassen:

Der Verleiher haftet dem Entleiher weder wegen eines zur Zeit der Schließung des Vertrages vorhandenen Mangel in seinem Rechte noch wegen eines zu dieser Zeit vorhandenen Mangels der Sache, insbesondere auch nicht wegen Mangels einer zugesicherten Eigenschaft. Hat er jedoch den Mangel bei Schließung des Vertrags dem Entleiher arglistig verschwiegen, so ist er diesem zum Ersatze des dadurch verursachten Schadens verpflichtet. Struckmann (Nr 3, 76)

**II.** Zur Beratung vgl. Materialien zu §§ 598–599 BGB unter B II.

## C. Kommission

**I.** Zu § 551 lag der Antrag vor, die Bestimmungen des Entw. durch nachstehende Vorschrift zu ersetzen (Prot. II, Bd. 2, S. 270, *Mugdan*, Bd. 2, 895): Struckmann (Nr 159, 3)

Hat der Verleiher einen Mangel in seinem Rechte oder einen Mangel der Sache arglistig verschwiegen, so ist er dem Entleiher den dadurch verursachten Schaden zu ersetzen verpflichtet.

Der Antrag wurde angenommen. Der Antrag auf *Streichung* wurde zurückgezogen. v. Mandry (Nr 186, 1)

**II.** In der *VorlZust* lautet die Regelung als § 551: Hat der Verleiher einen Mangel in seinem Rechte oder einen Mangel der Sache arglistig verschwiegen, so ist er dem Entleiher den dadurch verursachten Schaden zu ersetzen verpflichtet. E I-VorlZust § 551

**III.** Fassung der Regelung in der *ZustRedKom* als § 551: Hat der Verleiher einen Mangel in seinem Rechte oder einen Mangel der Sache arglistig verschwiegen, so ist er verpflichtet, dem Entleiher den dadurch verursachten Schaden zu ersetzen. E I ZustRedKom § 551

**IV.** Fassung der Regelung im E II: § 540. Hat der Verleiher einen Mangel im Rechte oder einen anderen Mangel der verliehenen Sache arglistig verschwiegen, so ist er verpflichtet, dem Entleiher den dadurch verursachten Schaden zu ersetzen. E II § 540

**V.** Die Fassung des § 592 *E II rev* (§ 593 *E III)* entspricht der des § 600 BGB.

§ 601

**Der Entleiher hat die gewöhnlichen Kosten der Erhaltung der geliehenen Sache, bei der Leihe eines Thieres insbesondere die Fütterungskosten, zu tragen.**

**Die Verpflichtung des Verleihers zum Ersatz anderer Verwendungen bestimmt sich nach den Vorschriften über die Geschäftsführung ohne Auftrag. Der Entleiher ist berechtigt, eine Einrichtung, mit der er die Sache versehen hat, wegzunehmen.**

## A. 1. Kommission

I. 213. Sitzung vom 28. 5. 1883, Schriftführer Neubauer

| Prot I 2231 | Zu Artikel 605 des Entwurfs:

DresdE Art 605 „Der Entleiher ist verpflichtet, während der Leihzeit die gewöhnlichen Kosten der Erhaltung der geliehenen Sache und bei geliehenen Thieren insbesondere die Kosten der Fütterung zu tragen. Hinsichtlich anderer von ihm ohne Ermächtigung des Verleihers auf die Sache gemachten Verwendungen finden die Vorschriften des Artikels 557[1] analoge Anwendung."

war beantragt:

1. statt dessen zu bestimmen[2]:

Kurlbaum (Nr 389) „Der Entleiher hat die Auslagen, welche der Gebrauch der Sache verursacht, bei der Leihe von Thieren auch die Fütterungskosten zu tragen.

Der Verleiher ist verpflichtet, dem Entleiher die auf die Sache gemachten nothwendigen Verwendungen zu ersetzen. Im Uebrigen bestimmen sich die Ansprüche des Entleihers auf Ersatz von Verwendungen nach den Grundsätzen über die Geschäftsführung ohne Auftrag. Der Entleiher hat außerdem, unbeschadet der Vorschrift des Artikels | 606, das Recht, die durch eine Verwendung entstandene Einrichtung wegzunehmen." | Prot I 2232

2. zu bestimmen:

v. Kübel (Nr 394) „Der Entleiher hat die durch den Gebrauch der Sache verursachten Auslagen, bei der Leihe von Thieren insbesondere die Kosten der Fütterung zu tragen.

Bezüglich der von dem Entleiher auf die Sache gemachten Verwendungen finden die Vorschriften des § 369 Absatz 1 (der Redaktions-Vorlage von der Miethe, d. h. der Beschlüsse zu Art. 557 des Entwurfs[3], Protokoll vom 30. April 1883 S. 2085–2087) Anwendung."

Die beiden Anträge weichen sachlich nicht voneinander ab; sie nehmen die Vorschriften zum Vorbilde, welche in den betreffenden Beziehungen für die Miethe beschlossen sind. Man fand die Anlehnung an diese Vorschriften für gerechtfertigt und billigte daher die Anträge, indem die Fassung der hiernach aufzunehmenden Bestimmung der Redaktion vorbehalten blieb.

II. Die Regelung lautet in der *RedVorl* und in der *ZustOR* als § 5 (605) 408:

RedVorl § 5 ZustOR § 408 Der Entleiher hat die Auslagen, welche der Gebrauch der Sache verursacht, bei der Leihe eines Thiers[4] auch die Fütterungskosten, zu tragen.

1 Art. 557 DresdE ist bei § 547 BGB abgedruckt.
2 Vgl. Windscheids Antrag Nr. 395, wo sich *Windscheid* dem Antrag von *Kurlbaum* anschließt.
3 Vgl. Fn. 1.
4 Im KE und E I heißt es „Thieres".

Der Verleiher ist verpflichtet, dem Entleiher die auf die Sache gemachten nothwendigen Verwendungen zu ersetzen. Im Uebrigen bestimmen sich die Ansprüche des Entleihers auf Ersatz von Verwendungen nach den Grundsätzen über die Geschäftsführung ohne Auftrag. Der Entleiher hat außerdem, unbeschadet der Vorschrift des § 6 (409), das Recht, die durch eine Verwendung entstandene Einrichtung wegzunehmen.

(NB: Zu vergl. §§ 8 und 9 [368 und 369] der Redaktionsvorlage über die Miethe.)

**III., IV.** Die §§ 546 *KE*, 553 *E I* entsprechen dem § 408 ZustOR. In Abs. 2 ist auf § 547 KE bzw. § 554 E I verwiesen.

## B. Vorkommission des Reichsjustizamtes

**I.** Beantragt war, den § 553 dahin zu fassen

Der Entleiher hat die gewöhnlichen Kosten der Erhaltung der Sache, bei der Leihe eines Thieres insbesondere die Fütterungskosten zu tragen. Andere nothwendige Verwendungen ist der Verleiher dem Entleiher zu ersetzen verpflichtet. Struckmann (Nr 3, 78)

Im Uebrigen bestimmen sich die Ansprüche des Entleihers auf Ersatz von Verwendungen nach den Grundsätzen über die Geschäftsführung ohne Auftrag. Außerdem steht dem Entleiher nach Maßgabe der für die Miethe geltenden Vorschriften des § 514 Abs. 2 das Recht der Wegnahme zu.

**II.** 76. Sitzung vom 11. 4. 1892

| Zu § 553 wurde beschlossen, den Satz, daß der Entleiher die durch den Gebrauch der Sache verursachten Auslagen zu tragen | habe, als selbstverständlich zu streichen. Dagegen wurde eine entsprechende Bestimmung hinsichtlich der gewöhnlichen Kosten der Erhaltung der Sache für erforderlich erachtet. Der Satz 2 des Abs. 2 wurde mit Rücksicht auf die zu den §§ 464, 514 gefaßten Beschlüsse gestrichen. | Prot-RJA 465 | Prot-RJA 466

## C. 2. Kommission

**I.** Es lagen die Anträge vor (Prot. II, Bd. 2, S. 271 ff.; *Mugdan*, Bd. 2, S. 895 ff.):

1. den § 553 durch nachstehenden Paragraphen zu ersetzen: Struckmann (Nr 159, 5)

Der Entleiher hat die gewöhnlichen Kosten der Erhaltung der Sache, bei der Leihe eines Thieres insbesondere die Fütterungskosten zu tragen. Andere zur Erhaltung der Sache nothwendige Verwendungen ist der Verleiher dem Entleiher zu ersetzen verpflichtet. Außerdem steht dem Entleiher nach Maßgabe der für die Miethe geltenden Vorschriften des § 514 Abs. 2 das Recht der Wegnahme zu.

2. in den unter 1 vorgeschlagenen Bestimmungen die Vorschrift des Entw. § 553 Abs. 2 Satz 2 beizubehalten; Jacubezky (Nr 184, 2)

3. den § 553 (in der Fassung des Entw. oder des Antrags 1) am Schlusse hinzuzufügen: v.Cuny (Nr 177)

Diese Ansprüche des Entleihers verjähren mit Ablauf von sechs Monaten nach Rückgabe der Sache.

(Dem Antrage waren folgende Bemerkungen beigefügt:

Nachdem die Komm. für die Ansprüche des Miethers in § 520a eine sechsmonatige Verjährung beschlossen hat, kann der Entleiher, der die Sache *unentgeltlich* benutzt hat, dem Verleiher gegenüber nicht günstiger gestellt werden als der Miether, der für die Benutzung einen Entgelt zahlt, dem Vermiether gegenüber steht. Der von der *dreißigjährigen* Verjährung handelnde letzte Satz des § 520a ist hier nicht wiederholt worden, weil er keine Spezialbestimmung ist, sondern als *allgemeiner* Satz im ersten Buche bei der „Verjährung" seinen Platz zu erhalten hat; für *alle* kurzen Verjährungen trifft gleichmäßig der Satz zu, daß sie die nach allgemeinen Regeln laufende dreißigjährige Verjährung nicht ausschließen.)

Gebhard (Nr 185, 1) 4. für den Fall, daß der unter 3 in Aussicht genommenen Ergänzung der Verjährungsvorschriften stattgegeben wird,

a) dem § 162 (II. Lesung) als Abs. 2 hinzuzusetzen:

Ansprüche, welche einer kürzeren Verjährung unterliegen, verjähren nach den für die dreißigjährige Verjährung geltenden Grundsätzen mit dem Ablaufe von dreißig Jahren, wenn die kürzere Verjährung im Zeitpunkte der Vollendung der längeren Verjährung noch nicht vollendet ist.

oder als § 166a folgenden Satz einzustellen:

Ansprüche, welche einer kürzeren als der dreißigjährigen Verjährung unterliegen, verjähren von dem nach § 165 maßgebenden Zeitpunkte an mit dem Ablaufe von dreißig Jahren, wenn die kürzere Verjährung bei Vollendung der längeren Verjährung noch nicht vollendet ist.

b) den zweiten Satz des § 520a der VorlZust[5] zu streichen (vgl. §§ 719, 1999, daneben die §§ 1447, 1785 und den § 99 II. Les.);

v. Mandry (Nr 186, 2) 5. im Anschluß an den Antrag 3, die Berathung über den § 520a insoweit wieder aufzunehmen, als der Beginn der sechsmonatigen Verjährungsfrist in Frage steht, und zu beschließen:

Die Verjährung der Ersatzansprüche des Vermiethers beginnt mit dem Zeitpunkt, in welchem derselbe die gemiethete Sache zurückerhält, die Verjährung der Ansprüche des Miethers mit der Beendigung des Miethverhältnisses (Anschluß an die Fassung § 520 VorlZust).

(Bei dem Antrage ist davon ausgegangen, daß die kurze Verjährungsfrist für den Anspruch auf Ersatz wegen Unterganges der gemietheten Sache so wenig beschlossen ist als für den Anspruch auf Rückgabe derselben.)

für den Fall, daß der unter b (Materialien zu § 558 BGB unter C. I. b) mitgetheilte Beschluß auch den Anspruch wegen Unterganges der Sache umfassen sollte,

die Berathung auch in dieser Hinsicht wiederaufzunehmen und in dem § 520a die Worte „Unterganges oder" zu streichen;

6. Die Berathung über die zu den §§ 514 und 520 gefaßten Beschlüsse, soweit sie die im letzten Satze des § 520a der VorlZust enthaltene Bestimmung betreffen, wieder aufzunehmen und diese Bestimmung zu streichen;

Jacubezky (Nr 184, 3) 7. als § 554a folgende Vorschrift aufzunehmen:

Auf den Anspruch des Verleihers auf Rückgabe der verliehenen Sache, auf die Ersatzansprüche desselben gegen den Entleiher wegen Unterganges oder Verschlechterung der Sache und auf die Ansprüche des Entleihers gegen den Verleiher wegen Verwendungen finden die für die Miethe geltenden Vorschriften des § 520 Abs. 2, 3 und des § 520a (VorlZust) entsprechende Anwendung.

[5] Vgl. Materialien zu § 558 BGB.

Die Ergebnisse der Berathung waren:

A. Bezüglich des § 553 wurde der Antrag 1 mit der unter 2 vorgeschlagenen Aenderung angenommen.

Die Mehrheit erachtete es nicht für nöthig, mit dem Abs. 1 des Entw. die Verpflichtung des Entleihers zur Tragung der durch den Gebrauch der Sache verursachten Auslagen besonders auszusprechen, da sich diese Verpflichtung von selbst verstehe. Die RedKom wurde ermächtigt, auch in § 513 die entsprechende Bestimmung für die Miethe zu streichen.

Dagegen erschien es angemessen, im Anschluß an das preuß. A.L.R. I. 21 § 241 die Pflicht des Entleihers zur Tragung der gewöhnlichen Erhaltungskosten besonders hervorzuheben und bei der Leihe eines Thieres die Fütterungskosten als unter den Begriff der Erhaltungskosten fallend zu kennzeichnen.

Der Satz 1 des Abs. 2 ist im Antrag 1 beibehalten. Nach dem zu § 514 gefaßten Beschlusse glaubte man auch für die Gebrauchsleihe die Vorschrift des Abs. 2 Satz 2 aufrechterhalten zu müssen. Ebenso entschied man sich nach dem Antrag 1 Satz 3 dafür, das Wegnahmerecht des Entleihers dem des Miethers inhaltlich gleich zu stellen.

B. Zu § 520a der VorlZust wurden, nachdem die Berathung in Gemäßheit der Anträge 5 und 6 wieder aufgenommen war, die in diesen Anträgen vorgeschlagenen Aenderungen beschlossen. Durch die Annahme des Antrags 6 erledigte sich der eventuelle Antrag 4.

C. Für die Verjährung der Ansprüche des Verleihers und des Entleihers gegeneinander wurde der Antrag 3 abgelehnt, der Antrag 7, soweit er den § 520a auf diese Ansprüche für entsprechend anwendbar erklärt, angenommen.

Aus demselben Grunde nahm die Kom. den Antrag 7 auch insoweit an, als der § 520 Abs. 2 bei der Gebrauchsleihe entsprechend angewendet werden soll, obwohl von einer Seite das praktische Bedürfniß hierfür bestritten wurde.

Dagegen lehnte die Mehrheit in Ansehung des dritten Absatzes des § 520 den Vorschlag des Antrags 7 ab, weil sie bei der Seltenheit der Gebrauchsleihe eines Grundstücks ein Bedürfniß für die Anwendung dieser Vorschrift auf die Leihe nicht anzuerkennen vermochte.

Der RedKom blieb die Entscheidung darüber vorbehalten, ob die beschlossenen Bestimmungen durch Verweisung auf die Vorschriften über die Miethe oder direkt zum Ausdruck zu bringen seien.

II. Die Regelung lautet in der *VorlZust:* E I-VorlZust § 553

§ 553. Der Entleiher hat die gewöhnlichen Kosten der Erhaltung der Sache, bei der Leihe eines Thieres insbesondere die Fütterungskosten zu tragen. Andere zur Erhaltung der Sache nothwendigen Verwendungen ist der Verleiher dem Entleiher zu ersetzen verpflichtet.

Im Uebrigen bestimmen sich die Ansprüche des Entleihers auf Ersatz von Verwendungen nach den Grundsätzen über die Geschäftsführung ohne Auftrag. Außerdem steht dem Entleiher nach Maßgabe der für die Miethe geltenden Vorschriften des § 514 Abs. 2 das Recht der Wegnahme zu.

III. In der *ZustRedKom* lautet die Regelung als § 553: E I-ZustRedKom § 553

Der Entleiher hat die gewöhnlichen Kosten der Erhaltung der Sache, bei der Leihe eines Thieres insbesondere die Fütterungskosten, zu tragen. Andere nothwendige Verwendungen sind dem Entleiher von dem Verleiher zu ersetzen.

Die Verpflichtung des Verleihers zum Ersatze sonstiger Verwendungen bestimmt sich nach den Vorschriften über die Geschäftsführung ohne Auftrag. Außerdem steht dem Entleiher das dem Miether im § 514 Abs. 2 eingeräumte Recht der Wegnahme zu.

**IV. 1.** § 541 *E II* lautet wie § 553 ZustRedKom:

Statt „der Sache" heißt es in Abs. 1 „der geliehenen Sache".

**2.** Zu § 541 war beantragt, im Abs. 1 den Satz 2 zu streichen und im Abs. 2 den Satz 1 zu fassen (Prot. II, Bd. 6, S. 185; *Mugdan*, Bd. 2, 896).

Jacubezky (Nr 42 a, 4) Für andere Verwendungen kann der Entleiher von dem Verleiher nach den Vorschriften über die Geschäftsführung ohne Auftrag Ersatz verlangen. (Nothwendige Verwendungen müssen dem Entleiher nicht schon deswegen ersetzt werden, weil er nicht verpflichtet ist, sie zu tragen. Der Verleiher ist nicht verpflichtet, die Sache im Interesse des Entleihers zu erhalten. Vgl. preuß. A.L.R. I 21 §§ 242 bis 244, sächs. B.G.B. § 1179, bayer. Entw. Art. 648 und den Beschluß zu § 389.)

Die Kom. beschloß die Wiederaufnahme der Berathung. Das Ergebniß war die Annahme des Antrags mit acht gegen sieben Stimmen.

**V.** Die Fassung des § 593 *E II rev* (§ 594 *E III)* entspricht der des § 600 BGB.

## § 602

**Veränderungen oder Verschlechterungen der geliehenen Sache, die durch den vertragsmäßigen Gebrauch herbeigeführt werden, hat der Entleiher nicht zu vertreten.**

### A., B. 1. Kommission und Vorkommission des Reichsjustizamtes

Die Regelung des § 602 BGB entspricht dem § 554 S. 2 E I. Hierzu ist auf die Materialien zu § 604 BGB unter A. und B. zu verweisen.

### C. Kommission

**I.** Zu § 554 war beantragt, die Bestimmung zu fassen (Prot. II, Bd. 2, S. 275; *Mugdan*, Bd. 2, S. 896):

Struckmann (Nr 159, 6) Der Entleiher haftet nicht wegen Veränderungen und Verschlechterungen der Sache, die durch den vertragsmäßigen Gebrauch entstanden sind.

Der Antrag weicht vom Entw. nur darin ab, daß er die schon in § 549 bestimmte Rückgabepflicht des Entleihers nicht nochmals aussprechen, im Uebrigen aber die Bestimmung in Gemäßheit des zu § 520 gefaßten Beschlusses umgestalten will.

Die Kom. nahm den Antrag an.

E I-VorlZust § 554 **II.** In der *VorlZust* lautet die beschlossene Regelung als § 554:

Der Entleiher haftet nicht wegen Untergangs oder Verschlechterung der geliehenen Sache, wenn diese durch den vertragsmäßigen Gebrauch herbeigeführt sind.

**III.** In der *ZustRedKom* lautet die Regelung als § 554: E I-ZustRedKom § 554

Der Entleiher haftet nicht wegen Veränderungen oder Verschlechterungen der geliehenen Sache, welche durch den vertragsmäßigen Gebrauch herbeigeführt sind.

**IV.** Fassung der Regelung im *E II* § 542: E II § 542

Veränderungen oder Verschlechterungen der geliehenen Sache, welche durch den vertragsmäßigen Gebrauch herbeigeführt werden, sind von dem Entleiher nicht zu vertreten.

**V.** Die Fassung des § 594 *E II rev* (§ 595 E III) entspricht der des § 602 BGB.

## § 603

**Der Entleiher darf von der geliehenen Sache keinen anderen als den vertragsmäßigen Gebrauch machen. Er ist ohne die Erlaubniß des Verleihers nicht berechtigt, den Gebrauch der Sache einem Dritten zu überlassen.**

### A. 1. Kommission

**I.** 213. Sitzung vom 28. 5. 1883, Schriftführer Neubauer

| Zu Artikel 603 des Entwurfs: | Prot I 2230

„Der Entleiher darf von der geliehenen Sache nur den vertragsmäßigen Gebrauch machen und denselben nicht einem Anderen überlassen. Ist der Gebrauch durch den Vertrag nicht bestimmt, so richtet sich derselbe nach der Beschaffenheit der geliehenen Sache und nach dem Zwecke, zu welchem dieselbe bestimmt ist." DresdE Art 603

lagen die Anträge vor:

1. nur zu bestimmen: Kurlbaum (Nr 389)

„Der Entleiher darf den Gebrauch der Sache nicht einem Andern überlassen."

2. zu bestimmen: v. Kübel (Nr 394)

„Der Entleiher ist nicht berechtigt, einem Andern den Gebrauch der Sache zu überlassen."

3. zu bestimmen: Windscheid (Nr 391)

„Der Entleiher darf von der Sache nur den Gebrauch machen, zu welchem sie ihm geliehen worden ist. Er ist nicht befugt, den Gebrauch einem Anderen zu überlassen."

Beschlossen wurde, nur die Bestimmung aufzunehmen, der Entleiher sei nicht berechtigt, einem Anderen den Gebrauch der Sache zu überlassen. Nur diese Bestimmung hielt man für angemessen, ihre Aufnahme aber auch für nothwendig, weil ihre Selbstverständlichkeit sich mindestens bezweifeln lasse. Was der Artikel im Uebrigen enthält, erachtete man wegen Selbstverständlichkeit für entbehrlich.

Zu Artikel 604 des Entwurfes:

„Der Entleiher hat die geliehene Sache vor Entfremdung und vor Verschlechterung, soweit letztere nicht in Zufall, Alter oder vertragsmäßigem Gebrauche ihren Grund hat, DresdE Art 604

mit der ihm obliegenden Sorgfalt zu bewahren. Der Entleiher ist insbesondere verpflichtet, wenn seine eigenen | Sachen und die entliehene Sache von einer gemeinschaftlichen Gefahr bedroht sind, die letztere mit Hintansetzung seiner eigenen Sachen zu retten. Hat der Entleiher die eigenen Sachen, nicht aber die entliehene Sache gerettet, so hat er zu beweisen, daß er die letztere bei Anwendung der ihm obliegenden Sorgfalt nicht hätte retten können, auch wenn er seine eigenen Sachen preisgegeben hätte."

| Prot I 2231

Kurlbaum (Nr 389) Windscheid (Nr 391 d) v. Kübel (Nr 394)

war von verschiedenen Seiten die *Streichung* des Artikels beantragt. Der Antrag wurde genehmigt. Der erste Satz des Artikels 604 galt für selbstverständlich, die beiden anderen Sätze wurden für bedenklich erachtet. In der letzteren Hinsicht überwog die Ansicht, die Entscheidung sei dem Richter zu überlassen, der die Umstände des konkreten Falls zu würdigen haben werde, von denen es allein abhänge, ob den Entleiher ein seine Verantwortlichkeit begründender Vorwurf treffe.

RedVorl § 4 ZustOR § 407

**II.** Die beschlossene Regelung lautet in der *RedVorl (ZustOR):*

§ 4 (603) 407. Dem Entleiher steht nicht das Recht zu, einem Anderen den Gebrauch der Sache zu überlassen.

(NB: Zu vgl. § 11 (371) der Redaktionsvorlage über die Miethe.)

**III., IV.** Die §§ 545 *KE*, 552 *E I* lauten wie § 407 ZustOR.

## B. Vorkommission des Reichsjustizamtes

I. Beantragt war, den § 552 durch folgende Vorschriften zu ersetzen:

Struckmann (Nr 3, 77)

Der Entleiher darf die Sache nur vertragsmäßig gebrauchen, sie auch nicht ohne Einwilligung des Verleihers einem Anderen zum Gebrauch überlassen.

**II.** In der Vorkommission wurde § 552 E I nicht behandelt (vgl. Prot-RJA 465).

## C. 2. Kommission

Struckmann (Nr 159, 4)

**I.** Anträge (Prot. II, Bd. 2, S. 270; *Mugdan*, Bd. 2, S. 895).

Zu § 552 lag der lediglich redaktionelle Antrag vor, denselben zu fassen: Der Entleiher darf von der Sache keinen anderen als den vertragsmäßigen Gebrauch machen. Er darf den Gebrauch der Sache nicht ohne Einwilligung des Verleihers einem Anderen überlassen. – Der Antrag wurde angenommen.

Jacubezky (Nr 184, 7

Ein anderer Antrag, dem § 552 hinzuzufügen: „die für die Miethe geltende Vorschrift des § 519a findet entsprechende Anwendung" wurde abgelehnt, da man einen solchen Zusatz im Hinblick auf § 557 Nr. 1 des Entw. für überflüssig hielt.

E I-VorlZust § 552

**II.** Fassung der Regelung in der *VorlZust* als § 552: Der Entleiher darf von der Sache keinen anderen als den vertragsmäßigen Gebrauch machen. Er darf den Gebrauch der Sache nicht ohne Erlaubniß des Verleihers einem Anderen überlassen.

E I-ZustRedKom § 552

**III.** Fassung der Regelung in der *ZustRedKom* als § 552: Der Entleiher darf von der geliehenen Sache keinen anderen als den vertragsmäßigen Gebrauch machen. Er ist nicht berechtigt, den Gebrauch der Sache ohne Erlaubniß des Verleihers einem Anderen zu überlassen.

**IV.** Im *E II* lautet die Regelung als § 543: E II § 543
Der Entleiher darf von der geliehenen Sache keinen anderen als den vertragsmäßigen Gebrauch machen. Er ist nicht berechtigt, den Gebrauch der Sache ohne Erlaubniß des Verleihers einem Dritten zu überlassen.

**V.** Die Fassung des § 595 *E II rev* (§ 596 *E III)* entspricht der des § 603 BGB.

§ 604

**Der Entleiher ist verpflichtet, die geliehene Sache nach dem Ablaufe der für die Leihe bestimmten Zeit zurückzugeben.**

**Ist eine Zeit nicht bestimmt, so ist die Sache zurückzugeben, nachdem der Entleiher den sich aus dem Zwecke der Leihe ergebenden Gebrauch gemacht hat. Der Verleiher kann die Sache schon vorher zurückfordern, wenn so viel Zeit verstrichen ist, daß der Entleiher den Gebrauch hätte machen können.**

**Ist die Dauer der Leihe weder bestimmt noch aus dem Zwecke zu entnehmen, so kann der Verleiher die Sache jederzeit zurückfordern.**

**Ueberläßt der Entleiher den Gebrauch der Sache einem Dritten, so kann der Verleiher sie nach der Beendigung der Leihe auch von dem Dritten zurückfordern.**

**A. 1. Kommission**

**I. a)** 213. Sitzung vom 28. 5. 1883, Schriftführer Neubauer

| Zu Artikel 606 des Entwurfs: | Prot I 2232 DresdE Art 606

„Mit dem Ende der Gebrauchsleihe hat der Entleiher die geliehene Sache sammt Zuwachs, Zubehörungen und, wenn sich die Sache ohne Fruchtgenuß gebrauchen läßt, sammt den etwa von derselben gezogenen Früchten zurückzugeben.

Der Entleiher kann die geliehene Sache vor dem Ablauf der Leihzeit zurückgeben, wenn der Vertrag nicht zugleich oder ausschließlich zum Vortheile des Verleihers geschlossen worden ist."

lagen die Anträge vor:

1. statt dessen zu bestimmen: Windscheid (Nr 395)

„Der Entleiher muß mit der geliehenen Sache den Zuwachs, die bei ihm entstandenen Früchte, sowie den von der Sache gezogenen Gewinn herausgeben."

2. zu bestimmen[1]: Kurlbaum (Nr 389)

„Der Entleiher ist verpflichtet, die geliehene (entliehene) | Sache in demselben Zustande zurückzugeben, in welchem er sie erhalten hat; er haftet jedoch nicht wegen Veränderungen und Verschlechterungen, welche durch den vertragsmäßigen Gebrauch, durch Alter oder durch einen andern von ihm nicht zu vertretenden Umstand entstanden sind." | Prot I 2233

[1] Einen ähnlichen Antrag stellte v. Kübel (Nr. 394); abgedruckt bei den Materialien vor § 598 BGB als § 6.

v. Weber (Nr 393) 3. im zweiten Absatze die Worte: „oder ausschließlich" zu streichen.

Der Antrag Nr. 3 wurde wegen des zum Artikel 602 gefaßten Beschlusses zurückgezogen, die Annahme des zweiten Absatzes des Artikels aus den Gründen, welche zur Streichung des Artikels 602 geführt haben, abgelehnt.

Anlangend den ersten Absatz, so erklärte sich die Mehrheit für den Antrag Nr. 2, indem sie zugleich die Erwähnung des Zuwachses, der Zubehörungen, der Früchte und des Gewinns ablehnte.

Erwogen war:

Der Antrag Nr. 2 nehme in angemessener und zutreffender Weise die für die Restitutionspflicht des Miethers gefaßten Beschlüsse (Prot. vom 4. Mai 1883 S. 2103[2]) zum Anhalt. Man könne bezweifeln, daß die vorgeschlagenen Bestimmungen nöthig seien. Indessen sei es doch rathsam, sie aufzunehmen, nachdem einmal ihre Aufnahme für die Miethe beschlossen sei. Des Zuwachses und der Zubehörungen u.s.w. zu erwähnen, sei entbehrlich. Daß mit Zuwachs und Zubehörungen zu restituiren sei, lasse sich nicht bezweifeln. Dasselbe gelte von den Früchten, sofern deren Beziehung nicht durch den eingeräumten Gebrauch bedingt erscheine. Was den Gewinn betreffe, so lasse sich eine allgemeine Regel nicht aufstellen; es müßten vielmehr die Umstände des einzelnen Falls beziehungsweise die Auslegung des konkreten Vertrags entscheiden.
entbehrlich.Daß mit Zuwachs und Zubehörungen zu restituiren sei, lasse sich nicht

b) 214. Sitzung vom 30. 5. 1883, Schriftführer Neubauer

| Prot I 2235 DresdE Art 607 | Zu Art. 607 des Entwurfs:

„Von dem Einwande, daß dem Verleiher das Eigenthum an der verliehenen Sache nicht zustehe, kann der Entleiher nur unter den im Artikel 566 (vgl. S. 2103[3]) angegebenen Voraussetzungen Gebrauch machen."

Kurlbaum (Nr 389) v. Kübel (Nr 394) Windscheid (Nr 395) Der Antrag auf *Streichung* des Artikels wurde aus ähnlichen Gründen genehmigt, auf welchen der Beschluß auf Streichung des Artikels 566 des Dresdener Entwurfs beruht (Prot. vom 4. Mai 1883 S. 2104–2106).

DresdE Art 608 Zu Artikel 608 des Entwurfs:

„Die Gebrauchsleihe endigt mit dem Ablaufe der vereinbarten Leihzeit oder, in Ermangelung einer solchen Vereinbarung, sobald der Entleiher den vertragsmäßigen Gebrauch von der geliehenen Sache gemacht hat oder wenn eine solche Zeit abgelaufen ist, binnen welcher er den vertragsmäßigen Gebrauch hätte machen können."

lagen die Anträge vor:

| Prot I 2236 | 1. statt dessen zu bestimmen:

Windscheid (Nr 395) „Ist über die Zeit der Zurückgabe im Vertrage nichts bestimmt, so ist der Entleiher, wenn ihm die Sache zu einem bestimmten Zwecke geliehen worden ist, nicht verpflichtet, die Sache früher zurückzugeben, bis er sie zu diesem Zwecke gebraucht hat, er müßte denn den Gebrauch ungebührlich verzögern. Ist ihm die Sache nicht zu einem bestimmten Zweck geliehen worden, so kann der Verleiher sie sofort zurückfordern."

Planck (Nr 392, 2) 2. am Schlusse die Worte hinzuzufügen:

v. Kübel (Nr 394) „und der Verleiher die Gebrauchsleihe gekündigt hat." Außerdem lag der Antrag auf *Streichung* des Artikels vor.

---

2 Materialien zu § 556 BGB.

3 Materialien zu § 556 BGB.

Der Streichungsantrag und der Antrag Nr. 2 wurden abgelehnt, während der im Laufe der Debatte in Verbesserung des Antrags Nr. 1 eingebrachte Antrag, den Artikel durch die Bestimmung zu ersetzen: Kurlbaum (Nr 389)

„Ist eine Sache zu einem bestimmten Zwecke geliehen worden, so kann der Verleiher dieselbe zurückfordern, wenn der bezweckte Gebrauch gemacht oder wenn eine Zeit abgelaufen ist, binnen welcher dieser Gebrauch zu machen war.

Ist weder Zeitdauer noch Zweck des Gebrauchs bestimmt, so kann der Verleiher die Sache zu jeder Zeit (beliebig) zurückfordern."

die Zustimmung der Mehrheit fand.

Erwogen war:

Insofern der Artikel bestimme, der Entleiher könne die Sache, die zu einem bestimmten Zweck geliehen worden, zurückfordern, wenn der Gebrauch nicht während der Zeit gemacht sei, auf die der Verleiher bei Eingehung des Vertrags ersichtlich gerechnet habe, müsse seine Selbstverständlichkeit bezweifelt werden und doch lasse sich nicht verkennen, daß der Verleiher das Rückforderungsrecht zustehen müsse, sobald der Entleiher den be- | zweckten Gebrauch ungebührlich verzögere. | Prot I 2237

Was im Uebrigen der Artikel bestimme, erscheine allerdings — im Hinblick auf die zum Artikel 598 beschlossenen Bestimmungen, S. 2223 u. ff.[4] — selbstverständlich und entbehrlich. Es empfehle sich nur, des Zusammenhangs wegen, des Rückforderungsrechts nach gemachtem Gebrauche zu gedenken.

Der Antrag Nr. 2, der die beiden Fälle betreffe, wenn entweder eine Leihzeit nicht bestimmt oder der bezweckte Gebrauch zur Ungebühr verzögert werde, gebe zu dem Bedenken Anlaß, daß die vorgeschlagene Bestimmung, wenn nicht zugleich eine Kündigungsfrist bestimmt werde, von zu geringer praktischer Bedeutung sei, da die Ausübung des Rückforderungsrechts die Aufforderung oder Kündigung nothwendig in sich schließe, die Vorschrift also — zum Nachtheil des Verleihers — nur von Belang werden könnte, wenn dieser über die Sache zu Gunsten eines Dritten verfügt hätte, der die Sache dem Entleiher sofort entziehe, in welchem Falle der Verleiher, der nicht gekündigt oder zur Rückgabe aufgefordert habe, nach dem Antrage zum Schadensersatz verpflichtet sein würde, obschon dagegen sich anführen lasse, dem Entleiher dürfe ein solcher Anspruch um so weniger zustehen, als es für ihn kein Interesse habe, ob der Verleiher oder ein Dritter ihn zur sofortigen Rückgabe nöthige bezw. auffordere.

Die Prüfung, ob der zweite Absatz des angenommenen Vorschlags mit dem Artikel 610 zu verbinden sei, blieb der Redaktion vorbehalten ...

| Zu Artikel 610 des Entwurfs: | Prot I 2241

„Hat der Verleiher die Sache nur auf Widerruf verliehen, so kann er solche beliebig zurückfordern. Ein Vorbehalt des beliebigen Widerrufs ist anzunehmen, wenn der Verleiher die Sache zu einem weder der Dauer noch dem Zwecke nach bestimmten Gebrauche überlassen hat." DresdE Art 610

war beantragt:

1. statt dessen zu bestimmen: v. Kübel (Nr 394)

„Hat der Verleiher den willkürlichen Widerruf sich vorbehalten, so endigt die Gebrauchsleihe, wenn der Widerruf erklärt wird. Ein Vorbehalt des Widerrufs ist anzunehmen, wenn der Verleiher die Sache zu einem weder der Dauer noch dem Zwecke nach bestimmten Gebrauche überlassen hat."

2. zu bestimmen: Kurlbaum (Nr 389)

„Die Vorschriften dieses Titels finden auch dann Anwendung, wenn der unentgelt-

---

[4] Materialien zu § 598 f. BGB.

liche Gebrauch einer Sache unter dem Vorbehalt des willkürlichen Widerrufs überlassen worden ist."

3. die Vorschrift zu fassen:

Planck (Nr 392, 2) „Hat der Verleiher die Sache auf willkürlichen Widerruf verliehen, so endigt die Gebrauchsleihe mit dem Widerrufe.

Ein Vorbehalt des willkürlichen Widerrufs u.s.w. wie im Entwurf."

Windscheid (Nr 395) Außerdem lag der Antrag auf Streichung vor.

Die Mehrheit erklärte sich für die Aufnahme des ersten Satzes des Artikels, jedoch in der Fassung des Antrags Nr. 2.

| Prot I 2242 | Erwogen war:

Es erscheine nicht überflüssig, das Prekarium besonders hervorzuheben und auszudrücken, daß dasselbe nach den für den Leihvertrag geltenden Rechtsnormen zu beurtheilen sei. Die Bestimmungen des römischen Rechts über das Prekarium und die in Ansehung des letzteren im gemeinen Rechte bestehenden Streitfragen ließen es rathsam erscheinen, die Vorschrift des Entwurfs nicht zu übergehen. Allerdings sei gegen die Fassung des ersten Satzes zu erinnern, daß er an einer gewissen Tautologie leide. Deshalb empfehle sich die eine solche vermeidende Fassung des Antrags Nr. 2. Gegen diese Fassung könne auch nicht eingewendet werden, nach derselben dürfe der Verleiher nicht vor dem bezweckten und nicht verzögerten Gebrauche zurückfordern. Sei in der That, obschon zu einem gewissen Gebrauche verliehen sei, ein Prekarium vorhanden, so liege auf der Hand, daß das beliebige Rückforderungsrecht als durch den Vertragsinhalt besonders gesichert unanfechtbar bleibe. Deshalb werde es auch nicht nöthig sein, den Eingang der Bestimmung dahin zu ändern: „Als Leihvertrag ist es anzusehen, wenn u.s.w.", eine Fassung, die anderen nicht unwichtigen Bedenken unterliege.

Der zweite Satz des Artikels 610 galt durch die zum Artikel 608 gefaßten Beschlüsse (S. 2236, 2237) für erledigt.

DresdE Art 611 Der Artikel 611 des Entwurfs lautet:

„Die Gebrauchsleihe endigt mit dem Tode des Entleihers."

Der Artikel hatte durch die zum Artikel 609 gefaßten Beschlüsse (S. 2240) seine Erledigung gefunden[5].

DresdE Art 612 Artikel 612 des Entwurfs bestimmt:

„Mehrere, welchen gemeinschaftlich eine Sache ungetheilt geliehen worden ist, haften aus dem Vertrage als Gesammtschuldner."

Kurlbaum (Nr 389) v. Kübel (Nr 394) Windscheid (Nr 395) Der von mehreren Seiten gestellte Antrag auf *Streichung* des Artikels wurde genehmigt.

Man war der Ansicht:

| Prot I 2243 | Die den mehreren Entleihern obliegende Leistung sei als eine untheilbare anzusehen und über die hieraus sich ergebenden Konsequenzen hinauszugehen, kein Bedürfniß (zu vgl. Prot. S. 553–555, 1622, 1623[6]).

**II. 1.** Zu der *RedVorl* lautet die beschlossene Regelung:

RedVorl § 6 § 6 (606) 409. Der Entleiher ist verpflichtet (nach Ablauf der Leihzeit), die Sache in demselben Zustande zurückzugeben, in welchem er sie empfangen hat; er haftet jedoch

---

[5] *Kurlbaum* (Nr. 389) und *Windscheid* (Nr. 395) hatten Streichung des Art. 611 beantragt. Nicht mitgeteilt ist ferner *v. Kübels* Antrag (Materialien vor § 598 BGB als § 9).

[6] Vgl. Materialien zu den §§ 421 ff., 682 BGB.

nicht wegen (Verminderungen und) Verschlechterungen, welche durch den vertragsmäßigen Gebrauch, durch Alter oder durch einen anderen von ihm nicht zu vertretenden Umstand entstanden sind.

(NB: Zu vgl. § 15 [375] der Redaktionsvorlage über die Miethe.)

§ 7 (608, 610) 410. Ist eine Sache zu einem bestimmten Zwecke verliehen, so kann der Verleiher dieselbe noch vor dem bezweckten Gebrauche nach Ablauf einer für diesen Gebrauch genügenden angemessenen Frist zurückfordern (so kann der Verleiher dieselbe zurückfordern, sobald eine Zeit verstrichen ist, während welcher dieser Gebrauch von dem Entleiher zu machen war). RedVorl § 7

(NB: 1. Bedenklich erscheint es, die Fassung zu wählen, der Verleiher könne nach dem gemachten Gebrauche zurückfordern; ist der bezweckte Gebrauch gemacht, so endet die Gebrauchsleihe [Art. 608]; der § 7 Abs. 1 ist daher so gefaßt, daß die letztere Annahme nicht ausgeschlossen erscheint.

2. Die eingeklammerte Fassung folgt mehr dem gefaßten Beschlusse; gegen sie ist aber zu erinnern, daß die Deutung nicht ausgeschlossen ist, die Frist müsse vereinbart sein.)

§ 8 (610) 411. Ist weder die Zeitdauer noch der Zweck des Gebrauchs bestimmt, so ist der Verleiher berechtigt, die Sache zu jeder Zeit (beliebig[7]) zurückzufordern. RedVorl § 8

§ 10 (610) 413. Die Vorschriften der §§ 1–9 (404–412) finden auch dann Anwendung, wenn der unentgeltliche Gebrauch einer Sache unter dem Vorbehalte des willkürlichen Widerrufs einem anderen überlassen worden ist. RedVorl § 10

2. In der *ZustOR* lautet die Regelung:

§ 409. Der Entleiher ist verpflichtet, die Sache in demselben Zustande zurückzugeben, in welchem er sie empfangen hat; er haftet jedoch nicht wegen Veränderungen und Verschlechterungen, welche durch den vertragsmäßigen Gebrauch, durch Alter oder durch einen anderen von ihm nicht zu vertretenden Umstand entstanden sind. ZustOR § 409

§ 410. Ist eine Sache zu einem bestimmten Zwecke verliehen worden, so hat der Entleiher dieselbe zurückzugeben, wenn der bezweckte Gebrauch gemacht ist. Der Verleiher kann dieselbe aber auch schon vorher zurückfordern, wenn eine Zeit verstrichen ist, während welcher der bezweckte Gebrauch von dem Entleiher hätte gemacht werden können. ZustOR § 410

§ 411 lautet wie § 8 RedVorl. ZustOR § 411

§ 413. Die Vorschriften über Gebrauchsleihe finden auch dann Anwendung, wenn der unentgeltliche Gebrauch einer Sache unter dem Vorbehalte des willkürlichen Widerrufs einem Anderen überlassen worden ist. ZustOR § 413

3. Von *v. Weber* lag der Antrag vor (Nr. 561) zu § 409 vor (Prot. I 3268, 3269): Nachdem bei dem Hinterlegungsvertrage § 489 beschlossen worden, die Verpflichtung zur Herausgabe etwa gezogener Nutzungen besonders zu erwähnen, dürfte es sich nöthig machen, dies auch bei der Gebrauchsleihe zu tun, als nach „empfangen hat" hinzuzufügen: „auch die etwa gezogenen Nutzungen herauszugeben". Der beantragte Zusatz wurde abgelehnt (Prot. I 3275).

III. 1. Die §§ 547, 548, 549 und 551 KE entsprechen der Fassung der ZustOR.

2. Auf Antrag von *Gebhard* (Nr. 609, 2) wurde beschlossen, im § 547 KE zu setzen: „in welchem er die Sache empfangen hat" (Prot. I 11817).

[7] Dieses Wort ist in der ZustOR nicht mehr enthalten; im übrigen heißt es oben: „Gebrauches" und in § 413: „Widerrufes".

**IV.** Im E I lauten die Bestimmungen:

E I § 554 — § 554. Der Entleiher ist verpflichtet, die Sache in demselben Zustande zurückzugeben, in welchem er die Sache empfangen hat; er haftet jedoch nicht wegen Veränderungen und Verschlechterungen, welche durch den vertragsmäßigen Gebrauch, durch Alter oder durch einen anderen von ihm nicht zu vertretenden Umstand entstanden sind.

E I § 555 — § 555. Ist die Sache zu einem bestimmten Zwecke verliehen worden, so hat der Entleiher dieselbe zurückzugeben, wenn der bezweckte Gebrauch gemacht ist. Der Verleiher kann dieselbe aber auch schon vorher zurückfordern, wenn eine Zeit verstrichen ist, während welcher der bezweckte Gebrauch von dem Entleiher hätte gemacht werden können.

E I § 556 — § 556. Ist weder die Zeitdauer noch der Zweck des Gebrauches bestimmt, so ist der Verleiher berechtigt, die Sache zu jeder Zeit zurückzufordern.

E I § 558 — § 558. Die Vorschriften über Gebrauchsleihe finden auch dann Anwendung, wenn der unentgeltliche Gebrauch einer Sache unter dem Vorbehalte des willkürlichen Widerrufes einem Anderen überlassen worden ist.

## B. Vorkommission des Reichsjustizamtes

**I.** Beantragt war:

1. Die §§ 555, 556 durch folgende Vorschriften zu ersetzen:

Struckmann (Nr 3, 79) — Ist für die Dauer der Leihe eine bestimmte Zeit nicht festgesetzt, so hat der Entleiher die Sache zurückzugeben, nachdem er von derselben den aus dem Zweck der Leihe sich ergebenden Gebrauch gemacht hat. Der Verleiher kann die Sache auch schon vorher zurückfordern, wenn soviel Zeit verstrichen ist, daß der Entleiher den Gebrauch hätte machen können.

Ist weder die Zeitdauer u.s.w. (wie § 556 Abs. 2 des Entw.).

Struckmann (Nr 3, 80) — 2. Den § 558 zu streichen.

**II.** 76. Sitzung vom 11. 4. 1892

| Prot-RJA 466 — | Zu § 554 wurde der erste Halbsatz als selbstverständlich gestrichen. Ebenso wurde es für entbehrlich erachtet, den bereits aus allgemeinen Grundsätzen sich ergebenden Satz, daß der Entleiher nicht hafte für Verschlechterungen der entliehenen Sache, welche durch Alter oder einen anderen von ihm nicht zu vertretenden Umstand entstanden seien, an dieser Stelle zum besonderen Ausdruck zu bringen.

Die §§ 555, 556 wurden unter Vornahme einiger redaktioneller Aenderungen in einen Paragraphen zusammengezogen.

Der § 558 wurde gestrichen, weil man es für entbehrlich hielt, das römischrechtliche precarium als besonderes Rechtsinstitut neben der Gebrauchsleihe zu erwähnen.

## C. 2. Kommission

**I.** Anträge (Prot. II, Bd. 2, S. 275; *Mugdan*, Bd. 2, S. 896f.)

Struckmann (Nr 159, 7) — a) Zu den §§ 555, 556 lag nur der redaktionelle Antrag vor, die Bestimmungen des Entw. zu fassen:

Ist für die Dauer der Leihe eine bestimmte Zeit nicht festgesetzt, so hat der Entleiher die Sache zurückzugeben, nachdem er von ihr den aus dem Zwecke der Leihe sich ergebenden Gebrauch gemacht hat. Der Verleiher kann die Sache auch schon vorher zurückfordern, wenn so viel Zeit verstrichen ist, daß der Entleiher den Gebrauch hätte machen können. Ist weder die Zeitdauer noch der Zweck des Gebrauchs bestimmt, so ist der Verleiher berechtigt, die Sache jeder Zeit zurückzufordern.

Sachlich wurde der Entw. nicht beanstandet.

b) Zu § 558 war beantragt, die Vorschrift zu streichen. Die Kommission entschied sich für die Streichung. Struckmann (Nr 159, 8)

II. In der *VorlZust* lautet die Regelung: E I-VorlZust § 555

§ 555 (555, 556). Ist für die Dauer der Leihe eine bestimmte Zeit nicht festgesetzt, so hat der Entleiher die Sache zurückzugeben, nachdem er von ihr den aus dem Zwecke der Leihe sich ergebenden Gebrauch gemacht hat. Der Verleiher kann die Sache auch schon vorher zurückfordern, wenn soviel Zeit verstrichen ist, daß der Entleiher den Gebrauch hätte machen können.

Ist weder die Zeitdauer noch der Zweck des Gebrauchs bestimmt, so ist der Verleiher berechtigt, die Sache jederzeit zurückzufordern.

III. In der *ZustRedKom* lautet die Regelung: E I-ZustRedKom § 555

§ 555 (555, 556). Ist für die Dauer der Leihe eine bestimmte Zeit nicht festgesetzt, so hat der Entleiher die geliehene Sache zurückzugeben, nachdem er den aus dem Zwecke der Leihe sich ergebenden Gebrauch gemacht hat. Der Verleiher kann die Sache schon vorher zurückfordern, wenn soviel Zeit verstrichen ist, daß der Entleiher den Gebrauch hätte machen können.

Ist die Dauer der Leihe weder bestimmt, noch aus dem Zwecke zu entnehmen, so ist der Verleiher berechtigt, die Sache jederzeit zurückzufordern.

Hat der Entleiher den Gebrauch der Sache einem Dritten überlassen, so kann der Verleiher sie nach der Beendigung der Leihe auch von dem Dritten zurückfordern.

IV. 1. Fassung der Regelung im *E II:* E II § 544

§ 544. Der Entleiher ist verpflichtet, die geliehene Sache nach dem Ablaufe der für die Leihe bestimmten Zeit zurückzugeben.

Ist eine Zeit nicht bestimmt, so ist die Sache zurückzugeben, nachdem der Entleiher den sich aus dem Zwecke der Leihe ergebenden Gebrauch gemacht hat. Der Verleiher kann die Sache schon vorher zurückfordern, wenn so viel Zeit verstrichen ist, daß der Entleiher den Gebrauch hätte machen können.

Abs. 3, 4 lauten wie in Fassung der ZustRedKom.

2. Revision des E II (Prot. II, Bd. 6, S. 187; *Mugdan*, Bd. 2, S. 897). Zu § 544 lag der Antrag vor, als Abs. 5 hinzuzufügen: Mit der Sache sind die etwa gezogenen Früchte zurückzugeben.

Der Antragsteller hielt den beantragten Zusatz an sich für selbstverständlich, mit Rücksicht darauf aber für erforderlich, daß er sich auch im § 637 Abs. 2 finde.

Man verständigte sich dahin, den betreffenden Zusatz auch im § 598 sowie im § 637 Abs. 2 zu streichen; hiermit erledigte sich der zu § 544 gestellte Antrag.

V. Die Fassung des § 596 *E II rev* (§ 597 E III) entspricht der des § 604 BGB.

## § 605

**Der Verleiher kann die Leihe kündigen:**

**1. wenn er in Folge eines nicht vorhergesehenen Umstandes der verliehenen Sache bedarf;**

**2. wenn der Entleiher einen vertragswidrigen Gebrauch von der Sache macht, insbesondere unbefugt den Gebrauch einem Dritten überläßt, oder die Sache durch Vernachlässigung der ihm obliegenden Sorgfalt erheblich gefährdet;**

**3. wenn der Entleiher stirbt.**

### A. 1. Kommission

I. 214. Sitzung vom 30. 5. 1883, Schriftführer Neubauer

| Prot I 2237 | Zu Artikel 609 des Entwurfs:

DresdE Art 609 „Der Verleiher kann vor Ablauf der Leihzeit die verliehene Sache zurückfordern, wenn der Entleiher solche vertragswidrig gebraucht oder verschlechtert oder ohne Einwilligung des Verleihers einem Dritten zum Gebrauche überläßt, oder wenn er selbst eines unvorhergesehenen Falles wegen der Sache bedarf."

war beantragt:

Kurlbaum (Nr 389) 1. statt dessen zu bestimmen:

| Prot I 2238 „Die geliehene Sache kann vor Ablauf der Leihzeit zu- | rückgefordert werden,

1. wenn der Entleiher von derselben einen vertragswidrigen Gebrauch macht, insbesondere den Gebrauch an einen Dritten überläßt, oder die Sache durch Vernachlässigung der ihm obliegenden Sorgfalt erheblich gefährdet;

2. wenn der Verleiher in Folge eines unvorhergesehenen Umstandes des Gebrauchs der Sache selbst bedarf;

3. wenn der Verleiher oder der Entleiher stirbt."

Planck (Nr 392, 2) 2. den Artikel dahin zu fassen:

„Der Verleiher ist für die Zukunft von dem Vertrage zurückzutreten berechtigt:

1. wenn der Entleiher von der geliehenen Sache einen vertragswidrigen Gebrauch macht u.s.w. wie im Antrage Nr. 1;

2. wie im Antrage Nr. 1."

3. zu bestimmen:

v. Kübel (Nr 394) „Der Verleiher kann vor Ablauf der Leihzeit von dem Vertrage für die Zukunft zurücktreten, wenn der Entleiher von der entliehenen Sache einen vertragswidrigen Gebrauch macht, insbesondere durch Ueberlassung des Gebrauchs an einen Dritten, oder die Sache durch Vernachlässigung der ihm obliegenden Sorgfalt erheblich gefährdet, sowie wenn die Sache unvorhergesehener Weise dem Verleiher selbst unentbehrlich wird."

4. zu bestimmen:

Windscheid (Nr 395) „Der Verleiher kann die geliehene Sache auch vor Ablauf der Leihzeit (Art. 608) zurückfordern, wenn:

(wie im Antrage Nr. 1, aber unter Streichung der Worte: „der Verleiher oder" bei Ziffer 3)."

Die Mehrheit entschied:

| 1. für den Eingang des Artikels ist die Fassung zu wählen „Der Verleiher kann für die Zukunft von dem Vertrage zurücktreten." | Prot I 2239

Man erachtete diese Fassung zur Erhaltung der Uebereinstimmung mit der zum Artikel 572 für die Miethe beschlossenen Fassung (Prot. vom 11. Mai 1883 S. 2147–2149[1]):

„Der Verleiher kann – von dem Vertrage für die Zukunft zurücktreten."

für angemessen.

2. Zum ersten in dem Artikel behandelten Fall: „wenn der Entleiher solche vertragswidrig gebraucht oder verschlechtert oder ohne Einwilligung des Verleihers einem Dritten zum Gebrauch überläßt" wird die in dem Antrage Nr. 1 unter Ziffer 1 vorgeschlagene Fassung gebilligt.

Man gab dieser Fassung aus ähnlichem Grunde und wegen der für die Miethe zum Artikel 572 beschlossenen und dahin lautenden Bestimmung:

„Der Vermiether kann ohne vorherige Kündigung von dem Vertrage für die Zukunft zurücktreten:

1. wenn der Miether oder Derjenige, welchem dieser den Gebrauch überlassen hat, ungeachtet einer Abmahnung des Vermiethers entweder von der Sache einen vertragswidrigen Gebrauch macht, insbesondere durch unbefugte Ueberlassung des Gebrauchs an einen Dritten, oder die Sache durch Vernachlässigung der dem Miether obliegenden Sorgfalt erheblich gefährdet;

2. pp."

den Vorzug, indem man zugleich erwog, daß die in der vorstehenden Bestimmung hervorgehobene Abmahnung für den Leihvertrag nicht passe.

3. Zum zweiten in dem Artikel behandelten Fall: „wenn er selbst eines unvorhergesehenen Falles wegen der Sache bedarf" ist die Fassung des Entwurfs beizubehalten. Die betreffenden Vorschläge der Anträge Nr. 3 und 1 | waren abgelehnt worden. Es überwog die Ansicht: der Vorschlag des Antrags Nr. 3 beschränke das Recht des Verleihers in zu erheblichem Maße, der Vorschlag des Antrags Nr. 1 erscheine dagegen nach einer anderen Richtung durch die Nichtberücksichtigung des Falls, wenn der Verleiher weniger den Gebrauch als die Sache selbst bedürfe, zu enge. Ob die Worte: „wegen eines unvorhergesehenen Falles" durch die: „in Folge eines unvorhergesehenen Umstandes" zu ersetzen seien, soll bei der Redaktion geprüft werden. | Prot I 2240

4. In Ansehung des Todes des Entleihers ist zu bestimmen: der Verleiher sei zum Rücktritt berechtigt.

Man ging davon aus:

Der Artikel 611 des Entwurfs bestimme im Einklange mit dem sächsischen bürgerlichen Gesetzbuche und dem schweizer Obligationen-Rechte: die Gebrauchsleihe ende mit dem Tode des Entleihers. Aus einer solchen Bestimmung folge, daß die Erben des Entleihers zur sofortigen Rückgabe verpflichtet seien, namentlich aber sich jedes Gebrauchs der Sache zu enthalten hätten und durch den Gebrauch sich verantwortlich machten. In vielen Fällen, – nämlich in denjenigen, in welchen der Verleiher bei Eingehung des Vertrags auf die Persönlichkeit des Entleihers entscheidendes Gewicht gelegt habe, – möge es gerechtfertigt sein, die Erben zum Gebrauch für nicht befugt zu erachten. Es seien dies aber Fälle, in welchen die mangelnde Gebrauchsbefugniß sich regelmäßig schon aus dem Inhalte des Vertrags ergeben werde. Andererseits gebe es manche Fälle, in welchen es hart erscheinen würde, den Erben des Entleihers jedes

[1] Vgl. Materialien zu § 553 f. BGB.

Gebrauchsrecht zu versagen. Solle eine dispositive Rechtsregel aufgestellt werden, die im Zweifel für alle Fälle maßgebend werde, so empfehle es sich, einen Mittelweg einzuschlagen und dem Verleiher nur das Rücktrittsrecht beizulegen. Es dürfe nicht unbeachtet bleiben, daß das geltende Recht überwiegend nicht einmal diese Rücktrittsbefugniß anerkenne, die namentlich weder im gemeinen noch im preußischen Rechte dem Verleiher zugestanden sei.

5. Der Tod des Verleihers ist ohne Einfluß auf den Fortbestand des Vertrags, also zu übergehen. Man glaubte, daß es an haltbaren Gründen fehle, dem Tode des Verleihers — im Widerspruche mit dem geltenden Rechte — einen Einfluß auf den Fortbestand des Vertrags einzuräumen.

RedVorl § 9
ZustOR § 412

**II.** In der *RedVorl* und *ZustOR* lautet die Regelung:

§ 9 (609) 412. Der Verleiher kann von dem Vertrage für die Zukunft zurücktreten:

1. wenn der Entleiher von der Sache einen vertragswidrigen Gebrauch macht, insbesondere durch Ueberlassung des Gebrauchs[2] an einen Dritten, oder wenn er die Sache durch Vernachlässigung der ihm obliegenden Sorgfalt erheblich gefährdet;

2. wenn der Verleiher selbst in Folge eines unvorhergesehenen Umstandes der Sache bedarf;

3. wenn der Entleiher stirbt.

(NB: Zu vgl. §§ 23, 24 der Redaktionsvorlage über die Miethe.)

**III. 1.** § 550 *KE* lautet wie § 412 ZustOR.

**2.** Auf Grund eines Antrags wurde beschlossen, in § 550 Nr. 2 das Wort „selbst" hinter „Umstandes" zu setzen (Prot. I 11823—11824).

**IV.** Bis auf die unter III. 2. mitgeteilte Änderung stimmt § 557 E I mit § 550 KE überein.

## B. Vorkommission des Reichsjustizamtes

Struckmann
(Nr 1, 79 a)

**I.** Es lag der Antrag vor, im § 557 Nr. 3 vor „bedarf" einzuschalten „dringend".

**II.** In der Kommission ist § 557 E I nicht behandelt worden (Prot-RJA 466).

## C. 2. Kommission

**I.** Zu § 557 E I war ein Antrag nicht gestellt. Die Bestimmung des Entwurfs wurde, von der Fassung abgesehen, beibehalten (Prot. II, Bd. 2, S. 275).

E I-VorlZust
§ 557

**II.** In der *VorlZust* lautet die Regelung als § 557:

Der Verleiher kann von dem Vertrage für die Zukunft zurücktreten:

1. wenn der Entleiher von der Sache einen vertragswidrigen Gebrauch macht, insbe-

[2] Vom KE ab heißt es „Gebrauches" statt „Gebrauchs".

sondere durch Ueberlassung des Gebrauches an den Dritten, oder wenn er die Sache durch Vernachlässigung der ihm obliegenden Sorgfalt erheblich gefährdet;

2. wenn der Verleiher in Folge eines unvorhergesehenen Umstandes selbst der Sache bedarf;

3. wenn der Entleiher stirbt.

**III.** Fassung der Regelung in der *ZustRedKom* als § 557: E I-ZustRedKom § 557

Der Verleiher kann die Leihe kündigen:

1. wenn der Entleiher von der geliehenen Sache einen vertragswidrigen Gebrauch macht, insbesondere den Gebrauch einem Dritten unbefugt überläßt, oder wenn er die Sache durch Vernachlässigung der ihm obliegenden Sorgfalt erheblich gefährdet;

2. wenn der Entleiher stirbt;

3. wenn in Folge eines unvorhergesehenen Umstandes der Verleiher selbst der Sache bedarf.

**IV.** Fassung der Regelung im *E II* als § 545:

Der Verleiher kann die Leihe kündigen:

1. wenn er in Folge eines unvorhergesehenen Umstandes der verliehenen Sache bedarf; E II § 545

2. wenn der Entleiher einen vertragswidrigen Gebrauch von der Sache macht, insbesondere den Gebrauch unbefugt einem Dritten überläßt, oder die Sache durch Vernachlässigung der ihm obliegenden Sorgfalt erheblich gefährdet;

3. wenn der Entleiher stirbt.

**V.** Die Fassung des § 597 *E II rev* (*E III* § 598) entspricht der des § 605 BGB.

## § 606

**Die Ersatzansprüche des Verleihers wegen Veränderungen oder Verschlechterungen der verliehenen Sache sowie die Ansprüche des Entleihers auf Ersatz von Verwendungen oder auf Gestattung der Wegnahme einer Einrichtung verjähren in sechs Monaten. Die Vorschriften des § 558 Abs. 2, 3 finden entsprechende Anwendung.**

### A. 1. Kommission

I. 214. Sitzung vom 30. 5. 1883, Schriftführer Neubauer

| Der Artikel 613 des Entwurfs lautet: | Prot I 2243

„Die Ansprüche aus dem Gebrauchsleihvertrage auf Ersatz von Verwendungen, Auslagen und Schäden, ingleichen die Ansprüche des Entleihers auf Uebergabe, sowie des Verleihers auf Annahme der Sache verjähren in sechs Monaten von dem Zeitpunkte an, zu welchem dieselben rechtlich geltend gemacht werden können.“ DresdE Art 613

Kurlbaum (Nr 389) Der von mehreren Seiten gestellte Antrag auf Streichung des Artikels wurde genehmigt.

v. Kübel (Nr 394) Windscheid (Nr 395) Man hatte erwogen: Wenn die Annahme des auf die Miethe sich beziehenden Artikel 575 des Dresdener Entwurfs abgelehnt sei, so könne die vorliegende, dem geltenden Rechte fremde Bestimmung des Artikels 613 sichtbar noch weniger Billigung finden (zu vgl. Prot. S. 2158–2160 und 1682, 1683).

Es war der Antrag gestellt, einen neuen § des Inhalts aufzunehmen:

v. Weber (Nr 393, 4) „Ist die Ausübung *eines Rechts* Gegenstand der Verleihung, so finden die Vorschriften über die Verleihung von Sachen entsprechende Anwendung."

Die Mehrheit erklärte sich gegen die Aufnahme dieser Bestimmung.

Sie war der Meinung:

Die Verträge, welche der Antrag im Auge habe, müßten konkret geprüft werden; in vielen Fällen werde sich die Verleihung einer Sache herausstellen, in anderen eine Veräußerung oder auch eine Schenkung anzunehmen sein, wieder in anderen ein Vertrag sich ergeben, der an der Hand des § 61 der Zusammenstellung der das Obligatio- | Prot I 2244 | nenrecht betreffenden Beschlüsse (Prot. vom 24. April 1882 S. 635, 636) eine Auslegung gestatte, welche zu einer analogen Anwendung der für den Leihvertrag geltenden Rechtsnormen führe.

## C. 2. Kommission

**I.** Zur Beratung der Regelung des § 606 BGB vgl. Materialien zu § 601 BGB.

E I-VorlZust § 554a **II.** Die dort beschlossene Regelung lautet in der *VorlZust* als § 554a. Wenn in dem § 554a der § 520 Abs. 1 mitallegirt wird, so kann der § 554 ganz fallen.

Auf den Anspruch des Verleihers auf Rückgabe der verliehenen Sache, auf die Ersatzansprüche desselben gegen den Entleiher wegen Verschlechterung der Sache und auf die Ansprüche des Entleihers gegen den Verleiher wegen Verwendungen oder auf Gestattung der Wegnahme einer Einrichtung finden die für die Miethe geltenden Vorschriften des § 520 Abs. 2 und des § 520a entsprechende Anwendung.

E I-ZustRedKom § 544a **III.** In der *ZustRedKom* lautet die Regelung als § 554a:

Die Ersatzansprüche des Verleihers wegen Veränderungen oder Verschlechterungen der geliehenen[1] Sache sowie die Ansprüche des Entleihers auf Ersatz von Verwendungen oder auf Gestattung der Wegnahme einer Einrichtung verjähren in sechs Monaten. Die Verjährung beginnt nach Maßgabe des § 520b Satz 2.

**IV.** Der § 546 *E II* lautet wie § 554a E I-ZustRedKom (Bezugnahme auf § 500 S. 2)

**V.** Die Fassung des § 598 *E II rev* (§ 599 E III) entspricht der des § 606 BGB.

[1] In E II heißt es „*ver*liehenen".

## FÜNFTER TITEL

## Darlehen

### § 607

**Wer Geld oder andere vertretbare Sachen als Darlehen empfangen hat, ist verpflichtet, dem Darleiher das Empfangene in Sachen von gleicher Art, Güte und Menge zurückzuerstatten.**

**Wer Geld oder andere vertretbare Sachen aus einem anderen Grunde schuldet, kann mit dem Gläubiger vereinbaren, daß das Geld oder die Sachen als Darlehen geschuldet werden sollen.**

### A. 1. Kommission

I. 170. Sitzung vom 31. 1. 1883, Schriftführer Neubauer

| Zu § 97 des Entwurfes: | Prot I 1672

„Durch den Darlehnsvertrag wird der Darleiher dem Anleiher zur Hingabe einer Summe Geldes oder anderer vertretbarer Sachen zu Eigenthum, der Anleiher dagegen dem Darleiher zur Annahme des Darlehns und zur Rückerstattung des Dargeliehenen in Sachen von gleicher Art, Menge und Güte verpflichtet." TE-OR (Nr 6) § 97

lagen die Anträge vor:

1. statt der §§ 97, 102 zu bestimmen: Windscheid (Nr 271)

„Der Empfänger eines Darlehns

eventl. Wer Geld oder andere vertretbare Sachen zum Darlehn empfangen hat,

ist verpflichtet, das Empfangene in Sachen gleicher Menge, Art und Güte zurückzugeben.

Ist etwas zum Darlehn gegeben worden, ohne daß der Empfänger durch die Hingabe zum Eigenthümer des Hingegebenen gemacht worden ist, so ist der Darlehnsanspruch gegen ihn (nur) dann begründet, wenn er das Empfangene hinterher in gutem Glauben zu Eigenthum erworben oder verbraucht hat."

2. statt der §§ 97 und 102 zu bestimmen: Kurlbaum (Nr 272)

„Durch den Darlehnsvertrag wird der Empfänger des Darlehns verpflichtet, dem Darleiher die empfangene Summe Geldes zurückzuzahlen.

Ist der Gegenstand des Darlehns eine Menge anderer vertretbarer Sachen, so ist dieselbe in Sachen gleicher Art und Güte zurückzugeben.

Die versprochene Hingabe eines Darlehns kann ver- | weigert werden, wenn Derjenige, welchem das Darlehn gegeben werden soll, in der Zwischenzeit seine Zahlungen eingestellt hat, oder eine vorher erfolgte Zahlungseinstellung dem Versprechenden erst nach dem Versprechen bekannt geworden ist. | Prot I 1673

Wenn Derjenige, welcher sich verpflichtet hat, ein verzinsliches Darlehn anzunehmen, mit der Erfüllung dieser Verpflichtung in Verzug kommt, so kann der Gläubiger von dem etwa gegebenen Darlehnsversprechen zurücktreten und den Betrag der versprochenen Zinsen auf 6 Monate oder, wenn das Darlehn in kürzerer Zeit zurückgegeben werden sollte, auf die Zeit des Darlehns fordern.

Soweit der Empfänger eines Darlehns wegen der Rechte eines Dritten an dem Empfangenen zur Herausgabe oder Erstattung desselben an den Dritten verpflichtet ist, kann der Darleiher die Zurückgabe des Darlehns nicht fordern."

Beschlossen wurde, zunächst nur den § 97 und den Antrag Nr. 1 Absatz 1 so wie den Antrag Nr. 2 Absatz 1 und 2 zur Berathung zu ziehen.

Die Berathung führte zu folgenden Beschlüssen:

1. Gegenstand des Darlehens können nur vertretbare Sachen im engeren Sinne sein, d. h. solche Sachen, welche die Civilprozeßordnung (§§ 555, 628, 769[1]) und das Handelsgesetzbuch (Art. 301, 338[2]) mit Quantität vertretbarer Sachen und Werthpapiere bezeichnen, die neuere Reichsgesetzgebung (zu vgl. Reichsgesetz vom 1. Juli 1881, RGBl. S. 185, insbesondere S. 196): „Menge von Sachen, die nach Gewicht, Maß oder Zahl gehandelt zu werden pflegen“[3], nennt.

Für den vorliegenden Paragraphen genügt der Ausdruck:

„vertretbare Sachen“, aber in dem Sachenrecht muß durch eine geeignete Bestimmung verdeutlicht werden, daß das Gesetzbuch unter vertretbaren Sachen allgemein die vertretbaren Sachen in dem erwähnten engeren Sinne versteht (vgl. Motive des Sachenrechts-Entwurfs S. 86, 87[4]).

| Prot I 1674 2. Dem Antrage Nr. 2, soweit er in den beiden ersten Ab- | sätzen zwischen Gelddarlehen und anderen Darlehen zu unterscheiden bezweckt, ist keine Folge zu geben. Man besorgte nämlich, daß durch die vorgeschlagene Unterscheidung die Meinung hervorgerufen werden könnte, zwischen beiden Arten von Darlehen bestände in Ansehung der Anwendbarkeit der nachfolgenden Bestimmungen eine wesentliche Verschiedenheit, was doch nicht der Fall sei, daß ferner jene Unterscheidung die Gelddarlehen, bei welchen Rückzahlung in bestimmten Geldsorten ausbedungen sei, von dem Begriffe des Gelddarlehens auszuschließen scheine, während man den für die Unterscheidung geltend gemachten Grund, bei dem einfachen und gewöhnlichen Gelddarlehen sei die Rückzahlung in den empfangenen Geldsorten nicht erforderlich, für unzutreffend hielt, weil, wenn auch für das Darlehen allgemein von der Verpflichtung zur Rückerstattung in gleicher *Art* geredet werde, der Ausdruck: „Art“ sich bei einem Gelddarlehen nur auf Geld im Gegensatze zu anderen vertretbaren Sachen beziehe.

3. Angenommen wurde der eventuelle Antrag Nr. 1, so daß der § 97 durch die Bestimmung ersetzt werden soll:

„Wer Geld oder andere vertretbare Sachen zum Darlehen empfangen hat, ist verpflichtet, das Empfangene in Sachen von gleicher Menge, Art und Güte zurückzuerstatten.“

Erwogen war:

Die Fassung des § 97 des Entwurfs bezwecke, wie die Motive näher darlegen[5], dem Gedanken, daß der Darlehensvertrag nicht minder ein Konsensualvertrag sei, wie der Kauf- und Miethvertrag, Ausdruck zu geben. Ob diese, in der neueren Zeit vielfach

---

1 Vgl. §§ 592, 688, 883 ZPO n. F.

2 Vgl. § 363 HGB (geändert), Art. 338 ADHGB ist in der Neufassung des HGB gestrichen worden.

3 Gemeint ist das Gesetz, betreffend die Erhebung von Reichsstempelsteuerabgaben.

4 Vgl. Materialien zu § 91 BGB.

5 Die Motive zur Darlehens-Vorlage, S. 1, verweisen auf die Motive zum Allg. Teil des Obligationenrechts. Hier heißt es: „Der vorliegende Entwurf kennt keine Realverträge, sondern nur Konsensualverträge, und hat sich somit, der neueren Rechtsentwicklung folgend, dem Vorgange des dresdener und des schweizer Entwurfs angeschlossen . . . und erscheint damit der Realkontrakt des römischen Rechts als eine aus entschwundenen Rechtszuständen in das heutige Recht herüberragenden Antiquität. Diese in einem neuen Gesetzbuche, wenn auch in veränderter Gestalt, zu konserviren, dürfte ein genügender Grund nicht vorliegen, vielmehr wird es gerecht-

vertretene Auffassung des Darlehensvertrags aus der Verbindlichkeit des Vertrages folge, welcher dem Geben und Nehmen des Darlehens oft vorausgehe, könne dahingestellt bleiben. Unleugbar bleibe, daß der Darlehnsvertrag sich von den Verträgen, die man bisher als Konsensualverträge zu bezeichnen gewohnt sei, immerhin noch in manchen nicht un- | erheblichen Stücken unterscheide. Wenn das Gesetz mit dem § 97 des Entwurfs in so scharfer Weise sich für die Natur des Darlehnsvertrags als eines Konsensualvertrags ausspreche, so träten jene Verschiedenheiten dergestalt in den Hintergrund, daß voraussichtlich unrichtige Forderungen nicht fehlen würden. Nur auf einige solche Verschiedenheiten brauche aufmerksam gemacht zu werden. Bei dem Darlehen bestehe die Hauptverpflichtung des Schuldners in der Zurückerstattung; Zinsen habe er nicht zu entrichten, es sei denn, daß er solche besonders versprochen habe. Erblicke man in dem Darlehensvertrage einen Konsensualvertrag, so habe dieser das Eigenthümliche, daß die Vorleistung des Schuldners als möglich ausgeschlossen sei. Ganz anders verhalte es sich bei den gewöhnlichen Konsensualverträgen, insbesondere auch bei der Miethe. Zu den Hauptverpflichtungen des Miethers gehöre, den Miethzins zu zahlen; zu dem Wesen des Miethsvertrages sei die Verbindlichkeit des Miethers, einen Zins zu entrichten, unerläßlich und in Ansehung dieser Verpflichtung sei die Vorleistung des Miethers denkbar und sogar nicht ungewöhnlich. Ferner habe durch Hingabe des Darlehens der Gläubiger regelmäßig alle ihm obliegenden Verpflichtungen erfüllt, er sei fortan nur berechtigt. Anders bei den gewöhnlichen Konsensualverträgen; so habe der Verkäufer und Vermiether auch nach Hingabe der Sache noch das habere licere u.s.w. zu gewähren. Weiter sei im Verkehr noch zum Theil die Auffassung vorherrschend, die der Darleihung vorausgegangenen Verhandlungen seien noch für keinen Theil bindend; Bindung, und zwar nur des Schuldners, trete erst ein durch das wirkliche Darleihen. | Prot I 1675

Werde die Natur des Darlehnsvertrags als eines Konsensualvertrages nachdrücklich hervorgehoben, so könnte das in der Praxis zu einer unrichtigen Beurtheilung der Vorverhandlungen und außerdem zu den unrichtigen Folgerungen verleiten:

| 1. Aus dem Vertrage, welcher der Darleihung vorausgegangen, dürfe auf Zurückerstattung geklagt werden, ohne daß die Behauptung der Darleihung nöthig sei, welche Behauptung erst nachgeholt zu werden brauche, wenn die exceptio non impleti contractus erhoben werde (vgl. Zusammenstellung der zum Obligationenrecht gefaßten Beschlüsse § 67, Prot. vom 28. April 1882 S. 658, 659, 661). | Prot I 1676

2. Gegen den Schuldner, der aus jenem Vertrage auf Darleihung klage, könne die Einrede der Kompensation mit der Wirkung erhoben werden, daß gegen seinen Willen seine Schuld in eine Darlehnsschuld sich verwandele.

3. Der Schuldner sei befugt, die aus dem gedachten Vertrage entspringenden Rechte zu zediren.

Ein Bedürfniß sei sichtbar nicht vorhanden, in Erledigung eines wissenschaftlichen Streits mit dem Entwurfe den Darlehensvertrag als einen gewöhnlichen Konsensualvertrag hinzustellen. Den Vorzug verdiene es, dem eventuellen Antrage Nr. 1 gemäß eine Faßung zu wählen, die im Einklang mit den meisten Kodifikationen hervorhebe, daß die Erstattungspflicht nothwendig die vorherige Darleihung voraussetze.

---

fertigt sein, den Begriff des Realkontrakts ganz fallen zu lassen und demgemäß die Schließung der einstigen Realkontrakte nicht mehr auf die Hingabe, sondern, wie bei allen anderen Verträgen, auf die Willenseinigung der Parteien zu stellen. Damit fällt die Nothwendigkeit einer Trennung des pactum de contrahendo von dem Hauptvertrag und wird dieser aus einem streng einseitigen zu einem zweiseitigen, so daß die Hingabe der Sache sich bereits als Vertragserfüllung darstellt" (Motive zur Vorlage Nr. 20, S. 40-41).

Zur Terminologie wurde beschlossen:

1. den Darlehensgläubiger als „Darleiher“,

2. den Darlehnsschuldner als „Darlehensempfänger“ bezw. im vorliegenden Abschnitt als „Empfänger“ zu bezeichnen.

b) 171. Sitzung vom 2. 2. 1883, Schriftführer Neubauer

| Prot I 1677 | Zur Berathung gelangte der im dritten Absatze des Antrags Nr. 2 zu § 97 (vgl. Prot. vom 31. Januar d. Js. S. 1672, 1673) enthaltene Vorschlag, und zwar zunächst nur insoweit, als er den Fall betrifft, wenn derjenige, dem ein Darlehn versprochen ist, später die Zahlungen einstellt.

Kurlbaum (Nr 272) Der Antragsteller verbesserte den Antrag dahin, zu bestimmen:

„Die versprochene Hingabe eines Darlehens kann verweigert werden, wenn derjenige, welchem das Darlehen gegeben werden soll, in der Zwischenzeit zahlungsunfähig geworden ist oder solche Aenderungen in seinen Verhältnissen erlitten hat, daß die erwartete Sicherheit des Darlehns nicht mehr als vorhanden angenommen werden kann oder in der Zwischenzeit seine Zahlungen eingestellt hat, oder pp.“

Von anderer Seite wurde beantragt, die vorgeschlagene Bestimmung folgendergestalt zu erweitern:

I. principaliter

hinter § 58 der Zusammenstellung der Beschlüsse zum Obligationenrecht als § 58a

| Prot I 1678 die Bestimmung ein- | zuschalten:

Johow „Bei Verträgen, durch welche Kreditgewährung nur versprochen ist, insbesondere durch welche ein Darlehn zugesichert ist, gilt das Rücktrittsrecht des Versprechenden im Zweifel für den Fall als vorbehalten, daß nach dem Abschluß des Vertrages der andere Vertragschließende eine die Sicherheit des Versprechenden wesentlich gefährdende Vermögensverminderung erfährt.“

Johow II. eventualiter

in den vorliegenden Abschnitt die Bestimmung aufzunehmen:

„Bei Verträgen, durch welche die Hingabe eines Darlehens versprochen ist, gilt das Rücktrittsrecht des Versprechenden im Zweifel für den Fall als vorbehalten, daß nach dem Abschluß des Vertrages der andere Theil eine die Sicherheit des Versprechens wesentlich gefährdende Vermögensänderung erfährt.“

Die Mehrheit billigte nach Ablehnung des vorstehenden Prinzipalantrages den für diesen Fall gestellten Eventualantrag, womit der im Eingang erwähnte Antrag für erledigt galt. Die Billigung jenes eventuellen Antrages erfolgte unter Vorbehalt der Redaktion, wobei zur Sprache kam, ob nicht die Fassung sich empfehlen werde:

„Der Vertrag, durch welchen die Hingabe eines Darlehns versprochen wird, ist im Zweifel als unter dem Vorbehalt abgeschlossen anzusehen, daß der Versprechende befugt sei, von dem Vertrage in dem Falle zurückzutreten, daß die Vermögensverhältnisse des anderen Theils vor der Darleihung eine wesentliche, den Rückerstattungsanspruch gefährdende Verschlimmerung erfahren würden.“

Die Gründe waren:

Es widerstrebe den im Verkehr vorherrschenden Auffassungen, denjenigen, welcher

| Prot I 1679 sich durch Vertrag zur Hingabe | eines Darlehens verpflichtet habe, zur Erfüllung des Versprechens auch dann zu zwingen, wenn der andere Theil nach Abschluß des Vertrages und noch vor Erfüllung des Versprechens in eine Vermögenslage gerathe, die zu der ernsten Besorgniß Anlaß gebe, der Empfänger werde zur Rückerstattung des Darlehens

außer Stande sein. Am einleuchtendsten sei dies, wenn der künftige Darlehensschuldner zahlungsunfähig geworden sei bezw. seine Zahlungen eingestellt habe. Es gelte aber auch nicht minder in allen Fällen einer wesentlichen, den Rückerstattungsanspruch gefährdenden Verschlimmerung der Vermögenslage des künftigen Schuldners. Im Allgemeinen erscheine die Annahme begründet, der Versprechende habe sich nur unter der stillschweigenden Voraussetzung verpflichtet, daß eine solche Vermögensänderung nicht erfolgen werde. Die Regel möge mehr oder weniger zahlreichen Ausnahmen, namentlich in den Fällen unterliegen, wenn der künftige Schuldner sich zu hohen Zinsen verpflichtet habe und dem künftigen Darlehnsgläubiger bekannt gewesen, daß seine Hülfe für eine drohende Eventualität in Anspruch genommen sei. Hieraus folge aber nicht die Unzulässigkeit einer jeden Bestimmung, welche dem Versprechenden das Rücktrittsrecht zugestehe, sondern nur die Nothwendigkeit, durch eine geeignete Fassung der Vorschrift das Rücktrittsrecht für die Fälle auszuschließen, in welchen die Umstände die Annahme begründeten, es sei als vorbehalten nicht anzusehen. Es lasse sich der Zweifel erheben, ob dasjenige, was eine solche Vorschrift besage, nicht selbstverständlich sei. Diese Selbstverständlichkeit unterliege jedoch nach den allgemeinen für Verträge geltenden Grundsätzen und weil die Theorie der sogenannten tacita clausula rebus sic stantibus keine Billigung gefunden habe und finden könne, wesentlichen Zweifeln. Erheblicher erscheine ein | anderes Bedenken. Anscheinend dürfe die in Rede | Prot I 1680
stehende Bestimmung nicht auf den Vertrag, durch welchen die Hingabe eines Darlehens versprochen werde, beschränkt, sondern müsse aus den dafür geltend zu machenden Gründen konsequent auf alle Verträge ausgedehnt werden, durch welche Kredit noch nicht gewährt, sondern nur versprochen sei, z. B. wenn der Verkäufer sich zur Vorleistung verpflichtet und dem Käufer das Kaufgeld auf eine bestimmte Zeit nach der Uebergabe der Waaren zu kreditiren versprochen habe, der Käufer aber nach Abschluß des Kaufvertrages und noch vor der Uebergabe der Waaren unsicher werde, gleichwohl Uebergabe der Waaren und Kreditirung des Kaufpreises fordere. Indessen bestehe doch zwischen dem Darlehensfalle und den übrigen Fällen ein nicht unwichtiger, die Verallgemeinerung der Vorschrift hindernder Unterschied. Der Darlehnsfall sei, von besonderen Umständen abgesehen, ein einfacher, der sich leicht übersehen und von dem sich behaupten lasse, daß die im Verkehrsleben geltenden Anschauungen die Aufstellung einer allgemeinen, im Zweifel geltenden Regel unbedenklich zuließen. Ein Gleiches dürfe keineswegs von den übrigen Fällen behauptet werden, die sehr verschieden gestaltet sein könnten, so daß sie der Beugung unter eine allgemeine, wenn auch nur subsidiäre Regel sich entzögen, während es zugleich schwer gelingen werde, sie in eine geeignete Norm in verständlicher, keinem Zweifel Raum lassender Weise zusammenzufassen. Endlich werde, wenn die Umstände des Falles dazu angethan seien, die für das Darlehen geltende Vorschrift im Wege der Rechts- und Gesetzesanalogie zur Anwendung gebracht werden können.

Es wurde zur Berathung des im Abs. 3 des vorgedachten Antrags enthaltenen Vorschlags übergegangen, soweit er sich auf den Fall bezieht, wenn der künftige Darlehnsgläubiger erst nach Ertheilung des Versprechens die schon früher bestandene Zahlungsunfähigkeit des anderen Theils erfährt.

| Die Mehrheit erklärte sich gegen den Vorschlag, indem sie erwog: | Prot I 1681

Der Fall, auf welchen der Vorschlag sich beziehe, sei von dem zuvor erörterten wesentlich verschieden. Sichtbar stehe bei ihm nur ein Irrthum in den Motiven in Frage. Ein solcher Irrthum sei aber nach den allgemeinen Grundsätzen regelmäßig für die Verbindlichkeit eines durch Vertrag ertheilten Versprechens ohne rechtliche Bedeutung. Es fehle auch an einem Grunde, aus Zweckmäßigkeitsrücksichten von dieser Regel im vorliegenden Falle abzuweichen. Der Versprechende möge sich vorsehen, bevor er die

Verpflichtung eingehe; verfahre er mit der gebührenden Umsicht, so werde ihm, da es sich um die Gegenwart, und nicht um die Zukunft handele, nur selten die Zahlungsunfähigkeit des anderen Theils unbekannt bleiben und für solche seltenen Fälle nur zu Gunsten desjenigen, der ein Darlehn zugesichert habe, eine anormale Rechtsnorm einzuführen, sei nicht zu rechtfertigen. Habe übrigens der Empfänger des Versprechens sich eines Betruges schuldig gemacht, so sei der Versprechende ohnehin schon geschützt.

Zur Berathung gestellt wurde der im vierten Absatze des Antrags Nr. 2 zu § 97 (Prot. S. 1673) enthaltene Vorschlag.

Die Mehrheit sprach sich gegen die Aufnahme der vorgeschlagenen Bestimmung aus.

Sie war der Ansicht:

Es stehe mit dem § 187 der Zusammenstellung der Beschlüsse zum Obligationenrechte (Prot. vom 4., 6. und 16. Oktober 1882 S. 1135ff.) nicht im Einklange, dem das Darlehen Versprechenden neben dem Rücktrittsrechte noch einen Anspruch auf Entschädigung einzuräumen.

In Frage könne nur kommen:

1. Ob dem Versprechenden das Recht zuzugestehen sei, auf Grund der Weigerung oder des Verzugs des anderen Theils *sofort* statt der Erfüllung des Vertrages Entschädigung wegen Nichterfüllung zu fordern und ob ihm gar das Recht auf Erfüllung zu bestehen, zu entziehen sei.

| Prot I 1682 2. Ob das Interesse des Versprechenden, der Entschädigung wegen | Nichterfüllung verlangt, in der vorgeschlagenen Weise auf einen Minimalsatz dergestalt zu bestimmen sei, daß dem anderen Theil der Gegenbeweis entzogen werde, während dem Versprechenden der Nachweis eines höheren Interesse gestattet bleibe.

Weder für die eine noch für die andere Bestimmung liege ein genügendes Bedürfniß vor.

Zu Nr. 1 reichten die zu einem angemessenen Ergebnisse führenden Vorschriften der §§ 6, 187, 194 u.s.w. der Zusammenstellung der auf das Obligationenrecht sich beziehenden Beschlüsse (vgl. Prot. vom 27. Oktober 1882 S. 1249–1252 und 3. November 1882 S. 1273, 1274, vom 16. und 20. Oktober 1882, S. 1200, 1215, 4., 6. und 16. Oktober 1882 S. 1135, 1137f, 1191–1194) aus.

Zu Nr. 2 könne nicht anerkannt werden, daß – zumal in der Gegenwart – eine derartige Begünstigung des Versprechenden sich aus optischen Rücksichten empfehle.

TE-OR (Nr 6) § 98 Der § 98 des Entwurfes lautet:

„Der Anspruch des Anleihers auf Hingabe und der Anspruch des Darleihers auf Annahme des Darlehns verjährt binnen sechs Monaten."

Es war beantragt,

die Vorschrift unter Versetzung an das Ende des Abschnitts zu fassen:

Windscheid (Nr 271) „Der (durch Vertrag) begründete Anspruch auf Geben oder auf Nehmen eines Darlehns verjährt in . . ."

Der Entwurf und der Antrag wurden durch Mehrheitsbeschluß abgelehnt.

Die Mehrheit fand in der fraglichen Vorschrift eine positive Rechtsnorm, die in den meisten Rechtsgebieten mangelte und bisher nicht vermißt sei, aber auch – zumal bei der Ausdehnung auf die Interesseforderung – erheblichen Bedenken unterliege, insbesondere auch durch die Nichtanerkennung eines Rücktrittsrechts für den bloßen Fall der Weigerung oder des Verzugs des anderen Theils noch nicht gerechtfertigt werde.
| Prot I 1683 Von einer Seite war hinzugefügt, | die vorgeschlagene Bestimmung würde nur zu halten

sein, wenn die kurze Frist nicht als Verjährungsfrist, sondern als stillschweigend vereinbarte Präklusivfrist zu gelten hätte.

Zu § 99 des Entwurfs: TE-OR (Nr 6) § 99

„Der Uebergabe der darzuleihenden Sachen durch den Darleiher steht es gleich, wenn mit dessen Ermächtigung der Anleiher eine Jenem aus einem anderen Grunde geschuldete Summe Geldes oder aus einem anderen Grunde geschuldete sonstige vertretbare Sachen als Darlehen behält, oder ein Dritter auf Anweisung des Darleihers in dessen Namen die Sachen dem Anleiher übergiebt. Ebenso steht die auf Anweisung des Anleihers an einen Dritten erfolgte Uebergabe der darzuleihenden Sachen der Hingabe an den Anleiher gleich."

war beantragt,

die Vorschrift zu streichen[6].

Der § 99 befaßt sich mit drei Fällen. Anlangend die beiden zuletzt darin aufgeführten Fälle, so wurde der Streichungsantrag genehmigt. Man hielt dasjenige, was der § 99 für die beiden Fälle bestimmt, für selbstverständlich, andererseits nicht für rathsam, das Selbstverständliche aufzunehmen, weil daraus unrichtige Folgerungen für ähnliche Fälle, in welchen das Gesetz enthaltsamer sei, gezogen werden könnten. Betreffend den ersten Fall oder den Fall, wenn der Schuldner eine aus einem anderen Rechtsgrunde geschuldete Quantität fortan als Darlehen zu verschulden verspricht, so wurde der § 99 des Entwurfs, vorbehaltlich der Fassung, genehmigt unter Ablehnung des Streichungsantrags, zu dessen Rechtfertigung ebenfalls nur die Selbstverständlichkeit der Vorschrift, unter Anerkennung der Sachgemäßheit, geltend gemacht war. Die Mehrheit war der Ansicht: Der § 99 setze die einwandesfreie Verbindlichkeit der bisherigen Schuld voraus und be- | stimme keineswegs darüber, ob und inwiefern der Schuldner demnächst befugt sei, die Darlehensforderung mit Einwendungen zu bekämpfen, die gegen die frühere Schuld ihm zustanden. Aber auch nur so verstanden — und ein anderes Verständniß sei nicht angezeigt — erscheine die Vorschrift keineswegs selbstverständlich und entbehrlich. Fehle sie, so könne der Schuldner, der mit der Darlehensklage in Anspruch genommen werde, den Einwand erheben, ein Darlehen, welches begriffsmäßig voraussetze, daß eine individuell bestimmte Quantität vertretbarer Sachen zum Eigenthum überlassen worden, habe er nicht empfangen und schon auf Grund dieses Einwandes die Abweisung der auf ein unrichtiges Fundament gestützten Klage fordern. Mindestens erscheine zweifelhaft, ob nicht der Schuldner mit einem solchen Einwande Gehör finden werde; bei der Häufigkeit und Wichtigkeit des Falles leuchte daher ein, wie angemessen es sei, die an sich ohne Zweifel billigenswerthe Vorschrift aufzunehmen. Ob und inwiefern der Schuldner mit Einreden aus dem früheren Schuldverhältnisse sich schützen könne, werde aus anderen Bestimmungen des Gesetzbuchs sich ergeben. Diese Frage stehe jetzt nicht zur Erörterung.

Windscheid (Nr 271)

| Prot I 1584

Zu § 100 des Entwurfes: TE-OR (Nr 6) § 100

„Hat der Darleiher dem Anleiher eine Sache zu dem Zwecke gegeben, daß er sie verkaufe und den Kaufpreis als Darlehen behalte, so gilt erst von dem Zeitpunkte an, wo der Kaufpreis erzielt worden ist, diese als dem Anleiher übergeben; die Gefahr des

[6] *Windscheid* stellte in der Kommission die Frage, wozu es notwendig sei, hin und her zu zahlen. Es liege in allen Fällen des § 99 ein Darlehen vor, keine datio in solutum, keine Anerkennung. Die Möglichkeit einer condictio indebiti bleibe bestehen. Dagegen seien Einreden aus dem früheren Geschäft nicht mehr möglich. *Planck* meinte: der Entwurf sage nur, was als Eigentumsübergabe gelten solle, weil ein Darlehen eine solche absolut erfordere. Der Gläubiger müsse beweisen: a) daß eine alte Schuld wirklich bestehe, b) daß ausgemacht sei, sie solle als Darlehen weiterbestehen (nach den Notizen von v. Schmitt in dessen Nachlaß).

Uebergangs und der Verschlechterung der Sache aber trägt der Anleiher von dem Zeitpunkte an, wo die Sache ihm zum Verkaufe gegeben worden ist."

Windscheid (Nr 271) war die Streichung der Vorschrift beantragt.

Die Mehrheit beschloß die Streichung. Sie erachtete den ersten Satz des § 100 für selbstverständlich und, so- | Prot I 1685 | weit er nur eine Auslegungsregel enthalte, für entbehrlich. In dem zweiten Satze fand sie eine mit den allgemeinen Grundsätzen nicht harmonirende, durch ein praktisches Bedürfniß nicht gebotene Singularität.

Der § 101 des Entwurfs lautet:

TE-OR (Nr 6) § 101 „Unberührt bleiben die Bestimmungen des § 34 Abs. 2 und § 38 der Gewerbeordnung in der durch Art. 4 des Reichsgesetzes vom 23. Juli 1879[7] veränderten Fassung, wonach der Ankauf beweglicher Sachen mit Gewährung des Rückkaufsrechts, wenn derselbe gewerbsmäßig betrieben wird, als Darlehensvertrag gilt."

Man erachtete die Vorschrift insofern für entbehrlich, als eine in das Einführungsgesetz aufzunehmende Bestimmung die privatrechtlichen der Reichsgesetze in Kraft erhalten werde (zu vgl. Prot. S. 1051, 1281[8]).

c) 172. Sitzung vom 5. 2. 1883, Schriftführer Neubauer

| Prot I 1687 | Zu § 102 des Entwurfes:

TE-OR (Nr 6) § 102 „Konnte das Eigenthum der dargeliehenen Sachen durch deren Uebergabe auf den Anleiher nicht übertragen werden, weil der Darleiher nicht Eigenthümer der Sachen oder in deren Veräußerung beschränkt war, es hat aber der Anleiher das Eigenthum dennoch erworben oder die Sachen in gutem Glauben verbraucht, so ist es so anzusehen, wie wenn der Darleiher das Eigenthum der Sachen dem Anleiher übertragen hätte. War der Darleiher nicht Eigenthümer der dargeliehenen Sachen, so stehen die Rechte des Darleihers gegen den Anleiher dem Eigenthümer der Sachen zu und es wird der Anleiher durch eine an den Darleiher selbst geleistete Zahlung von seiner Verbindlichkeit nur dann befreit, wenn er zur Zeit der Zahlung nicht wußte, daß ihm fremdes Geld zum Darlehn gegeben worden."

lagen die bereits zu § 97 (Prot. vom 31. Januar 1883 S. 1672, 1673) unter Nr. 1 und 2 mitgetheilten Anträge vor, von welchen hier in Betracht kommen der Absatz 2 des Antrags Nr. 1 (S. 1672) und der Absatz 5 des Antrags Nr. 2 (S. 1673).

Planck Es wurde

| Prot I 1688 | 3. beantragt, den letzten Satz des Antrags Nr. 1 Absatz 2 (S. 1672) zu faßen:

„. . ., wenn der Empfänger entweder auf Grund der Bestimmung des § 134 des Sachenrechts-Entwurfs oder in gutem Glauben auf Grund der Bestimmungen der §§ 139–150 daselbst zu Eigenthum erworben oder dasselbe in gutem Glauben verbraucht hat[9]."

---

[7] Diese Bestimmungen lauten: § 34 Abs. 1 „Wer das Geschäft eines Pfandleihers betreiben will, bedarf dazu der Erlaubniß . . ." Abs. 2. „Als Pfandleihgewerbe gilt auch der gewerbsmäßige Ankauf beweglicher Sachen mit Gewährung des Rückkaufsrechtes." § 38: „Die Centralbehörden sind befugt, über den Umfang der Befugnisse und Verpflichtungen, sowie über den Geschäftsbetrieb der Pfandleiher, soweit darüber die Landesgrenze nicht Bestimmungen treffen, Vorschriften zu erlassen. Die in dieser Beziehung bestehenden landesgesetzlichen Bestimmungen finden auf den im § 34 Abs. 2 bezeichneten Geschäftsbetrieb Anwendung. Soweit es sich um diesen Geschäftsbetrieb handelt, gilt die Zahlung des Kaufpreises als Hingabe des Darlehns, der Unterschied zwischen dem Kaufpreise und dem verabredeten Rückkaufspreise als bedungene Vergütung für das Darlehen und die Uebergabe der Sache als Verpfändung derselben für das Darlehen . . ."

[8] Vgl. Materialien zu §§ 847, 400 BGB.

[9] § 134 TE-SachR vgl. Materialien zu den §§ 185, 932ff. BGB. Zu den §§ 139ff. TE-SachR vgl. die §§ 937ff. BGB.

Der § 102 befaßt sich mit zwei Fällen, zunächst nämlich mit dem Falle, wenn der Darleiher nicht der Eigenthümer der dargeliehenen Sachen war. Ueber diesen Fall wurde zuerst berathen. Die Mehrheit lehnte sowohl den Antrag Nr. 2 als den Antrag Nr. 1, demnächst auch den Entwurf ab und beschloß, daß der Fall überhaupt im Gesetze zu übergehen sei. Sie war der Ansicht: Wenn das Gesetz über den Fall sich schweigend verhalte, so würde dessen Beurtheilung nach den allgemeinen Grundsätzen, insbesondere denen über ungerechtfertigte Bereicherung, zu erfolgen haben und, soweit sich Zweifel erhöben, diese von der Rechtswissenschaft zu lösen sein. Es könne nicht anerkannt werden, daß ein Bedürfniß obwalte, für den vorliegenden Fall im Interesse der Rechtssicherheit oder zur Abwendung von unangemessenen, den Lebensverhältnissen nicht entsprechenden Konsequenzen mittels positiver Rechtsnormen einzugreifen. Werde namentlich das dem Sachenrechts-Entwurfe zum Grunde liegende System über die Zulässigkeit der Vindikation von Geldstücken und Inhaberpapieren (§ 135 Nr. 2[10]) gebilligt, so verliere der zur Erörterung stehende Fall zum größten Theile seine praktische Bedeutung. Nur bei anderen, als Gelddarlehn in auf den Inhaber lautenden Werthpapieren würde der Fall noch von einiger Wichtigkeit bleiben, aber auch die letztere wegen des Systems des Handelsgesetzbuchs über den Eigenthumsübergang bei der Veräußerung beweglicher Sachen sich noch mindern. Weiter komme in Betracht, daß die für die Darleihung geltenden | Bestimmungen auf die Zahlung würden auszudehnen sein oder richtiger, daß es sich um allgemeinere, keineswegs auf die Darleihung zu beschränkende Normen handele. | Prot I 1689

Bei der Berathung war zur Erörterung gelangt, ob zum Begriffe des Darlehns gehöre, daß dem Empfänger das Eigenthum der dargeliehenen Sachen dergestalt verschafft werde, daß, wenn das Gegentheil der Fall sei, nicht die Vorschriften über die Eviktion anwendbar erscheinen, sondern die Gültigkeit des Darlehens verneint werden müsse. Die Mehrheit erachtete das letztere nicht allein für richtig, sondern auch wegen der praktischen Unzuträglichkeiten, die sich aus der Anwendung der Vorschriften über die Gewährleistung ergeben würden, für in hohem Maße angemessen; sie billigte daher den Antrag, der zum § 97 beschlossenen Vorschrift die Bestimmung anzuschließen:

„Ist etwas zum Darlehen gegeben worden, ohne daß der Empfänger durch die Hingabe zum Eigenthümer des Empfangenen gemacht worden ist, so ist der Darlehensanspruch gegen ihn nicht begründet."

Man glaubte, daß die Fassung zur Genüge die Beweislast des Empfängers, der die Erlangung des Eigenthums bestreite, ergebe.

Der zweite Fall, über den in § 102 bestimmt wird, ist der, wenn dem Darleiher die Veräußerungsfähigkeit gefehlt hat.

Beschlossen wurde, auch über diesen Fall im Gesetze zu schweigen. Es kam zwar zur Sprache, im Falle des Schweigens würde dem Darleiher ein Darlehnsanspruch nicht zustehen, sondern derselbe auf den geringere Rechte gewährenden Bereicherungsanspruch beschränkt sein. Man glaubte aber, hierauf keinen Werth legen zu dürfen, weil die im Entwurfe vorgeschlagene Regelung nur von Belang werde, wenn der Darleiher geschäftsunfähig, nicht auch wenn er in der Geschäftsfähigkeit beschränkt sei, in welchem letzteren Falle die Geneh | migung des gesetzlichen Vertreters den Darlehnsanspruch zu begründen vermöge, weil ferner der Darlehnsanspruch nicht füglich zugestanden werden könne, ohne zugleich den Darleiher an die ihm vielleicht höchst ungünstigen Bestimmungen des Darlehensvertrages zu binden. | Prot I 1690

---

[10] § 135 Abs. 1 Nr. 2 lautet: „Auch bei mangelndem Eigenthum des Veräußerers erlangt der redliche Erwerber das Eigenthum der ihm übergebenen Sache, . . . 2. wenn Geld oder Papiere auf Inhaber Gegenstand der Veräußerung sind . . ."

Zu § 103 des Entwurfes:

TE-OR (Nr 6) § 103 „Hat ein Darlehensvertrag auf den Inhaber lautend Werthpapiere zum Gegenstand und sind solche in Stücken derselben Art zurückzugeben, so hat der Anleiher, wenn Papiere derselben Art zur Zeit der Rückerstattung nicht mehr vorhanden sind, deren Nennwerth zu ersetzen."

war beantragt:

Planck (Nr 274, 1) 1. statt der letzten Worte: „deren Nennwerth zu ersetzen" zu bestimmen:
„so ist so viel zurückzuzahlen, als bei Einlösung der Papiere auf solche bezahlt worden ist."

Kurlbaum 2. statt der zu 1 gedachten Worte, zu bestimmen:
„so ist im Zweifel anzunehmen, daß so viel zurückzuzahlen ist, als der letzte Kurswerth der Papiere beträgt."

Die Mehrheit lehnte die Anträge und den Entwurf ab. Sie ging davon aus: Es würde unbillig sein, den Empfänger schlechthin zu verpflichten, den Nennwerth der Papiere zu zahlen. Seien die Papiere nicht eingelöst, sondern aus dem Verkehre verschwunden, weil sie werthlos geworden, z. B. die Aktien oder Prioritäten einer fallit gewordenen Aktiengesellschaft, so liege die Folgerung näher, der Empfänger sei liberirt. Hieraus erhelle zugleich, daß auch der Antrag Nr. 1 den Gegenstand wenigstens nicht erschöpfe, während die in dem Antrage Nr. 2 vorgeschlagene Bestimmung über Sinn und Bedeutung Zweifel lasse und in der Praxis zu mancherlei Streitigkeiten zu führen drohe. Jede positive Bestimmung, die man treffen könne, werde unter Umständen ungeeignete Ergebnisse liefern und mit den Parteiintentionen oft nicht im Einklange stehen. Es | Prot I 1691 verdiene | daher den Vorzug, über den Fall nichts zu bestimmen. Von einer Seite ward hinzugefügt: sollte ein Bedürfniß obwalten, eine besondere Bestimmung aufzunehmen, so würde wohl die billigste und angemessenste die sein, wenn man vorschreibe:

daß der Kurswerth zur Zeit des Empfanges zu ersetzen sei.

| Prot I 1694 | Zu § 108 des Entwurfes

TE-OR (Nr 6) § 108 „Die Hingabe eines versprochenen und die Rückerstattung eines gegebenen Darlehns hat im Zweifel an dem Orte zu geschehen, an welchem der Darleiher zur Zeit der Schließung des Darlehensvertrages seinen Wohnsitz gehabt hat."

war die Streichung der Vorschrift beantragt.

Derscheid (Nr 273) Der § 108 wurde abgelehnt. Die Mehrheit erachtete die Vorschrift für das Gelddarlehen nach § 175 Absatz 2 und 3 der Zusammenstellung der auf das Obligationenrecht bezüglichen Beschlüsse (Prot. vom 25. September 1882 (S. 1082, 1083) für entbehrlich, anlangend die übrigen Darlehen fand sie keinen genügenden Grund von der allgemeinen Regel über den Ort der Erfüllung (§§ 174, 175 Abs. 1 a. a. O., Prot. S. 1078, 1079, 1081 – 1084) abzuweichen.

Daß der Entwurf aus den in den Motiven näher dargelegten Gründen keine Bestimmung enthält über:

a) die Darlehnsfähigkeit (Motive S. 7[11]),

b) Darlehen auf den Namen eines Dritten (S. 14, 15[12]),

---

11 In stark verkürzter Form in den Motiven II, S. 311, wiedergegeben.

12 Vgl. Mot. S. 14: „Nach gemeinem Rechte begründet Derjenige, welcher ein Darlehn auf den Namen eines Dritten gegeben hat, für Diesen auch ohne dessen Zustimmung ein Forderungsrecht aus dem Darlehnsvertrag und zwar sowohl in dem Falle, wenn der Darleiher den Gegenstand des Darlehns aus seinen eigenen Mitteln hergab, als auch, wenn er nicht Eigenthümer der gegebenen Sachen war (vgl. Windscheid § 370 Note 17 u. a.)". – Sehr stark gekürzt auch in den Motiven Bd. II, S. 311, wiedergegeben.

c) Irrthum des Darlehnsempfängers in Ansehung der Person des Darleihers condictio Juventiana) (S. 15–17[13]),

d) Annuitätendarlehn (S. 32[14]),

e) Darlehn der Pfandleiher (S. 32, 33[15]),

f) Waarendarlehen (S. 21, 22[16]),

g) das Versprechen mehr oder Anderes, als erhalten, zurückzugeben (S. 30[17]), führte zu keinem die Ergänzung des Entwurfs in der einen oder anderen Beziehung bezweckenden Antrage.

**II. 1.** Fassung der Regelung in der *RedVorl*

§ 287 (97). Wer Geld oder andere vertretbare Sachen zum [als[18]] Darlehn empfangen hat, ist verpflichtet, dem Darleiher das Empfangene in Sachen von gleicher Menge, Art und Güte zurückzuerstatten. RedVorl § 287

Ist der Empfänger durch die Darleihung nicht Eigenthümer des Empfangenen geworden, so ist der Darlehnsanspruch gegen ihn nicht begründet.

§ 289 (99). Ist derjenige, welcher vertretbare Sachen als Darlehn zu empfangen hat, aus einem anderen Grunde verpflichtet, dem künftigen Darlehnsgläubiger Sachen von gleicher Art zum Eigenthum zu übergeben, so steht es dem Empfange der darzuleihen- RedVorl § 289

---

13 Vgl. D. 12, 1, 32. Nach v. Kübel sollte es, entspr. den allgemeinen Grundsätzen, darauf ankommen, ob der „Anleiher gerade nur mit derjenigen Person, welche er für den Darleiher gehalten hat, den Vertrag eingehen wollte" (dann war der Vertrag unwirksam) oder ob „es dem Anleiher nur um das Darlehn zu thun und ihm die Person des Darleihers gleichgiltig war, sein Konsens somit nicht einer bestimmten gedachten Persönlichkeit, sondern überhaupt dem Darleiher galt" (S. 16).

14 Hierzu von *v. Kübel*, S. 32–33: „Das zürcher G.B. §§ 1119, 1120 und der bayr. Entwurf Art 635–638 beschäftigen sich mit dem sog. Annuitätendarlehn, bei welchem die Rückzahlung des Kapitals und die Entrichtung der Zinsen mittelst jährlicher gleichmäßiger, der Betrag der bedungenen Zinsleistungen übersteigenden Geldleistungen erfolgt." Nach v. Kübel reichten für die Annuitätsdarlehn die allgemeinen Bestimmungen aus.

15 v. Kübel verweist hier trotz „vielfacher Bedenken" (weil das bisherige Recht die Vertragsfreiheit eingeschränkt habe) auf ein eventuell zu erlassendes Spezialgesetz des Reiches hin. Solange ein solches nicht ergangen war, sollten die Landesgesetze in Kraft bleiben (S. 32–3).

16 Hierzu in verkürzter Fassung Mot. II, 308 f.

17 Nach dem früheren preuß. Rechte konnte, so *v. Kübel*, a. a. O., S. 30, „giltigerweise nicht vereinbart werden, daß der Darlehnsschuldner eine höhere Summe als die empfangene zurückzugewähren habe, wenn nicht hierin blos ein Zuschlag der Zinsen in der gesetzlichen Höhe lag." „Der gegenwärtige Entwurf", so fährt v. Kübel fort, „hat eine diesfällige Bestimmung nicht aufgenommen. In dem Wesen des Darlehnsvertrages liegt kein Grund, dem Versprechen des Anleihers, mehr als empfangen zurückzugeben, die Giltigkeit zu versagen. Zum Wesen des Darlehnsvertrages gehört zwar die Rückerstattung des zum Darlehn Hingegebenen in gleicher Art, Menge und Güte; allein daneben ist der Darleiher als Entgelt für die dem Schuldner gewährte Benutzung des Kapitals, sowie als Assekuranzprämie für die Gefahr des Kapitalverlustes und als Entschädigung für die mit der Anlegung und der Aufsicht über die Erhaltung des Kapitals verbundene Mühe Zinsen zu fordern berechtigt und unter diesen Gesichtspunkt fällt es, wenn die Rückleistung eines Mehr über das Erhaltene bedungen wird. Es haben auch die gegen derartige Verabredungen gerichteten Bestimmungen keinen anderen Grund und Zweck, als dem versteckten Wucher zu begegnen und die Umgehung der Zinsbeschränkungen zu verhüten." (Vgl. auch Motive, Bd. 2, S. 310.)

18 In der ZustOR heißt es „als"; im folgenden heißt es von der ZustOR an: „Darlehen", im Abs. 2 erst im E I „Darlehensanspruch".

den Sachen gleich, wenn beide Theile übereinkommen, daß der künftige Darlehnsschuldner die von ihm zu leihenden Sachen als Darlehn behalten soll.

(NB: Der Vertrag wird Betonung verdienen; zu vgl. sächs. GesB § 1071.)

**2.** Die Fassung des *§ 287 ZustOR* entspricht der des § 287 RedVorl.

ZustOR § 289 § 289 ZustOR lautet: Hat jemand einen Anderen aus einem zwischen ihnen bestehenden Schuldverhältnisse eine Geldsumme zu zahlen oder andere vertretbare Sachen zu leisten, so kann zwischen denselben vereinbart werden, daß der Schuldner die Geldsumme oder die sonstigen vertretbaren Sachen als Darlehn verschulden solle[19].

**III. 1.** Die §§ 450, 452 *KE* lauten wie die § 287, 289 ZustOR.

**2.** Auf „gegebene Anregung" (Prot. I 6136) wurde beschlossen, in § 450 Abs. 1 zu setzen „Sachen von gleicher Art, Güte und Menge" (entspr. § 539 KE; Abs. 1) zu setzen.

**IV.** Bis auf die unter III. 2. mitgeteilte Änderung entsprechen die §§ 453, 454 *E I* dem KE.

**B. Vorkommission des Reichsjustizamtes**

**I.** Beantragt war:

Struckmann (Nr 3, 10) **1. a)** Abs. 2 des § 453 zu fassen:
Der Darlehnsanspruch ist nicht begründet, wenn der Empfänger nicht durch die Darleihung Eigenthümer des Empfangenen geworden ist.

Struckmann (Nr 3, 11) **b)** Den § 454 zu fassen:
Schuldet Jemand einem Anderen Geld oder andere vertretbare Sachen, so kann zwischen ihnen vereinbart werden, daß das Geschuldete fortan als Darlehen geschuldet werden solle.

Struckmann (Nr 3, 11) **c)** als § 454a hinzuzufügen:
Der Aussteller eines Schuldscheins über ein Darlehen kann einem Dritten gegenüber, welcher Rechte daraus herleitet, sich nicht darauf berufen, daß der Schuldschein nur zum Schein ausgestellt worden sei, es sei denn, daß dies dem Dritten zur Zeit des Erwerbes seines Rechts bekannt war.
(Vgl. Art. 16 Abs. 2 des Schweiz. Obl. R.; Prot. S. 204)

Jacubezky (Nr 7, 13) **2. a)** Im § 453 den Absatz 2 zu streichen.

Jacubezky (Nr 7, 14) b) Die §§ 454, 455 zu streichen.

**II.** 67. Sitzung vom 6. 1. 1892

| Prot -RJA 403 | Der § 453 Abs. 1 wurde nicht beanstandet, der Abs. 2 dagegen gestrichen. Die Mehrheit war der Ansicht, es erscheine entbehrlich, besonders zu bestimmen, daß zur
| Prot-RJA 404 Begründung des Darlehnsanspruchs der Nachweis des Eigenthumsübergangs | hinsichtlich der Darlehnsvaluta erforderlich sei, weil der Begriff des Darlehns in diesem Sinne als allgemein bekannt vorausgesetzt werden dürfe, zudem die Fälle, in welchen trotz

19 Der Schlußsatz heißt im KE (E I): „daß der Verpflichtete die Geldsumme oder die sonstigen vertretbaren Sachen als Darlehen schulden solle."

Aushändigung der Darlehnsvaluta das Eigenthum nicht übergehe, verschwindend selten seien.

Zu § 454 war von einer Seite ein Antrag auf Streichung der Vorschrift gestellt worden. Zur Begründung des Antrags wurde geltend gemacht, die Bestimmung des § 454 sei, soweit sie richtig, selbstverständlich. Auf der anderen Seite verleite sie zu dem Mißverständniß, als ob der Entw. andere als die im § 454 normirten Formen der Erweiterung des Darlehnsbegriffes nicht als Darlehnsgeschäfte anerkennen wolle. In Betracht zu ziehen seien aber hauptsächlich diejenigen Fälle, wo die Parteien über verschiedene Schuldposten eine Abrechnung hielten und vereinbarten, daß der nach derselben sich ergebende Gesammtschuldbetrag verzinslich stehen bleiben solle. Im Verkehr werde eine solche Schuld häufig als Darlehn bezeichnet, auch sei die Ausstellung eines Darlehnsscheines üblich. In Wahrheit bestehe jedoch ein abstraktes Schuldverhältniß. Durch einen Zusatz zu § 683 sei deswegen generell vorzuschreiben, daß der Schuldner, wenn aus einem solchen Darlehnsscheine geklagt werde, sich nicht darauf berufen könne, ein Darlehn im Sinne des § 453 liege nicht vor, sondern das Anerkenntniß als abstraktes Schuldversprechen gegen sich gelten lassen müsse.

Die *Mehrheit* entschied sich dagegen für die Beibehaltung des § 454, da die Vorschrift praktisch von großer Bedeutung sei und klarstelle, daß es den Parteien freistehe den Darlehnsbegriff, welcher nach § 453 gesetzlich auf die Hingabe von Geld oder anderen vertretbaren Sachen beschränkt sei, in der Art zu erweitern, daß die bestehende Schuld als Valuta für das Darlehen diene. Bei der Berathung des § 683 werde zu prüfen sein, ob und inwieweit in der Ausstellung einer Urkunde über eine bestehende Schuld eine Anerkennung derselben zu finden sei.

| In redaktioneller Beziehung erhielt der § 454 folgende Fassung: . . . [wie Antrag Struckmann (3, 11)] | Prot-RJA 405

**C. 2. Kommission**

**I.** Anträge (Prot. II, Bd. 2, S. 42; *Mugdan*, Bd. 2, S. 759 f.)

a) Zu § 453 war beantragt: den Abs. 2 zu streichen. Struckmann (Nr 68, 15)
Der Abs. 1 wurde unter Streichung des Abs. 2 angenommen.

b) Zu § 454 lag der Antrag vor, die Bestimmung zu fassen:
Schuldet Jemand einem Anderen Geld oder andere vertretbare Sachen, so kann zwischen ihnen vereinbart werden, daß das Geschuldete fortan als Darlehen geschuldet werden solle. Struckmann (Nr 68, 16)
Der Entw. wurde in der Fassung des Antrags angenommen.

**II.** Fassung in der beschlossenen Regelung in der *VorlZust:*

§ 453. Wer Geld oder andere vertretbare Sachen als Darlehen empfangen hat, ist verpflichtet, dem Darleiher das Empfangene in Sachen von gleicher Art, Güte und Menge zurückzuerstatten. E I-VorlZust § 453

§ 454. Schuldet jemand einem Anderen Geld oder andere vertretbare Sachen, so kann zwischen dem Gläubiger und dem Schuldner vereinbart werden, daß das Geld oder die anderen vertretbaren Sachen als Darlehen geschuldet werden sollen. E I-VorlZust § 454

§ 455. Der Darlehensempfänger ist außer den Fällen der §§ 244a, 249 zur Zahlung von Zinsen nur verpflichtet, wenn solche bedungen sind. E I-VorlZust § 454

**III., IV, V.** Die Fassung des § 453 *E I-ZustRedKom* (§ 547 *E II;* § 599 *E II rev;* § 600 *E III*) entspricht der in § 607 BGB Gesetz gewordenen Fassung.

§ 608

**Sind für ein Darlehen Zinsen bedungen, so sind sie, sofern nicht ein Anderes bestimmt ist, nach dem Ablaufe je eines Jahres und, wenn das Darlehen vor dem Ablauf eines Jahres zurückzuerstatten ist, bei der Rückerstattung zu entrichten.**

## A. 1. Kommission

I. 172. Sitzung vom 5. 2. 1883, Schriftführer Neubauer

| Prot I 1691 | Der § 104 des Entwurfs lautet:

TE-OR (Nr 6) § 104 „Der Anleiher ist, außer dem Falle des Verzuges, nur dann zur Bezahlung von Zinsen verpflichtet, wenn solche vertragsmäßig ausbedungen sind."

TE-OR (Nr 6) § 105 Zu § 105 des Entwurfes:
„Die Zinsen eines Darlehns, welches auf den Inhaber lautende Werthpapiere zum Gegenstand hat, sind, auch wenn die Rückerstattung in Papieren derselben Art erfolgen soll, in Geld zu bezahlen."

war beantragt:

Planck (Nr 274, 2) der Vorschrift folgenden Zusatz zu geben:
„Für die Berechnung der Zinsen ist im Zweifel der Kurswerth maßgebend, welchen die Papiere zur Zeit der Hingabe gehabt haben."

Antrag und Entwurf wurden abgelehnt.

Der § 105 erwähnte Fall ruft zwei Fragen hervor, nämlich:

1. die, ob die Zinsen in Geld zu bezahlen sind?

2. die, wenn diese Frage bejaht wird, wie der für den Zinsenbetrag maßgebende Kapitalbetrag zu ermitteln ist.

Die Mehrheit erachtete beide Fragen für solche, die dem Gebiete der Auslegung des konkreten Vertrages angehören und deren Erledigung durch das Gesetz in vielen Fällen wieder Härten und Unbilligkeiten nach sich ziehen könnte, indem namentlich zu Nr. 2 von den Umständen die Entscheidung abhängen werde, ob nicht die Parteien an den Zinsenbetrag gedacht haben, welcher dem Inhaber der Papiere zu zahlen oder gezahlt sei.

Der § 106 des Entwurfs lautet:

| Prot I 1692 TE-OR (Nr 6) § 106 | „Ist für die Zahlung der Zinsen eine Zeit nicht verabredet, so sind die Zinsen je nach Ablauf eines Jahres und, wenn für das Kapital eine kürzere Rückzahlungsfrist als ein Jahr bestimmt ist, bei Rückerstattung des Kapitels zu bezahlen."

Der § 106 blieb unbeanstandet.

II. 1. Die beschlossene Regelung lautet in der RedVorl:

RedVorl 290 § 290 (104). Der Darlehnsempfänger ist zur Zahlung von Zinsen nur dann verpflichtet, wenn solche bedungen sind. Die Verpflichtung zur Zahlung von Verzugszinsen bleibt unberührt.

RedVorl 291 § 291 (106). Ist für die Zahlung von Zinsen eine Zeit nicht bestimmt, so sind dieselben je nach Ablauf eines Jahres und wenn für die Rückerstattung des Kapitals eine kürzere Frist (als die Frist eines Jahres) bestimmt ist, bei Rückerstattung des Kapitals zu entrichten.

2. Der § 290 ZustOR lautet wie § 290 RedVorl.

§ 291 ZustOR hat die Fassung:
Ist für die Zahlung bedungener Zinsen eine Zeit nicht bestimmt, so sind dieselben je nach Ablauf eines Jahres und wenn für die Rückerstattung des Kapitals eine kürzere Frist (als die Frist eines Jahres) bestimmt ist, bei Rückerstattung des Kapitals zu entrichten. ZustOR § 291

3. Auf Antrag von *Kurlbaum* (Nr. 561) wurde beschlossen, in § 291 ZustOR die Worte „als die Frist eines Jahres" zu streichen. Es war vergessen worden, darüber bei der Redaktion Beschluß zu fassen (Prot. I, S. 3275).

III., IV. Fassung der Regelung im *KE* und *E I:*

§ 453 (455). Der Darlehensempfänger ist zur Zahlung von Zinsen nur dann verpflichtet, wenn solche bedungen sind. Die Verpflichtung zur Zahlung von Verzugszinsen bleibt unberührt. KE § 453 E I § 455

§ 454 (456). Ist für die Zahlung bedungener Zinsen eine Zeit nicht bestimmt, so sind dieselben je nach Ablauf eines Jahres, und wenn für die Rückerstattung des Kapitales[1] eine kürzere Frist bestimmt ist, bei Rückerstattung des Kapitales zu entrichten. KE § 454 E I 456

## B. Vorkommission des Reichsjustizamtes

I. Beantragt war:

1. Die §§ 455, 456 dahin zusammenzufassen:
Ist die Zahlung von Zinsen bedungen, ohne daß für dieselbe eine Zeit bestimmt ist, so sind die Zinsen u.s.w. (wie im Entw.). Struckmann (Nr 3, 12)

2. *Planck* (Nr. 6, 46) und *Jacubezky* (Nr. 8, 14) stellten den Antrag auf Streichung des § 455 E I.

II. 67. Sitzung vom 6. 1. 1892

| Der § 455 wurde als selbstverständlich gestrichen. Der § 456 erhielt nachstehende Fassung [wie Antrag von Struckmann.] | Prot-RJA 405

## C. 2. Kommission

I. Zu den §§ 455, 456 E I war beantragt (Prot. II, Bd. 2, S. 43; *Mugdan*, Bd. 2, S. 760):

Statt der Bestimmungen des Entw. nachstehende Vorschrift aufzunehmen: Ist die Zahlung von Zinsen bedungen, ohne daß für sie eine Zeit bestimmt ist, so sind die Zinsen, je nach Ablauf eines Jahres und, wenn für die Rückerstattung des Kapitals eine kürzere Frist bestimmt ist, bei Rückerstattung des Kapitals zu entrichten. – Die Kom. entschied sich für den Entw. Struckmann (Nr 65, 17)

[1] Im KE heißt es noch „Kapitals".

**II.** Fassung der Regelung in der *VorlZust:*

E I-Vorl-Zust § 455

§ 455. Der Darlehensempfänger ist, außer den Fällen der §§ 244a, 249, zur Zahlung von Zinsen nur verpflichtet, wenn solche bedungen sind.

E I-VorlZust § 456

§ 456. Ist für die Zahlung bedungener Zinsen eine Zeit nicht bestimmt, so sind die Zinsen nach Ablauf je eines Jahres, und wenn das Darlehen in einer kürzeren Frist zurückzuerstatten ist, bei Rückerstattung des Darlehens zu entrichten.

**III.** In der *ZustRedKom* lautet die Regelung:

E I-ZustRedKom § 455

§ 455. Der Darlehensempfänger ist, abgesehen von den Fällen der § 244a, 248, zur Zahlung von Zinsen nur verpflichtet, wenn sie bedungen sind.

E I-ZustRedKom § 456

§ 456. Ist für die Zahlung bedungener Zinsen eine Zeit nicht bestimmt, so sind die Zinsen nach Ablauf je eines Jahres und, wenn das Darlehen vor Ablauf eines Jahres in kürzerer Frist zurückzuerstatten ist, bei der Jahres in kürzerer Frist zurückzuerstatten ist, bei der Rückerstattung des Darlehens zu entrichten.

E II § 548

**IV. 1.** Fassung der Regelung im *E II* als § 548:

Der Empfänger eines Darlehens ist zur Zahlung von Zinsen, abgesehen von den Fällen der §§ 244, 247, nur verpflichtet, wenn Zinsen bedungen sind.

Die bedungenen Zinsen sind, soweit nicht ein Anderes bestimmt ist, nach dem Ablaufe je eines Jahres und, wenn das Darlehen vor dem Ablauf eines Jahres zurückzuerstatten ist, bei der Rückerstattung zu entrichten.

**2.** Revision des *E II* (Prot. *II*, Bd. 2, S. 187; *Mugdan*, Bd. 2, S. 760)

Jacubezky (Nr 42a, 5)

Zu § 548 war beantragt, den Abs. 1 zu streichen.

Die Kom. nahm den Antrag an, und zwar aus nachstehenden, dem Antrage beigegebenen Gründen: Die Vorschrift fällt auf. Ihr Inhalt gilt nicht nur für das Darlehen, sondern für jedes Schuldverhältniß; kein Schuldner ist verpflichtet, Zinsen zu zahlen, wenn die Verzinsung nicht durch Gesetz oder Rechtsgeschäft bestimmt ist. Man wollte klarstellen, daß das bürgerliche Recht nicht mit der Vorschrift des H.G.B. Art. 290 Abs. 2 übereinstimmt (Prot. S. 693 = Prot. II, Bd. 2, S. 43). Aber diese Vorschrift ist eine Sondervorschrift, eine Abweichung von dem bürgerlichen Rechte, und steht eben deswegen in dem die Sondervorschriften des Handelsrechts enthaltenden H.G.B. Von anderen solchen Sondervorschriften, z. B. Art. 368 Abs. 2 daselbst, wird nicht gesagt, daß sie für das Gebiet des bürgerlichen Rechtes nicht gelten.

**V.** Die Fassung des § 600 *E II rev* (§ 601 E III) entspricht der des § 608 BGB.

## D. Bundesrat (Justizausschuß)

**I.** Zu §§ 548, 549 E II: *Mecklenburg-Schwerin* und *Mecklenburg-Strelitz* wünschen mit Rücksicht auf die in ihren Bemerkungen zu dem Entwurfe erster Lesung (Zusst. z. Entw. I Bd. I S. 106ff.) dargelegte Bedeutung der landüblichen Zahlungstermine in Mecklenburg die Aufnahme folgender Vorschrift in das Einführungsgesetz: „Unberührt bleiben die Vorschriften der Landesgesetze, nach welchen, soweit nicht ein Anderes bestimmt ist, die Kündigung von Darlehen, welche mehr als dreihundert Mark betragen, sowie von Hypotheken- und Grundschulden nur zu bestimmten Zahlungsterminen zulässig ist, und die Rückerstattung solcher Darlehen, sowie die Auszahlung von Hypotheken- und Grundschulden und die Entrichtung bedungener Zinsen auf diese Schulden in bestimmten Zahlungsterminen zu erfolgen hat." (Zust I, S. 34.)

**II.** Der Antrag wurde zurückgezogen.

### E. Reichstag (XII. Kommission)

**I.** Beantragt war, in § 601 als Absatz 2 folgende Bestimmung aufzunehmen: Werden Zinsen vor Beginn der Zinspflicht entrichtet, so mindert sich das Darlehen um deren Betrag". Gröber (Nr 35, 5)

**II.** Bericht von *Heller* über die Sitzung vom 10. 3. 1896:

Zum § 601 lag der Antrag *Gröber* vor. Der Antragsteller bezeichnete die Bestimmung als notwendig, um verschleiertem Wucher vorzubeugen. *Struckmann* gab zu, daß die Vorauszahlung von Zinsen zu wucherischer Ausbeutung mißbraucht werden könne; zum Schutze dagegen seien aber die bestehenden Wuchergesetze ausreichend. Der Antrag wurde mit Stimmenmehrheit abgelehnt.

**III.** Der Antrag wurde von *Gröber* in 2. Lesung (Nr. 129, 3) wiederholt und abgelehnt.

## § 609

**Ist für die Rückerstattung eines Darlehens eine Zeit nicht bestimmt, so hängt die Fälligkeit davon ab, daß der Gläubiger oder der Schuldner kündigt.**

**Die Kündigungsfrist beträgt bei Darlehen von mehr als dreihundert Mark drei Monate, bei Darlehen von geringerem Betrag einen Monat.**

**Sind Zinsen nicht bedungen, so ist der Schuldner auch ohne Kündigung zur Rückerstattung berechtigt.**

### A. 1. Kommission

I. 172. Sitzung vom 5. 2. 1883, Schriftführer Neubauer

| Zu § 107 des Entwurfes: | Prot I 1692

„Ist für die Rückforderung eines Darlehens eine Zeit nicht bestimmt, so ist dem Anleiher hierzu eine nach den Umständen zu bemessende Frist zu gewähren." TE-OR (Nr 6) § 107

war beantragt:

1. die Vorschrift zu fassen: Derscheid (Nr 273)

„Ist für die Rückgabe des Darlehens eine Zeit weder ausdrücklich noch stillschweigend bestimmt und auch nicht vereinbart, daß der Darleiher die Rückgabe zu jeder Zeit verlangen könne, so ist das Darlehen innerhalb sechs Wochen von der ersten Aufforderung an zurückerstatten.

Dasselbe gilt, wenn dem Anleiher die Zeitbestimmung nach seiner Vermögenslage oder in sonstigen allgemeinen Ausdrücken überlassen ist, sofern nicht erhellt, daß eine längere Frist zur Rückgabe von den Vertragschließenden beabsichtigt war."

Johow 2. zu bestimmen principaliter[1]:

„Ist für die Rückforderung eines Darlehens eine Zeit nicht bestimmt, so ist das Darlehen nach einer beiden Theilen freistehenden sechswöchigen Kündigung zurückzuzahlen."

eventuell

„Ist für die Rückforderung eines Darlehens eine Zeit nicht bestimmt, so ist das Darlehn innerhalb sechs Wochen von der ersten Aufforderung an zurückzubezahlen."

Nachdem der prinzipale Antrag Nr. 2 und dann auch der eventuelle Antrag zu Nr. 2 abgelegt war, wurde bei erneuerter Abstimmung, für die man sich entschied, weil ein Mitglied erklärte, es habe gegen den prinzipalen Antrag nur gestimmt in der Erwartung, der eventuelle Antrag werde zur Annahme gelangen und da die Erwartung nicht eingetreten, so gebe es dem Prinzipalantrage | den Vorzug vor der Ablehnung beider Anträge, der Hauptantrag Nr. 2 angenommen, der zweite Absatz des Antrags Nr. 1 abgelehnt. | Prot I 1693

Die Gründe waren:

In der Gegenwart bilde das als Kündigung stehende Darlehn weitaus die Regel. Mit dem Darlehnsvertrage verhalte es sich in dieser Beziehung ähnlich wie mit dem Miethsvertrage. Den Gesetzgeber würde der Vorwurf treffen, die realen Lebensverhältnisse nicht zu würdigen, wenn er, an Gebräuchen und Sitten der alten Römischen Welt festhaltend, jene in dem modernen Verkehr sich so klar und bestimmt aussprechende Ueblichkeit unbeachtet ließe. In gerechter Weise könne die Würdigung nur in der Art erfolgen, daß das Gesetz die Vermuthung ausspreche, das Darlehn stehe, sofern nicht ein Anderes bestimmt, auf Kündigung, zu der beide Theile gleichmäßig berechtigt und verpflichtet seien, und daß zugleich eine in subsidium geltende Kündigungsfrist eingeführt werde. Nur bei einer solchen Normirung werde das Recht beider Theile in den vielen Fällen gewahrt, wenn der konkrete Vertrag keinen Anhalt für die Entscheidung liefere, was den Parteien in Ansehung der Kündigung und der Kündigungsfrist vorgeschwebt haben möchte. Zugleich liege in einer derartigen Normirung für die Parteien ein starker und ungemein wohlthätig wirkender Antrieb, über Kündigung und Kündigungsfrist eine besondere Vereinbarung zu treffen, wenn die subsidiären Regeln des Gesetzes ihren Absichten nicht gemäß seien. Jeder andere Standpunkt führe zu einer großen Anzahl von Prozessen, deren Erledigung sich weit über die Zeit hinziehen könne, welche der Richter demnächst als diejenige befinde, zu der hätte zurückerstattet werden müßen. Die Einführung der beiderseitigen Kündigungs-Verpflichtung und Berechtigung mit einer subsidiär geltenden Kündigungsfrist lasse auch nicht besorgen, daß bei Freundschaftsdarlehen auf kürzeste Zeit sachwidrige Entscheidungen erfolgen würden. Bei der Kürze der gesetzlichen Kündigungsfrist und da die gedachte Normirung den Richter nicht hindere, nach den Umständen des Falles die Nothwendigkeit der Kündigung durch Parteiwillen für ausgeschlossen anzusehen, könne eine solche Besorgniß für begründet nicht er- | achtet werden. | Prot I 1694

Der Absatz 2 des Antrags Nr. 1 wurde aus den S. 1092, 1093 der Protokolle ersichtlichen Gründen abgelehnt.

[1] Nach den Aufzeichnungen von v. Schmitt stammt dieser Antrag von *Johow* (so auch Originalprot.).

**II.** Fassung der Regelung in der *RedVorl (ZustOR):* RedVorl § 292 ZustOR § 292

§ 292 (107). Ist für die Rückerstattung des Darlehns[2] eine Zeit nicht bestimmt, so ist dasselbe nach einer sechswöchigen (sechswöchentlichen[3]) dem Gläubiger und dem Schuldner zustehenden Kündigung zurückzuerstatten.

**III. 1.** § 455 *KE* lautet wie § 288 ZustOR.

**2.** Es lag zu § 455 KE der Antrag vor, die Vorschrift zu fassen (Prot. I 11797): v. Mandry (Nr 590)
„. . . so ist dasselbe innerhalb sechs Wochen nach erfolgter Kündigung zurückzuerstatten. Die Kündigung steht sowohl dem Gläubiger als dem Schuldner zu."

Folgende Fassung des § 455 wurde beschlossen: „Ist . . . bestimmt, so ist dasselbe erst nach erfolgter Kündigung zurückzuzahlen. Die Kündigung steht sowohl dem Gläubiger als dem Schuldner zu. Die Kündigungsfrist beträgt sechs Wochen."

**IV.** Im *E I* lautet die Regelung als § 457: E I § 457

Ist für die Rückerstattung des Darlehens eine Zeit nicht bestimmt, so ist dasselbe erst nach erfolgter Kündigung zurückzuerstatten. Die Kündigung steht sowohl dem Gläubiger als dem Schuldner zu. Die Kündigungsfrist beträgt sechs Wochen.

## B. Vorkommission des Reichsjustizamtes

Struckmann (Nr 3, 13)

**I.** Beantragt war, Satz 3 des § 457 zu fassen:

Die Kündigungsfrist beträgt sechs Wochen, bei einem Darlehen von dreihundert Mark und mehr drei Monate.

**II.** 67. Sitzung vom 6. 1. 1892

| Zu § 457 wurden die beiden ersten Sätze nicht beanstandet. Für Darlehen über dreihundert Mark hielt man jedoch anstatt der im Satz 3 generell bestimmten sechswöchentlichen Kündigungsfrist eine Frist von drei Monaten im Anschluß an das A.L.R. im Verkehrsinteresse für geboten. | Prot-RJA 405

Hiernach erhielt der Satz 3 folgende Fassung:

„Die Kündigungsfrist beträgt sechs Wochen, bei einem Darlehen über dreihundert Mark drei Monate."

## C. 2. Kommission

**I.** Anträge (Prot. II, Bd. 2, S. 43f.; *Mugdan*, Bd. 2, S. 761)

a) Zu § 457 waren folgende Anträge gestellt worden:

1. den dritten Satz wie folgt zu fassen: Struckmann (Nr 68, 18)
Die Kündigungsfrist beträgt sechs Wochen, bei einem die Summe von dreihundert Mark übersteigenden Darlehen drei Monate.

2. in dem Antrag 1 statt „sechs" zu setzen „vier";

3. bei kleinen Darlehen (bis 300 Mark) eine Kündigung nicht zu erfordern.

---

[2] Im KE heißt es „Darlehens".
[3] Das Wort „sechswöchentlichen" ist in der ZustOR entfallen.

Die Kom. nahm den ersten Satz des § 457 und statt des dritten Satzes die unter 1 vorgeschlagene Bestimmung mit der unter 2 beantragten Aenderung an. Der Antrag 3 wurde abgelehnt. Die Erledigung des zweiten Satzes blieb einstweilen ausgesetzt.

b) Im Anschluß an den § 457 war beantragt:

Russel (Nr 123) nachstehende Vorschrift in den Entw. aufzunehmen: Die Feststellung eines von dem Schuldner innezuhaltenden Tilgungsplans gilt im Zweifel nicht als Verzicht desselben auf die Befugniß, das Darlehen nach voraufgegangener Kündigung zurückzuerstatten.

Auf diesen Antrag bezogen sich die Unteranträge:

1. statt der beantragten Bestimmung folgenden Satz einzustellen:
Die Feststellung eines von dem Schuldner innezuhaltenden Tilgungsplans gilt im Zweifel als Verzicht des Schuldners auf das Recht der früheren Rückzahlung des Darlehns.

2. unter Ablehnung des Hauptantrags den § 457 Satz 2 dahin zu ändern:
Ist das Darlehen verzinslich, so ist der Schuldner erst nach von ihm erfolgter Kündigung zur Rückzahlung berechtigt.

Der Unterantrag 2 fand Annahme; der Hauptantrag und der Unterantrag 1 wurden abgelehnt.

II. Fassung der beschlossenen Regelung in der *VorlZust:*

E I-VorlZust § 457 § 457. Ist für die Rückerstattung des Darlehens eine Zeit nicht bestimmt, so kann der Gläubiger die Rückerstattung erst verlangen, nachdem er dem Schuldner gekündigt hat. Ist die Zahlung von Zinsen bedungen, so ist auch der Schuldner zur Rückerstattung erst berechtigt, nachdem von seiner Seite Kündigung erfolgt ist. Die Kündigungsfrist beträgt bei Darlehen von mehr als dreihundert Mark drei Monate, bei Darlehen von geringerem Betrage vier Wochen.

III. In der *ZustRedKom* lautet die Regelung:

E I-ZustRedKom § 457 § 457. Ist für die Rückerstattung des Darlehens eine Zeit nicht bestimmt, so ist dasselbe erst nach erfolgter Kündigung zurückzuerstatten. Die Kündigung steht sowohl dem Gläubiger als dem Schuldner zu. Sind Zinsen nicht bedungen, so ist der Schuldner auch ohne Kündigung zur Rückerstattung berechtigt.

Die Kündigungsfrist beträgt bei Darlehen von mehr als dreihundert Mark drei Monate, bei Darlehen von geringerem Betrage vier Wochen.

IV. Im *E II* lautet die Regelung als § 549:

E II § 549 Ein Darlehen ist, wenn für die Rückerstattung eine Zeit nicht bestimmt ist, erst nach Kündigung zurückzuerstatten. Die Kündigung steht sowohl dem Gläubiger als dem Schuldner zu. Sind Zinsen nicht bedungen, so ist der Schuldner auch ohne Kündigung zur Rückerstattung berechtigt.

Die Kündigungsfrist beträgt bei Darlehen von mehr als dreihundert Mark drei Monate, bei Darlehen von geringerem Betrag einen Monat.

V. Die Fassung des § 601 *E II rev (E III* § 602) entspricht der in § 609 BGB Gesetz gewordenen Fassung.

D. Wegen eines Antrags im **Justizausschuß des Bundesrats** von *Mecklenburg* zur Revision des E II rev vgl. Materialien zu § 608 BGB unter D.

§ 610

**Wer die Hingabe eines Darlehns verspricht, kann im Zweifel das Versprechen widerrufen, wenn in den Vermögensverhältnissen des anderen Theiles eine wesentliche Verschlechterung eintritt, durch die der Anspruch auf die Rückerstattung gefährdet wird.**

## A. 1. Kommission

I. Wegen der Kommissionsbeschlüsse vgl. Materialien zu § 607 BGB.

II. Fassung der Regelung in der *RedVorl (ZustOR):*

§ 288. Der Vertrag, durch welchen die Hingabe eines Darlehns(-hens; KE) versprochen wird, ist im Zweifel als unter dem Vorbehalte abgeschlossen anzusehen, daß der Versprechende befugt sei, von dem Vertrage für den Fall zurückzutreten, daß die Vermögenverhältnisse des anderen Theils(-les; KE) vor der Darleihung eine wesentliche, den Rückerstattungsanspruch gefährdende Verschlimmerung erfahren. RedVorl § 288 ZustOR § 288

III. 1. § 451 *KE* lautet wie § 288 ZustOR.

2. Auf „gegebene Anregung" (Prot. I 6136) wurde beschlossen, in § 451 KE statt „abgeschlossen" zu setzen „geschlossen".

3. Zu § 451 KE lag der Antrag vor:

a) die Vorschrift zu fassen: | Prot I 11796

„. . . von dem Vertrage zurückzutreten, wenn die Vermögensverhältnisse des anderen Theiles vor der Darleihung eine erhebliche, den Rückerstattungsanspruch gefährdende Verschlechterung erfahren." v. Mandry (Nr 591, 5) (nur a u b)

b) § 671 Nr. 1 statt „wesentlich" zu setzen „erheblich" (zu vgl. § 718 Abs. 6).

c) § 188 Abs. 1 letzte Zeile statt „wesentlich" zu setzen „erheblich" (zu vgl. § 669, § 671 Nr. 2).

Beschlossen wurde, dem Antrage zu a) gemäß, in dem § 451 statt „von dem Vertrage für den Fall zurückzutreten, daß . . ." zu setzen „von dem Vertrage zurückzutreten, wenn pp." sowie in der letzten Zeile „Verschlimmerung" zu ersetzen durch „Verschlechterung".

Im übrigen wurden der Antrag zu a) sowie | die Anträge zu b) und c) abgelehnt. | Prot I 11797

IV. Im E I lautet die Regelung:

§ 458. Der Vertrag, durch welchen die Hingabe eines Darlehens versprochen wird, ist im Zweifel als unter dem Vorbehalte geschlossen anzusehen, daß der Versprechende befugt sei, von dem Vertrage zurückzutreten, wenn die Vermögensverhältnisse des anderen Theiles vor der Darleihung eine wesentliche, den Rückerstattungsanspruch gefährdende Verschlechterung erfahren. E I § 458

## B. Vorkommission des Reichsjustizamtes

I. Beantragt war, dem § 458 folgenden Satz anzufügen: Das Gleiche gilt, wenn die den Rückerstattungsanspruch gefährdende Vermögenslage des anderen Theiles, ohne Jacubezky (Nr 8, 15) daß der Versprechende es wußte, schon zur Zeit der Schließung des Vertrages bestand und der andere Theil annehmen mußte, daß der Versprechende bei Kenntniß derselben das Versprechen nicht abgeben würde.

**II.** 67. Sitzung vom 6. 1. 1892

| Prot-RJA 405 | Der § 458 wurde nicht beanstandet. Der Anregung, dem § 458 als Satz 2 eine Vorschrift folgenden Inhalts aufzunehmen: [wie Antrag von Jacubezky] wurde seitens der Mehrheit abgelehnt.

Zur Begründung des Antrages war seitens des Antragstellers Folgendes geltend gemacht worden.

Es widerspreche den Grundsätzen von Treu und Glauben, wenn Jemand ein Darlehen verlange, obwohl er in dem Zeit- | Prot-RJA 406 | punkt in welchem er dasselbe verlange, wisse, daß er nach seinen Vermögensverhältnissen zur Rückzahlung desselben nicht im Stande sei. Gegenüber einem solchen Verhalten des Darlehnssuchers müsse dem Darleiher das Recht gewährt werden, von dem bereits geschlossenen, aber noch nicht durch Aushändigung der Valuta vollzogenen Darlehnsvertrage zurückzutreten. Die Beschränkung des Rücktrittsrecht auf den Fall, wo *nach* dem Abschluß des Vertrages eine Veränderung in der Vermögenslage des anderen Theils eingetreten sei, entspreche den Verkehrsverhältnissen nicht. Von einer Schädigung des Darlehnsnehmers könne bei einer entsprechenden Erweiterung des Rücktrittsrechts nicht die Rede sein, weil ihm die Rechte aus dem Vertrage nur dann entzogen werden sollten, wenn die Geltendmachung derselben *materiell* als ein Unrecht erscheine.

Die Mehrheit setzte dagegen diesen Ausführungen folgende Erwägungen entgegen:

Der Irrthum des Darleihers über die zur Zeit des Vertragsabschlusses obwaltenden Vermögensverhältnisse des Darlehnssuchers sei an sich ein Irrthum im Beweggrunde. Sei dieser Irrthum durch den Darlehnssucher veranlaßt worden, so liege ein Betrug vor, welcher die Unwirksamkeit des Abkommens schon nach allgemeinen Grundsätzen zur Folge habe. Weiterzugehen sei weder durch die Rücksicht auf den Gläubiger geboten, noch mit den Interessen des Schuldners vereinbar. Sache des Gläubigers sei es, vor Abschluß des Vertrages über die Vermögensverhältnisse des Darlehnssuchers in erster Linie durch Nachfrage bei dem letzteren selbst die nöthigen Erkundigungen einzuziehen. Unterlasse er dies, so handle er fahrlässig, und es gehe nicht an, daß er die Folgen seiner eigenen Fahrlässigkeit auf den Darlehnssucher abwälze, welcher möglicherweise mit Rücksicht auf das ihm zugesicherte Darlehen seine Dispositionen im weitesten Umfange getroffen habe. Dazu komme, daß die vorgeschlagene Bestimmung von solchen Personen, welche an weniger Bemittelte gewerbsmäßig Darlehen | Prot-RJA 407 | zu geben pflegten, leicht zum Nachtheile der letzteren mißbraucht und dazu benutzt werden könne, den anderen Theil, welcher durch die Vorenthaltung des Darlehens in die mißlichste Lage zu gerathen drohe, zu nöthigen, in die Einräumung wucherischer Vortheile für den Darlehnsgeber oder in die Bestellung von Sicherheit zu willigen, obwohl nach dem ursprünglichen Vertrage das Darlehen ihm unter günstigeren Bedingungen zugesagt war.

## C. 2. Kommission

**I.** Zu § 458 E I war beantragt (Prot. II Bd. 2, S. 47; *Mugdan*, Bd. 2, S. 763):

Jacubezky (Nr 97, 6) 1. der Bestimmung hinzuzusetzen: wie Antrag von Jacubezky in der Vorkommission des RJA;

2. für den Fall der Ablehnung dieses Antrags dem § 458 hinzuzufügen: Das Gleiche gilt, wenn eine vor Schließung des Vertrags eingetretene wesentliche, den Rückerstattungsanspruch gefährdende Verschlechterung der Vermögensverhältnisse des anderen Theiles dem Versprechenden ohne sein Verschulden nicht bekannt geworden war. Jacubezky (Nr 121)

Die Kom. entschied sich sachlich für den Entw.; die Anträge wurden abgelehnt.

**II.** Fassung der Regelung in der *VorlZust:*

§ 458. Der Vertrag, durch welchen die Hingabe eines Darlehens versprochen wird, ist im Zweifel als unter dem Vorbehalte geschlossen anzusehen, daß der Versprechende zum Rücktritte berechtigt sein soll, wenn vor der Hingabe des Darlehens die Vermögensverhältnisse des anderen Theiles eine wesentliche die Rückerstattung gefährdende Verschlechterung erfahren. E I-VorlZust § 458

**III.** Fassung der Regelung in der *ZustRedKom:*

§ 458. Der Vertrag, durch welchen die Hingabe eines Darlehens versprochen wird, ist im Zweifel als unter dem Vorbehalte geschlossen anzusehen, daß der Versprechende zum Rücktritte berechtigt sein soll, wenn vor der Hingabe des Darlehens eine wesentliche den Rückerstattungsanspruch gefährdende Verschlechterung in den Vermögensverhältnissen des anderen Theiles eintritt. E I-ZustRedKom § 458

**IV.** Fassung der Regelung im *E II* als § 550. E II § 550

Wer die Hingabe eines Darlehens versprochen hat, kann im Zweifel das Versprechen widerrufen, wenn in den Vermögensverhältnissen des anderen Theiles eine wesentliche Verschlechterung eintritt, welche den Anspruch auf die Rückerstattung gefährdet.

**V.** Die Fassung des § 602 *E II rev* (§ 603 *E III)* entspricht der des § 610 BGB.

## SECHSTER TITEL

## Dienstvertrag*

Die Anträge von *v. Kübel* zum Dienstvertrag lauten im Zusammenhang (vgl. Vorbemerkung vor § 535 BGB):

**Anträge Nr. 399 vom 29. 5. 1883, Nr. 406 vom 1. 6. 1883 und Nr. 408 vom 3. 6. 1883.**

### *I. Dienstverdingung*

*Zu Art. 614 Abs. 1 und 615.* **§ 1.** (zu vgl. § 1 der RedVorl v. d. Miethe). Durch den Dienst(verdingungs)vertrag wird der Dienstverdinger verpflichtet, dem Dienstherrn die vertragsmäßigen Dienste zu leisten, und der Letztere verpflichtet, dem Dienstverdinger die vereinbarte Vergütung zu entrichten.

Gegenstand des Vertrags können Dienste jeder Art sein.

*Zu Art. 614 Abs. 2.* Als entbehrliche Auslegungsregel zu streichen.

* Geändert bzw. eingefügt sind die §§ 613 a, 616, 620–623, 626, 627.

*Zu Art. 616.* Als entbehrlich zu streichen, da die Bestimmung in Satz 1 durch den allgemeinen Ausdruck „Vergütung" in § 1 gedeckt, die Bestimmung in Satz 2 aber selbstverständlich ist.

*Zu Art. 617.* Zu streichen, da die Bestimmung nur ausspricht, was im unterstellten Falle als stillschweigend vereinbart anzusehen ist und dieß einer besonderen Bestimmung nicht bedürftig scheint.

*Zu Art. 618.* Zu streichen, da eine prinzipielle Versagung der Abtretung des Anspruchs auf Dienste den Anschauungen und Bedürfnissen des Lebens nicht entsprechen und im Uebrigen die Bestimmung des § 212 der Zusammenstellung des Obligationenrechts ausreichen dürfte.

*Zu Art. 619.* Hier zu streichen und in Verbindung mit Art. 628 zu berathen.

*Zu Art. 620.* **§ 2.** Der Dienstverdinger ist im Zweifel verpflichtet, die Dienste in Person zu leisten.

(Die in § 171 der Zusammenstellung des Obl.R. für die Verpflichtung zur Leistung in Person aufgestellte Voraussetzung wird bei der Dienstverdingung im Zweifel als vorhanden anzunehmen sein.)

*Zu Art. 621.* Abs. 1 zu streichen als durch die allgemeinen Bestimmungen (§§ 61, 176 der Zusammenstellung des Obl.R.) gedeckt.

Abs. 2 zu streichen als in dieser Allgemeinheit nicht richtig und, soweit richtig, als durch § 63 der Zusammenstellung des Obligationenrechts gedeckt (auch Art. 542 von der Miethe[1] ist gestrichen worden).

*Zu Art. 622.* Zu streichen als durch die allgemeinen Bestimmungen (§ 61 der Zusammenstell. des Obl.R.) gedeckt.

*Zu Art. 623.* Zu streichen, da die Frage der Verpflichtung des Dienstverdingers zu Tragung des Aufwands und Beschaffung der Werkzeuge (Satz 1) nach den Umständen des Falls und dem Inhalt des Vertrages verschieden zu beantworten sein wird und eine allgemeine Regel sich nicht wird aufstellen lassen, die in Satz 2 ausgesprochene Verpflichtung des Dienstverdingers aber aus den allgemeinen Grundsätzen folgen dürfte.

*Zu Art. 624.* **§ 3.** Die Vergütung für die Dienste hat der Dienstherr, wenn nicht ein Anderes vereinbart ist, erst nach Beendigung der Dienstleistung zu entrichten.

*Zu Art. 625.* **§ 4.** Die Vergütung für die Dienste ist der Dienstherr auch dann zu leisten verpflichtet, wenn er aus einem in seiner Person liegenden Grunde von den Diensten Gebrauch zu machen außer Stande war, und findet diesfalls die Bestimmung des § 13 (373) der RedVorl[2] von der Miethe entsprechende Anwendung.

*Zu Art. 626.* Zu streichen.

(Die Erlöschung des Vertrages, wenn die Dienste geleistet sind, oder die bestimmte Dienstzeit abgelaufen ist, erscheint selbstverständlich. — Ob der Vertrag mit dem Tode eines der Vertragschließenden erlösche, beantwortet sich aus der Bestimmung des § 261 der Zusammenstellung. — Für den Fall der Dienstunfähigkeit dürfte den Interessen des Dienstberechtigten durch Gestattung des Rücktrittsrechts [Art. 630] genügt sein [vgl. sächs. Gb. § 1241[3]]).

---

1 Vgl. Materialien zu § 542ff. BGB.

2 Vgl. Materialien zu § 552 BGB.

3 § 1241 Sächs. BGB lautet: „Der Dienstberechtigte kann vor der Zeit von dem Vertrage abgehen, wenn dem Dienstleistenden Untreue oder grobe Fahrlässigkeit bei dem Dienste zur Last fällt,

*Zu Art. 627.* **§ 5.** Ist der Dienstvertrag auf eine bestimmte Zeit geschlossen und setzt der Dienstverpflichtete nach Ablauf dieser Zeit die Leistung der Dienste fort, so findet die Bestimmung des § 19 (379[4]) der RedVorl von der Miethe entsprechende Anwendung.

*Zu Art. 629.* **§ 6.** Ist in dem Vertrage die Dienstzeit weder ausdrücklich bestimmt, noch aus dem Zwecke der Dienste zu entnehmen, so kann das Dienstverhältniß von jedem der Vertragschließenden durch Kündigung beendet werden. Die Kündigungsfrist beträgt vierzehn Tage. Ist die Vergütung für die Dienste nach Zeitabschnitten bestimmt, so hat die Kündigung vierzehn Tage vor dem Ablauf eines solchen Zeitabschnitts zu erfolgen.

*Zu Art. 628.* **§ 7.** Ist der Dienstvertrag auf die Lebenszeit eines der Vertragsschließenden abgeschlossen, so kann das Dienstverhältniß gleichwohl durch Kündigung von Seiten des Dienstverpflichteten beendet werden. Die Kündigungsfrist beträgt in diesem Falle sechs Monate.

*Zu Art. 629.* **§ 8.** Eine Vertragsbestimmung, durch welche jede Kündigung des Dienstvertrages ausgeschlossen wird, ist nichtig.

*Zu §§ 630 (631).* **§ 9.** Aus erheblichen (wichtigen) Gründen kann jeder Vertragschließende vor der bestimmten Zeit ohne Kündigung von dem Dienstvertrage für die Zukunft zurücktreten.

Der Dienstverpflichtete kann insbesondere zurücktreten, wenn der Dienstberechtigte mit der Entrichtung der Vergütung für die Dienste oder eines Theils derselben in Verzug kommt und den Dienstverpflichteten nicht vollständig befriedigt, bevor dieser den Rücktritt erklärt hat. Der Dienstberechtigte kann insbesondere zurücktreten, wenn der Dienstverpflichtete mit der Leistung der Dienste ganz oder theilweise in Verzug kommt und die Leistung nicht vor Erklärung des Rücktritts nachholt. Geschieht letzteres, so steht das Rücktrittsrecht dem Dienstberechtigten nur zu, wenn ein besonderes Interesse desselben den Rücktritt rechtfertigt.

Im Uebrigen entscheidet das Ermessen des Richters, ob erhebliche Gründe, welche den Rücktritt rechtfertigen, vorliegen.

(Zu Abs. 1 u. 4 vgl. H.G.B. Art. 62, *Zürich* § 1562, *Schweiz* Art. 346. Zu Abs. 2 vgl. RedVorl von der Miethe § 23 [383] Ziff. 2. Zu Abs. 3 vgl. ebendas. § 24 [384] u. Prot. S 2152 § a u. S. 2154; desgl. Kommissionsbeschluß zu Art. 621 des DresdE[5]; ferner § 200 der Zusammenstellung d. Obl.R.).

Bezüglich der Wirkung des Konkurses auf das Dienstverhältniß vgl. Konkursordnung § 19[6].

---

oder wenn derselbe die zu dem Dienste nöthige Befähigung oder Geschicklichkeit verliert, oder wenn er sich durch strafbare oder unsittliche Handlungen des Vertrauens des Dienstberechtigten unwürdig macht."

4 Vgl. Materialien zu § 568 BGB.

5 Art. 62 ADHGB lautet: „Die Aufhebung des Dienstverhältnisses vor der bestimmten Zeit (Art. 61) kann aus wichtigen Gründen von jedem Theile verlangt werden. – Die Beurtheilung der Wichtigkeit der Gründe bleibt dem Ermessen des Richters überlassen." – § 1562 Zürch.G.B. lautet: „Auch wenn ein Lohndienstvertrag auf eine längere Zeitdauer abgeschlossen worden ist, so kann doch inzwischen aus erheblichen oder dringenden Ursachen die Auflösung des Verhältnisses gefordert werden. Das Gericht hat in derartigen Streitfällen in Erwägung der Umstände und des guten Glaubens nach freiem Ermessen zu urtheilen"; – Art. 346 SchwOR ist bei §§ 626ff. Fn. 9 mitgeteilt. – Zu RedVorl §§ 23, 24 vgl. Materialien zu den §§ 553f.; 543f. BGB. – Zum Kommissionsbeschluß zu § 621 DresdE vgl. Materialien zu §§ 626ff. BGB.

6 § 19 KO a. F. entspricht § 17 KO n. F. (geändert).

*Zu Art. 632.* Zu streichen und die Regelung des Gesinderechts im Einf. Ges. der Landesgesetzgebung vorzubehalten; bezüglich der hierher gehörigen reichsgesetzlichen Bestimmungen in der Reichsgewerbe-Ordnung, bezw. der Gewerbenovelle aber einen Vorbehalt gleichfalls im Einführungsgesetz zu machen.

(Den Ausschluß des Gesinderechts von dem bürgerlichen Gesetzbuch hat schon die Vorkommission beschlossen; ihr ist der Kommissionsbeschluß vom 22. September 1874[7] gefolgt, welcher dahin ging, der Landesgesetzgebung innerhalb näher zu erwägender Grenzen Raum zu lassen.)

*Zu Art. 633.* Zu streichen.

## § 611

**Durch den Dienstvertrag wird derjenige, welcher Dienste zusagt, zur Leistung der versprochenen Dienste, der andere Theil zur Gewährung der vereinbarten Vergütung verpflichtet.**

**Gegenstand des Dienstvertrags können Dienste jeder Art sein.**

## § 612

**Eine Vergütung gilt als stillschweigend vereinbart, wenn die Dienstleistung den Umständen nach nur gegen eine Vergütung zu erwarten ist.**

**Ist die Höhe der Vergütung nicht bestimmt, so ist bei dem Bestehen einer Taxe die taxmäßige Vergütung, in Ermangelung einer Taxe die übliche Vergütung als vereinbart anzusehen.**

### A. 1. Kommission

I. a) 214. Sitzung vom 30. 5. 1883, Schriftführer Neubauer

| Prot I 2244 | Man wandte sich zu der Berathung der von der *„Dienstverdingung"* handelnden Artikel 614 bis 633 des Dresdener Entwurfs.

Eine einleitende Debatte führte in Betreff der Terminologie zur Verständigung, daß das Gesetzbuch sich der Ausdrücke zu bedienen habe:

„Dienst, Dienste" zur Bezeichnung des Gegenstandes des Vertrags,

„Dienstvertrag" zur Bezeichnung des Vertrags,

„Dienstberechtigter" zur Bezeichnung desjenigen, dem der Dienst oder die Dienste zu leisten seien,

„Dienstverpflichteter" zur Bezeichnung desjenigen, der den Dienst oder die Dienste zu leisten habe.

Weiter verständigte man sich dahin, über die Abgrenzung des Dienstvertrags von dem Mandatsvertrage bei Erledigung des Abschnitts über das Mandat, über die Abgren-

[7] Vgl. Bd. 1 (Materialienband).

zung des Dienstvertrages von der Werkverdingung bei Erledigung des über die letztere handelnden Abschnitts Beschluß zu fassen.

Die Artikel 614, 615, die gemeinsam berathen wurden, lauten:

Artikel 614. „Durch den Dienstvertrag wird der Dienstverdinger dem Dingenden (Dienstherrn) zu der Leistung von Diensten, der Dingende dem Dienstverdinger dagegen zu der Entrichtung einer Vergütung (Lohn, Honorar) verpflichtet. DresdE Art 614

Eine Vergütung gilt als stillschweigend vereinbart, wenn die Dienstleistung nach den Umständen nur gegen eine Vergütung zu erwarten war."

| Artikel 615. „Die Dienste können in Leistungen bestehen, welche nur eine körperliche Kraftanwendung erfordern, oder in solchen, welche eine besondere Sachkenntniß, eine Kunstfertigkeit oder wissenschaftliche Bildung voraussetzen und gegen eine Vergütung geleistet zu werden pflegen." | Prot I 2245 DresdE Art 615

Es waren folgende Anträge gestellt:

1. statt dessen zu bestimmen: Windscheid (Nr 397)

§ a. „Wer einem Anderen Dienste versprochen hat, ist nicht blos verpflichtet, bei der Leistung der Dienste die Sorgfalt eines guten Hausvaters anzuwenden, sondern er steht auch dafür ein, daß ihm dasjenige Maß von Einsicht und Fertigkeit beiwohne, zu welchem er sich ausdrücklich oder stillschweigend bekannt hat."

§ b. . . . . . .[1] „Eine Vergütung ist als stillschweigend vereinbart anzusehen, wenn die Dienstleistung nach den Umständen nur gegen eine Vergütung zu erwarten war."

2. zu bestimmen, unter Streichung des eine entbehrliche Auslegungsregel enthaltenden Absatz 2 des Artikels 614: v. Kübel (Nr 399)

„Durch den Dienst-(verdingungs-)vertrag wird der Dienstverdinger verpflichtet dem Dienstherrn die vertragsmäßigen Dienste zu leisten, und der Letztere verpflichtet dem Dienstverdinger die vereinbarte Vergütung zu entrichten.

Gegenstand des Vertrags können Dienste jeder Art sein."

| 3. zu bestimmen statt des Artikels 614: | Prot I 2246 v. Schmitt (Nr 398)

„Durch den Dienstmiethevertrag wird der Arbeitnehmer verpflichtet, dem Arbeitgeber die versprochenen Dienste zu leisten oder zu verschaffen und der Arbeitgeber verpflichtet, dem Anderen die vereinbarte Gegenleistung (Lohn) zu entrichten.

Für übernommene Dienste, welche nur gegen eine Vergütung bewirkt zu werden pflegen, ist, auch wenn die Entrichtung eines Lohnes nicht vereinbart wurde, ein Lohn zu entrichten, sofern nicht eine andere Absicht der Vertragschließenden erhellt."

und unter Streichung des Artikels 615 an Stelle der zweiten Alternative dieses Artikels in einem neu einzustellenden Artikel 631a vorzuschreiben:

„Die vorstehenden Bestimmungen finden auf Verträge entsprechende Anwendung, durch welche Arbeitsleistungen, die eine besondere Sachkenntniß, eine Kunstfertigkeit oder wissenschaftliche Bildung des Leistenden voraussetzen, gegen eine Vergütung (Honorar, Ehrensold) übernommen worden."

4. zu bestimmen:

„Der Vertrag, durch welchen sich der eine Vertragschließende zur Leistung von Diensten, der andere zur Gewährung einer Vergütung für die Dienste verpflichtet (Dienstverdingung), kann bezüglich jeder Art von Diensten wirksam geschlossen werden. Kurlbaum (Nr 396)

[1] Der Abs. 1 des § b lautet: „Die für die Dienste versprochene Vergütung (Lohn, Honorar) ist nach Beendigung der Dienstleistung, wenn sie aber nach bestimmten Zeitabschnitten zu bemessen ist, nach Ablauf der einzelnen Zeitabschnitte zu entrichten."

Für Dienste, welche unter den obwaltenden Umständen vergütet zu werden pflegen, ist die Gewährung einer Vergütung als stillschweigend vereinbart anzusehen."

Zum Artikel 538 ist für die Miethe die Bestimmung beschlossen (vgl. Prot. vom 20. April 1883 S. 2022):

| Prot I 2247 „Durch den Miethvertrag wird der Vermiether | verpflichtet, dem Miether den Gebrauch der vermietheten Sache während der Miethzeit zu gewähren, und der Miether verpflichtet, dem Vermiether die vereinbarte Gegenleistung (Miethzins) zu entrichten."

Die Mehrheit hielt es für angemessen, den Abschnitt über den Dienstvertrag mit einer ähnlichen Bestimmung einzuleiten und billigte daher den Antrag Nr. 2 Absatz 1 mit der Maßgabe, daß bei der Fassung die oben beschlossene Terminologie zu beachten bleibe, ferner vorbehaltlich einer nöthig werdenden Aenderung, wenn zum Artikel 615 der Antrag Nr. 3 Annahme finden möchte, und vorbehaltlich der der Redaktion zu überlassenden Prüfung, ob nicht „vertragsmäßige" zu ersetzen sei durch: „vereinbarte".

Der Vorschlag, entsprechend dem Antrage Nr. 2 bei: „zu leisten" hinzuzufügen: „oder zu verschaffen" wurde abgelehnt. Man glaubte, daß wenn der Dienstverpflichtete sich zur Dienstverschaffung verpflichtet habe, ein anderer Vertrag vorliege, als derjenige, welcher im gegenwärtigen Abschnitte zu regeln sei.

Auf Anregung des Antragstellers zu Nr. 1 blieb übrigens vorbehalten, nach Durchberathung des Abschnitts nachträglich darüber zu beschließen, ob und inwiefern die beschlossenen Vorschriften auf den Fall für anwendbar zu erklären seien, in welchem vereinbart ist, daß der Dienst oder die Dienste unentgeltlich zu leisten seien[1a]. Bei der Berathung des Abschnitts glaubte man zunächst an der Voraussetzung festhalten zu müssen, es sei eine Vergütung für die Dienstleistung ausdrücklich oder stillschweigend bedungen, der Dienstvertrag also eine locatio conductio im Sinne der gemeinrechtlichen Doktrin.

Betreffend den zweiten Absatz des Artikels 614 wurde, nach Ablehnung der betreffenden Vorschläge der Anträge Nr. 3 und 4, der Entwurf mit der Maßgabe gebilligt, daß der Ausdruck: „gilt" durch den: „ist anzusehen" zu ersetzen sei.

Man ging davon aus:

| Prot I 2248 | Der zweite Satz sei erfahrungsmäßig von zu großer praktischer Wichtigkeit, als daß seine Uebergehung sich empfehlen könnte. Was die Fassung angehe, so sei der Vorschlag des Antrags Nr. 4 zu eng, der des Antrags Nr. 3 der Mißdeutung fähig, der des Entwurfs einwandfrei und in jeder Hinsicht zutreffend.

Zum Artikel 615 erklärte sich die Mehrheit zunächst gegen die Streichung des Artikels, sodann aber auch gegen den Antrag Nr. 3, vielmehr für die Anträge Nr. 2 und 4, wonach bestimmt werden soll: „Gegenstand des Vertrages können Dienste jeder Art sein;" die Fassung der Vorschrift blieb der Redaktion vorbehalten.

Erwogen war:

Die Vorschrift zu übergehen und damit unentschieden zu lassen, ob auch bei den sogenannten operae liberales die Rechtsnormen über den Dienstvertrag Anwendung fänden, sei wegen des gemeinen Rechts und der in der gemeinrechtlichen Doktrin bestehenden Streitfragen bedenklich. Nicht minder bedenklich erscheine es aber, mit dem Antrage Nr. 3, – wenn auch nicht in sachlicher Hinsicht, doch in formeller Beziehung – zwischen den operae liberales und illiberales zu unterscheiden. Eine solche auch nur formelle Unterscheidung müsse als entschieden der modernen Rechtsauffassung widerstrebend schlechthin abgelehnt werden.

---

[1a] Hierzu Materialien zu § 631 f. BGB unter A I a. E.

Nunmehr gelangte der Antrag Nr. 1 § a zur Berathung[2]. Die vorgeschlagene Bestimmung fand in sachlicher Hinsicht keine Beanstandung. Man hielt ihre Aufnahme aber für entbehrlich. Die Mehrheit glaubte nämlich: In dem unterstellten Falle müsse angenommen werden, der Dienstverpflichtete habe die erforderliche Sachkunde zugesichert oder garantirt, bei welcher Annahme die Entbehrlichkeit der Vorschrift nicht zu leugnen sei. Hiervon sei man auch bei der Berathung der §§ 166, 167 der Zusammenstellung der das Obligationenrecht betreffenden Beschlüsse (Prot. vom 20. September 1882 S. 1059–1063) ausgegangen. (Zu ver | gleichen Motive der Vorlage des Redaktors, betreffend „Wirkungen der Schuldverhältnisse – Nr. 13 – S. 16, 17, 8, 10, 12[3]). | Prot I 2249

In der That handele es sich um eine früher nicht für nöthig erachtete Ergänzung der zitirten §§. Dazu komme, daß der vorliegende Antrag, wenn er seinen Zweck erfüllen solle, der Erweiterung bedürfen würde. Näher betrachtet, setze er nämlich ein ausdrückliches oder stillschweigendes Garantieversprechen voraus. Liege ein solches vor, so erscheine die Vorschrift –, wie schon erwähnt, – nicht erforderlich. Die weit erheblichere Frage, in welchen Fällen ein stillschweigendes Garantieversprechen sich annehmen lasse, bleibe in dem Antrage unbeantwortet. Dieselbe lasse auch eine allgemeine und für alle Fälle passende Beantwortung nicht zu, indem vielmehr die richtige Entscheidung von den konkreten Umständen abhänge. Um so mehr erscheine es gerechtfertigt, einer allgemeinen Bestimmung, sei es für alle Verträge, sei es für den Dienstvertrag insbesondere sich zu enthalten.

b) 215. Sitzung vom 1. 6. 1883, Schriftführer Neubauer

| Die Berathung des Abschnitts betreffend „die Dienstverdingung“ wurde fortgesetzt. | Prot I 2251

Der Artikel 616 des Entwurfs bestimmt: DresdE Art 616

„Der Lohn kann in Geld oder in anderen Leistungen bestehen. Derselbe kann für die zu leistenden Dienste im Ganzen oder nach den Gegenständen, auf welche sich die

---

[2] Hierzu heißt es im Nachlaß *v. Schmitt:* Der Antrag von *Windscheid* § a suche dem Mangel bezügl. zugesicherter Eigenschaften und Fähigkeiten abzuhelfen. Der Antrag sei darauf gerichtet, daß ein Garantievertrag vorliege. Dies sei abgelehnt worden, teils weil das sich von selbst verstehe, teils weil eine solche Bestimmung auch bei anderen Verträgen notwendig wäre (Mandat), teils weil er auch zu weit gehe. *Windscheid* habe nichts davon wissen wollen, daß man die Frage unter dem Gesichtspunkt der c.i.c. sehen könne. „Ich glaube aber“, so schreibt v. Schmitt, „daß gerade der Gesichtspunkt der c.i.c. der richtige ist, und daß sich hieraus ganz gut auch die ädilizischen Klagen erklären.“ Es liege ein Fall der subjektiven Unmöglichkeit vor. v. Schmitt fragt sich dann weiter, was rechtens sei. Man könne sagen: der Vertrag ist gültig und ebendeshalb wird dieser ursprünglich subjektive Mangel wie ein nachträglich subjektiver Mangel behandelt; dann ginge es nach den allgemeinen Bestimmungen; es käme deshalb auf Verschulden doch an. Deshalb werde man leicht dazu kommen, hier c.i.c. anzuwenden. In diesem Fall könne man ein Rücktrittsrecht gewähren. Man müßte bestimmen: Phys. Mängel und Fehlen zugesicherter Eigenschaften begründen eine Schadensersatzpflicht oder lassen Rücktritt zu. – Für § 630 (oben bei §§ 626–628 BGB) nimmt v. Schmitt einen Antrag in Aussicht, wonach dem Dienstberechtigten u. a. ein Rücktrittsrecht zustehen soll, wenn dem Dienstverpflichteten zugesicherte Eigenschaften fehlen oder dieser eine Krankheit verschwiegen hat (ein solcher Antrag ist nicht nachweisbar).

[3] In den Motiven zur Vorlage Nr. 13, S. 16 heißt es u. a.: „Es versteht sich nach der richtigen Erfassung des Maßstabes eines sorgsamen Hausvaters von selbst, daß, wer ein Geschäft übernimmt, welches besondere Kenntnisse und Fähigkeiten zu seiner Ausführung erfordert, auch dafür einzustehen hat, daß ihm diese Eigenschaften innewohnen. . . . Läßt er sich trotz der Unzulänglichkeit seiner Kräfte und Kenntnisse darauf ein, so handelt er schon hiermit nicht wie ein sorgsamer Hausvater und, wenn er in Folge dessen in Ausführung des Geschäfts etwas übersieht, so hat er das als von ihm verschuldet zu vertreten“ (vgl. auch S. 8, 10, 12).

Dienstleistung bezieht (nach Stücken) oder nach dem Maße derselben oder nach Zeitabschnitten bestimmt sein."

Kurlbaum (Nr 396) v. Schmitt (Nr 398) v. Kübel (Nr 399) Der von verschiedenen Seiten gestellte Antrag auf Streichung[4] des Artikels wurde aus denselben Gründen gebilligt, welche für die Streichung des Artikels 540 des Dresdener Entwurfs entscheidend gewesen sind (Prot. vom 30. April 1883 S. 2025[5]). In Betreff des sogenannten commis interessé und der in einem ähnlichen Verhältnisse stehenden Personen eine besondere Bestimmung aufzunehmen (zu vgl. Materialien S. 12 u. 13[6]), hielt man nicht für erforderlich; es wurde jedoch vorbehalten, auf den Gegenstand bei Berathung des Gesellschaftsrechts zurückzukommen.

| Prot I 2252 Der Artikel 617 des Entwurfs lautet:

DresdE Art 617 „Ist die Größe des Lohnes nicht bestimmt, so richtet sich | dieselbe nach der dafür bestehenden obrigkeitlichen Taxe oder, sofern eine solche fehlt, nach dem Ortsgebrauche. Fehlt es auch an einem Ortsgebrauche, so ist das Ermessen des Dienstverdingers maßgebend."

Kurlbaum (Nr 396) v. Schmitt (Nr 398) v. Kübel (Nr 399) Der von verschiedenen Seiten gestellte Antrag auf Streichung[7] des Artikels wurde deshalb gebilligt, weil die §§ 39 und 40 der Zusammenstellung der das Obligationenrecht betreffenden Beschlüsse (Prot. vom 12. April 1882 S. 577ff.) für genügend erachtet wurden (zu vgl. insbesondere Prot. S. 577–588[8]).

| Prot I 2257 | Der Artikel 622 des Entwurfs lautet:

DresdE Art 622 „Der Dienstverdinger hat die Dienste in der vereinbarten Weise und, soweit letztere nicht besonders vereinbart worden ist, nach der Anweisung des Dienstherrn, in Ermangelung einer solchen aber auf eine dem Gegenstande und dem Zwecke der Dienstleistung entsprechende Weise nach bester Einsicht auszuführen."

v. Kübel (Nr 399) Der von mehreren Seiten gestellte Antrag auf Streichung des Artikels[9] wurde von der Mehrheit gebilligt.

Die Gründe waren:

| Prot I 2258 | Der Artikel enthalte bis auf eine Bestimmung nur Selbstverständliches. Die nicht selbstverständliche Bestimmung sei: „der Dienstverpflichtete habe nach der Anweisung des Dienstberechtigten zu verfahren." Aber gerade diese Bestimmung gebe zu gerechten Bedenken Anlaß. Unzweifelhaft sei sie für viele Fälle gerechtfertigt, aber in manchen Fällen sei sie umgekehrt nichts weniger als passend. Bei der Mannigfaltigkeit und Verschiedenheit aller in Betracht kommenden Fälle und bei dem weiten Umfange des für den Dienstvertrag aus den Beschlüssen zu den Artikeln 614 und 615 sich ergebenden Begriffs (vgl. S. 2246–2249) lasse sich ohne große Gefahr eine allgemeine Regel nicht aufstellen, für die auch kein nachweisbares Bedürfnis vorliege.

4 Zur Motivierung des Antrags durch v. *Kübel* vgl. dessen Anträge vor § 611 BGB.

5 Vgl. Materialien zu § 535 BGB.

6 Die rechtliche Einordnung dieses auf eine Dienstleistung gerichteten Vertrags, bei dem „als Gegenleistung für die Dienste allein oder mit anderen Bezügen ein Antheil an den Früchten der Arbeit versprochen wird" (S. 12), ist umstritten gewesen. Für den commis interessé, der neben einem festen Gehalt einen Anteil am Geschäftsgewinn erhielt, galten hinsichtlich der Beteiligung am Gewinn nach ROHG E Bd. 17, S. 276ff., die Regeln über die Gesellschaft (ausführlich zu diesem Problem, Motive von *Kübel*, S. 12–13).

7 Zur Motivierung des Antrags durch *v. Kübel* vgl. dessen Anträge vor § 611 BGB.

8 Vgl. Materialien zu den §§ 315, 316 BGB.

9 Zur Motivierung des Antrags durch *v. Kübel* vgl. dessen Antrag vor § 611 BGB.

Bei der Berathung war übrigens die S. 36 des Materials unter Nr. 4 Abs. 2[10] berührte Frage betreffend die Haftung des Dienstberechtigten im Falle der Lieferung ungeeigneter Werkzeuge oder der Versäumung der erforderlichen Schutzvorrichtungen zur Sprache gebracht worden. Die Mehrheit theilte die a. a. O. mitgetheilte Ansicht, daß der Dienstberechtigte auf Grund seiner vertragsmäßigen Pflichten oder ex contractu verantwortlich sei[11].

Zu Artikel 623 des Entwurfs: DresdE Art 623

„Der Dienstverdinger ist verbunden, den Aufwand, welchen die Dienstleistung mit sich bringt, zu tragen und die zu der letzteren erforderlichen Werk- und Fahrzeuge zu stellen, soweit nicht etwas Anderes vereinbart oder gebräuchlich ist. Sind ihm die Werk- und Fahrzeuge von dem Dienstherrn übergeben worden, so hat er solche mit der Sorgfalt einen sorgsamen Hausvaters zu behandeln, und nach beendigter Dienstleistung dem Dienstherrn in dem Zustande, in welchem er sie von diesem empfangen hat, zurückzugeben, insoweit sie nicht durch Zufall oder durch den davon gemachten zweckentsprechenden Gebrauch verändert oder ver- | schlechtert worden sind" | Prot I 2259

war beantragt:

1. statt dessen zu bestimmen: Windscheid (Nr 397)

„Sind dem Dienstpflichtigen von Seiten des Dienstberechtigten Werkzeuge oder Geräthe übergeben worden, so hat der Dienstpflichtige dieselben nach Beendigung der Dienstleistung in dem Zustande, in welchem er sie empfangen hat, zurückzugeben."

2. zu bestimmen:

„Sind dem Dienstverpflichteten von dem Dienstberechtigten Sachen übergeben worden, mit welchen die Dienste geleistet werden sollen, so hat er dieselben nach den für den Leihvertrag geltenden Vorschriften zurückzugeben." Kurlbaum (Nr 401)

Außerdem lag der Antrag auf Streichung des Artikels vor. v. Kübel (Nr 399)

Der Artikel wurde satzweise berathen.

Zum ersten Satze.

Die Mehrheit erklärte sich für die Streichung des ersten Satzes[12]. Für die Streichung waren ähnliche Gründe maßgebend, wie die, welche bei dem vorhergehenden Artikel zur Unterdrückung der Vorschrift: der Dienstverpflichtete habe nach Anweisung des Dienstberechtigten zu verfahren, bestimmt haben.

Zum zweiten Satze.

Die Mehrheit entschied auch für die Streichung des zweiten Satzes unter Ablehnung der Anträge Nr. 1 und 2. Sie erachtete nämlich den wesentlichen oder sachlichen Inhalt des Entwurfs und der Anträge für selbstverständlich.

c) 217. Sitzung vom 6. 6. 1883, Schriftführer Neubauer

| Zu Artikel 632 des Entwurfs: | Prot I 2287

10 Hier heißt es: „Wie der Vermiether, so ist andererseits auch der Miether für levis culpa verantwortlich, namentlich, wenn der Dienstleistende bei der Dienstleistung durch ein Verschulden des Miethers, z. B. mangelhafte Beschaffenheit der demselben zur Ausführung der Arbeit überwiesenen Werkzeuge oder der zum Schutze der Arbeiter vorgeschriebenen Einrichtungen, Schaden erlitten hat (vgl. *Dankwardt*, a. a. O., S. 255 § 41)".

11 Die vertragl. Haftung sollte sich aus § 61 ZustOR (§ 242 BGB) ergeben. Für Haftung nur ex delicto trat *Windscheid* ein. Anderer Meinung z. T. *Planck*. Nach *v. Schmitts* Notizen folgte man *Windscheid*.

12 Dieser Strich wurde damit begründet, daß man eine solche Präsumtion nicht aufstellen könne (Nachlaß *v. Schmitt*).

DresdE Art 632 „Die Vorschriften der Artikel 614 bis 631 finden auf das Dienstverhältniß zwischen Dienstherrschaft und Gesinde, zwischen Meistern und Gesellen, zwischen Fabrikherrn und Fabrikarbeitern nur Anwendung, wenn die Landesgesetze über diese Verhältnisse keine Vorschriften enthalten."

war beantragt:

1. zu bestimmen:

Johow (Nr 410) „Den Landesgesetzen steht frei, den Gesindedienstvertrag zu ordnen und hierbei von den Vorschriften dieses Titels abzuweichen.

Die Vorschrift des § . . . (d. i. das zu Art. 628 Beschlossene) bleibt jedoch maßgebend, wenn das Landesgesetz zum Nachtheil des Gesindes davon abweicht."

eventuell eine entsprechende Bestimmung im Einführungsgesetze aufzunehmen.

v. Kübel (Nr 408) 2. den Artikel zu streichen und die Regelung des Gesinderechts im Einführungsgesetze der Landesgesetzgebung vorzubehalten.

Es wurde die Streichung des Artikels beschlossen.

Erwogen war:

Hinsichtlich des Gesinderechts sei bei den Vorberathungen in der Sitzung vom 22. September 1874 folgender Beschluß gefaßt:

„Raum zu lassen innerhalb näher zu erwägender Grenzen ist der Landesgesetzgebung für . . . das Gesinderecht."

Bei dem vorstehenden Beschlusse müsse es verbleiben, der betreffende Vorbehalt gehöre aber nicht in das Gesetz- | buch, sondern in das Einführungsgesetz, bei dessen Berathung auch darüber werde Beschluß zu fassen sein, inwiefern der Vorbehalt nach der einen oder anderen Richtung der Beschränkung bedürfe und ob insbesondere die in dem Antrage Nr. 1 angeregte Beschränkung nöthig oder gerechtfertigt erscheine. | Prot I 2288

Der Artikel 633 des Entwurfs bestimmt:

DresdE Art 633 „Wenn Jemand, welcher den Transport von Sachen nicht gewerbmäßig betreibt, in einem einzelnen Falle den Transport von Sachen gegen Lohn übernimmt, so finden die Vorschriften über die Dienstverdingung entsprechende Anwendung."

v. Kübel (Nr 408) Der Antrag auf *Streichung* des Artikels wurde genehmigt. Man erachtete eine besondere Vorschrift für den in dem Artikel bezeichneten Vertrag nicht für nöthig, indem aus den Vorschriften des vorliegenden und des zunächst folgenden Abschnitts über den Werkvertrag sich ergeben werde, ob jener Vertrag als ein Dienstvertrag, als ein Werkvertrag oder als ein Vertrag für sich anzusehen, und sowohl in dem einen wie in dem anderen Falle zu besonderen, diesen Vertrag betreffenden Vorschriften kein Anlaß gegeben sei, zu geschweigen, ob nicht bei Revision des Handelsgesetzbuchs auf den Vertrag die handelsrechtlichen Normen über den Frachtvertrag ganz oder zum Theil für anwendbar zu erklären seien.

II. 1. Die beschlossene Regelung lautet in der *RedVorl:*

RedVorl § 1 § 1 (Art. 614, 615) 414. Durch den Dienstvertrag wird der Dienstverpflichtete verpflichtet, dem Dienstberechtigten die vereinbarten Dienste zu leisten, und der Dienstberechtigte verpflichtet, dem Dienstverpflichteten die vereinbarte Vergütung (Gegenleistung) zu entrichten. Gegenstand des Vertrags können Dienste jeder Art sein.

Eine Vergütung ist als stillschweigend vereinbart anzusehen, wenn die Dienstleistung nach den Umständen nur gegen eine Vergütung zu erwarten war.

(NB: 1. Erweckt es Anstoß, daß im ersten Satze zweimal „Dienstverpflichteter" und daneben zweimal: „Verpflichtet" vorkommt und zweimal auf „Dienstverpflichteter" unmittelbar „verpflichtet" resp. umgekehrt folgt? Die Remedur wird erschwert durch das Bedürfniß, die Uebereinstimmung mit den im Abschnitte über Miethe und Pacht einleitenden §§ zu erhalten. Die Schwierigkeit ist durch den Beschluß veranlaßt, das Wort „Dienstverpflichteter“ zu verwenden.

2. Gegen den ersten Satz läßt sich erinnern, daß er kaum einen Inhalt habe; die Erinnerung wird zum Theil dadurch gehoben, daß der Nachsatz angeschlossen und aus diesem kein besonderer, durch einen Punkt abgesonderter Satz gebildet ist.)

2. Fassung der Regelung in der *ZustOR:*

§ 414. Durch den Dienstvertrag wird derjenige, welcher die Dienste zusagt (Dienstverpflichteter), verpflichtet, dem anderen Vertragschließenden (Dienstberechtigter) die vereinbarten Dienste zu leisten, der Dienstberechtigte verpflichtet, dem Dienstverpflichteten die vereinbarte Vergütung zu entrichten. Gegenstand des Vertrags[13] können Dienste jeder Art sein. ZustOR § 414

Eine Vergütung ist als stillschweigend vereinbart anzusehen, wenn die Dienstleistung nach den Umständen nur gegen eine Vergütung zu erwarten war.

**III. IV.** Die §§ 552 *KE*, 559 *E I* entsprechen § 414 ZustOR.

## B. Vorkommission des Reichsjustizamtes

I. Beantragt war:

1. Den § 559 dahin zu fassen:

Durch den Dienstvertrag wird der Dienstnehmer zur Leistung der vereinbarten Dienste, der Dienstgeber zur Gewährung der dafür vereinbarten Vergütung verpflichtet. Struckmann (Nr 3, 81 a)

Gegenstand des Vertrags können Dienste jeder Art sein.

2. Als § 559 a zu bestimmen:

Eine Vergütung gilt als stillschweigend vereinbart, wenn die Dienstleistung nach den Umständen nur gegen eine Vergütung zu erwarten war. Struckmann (Nr 3, 81 b)

Ist die Höhe der Vergütung in dem Vertrage nicht bestimmt, so ist die taxmäßige Vergütung und in Ermangelung einer Taxe die übliche Vergütung als vereinbart anzusehen.

3. Als § 559 b einzuschalten:

Nimmt Jemand, der zur Uebernahme gewisser Dienstleistungen entweder öffentlich bestellt ist oder öffentlich sich erboten hat, einen auf solche Dienstleistungen sich beziehenden Auftrag nicht an, so ist er verpflichtet, die Ablehnung dem Auftraggeber unverzüglich anzuzeigen. Struckmann (Nr 3, 81 c)

II. 76. Sitzung vom 11. 4. 1892 | Prot-RJA 466

| Es folgte die Berathung des siebenten von dem Dienst- und Werkvertrage handelnden Titels. Der § 559 Abs. 1 wurde seinem sachlichen Inhalte nach gebilligt. Zu Abs. 2 wurde beschlossen, zusätzlich zu bestimmen, daß in Ermangelung einer taxmäßigen Vergütung, die übliche Vergütung als vereinbart anzusehen sei, wenn über die Höhe der Vergütung eine Vereinbarung nicht stattgefunden habe. Demgemäß wurde der § 559 Abs. 2 durch folgende Vorschrift ersetzt: [Abs. 1 § 559 a wie Antrag Struckmann; Abs. | Prot-RJA 467

[13] Im KE und E I heißt es „Vertrages“.

2:] „Ist die Höhe der Vergütung nicht bestimmt, so ist — beim Bestehen einer Taxe die taxmäßige Vergütung, in Ermangelung einer Taxe die übliche Vergütung als vereinbart anzusehen."

Als § 559b wurde folgende dem § 587 des Entw. bezw. dem Art. 323 des H.G.B.[14] sich anschließende Bestimmung beschlossen: „Nimmt Jemand, der zur Uebernahme gewisser Dienste entweder öffentlich bestellt ist, oder sich öffentlich erboten hat, einen sich auf solche Dienste beziehenden Auftrag nicht an, so ist er verpflichtet, die Ablehnung dem Antragsteller unverzüglich anzuzeigen. Das Gleiche gilt, wenn Jemand dem Antragsteller gegenüber sich zur Übernahme gewisser Dienste erboten hat."

Die Aufnahme der Vorschrift beruhte auf der Erwägung, daß — abweichend von dem Entw. (§ 586) — für den Auftrag die Unentgeltlichkeit als wesentlich hinzustellen, der entgeltliche Auftrag aber als Dienstvertrag zu behandeln sei.

## C. 2. Kommission

I. Anträge (Prot. II, Bd. 2, S. 276f; *Mugdan*, Bd. 2, S. 897f.)

Struckmann (Nr 159, 9) a) Zu § 559, mit dem die Vorschriften über den „Dienstvertrag" beginnen, war beantragt, die Bestimmungen des Entw. in zwei Paragraphen des Inhalts zu zerlegen:

§ 559. Durch den Dienstvertrag wird derjenige, welcher die Dienste zusagt, zur Leistung der übernommenen Dienste, der andere Theil zur Gewährung der dafür vereinbarten Vergütung verpflichtet.

Gegenstand des Dienstvertrags können Dienste jeder Art sein.

§ 559a. Eine Vergütung gilt als stillschweigend vereinbart, wenn die Dienstleistung nach den Umständen nur gegen eine Vergütung zu erwarten war.

Ist die Höhe der Vergütung nicht bestimmt, so ist beim Bestehen einer Taxe die taxmäßige Vergütung, in Ermangelung einer Taxe die übliche Vergütung als vereinbart anzusehen.

Die Kom. nahm den Antrag an.

Struckmann (Nr 159, 10) b) Zur Ergänzung des Entw. war beantragt, als § 559b nachstehende Vorschrift einzustellen.

Nimmt Jemand, der zur Uebernahme gewisser Dienste entweder öffentlich bestellt ist oder sich öffentlich erboten hat, einen auf solche Dienste sich beziehenden Antrag nicht an, so ist er verpflichtet, die Ablehnung dem Antragsteller unverzüglich anzuzeigen. Das Gleiche gilt, wenn Jemand sich dem Antragsteller gegenüber zur Uebernahme gewisser Dienste erboten hat.

---

[14] Art. 323 ADHBG lautet: „Wenn zwischen dem Kaufmann, welchem ein Auftrag gegeben wird, und dem Auftraggeber eine Geschäftsverbindung besteht, oder sich derselbe gegen den letzteren zur Ausrichtung solcher Aufträge erboten hat, so ist er zu einer Antwort ohne Zögern verpflichtet, widrigenfalls sein Schweigen als Uebernahme des Auftrages gilt. — Auch wenn derselbe den Auftrag ablehnt, ist er schuldig, die mit dem Auftrage etwa übersandten Waaren oder anderen Gegenstände auf Kosten des Auftraggebers, soweit es für diese Kosten gedeckt ist, und soweit es ohne seinen Nachtheil geschehen kann, einstweilen vor Schaden zu bewahren. — Das Handelsgericht kann auf seinen Antrag verordnen, daß das Gut in einem öffentlichen Lagerhause oder bei einem Dritten so lange niedergelegt wird, bis der Eigenthümer anderweitige Vorkehrungen trifft."

Hierzu wurde der Unterantrag gestellt,
hinter den Worten „erboten hat" einzuschalten: „oder solche Dienste gewerbsmäßig leistet".

Der Antrag wurde unter Ablehnung des Unterantrags angenommen

II. In der *VorlZust* lautet die Regelung:

§ 559. Durch den Dienstvertrag wird derjenige, welcher die Dienste zusagt, zur Leistung der übernommenen Dienste, der andere Theil zur Gewährung der dafür vereinbarten Vergütung verpflichtet. E I-VorlZust § 559

Gegenstand des Dienstvertrags können Dienste jeder Art sein.

§ 559a. Eine Vergütung gilt als stillschweigend vereinbart, wenn die Dienstleistung nach den Umständen nur gegen eine Vergütung zu erwarten war. E I-VorlZust § 559a

Ist die Höhe der Vergütung nicht bestimmt, so ist beim Bestehen einer Taxe die taxmäßige Vergütung, in Ermangelung einer Taxe die übliche Vergütung als vereinbart anzusehen.

§ 559b. Nimmt Jemand, der zur Uebernahme gewisser Dienste entweder öffentlich bestellt ist oder sich öffentlich erboten hat, einen auf solche Dienste sich beziehenden Antrag nicht an, so ist er verpflichtet, die Ablehnung dem Antragsteller unverzüglich anzuzeigen. Das Gleiche gilt, wenn Jemand sich dem Antragsteller gegenüber zur Uebernahme gewisser Dienste erboten hat. E I-VorlZust § 559b

III. Die Fassung der Regelung in der *ZustRedKom:*

§ 559. Durch den Dienstvertrag wird derjenige, welcher die Dienste zusagt, zur Leistung der versprochenen Dienste, der andere Theil zur Gewährung der vereinbarten Vergütung verpflichtet. E I-ZustRedKom § 559

Gegenstand des Dienstvertrags können Dienste jeder Art sein.

§ 559a. Eine Vergütung gilt als stillschweigend vereinbart, wenn die Dienstleistung den Umständen nach nur gegen eine Vergütung zu erwarten war. E I-ZustRedKom § 559a

Ist die Höhe der Vergütung nicht bestimmt, so ist bei dem Bestehen einer Taxe die taxmäßige Vergütung, in Ermangelung einer Taxe die übliche Vergütung als vereinbart anzusehen.

§ 559b. Nimmt Jemand, der zur Uebernahme [Leistung, E II] gewisser Dienste öffentlich bestellt ist oder sich öffentlich erboten hat, einen auf solche Dienste gerichteten Antrag nicht an, so ist er verpflichtet, die Ablehnung dem Antragsteller unverzüglich anzuzeigen. Das Gleiche gilt, wenn Jemand sich (sich Jemand; E II) dem Antragsteller gegenüber zur Uebernahme (Leistung; E II) gewisser Dienste erboten hat. E I-ZustRedKom § 559b

IV. Die §§ 551–553 *E II* entsprechen den §§ 559, 559a, 559b *ZustRedKom.*

V. Die Fassung der §§ 603, 604 *E II rev* (§§ 604, 605 E III) entspricht der der §§ 611, 612 BGB.

Der § 605 E II rev lautet:

Wer zur Leistung gewisser Dienste öffentlich bestellt ist oder sich öffentlich erboten hat, ist, wenn er einen auf solche Dienste gerichteten Antrag nicht annimmt, verpflichtet, die Ablehnung dem Antragsteller unverzüglich anzuzeigen. Das Gleiche gilt, wenn sich Jemand dem Antragsteller gegenüber zur Leistung gewisser Dienste erboten hat. E II rev § 605

**D.** Der § 605 E II rev wurde auf Antrag Preußens vom **Justizausschuß des Bundesrates** gestrichen. – Die Regelung des *§ 605 E II rev* ist inhaltlich in den §§ 663, 675 BGB enthalten (vgl. Materialien zu diesen Bestimmungen).

## E. Reichstag (XII. Kommission und Plenum)

I. Beantragt war:

Frohme, Stadthagen (Nr 44, 1–5)

**a)** 1. als Ueberschrift des sechsten Titels statt „Dienstvertrag" zu setzen: "Arbeitsvertrag".

2. statt des § 604 zu setzen:

„Arbeitsvertrag (Lohnvertrag, Dienstvertrag oder dgl.) ist ein Vertrag, durch welchen der Arbeitnehmer sich verpflichtet, einen Theil seiner geistigen oder körperlichen Arbeitskraft für die häusliche Gemeinschaft, ein wirthschaftliches oder ein gewerbliches Unternehmen des Arbeitgebers gegen einen vereinbarten Lohn (Gehalt, Salair, Honorar, Gage, Stolgebühr oder dgl.) zu verwenden.

Unter Arbeitnehmern werden auch diejenigen Personen verstanden, welche für bestimmte Gewerbetreibende außerhalb der Arbeitsstätten der letzteren mit der Anfertigung gewerblicher Erzeugnisse beschäftigt sind, und zwar auch dann, wenn sie die Roh- und Hülfsstoffe selbst beschaffen."

3. als § 604a zu setzen:

„Vereinbarungen, die zum Gegenstand des Arbeitsvertrages Arbeitsleistungen machen, die gegen ein Verbotsgesetz oder gegen die guten Sitten verstoßen, insbesondere Vereinbarungen, durch welche Arbeitern die Verpflichtung auferlegt wird, bestimmten politischen, gewerkschaftlichen oder religiösen Vereinigungen nicht anzugehören oder aus denselben auszutreten, sind ungültig. Desgleichen sind Vereinbarungen ungültig, die für den Fall der Zugehörigkeit zu einer derartigen Vereinigung festgesetzt werden."

4. § 605 wie folgt zu fassen:

„Die Verpflichtung zur Gewährung eines Lohns besteht auch ohne Vereinbarung, wenn die Arbeitsleistung nach der Verkehrssitte oder den Umständen nach nur gegen einen Lohn zu erwarten war.

Ist die Höhe des Lohns nicht bestimmt, so ist bei dem Bestehen einer Taxe die taxmäßige Vergütung als vereinbart anzusehen. In Ermangelung einer Taxe findet die Bestimmung des § 310 Anwendung."

5. einen § 605a dahin lautend einzuschalten:

„Das Ersuchen um Arbeitseinstellung unter bestimmten Arbeitsbedingungen darf nicht als widerrechtlicher Vermögensvortheil erachtet werden."

Frohme, Stadthagen (Nr 49, 14)

**b)** einen Paragraph folgenden Inhalts einzuschalten:

„Wer die Stellung eines Stellvertreters in einem wirthschaftlichen oder gewerblichen Unternehmen thatsächlich ausübt, ist auch ohne Vollmacht als berechtigt zu erachten, Arbeitsverhältnisse, die sich auf den wirthschaftlichen oder gewerblichen Betrieb beziehen, mit bindender Kraft für den von ihm Vertretenen zu schließen und aufzuheben."

(Wiederholt in der 2. Lesung unter Nr. 136, 11 und im *Plenum* unter Nr. 465, 41.)

II. a.) Bericht von *Heller* über die Sitzung vom 10. 3. 1896:

Die Kommission trat hierauf in die Beratung der Bestimmungen über den Dienstvertrag ein und beschloß, zunächst die hierauf bezüglichen Anträge *Gröber* (Nr. 35 Ziff. 6 bis 11, Nr. 38 Ziff. 1 bis 5[15]) insbesondere die Frage einer allgemeinen Besprechung zu unterziehen, ob der Artikel 95[16] des Entwurfs des Einführungsgesetzes beizubehalten oder auch die Regelung des Gesinderechts im Bürgerlichen Gesetzbuche zu versuchen sei. Der Abgeordnete *Gröber* führte aus, der Zweck seiner Anträge sei, das Gesinderecht wenigstens in der Hauptsache reichsrechtlich zu regeln. Seine Anträge enthielten die zu diesem Zwecke notwendigen sowie eine Anzahl weiterer Bestimmungen über Einzelheiten, die sich wegen der besonderen Natur des Gesindeverhältnisses auf der Grundlage der allgemeinen Bestimmungen über den Dienstvertrag nicht wohl in zweckmäßiger Weise regeln ließen. Betrete man diesen Weg, so könne man unbedenklich die landesrechtlichen Gesindeordnungen aufheben, die ohnehin zum größten Teile veraltet und nicht würdig seien, aufrechterhalten zu werden. Ausgeschlossen bliebe selbstverständlich die Regelung der polizeilichen und der strafrechtlichen Seite. Auch der Abgeordnete *Stadthagen* sprach sich in langem Vortrag dahin aus, daß die reichsgesetzliche Regelung des Gesinderechts dringend notwendig sei. Ganz unentbehrlich sei insbesondere die Feststellung des Begriffs „Gesinde“ und seine Abgrenzung von dem Begriffe „gewerblicher Arbeiter“. Die Lösung dieser Aufgabe sei keineswegs unmöglich; die bunte Menge der in Deutschland bestehenden Gesindeordnungen weise, was ihren privatrechtlichen Inhalt betrifft, in allem wesentlichen eine große Übereinstimmung auf. Die Kommissarien *Struckmann* und *Gebhard* rechtfertigten den Standpunkt des Entwurfs und legten dar, daß die Mannigfaltigkeit der maßgebenden wirtschaftlichen und sozialen Verhältnisse, der Anschauungen und Gewohnheiten eine Regelung des Gesinderechts durch Reichsgesetz unmöglich mache. Zu den Landesgesetzgebungen sei zu vertrauen, daß sie an die bestehenden Gesindeordnungen die bessernde Hand anlegen Der Abgeordnete *v. Dziembowski*, im Prinzip der reichsrechtlichen Regelung zugetan, lehnte sie für jetzt ab, weil sie sich nur zum Gegenstand eines Spezialgesetzes eigne. Der Abgeordnete *v. Cuny* erklärte, er nehme, vorbehaltlich der Einzelheiten, den Gedanken des von Gröber in seinem neueren Antrage zurückgezogenen Antrags in Nr. 35 Ziff. 12[17] auf. Die Fortsetzung der Beratung wurde auf morgen vertagt.

b.) Bericht von *Heller* über die Sitzung vom 11. 3. 1896:

Den Antrag *Frohme, Stadthagen* zum § 604 begründete der Abgeordnete Stadthagen in langer Ausführung. Er erörterte dabei insbesondere den begrifflichen Unterschied zwischen dem Dienstvertrag und dem Werkvertrag. In sehr vielen Fällen sei es zweifelhaft, ob ein Dienstvertrag oder ein Werkvertrag vorliegt. Eine Definition des Dienstvertrags (Arbeitsvertrags) sei unentbehrlich; dem Richter wäre sonst eine unmögliche Aufgabe gestellt.

Die in dem Antrage vorgeschlagene Fassung des Paragraphen berücksichtigt die sogenannten operae liberales nicht. Im Verlaufe der Diskussion ergab sich indes, daß die Antragsteller sich vorbehalten haben, diese Lücke durch weitere Anträge auszufüllen, wenn durch die Annahme des beantragten § 604 der Grundgedanke ihrer Anträge Billi-

[15] Die Anträge von *Gröber* sind bei den einzelnen Bestimmungen des Dienstvertragsrechts wiedergegeben.

[16] Vgl. Art. 153 EG-BGB.

[17] In den Art. 95 E I – EG – BGB sollten nach diesem Antrag aufgenommen werden die §§ 610, 615 E I und die §§ 607a, 610a, 617a (in der Fassung des Antrags von *Gröber*; vgl. Materialien zu den §§ 614, 618f., 620ff. BGB).

gung gefunden haben würde. Der Antrag wurde von keiner anderen Seite unterstützt; die Wortführer der Konservativen und der Nationalliberalen sprachen sich gegen ihn aus, nachdem der Kommissar *Struckmann* dargelegt hatte, daß diese Art der Begriffsfeststellung nicht Aufgabe des Bürgerlichen Gesetzbuchs sei, sie greife in Materien ein, die zu einem erheblichen Teile Gegenstand der Spezialgesetzgebung (Gewerbeordnung, Handelsgesetzbuch, Binnenschiffahrtsgesetz u. a.) sind. Daß es in einzelnen Fällen zweifelhaft sein kann, ob ein Dienstvertrag oder ein Werkvertrag vorliegt, sei zuzugeben; die Entscheidung könne aber nur nach den Umständen des einzelnen Falls getroffen werden. Die Abstimmung ergab die Ablehnung des Antrags sowie die Annahme des unveränderten § 604 des Entwurfs je gegen die Stimmen der beiden Antragsteller. Der Antrag unter Ziff. 1 der Drucksache war hiermit erledigt[18].

Den Antrag auf Einstellung eines neuen § 604a änderten die Antragsteller dahin ab, daß sie den Eingang der beantragten Bestimmung bis zum Worte „insbesondere" strichen, weil dieser Teil des Inhalts schon durch allgemeine Bestimmungen des Entwurfs gedeckt ist, ferner dem letzten Satze folgende Fassung gaben: „Desgleichen sind Vereinbarungen ungiltig, durch die für den Fall der Zugehörigkeit zu einer derartigen Vereinigung Konventionalstrafen festgesetzt werden." Auch dieser Antrag wurde gegen die Stimmen der Antragsteller abgelehnt. *Struckmann* hatte dagegen bemerkt, Vereinbarungen der im ersten Satze bezeichneten Art seien zweifellos schon nach allgemeinen Bestimmungen nichtig, wenn durch sie ein direkter Zwang ausgeübt werden soll. In anderen Fällen komme es auf den Beweggrund an; die Frage der Giltigkeit könne hier nur im einzelnen Falle entschieden werden. Auch für die Fälle des zweiten Satzes müßten die allgemeinen Bestimmungen maßgebend bleiben, insbesondere gegebenen Falls die Bestimmung über Ermäßigung der Vertragsstrafe.

Der § 605 wurde sachlich unverändert angenommen. Der dazu vorliegende Antrag *Frohme, Stadthagen* beruht in seinem zweiten Absatz auf einem Mißverständnisse. Der Antrag wurde übrigens im ganzen der Redaktionskommission überwiesen, hinsichtlich des zweiten Absatzes zur Erwägung, ob etwa dem Absatz 2 des Entwurfs hinzuzusetzen sei: „Die Bestimmungen der §§ 309, 310[19] finden Anwendung."[20] Der Antrag *Frohme, Stadthagen* auf Einstellung eines neuen § 605a[21] richtet sich hauptsächlich gegen die Rechtsprechung des Reichsgerichts, das die Drohung mit Arbeitseinstellung (in dem Antrage bedeutet dieser Ausdruck selbstverständlich „Einstellung als Arbeiter") zum Zwecke der Erlangung günstigerer Arbeitsbedingungen als Erpressung angesehen hat. Der Antrag wurde gegen die Stimmen der Antragsteller abgelehnt, nachdem *Struckmann* dagegen bemerkt hatte, daß es nicht Aufgabe des Bürgerlichen Gesetzbuchs sein könne, den strafrechtlichen Begriff des „rechtswidrigen Vermögensvorteils" zu erläutern; für die Anwendung irgendeiner Bestimmung des Bürgerlichen Gesetzbuchs habe der Antrag keine Bedeutung.

c) Bericht von *Heller* über die Sitzung vom 18. 3. 1896

Auch der Antrag *Frohme, Stadthagen* auf Einschaltung eines neuen Paragraphen[22] wurde in gleicher Weise abgelehnt. *Struckmann* hatte dargelegt, daß es einer solchen Bestimmung nicht bedürfe. Hinsichtlich der Ehefrau genüge der § 1340[23], und im

---

18 Vgl. Bericht im „Vorwärts" (*Vormbaum*, a. a. O., S. 180–183).
19 §§ 315, 316 BGB.
20 Dieser Zusatz war von *Stadthagen* beantragt worden (Prot. der Kommissionssitzung vom 11. 3. 1896).
21 Vgl. auch Bericht im „Vorwärts" (*Vormbaum*, a. a. O., S. 184).
22 Gemeint ist der unter I b) mitgeteilte Antrag.
23 Vgl. § 1357 BGB.

übrigen werde in den Verhältnissen, für die das Verkehrsbedürfnis es erfordert, die Sachlage in der Regel so sein, daß der Richter das Bestehen einer stillschweigenden Vollmacht annehmen könne[24].

**II.** In der 2. Lesung lagen von *Frohme, Stadthagen* zu § 604 die gleichen Anträge wie unter Nr. 44, 1, 1–3 und 49, 14 (Nr. 136, 1–3, 11) vor. – Die Anträge wurden gegen die Stimmen der Antragsteller abgelehnt (Bericht von *Heller* über die Sitzung vom 5. 6. 1896).

**III.** Im Plenum lagen zu § 604 E III die bereits in der ersten Lesung der XII. Kommission gestellten Anträge vor (Nr. 44, 1 – 3, 5 und 49, 14 = Nr. 464, 23 – 24 der Drucksachen des Reichstags; Antragsteller Auer u. a.). – Die Anträge wurden abgelehnt bzw. zurückgezogen (StBRT 1895/1895, S. 2792 ff.).

## § 613

**Der zur Dienstleistung Verpflichtete hat die Dienste im Zweifel in Person zu leisten. Der Anspruch auf die Dienste ist im Zweifel nicht übertragbar.**

### A. 1. Kommission

I. 215. Sitzung vom 1. 6. 1883, Schriftführer Neubauer

| Der Artikel 618 des Entwurfs bestimmt: | Prot I 2252

„Gedungene Dienste kann der Dienstherr nicht an einen Dritten weiter verdingen." DresdE Art 618

Der von verschiedenen Seiten gestellte Antrag auf Streichung des Artikels wurde genehmigt. Kurlbaum (Nr 396)

Man war der Ansicht: v. Schmitt

Der § 212 der Zusammenstellung der das Obligationenrecht betreffenden Beschlüsse (Prot. vom 3. November 1882 S. 1276 – 1280) sei ausreichend, der Artikel 618 außerdem, insofern er den betreffenden Vertrag für nichtig zu erklären scheine, nicht einmal richtig, da die Gültigkeit eines solchen Vertrags sich nach dem § 36 der Zusammenstellung der das Obligationenrecht betreffenden Beschlüsse (Prot. vom 27. März und 12. April 1882 S. 568, 569, 574, 576) bestimme . . . (Nr 398) v. Kübel (Nr 399)

Zu Artikel 620 des Entwurfs: DresdE Art 620

„Der Dienstverdinger ist verpflichtet, die Dienste in Person zu leisten, wenn nicht etwas Anderes bestimmt | oder nach den Umständen anzunehmen ist." | Prot I 2253

---

[24] Ferner wurde aufgrund eines Antrags von *Dziembowski-Pomian* folgende Resolution angenommen: Der Reichstag wolle beschließen, den Herrn Reichskanzler zu ersuchen, bei der Revision der Civilprozeßordnung Vorschriften in Erwägung zu ziehen, nach welchen eine schleunige Beitreibung des verdienten Arbeitslohns ermöglicht wird." (Drucksache Nr. 56, angenommen am 18. 3. 1896)

v. Schmitt (Nr 398) lag neben dem Antrage auf Streichung des Artikels der Antrag vor, ihn zu fassen, wie folgt[1]:

v. Kübel (Nr 399) „Der Dienstverdinger ist im Zweifel verpflichtet, die Dienste in Person zu leisten."

Die Mehrheit billigte den Antrag auf Streichung des Artikels.

Erwogen war:

Der Artikel stelle eine Regel auf, die ohne Zweifel für eine große Zahl von Fällen passe, die jedoch — wie andrerseits nicht zu leugnen sei — für viele Fälle nicht zutreffend erscheine. Unter diesen Umständen müsse es doch für räthlich erachtet werden, sich jeder Bestimmung zu enthalten, damit der Richter freie Hand behalte, die besonderen Umstände des einzelnen Falls, unbeengt durch eine dispositive Rechtsnorm oder durch eine Auslegungsregel, der Würdigung zu unterziehen. Das Bedenken, der § 171 der Zusammenstellung der das Obligationenrecht betreffenden Beschlüsse (Prot. vom 22. September 1882, S. 1071) ergebe das noch weit weniger gerechtfertigte Gegentheil der in dem Art. 620 enthaltenen Bestimmung, habe nur scheinbar einige Berechtigung. Der § 171 a. a. O. schließe die Berücksichtigung des eigenthümlichen Wesens des Dienstvertrags nicht aus. Er gestatte, wenn ein solcher vorliege, immerhin in Betracht zu ziehen, daß der Dienstvertrag auf Dienstleistung und nicht auf Dienstverschaffung gerichtet sei (zu vgl. der in der vorigen Sitzung zum Artikel 614 gefaßte Beschluß, S. 2247). Die Streichung des Artikels 620 habe nicht den Zweck, die hieraus sich ergebenden Konsequenzen abzulehnen, sondern es sei damit nur beabsichtigt, der Mißdeutung vorzubeugen, der Dienstverpflichtete sei ausnahmslos und sofern nicht klar und bestimmt das Gegentheil vereinbart sei, verpflichtet, in Person zu leisten und insbesondere auch nicht befugt, der Mitwirkung | von Gehülfen zu bedienen (zu vgl. § 166 Abs. 2 der zitirten Zusammenstellung, Prot. vom 11. Oktober 1882 S. 1171—1174). | Prot I 2254

Vorschriften für den Fall, wenn der zur persönlichen Dienstleistung verbundene Dienstverpflichtete außer Stand gesetzt werde, die Dienste zu leisten, das öffentliche Interesse oder das Interesse des Dienstberechtigten aber erforderten, daß die Dienstleistung durch einen Andern erfolge, seien nicht erforderlich, vielmehr die Rechtsnormen über Auftrag und negotiorum gestio genügend.

### B. Vorkommission des Reichsjustizamtes

I. Beantragt war, als § 559c zu bestimmen:

Struckmann (Nr 81 d) Sofern nicht aus dem Vertrage oder den Umständen des Falles ein Anderes sich ergiebt, hat der Dienstnehmer die Dienste in Person zu leisten.

II. 76. Sitzung vom 11. 4. 1892

| Prot-RJA 467 E I-RJA § 559c | Ferner erachtete man es als angemessen, als § 559c folgende Auslegungsregeln aufzunehmen: „Im Zweifel ist anzunehmen, daß die Dienste von dem, der sie übernommen hat, in Person zu leisten sind. — Der Anspruch auf die Dienste kann im Zweifel nicht übertragen werden."

### C. 2. Kommission

I. Anträge (Prot. II, Bd. 2, S. 278; *Mugdan*, Bd. 2, S. 398)

Struckmann (Nr 159, 11) Beantragt war ferner, als § 559c die Fassung des § 559c E I-RJA einzustellen. — Der Antrag wurde angenommen.

[1] Zur Begründung des Antrags vgl. Materialien vor § 611 BGB.

II. Fassung der beschlossenen Regelung in der *VorlZust:*

§ 559c. Im Zweifel ist anzunehmen, daß die Dienste von dem Dienstverpflichteten in Person zu leisten sind und daß der Anspruch auf die Dienste nicht übertragbar ist (oder sein soll). E I-VorlZust § 559c

III., IV., V. Die Fassung der Regelung in *E I-ZustRedKom* § 559c (*E II* § 554, *E II rev.* § 605, *E III* § 606) entspricht derjenigen des § 613 BGB.

## E. Reichstag (XII. Kommission und Plenum)

I. Beantragt war:

1. a) § 606 wie folgt zu fassen: „Der Arbeitnehmer hat die Arbeitsleistung im Zweifel in Person zu leisten. Der Anspruch auf eine persönliche Arbeitsleistung ist nur bei ausdrücklicher Vereinbarung übertragbar." Frohme, Stadthagen (Nr 44, 6)

b) als § 606a einzuschalten: „Für die Entrichtung des Lohns haftet außer dem unmittelbaren Vertragschließenden derjenige, in dessen Nutzen die Arbeitskraft vom Arbeitnehmer verwendet ist." Frohme, Stadthagen (Nr 44, 7)

2. als § 606a einzufügen: „Wer in Person zu leistende Dienste, welche nicht gleichzeitig geleistet werden können, mehreren Dienstberechtigten für dieselbe Zeit zusagt, hat die Dienste demjenigen zu leisten, welchem er sie zuerst zusagt[2]. Ein Anspruch auf Schadensersatz steht den anderen Dienstberechtigten nicht zu, wenn sie bei Schließung des Dienstvertrags den früheren Dienstvertrag kennen." Gröber (Nr 50, 1)

II. Bericht von *Heller* über die Sitzung vom 11. 3. 1896:

Der Antrag *Frohme, Stadthagen* zum § 606 wurde ebenfalls gegen die Stimmen der Antragsteller abgelehnt. Die Mehrheit war in Übereinstimmung mit der Ausführung *Struckmanns* der Meinung, daß kein Grund bestehe, nicht auch eine stillschweigende Vereinbarung zuzulassen.

Der Antrag *Frohme, Stadthagen* auf Einschaltung eines neuen § 606a hat nach seiner Begründung durch Stadthagen den Fall im Auge, daß zwischen dem eigentlichen Arbeitgeber und dem Arbeiter eine Zwischenperson (z. B. der Ziegelmeister, der Kolonnenführer, der Zwischenmeister in der Konservenindustrie, der Bauunternehmer) steht und dieser die Arbeiter nicht bezahlt. *Struckmann* legte dar, daß eine Bestimmung der vorliegenden Fassung praktisch undurchführbar und nach den Verhältnissen des Verkehrs ganz unmöglich sei. Aus der Mitte der Kommission wurde jedoch von mehreren Seiten anerkannt, daß der Antrag einen gewissen berechtigten Kern habe. Man einigte sich dahin[3], die weitere Erörterung auszusetzen bis zur Beratung der Bestimmungen über die ungerechtfertigte Bereicherung.

Zur Beratung kam hierauf der Antrag *Gröber* auf Einfügung eines neuen § 606a, dem der Antragsteller übrigens eine Fassung gab, durch die die Bestimmung auf das

---

[2] Als neue Fassung des § 606a war von *Gröber* in der Sitzung beantragt:
„Wer mehreren Personen Dienste im Haushalt oder Wirthschaftsbetrieb für dieselbe Zeit zusagt, hat die Dienste demjenigen zu leisten, welchem er sie zuerst zugesagt hat" (Kommissionsprotokoll vom 11. 3. 1896).

[3] Vgl. auch Bericht im „Vorwärts" (*Vormbaum*, S. 184–185).

Gesindeverhältnis beschränkt wird. Der Antrag rief eine lange Diskussion hervor. Die Kommissare *Struckmann*, *Planck* und *Gebhard* traten ihm mit Entschiedenheit entgegen. Sie führten insbesondere aus, die beantragte Bestimmung sei eine Ausnahmevorschrift, denn bei dem Zusammentreffen mehrfacher, nicht gleichzeitig erfüllbarer vertragsmäßiger Verpflichtungen gegen verschiedene Personen entscheide nach allgemeinen Grundsätzen die Prävention in der Empfangnahme der Leistung.

Die Bestimmung sei im Rahmen einer Dienstbotenordnung denkbar im Zusammenhange mit der Möglichkeit sofortiger polizeilicher Vollstreckung; in das Bürgerliche Gesetzbuch aber passe sie nicht, wenigstens nicht in der Beschränkung auf ein einzelnes Vertragsverhältnis. *Gröber* betonte hiergegen insbesondere, daß das Gesindeverhältnis nicht ausschließlich als ein gewöhnliches Vertragsverhältnis angesehen werden könne, sondern auch eine familienrechtliche Seite habe. *Stadthagen* bezeichnete die Bestimmung als ungerecht; gleichwohl werde er für sie stimmen, weil er in ihrer Annahme die grundsätzliche Bejahung der Frage erblicke, ob der Gesindevertrag im Bürgerlichen Gesetzbuche zu regeln sei. Die Abstimmung ergab die Ablehnung des Antrags gegen die Stimmen des Zentrums und der Sozialdemokraten.

**III.** In der 2. Lesung und im Plenum lag im Anschluß an den Antrag Nr. 44, 7 der Antrag vor (Nr. 136, 13 bzw. 465, 24): Ist eine Arbeitsleistung für ein wirthschaftliches oder gewerbliches Unternehmen geleistet, so haftet für die Entrichtung des Lohns außer dem unmittelbaren Vertragschließenden derjenige, in dessen Nutzen die Arbeitskraft vom Arbeitnehmer verwendet ist, falls derselbe wußte oder hätte wissen müssen, daß die Arbeitsleistung von dem Vertragschließenden nicht bezahlt werden kann oder soll.

Der Antrag wurde abgelehnt bzw. zurückgezogen (Bericht von *Heller* über die Kommissionssitzung vom 5. 6. 1896; StBRT 1895/7, S. 2800ff.).

## § 614

**Die Vergütung ist nach der Leistung der Dienste zu entrichten. Ist die Vergütung nach Zeitabschnitten bemessen, so ist sie nach dem Ablaufe der einzelnen Zeitabschnitte zu entrichten.**

### A. 1. Kommission

I. 215. Sitzung vom 1. 6. 1883, Schriftführer Neubauer

| Prot I 2259 — | Zu Artikel 624 des Dresdener Entwurfs:

DresdE Art 624 — „Der Dienstherr ist, sofern nicht etwas Anderes vereinbart oder üblich ist, den Lohn

| Prot I 2260 — erst nach der Beendigung der Dienstleistung zu entrichten ver- | pflichtet."

lagen die Anträge vor:

Windscheid (Nr 397) — 1. statt dessen zu bestimmen:

„Die für die Dienste versprochene Vergütung (Lohn, Honorar) ist nach Beendigung der Dienstleistung, wenn sie aber nach bestimmten Zeitabschnitten bemessen ist, nach Ablauf der einzelnen Zeitabschnitte zu entrichten."

2. zu bestimmen:

„Die Vergütung für die Dienste hat der Dienstherr, wenn nicht ein Anderes vereinbart ist, erst nach Beendigung der Dienstleistung zu entrichten.“ v. Kübel (Nr 399)

Die Mehrheit billigte den Antrag Nr. 1.

Sie ging davon aus:

Der Dienstverpflichtete sei in gleicher Art wie der Vermiether zur Vorleistung verpflichtet. Dieses wichtige und nicht zu beanstandende Prinzip sei auch aus der in dem Antrage Nr. 1 vorgeschlagenen Bestimmung zur Genüge erkennbar. Der Antrag weiche von dem Entwurfe nur darin ab, daß der Dienstverpflichtete, wenn die Vergütung nach bestimmten Zeitabschnitten bemessen sei, je nach Ablauf eines Zeitabschnitts die Vergütung solle verlangen dürfen. Ein Gleiches sei aber auch für die Miethe beschlossen (Prot. S. 2093, 2094[1]) und sei nicht abzusehen, weshalb es bei dem Dienstvertrage anders sein solle.

II. Fassung der Regelung in der *RedVorl (ZustOR)*:

§ 2 (624) 416. Die Vergütung für die Dienste ist von dem Dienstberechtigten erst nach Beendigung der Dienstleistung, wenn sie jedoch nach bestimmten Zeitabschnitten bemessen worden ist, nach Ablauf der einzelnen Zeitabschnitte zu entrichten. RedVorl § 2 ZustOR § 415

(NB: Zum § 2 zu vgl. § 12 der Redaktionsvorlage über die Miethe [§ 372[2]].)

III./IV. Die §§ 553 *KE*, 560 *E I* entsprechen § 416 ZustOR.

## B. Vorkommission des Reichsjustizamtes

I. Beantragt war, den § 560 zu fassen: Struckmann (Nr 3, 82)

Die Vergütung ist erst nach Beendigung der Dienstleistung, wenn sie jedoch nach bestimmten Zeitabschnitten bemessen worden ist, je nach Ablauf dieser Zeitabschnitte zu gewähren.

II. Der § 560 E I wurde von der Vorkommission seinem sachlichen Inhalt nach gebilligt (Prot-RJA 467).

## C. 2. Kommission

I. In § 560 E I war beantragt (Prot. II, Bd. 2, S. 279; *Mugdan*, Bd. 2, S. 899):

1. die Bestimmung zu fassen: Struckmann (Nr 159, 12)

Die Vergütung ist nach Beendigung der Dienstleistung, wenn sie jedoch nach bestimmten Zeitabschnitten bemessen ist, je nach Ablauf dieser Zeitabschnitte zu gewähren.

2. den Eingang zu fassen:

Soweit nicht ein Anderes üblich oder vereinbart ist, ist die Vergütung nach Beendigung pp.

Beide Anträge wurden, als nur von redaktioneller Bedeutung, der RedKom überwiesen.

[1] Materialien zu § 551 BGB.
[2] Materialien zu § 551 BGB.

**II.** Die Regelung lautet in der *VorlZust* als § 560:

E I-VorlZust § 560 Die Vergütung ist nach Beendigung der Dienstleistung, wenn sie jedoch nach bestimmten Zeitabschnitten bemessen ist, je nach Ablauf dieser Zeitabschnitte zu gewähren.

**III.** Fassung der Regelung in der *ZustRedKom* als § 560:

E I-ZustRedKom § 560 Die Vergütung ist nach der Beendigung der Dienstleistung zu entrichten. Ist die Vergütung nach Zeitabschnitten bemessen, so ist sie nach dem Ablaufe der einzelnen Zeitabschnitte zu entrichten.

**IV.** Im *E II* lautet die Regelung als § 555:

E II § 555 Die Vergütung ist nach der Leistung der Dienste zu entrichten. Ist die Vergütung nach Zeitabschnitten bemessen, so ist sie nach dem Ablaufe der einzelnen Zeitabschnitte zu entrichten.

**V.** Die Fassung des § 607 E II rev (§ 607 E III) entspricht der des § 614 BGB.

## D. Bundesrat (Justizausschuß)

**I.** Zu § 555 E II bemerken *Mecklenburg-Schwerin* und *Mecklenburg-Strelitz*, bei land- und forstwirthschaftlichen Dienstverhältnissen bestehe die Vergütung häufig in Naturalleistungen und sei die Aufkündigung regelmäßig erst zu Ende des Wirthschaftsjahrs zulässig. Diesen Verhältnissen würden die Vorschriften des § 555 über die Fälligkeit der Vergütung und der §§ 560, 562 über die Kündigungsfristen nicht gerecht. Zwar sei es den Parteien unbenommen, besondere Verabredungen zu treffen; allein erfahrungsgemäß geschehe das nicht. Deshalb sei eine gesetzliche Vorschrift erforderlich, die jedoch wegen der Verschiedenheit der wirthschaftlichen, sozialen und klimatischen Verhältnisse nur von der Landesgesetzgebung getroffen werden könne.

Es wird vorgeschlagen, folgenden Vorbehalt in das Einführungsgesetz aufzunehmen: „Unberührt bleiben die Vorschriften der Landesgesetze über die Fälligkeit des Dienstlohns und die Kündigungsfristen bei Dienstverträgen, welche auf die Leistung land- und forstwirthschaftlicher Arbeiten gerichtet sind.“ Dabei werde vorausgesetzt, daß der Vorbehalt im Art. 46 des Entwurfes des Einführungsgesetzes bezüglich des Gesinderechts aufrecht erhalten bleibe (Zust I, S. 34f.).

**II.** Die Beratung des Antrags wurde für das EGBGB in Aussicht genommen (Bericht von *Schicker* vom 12. 10. 1895).

## E. Reichstag (XII. Kommission und Plenum)

**I.** Beantragt war:

Gröber (Nr 35, 6) **1. a)** hinter § 607 als § 607a folgende Vorschrift einzuschalten:

„Die Vergütung, welche einem Minderjährigen oder einer den Minderjährigen gleichgestellten Person zusteht, darf an diese nur mit Zustimmung ihrer Eltern oder Vormünder entrichtet werden.“

b) hinter § 607 folgende Vorschrift als § 607b aufzunehmen: Gröber (Nr 38, 1)

„Wenn vor Antritt des Dienstverhältnisses in den Verhältnissen des Dienstberechtigten oder des Dienstverpflichteten eine derartige Aenderung eintritt, daß die Kündigung eines eingegangenen Dienstverhältnisses gemäß § 617 zulässig wäre, so kann das Dienstverhältniß sofort aufgelöst werden."

c) Es wurde der Antrag gestellt, folgenden Paragraphen einzuschieben: Gröber (Nr 50, 2)

§ 607b. „Tritt bei im Haushalt oder Wirthschaftsbetriebe zu leistenden Diensten vor Beginn des Dienstverhältnisses in den Verhältnissen des Dienstberechtigten oder Dienstverpflichteten eine dem anderen Theile bei Schließung des Vertrages unbekannte Aenderung ein, welche die Kündigung des begonnenen Dienstverhältnisses nach § 617 gestattet, so kann der Dienstvertrag aufgelöst werden. Als wichtiger Grund gilt insbesondere grobe Pflichtverletzung in einem früheren Dienstverhältnisse, welche bei der Schließung des Vertrages dem anderen Theile unbekannt war, Unfähigkeit zur Leistung der zugesagten Dienste, bis zur Zeit des Dienstantritts nicht zu heilende Krankheit, Verheirathung oder Wohnsitzveränderung."

d) hinter § 607 als § 607c folgende Bestimmung einzuschalten: Gröber (Nr 38, 2)

„Ist ein Dienstverhältniß zu Dienstleistungen im Haushalt oder im Wirthschaftsbetrieb eingegangen, so gilt, soweit nicht ein Anderes vereinbart ist, bei städtischen Diensten je der zweite Tag des Kalendervierteljahres, bei ländlichen Diensten der zweite April als Tag des Beginns des Dienstverhältnisses."

2. a) statt § 607 zu setzen: Frohme, Stadthagen (Nr 44, 8)

„Wenn der eine Theil in Konkurs gerathen ist oder seine Zahlungen eingestellt hat, so kann der Andere seine Leistungen zurückhalten, bis ihm die Gegenleistung sichergestellt ist."

b) als § 607a zu setzen: Frohme, Stadthagen (Nr 44, 8)

„Eine Vereinbarung über Lohneinbehaltung oder Lohnabzug ist nur soweit zulässig, als dieselbe ausdrücklich im Gesetz gestattet ist."

c) als §§ 607b bis 607g einzuschalten[3]:

§ 607b. Die Arbeitgeber sind verpflichtet, die Löhne ihrer Arbeiter in Reichswährung zu berechnen und baar auszuzahlen. Frohme, Stadthagen (Nr 44, 9)

Sie dürfen den Arbeitern keine Waaren kreditiren. Doch ist es gestattet, den Arbeitern Lebensmittel für den Betrag der Anschaffungskosten, Wohnung und Landnutzung gegen die ortsüblichen Mieth- und Pachtpreise, Feuerung, Beleuchtung, regelmäßige Beköstigung, Arzneien und ärztliche Hülfe, sowie Werkzeuge und Stoffe zu den ihnen übertragenen Arbeiten für den Betrag der durchschnittlichen Selbstkosten unter Anrechnung bei der Lohnzahlung zu verabfolgen. Zu einem höheren Preise ist die Verabfolgung von Werkzeugen und Stoffen für Akkordarbeiten zulässig, wenn derselbe den ortsüblichen nicht übersteigt und im Voraus vereinbart ist.

§ 607c. Lohn- und Abschlagszahlungen dürfen in Gast- und Schankwirthschaften oder Verkaufsstellen nicht ohne Genehmigung der unteren Verwaltungsbehörde erfolgen; sie dürfen an Dritte nicht erfolgen auf Grund von Rechtsgeschäften oder Urkunden über Rechtsgeschäfte, welche nach § 2 des Gesetzes, betreffend die Beschlagnahme des Arbeits- oder Dienstlohnes, vom 21. Juni 1869[4] rechtlich unwirksam sind.

---

[3] Die folgenden Bestimmungen entsprechen den §§ 115, 115a, 116, 117, 118, 119 Gewerbeordnung (in der damaligen Fassung).

[4] BGBl. 1869, S. 242.

§ 607d. Arbeiter, deren Forderungen in einer dem § 607b zuwiderlaufenden Weise berichtigt worden sind, können zu jeder Zeit Zahlung nach Maßgabe des § 607b verlangen, ohne daß ihnen eine Einrede aus dem an Zahlungstatt Gegebenen entgegengesetzt werden kann. Letzteres fällt, soweit es noch bei dem Empfänger vorhanden oder dieser daraus bereichert ist, derjenigen Hülfskasse zu, welcher der Arbeiter angehört, in Ermangelung einer solchen einer anderen zum Besten der Arbeiter an dem Orte bestehenden, von der Gemeindebehörde zu bestimmenden Kasse, und in deren Ermangelung der Ortsarmenkasse.

§ 607e: Verträge, welche dem § 607b zuwiderlaufen, sind nichtig. Dasselbe gilt von ausdrücklichen oder stillschweigenden Verabredungen zwischen den Gewerbetreibenden und den von ihnen beschäftigten Arbeitern über die Entnahme der Bedürfnisse der letzteren aus gewissen Verkaufsstellen, sowie überhaupt über die Verwendung des Verdienstes derselben zu einem anderen Zweck als zur Betheiligung an Einrichtungen zur Verbesserung der Lage der Arbeiter oder ihrer Familien.

§ 607f. Forderungen für Waaren, welche dem § 607b zuwider kreditirt worden sind, können von dem Gläubiger weder eingeklagt, noch durch Anrechnung oder sonst geltend gemacht werden, ohne Unterschied, ob sie zwischen den Betheiligten unmittelbar entstanden oder mittelbar erworben sind. Dagegen fallen dergleichen Forderungen der im § 607d bezeichneten Kasse zu.

§ 607g. Den Arbeitgebern im Sinne der §§ 607b bis 607f sind gleich zu achten deren Familienmitglieder, Gehülfen, Beauftragte, Geschäftsführer, Aufseher und Faktoren, sowie andere Arbeitgeber, bei deren Unternehmung oder Geschäft eine der hier erwähnten Personen unmittelbar oder mittelbar betheiligt ist."

als § 607h einzuschalten:

Frohme, Stadthagen (Nr 44, 11)

„Der Arbeitnehmer ist berechtigt, die Sache, in welche er seine Arbeitskraft verwendet hat, so lange zurückzubehalten, bis ihm der vereinbarte Lohn gezahlt ist.

Der Arbeitgeber kann die Ausübung des Zurückbehaltungsrechts durch Sicherheitsleistung abwenden.

Ist die Arbeitskraft zu Gunsten einer unbeweglichen Sache verwendet, so haftet dieselbe für Berichtigung des Arbeitslohns. Die Haftung erlischt, wenn der Arbeitnehmer seine Forderung nicht innerhalb eines Jahres nach Ablauf des Arbeitsverhältnisses gerichtlich geltend gemacht hat.

Der Arbeitgeber und jeder Dritte kann die Haftung der unbeweglichen Sache durch Sicherheitsleistung in Höhe des Arbeitslohns aufheben.

Der Arbeitnehmer ist, falls Berichtigung seines Lohns erfolgt oder Sicherheitsleistung eingetreten ist, verpflichtet, auf Verlangen und Kosten des Arbeitgebers oder eines betheiligten Dritten eine notariell oder gerichtlich beglaubigte Urkunde dahin auszustellen, daß ihm Rechte an der unbeweglichen Sache wegen seines Arbeitslohns nicht zustehen."

**II.** Bericht von *Heller* über die Sitzung vom 13. 3. 1896.

Den zum § 607 vorliegenden Antrag *Frohme, Stadthagen* begründete Stadthagen im wesentlichen mit der Ausführung, daß der § 607 des Entwurfs den Arbeiter benachteilige, der Verkehrssitte widerspreche und insbesondere auf die Akkordarbeit und Bezahlung nach Akkordtarifen nicht passe; auch stehe er im Widerspruch mit dem § 264 Abs. 2[5]. Der Satz 2 des § 607 passe nicht auf den Stundenlohn. Die ganze Bestimmung sei

[5] Vgl. § 271 BGB.

daher zu streichen. Der nach dem Antrage an die Stelle zu setzende § 607 entspreche dem § 315[6]. Die ausdrückliche Übertragung dieser Bestimmung auf den Dienstvertrag empfehle sich im Interesse möglichster Übersichtlichkeit der auf den Dienstvertrag bezüglichen Bestimmungen. *Struckmann* erwiderte, der § 607 des Entwurfs sei nicht entbehrlich, entspreche der Natur der Sache und dem geltenden Recht, enthalte übrigens nur dispositives Recht, das durch Vertrag geändert werden kann. Für den Werkvertrag, das der Akkordvertrag meistens sei, gelte der § 631[7]. Der Satz 2 sei eine Abänderung des Satzes 1 zugunsten des Arbeiters, übrigens gleichfalls nur dispositiver Natur. Des beantragten § 607 bedürfe es nicht; für den Fall des Konkurses genügten die Bestimmungen der Konkursordnung, für den Fall der Zahlungseinstellung bestimme der § 315 das nötige.

Auch der Abgeordnete *Bachem* sprach sich gegen den Antrag aus, beantragte aber, im Interesse der Verständlichkeit der Bestimmung in beiden Sätzen einzuschalten „im Zweifel". *Struckmann* empfahl auch diesen Antrag abzulehnen; seine Annahme würde bei der dispositiven Natur des ganzen Obligationenrechts auf die Gestaltung einer großen Anzahl anderer Bestimmungen wirken. Beide Anträge wurden abgelehnt, der Antrag *Frohme, Stadthagen* gegen zwei, der Antrag Bachem gegen drei Stimmen. Der unveränderte § 607 des Entwurfs wurde gegen zwei Stimmen angenommen[8].

Der Antrag *Gröber* auf Einschaltung eines neuen § 607a bezweckt die Verallgemeinerung des dem § 119a Abs. 2 Nr. 2 der Gewerbeordnung[9] zugrundeliegenden Gedankens. Der Abgeordnete *Himburg* erklärte sich mit der Tendenz des Antrags einverstanden, beantragte aber die Beschränkung der Bestimmung auf Minderjährige unter sechzehn Jahren; *Stadthagen* sprach sich gegen jede derartige Bestimmung aus. Der Kommissar *Struckmann* machte darauf aufmerksam, daß die Gewerbeordnung es den Gemeinden überlasse, eine Bestimmung der beantragten Art zu treffen, daß sie als allgemeine zwingende Vorschrift sich nicht empfehle, zumal sie mit den §§ 109, 110[10] in Widerspruch stehe. Der Unterantrag *Himburg* wurde mit erheblicher Mehrheit angenommen, der hiernach abgeänderte Antrag Gröber aber mit großer Mehrheit abgelehnt.

Der Antrag *Frohme, Stadthagen* auf Einfügung eines neuen § 607a wurde gegen die Stimmen der Antragsteller abgelehnt. Er war von anderer Seite nicht unterstützt worden. *Struckmann* hatte sich für seine Ablehnung ausgesprochen, weil er eine erhebliche Ausdehnung des § 119a Abs. 1 der Gewerbeordnung[11] selbst für die gewerblichen Arbeiter enthalte, die allenfalls bei einer Änderung der Gewerbeordnung erwogen werden könne, auf keinen Fall aber sich zu einer allgemeinen Bestimmung für den Dienstvertrag überhaupt eigne. Der Abgeordnete *Gröber* bezeichnete die Bestimmung allen-

---

6 Vgl. § 321 BGB.

7 Vgl. § 641 BGB.

8 Vgl. auch Bericht im „Vorwärts" (*Vormbaum*, S. 186–188).

9 § 119a Abs. 2 Nr. 2 lautet: „Durch statutarische Bestimmung einer Gemeinde oder eines weiteren Kommunalverbandes (§ 142) kann für alle Gewerbebetriebe oder gewisse Arten derselben festgesetzt werden: . . . 2. daß der von minderjährigen Arbeitern verdiente Lohn an die Eltern oder Vormünder und nur mit deren schriftlicher Zustimmung oder nach deren Bescheinigung über den Empfang der letzten Lohnzahlung unmittelbar an die Minderjährigen gezahlt wird."

10 Vgl. §§ 113, 114 BGB.

11 § 119a Abs. 1 GewO lautet: „Lohneinbehaltungen, welche von den Gewerbeunternehmern zur Sicherung des Ersatzes eines ihnen aus der widerrechtlichen Auflösung des Arbeitsverhältnisses erwachsenden Schadens oder einer für diesen Fall verabredeten Strafe ausbedungen werden, dürfen bei den einzelnen Lohnzahlungen ein Viertel des fälligen Lohnes, im Gesammtbetrage den Betrag eines durchschnittlichen Wochenlohnes nicht übersteigen."

falls für annehmbar in der Beschränkung auf das Gesindeverhältnis und auf das Verbot im voraus getroffener Verabredungen über strafweise Abzüge[12].

Den Antrag auf Einschaltung eines neuen § 607b zog der Antragsteller *Gröber* zurück, nachdem die Bemerkungen *Struckmanns* ihn davon überzeugt hatten, daß die beantragte Bestimmung schon durch den § 617 des Entwurfs[13] vollständig gedeckt ist.

Zu einer sehr langen Diskussion gab der Antrag *Gröber* auf Einschaltung eines neuen § 607e Anlaß. Der Antragsteller begründete ihn hauptsächlich damit, daß die außerordentliche Mannigfaltigkeit der in Deutschland bestehenden sogenannten Dienstbotenziele einen großen Übelstand bilde, der insbesondere die Ausübung der Freizügigkeit den Dienstboten sehr erschwere. Für die ländlichen Dienstboten bezeichnete er es übrigens selbst als kaum möglich, durch eine solche Bestimmung mit Erfolg auf die allmähliche Einführung eines einheitlichen Anfangstermins des Dienstverhältnisses hinzuwirken; er strich deshalb aus dem Antrage die Worte „bei ländlichen Diensten der zweite April". Nachdem aber im Laufe der Diskussion von mehreren Seiten darauf aufmerksam gemacht worden war, daß der Begriff des „städtischen" Dienstboten ohne genaue Definition ganz unklar sei, verallgemeinerte er den Antrag wieder und zwar in der Weise, daß der Nachsatz lautet: „So gilt, soweit nicht ein Anderes vereinbart ist, je der Beginn des Kalendermonats als Tag des Beginns des Dienstverhältnisses". Er hielt den Antrag mit Zähigkeit aufrecht, obwohl ihm fast von allen Seiten entgegengetreten wurde. Die Diskussion drehte sich dabei zum Teil wieder um die allgemeine Frage, ob es rätlich und möglich sei, die Bestimmungen des Entwurfs über den Dienstvertrag in größerem oder geringerem Maße zu ergänzen durch besondere Vorschriften über den Gesindevertrag. Außer dem Antragsteller und einem Teil seiner Fraktionsgenossen sprachen sich nur die Sozialdemokraten für die reichsrechtliche Regelung der Frage im Bürgerlichen Gesetzbuche aus. Die Nationalliberalen erkannten es als wünschenswert an, daß der Versuch gemacht werde, auch das Gesinderecht auf reichsrechtliche Grundlage zu stellen; dies sei aber nicht Aufgabe des Bürgerlichen Gesetzbuchs, sondern Sache der Spezialgesetzgebung. Es empfehle sich daher vielleicht, eine Resolution in diesem Sinne zu beschließen. Dem Antrage *Gröber* könne in keiner Form zugestimmt werden, er würde den beabsichtigten Erfolg vollständig verfehlen, denn die Gewohnheiten und wirtschaftlichen Verhältnisse, auf denen die Verschiedenheit der geltenden Dienstbotenziele beruht, seien so mächtig, daß wohl überall durch Vereinbarung die bisher üblichen Termine beibehalten würden. Auch der Staatssekretär *Nieberding* warnte dringend davor, ohne Not in bestehende Gewohnheiten einzugreifen und das Bürgerliche Gesetzbuch mit einer Bestimmung zu belasten, die von der Bevölkerung und ganz besonders von den kleinen Leuten nur als Beunruhigung und Belästigung empfunden werden würde. Die Abstimmung ergab die Ablehnung des Antrags mit erheblicher Mehrheit.

Zur Beratung kam hierauf der Antrag *Frohme* auf Einschaltung neuer §§ 607b bis 607g, wodurch die Bestimmungen der Gewerbeordnung gegen das Trucksystem[14] auf Arbeiter jeder Art ausgedehnt werden sollen, weil, was zugunsten der gewerblichen Arbeiter gilt, den übrigen Arbeitern nicht vorenthalten werden dürfe. Der Antrag wurde gegen die Stimmen der Antragsteller abgelehnt, nachdem *Struckmann* seine Ablehnung schon deshalb empfohlen hatte, weil dermalen alles Material für die Beantwortung der Frage fehle, ob ein Bedürfnis für die Verallgemeinerung der Bestimmungen der Gewerbeordnung besteht.

---

[12] Vgl. auch der Bericht im „Vorwärts" (*Vormbaum*, S. 188.)

[13] Vgl. § 626 BGB.

[14] Vgl. oben Fn. 3.

Der Antrag *Frohme, Stadthagen* auf Einschaltung eines neuen § 607h wurde auf Wunsch der Antragsteller bis zur Beratung der Bestimmungen über den Werkvertrag zurückgestellt, weil die Absätze 3 bis 5 der beantragten Bestimmung mit der Frage der Sicherung der Ansprüche der Bauhandwerker zusammenhängen[15].

**III.** In 2. *Lesung* war von *Frohme, Stadthagen* beantragt, den § 607 zu streichen (Nr. 136, 4). Der Antrag wurde in der Kommissionssitzung vom 5. 6. 1896 abgelehnt.

Im *Plenum* lagen sämtliche von Frohme, Stadthagen zu § 607 E III gestellten Anträge erneut vor (Nr. 465, 24). Die Anträge wurden abgelehnt (StBRT 1895/97, S. 2800ff.).

## § 615

**Kommt der Dienstberechtigte mit der Annahme der Dienste in Verzug, so kann der Verpflichtete für die in Folge des Verzugs nicht geleisteten Dienste die vereinbarte Vergütung verlangen, ohne zur Nachleistung verpflichtet zu sein. Er muß sich jedoch den Werth desjenigen anrechnen lassen, was er in Folge des Unterbleibens der Dienstleistung erspart oder durch anderweitige Verwendung seiner Dienste erwirbt oder zu erwerben böswillig unterläßt.**

### A. 1. Kommission

I. a.) 215. Sitzung vom 1. 6. 1883, Schriftführer Neubauer

| Zu Artikel 625 des Entwurfs: | Prot I 2260

„Können die Dienste durch Verschulden des Dienstherrn oder wegen eines in dessen Person eingetretenen Zufalls nicht oder nur theilweise geleistet werden, während der Dienstverdinger zu der Dienstleistung bereit war, so ist der Dienstherr verpflichtet, dem Dienstverdinger neben der Entrichtung des vertragsmäßigen Lohnes auch die von ihm gemachten, nicht im Lohne begriffenen Auslagen zu erstatten. Hat der Dienstverdinger | während der betreffenden Zeit einen anderen Verdienst gehabt, so kann der Dienstherr einen entsprechenden Abzug machen. Ebenso kann er, wenn ein Theil des Lohnes zum Ersatze von Auslagen bei der Dienstleistung bestimmt und diese wegen Unterbleibens der Dienstleistung nicht gemacht worden sind, jenen Theil des Lohnes in Abzug bringen.“ DresdE Art 625 | Prot I 2261

lagen die Anträge vor:

1. statt dessen zu bestimmen: Windscheid (Nr 397)

„Ist der Dienstberechtigte durch einen in seiner Person liegenden Grund verhindert worden, von den Diensten Gebrauch zu machen, so findet § 373 (d. h. der Beschluß zu Art. 561 des Dresdener Entwurfs, Prot. S. 2096–2099) entsprechende Anwendung.“

2. zu bestimmen:

„Die Vergütung für die Dienste ist der Dienstherr auch dann zu leisten verpflichtet, wenn er aus einem in seiner Person liegenden Grunde von den Diensten Gebrauch zu v. Kübel (Nr 406)

---

[15] Vgl. Materialien zu § 647 BGB unter E.

machen außer Stande war und findet diesfalls die Bestimmung des § 13 (d. h. der zu 1 gedachte Beschluß) entsprechende Anwendung."

3. den Artikel durch folgende Bestimmung zu ersetzen:

Planck (Nr 404) „Ist der Dienstberechtigte im Verzuge der Annahme der Dienste, so gelten dieselben für diejenige Zeit, während welcher der Verzug dauert, als geleistet. Der Dienstberechtigte ist jedoch befugt auf die Gegenleistung den Geldwerth der von dem Dienstverpflichteten ersparten Aufwendungen und des von demselben aus einer anderweiten Verwerthung seiner Dienste erlangten Vortheils in Abzug zu bringen. Für die Zeit, während welcher der Dienstverpflichtete außer Stand gesetzt war, dem Dienstberechtigten die Dienste zu leisten, gelten die Dienste nicht als geleistet."

| Prot I 2262 | 4. zusätzlich in Artikel 625 a zu bestimmen:

v. Weber (Nr 402) „Bei einem auf längere Dauer abgeschlossenen, die volle Thätigkeit des Dienstverpflichteten umfassenden Dienstvertrages wird der Dienstverpflichtete seiner Ansprüche auf die (vereinbarte) Vergütung nicht verlustig, wenn er durch einen in seiner Person liegenden Grund ohne sein Verschulden an der Dienstleistung während einer nicht erheblichen Zeit (oder in nicht erheblichem Umfange) verhindert wird."
(zu vgl. H.G.B. Art. 60, Schweizer Obl. Recht Art. 341[1].)

Die Berathung des Artikels gelangte nicht zum Abschluß.

**b)** 216. Sitzung vom 4. Juni 1883, Schriftführer Neubauer

| Prot I 2263 | Die Berathung des „die Dienstverdingung" betreffenden Abschnitts des Obligationenrechts wurde, zunächst zu Artikel 625 fortgesetzt. Zu demselben war der neue Antrag gestellt,

5. zu bestimmen:

Kurlbaum (Nr 409, 1) „Hat der Dienstberechtigte im Falle seines Verzuges die Gegenleistung zu bewirken, ohne daß die Dienste geleistet werden, so ist er berechtigt, auf die Gegenleistung den Geldwerth der von dem Dienstverpflichteten ersparten Aufwendungen und des von demselben aus einer anderweiten Verwerthung seiner Dienste erlangten Vortheils in Abzug zu bringen."

In sachlicher Hinsicht fand die Auffassung Billigung, welche dem Antrage Nr. 3 (S. 2261) zum Grunde liegt und in der Bestimmung: „Ist der Dienstberechtigte im Verzuge der Annahme der Dienste, so gelten dieselben für diejenige Zeit, während welcher der Verzug dauert, als geleistet."

Ausdruck gefunden hat.

Die Mehrheit erachtete es zugleich für nöthig, eine solche Bestimmung in das Gesetzbuch aufzunehmen und in derselben namentlich auch vom Verzuge der Annahme zu reden, nahm dagegen Anstoß an dem Ausdrucke: „die Dienste gelten als geleistet", entschied vielmehr für die Ausdrucksweise: der Dienstverpflichtete könne die vereinbarte Vergütung fordern, ohne zur Nachleistung verpflichtet zu sein. Weiter

---

[1] Art. 341 Schw.OR lautet: „Bei einem auf längere Dauer abgeschlossenen Dienstvertrage geht der Dienstpflichtige seiner Ansprüche auf die Vergütung nicht verlustig, wenn er durch Krankheit, durch Militärdienst oder aus ähnlichen Gründen ohne eigenes Verschulden auf verhältnißmäßig kurze Zeit an der Leistung der Dienste verhindert wird. – Der Arbeitgeber hat den Dienstpflichtigen, welcher mit ihm in häuslicher Gemeinschaft lebt, bei vorübergehender unverschuldeter Krankheit auf eigene Kosten verpflegen und ärztlich behandeln zu lassen". – Art. 60 ADHGB lautet: „Ein Handlungsgehülfe, welcher durch unverschuldetes Unglück an Leistung seines Dienstes zeitweise verhindert wird, geht dadurch seiner Ansprüche auf Gehalt und Unterhalt nicht verlustig. Jedoch hat er auf diese Vergünstigung nur für die Dauer von sechs Wochen Anspruch."

wurde entschieden, der Dienstverpflichtete habe nach Maßgabe der zum Artikel 561 in der Sitzung | vom 2. Mai 1883 (Prot. S. 2096–2099[2]) gefaßten Beschlüsse auf die Vergütung die ersparten Aufwendungen und den anderweiten Verdienst sich abziehen zu lassen, und seien die desfalls zum Artikel 561 beschlossenen Vorschriften, ingleichen die, wonach der Vermiether für die Zeit, während welcher er außer Stand gesetzt sei, dem Miether den Gebrauch zu gewähren, den Miethzins nicht verlangen könne, für entsprechend anwendbar zu erklären. Die Fassung der hiernach aufzunehmenden Vorschrift blieb der Redaktion vorbehalten. Der Artikel 625 und die dazu gestellten Anträge galten als durch die vorstehenden Beschlüsse erledigt. Erwogen war: | Prot I 2264

Nach S. 2096–2099 der Protokolle sei bei der Miethe davon auszugehen: der zur Vorleistung verpflichtete Vermiether leiste der Vorleistungspflicht durch den einseitigen Akt Genüge, mittels welches er dem Miether die vermiethete Sache behufs des vertragsmäßigen Gebrauchs zur Verfügung stelle, sofern nur der Ausübung des Gebrauchs kein objektives Hinderniß entgegenstehe; jener einseitige Akt wirke nicht bloß als Erfüllung der Vorleistungspflicht, sondern enthalte die wirkliche (reelle) Erfüllung der letzteren, demzufolge die Vorschriften über den Annahmeverzug nicht weiter in Betracht kommen könnten.

Das hieraus sich ergebende Prinzip in das Gesetz aufzunehmen, sei nicht für nöthig befunden. Beschlossen sei nur die Aufnahme der Bestimmungen: der Miether, welcher das ihm zustehende Gebrauchsrecht nicht ausgeübt habe, sei zur Entrichtung des Miethzinses auch dann verpflichtet, wenn er aus einem in seiner Person liegenden Grunde das Recht auszuüben außer Stand gesetzt sei, ferner: der Vermiether könne für die Zeit, während welcher er außer Stande gewesen, dem Miether den Gebrauch zu gewähren, wegen Mangels der Erfüllung der Vorleistungspflicht auch keinen Miethzins fordern. Die Aufnahme dieser Bestimmungen sei nur, um Mißverständnissen vorzubeugen, wenn auch nicht für unbedingt nöthig, doch für rathsam erachtet worden. Außerdem seien noch einige Vorschriften über die Abzüge, welche der Miether dem Vermiether machen dürfe, | hinzugefügt: | Prot I 2265

Anlangend nun zunächst das zuerst erwähnte, für die Miethe als selbstverständlich erachtete Prinzip, so sei dessen Selbstverständlichkeit für den Dienstvertrag keineswegs anzuerkennen. Solle das Prinzip auch für den Dienstvertrag gelten, so gewinne es für den letzteren den Sinn:

Die Vorleistungspflicht des Dienstverpflichteten sei erfüllt, wenn der letztere zur Dienstleistung im Stande sei und sich bereit erkläre.

Es liege zu Tage, daß die beiden Erfordernisse nicht genügten, um die wirkliche (reelle) Dienstleistung annehmen zu können. Die Nothwendigkeit, das leitende Prinzip auszusprechen, sei daher unverkennbar. In Ansehung der Art und Weise, wie ihm Ausdruck zu leihen sei, ergebe sich zunächst als zweifellos, daß nicht gesagt werden dürfe, die Dienstleistung sei erfolgt, wenn die betreffenden Erfordernisse vorliegen, vielmehr dürfe nur davon die Rede sein, die Dienstleistung *gelte* alsdann als bewirkt. Allein damit würde in wenig passender Weise eine Fiktion ausgesprochen. Weit angemessener und zugleich einfacher sei, die an die Fiktion sich knüpfenden Folgen hervorzuheben, also zu bestimmen, der Dienstverpflichtete habe eintretendenfalls Anspruch auf die vertragsmäßige Vergütung, ohne zur Nachleistung der Dienste verbunden zu sein. Aber noch ein anderer Umstand komme in Betracht. Das in Rede stehende Recht des Dienstverpflichteten hänge einleuchtend davon ab, daß er zur Vorleistung fertig und bereit war und daß er rechtzeitig und ordnungsmäßig sich zur Erfüllung erboten habe. Betrachte man diese Erfordernisse näher, so trete überzeugend hervor, daß sie mit

---

[2] Vgl. Materialien zu § 552 BGB.

denen des Annahmeverzugs von Seiten des Dienstberechtigten zusammenfielen. Das Gesetz werde entschieden an Einfachheit und Verständlichkeit gewinnen, wenn mit dem Antrag Nr. 3 das Recht des Dienstverpflichteten von den Erfordernissen des Annahmeverzugs des Dienstberechtigten abhängig gemacht werde (zu vgl. §§ 201, 202 der Zusammenstellung der das Obligationenrecht be | treffenden Beschlüsse und Protokolle vom 20. und 23. Oktober 1882, S. 1220, 1224, 1229–1235). | Prot I 2266

Das gedachte Prinzip sei übrigens von nicht zu unterschätzender Bedeutung und von tiefgreifender Wirkung. Indessen lasse sich doch seine Angemessenheit nicht bestreiten, namentlich auch insoweit es über die Folgen des Annahmeverzugs hinaus den Dienstverpflichteten von der Verbindlichkeit der nachträglichen Leistung der Dienste befreie. In der letzteren Beziehung dürfe wieder nicht unbeachtet bleiben, daß dem Dienstvertrage regelmäßig die Eigenschaft einer Art von Fixgeschäft beiwohne. Dieser Gesichtspunkt in Verbindung mit den übrigen Eigenthümlichkeiten des Dienstvertrages mache die Billigung des Prinzips im Allgemeinen um so unbedenklicher, als dasselbe ganz besonders geeignet sei, für den Dienstvertrag in einer der wichtigsten Beziehungen ein einfaches und klares Recht zu gewinnen. Auch die übrigen Anträge – und nicht minder der Entwurf – ließen das Prinzip erkennen, ohne es aber mit der zureichenden Klarheit und Bestimmtheit auszusprechen.

Seine Wichtigkeit mache es um so nothwendiger, die Abzüge näher zu bestimmen, welche der für die vielleicht nicht geleisteten Dienste die vertragsmäßige Vergütung fordernde Dienstverpflichtete sich müsse gefallen lassen. In dieser Hinsicht dürften aber die zum Artikel 561 gefaßten Beschlüsse zum Vorbild dienen. Am zweckmäßigsten sei es, die einschlagenden Vorschriften für entsprechend anwendbar zu erklären, womit der Schwierigkeit begegnet werde, welche sich ergebe, wenn durch eine spezielle, schwer zu fassende Vorschrift der Abzug des anderweitigen Verdienstes bestimmt werden müßte, unter welchem letzteren doch nur derjenige verstanden werden könnte, welcher durch die anderweitige Verwerthung, nicht der Dienste, sondern der Dienst- oder Arbeitskraft erlangt sei. Die entsprechende Anwendbarkeit müsse endlich im Interesse der Deutlichkeit und Vollständigkeit auch auf die Vorschrift erstreckt werden, daß für die Zeit, in welcher der Vermiether außer Stand | gesetzt war, den Gebrauch zu gewähren, der Anspruch auf den Miethzins fortfalle. | Prot I 2267

**II.** Die beschlossene Regelung lautet in der *RedVorl (ZustOR)*:

RedVorl § 3 ZustOR § 416 § 3 (625) 416. Kommt der Dienstberechtigte in den Verzug der Annahme der Dienste, so hat der Dienstverpflichtete für die Dauer des Verzugs Anspruch auf die vertragsmäßige Vergütung, ohne zur Nachleistung der Dienste verpflichtet zu sein.

Die Bestimmungen der Sätze 2 und 3 § 13 der Redaktionsvorlage über die Miethe (373[3]) finden hierbei entsprechende Anwendung.

(NB: 1. Im § 13 l. c. ist Zeile 4 der Strichpunkt durch einen Punkt zu ersetzen.

2. „Kommen in Verzug“ zu vgl. §§ 201, 203.)

KE § 554 **III. 1.** Im *KE* lautet die Regelung: § 554. Kommt der Dienstberechtigte in Verzug der Annahme der Dienste, so hat der Dienstverpflichtete für die Dauer des Verzuges Anspruch auf die vertragsmäßige Vergütung, ohne zur Nachleistung der Dienste verpflichtet zu sein. Die Bestimmungen des § 365 (368 *E I*) Abs. 2 Satz 2 finden hierbei entsprechende Anwendung.

---

[3] Vgl. § 552 BGB.

2. Auf Antrag von *v. Schmitt* (Nr. 583, 1) wurde das Wort „hierbei" in § 544 S. 2 KE als „selbstverständlich, und daher als überflüssig" gestrichen (Prot. I 11730, 11731).

IV. Bis auf die unter III. 2. mitgeteilte Änderung entspricht § 561 E I dem § 554 KE.

## B. Vorkommission des Reichsjustizamtes

I. Beantragt war, den § 561 zu fassen:

Nimmt der Dienstgeber die ihm vom Dienstnehmer nach Maßgabe des § 255 angebotenen Dienste nicht an, so hat der Dienstnehmer gleichwohl Anspruch auf die vertragsmäßige Vergütung, ohne zu einer Nachleistung der Dienste verpflichtet zu sein. Der Dienstgeber ist jedoch berechtigt, den Werth der Aufwendungen, welche der Dienstnehmer durch Nichtleistung der Dienste erspart hat, sowie dasjenige in Abzug zu bringen, was der Dienstnehmer durch eine andere Verwerthung seiner Dienste verdient hat oder hätte verdienen können, wenn er es nicht böswillig unterlassen hätte. Struckmann (Nr 3, 83)

II. 76. Sitzung vom 11. 4. 1892

| Die §§ 560, 561 wurden ihrem sachlichen Inhalte nach gebilligt. An Stelle der im Satz 2 des § 561 enthaltenen Verweisung auf den § 368 Abs. 2 Satz 2 wurde jedoch beschlossen, den Inhalt der angezogenen Gesetzesbestimmung direkt zum Ausdruck zu bringen. | Prot-RJA 467

## C. 2. Kommission

I. In § 561 E I war beantragt (Prot. II, Bd. 2, S. 279f., *Mugdan* Bd. 2, S. 899):

1. Die Bestimmungen des Entw. zu fassen: Struckmann (Nr 159, 13)
Kommt derjenige, welcher die Dienste zu fordern berechtigt ist, durch Nichtannahme der Dienste in Verzug, so hat der Verpflichtete für die in Folge dessen nicht geleisteten Dienste gleichwohl Anspruch auf die vertragsmäßige Vergütung, ohne zur Nachleistung der Dienste verpflichtet zu sein. Er muß sich jedoch den Geldwerth desjenigen in Abzug bringen lassen, was er in Folge der Nichtleistung der Dienste erspart oder durch anderweite Verwendung seiner Dienste erworben hat oder hätte erwerben können, wenn er es nicht böswillig unterlassen hätte.

2. den Bestimmungen hinzuzusetzen:
Auf die in § 566 Abs. 2 bezeichneten Fälle finden die Vorschriften dieses Paragraphen keine Anwendung.

Der Antrag 2 schließt sich an einen zu § 566 gestellten Antrag an (vgl. unter a 1[4]); mit dem § 566 Abs. 2 ist die in diesem Antrage so bezeichnete Bestimmung gemeint. Der Antrag 2 wurde deshalb bis zur Berathung des § 566 zurückgestellt. Der Antrag 1 enthält nur eine Fassungsänderung.

---

[4] Vgl. Materialien zu §§ 626ff. BGB.

**II.** Fassung der Regelung in der *VorlZust:*

E I-VorlZust § 561

§ 561. Kommt der Dienstberechtigte in Verzug der Annahme, so hat der Verpflichtete für die in Folge des Verzuges nicht geleisteten Dienste gleichwohl Anspruch auf die vertragsmäßige Vergütung, ohne zur Nachleistung der Dienste verpflichtet zu sein. Er muß sich jedoch den Geldwerth desjenigen in Abzug bringen lassen, was er in Folge der Nichtleistung der Dienste erspart oder durch anderweite Verwendung seiner Dienste erworben hat oder hätte erwerben können, wenn er es nicht böswillig unterlassen hätte.

**III.** In der *ZustRedKom* lautet die Regelung:

E I-ZustRedKom § 561

§ 561. Kommt der Dienstberechtigte mit der Annahme der Dienste in Verzug, so kann der Verpflichtete für die in Folge des Verzuges nicht geleisteten Dienste die vereinbarte Vergütung verlangen, ohne zur Nachleistung verpflichtet zu sein. Er muß sich jedoch den Werth desjenigen in Abzug bringen lassen, was er in Folge der Nichtleistung der Dienste erspart oder durch anderweite Verwendung seiner Dienste erworben hat, oder hätte erwerben können, wenn er es nicht böswillig unterlassen hätte.

**IV.** Im *E II* lautet die Regelung:

E II § 556

§ 556. Kommt der Dienstberechtigte mit der Annahme der Dienste in Verzug, so kann der Verpflichtete für die in Folge des Verzugs nicht geleisteten Dienste die vereinbarte Vergütung verlangen, ohne zur Nachleistung verpflichtet zu sein. Er muß sich jedoch den Werth desjenigen anrechnen lassen, was er in Folge des Unterbleibens der Dienstleistung erspart oder durch anderweitige Verwendung seiner Dienste erworben hat oder hätte erwerben können, wenn er es nicht böswillig unterlassen hätte.

**V.** Die Fassung des § 608 *E II rev* (§608 *E III*) entspricht der des § 615 BGB.

## E. Reichstag (XIII. Kommission und Plenum)

Frohme, Stadthagen (Nr 44, 12)

**I.** Beantragt war § 608 wie folgt zu fassen:

„Kommt der Arbeitgeber mit der Annahme der Arbeitsleistung in Verzug, so kann der Arbeitnehmer für die in Folge des Verzugs nicht geleisteten Arbeitsleistungen den vereinbarten Lohn verlangen, ohne zur Nachleistung verpflichtet zu sein. Die Vorschrift des § 298 findet entsprechende Anwendung.

Der Arbeitnehmer muß sich jedoch den Werth desjenigen anrechnen lassen, was er durch anderweitige Verwendung seiner Arbeitsleistung erwirbt."

**II.** Bericht von *Heller* über die Sitzung vom 13. 3. 1896:

Bei der Begründung des Antrags auf Änderung des § 608 bekämpfte *Stadthagen* insbesondere den Teil der Bestimmung, der sich auf die Anrechnung dessen bezieht, was der Dienstverpflichtete zu erwerben „böslich unterläßt". Diese Bestimmung stelle den Arbeitnehmer weit schlechter als den vertragsbrüchigen Arbeitgeber und würde zu zahlreichen Streitigkeiten Anlaß geben. *Struckmann* legte dar, daß die Fassung des Entwurfs die Anwendung des § 298[5] nicht ausschließe, der Absatz 1 des Antrags sich

[5] Vgl. § 304 BGB.

also sachlich vom Entwurfe nicht unterscheide, daß ferner der zweite Satz des Entwurfs lediglich eine dem Arbeiter günstige Abweichung von den allgemeinen Grundsätzen des Entwurfs enthalte. Der Antrag wurde gegen die Stimmen der Antragsteller abgelehnt.

**III.** in 2. Lesung war von *Frohme, Stadthagen* beantragt, die Worte „oder zu erwerben böswillig unterläßt" zu streichen (Nr. 136, 5).

Der Antrag wurde in der Sitzung vom 5. 6. 1896 abgelehnt.

**IV.** Im Plenum wurde der ursprüngliche Antrag wiederholt (465, 25, Antragsteller *Auer* u. a.), aber wiederum abgelehnt (StBRT 1895/97, S. 2800ff.).

## § 616

**Der zur Dienstleistung Verpflichtete wird des Anspruchs auf die Vergütung nicht dadurch verlustig, daß er für eine verhältnißmäßig nicht erhebliche Zeit durch einen in seiner Person liegenden Grund ohne sein Verschulden an der Dienstleistung verhindert wird. Er muß sich jedoch den Betrag anrechnen lassen, welcher ihm für die Zeit der Verhinderung aus einer auf Grund gesetzlicher Verpflichtung bestehenden Kranken- oder Unfallversicherung zukommt.**

### A. 1. Kommission

I. 216. Sitzung vom 4. 6. 1883, Schriftführer Neubauer

| Zur Berathung gelangte der auf eine zusätzliche Bestimmung gerichtete Antrag Nr. 4[1]. Derselbe wurde dahin verbessert, zu bestimmen: | Prot I 2267

„Bei einem dauernden, die Erwerbsthätigkeit des Dienstverpflichteten vollständig oder hauptsächlich in Anspruch nehmenden Dienstverhältnisse wird der Dienstverpflichtete seines Anspruchs auf die (vereinbarte) Vergütung nicht verlustig, wenn er durch einen in seiner Person liegenden Grund ohne sein Verschulden an der Dienstleistung während einer nicht erheblichen Zeit (oder in nicht erheblichem Umfange) verhindert wird. v. Weber

Als dauernd gilt das Dienstverhältniß, wenn dasselbe mindestens auf (ein Jahr) abgeschlossen oder für die Auflösung eine Kündigungsfrist von mindestens sechs Wochen einzuhalten ist."

Die Mehrheit erklärte sich für den verbesserten Antrag, jedoch mit der Maßgabe, daß in Wegfall kommen sollen:

a) im ersten Absatze die Worte: „oder in nicht erheblichem Umfange",

b) der zweite Absatz.

Man war der Ansicht:

Der erste Absatz der vorgeschlagenen Bestimmung, so weit er sich nur auf zeitweise Hinderung beziehe, verdiene aus sozialpolitischen und aus Rücksichten der Humanität

---

[1] Vgl. S. 768 (Materialien zu § 615 BGB).

Billigung; er habe einen Vorgang im Artikel 60 des Handelsgesetzbuchs und im Artikel 341 des Schweizer Obligationenrechts[2] und komme insbesondere auch in angemessener Weise den Wehrpflichtigen zu statten, die vorübergehend und nur auf kurze Zeit zum Militärdienst eingezogen würden. Die Zeit, welche als nicht erheblich zu gelten habe, näher zu bestimmen, sei wegen der Mannigfaltigkeit der in Betracht kommenden Dienstverhältnisse unausführbar; in dieser Beziehung könne auch ohne Gefahr die Entscheidung dem Richter überlassen werden.

| Prot I 2268 | Die Ausdehnung der Vorschrift auf den Fall, wenn der Umfang der Dienstleistung — wenn auch nicht in erheblichem Maße geschmälert werde, sei dagegen bedenklich, da dadurch das Recht des Dienstberechtigten auf die vertragsmäßige Leistung eine zu bedeutende Abschwächung erleiden könnte.

Der zweite Absatz des Antrags sei deshalb nicht zu empfehlen, weil er den größten Theil des praktischen Werths des ersten Absatzes wiederaufzuheben drohe.

**II. 1.** Fassung der beschlossenen Regelung in der *RedVorl:*

RedVorl § 4 § 4 (418). Bei einem dauernden, die Erwerbstätigkeit des Dienstverpflichteten vollständig oder hauptsächlich in Anspruch nehmenden Dienstverhältnisse wird derselbe des Anspruchs auf die vertragsmäßige Vergütung dadurch nicht verlustig, daß er ohne seine Verschulden während einer nicht erheblichen Zeit an der Dienstleistung verhindert wird.

(NB: 1. Der Beschluß enthält den Zusatz: „durch einen in seiner Person liegenden Grund". Der Zusatz bringt die Vorschrift im Widerspruche mit ihrem Zwecke; soll er bleiben, so wäre hinzuzufügen: „wenn auch nur durch einen u.s.w."

2. Der bisherigen Redaktionsweise wird es vielleicht entsprechender sein, statt: „derselbe des Anspruchs — nicht verlustig" zu setzen: „der Anspruch desselben — nicht auszuschließen". — Die erstere Fassung findet sich im Art. 60 H.G.B. u. Art. 341 Schw.O.R.)

**2.** In der *ZustOR* lautet die Regelung:

ZustOR § 417 § 417. Bei einem dauernden, die Erwerbsthätigkeit des Dienstverpflichteten vollständig oder hauptsächlich in Anspruch nehmenden Dienstverhältnisse wird derselbe des Anspruches auf die vertragsmäßige Vergütung dadurch nicht verlustig, daß er durch einen in seiner Person liegenden Grund ohne sein Verschulden während einer nicht erheblichen Zeit an der Dienstleistung verhindert wird.

**III., IV. 1.** Die §§ 555 KE, 562 E I entsprechen § 417 ZustOR.

**2.** Der Antrag, statt des Schlußwortes „wird" zu setzen „ist", wurde abgelehnt (Prot. I 11824).

## B. Vorkommission des Reichsjustizamtes

I. Beantragt war, den § 562 zu fassen:

Struckmann (Nr 3, 84) Bei einem auf längere Dauer eingegangenen, die Erwerbsthätigkeit des Dienstnehmers vollständig oder hauptsächlich in Anspruch nehmenden Dienstverhältnisse wird der Dienstnehmer seines Anspruchs auf die vertragsmäßige Vergütung dadurch nicht

[2] Der Wortlaut dieser Bestimmungen ist in Fn. 1 zu § 615 BGB mitgeteilt.

verlustig, daß er durch einen in seiner Person liegenden Grund ohne sein Verschulden auf eine nicht erhebliche Zeit an der Dienstleistung verhindert wird. Bezieht jedoch der Dienstnehmer während seiner Behinderung aus einer Krankenversicherung eine Unterstützung wegen Erwerbsunfähigkeit (Krankengeld), so kann der Dienstgeber den Betrag der Unterstützung von der zu zahlenden Vergütung in Abzug bringen, sofern er seinerseits Beiträge zu der Versicherung leistet.

Bei vorübergehender unverschuldeter Krankheit des Dienstnehmers ist der Dienstgeber außerdem verpflichtet, den Dienstnehmer, wenn dieser mit ihm in häuslicher Gemeinschaft lebt, auf eigene Kosten verpflegen und ärztlich behandeln zu lassen, soweit nicht dem Dienstnehmer auf Grund einer Krankenversicherung freie Verpflegung und ärztliche Behandlung gewährt wird.

II. 76. Sitzung vom 11. 4. 1892

| Der § 562 wurde im wesentlichen gebilligt; die im Eingange enthaltene Beschränkung auf den Fall eines dauern- | den, die Erwerbstätigkeit des zur Dienstleistung Verpflichteten vollständig oder hauptsächlich in Anspruch nehmenden Dienstverhältnisses wurde jedoch aufgegeben, da die Vorschrift auf alle Fälle passe, in welchen der Dienstleistende auf eine *verhältnißmäßig nicht* erhebliche Zeit an der Dienstleistung verhindert werde. Ferner wurde zu dem Zwecke, um zu vermeiden, daß der Verpflichtete aus der in seiner Person eintretenden Behinderung einen ungerechtfertigten Vortheil ziehe, ein Zusatz folgenden Inhalts beschlossen: „Der Anspruch mindert sich jedoch um denjenigen Betrag, welcher dem Verhinderten aus einer auf Grund gesetzlicher Verpflichtung bestehenden Krankenversicherung oder Unfallversicherung zukommt." | Prot-RJA 467 | Prot-RJA 468

Der Anregung, den Dienstherrn zu verpflichten, den Dienstleistenden, wenn dieser mit ihm in häuslicher Gemeinschaft lebt, im Falle vorübergehender, unverschuldeter Krankheit auf eigene Kosten verpflegen und ärztlich behandeln zu lassen, soweit nicht dem Dienstleistenden auf Grund einer Krankenversicherung freie Verpflegung und ärztliche Behandlung zusteht, wurde nicht stattgegeben. Man hielt es für bedenklich, dem Arbeitgeber Verpflichtungen von so bedeutendem Umfange aufzuerlegen, welche dem Arbeitgeber auch in Ansehung solcher Arbeiter treffen würde, welche der Krankenversicherung nicht unterlägen.

## C. 2. Kommission

I. Anträge (Prot. II, Bd. 2, S. 280ff.; *Mugdan*, Bd. 2, S. 899ff.)

a) Zu § 562 war beantragt:

1. die Bestimmung des Entw. durch nachstehende Vorschriften zu ersetzen: Struckmann (Nr 159, 14)

Der Dienstleistende wird seines Anspruchs auf die vertragsmäßige Vergütung dadurch nicht verlustig, daß er durch einen in seiner Person liegenden Grund ohne sein Verschulden auf eine verhältnißmäßig nicht erhebliche Zeit an der Dienstleistung verhindert wird. Der Anspruch mindert sich jedoch um denjenigen Betrag, welcher dem Verhinderten aus einer auf Grund gesetzlicher Verpflichtung bestehenden Krankenversicherung oder Unfallversicherung zukommt.

2. den Eingang der unter 1 vorgeschlagenen Bestimmungen zu fassen:

Ist die Vergütung nach Zeitabschnitten bestimmt, so wird der Dienstleistende seines Anspruchs etc.

3. in dem ersten Satze dieser Bestimmungen statt der Worte „durch einen in seiner Person liegenden Grund" zu setzen:

„außer dem im § 561 bezeichneten Falle".

4. den zweiten Satz durch folgende Bestimmung zu ersetzen:

Auf Personen, auf welche sich die gesetzliche Verpflichtung zur Krankenversicherung oder Unfallversicherung bezieht, findet im Falle der Verhinderung durch Krankheit oder Unfall diese Vorschrift keine Anwendung.

Die Kom. nahm den Antrag 1 mit der unter 2 vorgeschlagenen Aenderung an, lehnte dagegen die Anträge 3 und 4 ab.

**b)** Zu § 562 lag noch der Antrag vor, dem zweiten Satze der in der vorigen Sitzung beschlossenen Bestimmungen hinzuzufügen: Bestehen Ansprüche aus verschiedenen Dienstverträgen, so tritt die Minderung im Verhältnisse der Größe der Vergütungen ein.

Die Mehrheit lehnte die Aufnahme des beantragten Zusatzes ab.

**II.** Die beschlossene Regelung lautet in der *VorlZust:*

E I-VorlZust § 562

§ 562. Ist die Vergütung nach Zeitabschnitten bestimmt, so wird der Dienstverpflichtete seines Anspruchs auf die vertragsmäßige Vergütung dadurch nicht verlustig, daß er durch einen in seiner Person liegenden Grund ohne sein Verschulden auf eine verhältnißmäßig nicht erhebliche Zeit an der Dienstleistung verhindert wird. Der Anspruch mindert sich jedoch um denjenigen Betrag, welcher dem Dienstverpflichteten für die Zeit seiner Behinderung aus einer auf Grund gesetzlicher Verpflichtung bestehenden Krankenversicherung oder Unfallversicherung zukommt.

**III.** In der *ZustRedKom* lautet die Regelung:

E I-ZustRedKom § 562

§ 562. Ist die Vergütung nach Zeitabschnitten bemessen, so wird der zur Dienstleistung Verpflichtete des Anspruchs auf die vertragsmäßige Vergütung nicht dadurch verlustig, daß er für eine verhältnißmäßig nicht erhebliche Zeit durch einen in seiner Person liegenden Grund ohne sein Verschulden an der Dienstleistung verhindert wird. Er muß sich jedoch den Betrag in Abzug bringen lassen, welcher ihm für die Zeit der Behinderung aus einer auf Grund gesetzlicher Verpflichtung bestehenden Kranken- oder Unfallversicherung zukommt.

**IV.** Im *E II* lautet die Regelung:

E II § 557

§ 557. Ist die Vergütung nach Zeitabschnitten bemessen, so wird der zur Dienstleistung Verpflichtete des Anspruchs auf die Vergütung nicht dadurch verlustig, daß er für eine verhältnißmäßig nicht erhebliche Zeit durch einen in seiner Person liegenden Grund ohne sein Verschulden an der Dienstleistung verhindert ist; er muß sich jedoch den Betrag anrechnen lassen, welcher ihm für die Zeit der Verhinderung aus einer auf Grund gesetzlicher Verpflichtung bestehenden Kranken- und Unfallversicherung zukommt.

**V.** Die Fassung des § 609 *E II rev* (§ 609 *E III)* entspricht der des § 616 BGB.

## E. Reichstag (XII. Kommission)

I. Beantragt war § 609 wie folgt zu fassen: Frohme, Stadthagen (Nr 44, 13)

„Der Arbeitnehmer wird seines Anspruchs auf Lohn dadurch nicht verlustig, daß er durch einen in seiner Person liegenden Grund, z. B. durch Krankheit oder Ableistung einer militärischen Uebung, ohne sein Verschulden an der Arbeitsleistung verhindert wird.

Der Arbeitgeber ist verpflichtet, den Arbeitnehmer, welcher mit ihm in häuslicher Gemeinschaft lebt, bei vorübergehender unverschuldeter Krankheit auf eigene Kosten verpflegen und ärztlich behandeln zu lassen."

II. 1. Bericht von *Heller* über die Sitzung vom 13. 3. 1896:

Zur Begründung des Antrags auf Änderung des § 609 führte *Stadthagen* insbesondere aus, die Fassung des Entwurfs passe nicht für die Akkordarbeiten. Der Begriff der „verhältnißmäßig nicht erheblichen" Zeit sei zu unbestimmt; es sei vorzuziehen, das Gewollte durch Beispiele zu veranschaulichen. Der dem Schweizer Obligationenrechte entnommene Absatz 2 des Antrags[3] bilde einen Schritt zur allgemeinen Durchführung der Krankenversicherungspflicht. *Struckmann* entgegnete, bei Bezahlung nach Stücklohn sei der Absatz 1 des Antrags unausführbar. Der Antrag gehe ferner viel zu weit, insofern er gar keine Zeitgrenze festsetzt; er würde deshalb eine außerordentlich drükkende Bestimmung schaffen. Der Abzug dessen, was dem erkrankten Dienstverpflichteten aus der gesetzlichen Kranken- oder Unfallversicherung zukommt, sei vollkommen berechtigt, weil die Versicherung wesentlich auch im Interesse der Arbeitgeber gesetzlich eingeführt worden ist. Die gleiche Bestimmung sei übrigens schon im § 133c der Gewerbeordnung[4] enthalten.

2. Bericht von Heller über die Sitzung vom 14. 3. 1896:

Den Antrag *Frohme, Stadthagen* zogen die Antragsteller zurück, soweit er sich auf die im ersten Satze des § 609 des Entwurfs enthaltene Zeitbeschränkung bezieht. Dagegen hielten sie ihn aufrecht, soweit er die Streichung der Eingangsworte des Entwurfs: „Ist die Vergütung nach Zeitabschnitten bemessen" bezweckt. Bei der weiteren Erörterung dieses Teils des Antrags überzeugte man sich allerseits davon, daß es unter den dem Werkvertrage sich nähernden Dienstverträgen solche gibt, bei denen die Vergütung zwar nicht nach „Zeitabschnitten", sondern nach gewissen anderen Berechnungsgrundlagen bemessen ist, gleichwohl aber die entschiedensten Billigkeitsgründe dafür sprechen, im Falle kurzer Unterbrechung der Dienstleistung ohne Verschulden des Verpflichteten ihn des Anspruchs auf die Vergütung nicht verlustig gehen zu lassen; namentlich zwischen den Buchdruckereibesitzern und den Schriftsetzern kommen

---

[3] Vgl. § 341 Schw.OR (Fn. 1 zu § 615 BGB).

[4] Diese Bestimmung lautet, soweit einschlägig: § 133c: „Gegenüber den in § 133a bezeichneten Personen (insbesondere Betriebsbeamte, Werkmeister, Techniker; Anm. des Hrg.) kann die Aufhebung des Dienstverhältnisses insbesondere verlangt werden: . . . 4. wenn sie durch anhaltende Krankheit oder durch eine längere Freiheitsstrafe oder Abwesenheit an der Verrichtung ihrer Dienste verhindert werden; . . . — In dem Falle zu 4 bleibt der Anspruch auf die vertragsmäßigen Leistungen des Arbeitgebers für die Dauer von sechs Wochen in Kraft, wenn die Verrichtung der Dienste durch unverschuldetes Unglück verhindert worden ist. Jedoch mindern sich die Ansprüche in diesem Falle um denjenigen Betrag, welcher dem Berechtigten aus einer auf Grund gesetzlicher Verpflichtung bestehenden Krankenversicherung oder Unfallversicherung zukommt."

solche Verträge vor, ohne daß sie als Werkverträge angesehen werden können. Es wurde deshalb einstimmig beschlossen, jene Eingangsworte zu streichen[5].

Dem zweiten Satze des Entwurfs beantragte *Gröber* hinzuzusetzen: „soweit der Dienstberechtigte Beiträge gezahlt hat[6]", und *Enneccerus* beantragte, diesen Zusatz zu beschränken auf die "Kraft gesetzlicher Verpflichtung" gezahlten Beiträge[7], weil es dem Rechtsgefühle nicht entspräche, daß der Dienstherr, der für seinen Dienstboten statt des ihn gesetzlich treffenden Teils schenkungsweise den vollen Versicherungsbeitrag gezahlt hat, dem Dienstboten im Falle seiner Erkrankung mehr aufrechnete, als was er zu zahlen gesetzlich verpflichtet war. Die Kommissare *Struckmann, Planck* und *von Jacubezky* sprachen sich gegen die Anträge aus, die Eingriffe in die Versicherungsgesetzgebung seien. Beide Anträge wurden abgelehnt, der zweite Satz von § 609 des Entwurfs wurde unverändert angenommen.

## § 617

**Ist bei einem dauernden Dienstverhältnisse, welches die Erwerbstätigkeit des Verpflichteten vollständig oder hauptsächlich in Anspruch nimmt, der Verpflichtete in die häusliche Gemeinschaft aufgenommen, so hat der Dienstberechtigte ihm im Falle der Erkrankung die erforderliche Verpflegung und ärztliche Behandlung bis zur Dauer von sechs Wochen, jedoch nicht über die Beendigung des Dienstverhältnisses hinaus, zu gewähren, sofern nicht die Erkrankung von dem Verpflichteten vorsätzlich oder durch grobe Fahrlässigkeit herbeigeführt worden ist. Die Verpflegung und ärztliche Behandlung kann durch Aufnahme des Verpflichteten in eine Krankenanstalt gewährt werden. Die Kosten können auf die für die Zeit der Erkrankung geschuldete Vergütung angerechnet werden. Wird das Dienstverhältniß wegen der Erkrankung von dem Dienstberechtigten nach § 626 gekündigt, so bleibt die dadurch herbeigeführte Beendigung des Dienstverhältnisses außer Betracht.**

**Die Verpflichtung des Dienstberechtigten tritt nicht ein, wenn für die Verpflegung und ärztliche Behandlung durch eine Versicherung oder durch eine Einrichtung der öffentlichen Krankenpflege Vorsorge getroffen ist.**

### B. Vorkommission des Reichsjustizamtes

Wegen eines Antrages von *Struckmann* zu § 562 E I wird verwiesen auf die Materialien zu § 616 BGB unter B. I. und II.

---

[5] Im Protokoll der Kommissionssitzung vom 14. 3. 1896 heißt es, die Kommission sei darüber einig, daß „die Eingangsworte sich auch auf Stücklohn beziehen". — Ferner wurde der folgende Antrag *Bachem* der Redaktionskommission überwiesen: „den Eingang des § 607 wie folgt zu fassen: Der zur Dienstleistung Verpflichtete wird des Anspruchs auf die Vergütung nicht dadurch verlustig, daß u.s.w."

[6] Der von *Gröber* eingereichte Antrag lautet: „ . . . den Betrag, welcher ihm . . . zukommt, in dem Verhältniß, in welchem der Dienstberechtigte Beiträge zur Kranken- oder Unfallversicherung gezahlt hat, anrechnen lassen."

[7] Der von *Enneccerus* eingereichte Antrag lautet: dem § 607 zuzufügen: „soweit der Dienstberechtigte die Versicherungsbeiträge kraft gesetzlicher Verpflichtung gezahlt hat."

## C. 2. Kommission

I. Anträge (Prot. II, Bd. 2, S. 284f; *Mugdan*, Bd. 2, S. 901f.)

Die Kom. trat in eine Berathung der Frage ein, ob und inwieweit, wenn der Dienstverpflichtete in häuslicher Gemeinschaft mit dem Berechtigten lebt, dieser gehalten sein soll, jenem im Erkrankungsfalle Kur und Verpflegung zu gewähren bezw. die Kur- und Verpflegungskosten zu ersetzen. Beantragt war:

1. als § 562a nachstehende Vorschriften einzustellen: Dittmar (Nr 187)

Wenn bei einem Dienstverhältnisse der Verpflichtete, der mit dem Berechtigten in häuslicher Gemeinschaft lebt, ohne sein Verschulden erkrankt, so hat ihm, falls er nicht gegen Krankheit versichert ist, der Berechtigte die für Kur und Verpflegung erforderlichen Kosten insoweit zu ersetzen, als sie auf eine verhältnißmäßig nicht erhebliche, die Dauer von zwei Wochen nicht übersteigende Zeit entfallen. Der Berechtigte kann dem Verpflichteten statt des Kostenersatzes freie Kur und Verpflegung in der häuslichen Gemeinschaft oder in einem Krankenhause gewähren.

Hierzu kamen im Laufe der Berathung die Anträge:

2. am Schlusse des ersten Satzes anstatt „die Dauer von zwei Wochen nicht übersteigende Zeit" zu setzen:

die Dauer der gesetzlichen Kündigungsfrist nicht übersteigende Zeit von höchstens sechs Wochen;

3. den beschlossenen § 562 und den vorgeschlagenen § 562a dahin zu ändern, daß gesagt wird

a) im § 562 Satz 2:

... welcher dem Verhinderten ... Unfallversicherung als Ersatz für gestörte Erwerbsfähigkeit ...

b) im § 562a Satz 1:

... so hat ihm, falls er nicht in Folge einer Versicherung Ersatz für die Kosten der Kur und Verpflegung erhält, ...

4. hinter § 562a eine Bestimmung folgenden Inhalts einzustellen:

Im Falle des § 562a wird nur das Krankengeld angerechnet.

5. dem Einführungsgesetz eventuell eine Bestimmung vorzubehalten, wonach die dem Gesinde nach dem Landesrechte zustehenden weitergehenden Rechte unberührt bleiben.

Die Anträge 2 und 3 wurden vor der Abstimmung zurückgezogen.

Die Mehrheit entschied sich in eventueller Abstimmung für den Antrag 5, lehnte aber bei der endgültigen Abstimmung über den so modifizirten Antrag 1 die Aufnahme einer entsprechenden Vorschrift mit 10 gegen 9 Stimmen überhaupt ab. Der Antrag erledigte sich hierdurch von selbst.

## E. Reichstag (XIII. Kommission)

I. Beantragt war:

1. dem § 609 folgenden Absatz 2 hinzuzufügen: „Erkrankt der zu Dienstleistungen im Haushalte oder Wirthschaftsbetriebe Verpflichtete, so hat ihm der Dienstberechtigte auf die Dauer von sechs Wochen freie Kur oder Verpflegung in einem Krankenhause zu Gröber (Nr 38, 3)

gewähren, es sei denn, daß die Erkrankung auf Vorsatz oder grober Fahrlässigkeit des Verpflichteten beruht. Der für die Dauer der Erkrankung fällige Lohn kann auf die Kosten für die Kur oder Verpflegung aufgerechnet werden[1]."

2. Wegen des Antrags von *Frohme, Stadthagen* vgl. Materialien zu § 616 BGB.

II. Bericht von *Heller* über die Sitzung vom 14. 3. 1896[2]

Gegenstand langer und eingehender Beratung waren der Antrag *Gröber*, dem § 609 einen zweiten Absatz hinzuzufügen, und der zweite Absatz der von *Frohme, Stadthagen* beantragten Fassung des § 609. Der Gang der Diskussion veranlaßte *Gröber* zu wiederholter Änderung seines Antrags. Aus den Änderungen ging schließlich folgende Fassung des beantragten neuen Absatzes hervor:

„Erkrankt ein zu dauernder Dienstleistung Verpflichteter, dessen Erwerbstätigkeit durch das Dienstverhältnis vollständig in Anspruch genommen wird, so hat ihm der Dienstberechtigte, sofern nicht durch eine gesetzliche Krankenversicherung Vorsorge getroffen ist, auf die Dauer von sechs Wochen oder bis zum Ende der Dienstzeit freie

---

1 In der Sitzung änderte *Gröber* seinen Antrag dahin ab: „Erkrankt der zu dauernden Dienstleistungen Verpflichtete, dessen Erwerbsthätigkeit durch das Dienstverhältniß vollständig in Anspruch genommen wird, so hat der Dienstberechtigte, sofern nicht durch eine gesetzliche Kranken- oder Unfallversicherung Vorsorge getroffen ist, auf die Dauer von sechs Wochen freie Kur oder Verpflegung in einem Krankenhause zu gewähren, es sei denn, daß die Erkrankung auf Vorsatz oder grober Fahrlässigkeit des Verpflichteten beruht. Der für die Dauer der Erkrankung fällige Lohn kann auf die Kosten der Kur oder Verpflegung aufgerechnet werden. – Die Verpflichtung des Dienstberechtigten kann nicht durch Vertrag aufgehoben oder beschränkt werden." – Dieser Antrag wurde von *Gröber* nochmals abgeändert: „... auf die Dauer von sechs Wochen oder bis zum Ende der Dienstzeit neben Gewährung von ärztlicher Behandlung und Arznei entweder in geeigneten Privaträumen oder in einem öffentlichen Krankenhaus zu verpflegen, es sei denn ..." – Ferner lag folgender schriftlicher Antrag von *Enneccerus* vor: „Der Dienstberechtigte ist verpflichtet, denjenigen mit ihm in häuslicher Gemeinschaft lebenden, zu dauernden Dienstleistungen Verpflichteten, deren Erwerbsthätigkeit durch das Dienstverhältniß vollständig oder hauptsächlich in Anspruch genommen wird, bei vorübergehender unverschuldeter Krankheit auf eigene Kosten verpflegen und ärztlich behandeln zu lassen, sofern nicht durch gesetzliche Kranken- oder Unfallversicherung oder durch eine öffentliche Krankenanstalt Vorsorge getroffen ist. – Die Verpflichtung des Dienstberechtigten kann nicht durch Vertrag aufgehoben oder beschränkt werden." Hierzu stellte *Maltzan* den Zusatzantrag: „Der für die Dauer der Erkrankung fällige Lohn kann auf die Kosten der Kur oder Verpflegung aufgerechnet werden." (alles nach dem Kommissionsprotokoll vom 14. 3. 1896).

2 Nach dem Kommissionsprotokoll vom 14. 3. 1896 verlief die Sitzung folgendermaßen: *Gröber* reicht die abgeänderte Fassung seines Antrags ein, *Maltzan* darauf einen Abänderungsantrag zu diesem Antrag (nicht auffindbar). Ferner lag der in Fn. 1 wiedergegebene Antrag von Enneccerus vor. Über die in den Anträgen enthaltenen einzelnen Punkte wurde gesondert abgestimmt. Es wurde beschlossen mit allen gegen zwei Stimmen, eine Bestimmung folgenden Inhalts (vorbehaltlich der Redaktion) aufzunehmen:

Die Verpflegungspflicht Dienstberechtigter erstreckt sich nur auf diejenigen zu dauernden Dienstleistungen Verpflichteten, welche in die häusliche Gemeinschaft des Dienstberechtigten aufgenommen sind.

Die Verpflegungspflicht fällt fort, soweit Krankenkassen oder dergl. zur Verpflegung verpflichtet sind.

Sie wird nicht aufgehoben, wenn die Krankheit nur durch eine geringe Fahrlässigkeit des Dienstverpflichteten verschuldet ist.

Die Verpflegungspflicht wird auf einen Zeitraum von 6 Wochen festgesetzt.

Der für die Dauer der Krankheit fällige Lohn kann auf die Kosten der Kur oder Verpflegung aufgerechnet werden.

Kur und Verpflegung in einem Krankenhause zu gewähren, es sei denn, daß die Erkrankung auf Vorsatz oder grober Fahrlässigkeit des Verpflichteten beruht. Der für die Dauer der Erkrankung fällige Lohn kann auf die Kosten der Kur oder Verpflegung aufgerechnet werden. Die Verpflichtung des Dienstberechtigten kann nicht durch Vertrag aufgehoben oder beschränkt werden."

Bei der Begründung des Antrags bemerkte *Gröber*, daß er damit hauptsächlich bezwecke, darauf hinzuwirken, daß auch für die Dienstboten und die sonstigen zu dauerndem nicht gewerblichen Dienstverhältnisse Verpflichteten überall eine gesetzliche Krankenversicherung geschaffen werde. Außer in Bayern und Württemberg sei dieser Zweig der sozialen Gesetzgebung in keinem deutschen Staate erschöpfend und befriedigend gestaltet. Die von allen Parteien des Reichstags schon seit langer Zeit erhobene Forderung nach Ausdehnung der Krankenversicherung über den Kreis der gewerblichen Arbeiter hinaus sei bisher unerfüllt geblieben. Man dürfe deshalb die sich jetzt bietende Gelegenheit, auf die Fortbildung der Gesetzgebung in dieser Richtung hinzuwirken, nicht unbenützt lassen. Der Kommissar *Struckmann* sprach sich gegen den Antrag aus. Ohne vorherige Änderung der sozialpolitischen Versicherungsgesetzgebung gehe es nicht an, eine solche Bestimmung in das Bürgerliche Gesetzbuch aufzunehmen. Die Bestimmung würde namentlich die kleinen Leute in einem unter Umständen unerträglichen Maße belasten. Jedenfalls gehe der Antrag zu weit. In gleichem Sinne äußerte sich der Kommissar *Planck*. Mehrere der in der zuletzt bezeichneten Richtung erhobenen Bedenken beseitigte *Gröber* durch die schon oben angegebenen Änderungen seines Antrags. Einige weitere Bedenken berücksichtigte Gröber zwar nicht sofort durch entsprechende Änderung seines Antrags, doch ließ er erkennen, daß er jeder sachlich berechtigten Änderung der Bestimmung im einzelnen gern zustimmen werde. Die weiteren Bedenken *Struckmann's und Planck's* bezogen sich insbesondere darauf, daß der Antrag von dem Erfordernisse der häuslichen Gemeinschaft absieht, daß er ferner die Zulässigkeit der häuslichen Verpflegung ausschließt. Aus diesen beiden Gründen sowie auch deshalb, weil es richtiger sei, von der Festsetzung einer bestimmten Zeitdauer abzusehen und dem vernünftigen Ermessen in dieser Beziehung Raum zu geben, bezeichnete *Struckmann* den Absatz 2 des Antrags *Frohme, Stadthagen* als eventuell annehmbarer. Mit Bezug hierauf erklärte *Stadthagen*, daß er und Frohme für den Antrag Gröber stimmen würden, weil ihnen dieser die Frage in noch sachgemäßerer Weise zu erledigen scheine. Gegen beide Anträge sprach sich der Abgeordnete *Vielhaben* aus, weil die Materie viel zu schwierig sei, als daß sie hier so nebenbei geregelt werden könnte. Die Abgeordenten *Bachem* und Freiherr *v. Maltzan* traten für den Antrag Gröber ein. Enneccerus gab im allgemeinen dem Antrage Frohme, Stadthagen den Vorzug, nur müsse er freilich in mehreren Richtungen aus dem Antrage Gröber ergänzt werden. Insbesondere müsse die Bestimmung auf die dauernden Dienstverhältnisse beschränkt werden, wobei übrigens nicht bloß diejenigen Dienstverpflichteten zu berücksichtigen wären, deren Erwerbstätigkeit durch das Dienstverhältnis „vollständig" in Anspruch genommen wird, sondern auch die, bei denen dies nur „hauptsächlich" der Fall ist. Ferner müsse der Vorbehalt bezüglich der gesetzlichen Kranken- und Unfallversicherung unter Ausdehnung auf den Fall beigefügt werden, daß durch eine „öffentliche Krankenanstalt" Vorsorge getroffen ist, ferner die Bestimmung über die Unzulässigkeit vertragsmäßiger Ausschließung oder Beschränkung der Verpflichtung des Dienstberechtigten. Freiherr *v. Maltzan* machte darauf aufmerksam, daß im Falle der Annahme des Antrags Frohme, Stadthagen in der nach den Vorschlägen des Abgeordneten Enneccerus verbesserten Gestalt auch die Bestimmung über die Aufrechnung des für die Dauer der Erkrankung fälligen Lohnes beigefügt werden müsse.

Aus dem weiteren Verlaufe der Erörterung ergab sich, daß eine Meinungsverschiedenheit nur darüber übrigblieb, ob die dem § 609 beizufügende Bestimmung zu beschränken sei auf den Fall „vorübergehender“ Krankheit (Antrag Frohme, Stadthagen) oder die Zeitbestimmung „auf die Dauer von sechs Wochen oder bis zum Ende der Dienstzeit“ aufzunehmen habe, ferner ob das Erfordernis „unverschuldeter“ Krankheit (Antrag Frohme, Stadthagen) oder nur das einer nicht „auf Vorsatz oder grober Fahrlässigkeit“ beruhenden Erkrankung aufzustellen sei. Nur über diese beiden Fragen wurde deshalb abgestimmt, in beiden Beziehungen entschied sich die Kommission mit großer Mehrheit für die Beantwortung im Sinne des Antrags Gröber.

Im übrigen stellte der Vorsitzende das Vorhandensein allgemeinen Einverständnisses insbesondere darüber fest, daß das Erfordernis der häuslichen Gemeinschaft und der dauernden Dienstleistung aufzustellen, der Vorbehalt hinsichtlich der Vorsorge durch gesetzliche Kranken- oder Unfallversicherung oder durch öffentliche Krankenanstalten beizufügen und die Aufrechnung des Lohnes zuzulassen sei. Die Beschlußfassung darüber, ob zu bestimmen sei, daß die Verpflichtung des Dienstberechtigten nicht durch Vertrag aufgehoben oder beschränkt werden kann, wurde bis zur Beratung des von Frohme, Stadthagen beantragten neuen § 610f[3] ausgesetzt.

Den hiernach sachlich gestalteten Absatz 2 des § 609 im ganzen nahm die Kommission gegen zwei Stimmen an. Die Feststellung der Fassung wurde der Redaktionskommission überwiesen[4].

**III.** In 2. Lesung und im Plenum war der Antrag (Nr. 136, 6 bzw. 465, 26, Antragsteller *Auer* u. a.) gestellt

zu § 609a. Prinzipaliter: an einer Stelle des Einführungsgesetzes folgenden Passus aufnehmen zu wollen:

Artikel (y) § 1 des Krankenversicherungsgesetzes vom 15. Juni 1883 in der Fassung der Novelle vom 10. April 1892 erhält folgenden Zusatz:

„4. in einer häuslichen Gemeinschaft, falls das Dienstverhältniß ein dauerndes ist, das die Erwerbstätigkeit des Verpflichteten vollständig oder hauptsächlich in Anspruch nimmt.“

(Für den Fall der Annahme dieser die Krankenversicherungspflicht des Gesindes reichsgesetzlich statuirenden Vorschriften würde § 609a entbehrlich, aber verschiedene redaktionelle Aenderungen des Krankenversicherungsgesetzes erforderlich werden.)

Eventuell, für den Fall der Ablehnung des Prinzipalantrages:

a) in § 609a:

1. statt der Worte: „6 Wochen, jedoch nicht über die Beendigung des Dienstverhältnisses hinaus, zu gewähren, sofern nicht die Erkrankung von dem Verpflichteten vorsätzlich oder durch grobe Fahrlässigkeit herbeigeführt worden“ zu ersetzen durch die Worte: „13 Wochen“.

2. in Absatz 2 des § 609a statt „eine Versicherung“ zu setzen: „eine auf Grund gesetzlicher Verpflichtung bestehende Versicherung“,

b) folgender Resolution ihre Zustimmung zu ertheilen:

Der Reichstag wolle beschließen:

den Herrn Reichskanzler zu ersuchen, baldmöglichst den Entwurf eines Gesetzes vorzulegen, das das Gesinde einer Zwangs-Kranken- und Unfallversicherung unterwirft.

Die Anträge wurden abgelehnt (vgl. Bericht von *Heller* über die Sitzung vom 5. 6. 1896; StBRT 1895/97, S. 2805ff.).

---

[3] Vgl. Materialien zu § 618 BGB.

[4] Vgl. auch Bericht im „Vorwärts“ (*Vormbaum, S. 189–190).*

### § 618

**Der Dienstberechtigte hat Räume, Vorrichtungen oder Geräthschaften, die er zur Verrichtung der Dienste zu beschaffen hat, so einzurichten und zu unterhalten und Dienstleistungen, die unter seiner Anordnung oder seiner Leitung vorzunehmen sind, so zu regeln, daß der Verpflichtete gegen Gefahr für Leben und Gesundheit soweit geschützt ist, als die Natur der Dienstleistung es gestattet.**

**Ist der Verpflichtete in die häusliche Gemeinschaft aufgenommen, so hat der Dienstberechtigte in Ansehung des Wohn- und Schlafraums, der Verpflegung sowie der Arbeits- und Erholungszeit diejenigen Einrichtungen und Anordnungen zu treffen, welche mit Rücksicht auf die Gesundheit, die Sittlichkeit und die Religion des Verpflichteten erforderlich sind.**

**Erfüllt der Dienstberechtigte die ihm in Ansehung des Lebens und der Gesundheit des Verpflichteten obliegenden Verpflichtungen nicht, so finden auf seine Verpflichtung zum Schadenersatze die für unerlaubte Handlungen geltenden Vorschriften der §§ 842 bis 846 entsprechende Anwendung.**

### § 619

**Die dem Dienstberechtigten nach den §§ 617, 618 obliegenden Verpflichtungen können nicht im voraus durch Vertrag aufgehoben oder beschränkt werden.**

## B. Vorkommission des Reichsjustizamtes

I. Beantragt war als § 562a zu bestimmen:

Soweit Dienste unter Ansicht des Dienstgebers oder mit Betriebsmitteln desselben geleistet werden, ist er verpflichtet, dafür zu sorgen, daß der Dienstleistende bei seinen Dienstverrichtungen gegen Gefahr für Leben und Gesundheit thunlichst gesichert wird. Im Falle vorsätzlicher oder fahrlässiger Nichterfüllung dieser Verpflichtung haftet er nach Maßgabe der §§ 722 bis 726 für Schadensersatz. Struckmann (Nr 3, 85)

II. 76. Sitzung vom 11. 4. 1892

| Hinter § 562 soll im Anschluß an die Vorschrift des § 120a der Gewerbeordnung eine Vorschrift folgenden Inhalts aufgenommen werden: § 562a. „Soweit Dienste nach Anordnung oder unter Leitung des Berechtigten geleistet werden, ist dieser verpflichtet, in üblicher oder durch die Umstände des Falls gebotener Weise dafür zu sorgen, daß der Dienstleistende bei seinen Dienstverrichtungen gegen Gefahr für | Leben und Gesundheit gesichert wird. Insbesondere hat er dafür zu sorgen, daß die für die Dienstleistung bestimmten Räume sowie die bei der Dienstleistung zu benutzenden Vorrichtungen und Geräthschaften sich insoweit in ordnungsmäßigen Zustande befinden, als es zur Verhütung der Gefahr erforderlich ist. Im Falle schuldhafter Nichterfüllung dieser Verpflichtungen haftet er für den daraus entstehenden Schaden nach Maßgabe der §§ 722–726." | Prot-RJA 468 E I-RJA § 562a | Prot-RJA 469

Man war der Ansicht, daß diese Haftung des Dienstherrn dem Wesen des Dienstvertrages entspreche und, soviel den Umfang der Haftung betreffe, es keinen Unterschied machen könne, ob die Körperverletzung oder der Tod des Dienstleistenden durch schuldhafte Verletzung kontraktlicher Pflichten oder durch ein außerkontraktliches Verschulden herbeigeführt sei.

**C. 2. Kommission**

I. Anträge (Prot. II, Bd. 2, S. 289ff.; *Mugdan*, Bd. 2, S. 904f.)

Struckmann (Nr 159, 15)

1. als § 562a folgende Bestimmungen einzustellen: die Fassung des § 562a E I-RJA;

2. unter Streichung des zweiten Satzes dieser Bestimmungen

a) den ersten und dritten Satz wie folgt zu gestalten:

Der Berechtigte ist verpflichtet, die von ihm (für die Verrichtung der Dienste) beschafften Räume und Geräthschaften so einzurichten und zu erhalten, sowie die nach seiner Anordnung oder unter seiner Leitung zu verrichtenden Dienstleistungen so zu regeln, daß der Dienstleistende gegen Gefahr für Leben und Gesundheit soweit geschützt ist, als die Natur der Dienstleistungen gestattet.

Im Falle schuldhafter Nichterfüllung dieser Verpflichtung ist er zum Ersatze des entstandenen Schadens verpflichtet; in Ansehung der Art der Ersatzleistung finden die Vorschriften der §§ 722 bis 726 entsprechende Anwendung.

b) im Entw. d. E.G. Art. 46 Satz 1 auch den § 562a in Bezug zu nehmen;

Jacubezky (Nr 184, 4)

3. in den unter 1 vorgeschlagenen Bestimmungen die Worte „oder durch die Umstände des Falles gebotener" zu streichen;

4. in diesen Bestimmungen

a) hinter „Leben" vor „und" zu setzen „Sittlichkeit";

b) den dritten Satz zu streichen und statt dessen hinzuzufügen:

Wenn der Dienstherr dem Dienenden Wohnung und Pflege zu gewähren verpflichtet ist, so hat er diese Obliegenheit in der Weise zu erfüllen, daß Sittlichkeit und Gesundheit des Dienenden nicht gefährdet werden.

Verletzt der Dienstherr diese Verpflichtungen, so ist er zu Schadensersatz nach richterlichem Ermessen verpflichtet;

5. am Schlusse des nach dem Antrage 4 umzugestaltenden Antrags 1 hinzuzufügen:

Diese Haftung kann durch Vertrag nicht erlassen oder beschränkt werden.

Die Kom. beschloß:

a. den Antrag 1 mit der in dem Antrage 2 enthaltenen Modifikation anzunehmen, daß der Dienstberechtigte verpflichtet sein soll, den Dienstleistenden gegen Gefahr für Leben und Gesundheit insoweit zu schützen als es die Natur der Dienstleistungen gestattet;

b. der so gestalteten Vorschrift nach Maßgabe des Antrags 5 einen zwingenden Karakter beizulegen;

c. den Antrag 4, soweit er eine sachliche Abweichung von dem Antrag 1 enthält, abzulehnen.

II. Die beschlossene Regelung lautet in der *VorlZust:*

E I-VorlZust § 562

§ 562a[1]. Der Dienstberechtigte ist verpflichtet, die zur Verpflichtung der Dienste bestimmten Räume, Vorrichtungen oder Geräthschaften, soweit deren Beschaffung ihm

---

[1] Vgl. Art. 95 EG-BGB.

obliegt, so einzurichten und zu unterhalten und die Dienstleistungen, soweit sie unter seiner Anordnung oder Leitung vorzunehmen sind, so zu regeln, daß der Dienstverpflichtete gegen Gefahr für Leben und Gesundheit soweit geschützt ist, als die Natur der Dienstleistungen gestattet. Diese Verpflichtung kann durch Vertrag weder aufgehoben noch beschränkt werden.

Im Falle schuldhafter Nichterfüllung dieser Verpflichtung ist der Dienstberechtigte zum Ersatze des dem Dienstverpflichteten dadurch erwachsenden Schadens verpflichtet. In Ansehung der Art der Ersatzleistung finden die Vorschriften der §§ 722 bis 726 entsprechende Anwendung.

(Hierzu ist angemerkt: „In dem Artikel 46 des Einführungsgesetzes wird vor ‚564' eingeschaltet: ‚562a'.")

**III.** Fassung der Regelung in der *ZustRedKom:*

§ 562a. Der Dienstberechtigte ist verpflichtet, Räume, Vorrichtungen oder Gerätschaften, die er zur Verrichtung der Dienste zu beschaffen hat, so einzurichten und zu unterhalten und Dienstleistungen, die unter seiner Anordnung oder Leitung vorzunehmen sind, so zu regeln, daß der zur Dienstleistung Verpflichtete gegen Gefahr für Leben und Gesundheit soweit geschützt ist, als die Natur der Dienstleistungen es gestattet. E I-ZustRedKom § 562a

Im Falle schuldhafter Nichterfüllung dieser Verpflichtung hat der Dienstberechtigte den dadurch verursachten Schaden zu ersetzen. Die Vorschriften der §§ 722 bis 726 finden entsprechende Anwendung.

Die dem Dienstberechtigten nach Abs. 1 obliegende Verpflichtung kann nicht im Voraus durch Vertrag aufgehoben oder beschränkt werden[2].

**IV. 1.** Fassung der Regelung im *E II:*

§ 558. Der Dienstberechtigte ist verpflichtet, Räume, Vorrichtungen oder Gerätschaften, die er zur Verrichtung der Dienste zu beschaffen hat, so einzurichten und zu unterhalten und Dienstleistungen, die unter seiner Anordnung oder Leitung vorzunehmen sind, so zu regeln, daß der zur Dienstleistung Verpflichtete gegen Gefahr für Leben und Gesundheit soweit geschützt ist, als die Natur der Dienstleistung es gestattet. Erfüllt er diese Verpflichtung nicht, so hat er, wenn ihm ein Verschulden zur Last fällt, den daraus entstandenen Schaden zu ersetzen. Die für den Schadensersatz wegen unerlaubter Handlungen geltenden Vorschriften der §§ 765 bis 769 finden entsprechende Anwendung. E II § 558

Die Verpflichtung des Dienstberechtigten kann nicht im Voraus durch Vertrag aufgehoben oder beschränkt werden[3].

**2.** Revision des E II (Prot. II, Bd. 2, S. 187.; *Mugdan*, Bd. 2, 907f.)

Zu § 558 lag der Antrag vor, dem Abs. 1 hinzuzufügen: Jacubezky (Nr 42a, 6)

Bei gewöhnlichen Dienstleistungen ist der Dienstberechtigte zu ungewöhnlichen Vorkehrungen nicht verpflichtet . . .

Die Kom. erklärte sich mit der am Schlusse der schriftlichen Begründung angedeuteten milderen Auffassung einverstanden, nach welcher im einzelnen Falle geprüft werden muß, ob aus der Unterlassung der Schutzvorrichtung dem Dienstherrn ein Vorwurf zu machen ist.

Der Antrag wurde hierauf zurückgezogen.

---

[2] Vgl. die Anm. zu § 562a E I-VorlZust.
[3] Vgl. Anm. 2.

**3.** Zum Verhältnis des § 558 E II zu den Reichsversicherungsgesetzen vgl. Prot. II, Bd, 2, S. 637f. (*Mugdan*, Bd. 2, S. 908f.).

**V.** Die Fassung des § 610 *E II rev* (§ 610 *E III*) entspricht der des § 558 E II.

## D. Bundesrat (Justizausschuß)

**I. 1.** Zu § 558 E II: *Bayern* ist der Meinung, daß die Bestimmungen des § 558 in der Fürsorge für die Dienstverpflichteten zu weit gingen, namentlich aber in ihrer Anwendung auf das Gesindeverhältniß, und hier besonders auf das Verhältniß der landwirthschaftlichen Dienstboten, bedenklich seien. Der Dienstgeber werde genöthigt, alle mit der Natur der Dienstleistung verträglichen Schutzvorkehrungen zu treffen, deren Nützlichkeit ihm bei Anwendung ordnungsmäßiger Sorgfalt nicht entgehen könne, auch wenn solche Vorkehrungen nicht üblich seien und von denjenigen, welche die gleiche Arbeit für sich selbst verrichteten, zu eigenem Schutze nicht getroffen zu werden pflegten. In ihren Wirkungen führe die Vorschrift daher zu einer neuen Belastung der Dienstgeber.

Es erscheine eine Abänderung des § 558 Abs. 1 dahin geboten: „Der Dienstberechtigte ist verpflichtet, Räume, Vorrichtungen oder Geräthschaften, die er zur Verrichtung der Dienste zu beschaffen hat, so einzurichten und zu unterhalten, und Dienstleistungen, die unter seiner Anordnung oder Leitung vorzunehmen sind, so zu regeln, daß der zur Dienstleistung Verpflichtete gegen Gefahr für Leben und Gesundheit in der üblichen Weise geschützt ist."

Würde die Fassung des § 558 gleichwohl aufrechterhalten, so empfehle es sich mit Rücksicht auf die Verschiedenheit der Verhältnisse in den deutschen Bundesstaaten im Art. 46 des Einführungsgesetzes unter die Vorschriften, deren Abänderung der Landesgesetzgebung freigestellt wird, auch den § 558 aufzuführen (Zust. S. 35).

**2.** Antrag *Hamburgs* zu § 558 Abs. 1: die Worte: „als die Natur der Dienstleistung es gestattet" durch die Worte: „als die Anwendung der üblichen Sorgfalt es möglich macht" zu ersetzen. – Bei vollständiger Würdigung der für die hier angegriffene Fassung in der Commission vorgebrachten Gründe möchte doch der folgende Gesichtspunkt für die hier vorgeschlagene Aenderung durchschlagend erscheinen. – Die vorerwähnten Gründe stützen sich hauptsächlich auf die analogen – übrigens auch nicht ganz übereinstimmenden – Vorschriften der *Gewerbeordnung*. Bei dem hier in Betracht kommenden *bürgerlichen* Leben besitzt aber der Einzelne zunächst oft gar nicht die *Möglichkeit*, sich darüber zu vergewissern, welche Schutzmittel objectiv die richtigen seien. Außerdem wird aber auch in unzähligen Fällen der Dienstherr gar nicht die *Mittel* besitzen, die objectiv besten Vorkehrungen zu treffen (zumal da er sonst für seine Dienstboten oft viel *weitergehende* Fürsorge übernehmen müßte, als ihm dies für sich selber und seine Familie möglich ist). Es kommt dabei ferner in Betracht, daß er die betreffenden Kosten ja nicht – wie es dem Gewerbetreibenden in der Regel möglich ist – auf das Resultat der Gewerbethätigkeit zu werfen vermag. – Dagegen wird das Maaß des *Ueblichen* in der Regel auch den *vernünftigen* Anforderungen des betreffenden Verkehrs entsprechen. – Daß *Schadensersatz* nach dem Entwurf II nur bei *Verschulden* des Dienstherrn zu leisten sein soll, schützt ihn deshalb durchaus nicht genügend, weil er auch ohne Verschulden nach § 558 sich einer *Pflichtverletzung* schuldig machen würde, die Folgen einer solchen aber nicht zu übersehen sind.

**II. 1.** Bericht von *Heller* vom 11. 10. 1895

Eine sehr lange Diskussion entspann sich über die Anträge Bayerns zum § 610. Nachdem der Berichterstatter in seinem einleitenden Vortrage zwar zugegeben hatte, daß man mit der Bestimmung des Entwurfs mancherlei „Unbequemlichkeit" werde zu erleben haben, jedoch im allgemeinen sein Vertrauen zur Judikatur ausgesprochen und die Ablehnung der Anträge empfohlen hatte, hielt ich unter eingehender Begründung zunächst dem primären Antrag aufrecht. Gegen ihn erklärte sich auch *Württemberg*, namentlich darauf hinweisend, daß es ganz aussichtslos sein würde, die abgeschwächte Bestimmung im Reichstage durchzusetzen. Ihre Abänderung durch den Bundesrat würde nur bewirken, daß der Reichstag den § 610 an die Kommission verweise und sie noch über den dermaligen Entwurf hinaus verschärft. Eine andere Frage sei, ob die Bestimmung nicht einen Zusatz erhalten müsse, der bestimmt, daß der Beschädigte, der aus Mitteln der Kranken- oder Unfallversicherung entschädigt wird, einen Entschädigungsanspruch gegen den Dienstgeber nicht mehr habe. In sehr eingeher der Darlegung, namentlich auch unter Hinweis auf die jetzt schon bedenklich weit gehende Rechtsprechung des Reichsgerichts im Gemeinen Rechte, befürwortete der Präsident *Sieveking* namens Hamburgs den primären Bayerischen Antrag. Für Preußen trat der Kommissar *Struckmann* dem Antrage entgegen, namentlich unter Hinweis darauf, daß die Bestimmung wenigstens für das Gemeine Recht nichts neues bringe. Die Bestimmung setze ausdrücklich ein Verschulden des Dienstberechtigten voraus, also entweder Vorsatz oder Unterlassung der im Verkehr erforderlichen Sorgfalt. Mildernd wirke ferner die Bestimmung des § 249[4]. Der Zusatz sei nicht nötig, die Frage erledige sich aus einem allgemeinen Gesichtspunkte, aus dem Begriffe des „Schadens". Soweit der Beschädigte Krankengeld oder Unfallentschädigung erhält, habe er eben keinen Schaden, also auch keinen Anspruch gegen den Dienstberechtigten. Der Berichterstatter empfahl, das an passender Stelle der Denkschrift zu betonen; der Vorsitzende stellte dies in Aussicht. Ich ergriff wiederholt das Wort für den Antrag. *Sachsen* erklärte seine volle Sympathie mit dem Antrage, riet aber wegen der Aussichtslosigkeit einer abgeschwächten Fassung im Reichstage, es bei dem Entwurfe zu belassen. Der primäre Antrag wurde gegen *Bayern* und *Lübeck* abgelehnt, der eventuelle wurde für die Beratung des Einführungsgesetzes vorbehalten.

**2.** Bericht von Schicker vom 12. 10. 1895:

Der Antrag Bayerns zu § 610 (558) rief eine lange Diskussion hervor; bei derselben legte ich die Nothwendigkeit und Billigkeit der Vorschrift im Prinzip und die politische Unmöglichkeit der wesentlichen Abschwächung dar, während Präsident *Sieveking* und Geheimer Rath *Rüger* die Befürchtung einer weit über die Billigkeit hinausschießenden Anwendung des Paragraphen unter Darlegung der Jurisdiktion des Reichsgerichts auf diesem Gebiete betonten. Zur Erörterung kam auch die Frage des Verhältnisses des § 610 zu der Unfall- und Krankenversicherung. Der Bemerkung *Struckmanns*, daß im Fall der Unterstützung aus einer Versicherung die Haftung wegfalle, weil kein Schaden bestehe, widersprach ich sowohl im Hinblick auf die Fassung des Gesetzes, als auch um deßwillen, weil die Versicherung der sozialpolitischen Gesetze absichtlich nur teilweise Entschädigung gewähre, also eine ergänzende Entschädigung doch noch verlangt werden könnte. Nur wenn die Unfallversicherung ausgedehnt und dabei eine Bestimmung wie § 95 des Unfallversicherungsgesetzes[5] getroffen werde, falle die Haftung der

[4] Vgl. § 255 BGB.

[5] § 95 des Unfallversicherungsgesetzes (RGBl. 1884, S. 69) lautet: „Die nach Maßgabe dieses Gesetzes versicherten Personen und deren Hinterbliebene können einen Anspruch auf Ersatz des

Dienstherren weg; nur soweit dieser § 95 jetzt schon reiche, entfalle dieselbe schon jetzt. Wo die Dienstboten in der Krankenversicherung stehen, könne aus § 610 zur Zeit allerdings eine Haftung erwachsen, welche mit der Zahlungspflicht für die Versicherung sich nicht ganz vereinbare. Struckmann bemerkte, daß immerhin der verletzte Dienstbote in diesem Falle sich die Entschädigung aus der Versicherung anrechnen lassen müsse. Eine ergänzende Bestimmung zu § 610 könnte jedenfalls nur für die Fälle der gesetzlichen Versicherung getroffen werden. Zunächst soll versucht werden, in der Denkschrift durch Betonung, daß ein Verschulden, d. h. der Mangel der im Verkehr erforderlichen Sorgfalt und ein anderweit nicht gedeckter Schaden, Voraussetzungen der Haftung aus § 610 seien, die Bedeutung des § 610 möglichst einzuschränken. Der Bayerische Antrag wurde abgelehnt.

**3.** Bericht von Sieveking vom 11. 10. 1895.

Zu einer ausführlichen Erörterung gab der § 610 (II, 588) Anlaß. Bayern hatte beantragt, den Maßstab der dem Dienstherrn obliegenden Schutzverpflichtung nach dem, was üblich sei, nicht nach dem, was die Natur der Dienstleistung gestatte zu normiren, und wurde hierin von Hamburg lebhaft unterstützt, blieb aber gleichwohl bei der Abstimmung allein, indem die Meinung prävalirte, daß die politische Situation (Zug der Zeit) zur Festhaltung an dem Entwurf zwinge.

**4.** Es wurde folgender Beschluß gefaßt: „Zu § 610 soll in der Denkschrift klargestellt werden, daß der zur Dienstleistung Verpflichtete in Höhe desjenigen Betrages nicht von dem Dienstleistungsberechtigten Schadensersatz verlangen kann, welcher ihm aus einer auf Grund gesetzlicher Verpflichtung bestehenden Kranken- oder Unfallversicherung zukommt."

**5.** Der Hamburger Antrag, der in der Sitzung vom 15. 10. 1896 behandelt wurde, gilt durch die früheren Beschlüsse als erledigt.

**6.** Bericht von Heller vom 10. 12. 1895 (2. Lesung im Bundesratsausschuß): Zum § 610 sprach Württemberg den Wunsch aus, es möchte im Einführungsgesetze durch eine entsprechende Änderung der Versicherungsgesetze dem vorgebeugt werden, daß der Dienstberechtigte auch dann Schadensersatz leisten müsse, wenn der Beschädigte gegen Krankheit und Unfall versichert ist[6]. Eine weitere Erörterung knüpfte sich hieran nicht.

## E. Reichstag (XII. Kommission und Plenum)

I. Beantragt war,

Gröber (Nr 35, 7) **1. a)**: in § 610 in Absatz 1 nach dem ersten Satze folgende Bestimmung einzufügen: „Bei Dienstleistungen in dem Haushalt oder der Wirthschaft des Dienstberechtigten erstreckt sich diese Verpflichtung auf die zum Schutze der Gesundheit, Sittlichkeit und Religion des Dienstverpflichteten erforderliche Einrichtung der Wohn- und Schlafräume, der Nahrung, Bekleidung und Verpflegung der Arbeits- und Erholungszeit."

in Folge eines Unfalls erlittenen Schadens nur gegen diejenigen Betriebsunternehmer, Bevollmächtigten oder Repräsentanten, Betriebs- oder Arbeiteraufseher geltend machen, gegen welche durch strafgerichtliches Urtheil festgestellt ist, daß sie den Unfall vorsätzlich herbeigeführt haben. – In diesem Falle beschränkt sich der Anspruch auf den Betrag, um welchen die den Berechtigten nach den bestehenden gesetzlichen Vorschriften gebührende Entschädigung diejenige übersteigt, auf welche sie nach diesem Gesetze Anspruch haben."

[6] Ein entsprechender Wunsch sollte der 2. Kommission unterbreitet werden.

1. b): hinter § 610 nachstehende Vorschrift als § 610a folgen zu lassen: Gröber (Nr 35, 8)
„Eine Züchtigung des zur Dienstleistung Verpflichteten steht dem Dienstberechtigten nicht zu."

2. hinter § 610 folgenden § 610a aufzunehmen: Buchka, Himburg, v. Maltzan (Nr 51)
„Dienstverpflichtete unter 16 Jahren sind der elterlichen Zucht des Dienstberechtigten unterworfen, wenn sie in die häusliche Gemeinschaft des Dienstberechtigten aufgenommen sind.

Eine Züchtigung der zur Dienstleistung verpflichteten Personen, welche das 16. Lebensjahr vollendet haben, steht dem Dienstberechtigten nicht zu."

3 a) § 610 wie folgt zu fassen[7]:

„Der Arbeitgeber ist verpflichtet, Räume, Vorrichtungen oder Geräthschaften, die er zur Verrichtung der Arbeitsleistung, als Wohn- und Schlafräume und zum Aufenthalt während der Arbeitspausen zu beschaffen hat, so einzurichten und zu unterhalten und Dienstleistungen, die unter seiner oder seines Vertreters Anordnung oder Leitung vorzunehmen sind, so zu regeln, daß der Arbeitnehmer gegen Gefahr für Leben und Gesundheit soweit geschützt ist, als es die Natur der häuslichen Gemeinschaft, des wirthschaftlichen oder gewerblichen Betriebes getattet und als es die Aufrechterhaltung der guten Sitten und des Anstandes erfordern. Erfüllt er diese Verpflichtung nicht, so hat er den daraus entstehenden Schaden in Gemäßheit der für den Schadensersatz wegen unerlaubter Handlungen in §§ 826 bis 830 gegebenen Vorschriften zu ersetzen." Frohme, Stadthagen (Nr 44, 14)

b) als § 610a einzuschalten[8]:

„Arbeitgeber, welche Arbeiter unter 18 Jahren beschäftigen, sind verpflichtet, bei der Regelung des Arbeitsverhältnisses diejenigen besonderen Rücksichten auf Gesundheit und Sittlichkeit zu nehmen, welche durch das Alter dieser Arbeiter geboten sind." Frohme, Stadthagen (Nr 44, 15)

c) als § 610b, § 610c und § 610d einzuschalten:

"§ 610b[9]. Die zuständigen Polizeibehörden sind befugt, im Wege der Verfügung die Ausführung derjenigen Maßnahmen anzuordnen, welche zur Durchführung der in §§ 610 und 610a enthaltenen Grundsätze erforderlich und ausführbar erscheinen. Sie können anordnen, daß den Arbeitern zur Einnahme von Mahlzeiten außerhalb der Arbeitsräume angemessene, in der kalten Jahreszeit geheizte Räume unentgeltlich zur Verfügung gestellt werden. Soweit die angeordneten Maßregeln nicht die Beseitigung einer dringenden, das Leben oder die Gesundheit bedrohenden Gefahr bezwecken, muß für die Ausführung eine angemessene Frist gelassen werden. Gegen die Verfügung der Polizeibehörde steht dem Gewerbeunternehmer binnen zwei Wochen die Beschwerde an die höhere Verwaltungsbehörde zu. Gegen die Entscheidung der höheren Verwaltungsbehörde ist binnen vier Wochen die Beschwerde an die Centralbehörde zulässig; diese entscheidet endgültig. Widerspricht die Verfügung den von der zuständigen Berufsgenossenschaft erlassenen Vorschriften zur Verhütung von Unfällen, so ist zur Einlegung der vorstehend bezeichneten Rechtsmittel binnen der dem Arbeitgeber zustehenden Frist auch der Vorstand der Berufsgenossenschaft befugt. Frohme, Stadthagen (Nr 44, 16)

§ 610c[10]. Durch Beschluß des Bundesraths können Vorschriften darüber erlassen werden, welchen Anforderungen in bestimmten Arten von Betrieben zur Durchführung der in den §§ 610 und 610a enthaltenen Grundsätze zu genügen ist. Soweit solche Frohme, Stadthagen (Nr 44, 16)

---

[7] Vgl. § 120a GewO in der damaligen Fassung.
[8] § 120c GewO.
[9] § 120 d GewO.
[10] § 120e GewO.

Vorschriften durch Beschluß des Bundesraths nicht erlassen sind, können dieselben durch Anordnung der Landes-Centralbehörden oder durch Polizeiverordnungen der zum Erlaß solcher berechtigten Behörden erlassen werden. Vor dem Erlaß solcher Anordnungen und Polizeiverordnungen ist den Vorständen der betheiligten Berufsgenossenschaften oder Berufsgenossenschafts-Sektionen Gelegenheit zu einer gutachtlichen Aeußerung zu geben. Auf diese finden die Bestimmungen des § 79 Absatz 1 des Gesetzes, betreffend die Unfallversicherung der Arbeiter, vom 6. Juli 1884 (Reichs-Gesetzbl. S. 69) Anwendung. Durch Beschluß des Bundesraths können für solche Gewerbe, in welchen durch übermäßige Dauer der täglichen Arbeitszeit die Gesundheit der Arbeiter gefährdet wird, Dauer, Beginn und Ende der zulässigen täglichen Arbeitszeit und der zu gewährenden Pausen vorgeschrieben und die zur Durchführung dieser Vorschriften erforderlichen Anordnungen erlassen werden. Die durch Beschluß des Bundesraths erlassenen Vorschriften sind durch das Reichs-Gesetzblatt zu veröffentlichen und dem Reichstag bei seinem nächsten Zusammentritt zur Kenntnißnahme vorzulegen.

§ 610d[11]. Die Aufsicht über die Ausführung der Bestimmungen der §§ 610 und 610a ist ausschließlich oder neben den ordentlichen Polizeibehörden besonderen von den Landesregierungen zu ernennenden Beamten zu übertragen. Denselben stehen bei Ausübung dieser Aufsicht alle amtlichen Befugnisse der Ortspolizeibehörden, insbesondere das Recht zur jederzeitigen Revision der Anlagen zu. Sie sind, vorbehaltlich der Anzeige von Gesetzwidrigkeiten, zur Geheimhaltung der amtlich zu ihrer Kenntniß gelangenden häuslichen, Geschäfts- und Betriebs-Verhältnisse zu verpflichten. Die Ordnung der Zuständigkeitsverhältnisse zwischen diesen Beamten und den ordentlichen Polizeibehörden bleibt der verfassungsmäßigen Regelung in den einzelnen Bundesstaaten vorbehalten. Die erwähnten Beamten haben Jahresberichte über ihre amtliche Thätigkeit zu erstatten. Diese Jahresberichte oder Auszüge aus denselben sind dem Bundesrath und dem Reichstage vorzulegen. Die Arbeitgeber sind verpflichtet, den genannten Beamten oder der Polizeibehörde diejenigen statistischen Mittheilungen über die Verhältnisse ihrer Arbeiter zu machen, welche vom Bundesrath oder von der Landes-Centralbehörde unter Festsetzung der dabei zu beobachtenden Fristen und Formen vorgeschrieben werden."

Frohme, Stadthagen (Nr 44, 17)

d) als § 610e einzuschalten:

„Eine Strafgewalt oder ein Züchtigungsrecht steht dem Arbeitgeber gegenüber dem Arbeiter und dem Arbeiter gegenüber dem Arbeitgeber nicht zu."

Frohme, Stadthagen (Nr 44, 18)

e) als § 610f einzuschalten:

„Vereinbarungen, welche gegen die Vorschriften der §§ 604a, 606a, 607a, 607h, 608, 609, 610, 610a oder 610e verstoßen, sind ungültig."

**II.** Bericht von *Heller* über die Sitzung vom 14. 3. 1896;

Der Antrag *Frohme, Stadthagen* zum § 610 wurde abgelehnt, dagegen wurde der Antrag *Gröber* angenommen[12]. Die Annahme dieses Antrags wurde dadurch herbeigeführt, daß die Konservativen und eines der Kommissionsmitglieder der Reichspartei bei

---

[11] § 139b GewO.

[12] Nach dem Kommissions-Protokoll vom 14. 3. 1896 wurde der Antrag von Gröber mit 10 gegen 7 Stimmen angenommen. Ferner lag noch ein Antrag von *Kaufmann* vor, in § 610 Abs. 1 die Sätze 2, 3 zu streichen.
Dieser Antrag wurde an die Redaktionskommission überwiesen.

der Abstimmung fehlten; im Falle ihrer Anwesenheit wäre nach dem Verlaufe der Diskussion anzunehmen gewesen, daß der Antrag mit Stimmengleichheit abgelehnt werden würde[13].

Die Beratung des Antrags *Frohme, Stadthagen* auf Einschaltung eines neuen § 610e und des Antrags *Gröber* auf Einschaltung eines neuen § 610a führte zur Ablehnung des zuerst genannten Antrags und zu dem Beschlusse, eine dem Antrage *Gröber* entsprechende Bestimmung Sinne einer Beschränkung des im Art. 95 des Entwurfs des Einführungsgesetzes enthaltenen landesrechtlichen Vorbehalts in das Einführungsgesetz aufzunehmen[14].

(Die Anträge von *Frohme, Stadthagen* zu § 610a = Nr. 44, 15, wurden zurückgezogen; die zu den §§ 610b–610d = 44, 16 abgelehnt.)

b) Bericht von *Heller* über die Sitzung vom 17. 3. 1896:

Der Antrag *Dr. von Buchka, Himburg, Freiherr von Maltzan* auf Einstellung eines neuen § 610a wurde zurückgezogen. Auch der Antrag *Frohme, Stadthagen* auf Einschaltung eines neuen § 610f wurde als zurückgezogen angesehen, da die Antragsteller erklärten, im Hinblick auf die Beschlußfassung der Kommission über die vorangegangenen Anträge auf dessen Beratung keinen Wert mehr zu legen.

III. In 2. Lesung wurde von *Frohme, Stadthagen* der Antrag gestellt, statt „§§ 826–830" zu setzen, „§§ 826–831" (Nr. 136, 7). Der Antrag wurde abgelehnt (Sitzung vom 5. 6. 1896).

IV. Im Plenum wurden alle Anträge, die *Frohme, Stadthagen* in der 1. Lesung der XII. Kommission gestellt hatten, von *Auer* u. a. erneut eingebracht (Nr. 465, 29–32). Sie wurden in der Sitzung vom 22. 6. 1896 (StBRT 1895/97, S. 2811 f.) abgelehnt.

## § 620

**Das Dienstverhältniß endigt mit dem Ablaufe der Zeit, für die es eingegangen ist.**

**Ist die Dauer des Dienstverhältnisses weder bestimmt noch aus der Beschaffenheit oder dem Zwecke der Dienste zu entnehmen, so kann jeder Theil das Dienstverhältniß nach Maßgabe der §§ 621 bis 623 kündigen.**

## § 621

**Ist die Vergütung nach Tagen bemessen, so ist die Kündigung an jedem Tage für den folgenden Tag zulässig.**

**Ist die Vergütung nach Wochen bemessen, so ist die Kündigung nur für den Schluß einer Kalenderwoche zulässig; sie hat spätestens am ersten Werktage der Woche zu erfolgen.**

---

[13] Vgl. auch den „Vorwärts" (*Vormbaum*, S. 191–192).
[14] Vgl. auch den „Vorwärts" (*Vormbaum*, S. 190–191).

**Ist die Vergütung nach Monaten bemessen, so ist die Kündigung nur für den Schluß eines Kalendermonats zulässig; sie hat spätestens am fünfzehnten des Monats zu erfolgen.**

**Ist die Vergütung nach Vierteljahren oder längeren Zeitabschnitten bemessen, so ist die Kündigung nur für den Schluß eines Kalendervierteljahrs und nur unter Einhaltung der Kündigungsfrist von sechs Wochen zulässig.**

### § 622

**Das Dienstverhältniß der mit festen Bezügen zur Leistung von Diensten höherer Art Angestellten, deren Erwerbsthätigkeit durch das Dienstverhältniß vollständig oder hauptsächlich in Anspruch genommen wird, insbesondere der Lehrer, Erzieher, Privatbeamten, Gesellschafterinnen, kann nur für den Schluß eines Kalendervierteljahrs und nur unter Einhaltung einer Kündigungsfrist von sechs Wochen gekündigt werden, auch wenn die Vergütung nach kürzeren Zeitabschnitten als Vierteljahren bemessen ist.**

### § 623

**Ist die Vergütung nicht nach Zeitabschnitten bemessen, so kann das Dienstverhältniß jederzeit gekündigt werden; bei einem die Erwerbsthätigkeit des Verpflichteten vollständig oder hauptsächlich in Anspruch nehmenden Dienstverhältniß ist jedoch eine Kündigungsfrist von zwei Wochen einzuhalten.**

## A. 1. Kommission

I. a) 216. Sitzung vom 4. 6. 1883, Schriftführer Neubauer

| Prot I 2268 | Zu Artikel 626 des Entwurfs:

DresdE Art 626 „Die Dienstverdingung endigt mit der vollständigen Leistung der Dienste oder mit dem Ablaufe der bestimmten Dienstzeit oder schon vor deren Ablaufe mit dem Tode des Dienstverdingers oder mit dem Eintritte der gänzlichen Dienstunfähigkeit desselben, wenn er die Dienste persönlich zu leisten hatte."

lagen die Anträge vor:

1. statt dessen zu bestimmen:

Derscheid (Nr 400) „Der Dienstvertrag erlischt mit dem Tode des Dienstverpflichteten, mit dem Tode des Dienstberechtigten nur dann, wenn der Vertrag wesentlich mit Rücksicht auf dessen Person geschlossen war."

2. zu bestimmen:

Windscheid (Nr 405) „Das Dienstverhältniß endigt mit Ablauf der Zeit, für welche es eingegangen war.
(NB: zu verbinden mit Art. 629).
Das Dienstverhältniß endigt mit dem Tode des Dienstverpflichteten."
(Stellung vorbehalten.)

3. den Artikel – vorbehaltlich der Stellung desselben – zu fassen: Planck (Nr 407)
„Das Dienstverhältniß endigt mit dem Tode so wie mit der gänzlichen dauernden Dienstunfähigkeit des Dienstverpflichteten, es wäre denn, daß derselbe nach dem Dienstvertrage nicht verpflichtet wäre, die Dienste in Person zu leisten."

Außerdem war die Streichung[1] des Artikels beantragt. v. Kübel (Nr 406)

| Der Artikel bestimmt, das Dienstverhältniß ende: | Prot I 2269

a) mit der vollständigen Leistung der Dienste,

b) mit dem Ablaufe der bestimmten Dienstzeit,

c) mit dem Tode des Dienstverpflichteten,

d) mit dem Eintritt der gänzlichen Dienstunfähigkeit.

Die Mehrheit entschied in getrennter Berathung und Abstimmung für die Streichung der Bestimmung zu a), dann der zu b), hiernach der zu c), endlich auch der zu d), somit für die Streichung des ganzen Artikels unter Ablehnung der gestellten Anträge.

Erwogen war:

zu a) Die Bestimmung sei ohne Zweifel selbstverständlich, also entbehrlich.

zu b) Die Bestimmung sei nicht minder selbstverständlich, wenn eine entsprechende Bestimmung für die Miethe beschlossen sei (Protokoll vom 9. Mai 1883 S. 2130–2136)[2], so sei hierfür die bei dem Dienstvertrage im Allgemeinen oder jeder Art nicht zutreffende Betrachtung leitend gewesen, daß bei der Miethe auf bestimmte Zeit die Nothwendigkeit einer Kündigung in Frage kommen könnte.

zu c) Habe der Dienstverpflichtete in Person zu leisten, so sei die Beendigung des Dienstverhältnisses, wenn er sterbe, eine Folge der sich ergebenden objektiven Unmöglichkeit der Erfüllung der Vorleistungspflicht; verhalte es sich anders, so müsse der Tod gleichgültig sein. Die Aufnahme der Bestimmung, wenn auch mit dem in dem Antrag Nr. 3 vorgeschlagenen Zusatze habe das Mißliche, daß sie zu der Ansicht verleiten könne, bei dem Dienstvertrage habe der Dienstverpflichtete regelmäßig in Person nicht zu erfüllen. Ob der Dienstverpflichtete oder dessen Erbe zum Schadensersatz verpflichtet seien, wenn der Tod auf Verschulden beruhe, habe das Gesetz wegen Seltenheit der betreffenden Fälle nicht zu entscheiden und werde auch durch keinen der gestellten Anträge klar und bestimmt entschieden (zu vgl. § 185 der Zusammenstellung der das Obligationenrecht betreffenden Beschlüsse, Prot. vom 2. und 4. Oktober 1882 S 1116–1122, 1130–1133).

zu d. Die Bestimmung unterliege derselben Beurtheilung, wie | die vorhergehende. | Prot I 2270

Kein Zweifel bestand, daß nach Streichung des Artikels kein Grund obwalte, über die Einwirkung des Todes des *Dienstberechtigten* auf den Fortbestand des Dienstverhältnisses eine Bestimmung aufzunehmen.

b) 217. Sitzung vom 6. 6. 1883, Schriftführer Neubauer

| Zu Artikel 629 des Entwurfs: | Prot I 2275

"Ist eine Dienstzeit nicht vereinbart, wohl aber der Lohn nach einem Zeitabschnitte bestimmt oder der Dienst zu einem Zwecke versprochen worden, welcher nur innerhalb einer gewissen Zeit erreicht werden kann, so endigt die Dienstverdingung im ersten Falle mit dem Ablaufe des Zeitabschnittes und im zweiten Falle mit dem Ablaufe der für die Errichtung des Zweckes erforderlichen Zeit. Fehlt es auch an der Bezeichnung eines DresdE Art 629

[1] Zur Begründung dieses Antrags vgl. die Anträge von *v. Kübel* vor § 611 BGB.
[2] Vgl. Materialien zu § 564f. BGB.

Zweckes, so findet die Vorschrift des Artikels 568 Absatz 2 Anwendung. Die Dienstverdingung endigt in diesem Falle erst nach Ablauf der vertragsmäßigen oder ortsgebräuchlichen Kündigungsfrist oder, in Ermangelung einer solchen, mit dem Ablaufe
| Prot I 2276 von 14 Tagen nach geschehener Kündigung."

lagen die Anträge vor:

v. Kübel (Nr 403)

1. statt dessen zu bestimmen:

„Ist in dem Vertrage die Dienstzeit weder ausdrücklich bestimmt noch aus dem Zwecke der Dienste zu entnehmen, so kann das Dienstverhältniß von jedem der Vertragschließenden durch Kündigung beendet werden. Die Kündigungsfrist beträgt vierzehn Tage. Ist die Vergütung für die Dienste nach Zeitabschnitten bestimmt, so hat die Kündigung vierzehn Tage vor dem Ablaufe eines solchen Zeitabschnitts zu erfolgen."

Derscheid (Nr 400)

2. zu bestimmen:

„Ist der Dienstvertrag nicht auf eine bestimmte Zeit geschlossen, und ergiebt sich die Dauer desselben auch nicht aus dem Zwecke der zu leistenden Dienste, so ist jeder Theil berechtigt, das Dienstverhältniß durch 14tägige Kündigung zu beenden."

Windscheid (Nr 405)

3. zu bestimmen:

„Ist über die Dauer der Dienstzeit im Vertrage nichts bestimmt, so kann jeder Theil das Dienstverhältniß durch Kündigung beendigen. Die Kündigungsfrist beträgt vierzehn Tage."

v. Weber (Nr 403)

4. zu bestimmen:

„Ist eine Dienstzeit nicht vereinbart und ergiebt sich eine solche auch nicht aus dem Zwecke, zu welchem die Dienste versprochen sind, so kann das Dienstverhältniß von jedem Theile durch Kündigung beendet werden.

Ist die Vergütung der Dienste nach Zeitabschnitten von wenigstens einem Viertel-
| Prot I 2277 jahre be- | messen, so ist die Kündigung nur für den Ablauf eines Kalendervierteljahres zulässig und muß mindestens sechs Wochen vor Ablauf desselben erfolgen. Fällt der Anfang des Dienstverhältnisses nicht mit dem Anfange eines Kalendervierteljahres zusammen, so kann zum ersten Male auf das Ende des nächstfolgenden Kalendervierteljahres gekündigt werden. Ist die Vergütung nach kürzeren Zeitabschnitten, Monaten, Wochen oder Tagen, bemessen, so finden die Vorschriften über die Kündigung bei der Miethe unbeweglicher Sachen (§ 377 Abs. 3, 4, 6 des Redaktionsentwurfs für die Miethe – d. h. des Beschlusses zu Artikel 568 des Entwurfs Prot. vom 9. Mai 1883 S. 2130–2136[3] –, entsprechende Anwendung.

(In anderen Fällen ist eine Kündigungsfrist, wenn sie nicht vereinbart, nicht zu beobachten.)"

Nachdem entschieden war, in das Gesetz eine Bestimmung aufzunehmen, welche ergebe, daß im Falle der Nichtvereinbarung einer Dienstzeit das Dienstverhältniß nur mittels Kündigung gelöst werden könne und aus welcher zugleich die einzuhaltende Kündigungsfrist erhelle, beschloß die Mehrheit in Ansehung der aufzunehmenden Einzelheiten was folgt:

1. Als Voraussetzung soll in Uebereinstimmung mit dem Antrage Nr. 3 ausgesprochen werden:

"Ist über die Dauer der Dienstzeit nichts bestimmt."

2. Hierauf soll – ensprechend jenem Antrage – die Bestimmung folgen:

„Jeder Theil könne das Dienstverhältniß durch Kündigung beenden; die Kündigungsfrist betrage vierzehn Tage."

---

[3] Vgl. Materialien zu § 564 BGB.

Die Hinzufügung des zweiten Satzes des Antrags Nr. 1 wurde abgelehnt, desgleichen die Hinzufügung der im dritten Satze des zweiten Absatzes des Antrags Nr. 4 enthaltenen Bestimmung, während der übrige Inhalt dieses Antrags durch die vorstehenden Beschlüsse für erledigt galt. | Prot I 2278

Erwogen war:

Für die Miethe sei zum Artikel 268 (Prot. vom 9. Mai 1883 S. 2130–2136[4]) beschlossen:

„Das Miethverhältniß ende mit dem Ablaufe der Zeit, auf welche es eingegangen worden; sei die Miethzeit nicht bestimmt, so könne sowohl der Miether als der Vermiether das Miethverhältniß durch Kündigung beenden."

Alle Gründe, welche dafür sprächen, bei dem Miethvertrage im Falle der Nichtvereinbarung einer Miethzeit die Lösung des Miethverhältnisses von einer beiden Theilen zustehenden Kündigung abhängig zu machen, ließen sich auch dafür anführen, hinsichtlich des Dienstvertrags eine gleiche Bestimmung zu treffen. Eine solche Bestimmung sei einleuchtend unanwendbar für die Fälle, in welchen die Dienste (wie der Entwurf sich ausdrücke), zu einem Zwecke versprochen seien. Dies besonders hervorzuheben, sei überflüssig, da in jenen Fällen eine stillschweigende Vereinbarung der Dienstdauer vorliege, oft auch eine Werkverdingung werde anzunehmen sein. Demzufolge brauche ebensowenig, wie bei der Miethe, zur Verdeutlichung der Voraussetzung von einem dauernden Dienstverhältnisse oder von der Eingehung des Vertrags nicht auf bestimmte Zeit gesprochen zu werden; ein derartiger Zusatz sei nur Mißverständnisse hervorzurufen geeignet.

Anlangend die Kündigungsfrist, so sei es allerdings schwierig, eine Frist zu finden, die für alle zu würdigenden Ver | träge gleichmäßig passe. Das Gesetz müsse auf die Bestimmung einer solchen Frist und nicht minder darauf verzichten, durch kasuistische Vorschriften für die kaum zu übersehenden einzelnen Fälle das Angemessene vorzusehen. Dies sei aber auch nicht nöthig; es genüge, da nur eine subsidiäre, in Ermangelung einer ausdrücklichen oder stillschweigenden Parteiberedung und in Ermangelung einer derogirenden speziellen Vorschrift anwendbare Rechtsnorm in Frage stehe, die Festsetzung einer einheitlichen Frist, wenn dieselbe nur im Großen und Ganzen als angemessen sich darstelle. Die passendste Frist sei die vierzehntägige. Jede zusätzliche Vorschrift, namentlich aber auch eine solche, welche auf Bemessung der Vergütung nach Zeitperioden und dgl. Rücksicht nehme, bleibe bedenklich; denn sie werde stets nur für eine begrenzte Zahl von Verträgen sich als zutreffend erweisen. Von der Festsetzung einer einheitlichen einfachen Frist sei um so weniger ein Nachtheil zu besorgen, als für die meisten und wichtigsten der fraglichen Verträge durch Spezialgesetze Vorsorge getroffen sei oder getroffen werden könne, wohin insbesondere gehörten: die Gesindeverträge, die Dienstverträge der Handlungsgehülfen, der Schiffsmannschaft, der Gesellen, der Fabrikarbeiter u.s.w. | Prot I 2279

Die vorstehenden Beschlüsse gaben Anlaß, auf den Artikel 628 (Prot. vom 4. Juni 1883 S. 2273, 2274[5]) zurückzugehen. Man überzeugte sich, daß die vierzehntägige Kündigungsfrist für den Fall nicht passe, der in den Beschlüssen zum Artikel 628 vorgesehen ist, und durch eine längere Frist — und zwar durch eine sechsmonatige — zu ersetzen sei.

---

[4] Vgl. Materialien zu § 564 BGB.
[5] Vgl. Materialien zu § 624 BGB.

**II. 1.** In der *RedVorl* lautet die Regelung als:

RedVorl § 5 § 5 (629) 419. Ist die Dienstzeit nicht bestimmt (Ist über die Dauer der Dienstzeit nichts bestimmt), so kann sowohl der Dienstberechtigte als der Dienstverpflichtete das Dienstverhältniß durch Kündigung beenden. Die Kündigungsfrist beträgt zwei Wochen.

(NB: Zu vgl. § 17 Redaktionsvorlage über die Miethe [§ 377].)

**2.** In der *ZustOR* lautet die Regelung § 418:

ZustOR § 418 Ist die Dienstzeit nicht bestimmt, so kann sowohl der Dienstberechtigte als der Dienstverpflichtete das Dienstverhältniß durch Kündigung beenden. Die Kündigungsfrist beträgt zwei Wochen.

**III., IV.** Fassung der Regelung im *KE (E I)*

KE § 556 E I § 563 § 556 (563). Ist die Dienstzeit nicht bestimmt, so kann sowohl der Dienstberechtigte als der Dienstverpflichtete das Dienstverhältniß durch Kündigung beendigen. Die Kündigungsfrist beträgt zwei Wochen.

## B. Vorkommission des Reichsjustizamtes

**I.** Beantragt war:

**a)** den § 563 durch folgende Vorschriften zu ersetzen:

Struckmann (Nr 3, 87) § 563. Ist das Dienstverhältniß auf bestimmte Zeit eingegangen, so endigt es mit Ablauf dieser Zeit.

Ist das Dienstverhältniß auf unbestimmte Zeit eingegangen und ergiebt die Dienstdauer sich auch nicht aus dem angegebenen Zwecke der Dienste, so kann das Dienstverhältniß in Ermangelung einer anderen Vereinbarung von jedem Theile nach Maßgabe des § 563 a gekündigt werden.

Struckmann (Nr 3, 87) § 563 a. **b)** Ist die Vergütung nach Monaten oder kürzeren Zeitabschnitten bemessen, so ist die Kündigung nur für das Ende eines solchen Zeitabschnitts zulässig; sie muß jedoch vor dem Beginn desselben erfolgen, sofern nicht die Vergütung nach Tagen bemessen ist.

Ist die Vergütung nach einem mehrere Monate umfassenden Zeitabschnitte bemessen, so ist die Kündigung nur für den Schluß eines der mit dem 1. Januar, 1. April, 1. Juli, 1. Oktober beginnenden Kalendervierteljahre und unter Einhaltung einer sechswöchigen Kündigungsfrist zulässig.

Ist die Vergütung nicht nach Zeitabschnitten bemessen, so kann das Dienstverhältniß zu jeder Zeit gekündigt werden. Bei einem die Erwerbsthätigkeit des Dienstleistenden vollständig oder hauptsächlich in Anspruch nehmenden Dienstverhältnisse findet jedoch die Vorschrift des Abs. 2 Anwendung, sofern die Umstände ergeben, daß das Dienstverhältniß auf längere Zeit berechnet war.

**II. a)** 276. Sitzung vom 11. 4. 1892

| Prot-RJA 469 | Der § 563 wurde durch folgende Vorschriften ersetzt . . [wie Antrag von *Struckmann* Nr. 3, 87, § 563].

| Prot-RJA 470 E I-RJA § 563 a | § 563 a: Ist die Vergütung nach Tagen bemessen, so ist die | Kündigung an jedem Tage für den folgenden Tag zulässig.

Ist die Vergütung nach Wochen bemessen, so ist die Kündigung nur für den Schluß einer Kalenderwoche zulässig; sie muß spätestens am ersten Werktage der Woche erfolgen, mit deren Ablauf das Dienstverhältniß endigen soll.

Ist die Vergütung nach Monaten bemessen, so ist die Kündigung nur für den Schluß eines Kalendermonats zulässig; sie muß spätestens am fünfzehnten des Monats erfolgen, mit dessen Ablaufe das Dienstverhältniß endigen soll.

Ist die Vergütung nach Monaten bemessen, so ist die Kündigung nur für den Schluß eines Kalendermonats zulässig; sie muß spätestens am fünfzehnten des Monats erfolgen, mit dessen Ablaufe das Dienstverhältniß endigen soll.

Ist die Vergütung nach einem Vierteljahre bemessen, so ist die Kündigung nur für den Schluß eines der mit dem 1. Januar, 1. April, 1. Juli, 1. Oktober beginnenden Kalendervierteljahre und unter Einhaltung einer Kündigungsfrist von sechs Wochen zulässig.

Ist die Vergütung nicht nach Zeitabschnitten bemessen, so kann das Dienstverhältniß jederzeit gekündigt werden, bei einem die Erwerbsthätigkeit des Dienstleistenden vollständig oder hauptsächlich in Anspruch nehmenden Dienstverhältnisse jedoch nur unter Einhaltung einer Kündigungsfrist von zwei Wochen."

Erwogen wurde:

Der Entw. gehe zu weit, wenn er jedem Theile das Recht, das Dienstverhältniß durch Kündigung zu beenden, schon dann gewähre, wenn die Dienstzeit im Vertrage nicht bestimmt sei. Auch wenn die Dauer des Dienstverhältnisses sich aus dem angegebenen | Zwecke des Dienstverhältnisses ergebe, müsse ein vorzeitiges Kündigungsrecht ausgeschlossen sein. Auf der anderen Seite werde der Entw. den mannigfachen Verhältnissen des Lebens nicht gerecht, wenn er Kündigung zu jedem Termine zulasse und die Kündigungsfrist schlechthin auf zwei Wochen bemesse. Der Auffassung des Lebens entspreche ein jederzeit zulässiges Kündigungsrecht nur in den Fällen, in denen die Vergütung nicht nach Zeitabschnitten bemessen sei, und auch in diesen Fällen sei die Einhaltung einer Kündigungsfrist von zwei Wochen nur dann durch die Billigkeit und die Auffassung des Verkehrs geboten, wenn es sich um ein die Erwerbstätigkeit des Dienstleistenden vollständig oder doch hauptsächlich in Anspruch nehmendes Dienstverhältniß handele. Sei die Vergütung nach Zeitabschnitten bestimmt, so gehe der muthmaßliche Wille der Parteien in der Regel dahin, daß das Dienstverhältniß nur zum Ablaufe des betreffenden Zeitabschnittes durch Kündigung solle beendet werden dürfen. Die vom Entw. bestimmte Kündigungsfrist von zwei Wochen sei für die Fälle, in denen die Vergütung nach Tagen oder nach Wochen bemessen sei, zu lang. Auf der anderen Seite erscheine es billig, wenn die Vergütung nach Kalendervierteljahren bemessen sei, die Dauer der Kündigungsfrist auf sechs Wochen zu erstrecken. Bei Diensten, die regelmäßig vierteljährlich vergütet würden, z. B. bei den Diensten der Hauslehrer, Erzieher u.s.w., seien die Verpflichteten häufig aus begreiflichen Gründen nicht in der Lage, sich eine längere als die gesetzliche Kündigungsfrist auszubedingen; deswegen sei die letztere von vornherein so zu bemessen, daß die Verpflichteten durch eine Kündigung des Berechtigten in ihrer Erwerbstätigkeit nicht in empfindlicher Weise geschädigt würden. | Prot-RJA 471

b) 77. Sitzung vom 12. 4. 1892

| Der in der vorigen Sitzung zu § 563 gefaßte Beschluß wurde dahin abgeändert, daß der Fall einer nach kürzeren Zeitabschnitten als Tagen bestimmten Vergütung ganz unerwähnt bleiben, für den Fall einer nach Tagen bemessenen Vergütung die beschlossene Bestimmung beibehalten, die Fälle der nach Wochen, Monaten oder längeren | Prot-RJA 473

Zeitabschnitten bemessenen Vergütung dagegen entsprechend den zu § 522 beschlossenen Bestimmungen (vgl. Prot. S. 451[6]) geregelt werden sollen.

Man hielt eine Vorschrift für den Fall einer nach einem kürzeren Zeitabschnitt als einem Tage bestimmten Vergütung für entbehrlich. Im übrigen erschien es folgerichtiger und dem Leben entsprechender, für die Kündigung der Dienstmiethe das gleiche zu bestimmen wie für die Kündigung der Sachmiethe.

## C. 2. Kommission

I. Zu § 563 E I war beantragt (Prot II, Bd. 2, S. 295, *Mugdan*, Bd. 2, 909):

Struckmann (Nr 159, 16)

1. die Bestimmung des Entw. durch nachstehende Vorschriften zu ersetzen:

§ 563. Ist das Dienstverhältniß auf bestimmte Zeit eingegangen, so endigt es mit dem Ablaufe dieser Zeit.

Ist das Dienstverhältniß auf unbestimmte Zeit eingegangen und ergiebt sich die Dienstdauer auch nicht aus dem angegebenen Zwecke der Dienste, so kann das Dienstverhältniß in Ermangelung einer anderen Vereinbarung von jedem Theile nach Maßgabe des § 563a gekündigt werden.

§ 563a. Ist die Vergütung nach Tagen bemessen, so ist die Kündigung an jedem Tage für den folgenden Tag zulässig.

Ist die Vergütung nach Wochen bemessen, so ist die Kündigung nur für den Schluß einer Kalenderwoche zulässig; sie muß spätestens am ersten Werktage der Woche erfolgen, mit deren Ablaufe das Dienstverhältniß endigen soll.

Ist die Vergütung nach Monaten bemessen, so ist die Kündigung nur für den Schluß eines Kalendermonats zulässig; sie muß spätestens am fünfzehnten des Monats erfolgen, mit dessen Ablaufe das Dienstverhältniß endigen soll.

Ist die Vergütung nach einem Vierteljahre bemessen, so ist die Kündigung nur für den Schluß eines der mit dem 1. Januar, 1. April, 1. Juli, 1. Oktober beginnenden Kalendervierteljahre und unter Einhaltung einer Kündigungsfrist von sechs Wochen zulässig.

Ist die Vergütung nicht nach Zeitabschnitten bemessen, so kann das Dienstverhältniß jederzeit gekündigt werden, bei einem die Erwerbsthätigkeit des Dienstleistenden vollständig oder hauptsächlich in Anspruch nehmenden Dienstverhältnisse jedoch nur unter Einhaltung einer Kündigungsfrist von zwei Wochen.

Jacubezky (Nr 184, 5–6)

2. a) dem § 563 folgende Fassung zu geben:

Ist die Dauer des Dienstverhältnisses nicht bestimmt, so kann jeder Theil dasselbe durch Kündigung beendigen.

Ist die Vergütung etc. (wie § 563a des Antrags 1 mit Weglassung des Abs. 4).

b) als § 563a folgende Bestimmungen aufzunehmen:

Das Dienstverhältniß eines mit festen Bezügen zu höheren Dienstleistungen Angestellten, dessen Erwerbsthätigkeit durch das Dienstverhältniß vollständig oder hauptsächlich in Anspruch genommen wird (Lehrer, Erzieher, Privatbeamte, Buchhalter, Gesellschafterinnen, Gutsverwalter[6a] etc.) kann, sofern nicht ein Anderes bestimmt ist, nur für den Schluß eines Kalendervierteljahres gekündigt werden. Die Kündigungsfrist beträgt sechs Wochen.

---

[6] Vgl. Materialien zu §§ 564, 565 BGB.

[6a] Im schriftlich eingereichten Antrag heißt es „Privatsekretär“ statt „Privatbeamte“; die „Gutsverwalter“ sind nicht erwähnt.

Wird der Angestellte ohne sein Verschulden an der Dienstleistung verhindert, so behält er für die Dauer von sechs Wochen das Recht auf die vertragsmäßige Vergütung. Die Vorschrift des § 562 Satz 2 findet Anwendung.

3. den Eingang des vierten Absatzes des vorgeschlagenen § 562a zu fassen:
Ist die Vergütung nach Vierteljahren oder größeren Zeiträumen bemessen . . .

4. den Abs. 4 wie folgt zu gestalten:
Ist die Vergütung nach Vierteljahren oder größeren Zeiträumen bemessen, so ist die Kündigung nur für den Schluß des Zeitabschnitts unter Einhaltung einer Kündigungsfrist von sechs Wochen zulässig, soweit nicht ein Anderes üblich ist.

Vor der Abstimmung wurde der Antrag 4 zurückgezogen. Der Antragsteller zu 2 ließ seinen Widerspruch gegen den vierten Absatz des § 563a fallen.

Die Kom. nahm den Antrag 1 mit der unter 3 vorgeschlagenen Erweiterung an, überwies jedoch die Entscheidung darüber, ob nicht der erste Absatz in dem § 563 Abs. 1 des Antrags 1 entbehrlich sei, der RedKom. Von dem Antrage 2b wurde der erste Absatz gebilligt, der zweite abgelehnt.

II. Die beschlossene Regelung lautet in der *VorlZust:*

§ 563. Ist das Dienstverhältniß auf bestimmte Zeit eingegangen, so endigt es mit dem Ablaufe dieser Zeit. E I-VorlZust § 563

Ist das Dienstverhältniß nicht auf bestimmte Zeit eingegangen und ist die Dauer desselben auch nicht als durch den Zweck der Dienste bestimmt anzusehen, so kann das Dienstverhältniß in Ermangelung einer anderen Vereinbarung von jedem Theile nach Maßgabe des § 563a gekündigt werden.

§ 563a. Ist die Vergütung nach Tagen bemessen, so ist die Kündigung an jedem Tage für den folgenden Tag zulässig. E I-VorlZust § 563a

Ist die Vergütung nach Wochen bemessen, so ist die Kündigung nur für den Schluß einer Kalenderwoche zulässig; sie muß spätestens am ersten Werktage der Woche erfolgen, mit deren Ablauf das Dienstverhältniß endigen soll.

Ist die Vergütung nach Monaten bemessen, so ist die Kündigung nur für den Schluß eines Kalendermonats zulässig; sie muß spätestens am fünfzehnten des Monats erfolgen, mit dessen Ablaufe das Dienstverhältniß endigen soll.

Ist die Vergütung nach einem Vierteljahre oder nach längeren Zeitabschnitten bemessen, so ist die Kündigung nur für den Schluß eines der mit dem 1. Januar, 1. April, 1. Juli, 1. Oktober beginnenden Kalendervierteljahre und unter Einhaltung einer Kündigungsfrist von sechs Wochen zulässig. Diese Vorschrift findet bei den mit festen Bezügen zu höheren Dienstleistungen Angestellten, deren Erwerbsthätigkeit durch das Dienstverhältniß vollständig oder hauptsächlich in Anspruch genommen wird (Lehrer, Erzieher, Privatbeamte, Buchhalter, Gesellschafterinnen u.s.w., auch dann Anwendung, wenn die Vergütung nach kürzeren Zeitabschnitten als einem Vierteljahre bemessen ist.

Ist die Vergütung nicht nach Zeitabschnitten bemessen, so kann das Dienstverhältniß jederzeit gekündigt werden, bei einem die Erwerbsthätigkeit des Dienstverpflichteten vollständig oder hauptsächlich in Anspruch nehmenden Dienstverhältnisse jedoch nur unter Einschaltung einer Kündigungsfrist von zwei Wochen.

III. Fassung der Regelung in der *ZustRedKom:*

§ 563. Das Dienstverhältniß endigt mit dem Ablaufe der Zeit, für welche es eingegangen ist. E I-ZustRedKom § 563

Ist das Dienstverhältniß nicht auf bestimmte Zeit eingegangen und ergiebt sich die Dauer auch nicht aus dem Zwecke der Dienste, so kann jeder Theil das Dienstverhältniß nach Maßgabe der §§ 563a bis 563c kündigen.

E I-ZustRedKom § 563a — § 563a. Ist die Vergütung nach Tagen bemessen, so ist die Kündigung an jedem Tage für den folgenden Tag zulässig.

Ist die Vergütung nach Wochen bemessen, so ist die Kündigung nur für den Schluß einer Kalenderwoche zulässig; sie hat spätestens am ersten Werktage der Woche zu erfolgen, mit deren Ablauf das Dienstverhältniß endigen soll.

Ist die Vergütung nach Monaten bemessen, so ist die Kündigung nur für den Schluß eines Kalendermonats zulässig; sie muß spätestens am fünfzehnten des Monats erfolgen.

Ist die Vergütung nach Vierteljahren oder längeren Zeitabschnitten bemessen, so ist die Kündigung nur für den Schluß eines der mit dem 1. Januar, 1. April, 1. Juli, 1. Oktober beginnenden Kalendervierteljahre und nur unter Einhaltung einer Kündigungsfrist von sechs Wochen zulässig.

E I-ZustRedKom § 563b — § 563b. Das Dienstverhältniß der mit festen Bezügen zu Diensten höherer Art Angestellten, deren Erwerbsthätigkeit durch das Dienstverhältniß vollständig oder hauptsächlich in Anspruch genommen wird, insbesondere der Lehrer, Erzieher, Privatbeamten, Gesellschafterinnen, kann nur für den Schluß eines Kalendervierteljahres und nur unter Einhaltung einer Kündigungsfrist von sechs Wochen gekündigt werden, auch wenn die Vergütung nach kürzeren Zeitabschnitten als Vierteljahren bemessen ist.

E I-ZustRedKom § 563c — § 563c. Ist die Vergütung nicht nach Zeitabschnitten bemessen, so kann das Dienstverhältniß jederzeit gekündigt werden; bei einem die Erwerbsthätigkeit des Verpflichteten vollständig oder hauptsächlich in Anspruch nehmenden Dienstverhältnisse ist jedoch eine Kündigungsfrist von zwei Wochen einzuhalten.

IV. Im *E II* lautet die Regelung:

E II § 559 — § 559. Das Dienstverhältniß endigt mit dem Ablaufe der Zeit, für welche es eingegangen ist.

Ist das Dienstverhältniß nicht für bestimmte Zeit eingegangen und ergiebt sich die Dauer auch nicht aus dem Zwecke der Dienste, so kann jeder Theil das Dienstverhältniß nach Maßgabe der §§ 560 bis 562 kündigen.

E II § 560 — § 560. Ist die Vergütung nach Tagen bemessen, so ist die Kündigung an jedem Tage für den folgenden Tag zulässig.

Ist die Vergütung nach Wochen bemessen, so ist die Kündigung nur für den Schluß einer Kalenderwoche zulässig; sie hat spätestens am ersten Werktage der Woche zu erfolgen.

Ist die Vergütung nach Monaten bemessen, so ist die Kündigung nur für den Schluß eines Kalendermonats zulässig; sie hat spätestens am fünfzehnten des Monats zu erfolgen.

Ist die Vergütung nach Vierteljahren oder längeren Zeitabschnitten bemessen, so ist die Kündigung nur für den Schluß eines Kalendervierteljahrs und nur unter Einhaltung einer Kündigungsfrist von sechs Wochen zulässig.

E II § 561 — § 561. Das Dienstverhältniß der mit festen Bezügen zur Leistung von Diensten höherer Art Angestellten, deren Erwerbsthätigkeit durch das Dienstverhältniß vollständig oder hauptsächlich in Anspruch genommen wird, insbesondere der Lehrer, Erzieher, Privatbeamten, Gesellschafterinnen, kann nur für den Schluß eines Kalendervierteljahrs und nur unter Einhaltung einer Kündigungsfrist von sechs Wochen gekündigt werden, auch wenn die Vergütung nach kürzeren Zeitabschnitten als Vierteljahren bemessen ist.

§ 562. Ist die Vergütung nicht nach Zeitabschnitten bemessen, so kann das Dienstverhältniß jederzeit gekündigt werden; bei einem die Erwerbsthätigkeit des Verpflichteten vollständig oder hauptsächlich in Anspruch nehmenden Dienstverhältniß ist jedoch eine Kündigungsfrist von zwei Wochen einzuhalten. E II § 562

V. Die Fassung der §§ 611–614 E II rev (§§ 611–614 E III) entspricht der der §§ 559–562 E II.

D. Zu einem vom **Justizausschuß des Bundesrates** abgelehnten Antrag von Mecklenburg zu den §§ 560, 562 E II vgl. die Materalien zu § 614 BGB unter D.

**E. Reichstag (XII. Kommission und Plenum)**

I. Beantragt war:

1. den § 617 in folgender Fassung anzunehmen: „Das Dienstverhältniß kann von jedem Theile ohne Einhaltung einer Kündigungsfrist oder eines bestimmten Kündigungstages gekündigt werden, wenn ein wichtiger Grund vorliegt.“ Gröber (Nr 35, 10)

2. a) § 611 wie folgt zu fassen: Frohme, Stadthagen (Nr 49)

„Das Arbeitsverhältniß endigt mit Ablauf der Zeit, für die es eingegangen ist. Ist die Dauer des Arbeitsverhältnisses nicht bestimmt und ergiebt sie sich auch nicht aus dem Zwecke der Arbeitsleistung, so kann jeder Theil das Arbeitsverhältniß nach Maßgabe der folgenden Bestimmungen kündigen.“

b) § 612 zu streichen.

c) als § 612a einzuschalten:

„Ist der Lohn nach der thatsächlich erfolgten Leistung bemessen, so kann das Arbeitsverhältniß auch dann erst mit Fertigstellung des Stücks oder der Stücke, deren Herstellung vereinbart ist, aufgehoben werden, wenn zwischen Arbeitgeber und Arbeitnehmer der Ausschluß jeglicher Kündigungsfrist vereinbart ist.“

d) folgenden § 612b einzuschalten:

„Das Arbeitsverhältniß zwischen Arbeitgeber und Arbeitnehmer kann, wenn nicht ein anderes verabredet ist, durch eine jedem Theil freistehende, 14 Tage vorher erklärte Aufkündigung aufgelöst werden. Werden andere Aufkündigungsfristen vereinbart, so müssen sie für beide Theile gleich sein. Vereinbarungen, welche dieser Bestimmung zuwiderlaufen, sind nichtig.“

e) § 613 wie folgt zu gestalten:

„Das Arbeitsverhältniß der mit festen Bezügen zu Arbeitsleistungen höherer Art Angestellten, insbesondere der Lehrer, Erzieher, Privatbeamten, Gesellschafterinnen, kann nur für den Schluß eines Kalendervierteljahrs und nur unter Einhaltung einer Kündigungsfrist von sechs Wochen gekündigt werden, auch wenn die Vergütung nach kürzeren Zeitabschnitten als Vierteljahren bemessen ist.“

f) § 614 zu streichen.

g) § 617 zu streichen und folgende §§ 617a bis 617c einzuschalten:

§ 617a.[7] Vor Ablauf der vertragsmäßigen Zeit und ohne Aufkündigung können Arbeitnehmer entlassen werden:

1. wenn sie bei Abschluß des Arbeitsvertrages den Arbeitgeber durch Vorzeigung falscher oder verfälschter Arbeitsbücher oder Zeugnisse hintergangen oder ihn über das Bestehen eines anderen sie gleichzeitig verpflichtenden Arbeitsverhältnisses in einen Irrthum versetzt haben;

2. wenn sie in gewinnsüchtiger Absicht eines Diebstahls, einer Entwendung, einer Unterschlagung, eines Betruges dem Arbeitgeber oder einem Dritten gegenüber oder wenn sie eines liederlichen Lebenswandels sich schuldig machen;

3. wenn sie die Arbeit unbefugt verlassen haben oder sonst den nach dem Arbeitsvertrage ihnen obliegendenden Verpflichtungen nachzukommen beharrlich verweigern;

4. wenn sie der Verwarnung ungeachtet mit Feuer und Licht unvorsichtig umgehen;

5. wenn sie sich Thätlichkeiten oder grobe Beleidigungen gegen den Arbeitgeber oder seine Vertreter oder gegen die Familienangehörigen des Arbeitgebers oder seiner Vertreter zu Schulden kommen lassen;

6. wenn sie einer vorsätzlichen und rechtswidrigen Sachbeschädigung zum Nachtheile des Arbeitgebers oder eines Mitarbeiters sich schuldig machen;

7. wenn sie Familienangehörige des Arbeitgebers oder seiner Vertreter oder Mitarbeiter zu Handlungen verleiten oder zu verleiten versuchen oder mit Familienangehörigen des Arbeitgebers oder seiner Vertreter Handlungen begehen, welche wider die Gesetze oder die guten Sitten verstoßen;

8. wenn sie zur Fortsetzung der Arbeit unfähig oder mit einer abschreckenden Krankheit behaftet sind.

In den unter Nr. 1 bis 7 gedachten Fällen ist die Entlassung nicht mehr zulässig, wenn die zu Grunde liegenden Thatsachen dem Arbeitgeber länger als eine Woche bekannt sind.

§ 617b.[8] Vor Ablauf der vertragsmäßigen Zeit und ohne Aufkündigung können Arbeitnehmer die Arbeit verlassen:

1. wenn sie zur Fortsetzung der Arbeit unfähig werden;

2. wenn der Arbeitgeber oder seine Vertreter sich Thätlichkeiten oder grobe Beleidigungen gegen die Arbeiter oder gegen ihre Familienangehörigen zu Schulden kommen lassen;

3. wenn der Arbeitgeber oder seine Vertreter oder Familienangehörige derselben die Arbeiter oder deren Familienangehörige zu Handlungen verleiten oder zu verleiten versuchen oder mit den Familienangehörigen der Arbeiter Handlungen begehen, welche wider die Gesetze oder die guten Sitten laufen;

4. wenn der Arbeitgeber den Arbeitern den schuldigen Lohn nicht in der bedungenen Weise auszahlt, bei Stücklohn nicht für ihre ausreichende Beschäftigung sorgt, oder wenn er sich widerrechtlicher Uebervortheilungen gegen sie schuldig macht oder sonst den ihm nach dem Arbeitsvertrag obliegenden Verpflichtungen nachzukommen beharrlich sich weigert;

---

[7] Vgl. § 123 GewO.
[8] Vgl. § 124 GewO.

5. wenn bei Fortsetzung der Arbeit das Leben oder die Gesundheit der Arbeiter einer erweislichen Gefahr ausgesetzt sein würde.

In den unter Nr. 2 gedachten Fällen ist der Austritt aus der Arbeit nicht mehr zulässig, wenn die zu Grunde liegenden Thatsachen dem Arbeiter länger als eine Woche bekannt sind.

§ 617c.[9] Außer den in §§ 617a und 617b bezeichneten Fällen kann jeder der beiden Theile aus wichtigen Gründen vor Ablauf der vertragsmäßigen Zeit und ohne Innehaltung einer Kündigungsfrist die Aufhebung des Arbeitsverhältnisses verlangen, wenn dasselbe mindestens auf vier Wochen, oder wenn eine längere als vierzehntägige Kündigungsfrist vereinbart ist.

**h)** Als § 617d einzuschalten:

„Die im § 617a aufgeführten Entlassungsgründe dürfen durch Vertrag nicht vermehrt werden.

Die in § 617b aufgeführten Austrittsgründe dürfen durch Vertrag nicht aufgehoben werden. Eine Vermehrung der Austrittsgründe ist nur zulässig, soweit dadurch das in § 612b ausgesprochene Verbot nicht verletzt wird.

Die Aufhebung des in § 617c zum Ausdruck gebrachten Auflösungsgrundes für nur einen Theil ist unzulässig, für beide Theile soweit unzulässig, als eine dahin gehende Vereinbarung wider die guten Sitten verstoßen würde."

**II.** Bericht von *Heller* über die Sitzung vom 17. 3. 1896[10]:

Die §§ 611 bis 614, 617[11] sowie die darauf bezüglichen Anträge *Frohme*, *Stadthagen* und *Gröber* wurden miteinander zur Beratung gestellt. Im Laufe der sehr langen Diskussion, zu der diese Anträge Anlaß gaben, wurden mehrere weitere Anträge gestellt[12]; die Mehrzahl davon wurde indes wieder zurückgezogen. Erwähnung verdient von diesen nur der Antrag des Abgeordneten *Gröber*, in den § 617 die Bestimmung aufzunehmen, daß auch der gesetzliche Vertreter des minderjährigen Dienstverpflichteten das Dienstverhältnis zu kündigen berechtigt sei. Der Antragsteller beruhigte sich bei der Darlegung *Struckmann's*, daß es dieser Bestimmung nicht bedürfe, weil sich ihr Inhalt teils aus dem § 109[13], teils aus allgemeinen Grundsätzen des Vormundschaftsrechts ergibt.

Was die Bestimmungen des Entwurfs über die Kündigung des Dienstverhältnisses im übrigen betrifft, so wurden hauptsächlich drei Fragen einer eingehenden Erörterung unterzogen:

1., ob die Bestimmung auch für diejenigen Dienstverträge passen, bei denen die Vergütung nicht nach Zeitabschnitten, sondern nach anderen Berechnungsgrundlagen bemessen ist (z. B. Stücklohn);

---

9 Vgl. § 124a GewO.

10 Vgl. auch Bericht des „Vorwärts" (*Vormbaum*, S. 192–196).

11 Vgl. Materialien zu §§ 626ff. BGB.

12 Nach dem Kommissionsprotokoll vom 17. 3. 1896 lagen folgende Anträge vor: 1. *Enneccerus:* als § 611a anzufügen: „Ist der Lohn nach der thatsächlich erfolgten Leistung bemessen, so kann das Dienstverhältniß im Zweifel erst mit Fertigstellung des Stückes oder der Stücke, deren Herstellung vereinbart ist, aufgehoben werden." (zurückgezogen, z. T. der Redaktionskommission überwiesen). 2. *Gröber:* zu § 617: „Der Dienstvertrag kann ohne Einhaltung einer Kündigungsfrist *jeder Zeit* gekündigt werden, . . ." (der Redaktionskommission überwiesen).

13 § 113 BGB.

2., ob für den Fall, daß andere als die gesetzlichen Kündigungsfristen vereinbart werden, zu bestimmen sei, daß sie für beide Teile gleich sein müssen und daß eine gegenteilige Vereinbarung nichtig sei;

3., ob die hauptsächlichsten der Gründe, aus denen das Dienstverhältnis ohne Einhaltung einer Kündigungsfrist gekündigt werden kann, anzuführen seien oder die allgemeine Bestimmung den Vorzug verdiene, daß aus jedem „wichtigen" Grunde in dieser Weise gekündigt werden kann.

Für die Fälle der unter Nr. 1 bezeichneten Art hielten die Abgeordneten *Stadthagen* und *Frohme* den von ihnen beantragten neuen § 612a für erforderlich. Auch der Abgeordnete *Enneccerus* war der Meinung, daß die Bestimmungen des Entwurfs nicht völlig genügten, daß es mindestens einer Änderung der Fassung des § 611 Abs. 2 bedürfe. Er schlug zu diesem Zwecke vor, statt „aus dem Zwecke" zu setzen „aus dem Inhalt oder dem Zwecke". Im übrigen fand der sozialdemokratische Antrag keine Unterstützung; die Mehrheit schloß sich der von Struckmann dargelegten Anschauung an, daß die Bestimmungen des § 611 – vorbehaltlich einer etwaigen Verbesserung seiner Fassung – und des § 614 vollständig ausreichten.

Auf die unter Nr. 2 bezeichnete Frage beziehen sich Satz 2, 3 des von *Frohme, Stadthagen* beantragten neuen § 612b. Der Abgeordnete *Bachem* war geneigt, dem Antrage zuzustimmen. *Struckmann* bestritt, daß ein Bedürfnis dafür bestehe, eine allgemeine Bestimmung dieses Inhalts zu treffen. Für gewisse Bedienstete, z. B. die Handlungsgehilfen, möge sie sich nach deren besonderen Verhältnissen als nützlich erweisen. Für andere Dienstverpflichtete könne sie unter Umständen sehr nachteilig wirken. Die Mehrheit der Kommissionsmitglieder trat dieser Meinung bei.

Vor einer Aufzählung der hauptsächlichsten Kündigungsgründe, wie sie die von *Frohme, Stadthagen* im Anschlusse an die Bestimmungen der Gewerbeordnung beantragten §§ 617a, 617b[14] enthalten, warnte der Kommissar *Planck* dringendst wegen der Vielgestaltigkeit der Verhältnisse. Die Kommissionsmitglieder sprachen sich in überwiegender Zahl für das System des Entwurfs aus, nur der Abgeordnete *von Dziembowski* unterstützte den sozialdemokratischen Antrag.

Unter den Beispielen des § 613 beantragte[15] der Abgeordnete *Schröder* aus Anlaß einer ihm aus dem Kreise der Vertreter der Presse zugegangenen Anregung auch die „Redakteure" zu nennen. Der Abgeordnete *Bachem* schlug dagegen die Bezeichnung „festangestellte Schriftsteller bei Zeitungen und Zeitschriften" vor. *Struckmann* sprach sich gegen beide Vorschläge aus, da es gar nicht zweifelhaft sein könne, daß die Redakteure zu den im § 613 bezeichneten Angestellten höherer Art gehören, und *von Jacubezky* machte darauf aufmerksam, daß die Nennung der Redakteure sich auch deshalb nicht empfehle, weil man sie auch als unter den § 133 der Gewerbeordnung[16] fallend ansehen könne. Der Abgeordnete *von Dziembowski* beantragte, die Beispiele als überflüssig überhaupt zu streichen.

Die Abstimmungen ergaben die Ablehnung sämtlicher Abänderungsanträge, so daß §§ 611, 612, 613, 614, 617 des Enwurfs unverändert blieben, vorbehaltlich etwaiger Verbesserung der Fassung der §§ 611, 617.

---

[14] In der damals geltenden Fassung der Gewerbeordnung waren diese Bestimmungen in den §§ 123, 124 GewO enthalten.

[15] Nach dem Kommissionsprotokoll vom 17. 3. 1896 lauten die im folgenden erwähnten Anträge:
1. Antrag von Schröder: in § 613 hinter das Wort „Erzieher" „Redakteure" einzuschalten.
2. Antrag von Bachem: in § 613 hinter „Gesellschafterinnen" einzuschalten: „festangestellte Schriftsteller und Schriftleiter bei Zeitungen und Zeitschriften".

[16] Hier sind die Kündigungsgründe der in § 133a bezeichneten Personen genannt (u. a. Betriebsbeamte, Werkmeister, Techniker).

**III.** In 2. Lesung und im Plenum lagen folgende Anträge vor (Nr. 136, 8, 9, Anträge von Frohme u. Stadthagen bezw. 465, 33 u. 34, Anträge von Auer u. a.):

33. dem § 612 folgenden Absatz zuzufügen: „Ist der Lohn nach der thatsächlich erfolgten Leistung bemessen, und zwischen Arbeitgeber und Arbeitnehmer der Ausschluß jeglicher Kündigungsfrist vereinbart, so ist im Zweifel anzunehmen, daß das Arbeitsverhältniß erst mit Fertigstellung des Stücks oder der Stücke, deren Herstellung vereinbart ist, aufgehoben werden dürfe."

34. dem § 614 zuzusetzen: „Werden andere Kündigungsfristen vereinbart, so müssen sie für beide Theile gleich sein. Vereinbarungen, welche dieser Bestimmung zuwiderlaufen, nicht nichtig."

Auch die Anträge zu § 617 (Nr. 49, 9 = 465, 36) wurden wiederholt. Alle Anträge wurden abgelehnt (Bericht von *Heller* über die Kommissionssitzung vom 5. 6. 1896 StBRT 1895/97, S. 2812 ff.).

## § 624

**Ist das Dienstverhältnis für die Lebenszeit einer Person oder für längere Zeit als fünf Jahre eingegangen, so kann es von dem Verpflichteten nach dem Ablaufe von fünf Jahren gekündigt werden. Die Kündigungsfrist beträgt sechs Monate.**

### A. 1. Kommission

I. a) 215. Sitzung vom 1. 6. 1883, Schriftführer Neubauer | Prot I 2252

Der Artikel 619 des Entwurfs lautet: DresdE Art 619

„Eine Vereinbarung, nach welcher für die Dienstverdingung jede Kündigung ausgeschlossen sein soll, ist nichtig."

Der Erledigung des Artikels[1] wurde bis zu der des Artikels 628 ausgesetzt.

b) 216. Sitzung vom 4. 6. 1883, Schriftführer Neubauer

| Zu Artikel 628 des Entwurfs | Prot I 2272

„War die Lebenszeit eines der Vertragsschließenden oder eines Dritten als Dienstzeit bestimmt worden, so steht es gleichwohl dem Dienstverdinger frei, den Vertrag beliebig zu kündigen. DresdE Art 628

Die Verdingung endigt jedoch erst mit dem Ablaufe von sechs Monaten nach geschehener Kündigung."

lagen die Anträge vor:

1. statt dessen zu bestimmen

„Ist der Dienstvertrag auf die Lebenszeit eines der Vertragschließenden abgeschlossen, so kann das Dienstverhältniß gleichwohl durch Kündigung von Seiten des Dienstverpflichteten beendet werden. Die Kündigungsfrist beträgt in diesem Falle sechs Monate." v. Kübel (Nr 406)

---

[1] Der Antrag von *v. Kübel* ging auf Streichung (vgl. die Materialien vor § 611 BGB).

und zugleich, statt des nach dem Prot. vom 1. Juni 1883 S. 2252 bis zur Erledigung dieser Vorschrift ausgesetzten Artikels 619 zu bestimmen:

„Eine Vertragsbestimmung, durch welche jede Kündigung des Dienstvertrags ausgeschlossen wird, ist nichtig."

Planck (Nr 407) 2. den Artikel durch folgende Vorschrift zu ersetzen:
„Ist ein Dienstvertrag auf längere Zeit als auf zehn Jahre abgeschlossen, so kann das Dienstverhältniß nach Ablauf von zehn Jahren von dem Dienstverpflichteten nach Maßgabe der Vorschriften des Artikels 629 gekündigt werden. (Diese Bestimmung findet auch in solchen Fällen, in welchen der Vertrag auf die Lebenszeit einer Person geschlossen ist, Anwendung.)"

3. zu bestimmen:

| Prot I 2273 Derscheid (Nr 400) | „Ist der Dienstvertrag auf die Lebenszeit eines der Vertragschließenden oder auf eine voraussichtlich noch längere Dauer geschlossen, so kann der Dienstverpflichtete den Vertrag jederzeit unter Beobachtung einer sechsmonatigen Frist kündigen."

Zum Antrage Nr. 2 wurde der Ergänzungsantrag gestellt, dem Vorschlage zu Nr. 2 zum ersten Absatze hinter „gekündigt werden" beizufügen:

Kurlbaum „es sei denn, daß der Verpflichtete die Dienste durch einen Andern leisten lassen darf."

Windscheid (Nr 405) Außerdem lag der *Antrag* auf Streichung des Artikels vor. Die Mehrheit billigte nach Ablehnung des Streichungsantrags den Antrag Nr. 2 mit dem vorgeschlagenen Schlußbestimmung, und unter Einschluß der 619 eingeklammerten Schlußbestimmung, womit zugleich der Artikel 619 für erledigt galt.

Die Gründe waren:

Die Streichung des Artikels würde zur Folge haben, daß die Verträge, durch welche der Dienstverpflichtete sich auf Lebenszeit oder auf eine sonst ungemessene bezw. geräumige Zeit binde, gültig seien, sofern nicht die Umstände des Falls die Annahme rechtfertigen, der Vertrag sei auf eine den guten Sitten widersprechende Leistung gerichtet (§ 32 der Zusammenstellung der das Obligationenrecht betreffenden Beschlüsse, Prot. vom 24. März 1882 S. 558), bei welcher Voraussetzung die Nichtigkeit desselben sich ergeben würde und die letztere von beiden Theilen würde geltend gemacht werden können. Das Ergebniß sei ein wenig befriedigendes. Freilich liege kein Grund vor, für den Dienstvertrag die Anwendbarkeit des § 32 a. a. O. irgend zu beschränken. Allein eine besondere Würdigung verdienten die Dienstverträge, welche auf Grund des § 32 sich keineswegs als nichtig betrachten ließen, obschon der Dienstverpflichtete sich durch Erstreckung des Dienstverhältnisses auf geräumige Zeit in einer Weise gebunden habe, die aus anderen Gründen als wegen Widerspruchs mit den guten Sitten in hohem Grade bedenklich erscheine. Sozialpolitische und volkswirthschaftliche

| Prot I 2274 Gründe seien es, welche es verböten, eine über eine | gewisse Zeit hinausgehende dauernde Fesselung zuzulassen. Sie zwängen keineswegs, Verträge der in Rede stehenden Art für nichtig zu erklären. Von einer solchen Regelung sei um so mehr abzusehen, als sie offensichtlich die empfindlichsten Nachtheile mit sich bringen würde. Jenen Gründen werde in vollem Maße die positive Anordnung gerecht, welche dem Dienstverpflichteten die Befugniß einräume, nach vorheriger Kündigung für die Zukunft von dem Dienstverhältnisse sich zu befreien.

Anlangend die nähere Bezeichnung der der positiven Rechtsnorm zu unterwerfenden Verträge, so erscheine es nicht zweifelhaft, zunächst diejenigen Verträge dahin zu zählen, durch welche das Dienstverhältniß auf Lebenszeit des einen oder anderen Theils eingegangen sei. Indessen, die Vorschrift auf solche Verträge zu beschränken, sei schon deshalb unzulässig, weil durch Vereinbarung einer mehr oder weniger geräumigen

Dienstzeit der Zweck des Gesetzes vereitelt werden könnte oder doch seine Anwendbarkeit in zahlreichen Fällen zweifelhaft und streitig zu werden drohe.

Am zweckmäßigsten erscheine es, mit dem Antrage Nr. 2 die Bestimmung zu treffen, daß das Gesetz anwendbar würde, wenn eine längere, als zehnjährige Dienstzeit bestimmt oder wenn die Dauer des Dienstverhältnisses von der Lebenszeit einer Person abhängig gemacht sei, die Kündigungsbefugniß erst nach Ablauf der zehn Jahre einzuräumen und eine angemessene Kündigungsfrist vorzuschreiben.

Gegen die Vorschrift lasse sich nicht einwenden, sie passe nur, wenn das Dienstverhältniß die Erwerbsthätigkeit des Dienstverpflichteten vollständig oder hauptsächlich in Anspruch nehme. Sie erscheine nicht minder auch bei anderen Dienstverhältnissen, sofern nur der Dienstverpflichtete zur Dienstleistung in Person verpflichtet sei, angemessen und aus den Gründen, worauf sie beruhe, sogar nothwendig.

Nur in den Fällen, in welchen der Dienstverpflichtete nicht in Person zu leisten habe, in welchen also die Leistung den Charakter der Fungibilität annehme und einer Geldleistung verwandt würde, sei die Vorschrift unzutreffend. Der zum Antrage Nr. 2 vorgeschlagene Zusatz verdiene daher Billigung. Der Zusatz erledige zugleich alle Bedenken, welche sich daraus entnehmen ließen, daß die Vorschrift von Einwirkung auf Verträge sein könnte, welche die Begründung einer Servitut u. dgl. bezweckten.

**II. 1.** Fassung der Regelung in der *RedVorl.*

§ 6 (628) 420. Ist der Dienstvertrag auf längere Zeit als auf zehn Jahre oder auf die Lebenszeit einer Person abgeschlossen, so kann das Dienstverhältniß nach Ablauf von zehn Jahren von dem Dienstverpflichteten durch Kündigung beendet werden. Die Kündigungsfrist beträgt in diesem Falle sechs Monate. RedVorl § 6

(NB: Zu vgl. § 18 der Redaktionsvorlage über die Miethe [§ 378].)

**2.** In der *ZustOR* lautet die Regelung: ZustOR § 419

§ 419. Ist der Dienstvertrag auf eine Zeit, die sich auf länger als zehn Jahre erstreckt, oder auf die Lebenszeit einer Person abgeschlossen, so kann das Dienstverhältniß nach Ablauf von zehn Jahren von dem Dienstverpflichteten durch Kündigung beendet werden. Die Kündigungsfrist beträgt in diesem Falle sechs Monate.

**3.** Auf Antrag von *Kurlbaum* (Nr. 570 III) wurde beschlossen, im Relativsatz statt „die" zu setzen „welche" (Prot. I 3550, 3560).

**4.** Auf Antrag von *Kurlbaum* (Nr. 570 IV, 26) wurde ferner beschlossen, in § 419 ZustOR statt „abgeschlossen" zu setzen „geschlossen" (Prot. I 3554, 3560).

**III. 1.** Im *KE* lautet die Regelung als § 557: KE § 557

Ist der Dienstvertrag auf eine Zeit, welche sich auf länger als zehn Jahre erstreckt, oder auf die Lebenszeit einer Person geschlossen, so kann das Dienstverhältniß nach Ablauf von zehn Jahren von dem Dienstverpflichteten durch Kündigung beendigt werden. Die Kündigungsfrist beträgt in diesem Falle sechs Monate.

**2.** Zu § 557 KE lag der Antrag von *Kurlbaum* (Nr. 576, 30) vor, als Abs. 2 neu hinzuzusetzen: „Die Bestimmungen des ersten Absatzes finden keine Anwendung, wenn der Dienstverpflichtete die Dienste durch einen Anderen leisten lassen darf." — Der Antrag, welcher eine (Prot. I 2273, 2274) beschlossene, bei der Redaktion aber als selbstverständlich übergangene Bestimmung reproduziert, wurde angenommen (Prot. I 6195).

**VI.** Bis auf die unter III. 2. mitgeteilte Änderung entspricht § 564 *E I* dem § 557 KE.

**B. Vorkommission des Reichsjustizamtes**

I. Beantragt war den § 564 zu fassen:

Struckmann (Nr 3, 88)

Ist das Dienstverhältniß auf länger als zehn Jahre oder auf die Lebenszeit einer Person eingegangen, so kann es von dem Dienstnehmer mit Ablauf von zehn Jahren nach vorgängiger Kündigung beendigt werden. Die Kündigungsfrist beträgt sechs Monate.

Diese Vorschriften finden keine Anwendung, wenn der Dienstnehmer die Dienste durch einen Anderen leisten darf.

II. 77. Sitzung vom 12. 4. 1892

| Prot-RJA 474

| Zu den §§ 564, 565 lagen sachliche Aenderungsanträge nicht vor.

**C. 2. Kommission**

I. Zu § 564 Abs. 1 E I war beantragt (Prot. II, Bd. 2, S. 299f., *Mugdan*, Bd. 2, S. 911)

Struckmann (Nr 159, 17)

1. die Bestimmungen des Entw. zu fassen:

Ist das Dienstverhältniß auf länger als zehn Jahre oder auf die Lebenszeit einer Person eingegangen, so kann es von dem Dienstleistenden mit dem Ablaufe von zehn Jahren durch Kündigung beendigt werden. Die Kündigungsfrist beträgt sechs Monate.

2. die Worte „auf länger als zehn Jahre" durch die Worte „auf eine längere Zeit als zwei Jahre" und auch in dem Nachsatze „zehn" durch „zwei" zu ersetzen.

(Vgl. schweiz. Ges. Art. 345; Zus. d. gutachtl. Aeuß. II S. 311, VI S. 452, 453; Bähr, Gegenentw. § 584 Abs. 2, § 591 Abs. 2[2].)

3. die Zahl „zehn" beide Mal durch die Zahl „fünf" zu ersetzen;

4. Die Bestimmung so zu gestalten:

Ist ein Dienstvertrag auf Lebenszeit des einen oder anderen Theiles oder auf eine deren Lebensdauer voraussichtlich überschreitende Zeit geschlossen, so kann er von dem Dienstleistenden jederzeit durch Kündigung beendigt werden. Die Kündigungsfrist beträgt sechs Monate.

Ist ein Dienstvertrag auf längere Zeit als fünf Jahre geschlossen, so kann das Dienstverhältniß nach Ablauf von fünf Jahren von dem Dienstleistenden durch Kündigung beendigt werden.

hierzu der eventuelle Unterantrag,

die Worte „auf Lebenszeit des einen oder anderen Theiles" durch die Worte „auf die Lebenszeit des Dienstleistenden" zu ersetzen;

5. statt des Ausdrucks „durch Kündigung beendigt werden" die Worte „gekündigt werden" zu gebrauchen.

Der Antrag 4 wurde zurückgezogen.

Der Abs. 1 des Entw. gelangte mit der unter 3 vorgeschlagenen Aenderung zur Annahme; der Abs. 2 blieb unbeanstandet. Der Antrag 2 war hierdurch erledigt. Der Antrag 5 wurde der RedKom überwiesen.

---

[2] Die in der Klammer mitgeteilten Hinweise fehlen bei *Mugdan* Bd. 2.

**II.** In der *VorlZust* lautet die Regelung:

§ 564. Ist das Dienstverhältniß auf länger als fünf Jahre oder auf die Lebenszeit einer Person eingegangen, so kann es von dem Dienstverpflichteten mit dem Ablaufen von fünf Jahren durch Kündigung beendigt werden. Die Kündigungsfrist beträgt sechs Monate. E I-VorlZust § 564

Diese Vorschrift findet keine Anwendung, wenn der Dienstverpflichtete die Dienste durch einen Anderen leisten lassen darf.

**III.** Fassung der Regelung in der ZustRedKom:

§ 564. Ist das Dienstverhältniß für die Lebenszeit einer Person oder für längere Zeit als fünf Jahre eingegangen, so kann es von dem zur Dienstleistung Verpflichteten nach dem Ablaufe von fünf Jahren gekündigt werden. Die Kündigungsfrist beträgt sechs Monate. Die Kündigung ist nicht zulässig, wenn der Verpflichtete die Dienste durch einen Anderen leisten lassen darf. E I-ZustRedKom § 564

**IV. 1.** Fassung der Regelung im *E II:*

§ 563. Ist das Dienstverhältniß für die Lebenszeit einer Person oder für längere Zeit als fünf Jahre eingegangen, so kann es von dem zur Dienstleistung Verpflichteten nach dem Ablaufe von fünf Jahren gekündigt werden. Die Kündigungsfrist beträgt sechs Monate. Die Kündigung ist nicht zulässig, wenn der Verpflichtete die Dienste durch einen Anderen leisten lassen darf. E II § 563

**2.** Revision des *E II* (Prot. II, Bd. 6, S. 188; *Mugdan*, Bd. 2, 912)

Zu § 563 war beantragt, statt „fünf" zu setzen „drei". — Die Mehrheit verwarf den Antrag.

**V.** Die Fassung des § 615 *E II rev* (§ 615 *E III)* entspricht der des § 563 E II.

## D. Bundesrat (Justizausschuß)

**I. 1.** Reuß ä. L. meint zu § 563 *E II,* daß die Zeitdauer der Dienstverpflichtung enger begrenzt werden müsse. Durch eine fünfjährige Dienstverpflichtung werde die Freiheit und Selbstbestimmung des Verpflichteten zu sehr beschränkt. Unvorhergesehene und unberechenbare Veränderungen in den persönlichen oder Vermögens-Verhältnissen der Vertragschließenden könnten die Auflösung des Dienstverhältnisses nothwendig machen, und die Vorschrift des § 565 biete bei ihrer Unbestimmtheit keinen genügenden Schutz. Es erscheine im Anschluß an neuere Gesetzgebungen eine Abänderung des Entwurfs dahin angezeigt,

1. daß den auf Lebenszeit (oder eine Reihe von Jahren) angestellten Privatbeamten gesetzlich die Befugniß offen gehalten werde, jederzeit nach sechsmonatlicher Kündigung das Dienstverhältniß aufzulösen;

2. daß in Ansehung der auf Lebenszeit (oder eine Reihe von Jahren) im Staats- oder Kommunaldienst angestellten Beamten, bezüglich deren der Entwurf keinen Unterschied mache, der Gesetzgebung eines jeden Bundestaats vorbehalten werde, die Begrenzung der Zeitdauer, während welcher dieselben an den Vertrag gebunden sein sollten, für sein Gebiet zu bestimmen (Zust. S. 35f.).

2. Antrag *Hamburgs* zu § 563: an die Stelle von *5* Jahren die Zeit von *10* Jahren zu setzen. Der auch dem Entwurfe I und dem preußischen Recht entsprechende Antrag findet seine spezielle Begründung in den Rechtsverhältnissen einer großen Handels- und Industriestadt, welche es oft mit sich bringen, daß bei Anstellungsverträgen – damit sie den bei ihrem Abschluß angestrebten Zweck zu erfüllen und eine ersprießliche Wirkung für beide Theile zu äußern vermögen – auf eine längere Dauer als 5 Jahre mit Sicherheit gerechnet werden muß.

II. Der Antrag (von Reuß ä. L.) wurde zurückgezogen (Bericht von *Heller* vom 18. 10. 1895). – Der Hamburger Antrag fand keine Unterstützung (Bericht von *Sieveking* vom 15. 10. 1895).

**E. Reichstag (XIII. Kommission und Plenum)**

I. Beantragt war:

Gröber (Nr 35, 9) 1. dem § 615 folgende Fassung zu geben: „Ist das Dienstverhältniß für die Lebenszeit einer Person oder für längere Zeit als fünf Jahre eingegangen, so kann es von dem zur Dienstleistung Verpflichteten nach dem Ablaufe von fünf Jahren ohne Entschädigungspflicht gekündigt werden. Die Kündigungsfrist beträgt sechs Monate."

Frohme, Stadthagen (Nr 49, 7) 2. § 615 wie folgt zu fassen:
„Ist das Arbeitsverhältniß für die Lebenszeit einer Person oder für längere Zeit als ein Jahr eingegangen, so kann es von dem Arbeitnehmer nach dem Ablauf von einem Jahre gekündigt werden."

II. Bericht von *Heller* über die Sitzung vom 17. 3. 1896

Der Antrag *Gröber* zum § 615 ist, soweit er die Streichung des letzten Satzes des Entwurfs bezweckt, auf die schon früher erwähnte Broschüre *Dernburg's* (S. 29ff.)[3] zurückzuführen. Ohne erhebliche Diskussion ergab sich Einstimmigkeit darüber, daß die dort erörterten Bedenken begründet seien, der Satz daher zu streichen sei. Auch *Struckmann* trat der Streichung nicht entgegen, betonte nur, daß selbstverständlich der Dienstverschaffungsvertrag davon nicht berührt werde. Im übrigen zog *Gröber* seinen Antrag zurück. Der Antrag *Frohme, Stadthagen* fand keine Unterstützung und wurde gegen die Stimmen der Antragsteller abgelehnt.

III. Im Plenum wurde der von *Auer* u.a. erneut gestellte Antrag Nr. 49, 7 = Nr. 465, 35 abgelehnt (StBRT 1895/1897 = S. 2812f.).

[3] Es dürfte sich um H. *Dernburg:* Die persönliche Rechtsstellung nach dem Bürgerlichen Gesetzbuch, 1896, handeln.

## § 625

**Wird das Dienstverhältniß nach dem Ablaufe der Dienstzeit von dem Verpflichteten mit Wissen des anderen Theils fortgesetzt, so gilt es als auf unbestimmte Zeit verlängert, sofern nicht der andere Theil unverzüglich widerspricht.**

### A. 1. Kommission

I. 216. Sitzung vom 4. 6. 1883, Schriftführer Neubauer

| Zu Artikel 627 des Entwurfs: | Prot I 2270

„Hat der Dienstverdinger nach Ablauf der bestimmten Dienstzeit seine Dienstleistung mit Wissen und ohne Widerspruch des Dienstherrn fortgesetzt, so gilt die Dienstverdingung als erneuert und es findet die Vorschrift des Artikels 569 und bezüglich der Kündigungsfrist die Vorschrift des Artikels 629 Satz 3 Anwendung.“ DresdE Art 627

war beantragt:

1. statt dessen zu bestimmen:

„Ist Dienstvertrag auf eine bestimmte Zeit geschlossen und setzt der Dienstverpflichtete nach Ablauf dieser Zeit die Leistung der Dienste fort, so findet die Bestimmung des § 19 der Redaktionsvorlage von der Miethe (d. h. der Beschlüsse zu Art. 569 des Dresdener Entwurfs, Prot. vom 9. Mai 1883, S. 2137–2140[1]) entsprechende Anwendung.“ v. Kübel (Nr 406)

2. zu bestimmen:

„War der Dienstvertrag auf eine bestimmte Zeit geschlossen und setzt nach Ablauf dieser Zeit der Dienstverpflichtete die Leistung der Dienste mit Wissen und ohne Widerspruch des Dienstberechtigten fort, so ist der Dienstvertrag als auf unbestimmte Zeit verlängert anzusehen.“ Derscheid (Nr 400)

3. zu bestimmen:

„Wird nach Ablauf der Dienstzeit die Dienstleistung mit Wissen und ohne Widerspruch des Dienstberechtigten fortgesetzt, so ist der Dienstvertrag als auf unbestimmte Zeit erneuert anzusehen.“ Windscheid (Nr 405)

4. den Artikel dahin zu fassen: Planck (Nr 407)

„Wird nach Ablauf der Dienstzeit die Leistung der Dienste von dem Dienstverpflichteten fortgesetzt, so findet die Vorschrift des | § 19 der Redaktionsvorlage über die Miethe (vgl. Antrag zu 2) entsprechende Anwendung: | Prot I 2271

5. zu bestimmen: Kurlbaum

„Die Verlängerung des Dienstverhältnisses ist im Zweifel als auf unbestimmte Zeit erfolgt anzusehen.“

Nach Ablehnung des im Laufe der Debatte gestellten Antrags auf Streichung des Artikels und des Antrags Nr. 5 gelangte der im Wesentlichen mit dem Antrage Nr. 2 übereinstimmende Antrag Nr. 3 zur Annahme.

Man hatte erwogen:

Für die Miethe sei zum Artikel 569 nach dem Prot. vom 9. Mai 1883 (S. 2137–2140) beschlossen:

---

[1] Vgl. Materialien zu § 568 BGB.

[2] In der ZustOR ist das „als“ vorgezogen.

„Werde nach Ablauf der Miethzeit der Gebrauch der Sache von dem Miether fortgesetzt, so sei das Miethverhältniß auf unbestimmte Zeit als verlängert anzusehen, es sei denn, daß der Vermiether oder Miether binnen einer zweiwöchigen Frist dem anderen Theile seinen entgegenstehenden Willen erkläre. Die Frist beginne gegen den Miether mit dem Tage der Fortsetzung des Gebrauchs, gegen den Vermiether mit dem Tage, an welchem er von dieser Fortsetzung Kenntniß erhalte."

Die Gründe, welche maßgebend gewesen seien, über die sogenannte relocatio tacita im Gesetze bei der Miethe Bestimmungen zu treffen, gälten in gleichem Maße auch für den Dienstvertrag. Es dürfe daher weder der Artikel gestrichen noch durch die in dem Antrage Nr. 5 vorgeschlagene, die Hauptfrage, unter welchen Voraussetzungen eine Verlängerung des Dienstverhältnisses anzunehmen sei, nicht erledigende Vorschrift ersetzt werden. Der Eingang des Artikels sei ferner entsprechend der Fassung der zuvor mitgetheilten Bestimmung zu fassen, also von Fortsetzung der Dienstleistung nach Ablauf der Dienstzeit zu reden. Dagegen paßte nicht, was in jener Bestimmung über die zweiwöchige Widerspruchsfrist enthalten sei. Denn die Verschiedenheit und Mannigfaltigkeit der zu berücksichtigenden Dienstverhältnisse verbiete, einer zweiwöchigen oder
| Prot I 2272 auch einer anderen festen | Frist eine solche entscheidende Bedeutung beizulegen. Es bleibe nichts übrig, als mit den Anträgen Nr. 2 und 3 die Voraussetzung dahin zu bestimmen:

daß die Dienstleistung mit Wissen und ohne Widerspruch des Dienstberechtigten fortgesetzt sei.

Eine solche Bestimmung erscheine aber auch genügend und unbedenklich.

RedVorl § 7
ZustOR § 420

**II. 1.** In der *RedVorl (ZustOR)* lautet die beschlossene Regelung:

§ 7 (627) 421. Wird nach Ablauf der Dienstzeit die Dienstleistung mit Wissen und ohne Widerspruch des Dienstberechtigten fortgesetzt, so ist das Dienstverhältniß auf unbestimmte Zeit als verlängert anzusehen.

(NB: Zu vgl. § 19 der Redaktionsvorlage über die Miethe [§ 379].)

**2.** Fassung der Regelung im *KE (E I):*

KE § 558
E I § 565

§ 558 (565). Wird nach Ablauf der Dienstzeit die Dienstleistung mit Wissen und ohne Widerspruch des Dienstberechtigten fortgesetzt, so ist das Dienstverhältniß als ohne Bestimmung einer Dienstzeit verlängert anzusehen.

## B. Vorkommission des Reichsjustizamtes

**I.** Beantragt war, den § 565 zu fassen:

Struckmann
(Nr 6, 89)

Wird das Dienstverhältniß nach dessen Beendigung von dem Dienstnehmer mit Wissen und ohne Widerspruch des Dienstgebers fortgesetzt, so ist es als auf unbestimmte Zeit verlängert anzusehen.

**II.** Zur Beratung vgl. Materialien zu § 624 BGB unter B II.

## C. 2. Kommission

**I.** Anträge (Prot. II, Bd. 2, S. 301; *Mugdan*, Bd, 2, S. 912)

Zu § 565 war der lediglich redaktionelle Antrag gestellt, die Bestimmung des Entw. zu fassen: Struckmann (Nr 159, 18)

Wird das Dienstverhältniß nach dessen Beendigung von dem Dienstleistenden mit Wissen und ohne Widerspruch des anderen Theiles fortgesetzt, so ist es als auf unbestimmte Zeit verlängert anzusehen.

Die Kom. stimmte dem Antrage zu.

**II.** In der *VorlZust* lautet die Regelung als:

§ 565. Wird das Dienstverhältniß nach dessen Beendigung von dem Dienstverpflichteten mit Wissen und ohne Widerspruch des anderen Theils fortgesetzt, so ist es als auf unbestimmte Zeit verlängert anzusehen. E I-VorlZust § 565

**III.** Fassung der Regelung in der *ZustRedKom:*

§ 565. Wird das Dienstverhältniß nach seiner Beendigung von dem zur Dienstleistung Verpflichteten mit Wissen und ohne Widerspruch des anderen Theiles fortgesetzt, so gilt es als auf unbestimmte Zeit verlängert. E I-ZustRedKom § 565

**IV.** Fassung der Regelung im *E II* als § 564:

Wird das Dienstverhältniß nach seiner Beendigung von dem zur Dienstleistung Verpflichteten mit Wissen und ohne Widerspruch des anderen Theiles fortgesetzt, so gilt es als auf unbestimmte Zeit verlängert. E II § 564

**V.** Die Fassung des § 616 *E II rev.* (*E III* § 616) entspricht der des § 625 BGB.

## E. Reichstag (XII. Kommission)

I. Beantragt war:

1. in § 616 folgenden Absatz 2 hinzuzufügen: Gröber (Nr 38, 4)
„Bei einem Dienstverhältniß im Haushalt oder Wirthschaftsbetrieb ist im Zweifel anzunehmen, daß das Dienstverhältniß auf die Dauer der ursprünglich vereinbarten Dienstzeit verlängert ist."

2. § 616 wie folgt zu fassen: Frohme, Stadthagen (Nr 49, 3)
„Wird das Arbeitsverhältniß nach Beendigung des Arbeitsvertrages von dem Arbeitnehmer mit Wissen des anderen Theiles fortgesetzt, so gilt es als auf unbestimmte Zeit verlängert, sofern nicht der Arbeitgeber unverzüglich widerspricht."

II. Bericht von *Heller* über die Sitzung vom 17. 3. 1896:

Auch der § 616 blieb unverändert. Der Antrag *Gröber* wurde von *Struckmann* und mehreren Kommissionsmitgliedern als unzweckmäßig und den bestehenden Gewohnheiten widersprechend bekämpft und deshalb mit großer Mehrheit abgelehnt. Der Antrag *Frohme, Stadthagen* wurde der Redaktionskommission überwiesen.

## § 626

**Das Dienstverhältniß kann von jedem Theile ohne Einhaltung einer Kündigungsfrist gekündigt werden, wenn ein wichtiger Grund vorliegt.**

## § 627

**Hat der zur Dienstleistung Verpflichtete, ohne in einem dauernden Dienstverhältnisse mit festen Bezügen zu stehen, Dienste höherer Art zu leisten, die auf Grund besonderen Vertrauens übertragen zu werden pflegen, so ist die Kündigung auch ohne die im § 626 bezeichnete Voraussetzung zulässig.**

**Der Verpflichtete darf nur in der Art kündigen, daß sich der Dienstberechtigte die Dienste anderweit beschaffen kann, es sei denn, daß ein wichtiger Grund für die unzeitige Kündigung vorliegt. Kündigt er ohne solchen Grund zur Unzeit, so hat er dem Dienstberechtigten den daraus entstehenden Schaden zu ersetzen.**

## § 628

**Wird nach dem Beginne der Dienstleistung das Dienstverhältniß auf Grund des § 626 oder des § 627 gekündigt, so kann der Verpflichtete einen seinen bisherigen Leistungen entsprechenden Theil der Vergütung verlangen. Kündigt er, ohne durch vertragswidriges Verhalten des anderen Theiles dazu veranlaßt zu sein, oder veranlaßt er durch sein vertragswidriges Verhalten die Kündigung des anderen Theiles, so steht ihm ein Anspruch auf die Vergütung insoweit nicht zu, als seine bisherigen Leistungen in Folge der Kündigung für den anderen Theil kein Interesse haben. Ist die Vergütung für eine spätere Zeit im voraus entrichtet, so hat der Verpflichtete sie nach Maßgabe des § 347 oder, wenn die Kündigung wegen eines Umstandes erfolgt, den er nicht zu vertreten hat, nach den Vorschriften über die Herausgabe einer ungerechtfertigten Bereicherung zurückzuerstatten.**

**Wird die Kündigung durch vertragswidriges Verhalten des anderen Theiles veranlaßt, so ist dieser zum Ersatze des durch die Aufhebung des Dienstverhältnisses entstehenden Schadens verpflichtet.**

I. a) 215. Sitzung vom 1. 6. 1883, Schriftführer Neubauer

| Prot I 2254 | Zu Artikel 621 des Entwurfs:

DresdE Art 621 „Der Dienstverdinger muß die Dienste zur bestimmten Zeit oder, wenn eine solche nicht im Voraus bestimmt worden ist, nach Verlangen des Dienstherrn leisten.

Ist die Zeit für die Leistung der Dienste bestimmt, so können die Dienste nur zu dieser Zeit geleistet werden. Hält der Dienstverdinger diese Zeit nicht ein, so findet die Vorschrift des Artikels 152[1] Anwendung."

[1] Art. 152 *DresdE.* lautet: „Ist in einem Vertrage bestimmt, oder ergiebt sich aus den Verhältnissen, namentlich aus der Beschaffenheit des Gegenstandes, daß die Leistung zu einer bestimmten Zeit, weder früher noch später, oder bis zu einer bestimmten Zeit und nicht später erfolgen soll, so ist, wenn die Leistung von dem einen Vertragschließenden zur bestimmten Zeit oder bis zur bestimmten Zeit nicht erfolgt, der andere Vertragschließende berechtigt, von dem Vertrage abzugehen, gleich als ob derselbe nicht geschlossen wäre, oder seine Rechte aus dem Vertrage nach Maßgabe der Art. 273, 388 und 389 geltend zu machen."

lagen neben dem Antrage auf Streichung[2] des Artikels die Anträge vor: v. Kübel (Nr 399)

1. statt dessen zu bestimmen: Kurlbaum (Nr 401, 1)

„Der Dienstberechtigte kann von dem Vertrage zurücktreten, wenn die Leistung der Dienste nicht rechtzeitig beginnt. Er kann von dem Vertrage für die Zukunft zurücktreten, wenn die angefangene Leistung der Dienste nicht rechtzeitig fortgesetzt wird.

Die Nichtleistung der Dienste während einer nicht erheblichen Zeit begründet das Rücktrittsrecht nur dann, wenn ein besonderes Interesse des Dienstberechtigten den Rücktritt rechtfertigt."

2. den Artikel durch die Bestimmung zu ersetzen: Windscheid

„Aus erheblichen Gründen kann jeder Theil vor Ablauf der vereinbarten Miethzeit und ohne Kündigung von dem Dienstvertrage für die Zukunft zurücktreten.

| Im Besonderen kann: | Prot I 2255

1. der Dienstberechtigte zurücktreten, wenn ihm die vereinbarten Dienste ohne einen von ihm zu vertretenden Umstand nicht oder nicht rechtzeitig geleistet werden. Absatz 2 des § 384 (d. h. des Beschlusses zu Art. 573 des Dresdener Entwurfs, Prot. S. 2151–2155[3]) findet entsprechende Anwendung.

2. pp."

Der Artikel 621 wurde absatzweise berathen.

Zum ersten Absatze.

Die Mehrheit erklärte sich für die Nichtaufnahme des ersten Absatzes.

Erwogen war:

Insofern der erste Absatz bestimme, die Dienste müßten zur bestimmten Zeit geleistet werden, sei er selbstverständlich; soweit er aber vorschreibe, in Ermangelung einer Vereinbarung über die Leistungszeit sei nach Verlangen der Dienstberechtigten zu leisten, erscheine er bedenklich. So zahlreich die Fälle sein möchten, für welche die letztere Bestimmung als angemessen sich darstelle, so gebe es doch nicht wenige Fälle, für welche dieselbe sich keineswegs eigene und für die es bei der Anwendung der allgemeinen Grundsätze zu verbleiben habe. Die richtige Entscheidung des einzelnen Falls könne sich nur aus der Würdigung der besonderen Umstände und im Wege der Ermittelung des Parteiwillens ergeben. Die einzelnen Fälle seien außerdem weitaus so gestaltet, daß die Feststellung desjenigen, was als gewollt anzusehen sei, keinen Schwierigkeiten unterliege, so daß eine dispositive Rechtsnorm oder eine für Zweifelsfälle Platz greifende Auslegungsregel um so weniger ein Bedürfniß sei.

Zum zweiten Absatze.

Die Mehrheit entschied — in wesentlicher Übereinstimmung mit den Anträgen Nr. 1 und 2 — die nach Prot. S. 2027, 2028, 2152–2156 für die Miethe beschlossene Vorschrift, deren | wesentlicher Inhalt ist[4]: | Prot I 2256

„Der Miether kann ohne vorherige Kündigung von dem Vertrage für die Zukunft zurücktreten, wenn ihm der vertragsmäßige Gebrauch ohne einen von ihm zu vertretenden Umstand ganz oder zum Theil nicht rechtzeitig verschafft wird und der Vermiether die sofortige Abhülfe verzögert.

Die Vorenthaltung während einer nicht erheblichen Zeit begründet das Rücktrittsrecht nur dann, wenn ein besonderes Interesse des Miethers den Rücktritt rechtfertigt."

---

[2] Zur Begründung vgl. *v. Kübels* Anträge vor § 611 BGB.
[3] Vgl. zum Abs. 2 die Materialien zu den §§ 542 f. BGB.
[4] Vgl. Materialien zu §§ 542f. BGB.

sei für entsprechend anwendbar zu erklären. Ueber Fassung und Stellung der Vorschrift soll bei der Redaktion befunden und bei dieser insbesondere geprüft werden, ob der Zusatz am Schluß des ersten Absatzes der obigen Bestimmung: „und der Vermiether die sofortige Abhülfe verzögert“ als entbehrlich von der Anwendbarkeit auszuschließen sei und ob nicht vielleicht die einfache Bestimmung genüge:

„der Dienstberechtigte könne von dem Vertrage für die Zukunft zurücktreten, wenn ihm die vertragsmäßigen Dienste ohne einen von ihm zu vertretenden Umstand nicht rechtzeitig geleistet würden“

in welcher Beziehung bemerkt wurde, eine solche Fassung ergebe zur Genüge, daß eine geringfügige Verzögerung nur insofern erheblich sei, als das Interesse des Dienstberechtigten den sofortigen Rücktritt rechtfertige (§ 61 der Zusammenstellung der das Obligationenrecht betreffenden Beschlüsse, Prot. vom 24. April 1882, S. 634, 635).

Die Mehrheit ging davon aus: es seien im Allgemeinen zureichende Gründe nicht erkennbar, die es zu rechtfertigen vermöchten, in der betreffenden Beziehung den Dienstvertrag anders zu beurtheilen, wie den Miethvertrag. Bei der Debatte kam noch ein anderer Punkt zur Sprache.

| Prot I 2257 Der zweite Absatz des Artikel 621 läßt das Verständniß zu, | es sei die Ausschließung der Auslegungsregel des zweiten Absatzes des § 176 der Zusammenstellung der das Obligationenrecht betreffenden Beschlüsse (Prot. vom 27. September 1882, S. 1087–1091) bezweckt, welcher lautet:

“Ist eine Zeit bestimmt, so ist im Zweifel anzunehmen, daß der Gläubiger vor dieser Zeit die Leistung nicht fordern, wohl aber der Schuldner zu jeder früheren Zeit leisten darf.“

Von einer Seite wurde geltend gemacht, für den Dienstvertrag müsse umgekehrt die Vorschrift gelten: der Dienstverpflichtete sei im Zweifel nicht berechtigt, vor der vereinbarten Erfüllungszeit zu leisten. Der Antrag, eine solche Bestimmung aufzunehmen, fand jedoch nicht die Zustimmung der Mehrheit, welche der Ansicht war: Nur aus den Umständen des Falles lasse sich entnehmen, ob die Auslegungsregel des § 176 a. a. O. zur Anwendung sich eigene oder noch der unter Berücksichtigung aller Umstände vorzunehmenden Auslegung des Vertrags für ihre Unanwendbarkeit zu entscheiden sei; da der § 176 a. a. O. nur eine „im Zweifel“ maßgebende Auslegungsregel enthalte, so sei kein Bedürfniß vorhanden, dieselbe speziell für den Dienstvertrag für nicht anwendbar zu erklären.

b) 217. Sitzung vom 6. 6. 1883, Schriftführer Neubauer

| Prot I 2279 | Zu Artikel 630 und 631 des Entwurfs, welche lauten:

DresdE Art 630 Artikel 630. „Der Dienstherr kann vor Ablauf der | Dienstzeit das Vertragsverhält-
| Prot I 2280 niß einseitig auflösen, wenn der Dienstverdinger sich einer erheblichen Verletzung seiner Vertragspflicht, insbesondere einer Untreue oder groben Fahrlässigkeit bei dem Dienste schuldig macht oder wenn der Dienstverdinger, welcher häusliche Dienste zu leisten hat, mit einem Ekel erregenden oder ansteckenden Uebel behaftet ist und dieses bei Schließung des Vertrages verschwiegen hat oder sich ein solches Uebel während der Dienstzeit zuzieht.“

DresdE Art 631 Artikel 631. „Der Dienstverdinger kann vor Ablauf der Dienstzeit das Vertragsverhältniß einseitig auflösen, wenn die Fortsetzung des Dienstverhältnisses mit Gefahr für seine Gesundheit oder für seinen guten Ruf verbunden wäre, oder wenn der Dienstherr oder dessen Angehörige sich gegen ihn Mißhandlungen erlauben, oder ihm Handlungen zumuthen, welche gegen die Gesetze oder gegen die Sittlichkeit verstoßen, oder wenn der Dienstherr, ungeachtet gehöriger Mahnung, den fälligen Dienstlohn nicht entrichtet, oder wenn der Dienstherr, mit welchem der Dienstverdinger in häuslicher Gemeinschaft steht, seinen Wohnort verändert, oder wenn der Dienstverdinger sich verheirathet und dadurch verhindert ist, ferner die Dienste in vertragsmäßiger Weise zu leisten. In dem letzten Falle darf jedoch der Dienstverdinger den Dienst nicht zur Unzeit zum Nachtheile des Dienstherrn oder der Erben desselben verlassen."

lagen die Anträge vor:

| 1. statt derselben zu bestimmen: | Prot I 2281

„Aus erheblichen Gründen kann jeder Theil vor Ablauf der vereinbarten Dienstzeit und ohne Kündigung von dem Dienstvertrage für die Zukunft zurücktreten. Windscheid (Nr 405)

Im Besonderen kann

1. der Dienstberechtigte zurücktreten, wenn ihm die vereinbarten Dienste ohne einen von ihm zu vertretenden Umstand nicht oder nicht rechtzeitig geleistet werden. Absatz 2 des § 384 d. h. des Beschlusses zu Artikel 573 S. 2027, 2028, 2151–2155 findet entsprechende Anwendung.

2. der Dienstverpflichtete zurücktreten, wenn der Dienstberechtigte mit der Entrichtung der vereinbarten Vergütung für zwei auf einander folgende Termine in Verzug kommt und den Dienstverpflichteten nicht vollständig befriedigt, bevor dieser den Rücktritt erklärt hat.

Im Uebrigen entscheidet das Ermessen des Richters darüber, ob ein den Rücktritt rechtfertigender Grund vorliegt."

2. zu bestimmen[5]: v. Kübel (Nr 408)

„Aus erheblichen (wichtigen) Gründen kann jeder Vertragschließende vor der bestimmten Zeit ohne Kündigung von dem Dienstvertrage für die Zukunft zurücktreten.

Der Dienstverpflichtete kann insbesondere zurücktreten, wenn der Dienstberechtigte mit der Entrichtung der Vergütung für die Dienste oder eines Theils derselben in Verzug kommt und den Dienstverpflichteten nicht vollständig befriedigt, bevor dieser den Rück- | tritt erklärt hat. | Prot I 2282

Der Dienstberechtigte kann insbesondere zurücktreten, wenn der Dienstverpflichtete mit der Leistung der Dienste ganz oder theilweise in Verzug kommt und die Leistung nicht vor Erklärung des Rücktritts nachholt. Geschieht letzteres, so steht das Rücktrittsrecht dem Dienstberechtigten nur zu, wenn ein besonderes Interesse desselben den Rücktritt rechtfertigt.

Im Uebrigen entscheidet das Ermessen des Richters, ob erhebliche Gründe, welche den Rücktritt rechtfertigen, vorliegen."

3. zu bestimmen[6]: Johow (Nr 410)

„Vor der Beendigung der Dienstzeit von dem Vertrage für die Zukunft zurückzutreten, steht jedem Theile frei.

1. wenn der andere Theil seine Verpflichtungen aus dem Dienstvertrage gröblich verletzt oder sonst durch sein Verhalten dem Zurücktretenden gerechten Anlaß gegeben hat, das Dienstverhältniß zu lösen;

2. wenn in Folge veränderter Umstände der andere Theil durch Bestehen auf der Aushaltung der Dienstzeit gegen Treue und Glauben verstoßen würde.

Der Rücktritt findet in den Fällen zu 1 ohne Kündigung, in den Fällen zu 2 unter Beobachtung der für Dienstverträge, welche auf unbestimmte Zeit geschlossen sind, bestimmten Kündigungsfrist statt."

---

5 Zur Begründung vgl. *v. Kübels* Anträge vor § 611 BGB.

6 Unter Einbeziehung des Antrags 4 von *Kurlbaum*.

Kurlbaum (Nr 409, 2) 4. in einem hinzuzufügenden neuen Paragraphen zu bestimmen:

| Prot I 2283 | „Besteht der Grund zum Rücktritt darin, daß das persönliche Verhalten des einen Vertragschließenden die Fortsetzung des Vertragsverhältnisses nicht gestattet, so hat der Zurücktretende auch einen Anspruch auf Schadensersatz.

Der Schadensersatz ist bei einem auf Zeit geschlossenen Vertrage nur für die Zeit bis zu einer nach den Vorschriften des Artikels 629 herbeizuführenden Beendigung des Vertragsverhältnisses zu berechnen. Die Vorschrift des Artikels 625 findet hierbei entsprechende Anwendung."

Beschlossen wurde, den Fall auszuscheiden, wenn der eine oder andere Theil nicht zur gehörigen Zeit erfüllt, und diesen Fall der nachträglichen Beschlußfassung vorzubehalten. Im Uebrigen entschied die Mehrheit:

1. für die Annahme des Prinzips der Anträge Nr. 1 und 2: "Jeder Theil könne aus wichtigen Gründen vor Ablauf der vereinbarten Dienstzeit von dem Vertrage für die Zukunft zurücktreten."

wobei insbesondere das Wort: „wichtige" gebilligt wurde.

2. gegen die Aufnahme einer Bestimmung, welche zum Ausdruck bringt, daß der Richter zu entscheiden habe, ob ein Grund als erheblich anzusehen sei.

Kurlbaum 3. gegen die Aufnahme der im Laufe der Debatte vorgeschlagenen zusätzlichen Bestimmung:

„Besteht der Grund zum Rücktritt nicht in einer Pflichtverletzung von Seiten des anderen Theils und wird nicht der sofortige Rücktritt durch ein besonderes Interesse des Zurücktretenden gerechtfertigt, so ist der Rücktritt nur nach vorgängiger Kündigung mit Frist von zwei Wochen zulässig."

4. für die Aufnahme der im Laufe der Debatte vorgeschlagenen zusätzlichen Vorschrift:

| Prot I 2284 „Liege der Grund in einem vertragswidrigen | Verhalten des einen Theils, so habe dieser Schadensersatz zu leisten."

unter Ablehnung des Antrags, dieser Bestimmung hinzuzufügen:

„Der Schadensersatz ist bei einem auf Zeit geschlossenen Vertrage nur für die Zeit bis zu einer nach den Vorschriften des Artikels 629 herbeizuführenden Beendigung des Vertragsverhältnisses zu berechnen. Die Vorschrift des Artikels 625 findet herbei entsprechende Anwendung."

Die Gründe waren:

Zu. 1. Für den Dienstvertrag seien besondere Vorschriften nöthig, welche — in Abweichung von den für die Verträge geltenden allgemeinen Grundsätzen (zu vergleichen §§ 62, 63, 187, 194 der Zusammenstellung der das Obligationenrecht betreffenden Beschlüsse, Prot. vom 26. April, 4., 6., 16. und 20. Oktober 1882 S. 639–646, 1135 und ff., 1200, 1215, 1216) — beiden Theilen das Recht verliehen, noch vor Ablauf der Dienstzeit von dem Vertrage unter gewissen Voraussetzungen für die Zukunft sich loszusagen. Ein solches Recht müsse ihnen zustehen, nicht allein in dem Falle, wenn der andere Theil seine Vertragspflichten verletze oder nur mangelhaft erfülle, sondern auch, wenn ohne eine solche Pflichtversäumung eine wesentliche Änderung der bei Eingehung des Vertrags muthmaßlich gewürdigten Umstände eintrete. Wie richtig dies sei, habe man schon bei Berathung des Artikels 621 erkannt (Prot. vom 1. Juli 1883 S. 2253, 2254[7]), ergebe sich auch zur Genüge aus den modernen Kodifikationen, die fast ausnahmslos in größerer oder geringerer Beschränkung das fragliche Recht anerkennen.

---

[7] Vgl. oben unter I a.

Den größten Schwierigkeiten unterliege aber die nähere Bestimmung der Gründe, welche zu dem Lossagen von dem Vertrage berechtigten. Die Verträge, auf | die Rück- | Prot I 2285 sicht zu nehmen sei, seien so verschiedener Art, daß eine erschöpfende Aufstellung der einzelnen Gründe oder auch nur die Hervorhebung einiger Beispiele sich nicht als ausführbar erweise.

Das Eine wie das Andere sei mit Aussicht auf Erfolg nur möglich, wenn die Regelung auf gewisse Arten von Verträgen beschränkt, folglich in den Bereich der einschlagenden Spezialgesetze eingegriffen würde. Die Artikel 630 und 631 des Entwurfs lieferten hierfür einen sprechenden Beweis. Die darin enthaltenen Einzelheiten paßten sichtbar nicht für alle Arten von Dienstverträgen und überwiegend nur für solche, die der Regelung durch Spezialgesetze anheimfielen.

Das Gesetz habe sich an der vorliegenden Stelle, wo der Dienstvertrag im Allgemeinen geregelt werde, darauf zu beschränken, das Prinzip auszusprechen, daß wichtige Gründe das fragliche Recht verliehen. Welche Gründe als wichtige anzusehen seien, dürfe der richterlichen Würdigung überlassen werden. Es könne vertraut werden, daß hieraus besondere Uebelstände nicht entspringen würden. Auch das Schweizer Obligationenrecht (Art. 346[8]) habe diesen Weg betreten, für den überdies der Vorgang des Artikels 62 des Handelsgesetzbuchs sich geltend machen lasse. Die in dem Antrage Nr. 3 vorgeschlagene nähere Bestimmung und bezw. Unterscheidung der Gründe würde zur Verdeutlichung oder Vervollständigung des Gesetzes nur wenig beitragen, andererseits in manchen Fällen den Parteien den erforderlichen Schutz entziehen.

Zu 2. Die Aufnahme der in Rede stehenden Bestimmung sei mißlich; denn sie schließe das Verständniß nicht aus, daß ein Lossagen von dem Vertrage ein Urtheil voraussetze, welches den Grund als wichtig anerkennt, daß also der Richter die Aufhebung des Vertrags aus- | zusprechen habe. Darin würde aber eine sachwidrige Beschrän- | Prot I 2286 kung des Rechts liegen. Solle die Bestimmung dagegen nur die Bedeutung haben, daß die Entscheidung, ob der Grund ein wichtiger sei, im Streitfalle der nachträglichen Prüfung des Richters anheimfalle, so sei sie selbstverständlich und entbehrlich.

Zu 3. Die betreffende Bestimmung erscheine deshalb nicht angemessen, weil sie den Zweck des Gesetzes unter Umständen zum Theil zu vereiteln drohe, Streitigkeiten über ihre Anwendbarkeit hervorrufen, die Einfachheit des Gesetzes endlich ohne wesentlichen Nutzen beeinträchtigt werde.

Zu 4. Die allgemeinen Rechtsgrundsätze erheischten, demjenigen Theile, welcher durch sein vertragswidriges Verhalten den Grund herbeigeführt habe, die Pflicht zum Schadensersatze aufzuerlegen, wie dies auch im Artikel 346 des Schweizer Obligationenrechts geschehen sei. Es liege darin kein Widerspruch mit der im § 187 der Zusammenstellung der das Obligationenrecht betreffenden Beschlüsse (Prot. vom 4. Oktober 1882 u. ff. S. 1135ff.) enthaltenen Bestimmung, da die letztere auf einen besonderen, eine abweichende Beurtheilung zulassenden Fall sich beziehe. Der zu der Vorschrift vorgeschlagene Zusatz modifizire in nicht zulässiger Weise ein allgemeines, die strenge Durchführung erforderndes Prinzip.

Man wandte sich zur Prüfung des Falls, wenn der Vertrag

a) von dem Dienstberechtigten,

---

8 Art. 346 Schw.OR lautet: „Aus wichtigen Gründen kann die Aufhebung des Dienstvertrages vor Ablauf der Dienstzeit von jedem Theile verlangt werden. – Ueber das Vorhandensein solcher Gründe entscheidet der Richter nach freiem Ermessen. – Liegen dieselben in vertragswidrigem Verhalten des einen Theiles, so hat dieser vollen Schadensersatz zu leisten. Im Uebrigen werden die ökonomischen Folgen einer vorzeitigen Auflösung vom Richter nach freiem Ermessen bestimmt, unter Würdigung der Umstände und des Ortsgebrauches."

b) von dem Dienstverpflichteten
nicht zur gehörigen Zeit erfüllt wird.

Es machte sich die Ueberzeugung geltend, daß für beide Fälle das vorstehend beschlossene Prinzip genüge, daß kein Grund vorliege, die Anwendbarkeit des letzteren für den einen oder anderen Fall auszuschließen oder zu beschränken, daß also beide

| Prot I 2287 Fälle im Gesetze zu übergehen seien, daß folglich die | zum Artikel 621 beschlossene (Prot. S. 2256, 2257), auf den Fall der nicht rechtzeitigen Erfüllung von Seiten des Dienstverpflichteten sich beziehende Vorschrift als entbehrlich bezw. als nicht völlig zutreffend in Wegfall kommen müsse.

**II. 1.** Die beschlossene Regelung lautet in der *RedVorl*:

RedVorl § 8 § 8 (630, 631) 422. Jeder Vertragschließende kann noch vor Ablauf der vereinbarten Dienstzeit ohne vorherige Kündigung von dem Vertrage für die Zukunft zurücktreten, wenn ein wichtiger, den Rücktritt rechtfertigender Grund vorliegt. Liegt der Grund in einem vertragswidrigen Verhalten des einen Theils, so hat der andere Theil Anspruch auf Schadensersatz.

(NB: 1. Zu vgl. § 23 der Redaktionsvorlage über die Miethe [§ 383].

2. Die Fassung „aus wichtigem Grunde kann u.s.w." [zu vgl. Schweizer O.R. Art. 340] wird durch ihre Kürze etwas anstößig, da beschlußgemäß nicht hinzugefügt werden darf: „Ueber die Wichtigkeit entscheide das richterliche Ermessen".

3. Betreffend den letzten Satz zu vgl. §§ 76, 85, 185.)

**2.** Fassung der Regelung in der *ZustOR*:

ZustOR § 421 § 421. Jeder Vertragschließende kann noch vor Ablauf der vereinbarten Dienstzeit ohne vorherige Kündigung von dem Vertrage für die Zukunft zurücktreten, wenn ein wichtiger, nach den Umständen des Falles den Rücktritt rechtfertigender Grund vorliegt. Liegt der Grund in einem vertragswidrigen Verhalten des anderen Theils(-es; KE), so ist dieser dem Zurücktretenden zum Schadensersatze verpflichtet.

**3.** Auf eine Anregung in den Kommissionsberatungen (Prot. I 2458) ersetzte der Redaktionsausschuß in § 421 ZustOR die Worte „ohne vorherige Kündigung" durch „ohne Einhaltung einer Kündigungsfrist".

**III. 1.** Bis auf die unter II 3 mitgeteilte Änderung entspricht § 559 *KE* dem § 421 ZustOR.

**2.** Zu § 559 KE lag der Antrag von *Kurlbaum* (Nr. 576, 31) vor, als Abs. 2 neu hinzuzusetzen: „Auf das Rücktrittsrecht findet der § 423 und in Ansehung der Wirksamkeit des Vertrages für die Zeit nach dem Rücktritt(e) sowie hinsichtlich der für diese Zeit erfolgten Vorausleistungen der § 424 Anwendung" (zu vgl. §§ 523, 366). – Der Antrag wurde angenommen (Prot. I. 6197, 6200).

**IV.** Im *E I* lautet die Regelung als § 566:

E I § 566 Jeder Vertragschließende kann noch vor Ablauf der vereinbarten Dienstzeit ohne Einhaltung einer Kündigungsfrist von dem Vertrage für die Zukunft zurücktreten, wenn ein wichtiger, nach den Umständen des Falles den Rücktritt rechtfertigender Grund vorliegt. Liegt der Grund in einem vertragswidrigen Verhalten des anderen Theiles, so ist dieser dem Zurücktretenden zum Schadensersatze verpflichtet.

Auf das Rücktrittsrecht finden die Vorschrift des § 426 und in Ansehung der Wirksamkeit des Vertrages für die Zeit nach dem Rücktritte sowie hinsichtlich der für diese Zeit erfolgten Vorausleistungen die Vorschriften des § 427 Anwendung.

## B. Vorkommission des Reichsjustizamtes

I. Beantragt war:

1. den § 566 durch folgende Vorschriften zu ersetzen:

§ 566: Jeder Theil kann zu jeder Zeit ohne Einhaltung einer Kündigungsfrist von dem Vertrage für die Zukunft zurücktreten, wenn ein wichtiger, nach den Umständen des Falles den Rücktritt rechtfertigender Grund vorliegt, ohne Unterschied, ob die Thatsachen, auf welche der Rücktritt gegründet wird, nach Schließung des Vertrags entstanden oder erst nach dieser Zeit dem Zurücktretenden bekannt geworden sind. Struckmann (Nr 3, 90)

§ 566a. Sind Dienste, die auf Grund eines besonderen in die Person des Dienstleistenden gesetzten Vertrauens geleistet werden, gegen Zahlung eines Honorars übernommen und ist das Dienstverhältniß für Geschäfte von unbestimmter Dauer eingegangen, so kann jeder Theil auch ohne die im § 566 bestimmte Voraussetzung zu jeder Zeit von dem Vertrage zurücktreten. Der Rücktritt des Dienstleistenden darf jedoch nur in der Art geschehen, daß der andere Theil für die Erledigung des Geschäfts anderweit Fürsorge treffen kann. Erfolgt der Rücktritt zur Unzeit, so haftet der Dienstleistende dem anderen Theile für den Ersatz des daraus entstehenden Schadens, es sei denn, daß ein wichtiger, nach den Umständen des Falles den Rücktritt rechtfertigender Grund vorlag. Struckmann (Nr 3, 90)

§ 566b. Auf das in den §§ 566, 566a bestimmte Rücktrittsrecht finden die für das vertragsmäßige Rücktrittsrecht geltenden Vorschriften der §§ (426, 427 des Entw.) entsprechende Anwendung. Struckmann (Nr 3, 90)

Erfolgt der Rücktritt nach Beginn, aber vor Erledigung eines durch den Dienstvertrag übernommenen Geschäfts, so hat der Dienstnehmer auf einen seinen bisherigen Leistungen (mit Einschluß der Vorbereitungsarbeiten) entsprechenden Theil der Vergütung Anspruch, sofern nicht aus der Vereinbarung über die Vergütung ein Anderes sich ergiebt.

Ist der Rücktritt durch schuldvolles Verhalten des anderen Theiles veranlaßt, so ist dieser dem Zurücktretenden zum Schadenersatz verpflichtet.

§ 556c. Die Vorschrift des § 566b Abs. 2 findet auch dann Anwendung, wenn nach dem Beginn des durch den Dienstvertrag übernommenen Geschäfts dessen Erledigung unmöglich wird. Struckmann (Nr 3, 90)

2. Als § 566d folgende Vorschriften aufzunehmen: Struckmann (Nr 3, 90)

Der Dienstvertrag erlischt im Zweifel mit dem Tode des Dienstnehmers sowie mit dem Tode des Dienstgebers.

Ist der Dienstnehmer auf Grund des Dienstvertrags verpflichtet, ein ihm von dem Dienstgeber aufgetragenes Geschäft für diesen zu besorgen, so hat im Falle des Todes des Dienstnehmers dessen Erbe dem Dienstgeber den Tod unverzüglich anzuzeigen, auch, soweit Gefahr im Verzuge ist, das Geschäft so lange zu besorgen, bis der Dienstgeber in anderer Art hat Fürsorge treffen können; für diese Geschäftsführung ist der Dienstvertrag als fortbestehend anzusehen.

II. 77. Sitzung vom 12. 4. 1892

| Den § 566 beschloß man, durch folgende Bestimmung zu ersetzen: Jeder Theil kann zu jeder Zeit ohne Einhaltung einer Kündigungsfrist das Dienstverhältniß durch Kündigung beendigen, wenn ein wichtiger, nach den Umständen des Falles die Kündigung rechtfertigender Grund vorliegt. Liegt der Grund in einem vertragswidrigen Verhalten des anderen Theiles, so ist dieser dem Kündigenden zum Schadensersatze verpflichtet.“ | Prot-RJA 474

Es erschien richtiger, von Kündigung statt von Rücktritt für die Zukunft zu sprechen. Zugleich verdeutliche die angenommene Fassung, daß die Bestimmung auch Anwendung finde auf Dienstverhältnisse, welche unter Einhaltung einer Kündigungsfrist gekündigt werden können, derart, daß in diesen Fällen beim Vorhandensein eines wichtigen Grundes Kündigung ohne Einhaltung der Frist zulässig sein soll. Anlangend den Absatz 2, so wurde durch die Vermeidung des Wortes „Rücktritt" die Bezugnahme auf entsprechende Anwendbarkeit des § 426 entbehrlich. Ebenso hielt man die Verweisung auf § 427 für überflüssig, da diese Vorschrift nur für den Fall von Bedeutung sei, | daß der Dienstverpflichtete andere Sachen als Geld im Voraus empfangen habe, in diesem Falle aber auch durch Anwendung der Bestimmungen über ungerechtfertigte Bereicherung eine angemessene Entscheidung erzielt werde.

| Prot-RJA 475

Hinter § 566 beschloß man, sachlich folgende Bestimmungen aufzunehmen:

a) Hat Jemand, ohne in einem dauernden Dienstverhältnisse mit festen Bezügen zu stehen, die Leistung von Diensten übernommen, welche eine besondere Kunstfertigkeit oder wissenschaftliche Bildung voraussetzen und auf Grund besonderen Vertrauens übertragen zu werden pflegen, so kann jeder Theil auch ohne die Voraussetzung des § 566 das Dienstverhältniß durch Kündigung beendigen.

b) Erfolgt die Kündigung im Falle des § 566 oder in dem zu a bezeichneten Falle nach Beginn der Ausführung der Dienstleistung, so kann der Dienstverpflichtete einen seinen bisherigen Leistungen entsprechenden Theil der Vergütung verlangen.

c) In dem zu a bezeichneten Falle sind, wenn der Dienstberechtigte kündigt, ohne daß der Verpflichtete die Kündigung durch vertragswidriges Verhalten veranlaßt hat, als Leistungen des Verpflichteten auch die Vorbereitungen anzusehen, welche er zur Ausführung der Dienstleistung hat machen müssen. Hat der Dienstverpflichtete gekündigt, so hat er insoweit kein Recht auf die Vergütung, als seine bisherigen Leistungen in Folge der Kündigung für den Dienstberechtigten kein Interesse haben.

Ist die Kündigung durch schuldhaftes Verhalten des anderen Theiles veranlaßt, so ist dieser dem Kündigenden zum Schadensersatze verpflichtet.

Zu a). Bei der zu a. aufgeführten Bestimmung ging man von folgenden Erwägungen aus:

| Prot-RJA 476

| Die Vorschriften der §§ 563a und 566 seien unzureichend in den Fällen, in denen jemand zu Dienstleistungen höherer Art weder auf bestimmte Zeit noch unter Vereinbarung einer nach Zeitabschnitten bemessenen Vergütung, sondern unter Bezeichnung eines bestimmten Zwecks des Dienstvertrags angenommen werde, wie z. B. der Arzt für eine bestimmte Operation, die Behandlung einer bestimmten Krankheit, der Rechtsanwalt zur Führung eines Prozesses, der Lehrer zur Vorbereitung des Schülers für ein bestimmtes Lehrziel. In diesen Fällen würde ohne eine besondere Bestimmung das Dienstverhältniß für die durch den Zweck bestimmte Zeit dauern, und eine Kündigung wäre nur wegen eines wichtigen Grundes nach § 566 zulässig. Hiermit aber geschehe der Natur der fraglichen Verhältnisse kein Genüge. Es handle sich bei ihnen um eine persönliche Beziehung des Berechtigten zum Verpflichteten, welche ohne gegenseitiges Vertrauen nicht mit Erfolg fortbestehen könne. Jene Verhältnisse ständen hierin dem Auftrag gleich. Wie bei diesen (§§ 597, 598) müsse deshalb jedem Theile jederzeit die Kündigung freistehen. Eine bezügliche Vorschrift könne unter den Bestimmungen über den Dienstvertrag nicht entbehrt werden, wenn beim Auftrage die Möglichkeit eines Entgelts fallen gelassen und dadurch die Nothwendigkeit geschaffen werde, die gedachten Verhältnisse als Dienstverhältnisse zu beurtheilen. Vorbehaltlich einer redaktionellen Verbesserung werde die beschlossene Bestimmung die hier in Frage stehenden Verhältnisse mit genügender Deutlichkeit erkennen lassen.

Darüber, daß die Kündigung nicht zur Unzeit erfolgen dürfe, sei eine besondere Bestimmung neben der allgemeinen Vorschrift des § 563b (oben unter 2) nicht erforderlich. | Prot-RJA 477

Von einer Seite wurde das Bedürfniß für die Aufnahme | einer Bestimmung des zu a bezeichneten Inhalts bestritten, da bei den hier in Frage kommenden Fällen das Dienstverhältniß nicht als auf eine durch den Zweck bestimmte Zeit, sondern als auf unbestimmte Zeit eingegangen anzusehen sei und sich hiernach aus § 563a eine angemessene Regelung ergebe.

Zu b). Die zu b beschlossene Bestimmung erschien aus den gleichen Gründen angemessen, wie die entsprechende Vorschrift des § 596 Abs. 2 für den Auftrag.

Zu c). In den unter c in Abs. 1 aufgeführten beiden Sätzen erblickte man billige Modifikationen dessen, was aus den allgemeinen Grundsätzen folgen würde. Gegen den in Satz 1 verwendeten Begriff der „Vorbereitungen" wurden zwar von einer Seite aus der Unbestimmtheit dieses Begriffs Bedenken hergeleitet; man hielt dieselben jedoch nicht für stichhaltig, da sich im einzelnen Falle ohne erhebliche Schwierigkeit die richtige Abgrenzung finden lassen werde.

Bezüglich der nach Beginn der Ausführung eintretenden *Unmöglichkeit* der Fortsetzung der Dienstleistung glaubte man besondere Bestimmungen, wie sie von einer Seite vorgeschlagen wurden, entbehren zu können, da in dieser Beziehung die allgemeinen Vorschriften über gegenseitige Verträge (§ 368) genügten.

In Ansehung der Wirkung eines die Kündigung veranlassenden schuldhaften Verhaltens des anderen Theiles erschien der unter c in Abs. 2 aufgeführte allgemeine Satz ausreichend. Für nicht nothwendig hielt man es, besonders hervorzuheben, daß bei der Bemessung des zu ersetzenden Schadens darauf Rücksicht zu nehmen sei, daß auch der zum Schadensersatze Verpflichtete seinerseits jederzeit in der Lage gewesen wäre, das Dienstverhältniß durch Kündigung zu beendigen; man nahm an, daß dies aus dem Begriff | des Schadens ohne weiteres erfolge. | Prot-RJA 478

Die Aufnahme einer Bestimmung des Inhalts, daß der Dienstvertrag im Zweifel durch den Tod des Dienstverpflichteten erlösche, wurde neben der als § 559c Abs. 1 beschlossenen Vorschrift als entbehrlich abgelehnt.

## C. 2. Kommission

I. Anträge (Prot. II, Bd. 2, S. 301ff., *Mugdan*, Bd. 2, S. 912ff.)

§ 566 lagen nachstehende Anträge vor:

1. die Bestimmungen des Entw. durch folgende Vorschriften zu ersetzen: Struckmann (Nr 159, 19)

§ 566. Jeder Theil kann jederzeit ohne Einhaltung einer Kündigungsfrist das Dienstverhältniß durch Kündigung beendigen, wenn ein wichtiger, nach den Umständen des Falles die Kündigung rechtfertigender Grund vorliegt.

Hat Jemand, ohne in einem dauernden Dienstverhältnisse mit festen Bezügen zu stehen, die Leistung von Diensten übernommen, die eine besondere Fachkenntniß, Kunstfertigkeit oder wissenschaftliche Bildung voraussetzen und auf Grund besonderen Vertrauens übertragen zu werden pflegen, so kann jeder Theil auch ohne die im Abs. 1 bezeichnete Voraussetzung jederzeit das Dienstverhältniß durch Kündigung beendigen.

§ 566a. Wird in den Fällen des § 566 nach Beginn der Ausführung der Dienstleistung der Vertrag durch Kündigung beendigt, so kann der Dienstleistende einen seinen bisherigen Leistungen entsprechenden Theil der Vergütung verlangen. Hat jedoch der Dienstleistende gekündigt oder durch vertragswidriges Verhalten die Kündigung des anderen Theiles veranlaßt, so hat er insoweit keinen Anspruch auf die Vergütung, als seine bisherigen Leistungen in Folge der Kündigung für den anderen Theil kein Interesse haben. Hat der andere Theil gekündigt, ohne daß der Dienstleistende durch vertragswidriges Verhalten die Kündigung veranlaßt hat, so sind als Leistungen des letzteren auch die zur Ausführung der Dienstleistung erforderlichen Vorbereitungen anzusehen.

Ist in den Fällen des § 566 die Kündigung durch schuldhaftes Verhalten des anderen Theiles veranlaßt, so ist dieser dem Zurücktretenden zum Schadensersatze verpflichtet.

hierzu die Unteranträge, in dem § 566

a) dem Abs. 1 am Schlusse hinzuzufügen: „insbesondere Vertrauens- oder Treubruch, erhebliche Schädigung des anderen Theiles oder seiner Angehörigen sowie unsittlichen Betragen."

b) im Abs. 2 die Verbindung des zweiten Relativsatzes mit dem ersten nicht durch „und", sondern durch „oder" herzustellen;

2. dem Abs. 2 folgende Fassung zu geben:

Hat der zur Dienstleistung Verpflichtete, ohne in einem dauernden Dienstverhältnisse mit festen Bezügen zu stehen, Dienste höherer Art zu leisten, (oder: Dienste zu leisten, welche höhere Kenntnisse oder Fertigkeiten voraussetzen und) zu deren Leistung eine Mitwirkung des Dienstberechtigten oder die Ertheilung einer Vertretungsmacht seitens desselben erforderlich ist, so kann jeder Theil das Dienstverhältniß zu jeder Zeit durch Kündigung beendigen. Auf das Kündigungsrecht des zur Dienstleistung Verpflichteten findet die Vorschrift des § 566b Anwendung.

3. den bei § 615 BGB C.I. mitgetheilten Antrag 2 zu § 561 anzunehmen.

Die Verhandlung beschränkte sich zunächst auf den § 566 des Antrags 1; die Unteranträge a und b wurden vor der Abstimmung zurückgezogen.

Die Kom. nahm den Antrag 1 an; die Anträge 2 und 3 wurden abgelehnt.

b) Zu § 566a des unter a) mitgetheilten Antrags waren folgende Unteranträge gestellt:

1. den zweiten Satz zu fassen:
Hat jedoch der Dienstverpflichtete gekündigt, ohne durch vertragswidriges Verhalten des anderen Theils dazu veranlaßt zu sein, oder hat er durch vertragswidriges Verhalten die Kündigung des anderen Theils veranlaßt, so etc.

2. den dritten Satz zu fassen:
Hat der andere Theil gekündigt oder verweigert er in den Fällen des § 566 Abs. 2 die Annahme des Dienstes, ohne daß der Dienstleistende durch vertragswidriges Verhalten die Kündigung oder Weigerung veranlaßt hat, so sind etc.

3. im dritten Satze statt der Worte „die ... erforderlichen Vorbereitungen" die Worte zu gebrauchen „die Vorbereitungen, welche er ... hat machen müssen";

4. im ersten Satze des ersten Abs. statt „der Vertrag" zu setzen „das Dienstverhältniß" und im zweiten Abs. statt „dem Zurücktretenden" zu setzen „dem Kündigenden";

5. im zweiten Abs. hinter „§ 566" einzuschalten „Abs. 1";

6. dem zweiten Abs. folgenden Satz hinzuzufügen:
Hat der Dienstleistende für die Zeit nach der Beendigung des Dienstverhältnisses

eine Vorausleistung empfangen, so finden auf die Erstattung derselben die Vorschriften des § 427 und des § 369c Satz 2 entsprechende Anwendung.

7. als dritten Absatz folgende Bestimmung aufzunehmen:

Die Vorschriften der Abs. 1, 2 finden entsprechende Anwendung, wenn die Ausführung der Dienstleistung in Folge eines in der Person des einen oder des anderen Theiles eingetretenen Umstandes unmöglich geworden ist.

Die Kom. nahm den vorgeschlagenen § 566a unter Streichung des dritten Satzes an, wobei die Mehrheit unter dem „vertragswidrigen Verhalten" in dem zweiten Satze nicht ein lediglich objektiv vertragswidriges, sondern ein subjektiv schuldhaftes Verhalten verstanden wissen wollte. Durch die Streichung des dritten Satzes erledigten sich zugleich die Anträge 2 und 3. Auf eine Beschlußfassung über den Antrag 5 hatte der Antragsteller vor der Abstimmung verzichtet. Von den übrigen Vorschlägen wurden die Anträge 1 und 4 der RedKom überwiesen, der Antrag 6 angenommen, der Antrag 7 abgelehnt.

c) Es war beantragt, folgende Bestimmungen als § 566b in das Gesetzbuch einzustellen: Struckmann (Nr 159, 20)

Ist die Beendigung des Dienstverhältnisses durch Kündigung jederzeit zulässig, so darf gleichwohl die Kündigung durch den Dienstleistenden, wenn dieser auf Grund des Dienstverhältnisses verpflichtet ist, Geschäfte für den anderen Theil zu besorgen, nur in der Art erfolgen, daß der andere Theil für die Erledigung des Geschäfts anderweit Fürsorge treffen kann. Erfolgt die Kündigung zur Unzeit, so haftet der Dienstleistende dem anderen Theile für den Ersatz des daraus entstehenden Schadens. Die Haftung tritt nicht ein, wenn ein wichtiger, nach den Umständen des Falles unzeitige die Kündigung rechtfertigender Grund vorlag.

Der Antrag, welcher die im § 598 des Entw. für den Antrag gegebene Bestimmung auf den Dienstvertrag überträgt, wurde ohne Widerspruch angenommen.

II. Die beschlossene Regelung lautet in der *VorlZust:*

§ 566. Jeder Theil kann jederzeit ohne Einschaltung einer Kündigungsfrist das Dienstverhältniß durch Kündigung beendigen, wenn ein wichtiger, nach den Umständen des Falls die Kündigung rechtfertigender Grund vorliegt. Hat der Dienstverpflichtete, ohne in einem dauernden Dienstverhältnisse mit festen Bezügen zu stehen, Dienste höherer Art zu leisten, die auf Grund besonderen Vertrauens übertragen zu werden pflegen, so kann jeder Theil auch ohne die im Abs. 1 bezeichnete Voraussetzung jederzeit das Dienstverhältniß durch Kündigung beendigen. (Auf das Kündigungsrecht des Dienstverpflichteten findet die Vorschrift des § 566b Anwendung.) E I-VorlZust § 566

§ 566a. Wird nach Beginn der Ausführung der Dienstleistung das Dienstverhältniß nach Maßgabe des § 566 durch Kündigung beendigt, so kann der Dienstverpflichtete einen seinen bisherigen Leistungen entsprechenden Theil der Vergütung verlangen. Hat jedoch der Dienstverpflichtete gekündigt, ohne durch vertragswidriges Verhalten des anderen Theils dazu veranlaßt zu sein, oder hat er selbst durch vertragswidriges Verhalten die Kündigung des anderen Theils veranlaßt, so hat er insoweit keinen Anspruch auf die Vergütung, als seine bisherigen Leistungen in Folge der Kündigung für den anderen Theil kein Interesse haben. Hat der Dienstverpflichtete für die Zeit nach der Beendigung des Dienstverhältnisses eine Vorausleistung empfangen, so finden auf die Erstattung derselben die Vorschriften des § 427 und des § 369c Satz 2 entsprechende Anwendung. E I-VorlZust § 566a

Ist in den Fällen des § 566 die Kündigung durch vertragswidriges Verhalten des anderen Theils veranlaßt, so ist dieser dem Kündigenden zum Ersatze des durch die Kündigung erwachsenen Schadens verpflichtet.

E I-VorlZust § 566 b — § 566 b. Ist die Beendigung des Dienstverhältnisses durch Kündigung jederzeit zulässig, so darf gleichwohl die Kündigung durch den Dienstverpflichteten, wenn dieser auf Grund des Dienstverhältnisses verpflichtet ist, Geschäfte für den anderen Theil zu besorgen, nur in der Art erfolgen, daß der andere Theil für die Erledigung des Geschäfts anderweit Fürsorge treffen kann. Erfolgt die Kündigung zur Unzeit, so haftet der Dienstverpflichtete dem anderen Theile für den Ersatz des daraus entstehenden Schadens. Die Haftung tritt nicht ein, wenn ein wichtiger, nach den Umständen des Falles die unzeitige Kündigung rechtfertigender Grund vorlag.

**III.** Fassung der Regelung in der *ZustRedKom:*

E I-ZustRedKom § 566 — § 566. Das Dienstverhältniß kann von jedem Theile ohne Einhaltung einer Kündigungsfrist gekündigt werden, wenn ein wichtiger, die Kündigung rechtfertigender Grund vorliegt.

Hat der zur Dienstleistung Verpflichtete, ohne in einem dauernden Dienstverhältnisse mit festen Bezügen zu stehen, Dienste höherer Art zu leisten, die auf Grund besonderen Vertrauens übertragen zu werden pflegen, so ist die Kündigung auch ohne die im Abs. 1 bezeichnete Voraussetzung zulässig.

§ 566 a. Wird nach dem Beginne der Dienstleistung das Dienstverhältniß auf Grund des § 566 gekündigt, so kann der Verpflichtete einen seinen bisherigen Leistungen entsprechenden Theil der Vergütung verlangen. Hat er gekündigt, ohne durch vertragswidriges Verhalten des anderen Theiles dazu veranlaßt zu sein, oder hat er durch sein vertragswidriges Verhalten die Kündigung des anderen Theiles veranlaßt, so steht ihm ein Anspruch auf die Vergütung insoweit nicht zu, als seine bisherigen Leistungen in Folge der Kündigung für den anderen Theil kein Interesse haben.

Ist die Vergütung für eine spätere Zeit im Voraus entrichtet, so hat der Verpflichtete sie nach Maßgabe des § 427 und des § 369 c Satz 2 zurückzuerstatten.

Ist die Kündigung durch vertragswidriges Verhalten des anderen Theiles veranlaßt, so ist dieser zum Ersatze des durch die Kündigung entstandenen Schadens verpflichtet.

§ 566 b. Hat der zur Dienstleistung Verpflichtete ein Geschäft für den Dienstberechtigten zu besorgen, so darf er, wenn ihm das Recht zusteht, das Dienstverhältniß ohne Einhaltung einer Kündigungsfrist zu kündigen, von diesem Recht(e) nur in der Art Gebrauch machen, daß der Dienstberechtigte für die Besorgung des Geschäft(e)s anderweitig Vorsorge treffen kann. Kündigt der Verpflichtete zur Unzeit, so hat er den daraus entstandenen Schaden zu ersetzen, es dei denn, daß ein wichtiger, die unzeitige Kündigung rechtfertigender Grund vorliegt.

Sind Dienste höherer Art zu leisten, die auf Grund besonderen Vertrauens übertragen zu werden pflegen, so gelten diese Vorschriften auch dann, wenn die Dienstleistung nicht in einer Geschäftsbesorgung besteht.

**IV. 1.** Im *E II* lautet die Regelung:

E II § 565 — § 565. Das Dienstverhältniß kann von jedem Theile ohne Einhaltung einer Kündigungsfrist gekündigt werden, wenn ein wichtiger Grund vorliegt.

Hat der zur Dientleistung Verpflichtete, ohne in einem dauernden Dienstverhältnisse mit festen Bezügen zu stehen, Dienste höherer Art zu leisten, die auf Grund besonderen Vertrauens übertragen zu werden pflegen, so ist die Kündigung auch ohne die im Abs. 1 bezeichnete Voraussetzung zulässig.

§ 566. Wird nach dem Beginne der Dienstleistung das Dienstverhältniß auf Grund des § 565 gekündigt, so kann der Verpflichtete einen seinen bisherigen Leistungen entsprechenden Theil der Vergütung verlangen. Hat er gekündigt, ohne durch vertragswidriges Verhalten des anderen Theiles dazu veranlaßt zu sein, oder hat er durch sein vertragswidriges Verhalten die Kündigung des anderen Theiles veranlaßt, so steht ihm ein Anspruch auf die Vergütung insoweit nicht zu, als seine bisherigen Leistungen in Folge der Kündigung für den anderen Theil kein Interesse haben. Ist die Vergütung für eine spätere Zeit im Voraus entrichtet, so hat der Verpflichtete sie nach Maßgabe des § 298 und des § 279 Satz 2 zurückzuerstatten. E II § 566

Ist die Kündigung durch vertragswidriges Verhalten des anderen Theiles veranlaßt, so ist dieser zum Ersatze des durch die Aufhebung des Dienstverhältnisses entstandenen Schadens verpflichtet.

§ 567. Hat der zur Dienstleistung Verpflichtete ein Geschäft für den Dienstberechtigten zu besorgen, so darf er, wenn ihm das Recht zusteht, das Dienstverhältniß ohne Einhaltung einer Kündigungsfrist zu kündigen, von diesem Rechte nur in der Art Gebrauch machen, daß der Dienstberechtigte für die Besorgung des Geschäfts anderweit Fürsorge treffen kann. Kündigt der Verpflichtete zur Unzeit, so hat er den daraus entstandenen Schaden zu ersetzen, es sei denn, daß ein wichtiger Grund für die unzeitige Kündigung vorliegt. E II § 567

Sind Dienste höherer Art zu leisten, die auf Grund besonderen Vertrauens übertragen zu werden pflegen, so gelten diese Vorschriften auch dann, wenn die Dienstleistung nicht in einer Geschäftsbesorgung besteht.

2. Revision des *E II* (Prot. II, Bd. 2, S 189; *Mugdan* Bd. 2 S. 916)

Es lag der Antrag vor, 1. in dem § 567 den Abs. 1 zu streichen und zum Ersatze dem § 606 hinzuzufügen:

Das Gleiche gilt von den Vorschriften des § 603 Abs. 2, Abs. 3 Satz 1, wenn dem Verpflichteten das Recht zusteht, ohne Einhaltung einer Kündigungsfrist zu kündigen. Jacubezky (Nr 42a, 7)

(Die Vorschrift muß auch für den im § 606 genannten Werkvertrag gelten.)

2. der RedKom es zu überlassen,

den Abs. 2 des § 567 mit dem Abs. 2 des § 565 zu verbinden und aus diesen Vorschriften einen § 565a zu machen.

Die Kom. war sachlich einverstanden, daß der § 567 Abs. 1 auch für den Werkvertrag gelten solle, überließ aber der RedKom die Prüfung, ob dies in der Weise, wie es der Antrag vorschlage, oder in anderer Weise zu verdeutlichen sei.

V. Die §§ 617, 618 *E II rev* (*§§ 617, 618 E III*) entsprechen den §§ 565, 566 E II; § 567 E II ist neu gefaßt worden (§ 619 *E II rev*, § 619 *E III*).

## E. Reichstag (XII. Kommission und Plenum)

### I. Beantragt war:

1. a) § 618 zu streichen.

b.) § 619 wie folgt zu fassen: Frohme, Stadthagen (Nr 49, 11–12)

„Wird ein Arbeitsvertrag aufgehoben, wiewohl weder ein vertragsmäßiger noch ein gesetzmäßiger Grund zur Entlassung oder zum Austritt vorlag, oder wird ein Theil des Vertrages nicht erfüllt, so steht dem verletzten Theil an Stelle des Anspruchs auf Erfüllung des Vertrags ein Anspruch auf Ersatz des durch die Aufhebung entstehenden Schadens zu.

Hat ein Theil von seinem Recht, wegen Vertragsverletzung nach Maßgabe der §§ 617a und 617b ohne Einhaltung einer Kündigungsfrist den Vertrag aufzuheben, Gebrauch gemacht, so geht er dadurch seines Rechts auf Schadensersatz wegen Nichterfüllung des Vertrages zu klagen nicht verlustig. Die Ersatzpflicht wegen Nichterfüllung des Vertrages und wegen Schadensersatz erstreckt sich nicht auf den Schaden, dessen Entstehung außerhalb des Bereichs der Wahrscheinlichkeit lag oder nach den Umständen, die der andere Theil kannte oder kennen mußte, als außerhalb dieses Bereichs liegend angesehen werden durfte."

**c)** Wegen des Antrags zu § 617 vgl. Materialien zu §§ 620–623 unter E I.

Gröber (Nr 35, 11) **2. a)** hinter § 617 folgende Vorschrift als:

§ 617a einzufügen: „Ist für Dienstleistungen im Haushalt oder in der Wirthschaft die Vergütung nach Halbjahren oder längeren Zeitabschnitten bemessen, so kann der Dienstberechtigte ein Drittheil der Vergütung bis zum Schluss der Dienstzeit einbehalten."

**b)** Antrag zu § 617 BGB bei den Materialien zu den §§ 620–623 BGB unter E I und II.

**II. a)** Bericht von *Heller* über die Sitzung vom 17. 3. 1896:

Zur Beratung kam schließlich noch der Antrag *Gröber* auf Einschaltung eines neuen § 617a. Er wurde mit großer Mehrheit abgelehnt, nachdem von mehreren Seiten, insbesondere auch von *Struckmann* bemerkt worden war, ein Bedürfnis nach einer reichsgesetzlichen Vorschrift dieses Inhalts bestehe nicht; man möge die Sache daher der Regelung durch die Landesgesetzgebung überlassen.

b) Bericht von *Heller* über die Sitzung vom 18. 3. 1896:

Die Anträge *Frohme, Stadthagen* zu den §§ 618, 619, 620 wurden von anderer Seite nicht unterstützt und, nachdem der Kommissar Struckmann die Bestimmungen des Entwurfs eingehend erläutert und den Anträgen gegenüber gerechtfertigt hatte, gegen die Stimmen der Antragsteller abgelehnt. Die §§ 618 bis 620 blieben hiernach unverändert.

**III.** Im Plenum wurden die Anträge Nr. 49, 9–12 (Nr. 465, 36–39) von *Auer* u. a. wiederholt, aber erneut abgelehnt (StBRT 1895/1897, S. 2813ff.).

## § 629

**Nach der Kündigung eines dauernden Dienstverhältnisses hat der Dienstberechtigte dem Verpflichteten auf Verlangen angemessene Zeit zum Aufsuchen eines anderen Dienstverhältnisses zu gewähren.**

## E. Reichstag (XII. Kommission)

I. Beantragt war, § 620 Abs. 1 wie folgt zu fassen:

Von der Kündigung eines Arbeitsverhältnisses ab ist der Arbeitgeber verpflichtet, dem Arbeitnehmer auf Verlangen eine angemessene Zeit zum Aufsuchen von Arbeitsgelegenheit zu gewähren. Frohme, Stadthagen (Nr 49, 13)

II. Der Antrag wurde in der Sitzung vom 18. 3. 1896 abgelehnt (vgl Materialien zu §§ 626 – 628 BGB unter E II b.)

III. In 2. Lesung lag der Antrag von *Frohme/Stadthagen* vor (Nr. 136, 10b), dem § 620 zuzufügen:

„Von der Kündigung eines Dienstverhältnisses ab ist der Dienstberechtigte verpflichtet, dem Dienstverpflichteten auf Verlangen eine angemessene Zeit zum Aufsuchen von Arbeitsgelegenheit zu gewähren." — Der Antrag wurde in der Kommissionssitzung vom 5. 6. 1896 angenommen. Frohme, Stadthagen (Nr 136, 10b)

## § 630

**Bei der Beendigung eines dauernden Dienstverhältnisses kann der Verpflichtete von dem anderen Theile ein schriftliches Zeugniß über das Dienstverhältniß und dessen Dauer fordern. Das Zeugniß ist auf Verlangen auf die Leistungen und die Führung im Dienste zu erstrecken.**

## B. Vorkommission des Reichsjustizamtes

77. Sitzung vom 12. 4. 1892

| Als § 566c beschloß man folgenden Paragraphen aufzunehmen: | Prot-RJA 478

„Bei der Beendigung eines dauernden Dienstverhältnisses kann der Dienstverpflichtete von dem Dienstberechtigten ein schriftliches Zeugniß über das Dienstverhältniß und seine Dauer fordern. Auf Verlangen des Dienstverpflichteten ist das Zeugniß auf die Leistungen und die Führung des Dienstverpflichteten zu erstrecken. Das Zeugniß ist auf Verlangen des Dienstverpflichteten öffentlich zu beglaubigen. Die Kosten der Beglaubigung hat der Dienstverpflichtete zu tragen.

Die Vorschrift schließt sich an den § 113 der Gewerbeordnung[1] an und erschien für dauernde Dienstverhältnisse allgemein angemessen."

[1] § 113 GewO lautet: „Beim Abgange können die Arbeiter ein Zeugniß über die Art und Dauer ihrer Beschäftigung fordern. — Dieses Zeugnis ist auf Verlangen der Arbeiter auch auf ihre Führung und ihre Leistungen auszudehnen. — Den Arbeitgebern ist untersagt, die Zeugnisse mit Merkmalen zu versehen, welche den Zweck, haben, den Arbeiter in einer aus dem Wortlaut des Zeugnisses nicht ersichtlichen Weise zu kennzeichnen. — Ist der Arbeiter minderjährig, so kann das Zeugnis von dem Vater oder Vormund gefordert werden. Diese können verlangen, daß das Zeugniß nicht an den Minderjährigen, sondern an sie ausgehändigt werde. Mit Genehmigung der Gemeindebehörde des im § 108 bezeichneten Ortes kann auch gegen den Willen des Vaters oder Vormundes die Aushändigung unmittelbar an den Arbeiter erfolgen."

**C. 2. Kommission**

**I.** Anträge (Prot. II, Bd. 2, S. 308ff., *Mugdan* Bd. 2, S. 916f.)

**a)** Als § 566c waren nachstehende Bestimmungen vorgeschlagen:

Struckmann (Nr 159, 21) Bei der Beendigung eines dauernden Dienstverhältnisses kann der Dienstleistende von dem anderen Theile ein schriftliches Zeugniß über das Dienstverhältnis und dessen Dauer fordern. Das Zeugnis ist auf Verlangen des Dienstleistenden auf seine Leistung und seine Führung auszudehnen.

Auf Verlangen des Dienstleistenden ist das Zeugnis öffentlich zu beglaubigen. Die Kosten der Beglaubigung hat der Dienstleistende zu tragen.

Der Abs. 1 wurde angenommen; ein Unterantrag,

das Wort „dauernden" in dem ersten Satze zu streichen, fand nicht die Mehrheit. Der Abs. 2 wurde abgelehnt.

**b)** Zur Annahme gelangte der Antrag, in den Art. 13 des E.G. folgende Bestimmung für die K.O. aufzunehmen:

der § 19 erhält folgende Fassung[2]:

Ein in dem Haushalte, Wirthschaftsbetriebe oder Erwerbsgeschäfte des Gemeinschuldners angetretenes Dienstverhältnis kann von jedem Theile aufgekündigt werden. Die Frist für die Kündigung ist, sofern nicht vertragsmäßig eine kürzere Frist bestimmt ist, die gesetzliche.

Im Falle der Aufkündigung durch den Verwalter steht dem Dienstverpflichteten ein Anspruch auf Ersatz des ihm durch die Aufhebung des Dienstverhältnisses erwachsenen Schadens gegen den Gemeinschuldner zu.

Zur Begründung des Antrags war ohne Widerspruch bemerkt worden, daß derselbe lediglich den zu § 17 der K.O. gefaßten Beschluß[3] auf das Dienstverhältniß übertrage und insbesondere auch in der rechtlichen Konstruktion den früheren Beschlüssen entspreche.

**II.** Fassung der beschlossenen Regelung in *VorlZust* als:

E I-VorlZust § 566c — § 566c*. Bei der Beendigung eines dauernden Dienstverhältnisses kann der Dienstverpflichtete von dem anderen Theile ein schriftliches Zeugniß über das Dienstverhältniß und dessen Dauer fordern. Das Zeugniß ist auf Verlangen des Dienstverpflichteten auf seine Leistungen und seine Führung im Dienst auszudehnen. – *Im Artikel 13 des Entwurfs des Einführungsgesetzes soll der § 19 der Konkursordnung dahin geändert werden:

Ein in dem Haushalte, Wirthschaftsbetriebe oder Erwerbsgeschäfte des Gemeinschuldners angetretenes Dienstverhältniß kann von jedem Theile aufgekündigt werden. Die Frist für die Kündigung ist, sofern nicht vertragsmäßig eine kürzere Frist bestimmt ist, die gesetzliche.

Im Falle der Aufkündigung durch den Verwalter steht dem Dienstverpflichteten ein Anspruch auf Ersatz des ihm durch die Aufhebung des Dienstverhältnisses erwachsenen Schadens gegen den Gemeinschuldner zu. (Der Anspruch kann im Konkurse geltend gemacht werden.)

**III.** In der *ZustRedKom lautet* die Regelung als:

E I-ZustRedKom § 566c — § 566c. Bei der Beendigung eines dauernden Dienstverhältnisses kann der zur Dienstleistung Verpflichtete von dem anderen Theile ein schriftliches Zeugniß über das

---

[2] Jetzt § 22 KO.

[3] Materialien bei § 569 BGB.

Dienstverhältniß und dessen Dauer fordern. Das Zeugniß ist auf sein Verlangen auf seine Leistungen und seine Führung im Dienste auszudehnen.

(Im Artikel 13 des Entwurfes des Einführungsgesetzes soll der § 19 der Konkursordnung dahin geändert werden:

Ein in dem Haushalte, Wirthschaftsbetriebe oder Erwerbsgeschäfte des Gemeinschuldners angetretenes Dienstverhältniß kann von jedem Theile gekündigt werden. Die Kündigungsfrist ist, falls nicht eine kürzere Frist bedungen war, die gesetzliche.

Kündigt der Verwalter, so ist der andere Theil berechtigt, Ersatz des ihm durch die Aufhebung des Dienstverhältnisses entstandenen Schadens zu verlangen.)

**IV.** Im *E II* lautet die Regelung als § 568. Bei der Beendigung eines dauernden Dienstverhältnisses kann der zur Dienstleistung Verpflichtete von dem anderen Theile ein schriftliches Zeugniß über das Dienstverhältniß und dessen Dauer fordern. Das Zeugniß ist auf Verlangen auf die Leistungen und die Führung im Dienste auszudehnen[4]. E II § 568 E II rev § 620

## E. Reichstag (XII. Kommission und Plenum).

**I.** Beantragt war, als § 620 Abs. 2 zu bestimmen:

Von der Kündigung eines Arbeitsverhältnisses ab und falls eine Kündigung nicht stattgefunden hat bei der Beendigung des Arbeitsverhältnisses, kann der Arbeitnehmer vom Arbeitgeber ein schriftliches Zeugnis über die Art und Dauer des Arbeitsverhältnisses fordern. Das Zeugnis ist auf Verlangen auf die Leistung und die Führung im Arbeitsverhältniß zu erstrecken. Frohme. Stadthagen (Nr 49, 13)

**II.** Der Antrag wurde, außer von den Antragstellern, abgelehnt (Bericht von *Heller* über die Sitzung vom 18. 3. 1896).

**III.** In der 2. Lesung und im Plenum lag der Antrag (Nr. 136, 10a, bzw. Nr. 465, 40; Antragsteller *Auer* u. a.) vor, den Eingang des § 620 wie folgt zu fassen: „Von der Kündigung ab und, falls eine Kündigung nicht stattgefunden hat, bei der Beendigung ..." (Nr. 465, 40). — Der Antrag wurde beide Male abgelehnt (Bericht von *Heller* vom 5. 6. 1896; StBRT 1895/97, S. 2814f.).

[4] Anm. wie zu § 566c E I-ZustRedKom.

## SIEBENTER TITEL

## Werkvertrag

### § 631

**Durch den Werkvertrag wird der Unternehmer zur Herstellung des versprochenen Werkes, der Besteller zur Entrichtung der vereinbarten Vergütung verpflichtet.**

**Gegenstand des Werkvertrags kann sowohl die Herstellung oder Veränderung einer Sache als ein anderer durch Arbeit oder Dienstleistung herbeizuführender Erfolg sein.**

### § 632

**Eine Vergütung gilt als stillschweigend vereinbart, wenn die Herstellung des Werkes den Umständen nach nur gegen eine Vergütung zu erwarten ist.**

**Ist die Höhe der Vergütung nicht bestimmt, so ist bei dem Bestehen einer Taxe die taxmäßige Vergütung, in Ermangelung einer Taxe die übliche Vergütung als vereinbart anzusehen.**

### § 646

**Ist nach der Beschaffenheit des Werkes die Abnahme ausgeschlossen, so tritt in den Fällen der §§ 638, 641, 644, 645 an die Stelle der Abnahme die Vollendung des Werkes.**

### A. 1. Kommission

I. 217. Sitzung vom 6. 6. 1883, Schriftführer Neubauer

| Prot I 2288 | Man ging zur Berathung desjenigen Abschnitts des Dresdener Entwurfs über, welcher in den Artikeln 634–655 enthalten und mit der Ueberschrift: „Werkverdingung“ versehen ist.

Nach einer einleitenden Debatte verständigte man sich in Ansehung der Terminologie dahin, daß zu wählen sei:

| Prot I 2289 | 1. zur Bezeichnung des betreffenden Vertrags der Ausdruck: „Werkvertrag“,

2. zur Bezeichnung desjenigen, der das Werk zu empfangen hat, der Ausdruck: „Besteller“,

3. zur Bezeichnung des anderen Theils der Ausdruck: „*Ueber*nehmer.“

Zu Artikel 634 des Entwurfs:

DresdE Art 634 „Durch die Werkverdingung wird der Werkunternehmer dem Werkbesteller zu der Ausführung eines Werks, der Werkbesteller dagegen dem Werkunternehmer zu der Leistung einer Vergütung (Lohn) verpflichtet.“

lagen die Anträge vor:

1. statt dessen zu bestimmen: v. Kübel
„Durch den Werkvertrag wird der Unternehmer dem Besteller zur Ausführung des vereinbarten Werkes und der Besteller zur Entrichtung der vereinbarten Vergütung an den Unternehmer verpflichtet. (Nr 412, 1)

Das Werk kann in der Herstellung einer Sache oder in der Vollendung eines Unternehmens bestehen."

2. den Artikel dahin zu fassen: Planck
„Durch den Werkvertrag wird der Unternehmer verpflichtet, das versprochene Werk auszuführen und der Besteller verpflichtet, dem Unternehmer die vereinbarte Gegenleistung zu entrichten. (Nr 411)

Als Werk im Sinne dieses § gilt jeder durch Arbeit zu bewirkende Erfolg."
eventuell den zweiten Absatz dahin zu fassen:
„Als Werk im Sinne dieses § gilt die Herstellung oder Aenderung einer Sache."
und die Entscheidung der Frage, ob und welche der | zu treffenden Bestimmungen auf Verträge über die Ausführung von Werken im weiteren Sinne entsprechende Anwendung finden sollen, bis zum Schlusse des Abschnitts auszusetzen. | Prot I 2290

3. zu bestimmen: Windscheid
„Durch den Werkvertrag wird der eine Vertragschließende (Unternehmer) verpflichtet, aus oder an einer von dem anderen Vertragschließenden (Besteller) beschafften Sache [oder Mehrheit von Sachen] eine Arbeit (Werk) herzustellen, der andere Vertragschließende, die vereinbarte Vergütung zu entrichten." (Nr 413)
Die Berathung des Artikels gelangte nicht zum Abschluß. |

218. Sitzung vom 8. 6. 1883, Schriftführer Neubauer (nicht anwesend v. Kübel)

| Die Berathung des Abschnitts des Obligationenrechts „betreffend den Werkvertrag" wurde, zunächst zu Artikel 634, fortgesetzt. | Prot I 2291

Zur vorläufigen Annahme gelangten die in sachlicher Hinsicht übereinstimmenden und in redaktioneller Hinsicht nur unbedeutend voneinander abweichenden Bestimmungen im ersten Absatze der beiden Anträge № 1 und 2 — S. 2289, 2290 —. Die Annahme erfolgte unter dem Vorbehalte, daß unter: „Werk" zunächst nur ein Werk im Sinne des Antrags № 3 — S. 2290 — zu verstehen, von diesem Verständnisse bei Berathung der folgenden Artikel auszugehen, nach Durchberathung des Abschnitts aber auf die Frage zurückzukommen sei, ob und inwiefern die beschlossenen Vorschriften auf die Verträge passen, deren Gegenstand ein Werk im weiteren oder im Sinne der vollständigen Anträge № 1 und 2 ist, und ob im Falle der Bejahung, dieser Bejahung in einem besonderen, nachfolgenden Artikel oder durch Vervollständigung des Artikels 634 Ausdruck zu geben, im Falle der Verneinung dagegen der Artikel 634 nach Maßgabe des Antrags № 3 zu ergänzen sei.

| Zu Artikel 636 des Entwurfs[1]: | Prot I 2293

„Die Vorschriften über die Dienstverdingung finden, soweit nicht im Nachstehenden etwas Anderes bestimmt ist, auch auf die Werkverdingung Anwendung." DresdE Art 636 (Nr 412, 3)
war beantragt: v. Kübel
statt dessen zu bestimmen:
„Die für den Dienstvertrag geltenden Vorschriften finden auf den Werkvertrag entsprechende Anwendung, soweit nicht in den nachfolgenden §§ ein Andreres bestimmt ist."

[1] Art. 635 des Entw., Prot I 2291 — 2298, s. bei § 651 BGB.

Außerdem war von mehreren Seiten die Streichung des Artikels beantragt. Die Mehrheit beschloß die Aussetzung der Berathung des Artikels bis nach Erledigung des Abschnitts, weil erst nach Durchberathung des letzteren sich beurtheilen lasse, ob und inwiefern der Artikel zur Aufnahme sich eigene und ob es insbesondere betreffenden Falls nicht vorzuziehen sei, in einer Schlußvorschrift zu bestimmen, welche Vorschriften des Abschnitts über den Dienstvertrag auf den Werkvertrag entsprechende Anwendung finden.

DresdE Art 637

Der Artikel 637 des Entwurfs bestimmt:

| Prot I 2299

„Der Lohn kann für die Werkausführung im Ganzen | oder nach Theilen (nach Zahl, Maß, Gewicht, Zeit) bestimmt sein."

v. Kübel (Nr 412, 3)[2] Planck (Nr 415, 2) Kurlbaum (Nr 416, 1)

Der von mehreren Seiten gestellte Antrag, den Artikel zu streichen, wurde genehmigt.

Man erachtete den Artikel aus gleichen Gründen, wie die, welche zur Streichung des Artikels 616 geführt haben (Protokoll vom 1. Juni 1883 S. 2251)[3] und überdies wegen des zweiten Absatzes des Artikels 644[4] für entbehrlich.

Der Artikel 638 des Entwurfs lautet:

DresdE Art 638

„Der Unternehmer ist verpflichtet, das Werk in Person auszuführen oder unter seiner persönlichen Leitung durch Andere ausführen zu lassen, ausgenommen, wenn sich aus dem Inhalte des Vertrags oder aus den Umständen ergiebt, daß bei Schließung des Vertrags auf seine Person keine besondere Rücksicht genommen worden ist."

Der von mehreren Seiten auf Streichung des Artikels gestellte Antrag wurde aus den für die Streichung des Artikels 620 (Protokoll vom 1. Juni 1883 S. 2253, 2254)[5] maßgebend gewesenen Gründen und deshalb gebilligt, weil seine Aufnahme zu einer irrigen Beurtheilung der Leistungspflicht bei dem Dienstvertrage verleiten könne. |

223. Sitzung vom 20. 6. 1883[6], Schriftführer Neubauer

| Prot I 2358

| Es wurde auf den Artikel 636 zurückgegangen zur Prüfung, ob dessen Aufnahme nöthig sei (Protokolle S. 2298). Die Prüfung ergab, daß es genüge, dem Artikel 634 bezw. der an die Stelle desselben beschlußgemäß tretenden Vorschrift (Protokolle S. 2291), in Uebereinstimmung mit den zum Artikel 614 gefaßten Beschlüssen (Protokolle S. 2246 – 2249)[7] die Bestimmung anzuschließen:

„Eine Vergütung ist als stillschweigend vereinbart anzusehen, wenn die Herstellung des Werks nach den Umständen nur gegen eine Vergütung zu erwarten war.",

daß im Uebrigen die für den Dienstvertrag beschlossenen Vorschriften als für den Werkvertrag unzutreffend nicht für verwendbar zu erklären seien.

Man ging zu der nach S. 2291 der Protokolle vorbehaltenen ferneren Prüfung über, ob und inwiefern die für den Werkvertrag beschlossenen Vorschriften für den Fall passen, wenn der Gegenstand des Vertrags nicht ein Werk im engeren Sinne, d. h. die Herstellung oder Aenderung einer Sache, sondern ein anderweitiger durch Aufwendung von Arbeit zu bewirkender Erfolg (ein sonstiges zu vollziehendes Unternehmen) ist.

---

[2] Der Antrag lautet: Zu Streichen als selbstverständlich (vgl. Beschluß zu Art. 616).

[3] S. bei § 612 BGB.

[4] S. bei §§ 641, 647, 648 BGB.

[5] S. bei § 613 BGB.

[6] Die hier anschließend mitgeteilten Beratungen in dieser Sitzung schließen den ersten Durchgang der Beratungen in der 1. Kom. ab.

[7] S. bei §§ 611, 612 BGB.

| Die für den Werkvertrag gefaßten Beschlüsse[8] haben folgenden sachlichen Inhalt: | Prot I 2359

§ 1 (Art. 634).

„Durch den Werkvertrag wird der Uebernehmer zur Herstellung des übernommenen Werks, der Besteller zur Entrichtung der dafür vereinbarten Vergütung verpflichtet.

Eine Vergütung ist als stillschweigend vereinbart anzusehen, wenn die Herstellung des Werks nach den Umständen nur gegen eine Vergütung zu erwarten war."

§ 2 (Art. 635).

„Hat der Uebernehmer sich verpflichtet, aus einem von ihm selbst zu beschaffenden Stoffe das Werk herzustellen und dessen Eigenthum dem Besteller zu verschaffen (und dem Besteller zu liefern), so finden auf den Vertrag, sofern nicht ein Anderes vereinbart ist, die für den Kaufvertrag geltenden Vorschriften Anwendung. Hat der Uebernehmer sich nur zur Beschaffung von Zuthaten oder Nebensachen verpflichtet, so bleiben (sind) die Vorschriften über den Werkvertrag anwendbar. Dies gilt (insbesondere) auch dann, wenn aus dem von dem Uebernehmer zu beschaffenden Stoff ein Bauwerk auf dem von dem Besteller zu beschaffenden Grund und Boden herzustellen ist."

§ 3 (Art. 640).

„Der Uebernehmer ist verpflichtet, das Werk so herzustellen, daß dasselbe die zugesicherten Eigenschaften hat und daß es mit solchen Mängeln nicht behaftet ist, welche seinen Werth oder seine Tauglichkeit zu dem gewöhnlichen oder nach dem Vertrage vorausgesetzten Gebrauche aufheben oder mindern. Ist das Werk nicht von dieser Beschaffenheit, so kann der Besteller von dem Uebernehmer die Beseitigung des Mangels binnen einer von ihm dem Uebernehmer zu bestimmenden angemessenen Frist verlangen. Der Uebernehmer ist zur Beseitigung des Mangels nicht verpflichtet, wenn derselbe einen unverhältnißmäßigen Aufwand (übermäßige Kosten) | verursachen würde. | Prot I 2360

Ist die Beseitigung des Mangels unmöglich (oder von dem Uebernehmer verweigert) oder innerhalb der von dem Besteller bestimmten angemessenen Frist nicht bewirkt, so kann der Besteller nach seiner Wahl von dem Vertrage zurücktreten oder die Gegenleistung mindern. Auf das Rücktrittsrecht und das Minderungsrecht finden die §§ 54, 55, 56, 57, 58, 59, 60a, 93, 94, 95, 96, 97, 98[9] entsprechende Anwendung. Das Rücktrittsrecht ist ausgeschlossen, wenn durch den Mangel der Werth oder die Tauglichkeit des Werks nur in unerheblichem Maße verringert wird.

Gründet sich der Mangel in einem von dem Uebernehmer zu vertretenden Umstande, so hat der Besteller außerdem Anspruch auf Schadensersatz wegen Nichterfüllung.

Die vorstehenden Bestimmungen finden entsprechende Anwendung, wenn das Werk ganz oder zum Theil nicht rechtzeitig hergestellt wird, jedoch unbeschadet der Bestimmungen des § 63[10] und des § 94."

---

[8] Die zugrunde liegenden Beratungen s. im folgenden bei den entsprechenden Bestimmungen des BGB.

[9] S. §§ 54 – 60a, 98 ZustOR Vor §§ 346 – 360 BGB, §§ 93 – 98 ZustOR bei §§ 469 – 472, 475, 474 BGB.

[10] S. diesen bei § 361 BGB.

§ 4.

„Die Haftung des Uebernehmers wegen eines Mangels des Werks kann durch Vertrag erweitert, beschränkt oder erlassen werden.

Der Erlaß oder die Beschränkung ist unwirksam, wenn der Uebernehmer den Mangel gekannt und dem Besteller verschwiegen hat."

§ 5.

„Der Anspruch des Bestellers auf Beseitigung eines vorhandenen Mangels sowie der wegen des letzteren dem Besteller zustehende Anspruch auf Minderung der Gegenleistung, unterliegen in Ansehung beweglicher Sachen einer Verjährung von sechs Monaten, in Ansehung unbeweglicher Sachen einer Verjährung von Einem Jahre und in Ansehung eines Bauwerks einer Verjährung von fünf Jahren dergestalt, daß nach Voll-
| Prot I 2361 endung der Verjährung die Rechte von dem Bestel- | ler auch nicht mehr einredeweise geltend gemacht werden können.

Binnen gleicher Frist verjährt der Anspruch auf Schadensersatz, sofern der Anspruch nicht darin sich gründet, daß der Mangel wissentlich verschwiegen worden ist.

Die Verjährungsfrist beginnt mit dem Zeitpunkte, an welchem das Werk von dem Uebernehmer abgenommen ist. Sie kann durch Vertrag bis zur ordentlichen Verjährungsfrist (Allgem. Th. § 131)[11] erweitert werden.

Der Rücktritt des Bestellers von dem Vertrage wegen eines Mangels des Werks ist nur so lange zulässig, als der Anspruch auf Beseitigung des Mangels oder auf Minderung der Gegenleistung nicht verjährt ist.

Ist der Uebernehmer (auf die Klage des Bestellers) zur Beseitigung des Mangels rechtskräftig verurtheilt, so wird das Recht des Bestellers, nach Maßgabe des § 188[12] Schadensersatz wegen Nichterfüllung (oder Minderung der Gegenleistung) zu fordern oder vom Vertrage zurückzutreten, dadurch nicht ausgeschlossen, daß inmittelst die im Absatz 1 bezeichnete Verjährungsfrist verstrichen ist."

§ 6 (Art. 641 – 643).

„Der Besteller ist verpflichtet, das vertragsmäßig hergestellte Werk abzunehmen. Wegen eines den Werth oder die Tauglichkeit nur in unerheblichem Maße verringernden Mangels kann er die Abnahme nicht verweigern. Hat er das mit einem Mangel behaftete Werk abgenommen, obschon er von dem Mangel Kenntniß hatte, so stehen ihm die im § 3 bezeichneten Rechte nur dann zu, wenn er bei der Abnahme sich wegen des Mangels seine Rechte vorbehalten hat."

§ 7 (Art. 644).

„Der Besteller hat die ihm obliegende Gegenleistung nach Herstellung des Werks bei der Abnahme desselben zu bewirken.

| Prot I 2362 | Ist das Werk in Theilen abzunehmen und die Gegenleistung für die einzelnen Theile bestimmt, so muß die Gegenleistung für jeden Theil nach dessen Herstellung bei der Abnahme bewirkt werden.

Hat der Besteller als Gegenleistung eine Geldsumme zu zahlen, so ist er die letztere von dem Zeitpunkte der Abnahme des Werkes an zu verzinsen verpflichtet."

---

[11] S. diesen bei § 195 BGB.
[12] § 188 ZustOR s. bei §§ 283, 325 – 327 BGB.

§ 8.

„Der Uebernehmer hat wegen seiner Forderungen für Arbeit und Auslagen ein gesetzliches Pfandrecht an den von ihm gefertigten oder ausgebesserten, noch in seinem Gewahrsam befindlichen beweglichen Sachen des Bestellers. Auf dieses Pfandrecht finden die Vorschriften über das auf Vertrag beruhende Pfandrecht Anwendung."

§ 9 (Art. 646).

„Kommt der Besteller bei dem Beginn oder während der Herstellung des Werks in (unverschuldeten) Verzug der Annahme, so hat der Uebernehmer Anspruch auf eine angemessene Vergütung. Die Vergütung bestimmt sich nach der Dauer des Verzugs und dem Maße der vereinbarten Gegenleistung, sowie nach dem dem Uebernehmer aus dem Verzuge entstandenen Vortheile."

§ 10 (Art. 649).

„Der Uebernehmer trägt bis zur Abnahme des Werks die Gefahr des zufälligen Untergangs und der zufälligen Verschlechterung des Werkes, der Besteller trägt die Gefahr des zufälligen Untergangs und der zufälligen Verschlechterung des von ihm zur Herstellung des Werks beschafften Stoffs (Materials). Kommt der Besteller in den Verzug der Annahme, so geht auf ihn die Gefahr des zufälligen Untergangs und der Verschlechterung des Werks über."

§ 11 (Art. 647).

„Ist das Werk vor der Abnahme in Folge eines Mangels des von dem Besteller gelieferten Stoffes (Mate- | rials) oder in Folge der von dem Besteller für die Ausführung ertheilten Anweisungen ohne einen von dem Besteller oder Uebernehmer zu vertretenden Umstand untergegangen, so hat der Uebernehmer[12a] Anspruch auf einen solchen Theil der Gegenleistung, welcher den von ihm bereits geleisteten Arbeiten entspricht; außerdem hat er Anspruch auf Ersatz der Auslagen, soweit diese noch neben der Gegenleistung zu vergüten sind." | Prot I 2363

§ 12 (Art. 654).

„Der Besteller kann bis zur Vollendung des Werks zu jeder Zeit von dem Vertrage zurücktreten, unbeschadet des Anspruchs des Uebernehmers auf die Gegenleistung nach Maßgabe des letzten Absatzes des § 189[13]."

Die Anwendbarkeit der vorstehenden Paragraphen wurde einzeln geprüft.

Zum § 1. Ueber die entsprechende Anwendbarkeit des § 1, namentlich des heute beschlossenen zweiten Absatzes desselben, bestand kein Zweifel.

Zum § 2. Man war der Ansicht: Obschon der § 2 bei Verträgen der in Frage stehenden Art regelmäßig gegenstandslos sein werde, so ließen sich doch Fälle denken, in welchen die analoge oder entsprechende Anwendbarkeit — namentlich des zweiten Satzes — am Platze sei, so daß um so weniger ein Grund vorliege, wenn einmal die mitgetheilten Paragraphen ganz oder zum größeren Theile für anwendbar erklärt werden müßten, den § 2 von der Anwendbarkeit besonders auszunehmen.

---

[12a] In den Protokollen heißt es — offenbar durch ein Versehen — „Besteller" statt „Uebernehmer".

[13] S. diesen bei § 275 BGB.

Zum § 3. Die Anwendbarkeit des § 3 wurde von verschiedenen Seiten bekämpft und für die Nichtanwendbarkeit insbesondere geltend gemacht: bei der Berathung des § 3 seien die für den Veräußerungsvertrag geltenden Rechtsnormen aus Gründen, die für den jetzt zur Erörterung stehenden Vertrag nicht paßten, zum Vorbild genommen, | Prot I 2364 außerdem erschienen für den letzteren Vertrag die Bestimmungen des § 3 | über das Minderungsrecht, ingleichen über das Rücktrittsrecht, aber auch die über das Recht auf Beseitigung des Mangels nichts weniger, als angemessen, weshalb es den Vorzug verdiene, es bei den allgemeinen Grundsätzen zu belassen, zumal dadurch die so wünschenswerthe Uebereinstimmung mit den Rechtsnormen über den dem fraglichen Vertrage sehr nahe verwandten Dienstvertrag erhalten würde.

Die Mehrheit erklärte sich jedoch für die entsprechende Anwendbarkeit des § 3.

Sie ging davon aus:

Habe sich der Uebernehmer verpflichtet, durch Arbeit einen Erfolg zu bewirken, der nicht in der Herstellung oder Aenderung einer Sache bestehe oder sich körperlich darstelle, sondern ein anderes Werk (dieses Wort im weiteren Sinne verstanden) zu beschaffen, so wolle für die juristische Betrachtung nicht einleuchten, weshalb sich in einem solchen Falle die Haftung des Uebernehmers wegen fehlerhafter oder mangelhafter Leistung nach anderen Regeln bestimmen müsse, wie im Falle der ihm obliegenden Beschaffung eines Sachwerks. Nur praktische Erwägungen könnten es daher rechtfertigen, die entsprechende Anwendbarkeit des § 3 für den in Rede stehenden Vertrag auszuschließen. In dieser Beziehung sei aber zunächst zu beachten, daß der § 3 keineswegs nur eine Uebertragung der für den Veräußerungsvertrag geltenden Rechtsnormen bestimme. Seine Anordnungen wichen von den letzteren in wesentlichen Stücken ab. Die Abweichungen beruhten auf Gründen, die sich in gleichem Maße auch für den jetzt der Prüfung unterliegenden Vertrag geltend machten; es gelte dies namentlich von dem Rücktrittsrechte und von dem Rechte auf Beseitigung des Mangels, soweit eine solche Beseitigung möglich sei, was häufig nicht der Fall sein werde. Noch weniger könne die Unangemessenheit des Minderungsrechts zugegeben werden. Dasselbe werde in nicht | Prot I 2365 wenigen Fällen für den Besteller von dem | größten Werthe und andererseits den Verhältnissen völlig entsprechend sein. Weiter dürfte es bei der Anwendbarkeit der allgemeinen Grundsätze doch kaum belassen werden können. Es würden immerhin im Interesse des Bestellers besondere Bestimmungen über das Rücktritts- und Minderungsrecht nöthig werden und damit die Uebereinstimmung mit den für den Dienstvertrag geltenden Rechtsnormen verloren gehen. Den fraglichen Vertrag gerade so wie den Dienstvertrag – allgemein oder in den vorliegenden wichtigen Beziehungen – zu beurtheilen, sei eben so wenig zulässig, wie den Werkvertrag im engeren Sinne unter die Rechtsnormen über den Dienstvertrag zu beugen. Zwischen dem Dienstvertrage und dem Werkvertrage trotz der nahen Verwandtschaft beider Verträge und obschon dieselben oft schwer von einander sich unterscheiden ließen, gleichwohl bei Aufstellung der für beide Verträge maßgebenden Rechtsnormen scheiden zu müssen, sei allerdings ein Uebelstand, der jedoch in der Natur der Dinge liege und sich nicht beseitigen lasse, der übrigens in großem Umfange auch dann bestehen bleibe, wenn man die Vorschriften über den Werkvertrag auf den Fall beschränke, in welchem ein Werk im engeren Sinne zu beschaffen sei.

Zum § 4. Die Anwendbarkeit des § 4 wurde für unbedenklich erachtet.

Zum § 5. Gegen die Anwendbarkeit des § 5 wurde erinnert, die Bestimmungen desselben seien unanwendbar, weil sie in der Erwägung sich gründeten, der Werkvertrag im engeren Sinne stehe dem Veräußerungsvertrage so nahe, daß es nothwendig sei, die für den letzteren in den betreffenden Beziehungen geltenden Vorschriften auf den

Werkvertrag im engeren Sinne auszudehnen, und da dieser Grund bei dem anderen Werkvertrage nicht zutreffe, so dürfe auch der § 5 nicht für entsprechend anwendbar erklärt werden. Die Mehrheit entschied jedoch für die entsprechende Anwendbarkeit des § 5 | und zwar aus ähnlichen Gründen, wie den zum § 3 erwähnten und indem sie | Prot I 2366 ferner erwog: es könne nicht zugegeben werden, daß der § 5 ausschließlich wegen der nahen Verwandtschaft zwischen dem Veräußerungsvertrage und dem Werkvertrage im engeren Sinne beschlossen sei, auch die sonstige Angemessenheit der Bestimmungen des § 5 sei in Betracht gezogen und wäre diese Angemessenheit nicht erkannt, so würde jene Verwandtschaft nicht den Ausschlag gegeben haben. Die gedachte Angemessenheit zeige sich aber auch bei dem Werkvertrage, dessen Gegenstand nicht die Herstellung oder Aenderung einer Sache sei; dazu komme die Nothwendigkeit, nicht ohne zwingende Gründe zwischen diesem Werkvertrage und einem Werkvertrage anderer Art in wesentlichen Beziehungen zu unterscheiden.

Nachdem für die entsprechende Anwendbarkeit des § 5 entschieden war, ergab sich Einverständniß, daß die im § 5 bestimmte Verjährungsfrist für alle Fälle des fraglichen Vertrags unterschiedslos eine sechsmonatige sein müsse, daß ferner, wenn nach den Umständen die Abnahme ausgeschlossen erscheine, die Verjährung mit der Vollendung des Werks oder der dem Uebernehmer obliegenden Leistungen zu beginnen habe, daß sodann beides im Gesetze zum Ausdruck zu bringen sei.

Zum § 6. Die Mehrheit erachtete die entsprechende Anwendbarkeit des § 6 für unbedenklich, wobei sie davon ausging, die Anwendbarkeit des § 6 verbiete sich wegen Gegenstandslosigkeit von selbst, wenn nach den Umständen von einer Abnahme keine Rede sein könne.

Zum § 7. Beantragt wurde:

a, die beiden ersten Absätze des § 7 von der Anwendbarkeit auszuschließen und an Stelle derselben zu bestimmen:

„Der Uebernehmer sei zur Vorleistung verpflichtet."

b, den letzten Absatz des § 7 von der Anwendbarkeit auszunehmen.

Die Mehrheit erklärte sich jedoch gegen beide Anträge | und für die volle entsprechende Anwendbarkeit des § 7 mit der Maßgabe, daß, anlangend die Absätze 1 und 2, an Stelle der Abnahme, sofern diese nach den Umständen ausgeschlossen erscheine, die Vollendung des Werkes trete. | Prot I 2367

Erwogen war:

Die Hauptbedeutung der beiden ersten Absätze des § 7 bestehe allerdings in der darin bestimmten Vorleistungsverpflichtung des Uebernehmers; darin liege aber kein Grund, die entsprechende Anwendbarkeit der beiden Absätze zu verneinen und auf die Vorschrift sich zu beschränken, der Uebernehmer sei vorleistungspflichtig, zumal die in den beiden Absätzen enthaltenen Einzelnheiten auch für den anderen Werkvertrag — namentlich, wenn die Abnahme nicht ausgeschlossen sei — Erheblichkeit erlangen könnten. Die Anwendbarkeit des letzten Absatzes in den Fällen, wenn die Abnahme nicht allein statthaft und bezw. nothwendig erscheine, sondern auch wirklich erfolgt sei, auszuschließen, dazu fehle es an einem zureichenden Grunde, als welcher der, daß es sich um die Ausdehnung einer nur für den Kauf geltenden positiven Vorschrift handele, nicht anerkannt werden könne.

Zum § 8. Man war der Ansicht, es fehle an einem Grunde, den § 8 von der Anwendbarkeit besonders auszuschließen, da seine Unanwendbarkeit wegen Gegenstandslosigkeit sich von selbst ergebe.

Zum § 9. Die entsprechende Anwendbarkeit des § 9 galt für unbedenklich, vorbehaltlich der zum Ausdruck zu bringenden Maßgabe, daß an Stelle der nach den Umständen ausgeschlossenen Abnahme die Werkvollendung trete.

Zum § 10 und zum § 11. Entschieden wurde wie zum § 9, zugleich aber eine Vervollständigung der beiden §§ beschlossen; es soll nämlich

a, im § 10 hinter „Gefahr" im Eingange eingeschaltet werden: „insbesondere die Gefahr",

b, im § 11 vor: „so hat" hinzugefügt werden: „oder seine Ausführung unmöglich geworden."

| Prot I 2368 | Man überzeugte sich nämlich, daß beide §§ ohne die Zusätze zu eng seien, wenn ihre entsprechende Anwendbarkeit auf den fraglichen Vertrag bestimmt werden solle, daß ferner die hierzu erforderliche Vervollständigung auch völlig unbedenklich erscheine, indem insbesondere zu b der nach Seite 2337 der Protokolle[14] gegen die Vervollständigung früher für entscheidend erachtete Grund nur von nebensächlicher Bedeutung sei.

Zum § 12. Die entsprechende Anwendbarkeit des § 12 galt für zweifellos.

Schließlich war man einverstanden, daß die vorstehend beschlossene entsprechende Anwendbarkeit in einem besonderen Paragraphen auszudrücken sei, welcher den Schluß des Abschnitts über den Werkvertrag zu bilden habe und dessen Fassung der Redaktion vorbehalten bleiben müsse.

Bei den obigen Berathungen war zur Sprache gelangt, worin denn nach den gefaßten Beschlüssen der wesentliche Unterschied zwischen dem Dienstvertrage und dem Werkvertrage bestehe und ob dieser Unterschied aus den gefaßten Beschlüssen mit genügender Deutlichkeit erhelle.

Die Mehrheit war der Ansicht:

Der zu den Artikeln 614, 615 in Ansehung des Dienstvertrags gefaßte Beschluß (Protokoll vom 30. Mai 1883 S. 2246–2249)[15] laute:

„Durch den Dienstvertrag wird der Dienstverpflichtete verpflichtet, dem Dienstberechtigten die vereinbarten Dienste zu leisten, und der Dienstberechtigte verpflichtet, dem Dienstverpflichteten die vereinbarte Vergütung (Gegenleistung) zu entrichten; Gegenstand des Vertrags können Dienste jeder Art sein.

Eine Vergütung ist als stillschweigend vereinbart anzusehen, wenn die Dienstleistung nach den Umständen nur gegen eine Vergütung zu erwarten war."

| Prot I 2369 Der in Ansehung des Werkvertrags gefaßte Beschluß gehe | nach dem oben mitgetheilten § 1 dahin:

„Durch den Werkvertrag wird der Uebernehmer zur Herstellung des übernommenen Werks, der Besteller zur Entrichtung der dafür vereinbarten Vergütung verpflichtet.

Eine Vergütung ist als stillschweigend vereinbart anzusehen, wenn die Herstellung des Werks nach den Umständen nur gegen eine Vergütung zu erwarten war."

Die Vergleichung beider Paragraphen ergebe mit voller Klarheit, worin das wesentliche Merkmal beider Verträge zu finden sei und wodurch der eine Vertrag von dem andern sich unterscheide. Gegenstand des Dienstvertrags seien die Dienste für sich betrachtet oder die Arbeit als solche, Gegenstand des Werkvertrags sei das Werk (im engeren oder weiteren Sinne) oder das Erzeugniß der Dienste oder der Arbeit. Bei dem Dienstvertrage werde für die Arbeit als solche, bei dem Werkvertrage für das Arbeitsprodukt die Vergütung versprochen. In manchen Fällen werde zweifelhaft bleiben, wie der vorliegende Vertrag zu verstehen sei. Darin liege, wie bereits zur Sprache gekom-

[14] S. bei § 645 BGB.

men, ein erheblicher, aber nicht zu beseitigender Uebelstand. Man dürfe indessen vertrauen, daß bei verständiger Würdigung aller Umstände die richtige Entscheidung nicht verfehlt werden könne. Der konkrete Vertrag könne auch ein gemischter, nämlich einmal für das Werk und daneben für die Arbeiten eine Vergütung zugesichert sein, möglicherweise aber auch in der auf die Vergütung der Arbeit sich beziehenden Vereinbarung eine Uebereinkunft sich verstecken, durch welche der Besteller sich nur zu einer Vorschußleistung auf die für das Werk zugesicherte Vergütung verpflichtet habe. Es sei nicht Aufgabe des Gesetzes, durch kasuistische Vorschriften für diese und ähnliche Fälle besondere Vorsorge zu treffen, wodurch sich auch das Bedenken erledige ob nicht in | dem oben mitgetheilten § 7 der Fall vorzusehen sei, wenn vereinbart worden, die | Prot I 2370
Gegenleistung sei nach Zeitabschnitten zu entrichten, – ein Fall, der stets zur näheren Prüfung Anlaß geben werde, ob nicht der Vertrag als Dienstvertrag zu betrachten sei.

Nach S. 2247 der Protokolle[16] ist die Beschlußfassung darüber vorbehalten, ob und inwiefern die Vorschriften über den Dienstvertrag auch auf den Vertrag Anwendung leiden, durch welchen der Dienstverpflichtete sich zur unentgeltlichen Dienstleistung verpflichtet hat.

Es lag der Antrag vor, zu bestimmen: Windscheid (Nr 428)

I.

„Auf einen Vertrag, durch welchen Dienste ohne eine von dem Dienstberechtigten zu leistende Vergütung versprochen werden,

findet keine Anwendung die Vorschrift des § 309 der Zusammenstellung des Obligationenrechts[17],

finden Anwendung die Vorschriften der §§ 5, 6, 8 der Redaktionsvorlage über den Dienstvertrag[18].“

II.

„Auf einen Vertrag, durch welchen die Herstellung eines Werks ohne eine von dem Besteller zu leistende Vergütung versprochen wird,

findet keine Anwendung die Vorschrift des § 309 der Zusammenstellung des Obligationenrechts,

finden Anwendung folgende für den Werkvertrag beschlossenen Vorschriften:

die Vorschriften über das Recht des Bestellers auf Herstellung des Werkes ohne Mängel und mit den zugesicherten Eigenschaften (Art. 640, $643^{a}$, $643^{b}$)[19],

die Vorschrift, daß der Besteller im Fall des Annahmeverzugs kein Recht auf Neuherstellung hat (Art. $649^{a}$)[20].“

| Zunächst gelangten die unter Nº I des Antrags vorgeschlagenen Bestimmungen zur | Prot I 2371
Berathung.

Mehrere Mitglieder zeigten sich geneigt, diese Bestimmungen, und insbesondere die erstere derselben, zu billigen. Von anderen Mitgliedern wurde aber geltend gemacht: Die Beschlußfassung über den Vorschlag greife in bedenklicher Weise den Berathungen über das Mandat vor; es frage sich, ob nicht bei Feststellung des Wesens des Mandats der Grundsatz Billigung finden werde: in der Zusicherung einer unentgeltlichen Dienst-

[15] S. bei §§ 611, 612 BGB.
[16] S. bei §§ 611, 612 BGB.
[17] S. bei § 521 BGB.
[18] S. bei §§ 620–623, 624, 626–628 BGB.
[19] S. Art. 643 a, 643 b bei §§ 637, 638 BGB.
[20] S. die zu Art. 649 beschlossene Ergänzung, Prot I 2345 f., bei § 644 BGB.

leistung — gleichviel, ob nur Dienste oder deren Erfolg zugesichert seien, — liege stets Uebernahme eines Mandats; es sei daher unerläßlich, die Erledigung des Vorschlags bis zur Berathung des Abschnitts über den Auftrag auszusetzen.

Ein auf diese Aussetzung gerichteter Antrag wurde genehmigt.

**II.** In der *RedVorl*[21] und der *ZustOR* lauten die zu Art. 634, 636 gefaßten Beschlüsse als §§ 422 und 434:

RedVorl/ZustOR § 422 Durch den Werkvertrag wird der Uebernehmer zur Herstellung des übernommenen Werks, der Besteller zur Entrichtung der dafür vereinbarten Vergütung verpflichtet.

Eine Vergütung ist als stillschweigend vereinbart anzusehen, wenn die Herstellung des Werks nach den Umständen nur gegen eine Vergütung zu erwarten war.

RedVorl/ZustOR § 434 Auf den Vertrag, welcher nicht die Herstellung oder Veränderung einer Sache, sondern einen anderweitigen durch Arbeitsleistung oder Dienstleistung zu bewirkenden Erfolg zum Gegenstande hat, finden die §§ 422 – 433 mit folgenden Maßgaben entsprechende Anwendung:

1.) bei Anwendung der §§ 426, 428 Abs. 1 und 2, 430, 431, 432 tritt an Stelle der Abnahme, sofern diese nach den Umständen ausgeschlossen ist, die Vollendung der dem Uebernehmer obliegenden Leistungen;

2.) bei Anwendung des § 426 ist die Verjährungsfrist in allen Fällen die sechsmonatige.

Zum § 1 (Art. 634) 422 RedVorl ist angemerkt:

Der § 1 ist nur vorläufig eingestellt; die Beschlußfassung, wie er zu lauten habe, ist ausgesetzt. Unter „Werk" ist vorläufig ein Sachwerk zu verstehen.

Zu vergleichen im Uebrigen § 1 der Redaktionsvorlage über den Dienstvertrag.

Zum § 13 (424) RedVorl ist angemerkt:

Der § 13 ergiebt zur Genüge, daß in §§ 1 u. ff. unter Werk nur das Sachwerk (das Werk im engeren Sinne) zu verstehen ist.

**III., IV.** Im *KE* sind die Vorschriften in unveränderter Fassung in §§ 560 und 572, im *E I* in §§ 567 und 579 enthalten. Jedoch heißt es im KE wie im E I jeweils statt „Werks" „Werkes" und in § 572 KE (579 E I) „anderweiten" statt „anderweitigen". Ferner ist in § 579 E I auf Antrag von Kurlbaum (Nr. 624, 5) „an Stelle" ersetzt durch „an die Stelle" (Prot I 11837). Die Zitate im KE (E I) lauten in § 572 (579) S. 1: „§§ 560 bis 571" (E I: „die Vorschriften der §§ 567 bis 578"), in Zf. 1: „des § 564, des § 566 Abs. 1, 2 und der §§ 568 bis 570" (E I: „der Vorschriften des § 571, des § 573 Abs. 1, 2 und der §§ 576, 577"), in Zf. 2: „des § 564 Abs. 1, 2" (E I: „der Vorschriften des [21a] § 571 Abs. 1, 2").

---

[21] Die in der RedVorl unter der Überschrift „Werkverdingung" zusammengefaßten Vorschriften sind fortlaufend als §§ 1 – 13 und wie in der ZustOR als §§ 422 – 434 bezeichnet. Bei den §§ 1 – 3, 6, 7, 9 – 12 sind zusätzlich in Klammern die entsprechenden Artikel des Dresdener Entwurfs genannt.

[21a] Diese Worte sind eingefügt aufgrund eines Antrages von Johow (Nr. 603 III), der lautet: Während bei der Hinweisung auf bestimmte Gesetze, welche Anwendung oder entsprechende Anwendung finden sollen, in der Regel gesagt ist „finden die Vorschriften (Bestimmungen) der §§ u.s.w. Anwendung", fehlen ausnahmsweise die Worte „Vorschriften der" an folgenden Stellen:
im Obligationenrecht (außer den in meinem Antrage 587 Nr. 4 bezeichneten Stellen in § 278 Abs. 2, § 445 Abs. 1, §§ 466, 497, 502 a, 505, 523 (dreimal), 531, 535, 559 (zweimal), § 562 Abs. 2 (vgl. Abs. 4), § 572 (dreimal), §§ 582, 609, 619 Abs. 2, 656, 706, § 718 Abs. 7, § 755 Abs. 1, § 764 a;

## B. Vorkommission des Reichsjustizamtes

I. Beantragt war:

1. an Stelle des § 567 (vergl. auch § 579) folgende Vorschriften aufzunehmen: Struckmann (Nr 3, 92)

§ 567.

Abs. 1 wie § 567 Abs. 1 des Entw.

Abs. 2: Gegenstand eines Werkvertrags kann sowohl die Herstellung oder Veränderung einer Sache als ein sonstiger durch Arbeits- oder Dienstleistung zu bewirkender Erfolg sein.

§ 567a.

Eine Vergütung gilt als stillschweigend vereinbart, wenn die Herstellung des Werkes nach den Umständen nur gegen eine Vergütung zu erwarten war.

Ist die Höhe der Vergütung in dem Vertrage nicht bestimmt, so ist die taxmäßige Vergütung und in Ermangelung einer Taxe die übliche Vergütung als vereinbart anzusehen.

2. den § 579 zu streichen. Struckmann (Nr 3, 103)

II. 77. Sitzung vom 12. 4. 1892

| VIII. An Stelle des § 567 entschied man sich, folgende Vorschriften aufzunehmen: | Prot-RJA 478

§ 567.

Abs. 1 wie § 567 Abs. 1 des Entw. E I-RJA § 567

Abs. 2. Gegenstand eines Werkvertrages kann sowohl die Herstellung oder Veränderung einer Sache als ein sonstiger durch Arbeits- | oder Dienstleistung zu bewirkender Erfolg sein. | Prot-RJA 479

§ 567a.

Eine Vergütung gilt als stillschweigend vereinbart, wenn die Herstellung des Werkes nach den Umständen nur gegen eine Vergütung zu erwarten war. E I-RJA § 567a

Ist die Höhe der Vergütung in dem Vertrage nicht bestimmt, so ist beim Bestehen einer Taxe die taxmäßige Vergütung und in Ermangelung einer Taxe die übliche Vergütung als vereinbart anzusehen.

Anlangend den § 567 Abs. 2 nach obigem Beschluß, so erschien es zweckmäßig, in dem ersten Paragraphen des vom Werkvertrag handelnden Abschnitts alle Fälle desselben zusammenzufassen. Zugleich glaubte man hierdurch und durch Einschaltung der erforderlichen Sonderbestimmungen für den in § 579 behandelten Fall diesen Paragraphen mit den in ihm enthaltenen Verweisungen entbehrlich machen zu können.

Der § 567a Abs. 2 entspricht der zu § 559 Abs. 2[22] beschlossenen Vorschrift. |

---

im Sachenrecht im § 822, § 863 Abs. 1, §§ 868, 870, 883, § 904 Abs. 1, § 959, § 1064 Abs. 3;
im Familienrecht im § 1315, § 1587 Abs. 1, 3;
im Erbrecht im § 1970.
Es wird beantragt,
an den vorbezeichneten Stellen die Worte „Vorschriften des (der)" vor § (§§) einzuschalten (Prot I 11915, 11920).

22 S. bei § 612 BGB.

79. Sitzung vom 23. 4. 1892

| Prot-RJA 498 | VI. Der § 579 des Entw., dessen Inhalt in die voraufgegangenen Paragraphen übernommen worden ist, wurde als überflüssig gestrichen.

## C. 2. Kommission

I. Beantragt war (Prot. II, Bd. 2, S. 309, 336; *Mugdan*, Bd. 2, S. 917):

Struckmann (Nr 159, 22) 1. die von der Vorkom. des RJA zu § 567 und als § 567a beschlossenen Vorschriften, wobei zu § 567 Abs. 1 statt „Entrichtung" „Gewährung", zu Abs. 2 „des" statt „eines" Werkvertrages gesetzt ist und die Fassung des § 567a Abs. 2 lautet:
Ist die Höhe der Vergütung nicht bestimmt, so ist beim Bestehen einer Taxe die taxmäßige Vergütung, in Ermangelung einer Taxe die ortsübliche[23] . . . usw. wie im E I-RJA.

v. Mandry (Nr 198) 2. den Abs. 2 des § 567 zu fassen:
Uebernahme eines Werkes liegt nicht blos dann vor, wenn die Herstellung oder Veränderung einer Sache übernommen wird; bei der Herstellung einer Sache aber auch dann, wenn der Uebernehmer das Werk ganz oder theilweise aus einem von ihm zu beschaffenden Stoffe herzustellen hat.

Die Kom. nahm den Antrag 1 an, die Fassung des Abs. 2 des § 567 wurde unter Erwägung des Antrags 2 der RedKom überwiesen. Der Antrag 1 weicht vom Entwurf insoweit ab, als er in Absatz 2 des § 567 die im § 579 des Entw. geregelten Fälle mit unter den Begriff des Werkvertrags bringt. Ferner enthält der vorgeschlagene Abs. 2 des § 567a einen der zu § 559 Abs. 2 beschlossenen Vorschrift entsprechenden Zusatz. Die Änderungen wurden nicht beanstandet.

Der § 579 war bereits durch sachlich mit demselben übereinstimmende Zusätze zu den §§ 571, 573, 576, 577 erledigt.

II. In der *VorlZust* der Beschlüsse der 2. Kom. haben die §§ 567, 567a die von der Kom. beschlossene Fassung. In § 567 heißt es jedoch „Werkvertrags" statt „Werkvertrages" und in § 567a „übliche" statt „ortsübliche".

III. In der *ZustRedKom* heißt es bei im übrigen unveränderter Fassung in § 567, Abs. 1: „Unternehmer" (statt „Uebernehmer") sowie „Entrichtung" (statt „Gewährung"),
in Abs. 2: „Arbeit oder Dienstleistung"
und in § 567a Abs. 2: „bei dem Bestehen".

IV., V. *Im E II* lautet § 569 wie § 567 ZustRedKom. Jedoch heißt es im Abs. 2 „herbeizuführender" statt „zu bewirkender". Im *E II rev* hat die Vorschrift als § 621 die in § 631 BGB Gesetz gewordene Fassung.

§ 567a ZustRedKom hat im *E II* als § 570 und im *E II rev* als § 622 die in § 632 BGB Gesetz gewordene Fassung erhalten.

IV. Die von der 2. Kom. als Ersatz des von ihr gestrichenen § 579 E I beschlossenen Zusätze sind nur in den §§ 571, 573, 576, 577 E I-VorlZust und E I-ZustRedKom

[23] In der metallographierten Fassung des Antrags heißt es „übliche".

enthalten, dagegen in den entsprechenden Vorschriften der §§ 576, 578, 580 581 E II[24] gestrichen. Statt dessen enthält der *E II* als § 582 die Vorschrift:

Ist nach der Beschaffenheit des Werkes eine Abnahme nicht möglich, so tritt in den Fällen der §§ 576, 578, 580, 581 an die Stelle der Abnahme die Vollendung des Werkes.

V. Im *E II rev* hat die Vorschrift als § 636 die in § 646 BGB Gesetz gewordene Fassung.

## D. Bundesrat (Justizausschuß)

I. Von Lippe wurde vermißt in dem Titel vom Werkvertrag eine dem § 558 (E II) entsprechende Bestimmung für solche Fälle, in denen der Unternehmer bei Herstellung des Werkes Räume, Vorrichtungen und Geräthschaften des Bestellers benutze, wie dies im Ziegeleibetriebe regelmäßig vorkomme[25].

II. 1. Bericht von *Schicker* (Württemberg) vom 12. 10. 1895:

Zu den Anträgen von Lippe zu §§ 621, 634, 635, 638, 639 E II rev wurde unter Anführung einer Entscheidung des Reichsgerichts festgestellt, daß diese Anträge auf der unrichtigen Annahme beruhten, es handele sich bei diesen Zieglern um Werkverträge, während es Dienstverträge seien. Sie wurden abgelehnt.

2. Bericht von *Heller* (Bayr. Geschäftsträger) vom 11. 10. 1895:

Die auf den Ziegeleibetrieb bezüglichen Bemerkungen und Anträge Lippes zu den §§ 621 ff., 634, 635, 637, 639 (E II rev) bezeichnete der Berichterstatter als auf einem Mißverständnisse beruhend; der in Frage stehende Vertrag sei kein Werkvertrag, sondern ein Dienstvertrag. Dem wurde von keiner Seite widersprochen. Die Anträge waren damit erledigt.

## § 633

**Der Unternehmer ist verpflichtet, das Werk so herzustellen, daß es die zugesicherten Eigenschaften hat und nicht mit Fehlern behaftet ist, die den Werth oder die Tauglichkeit zu dem gewöhnlichen oder dem nach dem Vertrage vorausgesetzten Gebrauch aufheben oder mindern.**

**Ist das Werk nicht von dieser Beschaffenheit, so kann der Besteller die Beseitigung des Mangels verlangen. Der Unternehmer ist berechtigt, die Beseitigung zu verweigern, wenn sie einen unverhältnißmäßigen Aufwand erfordert.**

**Ist der Unternehmer mit der Beseitigung des Mangels im Verzuge, so kann der Besteller den Mangel selbst beseitigen und Ersatz der erforderlichen Aufwendungen verlangen.**

---

[24] S. bei §§ 636, 641, 644, 645 BGB.

[25] S. auch die Bemerkungen Lippes zu §§ 634, 635 E II rev (bei §§ 644 BGB), zu § 637 E II rev (bei §§ 641, 647, 648 BGB) und zu § 639 E II rev (bei §§ 649, 650 BGB).

### § 634

**Zur Beseitigung eines Mangels der im § 633 bezeichneten Art kann der Besteller dem Unternehmer eine angemessene Frist mit der Erklärung bestimmen, daß er die Beseitigung des Mangels nach dem Ablaufe der Frist ablehne. Zeigt sich schon vor der Ablieferung des Werkes ein Mangel, so kann der Besteller die Frist sofort bestimmen; die Frist muß so bemessen werden, daß sie nicht vor der für die Ablieferung bestimmten Frist abläuft. Nach dem Ablaufe der Frist kann der Besteller Rückgängigmachung des Vertrages (Wandelung) oder Herabsetzung der Vergütung (Minderung) verlangen, wenn nicht der Mangel rechtzeitig beseitigt worden ist; der Anspruch auf Beseitigung des Mangels ist ausgeschlossen.**

**Der Bestimmung einer Frist bedarf es nicht, wenn die Beseitigung des Mangels unmöglich ist oder von dem Unternehmer verweigert wird oder wenn die sofortige Geltendmachung des Anspruchs auf Wandelung oder auf Minderung durch ein besonderes Interesse des Bestellers gerechtfertigt wird.**

**Die Wandelung ist ausgeschlossen, wenn der Mangel den Werth oder die Tauglichkeit des Werkes nur unerheblich mindert.**

**Auf die Wandelung und die Minderung finden die für den Kauf geltenden Vorschriften der §§ 465 bis 467, 469 bis 475 entsprechende Anwendung.**

### § 635

**Beruht der Mangel des Werkes auf einem Umstande, den der Unternehmer zu vertreten hat, so kann der Besteller statt der Wandelung oder der Minderung Schadensersatz wegen Nichterfüllung verlangen.**

### § 636

**Wird das Werk ganz oder zum Theil nicht rechtzeitig hergestellt, so finden die für die Wandelung geltenden Vorschriften des § 634 Absatz 1 bis 3 entsprechende Anwendung; an die Stelle des Anspruchs auf Wandelung tritt das Recht des Bestellers, nach § 327 von dem Vertrage zurückzutreten. Die im Falle des Verzugs des Unternehmers dem Besteller zustehenden Rechte bleiben unberührt.**

**Bestreitet der Unternehmer die Zulässigkeit des erklärten Rücktritts, weil er das Werk rechtzeitig hergestellt habe, so trifft ihn die Beweislast.**

### A. 1. Kommission

I. 218. Sitzung vom 8. 6. 1883, Schriftführer Neubauer (nicht anwesend v. Kübel)

| Prot I 2299 | Zu Artikel 639 des Entwurfs:

DresdE Art 639 „Zeigen sich bei der Ausführung des Werks Mängel an dem von dem Besteller dazu gelieferten Stoffe oder ergeben sich Verhältnisse, welche die richtige Ausführung oder den Bestand des Werkes gefährden, so hat der Unternehmer dem Besteller ohne Verzögerung davon Anzeige zu machen und, im Falle der Versäumung dieser Pflicht, dem Besteller den hieraus entstandenen Schaden zu ersetzen."

lagen die Anträge vor:

1. statt dessen zu bestimmen: Kurlbaum (Nr 416, 2)

„Der Uebernehmer hat die von dem Besteller hergegebenen Stoffe und die Umstände, unter welchen das Werk ausgeführt werden soll, zu prüfen und, wenn sich dabei | eine Gefahr für die Ausführung oder den Bestand des Werks ergiebt, hiervon dem Besteller unverzüglich Anzeige zu machen. | Prot I 2300

Besteht der Besteller auf der Verwendung der hergegebenen Stoffe oder auf der von ihm verlangten Ausführung, so kann er daraus entstehende Mängel des Werks nicht geltend machen und haftet für den dem Uebernehmer daraus entstehenden Schaden."

2. die Vorschrift zu fassen: Planck (Nr 415, 3)

„Hat der von dem Besteller gelieferte Stoff Mängel oder sind sonstige Umstände vorhanden, welche die richtige Ausführung oder den Bestand des Werks gefährden, so ist der Uebernehmer verpflichtet, dem Besteller hiervon unverzüglich Anzeige zu erstatten. (Er haftet dem Besteller wegen des durch die Unterlassung der Anzeige entstandenen Schadens.)"

Außerdem lag der Antrag auf Streichung der Artikels vor. Die Mehrheit entschied für die Streichung des Artikels.

Erwogen war:

Werde zunächst der Fall geprüft, wenn der von dem Besteller gelieferte Stoff sich als fehlerhaft erweise, so sei der Uebernehmer zweifellos zur Anzeige verpflichtet, wenn er einen, das Werk sichtbar gefährdenden Fehler entdecke, von dem er voraussetzen dürfe, derselbe sei dem Besteller unbekannt geblieben. Dies zu bestimmen, sei entbehrlich (zu vergl. § 61 der Zusammenstellung der das Obligationenrecht betreffenden Beschlüsse, Protokoll vom 24. April 1882 S. 635, 636)[1]. Eine andere Frage sei, ob der Uebernehmer auch zur Prüfung des Stoffs verpflichtet sei und sich verantwortlich mache, wenn er einen Fehler nicht entdecke und zur Anzeige bringe, welcher bei Aufwendung der gebührenden Sorgfalt hätte erkannt werden müssen. Diese Frage lasse eine allgemeine Beantwortung nicht zu. In vielen Fällen werde sie bejaht, in anderen verneint werden müssen. Sie werde zu bejahen sein, wenn der Uebernehmer auch für die Prüfung des | Stoffs als der Sachkundige erscheine und der Werkvertrag die Auslegung gestatte, daß der Besteller auf eine solche Prüfung habe rechnen dürfen, während sie zu verneinen sein werde, wenn umgekehrt in Betreff jener Prüfung der Besteller als der Sachkundige sich ergebe, der eine sachverständige Nachprüfung von Seiten des Uebernehmers nicht habe erwarten dürfen, wie z. B. in vielen Fällen, wenn ein Fabrikant einem Arbeiter den in der Fabrik hergestellten Stoff zur Bearbeitung überliefere. Es sei also einleuchtend, wie bedenklich es sein würde, die Prüfungspflicht allgemein zu bejahen oder allgemein zu verneinen. Eine solche allgemeine Bestimmung sei überdies völlig entbehrlich, da die allgemeinen Grundsätze über die Auslegung und Erfüllung der Verträge genügten. Was von den Fehlern des Stoffs gelte, finde zweifellos auch Anwendung auf sonstige Umstände, welche Ausführung oder Bestand des Werks gefährden, so daß auch in dieser Beziehung eine allgemeine Vorschrift nicht am Platze sei. Bedenklich würde es ferner sein, nur die Bestimmung in das Gesetz aufzunehmen, die wirklich entdeckten Fehler u.s.w. seien zur Anzeige zu bringen. Eine solche Bestimmung würde das Mißverständniß zulassen, die Prüfungspflicht sei allgemein verneint. | | Prot I 2301

---

[1] S. bei § 242 BGB.

219. Sitzung vom 11. 6. 1883, Schriftführer Neubauer (nicht anwesend v. Kübel)

| Prot I 2303 | Die Berathung des Abschnitts des Obligationenrechts betreffend „den Werkvertrag" wurde fortgesetzt.

Zu Artikel 640 des Entwurfs:

DresdE Art 640 „Ist das überlieferte Werk mangelhaft oder sonst vertragswidrig ausgeführt, so kann der Besteller verhältnißmäßige Herabsetzung des Lohnes oder unentgeltliche Verbesserung des Werkes verlangen. Ist der Mangel des Werkes so erheblich, oder ist die Ausführung des Werkes so vertragswidrig, daß anzunehmen ist, der Besteller würde, wenn er dieses vorausgesehen hätte, die Bestellung nicht gemacht haben, so kann der Besteller Aufhebung des Vertrages und Ersatz des aus der verschuldeten Nichterfüllung des Vertrages entstandenen Schadens verlangen."

lagen die Anträge vor:

Planck (Nr 415, 4) 1. den Artikel durch folgende Bestimmungen zu ersetzen:

§ 640.

„Der Uebernehmer ist in Ermangelung besonderer Vertragsbestimmung verpflichtet, das versprochene Werk in solcher Art auszuführen, daß es dem gewöhnlichen oder vertragsmäßig vorausgesetzten Zwecke entspricht.

| Prot I 2304 Insbesondere ist er, wenn das Werk in der Aen- | derung oder Herstellung einer Sache besteht, dasselbe in solcher Art auszuführen verpflichtet, daß die hergestellte oder geänderte Sache nicht solche Mängel hat, welche den Werth oder die Tauglichkeit derselben zu dem gewöhnlichen oder nach dem Vertrage vorausgesetzten Gebrauche aufheben oder mindern."

§ 640a.

„War für die Ausführung des Werks eine Zeit nach Maßgabe des § 63 der Zusammenstellung des Obligationenrechts[2] bestimmt, so steht dem Besteller, wenn das Werk zu der festgesetzten Zeit nicht vollständig oder nur mangelhaft ausgeführt ist, neben den ihm nach § 63 zustehenden Rechten, nach seiner Wahl auch das Recht zu, in Betreff der Vervollständigung und Verbesserung des Werkes von dem Vertrage zurückzutreten und ist er in solchem Falle nur einen verhältnißmäßigen Theil der Gegenleistung zu entrichten verpflichtet.

(Eine nicht erhebliche Unvollständigkeit oder Mangelhaftigkeit des Werks begründen den vollständigen Rücktritt des Bestellers vom Vertrage nur dann, wenn ein besonderes Interesse des Bestellers den Rücktritt rechtfertigt.)

War für die Ausführung des Werks eine Zeit nach Maßgabe des § 63 nicht bestimmt, so hat der Besteller, wenn das Werk nicht rechtzeitig, nicht vollständig oder nur mangelhaft ausgeführt ist und die vollständige und mangelfreie Ausführung nicht binnen einer dem Uebernehmer von dem Besteller gesetzten angemessenen Frist bewirkt wird, dieselben Rechte, welche dem Gläubiger nach den §§ 185 bis 187 und 189[3] für den Fall zustehen, daß die Leistung ganz oder theilweise unmöglich geworden ist."

---

[2] S. diesen bei § 361 BGB.
[3] S. diese bei §§ 275, 280, 285, 323–327 BGB.

2. statt des Artikels folgende Vorschriften zu beschließen: | Prot I 2305 Kurlbaum (Nr 416, 3)

§ a, (Art. 640.) „Der Uebernehmer ist verpflichtet, das Werk so herzustellen, daß dasselbe die zugesicherten Eigenschaften hat und nicht mit solchen Mängeln behaftet ist, welche den Werth oder die Tauglichkeit desselben zu dem gewöhnlichen oder nach dem Vertrage vorausgesetzten Gebrauche aufheben oder mindern."

§ b, (Art. 640.) „Der Besteller ist verpflichtet das vertragsmäßig hergestellte Werk abzunehmen. Wegen einer unerheblichen Minderung des Werthes oder der Tauglichkeit des Werkes darf die Abnahme nicht verweigert werden."

§ c, (Art. 640.) „Der Besteller kann auch nach erfolgter Abnahme des Werkes die Beseitigung der vorhandenen Mängel fordern. Er kann, wenn die Beseitigung nicht ohne Verzögerung erfolgt, verhältnißmäßige Minderung der Gegenleistung (§ 96)[4] fordern oder von dem Vertrage zurücktreten und hat neben dem Rechte des Rücktritts oder der Minderung der Gegenleistung Anspruch auf Schadensersatz wegen Nichterfüllung.

Wegen einer unerheblichen Minderung des Werthes oder der Tauglichkeit des Werkes findet der Rücktritt nicht statt."[5]

3. zusätzlich zu bestimmen:

„Das Recht, Beseitigung der vorhandenen Mängel zu fordern, findet nicht statt, wenn die Beseitigung dem Uebernehmer übermäßige Kosten verursachen würde."

Man verständigte sich zunächst dahin, bei der Berathung des Artikels die Abnahmepflicht des Bestellers so wie die Folgen der Abnahme, Annahme oder Billigung des Werks außer Betracht zu lassen und hierauf bei Berathung der folgenden drei Artikel zurückzukommen, ferner den Fall der nichtrechtzeiti- | gen Herstellung des Werks vorläufig auszusondern und der nachträglichen besonderen Erledigung vorzubehalten. | Prot I 2306

Es wurden von der Mehrheit folgende Beschlüsse gefaßt:

1. Es soll bestimmt werden, welche Fehler und Mängel der Uebernehmer zu vertreten, bezw. für welche Eigenschaften er einzustehen habe, und zwar nach Maßgabe der Anträge № 1 und 2, ferner dergestalt, daß nach Vorbild des § 81 der Zusammenstellung der das Obligationenrecht betreffenden Beschlüsse (Protokoll vom 15. Mai 1882 S. 734, 735)[6] des Einstehens für die zugesicherten Eigenschaften besondere Erwähnung zu geschehen hat.

2. Die Vertretungspflicht des Uebernehmers soll dahin bestimmt werden:

Der Besteller ist befugt, Nachbesserung oder die Beseitigung des Mangels zu fordern, wird diese Verpflichtung von dem Uebernehmer innerhalb einer von dem Besteller zu bestimmenden angemessenen Frist nicht erfüllt, so ist der letztere befugt, nach seiner Wahl von dem Vertrage zurückzutreten oder seine Gegenleistung verhältnißmäßig zu mindern; das Recht, Beseitigung des Mangels zu fordern, steht dem Besteller jedoch nicht zu, wenn die Beseitigung übermäßige Kosten verursachen würde, das Rücktrittsrecht steht ihm nicht zu, wenn der Mangel ein unerheblicher im Sinne des letzten Satzes des § 81 der Zusammenstellung ist; wegen Schadensersatzes ist das Uebernehmer — abgesehen von dem Falle eines Garantieversprechens — nur verantwortlich, wenn der Mangel in einem von ihm zu vertretenden Umstande sich gründet, auf das Rücktrittsrecht finden die §§ 54, 55, 56, 57, 58, 59, 60a, und die §§ 93, 94, 95, 96, 97, 98 (vgl. Protokoll vom 30. März 1883 S. 1911 ff.)[7] Anwendung (zu vgl. §§ 87 – Protokolle

---

4 S. diesen bei § 472 BGB.

5 Ferner enthält der Antrag einen § d zu Art 641 DresdE, s. diesen u. bei § 64 BGB.

6 S. diesen bei § 459 BGB.

7 S. bei §§ 346–360, 469–475 BGB.

vom 19. und 22. Mai, 6. Oktober 1882, 30. März 1883, S. 754, 768, 1148, 1915, 1921, 1922 – und 98 – Protokolle vom 22. Mai 1882, 30. März 1883, S. 763–766, 1916, 1921, 1922)[8].

| Prot I 2307 | Die Fassung der hiernach aufzunehmenden Bestimmungen bleibt der Redaktion vorbehalten.

Die maßgebenden Gründe waren:

zu 1. Nachdem einmal für den Veräußerungsvertrag näher bestimmt sei, für welche Fehler und Mängel der Veräußerer einzustehen habe (§ 81 der Zusammenstellung) empfehle sich die Aufnahme einer ähnlichen, mit dem § 81 möglichst im Einklang zu haltenden Bestimmung für den Werkvertrag. Durch eine solche Bestimmung würde die Klarheit des Gesetzes nicht unerheblich gewinnen.

zu 2. Bei der Regelung der Haftung des Uebernehmers lasse sich ein doppelter Standpunkt einnehmen. Sehr nahe liege, mit dem Antrage № 2, die Vorschriften über die Haftung des Veräußerers in Veräußerungsfällen (§§ 81 u. ff. a. a. O.) zum Vorbilde und zur Richtschnur zu nehmen. Der andere Standpunkt sei der: mit dem Antrage № 1 an die Vorschriften der §§ 185ff. der gedachten Zusammenstellung (Protokolle vom 2. Oktober 1882 u. ff. S. 1116 u. ff.) über die Folgen der Nichterfüllung der Verbindlichkeiten anzuschließen. Je nachdem der eine oder andere Standpunkt gewählt werde, sei das Ergebniß in nicht unwesentlichen Beziehungen ein verschiedenes. Nach dem ersten Standpunkte sei der Besteller berechtigt, nach seiner Wahl sofort entweder von dem Vertrage zurückzutreten oder seine Gegenleistung zu mindern oder auch nach der sichtbar sich darbietenden Analogie des § 102 der Zusammenstellung (Protokolle vom 17. Mai 1882 und ff. S. 740ff.)[9] die Beseitigung des Mangels zu verlangen, daneben aber, sofern eine zugesicherte Eigenschaft fehle, ohne Rücksicht auf Verschulden, aus dem zu unterstellenden Garantieversprechen Schadensersatz zu fordern, welches letztere Recht jedoch bei der Schwierigkeit, zwischen dem Mangel einer zugesicherten und dem einer anderen Eigenschaft in Fällen der Beschaffung eines Werks zu unterscheiden, dem Besteller mit dem Antrage № 2 allgemein werden beizulegen sein. Nach dem zweiten | Prot I 2308 Standpunkte habe der Besteller zunächst nur | das Recht, die Beseitigung des Mangels zu fordern und erst, wenn der Uebernehmer nach rechtskräftiger Verurtheilung die Beseitigung binnen einer angemessenen Frist nicht bewirke, das Recht der Minderung (§§ 188, 189 der Zusammenstellung – Protokolle vom 2., 4., 9. und 11. Oktober 1882 S. 1116ff.[10] –), das Recht, von dem Vertrage zurückzutreten, nur dann, sofern sein Interesse den Rücktritt rechtfertige, das Recht auf Schadensersatz überall nur dann, wenn der Mangel in einem von dem Uebernehmer zu vertretenden Umstande sich gründe, wohin auch gehöre, wenn ein Garantieversprechen vorliege. Der erste Standpunkt sei in dem Antrage № 2 nicht ohne einige Modifikationen durchgeführt; nach dem Antrage № 2 solle der Besteller zunächst nur das Recht haben, die Beseitigung des Mangels zu fordern, die übrigen Rechte (mit Ausnahme des auf Schadensersatz) erst dann, wenn die Beseitigung verzögert werde, auch solle das Rücktrittsrecht wegen unerheblicher Mängel nicht zulässig sein. Der zweite Standpunkt sei sodann in dem Antrage № 1 mit der Abweichung zur Grundlage genommen, daß der Besteller die zur Beseitigung des Mangels erforderliche angemessene Frist schon bestimmen könne, bevor noch der Uebernehmer auf Beseitigung belangt und dazu verurtheilt sei. Allein auch mit diesen Modifikationen bleibe sowohl der eine als der andere Antrag bedenk-

---

[8] S. Vor §§ 346–360 BGB.
[9] S. diesen bei § 480 BGB.
[10] S. bei §§ 280, 275 BGB.

lich. Gegen den Antrag № 2 sei vorzugsweise zu erinnern, daß das Recht des Bestellers auf Schadensersatz einen zu großen Umfang gewinne. Wenn für Veräußerungsfälle bestimmt sei, der Veräußerer habe bei dem Mangel einer zugesicherten Eigenschaft ohne Rücksicht auf Verschulden Schadensersatz zu leisten, weil ein Garantieversprechen vorliege, so sei von der Veräußerung einer individuell bestimmten Sache ausgegangen, wobei die Unterstellung eines Garantieversprechens nicht ungerechtfertigt erscheine. Eine solche Unterstellung sei aber überaus gewagt im Falle der Zusicherung der Eigenschaft eines | erst zu beschaffenden und noch nicht vorhandenen Werks. Der Uebernehmer, der eine bestimmte Eigenschaft des Werks verspreche, übernehme doch prima facie nur eine gewöhnliche Leistungspflicht, die nach den allgemeinen Regeln der §§ 185 u. ff. der Zusammenstellung beurtheilt werden müsse. Ein praktisches Bedürfniß, hiervon abzuweichen, sei unerweislich. Gegen den Antrag № 1 sei aufzustellen, daß das Rücktrittsrecht, welchem gerade bei dem Werkvertrage – ähnlich wie bei dem Dienstvertrage – eine große Bedeutung zukomme, ungebührlich beschränkt werde. Für die Einschränkung des Rücktrittsrechts dürfe auch nicht angeführt werden, der Rücktritt führe meist zu erheblichen Schwierigkeiten bei der unter den Parteien vorzunehmenden Auseinandersetzung. Denn ähnliche Schwierigkeiten seien mit der Ausübung des Rücktrittsrechts, nachdem der Vertrag in das Stadium der Erfüllung getreten sei, regelmäßig verbunden. Stelle man sich auf den Standpunkt der praktischen Zweckmäßigkeit, so sei zunächst klar, daß kein Grund obwalte, in erster Reihe dem Besteller ein anderes Recht beizulegen, als dasjenige, welches aus den allgemeinen Grundsätzen folge, das Recht, Beseitigung des Mangels zu fordern (§§ 185 u. ff. der Zusammenstellung). Ihm daneben zugleich – mit dem Entwurfe – das Recht auf Minderung zuzusprechen, sei um so weniger ein Bedürfniß, als die chikanöse Ausübung eines solchen Rechts bei leicht zu beseitigenden Mängeln zu besorgen sei. Wohl aber liege ein praktisches Bedürfniß vor, für den Fall, wenn die Beseitigung des Mangels hingehalten werde, den Besteller nicht auf den umständlichen Weg des § 188 der Zusammenstellung (Protokolle vom 2. und 4. Oktober 1882 S. 1116–1128) zu beschränken, vielmehr ihn für befugt zu erklären, die in dem § 188 a. a. O. bezeichnete Frist dem Uebernehmer sofort und ohne vorherige Anrufung des Richters zu bestimmen, und ihn ferner für befugt zu erklären, nach Ablauf der Frist entweder von dem Vertrage zurückzutreten oder die Gegen- | leistung zu mindern, während es in Ansehung der Verpflichtung zum Schadensersatz bei den allgemeinen Grundsätzen zu verbleiben habe, nach welchen diese Verpflichtung einen von dem Uebernehmer zu vertretenden Umstand (culpa oder Garantieversprechen) erfordern. Die vorstehende Regelung erheische aber aus Gründen der praktischen Zweckmäßigkeit noch zwei andere besondere Maßgaben. Die Beseitigung des Mangels könne unter Umständen, z. B. wenn es sich um die Aenderung eines Baues handele, den Uebernehmer zu einem ganz unverhältnißmäßigen Kostenaufwande nöthigen. Die Billigkeit erfordere, für solche Fälle – nach Vorbild des Artikels 358 Absatz 2 des Schweizer Obligationenrechts – dem Besteller das Recht zu versagen, auf Beseitigung des Mangels zu bestehen.

| Prot I 2309 | Prot I 2310

Ferner dürfe das doch immerhin nur auf positiver Anordnung beruhende und weit greifende Rücktrittsrecht dem Besteller nicht zustehen, wenn ein nur unerheblicher Mangel vorliege.

Die Anwendbarkeit der in dem Beschluß unter Nr. 2 a. E. erwähnten Vorschriften über das Rücktritts- und Minderungsrecht rechtfertige sich von selbst.

Man ging zur Prüfung des Falls über, wenn das Werk nicht rechtzeitig beschafft wird.

Die in dem Antrage № 1 für den Fall, wenn eine Frist im Sinne des § 63 a. a. O. bestimmt ist, vorgeschlagene Bestimmung wurde abgelehnt. Die Mehrheit vermochte

sich von der Nothwendigkeit nicht zu überzeugen, in dem vorausgesetzten Falle dem Besteller noch andere Rechte einzuräumen, als sich aus dem § 63 ergäben. Betreffend die übrigen Fälle machte sich die Auffassung geltend: wenn der Uebernehmer – sei es ganz oder nur theilweise – nicht rechtzeitig erfülle, so müßten wegen par ratio dieselben Bestimmungen eintreten, welche zuvor für den Fall der mangelhaften Erfüllung beschlossen seien, – wie sich von selbst verstehe, vorbehaltlich der Schadensersatz-
| Prot I 2311 pflicht, wenn dem Uebernehmer Verzug | zur Last falle. Bei der Redaktion soll geprüft werden, ob letzteres besonders vorzusehen und ob ferner wegen des Fixgeschäfts im Sinne des § 63 a. a. O. eine besondere Vorsorge nöthig sei.

Einverständniß bestand, daß der Werkvertrag im Zweifel nicht als ein Fixgeschäft im Sinne des § 63 a. a. O. sich betrachten lasse[11].

II. In der *RedVorl* und der *ZustOR* sind die beschlossenen Bestimmungen als § 424 in der folgendenFassung enthalten:

RedVorl/ZustOR § 424

Der Uebernehmer ist verpflichtet, das Werk so herzustellen, daß dasselbe die zugesicherten Eigenschaften hat und daß es mit solchen Mängeln nicht behaftet ist, welche seinen Werth oder seine Tauglichkeit zu dem gewöhnlichen oder nach dem Vertrage vorausgesetzten Gebrauche aufheben oder mindern. Ist das Werk nicht von dieser Beschaffenheit, so kann der Besteller von dem Uebernehmer die Beseitigung des Mangels binnen einer von ihm dem Uebernehmer zu bestimmenden angemessenen Frist verlangen. Der Uebernehmer ist zur Beseitigung des Mangels nicht verpflichtet, wenn derselbe einen unverhältnißmäßigen Aufwand verursachen würde. Ist die Beseitigung des Mangels unmöglich oder von dem Uebernehmer wegen unverhältnißmäßigen Aufwandes verweigert oder innerhalb der von dem Besteller bestimmten angemessenen Frist nicht bewirkt, so kann der Besteller nach seiner Wahl von dem Vertrage zurücktreten oder die Gegenleistung mindern. Auf das Rücktrittsrecht und das Minderungsrecht finden die §§ 54, 55, 56, 57, 58, 59, 60 a, 93, 94, 95, 96, 97, 98 entsprechende Anwendung. Das Rücktrittsrecht ist ausgeschlossen, wenn durch den Mangel der Werth oder die Tauglichkeit des Werks nur in unerheblichem Maße verringert wird.

Gründet sich der Mangel in einem von dem Uebernehmer zu vertretenden Umstande, so hat der Besteller außerdem Anspruch auf Schadensersatz wegen Nichterfüllung.

Die vorstehenden Bestimmungen finden entsprechende Anwendung, wenn das Werk ganz oder zum Theil nicht rechtzeitig hergestellt wird, jedoch unbeschadet der Bestimmungen des § 63 und des § 194.

In der RedVorl ist in Absatz 1 Satz 2 hinter „Aufwand" in Klammern eingefügt: „übermäßige Kosten". Die beiden folgenden Sätze 3 und 4 bilden einen eigenen Absatz, in dessen ersten Satz hinter „Uebernehmer" die Worte: „wegen unverhältnißmäßigen Aufwandes" fehlen.

Zu § 3 (Art 640) 424 ist in der RedVorl angemerkt:

1. Zu vergl. § 81, 83, 188, 63, 187.

2. „Mangel" bedeutet nach den §§ 81 u. ff. sowohl den Mangel einer zugesicherten als den einer vorausgesetzten Eigenschaft.

3. Wird nicht jede Weigerung des Uebernehmers, den Mangel zu beseitigen, so zu beurtheilen sein als die rechtmäßige Weigerung wegen unverhältnißmäßigen Aufwandes?

---

[11] S. zu Art. 640 DresdE ferner noch Prot I 2354, 2355 u. bei § 649 BGB.

Angenommen wurde der Antrag von Kurlbaum (Nr. 570 II), in Abs. 1, Satz 1 statt: „seinen Werth oder seine Tauglichkeit" zu setzen: „den Werth oder die Tauglichkeit" (Prot I 3549, 3559).

**III. 1.** Im *KE* ist die Vorschrift des § 562 wie folgt gefaßt:

Der Uebernehmer ist verpflichtet, das Werk so herzustellen, daß dasselbe die zugesicherten Eigenschaften hat, und daß es mit solchen Mängeln nicht behaftet ist, welche den Werth oder die Tauglichkeit zu dem gewöhnlichen oder nach dem Vertrage vorausgesetzten Gebrauche aufheben oder mindern. Ist das Werk nicht von dieser Beschaffenheit, so kann der Besteller von dem Uebernehmer die Beseitigung des Mangels binnen einer von ihm dem Uebernehmer zu bestimmenden angemessenen Frist verlangen. Der Uebernehmer ist zur Beseitigung des Mangels nicht verpflichtet, wenn dieselbe einen unverhältnißmäßigen Aufwand verursachen würde. KE § 562

Ist die Beseitigung des Mangels unmöglich oder von dem Uebernehmer wegen unverhältnißmäßigen Aufwandes verweigert oder innerhalb der von dem Besteller bestimmten angemessenen Frist nicht bewirkt, so kann der Besteller nach seiner Wahl von dem Vertrage zurücktreten oder die Gegenleistung mindern. Auf das Rücktrittsrecht und das Minderungsrecht finden die §§ 386 bis 391, 423 bis 428, 430 entsprechende Anwendung. Das Rücktrittsrecht ist ausgeschlossen, wenn durch den Mangel der Werth oder die Tauglichkeit des Werkes nur in unerheblichem Maße verringert wird.

Gründet sich der Mangel in einem von dem Uebernehmer zu vertretenden Umstande, so hat der Besteller außerdem Anspruch auf Schadensersatz wegen Nichterfüllung.

Die Bestimmungen des ersten bis dritten Absatzes finden entsprechende Anwendung, wenn das Werk ganz oder zum Theil nicht rechtzeitig hergestellt wird, jedoch unbeschadet der Bestimmungen der §§ 358, 366.

**2.** Bei Beratung der auf die Redaktion einzelner Vorschriften des Obligationenrechts sich beziehenden Anträge wurde auf entsprechenden Antrag | in § 562 Abs. 2 Satz 1 a. E. statt der Worte: „die Gegenleistung mindern" gesetzt: „die Minderung der Gegenleistung verlangen", und in § 562 Abs. 4 a. E. hinter „Bestimmungen" eingeschaltet: „des § 245 Abs. 2 und . . .". Kurlbaum (Nr 576, 32) | Prot I 6200

Durch die beschlossene Aenderung zu Abs. 2 soll, da das hier zugestandene Minderungsrecht ein nach § 564 verjährbarer Anspruch ist, Uebereinstimmung mit dem gleichartigen Minderungsrecht bei Veräußerungen (§§ 380, 394) im Gegensatze zu § 523[12] hergestellt werden. (Prot. S. 2305–2310; Prot. vom 5. Juni 1885, S. 6194). |

**IV.** Im *E I* entspricht § 569 dem § 562 KE mit den vorstehend mitgeteilten Änderungen; ferner lautet der Anfang des 3. Absatzes im E I: „Gründet der Mangel sich . . .". Die im Abs. 2 zitierten Vorschriften sind im E I die „Vorschriften der §§ 389 bis 394, 426 bis 431, 433", das Zitat im Abs. 3 lautet: „der Vorschriften des § 247 Abs. 2 und der §§ 361, 369"[12a].

---

[12] S. bei § 543 BGB.

[12a] Statt „Bestimmungen" heißt es „Vorschriften" aufgrund eines von der Kom. angenommenen Antrags von Johow, Nr. 603 I (Prot I 11913, 11920). S. ferner noch den Antrag von Johow (Nr. 603 III) und den dazu ergangenen Beschluß der Kom. o. bei §§ 631, 632 BGB, Fußnote 21 a.

## B. Vorkommission des Reichsjustizamtes

I. Beantragt war:

Struckmann (Nr 3, 94) Die §§ 569, 570[13] durch folgende Vorschriften zu ersetzen:

§ 569.

Der Uebernehmer ist verpflichtet, das Werk so herzustellen, daß es die zugesicherten Eigenschaften hat und nicht mit Mängeln behaftet ist, welche den Werth oder die Tauglichkeit zu den gewöhnlichen oder nach dem Vertrage vorausgesetzten Eigenschaften aufheben oder mindern.

Ist das Werk nicht von dieser Beschaffenheit, so kann der Besteller zunächst von dem Uebernehmer verlangen, daß dieser binnen einer ihm von dem Besteller zu bestimmenden angemessenen Frist den Mangel beseitige, sofern nicht die Beseitigung mit unverhältnißmäßigem Aufwande verbunden sein würde.

Wird der Mangel von dem Uebernehmer nicht binnen der Frist beseitigt, so kann der Besteller die Beseitigung des Mangels durch einen Dritten vornehmen lassen und von dem Uebernehmer Ersatz der aufgewendeten Kosten verlangen.

§ 569a.

Ist die Beseitigung des Mangels nicht möglich oder wird sie von dem Uebernehmer wegen des damit verbundenen unverhältnißmäßigen Aufwandes verweigert, so kann der Besteller nach seiner Wahl Rückgängigmachung des Vertrags (Wandelung) oder Herabsetzung der Gegenleistung (Minderung) verlangen. Das Gleiche gilt, wenn der Uebernehmer nicht binnen der ihm von dem Besteller bestimmten angemessenen Frist den Mangel beseitigt und der Besteller von der ihm nach § 569 Abs. 3 zustehenden Befugniß keinen Gebrauch macht.

Das Recht der Wandelung ist ausgeschlossen, wenn der Werth oder die Tauglichkeit des Werkes durch den Mangel nur in unerheblichem Maße verringert wird.

Auf das Recht der Wandelung und der Minderung finden die für die Gewährleistung wegen Mängel beim Kaufe geltenden Vorschriften entsprechende Anwendung.

Gründet der Mangel sich auf einem von dem Uebernehmer zu vertretenden Umstand, so kann der Besteller statt der Wandelung oder Minderung Schadensersatz wegen Nichterfüllung verlangen.

§ 569b.

Die Haftung des Uebernehmers wegen Mängel kann durch Vertrag erweitert, beschränkt oder ausgeschlossen werden. Die Beschränkung oder Ausschließung ist jedoch unwirksam, wenn der Uebernehmer den Mangel gekannt und dem Besteller arglistig verschwiegen hat.

---

[13] S. zu diesem § noch bei § 637 BGB.

§ 578 a.

Wird das Werk nicht rechtzeitig hergestellt, die Herstellung von dem Uebernehmer auch nicht binnen einer ihm von dem Besteller zu bestimmenden angemessenen Nachfrist bewirkt, so kann der Besteller, auch wenn dem Uebernehmer eine Verzögerung nicht zur Last fällt, nach Maßgabe der für das vertragsmäßige Rücktrittsrecht geltenden Vorschriften der §§ (426 bis 433 des Entw.) von dem Vertrage zurücktreten, es sei denn, daß der Uebernehmer nur noch mit einem nicht erheblichen Theile des Werkes im Rückstande ist. Die im Falle des Verzugs des Uebernehmers sowie im Falle des § 361 dem Besteller zustehenden Rechte bleiben unberührt.

II. 77. Sitzung vom 12. 4. 1892

| X. An Stelle des § 569 wurden sachlich folgende Bestimmungen angenommen: | Prot-RJA 481

§ 569.

Der Uebernehmer ist verpflichtet, das Werk so herzustellen, daß es die zugesicherten Eigenschaften hat und nicht mit solchen Fehlern behaftet ist, welche den Werth oder die Tauglichkeit zu dem gewöhnlichen oder nach dem Vertrage vorausgesetzten Gebrauche aufheben oder mindern. Ist das Werk nicht von dieser Beschaffenheit, so kann der Besteller die Beseitigung des Mangels verlangen. Der Uebernehmer ist die Beseitigung des Mangels zu verweigern berechtigt, wenn sie einen unverhältnißmäßigen Aufwand erfordert. Ist der Uebernehmer mit der Beseitigung des Mangels im Verzuge, so kann der Besteller sie bewirken und von dem Uebernehmer den Ersatz der dazu erforderlich gewesenen Kosten verlangen. E I-RJA § 569

§ 569 a.

Ist das Werk mit einem Mangel der im § 569 bezeichneten Art behaftet, so kann der Besteller dem Uebernehmer zur Beseitigung des Mangels eine angemessene Frist mit der Erklärung bestimmen, daß er die Beseitigung des Mangels nach Ablauf der Frist ablehne. Wird die Beseitigung des Mangels nicht innerhalb der Frist bewirkt, so kann der Besteller Rückgängigmachung des Vertrages (Wandelung) oder Herabsetzung der Gegenleistung (Minderung) verlangen; der Anspruch auf Beseitigung des Mangels ist ausgeschlossen. Der Bestimmung einer Frist bedarf es nicht, wenn die Beseitigung des Mangels | unmöglich ist oder von dem Uebernehmer, insbesondere wegen des damit verbundenen unverhältnißmäßigen Aufwandes verweigert wird oder wenn ein besonderes Interesse des Bestellers die sofortige Geltendmachung des Anspruches auf Wandelung oder Minderung rechtfertigt. Die Wandelung ist ausgeschlossen, wenn durch den Mangel der Werth oder die Tauglichkeit des Werkes nur in unerheblichem Maße verringert wird. E I-RJA § 569 a | Prot-RJA 482

Zeigt sich vor der zur Ablieferung des Werkes bestimmten Zeit ein Mangel, so kann der Besteller für den Fall, daß der Mangel bis zur rechtzeitigen Ablieferung des Werkes nicht beseitigt wird, sofort eine angemessene Frist zur Beseitigung des Mangels bestimmen.

Gründet der Mangel sich in einem von dem Uebernehmer zu vertretenden Umstande, so kann der Besteller statt der Wandelung oder Minderung Schadensersatz wegen Nichterfüllung verlangen.

§ 569b.

E I-RJA § 569b Auf die Wandelung und die Minderung finden die Vorschriften der §§ 386a, 387, 389 bis 393 entsprechende Anwendung.

§ 569c.

E I-RJA § 569c Wird das Werk ganz oder zum Theil nicht rechtzeitig hergestellt, so finden die im § 569a Abs. 1, 2 für den Anspruch auf Wandelung gegebenen Vorschriften mit der Maßgabe entsprechende Anwendung, daß an die Stelle des Anspruches auf Wandelung das Recht des Bestellers tritt, nach § 369c vom Vertrage zurückzutreten. Die im Falle
| Prot-RJA 483 des Verzugs des Uebernehmers sowie im Falle des § 361 dem Besteller | zustehenden Rechte bleiben unberührt.

1. Der Abs. 1 Satz 1 blieb unverändert.

2. Zu Abs. 1 Satz 2 bringt der beschlossene § 569 Satz 2 zum Ausdruck, daß der Besteller schlechthin Beseitigung des Mangels verlangen kann, ohne eine Frist bestimmen zu müssen, während die Fristbestimmung nur für die weiteren Rechte des Bestellers von Bedeutung ist (§ 569a Satz 1 des Beschlusses.)

3. Zu Abs. 1 Satz 3 verdeutlichte der beschlossene § 569 Satz 3 den Gedanken des Entwurfs, indem er dem Rechte des Uebernehmers die Form der Einrede gab.

4. Neu hinzugefügt wurde der Satz 4 des beschlossenen § 569. Derselbe schloß sich an die verwandte, auf die Sachmiethe bezügliche Bestimmung des § 514 Abs. 3[14] an.

5. Von Abs. 2 Satz 1 des Entwurfs weicht der § 569a Abs. 1 Satz 3 des Beschlusses darin ab, daß er dem Besteller statt des Rücktrittsrechts einen Anspruch auf Wandelung gewährt und daß er ihm das Recht, Wandelung oder Minderung zu verlangen, allgemein dann giebt, wenn der Uebernehmer die Beseitigung des Mangels verweigert, nicht nur wenn er sie „wegen unverhältnißmäßigen Aufwandes" verweigert.

6. Dem Abs. 2 Satz 2 des Entwurfs entspricht sachlich der § 569b. des Beschlusses, dem Satz 3 des Entwurfs der § 569a Abs. 1 letzter Satz.

7. In dem § 569a Abs. 2 des Beschlusses erblickte man eine angemessene Ergänzung des Entwurfs.

8. Zu Abs. 3 des Entwurfs verdeutlicht der § 569a Abs. 3 des Beschlusses, daß der Schadensersatzanspruch wegen Nichterfüllung dem Besteller nur *statt* der Wandelung oder Minderung zustehen solle.

9. Der dem Abs. 4 des Entwurfs entsprechende § 569c des Beschlusses paßt die Bestimmung den zu § 369[15] gefaßten Beschlüssen an.

## C. 2. Kommission

Struckmann (Nr 159, 24) I. Beantragt war, an Stelle des § 569 folgende Vorschriften aufzunehmen (Prot. II, Bd. 2, S. 309ff.; *Mugdan*, Bd. 2, S. 921f.):

---

[14] S. bei § 547 BGB.
[15] S. bei §§ 325–327 BGB.

§ 569. Der Uebernehmer ist verpflichtet, das Werk so herzustellen, daß es die zugesicherten Eigenschaften hat und nicht mit solchen Fehlern behaftet ist, die den Werth oder die Tauglichkeit zu dem gewöhnlichen oder nach dem Vertrage vorausgesetzten Gebrauche aufheben oder mindern.

Ist das Werk nicht von dieser Beschaffenheit, so kann der Besteller die Beseitigung des Mangels verlangen. Der Uebernehmer ist berechtigt, die Beseitigung des Mangels zu verweigern, wenn sie einen unverhältnißmäßigen Aufwand erfordert. Ist der Uebernehmer mit der Beseitigung des Mangels im Verzuge, so kann der Besteller sie bewirken und von dem Uebernehmer den Ersatz der dazu erforderlich gewesenen Kosten verlangen.

§ 569a. Ist das Werk mit einem Mangel der im § 569 bezeichneten Art behaftet, so kann der Besteller dem Uebernehmer zur Beseitigung des Mangels eine angemessene Frist mit der Erklärung bestimmen, daß er die Beseitigung des Mangels nach dem Ablaufe der Frist ablehne. Zeigt sich vor der zur Ablieferung des Werkes bestimmten Zeit ein Mangel, so ist der Besteller berechtigt, die Frist für den Fall, daß der Mangel bis zur rechtzeitigen Ablieferung nicht beseitigt werde, sofort zu bestimmen. Wird die Beseitigung des Mangels nicht innerhalb der Frist bewirkt, so kann der Besteller Rückgängigmachung des Vertrags (Wandelung) oder Herabsetzung der Gegenleistung (Minderung) verlangen; der Anspruch auf Beseitigung des Mangels ist ausgeschlossen.

Ist die Beseitigung des Mangels unmöglich oder wird sie von dem Uebernehmer wegen des damit verbundenen unverhältnißmäßigen Aufwandes oder aus einem anderen Grunde verweigert oder wird die sofortige Geltendmachung des Anspruchs auf Wandelung oder Minderung durch ein besonderes Interesse des Bestellers gerechtfertigt, so kann der Besteller Wandelung oder Minderung verlangen, ohne daß es der Bestimmung einer Frist bedarf.

Die Wandelung ist ausgeschlossen, wenn durch den Mangel der Werth oder die Tauglichkeit des Werkes nur in unerheblichem Maße verringert wird.

Gründet der Mangel sich auf einen von dem Uebernehmer zu vertretenden Umstand, so kann der Besteller statt der Wandelung oder Minderung Schadensersatz wegen Nichterfüllung verlangen.

§ 569b. Auf die Wandelung und Minderung finden die Vorschriften der §§ 386a, 387, 389 bis 393 entsprechende Anwendung.

§ 569c. Wird das Werk ganz oder zum Theil nicht rechtzeitig hergestellt, so finden die im § 569a Abs. 1 bis 3 für den Anspruch auf Wandelung gegebenen Vorschriften mit der Maßgabe entsprechende Anwendung, daß an die Stelle des Anspruchs auf Wandelung das Recht des Bestellers tritt, nach § 369c vom Vertrage zurückzutreten. Die im Falle des Verzugs des Uebernehmers sowie im Falle des § 361 dem Besteller zustehenden Rechte bleiben unberührt.

Die Kom. stimmte dem Antrage zu.

II. In der *VorlZust* der Beschlüsse der 2. Kom. entsprechen die Vorschriften der beantragten und beschlossenen Fassung mit den folgenden Abweichungen:

Satz 3 des Abs. 2 des § 569 ist hier gestrichen und als § 569c aufgenommen, wodurch die von der Kom. als § 569c beschlossene Vorschrift zu § 569d geworden ist und es in § 569c E I-VorlZust heißt „Beseitigung eines Mangels" statt „. . . des Mangels".

In § 569a Abs. 2 fehlen die Worte: „wegen des damit verbundenen unverhältnißmäßigen Aufwandes oder aus einem anderen Grunde".

**III.** In der *ZustRedKom* ist die Fassung der Vorschriften die folgende:

E I-ZustRedKom § 569 Der Unternehmer ist verpflichtet, das Werk so herzustellen, daß es die zugesicherten Eigenschaften hat und nicht mit solchen Fehlern behaftet ist, die den Werth oder die Tauglichkeit zu dem gewöhnlichen oder nach dem Vertrage vorausgesetzten Gebrauch aufheben oder mindern.

Ist das Werk nicht von dieser Beschaffenheit, so kann der Besteller die Beseitigung des Mangels verlangen. Der Unternehmer ist berechtigt, die Beseitigung zu verweigern, wenn sie einen unverhältnißmäßigen Aufwand erfordert.

Ist der Unternehmer mit der Beseitigung des Mangels im Verzuge, so kann der Besteller den Mangel selbst beseitigen und Ersatz der erforderlich gewesenen Aufwendungen verlangen.

E I-ZustRedKom § 569a Zur Beseitigung eines Mangels der in § 569 bezeichneten Art kann der Besteller dem Unternehmer eine angemessene Frist mit der Erklärung bestimmen, daß er die Beseitigung des Mangels nach dem Ablaufe der Frist ablehne. Zeigt sich schon vor der Ablieferung des Werkes ein Mangel, so kann der Besteller die Frist sofort bestimmen; die Frist darf nicht kürzer sein als die für die Ablieferung bestimmte. Wird der Mangel nicht innerhalb der Frist beseitigt, so kann der Besteller Rückgängigmachung des Vertrages (Wandelung) oder Herabsetzung der Vergütung (Minderung) verlangen; der Anspruch auf Beseitigung des Mangels ist ausgeschlossen.

Ist die Beseitigung des Mangels unmöglich oder wird sie von dem Unternehmer verweigert oder wird die sofortige Geltendmachung des Anspruchs auf Wandelung oder Minderung durch ein besonderes Interesse des Bestellers gerechtfertigt, so bedarf es der Bestimmung der Frist nicht.

Die Wandelung ist ausgeschlossen, wenn der Mangel den Werth oder die Tauglichkeit des Werkes nur unerheblich mindert.

Auf die Wandelung und die Minderung finden die für den Kauf geltenden Vorschriften der §§ 469f, 469g, 469i bis 469p entsprechende Anwendung.

E I-ZustRedKom § 569b Beruht der Mangel auf einem von dem Unternehmer zu vertretenden Umstande, so kann der Besteller statt Wandelung oder Minderung Schadensersatz wegen Nichterfüllung verlangen.

E I-ZustRedKom § 569c Wird das Werk ganz oder zum Theil nicht rechtzeitig hergestellt, so finden die für die Wandelung geltenden Vorschriften des § 569a Abs. 1 bis 3 mit der Maßgabe entsprechende Anwendung, daß an die Stelle des Anspruchs auf Wandelung das Recht des Bestellers tritt, nach § 369c vom Vertrage zurückzutreten. Die im Falle des Verzugs des Unternehmers sowie im Falle des § 369b dem Besteller zustehenden Rechte bleiben unberührt.

**IV.** Im *E II* sind die §§ 569–569c E I-ZustRedKom in §§ 571, 572, 573 und 574 enthalten. Die Fassung ist unverändert mit den folgenden Ausnahmen:

In § 572 Abs. 1, S. 2 (569a Abs. 1, S. 2) lautet der 2. Halbsatz: „die Frist muß so bemessen sein, daß sie nicht vor der für die Ablieferung bestimmten Frist abläuft". Abs. 2 des § 572 lautet: „Der Bestimmung einer Frist bedarf es nicht, wenn . . ." usw. wie in § 634 Abs. 2 BGB.

In § 573 (§ 569b) ist vor „Wandelung" und „Minderung" der Artikel „der" gesetzt.

Wolffson (Nr 47, 4) Ein bei der Revision des E II zu § 571 gestellter Antrag,
den Abs. 3 vor den Abs. 2 zu setzen,
wurde zurückgezogen (Prot. II, Bd. 6, S. 189).

V. Im *E II rev* haben die §§ 623, 624, 625 (E II §§ 571, 572, 573) die in §§ 633, 634, 635 BGB Gesetz gewordene Fassung. § 626 (E II § 574) ist als Abs. 2 die Bestimmung hinzugefügt, die in § 636 Abs. 2 Gesetz geworden ist. Ein auf diesen Absatz bezüglicher Kommissionsbeschluß ist nicht vorhanden.

## D. Bundesrat

III. Im *E III* hat § 626 die in § 636 BGB Gesetz gewordene Fassung.

## § 637

**Eine Vereinbarung, durch welche die Verpflichtung des Unternehmers, einen Mangel des Werkes zu vertreten, erlassen oder beschränkt wird, ist nichtig, wenn der Unternehmer den Mangel arglistig verschweigt.**

## A. 1. Kommission

I. 220. Sitzung vom 13. 6. 1883, Schriftführer Neubauer (nicht anwesend v. Kübel)

| Die Berathung des Abschnitts des Obligationenrechts betreffend „den Werkvertrag“ wurde fortgesetzt. | Prot I 2317

Beantragt war, hinter Artikel 643 folgende Bestimmungen einzuschalten: Kurlbaum (Nr 420)

Artikel 643 a.

Die Haftung des Uebernehmers wegen Mängel kann durch Vertrag erweitert, beschränkt oder erlassen werden.

Der Erlaß oder die Beschränkung ist unwirksam, wenn der Uebernehmer den Mangel gekannt und dem Besteller verschwiegen hat“.[1] |

| Der vorgeschlagene Artikel 643 a, welcher nach Inhalt und Form dem § 100 der Zusammenstellung der das Obligationenrecht betreffenden Beschlüsse (Protokoll vom 22. Mai 1882, S. 772, 773[2]) entspricht, fand keinen Widerspruch. | Prot I 2318

II. – IV. In der *RedVorl* und der *ZustOR* § 425, im *KE* § 563 und im *E I* § 570 hat die Vorschrift die beantragte und beschlossene Fassung. Jedoch heißt es im ersten Absatz statt „Mängel“ in der RedVorl und der ZustOR: „eines Mangels des Werks“, sowie im KE und E I: „eines Mangels des Werkes“.

Zu § 4 (425) RedVorl ist angemerkt: Zu vergl. § 100.

---

[1] Die in diesem Antrag des weiteren vorgeschlagenen §§ 643 b und 643 c s. bei §§ 638, 639 BGB.

[2] S. bei § 476 BGB.

## B. Vorkommission des Reichsjustizamtes

Struckmann (Nr 3, 94) I. Beantragt war die Streichung des § 570 E I[3].

II. 77. Sitzung vom 12. 4. 1892

| Prot-RJA 484 | XI. Der § 570 wurde, entsprechend den zu §§ 380 und 396 gefaßten Beschlüssen dahin formuliert:

E I-RJA § 570 Ein Vertrag, durch welchen die Haftung des Uebernehmers wegen eines Mangels des Werkes beschränkt oder erlassen wird, ist nichtig, wenn der Uebernehmer den Mangel arglistig verschwiegen hat.

## C. 2. Kommission

Struckmann (Nr 159, 25) I. Der dem § 570 E I-RJA entsprechende Antrag wurde angenommen (Prot. II, Bd. 2, S. 311, *Mugdan*, Bd. 2, S. 922).

II. In *VorlZust* der Beschlüsse der 2. Kom. hat die Vorschrift die beschlossene Fassung.

III. In der *ZustRedKom* lautet der Anfang der Vorschrift: „Eine Vereinbarung“ (statt: Ein Vertrag); ferner heißt es „Unternehmer“ (statt: Uebernehmer). Im übrigen ist die Fassung unverändert.

IV.,V. Im *E II* § 575 – mit der Ausnahme, daß es hier „beschränkt oder erlassen“ statt „erlassen oder beschränkt“ heißt, – und im *E II rev* § 627 hat die Vorschrift die in § 637 BGB Gesetz gewordene Fassung.

## § 638

**Der Anspruch des Bestellers auf Beseitigung eines Mangels des Werkes sowie die wegen des Mangels dem Besteller zustehenden Ansprüche auf Wandelung, Minderung oder Schadensersatz verjähren, sofern nicht der Unternehmer den Mangel arglistig verschwiegen hat, in sechs Monaten, bei Arbeiten an einem Grundstücke in einem Jahre, bei Bauwerken in fünf Jahren. Die Verjährung beginnt mit der Abnahme des Werkes.**

**Die Verjährungsfrist kann durch Vertrag verlängert werden.**

## § 639

**Auf die Verjährung der im § 638 bezeichneten Ansprüche des Bestellers finden die für die Verjährung der Ansprüche des Käufers geltenden Vorschriften des § 477 Absatz 2, 3 und der §§ 478, 479 entsprechende Anwendung.**

---

[3] S. den Wortlaut dieses Antrags bei §§ 633 – 636 BGB.

**Unterzieht sich der Unternehmer im Einverständnisse mit dem Besteller der Prüfung des Vorhandenseins des Mangels oder der Beseitigung des Mangels, so ist die Verjährung so lange gehemmt, bis der Unternehmer das Ergebniß der Prüfung dem Besteller mittheilt oder ihm gegenüber den Mangel für beseitigt erklärt oder die Fortsetzung der Beseitigung verweigert.**

## A. 1. Kommission

I. 220. Sitzung vom 13. 6. 1883, Schriftführer Neubauer (nicht anwesend v. Kübel)

| Beantragt war, hinter Art. 643 folgende Bestimmungen einzuschalten: | | Prot I 2317

| Artikel 643 b[1]. | Prot I 2317

„Die Ansprüche auf Beseitigung vorhandener Mängel und auf Minderung der Gegenleistung unterliegen in Ansehung beweglicher Sachen einer Verjährung von sechs Monaten, in Ansehung unbeweglicher Sachen einer Verjährung von einem Jahre dergestalt, daß nach Vollendung der Verjährung die Rechte von dem Besteller auch nicht mehr einredeweise geltend gemacht werden können. Kurlbaum (Nr 420)

| Binnen gleicher Frist verjährt der Anspruch auf Schadensersatz, sofern der Anspruch nicht darin sich gründet, daß der Mangel wissentlich verschwiegen worden. | Prot I 2318

Die Verjährungsfrist beginnt mit dem Zeitpunkte, in welchem das Werk von dem Besteller abgenommen worden ist. Sie kann durch Vertrag bis zur ordentlichen Verjährungsfrist (Allgem. Th. § 131) erweitert werden.

Der Rücktritt des Bestellers von dem Vertrage ist wegen Mängel des Werkes nur innerhalb der für die Verjährung bestimmten Frist zulässig."

Artikel 643 c.

„Ist vereinbart worden, daß der Uebernehmer wegen Mängel des Werks auf eine gewisse die Verjährungsfrist übersteigende Frist einstehen soll, so beginnt die Verjährungsfrist sowie die Frist zum Rücktritt nicht früher, als der Besteller innerhalb der vereinbarten Frist von dem Mangel Kenntniß erlangt hat."

(Eine gleiche Bestimmung wird zu § 101 beantragt.)[2] . . .

Auch der Artikel 643 b, nachdem er von dem Antragsteller dahin geändert war, daß

a, im ersten Absatze vor: „dergestalt" einzuschieben: „und in Ansehung von Bauwerken einer Verjährung von fünf Jahren,"

b, der letzte Absatz durch die Bestimmung zu ersetzen: „Der Rücktritt des Bestellers von dem Vertrage ist wegen Mängel des Werks nur so lange zulässig, als der Anspruch auf Beseitigung des Mangels oder auf Minderung der Gegenleistung noch nicht verjährt ist."

fand mit diesen Aenderungen die Billigung der Mehrheit.

| Erwogen war: | Prot I 2319

Bei der nahen Verwandtschaft, die zwischen dem Werkvertrage und dem Veräußerungsvertrage bestehe, seien die für den Veräußerungsvertrag nach dem § 101 der

---

[1] Art. 643 a dieses Antrags s. bei § 637 BGB.

[2] Es schließt sich ein auf Art. 643 a bezüglicher Satz an, der hier weggelassen ist, s. diesen Satz bei § 637 BGB.

Zusammenstellung der das Obligationenrecht betreffenden Beschlüsse (Protokolle vom 24. und 26. Mai 1882 S. 778–786[3]) hinsichtlich der Verjährung der Ansprüche wegen Mängel der Sache geltenden Vorschriften aus den Gründen, worauf diese Vorschriften beruhen, auf den Werkvertrag nach Maßgabe des gestellten Antrags für anwendbar zu erklären. Die Uebertragung sei um so angemessener, als in manchen Fällen die Entscheidung schwierig sein könne, ob der Vertrag ein Veräußerungsvertrag oder ein Werkvertrag sei. Bei der Uebertragung sei nur mit dem Antrage ein Doppeltes vorzusehen:

1. Für Bauwerke müsse wegen der bei der Herstellung eines Bauwerks sich zeigenden Besonderheiten die Verjährungsfrist eine geräumigere, als eine einjährige sein. Als die angemessene Frist erscheine für dieselbe nach den bei den Dresdener Berathungen zur Sprache gelangten Ermittlungen (Material S. 169) eine Frist von fünf Jahren.

2. Das Recht der Wandelung in Veräußerungsfällen sei als Anspruch konstruirt (zu vergl. § 83 a. a. O., Protokolle vom 15. und 26. Mai 1882 S. 737, 738, 787). Diese Konstruktion sei für das dem Uebernehmer zustehende Rücktrittsrecht verlassen, weshalb für das letztere eine besondere Bestimmung nöthig sei, welche ergebe, daß dasselbe nach Ablauf der Verjährungsfrist nicht mehr geltend gemacht werden könne.

Der verbesserte letzte Absatz des Artikels 643b enthalte in der gedachten Beziehung die sachgemäße Vorschrift, indem diese klarstelle, daß das Erlöschen des Rücktrittsrechts nicht allein von dem Ablaufe der Verjährungsfrist, sondern auch von den sonstigen, die Verjährung bedingenden Erfordernissen, insbesondere rücksichtlich des Beginns und des Laufs der Frist, abhänge. Mit Recht sei auch in der Vorschrift des
| Prot I 2320 Anspruchs auf | Minderung neben dem Anspruche auf Beseitigung des Mangels mit dem Verbindungsworte: „oder" besonders gedacht, da der Fall zu beachten sei, in welchem der Anspruch auf Beseitigung des Mangels wegen objektiver Unmöglichkeit nicht bestehe.

Gegen den Vorschlag sei das Bedenken erhoben, das Minderungsrecht lasse sich als Anspruch nicht betrachten, weil die sogenannte Minderung eine unmittelbare Rechtsfolge des Mangels sei. Dieses Bedenken erledige sich aber durch den § 68 der Zusammenstellung der das Obligationenrecht betreffenden Beschlüsse (Protokoll vom 1. Mai 1882 S. 664–669[4]) in Verbindung mit der Bestimmung des Vorschlags: die Verjährung beginne mit der Abnahme des Werks.

Ferner sei gegen den Vorschlag die Erinnerung erhoben: der Uebernehmer habe nach den in der vorigen Sitzung gefaßten Beschlüssen (S. 2306 u. ff.) zunächst nur das Recht, die Beseitigung des Mangels binnen einer von ihm zu bestimmenden angemessenen Frist zu fordern; nun könne sich zutragen, daß er wegen drohenden Ablaufs der Verjährung eine solche Frist nicht bestimmen könne, also genöthigt sei, auf Beseitigung des Mangels zu klagen; unterlasse in einem solchen Falle der Uebernehmer, nachdem er verurtheilt sei, die Befolgung des Urtheils, so würde der Besteller weitere Rechte wegen eingetretener Verjährung nicht geltend machen können. Auch diese Erinnerung sei unbegründet. Denn, wie sich von selbst verstehe und der Antragsteller ausdrücklich anerkannt habe, blieben gegen den zur Beseitigung des Mangels verurtheilten Uebernehmer die Bestimmungen des § 188 der Zusammenstellung der das Obligationenrecht betreffenden Beschlüsse (Protokolle vom 2. und 4. Oktober 1882 S. 1116–1128[5]) anwendbar. Bei der Redaktion werde zu prüfen sein, ob es nöthig sei, dies besonders hervorzuheben und allenfalls zu bestimmen, durch die Klage auf Beseitigung des Man-

[3] S. bei § 477 BGB.
[4] S. bei § 363 BGB.
[5] S. bei § 283 BGB.

gels erhalte sich der Besteller die Befugniß, nach Maßgabe der allgemeinen Grundsätze bezw. nach dem § 188 a. a. O. das Recht des Rücktritts, der Minderung und auf Schadensersatz geltend zu machen.

| Endlich könne gegen den Vorschlag auch nicht eingewendet werden: die sechsmonatige und einjährige Verjährungsfrist erscheine für manche Fälle zu kurz. Ueberall, wo die Erinnerung zutreffe, werde es Sache des Bestellers sein, eine geräumigere Frist auszubedingen. | Prot I 2321

Der Artikel 643c wurde durch Mehrheitsbeschluß abgelehnt.

Man war der Ansicht:

Die Fälle, in welchen besondere Garantiefristen vereinbart würden, seien erfahrungsmäßig nicht selten. Anzuerkennen sei ferner, daß oft Streit darüber entstehe, welcher Sinn einer solchen Vereinbarung — namentlich im Verhältniß zu den Verjährungsvorschriften — beizulegen sei. Indessen sei es überaus bedenklich, in das Gesetz eine Vorschrift aufzunehmen, welche bezwecke — auch nur in beschränktem Maße — eine Interpretationsregel aufzustellen, wie eine derartige Vereinbarung auszulegen sei. Die Erfahrung lehre, wie verschieden der Sinn sei, in welchem eine Garantiefrist vereinbart sein könne; nur aus den besonderen Umständen des einzelnen Falls könne erkannt werden, welche Bedeutung der Vereinbarung zukomme. Hierin liege auch der Grund, weshalb schon bei Berathung des § 101 der Zusammenstellung der das Obligationenrecht betreffenden Beschlüsse (Protokolle S. 783, 784) davon abgesehen sei, für den Veräußerungsvertrag eine Vorschrift, wie die jetzt beantragte, zu beschließen.

Es lag der Antrag vor, in einem besonderen Paragraphen zu bestimmen: Derscheid (Nr 413)

„Die mangelhafte Beschaffenheit eines Bauwerks kann von dem Besteller nicht geltend gemacht werden, wenn der Mangel erst nach Ablauf von fünf Jahren seit der Abnahme entdeckt worden ist.

Diese Bestimmung findet keine Anwendung, wenn der Uebernehmer des Bauwerks den Mangel wissentlich verschwiegen hat.

Stürzt vor Ablauf der bezeichneten fünfjährigen Frist das Bauwerk ganz oder theilweise ein, so ist der Ueber- | nehmer verantwortlich, sofern er nicht beweist, daß der Einsturz durch einen von ihm nicht zu vertretenden Umstand verursacht worden." | Prot I 2322

Der Antrag wurde in Folge der obigen Beschlüsse dahin geändert:

unter Streichung der beiden ersten Absätze den Eingang des dritten Absatzes zu fassen:

„Stürzt vor Ablauf von fünf Jahren seit der Abnahme ein von dem Uebernehmer hergestelltes Bauwerk ein, so ist pp."

Die Mehrheit erklärte sich gegen den Vorschlag.

Sie ging davon aus:

Eine Bestimmung wie die vorgeschlagene, müsse nothwendig in manchen Fällen eine objektive Ungerechtigkeit zur Folge haben. Sie sei überdies, im Hinblicke auf das Prinzip der freien Beweiswürdigung, als ein Bedürfniß nicht anzuerkennen.

Die Anregung, ob nicht eine ähnliche Bestimmung, wie die in § 106 der Zusammenstellung der das Obligationenrecht betreffenden Beschlüsse (Protokolle vom 31. Mai 1882 S. 807, 808, 810, 811) enthaltene aufzunehmen sei, fand keinen Anklang[6].

**II. 1., 2.** In der *RedVorl* und der *ZustOR* lautet die beschlossene Vorschrift als § 426:

Der Anspruch des Bestellers auf Beseitigung eines vorhandenen Mangels sowie der wegen des letzteren dem Besteller zustehende Anspruch auf Minderung der Gegenlei- RedVorl/ZustOR § 426

[6] S. ferner auch noch Prot I 2365, 2366 bei §§ 631, 632 BGB.

stung unterliegen in Ansehung beweglicher Sachen einer Verjährung von sechs Monaten, in Ansehung unbeweglicher Sachen einer Verjährung von Einem Jahre und in Ansehung eines Bauwerks einer Verjährung von fünf Jahren dergestalt, daß nach Vollendung der Verjährung die Rechte von dem Besteller auch nicht mehr einredeweise geltend gemacht werden können.

Binnen gleicher Frist verjährt der Anspruch auf Schadensersatz, sofern der Anspruch nicht darin sich gründet, daß der Mangel wissentlich verschwiegen worden ist.

Die Verjährungsfrist beginnt mit dem Zeitpunkte, an welchem das Werk von dem Besteller[7] abgenommen worden ist. Sie kann durch Vertrag bis zur ordentlichen Verjährungsfrist (Allgem. Th. § 131) erweitert werden.

Der Rücktritt des Bestellers von dem Vertrage wegen eines Mangels des Werks ist nur so lange zulässig, als der Anspruch auf Beseitigung des Mangels oder auf Minderung der Gegenleistung nicht verjährt ist.

In der RedVorl hat § 5 (426) noch den folgenden fünften Absatz:

Ist der Uebernehmer (auf die Klage des Bestellers) zur Beseitigung des Mangels rechtskräftig verurtheilt, so wird das Recht des Bestellers, nach Maßgabe des § 188 Schadensersatz wegen Nichterfüllung (oder Minderung der Gegenleistung) zu fordern oder vom Vertrage zurückzutreten, dadurch nicht ausgeschlossen, daß inmittelst die im Absatz 1 bezeichnete Verjährungsfrist verstrichen ist.

Zum § 5 (426) ist in der RedVorl angemerkt:

1. Zu vergl. § 101.

2. Sollte der letzte Absatz nöthig sein? Im Grunde bestimmt er nur, durch die auf Verfolgung des Haupt- und Prinzipialrechts gerichtete Klage auf Nachbesserung wahrt sich der Besteller alle Rechte mit der Abweichung, daß er die Nachbesserungsfrist erst nach der Verurtheilung stellen kann. Der § 188 und die darin allegirten §§ 185–187 reden nicht von der Minderung der Gegenleistung. Das Minderungsrecht ist in dem Rechte, Schadensersatz zu fordern, insofern nicht begriffen, als die Leistung durch Zufall unmöglich geworden sein kann. Allein in einem solchen Falle wird immer mora des Verurtheilten anzunehmen sein. Daraus erklärt sich die Fassung der zitirten §§. Es wird sich daher fragen, ob nicht im letzten Absatz: „oder Minderung der Gegenleistung" zu streichen sei.

Kurlbaum (Nr 568, 34) 3. Auf entsprechenden Antrag wurde der Schluß des 2. Absatzes des § 426 wie folgt gefaßt:

„sofern der Anspruch nicht darin sich gründet, daß der Uebernehmer den Mangel gekannt und verschwiegen hat" (Prot I 3289).

Kurlbaum (Nr 570 IV 18) Ferner wurde auf entsprechenden Antrag in Abs. 2 der Anfang gefaßt: „Mit Ablauf einer gleichen Frist" (Prot I 3553, 3554, 3560).

Kurlbaum (Nr 570 II) Der Abs. 3 schließlich wurde antragsgemäß in zwei Absätze getrennt, wobei Satz 2 zu Abs. 3 und Satz 1 zu Abs. 4 wurde (Prot I 3549, 3559).

**III. 1.** Im *KE* ist die Vorschrift in § 564 unter Berücksichtigung der vorstehenden Änderungen enthalten. Ferner heißt es in Abs. 4: „Verjährung" (statt: Verjährungsfrist[8])

---

[7] Im Original heißt es – offenbar durch ein Versehen – „Uebernehmer" statt „Besteller"; vgl. die folgende N.

[8] Den in diesem Absatz enthaltenen Druckfehler („Uebernehmer" statt „Besteller") hat die Kom. selbst berichtigt (Prot. I 11824).

2. Bei der 2. Beratung des KE wurde ein Antrag, in § 564 Abs. 1 wie in einer Reihe anderer Vorschriften statt „unbewegliche Sache" zu setzen „Grundstück"[9] abgelehnt. Man hielt die bisherige Fassung zur Hervorhebung des Gegensatzes zwischen beweglichen und unbeweglichen Sachen für den in diesem Paragraphen bezeichneten Fall für angemessen (Prot. I 11781). Johow (Nr 606, 1)

IV. Im *E I* entspricht § 571 dem § 564 KE, jedoch heißt es in Abs. 1 „unterliegt" (statt: unterliegen), in Abs. 2 „sofern nicht der Anspruch" (statt: sofern der Anspruch nicht), und im Abs. 3 fehlt das Zitat der Vorschrift des Allg. Teils.

## B. Vorkommission des Reichsjustizamtes

I. Beantragt war:

Den § 571 (vergl. auch § 579 Nr. 1, 2) durch folgende Vorschriften zu ersetzen: Struckmann (Nr 3, 95)

Die nach den §§ 569 bis 569b dem Besteller zustehenden Ansprüche verjähren in sechs Monaten, bei unbeweglichen Sachen jedoch erst in einem Jahre und bei Bauwerken erst in fünf Jahren.

Die Verjährungsfrist kann durch Vertrag bis zur ordentlichen Verjährung verlängert werden. Die Verjährung beginnt mit der Abnahme des Werkes durch den Besteller, sofern aber eine solche nach dem Gegenstande des Werkvertrages ausgeschlossen ist, mit der Vollendung der dem Uebernehmer obliegenden Leistungen.

Tritt nach der von dem Uebernehmer versuchten Beseitigung des Mangels dieser später von Neuem hervor, so beginnt mit diesem Zeitpunkte wegen der auf den Mangel sich beziehenden Ansprüche des Bestellers eine neue Verjährung.

Hat der Besteller vor Ablauf der Verjährung dem Uebernehmer den Mangel angezeigt, so kann er die im Abs. 1 bezeichneten Ansprüche auch noch nach Ablauf der Verjährung im Wege der Einrede geltend machen.

Die Vorschriften des Abs. 1 finden keine Anwendung, wenn der Uebernehmer den Mangel dem Besteller arglistig verschwiegen hat.

II. 77. Sitzung vom 12. 4. 1892

| XII. Den § 571 beschloß man durch folgende Bestimmungen zu ersetzen: | Prot-RJA 484

Der Anspruch des Bestellers auf Beseitigung eines Mangels des Werkes sowie die wegen des Mangels dem Besteller zustehenden Ansprüche auf Wandelung oder Minderung und auf Schadensersatz verjähren, sofern nicht der Uebernehmer den Mangel arglistig verschwiegen hat, in sechs Monaten, bei unbeweglichen Sachen jedoch in einem Jahre und bei Bauwerken in fünf Jahren. Die Verjährung beginnt mit der Abnahme des Werkes, sofern aber nach dem Gegenstande des Vertrags eine Abnahme ausgeschlossen ist, mit der Vollendung der dem Uebernehmer obliegenden Leistungen. Die Verjährungsfrist kann durch Vertrag verlängert werden. Die Vorschriften des § 397 Abs. 2 und des § 397a finden entsprechende Anwendung. E I-RJA § 571

Eine Hemmung oder Unterbrechung der Verjährung des einen der im Abs. 1 bezeichneten Ansprüche bewirkt auch eine Hemmung oder Unterbrechung der Verjährung der anderen Ansprüche. Hat der Uebernehmer sich der Prüfung des Vorhandenseins des Mangels oder der Beseitigung desselben unterzogen, so ist die Verjährung so

[9] S. die Begründung dieses Antrags bei § 477 BGB.

lange gehemmt, bis er das Ergebniß der Prüfung dem Besteller mitgetheilt oder diesem gegenüber die Beseitigung des Mangels für vollzogen erklärt oder die Fortsetzung derselben verweigert hat.

| Prot-RJA 485 | Der Absatz 1 des Beschlusses bezweckte, die Bestimmungen des § 571 den zu § 397 gefaßten Beschlüssen anzupassen und mit Rücksicht auf die zu § 567 beschlossene Streichung des § 579 nach Maßgabe der auf den § 571 sich beziehenden Vorschriften des § 579 Nr. 1, 2 zu ergänzen.

Die Vorschrift des Abs. 2 Satz 1 hielt man hier durch die besondere Erwägung für gerechtfertigt, daß der Besteller unter Umständen ein Interesse daran habe, zunächst auf Beseitigung des Mangels zu klagen, daß es aber unbillig sei, wenn während des Prozesses die Ansprüche auf Wandelung oder Minderung verjähren könnten. Diese Ansprüche und der auf Beseitigung seien zwar formell verschieden, aber ihrem Endziele nach gleiche Ansprüche. Zu einer Erstreckung des Gedankens des Satzes 1 auf Mängelansprüche bei Veräußerungsverträgen konnte man ein allgemeines Bedürfniß nicht erkennen.

Die Bestimmung des Abs. 2 Satz 2 erschien durch die Rücksicht auf Treu und Glauben geboten. Man nahm an, daß in den vorausgesetzten Fällen vielfach auch eine Unterbrechung der Verjährung durch Anerkennung vorliegen werde, daß aber, wo dies nicht der Fall sei, dem Interesse des Bestellers auch mit der bloßen Hemmung der Verjährung hinreichend Rechnung getragen werde, da er nur verlangen könne, daß ihm durch den Versuch der Beseitigung des Mangels nicht die Frist zur Geltendmachung seiner Ansprüche *verkürzt* werde.

### C. 2. Kommission

**I.** Beantragt war (Prot. II, Bd. 2, 312ff., *Mugdan*, Bd.2, S. 922f.):

Struckmann (Nr 159, 26) 1. die Fassung des § 571 E I-RJA mit den Abweichungen, daß im Abs. 1 im S. 1 „erst" vor „in einem Jahre" und im S. 2 vor „Vorschriften" eingeschaltet ist „für den Kauf geltenden" sowie daß es im Abs. 2 im S. 1 „eines der" statt „des einen der" und im S. 2 heißt „Beseitigung des Mangels", „ihm gegenüber" und „Fortsetzung der Beseitigung" statt „Beseitigung desselben", „diesem gegenüber" und „Fortsetzung derselben".

2. die Bestimmungen des zweiten Absatzes des § 571 E I-RJA in folgender Fassung dem § 397 (VorlZust) als Absatz 3 einzufügen:

Eine Hemmung der Verjährung eines der im Abs. 1 bezeichneten Ansprüche oder eine in Ansehung eines dieser Ansprüche vorgenommene Unterbrechungshandlung bewirkt auch eine Hemmung oder Unterbrechung der Verjährung der anderen Ansprüche. Hat der Verkäufer sich der Prüfung des Vorhandenseins des Mangels oder der Beseitigung des Mangels unterzogen, so ist die Verjährung so lange gehemmt, bis er das Ergebniß der Prüfung dem Käufer mitgetheilt oder ihm gegenüber die Beseitigung des Mangels für vollzogen erklärt oder die Fortsetzung der Beseitigung verweigert hat.

3. nach Annahme des Antrags 2 in dem Abs. 1 Satz 4 (des Antrags 1) statt „§ 397 Abs. 2" zu setzen „§ 397 Abs. 2, 3";

4. dem zu den §§ 402, 403 beschlossenen § 449a der C.P.O. folgende Fassung zu geben:

Die Beweisaufnahme kann, auch ohne daß die Voraussetzungen des § 447 vorliegen, beantragt werden, wenn Mängel einer Sache oder eines Werkes festzustellen sind, wegen deren der Gegner Gewähr leisten soll.

Hat der Erwerber einer Sache dem Veräußerer einen Mangel angezeigt oder die Annahme der Sache wegen Mangelhaftigkeit abgelehnt, so kann auch der Veräußerer die Beweisaufnahme nach Maßgabe des Abs. 1 beantragen. In gleicher Weise ist der Uebernehmer eines Werkes zu dem Antrage berechtigt, wenn der Besteller ihm einen Mangel angezeigt oder die Abnahme des Werkes wegen Mangelhaftigkeit verweigert hat.

Die Kom. nahm den Antrag 1 an, beschloß aber den ersten Satz des zweiten Absatzes nach dem Antrage 2 auf den Kauf zu erstrecken und in den § 397 einzustellen; im Uebrigen wurde der Antrag 2 abgelehnt und der Antrag 3 durch die gefaßten Beschlüsse als erledigt angesehen. Der Antrag 4 fand Annahme. Die redaktionelle Gestaltung der Beschlüsse blieb der RedKom überlassen.

II. In der *VorlZust* der Beschlüsse der 2. Kom. hat die Vorschrift die Fassung:

Der Anspruch des Bestellers auf Beseitigung eines Mangels des Werkes sowie die wegen des Mangels dem Besteller zustehenden Ansprüche auf Wandelung oder Minderung und auf Schadensersatz verjähren, sofern nicht der Uebernehmer den Mangel arglistig verschwiegen hat, in sechs Monaten, bei unbeweglichen Sachen jedoch erst in einem Jahre und bei Bauwerken in fünf Jahren. Die Verjährung beginnt mit der Abnahme des Werkes, sofern aber nach dem Gegenstande des Vertrags eine Abnahme ausgeschlossen ist, mit der Vollendung der dem Uebernehmer obliegenden Leistungen. Die Verjährungsfrist kann durch Vertrag verlängert werden. Die für den Kauf geltenden Vorschriften des § 469r Abs. 2, 3 und des § 469s finden entsprechende Anwendung. E I-VorlZust § 571[10]

Hat der Uebernehmer sich im Einverständnisse mit dem Besteller der Prüfung des Vorhandenseins des Mangels oder der Beseitigung des Mangels unterzogen, so ist die Verjährung so lange gehemmt, bis er das Ergebniß der Prüfung dem Besteller mitgetheilt oder ihm gegenüber die Beseitigung des Mangels für vollzogen erklärt oder die Fortsetzung der Beseitigung verweigert hat.

III. In der *ZustRedKom* lautet die Vorschrift:

Der Anspruch des Bestellers auf Beseitigung eines Mangels des Werkes sowie die wegen des Mangels dem Besteller zustehenden Ansprüche auf Wandelung, Minderung E I-ZustRedKom § 571[11]

---

[10] Dazu ist angemerkt:

1. Der § 469r der Zusammenstellung (gemeint ist die ZustRedKom) erhält folgenden dritten Absatz:

   Eine Hemmung oder Unterbrechung der Verjährung eines der im Abs. 1 bezeichneten Ansprüche bewirkt auch eine Hemmung oder Unterbrechung der Verjährung der anderen Ansprüche.

2. Der nach der Anmerkung zu § 469r der Zusammenstellung (gemeint ist die ZustRedKom) in den Art. 11 des Entw. des Einf.Ges. einzustellende § 449a der C.P.O erhält folgende Fassung: Die Beweisaufnahme kann, auch ohne daß die Voraussetzungen des § 447 vorliegen, beantragt werden, wenn Mängel einer Sache oder eines Werkes festzustellen sind, wegen deren der Gegner Gewähr leisten soll.

   Hat der Erwerber einer Sache dem Veräußerer einen Mangel angezeigt oder die Annahme der Sache wegen Mangelhaftigkeit abgelehnt, so kann auch der Veräußerer die Beweisaufnahme nach Maßgabe des Abs. 1 beantragen. In gleicher Weise ist der Uebernehmer eines Werkes zu dem Antrage berechtigt, wenn der Besteller ihm einen Mangel angezeigt oder die Abnahme des Werkes wegen Mangelhaftigkeit verweigert hat.

[11] Hierzu ist dasselbe angemerkt wie zu § 571 E I-VorlZust mit folgenden Abweichungen: Der Anfang der dem § 469r als 3. Absatz zuzufügenden Bestimmung lautet: „Die Hemmung ...". Ferner heißt es statt: „Uebernehmer" „Unternehmer".

oder Schadensersatz verjähren, sofern nicht der Uebernehmer den Mangel arglistig verschwiegen hat, in sechs Monaten, bei unbeweglichen Sachen jedoch erst in einem Jahre, bei Bauwerken in fünf Jahren. Die Verjährung beginnt mit der Abnahme des Werkes, sofern aber nach der Beschaffenheit des Werkes eine Abnahme ausgeschlossen ist, mit der Vollendung. Die Verjährungsfrist kann durch Vertrag verlängert werden. Die für die Verjährung bei dem Kaufe geltenden Vorschriften des § 469r Abs. 2, 3 und des § 469s finden entsprechende Anwendung.

Hat sich der Unternehmer im Einverständnisse mit dem Besteller der Prüfung des Vorhandenseins des Mangels oder der Beseitigung des Mangels unterzogen, so ist die Verjährung so lange gehemmt, bis er das Ergebniß der Prüfung dem Besteller mitgetheilt oder ihm gegenüber den Mangel für beseitigt erklärt oder die Fortsetzung der Beseitigung verweigert hat.

**IV.** Im *E II* lautet die Vorschrift als § 576:

E II § 576 Der Anspruch des Bestellers auf Beseitigung eines Mangels des Werkes sowie die wegen des Mangels dem Besteller zustehenden Ansprüche auf Wandelung, Minderung oder Schadensersatz verjähren, sofern nicht der Unternehmer den Mangel arglistig verschwiegen hat, in sechs Monaten, bei Arbeiten an einem Grundstücke jedoch in einem Jahre, bei Bauwerken in fünf Jahren. Die Verjährung beginnt mit der Abnahme des Werkes.

Die Verjährungsfrist kann durch Vertrag verlängert werden. Die für die Verjährung der Ansprüche des Käufers geltenden Vorschriften des § 413 Abs. 2, 3 und des § 414 finden entsprechende Anwendung. Hat sich der Unternehmer im Einverständnisse mit dem Besteller der Prüfung des Vorhandenseins des Mangels oder der Beseitigung des Mangels unterzogen, so ist die Verjährung so lange gehemmt, bis der Unternehmer das Ergebniß der Prüfung dem Besteller mitgetheilt oder ihm gegenüber den Mangel für beseitigt erklärt oder die Fortsetzung der Beseitigung verweigert hat.

**V.** Im *E II rev* ist die Vorschrift in die §§ 628, 629 zerlegt. Damit liegt die in §§ 638, 639 BGB Gesetz gewordene Fassung vor.

## § 640

**Der Besteller ist verpflichtet, das vertragsmäßig hergestellte Werk abzunehmen, sofern nicht nach der Beschaffenheit des Werkes die Abnahme ausgeschlossen ist.**

**Nimmt der Besteller ein mangelhaftes Werk ab, obschon er den Mangel kennt, so stehen ihm die in den §§ 633, 634 bestimmten Ansprüche nur zu, wenn er sich seine Rechte wegen des Mangels bei der Abnahme vorbehält.**

### A. 1. Kommission

**I.** 219. Sitzung vom 11. 6. 1883, Schriftführer Neubauer (nicht anwesend v. Kübel)

| Prot I 2311 | Zu den Artikeln 641–643 des Entwurfs, welche lauten:

Artikel 641.

„Ist das Werk nach erfolgter Ausführung desselben von dem Besteller gutgeheißen worden, so kann dieser die ihm nach Artikel 640 zustehenden Rechte nicht mehr geltend machen, ausgenommen wenn die Mängel oder die Vertragswidrigkeit der Ausführung des Werkes von der Art waren, daß sie von dem Besteller bei sorgfältiger Prüfung nicht wahrgenommen werden konnten, oder wenn der Unternehmer die Mängel oder die Vertragswidrigkeit der Ausführung arglistig verschwiegen hat." DresdE Art 641

Artikel 642.

„Als eine Gutheißung des Werkes ist es insbesondere zu betrachten, wenn der Besteller das überlieferte Werk ohne Vorbehalt angenommen oder nach dessen Ueberlieferung den für solches im Ganzen bestimmten Lohn ganz oder auf Abschlag zum Theil bezahlt hat. Ist der Lohn für das Werk nach Theilen bestimmt und das Werk nach Theilen überliefert worden, so gelten die Theile, für welche der Lohn bezahlt worden ist, als gutgeheißen." DresdE Art 642

Artikel 643.

„Hat der Besteller bei Annahme des Werkes die Erklärung über dessen Gutheißung sich vorbehalten, so ist er verpflichtet, sich innerhalb vierzehn Tagen von Ablieferung des Werkes an zu erklären. Erklärt er sich | innerhalb dieser Zeit nicht, so ist das Werk als gutgeheißen anzusehen." DresdE Art 643 | Prot I 2312

lagen die Anträge vor,

1. a, vor Artikel 641 folgenden § einzuschalten: Planck (Nr 417)

§ 640a.

„Der Besteller ist verpflichtet die vertragsmäßig hergestellte oder geänderte Sache abzunehmen. Hat er die Sache abgenommen, so ist er Mängel des Werkes, von welchen er Kenntniß hatte, nur dann geltend zu machen befugt, wenn er sich bei der Abnahme seine Rechte wegen der Mängel vorbehalten hat."

b, den Artikel 641 dahin zu fassen:

„Ist das Werk nach erfolgter Ausführung desselben von dem Besteller gutgeheißen worden, so ist derselbe Mängel des Werkes, welche er gekannt hat überhaupt nicht mehr, andere Mängel nur dann geltend zu machen befugt, wenn sie von der Art waren, daß sie dem Besteller bei sorgfältiger Prüfung verborgen bleiben konnten oder wenn der Uebernehmer sie gekannt und verschwiegen hat."

c, den Artikel 642 zu streichen und den Artikel 643 durch folgende Bestimmung zu ersetzen:

„Auf Verlangen des Uebernehmers ist der Besteller nach Ausführung des Werkes verpflichtet, sich binnen einer ihm von dem Uebernehmer gesetzten angemessenen Frist darüber zu erklären, ob er das Werk gutheiße oder nicht. Nach Ablauf dieser Frist gilt das Werk insoweit als gutgeheißen, als der Besteller dem Uebernehmer nicht von Mängeln des Werks Anzeige gemacht hat."

d, Hinter Artikel 643 folgende Bestimmung zu setzen:

§ 643a.

„Gelangen nach der Abnahme oder nach der Gut- | heißung des Werkes Mängel desselben zur Kenntniß des Bestellers, so ist er verpflichtet, dem Uebernehmer davon | Prot I 2313 ungesäumt Anzeige zu machen, widrigenfalls er das Recht, dieselben geltend zu machen, verliert."

Kurlbaum (Nr 416, 3) 2. der aus dem Antrage Nº 2 zum Artikel 640 – S. 2305 – sich ergebende, bezw. weitere Antrag die Artikel 641 – 643 durch die Vorschriften zu ersetzen:

„Der Besteller ist verpflichtet, das vertragsmäßig hergestellte Werk abzunehmen. Wegen einer unerheblichen Minderung des Werths oder der Tauglichkeit des Werks darf die Abnahme nicht verweigert werden. Der Besteller kann auch nach erfolgter Abnahme des Werks die Beseitigung der vorhandenen Mängel fordern. Hat der Besteller das mit einem Mangel behaftete Werk angenommen, obschon er von demselben Kenntniß hatte, so stehen ihm die aus den Beschlüssen zum Artikel 640 sich ergebenden Rechte nur dann zu, wenn er bei der Annahme sich wegen des Mangels seine Rechte vorbehalten hat."[1]

3. der Antrag, der vorstehenden Bestimmung hinzuzufügen:

„Der Besteller könne auch solche Mängel nicht nachträglich geltend machen, welche ihm bei der Abnahme in Folge grober Fahrlässigkeit unbekannt geblieben seien."

Die Mehrheit erklärte sich, vorbehaltlich der bei der Redaktion zu bestimmenden Fassung für den Antrag Nº 2, und zwar ohne den unter Nº 3 bezeichneten Zusatz.

Erwogen war:

Zunächst sei eine Bestimmung nöthig, welche – ähnlich, wie die im letzten Absatze des § 318 der Zusammenstellung der das Obligationenrecht betreffenden Beschlüsse (Protokoll vom 12. März 1883, S. 1845 – 1848[2]) sich findende, die Abnahmepflicht des Käufers aussprechende Vorschrift, – den Besteller für verpflichtet erkläre, das vertragsmäßig hergestellte Werk abzunehmen. Indessen | nöthigten dieselben Gründe, welche | Prot I 2314 veranlaßt hätten, dem Besteller wegen unerheblicher Mängel den Rücktritt zu versagen – S. 2306, 2310 – dazu, auch das Recht desselben nicht anzuerkennen, wegen solcher Mängel die Abnahme zu verweigern.

Betreffend die Rechtsfolgen der Abnahme, so stelle sich die letztere als eine Rechtshandlung dar, welche, an und für sich, von der Annahme der veräußerten Sache von Seiten des Erwerbers in Nichts verschieden sei. Der § 86 der Zusammenstellung (Protokoll vom 17. Mai 1882, S. 743, 744[3]) ergebe, welche Folgen sich an diese Annahme des Erwerbers knüpften. Seine Bestimmungen seien, wie der Antrag Nº 2 vorschlage, in geeigneter Fassung zu übernehmen. Der in dem Antrage Nº 3 vorgeschlagene Zusatz lasse sich damit nicht in Einklang bringen. Gegen die Aufnahme desselben sei aber noch ein anderer – nämlich der gegen das System des Entwurfs und des Antrags Nº 1 streitende – Grund geltend zu machen. Der Entwurf regele in Artikel 641 die Rechtsfolgen der Gutheißung oder Billigung des Werks. Durch die Billigung solle der Besteller zugleich das Recht verlieren, einen Mangel geltend zu machen, der bei sorgfältiger Prüfung hätte entdeckt werden können, es sei denn, daß dem Uebernehmer eine arglistige Verschweigung zur Last falle. Die beiden folgenden Artikel enthielten sodann noch die einschneidenden Vorschriften: Annahme ohne Vorbehalt, Zahlung des Lohns und bei Annahme mit Vorbehalt Stillschweigen während vierzehn Tagen gälten als Billigung. Der Entwurf erblicke in der letzteren sichtbar ein besonderes Rechtsgeschäft.

Nun könne doch das juristische Wesen dieses Rechtsgeschäfts an und für sich nur darin gefunden werden, daß der Besteller die gehörige Erfüllung des Vertrags durch den

---

[1] Der Antrag übernimmt aus seiner metal. Fassung die §§ b, c und im letzten Satz den § d, s. o. bei §§ 633 – 636 BGB die N. 5.

[2] S. bei § 433 BGB.

[3] S. bei § 464 BGB.

Uebernehmer anerkenne. Sei dies richtig, so müßte der Besteller nach den allgemeinen Grundsätzen (zu vgl. §§ 303 und 259 der Zusammenstellung der das Obligationenrecht betreffenden | Beschlüsse — Protokolle vom 16., 19., 21. Februar und 5. März 1883, bezw. vom 13. Dezember 1882 und 21. Februar 1883, S. 1739—1808 und 1473—1475, 1758—1769 —[4]) befugt sein, wegen jedes bei der Abnahme ihm unbekannt gebliebenen Mangels das Anerkenntniß anzufechten, gleichviel ob das Nichterkennen oder der Irrthum auf grobem oder mäßigem Versehen beruht habe oder unverschuldet gewesen sei. Dies Ergebniß stehe im Einklange mit dem Antrage № 2 ohne den unter № 3 vorgeschlagenen Zusatz, nicht aber mit dem Entwurfe. | Prot I 2315

Zu Tage trete, daß der Entwurf — und ähnlich der Antrag № 1 — die Folgen der Billigung in positiver Weise und in Abweichung von den allgemeinen Grundsätzen regelten. Eine solche Normirung unterliege aber den erheblichsten Bedenken. Unklar bleibe schon, was unter „Gutheißung" oder „Billigung" im Gegensatze zur „Annahme" oder „Abnahme" zu verstehen sei. Der Entwurf greife zu der Auskunft, in der Annahme ohne Vorbehalt, in der Lohnzahlung, in dem Schweigen während einer vierzehntägigen Frist bei Annahme mit Vorbehalt die Billigung zu finden. Solche positive Anordnungen gereichten aber sichtbar in vielen Fällen dem Besteller zur größten Beschwerde. Es wolle nicht einleuchten, weshalb derselbe allgemein nachtheiliger gestellt werden müsse, wie im Veräußerungsfalle der Erwerber der Sache. Eine gleiche Erinnerung lasse sich erheben gegen das in dem Antrage № 1 vorgeschlagene Auskunftsmittel, wonach Billigung anzunehmen sei, wenn der Besteller sich nicht binnen einer von dem Uebernehmer zu bestimmenden angemessenen Frist erkläre, während dieser Antrag zugleich den Zweifel nicht löse, unter welchen Voraussetzungen im Uebrigen Billigung anzunehmen sei. Es sei nicht zu leugnen, daß Billigung oder Gutheißung im Gegensatz zur bloßen Abnahme oder Annahme ein dehnbarer und unbestimmter Begriff sei, daß nur konkret entschieden werden könne, was darunter zu verstehen sei und ob und inwiefern der Besteller durch | besondere Billigung oder Gutheißung auf das Rügerecht zu verzichten beabsichtigt und verzichtet habe, daß es ferner noch mißlicher sein würde, in jeder Annahme, sofern nicht spezielle Vorbehalte gemacht worden, eine wie ein Verzicht auf das Rügerecht wegen der nicht erkannten, oder erkennbar gewesenen Mängel wirkende Billigung zu finden oder den Besteller zu einer Billigung mit solchen Wirkungen zu nöthigen. Zugleich leuchte ein, daß durch den unter № 3 beantragten Zusatz das Prinzip des Entwurfs, wonach die Billigung bezw. Annahme ohne Vorbehalt das Recht entziehe, Mängel zu rügen, die nicht entdeckt worden, aber zu entdecken waren, mit der Modifikation gebilligt sein würde, daß dem Besteller nicht mäßiges Versehen, sondern nur grobe Fahrlässigkeit präjudizire. | Prot I 2316

Der Antragsteller zu № 1 stellte den Antrag, die in dem Antrage № 1 als Artikel 643a vorgeschlagene Bestimmung (zu d, S. 2312, 2313) noch aufzunehmen. Die Mehrheit erklärte sich gegen die Aufnahme, weil sie zu einer solchen speziellen, allerdings dem Artikel 361 des Schweizer Obligationenrechts entsprechenden Anordnung kein Bedürfniß erkannte. Planck (Nr 417)

**II.—IV.** In der *RedVorl* und der *ZustOR* § 427, im *KE* § 565 und im *E I* § 572 lautet die beschlossene Vorschrift:

Der Besteller ist verpflichtet, das vertragsmäßig hergestellte Werk abzunehmen. Wegen eines den Werth oder die Tauglichkeit nur in unerheblichem Maße verringernden Mangels kann er die Abnahme nicht verweigern. Hat er das mit einem Mangel RedVorl/ZustOR § 427, KE § 565, E I § 572

[4] S. bei §§ 781, 397 BGB.

behaftete Werk abgenommen, obschon er von dem Mangel Kenntniß hatte, so stehen ihm die im § 569 Abs. 1 bis 3 (RedVorl: § 3; ZustOR: § 424 Abs. 1–3; KE: § 561 Abs. 1 bis 3) bezeichneten Rechte nur dann zu, wenn er bei der Abnahme sich wegen des Mangels seine Rechte vorbehalten hat.

Zu § 6 (Art. 641–643) 427 RedVorl ist angemerkt:

1. Zu vergl. § 86.

2. Beschlußgemäß kann also der Besteller die Abnahme des mit einem Mangel behafteten Werks ablehnen.

## B. Vorkommission des Reichsjustizamtes

Struckmann (Nr 3, 96) I. Beantragt war:

Den § 572 in folgender Fassung vor § 571 einzustellen:

Der Besteller ist verpflichtet, das vertragsmäßig hergestellte Werk abzunehmen. Nach erfolgter Abnahme stehen ihm Ansprüche wegen Mängel des Werkes nur noch insoweit zu, als die Mängel ihm bei der Abnahme ohne grobe Fahrlässigkeit unbekannt geblieben oder von dem Uebernehmer arglistig verschwiegen sind, oder als er bei der Abnahme wegen bestimmt bezeichneter Mängel seine Rechte sich vorbehalten hat.

II. 77. Sitzung vom 12. 4. 1892

| Prot-RJA 485 | XIII. Zu § 572 wurde beschlossen, ihn durch folgende Vorschriften zu ersetzen:

E I-RJA § 572 Der Besteller ist verpflichtet, das vertragsmäßig hergestellte Werk abzunehmen. Nach erfolgter Abnahme stehen ihm Ansprüche wegen Mängel des Werkes nur noch insoweit zu, als die Mängel ihm bei der Abnahme ohne grobe Fahrlässigkeit unbe-| Prot-RJA 486 |kannt geblieben oder von dem Uebernehmer arglistig verschwiegen sind, oder als er bei der Abnahme wegen bestimmt bezeichneter Mängel seine Rechte sich vorbehalten hat.

Der Satz 2 des Entwurfs wurde gestrichen. Man hielt es zwar für angemessen, im Falle eines den Werth oder die Tauglichkeit nur in unerheblichem Maße verringernden Mangels mit dem Entwurfe das Rücktrittsrecht des Bestellers bezw. sein Recht auf Wandelung auszuschließen (§ 569 Abs. 2 Satz 3), nicht aber für gerechtfertigt, in einem solchen Falle ihn zur Abnahme zu verpflichten, und ihm damit die nur dilatorische Einrede des nicht erfüllten Vertrages zu entziehen. Hinter einer derartigen Vorschrift könnte eine gesetzliche Anerkennung der Meinung gefunden werden, daß der Besteller keinen Anspruch auf tadellose Arbeit habe.

Bei der Bestimmung des 2. Satzes ging man davon aus, daß der Besteller eines Werkes nach Abnahme desselben in Bezug auf die Rechte wegen Mängel nicht entsprechend dem Käufer einer Sache nach der Annahme derselben (§ 386), sondern entsprechend dem Käufer bei der Vertragschließung (§ 382) behandelt werden müsse. Der dem § 382 zu Grunde liegende Gedanke, daß der Käufer, der beim Vertragschluß in Folge grober Fahrlässigkeit Mängel nicht erkenne, wegen dieser keine Gewährleistung fordern dürfe, müsse beim Werkvertrage auf die Lage des Bestellers zur Zeit der Abnahme Anwendung finden. Durch die beschlossene Aenderung des Entwurfs werde zugleich den Wünschen der Kritik entgegengekommen, während die Anerkennung einer Prüfungspflicht des Bestellers über die beschlossene Vorschrift hinaus zu weit gehen würde. Der Beschluß entspreche im Wesentlichen auch dem gemeinen Recht.

## C. 2. Kommission

I. Beantragt war (Prot. II, Bd. 2, S. 315ff; *Mugdan*, Bd. 2, S. 923ff):

den § 572 in folgender Fassung vor § 571 einzustellen: Struckmann (Nr 159, 27)

Der Besteller ist verpflichtet, das vertragsmäßig hergestellte Werk abzunehmen. Nach erfolgter Abnahme stehen ihm die in den §§ 569, 569a bezeichneten Ansprüche nur noch wegen solcher Mängel zu, die ihm bei der Abnahme ohne grobe Fahrlässigkeit unbekannt geblieben oder von dem Uebernehmer arglistig verschwiegen sind, sowie wegen solcher bestimmt bezeichneter Mängel, wegen deren er sich bei der Abnahme seine Rechte vorbehalten hat.

Die Kom. erklärte sich mit dem ersten Satze der vorgeschlagenen Bestimmungen, der sich mit dem ersten Satze des Entw. deckt, und mit der Streichung des von dem Vorschlage unterdrückten zweiten Satzes des Entw. einverstanden.

Die Berathung des § 572 Satz 3 wurde fortgesetzt. Es lagen vor:

1. der zweite Satz des oben mitgetheilten Antrags;

2. der Vorschlag, es bei dem § 572 Satz 3 zu belassen;

3. der Antrag

die Berathung über den ersten Satz des § 572 wieder aufzunehmen, den § 572 des Entw. zu streichen und den § 567 Abs. 1 zu fassen:

Durch den Werkvertrag wird der Unternehmer zur Herstellung des übernommenen Werkes, der Besteller zur Abnahme des bestellten Werkes und zur Gewährung der dafür vereinbarten Vergütung verpflichtet.

Die Kom. beschloß die Wiederaufnahme der Berathung des § 572 Satz 1, lehnte jedoch im Uebrigen den Antrag 3 ab. Der Antrag 2 wurde unter Verwerfung des Antrags 1 angenommen.

II. In der *VorlZust* der Beschlüsse der 2. Kom. hat die beschlossene Vorschrift die Fassung:

Der Besteller ist verpflichtet, das vertragsmäßig hergestellte Werk abzunehmen, sofern nicht nach dem Gegenstande des Vertrages eine Abnahme ausgeschlossen ist. Hat er ein mangelhaftes Werk abgenommen, obschon er den Mangel kannte, so stehen ihm die in den §§ 569, 569a bezeichneten Ansprüche nur zu, wenn er sich seine Rechte wegen des Mangels bei der Abnahme vorbehalten hat. E I-VorlZust § 572

III., IV. In der *ZustRedKom* § 572 und im *E II* § 577 bilden die beiden Sätze der Vorschrift getrennte Absätze. Bei im übrigen unveränderter Fassung heißt es in Absatz 1: „nach der Beschaffenheit des Werkes" (statt: nach dem Gegenstand des Vertrages) und in Absatz 2 „bestimmten Ansprüchen" statt „bezeichneten Ansprüchen".

V. Im *E II rev* enthält § 630 die in § 640 BGB Gesetz gewordene Fassung.

### § 641

**Die Vergütung ist bei der Abnahme des Werkes zu entrichten. Ist das Werk in Theilen abzunehmen und die Vergütung für die einzelnen Theile bestimmt, so ist die Vergütung für jeden Theil bei dessen Abnahme zu entrichten.**

**Eine in Geld festgesetzte Vergütung hat der Besteller von der Abnahme des Werkes an zu verzinsen, sofern nicht die Vergütung gestundet ist.**

### § 647

**Der Unternehmer hat für seine Forderungen aus dem Vertrag ein Pfandrecht an den von ihm hergestellten oder ausgebesserten beweglichen Sachen des Bestellers, wenn sie bei der Herstellung oder zum Zwecke der Ausbesserung in seinen Besitz gelangt sind.**

### § 648

**Der Unternehmer eines Bauwerkes oder eines einzelnen Theiles eines Bauwerkes kann für seine Forderungen aus dem Vertrage die Einräumung einer Sicherungshypothek an dem Baugrundstücke des Bestellers verlangen. Ist das Werk noch nicht vollendet, so kann er die Einräumung der Sicherungshypothek für einen der geleisteten Arbeit entsprechenden Theil der Vergütung und für die in der Vergütung nicht inbegriffenen Auslagen verlangen.**

## A. 1. Kommission

I. 220. Sitzung vom 13. 6. 1883, Schriftführer Neubauer (nicht anwesend v. Kübel)

| Prot I 2322 | Zu Artikel 644 des Entwurfs:

DresdE Art 644 „Der Besteller ist verpflichtet, nach der Ablieferung des Werkes in vertragsmäßiger Beschaffenheit dem Unternehmer den dafür bedungenen Lohn zu bezahlen.

Ist das Werk in Theilen abzuliefern und der Lohn nach Theilen bestimmt, so ist solcher für jeden Theil nach dessen Ablieferung von dem Besteller zu bezahlen."

lagen die Anträge vor:

v. Weber (Nr 422, 1) 1. statt „*nach* der Ablieferung" im ersten und zweiten Absatze zu setzen: „*bei* der Ablieferung".

Kurlbaum 2. statt dessen zu bestimmen:

„Der Uebernehmer kann die Gegenleistung erst bei der Abnahme des Werks von Seiten des Bestellers fordern.

| Prot I 2323 Ist das Werk in Theilen abzunehmen und die Gegen- | leistung nach diesen Theilen bestimmt, so ist die Gegenleistung für jeden Theil bei dessen Abnahme zu bewirken.

Die Vorschriften des § 326 finden mit der Maßgabe Anwendung, daß die Verzinsung mit der Abnahme des Werks beginnt."[1]

---

[1] In metal. Fassung liegt ein Antrag von Kurlbaum (Nr 420) vor, den Art. zu streichen.

Der Artikel 644 gab zu anderen, als den aus den obigen Anträgen ersichtlichen Erinnerungen keinen Anlaß. Anlangend diese Erinnerungen, so wurde beschlossen:

1. das Wort: „Ablieferung" zu ersetzen durch: „Abnahme";

2. das Wort: „Lohn" zu ersetzen durch: „Gegenleistung" oder „Vergütung";

3. statt: „*nach* der" (d. h. Abnahme) zu setzen: „*bei* der pp.", vorbehaltlich der Prüfung bei der Redaktion, ob nicht zu sagen sei: „nach der Herstellung und bei der Abnahme" oder „bei der Abnahme des hergestellten Werks";

4. die Schlußbestimmung des Antrags № 2 aufzunehmen.

Erwogen war:

zu 1. Es müsse zur Vermeidung von Irrungen dasselbe Wort beibehalten werden welches in der vorigen Sitzung bei Berathung der Artikel 641–643 (S. 2313) beschlossen sei.

zu 2. Das Wort „Lohn" sei zu eng und thunlichst dasselbe Wort zu verwenden, welches in den vorhergehenden Bestimmungen gebraucht sei.

zu 3. Der Uebernehmer sei allerdings ähnlich wie der Vermiether und bei dem Dienstvertrage der Dienstverpflichtete zur Vorleistung verpflichtet. Indessen die Vorleistungspflicht beziehe sich nur auf die Herstellung des Werks; sie gehe nicht so weit, daß der Uebernehmer zugleich verpflichtet sei, das Werk aus der Hand zu geben, bevor er die Gegenleistung empfangen habe; zur Ausfolgung des Werks sei er nur Zug um Zug gegen Entrichtung der Gegenleistung verpflichtet, das Gegentheil würde den Uebernehmer in eine schlimme Lage bringen und das ihm zustehende Retentions- beziehungsweise Pfandrecht verkümmern. So wie der Entwurf gefaßt | sei, würde für die erwähnte | Prot I 2324 und nicht zu rechtfertigende Erweiterung der Vorleistungspflicht entschieden werden müssen. Ob es genüge, das Wort: „nach" zu ersetzen durch: „bei" oder ob ein Zusatz zu machen sei, welcher die Vorleistungspflicht in der richtigen Beschränkung regele, werde bei der Redaktion zu prüfen sein.

zu 4. Die Ausdehnung der positiven Vorschrift des § 326 der Zusammenstellung der das Obligationenrecht betreffenden Beschlüsse (Protokoll vom 19. März 1883 S. 1879–1883[2]) auf den Werkvertrag rechtfertige sich, wenn der Besteller als Gegenleistung eine Geldsumme zu zahlen habe, aus der Verwandtschaft des Werkvertrags mit dem Kaufvertrage.

Es war der Antrag[2a] gestellt, im Anschluß an Artikel 644 in einem besonderen Paragraphen zu bestimmen: Johow

„Der Uebernehmer hat wegen seiner Forderungen für Arbeit und Auslagen ein gesetzliches Pfandrecht an den von ihm gefertigten oder ausgebesserten, noch in seinem Gewahrsam befindlichen beweglichen Sachen des Bestellers. Auf dieses Pfandrecht finden die Vorschriften über das auf Vertrag beruhende Pfandrecht Anwendung."

Der Antrag fand die Zustimmung der Mehrheit, welche die vorgeschlagene Bestimmung in Rücksicht auf die Vorschrift § 41 № 6 der Konkursordnung aus gleichen

---

[2] S. bei § 452 BGB.

[2a] Unter den Anlagen zum Prot. I Nr. 219 findet sich folgender Antrag von Johow: „Unternehmer (ursprünglich hieß es in dem Antrag statt dessen: „Künstler, Werkmeister, Handwerker und Arbeiter"; von Johow durchgestrichen und durch „Unternehmer" ersetzt; Anm. des Hrsg. Schubert) haben wegen ihrer Forderungen (für Arbeit und Auslagen) ein gesetzliches Pfandrecht an den von ihnen gefertigten oder ausgebesserten, noch in ihrem Gewahrsam befindlichen beweglichen Sachen des Bestellers. Auf dieses Pfandrecht finden die Vorschriften über das auf Vertrag beruhende Pfandrecht Anwendung."

Gründen für nöthig hielt, wie die, welche betreffend den Pachtvertrag zur Beschließung der Vorschrift geführt haben:

„Der Pächter einer unbeweglichen Sache habe an dem Inventar derselben wegen seiner auf das Inventar sich beziehenden Forderungen ein gesetzliches Pfandrecht; auf dieses Pfandrecht fänden die Vorschriften über das auf Vertrag beruhende Pfandrecht Anwendung."

(zu vergl. Protokoll vom 23. Mai 1883 S. 2196, 2197[3].)

Man war der Ansicht, daß die zitirte Vorschrift der Konkursordnung auf jeden Werkvertrag, nicht auch auf den Dienstvertrag, sich beziehe und daß es kein Bedenken habe, die | Worte der Konkursordnung: „Künstler, Werkmeister, Handwerker und Arbeiter" durch „Uebernehmer" zu ersetzen.

| Prot I 2325

Der Artikel 645 des Entwurfs bestimmt:

DresdE Art 645

„Hat der Unternehmer das nach einem vereinbarten Plane herzustellende Werk mit Aenderungen oder Zusätzen ausgeführt, welche den Werth des Werkes erhöhen, so hat der Unternehmer, sofern der Besteller diese Aenderungen und Zusätze nicht genehmigt oder nach den Vorschriften über die Geschäftsführung ohne Auftrag zu genehmigen nicht verpflichtet ist, nur das Recht der Wegnahme."

Kurlbaum (Nr 420) Planck (Nr 421, 1)

Neben dem von mehreren Seiten gestellten Antrage auf Streichung des Artikels lag der Antrag vor:

v. Weber (Nr 422, 2)

den Artikel in dem Nachsatze statt der Worte: „so hat der Unternehmer pp." bis „nur das Recht der Wegnahme", so zu fassen:

„ . . . so bestimmen sich die Ansprüche desselben auf Ersatz seiner Verwendungen für diese Aenderungen oder Zusätze nach den Grundsätzen über die Geschäftsführung ohne Auftrag (§ 283 der Zusammenstellung der Beschlüsse zum Obligationenrechte)."

Die Mehrheit erklärte sich für die Streichung des Artikels.

Sie war der Ansicht:

Es verstehe sich von selbst, daß der Uebernehmer, welcher mehr oder ein Anderes leiste, als ausdrücklich oder stillschweigend vereinbart worden, für diese Leistungen nur insofern eine Vergütung in Anspruch nehmen könne, als die Rechtsnormen über die Geschäftsführung ohne Auftrag einen solchen Anspruch zu rechtfertigen vermöchten, nach welchen Rechtsnormen sich auch das Recht der Wegnahme bestimme. Die für die Miethe zum Artikel 557 (Protokoll vom 30. April 1883 S. 2085–2087[4]) und für den Leihvertrag zum Artikel 605 (Protokoll vom 28. Mai 1883 S. 2232[5]) beschlossenen Vorschriften könn- | ten wegen Verschiedenheit der maßgebenden Verhältnisse nicht zum Anhalt dienen.

| Prot I 2326

**II.** In der *RedVorl* und der *ZustOR* haben die beschlossenen Vorschriften als §§ 428, 429 die Fassung:

RedVorl/ZustOR § 428

Der Besteller hat die ihm obliegende Gegenleistung nach Herstellung des Werks bei der Abnahme desselben zu bewirken.

Ist das Werk in Theilen abzunehmen und die Gegenleistung für die einzelnen Theile bestimmt, so muß die Gegenleistung für jeden Theil nach dessen Herstellung bei der Abnahme bewirkt werden.

---

[3] S. bei § 590 BGB.

[4] S. bei § 547 BGB.

[5] S. bei § 601 BGB.

Hat der Besteller als Gegenleistung eine Geldsumme zu zahlen, so ist er die letztere von dem Zeitpunkte der Abnahme des Werks (RedVorl: Werkes) an zu verzinsen verpflichtet.

Der Uebernehmer hat wegen seiner Forderungen für Arbeit und Auslagen ein gesetzliches Pfandrecht an den von ihm gefertigten oder ausgebesserten, noch in seinem Gewahrsam befindlichen beweglichen Sachen des Bestellers. Auf dieses Pfandrecht finden die Vorschriften über das auf Vertrag beruhende Pfandrecht Anwendung. RedVorl/ZustOE § 429

Zum § 7 (Art. 644) 428 RedVorl ist angemerkt:

1. Im Absatze 2 genügt wohl der bestimmte Artikel: „die" für das in dem angenommenen Antrage sich findende: „diese".

2. Betreffend den letzten Absatz, wo wird die in dem angenommenen Antrage sich findende Verweisung auf den § 326 besser vermieden; auch scheint es angemessener zu sein, nicht mit diesem Antrage von *Beginn* der Abnahme zu reden.

Zum § 8 (429) RedVorl ist angemerkt:
Zu vgl. Konk. Ord. § 41 Nº 6 und Red. Vorlage über Pacht § 5a.

**III. 1.** Im *KE* §§ 566, 567 ist die Fassung der Vorschriften unverändert. In § 566 Abs. 1 heißt es jedoch „Werkes" statt „Werks".

**2.** Bei Berathung der auf die Redaktion einzelner Vorschriften des Obligationenrechts sich beziehenden Anträge wurde der Antrag

§ 566 Abs. 3 zuzusetzen: „es sei denn, daß die Gegenleistung gestundet ist" (zu vergl. § 464), Kurlbaum (Nr 576, 33)
angenommen (Prot I 6197, 6200).

Nach Erledigung der Abschnitte über Nießbrauch und Pfandrecht wurde beantragt:
c) in § 567 den 2. Satz zu streichen[6].

Der Antrag wurde mit Rücksicht darauf angenommen, daß die über das Pfandrecht beschlossenen Bestimmungen, in Abweichung von dem Entwurfe, sich nicht auf das durch Vertrag begründete Pfandrecht beschränken, sondern allgemein lauten und auch auf das gesetzliche Pfandrecht sich beziehen, somit die in dem § 567 sich findende Verweisung auf die Bestimmungen über das durch Vertrag begründete Pfandrecht entbehrlich, ja irreführend geworden ist (Prot I 5794).

Ein Antrag von Gebhard (Nr. 609, 3e), § 567 zu fassen: „Der Unternehmer hat wegen seiner Forderungen für Arbeit und Auslagen an den von ihm . . . Bestellers ein gesetzliches Pfandrecht." wurde abgelehnt (Prot I 11819, 11821).

**IV.** Im *E I* sind die Vorschriften in §§ 573, 574 enthalten. § 573 Abs. 3 hat den beschlossenen Zusatz, S. 2 des 567 KE ist gestrichen; ferner ist in § 574 „in seinem Gewahrsam" ersetzt durch „in seiner Inhabung".

## B. Vorkommission des Reichsjustizamtes

I. Beantragt war:

1. den Abs. 3 des § 573 zu streichen und statt dessen hinzuzufügen: Struckmann (Nr 3, 97)

Ist nach dem Gegenstande des Werkvertrages eine Abnahme ausgeschlossen, so tritt an Stelle des Zeitpunkts der Abnahme der Zeitpunkt der Vollendung der dem Uebernehmer obliegenden Leistungen.

---

6 S. a) und b) dieses Antrags bei §§ 559, 560 BGB (514 KE) und § 590 BGB (529 KE)

(Vergl. § 579 Nr. 1.)

Struckmann (Nr 3, 98) 2. im § 574 die Worte „in seiner Inhabung“ durch die Worte „in seinem Besitze“ zu ersetzen und als Abs. 2 hinzuzufügen:

Dem Uebernehmer eines Bauwerks steht das Recht zu, zur Sicherung seiner fälligen Forderungen für geleistete Arbeit und Auslagen die Eintragung einer Sicherungshypothek an dem Baugrundstücke des Bestellers zu verlangen.

II. 77. Sitzung vom 12. 4. 1892

| Prot-RJA 487 | XIV. Im § 573 wurde der Abs. 3, entsprechend dem zu § 467 gefaßten Beschlusse, gestrichen. Statt dessen beschloß man, entsprechend der auf den § 573 sich beziehenden Vorschrift des § 579 Nr. 1[7], folgende Vorschrift hinzuzufügen:

E I-RJA § 573 Abs. 3 Ist nach dem Gegenstande des Werkvertrags eine Abnahme ausgeschlossen, so tritt an die Stelle des Zeitpunkts der Abnahme der Zeitpunkt der Vollendung der dem Uebernehmer obliegenden Leistungen.

78. Sitzung vom 21. 4. 1892

| Prot-RJA 489 | Der § 574 des Entwurfs wurde nicht beanstandet. Zusätzlich wurde beschlossen, als Abs. 2 zu bestimmen:

E I-RJA § 574 Abs. 2 „Dem Uebernehmer eines Bauwerks steht das Recht zu, zur Sicherung seiner fälligen Forderungen für geleistete Arbeit und Auslagen die Eintragung einer Sicherungshypothek an dem Baugrundstücke des Bestellers zu verlangen.“

Der Beschluß gründete sich auf folgende Erwägungen:

Es sei zwar naheliegend, den Bauhandwerkern eine allen anderen Rechten an dem Grundstücke vorgehende gesetzliche Verwendungshypothek auf die Wertherhöhung zu gewähren, welche das Grundstück durch den Bau erhalten habe, insofern dieselbe zur Zeit der Zwangsversteigerung noch fortbestehe; es stoße jedoch die praktische Durchführung eines derartigen Vorzugsrechts, auch wenn man es auf das Verhältniß der erst seit Inangriffnahme des Baues eingetragenen Gläubiger beschränken wolle, auf unüberwindliche praktische Schwierigkeiten. Wolle man das Vorzugsrecht einführen, so würden zwischen den Bauhandwerkern und den eingetragenen Hypothekengläubigern häufig Prozesse darüber entfachen, in welchem Umfange thatsächlich die Wertherhöhung in dem fraglichen Zeitpunkte noch vorhanden sei. Mit dem Grundbuchsystem, welches jedem Gläubiger durch die Eintragung Sicherheit über seinen Rang und die Aussicht auf Befriedigung verschaffen wolle, lasse sich eine solche Ausgestaltung nicht vereinigen. Auf das französische Recht sowie die Rechte einiger amerikanischer Staaten, welche den Bauhandwerkern ein gesetzliches Vorzugsrecht zugestehen, könne entscheidendes Gewicht nicht gelegt werden, da diesen Rechten die Grundbucheinrichtung, wie
| Prot-RJA 490 sie der Entwurf enthalte, nicht bekannt sei. | Ein gesunder Realkredit würde die Einräumung einer Vorzugsberechtigung der Bauhandwerker, wenn auch nur in der oben angeführten Beschränkung, nicht ertragen können, die Folgen würden sich gegen die Bauhandwerker selbst richten, ein Rückgang ihrer Beschäftigung würde nicht ausbleiben, da der Bauherr nicht leicht einen Gläubiger finden werde, der sich von vornherein wegen seiner Befriedigung zweifelhaften Prozessen mit anderen Interessenten aussetzen wolle. Die Bauhandwerker seien auch vielfach in der Lage, sich ihre Ansprüche durch Ausbedingung einer Kautionshypothek oder der Abtretung der Baugelderforderungen zu sichern. Unterließen sie aus Gründen ihres Geschäftsinteres-

[7] S. diesen bei §§ 631, 632 BGB.

ses solche Vorsichtsmaßregeln zu treffen, so müßten sie auch das Risiko des Verlustes auf sich nehmen und dürften nicht die von ihnen zu tragenden Nachtheile auf unbetheiligte Dritte abwälzen, welche im Vertrauen auf die Richtigkeit des Grundbuchs die Hypotheken gegen Zahlung der vollen Valuta erworben hätten. Seitens der Regierungen habe sich nur Baden für die Bewilligung eines gesetzlichen Pfandrechts ausgesprochen. Andererseits empfehle es sich aber nicht, mit dem Entw. hinter dem Rechte des preußischen A.L.R. I, 11 § 972 und anderen Rechten, welche den Bauhandwerkern einen gesetzlichen Pfandrechtstitel einräumten, zurückzubleiben und den Bauhandwerkern auch diesen mit dem Grundbuchsystem nicht in Widerspruch tretenden Schutz zu versagen. Mache man das Recht auf Eintragung einer Sicherungshypothek von der Fälligkeit der Forderungen für geleistete Arbeiten und Auslagen abhängig, so werde auch dem Bauherrn nicht zu nahe getreten, da dieser durch die Erfüllung seiner Verpflichtung die Eintragung der Hypothek abwenden könne. Dagegen sei es mit Rücksicht auf das Interesse des Bauherrn bedenklich, schon vor der Fälligkeit der Forderungen von dem Zeitpunkte der Inangriffnahme des Baues an die Eintragung einer Sicherungshypothek zuzulassen, weil dadurch der Bau- | herr wider Erwarten in seinen redlichen Dispositionen gestört werden könne, ohne daß ihm eine Vertragsverletzung zur Last falle. | Prot-RJA 491

Einverstanden war man darüber, daß die Voraussetzungen, unter welchen die Hypothek im Wege einer Vormerkung eingetragen werden könne, im Sachenrechte durch entsprechende Erweiterung der Vorschriften der §§ 844, 845 zu bestimmen seien.

79. Sitzung vom 23. 4. 1892

| I. Zu § 574 wurde noch beschlossen, die Fassung dahin abzuändern, daß es anstatt der Worte „zur Sicherung seiner fälligen Forderungen für geleistete Arbeit und Auslagen die Eintragung einer Sicherungshypothek" heißen soll „*wegen* seiner fälligen Forderungen für geleistete Arbeit und Auslagen die *Bestellung* einer Sicherungshypothek." | Prot-RJA 493

## C. 2. Kommission

I. Beantragt war (Prot. II, Bd. 2, 319ff.; *Mugdan,* Bd. 2, S. 926ff.):

zu § 573

1. den Abs. 3 zu streichen und statt dessen hinzuzufügen:

Ist nach dem Gegenstande des Werkvertrags eine Abnahme ausgeschlossen, so tritt an die Stelle des Zeitpunkts der Abnahme der Zeitpunkt der Vollendung der dem Uebernehmer obliegenden Leistungen. Struckmann (Nr 159, 28)

2. den Abs. 2 zu fassen:

Ist das Werk in Theilen abzunehmen oder hat dessen Herstellung in Raum- oder Zeitabschnitten zu erfolgen, so ist die Gegenleistung für die abgenommenen Theile und die gefertigten Abschnitte nach deren Verhältniß zu dem ganzen Werke zu bewirken.

3. folgenden Abs. 4 hinzuzufügen:

Der Besteller ist verpflichtet, dem Uebernehmer angemessene Abschlagszahlungen auf die gelieferten Arbeiten zu leisten, sofern dies bei solchen Verträgen ortsüblich ist.

Die Anträge 2 und 3 wurden vor der Abstimmung zurückgezogen. Der § 573 Abs. 1 und 2 wurde angenommen; zu Abs. 3 fand der Antrag 1 die Zustimmung der Kom.

Der Abs. 1 war sachlich nicht beanstandet.

zu § 574

1. als Abs. 2 hinzuzufügen:

Struckmann (Nr 159, 29) Dem Uebernehmer eines Bauwerks steht das Recht zu, wegen seiner fälligen Forderungen für geleistete Arbeit und Auslagen die Bestellung einer Sicherungshypothek an dem Baugrundstücke des Bestellers zu verlangen.

(Vorbehalten bleibt, die Vorschriften der §§ 844, 845 über die Zulässigkeit der Eintragung einer Vormerkung auf den Fall des § 574 Abs. 2 demnächst auszudehnen.)

2. die unter 1 vorgeschlagene Bestimmung nicht aufzunehmen;

3. derselben die Fassung zu geben:

Bei Grundstücken hat der Unternehmer eines in sie zur Verwendung gelangten Werkes wegen seiner Forderungen für Arbeit, Material und Auslagen das Recht auf Bestellung einer Sicherungshypothek an dem Grundstücke.

4. folgende Bestimmungen hinzuzufügen:

Dem Uebernehmer eines Bauwerkes oder einzelner Theile desselben steht das Recht zu, wegen seiner Forderungen für Arbeit (Material) und Auslagen die Bestellung einer Hypothek an dem Grundstücke des Bestellers zu verlangen und zur Sicherung der Stelle derselben in der Reihenfolge der Eintragungen nach Maßgabe des § 845 eine Vormerkung auf dieses Grundstück eintragen zu lassen. Mehrere Hypotheken für Forderungen aus demselben Bauwerke haben unter sich den gleichen Rang.

Die Vormerkung ist auf Antrag des Eigenthümers zu löschen, wenn nicht binnen sechs Monaten nach Abnahme des Bauwerks die Umschreibung desselben in eine Hypothek bewirkt oder auf dieselbe geklagt ist.

5. dem § 574 als Abs. 2 hinzuzufügen:

Der Uebernehmer eines Bauwerks oder eines einzelnen Theils eines solchen hat gegen den Besteller einen Anspruch auf Bestellung einer Sicherungshypothek an dem Baugrundstücke wegen seiner Forderungen aus dem Werkvertrage.

eventuell dieser Bestimmung hinzuzufügen:

Dieser Anspruch steht ihm, wenn die Forderungen noch nicht fällig sind, nur für einen der bereits geleisteten Arbeit entsprechenden Betrag der versprochenen Vergütung und die in dieser nicht mitbegriffenen Auslagen zu.

Die Kom. behielt sich die Entscheidung über die Zulassung einer Vormerkung und über die Rangordnung mehrerer Hypotheken bis zur Berathung des Sachenrechts vor. Sie lehnte sodann den Antrag 4, soweit er einen Anspruch auf Bestellung einer Buchhypothek geben will, ab, ebenso den Hauptantrag 5, nahm dagegen den Eventualantrag 5 an, wodurch sich die übrigen Anträge erledigten.

**II.** In der *VorlZust* der Beschlüsse der 2. Kom. haben die Vorschriften die Fassung:

E I-VorlZust § 573 Der Besteller hat die ihm obliegende Gegenleistung nach Herstellung des Werkes bei der Abnahme desselben zu bewirken.

Ist das Werk in Theilen abzunehmen und die Gegenleistung für die einzelnen Theile bestimmt, so muß die Gegenleistung für jeden Theil nach dessen Herstellung bei der Abnahme bewirkt werden.

Ist nach dem Gegenstande des Werkvertrags eine Abnahme ausgeschlossen, so tritt an die Stelle des Zeitpunkts der Abnahme der Zeitpunkt der Vollendung der dem

Uebernehmer obliegenden Leistungen (oder: ... der Zeitpunkt, in welchem der von dem Uebernehmer zu bewirkende Erfolg eingetreten ist[8]).

Der Uebernehmer hat wegen seiner Forderungen aus dem Werkvertrage ein (gesetzliches) Pfandrecht an den von ihm gefertigten oder ausgebesserten, noch in seiner Inhabung befindlichen beweglichen Sachen des Bestellers. E I-VorlZust § 574

Der Uebernehmer eines Bauwerks oder eines einzelnen Theils eines solchen hat gegen den Besteller einen Anspruch auf Bestellung einer Sicherungshypothek an dem Baugrundstücke wegen seiner Forderungen aus dem Werkvertrage. Dieser Anspruch steht ihm, wenn die Forderungen noch nicht fällig sind, nur für einen der bereits geleisteten Arbeit entsprechenden Betrag der versprochenen Vergütung und die in dieser nicht mitbegriffenen Auslagen zu[9].

**III.** In der *ZustRedKom* lauten die Vorschriften:

Der Besteller hat die vereinbarte Vergütung bei der Abnahme des Werkes zu entrichten. Ist das Werk in Theilen abzunehmen und die Vergütung für die einzelnen Theile bestimmt, so ist die Vergütung für jeden Theil bei dessen Abnahme zu entrichten. Ist nach der Beschaffenheit des Werkes eine Abnahme ausgeschlossen, so tritt an die Stelle der Abnahme die Vollendung. E I-ZustRedKom § 573

Der Unternehmer hat wegen seiner Forderungen aus dem Werkvertrag ein Pfandrecht an den von ihm hergestellten oder ausgebesserten beweglichen Sachen des Bestellers sofern sie sich in seinem Besitze befinden.

Der Unternehmer eines Bauwerkes oder eines einzelnen Theiles eines Bauwerkes kann die Bestellung einer Sicherungshypothek an dem Baugrundstücke für seine Forderungen aus dem Werkvertrage von dem Besteller verlangen. Ist das Werk noch nicht vollendet, so kann die Bestellung der Sicherungshypothek für einen der geleisteten Arbeit entsprechenden Theil der Vergütung und für die darin nicht mitbegriffenen Auslagen verlangt werden[10]. E I-ZustRedKom § 574

**IV. 1.** Im *E II* hat § 573 E I als § 578 die in § 641 Abs. 1 BGB Gesetz gewordene Fassung.

§ 574 E I ist im E II in § 583 in folgender Fassung enthalten:

Der Unternehmer hat für seine Forderungen aus dem Vertrag ein Pfandrecht an den von ihm hergestellten oder ausgebesserten beweglichen Sachen des Bestellers, sofern sie sich in seinem Besitze befinden. E II § 583

Der Unternehmer eines Bauwerkes oder eines einzelnen Theiles eines Bauwerkes kann für seine Forderungen aus dem Vertrage die Einräumung einer Sicherungshypo-

---

[8] Dazu ist angemerkt:
Bei Annahme der in der Klammer vorgeschlagenen Fassung würde auch der § 571 entsprechend zu ändern sein.

[9] Dazu ist angemerkt:
Es bleibt vorbehalten, die Vorschriften der §§ 844, 845 über die Zulässigkeit der Eintragung einer Vormerkung auf den Fall des § 574 Abs. 2 demnächst auszudehnen. Vorbehalten bleibt auch die Entscheidung über den Antrag, daß mehrere Hypotheken der fraglichen Art gleichen Rang haben sollen.

[10] Dazu ist angemerkt:
Es bleibt vorbehalten, die Vorschriften der §§ 844, 845 über die Zulässigkeit der Eintragung einer Vormerkung auf den Fall des § 574 Abs. 2 auszudehnen. Vorbehalten bleibt auch die Entscheidung darüber, ob mehrere Hypotheken solcher Art gleichen Rang haben sollen.

thek an dem Baugrundstücke des Bestellers verlangen. Ist das Werk noch nicht vollendet, so kann er die Einräumung der Sicherungshypothek für einen der geleisteten Arbeit entsprechenden Theil der Vergütung und für die in der Vergütung nicht mitbegriffenen Auslagen verlangen.

Jacubezky (Nr 148, 11)[10b] **2.** Bei der Beratung des § 1191[10a] war beantragt (Prot. II, Bd. 3, S. 487, 490): in § 583 Abs. 1 des Entw. II statt „sofern sie sich in seinem Besitze befinden" zu setzen „sofern die Sachen bei der Herstellung oder zum Zwecke der Ausbesserung in seinen Besitz oder in seinen mittelbaren Besitz gelangt sind".

Die Kom. erklärte sich mit dem Antrage einverstanden.

In der Zust. der Beschlüsse der RedKom ist zu § 1188b angemerkt: im § 583 Abs. 1 ist statt „sofern sie sich in seinem Besitze befinden" zu setzen „sofern sie bei der Herstellung oder zum Zwecke der Ausbesserung in seinen Besitz gelangt sind."

Die geänderte Fassung des § 583 Abs. 1 E II stimmt damit überein.

**V.** Im *E II rev* entspricht § 631 dem § 578 E II. § 583 E II ist in §§ 637, 638 in der in §§ 647, 648 BGB Gesetz gewordenen Fassung enthalten.

### D. Bundesrat (Justizausschuß)

**I.** Zu § 631 wünschte Preußen die Wiederherstellung des Entwurfs erster Lesung § 573 Abs. 3, wonach der Besteller eines Werkes die in Geld bestehende Gegenleistung von dem Zeitpunkte der Abnahme des Werkes an zu verzinsen hat, sofern nicht die Gegenleistung gestundet ist.

Zu §§ 637, 638 wurde von Bayern beanstandet, daß der § 638 nicht wie das geltende bayerische Recht (§ 12 Nr. 9 des Hypothekengesetzes vom 1. Juni 1822) auch den *Lieferanten* von Materialien, die in den Bau verwendet würden, einen gesetzlichen Pfandrechtstitel gewähre.

Was sodann das *Verfahren* betreffe, so enthalte der § 638 in Verbindung mit den §§ 868ff. gegenüber dem bisherigen bayerischen Recht eine Erschwerung der Geltendmachung des gesetzlichen Pfandrechtstitels. Es sei zu erwägen, ob nicht – sei es durch reichsgesetzliche Vorschrift, sei es wegen der Verschiedenheit in der Organisation der Grundbuchämter durch einen Vorbehalt für die Landesgesetzgebung – den Bauhandwerkern die Möglichkeit zu geben wäre, sich auf kürzerem Wege die Sicherung im Grundbuche zu verschaffen.

Lippe hielt es im Interesse des Zieglerstandes für geboten,

daß das Pfandrecht des § 637 alle noch auf der Ziegelei (nicht blos die noch im Besitze des Ziegelmeisters) befindlichen Steine umfasse, solange sie nicht an Dritte veräußert und übergeben seien.

Eine solche Sicherung sei um so wünschenswerther, als häufig mit der nach und nach erfolgenden Abnahme der Steine seitens des Ziegeleibesitzers nicht auch eine entsprechende Abzahlung des Arbeitslohns Hand in Hand gehe[11].

---

[10a] S. bei § 1253 BGB.

[10b] Der Anträge zum Sachenrecht.

[11] Zu dem Antrag Lippes, der abgelehnt wurde, s. den Bericht von Schicker, oben bei §§ 631, 632 BGB.

II. 1. Bericht von *Schicker* (Württemberg) vom 12. 10. 1895.

Der Antrag Preußens zu § 631 (578) wurde in Konsequenz des Beschlusses zu § 427 (375) angenommen[12].

Der Antrag Bayerns zu §§ 637, 638 (683) wurde, soweit es sich um Gewährung eines Pfandrechtstitels handelt, aus den in unserer Instruktion enthaltenen Erwägungen abgelehnt. Was aber das Verfahren zur Erwirkung des Pfandrechtstitels betrifft, so wurde, nachdem Ministerialrath von Heller und ich das Bayeriche beziehungsweise Württembergische Recht dargelegt, beschlossen, bei der Berathung des Einführungs-Gesetzes zu erwägen, ob und wie den Landesgesetzen anheimzugeben sei, eine Vormerkung auch durch Verfügung der Grundbuchbehörde zuzulassen.

2. Bericht von *Heller* (Bayern) vom 11. 10. 1895.

Von den Anträgen Bayerns zu §§ 637, 638 wurde der erste vom Berichterstatter zur Annahme empfohlen. Württemberg war instruiert, dagegen zu stimmen, obwohl das dort geltende Recht mit dem Bayerischen übereinstimmt. Auch die sämtlichen übrigen Ausschußmitglieder hatten dagegen zu stimmen; er war somit abgelehnt. Die Erledigung des zweiten wurde der Beratung des Einführungsgesetzes vorbehalten. Der Ausschuß beschloß hierbei übrigens einstimmig, den Wunsch auszusprechen, daß die Kommission eine bezügliche Bestimmung in den Entwurf des Einführungsgesetzes aufnehme. Ich werde den K. Ministerialrat Jacubezky ersuchen, den erforderlichen Antrag in der Kommission zu stellen[13].

3. Bericht von *Heller* (Bayern) vom 10. 12. 1895.

Mit Bezug auf den § 638 bestand Einverständnis darüber, daß auf keinen Fall das Bürgerliche Gesetzbuch der Ort sei, in dem eine Erfüllung weitergehender Forderungen der Bauhandwerker stattfinden könne.

4. Bericht von *Sieveking* (Hamburg) vom 11. 12. 1895.

Zu § 638 bemerkte der Vorsitzende, das Reichsjustizamt und Preußen hätten sich darüber verständigt, daß das Civilrechts-Gesetz nicht der Ort sei, die Frage der Sicherstellung der Bauhandwerker zu regeln. Deßhalb sei vom Reichsamt des Innern eine Verständigung über eine besondere Regelung unter den Bundesstaaten eingeleitet, über deren Ergebniß noch verhandelt werde. Man hofft, hierdurch die Frage aus der Verhandlung über das Civilgesetzbuch im Reichstag auszuscheiden.

5. Bericht von *Schicker* (Württemberg) vom 15. 12. 1895.

Die §§ 446a, 557, 631 wurden nach der Formulierung der Kommissiarien angenommen[14].

Zu § 638 bemerkte der Vorsitzende auf eine Anfrage von mir in Betreff der Eingabe der Bauhandwerker, daß die vom Reichsamt des Innern gehaltene Umfrage bei den Regierungen noch nicht erledigt sei. Übrigens könne das Bürgerliche Gesetzbuch den Wünschen der Bauhandwerker nicht entsprechen.

Ich verfolgte den Gegenstand nicht weiter, womit auch die erst nachträglich eingetroffene Instruktion vom 10. dMts. übereinstimmt.

---

[12] Ebenso die Berichte Hellers vom 11. 10. 1895 und Sievekings vom 11. 10. 1895.

[13] Der Bericht Sievekings vom 11. 10. 1895 betr. die Beratung des bayrischen Antrags zu § 583 E II stimmt sachlich mit den hier mitgeteilten Berichten Schickers und Hellers überein.

[14] S. §§ 446a und 557 E II rev bei §§ 452 und 564, 565 BGB.

**III.** Im *E III* hat § 631 als Abs. 2 die Bestimmung, die in § 641 Abs. 2 BGB Gesetz geworden ist.

## E. Reichstag

**I.** In der *XII. Kommission* des Reichstags war beantragt:

Gröber (Nr 35, 13) 1. in § 631 den Absatz 2 dahin abzuändern:
„Eine in Geld festgesetzte Vergütung hat der Besteller von der Abnahme des Werkes an zu verzinsen, sofern nicht die Vergütung gestundet oder die Stundung üblich ist."

Gröber (Nr 35, 14) 2. in § 638 den ersten Satz folgendermaßen zu fassen:
„Der Unternehmer eines Bauwerkes oder eines einzelnen Theiles eines Bauwerkes, sowie diejenigen, welche Arbeiten für das Bauwerk ausgeführt oder Waaren zum Bauwerk geliefert haben, können für ihre Forderungen aus dem Vertrage die Einräumung einer Hypothek an dem Baugrundstück des Bestellers verlangen."

Gröber (Nr 38, 6) 3. zum § 638 die Voraussetzung auszusprechen:
daß in dem Gesetz über die Zwangsvollstreckung in das unbewegliche Vermögen für die in § 638 bezeichneten Forderungen ein Vorzugsrecht vor den voreingetragenen Hypotheken in Höhe der Werthsteigerung des Grundstücks aufgenommen werde.

Frohme, Stadthagen (Nr 44, 11) 4. als § 607 h einzuschalten:
„Der Arbeitnehmer ist berechtigt, die Sache, in welche er seine Arbeitskraft verwendet hat, so lange zurückzubehalten, bis ihm der vereinbarte Lohn gezahlt ist.

Der Arbeitgeber kann die Ausübung des Zurückbehaltungsrechts durch Sicherheitsleistung abwenden.

Ist die Arbeitskraft zu Gunsten einer unbeweglichen Sache verwendet, so haftet dieselbe für Berichtigung des Arbeitslohns. Die Haftung erlischt, wenn der Arbeitnehmer seine Forderung nicht innerhalb eines Jahres nach Ablauf des Arbeitsverhältnisses gerichtlich geltend gemacht hat.

Der Arbeitgeber und jeder Dritte kann die Haftung der unbeweglichen Sache durch Sicherheitsleistung in Höhe des Arbeitslohns aufheben.

Der Arbeitnehmer ist, falls Berichtigung seines Lohns erfolgt oder Sicherheitsleistung eingetreten ist, verpflichtet, auf Verlangen und Kosten des Arbeitgebers oder eines betheiligten Dritten eine notariell oder gerichtlich beglaubigte Urkunde dahin auszustellen, daß ihm Rechte an der unbeweglichen Sache wegen seines Arbeitslohns nicht zustehen.[15]

**II.** Bericht von *Heller* vom 18. 3. 1896 über die 17. Sitzung der XII. Kommission des Reichstages vom 18. 3. 1896.

Der Antrag zu § 631 galt als durch die Beschlußfassung über den von Gröber zum § 446[16] gestellten gleichartigen Antrag erledigt. Der § 631 wurde unverändert angenommen.

---

[15] Der Antrag war zu § 607 (BGB § 614) gestellt, seine Beratung jedoch auf Wunsch der Antragsteller bis zur Beratung der Bestimmungen über den Werkvertrag zurückgestellt worden, weil die Abs. 3 bis 5 der beantragten Bestimmung mit der Frage der Sicherung der Ansprüche der Bauhandwerker zusammenhängen (Bericht von *Heller* über die 14. Sitzung der XII. Kommission des Reichstages vom 13. 3. 1896).

[16] S. bei § 452 BGB.

Zum § 638 lagen vor zwei Anträge Gröber (Nr. 35 der Drucksachen Ziff. 14, Nr. 38 der Drucksachen Ziff. 6) und der in der vierzehnten Sitzung zurückgestellte Antrag Frohme, Stadthagen auf Einschaltung eines neuen § 607h (Nr. 44 der Drucksachen Ziff. 11)[17]. Die Anträge Gröbers zu § 638 riefen eine sehr lange Diskussion hervor.

Was zunächst den Antrag Gröbers auf Aenderung des § 638 (Nr. 35 der Drucksachen Ziff. 14) betrifft, so überzeugte sich der Antragsteller im Laufe der Beratung davon, daß der Antrag über den Rahmen der für den Werkvertrag zu gebenden Bestimmungen jedenfalls insofern hinausgeht, als er den gesetzlichen Hypothektitel auch denjenigen Arbeitern und Lieferanten einräumen will, die nicht auf Grund eines mit dem Besteller, sondern auf Grund eines mit dem Unternehmer geschlossenen Vertrags Arbeiten für das Bauwerk ausgeführt oder Waren zum Bauwerke geliefert haben. Daß dies unmöglich sei und den Baukredit vollständig vernichten würde, legten Struckmann, Planck und Jacubezky dar, der zuletzt genannte Kommissar zugleich unter dem Hinweise darauf, daß das Bayerische Recht, auf das sich Gröber bei der Begründung seines Antrags berufen hatte, in dieser Beziehung mit dem § 638 des Entwurfs übereinstimme. Gröber beschränkte deshalb seinen Antrag auf die mit dem Besteller des Werks in einem Vertragsverhältnisse stehenden Personen, hielt ihn aber in diesem Sinne auch hinsichtlich der Lieferanten und hinsichtlich der Arbeiter und zwar hinsichtlich dieser auch insoweit aufrecht, als sie die Arbeiten auf Grund eines Dienstvertrags ausgeführt haben. Auch hinsichtlich dieser beiden Abweichungen vom Entwurfe trat Struckmann dem Antrage entgegen. Ausdrücklich unterstützt wurde der Antrag in diesen Richtungen von keiner Seite. Struckmann sprach sich endlich auch dagegen aus, daß in der Bestimmung das Recht auf Einräumung einer „Hypothek“ statt, wie der Entwurf will, einer Sicherheitshypothek gewährt wurde. Der Abgeordnete Bachem beantragte, den § 638 ganz zu streichen, damit der Regelung der Frage, wie die Ansprüche der Bauhandwerker zu sichern seien, in keiner Weise vorgegriffen werde; eine befriedigende Lösung der Frage sei nur auf dem Wege der Spezialgesetzgebung möglich.

Zur Begründung seines weiteren Antrags (Nr. 38 der Drucksachen Ziff. 6) führte Gröber aus, daß zur Sicherung der Rechte der Bauhandwerker der Pfandrechtstitel nicht genüge, sondern die Einräumung eines Vorzugsrechts notwendig sei. Der zu diesem Zwecke vorgeschlagenen Resolution trat der Staatssektretär Nieberding mit großer Entschiedenheit entgegen. Er verwies auf die Verhandlungen des Reichstags über den Antrag Bassermann, bei denen gerade für die Einräumung eines solchen Vorzugsrechts sich schließlich niemand mehr erwärmt habe. Der Reichstag habe eine ganz allgemein gehaltene Resolution beschlossen, diese liege derweilen dem Bundesrate vor und sei Gegenstand weiterer Erwägung. Mit dieser Resolution vertrage sich die von Gröber beantragte schlechterdings nicht. Auch die Abgeordneten von Bennigsen, von Cuny und Enneccerus sprachen sich gegen den Antrag aus. Der Abgeordnete Marbe erklärte sich für ihn.

Der Abgeordnete Stadthagen beantragte schließlich, dem § 638 hinzuzufügen: „Das Recht auf Einräumung einer Hypothek kann nicht durch Vertrag ausgeschlossen oder beschränkt werden“. Unterstützung fand der Antrag nicht.

Die Abstimmung ergab die Ablehnung der beiden Anträge Gröber mit erheblicher und des Zusatzantrags Stadthagen mit größter Mehrheit, sowie die einstimmige Annahme des unveränderten § 638. Der Antrag Frohme, Stadthagen (Nr. 44 der Drucksachen Ziff. 11) galt als hierdurch erledigt.

---

[17] S. bei § 614 BGB.

## § 642

**Ist bei der Herstellung des Werkes eine Handlung des Bestellers erforderlich, so kann der Unternehmer, wenn der Besteller durch das Unterlassen der Handlung in Verzug der Annahme kommt, eine angemessene Entschädigung verlangen.**

**Die Höhe der Entschädigung bestimmt sich einerseits nach der Dauer des Verzugs und der Höhe der vereinbarten Vergütung, andererseits nach demjenigen, was der Unternehmer in Folge des Verzugs an Aufwendungen erspart oder durch anderweitige Verwendung seiner Arbeitskraft erwerben kann.**

## § 643

**Der Unternehmer ist im Falle des § 642 berechtigt, dem Besteller zur Nachholung der Handlung eine angemessene Frist mit der Erklärung zu bestimmen, daß er den Vertrag kündige, wenn die Handlung nicht bis zum Ablaufe der Frist vorgenommen werde. Der Vertrag gilt als aufgehoben, wenn nicht die Nachholung bis zum Ablaufe der Frist erfolgt.**

### A. 1. Kommission

I. 221. Sitzung vom 15. 6. 1883, Schriftführer Neubauer (nicht anwesend v. Kübel, Derscheid)

| Prot I 2327 | Die Berathung des Abschnitts des Obligationenrechts betreffend „den Werkvertrag" wurde fortgesetzt.

Zu Artikel 646 des Entwurfs:

DresdE Art 646 „Ist das Werk durch Verschuldung des Bestellers oder wegen eines in seiner Person eingetretenen Zufalls nicht ausgeführt worden, so kann der Unternehmer, wenn er zu der Ausführung bereit war, einen seiner bereits geleisteten Arbeit entsprechenden Theil des bedungenen Lohns und Ersatz seiner nicht schon in dem Lohne begriffenen Auslagen und Vergütung des Gewinns verlangen, welchen er aus der Ausführung des Werks hätte ziehen können."

lagen die Anträge vor:

Windscheid (Nr 419) 1. statt dessen zu bestimmen:

„Ist der Uebernehmer durch einen in der Person des Bestellers liegenden Grund an der Ausführung des Werkes verhindert worden, so hat er Anspruch auf einen der Zeit, | Prot I 2328 während welcher er zur Arbeit bereit war, entsprechenden Theil der Vergü- | tung, muß jedoch den Geldwerth der ersparten Aufwendungen und des durch anderweitige Verwerthung seiner Arbeitskraft gewonnenen Vortheils in Abrechnung bringen. Ist der Grund der Verhinderung eine Verschuldung des Bestellers, so ist derselbe zum Schadensersatz verpflichtet."

Planck (Nr 421, 2 und Nr 424) 2. den Artikel durch folgende Bestimmung zu ersetzen:

„Kommt der Besteller, beim Beginn oder während der Ausführung des Werks nach Maßgabe des § 202 in Verzug der Annahme, so hat der Uebernehmer, wenn während der Dauer des Verzuges das Werk hätte ausgeführt werden können, Anspruch auf die vertragsmäßige Vergütung, ohne zur nachträglichen Ausführung des Werks verpflichtet zu sein. Konnte das Werk während der Dauer des Verzugs nicht ausgeführt werden, so hat der Uebernehmer Anspruch auf einen im Verhältniß der Dauer des Verzugs zu der für die Ausführung des Werks erforderlichen Zeit zu bestimmenden Theil der Gegenleistung. Die Bestimmungen der Sätze 2 und 3 § 13 der Redaktionsvorlage über die Miethe (Beschlüsse zum Art. 561, Protokolle S. 2096–2099[1]) finden in beiden Fällen entsprechende Anwendung.

Dem Uebernehmer steht außerdem das Recht zu, für die Zukunft von dem Vertrage zurückzutreten, sofern nicht der Verzug des Bestellers vor Erklärung des Rücktritts wieder aufgehört hat.

Ist die Ausführung des Werks durch einen von dem Besteller zu vertretenden Umstand oder nach- | dem derselbe in Verzug der Annahme gekommen, unmöglich geworden, so findet neben der Vorschrift des letzten Satzes des § 189 und des zweiten Absatzes des § 204 die Vorschrift des § 13 Satz 2 über den Dienstvertrag entsprechende Anwendung[2]. | Prot I 2329

3. zu bestimmen: Kurlbaum (Nr 425)

„Kommt der Besteller bei dem Beginn oder während der Ausführung des Werkes in Verzug der Annahme, so hat der Uebernehmer, ohne zur nachträglichen Ausführung des Werkes verpflichtet zu sein, Anspruch auf die Gegenleistung oder einen Theil derselben nach Verhältniß des bereits Geleisteten und desjenigen, was er während der Dauer des Verzugs zur Ausführung des Werkes hätte leisten können. Die Vorschriften des § (373 Satz 2, 3[3]) finden entsprechende Anwendung.

Beruht der Verzug des Bestellers auf einem von ihm zu vertretenden Umstande, so hat der Uebernehmer auch Anspruch auf Schadensersatz."

In Veranlassung des Antrags № 2 gelangte zunächst der sowohl im letzten Theile dieses Antrags als auch in dem Entwurfe erwähnte Fall,

wenn die Ausführung des Werks durch einen von dem Besteller zu vertretenden Umstand unmöglich geworden ist,

zur Prüfung.

Die Mehrheit entschied: über den gedachten Fall sei eine Bestimmung in das Gesetz nicht aufzunehmen.

Die Entscheidung stützte sich auf folgende Erwägung:

Der § 189 der Zusammenstellung der das Obligationenrecht betreffenden Beschlüsse (Protokolle vom 9. und 11. Oktober 1882 S. 1154–1162, 1169–1171[4]) bestimme:

wenn die dem Schuldner obliegende Leistung | unmöglich geworden sei, so werde derselbe von seiner Verbindlichkeit befreit; bei einem gegenseitigen Vertrage verliere er jedoch das Recht auf die Gegenleistung. | Prot I 2330

Der letzte Absatz des § 189 füge aber hinzu:

„Ist die Unmöglichkeit durch einen von dem Gläubiger zu vertretenden Umstand herbeigeführt, so behält der Schuldner das Recht auf die Gegenleistung nach Abzug oder gegen Vergütung der ersparten Aufwendungen."

Der in Rede stehende Fall unterliege sichtbar den vorstehenden Bestimmungen. So zweifellos es sei, daß die Anwendbarkeit der letzteren auf den vorliegenden Fall, wenn es dabei verbleiben solle, nicht besonders ausgesprochen zu werden brauche, ebensowenig könne das Bedürfniß anerkannt werden, jene Anwendbarkeit nach der einen oder anderen Richtung zu modifiziren. Der Entwurf enthalte eine solche, insbesondere die

---

[1] S. bei § 552 BGB.

[2] S. die §§ 189, 204 ZustOR bei §§ 275, 300 BGB.

[3] S. bei § 552 BGB.

[4] S. bei § 275 BGB.

Beweislast treffende Modifikation. Die letztere zu billigen, vertrage sich indessen nicht mit den Gründen, auf welchen der Schlußabsatz des § 189 beruhe (zu vergl. Protokolle S. 1154–1156).

Eine andere Bewandniß habe es mit dem Antrage № 2. Derselbe wolle es bei der Anwendbarkeit der Vorschriften des § 189 a. a. O. belassen und nur ergänzend hinzufügen: bei Anwendung der Schlußvorschrift des § 189 gelange außer den ersparten Aufwendungen zugleich der aus der Nichtleistung dem Uebernehmer erwachsende Vortheil, als welcher vorzugsweise der durch die anderweite Verwerthung der Arbeitskraft erlangte Gewinn in Betracht komme, nach Maßgabe der für den Dienstvertrag zum Artikel 625 beschlossenen Bestimmungen (Protokoll vom 4. Juni 1883 S. 2263–2267[5]) in Abzug. Dagegen sei zu erinnern, daß weder für die Miethe noch für | Prot I 2331 den Dienstvertrag eine ähnliche Ergänzung beschlossen | sei. Die Ergänzungen, welche der Antrag im Auge habe, bezögen sich bloß auf den Fall des nur subjektiven Unvermögens des Miethers, die Sache zu gebrauchen, bezw. auf den Fall des Annahmeverzugs des Dienstberechtigten, nicht auch auf den Fall, wenn der Miether oder Dienstberechtigte die objektive Unmöglichkeit der Leistungen des Vermiethers oder des Dienstverpflichteten verschuldet habe, für welchen letzteren Fall es bei der Anwendbarkeit des § 189 belassen sei. Es könne zweifelhaft sein, ob hierin nicht eine Unvollständigkeit liege, die in passender Weise durch eine Ergänzung des § 189 zu heben sei oder ob nicht die in dem Antrage berücksichtigten für Miethe und Dienstvertrag beschlossenen speziellen Vorschriften, weil diese ein Prinzip verriethen, genügten. Keinesfalls sei zu leugnen, daß die in dem Antrage vorgeschlagene beschränkte Ergänzung das Gesetz nur noch mehr verdunkeln würde und folglich davon abzusehen sei.

Der Antragsteller behielt sich vor, die Ergänzung des § 189 zu beantragen.

Der Artikel 646 behandelt zugleich den Fall, wenn wegen eines in der Person des Bestellers eingetretenen Zufalls das Werk nicht ausgeführt wird. Dahin gehört vorzugsweise, wenn nicht – wenigstens nach der Absicht des Entwurfs – ausschließlich der Fall, in welchem durch einen solchen Zufall die Ausführung des Werks objektiv unmöglich geworden ist. Der Entwurf folgt der vielfach vertretenen Ansicht: ein solcher, die Ausführung des Werks unmöglich machender Zufall sei ähnlich zu beurtheilen, wie das nur subjektive Unvermögen des Bestellers oder wie die von dem Besteller verschuldete objektive Unmöglichkeit. Die Mehrheit erklärte sich aber gegen diese Auffassung, | Prot I 2332 hielt vielmehr an der schon bei der Berathung der §§ 185 | und ff. der Zusammenstellung der das Obligationenrecht betreffenden Beschlüsse (Protokolle vom 2. Oktober 1882 u. ff., S. 1116 u. ff.[6]) zur Sprache gelangten Ansicht fest, daß die durch einen Zufall in der Person des Bestellers herbeigeführte objektive Unmöglichkeit der Ausführung des Werks die Eigenschaft der objektiven Unmöglichkeit dadurch nicht verlieren könne, daß der Zufall zunächst die Person des Bestellers betroffen habe und daß daher derselben auch alle Wirkungen der objektiven Unmöglichkeit beigelegt werden müßten, was mit genügender Deutlichkeit geschehe, wenn das Gesetz den gedachten Fall übergehe. Auch die Meinung, es könne sich empfehlen, aus Billigkeitsrücksichten durch positive Vorschrift dem Uebernehmer eine Theilvergütung für das bereits Hergestellte oder für seine bereits geleisteten Arbeiten zuzubilligen, fand keinen Anklang.

Es erübrigte ein dritter Fall, der weniger in dem Entwurfe (der ihn mindestens nicht besonders hervorhebt), als vorzugsweise in den Anträgen № 1, 2 und 3 Berücksichtigung gefunden hat. Es ist der Fall, wenn der Besteller nur subjektiv verhindert ist,

---

[5] S. bei § 615 BGB.
[6] S. bei §§ 275, 280, 283, 285 BGB.

abzunehmen oder bei der Herstellung des Werks in der erforderlichen Weise mitzuwirken, bezw. der Fall des *Annahmeverzugs* des Bestellers.

Zunächst verständigte man sich über Folgendes:

Es brauche, wie bei dem Dienstvertrage, nur auf den ein Verschulden des Gläubigers keineswegs erfordernden Fall des Annahmeverzugs eingegangen zu werden; zugleich könne der verschuldete Annahmeverzug auf sich beruhen, da, wenn ein solcher vorliege, die allgemeinen Grundsätze über Verschulden und dessen Folgen anwendbar würden (zu vergl. Protokolle S. 1253 Nr. 2 und S. 1254 zu Nr. 2–5[7]) Ueber den Fall des (unverschuldeten) An- | nahmeverzugs zu schweigen, sei nicht angänglich. Die | Prot I 2333
allgemeinen Rechtsnormen, welche alsdann anwendbar würden, genügten allerdings, sofern der Besteller bei der Herstellung des Werks in keiner Weise mitzuwirken hätte, indem bei dieser Voraussetzung das Rechtsverhältniß sich eben so einfach und in gleicher Art gestalte, wie bei dem (unverschuldeten) Annahmeverzuge des Käufers. Die allgemeinen Grundsätze lieferten dagegen ein wenig befriedigendes Resultat, wenn der Besteller – wie es meist sich ergeben würde, – durch Lieferung des Stoffes oder in anderer Art bei der Ausführung des Werks mitzuwirken habe. Bleibe es bei den allgemeinen Grundsätzen, so würde der Uebernehmer, dem in Ansehung einer solchen Mitwirkung in Annahmeverzug gerathenen Besteller gegenüber (zu vgl. § 202 der Zusammenstellung der das Obligationenrecht betreffenden Beschlüsse – Protokoll vom 23. Oktober 1882 S. 1229–1238[8]) auf die dürftigen Rechte des § 208 der Zusammenstellung (Protokoll vom 27. Oktober 1882 S. 1253–1255[9]) beschränkt sein. Hierin liege eine offenbare Unbilligkeit, die sich mit dem bei der Regelung des Annahmeverzugs leitend gewesenen Prinzipe nicht vertrage. Die erforderliche Abhülfe könne auch nicht dadurch getroffen werden, daß die für den Dienstvertrag in der Sitzung vom 4. Juni 1883 (Protokolle S. 2263–2267[10]) zum Artikel 625 beschlossenen Vorschriften für anwendbar erklärt würden; denn der Werkvertrag sei in den maßgebenden Beziehungen ganz anders geartet, wie der Dienstvertrag. Es müsse in anderer Weise geholfen werden. Die Mehrheit entschied sodann:

1. Dem Uebernehmer soll ein Rücktrittsrecht oder das Recht auf Befreiung von der nachträglichen Ausführung des Werks nicht beigelegt werden.

Man war der Ansicht:

| Da der Werkvertrag an und für sich und im Zweifel kein Fixgeschäft sei, da ferner | Prot I 2334
ein unverschuldeter Annahmeverzug zu unterstellen sei, so würde in der Beilegung jener Rechte eine ungerechtfertigte Härte gegen den Besteller liegen[10a].

2. Dem Uebernehmer soll der Anspruch auf eine angemessene, der richterlichen Beurtheilung unterliegende Vergütung zugestanden werden und bei der Bemessung der letzteren berücksichtigt werden: einestheils die Dauer des Verzugs, anderentheils das Maß der vereinbarten Vergütung, zugleich aber auch dasjenige, was der Uebernehmer in Folge des Verzugs an Aufwendungen erspart oder in Folge davon erworben hat.

Man glaubte, daß durch eine solche den Besteller zur Leistung des vollen Schadensersatzes keineswegs verpflichtende Bestimmung das Interesse beider Theile in angemessener Weise gewahrt werde.

---

[7] S. bei § 304 BGB.
[8] S. bei §§ 294–297 BGB.
[9] S. bei § 304 BGB.
[10] S. bei § 615 BGB.
[10a] Vgl. dazu noch den Antrag Plancks (Nr. 426, 3) Prot I 2351, und Prot I 2355 bei §§ 649, 650 BGB.

Entwurf und Anträge galten hiermit als erledigt. Die Fassung der beschlossenen Bestimmung blieb der Redaktion vorbehalten.

Planck (Nr 421, 3) Es war im Anschluß an den Antrag Nr. 2 weiter beantragt:

den § 204 der Zusammenstellung der das Obligationenrecht betreffenden Beschlüsse (Protokoll vom 25. Oktober 1882 S. 1243—1246[11]) dadurch zu ergänzen, daß dem zweiten Absatze desselben die Worte hinzugefügt werden:

„nach Abzug oder gegen Vergütung der ersparten Aufwendungen, es wäre denn, daß die Leistung auch ohne den Verzug des Gläubigers unmöglich geworden wäre,"

so daß der gedachte zweite Absatz nun lauten würde:

„Wird bei einem gegenseitigen Vertrage die Leistung nach Beginn des Verzuges des Gläubigers durch einen von dem Schuldner nicht zu vertreten- | den Umstand unmöglich, so behält der Schuldner das Recht, auf die Gegenleistung nach Abzug oder gegen Vergütung der ersparten Aufwendungen, es wäre denn, daß die Leistung auch ohne den Verzug des Gläubigers unmöglich geworden wäre." | Prot I 2335

Der Antrag wurde dahin verbessert, daß die letzten Worte lauten sollen:

„daß die Leistung auch ohne den Verzug des Gläubigers nicht erfolgt wäre."

Die erste Ergänzung wurde als der Schlußbestimmung des § 189 der Zusammenstellung der das Obligationenrecht betreffenden Beschlüsse entsprechend und durch dieselbe geboten gebilligt; die zweite Ergänzung („es wäre denn pp.") fand dagegen keine Billigung, weil man dieselbe wegen des aus dem § 198 der Zusammenstellung (Protokoll vom 18. Oktober 1882, S. 1207—1209[12]) sich ergebenden Prinzips und wegen Seltenheit des fraglichen Falls, der nur vorkommen könne, wenn nach dem Annahmeverzuge des Bestellers die Ausführung des Werks durch einen solchen Zufall, welcher auch dann die Unmöglichkeit der Ausführung veranlaßt hätte, wenn der Verzug nicht eingetreten wäre, unmöglich wurde, für überflüssig[13].

**II. 1.** In der *RedVorl* lautet die beschlossene Vorschrift als § 9 (Art. 646) 430:

RedVorl § 430 Kommt der Besteller bei dem Beginn oder während der Herstellung des Werks in (unverschuldeten) Verzug der Annahme, so hat der Uebernehmer Anspruch auf eine angemessene Vergütung. Die Vergütung bestimmt sich nach der Dauer des Verzugs und dem Maße der vereinbarten Gegenleistung, sowie nach dem dem Uebernehmer aus dem Verzuge entstandenen Vortheile.

Dazu ist angemerkt:

1. Das Wort: „unverschuldeter" bei „Verzug" wird nöthig, weil sonst das Gesetz mißverstanden werden könnte. Der Zusatz wird auch nöthig sein bei dem § 3 der Redakt. Vorlage über den Dienstvertrag.

2. Zu dem entstandenen Vortheile gehören insbesondere auch die ersparten Aufwendungen, nicht minder die aus der frei gewordenen Arbeitskraft erlangten Vortheile.

**2.** In der *ZustOR* ist die beschlossene Vorschrift in § 430 gefaßt:

Kommt der Besteller bei dem Beginn oder während der Herstellung des Werkes in Verzug der Annahme, so hat der Uebernehmer Anspruch auf eine angemessene Vergütung. Die Vergütung bestimmt sich einerseits nach der Dauer des Verzugs und dem Maße der vereinbarten Gegenleistung, andererseits nach demjenigen, was der Uebernehmer in Folge des Verzugs an Aufwendungen erspart und durch anderweite Verwerthung seines Arbeitsvermögens erworben hat.

---

[11] S. bei § 300 BGB.
[12] S. bei § 287 BGB.
[13] S. das Weitere zu diesem Beschluß bei § 324 BGB.

**III. 1.** Im *KE* § 568 ist die Fassung der Vorschrift unverändert, nur heißt es: „Beginne“ und „Verzuges“.

**2.** Bei der Beratung des auf die Redaktion einzelner Vorschriften des Obligationenrechts sich beziehenden Anträge wurde der Antrag, in § 568, die Worte „einerseits“ und „andererseits – erworben hat“ zu streichen, dagegen zuzusetzen: „Die Bestimmungen des § 365 Abs. 2 Satz 2 finden entsprechende Anwendung“. Kurlbaum (Nr 576, 34)
abgelehnt (Prot I 6197, 6200).

**IV.** Im *E I* § 575 ist die Vorschrift unverändert.

## B. Vorkommission des Reichsjustizamtes

**I.** Beantragt war:

Den § 575 zu fassen: Struckmann (Nr 3, 99)
Kommt der Besteller bei Beginn oder während der Herstellung des Werkes dadurch in Annahmeverzug, daß er die zur Herstellung des Werkes ihm obliegenden Handlungen nicht vornimmt, so hat der Uebernehmer Anspruch auf eine angemessene Vergütung. Die Vergütung bestimmt sich einerseits nach der Dauer des Verzuges und dem Maße der vereinbarten Gegenleistung, andererseits nach demjenigen, was der Uebernehmer in Folge des Verzuges an Aufwendungen erspart oder durch sonstige Verwendung seines Arbeitsvermögens verdient hat oder hätte verdienen können, wenn er es nicht böswillig unterlassen hätte.

**II.** 79. Sitzung vom 23. 4. 1892

|II. Der § 575 des Entw. wurde inhaltlich gebilligt, er erhielt analog dem zu § 561 gefaßten Beschlusse die Erweiterung, daß bei Bemessung der Vergütung auch dasjenige in Ansatz zu bringen sei, was der Unternehmer hätte verdienen können, wenn er es nicht böswillig unterlassen hätte. Anlangend die Fassung im Eingange des § 575, erachtete man eine Verdeutlichung des Sinnes der Worte „in Verzug der Annahme“ durch eine anderweitige Redaktion für erforderlich, hielt aber sachlich an der Auffassung des Entw. fest, daß der Anspruch des Uebernehmers auf Vergütung von einem Verschulden des Bestellers nicht abhängig sei. Die Fassung des § 575 wurde danach wie folgt bestimmt: | Prot-RJA 493

„Unterläßt der Besteller die von ihm bei Beginn oder während der Herstellung des Werkes vorzunehmenden Handlungen, so hat der Uebernehmer Anspruch auf eine angemessene Vergütung. Die Vergütung bestimmt sich einerseits nach der Dauer der Unterlassung und dem Maße der vereinbarten Gegenleistung, andererseits nach demjenigen, was der Ueberneh- | mer in Folge der Unterlassung an Aufwendungen erspart oder durch sonstige Verwendung seiner Arbeitskraft erworben hat oder hätte erwerben können, wenn er es nicht böswillig unterlassen hätte.“ E I-RJA § 575 Abs. 1 | Prot-RJA 494

Gegenüber dem fortdauernden Annahmeverzuge des Bestellers glaubte man den Uebernehmer durch eine seinen Rücktritt vom Vertrage ermöglichende Zusatzbestimmung schützen zu müssen, damit dieser nicht in das Unbestimmte gebunden bleibe und sich nicht jederzeit zur Leistung in Bereitschaft halten müsse. Man war der Ansicht, daß ein Verkehrsbedürfniß bestehe, den dem § 561 zu Grunde liegenden Gedanken, wonach der Dienstverpflichtete in Folge des Annahmeverzuges des Berechtigten von seiner

Verpflichtung zur Nachleistung frei werden solle, auch hierher zu übertragen, obwohl das geltende Recht eine positive Vorschrift dieses Inhalts nicht kenne. Die entsprechende Anwendung des § 561 auf den Werkvertrag führe dahin, daß der Uebernehmer dem anderen Theile die Alternative stellen könne, den Verzug innerhalb einer angemessenen Frist zu beseitigen oder sich den Rücktritt vom Vertrage gefallen zu lassen.

Die Zusatzbestimmung erhielt folgende Fassung:

E I-RJA § 575 Abs. 2

„Der Uebernehmer ist verpflichtet, dem Besteller zur Nachholung der vorzunehmenden Handlungen eine angemessene Frist mit der Erklärung zu bestimmen, daß er von dem Vertrage zurücktrete, wenn die Handlungen nicht innerhalb der Frist vorgenommen werden. Ist die Frist ohne Nachholung der Handlungen abgelaufen, so gilt der Rücktritt als vollzogen."

## C. 2. Kommission

I. Beantragt war (Prot. II, Bd. 2, S. 328f.; *Mugdan*, Bd. 2, S. 931f.):

Struckmann (Nr 159, 30)

die Fassung des E I-RJA § 575, jedoch lautet der Eingang des zweiten Absatzes: „Der Uebernehmer ist berechtigt, . . .".

Der Antrag wurde angenommen.

II. In der *VorlZust* der Beschlüsse der 2. Kom. hat § 575 die Fassung:.

E I-VorlZust § 575

Kommt der Besteller dadurch, daß er die von ihm bei Beginn oder während der Herstellung des Werkes vorzunehmenden Handlungen unterläßt, in Verzug der Annahme, so hat der Uebernehmer Anspruch auf eine angemessene Vergütung. Die Vergütung bestimmt sich einerseits nach der Dauer des Verzuges und dem Maße der vereinbarten Gegenleistung, andererseits nach demjenigen, was der Uebernehmer in Folge des Verzuges an Aufwendungen erspart oder durch sonstige Verwendung seiner Arbeitskraft erworben hat, oder hätte erwerben können, wenn er es nicht böswillig unterlassen hätte.

Der Uebernehmer ist berechtigt, dem Besteller zur Nachholung der vorzunehmenden Handlungen eine angemessene Frist mit der Erklärung zu bestimmen, daß er von dem Vertrage zurücktrete, wenn die Handlungen nicht innerhalb der Frist vorgenommen werden. Ist die Frist ohne Nachholung der Handlungen abgelaufen, so gilt der Rücktritt als vollzogen.

III. In der *ZustRedKom* lautet die Vorschrift:

E I-ZustRedKom § 575

Unterläßt der Besteller die von ihm bei dem Beginn oder während der Herstellung des Werkes vorzunehmenden Handlungen, so kann der Unternehmer, sofern die Voraussetzungen des Annahmeverzugs vorliegen, eine angemessene Entschädigung verlangen. Die Höhe der Entschädigung richtet sich einerseits nach der Dauer des Verzugs und der Höhe der vereinbarten Vergütung, andererseits nach demjenigen, was der Unternehmer in Folge des Verzugs an Aufwendungen erspart oder durch anderweite Verwendung seiner Arbeitskraft erworben hat oder hätte erwerben können, wenn er es nicht böswillig unterlassen hätte.

Der Unternehmer ist berechtigt, dem Besteller zur Nachholung der vorzunehmenden Handlungen eine angemessene Frist mit der Erklärung zu bestimmen, daß er von dem Vertrage zurücktrete, wenn der Besteller nicht innerhalb der Frist die Handlungen vornehme. Ist die Nachholung innerhalb der Frist nicht erfolgt, so gilt der Rücktritt als vollzogen.

**IV. 1.** Im *E II* ist die Vorschrift in § 579 enthalten, wobei der Anfang lautet:

Ist bei dem Beginn oder der Herstellung des Werkes eine Handlung des Bestellers erforderlich, so kann der Unternehmer, wenn der Besteller durch das Unterlassen der Handlung in Verzug der Annahme kommt, eine angemessene ... usw. wie in der ZustRedKom; E II § 579

im Abs. 1 S. 2 heißt es „anderweitige" statt „anderweite", im Abs. 2 S. 1 „den Vertrag kündige" statt „von dem Vertrage zurücktrete", und der letzte Satz lautet:

Ist die Nachholung nicht innerhalb der Frist erfolgt, so gilt der Vertrag als aufgehoben.

**2.** Bei der Revision des E II wurde beschlossen, allgemeiner und einfacher als in der bisherigen Fassung zu bestimmen, daß neben den ersparten Aufwendungen maßgebend sein soll, was der Unternehmer „durch anderweitige Verwendung seiner Arbeitskraft erwerben kann" (Prot. II, Bd. 6, S. 385).

**V.** Im *E II rev* hat die Vorschrift in §§ 632, 633, die in §§ 642, 643 BGB Gesetz gewordene Fassung.

## § 644

**Der Unternehmer trägt die Gefahr bis zur Abnahme des Werkes. Kommt der Besteller in Verzug der Annahme, so geht die Gefahr auf ihn über. Für den zufälligen Untergang und eine zufällige Verschlechterung des von dem Besteller gelieferten Stoffes ist der Unternehmer nicht verantwortlich.**

**Versendet der Unternehmer das Werk auf Verlangen des Bestellers nach einem anderen Orte als dem Erfüllungsorte, so finden die für den Kauf geltenden Vorschriften des § 447 entsprechende Anwendung.**

### A. 1. Kommission

I. 221. Sitzung vom 15. 6. 1883, Schriftführer Neubauer (nicht anwesend v. Kübel, Derscheid)

| Zu Artikel 648 des Entwurfs: | Prot I 2340

„Ist das Werk vor seiner Ablieferung und Gutheißung in Folge eines Mangels des von dem Unternehmer gelieferten Stoffes oder in Folge eines bei der Ausführung des Werkes von dem Unternehmer verschuldeten Fehlers zu Grunde gegangen, so kann dieser weder Zahlung des Lohnes noch Erstattung seiner Auslagen von dem Besteller fordern und haftet überdies für allen aus dem Untergange des Werks entstandenen Schaden." DresdE Art 648

war von mehreren Seiten die Streichung der Vorschrift beantragt. Von einer Seite war beantragt, Kurlbaum (Nr 420) Planck (Nr 423, 1)

eventuell die Vorschrift zu fassen:

„Ist das Werk vor seiner Ueberlieferung in Folge eines von dem Uebernehmer zu vertretenden Umstandes zu Grunde gegangen, so bleibt der Uebernehmer zur Erfüllung Planck (Nr 423, 1) des Vertrages verpflichtet und hat, wenn diese durch den Untergang des Werks unmöglich geworden, dem Besteller nach Maßgabe der §§ 185–187[1] Schadensersatz wegen Nichterfüllung zu leisten. Er ist außerdem dem Besteller allen demselben durch den Untergang des Werks entstandenen Schaden zu ersetzen verpflichtet.

| Prot I 2341 (Eine Bestimmung über ein dem Besteller einzuräumendes Rücktrittsrecht, wenn die Herstellung des Werkes durch dessen Untergang nicht unmöglich gewor- | den, bleibt zu Artikel 653[2] vorbehalten.)"

Der Antrag auf Streichung des Artikels wurde genehmigt. Die Gründe waren:

Insofern der Artikel sich mit dem Falle befasse, in welchem das Werk in Folge eines von dem Uebernehmer zu vertretenden Umstandes untergehe, enthalte er nur Selbstverständliches. Insofern er dagegen vorschreibe, der Untergang des Werks in Folge eines Mangels des von dem Uebernehmer gelieferten Materials sei, auch wenn ein Verschulden des Uebernehmers nicht vorliege, doch so zu beurtheilen, als habe der Uebernehmer den Untergang verschuldet, sei er hart und ungerecht, also nicht zu billigen. |

222. Sitzung vom 18. 6. 1883, Schriftführer Neubauer (nicht anwesend v. Kübel)

| Prot I 2343 | Die Berathung des Abschnitts des Obligationenrechts, betreffend „den Werkvertrag" wurde fortgesetzt.

Zu Artikel 649 des Entwurfs:

DresdE Art 649 „Ist das Werk vor seiner Ablieferung und Gutheißung durch Zufall zu Grunde gegangen, so kann der Unternehmer weder Lohn für seine Arbeit noch Ersatz für seine Auslagen verlangen."

lagen die Anträge vor:

Kurlbaum (Nr 420) 1. statt dessen zu bestimmen:

„Der Uebernehmer trägt die Gefahr des zufälligen Unterganges und der zufälligen Verschlechterung des Werkes bis zu dessen Abnahme von Seiten des Bestellers.

Werden die von dem Besteller hergegebenen Stoffe durch Zufall vernichtet oder verschlechtert, so hat der Besteller wegen derselben keinen Anspruch gegen den Unternehmer."

Planck (Nr 423, 2) 2. den Artikel zu streichen, eventuell ihn dahin zu fassen:

| Prot I 2344 | „Ist das Werk in Folge eines weder von dem Besteller noch dem Uebernehmer zu vertretenden Umstandes zu Grunde gegangen, so bleibt der Uebernehmer zur Ausführung des Werkes, sofern dieselbe nicht unmöglich geworden, verpflichtet. Ist das Werk unmöglich geworden, so findet die Vorschrift des § 189[3] Anwendung."

Zu dem Antrage № 1 wurde der Verbesserungsantrag gestellt, den zweiten Absatz des Vorschlags mit dem ersten in der Fassung zu verbinden:

„Der Besteller trägt die Gefahr des zufälligen Untergangs und der zufälligen Verschlechterung des von ihm zur Herstellung des Werks beschafften Stoffs."

Der Antrag № 1 gelangte mit der vorgeschlagenen Verbesserung zur Annahme, während der Antrag № 2 nicht die Zustimmung der Mehrheit fand.

Die Gründe waren:

Insofern der Artikel 649 den Grundsatz enthalte: der Uebernehmer trage die Gefahr des Werks bis zu dessen Vollendung, möge er wegen der Vorleistungspflicht des Uebernehmers und in Gemäßheit der Bestimmungen des § 189 der Zusammenstellung der das

---

[1] S. bei §§ 280, 285 BGB.

[2] S. bei §§ 649, 650 BGB.

[3] S. bei § 275 BGB.

Obligationenrecht betreffenden Beschlüsse (Protokolle vom 9. und 11. Oktober 1882 S. 1154—1171) selbstverständlich sein. Erscheine es aber schon rathsam, diesen Grundsatz wegen seiner großen Wichtigkeit besonders auszusprechen, so trete hinzu, daß in dem Artikel 649 zugleich der weniger selbstverständliche Grundsatz sich finde: die Vorleistungspflicht des Uebernehmers sei keineswegs schon mit der Vollendung des Werks, sondern erst mit der Abnahme desselben erfüllt und demzufolge auch von dem Uebernehmer bis zur Abnahme die Gefahr zu tragen. Der Artikel dürfe daher nicht übergangen werden. Für seine Fassung werde zweckmäßig mit dem Antrage № 1 der § 322 der Zusammenstellung der das Obligationenrecht betreffenden Beschlüsse (Protokolle vom 14. und 16. März 1883 S. 1863—1865, 1867—1869[4]) zum Vorbilde genommen. Angemessen erscheine es ferner, eine dem zweiten Absatze des Antrags № 1 entsprechende Vorschrift in der Fassung des Verbesserungsvorschlags folgen zu lassen. Denn sei diese Vorschrift auch an und für sich selbstverständlich, so werde doch ihre Aufnahme wegen des vorhergehenden Grundsatzes zur Vermeidung eines nicht fernliegenden Mißverständnisses, ferner zur völligen Klarstellung, daß der Uebernehmer auf die Gegenleistung keinen Anspruch habe, Bedürfniß. Mit dem Antrage № 2 durch Verweisung auf den § 189 der mehrgedachten Zusammenstellung die Nichtberechtigung zur Gegenleistung noch weiter zu verdeutlichen, sei entbehrlich. | Prot I 2345

Wenn der Antrag № 2 den Uebernehmer außerdem zu einer neuen Ausführung oder Wiederherstellung des Werks, sofern dieselben möglich seien, für verpflichtet erkläre, so sei eine solche Bestimmung wegen der eine allgemeine Rechtsnorm nicht zulassenden Verschiedenheit der in Frage kommenden Fälle nicht sachgemäß (zu vergl. Protokolle vom 15. Juni 1883 S. 2333, 2334[5]).

Es war ferner der Antrag gestellt, dem Artikel 649 in der beschlossenen Fassung die Vorschrift anzureihen: Planck (Nr 423, 3)

„Kommt der Besteller mit der Annahme des vertragsmäßig ausgeführten Werkes in Verzug, so geht die Gefahr des Unterganges und der Verschlechterung auf ihn über."

(eventuell: „ . . . so ist der Uebernehmer, wenn das Werk während des Verzuges durch einen von ihm nicht zu vertretenden Umstand ganz oder theilweise zu Grunde geht, die Gegenleistung zu fordern berechtigt und zur Wiederherstellung des Werks nicht verpflichtet.")

Der prinzipale Antrag fand die Zustimmung der Mehrheit.

Erwogen war:

Nur scheinbar werde die vorgeschlagene Bestimmung durch | den § 204 der Zusammenstellung der das Obligationenrecht betreffenden Beschlüsse (Protokoll vom 25. Oktober 1882 S. 1243—1246[6]), wonach der in Annahmeverzug gerathene Gläubiger die Gefahr zu tragen habe, entbehrlich. Denke man sich den Fall, in welchem der Besteller in unverschuldeten Annahmeverzug gerathen, das Werk während des Annahmeverzugs durch Zufall untergegangen, der Uebernehmer aber nach dem besonderen Inhalte des Vertrages zu der möglichen Neubeschaffung des Werks verpflichtet sei, so würde der Uebernehmer nach dem Wortinhalte des § 204 weder die Gegenleistung für das untergegangene Werk verlangen noch die Beschaffung eines neuen Werks verweigern können. Mindestens erscheine es in höchstem Maße zweifelhaft, ob eine solche Forderung und Weigerung aus dem § 204 sich herleiten lasse, während doch das den Bestimmungen des § 204 zum Grunde liegende Prinzip zweifellos erfordere, dem Uebernehmer das Recht auf die Gegenleistung ohne die Verpflichtung zur Neubeschaffung zuzugestehen. | Prot I 2346

---

4 S. bei § 446 BGB.

5 S. bei §§ 642, 643 BGB.

6 S. bei § 300 BGB.

Das Letztere werde namentlich evident, wenn der Annahmeverzug nach Vollendung des Werks eingetreten, welcher Fall von dem im letzten Absatze des § 204 behandelten in der fraglichen Beziehung nicht verschieden sei. Habe der Annahmeverzug in einem früheren Stadium sich zugetragen, so führten schon die zum Artikel 646 gefaßten Beschlüsse (Protokoll vom 15. Juni 1883 S. 2329 u. ff.[7]) zu dem sachgemäßen Ergebnisse.

Der prinzipale Antrag verdiene endlich vor dem nur dessen Konsequenzen ziehenden eventuellen Antrage wegen seines umfassenderen Inhalts und weil er einen leitenden Grundsatz klar und bestimmt ausspreche, den Vorzug.

Kurlbaum (Nr 425) Weiter war beantragt, in Artikel 649a zu bestimmen:

„Die Vorschriften des § 324 und des § 325 Absatz 1 (der Zusammenstellung[8]) finden entsprechende Anwendung."

Die Mehrheit entschied für Ablehnung des Antrags. Sie ging davon aus:

| Prot I 2347 Der § 324 (Protokoll vom 16. März 1883 S. 1872, 1873) ent- | halte eine positive Vorschrift, die sich aus der rechtsgeschichtlichen Entwickelung der für die Tragung der Transportgefahr bei dem Kaufe, insbesondere dem handelsrechtlichen Kaufe, maßgebenden Rechtsnormen und aus der auf das geltende Recht zu nehmenden Rücksicht erkläre. Sie sei nur für den Kauf und bezw. den Tausch, und nicht einmal für alle sonstigen Veräußerungsverträge, beschlossen. Um so bedenklicher müsse es erscheinen, sie auf den Werkvertrag auszudehnen, bei welchem — mindestens in vielen Fällen — die Abnahme eine größere Bedeutung habe, als regelmäßig bei dem Kaufe der Uebergabe zukomme. Die Ausdehnung führe zu einer Erschütterung des Prinzips, daß der Uebernehmer die Gefahr nicht bloß bis zur Vollendung, sondern bis zur Abnahme des Werks trage. Wenn für die Ausdehnung der bei anderen Gelegenheiten berücksichtigte Grund angeführt sei, es falle oft schwer, den Werkvertrag von dem Veräußerungsvertrage zu unterscheiden, so gelte einmal der § 324 nicht für alle Veräußerungsverträge, sodann dürfe jener Grund nicht den Ausschlag geben, sobald es sich um ein Prinzip handele, dessen Uebertragung auf den Werkvertrag mit dessen Wesen sich schwer vertrage und im geltenden Rechte und in den modernen Kodifikationen, so viel ersichtlich, keinen Vorgang habe.

Die Ausdehnung des (übrigens gleichfalls nur für Kauf und Tausch geltenden) ersten Absatzes des § 325 (Protokoll vom 16. März 1883 S. 1875) sei von nicht erheblicher praktischer Bedeutung, sodann aber auch deshalb bedenklich, weil bei dem Werkvertrage in manchen Fällen wegen der dem Uebernehmer vor oder bei der Abnahme obliegenden besonderen Leistungen die Beurtheilung sich wesentlich anders gestalte, als bei dem Kaufvertrage[9].

Der Artikel 650 des Entwurfs bestimmt:

DresdE Art 650 „Ist das Werk nach seiner Ablieferung und Gutheißung durch Zufall zu Grunde gegangen, so hat der Besteller den hierdurch entstandenen Schaden zu tragen und dem Unternehmer den bedungenen Lohn sammt den von diesem bestrittenen, nicht schon in dem Lohn begriffenen Auslagen zu bezahlen."

| Prot I 2348 Kurlbaum (Nr 420) | Der Antrag auf Streichung des Artikels wurde genehmigt, indem man seinen Inhalt für völlig selbstverständlich hielt.

Der Artikel 651 des Entwurfs lautet:

DresdE Art 651 „Ist das Werk nach seiner Ablieferung und Gutheißung in Folge eines Mangels oder

---

[7] S. bei §§ 642, 643 BGB.

[8] S. bei §§ 447, 448 BGB.

[9] S. auch noch Prot I 2367, 2368 bei §§ 631, 632 BGB.

einer Vertragswidrigkeit der im Artikel 641 bezeichneten Art zu Grunde gegangen, so ist der Besteller von seiner Verpflichtung gegen den Unternehmer entbunden und kann von demselben Ersatz des durch den Untergang des Werkes entstandenen Schadens verlangen."

Der Antrag auf Streichung des Artikels wurde genehmigt.

Man war der Ansicht: Auch dieser Artikel enthalte nur Selbstverständliches, zudem sei er, insofern er davon rede, der Besteller werde von seinen Verpflichtungen entbunden, nicht einmal korrekt. Kurlbaum (Nr 420)

II. In der *RedVorl* und der *ZustOR* hat die beschlossene Vorschrift als § 431 die Fassung:

Der Uebernehmer trägt bis zur Abnahme des Werks die Gefahr, insbesondere die Gefahr des zufälligen Untergangs und der zufälligen Verschlechterung des Werks, der Besteller trägt die Gefahr des zufälligen Untergangs und der zufälligen Verschlechterung des von ihm zur Herstellung des Werks beschafften Stoffs [RedVorl: Stoffs (Materials).]. Kommt der Besteller in den Verzug der Annahme, so geht auf ihn die Gefahr des zufälligen Untergangs und der Verschlechterung des Werks über. RedVorl/ZustOR § 431

Zu § 10 (Art. 649) 431 RedVorl ist angemerkt:

Zu vgl. § 322 der Zus. u. § 3 der Redakt. Vorl. über den Dienstvertrag.

III. 1. Im *KE* ist die Vorschrift in unveränderter Fassung in § 569 enthalten, wobei jedoch die Genitive der Worte „Werk", „Untergang" und „Stoff" lauten: „Werkes", „Unterganges" und „Stoffes", vor „der Besteller trägt" ein Semikolon gesetzt ist und im letzten Satz vor Verzug der Artikel „den" weggelassen ist.

2. Bei Beratung der auf die Redaktion einzelner Vorschriften des Obligationenrechts sich beziehenden Anträge fand der Antrag, in § 569 Satz 2 statt: „in Verzug der Annahme" zu setzen: „mit der Abnahme in Verzug der Annahme" die Billigung der Kommission nicht; dagegen wurde in Gemäßheit des Antrags auf der letzten Zeile vor: „Verschlechterung" eingeschaltet: „zufälligen", (Prot I 6197, 6200). Kurlbaum (Nr 576, 35)

IV. Im *E I* entspricht § 576 dem § 569 KE mit der dem vorstehenden Beschluß entsprechenden Änderung.

## B. Vorkommission des Reichsjustizamtes

I. Beantragt war:

Den § 576 (vergl. auch § 579 Nr. 1) zu fassen:

Bis zur Abnahme des Werkes wird die Gefahr, insbesondere die Gefahr des zufälligen Untergangs und der zufälligen Verschlechterung des Werkes von dem Uebernehmer getragen. Kommt jedoch der Besteller in Annahmeverzug, so geht die Gefahr auf ihn über. Struckmann (Nr 3, 100)

Die Gefahr des zur Herstellung des Werkes von dem Besteller gelieferten Stoffes wird von diesem getragen.

Ist nach dem Gegenstande des Werkvertrages eine Abnahme ausgeschlossen, so tritt an Stelle des Zeitpunkts der Abnahme der Zeitpunkt der Vollendung der dem Uebernehmer obliegenden Leistungen.

II. 79. Sitzung vom 23. 4. 1892

| Prot-RJA 494 | III. Der § 576 des Entw. wurde angenommen, demselben wurde unter Einbeziehung der im Entw. § 579[10] geordneten Fälle nachstehende Fassung gegeben:

| Prot-RJA 495
E I-RJA § 576
„Der Uebernehmer trägt die Gefahr bis zur Abnah- | me des Werkes, sofern aber eine solche nach der Natur des Gegenstandes ausgeschlossen ist, bis zur Vollendung der ihm obliegenden Leistungen. Kommt der Besteller in Annahmeverzug, so geht die Gefahr auf ihn über. In Ansehung des von dem Besteller zur Herstellung des Werkes gelieferten Stoffes trägt der Uebernehmer nicht die Gefahr."

Von einer Seite wurde angeregt, zwischen Zufällen, die mit dem Werke zusammenhängen und solchen zufälligen Umständen, die bei dem Besteller eintreten, zu unterscheiden und nur die ersteren dem Uebernehmer die letzteren aber mit der im § 577 bezeichneten Wirkung dem Besteller aufzuerlegen. Insbesondere wurde als Hauptanwendungsfall hervorgehoben, daß der Besteller eines Bauwerkes den Zufall tragen müsse, von welchem das Baugrundstück betroffen worden sei. Es dürfe dieser Zufall nicht anders behandelt werden, wie ein Mangel des dem Uebernehmer zur Verarbeitung gelieferten Stoffes, dessen Folgen der Besteller ebenfalls nach Maßgabe des § 577 auf sich zu nehmen habe.

Die Mehrheit der Kommission hielt diese Unterscheidung nicht für praktikabel. Es sei zu besorgen, daß diese Unterscheidung namentlich bei Bauwerken zu mißlichen Prozessen darüber führen werde, ob die Beschädigung des Bauwerkes durch einen Zufall, von welchem das *Baugrundstück* betroffen sei, veranlaßt worden, oder ob es sich lediglich um eine Beschädigung des *Bauwerkes* handele. Wolle man die Regel des § 576 im Sinne der Anregung einschränken, so verdiene es den Vorzug, die Ausnahme zu verallgemeinern und zu bestimmen, daß die in Folge höherer Gewalt eingetretenen Unfälle der Besteller zu tragen habe. Die Statuirung dieser Ausnahme empfehle sich jedoch nicht, weil der Begriff der höheren Gewalt nicht fest genug umgrenzt sei und es deshalb thunlichst vermieden werden müsse, mit demselben im Gesetze zu operiren.
| ProtRJA 496 Dazu komme, daß, wenn | die Gefahr vor der Abnahme auf den Besteller übergehe, daraus heikle Prozesse über die Frage zu entstehen drohten, ob das Werk zur Zeit des Eintritts der Gefahr *vertragsmäßig* hergestellt war oder nicht.

Ebenfalls abgelehnt wurde der Vorschlag, wegen Tragung der Transportgefahr die Vorschriften des § 465 entsprechend zur Anwendung zu bringen, insofern auf Verlangen des Bestellers das Werk an einem anderen als dem Erfüllungsort abgeliefert werden solle. Man ging mit den Mot. II S. 498ff. davon aus, daß die Bestimmung des § 465[11] dem Wesen des Werkvertrags nicht entspreche, welches es mit sich bringe, daß der Uebernehmer verpflichtet sei, das vollendete Werk dem Besteller zur Prüfung und Billigung vorzuweisen. Erst mit dieser Vorweisung, welche dem Besteller die Gelegenheit biete, die Vertragsmäßigkeit des hergestellten Werkes zu prüfen, habe der Uebernehmer seinerseits Alles gethan, was ihm vertragsmäßig obliege, und liege es deshalb nicht in der Intention der Parteien, daß — abgesehen von dem Annahmeverzuge des Bestellers — dieser schon vor der Abnahme die Gefahr tragen solle, wie denn auch eine dem § 465 entsprechende Vorschrift für den Werkvertrag dem geltenden Rechte unbekannt sei. Es wurde noch zur Widerlegung darauf hingewiesen, daß sich bereits die Hauptkommission zu § 214 (Prot. S. 575[12]) in einer den Antrag mißbilligenden Weise geäußert habe.

---

[10] S. bei §§ 631, 632 BGB.
[11] S. bei § 447 BGB.
[12] S. bei § 243 BGB.

## C. 2. Kommission

**I.** Beantragt war (Prot. II, Bd. 2, S. 329; *Mugdan*, Bd. 2, S. 932ff.):

1. die Vorschriften des Entw. durch nachstehende Bestimmungen zu ersetzen:

Der Uebernehmer trägt die Gefahr bis zur Abnahme des Werkes, sofern aber nach dem Gegenstande des Werkvertrages eine Abnahme ausgeschlossen ist, bis zur Vollendung der ihm obliegenden Leistungen. Kommt der Besteller in Annahmeverzug, so geht die Gefahr auf ihn über. In Ansehung des von dem Besteller zur Herstellung des Werkes gelieferten Stoffes trägt der Uebernehmer nicht die Gefahr. Struckmann (Nr 159, 31)[13]

2. von diesen Bestimmungen den dritten Satz zu streichen;

3. dem § 576 als Abs. 2 hinzuzufügen:

Wird das Werk auf Verlangen des Bestellers von dem Uebernehmer an einen anderen Ort als denjenigen versendet, an welchem es nach dem Vertrag abzuliefern (abzunehmen) ist, so finden die Vorschriften des § 465 entsprechende Anwendung.

4. den unter 3 vorgeschlagenen Zusatz zu fassen:

Wird das Werk . . . abzuliefern ist, so trägt der Besteller die durch die Versendung herbeigeführte Gefahr.

5. dem § 576 hinzuzusetzen:

Die Gefahr der durch höhere Gewalt verursachten Beschädigung oder Zerstörung eines Bauwerkes trägt der Besteller.

Von diesen Anträgen wurden die Anträge 1 und 3 angenommen, der Antrag 5 bis zur Beratung des § 577[14] zurückgestellt.

**II.** In der *VorlZust* der Beschlüsse der 2. Kom. lautet die Vorschrift:

Der Uebernehmer trägt die Gefahr bis zur Abnahme des Werkes, sofern aber nach dem Gegenstande des Werkvertrages eine Abnahme ausgeschlossen ist, bis zur Vollendung der ihm obliegenden Leistungen (oder: bis zum Eintritt des von ihm zu bewirkenden Erfolges). Kommt der Besteller in Annahmeverzug, so geht die Gefahr auf ihn über. Für den zufälligen Untergang und die zufällige Verschlechterung des von dem Besteller zur Herstellung des Werkes gelieferten Stoffes ist der Uebernehmer nicht verantwortlich. E I-VorlZust § 576

Wird das Werk auf Verlangen des Bestellers von dem Uebernehmer an einen anderen Ort als denjenigen versendet, an welchem es nach dem Vertrage abzuliefern (abzunehmen) ist, so finden die Vorschriften des § 465 entsprechende Anwendung.

**III.** In der *ZustRedKom* lautet die Vorschrift:

Der Unternehmer trägt die Gefahr bis zur Abnahme des Werkes, sofern aber nach der Beschaffenheit des Werkes eine Abnahme ausgeschlossen ist, bis zur Vollendung. Kommt der Besteller in Verzug der Annahme, so geht die Gefahr auf ihn über. Für den zufälligen Untergang und eine zufällige Verschlechterung des von dem Besteller gelieferten Stoffes ist der Uebernehmer nicht verantwortlich. E I-ZustRedKom § 576

Wird das Werk auf Verlangen des Bestellers von dem Unternehmer nach einem anderen Orte als dem Erfüllungsorte versendet, so finden die für den Kauf geltenden Vorschriften des § 465 entsprechende Anwendung.

---

[13] In der matallographischen Fassung des Antrags ist angemerkt: Vgl. § 579 № 1.

[14] S. bei § 645 BGB.

**IV.** Im *E II* ist die Vorschrift in § 580 in der folgenden Fassung enthalten:

E II § 580 Der Unternehmer trägt die Gefahr bis zur Abnahme des Werkes. Kommt der Besteller in Verzug der Annahme, so geht die Gefahr auf ihn über. Für den zufälligen Untergang und eine zufällige Verschlechterung des von dem Besteller gelieferten Stoffes ist der Unternehmer nicht verantwortlich.

Wird das Werk auf Verlangen des Bestellers von dem Unternehmer nach einem anderen Orte als dem Erfüllungsorte versendet, so finden die für den Kauf geltenden Vorschriften des § 388 entsprechende Anwendung.

Sohm (Nr 27, 2) Bei der Revision des E II war beantragt (Prot. II, Bd. 6, S. 189):

Den § 580 Abs. 1 Satz 1 dahin zu beschließen:

Der Unternehmer trägt die Gefahr bis zur Abnahme des Werkes, es sei denn, daß das Werk bereits in dem Gewahrsam des Bestellers war oder daß die Gafahr in Folge eines in der Person des Bestellers liegenden Grundes eintrat.

Vergl. Strohal, Bemerkungen.

Die Mehrheit lehnte den Antrag ab.

**V.** Im *E II rev* hat die Vorschrift des § 634 die in § 644 BGB Gesetz gewordene Fassung.

**D. Bundesrat (Justizausschuß)**

**I.** Zu §§ 634, 635[15] wurde von Lippe bemerkt, die Bestimmungen des Entwurfes über die Tragung der Gefahr beim Werkvertrage würden in ihrer Anwendung auf die Rechtsverhältnisse des für Lippe sehr wichtigen Zieglerstandes eine unbillige Härte für die Ziegler mit sich bringen, sofern diese während der Herstellung der Steine jede Gefahr, insbesondere also die gerade hier sehr häufigen Schäden durch Frost und Ueberschwemmung, zu tragen hätten, während die Ziegeleibesitzer im Gegensatze zu den Inhabern sonstiger Fabrikationsbetriebe an der Tragung der Gefahr nicht Theil nähmen. Eine entsprechende Aenderung der §§ 634, 635 zu Gunsten der Ziegeleiarbeiter sei daher wünschenswerth.

**II.** Bericht von *Schicker* (Württemberg vom 12. 10. 1895).

Der Antrag wurde abgelehnt[16].

[15] § 635 s. bei § 645 BGB.

[16] Die Gründe s. o. bei §§ 631, 632 BGB.

## § 645

**Ist das Werk vor der Abnahme in Folge eines Mangels des von dem Besteller gelieferten Stoffes oder in Folge einer von dem Besteller für die Ausführung ertheilten Anweisung untergegangen, verschlechtert oder unausführbar geworden, ohne daß ein Umstand mitgewirkt hat, den der Unternehmer zu vertreten hat, so kann der Unternehmer einen der geleisteten Arbeit entsprechenden Theil der Vergütung und Ersatz der in der Vergütung nicht inbegriffenen Auslagen verlangen. Das Gleiche gilt, wenn der Vertrag in Gemäßheit des § 643 aufgehoben wird.**

**Eine weitergehende Haftung des Bestellers wegen Verschuldens bleibt unberührt.**

### A. 1. Kommission

I. 221. Sitzung vom 15. 6. 1883, Schriftführer Neubauer (nicht anwesend v. Kübel, Derscheid)

| Zu Artikel 647 des Entwurfs: | Prot I 2335 DresdE Art 647

„Ist das Werk vor seiner Ablieferung oder Gutheißung in Folge eines Mangels des von dem Besteller gelieferten Stoffes oder in Folge der von demselben vorgeschriebenen Ausführungsweise zu Grunde gegangen, so kann der Unternehmer einen seiner bereits geleisteten Arbeit entsprechenden Theil des bedungenen Lohnes und Ersatz seiner nicht schon in dem Lohne begriffenen Auslagen verlangen, es wäre denn, daß der Unternehmer die ihm nach Maßgabe der Vorschrift des Artikels 639 obliegende Pflicht versäumt hätte."

| lagen die Anträge vor: | Prot I 2336

1. den Artikel durch folgende Bestimmung zu ersetzen: Planck (Nr 421, 4)

„Ist das Werk vor seiner Ueberlieferung in Folge eines von dem Besteller zu vertretenden Umstandes ganz oder theilweise zu Grunde gegangen, so ist der Uebernehmer die Gegenleistung zu fordern und (sofern das Werk nicht ohnehin unmöglich geworden) für die Zukunft von dem Vertrage zurückzutreten berechtigt.

War das Werk zur Zeit seines Unterganges erst theilweise ausgeführt, so findet der § 13 Satz 2 der Redaktionsvorlage über die Miethe (d. h. des Beschlusses zu Artikel 561 – Protokoll vom 2. Mai 1883 S. 2096 – 2099 – [1]) entsprechende Anwendung.

Als ein von dem Besteller zu vertretender Umstand gilt es, wenn das Werk in Folge eines Mangels des von dem Besteller gelieferten Stoffes oder in Folge der von demselben vorgeschriebenen Ausführungsweise zu Grunde gegangen ist, es wäre denn, daß der Uebernehmer die Mängel des Stoffes oder die mit der vorgeschriebenen Ausführungsweise verbundene Gefahr gekannt hat oder bei Anwendung gehöriger Sorgfalt hätte kennen müssen und dem Besteller davon keine Anzeige gemacht hat."

2. zu bestimmen: Kurlbaum (Nr 420)

„Ist die Ausführung des Werkes in Folge eines Mangels des vom Besteller hergegebenen Stoffes oder in Folge der von dem Besteller für die Ausführung gegebenen Anweisungen unmöglich oder das Werk in Folge eines solchen Umstandes vor oder nach der Abnahme untergegangen, so hat der Uebernehmer Anspruch auf einen Theil der Gegenleistung nach | Verhältniß des bereits Geleisteten. Er kann vorbehaltlich der | Prot I 2337

[1] S. bei § 552 BGB.

Ermäßigung nach Verhältniß der vereinbarten Gegenleistung bis zum Betrage der letzteren eine für das Geleistete angemessene Vergütung fordern."

Der Entwurf befaßt sich mit dem Falle, wenn das Werk vor der Abnahme in Folge eines Mangels des von dem Besteller gelieferten Stoffs oder in Folge der von demselben vorgeschriebenen Ausführungsweise zu Grunde gegangen ist. Bei der Voraussetzung, weder dem einen noch dem anderen Theile sei ein Verschulden zur Last zu legen, würde in einem solchen Falle nach dem § 189 der Zusammenstellung der das Obligationenrecht betreffenden Beschlüsse[2], aber auch nach dem Artikel 649 des Entwurfs[3] der zur Vorleistung verpflichtete Uebernehmer weder auf die ganze noch auf einen Theil der Gegenleistung Anspruch haben. Der Entwurf bestimmt aus Billigkeitsrücksichten insofern das Gegentheil, als er dem Uebernehmer einen verhältnißmäßigen Theil der Gegenleistung zugesteht. Beide Anträge schließen sich dieser Regelung des Entwurfs im Allgemeinen an. Dieselbe begegnete auch von anderen Seiten keiner Beanstandung.

Hinsichtlich der Einzelnheiten entschied die Mehrheit in Veranlassung der gestellten Anträge.

1. Der Antrag № 2 unterscheidet zwischen Untergang und Unmöglichkeit der Ausführung des Werks. Die Unterscheidung soll unterbleiben.

Man war der Ansicht: Dieselbe sei vorzugsweise von Bedeutung für den Fall, wenn das Material untergehe u. s. w., bevor der Uebernehmer mit der Herstellung begonnen habe und bevor noch ein Theilwerk vorliege; auch auf einen solchen Fall die Abweichung von den allgemeinen Rechtsgrundsätzen auszudehnen, erscheine bedenklich.

| Prot I 2338 | 2. Der Antrag № 2 gedenkt noch des Unterganges des Werks nach der Abnahme. Hiervon soll abgesehen werden, indem man annahm, in einem solchen Falle habe der Uebernehmer ohnehin zweifellos auf die volle Gegenleistung Anspruch (Art. 650[4]).

3. Der Antrag № 1 will dem Uebernehmer die volle Gegenleistung nach Abzug der ersparten Aufwendungen und erlangten Vortheile und außerdem das Rücktrittsrecht zugestehen, während der Entwurf und der Antrag № 2 nur einen Anspruch auf einen verhältnißmäßigen Theil der Gegenleistung gewähren. Nur der letztere Anspruch soll dem Uebernehmer beigelegt werden. Man fand nämlich keinen Grund, in der Begünstigung des Uebernehmers noch weiter zu gehen.

4. Der Antrag № 2 weicht in der Bestimmung des verhältnißmäßigen Theils der Vergütung von dem Entwurfe etwas ab. Es soll in dieser Beziehung bei dem letzteren verbleiben, dessen Anordnungen wegen größerer Einfachheit für angemessener erachtet wurden. Ob das Wort: „Arbeit" dahin zu verdeutlichen sei, daß das Verständniß, es sei darunter das Werk oder Theilwerk zu verstehen, ausgeschlossen bleibe, soll bei der Redaktion geprüft werden.

5. Der Entwurf und der Antrag № 1 sehen den Fall vor, wenn der Uebernehmer bei der Prüfung des Materials oder der Ausführungsweise gefehlt hat. Dieser Fall soll unerwähnt bleiben. Man war der Ansicht: Nachdem bei Berathung des Artikels 639 die Regelung jener Prüfungspflicht abgelehnt sei (Protokoll vom 8. Juni 1883 S. 2299[5]), müsse sie auch bei der vorliegenden Bestimmung übergangen werden; aus der Uebergehung ergebe sich keineswegs eine Unvollständigkeit des Gesetzes, da, wenn der Be-| Prot I 2339 |steller bei der Lieferung des Materials oder bei der Anordnung der Ausführungsweise

[2] S. bei § 275 BGB.
[3] S. bei § 644 BGB.
[4] S. bei § 644 BGB.
[5] S. bei §§ 633–636 BGB.

oder umgekehrt der Uebernehmer bei der ihm obliegenden Prüfung ein vertretbares Versehen begangen habe, ein verschuldeter Untergang vorliege, — die positive Vorschrift des Artikels, die nur auf den zufälligen Untergang sich beziehen lasse, folglich außer Anwendung bleiben müsse. Zur Klarstellung des Gesetzes werde es übrigens nöthig sein, bei der Fassung der Vorschrift zu verdeutlichen, daß sie nur gelte, wenn der Untergang nicht in einem von dem einen oder anderen Theile zu vertretenden Umstande sich gründe.

6. Der Antrag № 1 bestimmt zugleich über den Fall, wenn der Untergang des Werks durch einen von dem Besteller zu vertretenden Umstand herbeigeführt ist, indem er zu entscheiden bezweckt, der Uebernehmer könne nicht allein für das untergegangene Werk die Gegenleistung fordern, sondern auch, wenn er wolle, ein neues Werk herstellen und für dieses von Neuem die Gegenleistung verlangen.

Die vorgeschlagene Bestimmung wurde abgelehnt. Man glaubte, es seien die allgemeinen Grundsätze ausreichend und keine Gründe vorhanden, die letzteren in der einen oder anderen Beziehung von der Anwendung auszuschließen oder zu modifiziren, wobei man davon ausging, daß die in dem Antrage berücksichtigte Frage, inwiefern der Untergang des Werks berechtige oder verpflichte, ein neues Werk herzustellen, wegen Verschiedenheit der Fälle nur konkret entschieden werden könne und zur Erledigung durch das Gesetz sich nicht eigene[6].

II. In der *RedVorl* und der *ZustOR* lautet die beschlossene Vorschrift als § 432:

Ist das Werk vor der Annahme (RedVorl: Abnahme) in Folge eines Mangels des von dem Besteller gelieferten Stoffes [RedVorl: Stoffes (Materials)] oder in Folge der von dem Besteller für die Ausführung ertheilten Anweisungen ohne einen von dem Besteller oder Uebernehmer zu vertretenden Umstand untergegangen oder seine Ausführung aus einem dieser Gründe unmöglich geworden (RedVorl: oder seine Ausführung unmöglich geworden), so hat der Uebernehmer (RedVorl — offenbar durch ein Versehen —: Besteller) Anspruch auf einen solchen Theil der Gegenleistung, welcher den von ihm bereits geleisteten Arbeiten entspricht; außerdem hat er Anspruch auf Ersatz der Auslagen, so weit diese noch neben der Gegenleistung zu vergüten sind. RedVorl/ZustOR § 432

Zu § 11 (Art. 647) 432 RedVorl ist angemerkt:

Der Absatz 2 § 204 der Zusammenstellung erhält am Schluß den Zusatz: „nach Abzug oder gegen Vergütung der ersparten Aufwendungen."

III. 1. Im *KE* ist die Vorschrift in gegenüber der ZustOR unveränderter Fassung in § 570 enthalten.

2. Bei der Beratung der auf die Redaktion einzelner Vorschriften des Obligationenrechts sich beziehenden Anträge wurde zu § 570 beantragt, in Zeile 1 statt „Annahme" zu setzen „Abnahme" und zuzusetzen als Abs. 2: Kurlbaum (Nr 576, 36)

„Das Gleiche gilt, wenn der Besteller während der Herstellung des Werkes in Verzug der Annahme gekommen und in Folge dessen das Werk untergegangen ist."

(Zu vergl. § 569).

Der beantragte Zusatz wurde abgelehnt, in Zeile 1 dagegen, dem Antrag entsprechend, statt: „Annahme" gesetzt: „Abnahme" (Prot I 6198, 6200).

Bei der 2. Beratung des KE wurde beantragt, § 570 zu fassen v. Mandry (Nr 607 II 40)

[6] S. auch noch Prot I 2367/2368 bei §§ 631, 632 BGB.

„... ertheilten Anweisungen ohne Mitwirkung eines von dem Besteller oder von dem Uebernehmer zu vertretenden Umstandes untergegangen oder unausführbar geworden, so hat ...“

eventuell

„ertheilten Anweisungen untergegangen oder ist die Ausführung des Werkes aus einem dieser Gründe unmöglich geworden und hat nicht ein von dem Besteller oder von dem Uebernehmer zu vertretender Umstand zu dem Eintritte des Unterganges oder der Unmöglichkeit mitgewirkt, so hat der Uebernehmer ...“

Der prinzipale Antrag wurde genehmigt (Prot I 11824).

**IV.** Im *E I* lautet die Vorschrift des § 577:

E I § 577 Ist das Werk vor der Abnahme in Folge eines Mangels des von dem Besteller gelieferten Stoffes oder in Folge der von dem Besteller für die Ausführung ertheilten Anweisungen ohne Mitwirkung eines von dem Besteller oder von dem Uebernehmer zu vertretenden Umstandes untergegangen oder unausführbar geworden, so hat der Uebernehmer Anspruch auf einen solchen Theil der Gegenleistung, welcher den von ihm bereits geleisteten Arbeiten entspricht; außerdem hat er Anspruch auf Ersatz der Auslagen, soweit diese noch neben der Gegenleistung zu vergüten sind.

**B. Vorkommission des Reichsjustizamtes**

Struckmann (Nr 3, 101) **I.** Beantragt war, den § 577 durch folgende Vorschriften zu ersetzen:

§ 577

Wird der Untergang oder die Verschlechterung des Werkes durch die Beschaffenheit des von dem Besteller gelieferten Stoffes oder durch die von ihm für die Herstellung des Werkes ertheilten besonderen Weisungen ohne Mitwirkung eines dem Uebernehmer zur Last fallenden Verschuldens herbeigeführt, so trägt der Besteller die Gefahr. Erfolgt der Untergang des Werkes vor dessen Vollendung, so hat in einem solchen Falle der Uebernehmer Anspruch auf einen der von ihm bereits geleisteten Arbeit entsprechenden Theil der Vergütung sowie auf Ersatz der in der Vergütung nicht mitbegriffenen Auslagen.

Die im Falle eines dem Besteller zur Last fallenden Verschuldens dem Uebernehmer zustehenden weitergehenden Ansprüche bleiben unberührt.

§ 577a

Die Vorschriften des § 577 Abs. 1 Satz 2, Abs. 2 finden auch dann Anwendung, wenn durch die Beschaffenheit des von dem Besteller gelieferten Stoffes oder durch die von ihm für die Herstellung des Werkes ertheilten besonderen Weisungen die Ausführung des Werkes ohne Mitwirkung eines dem Uebernehmer zur Last fallenden Verschuldens unmöglich geworden ist.

**II.** 79. Sitzung vom 23. 4. 1892

| Prot-RJA 496 | IV. Der § 577 des Entw. wurde sachlich nicht beanstandet. Mit Rücksicht auf die beschlossene Streichung des § 579 soll aber hier zum Ausdrucke gebracht werden, daß, wenn nach dem Gegenstande des Werkvertrages eine Abnahme ausgeschlossen ist, dieser die Vollendung der dem Uebernehmer obliegenden Leistungen gleich stehen soll.

## C. 2. Kommission

I. Beantragt war (Prot. II, Bd. 2, S. 331 f.; *Mugdan*, Bd. 2, S. 934 ff.):

1. die Bestimmung wie folgt zu fassen und zu ergänzen: Struckmann (Nr 159, 32)

Ist das Werk vor der Abnahme oder, sofern eine Abnahme nach dem Gegenstande des Werkvertrags ausgeschlossen ist, vor Vollendung der dem Uebernehmer obliegenden Leistungen in Folge eines Mangels des von dem Besteller gelieferten Stoffes oder in Folge der von ihm für die Ausführung ertheilten Anweisungen ohne Mitwirkung eines von dem Uebernehmer zu vertretenden Umstandes untergegangen oder verschlechtert oder unausführbar geworden, so hat der Uebernehmer Anspruch auf einen den von ihm geleisteten Arbeiten entsprechenden Theil der Vergütung, sowie auf Ersatz der in der Vergütung nicht mitbegriffenen Auslagen.

Die im Falle eines dem Besteller zur Last fallenden Verschuldens dem Uebernehmer zustehenden weitergehenden Ansprüche bleiben unberührt.

2. a) dem § 577 die nachstehende Fassung zu geben:

Ist das Werk vor der Abnahme oder, sofern eine Abnahme nach dem Gegenstande des Vertrags ausgeschlossen ist, vor Vollendung der dem Uebernehmer obliegenden Leistungen in Folge eines bei dem Besteller eingetretenen Umstandes oder in Folge der von dem Besteller für die Ausführung ertheilten Anweisungen ohne Mitwirkung eines von dem Uebernehmer zu vertretenden Umstandes untergegangen oder verschlechtert oder unausführbar geworden, so hat der Uebernehmer Anspruch auf einen den von ihm geleisteten Arbeiten entsprechenden Theil der Vergütung sowie auf Ersatz der in der Vergütung nicht mitbegriffenen Auslagen.

Ein Mangel des von dem Besteller gelieferten Stoffes ist als ein bei dem Besteller eingetretener Umstand anzusehen. Das Gleiche gilt, wenn ein Bauwerk herzustellen ist, von einem Zufalle, von welchem das Baugrundstück betroffen wird.

Abs. 3 wie Abs. 2 des Antrags 1;

b) für den Fall der Ablehnung dieses Vorschlags in dem Abs. 1 des Antrags 1 hinter dem Worte „Anweisungen" einzuschalten „oder in Folge höherer Gewalt";

3. den oben bei §§ 644 BGB mitgetheilten Antrag 5 anzunehmen.

Die Kom. lehnte die Anträge 2 und 3 ab und nahm den Antrag 1 an.

II. In der *VorlZust* der Beschlüsse der 2. Kom. ist die Vorschrift in der beantragten und beschlossenen Fassung enthalten, wobei nur hinter „vor Vollendung der dem Uebernehmer obliegenden Leistungen" eingefügt ist: „(oder: vor Eintritt des von dem Uebernehmer zu bewirkenden Erfolges)".

III. In der *ZustRedKom* lautet die Vorschrift:

Ist das Werk vor der Abnahme oder, sofern nach der Beschaffenheit des Werkes eine Abnahme ausgeschlossen ist, vor der Vollendung in Folge eines Mangels des von dem Besteller gelieferten Stoffes oder in Folge der für die Ausführung ertheilten Anweisungen des Bestellers ohne Mitwirkung eines von dem Unternehmer zu vertretenden Umstandes untergegangen, verschlechtert oder unausführbar geworden, so kann der Unternehmer einen der geleisteten Arbeit entsprechenden Theil der Vergütung und Ersatz der darin nicht mitbegriffenen Auslagen verlangen. Die im Falle eines Verschuldens des Bestellers dem Unternehmer zustehenden weitergehenden Ansprüche bleiben unberührt. E I-ZustRedKom § 577

**IV. 1.** Im *E II* lautet die Vorschrift als § 581:

E II § 581 Ist das Werk vor der Abnahme in Folge eines Mangels des von dem Besteller gelieferten Stoffes oder in Folge einer von dem Besteller für die Ausführung ertheilten Anweisung ohne Mitwirkung eines von dem Unternehmer zu vertretenden Umstandes untergegangen, verschlechtert oder unausführbar geworden, so kann der Unternehmer einen der geleisteten Arbeit entsprechenden Theil der Vergütung und Ersatz der in der Vergütung nicht mitbegriffenen Auslagen verlangen. Das Gleiche gilt, wenn der Vertrag in Gemäßheit des § 579 Abs. 2 aufgehoben ist.

Die im Falle eines Verschuldens des Bestellers dem Unternehmer zustehenden weitergehenden Ansprüche bleiben unberührt.

Jacubezky (Nr 42a, 8) **2.** Bei der Revision des E II erklärte sich die Kom. auf entsprechenden Antrag mit dem von der RedKom aufgenommenen Satz 2 des Abs. 1 des § 581 einverstanden, weil die gleichen Gründe, die für den Satz 1 sprächen, auch für den Fall zutreffen, wenn der Werkvertrag gemäß § 579 Abs. 2 aufgehoben worden sei (Prot. II, Bd. 6, S. 190).

**V.** Im *E II rev* hat die Vorschrift in § 635 die in § 645 BGB Gesetz gewordene Fassung[7].

## § 646

Die Materialien zu § 646 sind bei den §§ 631, 632 mitgeteilt.

## §§ 647, 648

Die Materialien zu den §§ 647, 648 sind bei § 641 mitgeteilt.

## § 649

**Der Besteller kann bis zur Vollendung des Werkes jederzeit den Vertrag kündigen. Kündigt der Besteller, so ist der Unternehmer berechtigt, die vereinbarte Vergütung zu verlangen; er muß sich jedoch dasjenige anrechnen lassen, was er in Folge der Aufhebung des Vertrags an Aufwendungen erspart oder durch anderweitige Verwendung seiner Arbeitskraft erwirbt oder zu erwerben böswillig unterläßt.**

## § 650

**Ist dem Vertrag ein Kostenanschlag zu Grunde gelegt worden, ohne daß der Unternehmer die Gewähr für die Richtigkeit des Anschlags übernommen hat, und ergiebt sich, daß das Werk nicht ohne eine wesentliche Ueberschreitung des Anschlags ausführbar ist, so steht dem Unternehmer, wenn der Besteller den Vertrag aus diesem Grunde kündigt, nur der in § 645 Absatz 1 bestimmte Anspruch zu.**

**Ist eine solche Ueberschreitung des Anschlags zu erwarten, so hat der Unternehmer dem Besteller unverzüglich Anzeige zu machen.**

---
[7] S. zur Erörterung des § 635 E II rev im Bundesrat bei §§ 631, 632 und 644 BGB.

## A. 1. Kommission

I. 222. Sitzung vom 18. 6. 1883, Schriftführer Neubauer (nicht anwesend v. Kübel)

| Zu Artikel 652 des Entwurfs: | Prot I 2348

„Die Werkverdingung endigt mit dem Tode des Unternehmers, wenn mit Rücksicht auf dessen persönliche Eigenschaften das Werk bestellt worden ist. DresdE Art 652

Ist die Werkbestellung ohne Rücksicht auf diese Eigenschaften geschehen so können die Erben des Unternehmers das Werk selbst ausführen oder ausführen lassen; sie können aber auch das Vertragsverhältniß einseitig auflösen."

Der Antrag auf Streichung des Artikels wurde genehmigt. Kurlbaum (Nr 420)

Man erachtete den ersten Absatz wegen des § 261 der Zusammenstellung der das Obligationenrecht betreffenden Beschlüsse (Protokoll vom 15. Dezember 1882 S. 1481[1]) für entbehrlich und fand in dem zweiten Absatze eine positive Vorschrift, die ohne zureichende Gründe eine Ausnahme von den allgemeinen Grundsätzen bestimme.

Der Artikel 653 des Entwurfs bestimmt:

„Der Besteller kann das Vertragsverhältniß einseitig auflösen, wenn der Vertrag auf Grund eines Kostenvoranschlages geschlossen worden ist, welchen der Unternehmer, ohne für dessen Richtigkeit Gewähr zu leisten, aufgestellt | hat, und sich ergiebt, daß die Kosten um ein Zehntheil zu gering angeschlagen worden sind. DresdE Art 653 | Prot I 2349

Wird das Vertragsverhältniß von dem Besteller einseitig aufgelöst, so kann der Unternehmer, sofern er sich bei dem Kostenvoranschlage weder einer Arglist, noch einer groben Fahrlässigkeit schuldig gemacht hat, von dem Besteller nur einen der bereits geleisteten Arbeit entsprechenden Theil des Lohnes und Ersatz seiner nicht schon im Lohne begriffenen Auslagen verlangen."

Der Antrag auf Streichung des Artikels wurde genehmigt. Kurlbaum (Nr 420)

Erwogen war:

Der erste Absatz des Artikels berechtige den Besteller zum Rücktritt, wenn der vor der Uebernahme gefertigte Kostenanschlag in erheblichem Maße sich als zu niedrig erweise. Das Rücktrittsrecht solle, wie der zweite Absatz ergebe, gelten, gleichviel ob der Uebernehmer bei der Anfertigung des Anschlags eines Versehens sich schuldig gemacht habe oder nicht. Der Schwerpunkt liege in der Bestimmung, wonach das Rücktrittsrecht eintrete, auch wenn der Uebernehmer schuldfrei sei. Diese Bestimmung enthalte eine Abweichung von den allgemeinen Grundsätzen, wonach ein Irrthum in den Motiven keine Berücksichtigung verdiene (§ 80 der Zusammenstellung der den Allgemeinen Theil betreffenden Beschlüsse, Protokoll vom 5. Dezember 1881 S. 209[2]). Zu einer solchen Abweichung fehle es, obschon anzuerkennen sei, daß der vorgesehene Fall in der Praxis häufig sich zutrage und daß der Nachweis eines dem Uebernehmer zur Last fallenden Versehens oft nur schwer zu führen sei, doch an ausreichenden Gründen. Der erste Absatz erscheine aber um so bedenklicher, als er das Verständniß zulasse, es werde vermuthet, daß der Uebernehmer, welcher einen Kostenanschlag angefertigt, die Garantie für die Zulänglichkeit der angeschlagenen Summe abgelehnt und wenn er die Garantie abgelehnt, damit auch die Haftung für ein nicht als grobes zu betrachtendes Versehen abgelehnt habe.

Der zweite Absatz schreibe vor, der Uebernehmer hafte im | Falle des Rücktritts des Bestellers nur insofern wegen Schadensersatzes, als er bei Anfertigung des Anschlags vorsätzlich oder aus grober Fahrlässigkeit gefehlt habe. Werde — wie doch nothwendig | Prot I 2350

---

[1] S. im Anhang III. bei § 397 BGB.

[2] S. § 102 E I bei §§ 119ff. BGB.

geschehen müsse — ein Vertragsverhältniß unterstellt, auf Grund dessen die Fertigung des Anschlags erfolge, so wolle nicht einleuchten, weshalb der Uebernehmer nur wegen grober Fahrlässigkeit haftbar sein solle. Diese beschränkte Haftung sei um so weniger gerechtfertigt, als der Uebernehmer regelmäßig ein Sachverständiger sein oder als solcher sich ausgeben werde.

DresdE Art 654 Zu Artikel 654 des Entwurfs:

„Der Besteller kann, so lange das Werk unvollendet ist, zu jeder Zeit das Vertragsverhältniß einseitig auflösen; er ist jedoch in diesem Falle verpflichtet, dem Unternehmer den Lohn für die bereits gelieferte Arbeit zu bezahlen, die gemachten, nicht schon in dem Lohne begriffenen Auslagen zu ersetzen und den Gewinn zu vergüten, welchen dieser aus der Werkausführung hätte ziehen können."

war beantragt:

Planck (Nr 426, 1) 1. vor Artikel 654 oder hinter Artikel 640[3] folgende §§ einzuschalten:

§a.

„Der Besteller ist schon vor dem Zeitpunkte, in welchem das Werk zu liefern ist, von dem Vertrage zurückzutreten berechtigt:

1. wenn der Uebernehmer mit der Ausführung des Werkes so sehr im Rückstande ist, daß die rechtzeitige Vollendung desselben nicht mehr möglich ist und im Uebrigen entweder die im § 63[4] oder die im § 194[5] bestimmten Voraussetzungen des Rücktrittsrechts vorliegen;

2. wenn der Uebernehmer bei Ausführung des Werkes in solcher Art verfährt, daß nicht unerhebliche Mängel desselben sich mit Sicherheit voraussehen lassen und eine | Prot I 2351 Abhülfe der Mängel | entweder unmöglich, oder wenn sie möglich ist, nicht binnen einer von dem Besteller gesetzten angemessenen Frist bewirkt wird."

§b.

„Tritt der Besteller auf Grund des Artikels 640 oder des obigen §a von dem Vertrage zurück, so hat der Uebernehmer gegen den Besteller nur einen Anspruch auf die demselben zugegangene Bereicherung nach Maßgabe der §§ 267 und 269 des Obligationenrechts[6]."

Planck (Nr 426, 2) 2. den Artikel durch folgende Bestimmung zu ersetzen:

„Der Besteller kann auch, wenn die Voraussetzungen des Artikels 640 und des obigen §a nicht vorliegen, so lange das Werk nicht vollendet ist, jeder Zeit von dem Vertrage zurücktreten.

Er ist in solchem Falle dem Uebernehmer in demselben Umfange verpflichtet, als wenn das Werk durch einen von ihm zu vertretenden Umstand unmöglich geworden wäre."

Planck (Nr 426, 3) 3. hinter Artikel 654 folgenden § 654a einzuschalten:

„Der Uebernehmer ist von dem Vertrage zurückzutreten berechtigt, wenn der Besteller mit den ihm vertragsmäßig schon vor Vollendung des Werks obliegenden Leistungen (insbesondere mit der ihm vertragsmäßig vor diesem Zeitpunkt obliegenden

[3] S. bei §§ 633–636 BGB.
[4] S. bei § 361 BGB.
[5] S. bei § 286 BGB.
[6] S. bei §§ 812, 818, 819 BGB.

Entrichtung der Gegenleistung oder Vergütung von Auslagen) in Verzug kommt oder die Vornahme von Handlungen, ohne welche der Beginn oder die Fortsetzung des Werkes nicht möglich ist, erheblich verzögert und in beiden Fällen nach vorheriger Androhung des Rücktritts das Versäumte nicht unverzüglich nachholt.

Erfolgt der Rücktritt aus diesen Gründen, so hat der Uebernehmer einen Anspruch gegen den Besteller auf die Gegenleistung nach Verhältniß des von ihm bereits Geleisteten."

eventuell statt des vorstehenden § 654a folgende Bestim- | mung aufzunehmen: | Prot I 2352

„Der Uebernehmer ist aus wichtigen Gründen von dem Vertrage zurückzutreten berechtigt.

War zur Zeit des Rücktritts mit der Ausführung des Werks bereits begonnen, so hat der Uebernehmer, wenn der Grund des Rücktritts auf einem Verschulden des Bestellers beruht, Anspruch auf einen der bereits gemachten Leistung entsprechenden Theil der Gegenleistung, anderen Falles aber nur auf Ersatz der dem Besteller zugegangenen Bereicherung nach Maßgabe der §§ 267, 269."

Der Antragsteller verbesserte den Antrag № 1, indem er weiter beantragte, in §a am Schluß der Ziffer 1 folgende Worte hinzuzufügen:

„oder der Uebernehmer das Werk nicht binnen einer ihm von dem Besteller gesetzten angemessenen Frist beginnt oder fortsetzt."

Der Artikel 654 erklärt den Besteller für berechtigt, zu jeder Zeit von dem Vertrage sich loszusagen, jedoch vorbehaltlich seiner Verpflichtung, den Uebernehmer zu entschädigen. Die Entschädigungspflicht ist in gleicher Art bestimmt wie im Artikel 646 für den Fall des von dem Besteller verschuldeten Unterganges des Werks. Der mitgetheilte Antrag enthält unter № 2 eine Bestimmung, welche der des Entwurfs mit der Abweichung sich anschließt, daß vom Rücktrittsrechte die Rede ist und daß anlangend die Entschädigungspflicht — in Uebereinstimmung mit den zum Artikel 646[7] gefaßten Beschlüssen — der Besteller für verpflichtet erklärt wird, die Gegenleistung nach Maßgabe des letzten Absatzes des § 189 der Zusammenstellung der das Obligationenrecht betreffenden Beschlüsse (Protokolle vom 9. und 11. Oktober 1882 S. 1154—1171) zu gewähren.

Die Beilegung des Rücktrittsrechts gegen Entschädigungspflicht blieb unbeanstandet. Auch war man einverstanden, daß die Entschädigungspflicht so, wie in dem Antrage vorgeschlagen ist, zu bestimmen sei. Der Artikel fand also in der Fassung Billigung:

„Der Besteller könne bis zur Vollendung des Werks zu | jeder Zeit von dem Vertrage zurücktreten, unbeschadet des Anspruchs des Uebernehmers auf die Gegenleistung nach Maßgabe des letzten Absatzes des § 189." | Prot I 2353

Es wurde zur Prüfung der in dem Antrage unter № 1 §a vorgeschlagenen Bestimmung übergegangen und zunächst der unter Ziffer 1 §a gedachte Fall der Berathung unterzogen. Die Mehrheit erklärte sich gegen die Aufnahme der auf diesen Fall sich beziehenden Bestimmung.

Erwogen war:

Erleide die Fertigstellung des Werks dergestalt einen Aufenthalt, daß die Vollendung zur Erfüllungszeit als unmöglich sich ergebe, so sei, wenn ein Fixgeschäft im Sinne des § 63 der Zusammenstellung der das Obligationenrecht betreffenden Beschlüsse (Protokolle vom 26. April 1882 S. 641—646) vorliege, der Besteller in Gemäßheit der Bestimmungen dieses § zum Rücktritt schon zu der Zeit berechtigt, wo die Nichtvollendung

[7] S. bei §§ 642f. BGB, § 189 ZustOR s. bei § 275 BGB.

des Werks zur Erfüllungszeit zur vollen Gewißheit geworden sei. Der § 63 spreche zwar nur von dem Rücktritt: „wenn die Leistung nicht zu der bestimmten Zeit oder binnen der bestimmten Frist erfolge." Allein es sei doch einleuchtend, daß die absolute Gewißheit, die Leistung werde nicht rechtzeitig erfolgen, zur Erfüllung jener gesetzlichen Voraussetzung genüge. Eine besondere Bestimmung für den gedachten Fall sei also nicht erforderlich. Liege kein Fixgeschäft vor, so sei zu unterscheiden, ob dem Uebernehmer ein Verzug zur Last falle oder nicht. Treffe ihn der Vorwurf des Verzugs, so sei der Besteller zufolge des § 194 der gedachten Zusammenstellung (Protokolle vom 16. und 20. Oktober 1882 S. 1200, 1215, 1216) zum Rücktritt berechtigt, sofern die Erfüllung des Vertrags für ihn kein Interesse habe, wobei es aus dem angegebenen Grunde wieder gleichgültig erscheine, daß die Erfüllungszeit noch nicht gekommen, sofern nur die objektive Unmöglichkeit ihrer Einhaltung feststehe. Somit dürfe auch der vorstehende Fall übergangen werden. Uebrig bleibe der Fall, wenn der Aufenthalt in einem Zufalle (in einem von dem Uebernehmer nicht zu vertretenden Umstande) sich gründe.
| Prot I 2354 Für diesen Fall erhebe sich eine doppelte Frage. Zu- | nächst könne gefragt werden, ob nicht der Uebernehmer die Folgen dieses zufälligen Aufenthalts in gleicher Art zu tragen habe, wie die Gefahr des zufälligen Unterganges oder der zufälligen Verschlechterung des Werks, so daß der Besteller gerade so zum Rücktritte berechtigt sei, wie bei einem von dem Uebernehmer verschuldeten Aufenthalte. Die Frage müsse verneint werden, weil der Uebernehmer ohnehin schon, indem er die Gefahr des Untergangs und der Verschlechterung des Werks trage, nachtheilig gestellt sei und es unbillig sein würde, diese nachtheilige Stellung noch zu verschärfen, weil endlich die erwähnte Konsequenz als keine zwingende erscheine. Eine zweite Frage sei, ob nicht dem Besteller nach Maßgabe des Verbesserungsantrags das Recht beigelegt werden müsse, schon vor Eintritt der Erfüllungszeit die zum Artikel 640 beschlossene Frist zu bestimmen. Auch diese Frage sei zu verneinen. Denn durch ihre Bejahung würden die Folgen des zufälligen Aufenthalts in erheblichem Umfange dem Uebernehmer zur Last gelegt werden, wogegen gerade die vorstehende Erwägung spreche.

In Veranlassung des obigen Beschlusses ließ der Antragsteller den Vorschlag unter Ziffer 2 § a des Antrags fallen.

In dem § b des Antrags findet sich eine Bestimmung, wonach die zum Artikel 640 gefaßten Beschlüsse (vgl. Protokolle vom 11. Juni 1883 S. 2306 u. ff.) geändert werden sollen. Während nämlich nach diesen Beschlüssen die Folgen der Ausübung des Rücktritts nach den §§ 54–59, 93–98 der Zusammenstellung der das Obligationenrecht betreffenden Beschlüsse sich bestimmen (zu vgl. S. 2306[8]), wird in dem Antrage vorgeschlagen, dem Uebernehmer nur einen Anspruch auf die dem Besteller zugegangene Bereicherung nach Maßgabe der §§ 267 und 269 der Zusammenstellung der das Obligationenrecht betreffenden Beschlüsse (Protokolle vom 5. und 8. Januar 1883 S. 1537–1542, 1551–1554) zu gewähren. Der Vorschlag fand keine Billigung. Die Mehrheit war der Ansicht: es müsse bei den früheren Beschlüssen verbleiben, schon weil es sich um eine allgemeine Frage handele, nämlich die, ob die für die Ausübung des
| Prot I 2355 Rücktrittsrechts in sonstigen Fällen insbesondere auch für die des vertrags- | mäßigen Rücktrittsrechts, beschlossenen Vorschriften überall angemessen und genügend seien.

Zur Erörterung gelangte die unter № 3 des Antrags als Artikel 654a vorgeschlagene Bestimmung, die der Antragsteller dahin berichtigte, daß es am Schluß des ersten Absatzes des Prinzipalantrags statt: „nach Verhältniß des von ihm bereits Geleisteten" heißen soll: „nach Maßgabe des § 189".

---

[8] S. bei §§ 633–636 BGB, §§ 54–59 ZustOR s. Vor §§ 346–360 BGB, §§ 93–98 ZustOR bei §§ 469–475 BGB.

Die Mehrheit erklärte sich auch gegen die Aufnahme dieser Vorschrift. Sie war der Ansicht: es fehle an zureichenden Gründen, dem Uebernehmer noch ein weiteres Rücktrittsrecht beizulegen, als aus den allgemeinen Vorschriften sich ergebe; die Analoge der für die Miethe zum Artikel 572 (Protokoll vom 11. Mai 1883 S. 2147–2149[9]) und für den Dienstvertrag zu den Artikeln 630, 631 (Protokoll vom 6. Juni 1883 S. 2283–2287[10]) beschlossenen Vorschriften sei abzulehnen, weil bei dem Werkvertrage die maßgebenden Verhältnisse sich verschieden gestalteten und mehr denjenigen verwandt seien, welche bei einem Veräußerungsvertrage hervorträten. |

223. Sitzung vom 20. 6. 1883, Schriftführer Neubauer

| Die Berathung des Abschnitts des Obligationenrechts betreffend „den Werkvertrag" wurde fortgesetzt: | Prot I 2357

Der Artikel 655 des Entwurfs lautet:

„Verfällt der Besteller in Konkurs, so können er oder seine Gläubiger die Ausführung des Werkes von dem Unternehmer nur verlangen, wenn diesem wegen Zahlung des bedungenen Lohnes und der zu bestreitenden Auslagen Sicherheit geleistet wird. DresdE Art 655

Kommt das Werk wegen Nichtleistung der Sicherheit nicht zur Ausführung, so kann der Unternehmer für die Arbeit, welche er bis zu erlangter Kenntniß von der Konkurseröffnung geleistet hat, den entsprechenden Lohn, und für die bis dahin getragenen, nicht schon in dem Lohne begriffenen Auslagen Ersatz verlangen."

Es wurde die Streichung des Artikels beschlossen, weil sein Inhalt in den Bereich der Konkursordnung falle. Hinsichtlich der Seite 186–188 des Materials berührten Frage, ob ein Grund vorliege, in Berücksichtigung des § 20 der Konkursordnung eine *„besondere"* Bestimmung über die Einwirkung des Konkurses auf den Werkvertrag aufzunehmen, war man einverstanden, daß ein genügender Anlaß hierzu nicht bestehe. Die Seite 189 und 190 des Materials sich findende Erörterung über die Entbehrlich- | keit von Vorschriften, wie sie in den Artikeln 533 und 534 des bayrischen Entwurfs sich finden, gab Veranlassung zu der Prüfung, ob die eine oder andere Vorschrift der beregten Art erforderlich sei. Man überzeugte sich, daß auch in der betreffenden Beziehung jede besondere Bestimmung entbehrt werden könne, namentlich für den im Artikel 534 des bayrischen Entwurfs erwähnten Fall, selbst wenn bei diesem vorausgesetzt würde, der Uebernehmer habe das Material geliefert und ein Zufall die Vollendung des Werks gehindert, indem man annahm, in letzter Reihe würden die allgemeinen Grundsätze über die Schuldverhältnisse aus ungerechtfertigter Bereicherung anwendbar werden und ein befriedigendes Ergebniß liefern. | Prot I 2358

**II.** In der *RedVorl* und der *ZustOR* lautet die zu Art. 654 beschlossene Vorschrift als § 433:

Der Besteller kann bis zur Vollendung des Werks zu jeder Zeit von dem Vertrage zurücktreten unbeschadet des Anspruchs des Uebernehmers auf die Gegenleistung nach Maßgabe des letzten Absatzes des § 189. RedVorl/ZustOR § 433

Zu § 12 (Art. 654) 433 RedVorl ist angemerkt:

Zu vgl. Hand.Ges.B. Art. 54, 237, 459.

**III., IV.** Im *KE* § 571 und im *E I* § 578 ist die Fassung der Vorschrift unverändert, wobei es jedoch statt: „Werks" und „Anspruchs" heißt: „Werkes" und „Anspruches". Das Zitat lautet: „nach Maßgabe des § 365 (E I: 368) Abs. 2."

---

[9] S. bei §§ 553, 554 BGB-

[10] S. bei §§ 626, 628 BGB.

## B. Vorkommission des Reichsjustizamtes

I. Beantragt war:

Struckmann (Nr 3, 102) a. Den § 578 zu fassen:
Der Besteller kann vor Vollendung des Werkes jederzeit von dem Vertrage zurücktreten; dem Uebernehmer steht jedoch in einem solchen Falle das Recht zu, die Gegenleistung nach Maßgabe des § 368 Abs. 2 zu verlangen.

b. Als § 578 a die oben unter Nr. 94[11] vorgeschlagene Bestimmung einzuschalten.

c. Als § 578 b zu bestimmen:
Ist der Vertrag auf der Grundlage eines von dem Uebernehmer aufgestellten Kostenanschlages geschlossen, so kann der Besteller, wenn ohne dessen Zuthun der Anschlag unverhältnißmäßig überschritten wird, sowohl während als nach der Ausführung von dem Vertrage zurücktreten.

Bei Bauten, welche auf dem Grund und Boden des Bestellers errichtet werden, kann dieser eine angemessene Herabsetzung der Vergütung verlangen, oder, sofern der Bau noch nicht vollendet ist, von dem Vertrage für die Zukunft zurücktreten. Im Falle des Rücktritts hat der Uebernehmer Anspruch auf einen der von ihm bereits geleisteten Arbeit entsprechenden Theil der Vergütung sowie auf Ersatz der in der Vergütung nicht mitbegriffenen Auslagen.

Auf das Rücktrittsrecht finden die für das vertragsmäßige Rücktrittsrecht geltenden Vorschriften der §§ (426 bis 433 des Entw.) entsprechende Anwendung.

d. Als § 578 c die oben unter Nr. 93 b[12] vorgeschlagene Bestimmung aufzunehmen.

II. 79. Sitzung vom 23. 4. 1892

| Prot-RJA 496 | V. Der § 578 wurde redaktionell dahin abgeändert:
| Prot-RJA 497 E I-RJA § 578 Abs. 1 | „Der Besteller kann vor Vollendung des Werkes jederzeit von dem Vertrage zurücktreten; dem Uebernehmer steht jedoch in einem solchen Falle das Recht zu, die Gegenleistung nach Maßgabe des § 368 Abs. 2 zu verlangen."

Im Anschlusse hieran wurde der Antrag angenommen, dem § 578 als Abs. 2 folgende Vorschrift anzufügen:

E I-RJA § 578 Abs. 2 „Ist dem Vertrage ein Voranschlag der Kosten zu Grunde gelegt, ohne daß der Uebernehmer die Richtigkeit desselben zugesichert hat, so findet, wenn der Besteller von dem Rücktrittsrechte Gebrauch macht, weil sich ergeben hat, daß die Herstellung des Werkes eine wesentliche Ueberschreitung des Voranschlages erfordert, auf die Ansprüche des Uebernehmers die Vorschrift des § 577 Abs. 1 Anwendung."

Die Bestimmung, welche zur Voraussetzung hat, daß der Kostenanschlag nicht ein Vertragselement des zwischen Besteller und Uebernehmer abgeschlossenen Werkvertrages bildet, und daß ein Verschulden des Uebernehmers nicht vorliegt, hielt man für billig, um den Besteller vor unerwarteten Nachtheilen zu bewahren. Es rechtfertige sich aus den Umständen, wie gegenüber den Motiven (II S. 504) ausgeführt wurde, hier ausnahmsweise den Irrthum im Beweggrunde nicht unberücksichtigt zu lassen. Andererseits dürfe man aber auch das Interesse des schuldlosen Uebernehmers nicht außer Acht lassen. Eine billige Berücksichtigung der beiderseitigen Interessen führe dahin, den Rücktritt des Bestellers zuzulassen, so lange das Werk noch nicht vollendet sei; für die

---

[11] S. bei §§ 633–636 BGB.

[12] S. bei § 651 BGB.

bis dahin geleisteten Arbeiten aber dem Uebernehmer nach Maßgabe des § 577 einen entsprechenden Theil der vertragsmäßigen Vergütung zu gewähren. Nach der Vollendung des Werkes solle dagegen der Rücktritt des Bestellers nicht mehr zugelassen werden.

## C. 2. Kommission

I. Beantragt war (Prot. II, Bd. 2, S. 335; *Mugdan*, Bd. 2, S. 936f.):

1. folgende Vorschriften aufzunehmen: Struckmann (Nr 159, 33)

Der Besteller kann vor Vollendung des Werkes jederzeit von dem Vertrage zurücktreten; dem Uebernehmer steht jedoch in einem solchen Falle das Recht zu, die Gegenleistung nach Maßgabe des § 368 Abs. 2 zu verlangen.

Ist dem Vertrage ein Voranschlag der Kosten zu Grunde gelegt, ohne daß der Uebernehmer die Richtigkeit des Kostenanschlags zugesichert hat, so findet wenn der Besteller von dem Rücktrittsrechte Gebrauch macht, weil sich ergeben hat, daß die Herstellung des Werkes eine wesentliche Ueberschreitung des Voranschlags erfordert, auf die Ansprüche des Uebernehmers die Vorschrift des § 577 Abs. 1 Anwendung.

2. dem Abs. 2 dieses Vorschlags hinzuzufügen:

Hat der Uebernehmer nicht unverzüglich, nachdem er die zu erwartende Ueberschreitung des Voranschlags erkannt hat oder hätte erkennen müssen, von derselben dem Besteller Anzeige gemacht, so ist er diesem zum Ersatze des daraus entstandenen Schadens verpflichtet.

Beide Anträge fanden Annahme.

II. In der *VorlZust* der Beschlüsse der 2. Kom. lauten die Vorschriften:

Der Besteller kann vor Vollendung des Werkes jederzeit von dem Vertrage zurücktreten; dem Uebernehmer steht jedoch in einem solchen Falle das Recht zu, die Gegenleistung nach Maßgabe des § 368 Abs. 2 zu verlangen. E I-VorlZust § 578

Ist dem Vertrage ein Voranschlag der Kosten zu Grunde gelegt, ohne daß der Uebernehmer die Richtigkeit des Kostenanschlags zugesichert hat, so findet, wenn der Besteller von dem Rücktrittsrechte Gebrauch macht, weil sich ergeben hat, daß die Herstellung des Werkes eine wesentliche Ueberschreitung des Voranschlags erfordert, auf die Ansprüche des Uebernehmers die Vorschrift des § 577 Abs. 1 Anwendung. Hat der Uebernehmer nicht unverzüglich, nachdem er die zu erwartende Ueberschreitung des Voranschlags erkannt hat oder hätte erkennen müssen, von derselben dem Besteller Anzeige gemacht, so ist er diesem zum Ersatze des daraus entstandenen Schadens verpflichtet.

III. In der *ZustRedKom* lauten die Vorschriften:

Der Besteller kann vor der Vollendung des Werkes jederzeit den Vertrag kündigen. Der Unternehmer ist im Falle der Kündigung berechtigt, die vertragsmäßige Vergütung unter Abzug dessen zu verlangen, was er in Folge der Aufhebung des Vertrags an Aufwendungen erspart oder durch anderweite Verwendung seiner Arbeitskraft erworben hat oder hätte erwerben können, wenn er es nicht böswillig unterlassen hätte. E I-ZustRedKom § 578

Ist dem Vertrag ein Kostenanschlag zu Grunde gelegt, ohne daß der Uebernehmer eine Gewähr für die Richtigkeit des Anschlags übernommen hat, und ergiebt sich, daß E I-ZustRedKom § 578a das Werk nicht ohne eine wesentliche Ueberschreitung des Anschlags ausführbar ist, so steht, wenn der Besteller den Vertrag aus diesem Grunde kündigt, dem Unternehmer nur der im § 577 bezeichnete Anspruch zu. Hat der Unternehmer nicht unverzüglich, nachdem er die zu erwartende Ueberschreitung des Anschlags erkannt hat oder hätte erkennen müssen, von derselben dem Besteller Anzeige gemacht, so ist er diesem zum Ersatze des daraus entstandenen Schadens verpflichtet.

**IV.** Im *E II* lautet § 578 E I-ZustRedKom als § 584:

E II § 584 Der Besteller kann vor der Vollendung des Werkes jederzeit den Vertrag kündigen. Im Falle der Kündigung ist der Unternehmer berechtigt, die vereinbarte Vergütung unter Anrechnung desjenigen zu verlangen, was er in Folge der Aufhebung des Vertrags an Aufwendungen erspart oder durch anderweitige Verwendung seiner Arbeitskraft erworben hat oder hätte erwerben können, wenn er es nicht böswillig unterlassen hätte.

§ 578a E I-ZustRedKom ist in § 585 enthalten, wobei die Fassung insofern verändert ist, als es im S. 1 „die Gewähr" und „der im § 581 Abs. 1 bestimmte Anspruch" sowie im S. 2 am Ende heißt: „. . . so ist er zum Ersatze des daraus . . .".

**V.** Im *E II rev* haben die Vorschriften in §§ 639, 640 die in §§ 649, 650 BGB Gesetz gewordene Fassung.

## D. Bundesrat (Justizausschuß)

**I.** Lippe erhob gegen die Vorschriften des § 639, mit Rücksicht auf die besonderen Verhältnisse des Ziegeleibetriebs, Bedenken. Das Werk, dessen Herstellung der Ziegelmeister übernehme, werde beim Vertragsabschlusse häufig nicht in der Weise bestimmt, daß die Gesammtsumme der während der Arbeitszeit herzustellenden Steine fest begrenzt werde: die Vergütung werde in der Regel für 1000 Stück vereinbart und die Gesammtzahl der herzustellenden Steine richte sich dann noch nach der Dauer der Arbeitszeit und der Zahl der Arbeiter in Verbindung mit den Ziegeleieinrichtungen und den Witterungsverhältnissen. Es wäre erwünscht, wenn für diesen Fall die Möglichkeit einer leichteren Festsetzung der Vergütung vorgesehen werde.

**II.** Bericht von *Schicker* (Württemberg) vom 12. 10. 1895.

Der Antrag wurde abgelehnt[13].

---

[13] S. die Gründe o. bei §§ 631, 632 BGB.

§ 651

**Verpflichtet sich der Unternehmer, das Werk aus einem von ihm zu beschaffenden Stoffe herzustellen, so hat er dem Besteller die hergestellte Sache zu übergeben und das Eigenthum an der Sache zu verschaffen. Auf einen solchen Vertrag finden die Vorschriften über den Kauf Anwendung; ist eine nicht vertretbare Sache herzustellen, so treten an die Stelle des § 433, des § 446 Absatz 1 Satz 1 und der §§ 447, 459, 460, 462 bis 464, 477 bis 479 die Vorschriften über den Werkvertrag mit Ausnahme der §§ 647, 648.**

**Verpflichtet sich der Unternehmer nur zur Beschaffung von Zuthaten oder sonstigen Nebensachen, so finden ausschließlich die Vorschriften über den Werkvertrag Anwendung.**

## A. 1. Kommission

I. 218. Sitzung vom 8. 6. 1883, Schriftführer Neubauer (nicht anwesend v. Kübel)

| Zu Artikel 635 des Entwurfs: | Prot I 2291

„Der Unternehmer ist nicht verbunden, den zu der Ausführung des Werkes erforderlichen Stoff zu liefern; hat er sich aber zur Lieferung dieses Stoffes verpflichtet, so ist der Ver- | trag nach den Vorschriften über den Kauf zu beurtheilen. DresdE Art 635 | Prot I 2292

Werden von dem Unternehmer nur Nebensachen (Zuthaten) geliefert, so ändert dies die Natur der Werkverdingung nicht. Auch ist eine Werkverdingung, wenn ein Bauunternehmer den Stoff (Material), der Besteller dagegen den Grund und Boden, auf welchem das Gebäude aufzuführen ist, hergiebt. Dasselbe gilt, wenn dem Unternehmer gestattet ist, statt des ihm von dem Besteller gelieferten Stoffes einen andern Stoff von gleicher Art, Menge und Güte zu verwenden. In diesem letzten Falle geht die Gefahr des Unterganges und der Verschlechterung des von dem Besteller gelieferten Stoffes sofort mit dessen Uebergabe, das Eigenthum daran aber erst dann auf den Unternehmer über, wenn derselbe zu der Ausführung des Werks andern Stoff verwendet."

lagen die Anträge vor:

1. statt dessen zu bestimmen: v. Kübel (Nr 412)

„Soll das bestellte Werk mit den Materialien des Unternehmers hergestellt werden, so finden die Vorschriften über den Kauf Anwendung. Handelt es sich jedoch um die Herstellung eines Gebäudes oder anderen Werkes auf dem Grund und Boden des Bestellers, so finden die Vorschriften über den Werkvertrag Anwendung, auch wenn die Materialien von dem Unternehmer zu liefern sind.

Werden die Materialien von dem Besteller mit der Vereinbarung geliefert, daß der Unternehmer zur Herstellung des Werkes auch andere Materialien solle verwenden dürfen, so geht Eigenthum und Gefahr der von dem Besteller dem Unternehmer übergebenen Materialien mit der Uebergabe auf diesen über."

2. dem ersten Absatze des Antrags № 1 folgenden Zusatz zu geben: Planck (Nr 415, 1)

„Dasselbe gilt, wenn der Uebernehmer Nebensachen (Zuthaten) zu der von ihm aus Materialien des Bestellers herzustellenden beweglichen Sache zu liefern hat."

3. zu bestimmen: Windscheid (Nr 413)

| „Der Vertrag gilt als Werkvertrag auch dann, wenn vereinbart ist, daß der Unternehmer zu dem herzustellenden Werk Zuthaten zu beschaffen habe. Auch dann liegt ein Werkvertrag vor, wenn dem Unternehmer gestattet ist, den ihm von dem Besteller | Prot I 2293

gelieferten Stoff durch einen andern von gleicher Menge, Art und Güte zu ersetzen. Im letzten Fall geht mit der Uebergabe das Eigenthum des gelieferten Stoffes von dem Besteller auf den Unternehmer über.

Ein Vertrag, durch welchen sich Jemand verpflichtet, aus einem von ihm selbst beschafften Stoff ein Werk herzustellen und dem anderen Vertragschließenden zu liefern, unterliegt den Vorschriften über den Kaufvertrag."

Kurlbaum (Nr 414) 4. zu bestimmen:

„Die Vorschriften über Werkverdingung finden auch dann Anwendung, wenn der Unternehmer die Stoffe zu dem versprochenen Werke hergiebt.

Giebt der Besteller zu dem Werke Stoffe her, an deren Stelle der Unternehmer andere zu verwenden berechtigt sein soll, so ist anzunehmen, daß die Stoffe mit der Uebergabe in das Eigenthum des Unternehmers übergehen sollen.

Besteht das versprochene Werk in der Herstellung einer beweglichen Sache, so finden im Uebrigen die Vorschriften über den Kaufvertrag Anwendung. Giebt der Besteller Stoffe her, aus welchen die Sache hergestellt werden soll, so hat er auch in diesem Falle die Gefahr des zufälligen Untergangs und der zufälligen Verschlechterung derselben zu tragen."

Es wurden folgende Beschlüsse gefaßt:

I.

Der Artikel bestimmt im Eingang: der Uebernehmer sei nicht verbunden, den zur Ausführung des Werks erforderlichen Stoff zu liefern.

Es wurde die Streichung dieser Bestimmung beschlossen. Man ging nämlich davon aus: die Vorschrift erledige eine Frage, die wegen Verschiedenheit der Fälle eine allgemeine Entscheidung | nicht zulasse, indem ihre sachgemäße Beantwortung stets durch die besonderen Umstände des einzelnen Falls bedingt werde. | Prot I 2294

II.

Der Entwurf enthält die prinzipielle Vorschrift:

habe der Uebernehmer den Stoff zu liefern, so sei der Vertrag als Kauf zu beurtheilen.

Die Mehrheit billigte, nach Ablehnung eines gestellten Streichungsantrags, dieses Prinzip mit nachstehenden Maßgaben:

a, Es soll zum Ausdruck gebracht werden, daß dem Besteller das Werk zu verschaffen oder zu liefern sei;

b, die Vorschrift soll nur eine lex dispositiva sein, und

c, dies auch besonders durch eine geeignete Fassung erkennbar gemacht werden.

Die Gründe waren:

Die Fälle, in welchen ein Werk aus dem von dem Uebernehmer zu liefernden Stoffe herzustellen sei, kämen im praktischen Leben nicht selten vor. Bei der Entscheidung ob ein solcher Vertrag als Kauf- bezw. Tauschvertrag oder als Werkvertrag zu gelten habe, könne man sich auf den Standpunkt stellen: da nach dem Inhalte des Vertrags der Uebernehmer als verpflichtet erscheine, dem Besteller eine diesem nicht gehörende Sache zu übergeben und deren Eigenthum zu verschaffen, so bleibe für die juristische Würdigung nur die Annahme eines als Kauf- oder Tauschvertrag sich darstellenden Veräußerungsvertrags übrig. Indessen dieser Standpunkt sei anfechtbar. Es lasse sich auch folgende Auffassung vertreten: Zu prüfen sei, ob bei der Eingehung des Vertrags das Hauptgewicht darauf gelegt worden, daß der Uebernehmer selbst das Werk herzustellen oder mindestens persönlich die Herstellung zu leiten habe, das facere des Uebernehmers demzufolge als der Hauptgegenstand des Vertrags sich herausstelle, in welchem Falle auch nach diesem Hauptgegenstande sich das juristische Wesen des Geschäfts bestimmen müsse, folglich nur für Werkvertrag entschieden werden könne; die Lieferung des Stoffs von Seiten des Uebernehmers nöthige um so weniger zu einer anderen | Beurtheilung, als die juristische Konstruktion nicht ausgeschlossen sei, dem Werkvertrage sei nur ein auf den Verkauf des Rohstoffes sich beziehender Nebenvertrag angehängt; so werde z. B. ein Werkvertrag angenommen werden können, wenn bei einem namhaften Künstler ein schwieriges und werthvolles Werk bestellt sei, zu dem derselbe den kaum nennenswerthen Werth habenden Stoff zu liefern habe. Nach dieser zweiten Auffassung würde die Entscheidung, ob Kauf- bezw. Tauschvertrag oder Werkvertrag vorliege, von der in jedem einzelnen Falle zu ermittelnden Parteiintention abhängen. Dieselbe würde es auch rechtfertigen, sich jeder Bestimmung, wie die fraglichen Verträge zu beurtheilen seien, zu enthalten. Allein, den in Rede stehenden Fall im Gesetze völlig zu übergehen, sei nicht angänglich. Bei seiner Häufigkeit und bei der großen Verschiedenheit der Rechtsfolgen, je nachdem für den einen oder andern Vertrag entschieden werde, da ferner (wie die Erfahrung lehre,) die Intention der Parteien oft nur schwer zu ermitteln sein werde, müsse das Gesetz Auskunft geben, welche Rechtsnormen Anwendung leiden. Lasse sich aber einmal eine Bestimmung nicht entbehren, so erscheine als die angemessenste die, welche die Anwendbarkeit der Rechtsnormen über Kauf bezw. Tausch vorschreibe; denn der zuerst erwähnte Standpunkt müsse immerhin insofern als richtig anerkannt werden, als bis zum Nachweise eines abweichenden Parteiwillens nur die Annahme eines gewöhnlichen Veräußerungsvertrags gestattet sei. Die Vorschrift, welche für den Kauf- bezw. Tauschvertrag entscheide, könne indessen nur eine lex dispositiva sein. Dies erhelle schon daraus, daß den Parteien kraft der Autonomie gestattet sein müsse, den Rechtsnormen über den Werkvertrag in beliebigem Umfange sich zu unterwerfen. Der Charakter der Vorschrift als einer lex dispositiva sei jedoch auch besonders erkennbar zu machen, weil sonst die Ansicht Raum gewinnen könne, die Vorschrift bezwecke, einen durch die Rechtslogik gebotenen Grundsatz auszusprechen, welcher einer entgegenstehenden Partei- | beredung nicht weiche.

| Prot I 2295 | Prot I 2296

Die Vorschrift sei übrigens unverkennbar nur in den Fällen zur Anwendung geeignet, in welchen der Uebernehmer das Werk zu verschaffen oder zu liefern habe, namentlich also nicht in den — wenn auch seltenen, doch immerhin denkbaren — Fällen, in welchen er selbst Eigenthümer desselben bleibe. Es empfehle sich, durch eine geeignete Fassung auf diese Beschränkung hinzuweisen.

## III.

Der Entwurf bestimmt: das Wesen des Vertrags als eines Werkvertrags werde dadurch nicht geändert, daß der Uebernehmer nur Nebensachen oder Zuthaten liefert.

Die Vorschrift wurde für unbedenklich, ihre Aufnahme auch von der Mehrheit für angemessen erachtet.

## IV.

Der Entwurf bestimmt ferner: Werkverdingung liege auch dann vor, wenn ein Bauunternehmer den Stoff (Material), der Besteller dagegen den Grund und Boden, auf welchem das Gebäude aufzuführen, hergiebt.

Nach dem Antrage № 4 soll die Bestimmung auf alle Fälle ausgedehnt werden, in welchen es sich nicht um die Herstellung einer beweglichen Sache handelt. Die Mehrheit erklärte sich aber gegen die beantragte Ausdehnung und für die Bestimmung des Entwurfs mit der Maßgabe, daß das Wort: „hergebe“ ersetzt werden soll durch das Wort: „beschaffe“.

Man war der Ansicht:

Die Vorschrift des Entwurfs lasse sich schon aus der unter II beschlossenen herleiten; indessen sei es immerhin rathsam, sie nicht zu übergehen; die in dem Antrage № 4 vorgeschlagene Ausdehnung sei wegen der Fälle bedenklich, in welchen der Uebernehmer auch den Grund und Boden zu liefern habe. Mit dem Antrage № 1 nur von dem Grund und Boden des Bestellers zu reden, sei nicht zutreffend, weil zugleich der Fall in
| Prot I 2297 Betracht komme, wenn der Grund und Boden einem Dritten | gehöre.

V.

Nach dem Antrage № 4 sollen die Vorschriften über Kauf auch dann anwendbar werden, wenn bei einer herzustellenden beweglichen Sache der Besteller den Stoff geliefert hat. Dieser Antrag fand keinen Anklang. Man glaubte, daß seine Annahme mit dem Wesen des Kaufvertrags sich schlechthin nicht vertrage, den juristischen Charakter des Werkvertrags zu verdunkeln drohe und zu der Konsequenz nöthige, in jedem Dienst- oder Werkvertrage einen Kaufvertrag, dessen Gegenstand Dienstleistung oder Arbeit sei, zu finden.

VI.

Der Entwurf und die mitgetheilten Anträge enthalten noch Bestimmungen über den Fall, wenn dem Uebernehmer zwar der Stoff geliefert, jedoch gestattet ist, denselben durch einen andern zu ersetzen.

Die Mehrheit erklärte sich für die Uebergehung des Falles.

Erwogen war:

Sei dem Uebernehmer der Stoff mit der gedachten Vereinbarung geliefert, so werde häufig der dem Uebernehmer gelieferte Stoff als veräußert anzusehen und folgerecht betreffend die Werklieferung auch das Werk als verkauft zu betrachten sein. Indessen jener Vereinbarung könne auch eine mehr nebensächliche, nämlich die Bedeutung beiwohnen: die Ersatzberechtigung des Uebernehmers solle nur wirksam werden, wenn davon Gebrauch gemacht werde, in dem Eigenthumsverhältnisse und in der Tragung der Gefahr mithin erst dann eine Aenderung eintreten, wenn der Uebernehmer über den empfangenen Stoff anderweit verfüge, — und daher eine solche, als Regel nicht vorausgesetzte Verfügung auch auf das juristische Wesen des Geschäfts ohne nachträglichen Einfluß bleiben. Welche Bedeutung der Vereinbarung zukomme, lasse sich nur nach den Umständen des gegebenen Falls bestimmen. Die Regelung des Entwurfs passe sichtbar nur für eine begrenzte Zahl von Fällen, insbesondere für die in gewissen Indu-
| Prot I 2298 strie- | bezirken üblichen Verträge zwischen Fabrikanten und Hausindustrie-Arbeitern. Es sei nicht zulässig, nach solchen Fällen die allgemeine Rechtsnorm einzurichten. Auch fehle das Bedürfniß, für dieselben im Gesetzbuche besondere Vorsorge zu treffen. Die Privatautonomie in Verbindung mit der bei der Auslegung der Verträge auf Verkehrssitten zu nehmenden Rücksicht erscheine vollkommen ausreichend. Insbesondere stehe der Vereinbarung nichts entgegen, wonach, obschon in den Eigenthumsverhältnissen — zum Schutze des Bestellers in Fällen des Konkurses oder des Rücktritts — erst mit der anderweiten Verfügung über den gelieferten Stoff eine Aenderung eintrete, gleichwohl die Gefahr auf den Uebernehmer schon mit dem Empfange des Stoffes übergehe.

**II. 1., 2.** In der *RedVorl* und der *ZustOR* hat die beschlossene Vorschrift als § 423 die Fassung:

Hat der Uebernehmer sich verpflichtet, aus einem von ihm selbst zu beschaffenden Stoff das Werk herzustellen und dem Besteller zu liefern [RedVorl: und dessen Eigenthum dem Besteller zu verschaffen (und dem Besteller zu liefern),] so finden auf den Vertrag, sofern nicht ein Anderes vereinbart ist, die für den Kaufvertrag geltenden Vorschriften Anwendung. Hat der Uebernehmer sich nur zur Beschaffung von Zuthaten oder Nebensachen verpflichtet, so bleiben [RedVorl: bleiben (sind)] die Vorschriften über den Werkvertrag anwendbar. Dies gilt [RedVorl: gilt (insbesondere)] auch dann, wenn aus dem von dem Uebernehmer zu beschaffenden Stoff ein Bauwerk auf dem von dem Besteller zu beschaffenden Grund und Boden herzustellen ist. RedVorl/ZustOR § 423

Zum § 2 (Art. 635) 423 RedVorl ist angemerkt:

1. Das Wort „Uebernehmer" ist kein technisches Wort im engeren Sinne; zu vergl. § 231a der Zusammenstellung; es darf daher im § 1 nicht eingeklammert und andererseits im Eingang des § 2 zur Bezeichnung des Lieferungspflichtigen, obschon dieser ein Verkäufer ist, gebraucht werden.

2. Es wird nicht unangemessen sein, im Eingang des § 2 von Eigenthumsverschaffung zu reden wegen des § 318 der Zusammenstellung.

3. Das Wort „insbesondere" im Schlußsatz deutet an, daß nach den allgemeinen sachenrechtlichen Grundsätzen der Grund und Boden in dem Verhältniß zu dem Bauwerk stets die Hauptsache bleibt.

**3.** Zur Redaktion des § 423 lag der Antrag vor: v. Weber (Nr 561, 22)

Der 2. Satz hat einen besonderen Absatz mit dem 3. Satze zusammen zu bilden, da sich der 3. Satz nur auf den 2., nicht auf den ersten Satz bezieht.

Der Antrag wurde angenommen (Prot I 3269, 3276).

**III. 1.** Im *KE* hat die Vorschrift als § 561 die beschlossene Fassung, jedoch heißt es in Abs. 2, S. 2 „Stoffe" (statt: Stoff).

**2.** Bei Beratung der Anträge, welche die Redaktion einzelner Vorschriften des Obligationenrechts betreffen, wurde der Antrag, in § 561 Abs. 2 statt: „bleiben ... anwendbar" „finden ... Anwendung" (vgl. hierzu § 611 Abs. 2 und § 652) zu setzen, angenommen (Prot I 6181, 6183). Gebhard (Nr 577, 17)

**IV.** Im *E I* lautet die Vorschrift als § 568:

Hat der Uebernehmer sich verpflichtet, aus einem von ihm selbst zu beschaffenden Stoffe das Werk herzustellen und dem Besteller zu liefern, so finden auf den Vertrag, sofern nicht ein Anderes vereinbart ist, die für den Kaufvertrag geltenden Vorschriften Anwendung. E I § 568

Hat der Uebernehmer sich nur zur Beschaffung von Zuthaten oder Nebensachen verpflichtet, so finden die Vorschriften über den Werkvertrag Anwendung. Dies gilt auch dann, wenn aus dem von dem Uebernehmer zu beschaffenden Stoffe ein Bauwerk auf dem von dem Besteller zu beschaffenden Grund und Boden herzustellen ist.

## B. Vorkommission des Reichsjustizamtes

**I.** Beantragt war:

Struckmann (Nr 3, 93) An Stelle des § 568 zu bestimmen:

a, als § 568:

Hat der Uebernehmer sich verpflichtet, aus einem von ihm selbst zu liefernden Stoffe das Werk herzustellen und dem Besteller zu liefern, so finden, vorbehaltlich der Vorschrift des § 578c, die für den Kauf geltenden Vorschriften Anwendung.

b, als § 578c:

Die Vorschriften der §§ 569 bis 578b finden entsprechende Anwendung, wenn der Uebernehmer sich verpflichtet hat, aus einem von ihm selbst zu liefernden Stoffe eine nicht vertretbare Sache herzustellen und dem Besteller zu liefern.

II. 77. Sitzung vom 12. 4. 1892

| Prot-RJA 479 | IX. Zu § 568 Abs. 1 wurde der Entwurf unter Streichung der Worte

„sofern nicht ein Anderes vereinbart ist"

im Uebrigen sachlich gebilligt, doch behielt man sich vor, nach Durchberathung der Bestimmungen über den Werkvertrag zu prüfen, welche von diesen Bestimmungen für den Fall entsprechende Anwendung finden sollen, wenn der Uebernehmer sich verpflichtet hat, aus einem von ihm selbst zu liefernden Stoffe eine nicht vertretbare Sache | Prot-RJA 480 herzustellen und dem Besteller zu liefern. | Man nahm an, daß an sich die Vorschrift des Abs. 1 innerlich gerechtfertigt sei. Bei dem in derselben vorausgesetzten Vertrage sei der eigentliche Gegenstand der Verpflichtung des Uebernehmers die Uebertragung des Eigenthums an der hergestellten Sache; deshalb falle der Vertrag unter den Begriff des Kaufes. Zwischen dem Falle, daß der Uebernehmer, und dem, daß der Besteller den Stoff liefere, bestehe der innere Unterschied, daß im ersten Falle der Uebernehmer zunächst für sich arbeite und der Stoff sowie das aus ihm durch Arbeit gewonnene Produkt bis zur Uebergabe Eigenthum des Uebernehmers bleibe, während im zweiten Falle der Uebernehmer von vornherein für den Besteller arbeite und dieser durch die *Verarbeitung* des von ihm gelieferten Stoffes das Eigenthum an dem Produkt erwerbe. Es entspreche auch den Anschauungen des Lebens und den Anforderungen der Rechtssicherheit nicht, wenn eine wesentlich verschiedene rechtliche Beurtheilung eintrete, je nachdem bei einem Gewerbetreibenden eine fertig vorräthige Sache gekauft oder die Herstellung einer Sache der gleichen Art erst bestellt werde.

Andererseits bedürfe allerdings der Entwurf insofern einer Abänderung, als auch bei den in Abs. 1 gedachten Verträgen das Moment der Herstellung durch eine Arbeitsleistung des Uebernehmers wesentlich zu berücksichtigen sei. Geschehe dies, indem man gewisse Vorschriften über den Werkvertrag für entsprechend anwendbar erkläre, so würden damit die in der Kritik gegen den Abs. 1 erhobenen, aus der nahen Verwandtschaft zwischen dem Werkvertrage und dem Werklieferungsvertrage hergeleiteten Bedenken beseitigt.

Den Abs. 2 des § 568 beschloß man, einem Streichungsantrag gegenüber, beizubehalten. Man sah in Satz 1 eine nützliche Verdeutlichung dessen, was in Abs. 1 unter dem | Prot-RJA 481 vom Uebernehmer zu liefernden „Stoffe" zu verstehen sei, und | glaubte, daß auch Satz 2 zur Deutlichkeit des Gesetzes beitrage. |

79. Sitzung vom 23. 4. 1892

| Prot-RJA 498 | Am Schlusse des Unterabschnitts über den Werkvertrag soll der Werklieferungsvertrag behandelt und die zu § 568 beschlossene Vorschrift als § 579a hierher versetzt werden, und zwar mit dem Zusatze, daß, sofern es sich um die Herstellung einer *nicht vertretbaren* Sache aus dem von dem Uebernehmer zu beschaffenden Stoffe handele, die

Vorschriften der §§ 569 bis 573, 575 bis 578 entsprechende Anwendung finden sollen. Man war der Ansicht, daß diese Vorschriften, welche ihren legislativen Grund darin hätten, daß es sich um die Herstellung eines Arbeitsprodukts handele, in gleicher Weise auch für den Werklieferungsvertrag paßten, der nur insofern eine andere Natur habe, als der unmittelbare Gegenstand der Leistung die Verschaffung des Eigenthums an der hergestellten Sache bilde.

## C. 2. Kommission

I. Beantragt war (Prot. II, Bd. 2, S. 337ff.; *Mugdan*, Bd. 2, S. 917ff.):

1. den § 568 ersatzlos zu streichen;

2. den § 568 durch folgende hinter § 578 als § 578a einzuschaltende Vorschriften zu ersetzen: Struckmann (Nr 159, 23)

Hat der Uebernehmer sich verpflichtet, das Werk aus einem von ihm zu beschaffenden Stoffe herzustellen und dem Besteller zu liefern, so finden die für den Kaufvertrag geltenden Vorschriften Anwendung, für den Fall jedoch, wenn eine nicht vertretbare Sache zu liefern ist, nur mit den Aenderungen, die sich aus den §§ 569 bis 573, 575 bis 578 ergeben.

Hat der Uebernehmer sich nur zur Beschaffung von Zuthaten oder Nebensachen verpflichtet, so ist der Vertrag lediglich nach den Vorschriften über den Werkvertrag zu beurtheilen. Dies gilt auch dann, wenn der Uebernehmer sich verpflichtet hat, ein Bauwerk aus dem von ihm zu beschaffenden Stoffe auf dem Grund und Boden des Bestellers oder eines Dritten herzustellen.

3. den § 578a als Ersatz des § 568 wie folgt zu gestalten:

Hat der Uebernehmer sich zur Herstellung und Lieferung des Werkes aus einem von ihm zu beschaffenden Stoffe verpflichtet, so finden, wenn es sich um vertretbare Sachen handelt, die für den Kaufkontrakt geltenden Vorschriften Anwendung.

Sind nichtvertretbare Sachen aus einem, von dem Uebernehmer zu beschaffenden Stoffe herzustellen und zu liefern, so geht das Eigenthum an denselben, soweit es nicht schon früher geschehen ist, mit der Abnahme auf den Besteller über.

4. an Stelle des § 568

a) den Abs. 1 des Antrags 3 aufzunehmen;

b) dem § 567 Abs. 1 die Fassung zu geben:

Durch den Werkvertrag wird der Unternehmer zur Herstellung des übernommenen Werkes und, wenn er das Werk aus einem von ihm zu beschaffenden Stoffe herzustellen hat, zur Verschaffung des Eigenthums an dem Werke, der Besteller zur Gewährung der dafür vereinbarten Vergütung verpflichtet.

5. an Stelle des § 568 dem § 567 hinter Abs. 1 folgenden Absatz einzufügen:

Uebernahme eines Werkes liegt nicht blos dann vor, wenn die Herstellung oder Veränderung einer Sache übernommen wird; bei der Herstellung einer Sache aber auch dann, wenn der Uebernehmer das Werk ganz oder theilweise aus einem von ihm zu beschaffenden Stoffe herzustellen hat.

eventuell folgenden weiteren Absatz hinzuzusetzen:

Ist die Lieferung vertretbarer Sachen übernommen, so liegt auch dann, wenn Sachen der vereinbarten Art zur Zeit des Vertragsabschlusses nicht vorhanden sind, im Zweifel nicht Uebernahme eines Werkes vor.

6. die Bestimmung des Antrags 2 Abs. 2 Satz 2 nicht aufzunehmen.

Der Antrag 3 und der prinzipale Antrag 5 wurden im Laufe der Berathung zu Gunsten des Antrags 4 zurückgezogen.

Die Berathung beschränkte sich zunächst auf den ersten Absatz des § 568.

Das Ergebnis war die Annahme des Antrags 2 Abs. 1 und die Ablehnung des Antrags 4. Die Entscheidung erfolgte mit neun gegen neun Stimmen durch den Stichentscheid des Vorsitzenden.

Bei der Beratung des zweiten Absatzes des § 568 lag der weitere Antrag vor,

in dem Antrage 2 die Worte „oder eines Dritten" zu streichen.

Die Kom. nahm den Abs. 2 S. 1 des Antrags 2 an, strich dagegen den Satz 2.

II. In der *VorlZust* der Beschlüsse der 2. Kom. ist die Vorschrift, die hier an den Schluß der Bestimmungen über den Werkvertrag gestellt ist, in der folgenden alternativen Fassung enthalten:

E I-VorlZust § 578a

Hat der Uebernehmer sich verpflichtet, das Werk aus einem von ihm zu beschaffenden Stoffe herzustellen und dem Besteller zu liefern, so finden die für den Kaufvertrag geltenden Vorschriften Anwendung, für den Fall jedoch, wenn eine nicht vertretbare Sache zu liefern ist, nur mit den Aenderungen, die sich aus den §§ 569 bis 573, 575 bis 578 ergeben.

Hat der Uebernehmer sich nur zur Beschaffung von Zuthaten oder Nebensachen verpflichtet, so ist der Vertrag lediglich nach den Vorschriften über den Werkvertrag zu beurtheilen.

Oder:

Hat der Uebernehmer sich verpflichtet, das Werk aus einem von ihm zu beschaffenden Stoffe herzustellen, so ist er verpflichtet, dem Besteller die vertragsmäßig hergestellte Sache zu übergeben und das Eigenthum an derselben zu verschaffen. Auf einen solchen Vertrag finden die für den Kauf geltenden Vorschriften der §§ 459 bis 462a, 465a (Satz 1), 466 (Satz 1), 467a, 467b, im Uebrigen aber die (für den Werkvertrag geltenden) Vorschriften der §§ 569 bis 573, 575 bis 578 Anwendung.

Ist das von dem Uebernehmer aus einem von ihm zu beschaffenden Stoffe herzustellende Werk eine vertretbare Sache, so finden lediglich die Vorschriften über den Kauf Anwendung.

Hat der Uebernehmer sich nur zur Beschaffung von Zuthaten oder Nebensachen zu dem von ihm herzustellenden Werke verpflichtet, so finden lediglich die Vorschriften über den Werkvertrag Anwendung.

III. In der *ZustRedKom* lautet die Vorschrift als § 578b:

E I-ZustRedKom § 578b

Hat der Unternehmer sich verpflichtet, das Werk aus einem von ihm zu beschaffenden Stoffe herzustellen, so hat er dem Besteller die vertragsmäßig hergestellte Sache zu übergeben und das Eigenthum an derselben zu verschaffen. Auf einen solchen Vertrag finden die Vorschriften über den Kauf Anwendung. Ist eine nicht vertretbare Sache herzustellen, so treten an die Stelle des § 459, des § 463 Abs. 1 Satz 1 und der §§ 465, 469a bis 469e, 469r, 469s die Vorschriften über den Werkvertrag mit Ausnahme des § 574.

Hat der Unternehmer sich nur zur Beschaffung von Zuthaten oder Nebensachen verpflichtet, so finden lediglich die Vorschriften über den Werkvertrag Anwendung.

IV. Im *E II* stimmt die Fassung des § 586 mit derjenigen des § 578b E I-ZustRed Kom überein. Jedoch heißt es in Abs. 1 und 2 eingangs: „Hat sich der Unternehmer";

Abs. 1 S. 3 ist von S. 2 nur noch durch ein Semikolon abgetrennt; im Abs. 2 ist vor „Nebensachen“ eingefügt: „sonstigen“, und statt „lediglich“ heißt es „ausschließlich“.

**V.** Im *E II rev* hat die Vorschrift als § 641 die in § 651 BGB Gesetz gewordene Fassung.

# Register der Antragsteller

# Nachweis der abgedruckten Protokolle der 1. Kommission

| Prot I | Seite |
|---|---|
| 669 | 1 |
| 670 | 1 f. |
| 1 | 2 |
| 2 | 2 f. |
| 3 | 3 |
| 4 | 3 f. |
| 675 | 4 |
| 6 | 4; 16 |
| 7 | 16 |
| 8 | 16 f. |
| 9 | 17; 20 f. |
| 680 | 21; 32 |
| 1 | 32 f. |
| 2 | 33 |
| 3 | 33 |
| 685 | 9 |
| 6 | 9 |
| 7 | 37 f. |
| 8 | 38 |
| 9 | 38 f. |
| 690 | 39 |
| 1 | 39 f. |
| 2 | 40 |
| 3 | 40 |
| 4 | 40 f. |
| 695 | 41 |
| 6 | 41 f. |
| 7 | 42 |
| 8 | 42 |
| 9 | 43 |
| 701 | 43 |
| 2 | 43 f. |
| 3 | 44 |
| 4 | 44 |
| 705 | 44 f. |
| 6 | 45 |
| 7 | 45 f. |
| 8 | 46 |
| 9 | 46 f. |
| 710 | 47 |
| 1 | 47 |
| 2 | 47 f. |
| 3 | 48 |
| 714 | 48; 63 |
| 715 | 63 f. |
| 6 | 64 |
| 7 | 64 |
| 8 | 64 f. |
| 9 | 65 |
| 720 | 65 |
| 1 | 48 f. |
| 2 | 49 |
| 3 | 49; 67 |
| 4 | 67 |
| 725 | 67; 379 |
| 6 | 380 |
| 7 | 380 |
| 8 | 121; 380 |
| 9 | 122 |
| 730 | 122 |
| 1 | 122 f. |
| 2 | 123 |
| 3 | 123 f. |
| 4 | 124 |
| 735 | 124 f. |
| 6 | 125; 129 |
| 7 | 129; 134 |
| 8 | 134 |
| 9 | 134 |
| 740 | 134 f. |
| 1 | 135 f. |
| 2 | 136 |
| 3 | 136 |
| 4 | 136 f. |
| 745 | 137 |
| 6 | 137 f. |
| 7 | 138 |
| 8 | 138 |
| 9 | 139 |
| 750 | 139 |
| 1 | 139 f. |
| 2 | 140 |
| 769 | 140 |
| 770 | 140 f. |
| 1 | 141 |
| 2 | 141 f. |
| 773 | 142 |
| 775 | 142 f. |
| 6 | 143 |
| 7 | 143 f. |
| 8 | 144 |
| 9 | 144 f. |
| 780 | 145 |
| 1 | 145 f. |
| 2 | 146 |
| 3 | 146 f. |
| 4 | 147 |
| 785 | 147 |
| 6 | 147 f. |
| 7 | 148 |
| 8 | 148 |
| 9 | 148 f. |
| 790 | 385 f. |
| 1 | 386 |
| 2 | 386 |
| 3 | 149; 386 f. |
| 4 | 149 |
| 795 | 149 f. |
| 6 | 150 |
| 7 | 150 f. |
| 8 | 151 |
| 9 | 219 f. |
| 800 | 220 |
| 1 | 220 f. |
| 2 | 221 |
| 3 | 221 f. |
| 4 | 222 |
| 805 | 222 f. |
| 6 | 223 |
| 7 | 223 f. |
| 8 | 224 |
| 9 | 224 f. |
| 810 | 225 |
| 1 | 225 f. |
| 3 | 226 |
| 4 | 226 |
| 815 | 226 f. |
| 6 | 227 |
| 7 | 227 f. |

Nachweis der abgedruckten Protokolle der 1. Kommission

| Prot I | Seite | Prot I | Seite | Prot I | Seite |
|---|---|---|---|---|---|
| 818 | 228 | 1781 | 342 | 1844 | 5 |
| 9 | 228 f. | 3 | 342 f. | 1845 | 5 |
| 820 | 229 | 4 | 343; 349 | 6 | 6 |
| 1 | 229 | 1785 | 349 | 7 | 6 f. |
| 1176 | 50 | 6 | 349 f. | 8 | 7 |
| 7 | 50 f. | 7 | 350 | 9 | 7 f. |
| 8 | 51 | 8 | 350 | 1850 | 8; 108 |
| 9 | 51 f. | 1792 | 350 f. | 1 | 98; 108 |
| 1191 | 52 | 3 | 354 | 2 | 98 f. |
| 2 | 52 f. | 4 | 354 f. | 3 | 99 |
| 3 | 53 | 1795 | 355 f. | 1855 | 99 |
| 4 | 53 f. | 6 | 356 | 6 | 99 f. |
| 1289 | 23 | 7 | 356 f. | 7 | 100 |
| 1290 | 23 f. | 8 | 357 | 8 | 69; 100 |
| 1 | 24 | 9 | 357 f. | 9 | 69 f. |
| 2 | 24 f. | 1800 | 358 | 1860 | 70 f. |
| 3 | 25 | 1 | 358 f. | 1 | 71 |
| 4 | 25 f. | 2 | 359 | 2 | 71; 82 |
| 1295 | 26 | 3 | 359 f. | 3 | 82 f. |
| 1297 | 27 | 4 | 360 | 4 | 83 |
| 1298 | 27 | 1805 | 360 f. | 1865 | 83 f. |
| 1672 | 719 | 6 | 361 | 7 | 84 |
| 3 | 719 f. | 7 | 361 f. | 8 | 84 f. |
| 4 | 720 f. | 8 | 362 f.; 372 | 9 | 85 f. |
| 1675 | 721 | 9 | 372 f. | 1870 | 86 |
| 6 | 721 f. | 1810 | 373 | 1 | 86 f. |
| 7 | 722 | 1 | 373 f. | 2 | 87; 90 f. |
| 8 | 722 | 2 | 367; 374 | 3 | 91 |
| 9 | 722 f. | 3 | 367 f.; 374 f. | 4 | 91; 94 |
| 1680 | 723 | 4 | 375 | 1875 | 94 f. |
| 1 | 723 f. | 1815 | 375 | 6 | 95 |
| 2 | 724 | 6 | 370 f.; 375 | 7 | 95 |
| 3 | 724 f. | 7 | 375 f. | 9 | 104; 264 |
| 4 | 725 f. | 8 | 376 | 1880 | 104 f. |
| 1685 | 726 | 1823 | 376; 390 | 1 | 105 |
| 7 | 726 | 4 | 390 | 2 | 105 f. |
| 8 | 726 f. | 1825 | 390 f. | 3 | 71 f.; 106; 173 |
| 9 | 727 | 6 | 391 | 4 | 173 |
| 1690 | 727 f. | 7 | 391 | 1885 | 173 f. |
| 1 | 728; 732 | 9 | 392 | 6 | 174 |
| 2 | 732; 735 f. | 1830 | 392 | 7 | 175 |
| 3 | 736 | 1 | 392 f. | 8 | 175 f. |
| 4 | 728 f.; 736 | 2 | 393 f. | 9 | 176 |
| 1771 | 337 | 3 | 394; 403 | 1890 | 176 f. |
| 2 | 337 f. | 4 | 403 | 1 | 177; 265 |
| 3 | 338 | 1835 | 403 f. | 2 | 265 |
| 4 | 338 f. | 6 | 404 f. | 3 | 266 |
| 1775 | 339 | 7 | 405 | 4 | 266 f. |
| 6 | 339 f. | 8 | 405 f. | 1895 | 267 |
| 7 | 340 | 9 | 406 f. | 6 | 267 f. |
| 8 | 340 f. | 1840 | 407 | 7 | 268; 269 |
| 9 | 341 f. | 1 | 407 f. | 8 | 269 f. |
| 1780 | 342 | 3 | 343 f. | 9 | 270 |

Nachweis der abgedruckten Protokolle der 1. Kommission

| Prot I | Seite | Prot I | Seite | Prot I | Seite |
|---|---|---|---|---|---|
| 1900 | 270 f. | 1977 | 303; 306 | 2069 | 576 |
| 1 | 271 | 8 | 303 f. | 2070 | 576 f. |
| 2 | 271 f. | 9 | 304; 306 | 1 | 577 |
| 1925 | 275 f. | 2019 | 334 f. | 2 | 577 f. |
| 6 | 276 | 2020 | 335 | 3 | 578 |
| 7 | 276 f. | 1 | 335 f.; 421 | 4 | 578 f. |
| 8 | 277 | 2 | 421 f. | 2075 | 579 f. |
| 9 | 277 f. | 3 | 422 | 6 | 580 |
| 1930 | 278 | 4 | 422 f. | 7 | 580 |
| 1 | 278 f. | 2025 | 423; 425 | 8 | 580 f. |
| 2 | 279 f. | 6 | 425 f.; 449 | 9 | 581 |
| 3 | 280 | 7 | 449 f. | 2080 | 581 f. |
| 4 | 280 f. | 8 | 428 f.; 450 | 1 | 426; 582 |
| 1935 | 281 | 9 | 426; 429 | 2 | 426; 435 f.; 466 |
| 6 | 113 f.; 281 | 2030 | 426 | 3 | 436; 456 f. |
| 7 | 114 | 1 | 429 | 4 | 467 |
| 8 | 114 f. | 2 | 429 f. | 2085 | 467 f. |
| 9 | 115 | 3 | 430 | 6 | 468 |
| 1940 | 115 f. | 4 | 430 f. | 7 | 468 f. |
| 1 | 116 | 2035 | 431 | 9 | 465; 473 |
| 3 | 307 f. | 6 | 431 f. | 2090 | 474 |
| 4 | 308 | 7 | 432 | 1 | 474 f. |
| 1945 | 308 f. | 8 | 432 f. | 2 | 475; 485 |
| 6 | 309 | 9 | 433 | 3 | 485 |
| 7 | 309 f. | 2040 | 433 f. | 4 | 485; 488 |
| 8 | 310 | 1 | 434 | 2095 | 488 |
| 9 | 310 f. | 2 | 434 f. | 6 | 488 f. |
| 1950 | 311 | 3 | 435 | 7 | 489 |
| 1 | 311 f. | 4 | 435 | 8 | 489 f. |
| 2 | 312; 319 | 2045 | 444 | 9 | 475; 490 |
| 3 | 319 f. | 6 | 444 | 2100 | 475 f. |
| 4 | 320 | 7 | 444 f. | 1 | 462 |
| 1955 | 320 f. | 8 | 445 | 2 | 462 f. |
| 6 | 321 | 9 | 445 f. | 3 | 499 |
| 7 | 321 | 2050 | 446 | 4 | 499 f. |
| 9 | 321 f. | 1 | 446 f.; 568 | 2105 | 500 |
| 1960 | 322 | 2 | 568 | 6 | 500 f.; 512 |
| 1 | 322; 327 | 3 | 568 f. | 7 | 512 |
| .2 | 327 f. | 4 | 569 | 8 | 512 f. |
| 3 | 328 f. | 2055 | 569 f. | 9 | 513 |
| 4 | 329 | 6 | 570 | 2110 | 513 f. |
| 1965 | 329 f. | 7 | 570 f. | 1 | 514 f. |
| 6 | 330 | 8 | 571 | 2 | 515 |
| 7 | 283 | 9 | 571 f. | 3 | 515 f. |
| 8 | 283 f. | 2060 | 572 | 4 | 516 |
| 9 | 284; 287 | 1 | 572 | 2115 | 516 |
| 1970 | 287 f. | 2 | 573 | 8 | 516 f. |
| 1 | 288 | 3 | 573 | 9 | 517 f. |
| 2 | 288 | 4 | 573 f. | 2120 | 518 |
| 3 | 288 f. | 2065 | 574 | 1 | 518 |
| 4 | 289 | 6 | 574 f. | 2 | 519 |
| 1975 | 289 f.; 300 | 7 | 575 | 3 | 519 f. |
| 6 | 300; 302; 305 f. | 8 | 575 f. | 4 | 520 |

Nachweis der abgedruckten Protokolle der 1. Kommission

| Prot I | Seite | Prot I | Seite | Prot I | Seite |
|---|---|---|---|---|---|
| 2125 | 520 | 2180 | 642 | 2236 | 708f. |
| 7 | 539 | 1 | 645f. | 7 | 709; 714 |
| 8 | 539f. | 2 | 646 | 8 | 714f. |
| 9 | 540 | 3 | 646f. | 9 | 715 |
| 2130 | 540f. | 4 | 647 | 2240 | 715f. |
| 1 | 541 | 2185 | 647f. | 1 | 709f. |
| 2 | 541f. | 6 | 648 | 2 | 710 |
| 3 | 542 | 7 | 648f. | 3 | 710; 717f. |
| 4 | 542f. | 8 | 649 | 4 | 718; 744f. |
| 2135 | 543 | 9 | 649f. | 2245 | 745 |
| 6 | 543; 552 | 2190 | 650 | 6 | 745f. |
| 7 | 552f. | 1 | 650f. | 7 | 746 |
| 8 | 553 | 3 | 651 | 8 | 746f. |
| 9 | 553f. | 4 | 651f. | 9 | 747 |
| 2140 | 554 | 2195 | 652 | 2251 | 747f. |
| 1 | 506 | 6 | 652; 657 | 2 | 748; 757; 805 |
| 2 | 506f.; 556f. | 7 | 657; 660f. | 3 | 757f. |
| 3 | 557 | 8 | 661 | 4 | 758; 814f. |
| 4 | 557; 562f. | 9 | 661f. | 2255 | 815 |
| 2145 | 492f.; 563 | 2200 | 662 | 6 | 815f. |
| 6 | 493 | 1 | 662f. | 7 | 748; 816 |
| 7 | 493f. | 2 | 636; 663 | 8 | 748f. |
| 8 | 494 | 3 | 637 | 9 | 749; 760 |
| 9 | 450; 494f. | 4 | 637 | 2260 | 760f.; 767 |
| 2150 | 450f. | 2205 | 673f. | 1 | 767f. |
| 1 | 451 | 6 | 674 | 2 | 768 |
| 2 | 451f. | 7 | 674f. | 3 | 768f. |
| 3 | 452 | 8 | 675 | 4 | 769 |
| 4 | 452f. | 9 | 675f. | 2265 | 769f. |
| 2155 | 453 | 2210 | 676 | 6 | 770 |
| 6 | 453f.; 501 | 1 | 676f. | 7 | 770; 773f. |
| 7 | 501f. | 2 | 677 | 8 | 774; 792f. |
| 8 | 502; 508 | 3 | 677f. | 9 | 793 |
| 9 | 508f. | 4 | 678 | 2270 | 793; 811 |
| 2160 | 509 | 2215 | 678; 687 | 1 | 811f. |
| 1 | 618 | 6 | 687 | 2 | 805f.; 812 |
| 2 | 618f. | 7 | 687f. | 3 | 806 |
| 3 | 619 | 8 | 688 | 4 | 806f. |
| 4 | 619f. | 9 | 688f. | 2275 | 793f. |
| 2165 | 620; 672 | 2221 | 691 | 6 | 794 |
| 6 | 672f. | 2 | 691f. | 7 | 794 |
| 7 | 634f.; 673 | 3 | 692 | 8 | 795 |
| 8 | 630; 635 | 4 | 692f. | 9 | 795; 816 |
| 9 | 631 | 2225 | 693 | 2280 | 816f. |
| 2170 | 631f. | 6 | 693f. | 1 | 817 |
| 1 | 620f.; 632 | 7 | 694; 697 | 2 | 817f. |
| 2 | 621; 628 | 8 | 697f. | 3 | 818 |
| 3 | 628f. | 9 | 694; 698 | 4 | 818f. |
| 4 | 621; 629 | 2230 | 694; 705f. | 2285 | 819 |
| 2175 | 621f. | 1 | 700; 706 | 6 | 819f. |
| 7 | 641; 645 | 2 | 700;707 | 7 | 820 |
| 8 | 641; 645 | 3 | 707f. | 8 | 749f.; 750; 832 |
| 9 | 641f. | 2235 | 708 | 9 | 832f. |

Nachweis der abgedruckten Protokolle der 1. Kommission

| Prot I | Seite | Prot I | Seite | Prot I | Seite |
|---|---|---|---|---|---|
| 2290 | 833 | 2345 | 895 | 11799 | 292 |
| 1 | 833; 915 | 6 | 895 f. | 11800 | 292 f. |
| 2 | 915 | 7 | 896 | 1 | 293 |
| 3 | 915 f. | 8 | 896 f.; 907 | 2 | 293 |
| 4 | 916 f. | 9 | 907 | 11812 | 584 |
| 2295 | 917 | 2350 | 907 f. | 3 | 584 f. |
| 6 | 917 f. | 1 | 908 f. | 4 | 585 |
| 7 | 918 | 2 | 909 | 11815 | 585 f. |
| 8 | 833 f.; 918 | 3 | 909 f. | 6 | 586 |
| 9 | 834; 846 f. | 4 | 910 | 7 | 502; 522; 586 |
| 2300 | 847 | 2355 | 910 f. | 8 | 522 f. |
| 1 | 847 | 7 | 911 | 9 | 523 |
| 3 | 848 | 8 | 834; 911 | 11820 | 523 |
| 4 | 848 | 9 | 835 | 2 | 653 f. |
| 2305 | 849 | 2360 | 835 f. | 3 | 654; 655 |
| 6 | 849 f. | 1 | 836 | | |
| 7 | 850 | 2 | 836 f. | | |
| 8 | 850 f. | 3 | 837 f. | | |
| 9 | 851 | 4 | 838 | | |
| 2310 | 851 f. | 2365 | 838 f. | | |
| 1 | 852; 868 f. | 6 | 839 | | |
| 2 | 869 | 7 | 839 f. | | |
| 3 | 869 f. | 8 | 840 | | |
| 4 | 870 f. | 9 | 840 f. | | |
| 2315 | 871 | 2370 | 841 | | |
| 6 | 871 | 1 | 841 f. | | |
| 7 | 859; 861 | | | | |
| 8 | 859; 861 | | | | |
| 9 | 861 f. | 3248 | 381 | | |
| 2320 | 862 f. | 3249 | 381 | | |
| 1 | 863 | 3252 | 381 | | |
| 2 | 863; 874 | 3253 | 381 | | |
| 3 | 874 f. | 3264 | 34 | | |
| 4 | 875 f. | | | | |
| 2325 | 876 | | | | |
| 6 | 876 | 5794 | 521 f. | | |
| 7 | 886 | 5795 | 522 | | |
| 8 | 886 f. | 6163 | 680 | | |
| 9 | 887 | 6192 | 437 | | |
| 2330 | 887 f. | 6193 | 437; 455 | | |
| 1 | 888 | 6194 | 455 | | |
| 2 | 888 f. | 6200 | 853 | | |
| 3 | 889 | 11656 | 313 f. | | |
| 4 | 889 f. | 11657 | 314 | | |
| 2335 | 890; 901 | 11745 | 28 | | |
| 6 | 901 | 11746 | 28 f. | | |
| 7 | 901 f. | 11747 | 29 | | |
| 8 | 902 | 11748 | 29 | | |
| 9 | 902 f. | 11777 | 55 | | |
| 2340 | 893 f. | 11787 | 247 | | |
| 1 | 894 | 11796 | 739 | | |
| 3 | 894 | 7 | 739 | | |
| 4 | 894 f. | 8 | 291 f. | | |

# Nachweis der Paragraphen des Teilentwurfs zum Obligationenrecht

| TE-OR Nr. 2 | Seite |
|---|---|
| § 1 | 221 |
| § 2 | 223 f. |
| § 3 | 224 f. |
| § 4 | 226 |
| § 5 | 227 |
| § 6 | 228 |
| § 7 | 228 |
| § 8 | 229 |
| § 9 | 229 |

| TE-OR Nr. 3 | Seite |
|---|---|
| § 8 | 23 |
| § 9 | 23 |
| § 10 | 23 f. |
| § 11 | 24 |
| § 12 | 24 |

| TE-OR Nr. 6 | Seite |
|---|---|
| § 97 | 719 |
| § 98 | 724 |
| § 99 | 725 |
| § 100 | 725 f. |
| § 101 | 726 |
| § 102 | 726 |
| § 103 | 728 |
| § 104 | 732 |
| § 105 | 732 |
| § 106 | 732 |
| § 107 | 735 |
| § 108 | 728 |

| TE-OR Nr. 32 | Seite |
|---|---|
| § 1 | 5 |
| § 2 | 7 |
| § 3 | 108 |

| TE-OR Nr. 32 | Seite |
|---|---|
| § 4 | 108 |
| § 5 | 98 |
| § 6 | 69 |
| § 7 | 71 |
| § 8 | 82 |
| § 9 | 90 |
| § 10 | 91 |
| § 11 | 94 |
| § 12 | 95 |
| § 13 | 104 |
| § 14 | 71 |
| § 15 | 173 |
| § 16 | 173 |
| § 17 | 173 |
| § 17a | 113 |
| § 17b | 114 |
| § 18 | 265 |
| § 19 | 266 |
| § 20 | 269 |
| § 21 | 269 f. |
| § 28 | 275 f. |
| § 29 | 276 |
| § 30 | 276 |
| § 31 | 276 |
| § 32 | 276 |
| § 33 | 276 |
| § 34 | 307 f. |
| § 35 | 312 |
| § 36 | 319 |
| § 37 | 327 |
| § 38 | 328 |
| § 39 | 329 |
| § 40 | 330 |
| § 41 | 283 |
| § 42 | 287 |
| § 43 | 300 |
| § 44 | 302 |
| § 45 | 306 |
| § 46 | 303 |
| § 47 | 306 |
| § 57 | 334 f. |

| Dresd E Art | Seite |
|---|---|
| 497 | 337 |
| 498 | 342 |
| 499 | 343 |
| 500 | 349 |
| 501 | 350 |
| 502 | 350 |
| 503 | 354 |
| 504 | 372 |
| 505 | 375 |
| 506 | 375 |
| 507 | 370 |
| 508 | 375 |
| 509 | 376 |
| 510 | 376 |
| 511 | 376 |
| 512 | 390 |
| 513 | 392 |
| 514 | 403 |
| 515 | 403 |
| 516 | 404 |
| 517 | 405 |
| 518 | 405 |
| 519 | 405 |
| 520 | 406 |
| 521 | 406 |
| 522 | 406 |

| Dresd E Art | Seite |
|---|---|
| 538 | 421 |
| 539 | 422 |
| 540 | 423 |
| 541 | 425 |
| 542 | 449 |
| 543 | 428 f. |
| 544 | 426 |
| 545 | 429 |
| 546 | 444 |
| 547 | 445 |
| 548 | 446 f. |

Nachweis der Paragraphen des Teilentwurfs zum Obligationenrecht

| Dresd E Art | Seite | Dresd E Art | Seite | Dresd E Art | Seite |
|---|---|---|---|---|---|
| 549 | 568 | 600 | 693 | 651 | 896 f. |
| 550 | 568 | 601 | 697 | 652 | 907 |
| 551 | 568 | 602 | 694 | 653 | 907 |
| 552 | 568 | 603 | 705 | 654 | 908 |
| 553 | 568 | 604 | 705 f. | 655 | 911 |
| 554 | 426 | 605 | 700 | | |
| 555 | 466 | 606 | 707 | | |
| 556 | 435 f. | 607 | 708 | | |
| 557 | 466 f. | 608 | 708 | | |
| 558 | 465 | 609 | 714 | | |
| 559 | 473 | 610 | 709 | | |
| 560 | 485 | 611 | 710 | | |
| 561 | 488 | 612 | 710 | | |
| 562 | 475 | 613 | 717 | | |
| 563 | 476 | 614 | 745 | | |
| 564 | 462 | 615 | 745 | | |
| 565 | 499 | 616 | 747 f. | | |
| 566 | 499 | 617 | 748 | | |
| 567 | 512 | 618 | 757 | | |
| 568 | 539 | 619 | 805 | | |
| 569 | 552 | 620 | 757 | | |
| 570 | 506 | 621 | 814 | | |
| 571 | 556 | 622 | 748 | | |
| 572 | 492 f. | 623 | 749 | | |
| 573 | 450 f. | 624 | 760 | | |
| 574 | 501 | 625 | 767 | | |
| 575 | 508 | 626 | 792 | | |
| 576 | 618 | 627 | 811 | | |
| 577 | 619 | 628 | 805 | | |
| 578 | 620 | 629 | 793 | | |
| 579 | 620 | 630 | 816 | | |
| 580 | 672 | 631 | 816 f. | | |
| 581 | 630 | 632 | 750 | | |
| 582 | 620 | 633 | 750 | | |
| 583 | 628 | 634 | 832 | | |
| 584 | 621 | 635 | 915 | | |
| 585 | 645 | 636 | 833 | | |
| 586 | 641 | 637 | 834 | | |
| 587 | 660 f. | 638 | 834 | | |
| 588 | 673 | 639 | 846 | | |
| 589 | 678 | 640 | 848 | | |
| 590 | 687 | 641 | 869 | | |
| 591 | 687 | 642 | 869 | | |
| 592 | 687 | 643 | 869 | | |
| 593 | 687 | 644 | 874 | | |
| 594 | 687 | 645 | 876 | | |
| 595 | 687 | 646 | 886 | | |
| 596 | 687 | 647 | 901 | | |
| 597 | 688 | 648 | 893 | | |
| 598 | 691 | 649 | 894 | | |
| 599 | 693 | 650 | 896 | | |

| TE-OR Nr. 20 | Seite |
|---|---|
| § 7 | 1 |
| § 8 | 16 |
| § 9 | 17 |
| § 10 | 20 f. |
| § 11 | 32 |
| § 12 | 33 |
| § 13 | 37 |
| § 14 | 40 |
| § 15 | 46 |
| § 16 | 47 |
| § 17 | 47 |
| § 18 | 63 |
| § 19 | 64 |
| § 20 | 67 |
| § 21 | 379 |
| §§ 22 f. | 123 f. |
| § 24 | 129 |
| §§ 25 ff. | 134 ff. |
| §§ 33 ff. | 140 ff. |
| § 38 | 385 |
| § 39 | 149 |

## Zusammenstellung der Paragraphen des 1. Entwurfs mit den Artikeln des Dresdener Entwurfs, den Paragraphen der Teilentwürfe, der ZustOR, des Kommissionsentwurfs, des 2. Entwurfs und des Gesetzbuches.*

### II. Buch. Recht der Schuldverhältnisse

| I. E I | II. DresdE Art. TE-OR Nr/§§ | III. ZustOR | IV. KE | V. E II | VI. BGB |
|---|---|---|---|---|---|
| | TE-OR Nr/§§ | | | | |
| 298 | 3/8, 9, 10 | 215 | 296 | 379 | 437 |
| 299 | 3/11 | 216 | 297 | 380 | 438 |
| 300 | 3/12 | 217 | 298 | – | – |
| 363 | 32/7, 14 | 327, 361 | 360 | 271 | 320 |
| 370 | 20/7 | 69 | 367 | 375 | 433 |
| 371 | 20/8, 9 | 70 | 368 | 376 | 434 |
| 372 | 20/10 | 71 | 369 | 378 | 436 |
| 373 | 20/11 | 72 | 370 | 381 | 439 |
| – | 20/12 | – | – | – | – |
| 374 | 20/7, 14 | 73 | 371 | | |
| 375 | 20/13 | 74 | 372 | 382 | 440 |
| 376 | 20/13 | 75 | 373 | | 441 |
| 377 | 20/14, 15, 16, 17 | 76 | 374 | | |
| 378 | – | 77 | 375 | 377 | 435 |
| 379 | 20/18, 19 | 78 | 376 | 383 | 442 |
| 380 | 20/20 | 79 | 377 | 384 | 443 |
| 381 | 20/22, 23 | 81 | 378 | 397 | 459 |
| 382 | 20/24 | 82 | 379 | 398 | 460 |
| – | – | – | – | 398 a | 461 |
| 383 | 20/25 | 83 | 380 | 399 | 462 |
| 384 | 20/30 | 84 | 381 | 402 | 465, 466 |
| 385 | 20/26 | 85 | 382 | 400 | 463 |

* Das Register ist erarbeitet worden auf der Grundlage der „Zusammenstellung" in Band VII der „Protokolle der Kommission für die zweite Lesung des Entwurfs eines Bürgerlichen Gesetzbuchs", Berlin 1899, S. 7ff., und anhand der Nachweise in der Ausgabe des 1. Entwurfs (Bundesratsdrucksache Nr. 2 der Session 1888). Auf eine Einbeziehung der Bestimmungen des E II rev, E III mußte aus Platzgründen verzichtet werden. Es ist insoweit auf das Register in Bd VII der Protokolle II zu verweisen.

Zusammenstellung der Paragraphen des E I mit früheren und späteren Entwürfen

| I.<br>E I | II.<br>DresdE Art.<br>TE-OR<br>Nr/§§ | III.<br>ZustOR | IV.<br>KE | V.<br>E II | VI.<br>BGB |
|---|---|---|---|---|---|
| 386 | – | 86 | 383 | 401 | 464 |
| 387 | 20/30, 31, 32 | 87 | 384 | 403 | 467 |
| 388 | 32/15, 16, 17 | 101 a | 385 | 404 | 468 |
| 389 | 20/27 | 93 | 386 | 405 | 469 |
| 390 | 20/28 | 94 | 387 | 406 | 470 |
| 391 | 20/29 | 95 | 388 | 407 | 471 |
| 392 | 20/33 | 96 | 389 | 408 | 472 |
| – | – | – | – | 409 | 473 |
| 393 | 20/34 | 97 | 390 | 411 | 475 |
| 394 | – | 98 | 391 | 410 | 474 |
| 395 | 20/35 | 99 | 392 | – (ersetzt durch § 806 ZPO) | – |
| 396 | 20/36 | 100 | 393 | 412 | 476 |
| 397 | 20/37 | 101 | 394 | 413 | 477 |
| – | – | – | – | 414 | 478, 479 |
| – | 20/39 | – | – | – | – |
| 398 | Nr. 20 | 102 | 395 | 415 | 480 |
| 399 | Nr. 2 | 103 | 396 | 416 | 481 |
| 400 | 2/1 | 104 | 397 | 417 | 482 |
| 401 | 2/1 | 105 | 398 | 418 | 483 |
| 402 | 2/2, 3 | 106 | 399 | 419, 420 | 484, 485 |
| 403 | 2/3 | 107 | 400 | – (§§ 403, 402 S. 3, 4 E I ersetzt durch § 488 ZPO) | |
| 404 | 2/5 | 108 | 401 | 422 | 487 |
| 405 | 2/6 | 109 | 402 | 423 | 488 |
| 406 | 2/7 | 110 | 403 | 424 | 489 |
| 407 | 2/8 | 111 | 404 | 425 | 490 |
| 408 | 2/5, 6, 7 | 112 | 405 | 426 | 491 |
| 409 | 2/4 Abs. 2 | 113 | 406 | 428 | – |
| – | – | – | – | 429 | 493 |
| 410 | 2/1 | 114 | 407 | 421 | 486 |
| 411 | 2/1, 8 | 115 | 408 | 427 | 492 |
| – | 2/9 | – | – | – | – |
| | DresdE Art. | | | | |
| 437 | 497, 498, 499 | 304 | 434 | 463 | 516 |
| 438 | – | 305 | 435 | 463 | 516 |
| 439 | 500 | 306 | 436 | 464 | 517 |
| – | 501, 502 | – | – | – | – |
| 440 | 503 | 307 | 437 | 465 | 518 |
| 441 | 503 | 308 | 438 | 465 | 518 |
| – | – | – | – | 466 | 519 |
| 442 | 504 | 309 | 439 | 468 | 521 |
| | TE-OR Nr/§§ | | | | |
| 443 | 3/10; 20/21 | 80 | 440 | 470 | 523 |
| 444 | 20/38 | 116 | 441 | 471 | 524 |
| | DresdE Art. | | | | |
| 445 | 504 | 310 | 442 | 469 | 522 |
| – | 505, 506 | – | – | – | – |

| I. E I | II. DresdE Art. TE-OR Nr/§§ | III. ZustOR | IV. KE | V. E II | VI. BGB |
|---|---|---|---|---|---|
| 446 | 511 | 311 | 443 | – | – |
| 447 | 507 | 312 | 444 | 467 | 520 |
| – | 508–510 | – | – | – | – |
| 448 | 512, 513 | 313 | 445 | 472, 473 | 525, 526 |
| – | – | – | – | 474 | 527 |
| – | – | – | – | – | 528 |
| – | – | – | – | – | 529 |
| 449 | 514, 515 | 314 | 446 | 475, 477 | 530, 531 |
| 450 | 516 | 315 | 447 | 475 | 530 |
| – | – | – | – | 476 | 534 |
| 451 | 517, 519, 520 | 316 | 448 | 478, 479 | 532, 533 |
| 452 | 518 | 317 | 449 | 477 | 531 |
| – | 521, 522 | – | – | – | – |
| | TE-OR Nr/§§ | | | | |
| 453 | 6/97, 100, 102, 103 | 287 | 450 | 547 (§ 453 Abs. 1 E I gestr.) | 607 |
| – | 6/98, 101 | – | – | – | – |
| 454 | 6/99 | 289 | 452 | 547 | 607 |
| 455 | 6/104, 105 | 290 | 453 | 548 | – |
| 456 | 6/106 | 291 | 454 | 548 | 608 |
| 457 | 6/107 | 292 | 455 | 549 | 609 |
| – | 6/108 | – | – | – | – |
| 458 | 6/97 | 288 | 451 | 550 | 610 |
| 459 | 32/1 | 318 | 456 | 375 | 433 |
| 460 | 32/2 | 319 | 457 | – | – |
| 461 | 32/3 | 320 | 458 | 392 | 453 |
| – | 32/4 | – | – | – | – |
| 462 | 32/6 | 321 | 459 | 385 | 444 |
| – | – | – | – | 386 | 445 |
| 463 | 32/8 | 322 | 460 | 387, 391 | 446, 451 |
| 464 | 32/5 | 323 | 461 | 389 | 450 |
| 465 | 32/9 | 324 | 462 | 388 | 447 |
| – | 32/10 | – | – | – | – |
| 466 | 32/11 | 325 | 463 | 390 | 448, 449 |
| – | 32/12 | – | – | – | – |
| 467 | 32/13 | 326 | 464 | – | 452 |
| – | – | – | – | 393 | 454 |
| – | – | – | – | 394 | 455 |
| 468 | 32/17a | 327a | 465 | 395, 396 | 456, 458 |
| 469 | 32/17b | 327b | 466 | 395, 396 | 457, 458 |
| 470 | 32/18 | 328 | 467 | 430 | 494 |
| 471 | 32/19 | 329 | 468 | 431 | 495 |
| 472 | 32/20 | 330 | 469 | 431 | 495 |
| 473 | 32/21 | 331 | 470 | 432 | 496 |
| – | 32/22–27 | – | – | – | – |
| 474 | 32/28–33 | 332 | 471 | – | – |
| 475 | 32/28–33 | 333 | 472 | – | – |
| 476 | 32/41 | 334 | 473 | 433 | 497 |
| 477 | 32/41 | 335 | 474 | 433 | 497 |

Zusammenstellung der Paragraphen des E I mit früheren und späteren Entwürfen

| I.<br>E I | II.<br>DresdE Art.<br>TE-OR<br>Nr/§§ | III.<br>ZustOR | IV.<br>KE | V.<br>E II | VI.<br>BGB |
|---|---|---|---|---|---|
| 478 | 32/42 | 336 | 475 | 434 | 498, 499 |
| 479 | 32/42 Abs. 2 | 337 | 476 | 435 (§ 479 Abs. 1, 2 E I gestr.) | 258, 500 |
| 480 | 32/43 | 338 | 477 | 436 | 501 |
| – | 32/44 | – | – | 437 | 502 |
| – | 32/45 | – | – | – | – |
| – | 32/46 | – | – | 438 | 503 |
| – | 32/47 | – | – | – | – |
| 481 | 32/34 | 339 | 478 | 439, 440 | 504, 506 |
| 482 | 32/34 | 340 | 479 | 439 | 505 |
| 483 | 32/34 | 341 | 480 | 444 | 510 |
| – | 32/35 | – | – | – | – |
| 484 | 32/36, 38 | 342 | 481 | 441 | 507 |
| – | – | – | – | 442 | 508 |
| – | – | – | – | 443 | 509 |
| – | – | – | – | – | 511 |
| 485 | 32/38 | 343 | 482 | 445 | 512 |
| – | – | – | – | 446 | 513 |
| 486 | 32/37 | 344 | 483 | 447 | 514 |
| 487 | 32/37, 39 | 345 | 484 | 444, 447 | 510, 514 |
| – | 32/40 | – | – | – | – |
| 502 | 32/57 | 359 | 498 | 462 | 515 |
| | DresdE Art. | | | | |
| 503 | 538, 540, 544, 546 | 360 | 499 | 480 | 535, 580 |
| – | 539, 542 | – | – | – | – |
| 504 | 541, 554 | 362 | 500 | 481 | 536 |
| 505 | 543, 545 | 363 | 501 | 482 | 537 |
| 506 | 545, 556 | 364 | 502 | 483 | 538 |
| 507 | 545 | – | 502 a | 484, 485 | 539, 540 |
| 508 | 546, 547, 548 | 365 | 503 | 486 | 541 |
| 509 | 549, 551, 552 | 367, S. 1, 2 | 504 S. 1, 2 | 512 | 571 |
| – | 553 | – | – | – | – |
| – | – | – | – | 513 | 572 |
| – | – | – | – | 514 | 573 |
| – | – | – | – | 515 | 574 |
| – | – | – | – | 516 | 575 |
| – | – | – | – | 517 | 576 |
| 510 | 549, 551, 552 | 367 S. 1 | 504 S. 1 | 518 | 577 |
| 511 | – | 367 S. 3 | 504 S. 3 | – | – |
| 512 | 550 | 366 | 505 | 519 | 578 |
| – | – | – | – | 520 | 579 |
| 513 | 555 | 368 | 506 | 491 | 547 |
| 514 | 557 | 369 | 507 | 483, 491 | 258, 538, 547 |
| 515 | 558 | 370 | 508 | 490 | 546 |
| 516 | 559, 562 | 371 | 509 | 493 | 549 |
| – | – | – | – | 494 | 550 |
| 517 | 560 | 372 | 510 | 495 | 551 |
| 518 | 561 | 373 | 511 | 496 | 552 |
| – | 563 | – | – | – | – |

Zusammenstellung der Paragraphen des E I mit früheren und späteren Entwürfen

| I. E I | II. DresdE Art. TE-OR Nr/§§ | III. ZustOR | IV. KE | V. E II | VI. BGB |
|---|---|---|---|---|---|
| 519 | 564 | 374 | 512 | 489 | 545 |
| 520 | 565 | 375 | 513 | 492, 498 | 548, 556 |
| – | 566 | – | – | – | – |
| – | 575 | – | – | 500 | 558 |
| 521 | 567 | 376 | 514 | 501–505 | 559–563 |
| 522 | 568 | 377 | 515 | 506 | 564, 565 |
| – | – | – | – | 507 | 566 |
| 523 | – | 378 | 516 | 508 | 567 |
| 524 | 569 | 379 | 517 | 509 | 568 |
| 525 | 570 | 380 | 518 | 499 | 557 |
| 526 | 571 | 381 | 519 | 510 | 569 |
| 527 | – | 382 | 520 | 511 | 570 |
| 528 | 572 | 383 | 521 | 497 | 553, 554 |
| 529 | 573 | 384 | 522 | 487 | 542 |
| 530 | – | 385 | 523 | 487, 497 | 543, 555 |
| – | – | – | – | 488 | 544 |
| – | 574 | – | – | – | – |
| 531 | 576 | 386 | 524 | 521 | 581 |
| – | 577 | – | – | – | – |
| 532 | 578, 579 | 387 | 525 | 521 | 581 |
| 533 | 582 | 388 | 526 | 536 | 596 |
| 534 | 584 | 389 | 527 | – | – |
| 535 | 586 | 390 | 528 | 526 | 586 |
| 536 | – | 391 | 529 | 530 | 590 |
| 537 | 580, 588 | 392 | 530 | 535 | 595 |
| 538 | – | 393 | 531 | 536 | 596 |
| 539 | 580 | 394 | 532 | 524 | 584 |
| 540 | 583 | 395 | 533 | 522 | 582 |
| 541 | 581 | 396 | 534 | 523 | 583 |
| 542 | 588 | 397 | 535 | 537 | 597 |
| 543 | – | 398 | 536 | 525 | 585 |
| 544 | 585 | 399 | 537 | 527–529 | 587–589 |
| 545 | 587 | 400 | 538 | 531 | 591 |
| 546 | 587 | 401 | 539 | – | – |
| – | – | – | – | 532 | 592 |
| 547 | 587 | 402 | 540 | 533 | 593 |
| 548 | 587 | 403 | 541 | 534 | 594 |
| – | 589 | – | – | – | – |
| – | 590–597 | – | – | – | – |
| 549 | 598, 599 | 404 | 542 | 538, 543, 544 | 598, 603, 604 |
| 550 | 600 | 405 | 543 | 539 | 599 |
| 551 | 601 | 406 | 544 | 540 | 600 |
| – | 602 | – | – | – | – |
| 552 | 603 | 407 | 545 | 543 | 603 |
| 553 | 605 | 408 | 546 | 541 | 258, 601 |
| 554 | 604, 606 | 409 | 547 | 542 | 602 |
| – | 607 | – | – | – | – |
| 555 | 608, 610 | 410 | 548 | 544 | 604 |
| 556 | 608, 610 | 411 | 549 | 544 | 604 |

Zusammenstellung der Paragraphen des E I mit früheren und späteren Entwürfen

| I. E I | II. DresdE Art. TE-OR Nr/§§ | III. ZustOR | IV. KE | V. E II | VI. EGB |
|---|---|---|---|---|---|
| 557 | 609 | 412 | 550 | 545 | 605 |
| – | 613 | – | – | 546 | 606 |
| 558 | 610 | 413 | 551 | – | – |
| – | 611–612 | – | – | – | – |
| 559 | 614–617, | 414 | 552 | 551, | 611, |
| | 620, 622, 623 | | | 552 | 612 |
| – | – | – | – | 553 | – |
| – | 618, 620 | – | – | 554 | 613 |
| 560 | 624 | 415 | 553 | 555 | 614 |
| 561 | 625 | 416 | 554 | 556 | 615 |
| 562 | – | 417 | 555 | 557 | 616 |
| – | – | – | – | – | 617, 619 |
| – | – | – | – | 558 | 618, 619 |
| 563 | 626, 629 | 418 | 556 | 559–562 | 620–623 |
| 564 | 619, 628 | 419 | 557 | 563 | 624 |
| 565 | 627 | 420 | 558 | 564 | 625 |
| 566 | 621, 630, 631 | 421 | 559 | 565, 566 | 626, 628 |
| – | 632, 633 | – | – | – | – |
| – | – | – | – | – | 629 |
| – | – | – | – | 567, 568 | 627, 630, 675 |
| 567 | 634–638 | 422 | 560 | 569, 570 | 631, 632 |
| 568 | 635 | 423 | 561 | 586 | 651 |
| 569 | 640 | 424 | 562 | 571–574 | 633–636 |
| 570 | – | 425 | 563 | 575 | 637 |
| 571 | – | 426 | 564 | 576 | 638, 639 |
| 572 | 641–643 | 427 | 565 | 577 | 640 |
| 573 | 644 | 428 | 566 | 578 | 641 |
| – | 645 | – | – | – | – |
| 574 | – | 429 | 567 | 583 | 647, 648 |
| 575 | 646 | 430 | 568 | 579 | 642, 643 |
| 576 | 648–650 | 431 | 569 | 580 | 644 |
| 577 | 639, 647 | 432 | 570 | 581 | 645 |
| – | 651, 652 | – | – | – | – |
| 578 | 653, 654 | 433 | 571 | 584 | 649 |
| – | 655 | – | – | – | – |
| – | – | – | – | 585 | 650 |
| 579 | – | 434 | 572 | 569, 576 | 631, 638 |
| | | | | 577, 582 | 640, 646 |
| – | 651, 652 | – | – | – | – |
| 578 | 653, 654 | 433 | 571 | 584 | 649 |
| – | 655 | – | – | – | – |
| – | – | – | – | 585 | 650 |
| 579 | – | 434 | 572 | 569, 576, | 631, 638, |
| | | | | 577, 582 | 640, 646 |

Printed and bound by CPI Group (UK) Ltd, Croydon, CR0 4YY
05/10/2026
14975898-0001